2008 年度教育部哲学社会科学研究重大课题攻关项目

"西方中国形象的变迁及其历史和思想根源研究"资助成果

"十二五"期间(2011—2015 年)国家重点图书出版规划项目

第一卷 发现的世纪

[美] 唐纳德·F.拉赫 著

第一册（上）

周云龙 译

欧洲形成中的亚洲

ASIA
IN THE MAKING OF
EUROPE

[美] 唐纳德·F.拉赫 著

周宁 总校译

人民出版社

献给阿尔玛（Alma）和桑迪（Sandy）

汉译本序

《欧洲形成中的亚洲》是我丈夫在芝加哥大学学习和任教期间一直从事的研究课题，直到他 2000 年去世为止。

我和我丈夫曾经多年生活在巴黎，他在巴黎以及欧洲各地做调研。有一次去西班牙看直布罗陀海峡，当年，大象"汉诺"（Hanno）[1]就是在这里，被拴在一艘小船的甲板上运往里斯本，送给葡萄牙国王曼努埃尔一世。若干年后，大象"汉诺"又被曼努埃尔一世从里斯本运到意大利，作为礼物赠送给教皇利奥十世。

"汉诺"深得教皇喜爱，不幸的是，它在两年后的 1516 年 6 月 8 日死去。如今，"汉诺"的雕像矗立在梵蒂冈的一个大门入口处。我们的书中也有它的一幅照片。教皇利奥十世还为"汉诺"写了悼文，其中的最后两行是这样：

> 自然所夺去的，
> 在乌尔比诺的拉斐尔笔下得以复原。

每段调研结束，我们都会返回芝加哥大学，拉赫开始撰写书稿——使用的都是中国产的 2 型铅笔[2]。我负责将他的手稿打印出来，他再进行修改，修改后，我再重打。每隔几年，我们都会返回巴黎、欧陆、英国，深入研究，收集更多的图像材料。我们还去世界其他地方旅行，追寻"汉诺"的足迹，从土耳其出发，一路来到柬埔寨、日本、韩国、中国大陆和台湾，在印度驻留一年，最后取道日本、韩国、中国回来。

在整个调研过程中，我的任务就是驾车和拍照。多年以来我们收集的大约 400 幅图画和很多底片，都收藏在芝加哥大学档案馆。回到家后，我继续打印拉赫用中国产的 2 型铅笔写出的手稿。

在我丈夫从事这项研究项目期间，得到很多人的热心协助，其中有一些人十多年后依旧在帮助我。我感谢他们，特别是西奥多·福斯（Theodore Foss）、詹姆斯·坎宁安（James Cunningham）、本特利（Bentley）、伊娃·邓肯（Eva Duncan）、西里亚克·普勒皮利（Cyriac Pullapilly）和沈志佳。一定还有其他人没有提到，若有遗漏，也是不经意的，我向他们表示歉意。当然，家人支持一如既往，我由衷地感激他们。

感谢芝加哥大学出版社，以及翻译出版唐纳德的《欧洲形成中的亚洲》的中国学者和出版社。我相信，如果唐纳德有知中国认可他一生关于"中国影响世界"的研究，他一定会深感欣慰的。

阿尔玛·S.拉赫（唐纳德·F.拉赫夫人）

许玉军译

---

① 有关大象"汉诺"的故事，可以参照第二卷第一册的相关内容。——译者注
② #2 Mongol pencil 即产自中国的一种普通铅笔。——译者注

Preface

Asia in the Making of Europe was my husband's research project from his graduate student and Professor years at the University of Chicago until his death in 2000.

We had many years living in Paris where he did research, in Paris and throughout Europe. One trip took us to Spain to see the Strait of Gibraltar where "Hanno" passed through chained to the top deck of a small ship as he sailed to Lisbon, Portugal where King Manuel I received him and then some years later "Hanno" sailed from Lisbon to Italy and was a gift to Pope Leo X from King Manuel I.

"Hanno" was loved by the Pope, but died two years later on June 8, 1516. A carving of "Hanno" exists on the interior of one of the Vatican entrance doors. A photo is within the book. The Pope wrote "Hanno's" epitaph... and the closing lines were:

> "That which nature has stolen away
> Raphael of Urbine with his art has restored."

When our research times ended, we always returned to the University of Chicago where Donald wrote, always using a #2 Mongol pencil. and I would type his writing and he would correct and I would re-type. Then every few years back to Paris, Europe and England for more research and photos. Then to the rest of the world tracing the influence left by "Hanno." From Turkey to Cambodia, Japan, Korea, China, Taiwan and finally a year in India with a return home again through Japan, Korea and China.

My role in all of this was to drive and photograph. Over time some four hundred pictures and most of the negatives are in the Archives of the University of Chicago Library. Then with our return home, I again typed from Donald's hand-written manuscript, using no. 2 Mongol pencils.

My husband had many helpful people working with him on this project, and some are still helpful to me over a decade later. I thank all of them, especially Theodore Foss as well as James Cunningham, Bentley and Eva Duncan, Cy Pullapilly, and Zhitia Shen. I'm sure there were others and my apology to them for any omission. It is inadvertent. My family is a constant source of support and, of course, I thank them.

I thank the University of Chicago Press as well as those who did the translation of Donald's *Asia in the Making of Europe* and the Publisher in China. I know it would have pleased Donald to see that China has recognized his lifelong work on how "China has influenced the world."

Alma S. Lach (Mrs. Donald F. Lach)

目 录

（上）

插图目录

37. 若昂·德·巴罗斯画像；第一次被印在他的《亚洲旬年史》1615 年版中

38. 路易斯·德·卡蒙斯的生活油画，费尔南多·戈麦斯作

39. 阿尔布雷特·丢勒作的达米奥·德·戈伊斯像的铜版摹本

40. 《卢济塔尼亚人之歌》第一版的扉页

41. 安东尼奥·加尔旺的《地理大发现概况》的 16 世纪版本的扉页

42. 加西亚·达·奥尔塔的《印度草药风物秘闻》第一版的扉页，1563 年印刷于果阿

43. 扬·惠根·范·林斯乔坦的《林斯乔坦葡属东印度航海记》扉页，1596 年

原文页码第 260 页（本书页码第 332 页）之后

44. 16 世纪果阿全景

45. 阿尔伯克基在 1510 年建造的圣·凯瑟琳礼拜堂，1550 年由豪尔赫·卡布拉尔重建

46. 旧果阿的大教堂

47. 1558 年到 1561 年在果阿任总督的堂·康斯坦丁诺·德·布拉干萨

48. 耶稣会士范礼安（1539—1606 年）

49. 16 世纪的科英布拉

50. 圣·奥古斯丁（果阿）教堂前面的遗迹

51. 耶稣会士利玛窦（1552—1610 年）

52. 具有代表性的耶稣会士书简扉页

53. 阿克巴与萨林王子

54. G.P. 马菲 1589 年出版于威尼斯的《16 卷本印度史》扉页

总 译 序

周 宁

1965 年，芝加哥大学出版社出版了《欧洲形成中的亚洲》第一卷《发现的世纪》第一、二分册，作者是芝加哥大学历史系现代史 ① 专业伯纳多德·施密特讲席教授唐纳德 F. 拉赫（又译劳端纳，1917.9.24—2000.10.26）。"欧洲形成中的亚洲"（*Asia in the Making of Europe*）作为书名，大概有两层意义，一是指现代欧洲文化形成中的亚洲知识状况；二是指现代欧洲文化形成中亚洲文化的作用或影响。书名似可译为"欧洲形成中的亚洲影响"，这样意义更加明确，但却不够准确。因为书中讨论亚洲文化对现代欧洲的影响，内容并不充分，就目前已出版的三卷九册而言，作者用 2/3 的篇幅讨论的仅是现代欧洲文化形成中的亚洲知识状况。考虑再三，我们还是决定按原书名的词义直译为《欧洲形成中的亚洲》。

《欧洲形成中的亚洲》第一卷出版，似乎并未引起大反响。一则当时西方

---

① 中国史中的"现代史"指"五四运动"以后的历史，但在西方，所谓现代史（Modern history），则指中世纪以后这段历史，起点在 16 世纪，并以工业革命和法国大革命为界，分为前期与后期现代史（Early modern period and Late modern period）。

世界现代史或欧洲现代史学界，依旧是"欧洲中心论"的一统江山，关注的问题是西方如何自发地兴起、如何向全球扩张、如何创造世界现代化的历史，从反面思考亚洲或非西方世界对现代欧洲的影响、有意"反写""欧洲中心论"的学术思潮，尚未出现；二则，仅从第一卷来看，不论在观点的新锐、史料的丰富，还是规模的宏大上，《欧洲形成中的亚洲》都还不足以成为一部"巨著"。然而，一切仅仅是个开始，这两册将近1000页著作的出版，将引出未来二十八年间一套三卷九册的巨著陆续面世。《欧洲形成中的亚洲》第二卷分三册，出版于1970、1977年。到1993年，第三卷分四册出版的时候，《欧洲形成中的亚洲》已经成就三卷九册、近5000页的煌煌巨著。它们是：第一卷《发现的世纪》，一、二册；第二卷《奇迹的世纪》：第一册《视觉艺术》、第二册《文学艺术》、第三册《学术研究》；第三卷《发展的世纪》：第一册《贸易、传教、文献》、第二册《南亚》、第三册《东南亚》、第四册《东亚》。

　　《欧洲形成中的亚洲》从发愿、研究、写作到出版，历时半个世纪，第三卷出版的时候，拉赫已经是近80岁的老人了。六十年前读大学时的一个学术念头，研究亚洲文化对现代欧洲的影响，竟耗去了他将近一生的年华与精力。[①] 能将自己的一生投入到一项有意义的事业中，是无比幸福完满的。当年吉本写作《罗马帝国衰亡史》，成14卷，耗时二十余载，著作最后完成时，吉本说他感觉自己是一个被判了终生监禁的囚犯，终于获释了。然而，生命可有"可承受之重"，却不可有"不可承受之轻"，1794年，《罗马帝国衰亡史》完成六年以后，吉本就去世了。生命是需要事业支撑的，1993年，拉赫出版了《欧洲形成中的亚洲》三卷九册，七年以后辞世。有这样一套巨著纪念，拉赫的一生当是幸福完满的。茨威格说过，人生应该到伟大的事业中去寻求不朽。

　　《欧洲形成中的亚洲》三卷九册完成，不论对作者本人，还是学术界，都

---

　① 拉赫在第一卷前言中说，他这项研究的念头萌生于20世纪40年代初，当时他在西弗吉尼亚大学读书，所修课程大多是讲西方文化对亚洲的革命性影响，很少有人关注历史上亚洲如何影响欧洲的问题。从那个时候开始，拉赫就立志研究亚洲对现代欧洲的影响，二十五年后《欧洲形成中的亚洲》第一卷才出版，五十多年后，才出到第三卷，而最初的研究计划，远未完成。

是一件"壮举"。在拉赫最初的设想中,该书将系统整理现代历史早期——15到18世纪——欧洲的亚洲知识状况,并试图讨论亚洲知识对欧洲现代文化的影响。[①]《欧洲形成中的亚洲》的书名暗示了全书的主题:即现代欧洲形成中亚洲的作用,尤其是文化方面的作用。

拉赫探讨欧洲发现亚洲的过程,关注的不是地理大发现对亚洲的影响,而是"发现"亚洲对欧洲现代文化本身的影响;他探讨欧洲发现亚洲的文化方式,关注的不是地理大发现与资本主义扩张对欧洲经济政治制度方面的影响,而是观念与知识方面的影响。拉赫思考的是观念史或文化史方面的问题,为自己的研究明确设定了两个层面的内容:一是欧洲关于亚洲的知识,这些知识的获得与传播方式以及知识的具体内容;二是这些亚洲知识对欧洲文化带来的实际影响。拉赫著作最初的用意并不仅在"欧洲的亚洲知识"上,更重要的意义还在于,亚洲文明曾经启发欧洲的现代化历史,并从思想、制度、艺术与技术上塑造了现代欧洲。在拉赫最初的研究动机中,似乎具有某种"反写""欧洲中心论"的倾向。[②]在世界现代化历史上,不仅欧洲促进引导了亚洲的现代化,亚洲也曾促发推动欧洲的现代化。

当然,不管是"欧洲中心论"还是"亚洲中心论",从跨文化研究立场上看,都是一种"偏见"。世界现代文明形成于跨文化或文明之际的"公共领域"或"公共空间"中,现代化历史或全球化的历史,是一个多元文明相互促进、共同发展的系统进程。欧洲与亚洲是一个互动互惠的整体,发端于古老欧亚大陆的近五百年的现代化运动,彻底地改变了人类的命运,是世界历史上少有的辉煌

---

① 拉赫在第一卷第一册导论中说,他这项研究包括六大部分,用一个总的书名《欧洲形成中的亚洲》统合起来,探讨欧洲的亚洲知识状况以及亚洲知识对欧洲在观念、制度、科学技术、文学艺术等方面的影响;研究的历史时段为1500年到1800年,三个世纪的问题,每个世纪用两卷的篇幅加以探讨,全书共六卷。但日后实际完成的情况并不如他最初的设想,他用了三卷九册只写完1500—1700年两个世纪,而且17世纪还未讨论第二个层次的问题,即亚洲知识对欧洲文化的影响。*Asia in the Making of Europe, Vol. I, The Century of Discovery,* Book One, The University of Chicago Press, 1965, "Introduction", p.XV.

② "Asia in the Making of Europe, Book Review", by Francis Robinson, Professor of History in Cornell University, *History Today*, June 30, 1996.

时代。面对这个大时代，不论探讨欧洲对亚洲的影响，还是亚洲对欧洲的影响，都是重要的课题，具有非凡的意义。只有大著作才配得上大时代，康奈尔大学历史学教授弗朗西斯·罗宾逊评论这部书时说，"伟大的历史主题呼唤着伟大的著作。吉本的《罗马帝国衰亡史》、汤因比的《历史研究》、李约瑟的《中国科学技术史》，都是足以匹配并与它们所记述研究的那个伟大时代争辉的巨著。拉赫的《欧洲形成中的亚洲》也属于这类巨著。它不仅改变了人们的历史观念，也为新的历史观念提供了丰富的史料与思想素材"。[①]

一、"发现的世纪"：16 世纪欧洲的亚洲知识状况

《欧洲形成中的亚洲》关注欧洲的亚洲知识与亚洲知识对欧洲的影响这两个层面的内容，从整体上看，其研究框架是这样的：拉赫首先在系统的时空框架上全面地考察了欧洲现代化早期亚洲知识的成长。在时间上，这种知识上的增长从中世纪晚期或蒙元世纪的大旅行开始，一直到启蒙运动前，也就是从地理大发现到文化大发现；在空间上，这种知识的拓展从南亚开始，逐步向东南亚、东亚推进，首先是印度，然后是马来半岛、中南半岛，最后是日本与中国。中国不仅是地理上最遥远最神秘的地方，也是知识上最遥远最深刻的地方。在积累知识的基础上，拉赫试图将研究深入到社会文化实践层面上，具体考察亚洲文化对欧洲现代化的影响。他的研究思路纵横交错，在第一卷中，他实际考察了 16 世纪亚洲知识在欧洲的传播过程与方式，其中回顾的古代与中世纪欧洲的亚洲知识与想象，更像是"剧前故事"。从第二卷开始，拉赫分别从视觉艺术与工艺、文学与社会知识、科学技术与学术研究等方面，探讨欧洲的亚洲知识的积累与亚洲文化对欧洲的影响。第三卷沿着西方贸易与传教势力的推进，分别描述欧洲对亚洲不同区域——南亚、东南亚、东亚的知识状况，并试图研究亚

---

① "Asia in the Making of Europe, Book Review", by Francis Robinson, Professor of History in Cornell University, *History Today*, June 30, 1996.

洲不同区域文化对欧洲现代化的影响。当然，这是个更为庞大复杂的问题，拉赫还计划写第四卷，具体分析亚洲不同区域国家"对欧洲艺术、科学、思想、制度、经济和社会实践的影响"。值得注意的是，第四卷是他最初研究规划中没有的，因为写作内容规模不断扩大，才衍生出第四卷的计划；令人遗憾的是，他在第三卷第一册前言中许诺的第四卷，最终也未能完成。而这一"未完成的第四卷"留下的遗憾，将可能影响到《欧洲形成中的亚洲》的整体理论的建设。

第一卷《发现的世纪》的重点是16世纪欧洲对亚洲的认知与想象。尽管1500年前后是拉赫在时间上的研究起点，但此前欧洲关于亚洲的知识或想象并非一片空白。第一卷开始，拉赫简要回顾了地理大发现之前欧洲的亚洲知识状况，从古希腊罗马时代的东方传说一直到中世纪，尤其是蒙元世纪马可·波罗、鄂多立克、曼德维尔等人的"亚洲故事"，已经使欧洲认识到一个若有若无、似真似幻、将信将疑的"神奇的亚洲"。但是，16世纪之前欧洲的亚洲知识，既不确实，对欧洲文化的影响也有限，所以拉赫在自己的研究中将这一部分内容当作某种"前奏"或"剧前故事"处理，先追溯欧洲前现代从古希腊—罗马一直到中世纪的东方"知识"遗产。

古希腊—罗马时代欧洲的东方知识基本上只限于印度，托勒密时代或许听说过东南亚与东亚的中国，但知识不具体而且与各种稀奇古怪的传说混杂在一起。中世纪欧洲的东方知识水平，衰退与进步同时发生。一方面是古典时代的东方知识被遗忘了；另一方面，与阿拉伯世界的冲突与交流，尤其是十字军东征，为欧洲带来了新的东方知识。最后是蒙元世纪的大旅行将许多欧洲人引向东方，直到最遥远的中国，柏朗嘉宾、鲁布鲁克来到中国边境，而马可·波罗、鄂多立克则深入大汗统治下的中国并生活多年。最重要的是，这些旅行者不仅深入亚洲了解亚洲，而且又将亚洲的消息带回欧洲，笔者在《天朝遥远》中曾如此论述这一时代欧洲的亚洲知识的意义：

蒙元世纪是人类历史上一个重要的时刻，成吉思汗家族横扫旧大陆带来的"世界和平"，瞬间推进了欧亚大陆的文明一体化进程，旅行与贸易、观念与知识，都开始了一场革命。其意义主要表现在两个方面：一是世界市场的雏形出现；二是世界地理的观念开始形成。在汗八里或行在，可以看到来自中亚、西亚、欧洲的商人，在威尼斯或里昂，可以买到西亚的织品、珠宝，印度的、爪哇的香料，中国的生丝与瓷器。旅行与器物的交流带来了观念的变化，中世纪基督教狭隘的世界观念被大大扩展，世界突然之间变得无比广阔，而在这个广阔的世界中，大汗统治的契丹与蛮子可能是最诱人的地方。"旅行已经揭示了在亚洲东部有一个帝国，其人口、财富、奢侈和城市的伟大均不仅是等于而且超过了欧洲的规模。抓住了拉丁欧洲的想象并改变了它的思想观点的，更多的是去中国的旅行，而不是去亚洲的任何其他部分。当时大多数欧洲旅行家既前往中国，也到过波斯和印度，但是他们把最高级的描绘留给了中国。"①②

实际上，没有成吉思汗家族横扫旧大陆带来的"世界和平"，就没有西方历史上那个"走向世界"的时代；没有大旅行时代刺激起的西方对东方文明的渴望，也就没有伊斯兰世界复兴后西方人探索新航路的冲动；没有中世纪晚期亚洲知识与想象对欧洲文化的启发，就不可能有地理大发现甚至文艺复兴出现。1492 年，哥伦布带着西班牙卡斯蒂利亚王室给契丹大汗盖着金印的国书、托斯卡内里的信与海图，可能还有《马可·波罗游记》，从帕洛斯港启航寻找通往大汗国土的新航路，为了寻找通往中国的新航路，哥伦布发现了新大陆。六年以后，达·伽马的船队带着对印度胡椒与香料的记忆与渴望，还有关于"长老约翰"的传说与猜想，到达南印度，上岸后通报印度副王，他是来找香料与基督教徒的。中世纪晚期欧洲的亚洲知识或想象，对欧洲现代历史的启发意义值得关注。拉赫并非没有注意到这种启发，只是对这种启发的重要性估计不足。他认为地理大发现之前欧洲的艺术与技术、观念与信仰"并没有因为亚洲知识的传入而发生根本性地变化"，"只有在大量的欧洲人开始去亚洲生活和工作，并开始将

① ［英］赫德逊：《欧洲与中国》，王遵仲等译，中华书局 1995 年版，第 135 页。
② 周宁：《天朝遥远：西方的中国形象研究》，北京大学出版社 2006 年版，上卷，第 14 页。

他们熟悉的欧洲文明的观念和实践,与他们在亚洲的见闻体会比较之后,欧洲
文明的自我变革才有可能发生"。①

　　蒙元世纪将欧洲人带到亚洲深处,此时欧洲关于亚洲的知识,已经在欧洲
酝酿一场革命。不论是地理大发现还是文艺复兴,其文化动力与灵感都可以追
溯到蒙元世纪东方知识的开放。拉赫博士有关这一段历史的论述详实而深刻。
他所使用的史料不仅限于严肃的知识性著作,还包括宗教传说、文学艺术与民
间传说。尽管这些知识或传奇多有荒诞不实之处,但作为欧洲现代化的文化动
力与灵感,其意义是重大的,而且,随着地理大发现时代到来,中世纪传奇的
迷雾逐渐消散,代之而起的是具体切实的知识。从果阿到马六甲、从澳门到长
崎,关于东方世界的知识随着旅行记、传教报告、商贸手册传回欧洲,亚洲知
识在具体化的同时也科学化了,不仅传教士、航海家、商人、政府关注亚洲知
识,文人与科学家也开始相关的著述与研究,16 世纪欧洲知识系统中的亚洲,
已经具有了严格的历史与地理、制度与风俗研究的意义。

　　拉赫简要回顾了欧洲古典时代到中世纪的亚洲知识状况之后,进入该书的
主要内容:详细论述了地理大发现早期或者说 16 世纪欧洲的亚洲观念与知识状
况。历史很难有一个截然分明的起点。拉赫取 1500 年为起点,也是一个惯常的、
约定俗成的做法。史学界通常将 1500 年当作全球化历史的起点,根据是 15 世
纪最后十年东西航路的发现。《发现的世纪》以 1500 年和 1600 年为上下时限,
1500 年大概是西方扩张的开始,而 1600 年是西方扩张第一波的结束第二波的
开始,西北欧取代了伊比利亚,成为欧洲扩张的主力;历史也很难划定一个确
定的区域,拉赫的著作名目上研究"欧洲形成中的亚洲",实际上拉赫使用的
"欧洲"大概等于"西欧";而"亚洲"大概等同于南亚、东南亚与东亚,古代
到中世纪欧洲曾将这一地区统称为"印度"。拉赫在第一卷导言中提到这个问
题,只是没有进行深入的论述:"这里使用的'亚洲',指的是印度河以东地区

① *Asia in the Making of Europe, Vol. I, The Century of Discovery,* Book One, The University of
　 Chicago Press, 1965,"Introduction", p. XV.

的大陆和文明。'欧洲'则指斯拉夫语世界西部的国家和人民。"①

　　新航路的发现使欧洲与亚洲之间的直接交通与贸易成为可能，欧洲开始接受一个真实的亚洲。只有在一个普遍接受真实的亚洲的前提下，亚洲知识及其对欧洲文化的实际影响才成为可能。地理大发现造成欧洲与亚洲在商贸与传教上的直接联系，亚洲货物，诸如印度的胡椒豆蔻、中国的丝绸瓷器，开始出现在欧洲，从沿海港口到内陆城镇；同时，欧洲的传教士们，尤其是耶稣会士，也开始从自己的家乡出发，前往果阿、捕鱼海岸、马六甲，一直到澳门，他们传回的关于亚洲风物人文状况的书信或报告，借助新兴的印刷技术在欧洲传播。欧洲文化中的亚洲逐渐成为一个真实的、由文明人居住的世界，并开始影响欧洲人的生活与观念。至此已经出现两个层面上的问题：一是欧洲关于亚洲的知识，二是这些亚洲知识对欧洲文化的影响。

　　16世纪的欧洲对亚洲逐渐形成某种"整体性认识"。在他们的世界知识中，印度河以东的亚洲是一个遥远、神秘、富庶甚至文明的地方，主要有三大国家与区域组成，那就是印度、中国与由许多岛屿构成的东南亚。此时欧洲的亚洲地图已经绘出现代亚洲地理知识的基本轮廓，并注意到亚洲的山川河流构造对亚洲政治与人文的影响。他们对亚洲不同地区国家在物产、风土、人情、制度、信仰上不同的特点，也有了基本的把握。印度盛产香料，是一个信仰多元的神秘的国度；中国更为理性也更为世俗，有良好的政治和社会秩序，物产丰富，但与欧洲的贸易前景尚不明确；东南亚是个人种博物馆，香料群岛丰富的贸易资源，几乎让欧洲人只见财富不见人文。

　　16世纪欧洲的亚洲知识，发生了巨大的变化，除了知识量的明显增加之外，关注点的转移也值得注意。这个世纪的前半叶，欧洲的亚洲知识已经基本上涉及印度河以东亚洲的不同地区，但主要还在印度与东南亚，他们了解最多的是马拉巴尔、果阿、马六甲和香料群岛这些地方。香料贸易将印度和东南亚带入欧洲人的现实世界中，此时，中国还基本上是传说，日本就更为模糊神秘。但

---

① *Asia in the Making of Europe, Vol. I, The Century of Discovery,* Book One, The University of Chicago Press, 1965, "Introduction", p. XV.

到了 16 世纪的后半叶，中国与日本逐渐地取代印度和香料群岛，更为欧洲人所关注，对南亚和香料群岛的热情则有所减弱，一则因为香料贸易已经基本稳定，二则因为在南亚和东南亚的传教屡受挫折。与此同时，传教士刚刚进入中国，他们发现了一个令人向往的、巨大的、统一的帝国。中华帝国对欧洲人的吸引力，不仅展现在财富与风俗上，还有作为一个文明国家的各方面内容，从器物、制度到思想。16 世纪末门多萨的《中华大帝国史》风靡欧洲，几乎把中国描绘为一个理想帝国。如果说香料贸易使印度与东南亚成为与欧洲密切相关的"生活现实"，中国则寄托着欧洲人关于社会制度的理想。

与几乎同时发现的荒蛮的美洲不同，亚洲在自然资源、社会人口、技术与工艺上都优于欧洲。亚洲物产丰富，除了诱人的香料之外，还有印度和缅甸的宝石，东南亚的贵金属，印度、中南半岛、中国与日本的稻米，中国的大黄和高丽的人参，以及各种珍稀动物，如大象、犀牛、老虎、蛇、鳄鱼、飞鱼、天堂鸟等。亚洲人口众多、人种复杂、城市巨大、经济发达。亚洲有黄种人、黑种人，他们的皮肤从黄色到黄褐色到棕褐色到浅黑色、黑色，甚至还有白色，在他们看来，日本人和中国人是白肤色的。欧洲人习惯以肤色判定文明，白色近于欧洲人，是最优秀的人种，而黑色近于非洲人，是最劣等的民族。欧洲的肤色种族主义古已有之，并不是进化论和帝国主义意识形态的产物。还有，现代欧洲的政治理念也并不是从开始就倾向于自由民主的，现代化早期他们更倾向于开明的君主制度，他们羡慕像中国、暹罗这样的中央集权的国家，集权国家的社会秩序与管理效率更有益于他们的贸易与传教。他们憎恨印度的种姓制度与印度教信仰，对中国的文官制度和开放的宗教态度充满着好奇。

拉赫对 16 世纪欧洲的亚洲知识状况的研究具体而深入，从航路的开辟到传教点的建立，从印度到东南亚再到日本、中国，他追索着西方商贸、传教与求知的足迹而深入更深更远的亚洲腹地。首先，他分别叙述欧洲国家在东方扩张中的作用与相互之间的竞争，详细分析了不同国家的相关文献，从商务与传教报告到虚构的文学作品，这些文献是如何形成、如何传入欧洲并在欧洲不同国家传播的。欧洲不同国家语言的文献，不仅介绍了亚洲主要国家诸如印度、中国、日本的状况，也没有忽略诸如马来亚、菲律宾、中南半岛一些次要国家或地区，并援引当代学术界对相关问题的研究成果。在详尽的文字论述的同时，作者还提供了多幅地图和地图说明，以及书后长达 75 页的分类文献索引。拉赫的著作不仅对欧洲史研究有贡献，他所提供的欧洲文献，对亚洲历史的研究也有参考价值。

地理大发现是一场革命，它改变了整个世界，但首先改变的是欧洲。就改变世界而言，它是全球化历史的起点；就改变欧洲而言，它是西方现代文明的起点。地理大发现在西方历史上引起的革命，不仅体现在社会政治经济生活中，也体现在思想观念上。它改变了西方文明对自身、世界、历史的看法。具体而言，改变对自身的看法是，西方文明并不是唯一的文明也不是最优秀的文明，由此形成一种宗教与文化上的宽容精神；改变对世界的看法在于发现世界是人的世界，由不同民族国家习俗法律组成，不是人与怪物的世界；改变历史的看法在于，历史体现为一种文明的进程。早在 16 世纪末，法国史学家波普利尼埃尔（La Popeliniere）在《三个世界》（Les Trois Mondes，1582）中对世界进行了历史性的描述，他不仅承认亚洲是文明的源头，也承认亚洲在制度与文化上的先进。在宗教信仰上他的态度也是宽容的，作为新教徒，他敬慕耶稣会在东方所做的努力；作为基督教，他能看到其他文化的优越性。比其观念更激烈的如法国人纪尧姆·波斯特尔（Guillaume Postel）发表于 1553 年的著作《世界之奇迹》（Des Merveilles du Monde），他试图证明东方优于西方，基督教并不是掌握真理的唯一方式，东方智慧要远优于西方。波斯特尔是伏尔泰等人的先驱，早于启蒙运动二百年。

16 世纪的欧洲正处在社会文化转型的时代，一方面是传统的知识体系与价值观念依旧存在；另一方面是开放的文化心态逐渐形成，是一个过去尚未过去、未来仍未到来的时代。就亚洲知识而言，旧传说与新知识纠缠在一起，1550 年前后，欧洲一部分人与一些国家，已大致地掌握了这个广阔的大陆与众多的岛屿的地理轮廓与国民状况，但托勒密地图仍然主导着欧洲人的亚洲地理观念，中世纪遗留的长老约翰（Prester John）传说也依旧在民间流传。欧洲人在贸易上是开放进取的，在文化上，尤其是信仰上，却是保守封闭的。他们仇恨伊斯兰教文化、鄙视印度教习俗，同时也排斥佛教。印度教是印度本土的信仰，在印度信众广大，其中瑜伽信徒多为一些圣洁、温顺、智慧的人，婆罗门却傲慢难以接近。在基督教徒看来，印度教的某些偶像与基督教有相似之处，他们也一直努力在印度寻找圣托马斯传教的遗迹。佛教起源于印度，流传四方，兴盛于中国。但中国信众似乎并不虔诚，中国是一个有多元信仰的国家，这让基督教传教者看到机会。欧洲扩张者中，商人对亚洲的宗教好奇但没有兴趣，传教士有兴趣，但出于宗教偏见，也不可能真正地了解异教。他们并不了解佛教在亚洲的传播方式，也不知道大乘佛教和小乘佛教的区别。奇怪的是，他们似乎更能理解日本的神道教教义和仪式。欧洲人大多反感印度与东南亚岛屿社会的生活方式，但颇为欣赏中国人与日本人的家庭制度。他们尽管还不可能了解儒家伦理社会的真正意义，但儒家伦理在社会组织形式上展现出许多让欧洲羡慕的特征，尤其是中国的教育与考试制度，当时中国社会的教育与文化水平明显高于欧洲。16 世纪的欧洲人尽管不可能完全理性开放地理解亚洲文化，但好奇心与求知欲，促使他们收集了大量的有关亚洲早期历史和民俗、语言和文学、艺术和技术乃至科学的资料。

作为一位志向远大的历史学家，拉赫在其学术生涯的早期就意识到西方历史学界的一个巨大偏见或盲点：人们只注意欧洲对亚洲的影响，这方面的著作可谓汗牛充栋；相反，关于相反方向的问题，如亚洲对欧洲的影响，却视而不见或见而不言。很少有这方面的著作讨论亚洲对欧洲尤其是现代欧洲的影响。拉赫希望通过自己的研究改变西方历史学的现状。第一卷《发现的世纪》的研究，主要内容集中在中世纪晚期到现代早期欧洲的亚洲知识的获得与积累，尚未深入拓展到亚洲知识对欧洲社会的影响的深度层面上。但不管怎样，欧洲扩张过程中亚洲知识的最初样貌，已经在该卷中呈现出来。

在学术研究上，有人提出一种观点，改变了研究的方向与方法；有人提供了丰富全面的历史叙事，使研究观念与方法有了可靠的根据。拉赫收集了欧洲16 世纪浩瀚的亚洲知识史料，同时掌握了多种语言以便阅读这些史料。他的努力是巨大的，收获也必将巨大。拉赫不仅全面展现了 16 世纪欧洲的亚洲知识状况，而且，在更深层意义上，为进一步研究亚洲知识对文艺复兴时代欧洲文化的深层影响，从观念与制度到艺术与技术等不同方面，准备了扎实的史料基础。

这也可能是《发现的世纪》深入讨论16世纪欧洲的亚洲知识状况最有学术价值的方面。拉赫本人也表达过，他研究的意义就在于"为不同学科的专家更为精细的专论提供一个笼统的背景"。

《发现的世纪》梳理了16世纪欧洲的亚洲知识的来源与传播渠道，相关文献涉及大量的公文、游记、传教报告、书信、编年史、回忆录、航海日志与地图册。但是，对于相关亚洲知识在欧洲的影响，第一卷尚未展开论述，这是个更为复杂的问题，作者留待第二卷讨论。16世纪欧洲的亚洲知识的增长与社会影响是显著的，这种影响远不限于航海、商贸、殖民与传教等历史实践领域，还深入到欧洲现代的知识与价值革命领域。遗憾的是，拉赫关注知识史的问题，却没有将一般知识进步的历史描述推进到思想史的分析层面。所以，这多少会令在浩瀚史料中寻找深度思想与观点的读者有些失望。

《欧洲形成中的亚洲》开辟了一个深广的研究领域，启发了多层面多方向的相关研究。在研究的观念与方法上，拉赫继承了兰克开启的史学传统，重视原始资料的收集和考辩；重视史料来源，深入档案文献，根据原始的文献用文字复原历史，超然是非褒贬之外地"如实记述"，不做价值判断，不加主观见解，不讨论历史的一般规律；同时又避免过多地关注政治史，而是将主要经历投入到社会与文化问题上。拉赫又借鉴同时代风行的年鉴学派开辟的"新史学"，努力突破传统的政治史格局，侧重社会经济文化分析，将研究扩展到人类活动的整体历史层面上；借助跨学科研究方法，结合地理学、社会学、心理学、经济学、语言学、社会人类学等，进行文化史或观念史的研究；关注亚洲知识和观念的形成、传播、影响，具体到知识与观念的形态、文化样式与物质构成、社会流行与传播方式、教会宫廷与商业运作、读者的接受视野、理解与应用方式等。最后，他也努力使自己的著作具有观念史或文化史的深度与广度，揭示欧洲现代化早期历史上关于亚洲的观念的流行与心态变化的过程与方式。但是，他在观念与艺术本身的研究上，并未达到思想史或哲学史的深度与高度，也没有对导致思想或观念本身的意义及其变革的社会生活与文化语境做深入细致的分析。

拉赫治史的文献功力是非凡的，掌握并分析如此浩繁的史料，对任何一位史学家都是巨大的挑战。尽管也有学者指出拉赫的一些疏漏，诸如拉赫可能不太熟悉航海技术与海图，对航海里程单位"里格"（league）的长度换算有问题，甚至不清楚中世纪晚期著名的加泰罗尼亚地图（Catalan atlas）究竟是一张图还是由多幅地图构成的地图册，如此巨大的文献索引再注"前揭书"（op. cit.）不仅没有必要，还会引起混乱。另外，书中还出现若干处人名地名的拼写错误与不统一，如著名制图师 de Lemos 的名字被误拼为 de Limos，诸如此类等等。有些问题我们有能力发现的，已在翻译中加了注释，拼写错误我们已在译名对照表中做了核对统一。

二、"奇迹的世纪"：16 世纪亚洲知识对欧洲文化的影响

拉赫写作《欧洲形成中的亚洲》那些年，正值芝加哥大学的第二个"黄金时代"。1958 年诺贝尔生物与医学奖获得者毕都（George W. Beadle）、曾任美国联邦司法部长的李维（Edward H. Levi），相继出任校长（1961—1968年、1968—1974年），著名历史学家、《西方的兴起》的作者威廉·H. 麦克尼尔（William H. McNeill）任历史系主任，布尔斯廷（Daniel Boorstin）等著名学者云集芝加哥大学。《欧洲形成中的亚洲》第一卷两册出版那年，1965 年，华裔历史学家何炳棣、杨联陞也相继受聘芝大历史系。拉赫正是在这样一种学术环境中从事自己的研究，条件优越、学养深厚、视野远大、工作艰辛。

第二卷《奇迹的世纪》将研究拓展到 16 世纪亚洲知识对欧洲文化的影响，在研究层面上明显推进了一步。拉赫从一开始就为自己的研究明确设定了两个层面的内容：一是欧洲关于亚洲的知识，这些知识的获得与传播方式以及知识的具体内容；二是这些亚洲知识对欧洲文化带来的实际影响。《欧洲形成中的亚洲》第一卷只讨论到第一个层面的内容，至于亚洲对欧洲文化的实际影响，拉赫许诺将在第二卷论述。第二卷如期将研究推进到亚洲知识对欧洲文化的多方面多层次的影响上。第二卷《奇迹的世纪》分三册：第一册《视觉艺术》、第二册《文学艺术》、第三册《学术研究》，分别讨论 16 世纪"亚洲知识"对欧洲艺

术与文学、科技与学术的影响。

16 世纪是"奇迹的世纪","新发现"的亚洲开始影响到欧洲文化的方方面面，从民间工艺到高雅艺术，从文学到历史，从科技到学术。在第二卷第一册《视觉艺术》中，拉赫首先追踪 16 世纪亚洲艺术品或工艺品的流传过程与收藏方式，并进一步考察这些艺术品或工艺品对欧洲的实际影响。见到这些稀奇的亚洲"珍宝"，诸如各种工艺品、树木花卉、珍禽异兽、颜料与香料、纺织品与家用品，欧洲人的具体反应是什么？好奇、热情？轻蔑、冷漠？模仿、创造？他们如何把这些物象展现在自己的绘画作品中？拉赫在研究中发现，尽管稀有的东方艺术品或手工艺品还不至于挑战或改变欧洲艺术形式，但却为欧洲艺术提供了新的题材、装饰风格与象征形式。最明显的就是绘画作品中欧洲风格的背景上，竟然时常出现亚洲动物，诸如大象、犀牛、老虎、猿猴、鹦鹉，使文艺复兴时代绘画展现出某种异域的色彩。葡萄牙君主曼努埃尔一世送给教皇的印度大象，被拉斐尔画入自己的作品，而影响了许多人的绘画作品。还有，就是中国的明式家具，尤其是雕有花鸟图案的中国式桌椅，对欧洲尤其具有吸引力。

拉赫选择从视觉艺术入手，研究亚洲对欧洲文化的影响。《视觉艺术》研究文艺复兴全盛期至巴洛克时期亚洲艺术品、手工制品、动植物、建筑装饰与风景图画等对欧洲艺术的影响。通常人们以为，西方扩张早期输入欧洲的亚洲物品，主要是一些物质消费品，没有什么文化意义。而拉赫的研究让人们确切地意识到，16 世纪强烈吸引并影响欧洲的亚洲因素，不仅是胡椒与香料、丝绸与瓷器，还有亚洲艺术与技术。

研究亚洲文化对欧洲的影响，是个颇为复杂的问题。亚洲的器物或观念以什么方式传入欧洲，欧洲人又如何理解、接受、应用、发扬，并将它们融入自身的文化中，进而改变了欧洲人关于世界、人类、历史与未来的看法？回答这些问题，需要大量的史料梳理与实证研究。在《视觉艺术》的"引言"中，拉赫指出，16 世纪亚洲知识进入欧洲社会并进而影响欧洲文化，经历了一个缓慢而复杂的过程。不仅知识与器物上的积累需要假以时日，文化上的冷漠与隔膜、傲慢与偏见也阻碍着欧洲对亚洲文化的接受。最初的冒险家商人与传教士前往亚洲，他们带回的亚洲知识往往是不如人意的，冒险家与商人们的文化修养不足，影响了他们的眼界与理解，传教士具有当时欧洲人最好的文化修养，但宗教信仰的局限使他们很难客观公正地理解和介绍异教文化，他们提供的有缺陷的信息进入欧洲后，欧洲文化的接受视野也尚未准备充分，工匠们可能模仿亚洲器物的装饰图案与工艺技术，但并不一定能够理解亚洲艺术的精神与形式；文艺复兴时代艺术家们对欧洲古典艺术的专注与热情，也可能使他们对亚洲艺术视而不见。亚洲器物与工艺可能引起他们一时的好奇甚至羡慕，但并没有马上引发模仿与借鉴的尝试。影响的实现必须经过一个缓慢细微的过程，这个过程往往难以察觉，变化的形迹不仅被当时的人忽略，事后的学者亦难有明辨。

人类文化与艺术本身的交流与演进过程是微妙的。各种信息，虚构与真实，各种思想观点与艺术形式，陈腐与新颖，纷呈杂致，分散着人们的注意力，正是在这纷纭之中，精神的潜流已在历史深处悄悄地转变了，并开始一点一点地改变生活与生产方式。大量来自亚洲的香料、动植物、生产生活用品乃至工艺品、艺术作品进入了欧洲人的生活。同时，大量有关亚洲的游记、传教报告与书信、大事记与编年史也传入欧洲，亚洲不仅在欧洲生活中变得越来越真实重要，也变得越来越亲切甚至令人羡慕。与此同时，欧洲自身的文化也在发生着变化，逐渐为接受亚洲文化腾出了知识与价值的空间。一是宗教改革在一定程度上开放了欧洲的文化价值观念；二是欧洲连年的战争与混乱促使欧洲反思欧洲文化自身的合理性；三是地理大发现时代从世界各地涌入欧洲的知识，已经改变了欧洲人的知识结构与价值体系。

地理大发现为欧洲打开了整个东方世界，尽管此时欧洲人头脑中还没有一个清晰完整的亚洲概念。土耳其以东的广阔土地与海洋，在欧洲人的"常识"中都可能统称为"东方"或"亚洲"，至于亚洲究竟可能向东方大洋与岛屿延伸多远，谁也不清楚；而"印度"，一段时间似乎既可以指印度河以东的地区，又可能指哥伦布新发现的美洲。然而，知识的模糊或概念的混乱，丝毫未能减弱欧洲对亚洲文化的向往。16世纪是个热情而充满想象力的世纪，商人追求亚洲的香料与织物；传教士渴求亚洲的信徒与灵魂；哲学家——当时对自然科学家的通称——研究亚洲的动植物；而艺术家，试图从稀有珍奇的亚洲工艺品与艺术作品中获得创作的灵感。

　　通常人们认为，文艺复兴时代的欧洲人沉浸在西方古典文明的辉煌中，毫不理会地理大发现所展示的亚洲文明，甚至将亚洲当作"野蛮的异教地区"。拉赫的研究证明事实并非如此，16世纪的欧洲不仅向古代开放，也向东方开放。文艺复兴时代的欧洲艺术家不仅模仿西方古典艺术，也将亚洲艺术因素融入自己的创作中；不仅艺术家，欧洲上流社会，包括王公贵族和富商巨贾，都以建立私人珍宝馆收藏亚洲工艺品为时尚。这些艺术品或工艺品作为亚洲风物人文的"沉默的见证"，满足并同时刺激着欧洲人的好奇心与探索欲。

　　亚洲艺术带来的视觉与观念上的冲击在某种程度上改变了文艺复兴的意义。拉赫的研究揭示了另一种真实，商人传教士从亚洲带回的大量商品与工艺品，引起了文艺复兴艺术家们的好奇与兴奋，即使没有改变他们的趣味与创作形式，至少拓展了他们的艺术视野与想象力，将他们从欧洲艺术某些陈腐的传统中解放出来。拉赫追寻各种亚洲文物，从手工艺品与艺术品、各种建筑装饰图案、风景图画到植物花卉与动物图案在欧洲的流布过程与方式，从葡萄牙、西班牙到安特卫普、低地国家、法国、德国、奥地利，进而分析这些亚洲艺术因素如何出现在欧洲的绘画、雕塑、建筑与工艺作品中，如何代表某种离奇与怪诞的风格，而改变了文艺复兴艺术风貌的。拉赫尤其关注文艺复兴绘画中出现的亚洲动物与植物，诸如印度的大象、老虎，东南亚的犀牛与花卉。当然，亚洲文化对文艺复兴时代欧洲艺术的影响还远不止这些，《视觉艺术》中提供了大量的史料，证明亚洲知识对文艺复兴艺术的影响。

　　许多欧洲人习以为常的所谓"欧洲传统"中，都包含着某些难以察觉的"亚洲因素"，拉赫以充分的实证材料证明了这一点。文艺复兴时代亚洲对欧洲艺术的影响表面上看不甚明显，是因为欧洲艺术家吸收了亚洲艺术的形象、想象方式甚至技术手段，并已将其完美地融入欧洲艺术的创作传统中。以往西方也有人研究过东方艺术对西方的影响，但关注的时段多为启蒙时代和现代主义运动，如 *China and Europe*：*Intellectual and Artistic Contacts in the Eighteenth Century*（by Adolf Reichwein，Kegan Paul，Trench，Trubner & Co.,Ltd. 1925，中译本见商务印书馆1962年版《十八世纪中国与欧洲文化的接触》）、*Chinoiserie*：

The Vision Of Cathay（by Hugh Honour London: John Murray, 1961）、*Oriental Enlightenment: the Encounter between Asian and Western Thought*（by John James Clarle, London and N.Y.: Routledge, 1997，中译本见上海世纪出版集团 2011 年版《东方启蒙：东西方思想的遭遇》），有关文艺复兴时代亚洲艺术对欧洲的影响，著述并不多见。

《奇迹的世纪》全面探寻 16 世纪欧洲文化不同领域的"亚洲印记"。1977年出版的第二卷第二册《文学艺术》、第三册《学术研究》继《视觉艺术》之后，进一步探讨亚洲知识对欧洲文学与学术、思想与习俗的影响。第二、三册在内容上密切相关，可以看作是一本书，甚至参考书目与索引都是两册共用的，第二册的前言也介绍了第三册的要目。当然，第二册的重点在文学，第三册在学术。拉赫最初计划《欧洲形成中的亚洲》研究 1500 年至 1800 年欧洲的亚洲知识以及亚洲对欧洲文化的影响，每个世纪用一卷两册的篇幅，全套书共三卷六册。但实际上仅 16 世纪，拉赫就用了两卷五册的篇幅。

《文学艺术》首先考察 16 世纪欧洲有关亚洲的基本文献以及文献的内容和传播方式，然后从文献进入文学，考察亚洲文化对欧洲世俗文学的影响，具体到欧洲各民族文学创作中出现的亚洲素材与形象、主题与观念。就亚洲知识的传播过程而言，有地域、国家、社会阶层上的推进过程。16 世纪的葡萄牙是欧洲的亚洲知识的集散中心。葡萄牙商人与传教士将亚洲信息带回祖国，先是从葡萄牙到西班牙，再由西班牙传入文艺复兴重镇意大利，借助新兴的印刷术与图书馆收藏，进而扩展到德意志、法国、低地国家与英国。这是亚洲知识传播的地理过程。就社会而言，首先是这些国家的王室垄断亚洲信息，然后，由于信息增多与印刷术推进了信息的传播，亚洲知识从宫廷教廷流入社会，进入一般人的公共知识领域。拉赫详细考察了当时西北欧地区国家的王室图书馆与私人收藏的有关亚洲图书的状况，从第三册最后的参考书目中，我们看到那个时代有关亚洲著述的最完整的书目。总体上看，16 世纪欧洲的亚洲"知识"仍处在一个知识与想象并存的状态，只是知识逐渐加强，想象逐渐消退，呈现出现代知识进步的典型过程。随着葡萄牙扩张势力远及印度洋与南中国海，他们带回欧洲的有关亚洲海域与国民的信息开始在欧洲传播，并进一步影响到欧洲不同国家的文学，我们在 16 世纪葡萄牙、西班牙、意大利、法国、荷兰、英国与北方德语文学中，或多或少都可以看到亚洲知识的影响，与此同时，这种影响还深入到 16 世纪欧洲的自然科学与技术、地理学与制图学、语言学与人种志等知识领域，有效地推动了西方现代学术的发展。

伊比利亚扩张初期欧洲视野中的亚洲依旧具有传奇色彩，印度是个古老的传说，从古希腊罗马时代，印度在欧洲人的想象中就是个奇异神秘的地方；中国是个全新的发现，欧洲人用了将近一个世纪的时间才弄清楚，伊比利亚扩张先驱们发现的"大明"或"中国"，就是马可·波罗那一代人传说的契丹。16 世纪欧洲的亚洲知识明显增长，但马可·波罗时代以来有关亚洲的种种想象依旧流传，旧传奇与新知识纠缠在一起。就中国知识而言，意大利诗人洛多维科·阿利奥斯托写作《疯狂的奥兰多》时，皮雷斯率领的葡萄牙使团已到广州，但阿利奥斯托仍将中国称为"契丹"，这是马可·波罗时代欧洲人对中国或中国北方的称呼。

从一种可有可无的异域知识与传奇，变成本土想象与思想的素材，经历了一个有趣的文化涵化过程。在文学与社会一般想象中，印度与中国的风物与意象，赋予欧洲文化一种浪漫的异国情调。奇怪的是，葡萄牙与西班牙作为欧洲扩张的先驱，与亚洲接触更直接，关注的问题也更现实，因而对亚洲的文学想象就相对薄弱平淡一些；相反，意大利和法国没有直接参与东方扩张，却对东方具有更加浓厚的文化兴趣：一则因为意大利、法国是文艺复兴中心，文化素养与热情都比其他国家高；二则因为没有殖民扩张造成的直接利益关系，感受更清新，想象力也更为活跃。《疯狂的奥兰多》中高卢骑士奥兰多在欧亚大陆历险，疯狂地爱上了契丹公主安杰丽卡，故事的场景从鞑靼、赛里斯到契丹、印度，还有一个名叫阿秦那（Alcina）的岛，在契丹以东，可能是马可·波罗所说的西潘戈（日本）。阿利奥斯托似乎知道他那个时代的"发现"。他的传奇英雄可以走海路跨越大西洋到阿秦那，然后去契丹。返回欧洲的时候，从阿秦那出发，沿着中国海岸向西航行到马六甲、锡兰，从波斯湾登陆横穿阿拉伯半岛到红海，自埃及到意大利。在非洲海岸，他得知地球上的大洋都是相通的，绕过非洲，同样可以到达印度。

一面是思想，一面是实践；地理大发现时代，欧洲的思想追不上欧洲的实践，欧洲人的亚洲知识赶不上欧洲人在亚洲扩张的脚步。就在欧洲人痴狂地阅读那些天方夜谭式的契丹传奇的日子里，葡萄牙人已经开始踏上真实的中国土地。第二卷第二、三册的文献年代，与第一卷第二册有许多重合处。皮雷斯使团的幸存者将中国的消息带回葡萄牙。1549 年，走马溪之役后，又有一批不走运的葡萄牙人，被当作海盗关进大明的监狱。侥幸者从广西的流放地逃出，他们中不只一人也不只一次地叙述他们在中国的见闻与经历。其中最有名的是盖略特·伯莱拉的《中国报道》。伯莱拉的《中国报道》由教士们抄录后寄回葡萄牙，但并没有流传到宫廷之外，因为葡萄牙王室封锁了东方的任何消息。直到16 世纪中叶，欧洲关于中国的最新消息仍仅限于葡萄牙，而葡萄牙又仅限于王室，社会上流传的"亚洲知识"，在很大程度上依旧是马可·波罗、曼德维尔式的传奇，绝大多数欧洲人还无法判断契丹或中国是否是同一个现实的国家。

地理大发现首先是财富大发现，然后才是思想大发现，知识的流传远没有财富的流动那么迅速。16 世纪中叶欧洲市场上的东方香料已经开始跌价，绝大多数欧洲人还相信印度有狼头鬼、巨足客，中国并不是一个真实的国家。拉赫尤其重视法国文化对亚洲的接受，伊比利亚与意大利都从贸易与传教方面直接介入东方扩张，法国没有直接参与这场扩张运动，却因此赢得了想象与反思的空间。拉伯雷笔下的巨人庞大固埃（《巨人传》，1532—1553 年）漫游到契丹，从欧洲到契丹，像从巴黎到意大利一样。1539 年到 1560 年在法国最流行的《世界指南》，对中国、日本、果阿这些地方完全无知。全书 160 页，用在亚洲部分的只有 12 页，不足 1/10。编者雅克·西诺属于当时最博学的那一批人，他们不是没听说过契丹或中国，而是不相信它们的真实存在。这既表现出他的严肃又表现出他的无知。1575 年，法国旅行家安德烈·德维出版了长达 2000 多页的巨著《寰宇通志》，其第一卷第二册是专论亚洲的，他的亚洲知识是从普林尼到同时代传教士甚至奥斯曼帝国的伊斯兰教徒那里获得的大杂烩。他将他那个时代一位法国人可及的中国知识或想象全写到自己的书里，如此广见博识的法国人也不过如此。

然而，知识毕竟在进步，从想象到现实，从西南欧到西北欧、从王室教廷

到民间社会。欧洲的亚洲知识状况在 16 世纪下半叶得到改观：一是亚洲知识逐
渐传出王室、传出伊比利亚半岛，二是亚洲知识逐渐具体化、现实化。仍就中
国知识而言，1550 年至 1580 年间，在欧洲的一些大城市里，包括里斯本、罗
马、帕图亚、威尼斯、塞维尔、里昂、巴黎、阿姆斯特丹等，可以看到伯莱拉
和另一名当过中国人俘虏的葡萄牙勇士的《中国报道》，它被译成意大利语、西
班牙语和法语刊行。此外还可以见到平托、加斯帕尔·洛佩斯、若昂·德·巴罗
斯、德·卡斯塔涅达等人关于中国的报道。1570 年，欧洲出版了第一部完整的
专述中国的著作——《中国志》，作者是葡萄牙耶稣会士加斯帕尔·达·克路士。
克路士根据自己短期逗留中国的见闻与伯莱拉的《中国报道》，对中国进行了全
面的介绍，我们只需浏览一下它的章节标题，就知道在那个时代这是一本多么
难得的中国读物。[1]

　　有关亚洲的知识以伊比利亚半岛为中心，逐渐地向整个西北欧地区扩散；
以前主要被宫廷与教会垄断的亚洲知识也开始流入社会，借助新兴的印刷术广
泛传播。16 世纪最后二十五年，一个稍有教养的意大利人、法国人、荷兰人、
英国人甚至德意志人，都可以像伊比利亚人那样从当时的读物中获得不算准确

---

[1]　《中国报道》的章节标题：*本章叙述作者觉得要去中国的原因，并谈中国这个名字，及
　　该国的称呼……*本章阐述中国是怎样一个国家，中国人是何种人……*和中国接境的国
　　家，介绍中国的辽阔幅员，据说它和阿鲁茫尼的边境相接，因为涉及两个俄罗斯，其中一个
　　和中国接境……*续谈中国的疆域……*中国省份的划分……*广州城特写……*内地的
　　一些建筑物……*皇亲国戚的高贵府邸，及大城内官员的馆舍……*该国内的船舰……*土
　　地的耕作和百姓的行业……*工匠和商人……*土地的富饶及物产的充足……*人们的服装
　　和风俗……*中国人的几次节日，他们的音乐和丧葬……*妇女的服饰和风俗及中国有无
　　奴隶……*诸省官员的人数和不同的等级……*老爷是怎样产生的，学习的情况，他们怎样
　　在书信中相互了解，而不是使用不同方言交谈……*老爷的供应及其吏员……*为老爷服务
　　之敏捷迅速……*被判死刑的人，及有关司法的其他事，这是值得注意的一章……*中国的
　　监狱和牢房……*中国皇帝和谁通婚，有关使节的情况，如何把全国发生的事每月报告给皇
　　帝……*葡萄牙人在前些时候怎样跟中国人进行贸易，中国人又怎样武装反对他们……*中
　　国人再进攻葡人，这支舰队引起的事端……*为查清葡人是什么样的人而作的努力，对他们
　　坐牢所进行的法律审讯……*皇帝对老爷的判决对葡人有利……*中国人的礼拜和信仰……
　　*中国的摩尔人，传播基督教的障碍……*1556 年中国人受到上帝的惩罚……

但已较为全面的有关中国、印度、日本等国家的地理与历史知识。至少他们应该知道中国的国土比整个欧洲还要大，一条大河将它分为南北，定都北京，北纬43—45°有一条抵御鞑靼人入侵的长城。中国有15个省，200多座城市（府），中国人喝茶、中国妇女缠足和汉语异常地诡异。1585年，奥古斯丁会修士胡安·冈萨雷斯·德·门多萨编写的《中华大帝国史》在罗马出版，同年就再版于西班牙的瓦莱西亚与意大利的威尼斯。到1600年，意大利已印出19版，西班牙11版，法语译本分别见于1588年、1589年和1600年，"舰队年"（1588年）伦敦出现了英语译文，最初的德语、荷兰语译本面世于1589年（法兰克福）与1595年（阿克默尔与阿姆斯特丹）。到该世纪结束的时候，《中华大帝国史》在欧洲已有7种语言的46种版本。《中华大帝国史》提供了系统而充分的中国知识。该书共分三部，第一部是对中国的总体介绍。门多萨对中国的地理风物、人伦制度、文化幻想、军事武装等各方面进行了完整的描述，第一部也是该书的核心，对当时以及后世影响最大。第二部叙述菲律宾的西班牙教团三次前往中国传教的经历。第三部汇编了一些门多萨认为有价值的有关中国的零散信息，似乎可以作为第一部分系统论述的补充与注释。在以后出版的一些版本中，该书还被加入其他一些附录，一张中国地图或一份有关中国的资料目录。

　　欧洲人探索世界改革自身的热情与努力令人惊叹。16世纪的欧洲不仅掌握了大量的亚洲知识，而且试图将这些知识用于自身的文化变革与建设中。坦率地说，拉赫关注的并不是亚洲，而是欧洲的亚洲知识以及欧洲的亚洲知识对欧洲文化的影响。拉赫详尽描述了欧洲当时各图书馆收藏的有关亚洲的著作，尤其强调了某些私人收藏的意义，如费迪南·哥伦布就收藏了大量有关亚洲的书籍资料；逐一讨论了亚洲文化对欧洲不同国家如葡萄牙、西班牙、意大利、法国、德意志、荷兰、比利时、英国，不同文学类型如传奇与诗歌、小说与散文、政论与说教文学，不同学科如制图学与地理志、宇宙学与世界史、语言学与人种志、工程技术与自然科学的影响。就文学而言，拉赫重点分析了葡萄牙诗人卡蒙斯、意大利诗人阿里奥斯托与塔索、法国小说家拉伯雷与散文家蒙田、英国剧作家马洛与莎士比亚等作家作品中的亚洲影响，开辟了比较文学的新领域与新问题。就自然科学与技术而言，拉赫尤其关注那些直接影响文艺复兴与地理大发现的科技知识与发明，如地理志与天文学、航海术与工程学。就人文社会科学知识而言，语言学与人种志是个重要的问题。亚洲有众多民族，不同民族的语言是让欧洲学术界最感兴趣的问题。有些语言，如中文，在字词构成与语法结构上与欧洲语言差异如此之大，让人想起巴别塔神话。如果现今世界上各民族语言千变万化，是上帝为惩罚人类修建通天塔的结果，那么，此前人类使用的共同语言还存在吗？过去人们以为古希伯来语是早年人类共同语言的遗迹，如今，有人开始猜测象形汉字可能近似巴别塔之前人类使用的共同语言。发现亚洲促成了欧洲学术界对比较语言学研究的兴趣，拉赫在书中还整理了一份附录，列出了欧洲语言借用的亚洲词汇的对照表（见第十一章附录："欧洲词汇中的亚洲词语"），其中有些非常有趣并充满想象力的发现，比如说，欧洲语言中的"typhoon"可能来自汉语的"台风"。进一步的问题可能是这种借用是如何发生的，难道古希腊水手到过南中国海，或者通过阿拉伯航海家，阿拉伯语种是否有"typhoon"一词？

地理大发现的两个世纪间，广阔的世界一步步在欧洲面前展开，精彩无限。首先是原始自然的美洲，然后是神秘富饶的印度，再后是散乱丰富的东南亚，最后是新奇文明的中华帝国。所有这些地域的发现、事件的发生，都如奇迹一般，让欧洲人兴奋不已。亚洲知识影响文艺复兴时代的欧洲文化，还不仅限于一般知识的发现，在技术与发明方面，中国的指南针、火药、印刷术，印度的数学与香料制作技术，也推动了欧洲的现代化进程。中国的四大发明在中国历史上并未得到特殊的重视，反倒是西方人率先强调罗盘仪、印刷术、火药三大发明的重要意义，[①]这是因为中国的三大发明从根本上推进了西方的现代化。没有指南针罗盘仪就没有地理大发现，没有火药便没有殖民扩张，没有印刷术，就没有文艺复兴、宗教改革乃至启蒙运动。培根在《新工具》中将罗盘仪、印刷术、火药的"发明"作为西方现代文明的起点，"因为这三大发明首先在文学方面，其次在战争方面，第三在航海方面，改变了整个世界许多事物的面貌

---

① 二战期间，英国著名科学史家李约瑟率先提出中国的"四大发明"说，此前西方只有"三大发明"说，且不知道这三大发明源自中国。

和状态，并由此产生无数变化，以致似乎没有任何帝国，任何派别，任何星球，能比这些技术发明对人类事务产生更大的动力和影响"。① 马克思在《经济学手稿（1861—1863）》中再次强调这三大发明"预告了资产阶级社会的到来"。二战期间，英国著名科学史家李约瑟在三大发明之外加上造纸术，提出中国的"四大发明"说。反思西方现代化的历史，这"四大发明"的意义可能是"欧洲形成中的亚洲的最大贡献"。

第二卷第三册《学术研究》主要探讨亚洲对欧洲科学技术的影响。16 世纪欧洲的学术研究关注普世论题，他们试图将基督教神学与古典哲学结合起来，同时面对地理大发现展示的新知识；在保持思想与信仰传统的同时，强调客观观察的重要性，观察与实践成为某种真理形式。那是一个"西体东用"的时代，亚洲知识对欧洲学术研究的影响，更多地表现在实践领域，工匠比艺术家、炼金术士比化学家、制图师比地理学家、词典编纂者比语言学家，更容易接受亚洲影响。在整个知识体系中，受地理大发现影响最大的，是地理学与生物学，欧洲的宇宙学传统（当时的宇宙学内容广泛，包括地理学、历史学、数学、天文学、航海术等）被新发现的世界彻底改变了，而新发现的各种新奇的动物与植物，让人们看到一个丰富多彩的自然世界。就欧洲不同国家地区而言，伊比利亚处于扩张的前沿，顾不上思考新发现带来的科学问题；荷兰人、德国人热衷于宗教改革，也没有多少科学热情；意大利和法国虽然在现实扩张中滞后，却具有观念与知识上的敏感和深厚的世俗知识教养，他们更具有"思想扩张"的优势，在亚洲知识的冲击下，他们逐渐形成了一种朦胧的地理环境决定论和文化相对论，开始反省欧洲知识传统狭隘的一面。这种新的知识态度，最好表现在蒙田的《随笔集》中。

讨论文艺复兴、宗教改革时代欧洲文化中的亚洲影响，具体意义在于证明亚洲知识也是文艺复兴与宗教改革精神的一部分，为文艺复兴与宗教改革提供想象的灵感、思想的资源与行动的楷模。在那个人们为古典艺术着迷、为信仰

---

① ［英］培根：《新工具》，许宝骙译，商务印书馆 1986 年版，第 103 页，引用时根据原文略有改动。

方式疯狂的文艺复兴与宗教改革的时代，亚洲知识在一点一点地改变欧洲人的知识与价值观念。首先是人们对这个世界的知识发生了变化，统治人们的世界观念的托勒密地理学体系崩溃了，古典作家有关世界与人类历史的描述也变得可疑，世界比地中海沿岸地区广阔得多，历史也可能比《圣经》的记载悠久得多，欧洲人必须重新认识自我与世界以及整个人类的历史。世界上有许多陌生的民族，他们的生活方式、信仰方式、语言与习俗吸引着欧洲人的探索与求知欲望。

拉赫力图全面考察16世纪亚洲知识在欧洲各个文化领域的影响，这种研究是百科全书式的，丰富性有余而深刻性不足，甚至在某些细节问题上，尤其是涉及历史与语言学方面，存在一定的误解。比如说，拉赫认为，古印度与古希腊史诗都可以证实一个战车文明的时代，而中国古代却没有相关记载，中国历史缺失战车时代，因为中国文明自古便与世界隔绝。这种论断，或者说是臆断，不仅存在误解，而且明显暴露出知识上的缺陷，中国先秦典籍多处提到战车，商周时代战车是主要军事装备，车战也是主要作战方式。此外，还有一些有关中国语言，尤其是方言的问题，也出现理解与解释上的偏差，如"茶"在北方官话、闽南方言中的发音不同，西语中也出现不同的音译。当然，任何研究涉及如此广泛内容的著作，都难免出现一些细节上的错误，现代学者的专精与百科全书派的博大不可兼得。《欧洲形成中的亚洲》得在百科全书式的博大，失于现代学者的专精。

从第二卷的研究看，《欧洲形成中的亚洲》留下的学术遗憾有两点：一是博大有余专精不足，二是史实有余史识不足。拉赫的研究收集了难以驾驭的史料，庞杂的史料加上繁复的叙述，如果没有相应的理论概括与不断出现的提纲挈领性的论述，可能影响读者的阅读理解以及对全书思想框架的整体性把握。这也是其他一些"巨著"，如吉本的《罗马帝国衰亡史》、威尔·杜兰的《世界文明史》、汤因比的《历史研究》、李约瑟的《中国科学技术史》、布罗代尔的《15至18世纪物质文明、经济和资本主义》等共同的缺陷。庞大工程的致命点往往在结构，《欧洲形成中的亚洲》致命的学术缺陷，也在思想结构上，一部准备了如此丰富史料的著作，如果因为思想结构与理论观点上的缺陷，未能达到预期的学术影响力，不能不说是巨大的遗憾。

三、"发展的世纪"：17 世纪欧洲的亚洲知识状况

1993 年,《欧洲形成中的亚洲》第三卷终于问世了。在将近三十年的时间里,《欧洲形成中的亚洲》陆续出版,对学术界甚至整个知识界,都是一种挑战。第三卷分四册,主要研究 17 世纪欧洲的亚洲知识状况,在内容与体例上基本上可以分为两部分:第一册更像是总论,其中八章的内容分成两部分,分别讨论欧洲向亚洲扩张的两个方面:一是贸易与传教的现实方面的扩张,二是知识与想象方面的扩张。第二、三、四册为另一部分,专题讨论"欧洲的亚洲形象",在内容与体例上有所拓展与变化,具体到亚洲不同地域,分别讨论 17 世纪欧洲视野中的南亚、东南亚和东亚。如果将第三卷四册按内容分成两大部分,第一册为一部分,第二、三、四册为一部分,我们依稀可以辨认出拉赫最初设计的三卷六册、每卷两册的基本格局。

（一）文化大发现的世纪

在西方现代化历史上,17 世纪是一个重要而又容易被忽略的转型与过渡的世纪。首先是欧洲扩张格局的变化。17 世纪欧洲扩张势力发生了结构上的变化,北大西洋国家势力取代了伊比利亚,成为欧洲在亚洲扩张的主力,葡萄牙的印度公司转移到巴西,西班牙殖民者则放弃印度洋转向太平洋。伊比利亚扩张的高潮时代结束了,他们曾经在世界各大洲的边缘都建立了自己的贸易点与城堡、教堂,他们挥霍掉自己民族的资源、想象力与勇气,然后在腐化中衰竭。西北欧扩张代之而起,荷兰人、英国人在亚洲开始取代伊比利亚人的扩张优势。伊比利亚人奠定了东方贸易网,荷兰人、英国人继承下来,并最大限度地发挥了该体制的作用。荷兰东印度公司是个巨大的联合企业,它综合了私商和国家利益,统一了商业与军事行动。荷兰东印度公司在 17 世纪大多数时间里,维持着从大西洋到印度洋的海上霸权,当荷兰东印度公司开始衰落的时候,英国人、法国人已准备好在亚洲接替荷兰人的霸权。

欧洲在亚洲的扩张远没有在美洲那么顺利。他们在转瞬之间征服了美洲，旋即便开始了大规模的移民。他们在美洲、非洲与欧洲之间，建立了一种经济与政治的互补体制。欧洲人是主人，他们需要美洲的土地与矿藏，不需要美洲的人，于是美洲土著印第安人大批死亡，一个世纪间人口锐减 80%。欧洲人需要非洲的人而不需要非洲相对贫瘠的土地，于是成船的黑奴被一批批地贩运到美洲。他们在亚洲无法这样得心应手，莫卧儿帝国、中华帝国依旧强大。欧洲人竭尽全力，也不过是在东方的几大帝国边缘建立起一些贸易点和军事要塞，而且或多或少都是在东方帝国的默许下存在的。欧洲在亚洲还没有取得文明的优势，他们在等待机会，也在自我调整。

　　17 世纪欧洲的主要问题，并非来自所谓的欧洲扩张与亚洲本土力量的冲突，而是来自欧洲社会自身基督教与世俗资本主义、基督教新教与罗马天主教之间、欧洲不同民族国家之间以及民族国家与封建王朝之间的冲突。在东方，欧洲扩张力量尚不足以挑战亚洲的政治与文化传统，甚至根本无法构成对亚洲的政治、社会与文化秩序的冲击，反倒是两个多世纪以来欧洲与亚洲的交往，改变了欧洲的经济结构、社会生活与文化观念。亚洲贸易改变了欧洲的经济结构，新的贸易模式出现了——就欧洲本土而言，亚洲商品的输入促进了欧洲国家与城市之间的贸易关系，形成了以港口城市为结点的欧洲贸易网络，造就了一系列新兴的贸易港口城市，如阿姆斯特丹、哥本哈根；就世界贸易体系而言，亚洲商品，诸如香料、棉纺织品、瓷器、茶叶、咖啡等，成为欧洲、美洲、非洲洲际贸易体系的驱动器或粘合剂，沃勒斯坦的《世界经济体系》与弗兰克的《白银资本》，都在不同程度上强调了亚洲贸易对构建世界经济体系的核心作用。

　　17 世纪欧洲扩张在现实世界进入一个中歇期，但在观念世界，则进入一个跃进的阶段。这其中的道理耐人寻味。一种文化对另一种文化的热情，最好维持在无知的好奇与已知的确信之间的张力关系上。如果对某一异域文明的知识已经到了了如指掌的地步，好奇心失去了，熟悉又带来轻慢，自然不会有什么热情。同时，如果对某一异域文明无知或大多无知，人们也不会有太多的热情，因为它还没有进入文化期待的视域里。马可·波罗到门多萨时代，欧洲对亚洲的知识还不够丰富，即使是好奇，也必须建立在特定的知识与信念基础上。

而到 18 世纪后期，欧洲对亚洲的知识又太多，多到没有好奇，冷漠就出现了。17 世纪欧洲的亚洲知识视野，恰好处在无知的好奇与已知的确信之间张力关系的微妙的平衡点上。知识已经足够多了，但还没有多到驱散好奇，而好奇驱动期望与想象，填补知识的空白。

另外，17 世纪欧洲对亚洲知识的热情，还自有其现实历史的必然性。西方扩张势力被阻止在东方内陆帝国的边缘上，从外部看上去，东方帝国依旧遥远、神秘、稳定、强大。西方扩张的问题，还与东方社会自身的历史状况有关，它涉及东西方国家实力的对比。亚洲与美洲不同，亚洲具有深厚的文明传统，强大的国家机构与军事力量、经济实力上也并不相差于西方。1650 年前后，亚洲的游牧文明扩张达到历史的高峰，他们在波斯建立了萨菲帝国，在印度建立了莫卧儿帝国，在中国建立了满清帝国。这些游牧文明与农耕文明结合的东方帝国，虽然在经济技术上都已相对停滞，但政治军事、宗教文化的扩张仍在继续，而且相对于欧洲而言，依旧强大。就中国而言，1700 年的清朝依旧是世界上最大的政治实体。此时，西方还没有任何一个国家在政治军事实力上可以挑战中国，也根本不可能组织起联合力量。西方即使在经济上表现出微弱的优势，也不在总量上，而在组织形式上。

相比之下，欧洲则显得支离破碎、动荡不安。英国爆发了资产阶级革命，这场革命历时半个世纪，终于以光荣的妥协结束，因为砍了国王查理一世高贵的头颅之后，在严厉的护国公的剑影下生活，人民并没有感到自由与幸福。荷兰已经露出衰竭的迹象。在东方，荷兰的公司像国家；在欧洲，他们的国家又像公司。荷兰与英国、法国交战，荷兰的商人都将粮食卖给法国人，继续在伦敦开银行。伊比利亚的帝国从本土到海上全面衰落。路易十四继承了菲利普二世的世界野心，但他的世界胸怀似乎并不比查理曼大帝宽广，世界基本等于欧洲，路易十四想当欧洲霸主，不断地在欧洲发动战争。德意志经历了宗教改革与三十年内战，正在慢慢地恢复生息。这期间西方扩张的疆域基本上没有扩大，在已经扩张到的土地上，欧洲势力却在争夺统治权。葡萄牙在马六甲输给荷兰人，却在巴西赢了荷兰人。荷兰人把英国人赶出了安汶，英国人不久就把荷兰人赶出了纽约。

17世纪是欧洲扩张史上的一个特殊时期，当欧洲扩张的物质力量受阻的时候，知识力量却逐步深入亚洲文化的方方面面。首先是随着欧洲扩张势力格局的变化，欧洲的亚洲知识生产状况发生了相应的变化。西北欧，尤其是荷兰，取代了伊比利亚半岛，成为亚洲知识中心。印刷技术的提高与出版机构的普及，促进了亚洲知识的增长与传播。传教士的书简、商人和使节的贸易报告和出使报告，以及诸多纪实也许有所虚构的游记，被译成各种欧洲语言印刷出版。在一般知识基础上，学者们也开始了相关的研究，尤其是对亚洲的动植物学和医药学的研究，这些知识与研究不仅改变了欧洲的生活方式、知识结构，也多少改变了他们的价值观念。

　　17世纪是文化大发现的时代。推动这个世纪欧洲的亚洲知识进步并改变欧洲人价值观念的，有社会经济、政治与文化多方面的因素。首先是欧洲扩张势力格局的改变，在欧洲自身，西北欧扩张势力取代了西南欧扩张势力，新教国家势力取代了天主教国家势力，成为欧洲扩张的主力；与此同时，欧洲的亚洲知识传播中心也从伊比利亚半岛与意大利半岛转移到荷兰与低地国家、日耳曼国家与法国、英国。其次，这个世纪的欧洲正处在文艺复兴、宗教改革与启蒙运动之间，文化上出现一种开放的、外向的心态，酝酿着一场巨大的变革，出现在西方现代性思想起点上的"东西之争"与"古今之争"同时在17世纪的欧洲肇始。最后，欧洲与亚洲国家的势力均衡达到某种僵持状态，亚洲帝国依旧强大，欧洲扩张势力停留在亚洲帝国的边缘，对亚洲帝国的物质欲望与文化好奇，形成一种独特的仰慕亚洲文明的文化心态。这种心态在西方现代性精神结构中，是最耐人寻味的一部分。

　　西方现代扩张的外向与内向精神之间的张力结构值得研究。现代欧洲在发现亚洲的财富的同时也发现了亚洲的文化；在发现亚洲的"他者"文化价值的同时，也在发现欧洲的现代性自我。博岱在《人间乐园》一书中提出，考察欧洲与非欧洲人的关系，应该注意到两个层次与两个层次之间的关系。第一个层次是物质的、现实的、政治经济层次的关系；第二个层次是观念的、文化的或神话的层次的关系。这两个关系层次彼此独立又相互关联："在欧洲人的观念中，东西方的关系可以分为两个层次，相互关联又彼此不同，一种关系表现在最广义的政治生活领域中，它是一种具体环境下与具体的非欧洲国家、人民、世界的一种基本关系。这种关系可以自由地使用政治、军事、社会经济，有时甚至用教会传教的术语表达。在大多数研究西方防守与扩张的历史的历史学家笔下，记载的都是这类关系的历史。另一种关系完全出现在人的头脑中，它的领域是想象的领域，充满着西方文化中关于非西方的人与世界的各种形象，这些形象并非来自于观察、经验，具体可成为现实，而是来自于某种心理冲动与期待。这种心理动力创造出与第一种主导政治现实完全不同的另一种心理现实。它同样具有一种强大的、明确的影响力，主导着东西方的关系，因为它具有一种绝对的现实价值与神话般的力量……"①

（二）一般知识状况：贸易、传教与文献

第三卷第一册《贸易、传教、文献》在整个第三卷中，更像是个总论，介绍西方扩张势力在贸易、传教、知识上的进展。首先是西方扩张在亚洲的势力格局发生了巨大的变化，伊比利亚扩张势力衰落，葡萄牙基本上退出印度，仅留下果阿及北部的几个据点和中国海岸的澳门；西班牙放弃马鲁古群岛与中南半岛，只图巩固菲律宾群岛和马里亚纳群岛的殖民地，确保横跨太平洋的大帆船贸易。17 世纪是荷兰人的世纪，荷兰东印度公司占领马六甲，以巴达维亚为中心，经营香料贸易，并一度占领台湾，进入日本，接手葡萄牙控制的锡兰岛和马拉巴尔海岸的各大商馆。到这一世纪的后半叶，法国势力开始加入角逐亚洲的行列，商人使节进入印度，"国王的数学家们"被派往北京。

欧洲世俗扩张势力格局变化的同时，基督教在亚洲传教的势力格局也发生了变化。罗马教廷支持的天主教传教事业随着伊比利亚世俗政权的削弱而衰落，耶稣会依旧把持着印度、中国、菲律宾等国的传教事业，同时也受其他修会的制约，随着新教国家加入扩张队列，新教徒也加入东方的传教事业，并与天主

---

① *Paradise on Earth: Some Thoughts on European Images of Non-European Man,* by Henri Baudet, Trans., by Elizabeth Wentholt, New Haven and London, Yale University Press, 1965, p6.

教徒展开竞争，他们不仅关心亚洲人的灵魂，也关心那些在亚洲的欧洲天主教徒的灵魂。到 17 世纪末，几乎所有的欧洲基督教教派都在印度河以东的亚洲有了自己的代理人，俄国的东正教（中国人称罗刹教）神父也出现在北京。

"到世界各地去，将福音传播给每一个人。"（《马可福音》）基督教具有强烈的普世主义思想与狂热的扩张精神。西方扩张从来是贸易、战争、传教三位一体的，其中传教有着重要意义。在西方扩张的世俗力量发生变化的同时，传教势力也相应出现结构性的变化。商人需要利润，水手需要暴富，贵族需要冒险，新兴的民族君主国家的国王需要更大的土地、更广阔的海域和更多的财富，教士们为了上帝需要更多的信徒，而在亚洲的扩张的确能够满足上述要求。有人在分析西方扩张的动力结构时提出著名的"4G"：GOLD、GOD、GLORY、GUN。GOLD：海上贸易可以带来巨大的财富：黄金、香料、象牙与奴隶。GOD：航海冒险的意义在于将异教世界的财富运回基督教家乡，再将基督教送到异教世界。GLORY：骑士精神将他们的宗教狂热与世俗精神结合起来，创造出人类历史上的奇迹。GUN：三桅三角帆葡萄牙式远洋快船成为一座活动炮台，它可以在 200 码之外击毁各个方向的敌船。

17 世纪的欧亚大陆，人从西向东流动，货物与知识则从东向西流动。越来越多的欧洲商人、传教士出现在亚洲的同时，越来越丰富具体的亚洲知识也出现在欧洲。那些热情执着而又勇敢危险的传教士，是文化海洋的哥伦布。他们逐渐发现了亚洲文明的意义，并将这种意义通过越洋书简传达给欧洲。欧洲不同国家、不同教派、不同修会的传教士，对欧洲的亚洲知识的积累与传播做出不同程度与角度的贡献，拉赫与克雷的研究让我们从整体上了解了那个时代传教士对亚洲知识的贡献：首先是天主教教会，包括耶稣会、圣方济各会、多明我会的传教士们，以及法国的"外方传教团"，他们在遥远的东方传教，他们的著作在欧洲出版，他们引起的"礼仪之争"使中国文化成为欧洲讨论的热点；新教传教士似乎并不太关注中华帝国的制度与文化，但他们对印度与东南亚民俗信仰乃至自然现象的观察与记录，大大丰富了欧洲的亚洲知识。

从 16 世纪到 17 世纪，欧洲的亚洲知识状况发生了巨大的变化。首先是欧洲对亚洲的地理历史、政教制度、人文习俗等，已经有了整体的印象，而且，尽管对不同国家地区的认识深浅不同，但基本知识已经具备了。其次，除了知识的积累与进步之外，还有文化视野的变化、知识的细分与关注点的转移。17世纪西方扩张的洪流已经把许多欧洲国家的人士带到亚洲不同国家地区，也将亚洲不同国家地区的知识带回欧洲。欧洲不同国家观察与认知亚洲的视野与关注点不同，对亚洲不同国家地区的看法也有所区别。除了地理、物产与贸易状况是共同的兴趣所在外，总体上看，天主教国家更关注宗教与政治，包括民众的信仰状况与政体制度，新教国家则更关注世俗社会与民间习俗，对技术与知识的兴趣也更加浓厚。欧洲不同国家的亚洲知识期待视野应该具体分析区别对待，而欧洲对亚洲不同国家地区的认知与判断也有所区别。总体上看，印度知识依旧模糊不清，不论在政治上还是文化上，印度都缺乏统一性，印度形象的文化意义也缺乏确定性与明晰性，欧洲对印度的态度主要是知识上的好奇，也许还有价值上的排斥；相对而言，中华帝国的意义则是明确的，对17世纪政治动荡的欧洲来说，中华帝国最有文化启示意义的是它的开明君主制度与儒家伦理，欧洲人对中华帝国，不仅有知识上的渴望，还有价值上的仰慕。东南亚的状况最为复杂，除了贸易价值之外，欧洲人还没有在那里发现什么文化价值，他们对东南亚的文化兴趣，主要在人类学或人种志，还有动植物学与海洋地理。

  17世纪欧洲的世界知识已经相当丰富、具体、全面。一位有财富与学养的人，可以从当时欧洲的出版物中，获得关于这个世界不同地区不同人种不同文化的基本知识，而这在哥伦布、达·伽马的时代根本是不可能的。他不但可能知道阿兹特克、印加帝国的野蛮风俗与覆灭过程，而且可能了解西班牙人在征服美洲过程中犯下的种种暴行；他不但可能了解印度的地理与物产、风俗与信仰，而且开始客观地思考这种异教文化的意义。印度是个远比伊斯兰世界更神秘也更富饶的世界，欧洲人了解印度教的兴趣，也远比了解伊斯兰教的兴趣浓厚。印度严格的种姓制度、各种稀奇古怪的信仰仪式，大大小小的神，堆积成山的胡椒、柔软如云的棉布、富丽堂皇的宫殿，种种物质与精神的财富，都让欧洲人着迷。相对于印度的奇幻，中国似乎更平实也更现实。中国是个有庞大人口的国家，政治制度更合理，行政治理也更有效。然而，对17世纪的欧洲，中华帝国的吸引力不仅在她幅员辽阔社会安定，更重要的是她以科举制为代表的官僚体制与以儒家哲学为代表的文化思想。17世纪是中国历史上改朝换代的动荡世纪，传教士们亲身经历并仔细记录了明清易朝的动荡历史，即使如此，他们依旧认为中国是世界上治理得最好的国家。

现代欧洲逐渐成为世界财富、权力与知识的中心。最初那段跨文化交流的有趣历史，首先应该归功于传教士与商人，然后是欧洲的出版商、印刷商。17世纪欧洲印刷出版业的发展、民众识字率的提高，都给欧洲的亚洲知识的积累与传播提供了良好的条件。职业化的出版商取代了印刷商，出版成为有利可图的行业，从而大大促进了亚洲知识的生产。有关亚洲的书籍从一种语言翻译成另一种语言，从一个出版商到另一个出版商不断翻印，从一个城市传播到另一个城市。17世纪最初那些年里，伊比利亚仍是关于亚洲著作的出版重镇。随着荷兰和法国的海外扩张与图书业的发展，荷兰与法国逐渐取代了伊比利亚与德意志国家，成为亚洲知识传播的中心。拉赫在详细分析了亚洲文献在欧洲的印刷出版状况之后，又对欧洲不同语言的亚洲文献进行了分别的介绍。首先是伊比利亚文献，包括教会书简、世俗游记文学，然后是意大利语文献。意大利热衷于翻译葡萄牙语和西班牙语文献，意大利没有信息源的优势，但有传播优势，罗马是教廷所在，大多数教会文献都汇集在那里，在天主教国家里，拉丁语是通用语言。不同国家的文献由于文化视野不同，内容重点也不同。总体上看，天主教国家重传教，新教国家重商贸。由于教廷所在，意大利语文献主要集中在教会内容上。法语文献出现比较迟，世俗传奇、人文考察与宗教报告并重。荷兰语文献多为航海与贸易内容，商人，而不是传教士，成为主要作者。活跃的海外扩张与城市出版印刷业的发展，使荷兰在17世纪大半时间里扮演着欧洲的亚洲知识中心的角色。相比较而言，德语、英语文献要落后许多，德意志国家忙于宗教内战，无法发挥它的印刷特长，英国的扩张基本上还没有开始，有些英语的亚洲文献出版，也基本上是翻译的二手资料。

（三）欧洲的亚洲印象：南亚与东南亚

17世纪是欧洲的亚洲知识大跃进的时代，关于亚洲的出版物几乎涉及了印度河以东亚洲的各个国家地区，从印度、东南亚到日本、中国。17 世纪初欧洲的亚洲知识还主要集中在印度、东南亚，到 17 世纪末，中国已经成为欧洲读者最为熟悉的亚洲国家。当然，"欧洲之亚洲"仍是从印度开始的，古典时代欧洲文献中就有关于印度的记述，有关印度的传说一直延续到中世纪，地理大发现开辟东航路，印度是东方的起点。第三卷第二册《欧洲的亚洲形象：南亚》中，拉赫着重研究 17 世纪欧洲对印度次大陆及周边地区国家的认知与想象，考察了欧洲多种语言中关于南亚的报道，尤其是耶稣会士的传教报告和荷兰东印度公司的商务报告，这些文献提供了关于南亚次大陆各方面的信息。17 世纪欧洲的亚洲视野发生了巨大的改变。首先是文艺复兴与宗教改革运动，使欧洲拥有更开放自由、更科学人文的视野看待南亚的文化，尤其是印度神秘复杂的宗教信仰。南亚次大陆的神秘面纱被逐渐揭开，关于印度的狗头人、巨足兽之类的传奇消失了，欧洲人开始以科学人文的精神观察印度的自然、人与社会。其次是葡萄牙对好望角航路的垄断先后被荷兰、英国、丹麦、法国的扩张势力所冲破，新教国家也加入到东方扩张的行列中来。他们在观念上不同于南欧的天主教国家，他们更开放也更世俗。随着这些国家的介入，欧洲的亚洲知识大为丰富，欧洲不同国家不同民族语言中都出现了关于亚洲乃至印度的印刷读物。

拉赫按照地理区域逐步介绍 17 世纪欧洲视野中的印度，莫卧儿帝国被分为不同区域，从古吉拉特到恒河平原再到孟加拉与东部。在对印度的观察与体验中，欧洲人逐步获得了更具体细致的关于印度信仰与习俗方面的知识。他们面对的是一个在信仰上分外复杂多样化的社会，北方的莫卧儿帝国信奉伊斯兰教，但伊斯兰教内部哲学和神学上存在分歧，逊尼派和什叶派的冲突，甚至大于伊斯兰教与异教的冲突。欧洲人在莫卧儿王朝统治核心的北印度，可以与穆斯林和平共处，但在南印度马拉巴尔、古吉拉特乃至东南亚，他们和穆斯林的关系则势同水火。随着欧洲人深入印度腹地和南部，他们越来越多地了解印度教。南印度遍地庙宇，形形色色的神灵，稀奇古怪的仪式，让欧洲人无比好奇。印度是个滋生宗教的沃土，但奇怪的是，曾经兴盛一时的佛教却几乎销声匿迹了。

欧洲关于印度的主要文献，来自英国与荷兰东印度公司职员的报告、耶稣会士的书简和法国、意大利、葡萄牙旅行者的游记。三类人的身份教养趣味不同，对印度的观察也各不相同。东印度公司的职员关注物产与商业习俗，传教士关注信仰与地方管理，旅行家则关注地理民俗。他们提供的印度"知识"，其中有些的确是客观的事实，有些则是想象、猜测、误解，甚至虚构的产物，从道听途说到异想天开。总体上看，欧洲人对南部印度的宗教与社会的观察比北部更细致深入，那是因为欧洲国家与这些地区有更多的商贸联系；尤其是斯里兰卡，欧洲人在那里已经建立了殖民地，一位英国商人在那里生活了二十年，对僧伽罗人社会的观察细致入微。17世纪欧洲文献对印度次大陆的记录，为研究印度历史保存了丰富的史料。印度人本身历史意识不强，当年法显、玄奘和尚为他们保留了一段中古历史，如今欧洲人又为他们记录了近代历史。

拉赫在繁复的史料叙述中，特别关注欧洲人面对亚洲文化表现出的自身价值观的调适与变化。比如说，对待印度教文化，欧洲人随着知识的积累与价值的反思，开始表现出理解的态度，试图从印度的立场和角度理解印度。比如梅斯沃尔德对欧洲人普遍感兴趣的印度教教徒寡妇殉夫习俗，表达出自己独到的见解。他不是轻率地谴责这项习俗的野蛮，而是从一些寡妇自愿慷慨殉夫的行为中看到爱情的忠贞与纯洁。他在谴责"这种残忍野蛮的习俗"的同时，充分肯定了她们"对亡夫的纯洁的爱"，这在17世纪欧洲观念基础上，是颇为不易的，预示着即将到来的启蒙时代的文化开放态度。在那个时代里，罗杰可谓是对印度教理解最深、态度也最为开放的欧洲人。他细心地观察印度特有的社会制度与宗教习俗，包括种姓制度、婚丧仪式以及殉夫、斋戒、祭祀、占卜等。他努力进行客观的观察与记述，避免价值评判。罗杰有许多婆罗门朋友，他试图从他们那里深入了解各种古怪习俗背后的思想原则，他把印度教当作一个活的宗教，试图从印度教的立场和观念理解印度教。一种异域文化的意义不在于它的怪异或不合理性，而在于它的平实与可接受性，这是跨文化交流的意义所在。①

从欧洲人的观点来看，印度河以东的亚洲可以划分为四大区域：南亚次大

---

① *Asia in the Making of Europe, Vol. III, A Century of Advance,* Book Two, The University of Chicago Press, 1993, pp.1026-1056.

陆及其岛屿、大陆东南亚与海岛东南亚、东亚。印度是一个神秘诱人的世界，有不可思议的信仰与不可理喻的习俗，遥远而不可亲近。相对而言，东南亚对西方来说似乎更具体也更好把握。离开印度次大陆第一站就是锡兰（今斯里兰卡），这是东方一连串香料岛屿的起点，是欧洲千年传说与梦想的地方。当年欧洲人进入亚洲水域，渴求的就是这个岛屿生产的肉桂。文艺复兴时代欧洲传说的"乌托邦"，如果在现实世界可能找到一个"地址"，就是这个美丽富饶的岛屿。① 英国水手罗伯特·诺克斯（Robert Knox）经历海难之后，在锡兰岛上滞留二十年，他详细描绘了这个仙境般的岛屿上的花草树木、飞禽走兽、风土人情、制度习俗。许多细节分外动人：热带之夜，晚风飘香，同村男女睡在一间宽敞的长屋里，男子睡一边；女子睡另一边；有人半夜醒来，抽烟、嚼槟榔，然后又哼着摇篮曲轻轻睡去；有人则蹑手蹑脚走出屋外，与情侣幽会。

尽管现实中的航海充满艰险而贸易又纷争不断，出现在文字记述中的香料岛屿却分外美好。从锡兰到爪哇、苏门答腊一直到几内亚群岛，这些生产胡椒、丁香、肉豆蔻的岛屿从西向东延伸，从印度洋进入到西太平洋。尽管此时欧洲人对这些岛屿的内部还不了解，但已经在一些港口建立了自己的贸易点，诸如马六甲、万丹、巴达维亚……16 世纪是伊比利亚人的世纪，16 世纪的欧洲已经可以从伊比利亚文献中得知大陆东南亚与海岛东南亚的自然与人文的基本状况，赖麦锡的三卷本《大航海记》提供了丰富的资料。17 世纪初荷兰人、英国人继伊比利亚人之后来到海岛东南亚，给欧洲提供了以香料群岛为中心的更多

---

① 托马斯·莫尔笔下的"乌托邦"，是航海家拉斐尔·希斯拉德发现的一个现世理想国，可能在锡兰岛附近的某个地方，具体见［英］托马斯·莫尔：《乌托邦》，戴镏龄译，商务印书馆1982 年版，第 11 页。康帕内拉的《太阳城》描述了另一个由航海家发现的"乌托邦"——太阳城。太阳城可能在"塔普罗班纳"，即锡兰岛，古罗马将锡兰称为塔普罗班纳。文艺复兴时代的乌托邦作品都将乌托邦的"现实"背景或"地图上的乌托邦"置于印度洋的某个岛屿，甚至就是锡兰（今斯里兰卡），其传统可以追溯到基督教的天堂传说。《圣经》中说伊甸园在东方。中世纪晚期去东方旅行的人，或多或少都试图去"发现"这个"东方乐园"。乔丹诺修士认为它在印度与埃塞俄比亚之间的海洋中的某一个地方。马黎诺利相信《圣经》上所说的天堂就在锡兰岛。鄂多立克的游记则说伊甸园在契丹以西五十天路程的地方。哥伦布的航海日记中记载他在航向印度的途中，曾从天堂不远处经过。

的东南亚岛屿的信息。从苏门答腊到新几内亚，星罗绵延三千多个岛屿，是最重要的赤道国家以及世界上重要大岛的最大聚集区，这些岛屿的历史可能是人类历史上最复杂的移民史。有关菲律宾的信息主要来自西班牙殖民者，耶稣会士佩德罗·奇里诺的《菲律宾群岛纪事》与西班牙殖民官安东尼奥·德·莫尔加的《菲律宾群岛志》，是殖民地早期关于菲律宾的最好著述。

东南亚位居印度与中国之间，受两大文明与伊斯兰教文明的影响。从马六甲到巴达维亚到马尼拉，欧洲人不仅熟悉那些港口城市，对东南亚内陆也有一定的了解。他们甚至深入密林深处废弃的神秘古城吴哥，介绍了吴哥的建筑奇迹，那些铺着大理石板的街道、保存完好的纪念碑与石像，他们甚至猜测吴哥是亚历山大大帝或罗马人甚至犹太人建造的。他们了解越南是个汉化程度很高的国家，越南人像日本人和中国人一样白皙，据说河内位于红河三角洲中心市场，是人口拥挤、但秩序良好的城市。相对于越南，泰国（或称暹罗）的风土人情，更让欧洲人着迷。法国工程师绘制了从大城到暹罗湾的湄南河航道详图，描绘了两岸的城市、王宫、庙宇、民居的图样。泰国社会是一个按等级划分的复杂社会，法律与传统详细规定了每个人的职位与职能，全民信奉佛教。国王及其大臣主管政府机构和法律系统，国王拥有无上的权威，除了寺庙财产之外，所有土地归国王所有。泰国社会分为自由民与奴隶，许多华人居住在泰国，从事商业活动。早期殖民者大都带有某种"人类学家"的兴趣与眼光，他们观察、描述东南亚居民的人种特点、不同的习俗与语言，尽管他们的记述有诸多误解，但仍是人们了解东南亚历史最可靠最丰富的资料。仅就知识而言，是欧洲殖民者将东南亚带入世界史的。

总体上说，17世纪欧洲已经基本上能够勾画出印度河以东亚洲的地理与人文面貌。整个南中国海沿岸国家与城市，基本上已经出现在欧洲的地图与文字记述中。只是朝鲜半岛还处于某种未知状态，关于日本，除了一些迫害基督教徒的恐怖故事外，欧洲人几乎没什么印象。一则因为欧洲对日本的兴趣并不如对印度、东南亚岛屿和中国那么浓厚，不管是传教还是贸易，日本的价值似乎都不大；二则，日本作为一个岛国，尽管文明程度相当高，但封闭排外，欧洲人无从了解日本。关于中国周边地区，除了中南半岛、缅甸、尼泊尔等地，他们还知道西藏、蒙古、东西伯利亚等地。当然，在 17 世纪的欧洲文献中，亚洲最重要的地区是东亚。据拉赫统计，除了那些书简和各种零散著述之外，17 世纪欧洲有关印度河以东亚洲不同地区的著作，多达 120 余种，其中将近一半是关于东亚的。除了文献之外，还有许多实物，诸如工艺品、服装、日用品等，也出现在欧洲王宫与上流社会的客厅，还有亚洲的奇花异草、珍禽异兽，也被带回欧洲，甚至亚洲人也来到欧洲。

学术界尽管已有不同著作分别研究 17 世纪欧洲对亚洲不同地区国家的知识状况，但至今还没有任何一个人像拉赫这样做过总体研究。在印度河以东的广阔亚洲地域，自然风土、人情习俗各不相同，在所有的亚洲国家里，欧洲人最关心的还是中国，在他们看来，中华帝国是亚洲最伟大的帝国，她领土完整、政治稳定、文化统一，17 世纪欧洲的中国知识已经相当全面、具体、准确，包括中国的版图、物产、人口、制度、风俗、信仰等等，他们最感兴趣的是科举制度与儒家思想，他们习惯将中国理想化，认为中国是世界上治理得最好、文化教养最高的国家。

（四）欧洲的亚洲印象：东亚与中华帝国

在欧洲现代文化史或观念史上，17 世纪是"欧洲形成"的一个重要时期。相对于前一个世纪，17 世纪欧洲的亚洲知识主要有两大改观：一是承认亚洲文明的真实性，进而形成开放的多元文明的观念；二是开始接受亚洲文明某些方面的优越性，进而反思欧洲文明的意义与价值。17 世纪欧洲的亚洲知识状况中，最值得注意的一点就是开放的文化相对主义思想的出现。未来启蒙运动中发挥效力的东方文化影响，在知识层面上的准备从 17 世纪已经开始了。

拉赫运用数量惊人的史料论证地理大发现与文艺复兴时代欧洲的亚洲知识的增长过程与方式，试图追索亚洲知识对欧洲现代思想与运动的影响。就史料丰富工程浩大而言，整部《欧洲形成中的亚洲》，丝毫不亚于汤因比的《历史研究》和李约瑟的《中国科学技术史》。历史学家固然不是全知的，也不可能奢望全知，但尽可能地在深度与广度、大场面与小细节上详尽再现人类曾经的历史经验，仍是历史学家的使命与志向。更何况拉赫选取的论题本身，就需要如此巨大的篇幅，否则根本无法再现欧洲史乃至全球史上那个非凡时代的重大事件与重要意义。

在欧洲现代历史上，亚洲知识有两次大扩展：一次在紧随地理大发现后的17世纪，一次在19世纪的殖民化运动之后。就中国知识而言，在欧洲现在早期历史上有大影响的著作，基本上都出现在17世纪前后，从1585年门多萨的《中华大帝国史》，到1735年杜赫德的《中华帝国通史》，其间的重要著作如《利玛窦中国札记》（1616年），曾德昭神父的《大中国志》（1640年），卫匡国神父的《中国历史十卷》（1658年）、《鞑靼战纪》（1653年）、《中国新图志》（1655年），基歇尔神父的《中国图志》（1667年），柏应理神父等的《孔夫子：中国的哲学家》（1687年），李明神父的《中国现状新志》（1687—1692年），白晋神父的《康熙帝传》（1697年），卢哥比安神父的《耶稣会士书简集》（原名叫《耶稣会的某些传教士写自中国和东印度的书简》[1702年]、《耶稣会某些传教士写自外国传教区的感化人的和吸引人的书简》[1703年]）。

第三卷第四册《东亚》进一步研究欧洲对中国、日本以及中国周边地区的知识。就中国知识而言，《东亚》用两章介绍了明末清初的中国，其研究的重点多少有些偏移。因为描述17世纪中国历史与17世纪欧洲的中国知识，研究的着眼点是不同的：前者的着眼点在中国历史状况如何，后者的着眼点在欧洲的中国知识状况如何；前者只需要介绍中国那段历史发生了什么，诸如朝代更迭、战争、政治制度与社会文化状况等，后者则需要分析欧洲的中国知识的传播与形态变化。可惜这一册很少涉及后一方面的内容。这让我们不得不提出疑问：在《欧洲形成中的亚洲》这一大主题下，什么才是最有意义的内容呢？或许最有意义的内容应该是欧洲的中国知识状况以及中国知识对17世纪欧洲文化的影响。

漫长的17世纪在拉赫沉重的叙述中即将结束，有关亚洲知识的全方位扫描也到了最后一站：中国。对现代西方文化最有启示意义的亚洲知识不是印度知识，而是中国知识；不是关于中国的物质财富的知识，而是关于中国文化思想的知识。就"欧洲形成中的亚洲"这一观念史的课题来说，17世纪欧洲的亚洲知识中对欧洲最有文化启示意义的，恐怕就是中国报道了。从哥伦布带着西班牙国王给大汗的国书去寻找通往"大汗的大陆"的新航路，到白晋神父带着《康熙帝传》从北京返回巴黎，欧洲人的中国知识状况发生了巨大的变化。三百年间，欧洲先后出现了三种中国"知识型"：首先是表述财富与君权的"大汗的大陆"，然后是表述制度与文明的"大中华帝国"，最后是表述思想与文化价值的"孔夫子的中国"。

对中世纪晚期的欧洲文化而言，有关"大汗的大陆"的传奇，渲染世俗财富与君权，隐喻地表达了世俗物质主义与享乐主义观念、早期资本主义的重商精神、绝对主义国家与开明君主专制理念。到文艺复兴与地理大发现时代，欧洲的中国知识发生了根本的变异，门多萨、利玛窦们在"大中华帝国"形象下种种表述中国的观念、意象、词汇与修辞技巧，与当年马可·波罗、曼德维尔们表述大汗的传奇，已经完全不同，新的知识类型最早出现于葡萄牙冒险家有关中国的报道中。报道者或者到过中国、或者在东南亚某地接触过中国移民或海商；他们的身份有使节、商人、军人、传教士，他们在中国的经历有长有短，见识有多有少，但他们关注的"中国内容"，却基本相同：诸如疆土辽阔，人口众多，物产丰富，经济发达，政治有序，司法公平，社会稳定，道德淳朴，文化优雅，历史悠久，发明过印刷术与造纸术、火药，甚至大炮……在"大中华帝国"中，我们看到欧洲的中国知识型断裂的一面，渲染财富与君权的物质化的中国形象转化成一种文化智慧与道德秩序的中华帝国形象，新的知识类型出现；同时，也看到连续性的一面，"大汗的大陆"的传奇的某些因素，在社会无意识心理层次上融入中华帝国的形象中，中国知识谱系的一致性寓于不同的形象类型中。

对17世纪的欧洲来说，发现中国不是发现一片土地或大规模的发财的机会，而是发现了一种文明，一种独特而优越的政治制度与伦理基础。17世纪欧洲的"中国知识"出现了一种新的类型，犹如福柯所说的"知识型"（Episteme）。一种新的"知识型"出现，意味着欧洲认识与想象中国的文化视野、看待自我与他者、本土与异域的关系、构筑中国形象的观念秩序，都与过去不一样。"孔夫子的中国"知识型在欧洲建构起一种充分理想化、思想化的中国形象。传教士们津津乐道中国的圣哲文化与贤明统治、中国悠久的历史、公正廉洁的司法制度、文雅勤劳的百姓……伊莎白尔·拉瑟拉指出，传教士笔下的中国，"是西方所制造的最有影响的乌托邦……那是一个公民国家的形象，它稳定、世俗化、建立在理性的基础上。这些论著既揭示了西方思想的发展历程，又推动了这种发展，它们被用来制造一个关于中国的乌托邦。那些对自己的时代提出怀疑并在寻找一个可资参考的观点的人，就可用来进行自己的描绘。这些论著宣布：'另一种形式的社会是可以存在的，它极度文明，存在于世界的另一面。'"①

　　西方现代文化中，先后出现了三种中国知识类型："大汗的大陆"、"大中华帝国"与"孔夫子的中国"；三种知识型分别强调三个层次不同侧面的意义：从物质财富、制度文明到思想信仰；中国形象的发展经历了三个阶段：器物阶段、制度阶段到思想阶段。"孔夫子的中国"知识型的出现，以 1667 年基歇尔神父的《中国图志》问世为标志，到 1767 年魁奈出版《中国君主专制论》才基本上宣告结束，它影响了整整一个世纪的西方启蒙文化。其间塑造孔夫子的中国形象的一系列代表性著作，还有 1669 年约翰·韦伯的《关于证明中华帝国之语言有可能为人类最初语言的历史评说》，1687 年柏应理、殷铎泽等四位神父的《孔夫子：中国哲学家》，1697 年莱布尼茨的《中国近事》与李明神父的《中国现状新志》，1721 年与 1728 年沃尔夫的两次演讲《关于中国人道德哲学的演讲》与《哲人王与哲人政治》，1756 年伏尔泰的《风俗论》，还有那出著名的中国戏——《中国孤儿》（1755 年）。欧洲文化 16 世纪的重点是地理大发现，地理大发现在思想文化上的成果，要到 17 世纪才表现出来，那就是继地理大发现后的文化大发现。如果说地理大发现的政治经济价值主要表现在美洲新大陆，地理大发现的思想文化价值则主要表现在亚洲旧大陆，那是对不同文明的发现。亚洲文明在科学上、政治上，甚至宗教精神上，都可能优于欧洲。而亚洲文明中最优秀的，莫过于中国文明。17 世纪的欧洲普遍认为，中华帝国是这个世界上治理最好的国家。如果说印度的吸引力在她的财富与信仰，中国则在她的制度与思想。

---

① ［法］伊莎白尔·拉瑟拉：《欧洲人眼中的儒学教育》，转引自《中外比较教育史》（［加］许美德、［法］巴斯蒂等著），上海人民出版社 1990 年版，第 42-43 页。

　　"孔夫子的中国"出现在 1650—1750 年间，此时文艺复兴已经结束，地理大发现接近尾声，启蒙运动全面开始。"孔夫子的中国"在启蒙运动的高潮中达到其光辉的顶点。西方现代文化中三种中国知识类型，作为文化他者，表现了西方现代观念的不同阶段不同侧面的内容，构成西方多元现代性经验的一部分。西方"真正现代的精神世界"，在启蒙运动中诞生；而在启蒙思想的方方面面，都可以发现"孔夫子的中国"的影响。现代性经验，不管是中国还是西方，都在跨文化空间中多元互动生成。令人感动的是当年莱布尼茨的想象与期望："在相隔遥远的民族之间"，"建立一种相互交流认识的新型关系"，用一盏灯点亮另一盏灯。

　　地理大发现"发现"了亚洲的财富，文化大发现"发现"了亚洲的思想，当亚洲的制度与观念价值出现在欧洲文化中时，"发现亚洲"在观念心理层次上对欧洲的巨大的"现实价值与神话般的力量"就实现了。启蒙运动是文化大发现的时代。启蒙主义者相信，对广阔世界的了解，能够使他们更好地认识与改造自身的文化。在启蒙理性的背景上，有一种深厚的乌托邦冲动与浪漫主义精神。他们不仅仰慕中华帝国的文明，甚至以伊斯兰文明批判欧洲文明，如让·查丹的东方报道[①]与孟德斯鸠的《波斯人信札》，同时还在美洲或欧洲背景上塑造所谓"高贵的野蛮人"的形象。值得注意的是，欧洲人在政治经济层面上扩张征服外部世界的同时，在文化上却敬慕颂扬这个正不断被他们征服的世界。在欧亚关系上，现实层次与观念层次的倾向完全相反，但又相互促进。对亚洲的向往与仰慕促动欧洲的政治经济扩张，扩张带来丰富的亚洲器物与知识，又在推动已有的东方热情。两种完全相反的倾向又相辅相成，这就构成一种历史张力。

　　西方现代文明的扩张，在政治经济文化领域全面推进，起初是贸易与传教，启蒙运动之后的扩张又自命肩负着传播推行现代文明的使命。这种扩张是自我肯定与对外否定性的。外部世界是经济扩张军事征服政治统治的对象，也是传播基督教或推行现代文明的对象。但同时，西方文明在观念与心理上，还存在

---

① 　查丹的 *Journal du voyage du chevaliev chardinlen Perse & aut Indet Orientales, parla Mer Noire & par la colchide*（Londres, 1686）对孟德斯鸠的《波斯人信札》、《论法的精神》影响很大。

着另一种冲动，这是一种自我否定与向往甚至崇拜外部世界的心理倾向。发现与知识逐渐使好奇与向往变成敬慕。这种敬慕体现在社会生活与思想文化上。除了地理大发现与通商带来的知识与器物外，跨文化研究更注重西方现代文化的知识与集体想象的社会心理动机。大发现带回的知识与器物，一方面是这种集体无意识期待中的产物；一方面又在不断确证，拓展这种期待。从地理大发现到启蒙运动，西方文化中的异域向往与崇拜终于落实到中华帝国。在社会生活方面，它是时尚与趣味的乐园；在思想文化上，它是信仰自由与宽容的故乡；在政治制度上，它是开明君主制度甚至哲人王的楷模。东方不再是一个怪异奇迹与魔术的世界，而是一个优异的文明的世界。

　　17世纪是欧洲现代观念史上的一个重要时期，是从文艺复兴转向启蒙运动的时期，西方文艺复兴时代的精神结构是离心性的，启蒙运动时代的精神结构是向心性的，现代性精神核心的两大思想动机，"东西之争"与"古今之争"，都肇始于17世纪，而且与欧洲的亚洲观念密切相关。17世纪欧洲人开始在真实与现实意义上认知亚洲，相信亚洲与欧洲一样，是一个"人"的、"文明"的社会；欧洲人开始在开放的、文明比较的角度认知亚洲，承认亚洲与欧洲有着不同的文化特征、信仰体系与各自的文明优劣处。但总体上说，亚洲文明，尤其是中国文明，在技术与工艺精致、道德与政治秩序的清明上，要高于欧洲文明。认识到世界文明的多样性并承认这种多样性的合理性，形成开放的、自我批判的多元文明观念，是欧洲现代文明从文艺复兴转向启蒙运动的关键点。

　　17世纪夹在文艺复兴和启蒙运动之间，成为西方观念史或文化史上一个异常重要但又时常被忽略的世纪。在这个世纪里，西方文化发生了从"离心主义"向"向心主义"的转型，理性主义核心取代基督教信仰核心，重新确立了欧洲中心主义观念。文艺复兴与地理大发现时代的西方文化，有一种开放的、外向的、离心的价值取向。文艺复兴崇尚古代，是时间上的"他者"；地理大发现渴望未知的海洋与岛屿，是空间上的"他者"。古代与异域文明的辉煌，时刻在对比中映衬出欧洲现实的缺憾，成为一种超越与批判的力量。这种外向超越、离心开放的价值取向，在启蒙运动中发生变化。明显的标志是"古今之争"与"东西之争"尘埃落定，明确现代胜于古代，西方胜于东方。西方文化视野在启蒙运动中从古代异域转向现代西方，价值取向也向心化了。启蒙哲学家在理性启蒙框架内构筑的世界秩序观念，是欧洲中心主义的。首先是进步叙事确立了西方的现代位置与未来指向，所有的异域文明都停滞在历史的过去，只有西方文明进步到历史的最前线，并接触到光明的未来。然后是自由叙事确立了西方社会与政治秩序的合法性与优越性，西方之外的国家，都沉沦在专制暴政与野蛮奴役中。最后是文明叙事，启蒙精神使西方外在的世界与内在的心灵一片光明，而东方或者整个非西方，依旧在愚昧、迷信、衰败与堕落的黑暗中。

西方现代历史惯于在欧洲自身寻找现代性精神结构的动力与灵感，强调"古今之争"甚于"东西之争"。笔者认为，在西方现代性自我奠基的过程中，"东西之争"即使不比"古今之争"来的重要，至少是同等重要的。海德格尔说现代是一个"世界图像"的时代，这个图像的时间维度是现代与古代，空间维度是西方与东方。人们关心西方现代性的时间维面，将现代性的确立点定在"古今之争"，[①] 实际上西方现代性还有空间维面，其确立点还包括略后于"古今之争"发生的"东西之争"。文艺复兴时代不仅崇古，而且一度颠覆了传统的东西方二元对立的观念秩序，一是东西界限不清，地理大发现打破了传统的世界观念；二是东西方价值颠倒，彻底开放的现代精神中出现东方胜于西方的思想，乌托邦化的中国形象出现在西方文艺复兴到启蒙运动早期，也是这种思想的表现。启蒙运动在一场"东西之争"中恢复了传统的欧洲中心主义世界观念秩序。"东西之争"尽管不如"古今之争"那般激烈，但确也有思想的交锋与观念的转型，而且关系到西方现代性的基础。"古今之争"确认"现代"，"东西之争"确认"西方"，这样才构筑起完整的"西方现代性"。西方现代性是一种新的体验时间与空间的方式，在古代与现代、东方与西方二元对立的"世界图像"中获得自我确证的整体性想象。只关注西方现代性的"古今之争"，很容易落入现代性普世主义，只有提出西方现代性确立过程中的"东西之争"，才能明确西方现代性的"西缘"。西方现代性精神进程最终在启蒙运动中完成从"离心"向"向

---

① 参见［美］马泰·卡林内斯库：《现代性的五副面孔：现代主义、先锋派、颓废、媚俗艺术、后现代主义》，顾爱彬、李瑞华译，商务印书馆 2002 年版。

心"的转型，"现代西方"概念在意义与价值上获得双重确立：今胜于古、西胜于东，在"古今之争"中定夺现代胜于古代的，是"进步"概念，在"东西之争"中定夺西方胜于东方的，是"自由"概念，现代西方是进步与自由的西方。启蒙精神主导的西方现代性观念与价值，成为西方文化的主流，出现在古代东方表现停滞与专制的亚洲形象，成为被否定、被排斥的"他者"，支持了西方现代性的自我确证。

西方文明如果不发现世界，也就不会发现自身。任何一种文明的意义，都只有在与其他文明的比较中才能够完成自我确证。即将到来的 18 世纪将是一个激动人心的启蒙世纪，也是"欧洲形成"中亚洲文化最具影响力的世纪。然而，拉赫的研究停止在 17 世纪，即将到来的启蒙运动的前夜，这不能不说是巨大的遗憾，犹如英雄牺牲在滩头或黎明。拉赫在最初的研究计划中设计的两个层面的内容：欧洲的亚洲知识状况与亚洲对欧洲文化的影响。如果就第二个层面而言，最有研究价值的是启蒙运动时代。一则因为启蒙运动是西方现代性完成自我奠基，是所谓"欧洲形成"的关键时代；二则因为启蒙运动中亚洲文化对欧洲的影响最为深广，亚洲思想直接参与西方现代性世界观念与自我意识构建。仅就中国文化而言，中国思想不仅影响到启蒙运动中最活跃的阶层与人物、最主要的思潮与论争，而且在不同阶段表现出不同层面上的意义。首先是传教士在中国发现了普世语言与天启神学的奥义，普世基督教理想似乎有了着落；其次是传教士与哲学家共同策划的中国的自然神学与道德哲学启示，可能引导欧洲走出混乱残酷的宗教纷争；再后是启蒙哲学家在中国发现"异教的美德"，从孔夫子的道德哲学到中国皇帝的开明君主制，中国思想成为启蒙政治哲学挑战神权、批判王政的武器；最后，即使在其开明君主政治期望破灭以后，中国还给重农学派的政治经济学某种虚幻而不合时宜的希望。[①]

---

① 参见笔者《用一盏灯点亮另一盏灯——启蒙运动利用中国思想的过程与方式》，《天津社会科学》，2006 年第 6 期。

四、未完成的巨著：“欧洲形成中的亚洲”意在何处？

（一）成在“史实”，失在“史识”

拉赫的《欧洲形成中的亚洲》，基本上属于观念史或文化史研究，关注观念的变革、意象的形成、心态的转化以及世界观与价值观的问题，对风俗与制度、政治与贸易、技术与生产方面的描述细致而丰富。拉赫认为，所谓亚洲文化对欧洲文艺复兴时代的影响，最准确地说，是拓展了欧洲人的知识视野与价值观念，让欧洲人见识了一种完全不同于西方古典传统，甚至与古代西方文化未曾有过任何联系的异域文化，而这种文化恰恰在很多方面都比欧洲文化更优越。在那个路德、马基雅维利、哥白尼生活的世纪里，欧洲思想分外活跃，而此时亚洲文化的出现，无疑既是一种诱惑，又是一种挑战。诱惑在于欧洲文化对一种更优越更美好的文明的向往，挑战在于这种异教文明动摇了欧洲文化既定的价值观念与知识结构，酝酿着即将到来的“东西之争”与“古今之争”，从而奠定西方现代性的精神基础。遗憾的是，18 世纪欧洲的亚洲知识状况与亚洲知识对欧洲文化的影响，《欧洲形成中的亚洲》第三卷几乎没有讨论到，在“欧洲形成中的亚洲”这一课题下，最有思想价值的部分缺失了。那么，我们又如何平心静气地看待拉赫著述的得失呢？

拉赫成在“史实”，失在“史识”。学界往往惊叹《欧洲形成中的亚洲》的规模，却并未对其历史观念感到震撼。在一般印象上，拉赫继承了兰克史学传统的精密与年鉴学派的博大，却没有分享他写作时代的后现代史学理论的批判精神。在思想结构上，《欧洲形成中的亚洲》留下的遗憾在第一卷就出现了，直到第三卷也没有改善。第三卷讨论亚洲不同国家的知识在欧洲的传播，在论述线索上显得更加繁复也更加凌乱。从主题上看，《欧洲形成中的亚洲》本该更多讨论亚洲文化对欧洲的具体影响，或欧洲现代文化从亚洲文明中获得的启示，恰恰在这一点上，该书论述并不充分。拉赫只是满足于指出一些明显的亚洲物象与某些风格、样式或精神特征上的类似，缺乏影响上可实证的讨论。空泛地讨论诸如影响、冲击、启发、渴望、模仿之类，而不提供可分析的实证；单一地讨论作品与风格，而不思考社会文化与历史语境，不分析艺术作品影响相关的文化历史意义，总给人一种研究不够深入的印象。而且，拉赫讨论亚洲文化，似乎并没有一个清晰的作为整体的亚洲文化的概念。亚洲似乎只是一些互不相干的国家地区。当然，这也反映了欧洲当时的亚洲知识状况。

《欧洲形成中的亚洲》第三卷进入 17 世纪，欧洲关于亚洲的知识越发庞杂，欧洲记录亚洲的文献几乎难以考察穷尽，拉赫的"全知视野"研究方法，实际上已经使研究难以进行。这是该课题对拉赫和他的合作者的考验，也是对该项目最初设计的合理性的检验。《欧洲形成中的亚洲》第一卷问世十二年后，即1977 年，第二卷才出全，可见研究工作的浩大与艰难；原计划每个世纪用两卷或一卷两册的篇幅，第一卷完成，分两册出版；而到第二卷，已经变成三册，可见内容繁杂庞大，已非原来计划的篇幅可以容纳；当第三卷终于在 1993 年出齐时，已经成为四册。

历史远比人们想象得复杂。《欧洲形成中的亚洲》内容越来越庞杂，篇幅越来越浩大，研究工作也越来越艰巨，原来拉赫一人独自担当的研究写作任务，现在也从第三卷起，由拉赫与埃德温·J. 范·克雷分担。原计划的三卷六册显然不能容纳研究的成果，到第三卷四册出版，《欧洲形成中的亚洲》已经成书九册，超出拉赫最初的规划。克雷是拉赫在芝加哥大学的学生，后来到加尔文学院历史系任教。拉赫与克雷用了九册的篇幅，也才写到 17 世纪末，不仅 18 世纪的内容未及论述，而且 17 世纪亚洲文化对欧洲艺术、科学、思想、制度、经济和社会实践影响的研究，也没有展开。他们在第三卷的"前言"最后，又许诺计划中的第四卷，如果第四卷如愿完成，这套书可能超过原计划规模的至少一倍。

遗憾是第四卷至今未能问世。拉赫先生已于 2000 年谢世，两年以后，2002年，克雷先生也去世了，据说他去世前仍在撰写第四卷。人生短暂，世事难料，他们庞大的研究计划，在他们的有生之年无法如愿实现了。当然，也许有一天，有人能够续起他们的事业；也许就在此刻，已经有人承继他们的工作，只是我们尚未有幸见识他们的成果。

《欧洲形成中的亚洲》成为一部未完成的巨著。或许这样一部规划如此庞大的著作，是任何个人都难以完成的。研究欧洲扩张过程中欧洲的亚洲知识的成长以及亚洲文化对欧洲的影响，像是一项对观念史的艰难的探险。首先是源头，涓涓细流，文献有限，但研究可以做得细致而全面。随后知识增长，文献与问题也增多，犹如支流不断汇入，观念史已成一条大河，浩浩荡荡，考察工作艰难，在整体上难以做到全面通透，具体上难以做到细致深入。第二卷的研究已经暴露出问题，这些问题出自研究的观念与方法，建立在实证史学全面史料基础上的整体观念史，在研究上是否可行？是否可能？河面逐渐宽阔，水深也难以探测。第三卷研究 17 世纪欧洲的亚洲知识状况，东印度公司的档案、教廷与各传教会的传教报告，不同领域人士的著作，文学作品乃至一般社会舆论等等，内容已经无比庞大，史料丰富到难以驾驭的程度。拉赫与克雷用了 16 年写作第三卷，每人掌握近 10 种语言。他们生前承担了巨人的工作，却不得不像常人那样离去。以全知视野研究整体意义上的亚洲知识，实际上已经不可能。即使将研究分解到局部进行，分别处理欧洲对亚洲不同地域不同方面的知识与想象，也困难重重。如果说第三卷的研究在观念史上仍有可能，再写下去，到 18 世纪，这种实证的整体的观念史的研究在方法意义上实际上已经不可能了。1696 年莱布尼茨编辑出版《中国近事》，并郑重其事地在汉诺威自己的办公室挂上"中国动态办公室"的门牌。伏尔泰形象地说，当时巴黎人对中国的了解比对法国外省的了解还多，启蒙时代的亚洲知识已经出现并渗透欧洲文化生活的方方面面，整体意义上的亚洲知识根本无法把握，非以个案形式研究不可。"欧洲形成中的亚洲"这条观念史的大河已经横无际涯，如同到了入海口，个体研究者只能望洋兴叹了。

《欧洲形成中的亚洲》是一项未完成的事业。庞大的研究计划之所以无法如愿实现，问题可能出现在该研究计划在研究观念与方法的合理性与可行性上。然而，不管怎样，就已完成的部分而言，《欧洲形成中的亚洲》是我们这个时代最博学的著作之一，问题重大、视野广阔、史料丰富，无不令人叹为观止。拉赫在一部著作中试图展现两个世纪欧洲的亚洲知识以及亚洲知识影响欧洲文化的各个方面的内容，这种"全知全能式"的研究，无论对研究者还是读者，都是巨大的挑战。《欧洲形成中的亚洲》第三卷出版后，学术界好评如潮，传统史学领域又一部巨著诞生了。但同时也难免有异议：拉赫的研究耗时三十余年，动用了丰富翔实的史料，庞大的篇幅（仅第三卷就达到 2000 余页），但多少令人感到遗憾的是，研究的过程过于沉重，而结论又过于简单。人们不仅会疑问，这项庞大的研究计划的问题或论题究竟是什么，理论建树何在？庞大的第三卷第一册将近 800 页，但该册结尾处拉赫的总结却简单得让人失望："总而言之，欧洲印刷的大量的有关亚洲的书籍，这些书籍在欧洲不同语言中的广泛传播，通俗与学术写作对这些文献以及相关信息的征引，都使 17 世纪的欧洲读者对亚洲的现实有了更好的了解，对亚洲文明的不同方面，诸如民族、语言、宗教、文化，有了更清晰的印象。"（许玉军译文）① 难道一切就如此简单吗？用一句话可以说明的道理，难道需要几千页的论证吗？什么才是真正的问题？如此巨著的思想价值何在？这些疑问在第三卷出版不久，就有人提出过。毕竟在后现代主义史学语境中，历史最有价值的不是史料，而是用史料说明的思想。

毋庸讳言，《欧洲形成中的亚洲》在学术上仍留下一些遗憾。首先是对亚洲知识缺乏整体性思考与理论概括，大量繁复的史料几乎淹没了作者的观点。该书最有学术意义或读者期待最多的论证应该是：亚洲究竟如何、在何种程度上影响了 17 世纪的欧洲文化，包括文学艺术、观念与制度？17 世纪欧洲文化的特点与亚洲文化的启示意义究竟是什么？如何从总体上把握并评价 17 世纪亚洲对欧洲文化的影响。遗憾的是这些问题在拉赫的著作中并没有得到明确系统的回答。从某种意义上说，《欧洲形成中的亚洲》的学术价值，史料基础大于理论建树。该书留下的最大问题是，总体上看欧洲形成中的亚洲的意义究竟是什么呢？以"欧洲形成中的亚洲"为题的巨著，似乎不足以说明"欧洲形成中的亚洲的意义"或"亚洲对欧洲文化的影响"这个最有魅力与震撼力的主题。

其次，该书在结构与意义上缺乏完整性。从结构角度看，18 世纪内容的缺失，将这部著作留在"未完成"的状态。在第一卷的"前言"中，拉赫对他这项庞大的研究计划作了基本的说明：他的研究涵盖三个世纪，从 1500 年到 1800

① *Asia in the Making of Europe, Vol. III, A Century of Advance,* Book Two, The University of Chicago Press, 1993, pp. 596-597.

年，计划每个世纪用两卷的篇幅，全套书共三卷六册。"这项研究的前两卷（共包括两本书）是我深思熟虑的六个系列的第一个部分。这六个系列联用一个名字《欧洲形成中的亚洲》，关注的时段为 1500 年到 1800 年。我计划每个世纪用两卷的篇幅加以探讨。第一卷将包括那个时期欧洲对于亚洲的流行观点的概述，新的信息到达欧洲并散播的渠道，以及这个世纪的个别亚洲国家在欧洲人眼中尚存疑问的混合且变化的形象。第二卷将关注亚洲的知识对于欧洲的制度、艺术、工艺和观念的影响。虽然各卷的研究是独立的，但我希望这个系列作为一个整体，将为不同学科的专家们更为精细的专论提供一个笼统的背景。"① 拉赫不仅没有写到 18 世纪，而且，17 世纪也只论述到第一层面的内容。拉赫的研究设定两个层面的内容：一是欧洲的亚洲知识状况，有关亚洲的知识的生产、接受与传播的过程与方式；二是欧洲的亚洲知识对现代欧洲文化的影响，这种影响体现在生活方式、制度习俗、艺术与技术等各个方面。第一、二卷分别讨论 16 世纪两个层面的内容，而第三卷的内容，只涉及 17 世纪第一层面的内容，基本上在论述欧洲的亚洲知识状况，几乎没有涉及亚洲文化对欧洲的影响。在第三卷"引言"最后，拉赫不无遗憾地说，这一卷已经不能评说欧洲的亚洲知识"对欧洲艺术、科学、思想、制度、经济和社会实践的影响"，而要留待第四卷了。然而，未写出的第四卷可能成为永远的遗憾。

结构上的缺憾势必带来意义上的缺憾。若论该书计划的第二层面的内容，最有说服力的是 17、18 世纪启蒙运动时期亚洲知识对欧洲文化的影响，尤其是中国知识对启蒙欧洲的影响。而对第二层面的内容研究不够，就很可能背离拉赫研究的初衷。如果只论证欧洲掌握大量的亚洲知识，而不论证亚洲知识对欧洲文化的影响，那么他不但不可能"反写""欧洲中心论"，反而会加强"欧洲中心论"。拉赫在《发现的世纪》"导言"中谈到研究动机时指出，他关注的问题是：在现代欧洲形成的那段历史中，欧洲的亚洲知识状况如何，亚洲知识的作用是什么，或者说，什么是欧洲形成中的亚洲文化的影响。不可否认，拉赫

---

① *Asia in the Making of Europe, Vol. I The Century of Discovery,* Book One, The University of Chicago Press, 1965, "Introduction", p. XV.

最初的研究动机中，的确存在着一种"反写""欧洲中心论"倾向，但问题是，他的论述未能贯彻这一动机，最终不但没有能够"反写"，反而加强了"欧洲中心论"的世界史叙事。因为论述欧洲掌握丰富的亚洲知识，而不论证这些知识对欧洲现代文化的切实影响，等于佐证"欧洲中心论"的合理性。

未完成的第四卷对已完成的前三卷，可能在理论上留下致命的缺憾，毕竟确立一种批判立场与方向容易，从理论与史料上论证这一批判的立场与方法，就艰难了。如何保证理论的明确性与一致性呢？欧洲"发现"亚洲，建立庞大的亚洲知识体系，并从亚洲文化中获得自我创新的灵感，这种论述思路或结论，恰好证明欧洲在世界现代性现实与观念体系中的主体地位。强调在欧洲中心前有一个亚洲中心，不仅不能回避欧洲的兴起，反而证明了西方现代性的合法性，进步是欧洲现代性的核心观念，欧洲后来居上，正是欧洲的进步为欧洲赢得世界中心的地位；强调亚洲对欧洲现代文明的影响，不仅不能贬损欧洲现代性的辉煌，反而证明欧洲现代文化自由开放的优越性，善于从其他文明中汲取营养并自我发扬，恰好是欧洲文化的优势所在。于是，从"反写""欧洲中心论"的研究，很可能变成某种"反欧洲中心的欧洲中心论"。

（二）又一种"反欧洲中心的欧洲中心论"？

西方现代文明对财富与知识的浮士德式的追求，一直是令人惊讶与困惑的历史事实。在短短的四百年间，西方从一个偏僻的角落变成世界的中心，拥有整个大海洋的霸权，地球 4/5 的土地成了它的殖民地。这是人类历史上的奇迹。研究现代文明，实际上也就是研究这个奇迹。创造这一奇迹，财富、制度、权力、心理的因素固然重要，知识的因素也不可忽略。托多罗夫谈到西班牙转瞬之间征服中南美洲的奇迹时曾说："这惊人的成功的关键在于西方文明的一个特点……说来奇怪，那就是欧洲人了解别人的能力。"[①] 从地理大发现开始，西方人走向世界。观察、记录、分析、研究，几百年间已经将整个世界纳入到他们

---

① ［美］麦尼尔：《竞逐富强》，倪大昕译，学林出版社 1996 年版，第 2 页。

的知识体系中，以至于今天研究非西方的社会历史，经常要到西方文本中去寻找资料与理论。现代以来，欧洲是世界财富与权力的中心，也是世界知识的中心。

假设欧洲是世界财富与权力的中心，也是世界知识的中心，是典型的"欧洲中心论"的表述。拉赫在第一卷第一册的"导言"中论述全书的主旨与构想，曾经谈到他的研究动机是有感于西方历史学界漠视东方文明对西方的影响，他的研究将试图颠覆历史学界流行的"欧洲中心论"，强调亚洲文明的辉煌与亚洲文明对欧洲的贡献。这一研究宗旨在西方史学界具有"先见之明"。拉赫写作的时候，"反写""欧洲中心论"的学术思潮尚未形成，拉赫说他的研究动机早在二十五年前在西弗吉尼亚大学读大学时就产生了。研究西方扩张史的著作可谓汗牛充栋，但绝大多数研究只是从西方扩张的角度出发，关注西方如何发现东方，向东方殖民并开展贸易与传教活动，似乎近五百年世界现代化的历史就是西方发现东方并影响东方的历史。而历史上亚洲如何影响西方的问题，为什么无人问津呢？现代西方学者关注世界现代史，主要问题是欧洲扩张为何发生、如何进行，其内在动力或文化与制度方面的优势是什么，欧洲文化的独特性与创造性因素何在？于是，一部世界现代史就写成了欧洲扩张凯旋的历史。在欧洲兴起的现代历史叙事中，如何思考并评价亚洲的积极意义，这是历史学界必须面对的问题。拉赫尽管没有明确提出批判"欧洲中心论"的理论主张，却在西方史学界后殖民主义历史理论兴起之前，清晰地表达了这种批判意识，并以自己的研究成果为这种批判提供了"丰富的史料与思想素材"。

拉赫有意"反写""欧洲中心论"历史叙事，从观念史或文化史角度探讨世界现代化历史上亚洲对欧洲的影响，这也是他的总书名"欧洲形成中的亚洲"的意义所在。拉赫注意到欧洲中心主义实在论历史观的误区：它假设西方处于某种"永动"地位，而非西方则是完全被动的接受者。欧洲是世界范围内现代文明过程的主导者，发动并塑造了现代化运动，并将它逐渐推广到亚洲乃至全球。因此，从某种意义上说，世界现代化的历史或全球一体化的历史，就是西方现代文明主导的历史，非西方文明完全是被动的、边缘的。"欧洲中心论"的历史学研究普遍忽略的事实是：首先，在欧洲兴起之前的一千年或一千五百年，亚洲一直是"旧世界"（主要指欧亚大陆）世界体系的主导者，而且这种主导作用一直延伸到现代历史早期。欧洲文明的优势并未出现那么早，也未持续那么久。如果从地理大发现算起，现代世界历史五百年，前二百五十年到三百年，欧洲文明并没有真正胜出，反倒是亚洲依旧保持着古老文明的优势，自信从容。欧洲不仅在经济、政治、军事上无法挑战那些强大的亚洲帝国，在社会生活与文化上还深受其影响。欧洲启蒙运动与工业革命使欧洲逐渐赢得文明的优势，这种优势保持了二百年到二百五十年，亚洲文明复兴，日本、中国、印度等国家的现代化运动，再次挑战了欧洲的文明优势。其次，在"欧洲兴起"的现代化运动早期，亚洲在器物、制度与思想上为欧洲做出了巨大的贡献。蒙元世纪"发现"东方，亚洲的物质生活启发了欧洲世俗生活热情与资本主义萌芽，这时亚洲对欧洲的意义主要表现在器物方面。地理大发现使欧洲与亚洲直接联系，亚洲真实化，不仅珍贵的亚洲物品是真实的，亚洲优越的制度与习俗也具有了真实意义，"大中华帝国"是世界上治理最好的国家。最后是文化方面，亚洲文明在道德与艺术上达到的文化高度，是令西方人仰慕的。从蒙元世纪到启蒙运动的五个世纪，亚洲对欧洲的文化影响遍及器物、制度、观念等不同层面。在现代欧洲形成的过程中，亚洲起到了重大作用。

拉赫的研究有意颠覆"欧洲中心论"的世界史叙事，代表着 20 世纪后半叶西方学术的前沿思想。《欧洲形成中的亚洲》第一卷出版，正值西方现代思想与史学观念酝酿转型的重要时刻，拉赫的著作既可以说是应运而生，又可以说是开风气之先。所谓应运而生，是说拉赫的著作产生在西方学术界酝酿批判"欧洲中心论"的文化思潮背景下，尽管他没有明确深入地论述并贯彻批判"欧洲中心论"的理论主张，却在研究视角与宗旨、史实与史识方面直接受到这种思想的影响；所谓开风气之先，是说拉赫的著作开"反写""欧洲中心论"的后现代史学思潮之先河，《欧洲形成中的亚洲》的基本思想形成与开始出版，都在 20 世纪后半叶一系列论题相关的重要著作问世以及相关论争发生之前，并为批判"欧洲中心论"史学思想提供了丰富的史料与思想素材。

西方后现代文化批判"欧洲中心论"的思潮，开始于 20 世纪后半叶。整个 19 世纪直到 20 世纪前半叶，西方人对亚洲的看法基本上是否定性的：亚洲是愚昧软弱、衰败混乱之地，几乎让人无法想象亚洲文明曾经的辉煌。即使那些对亚洲古老文明仍抱有不切实际的仰慕与眷恋的东方学家或汉学家，也很难相信亚洲文明具有任何现代价值，或者说，对欧洲现代文明具有任何启示与借鉴意义。即使一战之后西方一度流行所谓"东方文艺复兴"，但也只是一时的、时尚性的审美想象。[1] 对现实的现代西方而言，亚洲不过是一些只有经济价值、文化空白的殖民地。大概从 20 世纪后半叶开始，西方后现代思想开始有意识地批判这种"欧洲中心论"。1969 年，《欧洲形成中的亚洲》出版四年以后，基尔南出版了《人类的君主：帝国主义时代欧洲对外部世界的看法》[2]，系统地批判了欧洲对非欧洲世界的偏见。《欧洲形成中的亚洲》第二卷后两册（1977 年）出版一年以后，萨义德的《东方学》（1978 年）问世，这部著作开创了明确批判"欧洲中心论"的后殖民主义批判理论，影响了西方学术思潮近三十年。就在拉赫与助手撰写第三卷的那些年里，批判"欧洲中心论"历史观的学术思潮继续发展。1987 年，马丁·贝尔纳推出《黑色雅典娜——古典文明的亚非之根》，从源头上颠覆西方文明的西方性，指出西方古典文明的古典性是外缘的，西方古典文明源自亚非语文化。1993 年，《欧洲形成中的亚洲》第三卷第四册出版的同年，J. M. 布劳特的《殖民者的世界模式：地理传播主义和欧洲中心主义史观》也出版了，这部著作对"欧洲中心论"的批判激进、深刻，富于雄辩力。在什么是"欧洲中心论"，或者说"欧洲中心主义"的问题上，作者在书中明确指出："欧洲中心论"是关于世界历史和世界地理的"一种强而有力的信仰"，这一信仰认定"欧洲文明——即'西方'——具有某种独特的历史优越性，某种种族的、文化的、环境的、心灵上的或精神上的特质。这一特质使欧洲人群在所有历史时代

---

① 参见 *Oriental Enlightenment:The Encounter Between Asian and Western Thought*，by J.J.Clarke，New York and London: Routledge, 1997；又见笔者《天朝遥远：西方的中国形象研究》，北京大学出版社 2006 年版，第二编。

② *The Lords of Human Kind: European Attitudes Towards the Outside World in the Imperial Age*，by Kiernan,V.G.，Ebenezer Baylis and Son, Ltd. The Trinity Press, 1969。此书已有中译本：[英] 维克托·基尔南：《人类的主人：欧洲帝国时期对其他文化的态度》，陈正国译，商务印书馆 2006 年版。

直至当今时代，永远比其他人群优越"。①

　　拉赫思考和写作《欧洲形成中的亚洲》的半个世纪里，西方学术界也在酝酿并发动一场"反写""欧洲中心论"的学术运动。就在这一系列"反写""欧洲中心论"著作问世的同时，著名的论争也开始了。这场论争发生在伊曼纽尔·沃勒斯坦和安德列·贡德·弗兰克之间。伊曼纽尔·沃勒斯坦的巨著《现代世界体系》讨论某种"欧洲中心"的世界体系，第一卷《十六世纪的资本主义农业和欧洲世界经济的起源》出版于1974年，第二卷《重商主义与欧洲世界经济体系的巩固，1600—1750年》出版于1980，第三卷《资本主义世界经济大扩张的第二时期，1730—1840年》出版于1989年，第四卷《温和自由主义的全盛期1789—1914》最近出版于2011年。随后，安德列·贡德·弗兰克出版了一系列著作：1992年弗兰克与吉尔斯合作发表《五千年世界体系导论》，一年以后又共同主编了论战文集《世界体系：五百年，还是五千年？》。弗兰克认为沃勒斯坦的现代世界体系论完全是虚构，是"欧洲中心论"的神话，即使这个世界体系存在，它也只是早已存在的"亚洲中心"世界体系的自然发展而已。1998年，弗兰克又推出《白银资本——重视经济全球化中的东方》，以"亚洲世界体系论"或某种"亚洲中心论"挑战沃勒斯坦欧洲中心的"现代世界体系论"，颠覆"欧洲中心论"的历史学和社会理论。弗兰克认为，15至18世纪是"亚洲时代"，中国和印度是这个时代全球经济体系的中心。所谓欧洲的扩张，不过是欧洲逐渐进入这个以亚洲为中心，以白银为润滑剂、粘结剂或杠杆的世界体系，欧洲的兴起并非所谓欧洲独特性的创造，而是亚洲中心的世界体系发展的结果。世界体系并非只有一个中心，也并非某个中心永远不变。19世纪以来亚洲衰退，欧洲取代亚洲成为世界体系的中心，而到20世纪末，原来的亚洲经济中心以中国、印度为代表，又逐渐恢复起经济和社会活力，世界体系即将重构。

　　弗兰克指责沃勒斯坦的世界体系是"欧洲中心论"，沃勒斯坦反驳弗兰克

────────────────

① ［美］J. M. 布劳特：《殖民者的世界模式——地理传播主义和欧洲中心主义史观》，谭荣根译，社会科学文献出版社2002年版，第1页。

的"亚洲世界体系论"不过是"反欧洲中心论"的"欧洲中心论"。沃勒斯坦并不否认在历史上绝大多数时间亚洲相对于欧洲具有一定的文明优势,欧洲只是世界的边缘,但问题是现代欧洲的确成功建构了欧洲中心的资本主义世界体系。不承认欧洲中心是错误的,而不承认"欧洲中心论",则无法认识到以欧洲为中心的全球化所带来的灾难性后果,从而从根本上批判"欧洲中心论",引导世界走出欧洲中心的世界体系。弗兰克与沃勒斯坦的学术观点表面上看相互对立,实质上却内在统一。二人同样否定"欧洲中心论"和"欧洲式资本主义",弗兰克用一种外在的"全球化视野"颠覆"欧洲中心论";沃勒斯坦则从"欧洲中心论"内部出发,批判"欧洲中心论",进而否定欧洲中心的资本主义文明在人类历史上的进步意义。弗兰克与沃勒斯坦在批判"欧洲中心论"这一基本观点上是相同的,他们的论争不过是 20 世纪后半叶"反写""欧洲中心论"的大学术思潮下上演的一出双簧。

弗兰克与沃勒斯坦等学者多从经济与社会角度讨论世界体系或世界中心与边缘的关系,而拉赫则从观念史的角度思考世界观念体系中的中心与边缘问题。《欧洲形成中的亚洲》的学术价值主要体现在:第一,它开启并构成 20 世纪后半叶批判"欧洲中心论"的历史与社会理论,并为这种理论思潮提供了丰富的史料与思想资源;第二,在以社会经济史为主要领域的批判"欧洲中心论"的学术思潮中,拉赫开辟了文化史或观念史领域,从欧洲的亚洲知识状况与文化影响方面"反写""欧洲中心论"。

《欧洲形成中的亚洲》从观念史的角度入手,研究欧洲的亚洲知识以及亚洲知识对现代欧洲的影响,试图改变西方历史学与社会理论中流行的"欧洲中心论"偏见:亚洲在知识与观念上模仿学习欧洲现代文明似乎是天经地义的,欧洲学习亚洲纯属无稽之谈。拉赫要提醒读者注意的事实是,亚洲学习欧洲只是短短的两个世纪内的事;而欧洲学习亚洲,则有数千年的历史,即使是最近五百年全球文明的历史,一半以上的时间也是相对优势的亚洲文明在启发与创造欧洲。通常认为,在人类历史的大多数时间里,亚洲相对于欧洲,明显具有文明优势。然而,这种优势在进入世界现代化历史后便逐渐失去了。开启世界现代化进程的欧洲,掌握了文明的制高点,反过来在经济、政治、文化、制度、技术与思想上影响并主宰亚洲，这似乎是全球文明近五百年的大趋势。的确如此，世界现代化历史五百年，西方逐渐取得了相对的文明优势，西方对东方，尤其是东亚、南亚、东南亚社会的经济政治文化生活，也没有产生明显的影响；而最后的一百年，西方的优势逐渐减弱，东方复兴从东亚开始，日本、中国、印度从 20 世纪初开始以不同的方式竞逐富强，并显示出越来越多的文明优势。

《欧洲形成中的亚洲》试图从观念史或文化史角度颠覆现代欧洲流行的亚洲观念，也在一定意义上批判了"欧洲中心论"的历史学与社会理论。20 世纪后半叶的西方史学与社会理论研究，注意到世界现代文明的多元性与非西方文明在西方文明形成过程中对西方的影响。后殖民主义与后现代主义文化批判，则将这种研究推进到西方现代文明观念形成中的非西方的作用，尤其是近东与伊斯兰世界对西方文明自我构建的"他者"意义。① 拉赫的研究尽管没有后现代史学与社会理论的新锐的批判性，却将一种前卫的学术思想建立在扎实的史料基础上，并成功地将相关研究问题与方法拓展到南亚、东南亚与东亚在欧洲现代历史构成中的意义这一论题上。

在 20 世纪后半叶"反写""欧洲中心论"历史叙事的学术思潮中，《欧洲形成中的亚洲》的贡献仍是独到而巨大的。拉赫关注西方扩张在知识上的意义，从史识上看，《欧洲形成中的亚洲》在历史观念上的贡献主要表现在两个方面：第一，在一般欧洲中心主义世界现代化历史叙事中，地理大发现与欧洲扩张的意义主要在欧洲对亚洲的影响；但在这部著作中，欧洲在亚洲的探险与征服，意义不在欧洲如何影响或冲击亚洲，而在亚洲对欧洲的反向影响或冲击。在东西文明比较视野内，欧洲现代化历史五百年，基本上可以 18 世纪中叶为界分为前后两个阶段。在前一个阶段，欧洲相对于亚洲并没有表现出文明的优势，相反，亚洲文明在器物与技术、制度与观念等方面，逐步影响甚至塑造了现代欧洲文明，为后一个阶段欧洲文明的胜出准备了充分的条件。第二，一般世界史或

---

① 参见 *Genealogies of Religion: Discipline and Reasons of Power in Christianity and Islam,* by Asad, T., Baltimore: John Hopkins University Press, 1993；*Between Europe and Islam*，by Hofert, Almut. & Salvatore, Armando., P.I.E.-Peter Lang, Brussel, 2000.

欧洲扩张史强调的多是经济、军事、政治与宗教的扩张，很少关注世界知识的扩展与文化的启蒙。这部著作关注的是欧洲人现代知识与观念的成长，尤其是西方现代性精神结构中亚洲的意义。欧洲对亚洲的"发现"，不仅是对一种悠久优越的异在文明的发现，也是对自身文明的发现与重构。首先，在观念层面，丰富的亚洲知识不仅使现代欧洲认识了世界，也认识了自我。亚洲知识为欧洲文化的自我批判与自我确认提供了系统的参照，促发了现代欧洲文化的自觉；其次，在实践层面，亚洲文化在器物、制度、观念上为欧洲现代文化的建设提供了可供选择的模式，在某种意义上，甚至是理想的榜样，使欧洲得以在此基础上进行它的现代性精神与制度结构的设计。

如果说《欧洲形成中的亚洲》的学术贡献"史实"大于"史识"，那么，从史实上看，《欧洲形成中的亚洲》从观念史与文化史的角度提供了异常丰富细致的史料，支持"反写"欧洲中心主义的历史批判理论，这一点是相关著作未能做到的。欧洲中心主义的核心理论假设是，亚洲在世界历史进程中是低劣的、边缘化的、被动的"他者"，批判这种理论假设，不能只提出一种颠覆性的史识，还需要提供充分的史实支持这种批判。"史实"的工作从史料收集与整理分析入手，需要长期繁复深入细致的研究。所谓亚洲知识是通过什么人什么形式、什么渠道与方式、如何传入欧洲的？冒险家的游记、传教士的书简、商人水手的日志、文人的传奇与历史，这些文献如何形成又如何传播，各自的作用与意义如何？亚洲知识进入欧洲，是如何扩散并发生影响的，其空间扩展与时间推进的方式如何？空间上从伊比利亚半岛到南欧再到西北欧，从教廷王宫到个人书斋与街头故事；时间上从蒙元世纪到地理大发现文艺复兴，其中16—18世纪是最重要的时段。亚洲知识在欧洲传播，究竟如何构成对欧洲文化的切实影响？在文学与艺术、科学与技术、制度与风俗等领域与方面，这种影响是否可以实证？具体到亚洲的不同区域，南亚、东南亚、东亚，各自对欧洲文化的影响是什么？印度的香料与信仰方式，中国的开明君主与科举制，日本的礼俗与国民道德、东南亚的贸易方式与风土人情，究竟对欧洲的现代化如何产生影响？这些都是深刻而有趣的课题，都需要翔实的史料论证。在拉赫这部史料惊人丰富的未完成的巨著中，我们已经看到迄今为止相关领域中史实方面最重要的贡献。

然而，从"史识"角度看，拉赫的研究陷入明显的观念困境。《欧洲形成中的亚洲》的史学思想似乎并没有超出"欧洲中心论"，其中所有关于亚洲文明的优越及其对欧洲现代影响的论证，似乎都在证明现代欧洲的独特性与优越性。因为在现代亚洲与欧洲的交往中，欧洲始终是进取的、主动地、不断扩张并始终保持着自我开放与自我批判的现代精神；相对而言，亚洲尽管在现代历史早期依旧保持着相对的文明优越性，但由于其保守封闭、冷漠多疑的文化特征，势必将失去其文明的优势，将世界让给朝气蓬勃积极进取的欧洲。《欧洲形成中的亚洲》的史学思想不仅没有动摇"欧洲中心论"，反而加强了"欧洲中心论"。值得注意的是，拉赫的研究越往深度与广度上推进，离他最初的理论动机就越远，不仅可能遗失了"反写""欧洲中心论"的理论目标，甚至可能否定了这一慷慨但又牵强的假设。欧洲人的进取心与求知欲，使他们在艰难的条件下掌握了亚洲知识。而如果知识就是权力，他们也掌握了主宰亚洲进入现代历史的权力，如此这般，又如何批判"欧洲中心论"呢？拉赫的研究似乎结果背叛了初衷，颠覆"欧洲中心论"历史观谈何容易，不论是史实还是史识，都不足为论。在笔者看来，拉赫的理论困境也是整个"反写""欧洲中心论"学术思潮的困境。各种理论，不论从世界经济体系还是世界观念体系角度，试图撼动"欧洲中心论"，最终都会给人留下气势张扬但又内容牵强的印象。J. M. 布劳特说"欧洲中心主义"是关于世界历史和世界地理的"一种强而有力的信仰"。的确如此，但问题不在它是否是一种信仰，而在于这种"信仰"是否能够得到"史实"的支持。令人感到遗憾的是，世界现代历史的确能够证实这种"信仰"：欧洲是世界现代现实与观念体系的中心。

拉赫的研究也是一种"反欧洲中心的欧洲中心论"。"欧洲中心论"不仅是价值判断，也是事实判断。选择一个批判"欧洲中心论"的学术立场很容易，但将批判"欧洲中心论"的理论假设落实到具体的史实与论证中，则分外困难。"欧洲中心论"发起于启蒙哲学家的历史叙事，从伏尔泰、赫尔德，到黑格尔的历史哲学与兰克的世界史，"欧洲中心论"最终确立。20 世纪全球史观有意修正"欧洲中心论",建立一种全球主义的新的历史观^①,但是,全球史观并非否定"欧洲中心论",而是希望以一种公正的、批判的态度理解欧洲中心在世界现代史中的意义。在全球视野内,欧洲仍是中心。斯塔夫里阿诺斯的《全球通史——1500年以后的世界史》试图在新的全球文明史观下叙述世界史,修正"欧洲中心论"的偏颇,但具体到论述中,依旧无法摆脱"欧洲中心论"的叙事格局,将西欧当作1500年以后全球文明的动力与中心。^②或许真是这样,批判"欧洲中心论"的历史观念,作为一种激进的理论主张提出,是引人注目、令人兴奋的;但作为一种理论落实到实证的历史研究中,就令人失望,甚至令人沮丧了。这让我们想起艾蒂安·巴拉兹说过的那句话,要批驳黑格尔的历史哲学很容易,然而,黑格尔是对的。

《欧洲形成中的亚洲》的观念困境也是整个20世纪后半叶"反写""欧洲中心论"史学思潮的困境。20世纪后半叶,西方史学批判"欧洲中心论"世界史观,拉赫庞大的历史知识与写作计划,可能为这种激进但又时常有些空洞的后现代历史批判理论提供充分的史料支持。但事实并非如此,《欧洲形成中的亚洲》似乎并没有提供充分的论据证明,在欧洲现代化文化自我奠基与自我塑造过程中,亚洲文化发挥了重要作用;也未能使"欧洲中心论"史学的设计的欧洲文明快车脱离古希腊罗马—中世纪—文艺复兴—启蒙运动—现代资本主义的自主发展的历史轨道;更无法——甚至作者也无意——动摇西方流行的欧洲自主论与欧洲优越论的历史叙事逻辑。古典—中世纪—文艺复兴—启蒙运动创造现代欧洲文明这一基本命题在拉赫的著作中没有丝毫动摇。坦率地说,拉赫的贡献在"史实"不在"史识",仅此"史实",已颇为不易。唐人刘知几道"史有三长:才、学、

---

① 巴勒克拉夫说:"在当前世界性事件的影响下,历史学家所要达到的理想是建立一种新的历史观。这种历史观认为世界上每个地区的每个民族和各个文明都处在平等的地位上,都有权利要求对自己进行同等的思考和考察,不允许将任何民族和文明的经历只当作边缘的无意义的东西加以排斥。"[英]巴勒克拉夫:《当代史学主要趋势》,杨豫译,上海译文出版社1987年版,第243页。

② 参见[美]斯塔夫里阿诺斯:《全球通史——1500年以后的世界史》,吴象婴、梁赤民译,上海社会科学院出版社1992年版。

识"，世间治史者难得三长兼备，"世罕兼之，故史者少"。冷静反思客观评价，《欧洲形成中的亚洲》的学术意义，不在于提出一个前卫的学术观点或创立一个学派，而在于完成了艰巨的史料梳理并开创性地提供了全景式历史叙事。

　　《欧洲形成中的亚洲》开创了一项艰巨而又意义非凡的事业，并为这项事业奠定了非凡的基础。研究现代欧洲形成中亚洲知识的状况与亚洲对欧洲现代文化的影响，是一项意义重大的课题，迄今为止，还没有任何人在这个问题的研究上，达到拉赫与克雷的广度与深度。所谓某些"史识"方面的"缺陷"，所谓"未完成"，都不会贬损《欧洲形成中的亚洲》巨大的学术价值，尤其是史学价值。准确地说，"未完成"有双重意义：一是《欧洲形成中的亚洲》并未如作者的规划如期完成，个人有限的生命与精力，都使这一宏图巨制难以完成；二是《欧洲形成中的亚洲》开创的研究基业，仍有待后辈学者继承。学术是一项一代一代人努力、不断累积成果的事业，《欧洲形成中的亚洲》所奠定的深厚宽广的研究基础，将使后辈学者受益无穷。

前　言

这项研究的想法萌生于二十五年前。当时我在西弗吉尼亚大学（West
Virginia University）聆听了多位教授讲述的西方对于亚洲传统文化所产生的革
命性影响，其中 T. E. 恩尼斯博士（Dr. T. E. Ennis）的灵活授课方式尤其令人
印象深刻。奇怪的是，关于历史上亚洲如何影响西方的问题，看起来似乎罕有
关注。

全凭当时的年少气盛，我决定去研究亚洲对西方的影响。在芝加哥大学
的研究所学习期间，我就自己的问题不断地向教授们请教，他们很乐意阅读我
最初的研究成果，并提出了相关批评。我要特别感谢已故的哈利·F. 麦克奈尔
（Harley F. MacNair）教授和路易斯·R. 戈特沙尔克（Louis R. Gottschalk）教授，
是他们耐心的指导和体谅陪伴我度过了许多艰难的岁月。

在一次自习课上，我决定开始就这项更大的研究的（委婉地可以说是）脚
注做一些准备工作。这些工作主要是对我的博士学位论文进行进一步润色，并
作为系列的单篇文章或专著发表。这些早期成果关注的主要是德国的启蒙运动，
对于这一领域我同样有着浓厚的兴趣。

在为基础研究做准备、学习相关语言以及前往欧亚旅行期间，我意识到自
己不得不把研究的起点向前回溯至扩张运动时期。这一决定需要我把印度和远

东纳入自己的研究视野，然而，要对次大陆和锡兰（Ceylon）多一点了解，我还需要多花点时间。

在为该研究做准备的所有时间里，我的同事、朋友以及支持我的基金会表现出了惊人的耐心。为了帮助我达成到欧洲和亚洲旅行和研究的心愿，富布赖特基金委员会（Fulbright board），以及纽约艾尔迈拉的默尔和路易丝·汤普森（Merle and Louise Thompson of Elmira），还有美国学术团体理事会（American Council of Learned Societies）都对我进行了经费资助。同样重要的还有芝加哥大学的三个财政补贴基金定期对我的慷慨资助，它们是：社会科学研究委员会（Social Science of Research Committee），南亚研究委员会（Committee on South Asia），以及远东文明研究委员会（Committee on Far Eastern Civilizations）。没有上述基金的慷慨资助，我的研究将是无法想象的。

这些经费被用来雇用研究助手。其中佐伊·斯维克（Zoe Swecker）小姐负责且出色地辅助我整整八年，在聘期结束的时候，她提交了一篇优秀的考察东亚历史上的伊比利亚人（Iberian）渊源（1550—1600 年）的论文。如今，斯维克小姐去了威诺纳学院（Winona College）。在其之后是与我一起辛勤工作了五年多之久的卡罗尔·弗罗曼哈夫特（Carol Flaumenhaft）夫人。她和玛格丽特·伍德沃德（Margaret Woodward）夫人一起对我当前的研究进行了条理化，并且使之达到可以发表的状态，这是一项极其折磨人的工作。她们的工作（包括整个研究的索引）最终由琳达·爱希米伊尔（Linda Eichmeier）小姐完成。关于这项研究，在许多方面我都受惠于这些助手们，否则，我必定会与许多深刻的见解和观点擦肩而过。

个人论题的专题研究规划完全由约翰娜·门泽尔（Johanna Menzel）、哈罗德·约翰逊（Harold Johnson）、戴安娜·科尔德（Diane Kelder）和本特利·邓肯（Bentley Duncan）负责处理。在该研究所涉及的中文和日文资料方面，约瑟夫·查（Joseph Cha）、陈敏生（Ch'en Min-sun，音译）、尼尔森·周（Nelson Chou）、松村民子（Tamiko Matsumura）给予我很大的帮助。最后，我想在此提及参与我的讨论课的诸多学生，这里未能一一致谢，感谢他们所提供的关于该领域的不同时段的博士学位论文的文稿。

　　该研究中的每一个冗长的章节都得到了来自于不同学科和不同历史时期的专家们的阅读和批评，特别是如今供职于亚利桑那大学（University of Arizona）的艾尔·H. 普理查德（Earl H. Pritchard）教授在这方面付出的辛劳最多。我所在的系部的系主任威廉·H. 麦克尼尔（William H. McNeill）不辞劳苦地阅读了几章，并给予了其独一无二的点评。那些距今已经年代久远的资料的获得主要得益于我博学的同事斯图亚特·I. 伍斯特（Stuart I. Oost）的帮助。埃里克·W. 科奇兰（Eric W. Cochrane）、弗朗西斯·H. 多利（Francis H. Dowley），小爱德华·A. 克拉克（Edward A. Kracke，Jr.）也帮助我润色了前两章。在香料贸易的研究方面，我获益于艾尔·J. 汉密尔顿（Earl J. Hamilton）和我的讨论，以及罗伯特·M. 哈特维尔（Robert M. Hartwell）的仔细阅读。印度研究一章多亏了 J. A. B. 范·布伊特南（J.A.B. van Buitenen）、米尔顿·B. 辛格（Milton B. Singer），以及马拉巴尔教堂（Malabar Church）的西里亚克·普勒皮利（Cyriac Pullapilly）神父的帮助。莱登大学（University of Leyden）的 C.C. 伯格（C.C. Berg）教授对于该书的南亚研究一章，特别是在马来和爪哇的相关术语和概念的辨析上贡献颇大。芝加哥的菲律宾研究项目的副主任艾维特·D. 赫斯特（Evett D. Hester）同样慷慨、热情地与我分享了他的专业知识。我的日本同事约瑟夫·北川（Joseph Kitagawa）、尤金·索维亚克（Eugene Soviak）和埃德温·麦克莱伦（Edwin McClellan）的帮助，使我的研究避免了在日本的历史、名称和术语方面犯下太多的错误。中国研究一章从我和赫尔利·G. 科雷亚（Herrlee G. Creel）的讨论以及他的阅读中获益良多；何炳棣（Ho Ping-ti）、Y. C. 汪一驹（Y. C. Wang）以及罗伯特·M. 哈特维尔（Robert M. Hartwell）也在上面留下了无法磨灭的印痕。当我的研究步入山穷水尽的窘境之时，是丹尼尔·J. 布尔斯汀（Daniel J. Boorstin）和汉斯·摩根索（Hans Morgenthau）帮助我解决了其中的难题。

　　芝加哥大学的图书管理员，特别是海伦·M. 史密斯（Helen M. Smith）为我提供了耐心而周到的服务。我要特别感谢芝加哥大学特藏书库的管理员罗伯特·罗森塔尔（Robert Rosenthal），以及纽贝里图书馆（Newberry Library）的格林利藏书室（Greenlee Collection）弗雷德大厅（Fred Hall）。如果没有这些

IX

宏富的知识资源以及芝加哥大学和纽贝里图书馆的员工们的帮助，我是不可能着手开始此项重大的研究工作的。

最后，我要对我的父母、妻子和女儿多年来的宽容和鼓励致以深深的谢意。我还要感谢所有那些帮助减轻我的负担的不知名字的朋友们。

按照惯例，作者在此时此刻要把自己在研究中犯下的过失与他人的责任进行相互撇清。我也不能例外，但与此同时，最强烈的感受是这本书就是我自己，而我自己则是由我的家庭、朋友、同事和学生们所共同成就的。

导　论

　　把文艺复兴时期的人们推到欧洲海岸线之外的未知世界的原初驱动力是什么？欧洲扩张的动力何以整整持续了四个世纪之久，直至这个世界上再也没有其他更多剩余的大陆可供其征服？世界史上的欧洲扩张运动的独一无二性令历史学家们深深着迷且印象深刻，因此，他们花费了大量的时间，试图分析并解释其向海外扩张背后的文化动力。当诸多现代学者们不约而同地把欧洲的扩张美化为欧洲人的冒险精神和独创意识的巨大成功，并依据民族和宗教划分来对那些推动了先驱们向海外扩张的力量进行评述时，彼此间产生了令人苦恼的分歧。其他那些不怎么关注因果联系的人们，为描述海外世界的开发提供了扩展性的叙述和分析性的专论，借此重构了海外贸易的管理组织方式，并探讨了帝国的构筑者们的殖民统治技巧。关于向非基督教世界移植基督教的制度与观念的企图，已经被研究传教史的学者们非常仔细地追踪到了。但是，在欧洲扩张的研究者中间几乎没有人去尝试着探讨地理大发现对于西方文明自身发展的意义。

　　欧洲的扩张及其带来的欧洲国家在世界史上的优越地位，意味着古老且辉煌的东方文化已经为更新颖、更活跃的西方文明所遮蔽。历史学家们往往把东方的黯淡归因于西方工业的快速增长，以及东方在这方面的落伍。他们指出，在亚洲文明的各大中心所发生的工业革命中，没有一个能够与发生在西方的相比较，西方的工业革命导致了欧洲在 1800 年之后的转型，并且使西方在技术和军事方面拥有了决定性的优势。

欧亚研究领域的工作者们在注目于欧洲取得世界优势地位的时间和问题时，常常无一例外地给人留下这样的印象：整个东西方互动的历史不过是西方人如何到达了东方，如何维护了自身的文化传统，如何促使东方现代化、西方化，如何使亚洲的传统文化及生活方式实现了转型。结果，这些研究者就忽视了这些事实：东方的黯淡并非从来如此，今天的历史描述远非事实的全部，即使在前现代的某个时期，欧亚文明各自的辉煌程度也曾出现过势均力敌的局面。

从 1500 年到 1800 年，东西方之间的关系通常为亚洲国家构建的某些条条框框所主导。除了居住在几个殖民据点的那些人们，其他来到东方的欧洲人都很隐忍。这与一个显而易见却又常被忽视的事实相关：当欧洲人派遣贸易、外交以及传教事务方面的官员前来亚洲时，亚洲国家从未以同样的方式主动地回馈欧洲。欧洲人沿着亚洲的航海线路旅行看似容易，他们实则很少到达过位于亚洲的主要大陆上的国家，而且困难重重。还有，在 16 世纪，欧洲人尚不具备把自己的意愿强加于印度或中国的帝国统治者身上的地位；亚洲大陆所拥有的雄厚的政治、文化资本丝毫感受不到欧洲武装力量的威胁。同时，少数雄心勃勃的欧洲人为了使东西方留意到对方，其所作所为最终达成的效果也令人感到惊讶。

亚洲对于前工业欧洲的启示并未给西方的生活、信仰或者制度的基本原则带来转型或急速变迁。欧洲对于存在于亚洲的高度文明知识的反应通常都较缓慢，因此，亚洲对欧洲的影响也处于发展和变动的过程中，而且显得相当分散。欧洲的这些反应虽然难以精确地辨析，但是有些随机的例子将帮助我们说明，自瓦斯科·达·伽马（Vasco da Gama）的时代至今，欧洲人对亚洲文明的反应的延续与变化的情形。

第一批到达东方的旅行者，以及后来返回到欧洲的精明的人文主义者，很快就意识到，在生活的某些方面，博大的亚洲文明比自己更为先进。那些在亚洲大陆和日本随处可见的城市和建筑古迹是如此地令人印象深刻，以至于无论是世俗的还是宗教的观察者们，其中不乏一些来自于文艺复兴时期的意大利的著名城市中的人，都同样为之感到震惊。他们还愿意承认，特别是中国人，都是天才的能工巧匠，欧洲人在中国人那里学到了很多。德国哲学家莱布尼茨（Leibniz）对中国的社会和家庭组织印象尤为深刻，以至于他公开恳求中国皇帝应该派遣使者到西方去，教给欧洲人管理国民的戒律规则。伏尔泰（Voltaire）也呼吁欧洲的国王们向乾隆帝（Ch'ien—lung）学习仁政哲学和艺术。耶稣会呈示了它打印、复制的那些能够提供最大信息量的传教士信札，这些书信往来于东方和欧洲王室首领与天主教高级教士之间。在18世纪，百科全书蔚为大观，在此潮流下，耶稣会也出版了来自于中国的煌煌多卷传教士信札的集子汇编。

到了启蒙运动时期，伴随着其他备受好评的思想观念的出现，在18世纪欧洲的哲学家、摄影师、文人和艺术家中的"中国热"（Sinophilism）开始变得声名狼藉起来。工业时代的西方人在技术和组织方面的成就给他们留下了深刻的印象，使他们不再对自己在东方的见闻感到敬畏。作为理解宇宙的关键的理性主义带来的意识觉醒，在欧洲也促成了反对把中国视为政治和社会组织的合理模式的观念。19世纪欧洲和北美的思想家们逐渐把东方国家视为停滞的中心。在西方人自己的印象中，他们的世界注定是要改造的，然而东方国家对他们的世界却构成了潜在的威胁，同时也令人不快地暗示着衰颓和溃败终将赶超最为辉煌和有力的文明这一事实。

但与此同时，19世纪坚定乐观的物质主义思潮激励了一批清醒的西方人赞扬亚洲充满灵性的生活方式。一位热心的印度古代文明研究者拉尔夫·沃尔多·爱默森（Ralph Waldo Emerson）把印度教思想视为古老的真理和尚未触及的财富。这里的商人和传教士，以及国内的学者大概同时开始采用最新的科学技术研究亚洲的语言、文学、制度和历史。伴随着学术性突破的不断出现，普及者和推广者努力对东方所特有的种族和民族特性进行分析和描述。19世纪后期，在欧洲大行崇尚日本之风，正如三百年前其祖先所为，许多西方人致力于发掘并描述日本国民性的根源，强调了日本人无论是个体还是社会在朴素、节俭、律己、宁静、适应、黩武方面无法超越的奉献。甚至马来人和爪哇人也被

XIII

欧洲人认为在艺术和精神上已经取得了西方人无与伦比的成就。

在对亚洲传统文化的热情拥抱成为压倒之势的同时，一个自觉的史料编纂项目在 19 世纪的西方开始启动。首先，发起于德国的科学史编纂团体几乎不承认伟大的亚洲文化的存在。为了给予兰克（Ranke）及其追随者们以便利，他们忽视了亚洲，因为他们意识到他们无法掌握其语言，而语言对于开发原始资料又恰恰是必要的，他们甚至不能理解亚洲编年史的存在与定位。黑格尔（Hegel）的亚洲观点依赖于更早的欧洲人留下的资料和他那个时代的商业记录，在其历史哲学里面，黑格尔提出了与充满生机和活力的欧洲相比较，亚洲显得死气沉沉这一假说。[1] 基督教的历史学家们，主要是在经济自由主义者和新教徒中间，在 19 世纪有一种诋毁他们的重商主义和天主教先驱的贡献的倾向。在这些历史书写的倾向之外，另一种 19 世纪的观点也在西方出现了，它强调了西方基督教和生活方式在亚洲播迁时，亚洲所显现出来的停滞落后与冥顽不化。

如今，一般的历史学家们在评价西方扩张时期对于东方的反应时，通常情况下已不再把它轻描淡写为一段小小的插曲。他们还倾向于把欧洲人对海外文化的回应视为一个单一的、一体的现象。例如，他们并不试图在欧洲人对美洲的原始文化与亚洲的高雅文化的不同反应之间做出区分。这种情况相当常见，所以他们无法对海外世界的相关知识中的偶然因素及不规则的发展进行把握，并传达给他人。不同的学科——艺术、文学和技术的发展史的研究者们在处理其专业领域的亚洲影响时有一个特征，那就是把该影响孤立看待。虽然艺术研究者们把欧洲人对于亚洲技术和装饰的采纳与其对东方技艺的兴趣联系在一起，但他们通常并不认为东方的哲人和画家与那些从东方移植过来的观念中的非传统的异域特质具有同样的吸引力。专业研究中最好的著作是剑桥大学的李约瑟（Joseph Needham）教授的煌煌多卷文档记录，它们详细地说明了在整个有文字记载的历史中，来自中国的科学技术观念和设备是如何移植到欧洲的。[2]

与之形成对照的是，亚洲历史的研究者们最近几年主要致力于学习亚洲的各种语言，因为掌握这些语言是挖掘本土历史资料时所必须的。但在这样做的同时，他们常常忽视了西方的文献资料，或者不具备掌握某些欧洲语言（特别是拉丁语、葡萄牙语和荷兰语）的能力。对于欧洲文献资料的忽视在进行印度

XIV

研究和东南亚研究中尤其明显。西方和本土的南亚历史研究者们对于触手可及的大量英文资料有些过于依赖了。特别是 1600 年的那段时期，拉丁文和伊比利亚文资料往往比英文资料权威得多，在很多时候，这些资料中的数据和统计远比那些本土记载更具可信性。

显而易见，欧洲人对于亚洲的观点并非静态的。欧洲人对于各种海外文化的反应常常随着其爱好或嫌恶的程度的变化而改变。来自于东方的技术、艺术形式和观念在不同时期对于欧洲人有着不同的吸引力，欧洲特定时代的思想氛围也会左右欧洲人在与之相关的海外新文化中所做的选择。也许最重要的是，存在于亚洲的几种高雅文化与希腊—罗马传统或者基督教启示均无关系，这种认知给欧洲带来了一种新的文化相对主义意识，其最终导致的后果是惊天动地的。

这项研究的前两卷（共包括两本书）是我深思熟虑的六个系列的第一个部分。这六个系列联用一个名字《欧洲形成中的亚洲》，关注的时段为 1500 年到 1800 年。我计划每个世纪用两卷的篇幅加以探讨。第一卷将包括那个时期欧洲对于亚洲的主流观点的概述，新的信息到达欧洲后的散播渠道，以及这个世纪的个别亚洲国家在欧洲人眼中尚存疑问的混杂变化的形象。第二卷将关注亚洲的知识对于欧洲的制度、艺术、工艺和观念的影响。虽然各卷的研究是独立的，但我希望这个系列作为一个整体，能够为不同学科的专家们更为精细的专论提供一个笼统的背景。

第一卷的标题是《发现的世纪》（*The Century of Discovery*），主要探讨在 1600 年之前欧洲对亚洲的了解情况。这里使用的"亚洲"，指的是印度河以东地区的大陆和文明。"欧洲"则指斯拉夫语世界西部的国家和人民。作为亚洲知识传入欧洲的中介区域的黎凡特（Levant）、东欧和俄罗斯将在后面的几卷中专门讨论。作为西欧文明分支的美洲，同样被作为中介地区放在后几卷中探讨。例如，墨西哥自 16 世纪以降就是一个联结马尼拉和马德里的重要枢纽。

虽然"1600（年）"是一个整数，但第一卷终结于此并非随意为之。16 世纪的最后几年和 17 世纪的最初几年在欧洲和亚洲都发生了重要的变化，基本上改变了它们早期的关系格局。在欧洲，大约在 1600 年左右的标志性事件是伊比利亚人对于通往亚洲的航线的垄断的结束，以及荷兰和英国在其新组建的东印度公司的赞助下对于海外事务的开启。欧洲北部的几大强国在 1600 年后对于东方贸易的直接参与，增加了欧洲了解到的亚洲知识的规模，结束了罗马天主教对于基督教传教工作的垄断，也为欧洲对于东方的反应带来了一系列新的面目。在 1600 年的亚洲，印度的维查耶纳伽尔①王朝（empire of Vijayanagar）正承受着它步入没落的痛苦，而印度北部的阿克巴王朝（Court of Akbar）则到达了其全盛时期。正是在这个阶段，耶稣会士们开始深入两大印度王国的腹地——它促生了欧洲人对于印度文明内涵的新观点。中国，作为一个以前曾把欧洲人拒之门外的内陆大国，最终也有耶稣会士进入，其中，利玛窦（Matteo Ricci）曾在 1601 年年初到了北京。在那以后，耶稣会传教团在明王朝的帝都的创建，使利玛窦像他在阿克巴的宫廷（court of Akbar）的同伴们那样，能够以前所未有的便利获得有关当地生活和文化方面的知识。在日本，16 世纪末期出现了政治上的统一，德川幕府（Tokugawa shogunate）时代由此开始，除了有限的交往之外，新的政治局势很快地把欧洲人拦截在国门之外，这种情况持续了两个多世纪之久。所以，从学术的观点来看，1600 年可以视为东方的贸易、外交和基督教信仰条件发生标志性变化的日期；对于欧洲而言，1600 年则是预示着西班牙和天主教对海外世界的独霸的终结以及北部国家和新教徒们新开辟的直接传达东方信息的渠道的开启。

本卷始自一个简短的部分（第一部分），该部分考察了从古希腊到好望角航路的开辟这段时间内，欧洲的亚洲知识的进展情况。虽然其中大部分被分析的资料都是人们耳熟能详的，但我觉得要给 1500 年后的世事变迁搭建一个舞台背景，并帮助读者把视界调整到文艺复兴时期欧洲人观察亚洲的历史镜头中，就有必要对这些资料做一概述。开始的部分，与我对 16 世纪的处理方式不同，我没有在关于亚洲已知的内容与这些知识带来的影响之间做出区分。欧洲的艺术、技术和宗教假说在 1500 年之前并没有因为亚洲知识的渗透而发生根本性的变

---

① 胜利城维查耶纳伽尔，古国名，14世纪中叶印度教教徒在南印度建立的封建国家。——译者注

化，据此可以证明我在开始部分的处理方式是适宜的。我认为只有在大量的欧洲人开始去亚洲生活和工作，并逐渐被迫将他们在国内的实践和观念与其在亚洲看到的情况进行比较之后，这些层面的基本变化才会发生。欧洲过去的传统虽然确定无疑地影响了西方人对于亚洲的新观点，但来自遥远的地中海沿岸的世界的文化和地理观点的介入，也给这一传统带来了严重的挑战和彻底的改变。

16 世纪早期，欧洲的普通人何以能够了解周边世界上所发生的一切？马可·波罗（Marco Polo）在 14 世纪为那些可能更了解时事的人们所嘲笑。曼德维尔（Mandeville）在 14 世纪讲述了很多关于亚洲的野蛮故事，却被那些原本应该更了解时事的人们不假思索地照单全收。在 16 世纪，究竟发生了什么事情，使亚洲作为一块诡异的异域的特质烟消云散，转而成为人类的领地，并同样受制于通行于欧洲的自然规律和神圣法则？即使欧洲人否认亚洲人所拥有的技术和信仰的价值及其有效性，但面对不容忽视的确切信息资料，他们不得不承认活生生的亚洲人存在的这一事实。由此，欧洲公众不再对亚洲一无所知。我认为，正是在这个基础上欧洲获得了对于亚洲现实的笼统认识。

1500 年之后，欧洲与亚洲之间直接的贸易活动开始了，所以，欧洲人对于一个想象的东方既不完全怀疑也不盲目接受是可能的。因为自古以来，具有规律性的贸易活动就通过中介持续地进行着，因此进入欧洲香料市场的东方货物屡见不鲜。然而，如今来自欧洲各地的水手、商人和传教士们史无前例地通过海路到达了东方，并在返回欧洲之后，讲述了其亲眼所见的种种奇闻异事，或者是他们个人在那里所遭遇的穷困潦倒。但比这些回到欧洲的旅行者的故事更令人印象深刻的也许是他们从亚洲带回来的精巧的艺术品和手工制品。虽然这些物品很早就通过贸易中介出现在欧洲，但最终的买家一直无法确证它们的原产地。随着欧亚之间直接贸易路线的开辟，亚洲的产品与其原产地之间发生了更为确定的联系。与此同时，从亚洲返回的商人和水手还给他们的同乡和朋友讲述了胡椒的种植、瓷器的制造以及珍稀宝石的开采等知识。面对这些确切的证据，过去关于东方的种种传说就难以为继了。然而不管是什么时候，这些传说都依然保持着其固有的吸引力，只是早期那些出现奇人怪兽的场所从欧洲人熟知的地域转移到了超出大多数欧洲海外冒险家的知识范围的地方。到了 1600

年，这种未知的区域和大陆基本上已经不存在了。事实上，对于欧亚的主导文明而言，彼此隔绝或完全忽视对方的情形将永远不可能再出现了。

与东方的直接贸易也具有重新为欧洲商业定位的功能，这些商业活动使大西洋沿岸的（Atlantic）沿海城市与非欧洲区域发生了直接的联系。地中海（Mediterranean）及亚得里亚海沿岸的（Adriatic）货物集散地中转功能的丧失，迫使内陆城镇的市场与西欧的海港城市发展出一种更为紧密的商业关联。最初，重要的商业关系重组是与香料贸易，而不是与新世界的探险联系在一起。所以，在16世纪上半叶，对于欧洲的商业共同体而言，是亚洲而不是美洲于其有着深远的重要性。正是因此，我在第三章不得不投注较多的笔墨去探讨欧洲的香料贸易是如何地变化无常，借此说明它何以帮助欧洲公众认识到亚洲是一个由文明人居住的真实地域，并证明这种认识如何通过那些与香料贸易联系在一起的商人、水手、银行家们的商业活动，在欧洲内陆得以蔓延。

欧洲的印刷术与商业上的重新定位携手而至。1500年后，所有的新旧贸易中心都成了知名出版社的发源地。事实上，在16世纪上半叶，所有使东方的信息得以付梓的出版社都位于意大利、法国和北欧的商业之都。在葡萄牙，官方对贸易线路的控制阻碍了里斯本（Lisbon）的出版社对于亚洲时事小册子或书籍的印行。16世纪下半叶，随着葡萄牙官方对于香料贸易控制力度的减弱，在里斯本、科英布拉（Coimbra）和埃武拉（Evora）的葡萄牙语出版社，关于卢济塔尼亚（Lusitania）的亚洲帝国方面的书籍（其中一些是此类书籍中的经典之作）最终得以开始印刷。1550年后，在欧洲的很多城镇和亚洲的一些传教中心，成立了耶稣会的出版机构，并制作、出版了关于亚洲的书籍，使东方的信息得以广泛传播，这对欧洲商业的重新定位同样是一个有力的促进因素。在第四章，我探讨了西班牙人的信息控制体系，研究了关于亚洲的书籍和地图的出现过程，致力于描述印刷文字对于欧洲的亚洲形象的缓慢发展所产生的总体影响。

葡萄牙人在东方的贸易体系的增长与保教权（religious *padroado*）的发展齐头并进。虽然完整的16世纪亚洲的天主教传教史尚未写出，但我已在第五章简明扼要地叙述了天主教在亚洲的各个据点的成立，它们所面临的世俗和宗教问题的性质，以及它们处理这些问题的方法的不断更替。我希望这一描述能足够详尽，使读者能够理解那些亚洲的耶稣会士信札书写时的传教氛围。即使我对这些耶稣会士信札及出版物所做的是最基本的评价，但作为历史研究的文献资料，其中包含的信息和知识也是有必要加以介绍的。因为耶稣会士们是深刻犀利的观察者，不知疲倦的通讯者，勇于献身的文献保管者，所以，大量的出版或未出版的文献资料最终都得以保存，为历史学家们进一步的深入研究提供了依据。

在本书第一卷的最后部分，我追溯了欧洲获得亚洲相关信息的三种渠道（香料贸易、文献印刷和基督教传教），进而概括出欧洲在 16 世纪对印度、东南亚、日本和中国的了解程度。在第六、七、八、九章里面，我所描述的欧洲关于亚洲的这些区域的形象，几乎完全建立在现存的印刷资料的基础上。然而需要指出的是，现有的已出版的资料，并不能完全代表当时的信息流通状况。当时的手写本和口头报道在塑造欧洲的亚洲观方面，其效力与印刷材料可能不相伯仲。但对于一个今天的历史学家而言，除了间接地获取资料，想在曾经使用的口头语言中寻找信息显然是不可能的。即使目前仍然有大量且混乱的手写资料存在，但对其进行细致的研究也是不切实际的，很可能会使研究误入歧途。人类重构过去的计划总是不甚完美，我把手写稿资料排除在外的决定加强了处理印刷材料时某些特定的技术麻烦，在耶稣会士们的通信和地图方面尤其如此。但我依然认为，排除手写稿能够使我更有效地掌控现有资料，就欧洲人对于亚洲的总体了解做出更为精准的描述，即使这种描述比较有限。只要情况允许，我都把这些在 16 世纪欧洲用拉丁文、葡萄牙文、西班牙文、意大利文、荷兰文和德文印刷出来的大量资料翻译成英文，以便于开展我对原材料的审查工作。

形象生产者们（我也是其中之一）热衷于把过去时代的人们的态度放置在一个文化模子里面，这种心态是可以理解的，它所频频导致的后果是相似而不是相近，是塑像而不是本质（beings）。这也许不可避免，对于转变成历史塑像者的历史学家而言，必须接受造型艺术的限制和条件。即使不去考虑一个雕塑家所使用的素材和他的艺术天赋，他也只能在有限的三个层面上再生产自然物体和想象的观念。他被迫令时间停顿，充其量只能够暗示主体变化以及内在动

XIX

态的可能性。采用雕塑家的方法工作的历史学家同样被迫冻结时间，借用莱辛（Lessing）在《拉奥孔》（*Laokoon*）里面的话来说，那就是他成功地选择了"具有关键意义的时刻"（pregnant moment）。所以，历史学家呈示的历史形象至多是一幅历史图片，就其本身而言，它通常无法给观看者提供一种属于过去事实的那种迷乱而渐变的精准感觉。这幅历史图景也会带有历史雕塑家的艺术偏见留下的深刻印痕。为了表达一种变化的感觉，我决定冒着过于重复的风险，在处理整个世纪时，呈示出创造每个形象时所采用的那些零碎的、不规则的方式。关于我个人的偏见，除了告诉读者，在我这本书的研究和写作中，许多已经发生了改变，并且，其中一些偏见现在看起来要比我的研究刚开始的时候更为顽固之外，我几乎无计可施。

影响的追踪者们（我也是其中之一）在中途也会遭遇到许多意想不到的误区。其中，最糟糕的情形莫过于此：在其研究中存在着寻找一种特殊的影响的倾向，将此种影响抽离出其语境，然后与其他正被研究的影响在人物、艺术主题、制度或观念方面做以不甚恰切的比较，再赋予其相应的比例和构型。虽然此类研究误区无法完全避免，但我尽量把那些一般情况下能够从 16 世纪对东方感兴趣的欧洲读者那里获得的出版文稿、地图和图表组合在一起，从中去追踪影响的线索。毫无疑问，很少有欧洲的同时代人为了准备随后的研究而去阅读所有的印刷资料。在提供这种全面的考察时，我的目标是要呈示那些可以获得的知识，借此我可以在第二卷中评价一位对亚洲感兴趣的读者的见识如何。同时，我尽量给一般的印刷资料提供足够的图解，这至少在分量上可以证明关于亚洲的著作多大程度上在欧洲出版物的总量中变得越来越重，对其做出回应的读者也越来越多。虽然这种方法颇为笨拙，而且它本身不可否认地存在着一些问题，但我希望欧洲对亚洲的兴趣应在其语境中显现，而不是主观随意地将其从语境中抽离出来加以考察。

虽然可以肯定，在欧洲出版的资料的精确性在亚洲形象的生成中的作用不是首要的，但对于那些想把欧洲的资料整合进自己的研究中的亚洲历史研究者而言，这仍是他们真正关心的问题。对于资料精确性的评估，以及对于其中不一致的地方的关注，同样有助于我们判断那些得到关注的欧洲作者的可靠性程

度，并且帮助我们理解为什么有些著作要比其他作品更具有影响力，或者更具   XX
有生命力。对于那些后来出于自身的目的而使用讨论亚洲的原材料的作者们的
敏锐性，我们也能够获得一个更佳的观察、评判的位置。我自然不会一直认为
寻找模糊不清的参考资料是可取的或值得的。但是，我付出了很大的努力，把
16 世纪那些主要的作品与现代最好的学术研究放在一起进行核对。让我感到惊
喜且满意的是，在这个过程中，我了解到早期的写作者的报道是值得信赖的。
往往因为某种禁忌，他们并不在所有场合报告他们所知道的一切。

　　评价亚洲在 16 世纪对欧洲的影响不是本卷的重点。这将是该研究系列中的
下一卷的主题。然而，在本卷的研究统筹中，有一点已经相当明了，即对于欧
洲的统治者、人文主义者、传教士、管理改革者、宗教思想家、地理学家、哲
学家、珍品收藏家、艺术家、工匠和一般公众来说，散播在他们中间的那些关
于亚洲的信仰、制度、艺术和工艺知识绝对充满着强烈的吸引力。他们对亚洲
的兴趣在多大程度上引起了欧洲的制度、艺术、科学和观念的根本变化，尚不
完全清晰。但我确信，借助对欧洲资料的深入研究，可以揭示出，即使欧洲在
遭遇到那些诸如国际战争、经济的急剧动荡、民族国家体系的增长、重大的宗
教分裂以及新大陆的开发和殖民等带来的更为紧迫的问题持续不断的困扰时，
亚洲的影响仍然具有着重大的意义。

注释：

[1] Ernst Schulin, *Die weltgeschichtliche Erfassung des Orients bei Hegel und Ranke*（Göttingen, 1958）；
　　关于 19 世纪的"东方主义"参见 Raymond Schwab, *La renaissance orientale*（Paris,1950）。
[2] J. Needham and Wang Ling, *Science and Civilization in China*（4 vols.；Cambridge, 1954-65）.

第一部分

传　统

导　言

　　欧洲人在其第一个两千年的漫长历史中，把美索不达米亚（Mesopotamia）以东的亚洲视为一个模糊不清且变动不居的概念。在假设查理曼大帝（Charlemagne）时期的欧洲轮廓之前，[1] 如果回想一下"欧洲"自身每隔一段时期就要被重新定义的情形，这就不足为奇。大约从公元前 500 年到 15 世纪末前往印度的航路的开辟，遥远的东方，比如黎凡特地区在欧洲人的世界观中就一直是一片阴影地带。有关亚洲大陆东部 2/3 的大部分区域的一些彼此间毫无关联的信息碎片，常常不定期地经由各种曲折的渠道传达到欧洲。东方的知识频繁地向欧洲传递，要经过埃及或近东（Near Eastern）这些中介地区，这种情况也造成了事实与神话间的混淆不清。事实上，在远古时期，在中国和印度被清晰地辨识为两个有着各自独立的文明的不同国家之前，就已经过去几个世纪了。在中世纪，大量的早期东方知识被缓慢且牵强地组装在一起，要么彻底被忽视，要么转化为奇幻的东方之类的陈词滥调。这种情形并不意味着欧洲人彻底无视或一直误识了亚洲的事实。特别令人印象深刻的是，一些有识之士令人称奇地精确掌握了亚洲的地理和地貌特征。商人们用超凡的毅力和不懈的努力，自学了与遥远的东方的香料、丝绸相关的知识，并了解到了贸易路线、港口和贸易场所等信息。当中世纪晚期的传教士们力图在亚洲没有宗教信仰的人们中间传播基督教思想时，其信仰在中国和印度发生了变化。尽管如此，在欧洲的

3

大众想象和许多学术专著中，关于亚洲的神话与事实常常毫无二致，甚至连一些后来最普通的地理学术语都没能得到确定。

显而易见，"亚洲"和"东方"都不是精确的地理学概念。它们被用作形容词来描述种族、宗教和文化属性时，其意义无疑更加模糊了。但在地理大发现之前，这些术语可以被广泛地交互使用，以至于埃及有时候作为亚洲的一部分出现在地图上。而"印度"常常被视为亚洲的同义词，迟至1523年，特兰西瓦尼亚的马克西米利安（Maximilian of Transylvania）还写道："所有不为人知的国家的原住民一般都被称作印度人。"[2] 但我们这里是在现代意义上使用"印度"这一指称的，专用于指代印度次大陆本身。正如孟加拉（Bengal）东部地区常常被称呼的那样，"较远的"和"较高的"印度在大多数情况下将被后来的术语，诸如"东印度群岛"（East Indies）和"东南"或"东"亚所取代。与"印度"在一般情况下被不加区分地等同于东方一样，在16世纪之前就为人所知的中国，赛利卡（Serica）、秦尼卡（Sinica）、契丹（Cathay）和其他各种各样的名称从来没有被使用过。所以，关于中国，我们会根据它在现代和更早的历史时期内被普遍接受的各种不同名称来称呼它。"亚洲"和"东方"的概念正如其自身所指的那样模糊不清，然而，它们将被部分地用于表达欧洲人在谈及这些遥远的地方时的那种不确定感，在一定程度上，是因为当代人在使用它们时，常常不能为我们传达一种更为精确的感觉。我们只需要去回想一下阿贝·瑞纳尔（Abbé Raynal）在其18世纪的著述中，仍然把东印度群岛解释为包括"阿拉伯海（Arabian Sea）和波斯王国（kingdom of Persia）以外的所有地区"[3]，就可以更好地把握这个问题。

注释：

[1] 关于其演变的相关讨论，参见 Jürgen Fischer, *Oriens, Occidens, Europa: Begriff und Gedanke "Europa" in der späteren Antike und im frühen Mittelalter*（Wiesbaden, 1957）。

[2] *De moluccio...* 由 H. Stevens 翻译，参见 *Johann Schöner*（London,1888），p.116。

[3] *A Philosophical and Political History of the Settlements and Trade of the Europeans in the East and West Indies...*（2d ed.,rev.&corr.;London,1776），I,40.

第一章　古代与中世纪

在一切都还显得晦暗不明的荷马时代（Homeric age，公元前8世纪），古
希腊人可能已经听说过印度的传说和遥远的东方人。在《伊里亚特》（*Iliad*）和
《奥德赛》（*Odyssey*）中，遥远的地方并非关注的重点，但它们已经表现出把居
住在所知世界的边界之外的人类理想化为单纯、自由的生命体的倾向。[1] 随着
希腊人的世界知识的扩展，神话中幸福的原始人和怪异的人类退却到距离地中
海沿岸的心脏地带越来越远的地方。诞生于公元前6世纪的波斯帝国（Persian
empire）屹立在希腊世界以东，而印度则在史前时代就已经被定位于它的另一
边。地中海沿岸国家的商人、士兵，有时候以波斯人的合作伙伴或雇佣者的身
份出现，却从未听说过他们曾在早期的东方进行贸易和作战的事情。根据他们
的相关报导，关于印度疆域规模和地理格局的说法开始传到西方。但是，因为
这些回到西方的旅行者的信息的根本兴趣点不在于客观描述，被转述到欧洲的
最早的信息就显得更为荒诞，而不是更为真实。

第一节 希腊传统中的印度，公元前 600—前 100 年

印度西北部的河谷大约在公元前 515 年被波斯帝国的大流士（Darius）国王所吞并。此后不久，他委派一位卡岩达城（Caryanda）[①] 的希腊官员西拉科斯（Scylax）到波斯最东边的区域，履行探险和勘察的任务。虽然西拉科斯沿着阿拉伯半岛的（Arabia）海岸线，完整地巡航了印度河，但他像许许多多的古希腊作者一样，一直搞不清自己的方位。[2] 在他的报告中，他是向着印度河的东南方而不是西南方航行的，他同样也误解了其他地理特征。显而易见，西拉科斯更感兴趣的是大流士的新帝国的财富与发展的可能性，而不是其帝国的地理构造问题。他所说的"印度"，位于东边最遥远的陆地上，许多奇怪的人们用大量的金子作为贡品对其慷慨捐助。这些奇怪的人们，既包括定居在此的农学家，也包括四处漫游的游牧者。他们的金子来源于北部蛮荒地带的巨大蚁冢（anthill）。[3] 住在南部的人有着几乎与埃塞俄比亚人一样黑的肤色，他们在湿地和河流沿岸辛苦地谋生图存；再往南居住着食人族。虽然这些内容中的大部分看起来有确定的事实基础，但西拉科斯仍在其报告中混杂了大量令人难以置信的虚构成分。比如，有一些印度人的双脚是如此的巨大，以至于他们坐在地上时，可以把双脚举过头顶像伞一样使用；他讲到很多野兽、鸟类和植物相当奇特且能够识别。超越出他所说的"印度"陆地的范围的相关信息，在其报告中则付诸阙如，但看起来似乎除了荒漠之外别无他物。欧洲对东方的看法也就始自这么一种事实与虚构相混杂的传统。

希罗多德（Herodotus，约公元前 484—前 425 年）的《历史》（*History*）一书同时参考了关于东方的口述和书写报告。[4] 至于希罗多德本人是否到那个地方旅行过，对于学界而言，仍然是一个令人苦恼不已的疑问。但可以肯定的是，这位"历史学之父"勤勉地搜集并甄别了美索不达米亚（Mesopotamia）以东地区的各种大量的未知信息。希罗多德参阅了早期的文献，诸如普罗孔苏斯人阿

---

① 希腊著名的古城，希腊语为 Kapúavōa，亦译作加品扬达。——译者注

里斯特亚士（Aristaeus of Proconnesus）的诗歌《阿里玛斯普》（*Arimaspea*）①，
并把诗歌中的描述与他的同代人的看法进行了对照。希罗多德对于印度自然界
的描述，大部分信息来自大约写作于公元前 500 年的米利都（Miletus）的地理
学家赫卡托斯（Hecateus）。但是，希罗多德反对赫卡托斯那种把欧亚均衡化的
做法，他在自己的著作中向前者对于大亚洲的描述发起了挑战，唯一的理由就
是希罗多德认为亚洲的幅员不可能比欧洲辽阔。根据搜集到的材料，希罗多德
把印度人安置在所知世界的最东端，在他那里印度河向东南方向奔腾不息，由
此可见，希罗多德对于印度半岛的全貌一无所知。除了荒无人烟的漫漫黄沙之
外，对于印度之外的地区希罗多德毫无认知。阿里斯特亚士曾对所谓的跨越亚
洲大陆的各种人群进行了分类，对此希罗多德嗤之以鼻，不以为然。[5]像赫卡
托斯那样，希罗多德把印度人描述为一个有着不同风俗习惯的许多民族和语言
的群体。在北边居住着一般的雅利安人（Aryans）；而在南部则是那些黑肤色的
游牧的野蛮人。据说，居住在波斯边境上的印度人嗜食同类。他们把野生的棉
花聚集在一起，这些棉花的美观和实用程度均优于羊毛，他们做衣服的材料就
由此而来。希罗多德同样提到了能够产出金子的蚂蚁，这些金子可以供应印度
人向波斯帝国交纳贡金。因为缺乏明确的材料，希罗多德像其他不甚有主见的
人一样，不加批判地接受了许多不可信的传说。正是通过不断地重复，这些传
说获得了一件虚假的权威性外衣。

7

希罗多德的著作的评论者尼多斯（Cnidus）的克特西亚斯（Ctesias）为后
世保存了有关亚洲的一些确定的事实和大量的奇谈怪论。[6]大约在公元前 400
年，克特西亚斯写下了专著《波斯》（*Persica*）和《印度》（*Indica*），在著作中，
他致力于纠正希罗多德关于东方的描述的错误之处。虽然克特西亚斯是为印度
开辟专论的第一人，但他的描述与希罗多德那些比较平庸的文字相比，仍然显
得非常虚假。尽管在远古时代有一些作者对克特西亚斯的说法表示质疑，但长
期以来，他对东方的动物和怪物的那种富于想象力的描述，还是吸引了许多读
者。克特西亚斯的历史想象力的腾飞来自后来的作者对他的著述的接受，很明

---

① 亦译作《独目篇》。——译者注

显，后来的人们很乐意借助自己的虚构为克特西亚斯的幻想增砖添瓦。[7]克特西亚斯肆意地夸大印度的辽阔，还把印度人描述成沙驼（satyrs）。他还宣称，印度的太阳温度不是一般的热，看上去要比其他地方的太阳大十倍。在谈及印度和以弗所（Ephesus）之间的路线和距离，以及印度北部的重重关山时，他的说法看起来比较可信。但克特西亚斯描述的事实远远少于他的幻想。克特西亚斯积累下来的传统和神话，经由普林尼（Pliny）转述给了中世纪的作者们，他们常常在其中添加了自己的修饰和润色。[8]

从公元前 326 年到公元前 324 年间，亚历山大大帝（Alexander）东征印度，明显地拓展了事实和虚构之间的范围。[9]这位伟大的马其顿（Macedonian）征服者在年轻时曾从亚里士多德（Aristotle）那里了解到了亚洲的某些信息，他攻破了横亘在希腊世界和亚洲之间的那道屏障。希腊军队在印度西北部的大获全胜，以及在印度河谷的长驱直入令远古时代的人们印象深刻。对于亚历山大大帝而言，"亚洲"可能是大流士一世的帝国的同义词，"印度"则可能意味着环绕印度河周边的国家。再向东，就是恒河流域（Ganges）、东印度和中国——显然这些地区并不为这位马其顿征服者所知。和亚里士多德以及早期的作者一样，亚历山大大帝很可能把印度的主要部分定位在波斯的东边，而波斯的南边只有微乎其微的一小部分。尽管希腊军队深入印度境内的程度有限，但亚历山大大帝的统治还是促生了这块次大陆与小亚细亚（Asia Minor）以及西亚世界间的直接联系，并且为那些到目前为止仍然仅停留在远远地意识到对方存在的地区间更为直接的互动打下了基础。

亚历山大大帝在公元前 323 年的英年早逝，为马其顿的扩张画上了一个句号，并为日后的学术界提供了讨论其赫赫伟业的话题。一个宫廷记事员曾保留了关于亚历山大大帝在亚洲活动的日记，其中的年份至公元前 327 年。通常被视为宫廷史官的奥林索斯（Olynthus）的哲学家卡里斯提尼（Callisthenes），曾陪伴过亚历山大大帝并记下了他的一系列活动。但是这份日记，以及卡里斯提尼在其基础上写就的《历史》（*History*）都是到了亚历山大大帝离开大夏国（Bactria）前往印度的地方就终止了。直至亚历山大大帝死后，他远征印度的那段真实的历史才被书写出来。这些文献是由亚历山大大帝的两名同伴写的，其中一名是建筑师，名叫亚里斯多布鲁斯（Aristobulus）；另一名是军事行动的研究者托勒密（Ptolemy），他还是著名的埃及王朝的创建者，王朝就是以他的名字来命名的。值得注意的是，在赞颂亚历山大大帝的功业时，这些作者们的记述夸大了希腊人所得到的关于印度的实质性资料的总量。虽然这些早期在本质上还算真实的历史记录的起源已经很快地不可追踪，但它们提供的信息在阿里安（Arrian）的《印度》（Indic，约公元 150 年）一书中还为后世保存着，这些资料构成了我们了解"历史上的亚历山大大帝"的基础。[10]

亚历山大大帝死后不久，他的远征事业也成为了极富想象力的传说的主题，其中的一些很明显来自印度。科罗丰（Colophon）的克莱塔卡斯（Cleitarchus）与亚历山大大帝是同时代的人，他根据这位征服者的作为，创作了一部具有传奇色彩的剧本。克莱塔卡斯一心一意地要写一个脍炙人口的故事出来，就不加区分地把事实与神话混杂在一起，这可以视为亚历山大大帝的传奇故事的开端。但是，亚历山大大帝的传奇故事及其惊人的远征的主要来源是一本没有名字的书，大约在公元 200 年的亚历山大港（Alexandria）写就，作者被错误地认为是卡里斯提尼。[11] 正如这本书在今天被称呼的那样，"伪卡里斯提尼"（pseudo-Callisthenes）是可靠的资料、文学性的虚构、面向大众阅读市场的故事和彻头彻尾的道听途说的混杂物。这本书主要源自对"伪卡里斯提尼"的修订以及对中古世界关于亚历山大大帝的故事和印度的粗浅印象的苦心编织组合。

亚历山大大帝在政治和军事上的继承者们在努力争夺其不甚稳固的亚洲统治权时，彼此间开始互相残杀。大约在亚历山大大帝死后二十年，胜利者塞琉古（Seleucus Nikator）① 从内部冲突中脱颖而出。到了公元前 304 年，控制了黎凡特地区的塞琉古觉得自己已经足够强大，可以重新启动亚历山大大帝远征印度的霸业。塞琉古的军队横跨印度河之后，他发觉早期的孔雀王朝（Maurya）的统治者们太过强大而无法攻克。在和旃陀罗笈多王（Chandragupta）达成协议之后，塞琉古任命麦伽斯梯尼（Megasthenes）② 为特使，把他派遣到

9

---

① 亚历山大大帝的大将。——译者注
② 希腊历史学家，外交家。——译者注

位于恒河流域（Ganges Valley）的孔雀王朝宫廷。在居住在巴特利普特那（Pataliputra，即巴特那 [Patna]）的日子里，麦伽斯梯尼编纂了希腊世界中最为完整、最值得信赖的印度文献资料。后来的古典作家在自己的创作中，对这部文献集子中关于印度地理、社会生活和政治组织方式的严肃的、批判性的资料极度依赖。

　　研究亚历山大大帝的历史学家的著作以及麦伽斯梯尼的相关记述把印度的形象嵌入了希腊世界。虽然那些原版的著作都已不存在了，但它们的内容经融入后来的作者的著作中而得以保留，这些作者包括斯特拉波（Strabo）、普林尼和阿里安。在这些记述里面，印度被描述为一块到处都是金子和宝石的土地。在麦伽斯梯尼的感召下，后来的希腊作者纷纷对热带印度出现的反常自然现象发表意见——中午时分太阳在头顶直射，夏季影子向南倾斜，冬季向北倾斜，夜空中看不到大熊星座，以及那里的雨季、季候风，还有旁遮普（Punjab）极端的气温等。印度境内无数条水流湍急的大河也让这些作者们印象深刻。他们也把印度的多雨归因于季候风和大河的水气蒸腾。关于印度南部，除了在报告中被宣称为珍珠的原产地外，其他方面人们知之甚少。[12] 印度在夏季收割水稻和粟米，冬季收割小麦和大麦，这种一年两收的农业状况让那些对极度肥沃的热带环境不熟悉的希腊人大为震惊。甘蔗、棉花以及珍贵的香料和药材都帮助希腊人形成了印度财富遍地的印象。希腊人对于印度的好奇心也随着诸如铺天盖地的大榕树、庞大无比的大象、极端致命的毒蛇，还有人模人样的猴子的故事的散播而与日俱增。

　　麦伽斯梯尼也在他自己所知的印度风俗和日常生活方面大费笔墨。麦伽斯梯尼对由栅栏围起来的都城巴特那（Pātaliputra）、王宫及其"圈养着温顺的孔雀和野鸡"的花园的评论，使他的描述显现出一种现实感。麦伽斯梯尼为印度人的那种高尚素朴的人格，还有他们有时候会穿的那种闪闪发亮的棉布衣服，以及他们夺目的金子和宝石首饰所触动。麦伽斯梯尼还指出，印度人的饮食内容是大米和加了佐料的肉，根据印度的饮食制度不能喝酒。印度人被想象为高、瘦、长寿、没有疾病。南部的人肤色像埃塞俄比亚人一样黑，但没有羊毛状的头发；印度北部的人会让希腊人想起埃及人。按照麦伽斯梯尼的说法，印度人被分为七个等级。级别最高而人数最少的是"哲学家"，麦伽斯梯尼用这个术语描述婆罗门教徒（Brahmans）和禁欲主义者。农耕者是最大的阶层，他们需要耕种土地并上交赋税。牧人和狩猎者是第三个阶层，在荒漠和丛林中过着游牧生活。商人、工匠和船夫除了要参与战事之外，也要为自己劳作得来的产品缴纳赋税。除了战时，军人阶层不需要劳作，即使在和平时期，他们也能够定期得到薪俸。第六个阶层由一批秘密政府代理人组成，他们负责向国王或者部落首领汇报事务。最后一个阶层是政府议员或地方官员，我们也许可以称之为管理阶层。据推测，除非一个人能够获得"哲学家"的资格，否则他将终生属于他出身的阶层。

虽然麦伽斯梯尼是一位敏锐的观察者，但他还是被自己对当地语言的无知拖了后腿。[13] 像他那个时代的很多欧洲人一样，仅仅依赖于观察、聆听或者是使用翻译，麦伽斯梯尼无法深入了解印度的思想、文化和历史。麦伽斯梯尼依据希腊的尺度去观察印度也是不合适的，因此，他对两种文化进行平行比较时所依据的基础是希腊传统而不是来自他自己的观察。虽然麦伽斯梯尼把多配偶制理解为一种一般现象，但他对于规范夫妻关系的法律和风俗知之甚少。麦伽斯梯尼对法定风俗的观察构成了研究古代印度私人法律可获得的为数不多的材料来源之一。[14] 和许多后来的观察者一样，麦伽斯梯尼对于印度的萨提（Sati，即寡妇自焚殉夫）仪式印象深刻，但他并不真正理解其宗教或社会意义。尽管如此，麦伽斯梯尼还是尽力地探讨了"哲学家"们的实践和观念，并准确地指出婆罗门教具有一个"教义系统"。

埃拉托色尼（Eratosthenes）在他的《地理学》（*Geographica*）一书中，对亚历山大大帝死后的那个世纪累积下来的地理学资料进行了整理和分析。大约在公元前234年到公元前196年，埃拉托色尼身为亚历山大时代的图书管理员，他也搜集了希腊人在地理学方面的知识。[15] 虽然埃拉托色尼的三册《地理学》全部遗失，但其内容被斯特拉波（Strabo）依据喜帕恰（Hipparchus）对它们的批评而概括出来了。像毕达哥拉斯学说（Pythagoreans）那样，埃拉托色尼假定世界是球形的，并在此基础上对世界进行计量、划分成不同的区域。他认为，所知的世界是被一片漫无边际的外海包围起来的岛屿。为了尽量把所知

的部分在地球上定位，埃拉托色尼把罗兹岛（Rhodes）作为其中心，并依据该
中心计算横切这块陆地的两条线之间的距离。根据埃拉托色尼的鉴定和估算，
在所知世界的最东端，温带从恒河开始，并向西扩展。关于印度的形状，埃拉
托色尼令人吃惊地做出了一个四边形的投影，这首次清晰地显示出印度南部的
半岛特征。但是，和大多数早期的评论者一样，埃拉托色尼错误地假设了印度
向东的延伸幅度要远远大于向南的方向。在其投影中，印度河向南奔流，但它
的长度被错误地高估了。而恒河在其演示中则没那么长，它向东注入环绕的大
海。在埃拉托色尼的标示里面，在印度半岛西南部有着幅员辽阔的塔普罗班纳
（Taprobane［即锡兰岛，Ceylon]），关于这个岛屿，希腊人仅仅通过一些报告才
得知其存在。目前尚没有证据可以说明埃拉托色尼听说过有关印度东部的区域
和那里的居民。[16]

　　商业活动对于扩展古典世界的视域也颇有助益。甚至在亚历山大大帝统治
之前的时期，印度的奇人怪事在地中海沿岸国家中就已经为人所知了，羽毛绚
丽的孔雀和鹦鹉在早期就被介绍到了希腊。在亚里士多德的时代，希腊人就已
经知道了蚕，即使其原产地为小亚细亚。[17] 印度的象牙和香料贸易开始于亚历
山大大帝远征的时期。[18] 亚历山大大帝死后，其帝国分崩离析，这个时段的贸
易仍在持续，但其控制权落入了位于陆路沿线的诸如波斯湾（Persian Gulf）、
红海（Red Sea）的中介位置的国家手中。早在公元前 2 世纪，印度的商人偶尔
会到达亚历山德里亚（Alexandria）。[19] 随着与印度之间稳定的远程贸易越来
越频繁，埃及的统治者们采取了官方行动以规范这些商业活动。最终，在公元
纪年开始前不久，[20] 一位名叫希帕罗斯（Hippalus）的希腊人掌握了如何通过
借助西南夏季季候风，从阿拉伯半岛（Arabia）直接穿越远海航行至印度的知
识。[21] 在更早的时期，阿拉伯人和希腊人沿着印度、波斯和阿拉伯的海岸向西
航行时，冬季的东北季候风就已经被运用。也许无法做到像希腊和罗马的水手
们在他们坚固的航船中所表现的那样，对于远海的涡流毫不畏惧，甚至在希帕
罗斯的"发现"之后，阿拉伯人在他们那没有钉子的航船中，依然把椰子壳的
纤维编织成网，保护航船。[22] 所以，在罗马帝国统治之前的时期，印度与地中
海沿岸国家之间的贸易更具有规律性，但仅限于当不确定的政治、经济和航海

条件允许的情况下才会如此。

印度和地中海沿岸国家之间有限的商业来往似乎已经影响了印度的传统形象，不过这一影响力微乎其微。来自希腊的侵略者、使节以及商人们带回去的实用方面的知识**仅仅和印度北部相关**①。关于印度的宗教实践以及女神，希腊人几乎没有谈及。虽然毕达哥拉斯学派的学说和印度思想之间的相似之处已经被指出来了，但可靠的证据至今尚未发现。[23] 显而易见，希腊人对于印度文学有部分地了解，比如梵文（Sanskrit）史诗《摩诃婆罗多》（*Mahabharata*），但是是否有一些希腊文学的主题就是借用自印度，仍然存在很大的争议。[24] 关于印度对希腊艺术的影响方面的证据同样模糊不清且存有异议。我们甚至不能绝对假设希腊人所指出的那些更为确定的事实的信息就是一般常识的一部分。[25] 我们为手头的资料的性质所限制，所以只能讨论少数精英和没有大众市场的作家们所谈及的东方。在整个古希腊时代，以及其后很久，全体民众很明显地以一种独特的方式，依然把世界视为一个悬浮在大气中的扁平的盘子。如果他们从根本上就是以令人感到困惑的方式去思考亚洲，那么亚洲就是一个位于东方地平线之外的、朦胧的、炎热的地域，那里居住着古怪的野蛮人，他们生活在一种自然的、通常仅仅被假设为原始部落式的社会中。甚至希腊思想家中的精英分子也对麦伽斯梯尼和埃拉托色尼对于印度的现实描绘表示不感兴趣。对所有阶层的民众都具有吸引力的事物仍然主要是来自距离他们家乡更近的地方。

第二节　希腊罗马世界的新视野，
公元前 26—公元 300 年

在公元前 1 世纪，罗马取代希腊成为地中海流域的霸主，并建立了一个

---

① 原文为斜体，以示强调，中译统一改为黑体。下文不再另注。——译者注

新的集权中心。罗马在埃及和红海沿岸的霸权使其与东方的直接贸易和交流的重新启动成为可能，而且以前被南部的中介区域所索取的特定通行税也得以免除。在公元前 26 年，一位来自塔普罗班纳[26]的使节在罗马皇帝奥古斯都（Augustus）①的宫廷等待接见，后来他的后继者也出现在罗马的宫廷里面。[27]奥古斯都及其继承人的专制统治给中介区域带来了稳定的局面，抑制了掠夺行为，刺激了富有的罗马统治阶级势力的增长。罗马统治阶级对于丝绸和香料的需求，使博物学家老普林尼（Pliny the Elder）评论道："淫逸骄奢拉近了我们与印度的空间距离。"[28]少数罗马人甚至独自冒险踏上了他们的印度之旅。

在公元 1 世纪，借助季候风展开的贸易活动的发展打破了也门（Yemen）中介的垄断，迫使控制着西亚陆路的帕提亚人（Parthian）②和阿拉伯人调整他们货物的价格，以便和那些如今直接从海路运到罗马的印度货物市场展开竞争。在当时，一个商人可以在四到六个月之内，从意大利途经埃及，到达印度，其中也包括他在埃及的陆路上所用的时间。如果他愿意长途跋涉到像中国那么遥远的地方，也没有什么问题。在公元 2、3 世纪，罗马的商业使团显然到过中国。与此同时，印度的航船也曾西至埃及，东达中国。南亚的航海线路不曾被某个强国所独自垄断，对于那些不惧风险的人而言，这无疑是条坦途。[29]在此之前，如此便利的交流是不可想象的；3 世纪之后，欧洲人不能再自由穿越印度洋了，直到 16 世纪的第二个十年，葡萄牙人在那里战胜了阿拉伯强国之后，这种局面才得以打破。

毫无疑问，在公元纪年开始的时候，贸易的扩展为理解地理学知识提供了新的材料。一位曾经写下了六部关于亚洲的历史著作[30]的作者斯特拉波（Strabo，大约公元前 63—公元 21 年）显示出他本人对贸易情况的熟知，但他也表现出不愿屈尊去了解远方的商人的倾向。虽然他把自己在小亚细亚的经验中得来的资料整合在一起，但他那些关于东方的不成体系且互相矛盾的材

---

① 罗马帝国的开国君主（拉丁语：Gaius Julius Caesar Augustus，公元前 63 年 9 月 23 日—公元 14 年 8 月 19 日），原名盖·屋大维·图里努斯（Gaius Octavius Thurinus）。——译者注

② 即安息人。——译者注

料主要还是来自荷马、埃拉托色尼、波里比乌斯（Polybius）以及波西杜尼斯（Posidonius）等人的著作。斯特拉波在选择原始资料时，对于希罗多德的真实数据不屑一顾，反而倾向于荷马作品中的幻想。作为早期地理学家的资料保存者，斯特拉波是独一无二的；但是，作为一个关于亚洲的原创作家，斯特拉波不但没能超越埃拉托色尼，而且远较之逊色。该情形也正说明了这一事实：斯特拉波只是为其同时代的人写下了一本关于人类居住的世界的导引性通史，而无意去搜集遥远地域的相关资料。

14

　　至今尚有作品留存的第一位拉丁地理学家旁波尼乌斯·米拉（Pomponius Mela）大约在公元40年所做的短篇专题论文中，基本上没有采用古希腊关于东方的知识。与之相反，米拉重现并渲染了许多关于狮身鹫首的怪兽、亚马孙鹦鹉（Amazons）以及无头人的野史传说。米拉的不同寻常之处主要体现在，他含糊地提及了印度东部的克莱斯（Chryse）和阿基尔（Argyre）盆地，其中，前者的土地遍布黄金，而后者则充满白银。虽然这些说法不够准确，但它们标志着西方人了解到印度东部存在着富足的土地的开端。这些说法也为"黄金半岛"（Golden Chersonese [Malay Peninsula，即马来半岛]）的概念提供了背景，这一概念作为一种命名、一种愿景，在后来长达一千年的地理学话语中一直具有别样的号召力。[31]"黄金半岛"的同义词是《圣经》中盛产黄金和宝石的地域俄斐（Ophir），所罗门王（King Solomon）曾命令他的海员们从那里运来黄金。[32]后来的作者们经常试图把熟知或遥远的地域等同于这些黄金之地，并假想那里有着大量的财富。米拉时代及其后的罗马地图绘制者们很少从古希腊的（Hellenistic）制图观念中汲取思想；他们对世界的再现总体上呈现为扁平的，形状为椭圆形，东方被定位在顶端。正是源自罗马人的椭圆形地图构成了大多数中世纪地图绘制的基础。

　　关于罗马人在东方的贸易活动的最好的资料来源是《环厄里特里亚海航行》（*Periplus[Circuit] of the Erythrean Sea*[Indian Ocean]），它是一本最初约写于公元50年希腊化时代的具有实用性的商人手记，[33]由来自埃及的罗马商人匿名完成，这部作品为罗马和印度之间的贸易活动提供了清晰、准确、全面的描述。它讲述了印度的沿海地区，特别是从印度河入口到恒河三角洲的港口市镇的一些情况。[34]《环厄里特里亚海航行》罗列了贸易中用以交换的货物，总体上显示出在印度西北部出售的货物是用船从包括中国在内的亚洲内陆地区运输过来的。关于锡兰（Ceylon），其作者是仅凭传闻而得知的，在关于印度东部市场的描述中，《环厄里特里亚海航行》同样使用了一些二手的资料。[35]该手记还提及了克莱斯岛及其北部的一个叫作"秦尼"（Thin）的地区（这可能是欧洲文献第一次提到了中国），在这个地区有很多小矮人悄无声息地和他们的邻国进行着以物易物的活动。[36]

亚历山大港在这个时期一直保留着其货物集散中心的地位，以便东方的货物能够顺利地从海路运达。位于叙利亚（Syria）的安条克（Antioch）是从印度和中国通过陆路运来的货物进行交易的地方。[37]在意大利，东方商品主要集中的港口是那不勒斯（Napless）附近的普特奥利（Puteoli[即波佐利，Pozzuoli]）。公元 92 年罗马皇帝多米提安（Emperor Domitian）①建造了用于储藏珍贵香料和丝绸的仓库，后来他又改善并缩短了从罗马到普特奥利的交通要道。在现存下来的资料中，能够证明罗马和印度之间的商业和政治关系的重要性的已经很少看到。因为大部分购置的商品要么被消费掉、要么已经腐烂，现存的资料缺乏这些内容是可以理解的。即使如此，1939 年在庞贝城（Pompeii）遗址出土了一尊用象牙雕刻而成的印度掌管财富的女神拉克施密（Lakshmi）的小塑像，显然，这尊雕像是在公元 79 年之前被带到罗马的。[38]公元 1 世纪的时候，对于东方物产的大量需求的最好证明是罗马道德家们的抱怨，他们声称珍贵的金属从罗马流出，被付给商人用以换取东方的商品。[39]

在公元纪年开始的前两个世纪，罗马从东方进口的货物种类相当丰富，包括从印度女奴到石棉之类都在此列。鹦鹉和猴子被饲养着，更为庞大的亚非动物，比如大象和犀牛也出现在展览品里面。在奥古斯都时代，曾经有一头可能是来自暹罗（Siam）的白象，引起了特别的关注。来自西伯利亚（Siberia）和土耳其（Turkestan）的毛皮、皮革被用来制作小地毯和衣服。来自克什米尔（Kashmir）的羊绒为罗马的贵妇人们提供了用于做披风围巾的材料，而来自印

---

① 即图密善王。——译者注

度的麝香则被用来制作她们的香水。象牙、珍珠和乌龟壳也被用作装饰和个人的配饰挂件。几乎所有最为珍奇的宝石都来自印度。性情暴躁的普林尼把他的愤怒一股脑地发泄在妇人们为其奢侈品所耗费的大笔金钱上。显而易见，消费者们对于中国产的青铜器和陶器同样兴味盎然。[40]

大约 90% 的丝绸——陆路贸易的主要商品（staple article）都来自遥远的中国。当公元前 1 世纪庞培（Pompey）回到罗马的时候，身着一件昂贵的波斯丝绸织就的长袍，丝绸自此开始成为具有盛名的衣料。伟大的诗人维吉尔（Vergil）用他的生花妙笔让一个关于丝绸生产的最普通不过的神话变得令人永远难以忘记，即丝绸是从树叶上梳理出来的说法。虽然没有确凿的证据可以证明有哪个罗马商人曾穿过其西部的入口到达了中国，或者有哪个中国人曾横跨大陆到达罗马意大利的边界之内，但穿越亚洲大陆的要道仍然被有条不紊地开凿着，以便于搬运着大量天然的纺织丝绸的商队通过，他们把这些丝绸运往黎凡特地区，装载到去欧洲的货船上。大批的中国丝绸在叙利亚和埃及被重新加工，以满足罗马人对于半透明的以及色彩艳丽的纺织品的嗜爱；显然，沉重的、有图案的中国丝织品对于罗马人基本没有什么吸引力。印度的棉布衣服在到达罗马市场之前也被重新做了一番的修饰。

丝绸是陆路贸易的重要货物；胡椒和其他香料是和印度的海上贸易的主要商品。胡椒基本上都被用于烹饪方面，但在欧洲它还用于混合药材和药剂。普林尼曾写道：

> 胡椒的大行其道着实令人感到匪夷所思，看一看我们使用的其他东西，吸引我们的有时候是它们的芳香，有时候是它们的外观；然而，与值得推荐的水果或者浆果不同，胡椒二者皆不具备；它唯一吸引人的特性就是其特殊的辛辣；可是这偏偏就是我们把它从印度进口过来的全部理由！究竟谁是第一个尝试着把它作为一种重要的食物的人？[41]

生姜显然能够使常见于罗马人的餐桌上的煎鱼更加鲜美可口，因此，像胡椒那样，生姜也被视为一种调味品。桂皮被赞誉为芬芳的、清香的调味品和润滑物。但是罗马人并不了解它的东方来源，他们认为它种植在非洲。东方三圣人（Three Wise Men）带来的两种礼物，即乳香和没药同样被认为来自印度，而实际上它们是产自非洲和阿拉伯的树胶和树脂。其他诸如此类的植物产品构成了染料的基础。装饰用的芳香木料和用于制作家具和雕像的东方木材在罗马市场上都可以看到。东方的水果和蔬菜的种子也被尝试着移植培育，香蕉很可能在罗马被成功地种植过。罗马的道德家们公开反对在东方贸易方面耗费过多的金钱，并警告这种有害的贸易局势将给罗马经济带来不利的影响，因为有了这些进口产品，此种现象就毫不为怪。

古代最具影响力的地理学家是居住在亚历山大港的托勒密（活跃在公元127—160 年），他从古希腊的作品和家乡的商人以及海员的报告中构想了关于印度和东亚的情形。不幸的是，因为那本现存的（包括文字和地图）通常被称作《地理学》（*Geographia*）的著作，学者们不同意把著作权归于托勒密本人。[42] 保留有托勒密原作的唯一部分很可能是他对地图绘制理论的论述以及他列举的城市名单。[43] 现存的大部分叙述看起来都是从大量后来的资料中补充编辑的，编者是 10 世纪到 11 世纪的一位知名度不高的拜占庭（Byzantine）学者。著作中的地图与文本并不匹配，看上去甚至像是后来加上去的。过去，历史学家们因为其中大量详细的印度和南亚知识而给予托勒密以很高的赞誉，偶尔也会因为某些明目张胆的低级错误而对他提出批评。[44] 从我们今天所知道的内容来看，很难对托勒密提出赞誉或是批评。就眼下的学术状况而言，对托勒密本人是如何思考亚洲，以及他能够在关于该区域的知识上增加哪些新的细节，根本不可能做出相应的判断。虽然如此，但托勒密用于测量、划分和绘制世界地图的方法仍然能够为现代西方的制图法提供一种基本的框架。托勒密的独创体系的精密性为 15 世纪的欧洲提供了关于世界的观念和地图方面的依据。在我们对文艺复兴的讨论中，我们会把那个时代关于亚洲总体性的主流观念包括进来，仍然会适当地命名为"托勒密的"（Ptolemaic）。

究竟在何种程度上，与东方的物品贸易影响了罗马人的日常生活及其亚洲形象？毫无疑问的是，贸易活动把西方人的视野向东扩展到了印度之外的东南亚和中国。例如，在公元纪年的第一个世纪，中国被称为"秦奈"（Sinae）和"赛利卡"（Serica），[45] 当然后者更为常用。当中国被视为海路的末端时，就被称为秦奈。中国的北部被认为是遥远的陆路末端的"丝绸之地"，它被奥古斯都时代的诗人和彭波尼斯·米拉以及普林尼称为赛利卡。米拉断言，亚洲的最东部居住着三种人：印度人、塞里斯人（Seres）和西徐亚人（Scythians），在这种划分中使用的名称大致相当于我们今天的称呼：印度、中国和鞑靼。[46] 塞里斯人居住的地方最明显的特征就是那里有丝绸，古代的作家们都认为那是一块位于有人居住的世界末端的幅员辽阔且人口稠密的陆地。居住在那里的人们文明、公正、节俭。塞里斯人被认为不愿同其他族群发生亲密的关系，但是愿意把他们的丝绸、毛皮和铁器卖给外国商人。在奥古斯都时代，来自塞里斯的商人可能到达过罗马帝国的领土，但是很明显没有中国的官方使团前来拜访罗马城。[47] 关于儒家和道家思想的模糊传言可能到达过罗马，但这些思想传播的确切证据却并不存在。[48]

虽然欧洲人与印度有过更为亲密的交流，但除了商人、使节和奴隶之外，几乎没有其他印度人真正出现在拉丁欧洲。虽然舶来的有用的东方产品在罗马很常见，但伟大的亚洲文明很明显没有对罗马的制度、技艺和艺术留下深刻的印痕。印度的影响的微弱痕迹也许可以在罗马的银器和象牙制品中看到，或者在那些最终被贩卖至欧洲的埃及棉和丝织品中可以发现。

印度的观念和传说可能对新柏拉图主义（Neo-Platonic）和摩尼教（Manichaean）思想产生了影响。公元 2 世纪时确实有印度人出现在亚历山大港，但是从印度文化中汲取了多少内容还存有争议。亚历山大大帝时期的历史学家教给西方人一些印度的观念和信仰，但是在麦伽斯梯尼对于婆罗门教的（Brahmanical）教义和佛教徒（Buddhist）实践的总体描述之外，他们基本没有增加什么新的内容。亚历山大港（约公元 220 年）的克莱门特（Clement）首先在其作品中罗列了真正的印度哲学知识，并提及了佛（Buddha）。早期的一位教会作家希波吕托斯（Hippolytus）曾写过一本书《哲学》（*Philosophoumenos*，约公元 220 年），通过细读该书，可以发现关于印度对罗马思想的影响的可能性还是有的，有相当多的内容被附加在上面。希波吕托斯的作品长期以来被认

18

为是对麦伽斯梯尼以来的主流观念的一个简单概述，但是如果更为仔细地阅读该书，会发现它令人吃惊地与具有形而上特点的《买提—奥义书》（*Maitry-Upanishad*）在文本知识层面发起了一场直接的诗意对话，这一问题直到最近才被完全意识到。[49]希波吕托斯并非唯一一个这么做的人。在公元纪年的前三个世纪里，希腊理性主义的祛魅导致人们确信东方的野蛮人可能拥有一种获取神圣知识的秘密途径，它要比我们熟知的西方人的方法更为捷近、更为纯粹，相关的证据非常之多。[50]

印度在普罗提诺（Plotinus，约 204—270 年）和新柏拉图主义者那里的影响已经成为过去的一代或几代人激烈辩论的主题。普罗提诺对于希腊观念中的理性在可知世界中对于主客体的区分能力持否定态度，他对自我与无限的绝对统一的神秘坚持被一些学者认为来自于他所知的有关《奥义书》的内容。[51]还有人在帕坦伽利（Patanjali）的瑜伽派（Yoga）教义和新柏拉图主义者在个体精神和至上精神之间寻找中介，在达成二者间的神秘统一的努力之间，看到了密切的关系。[52]所有的研究者都一直强调，要确定印度的影响是困难的，但是，即使是那些最坚决地拥护知识的自足性的人们，也不能独树一帜地把外来影响的可能性排除在外。[53]无论如何，在更为可靠的证据被发现以前，普罗提诺和《奥义书》之间的关系足以让我们为之困惑，并留下开放性的思考空间。

在古代西方，要把婆罗门教和佛教徒的踪迹分离开来几乎是不可能的，但偶尔也会有人尝试为之。[54]西方对于佛教教义的回应最为明显的例子，我们可以在摩尼教中看到。汇合了不同宗教信仰的先知玛尼（Mani）在公元 3 世纪时曾在印度居留了一段时期，他把佛、耶稣、亚当（Adam）和琐罗亚斯德（Zoroaster）一并安放在他的圣使的万神殿中。摩尼教在狄奥克莱蒂安（Diocletian，约 296 年）皇帝统治的罗马帝国广为散布，但最终被取缔。拜占庭的教会为了从摩尼教转变信仰，需要采取一种发誓弃绝之的形式，在三个不同的地方，佛也遭到了谴责和背弃。然而，摩尼教徒在西方对于佛的引介是含混不清且相对简单的；在后来的罗马作家那里，几乎看不到提及佛的相关文字。直到 11 世纪，当巴尔拉姆（Barlaam）和约萨发特（Josaphat）的传说出现的时候，拉丁世界才把佛的故事加入到他们的圣人传奇故事集中去。[55]

19

东方，无论是印度还是中国，对于古典世界而言，在自然和精神上仍然显得过于遥远，终究无法留下深刻的印象。关于真实的知识，正如埃拉托色尼和普林尼所列举出的内容一样，是有限的，对于大多数真诚且具有批判精神的评论者来说，要在神话与事实，或者在东方人及其居住的地点与其他人群及其所处的方位之间做出明晰的区分，往往显得不大可能。与中国完全不一样的印度，是奇幻之地，也是奇人异兽的居住之地。正如中国被认为是丝绸之乡那样，印度也被古人视为香料的产地。诸如麦伽斯梯尼那样的希腊作者，曾描述过印度北部的情形，然而这块半岛的东南海岸的相关知识则是由后来到达亚历山大港和罗马的商人们提及的。毫无疑问，东方的产品致使希腊人和罗马人确信存在着富有的东方人。但是，到达印度和远东的商人们可能更为关注如何更快、更多地获取利润，对于和他们交易的东方人的宗教、制度和风俗就没那么热心了。即使这些商人们的求知欲受到彼此不甚相同之处的激发，他们的知识背景和语言能力的局限也会导致他们在了解东方的知识方面，不及那些杰出的专业观察者。尽管如此，到了公元3世纪的时候，欧洲关于东方和东方人的知识逐渐变得深入而且全面起来。虽然存在争议，但婆罗门教和佛教对于新柏拉图主义和摩尼教各自所产生的影响，渐渐证明了它们的观念和后果正在向西方播散。当罗马帝国走向衰弱的时候，欧洲的亚洲形象也像它对于其他几乎所有的事物的观念一样，经历了一次激进的转型。

第三节　中世纪的亚洲观，公元300—1300年

从托勒密的时代直到马可·波罗（Marco Polo）回到威尼斯（Venice）之后的一千多年之后，在欧洲人的知识积累中，几乎没有任何新的内容补充进关于印度、东印度群岛（East Indies）和中国的真实信息中去。麦伽斯梯尼具有开创性的努力或者已经被完全遗忘，或者迷失在一大堆令人困惑的神话传说之中，要把事实从虚构中辨析出来几乎是不可能的。在中世纪，古代的神话正如克特西亚斯（Ctesias）或者亚历山大大帝的传说的作者所表述的那样，已经被基督

化了，而且被《圣经》上的寓言和更新的地理学幻想修饰过了。亚洲作为一块位于乐土之外的区域，充满了狮鹫、怪物、恶魔的地方的传闻，这些荒诞不羁的内容慢慢地控制了中世纪欧洲的大众想象，并逐渐进入了十字军东征时代的通俗文学。直到马可·波罗之后的许多个世纪，这些传闻才在既具有科学性又具有批判性的文学中彻底消失。它们中的许多内容至今仍在想象性的文学作品、诗化的意象以及艺术性的装饰中占有一席之地。

到3世纪的时候，罗马帝国已经无力维持其在红海（Red Sea）地区的控制权，而它与印度之间的趁季候风进行贸易的方式则日渐显要。阿克森姆（Axum）的阿比西尼亚（Abyssinian）王国在当时的扩张中，为南部的商业活动带入了一个新的中介，它在7世纪之前一直控制着苏伊士地峡（Isthmus of Suez）。当更多的苛捐杂税被附加在贸易之上时，阿克森姆的王国以及后来的阿拉伯的持续性介入强制性地促进了欧洲人在香料上的消费。当威尼斯人（Venetian）在10世纪加入贸易活动后，垄断现象被打破了；另一个贸易中介的加入带来了贸易活动范围的扩展。因为威尼斯与欧洲其他地方的经济关系，它在黎凡特地区同样扮演着中间人的角色。由于几个东方大国对于香料贸易的有效垄断，致使香料的价格不断攀升，这种情形一直持续到围绕非洲大陆的航路开辟之时。香料在当时的（虽然并非一直如此）西欧是如此的稀缺，以至于欧洲人用黄金和白银来换取香料。

3世纪以后，欧洲人无法再采取像从前那样的手段来控制陆路和丝绸贸易。在罗马帝国苟延残喘的最后几年里，位于丝绸之路上的波斯贸易中介正在与阿克森姆的帝国的香料贸易路线控制者相互争斗，但罗马帝国甚至连从中坐收渔翁之利的能力也没有了。罗马帝国曾计划让处于贸易中介位置的几个大国之间相互竞争，但这些国家对于罗马的威逼利诱不屑一顾：波斯人不愿接管香料贸易，而阿克森姆的帝国也不允许丝绸从海路运输。因此，罗马帝国被迫连续付出高价购买丝绸和香料。甚至在4世纪罗马得以暂时复兴的时候，它依然没有能力对阿克森姆的帝国和波斯发起军事征讨，以强迫它们对自己臣服。

公元330年拜占庭帝国王权在君士坦丁堡（Constantinople）建立，这给从

1. 基督将其神圣的权力给予所有人，甚至包括穷凶极恶之徒。法国维泽莱（Vézelay）的圣·马格达伦（St. Magdalen）教堂的门楣中央部分一景。12 世纪（？）。

2. 法国维泽莱的圣·马格达伦教堂的门楣中央部分的细节详情。12世纪（？）。

3. 法国雷姆斯大教堂（Reims Cathedral）里面的大象雕塑。13世纪。

4. 一封寄往罗马的书信上的贵由大汗（Grand Khan Kuyuk）的封印。来自 Paul Pelliot, *Les Mongols et la papauté*（Paris,1923）。

5. 收获胡椒。这幅图画是 14 世纪手绘的彩图，珍藏在巴黎国家图书馆（Bibliothèque nationale，[Codex]2810）。

6. 印度的狗头人。

7. 怪异的印度人。

海路转向陆路的东方贸易的物流量带来了全面的影响。罗马帝国市场的黯淡导致了埃及和亚历山大港经济的日趋衰微，最终提升了作为重要经济中心的叙利亚和亚美尼亚（Armenia）的关键地位。虽然贸易总量减少了，但拜占庭帝国最终获取了垄断性的中介位置。到了5世纪的时候，如果地中海沿岸的人们购买印度香料、宝石或者中国丝绸，就不得不完全受拜占庭帝国的摆布，正如拜占庭人在6世纪受到远东地区的中介性国家的操纵一样。

尽管香料和丝绸的价格不断飙升，但君士坦丁堡和罗马的上层阶级对于这些商品的需求量仍在持续加大。基督教社会像早前不信教的罗马人一样，热衷于炫耀富贵和奢华的生活。普林尼、约翰·赫里索斯托姆（John Chrysostom，公元345—407年）公开指责这个轻浮愚蠢的社会毫无节制地把自己的财富耗费在购买进口的丝绸上面，从而给野蛮人践踏西方帝国的大部分领土创造了机会。野蛮人自己也像罗马人那样获得了对于东方奢侈品的兴趣。公元408年西哥特王阿拉里克（Alaric）把他要求罗马人付的部分赎金用在香料消费上面。5世纪到6世纪的时候，拜占庭王室频繁地用东方的货物作为礼物贿赂野蛮人的部落首领，或者以此与他们达成妥协并相互合作。借助这一手段，与香料和丝绸相关的业务在拜占庭帝国施行的压倒性的奢华外交政策中，被考虑作为国家的公共机构事务，并被赋予了很大的特权。东方贸易对于帝国而言日趋显得重要，于是贸易活动逐渐地从商人们的私人控制中被解放出来了，在5世纪的拜占庭帝国，丝绸的进口被宣布为国家的垄断业务。公元542年，国家把它的掌控范围扩展到了丝绸制造工业，此后，查士丁尼的东罗马帝国（Emperor Justinian）迅速地掌握了加工丝绸原材料的秘密技术。到了553年，据说有一名修士用一根中空的木棍，也可能用的是竹子，把桑蚕的卵偷运到了君士坦丁堡。[56]

"被偷运的蚕蛾"显然很适应它们的新环境。还不到一个世纪的时间，养蚕业在叙利亚就莫名其妙地被发展起来了。一直让人困惑不解的问题是蚕丝加工技术究竟是如何被掌握的。到底谁是那个知道如何孵卵再把蚕丝从满满的蚕茧上抽出并卷起来的人？[57]虽然蚕丝的进口仍在继续，然而，本地的生产规模很快地蔚为大观，大到可以满足人们对于蚕丝的大部分消费需求。四处传播的蚕蛹很快地被带到希腊、西西里岛（Sicily）和西班牙，在十字军东征的时代，

22 蚕蛹最终被运至意大利。通过走私偷运和本地生产，而不是依靠对于到达亚洲的线路的控制，中世纪的欧洲最终摒弃了它在丝绸需求方面对于中国的外部依赖。但是，亚洲在香料产销方面的控制继续有效，一直持续到 16 世纪。

在罗马帝国的最后一年里，虽然东西方之间直接交往的关系渐渐终止，但来自西方的单个商人和旅行者间或还在寻找其东方之旅的路途。在查士丁尼的时代，科斯马斯·因迪卡普留斯特斯（Cosmas Indicopleustes）通过海路到达了印度，并造访了其西海岸，在锡兰待了一段时间。根据其旅程中所收集到的信息，他写作了一篇题为《基督教世界风土志》（*Universal Christian Topography*）的地理学和神学方面的专题论文。科斯马斯把希腊人称作"信口开河的人"（windy babblers），并将其排除在外，把确定的事实和宗教理论进行了离奇的混合，在此基础上描述了世界的风土地貌。和奥古斯丁（Augustine）或者令人敬畏的比德（Bede）不一样，科斯马斯主张一种扁平的世界形貌理论，耶路撒冷（Jerusalem）是其中心。科斯马斯不承认这个世界上有正好相反的事物存在，他把世界视为由三块大陆组成的一块独立的、为一个世界性的海洋所包围的陆地。科斯马斯不仅描述了他曾经造访过的印度和锡兰，还搜集了印度东部的国家的信息。关于中国的位置[58]，科斯马斯有着比罗马更为精确的印象。显然，科斯马斯知道从印度坐船向东经过长途旅行后，再向北会到达中国的海岸。根据在锡兰搜集的信息，科斯马斯把丁香国定位在中国和印度之间，同时他还观察到锡兰是印度和东方国家之间进行贸易的货物集散地。

贸易的终止，以及接踵而至的穆斯林（Muslin）大国在 7、8 世纪的崛起，迫使欧洲人的眼界进一步变得狭隘。欧洲全身心地投入到处理那些在一定程度上因伊斯兰（Islam）的威胁而导致的即时问题，几乎完全忘记了东方作为一块陆地而存在的事实。即使在整个中世纪（Middle Age），朝圣者们不断地长途跋涉到圣地（Holy Land），关于东方的知识并没有因为这些朝圣之旅的记述而得到明显扩充。[59] 虽然埃及的希腊人塞奥费拉克图斯·西摩卡塔（Theophylactus Simocatta）大约在其写于 628 年的著述中，对于中国做出了准确的描述，但是他的《历史》（*History*）一书对于欧洲影响甚微，人们几乎忘记了"塞里斯人"的存在。[60] 欧洲人关于东方的知识再也没有得到增补，直到从黎凡特归来的十字军战士把他们在东方的见闻散布开来为止。

在基督纪元的第一个千年里面,《圣经》(Bible)逐渐成为地理学知识的主要资源。根据《创世纪》(Genesis)里面的记述,诺亚的儿子们分割了世界,伊甸园就位于世界的东部边缘,在中世纪,居住在米索不达米亚东部世界的戈哥(Gog)和马戈哥(Magog)人构成了人们对这个地方的猜想的重要内容。从古希腊继承的怪物与奇观想象传统被索利努斯(Solinus,3世纪)在他的《天下奇闻》(Collectanea rerum memorabilium)中重新组合并大众化了。甚至奥古斯丁也不得不在其《上帝之城》(City of God)中用整整一章的篇幅来描述这个令人难以置信的种族。虽然中世纪早期的作家们对于东方的经典描述总体上具有遗忘的倾向,但作为遥远的巨富之乡的克莱斯和阿基尔依然被继续提及。例如,在5世纪的赫剌克勒(Heraclea),托勒密的一名叫马提安努斯(Martianus)的信徒,在其《环游外海》(Periplus of the Outer Sea)一书中评论道:

> 横跨恒河的(Trans-Gangetic)印度是一个黄金半岛(Golden Khersonese),再向外是大鸿沟(Great Gulf),其中央就是跨越恒河的印度和西奈半岛(Sinai)的边界。然后是西奈半岛及其首府秦奈(Thinai)。这是所知世界与未知世界分界线的所在地。[61]

但是,在很大程度上,马提安努斯提供的较为真实的信息似乎并没有给中世纪晚期的评论者们关于东方作为遍布金银的神秘之地的观点带来任何影响。

在中世纪最早的百科全书式的作品中,塞维尔(Seville,公元363年)的伊西多尔(Isidore)的《语源》(Etymologiae)一书很快成为讨论亚洲问题时的必备参考工具。伊西多尔的信息主要来自《圣经》和一些后来说拉丁语的神话讲述者。因此,源自古代的无数个地理学神话给予了圣经经文、奥古斯丁和伊西多尔可靠的依据。中世纪早期的评论者们从古典作家那里得到的真实信息常常遭到严重地歪曲,或者与后来那些不被承认的神话混为一谈。并非所有的早期基督教作者都沿袭了地球是扁平的这一说法。在中世纪,新柏拉图主义者特别地坚持地球是球形的观念。然而,像科斯马斯那样,大多数基督早期和前十

23

字军时代的评论者们都认为地球为世界性的海洋所环绕，唯有非洲向南方稍微有所延伸。那些坚持认为地球是圆形的人们也保留了古希腊的关于存在着正相反的事物的观念，这一思想被那些认为地球是扁平的反对者们视为异端邪说。但是，事实上所有的观察者都同意赤道地区因为太热、极地地区因为太冷而均无人居住。

　　亚洲常常被指认为地球上的伊甸园的所在地，无数条河流诸如印度河、恒河、尼罗河（Nile）以及幼发拉底河（Euphrates）被认为拥有一个来自伊甸园（Garden of Eden）的共同源头。据称，男人们被一道不可逾越的屏障阻隔在乐园之外。根据《启示录（20:7）》（Revelation）的预言，在遥远的东方和北方居住着贾佩特（Japeth）的儿子们，可怕的野蛮人将在审判日劫掠世界。直到天启之日，居住在戈哥和马戈哥的巨人及其属下将被阻止在据传是亚历山大大帝在蒙昧的往昔构筑的大墙之外，以防止他们侵害基督世界。[62]

　　在十字军东征的时代之前，地图同样反映出以《圣经》为依据的、富于想象色彩的世界观。[63] 大多数中世纪的地图没有采用古老的希腊图式。虽然 8 世纪的柏拉图主义者（Platonist）约翰·司各特·埃里杰（John Scot Erigena）可能在希腊读过《地理学》，但事实上，托勒密的所有知识和作品都已经遗失。[64] 在大多数中世纪的地图上，恒河是世界东部的边界，而撒哈拉（Sahara）沙漠则是南部的边界。人类居住的世界就像一个为世界性的海洋所包围的岛屿。在现存的地图中，诸如 8 世纪的贝亚图斯（Beatus）地图上，东方一般被放置在最顶端，并配有亚当（Adam）、夏娃（Eve）和撒旦的小饰图，还有环绕的海洋、船只、鱼类和魔鬼也在其上。虽然大多数地图绘制者都有同样的表述，但比德（Bede）和其他一些具有批判意识的人们则持有一种更接近于古希腊观点的宇宙起源论。但是，看起来比德的自然世界观念对于马可·波罗之前的地图绘制者、编年史家和诗人均少有吸引力。[65]

　　十字军东征时代的地理学家并没有从根本上改变中世纪的世界描述图式。和他们的祖先一样，他们把所知的世界划分为三个部分——亚洲、非洲和欧洲，在面积上，亚洲被等同于欧洲和非洲合并起来那么大。[66] 十字军东征时代的作者们对印度的了解要比中国详细。和从前一样，"印度"这一术语仍然被用于描述次大陆、东印度以及位于遥远的东方的一切事物。简而言之，十字军时代的人们几乎没有对欧洲用图形表现的亚洲形象做出任何的改变，因此，从这个角度看，从 11 世纪到 13 世纪这段时间必须被视为中世纪的亚洲观的一个组成部分。另一方面，十字军东征时代的人们被激起继而得以释放的活力，在即将到来的 13 世纪为欧洲人重新认识东方做了准备。

在托勒密之后的一千年里，关于欧洲人的起源的三个传说开始孕育并细致入微地塑造了人们极为美好的东方观念。中世纪的作者们把他们从各种各样的文献资料中获得的传说合并到以不计其数的亚历山大大帝那神秘而伟大的功业为主题的故事集子中去了。在基督纪元的第一个世纪中，这个头绪纷杂的故事网络和关于前往印度的使徒圣多默（St. Thomas the Apostle）的故事传说被编织在一起。欧洲人认为在印度存在一种对于传道者的狂热崇拜，这一想法在 12 世纪被广为传播的长老约翰（Prester John）的故事加以强化了。这个故事描述的是一位来到东方穆斯林世界的强有力的基督教统治者，被期望帮助十字军击溃伊斯兰教。虽然这三个故事有着不同的源头，但随着岁月的流逝，它们变得越来越纠缠不清，渐渐地难以区分出彼此的传统。虽然从历史事实的角度出发，我们也可以考察出每个故事传统所依据的源头，但它们在中世纪所呈现的混合形式，则构成了也许可以称之为中世纪的东方梦幻的根源。

一般说来，欧洲早期教会的神父们和基督教组织相信使徒圣多默在基督复活（Resurrection of Christ）之后，就立即动身前往东方了。[67] 在这些遥远的地区，这个"令人疑惑"的使徒在帕提亚（Parthia）① 和印度布道。印度的基督教组织成立以后，他就殉道了。按照欧洲的传统，[68] 这个使徒的遗体在那时候被转运到艾德萨（Edessa，即土耳其 [Turkey] 南部的乌尔法 [Urfa]），在那里被存放到 1142 年。在那之后不久，其遗体被带到欧洲，自 1258 年，据说他的遗体被存放在意大利的亚得里亚海沿岸（Adriatic）的奥尔托纳·阿·迈尔（Ortona a Mare）大教堂。这位使徒在印度布道的故事，在欧洲最早见于一本杜撰的书籍《使徒圣多默行传》（*Acts of Thomas*）里面，显而易见，该书是在 3 世纪初期

25

---

① 即中国史书中的安息。——译者注

的艾德萨用古叙利亚语写成的。这本书后来被翻译成希腊语、拉丁语、埃塞俄比亚语（Ethiopic）和亚美尼亚语（Armenian）。接下来几个世纪的基督教作家们都在重复《使徒圣多默行传》里面的说法，即圣多默是在传教者们分别被分配到不同的地方时，被指派前往印度的。但在他们中间没有一个人能够详细地讲述圣多默在印度这一特殊地区开展传达福音工作的具体情形。即使如此，欧洲人显然仍相信他们能够找到圣多默在印度发展的基督教徒们的聚居地。根据《盎格鲁—撒克逊编年史》（*Anglo-Saxon Chronicle*）记载，在 883 年，阿尔弗莱德王（King Alfred）当政期间，赛尔姆（Sighelm）和阿特尔斯坦（Aethelstan）被派遣往印度造访圣多默的墓地。[69] 依据奥罗修斯（Orosius）的著述，阿尔弗莱德在其《所知世界的地理学》（*Geography of the Known World*）一书中讨论了印度，并且把顿河（Don River）作为欧洲和亚洲的分界线。虽然阿尔弗莱德提及了锡兰，但他显然还是把东印度和中国混为一谈了。[70] 无论现实可能是什么样的，但诸如圣多默曾在印度布道，基督教徒的社区曾经在印度存在过，在这位基督教使徒每一年的祭日里，都会有奇迹出现，此类说法在十字军东征时代之前，就已经成为全体欧洲人都能够接受的老生常谈。[71]

到了十字军东征的时代，欧洲人在圣多默传统的背景下，期望并最终相信在遥远的亚洲存在着一个基督教大国就不再是什么不可能的事情了，而且这个国家还可能是征战撒拉森人（Saraceans）① 的潜在联盟。这一信仰大约在 1122 年一位名叫约翰的东方主教造访罗马之后，变得更为坚定了。[72] 描述约翰的罗马之行的匿名叙事者还提及了这位高级的东方主教在整个意大利造成的轰动效应。约翰主教在罗马教廷开展的一系列关于他的祖国印度和基督教徒圣多默的演讲，给另一位中世纪作者留下了相当深刻的印象，以至于激起了他在给兰斯（Rheims）的圣·雷米（St. Remi）的神父奥都（Odo）的信件中评论约翰的罗马之行的灵感。[73] 将近 1/4 个世纪以后，弗雷辛的奥托都主教（Bishop Otto of Freising）在他的编年史中令人难以置信地提到了一位他称之为长老约翰的亚洲基督教统治者在与穆斯林战争中的业绩。[74] 这也可能指的是 1141 年在中国

---

① 即阿拉伯人。——译者注

附近的撒马尔罕（Samarkand）大败穆斯林军队一事。[75] 至少从 12 世纪中期到 14 世纪初期，有一种说法在欧洲已是陈词滥调：印度（这一概念也许还包括非洲）由一位信奉基督教的、富有得令人难以置信的国王统治着，他曾经成功地资助了对抗米堤亚人（Medes）和波斯人（Persians）的战争，如果这位国王能够来到撒拉森的话，他可能会被说服发起对撒拉森人的战争。

在 1165 年，长老约翰的传说伴随着欧洲人对一封信[76]的接受而被增添了新的信誉，据称这封信是长老约翰所写，依据尚存的手稿，可以看出这封信是写给主教和天主教世界的两个主要统治者的。事实上，这封信的作者可能是一位欧洲的牧师，他可能在黎凡特地区从事过商业活动，对于东方的宗教和世俗文学均有着极好的修养。[77]这一点通过细读信的内容就可以很容易地识别出来。这封信详细地描述了长老约翰所在地域的富饶程度，并且评论了他为了打败十字军的敌人而意欲赴死的愿望。据报道，长老约翰的帝国包括三块南亚次大陆，大概指的是从印度到远东的大块陆地。圣多默的遗体被庄重地保存在他的土地上。根据这封信的描述，在亚洲居住的人们的宗教信仰，似乎除了穆斯林之外，包括了其他所有的种类。这封信在今天依然能够得以传播的原因可能源自于目前尚存的一百多个手稿复制品，以及它那几个冗长的译文又被制作成了古老的德语韵文。[78]包括马可·波罗在内的 13 世纪的旅行者们，试图在亚洲寻找这位伟大的基督教之王，但最终都被证明不过是徒劳。14 世纪早期，波代诺内（Pordenone）的鄂多立克（Odoric）是最后一个把长老约翰的王国定位在亚洲的评论者。自那以后，它又被转移到了非洲，在乔万尼·达·卡里纳诺（Giovanni da Carignano）的专题论文中它首次被定位在阿比西尼亚（Abyssinia），这篇论文如今已经散佚。

中世纪的文学作品从印度吸收了大量的可以明确辨析的模式和主题。早期，印度的神话通过迂回曲折的路线，穿越各种不同的中介性语言和传统到达了欧洲，并被合并到欧洲虚构性的文学作品中。在研究文学主题的迁移中有一些明显的困难，比如，如果我们特别想把印度文学的主题与波斯文学区分开来，那么唯一可靠的办法就是用西方语言翻译印度文学作品。可供我们参考的最佳例证莫过于印度著名的寓言集子《五卷书》（Panchatantra）的移植过程。它分别在 6 世纪、8 世纪和 12 世纪被翻译成叙利亚语、阿拉伯语和希伯来语（Hebrew）。在 1263 年到 1278 年间，希伯来语版的《五卷书》又被卡普阿（Capua）的约翰翻译成了拉丁语。其他的印度神话可能也是以同样的方式进入了拉丁文化的，也可能是通过口头传播，但是有许多可疑的例子与证据或者是不够完整，或者干脆就完全无处可觅。[79]

印度文学主题在欧洲散播的时候，巴尔拉姆（Barlaam）和约萨发特（Josaphat）的传说同时也在欧洲传播。佛的生活与传说的这个版本可能完全来自于《博伽梵菩萨》（*Bhagavan Bodhisattvascha*），它最初被介绍到了黎凡特。9 世纪它被翻译为拉丁文，译者被认为是阿纳斯塔修斯·比布利奥瑟卡里尔斯（Anastasius Bibliothecarius）。在接下来的那个世纪，圣优锡米·德哈吉奥里特（St. Euthyme d'Hagiorite）又把它译成了希腊文。在欧洲，寓言集子被广泛地阅读，并被重新改写、翻译成拉丁文，巴尔拉姆和约萨发特很快成为神圣的典范。[80] 在 13 世纪，博韦（Beauvais）的文森特（Vincent）把这个传说的提要合并在他的《历史通鉴》（*Speculum Historiale*）里面，雅各布斯·德·沃拉吉（Jacobus de Voragine）把某些寓言重新加工后放在他的《黄金草原》（*Golden Legend*）中。在早前的一些时期，巴尔拉姆和约萨发特的事迹就在《诸圣传》（*Vitae Sanctorum*）里面被介绍过，16 世纪又被载入罗马的殉教史，这些故事在其中被提及的时间，如果按照我们今天的历法推算，应该是 11 月 27 日。虽然在 9 世纪到 18 世纪，这些寓言受到广泛的欢迎，但它们几乎与印度和佛教的观念完全剥离开来。随着时间的流逝，这些故事传播到了新的环境中以后，就产生了一种基督化的效果。只有到了通往印度的海路开辟之后，这则传奇的东方起源才被西方人清晰地认识到，虽然此前它已经被频频有规律地用作文学、戏剧的主题和历史学的文献。

从 11 世纪开始，法国的传奇故事写作者们开始有规律地把亚历山大大帝的传说借用到他们的诗歌主题中去。这位伟大帝王的那些被虚构出来的冒险经历的最初版本在希腊编辑而成，在中世纪早期被翻译成多种外国语言。产生于 10 世纪中期的"伪卡里斯提尼"的拉丁文版本出自那不勒斯（Naples）的利奥（Leo）之手，在中世纪晚期，这个版本构成了拉丁国家涉及这些传说的诗歌和

28

故事的主要资源。虽然这些传说最早的改编本出现在法国，但它们很快地向北流传至英国和德国，向南流传至西班牙。无论这些传说传播到何处，关于亚历山大大帝题材的诗歌是促成文学的内容和形式分离的开始。但是，意大利看上去似乎拥有一种别样的传统，因为在这个国家，这些传说成为散文的创作题材，并对这些传说进行了进一步地修饰，这种习惯性的做法在法国已不复存在。总体上，亚历山大大帝的传奇故事大约在 1100 年到 1500 年间始终是人们感兴趣的内容，其影响在 15 世纪达到了巅峰。[81]

亚历山大大帝的传奇故事和塞维尔的伊西多尔的作品对于中世纪的文学艺术产生了优秀的影响，相应的创作实例，我们可以在虚构出来的旅行报道和图书中看到，这些书籍在西欧国家之间被互相转印。[82] 所有这些故事似乎都源自同一个原型，但是，在这些我们所知道的手稿中，最早的可以上溯到 9 世纪的博韦。虽然这份最早的手稿（被称作 Fermes）声称是一篇旅行见闻，但它不过是一篇不为人所知的希腊文记述的拉丁语译本而已，这份手稿涉及了东方许多奇异的事物。其他三份 11 世纪和 12 世纪的拉丁语手稿都配有漂亮的图饰，其中的内容似乎来自 9 世纪的一份盎格鲁—撒克逊版本的 "Fermes"。这些手稿的作者和绘图者们主要关注的是狗头人和其他古怪的动物，其中有一些关于印度和亚洲的参考资料，主要是为了给手稿的这些内容提供一个背景。[83]

中世纪时期那些为了吸引读者眼球而用粗俗的语言写就的作品，对于大众的亚洲想象也发挥了一定的塑造作用。长诗《世界图像》（*L'image du monde*，1245 年或 1247 年）[84] 在 13 世纪后期的旅行报道出现之前就完成了，这首诗描述了陆地上的伊甸园，并指出印度位于其较远的一边。印度每年有两个夏季和两个冬季，但它的气候是如此的温和，以至于那里的植物都是四季常青。位于锡兰（即塔普罗班纳 [Taprobane]）附近的印度，是一个有着黄金、宝石、香料和椰子的国度。印度被分成 24 个人口密集的区域，至少在某些地区居住着长角的俾格米人（pygmy），他们群居，7 岁时就会变老。这些俾格米人居住在有白色胡椒的国家。野兽和长着六个脚趾头或手指的人在这里已是司空见惯的。印度的婆罗门教徒们投火自焚；其他人吃掉他们的长辈以示敬意。

佛罗伦萨的（Florentine）外交官兼学者布鲁内托·拉蒂尼（Brunetto Latini，

29

约 1266 年）的《宝藏书》（*Le livre du tresor*）中，对于中国进行了一定的描述。《宝藏书》依据普林尼和马尔塞林努斯（Marcellinus）的观点，把里海（Caspian）地区描述为亚马孙人（Amazons）的国家，在这个国家之外是巨大的雪原和荒漠。[85] 再往远处居住着塞里斯人，塞里斯人之间能够和平共处，但是对外国人则心存戒备。

> 他们对我们的货物毫无热情，只是一言不发地把他们自己的货物
> 卖给我们的商人；他们把自己的商品黏上价格标签，放在河堤上；我
> 们的商人就按照指示留下货币带走商品。[86]

这段描述无声的交易的引文似乎能够说明中国人沉默寡言的特点，或者更可能说明了贸易的双方都听不懂对方的语言。[87] 确实，除了传说和一些毫无依据的故事之外，这些商人们后来几乎没有给欧洲人带回任何信息。和那些足不出户、粗朴不文的村氓一样，商人和水手们了解到的许多东方的信息都来自那些在广场上讲述或者大声朗诵出来的故事和传说。

无论是古代的著述，还是阿拉伯和犹太旅行者的描述，看上去都未能给予大众想象更多的现实知识。这个时期的作者们，距拜占庭人得知丝绸加工技艺的秘密至少有五百年了，却仍在继续重复着那些无稽之谈，即丝绸的原材料是用某种方法从树上梳理下来的。关于塞里斯人的参考资料来自普林尼和索利努斯（Solinus）。12 世纪以降，一本用德语写成的《天主教教义问答录》（*Lucidarius*）广为传播。与此同时，还有一本鲁道夫·冯·埃姆斯（Rudolf von Ems）的《世界编年史》（*World Chronicle*），两本书都认为塞里斯人的土地就是蚕丝的来源之处。对于诗人沃尔夫兰·冯·艾申巴赫（Wolfram von Eschenbach）而言，中国和印度属于亚历山大大帝的传奇故事的一部分，他认为这两个国家非常遥远，而且充满着异域色彩。[88] 虽然虚构出来的国王长老约翰被称颂为一个真实的潜在同盟者，但术语"塞里斯"不过是一个名称而已。

因为东方的货物通过中介进入欧洲，所以它们基本上没有对中世纪的亚洲形象带来实质性的影响。异域的物品倾向于印证而不是纠正那些错误的认识，

即把亚洲简化为一块遥远的、充满了奇观的大陆。即使是充满了想象力且知识量丰富的文学作品和重大的贸易活动，对于中世纪的亚洲观念的影响也远远不及亚历山大大帝和长老约翰的传奇中那些精彩的故事。对于基督教的传教士而言，是否应该把印度的怪物看作真实的人，并把基督教教义讲授给他们甚至还是一个问题。从维泽莱（Vézelay）的大教堂内部主要入口的鼓室来看，答案是肯定的。该鼓室大约在 12 世纪中期建成，它描绘了一位正在讲话的基督教牧师（救世主），也许是在指引长着狗头的印度人和其他怪人。[89] 除了古代的著述，文学方面提供的信息在 13 世纪之前只能在用阿拉伯语写就的作品中发现一些，而在用欧洲语言写的作品中通常看不到。虽然欧洲的旅行者和商人偶尔会沿着贸易线路造访印度和其他地方，但是在科斯马斯的时代之后的中世纪欧洲，则没有出现过有关亚洲的重要记述。中国的纺织品，印度的香料、游戏，比如棋，[90] 也许还包括来自亚洲的技术装备在整个中世纪都在源源不断地运往欧洲，但是一直都有中介存在。虽然东方的怪物和传说出现在欧洲的艺术和文学作品中，但大多数都像巴尔拉姆和约萨发特的故事那样被迅速地吸纳、融入了当地艺术、文学或者宗教的本土风格之中。然而，这些故事在进入欧洲人的视野时，无论是单枪匹马还是彼此联合，它们为欧洲人所提供的，都不过仅仅是合并在亚历山大大帝的传奇故事中的印度，或者是罗马人所称颂的塞里斯人居住的土地的那种粗略的、歪曲的描述而已。

第四节　发现契丹，1240—1350 年

欧洲在知识和精神方面与东方现实的隔离，致使它对亚洲蒙古帝国的崛起的反应显得相当迟钝。13 世纪早期，成吉思汗（Jenghis Khan）进入赛利亚地区，来自亚洲景教教派的（Nestorian）传教士们对此事的报告，以及就西亚地区群雄逐鹿的局面而对欧洲发出的警告，大约在 1220 年由叙利亚的基督教徒和匈牙利（Hungary）的拉丁传教士们一并转达至罗马。虽然他们对可汗的大肆劫掠深表不满，但这些报告在欧洲也燃起了新的希望之火。他们指出，这位蒙古

31　统治者对于基督教徒相当宽容，他甚至把基督教神父带在身边作为自己的侍从，与之交谈知心话。因此，可汗正在构筑一个庞大的亚洲帝国的消息看起来并没有给基督教世界（Christendom）的教皇或者是在俗的统治者们造成过分的困扰。教皇洪诺留三世（Pope Honorius III）依然迷醉于长老约翰的传奇故事，显而易见，他相信蒙古人可能会成为基督教世界的联盟，帮助自己拯救圣地（Holy Land）。[91] 几乎没有人明确指出蒙古人的活动范围会波及伏尔加河（Volga）地区，或者指出他们作为一股威胁性的力量会向西方渗透。直到蒙古人的铁骑在东欧出现，基督教世界才首次从美梦中惊觉到来自东方边境地带的"野蛮人"的直接威胁。

1240 年，两支蒙古人的分遣队攻击了波兰（Poland）和匈牙利。基本没有遭遇到任何阻力，一支来自北方的军队轻而易举地洗劫了克拉科夫（Cracow）。1241 年 4 月 9 日，这支军队又在列格尼兹（Liegnitz）附近击败了波兰—西里西亚（Polish-Silesian）联军。在横扫西里西亚和摩拉维亚（Moravia）之后，这支北方的军队挺进匈牙利，与其他的蒙古大军会合。与此同时，南方的蒙古军队也摧毁了匈牙利，潮水般地向西直逼亚得里亚海沿岸（Adriatic）地区。大获全胜的蒙古军队不费吹灰之力就占领或兼并了西欧丰饶的土地。蒙古人的突袭结束后，他们向东撤退，没有攻打基督教世界的核心地区——也许是因为大汗的突然去世。

如果蒙古人知道在基督教世界内部还存在着许多不同的区域，他们可能还会继续向西进军。只有在中欧地区遭遇了劫数之后，教皇格里高利九世（Pope Gregory IX）才要求十字军对抗蒙古人。教皇在位期间，人在罗马的弗雷德里克皇帝（Emperor Frederick）被怀疑战时曾与鞑靼人（Tartar）有着秘密的联系。在德国，一支军队被草率地动员起来，最终不得不向法国和英国求助。对于欧洲而言，幸运的是蒙古人还没有与德国军队交锋，也还没有继续长驱直入意大利就已经撤退了。在蒙古军队撤退之前，这场来自"上帝的惩罚"（scourge of God）在匈牙利、波兰和西里西亚所造成的整个破坏程度并没有得到充分地认识。

即使在遭遇了蒙古人的猛烈攻击之后，欧洲的教廷和王室仍然坚持认为，他们的主要威胁仍然是东方的穆斯林。尽管面临着蒙古人的劫掠，但基督教世界不共戴天的敌人依然是不信奉基督的穆斯林。教皇虽然不愿与伊斯兰达成协议，但他在与没有宗教信仰的蒙古人交往时却显得非常积极。1245年，来自里昂地方议会（Council of Lyons）的英诺森四世（Innocent IV）[92]派遣了两个使团前往蒙古。一名方济各会修士（Franciscan）柏朗嘉宾的约翰（John of Plano Carpini）在其波兰翻译弗莱尔·本尼迪克特（Friar Benedict）的陪同下，经过波兰和俄罗斯，长途跋涉来到大汗的总部所在地。另一位方济各会修士约翰（Friar John）奉命经过亚美尼亚（Armenia）前往蒙古，然而此人一去杳无音讯，直到经过两年的航行之后，他才在1247年秋天又回到了里昂。

32

虽然蒙古人带着许多欧洲的奴隶回到了亚洲，[93]但约翰修士是有史以来第一个到达了巴格达（Baghdad）以东地区，并返回欧洲讲述自己经历的人。约翰修士造访了驻扎在距离哈喇和林（Karakorum）不远的地方的蒙古军营，最终被允许呈上教皇的信件。虽然约翰感到贵由大汗（Grand Khan Kuyuk）对基督教颇有好感，他却未能使其皈依基督教，或者说他甚至没有给贵由大汗留下基督教世界颇为强大的印象；在约翰从蒙古返回时，给里昂地方议会带了一封贵由大汗的简短信札，贵由在信中傲慢地回复了教皇的友好表示，对于教皇提出的基督教圣座（Holy See）希望与蒙古人联合对抗穆斯林的建议表现得相当冷漠。[94]

在欧洲，约翰修士的出使报告《蒙古人的历史》（*History of the Mongols*）的出版意味着一个更为伟大的历史瞬间的出现。这本书标志着有关亚洲的中世纪文献的一次转型，因为该书首先是对一个行程的真实描述，它立足于约翰及其同伴的所见、所闻、所思的基础之上。除了伊西多尔（Isdore）之外，约翰没有引用先前的作者的著述，在其叙述中也没混杂既往关于亚洲的故事传说。约翰修士通过向契丹（Cathay）人打听，[95]得悉这个国家位于海边，很明显对其语言、宗教（多少有点误解）和艺术也相当地了解。约翰修士本人也明确意识到他的描述有着非同一般的特征，因为他在该书的前言里面如此告诫读者：

　　但是，如果是因为出于吸引我们读者的注意力的目的，我们写出了你所不了解的东西，那么，你就不应该因为这些描述而称我们是骗子，因为我们呈述在你面前的一切都是我们亲眼所见或亲耳所闻，这些打听来的内容则来自那些我们认为值得相信的人们。[96]

约翰修士死于 1252 年，临终前，他把自己著作的手稿复制品散发出去了，显然他的这一举动是想说服那些为数众多的对他表示怀疑，或者是对他的描述进一步提出质疑的人们。[97] 在约翰修士去世若干年后，《蒙古人的历史》一书被合并入了博韦的文森特那百科全书般的《历史通鉴》里面。

在约翰修士出发前往蒙古不久，里昂地方议会宣布，出使蒙古应该在一个国际性的基础上进行，这一国际基础应成为基督教世界经过努力联合，进而赢得的一个对抗穆斯林的强有力的亚洲盟友的组成部分。[98] 1248 年，法兰西国王路易九世（King of Louis IX of France）派遣特使前往黎凡特地区，意在发起对于盘踞在埃及的撒拉森人（Saracen）的战争，这一举动促成了基督教徒与驻扎在小亚细亚地区的蒙古军队指挥官之间的互动交流。随着蒙古军队在 1258 年摧毁了巴格达，基督教徒希望能和蒙古军队进行有效地联合，以对抗势力正处于巅峰阶段的穆斯林。自那以后，埃及不得不独自承担防御十字军攻击伊斯兰的重任。穆斯林的奴隶军队马穆鲁克（Mamelukes）很快地给他们演示了完全能够胜任自己面临的双重战斗任务的能力，所谓的双重战斗任务就是要在叙利亚对抗蒙古军队的同时又与路易九世的军队作战，进而保护穆斯林。虽然未能战胜撒拉森人，但把军事前哨设在黎凡特地区的拉丁欧洲在这个时期与驻扎在近东（Near East）地区的蒙古军队指挥官建立了关系。到了 13 世纪中期的时候，蒙古帝国的两扇大门已经被打开了：一扇位于穿越波兰和"野蛮人边境"的北欧；另一扇则要穿越叙利亚和西南亚的旧贸易路线。

1249 年，路易九世派遣隆主麦人安德鲁（Andrew of Longjumeau）前往蒙古帝国的首都哈喇和林（Karakorum），安德鲁是首次使用南大门的人之一。[99]作为法国国王的使节，带着贡金的安德鲁在蒙古宫廷得到了一名封臣的接待。安德鲁带着一封言辞颇为傲慢的劝诫路易九世每年都要缴纳贡金的信件，辛苦地回到了法国，除此之外，他两手空空。虽然安德鲁的报告很不系统，但还是能够看出他观察亚洲的态度不及约翰修士那般客观。安德鲁富于想象性的描述与主流文献传统更为接近。安德鲁和其他在亚洲旅行的多明我会修士（Dominican）也报导了蒙古主要的亲王们对于基督教的皈依。从这份报告以及其他资料中可以看到蒙古宫廷的成员们已经接受了景教教徒们（Nestorian）传播的相关教义。

路易九世既对他的使团遭受的羞辱感到震惊，但又深为基督教信仰在蒙古帝国得到认可的报导感到鼓舞。1253 年他派遣佛兰德的（Flemish）方济各会修士卢布鲁克的威廉（William of Rubruquis）前往大汗的宫廷，威廉此次前往蒙古并非以一个公开的外交代表的身份，而是以一个基督教传教士的身份出行的。威廉在蒙古宫廷的八个月里（从 1253 年 12 月到 1254 年 8 月），努力地想说服大汗及其封臣们皈依基督教，但彻底失败了。显然，威廉受到了大汗的欧洲奴隶们更为亲切的接待，其中一个奴隶对路易九世致以问候并送他一条镶有宝石的腰带。1255 年，威廉在回归安条克（Antioch）的路上，给路易九世写信作为此次出行的工作汇报，在信中他为欧洲人提供了大量的有关蒙古帝国的知识。

在离开黎凡特地区之前，威廉阅读了约翰修士的描述，看起来威廉的报导似乎来自他自己的观察，同时他也研究了讨论过亚洲的罗马作者们的主要著述。哈喇和林在威廉看来还"没有圣丹尼斯（St. Denis）的巴黎郊区大"。和约翰修士一样，威廉是一个风土人情的热心观察者。虽然威廉曾对美丽的自然风光发出由衷的赞叹，但当他长篇大论那里的动物生活时，对植物的观察却显得漫不经心。[100] 也许出于他的宗教目标，威廉把更多的精力投注在亚洲那些林林总总的思想教条方面，至少他关注了它们的字面意义。虽然威廉对异教徒的教义感到憎恶，但他还是详细描述了亚洲的神庙、偶像和宗教仪式。很明显威廉也参与了和异教的神职人员之间的宗教论争。

威廉也获得了有关其他东方人的丰富信息，他甚至还评论了唐古特人（Tanguts）和西藏人（Tibetans）。威廉自己从未造访过中国，但他推论说契丹国和塞里斯人的领土不过是同一个地方的两种不同称呼而已。威廉指出，"从他们那里得来的丝绸材料仍然是最好的"。契丹人"在各种技艺方面均是一流的艺术家"。他们"在把脉诊断方面的技巧令人钦佩"，他们在商业交易中使用一种

34

由"棉纸片"做成的"普通钱币"。威廉对于中国的观察报导甚至比后来的马可·波罗的作品更受欢迎。威廉描述道,"他们在写字的时候,使用一把类似于画家作画时用的那种刷子,他们使用的单音节字符包括了几个字母,以便组成一个完整的词组"。[101] 回到巴黎之后,威廉修士和罗杰·培根(Roger Bacon)讨论了他的报导,培根把来自他的《大著作》(*Opus Maius*)中的信息也融合在其中。因为还没有哪一封信件完美地论及中国文明的主要方面,威廉只好把一些早期的故事当作事实。然而,威廉修士很明显地从他的信息提供者那里得知了大量有关中国的信息,这些内容可能是全新的,根本不为古代的作者们或者是他 13 世纪的祖先们所知。

继 13 世纪中叶欧洲到蒙古段的陆路交通开放之后,1264 年,忽必烈汗率部攻占长城以南地区。同年,忽必烈汗(Kublai Khan)定都汗八里(Cambaluc [Peking,即北京]),并在首都西北方向的山区建立夏都(Xanadu)。从拉丁欧洲前来觐见忽必烈大汗的首批人物是波罗兄弟——尼科洛(Nicolo)和马费奥(Maffeo)。1260 年,这两个威尼斯的商人离开了克里米亚(Crimea),沿着贸易线路来到了汗八里。[102] 他们得到了忽必烈汗准予觐见的公文,并被大汗召至跟前,询问了一些关于欧洲的问题。显而易见,他们的回答无法满足大汗的好奇心。因此,这两个商人又被作为使节派往欧洲,请求教皇往中国派遣 100 名有识之士,教给鞑靼人关于欧洲的知识,并与汇聚在忽必烈王宫的其他地方的博学之士们讨论问题。

1269 年,波罗兄弟到了阿卡(Acre),他们把大汗的请求转达到了罗马。那时的不朽之城罗马(Eternal City)正在举行教皇选举会议,要求选出一个新的教皇。在耽搁了相当长的一段时间后,波罗兄弟被任命为教皇的(Apostolic)代表前往忽必烈大汗的宫廷。当他们在 1271 年再次出发前往汗八里的时候,与他们相伴的是尼科洛的小儿子马可,还有两名多明我会修士被委托在北京传授西方的学问。在小亚美尼亚(Little Armenia),这两名修士打道回府,但是勇敢的波罗兄弟不顾一路上的艰难险阻,终于在 1275 年来到了忽必烈大汗的夏都,并受到大汗的热烈欢迎。

和当时在汗八里的许多外国人一样,波罗兄弟很快被纳入大汗的行政机构。

35

蒙古人让外国人进入其复杂的政府管理部门是他们诸多经深思熟虑的政策的一部分，这样做的目的在于阻止任何一个民族，尤其是汉人，在帝国的政府部门中一家独大，如此一来，就可以维护大汗的专制权。波罗兄弟在蒙古帝国的政府机构服务了十七年，曾在许多个部门任职。如果马可·波罗的描述是可信的，那么，年轻的他曾经被专门委托给一个使团，从中国的一端到达了另一端。在前往中国遥远的地方比如云南的旅程中，马可为大汗记下了有关各地的地貌和人情方面的笔记。13 世纪，虽然也有其他欧洲人在中国生存、劳作，但就我们目前所知道的，马可是唯一一个在那里旅行、工作，并且把他的经历整理成文字的人。因此，在历史上，欧洲第一次有了关于中国及其邻国的详细记述，而这些文字绝非建立在道听途说或胡乱猜测的基础上。[103]

1295 年马可·波罗回到了威尼斯，因为他讲述的事情令欧洲人感到耳目一新，甚至有些难以置信，所以这位讲述者迅速地暴得大名。也许是因为马可·波罗的私人财产以及他那些荒诞离奇的故事为他博得了"百万"（Il Milione）[104]的称号，这一称号使他本人以及与他相关的书籍在意大利至今还广为人知。《马可·波罗游记》（*Description of the World*）一书直到 1298 年至 1299 年间才开始写作，书名道出了该书的真实内容。据记载，在 1298 年 9 月的一场海战中，马可·波罗在热那亚（Genoa）被当作俘虏抓了起来，在被强制居留在那里的时日里，他开始讲述自己的故事。马可·波罗把他的经历口授给了一个狱友，这个名叫鲁斯迪克罗（Rustichllo）的狱友是来自比萨（Pisa）的一位通俗传奇作家。

和鲁斯迪克罗笔下的其他大多数传奇故事一样，他在写作马可·波罗讲述的故事时也大量使用了古法语（Old French），并加入少量的意大利风格（Italianism）。鲁斯迪克罗为他写下的马可·波罗的故事命名为《天下奇闻录》（*Livre des diversites*），该书很快地走俏起来。[105]16 世纪伟大的旅行文学编辑者赖麦锡（Ramsio）评论道："几个月之内，该书风靡了整个意大利。"虽然这句话可能有些夸张，但在作者 1324 年去世之前，马可·波罗的书就已经被广泛地传播、翻译和改编却是事实。用各种语言写就的《马可·波罗游记》一书的119 份手稿至今仍然存在，其中没有哪两份是完全相像的。如今，我们用来阅读和鉴赏的文本事实上是在几份被认为是比较重要的手稿的基础上，经过学术

36

性地复原而得来的。

毫无疑问，许多与马可·波罗同时代的人都对他的描述持有怀疑，据说他在临终时断言，他还没有讲出他所知道的内容的一半。与马可·波罗的叙述相关的事件都是经过精心选择的，也许这有助于说明那些为后来的评论者注意到的大量被删减的内容。虽然马可·波罗总体上准确地描述了大部分他所看到的事物，但他没有提到中国人日常生活中那些常见的特征，比如种茶、用鸬鹚捕鱼、缠脚以及印刷书籍，这些要点被频频质疑评说。[106]这些内容之所以被删去，也许是因为他常常与外国人在一起，显然对于中国的语言知识的掌握还是比较有限。[107]另一方面，如果马可·波罗的叙述是全面的，那么这本"书"可能已经尽可能地利用了同代人盲从的倾向，在这个意义上，这本"书"讲述的内容甚至比真实的东西还要多。[108]

在1550年之前，马可·波罗为欧洲提供了关于东方的最为广泛、最为权威的描述。在他对中国的辽阔疆土的观察中，马可·波罗没有对大汗的政策提出任何批评，事实上，读者还为马可·波罗对于鞑靼人和忽必烈大汗的同情和敬重所打动。[109]虽然马可·波罗很少谈及中国人语言的特性，但如此年轻的他竟能为了其工作而克服苦难习得蒙古语和汉语口语，这一点实在令人感到钦佩。马可·波罗对汉语仅仅一知半解，虽然有此限制，但他对13世纪最辽阔、最富饶、人口最多的契丹国土的全面性描述，还是最令人印象深刻。马可·波罗生动地描述了中国的城市[110]、运河、河流、港口以及内部管理方面远较欧洲先进的制造业。和后来造访亚洲的欧洲人一样，马可·波罗对于建筑杰作的印象要比任何其他亚洲艺术活动的内容的印象都更为深刻。在马可·波罗的记述中，关于他被大汗留在其政治机构中的那些经历的信息量尤其丰富。[111]首先，作为一个管理者，马可·波罗仔细地记录了自然资源、植被和动物。马可没能深入地了解中国文明，可能是因为他对其兴趣不大。对于道家和儒家的学说，马可·波罗基本没有留意，但他提到了一些佛教徒的活动。[112]马可提及了回欧洲的途中所经过的锡兰，并详细讲述了佛的生活，他还提出了足以让他那个时代的人们为之震惊的论断：如果佛信奉基督教，"他将和我们的主耶稣一起成为一位伟大的圣人"。[113]

37

在马可一生最活跃的岁月里，他都生活在东方，他赞赏这片土地上的习俗、财富和传统，虽然他对这块大地上的内部事务知之甚少，但他在这里是成功的，而且得到了人们的优待。在马可身上，反映着蒙古人对于那些服从大汗的人们的蔑视态度，也反映着基督教徒对于异教的优越感。[114] 马可对比了契丹和蛮子（Mangi 音译，蒙古人对于中国南方的称呼）与他造访过的中国西南部和西藏的当地社会文明。虽然马可没有提及朝鲜（Korea），但在他的描述中出现了东南亚人，并且在历史上第一次告诉了欧洲人日本（兹潘古 [Cipangu]）[①]的存在。马可关于日本的知识来自道听途说，他把日本定位于距离中国海岸非常遥远的地方，指出"这个国家拥有非常多的金子……，珍珠……"，这个国家"是如此的富裕，以至于没有人能够说出他们究竟拥有多少财富"。[115] 后来的作者们难免不为此而大惊小怪，而那些地图绘制者们则把这个"黄金岛屿"和俄斐放置在中国的东部。[116]

1292 年，马可·波罗离开中国，他从福建（Fukien）省的刺桐（Zayton）[②][117]出发，经海路到达苏门答腊、锡兰和印度的马拉巴尔（Malabar）海岸。[118] 在返回欧洲的旅途中，马可·波罗显然还在继续仔细观察沿途的情况，并从其他的商人和旅行者那里搜集信息，还记下了笔记。马可详细地描述了亚洲海域中丢弃的垃圾，他还断言在中国东部的大海洋（Ocean-Sea）中有 7 448 座岛屿，"大部分岛屿都有人居住"。[119] 马可在描述他向着西南方向航行的线路时，他粗糙地标示出了东南亚的轮廓，并提供了从台湾海峡（Strait of Formosa）到波斯湾（Persian Gulf）南部海域的航行信息。无疑，马可造访了占婆（Champa [southern Indo-china] 南印度支那），但是他对爪哇和小巽他群岛（Lesser Sundas）的评论是否是来自其私人经验则是非常可疑的。在苏门答腊西北部停留的五个月里，马可记下了许多有关那里的主要生活方式和地貌的细节。在继续向西的途中，马可造访了锡兰以及印度西海岸上的许多小镇，向北远至波斯湾。缅甸（Burma）古代的首都蒲甘（Pagan）在马可的描述中是一座美丽的城市，但是

————————

① 中世纪后期西方对日本的称呼，亦作 Zipangu（吉潘古）。——译者注

② 今天的泉州。——译者注

根据马可的暗示，他是不可能真正到达那里的，或者也包括印度的内陆小镇在内。苏门答腊和其他邻近的岛屿显然被视为贵重的香料的来源地，然而这个简单的事实并没有被欧洲人清晰地或者说是完全地了解到，直至 16 世纪葡萄牙人到达马六甲之后，这种状况才得以改变。

　　描写马可·波罗的文学作品非常多，但是就马可对同时代人所造成的影响而言，没有人愿意为此付出努力去编写一个详细的索引。[120] 有些人对其作品的可信度感到怀疑，或者对其说出来的事物感到迷惑，然而这些都无法向马可·波罗询问。在相当长的时间里，马可·波罗的旅行记被数据编撰者和编辑们视为浪漫的传奇。在马可·波罗去世前的那段时期，关于他本人和他的"书"，迄今为止仅发现被其同时代的人提到过五次，而且彼此互不关联。1307 年，蒂埃博·德·塞波（Thiebault de Cepoy）在作为使节从法国前往威尼斯共和国（Venetian Republic）的途中，得到一本马可自己写的《马可·波罗游记》的法语文学改编本。同时代的多明我会修士雅各布·达·阿奎（Jacopo da Acqui）在其名为《世界宝鉴》（Imago mundi）的编年史著作中，讲述了马可身陷囹圄的故事，自此为学术界就此问题的争论开辟了源头。多明我会的翻译弗朗西斯科·皮皮诺修士（Friar Francesco Pipino）记录了有关马可·波罗后来的一系列活动的评价，他译的标准拉丁文版本（约 1315—1320 年）于 1485 年首次在安特卫普印刷。这项任务是皮皮诺所在的教团（Order）委托给他的，从那个时候起，在东方进行传教活动的事务开始被欧洲人严肃对待。每当论及鞑靼人的时候，佛罗伦萨（Florence）的历史学家乔万尼·维拉尼（Giovanni Villani，约 1275—1346 年）就会指出《马可·波罗游记》（Milione）的作者"对于鞑靼人的权力和制度进行了大量的详细描述，因为他和鞑靼人相处了很长一段时间"。[121] 帕多瓦大学（University of Padua）的内科医生彼得罗·达巴诺（Pietro d'Abano，约 1250—1316 年）也曾拜访过马可，他试图从这个旅行很久的威尼斯人那里寻找一些实际性的支持，借以攻击盛行的赤道地区没有人烟的地理假说。在与马可的交谈中，这位帕多瓦的学者获得了支持其观点的可靠证据，他认为人类可以在赤道地区的气候中生存，在其《调解人》（Conciliator）一书中，他记录了马可在热带地区对于天空的观察。[122]

在马可·波罗之后的那一代人里面，伊普尔（Ypres）[①]的隆·约翰（Long John）是一位伟大的中世纪旅行文学的编辑者，他在一本写于 1350 年之后的编年史著作中记下了一些关于波罗家族前往鞑靼地方（Tartary）的文献资料。马可对于亚洲地理附带性的观察和记录作为一项地理学贡献，似乎也被借用到那个时代的地图里面去了，这种情况一直持续到 1375 年加泰罗尼亚语（Catalan）地图的产生为止。在接下来的世纪里面，航海者亨利王子（Prince Henry the Navigator）和哥伦布（Columbus）都是这本书的忠实信徒。关于其他不计其数的直接或间接地参考了这一具有划时代意义的中世纪文献的作品，将在下文做以评述。

39

1287 年，就在波罗家族返回欧洲的途中时，中国派出的一个使团从蒙古的西边到达了罗马。该使团的首领是巴·扫马（Bar Sauma），他是一个生于北京的景教教徒（Nestorian），也是第一个被确认到达欧洲的中国人。因为要求联合对抗撒拉森人的要求没有得到立即回复，巴·扫马就继续前往热那亚、巴黎和法国南部旅行。在他的旅行日记中，巴·扫马叙述了他在巴黎遇到了国王菲利普四世（King Philip IV），还在加斯科涅（Gascony）遇到了英国国王爱德华一世（King Edward I）。但是，巴·扫马没能找到他需求的军事联盟，显然，从那以后，前往西方的蒙古人就放弃了在拉丁世界寻求合作的努力。[123]

在巴·扫马回头向西到达黎凡特地区时，孟德·高维奴的约翰（John of Monte Corvino）正在前往中国的路上。1289 年，最高教廷派遣约翰修士把福音书带给大汗（Grand Khan），约翰修士经过印度和马六甲海峡（Straits of Malacca）前往中国——波罗家族在回欧洲时也是走的这条路。1294 年约翰修士到达汗八里，[124] 他刚到就立即投入传教工作，很快就使大汗的近亲鞑靼王子皈依了基督教。然而，这位孤独的罗马修士在传教工作上面临着很大的困难，而且其生命濒临险境。尽管在约翰修士身上发生了很大的怪事，但在 13 世纪末期，他成功地建成了一座拥有钟楼的教堂。[125] 约翰修士意识到他需要一个本地的教士，他"买来了 150 个男孩"，为他们施洗，并教授他们拉丁文和礼拜仪

---

① 佛兰德斯的一个小市镇。——译者注

式。1303 年之后，在传教工作方面，约翰修士得到了科隆（Cologne）的阿诺德修士（Friar Arnold）的帮助。约翰获得的成功，以及他对未来中国传教事业的希望促使他在 1305 年给他方济各会的教友们写信，并要求将信件转达给教皇。虽然约翰修士感到大汗帖木儿（Timur）"在偶像崇拜方面已经浸淫太深"，但他显然相信如果自己能够拥有"两到三个志同道合者"，帖木儿就可能会被说服，进而接受基督教的洗礼。[126] 约翰修士的第二封信写于 1306 年，在信中他谈到了一位来自欧洲的卢科隆戈（Lucolongo）的商人彼得（Peter），他曾帮助约翰修士买下了用于建造教堂的土地。

关于东方，约翰仅仅提到了几个马可·波罗已经谈及的确定性事实。在印度停留十三个月后，他断言在科罗曼德尔（Coromandel）海岸沿线，看不到可怕的怪人。显然，约翰修士对于印度文化的内在肌理可以说是一无所知。[127] 他主要的兴趣在于激励教皇继续在东亚地区加大其传教的力度。在印度，约翰修士预见到了基督教信仰将在这里吸纳大量的灵魂，他在报告中写道，大汗"听了很多关于罗马宫廷和拉丁世界的国家的传说，非常渴望看到来自那里的使节"。约翰修士的请求被托马索·达·托伦蒂诺（Tommaso da Tolentino）直接带到了教皇克莱门特五世（Pope Clement V）那里。迫于方济各会的压力，1307 年教皇派遣了一组传教士来到中国，奉命为汗八里的约翰都主教（John Archbishop）和所有东方的高级主教（Patriarch）祝圣，并让他们作为副主教留在中国。传教使团中有三位教士在途中死于印度，但卡斯特罗（Castello）的杰拉尔德·佩雷格里尼（Gerard Peregrini）和佩鲁贾（Perugia）的安德鲁（Andrew）则成功地加入了前往蒙古的传教使团。1311 年，至少有三位副主教被派往中国，加入了方济各会的小团体。两年后，一个独立于汗八里的主教辖区在福建省最大的转口港刺桐（即泉州，Ch'uan-chou）创建起来了。[128]

这些方济各会修士们肩负着使徒的传教使命来到了印度和中国，但是只有波代诺内（Pordenone）的鄂多立克（Odoric）留下了完整的记述。鄂多立克确切的生活环境不为人所知，我们只能根据其叙述加以猜想。显然，鄂多立克是在 1316 年到 1318 年间开始他的游历的，于 1321 年在印度西部逗留，后经东南亚到达中国，他到达中国的时间是 1322 年，至少在此居留了三年。1330 年，鄂多立克给教皇的一封请愿书寄到了意大利，这封请愿书要求教皇再派遣50名传教士到中国。鄂多立克死于1331年，临终前，他把自己的经历口授给了他所在教团的一位教友。鄂多立克至今仍有大量的（73份）手稿留存，这证明了他的工作在14世纪的欧洲传播亚洲知识方面的重要意义。虽然这些手稿所述事件的真实性屡遭质疑，甚至作者本人在接触与他相关的事物时也可能为其表象所迷惑而多少有些轻信，但现代的学者们则认为他的讲述在根本上还是可靠的。[129] 在其相关描述的最后，鄂多立克还附加了一个证明该描述的真实性的书面陈述。

在鄂多立克沿着马拉巴尔海岸（Malabar Coast）所做的短途旅行中，他描述了胡椒的种植情况，并指出这个地方"种植的生姜要比世界上其他任何地方的都好"。鄂多立克在描述从印度到中国的航程时，也评论了苏门答腊、爪哇和占婆，然而他对这些地方的讨论并没有超越马可·波罗的记述。鄂多立克把马可·波罗的"蛮子"（中国南方）称作"上印度"（Upper India），这一术语直到17世纪还在通行。在这个地方，有人告诉鄂多立克有"两千座规模巨大的城市……无论是特雷维索（Treviso）还是维琴察（Vicenza）都没有资格列入其中"。[130] 广州（Canton）"和威尼斯一样大"，"事实上整个意大利的手工行业都没有这一个城市的多"。刺桐拥有"人类生存所需要的一切东西，而且其物资非常地丰富"，有"博洛尼亚（Bologna）的两倍之多"。鄂多立克声明，他不敢描述"世界史最大的城市"杭州（Hangchow），"还没有太多的威尼斯人到过那里"，他那时还没有从其他人那里听说过这个城市。据鄂多立克观察，和威尼斯一样，"这个城市坐落在几个淡水湖上"，那里有很多桥。关于中国的风俗，特别让鄂多立克印象深刻的是女人缠足的习惯，而男人们则留着很长的手指甲，以此作为"地位高贵的标识"。

鄂多立克把扬子江（Yangtze）视为"目前世界上最大的河流"，"大约有7英里那么宽"。显然，鄂多立克知道把"蛮子"与契丹的地域分割开来的正是扬子江。鄂多立克在扬子江乘船逆流而上，到达了黄河（Yellow River），他发现黄河"正好从契丹的中间穿过，当它决堤的时候，会对这个国家造成巨大的破坏，正如波河（Po）对费拉拉（Ferrara）那样"。在山东（Shantung）省的临清（Lin-tsin），鄂多立克评述了那里丝绸的丰产及其低廉的价格。汗八里的实际规模以及大汗宫殿的富丽堂皇让鄂多立克大开眼界并惊叹不已。显然，方济各会的传教使团在大汗的宫廷是受欢迎的，鄂多立克在汗八里停留的三年中，曾有机会从近距离观察宫廷的仪典，帝王在庞大的仪仗队中行进的方式，高效的信使系统，以及大汗在节日里的游猎和竞技活动。在鄂多立克离开汗八里的时候，他搭乘横越陆路的商队的篷车一路向西，虽然他评论说"在他听说的关于长老约翰的一系列传闻中，真实的内容还不到1%"，但在中世纪的旅行者中，鄂多立克是最后一个把长老约翰的地域定位在亚洲的人。鄂多立克的著述受欢迎的程度仅次于马可·波罗的游记，在文艺复兴（Renaissance）时期得以广泛传播。曼德维尔（Mandeville）在写作他的《约翰·曼德维尔游记》（*Travels*）时，曾大量地参考了鄂多立克的叙述。

　　到鄂多立克在1330年回到意大利的时候，汗八里的约翰都主教（Archbishop John）已经去世两年了。在约翰都主教去世时，虽然中国的拉丁教会组织总人数已达到数千人，但它的这种繁盛局面后来再也没有出现过。佩鲁贾的安德鲁是刺桐地区的主教，显然他在1330年之前就已经被召回欧洲受封。虽然教皇约翰二十二世（Pope John XXII）在1333年曾正式地任命了其后继者，但这个人似乎根本就没有到达中国，所以传教的任务就因为缺乏一名合适的主教而失败了。一支由16人组成的蒙古使团在1338年到达了阿维尼翁（Avignon），向教皇请求再派遣一个传教团。这支鞑靼使团在等待教皇的回复时，由法兰克人（Frank）安德鲁带领着参观了法国和意大利。教皇本尼迪克特十二世（Pope Benedict XII）答应派遣一支由四人组成的传教使团前往东方，其核心人物是约翰·达·马黎诺里（John da Marignolli）。

　　马黎诺里出使东方的具体情形还没有被完全呈现出来。关于此我们所知道的内容的都是从《波西米亚编年史》（*Chronicle of Bohemia*）一书中费力地查寻出来的，这本书的手稿是约翰修士大约在1355年从东方回到欧洲后写出来的。[131]这本书从大量散乱的评论中重构自身的叙述，其写作于1338年在阿维尼翁开始。在那不勒斯，教皇的传教使团和鞑靼使团会合，踏上了前往东方的旅程，他们从意大利出发，到达君士坦丁堡，然后经过漫长而艰苦的跋涉穿越陆路来到了汗八里，到这里时已经是 1342 年的春天了。马黎诺里在大汗的皇都停留了三四年，后来南下到了刺桐，在 1346 年或者是 1347 年乘船前往印度。关于刺桐，马黎诺里写道：

> ……这是一个美得令人感到惊奇的海港，也是一座大得使人感到不可思议的城市，这里有我们的（方济各会的）小托钵会修士们（Minor Friars[Franciscans]）建造得非常好的三座富丽堂皇的教堂；这里还有一个公共浴池和 *fondaco*，可以作为所有商人们的中途补给站。[132]

马黎诺里向西的旅程几乎不为人所知。参观了位于印度科罗曼德尔（Coromandel）海岸的使徒圣多默（Thomas the Apostle）的神殿之后，马黎诺里的船显然遭遇了狂风，于是他就到锡兰避了一段时期。马黎诺里后来到了波斯湾的霍尔木兹（Ormuz），最终在 1353 年带着大汗另一封要求往中国派遣更多传教士的信件回到了阿维尼翁。

传教士们对于蒙古和契丹的描述对当代的欧洲学者产生了一定的影响。除了我们在前面已经提及的博韦的文森特的著述之外，罗杰·培根的《大著作》（约写于 1266 年）把卢布鲁克（Rubruquis）的威廉描述亚洲的资料合并起来了。在这部著作里面，培根催促教皇对世界进行全面而精确的调查，并且坚持认为南半球（Southern Hemisphere）是适于居住的。培根也在该书中表明自己的观点，即向西航行可能到达印度群岛。从亚美尼亚被流放到法国的海屯王子（Prince Hayton）在 1307 年口述了亚洲的地理和蒙古大汗的历史，这部作品读起来饶有趣味，是由杜尔（Toul）的尼古拉斯·富尔康（Nicholas Faulcon）在普瓦蒂埃（Poitiers）记下的，他还把这部作品翻译成了拉丁文。[133] 大约在 1330 年，另一部名为《大汗的国土与臣民》（*The Book of the Estate of the Great Caan*）出现在读者面前。[134] 据猜测，这本书的作者约翰·德·科拉（John de Cora）曾经是多明我会修士，他对大汗的疆域、契丹城市的规模、及时而充足的以备饥馑之年之需的粮食存储系统、信使系统、纸币的使用、"较罗马或巴黎更为庞大多样的商业规划"以及大汗对于基督教的宽容尤其印象深刻。

就目前所知而言，马黎诺里是蒙古人统治的时代里教皇委派的最后一个造访中国的方济各会修士。甚至在马黎诺里逗留在汗八里的时候，鞑靼人的政权渐趋衰微的征兆就可以清晰地看到。在 14 世纪中期，当蒙古人发现越来越难以控制他们庞大臃肿的亚洲帝国之时，沿着陆路旅行也就渐渐变得险阻重重。在欧洲，1348 年的黑死病（Black Death）导致的生灵涂炭也使这个时期的问题显得异常尖锐。虽然在 1426 年之前，教皇仍在委派使徒前往汗八里担任主教，但是没有一个人能够到达自己的辖区。写于 1369 年之前的方济各会的《年鉴》（*Annal*）曾这样评论亚洲的传教使团："就那些要发扬光大传教事业的人们而言，因为无论何处对此都缺乏热情，致使这项工作的开展举步维艰。"[135]与此同时，蒙古人在中国的统治于 1368 年倾覆了，毫无疑问，这意味着中国和欧洲之间曾被掀开了短短一个世纪的帷幕将再度落下。

亚洲其他的拉丁天主教（Catholic）使团在 14 世纪中期的不幸岁月里也走向了末路。1321 年，一名法国多明我会修士，塞夫拉克（Severac）的乔丹（Jordan）在印度的马拉巴尔海岸努力地成立了一支天主教传教团。乔丹的事业开始就很不吉利，因为他的四个同伴在今天孟买（Bombay）附近的塔纳（Tana）被穆斯林杀害了。乔丹通过书信向印度方面请求救援，但是没有得到回应。1329 年，教皇约翰二十二世在奎隆（Quilon）赐予乔丹主教的职务。在乔丹的《奇迹之书》（*Book of Marvels* [*Mirabilia*，约 1340 年]）中，很明显地把马可·波罗、波代诺内的鄂多立克和约翰·达·马黎诺里对于印度的详细描述合并到了一起。乔丹准确地描述了从信德（Sind）到马拉巴尔边界之间的沿海区域，提到了这个地方那种令人窒息的燠热，漫长的旱季，以稻米为生的黑皮肤居民以及生存于此的动植物。乔丹还谈到了印度教教徒（Hindus）的一些宗教和社会活动，拜火教徒（Parsis）①的丧葬习俗，评论了印度寡妇自焚殉夫的"萨提"仪式，并强烈反对穆斯林教在印度所享有的莫大自由。非常奇怪的是，若按照推测，乔丹对于马拉巴尔海岸的描述应该是从直接经验得来的，但他对这个印度内陆地区的描述既不清晰也不准确。[136]尽管如此，乔丹的著述依然是中世纪晚期描述印度的作品中最为优秀、

---

① 即祆教徒。——译者注

也是内容方面最为丰富的。

根据这些传教使团的旅行记述，仅凭附带的文献我们就可以得知，意大利特别是来自热内亚的商人，在14世纪上半叶的印度和中国是相当活跃的。早在1224年，就有一个商业团体被创建起来了，目的在于促进与印度之间的商业活动。[137] 除了马可·波罗，商人们很少留下他们在东方的活动记录。[138] 孟德·高维奴（Monte Corvino）修士指出，他在汗八里用来建造教堂的土地是一位来自欧洲的卢科隆戈的商人皮特买下来的。刺桐的安德鲁主教在1326年的一封书信中提到了他的辖区之内的"热那亚商人"。正如上文提及的马黎诺里所观察的那样，热那亚的贸易者们在刺桐还建造了一座手工作坊。鄂多立克修士在其作品中评论了在广州完成的不计其数的贸易，并指出在中国市场上，价格低廉的丝绸可以按照商人们的意愿直接购买。

虽然当代的商业文献对于我们了解东西方之间的贸易基本没有什么助益，但在意大利的商界，关于丝绸和香料来源的信息必定一度也曾广为流通。马可·波罗在珠宝和香料方面的商业兴趣微不足道，但是在他那个时代，忙碌于威尼斯大运河的里亚尔托桥（Rialto）上的人们可能是从其他商人那里获取了他们需要的信息。威尼斯人在蒙古人的疆域中一定走得很远，否则鄂多立克修士不可能在威尼斯就"从大量到达杭州的人们那里"听到过这个城市。然而，到目前为止，由于许多威尼斯商业文献因时间的流逝而遭到损坏，在重商的威尼斯贸易者进入波斯、埃及和阿拉伯东部地区的研究方面，几乎没有什么成果。[139]

威尼斯人在10世纪时曾和埃及人一起垄断了香料贸易。但是，他们的商业活动总体上都被限制在从亚历山大港购买香料，然后再到威尼斯出售这样的范围之内。在亚麻和香料贸易方面，穆斯林商人控制了从西班牙到印度的南方市场，常常用带有偏见的眼光嫉恨着那些来自基督教世界的闯入者们。从12世纪到14世纪，发生在地中海沿岸的商业革命与欧洲人口数量的稳步增长以及后来欧洲市场的扩展齐头并进。十字军东征促使欧洲人开阔了自己的眼界，并且在地中海沿岸的东部地区为欧洲南部增长的人口提供了一个新的商业领域。返回欧洲的十字军也成为了东方和非洲商品的最新消费群体。

欧洲人通过放债、海上掠夺以及对穆斯林市镇的劫掠致使自己的购买能力

44

与日俱增，然而水涨船高，其对物质需求的增长幅度也在节节攀升。显然，大量依靠上述手段积聚起来的资金被用于从亚洲购买香料、丝绸原材料和毛皮。因为埃及和威尼斯商人牢牢控制着香料的贸易市场，随着时间的推移，东方商品的价格不断攀升。有一段时期，拜占庭和穆斯林的商人们发觉把商品高价转给威尼斯人相对容易，但是随着后来威尼斯商人在西欧市场的利润的下降，他们发现把不断增长的价格转给处于交易末端的顾客越来越难。考虑到这些困难的境况，对于欧洲商人而言，需要急速在蒙古人开辟的陆路上冒险就不足为奇了。在欧洲商人们长驱直入到亚洲的商业中心的过程中，热那亚的商人很显然地捷足先登了，因为他们和威尼斯人不一样，他们用尽一切办法克服了处于垄断地位的中介国家的商人们的阻挠。

45

事实上，所有基督教的传教士和阿拉伯旅行者伊本·白图泰（Ibn Batuta）都认为 14 世纪上半叶时，在印度和中国的热那亚商人很活跃，薄伽丘（Baccoccio）指出，如果要证实据他在中国经历的所有事情中的任何一件的话，那么热那亚人将是最佳人选。因此，人们会据此猜测，现存的那些不计其数的关于这个时期的热那亚商业文献资料，将有可能为我们提供有价值的、确凿的东方贸易信息。事实并非如此。就热那亚人而言，他们没有给自己的子孙后代留下哪怕一则关于当时贸易情况的总体描述，或者是附带性的文字记录。热那亚人对于贸易情形的守口如瓶也可能是出于要隐藏自己的商业秘密的动机，也可能是来自热那亚人沉默寡言的固有天性。[140]

对于当时的贸易情况进行总体描述的唯一现存作品来自于佛罗伦萨商人弗朗西斯科·巴尔杜奇·佩格罗提（Francesco Balducci Pegolotti）。关于佩格罗提，除了知道他是巴尔迪（Bardi）银行的代理商，并且在其经商事业如日中天的 1310 年到 1340 年间写过一本名为《商贸实务》（La practica della mercatura [The Practice of Commerce]）的书之外，其余的一切均不为人所知。虽然佩格罗提广泛地游历了欧洲，但他明显没有关于黎凡特以东地区的个人经验。因此，他描述的并非个人的经历，而是一个来源驳杂的信息汇编，其目的在于为前往那个地方的商人设计一个行旅指南。为了引导那些经商的贸易者，佩格罗提描述了一条可供选择的路线，即从黎凡特穿越亚洲到达北京。"据那些曾经走过该路线的商人们的说法，这条路……绝对安全，无论黑夜还是白昼。"[141] 佩格罗提还在作品中介绍了行程中可能经过的驿站，商队所必须具有的装备，以及需要带到中国出售的货物。例如，"任何来自热那亚或威尼斯并希望……去契丹游历的人都要随身携带亚麻制品"。[142] 佩格罗提甚至为那些打算在中国购买丝绸的商人们提供了用热那亚货币换算的相应价格。他还附上了在欧洲市场上常见的288 种香料和药物的名单，其中大多数都来自东方。[143]

对于佩格罗提而言，最重要的中国产品就是丝绸。正如前文已经指出的那样，甚至在拜占庭人把养蚕业介绍到地中海沿岸国家之后，中国仍然在向欧洲出口丝绸。[144] 因为黎凡特、西西里和西班牙的制造业非常兴旺，所以君士坦丁堡和拉丁国家对于丝绸原材料的需求显然无法得到满足。意大利北部的丝绸制造业在后来也迅速地扩大其行业规模。在佛罗伦萨，羊毛业（Arte di Seta）于 1193 年开始投入生产，在这座城市里，羊毛业在财富和声誉上很快地与真丝业（Arte di Lana）平分秋色。[145] 到 13 世纪，随着热那亚渐渐成为卢卡（Lucca）最重要的港口，它俨然已是欧洲最大的丝绸生产中心。虽然中国的丝绸在以前要通过穆斯林国家中转才能到达意大利商人那里，但热那亚的公证人们的记录簿还是记下了中国丝绸原材料（seta catuya）在 1257 年 1 月出现时的情形。热那亚商人们当时也曾在法国集市和卢卡的市场上兜售中国丝绸。1304 年，从伦敦港运往花思蝶庄园（Frescobaldi）的货物中，就有一大捆"被称作契丹（Cathewy）的丝绸"。[146]

在欧洲市场上，中国丝绸比来自波斯的同类商品的价格更为低廉。佩格罗提观察到，来自契丹的丝绸常常在运送的途中就破损了，一到佛罗伦萨就开始出售。尽管如此，这个行业明显还是有利可图，因为在中国购买丝绸实在是太便宜了。热那亚商人们显然意识到，他们长途跋涉、风险重重地把丝绸的原材料运回来，在意大利若想赚取利润，那么就要以三倍的价格卖出去才行。在"蒙古和平"（Mongol peace）时期，对于丝绸可以不加限量地购买，同时，对于这个行业的未来美好前景的期望也一并鼓励了热那亚人，他们持之以恒地竭力控制中国与欧洲之间的丝绸原材料的直接贸易。在整个商业革命时期（12 世纪到14 世纪），人们在丝绸上的消费量确实提高了，在 14 世纪，丝绸制品的制造业

46

从卢卡扩展到了热那亚和博洛尼亚（Bologna）。显而易见，热那亚的商人渴望垄断从中国无限量地购买丝绸的权力，以供应意大利北部发展壮大起来的丝绸加工业，这些加工业努力地制造丝绸制品，以便让那些少数的富有阶层和非基督教顾客也能购买，以前，前者才是丝绸制品的唯一购买者。[147] 在欧洲，中国有图案的丝绸、织锦和花缎也有顾客购买，在这个时期，有一些丝绸商品还被保存在教堂和博物馆里面。有些中国纺织品的基本图案在欧洲设计，这就构成了中世纪晚期的欧洲在技术和艺术方面借鉴东方的例证。[148] 然而，1368 年，蒙古人被驱逐出了中原，这一历史事件带来了直接贸易方式的终结，结果，也使欧洲在技艺方面进一步借鉴东方的可能性大大降低了。

　　欧洲在商业革命时期的繁荣，以及亚洲的蒙古帝国的衰落之后接踵而至的动乱，导致蓄奴制在 14 世纪的意大利迅速发展。马可·波罗回到威尼斯时，带着他的奴隶彼得和达达（Tartar），彼得在 1328 年被授予了公民身份。1348 年，黑死病爆发，当时曾有人猜测[149] 黑死病是由"回到卡发城（Caffa）的热那亚商人从中国的一捆丝绸中带回欧洲的"，这场在欧洲四处蔓延的疾病杀人盈野，最终导致了大量的人口灭绝，于是欧洲就更加需要劳动力了。富有的贵族和商人们逐渐发现增加诸如"达达"这样的奴隶到他们不断扩大的家庭中来是必要的，或者说是时髦的。1363 年，佛罗伦萨的修道院院长允许"无限制地从外国进口男女两性奴隶——但条件是奴隶只能是异教徒而非基督教徒"。[150] 被卖给威尼斯和热那亚商人们的奴隶来自许多不同的人种，记录显示至少有一个奴隶具有中国背景的血统。[151] 在 1366 年到 1397 年之间，有 200 个鞑靼人被贩卖至佛罗伦萨的奴隶市场。奴隶们和来自异域的动物一样，为了制造异国情调，被作为"装饰品"关在更为富裕贵族的庭院里面。正如后来我们看到的那样，意大利的艺术家把外国的奴隶形象绘制在他们的油画和壁画中。虽然有知识的人会因为好奇心的驱使而询问奴隶们出生地的一些情况，然而，我们不能就此断定那些来自遥远的地方的奴隶们给欧洲人直接带来了关于亚洲的信息。

　　在"蒙古和平"那个漫长的世纪，欧洲和东亚之间发生了前所未有的亲密接触。欧洲人有史以来第一次横穿欧亚大陆到达了太平洋（Pacific）。其中一些人全程乘船，通过东部海域和印度洋（India Ocean），经中国到达了波斯。传教士和商人们凭借自己的观察而获得的第一手资料帮助我们推翻了既往许多未经证实的观点，如长老约翰的神话，赤道地区荒无人烟的假说，以及以前曾广为流传的关于香料和丝绸制品的来源的一些谬误说法。其他的神话和传说依然保持着顽强的生命力，有些甚至被假定的直接观察证明那就是真实的。长老约翰的王国后来被转移到了非洲，戈哥和马戈哥被安置到了西伯利亚东部，陆地上的伊甸园被定位在印度。对于 14 世纪的欧洲人来说，契丹作为一个传教的地域和商业中心，要比印度重要得多。这种说法基本上是正确的，因为穆斯林无论作为潜在的宗教敌人还是商业上的竞争者，在那里均无法构成威胁性的力量。[152] 契丹的城市里面的技艺和物质财富都令人激动不已又让人觉得不可思议。虽然传说和怀疑继续地干扰着欧洲人的东方观念，但在这个交流相对自由的时期，双方建立起来的联系给欧洲人从前一直渴望看到的图像增加了一个现实的维度。在接下来的岁月里，虽然一部分真实的知识遭到遗忘，或者被神话传说再度遮蔽，但是，在中世纪后期对于契丹的发现，为连续几代欧洲人提供了用于交易的物品，同时还引导欧洲先于穆斯林控制了前往南亚和中国的海陆交通。

48

注释：

[1] James Oliver Thomson, *History of Ancient Geography*（Cambridge, 1948），pp.21-22. 更为详细的描述参见 Edward Bunbury, *History of Ancient Geography*（2 vols.; 2d ed.; London,1883）。

[2] 他们常常把距离家乡更近的方位弄错。比如，希罗多德就把塞莫皮莱平原（Thermopylae）想象成是自北向南的。参见 M.Cary and E. H.Warmington, *The Ancient Explorers*（London,1929），pp.6-7。

[3] 能够产出金子的蚂蚁的说法，被许多希腊和罗马的评论家们反复讲述。这一说法可能源于印度"蚁金"（ant-gold）的传说，希腊人可能是从波斯人那里听到的。参见 Thomson,*op.cit.*（n.1），p.80。

[4] 关于他的资料的论述参见 G. Rawlinson, *The History of Herodotus*（New York,1859），pp.38-42. 比较新近的评价可以参见 J. E. Powell, *The History of Herodotus*（London,1930）。对于他的印度知识的评论参见 J. W. McCrindle, *Ancient India as Described in Classical Literature*（Westminster,1901），pp.1-5，以及 the *Cambridge History of India*, I ,396。

[5] 曾有人认为，阿里斯特亚士可能具备亚洲大陆，甚至远至极北地区（Hyperborean）或中国的各种人群的相关知识。参见 G.F.Hudson, *Europe and China*（London,1931），chap.i. 虽然赫德森（Hudson）用中文资料来支持其观点，但大多数古典学者坚持认为，极北地区的人是一种被虚构出来的、理想化的人群，他们至今尚未接触到这些人中的任何一个。对于极北地区的人的状况问题的新近研究可以参见 Denis Sinor, "Autour d'une migration de peoples au Ve siècle," *Journal asiatique*, CCXXXV（1946-47），37-50。但是关于该问题依然存在争议。比如，还存在这样一种观点，认为极北地区的人在被描述为一种神秘的人群之前，他们最初是一个带有神秘倾向的宗教群体，参见 A.J.van Windekens, "Les Hyperboréens," *Rheinisches Museum für Philologie*, C（1957），Pt. II,164-69。

[6] 关于克特西亚斯的"主导"版本参见 E.Manni, *Introduzione allo studio della storia greca e romana*（Palermo,1951-52），pp.201-2. 从他的著作中援引的内容参见 Georges Coedès, *Textes d'auteurs grecs et latins relatifs à l'Extrême-Orient depuis le IVe siècle avant J.C. jusqu'au XIVe siècle*（Paris,1910）。

[7] 比如，可参见 Charles Gould 在 *Mythical Monsters*（London,1886）一书的第十章中对独角兽的讨论。

[8] 比如，可参见君士坦丁堡（Constantinople）的主教弗提乌斯（Photius，约公元 820—891 年）的《群书摘要》（*Myriobiblon*）的法典中收入的克特西亚斯的描述。

[9] 该问题的详细描述参见 W.W.Tarn, *Alexander the Great*（Cambridge,1948），Vol. I, Pt. II。

[10] 关于该问题在史料上比较严谨的讨论参见 C.A.Robinson, Jr., "The Extrordinary Ideas of Alexander the Great," *American Historical Review*, LXII（1957），326-27。这些作为希腊文学的一部分的历史作品的评论参见 L.Pearson, *The Lost Histories of Alexander the Great*

（London,1960）。对于这些历史事件日期的鉴定中的遗留问题的概述参见 J.R.Hamilton, "Cleitarchus and Aristobulus," *Historia*, X（1961），448-58。

[11] 对于希腊的 "伪卡里斯提尼" 最权威的研究者是 Reinhold Merkelbach, *Die Quellen des griechischen Alexanderromans*（"Zetamata; Monographien zur klassischen Altertumswissenschaft," No.9[Munich,1954]）。"主导性" 的文本是剧本 A。把它翻译成英文的人是 E.H.Haight, *Essays on the Greek Romances*（New York,1945）。

[12] 对于印度南部首次直接关注的人是麦伽斯梯尼，他对 "潘迪亚王朝（Pāndyan）罕见的描述看上去是把事实和当下与王朝相关的传说混杂在一起了"。这一观点来自 K.A.Nilakanta Sastri, *Foreign Notices of South India from Megasthenes to Ma Haun*（Madras,1939），p.4。

[13] 参见 T.S.Brown, "The Reliability of Megasthenes," *American Journal of Philology,* LXXVI（1995）,21，也可以参见 G. L. Barber 在 *The Oxford Classical Dictionary*（Oxford,1957）的评论，p.553。

[14] 相关评论参见 Bernard Breloer, *Altindisches Privatrecht bei Megasthenes und Kautalya*（Bonn, 1928）。

[15] 参见 Thomson, *op.cit.*（n.1），pp.158-67。

[16] 他对东方地图进行重构的具体情形参见上书，p.135，或者 F.L.Pullé, *La cartografia antica dell'India*（"Studi italiani di filogia Indo-Uranica," Vol. IV[Rome,1901]）。

[17] 关于孔雀、鹦鹉和许多其他的异域事物的进口的记载，参见 Victor Hehn, *Kulturpflanzen und Hausthiere in ihrem Uebergang aus Asien nach Griechenland und Italien sowie in das übrige Europa*（5th ed.; Berlin,1887）。对于孔雀的专论参见该书 pp.286-94。根据亚里士多德的描述，蚕常常被误以为是从中国迁移到希腊的。关于该问题的讨论参见 Thomson,*op.cit.*（n.1）,p.86. R.Patterson 在 Charles J.Singer *et al.*（eds.）, *A History of Technology*（5vols.; Oxford,1954-58），II ,197 中评论道，蚕丝也许并不为古希腊和共和时代的罗马人所知。

[18] W. W. Tarn, *The Greeks in Bactria and India*（Cambridge,1951），pp.361-62.

[19] Sir Mortimer Wheeler, *Rome beyond the Imperial Frontiers*（London,1954），p.130.

[20] 对于精确鉴定希帕罗斯所生活年代的困难的记述参见上书，pp.126-30。

[21] 参见 G. F. Hourani, *Arab Seafaring in the Indian Ocean in Ancient and Early Medieval Times*（Princeton, N.J.,1951），pp.25-28。

[22] *Ibid*, p.28。

[23] H.G.Rawlinson, *Intercourse between India and the Western World*（Cambridge,1916），pp.156-58.

[24] Tarn, *op. cit.*（n.18），pp.380-81；特别是 A. Berriedale Keith, *A History of Sanskrit Literature*（Oxford, 1928），pp.352-57。

[25] 参见 Thmson, *op. cit.*（n.1），pp.167-68。

[26] 在斯特拉波和普林尼那里，塔普罗班纳就是苏门答腊（Sumatra），这一材料保留在 Pierre Paris, "Notes sur deux passages de Strabon et de Pline," *Journal asiatique*, CCXXXIX（1951）,13-27。

[27] 关于到达罗马帝国的印度使节的记述参见 E.H.Warmington, *The Commerce between the Roman Empire and India*（Cambridge,1951）, pp.35-38. 也可参见 Sastri, *op.cit.*（n.12）, pp.46-48, Sastri 似乎认为朝见奥古斯都的使节们可能是来自潘地亚的（Pāndyan）使团。还有一种不同的意见认为这些使节来自北印度，参见 Osmond di Beauvoir Priaulx, "On the Indian Embassy to Augustus", *Journal of the Royal Asiatic Society*（London）, XVII（1860）, 317-18. 有关后来的使团的论述参见 Priaulx, "On the Indian Embassies to Rome from the reign of Claudius to the Death of Justinian," *Journal of the Royal Asiatic Society*, XIX（1862）,274-98; XX（1863）, 269-312.

[28] 关于普林尼对于远航印度的描述参见 J. Bostock 和 H.T.Riley 编选和翻译的 *The Natural History of Pliny*（London,1890）, Bk.VI, chap.xxvi, pp.60-65. 后面所有的引文都来自这一版本。普林尼曾相当详尽地描述了印度，其资料来源参见 D.Detlefsen, *Die Anordnung der geographischen Bücher des Plinius und ihre Quellen*（Berlin,1909）, pp.129-32. 一位哲学家曾依据普林尼和其他人的著作前往印度的例子参见 Osmond de Beauvoir Priaulx, "The Indian Travels of Apollônius of Tyana," *Journal of the Royal Asiatic Society,* XVII（1860）,70-105.

[29] 为古希腊—罗马人所熟知的世界地图参见 L.R.Nougier, J.Beaujeu,M.Mollat, *Histoire universelle des explorations*（Paris,1955）, I, 241. 其详细描述参见 P.Thomas, "Roman Trade Centers on the Malabar Coast," *Indian Geographical Journal*,VI（1931-32）, 230-40. 也可参见 Konrad Miller 编选的 *Die peutingersche Tafel*（Stuttgart,1962）中波伊廷格（Peutinger）图表中的该地图彩色的复制品。

[30] *Geographica*, Books11-16. 第一个拉丁语译本由阿尔丁（Aldine）出版社在 1516 年出版。

[31] Paul Wheatley, *The Golden Khersonese: Studies in the Historical Geography of the Malay Peninsula before A.D.1500*（Kuala Lumpur,1961）, pp.127-28. 西方关于东南亚大陆逐渐被发现的问题，更古老且非常全面的调查参见 Hugh Clifford, *Further India*（New York,1904）, chap.i.

[32] 关于俄斐（Ophir）的辨识参见 Thompson, *op.cit.*（n. 1.）, pp.29-30.

[33] 由 Wilfred Schoff 翻译并编选（London,1912）.

[34] 在公元 1 世纪，描述印度的港口和市场的地图参见 Wheeler,*op.cit.*（n.19）, p.119.

[35] M.P.Charlesworth, "Roman Trade with India: A Resurvey," in P.R.Coleman-North（ed.）, *Studies in Roman Economic and Social History*（Princeton, N. J.,1951）, 该文争论道：只是 "到了公元 1 世纪末期之后，一只希腊—罗马的船只偶然地穿过了印度的东边"。如果事实的确如此，那么，《环厄里特里亚海航行》的作者一定是从报告中得到其关于印度东部的信息的。

[36] 即使存在着来自世界各地的许多有关暗中进行贸易的确凿例证，有时候这也被认为是一个传说。关于试图对该资料进行严肃地探讨的内容参见 Wheatley, *op. cit.*（n.31）, pp.130-31.

[37] 关于这条线路的详细论述参见 Hudson, *op.cit.*（n.5）, pp.77-86, 以及 Warmington, *op.cit.*（n.27）, chap.i.

[38] A Maiuri, "Statuetta eburnea di arte indiana a Pompei," *Le arti,* I（1938-39）, 111-15.

[39] 就普林尼对于罗马和印度之间贸易活动的观点可靠性的质疑参见Charlesworth, *loc. cit.*（n.35）, p.137。

[40] L.Petech 在 "Rome and Eastern Asia," *East and West,* II（1952）,76, 里面提及在罗马的奥斯蒂亚（Ostia）港发现了一个高脚酒杯 *ku* 的碎片。

[41] Bostock and Riley（eds.）, *op.cit.*（n.28）, Bk.XII, chap. xiv.112-13.

[42] 最近的两篇批评性文章是：J.Fischer（ed.）,*Claudii Ptolemaei geographiae codex urbinas Graecas 82*（Leyden,1932）; Edward L. Stevenson（trans. and ed.）,*Geography of Claudius Ptolemy: Based upon Greek and Latin Manuscripts and Important Late Fifteenth and Early Sixteenth Century Printed Editions*（New York,1932）。

[43] 参照 Leo Bagrow 杰出的论文 "The Origin of Ptolemy's Geography", *Geografiska Annaler*（Stockholm）, XVII（1945）, 319-87。

[44] 比如，可以参见下面的研究：S.R.Sastri（ed.）, *McCrindle's Ancient India as Described by Ptolemy*（Calcutta,1927）; A.Berthelot, *L'Asie ancienne centrale et sud-orientale d'après Ptolémée*（Paris, 1930）, chap.vii。

[45] 阿波罗多洛斯（Apollodorus, 约公元前 200 年）是第一个使用"塞里斯"这一术语的西方作家之一，但是他没有用它来指代生产丝绸的人们。参见 Tarn, *op.cit.*（n.18）, p.110。此后，这个术语也明显地被用于指代中亚（Central Asia）生产丝绸的人们。到了普林尼的时代（公元 1 世纪），术语"塞里斯"的意义开始与丝绸和中国联系在一起，并牢牢确定下来（Bostock and Riley[ed.],*op.cit.*[n.28], Bk. IV, chap. XX, pp.36-37）。

[46] 参见 H.Yule and H.Cordier,*Cathay and the Way Thither*（London,1913）, I ,15-17。

[47] *Ibid.*,p.18.

[48] 认为这些传闻"看起来已经到达了欧洲"的观点参见 J.Needham, *Science and Civilization in China*（Cambridge,1954）, I ,157.

[49] 参见 J.Filliozat," La doctrine des brâhmanes d'après Saint Hippolyte," *Revue de l'histoire des religions,* CXXX（1945）,59-91; 以及同一位作者的 "Les échanges de l'Inde et de l'empire romain aux premiers siècles de l'ère chrétienne," *Revue historique,* CCI（1949）, 27-28。

[50] A.J.Festugière,*La révélation d'Hermes Trismégiste*（Paris,1944）,I ,20-26. 这一传统也可以追溯到居住在亚历山大港（公元 40 年）的犹太教（Jewish）哲学家斐洛（Philo），他提出摩西（Moses）很早就运用了希腊许多最好的思想观念。该观点被那些通过反对希腊的异教徒信仰以赢得对他们自己的信仰忠诚和接受的基督教思想家们毫无批判地认同并传播。参见 Thomson, *op.cit.*（n.1）, p.349。

[51] 特别是 E.Bréhier, *La philosophie de Plotin*（Paris,1928）, pp.107-33。

[52] H.G.Rawlinson, *op.cit.*（n.23）, p.175.

[53] 比如，A.H.Armstrong, "Plotinus and India," *Classical Quarterly,* XXX（1936）,23。

[54] 最新近的、最成功的尝试之一是 Henri de Lubac, *La rencontre du Bounddhisme et de l'Occident* （Paris,1952）, chap.i. 也可以参见对于摩尼教扩张的历史的研究，G. Messina, *Christianesimo, Buddhismo, Manicheismo nell'Asia antica*（Rome,1947）。

[55] 参阅原文，p.27。

[56] 历史上关于丝绸生产富于争议的一段插曲的评论，参见 R.Hennig, "Die Einführung der Seidenraupenzucht ins Byzantinerreich," *Byzantinische Zeitschrift,* XXVIII（1933）, 295-312. 也可以参见 Thomson,*op.cit.*（n.1）, pp.371-72。

[57] 这个问题由 Needham 提出，参见 Needham, *op.cit.*（n.48）, I,186。

[58] "Tzinitza" 是他用于指代中国的名字。关于这一术语起源的相关讨论参见 Yule and Cordier, *op.cit.*（n.46）, I,28。

[59] 关于朝圣的论述参见 C.R.Beazley, *The Dawn of Modern Geography*（London,1897）, I, chaps.ii, iii, and iv。

[60] "Taugas" 是他用于指代中国的名字。参见 Yule and Cordier, *op.cit.*（n.46）, I,29-32。

[61] 由 Wheatley 翻译，参见 Wheatley, *op.cit.*（n.31）, p.135。

[62] 关于欧洲人思想中神秘的野蛮人的历史参见 A.R.Anderson, *Alexander's Gate, Gog and Magog, and the Enclosed Nations*（Cambridge, Mass.,1932）。

[63] 关于中世纪世界地图的简要回顾参见 L.Bagrow, *Die Geschichte der Katographie*（Berlin,1951）, pp.28-36。进一步的解说性材料来自 J. G. Leithäuser, *Mappae mundi*（Berlin,1958）, chaps. ii and iii。

[64] J.K.Wright, *The Geographical Lore of the Time of the Crusades*（New York,1925）, p.48. 阿拉伯地理学家 Masudi 在 947 年第一个参考了托勒密的地图。参见 Bagrow, *op.cit.*（n.63）, p.345。

[65] Beazley, *op. cit.*（n.59）, I, 375-91; 也可参见 A. P. Newton, "The Conception of the World in the Middle Age," in A. P. Newton（ed.）, *Travel and Travellers of the Middle Ages*（London,1926）, pp.4-7。

[66] 这种划分的最基本的形式被清晰地体现在中世纪早期的世界地图上（T-O 地图）。有两本中世纪晚期的地理书保留了伊西多尔（Isdore）的东方描述模式，其中一本是洪诺留·英克拉斯（Honorius Inclusus，约 1100 年）的《世界宝鉴》（*Imago mundi*），另一本是匿名的《环游世界》（*Semeiança del mundo*），该书写于 13 世纪下半叶的西班牙。参见 W.E.Bull and H.F.Williams, *Semeiança del mundo,a Medieval Description of the World*（Berkeley,1959）, pp.2-4。

[67] 圣多默在印度的基督教徒仍然把传统信仰作为一项信条而延续下来了，1952 年 12 月，所有的叙利亚基督教徒庆祝了使徒到达印度一千九百周年。参见 L.W.Brown, *The Indian Christians of St. Thomas: An Account of the Ancient Syrian Church of Malabar*（Cambridge,1956）, p.43。

[68] 在马拉巴尔的传统说法中，他死于公元 52 年，遗体被安葬在美勒坡（Mylapore）。*ibid.*, pp.54-60.

[69] 关于这件事情的详细讨论参见 Robert Kerr（ed.）, *A General History and Collection of Voyages*

and Travels（Edinburgh and London,1824），I,18-20。

[70] 译文参见 *ibid.*, pp.22-26。

[71] 对于欧洲人想象中的圣多默传统的最近学术研究成果的好的总结，参见 Francis M. Rogers, *The Travels of the Infante Dom Pedro of Portugal*（Cambridge,Mass.,1961），pp.93-97.L.W. Brown,*op.cit.*（n.67），p.65。该书中有这样的评论："通过对圣多默传统的考察，唯一可以得出的确定结论是，无论如何，这个造访是完全可能的。"

[72] V. Slessarev, *Prester John: The Letter and the Legend*（Minneapolis,1959），pp.7-9.

[73] 关于来源问题的总结参见 *ibid.*, pp.10。

[74] 关于"长老约翰"的名字的渊源参见 *ibid.*,chap.vii。

[75] R.Grousset, *L'Empire des steppes*（Paris,1939），pp.218-20.

[76] 被提出的争议在于，这封信应该被视为是和但丁（Dante）的《论世界帝国》（*De monarchia*）一样具有乌托邦性质的政治小册子。参见 L. Olschki, "Der Presbyter Johannes," *Historische Zeitschrift*, CXLIV（1931）,13。关于作为历史人物的长老约翰其他观点的总结参见 C. E. Nowell, "The Historical Prester John," *Speculum*, XXVII（1953）,436-37。

[77] *Slessarev, op.cit.*（n.72），pp.53-55.

[78] Friedrich Zarncke, *Der Priester Johannes*（"Abhandlungen der königlich sächsischen Gesellschaft der Wissenschsften, Philologisch-historischen Classe" [Leipzig,1897],Vol.VII），pp.947-1028. 关于长老约翰对于印度的描述，南部德语译本的作者把它保存在维也纳的报道中，详情如下：

> Wir haben in vnnserm lande
>
> ein michel tail der helphande,
>
> Chamel vnd dromedary...

印度的自然特征、动植物以及较短的关于人的部分在其他的诗歌里面也有相当长的描述。法语版的总结参见 Slessarev, *op.cit.*（n.72），chap. IV。

[79] Keith, *op.cit.*（n.24），pp.357-65.

[80] 关于佛陀的名字转换为约萨发特的过程参见 Paul Peeters, "La première traduction. latine de 'Barlaam et Joasaph' et son original grec," *Analecta Bollandiana*, XLIX（1931），276-312。印度教的苦行僧 Bilahaur 转变为巴尔拉姆的过程参见 P. Peeters, *Recherches d'histoire et de philologie orientales,* I, 19, n. 1。谱系图的译文参见 *J. Jacobs Barlaam and Josaphat*（London, 1896），装饰页 p. 10。

[81] 亚历山大大帝的故事从公元 3 世纪的"伪卡里斯提尼"诗歌转变为法国的浪漫传奇的过程参见 Paul Meyer, *Alexandre le Grand dans la littérature française du moyen âge*（Paris, 1886）, Vol. II, chap. ii; 也可以参考 J. Storost, *Studien zur Alexandersage in der alten italienischen Literatur*（Halle a. S., 1935），pp. 305-7。中世纪对于亚历山大大帝的故事的虚构的概述可参见 George Cary, *The Medieval Alexander*（Cambridge, 1956）。

[82] R. Wittkower, "Marvels of the East," *Journal of the Warburg Institute*, V（1942）, 179-80。

[83] 参见 Montague R.James（ed.）, *Marvels of the East: A Full Reproduction of the Three Known Copies ...*（Oxford, 1929）。

[84] 参见 C. Langlois, *La connaissance de la nature et du monde au moyen âge d'après les écrits français à l'usage des laics*（Paris, 1927）, pp. 80-89。

[85] *Ibid*, pp. 357-58.

[86] *Ibid*, p. 359.

[87] 该观点参见 L. Olschki, *Marco Polo's Precursors*（Baltimore, 1943）, pp. 5-8。历史上对这一"无声的贸易"出色的综述请参见 H. Hart, *Sea Road to the Indies*（New York, 1950）, p. 21 n。上述内容摘引自罗马历史学家 Ammanius Marcellinus 的一篇评论, 该评论大概写于公元 330 年。

[88] E. H. von Tscharner, *China in der deutschen Dichtung bis zur Klassik*（Munich, 1939）, pp. 8-9。

[89] J. F. Filliozat, "Les premières étapes de l'indianisme," *Bulletin de l'Association Guillaume Budé*, III（1953）, 81; 也可参见 Emile Mâle, *L'Art religieux du XIIe siècle en France*（Paris, 1922）, pp. 329-30。

[90] 这个为爵士、国王和主教们喜爱的游戏似乎在 9 世纪到 11 世纪之间被介绍到了欧洲, 它在 12 世纪和 15 世纪之间广受欢迎, 此后, 就再也没兴盛起来。这个游戏可能源自印度, 通过各种渠道经由阿拉伯地区传到了欧洲。关于棋在西方文献中的历史参见 H. J. Murray, *A History of Chess*（Oxford, 1913）, pp. 394-528。 也 可 参 见 Helena M. Gamer, "The Earliest Evidence of Chess in Western Literature: The Einsiedeln Verses," *Speculum,* XXIX（1954）, 734-50. 关于亚洲纺织品在欧洲的传播特别参考了 A. Geijer, *Oriental Textiles in Sweden*（Copenhagen, 1951）。

[91] 1221 年 6 月 20 日的信件引自 S. Runciman, *A History of the Crusades*（Cambridge, 1954）, III, 246。关于蒙古人的攻击以及欧洲的反应参见 Giovanni Soranzo, *Il Papato, I'Europe Cristiana e i Tartari*（Milan, 1930）, chap. ii。

[92] 1234 年, 一名热那亚人被选为教皇。"他把自己所在城市的外交手段引进了教皇的治理政策中, 对亚洲施行一种精神控制。" Olschki, *op. cit.*（n. 87）, p. 31. 亦可参见 Soranzo, *op. cit.*（n. 91）, chap. iii. 有关议会派遣的传教团的情形的概述参见 R. Streit, *Bibliotheca missionum*（Aachen, 1928）, IV, 2。

[93] 参阅 L. Olschki, *Guillaume Boucher, a French Artist at the Court of the Khans*（Baltimore, I946）, pp. 1-9。

[94] 1246 年的信件的法语译本译自波斯语和拉丁语版本, 参见 Paul Pelliot, *Les Mongols et la papauté*（Paris, 1923）, pp. 16-21。

[95] 关于 China 这一词语的来源的讨论, 参见 Yule and Cordier, *op. cit.*（n. 46）, I, 146。

[96] 正如 Christopher Dawson 在其 *The Mongol Mission*（New York, I955, p. 4.）中翻译的那样。

[97] Olschki, *op. cit.*（n. 87）, p. 33, n. 4. 约翰修士的作品现有五份手稿保存着。C. R. Beasley（ed.）,

The Texts and Versions of John of Plano Carpini and William de Rubruquis（London, 1903）, p. vii.

[98] Olschki, *op. cit.*（n. 87）, p. 46.

[99] 关于这个问题的详细研究，参见 Pelliot, *op. cit.*（n. 94）, pp. 151-220。

[100] 关于威廉对于自然的保守态度的具有煽动性的评论，参见 W. Ganzenmüller, *Das Naturgefühl im Mittelalter*（Leipzig and Berlin. 1914）。

[101] 引自 Yule and Cordier. *op. cit.*（n. 46）, I, 158-61。

[102] 关于目前所知的他们的旅行情况参见 A. C. Moule and P. Pelliot, *Marco Polo: The Description of the World*（London, 1938）, I, 22-28。对于他们的旅行路线的详细研究出现在 N. M. Penzer 著的 *The Most Noble and Famous Travels of Marco Polo ...*（London, 1929)的导言里面。

[103] 对马可·波罗的亚洲知识最为系统的研究是 L. Olschki, *L'Asia di Marco Polo*（Florence, 1957）；这本书被 John A. Scott 翻译成了英文，Olschki 又对译本进行了修订，题名是 *Marco Polo's Asia: An Introduction to His "Description of the World" Called "Il Milione"*（Berkeley, 1960）。以下参考的内容均来自该英文译本。

[104] Moule and Pelliot, *op. cit.*（n. 102）, I, 33, 该书中有这样一个结论："这个名字的真实意义到了 14 世纪还不为人确知，在进一步的证据被发掘之前，我们自己必须安于坚守这种不确定性。"但是关于马可·波罗以家财万贯而闻名的说法只不过是在通俗文学作家们中间长期流传的马可·波罗传奇的一个部分。一个新近的例子就是尤金·奥尼尔（Eugene O' Neill）的剧作《马可百万》（*Marco's Millions*，1927）。

[105] Moule and Pelliot, *op. cit.*（n. 102）, I, 40. Olschki, *op. cit.*（n. 87）, pp. 13-15, 该书指出，这位威尼斯人称自己的作品是"给他同时代的人提供消遣"的浪漫传奇。

[106] 比如，我们可以参阅 H. Yule, *The Book of Ser Marco Polo*（New York, 1903）, I, 110-11。

[107] 马可·波罗对于波斯人和蒙古人在政界和睦相处的事实有着充分地了解。无法确切地知道马可·波罗通晓多少异国语言，但是他可能对中文的口语和书面语有足够的掌握，这样他才能在中国处理每一天的事务。参见 Olschki, *op. cit.*（n. 103）, p. 100, n. 8。

[108] 参阅 R. 威斯科尔（R. Wittkower）引人入胜的文章 "Marco Polo and the Pictorial Tradition of the Marvels of the East," 收入 *Oriente Poliano*（Rome: Istituto italiano per il medio ed estremo Oriente, 1957）, pp. 155-72。威斯科尔在这里通过考察马可·波罗在 15 世纪初为无畏者约翰，勃艮第公爵约翰二世（John the Fearless, Duke of Burgundy）所写的手稿中的图示，尝试着证明绘图者想通过传统的东方艺术观念，诸如印度的狗头人（尤其是 pp. 160-61）尽量地"纠正"马可·波罗的文本。

[109] 关于马可·波罗对可汗的理想化描述的讨论，参见 Olschki, *op. cit.*（n. 103）, pp. 397-413。

[110] 关于马可·波罗关于杭州的精确描述与今天的中文资料之间的比较参见 Etienne Balazs, "Marco Polo dans la capitale de la Chine," in *Oriente Poliano*, pp. 133-54. 也可参见 A. Moule, "Marco Polo's Description of Quinsai," *T'oung pao*, XXXIII（1937）, 105-28。

[111] 参见 Olschki, *op. cit.*（n. 103）, chap. vi.

[112] 参见 Paul Demiéville, "La situation religieuse en Chine au temps de Marco Polo," in *Oriente Poliano,* pp. 193-234。

[113] E. D. Ross and E. Power, *The Travels of Marco Polo*（London, 1931）, p. 321.

[114] Olschki, *op. cit.*（n. 103）, pp. 138-40.

[115] Ross and Power, *op. cit.*（n. 113）, pp. 270-77. 马可·波罗错误地把日本当作一个单独的岛屿，这个错误直到 16 世纪末在欧洲仍在被一些观察者们不断地重复着（参见原文 pp. 709-10）。

[116] 关于马可·波罗对于日本的财富的叙述详细评论参见 K. Enoki, "Marco Polo and Japan," in *Oriente Poliano*, pp. 25-27。

[117] 在中世纪的译文里面有各种不同的拼写方法，"Zayton" 显然是对中文"刺桐"的阿拉伯语音译。参见 D. H. Smith, "Zaitun's Five Centuries of Sino-Foreign Trade," *Journal of the Royal Asiatic Society*（London）, 1958, p. 165。关于这个城市在中世纪的名字和历史参见 Needham, *op. cit.*（n. 48）, I, 180。

[118] 马可·波罗对印度谈得相对较少，对这个问题的评论参见 K. A. Nilakanta Sastri, "Marco Polo on India," in *Oriente Poliano*, pp. 111-20。

[119] 可以想到，这一说法和许多其他中世纪以后的作家对"岛屿"的评述一样，可能隶属于"岛屿浪漫主义"的文学传统。关于这一问题的讨论参见 L. Olschki, *Storia letteraria delle scoperte geografiche*（Florence, 1937）, pp. 34-42。

[120] 最好的总结请参见 Yule, *op. cit.*（n. 106）, I, 116-40。

[121] 引自 H. Hart, *Venetian Adventurer*（Stanford, Calif., 1942）, p. 255。

[122] Olschki, *op. cit.*（n. 103）, pp. 34-36.

[123] 关于他自己对欧洲的描述参见 E. A. W. Budge 的叙利亚语译文, *The Monks of Kûblâi Khân, Emperor of China*（London, 1928）, pp. 170-96; 以 及 James A. Montgomery（ed.）, *The History of the Yaballahah III, Nestorian Patriarch, and of His Vicar, Bar Sauma, Ambassador to the Frankish Courts at the End of the Thirteenth Century*（New York, 1927）。

[124] 这一时间参见 A. Van den Wyngaert, *Sinica Franciscana*（Quaracchi, 1929）, I, 346; 也可参见 Yule and Cordier, *op. cit.*（n. 46）, III, 5; 因为一些没有说明的原因，在 G. F. Hudson, *op. cit.*（n. 5）, p. 153, 里面的时间是"1292 年或 1293 年"。

[125] 第一座罗马天主教教堂的遗迹最近才在内蒙古和外蒙古之间的地域发现，可以想象，它在中国已经建了很久了。参见 N. Egann, "Olon-Sume et la découverte de l'église catholique romaine de Jean de Montecorvino," *Journal asiatique*, CCXL（1952）, 155-67。

[126] 这封信件的译文来自 Yule and Cordier, *op. cit.*（n. 46）, III, 45-51。

[127] 参见 Filliozat, *loc. cit.*（n. 89）, p. 82。

[128] 参见 Smith, *loc. cit.*（n. 117）, pp. 165-71, 该书简要回顾了"刺桐"从 10 世纪到 15 世纪在远东国际贸易中的位置。Smith 也总结了（pp. 171-77）庄伟志（Chuang Wei-chi, 音译）教授 1954 年在泉州做的考古研究的成果。在未被发掘的石碑中，有一些碑上含有拉丁文写的

碑文。Smith（p. 167）指出，很有可能"来自真实的佩鲁杰的安德鲁主教的墓穴的石碑"就在其中。

[129] Yule and Cordier, *op. cit.*（n. 46），II, 23-25. 接下来的引文均出自该修订本。

[130] 中世纪的旅行者们对于城市、山脉和宏伟的建筑的描述有时候看上去是非常程序化的。来自朝圣者和十字军的拜占庭想象可能建立起了一种描述都市的文学传统。对于该观点的讨论参见 Olschki, *op. cit.*（n. 119），pp. 107-32。

[131] Yule and Cordier, *op. cit.*（n. 46），III, 199-207。

[132] *Ibid*, p. 229.

[133] 海屯作品的目录概要参见 Streit, *op. cit.*（n. 92），IV, 42-43。

[134] Yule and Cordier, *op. cit.*（n. 46），III, 89-103.

[135] 引自 P. M. D'Elia, *The Catholic Missions in China*（Shanghai, 1934），p. 30。

[136] Beazley, *op. cit.*（n. 59），III, 227-29.

[137] Pullé, *op. cit.*（n. 16），II, 65. 关于热那亚在东方的贸易基地参见 E. H. Byrne, "Easterners in Genoa," *Journal of the American Oriental Society*, XXXVIII（1918），176-87。

[138] 对大约 1250 年到 1350 年间在远东的意大利商人的评论部分参考了热那亚、威尼斯和卢卡（Lucca）的公证档案，参见 R. S. Lopez, "Nuove luci sugli italiani in Estremo Oriente prima de Colombo," in *Studi colombiani*（International Meeting for Studies on Columbus, Genoa, 1951），III, 337-98. 在这篇文章的附录中，作者收入了相关公证档案的副本。

[139] R. S. Lopez, "European Merchants in the Medieval Indies," *Journal of Economic History*, III（1943），164-65.

[140] 同上，pp. 166-68. 也可以参见 Lopez 在 *Storia delle colonie Genovesi nel Mediterraneo*（Bologna, 1938）中更为细致的描述，也可以比较葡萄牙的香料贸易的保密政策，参见原文 pp. 151-54。

[141] Yule and Cordier, *op. cit.*（n. 46），III, 152.

[142] *Ibid*, p. 154.

[143] R. S. Lopez and I. W. Raymond, *Medieval Trade in the Mediterranean World*（New York, 1955），pp.108-14.

[144] R. S. Lopez, "China Silk in Europe in the Yüan Period," *Journal of the American Oriental Society*, LXXXI（1952），72-73. 关于热那亚参见 R. di Tucci, "Lineamenti storici dell'industria serica Genovese," *Atti della Società Ligure di Storia patria*, LXVIII（1948），22-24. 特别参考了 E. Sabbe 的详细描述，"L' importation des tissus orientaux en Europe occidentale en Haut Moyen Age（IXᵉ et Xᵉ siècles），" *Revue belge de philologie et d'histoire, XIV*（1935），811-48, 1261-88.

[145] G. R. B. Richards, *Florentine Merchants in the Age of the Medici*（Cambridge, 1932），p. 44.

[146] Lopez, *loc. cit.*（n. 144），p. 74.

[147] *Ibid*, pp. 75-76.

[148] 除纺织品之外的欧洲人装饰物中的中国设计风格的例证参见 Lewis Einstein, "A Chinese Design in St. Mark's at Venice," *Revue archéologique,* Ser. V, Vol. XXIV（1926），28-31。也可参见原文 , pp. 71-74 . 在艺术方面有更为详细地论证。

[149] 引自 I. Origo, "The Domestic Enemy," *Speculum,* XXX（I955），324。

[150] *Ibid*, pp. 324-25.

[151] *Ibid*, p. 329.

[152] 参阅 16 世纪的葡萄牙人和耶稣会士致力于在穆斯林控制得不甚稳固的内陆地区的传教方法。

第二章　地理大发现之前的文艺复兴时期

　　欧洲和亚洲关系的中断不能仅仅归因于蒙古帝国的衰落和穆斯林的扩张。就欧洲自身而言，14 世纪中期也是祸不单行。黑死病的蔓延毁掉了人口稠密的城市地区，估计死亡人数占总人口的 35％到 65％。发生在卡斯蒂利亚（Castile）境内的"百年战争"（The Hundred Years War）和意大利南部的内战带来的毁灭和动乱，加速了西欧经济的萎靡，阻碍了它在黎凡特地区实施一种更为强有力的政策的努力。因为即使在罗马时代，东方在与西方的贸易关系中就已经占据着支配地位，在这样一种关系格局中，我们不应忘记，西方经济的总体增长的确是为时不久的事情。直到 19 世纪，欧洲在与亚洲的关系中，才能宣称它在经济和政治上的优越性。[1]

　　近东地区几个处于中介地位的国家也曾遭受到蒙古帝国的入侵和土耳其人（Turks）的劫掠。为了弥补损失，埃及逐渐地开始从贸易者那里勒索更高的贡金。[2] 1428 年，马穆鲁克王朝的苏丹（Mameluke sultan）竭力要补偿他损失的财富，就对出口的胡椒进行官方垄断，在亚历山大港其价格被提升了 60％之多。为胡椒的买卖制定一个固定的价格这一决定和其他的垄断措施同步进行，这些措施渐渐成为在亚历山大港从事贸易活动的威尼斯商人们的负担。因为欧洲经济处于疲软状态，对于威尼斯的商人们来说，把这些新的勒索费用转嫁到最终的消费者们那里，显然是不可能的。由于胡椒的价格在欧洲持续攀升，威尼斯商人们的利润就相应地下降了。1453 年，土耳其人占领了君士坦丁堡，终结了威尼斯和其他的意大利商人们此前在拜占庭所享有的特殊权利，并切断了他们到达其黑海（Black Sea）殖民地的通道，此后，他们就进一步遭遇到了更为严重的财富逆转。

在黎凡特地区的频频失利导致意大利商人们对亚历山大港的贸易产生了前所未有的依赖，因此，这就给了苏丹一个加紧勒索钱财的更好机会。当威尼斯的商人们企图联合抵制亚历山大港胡椒市场的垄断行为时，苏丹就以他们的代理商的性命和商业机构的安全相威胁。虽然葡萄牙人找到了一条环绕非洲航行的线路，但意大利人没能通过外交手段与之协商，也没有通过战争来打破埃及和土耳其的扼制。任何一个曾设法穿越穆斯林的封锁悄悄潜入东方的商人，都成了意大利人和葡萄牙人努力咨询的对象，他们企图从中搜集关于贸易线路、货物集散地和价格方面的信息，他们希望借此能够谋得一些对付垄断者的秘密方案和途径。

第一节　贸易、探险和外交

进行香料贸易虽然并非欧洲人开展商业活动的唯一动力，但它却是最为普遍的一个。来自非洲附近的黄金、象牙、奴隶和马拉盖塔椒（malagueta pepper）长期以来都由穆斯林贸易者高价卖给在地中海沿岸地区做生意的欧洲商人。来自非洲的金子频频地被欧洲人用于购买从东方进口的货物。如此一来，在 1500 年之前，西方的大量贵重金属都源源不断地流向东方。在中世纪晚期和文艺复兴时期，欧洲的大国之间为了夺得地中海地区的黄金和香料贸易的控制权而彼此竞争，在瓦斯科·达·伽马回到欧洲之后，它们之间的争夺又持续了整整一个世纪之久。

加泰罗尼亚（Catalonia）作为地中海沿岸地区的一个商业大国在 14 世纪崛起了，给威尼斯和热那亚在与北非（North Africa）国家的贸易活动中的优越地位构成了威胁。通过雇佣阿拉伯和犹太人作为他们的代理商，加泰罗尼亚人（Catalan）首先要做的就是在贸易活动中避开欧洲的垄断者。当加泰罗尼亚人发现埃及人和威尼斯人联合起来保护他们在垄断中的共同利益时，他们效尤热那亚人以前的做法，通过航行穿越号称"赫拉克勒斯之柱"（Pillars of Hercules）的直布罗陀海峡一带，再南下强行到达非洲海岸。然而，无论是热那亚人在 13 世纪的尝试，还是加泰罗尼亚人在 14 世纪的努力均以失败告终。这项克服穆斯林地区的贸易控制的事业须留待 15 世纪的葡萄牙人去完成。[3]

在 15 世纪早期，由葡萄牙人发起的对于非洲西海岸有计划的、持续的探险活动中，航海者亨利王子（1394—1460 年）扮演着一位引路天才的角色。亨利王子在很多方面的发现都构成了葡萄牙人后来在地理学和历史学上的理论基础，无论如何，其成就的重要性都不容低估。高低起伏的群山，荒芜贫瘠的陆地，以及横亘在伊比利亚半岛（Iberian Peninsula）及其余的地方的陆地上的河流，为葡萄牙人从 1059 年开始就意图书写自己独一无二的历史创造了条件。事实上，葡萄牙人后来在历史上留下的大部分业绩都是其 500 英里的海岸线以及供给其港口城市发展的狭窄腹地共同成就的。自从其他由卡斯蒂利亚（Castile）管辖的伊比利亚国家合并以来，葡萄牙国土的扩张就遇到了阻力。葡萄牙人被迫面向海洋，与诸如大不列颠（Great Britain）和巴西（Brazil）这些沿海国家进行联合，专注于海洋上的征服。

在葡萄牙人早期的历史中，另一个重要的事件是十字军与摩尔人（Moor）之间的战争。从早期开始，摩尔人就屡屡南犯，直到 1147 年里斯本和丰饶的塔霍河谷地（Tagus Valley）被他们侵占为止。与此同时，葡萄牙的统治者们也不断地对抗来自莱昂（Leon）或卡斯蒂利亚的军事入侵，保卫他们孤立的王国。在与摩尔人和西班牙人的争斗中，葡萄牙人不时地得到来自北欧的十字军的帮助。这些早期的十字军与位于大西洋（Atlantic）上的几个沿海强国的交往关系很快地转移到经济方面，比如 1294 年与英格兰（England）之间的商业协定就是其中典型的一例。由于葡萄牙人努力向外寻求支援以维持其在政治上的独立和统一，因此伴随着通婚和军事关系的终结，葡萄牙和海外的商业联系就得以迅速地扩展。

在英国的帮助下，葡萄牙人战败了卡斯蒂利亚人，另外，阿维斯的约翰（John of Avis）与兰卡斯特的菲利帕（Philippa of Lancaster）之间的联姻合约也结束了，这两件事情加强了葡萄牙和英格兰在 1385 年到 1386 年间的联系。这场婚姻所生育的第三个儿子就是亨利王子，这个孩子见证了与西班牙的战争最终在 1411 年的和平结束，而且亨利王子本人也迅速地卷入了对抗摩尔人以进入非洲的军事热情之中。

　　与大多数诸如此类的冒险事业一样，15 世纪的葡萄牙十字军是在宗教与商业的共同激发下发起对抗摩尔人的战争的，也许，冒险与控制的欲望才是真正的动机。一些早期的编年史家提出，在南征西班牙的军事行动中，王室为参战的士兵提供了丰厚的薪水，这些人的大半生都被耗在前线的战事中。[4] 葡萄牙人在非洲战场上的首次告捷发生在 1415 年，他们占领了休达（Ceuta）的要塞和贸易中心。那时的亨利王子虽然只有 21 岁，但他在很短的时间内就带领着葡萄牙人奋力战胜了穆斯林，并夺得了直接进入廷巴克图（Timbuktu）的金矿的门径。

　　因为亨利王子在大西洋和非洲探险事业的成功，他于 1419 年在萨格里什（Sagres）创建了阿尔加维（Algarve）总部，逐渐地把邻国的拉各斯（Lagos）港发展为自己统治的港口。那时候，亨利王子开始有规律地从拉各斯港口派遣远征队伍前往大西洋和非洲海岸。此前来自热那亚和加泰罗尼亚（Catalonia）的航海者已经登上了大西洋中的岛屿，甚至可能已经向南航行到了位于非洲海岸的博哈多尔角（Cape Bojador）。因此这与加那利群岛（Canary Islands）被再度发现相间隔的时间并不遥远；到 1420 年，马德拉群岛（Madeira Islands）的位置被确定，并被开拓为新的据点；在 1427 年到 1432 年之间，遥远的亚速尔群岛（Azores）也被发现了。但是，沿着非洲海岸向南的开发事业的进展则没有那么快捷。在距离拉各斯港向南 1 000 英里处的博哈多尔角，第一支葡萄牙探险队伍踟蹰了一些时日，凶险莫测的急流与暗礁使他们望而却步。1434 年，吉尔·埃安内斯（Gil Eannes）环绕博哈多尔角航行了一周，两年后，葡萄牙人终于登上了穆斯林控制区域以南的非洲大陆。

　　亨利王子统领的探险队伍获得的成功并非仅仅来自于他们个人的勇气和决

8. 休达（Ceuta）的方济各会修士（Franciscans）殉道，安布罗吉奥·劳伦泽蒂（Ambrogio Lorenzetti）作于 1332(？)年。来自圣弗朗西斯科（San Francesco）和锡耶纳（Siena）。

9. 教会无敌（Ecclesia militans），安德烈·达·弗伦泽（Andrea da Firenze）约作于 1365 年。珍藏在西班牙人的小教堂和佛罗伦萨（Florence）的新圣玛丽亚教堂（S. Maria Novella）。

10. 悬挂的丝制祭坛图画，帕若门特·德·拿尔波纳（Parement de Narbonne）约作于 1375 年。来自巴黎的卢浮宫（Louvre）。

11. 有翅膀的生物，这是《大可汗国时代》
（*Heures de Rohan*）中的一幅插图，约作于 1420
年。来自国家图书馆（Lat.9471, fol.159）。

12. 为异域天使的光晕包围的圣母
玛利亚（Madonna），法布里亚诺的
秦梯利（Gentile da Fabriano）约作于
1420 年。来自佛罗伦萨的乌菲兹宫
（Uffizi）。

13. 麦琪（Magi）的爱慕，法布里亚诺的秦梯利约作于 1423 年。来自佛罗伦萨的乌菲兹宫。

14. 蒙古弓箭手素描，安东尼奥·皮萨内罗（Antonio Pisanello）约作于 1440 年。来自巴黎的卢浮宫。

15. 查理五世（Charles V）阐释提图斯·李维（Titus Livius）的手稿，约作于 1370 年。来自巴黎的圣·吉纳芙图书馆（Bibliothèque Sainte Geneviève, 777, fol.7）。

16. 暴食。耶尔修士（"Monk of Hyeres"）关于堕落的著述，他是赛博（Cybo）家族的一位热那亚（Genoese）微图画家，约作于 1400 年。来自大英博物馆（British Museum[Add. MS.27695, Fol.13]）。

心。在他们的身后，有着王子本人过人的指挥才能作为依托，除此之外，还有基督骑士团（Order of Christ）的威望，[5] 以及可以得到的最有价值的信息和最有效力的工具，这些都是促成他们成功的重要因素。在萨格里什，亨利王子为他的探险事业创建了一个特殊的据点，包括一座瞭望台、一个教堂和一个研究院。亨利王子把来自各国的专家们召集在此，依据他们每个人的需要，提供了大量在书籍、航海图册和信件中能够找到的地理学和天文学知识。亨利王子的哥哥佩德罗王子（Prince Pedro）似乎为这些学者们的学术灵感贡献了大部分的努力，因为他在游历欧洲时（1425—1428 年），曾搜集了一些书籍和航海图。[6] 从传统的观点来看，葡萄牙和佛罗伦萨之间的亲密合作关系，也帮助葡萄牙人从费拉拉—佛罗伦萨教会理事会（ecclesiastical Council of Ferrara-Florence，1438—1441 年）的代理人那里获得了关于印度、契丹和鞑靼（Tartary）的消息。[7]

53

由于亨利王子要求萨格里什的专家们系统地搜集关于风向、潮水和航向的记录，因此他们除了要搜集欧洲的相关信息之外，还对海外带回来的航海日记进行了核查筛选。亨利王子的学术资助重点还集中在关于航船的设计问题上，这些最初的航船设计被有意识地按照在沿海岸线地区或内海航行的标准进行，而如今则要努力调整到适用于公海的航行要求。很快，既有的罗盘和六分仪的不足之处就体现出来了，特别是在纬度的探测方面尤其明显，因此新的航海工具也需要有所改进。然而，最重要的也许还是航海的热情和决心，藉此，最初那些不计其数的看起来根本无法解决的难题，都被亨利王子的团队给努力克服了。

当亨利王子的船长们从利奥·德·奥罗（Rio De Oro）地区带了一些奴隶回到拉各斯港的时候，葡萄牙与撒哈拉沙漠南部的非洲的直接贸易往来也同时在 1441 年开始了。因为与亨利王子之间有利害关系，所以存有私心的新摄政王堂·佩德罗（Dom Petro）把贸易的所有垄断权都授予亨利王子，并且无需将其既得利润中的任何部分交给君王。自此以后，在有利可图的奴隶和黄金贸易方面的美好前景激起了葡萄牙人在萨格里什和拉各斯港进行商业活动的普遍兴趣。在接下来的五年里，大约有 1 000 多个奴隶被贩卖到葡萄牙。与此同时，亨利王子也明显地开始扩展其商业活动的范围，以在航海探险事业中谋求更多的资本和经济收益。1443 年，由一支非官方的商队组成的公司获得了捕捞石花鱼的垄断权，1456 年，另一家这样的商业组织垄断了软木制品的销售。[8] 这两个商业组织代理了所有意大利商人的经济利益。

15 世纪中期，威尼斯和意大利的其他贸易城市的代理商们匆匆赶往拉各斯港，前去了解新的地理大发现对于欧洲贸易的重要性何在。[9] 1445 年围绕着佛得角（Cape Verde）的贸易活动开始了，而在 1448 年位于布兰克角（Cape Blanco）南部的非洲要塞和阿尔金（Arguim）贸易中心也得以建立，在贸易活动开始的前五年里，有几千个奴隶被贩卖到拉各斯港的市场，这一情形进一步激发了欧洲人在非洲进行商业活动的兴趣。对于奴隶、金矿以及长老约翰之踪迹的追寻，引领着葡萄牙人深入非洲腹地，在河川上航行探险，这导致了葡萄牙人继续向南部扩张的一度中止。这个时期，人们对于欧洲其他国家在非洲的新发现的注意力暂时地被转移到国内的一系列重大事件上面了。

伴随着百年战争的结束，土耳其人掌控了君士坦丁堡，印刷技术在 15 世纪中期的发明，具有即时而久远的影响力。欧洲内部的国家之间更为紧密的关系逐渐得以发展起来，而且彼此间的交流方式也得到了改进，然而就在此时，欧洲与亚洲和穆斯林世界之间比较古老的、也是最后的联系则发生了急剧的——甚或是极端的变化。在君士坦丁堡，不仅贸易和交流被严格限制，而且，由于卡斯蒂利亚的统治者无比坚决地要把仍然聚居在西班牙的摩尔人群体驱逐出境，致使穆斯林和基督教世界的关系进一步恶化。从与外部世界的联系看，欧洲在 15 世纪下半叶也许要比十字军东征时代之前显得更为孤立。尽管意大利的城市，尤其是威尼斯曾付出莫大的努力要与外部世界重修旧好，但是一直到海路开辟的时候，彼此隔绝的壁垒才被打破。[10]

在 15 世纪中期发现非洲之后的那段时期，葡萄牙人的探险事业基本上没有任何进展。亨利王子的船长们沿着塞内加尔（Senegal）和冈比亚（Gambia）的河流深入内陆继续其探险事业，亨利王子死于 1460 年，但其后的阿方索王（King Afonso）对于进一步探险的兴趣不大。阿方索主要关心的是要确保在已经发现的非洲地区的开发中能够征到税收。1469 年，阿方索王把整个几内亚海岸（Guinea Coast）租给了一个富有的里斯本商人费尔南·戈麦斯（Fernão

Gomes），条件是他每年要给王室付大量租金，并且每年要向南探险并至少争取到 100 个联盟。在签署合同的五年里，戈麦斯的船长们围绕着非洲的大转弯向东然后再向南航行穿越赤道，几乎到达了刚果河（Congo River）的河口。随着黄金海岸（Gold Coast）、象牙海岸（Ivory Coast）以及马拉盖塔椒（malagueta pepper）的主要产地的发现，那里的贸易活动也被迅速地发展起来了。

对于海外商业垄断的管理显然非个人的能力所能够完成。尽管政府及其特许权的获得者尽力地维持其垄断权并对外抑制新发现的信息，但来自欧洲的外国人还是很快地出现在葡萄牙人发现的地域里面。[11] 1474 年，阿方索王把戈麦斯拥有的特许权转交到了若昂王子（Prince John）那里，显然若昂王子将成为其继承人。与卡斯蒂利亚的战争以及国内的重重危机使若昂王子焦头烂额，因此在他于 1481 年登上国王宝座之前，对于非洲探险事业基本没有什么推进。

55

在此期间，因为卡斯蒂利亚的继承权问题，1475 年在伊比利亚半岛爆发了战争。这个问题又因为一些新发现的地域，特别是由于西班牙在 1402 年就开始殖民的加那利群岛（Canary Islands）的宗主权所引起的纷争而进一步复杂化了。卡斯蒂利亚对于葡萄牙人在非洲的探险事业的成就也充满嫉恨。根据 1479 年通过的《阿尔卡索瓦斯条约》（*Treaty of Alcáçovas*），阿方索王重新宣布了他对莱昂王位的所有权，同时葡萄牙让出了其在加那利群岛的所有权力。作为回报，费迪南（Ferdinand）和伊莎贝拉（Isabella）承诺"永不侵扰葡萄牙国王及王子和他们的继承人……在几内亚……或者其他任何已被发现或将被发现，已经找到或将被找到的岛屿、海岸，或陆地上的拥有权或半拥有权……"。虽然这后来被解释为，在整个海外世界的问题上，卡斯蒂利亚已经对葡萄牙做出了全面的让步，但这份条款的意图几乎等于是说仅仅把非洲全权委托给了葡萄牙。正如以前的葡萄牙人所宣称的那样，葡萄牙的这种自愿舍弃得到了教皇的支持。1481 年，在卡斯蒂利亚和葡萄牙的共同呼吁下，罗马教廷颁布教宗诏书（*Aeterni regis*），其目的在于确保教堂和欧洲世界的大部分人能够清晰地理解条款，这也许有助于欧洲人严格遵守该条约的相关规定。[12]

从地理大发现的角度看，若昂王二世（King John II）在 1481 年开始的统治意味着伊比利亚海外扩张的黄金世纪的开启。在这个世纪，葡萄牙人就其环绕非洲顶端航行的漫长规划，积极地发起了一轮新的、具有决定性意义的探险，这是前往印度十分必要的第一步。虽然最初遭到来自无政府状态的贵族们的阻挠，但若昂王坚定地平息了他们的暴乱，甚至在 1483 年砍下了强势的布拉干萨公爵（Duke of Braganza）的脑袋。国内的混乱一旦得到控制，若昂王就能够加快他在非洲大陆进行贸易和开发事业的步伐。1482 年，作为要塞、商业中心以及第一个白人拓居地的圣乔治城堡（São George da Mina）在黄金海岸的创建，带来了巴托洛梅乌·迪亚斯（Bartolomeu Dias）在 1487 年绕着好望角（Cape of Good Hope）那次划时代的航行的成功，以此为高潮，一系列的航海活动也就此划上了句号。在这些航海活动中，葡萄牙王室通过有计划地消灭来自国内外的干涉力量，以及在海上开发方面大力投入王室的财富、资源和信贷，积累了更多的关于地理、航海和贸易的详细信息，还在里斯本建立了特殊的获取新信息并加以协调的管理机构，并且在这项事业的方方面面强加一套严格的保密政策，葡萄牙君王把全部的贸易和探险事业牢牢地掌控到了自己的手中。[13]

正是在这样一种铁腕执政的氛围中，克里斯托弗·哥伦布（Christopher Columbus）在 1483 年到 1484 年间向若昂王建议继续向西扩展其航海事业。然而，哥伦布的提议被若昂王拒绝了，按照今天的一些作者的说法，可能是因为葡萄牙人已经发现了美洲。[14] 如果深入思考前哥伦布时代（pre- Columbian）发现美洲的一些问题，就很容易提出这样的异议，即葡萄牙王室对于非洲探险的事业太过投入，而无暇再发起向西进发的计划，更何况其费用高昂，结果却难以预计。非洲探险已经是一项颇费投资的事业，甚至在 1483 年，实现进一步的发现和更大的成功的前景还是相当美好的。当哥伦布再次到达里斯本的时候，正好目睹了迪亚斯的成功返航，他曾对葡萄牙人支持他向西航行抱有希望，然而此时他已经对此彻底失望。

关于哥伦布，有几个特定方面的问题最能引起争论，这些都与从迪亚斯返航到瓦斯科·达·伽马启航之间的十年间发生的事件相关。透过这段时光的裂隙，我们从中可以看到若昂王在 1490 年罹患疾病，于 1495 年去世，也可以看到葡萄牙对于摩洛哥（Morocco）的军事远征，还可以发现佩罗·达·卡维拉哈（Pero da Covilha）[15] 在前往印度和东非（East Africa）的途中和商业中心的信息被长时间地延误，同时还可以看到在为这样一个危险而漫长的冒险事业配备一支舰队的过程中遇到的诸多困难，这些事件都可以作为我们解释哥伦布遭遇的问题的答案。因为葡萄牙国内大部分与此相关的人都感到担心，开通直达印度的海路将有可能把葡萄牙民族卷入前所未有的国际纠纷中去，葡萄牙国内彼此对立的决策方案也可能促成了航海问题上的犹疑不决。

诸如此类的国际争端迅速而至。哥伦布首次向西航行的成功再次唤起了葡萄牙和卡斯蒂利亚之间的敌意，虽然葡萄牙人认为他们之间的纷争已经通过《阿尔卡索瓦斯条约》解决了。1493 年，当哥伦布在里斯本登陆并宣布其首次航行成功之时，若昂王认为他发现的岛屿可以通向亚洲东海岸，就依据《阿尔卡索瓦斯条约》和教皇颁布的教宗诏书（Aeterni regis）的相关条款宣布了对其地理发现的所有权。在接踵而至的纷争中，卡斯蒂利亚人声称，虽然他们在十三年前达成的协议中同意交出博哈多尔角以南海域的所有权，但是要放弃整个大西洋上的所有权利则是不可能的。为了使自己所要求的权利更具合理性，费迪南和伊莎贝拉向罗马教皇亚历山大提出了请愿。卡斯蒂利亚的天主教国王（their Catholic Majesty）知道教皇会同意他们的请求，因为他作为一名西班牙人（Spaniard），很清楚地了解卡斯蒂利亚在意大利和基督教会事务中所发挥的功能。在没有与葡萄牙商量的情况下，波吉亚教皇（Borgia Pope）在 1493 年的短短几个月内就连续颁布了四部诏书，诏书的内容其实来自前往罗马的卡斯蒂利亚使节的提议。这些最新的诏书令人想起从前教皇恩准葡萄牙人的请求时的情形，它们正式承认了卡斯蒂利亚对于基督教大国已经没能有效占有的所有区域的统治权。[16] 因此，当里斯本为通过海路即可到达印度的愿景激动不已之时，葡萄牙人的活动范围将可能被教皇的一纸诏书限制在非洲及其大西洋的领地之内。

因为亚洲的所有权问题带来的纠纷，卡斯蒂利亚和葡萄牙之间面对面的协商成为双方首先关注的重点。尽管有教皇的诏书作为依据，但卡斯蒂利亚的统治者显然承认葡萄牙对于大西洋领海权力的优先地位，同时也认识到胃口颇大的葡萄牙人很可能会轻易地封锁自加的斯（Cadiz）以西的海路。若昂王在 1493 年决定构组一支舰队穿越大西洋，这也引起了卡斯蒂利亚人的恐慌。法国不断增长的力量也进一步在地中海沿岸以西和意大利弱化了卡斯蒂利亚的地位。另一方面，因为1492年之后，卡斯蒂利亚人与犹太人、摩尔人和格拉纳达（Granada）之间的问题已不再对其形成干扰，因此他们在与葡萄牙人若隐若现的竞争中能够有效地展开行动，鉴于此里斯本也并不急于和卡斯蒂利亚再次开战。

因此，在双方对于和平的共同诉求的氛围中，葡萄牙和卡斯蒂利亚于1494年6月在托德西里亚斯（Tordesillas）达成了一系列的和解。[17] 双方都接受了领地划分的基本原则，它要比教皇诏书的解释详细很多。这条环形的分界线从极点始，到极点终，穿过了佛得群岛角向西的370个共同据点。因为卡斯蒂利亚的航船只有穿越葡萄牙的领海才能最直接地到达其目的地，所以这些航船就得到了葡萄牙人的允许，拥有沿着直线航行的权利。但是，葡萄牙人不同意卡斯蒂利亚的船只向分界线以西的海域航行。那时候的地理学知识尚不完备，正处于大幅度修改的过程中，不同的利益集团拥有着彼此相异的世界观念，在向西航行到达印度的可能性方面尤其如此。[18] 显然，葡萄牙人认为，穿越大西洋然后向南绕着东亚航行至印度的线路是不存在的，而从陆路横跨亚洲到达印度的商业中心也不切合实际，这一观点可能来自皮埃尔·戴利（Pierre d'Ailly）。葡萄牙人坚持分界线应该向西平移，并佯装自己不知道巴西（Brazil），这明显地反映了葡萄牙人的心思，即通过给予卡斯蒂利亚人更多的海域，以换取自己在亚洲占有更多的区域。从卡斯蒂利亚人的一方来看，他们可能认为哥伦布已经到达，或者几乎到达了马可·波罗曾提及的传说中的"兹潘古"（日本）的"黄金岛屿"，因此他们认为自己应该像威尼斯的旅行者那样，从那里绕着西南亚向南航行，然后到达印度。

在1494年，葡萄牙和卡斯蒂利亚对于哥伦布所发现的新世界（New World）均没有任何认识，而且，双方在托勒密传统地理学思想的影响下，[19] 都高估了亚洲向东方的延伸幅度，同时又低估了地球的外围长度。但是，从葡萄牙人的观点来看，他们派遣一支远征舰队围绕非洲航行至印度的计划，在1494年的条约的保证下，卡斯蒂利亚人将不会再对其进行干涉。不久，葡萄牙就向教皇提交了将分界线向西移动的请求，但是托德西里亚斯协定中的

58

条款直到 1506 年才得到教皇的认可。

插足大西洋的北欧强国有意地忽视了伊比利亚半岛上的大国之间关于海外世界的划分。例如，卡波特船队（Cabots）在 1497 年到 1499 年间从英格兰航行至美洲，在接下来的几年之内，在毫不理会西班牙和葡萄牙对于海外世界独一无二的拥有权的情况下，就迅速地完成了其殖民规划。显然，与哥伦布的首次航行一样，卡波特船队认为他们已经发现了契丹的东海岸。[20] 很明显，亨利七世（King Henry VII）确信他在 1498 年已经赢得了亚洲的一部分。这些事件的记录者主要是在伦敦做生意的意大利商人，他们把布里斯托尔（Bristol）水手们的成绩作为了不起的盛举通报了出来。但是他们从未提及这一事实，即这些航海活动违背了教皇在 1493 年的意图。英国国王和他的法国同时代人一样，不愿承认教皇对于世界划分的批许权。在北方的大国中间，甚至是那些保留着基督教传统的国家，在整个 16 世纪都不承认教皇对海外世界所有权的裁决效力。

甚至在约翰·卡波特（John Cabot）离开美洲之前，哥伦布及其支持者们已经对向西航行到达亚洲不抱什么希望了。1496 年夏天，哥伦布从他的第二次航行中返回了，但仍未得到他已经到达亚洲的确切证据，卡斯蒂利亚宫廷沉浸在一种死气沉沉的沮丧情绪之中。与此同时，若昂王于 1495 年在里斯本去世，号称"幸运者"的曼努埃尔一世（King Manuel I）坐上了王位。曼努埃尔王登基后的第一个举措就是在 1495 年 12 月召集他的王室成员，召开了一系列会议决定是否应该派遣队伍远征印度，从而结束这项事务的长期停滞状态。[21] 曼努埃尔一世要把全国的所有力量和财富投资在这项远征行动里面，那些同意继续进行海外探险事业的王室成员们深深地为新国王的决心所打动。大多数持保留意见的人警告国王这项事业需要大量的财力物力支出，他们还表达了对于国家可能因此而卷入复杂的国际纠纷的担忧。虽然后见之明证实了那些担忧不无道理，但是当时支持派遣一支探险队伍的成员的建议还是占了上风。所以，葡萄牙最终发起了一项探险事业，这在后来改写了葡萄牙、西欧及其以外的世界的整个历史。

第二节　印度旅行记述

59　　虽然葡萄牙计划控制前往印度的海路，但欧洲人仍然能够不时地沿着旧有的路线前往印度。他们中间的存活者们记下了自己的经历，为其同时代的人和后代留下了相关的文献资料。但是，在蒙古人对欧亚大陆的统治终结直到欧洲人环绕非洲航行的这一个半世纪期间，在前往契丹的路途上没有欧洲人的踪迹。如果说有一些商人和水手曾以某种方式勉强控制了前往东亚的线路，但如今却没有为我们留下关于其情形的确定描述。这个时期的旅行报道仅仅提及了印度和东印度群岛，总体上都很简短，而且与以前的描述并无本质上的差异。尽管如此，文艺复兴时期的文献还是证实并补充了早期的旅行者们的记述，并帮助我们保留了蒙古统治时期传到欧洲的东方相关知识的鲜活材料。

　　有一位西班牙方济各会（Franciscan）修士在 14 世纪中期写下了一本名为《世间所有王国、陆地和政权知识要览》（*Book of Knowledge of All the Kingdoms, Lands, and Lordships in the World*）的著作，该书可以作为这个时期欧洲国家掌握亚洲知识的一个例证。至于这位杰出的修士究竟确实是一名旅行家，还是仅仅是一名编辑，这对我们的主旨而言并不重要。[22] 他宣称曾在印度、东印度群岛、契丹和鞑靼旅行过。他对这些遥远的地方的评论既有事实，亦有虚构，常常让读者感到困惑。虽然他对中国东部的海域的描述有些模糊，但也相当准确，他写道：那里"充满了礁石和岛屿，再向东就没有任何岛屿的信息了，与西边的海域一样仅剩海水茫茫"。在他描述戈哥和马戈哥时，似乎把神话和谣传混杂在一起，他说自己曾在"马格特人（Magot）的城堡中住过一段时间"。他还表达了自己对于"两条特定的前往契丹（Cataya）的道路"的具体知识，他如此评论鞑靼，在这块土地上，"完全居住着喂养牲畜群的部落"。虽然这位修士的记述也会偶尔地偏离事实，但他的地理学知识，他对城市名称的准确辨析，以及他对陆路和海陆信息的掌握均显示出他对具体细节的尊重，而这些内容在其同时代的人那里并非总是能够看到——当他捏造长老约翰和爪哇以及契丹统治者的旗帜图案时，他对于细节的关注也许已经走向了极端。

直到大约一个世纪以后，一种新的、重要的亚洲描述才出现。1441 年，威尼斯人尼科洛·德·孔蒂（Nicolò da Conti）结束了他在东方长达二十五年的游历生活，回到了故国意大利。这位商人旅行家和前往佛罗伦萨地方议会的近东代表团一道回到了意大利。在这个一般性的地方议会中，包括来自葡萄牙的代表都有机会从希腊教会的代理人和尼科洛·德·孔蒂那里学到有关"基督教印度"（Christian Indies，即埃塞俄比亚、印度和契丹）的相关知识。[23] 尼科洛·德·孔蒂在穆斯林世界旅行的时候，曾为了其家人和自己的安全，不得不声明放弃基督教信仰。一回到意大利，尼科洛·德·孔蒂就向教皇尤金四世（Pope Eugene IV）请求赦免其罪过，这一祈求很快得到批准。教皇的记事官和人文主义者波吉奥·布拉乔奥里尼（Poggio Bracciolini）仔细地向尼科洛·德·孔蒂咨询了其东方之旅的详情，这对于后世的人们而言，因此而获得东方的信息，实在是一件幸运的事情。[24]

对波吉奥和教皇来说，尼科洛·德·孔蒂的回忆明显具有很强的学术趣味。波吉奥为这一回忆撰写的具有导读性的评论反映了他的国家对亚洲知识的了解情况，也可能反映出了教皇对于亚洲知识掌握的情形。这位伟大的人文主义者写道：

> 他（尼科洛·德·孔蒂）的描述整体上呈现出一种真实而非虚构的样貌。他比我们有史以来的任何一位旅行者都走得更远。他曾穿越恒河，游历到塔普罗班纳（Taprobana [Taprobane]）岛以外的地区，目前还没有证据显示任何一个欧洲人以前曾到过那个地方……[25]

其实波吉奥并不知道其他的作者是如何谈论印度的，如果他认为其他作者的作品存在虚构成分，那么波吉奥对于尼科洛·德·孔蒂回忆的描述就有悖于事实。虽然波吉奥表达了他对希腊和罗马与印度之间的联系的相关信息，但这位教皇的记事官似乎对于印度的传教事务和 14 世纪乔丹努斯（Jordanus）的作品一无所知。通过文本比较，我们可以断定，他一定了解马可·波罗和海屯（Hayton）的著作。[26] 如果我们考虑到曼德维尔的《东方见闻录》（Travels）曾在波吉奥

60

的时代广泛流通，还有《加泰罗尼地图集》（*Catalan Atlas*）在 1375 年得到编辑，以及热那亚的商人们至少与印度有过间接的联系，波吉奥对于尼科洛·德·孔蒂的经历的独一无二性评价就尤其令人费解。

尼科洛·德·孔蒂采取的旅行路线使其能够广泛地游历印度各地。尼科洛·德·孔蒂描述了坎贝城里的犹太人；他也评论了当时的大都市维查耶纳伽尔（Vijayanagar）的范围和财富；他还评论了圣多默位于美勒坡（Mylapore）的墓地，在那里尼科洛·德·孔蒂看到当地的基督教徒们在举行传统的礼拜仪式。尼科洛·德·孔蒂竭力地夸大了锡兰的面积，但是对肉桂树的描述却有着不可思议的精确性。除了仅仅提及以外，尼科洛·德·孔蒂很少谈及香料及其来源。在苏门答腊和安达曼群岛（Andaman Islands），尼科洛·德·孔蒂看到了本地人食人肉的仪式，并记录了几个岛屿上的物产。尼科洛·德·孔蒂从这里乘船前往东南亚大陆，在那里他看到了一些动物群，他对大象的记忆尤其深刻。尼科洛·德·孔蒂从丹那沙林（Tenasserim）出发，前往恒河河口，在恒河上航行了三个月，记下了沿岸那些规模庞大、富裕繁华的城市。在旅途中，尼科洛·德·孔蒂提到了缅甸（Burma）和马来亚（Malaya）。此后，他又造访了爪哇，也许还向东远行到了位于小巽他群岛（Lesser Sunda）链上的松巴哇（Sumbawa）。后来尼科洛·德·孔蒂回到了大陆和交趾支那（Cochin-China）。[27] 此后，他带着长期患病的家人回到印度，最终带着两个孩子辗转回到了欧洲。

因为尼科洛·德·孔蒂在亚洲海洋上长期巡游的经历，使其能够凭借个人经验对亚洲地理和航海的情况做出精准的评论。尼科洛·德·孔蒂没有遵从托勒密（他可能根本就不知道托勒密，虽然波吉奥必定知道）的观点，他设想存在一个开阔的印度洋，并生动地评论了其周边的情形。尼科洛·德·孔蒂不甚关注以前的地形学中的印度描述，而是根据印度河和恒河构成的自然分界线，把印度分成三个主要的部分。无论尼科洛·德·孔蒂是否造访过松巴哇，但他肯定是最早提及爪哇东部的巽他群岛的人之一。尼科洛·德·孔蒂通过对于远洋航线的观察，发现阿拉伯和印度的水手们虽然"不大懂得使用罗盘"，但是"大部分时间依据南半球的星星来驾驶航船"，这个观察可能不够准确。和马可·波罗一样，在尼科洛·德·孔蒂的描述中，他们的航船是没有铆钉的，而且游历东方的欧洲

61

人在海上遭遇的危险和在陆地上行走的情形也得到了生动地呈现。

在回答波吉奥提出的一系列问题时，尼科洛·德·孔蒂提供了自麦伽斯梯尼以来的欧洲人中，有关印度的风俗习惯最为清晰的描述。在南亚的长期居留，相当广泛的旅行，对于亚洲语言知识的掌握，也许还因为尼科洛·德·孔蒂娶了一位明显有着印度血统的女子，在其旅行的过程中，她为之提供了一个相对稳定的生活环境，这些因素共同赋予了尼科洛·德·孔蒂在观察亚洲时的敏锐眼光。在服装方面，尼科洛·德·孔蒂的评论也许很好地把握住了现代印度的时尚风格：

> 服装的风格因地而异。毛料基本上不用。在衣服的制作中，亚麻和丝绸被大量地采用。男人和女人，几乎所有的人，都把亚麻布料包裹在身上，一直垂到膝盖的下面，为的是遮盖住身体的前部，这种用亚麻或丝绸做成的衣服，如果是男人穿的，仅低垂至膝下，如果是女人穿的，就低垂至足踝。[28]

与早期的大多数评论家不同，在谈及印度的风俗和活动时，尼科洛·德·孔蒂强调了地域间的差异。尼科洛·德·孔蒂宣称，在印度中部和景教（Nestorian）①基督教徒中间，一夫一妻制是一个明显的特征："在印度其他地方，一夫多妻制则普遍盛行"。丧葬仪式在各地也不一样，尼科洛·德·孔蒂生动地讲述了与葬礼相关的"萨提"仪式，逼真地描述了许多形式各异的葬仪。尼科洛·德·孔蒂指出，印度人把阉割的公牛作为役畜，但是"认为杀死或吃它是一种很大的罪过"。在整个印度，"存在着一个被称为婆罗门的哲学家阶层，他们是由有着非凡修养的男性组成，在行为举止方面具有超凡的神圣性"。

尼科洛·德·孔蒂讲述了关于印度的宗教信仰和节日庆典活动方面大量的细节。印度人把一年"分为12个月，并按照12宫图的标志为其命名"。尼科洛·德·孔蒂指出，流通的货币也是因地而异，"有的地方不用钱币，取而代之的是一种被他们称为猫眼的石头"。尼科洛·德·孔蒂评论了印度的战争装备，

62

---

① 亦译作聂斯脱利教。——译者注

盔甲和围城用的机械装置。尼科洛·德·孔蒂断言，只有在坎贝，人们才在纸上写字，而"其他所有的印度人都在树叶上写字，他们做出了非常精美的书籍"。虽然尼科洛·德·孔蒂对于印度的诸多方言和语种只字未提，但他却评论了他们"垂直"书写的习惯，"把线从每页的顶端径直画到页面的底端"。关于印度人，尼科洛·德·孔蒂声称，他们并不为瘟疫或者"那些曾夺去了我们国家的大批人口性命的疾病"所困扰。和任何一个印度的现代西方人一样，尼科洛·德·孔蒂感到"印度的人口和民族的数量令人觉得不可思议"。

　　尼科洛·德·孔蒂对于印度的描述显示出与麦伽斯梯尼显著的相似之处——尤其是在指出印度人不同于欧洲人，相对具有对于疾病和瘟疫更高的免疫力方面。也许因为尼科洛·德·孔蒂具有造访印度南部和北部的经历，他补充描述了一些印度从古希腊那里继承而来的传统的显著细节。尼科洛·德·孔蒂也具有观察印度文化与马来亚、爪哇和苏门答腊文化间的关系的优势。在文艺复兴时期到达印度的旅行者中，尼科洛·德·孔蒂是在印度半岛内部广泛游历，并且辨析和描述了位于恒河河谷的诸多城市的第一人。尼科洛·德·孔蒂的描述明显地避免了欧洲大众观念中的印度想象的影响——比如，印度与世隔绝的特征，那里的狗头人，那里的妖魔鬼怪等等——在整整几个世纪中，这些观念都在为麦伽斯梯尼构建的叙述继续增砖添瓦。根据波吉奥的评论，显然他询问尼科洛·德·孔蒂时相当仔细，也许他把那些看起来不甚可信的传说从尼科洛·德·孔蒂的讲述中删去了。在回答这位满腹疑惑的教皇记事官的问题时，尼科洛·德·孔蒂也许自始至终都尽可能毫不掩饰地详尽讲出他自己所理解的真实事物。

　　大约从1431年到1447年，波吉奥都在为他名为《古今命运之变幻》（*Historia de varietate fortunae*）的对话集子搜集资料。这位伟大的人文主义者的著作共分四册，比较完整地总结了他那个时代对于外部世界的了解。波吉奥对于印度的描述（第四册）主要但并非全部建立在他询问尼科洛·德·孔蒂的基础上。波吉奥在1447年或1448年写出了总结尼科洛·德·孔蒂游历的第一份拉丁文手稿，这份手稿的内容显然来自他在意大利访谈旅行者时记下的笔记。那时候的一家书坊复制了波吉奥的一部分拉丁文手稿和意大利文译稿。就目前所知而言，完整地保留了四册最古老的手稿来自 1448 年。从 15 世纪中期算起，至今大约有 40 个或残缺或完整的手稿版本存在。[29]尼科洛·德·孔蒂描述的部分首次出现在奥古斯丁修会（Augustinian）会士雅各布·菲利普·弗雷斯蒂·达·伯加莫（Jacopo Filippo Foresti da Bergamo）的《编年史补遗》（*Supplementum chronicarum*）第二版（1485—1486 年）里面。[30]首次完整印刷的版本于 1492 年出现在克雷蒙纳（Cremona），题名是《认识印度》（*India recognita*）。[31]第一本关于东方的拉丁文系列通俗读物，大约也在 1492 年出版。这本书的名字叫《印度礼仪与道德》（*De ritu et moribus Indorum*），其匿名编者主要关注的是长老约翰在中世纪写的书信，但是他也从弗雷斯蒂·达·伯加莫的《编年史补遗》中提取了一些关于印度的信息，而这些信息的源头又来自波吉奥。尼科洛·德·孔蒂讲述的内容第一次面世十年后，一个葡萄牙语译本在里斯本出版了。[32]虽然在那以后有三个西班牙语译本迅速出现，但赖麦锡（Ramsio）在 1550 年用意大利语翻译并改写他伟大的航海记录集子时，参照的仍然是葡萄牙语译本。

　　毫无疑问，尼科洛·德·孔蒂的描述影响了其同时代人的地理学思想。像波吉奥那样大名鼎鼎的人把它推出，这一事实几乎保证了它将受到普遍地关注。一个名叫埃涅阿斯·西尔维乌斯·比科罗米尼（Aeneas Sylvius Piccolomini）并与波吉奥相识的人，在其出版于 1461 年的地理学著作中大量地采用了尼科洛·德·孔蒂描述印度的章节内容。[33]波吉奥的私交托斯卡内里（Toscanelli）是第一个根据后来的信息，通过纠正托勒密和斯特拉波的学说建构起亚洲的真实图像的地理学家，他把马可·波罗和尼科洛·德·孔蒂的描述作为古典时期以后的主要文献资料。15 世纪的制图者们也把尼科洛·德·孔蒂的地理学信息体现在他们绘制的地图中。[34]波吉奥本人通过他与葡萄牙传教士的关系，帮助把尼科洛·德·孔蒂的信息进一步推广。葡萄牙统治者堂·佩德罗紧紧跟随着佛罗伦萨委员会的活动，也许他从意大利信息提供者那里得知了所有他能够了解到的东方知识。[35]大多数伟大的地理发现者，包括哥伦布在内，都或直接或间接地通过文本或地图了解到一些尼科洛·德·孔蒂的描述，而这些文本与地图则从尼科洛·德·孔蒂那里提取了大量的资料。[36]

1453 年，土耳其人占领了君士坦丁堡，因此在基督教的欧洲和东方之间进行直接旅行就变得很不切实际。虽然土耳其人出于自身的利益考虑，可能急于继续贸易，但他们还是对黎凡特地区的贸易活动进行了严格地控制，这致使作为欧洲城市的威尼斯遭遇了最为惨重的损失。威尼斯人面对土耳其人的步步紧逼极力反抗，作为这种反抗的一个组成部分，其领主（Seignory）试图与波斯人建立同盟以对抗彼此共同的敌人。为了进一步达成目的，几个威尼斯的外交使节被派遣前往波斯宫廷。尽管危险重重，但为了实现与东方进行商品贸易，岛屿共和国（Island Republic）的商人们依然乘船前往波斯。当威尼斯使节之一约萨法·巴巴罗（Josafat Barbaro）在 1478 年回到故乡后，他报导了有关契丹的信息，描述了霍尔木兹的商业中心，还评论了一座"叫作克里库斯（Clicuth）的城市，因为它是各个地方的商人们的必去之地而久负盛名"。[37]

和威尼斯人一样，葡萄牙人也派遣使节从陆路前往东方。正如我们所知道的，葡萄牙人从 1419 年就开始在非洲海岸进行系统而连续的探险活动，试图借此征服穆斯林国家。虽然葡萄牙人通过各种渠道（尤其是从意大利人那里）搜集了关于东方贸易的信息，但他们却竭力地掩饰自己在非洲的地理发现以及控制东方贸易的野心。在迪亚斯绕着好望角航行的 1487 年，若昂王派遣佩罗·达·卡维拉哈（Pero da Covilha）和阿方索·德·帕伊瓦（Afonso de Paiva）穿越北非内陆，寻找与东方进行贸易的路线，了解香料的产地，并给长老约翰带信。卡维拉哈和帕伊瓦装扮成穆斯林的样子，和商队一起到了亚丁（Aden）。在这里，卡维拉哈和帕伊瓦与商队告别了，卡维拉哈登上了一艘阿拉伯的单桅帆船前往印度。德·帕伊瓦从此杳无音信，但是卡维拉哈在考察了大部分的穆斯林大贸易中心后，于 1490 年给里斯本呈上了一份报告。这份报告的内容包括：能够在印度市场上购买到的商品的概述，对于阿拉伯贸易情形的讨论，以及对于阿拉伯水手如何利用季风的评论。[38]卡维拉哈在亚历山大港发出报告以后，继续前往埃塞俄比亚，带着他主人的信件去找"长老约翰"。卡维拉哈的余生都在号称"犹太之狮"（Lion of Judah）的所罗门王朝的宫廷度过。

热那亚人也从旅行者和商人那里寻获了有关东方贸易的信息。大约在 1493 年，吉罗拉莫·达·桑托·斯提芬诺（Girolamo da Santo Stefano）离开埃及前往卡利卡特（Calicut）并到达了东方的海岬。斯提芬诺的旅程显然是私人性的，而且具有冒险性。在其漫游过程中，这位热那亚商人到了锡兰、印度东海岸、勃固（Pegu）、苏门答腊、马尔代夫群岛（Maldive Islands）和霍尔木兹，最终在 1499 年回到了叙利亚。应斯提芬诺商界伙伴的请求，他口述了自己经历的重重磨难，那是一个关乎个人的艰辛与经济上的灾难的悲惨故事。[39] 关于生长在卡利卡特的胡椒和生姜，斯提芬诺进行了详细地描述，并且强调在这个城市里"有几千座房屋，里面都住着基督教徒"。斯提芬诺在锡兰仅仅停留了一天，但他却在印度的科罗曼德尔（Coromandel）海岸待了七个月。在这个地方，斯提芬诺发现"红色的檀香树非常繁茂，人们用它来建造房屋"。然而，从斯提芬诺的描述里面基本看不到什么新鲜的信息，因为他讲述的重点在于诉说自己的不幸遭遇。从斯提芬诺的个人经历中，我们可以明确地得出这样的结论：他是一个人完成自己的旅程的。斯提芬诺曾经被要求再次承担前往黎凡特东部的任务，他直接了当地回答："因为路上危险重重，我拒绝前往。"

　　在那些我们所知道的人里面，海路开辟之前最后一位独立的陆路旅行者是意大利绅士卢多维科·迪·瓦尔塔马（Ludovico di Varthema）。因为瓦尔塔马的旅行是在海路开辟之后，而且他与印度的葡萄牙人之间存在着一定的联系，因此后来曾被详细地记载。[40] 和他的陆路先驱者们一样，瓦尔塔马被迫装扮一番才能出行。作为伪装的一部分，他要学习足够的阿拉伯口语来处理每天的事务。虽然瓦尔塔马在 1510 年出版的旅行记录在他那个时代及其后都得到了广泛地传播，但是在他 15 世纪的前辈中，除了尼科洛·德·孔蒂之外，都没能得到这样的称赞。他们的评论总体上似乎是在针对某一部分读者。在土耳其人占领君士坦丁堡之后，威尼斯人、佛罗伦萨人、热那亚人和葡萄牙人都在寻求关于东方贸易的特定信息。在这方面，意大利人看上去和葡萄牙人一样，对于他们能够获得的信息均对外保密。比如，这种谨慎可能正说明了尼科洛·德·孔蒂在详细讲述香料及其产地时的失误。与 14 世纪相比较，欧洲人对于新增的亚洲知识量的积累的确非常有限。为人所知的新的信息主要是关于印度和东印度群岛方面的。15 世纪，在欧洲人对于契丹（中国）的想象方面几乎没有增添任何新的内容，此时，明王朝（Ming dynasty）正值其全盛时期。

65

第三节　制图学与地理学

从《圣经》里面、古典时代和中世纪早期继承下来的世界观念在整个文艺复兴时期继续影响着人们的思想，甚至是最具批判意识的学者也不例外。这个被上帝的一个随意的举动创造出来的地球，依然被普遍地认为像一个固定的小盘子一样存在于宇宙之中。虽然存在一个流行的观点，认为地球是扁平状的，耶路撒冷（Jerusalem）是其中心，但在海路开辟之前，该观点并未被繁琐哲学家（Schoolman）及感兴趣的人文主义者们接受。地球的表面被认为分为五个部分，其中有两个部分是气候温和且适宜居住的。两极和赤道地区一般被认为是无法居住的，但是，正如我们已经清楚地看到的那样，在 14 世纪，某些具有反思精神的有识之士已经使人们相信在赤道地区有人居住和劳作。

神话与真实的信息在构成欧洲人对于"已知世界"（*oikumene*）之外的地域观念的过程中，仍然发挥着同样重要的功能。亚历山大大帝的传奇故事和圣多默的传统继续共同分担着欧洲人对于亚洲的流行看法。然而，在信息灵通的人们中间，一些古老的传说或者被转移到了仍然未知的地域，或者干脆从心中祛除。在 1330 年之前绘制的世界地图上，人们一般都把东方作为陆地上的乐园所在地，并将之放置在地图的顶端，这已是人所周知的惯例。黎凡特以东地区的世界在蒙古人统治之前，事实上就像一部尚未打开的书本，后来才被旅行者们发现。14 世纪中期，在葡萄牙人环绕非洲航行之前，这本书又被再度合上了，但是，关于这个区域的记忆却仍然持续存在，虽然有些不甚确定。

博韦的文森特和罗杰·培根在他们百科全书般的著作里面，帮助人们保存了一些早期到蒙古大汗那里去的传教士们转达给欧洲人的真实信息。繁琐哲学家们也从他们对阿拉伯作者的研究中获得了一种更为真实的地理学知识，它们来自于托勒密或者是穆斯林贸易者和旅行者的经验。[41] 地中海和黑海上的欧洲水手们同时也开始精确地绘制航海图，并清晰地呈现了两大区域的海岸线轮廓。从目前尚存的早期航海图来看，绘制时间大约可以上溯到 1300 年；可以假定，同样的图表甚至在更早的时期就已经开始绘制了。和中世纪的地图不一样，航

66

海图不仅仅是世界的图解符号，更是在海上航行的人们为了每天的工作而绘制的真实图表，上面还附有相关的评注。14 世纪的地理学家们采用了一些绘制航海图的技巧，对于尽可能精确地绘制已知世界的地图越来越有兴趣。对于已知区域的科学制图法的关注，很快招致了更具批判意识的人们的质疑，他们认为，如果完全依据神话传说，那么未知世界的地图一定是错误、模糊的。

在首次开始制作"真实"地图的一千年里面，人们搜集了大量的航海图，用它们作为修正已知世界的地图绘制的标准尺度。14 世纪早期，在马里诺·萨努多（Marino Sanuto）和皮特罗·维斯康迪（Pietro Vesconti）制作的地图中，他们把地中海区域的航海图和早期对于外部世界的前航海图型的绘图模式结合在一起。后来，人们把地图的绘制建立在实证数据的基础上的倾向越来越明显，这渐渐促成了地图绘制者们的更大抱负，即把马可·波罗及其后的旅行者们描述的信息统摄其中。1351 年的劳伦琴航海图（Laurentian portulan）是现存地图中，最早把马可·波罗从中国回到欧洲的旅途描述所牵涉的数据都包含在里面的一幅。在这幅地图上，印度开始作为一个半岛出现，还多少附带显现了东南亚的模糊轮廓。

在 16 世纪之前绘制的地图中，没有哪一幅能够像 1375 年为法国国王查理五世（King Charles V）制作的著名的《加泰罗尼地图集》那样，全面地呈现了亚洲的图景。[42] 该地图集是由马略尔卡岛（Majorca）的犹太人亚伯拉罕·克雷斯克斯（Abraham Cresques）在船上绘制的，后来保存在巴黎的国家图书馆（Bibliothèque Nationale）。这幅地图虽然受到了劳伦琴航海图的暗示，但印度的半岛形状已经清晰地出现在这个地图集中，这在制图学历史上还是第一次，而且要比一个世纪以后在其他地图上看到的印度更为真实。东南亚画得多少有些不够精确，对于苏门答腊的真实描绘被远离东方、纯属杜撰的"塔普罗班纳"（Taprobana）的出现给破坏了。地图集对于亚洲大陆和中国的描绘显示出克雷斯克斯对于马可·波罗和鄂多立克修士的作品的熟悉。根据制图者对于旅行描述的理解，蒙古帝国、中亚的河湖以及印度和中亚的城市间的分界线的位置大体上是准确的。克雷斯克斯的《世界地图》（*mappemonde*）显示了中国半圆形的海岸线，而且为马可·波罗及其后继者们妖魔化的大部分城市进行了定位。

67

这个地图集一个明显的失误就是绘制者没能把中华帝国分为契丹和蛮子。和他同时代的人一样，克雷斯克斯对于内陆河道的准确源头和诸如山区等主要的地形特征没有太多留意。在地图上，东亚的所有河流都源自北京的周遭地区，赋予这些河流的特点及流向的南部的山区完全被忽视了。在这个地图集中，其他方面固然具有显著的精确性，但神话在其中也拥有其一席之地：契丹的北部居住着戈哥和马戈哥的巨人，而契丹和印度之间的地方则居住着侏儒。尽管如此，在 16 世纪的世界地图绘制出来之前，这仍然是欧洲可以看到的关于东半球最好的描绘。

　　15 世纪，托勒密的《地理学》的希腊文和拉丁文手稿开始在西欧流传。如果把完整的和残缺的均包括在内的话，这些现存的手稿有 40 多份。托勒密的著作完成于公元 2 世纪，在其完成之后到第一份手稿从拜占庭转到罗马这段之间内，其原著究竟发生了什么样的改动，成为学术界极力猜测的一件事情。[43] 较为早前的学派总体上坚持认为关于这段超过一千三百年的时段没有什么好解释的：托勒密本人在写作和绘制地图时就是持这种看法。从那以后，托勒密的著作大概被多次重版，他的地图也被后来的制图者们重新进行了绘制和修订。最终，其中的一份羊皮纸手稿在 15 世纪传到了罗马，很快就出现了改写本。在20 世纪之前的漫长岁月里，有几个学者对这一解释感到不甚满意，但是又束手无策。[44] 第一次世界大战（World War I）之后，在一系列具有先锋意识的论文里面，对于《地理学》的起源问题发起了一种有体系性的攻击。这种攻击在第二次世界大战（World War II）结束时达到了高峰并就此终结，其标志是利奥·巴格罗（Leo Bagrow）在其论文《地理学纪事》（*Geografiska Annaler*）里面得出的结论[45]：在《地理学》现存的形式中，无论是文字论述还是地图从头到尾都不是托勒密的原版著作。这部著作毋宁说是在托勒密的制图理论和优秀的城市名单基础上汇编而成的。该书的编者或编者们被认为是 10 世纪和 11 世纪那些身份不明的拜占庭学者。现存的地图（可能是 13 世纪的）在时间上要比现存的文本（11 世纪早期的）晚一些，从阿拉伯到拜占庭的资料都被包含在地图的数据中。个别国家的地理、南部大陆桥的特征以及与世隔绝的印度洋在源头上都被认为是"后托勒密的"（post-Ptolemaic），在与他最初的计划的关系上则被认为是"非托勒密的"（un-Ptolemaic）。[46] 如果这种分析最终能够被人们所认可，那么仅凭《地理学》一书提供的内容，不可能确定下任何材料的年代，除非对它进行更多地研究，对于来自拜占庭的学者而言尤其如此。

只有到了 15 世纪，我们研究托勒密才有了更为稳固的基础。在这个世纪，主要来自罗马的希腊版本以及拉丁文改编本开始以手稿的形式流通。1475 年，一个配有地图的拉丁文译本首次得以印刷，[47] 许多其他印刷版本很快就随之而来。1533 年，伊拉斯谟（Erasmus）在巴塞尔（Basel）出版了一个希腊手稿的编辑版本。由于各种不同的文本带来的棘手的问题，无论这些早期版本的编者多么具有批判精神，这些没能解决的问题仍然致使其中充满了谬误。该书最好的部分是第七册的一至四章，这个部分讨论的是印度和远东，由 L. 勒努（L. Renou）在 1925 年对其进行了证实。[48] 许多其他现代版本和译本相当粗糙。在所有知名作品中，想找到一个完全令人满意的具有批判意识的版本，仍然几乎是不可能的。[49]

现存的《地理学》版本包括八本书。第一本似乎主要是托勒密本人的著述，讨论了地图制作的理论和原理。接下来的五本书和第七本的一部分列举了粗略划分出来的 8 000 多个地区的经度和纬度。[50] 在第七册的最后一部分，对于信息的评论和所知世界范围的讨论结合在一起。最后一本书解释了如何把世界地图划分为 26 个区域。事实上，这些书籍的作者们对于制图学很有兴趣，他们藐视那种描述性的历史素材，因为它们使文艺复兴时期的公众地理学更为通俗易读。也许是因为《地理学》一书列举出来的冗长的地域名单，及其体现出来的关于认真编辑制图数据时所严格要求的献身精神，所以该书直到 16 世纪末，一直是所有同类著述的楷模。

对于文艺复兴时期的制图者来说，《地理学》一书的意义并不仅仅局限在它是一本最详尽的具有应用价值的地理词典；它还使他们牢牢记住了这位古代最著名的数学家和天文学家的名字。在一个致力于复活并美化逝去的古典的往昔的时代，托勒密的著作被广泛地推崇为丰富的古希腊思想宝库中最伟大的财富之一。因此，虽然在马可·波罗和诸多航海图中呈现出了与之对立的数据，但 15 世纪许多博学的以及不那么博学的人都几乎毫不犹豫地采纳了托勒密的世界

69

观念。然而，也一直存在着例外，有一些人拒绝不加批判地接受托勒密立下的惯例，尤其是在他们从地中海沿岸地区的资料中了解到《地理学》一书对于该地区的很多辨识存在着错误的时候。

对我们而言，托勒密的世界观念中最重要的内容就是那些还需要进一步探讨的观点，包括被过低估计了的世界的周长、欧亚大陆的范围、与世隔绝的印度洋、被缩短了的印度、黄金半岛（Golden Chersonese [即马来半岛，Malay Peninsula]）、大海湾（Sinus Magnus[Great Bay]）。《地理学》一书极大地低估了亚洲向东延伸的部分，显示了中国以东存在着未知的陆地（而不是海洋），因此使哥伦布和其他航海者认为向西经过一段相对短的航程，即可到达亚洲。该书可能在希腊人正相反观念的基础上，设想存在着一块巨大的南部大陆，横跨了从南非到东南亚的广阔地域，并把印度洋揽在怀中，因此，环绕非洲航行是不可能的。《地理学》一书中的印度半岛显得太小，而锡兰又显得过大。位于南部大陆桥东端的大海湾看起来像是极其狭长的印度支那半岛，这似乎加倍地说明了向东航行不可能到达中国。地理大发现中与托勒密的说法一致或不一致的几个次要的其他地方，将在下文相应的地方加以讨论。

15世纪下半叶的世界地图为既有的东方描述增添了最为重要的内容，而且也很尊重印度和印度洋的实际情形。弗拉·毛罗（Fra Mauro，约1459年）著名的平面球形图看上去参考了托勒密的文字资料和地图。人在威尼斯的毛罗更多地倚重于尼科洛·德·孔蒂的讲述，较少地参阅了马可·波罗的描述，还可能参考了一本阿拉伯语的航海指南。[51] 虽然毛罗的世界地图把虚构的岛屿放置在印度洋的东端，但它显示出来的马尔代夫群岛、安达曼群岛（Andamans）和尼科巴群岛（Nicobars）都比其以前的地图更为真实。南亚的轮廓似乎来自托勒密的地图，所以印度半岛的特征没有《加泰罗尼地图集》所显示出来的那么明确。毛罗地图中的印度半岛的漫长海岸同样依循了向东西方过度延伸的绘制传统。对于苏门答腊、爪哇和班达海（Banda）上的香料群岛，以及小巽他群岛（Lesser Sundas）的描绘几乎完全依赖于尼科洛·德·孔蒂的讲述，因为地图过于热衷呈现南北向的更大的岛屿，所以影响了上述群岛在地图上的显示。毛罗的地图基本没有呈现东亚的真实形态，但是标示了一个位于最东端的岛屿"津帕古"（Zimpagu），这是日本第一次在西方人的地图上被明确地显示并命名。[52]

德国人恩里克斯·马提勒斯（Henricus Martellus）大约在 1489 年到 1492 年间一直在意大利工作，他曾绘制了一幅粗糙的地图，该图显示了在理解真实的亚洲方面的又一次退步。因为对托勒密亦步亦趋，马提勒斯完全删去了旅行者们提供的实证性数据，地图中的印度被大大缩短，印度洋也与世隔绝。作为对于马丁·贝海姆（Martin Behaim，于 1506 年去世）那个时代的地理学知识的总结，他在 1492 年制作了著名的地球仪，因为他主要依赖于托勒密以及马可·波罗和曼德维尔的讲述，[53] 所以他的地球仪没有增加对于东半球任何有意义的内容。贝海姆和他的前辈们一样，在其关于东方的地图上保留了许多古代和中世纪制图学方面那些荒诞无稽的思想残余。

在繁琐哲学家们描述世界之后，法国红衣主教皮埃尔·戴利（Pierre d'Ailly，1350—1420 年）在其著作《世界宝鉴》（*Imago mundi*）一书中做了世界地理学写作方面的第一次严肃尝试；该书最初写于 15 世纪初期，于 1483 年在卢万（Louvain）首次印刷。虽然戴利可能了解那些到过亚洲的旅行者们的观念，但他没有参考他们的描述。戴利对于印度和亚洲其他地区的叙述来自普林尼、索利努斯（Solinus）和塞维尔（Seville）的伊西多尔。在戴利讲述印度奇观的那一章里面，他严肃且不加限定地报道了狮鹫、侏儒和"形状可怕的野兽"的活动。在罗杰·培根那里，戴利得知了亚里士多德（Aristotle）的观点，即从西班牙向西航行可能存在着到达印度的捷径。[54] 哥伦布极有可能就是从戴利那里获得了灵感和信心，认为向西航行就能到达印度。和培根一样，戴利也相信存在着开阔的印度洋、具有岛屿特征的非洲和适于居住的赤道地区。

也许在研究托勒密的学者中间，最新近、最具批判意识的人是教皇庇乌二世（Pope Pius II，其在位的时间为 1458—1464 年），他更为知名的称呼是埃涅阿斯·西尔维乌斯·比科罗米尼（Aeneas Sylvius Piccolomini）。庇乌二世的著作《罗马史地考》（*Historia rerum ubique gestarum*，1461 年）整理了托勒密的观点，并从马可·波罗和波代诺内（Pordenone）的鄂多立克那里增补了关于中国和东亚的信息。庇乌二世不同意印度洋是与世隔绝的这一说法，他参考了尼科

71　洛·德·孔蒂对于印度内陆和水路的描述。庇乌二世根据自己的学识和职务上的威望，支持了通过绕着非洲航行就可以到达印度的观念。显而易见，庇乌二世的地理学理论与马可·波罗和皮埃尔·戴利一样，在关于找到一条到达印度的海路的可能性预计方面，影响了哥伦布和他同时代的人。

　　14世纪和15世纪的地理学和地图在数量上虽然较少，但它们把过去的材料汇集到了一起，包括托勒密的地图及其名单，还包括那些修正了东方传统形象的最好著作，这些著作依了马可·波罗以及他的先驱和后继者的著作中的相关数据。如果有什么不同的话，那就是可得到的关于中国的信息要比印度和亚洲的其他地方更为丰富，也更为准确，尽管这一贡献事实上应归于尼科洛·德·孔蒂。其中大部分内容是荒诞无稽的，关于印度方面的尤其如此，在理解东方的真实图景方面，过去曾取得过重要的进展，然而这些荒诞的内容却使其步伐大大减缓。许多问题仍悬而未决，直到16世纪的航海者们最终深入欧洲及其外部世界之间的海上分界线为止。然而，甚至到了1500年，为了使制图者和地理学家们采用，在那些通过实地观察而转达到欧洲的相关地域及其居民的信息上，依然可以看到既往的成见所投射的阴影。直到17世纪，契丹才普遍被认为就是罗马时代的赛利卡。到了18世纪，从托勒密的地图集和亚历山大大帝的传奇故事继承而来的制图学传统才从欧洲人制作的亚洲地图中祛除出去。

第四节　艺术

　　和中世纪一样，文艺复兴时期的人们为富饶、神秘且怪异的东方着迷。不管西欧这个时期的作家和艺术家们的观念是来自亚历山大大帝的传奇故事、马可·波罗还是《加泰罗尼地图集》，他们都明显感觉到一种与自己的经验非常不同的异域世界的吸引力。和罗马时代一样，来自东方的物产激起了欧洲人的好奇和疑惑。当来自黎凡特或者非洲的事物到达欧洲之后，欧洲人总是误认为它们来自东亚。和那些地理学家们一样，有一些更为稳固的特定观念伴随着神秘的东方想象存在于艺术家那里。伴随着这个时期和其他历史时期的东方异域情调，对于东方的两种倾向促成了他们的东方观念，并且相互缠绕在一起。要从他们的知识生产或者艺术创作中把真实的东方与虚假的东方分离开来，事实上是不可能的，也完全没有必要。就引导他们的观念和形成他们的创作的意义而言，他们误解的东方特征与真实的东方在各个方面都显得同样重要。

72

　　呈现这种联系的最为复杂的视觉艺术就是绘画。一些现代学者试图展现托斯卡纳文艺复兴（Renaissance Tuscan）与东方绘画在精神与哲学内容上的关联，并指出二者之间表达相同观念与情感所使用的类似手法。[55] 据说，锡耶纳画派（Sienese School）的画家有时会将圣母像（Madonnas）的手和手指画出超出寻常的长度和精致的肌理，使它们看上去更有东方特征，但是，如果没有进一步的证据，我们也不能就此断言此处是在模仿佛像。它们也可能仅仅是因为哥特式（Gothic）的风格诉求而呈现出了绘画艺术的另一面，即在绘画人体时用一种非世俗的方式超越肉身。在 14 世纪（trecento）的意大利市镇，人们对于东方的好奇的确存在，这种好奇心致使人们在构想意大利和东方艺术之间在文化和精神上的深层联系时，投注了过多的想象成分。由于具体数据的缺乏，也由于异质文化中的艺术表达方式出于迷狂的宗教情感而具有的共同性，我们很难断言东西方绘画艺术之间的这种联系就更多一些。[56]

　　文艺复兴早期的几个画家和他们中世纪的前辈一样，依然非常明显地把东方和伪东方的题材与主题融在他们的作品中，以实现一种非同寻常的惊人效果。拜占庭艺术创作中，较早的异域传统存在于宗教启示里面，这些创作从近东和伊斯兰艺术中借鉴到了点缀性的主题。可以肯定的是，从西亚借来的特定主题和来自远东以及南亚的异域题材在欧洲人改编之前就已经广为流布。这些主题在艺术（和文学）创作中的移植确实是普遍现象，它们现在仍然可以识别。然而，等到各种各样的亚洲主题到了欧洲，已经变得彼此混杂，无法分离，且逐渐成为传统。比如，对于早期的异域风情的荒诞离奇性的展示，常常是通过描绘东方化了的欧洲人形象来实现的，这些画作展示了常见的体态、服饰和身体特征。

　　13、14、15 世纪的画家们展示异域风情的灵感至少有一部分是来自于旅行者的描述和出现在意大利的东方奴隶，在更为真实地描绘东方人物之后，他们在作品中呈示出的鞑靼人和中国人形象逐渐能够加以识别。在乔托（Giotto）、杜乔（Duccio）、劳伦泽蒂（Lorenzetti）、哥佐利（Gozzoli）、安德里亚·达·弗伦泽（Andrea da Firenze）和法布里亚诺的秦梯利（Gentile da Fabriano）等人的画作里面，有数量相当可观的东方人出现。著名的《纳博讷的织锦》（*Parement de Narbonne*）的十字架殉难场景（Crucifixion）和佛兰芒语（Flemish）写就的《时日书》（*Livre d'heures*，约 1460 年）的插图页上，画着就座于绿叶植物丛中的人物，其中均可以见到在人种方面具有写实倾向的中国人物。在两幅用来纪念传教士在东方活动的画作里面，安布罗吉奥·劳伦泽蒂（Ambrogio Lorenzetti [1348 年？]）的《休达圣方济各修士们的殉道》（*Martydom of the Franciscans at Ceuta*）和安德里亚·达·弗伦泽（约 1365 年）的《教会无敌》（*Ecclesia militans*）里面，细腻而令人信服的亚洲人物形象也有体现。更为逼真的人物画作是皮萨内罗（Pisanello）的"蒙古弓箭手"（Mongol Archer，约 1440 年），画中人物的身体特征是如此的准确，以至于我们可以猜测他曾用意大利的众多鞑靼奴隶中的一个作为他的模特。通过比较上述画作和 14 世纪提图斯·李维（Titus Livius）的《旬年纪》（*Decades*）或者是同时期的一位热那亚艺术家的《暴食》（*Gluttonary*）插图中具有高度想象性的描绘，我们很容易就可以看出这些画作为欧洲人对于东方人的描绘注入了一种新的现实主义倾向。[57]

虽然这些画作在细节方面一直是含糊的，且具有臆猜的成分，但是文艺复兴时期的肖像学研究与东方的较多联系可能使人物画像更为丰富。在 14 世纪和 15 世纪的整个欧洲，新的恶魔般的人物形象出现了，比如比萨（Pisa，约 1350 年）墓地（Campo Santo）的壁画和佛兰德斯织锦（约 1378 年）上面那些黑色多翼的生物就是最好的例子。鞑靼人的宗教和通俗文学与反基督和罪恶的结合，促使西方艺术中增添了来自东方会飞的恶魔的题材。毫无疑问，在古代、中世纪，甚至是文艺复兴时期关于东方的文学作品中，就像与文明和奢侈间的联系那样，东方会吐火的怪物很容易就与罪恶和荒诞联系在一起。在佛教徒保留的画作里面，充满了半人、半兽和多肢的生物，象征着恶魔的力量，这些形象让人想起文艺复兴时期的希罗尼默斯·波希（Hieronymus Bosch）的绘画作品，他在表现恶魔题材方面没有人能够超越。然而，这些联系也仅仅暗示了文艺复兴时期流行于欧洲的关于东方的种种印象。

　　就像恶魔本身那样，东方的异域情调可能以各种形式呈现，并渗透于各种艺术之中。中国丝绸制品的重要性，及其在欧洲的王公贵族中间的畅销促使欧洲的织工对于东方的设计样式产生了浓厚的兴趣。大约从 1300 年到 15 世纪末，欧洲的织工们把伊斯兰和中国的设计风格与欧洲和拜占庭的风格随意搭配，以追求异域效果。在其他时段，东方的设计风格则完全被详尽地复制下来了。但是，意大利的织工们渐渐地把中国的装饰风格与哥特式的设计混合在一起，形成了一种新颖独特的纺织风格，它要比 14 世纪末期进口的品种更受欢迎。[58]

　　亚洲对于欧洲文艺复兴时期的视觉艺术的影响主要是间接的，其来源颇为混杂。欧洲和亚洲的文化在波斯充分地融合，正是这种具有混杂特征的艺术风格，为了获得一个更好的称呼而被命名为"移植的艺术"，它在大多数时间传递着艺术家们的亚洲想象。[59]但我们也不能忽视这一事实，就是这些实际的联系看上去已经为东方主义提供了一个更为真实的尺度，正如那些关于东方人物的画作和具有东方设计风格的丝织品所体现出来的特征一样。东方的主题也增加了手稿和绘图中的线条的丰富性，并且使东方抽象的书法的影响更为宽泛。然而，这些实实在在的影响为一种个人化的异域情调所遮蔽，这可能也是中世纪欧洲趋于腐朽的宫廷艺术的一个发展阶段。毫无疑问，所有这一切都可以说明，东方的想象促使欧洲人对于一种新的具有异域情调的艺术风格产生了兴趣，并在此基础上开始了他们的艺术创作，其影响力到了 18 世纪才开始全面发挥。

74

第五节　文学

　　和艺术创作类似，文学创作中移植来的主题不可能孤立存在，要想精确地辨析它们对于西方作家的影响，事实上是不可能的。许多比较文学的研究者似乎对东方的传说、故事在古代和中世纪时已经传播到欧洲的说法深信不疑。但是，在 10 世纪以前，似乎仅有少数来自印度的传说通过口头传播到达了欧洲。[60]随着伊斯兰对印度的占领，《五卷书》和印度其他此类集子中的故事传说被翻译成波斯语、阿拉伯语和希伯来语（Hebrew），那时候以书写文字的形式经由拜占庭帝国、意大利和西班牙传到了基督教世界。在中世纪欧洲，关于亚历山大大帝、巴尔拉姆与约萨发特传奇故事的文献资料也已经出现。在 13 世纪，名为"卡里拉和丁纳"（Kalilah and Dinnah）的印度传说，从阿拉伯语翻译成了西班牙语，该译本出现后也可能被加入了上述文献资料之列。[61] 到了但丁的时代，很多传奇、传说、神话和亚洲旅行记述在欧洲明显地流行起来，其中的很多内容被吸收进了诸如布鲁内托·拉蒂尼（Brunetto Latini）的《宝藏书》（*Le livre du tresor*）之类的通俗故事集之中。

伟大的佛罗伦萨诗人但丁是布鲁内托·拉蒂尼的追随者，也是马可·波罗的同时代人。这也许能够说明但丁的思想及其作品中体现出来的亚洲观点，为何看上去深受拉蒂尼表述的文学和学术传统的影响，而丝毫看不到马可·波罗基本真实的描述的影响。这一推论来自下面的观察结果，即但丁对于印度显示出比鞑靼更大的兴趣，而对契丹则毫无概念。在写作于 1300 年到 1321 年间的《神曲》（*Divine Comedy*）里面，死于 1321 年的但丁谈到了被称为"东方的蓝宝石"的恒河，以及被古典作家热情赞颂的印度无花果树 *asvattcha*。但丁谈论鞑靼的文献资料是二手的，这明显说明但丁没有读过马可·波罗的描述，或者但丁拒绝阅读这位威尼斯旅行者的描述，因为其描述作为一种想象性的创作，不能与里斯特罗·德·阿雷佐（Ristoro d'Arezzo）的《宇宙的构成》（*Composizione del mondo*）相提并论，毫无疑问但丁对后者比较熟悉。[62]

人们反复地努力证明但丁曾受惠于东方的观念和主题。在《神曲》开始的地方，维吉尔把但丁从"凶恶的野兽"中拯救出来，那个关于"生命之森林"的寓言曾被拿来与梵文诗歌《摩诃婆罗多》中的寓言相比拟。[63] 印度，特别是佛教的资料被认为赋予了但丁在写作《地狱》（*Inferno*）以及描述路西法（Lucifer）时的灵感。[64] 但丁把陆地上的乐园定位在锡兰，这显然与中世纪时将其定位在含糊的东方的传统相背离，但是这一新的看法的来源却不清楚。[65] 但丁对于鞑靼人的观念看上去基本没能超越那些毫无条理的通俗看法。在《筵席Ⅱ，8》（*Convivio* Ⅱ，8）里面，但丁提到了鞑靼人，认为他们的灵魂因为信仰而得以永生。也许但丁只是希望借助文献资料暗示这一观念已经蔓延到了世界终结之时。但丁在《地狱 XVII，17》里面谈论鞑靼人艺术地编织衣服技能时，可能同样含糊地提到了东方；那时候为教堂和权贵阶层普遍消费的所有源自东方的丰裕的物质和财富都被描述为"鞑靼的衣服"。[66]

但丁的亚洲想象建立在缘自普林尼、索利努斯和伊西多尔的博学传统之上，也许是从包括拉蒂尼和里斯特罗的作品在内的通俗观点中得来的。和他同时代的人一样，但丁必定对亚历山大大帝的传奇、使徒圣多默的"历史"和长老约翰的故事有所了解，因为它们借助诗歌、歌曲和艺术饰品广为流传。但丁围绕着所有他知道的东西，使一些较旧的观念变得相当不同。考虑到但丁所处的时代及其创作的环境，他对东方的谈论看起来既不荒诞也不夸张。[67]无可否认，但丁个人的亚洲想象虽然相当有限，但他完全祛除了他所依凭的学术和文学资源中的幻想成分。

在但丁及其后的时期，鞑靼人的确是人们的兴趣所在，在 1373 年乔万尼·薄伽丘（Giovanni Boccaccio）的一些评论中有很好的说明。薄伽丘曾就但丁的《地狱 I，105》（被翻译为"他的国度是在菲尔特罗 [Feltro] 和菲尔特罗之间"）中晦涩难解的一段做过一次公开演讲，他详述了他同时代的人对于这一段的解释。他们显然主张"菲尔特罗"指的是"感觉"，用作为死亡的鞑靼皇帝举行葬仪时的包裹物。短语"在菲尔特罗和菲尔特罗之间"那时候被解释为：但丁描述的事情将发生在那些习惯于在其先辈死后和其后辈继承自己的王位之间的那段时期统治的皇帝所治理的鞑靼地区（Tartary）。[68]在薄伽丘的演讲中，尤其引人瞩目的地方是该段文字提到了"中央帝国"（Empire of the Middle），可能是汉语中国（Chung kuo）的直译。如果这里的确指的是"中华帝国"，那么就目前所知而言，它将是最早提及这一内容的篇章。

薄伽丘可能是从他那个时代曾到过中国的旅行者或商人那里得知了"中华帝国"这一称谓。他对这些人的了解很明显来自他的故事集中的米特里丹（Mitridanes）和纳山（Nathan）（《十日谈》[Decameron]，第十天，第三则故事），他在其中评论道："我们是否可以相信那几个热那亚人和到过那些地方的其他人的报告。"不幸的是，薄伽丘在解释这一点时，认为中国就是契丹，就所知而言，他没有对"中央帝国"做出进一步的说明。契丹这个名字在当时的意大利文

76

学界一直备受关注，显然它是由诗人 M.M. 博亚尔多（M.M. Boiardo，1434—1494 年）创造出来的。在博亚尔多的《热恋的奥兰多》（*Orlando Innamorato*）里面，他这样描述格拉弗朗王（King Galafron）：

> il qual nell' India estrema signoreggia
>
> 印度的最高领主
>
> una gran terra cha'ha nome il Cattajo
>
> 统治着名叫契丹的辽阔土地

与此同时，一名佛罗伦萨的牧师朱里安诺·达蒂（Giuliano Dati）在其《印度的坎托里》（*Cantari dell'India*，1493—1495 年）中，保留了鲜活的印度传统奇观，以及长老约翰在哥伦布首次发现新大陆时的光辉业绩。[69]

薄伽丘受印度故事集的影响特别大，这些故事在 10 世纪被翻译到了欧洲。和但丁一样，相对于 13 世纪和 14 世纪的旅行者、商人和传教士的描述，薄伽丘从学术传统中受益更多。《五卷书》的拉丁译本可能为《十日谈》第二天的第二则故事提供了情节的胚芽。[70] 薄伽丘的其他故事可能包含了来自于巴尔拉姆与约萨发特的传奇故事、迦梨陀娑（Kalidasa，公元 5 世纪？）的诗剧《沙恭达罗》（*Sakuntala*）或《指环》（*Ring*）以及古代的梵语史诗《罗摩衍那》（*Ramayana*）。所以，由此可以看出，如果说薄伽丘承认那些丰富得惊人的关于鞑靼和契丹的资料的真实性的话，那么他的创作从印度的神话和传说中受到的影响事实上更多一些。

乔叟（Chaucer）也表达了一种传统且含糊的印度知识。在《骑士故事集》（*Knight's Tale*）里面，乔叟提到了"印度米特留斯大王（the great Emetrius, the king of Inde）"。[71] 乔叟也可能知道一些经由黎凡特地区传播到欧洲的佛教寓言。《宽恕者的传说》（*Pardoner's Tale*）与《吠陀》（*Vedabba Sataka*）中的一条寓言比较相似。在乔叟是否熟知并借鉴了马可·波罗的作品方面，学者们说法不一；如果答案是肯定的，那么借鉴的部分可能体现在《扈从的传说》（*Squire's Tale*）中一些具有想象性的资料里面。有人提出，亚美尼亚的利奥王

（King Leo）在 1385 年到 1386 年间对于伦敦的造访激起了乔叟对于鞑靼的兴趣。如果乔叟创作之前就拥有一个马可·波罗作品的复制版本的话，那么，乔叟却为我们提供了如此含糊的鞑靼描写，这无疑是令人难以置信的。乔叟在创作时参考了亚历山大大帝的传奇故事和其他一些诸如利奥王来访等事件的普通谈论，看上去倒更有可能。[72]

　　出于文学创作的目的，最为充分地利用了旅行家和传教士记述的是一位与薄伽丘同时代的人，他是《约翰·曼德维尔游记》（*Travels of Sir John Mandeville*）的作者。现代学者们对于作者的身份尚不能确定，但是最初断言作者的确是一个被称为约翰·曼德维尔爵士的英国人，这一点看起来是最能令人满意的判断。虽然大多数评论者都已经接受了列日（Liège）①是该书的写作地点，但是还有一个理由充分的例子同样可以用来证明该书写于英格兰。[73]作者宣称他本人曾造访过他讨论的地方，然而，可以确定的是，他从未走出过西欧。即便如此，作者同时代的人还是肤浅地接受了他的说法，这本书被非常广泛地传阅，1500 年之前，该书已经拥有了各种主要的欧洲语言的译本。甚至具有批判意识的塞缪尔·珀切斯（Samuel Purchas）在 17 世纪早期指出曼德维尔为"世界上前所未有的最伟大的亚洲旅行者"。[74]六十年前，欧洲人在接受马可·波罗的真实性描述时，尚具有一种冷静且怀疑的态度，而到了曼德维尔的时代，欧洲的读者们是否就更易于轻率地相信曼德维尔对东方虚构性的描述？曼德维尔的描述之所以更易于被接受和相信，也许仅仅是因为他把更多的从欧洲遥远的过去继承而来的传统亚洲观念都囊括在其著述之中？[75]

　　在很大程度上，曼德维尔的著作大受欢迎确实是因为作者在其虚构的个人叙述中，把可得到的资料编织进了一个丰富的背景之中，由此展示出一种十足的艺术效果。这位毫无实际经验的旅行者手头一定拥有博韦的文森特著的那本巨大的、百科全书式的《世界宝鉴》，特别是分别题为"自然"和"历史"的那两个部分。从文森特作品中的"自然"部分，曼德维尔能够搜集到博物学方面那些怪异的条目，从而为自己的著作增添权威性和趣味性；从"历史"部

78

_____

① 比利时东部城市。——译者注

分，曼德维尔在普林尼、索利努斯、塞维尔的伊西多尔等人的著作，亚历山大大帝的传奇故事，早期的动物寓言集，还有最重要的柏朗嘉宾的约翰（John of Plano Carpini）的作品里面，提炼出了荒诞与真实的内容填充在自己的著述中。曼德维尔用以描述黎凡特地区的东方国家的主要资料是波代诺内的鄂多立克的描述——曼德维尔甚至连随意的致谢都没有表示。这两种描述是如此地相似，以致于学者们曾一度认为两位作者是结伴旅行的。珀切斯甚至指控鄂多立克是剽窃者。[76]曼德维尔在提供有关蒙古和大汗的信息时，也大量地使用了海屯在其《东方的故事精华》（Fleurs des Histoires d'Orient）里面的描述。曼德维尔描述亚洲的其他资料来自于卢布鲁克的威廉（William of Rubruquis）和蒙特克罗克斯的里克尔德（Ricold of Monte Croce，于1320年去世），以及著名的伪造出来的长老约翰送往欧洲的信札。曼德维尔在多大程度上参考了马可·波罗的描述至今仍是一个公案，但是二者之间具有很多共同的特征，而且谈及的地域也有大量的重合。[77]如果说像曼德维尔这样严谨的研究者没有读过马可·波罗的作品是难以置信的。也许是因为马可·波罗太过于广为人知了，已经没有什么新鲜的东西可以挖掘，曼德维尔有意识地参考了一些传播面较窄、更具想象性的旅行描述，藉此为其作品提供一种更为逼真的原创性外观，并且使其作品成为一个更具多样性的精彩故事集。

总之，曼德维尔的印度描述依然表现得相当传统。

> 在印度，遍布着许多各式各样的国家；因为有一条被人们称为印度的河流穿过这块陆地，故这块陆地被命名为印度……印度有5 000多个岛屿，上面有人居住，这些岛屿舒适而辽阔，没有哪一座是没人居住的。每一座岛屿上面都有许多城镇和大量的居民。[78]

曼德维尔指出，"穿越印度的人们在经过许多国家后可以直达海洋"。曼德维尔还谈及基督教徒圣多默的墓地以及印度南部可怕的炎热。曼德维尔在书中写道，胡椒"和藤蔓的样子类似，生长在森林的树丛旁边，以便支撑其枝叶"。曼德维尔详细地描述了三种胡椒（长的、黑色的和白色的），他甚至像伊西多尔那样，告诉商人们"在胡椒长老的时候如何往里面掺假"。和鄂多立克那样，曼德维尔发现"最好的生姜"来自印度南部。曼德维尔对于印度人尊崇"圣牛"（sacred cow）的习俗以及与此相关的各种仪式进行了长篇大论，他还提及了火葬和萨提的习俗。

鄂多立克的作品为曼德维尔提供了其描述东印度的大部分资料——从印度到苏门答腊的"五十二天的旅程"中的所见所闻。在这里，妇女、土地和"所有的事物"都是公用的财物。在苏门答腊不可能看到北极星，但是航海者可以依靠"另一颗被称作南极（Antarctic）的星星"来辨别航向。关于爪哇，曼德维尔的看法与我们今天一致："在爪哇岛，有多到不可思议的居民；那里生长着各种各样的香料，比其他地方丰富得多，据说有生姜、丁香、乳香、肉豆蔻、豆蔻花和其他的许多种类。"爪哇的国王是如此的强大，以致"他在当时与契丹的战争中，挫败了大汗的军队……"。[79] 关于婆罗洲（Borneo）岛和印度支那的占婆，曼德维尔一笔带过，没有详述。曼德维尔暂时把博韦的文森特作品中的其他遥远的岛屿及其居民放置在爪哇的东部，还从这些故事中提取了一些内容，用以修饰鄂多立克的描述。

但是，从这些岛屿出发，"通过海路向东航行数日人们可以看到……蛮子国（南中国）……它拥有着人类所知的所有事物中最好的土地，以及最令人向往且最丰裕富饶的物产"。在曼德维尔的描述中，广州"比巴黎还大"，并且和今天的旅行者可能发现的情形一样，他指出越来越多的广州人耽于享乐。杭州的"城市建设风格和威尼斯相似……在城市的一侧有大河流过"。南京（Nanking）"是蛮子国国王的第一个辖区"，"大来"（Dalay，即扬子江）河把蛮子国与"大汗的大陆"（契丹）分开。关于"卡里莫兰"（Caremoran，即黄河），曼德维尔准确地指出，"当它发大水时，常常泛滥，给这个国家造成巨大的损失"。[80]

契丹是曼德维尔的乌托邦，大汗则是他心目中的英雄。契丹的统治者给曼德维尔留下的印象远较长老约翰深刻，虽然"长老约翰的土地物产丰富，但仍然不能与大汗（Great Caan）的大陆相提并论……"。关于中国的北方，曼德维尔做了如下描述：

> 契丹是一个大国，非常富足，充满了优质货物。每一年商人们都来到这里出售香料[81]和其他样式的商品，这些贸易活动比其他国家更为普遍。你们应该明白，这些商人们来自威尼斯、或者是热那亚、或者是伦巴第（Lombardy）的其他地方、或者是吉普赛人（Romany），他们通过海路和陆路，走了十一个月或十二个月来到契丹……

曼德维尔虽然在借鉴鄂多立克作品的基础上用了很大的篇幅描述了汗八里，一些较小的细节则显然来自柏朗嘉宾，但在讨论蒙古统治者的历史问题时，总体上沿用了海屯的说法。和曼德维尔借鉴的资料一样，他也惊诧地谈及了可汗宫廷里面的哲人、复杂的节庆、夏都、情报系统、一夫多妻制和纸币。好像是为了表明自己对于中国的迷恋，在《游记》一书结束的时候，曼德维尔讲述了一个富有的中国人的故事：有50个缠足的少女服侍他的"饮食和睡眠"，她们一定是终身伺候着他，因为他"手指上有那么长的指甲，自己无法摄取任何东西"。为了增加自己的描述的真实性，曼德维尔用了包括契丹语在内的多种语言的字母为全书作结。不言而喻，契丹语的符号系统对于欧洲人理解汉语或鞑靼语没有任何助益。[82]

毋庸置疑，曼德维尔的《游记》一书大受欢迎。与如今可以看到的马可·波罗的119份手稿数量相比，《游记》现存手稿的数量则多达300份。在曼德维尔的300份手稿中，有65份是德语版的，这可以说明该书在欧洲的北部和中部同时受到欢迎。除此之外，手稿还包括英语版、法语版、西班牙语版、荷兰语（Dutch）版、华隆语（Walloon）版、波希米亚语（Bohemian）版、丹麦语（Danish）版和爱尔兰语（Irish）版等版本。随着印刷术在15世纪中期的引进，新的版本继续出现，其中有一些还得到了丰富地阐释。通常，大部分重新做出的阐释最初都是为1481年的德语翻译而准备的，这个德语译本印刷于奥格斯堡（Augsberg）。

在文艺复兴期间，曼德维尔的《游记》一书对西欧人想象东方的能力的主宰程度超越了其他任何一部作品，它设定了一种半虚半实的风格化东方想象。与但丁和薄伽丘不同，曼德维尔尽可能充分地利用了旅行者和传教士的描述，并且致力于最新的知识与更为传统的材料的整合。因为曼德维尔的诚实直到 17 世纪才受到普遍地质疑，所以他的作品显著地促进了信息量丰富且流行的亚洲观的形成。甚至曼德维尔提及的怪物和奇闻也明显地得到了接受，只要把它们放置到那些相对不太为人所知的地方即可。我们今天虽然知道了曼德维尔根本没有到达他自称去过的地方这一事实，但这丝毫没有影响到他的著作的重要性，那就是该书整合了关于东方的知识，帮助文艺复兴时期穆斯林以外地区的人们形成了他们的"世界"观。

第六节 技术与发明

用今天的眼光来看东西方的技术交流状况，我们已经习惯于看到一种反向的流动状态，那种认为东方国家曾经在技术上可能优于西方的观念听上去无异于一声惊雷。但是，随着对技术史和技术传播状况研究的深入，会渐渐清楚地发现，许多机械技术和基础性的发明在欧洲开始使用或独立发展之前，在东方就已经为人所知了。也许这种情形可以概括为，在 1500 年之前，黎凡特地区的国家在技术和发明方面可能已经超越了欧洲，特别是中国比其他任何一个国家都具有创造性。[83] 西班牙骑士鲁伊·德·克拉维约（Ruy de Clavijo）曾经在 1403 年到 1405 年间作为外交使节前往帖木儿的（Tamerlane）宫廷，他评论道："契丹的技工因为他们远远超越其他任何国家的高超技艺而驰名……"[84]

我们在前文已经指出，丝绸制造技术曾穿越亚洲的陆路到达埃及和叙利亚，从那里又到了西西里、西班牙、意大利和法国。这段历史的细节从未经过彻底地清理，因为它太过复杂，也许它永远都无法清理。然而，我们有十分充分的理由可以推测，不仅仅是蚕和养殖技术从中国传到了西方，而且制造丝织品所必需的机械装置也可能经由异邦，比如阿拉伯世界和拜占庭等国的边境，传到了西方。[85] 14 世纪之前，旋转式的卷轴和纺锤形的轮子可能已经传到了欧洲，在 14 世纪的意大利，水力被用于纺织磨坊，这在中国很早就有了。

和丝绸一样，中国雅致的瓷器尽管十分易碎，但仍然穿越陆路被带到了黎凡特和欧洲。12 世纪末期，萨拉丁（Saladin）送给大马士革（Damascus）的苏丹 40 片中国瓷作为礼物。马可·波罗选择福建省的瓷器进行了专门介绍，并把中国瓷器的样品带回了意大利。其他的旅行者们也不无惊奇地评论了瓷器（doree），在 15 世纪，欧洲的王公贵族开始搜集瓷器。被认为最有价值的是半透明的蓝白明瓷，它看上去结合了玻璃和陶瓷两种物质，这些材料对于意大利的技工而言相当熟悉。

82
欧洲的技工们极力地模仿精致且极有价值的中国瓷器。15 世纪，意大利的法恩扎（Faenza）、古比奥（Gubbio）、乌尔比诺（Urbino）、佩萨罗（Pesaro）、威尼斯和佛罗伦萨等地的作坊致力于探寻制造瓷器的秘密，而这早在公元前 2 世纪的中国就已经广为人知了。[86] 尽管他们付出了巨大的努力，意大利的技工们依然不能制造出和中国一样的瓷器。佛罗伦萨的作坊制造出一种被称为"仿白釉陶器"（maiolica）的锡釉陶器，它结合了中国的纹饰和西方的卷叶图案，采用了一种单一的蓝色调。长期因为其玻璃而知名的威尼斯人制造出了一种五颜六色的玻璃，在成分、质地和颜色方面均无法与瓷器相提并论。东方化的图案的到来，使文艺复兴时期的意大利人能够制造一种中国瓷器的替代品。"真正的"硬浆瓷器制造技术在欧洲的发展直到 18 世纪早期才开始。

与丝绸和瓷器一样，火药可能在 1500 年之前就被带到了欧洲。真正的火药是在蒙古人统治后期在中国被制造出来的，它是由硝石、硫黄和木炭混合而成，能够发出烟火；大约在同一时间，欧洲也知道了这一新的发明。在火药的技术发展之后不久，铁制的大炮似乎很快也在欧洲和中国发展起来。根据今天可以得到的信息，无法确定火药和大炮究竟是欧洲还是中国首先发明的。因此，在当前这个学术研究阶段，对于自西向东或自东向西两种传播方向而言，任何一种武断的陈述都没有多大价值。[87] 然而，李约瑟却允诺提供一份"真正的时间表"来证明火药是从东方传到西方的。[88]

当西方的军事和海军防卫技术伴随着火器的发展而得到彻底地变革之时，航海技术也因为磁铁罗盘的引进而经历了深刻的变化。这个器具在一本 11 世纪的中国书籍中得到了充分地描述，可能是经由阿拉伯传到了欧洲。到了 13 世纪，欧洲已经开始使用。虽然有一个立足于详尽的证据之上的好例子可以说明罗盘是从中国传到欧洲的，但是这很可能使人想起尼科洛·德·孔蒂的叙述，他曾指出，和他一起旅行的阿拉伯水手"不懂得使用罗盘"。这个关于罗盘的事例常常和这一断言一起出现：船尾的指针、船头和船尾的装置，以及许多其他的航海发明都是从远东传到了欧洲。

就像火药对于军事技术、罗盘对于航海业的影响那样，紧随其后的是欧洲对于印刷技艺的采用，它的成功发明带来了知识交流上的革命。和其他移植而来的技术一样，印刷技术史上最具争议的问题就是"文化传播说"和"独立发现说"之争。认为欧洲的印刷术应该归于中国的启发这一观念至少可以上溯到1546 年。这一年，一位意大利的历史学家在研究了葡萄牙人从广州带回来的中国书籍之后推测道，古登堡（Gutenberg）的技艺来自中国。[89] 较为晚近的学术研究[90]指出，中国发明了纸张，纸张是印刷术发展的必需之物，造纸术是通过伊斯兰世界传到欧洲的。直到 15 世纪纸张在欧洲才变得常见起来。木刻版印刷技术大概在 14 世纪传到了欧洲，其途径包括通过印刷扑克的引进、旅行者频频谈起的纸币的进口以及宗教诸神形象的印刷。迄今为止，尚没有可靠的证据可以说明欧洲的古登堡和其他人所采用的可移动的活版印刷术是中国或朝鲜的活版印刷术影响的结果。值得注意的是，事实上印度人显然是从欧洲人而不是从中国人那里首次学到了印刷术，而且纸张直到 16 世纪之后才为印度人普遍使用。活版印刷术在欧洲发明的时间大约是 1440 年，这时候距离与中国中断直接联系的时间已经几乎长达一个世纪之久了，由此，活版印刷术看上去应是欧洲的一个独立发现。[91] 无疑，在 15 世纪的欧洲，那些关于活版印刷这一新技术的评论并没有涉及中国。但是许多 16 世纪的航海者惊诧地指出中国人已经拥有了大量印刷出来的书籍。

一千五百年之前，远东给西欧不断留下的是其拥有着优越的技术文明这样的印象。虽然要为每一种观念或者发明的传播建立起一份时间表并非易事，但丝绸和纸张是从中国传到欧洲的，这一点的确是毫无疑问。关于火药、罗盘和木刻版印刷术是否从中国传来的问题，一些学者仍持保留意见，因为这些案例的证据在很大程度上还处于不甚确凿的状态。直到相反的证据出现了，大部分的研究者才接受了欧洲的可移动活版是一项独立的发现这一观点。关于许多其他的设计，比如运河的闸门、弧形的拱桥和独轮手推车等都是从中国移植到欧洲所引发的联想，也使传播的事实更加具有了说服力。[92]不考虑单个案例的优点或局限，用以证明技术自东向西传播的大量证据确实令人印象深刻。大量的技术和发明可能是从东方传到了西方这一现代观念，多少改变了现代人通常的看法：西方的现代化影响了中国。[93]

虽然发明和发明的观念穿越了欧亚之间的壁垒，但是较为抽象的科学思想在一千五百年之前确实未能在彼此间流通。科学思想往往以一种独立的现象出现，虽然并非总是如此，但在大多数情况下都与欧洲接受了亚洲影响没有关系。而且，西方人并没有真正地认为这些科学思想是源自亚洲的发明。虽然关于丝绸发源地的知识可能已普遍为人所知，但丝绸业在黎凡特和欧洲相对缓慢的发展，并没有帮助形成这一正在西方扩展的行业应归功于中国的观念。学会使用磁铁罗盘的欧洲船员们根本不知道也不关心它的技术从何而来——就像美国的农民不去关注作为其创收的很大一部分的大豆最初是从满洲里（Manchuria）进口的那样。技术设备没有与相对复杂的中国科学思想和方法一道传播，这看上去对于欧洲人的亚洲印象几乎没有发挥任何的补充或修正作用。

第七节　总结

15世纪的最后一个十年是欧洲历史上最为重要的年份之一。在这个短暂的时段里，欧洲人向世界展示了海洋是可以通行无阻的，意料之外的"新世界"及其前景在等待着那些有勇气的人前来探寻开发。在美洲和印度被发现的那个十年，意大利的文艺复兴思想向着北欧和伊比利亚半岛传播，从而造就了一个具有批判精神的年代。初步接受了人文主义思想的老师和拉丁书记官们把意大利的"新学"传播到了法国、德国、英国和伊比利亚。德国的印刷业工作者同样开始在欧洲大陆的重要商业、政治和文化中心建立厂房，出版书籍。虽然收藏家们一度继续热衷于图书馆的手写稿，但印刷的材料在量上不断增长，实质上很快就成为信息传播的主要媒介。过去的古典知识被删去了陈旧的附属物，所以在西欧渐渐地更加广为人知，这与航海大发现的信息同时传播开来。古典时代的发现和东方的发现是彼此相关的事件，不仅仅因为它们同时传播，还因为它们既共同动摇了我们对于传统的态度，又促使知识向着我们所谓的"现代"转向。

15世纪西方知识界的核心关注之一，就是通过把古希腊全套文献翻译为拉丁文来复活过去的古典知识。13世纪的繁琐哲学家们"复活"了亚里士多德（Aristotle）；15世纪的人文主义者则重新发现了柏拉图。对于众多知识界的杰出人物而言，古希腊的重新发现和葡萄牙人在大西洋和非洲海岸的地理大发现一样激动人心，也许比那还要重要。因为沉湎于古典学问，甚至连波吉奥那样博文广见的头脑都不能总是理解那些来自非古典资源的新信息，他们常常为之感到疑惑。比如，托勒密的著作的传播有助于提出与新的地理学信息相关的问题，因为这些新信息有时候会带来新旧知识之间的冲突。所以，不必为来自古典文献中的东方知识仍然铭刻在某些人的头脑中而大惊小怪，那些人不信任更为新近的信息，但他们常常是对的，因为包含在那些传教士和旅行者们的描述中的信息有时会相互冲突。

特别是在意大利，许多私人图书馆的藏书包括了斯特拉波、旁波尼乌斯·米拉（Pomponius Mela）和托勒密等人的经典地理学作品，以及马可·波罗和柏朗嘉宾的约翰的中世纪旅行记述。虽然收藏家们试图寻获希腊文本，但他们的书架上包括地理学研究在内的大多数书籍都是拉丁语或当地语言的译本。[94] 早在地理大发现之前，像拉蒙·鲁尔（Ramond Lull）这样的学者已经开始提倡认真研究希腊、阿拉伯和地方的语言。15世纪中期，再次联合希腊和拉丁教会以及加强远方的亚洲基督教群体与欧洲教会之间更为紧密的联系的双重努力鼓励了这一趋势的发展。就像柏拉图大约在两千多年前所做的那样，15世纪佛罗伦萨的人文主义者曾大胆地推测了向西航行就可以找到新的陆地和香料产地的可能性。[95]

但是，在文艺复兴时期，位于地中海沿岸之外的世界的陆地对于受过教育和未受过教育的人而言没有两样，远非他们关注的主要问题。当然，一些特殊的人物，比如《加泰罗尼地图集》的作者亚伯拉罕·克雷斯克斯（Abraham

Cresques），或者是伟大的航海者亨利王子，或者是埃涅阿斯·西尔维乌斯·比科罗米尼（Aeneas Sylvius Piccolomini），他们曾试图把过去的地理学知识和新近的航海者的实际经验协调在一起。但是，正如曼德维尔的著作所显示的那样，15 世纪欧洲人的亚洲印象根本上仍然是由事实、理论和神话混合而成的。有时候，人们对于从古典文献里面继承而来的资料会不加批判地使用，甚至还增添了许多荒诞不经的想法。与此同时，在中世纪生活的其他遗留成分被摒弃很久以后，那个时期出现的神话传说却持续地得到人们的信奉。但是，15 世纪试图把新旧观念组合在一起的进程仍在继续。同时，我们也不能忘记，当一个新的世界最终被发现之时，它非但不能把欧洲人的头脑调整到现实中来，甚至还会使欧洲人开始对超出其知识范围的世界进行较以前更为随意的揣测。[96]

86　　直到 1500 年，地中海沿岸地区趋于上升的商业文明和古典知识中人文精神的复苏才成为导致欧洲人的生活方式和观念变化的主要动因。虽然文学、艺术的主题和技术设备确定是从亚洲引进到文艺复兴时期的欧洲的，但其影响并没有从根本上改变欧洲的生活方式。科学思想中的基督教传统也没有受到采用新的技术设备的明显影响，无论这些技术设备源自何处。欧洲的主流艺术、文学发展方向没有被 13 世纪后获得的新的亚洲知识所改变。在文学、艺术创作方面，虽然修辞的增加带来了非一般的效果，但在基本的形式和风格上并无实质性的改变。在罗马时代，虽然印度的观念可能被并入了摩尼教和新柏拉图主义思想之中，但是几乎毫无例外，后经院学（post-scholastic）时代的基督教和欧洲传统都拒绝承认异域的哲学和宗教观念。欧洲人虽然发现了亚洲，但他们从未觉得有必要依据这种新的知识来改变自己基本的宗教、哲学、艺术或制度传统。直到围绕着非洲的航海路线开辟之后，对于亚洲的认识才开始影响欧洲诸多的思想和实践方式。

注释：

[1] 可参见 Robert S. Lopez 出色的评论文章 "Les influences orientales et l'éveil économique de l'Occident," *Journal of World History,* I（1953-54），594。

[2] 比如，埃及政府对于贸易活动强加了重重检查，参见 R. S. Whiteway, *The Rise of Portuguese Power in Asia*（London, 1899），pp. 7-8。

[3] 关于葡萄牙的情况，参见 Damião Peres and Elentério Cerdeira, *História de Portugal*（Barcelos, 1931），Vol. III; 亦可参见 Charles E. Nowell, *A History of Portugal*（New York, 1952）；H. V. Livermore, *A History of Portugal*（Cambridge, 1947）。有关葡萄牙人在 1460 年地理大发现的简短文献集子，参见 Vittorino Magalhães Godinho, *Documentos sobre a expansão portuguesa*（3 vols.; Lisbon, 1945-46）。

[4] 参见 H. V. Livermore, "Portuguese History," in H. V. Livermore（ed.），*Portugal and Brazil: An Introduction*（Oxford, 1953），p. 59。

[5] 亨利王子是基督骑士团的使徒们的管理者，他在葡萄牙的角色就相当于十字军的坦普勒（Knights Templar）。1420 年亨利王子得到这一职位，毫无疑问，这一职位为他个人的日趋独立提供了助力，并且赋予了他就教团的事务给罗马教廷直接进行沟通的权力。

[6] 参见 Charles E. Nowell, "Prince Henry the Navigator and His Brother Dom Pedro," *Hispanic American Historical Review,* XXVIII（1948），62-67。佩德罗到达的地方向东远至匈牙利，但他明显没有去圣地朝圣。可以确定的是，在佩德罗前往欧洲东部的时候，他结识了一些鞑靼人和印度人。在威尼斯，佩德罗得到了一份马可·波罗的手稿。关于佩德罗的行程参见 Francis M. Rogers, *The Travels of the Infante Dom Pedro*（Cambridge, Mass., 1961），chap. iii。

[7] Rogers, *op. cit.*（n. 6），pp. 65-66.

[8] 参见 Richard Konetzke, "Entreprenenrial Activities of Spanish and Portnguese Noblemen," *Explorations in Entrepreneurial History*, VI（1953），116-18。

[9] 参见 Tito Augusto de Carvalho, *As companhias portuguesas de colonização*（Lisbon, 1902），chap. ii。因为文献资料的缺失以及学界观点的分歧，致使亨利王子时代外国人参与葡萄牙贸易活动的真实情形以及这个时期贸易公司的增多的具体情况无法清楚地得知。在 *Vierteljahrschrift für Sozial- und Wirtschaftsgeschichte* for 1931（XXIV, 282-98）和 for 1932（XXV, 209-50）里面, M. A. Hedwig Fitzler 分别出版了她的 "Überblick über die portugiesischen Überseehandelsgesellschaften des 15.-18. Jahrhunderts" 和她的 "Portugiesische Handelsgesellschaften des 15. und beginnenden 16. Jahrhunderts." 据说，她使用的大量数据和引文都来自葡萄牙人的档案材料，但这些资料遭到了质疑。参见 Virginia Rau and B. W. Diffie, "Alleged Fifteenth-Century Portuguese Joint-Stock Companies and the Articles of Dr. Fitzler," *Bulletin of the Institute of Historical Research*（London），XXVI（1953），181-99。关于对 Dr. Fitzler 多少还算温和一些的指责以及 Rau-Diffi 对于单词 "company" 的意义的见解的修改，参见 Charles Verlinden, "La colonie italienne

de Lisbonne et le développement de l'économie metropolitaine et coloniale portugaise," in *Studi in onore di Armando Sapori*（Milan, 1957）, pp. 617-28。

[10] A. H. Lybyer, "The Ottoman Turks and the Routes of Oriental Trade," *English Historical Review,* XXX（1915）, 577-88, 该书令人信服且急于进行贸易。虽然如此, 但伴随着奥斯曼帝国在这个关键时刻的崛起, 促使了更古老的体系的崩溃和紊乱。

[11] 参见原文, 第 151-154 页。

[12] 各种相关的条约和诏书的文本, 参见 Vol. I of F. G. Davenport（ed.）, *European Treaties Bearing on the History of the United States*（Washington D.C., 1917）。关于教皇的权威地位的讨论以及条约缔结后的状况, 参见 G. E. Nunn, *The Diplomacy Concerning the Discovery of America*（Jenkintown, Pa., 1948）。

[13] 相关细节参见 John W. Blake, *Europeans in West Africa*（London: Hakluyt Society, 1942）, I, 3-63。关于信息保密政策, 参见原文 pp. 151-54。

[14] 关于这个颇具争议性的问题的总结性讨论, 参见 S. E. Morison, *Portuguese Voyages to America in the Fifteenth Century*（Cambridge, Mass., 1945）, 关于哥伦布的问题的概述, 参见 Charles E. Nowell, "The Columbus Question," *American Historical Review,* XLIV（1939）, 802-22; 亦可参见 Nowell, "The Rejection of Columbus by John of Portugal," *University of Michigan Historical Essays*（Ann Arbor, 1937）, pp. 25-44。

[15] 关于这次军事远征以及报告的问题, 参见原文第 64 页。

[16] 参见 Hermann Vanderlinden, "Alexander VI and the Demarcation of the Maritime and Colonial Dominions of Spain and Portugal, 1493-94," *American Historical Review,* XXII（1916）, 18-19。

[17] 相关细节参见 C. E. Nowell, "The Treaty of Tordesillas and the Diplomatic Background of American History," in *Greater America: Essays in Honor of Herbert Eugene Bolton,* ed. A. Odgen and E. Sluiter（Berkeley, 1945）, pp. 1-18。

[18] Nunn*, op. cit.*（n. 12）, pp. 12-13。

[19] 参见原文, 第 67-69 页。

[20] J. A. Williamson, *Maritime Enterprise*（Oxford, 1913）, pp. 54-58.

[21] 曼努埃尔王统治时期的编年史家达米奥·德·戈伊斯（Damião de Góis）谈及了这些会议的情况。参见其作品的翻译, 被引用的内容见 H. Hart, *Sea Road to the Indies*（New York, 1950）, pp.84-85。

[22] 关于这个有争议的事件的相关讨论, 参见 C. Markham（trans.）, *Book of Knowledge ...*（"Hakluyt Society Publications," Ser. II [London, 1912]）, pp. x-xi。原文引用的内容均来自 Markham 的译本。

[23] Rogers*, op. cit.*（n. 6）, pp. 65-67. 关于此人的背景资料, 参见 Joseph Gill, S.J., *The Council of Florence*（Cambridge, 1959）, chaps. i-iii。

[24] 其英译参见 R. H. Major（ed.）, *India in the Fifteenth Century*（"Hakluyt Society Publications,"

Ser. I, Vol. XXII [London, 1857])。原文引用的内容均来自 Major 的译本。

[25] *Ibid*., p. 4.

[26] W. Sensburg, "Poggio Bracciolini und Nicolò de Conti in ihrer Bedeutung für die Geographie des Renaissancezeitalters," *Mitteilungen der K. K. geographischen Gesellschaft in Wien*, XLIX（1906）, 283.

[27] 因为尼科洛·德·孔蒂评论了契丹的人口和一些社会习俗,所以有人认为他去过那里。参见 H. Yule and H. Cordier, *Cathay and the Way Thither*（"Hakluyt Society Publications," Ser. II, Vols. XXXVII-XLI [London, 1913-15]）, I,174-76; Sensburg, *loc. cit.*（n. 26）, pp. 304-7,该书指出,虽然尼科洛·德·孔蒂展示了他的中国社会习俗和活动的知识,但仅凭可以看到的证据仍不足以断定他就过中国。在尼科洛·德·孔蒂的报告的结尾部分,波吉奥也对另一名来自"从印度向北以上的地区"的人进行了简短地描述,这里所说的地区可能就是指契丹。可能这个人是代表契丹的基督教徒的佛罗伦萨议政会的秘密委托人。参见 Rogers, *op. cit.*（n. 6）, p. 264。

[28] Major, *op. cit.*（n. 24）, p. 22.

[29] Sensburg, *loc. cit.*（n. 26）, p. 261. 关于波吉奥的作品的一种分析性描述, 参见 Francis M. Rogers, *The Quest for Eastern Christians: Travels and Rumor in the Age of Discovery*（Minneapolis, 1962）, pp.44-49。

[30] Sensburg, *loc. cit.*（n. 26）, p. 261.

[31] *Ibid*., pp. 266-67.

[32] 与波吉奥的联系参见 Rogers, *op. cit.*（n. 29）, pp. 78-86。德国印刷业者 Valentim Fernandes 出版的马可·波罗行纪的葡萄牙语版本的附录中收录了尼科洛·德·孔蒂的记述。参见 Sensburg, *loc. cit.*（n. 26）, pp. 268-69。

[33] 参见原文, 第70-71 页。

[34] 参见原文, 第69 页。

[35] Rogers, *op. cit.*（n. 29）, chap. iii, esp. p. 59.

[36] Sensburg, *loc. cit.*（n. 26）, pp. 35-70.

[37] 相关引文参见 B. Penrose, *Travel and Discovery in the Renaissance*（Cambridge, Mass., 1955）, p.26。

[38] 虽然我们有理由相信这份报告事实上到达了葡萄牙, 但是没有确切的证据来证明这一可能性。参见 Charles F. Beckingham, "The Travels of Pero da Covilhã and Their Significance," in *Resumo das communcações*, International Congress for the History of Discoveries（Lisbon, 1960）, p. 94。

[39] 参见 Major（ed.）, *op. cit.*（n. 24）, pt. I。

[40] 参见原文, 第 164-166 页。

[41] 关于托勒密, 参见原文, 第67-69 页。

[42] 参见 Henri Cordier, *L'Extrême-Orient dans l'Atlas Catalan de Charles V, roi de France*（Paris, 1894）；Francesco L. Pullé, *La cartografia antica dell'India*（"Studi italiani di filologia indo-iranica," Vol. V [Florence, 1905]）, Pt. II, chap. xii; 以及 A. Kammerer, *La Mer Rouge ... et la cartographie des portulans du monde oriental*（Cairo, 1952）, III, 52。

[43] 关于几个世纪的学术努力和独创性的成果的最好的概括，也许可以参见 Leo Bagrow, "The Origin of Ptolemy's Geographia," *Geografiska Annaler*, XXVII（1945）, 319-87。

[44] 比如，J. C. Gatterer 的 *Allgemeine Welthistorie*（Göttingen, 1792）, p. 148。

[45] *Op. cit.*（n. 43）, p. 387.

[46] 作为努力修改巴格罗早期发表的文章的组成部分的相关讨论，参见 Erich Polaschek, "Ptolemy's Geography in a New Light," *Imago mundi*, XIV（1959）, 34-35。

[47] 其日期常常被误认为是 1462 年。其标题是 *Claudii Ptolem. Cosmographiae libri primi capita*。

[48] *La Géographie de Ptolemée, l'Inde*, Bk. VII（Paris）, chaps. 1-4.

[49] Edward Luther Stevenson 的英译本在翻译和编辑上虽然还有很大的改进余地，但也算是最好的译本了，*Geography of Claudius Ptolemy*（New York, 1932）。

[50] 文艺复兴时期，该书在辨析托勒密的地图和其他地名时的帮助作用，参见 Ivar Hallberg, "L'Extrême-Orient dans la littérature et la cartographie de l'Occident des 13e, 14e, et 15e siècles," *Göteborgs kungl. vetenskaps-och vitterhets-samhälles Handlingar*, 4th ser., VII-VIII（1906）,1-573。

[51] G. R. Crone, "Fra Mauro's Representation of the Indian Ocean and the Eastern Islands," in *Studi colombiani*, Papers read before the International Meeting for Studies on Colombus（Genoa, 1951）, III, 57-64. 作者也提供了这幅地图显示的印度西海岸上的城市名单。

[52] W. E. Washburn, "Japan on Early European Maps." *Pacific Historical Review.* XXI（1952）, 222-23.

[53] 关于马提勒斯和贝海姆的世界地图有着共同的来源的观点，参见 G. R. Crone. "Martin Behaim. Navigator and Cosmographer: Figment of Imagination or Historical Personage." in *Resumo das communições.* International Congress on the History of the Discoveries（Lisbon. 1960）, p. 20。

[54] 柏拉图与亚特兰提斯（Atlantis）的传说有着更为广泛的联系。参见 J. Oliver Thomson, *History of Ancient Geography*（Cambridge, 1948）, pp. 90-92。

[55] 特别是 B. Berenson, *A Sienese Painter of the Franciscan Legend*（London, 1909）；G. Soulier, *Les influences orientales dans la peinture toscane*（Paris, 1924）；Josef Strzygowski, *Influences of Indian Art*（London, 1925）；I. V. Pouzyna, *La Chine, l'Italie et les débuts de la Renaissance, XIIIe-XIVe siècles*（Paris, 1935）。

[56] 关于该问题最好的批判性文章是 Leonardo Olschki, "Asiatic Exoticism in Italian Painting of the Early Renaissance," *Art Bulletin*, XXVI（1944）, 95-108。

[57] 两个例子都来自 J. Baltruvaitis, *Le Moyen Age fantastique*（Paris, 1955）。

[58] 参见 Otto van Falke, *Kunstgeschichte der Seidenweberei*（Berlin, 1913）, pp. 19-34, 以及 A. F. Kendrick, *Italian Silk Fabrics of the Fourteenth Century*（London, 1905-6）。

[59] C. Münsterberg, "Leonardo da Vinci und die chinesische Landschaftsmalerei," *Orientalisches Archiv*（1910-11）, p. 93.

[60] Theodor Benfey, *Pantschatantra: Fünf Bücher indischer Fabeln, Märchen und Erzählungen*（Leipzig, 1859）, I, xxii-xxiii.

[61] T. Benfey, "Die alte spanische Uebersetzung des Kalilah und Dinnah," *Orient und Occident*, I（1862）,497-507.

[62] L. Olschki, "Dante e l'Oriente," *Giornale Dantesco*, XXXXIX（1936）, 68. 亦可参见同一作者的 "Marco Polo, Dante Alighieri e la cosmografia medievale," in *Oriente Poliano*（Rome, 1957）, pp.45-66.

[63] E. Levêque, *Les mythes et les legendes de l'Inde et la Perse dans Aristophane ... Dante, Boccace, Ariste, etc.*（Paris, 1880）, pp. 503-6.

[64] H. Baynes, "Oriental Characteristics in the *Divina Commedia*," *Transactions of the Royal Society of Literature*. 2d ser., XXVI（1918）, 187-200.

[65] *Ibid*. pp. 185-86.

[66] Paget Toynbee, "*Tartar Cloths*." Romania. XXXIX（1900）, 559-60. 亦可参阅 "The Knight's Tale," in Chaucer's *Canterbury Tales*, vss. 2160-61。

[67] Olschki, *loc. cit.*（n. 62）, p. 82.

[68] 引文参见 L. Olschki, *The Myth of Felt*（Berkeley, 1949）, p. 8; Olschki 对于具有争议的段落的解释不太能够接受。他假定一种基于占星学的初的似是而非的解释（pp. 39-42）。双子星 Castor 和 Pollux 在传统的描述中都戴着毡帽，它们被认为是兄弟。因此这个短语就是"在 5 月和 6 月之间"，但丁本人就是出生于 1265 年的双子星 Castor 和 Pollux 之间的月份。

[69] L. Olschki, "I 'Cantari dell'India' di Giuliano Dati," *La Bibliofilia*, XL（1938）, 289-316. 关于描述东方奇迹的两首诗歌的选编本的讨论，参见 Francis M. Rogers, "The Songs of the Indies by Giuliano Dati," in *Resumo das Comunicações*, International Congress of the History of the Discoveries（Lisbon, 1960）, pp. 280-83. 亦可参见 Rogers, *op. cit.*（n. 29）, pp. 94-104。

[70] Benfey, *Pantschatantra*, I, 15; 亦可参见 A. C. Lee, *The Decameron, Its Sources and Analogues*（London, 1909）, pp. 25-26。

[71] *Canterbury Tales* 的第 2156 行。 亦 可 参 见 Robert Sencourt [pseudonym of Robert E. G. George], *India in English Literature*（London, 1925）, p. 34。

[72] 参见 J. H. Manly, "Marco Polo and the Squire's Tale," PMLA, XI（1896）,350,262; 进一步的讨论参见 H. Braddy, "The Oriental Origin of Chaucer's Canacee-Falcon Episode," *Modern Language Review*, XXXI（1936）, 19。

[73] 关于最新的学术观点的概述，参见 Malcolm Letts, *Sir John Mandeville: The Man and His Book*

(London, 1949)，以及 Josephine Waters Bennett, *The Rediscovery of Sir John Mandeville*（New York, 1954）。关于该书作者的身份问题，Letts 认为是"写作这本书的英国人曼德维尔"，而不是被频频确定的 Jean de Bourgogne。Bennett（in chap. xiii）详细地总结了可以看到的关于作者身份的数据，否定了那些认为是 Bourgogne 的观点，并且得出结论说作者可能是"这么一个人（约翰·曼德维尔爵士），因为《约翰·曼德维尔游记》一书指出作者就是他"（pp. 203-4）。虽然列日常常被认为是这本书的写作地点，但 Bennett（p. 176）提出异议说概述可能写在英国。Letts 曾经为"Hakluyt Society Publications"编辑过《约翰·曼德维尔游记》Series II, Vols. CI and CII（London, 1953）。

[74] 相关引文参见 Letts, *Sir John Mandeville*, p. 35。

[75] 参阅 R. Wittkower, "Marco Polo and the Pictorial Tradition of the Marvels of the East," in *Oriente Poliano*（Rome, 1957），p. 156。

[76] Letts, *Sir John Mandeville*, p. 35. 关于其资料的完整概括，参见 Bennett, *op. cit.*（n. 73），chap. i。

[77] 参见"comparative table showing passages common to Mandeville and Marco Polo"in Letts（ed.）, *Mandeville's Travels,* I, 1。亦可参见 Bennett, *op. cit.*（n. 73），p. 38。

[78] 这里和后面的引文都来自 Egerton 的文章（1410—1420 年间），其编辑本和复本收录在 Letts（ed.）, *Mandeville's Travels,* I, 1。值得注意的是，印度仍然被认为是由大量岛屿组成的（参阅原文 chap. i, n. 119）。

[79] 毫无疑问，这里指的是忽必烈大汗在 1293 年发起的侵略战争。详细的描述参见 D. G. E. Hall, *A History of South-East Asia*（London, 1960），pp. 70-72。

[80] 他使用的扬子江和黄河的名字，是从马可·波罗和鄂多立克作品中的蒙古人使用的名字的音译和直译。

[81] 参见 Pegolotti 条目下包括的大量内容，见原文第 45 页。

[82] 关于他的表音符号系统的资料和它们在曼德维尔的作品的各种版本中的演变，参见 Bennett, *op. cit.*（n. 73），pp. 65-66。根据这些怪异的表音符号，托马斯·莫尔爵士（Sir Thomas More）曾在其中构划其乌托邦梦想。并非曼德维尔所有的表音符号都是他的发明，比如其中就包括叙利亚语和希腊语的字母。

[83] 参阅 Singer, "East and West in Retrospect," in Singer *et al.*（eds.）, *A History of Technology*（Oxford, 1956），II, 755；关于中国的技术能力的相反观点，参见 L. Olschki, *Guillaume Boucher: A French Artist at the Court of the Khans*（Baltimore, 1946），p. 61。

[84] *Embassy to Tamberlane*（London, 1928），p. 289.

[85] 参见相关图表，见 J. Needham, *Science and Civilization in China*（Cambridge, 1954），I, 242。亦可参见 R. Patterson, "Spinning and Weaving," in C. Singer *et al., op. cit.*（n. 83），II, 208。

[86] J. Davillier, *Les origines de la porcelaine en Europe*（Paris, 1882），chap. ii；以及 A. Lane, *Italian Porcelain*（London, 1954）。

[87] 参见 J. R. Partington, *A History of Greek Fire and Gunpowder*（Cambridge, 1960），pp. 287-88；

亦可参见 A. R. Hall, "A Note on Military Pyrotechnics," in Singer *et al., op. cit.*（n. 83）, II, 377。

[88] *Op. cit.*（n. 85）, I, 231.

[89] T. C. Carter and L. C. Goodrich, *The Invention of Printing in China and Its Spread Westward*（New York, 1955）, p. x.

[90] *Ibid.*, pp. 241-42.

[91] 关于活版印刷术作为欧洲的独立发现的一个令人兴奋的推理过程，曾有过清晰地表述，参见 Pierce Butler, *The Origin of Printing in Europe*（Chicago, 1940）；另一方面，李约瑟（*op. cit.* [n.85], I, 231, 241-42）也同意传播说。

[92] 参阅李约瑟的图表，见 *op. cit.*（n. 85）, I, 242；关于传播说的较好的推理性研究，参见 R. B. Dixon, *The Building of Cultures*（New York, 1928）, esp. chap. vii.

[93] 可参见一篇具有暗示性的文章，虽然该文可能有些肤浅，这篇文章是 B. F. Cressey, "Chinese Traits in European Civilization," *American Sociology Review*, X（1945）, 604。

[94] Pearl Kibre, "The Intellectual Interests Reflected in Libraries of the Fourteenth and Fifteenth Centuries," *Journal of the History of Ideas,* VII（1946）, 293. 在 15 世纪，一个拥有 800 到 900 册图书的收藏量被认为是较为理想的（*ibid.*, p. 258）。通过分析大部分收藏的书目名单发现，神学和繁琐哲学的趣味仍然占了主流位置，大部分书籍仍然是用拉丁语写就的。虽然人文主义者们主要关注的是希腊学术的复兴，但有时也会搜集一些希伯来语（Hebrew）、阿拉姆语（Aramaic）和阿拉伯语的经典文献（*ibid.*, p. 217）。

[95] Thomas Goldstein, "Florentine Humanism and the Vision of the New World," in *Resumo das comunicações,* International Congress for the History of the Discoveries（Lisbon, 1960）, p. 133.

[96] 参见 16 世纪的人们对于发现世界的多样性以及宇宙的无限性的思考可能造成的影响，见 W. G. L. Randles, "Le nouveau monde, l'autre monde, et la pluralité des mondes," in *Resumo das comunicações, International Congress for the History of the Discoveries*（Lisbon, 1960）, pp.162-63.

第二部分

新信息渠道

导　言

关于地理大发现的历史，最为人忽视的一个方面就是作为一个整体的欧洲
是如何逐步了解世界的其余部分的。然而，在最近几年，学者们已经逐渐意识
到新的前景的开辟对于欧洲自身的重要性。欧洲扩张的历史最好视为一项涉及
西欧大部分国家的商品、居民和货币的冒险性事业，这一观念的日益增长促使
人们对于地理大发现的重要性有了新的认识。这种强调并不意味着对于伊比利
亚国家被公认的成就和巨大的牺牲的否定，因为这些国家曾引领人们穿越航海
图上未注明的海域到达未知的陆地。来自许多国家的冒险的人们很快意识到了
葡萄牙和西班牙的探险事业的革命性暗示，于是就急切地想成为该探险队伍的
一份子，并急于从中获益，这些情形都得到了有意识地展示。葡萄牙人在东方
的冒险在局外人看来特别有趣，因为卢济塔尼亚人（Lusitanians）和卡斯蒂利
亚人不同，他们似乎找到了直接获得珍贵的香料的线路，并且已经与富饶、强
大、丰裕的东方文明建立起了一种永久性的联系。

在整个欧洲大陆，对于海外活动的全体参与产生了普遍的效应，它经由西
班牙人传到了其他国家。欧洲人获得东方知识的渠道多达成千上万，和参与开
辟海外事业的人数一样多。显然，追踪每一种渠道的信息来源既不可能也没必
要。在我们致力于了解欧洲公众都知道东方的哪些方面的过程中，我们把考察

范围限制在 16 世纪确实已经出版过的文献材料之内。因为海外的行政官员、士兵和水手的报告对于这个时期的普通公众而言不易获得，所以，我们避免对于特定类型的信息进行详细分析，比如葡萄牙的官方资料。在 16 世纪中期之后，宏富的葡萄牙编年史和欧洲人的旅行集子的公开出版，葡萄牙帝国的知识逐渐为普通人所关注。与葡萄牙的政治机构相比，基督教传教团在构成上更为国际化，较少有秘密的倾向，它同时还是 16 世纪关于亚洲的非商业和非政治方面的生活信息的重要提供者。因此，我们将把它的发展历史作为理解基督教会评论者以及历史学家的观点和倾向的必要背景，从而加以详细地考察。出于这些考虑，我们把讨论限定在三个主要的新信息渠道上：香料贸易的经营以及欧洲与它的普遍关联；人们对于印刷出版的关于发现亚洲的线路图、通俗读物、书简、地图、旅行记述、文献汇编以及历史的广泛兴趣的增长；亚洲的基督教传教团通过出版的书简传播出来关于其成功或失败的消息。我们接下来首先讨论欧洲的香料贸易，用以阐明它在欧洲人准备接受和散播关于东方的文献材料方面的重要性。

第三章　香料贸易

1498 年以后，欧洲的个人开始逐渐与亚洲的文明发生联系，这一现象虽然姗姗来迟，但是它依然为欧洲人的亚洲观增添了一种现实维度，使西方人更易于在相似的文明成就级别上与异域的人们进行比较。亚洲物产的出现，有助于创造一种氛围，即旅行描述和口头报道中涉及的物品数量和异域样貌更为可信。人们对亚洲的印象不再局限于远古的传说，或者是从事贸易的穆斯林和犹太人讲述的不可靠的故事，或者是基督教传教团和商人们的孤立描述。前往印度的海路开辟以后，发生在马拉巴尔海岸、马六甲和香料群岛（Spiceries）的事件，在欧洲南部和西部的贸易中心就成为司空见惯的小道传闻。关于亚洲贸易所有方面的传闻都被人们进行比较，报告被人们质疑，信息也被出卖。香料贸易是有关亚洲的商业活动和沿欧洲贸易路线的诸多信息中，一个极其重要的内容。

意大利人、德国人、法国人、西班牙人、英国人和荷兰人，无论是水手、商人，还是政客都密切注视着香料贸易市场阴晴难测的变化和运至威尼斯和里斯本的货物。教皇本人同样也对葡萄牙人的贸易扩张事务保持着密切的关注与联系，他从到达罗马的葡萄牙使团那里搜集贸易信息，并派遣传教团前往亚洲吸纳当地人皈依基督教。安特卫普、威尼斯和奥格斯堡的银行家们焦虑地观望着为控制胡椒贸易而引起的争斗，争斗的双方是指望恢复使用旧的黎凡特贸易路线的人们和那些与葡萄牙人交易的人们。比如，富格尔家族（the Fuggers）和其他欧洲重要的商业银行集团都在搜集各种与东方探险和贸易相关的信息，以便实现在亚洲和欧洲同步发展。[1] 我们可以假定，奥格斯堡的富格尔家族把相关的信息传达给了他们众多的分支部门和其他公司的商业联盟。因为其他大型的商业集团对于海外贸易也一样有着同样的兴趣，所以他们之间也不断地进行着相同的非正式信息服务。[2]16 世纪，虽然这些报告按照惯例都不会出版，但是它们有助于提高人们了解东方信息的兴趣，并为其提供背景资料，使之更为快捷。接下来的讨论将会详细地展示大西洋的香料贸易是如何发展，如何促成了欧洲商业的重新定位的，以及它如何激发了人们一种对于东方事物的普遍的、强烈的兴趣。

第一节　瓦斯科·达·伽马的首次远航

在迪亚斯于 1487 年的归航与瓦斯科·达·伽马（Vasco da Gama）的舰队起航之间横亘着一个十年，它在葡萄牙和里斯本的历史上是一个充满了戏剧性的转折和令人激动不已的、充满活力的时段。在若昂二世（1481—1495 年）的英明治理下，里斯本逐渐以稳固的步伐演变为非洲贸易的行政、规划和推销中心，若昂王和他的顾问们越来越警觉地关注着商业和航海业的发展状况。早期在葡萄牙建立的管理非洲贸易的机构的发展情况基本上不为人所知，[3] 但是，在 1415 年之前的某个时段，休达商行（Casa de Ceuta）在里斯本建立，用以管理与北非之间的贸易活动。在亨利王子的领导下，几内亚商行（Casa de Guiné）于 15 世纪中期在拉各斯（Lagos）成立。大约在若昂王登上王位不久，几内亚商行就被迁往里斯本，从那以后，它与休达商行以及最初为了监督葡萄牙和圣多默、马德拉群岛（Madeiras）和亚速尔群岛（Azores）之间的商业活动而建立起来的贸易组织联合起来履行其职能。大约在几内亚商行迁往里斯本的同时，远征队伍于 1480 年被派往非洲建立圣乔治城堡（Castel de São Jorge da Mina）。自此以后，直到 15 世纪末，它才或以其原来的名字，或以新的称呼即几内亚和米纳商行（Casa da Guiné e Mina）为人所知。

非洲贸易组织为规范葡萄牙和印度之间的商业活动设置了新的管理模式。事实上，1499 年以后，几内亚和米纳商行完全与印度商行一样知名。从可见的文献（包括外交文件、宪章、法令等）拼凑起来的资料看，15 世纪早期，在里斯本建立起来的货栈和机构成为休达商行的总部。第一支派往几内亚的帆船队可能就是在休达商行装备起来并获得供应的，虽然非洲西部的贸易活动很快在拉各斯拥有了自己的组织机构。1455 年，费尔南·戈麦斯（Fernão Gomes）被委任为拉各斯的几内亚商行的收税员（recevedor），从那时起，所有到几内亚进行进出口贸易活动的人都被要求须通过邻近的货栈机构的批准才行。几内亚商行的另一个行政职员是书记官（escrivao），其职能在于记录和监督货物的动向和付款。所有在海外商业活动中预定下来的欧洲货物和所有从非洲进口的货物的数量都由书记官来登记，以便收取相应的关税作为王室的财富，国王赊账的货物则不被包括在内。1470 年，大部分来自几内亚的珍贵货物都被王室所独占，从那以后，所有个体贸易者都被禁止非法经营。商行迁到里斯本之后的第六年，也就是 1486 年，一个分部被建立起来专门管理奴隶贸易，这个分部在管理技巧的需求方面自然与商业活动不同。在非洲贸易活动中，无论是奴隶贸易还是货物贸易，外国人一直被禁止直接参与其中。

但是，这并不意味着外国人就对葡萄牙人的贸易活动不感兴趣或者彻底与之隔离。自从 13 世纪末期开始，在葡萄牙的意大利商人一直都很活跃。在14 世纪和 15 世纪早期，在里斯本聚居的热那亚人似乎起着带头作用。[4] 瓦斯科·达·伽马启航前的两个世纪里，佛罗伦萨的大划桨船已经从佛兰德斯（Flanders）出发到达里斯本了。[5] 15 世纪中期，在葡萄牙的热那亚和佛罗伦萨人已经相当地杰出，以至于被葡萄牙国会（Portuguese Cortes）一再地专门加以评价。因为意大利人介入了零售贸易，并且把葡萄牙的探险活动信息传播到了国外，他们被指责向国外偷运贵重的金属。即使国王同意国会的指责，也无法切断他与意大利人的密切联系，因为他在处理国际事务中时，需要作为中间人的意大利人的财政支持和国外贸易经验。

1424 年，居住在里斯本的热那亚人巴托洛梅奥·罗梅尔里尼（Bartolommeo

Lomellini）创立的家族很快成为葡萄牙和马德拉群岛的贸易和财政界中的佼佼者。佛罗伦萨的马奇奥尼（Marchionni）商业家族似乎早在 1443 年就在里斯本拥有许多财富。[6] 1486 年，当巴托洛梅奥·罗梅尔里尼为卡维拉哈（Covilha）和帕伊瓦（Paiva）横越大陆的远征队安排信贷时，他显然在里斯本的银行界已经有着举足轻重的地位。佛罗伦萨著名的巴尔迪（Bardi）银行于 1471 年在里斯本设立了一个分部，显而易见，在整个地理大发现时期，它在里斯本一直履行着自己的职能。[7] 1485 年，雅各布·富格尔（Jakob Fugger）在里斯本开了一家账房。1486 年，富格尔委派西班牙商人克里斯托巴尔·德·哈罗（Cristobal de Haro）作为他的代理商前往葡萄牙。[8] 在新世界发现之前，克雷蒙纳（Cremona）的阿菲塔迪家族（the Affaitadi）致力于有利可图的白糖贸易，其活动从马德拉群岛一直延伸到葡萄牙、意大利和低地国家（Low Countries）。在里斯本，乔万尼·弗朗西斯科·阿菲塔迪（Giovanni Francisco Affaitadi）掌控着糖贸易的利益。[9] 1496 年之前，葡萄牙国内商业活动主要渠道的掌控者看上去都是犹太人和新基督教商人，其中仅有一部分是葡萄牙本土人。与地理大发现和贸易活动频频发生联系的外国人都是武器和制图学方面的专家。[10] 来自德国和佛兰德斯的印刷从业者为伊比利亚海岸上这个一度遥远的海港开放后的种种机会所吸引，他们或者作为君王的侍从、或者作为不带武器的创业者聚集在里斯本。因此，在通往印度的道路开辟之前的那个世纪，可以看到里斯本已经极为迅疾地成为欧洲重要的货物集散地，还是那个时期一些在欧洲经营的最大的商业公司和银行代表的会聚之地。

当曼努埃尔王在 1495 年登上王位之后，他的一个重要举措就是驱赶葡萄牙境内的犹太人。在西班牙的引导下，曼努埃尔王通过国家行动，致力于打破犹太人和摩尔人对于葡萄牙的经济和贸易的控制。尽管曼努埃尔王的议会成员警告他在这样一种极端的举措之后，将迎来经济上的举步维艰，但他依然在 1496 年下令要求未受洗礼的犹太人和穆斯林在十个月之内离开他的王国。[11] 显然，被驱逐的犹太人和摩尔人的权利和生意遭到了国王的剥夺，被移交到了基督教爵士的管理者手中，他们反过来又把这些生意租借给了意大利的商人和银行家们。如此，曼努埃尔王甚至在下达驱逐犹太人和摩尔人的法令之前，可能已经积聚了一部分资本和存款，以备其舰队之需。1495 年年底，曼努埃尔王决定派遣其舰队前往印度。

佛罗伦萨的商人在激励和帮助国王派遣远征队中所扮演的角色，还没有得到完全准确地评估。在犹太人被驱逐出境之后，佛罗伦萨的商人们可能已经预先获取了财政方面的优势，他们可能用自己的一部分资产供给了国王舰队的装备。长期以来在威尼斯致力于寻获香料的德国银行家和商人也可能对里斯本的贸易事务投入了极大的关注。当然，当瓦斯科·达·伽马的舰队在塔霍河（Tagus）两岸整装待发之际，富格尔家族在西班牙的代理人克里斯托巴尔·德·哈罗（Cristobal de Haro）也积极活跃地出现在里斯本。[12]

远征舰队的组建设定的目的地是印度，它启航的时间处于哥伦布 1493 年的归航和若昂王 1495 年去世之间。迪亚斯对于非洲顶端的发现仅仅开发了一片近乎荒芜的陆地，虽然里斯本人对此多少有些失望，[13] 但迪亚斯还是负责为其新的舰队建造了两艘领航的船只，即"圣伽布里尔"（São Gabriel）和"圣拉斐尔"（São Raphael）。[14] 显然，造船的工作是在将合适的木材从王室的森林带到里斯本之后才开始的。在迪亚斯亲身经历了用装有三角帆的船只航行之后，他似乎确定这种小船与一种被称为"圆船"（nãus）的船只不同，因为"圆船"更为沉重有力且更为宽敞，因而更适用于海上远航。在前往印度的漫长航程中，他们的"圆船"被设计得非常安全，船员们也感到舒适。与此同时，技术上的准备也开始了，相关的书籍和数据得到了搜集，工具也准备好了，船员们也开始学习使用身边的各种装备。[15] 曼努埃尔王在 1495 年决定继续派遣远征队之后，从里斯本人那里购得了两只更小的船只，用以补充远征的舰队。那时候，几内亚和米纳商行的代理人费尔南·洛伦索（Fernão Lourenco）被国王传唤，要求他"像以前那样尽可能迅速地为舰队提供装备和一切必需的东西"。[16]

虽然葡萄牙人的船只比较小，而且几乎没有几艘能够达到当时的标准，但他们为远航投入了很多关注，而且预先慷慨地为之供给了大量的物资。杜阿尔特·帕切科·佩雷拉（Duarte Pacheco Pereira）在 1507 年到 1508 年间的著述中写道：

葡萄牙最优秀、技术最高超的领航员和水手都被纳入了此次航行的队伍，除了其他的好处，他们得到的薪水要比其他任何国家的海员都高。用在远征船只上的花费是如此的高昂，以至于我不能详加说明，因为那着实令人难以置信。[17]

显然，国王希望能够确保一切准备工作都要做好，以保证远征队伍成功地发现目的地，他把一切都委托给了自己的廷臣和航海专家瓦斯科·达·伽马。

航程中的细节不是我们要关注的问题。这项研究的首要目的在于理解这次远征的成功对于葡萄牙、威尼斯和欧洲其他地方意味着什么。至于瓦斯科·达·伽马的船队，应该首先被定性为发现者，还是外交使节，这个问题对我们来说并不重要。[18]根据瓦斯科·达·伽马在首次远航时表现出的能力，我们足以把他评价为一个老练的海员和经验丰富的外交家。无论从哪个角度看，瓦斯科·达·伽马的首次远征在本质上都是在履行一种向海外开拓的使命。

尼古拉斯·科埃略（Nicolas Coelho）统领下的"波利奥"号（Berrio），可能在1499年7月10日悬挂着马奇奥尼家族（House of Marchionni）的旗帜，[19]回到了塔霍河的河口。瓦斯科·达·伽马本人因为他兄弟的死亡，在亚速尔群岛耽误了一段时间，最终在8月29日到达了里斯本。十天后，瓦斯科·达·伽马进入里斯本庆祝胜利归航，并完成了他成功远征的官方报告，这份报告得到了广泛地流传。然而，当瓦斯科·达·伽马得知派遣出去的四艘船仅仅回来了两艘之后，他多少有些沮丧。显然，远航是可能的，但同样明确的是其风险也是巨大的。

曼努埃尔王很快就意识到了发现海路的重要意义。曼努埃尔王立即给葡萄牙的所有城市发了一份有关此次航海成就的通告。在写于1499年7月，也就是"波利奥"号刚刚返航之后的一封信里面，国王得意洋洋地急速把有关消息传达给了他新的岳父岳母费迪南王和伊莎贝拉王后：

……我们得知他们的确发现并到达了印度和其他王国以及与印度毗邻的领土；他们还进入了印度的海域，在那里航行，找到了许多大城市、雄伟的建筑物、河流以及大量的居民，这里的居民们都在进行香料和宝石方面的贸易活动……他们带回了许多香料和宝石，包括肉桂、丁香、生姜、肉豆蔻和胡椒，以及其他种类的香料的枝叶；还有各种各样的精美宝石，比如红宝石等等。[20]

曼努埃尔王也告诉卡斯蒂利亚的统治者们，卡利卡特（Calicut）的人们都是基督教徒，这事实上是瓦斯科·达·伽马长期坚持的一个错误认识，虽然他曾经为卡利卡特人们怪异的宗教活动感到震惊。[21]虽然曼努埃尔王已经认识到"他们在信仰方面并不坚定"，但他依然觉得"一旦他们……加强信仰的话，将有机会消灭那些地方的摩尔人"，并把香料和宝石的贸易转到基督教徒的手中。

瓦斯科·达·伽马在1499年8月底乘坐"圣伽布里尔"返航之后，曼努埃尔王就给罗马的红衣主教摄政者（Cardinal Protector）D. 豪尔赫·达·科斯塔（D. Jorge da Costa）写信。[22]随同这封信还附了一份给教皇亚历山大六世（Pope Alexander VI）的"书信的草稿"，但这一文献至今没能发现。特别有趣的是曼努埃尔王在信中使用的称谓，就我们首次了解的而言，他的新称号是"几内亚的领主和征服者，埃塞俄比亚、阿拉伯、波斯和印度的航海和商业的统治者"。曼努埃尔王写这封信的主要目的是要得到罗马教皇对这一称谓及其在海外的权力的真正确认。[23]曼努埃尔王也给红衣主教写信说，卡利卡特的居民是基督教徒，普林尼的塔普罗班纳（Taprobane）就是锡兰，瓦斯科·达·伽马回来时带着"五个或六个印度人"，一个犹太商人，还有一个突尼斯（Tunis）的年轻摩尔人。这个摩尔人很快接受了洗礼，过继给了瓦斯科·达·伽马，并被赐予了一个不一般的名字：加斯帕尔·达·伽马（Gaspar da Gama）。

虽然这些关于印度的报告在欧洲激起了一系列的好奇和猜测，但是舰队带回来的货物仅仅是些在东非和马拉巴尔海岸就能得到的普通样品而已。首次远征的葡萄牙人几乎没有参与任何印度的商品贸易，一些水手确实曾在好奇心的驱使下竟脱下背上的衬衫用以交换当地的商品。即使葡萄牙人能够买到很多货物，但他们仅用两艘载满了人的船无法把大批量的东西带回来。然而，他们还是带回了足够的货物，来让所有参与远征的人们都能够分一杯羹。瓦斯科·达·伽马本人得到了 10 公担（英担）的胡椒，他兄弟的继承人得到了 5 公担，尼古拉斯·科埃略得到了所有的"药材"1 公担，每个舵手和船员得到了 0.5 公担的香料。[24] 虽然这些货物的量都很少，但是它们在里斯本的价格却很昂贵，所以其中的回报还是相当可观的。[25]

对于国王而言，最为丰厚的回报是未来海外探险事业有利可图的前景，以及其国家与欧洲的商业和银行之间的财政信誉的加强。因为卡利卡特的扎莫林（Zamorin，按照字面意思理解即海上的首领或者统治者）受到了强大的穆斯林商业组织的影响，认为来自基督教世界的新势力威胁到了其贸易上的优越地位，没能对瓦斯科·达·伽马提出制定贸易条约的建议给予肯定的答复，因此瓦斯科·达·伽马在卡利卡特受到的接待并不尽如人意。尽管如此，他们对未来的贸易的乐观情绪还是在不断地高涨。[26] 毕竟葡萄牙人到了印度，而且了解到欧洲人极度渴望的物产在那里可以得到，其价格仅仅是时下欧洲价格的极小的一部分。葡萄牙人搜集到了关于南大西洋和印度洋的一些有价值的信息，为将来的航海活动做了准备；他们同时还在东非海岸确定下了一些据点，可以用作号召前往印度的漫长航程中停靠的港口。最后，瓦斯科·达·伽马明白了和平贸易是不可能的，对于葡萄牙人的船只和大炮而言，那些聚集在印度洋航线上的不堪一击、没有武器的船只根本无法与之匹敌。从印度本土和阿拉伯带回来的舵手那里，可以得知到目前为止，在贸易活动中存在的许多可能性都还没有得到正确地评估。尽管与加斯帕尔·达·伽马的观点相反，但许多葡萄牙人仍然坚持认为，既然印度人都是基督教徒，那么他们肯定更愿意与其他基督教徒而不是异教徒进行贸易。（这正好使人想起基督教徒圣多默正是胡椒贸易的重要参与者，最初印度人对于和欧洲的基督教徒加强联系有着极其强烈的兴趣。参看原文，pp.231-232。）在欧洲的其他部分，葡萄牙与印度之间的贸易既激起了希望，同时还伴随着恐惧。但是对于曼努埃尔王来说，他为之开心不已，所以在 1499 年秋季，就在里斯本又组织了一支新的舰队，着手于一个大规模的公共事务规划，准备在太阳底下重新创建一个新的"里斯本"。

第二节　葡萄牙与印度间贸易的开启，

1499—1503 年

　　曼努埃尔王对于前往印度的海上航路的发现有着积极的反应，决心把里斯本变成香料贸易的中心，他对公共事务的规划也是雄心勃勃，决定把自己整个国家的建设方向定位在贸易方面，要想真正理解曼努埃尔王的这些举措，唯一的途径就是关注 15 世纪末期的香料是多么的昂贵和稀缺。在 1499 年的威尼斯，胡椒的绝对价格高达每英担 80 达克特（ducat）①之多。在威尼斯的里亚尔托桥（Rialto），在不到五年的时间里，胡椒的价格几乎翻倍，其他香料的价格也相应地大幅攀升。在遥远的安特卫普，其价格同样也在上涨。与此同时，瓦斯科·达·伽马得知了胡椒在卡利卡特仅用 3 达克特就可买到 1 英担。在 15 世纪的最后几年里，在威尼斯，几种特定的香料根本就无法得到。[27]

　　香料的价格戏剧性的上涨，其稀缺性也不能仅仅归因于处于中介位置的几个大国对于更高的利润的谋求。事实上，15、16 世纪之交在东方地中海沿岸国家发生的普遍的政治危机，是导致香料贸易市场那恼人的混乱的主要原因。大约在 1496 年，土耳其帝国在其贸易回收中遭遇了 16% 的亏损。埃及在 1496 年开始了一场持续性的危机，导致了其维持贸易路线敞开的核心权威地位一去不返，开罗（Cairo）的香料贸易市场被强制终止商业活动。与此同时，在意大利，许多银行遭遇了破产，商业生活的正常进程也被法国人的入侵、掠夺和勒索中断了。1489 年，在威尼斯和土耳其为了争夺达尔马提亚（Dalmatian）海岸的控制权而开战之际，东方的地中海沿岸的境况甚至变得更为混乱。显而易见，出于这些复杂的原因，威尼斯人在 1499 年到 1500 年间没有从亚历山大港或者是贝鲁特（Beirut）进口任何的香料。加泰罗尼亚人、法国人和热那亚人都同时利用了威尼斯卷入战争的大好时机，尽可能地在东方的地中海沿岸的香料贸易

99

---

① 　古代欧洲流通的一种钱币。——译者注

市场中为自己牟利。因此，在瓦斯科·达·伽马的船队于 1499 年回到塔霍河后的几年里，西欧的香料一直都很稀缺，其价格也在反常的上涨。[28]

曼努埃尔王尽可能地运用所有的手段派遣舰队远征东方，其目的在于充分利用这一混乱的商业境况。在里斯本的海湾一带，国王的活动最为引人瞩目。国王计划把印度商行和货栈（armazem）向下转移到码头。[29] 他同时在塔霍河岸也建起了许多码头，意在为料想中增长的贸易准备条件。可能是为了美化和净化城市，国王颁布法令，要求环绕着城墙的空间要清理出来，并且命令杂乱分布在修道院内的橄榄树要被移除。在位于下游的距里斯本仅仅数里的里斯泰罗（Restello），曼努埃尔王从基督教教友（Brother of Christ）们那里购买到了陆地和建筑。正是在亨利王子建立的小教堂里面，启航前的瓦斯科·达·伽马与上帝言归于好，据我们今天猜测，未来的统领者将会做同样的事情。热罗尼莫斯修道院（Monastery of the Jerónimos）的修建工作迟至 1499 年才开始，其郊区被重新命名为贝伦（Bélem）。在接下来的半个世纪里，后来持续修建下去的修道院在今天看来已成为曼努埃尔式（Manueline）风格的建筑中最伟大的遗迹之一，同时它也是 16 世纪初期席卷里斯本的物质主义风潮增长的一个重要象征。

然而，国王并没有完全把精力放在公共事务上。他同时还忙于装备一支新的更为庞大的舰队的工作。虽然国王以及当时的许多人都确信葡萄牙人在印度的使命是神圣的，然而仍然有人建议在这件事上需要谨慎。他们指出，为一个小小的国家投入巨大的开支，并把它视为一项伟大的事业，其中存在着风险。印度整个国家的人口估计也不过 110 万，而里斯本这座城市的居民在最多时就有 5 万之多。[30] 虽然有来自米纳的金子，来自马德拉群岛的糖，还有来自犹太人和摩尔人被充公的财产，这些因素共同给予了国王一次新的财富积累，但为了给一支包括 1 200 人和 13 艘船的远征队伍提供装备，并为之提供贸易中需要的货物，葡萄牙仍然负担繁重。

在为第一次重大的商业性航海选择船员时，国王投入了极大的心思。具有贵族血统的年轻水手佩德罗·阿尔瓦雷斯·卡布拉尔（Pedro Alvares Cabral）被委以指挥舰队的重任，他的许多船长都是从葡萄牙的上流社会中招募而来的。

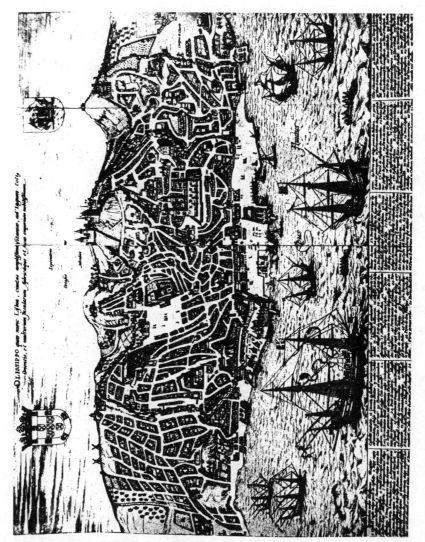

17. 16 世纪后期的里斯本。来自 J. F. Schütte 的 *Valignanos Missionsgrundsätze für Japan*（Rome, 1951）。

18. 16 世纪中期的安特卫普。来自 Lodovico Guicciardini 的 *Description de touts les Pays-Bas* （Arnhem, 1593）。在此对芝加哥大学图书馆（University of Chicago Libraries）提供的支持表示衷心的谢意。

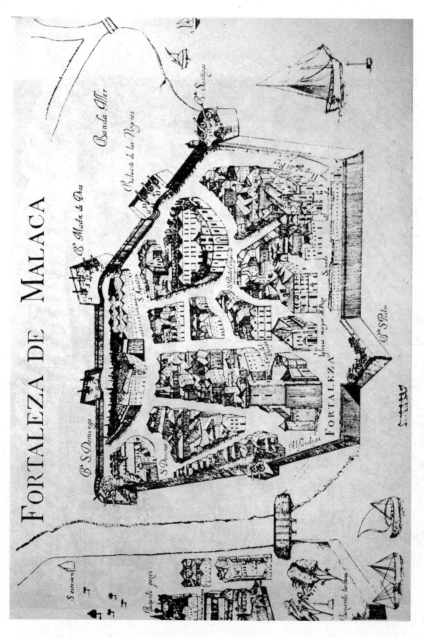

19. 马六甲的要塞，约作于 1630 年。来自 *Journal of the Malayan Branch of the Royal Asiatic Society*, Vol. XXXVIII, Part 2。

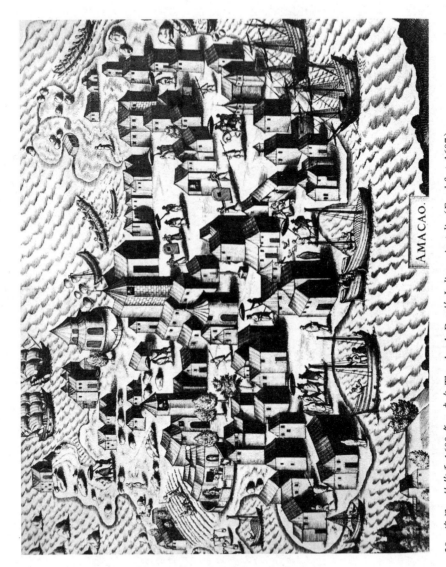

20. 澳门，约作于 1600 年。来自 Theodor de Bry 的 *Indiae orientalis*（Frankfurt, 1607）。

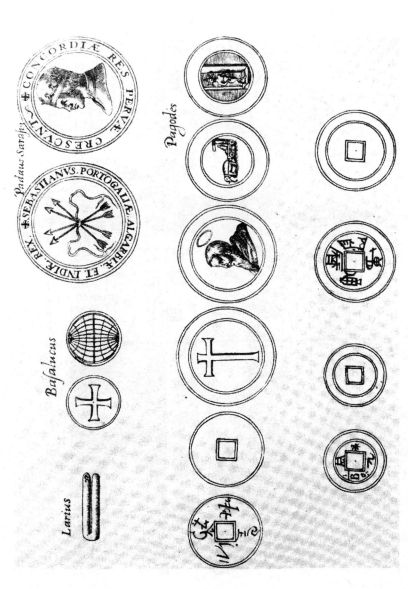

21. 在印度东部、 牛贝、 霍尔木兹 （Ormuz）、 果阿、 马拉巴尔、 孟加拉， 以及 科罗曼德尔 （Coromandel）、 马六甲的商业活动中使用的硬币。 来自 Theodor de Bry 的 *Indiae orientalis* （Frankfurt, 1599）。

22. 安特卫普的交易所。来自 Guicciardini 的 *Description de touts les Pays-Bas*。在此对芝加哥大学图书馆提供的支持表示衷心的谢意。

23. 16 世纪的里斯本港口。这是一幅版画，它最初出现在 Hans Staden 的作品 *Wahrhaftige Historia und Beschreibung einer Landschaft der ... Menschenfresserleuten in ... Amerika*（Frankfurt, 1592）中。仅仅一名画家对于里斯本的描绘未必能够反映出其真实的情形，这幅版画是对 16 世纪典型的欧洲海港有趣的描绘。来自 Albino Forjaz de Sampaio 的 *Historia da literature portuguesa*（Paris, 1929-32）。

24. 一艘小商船，约作于 1532 年。这幅水洗画是年轻的 Hans Holbein 的作品。很早就珍藏在法兰克福主要城市的博物馆（Frankfurt am Main City Museum）里面。现在还在那里。采自 G. S. Clowes, *Sailing Ships* (London, 1936)。关于这幅画学术性的讨论，参见 *ibid.*, II, 19.

25. 曼努埃尔王的航船（Manuelina Naus.）。一幅描述葡萄牙船只运行的油画，格雷戈里奥·洛佩斯（Gregorio Lopes）约作于1521年。来自 Forjaz de Sampaio 的 *Historia da literature portuguesa illustrada*。

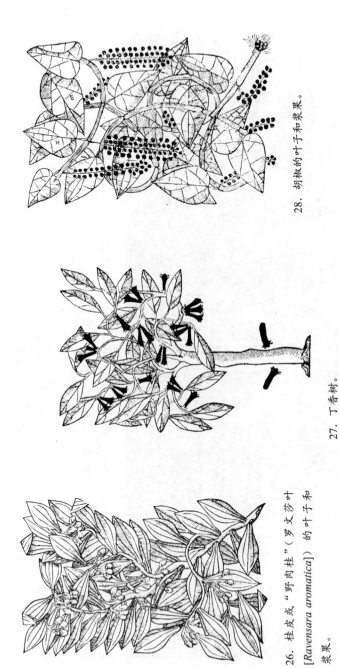

26. 桂皮或"野肉桂"（罗文莎叶 [Ravensara aromatica]）的叶子和浆果。

27. 丁香树。

28. 胡椒的叶子和浆果。

这些画作由 Cristobal de Acosta 完成。这里是从 Sir Clements Markham（ed. and trans.），*Colloquies on the Simples and Drugs of India, by Garda da Orta...*（London, 1913）中复制而来的。

XV.
IDEA LANTOR, ASSA, PIMEN-
TA DEL RABO, TALASSE, MANGO.
stans,&Pipetus.

ANTORÈ Coquos seu nucum Indicarum classe est, folia proferens porrectiuri longitudine, quibus Papyri accindi-gena vtuntur. Pimenta del Rabo seu cubeba, quarum modo in arbore quadam proueniunt: quas Indi in tanto habent pretio, vt non nisi cocta eas in terras alienas exportent.

Simul adduras arbor Tamarindi seu Assati, vt & herba Talasse, in Iaua celebris: nec minus fructus aliæ Mangosfians, & rotundi nigri piperis in Iaua prodeuntis, quod Sabang incolæ vocitant.

30. 东印度的树木和植被。

XII.
DE ALGA SEV ARVNDINE
INDICA, BAMBVS DICTA, ITEM DE
arbore radicofa: & tandem de arbore
Duryoens.

RVNDINIS quaddam in Indiagenus prouenit, quod Indi Bambus vocant, crassi-tiem femoris æquans, craffo-item fomaro cortile occupans.

Arbor quoque alia ibidem prouenit, Arbori de Rays à ke radicibus nuncupata, è ramis ramia filamenta plurima descendunt, quæ terram attingentia illi se demà insinuant, & radice agentia ramos vicissim alio sursum paruriunt, quæ & ipsa latius propagati tandem arborem constituunt, ambitu sua quartam partem milliaris complexum.

Huic quoque ineundem appellā cernitur alia quædam arbor, quæ fructum Duryens dictum fert, in folia Malaccæ cognata. Fructus iste à gustantibus fructuum omnium, quos orbis terrarum orbis gi-gnit, longe optimus & suauissimus censetur. De quare vberius historiæ indicabant.

29. 东印度的树木。

这两幅画都来自 Theodor de Bry 的 *Indiae orientalis*（Frankfurt, 1601）。

VII.
CONTRAFACTVRA QVO-
RVNDAM ANIMALIVM, IN INDIA
celebrium.

LEPHANTI in *Jndia frequentiſsimi, maxime tamen in Æthiopia apud Caffres reperiuntur: vbi cauſa dentium, quos Luſitanis vendunt, occidi ſolent. Illorum certa copia quoque in Bengala eſt: nec minor in Pegu, vbi tanto numero & multitudine vagantur, vt vna vice locoque interdum duo millia co-gant, ex quibus optimos quoſque ſeligunt, & cæteros ad ſpeciei augmen-tum liberos iterum dimittunt.*

Rhinoceros animal & ipſum in India, ſed in Bengalæ ſaltē Patanǽq̃ terminis reperitur, in quibus iuxta Gangem fluuium magna copia va-gantur.

In flumine prædicto Crocodili quoq̃, numeroſi ſunt, qui piſcatoribus infeſtatione crebra valde moleſti ſunt: vt ex hiſtoria fuſius patebit.

31. 印度的动物。来自 Theodor de Bry 的 *Indiae orientalis*（Frankfurt, 1601）。

方济各会的修士们也作为远征队伍的一个组成部分被派遣前往。一位代理商被委派负责货物，因为曼努埃尔王此次的主要目标之一就是要在卡利卡特建造一个商馆，以便为他派遣出去的舰队提供商品，同时曼努埃尔王还希望他的舰队能够按照计划的日程安排顺利到达印度。1500 年 3 月 8 日，在举行完相应的宗教仪式，并聆听了国王最后的指示之后，年轻的卡布拉尔统领的 13 艘船终于从里斯泰罗启航了。[31]

在前往印度的途中，卡布拉尔通过"发现"巴西，使自己流芳百世。在那里，卡布拉尔派遣了一艘补给船返回葡萄牙，给国王报告他的好运气。但是卡布拉尔的运气很快地发生了改变。对于卡布拉尔的舰队来说，穿越南大西洋环绕好望角的行程不啻是一场灾难，等他的舰队到达卡利卡特时，原来的 13 艘船仅保住了 7 艘。在卡利卡特，卡布拉尔也遇到了困难。他努力建立起来的商馆和传教团很快就遭到了破坏，因为葡萄牙人最终炮轰了这座城市，并扣押了停靠在海港中的穆斯林船只。随着事态的进一步发展，穆斯林和葡萄牙人之间的战争被转移到了印度洋，而印度也和战争中的双方一样，致力于获取香料贸易的垄断地位。

卡布拉尔在卡利卡特发泄完他的愤怒之后，指挥船队向南航行到达了马拉巴尔海岸上一个更小的国家科钦（Cochin），其国王和卡利卡特之间一直存有争执。卡布拉尔的舰队在科钦停留了两个星期，与其国王进行商谈并装载香料。与此同时，卡利卡特的扎莫林组织了一支由 8 艘船组成的舰队跟踪并袭击了葡萄牙的船只。等到西班牙的无敌舰队出现后，卡布拉尔的舰队在坎纳诺尔（Cannanore）仅停留了一天就匆忙撤退，决定返回欧洲。在坎纳诺尔，卡布拉尔的舰队装载了更多的香料，并从王宫里面带走了一名大使，一道乘船返回葡萄牙。

第一支回到塔霍河的船队是由尼古拉斯·科埃略指挥的，它携带着整个舰队的消息于 1501 年 6 月 23 日到达了里斯本；其他的船只大约在一个月后也都停靠在港口。当国王得知卡布拉尔带着大量的香料回来了，就在王宫里面准备了宴席，要求敲响城市的大钟来传达这一好消息，并在整个大陆举行庆祝典礼。[32] 六天后，曼努埃尔王给卡斯蒂利亚的国王发了一封信件[33]，它为考察卡布拉尔当时的远航情形保留了最好的资料。除了直白地陈述卡布拉尔的经历之外，曼努埃尔王还评论了印度人在棕榈叶上写字的习俗，以及印度的椰子树和水果的多种用途。关于科钦，曼努埃尔王指出，他们在那里发现了"许多皈依了圣多默的真正的基督教徒"，他还说道，卡布拉尔带回来了两个马拉巴尔基督教的牧师。事实上，约瑟夫牧师（Priest Joseph）是唯一一个前往罗马和耶路撒冷的人，他后来从那里返回了印度。[34] 人们猜测卡布拉尔也曾听到过中国的消息，"那里有精美的瓷瓶，仅一个就值 100 克鲁扎多（cruzados）"。

关于返航的情况国王几乎只字未提。有一份匿名的材料曾经详细地记下了航海的经济后果，作者可能是一个匿名的受过教育的葡萄牙远征队成员。[35] 这位不知名的评论者坦率地指出，扎莫林"是一个偶像崇拜者，虽然其他人（瓦斯科·达·伽马及其助手）曾相信他们是基督教徒"。他还评论了印度人嚼槟榔的习惯，并且指出"不这样做的人的地位都比较低"。他用了很长的篇幅评论了印度的婚姻习俗以及从母系社会遗留下来的传统。他还注意到了来自印度不同地方的商人们有着不同的肤色，强调了他们的习俗与马拉巴尔人的不同。他观察到，在位于科钦附近的僧急里（Cranganore）有一些基督教徒，据推测他们可能来自马拉巴尔教堂。其中，随船队来到葡萄牙，并打算前往罗马和耶路撒冷的两名牧师就来自这里。他也讲到了卡布拉尔之所以急匆匆地离开科钦，是因为他为了确保送上岸的七个人的安全，而他在上船时还带走了两名人质。和曼努埃尔王的叙述不一样，这位匿名的作者提供了一份香料和药材的支出清单，以及欧洲的货物比如铅、铜、银、矾和珊瑚的售价清单。他还给出了一份全面的关于在卡利卡特出售的香料的原产地列表。关于商业方面的信息，显然葡萄牙人在尽可能地保密，在里斯本的威尼斯人和其他意大利的商业代表对此尤其感兴趣。[36] 对于罗马而言，关于马拉巴尔基督教徒的信息则完全是一个令人愉快的惊喜。[37]

甚至在卡布拉尔的舰队返航之前，另一支由 4 艘船组成的舰队在若昂·达·诺瓦（João da Nova）的统领下于 1501 年春季已经出发前往印度了。[38] 卡布拉尔的一个手下通过信件给人在非洲的诺瓦转达了他们遭遇的麻烦，所以诺瓦就直接前往科钦。在这里，诺瓦的船队装载了香料。在坎纳诺尔他装载了更多的货物，并扣押了一艘卡利卡特的船只。诺瓦杀死了这艘被扣押的船只上的舵手，得到了 3 个银制的航海器械和 1 500 颗珍珠，他在 1502 年 9 月带着战利品和 1 550 英担胡椒回到了葡萄牙。

曼努埃尔王听了卡布拉尔所历经的困难之后，觉得葡萄牙有必要在东方展示一下其军事和军舰的威力。他也急于赶在埃及人有时间或有机会派遣其武装舰队进入印度洋之前，打击摩尔人的贸易中心和舰队。于是，一支由 25 艘船组成的无敌舰队开始紧锣密鼓地装备了，并由瓦斯科·达·伽马来负责指挥，其时，他的荣誉在里斯本已经超过了亚历山大大帝。[39] 其中 12 艘船属于国王，13 艘属于商人。瓦斯科·达·伽马直接统率由 10 艘船组成的第一支分舰队，他的叔叔维森特·索德（Vicente Sodre）指挥由 5 艘船组成的第二支分舰队，第三支分舰队则由其侄子埃斯塔旺·达·伽马（Estavão da Gama）负责。加斯帕尔·达·伽马这次被施了洗礼，并被封为国王的御用骑士，在最好的船上做翻译。[40]

舰队一旦开始围绕着好望角航行，瓦斯科·达·伽马便用他至高无上的权力威胁东非的统治者。在坎纳诺尔，瓦斯科·达·伽马开始搜寻阿拉伯船只，并准备随时劫掠它们。在这里，他也装载了香料。与此同时，一支分舰队在海军统领的指挥下前往卡利卡特，准备对这座城市施行武力惩罚，因为它曾拒绝与葡萄牙人的贸易方案合作。其他舰队则到科钦去装载货物。葡萄牙舰队在科钦和坎纳诺尔签署了商业协议，商馆也建立了起来。1502 年，固定的平均价格、计量方式和市场价格经由协议确立下来。葡萄牙人与位于科钦南部的市镇奎隆（Quilon）的协议也确立了下来。1502 年 12 月，瓦斯科·达·伽马率领着 10 艘船启航返回葡萄牙，其中 7 艘满载着香料在 1503 年 9 月回到了里斯本，船上的珠宝以及一尊银制的烛台和棉衣是带给国王的礼物。维森特·索德留在印度和其余的葡萄牙舰队在一起保护商馆，并负责巡查印度的水域。借助这些军事手段，葡萄牙人在马拉巴尔海岸为自己创造了稳固的据点，并确保他们能够按照固定的价格获取稳定的香料供应。穆斯林和印度商人被从马拉巴尔海岸的贸易活动中挤兑出去了，于是他们开始向东前往印度尼西亚（Indonesia）寻找其他香料资源。[41]

103

第三节 欧洲商业的重新定位，1500—1515 年

直到卡布拉尔远航之时，我们才获得了有关国际金融和商业利益集团在葡萄牙活动的大量信息。不言而喻，当人们回想起大约在 1500 年香料昂贵的价格和稀缺性时，那些财团必定对欧洲人刚刚获取的香料资源有着强烈的兴趣。这一设想被曼努埃尔王在 1500 年 1 月颁布的法令进一步证实了，法令指出，允许任何个人（以及集体）派遣进行合法贸易的船只前往印度。同时还附加了一条规定，即这些私人船只返回葡萄牙时，需要向国王缴纳其带回的货物总价值 1/4 的东西。[42]

佛罗伦萨的商人们尤其信赖曼努埃尔王，1500 年的时候，他们表现得比其他任何外国团体都更杰出。1494 年，比萨人（Pisans）淘汰了佛罗伦萨商人们的船队，强迫他们去海外寻找投资机会，因此，在犹太人被驱逐、好望角的航线被发现之后，他们急切地致力于满足葡萄牙人的商业和财政需求。因为葡萄牙人清楚地知道，威尼斯人可能因为他们介入香料贸易而对其充满敌意，所以他们刚开始只能从佛罗伦萨的商业团体那里寻找帮助，并且优先与没有遭受任何损失的佛罗伦萨商人做了一大笔交易，从而获得他们对葡萄牙经济计划的积极支持就是自然而然的事情了。与此同时，曼努埃尔王鼓励来自整个欧洲的商人们都来里斯本购买香料。

关于卡布拉尔的 13 艘船，其中有 10 艘为王室所有。在剩余的 3 艘里面，其中一艘为马奇奥尼的合作伙伴和葡萄牙贵族堂·阿尔瓦拉·德·布拉干萨（Dom Alvara de Braganca）所有；另一艘则是佛罗伦萨商人吉罗拉莫·塞尼吉（Girolamo Sernigi）和一名可能叫作安东尼奥·萨尔瓦格（Antonio Salvago）的热那亚人的财产；最后一艘属于以波塔莱格雷（Portalegre）的伯爵堂·迭戈·德·席尔瓦·梅内塞斯（Dom Diogo de Silva Meneses）为首的一个团体所有。卡布拉尔的第一艘回到里斯本的船只是"安农西亚达"号（Annunciada），这是尼古拉斯·科埃略受马奇奥尼之托而负责指挥的，它是整个舰队中最快的一艘船。因此，在 1501 年夏季，大量带着种种不同利益动机的人们都在等待卡布拉

尔远航的结果。

今天的评论者普遍认为卡布拉尔是在 1501 年 6 月带领着 4 艘船回来的。他最初是带着 5 艘船返航的，但失去了一艘满载货物的船只。在这返回的 4 艘船的船舱里面，满载着 2 000 英担的胡椒，600 英担的肉桂，400 英担的生姜和较少量的丁香、虫胶和安息香。根据马奇奥尼自己的报告，[43]"安农西亚达"号装载了 300 英担的胡椒，160 英担的肉桂，60 英担的虫胶和 14 英担的安息香。这艘船上的船员们回来时带着"两只颜色不同的鹦鹉"以及关于其他动物和鸟的传说。在卡布拉尔回到葡萄牙之后，马奇奥尼在一封信中深入地思考了葡萄牙成功进入地中海沿岸国家的意义。马奇奥尼总结道，葡萄牙人"必定给威尼斯人带来了莫大的麻烦，也带给了享有通过这条线路前往那里（印度）的权利的苏丹王更大的麻烦，因为这条线路，它们（香料）的价格更为低廉，也更容易得到"。[44]

威尼斯人致力于从他们与土耳其人的战争中赢得其他基督教国家的支持，对于思考葡萄牙人的航海业绩的全部意义还不甚热心。葡萄牙人的船只到达卡利卡特的第一条消息于 1499 年 8 月通过开罗和亚历山大港传到了亚得里亚海（Adriatic）的女王城（Queen City）。日记作者吉罗兰莫·普利乌里（Girolamo Priuli）记下了当地人收到这条信息的情形，但是其准确性值得怀疑。[45]因为那个时候在里斯本没有威尼斯的公使馆，所以要证实这条报道的准确性对于圣·马克的共和政体（Republic of St. Mark）而言，多少有些困难。只有到了 1500 年，威尼斯领主才委托刚刚任命的公使多美尼科·皮萨尼（Domenico Pisani）前往西班牙，并附带性地造访了里斯本。他来到这里的主要目的是争取曼努埃尔王帮助他们一起对抗土耳其人。[46]当皮萨尼得到保证说葡萄牙将在战争中一如既往地为威尼斯提供支持时，来自特使和曼努埃尔王本人的信件在 1501 年 3 月到达了威尼斯，称发现了通往印度香料市场的海上路线。威尼斯的参议院迅速任命皮特罗·帕斯卡利格（Pietro Pasqualigo）作为前往葡萄牙宫廷的特派大使，来回应这一直接得来的消息。这位新的全权公使赶到里斯本及时目睹了卡布拉尔舰队的第一批船只回归的盛况，他在威尼斯给自己的上司发了一份报告，正式地告诉他们已经发现了巴西，以及经由大西洋航线的香料贸易

105

也已开始。这份报告可能是乔万尼·卡梅里诺（Giovanni Camerino）拟出的，他以前曾是帕多瓦（Padua）一家出版社希腊修辞学的审稿人，绰号叫艾尔·克里蒂克（Il Cretico），他如今是皮萨尼身边的一名秘书，1500 年留在里斯本观察那里的航海事件的整个过程。[47]

艾尔·克里蒂克在报告里面告知领主卡布拉尔返航的事情，以及曼努埃尔王兴高采烈的情形，他兴奋地提醒道："从现在开始，我应该给尊贵的阁下写信，您应该派遣您的船只来这里获取香料。"[48]关于香料，艾尔·克里蒂克在信中指出："他们带回了很多……其价格高得令人咂舌……"[49]。他还进一步说道，曼努埃尔王"感到他可以自由支配印度"。艾尔·克里蒂克还告诉参议院，葡萄牙国王"将禁止苏丹前去寻找香料"。里斯本的威尼斯人也有机会与科钦王和坎纳诺尔的使节们谈话，他们试图在使节那里确认像葡萄牙这样贫穷的国家永远都别想从新建立的商业大国那里夺走香料贸易的控制权。[50]然而，这些贬低葡萄牙人的努力都是徒劳的。

虽然曼努埃尔王在 1501 年夏天兑现了派遣军舰帮助威尼斯对抗土耳其人的诺言，但是威尼斯的日记作者[51]记下了威尼斯市场对于葡萄牙人介入香料贸易市场的担忧。1501 年，普利乌里（Priuli）指出，来自葡萄牙的消息"要比土耳其战争或者说其他任何能够影响她的战争都要重要得多"。关于其中的利润，普利乌里估计"他们可以从 1 达克特（的投资）中赚取 100 倍的回报"，尽管卡布拉尔的舰队遭遇了严重的损失。普利乌里也预计，"毫无疑问，那些以前从境外来到威尼斯用钱币购买香料的匈牙利人（Hungarians）、德国人、佛兰德斯人和法国人都将转向里斯本，因为所有这些国家距离那儿更近，也更易于到达"。显然，普利乌里的意思是说，就到达西欧的主要货物集散地而言，里斯本占据了比威尼斯更为核心的位置，经由海路也比威尼斯更易于抵达。因为普利乌里相信葡萄牙人进一步开掘他们利润的能力，所以他预见了"威尼斯城的破产"。因为没能成功说服葡萄牙给威尼斯的十字军提供更大的援助，领主不再理睬葡萄牙，直面土耳其迫在眉睫的军事威胁，此时，人在里斯本的帕斯卡利格（Pasqualigo）也被召回。

就在葡萄牙开始热心于香料贸易的时候，威尼斯人却没有在里斯本委

106

派官方代表。在接下来的两年里，威尼斯人唯一明确的信息来源就是克雷蒙纳（Gremona）的商人乔万尼·弗朗西斯科·阿菲塔迪（Giovanni Francisco Affaitadi）的信件。在威尼斯人统治克雷蒙纳期间，人在里斯本的阿菲塔迪作为代表一直使领主对于葡萄牙人和印度的贸易活动发展的信息保持灵通。根据阿菲塔迪和其他人的记述，我们可以得知，虽然葡萄牙人从他们首批的三次航海中所得的回报比较微薄，但是瓦斯科·达·伽马的第二次航海最终消除了人们对于海路可行性的持续性疑虑。1503 年返航的 10 艘船带回了 35 000 英担（相当于今天 1 900 公吨多一点）的香料，其中大部分是胡椒。[52] 运回的货物中除了国王付款的部分之外，有 30％直接献给了国王。在私人投资者中，阿菲塔迪实现了高于投资额 1.5 倍的利润。[53] 据推测，其他大多数私人投资者赚取的净利润也相当可观，或者有理由认为当他们的香料最终卖出后他们将获得较多的利润。在 1503 年到 1504 年间派出的舰队中，商人联合组织仍然扮演了一个显著的角色。比如，1503 年，在阿尔伯克基（Albuquerque）的舰队中，有 4 艘船为佛罗伦萨的商业联合组织所拥有，且负责为其装备。

1502 年年底，威尼斯的香料的短缺与高价促使其领主委任一个特别委员会（*Additio Specierum*）来专门处理香料贸易的问题。[54] 在帕斯卡利格没能成功说服葡萄牙听从威尼斯的建议之后，新的委员会决定与埃及的苏丹王进一步加强合作，在印度洋上给葡萄牙人贸易船只制造麻烦。尽管威尼斯在开罗的特使拒绝对埃及提供直接的军事援助，他们还威胁说，如果苏丹王不降低香料的价格并保证持续其供应的话，他们就去里斯本购买香料。受挫的马穆鲁克（Mameluke）统治者因为无法完全肃清闯入印度洋的葡萄牙人，就给教皇和欧洲非宗教统治者传话说，如果葡萄牙人坚持要进入印度，他将攻打圣殿（Holy Palace）。因为埃及的威胁毫无意义，所以葡萄牙人继续顽固地每年都进行航海活动，为里斯本进一步的贸易扩张做准备。

威尼斯在 1503 年与土耳其达成了停战协议，争斗的双方都需要一个喘息的机会去处理其他问题。1504 年 7 月，威尼斯的香料事务委员会秘密派遣列奥纳多·达·卡马塞尔（Leonardo da Ca' Masser）前往里斯本寻获香料贸易的详细信息及其未来的发展前景。虽然葡萄牙人知道有间谍在他们中间，卡马塞尔在接

107

　　下来的两年里还是被允许在里斯本开展他的事业。卡马塞尔 1506 年一回到威尼斯，就全面地报告了葡萄牙人最新的航海、货运、商业组织以及努力从东方的香料贸易市场上驱逐阿拉伯人的细节。[55]虽然卡马塞尔得出结论说葡萄牙人确实能够继续实现其贸易的扩张，但是他又认为葡萄牙人不可能用他们有限的资源把穆斯林从贸易活动中排除出去，或者持续垄断亚洲的市场。卡马塞尔还顺便提及，对于那些能够通过航海到达印度东部并返回的人来说，甚至将有更多的财富会被发现。意大利和地中海沿岸东部仍然面临着较多的问题，这个时候的威尼斯除了改变与伊斯兰的货物供应商以前的关系，并秘密地与之合作一起对付葡萄牙人之外别无选择。

　　与此同时，香料在亚历山大港、开罗和贝鲁特（Beirut）的市场上几乎消失。1505 年，1 英担胡椒在开罗就价值 192 达克特，这个时期的 1496 年到 1531 年间香料的价格达到了顶峰。[56]与之恰恰相反，香料在里斯本市场的价格开始下降，1504 年就从 40 达克特降至 20 达克特。然而，这仍然是一个好价格，因为按照合约，在印度香料只能按照大约 3 达克特的价格出售。葡萄牙人努力把香料及其购买者捆绑在一起，在此过程中，葡萄牙人早在 1501 年就把香料运到安特卫普出售。托梅·洛佩斯（Tome Lopes）于 1498 年之后在安特卫普担任葡萄牙人的代理商，他从 1503 年开始同意在安特卫普可以定期地用铜、银和其他物品来购得香料。1502 年颁布的一份关于同意葡萄牙人从安特卫普输出白银的法令，使这种贸易方式成为可能。在 16 世纪的第一个十年里，葡萄牙通过阿菲塔迪和其他代理商，每年输入 5 000—6 000 英担的铜，用于供给葡萄牙的舰队。到 1503 年，胡椒在安特卫普的价格已经跌到了 1945 年市场上普遍采用的价格水平，或者相当于 15 世纪末价格暴涨前的那段时期的情形。[57]根据这些数据，很容易看出从 1499 年到 1505 年这段时期内，葡萄牙已经替代了叙利亚、埃及和威尼斯成为香料贸易的垄断者，并且开始通过安特卫普构建向北欧出售香料的新体系，还找到了在欧洲获取金属的方法，而这些金属在印度的价格极其昂贵。

　　安特卫普的贸易活动主要是和德国人进行的，在几年的时间里，作为中间人的代理商阿菲塔迪一直控制着葡萄牙的香料和欧洲中部的金属之间的交易。曾在威尼斯进行多年商业活动的德国商人被迫在 1499 年到 1500 年间把他们的业务转移到其他地方。1501年，在富格尔家族的领导下，四个德国商业家族尽力想通过热那亚直接加入地中海沿岸的香料贸易活动，但最终失败了。大约在同一时间，奥格斯堡的韦尔泽家族（Welsers）在里昂（Lyons）的商业代理人卢卡斯·雷姆（Lucas Rem）开始关注发生在伊比利亚半岛上的事情。1502年年底，在西蒙·谢兹（Simon Seytz）和西皮奥·罗文斯汀（Scipio Lowenstein）的陪同下，雷姆去了西班牙。后来谢兹和罗文斯汀继续前往里斯本，雷姆则留在了西班牙。1503年5月，雷姆与他们在葡萄牙首都会和。[58]

甚至在雷姆到达里斯本之前，谢兹已经试图与葡萄牙国王签订合同，准许德国商业家族参与他和里斯本的直接贸易活动。这几个德国人显然在与国王协商的过程中得到了瓦伦丁·费尔南德斯（Valentim Fernandes）的帮助。费尔南德斯是来自摩拉维亚（Moravia）的印刷业者，他在王室的圈子里面很有影响力，而且对于最新的香料贸易信息比较灵通。1503年2月13日，德国人和葡萄牙国王之间达成了协议，协议要求德国商业家族缴纳10 000达克特作为保证金，同时还提出费尔南德斯要作为双方的中间人。来自德国北部的木材、树脂和焦油等里斯本短缺但又对造船十分必要的物资，被允许以10%或者更低的关税运到葡萄牙。德国人在里斯本购买的香料和其他商品有可能是从葡萄牙免税出口而来的。曼努埃尔王迫切想和德国商业家族搞好关系，因为正是这些商业家族最终控制着欧洲大部分的银、铜的生产和出售，而且在生产中处于领先地位。[59]

德国商人不甘心于仅仅在里斯本参与贸易活动，他们还迫使国王同意他们投资远航的舰队，并派送其代理商直接到印度去。1503年，意大利的商人被允许大量投资舰队，并且派送自己的代表前往印度，这在当时的里斯本已成为人尽皆知的常识。早在1504年，韦尔泽家族的代理人就带着马克西米利安皇帝（Emperor Maximilian）和阿克杜克·菲利普修士（Archduke Philip）的信件途经安特卫普，来到里斯本。他们带着价值20 000达克特的金属和商品，随行的还有韦尔泽家族的更年轻的商人。他们来到里斯本，有着特别的目的，即从这里到印度去。他们一到达就看见洛波·索亚里斯（Lopo Soares）的舰队停驻在塔霍河上正准备扬帆启航。从德国新来的商人想在舰队上投资，并派遣两名年轻的商人学徒随船前往印度，但国王拒绝了他们的提议，说他打算将来让王室独立掌控贸易活动。[60]

　　由王室垄断海外贸易的规定在葡萄牙早已不是什么新鲜的事情。正如历史的发展所显示的那样，从亨利王子的时代开始，王室对于国内经济的垄断有助于为海外活动提供资助，并且随着非洲贸易的增长，王室垄断性的经济活动扩展到了葡萄牙人海外的财富以及贸易中。[61] 显然，需要资本的曼努埃尔王允许意大利商人在装备第一批葡萄牙舰队的事务中扮演一个重要的角色，包括葡萄牙人和外国人在内的私人投资者似乎从他们的参与中获利甚丰。然而，到了1504 年，发生了一系列的事情，这些事件使国王确信：如果王室要独占香料贸易中所获取的利润，他就不得不直接、快速地行动起来。

　　早在 1504 年，韦尔泽家族的人就已在里斯本出现，与此同时，里斯本市场上的香料价格也开始急剧下降。瓦斯科·达·伽马在 1503 年返航时在莫大的成功中带回了 35 000 英担的香料，这对于市场而言显然是供过于求了，胡椒的价格从 40 达克特降至 20 达克特，似乎注定要跌到更低。洛波·索亚里斯·德·阿尔伯加利亚（Lopo Soares de Albergaria）的舰队完全是用国王的资产装备起来的，其中唯一的私人投资者就是舰队的指挥官以及每艘船的船长。[62] 索亚里斯的舰队出发不久，国王很明显地遭受到了来自雷姆和在里斯本的其他德国人所施加的巨大压力。1504 年 8 月，国王和雷姆签署了一份合同。在合同中，国王同意让德国和意大利的商人联合组织派遣他们的 3 艘船，和明年的舰队一起前往印度。商人联合组织也被允许派送自己的代理商去购买香料，虽然他们的行动需要有王室的代理商监督。鉴于意大利人的经验，这些商人们明显感觉到王室的代理商给国王的是购买的最好的香料，而把次级商品分配给了私人客户。当商人们带着自己的货物回到里斯本时，他们把货物储存在印度商行的货栈里面，把其中的 30% 上交给了国王。[63]

　　国王在 1504 年的合同中所授予的权利与国王同时想努力实施的其他政策相抵触。大约在同一时间，国王宣称王室对于胡椒贸易的垄断权，也通过一系列连续性的同类法令强加了对于其他诸多重要的香料的控制权。曼努埃尔王禁止商人们以低于 20 达克特的价格出售胡椒，违者将被排除出里斯本的贸易活动。1503 年后，各支舰队相继返航，尽管国王极力地出售香料，但是在里斯本，香料依然在持续堆积。1505 年 1 月 1 日，国王颁布法令，规定商人们在缴纳了王室的那一份货物之后，不许再随意储存他们的商品。自法令生效之日起，商人们的香料和其他属于国王的物品一样，只能通过印度商行的审计官（vedor）以固定的价格出售。下面的表格显示了垄断加强之后的香料贸易中普遍采用的价格构成的一些方面。

1505 年的香料价格[64]

商品	印度固定的出售价格 （1 达克特／英担）	里斯本固定的出售价格 （1 达克特／英担）
香料	3.00	22
生姜	0.75	19
肉桂	3.50	25
丁香	7.50	60—65
肉豆蔻	4.00	300
樟脑	2.75	100

在 1505 年远航印度的舰队中，德国和意大利的商人联合组织拥有 3 艘船，这说明了甚至在刚开始时，王室意欲维持其垄断政策就很困难。国王被强迫对商人们做出让步，因为在 1504 年到 1505 年间，仅依靠王室的财力资源还不具备为弗朗西斯科·德·阿尔梅达（Francisco de Almeida）的 22 艘船组成的舰队提供装备的能力。

舰队及其货物的总花费估计高达 250 000 达克特。[65] 德国和意大利的商人联合组织共投资了 65 400 达克特，马奇奥尼和他的热那亚人合伙人投入了 29 400 达克特。其中，36 000 达克特由德国人投资，韦尔泽家族投入 20 000 达克特，富格尔家族和霍克斯泰特家族（Hochstetters）各自分别投资 4 000 达克特，英霍夫家族（Imhofs）和戈瑟姆布罗德家族（Gossembrods）各自分别投资 3 000 达克特，希尔斯克富格尔家族（Hirschvogels）投资 2 000 达克特。商人联合组织拥有 3 艘船，派遣了两名代理商随舰队前行。1506 年 12 月，这些船只满载着货物回来了，国王与德国商人之间的争斗也随之发生，双方争斗的焦点涉及以往王室颁布的对于返航船只所载货物的垄断法令的合法性问题，特别是因为商人们的船只先于由国王出资装备的船只返回，而且商人们的船装载了整个舰队 2/3 的货物。[66]

当船只在塔霍河河口抛锚时，船上的官员和水手们被彻底检查是否带有违禁品，尤其是珠宝之后，才被允许上岸。那时候，船上的货物和航海图都没有直接卸载在货栈里面，每艘船都被配给一个单独的货栈，王室港口的官员在每个货栈上面都记上了识别符号。在出口处，海员们被允许带走免税的私人物品。那些需要缴税的货物都有一个收据，以便在纳税后可以带走他们的货物。在早期的时候，税率摆动的幅度显然很大，但是在 1506 年到 1507 年间，王室的船只装载的货物必须在国王和购买者之间分配，其中 60% 归国王所有。在商人们的船只装载货物总量的 30% 中，其中 25% 必须交给国王，5% 给贝伦（Bélem）的赞助者。根据 1505 年 1 月 1 日颁布的法令，国王从私人货物中提取了他的份额之后，剩余的物品就要被国王的官员们按照固定的价格从货栈中售出。以前商人们被允许自由出售他们的商品，并可以按照自己的意愿把商品从货栈中移出。出售程序条例的变化遭到了德国和意大利商人联合组织在 1506 年及其后的时段里激烈的反对，[67] 因为众所周知，随着 1503 年每支舰队的渐次返航，货栈里积存的香料则越来越多。等到 1506 年 5 月，索亚里斯舰队的所有船只都返航以后，估计约有 40 000 英担的香料被堆积在货栈里面。

随着商人们的船只在 1506 年的返航，国王和商人们对于按照彼此间的合同，商人们是否拥有自由取回或者出售香料的问题未能达成共识，双方的争执陷入僵局。显然，国王担心商人们会因为急于把他们的货物转换为现金，而以低于约定的固定价格出售出去。如果商人们真的这样做的话，国王显然就无法出售自己的商品，在下一年的舰队配备中就不得不向商人们再次借款。这种可能的结果将使事情的发展直接与国王努力摆脱对于商人的银行依赖的意图背道而驰。但是，在商人们那一边，他们争辩说国王单方面地无视 1504 年的合同，并且开始指责国王，希望能够得到一个公平的指示，以便可以自由地经营自己的商品。国王对于商人们的表态做了如下回应：规定在王室积存于印度商行的香料售完之前，商人们的香料不得出售。

　　商人们仍然棋高一着，因为他们估计国王在没有帮助的情况下将无法完成接下来的舰队装备，特别是要想得到珍贵的金属将会很困难。这件事情最终通过一套新的销售体系的建立，于1507年双方达成了和解。从那以后，王室把胡椒委托给了一个私人承包商（contratadores）团体，在胡椒出售方面，他们被给予了较大的自由度。除了每英担允许增加2.3达克特作为服务费之外，他们一味地要把固定价格作为出售胡椒的最低价格。当购买者付费时，他们也被允许一部分收取现金，一部分用其他货物代替，特别是对于那些准备前往印度的舰队的装备是必须的货物而言，限制得更为宽松。在这一新的销售程序启动的背景下，商人们也被允许少量地从货栈中提取他们的商品进行自由买卖。[68]

　　尽管困难重重，但是参与1505年到1506年间的舰队远航事务的德国商人们仍然能够实现介于150%到175%之间的纯利润。[69]虽然德国商人没有被允许再次派送他们的代理商前往印度，但是他们继续在后来的舰队上投资。并且，在接下来的几年里面，德国南部的商业家族在里斯本保留了分支机构，以便出售矿物、谷物、军备、船上的备用品和纺织品。从葡萄牙人那里，这些商人们购得了来自东方的橄榄油、酒、水果、非洲象牙、糖和香料。奥格斯堡和纽伦堡（Nuremberg）的商人们在安特卫普也和葡萄牙人有生意上的来往。但是，在这两个地方他们逐渐地被迫按照葡萄牙的条款来与国王的代理商周旋。因为曼努埃尔王的垄断措施防范得滴水不漏，所以他能够非常有效地把自己选中的商业团体从贸易活动中排除出去。与此同时，意大利人和国王继续保持着良好的关系，但是他们也逐渐意识到曼努埃尔王正在有意制定香料贸易的规则。

　　即使国王已经稳定地从香料贸易中赚取了300%的利润，但我们只需重新思考一下他必须承担的所有用于联系贸易的繁重的、固定的花费，国王垄断香料贸易的决定就更容易得到理解。维持印度水域的武装舰队，补给印度的要塞和士兵，以及持续扩展的商业机构，都需要王室从自己的财产中出资。与此同时，摩尔人在印度洋上反攻的威胁也不断加剧。埃及人对于葡萄牙的敌意也达到了顶峰，特别是在瓦斯科·达·伽马的第二支舰队于1503年入侵红海之后，情势尤其严峻。自1499年开始，威尼斯人已经开始怀疑他们的埃及信息提供者在有意地轻视葡萄牙人在印度取得的成功，领主的特使们一再地督促埃及人反击葡萄牙。[70] 最终，在 1502 年，苏丹王开始组建舰队制造威胁，前文已经指出，他曾经扬言要毁掉圣殿。在这个时候，曼努埃尔王继续推行着他的计划。让教皇尤利乌斯二世（Pope Julius II）感到宽慰的是，苏丹王将不会再毁掉圣殿了，因为他从前来圣殿朝拜的朝圣者那里获得了重要的收益。1505 年，曼努埃尔王派遣一名忠诚的使节前往罗马，宣告葡萄牙人的发现及其在印度的统治。[71] 在这期间，谣言四起，说葡萄牙人的香料质量不好，一些城市甚至因此而立法禁止购买。[72]

在印度，葡萄牙人准备着对付埃及人谋划已久的反攻。葡萄牙在 1505 年派出的舰队由阿尔梅达（Almeida）负责指挥，这支舰队包括 11 艘战舰和 1 500 名战士，阿尔梅达后来留在印度做总督。在接下来的一年里，曼努埃尔王派遣阿方索·德·阿尔伯克基（Afonso de Albuquerque）前往印度，要赶在埃及人进行有效的抵抗之前，帮助国王实施占领亚丁（Aden）、霍尔木兹和马六甲的贸易中心的计划。1507 年，霍尔木兹被阿尔伯克基攻陷。同年，葡萄牙人在莫桑比克（Mozambique）创建了一个军事要塞。同样是在 1507 年，阿尔梅达在第乌（Diu）和一支庞大的埃及舰队交手，并击败了对方。马穆鲁克军队再也没能在印度对葡萄牙人产生威胁，因为从那以后，埃及遭到了奥斯曼土耳其人（Ottoman Turks）的袭击，最终于 1517 年成为了对方的战俘。

在与阿尔梅达为夺取霸权地位进行了漫长的竞争之后，阿尔伯克基在 1509 年取得了总督的位子。1510 年，他攻陷了果阿，并开始把它发展为葡萄牙人在印度的权力中心。与此同时，迭戈·洛佩斯·德·塞奎拉（Diogo Lopes de Sequeira）向印度东部航行，一路上不断勘察，于 1509 年到达马六甲。1510 年，葡萄牙舰队的第二分舰队带着两名佛罗伦萨商业代理人紧随迭戈·洛佩斯的舰队向东航行。[73] 阿尔伯克基因为急于控制各个阶段的香料贸易，遂自己乘船前往马六甲，并于 1511 年攻陷了这座城市。在阿尔伯克基控制这个重要的贸易中心之后不久，葡萄牙的船只开始直接驶向香料群岛（Spice Islands），那里是昂贵的丁香和肉豆蔻的产地。同时，葡萄牙的其他舰队向北方航行，试图与中国直接发生联系；第一支葡萄牙人舰队的消息，是由中国人的平底帆船上的水手在 1514 年从马六甲传达到南中国海岸边的岛屿上的。卡利卡特的扎莫林发觉持续地与这个冒险的敌人对抗于事无补，就在 1513 年同意与阿尔伯克基签署条约[74]，并派遣两名使节前往葡萄牙王宫朝见曼努埃尔王。因此，等到阿尔伯克基去世的那一年，即 1515 年，葡萄牙已经创建了从马六甲到卡利卡特、果阿、莫桑比克，再回到里斯本这样一条海上线路的霸权。在比较大的货物集散中心之间，唯有亚丁经受住了葡萄牙人的猛烈袭击。在东方的海域里，葡萄牙的地位看起来是稳固的，前途也是非常光明的，甚至与中国的直接贸易看起来也是可能的。

同时，葡萄牙人在欧洲也加紧了他们的垄断。在 1513 年到 1514 年间，葡萄牙派遣了使节前往罗马，给教皇利奥十世（Pope Leo X）带去了一头大象作为礼物，并绘声绘色地讲述了葡萄牙对于香料贸易新的控制。[75]在这几年里，被反复承诺的来自威尼斯的竞争并没有成为现实。特别是土耳其开始在黎凡特地区扩张以来，香料在叙利亚和埃及都非常短缺。1512 年，一名威尼斯人的代理商在与埃及的苏丹王的会谈中，放出消息说意大利的货币反常的紧张。两年后，香料贸易的形势发生了急剧地扭转，一艘在印度装载货物的船经过里斯本返回，继续前往威尼斯卸载它的货物。与此同时，威尼斯人的代理商继续劝说曼努埃尔王准许他们随着舰队前往印度。虽然曼努埃尔王批准了其他意大利国家的公民和他的舰队一起航行，但是，他明显不愿让威尼斯人到印度去，或者像里斯本的意大利领主的代理人所反复建议的那样，把香料贸易的垄断权卖给威尼斯这座城市。[76]于是，威尼斯人就不得不抓住每一个和平的时机，通过与土耳其人展开贸易以满足自己的需求。

114

第四节　马鲁古群岛上的冲突，1519—1529 年

葡萄牙所享有的大范围垄断不久就遇到了麻烦。德国的商人，尤其是富格尔家族一直对于葡萄牙人制造垄断之后的香料贸易组织感到不满。在富格尔家族的代理商中，克里斯托巴尔·德·哈罗（Cristobal de Haro）是最为不遗余力地反对葡萄牙人垄断香料贸易的人。甚至在瓦斯科·达·伽马离开之前，这位

富格尔家族的代理商就已经开始慎重地勘探通过往西方的航线到达香料群岛的可能性了。克里斯托巴尔·德·哈罗甚至可能资助过约翰·卡波特（John Cabot）的航海活动。在卡波特的探险事业触礁之后，克里斯托巴尔·德·哈罗很明显地把注意力再次集中到了里斯本，他督促韦尔泽家族和其他德国南部的商人与意大利人一起争取曼努埃尔王的支持。1505 年关于舰队的传闻已经与垄断的建立联系在一起。然而，到了 1516 年，克里斯托巴尔·德·哈罗才最终与国王公开决裂，并逃到了塞维尔（Seville）。[77]

克里斯托巴尔·德·哈罗的逃跑意味着佛罗伦萨人在里斯本的优胜以及富格尔家族的精力开始向西班牙转移，特别是德·哈罗在塞维尔的出现正好与查理一世（Charles I）登上王位是同时发生的，这似乎更能说明问题。在塞维尔，克里斯托巴尔·德·哈罗和胡安·罗德里克兹·德·丰塞卡（Juan Rodriquez de Fonseca）、布尔格斯主教（Bishop of Burgos）以及东印度群岛的王子最高理事会（Prince President of the Supreme Council of Indies）一起寻求庇护。当其他人都经过新世界寻找到达印度的路线时，在很长一段时间内，丰塞卡都主张开发一条西南方向的通往印度的线路。克里斯托巴尔·德·哈罗掌握着他从葡萄牙得来的丰富的南大西洋的信息，他帮助丰塞卡坚定了派遣一支舰队，并直接向西南方向航行前往香料群岛的决心。

自从哥伦布第四次航行以来，卡斯蒂利亚宫廷已经派出舰队勘察了巴西和加勒比海（Caribbean）地区，寻找通往亚洲的航线。巴尔波亚（Balboa）在1513 年发现了太平洋（Pacific Ocean），这件事大大地刺激了这些探索新航路的活动。因为大多数同时代的人对于地球周长的估算往往不足 6 000 英里，所以人们普遍认为亚洲大陆就位于最近发现的陆地之外，而向西航行的路线，如果能够找到的话，一定会比绕着非洲航行的路线要短。直到 16 世纪晚期，一些欧洲的制图家们依然相信北美大陆确实是亚洲大陆的延长部分。[78] 而且，紧随葡萄牙人在 1511 年对于马六甲的控制之后的是对于到印度群岛的勘察，这使欧洲人（尽管葡萄牙的评论者们严重地低估了这段距离）[79] 意识到，通过向东的航线从印度到达丁香岛是何其遥远。随着这个消息在欧洲的传播，当人们回想起地理学知识的描述时，觉得在西班牙划定的界线内找到马鲁古群岛（Moluccas）

似乎是可能的。因为葡萄牙人担心卡斯蒂利亚可能拥有对于东印度群岛的合法权力，所以曼努埃尔王通过信件和派往罗马的使节说服教皇利奥十世在 1514 年颁布诏书 *Praecelsae devotionis*，限制在大西洋上划分界线，而支持葡萄牙对于东印度所有的无论在何处、无论是已知还是未知的岛屿的拥有权。[80]

在物色可以指挥向西南方远征的船长的过程中，丰塞卡和德·哈罗最终选定了费迪南·麦哲伦（Ferdinand Magellan）。与哥伦布和卡波特一样，麦哲伦是文艺复兴时期的专业探险家——漂流在海上的雇佣兵队长（*condottieri*）。麦哲伦出生于葡萄牙，早年曾在里斯本的印度商行工作。后来他随着 1505 年的舰队前往印度，在 1511 年参加了攻打马六甲的战争，在东方度过了艰辛的八年后，他于 1513 年回到了里斯本。麦哲伦对自己回来后的待遇感到不满，就和其他几个葡萄牙的水手，逃到了西班牙。1517 年麦哲伦来到了塞维尔，开始与丰塞卡和国王就向西南方航行至马鲁古群岛的事情达成了协定。

麦哲伦的航海活动（1519—1522 年）和这个时期的其他西班牙人的航海活动一样，是由一些私人投资者赞助的。查理一世很快就加入了丰塞卡创建的联合组织，并迅速地同意和麦哲伦达成慷慨的协议。和此后达成的其他协议不同，这个合约确保了麦哲伦和他的合作队友们将成为其发现的陆地的总督（*adelantados*），而且拥有王室从这些陆地所得收益的 1/20。[81] 查理王本人提供了资助麦哲伦的航海活动的 3/4 的资金，只是为此目的，他显然从富格尔家族借了 10 000 达克特。[82]

麦哲伦远征的命运是如此地广为人知，以至于无需再去赘述。麦哲伦本人在菲律宾被杀死。他的舰队最初共有 5 艘船，其中的 3 艘失踪了，"特立尼达"号（Trinidad）在穿越太平洋的航程中遭遇了连续的重创，上面的船员滞留在马鲁古群岛的蒂多雷岛（Tidore）上。唯有"维多利亚"号（Victoria）返回了塞维尔，完成了环球航行。除了数量极少的肉桂和肉豆蔻之外，"维多利亚"号带回了 524 英担的丁香，这是生长在马鲁古群岛的一种重要的香料。对于舰队的投资者和麦哲伦本人而言，这次远征的结局是悲惨的。与同一时期同样从里斯本启航的舰队所赚取的 400% 的利润相比，麦哲伦的远征可能最多赚到了 4% 的利润。[83] 尽管麦哲伦的这次远征损失了大量的船员，而且回报甚微，但它为王室

116

赢得了间接的利益，因为它开辟了一条向西南方航行到达印度的路线，而且这次远航也加强了查理王对于香料群岛的所有权。查理王在1519年当选为神圣罗马帝国国王（Holy Roman Emperor）后不久，麦哲伦远航的事情在欧洲变得人尽皆知，这些事情给人们一个印象，特别是在里斯本的人们更是这么认为，即这位新国王和他的银行朋友、富格尔家族正在可怕地密谋着如何控制欧洲及海外的世界。

葡萄牙的若昂王三世（King John III）在"维多利亚"号返航之后，立即给查理王送去一份抗议书。葡萄牙国王指责麦哲伦的舰队非法穿越了属于葡萄牙的水域，而且侵犯了葡萄牙的领土（马鲁古群岛），并且要求查理王不得再派遣舰队前往，除非这些群岛棘手的拥有权问题能够得到解决。[84] 虽然查理王意识到葡萄牙人为了在马鲁古群岛建立其稳固的拥有权，而有意地拖延协商的时间，但是因为缺乏资金，一直到1525年才往印度派遣了另一支舰队。就在这个时候，曾经计划前往太平洋探险的赫尔南·科尔特斯（Hernan Cortes），催促应该把墨西哥（Mexico）建成一个与东印度群岛上的国家进行贸易的基地。[85] 但是丰塞卡和其他人明显担心如果同意从墨西哥发展香料贸易的话，科尔特斯将控制过多的贸易事务。科尔特斯对贸易的发展结果也感到焦虑，他于1523年在巴利亚多利德（Valladolid）请求查理王以卡斯蒂利亚的名义扣留"香料"，并且"全力准备组构舰队，前往那里"。虽然查理王已经考虑到了把卡斯蒂利亚的香料所有权卖给葡萄牙的可能性，但他最终给科尔特斯承诺"将保留这些区域的香料"。[86]

那时候，国王很守信用。1524年4月，卡斯蒂利亚和葡萄牙的双方代表之间的首次会晤在巴达霍斯-艾尔瓦斯（Badajoz–Elvas）举行。双方的20名代表分成了两个委员会，一组确定拥有权，另一组创建领地。当这群被召集起来的"专家"试图把马鲁古群岛放到一个空白的地球上的时候，确定拥有权的这组委员把他们的讨论建立在托德西利亚斯条约（Treaty of Tordesillas）的基础上。[87] 但是专家和他们的王室的主子们一样，无法对马鲁古群岛的定位达成一致，而这只是确定该群岛所有权的第一步。建立领地的委员会的讨论最终也陷入僵局。1524年5月30日，协商的双方正式断交。[88]

117

这个时候，查理王开始按照他最初的计划，再次在每一年都派遣舰队前往马鲁古群岛。第一支舰队在巴达霍斯 - 艾尔瓦斯会议之后就出发了，该舰队由埃斯特班·戈麦斯（Esteban Gomez）指挥，他试图寻找一条西北向的线路，但最终失败了。由加西亚·德·洛艾萨（Garcia de Loaisa）负责指挥的另一支舰队由 7 艘船组成，它在商务局（Casa de Contratacion）的香料之乡拉科鲁尼亚（Coruña）进行装备。[89] 麦哲伦的舰队曾被几个大的投资者赞助；洛艾萨的舰队的投资风险更大，一些相对较小的西班牙投资者被许可为其投资。洛艾萨的征程甚至比麦哲伦还不幸。他的舰队中只有一艘船围绕着南美洲进行了不可思议的航行并穿越了太平洋。这艘船奋力到达了蒂多雷岛，船员们在此加入了从麦哲伦舰队的"特立尼达"号上存活下来的人们中间，与马鲁古群岛上的葡萄牙人进行无助的对抗。

1526 年，另一支由塞巴斯蒂安·卡波特（Sebastian Cabot）负责指挥的舰队被派遣向西南方航行。[90] 这支舰队的股东很少，主要是外国人，法国人和葡萄牙人没有得到投资的许可。事实上，卡波特的舰队从未尝试着穿越太平洋，因为它在南美洲的海岸就遇到了麻烦。卡波特本人对于亲自勘察了阿根廷（Argentina）的海岸一事感到满意。与此同时，查理王于 1527 年命令赫尔南·科尔特斯从墨西哥派遣一支舰队前往太平洋，寻找洛艾萨舰队的货物和船员。在科尔特斯派出的 3 艘船中，只有一艘确实到达了蒂多雷岛，因为这艘船无法逆着南太平洋上的狂风和巨浪继续向东航行，被迫滞留在那里。直到 1565 年，西班牙人才意识到，要试图向东航行穿越太平洋，他们必须向着北纬 43°的方向航行。

在巴达霍斯 - 艾尔瓦斯会议和舰队的远航遭遇失败之后，查理王对马鲁古群岛的相关事务做了两手的准备。查理王虽然付出了巨大努力来兑现他在 1523 年对科尔特斯所做的承诺，但最终收效甚微。国王在努力得到马鲁古群岛的过程中，付出了失去威望、财富和时间的代价，却依然两手空空。而且，就在查理王需要寻找所有的伙伴帮助他对付法国和教皇的时候，他的政治举措却激起了葡萄牙的敌意。在与葡萄牙刚刚恢复邦交的时候，查理王于 1526 年在塞维尔迎娶了葡萄牙的公主。期间，双方拟定了一份条约的草稿。[91] 虽然这份条约最后没有正式签署，但 1526 年的讨论似乎说明了查理王愿意以他对马鲁古群岛的所有权做担保。尽管科尔特斯在 1528 年提出反对意见，但查理王坚持了放弃马鲁古群岛的决定。

在查理王前往意大利的途中，他与大臣们在萨拉戈萨（Saragossa）稍做停留，并在 1529 年 4 月 22 日与葡萄牙签署了一份条约。萨拉戈萨条约[92] 的精准含义无法确定，因为该条约在本质上是查理王对一些事实上谁都无法肯定是否属于他的东西的放弃。显然，签署条约的双方统治者都觉得，如果按照托德西利亚斯条约（Treaty of Tordesillas，1494 年）的规定，马鲁古群岛实际上应该在双方划定的界线之内。但那时候没有人能够确切地说出 1494 年的世界划分方法该如何用于此后发现的陆地。在这份新的条约上，除了意义模糊不清的许多法律要点之外，它事实上还驳回了查理王要以 350 000 达克特交换马鲁古群岛的所有权的提议。条约还主张，"位于两极地域之间的马鲁古群岛以东 297.5 里格的分界线必须要确定下来……"，以便把卡斯蒂利亚人和葡萄牙人在太平洋区域的领地区分开来。在两个大国位于太平洋上的领域得以精确地划分，以及马鲁古群岛的所有权问题最终被解决之前，这份条约暂时地承认了葡萄牙对于欧洲的海上香料贸易的垄断地位。虽然条约的附文指出，如果最终能够按照葡萄牙一方的意见决定马鲁古群岛的所有权，查理王将能够得到 350 000 达克特的回报，但从整个条约来看，所有权问题还是悬而未决。葡萄牙一方承诺不再在岛屿上修筑防御工事，直到马鲁古群岛的所有权问题得到解决为止。

虽然查理王的许多臣民都激烈地反对他的退让协定，但他的动机似乎并不难以理解。查理王在 1529 年的外交政策导向是欧洲的总体"和解"。与查理王的主要目的相反，其西班牙臣民们的财政利益和爱国热情无法得到平衡。而且，在查理王对科尔特斯（Cortes）做出承诺之后的六年里，西班牙对于马鲁古群岛的所有权被严重地持续减弱。不仅仅因为西南方向的航线被证明是非常凶险的，而且西班牙对于这条航线的关注分散了充分开发新世界财富所需要的金钱、精力和兴趣。作为查理王的敌人的法国，这个时候也开始从事海外探险活动，公然无视伊比利亚半岛上的国家的权利，以成就其在非欧洲世界的霸权地位。对于一位忙于为领土分布极为分散的帝国创造和平，并努力地从新世界进口金银来促进帝国经济繁荣的统治者而言，马鲁古群岛在1529年看上去大概更可能像是一个负担，而不是一笔财富。

1529年之后，对于葡萄牙人拥有的香料资源和市场来说，并非所有的事情都是顺风顺水。科钦的船长阿方索·梅希亚（Affonso Mexia）在1503年给里斯本的葡萄牙国王写了一封长信，谴责葡萄牙人在东方的掠夺行为。梅希亚在来信中写道：

> 香料贸易对于远征东方的舰队的船长和官员们而言，所得的收益要远远多于尊贵的陛下，因为马六甲贸易完全是由来到东方的葡萄牙人控制的平底帆船和本地的船只完成的，这些葡萄牙人根本就没有向尊贵的陛下您缴纳任何税金。陛下的商馆的贸易和收益也因此正处于衰退之中，只要那些葡萄牙的船长们继续逗留在那里，那么陛下您在马六甲将几乎得不到任何收益。

119

那时候，仿佛是为了吓唬国王在交易中讨价还价的聪明做法，梅希亚写道，"事情正在恶化，如果陛下您不下达命令制止葡萄牙人在东方的恶行的话，也许明智的做法就是放弃那些岛屿"。[93] 所以，即使葡萄牙人攻克了马六甲，只要国王意欲为自己的利益而成功地开发香料市场，在欧洲仍有一场艰辛的战争留待其面对。

第五节　里斯本和安特卫普的贸易活动，1509—1548年

因为葡萄牙人为了垄断东方的香料贸易而修筑工事防御卡斯蒂利亚人的入侵，所以他们继续在欧洲尽力地实行排外政策，以便控制香料的出售和分配。在1505年之后的那个十年里面，葡萄牙人的船只平均每年往里斯本运输的香料达25 000—30 000英担。[94] 总体上，在每年运到里斯本的货物总量中，

胡椒占了 2/3。在同一时期（1505—1515 年），到达威尼斯的香料总量不超过 75 000 英担，在大部分时间里，根本就没有舰队从威尼斯被派往贝鲁特或者是亚历山大港。[95]换句话说，在这个十年里，葡萄牙进口的香料总量是威尼斯的四倍。但是，即使如此，葡萄牙人对于香料贸易垄断的有效性距离国王的期望还很遥远。虽然葡萄牙人特别关注的胡椒在威尼斯市场上常常难以得到，但葡萄牙人在任何时候都无法完全终止威尼斯的香料供应。比如，在 1512 年和 1513 年，维也纳（Vienna）的零售商们在一份请愿书中向马克西米利安皇帝（Emperor Maximilian）抱怨，威尼斯没有足够的胡椒可以购买，国王应该允许从安特卫普或者欧洲的其他城市进口。[96]1514 年，威尼斯人干脆自己到里斯本去购买香料。[97]

虽然无论是在印度还是在欧洲，葡萄牙人的垄断并不是十分有把握，但 1505 年之后其垄断效果渐渐显著起来。虽然没有什么作用，但德国人依然不断地试图说服国王改变反对商人参与远征舰队的立场。卢卡斯·雷姆最终在 1509 年离开了里斯本，从那以后富格尔家族开始接管德国商人联合组织的领导权，开创了在里斯本购买香料的通用政策，但在其他方面则没有什么大的动作。[98]

与此同时，曼努埃尔王也试图为东方和里斯本的印度商行的贸易活动制定详细的规章制度。1507 年，费尔南·索亚里斯（Fernao Soares）的舰队带着一份包括准备、组织和管理等方面都很完备的舰队规章（*regimento*）到达印度。[99]这份规章意在对贸易中可能出现的问题做出预期，并预先进行安排，它还描述了购买货物的途径、卸载货物的程序以及被运往印度的货物种类。船上的成员虽然不得不通过印度的代理商购买货物，但根据各自的级别，他们也有一定的香料投资权。水手们的储物箱作为船上空间（*quintalados*）的一个组成部分（可以容纳一公担或一英担商品），他们被许可在里面装载一些更为稀有的香料和珠宝。根据这些规章制度，可以看出，在大多数情况下，他们需要用货币付款，每艘船只要一到达里斯本，上面的任何货物想必就要被直接存放在印度商行。

1509 年拟定的规章目的在于完善商行的组织机构。[100]1500 年后，当印度的贸易在重要性和潜力上胜过葡萄牙其他的海外贸易时，一个独立的印度商行就逐渐形成了，但是它的组织机构明显还有很多有待于完善的地方。

1509 年的规章指出，每一个舰队的职员都应遵守的具体规则，需要履行的职责，以及工作的时间。它还清晰地描述了三个部分的所有事务（包括印度、几内亚和奴隶贸易）都从属于一个单独的代理商，一般以印度商行的代理商而著称。虽然这样一份组织计划已足够清晰，但事实上所有王室与安特卫普之间交易所需的巴西和非洲的香料和药材，都是经过印度商行处理的。很明显，处在代理商这个位置上需要负很大的责任，因为事实上其职能要主管葡萄牙所有的海外贸易。[101]

　　商行的主要功能体现在商业方面。远航归来的船只一靠岸，代理商就要向国王报告运回来的货物的总量和成分，并且立即向国王陈述所有可能已寄达的信件的内容。所有买回来的香料和支出都要进行说明，登记者要与国王的代理商保持所有的联系。代理商也要对所有的海外信件负责，保留所有的船只和船员的名录，并调查海外世界的其他代理商。附属于代理商办事机构的法律官员要在航程中或在商行里面负责检查和批准法律方面的文件，起诉盗窃或其他犯罪行为。关于存放商品的建筑物，从 1507—1514 年间在兴建商品仓库方面投入的巨资来看，它们在那个时代应该是相当宏伟的。[102] 即使如此，16 世纪中期代理商在里斯本又兴建了一座新的更大的建筑，但它在 1755 年的地震中倒塌了。

　　货栈（*armazems*）与商行虽然没有直接的关系，但它们拥有自己的仓库、职员和功能。负责货栈的官员就是供应商（*provedor*），他有自己的财富、记事员和员工。其办事机构的主要职能是舰队的配备、给养、武器装备、船员和其他非商业人员的招募、航海设备和航海图的配发，以及航海信息的发布。随着时代的发展，供应商的职责范围扩展到了海岸线、码头和军械库的管理。但似乎所有的财政事务都是由商行负责处理的。[103] 代理商和供应商看上去要对曼努埃尔王的著名大臣安东尼奥·卡内罗（Antonio Carneiro）负责，他是掌管印度事物的非正式的国务大臣（Secretary of State）。[104]

　　对曼努埃尔王来说，要把香料贸易的垄断权尽可能地掌控得更为牢靠，必须把葡萄牙人在安特卫普的商馆与他逐步展开的控制系统捆绑在一起。[105] 1501年，第一批满载着胡椒的葡萄牙船队到达了斯凯尔特河（Scheldt River）的河口。两年后，葡萄牙在安特卫普的代理商托梅·洛佩斯（Tome Lopes）把香料卖给

121

了一名安特卫普的商人,这个商人希望在尼德兰(Netherlands)和德国之间发展贸易。托梅·洛佩斯在韦尔泽家族的财团就直接的贸易权利问题与国王进行协商之时,给曼努埃尔王写了一封信,洛佩斯强调了北方市场对于未来的香料贸易的重要性,他明显地赞成德国人在安特卫普而不是里斯本购买香料。佛兰德斯(Flanders)长期以来与科隆(Cologne)、法兰克福(Frankfurt)和纽伦堡(Nuremberg)保持着陆地上的联系,而且,它对于从海上来的商业同业公会(Hanseatic)和英国的商人来说,是一个很大的贸易中心。

在 16 世纪的第一个十年里,[106] 集中在安特卫普的贸易活动促使其疾速取代布鲁日(Bruges),成为欧洲西北部重要的货物集散地,并且从此开始就一直享有着前所未有的繁荣。很快,安特卫普就因"欧洲城市中的支配者"的称呼而知名。[107] 直到 1514 年,阿菲塔迪和加尔德罗蒂(Gualterotti)联合拥有在安特卫普独一无二的香料出售权。但是德国南部的商人,尤其是富格尔家族和韦尔泽家族几经辗转逐渐成为贸易垄断者的一个组成部分。事实上,在北欧出售的所有香料都必须在安特卫普的财团的商馆中购买。从葡萄牙人的观点来看,这些财团在垄断方面与他们有着共同的利益,在国王决定保留最低价时,他们也愿意合作,因此他们作为稀有金属的供应商和负责任的中介,其存在是必要的。大约在 1515 年,王室在安特卫普出售的胡椒可能带来了其收益的增长,因为这里的胡椒价格比里斯本高出 10% 到 13%。[108]1515 年,安特卫普通过一份法令,将对那些在香料中掺假的出售者处以严厉的惩罚,其意在保护该城市自身的香料贸易。

抱怨安特卫普成为香料贸易中心的主要是德国人,因为他们要把香料从佛兰德斯安全地运送到德国将面临很大的困难。由于德国的商人们把珍贵的货物运往法兰克福、纽伦堡或奥格斯堡以及其他的城市,所以愤怒的公爵或饥饿的农民群体经常攻击运输香料的货车和同行的护送车队。尽管来自威尼斯的香料在德国与安特卫普的香料展开了有效的竞争,并且可以购买到,但到了 1521 年,德国就"没有香料了"。[109] 自 16 世纪初开始,指责德国的大贸易家族及其垄断行为的声浪越来越大。1512 年,科隆的帝国议会(Imperial Diet)正式宣布要终止这种垄断行为。乌尔里希·冯·胡腾(Ulrich von Hutten)和其他有权的贵族对于大商人和他们的家族富有而奢侈的生活方式怀有直接的敌意。正在通过公开的贿赂行为谋划查理五世的选举的富格尔家族让人们清晰地看到，商人们可能成为国王的"制造者"。宗教改革的代表人物路德（Luther）和慈运理（Zwingli）猛烈地抨击垄断者通过操纵金钱、人民和市场来增加自己的利润的做法。

1522 年，纽伦堡的帝国议会就废除公司一事进行了长时间的讨论。但这一次的讨论指出，废除公司并不能终止垄断或合作买卖。商业同行们争辩道，只有大的商人联合组织才拥有可以在国际市场中有效地进行运作的资本和社会关系。他们也督促帝国议会立法禁止商品欺诈，为贸易路线提供更大的安全保障，免除贸易中征收的部分苛捐杂税。他们指出，在威尼斯、葡萄牙和佛兰德斯已经因为商业而变得繁荣起来了，德国取消竞争只会削弱其国际经济地位。对于人们抱怨太多的金属流出德国用于购买胡椒的情况，商人们回答道，在德国出售的胡椒中，只有 1/20 是通过葡萄牙购得的。针对人们暗示葡萄牙国王可能把他的商品运送到了德国和安特卫普，商人们指出了共同享有贸易中的各种商品所需要的汇集点的重要性。尽管存在着诸多的反对和争议，德国的香料价格仍然明显反常地高居不下。[110]

在安特卫普也存在着对于香料贸易管理方式的不满。1518 年，安特卫普的威尼斯人停止了海上贸易，并在威尼斯颁布法令规定，凡从西方（*ponente*）进口的香料需要交纳特殊的税。1522 年，西班牙人从麦哲伦舰队唯一返回的船只所带回的货物中取出香料，运往安特卫普。大约在 1525 年，在安特卫普的犹太人（*maranos*）开始从国际财团中独立出来自行经营，但他们很快就发现自己卷入了官方的麻烦之中。他们在宗教和商业方面遭到大量的犯罪指控。

尽管存在着上述意欲打破葡萄牙商业财团对于香料贸易垄断行为的种种努力，但这些商业财团在安特卫普依然控制着欧洲北部的香料出售与分配。年复一年，无论股东是谁，葡萄牙的商业财团都通过里斯本的代理人与国王签订有关所有运往安特卫普的香料和药材方面的合同。合同规定国王不得把香料和药材卖给其他商人，包括可能在安特卫普经商的佛兰德斯人或外国人在内。于是，经过垄断香料贸易的高层特别授权的大量商业货栈成为了贸易的中介，商业财

123

团就通过这些中介出售香料。直到 1530 年，安特卫普的贸易程序都通畅无阻，香料的绝对价格在 16 世纪 20 年代的整整十年内（decade of the twenties），一直都比从前高而且保持相对稳定。[111] 在 1530 年之后，弗朗西斯一世（Francis I）与查理五世之间的战争，因威尼斯有力的竞争而导致的无处不在的威胁，以及在安特卫普的证券市场做香料生意的商人们的投机活动，把葡萄牙人在安特卫普的贸易秩序搞得一塌糊涂。1530 年后不久，维也纳和英国的胡椒价格约疾速上涨了 20%。1532 年后的四年里，欧洲北部的胡椒价格持续下跌，但是在 1536 年到 1544 年间，其价格再次回升，幅度达 10%。但是在这一时期的任何时候，都看不到我们手头的胡椒价格记录中有任何戏剧性的变化，胡椒的价格似乎与这个十年的总体物价水平保持着一致。

与此同时，查理五世致力于把低地国家的地位提升到介于德国和法国之间的中等国家的水平，这是他的"帝国和平"总体规划的一个组成部分。最初，查理五世的政策的最终后果是促使安特卫普成为世界上最自由的港口，佛兰德斯则成为可转移财富的最大交易地点。大约在 1530 年，随着大批的珍稀金属从新世界流向卡斯蒂利亚，国王的精力就很少投注在安特卫普及其经济的总体发展水平上了。随着时代的发展，查理五世与法国之间的战争在 1536 年再次爆发，这场战争使弗朗西斯一世对葡萄牙和佛兰德斯间的运输贸易发起了持续的攻击，这是他计划把位于法国西北部的大西洋港口发展成为贸易中心的一个步骤。[112]

在 16 世纪前 1/3 的时间内，前来安特卫普的商业舰队的往返频率极具规律性，平均每年大约来两次。在形势好的情况下，一支大的贸易舰队甚至可能在两周的时间内就能够从里斯本驶往安特卫普。那时候，没有装载任何货物的陆路四轮马车，从布鲁塞尔（Brussels）到马德里（Madrid）最快需要用十二天的时间。到了 1530 年，西班牙和葡萄牙的船只在从安特卫普向南的贸易运输中占据着实质性的垄断地位。此后，他们遭到布雷顿（Breton）的海盗的骚扰，海盗们对于贸易活动的破坏事实上得到了弗朗西斯一世的非正式批准。为了保护贸易活动的正常进行，提高可利用船只的数量，葡萄牙人开始更频繁地使用暗灰色的船只。1530 年后，里斯本和安特卫普之间对于运输中介的引入削减了葡萄牙人的利润。在 1540 年到 1550 年间，荷兰人逐渐取而代之成为运送者，在 16 世纪中期，荷兰人在安特卫普及其南部之间运送的货物吨位超过了其他具有竞争力的船只运量的总和。到 1560 年，阿姆斯特丹（Amsterdam）开始代替安特卫普成为贸易中心。

　　有一种常见的假设，认为葡萄牙人的垄断在 16 世纪的最后三十年到来之前，尚没有受到来自黎凡特的香料的有效挑战。确定无疑的是，在 16 世纪的前 1/3 的时段内，运到威尼斯的香料的数量无法与里斯本的进口量相提并论。开罗的胡椒价格在这个时期也比里斯本或者安特卫普施行的价格高出很多。[113] 但是，许多威尼斯人的香料，可能不包括胡椒在内，在欧洲市场上一直具有很强的竞争力。[114] 发生在里昂的香料贸易事件构成了一个特别有意义的例证。[115] 在 15 世纪最后 1/4 的时间里，意大利商人从威尼斯和热那亚把胡椒源源不断地带到了法国重要的货物集散中心里昂的集市上。从意大利到里昂的主要贸易是意大利制造的丝织品，香料贸易与丝织品是一并发展起来的。大部分货物是在马车队的护送下从意大利北部的市镇经由阿尔卑斯山脉（Alps）通过陆路运输的。经过这条线路运输的威尼斯人的香料，在里昂的售价要比通过朗基多克（Languedoc）的港口运来的低 20%。朗基多克和里昂的市镇很快意识到大西洋航线的开辟将对他们在香料贸易中的地位带来灾难性的后果。1508 年，随着来自安特卫普的香料在里昂东部市场上的出现，最初那种模糊的恐惧感开始渐渐明晰起来。

　　葡萄牙人的香料再次来到了里昂，而且其数量明显急剧增长。但是，就安特卫普的香料而言，即使在和平的时段（1525—1535 年）里，在里昂进行的交易量还不到进口总量的 1/3。当弗朗西斯一世迫于政治压力，致力于击垮安特卫普的货物集散中心之时，与大西洋沿岸的情形相反，地中海地区的香料在接下去的那个十年里的进口量甚至更大了。[116] 正如我们看到的那样，随着国王非正式的批准，法国的海盗肆无忌惮地劫掠了从里斯本开往安特卫普的香料船。位于马赛（Marseilles）的皇家港口的承包商们受到鼓舞，直接乘船前往黎凡特地区。1540 年 1 月 4 日颁布的王室法令禁止把香料运到法国，除非通过皇家港口。虽然王室的法令成功地阻止了从安特卫普进口的香料，但它却没能达到强制运

125

往法国的香料必须经过其大西洋沿岸的港口的目的。但是，这份王室的法令迫使大部分香料贸易要经过马赛港，自此以后，马赛和里昂成为了往法国进口香料的贸易伙伴——这些贸易活动主要还是在来自佛罗伦萨和热那亚的商人之间进行的。

虽然其他香料的价格下跌了，但大约在 1540 年，安特卫普的大商业团体依然能够把胡椒的价格维持在一个固定的水平上。1534 年，来自里斯本的香料舰队在斯凯尔特河（Scheldt）上没有出现，这也许是努力维持安特卫普的香料价格水平的一种表现。在接下来的一年里，弗朗西斯一世限制里昂、鲁昂（Rouen）和马赛的香料进口。两年后，威尼斯的使节报告说香料不再从安特卫普进入法国，而是直接从葡萄牙运入。[117] 所以，虽然法国和荷兰接管了运输贸易，但威尼斯和地中海沿岸的香料贸易中心马赛持续增长的竞争力，削弱了葡萄牙人在安特卫普的地位。[118]

在安特卫普交易的所有商品中，胡椒和其他香料是最常见的易被卷入投机买卖的东西。[119] 特别是在 1520 年之后，葡萄牙的代理商常常在海上出售船上的物品，想通过商人团体提高付款。胡椒的价格常常比其他商品更容易波动，胡椒的报价单被视为是证券交易所行情的晴雨表。战争、和平、供给、需求和大商业财团的阴谋共同致使香料贸易中的投机活动成为交易场所中最具风险的投资。香料贸易之所以落入商人之手，在很大程度上可以用葡萄牙国王对于现金的持续需求来解释。事实上，所有的首席商业财团都曾经一度给国王预付过款项，尤其是阿菲塔迪，大体说来，它应该是胡椒贸易团体中最大的股东。1543 年，葡萄牙国王在安特卫普的债务估计高达 200 万达克特，在这种情况下，相当大的一部分胡椒的款项仍然要提前交付。[120] 虽然国王为那些在葡萄牙人的证券上投资的人们允诺了较高的利率，但在规定的时间内，无论是债券的利息还是面值通常都未能兑现。结果，在 16 世纪中期，王室的信誉不断下降。1548 年 12 月，若昂王在他派遣前去会见查理五世的使节的建议下，决定关闭设在安特卫普的葡萄牙商馆，这也许是因为通过危险重重的海路为之提供货物所需要的花费太大了。[121] 在这个重要关头，位于巴利亚多利德（Valladolid）的国会请求国王把安特卫普的香料贸易管理机构转移到卡斯蒂利亚。和西班牙在 1529 年提出的更早的要求一样，这个请求同样遭到了拒绝。[122]

若昂王为了找到一个可以解决其严重的财政困境的办法，可谓竭尽全力。1459 年之后，里斯本的香料直接从印度商行对外出售。那时候，冒着被私人承包商勒索的风险，香料被高费用地运到安特卫普和其他集散中心。[123]与此同时，教皇尤利乌斯三世在 1551 年通过一个特殊的诏书，允许基督骑士团（Order of Christ）的所有海外股份由葡萄牙王室接管。也许，国王在这个时期已经看到商业冒险家协会（Society Of Merchant Adventurers）的记事官约翰·惠勒（John Wheeler）在这个世纪末的《商业论》（A Treatise of Commerce）中所生动描述的情形。惠勒写道：

> 关于波廷格尔（Portingal），我们首先了解到他是一个朴实的好人，为了香料，他几乎每一年都面带饥色地（上帝知道）完整航行了地球上的三块大陆，当他把香料带回来的时候，安特卫普的（Antwerpians）巨富、西班牙国王的臣民们，把他们全部据为己有，甚至是事先就预交了购买香料的款项，由此导致了彻底的垄断；凭借这种手段，只有他们获利了，而其他所有的国家都遭到了损失。香料被控制在少数人的手中，这些人为了自己的私人利润而制定出价目，并据此对外出售，损害了所有其他人的利益。[124]

第六节　地中海东岸贸易的复兴，
1548—1570 年

葡萄牙人在安特卫普的商馆正式关闭以后，其贸易状况急剧恶化。在斯凯尔特的商业中心做生意的商人被卷入了敌意的漩涡，这些敌意是由查理五世为其庞大的帝国做产权处置的准备以及席卷而来的宗教改革引起的。法定继承人菲利普王子（Prince Philip）在 1549 年造访了佛兰德斯，想让教会、贵族和平民三大阶层（the Estates）承认自己作为查理王的继承人的身份。但几乎是与

127

此同时，低地国家的人们反对这位外国王子的声浪开始增大。菲利普对于天主教的坚定信仰在新教（Protestant）和犹太教商人中间同时引起了恐慌，他们认为宗教法庭（Inquisition）和耶稣会士（Jesuit）将迅速进入安特卫普。他们的担心很快变成了现实，不久，新的税项和限制也被施加在贸易事务方面。1554年，菲利普王子与英国的玛丽（Mary）公主的婚姻一度为那些厌战的低地国家带来了希望，他们认为，英国与西班牙的联姻将有可能带来一段持久的和平。但是这种希望很快就破灭了。1555年，在菲利普王子被授予勃艮第尼德兰公国（Burgundian Netherlands）的统治权之后不久，西班牙与法国之间的战争再次爆发了。1559年，卡托 - 康布雷齐条约（Treaty of Cateau-Cambresis，1559年）的签订结束了法国和西班牙之间的战争，菲利普王子在财政方面的苛捐杂税以及他在尼德兰镇压异教徒的决定引发了国内的冲突。[125]

葡萄牙人关闭他们的商馆后不久，安特卫普的商人们就开始移民，这种情形在16世纪后半叶一直存在。首批离开的是犹太人（*maranos*），德国人、波罗的海人（Baltic）和英国新教徒也紧随其后离开了安特卫普。随着安特卫普商业的衰落，法国、意大利和德国的天主教商人开始为他们的贸易活动寻找新的基地。离开佛兰德斯的大部分商人把他们的商业活动转移到了汉堡（Hamburg）以及莱茵河流域（Rhenish）的城市、苏黎世（Zurich）、鲁昂或者里昂。1560年，曾是安特卫普首席香料承包商的阿菲塔迪被迫面临破产。但是，迟至1565年，卢多维科·奎齐亚蒂尼（Ludovico Guicciardini）却依然能够在斯凯尔特河流域的繁华都市中获取巨大的成功。虽然安特卫普的其他生意明显还在继续，但香料贸易显然面临着破产的命运。到1567年，大部分外国商人都已经离开了，几年后，奎齐亚蒂尼本人因为激烈抗议西班牙的政策而被逮捕入狱。随着商人们流散到各自的家乡或者到其他较为友好的贸易中心，安特卫普的黄金时代结束了，在1569年爆发的大规模的金融危机中，葡萄牙的塞巴斯蒂安王（King Sebastian）终止了安特卫普所有的支付款项。自从离开的商人们把贸易和银行业务带到欧洲西部和中部的许多其他城市以后，欧洲再也没有出现过在某座单独的城市中拥有如此多的商业和金融轴心的情形。[126]

随着葡萄牙人的商馆的关闭，欧洲的香料分配问题转到了其他地方。但是

128

在印度，若昂王三世在控制其贸易所依赖的战略中心时依然麻烦不断。位于印度西北部的第乌的要塞持续地处于压力之下，1546 年，在努力拖延了葡萄牙人的那部分支出之后，这里再次遭到新的围攻。早在三年前，葡萄牙人就到达了日本，所以若昂王三世面临着扩展其交通线路的挑战，甚至具有把战线向东方推得更远的雄心。从 1540 年到 1550 年这整整十年间，国王在马六甲和其他葡萄牙人的货物集散地的收益持续下降，1543 年，马六甲的海关施行了改革。[127] 在同一个时期，圣方济各·沙勿略（St. Francis Xavier）开始在亚洲进行他的传教活动，耶稣会士开始与国王建立起一个非正式的工作协议，并把该协议作为他们在葡萄牙帝国传教活动的支柱。因为法国、荷兰和英国的闯入者们在挑战着葡萄牙人对于非洲和巴西的贸易的垄断，所以葡萄牙人把关注的范围扩展到了西南方向更远的地方。为了使海上的航线更为安全，也为了阻止欧洲北部国家的殖民入侵，16 世纪中期以后，葡萄牙政府通过在巴西施行一种更为有效的殖民发展政策，来加强对它的控制。葡萄牙为了把它的全部精力放在亚洲，维持其在亚洲的垄断地位，并恢复其在欧洲的信誉，似乎把对于非洲人、亚洲人和巴西人在里斯本的贸易的关注作为达成上述目标最佳的手段。

但是这种估计没有把地中海沿岸的香料贸易的复苏考虑进去。葡萄牙人 15 世纪中期在东方遭遇到的困难，在某种程度上可以归因于黎凡特人通过波斯和埃及重新开始了与印度人之间的贸易——苏莱曼一世（Suleiman the Magnificent）依赖其权力在近东地区重新开创的稳定局面使贸易的复兴成为可能。比如，有先见之明的富格尔家族在 1558 年关闭了里斯本的业务，在随后的几年里开始在亚历山大港购买胡椒，然后通过拉古萨（Ragusa）和阜姆（Fiume）直接把胡椒运送到欧洲中部。[128] 来到教皇宫廷的葡萄牙使节洛伦索·皮雷斯·德·塔沃拉（Lourenco Pires de Tavora）——他过去曾是由 6 艘来往于印度的贸易船组成的舰队的指挥者——在 1560 年给里斯本带来消息说，每年有 40 000 英担的香料，其中主要是胡椒，被一次性地运到了亚历山大港。皮雷斯总结道，"有那么多的香料被运到土耳其人的领地，难怪里斯本的香料会那么少"。[129]

大约在 1560 年，运到里斯本的香料总量仅仅大致与运到亚历山大港的相当。[130] 和从前一样，威尼斯人控制着与叙利亚和埃及之间的大部分贸易事务，

129

香料进口量一度达到了前葡萄牙时期（the pre-Portuguese period）的总量。[131]
但是，威尼斯在黎凡特地区的贸易如今遭遇到了来自法国人、热那亚人和拉古
萨人的激烈竞争。这个时期的法国人甚至努力直接到几内亚去购买马拉盖塔椒。
1560 年到 1563 年间，随着安特卫普贸易状况的日益恶化，在印度洋出现了一
种针对葡萄牙的新的敌意，这使其进一步遭受了损失。为了解决葡萄牙的经济
问题，1561 年的舰队错过了季候风。在印度，葡萄牙人仍然无法摆脱与他们的
行政官员和个人之间的矛盾纠葛。[132] 到了 1563 年，当黎凡特人的反革命运动
成为具体的事实，当威尼斯将成为香料贸易市场的主角的威胁再次到来时，葡
萄牙人开始在各地遭遇霉运。虽然这个时期欧洲的香料有些供不应求，但还是
可能比 16 世纪初的供应量多出很多。[133]

　　香料的价格可以反映出争夺香料贸易霸权地位的情形。在 1550 年到 1560
年这十年之间，香料的价格起伏特别大。在维也纳，香料可以从威尼斯或安特
卫普购得，在十年内其价格下降了 10%。在安特卫普，香料价格不定期地摆动，
但是其绝对价格以一种非常稳定的比率持续增长。在英国，香料的来源基本上
主要依赖于里斯本—安特卫普的运输路线，其价格大约增长了 25%。[134] 这样
一种对照，为大西洋（葡萄牙）和地中海沿岸（威尼斯）的香料贸易路线设置
了一个互相争夺的场域，它有着持续的重要性，贯穿并沉淀在 16 世纪的整个时
代记忆之中。在许多诸如此类的争夺战中，竞争的双方都遭遇了损失。

　　地中海东部的香料贸易市场在 1560 年到 1566 年间的重新振兴可能有几种
不同的解释[135]——首先，也是最重要的可能是因为葡萄牙在欧洲和亚洲遭遇的
厄运。葡萄牙维持其在香料贸易中的垄断地位，依靠的是其对红海贸易的连续
封锁，以此来保护自己的市场和海运航线，这些对他们而言，最终显得过于复
杂而无法实现。因为欧洲的香料价格不断攀升，所以只要葡萄牙人的障碍得到
消除，黎凡特地区的香料贸易市场就会恢复其繁荣的局面。葡萄牙官员在东方
的腐败行为，以及他们对于王室的财富的不断消耗，给了穆斯林的贸易者们一
个在印度的香料贸易中心再次进行商业活动的机会，并藉此对抗葡萄牙人的垄
断行为。葡萄牙人无法驱除印度洋上的阿拉伯贸易者，也不能有效地封锁波斯
湾地区的贸易，这种情势导致香料再次进入黎凡特地区和埃及的商业中心。在

130

这些地区，欧洲的香料供应商提供的价格明显低于里斯本的香料市场价格。[136]

但是，即使到了 16 世纪末期，在亚历山大港和阿勒颇（Allepo）还可以看到运送香料的船只在来回穿梭，地中海沿岸的香料贸易市场的复兴也注定了将是昙花一现。因为在苏莱曼一世去世不久，席卷奥斯曼帝国（Ottoman Empire）的灾难导致了 1566 年之后阿拉伯半岛和也门（Yemen）的起义的爆发。1570 年，威尼斯和土耳其为了争夺塞浦路斯（Cyprus）的控制权而发起了一场战争，战争终止了地中海东部两个最重要的大国之间的世代友好关系。[137]1571 年 5 月，威尼斯、教皇和西班牙组成的三角联盟（Triple Alliance）发起了一场针对土耳其的战争。1571 年，当这个基督教联盟在勒潘多海战（The Battle of Lepanto）中大败土耳其海军之后，在联军内部因为战利品的分配问题而再次开战。土耳其人利用基督教世界内部的分裂而带来的时机，迅速组织了一支新的舰队。因为威尼斯遭到了其联盟的遗弃，不得不在 1513 年与土耳其宫廷（Porte）和好，交出塞浦路斯。但是，在 1574 年苏丹赛里木二世（Sultan Selim II）死去之后，奥斯曼土耳其帝国内部陷入了无序状态，这意味着由苏莱曼一世一手创制的强大和稳定的局面开始进入一个漫长的衰落过程。虽然在地中海东部地区的陆路和海路上阻碍重重，但东方的贸易并未因此而完全中断，运到黎凡特地区和东部市场上的香料似乎再也没能达到 1560 年到 1566 年间的总量。[138]

地中海东部地区并非菲利普二世在这个时期运送西班牙的财富、武器和船只的唯一地点。菲利普二世使荷兰西班牙化（Hispanicized）的努力渐渐遭遇到了强烈的民族和宗教对抗。1567 年，紧随阿尔巴公爵（Duke of Alba）发往布鲁塞尔的快信之后的是内战的爆发。在这场战争中，西班牙人和叛乱的尼德兰人之间的战斗同时在海陆上进行，这致使低地国家间的贸易活动非常艰难。"西班牙人的愤怒"（Spanish Fury）在 1567 年导致了对安特卫普的首次洗劫，并把最后一批贸易者赶出了斯凯尔特城。与此同时，在尼德兰北部，一个由荷兰（Holland）和奥伦治亲王（Prince of Orange）领导的独立国家正在形成。随着乌特列支联盟（The Union of Utrecht）在 1579 年的成立，菲利普二世面临着一个新的有国际力量支持的新教国家崛起的局面。

西班牙的注意力在 1566 年到 1580 年间的转移，使葡萄牙人重新夺回他们

131

曾在欧洲和海外丧失的一切成为可能。同样，法国人也卷入了他们自己的宗教战争，他们侵犯葡萄牙人的能力就受到了限制。但是，葡萄牙人在东方仍然难以保有其据点。比如，果阿在 1569 年到 1570 年间曾遭到连续十四个月的重重围困。葡萄牙人在马鲁古群岛的德那地（Ternate）[①] 的要塞在 1574 年落入穆斯林之手前，曾被围困了五年。[139] 在里斯本，一场毁灭性的瘟疫使其商业活动遭到严重的破坏。此时的英国利用内陆大国陷入战争的火坑的大好时机，在 1527 年扩展其海上的活动范围，恰到好处地迫使葡萄牙把几内亚的贸易事务对其开放。

第七节　新的契约贸易时代，1570—1598 年

当若昂三世于 1549 年关闭安特卫普的商馆时，宣布里斯本将成为"对所有购买者开放的港口"。[140] 里斯本的贸易活动有时候依然生机勃勃，但在 1549 年到 1568 年间，总体上似乎有所衰落。做香料生意的大商人联合组织显然在不断地进行投机买卖。1557 年若昂王死去，摄政政府就此成立。在此期间，年轻的塞巴斯蒂安王的王宫乌烟瘴气。在葡萄牙和东方，在香料贸易中牟取暴利逐渐成为这个时期的游戏规则。国王尽管对非法贸易严加限制，但葡萄牙的国民们却更为肆无忌惮地冒犯着国王的权威，这种情形持续了一年又一年。个人积聚了巨额财富，而国王却承担着管理和保护一个庞大的贸易帝国的重负。某些葡萄牙人甚至把香料卖给阿拉伯人，或者把香料运到里斯本之外的位于葡萄牙国境边上的其他港口进行交易。

塞巴斯蒂安王认识到自己无力阻止这些非法贸易活动，就开始努力缩减王室的负担。1570 年，国王颁布了一份新的重要法令来规范国内的贸易活动。[141] 这份法令的前言指出，在新的制度下，所有国王的臣民都可以私自贩卖印度的商品，但附加条件是，所有通过殖民所得的物品要运送到里斯本缴纳税金。马拉巴尔海岸上几个特定的港口被指定向私人贸易者合法开放。马六甲被声明为

---

① 又译作特尔纳特。——译者注

自由港，规定在马六甲购买的香料可以免除税金或印度的转运服务费。在印度水域上巡逻的水手和船只有权没收那些非法运营的所有胡椒和其他商品。里斯本的税金需要以现金的形式缴纳——胡椒的税率大约相当于从前的固定价格。在接下来的一年里，又颁布了一条附加的规则，意在更为严格地控制新制度下的航海活动。[142]

根据威尼斯使节西吉斯蒙多·卡沃利（Sigismondo Cavalli）的报告，大约在1570年里斯本仍然是欧洲最活跃的港口之一。[143]与16世纪初派遣出去的舰队相比较，这个时期舰队船只的数量有所减少，但运输的吨位加大了。除了国王的香料之外，运回来的货物要比这个世纪早期进口的商品更为多样化，在数量上也更大。从1500年到1560年，欧洲每年的香料进口量明显地增多了。[144]大约在1572年，国王从贸易中获得的纯利润估计高达50万达克特。但是，尽管获得了这些收益，这位年轻的国王和他的先辈一样，在其他方面的花费明显很多，不得不继续寻求新的贷款。在一系列承包过程中，胡椒的贸易得到了发展。大约在1575年，私人承包商开始出价购买欧洲香料的分配和出售权，[145]后来，连亚洲市场上的购买权也可以出售了。[146]

显然，塞巴斯蒂安王不愿继续像他的先辈们那样扮演商业统治者的角色。在把香料贸易的垄断权对私人公司开放以后，塞巴斯蒂安王在1574年开始派遣十字军攻打摩洛哥（Morocco）。这项没有任何好处的冒险在后来的四年内耗尽了王室所有的斗志和精力，直到塞巴斯蒂安王在战斗中死去为止。许多葡萄牙的上层贵族和国王一道，在摩洛哥或者命丧九泉，或者锒铛入狱。从那以后，许多葡萄牙上流阶层的家族们易于携带的财产都作为被抓捕贵族（*fidalgos*）的赎金而被变卖出去。[147]与此同时，在葡萄牙的西班牙人的影响日益增长，菲利普二世在香料贸易中的利润也随之增加了。[148]

1570年后，葡萄牙人在香料贸易中的垄断力量显然已经不存在了，而西班牙人在葡萄牙的香料贸易中所得的利益则迅速攀升。大概就在这个时候，西欧的胡椒价格开始下跌。到1580年，胡椒的价格在英国下跌了25%，在新卡斯蒂利亚下跌了11%，在维也纳下跌了8%。诸如谷类等其他商品的价格水平在这个时期则出乎意料地上涨了。[149]在地中海东部，威尼斯和土耳其之间发生

133

了为期三年的战争。所有威尼斯的商业竞争对手，尤其是它临时的联盟西班牙，发现通过议会的介入即可拥有获利的机会。1575 年，加尔默罗修会（Carmelite）的修道士马里安诺·亚扎罗（Mariano Azaro）也许是应菲利普王的恳请，提议西班牙应与教皇和其他意大利的统治者联合，在西班牙境内的意大利人辖区内用葡萄牙人的胡椒代替威尼斯人的胡椒，在意大利的某些港口建立一个相当于安特卫普那样的货物基地。[150] 从 1576 年到 1578 年，托斯卡纳（Tuscany）的弗朗西斯大公（Grand Francis）通过巴尔迪（Bardi）的代理商试图得到从印度把香料运到葡萄牙的合同，这位意大利的代理商显然明白塞巴斯蒂安王急需现金来支持其攻打摩洛哥的战役。[151] 1577 年，威尼斯本身需要为其 1519 年的禁令留出两年的时间，这条法令禁止从波南特（ponente）进口香料，因为这样就可以从葡萄牙将之免费运送过来。

菲利普二世想通过威尼斯的介入赚取利润，显然已在思考着建立西班牙—葡萄牙之间的贸易联盟的相关事宜。这一联合将加强菲利普二世在葡萄牙的控制权，藉此能够防止香料贸易的垄断权落入意大利或者德国的中介人手中。这样做还可以加强菲利普王控制叛乱的尼德兰人的能力，这些尼德兰人仍然在里斯本从事贸易活动。虽然德国人与意大利人最初的协商未能取得成功，但在 1575 年，他们再次成为香料贸易中的佼佼者。显然，在努力阻挠西班牙及其富格尔家族联盟的计划时，葡萄牙王室拒绝了德国南部的商人最初要求签署香料分配的"欧洲人合约"的提议。德国南部的大银行拥有葡萄牙人的票据，并将其打了折扣，但因为它们的力量过于强大，在关于胡椒的合约中被认为不值得信任。1578 年，仅富格尔家族所持有的葡萄牙人票据就高达 40 000 达克特。[152]

134　　　　1575 年 12 月，当胡椒的合约书经裁决将转给奥格斯堡商人康拉德·罗特（Konrad Rott）时，整个商业界为之感到震惊，罗特虽然长期在伊比利亚半岛经商，但他算不上是一个真正的大商人。[153] 罗特自己承诺，他在第一年要以每英担 34 达克特的价格购得 12 000 英担胡椒。作为合约的一部分，罗特必须立即保证以适当的利率为葡萄牙贷款几十万达克特。这项贷款要在合约有效期的最后一年里，在胡椒交货时偿还。到了五年偿还期的第二年，罗特所做的一切可能刚达到葡萄牙旧票据的要求。为了用合约的偿付债务款项帮助自己，罗特于 1576 年在马德里（Madrid）以 20 000 达克特或半价的价格从富格尔家族手中购得一部分期票。[154] 罗特也被许可偿还国王装备船只和造船材料的资金，这些船上的材料、装备可能来自德国。

无畏的罗特很快意识到要做完这件事情非他一个人的能力所及，他就开始寻找合作者。在遭到德国南部的大银行拒绝以后，他把合约中 3/8 的内容转让给了贾科莫·德·巴蒂（Giacomo dei Bardi）及其佛罗伦萨的公司。好像罗特偿付债务的款项已经不是不可完成了，这位勇敢的奥格斯堡商人在 1578 年和期望垄断世界胡椒贸易的亨利王又签署了一份关于印度贸易的合约。换句话说，罗特希望制造一个在葡萄牙国王看起来不可能维持的贸易垄断。罗特把他合约的总体价值分为 30 个部分，他为自己保留了 12.5 个。罗特把剩下的份额中的 10 个卖给了葡萄牙的公司，7.5 个卖给了意大利的公司。罗特曾经在南欧组织自己的业务，1579 年与萨克森的选帝侯奥古斯特（Elector Augustus of Saxony）达成协议，在莱比锡（Leipzig）建立了一个储存香料的基地，从这里把胡椒卖给德国、尼德兰、波罗的海诸国（Baltic States），以及波兰。为实现这一目的，选帝侯奥古斯特帮助罗特组建了图林根公司（Thuringian Company），这个公司的职能在于从罗特那里取得香料用来交换铜和锡。与罗特的方案一样，选帝侯奥古斯特通过莱比锡基地控制欧洲北部的香料贸易，但是这一愿望很快破灭了。到 1580 年，这项不切实际的宏大冒险事业被迫终止，罗特也宣告破产。此后，罗特的印度贸易合约由来自米兰（Milan）的意大利商人乔万尼·罗威尔拉斯卡（Giovanni Rovellasca）接手。

在菲利普二世的努力下，西班牙和葡萄牙结成了联盟，罗特的破产正好与这件事情同时发生。没有后裔的亨利红衣主教（Cardinal Henry）在 1578 年成为国王，虽然亨利主教已经 77 岁了，但他还是费尽心机地试图让教皇履行他曾立下的誓约，以便收养一个孩子作为王位的法定继承人，菲利普二世阻止了他。与此同时，菲利普二世在里斯本慷慨地支付货币，希望以此得到葡萄牙人在他接任那天的支持。1580 年，老国王刚死去不久，菲利普二世的军队就进入葡萄牙。在接下来的一年里，国会宣布了哈布斯堡（Habsburg）的国王人选。从帝国和商业方面来说，菲利普二世如今已经有能力控制在其领地之内的亚洲、非

135

洲、美洲以及欧洲一些最好的港口的财富了。但是，他的荷兰臣民们仍继续在进行对抗，而且，1580 年后还得到了来自英国和法国的支持。

根据 1581 年在托马尔（Tomar）的联盟协议（Agreement of Union）的相关条款，西班牙和葡萄牙殖民帝国将保持独立，双方均由自己的官员管理。菲利普二世统治时期，在里斯本负责印度事务的部门确实是按照一个独立的管理机构进行运作的，[155] 在印度商行控制东方货物的出售与集散的管理机构亦是如此。但是，不久之后，菲利普二世就把他在伊比利亚半岛逐渐形成的集权化程序扩展到了葡萄牙。这一努力集权化的前提主要是菲利普二世想通过自己组建的管理机构，尽可能严密地控制其葡萄牙领地的财政的计划。1591 年 11 月 20 日，菲利普二世最终废止了旧的葡萄牙金融机构，创建了一个由自己亲自选定的人员组成的新的金融政务委员会。印度商行和香料贸易均受金融政务委员会管辖，这个委员会很快成为葡萄牙国内和海外的管理部门必须听从其调遣的中心。[156] 在远东地区，西班牙的贸易者和来自马尼拉（Manila）的传教士开始大批涌入葡萄牙在澳门（Macao）和日本的垄断行业。

对于欧洲北部的大国来说，葡萄牙和西班牙的联盟是一个远距离的威胁，其可怕性堪比土耳其人在 1453 年对于君士坦丁堡的劫掠。宗教战争使法国变成了万里焦土，因此它还没有能力立即对这个伊比利亚半岛上的新联盟所构成的威胁做出回应。尽管荷兰人预感到对抗南方的庞然大物获得最后胜利的机会相当渺茫，但是，他们再次宣布了自己的独立。英国自从 1553 年开始，就在寻找向北前往契丹和印度的线路，所以在 1580 年为历经艰难险阻而环游世界归来的弗朗西斯·德雷克（Francis Drake）欢呼、振奋。在德雷克的环球航行过程中，和在他之前的塞巴斯蒂安·德尔·卡诺（Sebastian del Cano）一样，他在马鲁古群岛上的德那地岛停留了一段时间，成功地避开了葡萄牙人的巡逻船只，并最终完成了旅行返回欧洲。虽然菲利普二世要求伊丽莎白女王（Queen Elizabeth）惩罚这个"厚颜无耻的掠夺者"，但与之期望相反，德雷克反而被勇敢的女王封为爵士。显然，伊丽莎白女王准备挑战曾一度分布在海外世界的国际垄断权。其时，这项权力主要由伊比利亚半岛上的大国和正在努力宣称对于南部海域独一无二的管辖权的哈布斯堡王室的葡萄牙与西班牙统治者分享。

136

随着伊比利亚半岛上的联盟的创立，香料贸易自然反映着大国在商业上的重新定位以及国家之间的力量重组。1580 年后，康拉德·罗特最初缔结的合约的印度部分由罗威尔拉斯卡接手。罗威尔拉斯卡在意大利人、可能还有富格尔家族公司在西班牙的分部的共同支持下，[157] 经营着印度合约直到 1585 年。菲利普二世管理香料贸易的第一个五年里，在意大利的市场上，葡萄牙人的胡椒似乎将逐渐被黎凡特人的胡椒所取代。在 1582 年到 1583 年间，除了丝绸之外，从埃及和叙利亚带到东方的货物很少，马赛的胡椒价格不断攀升。[158] 在旧卡斯蒂利亚，香料的价格低于一般的物价水平，[159] 这种现象可能源自从近东来的商人在欧洲市场上向别处廉价抛售葡萄牙胡椒的事实。比如，在里窝那（Leghorn），从 1578 年开始，大多数进口的胡椒都来自葡萄牙，这种情形一直持续到 1583 年，但是从那以后，开始了一个地中海沿岸的胡椒和大西洋的胡椒轮流占主导地位的时期。[160]

随着罗特—罗威尔拉斯卡的合约在 1585 年的到期，菲利普二世显然希望在欧洲缔结一份新的非正式香料分发协议。因为尼德兰地区的战事还在继续，西班牙与英国的战争又刚刚爆发，菲利普二世深深地为之感到困扰，他因为急需大量的货币，早在 1581 年就与威尼斯人协商购买葡萄牙人的胡椒。[161] 1585 年，菲利普二世提出，愿意以每英担 30 达克特的低价，每年在里斯本卖给威尼斯人 30 000 英担的香料。[162] 菲利普二世可能希望通过这个办法，夺走与自己关系不好或者正在开战的北方大国定期在里斯本购得的香料。但是西班牙的提议遭到了拒绝，可能是因为威尼斯人害怕土耳其人在对其有利的黎凡特地区贸易方面和近东地区的殖民地伺机报复。西班牙也给过米兰、热那亚和佛罗伦萨同样的提议。这些提议同样也都遭到了拒绝。某些个别商人显然仍在里斯本购买他们的胡椒和其他香料。比如，梅迪纳·德尔·坎波（Medina del Campo）的西蒙·鲁伊斯（Simon Ruiz）在 1580 年后，受到吸引来到里斯本的市场，他的交易记录也许和那些西班牙商人一样，一直显示出对购买香料以及投保前往印度的船只的浓厚兴趣。[163] 在欧洲的其他地方，胡椒的价格在 1580 年到 1585 年间急剧增长，然后多少有些下跌，但跌幅并不很大，这种情势一直持续到了 1592 年。

里斯本的香料贸易一直都主要是运输贸易，这贯穿了这个货物基地的所有历史时期。正如白银经过卡斯蒂利亚那样，香料也通过了葡萄牙。按照康拉德·罗特在 1579 年到 1580 年间的统计，[164] 胡椒在葡萄牙及其殖民地每年的消费量仅有 1 500 英担，或者约占每年总进口量的 1/15。在同一份估计中，西班牙和不列颠群岛（British Isles）被认为在各自较好的境况中可以达到 300 英担。意大利预计为 6 000 英担，法国为 2 500 英担。罗特显然希望能够在诸如德国、波希米亚（Bohemia）和波兰等低地国家中出售 12 000 英担。随着进口的胡椒大量进入欧洲北部，德国南部的商人不断进入香料贸易的圈子就丝毫不令人感到奇怪。1570 年，葡萄牙的香料贸易垄断者开始通过合约系统来寻求在最低的风险下赚取最多的利润，他们以最低的价格把胡椒带到印度商行，以尽可能高的价格卖给欧洲的合约持有者们。事实上，在 16 世纪的最后一个十年，印度商行的功能就像一个收费站，它设法从香料贸易所赚取的利润中榨取大量利益。

当菲利普二世在为欧洲合约寻找买主之时，他于 1586 年缔结了一份新的印度贸易合约。虽然在西班牙的协议缔结者是林堡（Limburg）的贵族和铜贸易者吉拉尔多·帕里斯（Giraldo Paris），但乔万尼·罗威尔拉斯卡和他的赞助人仍然是最具有利害关系的团体。1586 年 2 月 15 日，协议在瓦伦西亚（Valencia）签订，"缔结者"们约定，在六年的期限里，他们每年将装配 5 艘船，带 17 万达克特驶往马六甲购买香料。他们达成了每年往里斯本运送 3 万英担胡椒的协定。按照这份与国王签订的协议的第 28 条，罗威尔拉斯卡和帕里斯可以把自己的合伙人带进他们的事务之中。不久，韦尔泽家族得到了 5/12 的股份。在接下来的一年里，屋大维（Octavian，即奥古斯都）和菲利普·爱德华·富格尔（Philip Edward Fugger）购得印度合约中 1/4 的股份，这最初是秘密进行的。显然，德国南部的银行家们希望通过参与胡椒贸易来充分地获得菲利普二世的财政信息，以便从菲利普二世仍然拖欠他们的债务中获取各种利益。[165]

新的合约期限（1586—1591 年）与葡萄牙人的东方殖民地的动乱和菲利普二世陷入财政危机的时间相一致。1586 年，马六甲遭到了苏门答腊岛的亚齐族（Achinese）的围攻，不得不从印度派出一支舰队前去解救。虽然葡萄牙人成功地把他们极其重要的货物集散地从围困中解救了出来，但在 1586 年之后的几年里，他们在南亚的重要香料贸易据点的领地中反复受到骚扰。[166]与此同时，合约"缔结者"们的代理商也开始在印度活动。1583 年，菲利普·萨塞蒂（Filippo Sassetti）到达科钦，监督罗威尔拉斯卡在那里进行的商业活动。萨塞蒂送到他佛罗伦萨的朋友那里的报告和信件是那个时期最有文采、信息量最大的商业活动文献。[167]在果阿，富格尔家族和韦尔泽家族由奥格斯堡的费迪南·科隆（Ferdinand Kron）代表，并提供商业活动的记录。1587 年，在果阿的一份布告宣称，和印度之间的贸易将移交给新合约的缔结者，这构成了骚乱和动荡的起因，因为那里的葡萄牙人明显感到他们的利益受到了威胁。[168]

与此同时，西班牙与英国之间的战争在 1585 年爆发了，这使欧洲北部的两个最大的航海大国，即英国和荷兰发现了双方的共同利益所在，彼此携起手来一起对抗伊比利亚半岛上的国家。新教国家和伊比利亚半岛国家的主战力量禁止了双方之间的贸易活动，虽然在里斯本的荷兰商人在他们的船只上挂着中立的旗号，仍然在做一些小范围的生意。[169]同时，塔霍河的入海口和设施也被专门用于为西班牙的无敌舰队的远航做准备。从印度返回的船只仍然担心在大西洋南部水域被英国或荷兰的海盗船劫掠。随着无敌舰队在 1588 年的战败，在地中海沿岸以及印度洋的土耳其和阿拉伯人利用菲利普二世撤退的机会重新发起了进攻。[170]

国际环境的动荡严重地影响了合约"缔结者"们把自己的香料运往里斯本的计划。他们没有一年能够实现运回 30 000 英担胡椒的约定。1587 年，仅有合约要求总量的 1/3 的胡椒运到了商行，而 1593 年，运送的船只根本就没有回来。在 1588 年到 1591 年间，共有 65 000 英担胡椒被安全运送，可能仅比合约所要求总量的一半多了一点点。1592 年，仅有一艘回到欧洲的船只，最终还为英国人俘虏。在合同期限结束时，运送到印度商行的胡椒总量还不到合约要求的一半。[171]

里斯本的香料供应的不确定性，以及在欧洲发货的种种麻烦，导致香料的价格也很不稳定。在英国和阿尔萨斯（Alsace），胡椒的价格持续攀升，摆动的幅度非常之大，在某种程度上是因为国际形势的动荡，还有一部分原因是商人们的投机活动所致。[172]1588 年，韦尔泽家族在威尼斯开了一个经营香料贸易的分部，富格尔家族的代理人紧随其后，也效仿了前者的做法。到 1592 年，w 人们又可以在威尼斯买到比里斯本市场上更为物美价廉的胡椒了。[173]1592 年之后，当里斯本的货物集散确实终止之后，在整整八年里，胡椒的价格以一种令人感到不可思议的速度不断上涨。然而，在 16 世纪的最后一个十年里，另一个不容忽视的事实是，西欧的谷物价格也在可怕地疯涨。

西班牙无敌舰队的战败，在 16 世纪的最后一个十年里给菲利普二世带来了损失，要想弥补这一损失的话，从新世界运来大批量的白银在一定程度上也许是唯一的办法。1589 年，菲利普二世被迫偿还他在香料贸易中欠下的债务，1591 年，他再次遭到催逼。[174]与此同时，菲利普二世命令在里斯本重新组建贸易的管理机构。他在 1591 年 11 月 20 日，颁布了一份法令，废止了旧有的国库监督（vedores）体系，正如我们所看到的那样，菲利普二世组建了一个财政委员会，负责监督所有与王室收益相关的事务，包括印度商行的香料出售和其他活动。[175]菲利普二世的这一举措，显然与伊比利亚半岛国家于 1591 年在商业联合组织的胡椒合同到期时决定单方收回印度合约有关。[176]菲利普二世很可能想确认还有哪个国际联合组织没能拥有控制印度人和欧洲人的双边胡椒贸易的途径。

在致力于调整欧洲的胡椒分配的过程中，一批国王的债权人希望能够收回他们的债务，于是在国王的压力下，于 1591 年 3 月一起商定组建一个联合组织，目的在于和国王签署一份欧洲合约。这份合约被分成 32 个份额，其中的 12 份属于在里斯本和安特卫普做生意的葡萄牙商人安德鲁·西门内斯（Andre Ximenes）。剩下的份额做了如下分配：富格尔家族 7 份，韦尔泽家族 5 份，罗斯维尔拉斯卡 4 份，西班牙商人弗朗西斯科和布尔格斯（Bourgos）的佩德罗·德·马尔文达（Pedro de Malvenda）4 份。[177]国王本人购买胡椒的价格是每英担 16 达克特，出售给商人联合组织的价格是每英担 36 达克特，所以在整个交易过程中利润相当可观。

在商人们之间，经一起商定的胡椒销售价格是每英担 40 达克特到 42 达克特，但是"共同的"价格不可能得到维持。在里斯本和其他地方的大的商人组织把他们的股份低价再出售给更小的合约缔结者。因为欧洲北部仍然是最大的胡椒市场，所有其他的货船在 1591 年后，都被商人们发往吕北克（Lübeck）、米德尔堡（Middleburg）、阿姆斯特丹和但泽（Danzig）。但是在所有的北部城市中，汉堡在 16 世纪的最后一个十年成为香料贸易中最重要的货物集散和出售地点。[178] 显然，因为盎格鲁—荷兰—西班牙之间战争的破坏，汉堡对于参与香料贸易的商人们来说并非最安全的地方。虽然合约缔结者们把香料船送到了里窝那（Leghorn）和意大利的其他港口，但地中海沿岸对于贸易活动而言，显然要比大西洋更为危险。也许，更重要的是，1592 年之后的威尼斯有大量的胡椒积存，价格也更为低廉，致使葡萄牙人的胡椒无法打进意大利的市场。在这个时候，亚洲和非洲的环境更为安定，所以这也促成了威尼斯的复兴，以及意大利和伊比利亚半岛国家之间的贸易关系的衰退。[179]

在 16 世纪的最后五年里，威尼斯出现了些许的繁荣，葡萄牙人在香料贸易中仅剩下的最后一点点垄断权也丧失了。荷兰和英国在海上的军事力量的增长使伊比利亚半岛国家的贸易活动一直处于更为危机的状态中。里斯本的胡椒在 1592 年后的高价，以及对于直接进入亚洲的财富之地的可理解的欲望，促使荷兰和英国的商人们以更大的勇气侵入菲利普二世致力维持的海外垄断区域。[180]1596 年，新教国家发起了对加的斯（Cadiz）和菲利普二世的海军的攻击，紧随其后的是对里斯本的封锁。法国对于盎格鲁—荷兰联军的依附，进一步打破了西班牙在欧洲重振其昔日雄风的希望。法国与西班牙在 1598 年签订了"维尔文斯和平协定"（Peace of Vervins），此后在同一年，菲利普二世在埃斯科里亚尔（Escorial）死去。虽然西班牙与英国和荷兰联合省（United Provinces）之间的战争仍在继续，但是 1589 年后的西班牙已经没有足够的力量阻止北部的大国侵入其殖民地世界，只能任其在那里划分权力界限并在各自的势力范围内进行商业活动。

16 世纪对于葡萄牙而言，无论在领土的扩张、控制还是商业贸易方面都是一个英雄的时代；同时也是一个令人沮丧的衰落时代。在这个世纪里，共有 768 艘船、平均下来每年大约有 8 艘船从里斯本启航前往东方。[181] 到 1579 年为止，大约仅有 10% 的船只失踪；在 1580 年到 1612 年间，却仅有 63% 的船只安全返航。随着帝国的实力增长，国王通过其垄断活动，成功地迫使东方的货物通过诸如果阿、霍尔木兹、马六甲、澳门、里斯本和安特卫普等少数重要的货物集散地进行贸易活动。尽管有垄断体系的严格限制，但用于控制贸易收益的策略远非完美，很难保证王室的投资与最终的收益相当。在亚洲，穆斯林贸易者一直在努力打破葡萄牙人的封锁，几乎在每个时期都成功过。但是，对于王室在亚洲地区的垄断最严重的破坏显然来自于葡萄牙的官员、水手和商人，他们和所有到那里的人进行交易，藉此中饱私囊。[182] 虽然现实情形如此不堪，但葡萄牙在亚洲仍然拥有一种实实在在的垄断地位，1580 年之前，其他欧洲大国均被排除在其垄断范围之外。

同样，可能是由于国王对于外国的市场、原材料和资本的依赖，这一垄断在欧洲也不彻底。因为葡萄牙和西班牙的统治者们欠下了意大利和德国的商业银行家们大量的债务，所以这两个国家所有垄断香料的努力最终都付诸东流了。值得注意的是，当葡萄牙最终被迫彻底放弃其香料贸易的控制权时，其继任者甚至被进一步地从香料区域中驱逐出去了。虽然穆斯林和威尼斯人一再地努力恢复其垄断地位，间或也有一些成功，但是最终还是不可避免地失败了。在 16 世纪的最后一个十年，荷兰和英国的商业舰队在亚洲水域的出现，对于威尼斯而言是一个很大的挫败，对葡萄牙而言亦是如此。自此以后，东方贸易的更多份额为欧洲北部的航海国家所控制，但是，再也没有哪个欧洲国家付出真正的努力以实现其对于贸易的完全掌控。葡萄牙的失败清楚地昭示了：任何一个在地理上远离东方的国家都不可能仅仅通过封锁、构筑据点以及派遣侦察舰队等手段控制香料贸易。

我们绝不能断言地理大发现的革命性后果仅仅在伊比利亚半岛或欧洲南部起了作用。在整个中世纪，香料贸易在欧洲大陆的分布曾是均衡的。在 16 世纪，来自西欧各个部分的首席商业、政府代理人们，至少在一定程度上分享了那些冒险越洋到达异域的勇敢的欧洲人的成功和失败。我们研究的目的，就是要通过对胡椒的价格回顾阐明，要具体地显示贸易对于欧洲人的亚洲观的影响程度是何其困难。即使整个论题是公认的杂乱无章，但正如我们将在后面的章节中看到的那样，我们会不可避免地得出如下结论：香料贸易行业的变化——尤其是胡椒贸易——迫使欧洲的商人团体放弃过去的轻车熟路，根据全新的情势对其商业活动进行重新定位。在这个过程中，欧洲商人们渐渐地被迫在非常遥远的空间距离中、在没有大量中介干预的情况下去了解商业活动中阴晴难测的局势。欧洲商人们在适应千变万化的局势时，他们不但要重估他们在欧洲的活动，还必须要了解亚洲贸易方面的商业活动、市场以及大量的其他事务。

142

地理大发现不仅昭示了欧洲国家之间的相互依赖关系；也使欧洲与非洲、亚洲和美洲的关系显著起来，还让我们看到了欧洲对于自由进入海外世界的资源和市场的需求。事实证明，欧洲自身的经济重心从地中海沿岸的港口到大西洋海港的转移，对于瓦斯科·达·伽马的返航时间而言既非即时的，亦非长久的。16 世纪末期，荷兰和英国打破了伊比利亚半岛上的大国的海上统治，直接进入印度，很快就在欧洲取代了威尼斯人和葡萄牙人，成为香料和其他东方货物的供应者。

就在海上和陆地的贸易活动发生着革命性的变化之时，欧洲对于亚洲的态度也在经历着急速的变迁。如今可以得到的东方物产在数量上比从前多很多，也得到了更为广泛的了解和需求。东方物产的急速平民化致使东方的信息和观念在欧洲被更普遍地接受，也显得更加可信。来自葡萄牙的旅行记述、航海和商业手册、航海图和耶稣会士的信札直接进入欧洲的中心地带。贩卖香料的贸易者常常紧随这些信息之后或者与之一起到来。为了得知旅行记中包含的商业信息，或者仅仅是出于对旅行家的冒险经历的兴趣，这些旅行记述被翻译为各种各样的语言。通过这些商业渠道，相关信息通过口述、官方公告以及出版的书籍传播到了西欧。

附录

16 世纪的胡椒价格

143　　16 世纪欧洲的胡椒价格的浮动轨迹在经济史上是一个令人着迷且难以捉摸的问题。事实上，文献资料中所有习惯性的归纳都仅在某些方面是正确的，或者仅具有有限的适用性。关于这个问题，最令人感到困扰的事实是：迄今为止，我们没有相对整批出售的价格资料，实际上根本无法看到与通常出售胡椒的各个城市市场的运货量一起出现的一连串的数据。每当我们拥有连续性的胡椒价格数据时，涉及的城市一般情况下却又不是贸易中心。在这些归纳中，安特卫普是唯一的例外。尤其令人烦恼的是，对于诸如开罗、威尼斯和里斯本等那些持久的货物集散中心，我们没有整个 16 世纪的连续性记录。即使我们把眼光投向更远的地方，比如维也纳或者英国，这些国家或者因形势的巨变而遭到损害，或者因为涉及很多问题，以致于要对其做出精确的归纳，是一件非常没有把握的事情。

　　虽然有着上述诸多困难，但是从可以得到的有限数据中，我们依然能够看到胡椒的绝对价格于 1450 年到 1600 年间在持续上涨。在 1450 年到 1495 年这段时间内，胡椒的价格持续攀升，在 15 世纪 80 年代中期达到了一个最高点，15 世纪 90 年代中期又迎来了一个可以察觉的中止。在威尼斯，从 1495 年到 1520 年间，胡椒供不应求，价格极高。与此同时，在里斯本，胡椒的价格从 1499 年的每英担 80 达克特，到 1502 年又降至每英担 40 达克特，而在 1504 年又以每英担 20 达克特或者更低的价格出售。在接下来的一年里，印度商行的胡椒价格固定在每英担 22 达克特。有一段时间，国王在维持胡椒的固定价格方面遇到了困难，但是 1515 年后，胡椒贸易的垄断进入了风平浪静的时期。安特卫普的商馆在 1549 年被关闭以后，里斯本的胡椒价格开始慢慢上涨，直到 16 世纪 90 年代中期仍在急剧攀升，此后才开始下跌。同样的胡椒价格起伏情况也出现在里斯本。1495 年到 1600 年之间，胡椒价格增长了四倍多。通过比较研究关于安特卫普一般的胡椒价格和报酬方面的足够的资料，可以看到真实的价格在 1546 年之前在急速上涨，后来因受美洲进口的稀有金属的影响，直到 1585 年之前都在持续下降。关于那些并非贸易中心的地方，根据连续性的数据，可以明显看到胡椒的绝对价格在根据白银价格的波动而不断地上涨。比如，在维也纳，胡椒的绝对价格在 1500 年到 1600 年间增长了两倍多（从每英担 43.8 达克特涨到 112.5 达克特）。

然而，虽然胡椒价格的上涨在整个 16 世纪大体上是连续的，但是对这些价格做以更为深入地分析，就会看到在不同的时间和不同的地方也有着很大的变化。这些价格变动常常只适用于特殊的市场，反映出其胡椒供应对于里斯本或威尼斯的依赖。比如，维也纳、里昂和佛罗伦萨就从这两个货物集散中心提取胡椒，此时的英国也几乎完全依赖里斯本—安特卫普的运货路线。可能正是因为如此，英国的市场对于葡萄牙帝国的货物集散更为敏感。同时，新的葡萄牙胡椒有时候被认为是马拉盖椒，而不是真正的胡椒；有时候被认为其中有掺假的成分，在质量上不如地中海沿岸的胡椒。这些地方性的敌意导致了胡椒价格的变动——或者对于胡椒诸如长的、黑的、白的等不同种类的地域性偏好也会影响其价格。

144

根据目前可以看到的资料，对于进口胡椒的数量问题的处理不及价格问题那般令人满意。从 1496 年到 1498 年，威尼斯每年进口 500 万磅到 700 万磅的香料，其中胡椒可能占到 1/4 还要多。[183] 此后，从黎凡特地区运来的香料数量急剧下降，在 16 世纪初的几年里，根本没有香料进口。贸易垄断力量合并（大约在 1515 年）后，在里斯本，每年胡椒的运输量大概仅有 300 万磅，而且显而易见的是，就连这个运输量还未必能够总是得到保证。与此同时，尤其是在 1516 年、1520 年、1530 年和 1531 年这几个年头，威尼斯恢复了较大的香料运输量，虽然胡椒在威尼斯的香料进口中所占的比例明显小于 1499 年之前，所以，威尼斯在香料进口量上远不及印度商行。在整个关于 16 世纪的记忆中，主要的胡椒市场是里斯本，虽然就其他香料而言不一定如此。但是到了 1592 年，当荷兰人和英国人正式介入海上贸易活动中时，在 16 世纪的最后几年里，里斯本的香料供应量明显在急剧下降。如果香料的数量完全是可以归纳的，那么可以说在 1496 年到 1592 年间，欧洲每年的胡椒进口量为 300 万磅，与印度每年的收成相比，这不过是一个微不足道的数字。[184]

那么，胡椒的供应量与其价格之间究竟是什么关系？在 16 世纪初，香料贸易垄断还没有完全到来之前，里斯本的胡椒低价也许可以归因于这个尚未形成的发货机构的集散地有些供过于求了。1592 年后，胡椒价格的戏剧性上涨在某种程度上也许可以解释为里斯本货物供应的中断。但是，如何解释胡椒价格在整个 16 世纪的持续性上涨，却无法在供应与价格之间建立起固定的联系。[185]因为大约从 1515 年到 1592 年，胡椒的供应量相当稳定，但是其价格却随着白银的价格变动而继续攀升。

那么，16 世纪的胡椒价格与一般商品的价格之间的关系又是怎样的呢？根据目前可以得到的数据，这基本上是一个不可能解决的问题。

欧洲胡椒价格波动情况一览表

年代	维也纳布格斯皮塔尔 * (Burg-erspi-tal)	维也纳克罗斯特新堡 * (Klost-erneu-burg)	开罗 +	威尼斯 +	旧卡斯蒂利亚里昂 ‡	瓦伦西亚 (Val-encia) ‡	新卡斯蒂利亚 ‡	安达卢西亚 ‡ (Anda-lusia)	安特卫普 §
1495	23.1	23.1	..	42, 45, 46, 49.5	..	..	..	..	30.0
96	..	24.3	66-68	49, 49, 42	..	..	..	..	30.0
97	..	23.2	74-75	42.5, 48.5	..	..	..	..	30.0
98	..	27.5	61, 78, 81	56, 57	..	..	..	..	30.0
99	..	25.8	..	70, 69-70, 70, 75, 80	..	..	..	..	31.5
1500	..	43.8	..	87, 90-100, 88-92	..	..	..	..	55.5
..	..	..	..	98-110, 120	..	..	..	..	..
01	..	42.5	90-102, 100	131, 102-70, 80, 75.5, 75	..	..	..	..	51.0
02	..	..	140	100, 94, 90	..	..	..	..	39.0
03	..	..	105	100, 91, 80, 88	..	..	..	..	30.0
04	..	52.5	..	..	..	..	..	..	30.0
05	..	..	192	..	..	..	..	..	30.0
06	..	31.2	..	..	..	..	..	..	30.0
07	..	34.8	..	..	..	..	..	..	..
08	..	31.7	..	..	..	..	..	..	27.75
09	..	29.7	..	..	..	..	..	..	26.62
1510	..	30.7	..	..	..	..	..	..	27
11	..	..	..	..	..	..	..	..	..
12	..	29.7	..	..	..	4.5	..	..	..
13	..	28.6	120	..	..	4.2	..	..	..
14	..	27.1	..	..	..	4.9	..	..	..
15	..	34.0	..	..	..	4.9	..	..	..
16	..	33.0	..	..	..	6.5	..	..	..
17	..	33.8	..	..	..	5.1	..	..	..
18	..	38.4	..	..	115.0	5.8	..	..	..
19	..	42.9	..	..	120.0	6.0	..	..	..
1520	..	43.9	90	..	128.0	..	..	..	..
21	..	37.0	..	..	145.0	..	..	..	..
22	..	50.5	..	..	142.0	6.0	..	..	..
23	50.9	52.4	..	..	127.0	8.0	..	..	..
24	..	52.6	98	..	134.0	7.3	..	..	..
25	..	52.3	90	..	136.0	6.0	..	..	..
26	..	44.6	..	..	136.0	7.0	..	..	48
27	41.8	44.1	63	..	..	..	..	..	..
28	..	55.0	..	..	130.0	6.4	..	..	..
29	45.0	..	..	..	125.0	..	..	..	48
1530	..	45.0	95	..	128.0	..	..	..	..
31	..	48.0	130, 100	..	..	8.0	..	..	..
32	..	55.3	..	..	..	6.5	..	..	..
33	48.1	48.1	..	..	170.0	..	..	..	..
34	47.8	..	..	..	..	6.0	..	..	..
35	47.5	..	..	..	..	6.0	..	..	..
36	47.5	..	..	..	127.6	6.0	..	..	..
37	..	..	..	..	125.0	..	..	..	..
38	45.0	..	..	..	138.9	..	..	..	..
39	..	..	..	..	123.3	..	..	..	..
1540	41.3	..	..	..	113.4	..	..	..	..
41	45.0	..	..	..	136.0	..	..	..	..
42	45.0	..	..	..	140.0	..	..	..	..
43	..	..	..	..	136.0	..	..	..	..
44	43.3	..	..	..	..	..	..	..	..
45	55.0	..	..	..	136.0	6.5	..	..	..
46	45.7	..	..	..	136.0	7.3	..	..	41.5
47	71.9	..	..	..	136.0	7.7	..	..	..
48	47.5	..	..	..	140.0	7.6	..	..	..
49	47.5	47.0	..	..	129.5	7.3	..	..	..
1550	..	..	..	..	136.0	7.8	..	..	54

关于图表的注释参见原文第147页。

欧洲胡椒价格波动情况一览表

146

年代	维也纳布格斯皮塔尔 * (Burgerspital)	维也纳克罗斯特新堡 * (Klosterneuburg)	开罗 +	威尼斯 +	旧卡斯蒂利亚里昂 ‡	瓦伦西亚 (Valencia) ‡	新卡斯蒂利亚 ‡	安达卢西亚 ‡ (Andalusia)	安特卫普 §
1551	..	..	..	..	160.0	..	9.8	..	42
52	..	..	..	..	141.8	..	12.0	..	39
53	54.5	..	..	..	160.0	..	8.0	..	42
54	50.4	..	..	..	155.0	..	..	..	43.5
55	51.3	..	..	..	165.0	..	..	152.8	43.5
56	49.3	..	..	..	150.0	..	12.0	..	..
57	49.6	..	..	..	147.5	..	8.0	..	..
58	48.9	..	..	..	136.0	..	..	..	..
59	50.4	..	..	..	155.0	..	..	..	..
1560	..	..	..	..	238.0	..	..	..	..
61	..	..	..	..	204.0	..	13.5	..	..
62	..	..	..	..	209.7	..	15.9	..	58.5
63	57.3	..	..	..	238.0	..	19.8	..	60
64	..	..	..	..	272.0	..	21.5	..	..
65	..	..	..	..	221.0	..	23.9	..	..
66	56.3	..	..	..	272.0	..	16.0	..	..
67	56.3	..	..	..	221.0	..	12.5	..	..
68	56.3	..	..	..	..	..	16.0	..	..
69	56.3	..	..	..	..	..	16.0	195.3	..
1570	56.3	..	..	..	..	..	18.0	..	..
71	56.3	..	..	..	..	..	14.0	..	..
72	55	..	..	..	..	..	10.0	..	..
73	52.5	..	..	..	..	..	10.0	140.0	..
74	56.3	..	..	..	..	..	13.8	..	..
75	52.5	..	..	..	..	..	14.0	..	..
76	56.3	54.6	..	..	..	..	15.0	140.1	..
77	..	..	..	..	..	..	13.1	..	..
78	52.5	..	..	..	..	..	12.5	..	..
79	..	..	..	..	..	..	13.0	..	..
1580	..	..	..	..	..	..	18.0	187.0	..
81	..	..	..	..	..	..	16.0	..	..
82	52.5	..	..	..	..	..	..	187.0	..
83	68.0	..	..	..	238.0	..	14.0	..	..
84	67.5	..	..	..	238.0	..	17.5	..	..
85	75.0	..	..	..	204.0	..	15.5	238.0	..
86	75.0	..	..	..	255.0	..	19.0	..	..
87	75.0	..	..	..	272.0	..	..	272.0	..
88	63.8	..	..	..	263.5	..	16.1	255.0	..
89	63.8	..	..	..	249.3	..	15.0	272.0	..
1590	64.0	..	..	..	233.8	..	..	..	..
91	64.0	..	..	..	225.3	..	12.7	238.0	96.0
92	57.0	..	..	..	244.4	..	14.8	243.7	..
93	66.0	..	..	..	225.3	..	12.3	246.5	91.5
94	66.0	..	..	..	240.8	..	18.0	250.3	94.5
95	..	..	..	..	247.9	..	17.5	260.7	..
96	..	..	..	..	246.5	..	16.0	255.0	99.0
97	..	..	..	..	235.9	..	16.0	..	133.5
98	..	..	..	..	265.6	..	20.0	289.0	..
99	105.0	..	..	..	398.6	..	31.7	408.0	..
1600	112.5	..	..	..	289.0	..	22.7	306.0	..
01	75.0	..	..	..	..	..	..	..	..
02	70.0	..	..	..	..	..	..	..	..
03	52.5	81.2	..	..	..	..	..	..	..
04	45.0	55.6	..	..	..	..	..	..	..
05	..	53.8	..	..	..	..	..	..	..
06	..	52.5	..	..	..	..	..	..	..
07	..	60.0	..	..	..	..	..	..	..
08	..	48.0	..	..	..	..	..	..	..
09	..	48.8	..	..	..	..	..	..	..
1610	..	..	..	..	..	..	..	..	..

大约在 1546 年的旧卡斯蒂利亚，一般的香料价格低于普通的商品价格指数，在接下来的十年里，香料价格慢慢上涨到与普通商品价格相同的水平。从 1558 年到 1563 年，香料价格急速上涨，然后出人意料地下跌，这种情况一直持续到 1570 年。1584 年后，香料的价格指数远远低于普通的商品价格。[186] 在法国、西班牙和佛罗伦萨，香料价格在 1520 年到 1590 年间增长了四倍，但是远远低于一般商品的价格涨幅。[187] 然而，这项分析不能具体地告诉我们胡椒的价格是如何变动的，而且，关于欧洲其他地方的价格对比关系我们还是一无所知。[188] 这些数据仍然是非决定性的，在与其他商品的价格比较中，我们仅仅能够推测出胡椒的价格总体上在上涨。当然，一些地方性的特殊情况或者是市场崩溃、或者是投机活动也可能暂时地导致胡椒价格水平发生突变，但这些都属于例外现象。

所有上述的胡椒价格都是从已出版的资料中搜集而来的。这些资料相当的多，反映出了许多不同国家、城市和地区的香料价格浮动情况。在得出我们尝试性的结论的过程中，我们没有进一步地付出努力以超越原始的数据，而且，文中引用的价格数据还是以当时流通的货币单位进行表述的。为了进一步得出更为确定的结论，需要通过进一步地研究，得出特定市场的连续性的价格数据。在价格数据汇编中使用的资料如下：

* Alfred Francis Pribram, *Materialien zur Geschichte der Preise und Löhne in Österreich* （Vienna, 1938）, Vol. I: Vienna B., pp. 280-81（item 416）; Vienna K., pp. 459-60（item 636）.

+ Vitorino Magalhães-Godhino, "Le repli vénetien et égyptien et la route du Cap, 1496-1533," *Eventail de l'histoire vivante, hommage a Lucien Fébvre*（Paris, 1953）, Vol. II: Cairo, p. 294; Venice, p.289.

‡Earl J. Hamilton, *American Treasure and the Price Revolution in Spain, 1501-1650*（Cambridge, Mass., 1934）: Old Castile-Leon, pp. 323-27（item 29）, 348-53（item 33）; Valencia, pp. 328-34（item 26）; New Castile, pp. 341-47（item 45）; Andalusia, pp. 335-39（item 35）.

§ Charles Verlinden, *Dokumenten voor de geschiedenis van prijzen en lonen in Vlaanderen en Brabant*（*XVᵉ-XVIIIᵉ eeuw*）（Bruges, 1959）: Antwerp, pp. 332-33.

注释：

[1] 现存的富格尔家族的时事通讯由菲利普·爱德华·富格尔伯爵（Count Philip Edward Fugger [1546—1618 年]）搜集，主要讲述了 16 世纪最后三十年的事情。参见 Viktor Klarwill（ed.），*Fugger-Zeitungen: Ungedruckte Briefe aus das Haus Fugger aus den Jahren 1568-1605*（Vienna, 1923）；其英译本是 Pauline de Chary, *The Fugger News-Letters*（New York, 1924）。关于附加的内容，参见 L. S. R. Byrne, *The Fugger News-Letters, Second Series*（New York, 1926）。

[2] 比如，可参见在 1563 年到 1568 年间从里斯本写给梅迪纳·德尔·坎波（Medina del Campo）的鲁伊斯（Ruiz）的信件，收录在 J. Gentil da Silva（ed.），*Marchandise et finances. Lettres de Lisbonne*（Paris, 1959）；关于鲁伊斯家族的历史，参见 H. Lapeyre, *Une famille de marchands: les Ruiz*（Paris, 1955），亦可参见 Valentin Vasquez de Prada（ed.），*Lettres marchandes d'Anvers*（paris, 1960-62），Vols. II-IV。

[3] 与这些早期的商业组织的历史相关的一些资料在里斯本 1755 年的大地震中被毁掉了。然而，令人感到好奇的是，这些早期的历史叙述在多大程度上能够依据其他档案材料，尤其是那些西班牙的资料重构起来？到目前为止，这方面的一般性工作做得最好的是 Francisco P. Mendes da Luz, *O Conselho da India*（Lisbon, 1952），pp. 30-39。关于葡萄牙的档案问题的详细讨论，参见 Pedro Augusto de S. Bartolomeu de Azevedo and António Baião, *O Archivo da Torre do Tombo: sua história, corpos que o ompoem e organisação*（Lisbon, 1905）。

[4] Virginia Rau, "A Family of Italian Merchants in Portugal in the Fifteenth Century: The Lomellini," *Studi in onore di Armando Sapori*（Milan, 1957），I, 717-22.

[5] W. Heyd, *Histoire du commerce du Levant au moyen-âge*（2d ed; Leipzig, 1886），II, 512.

[6] Prospero Peragallo, *Cenni intorna alla colonia italiana in Portogallo nei secoli XIV, XV e XVI*（Genoa, 1907），pp. 100-106.

[7] *Ibid.*, pp. 36-37.

[8] *Ibid.*, pp. 27-28; 亦可参见 J. Denucé, *Inventaire des Affaitadi*（Antwerp, 1934），p. 7.

[9] Denuce, *op. cit.*（n. 8），pp. 166-67.

[10] 参见 W. F. K. Stricker, *Die deutschen in Spanien und Portugal und den spanisch und portugiesischen Ländern von Amerika*（Leipzig, 1850），pp. 192-93；关于葡萄牙人使用的由德国人和佛兰德人（Flemish）制造的火炮（*bombardeiros*），参见 P. E. Peiris and H. Fitzler, *Ceylon and Portugal*（Leipzig, 1927），I, 295-306。

[11] Alexandre Herculano, *History of the Origin and Establishment of the Inquisition in Portugal*, trans. John C. Branner（"Stanford University Publications in History and Economics," Vol. I, No.2 [Stanford, Calif., 1926]），pp. 252-53。

[12] 关于该问题的进一步详细讨论，参见 C. M. Parr, *So Noble a Captain*（New York, 1953），pp. 50-51。遗憾的是，Parr 的作品对我们来说，其中的资料不足以支撑其最终的结论，尽管其中

的论证具有逻辑性，但论述的力量却不够。Denucé（*op. cit.* [n. 8]，p. 7）似乎同样认为意大利人在与国王遭遇时仍然能够奋勇向前，他们起着重要的作用，然而 Denucé 也没有提供相关细节。

[13] 这是一个同时代人 Duarte Pacheco Pereira 流露出来的情绪，相关资料参见 H. Hart, *Sea Road to the Indies*（New York, 1950），p. 84。

[14] 相关记述参见 E. G. Ravenstein（ed.），*A Journal of the First Voyage of Vasco da Gama*（London, 1898），p. 159。这是"哈克路特学会出版物"（Hakluyt Society Publications）的第 XCIX 卷（O.S.）。

[15] *Ibid*., pp. 166-67，亦可参见 K. G. Jayne, *Vasco da Gama and His Successors*（London, 1910），pp. 36-38。

[16] 引文参见 Hart, *op. cit.*（n. 13），p. 88。

[17] *Esmeraldo de situ orbis*, trans. and ed. George H. T. Kimble（"Hakluyt Society Publications,"Ser. II, Vol. LXXIX [London, 1937]），p. 166。

[18] Ravenstein（ed.），*op. cit.*（n. 14），pp. xiv-xv，该书强调了他发现的事物；E. Prestage, *The Portuguese Pioneers*（London, 1933），p. 249，该书强调了他的外交任务，正如 Vicente Almeida d'Eça, *Normas economicas na colonização portuguesa até 1808*（Coimbra, 1921），pp. 51-52。

[19] Parr, *op. cit.*（n. 12），p. 52，该书认为它是马奇奥尼家族的私有物。

[20] 用于改写的译文，参见 Ravenstein（ed.），*op. cit.*（n. 14），pp. 113-14。

[21] 如今，这个错误认识持续的时间之久在某些方面让人感到有些不近情理。比如，阿尔伯克基就曾经评论道，虽然婆罗门教徒"有着三位一体（Trinity）的知识，但凭什么就认定他们在古时候是基督教徒"（Walter de Gray Birch [trans.], *Commentaries of the Great Afonso Dalboquerque* [London, 1875], I, 78）。参阅长老约翰（Prester John）所坚持的信仰和东方的基督教徒们的旧梦。

[22] *Ibid*., pp. 114-16.

[23] 1497 年颁布的教皇诏书已经同意曼努埃尔王占有他从异教徒那里夺取的国家领土，但同时也要求曼努埃尔王尽其最大努力在异教徒中间传播基督教信仰。

[24] Heyd, *op. cit.*（n. 5），II, 510, n. 1.

[25] F. C. Danvers, *The Portuguese in India*（London, 1894），I, 63-64，该书提供了一些里斯本当时的价目，并指出货物的价格"是航程中总花费的 60 倍"。因为我们不能够准确地估算航程中的花销，所以这是一种难以让人信服的概说。

[26] 一名印度人的观点，参见 K. M. Panikkar, *Malabar and the Portuguese*（Bombay, 1929），p. 33。

[27] 接下来的物价统计（包括绝对的和相对的）将证明这一点。小胡椒在 1498 年售价是每市斤（*pond*）30 布拉班特格罗提（Brabant *groten*）（大约相当于 1 英镑），到了 1500 年其售价则是每市斤 55.5 布拉班特格罗提。参见 Charles Verlinden *et al.*, *Dokumenten voor de geschiedenis*

van prijzen en lonen in Vlaanderen en Brabant（*XVᵉ-XVIIIᵉ eeuw*）（Bruges, 1959）, pp. 332-33。比如，在 1500 年，一具完整的绵羊尸体在安特卫普的屠宰场价值 42 布拉班特格罗提（*ibid.*, p. 311）。在威尼斯价格增长的幅度相对更大一些。可以特别参考一些价格图表汇编中概括的数据，见 Vitorino Magalhães-Godinho, "Le répli vénitien et égyptien et la route du Cap, 1496-1533," *Eventail de l'histoire vivante*（Paris, 1953）, pp. 287-89。参阅 Pierre Sardella, *Nouvelles et spéculations à Vénise au debut du XVIᵉ siècle*（Paris, 1948）, pp. 30-37。关于这些和其他的胡椒价格，以及从印度进口的主要香料可参见本章最后附的表格。

[28] Magalhães-Godhino, *loc. cit.*（n. 27）, pp. 284-92.

[29] Julio de Castilho, *A ribeira de Lisboa*（Lisbon, 1941-48）, II, 140-42.

[30] 这些评论来自 A. de Sousa Silva Costa Lobo, *História da sociedade em Portugal no século xv*（Lisbon, 1903）, p. 32。这里的里斯本人口数量似乎得到了相关人口统计学研究的确证，参见 Roger Mols, *Introduction à la démographie des villes d'Europe du XIVᵉ au XVIIIᵉ siècle*（Gemblaux, 1954-56）, II, 47, 424, 518-19。Mols 指出，里斯本在 14 世纪初的居民数量确实超过了两万，到 1629 年，其人口数量达到了 110 800 人。Mols 还指出，到了 16 世纪，里斯本的城市规模扩大了三倍，这是现代早期伊比利亚半岛上城市扩张势头最高的时期。但是，也应该注意到，葡萄牙的人口要多于佛罗伦萨（70 万人），却少于威尼斯的总人口（170 万人）。换个更为简单的说法，就是当里斯本拥有大约 80 万人口时，一个在 1500 年拥有 100 万人口的国家在今天看来也似乎相对不算小了。

[31] 相关细节参见 William B. Greenlee（ed.）, *The Voyage of Pedro Alvares Cabral to Brazil and India*（"Hakluyt Society Publications," Ser. II, Vol. LXXXI [London, 1938]）。

[32] 关于当时的信件中的报告，参见 Giovanni Matho Cretico, translated in *ibid.*, p. 122。

[33] 翻译的文本参见 *ibid.*, pp. 43-52。

[34] 关于约瑟夫的记述及其旅行的情况，参见原文，第 157-158 页。

[35] 译文参见 Greenlee（ed.）, *op. cit.*（n. 31）, pp. 66-94。

[36] 参见原文，第 105-107 页。

[37] 参见原文，第 160-161 页。

[38] 相关细节参见 Danvers, *op. cit.*（n. 25）, I, 74-77。

[39] 参见费拉拉公爵的外交代理人 Alberto Cantina 对于达·伽马离开之前的仪式的描述。其译文参见 Hart, *op. cit.*（n. 13）, p. 222。

[40] 关于其生平的详细描述，参见 Greenlee（ed.）, *op. cit.*（n. 31）, pp. 179-80。

[41] 关于亚洲的胡椒贸易正在发生的变化的特征，参见 John Bastian, "The Changing Balance of the Southeast Asian Pepper Trade," in *Essays on Indonesian and Malay History*（Singapore, 1961）, pp. 19-29。

[42] Danvers, *op. cit.*（n. 23）, I, 74. 在他 1501 年 9 月写的日记里面，威尼斯人 Girolamo Priuli 提到国王的份额占 29%。译文参见 Greenlee（ed.）, *op. cit.*（n. 31）, p. 138。

[43] 参见马奇奥尼在 1501 年 6 月 27 日往佛罗伦萨写的信件,译文参见 Greenlee（ed.）, *op. cit.*（n. 31）, p. 148。

[44] *Ibid.*, p. 149.

[45] Heyd, *op. cit.*（n. 5）, II, 515-16.

[46] Donald Weinstein, *Ambassador from Venice: Pietro Pasqualigo in Lisbon*（Minneapolis, 1960）, p. 10.

[47] *Ibid.*, p.29.

[48] Greenlee（ed.）, *op. cit.*（n. 31）, p. 114.

[49] *Ibid.*, p. 121.

[50] Heyd, *op. cit.*（n. 5）, pp. 516-17.

[51] 对于海路的开辟投注了最大的关注的普利乌里和马里诺·萨努多（Marino Sanuto）的一些情况,可参见相关讨论, 见 Greenlee, *op. cit.*（n. 31）, pp. 130-31。关于被派出前去帮助威尼斯的葡萄牙舰队的故事, 参见 Weinstein, *op. cit.*（n. 46）, pp. 70-71。

[52] Gino Luzzato, *Storia economica dell'età moderna e contemporanea*（Padua, 1938）, I, 157.

[53] Denucé, *op. cit.*（n. 8）, p. 19.

[54] Weinstein, *op. cit.*（n. 46）, p. 77.

[55] 相关文本参见 G. Scopoli（ed.）, "Relazione di Leonardo da Ca'Masser ...," *Archivio storico italiano*, Ser. I, Appendix 2（1945）。关于他的任务和葡萄牙的保密政策之间的关系,参见原文, p. 152 n。

[56] 参见 Magalhães-Godinho 整理的表格, 见 Magalhães-Godinho,*loc. cit.*（n. 27）, p. 294, 亦可参阅附录。

[57] Verlinden *et al.*, *op. cit.*（n. 27）, pp. 332-33.

[58] 相关细节参见 R. Greiff（ed.）, *Tagebuch des Lucas Rem aus den Jahren 1484-1541*（Augsburg, 1861）, pp. 48-49。

[59] 关于进一步详细地记述, 参见 F. Hümmerich, *Die erste deutsche Handelsfahrt nach Indien*（Munich, 1922）, pp. 12-16。

[60] 参见 K. Häbler, *Die überseeischen Unternehmungen der Welser*（Leipzig, 1903）, pp. 14-18。

[61] M. A. H. Fitzler, "Portugiesische Handelsgesellschaften des 15. und beginnenden 16. Jahrhunderts," *Vierteljahrschrift für Sozial-und Wirtschaftsgeschichte*, XXV（1932）, 247-49.

[62] Heyd, *op. cit.*（n. 5）, II, 528-29.

[63] Häbler, *op. cit.*（n. 60）, p. 17.

[64] 材料来自 Luzzato, *op. cit.*（n. 52）, I, 161。

[65] G. Scopoli,（ed.）, *loc. cit.*（n. 55）, pp. 19-20.

[66] Hümmerich, *op. cit.*（n. 59）, pp. 135-39.

[67] *Ibid.*, pp. 136-37.

[68] *Ibid.*, pp. 137-42.

[69] *Ibid.*, p. 142.

[70] Heyd, *op. cit.*（n. 5），II,515-16.

[71] 相关讨论参见 P. MacSwiney de Mashanaglass, "Une ambassade portugaise à Rome, sous Jules II," *Revue d'histoire diplomatique*, XVII（1903），51-63。

[72] Heyd, *op. cit.*（n. 5），II, 534, n. 5. 这一断言可能是正确的，因为印度的香料制作者们很快就了解到，缺乏经验的葡萄牙人和那些定期前来的穆斯林商人不同，很容易受到欺骗。而且，香料的出售者被迫以固定的价格卖给葡萄牙人，不管市场如何的不景气，他们显然愿意按照买者能够提供的价格出售香料。参见原文，第 472 页。

[73] 这两名商业代理人是 Giovanni da Empoli（参见原文，第 168-169 页）和 Leonardo Nardi。前者代表加尔德罗蒂（Gualterotti）商业组织，后者代表马奇奥尼商业组织。关于 Nardi 的职业生涯，参见 Peragallo, *op. cit.*（n. 6），pp. 114-15。

[74] 条约的具体条目参见 Danvers, *op. cit.*（n. 25），I, 283-84。

[75] A. S. de Ciutiis, *Une ambassade portugaise à Rom*（Naples, 1899）.

[76] Heyd, *op. cit.*（n. 5），II, 550-51.

[77] 关于德·哈罗的事情的记述，参考了 Parr, *op. cit.*（n. 12），pp. 172-81。

[78] 比如，可参见 Franciscus Monatchus 的地图，收录在 L. C. Wroth, "The Early Cartography of the Pacific," *Papers of the Bibliographical Society of America*, XXXVIII（1944），267。

[79] 参见原文，第 154 页。

[80] 诏书的文本收录在 F. G. Davenport（comp.），*European Treaties Bearing on the History of the United States and Its Dependencies*（4 vols.; Washington, 1917-37），I, 115-17。

[81] 查理王的"投降协定"收录在 D. Martín Fernandez de Navarrete（ed.），*Collección de los viages y descubrimientos*（Madrid, 1837），IV, 116-21。

[82] 很多麦哲伦航海的背景信息都来自富格尔家族在 1539 年发起的法律诉讼的证据。参见 J. T. Medina（ed.），*Colección de documentos inéditos para la historia de Chile*（Santiago, 1889），II, 324-56; 亦可参见 J. Denucé, "Magellan, la question des Moluques et la première circumnavigation du globe," *Académie royale de Belgique, Mémoires*, IV（1908-11），214-18。

[83] Medina（ed.），*op. cit.*（n. 82），II, 235.

[84] Antonio de Herrera y Tordesillas, *Historia generale de los hechos de los castellanos en las islas i tierra firme del mar oceano*（Madrid, 1726-27），Década IV, Libro V, p. 93.

[85] *Ibid.*, Década III, Libro III, p. 105.

[86] 请愿书及其回复收录在 *Cortes de los antiguos reinos de Leon y de Castilla*（Madrid, 1882），IV, 388。

[87] Clements Markham（ed.），*Early Spanish Voyages to the Straits of Magellan*（"Hakluyt Society Publications," Ser. II, Vol. XXVIII [London, 1911]），pp. 11-15.

[88] Navarette（ed.）, *op. cit.*（n. 81）, IV, 355-72.

[89] *Ibid.*, V, 193-207.

[90] J. T. Medina, *Sebastian Cabolo al servicio de España*（Santiago, 1908）, I, 420-28。

[91] 相关文本参见 Davenport, *op. cit.*（n. 80）, I, 131-45。

[92] 相关文本收录在 *ibid.*, I, 169-98。

[93] Danvers, *op. cit.*（n. 25）, I, 409; 亦可参阅 Loaisa 的远征队的参加者 Urdaneta 在 1537 年写给查理五世的报告，其复本收录在 Markham（ed.）, *op. cit.*（n. 87）, pp. 84-89。

[94] Luzatto, *op. cit.*（n. 52）, I, 161.

[95] Magalhães-Godinho, *loc. cit.*（n. 27）, p. 287.

[96] Heyd, *op. cit.*（n. 5）, II, 550.

[97] *Ibid.*

[98] Häbler, *Die Geschichte der Fuggerschen Handlung in Spanien*（Weimar, 1897）, pp. 24-26.

[99] Vicente Almeida d'Eça, *op. cit.*（n. 18）, pp. 54-60.

[100] 该文本在 Damião Peres（ed.）, *Regimento das Cazas das Indias e Mina*（Coimbra, 1947）中，得到了出版。直到这份文献得以出版，我们才解决了理解里斯本贸易组织时的最大困扰（pp. x-xi）。关于其背景的讨论参见原文，第 93 页。

[101] 参见 Mendes da Luz, *op. cit.*（n. 3）, pp. 42-43。

[102] *Ibid.*, pp. 46-47.

[103] *Ibid.*, pp. 59-69.

[104] *Ibid.*, p. 72.

[105] 直接讨论葡萄牙人在安特卫普开设的商馆的两部最好的作品是 Anselmo Braamcamp Freire, *Noticias da Feitoria de Flandres*（s.l., 1920）以及 J. A. Goris, *Etude sur les colonies marchandes meridionales à Anvers de 1488 à 1567*（Louvain, 1925）。一个更为晚近的学术性总结，参见 De Prada, *op. cit.*（n. 2）, I, 89-95。

[106] 参见原文，第 107 页。

[107] 关于赞颂安特卫普作为香料贸易中心的圣歌，参见 A. Govea, *Histoire orientale des grands progrès de l'église,* cited in G. Atkinson, *Les nouveaux horizons de la Renaissance française*（Paris, 1935）, p.132.

[108] J. Denucé, "Privilèges commerceaux accordés par les rois de Portugal aux Flamands et aux Allemands（XVe et XVIe siècles）," *Arquivo historico portugues*, VII（1909）,313-14.

[109] Goris, *op. cit.*（n. 105）, p. 197.

[110] August Kluckhohn, "Zur Geschichte der Handelsgesellschaften und Monopole in Zeitalter der Reformation," *Historische Aufsätze dem Andenken an Georg Waitz gewidmet*（Hanover, 1886）, pp.666-703.

[111] 参见本章的附录部分。

[112] C. A. Julien, *Les voyages de découverte et les premiers établissements*（*XVe-XVIe siècles*）（Paris, 1948）, p. 72, n. 5.

[113] Magalhães-Godinho, *loc. cit.*（n. 27）表格在 pp. 287-88, 294。

[114] K. O. Müller, *Welthandelsbräuche*（*1480-1540*）（Stuttgart, 1934）, p. 78.

[115] 参阅 R. Gascon, "Un siècle du commerce des épices à Lyon. Fin XVe-fin XVIe siècles," *Annales. Économies, sociétés, civilisations*, XV, No.4, 638-66. 该书作者依据"加毕乌的文献"（Carnets du garbeau）展开自己的记述，这些书籍包括一系列连续的税单，上面列举出了货物的进口商、性质和数量，还包括一系列涵盖时期较为短暂的（1523—1535 年）"五种文献"（Carnets des Cinq Espèces），这些资料提供了经过城市的城门或者是进入港口市镇的货物数量。

[116] 与弗朗西斯一世专注于海上贸易相关的资料，参见 Louis Bigard（ed.）, *Le trafic maritime avec les Indes sous François Ier*,（Paris, 1939）。

[117] Joseph Billioud 引用的内容参见 Gaston Rambert（ed.）, *Histoire du commerce de Marseille*（Paris, 1951）, III, 440, 亦可参见 1578 年到 1592 年间经过马赛（Marseilles）发出的香料图表。

[118] 关于马赛的香料市场的竞争力的上升，参见 Florence E. De Roover, "The Market for Spices in Antwerp," *Revue belge de philologie et d'histoire*, XVII（1938）,212-21。

[119] R. Ehrenberg, *Das Zeitalter deT Fugger*（Jena, 1896）, II, 14.

[120] *Ibid.*, II, 52. 关于一个同时代的人对于葡萄牙国王负债累累的记述，参见 Ludovico Guicciardini, *Description de touts les Pays-Bas ...*（Arnhem, 1573）, p. 150. 到 1552 年，达到了 300 万达克特，1560 年，印度商行收到命令，停止为国王的贷款付利息。1560 年后，国王仅付 5%，剩下的由债权人挑选王室部分负责。参见 H. V. Livermore, *A History of Portugal*（Cambridge, 1947）, p. 247.

[121] Goris, *op. cit.*（n. 105）, p. 236.

[122] Francisco Lopez de Gomara, "The Debate and the Stryfe between the Spanish and the Portuguese for the Division of the Indies and the Trade of Spices" in E. Arber, *The First Three English Books on America*（Birmingham, 1885）, p. 274.

[123] J. Lucio de Azevedo, *Epocas de Portugal económico*（Lisbon, 1947）, p. 132.

[124] J. Wheeler, *A Treatise of Commerce,* ed. George B. Hotchkiss（New York, 1931）, p. 352.

[125] 相关的细节参见 Jervis Wegg, *The Decline of Antwerp under Philip of Spain*（London, 1924）。

[126] Goris, *op. cit.*（n. 105）, pp. 599-602. 1569 年，居住在英国的葡萄牙人建议，主要的香料制品应该转移到伦敦、布里斯托尔（Bristol）或者南安普顿（Southampton）。参见 V. M. Shillington and A. B. Chapman, *The Commercial Relations of England and Portugal*（London, 1907）, p.142.

[127] R. S. Whiteway, *The Rise of Portuguese Power in India, 1497-1550*（Westminster, 1899）, pp. 291-95.

[128] F. C. Lane, "The Mediterranean Spice Trade," *American Historical Review, XLV*（*1939-40*）,588.

[129] 相关引文参见 *ibid.*, p. 585。

[130] Fernand Braudel, *La Méditerranée et le monde méditerranéen à l'époque de Philippe II*（Paris, 1949），p. 492.

[131] Gino Luzzato, "La decadenza di Venezia dopo le scoperte geografiche nella tradizione e nella realtà," *Archivio veneto,* Ser. 5, LIV-LV（1945），168-70.

[132] Danvers*, op. cit.*（n. 25），I, 522-28.

[133] Lane, *op. cit.*（n. 128），p. 587，该书想当然地认为，"在 16 世纪的欧洲，香料或者是胡椒的消费量明显地大幅提高了"。

[134] 参见本章的附录部分。

[135] E. Hamilton, *American Treasure and the Price Revolution in Spain*（Cambridge, Mass., 1934），pp. 232-33，该书提及了 1564 年莱加斯比（Legazpi）远征菲律宾群岛可能给香料价格带来的影响。但是，无论西班牙人对于将菲律宾群岛发展成为一个香料生产中心抱有何种希望，最终都因为莱加斯比在 1596 年发出的声明而破灭了，声明指出，"菲律宾群岛不应该被视为一个主要的地方，因为目前我们能够从那里获利的商品仅限于肉桂而已"（引文来自 W. L. Schurz, *The Manila Galleon* [New York, 1959], p. 23）。汉密尔顿（Hamilton）（p. 231）也评论道，"因为西班牙人对于佐料极为丰富的食物的长期以来的嗜好……16、17 世纪的会计簿上充斥着各种香料的价格"。

[136] 从 1560 年到 1564 年间到达亚历山大里亚（Alexandria）的香料总量，参见 Aldo Stella, "La crisi economica veneziana della seconda metà del secolo XVI," *Archivio veneto*, Ser. 5, LVIII（1956），42.

[137] 关于马赛利用这一机会前往黎凡特地区直接购买香料以促使法国货物供应量增长的办法的讨论，参见 Gascon, *loc. cit.*（n. 115），pp. 648-50。

[138] 关于 16 世纪 70 年代威尼斯的香料运输量下降的分析，参见 Stella, *loc. cit.*（n. 136），pp. 43-44。

[139] 参见 Bernard H. M. Vlekke, *Nusantara: A History of the East Indian Archipelago*（Cambridge, Mass., 1945），p. 97。

[140] 相关引文参见 Mendes da Luz, *op. cit.*（n. 3），p. 57。

[141] 相关细节参见 Vicente Almeida d'Eça, *op. cit.*（n. 18），chap. ii。

[142] Mendes da Luz, *op. cit.*（n. 3），pp. 73-74.

[143] 这份报告的原始稿件收录在 E. Alberi（ed.），*Relazioni degli Ambasciatori al Senato*（Florence, 1839 ff.），Ser. I, Vol. V; 亦可参见相关评论，见 Luzzato, *op. cit.*（n. 131），I, 162-64。

[144] Lane, *loc. cit.*（n. 128），pp. 586-87，该书估计，在 1500 年前后，每年有 150 万磅到 200 万磅胡椒进口，在 1560 年左右，胡椒的进口量超过了 300 万磅。

[145] 参见原文，第 134 页。

[146] T. A. de Carvalho, *As companhias Portuguesas de colonização*（Lisbon, 1902），chap. iv，该

书讲述了交趾支那（Cochin China）的贸易垄断权转让给塞巴斯蒂昂·佩罗·达·库尼亚（Sebastião Pero da Cunha）的情况。

[147] 关于摩洛哥战役的详细情形，参见 J. M. Queiroz Veloso, *Dom Sebastian, 1554-1578*（Madrid, 1943）。

[148] 关于葡萄牙的西班牙人势力的增长，参见 Alfonso Danvila y Bourguero, *Felipe II y el rey Don Sebastian de Portugal*（Madrid, 1943），chaps. xxxii and xxxiii.

[149] 参见本章的附录部分。关于价格的比较，参见 G. Wiebe, *Zur Geschichte der Preisrevolution des XVI. und XVII. Jahrhunderts*（Leipzig, 1895），p. 113。

[150] Braudel, *op. cit.*（n. 130），p. 435.

[151] *Ibid.*, pp. 435-36. 关于弗朗西斯大公在印度的利益，参见原文，第 476 页。

[152] K. Häbler, "Die Fugger und der spanische Gewürzhandel," *Zeitschrift des historischen Vereins für Schwaben und Neuburg*，XIX（1892），40.

[153] K. Häbler, "Konrad Rott und die thüringische Gesellschaft," *Neues Archiv für sächsische Geschichte und Alterthumskunde*, XV（1895），179-81.

[154] Häbler, *loc. cit.*（n. 152），p. 41.

[155] Mendes da Luz, *op. cit.*（n. 3），pp. 75-76.

[156] *Ibid.*, pp. 81-82.

[157] F. Döbel, "Ueber einen Pfefferhandel der Fugger und Welser, 1586-91," *Zeitschrift des historischen Vereins für Schwaben und Neuburg*, XIII（1886），125.

[158] Braudel, *op. cit.*（n. 3），pp. 442-43.

[159] Hamilton, *op. cit.*（n. 135），pp. 232-33.

[160] F. Braudel and R. Romano, *Navires et merchandises à l'entrée du porte de Livourne*（Paris, 1951），p. 96；亦可参见相关图表，pp. 118-19。

[161] Braudel, *op. cit.*（n. 130），p. 437.

[162] 按照这个时期的合同（contractadores），售价在 36 达克特到 38 达克特。*ibid.*, p. 438。

[163] Lapeyre, *op. cit.*（n. 2），pp. 71, 238.

[164] 参见相关图表，见 Hermann Kellenbenz, "Der Pfeffermarkt um 1600 und die Hansastädte," *Hänsische Geschichtsblätter*, LXXIV（1956），33。同一篇文章的修订版和增订版的法文译本的题目是 "Autour de 1600: le commerce du poivre des Fugger et le marché international du poivre," *Annales. Économies, sociétés, civilisations*, XI（1956），1-28，原文所引用的这篇文章就是这个法语译本。

[165] *Ibid.*, p. 2.

[166] 相关细节参见 Danvers, *op. cit.*（n. 25），II, 69-79。

[167] 参见原文，pp. 475-77。在富格尔家族的时事通讯里面，也包括了这个时期来自印度的信息量丰富的信件。

[168] Danvers, *op. cit.*（n. 25），II, 80. 关于菲利普二世在 1587 年努力组建葡萄牙人的东印度公司的事件，参见 T. A. de Carvalho, *op. cit.*（n. 146），chap. iv。

[169] Danvers, *op. cit.*（n. 25），II, 104-5.

[170] 关于阿拉伯在东非和波斯湾的势力的重新崛起与菲利普二世在南亚的利益之间的关系，参见 M. A. Hedwig Fitzler, "Der Anteil der Deutschen in der Kolonialpolitik Philipps II. von Spanien in Asien," *Vierteljahrschrift für Sozial und Wirtschaftsgeschichte*, XXVIII（1935），251-58。

[171] Kellenbenz, *op. cit.*（n. 164），chart on p. 3.

[172] Wiebe, *op. cit.*（n. 149），p. 137.

[173] Kellenbenz, *op. cit.*（n. 164），p. 4.

[174] *Ibid.*, p. 5.

[175] Mendes da Luz, *op. cit.*（n. 3），pp. 81-83.

[176] Kellenbenz, *op. cit.*（n. 164），p. 19.

[177] *Ibid.*, p. 5. 亦可参见 Fitzler, *loc. cit.*（n. 170），p. 267, 该书暗示随着欧洲人的契约的结束，世界香料贸易的垄断权最终为大财团所把持。

[178] Kellenbenz, *op. cit.*（n. 164），pp. 9-11.

[179] Braudel, *op. cit.*（n. 130），pp. 445-47.

[180] 关于北方贸易开启的一般性研究，参见 W. Foster, *England's Quest for Eastern Trade*（London, 1933），以及 K. Glamann, *Dutch-Asiatic Trade, 1620-1740*（Copenhagen and the Hague, 1958）。

[181] 文中的统计材料来自 R. Ehrenberg, "Ostindische Handelsgesellschaften," in *Handwörterbuch der Staatswissenschaften*, VI（1910），949-50。参阅下面的图表，该图表来自 Whiteway, *op. cit.*（n. 127），p. 43：

时间	离开葡萄牙的船只	停留在印度的船只	有待于统计的船只	返回里斯本的船只
1497—1579	620	256	364	325
1580—1612	186	29	157	100

[182] 参见 Simon Botelho 在 1554 年提交给葡萄牙国王的报告，其概述收录在 Ehrenberg, *op. cit.*（n.181），pp. 292-95。

[183] F. C. Lane, "Venetian Shipping during the Commercial Revolution," *American Historical Review*, XXXVIII（January, 1933），228.

[184] F. Döbel, "über einen Pfefferhandel der Fugger und Welser, 1586-91," *Zeitschrift des historischen Vereins für Schwaben und Neuburg*, XIII（1886），128.

[185] 关于西班牙在 16 世纪的贸易问题的保守观点，参见 H. and P. Chaunu, "A la recherche des

fluctuations cycliques dans l'économie des XVIe et XVIIe siècles: crise de tonnage, crise de fret," *Eventail de l'histoire vivante; hommage à Lucien Febvre*（Paris, 1953）, II, 392。

[186] E. H. Hamilton, *American Treasure and the Price Revolution in Spain*（Cambridge, Mass., 1934）, pp. 232-33.

[187] G. Parenti, *Prime ricerche sulla rivoluzione dei prezzi in Eirenze*（Florence, 1939）, pp. 158, 36.*

[188] 关于英国和阿尔萨斯区的价格的一些讨论，参见 F. Simiand, *Recherches anciennes et nouvelles ... des prix ...*（Paris, 1932）, 图表 III 和图表 V。

第四章　印刷文献

印刷机 15 世纪中期被发明出来，其时正好与意大利文艺复兴的全盛阶段相重叠，这时候，读写能力在上流社会和城市的中产阶级中间正在快速地普及，而且葡萄牙人在非洲海岸的地理发现开始引起人们对于海外事务的普遍兴趣。书籍贸易在 14 世纪开始与宗教分离；15 世纪，专业的抄写员生产出种类繁多的书籍手稿，其数量也越来越多，其种类包括祈祷方面的作品、拉丁语和方言圣经、编年史、传奇故事（比如前文提到的曼德维尔的著作）以及教科书。造纸术最初是从东方引介到欧洲的，12 世纪在西班牙开始发展，到 15 世纪的第一个十年，造纸作坊在西欧的很多国家都可以看到。对于书籍制作所需的材料而言，纸张要比羊皮纸便宜得多，这一事实逐渐激发了书籍制作技术的革新。在书籍制作的新实验者中，最成功的人是美因茨（Mainz）的约翰·古登堡（Johann Gutenberg），他是欧洲活字印刷术的发明者。[1]

1456 年，古登堡的制版术首次得到应用并取得了巨大的成就，它完成了《42 行圣经》的制版。在接下来的二十年里，用机械制作书籍的技术快速地传播到了德国的其他地方、意大利、法国和西班牙。1487 年，第一本在葡萄牙用活版印刷的书籍得到了出版。因为活版印刷的方法在本质上是已存在于各大书籍制作中心的技术的延伸，所以在西欧得到了快速地传播。15 世纪后半叶，印刷

149　　业尚处于萌芽阶段，因此正式生产出来的书籍数量大体上与手稿作坊的生产量相当。通常情况下，某些特定的标题的印刷版数在 200 本到 1000 本之间，在 16 世纪，这些数字的增长相当缓慢。[2] 1500 年之前，在西欧除了单独印刷的公告和特令之外，估计有 30 000 版古本书得以印刷，并在 200 个不同的城市和市镇中出版发行。[3] 意大利剽窃了最初由德国古登堡发明的先进的活字印刷术，制作了 1/3 的早期版本书籍。但是，值得注意的是，德国和佛兰德斯的印刷业者在新技术方面是公认的能手，他们的产品在印刷术发明后的那个世纪里，在书籍制作的新旧中心都大受欢迎。

　　16 世纪的西欧人在读写能力上的提升，促使书籍的制作和生产技术得以革新；反过来，书籍普及面的扩大——对学校而言尤其如此，也有助于人们的读写能力的提高。虽然 1500 年之前生产的大部分书籍都是不同宗教派别的作品，但是读者手头也开始拥有古代经典和人文主义著述的印刷作品。长期以来，人们对于古版书曾进行了详尽无遗的研究。而对于 16 世纪印刷的书籍，学者们却没有给予同等的关注。16 世纪在所有国家都得到印刷出版的拉丁文作品是文艺复兴时期具有文学色彩的恢宏史著《未知的地域》（*terra incognita*），它在国际间广为传播。[4] 幸运的是，除了通俗读物和后来的耶稣会士的书信集之外，所有关于描述亚洲的印刷资料事实上都是用方言写就的。

　　1501 年之前，威尼斯印刷的书籍总量超过了欧洲的其他任何城市，在意大利仅有罗马可以与之竞争。[5] 巴黎和里昂是法国的两大印刷业中心，伦敦则包揽了英国 90％ 的书籍印刷。在德国，大部分书籍来自科隆、斯特拉斯堡（Strasbourg）和奥格斯堡的出版机构，虽然安特卫普控制着尼德兰的书籍制造业。在西班牙，最早成立大的印刷机构的城市是塞维尔，有关地理大发现的大半数书籍都在这里发行。在 16 世纪中叶，科英布拉（Coimbra）通过制作学术著作和耶稣会士的书简而开始复兴，事实上，在此之前所有的葡萄牙语书籍都是在里斯本印刷的。随着时代的发展，印刷术不断传播，其他许多城市也陆续150 加入到这一主要的书籍制作中心的名单之中。临近 16 世纪末的时候，马德里和阿姆斯特丹也成为重要的出版中心。

　　威尼斯、里斯本、塞维尔、安特卫普、里昂和伦敦这一系列城市在出版方面与其在贸易方面的地位具有同样的重要性。当我们考虑到书籍的发行是商业活动中较有价值的一个层面，而且其中心会随着贸易中心的改变而发生改变时，上述情形就毫不为怪。在整个16世纪，一年一度的国际书籍展览都在法兰克福、美因茨和里昂举行。随着时间的发展，书籍越来越小巧，价格也越来越便宜。在16世纪早期的威尼斯，奥尔达斯（Aldus）开始制作小的八开本书籍。到了16世纪中期，巴黎和里昂的印刷业者把八开本又缩小了一半。到16世纪末期，安特卫普和莱顿（Leyden）的印刷业者再次把他们的书籍尺寸减半。通过采用更为便宜的纸张和用硬纸板代替木板，书籍的价格、尺寸和重量被减少。灵巧的尺寸、便宜的价格促使更多的人开始购买并阅读书籍。

　　随着阅读人数的增长，关于亚洲方面可以看到的书籍总量也在持续增加。此类印刷品包括几种不同的类型。首先是葡萄牙官方的公告，它们常常以王室信件的形式发给欧洲的君主和高级教士。普通参与者——商人、航海者，主要是官员——在信件或者是其他短章中对于前往印度的航线、亚洲的商业中心、附带的地理学奇书、语言和宗教进行了详细描述，其中既有谣传也有准确的信息。一些非官方的描述能够迅速地传达到西欧的大多数国家，有时候还要冒很大的风险，因为在16世纪初有关东方的第一手信息是十分稀缺的。葡萄牙之外的那些雄心勃勃的印刷业者，无论何时，只要条件具备，他们就或集中或分散地尽力出版官方或非官方的描述性文字。直到1550年，赖麦锡（Ramusio）的宏富的记述航海事务的集子才开始面世，其中可利用的资料很少，而且其真实性也未经检验。但在16世纪下半叶，当关于欧洲在东方的伟大冒险事业的书籍、旅行集子和地图迅速付诸印刷时，欧洲的书籍就开始泛滥。大量出版于16世纪中期以后的一手或二手的东方记述都来自于欧洲的传教士，尤其是出自耶稣会士之手。印刷的地图一般来自葡萄牙制图者的手稿和既存的世界地图，它们很快地被添加到关于东方的记述性作品或者托勒密、奥提留斯（Ortelius）和墨卡托（Mercator）等人的伟大地图集中去了。无论在欧洲还是在亚洲，宗教作家们的兴趣通常和那些从世俗的观点讨论亚洲的作家不同，后者总是把资料的考虑作为其关注的核心。在这一章里，我们的目的在于阐明关于亚洲的世俗性作品中的资料在欧洲如何出现，并逐渐开始得以传播，它们如何促成了人们对于世俗文学兴趣的提高，以及它们如何帮助人们构建了亚洲的多面形象。传教士的信札和经历将在下一章里面与基督教传教团结合起来探讨。

第一节　葡萄牙的信息保密政策

自亨利王子的时代开始，葡萄牙人就对他们在海外地理发现中的细节进行努力地保密，这既不是一个新的观察结果，亦非一件值得关注的事情。但是，最近几年关于这方面的文章写了很多，这种努力成为我们探讨一些在学界依然富于争议性问题的步骤之一，这些问题包括：前哥伦布时期美洲的发现、15 世纪葡萄牙人在航海科学上的领先地位、葡萄牙人地理大发现编年史的真实性和空白，以及对我们的研究目的而言最重要的，关于对最新发现的陆地消息的隐瞒与歪曲等。因为对于该政策任何必要的考察都会触及无数的问题，这些问题很容易点燃一触即爆的学术和民族主义情绪，在该政策可能应用的地理区域的看法上存在着较大的分歧。比如，如何预先思考该政策确实是来自官方的，还有就是它如何被有效地付诸实施。但是据我所知，到目前为止，没有一个评论者否认存在着一个控制海外活动信息的制度，即使他们在该系统的分枝问题上可能持有非常不同的观点。[6]

关于这件事情，其中无可争议的事实是什么，还有，这些事实在何种程度上影响着我们的研究论题？首先，亨利王子在其王室兄弟佩德罗的首肯下，创立了一套关于地理发现和商业活动方面的制度，这些商业活动在本质上具有排外性和垄断性。[7] 亨利王子所考虑的商业垄断的地理范围不是我们在这里要关心的问题，反正评论者们似乎也不可能知道。通过教皇在 15 世纪颁布的一系列诏书，亨利王子和他的继承者们致力于让国际认可葡萄牙在非洲独一无二的勘探和开发权利。1455 年，尼古拉斯五世（Nicholas V）颁布诏书《教皇谕令》（*Romanus Pontifex*），禁止所有的基督教徒进入葡萄牙人"在海岸东南方向"发现的地域，用诏书的话说，这些地域"对于那些宣称信奉基督的印度人而言也许是可以航行的"，如果个人违反了该律令，将被驱逐出教会；如果是国家触犯了该禁令，将被封锁。[8]虽然教皇的这些法令对于解决国家间的争端具有一定的价值，但是诏书并不能阻止西班牙人和其他外国人入侵葡萄牙的海外区域。事实上，葡萄牙人自己也雇佣了国外的海员、武器制造者、地图绘制者、印刷业者和商业代理人，作为其航海和贸易活动的援助。反对对海外发现进行保密的人争辩道，如果里斯本的政府想隐瞒地理发现的信息，那么这项政策将无法付诸实施。

但是，关于这件事情还存在着另一种情况。若昂二世在位时期（1481年到1495年），国王在国内借助各种手段，包括誓约以及非人的、残酷的惩罚，来防止国家的秘密成为公众的常识。[9]1481年，也就是若昂王刚登基不久，葡萄牙国会请求国王禁止外国人，尤其是热那亚人和佛罗伦萨人在葡萄牙定居，因为他们偷走了王室"关于非洲及其岛屿的秘密"。[10]但是，若昂王显然需要意大利人的技术和货币，所以对国会的提醒不以为然。最终，在1504年11月13日，正忙于处理胡椒贸易垄断的细节问题的曼努埃尔王下令对于所有东南和东北方向的航海信息保密，泄密者将被处以极刑。[11]从那以后，所有与前往非洲、印度和巴西的线路的航海图、地图和航海日志都被保存在王室的海图室里面，由 D. 豪尔赫·德·瓦斯孔塞洛斯（D. Jorgé de Vasconcelos）负责监管。[12]显而易见，葡萄牙一方面极力地为开拓自己的海外地域而隐瞒地理发现的信息，但与此同时又需要雇佣外国人，这种忧惧与需求之间的矛盾在地理大发现的第一个百年里面一直存在。

虽然有关官方信息控制的事实很少见到，但是由此推导出来的结论却很多。在本文的阐述中，我们尽量把重心限制在与亚洲信息在欧洲传播相关的推论中。葡萄牙编年史和官方编年史家鲁伊·德·皮纳（Ruy de Pina）的角色问题尤其重要，鲁伊从1497年开始任职，直到他在1519年或者是1523年去世为止。雅米·柯尔特桑（Jaime Cortesão）和其他人指出，与地理大发现相关的第一批编年史中有一些被他们的作者有意识地留下一部分没有完成，它们也可能是因为遭到后来的编者如鲁伊·德·皮纳等人的删节而残缺不全。若昂·德·巴罗斯（João de Barros）在其《亚洲》（Asia）一书的序言中向若昂王三世叹息，早期的编年史作者对于地理大发现的业绩的关注太有限了。[13]有人进一步指出，若

153

昂二世在位时期的编年史家达米奥·德·戈伊斯（Damião de Góis）无法提供 15 世纪晚期地理大发现的整个过程的记述，其原因是当他在 16 世纪下半叶写作的时候，葡萄牙正在与卡斯蒂利亚为某些地域的所有权问题而争论。据说，达米奥·德·戈伊斯的编年史著作甚至没有提及迪亚斯那激动人心的航海壮举。还有一点可以确定的是，达米奥·德·戈伊斯关于曼努埃尔王统治时期的写作，在其 1566 年首次面世以后遭到了"修改"。[14]

　　葡萄牙国王曾在 16 世纪施行过封锁非洲的发现及其贸易活动信息的政策，这一点似乎相当确凿。当曼努埃尔王在 1504 年颁布的法令被取消以后，保密的政策可能延伸到了有关印度和远东的信息中去。根据目前所知的情况，在 1500 年到这个世纪中期这段时间内，没有一部关于亚洲地理发现的著作在葡萄牙出版，仅仅用偶然来解释这一事实是不能让人信服的。在许多通俗书籍中，葡萄牙王室的书简高兴地宣布国家的控制力得到了进一步地加强，而这些书籍在其他国家似乎全部出版了。[15]葡萄牙的制图者们很早就在海外世界活动，把他们的技术和信息卖给那些通过直接手段无法获取航海消息的外国亲王们。[16]托梅·皮雷斯（Tomé Pires）的《东方总论》（*Suma oriental*）和杜阿尔特·巴尔博萨（Duarte Barbosa）的《巴尔博萨印度纪实》（*Book*）都写就于 1520 年之前。二者的主题都是关于葡萄牙的东方帝国，直到 1550 年意大利编者赖麦锡打印了两本书稿之后才得以出版。甚至在印刷时，赖麦锡还不知道皮雷斯的名字，无法得到讨论香料的那部分章节。[17]讨论葡萄牙在东方的军事和政治机构的专著都未能出版，其中许多著作直到最近才被印刷。很可能编年史家害怕或者被禁止描述属于国家机密的内容。在 1552 年开始出版其著名的编年史著作的卡斯塔涅达（Castanheda）甚至在其著作印刷之后，被迫撤销并"修改"了第一卷的内容，对于曼努埃尔王的统治进行了一种更为正统的表述。[18]直到 1565 年，他个人手中的马鲁古群岛的资料还不得不上交给国家。[19]在官方资料中，甚至从果阿到马六甲、再从马六甲到德那地岛的距离都被缩减至最小，其意图在于把马鲁古群岛放置在葡萄牙的疆域界限之内，而不会遭受任何质疑。[20]有关信息控制的进一步证据将在接下来的章节中讨论。

　　根据手边关于葡萄牙隐瞒航海信息的证据，一定可以得出这样的结论：

154

1600 年之前，葡萄牙通过强行让人们立下保守秘密的誓约、严厉的惩罚、官方对资料来源的严密控制以及严格的审查制度等手段，防止欧洲和黎凡特地区的国家得知葡萄牙在亚洲的航海、贸易、军事和政治机构的详细信息。在 16 世纪上半叶，信息的控制相当地有效，以至于其他国家那些对亚洲感兴趣的人不得不完全依赖古代的作家、中世纪的旅行者、官方的公文以及商人、水手和密探的粗略介绍和口头报告，来获取亚洲的相关信息。大约到了 16 世纪中期，葡萄牙很明显已无法继续垄断香料贸易了，这个商业帝国的前景开始变得渺茫，其未来的不确定性像一团阴云笼罩在里斯本上空，此时，葡萄牙严密的海外信息控制系统也崩溃了。同样，大约在这个世纪中期，耶稣会士的书简也开始系统地出版了，这有助于破坏葡萄牙任何一种努力防止亚洲的有关信息向国外散播的政策。有人指出，亚洲的耶稣会士写的一些全面性的历史著作和传记在 16 世纪未能出版，是为了遵从葡萄牙官方的意愿。[21] 除了主要讨论 16 世纪上半叶事件的编年史以及赞颂葡萄牙人海外扩张的伟业的诗歌之外，基本没有讨论当代话题的书籍。里斯本对于航海信息的控制，和这个动荡的时代的其他政策一样，在 1581 年屈从于菲利普二世前，既踌躇不定，又野心勃勃。当这个国家由哈布斯堡（Habsburg）王室亲自统治时，文艺类书籍的制作和这个傲慢的卢济塔尼亚（Lusitanian）民族的其他活动一起步入了颓败之境。

第二节　第一批报道在欧洲的散播，

1500—1520 年

　　第一批在欧洲传播的报道包括各种可靠程度不同的信息材料。首先，这些信息中有葡萄牙国王对其他君王和教皇发出的一般性声明。作为一种章程，国王仔细构思出来的信件的挑逗意味要高于其提供的信息量。正如我们已经看到的那样，威尼斯商业间谍的报告和在里斯本做生意的意大利商人间的信札在很大程度上与香料贸易事务相关。虽然到达印度的线路被规定为国家秘密，但这仍然是具有异国背景的贸易参与者们在早期所写的几份报导的主题。葡萄牙人自己也因宫廷的信息需求而进行了详细地调查，并绘制了精密的地图。虽然这些内容在那个时候没有出版，但是其中包含的新的地理知识却被偷偷泄露出去了，其途径是德国和意大利的商人组织中的线人和代理者的书信。尽管获得印度和亚洲其他地方的一般信息困难重重，但是有关东方的朦胧图像还是被那些乐此不疲的人们给重新拼凑出来了。新的信息材料虽然零碎不堪，但它们可能或者已经被用于分析和补充那些来自地理大发现之前的文字记述和地图呈现了。

正如我们所看到的那样，[22] 瓦斯科·达·伽马的第一支舰队返航的消息是由国王自己宣布的。但是，曼努埃尔王并不是那个时代唯一一个把这个重要的信息传播到国外的人。佛罗伦萨商人吉罗拉莫·塞尼吉（Girolanmo Sernigi）在1499 年 7 月给佛罗伦萨的同行们写了一封长信，[23] 总结了科埃略和他的随从们收买到的印度信息。该文献在 1507 年首次公开出版，其中有关贸易线路、商业活动和当地风俗的描述要比国王发往西班牙的书信中认为适于提及的内容详细得多。信件指出，卡利卡特"比里斯本还大，居住着信仰基督教的印度人"。卡利卡特的扎莫林"保持着威严的仪态"，得到了瓦斯科·达·伽马"最为殷勤的"外交礼遇。虽然扎莫林一直都很富有，但它被指出仍然处于摩尔人的掌控之中，后者控制着该地区的贸易和政治。塞尼吉清楚地知道，并非所有的香料都生长在卡利卡特，有一些是"根据需要"而运送到这里的，从锡兰运过来的特别多。显然，曼妙华丽的服饰、花俏别致的织锦、黄铜和锡器吸引了葡萄牙人的目光，他们在卡利卡特居住了大约三个月。在这个海港，他们也看到了来自许多地方的不堪一击的船只，并注意到"这些船只既没有装备武器也没有配置火炮"。塞尼吉还对卡利卡特的一些价目进行了记录，他发现"卡利卡特的商人们在付款时只收黄金或白银；我们看重的珊瑚和其他商品，他们却看得很轻，但亚麻布除外……"。塞尼吉也评论了卡利卡特人与东非和埃及人的贸易活动，甚至指出在八年前就有"几艘基督教白种人的特定船只"频频造访马拉巴尔海岸。[24] 在塞尼吉的描述中，那里的谷物、稻米和水果都多产丰富，其中对于不吃肉，尤其是不吃牛肉的习俗用了较多的篇幅进行说明。用于运输和战争而饲养的大象似乎激起了欧洲人的好奇心。塞尼吉写道，"所有这些人或者其中的大

156

多数","都穿着从腰部到膝盖的棉布衣服"。摩尔人的航海者"在海湾（印度洋）航行时没有使用磁极，而是采用木制的四分仪来导航"。卡利卡特人也"对长老约翰有所了解，但是了解得不多，因为他对卡利卡特人而言太过遥远"。那里的人都具有读写能力，城市的司法"管理很严格"。虽然塞尼吉评论说卡利卡特没有城墙，但他发现城市的布局合理有序，"有许多宏伟富丽的建筑"。塞尼吉甚至对那里的艺术也进行了一番评论，他指出"有许多优秀的画家……他们擅长于人物和其他主题的画作"。因为在欧洲没有人了解多少第一手资料，像诸如塞尼吉的信件这样的早期大多数报告都涵盖了各种广泛的话题——也许没有人能够真正地说出在与以后事件的联系中哪些方面可能是重要的，也许仅仅因为人们对于这块遥远的、据说很富庶的基督教徒的大陆由衷地充满了好奇。

塞尼吉在 1499 年给佛罗伦萨的兄弟写了另一封信。[25] 显然这封信是在瓦斯科·达·伽马返航之前写就的，因为塞尼吉在信中没有指出卡利卡特人是基督教徒。这封信中的大多数内容都与塞尼吉的第一封信相一致，虽然它包含了更多的细节，而且在某些方面与前一封信还相互矛盾。比如，在附加的细节中，塞尼吉观察到印度人既不是白色人种，也不是黑色人种，言外之意就是说他们的肤色大概处于二者之间。塞尼吉直截了当地指出，香料生长在卡利卡特，虽然这里的香料在数量和质量上都逊于那些从远方运来的。在这封信中，塞尼吉断言印度人支付款项的形式仅限于金、银和珊瑚。

塞尼吉在瓦斯科·达·伽马的舰队带着他的战利品从印度返航之后，再次开始写作。[26] 葡萄牙人和塞尼吉很快就被加斯帕尔·达·伽马（Gaspar da Gama）置于一系列的麻烦之中。塞尼吉了解到质量最好的肉桂来自锡兰，但是"胡椒和丁香来自更远的地方"。在印度的犹太人和基督教徒数量都很少，"假想的教堂和钟楼事实上是供奉偶像的神庙"。关于这一消息，塞尼吉评论道，"在我看来，这似乎要比说那里只有基督教徒，而没有神圣的教会、没有牧师、没有献祭的弥撒的观点更具可能性"。塞尼吉很明显对自己以前所了解的摩尔人的航海活动信息不甚满意，他详细地向加斯帕尔咨询。塞尼吉又一次地被告知："在大海中航行时，他们不用罗盘，而是依赖于木制的四分仪的帮助。"[27] 加斯帕尔也对"那个国家最典型的商品"努力进行了说明，尤其是珊瑚、铜壶、

157

薄薄的铜盘、酒石、眼镜、粗糙的亚麻布、酒、油、薄锦和衣服等。塞尼吉也告诉他的佛罗伦萨客户，"卡利卡特有大量的宝石，与那里的其他商品相比较明显很昂贵"。

卡布拉尔（Cabral）在1501年7月返航之后不久，曼努埃尔王再次往卡斯蒂利亚发了一封信函，正如我们在前文已经提及的那样，在这之后没多长时间，一份显然是出自葡萄牙人之手的关于此次航行的匿名报告就到了意大利。与此同时，主要与贸易相关的许多私人信件被发往威尼斯和佛罗伦萨。但是，可能最为独特、信息量最为丰富的描述则来自约瑟夫神父（Priest Joseph），他是卡布拉尔在科钦应其要求而带回来的两个叙利亚—马拉巴尔教会的（Syro-Malabar）基督教徒之一。玛蒂亚斯（Mathias）和约瑟夫神父想到罗马和耶路撒冷传教。玛蒂亚斯神父可能在途中死去，也可能在到达里斯本不久之后死去。约瑟夫神父在葡萄牙居留了六个月后，于1502年前往罗马，去觐见教皇亚历山大六世（Pope Alexander VI）。约瑟夫神父还造访了威尼斯，他回归印度时可能是通过耶路撒冷和黎凡特地区，也可能是从里斯本出发的。[28]在欧洲的城市中，很明显有很多人向约瑟夫神父询问了其故乡的一些事情。约瑟夫神父在其意大利询问者眼中的形象是这样的：一位中年男子，大约40来岁，"纯朴、真诚，也非常正直"，他回答的内容从1505年开始在很多地方被公开出版。[29]

约瑟夫神父来自僧急里，他对这个市镇的描述被人们毫不迟疑地接受了，虽然他以直言不讳的方式宣称其国王和其他大多数人一样是一个偶像崇拜者，这一点和这个时期欧洲人的信仰完全相反。关于其信仰，约瑟夫神父评论道："这些偶像崇拜者只崇拜一个神，这个神就是造物主，他们说神是一而三的，从崇拜者们制作的塑像的外观上看，神有三个头（代表了梵天 [Brahma]、毗湿奴 [Vishnu] 和湿婆 [Siva]）。"约瑟夫神父谈论印度宗教的文本是现存最早的传到欧洲的关于印度宗教活动的报告，并且这些文本因为有了本土人作为转述中介而具备了可靠性。约瑟夫神父还详细描述了一些印度社会的风土人情。信神的人们被分为三个层级：绅士或纳亚尔人（Nāyars），农夫或堪尼亚人（Kaniyans），[30]渔民或摩戈雅人（Mukkuvans）。[31]根据约瑟夫神父的描述，每个阶层都拥有自己的神庙，而且男女供奉的神庙之间也有区分。渔民这一阶层常常受到其他两个阶层粗暴地对待。国王和"其他所有的偶像崇拜者"都有很多妻子。他们死了之后要火葬，而"妻子们为了完全拥有他们的身体和灵魂，自愿在其丈夫死后八天活活自焚"。除了这些习俗，约瑟夫神父在罗马也详细描述了马拉巴尔的基督教徒们的社会和宗教活动，明显也回答了很多问题，其中一些问题是教皇亚历山大六世直接问他的。约瑟夫神父也把卡利卡特的贸易情况告诉了教廷，他说："几乎所有印度的物品都汇集于此。"和其他许多同时代的人一样，约瑟夫神父坚持认为以前曾到过马拉巴尔的契丹人是"白色人种的基督教徒"。[32]当这位印度神父被问及"我们这个地方是否在印度曾被提及"，他回答道"只有罗马、法国和威尼斯被提到过"。

158

虽然欧洲从国王和商人们的信札以及约瑟夫神父那里了解到印度的一些情况，但葡萄牙仍然努力让国内具有读写能力的人们熟悉一些过去关于东方的重要文献。1502 年，摩拉维亚的（Moravian）印刷业者瓦伦丁·费尔南德斯（Valentim Fernandes）在里斯本出版了一卷极大的葡萄牙语对开本书籍，[33]该书包括皮皮诺（Pipino）从拉丁文翻译来的马可·波罗旅行记、尼科洛·德·孔蒂的旅行描述以及吉罗拉莫·达·桑托·斯提芬诺（Girolamo da Santo Stefano）的书信。费尔南德斯在给曼努埃尔王献纳使徒书时，他选择了《路加福音》（Luke）5:26（"今天我们看到了奇怪的事情"）。自从费尔南德斯在 1495 年到达里斯本，作为已故国王遗孀的侍从之后，就成了宫室中的亲信，他对王室的庇护人不吝赞美之词，公开宣称其名字已经远播至遥远的非洲和亚洲地区。费尔南德斯宣称，里斯本不仅成为了欧洲最著名的港口，而且来自最遥远的地方的人们也频繁出入。在费尔南德斯的描述中，若昂二世就是摩西（Moses），他从遥远的地方看到了那块充满希望的大陆；而曼努埃尔王则成了约书亚（Joshua），他被授予享受这块大陆上丰美的果实的权利。费尔南德斯宣称进入葡萄牙的财富比所罗门王的财富都多，曼努埃尔王的影响力比亚历山大大帝或罗马书（Romans）还要广泛。费尔南德斯认为，在所有基督教世界的国王中间，以前还没有谁能够拥有同样的机会促使福音书（Gospel）的思想向海外传播。地理大发现的整个意义不仅被少数有见识的人称颂，此时，我们即使考虑到其中常见的夸张成分，费尔南德斯的开篇言论仍然传达出一些凯旋的喜悦掠过整个西班牙的情形。费尔南德斯的描述给阅读的公众提供了一个必要的信息背景，有助于更好地理解发现印度的意义。

在费尔南德斯出版的书籍中，没有任何一部提供了关于葡萄牙人海外探险业绩的实质性信息。也许这正反映着里斯本保密政策的实际情形，费尔南德斯在为马可·波罗的旅行记写的导言里面断言，威尼斯人把这位旅行者的作品藏在档案库中，直到该文献被作为欢迎亨利王子的哥哥佩德罗王子的礼物时，它在葡萄牙才为人所知。费尔南德斯声称，他在指导外行和没受过教育的人了解如今已经为自己的国王所统治的新大陆的闲暇时间中，把马可·波罗的旅行记翻译成了葡萄牙语。[34] 地理大发现对于葡萄牙的内部繁荣和国际影响力的潜在贡献在这一描述中一直是被予以强调的，该文献还认为国王的航海计划应该得到人们在方方面面的无条件支持。因此，费尔南德斯的书不仅是海上线路发现之后出现的第一本旅行文献汇编，还与哈克路特（Hakluyt）在 16 世纪末的作品一样，打算用来告知公众要把握身边的良机，并宣告全力支持国王的海外政策则是一项国民义务。

费尔南德斯的影响并不局限于葡萄牙，他的书为罗德里戈·德·桑德拉（Rodrigo de Santaella）于 1503 年在塞维尔编辑同类书籍时提供了灵感，[35] 费尔南德斯本人也扮演着里斯本的德国商人与葡萄牙政府之间的非正式中介的角色。与许多从前和当时的中间人一样，费尔南德斯发现自己处于一个既重要又尴尬的位置。在费尔南德斯与里斯本的韦尔泽家族的联系中，他不仅是一个翻译者和代理人，还是一个印度信息的提供者。费尔南德斯为了帮助德国人参加葡萄牙在 1505 年派出的舰队，所以不断搜集有关印度的信息并将之发往德国。比如，在 1505 年 8 月 16 日，费尔南德斯给韦尔泽家族的一个亲戚、人文主义者康拉德·波伊廷格（Conrad Peutinger the Humanist）写信，汇报阿尔梅达（Almeida）的舰队的航行情况。[36] 在接下来的三年里，费尔南德斯尽管有一些勉强和尴尬，但他还是往奥格斯堡发送了一系列手稿，波伊廷格把这些手稿用木制的封面装订在一起，命名为《卢西塔尼亚群岛记》（*De insulis et peregrinationbus Lusitanorum*）。[37] 这些内容不是波伊廷格从费尔南德斯那里收到的全部文献资料。波伊廷格于 1507 年 4 月 7 日，给另一位人文主义者塞巴斯蒂安·布兰特（Sebastian Brant）写信，告诉对方他拥有一只从印度带回来的能说话的鹦鹉和其他稀奇古怪的东西。[38] 费尔南德斯在 1510 年 6 月 26 日给纽伦堡的一个客户写信，概括了从 1506 年到 1509 年间包括葡萄牙人到达锡兰等发生在亚洲的事件，这封信直到最近才公开出版。[39]

160

其他的信息提供者也在提供与航海线路及其可能性相关的数据。1504年，在安特卫普，第一批来自里斯本的运载香料的船只到达后不久，一本题为《卡利卡特》（*Calcoen*）的商务通讯就在荷兰出现了，可能是由跟随着瓦斯科·达·伽马的舰队第二次远航的荷兰水手写的。[40] 这位作者评论了马拉巴尔海岸上的"善良的基督教徒"，并且指出"这些基督教徒已经派遣神父前往罗马朝见教皇，以了解真实的信仰"。他在指出锡兰和马六甲是香料的产地之后，还讨论了卡利卡特人，以及他们"无论走到哪里"都在嚼槟榔的习惯。他还描述了麝猫，并指出从其身上得来的麝香非常昂贵。他也谈到了采珠业，认为其技术来自印度南部。显然，这本书的作者所谈的仅仅是一些表面的印象，其中几乎所有的内容都可以从航路开辟前的相关印度描述中可以看到。虽然如此，这样一本肤浅的描述印度的书能够找到出版者，意味着那时候的欧洲对东方的确存在着深刻的兴趣。

曼努埃尔王本人于 1505 年派遣奥波尔图的主教（Bishop of Oporto）迭戈·德·索萨（Diogo de Sousa）带领着一支使团，前往罗马朝见教皇，报告他在印度的事业进展状况。在一次教会辖区演说中，一位卓越的葡萄牙律师迭戈·帕切科（Diogo Pacheco）在教皇尤利乌斯二世面前提供了第一份关于地理大发现的官方报告，并提出了葡萄牙在东方的商业和宗教事业的可能性。[41] 葡萄牙人的传教事业获得了巨大的成功。1506 年，教皇发出了三份诏书，支持葡萄牙人的商业和宗教活动，并把神圣的金玫瑰赠予曼努埃尔王。通过诏书 *Ea quae*，教皇命令葡萄牙和西班牙的教会首领遵守"托德西利亚斯条约"（Treaty of Tordesillas），使得这份条约得到了不容置疑地奉行，虽然它迄今为止尚未得到罗马教廷的认可。[42] 通过其他两份诏书 *Sedes apostolica* 和《教会无敌》（*Militans ecclesia*），葡萄牙人与异教徒贸易中的风险可能性得到了缓解，在十字军与摩尔人的宗教战争中，基督教团（Order of Christ）正式成为天主教徒的先锋。[43]

161

可能与派往罗马的葡萄牙使节有关，永恒之城（Eternal City）罗马的画家拜司肯的约翰（John of Besicken）出版了一本通俗书籍，意在复制葡萄牙国王给卡斯蒂利亚的信件，这封信主要描述 1505 年之前葡萄牙在印度的发现以及事业进展。[44]事实上，这本小册子是从 1501 年曼努埃尔王的信件、匿名的叙述以及约瑟夫神父的描述中摘录的资料的汇编。就我们目前所知，它仍然是第一本总结葡萄牙人业绩的印刷物，可能是奉当时在罗马的教会使团成员的命令编辑并发行的。确实，迄今为止没有其他的理由可以用来解释 1505 年 10 月 23 日在罗马出现的这一单面印刷的大型书籍。1505 年下半年，该书在米兰被一个名叫 P.M. 迪·曼特加齐（P.M. di Mantegazzi）的人再版，1506 年又在罗马被拜司肯用拉丁文重新发行。[45]曼努埃尔王描述阿尔梅达指挥下的葡萄牙人在东方辉煌而残酷的活动的信件成为 1506 年到 1508 年间出版的五本通俗书籍的主题。在接下来的五年（1508—1513 年）里，在东方发生了包括果阿被占领等大事件，但是关于阿尔伯克基的胜利，在里斯本没有出现过任何官方的描述。虽然葡萄牙人对于果阿的首次胜利的消息被封锁了，但萨拉曼卡（Salamanca）的马丁·费尔南德斯·德·菲格罗阿（Martin Fernandez de Figueroa）却根据他在 1505 年到 1511 年间与葡萄牙人一起在东方逗留时所了解的事情编写了一本西班牙语的小册子。[46]

在纽伦堡和奥格斯堡，人们的注意力也都集中在里斯本，这里的德国商人们在整个冬天和 1505 年春天都在准备跟随阿尔梅达的舰队前往印度。关于"亚美利哥·韦斯普奇"号（Amerigo Vespucci）不甚可靠的第三次航行的描述于 1505 年在德国传播时有两种版本：一种是拉丁语，另一种是德语，显然，这是获得广泛关注的第一本关于地理大发现的时事通讯。[47]1505 年年底，在纽伦堡出现了一本打印的小册子，它被认为是约翰·维森博格（Johann Weissenburger）的出版社出版的。这个小册子的名称是 *Den rechten veg auss zu faren von Lissbona gen Kallakuthrichten vo meyl zu meyl...*。[48]也许，这本时事通讯最令人

162

感到不可思议的地方是它再现了全球的版图，它依据托勒密的学说为纽伦堡、里斯本和卡利卡特进行了大致的地理定位。这位匿名作者的旅行线路描述相对比较准确，他对香料的评论建立在第一手资料的基础上。比如，他谈论道：

所有生长在印度的香料的样子也都被注意到了。胡椒像是成串的葡萄，恰似接骨木的果实。有时候，人们带到里斯本的绿色胡椒正是它们长在树上的样子。肉桂的羽茎也来自和生长在那里的柳树一样的大树。

可以猜想，这本时事通讯是德国南部的商业组织发起的促销活动的一部分，其目的在于促进他们在印度的商业利润。显然，他们在1505年的时候还不知道曼努埃尔王将阻止德国人直接进入印度。事实上，德国人在商业上的美好期望并没有一下子破灭。一个明显的例子是，大约在1508年这本小册子由另一位纽伦堡的印刷业者豪尔赫·斯塔奇斯（Georg Stuchs）重新发行。[49]

最能说明奥格斯堡在1505年开始产生不祥预感的例子，是一封在1月13日发出的信件，它是波伊廷格写给马克西米利安皇帝（Emperor Maximilian）的秘书兼奥格斯堡青年人文主义者同盟的成员布莱休斯·赫尔兹尔（Blasius Holtzl）的。这封信写于阿尔梅达的舰队出发之前，波伊廷格在信中提到了舰队出发时的紧迫情形，并指出"对我们德国人而言，奥格斯堡人堪称前往印度的先驱"。[50]波伊廷格的这一评价绝非空穴来风，因为布莱休斯·赫尔兹尔（Blasius Höltzl）曾被其韦尔泽家族的亲戚要求从国王那里获取介绍信件的信息，再转达给那些前往印度的奥格斯堡人。正如我们今天所知道的那样，等到1505年8月，瓦伦丁·费尔南德斯已经把阿尔梅达的舰队启航的消息告诉了奥格斯堡和纽伦堡。[51]

前往印度作为商业代理的两个德国人在1506年带着一个有待讲述的故事回到了欧洲。但是，在德国人把更为详细的描述付诸印刷之前，关于阿尔梅达的业绩及其活动的简短描述已经以时事通讯的形式出版了。这些时事通讯也被期望在曼努埃尔王给教皇写的一系列信件出版之后发行。[52]"圣拉斐尔"号（São Rafael）上的代理商汉斯·梅尔（Hans Mayr）保留了一本葡萄牙语的日记，这本日记显然是费尔南德斯在德国使节回到欧洲后不久送给波伊廷格的。那时候日记还没有出版。[53]跟随阿尔梅达舰队的德国人对他们自己经历的描述最终由另一位韦尔泽家族的代理商巴尔塔萨·斯普林格（Balthasar Springer）于1509

163 年在奥格斯堡出版，其名字叫作《印度行纪》（*DieMerfart uñ Erfarung nuwer Schiffung und Wege zu viln overkauten Inseln und Kunigreichen...*）。[54] 在这本仅有 15 页的短章中，斯普林格记下了他从 1505 年 3 月 23 日到他 1506 年 11 月 15 日返回这段时间内，在"莱昂哈德"号（Leonhard）船上以及印度的经历。似乎斯普林格是在归航途中或者是在回到欧洲之后，把他在途中写下的日记改成了拉丁文。[55] 1508 年，在安特卫普出现了斯普林格日记的佛兰芒语版本，显然这个版本是由出版商扬·范·德斯博尔奇（Jan van Doesborch）从拉丁语版本改编而来的。斯普林格的日记在奥格斯堡制作的德语版中包含了 13 页木刻，它是由奥格斯堡著名的雕刻师汉斯·伯格迈尔（Hans Burgkmair）完成的。在该日记的各种版本中，这个版本是最完整、最有趣的。

斯普林格是一个以商业为其一生志业的人，因此他对古代作家的了解并不详细，他的写作完全依靠自己的观察和其他人的口头报告。[56] 虽然斯普林格发现"当我们这里是冬天时，印度正好是夏天"，而且圣诞节前后是马拉巴尔海岸最热的时候，但他基本上没有提及印度的地形和气候。斯普林格对印度的动植物显示出极大的兴趣，并且对大象的征战用途印象深刻。马拉巴尔海岸的居民有着黑褐色的皮肤，不管是男人还是女人都留着长长的黑发。斯普林格对比了当地人相对裸露的衣饰风格与阿拉伯商人那迎风飘扬的长袍和头巾。他指出每一个马拉巴尔的城市都有国王的居所，他还描述了他亲眼所见的科钦王某次举行仪典的过程。斯普林格也评论了国王的专制统治，指出普通的农民被要求把自己收入的一部分交给国王作为赋税。在其他方面，斯普林格确认了早期的那些作者们的报告。

虽然德国南部的人们由此了解到印度的一些方面，但是意大利人仍然在继续尽可能地搜集有关地理大发现的更多信息。正如我们所看到的那样，紧随韦斯普奇（Vespucci）在 1504 年的报告的伪造品之后的，是 1505 年在罗马和米兰出版的据称是曼努埃尔王写给西班牙的信件。这两个例子里面，编辑的材料有一部分是以真实的描述为依据的，这可能是一些富于进取心的印刷业者为了轻松地赚到一笔钱而努力的结果。1507 年，一本关于地理大发现的重要材料汇编最终在维琴察（Vicenza）编辑出版，名为《新发现的国度》（*Paesi novamente retrovati...*）。在经过大量的争论之后，得出的结论是，这本资料集是由维琴察的一位文学教授弗朗坎赞诺·达·蒙塔尔博多（Francanzanuo da Montalbodo）搜集并编辑的。[57] 在最初的意大利语版本中，第一本值得注意的旅行描述集子以四开本的版式出现，分成 6 册，计有连续数字的共 142 章，有 166 页，但没有编码。[58]

　　这本书的导言描述了编者在编辑该书时的双重目的。导言宣称，蒙塔尔博多想让人们知道，普林尼不为欧洲人所知的奇思妙想可能被那些最近刚从世界最遥远的地方回来的观察者们所证实了。正如蒙塔尔博多所苦心孤诣地在内外两重证据的基础上尽力使这些描述显现出一种真实的准确性那样，这本书的主要目的是要让那些热情的读者们从中收获愉悦，但是现代学者们常常倾向于忽略这个写作目标。《新发现的国度》按照时间顺序，把许多自效劳于亨利王子以来的意大利航海家们存有较大分歧的描述汇集在一起。除了关于向西航行的地理发现的资料之外，《新发现的国度》这本书还把马奇奥尼对于瓦斯科·达·伽马首次航行的描述，一个匿名的葡萄牙人讲述的卡布拉尔的航行情况，1501 年到 1502 年间里斯本的威尼斯间谍所写的一些信件，以及约瑟夫神父的报告统统囊括在内。

　　《新发现的国度》第一版发行于 1507 年，出版者是威尼斯的印刷业者恩里克·迪·圣奥尔索（Enrico di Sant' Orso），它于 1517 年和 1521 年在威尼斯，1508 年、1521 年和 1519 年在米兰被一字未改地反复印刷。阿尔坎杰罗·马德里戈纳诺（Arcangelo Madrignano）完成了一个多少有些粗糙的拉丁文译本《葡萄牙人航海纪》（*Itinerarium Portugalensium*），于 1508 年在米兰得以印刷。在纽伦堡，威利巴尔德·皮克海默（Willibald Pirckheimer）的朋友约斯特·路凯默尔（Jobst Ruchamer）在 1508 年把意大利语版翻译成了德语版，名为《新大陆》（*Newe unbekanthe landte*）。路凯默尔在其译本的导言末尾增加了一条附注，他在此不无夸张地指出，葡萄牙国王已经派出了一支由 "50 艘装备精良的船只" 组成的无敌舰队。这位德语版翻译者进一步表述了自己的愿望，传教士们的宗教事业将会一帆风顺，这样的话，"异教徒们晦暗不明且误入歧途的心智" 将有可能皈依上帝。路凯默尔的译本在 1508 年稍后一点的时间内，由吕

164

北克（Lübeck）的亨宁·哥特伦（Henning Ghetelen）翻译成了低地德语（Low German）版。大约在 1511 年，一本名为《葡萄牙的国王曼努埃尔的信使讲述新发现的国家及其人民》（*Of the newe lands and of ye people founde by the messengers of the kynge of portyngale named Emanuel*）的英文著作在安特卫普由扬·范·德斯博尔奇（Jan van Doesborch）印刷。该书是一本资料汇编，它从《新发现的国度》一书中提取材料，并且用以前荷兰语版本中的木刻作为插图。[59]1515 年，最古老的法语版问世了，它在法国受到了欢迎。在接下来的几十年里，《新发现的国度》一书被翻译成了西欧最主要的几种语言，许多删节本被反复发行。[60]

与此同时，在罗马，博洛尼亚（Bologna）的卢多维科·迪·瓦尔塔马（Ludovico di Varthema）的《旅程》（*Itinerary*）于 1510 年在意大利面世了。[61]与 16 世纪大多数评论家不同，瓦尔塔马前往东方时走的是黎凡特地区的陆路，而且他了解阿拉伯人的口头语。显然，瓦尔塔马大约是在 1502 年离开威尼斯前往埃及和叙利亚的，大约在 1504 年 10 月 10 日到达了印度的坎贝，然后在内陆地区向南游历，到达了维查耶纳伽尔（Vijayanagar），最终于 1505 年年初如愿以偿地到达了卡利卡特。接着，瓦尔塔马继续向南，环绕着科摩林角（Cape Comorin）在海上航行，他后来可能沿着印度东海岸向北航行了。但是在这个时候，瓦尔塔马的《旅程》开始含糊起来，其描述也显得不够准确。关于瓦尔塔马在科摩林角东部的航行情况，后来的作者们长期为之争论不休。[62]如果瓦尔塔马确实去过他提到的地方，那么，他就会踏足印度东海岸上的几个地方，并且造访丹那沙林（Tennasserim）、勃固（Pegu）、马六甲、苏门答腊、马鲁古群岛和爪哇。在完成这段长长的旅程之后，瓦尔塔马可能于 1505 年 8 月 27 日返回了卡利卡特。在卡利卡特经过一系列的冒险行为之后，瓦尔塔马遗弃了他的穆斯林同伴，转而雇佣了科钦的葡萄牙人。因为瓦尔塔马在印度的成绩，葡萄牙国王封其为爵士，于 1508 年乘马奇奥尼的贸易舰队中的"圣图·维森提奥"号（Santo Vicentio）商船回到了里斯本。1508 年年底，瓦尔塔马到了罗马，他在那里为其旅行见闻的出版做准备。

无论后来的读者们提出何种质疑，瓦尔塔马的描述在 1510 年出版时还是

165

32. 印度战士木刻。这是 Balthasar Springer 的 *Meerfahrt*（出版于 1509）中的图片，作者是奥格斯堡著名的雕刻家 Hans Burgkmair。这里是从 Franz Schulze 的 *Balthasar Springers Indienfahrt*（Strassburg, 1902）中复制而来的。

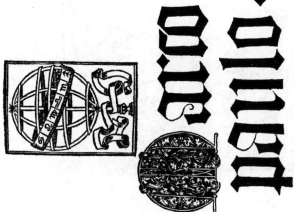

Asia de Joam de Barros / dos fectos que os Portugueses fizeram no descobrimento e conquista dos mares e terras do Oriente.

Impressa per Germão Galhar de em Lisboa : a. xxviii. de Junho anno de. m. d. lii.

Bo liuro de Nycolao veneto.

O trallado da carta de huũ genoues e das ditas terras.

E os priuilegio del Rey nosso senhor. q nenhuũ faça a impreffam deste liuro. nẽ o venda em todollos feus regnos e senhorios sem licença de Valentim fernandez sob pena e coũa na car-ta do seu priuilegio. Bo preço delle. Leuto dos reaes.

marco paulo.

39 Folha do rosto do Marco paulo

33. 瓦伦丁·费尔南德斯（Valentim Fernandes）用葡萄牙文翻译的《马可·波罗》一书的扉页，1502年。

34. 若昂·德·巴罗斯（João de Barros）的《亚洲》（Asia）一书的扉页（里斯本，1552年）。

35. G. B. 赖麦锡（G. B. Ramusio）的《航海旅行记》(Delle navigationi et viaggi)（修订二版）第一卷的扉页，1554年。

36. 费尔南·洛佩斯·德·卡斯塔涅达（Fernão Lopes de Castanheda）的《历史》(Historia) 第一册的扉页，1551年。

Joannes de Barros rerum Indicarum claris. Scriptor

37. 若昂·德·巴罗斯（João de Barros）画像；第一次被印在他的《亚洲旬年史》（*Décadas da Ásia*）1615 年版中。来自 A. Forjaz de Sampaio 的 *Historia da literatura portuguesa illustrada* (Lisbon,1929-32)。

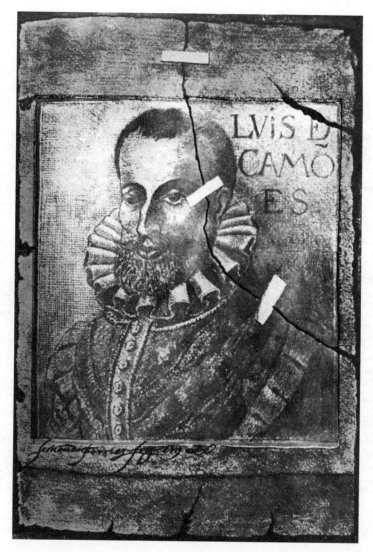

38. 路易斯·德·卡蒙斯（Luis de Camoës）的生活油画，费尔南多·戈麦斯（Fernando Gomes）作。来自 Forjaz de Sampaio 的 *Historia da literatura portuguesa illustrada*。

DAMIANVS A GOES.
Thucÿdis gentis enarrat gesta Pelasgæ

39. 阿尔布雷特·丢勒（Albrecht Dürer）作的达米奥·德·戈伊斯（Damião de Góis）像的铜版摹本。这是维也纳的阿尔伯汀纳博物馆（Albertina Museum）珍藏的一份复制品。来自 Forjaz de Sampaio 的 *Historia da literatura portuguesa illustrada*。

OS
LVSIADAS
de Luis de Ca-
moés.

COM PRIVILEGIO
REAL.

Impreſſos em Liiboa, com licença da
Janĉla Inquiſiſão, & do Ordin.-
rio em caſa de Antonio
Góçaluez Impreſſor.
1572.

40.《卢济塔尼亚人之歌》（*The Lusiads*）第一版扉页。来自 Forjaz de
Sampaio 的 *Historia da literatura portuguesa illustrada*。

TRATADO.

Que compôs o nobre & notauel capitão Antonio Galuão, dos diuersos & desuayrados caminhos, por onde nos tempos passados a pimenta & especearia veyo da India as nossas partes, & assi de todos os descobrimentos antigos & modernos, que são feitos ate a era de mil & quinhentos & cincoenta. Com os nomes particulares das pessoas que os fizeram : & em que tempos & as suas alturas, obra certo muy notauel & copiosa.

Foy vista & examinada pela santa Inquisição.

Impressa em casa de Ioam da Barreira impressor del rey nosso senhor, na Rua de sã Mamede

41. 安东尼奥·加尔旺（António Gâlvao）的《地理大发现概况》（*Tratado*）的 16 世纪版本的扉页。来自 Forjaz de Sampaio 的 *Historia da literatura portuguesa illustrada*。

Coloquios dos simples, e drogas he cousas mediçinais da India, e assi dalgũas frutas achadas nella onde se tratam algũas cousas tocantes amediçina, pratica, e outras cousas boas, pera saber compostos pello Doutor garçia dorta : fisico del Rey nosso senhor, vistos pello muyto Reuerendo senhor, ho liçençiado Alexos diaz : falcam desembargador da casa da supricaçã inquisidor nestas partes.

Com priuilegio do Conde viso Rey.

Impresso em Goa, por Ioannes de endem ar x dias de Abril de 1563 annos.

42. 加西亚·达·奥尔塔（Garcia da Orta）的《印度草药风物秘闻》（*Colloquies*）第一版扉页，1563 年印刷于果阿。来自 Forjaz de Sampaio 的 *Historia da literatura portuguesa illustrada*。

ITINERARIO,

Voyage ofte Schipvaert / van Jan
Huygen van Linschoten naer Ooft ofte Portugaels Indien

inhoudende een corte beschrijvinghe der felver Landen ende Zee-custen/met aenwijsinge van alle de voornaemde principale Havens/Revieren/hoecken ende plaetfen/tot noch toe vande Portugeſen ontdeckt ende bekent: Waer by ghevoecht zijn / niet allen die Conterfeytfels vande habijten/drachten ende wefen/fo vande Portugeſen aldaer refidereende/als van de ingeboornen Indianen/ende huere Tempels/Afgoden/Huyfinge/met die voornaemſte Boomen/Vruchten/kruyden/Specerijen/ende diergelijcke materialen/als ooc die manieren des felfden Volckes/fo in huynnen Godts-dienften/als in Politie en Huyf-houdinghe: maer ooc een corte verhalinge van de Coophandelingen hoe en waer die ghedreven en ghevonden worden/ met die ghedenckweerdichſte gefchiedeniffen/ voorghevallen den tijt zijnder refidentie aldaer.

Alles befchreven ende by een vergadert, door den felfden, feer nut, oorbaer, ende oock vermakelijcken voor alle curieufe ende Liefhebbers van vreemdigheden,

t'AMSTELREDAM.
By Cornelis Claefz. op't VVater, in't Schrijf-boeck, by de oude Brugghe.
Anno CIꝐ. IꝐ. XCVI.

43. 扬·惠根·范·林斯乔坦（Jan Huygen van Linschoten）的《林斯乔坦葡属东印度航海记》（Itinerario[Amsterdam,1596]）扉页。在此对纽贝里图书馆提供的支持表示衷心的谢意。

迅速获得了成功。瓦尔塔马那个时代的人们显然分享了他在《旅程》中提出的观点。瓦尔塔马断言：

> ……因为知道自己的理解能力非常有限，所以我没有打算通过研究或者推测的方法去认识遥远的地方，我决定用自己的眼睛尝试着去弄清楚这些地方的具体情形，那里的居民的生存状况，那里的动物的多样性，埃及那各种长着果子的芳香的树木，叙利亚、阿拉伯的沙漠和杂草，以及波斯、印度和埃塞俄比亚，时刻切记"眼见为实，耳听为虚"。[63]

因为瓦尔塔马的著作权被教皇尤利乌斯二世的特殊指令要求保留十年，所以瓦尔塔马可能从其著作中获得了一笔丰厚的利润。从 1510 年到 1535 年，瓦尔塔马著作的意大利语原版有两次单独的机会在罗马、威尼斯和米兰三个城市中分别发行。1511 年出现了《旅程》的拉丁语译本，德语译本出现于 1515 年。其西班牙语译本出版于 1520 年，在整个 16 世纪，该书后来又出现了三个其他语种的译本。在法语译本（1556 年）、荷兰语译本（1563 年）和英文译本（1577 年）出现之前，16 世纪下半叶没有该书进一步的译本信息。

瓦尔塔马和这个时期其他大多数作者一样，对于卡利卡特和马拉巴尔海岸投注的精力要比东方其他任何地方都多。瓦尔塔马称这个市镇是"一个贫穷的地方"，显然他对那里的房屋和建筑毫无印象。瓦尔塔马断言，卡利卡特的扎莫林是"一个异教徒并且崇拜魔鬼"。瓦尔塔马对印度的种姓制度体系、母系继承权和一夫多妻制进行了相当清晰的描述。和古代的写作者一样，瓦尔塔马对当地的司法机构印象最为深刻。瓦尔塔马也用大量的篇幅评论了卡利卡特的船只构造，并且发现"异教徒们不怎么航海，其商品都是由摩尔人负责运送的"。关于那里的植物和水果，瓦尔塔马提供了详细而准确的描述。瓦尔塔马还注意到：

166

> 当卡利卡特人准备播种稻米时……他们和我们一样用牛耕地，当他们在田里耕种时，他们用城市的所有农具，使其连续不断地发出声

音以制造快乐。[64]

　　瓦尔塔马还描述了当地人通过手掌和手指在衣服下面的接触来秘密地讨价还价的习俗，这种情形"（今天）在阿比西尼亚人（Abyssinians）、印度土著以及远东居民等东方人之间仍然流行"。[65]

　　瓦尔塔马对其在卡利卡特东部行程的描述一直富于争议，他提到了科罗曼德尔海岸（Coromandel Coast）上的采珠业、锡兰的珠宝，以及丹那沙林在"和我们一样的纸张上"写字的习俗。根据瓦尔塔马对于当地宗教活动的评论，可以看出他对佛教一无所知，虽然他认为勃固（即缅甸 [Burma]）的宗教是非常奇怪的。在关于马六甲的评论中，瓦尔塔马用大体准确的术语描述了其位置和管理情况，并注意到周围乡村的贫瘠。瓦尔塔马认为苏门答腊就是古代的塔普罗班纳（Taprobane），他对这个岛屿的大多数评论是从别人那里听到的。在班达（Banda），瓦尔塔马注意到了肉豆蔻树，他之所以能够对丁香树进行一番描述，显然是因为他在马鲁古群岛的经验。瓦尔塔马也讲述了一位阿拉伯水手告诉他的关于这块土地、气候以及爪哇南部的居民的一些情况。[66] 所以，瓦尔塔马为欧洲文献材料引入了对于印度东部地区的评价性内容，至于瓦尔塔马是否确实到过那里，哪些内容是以前的海上旅行者从来没有谈过的，哪些内容是被马可·波罗和古代的写作者们经过亲自观察后的大量描述所证实了的，都不得而知。

　　直到 1511 年，瓦尔塔马对于东方的描述首次出版之后，葡萄牙人才占领了马六甲的货物集散地，开始向东长驱直入。阿尔伯克基胜利的消息于 1513 年春天在欧洲变得家喻户晓，曼努埃尔王立即往罗马写信，向教皇通报葡萄牙海外事业的拓展情况。[67] 除了曼努埃尔王那令人费解的想让全世界知道他在遥远的东方获得了控制权的心态之外，他急于宣布葡萄牙人攻克马六甲的消息还有着其他特定的目的。西班牙已经有人提出，马鲁古群岛是否不在自己划定的界限之内，而且在 1512 年，西班牙准备宣示对于香料群岛的所有权的计划已经开始酝酿。[68] 曼努埃尔王对于其宣示的领土界限的安全一直都处于戒备之中，他很快就从教皇那里争取到了支持，并认可了阿尔伯克基进入东南亚的行动。曼努埃尔王是幸运的，因为他在 1513 年 3 月得到了教皇选举的好消息。

167

教皇利奥十世（Pope Leo X）是伟大的罗伦佐大公（Lorenzo the Magnificent）的第二个儿子，也是其家族和佛罗伦萨共和国（Republic of Florence）的真正统治者。葡萄牙和佛罗伦萨商人之间的友好关系历史悠久，在彬彬有礼的美第奇教皇（Medici pope）眼中，水手们的确没有给曼努埃尔王的事业带来损害。而且，因为葡萄牙人频频战胜穆斯林，不断地尽可能为基督教传教士的事业扩展疆域，罗马可以拿出有说服力的例子来证明曼努埃尔王对于香料群岛的所有权。事实上，在阿尔伯克基攻下马六甲的消息传到罗马后不久，那里就公开举行了感恩祈祷的庆祝活动。[69]

曼努埃尔王正是在这样一个有利的环境中，于1514年春派遣了另一支教会使团前往罗马。这支壮观的使团首领是特里斯坦·达·库尼亚（Tristão da Cunha），他曾经是在东方的葡萄牙人中最为成功的指挥官。陪同特里斯坦·达·库尼亚前往的人除了他的两个儿子外，还有两位著名的法律教授——迭戈·帕切科（Diogo Pacheco）和若昂·德·法里亚（João de Faria）。1514年3月20日，帕切科发表了一场演说，他向圣父（Holy Father）表达了曼努埃尔王对其的忠诚，并且详细列举了曼努埃尔王在东方的成就。此后，这场演说的印刷版很快就出现了。[70] 然而，在罗马引起最大轰动的是在教皇和公众眼前炫示出来的珍奇礼物。从亚洲带回来的礼物包括印度的奴隶、波斯的马匹、两只豹子、一只幼小的黑豹、彩色的鹦鹉和一头驯养的大象。在从葡萄牙到罗马的途中死了一头犀牛，它原本是要作为这场异域事物展示中的亮点的。[71] 但是驯养的大象在教皇面前三度"鞠躬"，并用象鼻向慕名而来的公众喷起了水雾，从而带来一片祥和的氛围，甚至诗人们都为其唱起了赞歌。[72]

前往罗马的葡萄牙使团除了单方面的成功之外，还赢得了普遍的赞许。使团取得的更为具体的成绩是在其离开罗马之后，教皇宣布支持葡萄牙的海外开拓事业。1514年6月7日，一份新颁布的教皇诏书宣布赐予葡萄牙"在非洲以及**海外所有其他地方**的教会圣职的任命权，这可以从异教徒那里要求获得，把他们纳入基督教会圣职的精神管辖之中"。[73]1514年11月3日的教皇诏书 *Praecelsae devotionis* 确认并更新了尼古拉斯五世（Nicholas V）和西克斯图斯四世（Sixtus IV）时代支持葡萄牙的法令，为了"强力防御"，同时还准许：

168

所有上述从异教徒那里重新找到、发现、寻得以及获得的那些（基督教徒）涉足甚少的地方，从博哈多尔角（Capes Bojador）、Nao 到印度群岛，甚至于当下我们可能还不知道的任何地方或区域……都将属于伊曼纽尔王（King Emmanuel）及其继承人。[74]

这一特许权似乎意味着利奥十世认为分界线仅适用于西半球，并把整个东方交给葡萄牙人统治、开发。正如我们所看到的那样，人们对于东方的地域分界线问题的困惑是多重的，[75] 紧随马鲁古群岛的争论之后的是麦哲伦在 1519 年到 1522 年间的远征。在欧洲，除了意大利和葡萄牙之外的其他地方，人们普遍认为，当教皇在授予葡萄牙全面的特许权时，已经逾越了他作为基督教会首领的权限。

与此同时，发生在东方的事件通过商人们的信件来往也传到了意大利，佛罗伦萨的消息尤为灵通。特别重要的是乔万尼·达·安坡利（Giovanni da Empoli）的信件，他第一次乘船前往印度是在 1503 年，其当时的身份是加尔德罗蒂—弗雷斯科巴尔迪商业组织（Gualterotti—Frescobaldi syndicate）的代理人。1509 年，乔万尼·达·安坡利再次跟随阿尔伯克基征讨马六甲的船队前往东方，并于 1512 年回到了葡萄牙。三年后，乔万尼·达·安坡利造访了苏门答腊。接着，他又于 1516 年在费尔南·皮尔斯·德·安德拉德（Fernao Peres d'Andrade）的传教团的陪同下前往中国，据推测，他可能于 1518 年年初在中国去世。[76] 乔万尼·达·安坡利对于其前两次航海远行的描述分别以书信的方式寄给了其佛罗伦萨的雇主和他的父亲。直到赖麦锡在 16 世纪中期把这些信件收入其编选的集子，它们才得以出版，但是它们和这个时期的许多其他信件一样，乔万尼的描述因为各种原因，仅在那些对于东方航路的开辟感兴趣的人之间得到了传播。[77] 另一位佛罗伦萨人皮特罗·斯特罗兹（Pietro Strozzi）于 1510 年在奎隆写的信件的传播流程也许同样适用于上述情形，还有一封写于 1513 年的里斯本的更长的匿名信件的传播情况亦是如此。[78] 事实上，我们知道佛罗伦萨人安德里亚·科萨利（Andrea Corsali）于 1516 年和 1517 年在果阿写的两封长信传到了美第奇家族的成员之中。[79] 和这个时期的其他一些信件一样，在赖麦锡使其

169

得到更广泛的关注之前，斯特罗兹的信件在写作时就已经得到了出版。[80]

　　这些关于印度的信件的非正式传播的最佳例子是瓦伦丁·费尔南德斯于1515 年 5 月在里斯本写给纽伦堡商人的书信。该信件的原文可能是用拉丁文或德文写的，但是现存的唯一版本却是用意大利文写的。[81] 这封信可能是从纽伦堡传到佛罗伦萨的，瓦伦丁·费尔南德斯在信中宣称坎贝的国王把一头犀牛作为礼物送到了里斯本，他根据自己对这头犀牛的实际观察与普林尼和斯特拉波的描述进行了一番比较，这彰显了其人文主义学识。由于涉及了坎贝，这也引导瓦伦丁·费尔南德斯概括地谈到了印度，内容包括其幅员、地域划分和物产。[82] 因为关于这封信没有特别值得报道的东西，我们可以由此得出结论说，这个时期其他信息量更大的信件，许多是由目击者亲自观察所得，可能也传播到了那些对此感兴趣的人们中间。

　　多亏了曼努埃尔王的通告，在葡萄牙行政机构任职的外国人的信件，以及费尔南德斯那估计是偷偷写出来的信件，才能够使欧洲其他地方的人们在 1520 年之前看到，并从中搜集到一些关于葡萄牙人在东方的活动情形的零碎信息。许多确实在伊比利亚半岛印刷的书籍还鲜活地保留着寻找东方的基督帝国的梦想色彩。当欧洲人最终在 1520 年到达阿比西尼亚的时候，他们才意识到在东方不会发现基督教的乌托邦。自此以后，在后来的二十多年里，欧洲人对东非的兴趣逐渐减弱。[83] 虽然有消息不时地泄露出来，但与亚洲的真实发现相关的更为详细的数据的控制体系已达到了惊人的严密程度。因为我们今天已经知道，在紧接着 1520 年之后的时间里，两份关于东方更为详细、信息量更大的描述就已存在，据推测可能是里斯本的手稿的复制品。通过培训而获得药剂师资格的托梅·皮雷斯（Tomé Pires），同时还是马六甲香料贸易的管理人，他在 1512 年到 1515 年间写下了《东方总论》（*Suma oriental*）一书，[84] 该书提供了从红海到日本的整个东方地域完整而真实的描述。托梅·皮雷斯对于马六甲的描述是新颖的，也是我们当下保有的有关马六甲与其邻近的东南亚地区关系的最好记录。托梅·皮雷斯提供的关于马六甲群岛的大部分信息显然来自商人中间的告密者和爪哇人的传统知识以及地图。托梅·皮雷斯关于印度的资料与其提供的珍贵的东南亚信息相比，显得不那么重要，也没有多大价值。一个大约起始于

170

1517 年的重要作品是杜阿尔特·巴尔博萨（Duarte Barbosa）的《巴尔博萨印度纪实》（*Book*）。[85] 杜阿尔特·巴尔博萨可能没有到过印度东部，但是它提供了 16 世纪上半叶关于东非、阿拉伯和印度西部的复杂状况的最佳描述。为了阐明巴尔博萨的《巴尔博萨印度纪实》在其同时代人的眼中是何等的权威，一个最为有趣的例子是，该书在 1524 年被带到了巴达霍斯 - 艾尔瓦斯（Badajoz-Elvas）会议上，被作为葡萄牙人的展示品之一。显然，西班牙人以某种方式得到了这本书的复制品，因为它被广泛地用于 1529 年所谓的博尔吉亚第二地图（Second Borgia map）的描绘之中。[86] 赖麦锡曾从两份极具价值的葡萄牙报告中摘录出一些内容，并于 1550 年首次出版，这两份报告均由该领域中博闻广见且追根究底的观察者所撰。

也许我们可以得出结论：在 16 世纪的前二十年里，保密政策是依靠相当奏效的手段得以实施的。香料贸易的信息，航海问题的一些细节，以及葡萄牙人在从红海到中国的大量南方区域的活动介绍，都被泄露到了西班牙、意大利的一些城市、低地国家和德国南部的商业城市。除了费尔南德斯回顾性的旅行文学集子，葡萄牙没有出版任何与亚洲的地理发现相关的东西。大多数讨论地理大发现的真实情况的描述，无论其出版与否，都篇幅简短、内容概括且不对外公开。对于所有出于实用目的的人们而言，他们从葡萄牙的官方通告中得到的信息几乎和从商人、水手们的通讯与信件中得到的一样多。在 16 世纪的第一个十年里，在意大利、德国和尼德兰有关亚洲的开拓方面的通俗书籍泛滥。1516 年到 1522 年间，有关葡萄牙在东方的事业进展情况，几乎没有新书出版。和香料贸易的垄断一样，一些航海信息虽然被商业间谍、外国航海者、海员、商人以及去国外工作和学习的葡萄牙人泄露了出去，但航海信息的控制政策在麦哲伦远征以及曼努埃尔王 1521 年死去之前，还是得到了有效地实施。[87] 然而，这些泄密者的报告仅仅能够为国外对此感兴趣的观察者提供一些葡萄牙人所作所为的笼统观念，对于他们如何进行香料贸易、如何管理边远据点、如何应对与穆斯林及异教徒之间的战争，或者他们期望从马六甲得到什么、与遥远的中国达成何种关系等等，基本上没有得到具体的深入描述。

171

第三节　被拓宽的信息传播空间，1521—1550 年

在印度，葡萄牙人已经垄断了海上贸易的线路，而且没有其他的欧洲船只能够对此局面构成挑战，当曼努埃尔王想到这一点时，他也就可以安心地瞑目了。虽然已经存在着一些威胁，尤其是西班牙，但在曼努埃尔王于 1521 年死去之前，都还没有明目张胆地出现。曼努埃尔王生前的诸多努力不仅获得了很大的成功，而且他还得到了两任教皇的支持和嘉奖。1518 年，曼努埃尔王甚至还在享受拒绝威尼斯要求作为葡萄牙香料分配的中介人的乐趣。1519 年，西班牙舰队在似乎已从地球上消失了的葡萄牙叛徒麦哲伦的指引下，向西航行发现了前往香料群岛的航路。1521 年，曼努埃尔王所有的东方事业规划都呈现出极好的态势，并被委托给了从未参与过航海事务的年轻的若昂王三世。

若昂王三世在位期间（1521—1557 年），始终都在矢志不渝地维持并拓展从父亲那里继承来的帝国体系。也许，最终降临在葡萄牙身上的没落命运在一定程度上可以归因于若昂王三世决心把精力放在卢济塔尼亚（Lusitania）的东方和美洲的开拓事业上，然而他对非洲却很少关注。随着时间的流逝，葡萄牙人在东方和美洲的地位的脆弱性越来越明显。尤其变得困难的是，葡萄牙人已无法阻止其他欧洲王国的船只通过海上航路侵入其保护区域。也许最令葡萄牙人沮丧的事情是麦哲伦船队中的"维多利亚"号于 1522 年 9 月带着包括 4 个东印度人在内的 23 个存活者回来了。[88] "维多利亚"号的返回，不仅证明了世界是可以环绕航行的，还说明了这样的航海行为不依靠葡萄牙人照样可以做到。这个事件也把伊比利亚半岛上的大国在海外世界独一无二的地理划分权益引入了公共讨论的层面。

172

西班牙人获得成功的第一份报告是由特兰西瓦尼亚（Transylvania）的马克西米利安（Maximilian）完成的，并在欧洲得以出版。年轻的马克西米利安是萨尔茨堡（Salzburg）的药剂师的私生子，他在查理五世（Charles V）当时位于卡斯蒂利亚的宫廷任职。这时候的马克西米利安由负责记录西班牙在美洲活动的伟大编年史家彼得·马特（Peter Martyr）指导。在彼得的提议下，马克

西米利安会见了"维多利亚"号船长胡安·塞巴斯蒂安·德尔·卡诺（Juan Sebastian del Cano）及其下属，[89] 把他们的冒险经历以信件的方式告诉其父亲。马克西米利安的拉丁文报告《马鲁古群岛》（*De Moluccis insulis...*）迅速被送往北方，并于 1523 年间在科隆和罗马出版。关于其信息提供者，这位年轻的学者写道：

> 为了从舰队的指挥官和跟随其归来的水手们那里得到真实的描述，我花了很大的心思。他们（在巴利亚多利德 [Valladolid]）也非常诚恳地对国王和其他几个人进行了描述，在他们的叙述里面，不仅没有荒诞的想象，而且还对古人的无稽之谈进行了核对和反驳。[90]

这位年轻的作者也尝试着把自己的叙述放在就其所知的葡萄牙人向东方扩张的视野中展开。马克西米利安指出，葡萄牙人已经进入中国，"在那里发现了一个和我们德国人一样的皮肤白皙、谦谨文明的人"。[91] 马克西米利安还进一步提到，西班牙商人、富格尔家族代理人克里斯托巴尔·德·哈罗（Cristobal de Haro）通过其代表"多年来都在和东方的国家进行贸易活动，最近在和中国人做生意"。[92]

在东印度群岛方面，马克西米利安的描述信息充沛、言之有据且细致准确。马克西米利安告诉麦哲伦的属下，"他以前在马六甲买到的奴隶"，曾经为西班牙人做翻译。马克西米利安准确地指出，马鲁古共包括五个岛屿，其中"一部分分布在北方，另一部分坐落在南方，还有一些在赤道上面"。[93] 虽然居住在宫殿里面的人都是穆斯林，但其他一般的老百姓则都是异教徒。这些人很想与外面的人们进行货物交易，因为他们居住的岛屿上面除了香料之外，很少有其他物产。而且，与欧洲人在 16 世纪及其后来发现的许多其他"高贵的野蛮人"一样，马鲁古群岛上的居民因为其纯朴与乐天而深受赞扬。

> 他们依靠西谷米做成的面包、鱼类过活，有时候还会吃鹦鹉；他们居住在非常低矮的小屋里面；总而言之，所有他们珍视并看重的就

是祥和、闲适和趣味。前者是最大的福气，人类的邪恶似乎被从我们
的世界流放到了他们的世界；但是，我们在餐桌上贪得无厌、穷奢极
侈的欲望促使我们到那些遥远的大陆上寻找香料。[94]

173

马克西米利安也提及了几种带回来的奇异事物，特别是异域的鸟类，显然他曾
经把其中一只有着漂亮羽毛的鸟连同信件一起送给了父亲。[95]

其他同时代的关于麦哲伦远征的资料主要还有安东尼奥·皮加费塔
（Antonio Pigafetta）提供的描述，其著作直到最近才完全得到出版。[96] 从我们
今天的视角看，皮加费塔对他那个时代的人们的影响必须从他在欧洲的游历以
及其著作在 16 世纪的版本概况中辨析。[97] 作为维琴察的一个贵族家庭的孩子，
并且凭自身条件成为了罗兹（Rhodes）岛的一位爵士，皮加费塔有着很好的教
养，显得卓尔不群。经查理五世和罗兹的都主教同意，皮加费塔作为航海途中
的纪事官陪同麦哲伦一起踏上了冒险的征程。用皮加费塔自己的话说，他决心
"亲自体验并观察那些事物，以便我能够由此使自己获得某种满足感，并为后代
赢得更多的声望"。[98] 我们也许可以肯定地说，在皮加费塔去西班牙之前，他
对最新的地理发现的兴趣已经被《新发现的国度》（Paesi）和其他传播到意大
利的相关描述激发起来了。[99] 为了尽可能地保留一份准确的记录，皮加费塔似
乎在他离开欧洲的整整三年里一直都在记日记。[100]

"维多利亚"号一回到欧洲，其成功环绕地球航行的消息就传遍了葡萄牙、
意大利、德国和法国。皮加费塔保留的航海日记，以及他根据日记在巴利亚多
利德（Valladolid）举行的接待会上对国王的口头概述，甚至是对日记的复述，
在很大程度上构成了激起人们对于地理大发现的兴趣的普遍知识。皮加费塔对
国王口头复述其航海见闻后不久，前往卡斯蒂利亚的使节于 1522 年 10 月 21 日
从曼图亚（Mantua）给马尔凯萨·伊莎贝拉·德斯特（Marchesa Isabella d'Este）
写信，提到了航海者们带着一本包含了每一天的航海情形以及造访的国家的美
妙的书本回来了。[101] 三个星期后，这位使节往曼图亚发了一份简短的摘要，
概述了"这本从印度买来的书本"。[102]

174

皮加费塔从查理五世的宫廷所在地到达了里斯本，在那里他得到了若昂三

世的接见。虽然皮加费塔详尽地把自己的冒险经历告诉了国王。但他并没有得到完全友好、热忱的接待。[103] 在葡萄牙停留了一段非常短的时间后，皮加费塔往回走，穿越西班牙，到达了法国，在此，他得到了国王弗朗西斯一世（King Francis I）的母亲、萨沃伊（Savoy）的玛丽·路易丝（Marie Louise）的接见。显然，皮加费塔在巴黎详述了其冒险经历，并且给玛丽王后留下了一本日记。早在 1523 年，在麦哲伦的船队离开时被委派到了西班牙的威尼斯教廷大使弗朗西斯科·契尔里卡迪（Francesco Chiericati）的推荐下，皮加费塔在曼图亚得到了著名的艺术女赞助人伊莎贝拉·德斯特（Isabella d'Este）的亲切接见。[104] 在与伊莎贝拉·德斯特的谈话中，皮加费塔承诺将对其经历再做一次扩展性的叙述。

为了完满地兑现自己对马尔凯萨（Marchesa）的承诺，皮加费塔回到他维琴察的家乡，过着安静的退隐生活，开始准备其写作。皮加费塔接下来值得我们注意的事情是，他于 1523 年 11 月 7 日出现在威尼斯，拜见了当地的领主和总督。关于这件事情，日记作家马里诺·萨努多（Marino Sanudo）写道：

> 一位被称作"游侠骑士"（Knight Errant）的维琴察绅士来到了学院，他曾在印度居留三年之久，观察他所看到的一切。这位绅士口述了他所看到的一切，整个学院的人都在专心致志地聆听他的讲述。这位绅士已经完成了其旅程的一半。用完晚餐之后，他和总督安德里亚·格里提（Doge [Andrea Gritti]）在一起，就其所见所闻进行了长谈，所有那些旁听的王室成员以及其他人，都为印度的一切感到震惊。[105]

显然，经过这一愉悦的阶段之后，皮加费塔回到了维琴察，继续他辛苦的编写工作。当皮加费塔正在忙碌之时，1523 年 12 月他收到了一封来自罗马的急件，以新任教皇克莱门特七世（Pope Clement VII，即朱利奥·德·美第奇 [Giulio de' Medici]）的名义要求他"立即放下其他所有事务，前往教廷"。[106]

皮加费塔带着他尚未完成的书稿前往罗马，在途中，他遇到了罗兹岛的爵士首领菲利普·威利尔斯·德·伊斯拉·亚当（Filippo Villiers de l'Isle Adam），并把自己的经历告诉了他。和伊莎贝拉一样，这位爵士首领催促皮加费塔根据他的笔记和回忆写下一本记述性的文字。与皮加费塔造访其他宫廷时的所作所为一样，他在罗马也讲述了其冒险经历。教皇克莱门特七世本人也是一个艺术、文学和科学的业余爱好者，他授予皮加费塔印刷自己书籍的特权，从此，只要皮加费塔本人愿意，他就可以享受出版书籍所得的利润。在罗马的时候，皮加费塔继续通过享有声誉的都主教使节巴尔达萨雷·卡斯蒂廖内（Baldassare Castiglione）与曼图亚宫廷联络。[107] 这位罗兹岛的爵士于 1524 年春离开了教廷，显然，他后来回到了维琴察继续其写作。

皮加费塔的书稿完成后，于 1524 年夏天开始寻找出版商和经济支持。是年 7 月，皮加费塔带着马尔凯萨写给当地总督的信件，来到了威尼斯。在这里，皮加费塔还得到了曼图亚驻威尼斯的代表乔万尼·巴蒂斯塔·马拉特斯塔（Giovanni Battista Malatesta）的帮助。大约在 1524 年 7 月底或 8 月初，威尼斯的政议会

鉴于安东尼奥·皮加费塔曾经和国王陛下（Caesarean Majesty）的舰队一起航行，发现了印度人种植香料的新岛屿，并且环游了整个世界，还编写了一本有望出版的书籍，决定授予这位耶路撒冷的爵士独一无二的特权：准许他的书籍享有二十年的版权，如有翻印，将受到每一版 3 里拉（live）的经济惩罚。[108]

但是，在皮加费塔有生之年，或者是整个 16 世纪的任何时候，其书稿得以完整出版的记录并不存在。也许，皮加费塔从来就没能找到印刷其书籍所需要的那笔最初的经费。[109]

有关皮加费塔讲述的故事，至今尚存的手稿共有四份。[110] 我们今天的文本都来自这些手稿，而不是来自 16 世纪出版、在该世纪后半叶广泛传播并被收入赖麦锡和伊登（Eden）后来编辑的集子中的那些梗概。皮加费塔的著述不仅是参与当时环球航行的人们的叙述中唯一得到出版的，而且还是欧洲人对浩瀚缥缈的太平洋以及对婆罗洲（Borneo）和菲律宾群岛（the Philippine Islands）

中的某些岛屿上的生活方式首次进行详细讲述的著作。皮加费塔讲述的在菲律宾发现金子的故事激起了西班牙人后来从墨西哥向西派遣远征舰队的欲望。[111]皮加费塔还讲述了宿务（Cebu）与中国、印度以及暹罗进行贸易的情形，并强调那里的人们热爱"和平、闲适和宁静"的生活方式。[112]关于宿务民众受洗的情况，皮加费塔直截了当地指出，"摩洛族（Moros）要比异教徒更难改变其信仰"。[113]皮加费塔最后用一个简短的米沙鄢群岛（Bisayan）的词汇表给宿务的描述作结，其中，大部分词汇可以借助今天的他加禄语（Tagalog）词典加以辨识。[114]在评论巴拉望（Palawan）的贸易情况时，皮加费塔认为他在那里看到的中国瓷器是用"非常白的泥土"做成的。[115]

在造访过菲律宾群岛之后，这些西班牙人到达了婆罗洲，在苏禄海（Sulu Sea）上巡游了相当长的一段时间。他们最终于1521年11月8日到达了马鲁古群岛中的蒂多雷岛（Tidore），在那里，他们受到葡萄牙人的敌人之一，即当地的苏丹的友好接待。皮加费塔根据他在马鲁古遇到的一名葡萄牙人提供的信息断定，"葡萄牙（Portagalo）的国王已经秘密地占有马鲁古群岛（Malucho）长达十年之久，因此，西班牙（Spagnia）国王可能还不知道这一情况"。[116]皮加费塔对丁香树进行了深入而细致地考察，并尽可能多地学习了种植丁香的知识。皮加费塔还详细描述了人们为得到珍贵的丁香而去讨价还价的过程。正如皮加费塔在菲律宾所做的那样，他编了一本蒂多雷岛上的商人们使用的术语词汇集。这本集子共有47个单词，从语言学的角度看非常有趣，因为它很精确，是现存的最古老的马来语样本，[117]同时还是约从1500年到1550年间最早的马来语书稿。在皮加费塔离菲律宾群岛时，他似乎已经富有成效地习得了印度尼西亚语言中两种最重要的方言。皮加费塔还涉足了许多东印度群岛中的岛屿，但他仅提供了从他人那里听到的肤浅的评论和报道。在这些报道中，最有趣的莫过于他听说中国"皇帝的权力在世界上是最大的"。[118]

无论葡萄牙人对于他们间接从塞维尔人或直接从皮加费塔那里听到的报道持有多么怀疑的态度，但可以肯定的是，1524年年初，德那地的葡萄牙船长安东尼奥·德·布里托（Antonio de Brito）往里斯本发了一封信，说西班牙的船队已经到达了邻近的蒂多雷岛。[119]这是现存的西班牙在东印度群岛活动的唯一一份另外的文字记述，它的确是由那个地方的同时代人完成的。显而易见，正是这份文献使葡萄牙人相信了皮加费塔的记述的准确性，同时，它还使若昂王三世和查理五世达成协议，在 1529 年终止了 "萨拉戈萨条约"（Treaty of Saragossa）。[120]

葡萄牙和卡斯蒂利亚在关于东印度群岛具有争议的领地问题上达成协议的时候，法国的海盗逐渐侵入了葡萄牙在海外掌控的地域。自 7 世纪末以来，普罗旺斯（Provence）的城市已经开始参与地中海沿岸地区的香料贸易活动，古城蒙彼利埃（Montpellier）在这些交易中繁荣起来。这些法国的城市发觉，它们的贸易活动和威尼斯的一样，至少暂时地被葡萄牙人垄断香料贸易的努力给破坏了。早在 1517 年，除了与地中海沿岸地区的贸易活动相关的旧市场以外，法国被禁止进口香料和药材，甚至国王也害怕法国的黄金将因此而很快被耗空。[121] 但是，从长远来看，这些禁令并没能真正地阻止这些半自足的法国商业城市和商人们经过自身的努力而改变香料贸易版图的行为。在查理五世于 1519 年上任之后，国王弗朗西斯一世被迫尽可能地致力于寻找联盟，甚至异教徒土耳其王国也在其拉拢之列。[122] 百年战争结束之后，法国的商业重要性稳步提升，它位于大西洋沿岸的港口也在那个时候愈加繁荣起来，相对更加独立于王室的控制。法国西部的航海城市因此在贸易活动中获得了主动性，它们吞并了葡萄牙人在大西洋和非洲西海岸的贸易，有时候甚至有悖于国王的意愿和政策，随心所欲地进入任何它们想干涉的贸易活动之中。[123]

大约在 1520 年，迪耶普（Dieppe）的诺曼（Norman）市成为法国在大西洋的头号商业中心之一。塞纳河（Seine）河口更古老的港口已经被淤塞了，上游的鲁昂距离这里太过遥远，勒·阿弗尔（Le Havre）刚刚在建。主导迪耶普在商业和海外探险事业方面的精神趋向的是让·安格（Jean Ango）、子爵、总督以及精力充沛的 "小零售商亲王"（petty merchant-prince of great vigor）。很大程度上是托斯卡纳的（Tuscan）海上探险家乔万尼·维拉扎诺（Giovanni Verrazano）的进取心，使他于 1523 年被雇佣以后，很快从马鲁古群岛回到了 "维多利亚" 号，并向西航行，期望能够找到前往契丹的北方航路。

在此次的整个探险过程中，经济方面的支持显然来自佛罗伦萨和里昂的一些银行家。[124]虽然维拉扎诺没能找到他所期望的航路，但他的航海举动鼓励诺曼人将其活动的范围扩展到了巴西和南大西洋。虽然葡萄牙人极力反对，但诺曼人不仅继续他们的侵入行为，而且更加明目张胆起来。早在 1527 年，来自迪耶普的船只就在印度洋上往返航行，向北远至第乌（Diu）岛。两年后，当葡萄牙正在终止与卡斯蒂利亚的协定之时，两支舰队在迪耶普整装待发，意欲航行至"亚洲的边界之外"，[125]或者前往中国。

178

这两支属于让·安格的舰队的指挥者是让和拉乌尔·帕尔芒捷（Raoul Parmentier），他们还带了两名马来语的翻译。[126]迪耶普的舰队穿过葡萄牙人的封锁，最终拿下了马尔代夫群岛（Maldive Islands）。1529 年 10 月 1 日，他们在苏门答腊西边的港口蒂康（Ticon）登陆。诺曼人在贸易活动中一向被认为是固执的，但他们在苏门答腊的商业事务中遇到了对手。物质条件也很困难，帕尔芒捷兄弟因罹患热病而死去。迪耶普的船只中的一艘于 1530 年安全返回，但是就最初的投资以及付出的努力而言，基本没有带回什么可以炫示的东西。从此以后，在没有受到进一步威胁的情况下，法国人同意葡萄牙人在东方做生意。正如我们在前文已经提及的那样，[127]盘踞在法国航海城市中的海盗在某些王室人物的默许下，在 1530 年后开始频频劫掠伊比利亚半岛国家的舰队，而这些舰队则刚刚从往安特卫普运输香料和白银的途中返回。[128]

法国人航海行为的后果之一就是，一本由古典主义学者，同时还是一名水手、诗人的让·帕尔芒捷所做的诗集于 1531 年在巴黎出版。帕尔芒捷的诗集《奇迹与风尚素描》（*Description nouvelle des merveilles de ce mode*）由安全返回迪耶普的天文学家皮埃尔·克里尼翁（Pierre Crignon）搜集整理。[129]克里尼翁本人在航海过程中也保留了一份日志，但是直到 19 世纪才得以出版。[130]然而，克里尼翁于 1534 年出版了一本名为《寰宇异珍》（*Perle de cosmographie*）的书籍，显然，该书在今天未留下副本。[131]当赖麦锡出版关于此次远航的描述时，某些秘密被遮蔽了，[132]因为从今天的视角去看这一描述的话，正如人们长期以来所认为的那样，它并非来自克里尼翁的日志。因为无法确定该书是否来自克里尼翁的《寰宇异珍》，我们必须继续同意赖麦锡本人的鉴定和结论，即该书作于远航事件发生十年之后的 1539 年。[133]所以，大部分人对于法国的此次远航以及苏门答腊了解甚少，直至赖麦锡出版了该书为止。但是与此同时，葡萄牙人借助他们的代理人、派遣往法国的密探以及公海上的战舰，对抗来自法国海盗们与日俱增的威胁。尽管法国人提出抗议要求海上的自由权，但若昂王只要发觉葡萄牙人的贸易活动受到威胁，他就会驳回这一要求。[134]

关于葡萄牙人在1530年之后那段时期在东方的探险事业所取得的进展的时事通讯，当时已经得到出版的，在今天仍然保留完好。试图为葡萄牙的历史进行全面勾勒的安德烈·德·雷森迪（Andre de Resende），于1531年在尼德兰的卢万（Louvain）出版了一部著作，其著作用拉丁文对葡萄牙人1530年在印度的活动进行了总结。[135]若昂王于1536年从埃武拉（Evora）给教皇保罗三世（Pope Paul III）写了一封信，告诉对方葡萄牙以牺牲坎贝为代价，控制了印度北部地区。此后不久，这封信可能在维也纳用拉丁文出版了。[136]伊拉斯谟（Erasmus）的朋友、人文主义者达米奥·德·戈伊斯（Damião de Góis）主要致力于研究埃塞俄比亚。虽然如此，但他仍然于1539年抽时间在卢万沿袭着雷迪森的风格出版了一本实况报道，总结了葡萄牙人1538年在印度西部的活动。[137]大约在1545年，若昂王给教皇又写了一封信，谈及了四位印度亲王的信仰的转变。此后，这封信可能在米兰用意大利语出版了，1546年，一个法语译本在巴黎印刷。[138]这些海外活动报道使欧洲人随时都可以知悉葡萄牙人在印度的军事和宗教事业的主要进展，但是，这些报道没有提及葡萄牙人在东方所遭遇的世俗及宗教武装给他们带来的挫败。在曼努埃尔王统治的时期，王室的信件和其他关于亚洲的时事的半官方报道仍然在葡萄牙之外的地区得以继续出版。

随着欧洲人对于海外世界的兴趣的传播，早期的航海描述以及关于东方的描述性文字都得到了重版。比如，1532年在巴塞尔（Basel）一本名为《世界上未知的陆地和岛屿》（*Novus orbis regionum ac insularum veteribus incognitarum...*）的集子得以编辑出版。许多诸如此类的重版的叙述被美因茨（Mainz）的约翰·许蒂希（Johann Huttich）和塞巴斯蒂安·明斯特（Sebastian Munster）汇总在一起，[139]最终由赫尔瓦吉乌斯（Hervagius，即约翰·赫尔瓦根 [Johann Herwagen]）负责出版。这一集子的前言由西蒙·格里诺伊斯（Simon Grynaeus）撰写。[140]格里诺伊斯是一位著名的知识分子，也是路德（Luther）、加尔文（Calvin）、米兰希顿（Melanchthon）等人的朋友。除了来自马可·波罗和海屯（Hayton）对于东方的更早的描述之外，编者还出版了瓦尔塔马（Varthema）的描述以及曼努埃尔王在 1513 年 6 月 8 日写给教皇利奥十世（Pope Leo X）的书信。集子的第八部分包括 M. 德·梅胡夫（M. de Miechow）、克拉科夫（Cracow）大教堂的神父（Canon）的相关记述，这个部分把许多荒诞不羁的旅行传闻和一则关于波兰国王正兴致勃勃地关注着葡萄牙在非洲和印度的统治的评述整合在一起。紧随其后，1537 年和 1555 年在巴塞尔出版的版本中，特兰西瓦尼亚（Transylvania）的马克西米利安的描述增加了新世界以及俄斐大陆方面的材料。1534 年，在斯特拉斯堡，曾经在巴塞尔学习的一名医生迈克尔·赫尔（Michael Herr）翻译了一份文笔优美流畅的德语译本。1563 年，这个译本又被翻译为荷兰语。

有一些证据可以说明《新世界》一书出版的动机在于赚钱。[141] 这本书把从前尚未出版的内容一网打尽。预期的读者群显然是能够识文断字的大众，在前言里面，格里诺伊斯严厉地指责马可·波罗和海屯没有像"这个集子"一样使用拉丁文写作，如果那样的话，他们的写作可能更容易为人文主义者阅读和理解。甚至这本书的开本版式和厚重的装订都被预先设计为吸引读者购买的一种手段。前言也强调了新集子对于读者而言的便利性，因为该书使读者有机会在闲暇之时，仅通过学习这一拉丁文的汇编，就可以阅读和比较迄今为止主要以分册或者是小型宣传册子的形式出版的不同语种的著述。该书还附有一幅汉斯·霍尔拜因（Hans Holbein）雕刻的地图，霍尔拜因的地图是根据属于其师辈的巴黎教授奥伦提乌斯·费纳乌斯（Orontius Finaeus）的制图法制作出来的。显然，旅行描述在小说和短章尚没有大行其道之时，该集子对于那些具有一定知识修养的大众而言，具有娱乐方面的吸引力。[142]

一本相似但属于独创的航海描述集子于 1543 年在威尼斯出版。它由著名的阿尔丁出版社（Aldine Press）制作发行，题名为《前往塔纳旅行纪实》（*Viaggi fatti alla Tana...*）。这个集子正如其前言所称，是由安东尼奥和帕奥罗·曼努兹奥（Paolo Manuzio）完成的。组成该书的所有五篇记述都是那些通过地中海东部地区到达亚洲的威尼斯使节和商人的旅行记。显而易见，该书的目的之一就是为了赞美威尼斯人的海外探险精神。这五篇记述中的两篇与印度相关，其内容在第三幅和第五幅航海图册中。这些记述中较早的篇目[143]叙述了前往卡利卡特的两次旅行。第一次是在1529年，穿越大陆到达波斯湾，再走水路到达马拉巴尔海岸。显然，作者在回到欧洲后不久就得到一笔旅费，通过乘坐葡萄牙人的船只于1523年环绕非洲到达了卡利卡特。关于第二次卡利卡特之行的篇目，[144]记述了作者找到一支土耳其人的舰队，于1537年到1540年间在印度洋航行的情形，这个时候穆斯林的船只正在此地骚扰葡萄牙人的海上运输和设施。这两篇记述的作者的身份都没能完全清晰地确定下来。看上去这两篇文章的写作目的都是为威尼斯人（换句话说，也就是为自己的同胞）提供关于葡萄牙人在东方活动的可靠信息。两位作者都强调了作为葡萄牙在东方贸易体系的港湾的果阿和马六甲的贸易信息、货物、距离及其重要性。有一条简单的信息内含于该书的结构和基调之中：威尼斯通过大陆与亚洲有着长期的直接联系，伊比利亚的评论者和林斯乔坦没有理由不对这些关系进行夸大并进一步发挥，特别是当葡萄牙人在印度维持自己的统治遭遇苦难之时，尤其应该如此。1545年，该书重版的事实证明了它不仅仅是一本吸引特定读者群的作品。[145]

181

在1520年到1550年这段时间内，出版的关于描述亚洲的书籍基本上都是非伊比利亚半岛国家的作者所作，大多数出版于意大利和北欧。马克西米利安是比利时人（Belgian）或者匈牙利人，皮加费塔是意大利人，帕尔芒捷和克里尼翁是法国人，格里诺伊斯的团体全是德国人，《前往塔纳旅行纪实》（*Viaggi fatti alla Tana*）的作者是威尼斯人。这些书籍的内容均为个人经验描述。在16世纪中期编撰并出版的五本旅行文学集子（费尔南德斯[Fernandes]，桑德拉[Santaella]，《新发现的国度》，《世界上未知的陆地和岛屿》[*Novus orbis*]以及《前往塔纳旅行纪实》）中，只有一部完成于葡萄牙。这并不是说葡萄牙人在为其贸易帝国保留相关文字材料方面就是懒惰的。葡萄牙人自己曾在国外的出版部门印刷了几份简要的编年史和王室书信。在这个国家，曾有过一个文献资料非常丰富的时期，但它却是悄无声息的。我们只需回想一下若昂·德·巴罗斯（João de Barros）在这一时期一直忙于为其百科全书般的《亚洲》（*Asia*）一书搜集大批资料的事实，就不会做出上述论断，《亚洲》一书在1550年后不久就得到了出版。[146]

　　显然，葡萄牙人的信息控制政策得到了相当成功的实施，这种情形直到葡萄牙人决定关闭安特卫普的商馆，迫使国王允许北欧国家和商人在香料发售中拥有更大的自由度为止。1550 年之前，葡萄牙的新闻舆论从未系统地描述过自瓦斯科·达·伽马首次航行以来的地理大发现的相关信息。看上去基本没有关于第二代葡萄牙人在东方的探险事业的描述性手稿流入欧洲其他国家，即使存在也非常得少。官方信息控制体系的效力可能被 1536 年在葡萄牙成立的国家宗教法庭，以及此后的耶稣会（Society of Jesus）迅速在教育中取得的支配地位大大加强。但是到了 1550 年之后，即使有了诸如此类的新的控制手段也难以使审查机构维持其严密性，事实上，耶稣会一旦派遣传教士到达亚洲，它本身很快就转变为提供有关东方一些最重要、传播较广泛的资料的信息中介。[147]

第四节　伊比利亚的评论者与林斯乔坦

　　大葡萄牙帝国和西班牙帝国对于东方的叙述（传教士的写作除外）的出版史局限于一个相对较少的名目之下和较短的时段之中。[148]从赖麦锡在 1550 年出版其第一卷书籍开始，较早的关于伊比利亚半岛国家在亚洲的发现及冲突的故事，就通过 14 名主要作者和出版于 16 世纪晚期的许多不太为人重视的作品传播到了欧洲。最伟大的编年史家们（诸如奥维耶多 [Oviedo]、戈马拉 [Gomara]、卡斯塔涅达 [Castanheda] 和巴罗斯 [Barros]）于 1548 年到 1563 年间出版了他们最为令人印象深刻的著述。自此以后，这些出版的书籍不再把地理大发现作为其主题。但是它们在讨论亚洲时，往往和曼努埃尔王的自传、围攻马六甲，或者是对中国与日俱增的认识等特殊话题联系在一起。林斯乔坦的荷兰语作品出现在 16 世纪末期，它也许可以被视为一名对葡萄牙人的东方探险行为感兴趣的外国人的描述，或者是看作一部激励荷兰人早期通过海路前往东方的伟大作品。

　　该书大约是在 1487 年，由德国和佛兰德斯的印刷者用葡萄牙语初次出版，

182

其出版者之一（1495 年后）就是颇具影响力的瓦伦丁·费尔南德斯（Valentim Fernandes）。在 1489 年到 1539 年间，由这些印刷者出版的 48 本书中，现存的仅剩一本，它就是我们已经谈及的费尔南德斯的东方概述。[149] 在印刷业开启之初，它在包括西班牙和葡萄牙在内的欧洲国家尚未普及，甚至那些流通最广泛的印刷材料，也不过制作 1 000 多册。[150] 在 16 世纪最后的岁月里，每次印刷发行的书籍数量似乎也没有明显的增多。然而，在 16 世纪中期，被出版的书籍的题目总数以及探讨东方的书籍所占的百分比发生了急剧地增长。在 1540 年到 1569 年间出版的 175 本书中，有 15 本的主题是关于东方的，有 11 本编年史著作（包括卡斯塔涅达和巴罗斯的伟大的观察）分别有着比例各异的东方内容。[151] 在 1570 年到 16 世纪末，出版的书籍中至少有 190 个题目，其中有 16 个是直接讨论亚洲的，14 个是记载包括东方事务在内的编年史著作。[152]

　　探讨东方的书籍大部分是用葡萄牙语写成的，这些书籍在葡萄牙可能要比用拉丁文写成的宗教类书籍有着更为广泛的流通。1565 年后，在科英布拉（Coimbra）印刷的耶稣会书简常常被翻译成西班牙语，意在更大范围内让欧洲那些接受过教育的公众更易于读到。因为这一类数字必定不是精确的，据保守估计，在 1540 年到 1600 年间，公开出版的葡萄牙语书籍中有 10% 是探讨东方的。这个粗略的数据具有误导性，当我们考虑到编年史著作、耶稣会书简和其他关于东方事物的著作，与宗教或政府条文中各种不同主题的作品相比，往往显得篇幅冗长、卷轶浩繁时尤其如此，后者常常是那种仅能够暂时地引起人们短暂兴趣的小册子。更具启发性的观察也许是这样的，除了宗教作品和政府条文外，这个时期（1540—1600 年）直接探讨东方主题的书籍的数目（这个数目也包括一些编年史著作在内）大大地超过了所有其他主题类别，也可能要比那些除宗教之外的所有类别的印刷数量还多得多。[153]

　　然而，在西班牙的书籍印刷史上，正如我们所预料的那样，有关东方事物的书籍较少得到直接地关注。西班牙的首家出版社于 1474 年在瓦伦西亚（Valencia）成立，1500 年之前，在其他的 24 个城市中出现了一些出版机构。[154] 在 16 世纪，塞维尔成为最大的印刷业中心，但是位于阿尔卡拉（Alcalá）、巴塞罗那（Barcelona）和萨拉戈萨（Saragossa）的出版机构出版的书籍标题的数

183

目与塞维尔的相去也不算远。[155]16 世纪末，马德里（Madrid）渐渐取代了塞维尔作为印刷业中心的地位，1566 年到 1600 年间，那里的出版机构印刷的书籍标题至少有 769 个——其中许多是政府条文。[156]虽然单独的印刷数字难以得到，但西班牙的出版机构发行的书籍似乎没有一次超出过 1 000 册。[157]西班牙的印刷业和葡萄牙的一样，一直都无法与法国、德国和意大利最畅销的书籍的巨大发行量相匹敌。[158]在塞维尔，克龙贝格（Kromberger）家族掌控的印刷机构在 1503 年到 1557 年间发行的书籍至少有 239 册，其中包括了奥维耶多（Oviedo）的《印度通志》（*Historia general de las Indias*）的第一版的各个部分，以及彼得·马特（Peter Martyr）讨论美洲的作品。[159]严格地说，在 1575 年到 1569 年这十年间，在阿尔卡拉印刷的 134 个标题的书籍没有一部是讨论东方的。[160]从 1575 年到 1599 年间，同一家出版社出版了 240 个标题的书籍，其中只有三部明白无误地讨论了东方，它们译自葡萄牙早期的出版物。[161]在同一时期，有 160 个单册在塞维尔印刷，其中只有三册谈及了东方的事物。[162]1590 年到 1599 年这十年间，在阿拉贡（Aragon）有 203 个标题的书籍出版，其中有一部确切是讨论东方的——布克斯达·德·列维亚（Buxeda de Levya）于 1591 年在萨拉戈萨出版的论述日本的作品。[163]关于中国的书籍，最重要的是门多萨（Mendoza）的作品，该书在 1585 年到 1595 年间的七个不同的时期，以原初的纯正西班牙语版本在西班牙发行。[164]根据这些从一定量的研究中搜集而来的相关资料，可以看出 1520 年之前在塞维尔出版过一些追溯性的作品，因此，16 世纪中期之前那段时间里，在西班牙实际上没有讨论东方的书籍出版。在 16 世纪下半叶，许多西班牙语的书籍，尤其是耶稣会信札都是由最初的葡萄牙语版本翻译而来的，这样做的目的可能是为了让这些书籍在最具国际性的语言中获得更为广泛的流通。

编年史家中最早把亚洲纳入其对海外扩张业绩探讨的人是西班牙的贡萨罗·费尔南德斯·德·奥维耶多·以·瓦尔兹（Gonzalo Fernandez de Oviedo y Valdés），他在 1532 年被西班牙国王命名为"印度群岛的记录者"。[165]正是在此期间，奥维耶多完成了他重要的作品《印度自然通史，岛屿和陆地海洋》（*Historia general y natural de las Indias, islas y tierra-firme del mar oceano*）的第一部分，并于 1535 年在塞维尔出版。[166] 该书第二部分的第一册（整个写作计划的第 20 册）总结了西班牙人所知的亚洲岛屿，这一册于 1548 年首次出版，[167] 1557 年再次发行。奥维耶多对西班牙人在 1519 年到 1529 年间远征的叙述只是附带提及，他把那些从麦哲伦之后的航海参加者们，比如安德烈斯·德·乌达内塔（Andres de Urdaneta）那儿得到的信息材料整合在其著述之中。根据口头陈述以及马克西米利安和皮加费塔发表的著述，奥维耶多讨论了西班牙人早期在菲律宾群岛的活动，以及位于婆罗洲的文莱（Brunei）王国，香料群岛上的贸易行话，拉德龙群岛（Ladrones，即马里亚纳群岛 [Marianas]）上的居民和物产，以及爪哇的情况，奥维耶多笔下的爪哇是 16 世纪里最完整的描述之一。[168] 弗朗西斯科·洛佩斯·德·戈马拉（Francisco Lopez de Gomara）的《印度通志》（*Historia general de las Indias*）甚至比奥维耶多杰出的编年史著作更受欢迎。戈马拉的著作于 1552 年在萨拉戈萨出版，该书在被翻译为其他欧洲语言之后很快被其他西班牙的出版机构重印。[169] 和奥维耶多的作品一样，戈马拉的著述也有一个很大的篇幅是用来讨论"南部海域的发现"的。在这个部分，戈马拉简单谈及了人们在香料群岛和菲律宾群岛上使用的罗盘。[170] 然而，又和奥维耶多不同，戈马拉讲述了葡萄牙帝国的崛起，大西洋上的香料贸易，以及葡萄牙和西班牙两个大国在巴达霍斯-艾尔瓦斯会议上解决关于马鲁古群岛的歧异问题的努力。在奥维耶多和萨拉戈萨的著作中，马鲁古群岛都处于争端的中心位置，然而它们在大陆国家和亚洲人眼里根本就无足轻重。这两位富有盛誉的西班牙编年史家提供给其读者们的东方观念显然局限于香料群岛、菲律宾群岛和婆罗洲的事物的泛泛之谈中。

早在 1550 年之前，葡萄牙人在里斯本已经拥有了关于亚洲各个区域的丰富文献资料。除了那些不甚重要的数据是从商人、官员和传教士那里一点一滴地搜集而来的之外，[171] 亚洲的地理状况和当地居民的社会活动是几个重要著述的主题。但是 16 世纪这些最早的著述在葡萄牙没能得到出版。至今尚存的首部开拓性书籍是托梅·皮雷斯（Tomé Pires）的《东方总论》（*Suma oriental*），该书写于 1512 年到 1515 年间，大概这本书写完后不久就立即被发往印度商行，作为秘密文献保存起来了。[172] 因为皮雷斯的著作主要是在讨论贸易事务，所

185

以该书传到曼努埃尔王那里之后，就因其对孟加拉国（Bengal）东部地区的讨论而引起了特别的注意。在写到印度时，皮雷斯用了相当的篇幅描述了西海岸的港口以及它们和内地的联系，和位于古吉拉特（Gujarat）、锡兰和孟加拉国的政治、经济形势，还有次大陆的各个海岸地区的居民们的社会活动。有关锡兰、印度、西南亚大陆、中国、日本、婆罗洲和菲律宾群岛的资料在 1550 年经由赖麦锡发表，偶尔地有些段落或句子被漏掉了。[173] 关于马六甲、苏门答腊、爪哇和香料群岛的信息在里斯本显然得到了严密地控制，以至于赖麦锡的代理人无法得到皮雷斯描述这些内容的复本，因而无法公开出版。最终得到发表已经是 1944 年的事情了。

杜阿尔特·巴尔博萨（Duarte Barbosa）的著作[174] 大约写于 1518 年，该著作对于印度的关注程度大大超过了皮雷斯此前的描述。杜阿尔特·巴尔博萨于 1501 年随着卡布拉尔的舰队到达了印度。除了回到葡萄牙进行过两次简短的旅行之外，巴尔博萨在写他的著作之前的所有时间都在马拉巴尔海岸居住、工作。作为王室的代理人，他肩负着仔细研究当地贸易的职责。巴尔博萨也拥有一个确定的优势，就是他懂得马拉雅拉姆（Malayalam）语言。正如我们料想的那样，巴尔博萨掌握了关于印度南部和马拉巴尔地区的农村、居民和物产的特别丰富的信息。但巴尔博萨对其他地方知识的了解却是相当的粗糙和肤浅。和皮雷斯一样，巴尔博萨的手稿可能封存在里斯本，我们可以设想到该手稿的复制品只允许在特定的人群中流通。[175] 巴尔博萨的书稿的意大利版本编入了赖麦锡 1550 年出版的集子的第一卷，这个版本大约是在 1524 年首次由热那亚特使马丁·森图里翁（Martin Centurion）在为查理一世服务的葡萄牙制图者迭戈·里贝罗（Diogo Ribeiro）的帮助下，在维托里亚（Vittoria）从原来的葡萄牙文版翻译而成的。[176] 在 19 世纪之前，这是学界所知的巴尔博萨的著作的唯一版本。1812 年，一个葡萄牙文版本被发现并得以出版；[177] 但这个版本并非巴尔博萨的手稿，据推测它可能是一些未经确认的原版的复制品。在我们看来，赖麦锡编入集子中的版本与其他版本之间的区别微乎其微，基本可以忽略不计。对我们来说重要的问题是，早在 1550 年，是赖麦锡而不是葡萄牙人使人们看到了两种最好的描述印度的第一手资料，这证明了更遥远的东方在 16 世纪就已经出现在人们的视野中了。

其他各种手稿资料可能是在巴罗斯（Barros）的鼓动下在里斯本搜集而来的。虽然一些最重要的描述未能印刷，它们还是被一些编年史家当作资料使用了。关于这些未经出版的资料例子有很多，但有两个尤其值得加以评述。两名俘虏克里斯托旺·维埃拉（Cristavâo Vieira）和瓦斯科·卡尔夫（Vasco Calvo）的信件，显然是 1524 年他们在广州的（Cantonese）监狱里面写就的，也许这些信件是传到葡萄牙的关于中国生活情形的首次全面描述。[178] 可能早在 1527 年就到达了里斯本，这些信件是非常重要的，因为它们描述了第一支葡萄牙的外交使团于 1520 年到 1521 年间在北京的情形，还谈到了中国人用于国际外交关系的辞令。有两份描述印度的手稿 1540 年之前在里斯本就可以看到。其中一份由多明戈·佩斯（Domingo Paes）大约在 1520 年完成，另一份则由费尔南·努内斯（Fernão Nuniz）约在十五年后完成。[179] 这两份文献显然都是应巴罗斯对于印度更详细的信息的需求，而大约在 1537 年从果阿送来的。[180] 佩斯的文稿特别有价值，因为它在印度南部印度教的（Hindu）主要城市维查耶纳伽尔（Vijayanagar）辉煌的巅峰之际对其进行了描述。葡萄牙的一位讨价还价的商人努内斯曾在维查耶纳伽尔度过三年的时光，他深深地为这座伟大的城市感到着迷，于是就开始追溯其过去的历史并记下了自己的所见所闻。这两份文献都有个人观察到的即时场景作为其论述的有力支撑，两位作者一道为研究维查耶纳伽尔的历史学家们留下了最为重要的外国资料。

当这些第一手的报告被传送往里斯本的时候，费尔南·洛佩斯·德·卡斯塔涅达（Fernão Lopes de Castanheda [1500—1559 年]）也正在有条不紊地书写着葡萄牙人在东方的历史。[181] 根据卡斯塔涅达自己的陈述，他作为圣塔伦（Santarem）当地一位法官的儿子，在年轻的时候已经受过很好的教育，曾如饥似渴地大量阅读古代史著作。在一个很短暂的时间内，卡斯塔涅达就成为了多明我会的成员之一，但是他在 1528 年随父亲一起前往印度之前离开了教会。卡斯塔涅达在亚洲度过的第二个十年里，显然有着广泛的游历，他还可能一度到达过马六甲。[182] 正是在这个十年，卡斯塔涅达开始为他的历史著作编辑资料，了解大量的文献，接触参加过大事件的当事人。大约在 1538 年，卡斯塔涅达因

187

为身体虚弱回到了葡萄牙，经济状况也开始窘迫起来。此时卡斯塔涅达居住在科英布拉，在这里他成为艺术学院的档案保管员和图书管理员。在这些最为卑微的职位上，卡斯塔涅达在履行其职责的同时，继续访谈那些曾到过东方的人们。在他开始自己的写作时，他就使用图书馆的资料来扩充并筛选自己的信息。在经过二十年艰苦卓绝的研究、访谈和写作之后，卡斯塔涅达最终于1551年出版了《葡萄牙发现和征服印度的历史》（*Historia do descobrimento e conquista da India pelos Portuguezes*）的第一册。

188 　虽然卡斯塔涅达第一本书的第一个复本能够在里斯本的阿育达图书馆（Ajuda Library）、大英博物馆（British Museum）以及葡萄牙的国王们的收藏品中找到，但其原版如今是绝对难以看到的。[183]因为卡斯塔涅达的著作触及了处于高位的某些人的敏感神经，他的书在发表后不久就被强制从流通中撤回，因此，他的著作现存的复制品也是少之又少。[184]在对带来麻烦的第一本书进行修改的同时，卡斯塔涅达于1552年出版了他的第二本、第三本书。两年后，他又在科英布拉的出版机构出版了他的第四、五、六、七本书。卡斯塔涅达的第一本书的修订版也在1554年发行，这个版本的前几章描写堂·曼努埃尔王（Dom Manuel）的篇幅肯定比修订前的版本多出很多。卡斯塔涅达死于1559年，两年后，他的儿子在科英布拉出版了第八本书。在1929年之前，第九本书没有任何部分为人所知，[185]40本书也没有被人看到。

　除了卡斯塔涅达在亚洲的个人经历和他对航海参与者的访谈之外，他的《葡萄牙发现和征服印度的历史》一书显然有赖于他以前在果阿或里斯本看到的许多报告。卡斯塔涅达对于瓦斯科·达·伽马首次航行的描述，大部分来自于当年的一位匿名航海参与者所写的《航线》（*Roteiro*）一书。[186]卡斯塔涅达在某些方面也参考了托梅·皮雷斯的《东方总论》，[187]还提到了领航员和制图者弗朗西斯科·罗德里格斯（Francisco Rodrigues），他记下了葡萄牙人在东方的探险事业的相关数据，并绘制了地图。[188]卡斯塔涅达特别参考了巴尔博萨在其叙述中表达的观点，但是他并没有总是为此而致谢。卡斯塔涅达的著作的其他信息似乎来自于官方报告、航海事件参与者的陈述以及个人的观察。卡斯塔涅达使用的资料的综合性在很大程度上保证了《葡萄牙发现和征服印度的历史》

一书表述的准确性。当我们回想起在 1542 年，也就是堂·加西亚·德·诺罗尼亚（Dom Garcia de Noronha）卸任印度总督之职之前的作者们，没有谁曾写下这样一部关于葡萄牙帝国起源的包罗万象的著作。而卡斯塔涅达却能够主要依靠他本人的经历，为他的同时代人和后人们贡献出一份真实的记录，从这个角度看，《葡萄牙发现和征服印度的历史》即使不算是一部描述瓦斯科·达·伽马带领的葡萄牙人在亚洲的活动的辉煌之作，[189] 它也是卓而不凡的。卡斯塔涅达的著作的意义还不止于此，他通过亲自观察，详细地描述了印度人沿袭下来的独特风俗和技术，从而赋予其叙述更为重要的意义，因此使欧洲人在东方所面临的文化难题更为清晰可辨了。

189

　　卡斯塔涅达的著作与其同时代的讨论葡萄牙人在东方的作品相比，被翻译为其他欧洲语种的次数更多。来自波尔多市（Bordeaux）的尼古拉斯·德·格鲁奇（Nicolas de Grouchy）大约于 1548 年到 1550 年间在科英布拉艺术学院担任教授，他把卡斯塔涅达的第一本书的原版翻译成了法语，并于 1553 年在巴黎印刷出版。[190] 1554 年，格鲁奇的译本的题目经过小小的改动后在安特卫普再次出版。[191] 也正是在这一年，该书的西班牙语译本也在安特卫普出版。[192] 此后不久，这个西班牙语译本的复本出现在奥格斯堡的富格尔家族的图书馆里面。[193] 与此同时，在罗马，一个意大利语译本也于 1556 年出现，显而易见，这个译本是由 A. 德·克拉瓦里兹（A. de Cravaliz）从格鲁奇的法语译本翻译而来的。[194] 卡斯塔涅达的第一本书的英文译本是 16 世纪极少数翻译成英文的葡萄牙语作品之一，于 1582 年出现在伦敦。[195] 这个英译本是尼古拉斯·里切费尔德（Nicholas Lichefield）完成的，尼古拉斯·里切费尔德可能是托马斯·尼古拉斯（Thomas Nicholas）的笔名，他是都铎王室的（Tudor）人，曾翻译过几部伊比利亚人的作品。[196] 直接从葡萄牙语翻译成英文的现象，在这个时代几乎是看不到的，里切费尔德的译本可能是从 1554 年一个匿名的西班牙语版本翻译而来的。[197] 虽然卡斯塔涅达的第一本书以多种语言出现，但他的其他作品直到 1577 年和 1578 年才有人翻译。在那个年代，巴罗斯的作品的翻译者阿方索·乌路亚（Alfonso Ulloa）在威尼斯首次出版了其他七本书的译本。[198] 16 世纪的数学家和地理学家约翰·迪（John Dee）拥有乌路亚的意大

190　利语译本和卡斯塔涅达的西班牙语版本，那些书是他视之为最重要的东方航海手册之一。[199]

　　1552 年，就在卡斯塔涅达的著作在科英布拉出版发行之际，伟大的若昂·德·巴罗斯（João de Barros [约 1496—1570 年]）正在里斯本印刷他的《亚洲旬年史》（Decadas da Asia）。做葡萄牙史料编撰的李维（Livy）可能出生在科英布拉东北部的小村庄维祖（Vizeu）。[200] 作为一个贵族的私生子，年轻的巴罗斯在葡萄牙王位的法定继承人的宅邸中接受教育。在这里，巴罗斯得到了古典文学方面的极好训练。大约在 1520 年，巴罗斯因为发表了一篇令人愉快的小说而引起了曼努埃尔王的注意。曼努埃尔王发现巴罗斯是一个天资聪颖且学识渊博的人，就鼓励他继续从事写作葡萄牙人在亚洲探险事业的历史的工作。巴罗斯在若昂王三世的热情资助下，被短期派往几内亚，这是巴罗斯唯一造访过的海外世界。从 1525 年到 1528 年间，巴罗斯都在做印度商行的财务主管。1530 年，为了躲避瘟疫，巴罗斯离开里斯本回到家乡附近的庞贝尔（Pombal）。显然，巴罗斯是在他离开里斯本在家乡逗留期间的 1531 年开始其历史著作写作的。两年后，巴罗斯回到里斯本担任代理商一职，这个职位赋予其管理亚非殖民地和香料贸易执行者的权力。终其余生，巴罗斯在履行其检察官的职责之余，都在编写他伟大的编年史著作。巴罗斯仿效了李维的历史著作，他于 1539 年完成了自己的第一部亚洲历史的草稿。自此以后，巴罗斯只要得到新的信息，就不断地对草稿进行修订和扩展。

　　第一卷的副标题为：《葡萄牙人在他们发现并控制东方的海洋和陆地中的所作所为》（Deeds Done by the Portuguese in Their Discovery and Conquest of the Seas and Lands of the East），于 1552 年在里斯本出版。由于《亚洲旬年史》是四十年的总称，因此该书可以被视为按照亚洲的地理轮廓结构而成的编年体著述。第一个十年涵盖了从亨利王子到 1505 年，也就是曼努埃尔王统治时期的第一个十年结束前这段时间的历史事件。第二个十年首次出版于 1553 年，该书讨论了葡萄牙人从 1505 年到 1515 年间在东方的活动。第三个十年首版于 1563 年，该书讲述了 1525 年之前的历史事件，其中包括大量的东南亚信息。第四个十年跨越的时间段是 1526 年到 1538 年（即第乌首次遭到围困的时间），该书直到巴罗斯死后才得以出版。第五个十年最初的草稿和最后一个十年为了能够出版，菲利普三世的宇宙志家若昂·巴蒂斯塔·拉文哈（João Baptista Lavanha）对其进行了编辑和修订，最终于1615年在马德里印刷成书。因此，当我们把调查那些真正得到出版和流通的著述的时间仅仅局限在16世纪时，我们可以对最后一个十年和迭戈·杜·科托（Diogo do Couto [1542—1616年]）的《旬年纪》（*Decadas*）不予考虑，科托的著作是巴罗斯的延续，但是到很晚才得以出版。

因为巴罗斯的官方职位，他有权处置印度商行的所有设施、文献和报告。现存的所有葡萄牙文的手稿资料——诸如托梅·皮雷斯、多明戈·佩斯和费尔南·努内斯等人的著述——都曾被用作《亚洲旬年史》的写作材料。在地理定位方面，巴罗斯毫不迟疑地采纳了在东方水域中航行的舵手和海员们的文字及口头上的陈述，并得到了他们带回的实证资料，所以他能够直截了当地指出托勒密学派的地理学家们的错误。巴罗斯并不满足于仅仅采用欧洲人的观察结果。他还不断地努力获取东方地域的本土居民的观点。就其对于印度的评论而言，巴罗斯集中了波斯人、阿拉伯人和印度人的著作，并且买来了一批受过教育的奴隶为他做翻译。巴罗斯也拥有中文书籍，并有中国奴隶为之翻译。巴罗斯还从那些没有文字记录的历史的地域搜集口传信息。但是，根据巴罗斯的描述，无论他的资料是从欧洲还是亚洲获取的，他都尽量明智而审慎地使用它们，以便提供一个没有"太多偏见"的中肯表述。[201] 巴罗斯的辛勤写作带来了一部历史著作的诞生，它是葡萄牙语文学作品和欧洲历史的经典之一。

欧洲其他国家的人们很快就读到了巴罗斯伟大的作品。在赖麦锡1554年版的《航海记》（*Navigationi*）的第一卷（参见原文第426-436页）中，这位伟大的收藏家从《亚洲旬年史》的第一个十年中提取出六章关于西非和印度的资料，并用意大利语出版了。《亚洲旬年史》的前两个十年甚至在第三个十年的葡萄牙语原版出版之前就已被完整地翻译成了意大利语。[202] 1562年，后来翻译卡斯塔涅达作品的阿方索·乌路亚在威尼斯把它们买回，翻译完后把译文献给了曼图亚公爵（Duke of Mantua）古列尔莫·贡扎加（Guglielmo Gonzaga）。其他意大利人也了解到了巴罗斯的作品，虽然他同时代的人们并没有异口同声地称赞他的著作，但他的书籍在威尼斯依然被放置在伟大的文学作品之列。[203] 据说，

191

教皇庇乌四世（Pope Pius IV）把他对巴罗斯作品的美辞放在梵蒂冈（Vatican）的托勒密雕像旁边。[204] 巴罗斯的《亚洲旬年史》的前两个十年的葡萄牙语原版最终为富格尔家族收藏。[205] 约翰·迪追溯到1583年的图书目录就包括巴罗斯作品的意大利语译本。[206] 但是相对于巴罗斯当时的声誉而言，他的《亚洲旬年史》在16世纪的葡萄牙并没有得到重版，而且也没有卡斯塔涅达的作品被翻译的次数多，这个现象是有些让人感到诧异的。在1597年写给西班牙的菲利普二世的一封信中，迭戈·杜·科托不无讽刺地谈到了这部葡萄牙最伟大的历史巨著所遭受的命运：

> 我们的同胞若昂·德·巴罗斯的《亚洲旬年史》……是如此地受人尊敬，以至于在其面世之后，再也没有哪部作品能够享此殊荣，它是如此地容易为时间所销蚀，以至于我不知道仍然留存在葡萄牙的复本是否达到10部，而印度甚至就只有一部。[207]

除了伟大的历史学家巴罗斯对于地理大发现的广泛的总体描述之外，在1557年的里斯本出现了一本叫作《阿方索·阿尔伯克基评论集》（*Commentarios de Afonso Dalboquerque*）的书。[208] 事实上，这本书是由这位葡萄牙伟大的征服者和总督阿方索·阿尔伯克基的儿子布拉兹·德·阿尔伯克基（Braz de Albuquerque）编辑的。为了给该书的编纂工作做准备，布拉兹·德·阿尔伯克基搜集、筛选、编辑和评论了他父亲在1515年之前，也就是死神夺走阿尔伯克基的生命之前那段时期内写给曼努埃尔王的信件。这本书的出版显然引起了一些读者的兴趣，因为布拉兹·德·阿尔伯克基于1576年在里斯本再次出版了一个它的"修订、扩充"版。[209] 布拉兹·德·阿尔伯克基编辑该书的目的在于歌颂他那声名远扬的父亲的伟大业绩，正如他所抱怨的，他父亲在一般的葡萄牙人征服历史中仅仅被一笔带过。[210] 对我们而言，《阿方索·阿尔伯克基评论集》一书的主要价值在于其从事件亲历者那里提供了第一手的关于印度和东南亚的补充性细节，也纠正了出现在那些一般作品里叙述中的讹误。

同样具有附带性价值但又不能说是非常重要的著作是葡萄牙医生和人文

主义者加西亚·达·奥尔塔（Garcia da Orta）的作品，他曾在印度生活了大约三十五年之久（约 1535—1570 年）。[211] 奥尔塔可能出生在西班牙边境附近的艾尔瓦斯（Elvas），他在西班牙的萨拉曼卡（Salamanca）和阿尔卡拉·德·埃纳雷斯（Alcalá de Henares）大学接受教育。奥尔塔大约在 1525 年或 1526 年回到了葡萄牙，在从事了大约一年的医疗工作之后，他开始到里斯本大学讲授自然哲学。1534 年，奥尔塔跟随其资助人马丁·阿方索·德·索萨（Martim Affonso de Sousa [葡萄牙 1542—1545 年委派在印度任职的总督]）指挥的舰队乘船到达了印度。奥尔塔学识渊博且求知欲强，他依靠自己从医的经历和每天的生活体验，获得了关于西印度的植物、医药和香料的大量知识。除了在果阿和庞贝地区居住了很长的时间，奥尔塔还造访过第乌、坎贝、科钦和锡兰。而且，因为奥尔塔对一切都感到好奇，他也从那些关于维查耶纳伽尔、德里（Delhi）、贝拉尔（Berar）以及那些更远的东方地区的事务报告中学到了很多知识。

193

奥尔塔于 1536 年在果阿宣布了出版其《印度草药风物秘闻》（*Coloquios dos simples, e drogas e cousas medifinais da India ...*）的信息。[212] 该书的第七册将在葡萄牙人统治下的印度出版，但这部作品毁在了不负责任的德国印刷业者约翰内斯·德·恩顿（Johannes de Endem）的手里。[213] 奥尔塔可能是 16 世纪长期居住在印度的葡萄牙人中间最为博学的一个。奥尔塔的《印度草药风物秘闻》是一部对话体作品，这显示出奥尔塔本人作为欧洲人文主义者和实地观察者的双重角色间发生的知识碰撞。书中两位主要的对话者其中一位是虚构的鲁阿诺（在葡萄牙语中的意思就是"街上的人"）博士（Dr. Ruano），他是一名狂热的学院派分子；另一位就是奥尔塔博士，他是一名注重实际的医师。在架构二人想象的对话时，奥尔塔引用了超过 50 位古代和当代论述医药和科学话题的作者的观点。大多数情况下，当奥尔塔在尽兴地揶揄前人时，那些欧洲博学的人都显得相形见拙。"不要试着用狄奥斯科里季斯（Dioscorides）或加伦（Galen）吓唬我，"奥尔塔说，"因为我只是说出了真理和我所知道的事情"。[214] 奥尔塔在另一场合宣称："对我来说，一个亲历者的陈述要比所有的医师和医药学大师虚构的知识有价值得多。"[215] 奥尔塔在评论肉桂时说道："我认为如今从葡萄牙人身上一天所得到的知识都要比从罗马人一百年后所知道的要多得多。"[216]

关于印度人讨论医药的著述，奥尔塔似乎一无所知，可能是因为他不懂梵文（Sanskrit）。奥尔塔主要是通过信息提供者和个人观察获得其关于印度植物药材的渊博知识的。但是，《印度草药风物秘闻》一书绝不仅止于对植物及其药理性质进行简单地描述。与奥尔塔对于艾哈迈德讷尔（Ahmednagar）的尼扎姆·沙（Nizam Shah）的宫廷造访有关，他在书中讨论了德干高原（Deccan）的历史中的一段插曲。欧洲人第一次用语言描述了象岛石窟的洞穴（Elephanta）和戈尔康达（Golconda）的矿藏。除了对于许多当时的事件的深入评论以及自然的构造奇迹的描述之外，奥尔塔的书即便在科学界也是闻名遐迩的，因为它提供了精确的相关信息。[217] 因为奥尔塔的著述涉及了同时代人对于调味料、药材、熏香等香料的用法的讨论，所以在整个16世纪，无论是欧洲还是印度，都没有其他书籍可以取代它的地位。

奥尔塔的《印度草药风物秘闻》一书在印度出现四年后，佛兰德斯的医生查尔斯·德·勒克鲁斯（Charles de L'ecluse，常常被称作库希乌斯[Clusius]），[218] 于1567年在安特卫普的普兰汀（Plantin）出版社出版了奥尔塔作品的拉丁语简译本。勒克鲁斯曾经是安东·富格尔（Anton Fugger）家族的孩子们的家庭教师，他在1564年到1565年间陪同雅各布·富格尔（Jakob Fugger）在伊比利亚半岛游历。显然勒克鲁斯正是在这个时期看到了奥尔塔的作品，在他于1565年回到尼德兰之后，立即开始着手将奥尔塔的《印度草药风物秘闻》翻译成拉丁文。[219] 勒克鲁斯全心全意地为雅各布·富格尔服务，他翻译的奥尔塔作品的拉丁文版[220] 在16世纪末之前不断修订，普兰汀出版社曾四度出版。[221]1576年，安尼巴尔·布里干提（Annibal Briganti）在威尼斯出版了勒克鲁斯所翻译的奥尔塔作品的意大利语译本。

1578年，勒克鲁斯的简译本在安特卫普出版两年后，奥尔塔作品的另一个改写本出现在西班牙的布尔戈斯（Burgos）。克里斯托巴尔·德·阿科斯塔（Cristobal de Acosta）的作品，[222] 是以奥尔塔的《印度草药风物秘闻》一书为基础的，书的名字是《论东印度群岛的毒品和药品》（*Tractado de las drogas, y medicinas de las Indias Orientales, con sus plantas debuxadas al biuo*）。作为一个葡属非洲的当地人，阿科斯塔曾跟随着帝国向东的扩张进程在波斯、印度和中国进行了广泛地游历。在印度的时候，阿科斯塔开始知道奥尔塔和他的《印度草药风物秘闻》。因为奥尔塔的书的原版印刷质量较差，而且缺少插图，阿科斯塔决定对奥尔塔的作品做进一步的完善，他还通过观察书中涉及的动植物的自然状态，亲自为这本书配上了图示，以便使其叙述更加详细。阿科斯塔一回到欧洲，就定居在布尔戈斯，1576 年他在那里得到一个外科医生的职位。两年后，阿科斯塔最著名的作品《论东印度群岛的毒品和药品》[223] 得以出版。

　　《论东印度群岛的毒品和药品》虽然是以奥尔塔的《印度草药风物秘闻》一书为基础的，但是其中也包含了许多独立的观察。阿科斯塔对于勒克鲁斯一点也不感激，因为他特地选用的是奥尔塔作品的葡萄牙语原版。在形式上，阿科斯塔的作品与奥尔塔的相当不同，鉴于《论东印度群岛的毒品和药品》放弃了对话的体例而采用了直接的叙述，因此该书就必须对它所讨论的事物的顺序进行重新安排。虽然这两部作品都包含了对方所没有描述和观察到的事物，但二者大体上是相同的。阿科斯塔最为显著的贡献是其作品中所提供的 37 幅惟妙惟肖的木刻画，如果不从艺术的角度考虑，奥尔塔以及阿科斯塔本人作品中最为独特的内容就是其探讨的异域的动植物。1582 年，普兰汀出版社出版了勒克鲁斯对阿科斯塔的《论东印度群岛的毒品和药品》的简译本，[224] 并于 1593 年在勒克鲁斯出版的文集中再次发表了这个简译本。[225] 阿科斯塔的《论东印度群岛的毒品和药品》在 1582 年和 1592 年也出现了两个西班牙语版本。[226]1585 年，该书的意大利语译本在威尼斯出版。[227]

195

　　和奥尔塔一样，安东尼奥·加尔旺（Antonio Galvão[死于 1557 年]）在东方生活了很多年，在那里他曾经是国王的士兵和行政管理员。1536 年，加尔旺被任命为马鲁古群岛的总督，任期三年，其总部设在德那地岛。加尔旺在任职中期，致力于制定管理本土人和葡萄牙人的法规。加尔旺对于岛民们的问题确实有兴趣，他试图把欧洲的农业和建筑技术引介进来，他还热衷于把基督教教义介绍给岛民，他认为那是一种使岛屿文明化和稳定化的力量。加尔旺在德那地岛上是如此地受到拥戴，以致于岛民们提出要赋予他君主的身份来挽留他。不过，加尔旺仍然离开了马鲁古群岛，按时地把其职位让给了被指派的继承者，大约在 1540 年回到了葡萄牙。加尔旺死于 1557 年，在此前的十七年里，这位退休的行政官员和士兵一直忙于撰写一部马鲁古群岛的历史著作，并且把关于地理大发现的著述搜集在一起。

加尔旺去世的时候，他把自己未出版的文稿交给了朋友弗朗西斯科·德·索萨·塔瓦雷斯（Francisco de Sousa Tavares）。此后不久，可能是为了保险起见，塔瓦雷斯被告知将这本关于马鲁古群岛的历史著作交给达米奥·德·戈伊斯（Damião de Góis），[228] 此人是王室档案馆的管理者，还是曼努埃尔王在位期间的编年史编撰工作的官方历史学家。在塔瓦雷斯为出版机构整理出来的加尔旺的《地理大发现概况》（Tratado...dos descobrimentos [1563 年]）[229] 里面，看不到关于东南亚或马鲁古群岛的系统性描述。虽然如此，但附带的有关这些地域的散乱的文献，还是为那些有耐心的学者提供了可供参考的东西，因为在当时没有其他的相关资料存在。从加尔旺的作品所遭受的命运，即他所写的马鲁古群岛历史手稿的失踪来看，一般而言，香料群岛的信息在 1565 年之前仍然属于国家机密。[230]

曼努埃尔王在位期间的历史学家，比如戈伊斯和热罗尼莫·奥索里奥（Jerónimo Osório）对亚洲事务显现出令人不解的淡漠，他们所需要的关于东方的资料大部分来自以前已经出版的书籍。戈伊斯的《堂·曼努埃尔王编年史》（Crónica do Felicíssimo Rei Dom Manuel [1566—1567 年]）[231] 对于东方的贸易、物产和居民仅仅做了最普泛的观察。考虑到关于亚洲大陆的相关资料已经得到大量地出版，戈伊斯对于葡萄牙人在勃固（Pegu）和暹罗的活动却只字未提，就不能不让人感到奇怪。唯一不算是偶尔附带提及的地方是印度、锡兰、马六甲、爪哇和中国。加尔旺的历史著作虽然由戈伊斯主管，但可能除了关于爪哇的资料外他显然没有参考过该书的其他内容。戈伊斯的主要贡献在于他对爪哇的描述，他的著述在这方面的细致程度远远超过了许多其他的编年史著作。戈伊斯的作品对中国的描述的详细程度超过了其他地域，他在其他资料上似乎主要参考了卡斯塔涅达的作品。[232] 奥索里奥的曼努埃尔王统治时期的拉丁文历史著作，[233] 预期的读者主要是欧洲人，该书在讨论亚洲时倚重的资料主要是戈伊斯的作品。[234] 1571 年，奥索里奥的著作在里斯本出版，它很快被翻译成其他语种，赢得了某些才智出众的大师级人物比如蒙田（Montaigne）和洛佩·德·维迦（Lopé de Vega）的赞赏。关于东方的描述，奥索里奥的著作唯一与戈伊斯不同的地方是对于中国的探讨，他似乎采用了巴罗斯的观点，也可能借用了加斯帕尔·达·克路士（Gaspar da Cruz）的作品。[235]

路易斯·德·卡蒙斯（Luis de Camoens [1542—1580 年]）的《卢济塔尼亚人之歌》（Lusiads）是送给葡萄牙先驱们的一首赞歌，该书首版于 1572 年，也就是奥索里奥的历史著作出版后的那一年。卡蒙斯在葡萄牙经历了一段忙乱的职业生涯之后，于 1553 年被放逐到了印度。在接下来的十四年里，卡蒙斯在果阿、澳门和其他地方过着一种神气活现的生活，除了担任自己国家的士兵和行政官员，他还写下了杰出的抒情诗歌。卡蒙斯在东方生活期间，开始意识到葡萄牙人远征事业背后的史诗性因素，并且写下了自己的诗作。在即将离开印度时，卡蒙斯在果阿定居，并且与历史学家迭戈·杜·科托[236]和重要的药剂师加西亚·达·奥尔塔之间产生了温暖的友谊。奥尔塔是一位伟大的书籍收藏家，他可能曾把自己的藏书向诗人卡蒙斯公开过。虽然几乎追溯不到《卢济塔尼亚人之歌》的文学渊源，但是在卡蒙斯 1570 年回到里斯本之后，他在果阿和里斯本时可能看到了大量的编年史著作，比如对于围城和海难的描述以及耶稣会士的信札也许就在此列。[237]根据上述文献资料和自己的经历，诗人卡蒙斯构思了葡萄牙民族的史诗。在卡蒙斯离世之时，他的《卢济塔尼亚人之歌》在里斯本已经出版过两次，并被翻译成了西班牙语（1580 年）。在 16 世纪的最后一个十年里面，《卢济塔尼亚人之歌》在伊比利亚半岛国家得到广泛地阅读，它很快成为葡萄牙民族对其征服异域的年代所取得令人引以为荣的成就的象征。在诗歌创作界，卡蒙斯诗作的几个小节在得到了同时代人的颂扬的同时，也遭遇了痛斥。甚至《卢济塔尼亚人之歌》里面那些真实的细节，也成为那些较为一般的作者们在讨论东方时的信息资源；显然，林斯乔坦对这本诗作非常熟悉，并且在写作自己的作品时引用了其中的内容。[238]

许多在 16 世纪中期以后出版的葡萄牙语作品都涉及了第乌和马六甲所遭遇的戏剧性围困，以及航海者在公海遭遇到的恐怖的海盗袭击和海难事件。[239]伊比利亚半岛国家的在俗作家们的其他作品涉及的题材是单一的国家，比如贝

197

纳迪诺·德·埃斯卡兰特（Bernardino de Escalante）的著述就是如此；这些作品往往占用了后半部分的篇幅集中探讨单一的国家。在几本付诸印刷的葡萄牙语作品中，有一本署名为豪尔赫·德·莱莫斯（Jorge de Lemos，于1593年之后离世）的著作讲述了1560年之后欧洲人在亚洲的事务的进展情况。莱莫斯可能出生在果阿的葡印混血的（Luso-Indian）家庭中，大半生都服务于葡萄牙人在东方的办事机构。莱莫斯的《安东尼奥·莫尼斯·巴雷托时期的马六甲围困史》（*Historia dos cercos...*[240]，1585年出版于里斯本）描述了马六甲在1574年和1575年被围困的情形，并提供了苏门答腊北部的亚齐（Acheh [Achin]）的苏丹王在1579年死后发生的冲突的相关信息。莱莫斯的著作和其他讨论第乌和马六甲的围困的葡萄牙语作品一样，同怀着一个宣传的目的。莱莫斯力劝葡萄牙人利用苏门答腊败溃的大好机会攻打亚齐。莱莫斯的作品也更为粗略地顺带提及了苏门答腊的一些情况，还说到柔佛（Johore）和爪哇的一些事情。关于莱莫斯的作品，今天保留下来的仅有三份印刷的复本和两份手稿。[241]

整个18世纪，伊比利亚半岛国家的作家们留下的作品并没有提供更具有价值的一般性信息。非教会人士所写的作品在1585年后问世，这些作品的作者都是外行，尤其是那些来自意大利、荷兰和英国的评论家们。在那些被收入卷轶浩繁的旅行集子而得以发表的第一手作品中，最为重要的是扬·惠根·范·林斯乔坦（Jan Huygen van Linschoten，约1563—1611年）的著述。当林斯乔坦仅有13岁时，他就离开了位于荷兰北部的家乡恩克赫伊曾（Enkhuizen）小海港。这时候斯乔坦的两个哥哥已经在塞维尔做生意，于是他去了西班牙和两个哥哥会合。虽然此时西班牙和荷兰之间正式展开了战争，但双方都不敢轻易终止贸易关系，因为那将带来巨大的利益损失。所以，荷兰人（尤其是像林斯乔坦兄弟这样的天主教徒）可以继续在西班牙和葡萄牙做生意，这种情形一直持续到1594年，荷兰人和英国人被禁止参与里斯本的香料贸易为止。按照林斯乔坦的陈述，[242]在他那个时代，荷兰人也被允许参与印度的香料贸易，但英格兰、法国和西班牙等国仍然被排除在外。

尽管王位的竞争者之一堂·安东尼奥（Dom Antonio）的支持者日益增多，但菲利普二世还是承袭了葡萄牙的王位，结果，1581年后伊比利亚半岛陷入了混乱状态。这些混乱似乎影响了林斯乔坦兄弟的商业活动，他们不得不前往里斯本另谋生路，在那里，林斯乔坦有机会亲眼观察改朝换代过程中发生的争斗。因内战而引发的骚乱对于商业活动非常不利，林斯乔坦和他的一个哥哥自愿到印度供职。通过与身在菲利普二世的宫廷中的哥哥取得联系，年轻的林斯乔坦很快成为新任都主教维森特·德·丰塞卡（Vicente de Fonseca）的贴身随从，丰塞卡此刻正好被新国王派遣前往果阿。在都主教的航船于 1583 年 4 月 8 日到达塔霍河（Tagus）之前，林斯乔坦兄弟二人（林斯乔坦那时候大约只有 20 岁）一直都随船而行，前往异邦。

1583 年 9 月 21 日，林斯乔坦到达果阿，此后的五年里，他主要生活在东部的中心都市中——准确地说是从 1583 年到 1588 年间，在这个时段，菲利普·萨塞蒂（Filippo Sassetti）正活跃于科钦和果阿，但是没有证据显示二人之间有交往。[243] 林斯乔坦的行迹虽然没有到达距离葡萄牙西海岸的定居地很远的地方，但他在报告中说他曾造访了果阿后面的印度大陆几次。可能是因为服务于都主教的职责所在，这位富于冒险精神的年轻荷兰人的活动范围被限制在首都之内；也可能是因为他身为外国人，不允许四处随意走动。然而，在一定程度上，林斯乔坦策略性地利用其职务之便，通过详细地访谈来到果阿的西方人，弥补了其自身经验的匮乏。从那些前往葡萄牙治下的印度的意大利人和英国人那里，林斯乔坦详细地了解了陆上的路线。在为葡萄牙人服务的荷兰水手、枪手和商人那里，林斯乔坦搜集到更远的东方的信息。当林斯乔坦被富格尔和韦尔泽家族的利益集团雇佣为胡椒贸易的代理人时，他从自身归航的经历中获得了合同体制下香料贸易组织和管理的第一手资料。虽然林斯乔坦在 1589 年离开了印度，但事实上他在 1592 年 9 月之前并没有马上返回荷兰，而是在亚速尔群岛的特西拉岛屿（Tercera）停留了两年。

在林斯乔坦离开的十六年里，其祖国的局势发生了急剧的变动，就欧洲总体而言，这是荷兰在海外冒险中的利益增长的关键时刻。在林斯乔坦离开家乡的 1576 年，西班牙人攻克了安特卫普，荷兰的独立事业处于极端危险的境地。林斯乔坦从印度乘船返回时，菲利普二世的制海权跌落到一个极低点，以致于其航船勉强逃脱了前来袭击他的英国船队，险些被抓捕。林斯乔坦于 1592 年回

199

到了恩克赫伊曾，这一年，拿骚（Nassau）的莫里斯（Maurice）牢牢地为尼德兰北部地区所掌控，在荷兰和泽兰（Zeeland）的众多港口，关于海外荷兰人在离开了安特卫普的商人和资本的援助下，已经取得了商业上的成功流言正在传播，而且，阿姆斯特丹迅速成为欧洲北部的贸易和金融中心。

富于进取精神的荷兰人不满足于自己的商业活动和经济冒险被局限在波罗的海（Baltic）、地中海沿岸和大西洋地区。和英国人一样，荷兰的商人一直在致力让自己的东方贸易活动不为葡萄牙人和西班牙人的垄断所操控。葡萄牙和西班牙这两个北方的海运大国正试图通过努力寻找从西北或东北到达亚洲的线路，从而用计谋获得伊比利亚半岛南方路线的控制权。即使能够成功地驶过德拉克（Drake）和卡文迪什（Cavendish），但穿越麦哲伦海峡的西南向航线，对于一条固定的贸易路线而言，仍然显得过于漫长、昂贵和危险。虽然对于荷兰而言，在 16 世纪的最后一个十年寻找一条西北方向的航路相当渺茫，但是找到一条东北方向的航线仍然充满希望。商人迪尔克·赫里茨（Dirck Gerritsz）是林斯乔坦在果阿的朋友，他在 1590 年回到了荷兰，而林斯乔坦本人则于两年后返回，这两件事在荷兰人的心里激起了新的希望，即他们认为荷兰的航船可以绕过好望角直接驶向香料群岛。根据赫里茨和林斯乔坦的航海经验，荷兰商人认为他们也许可以直接驶往爪哇，只要他们的航船绕开果阿和马六甲，就能够安全地避开葡萄牙人的阻碍。甚至一个德国微不足道的统治者，领地位于易北河（Elbe）的一位劳恩堡的公爵（Duke of Lauenburg），也在 1592 年计划远征亚洲。[244] 激起这一憧憬的最终力量来自于菲利普二世本人，因为他在 1594 年发出禁令，不允许荷兰和英国的船只在里斯本停靠。[245]

和英国人一样，荷兰人长期以来一直在向那些跟随西班牙人出海的各民族水手们搜集关于印度洋航行问题的相关信息。荷兰的地图绘制者同样在系统地搜集葡萄牙人的航线和东方的地图信息，在林斯乔坦返回欧洲的时候，科尼利斯·科拉埃兹（Cornelis Claesz）（后来成为林斯乔坦作品的出版者）和其他人已经精确地印制出了东方的海洋和陆地的地图。迪尔克·赫里茨（绰号"中国"）[246]带回的航海笔记几乎在第一时间为 L. J. 瓦赫纳尔（L. J. Waghenaer）所采纳，用于其《航海财富》（*Tresoor der zcevaert*，该书于 1592 年出版于莱登 [Leyden]）

200

一书的写作。除此之外，荷兰人借助其西班牙背景以及他们作为欧洲人在香料贸易中中介的关键位置，获得了了解香料贸易的第一手文献和商业资料。科尼利斯·德·豪特曼（Cornelis de Houtman）于1592年到1594年间作为阿姆斯特丹的一家商业集团代理人居留在里斯本，他带回了最新的香料贸易数据。[247]与此同时，泽兰（Zeeland）米德尔堡（Middelburg）的一位名叫巴尔塔萨·德·毛谢尔伦（Balthasar de Moucheron）的商人既不为早期的新航路开辟的失败感到气馁，也不为新近兴起的直接向南航行的风潮所动摇，仍然在努力推动其东北方向航线的寻找。从这些迹象我们可以清晰地看到荷兰人更急于从返回的林斯乔坦那里了解他在东方的经历，并准备在那里获得利益。[248]

一回到恩克赫伊曾，林斯乔坦着手准备其《林斯乔坦葡属东印度航海记》的写作。通过阅读这部作品，我们可以猜想到林斯乔坦可能带回了一系列相当全面的信息提供者的访谈笔记，以及当他在果阿时，那里发生的重要事件的日记或记录。但是，林斯乔坦的作品远非一系列回忆录的汇集。《林斯乔坦葡属东印度航海记》把第一手信息和古代经典作品中的资料以及16世纪其他观察者提供的材料整合在了一起。林斯乔坦在《林斯乔坦葡属东印度航海记》的第一句中提到，甚至在他离开荷兰开启旅程之前，就对描述异域大陆的书籍兴趣浓厚。显然，秉持着一种勤奋刻苦的精神，林斯乔坦居留在伊比利亚和印度期间，迅速地学会了西班牙语和葡萄牙语，这使他能够接触到更多同时代人的相关著述。林斯乔坦参考了葡萄牙人的"编年史"著作，[249]但在他自己的写作中并没有出现大量借用卡斯塔涅达或者是巴罗斯的作品的迹象。[250]然而，林斯乔坦确实使用了葡萄牙人和西班牙人的航海指南作为他讨论航海线路的资料。关于亚洲的地名，因为曾为古代历史学家们所使用，林斯乔坦显然从"古代历史"，尤其是卡蒙斯的《卢济塔尼亚人之歌》那里借用了一些信息。[251]在林斯乔坦的作品中，唯一真正引用的同时代人的文献是西班牙奥古斯丁会修士（Spanish Augustinian）胡安·冈萨雷斯·德·门多萨（Juan González de Mendoza）的著述。林斯乔坦的作品可能引用了门多萨1589年在法兰克福（Frankfurt）首次出版的西班牙语著作的拉丁文译本。[252]林斯乔坦对中国的描述（包括特有名称的拼写）几乎逐词逐句地摘自门多萨的作品，他还从这位

201

西班牙人的著作中引用了一些他并不完全相信的事情的记述。他对于东方，特别是印度的动植物的详细描述有一部分明显来自克里斯托巴尔·德·阿科斯塔的《论东印度群岛的毒品和药品》，正如我们在前文指出的那样，[253] 阿科斯塔的著述是在奥尔塔的《印度草药风物秘闻》的基础上写就的。通过文本之间的比较以及帕鲁达努斯博士（Dr. Paludanus）在林斯乔坦作品中插入的注解文字，就可以看出林斯乔坦的这部分写作对于阿科斯塔和奥尔塔的作品的依赖。这位来自恩克赫伊曾的博学的医生的荷兰名字叫伯纳德·登·布洛克（Bernard ten Broecke），几乎可以确定，是他把阿科斯塔和库希乌斯（Clusius）的作品交到了林斯乔坦手中，因为在帕鲁达努斯的评注里面，他一再地引用了这两位作者和大量的古代作者们的著述。帕鲁达努斯也可能给林斯乔坦介绍了马菲（Maffei）的作品，因为林斯乔坦的作品中有许多地方都能让读者想起耶稣会士在东方的见闻录。[254] 特别有几个地方，他和费德里奇（Fedrici）的叙述有着惊人的相似，虽然林斯乔坦没有提及这位威尼斯人的旅行记述。[255] 林斯乔坦似乎引用了曾到过欧洲的日本传教使团的耶稣会士的官方记述。[256]

1594 年，荷兰国会（States-General）批准林斯乔坦出版其作品《葡属东方航海旅行记》（*Reysgheschrift*），[257] 这部作品的第二部分最终独立出来，先于《葡属东方航海旅行记》的其他部分付诸印刷，并于 1595 年问世。这个部分讨论了最常用的航海路线，并总结了西班牙国王所享有的领土、关税、贡品和税收。林斯乔坦的作品的其他两个部分正好把《葡属东方航海旅行记》[258]（第一部分）和非洲、美洲海岸的描述包括其中，这些描述是在帕鲁达努斯的帮助下借鉴其他人的作品（第三部分）汇集而成的，最终在 1596 年得以出版。我本人曾看过该书初版本的复本，第二部分按照林斯乔坦最初的地图和图示被放在该书相应的位置。[259] 这部作品有一个与众不同的地方，即书中插入了 36 幅版画，这些版画由林斯乔坦亲自绘制，约翰尼斯（Joannes）和巴蒂斯塔·阿·杜特亨（Baptista à Doetechum）刻印，其中包括印度的人物、风俗和物产，尤其是果阿及其附近的地方，这些版画使该书价值非凡。初版本也包括许多出色的地图，其中有三幅对亚洲研究具有莫大的价值。[260] 这些地图较之以往的更好、更详细，显然，它们来自葡萄牙人绘制的最新、最好的东方海洋的航海图。[261]

第一部分或《葡属东方航海旅行记》本身，在 1598 年被翻译成了英文和德文。[262] 在接下来的两年里，两个拉丁文译本分别在阿姆斯特丹和法兰克福出版。在 17 世纪，《葡属东方航海旅行记》又被翻译成法文（1610 年），荷兰文原版、拉丁文和法文译本的几个重印版也在北欧得以出版。和后来的学者一样，林斯乔坦的同时代人对《葡属东方航海旅行记》中那些依据他个人亲自观察而写出来的部分的兴趣，要远远大于根据二手资料描述的印度西部和其他他从未到过的地方的那部分内容。[263]

正如我们在前面所提到的，林斯乔坦对于印度的评论涉及的年份是 1583 年到 1589 年，这个时期，葡萄牙人的驻地正遭遇着摩尔人和印度本土统治者几乎连续不断的攻击，与此同时，帝国的行政机构越来越多的集中在菲利普二世的监管之下。林斯乔坦本人作为信任都主教的随从，是印度的葡萄牙人新秩序的侍从的代表。维森特·德·丰塞卡都主教（Archbiship Vicente de Fonseca）是多明我会修士，也是菲利普二世信任的盟友，显然他为自己在果阿的见闻所震撼，并且很快就与葡属印度总督堂·杜阿尔特·德·梅内塞斯（Dom Duarte de Menezes，1584—1588 年）之间发生了争执。1587 年，当丰塞卡都主教带着奉献给菲利普二世的报告离开科钦返回欧洲时，林斯乔坦作为其财务会计正等着他再次返回印度。[264] 虽然这位荷兰人一度曾明确表示将在印度过完余生，但当他知道自己的主人死于海上时，遂决定返回欧洲。[265] 通过结识富格尔和韦尔泽家族的胡椒种植者，林斯乔坦谋得他们多艘货运航船之一的代理人的职位，因此林斯乔坦得到允许离开印度前往葡萄牙。[266] 多明我会都主教对葡萄牙人和耶稣会士们在国内和果阿的一系列行动进行了强烈的谴责，而林斯乔坦的评论显然需要依据其多明我会都主教密友的身份去思考才能够得到解释。然而，林斯乔坦的观察是非常有价值的，因为在当时的情况下他并没有被赋予什么权益，因此，一旦他回到荷兰，他曾经在葡属印度任职的经历，将使其能够披露葡萄牙人在印度的统治最糟糕的那一面。

《葡属东方航海旅行记》一书的描述以葡萄牙人的海外军事据点所在地开始，包括从莫桑比克（Mozambique）到日本的广大地域的评论。其中大部分信息是林斯乔坦从其他人那里看到并引用的，但是这段地域的描述远不及他对果

203

阿的评论那样细致和精彩。林斯乔坦对果阿历史含糊且混乱的叙述显然来自库希乌斯对于奥尔塔的《印度草药风物秘闻》一书的文摘。[267] 但是，林斯乔坦对于"印度的主要城市"（chiefe Cittie of India）的管理、风俗和外国人的描述，仍然是现存的 16 世纪讨论葡萄牙人的东方帝国最具有原创性、最值得信赖的记述之一，也被认为是有关处在巅峰时期的果阿历史的最为出色的资料之一。[268]

　　菲利普二世在 1581 年承袭葡萄牙王位之前就已经印刷出版的那些伟大的伊比利亚半岛编年史著作，是 16 世纪对于东方（以及葡萄牙人扩张）的全面描述中资料最为丰富的。但是，它们都有各自的局限和民族偏见。比如，最伟大的编年史家（奥维耶多 [Oviedo]、戈马拉 [Gomara]、卡斯塔涅达和巴罗斯）都仅仅讨论了 1540 年之前的事件。在地理方面，奥维耶多和戈马拉将他们自己限制在列岛的东部岛屿之中。虽然葡萄牙的编年史家们把东方大部分地域都包括进了各自的探讨范围，但他们对海岛世界的讨论很不充分，爪哇尤其如此。阿尔伯克基、奥尔塔、加尔旺（Galvão）、莱莫斯（Lemos）等人对于特定的主题或区域更为个人化的记述构成了一般化的编年史著作的有益补充，因为这些个人化的著述的作者都是事件现场的观察者（在一定意义上阿尔伯克基就是如此），他们的著作能够用来核对并补充那种一般化的史述作品中存在的讹误和缺漏。卡蒙斯是站在自己国家的立场上写作他的史诗的，其他的葡萄牙诗人也在他们的作品中赞美了其国家在海上、印度以及大围困战役中取得的丰功伟绩。尤其令人感到震惊的是，16 世纪葡萄牙的散文化的旅行记述都没有得到印刷出版。葡萄牙没能产生一个马可·波罗抑或是一个拉尔夫·费奇（Ralph Fitch）。[269] 林斯乔坦的作品作为亲身经历的见闻、从信息提供者那里获得的数据、已出版的书籍和地图的汇集，对于果阿的情形描述特别具有价值。林斯乔坦的作品还可以用于扩展以编年方式获取的信息，抵消伊比利亚半岛作家们谄媚式的偏见。既然我们今天可以看到的 16 世纪欧洲有关亚洲历史的研究绝不仅仅是在 16 世纪印刷出版的，那么对于这些文献而言，一个令人感到遗憾的事实就是它们从未被在该领域写作的专家们充分地利用过。

204

第五节　旅行文学文集汇编

一旦信息控制的闸门在 1550 年后打开，欧洲便被淹没在关于海外世界材料的汪洋大海之中。在出现的新作品中，旅行集子最为引人瞩目，它是一个独立的文学类型，向前可以追溯到 14 世纪中期的伊普尔（Ypres）的隆·约翰（Long John）和 16 世纪早期的《新发现的国度》（*Paesi*）和《世界上未知的陆地和岛屿》（*Novus orbis*）的编者。但是，直到 16 世纪下半叶，大型的游记作品集才开始在威尼斯、伦敦和法兰克福出现。在这部唯一得到出版的杰出的历史文献集子之前，市面上出现的汇编类书籍的内容基本上都是法律和天主教教谕方面的。就在旅行记集子得到印刷出版之时，新教和天主教的历史学家们也在大量编辑资料，为不同教派之间的纷争和攻击呐喊助威。然而，不同基督教派之间的歧异还没有对寻找新大陆的兴趣构成重大影响，在整个欧洲，旅行记述似乎已经为所有的宗教派别出于教诲和消遣的目的而阅读过了。

最早的游记作品集是由威尼斯人文主义者和政府文书乔万尼·巴蒂斯塔·赖麦锡（Giovanni Battista Ramusio，1485—1557 年）负责编辑的。赖麦锡的三卷本《航海旅行记》（*Delle navigationi et viaggi*）的第一大卷于 1550 年面世。后两卷完成于 1553 年，[270]四年后赖麦锡去世。印刷者托马索·吉恩蒂（Tomasso Giunti）在 1556 年出版了该书的第三卷，第二卷于三年后印刷出版。第一卷的主要内容是有关亚洲的新信息，其修订版分别在 1554 年、1563 年、1588 年、1606 年和 1613 年再次出版。自从 1613 年以来，这个一流的旅行记汇编集没有新的版本面世，赖麦锡学会未能使其名声发扬光大。但是最近几年，意大利的一个团体开始发行另一本名叫《赖麦锡航海集新编》（*Il nuovo Ramusio*）的集子。[271]

关于赖麦锡作品的历史至今基本没有得到出版，虽然它事实上总是领衔所有编辑的游记作品集的各个排行榜的榜首。[272]关于编者赖麦锡的生平事迹同样很少有记载。虽然赖麦锡曾编过一本给他带来声望的优秀旅行集子，但是除了他关注的古代和当代旅行文学之外，他对许多其他知识也很有兴趣。赖麦锡在威尼斯政府做了整整五十年的公务人员，曾因公务前往法国，但是他似乎对

205

于旅行本身没有专业或商业上的兴趣。没有任何证据显示赖麦锡的政府职位为其旅行记的写作提供了特殊的便利。可以推测，这些旅行记述对威尼斯的商业活动而言特别重要。威尼斯人不断地努力采取必要的手段去获取香料贸易和海外扩张的信息，但是正如我们所看到的那样，赖麦锡的《航海旅行记》一书中竟然没有收入威尼斯人的海外贸易报告。真实的情况可能是这样的，赖麦锡的《航海旅行记》一书是他和那些不断出版、重版旅行作品的威尼斯印刷业者合作完成的。下面的这个事实很大程度上能够印证上述推测。吉恩蒂（Giunti）在1556 年出版《航海旅行记》一书的第三卷时没有把赖麦锡的名字放在封面上或目录中，直到 1563 年第一卷重新发行时才能够看到赖麦锡的名字。由此我们可以想到，赖麦锡在出版其作品时，也曾隐去了他的威尼斯合作者们的名字，所以我们会误认为该书没有收入威尼斯人的报告。[273]

赖麦锡搜集其旅行记述时似乎得到了威尼斯印刷业者和他的人文主义圈子中的朋友们的协助。离开帕多瓦大学（University of Padua）之后不久，年轻的赖麦锡加入了一个文人群体，在这个群体中有许多大师，比如皮特罗·本博（Pietro Bembo）、安德里亚·纳瓦杰罗（Andrea Navagero）、保卢斯·马努提乌斯·阿尔杜斯（Paulus Manutius Aldus，阿尔丁出版社 [Aldine Press] 的管理者），以及吉罗拉莫·弗拉卡斯托罗（Girolamo Fracastoro）。从赖麦锡和他的人文主义朋友们的通信中可以看出他的兴趣广泛而多样，以及他日益增长的搜集和编纂旅行记述的决心。然而，大概直到 1534 年，赖麦锡似乎才有计划地全身心投入到这项工作中去，尽管纳瓦杰罗早在 1525 年就在西班牙为他搜集相关资料。直到 1548 年，赖麦锡才真正开始为出版他的旅行记述集子整理他搜集到的相关资料。

《航海旅行记》一书的第一卷把非洲、长老约翰的国家和红海到马鲁古群岛之间的广大地域的资料汇集在一起。赖麦锡在该书的"导言"里面对弗拉卡斯托罗的鼓励表示感谢之后，陈述了编辑这部作品的目的，即通过搜集资料和航海图纠正托勒密的非洲和东方地图，以及从古代和中世纪的作家们那里继承而来的有关非洲和东方的许多想当然的观点。[274] 关于葡萄牙人航行前往印度的原始资料包括一系列当事人和里斯本的观察者在 1499 年到 1510 年间所写的书信和报告。赖麦锡重新出版了塞尼吉（Sernigi）和韦斯普奇（Vespucci）的书信以及来自《新发现的国度》的匿名葡萄牙舵手的记述。在赖麦锡写给读者的导读性篇章里面，他指出在他那个时代想得到葡萄牙人在东方的伟大发现的记录是非常困难的。赖麦锡把托梅·洛佩斯（Tomé Lopez）在 1502 年和乔万尼·达·安坡利（Giovanni da Empoli）在 1503 年的记述公开在世人面前，而这些独一无二的内容此前从未出版过。[275] 瓦尔塔马（Varthema）的旅行指南的西班牙语版本（出版于 1520 年）在洛佩斯和安坡利的记述出版后被翻译成了意大利语。当时，赖麦锡似乎是为了表示他使用新材料核对既往记述的兴趣，他把狄奥多罗斯·西库鲁斯（Diodorus Siculus）的著作中关于伊安波鲁斯（Iambolus）想象的旅行的意大利语译本插入了其中，随后还附加了一个身份不明的葡萄牙贵族对其真实性的评论。尽管安德里亚·科萨利（Andrea Corsali）写给朱里安诺·德·美第奇（Giuliano de Medici）的书信以前曾单独印刷出版过，但赖麦锡又在原来的手稿的基础上对其重新进行了编辑，并印刷出版。[276]

在涉及了一系列埃塞俄比亚和埃及的旅行记述之后，赖麦锡又回到了关于印度和东印度群岛的相关描述中。在这部集子中，第一篇来自《前往塔纳旅行纪实》（*Viaggi fatti alla Tana*），正如我们在前面提及的，这本书描述了土耳其人围困第乌的事件，以及他们在 1537 年到 1538 年间在印度海岸上的活动。紧随着这篇文章的是《扬帆印度洋》（*Periplus of the Indian Ocean*）的意大利语译本，该译本被 16 世纪的学者认为出自阿里安的译笔。赖麦锡在为他这篇译自希腊文作品所写的"导言"中试图协调古代和最近关于印度洋海岸的知识表述。《扬帆印度洋》大概是 16 世纪描述印度洋最为权威的作品，赖麦锡接着收进了一篇与之相关的论文和杜阿尔特·巴尔博萨（Duarte Barbosa）的《巴尔博萨印度纪实》（*Book*）一书的正文。这部杰出著作的手稿于 1542 年就在巴达霍斯 - 艾尔瓦斯谈判中被西班牙人看到了，可能是在 1525 年从安德里亚·纳瓦杰罗那里传到了赖麦锡的手中。[277] 在赖麦锡使用的其他文献中，包括托梅·皮雷斯的《东方总论》的部分内容，这也可能是纳瓦杰罗为他搜集到的。在赖麦锡的集子里面，这部分《东方总论》的内容被译成了意大利语，即《东方城市和居民大观》（*Sommario di tutti li Regni, Citta & Popoli orienta li...*）。在赖麦锡写的"导言"

里面，他观察到，巴尔博萨和皮雷斯的作品在葡萄牙被禁止发行。因此，在赖麦锡的集子里面，这两份重要的文献一直保留着其独一无二的地位，这种情形一直持续到 1812 年巴尔博萨的《巴尔博萨印度纪实》以葡萄牙语出版发行为止；皮雷斯的《东方总论》直到 1944 年才被亚门多·柯尔特桑（Armando Cortesao）出版。[278] 作为这些有关亚洲的详细记述的附录，赖麦锡用了一个页面（见原文第 363 页 v.）提供了槟榔的叶子的图画，并附有嚼槟榔的习俗的简单说明。紧随着这幅画，赖麦锡引用了普罗佩尔提乌斯（Propertius）和斯特拉波对于印度的寡妇自焚殉夫即"萨提"（sati）的习俗活动（见原文第 364 页 r.）的讨论。

赖麦锡把下一组作品收入其集子作为麦哲伦环球航行记述的背景。在讨论前文述及的 15 世纪尼科洛·德·孔蒂（Nicolo de' Conti）和吉罗拉莫·达·桑托·斯提芬诺（Girolamo da Santo Stefano）的记述性作品时，赖麦锡表达了他的不解，即这位葡萄牙人为何没有循着马可·波罗和孔蒂从中国到达欧洲的航海线路前进。显然，麦哲伦的首次环球航行激发了赖麦锡的想象力，因为赖麦锡称赞其行为是在充满了惊人发现的时代中的壮举，它引人瞩目地超越了古人所做的任何事情。令赖麦锡感到遗憾的是，他无法提供彼得·马特（Peter Martyr）所写的麦哲伦远航的报告，他解释道，这份报告在 1527 年的"罗马劫难"（Sack of Rome）事件中遗失。所以，赖麦锡尽可能地把特兰西瓦尼亚（Transylvania）的马克西米利安和皮加费塔记述的意大利语版本收入其集子。[279] 然后是赖麦锡最令人印象深刻的论述，他试图为香料贸易提供一种历史性的讨论。第一卷还包括一篇胡安·戈坦诺（Juan Gaetano）献给国王的一份报告，戈坦诺在 1542 年曾作为导航员陪伴鲁伊·洛佩斯·德·维拉罗伯斯（Ruy Lopez de Villalobos）从墨西哥出发穿越了太平洋，他回到欧洲后让人们得知了西班牙人刚刚在墨西哥和菲律宾之间构建海事关系的失败信息。

在第一卷 1554 年的版本中，有几项显著的内容添加在赖麦锡最初编辑的版本中。其中，有一项内容是一个曾陪伴麦哲伦航行的葡萄牙人的短篇记述，但是它"实在是太短了，几乎没有什么价值"。[280] 更有意义的附加内容是赖麦锡插入的五篇关于日本耶稣会士的信札，这些内容写作于 1549 年到 1550 年之间，这是日本第一次在旅行文学中得到明确的记述。赖麦锡从若昂·德·巴罗斯的

《亚洲旬年史》中摘录了六章内容整合在一起，翻译成意大利文，其中第一个十年的内容于 1552 年在葡萄牙出版。最后，赖麦锡添加了三幅非洲、东印度群岛和印度的双页展开地图。第一卷后来的版本在赖麦锡去世后面世，虽然其中的材料不时地被稍微调整，但是基本上没有增加什么重要的东西。

《航海旅行记》的第二卷主要集中在北方和东方的旅行文学方面。最初，第二卷被设想为第一卷的补充，其中的内容包括了南方和东方的旅行记述。在这一卷开始的地方，马可·波罗拥有着一个备受尊崇的位置。赖麦锡在为马可·波罗的旅行记写的"前言"里面评论道，虽然很多人都对马可·波罗的经历的真实性抱着半信半疑的态度，但是与 16 世纪盛行的新世界传说相比，马可·波罗的报告里面确实没有任何不可相信的东西。显然，赖麦锡倾向于在表面上认可马可·波罗的记述。赖麦锡甚至根据阿布尔法达·伊斯梅尔（Abulfada Ismael）的地理学制作了一个经纬度图表，意在尽可能准确地识别马可·波罗提及的亚洲地点。收入赖麦锡编的集子并得到印刷的马可·波罗的文本来源从未得到界定，所以收入集子中的文本仍然被认为是现存的几部常见的马可·波罗行记的版本之一。赖麦锡把亚美尼亚（Armenia）的海屯国王（King Hayton）的相关记述附在马可·波罗的记述之后，借此来支持其说法。[281] 在第二卷的结尾，赖麦锡转载了柏朗嘉宾的约翰（John of Plano Carpini）和波代诺内（Pordenone）的鄂多立克（Odoric）的相关记述，这些记述的内容是他们穿越通往东方的陆路的旅途见闻。第三卷的内容主要是新世界的描述，虽然其中也包括帕尔芒捷家族（the Parmentiers）前往苏门答腊的航程。[282]

需要之时，赖麦锡就把那些希腊语、拉丁语、西班牙语、葡萄牙语和法语版的旅行记述翻译成托斯卡纳（Tuscan）方言。如果这些文献出现了谬误，这位博学的编辑就会为之写作"前言"。就资料的丰富性而言，既往的旅行集子没有哪一部可以与赖麦锡编辑的集子相比。赖麦锡编辑的集子首次把东方的旅行记述从其他地域的旅行记述中分离开来进行汇编，横越大陆的旅行者诸如马可·波罗等人则另编一册，算是例外。这个集子首次把陆路和海路的旅行记述并置在一起，由此，可以在与海路记述的联系中看到陆路旅行方面的情形。其中诸如地图和图画这样的说明性资料，要比既往的任何集子都多得多。在欧洲受过教育的人里面，掌握意大利语相关知识的人并不少见，因此，他们去阅读这部集子前两卷中写于 1550 年之前的重要的亚洲旅行记述完全是有可能的。当然，这些亚洲旅行记述里面包括了以前从未出版过的内容。

在赖麦锡编辑的三卷旅行集子中，第一卷的内容是东南亚和非洲，在赖麦锡于 1557 年去世之前就已经印刷过两次，后来又印刷过三次。其他两卷都没有得到这样的殊荣。1556 年，第一卷中一部分的法语译本由让·唐坡拉尔（Jean Temporal）译出，分成两卷在里昂出版。虽然其标题是《非洲第二卷》（*Tome seconde de l'Afrique*），但亚洲方面的资料实际上占据着压倒性的优势。[283] 显而易见，赖麦锡编的集子在 16 世纪没有其他译本，但是它被用作哈克路特（Hakluyt）和德·布莱（De Bry）的集子的模本。事实上，对于 16 世纪描述地理大发现的所有测绘员、制图者和历史学家而言，赖麦锡编的集子或者成为他们作品的逻辑起点，或者是他们最依赖的参考文献之一。对于那些有教养的公众来说，赖麦锡的集子中涉及的那些从马可·波罗直到伟大的地理大发现时代意大利人的卓越贡献，一定会激发出他们的兴趣和自豪感。[284] 17 世纪英国哲学家约翰·洛克（John Locke）这样评论赖麦锡的集子，这部文集避免了"像我们英国人哈克路特和珀切斯（Purchas）编的集子那样堆砌了大量无用的事件，它比德·布莱编的拉丁语集子更为完整和丰满，这在本质上是最值得珍视的一部文献集子"。[285]

两位伟大的英国收藏家理查德·伊登（Richard Eden）和理查德·哈克路特（Richard Hakluyt）没有赖麦锡那样源自本土的域外探险和地理发现的辉煌业绩去称颂。和其他人编辑的集子不同，英国人的集子不是依据本民族伟大的海外扩张成就写成的。如果说有什么不同的话，英国人编辑的集子用意在于通过展示其他民族如何通过海外冒险使自己富强和伟大，来激发本民族的人们向海外扩张的兴趣。

剑桥大学（Cambridge）毕业生理查德·伊登是英国编辑者中的先驱。1527 年，那时的伊登还是一个小男孩，罗伯特·索恩（Robert Thorne）就已经给国王亨利八世（King Henry VIII）写信，主张沿着向北的路线前往契丹和马鲁古群岛。国王亨利八世并没有马上回应这一建议，因为英国当时与查理五世是盟友关系，所以即使罗伯特·索恩的建议具有很大的启发性，但英国也不能派遣船队前往亚洲的商业中心。[286] 然而，某些人继续向王室施压，要求向海外扩张。在亨利八世去世后不久，塞巴斯蒂安·卡波特（Sebastian Cabot）离开了作为西班牙导航员的职位，再度出现在英国。塞巴斯蒂安·卡波特可能是被富有的朝臣和商人联盟带到了英国，这个联盟组成了商业冒险家协会（Society of Merchant Adventurers），他们曾经在 1553 年派遣威洛比（Willoughby）的舰队去探寻一条能够通过东北方向的线路以到达契丹的海峡。年轻的伊登那时候正是前往契丹探险的统领威廉·塞西尔爵士（Sir William Cecil）[287] 的秘书，他此时开始翻译并编辑旅行文献，目的在于唤起国人到海外世界的大陆国家开拓事业的意识，并意图间接激励起英国人瓜分其财富的愿望。

伊登的第一本书是在 1553 年出版的，该书包括塞巴斯蒂安·明斯特（Sebastian Münster）的《宇宙志》（Cosmographia [出版于 1544 年]）部分内容的译文，被称作《新印度论》（A treatyse of the newe India...）。虽然这本书具有试验性和尝试性，但它首次将地理大发现的历史系统地展示在英国公众面前。在伊登为读者写的"前言"里面，他清楚地指出书中地理大发现的知识将对国人褊狭的知识结构带来一次深刻的影响。伊登是用这样的方式开始他的"前言"的：

　　而在这本书里面（亲爱的读者），您也许可以读到许多稀奇古怪的东西，它们看起来是难以置信的，除非有同样的事物被我们的日常经验和可靠的作者们（正如后来所表现的那样）证明是十分确凿的，我想，为了向您更好地说明这些事物，写下这篇"前言"是必要的，借此您可以更清晰明白地理解该书涉及的事物的前因后果，即便不是全部，但最起码对于大部分内容而言是如此，它们都包含在这篇"前言"里面。因此您将会读到大量关于黄金、宝石和香料的内容，它们是由西班牙和葡萄牙人从与世界北部相对的南方和新发现的陆地与岛屿带来的，如果您考虑一下智慧的所罗门（Wyse Salomon）的名言，他说太阳底下没有什么新鲜事，那么，**这些事物的奇异或伟大将不会令您**

210　　　**感到目眩神迷，其种类名目同样也不会让您感到大惊小怪……**[288]

　　在国王爱德华六世（King Edward VI）于 1553 年去世之后，英国国内的局势发生了急剧变动。女王玛丽（Marian）的宗教改革的开始，女王 1554 年与西班牙国王菲利普二世的联姻，以及新教徒对于女王玛丽的政策的敌意都体现在伊登为《新世界或西印度旬年纪》（*The Decades of the newe worlde or west India ...*[出版于 1555 年]）一书写的前言里面，这部新的集子大部分内容都借鉴了西班牙的一些著述。伊登对这桩西班牙和英国的联姻表示欢呼，因为这个事件似乎允诺了英国可能成为西班牙海外帝国的一个伙伴和继承人的美好前景。在与一些印刷业者合作的过程中，伊登在女王与菲利普二世缔结婚姻之后的那一年完成了其集子的编辑工作，并且为之撰写了"前言"。这篇前言仍然是作为一篇杰作而存在的，它包含两个方面的内容，即对于玛丽女王的丰功伟业的政治宣传，以及与西班牙的殖民主义政策所赐予的那些被统治的海外居民的利益相关的复杂争论的阐述。伊登在政治上是一个桀骜不驯的人，他告诫自己的读者要"考虑一个问题：如果您对他们（国王菲利普和女王玛丽）尽义务的话，您将能够从他们那里得到何种利益"。[289]

　　伊登的集子的第一部分是他翻译的彼得·马特记述的前三十年的内容，以及教皇亚历山大六世在 1493 年出版的著名的划界诏书的拉丁文本和英文译本。集子的第二部分完全是由他节译的奥维耶多（Oviedo）首版于 1526 年的西印度历史组成的。在这部作品中，奥维耶多讨论了经由西班牙的美洲帝国发展太平洋贸易，从而打破葡萄牙的香料垄断的局面。但是，在奥维耶多的著作中，除了这个被翻译出来的部分之外，剩余部分全部在讨论美洲。伊登的集子的第三部分内容是首次环球航行的一般性描述以及关于马鲁古群岛的争议问题。皮加费塔和特兰西瓦尼亚的马克西米利安的记述文本在此交错出现，这些内容可能是从 1536 年在威尼斯单独出版的意大利语作品中翻译而来的。[290] 紧随这些内容之后的是宝石和香料产地、一些价目单的简短描述，以及对于葡萄牙和印度的重要性讨论，这种行文安排意在说明"我们不可能对我们如此高度评价的东西一无所知"。[291] 伊登接下来并没有试图描述葡萄牙人在马鲁古群岛的争论中处于何种位置，他把西班牙著名编年史家和辩护者戈马拉（Gómara）最初用西班牙语写成的具有偏颇性的记述的部分译文收入了其集子。集子的这一部分还包括亚美利哥·韦斯普奇（Amerigo Vespucci）和安德里亚·德·科萨利（Andrea de Corsali）关于"南极"（Pole Antarctica）的通信的内容摘要，这些资料可能是从赖麦锡的集子的第一卷中得到的。第四部分的标题是"关于莫斯科公国（Moscovy），契丹以及北部地区"，毫无疑问，这部分内容来自威洛比舰队和首相大臣理查德在寻找前往契丹的东北方向线路的航程见闻的启发。关于这个部分的资料，伊登是从明斯特的《宇宙志》、《世界上未知的陆地和岛屿》（*Novus orbis*）以及他本人与首相大臣理查德的交谈中搜集而来的，那时候首相大臣理查德正着手准备他的第二次航行，伊登本人还没有回到欧洲。[292] 但是伊登在这个部分没能提供任何关于契丹的实质性信息；最令人无法忽视的是，伊登居然没有使用马可·波罗或者其他中世纪以后到过契丹的旅行者的资料。第五部分包括了从 1552 年到 1555 年间，在"弗朗西斯科·洛佩斯·德·戈马拉和塞巴斯蒂安·卡波特的记述和地图中没有涉及的那些值得注意的印度群岛"。

211

虽然伊登明确地希望自己能够对前人的记述进行完善，但是他已经没有修订或补充其旅行集子的机会了。在伊登 1576 年去世之前，他再次开始搜集前往莫斯科公国和波斯的英文航海记述，以及瓦尔塔马（Varthema）翻译的马德里尼亚鲁斯（Madrignanus）在 1511 年的拉丁文记述。[293] 伊登修订后的作品在 1577 年最终由他的遗嘱执行人理查德·威尔斯（Richard Willes）出版发行，其名称是《东西印度群岛行纪》（*The History of Trauayle in the West and East Indies...*）。威尔斯曾经是佩鲁贾（Perugia）的一名教授，他在欧陆地区拥有一个包括耶稣会士乔万尼·马菲（Jesuit Giovanni Maffei）在内的学者朋友圈子，过着一种自得其乐的生活。[294] 威尔斯本人是一个叛教的耶稣会士，在他于 1572 年回到英国以及与伊登开始交往之前一直对宇宙志怀有兴趣。伊登作品的修订版是由理查德·于格（Richard Iugge）五年后在伦敦印刷的，威尔斯调整了伊登的《新世界旬年纪》（*Decades of the newe worlde*）中的内容，删去了其中的某些部分，增添了一些新翻译的记述，包括未得到出版的伊登本人翻译的瓦尔塔马的作品。威尔斯删去了伊登原版中的"前言"和其他注释，以及可能会引起伊丽莎白女王一世的新教徒不快的一些评论。威尔斯把这一卷分成四个部分，调整了伊登的材料以适应该书新的组织框架。和赖麦锡一样，威尔斯划分航程的依据是地理区域。

这一卷的第二部分内容是全新的，最初可能计划要单独出版，[295]威尔斯正是把这个部分组合在一起，为公众提供了亚洲方面重要的、新颖的资料。葡萄牙商人加利奥特·佩雷拉（Galeote Pereira）在 1549 年到 1553 年间曾因非法贸易被中国人囚禁，威尔斯把佩雷拉有关中国状况描述的一部分翻译成了英文。1561 年，佩雷拉的报告从果阿的耶稣会转送到了罗马的耶稣会总部。四年后，佩雷拉的报告的意大利语节译本在威尼斯得以出版。[296]威尔斯的译本正是从这个意大利语的节译版本翻译而来的。威尔斯在佩雷拉的报告后面续上了日本和"东部海洋中的其他几个小岛"的记述，这些内容翻译自马菲在 1571 年出版的耶稣会士信札汇编[297]以及伏若望（Luis Fróis）教父的一封信件。在这里，威尔斯把马菲称作"我熟悉的老朋友"，这暗示了威尔斯可能从这位耶稣会士那里获得了大量关于亚洲的信息。

当然，我们可以说威尔斯从葡萄牙人和耶稣会士那里补充的新资料使伊登的集子的结构显得更加合理了。也许，伊登本人也意识到了自己的集子内容安排得不够均衡，这在一定程度上，是因为他想赞颂西班牙人的丰功伟业。这一猜想很快在伊登去世之前翻译瓦尔塔马用意大利语写成的旅行记述的事实中得到了印证。伊登和威尔斯共同完成的作品《东西印度群岛行纪》，首次给英文读者们提供了有关亚洲以及欧洲人曾经采用或者正在寻找的到达亚洲的各种线路的新近记述。当时，马丁·弗洛比谢尔（Martin Frobisher）正致力于找到一条西北方向的线路从美洲穿越太平洋，这已经是他第三次尝试着这么做了，事实上，威尔斯的作品在一定程度上是在为这件事情做宣传。威尔斯的作品的一小部分来自马菲，并命名为"加潘（Giapan）之外的小岛，沿着这条线路前行可以经中国到达马鲁古群岛"，这些信息表明威尔斯希望弗洛比谢尔能够到达马鲁古群岛。如果需要进一步的事实支持这一断言，即伊登和威尔斯实质上对于能够促进海上冒险的航海文学感兴趣。那么，我们只需要重复一下第二部英文旅行记述集子的情况即可：虽然其中一些翻译来的记述不可避免地参考了从前的文献，但是和第一部一样，第二部没有收入一篇地理大发现之前的旅行记述。

在目前可以看到的作品中，对于英文旅行文学做出了重要补充的是，威尔斯的两个同时代人托马斯·尼古拉斯（Thomas Nicholas）和约翰·弗兰普顿（John Frampton）二人的作品。这两个人都是塞维尔的商业活动中的活跃分子，因此，他们翻译的大部分文献都来自西班牙语。1577 年，尼古拉斯从原来的卡斯蒂利亚语版本翻译了一本书，这本书的英文版后来以《来自大中国的最新消息》（*News lately come from the great Kingdom of China*）为题出版。在接下来的一年里，尼古拉斯给弗朗西斯·沃尔辛厄姆（Sir Francis Walsingham）写信，说他打算翻译一部名为"葡萄牙国王治下的东印度"的作品。[298]然而，这时弗兰普顿用英文翻译的贝纳迪诺·德·埃斯卡兰特（Bernardino de Escalante）的西班牙语版的《记述》（*Discorso*）出版了，尼古拉斯遂放弃了他的翻译计划，这个英译本的名称是《葡萄牙航海纪事》（*A Discourse of the Navigations which the Portingales do make*）。同年，弗兰普顿又出版了他翻译的桑德拉（Santaella）的卡斯蒂利亚语版（1503 年）的马可·波罗行记的英文译本。[299]1580 年，可能与对前往契丹的西北方向的航线的新的探寻有关，弗兰普顿出版了加的斯（Cadiz）的弗朗西斯科·塔玛拉（Francisco Thamara）的旅行记述集子，其英文名称是《东北方向上的鞑靼、西徐亚和震旦诸国的发现》（*A Discovery of the Countries of Tartaria, Scythia, and Cataia by the North-east*）。1582 年，也就是德雷克（Drake）从其环球航行归来两年后，可能是托马斯·尼古拉斯献给了他一份翻译文献，它翻译自卡斯塔涅达对于葡萄牙人在东方冒险的权威史述的西班牙语版本。[300]

英国历史上最伟大的编辑者理查德·哈克路特在整个英国都为德雷克的航海业绩激动不已的时候正式开始了其编辑和出版活动。[301]哈克路特是一位皮革制品商的次子，他于 1507 年在牛津（Oxford）的基督城（Christchurch）获得了奖学金的资格，四年后获得学士学位。哈克路特在 1577 年获得硕士学位之后，立即被任命为英国国教（Anglican church）教堂的牧师。哈克路特在其同名律师叔父的影响下，早在其大学时期就对新的地理学知识产生了浓厚的兴趣。1577 年，哈克路特遇到了奥提留斯（Ortelius），自此以后，他立即开始与墨卡

213

托（Mercator）通信。但是，在这些年里，赖麦锡在编辑其作品集时，在很大程度上参照了哈克路特研究的补本部分中的单本文献的模式。

　　然而，哈克路特的方法和目标显然不同于他的意大利前辈们。在哈克路特的职业生涯开始不久，他就开始尽可能地对更多的人进行访谈，以便搜集信息、书籍和手稿。最初，因为哈克路特的最大兴趣在前往美洲的航海活动上，所以他利用每一个可能的机会去了解葡萄牙人在东方的活动。1581 年，哈克路特在伦敦与葡萄牙的流亡者交谈。在哈克路特的《发现美洲及周边岛屿游记汇编》（*Divers Voyages touching the Discovery of America*，1582）中，他收入了罗伯特·索恩在 1529 年从塞维尔发往英国的两封关于葡萄牙帝国、马鲁古群岛以及英国需要找到前往东方的北方线路的信件。1583 年，当哈克路特作为宫廷牧师前往法国的英国大使馆时，他再次会见了为逃避菲利普二世政府而流亡在那里的葡萄牙人。在托马斯·卡文迪什（Thomas Cavendish）成功地通过麦哲伦海峡（Strait of Magellan）远征马鲁古群岛的过程中，德雷克的航海业绩于 1586 年达到了巅峰，显然，哈克路特仔细地探寻了英国在此基础上继续推进航海事业的努力。[302] 哈克路特得到了一份由英国耶稣会士托马斯·史蒂文斯（Thomas Stevens）从果阿发来的信件复制品，他在经由黎凡特的线路前往印度之前，于 1583 年向约翰·纽贝利（John Newbery）请教过相关问题。1588 年，也就是西班牙的无敌舰队向英国发起圣战的那一年，哈克路特从他法国的职位上离开返回英国，立即投入了编辑出版《1500 年来任何时候……英国通过海路或陆路的重要的航行、旅行记述和地理发现（1589—1590 年）》（*The principall Navigations, Voiages and Discoveries of the English nation, made by Sea or over Land ... at any time within the compasse of these 1500 yeeres [1589-90]*）第一版的工作。

　　哈克路特在第一版中涉及亚洲方面的资料是微不足道的。哈克路特的主要目的正如其标题所描述的，是要记录英国的业绩。到哈克路特那个时代，英国人和印度以及往东方去到更远的地方之间的联系已经很少而且没有规律。自从 15 世纪中期以来，对于前往契丹的北方线路的探寻并没有得到其支持者们所期待的结果。英国在黎凡特地区的冒险事业也频频失利，因为西班牙人的敌意，英国的舰队发现要安全地通过直布罗陀海峡（Straits of Gibraltar），可谓困难重重。德雷克的航海活动虽然曾经获利颇丰，但其模式却不易复制，和此前的西班牙人一样，英国人相当勉强地承认，前往马鲁古群岛的西南方向路线对于常规性的贸易活动而言太不稳定，所以它是不可取的。西班牙的无敌舰队的失败为英国人在 16 世纪的最后一个十年认真计划与印度确立直接的贸易关系开了绿灯，几乎在一个世纪前，瓦斯科·达·伽马也是循着这条线路划分其势力范围的。[303]

理查德·哈克路特是 1590 年之后最有野心的规划者和最为勤勉的信息搜集者之一。每当英国士兵把他们从西班牙和葡萄牙人那里捕获来的船只押运到港口，哈克路特便去索要他们的航海日志、价格记录和其他任何可以进一步得到的关于印度贸易信息的资料。哈克路特和许多他的同时代人一样，他的目标在于为第一支前往印度的小舰队提供尽可能权威的航海和贸易数据。哈克路特不是一个与世隔绝的学者；在那些日子里，他迅速地成为东方贸易组织的领导人之一，在东印度公司（East India Company）成立的过程中，他起到了积极的作用。有一份编年史写于 1600 年，作者可能是哈克路特，证实了他在为确立英国贸易的稳固基础方面所起的重要作用；这份编年史的名称是"英国商人开展东印度群岛贸易的缘由……"（Certain Reasons why the English Merchants may trade into the East Indies ...）。[304]

哈克路特的《与美洲及其毗邻的岛屿的发现相关的航海行纪》（*Voyages*）的第一版仅仅收入了卡文迪什的报告和纽贝利的几封关于印度的信件。《航海行纪》的第一版也没有提及切萨雷·费德里奇（Cesare Fedrici）的著作和门多萨的《中国》（*China*），这两本书以前都曾被翻译成英文。第一版中关于亚洲的资料在 1589 年到 1600 年间的最后一版中得到了重印。但是，《与美洲及其毗邻的岛屿的发现相关的航海行纪》的最后一版被大大地扩展了，在关于东方以及英国对于印度贸易迅速增长的兴趣方面的资料上，补充的内容尤为明显。哈克路特也把一些中世纪的旅行记述（虽然没有马可·波罗的行记）收进了他的集子，这为 16 世纪的航海记述提供了一个更好的背景。

关于当代部分，哈克路特从国外摘引了一些新的资料填补在其中。也许，

261

最引人注意的是对切萨雷·费德里奇的印度和东印度群岛游历记述的翻译部分，毫无疑问，这是目前所知的那个时代关于那些地区的最完整、最权威的记述了。[305] 门多萨的《中国》[306] 的英译本曾在 1589 年到 1590 年间分开出版，虽然哈克路特是第一个帮助推动该书翻译和出版的人，但他从未重新发行过此书。但是哈克路特编的《与美洲及其毗邻的岛屿的发现相关的航海行纪》的第二版与杜阿尔特·桑德（Duarte Sande）的著述曾就中国展开了一次最为有趣的对话，1590 年其拉丁文版本在澳门印刷出版。正如哈克路特所称赞的那样，这部"杰出的论著"[307] 是 1592 年，在被捕获的葡萄牙人的武装商船"马德里·德·迪奥斯"（Madre de Dios）上发现的战利品之一。关于中国的三角对话建立在澳门的耶稣会士们搜集的信息的基础上。哈克路特也把威尔斯以前出版过的佩雷拉关于中国的记述，以及马菲和伏若望对于日本的记述的译本收入了他编的集子。里斯本的彼得修士（Friar Peter）讨论勃固的一封短信，林斯乔坦关于纽贝利的简短报告，以及拉尔夫·费奇（Ralph Fitch）在果阿的监禁与逃离记述一道结束了哈克路特关于亚洲的记述。

与国外的同类记述相对照，可以看到所有英文的旅行记述涉及的都是航海、旅行或者是商业问题，而不是东方的国家本身。哈克路特收进其集子的那封由耶稣会士托马斯·史蒂文斯在 1579 年从果阿发出的信件是真实的。当然，与德雷克和卡文迪什的环球航行相关的记述都很重要，但是，根据三个不同的参与者的记述，也许詹姆斯·兰卡斯特（James Lancaster）在 1591 年前往东印度群岛的航海事件更引人注目。费奇对其在勃固和印度旅行的记述更多地依赖了费德里奇的作品，对于费奇而言，他对自己的经历的记录显然是在哈克路特的引导下，根据回到英国之后的记忆并参考其阅读的出版物来完成的。[308]

1600 年，哈克路特的三大部航海志的最后一卷终于得以出版。用弗劳德（Froude）的话说，随着它的问世，英国便有了自己的史诗。16 世纪中期的英文读者们，在英语读物中几乎读不到任何关于海外的东西，如今，诞生于 16 世纪的一部最优秀的原始资料汇编就在自己的身边。哈克路特在搜集和编辑整部资料中的记述、图表和书信时所付出的艰辛甚至要远远多于赖麦锡。哈克路特几乎没用作任何概述。哈克路特列出的他在寻找旅行作品时的帮助者，也许比赖麦锡还多。哈克路特通过把其他语系的航海记述转换为可读的英文，大大地促进了英国支持海外扩张意识的增长。但是，我们不能因为哈克路特是一个海外文献的普及者，就认为他是一个对所有内容都进行过论述的人。哈克路特是原始材料的搜集者，然而他在自己编辑的资料集中并没有阐释这些材料与贸易和地理之间的关联。但哈克路特的阐释在其他地方也出现过，比如在 1600 年为东印度公司拟的编年史中就有过。

德国人在 16 世纪编的旅行集子在目的上与英国人和赖麦锡的集子不同。德国人在 16 世纪中期在法兰克福出版的旅行文学集子，主要是由印刷业者和雕刻家编辑的，所以它们被设计成了具有娱乐性和吸引眼球的文学样品。其制作版式很引人注目，其中包括各种语言文字说明，以及过于丰富的雕刻画图示。其中的文本被频繁地混淆、误译或者大量地删除；当旅行文学变成一种市场化的商品时，就大量地失去了它曾为赖麦锡所极力追求的学术意义和哈克路特赋予其《与美洲及其毗邻的岛屿的发现相关的航海行纪》的国家主义热情。但是德国的旅行文学集子可能和大众文学一样，在传播海外信息方面具有着重要的贡献，在北欧尤其如此。

在这些旅行文学集子中，最早在德国市场上出售的是法兰克福的首席出版业者西格蒙德·费耶拉本德（Sigmund Feyerabend）的作品。[309]1567年，费耶拉本德的代理人开始出售一部名叫《发现世界的旅行》（*Warhaffiige Beschreibunge aller theil der Welt*）的两卷本集子。这部资料汇编的第一卷，主要来自塞巴斯蒂安·弗兰克（Sebastian Franck）首版于 1533 年的《世界书，全球景观和图像》（*weltbuch*），还有一小部分来自《新世界》。在那些从这里摘录的作品中，包括 5 名葡萄牙人首次前往东方的航海记述，以及到目前为止出现在德语文学中的那些史诗般的事件最完整的叙述。虽然费耶拉本德的主要目的明显是要制作一本畅销书，但是他在"前言"中指出，希图通过该书的出版为祖国增光添彩，并激发青年一代中到国外探险的欲望。

在 16 世纪即将结束的时候，西奥多·德·布莱（Theodor de Bry）和他的家人出版了一部装帧奢华的旅行文学集子。[310]德·布莱是出生于列日（Liège）的一名新教徒，为了逃避"西班牙的愤怒"（Spanish Fury）导致的疯狂杀戮，

216

大约于 1570 年定居法兰克福。德·布莱是一个训练有素的雕刻师，他和几个儿子在法兰克福开了一家出版社，专门制作图案丰富的书籍。1587 年，德·布莱造访英国，在那里他与哈克路特有过一次会谈，并为哈克路特的搜集编辑工作所触动。德·布莱计划完成的集子名称是《西方人东印度群岛旅行记汇编》（*Collectiones peregrinationum in Indiam orientalem et occidentalem ...*）。1590 年该书的部分内容就已经面世，但是直到 1634 年还没有完成。这些奢华的航海行纪分为 25 个部分发行，包括两大系列："大航海行纪"（*Grands voyages*）和"普通的航海行纪"（*Petits voyages*）——如此来命名是因为不同卷宗之间存在着些微的差异。从属于普通的航海行纪的《东印度》（*India orientalis*）部分在 1598 年到 1628 年间分别用拉丁文和德文发行出版。[311] 在 16 世纪末之前发行的那些卷宗中，德·布莱把荷兰航海者林斯乔坦和豪特曼（Houtman）的记述也收入了他的集子，这是对于当时能够读到的旅行文学最为醒目的补充。德·布莱的集子最让人印象深刻的地方在于其中雕刻的人物、情景和地图，充满了丰富的想象力。

在 16 世纪最后几年，勒维纳斯·胡尔修斯（Levinus Hulsius）从事了一项同样宏大的海外冒险事业。胡尔修斯出生于根特（Ghent），[312] 和德·布莱一样，他因为逃避宗教迫害而离开家乡，最终定居在法兰克福。胡尔修斯也在法兰克福开了一家出版社，他作为一名德文编辑者和国外语言专家很快暴得大名。1598 年，胡尔修斯开始出版他闻名遐迩的"26 篇航海行纪"集子。可能是想用低价吸引读者购买，这部集子在发行时采用了便利的四开本尺寸，仅有德语版，与德·布莱的航海集子相比较，制作得更加奢华。显而易见，这项出版计划是成功的，因为它被胡尔修斯的继承者们传递下去了，到 1663 年为止，在整整六十五年的时间跨度里共出版了 69 卷。和德·布莱一样，胡尔修斯将内容重心集中在荷兰和英国人的海外扩张方面，从而把荷兰人对于东方的记述也收入了早期出版的几卷以及这个系列之中。与德·布莱的集子相比较，胡尔修斯的集子似乎意在吸引普通读者的关注，因为其中甚至不带任何评论性的内容。也没有前后贯穿一致的理论架构和组织构架，这个集子的出版似乎只是让读者可以读到这些文献就够了。

217

从赖麦锡到胡尔修斯，这些宏富的旅行文学集子的编辑动机各有不同。总体上看，虽然赖麦锡的集子具有一定的先导性，但他的集子与其他人相比，更为清晰地表述了一种科学和知识的意图，这方面它受益于赖麦锡作为人文主义者的批判意识。虽然每一部大的集子都有自己设定的编辑导向和总体规划，但赖麦锡的集子仍然为其他后来的集子树立了一种典范。所有后来的集子都没能完全走出赖麦锡确立的范型，而仅仅是对它的修正。伊登（Eden）和哈克路特（在他的《与美洲及其毗邻的岛屿的发现相关的航海行纪》中）的意图是要激励英国人参与海外的扩张事业，所以他刻意地把阐释问题和批判思考的空间留给了其他人。德国的编辑者真正关心的是要借用旅行记述中遥远的异域风情迎合大众的口味。然而，无论编辑者们的意图何在，这些篇幅浩繁的旅行记述集子的出版和传播为读者带来了一种新的文学题材，如此，有着各种不同目的的其他人就可以立即参考和使用这种文学样式。简言之，到 1600 年的时候，用各种语言编辑而成的旅行记述虽然尚不完整，但是已经可以为那些从事学术研究的学者和休闲消遣的一般文学读者们轻易地看到了。

第六节　地图的依据

如果不参考地图制作方面的证据，文献资料方面的调查就无法完成——特别是考虑到 16 世纪在地图绘制和设计方面发生的名副其实的革命性变化，在很大程度上都可归因于地理大发现的影响时，情况更是如此。瓦尔德西姆勒（Waldseemüller）、雷纳斯（Reinels）、赫莫斯（Homems）、奥提留斯（Ortelius）和墨卡托以及那个时代许多不知名的地图绘制者们的贡献都产生了这样的效力，即托勒密和马可·波罗的传统亚洲地图渐渐不再适用，取而代之的是建立在实证数据基础上的新地图。到了 1600 年，地图中亚洲和太平洋的主要轮廓已经呈现出来了，在 18 世纪之前，欧洲人绘制的地图除了对此做了些许修正之外仍然保留了其大致的面貌。在 17 世纪，地图上附加的内容主要是对亚洲内陆地区几个大的国家，诸如印度和中国的介绍，而在 16 世纪，地图绘制者对此还没有基

218

本明确的认知。

　　1500 年之前，迈向绘制一幅更为清晰、精确的亚洲地图的步履仍然显得较为蹒跚。马可·波罗和尼科洛·德·孔蒂对于制作一种更具体的地图的贡献已经为人们所注意。作为古典时代的人文主义复兴的一部分，地图绘制开始向托勒密地理学回归，当地图上的数据与托勒密地理传统不相符时，这种倾向对于激励一种绘制真实的亚洲地图的兴趣，以及对于人文主义地理学家难于接受的新信息就会产生一种反作用力。大约在 1570 年之前，这种冲突都一直主宰着制图学，而且在那些已经得到印刷出版的或者"文献性的"地图中尤其明显。航海指南或者水手们用的地图常常是以手稿的形式保存着，它们被绘制得一丝不苟，具有更强的现实导向性，不太可能留存早期地图的谬误因素，随着新的信息的出现，更加容易、频繁地得到修改。航海指南是海员们为每天的使用而绘制的，因此它是可以看到的、记载地理发现的最好记录之一。出现在书籍和地图册中得以印刷出版的地图常常是在可以看到的航海指南和过去的世界地图的基础上绘制而成的。正是根据这些普通公众可以看到的文献性地图，欧洲人发展出了他们关于亚洲基本构造的视觉想象。因此，我们将强调印刷出版的地图的演化过程，而不是那些航海指南和手稿中的地图，原因在于后者只能为那些参与地理发现和少数文献搜集者以及制图者才能看到。

　　葡萄牙人是 16 世纪最伟大的航海指南制作者。[313] 葡萄牙人甚至在亨利王子 1460 年去世之前就已经开始绘制非洲海岸的轮廓图了。在瓦斯科·达·伽马的首次远征之后，随着葡萄牙人在东方的节节胜利，海上线路和海岸地区也被那些跟随远征舰队的航海者和图表绘制者们真实地描述出来了。当远征的人们返回欧洲后，航海指南就被存放在里斯本，为随后的航海指挥者们作为导引使用。越是详细的航海指南，在绘制那些较为普通的、呈现葡萄牙人在东方的扩张业绩的地图时，就越是使用得更加频繁。一幅参考了官方的《标准图》（*padrão*）的标准世界地图被保存在《几内亚和印度货栈实录》（*Armazens da Guiné e India*）里面；只要新的信息一到达里斯本，所有新的地理发现就被记录在这张地图上。这些供葡萄牙舰队使用的图表都是依据《标准图》上的最新数据一丝不苟地绘制出来的。[314] 和其他关于非洲和亚洲的数据一样，航海指南、

219

图表和地图都被列为国家机密，被努力地保存起来了，以免葡萄牙人的航海经验为其他人所利用。[315] 然而，和其他被列为机密的信息一样，航海指南和一般地图的复制品也被偷运出葡萄牙，被意大利、德国和低地国家的地图绘制者作为他们制作航海指南和雕刻木版地图册时的资料使用了。[316]

瓦斯科·达·伽马首次航行的情况，最初被曾做过哥伦布领航员的胡安·德·拉·科萨（Juan de la Cosa）于 1500 年记录在一份世界地图的手稿上。这份地图手稿中保留了被缩短的印度、两个过分扩展的东南亚半岛，以及依据托勒密地理学传统绘制的大海湾（Sinus Magnus）。印度地图上插入了一个简单的图例，所有这些都暗示了这块陆地是由葡萄牙人发现的。大约在 1502 年，一幅被称作金 - 汉密 - 亨廷顿航海图（King-Hamy-Huntington chart）的匿名世界地图，显示了人们在迈向更为精确的地图绘制上又前进了几步。卡利卡特被定位在印度西海岸上，整个半岛在其西边延伸。然而，东南亚仍然保留着其在托勒密地图中的含糊状态。这些早期的最大的进步体现在 1502 年的坎提诺（Cantino）平面球形图上。这幅平面球形图可能绘制于里斯本，[317] 这份匿名的手稿是费拉拉的公爵（Duke of Ferrara）赫尔克里斯·德斯特（Hercules d'Este）的代理人阿尔伯托·坎提诺（Alberto Cantino）送给他的礼物。如今这幅图被安放在摩德纳（Modena）的埃斯腾斯图书馆（Bibliotheca Estense）。坎提诺的平面球形图对亚洲的表现可能参考了阿拉伯人的地图和信息。在这幅图上，印度的形状与其真实构型非常接近，虽然其顶部多少有点过于突出。马来半岛显得过于长，也有些太宽，在图上被画得像一只从南亚伸过来的臂膀，而太平洋海域则完全消失了。锡兰和苏门答腊的位置虽然不够准确，但其轮廓多少还算接近事实。最后，这幅世界地图是由一名大概居住在里斯本的热那亚人尼科洛·德·加纳里奥（Nicolò de Canério）于 1502 年到 1504 年间绘制的，这幅地图上的印度比此前任何地图都更为精确和真实。[318]

整合了零零碎碎的新地理学信息并得到印刷出版的第一幅地图可能是康达里尼（Contarini）于 1506 年在佛罗伦萨雕刻的。这幅地图把印度的西边拉长了，但是对亚洲其他地方的描绘则延续了托勒密的地理传统。马丁·瓦尔德西姆勒（Martin Waldseemüller）在 1507 年绘制了一幅大的世界地图，虽然这幅

220

图对于美洲的表现依赖了加纳里奥的地图，但它忽视，也可能是拒绝了关于亚洲的新的地理信息，一成不变地进一步延续了托勒密和马可·波罗的地理传统。约翰·勒伊斯（Johann Ruysch）的地图仍被束缚在托勒密的《地理学》（罗马，1508 年）一书的观念中，也许这幅地图描绘亚洲时相对的改进要归因于制图者对于坎提诺的地图观念的依循——勒伊斯可能在意大利看过坎提诺的地图。然而，在 16 世纪第一个十年的欧洲传播开来的地图手稿和出版的资料的最大影响，体现在 1513 年斯特拉斯堡出版的托勒密著述中。在瓦尔德西姆勒及其同事们在圣迪耶（St. Dié）绘制的纪念地图册中，具有补充意义的内容是根据加纳里奥的地图制作的南亚地图。[319] 1522 年，这幅新的托勒密地图通过补充加进了一个不够完善并且具有幻想性质的新东印度群岛地图，[320] 还有中国和"吉潘古"（Zipangu，即日本）地图，从而使内容更加丰富，它在 1579 年奥提留斯的《环宇大观》（Theatrum）出版之前成为了一个绘图标准。

　　到 1522 年的时候，把亚洲的大部分区域放进托勒密的地图册已成为可能，因为前一个十年在勘探和绘制印度东部的亚洲地域方面取得了快速的进步。在 1508 年到 1509 年间（艾格尔顿 [Egerton] 和沃尔芬布特尔 [Wolfenbüttel]）绘制的航海图手稿上，印度的地图比以前更加准确了，印度洋也是如此。[321] 弗朗西斯科·罗德里格斯（Francisco Rodrigues）于 1512 年和阿布雷乌（Abreu）一道航行至马六甲期间，搜集了大量关于东印度群岛、南亚和中国的绘制地图方面的知识，从此在西方开创了关于那些地区的科学绘制地图法。[322] 在罗德里格斯写于 1514 年的书中，收入了几幅香料群岛的航海图，这些图是依据直接观察得来的信息以及中国的航海图绘制的，其中的资料可能是从马六甲的码头上的水手们那里搜集而来的。这些详细的航海图显然被佩德罗（Pedro）和豪尔赫·赖内尔（Jorgé Reinel）借用在他们 1517 年到 1519 年间绘制的未署名的航海图中。在这幅航海图中，东印度群岛得到了详细地体现，印度支那的凸起也开始被表现出来，其海岸线向东北方向一直延伸到广州附近的地区。[323] 葡萄牙绘制航海图的大师洛波·欧蒙（Lopo Homem）在 1519 年根据当时流行的宇宙学观念绘制了一幅世界地图，其中对于印度和东印度群岛有着非常详细地体现。[324] 1522 年，西班牙的加西亚·德·托尔雷诺（Garcia de Torreno）在他的地图中首次定位出了菲律宾群岛，并绘制出了其轮廓，由此，亚洲海岛在地图上得以完满地体现。

托尔雷诺关于菲律宾的信息，几乎可以确定是来自伴随麦哲伦航行的幸存者那里。也正是在首次环球航行之后的那几年里，太平洋在欧洲人的地图上成为一个真实的存在。[325] 曾经为早期的制图者们推论出来的那个假定的太平洋，在巴尔波亚（Balboa）1513 年的观察报告到达欧洲后才逐渐变得真实起来，当时他称太平洋为"南海"。彼得·马特（Peter Martyr）在 1516 年提出香料群岛位于美洲和亚洲的大海上。正如我们看到的那样，西班牙人希望从他们所在的那个太平洋海岸侵入东印度群岛，从此以后，西班牙人就开始向西张望。作为麦哲伦伟大的航海事件的余波，西班牙与葡萄牙开始为他们在东方的势力范围划分而争论不休。显然，西班牙人为了使他们的势力范围获得地图上的支持，他们努力雇佣了洛波·欧蒙、赖内尔家族以及其他人，来支持 1542 年在巴达霍斯—艾尔瓦斯举行的会议中的西班牙代表团。葡萄牙的专家们显然都很忠诚，从 1542 年直到后来一直都坚持香料群岛属于葡萄牙人的势力范围。[326] 在 1529 年签订的《萨拉戈萨条约》（Treaty of Saragossa）中，势力范围之争达到了高潮，无论是已知的还是尚存在争议的新的地理学知识都被采用了，并在争论中扮演了一个很重要的角色。最终，从制图者的观点来看，如果他不是外交人员的话，太平洋都会被赋予一个东方和西方的边界。而太平洋北部和南部的边界直到 18 世纪才得到明确。

葡萄牙制图者在界定大部分后来的东半球地图和太平洋区域地图时，受雇于西班牙的葡萄牙人迭戈·里贝罗（Diogo Ribeiro）获得广泛认可的世界地图（绘制于 1527 年，1529 年）得到了采纳。西班牙的第一个宇宙志学家里贝罗在 1524 年的巴达霍斯—艾尔瓦斯会议上扮演了一个统治集团（Junta）的专家的角色。那时候，里贝罗帮助马丁·森图里翁（Martin Centurion）翻译了巴尔博萨的著述。[327] 巴达霍斯—艾尔瓦斯会议之后，里贝罗回到了他位于拉科鲁尼亚（La Coruna）的香料群岛商行的工作坊，居留在那里直到 1528 年。虽然葡萄牙人于 1514 年到达中国，但他们的地图并没有立即体现出这一胜利扩张的信息。[328] 但是从锡兰到广州北部的南亚海岸被里贝罗详细而精确地绘制在地图中。东印度

222

群岛和菲律宾被放置在西班牙人的势力范围之内，马来半岛的西边被绘制得更加详细。日本仍然是无依无靠地漂泊在大海中，无法呈现其身份与位置。

就在葡萄牙人继续绘制杰出的航海图时，其他欧洲国家的制图者们在 1530 年后也开始绘制他们自己的地图。位于巴黎的圣巴布学院（Collège of Sainte-Barbe）的学生和教授们，把他们的同胞在地理发现中的信息传播给了对此感兴趣的法国地理学家和宇宙志学家。[329] 当诺曼（Norman）市开始显著地参与到海外的活动中去的时候，葡萄牙的船长们把地理学和航海信息以及其他被葡萄牙海军部努力封锁的秘密，也带到了法国北部的迪耶普（Dieppe）。[330] 若昂·阿方索（João Afonso）大约在 1528 年从葡萄牙移居到了法国，可能定居在拉·罗谢莱（La Rochelle）。在这里，阿方索为法国的远征队伍绘制了航海图和地理草图。[331] 这些最初绘制于法国的地图几乎全部建立在葡萄牙人的航海指南的基础上。但是，大约在 1540 年，由皮埃尔·戴斯利尔斯（Pierre Desceliers）带领的迪耶普学派开始制作地图和地图集，他们自己在航海中获得的新信息都被整合在里面。1544 年，大约雕刻于安特卫普的塞巴斯蒂安·卡波特（Sebastian Cabot）的世界地图把日本作为亚洲唯一一个约定俗成的部分。这个时期，东半球的其余部分也得到了精确地描绘，尤其是中国，被绘制得非常详细。欧洲北部国家的这些地图绘制的发展迹象预示着荷兰将在 16 世纪的制图革命中取得支配地位。

在 16 世纪中期，致力于复兴和修订托勒密地图的工作一直占据着主要的地位。在巴塞尔（Basel），主要对描述性的地理学感兴趣的塞巴斯蒂安·明斯特（Sebastian Munster），在 1540 年到 1552 年间出版了 4 部托勒密地图的修订著作。一系列经过精致雕琢的托勒密地图的意大利语版本，主要是由技艺高超的制图师加贾科莫·加斯塔尔迪（Giacomo Gastaldi）完成的，于 1548 年到 1574 年间在威尼斯出版。在这些年里，大量个人的和区域的地图也出现在威尼斯和罗马。在地图绘制和出版方面，意大利暂时遥遥领先。在加斯塔尔迪绘制于 1550 年的地图上，"加潘"（Giapam，即日本）这个词语首次取代了"吉潘古"出现在读者面前。[332] 正是借用加斯塔尔迪的地图，赖麦锡在几年后了解到日本就是马可·波罗所说的"吉潘古"。[333] 也许赖麦锡是从加斯塔尔迪这里得到了印度和东印度群岛的地图，这些地图出现在他的旅行集子第一卷 1554 年的版本里面。根据耶稣会士的信札和葡萄牙人的航海图册，在 16 世纪中期以后，日本就迅速地出现在地图上，而且绘制得更加详实，日本在 16 世纪的地图上虽然一直都得到了体现，但是，当葡萄牙制图者和其他人开始分区它的三个岛屿时，从前日本被视为一个岛屿的地理传统就遭到了新的质疑。[334]

从依循里贝罗 1529 年绘制的平面球形图的那一代人开始，根据现存的地图所显示的情况来看，伊比利亚半岛国家的航海图或地图在绘制东半球时基本延续了既往的制图学传统。相对于这种普遍的情形而言，也存在着一个伟大的例外，那就是大约绘制于 1535 年的匿名地图（这幅地图在 1928 年为费城 [Philadelphia] 的博伊斯·派恩罗斯 [Boies Penrose] 所有），该图把菲律宾和婆罗洲绘制得更加详实。[335] 从 1529 年到 1548 年，新的文献资料仍然相对较少。换句话说，一旦地理大发现成为事实，除了日本之外，在欧洲出现的任何信息都不再具有轰动效应，在欧洲广泛传播的东方信札中的所有话题亦是如此。只有当耶稣会士开始在亚洲的传教区域活动的时候，更新的材料才会在欧洲大量出现，并被作为绘制地图时的参考文献使用。大约在 16 世纪中期，耶稣会士的信札越来越多地被用于绘制航海地图时的补充性数据。自那以后不久，日本人制作的地图中的信息就传到了欧洲，[336] 在 16 世纪的最后几年里，这些信息被制图者用来调和源头不同的信息间的歧异和冲突。

16 世纪下半叶的航海地图非常之多；仅在里斯本就有六家办公室雇佣了 18 个人全部用于制作航海地图。[337] 洛波·欧蒙在 1546 年制作的匿名航海图[338] 是当时唯一一幅根据航海数据绘制出来的。它比较详细地显示了中国海岸，直至长江三角洲以北，葡萄牙人称之为南京江湾（Gulf of Nanking）。有一系列岛屿位于北部，东边和朝鲜的地形相似。印度支那和马来亚的海岸轮廓虽然仍显得有些粗糙，但已经开始接近它们的真实形态。菲律宾、琉球诸岛（Liu-ch'ius）、香料群岛和苏门答腊以及许多更小的岛屿和群岛都被清晰地显示出来了。锡兰和印度海岸与它们的名字紧紧地联系在一起。除了印度南部之外，没有内陆地区被标出；三年前发现的日本在这幅平面圆形图上没有显示，它甚至在迭戈·欧蒙 1558 年的地图册中的远东海岸图上也看不到。[339]

224

就我们所知的，日本群岛首次得到详实地体现是在 1561 年巴托洛梅乌·维利乌（Bartolomeu Velho）绘制的亚洲地图上，他的地图还包括虾夷（Yezo）岛。[340] 维利乌还在中国和鞑靼之间绘制了长城，他对印度大部分国家的名字的记述是正确的。[341] 费尔南·瓦斯·杜拉多（Fernão Vaz Dourado）在 1568 年绘制的地图集首次把日本和朝鲜分开表现在不同的地图上。[342] 一幅特别的包含了非常完整的术语表的锡兰航海图，对于制作这幅最为与众不同的地图集亦颇有助益。在瓦斯·杜拉多 1580 年的地图集中，首次出现了杭州（Hangchow）、澳门和新几内亚（New Guinea）的名字。1573 年，在多明戈斯·特谢拉（Domingos Teixeira）的平面球形图上出现了渤海湾（Gulf of Pohai），这在欧洲地图上还是第一次。[343] 1590 年出现了一幅匿名的平面球形图，人们一般认为是佩德罗·德·利姆斯（Pedro de Limos）所作。在这幅地图上，葡萄牙人穿越远东沿着卡利卡特到长崎（Nagasaki）的海上线路最终得到了非常详细地描绘。

虽然南亚和远东所有真实的海岸线到 1590 年都已经为人所知，但内陆区域的地图描绘却仅仅显示出些微的进步。耶稣会士们要比任何其他群体都更加深入日本、中国和印度，在他们的通信中，提供了一些关于这些国家的内陆地形特征和城市的一些数据。他们和菲律宾的方济各会修士们在 16 世纪末期负责把中国和日本的地图复制品带回欧洲，最终可能被一些制图者用来修正他们自己的地图。[344] 耶稣会士们也带回了一些关于莫卧儿帝国（Mughul empire）、北海道（Hokkaido）和朝鲜 1600 年之前的自然地理学数据。

亚伯拉罕·奥提留斯（Abraham Ortelius）伟大的地图集《环宇大观》（*Theatrum orbis terrarum*）于 1570 年在安特卫普首次出版，其持续不断的版本为 16 世纪的最后三十年提供了一个思考亚洲是如何进入欧洲人的地理想象的有益线索。这部地图集的第一版包括一张单独的亚洲地图，它最初被奥提留斯在 1567 年单独发行，名称是《亚洲全图》（*Asia orbis partium maximae nova descripto*）。[345] 收在这部地图集中的亚洲地图很大程度上倚重了皮埃蒙特的（Piedmontese）地理学家贾科莫·加斯塔尔迪绘制的亚洲地图。[346] 《环宇大观》的首版中也包括了鞑靼和东印度群岛的区域地图，前者显然依据了马可·波罗

225

的地理传统，而后者则参考了葡萄牙人的航海图。尽管有一些人怀疑奥提留斯作为天主教徒的正统性，1575年奥提留斯还是被西班牙国王任命为御用地理学家。在1580年菲利普二世成为国王之后不久，奥提留斯已经和葡萄牙的地图制作者们发展出了一种亲密的联系。在奥提留斯1584年出版的集子中，一张单独的中国地图被补充进了地图集，它是由葡萄牙地图绘制者路多维斯·乔吉乌斯（Ludovicus Georgius，即路易斯·豪尔赫·德·巴尔布达 [Luis Jorge de Barbuda]）绘制而成的。[347] 在这部地图集1590年补充进的内容中，首要的一项就是太平洋。[348] 五年后，一幅单独的日本地图被奥提留斯收入其集子中，这幅地图首次准确地将其定位在北纬30°和40°之间。这幅图最初由葡萄牙制图者路易斯·特谢拉（Luis Teixeira）绘制而成。[349] 中国和日本的地图中都包含着关于内陆区域的新资料。在洛波·欧蒙1554年绘制的平面圆形图上，朝鲜被呈现为一个半岛，但是在16世纪之后的一些地图仍然把它错误地描绘成一个岛屿。[350]

扬·惠根·范·林斯乔坦（1563—1611年）的作品中的地图在16世纪绘制出来用于广泛发行的亚洲地图中虽然居后，但并不失其重要性。[351] 因为林斯乔坦曾在印度度过了六年的时间（从1583年到1589年），他在果阿搜集了所有他能够搜集到的关于印度、香料群岛、中国和日本的详细信息，还有东方海上路线的具体指向。林斯乔坦在其《葡属东方航海旅行记》里面除了介绍旅行家、航海图和海员们提供的相关知识，还向北欧国家公开了那个时代可以看到的葡萄牙人绘制的最好的东方地图。林斯乔坦还使用了彼得·普兰修斯（Pieter Plancius）的地图，林斯乔坦制作的航海图曾为荷兰的海员们在早期的航海中使用。[352] 《葡属东方航海旅行记》中收入了三幅研究东方的重要地图：一幅折叠的两个半球世界地图，一幅折叠的印度洋和孟加拉湾（Gulf of Bengal）地图，以及一幅果阿及其周边的大幅地图，上面标有葡萄牙文。林斯乔坦的《葡属东方航海旅行记》中的印度东部地图在一定程度上是以费尔南·瓦斯·杜拉多和巴托洛梅乌·拉索（Bartolomeu Lasso）的航海图作为基础的，它在细节上毫无疑问远远地超出了奥提留斯的作品。[353] 日本和想象出来的"朝鲜岛屿"在这幅新地图上都很显著地被标示出来。东印度群岛（特别是爪哇）和马来亚比任何此前

226

的地图都更加精确，也更加详细。

地图和其他文献资料一样，揭示了关于亚洲的信息主要是通过印刷的文献从伊比利亚半岛国家传到欧洲其他地区的。显然，尽管在16世纪上半叶葡萄牙坚守着其信息控制政策，但是关于亚洲和海上线路的详细信息还是逐渐为意大利、法国和欧洲北部国家所知。具有价值的香料贸易以及葡萄牙人对它的垄断，导致来自意大利、德国南部、荷兰和英国的商人们对信息的依赖更为急切。显然，一些人需要信息来帮助他们决定是否要在葡萄牙人的香料贸易中投资，以及要投资多少。其他人，尤其是从麦哲伦成功地环球航行中幸存下来的葡萄牙人在贸易活动被封锁之后，希望得知如何才能派出自己的船只直接航行到东方。还有一些人，像人文主义者们，对于了解东方有一种纯粹的知识上的兴趣。天主教的传教士们希望弥补他们曾经输给新教以及那些通过皈依异教徒的欧洲土耳其人的一切，而后者更是已经在边缘地区建立了他们的新教会据点，因此天主教的传教士们十分勤勉地研究有关东方的世俗文献资料。所有这些群体，各自带着自己单独的或者是混杂的愿望，在16世纪逐渐地了解到了足够多的亚洲知识，并且使这些知识成为受过教育的欧洲人的普通财富。信息控制的部分有效性可以用很多方式来证明。其中一个最为引人瞩目的事实是，两部重要的葡萄牙人的专著（皮雷斯和巴尔博萨的作品）在16世纪中期以前，无论是整体还是部分都未能得到出版，直到后来被收入一个威尼斯的旅行文学编辑者的集子中才得以公开面世。

只有到了香料贸易垄断结束之后，信息控制才不再有效（1549年之后），在耶稣会士的信札开始在法国和意大利出版之后，信息控制政策得到了松动，卡斯塔涅达和巴罗斯的编年史著作也得以出版。关于马鲁古群岛的详细数据，长期以来一直是国家机密，事实上在1550年到1580年间，当有关东方的书籍在葡萄牙的出版社急速出版之时，这些出版物却未能提供有关香料群岛的任何新的内容。在整个16世纪，信息通过国王们的信件、大使的报告和王室的大使馆得以正式传播。这些信息往往是真实的，但又是零碎、笼统的。关于海上线路、香料和亚洲的情况的知识，通过间谍、商业代理人、巡游的航海者、商人、学生和受雇于葡萄牙人并有过一次或多次航海经历的外国海员和商人的航海日记、航海指南以非官方的形式得到传播。官方和非官方的记述都被迫不及待地搜集起来，装订成小册子，在欧洲的许多商业中心出版，从而把地理大发现的信息带入公众的视野。这些出版物通常被称作"通信读物"或"时事通讯"。但是在16世纪中期以前，葡萄牙的出版社没有出版过一本关于地理大发现信息的书籍。事实上，在1520年到1550年之间，所有得以出版的有关亚洲的文献都是非伊比利亚人的作品，主要都是由意大利人和德国人完成的。关于印刷出版的地图，在16世纪的大部分时间，一般都是由意大利人、德国人、法国人和荷兰人在未经出版的葡萄牙人的航海图的基础上改编而成的。

　　在16世纪上半叶，印度、东印度群岛和菲律宾是时事通讯汇编以及雕刻的地图上的主要内容。甚至在马六甲于1511年被占领之前，欧洲人还能够在瓦尔塔马的记述中读到印度和香料群岛的相关内容。葡萄牙在1514年派往罗马的使团带去了阿尔伯克基攻克马六甲的信息，让欧洲人知道了东方及其所有的财富都已经落入葡萄牙人之手。麦哲伦的航海活动击碎了葡萄牙在东方海域以及香料贸易中绝对霸权的梦想，而在西班牙和其他地方则激起了人们对于香料群岛的财富属于所有人的想法。其他地方的人们通过协商和穿越封锁线，努力地利用并仿效麦哲伦的经验，但是在16世纪中期以前，葡萄牙人都在致力于维持他们在香料和信息方面的实质性垄断。

　　在16世纪的下半叶，欧洲人渐渐地把自己的关注重心从印度和东南亚转移到了日本和中国。对于菲利普二世的代理人以及所有亚洲的欧洲军事基地的私人管理者而言，欧洲人在印度所遭遇的挫败、在菲律宾和日本传教的成功，以及日益增长的通过印度支那或南中国强迫打开亚洲大陆的门户的希望，在一定程度上导致了欧洲人在东亚兴趣方面的转变。[354]虽然看上去法国似乎对黎凡特和美洲的兴趣明显要高于亚洲，但是根据对1480年到1609年之间在法国印刷的新书题名的调查可以看出，其中有100部书是关于亚洲的，80部是关于土耳其的，40部是关于新世界的。[355]在16世纪最后三十年发行的书籍中有一大部分的内容是关于作为独立国家的中国和日本的。

　　16世纪后半叶出版的大的旅行文学集子和地图册，旨在吸引国际读者的阅读兴趣。尤其是地图册可以为所有的语言群体理解和研究。奥提留斯的地图册代替了托勒密的地图，在 16 世纪的最后三十年里被大量地需求，特别是在北欧国家出现了许多版本和译本。同样，旅行文学集子得以翻译、印刷、传播的渠道是意大利和北欧国家，而不是马德里或里斯本。带有赖麦锡和德·布莱名字的作品被装饰了精美的刻版画和地图。这些地图集常常包含了制作者一方有趣的原文数据。林斯乔坦之所以能够为人所知，主要依赖于其记述，在 16 世纪那些能够识文断字的人们的眼里，他绘制的亚洲地图是最好的。以印刷文字的形式出现的世俗文献资料、有着丰富的说明性材料的地图册和无所不包的旅行文学集子，总结了欧洲人对于亚洲知识的总体掌握情况。我们常常忘记了奥提留斯和墨卡托本人就是搜集者和改编者。在绘制地图时，他们自由地从既存的地图、记述和图画中取材。旅行记述集子的搜集者们同样也大量地参考了已经印刷出版的作品。印刷的文字无论采取何种形式，毫无疑问都是欧洲人获取信息的主要渠道，借此，欧洲人逐步形成了他们关于东方国家的观念。

注释：

[1] 关于书籍制作的机械学发展过程的概述，参见 Pierce Butler, *The Origin of Printing in Europe*（Chicago, 1940）。关于中国的纸张及其在欧洲传播的最新数据参见 T. H. Tsien, *Written on Bamboo and Silk*（Chicago, 1962）, pp. 135-42。

[2] 一些畅销的书籍，比如 Erasmus 的作品，制作量就更大一些。但是在整个 16 世纪，单个作品的印刷量超过 1 000 册到 1 500 册的则不常见。参见原文，第 182-184 页。

[3] 参见 P. Fumagalli 的记述，收入 R. A. Peddie（ed.）, *Printing: A Short History of the Art*（London, 1927）, pp.38-39。

[4] 参见 Paul von Tieghem 颇有价值的文章 "La littérature latine de la Renaissance," *Bibliothèque d'humanisme et renaissance,* IV（1944）, 177-418。

[5] J. M. Lenhart, O. M. C., *Pre-Reformation Printed Books: A Study in Statistical and Applied Bibliography*（New York, 1935）, p. 32.

[6] 关于这一保密政策的最好的阐述者是葡萄牙历史学家 Jaimé Cortesão。参见他的 "Do sigilo nacional sobre os descobrimentos. Cronicas desaparecidas, mutiladas e falseadas. Alguns dos feitos que se calaram," *Lusitania*, I（1924）,45-81；关于他同样的讨论更为有限的版本，可参看他的文章 "The Pre-Columbian Discovery of America," *Geographical Journal*, LXXXIX（1937）,29-42。Cortesão 在人生的最后阶段所做的努力主要是讨论保密政策的根源及其对于 15 世纪文献的控制。参见 *Coleccão henriquina* 编的一本小书，题目是 *A política de sigilo nos descobrimentos*（Lisbon, 1960）。亦可参见 "A historiografia oficial e o sigilo sobre os descobrimentos," *Primeiro congresso da historia da expansão portuguesa no mundo*（Lisbon）, II（1938）, 203-31。关于葡萄牙的历史资料对于保密 "政策" 实施的解读参见 H. M. A. Kömmerling-Fitzler, "Fünf Jahrhunderte portugiesische Kolonialgeschichtsschreibung," *Die Welt als Geschichte,* VII（1941）,105-13。英国学者 G. R. Crone 的文章 "The Alleged Pre-Columbian Discovery of America, " *Geographical Journal,* LXXXIX（1937）, 456-57，认为保密政策的 "影响" "被夸大了"，无论从哪个方面看，这个政策都没有成功。另一位英国学者 George H. T. Kimble 通过指出 Martin Behaim 没能在全球范围内公开有关非洲西部的准确、详细的信息，争辩说这一信息控制政策还是具有其效力的（参见他为 *Esmeraldo de Situ Orbis* 所作的导言，pp. xxviii-xxx, "Hakluyt Society Publications," Ser. II, Vol. LXXIX [London, 1937]）。Samuel E. Morison 在 *Portuguese Voyages to America in the Fifteenth Century*（Cambridge, Mass., 1940）一书的第二章里面驳斥了 Cortesão 的文章，尤其是有关美洲在前哥伦布时期的发现问题。但是，即使是 Morison 也承认（p. 82）："在某种程度上,我们也可以说葡萄牙对于非洲（而不是美洲）的发现的信息确实采取了保密政策。"但是他接着又评论道："不过，这个信息保密政策与其他国家在殖民地的排外政策之间的差异，仅仅在于程度上的不同而已。"

[7] 关于亨利王子的垄断问题，参见原文 , chap. ii, p. 53。

[8] 1455 年 1 月 8 日的诏书文本收入 F. G. Davenport（ed.），*European Treaties Bearing on the History of the United States and Its Dependencies*（4 vols.; Washington, 1917-37），I, 13-26。

[9] Cortesão, *loc. cit.*（n. 6,“Do sigilo nacional ...”），p. 50.

[10] Cortesão, *loc. cit.*（n. 6,“The Pre-Columbian Discovery ...”），p. 31.

[11] 其 文 本 收 入 了 Academia das Sciencias de Lisboa, *Alguns documentos do Archivo Nacional da Torre do Tombo*…（Lisbon, 1892），p. 139. 关于认为王室发布的这道命令可能是因为 1504 年 10 月威尼斯的代理人 Leonardo Ca'Masser 的到来的观点，参见 Donald Weinstein, *Ambassador from Venice, Pietro Pasqualigo in Lisbon, 1501*（Minneapolis, 1960），p. 104, n. 10。

[12] C. M. Parr, *So Noble a Captain*（New York, 1953），p. 151. 参见原文，第 218-219 页。

[13] Hernani Cidade and Manuel Múrias, *Ásia de João de Barros*（Lisbon, 1945），I, 4-5.

[14] 无论这部编年史著作是否经过刻意地删改，Cortesão（*loc. cit.* [n. 6,“Do sigilo nacional ...”]，p. 81）都认为这些著作应该重新编辑，以批注本的形式出版，这一建议值得那些对此有兴趣的学者和研究群体们考虑。

[15] 国王的信件中，只有一封写于 1521 年的里斯本的 *Carta das novas que vieram a el Rey nosso Senhor do descobrimento do preste Joham*，在葡萄牙得到了出版，它主要涉及的内容是埃塞俄比亚的基督教徒们的发现。显然这封信被立即从发行中撤回了，现存的只有 1935 年发现的一个模本。参见 Francis M. Rogers, *The Quest for Eastern Christians. Travels and Rumor in the Age of Discovery*（Minneapolis, 1962），p. 115.

[16] 参阅原文，第 222 页。

[17] 参阅原文，第 186 页。

[18] 参阅原文，第 188 页。

[19] 参阅原文，第 195 页。

[20] 参阅原文，第 604 页。

[21] 参见原文，第 805 页。

[22] 参见原文，第 96。

[23] 这封信第一次初版时收在 Fracanzano da Montalboddo（ed.），*Paesi novamente retrovati*（Vicenza, 1507）。其英文翻译收在 E. G. Ravenstein（ed. and trans.），*A Journal of the First Voyage of Vasco da Gama*（“Hakluyt Society Publications,” Old Series, Vol. CXIX [London, 1898]），pp. 123-26。

[24] 塞尼吉怀疑这些“陌生人”可能是德国人或者是俄罗斯人，但最新的评论者则认为他们是中国商人（参见 Ravenstein [ed.], *op. cit.* [n.23], pp. 131-33, n. 5）。

[25] 关于这封信的摘要后来在德国奥格斯堡人文主义者和古文物研究者康拉德·波伊廷格（Conrad Peutinger）的一系列论文中被发现了，显然他是从在罗马看到的一个复本中记录下来的。这个摘要后来发表了，收在 G. Greif（ed.），*Briefe und Berichte...aus Dr. Conrad Peutingers*

Nachlass in Sechs-und-zwanzigster Jahresbericht des historischen Kreisvereins von Schwaben （Augsburg, 1861）, pp. 115-18。关于一些节录内容的英译参见 Ravenstein（ed.）, *op. cit.*（n. 23）, pp. 141-42。

[26] Ravenstein（ed.）, *op. cit.*（n. 23）, pp. 137-41.

[27] 另一方面，这位达·伽马航海时的领航员指出，他们航行时有"热那亚人的指南针"。参见 *ibid.*, p. 26。

[28] 关于这件事的细节参见 W. B. Greenlee（ed.）, *The Voyage of Pedro Alvares Cabral to Brazil and India*（"Hakluyt Society Publications," Ser. II, Vol. LXXXI [London, 1938]）, pp. 95-97。

[29] 该文本的翻译参见 *ibid.*, pp. 97-113。1505 年从该文本中节录的内容首次收入了 Besicken 的 John 编的一本通俗读物中被出版了。参见原文，第 164 页。就目前所知的有关约瑟夫神父在意大利回答提问的最完整的文本收入了 Montalboddo 在 1507 年编的集子的第四册中，*op. cit.*（n. 23）。

[30] 根据杜阿尔特·巴尔博萨的说法（参见原文，第 367 页），堪尼亚人是一个不纯正的工匠种姓。

[31] 参阅原文，第 367 页。

[32] 关于欧洲人相信存在着一个位于伊斯兰教世界之外的基督教东方，这方面特别深入的讨论，参见 Rogers, *op. cit.*（n. 15）, pp. 118-19。

[33] 这本书的题目是 *Marco paulo, Ho livro de Nycolao veneto. O trallado da carta de huum genoves das detas terras*。关于其作品出色的分析，参见 Max Böhme, *Die grossen Reisesammlungen des 16. ahrhun derts*（Strassburg, 1904）, pp. 4-14。关于费尔南德斯的作品的完整名单参见 A. J. Anselmo, *Bibliografia das obras impressas em Portugal no século XVI*（Lisbon, 1926）, pp. 155-60。关于该书标题页的复印版以及费尔南德斯在翻译、出版马可·波罗作品时所扮演的角色的评价，参见葡萄牙的曼努埃尔王（二世）, *Early Portuguese Books（1489-1600）in the Library of His Majesty the King of Portugal*（London, 1929）, I, 110-57。

[34] 据称，费尔南德斯并非和他在导言中说的一样，他根本就没有翻译马可·波罗的著作。这可能是早期的翻译者的作品。参见 Böhme, *op. cit.*（n. 33）, p. 10。毫无疑问，他没有使用献给堂·佩德罗的手稿，因为他曾表示他不知道这份手稿的确切位置。

[35] 关于两本书之间的充分比较以及它们在印度的早期文学传统中的位置的评论，参见 Francis M. Rogers, "Valentim Fernandes, Rodrigo de Santaella, and the Recognition of the Antilles as 'Opposite-India," *Boletim da sociedade de geografia de Lisboa*, LXXV（1957）, 279-309。

[36] Erich König（ed.）, *Konrad Peutingers Briefwechsel*（Munich, 1923）, pp. 56-58.

[37] J. Schmeller, "Ueber Valentin Fernandez Alema und seine Sammlung von Nachrichten über die Entdeckungen und Besitzungen der Portugiesen in Afrika und Asien bis zum Jahre 1508 ...," *Abhandlungen der philosophischphilologischen Classe der königlichen Bayerischen Akademie der Wissenschaften*, Pt. III（I847）, IV, 1-73. 关于他发送这些资料时的不情愿态度参见 W. Heyd, "Valentin Fernandez Aleman," *Sitzungsberichte der philosophisch, philologischen und*

historischen Classe der königlichen Akademie der Wissenschaften zu München, Jahrg. 1872, II, 497-83。费尔南德斯的资料有许多得到了 Gabriel Pereira 的编辑并出版，收在 *Revista portuguesa colonial e maritima,* VI（1900），92-102, 155-64, 219-28, 283-90, 347-56。

[38] König（ed.），*op. cit.*（n. 36），pp. 77-78。

[39] António Brásio, "Uma carta inédita de Valentim Fernandes," *Boletim da biblioteca da universidade de Coimbra,* XXIV（1960），338-58.

[40] J. P. Berjeau（ed. and trans.），*Calcoen* ...（London, 1874）。关于这次航行还有一个同时代的人进行了描述，但作者身份不明。它保存在维也纳国家图书馆的葡萄牙人和德国人的手稿本中，来自菲律宾人 Welser 编的一部集子。参见 Christine von Rohr, *Neue Quellen zur zweiten Indienfahrt Vasco da Camas*（Leipzig, I939）。这位作者也曾把托梅·洛佩斯（Tomé Lopes）的著作翻译成德语（pp. 52-87）。

[41] 这份官方报告收在一本四页的通俗读物中，在罗马得以出版，题目是: *Obedienta Potentissimi Emanuelis Lusitaniae Regis...ad Iulium II. Ponti. Max. Anno Domini M.D.V.*。1956 年，Chaumond 在巴黎出版了其复本，每册售价 4 万法郎（约 133 美元）。

[42] 这个条约的译文收入了 Davenport（ed.），*op. cit.*（n. 8），pp. 110-11。

[43] 参见 P. MacSwiney de Mashanaglass : "Une ambassade portugaise à Rome sous Jules II," *Revue d'histoire diplomatique,* XVII（1903），62-63。

[44] 这封信由 Sergio J. Pacifici 翻译，收入 *Copy of a Letter of the King of Portugal Sent to the King of Castile Concerning the Voyage and Success of India*（Minneapolis, 1955）。这部作品还重印过另一版，A. C. Burnell 编辑并翻译，只有 25 册，根据威尼斯的马西恩图书馆（Marcian Library）馆藏的内容来看，这一版在 1881 年出版于伦敦。现存的只有四册。有人认为它不可能是从里斯本发往卡斯蒂利亚（Castile）的信件的真实复本，其原因参见 Greenlee（ed.），*op. cit.*（n. 28），p. 42, n. 1。

[45] 该书唯一为人所知的米兰版的复本收在 James Ford Bell 的集子里面，保存在明尼苏达大学（University of Minnesota）。参见 John Parker（comp.），*A List of Additions,* 1951-1954（Minneapolis, 1955），p. 6。

[46] 这个册子的题目是 *Conquista de las indias de Persia & Arabia que fizo la armada del rey don Manuel de Portugal*（Salamanca）。参见 Rogers, *op. cit.*（n. 15），pp. 126-27。

[47] L. Gallois, *Les géographes allemands de la Renaissance*（Paris, 1890），pp. 38-39. 事实上，*Mundus novus* 如今出现了伪造品，但这绝不影响它在消息传播方面的重要性。其实这些伪造品给人一种感觉，即地理大发现的消息得到了广泛地传播，在某些时候，极富野心的人们极力地通过出售这些伪造品从中牟利。关于这些伪造品的讨论，参见 F. Pohl, *Amerigo Vespucci, Pilot Major*（New York, 1944），chap. x。

[48] 其英文版本译自明尼苏达大学的 James Ford Bell 集子的复本。译者是 Alvin E. Prottengeier 和 John Parker，其标题是 *From Lisbon to Calicut*（Minneapolis, 1956）。关于这份时事通讯的进

一步的细节描述，参见 *A Selection of Extremely Rare and Important Printed Books...Catalogue 77, Offered for Sale by William H. Robinson Ltd. London*, pp.20-22。

[49] 斯塔奇斯的再版本珍藏在国会图书馆（Library of Congress）。图书馆卡片的印记上提供的日期大约是 1505 年。然而，该书的发行时间更有可能是在 1508 年。参见 Prottengeier and Parker, *op. cit.*（n. 48），pp. 7-8。

[50] König（ed.），*op. cit.*（n. 36），p. 50.

[51] *Ibid.*, p. 57 and n. 1; 亦可参见原文，第 159 页。

[52] 这些时事通讯中的第一份由 Besicken 于 1506 年在罗马出版，标题是 *Gesta proxime per Portugalenses in India, Ethiopia et aliis Orientalibus terris*。关于这些标题后来被迅速沿用的情况参见 Rogers, *op. cit.*（n. 15），pp. 188-89。

[53] Viktor Hantzsch, *Deutsche Reisende des 16. Jahrhunderts*（Leipzig, 1895），pp. 3-4.

[54] 这篇短章的再版本收入了 Franz Schulze, *Balthasar Springers Indienfahrt 1505-06*（Strassburg, 1902）。

[55] *Ibid.*, p. 12.

[56] 关于斯普林格生平的详细记述参见 *ibid.*, pp. 4-8。

[57] Böhme, *op. cit.*（n. 33），pp. 22-23.

[58] 其再版本的复本构成了 *Vespucci Reprints* 的 *Texts and Studies*（Princeton, 1916）的第六卷。

[59] Edward Arber（ed.），*The First Three English Books on America*？1511-1555 A.D.（Birmingham, 1885），pp. xxv-xxi. 早期的评论者们认为这本小册子出版的时间是在 1522 年。参见 H. Harrisse, *Bibliotheca Americana vetustissima*（New York, 1866），p. 199.

[60] 关于其翻译及重版的进一步详细记述参见 Böhme, *op. cit.*（n. 33），pp. 25-47。

[61] 该书较新近的最好的英译本是 J. W. Jones and Sir Richard Temple, *The Itinerary of Ludovico di Varthema of Bologna from 1502 to 1508*（London, 1928）。

[62] 葡萄牙博物学家加西亚·达·奥尔塔是第一个对瓦尔塔马记述的可靠性进行质疑的重要学者。其他许多质疑瓦尔塔马记述的真实性的人们，主要的依据是瓦尔塔马对其离开科摩林角前往东方更远的地方时的记述非常含糊。Sir William Temple 在 Jones and Temple 合著的（*op. cit.* [n. 61]）中带着这些疑问考察了瓦尔塔马的记述，并且依据他在瓦尔塔马宣称曾经穿过的地域的亲身经验断定，"瓦尔塔马可能去过他提到的地方"（p. xxxiv）。但是这一争论仍在继续。B. Penrose, 在 他 的 *Travel and Discovery in the Renaissance, 1420-1620*（[Cambridge, Mass., 1955], p. 31）中又质疑了 Temple 的时间顺序，并且没有印证著名的葡萄牙学者亚门多·柯尔特桑（Armando Cortesão）的观点的情况下，"直接否认了瓦尔塔马的行程，甚至指出他从未到过印度东部地区"。我个人倾向于认为瓦尔塔马的记述是可信的，虽然我也承认他对自己到过的印度东部的描述相当含糊而且不够准确。关于瓦尔塔马著述中的错误，有人专门列了出来，而且让人印象深刻，参见 O. Warburg, "Wer ist der Entdecker der Gewürz-Inseln（Molukkan）？" *Verhandlungen der Gesellschaft für Erdkunde zu Berlin*, XXII（1896），106-

35。

[63] 关于《旅程》的内容，参见 Jones and Temple, *op. cit.*（n. 61），p. 5。

[64] 参见 *ibid.*, p. xviii, and H. Cordier, "Deux voyageurs dans l'Extrême-Orient ... Essai bibliographique. Nicolo De' Conti-Lodovico de Varthema," *T'oung pao*, X（1899），390-404。

[65] 这是 Sir William Temple 的评论，参见 Jones and Temple, *op. cit.*（n. 61），p. lviii。

[66] 关于这些内容的进一步详细解释，参见 *ibid.*, p. lxxvi。

[67] Salvatore de Ciutius, *Une ambassade portugaise à Rome au XVIe siècle*（Naples, 1899），pp. 4-8，该书收了曼努埃尔在 1513 年 6 月 8 日的信件文本。关于这些信件在 1513 年到 1514 年间出版时的标题以及改编情况参见 Rogers, *op. cit.*（n. 15），p. 190。

[68] J. T. Medina, *Juan Diaz de Solis*（Santiago de Chile, 1897），Vol. I, chap. vi; Vol. II, docs. 22, 30, 31。

[69] W. Roscoe, *The Life and Pontificate of Leo X*（London, 1827），II, 299-300. 亦可参见 Mashanaglass, *Le Portugal et le Saint-Siège*（Paris, 1898），I, 21-29。曼努埃尔在 1513 年 6 月 8 日的信件（参见 Roscoe, *op. cit.* [n. 69], pp. 496-500）在罗马、维也纳和纽伦堡（Nuremberg）立即得到了出版。

[70] 其标题是 *Emanuelis Lusitan: Algarbior: Africae Aethiopiae Arabiae Persiae Indiae Reg. Invictiss. Obedientia*。

[71] 可参见一本娱乐性的书籍 A. Fontoura da Costa, *Les déambulations du Rhinocéros de Modofar, roi de Cambaye, de 1514 à 1516*（Lisbon, 1937）。亦可参见 Lúis de Matos, "Forma e natura e costumi del rinoceronte," *Boletim intemacional de bibliografia Luso-Brasileira*, I（1960），387-98。

[72] 相关描述参见 Ciutius, *op. cit.*（n. 67），pp. 19-28; Ludwig von Pastor, *History of the Popes* ..., trans. R. F. Kerr（London, 1908），VII, 74-78; and W. Roscoe, *op. cit.*（n. 69），II, 300-303。关于 Aurelio Severio、Giovanni Capito 和其他人写的庆贺这一时刻的诗歌，参见 Pastor, *op. cit.*（n. 72），Appendix C, pp. 501-3。关于作为异域动物的大象的研究，参见 Luis de Matos, "Natura, intelletto, e costumi dell'elefante," *Boletim internacional de bibliografia LusoBrasileira*, I（1960），44-55。

[73] Davenport（ed.）, *op. cit.*（n. 8），I, 112. 引文中的斜体部分 ① 是我在引用时专门调整的。

[74] *Ibid.*, pp. 116-17。

[75] 参见原文，第 114-119 页。

[76] 关于安坡利的职业生涯，参见 Pietro Amat di S. Filippo, *Gli illustri viaggiatori italiani* ...（Rome, 1885），pp. 143-47。亦可参见 Angelo de Gubernatis, *Storia dei viaggiatori italiani nelle Indie Orientali*（Leghorn, 1875），p. 16。

[77] 关于安坡利的信件的发行版本参见 Amat di S. Filippo（ed.）, *Bibliografia dei viaggiatori italiani*（Rome, 1874），pp. 46-47。他记述马六甲的信件由 Iacopo Graberg da Hemsö 编辑并重版，"Lettera di Giovanni da Empoli a Leonardo suo padre intorno al viaggio da lui fatto a

---

① 翻译时已改为黑体。——译者注

Malacca ...," *Archivio storico italiano, Appendice,* III（1846），35-91。

[78] 两封信的再版本都收入了 Guberuatis, *op. cit.*（n. 76），pp. 372-73。

[79] Amat di S. Filippo, *op. cit.*（n. 76），pp. 149-70。

[80] Amat di S. Filippo, *op. cit.*（n. 77），p. 48. 亦可参见 Renato Lefevre, "Una corrispondenza dal Mar Rosso di Andrea Corsali nel 1516," *Il libro italiano,* IV, Pt. 2（1940），433-48。

[81] 这封信的文本收入了 Guberuatis, *op. cit.*（n. 76），pp. 389-92。

[82] 参见 Heyd, "Valentin Feruandez Aleman," *loc. cit.*（n. 37），pp. 482-83。

[83] Rogers, *op. cit.*（n. 15），chap. viii.

[84] 该书的完整版首次出版于 1944 年，它是从巴黎的参议院图书馆（Bibliothèque de la Chambre des Députés）收藏的一个葡萄牙人的手稿里面发掘出来的。参见 Armando Cortesão（ed. and trans.），*The Suma Oriental of Tomé Pires...*（2 vols.; "Hakluyt Society Publications," Ser. II, Vols. LXXXIX, XC [London, 1944]）。

[85] 最新的英文译本是 Manuel L. Dames（ed. and trans.），*The Book of Duarte Barbosa*（2 vols.; London, 1918-21）。

[86] *Ibid.,* I, liii-lviii.

[87] 参见原文，第 154 页。亦可参阅 Luis de Matos, *Les portugais à l'université de Paris entre 1500 et 1550*（Coimbra, 1950）。比如，可以参阅达米奥·德·戈伊斯在帕杜阿后来又在卢万做学生时的故事，相关描述见 H. de Vocht, *History of...the Collegium Trilingue Louvaniense*（Louvain, 1951），III, 50-71。

[88] 参见 Charles E. Nowell（ed.），*Magellan's Voyage around the World: Three Contemporary Accounts*（Evanston, III., 1962），p. 268。

[89] 马克西米利安的报告出版时的标题是：*De Moluccis insulis, itemq; alijs pluribus miradis, quae novissima Castellanorum Sereniss. Imperatoris Caroli V. auspicio suscepta, nuper inuenit...*。彼得·马特也写了一份报告，告知教皇西班牙人取得的成功，但是这份报告显然在 1562 年罗马被攻陷（Sack of Rome）时遗失了。关于德尔·卡诺在回应官方质询时的证词的英文翻译，参见 Appendix B of Mairin Mitchell, *Blcano: The First Circumnavigator*（London, 1958），pp. 178-82。

[90] 参见 H. Stevens 的译文，译自马克西米利安的 *De Moluccis...*and included in *Johann Schöner*（London, 1888），p. 107。

[91] *Ibid.,* p. 110.

[92] *Ibid.,* p. 111.

[93] *Ibid.,* pp. 138-39.

[94] *Ibid.,* p. 139.

[95] *Ibid.,* p. 143. 亦可参见原文，第 598 页。

[96] 最权威的版本是 Andrea da Mosto, *Il primo viaggio intorno al globo*（Rome, 1894），收入了

Raccolta di documenti e studi publicati dalla R. Commissione Colombiana, Pt. V, Vol. III; 其英文
翻译参见三卷本的 J. A. Robertson, *Magellan's Voyage around the World*（Cleveland, 1906）。

[97] 现存最古老的版本是用不流畅的法语写成的，显然它是依据 16 世纪的其他版本和译本制作
出来的。其标题是 *Le voyage et nauigation faict par les Espaignolz es isles de Mollucques*（Paris,
ca. 1525）。按照赖麦锡的说法，它是 J. Fabre 编辑、Colines 负责出版的。关于赖麦锡的评论
的英文翻译，参见 Nowell（ed.），*op. cit.*（n. 88），pp. 271-72。

[98] Robertson, *op. cit.*（n. 96），I, 23. 也有人指出（Parr, *op. cit.* [n.12]，p. 255），皮加费塔"可能
是受到了威尼斯当局的派遣"。有一个不同的读本（Robertson 曾引述过，*op. cit.* [n. 96]，I, p.
201, n. 8）可能有助于支持该观点。皮加费塔在其中写道："……以便满足那些绅士们的愿望，
同时也是满足我自己的渴求……"无论如何，这一读本都支持了 Parr 的观点，即皮加费塔
一回到欧洲就向威尼斯的总督报告，虽然他没有直接去那里。

[99] Mosto, *op. cit.*（n. 96），p. 19.

[100] 皮加费塔似乎故意一次也不提及德尔·卡诺，显然他没有参考德尔·卡诺或者是航程中的同
伴们的说法来核对他自己的记忆是否准确（参见 Mitchell, *op. cit.* [n. 89], pp. 93-94）。

[101] 这本书的内容参见 Guglielmo Berchet（ed.），*Fonti italiane per la storia della scoperta del
nuovo mondo*（Rome, 1892），见 *Raccolta di documenti e studi publicati della R. Commissione
Colombiana ...*, Pt. III, Vol. I, p.172。

[102] *Ibid.*, p. 173. 这份摘要没有附在信上，也没有在其他地方看到。

[103] 这一评述参见 Mosto, *op. cit.*（n. 96），p. 25.

[104] *Ibid.*, pp. 25-26. 显然契尔里卡迪看过皮加费塔呈给查理五世的陈述的复本。这个复本后来
被送到了德国。亦可参见契尔里卡迪在皮加费塔的记述开始部分写的介绍性文字；皮加费
塔在和麦哲伦一道离开之前，一直和契尔里卡迪的侍从在一起。

[105] *Diarii*, xxxv, 97 verso. 译文来自 H. F. Brown, *The Venetian Printing Press*（London, 1896），
pp. 102-3。

[106] *Ibid.*, p. 26.

[107] *Ibid.*

[108] 关于 Sanudo's *Diarii* 的译文，参见 Robertson, *op. cit.*（n. 96），II, 272-73（参阅 pp. 239-40）。
关于这项法令颁布的准确日期，除了 Robertson 的作品外，亦可参见 Brown, *op. cit.*（n. 105），p.
103。

[109] Mosto, *op. cit.*（n. 96），p. 28.

[110] 关于这些手稿所在的地方参见 Robertson, *op. cit.*（n. 96），I, 201.

[111] W. L. Schurz, *The Manila Galleon*（New York, 1939），p. 46.

[112] Robertson, *op. cit.*（n. 96），I, 149.

[113] *Ibid.*, I, 157.

[114] *Ibid.*, I, 183-93，269-73; 亦可参见原文，第 636 页。

[115] *Ibid*., II, 39.

[116] *Ibid*., II, 83.

[117] 在 16 世纪出版的作品中，皮加费塔编辑的集子得到出版的仅有 1/10（参阅 G. B. Ramusio, *Delle navigationi et viaggi* [Venice, 1554], I, 408 verso）。他编的马来语词汇表共包括 450 个单词（Robertson, *op. cit*. [n. 96], II, 117-47）。亦可参见 John Crawfurd, *A Descriptive Dictionary of the Indian Islands and Adjacent Countries*（London, 1856），p. 352。皮加费塔如何能够在短暂地停留东印度群岛期间把这些词汇搜集在一起，这个问题让许多研究其作品的人们感到困惑。关于这些问题的最新的学术性概述，参见 C. C. F. M. Le Roux, "Nogmaals Pigafetta's Maleische woorden," *Tijdschrift voor Indische taal-, land- en volkmkllnde*, LXXIX（1939），446-51。

[118] Robertson, *op. cit*.（n. 96），II, 174-75。

[119] 关于其法语版的翻译与编辑，参见 Emile Eudi, "La lettre d'Antonio de Brito, capitaine de la fortresse de Ternate, au roi de Portugal Dom João III（6 mai 1523），" *La géographie,* XLIX（1928），1-17。

[120] 参阅原文，第 118 页。

[121] 参见 C. Julien, *Les voyages du découverte et les premiers établissements*（Paris, 1948），pp. 53-54。

[122] 这里参阅了 C. D. Rouillard 的观点，见 *The Turk in French History, Thought and Literature*（Paris, 1938），pp. 105-7。

[123] Julien, *op. cit*.（n. 121），pp. 66-73。

[124] *Ibid*., p. 80; 关于意大利人与里昂人之间的商业关系，参见 pp. 124-25。

[125] 引文参见 *ibid*., p. 100。

[126] 其中一名是葡萄牙人，另一个名叫 Jean Masson，可能是麦哲伦远航队伍中一名说马来语的幸存者。

[127] 参见原文，第 123-124 页。

[128] 关于葡萄牙大约在 1530 年和让·安格（Jean Ango）之间的纠葛的概述，可参见 J. D. M. Ford（ed.），*Letters of John III, King of Portugal, 1521-27*（Cambridge, Mass., 1931）一书的导言。

[129] 巴黎国家图书馆（Bibliothèque Nationale）的版本被美国马萨诸塞州历史学会（Massachusetts Historical Society）用复印机直接复制了。其复本保存在国会图书馆和芝加哥的纽贝里图书馆。关于进一步的讨论，参见 Kurt Graf von Posadowsky-Wehner, *Jean Parmentier（1494-1529）. Leben und Werk*（Munich, 1937）。

[130] Louis Estancelin, *Recherches sur les voyages et découvertes des navigateurs normands*（Paris, 1832）.

[131] Albert Anthiaume, *Cartes marines: Constructions navales: Voyage de découvertes chez les Normands, 1500-1650*（Paris, 1916），I, 164.

[132] 出版的内容,参见 *Navigationi, op. cit.*(n. 117),Vol. III, fols. 423-34,标题是"Discorso D'un Gran Capitano di mare Francese..."。

[133] 关于这里记下的结论的细节参见 George B. Parks, *The Contents and Sources of Ramusio's Navigationi*(New York, 1955),pp. 39-40。

[134] 参阅 Julien, *op. cit.*(n. 121),pp. 113-15。

[135] 标题是 *Epitome rerum gestarum in India a Lusitanis, anno superiori...*。关于雷森迪的职业生涯,参见 Aubrey F. P. Bell, *Portuguese Literature*(Oxford, 1922),p. 215。

[136] 参见 Rogers, *op. cit.*(n. 15),p. 193。

[137] 标题是 *Comentarii rerum gestarum in India citra Gangem a Lusitanis anno 1538*。

[138] 参见 Rogers, *op. cit.*(n. 15),p. 193。

[139] Böhme, *op. cit.*(n. 33),p. 54. 关于进一步的详细讨论,参见 Harrisse, *op. cit.*(n. 59),pp. 291-96。

[140] 据称,格里诺伊斯采用了费尔南德斯在 1502 年为马可·波罗的记述所作的前言,作为他仿效的模式和写作的出发点。参见 Manuel II, *op. cit.*(n. 33),I, 125。

[141] Böhme, *op. cit.*(n. 33),pp. 66-69.

[142] 经过对威尼斯的版权的考察发现,1533 年后人们对各种类型的旅行文学有着更为普遍的兴趣。参见 Brown, *op. cit.*(n. 105),p. 102。

[143] 这个篇目是 *Viaggio di Colocut descritto per Messer Aloigi di messer Giovani Venetiano*。

[144] *Viaggio di Alessandria nelle India.*

[145] 关于进一步的讨论,参见 Böhme, *op. cit.*(n. 33),pp. 71-72。

[146] 关于这个故事,参见原文,第 190-192 页。

[147] 参见原文,第 314-331 页。

[148] 关于一项大体上的考察,参见 Zoe Swecker, "The Early Iberian Accounts of the Far East"(Ph. D. dissertation, University of Chicago, 1960)。

[149] 这里的数据参考了 Manuel II, *op. cit.*(n. 33),Vol. I 以及 Vol. III 中补充的内容,pp. 274-81。费尔南德斯的作品于 1459 年到 1518 年间在里斯本印刷出版(*ibid.*, I, 57)。关于费尔南德斯的书籍,参见原文,第 158-159 页。

[150] 参见印度商行(在 1514 年 10 月 3 日)给费尔南德斯写的官方信件,这封信提到了一个事实,即印刷业者出版了 1 000 册颇受欢迎的 *Ordenacões* 或者是曼努埃尔王的法规。这封信的内容参见 Venancio Deslandes, *Documentos para a história da typographia portugueza nos séculos XVI e XVII*(Lisbon, 1888),pp. 6-7。亦可参阅原文(pp. 183-84)谈及的许多在西班牙出版的书籍。关于早期的印刷品数量的进一步统计,参见 Konrad Burger, *Die Drucker und Verleger in Spanien und Portugal von 1501 bis 1536 ...*(Leipzig, 1913)。

[151] 这个数据参考了 Manuel II, *op. cit.*(n. 33),Vols. II and III。

[152] *Ibid.*

[153] 这些结论是在对上述文献的三卷内容研究的基础上得来的。但是，一条保留意见必须提出，因为曼努埃尔王的集子中列出的 400 项零散的条目仅占总数 1 312 项的大约 1/3 的内容，参见 Anselmo, *op. cit.*（n. 33）。然而，使用 Anselmo 的数据进行此类分析还显得不够，因为除了标题、出版日期以及现存版本所在的地方之外，他基本上就没有提供其他的信息了。即使如此，如果对其列出的标题进行一番快速地逐条地检查核对，可以发现至少有 60 项（或者是约占总数的 5%）都与东方有关，除了这些，根据标题判断的话，其他的都没有清晰地显示出是讨论关于东方的话题。此外，这些来自 Anselmo 的这个世纪的数据是一个整体，它能够让人想起 16 世纪中期以前出版的那本（Valentim Fernandes 编辑的集子）唯一讨论东方的书籍。

[154] Konrad Haebler, *The Early Printers of Spain and Portugal*（London, 1897）, p. 84.

[155] 在 1476 年到 1600 年之间至少有 862 个标题下的内容在塞维尔出版。参见 Francisco Escudero y Perosso, *Tipografía Hispalense: Anales bibliográficos de la ciudad de Sevilla desde el establecimiento de la imprenta hasta fines del siglo XVIII*（Madrid, 1894）。在 1502 年到 1600 年间，位于 Alcalá 的 Complutense 出版社共出版各类知名作品 759 部。参见 Juan Catalina García López, *Ensayo de una tipografía Complutense*（Madrid, 1899）。在 16 世纪，阿拉贡（Aragon）的几个印刷业中心至少出版了 905 个标题下的内容。参见 Juan M. Sanchez, *Bibliografía Aragonesa del siglo XVI*（2 vols.; Madrid, 1913-14）。

[156] 这里的统计依据了 Pérez Pastor, *Bibliografía Madrileña*（3 vols.; Madrid, 1891-1907）。

[157] 比如，在巴塞罗纳（Barcelona），在 1483 年到 1489 年之间，出版的普通书籍达 483 册，1500 年到 1524 年达 564 册，1534 年到 1520 年达 802 册。这些数据的统计参考了对一些印刷的手稿的分析，参见 José Maria Madurell Marimon and Jorgé Rubio y Balaguer（compilers and eds.）, *Documentos para la historia de la imprenta en Barcelona*（*1474-1553*）（Barcelona, 1955）。在出版的大部分作品中，有 1 000 册或者更多的涉及的都是传教和语法类的作品。

[158] 在北欧，Erasmus 的作品的印刷量与销售量都特别大，然而，这样大的发行量在 16 世纪欧洲的其他地方并不常见。

[159] Haebler, *op. cit.*（n. 154）, p. 59. 关于该问题进一步的讨论参见 Francis M. Rogers, *The Travels of the Infante Dom Pedro of Portugal*（Cambridge, Mass., 1961）, pp. 121-22.

[160] 这些统计依据了 García López, *op. cit.*（n. 155）。

[161] *Ibid.* 这三部作品是：耶稣会信札汇编（1575 年）、卡蒙斯的《卢济塔尼亚人之歌》（1575 年），以及热罗尼莫·科尔特·里尔（Jerónimo Côrte Real）对于围困第乌的描述（1597 年）。

[162] 这里的数据参考了 Escudero y Perosso, *op. cit.*（n. 155）。这三册书是：埃斯卡兰特（Escalante）讨论中国的书籍（1577 年），日本使团前往欧洲的资料汇编（1586 年）以及阿科斯塔（Acosta）的《印度自然与道德史》（*Historia natural*，1590 年）。

[163] 参见 Sanchez, *op. cit.*（n. 155）。

[164] 关于其出版史的完整回顾，参见 Carlos Sanz, *Primitivas relaçiones de España con Asia y*

Oceanía（Madrid, 1958），pp. 386-97。

[165] Swecker, *op. cit.*（n. 148），p. 189.

[166] José Amador de los Rios 在 1851 年到 1855 年间为马德里皇家历史学会（Royal Academy of History of Madrid）出版的四卷本是唯一完整的版本。

[167] 这本珍稀的著作的复本保存在芝加哥的纽贝里图书馆。关于其日期参见 Agapito Rey, "Book XX of Oviedo's *Historia general y natural de las Indias*," *Romanic Review*, XVII（1927），52-57。

[168] 相关概述参见 Swecker, *op. cit.*（n. 148），pp. 191-99。

[169] 所有译本的名单参见 Henry R. Wagner, *The Spanish Southwest, 1542-1794*（Berkeley, 1924），pp. 50-81。关于这部编年史更为详细的文献资料可参见同一作者的 "Francisco Lopez de Gomara and His Works," *Proceedings of the American Antiquarian Society*, LVIII（1949），263-68。

[170] 参见 *Historia general de las Indias*（Madrid, 1932），Pt. I, pp. 142-45。

[171] 对于这些 1550 年之前的文献按照年代顺序进行的编辑整理，可参见 António da Silva Rêgo, *Documentacão para a história das missões do padroado português do Oriente*（Lisbon, 1947-50），Vols. I-IV。在关键性的 1538 年到 1552 年间的文献资料，于 1545 年之后在 D. João de Castro 的资助下得到了搜集。这些大概有 6 000 份的报告基本上得到了完整地保存。关于印度史，很少有哪个时期能够拥有这么优质的文献。这些由当地的国王和葡萄牙官员、商人、水手记下的资料上的日期可参见 Georg Schurhammer, S.J., *Die zeitgenössischen Quellen zur Geschichte Portugiesisch-Asiens und seiner Nachbarländer zur Zeit des Hl. Franz Xaver（1538-1552）*（Leipzig, 1932）。

[172] Armando Cortesão（ed.），*op. cit.*（n. 84），I, 1xv and lxxiii.

[173] Ramusio, *op. cit.*（n. 117），Vol. I, fols. 349-63.

[174] 关于巴尔博萨的身份，更具有争议的问题参见 Eduardo Reis, *Duarte Barbosa, pioneiro revelador dos costumes das Indias; relação biográfica*（Macao, 1948），pp. 86-92；关于该问题更为详细的记述，参见 Swecker, *op. cit.*（n. 148），pp. 20-30。两位作者得出结论说他不是那个和麦哲伦一起航海的杜尔特·巴尔博萨，这不是同一个人。事实上，关于杜阿尔特·巴尔博萨的身份不可能绝对确定。

[175] Dames（ed.），*op. cit.*（n. 85），I, lix-1x.

[176] 参见其英译本的前言，Henry E. J. Stanley, *A Description of the Coasts of East Africa and Malabar*（"Hakluyt Society Publications," Old Ser. Vol. XXXV [London, 1866]），p. i。

[177] Academia dos Sciencias de Lisboa, *Collecção de noticias para a história e geografia das nações ultramarinas...*（Lisbon, 1812），II, 231-394. 其英文翻译及评注，参见 Dames（ed.），*op. cit.*（n. 85）。

[178] 这些信件的葡萄牙文文本及英文翻译，参见 D. Ferguson, "Letters from Portuguese Captives in Canton, Written in 1534 and 1536（事实上都写于 1524 年，参见原文，p. 734n），" *Indian*

Antiquary, XXX（1901）467-91; XXXI（1902）, 53-65。

[179] 其首次出版的版本收录在 David Lopes（ed.）, *Chronica dos Reis de Bisnaga*（Lisbon, 1890）；其英文翻译收录在 Robert Sewell, *A Forgotten Empire*（*Vijayanagar*）（London, 1900）, pp. 235-398。

[180] Sewell, *op. cit.*（n. 179）, pp. v-vii.

[181] 关于他的学术活动，参见 Manuel II, *op. cit.*（n. 33）, II, 277。

[182] Diogo do Couto, *Da Asia*（Lisbon, 1778）, Vol. IV, Bk. v, chap. i.

[183] Manuel II, *op. cit.*（n. 33）, II, 274 .

[184] *Ibid.*, pp. 274-76.

[185] 科托指出，卡斯塔涅达的历史著作的最后两本被王室下令禁止发行，卡斯塔涅达被指控写得过于真实。无论科托如何评价卡斯塔涅达的是非曲直，但有一点可以确定的是，卡斯塔涅达的著作的最后两本在 16 世纪未能出版。第九本的 31 章内容（讨论 1539 年到 1542 年间的事件）被发现收录在马菲的著作中（参阅原文第 325-326 页），马菲的著作如今保存在罗马的耶稣会档案馆里面。Edited by C. Wessels, S.J., in *Lopes de Castanheda, Historia do descobrimento e conquista da India pelos Portugueses*（*1552-1561*）. *Thirty-one Chapters of the Lost "Livro IX" Re-discovered and Now Published for the First Time*（The Hague, 1929）.

[186] Ravenstein（ed.）, *op. cit.*（n. 23）, pp. xx and xxiv .

[187] Armando Cortesão（ed.）, *op. cit.*（n. 84）, I, xx.

[188] *Ibid.*, p. lxxviii .

[189] 关于卡斯塔涅达的作品的评价集子可参见 Pedro de Azevedo 编的 *História do descobrimento & conquista da India pelos Portugueses por Fernão Lopes de Castanheda*（Coimbra, 1924）的权威版本的导言，见该书 I, xvi-xxi。

[190] 相关的书目参见 G. Atkinson, *La littérature géographique française de la Renaissance*（Paris, 1927）, p. 83。关于格鲁奇对葡萄牙人的学识及其语言轻视的例证，来自他翻译的这些作品的译文的导言，在导言中，我们可以看到他对葡萄牙的作者们刻薄的评论，很有可能就是说的卡斯塔涅达，格鲁奇指出："（这些人的）经验多于学识。"引文参见 Azevedo 写的导言，见 *História, op. cit.*（n. 189）, pp. xv-xvi. 亦可参阅 Georges le Gentil, "Nicolas de Grouchy, traducteur de Castanheda," *Bulletin des études portugaises et de l'Institut français au Portugal,* New Ser., Vol. IV（1937）, fasc. 1, p. 32。这位作者指出,格鲁奇从前曾经是蒙田（Montaigne）在吉耶讷学院（Collège de Guyenne）就读时的老师。

[191] 即 1576 年的再版本。参见 Atkinson, *op. cit.*（n. 190）, pp. 87-88。

[192] 相关的书目参见 J. Peiters-Fontaines, *Bibliographie des impressions espagnols des Pays-Bas*（Louvain and Antwerp, 1933）, p. 82。

[193] 它在富格尔家族的书架的图书目录中名列第 171 号，现在可能仍然珍藏在慕尼黑（Munich）的国家图书馆里面。K. L. Selig, "A German Collection of Spanish Books," *Bibliothèque d'*

Humanisme et Renaissance. Travaux et documents, XIX（1957），66。

[194] A. Palau y Dulcet, *Manuel del librero hispano-americano*（Barcelona, 1923-27），IV, 262.

[195] *The First Booke of the Historie of the Discoveries and Conquest of the East Indies by the Portingals*，收录在 *the Time of King Don John, the Second of That Name*。附有注释的再版本参见 Robert Kerr（ed.）。*A General History and Collection of Voyages and Travels*（London, 1824），II, 292-505。

[196] E. G. R. Taylor, *Tudor Geography*, 1485-1583（London, 1930），p. 190.

[197] Henry Thomas, "English Translations of Portuguese Books before 1640." 收录在 *Miscelânea de estudos em honora de D. Carolina Michaëlis de Vasconcellos*（Vol. XI of *Revista da Universidade de Coimbra* [Coimbra, 1933]），pp. 691-92。然而，应该指出的是，里切费尔德在为他的翻译所写的献词里面指出，他把"简单的翻译弄成了葡萄牙语的音调"，并把这一献词献给了弗朗西斯·德雷克爵士（Sir Francis Drake）。

[198] *Historia dell'Indie Orientale, scoperte, & conquistate da Portoghesi ...* (2 vols.; Venice, 1577-78).

[199] Taylor, *op. cit.* (n. 196), pp. 219-20.

[200] 关于巴罗斯的职业生涯，参见 C. R. Boxer, "Three Historians of Asia（Barros, Couto, and Bocarro）," *Instituto Português de Hongkong, Boletim*, No. 1（July, 1948），pp. 18-24; and Manuel II, *op. cit.*（n. 33），II, 286-301。

[201] 引文来自巴罗斯为他写的第二个十年的内容所作的序言，参见 Manuel II, *op. cit.*（n. 33），II, 300。

[202] 相关书目参见 N. F. Haym, *Notizia de libri raro nella lingua italiana*（London, 1726），p.87。

[203] 关于一名同时代人颇具批判性的评价可参见佛罗伦萨的人文主义者菲利普·萨塞蒂（Filippo Sassetti）的相关评论，收录在 E. Marcucci（ed），*Lettere edite e inedite di Filippo Sassetti*（Florence, 1855），pp. 417-19。

[204] 参阅 Manuel II, *op. cit.*（n. 33），II, 295-96。

[205] Selig, *op. cit.*（n. 193），p. 53.

[206] Taylor, *op. cit.*（n. 196），p. 199.

[207] 引文参见 Manuel II, *op. cit.*（n. 33），II, 288-89。自 16 世纪伊始，巴罗斯的作品就被翻译成了法语（1696 年）、荷兰语（1706—1707 年）以及德语（1821 年）。除了一些节录的内容外，《亚洲旬年史》还没有英译本出现。巴罗斯其他关于亚洲的作品让人感到极为困惑，特别是他在《亚洲旬年史》里面反复提到的《地理学》（*Geographia*）一书。通常，人们认为巴罗斯的地理学著作以及他关于东方贸易的商业手册的大部分内容都是在他 1570 年去世之前完成的。但是，到目前为止，这些手稿（如果它们存在的话）还都没有为人所见。参见 Boxer, *op. cit.*（n. 200），pp. 19-21。Faria e Sousa 在 17 世纪宣称，卡斯塔涅达和巴罗斯的作品都没有得到广泛地阅读，其中一个原因就是这些作品的时间跨度过于漫长。参见 Bell, *op. cit.*（n. 135），p. 193, n. 2。

[208] 据我所知，该书珍贵的首版本的五册至今还保存着。关于附加的资料，参见 Manuel II, *op. cit.*（n. 33），II, 496-506。

[209] 如今，这个版本要比初版本更容易看到，参见 *ibid.*, III, 98-99。第三版出版于 1774 年，由 Walter De Gray Birch 编辑并翻译成了英文，题目是 *The Commentaries of the Great Afonso Dalboquerque, Second Viceroy of India*（4 vols.; "Hakluyt Society Publications," Old Ser., Vols. LIII, LV, LXII, LXIX [London, 1875-84]）。关于阿尔伯克基根据这些早期作品写成的信件更为完整的版本可参见葡萄牙科学学会（Portuguese Academy of Sciences）出版的集子，其标题是 *Cartas de Afonso de Albuquerque*（7 vols.; Lisbon, 1884-1935）。

[210] 布拉兹·德·阿尔伯克基（Braz de Albuquerque）的前言的译文收录在 Manuel II, *op. cit.*（n. 33），II, 501。

[211] 相关细节参见 Francisco Manuel Carlos de Melho, Conde de Ficalho（这是他通常比较为人所知的称呼）写的出色的传记作品，*Garcia da Orta e o seu tempo*（Lisbon, 1886; rev. ed., 1898）。关于更为简短的记述，参见 Silva Carvalho, *Garcia da Orta*（Lisbon, 1934）and Manuel II, *op. cit.*（n. 33），II, 652-53。

[212] 这部作品如今至少还有 14 册被保存下来了，参见 Manuel II, *op. cit.*（n. 33），II, 647。《印度草药风物秘闻》的各种版本和译本的具体情形，参见 Ficalho, *op. cit.*（n. 211），pp. 367-92。Ficalho 也出版了《印度草药风物秘闻》最为权威的两卷本（Lisbon, 1891-95）。Ficalho 的英文版本由 Sir Clements Markham 编辑并翻译，题目是 *Colloquies on the Simples and Drugs of India*（London, 1913），该书在哈克路特学会（Hakluyt Society）的资助下得到了出版。遗憾的是，Markham 翻译并编辑的版本留下了太多需要进一步完善的内容。参见 Harry Bernstein and Bailey W. Diffie, "Sir Clements Markham as a Translator," *Hispanic American Historical Review*, XVII（1937），546-57；亦可参阅 Swecker, *op. cit.*（n. 148），pp. 244-45。虽然我已经引用了 Markham 的译文，但我把这些译文与 Ficalho 的版本进行了核对。

[213] 关于约翰内斯·德·恩顿，参见 Anselmo, *op. cit.*（n. 33），p. 151；在果阿出版的书籍名单，参见 A. K. Priolkar, *The Printing Press in India*（Bombay, 1958），pp. 14-17。

[214] 其翻译参见 Markham（ed.）, *op. cit.*（n. 212），p. 60。

[215] *Ibid.*, p. 125.

[216] *Ibid.*, pp. 127-28.

[217] 参见 F. A. Flückiger, "Indische Pharmakognosie," *Archiv der Pharmacie*, XXII（1884），253；亦可参见 F. A. Flückiger and G. Hanbury, *Pharmacographia*（London, 1874）一书中不同地方对于该问题的讨论。

[218] 关于他的充满智慧的生平，参见 Johannes Theunisz, *Carolus Clusius, het markwaardige leven van een pionier der wetenschap*（Amsterdam, 1939）。

[219] *Ibid.*, pp. 30-32；亦可参见 Ficalho（ed.）, *op. cit.*（n. 211），p. 372。

[220] 其标题是 *Aromatum et Simplicium aliquot medicamentorum apud Indos nascentium historia*.

Nunc vero primum Latina facta, et in Epitomen contracta a Carlo Clusio Atrebate。

[221] Theunisz, *op. cit.*（n. 218），p. 107.

[222] 相关细节参见 Joaquin Olemedilla y Puig, *Bstudio histórico de la vida y escritos del sabio medico, botánico, y escritor del siglo XVI, Cristobal de Acosta*（Madrid, 1899）；亦可参见 Swecker, *op. cit.*（n. 148），pp. 240-43。

[223] 关于他其他的作品，参见 Swecker, *op. cit.*（n. 148），pp. 246-48。

[224] 该书是献给黑森（Hesse）的威廉四世公爵（Duke William IV），这本书的题目是 *Aromatium et medicamentorum in orientali India nascentium liber*。

[225] 参见 Theunisz, *op. cit.*（n. 218），p. 107。

[226] Swecker, *op. cit.*（n. 148），p. 246.

[227] *Trattato di Christoforo Acosta* 一书收藏在巴黎的国家图书馆。

[228] Swecker, *op. cit.*（n. 148），p. 113, n. 3.

[229] Visconde de Lagoa 和 Elaine Sanceau 编的权威批评版本是 *António Calvão. Tratado dos descobrimentos. Terceira edicão*（Porto, 1944）。Vice-Admiral Bethune 编辑并重版了哈克路特 1601 年翻译的版本，标题是 *The Discoveries of the World from Their First Original unto the Year of Our Lord 1555*（"Hakluyt Society Publications," Old Ser., Vol. XXX [London, 1872]）。

[230] Gabriel Rebello 在马鲁古群岛度过了十三年的时间，到 1569 年，他已经完成了 *Informação das cousas de Maluco* 一书的写作。虽然该书后来被 Couto 广泛地使用，但它直到 1856 年才得以出版。

[231] 该书的现代版于 1926 年在科英布拉出版了四卷。

[232] Swecker, *op. cit.*（n. 148），pp. 117-18. 戈伊斯在他的评论中为卡斯塔涅达的记述添加了一些内容，他指出 Fernão Peres d'Andrade 于 1517 年到 1518 年间造访了中国，他从中国为曼努埃尔王带回了三个宗教雕像和其他的一些东西。

[233] *De rebus Emmanuelis regis Lusitaniae invictissimi virtute et auspicio gestis libri duodecim.*

[234] Swecker, *op. cit.*（n. 148），pp. 118-20.

[235] 关于克路士的一些详细描述，参见原文，第 742 页，748 页。

[236] 科托在印度度过了将近半个世纪的时间，他在那里担任贸易活动的管理者和果阿的档案保管者。他的《亚洲旬年史》直到 17 世纪才得以出版，也许是因为这部著作涉及的内容大部分都是同时代的东西。参见 Bell, *op. cit.*（n. 135），pp. 195-98。这也许同样可以解释 Gaspar Corrêa（约 1495—约 1565 年）的 *Lendas da India* which 为何直到 19 世纪方才得到出版的原因。

[237] 卡蒙斯可能读过的出版于葡萄牙的有关东方的书籍名单，参见 Francis M. Rogers 编的手册，它作为 Appendix III 收入了 Henry H. Hart, *Luis de Camoëns and the Epic of the Lusiads*（Norman, Okla., 1962）。也应该注意到，卡蒙斯可能看到过大量用拉丁文和西班牙文写成的

有关东方的文学作品。

[238] 参见原文，第 201 页。Richard Fanshawe 在 18 世纪对于卡蒙斯作品的翻译是最好的英译本
之一。Jeremiah D. M. Ford 在 1940 年对其进行编辑并重版（Cambridge, Mass.）。

[239] 比如，可参见 Lopo de Sousa Coutinho, *Livro primeyro de cerco de Diu, que os Turcos poseram
a fortaleza de Diu*（Lisbon, 1556）。关于葡萄牙文学史中的海难参见 James Duffy, *Shipwreck
and Empire*（Cambridge, 1955）。

[240] 完整的标题是 *Historia dos cercos que em tempo de Antonio Monis Barreto Governador que foi
dos estados da India, os Achens, & Iaos puserão û fortaleza de Malaca, sendo Tristaõ Vaz da
Veiga capitão della*。

[241] I. A. Macgregor, "Some Aspects of Portuguese Historical Writing of the Sixteenth and
Seventeenth Centuries on South East Asia," in D. G. E. Hall（ed.）, *Historians of South East
Asia*（London, 1961）, p. 196.

[242] A. C. Burnell and P. A. Tiele（eds.）, *The Voyage of John Huyghen van Linschoten to the East
Indies from the Old English Translation of 1598*（"Hakluyt Society Publications," Old Ser.,
Vols. LXX, LXXXI [London, 1885]）, II, 222. 关于西班牙官方在 1594 年之前对荷兰的政策，
参见 G. F. Preuss, "Philipp II, die Niederländer und ihre erste Indienfahrt," *Mitteilungen der
schlesischen Gesellschaft für Volkskunde*, XIII-XIV（1911-12）, 281-97。

[243] 但是，他们的观察可能会被历史学家拿来在彼此间、以及在他们报告的事件之间进行核对。
到目前为止，我可以肯定地说，他们两个人都是真正独立的、杰出的观察者。关于萨塞蒂，
参见 Marcucci（ed.）, *op. cit.*（n. 203）, 以及原文第 475-477 页。

[244] 参 见 J. E. Heeres, "Duitschers en Nederlanders op de zeewegen naar Oost-Indië voor 1595," in
Gedenkboed van het Kon. Institut voor Taal-, Land-en Volkenkunde van Nederlandsche Indië（The
Hague, 1926）, p. 171。

[245] 一般的研究过于强调：菲利普二世的法令不仅威胁了北欧的国家，而且导致了荷兰的船队
直接向东方航行的后果。关于该问题的讨论，参见 Preuss, *loc. cit.*（n. 242）, 279-81。亦
可参见 1594 年年底来自里斯本的信件，这封信指出，菲利普二世认为荷兰人已经找到了
前往东印度群岛的捷径，并且不确定如何阻止荷兰人使用这一捷径。其中的建议包括在西
班牙控制的港口扣押所有荷兰的船只，这就意味着荷兰人仍然在西班牙的海港进出。这封
信的再版本收录在 W. Noel Sainsbury（ed.）, *Calendar of State Papers, Colonial Series: East
Indies, China and Japan*（London, 1862）, p. 97, item 246。

[246] 关于迪尔克·赫里茨的生平，参见 Arthur Wichmann, *Dirck Gerritsz. Ein Beitrag zur
Entdeckungsgeschichte des 16ten und 17ten Jahrhunderts*（Groningen, 1899）。他被称作中国通
是因为他至少造访过中国和日本两次。

[247] F. Stapel, "Hct verblijf van Cornelis de Houtman te Lissabon," *Tijdschrift voor Geschiedenis,* LI
（1936）, 372。

[248] 参见 P. A. Tiele 写的导言，收录在 Burnell and Tiele, *op. cit.*（n. 242）。

[249] *Ibid.*, I, 58.

[250] 参 见 H. Kern（ed.）, *Itinerario. Voyage ofte Schifvaert van Jan Huygen van Linschoten naar Oost ofte Portugaels Indien, 1579-1592*（The Hague, 1910），I, xxviii-xxix, 该书指出，如果林斯乔坦使用了巴罗斯的作品，那么他对于马鲁古群岛的记述就不会如此地不准确和不完整。亦可参见 W. J. van Balen, *Naar de indische Wonderwereld*（Amsterdam, 1946），pp. 11-12。该书的第二版由 Linschoten Vereenigung 在 H. Terpstra 的管理下于 1955 年到 1957 年间以三卷本的形式发行。

[251] Burnell and Tiele（eds.）, *op. cit.*（n. 242），I, 36.

[252] 关于门多萨和他对中国的描述，参见原文，第 743-745 页。

[253] 参见原文，第 194-195 页。

[254] 参见 Kern（ed.）, *op. cit.*（n. 250），I, xxviii。关于马菲，参见原文，第 325-326 页。

[255] 参阅原文，第 469-470 页。

[256] 参阅原文，第 701-702 页。

[257] *Reysgheschrift van de Navigatien der Portugaloysers.*

[258] 三部分的完整文本通常都是指代《葡属东方航海旅行记》，但是这一说法多少有些误导成分在内，因为只有第一部分才有原来那卷的标题。完整的标题是 *Itinerario, voyage ofte schipvaert van Jan Huygen van Linscoten naar Oost-ofte Portugails Indien*。

[259] Ayer collection,，纽贝里图书馆（芝加哥）。

[260] 参见原文，第 225 页。

[261] 一个更为详细的讨论，参见 Burnell and Tiele（eds.）, *op. cit.*（n. 242），I, xxxi-xxxiii。

[262]《葡属东方航海旅行记》的英文版由 William Phillip 自荷兰语译出，John Wolfe 将其在伦敦出版，其标题是 *... Iohn Hvighen van Linschoten. His Discours of Voyages into ye Easte & West Indies*。原版的复本如今已是非常少见，国会图书馆可能还有馆藏。该书的英文版是松散的、说明性的，充满了译者注。虽然如此，但在 Burnell 看来，这个译本对于在缺乏实践的情况下写作一本现代的、准确的著作已经是足够精确和清晰了。正是因为这个原因，Burnell 和 Tiele 为哈克路特学会重新编辑并发行了 1598 年的译本（*op. cit.* [n. 242], I, xli）。同样还是出于这一原因，也是为了查询参考文献出处时的方便，接下来（在其他的参考文献中）采用 Burnell 和 Tiele 合编的 1589 年的译文。

[263] 林斯乔坦本人也意识到了他对西印度群岛的描述不够充分，他在自己著作的荷兰译本（1598年）的献词中承认了这一点，该译本收录在 J. de Acosta 编 *Historia natural y moral de las Indias*（Seville, 1590）里面。参见 Burnell and Tiele（eds.）, *op. cit.*（n. 242），I, xxxviii。

[264] Burnell and Tiele（eds.）, *op. cit.*（n. 242），II, 190.

[265] *Ibid.*, pp. 216-17.

[266] *Ibid.*, p. 219.

[267] 参见 *ibid*., I, 165, n. 4, 以及原文，第 194 页。

[268] 参见 José Nicolai da Fonseca, *An Historical and Archaeological Sketch of the City of Goa*（Bombay, 1878）, pp. 151-52。

[269] António Tenreiro 的《航海纪》（*Itinerário*）第一次出版是在 1560 年，在 16 世纪共发行两次。但是，沿着陆路从霍尔木兹到达欧洲的 Tenreiro 对于印度群岛之外的其他亚洲地区很少提及。关于其行程的编辑版本参见 António Baião（ed.）, *Itinerários da India a Portugal por terra*（Coimbra, 1923）, pp. 3-127。

[270] George B. Parks, "Ramusio's Literary History," *Studies in Philology*, LII（1955）, 127.

[271] 其开始出版是在赖麦锡的原版集子问世四百周年的时候，即 1950 年。它是在 Giuseppe Tucci 的指导下，以 *Istituto italiano per il medio ed estremo oriente* 为题出版的。

[272] 最为透彻的研究是 Antonio de Piero, "Della vita e delgi studi di Gio. Battista Ramusio," *Nuovo archivio veneto*, N.S., IV（1902）, 5-112。

[273] Parks, *loc. cit.*（n. 270）, p. 129; 以及 Parks, *op. cit.*（n. 133）, pp. 7-8.

[274] Parks, *loc. cit.*（n. 270）, pp. 133-35.

[275] 参见《航海纪》（*Navigationi*）第一卷的第一版：关于 Lopez（fol. 143 v.-156 r.）和 Empoli（fol. I56r.-I58r.）的相关内容。

[276] 关于该问题的进一步详细描述，参见 Parks, *op. cit.*（n. 133）, pp. 12-15。

[277] *Ibid*., p. 17. 参见原文，第 116 页。

[278] 收录在哈克路特学会的出版物中。参见原文，第 185-186 页。

[279] 引自一本被称作 *Il viaggio fatto da gli Spagnivoli a' l mondo*（Venice, 1536）的书，它最初可能还是赖麦锡编辑的。

[280] 这是 Angela de Poli 的观点，参见 *Nuovo archivio veneto*, XXXVIII（1920）, 127。

[281] 参见原文，第 42 页。

[282] 参见原文，第 178-179 页。

[283] *Tome second de l'Afrique, contenant les navigations des capitaines Portugalois, autres, faites aux Indes tant Orientales, qu'Occidentales* is the complete title of this work which is now quite rare. 关于其内容的概括，参见 *Le Président Baudrier, Bibliographie lyonnaise ... quatrième série*（Lyons, 1899）, pp.385-87。

[284] 参阅 Böhme, *op. cit.*（n. 33）, p. 90。

[285] 引文参见 E. G. Cox, *A Reference Guide to the Literature of Travel*（Seattle, 1935）, I, 28。

[286] 参阅 J. A. Williamson, *Maritime Enterprise*（Oxford, 1913）, p. 240。

[287] 关于伊登的职业生涯的详细记述，参见 Arber, *op. cit.*（n. 59）, pp. xxvii-xlvii。

[288] 引文来自 *ibid*., p. 7. 引文中的斜体部分[①]是我在引用时调整的。

---

① 翻译时已改为黑体。——译者注

[289] *Ibid.*, p. 53.

[290] 参见原文，n. 279。

[291] Arber（ed.），*op. cit.*（n. 59），p. 263.

[292] 关于伊登在这个部分的文献的进一步讨论，参见 Taylor, *op. cit.*（n. 196），p. 21。

[293] 关于 Sir Richard Temple 对马德里尼亚鲁斯和伊登的批判性评论，参见 Jones and Temple（eds.），*op. cit.*（n. 61），p. xxi，亦可参见原文，第 164 页。

[294] 参见原文，第 324 页。

[295] Taylor, *op. cit.*（n. 196），p. 38.

[296] *Nuovi avisi delle Indie di Portogallo, venuti nuovamente dalli R. padri della compagnia di Giesu & tradotti dalla lingua Spagnola nella Italiana, Quarte parte*（Venice, 1565），pp. 63-87. 亦可参见原文，第 748-749 页。

[297] 参见原文，第 324 页。

[298] 引文参见 Taylor, *op. cit.*（n. 196），p. 186.

[299] 参见原文，第 159 页。

[300] 参见原文，第 189 页。

[301] 关于理查德·哈克路特生平的详细情形，参见 G. B. Parks, *Richard Hakluyt and the English Voyages*（New York, 1928），Appendix II, pp. 242-59。

[302] 卡文迪什回来时带着一幅很大的中国地图，他交给了哈克路特。显然，卡文迪什也带回了两名日本人和一名菲律宾人，哈克路特曾经与他们"面谈"过，但是没有记录。参见 E. G. R. Taylor, *The Original Writings and Correspondence of the Two Richard Hakluyts*（London, 1935），I, 48。

[303] 一个比较简便的概述，参见 Sir William Foster, *England's Quest of Eastern Trade*（London, 1933），chaps. v-xiii。

[304] 关于哈克路特的著作者身份的详细讨论，参见 *ibid.*, pp. 153-56。关于这份编年史的文本信息，参见 Taylor, *op. cit.*（n. 302），II, 465-68。

[305] 参见原文，第 469 页。

[306] 参见原文，第 744 页。

[307] 这只是与 1584 年到 1586 年间来到欧洲的日本使节们相联系的耶稣会士们写出的专著的一个部分。参见原文，第 809-810 页。

[308] 参见原文，第 478-479 页。

[309] 参见 Böhme, *op. cit.*（n. 33），pp. 96-105。

[310] *Ibid.*, pp. 120-25. 关于此人生平的进一步的细节，参见 A. C. Camus, *Mémoire sur la collection des Grands et Petits Voyages ...*（Paris, 1802），pp. 13-15. 亦可参见 T. Weigel, *Bibliographische Mittheilungen über die deutschen Ausgaben von de Bry's Sammlungen*（Leipzig, 1845）。

[311] 关于"普通的航海行纪"的完整分析，如今除了单独的几卷或者几个部分之外，难以看到完整的内容，参见 Camus, *op. cit.* (n. 310)，pp. 182-278；亦可参阅 Pieter Tiele, *Mémoire bibliographique sur les journaux des navigateurs néerlandais réimprimés dans les collections de De Bry et Hulsius* (Amsterdam, 1867)。

[312] Böhme, *op. cit.* (n. 33)，pp. 125-28.

[313] 关于葡萄牙人的地图绘制法的基本文献资料是：Armando Cortesão, *Cartografia e cartógrafos portugueses dos seculos XV e XVI* (2 vols.; Lisbon, 1935)；以及 A. Cortesão and A. Teixeira da Mota, *Portugaliae monumenta cartographica* (5 vols.; Lisbon, 1960-2)。为了纪念伟大的航海者亨利王子逝世五百周年，Cortesão 和 Teixeira da Mota 重要的几部大型著作，连同他们绘制的华美的彩色地图的复制品，以及其他说明性的材料一并得到了出版，这些文献的出版时间正好与 1960 年 9 月在里斯本举行的地理大发现历史讨论会相一致。亦可参见 Roberto Almagià, *Monumenta cartographica Vaticana* (2 vols.; Rome, 1944)。关于制图法的简短总结，参见 Penrose, *op. cit.* (n. 62)，chap. xvi。

[314] Cortesão and Teixeira da Mota, *op. cit.* (n. 313)，I, 21, n. 7。

[315] 1504 年 11 月 13 日，曼努埃尔王颁布法令禁止复制航船沿着非洲的水域前往大刚果河的线路图，也禁止不加区分地制作所有区域的地图。参见 Jean Denucé, *Les origines de la cartographie portugaise et les cartes des Reinels* (Ghent, 1908)，pp. 1-4。

[316] 关于德国的 Peutinger 和其他人绘制的地图集，参见 Cortesão and Teixeira da Mota, *op. cit.* (n. 313)，I, 15。

[317] 关于这幅平面球形图究竟是葡萄牙还是意大利的制图者的作品论证的概述，参见 *ibid.*, I, 8-9。

[318] 加纳里奥和他那个时代的其他航海指南绘制者一样，他仅仅给出了内陆地区的传统名称（Tartaria, India Exgangem, India Superior, 以及 Cataio）。参见 E. L. S. Levenson, *Marine World Chart of Nicolò de Canério Januensis* (1502) (New York, 1908)，p. 20。

[319] 关于德国地理学的复兴以及瓦尔德西姆勒作为成员之一的阿尔萨斯学派（Alsatian school）的发展，参见 Gallois, *op. cit.* (n. 47)，pp. 40-45。

[320] 瓦尔德西姆勒在他 1516 年做的木刻平面球形图中首次描绘了爪哇和东印度群岛。他显然从加纳里奥的地图中复制了一些数据。关于该问题的详细情形，参见 J. Fischer and F. von Weiser, *The Oldest Map with the Name America of the Year 1507 and the Carta Marina of the Year 1516 by M. Waldseemüller* (Innsbruck, 1903)。

[321] 参阅 R. Uhden, "The Oldest Portuguese Original Chart of the Indian Ocean, A.D. 1509," *Imago mundi*, III (1939)，8-11，亦可参见制作于 1510 年的匿名沃尔芬布特尔航海图（Wolfenbüttel chart）的类似表述，相关讨论参见 Cortesão and Teixeira da Mota, *op. cit.* (n. 313)，I, 29-31。

[322] 关于对罗德里格斯的东京湾（Gulf of Tongking）[①] 和中国海岸的地图册的详细分析，参

---

① 越南北部一个地区的旧称。——译者注

见 Albert Kammerer, *La découverte de la Chine par les Portugais au XVIème siècle et la cartographie des portolans*（Leyden, 1944）, pp. 197-202。罗德里格斯可能使用了一个爪哇人的地图绘制了他自己的群岛分布图以及南亚的海岸地区的情况。参见 Cortesão and Teixeira da Moto, *op. cit.*（n. 313）, I, 80。

[323] 当麦哲伦的远征船队正在装备的时候，豪尔赫·赖内尔逃到了塞维尔，他可能给西班牙人提供了自己以前在葡萄牙获得的资料。参见 Cortesão and Teixeira da Mota, *op. cit.*（n. 313）, I, 19-20。

[324] *Ibid.*, I, 56-57. 这部信息汇编可能是由于曼努埃尔王的疏忽，在赖内尔的帮助下完成的（*ibid.*, pp. 59-61）。它可能被作为礼物献给了法国的国王弗朗西斯一世（King Francis I）。这些航海图可能曾被汇集成一部地图册，如今保存在巴黎的国家图书馆。

[325] 参见 L. C. Wroth, "The Early Cartography of the Pacific," *The Papers of the Bibliographical Society of America*, XXXVIII（1944）, 137-51。

[326] Cortesão and Teixeira da Mota, *op. cit.*（n. 313）, I, 50-51.

[327] *Ibid.*, pp. 87-89. 人们传统上认为（*ibid.*, pp. 95-96）,1525 年的匿名平面球形图是利比罗所作，这幅图通常被称作"卡斯蒂廖内平面球形图"（Castiglione planisphere）, 它被查理五世作为礼物献给了前往西班牙的罗马教廷大使巴尔达萨雷·卡斯蒂廖内（Baldassarre Castiglione）。这幅地图把马鲁古群岛定位在西班牙控制的界限之中，这幅图和里贝罗绘制的其他地图一样，基本的信息资料来自"艾尔·卡诺"（El Cano）。

[328] Kammerer, *op. cit.*（n. 322）, p. 191.

[329] F. Dainville, S.J., *La géographie des humanistes*（Paris, 1940）, pp. 14-15.

[330] Kammerer, *op. cit.*（n. 322）, p. 205.

[331] 他也在法国写了一些关于航海和宇宙学方面的专著，他在拉伯雷（Rabelais）的《巨人传》（*Pantagruel*）中被作为伟大的水手克塞诺芬尼（Xenomanes）而歌颂。参见 Cortesão and Teixeira da Mota, *op. cit.*（n. 313）, I, 149。

[332] E. W. Dahlgren, "Les débuts de la cartographie du Japon," in *Archives d'études orientales*, IV（1911）, 15. 但是与 Dahlgren 所主张的相反，单词"Giapam"或者它的其他变体在欧洲的文献资料中并不是第一次出现（参见原文，第 652-653 页）。

[333] 参见原文，第 653 页。

[334] 参见原文，第 709-710 页。

[335] 关于这幅地图的绘制时间参见 Cortesão and Teixeira da Mota, *op. cit.*（n. 313）, I, 123-24。

[336] 参见原文，第 709-710 页。关于 1581 年佛罗伦萨的地图文献的讨论，参见 Cortesão and Teixeira da Mota, *op. cit.*（n. 313）, II, 127-28。

[337] *Ibid.*, I, 120.

[338] 关于这幅地图的作者归属问题的再现与讨论，参见 Kammerer, *op. cit.*（n. 322）, pp. 208-9; Cortesão and Teixeira da Mota, *op. cit.*（n. 313）, I, 147-48，该书认为这幅地图是大约绘制于

1540 年的匿名之作。

[339] 参见 Cortesão and Teixeira da Mota, *op. cit.*（n. 313），II, 13-15。

[340] 参见 *ibid.*, II, p. 96 and Plate 235。

[341] 关于他对印度的处理的相关讨论，参见 F. L. Pullé, "Il planisfero portoghese di Bartolomeo Velho," *Revista geografica italiana*, V（1898），50-52。

[342] 关于他在印度的职业生涯，据猜测的情况参见 Cortesão and Teixeira da Mota, *op. cit.*（n. 313），III, 4-6。这些作者们认为他在 1568 年和 1580 年绘制的地图册是在果阿完成的。关于他的制图法的大体进展情况，参见 *ibid.*, p. 7。1568 年绘制的地图册如今为阿尔巴的公爵们（Dukes of Alba）所有，保存在马德里的百合宫（Palácio de Liria）。

[343] Kammerer, *op. cit.*（n. 322），pp. 210-11。

[344] 参见原文，第 705，710 页。

[345] Leo Bagrow, "A. Ortelii catalogus cartographorum," in *Petermanns Mitteilungen*, Vol. XLIII 1928），No. 199, p. 13。

[346] 关于贾科莫·加斯塔尔迪绘制的 1548 年开始传播的亚洲地图，参见 *ibid.*, pp. 79-96。

[347] 这个人的身份在制图者中间还是一个具有争议的问题。他一度被暂时地认定为米兰的乔万尼·乔治·赛特拉(Giovanni Giorgio Settala)。参见 Bagrow, *loc. cit.*（n. 345），Vol. XLV（1930），No. 210, p. 58。大部分地图制作者如今都认为（参考了 A. Cortesão, *op. cit.* [n. 313]，II, 276-78）他的准确身份应该是路易斯·豪尔赫·德·巴尔布达（Luis Jorgé de Barbuda）。关于巴尔布达更为详细的信息，参见 Cortesão and Teixeira da Mota, *op. cit.*（n. 313），II, 123-25。

[348] Bagrow, *loc. cit.*（n. 345），Vol. XLIII（1928），No. 199, p. 19。

[349] 关于他讨论日本的作品，参见 A. Cortesão, *op. cit.*（n. 313），II, 265-67。关于特谢拉在 1592 年写给奥提留斯（Ortelius）的信件，参见 Cortesão and Teixeira da Mota, *op. cit.*（n. 313），III, 43。关于日本在欧洲人绘制的地图中详细的变迁过程，参见原文，第 709-710 页。

[350] 参见原文，第 710 页。

[351] 格哈德·墨卡托（Gerhard Mercator）关于亚洲的作品在其有生之年（1512—1594 年）受到很大的限制。他在 1569 年描绘的世界地图保留了大量的托勒密传统，但是不够详细。在墨卡托 1595 年绘制的地图册中，有幅早期的普通亚洲地图被他的孙子放大并加以修订了，这是这本地图册中唯一的一幅亚洲地图。参见 J. Keuning, "The History of an Atlas. Mercator-Hondius," *Imago mundi*, IV（1947），37-62。

[352] F. C. Wieder, *Monumenta cartographica*（The Hague, 1932），II, 36-38。

[353] 关于林斯乔坦著作中的东半球地图的复制品可参见本书的插图。

[354] 参见原文，第 296-301 页。

[355] G. Atkinson, *Les nouveaux horizons de la renaissance française*（Paris, 1935），pp. 10-11。

第五章　基督教传教团

　　16 世纪的葡萄牙人在处理关于基督教信仰的传播、与异教徒的战争以及改变不信奉基督的人们的信仰等问题时绝非新手。过去，葡萄牙在十字军东征中曾扮演了一个活跃的角色。早在 1319 年，葡萄牙就拥有一支被称为"基督教骑士团"（Order of Christ）的国家十字军团，与葡萄牙圣殿骑士团（Knights Templar）的职能旗鼓相当。在"基督教骑士团"建立后一个世纪，航海者亨利王子成为其成员的统领，1469 年亨利王子去世，这支军队的所有权被国王占为己有。和葡萄牙 15 世纪在非洲的探险和统治相关，国王利用"基督教骑士团"在基督教的教义中增加了新的主题。葡萄牙国王在扮演基督教在海外世界中的传播者和保护者的角色时，得到了罗马教皇的赞同和鼓励。因此，基督教传教团在东方的事业进展情况与帝国构建者的成败息息相关。

　　传教士和修道院之外的神父登上了第一支环绕着非洲顶端航行、准备开往马拉巴尔港口的舰队的航船。与虚张声势的贵族们（jidalgos）相比，传教的人们或者大功告成，或者客死他乡。而前者则无情地抨击穆斯林是圣战的敌人，由衷地认为基督教徒们正在帮助把基督的圣光播撒到异教徒们生活的黑暗区域中。果阿在 1530 年成为帝国管理机构的中心，此后不久，它就成为都主教的一个教省。葡萄牙人其他的贸易和企图去殖民的中心地域——诸如马六甲和澳门——同样也成为基督教的中心。虽然有一些传教士冒险把福音带到了葡萄牙人尚未稳固立足的地方，但这些人人数很少，而且只有到了 16 世纪末的时候他们才取得成功。福音的传播者们开始依赖的是宗教之外的军队，这既不多见亦不适宜。虽然有很多关于葡萄牙人扩张的书籍详述了帝国的管理结构细节，但对于 16 世纪葡萄牙人的保教区中的政治—宗教发展的专题性研究尚没有出现。接下来本书不打算对这种匮乏进行补充。相反，考虑到这种总体性考察的阙失，我们在这里将根据既有的非宗教和宗教性的学术成果，对宗教和亚洲的情形之间的关系、耶稣会士在亚洲扮演的核心角色、耶稣会通信体系的发展，以及耶稣会士的信札和史述在欧洲的出版进行快速地扫描。这一章的论述只是想提供一个背景，用以说明：耶稣会士的信札和传教士的史述可能在书写亚洲历史以及向欧洲人传达亚洲的现实时，被作为一种有效的文献材料使用了。

230

第一节　葡萄牙人在东方的"保教区"

在 15、16 世纪，随着一系列教皇诏书的颁发，一种称为保教权的特权被交托给了葡萄牙国王。这意味着：在葡萄牙，国王被允许使用特定的教会收入，而且有权为各个都主教教省以及非洲和印度的教会推荐教皇及圣职候选人。这种特许权取决于如下条件，即国王将负有为那些通过武力征服而得到的区域的宗教机构和活动，提供优秀的传教士以及相应的经济支持的责任。[1] 葡萄牙和罗马教廷以及其他在俗的权力当局之间的矛盾很快就出现了，其分歧在于如何正确地解释并运用教皇的特许权。1494 年，在东方的势力范围划分确立以后，葡萄牙人就像他们在经济和信息上的垄断一样，在亚洲、印度、东印度群岛、中国和日本也要求宗教上的垄断。教皇为了保证自己的权力，坚持特许权的使用范围仅限于葡萄牙国王确实已经得到并拥有的区域，在非洲大陆和东方国家的绝大部分区域并不适用。所有的相关团体都同意限制葡萄牙人的保教权，这是一个漫长的过程，在整个 16 世纪，许多未能解决的教会权限纷争使传教工作变得复杂起来。最新的保教权定义包涵在 1940 年签订的葡萄牙政教协定

231

（Portuguese Concordat）里面。[2]

当瓦斯科·达·伽马 1498 年在卡利卡特附近登陆时，三一修会会员（Trinitarian）佩德罗·德·科维尔翰（Pedro de Covilham）和他一起上了岸。虽然关于科维尔翰接下来的工作及其死因我们一无所知，但他开启了基督教传教士在印度开展传教活动的现代阶段。[3]1500 年，在卡布拉尔的船上有 1 名牧师，8 名在俗的神父，还有 8 名方济各会修士，他们一起到达了东方。甚至在到达卡利卡特之前，方济各会的修士们就已经给安吉迪瓦（Anjediva）岛上的 22 个当地居民施了洗礼。据说，传教心切的修士们刚到达卡利卡特之后不久，就使一名婆罗门人和一些纳亚尔人（Nāyars）首领皈依了基督教。这些成功的传教活动使卡利卡特的摩尔人感到震惊，据说，轮到他们传教的时候，他们极力地使扎莫林相信那些传教的葡萄牙人是一支武装军队的先行代理。[4]紧接着卡布拉尔和扎莫林之间发生了冲突，3 名方济各会修士在冲突中被杀害，他们的带领者科英布拉的恩里克·阿尔瓦罗神父（Father Henrique Alvaro）也受了重伤。[5]在与扎莫林发生冲突之后，这些葡萄牙人乘船到了科钦，在那里他们受到了更为友好的接待。因此，在科钦和马拉巴尔南部，方济各会修士们一般情况下被允许从事和约翰·马黎诺里一样的（John Marignolli）的工作，方济各会修士马黎诺里于 1346 年到 1347 年间开始在科钦致力于其基督化的事业。

和方济各会的意大利先驱者一样，葡萄牙的方济各会修士们很快对圣多默（St. Thomas）的基督教徒们产生了强烈的兴趣。那时候，圣多默基督教徒大约有 30 000 个家族分散居住在 20 个市镇和马拉巴尔、奎隆和特拉凡科尔（Travancore）内陆山脉上密集的村子里面。就在葡萄牙人到达前不久，印度南部的基督教徒们已经接待了一个都主教（Metropolitan）和 3 名来自美索不达米亚的副主教。在拉丁基督教徒到来之前，这些迦勒底（Chaldean）高级教士已经重组了叙利亚—马拉巴尔教会（Syro-Malabar church）。因为葡萄牙人在经济和社会方面已有的地位，圣多默的追随者们除了对于基督教做出了贡献之外，他们对其他事务也很有兴趣。根据既有的传统，奎隆的马拉巴尔基督教徒们负责监管这座城市的主权并保存其封印（换句话说，他们将掌管当地的商业执行条例）。1540 年，这些基督教徒虽然已经失去了一些权利，但他们依然是贸易社区中受人尊重并具有影响力的成员。而且，这些基督教徒们被葡萄牙人高度评价为杰出的战士。因此，这些葡萄牙人从一开始就意识到在香料贸易方面和当地的统治者协商的时候，他们之间的合作是非常有用的。[6] 尽管印度的基督教徒们生活于非基督教徒之间的时候，秉持着他们的宗教信仰，但是，因为某些葡萄牙人在社会活动中遭到印度教的种姓制度体系的同化，这致使他们的行为有时候看起来简直就像异教徒那样怪异。

232

　　根据自己的宗教立场，许多圣多默基督教徒显然从一开始就觉得他们和葡萄牙人在宗教信仰方面具有亲缘性，他们甚至把葡萄牙国王也视为自己的宗教同盟。[7] 虽然印度的基督教徒在总体上被欧洲人看作葡萄牙保教区中的一份子，但在印度的基督教徒中，很早的时候不同派别就极力反抗拉丁基督教徒的霸权，维持圣多默教会和迦勒底礼仪之间的古老联系。[8] 在16世纪的上半叶，方济各会修士们和马拉巴尔主教玛·雅各布（Mar Jacob）之间就有着无需言明的合作关系。他们通过传教工作和教育那些在欧洲和僧急里（Cranganore）的本土拉丁神职人员，悄无声息地尽力争取圣多默基督教徒遵从天主教的礼拜仪式（Roman rite）。1539年，4名马拉巴尔学生被送往里斯本学习，准备将来做教士，巴罗斯正是从其中一个年轻的神学学生那里得知了一些关于圣多默基督教徒的信息。[9] 显然，这些马拉巴尔基督教徒在欧洲以及迅速在印度建立的神学学校中接受的教育，不足以把他们从其非拉丁的礼仪、仪式、实践和惯例中争取过来。

　　1501年，当卡布拉尔返航回到葡萄牙的时候，方济各会修士的带领者恩里克神父也随船返回。这位修士带给了里斯本关于他们在印度南部寻找基督教徒的消息，他掌管的两名马拉巴尔牧师已经前往欧洲。[10] 还有3名方济各会修士留在印度，他们是弗朗西斯科·达·克鲁兹（Francisco da Cruz）、西芒·德·吉马良斯（Simão de Guimaraes）和路易斯·杜·萨尔瓦多尔（Luis do Salvador）。1502年，已有不少于13名方济各会修士在马拉巴尔海岸登陆，这些传教先驱中有两个已经去世。1503年，又有5名多明我会修士在多明戈·德·索萨（Domingo de Sousa）的带领下到达马拉巴尔，索萨曾受曼努埃尔王的邀请在印度工作过。自那以后不久，葡萄牙人在科钦建立了一个木质教堂，这在印度还是第一个。通过这所教堂，多明我会的修士们得到了牧师的保护。[11] 方济各会修士们通过向不信教的人们布道，研究当地的风俗和宗教活动，一心一意地争取圣多默基督教徒遵从天主教的礼拜仪式。[12] 一开始，这些修士们就在主要由葡萄牙人控制或者是有着重要影响的港口开展传教工作。路易斯·杜·萨尔瓦多尔1512年到葡萄牙人势力范围之外的内陆地区维查耶纳伽尔（Vijayanagar）传教时，被一个摩尔人杀害了。然而，萨尔瓦多尔被害的原因可能是他被派遣到那里游说和维查耶纳伽尔联合对抗卡利卡特。后来，其他的方济各会修士和圣多默基督教徒联合，安全地通过了印度南部地区，到达了圣多默在美勒坡（Mylapore）的墓地，还去了位于科罗曼德尔海岸（Coromandel Coast）的讷加帕塔姆（Negapatam）。[13]

当印度南部的传教士们在开辟其传教空间的时候，在其他地方却流传着他们的行为将对东方的基督教事务管理造成严重影响的传言。1510年果阿被占领，葡萄牙人向北挺进坎贝，马六甲在1511年的被围困对于宗教和政治事务都有着很大的影响。曼努埃尔王1514年派遣了一名大使到罗马，表达了他对于急速向东扩张的兴奋之情。在这一年，他决定对东方的宗教管理进行规范化。1500年，教皇亚历山大六世发布了一份诏书，授予葡萄牙国王命名前往印度的罗马教皇代表（Apostolic Commissary）的权力，葡萄牙国王拥有基督教监督机构所有的常规权力。虽然葡萄牙国王没有被要求隶属于"基督教骑士团"或对其管理者托马尔的副主教（Vicar of Tomar）负责，但他对教会机构直接负责。[14] 直到1514年，曼努埃尔王在罗马教廷的支持下决定在海外世界创建一个独立的主教职位。新的主教职位那时候设立在马德拉群岛（Madeiras）的丰沙尔（Funchal），第一位任职者是多明我会的杜阿尔特·努涅斯主教（Bishop Duarte Nunes）。[15] 努涅斯是巴西、印度、印度群岛和中国所有宗教活动的统领者，负责里斯本的主教辖区。努涅斯最后在1520年乘船去了印度，以教皇代理人的身份造访了设立在果阿、坎纳诺尔（Cannanore）和科钦的基督教办事机构。根据这些地方的教省，努涅斯通过信件向欧洲人报告了印度的基督教事务的悲惨状况。显然，努涅斯在1525年回到了葡萄牙。[16]

占领果阿之后，阿尔伯克基重新宣布了此时保教区内葡萄牙国王的宗教和社会政策：继续与穆斯林作战，对于异教徒要友好宽容。攻占果阿的葡萄牙人的首个行动就是为圣·凯瑟琳（St. Catherine）建立一座简易的基督教堂，因为正是在圣·凯瑟琳的祭日那天阿尔伯克基攻克了这座城市。这座教堂如今仍然矗立在那里，最初它被用于多明我会的修士们举行宗教仪式，后来则为在俗的修士们使用。1514 年，伴随着这一年在其他管理方面的改革，代理主教的办事机构也在东方成立了。其第一位任职者是多明我会的修士多明戈·德·索萨。索萨和阿尔伯克基在科钦和果阿负责鼓励和资助本地的妇女和葡萄牙人通婚的礼仪政策。因为大多数缔结的婚姻都是在普通的葡萄牙人和低级种姓居民之间发生的，贵族阶层和更高级种姓的印度教教徒对这个政策持强烈的批评态度。他们批评道，基督教徒和低级种姓妇女们之间的婚姻，在高级种姓居民的眼里对所有的基督教徒都具有贬低的意味。对于努涅斯主教而言，他觉得婚礼中的圣礼誓约常常被葡萄牙人看得太过随意，同时他们的印度配偶也未能准确地对其进行理解。努涅斯还谴责了这些葡萄牙人通常不负责任的行为，他认为这些行为极大地损害了欧洲人的利益，而且给基督教带来了糟糕的名声。[17] 虽然如此，葡印混血（Luso-Indian）家庭和社区在果阿和其他地方的增长，最终为基督教在印度的传播提供了坚实的基础。

234

　　就在多明我会修士和在俗的牧师们在建设得较好的印度葡萄牙人社区中投入时间照顾这些基督教徒的家庭时，方济各会的修士们正致力于让本地居民改信基督。第一支较大的方济各会修士代表团于 1517 年到达果阿，他们一踏上这块土地就立即开始给大量的低级种姓居民施洗礼，并在当地建立了一个传教中心。[18] 到 1512 年，他们已经翻新了一些当地的房屋，把它们装修成圣方济各会（St. Francis）的修道院和教堂。[19] 第二年，另一所方济各会修道院在科钦落成。[20] 有一些王室的医院和学校早在 1510 年就建立起来了，在里面任职的大部分都是方济各会修士和皈依基督教的人。传教士们从这些中心区域和葡萄牙人的舰队一道，或者跟随着他们到达了印度其他的沿海市镇。

　　活跃在印度的葡萄牙方济各会修士几乎全都属于托钵修道会的严守派（mendicant Observants）或小托钵兄弟会（Friars Minor）。托钵修道会的严守派强调严格奉行圣方济各安贫乐道的教规，到了 16 世纪，严守派已成为方济各会最具影响力的分支。为了教会内部的团结，教皇利奥十世（Pope Leo

X）在 1517 年把方济各会修士分成两个不同的独立派别：即方济各住院会（Conventuals）和严守派，前者允许拥有财产和固定收入。从那以后，这两派都被允许拥有自己的副主教、主教教省和总参事会。[21] 所以，严守派把印度作为圣多默的副教省（Vice-Province custody），而且把它有组织地放在葡萄牙的严守派教省之中。直到 1612 年，教皇才正式把印度的方济各会作为一个整体提升到教省的地位。

到 1534 年，印度西海岸的圣多默的副教省共包括 13 个方济各会机构，它们分别分布在第乌、达曼（Damão）、勃生（Bassein）、塔纳（Tana）、卡兰加（Karanja）、朱尔（Chaul）、果阿、安吉迪瓦（Anjediva）、曼加罗尔（Mangalor）、坎纳诺尔、卡利卡特、科钦和奎隆。马拉巴尔海岸上的宗教机构大部分都是以前建立的，但是因为扎莫林与葡萄牙人在政治上的敌对，卡利卡特的传教活动从未得到广泛地发展。虽然在以前就有几名修士在这个地区传教，但从西海岸去到果阿北部的传教团都建立于 1534 年，这时候葡萄牙人在政治上已经控制了那些区域。葡萄牙人在东海岸的控制权尚未确立，方济各会的传教机构仅限于杜蒂格林（Tuticorin）、尼加帕坦（Negapatam）和美勒坡。因为它在欧洲的声望以及他们从天主教的礼仪那里争取圣多默基督教徒的直接目的，圣多默在美勒坡的墓地对于方济各会修士而言是一个主要的关注对象。很多葡萄牙人频频到圣多默的圣殿去朝拜。据说早在 1516 年，方济各会修士们就于圣多默在美勒坡的墓地修建了一座小教堂。[22] 1523 年，果阿的统治者派遣了一个代表团来更加彻底地调查此事。正是这群人挖开了这位基督使徒的墓穴，据说其装在箱柜中的尸骨存放在这个小教堂的主祭坛上面。1518 年后不久，方济各会修士们在锡兰的科伦坡（Colombo）修建了一座教堂，在经历了多次风暴气候之后，直到 1534 年这座教堂仍然在那里屹立着。

随着基督教徒传教范围的扩大，以及果阿的基督化和西班牙化程度的日趋加深，再次调整教会的组织以满足新的状况就成为当务之急。[23] 1530 年，果阿正式成为总督的都城；四年后，教皇保罗三世（Pope Paul III）正式把它提升到主教教省和丰沙尔的副主教的地位。1534 年，果阿的主教被授予了位于西部的好望角和东部的"中国岛屿"之间的大片区域，这些地域都成为了其管辖的范围。因此，东非各国、阿拉伯（Arabia）、波斯、印度、东印度群岛和中国都隶属于果阿主教的职责范围内。葡萄牙人把提升果阿地位的教皇诏书解释为：所有这些岛屿，无论是属于葡萄牙人还是属于当地人，都在果阿的教会管辖范围和保教区之内。罗马教廷争辩道，果阿和丰沙尔教会的权力都被限制在葡萄牙殖民帝国被适度承认的地区。[24] 但是，这时候对于诏书的解释间存在的歧异一直有些不切实际，因为传教士通常都在葡萄牙人的商馆已经存在的地方传教。新的果阿主教和他在圣·凯瑟琳的大教堂的参事会花去了丰沙尔的总主教和葡萄牙国王联合付给他们的全年的薪水。

　　早期，印度的教会和国家共同合作的方式的最佳例证可以在捕鱼海岸（Fishery Coast）的帕拉旺部族（Paravans）皈依基督教的故事中看到。[25] 在这个狭长而贫瘠的海岸线上，从半岛的南端向东可以到达亚当桥（Adam's Bridge），操泰米尔语（Tamil）的帕拉旺部族有史以来一直以采珍珠为生。在潘地亚（Pândyan）国王的统治下，帕拉旺部族一直垄断着采珠的权利。[26] 在16世纪开始的时候，随着潘地亚国王权力的式微，相邻国家的国王把贪婪的眼睛投向了收益丰厚的渔业，于是一系列战争也接踵而来。为了争夺这项有价值的产业，南部的国王们发起了战争，他们需要阿拉伯的战马。这些马匹主要是通过位于马拉巴尔和科罗曼德尔（Coromandel）港口的印度—穆斯林殖民地的摩弗拉（*Mophla*）和拉百（Labbai）的贸易者们供应的。通过致力与当地的某些统治者合作，这些穆斯林人慢慢地控制了当地的捕鱼业，并开始奴役帕拉旺部族。[27] 作为夺取穆斯林人在印度拥有的财富的一个组成部分，葡萄牙人从他们位于马拉巴尔和锡兰的优势据点出发，大约在1524年开始参与到对于捕鱼业的争夺战中。在接下来的十四年里，葡萄牙人和帕拉旺部族结成了友好的联盟，为了夺取捕鱼海岸的控制权而攻打穆斯林和他们的支持者，这场战争很快与他们和卡利卡特的战事发生了联系。虽然卡利卡特在1530年被迫向葡萄牙人服输，但捕鱼海岸上的战火因为维查耶纳伽尔的介入又继续燃烧起来了。这场持续了四年多的战争对帕拉旺部族造成了很大的伤害，1534年帕拉旺人和他们的葡萄牙联盟终于取得了胜利。当和平真正到来时，帕拉旺部族在一位来自卡利卡特的商人D. 若昂·达·克路士（D. João da Cruz）的督促下，同意以信仰基

236

督教作为换取葡萄牙人保护的部分条件。三个可能是来自科钦修道院的方济各会修士长途跋涉来到帕拉旺，用基督教教谕引导当地居民。至 1537 年，虽然修士们宣称他们已经为多达 140 000 的帕拉旺人施了洗礼，但是从后来的报告可以很明显地看到，这些帕拉旺人中大部分只是在名义上皈依了基督教。1536 年到 1537 年间，对荒凉的海岸地区进行基督化取得了巨大进展的信件被发往葡萄牙，此类消息也传到了罗马教廷。一些葡萄牙官员传来的充满希望的消息激励了圣方济各·沙勿略（Francis Xavier），他于 1542 年到达印度后不久，就去造访了捕鱼海岸。[28]

基督教徒在南方的成功，超过了方济各会修士们 1534 年之后在葡萄牙人从古吉拉特（Gujarat）的苏丹那里夺取的北部地区的传教活动业绩。在勃生、朱尔、达曼和撒尔塞特岛（Salsette）以及第乌岛，方济各会修士们使大量的当地居民皈依了基督教。在葡萄牙国王的经济援助下，他们创建了许多教会、教堂、医院、孤儿院、学校和修道院。与此同时，在果阿的基督教徒的美好声誉，因为方济各会主教若昂·德·阿尔伯克基（João de Albuquerque）于 1538 年后实施的一系列政策而加强了，最初则因为他们专门与低级种姓联姻而声名狼藉。阿尔伯克基很注意招募和培养本地的基督教徒，1514 年迭戈·德·波尔巴牧师（Master Diego de Borba）在果阿建立了一所圣信神学院（College of the Holy Faith）作为培训中心。[29] 几乎是与此同时，维森特·德·拉各斯修士（Friar Vicente de Lagos）也在僧急里（Cranganore）建立了一座神学院，来此学习的学生中有 100 个来自圣多默基督教徒最高贵的家族。[30]

就在传教士们吸纳新的信徒、创建新的学校的时候，葡萄牙政府和教会在印度联合制定了一项严厉的政策。对于 16 世纪的欧洲政治家而言，宗教上的统一对于政治上的稳定和团结而言，在本质上通常是一个必要的条件。在里斯本和果阿看来，穆斯林和异教徒在葡萄牙治下的印度政体中的出现，对于有效的管理和内部和平而言完全是一个真实或潜在的威胁。对穆斯林的战争通常被视为"神圣的"，在葡萄牙人眼里它是欧洲和非洲与摩尔人之间的战争在印度的延续。如何处置那些坚持他们错误的价值观念的异教徒是一个更难以解决的问题。也许因为阿尔伯克基一直处于防御状态，他对异教徒采取了一种友好和容忍的政策；然而，这一温和的政策并没有得到预想的宗教统一的结果。

传教士和权力当局之间的摩擦一起制造出了葡属印度的教会和国家之间的难题。显然，基督教会已经确保果阿管理部门中大部分低下的职位将留给他们负责的新信徒和孤儿。[31]这个安排很重要，因为一个人皈依了基督教常常意味着他已经从种姓关系和既有的雇佣关系中被排除出去了。但是，果阿的王室官员经常把传教士们为皈依基督教者安排的职位留给了异教徒。葡萄牙官员也被控告拒绝支付由国王提供给教会和传教士们的财产。果阿的葡萄牙官员未能真正地履行其职责，不应完全归因于吝啬或者说他们只是愿意接受出价更高的寻求工作者的贿赂。我们很有必要记住这一点，即他们需要承受的东西是很多的。因为战争局势尚不稳定：对于第乌的围攻到了 1546 年才解除，阿迪勒汗（Adil Khan）一直都是果阿的威胁性力量，结果大量的人都出价寻求保护。另一个不可忽视的因素是，最正直的官员可能更愿意委任一个具有影响力且经验丰富的印度教教徒，而不会把职位交给一个新基督教徒，因为后者皈依基督教的唯一目的就是想得到一份工作。虽然宗教历史学家常常断言，国王想在贸易中获利，因此仅仅给传教士少许的补贴。[32]但我们有必要牢记，正如我们在前面所探讨的那样，[33]那个时期王室从与印度的贸易中获得的财富常常不足以填补其各种花费。这可能暗示了这个地方必须依赖王室的供给和施舍才能存活的传教士们常常与殖民地的商人和官员攀比，因此，其中有许多人过着一种炫耀铺张的生活。

宗教皈依政策也是一个容易引起政治与宗教分裂的问题。早期，在政治当局的支持下，方济各会修士在果阿和捕鱼海岸吸引了大批的当地居民皈依基督教。那些皈依基督教的人通常并不打算放弃当地的宗教活动，正统的教派或者是受到基督教教义充分熏陶而明白自己的信仰的人，并不认为这些人是真正的基督教徒。我们也不能说印度的葡萄牙人通过他们自己的行动帮助基督教开拓了其事业。沙勿略在东方服务的十年期间（1542—1552 年），极力反对那种强制当地居民皈依基督教的做法。在他短暂造访果阿期间，他强调要教育那些青年人、奴隶，以及能够用自己的语言和没有圣职的人交流的本地牧师。[34]给印度人授以牧师圣职的政策开始于 1534 年，但是被授予圣职的总人数一直都不

238

多。虽然沙勿略起初对重要的婆罗门或印度教官员戏剧性地皈依基督教的行为明显没有兴趣，但是在情况特殊的时候，沙勿略也会毫不犹豫地向在俗的人们求助。[35] 正是这种对于世俗力量的公开依赖，导致葡萄牙当局对于宗教事务产生了长久的兴趣。从世俗的角度看，沙勿略预示的方案[36] 和阿尔伯克基一样，对于宗教—政治统一来说过于缓慢了。

在欧洲和非洲，葡萄牙人常常借用国家的力量努力实现宗教上的统一。犹太教徒和穆斯林人被诱骗、贿赂和强迫接受基督教。那些最终表现为残忍、不诚实和有过多的物质贪欲的人被强制从葡萄牙人的领土上驱逐出去。在印度，只要葡萄牙人处于防御状态，总督政府就不会为促进宗教统一而做出全面系统性的努力。一旦果阿世俗与教会的永久性管理机构产生，那么一个更有力的导致歧异的政策将会逐渐发展起来。清真寺、神庙和偶像，这些歧异的外在象征物就首先遭到攻击。1514 年，果阿及其邻近区域的印度教神庙遭到系统地清除，教会与国家之间的联系也在 1545 年到 1546 年间通过一系列报告和法令的颁布而形成了，这些法令为保教区内传教事业的未来发展制定了总的路线。[37]

果阿的副主教米格尔·瓦斯（Miguel Vaz，1533—1547 年）于 1545 年被派遣到葡萄牙，给若昂三世递交了一份关于传教情况的报告。若昂三世详细地回复了这份报告，他催促瓦斯向在俗的权力当局请求帮助，无论何时、何地，只要是有需要都可期望得到支持。若昂三世尤其敦促要让当地人皈依基督教的事情要尽可能迅速、无害地进行。科钦的国王是葡萄牙的印度教同盟者，他通常会没收皈依基督教的人拥有的财产和地位，其持续反基督教的行为将被禁止。但是，葡萄牙国王规劝瓦斯要和圣多默的基督教徒保持友好的关系，这样一来，他们就无从抱怨与葡萄牙人的胡椒贸易者之间的交易了。[38] 传教士们在建造教堂和传教遇到困难的地方，有人就告诉他们，无论是人力、物资还是其他任何他们需要的东西，都可以去向政府求助。在果阿岛的所有村庄都应该建立宗教培训学校。传教士一年至少要两次被派遣到这些学校，非基督教徒必须要参加这些培训。

若昂三世在给瓦斯发出指令后的三天，又颁布了一系列详细的指令，明确要求葡属印度总督 D. 若昂·德·卡斯特罗（D. João de Castro）要努力使印度的教会和政府密切合作。在这份简要的指令中，国王命令道，在果阿无论是公众的还是私人的"偶像"都不能容忍，对于那些执意保留偶像崇拜的人必须给予严厉的惩罚。要搜查那些具有收藏偶像嫌疑的人们的房屋。异教徒的节日活动将全部禁止，每一个婆罗门教的信徒都要从果阿、勃生和第乌放逐出去。公共官职将被委任给新的基督教信徒而不会给异教徒；基督教徒将从果阿港口繁重的劳务中解脱出来，将来这些服务性工作将专门交给异教徒负责完成。在严厉的惩罚之下，葡萄牙人被禁止贩卖异教徒奴隶给穆斯林，因为异教徒皈依葡萄牙人的基督教要比皈依穆斯林人拥有的伊斯兰教更为容易。以前被用于支持清真寺和神庙的那部分收入应该转而用于传播基督教教义。总督应该通过限制科钦王的反基督教活动，以及千方百计地避免使圣多默的基督教徒成为胡椒贸易中的障碍，帮助牧师建造教堂和学校。要禁止任何地方的异教徒画耶稣、圣母玛利亚（Virgin）和圣徒的画像，也要防止他们被来回转手贩卖。在这些指令中，有许多事情很快得到了法律的强力支持，有时候总督的法律比国王的指令更为严厉。

240

16世纪中期，随着葡萄牙当局颁布的基督教教义和指令成倍地递增，一位特殊的官员被委任前去专门负责管理工作。"基督教父"（Father of the Christians [*Pai dos Cristãos*]）最初只是一个没有神职的普通信徒，在印度的主要传教机构中担任新信徒的保护者和管理者，后来去了马六甲和澳门。稍后，当教会成员接任这一职务后，王室的指令被他们作为行政指南编辑成册，有几卷手稿也被保存起来了。[39] 根据这些多卷而庞杂的指令汇编，可以看到当地居民最为顽强地抵制了那些危及他们的宗教、经济和社会机构的措施。在果阿，平民们甚至对挪用税收去支持基督教机构、政府干涉传统活动的行为、基督教徒对政府机构的把持、对婆罗门教徒的驱逐以及规定把已故的非基督教徒父母留下的小孩子培养成基督教徒的法令，进行了激烈地对抗。虽然葡萄牙当局的指令在字面上看起来非常严厉，但事实上这些法令被反复地强调，这一事实再明显不过地说明了这些指令一直都没有得到有效地实施。也许，这种懈怠可以在教会与政府之间的冲突中找到部分原因。[40] 当传教士们定期向政府寻求支持时，他们有时会妨碍政府的利益，因为传教士们迫使圣多默的基督教徒放弃许多传统的、社会的和宗教的活动的决心越来越强烈，他们甚至在冒着破坏葡萄牙和马拉巴尔本地具有影响力的基督教徒之间的商业关系的风险来做这些事情。

基督教徒在东方的责任和利益范围的拓展致使欧洲再次对教会组织进行了调整。1551 年，教皇尤利乌斯三世（Pope Julius III）授予若昂三世世袭的都主教（Grand Master）职位，负责管理葡萄牙三支宗教军队的机构、资产和税收。自此以后不久，丰沙尔的都主教因为离里斯本太近，而离殖民地又太远，无法独立、有效地执行其权力，几乎被剥夺殆尽。若昂·德·阿尔伯克基主教在 1553 年去世前不久，提出把果阿提升为葡萄牙人在整个东方的都主教教省的中心。与此同时，在里斯本，政局因为若昂三世在 1557 年的去世变得复杂起来。这种情形一直持续到果阿在 1558 年真正成为控制东非、印度、东印度群岛、中国和日本的都主教教省的有效执行中心为止。按照 1558 年颁布的教皇诏书中的提升条款，葡萄牙和从前一样保留了它在东方保教区中的所有权利。而且，因为果阿与欧洲相隔甚远，它作为一个都主教教省中心，很快就获得了无可比拟的地位。[41]

241

随着果阿的都主教教省的创立，1558 年在科钦和马六甲也成立了两个副主教教省。果阿的都主教教省也分成了三个管理单位。果阿直接负责管理葡萄牙人的东非和波斯殖民地以及向南远至卡纳拉（Kanara）的整个印度西海岸。科钦被授予了管理印度西南和东海岸以及锡兰和勃固（缅甸）的主教的权力。马六甲的主管教省由勃固的整个东亚部分组成，包括中国和日本在内。[42] 然而，在 1576 年，随着澳门的管理权限扩大到中国和日本，副主教教省也在那里创立了。十二年后，在日本随着众多的当地人皈依基督教，一个属于天皇（Mikado）帝国的独立主教教省于 1588 年在大分（Funai）创立。果阿作为一个独立的都主教教省，在整个 16 世纪都借助其副主教教省一直掌控着教会的核心权力，葡萄牙国王在其整个东方帝国都保留着其保教权。葡萄牙国王和教皇之间的冲突主要在于，果阿的都主教常常站在世俗权力这一边。在世俗权力机构这一方，经常把传教士作为其前往诸如日本和中国这些地方的可信赖的外交使节。那么，果阿的都主教们有时候被比作拜占庭的元老（Patriarchs of Byzantium），说他们把持着管理大片地域和各种背景下的大量人口的政治与宗教权力就不足为怪了。[43]

在果阿，1560 年随着新的主教堂·加斯帕尔·德·列奥·佩雷拉（Dom Gaspar de Leão Pereira，分别于 1560—1567 年、1571—1574 年在位）和堂·康斯坦丁诺·德·布拉干萨（Dom Constantino de Braganza，1558—1561 年在位）总督的任命，教会与政府的领导权被牢牢掌控了。其中，佩雷拉以前曾做过埃武拉大教堂的神父（Canon of Evora）和恩里克红衣主教（Cardinal Henrique）的家庭教师，他在两名在俗宗教审判所的法官的陪同下从葡萄牙来到了果阿。这三个人到达果阿后不久，就建立了宗教审判所，这位新的主教立即接任了审判所主管的职位。[44]从那以后，宗教法庭（Holy Office）对皈依基督教的信徒实施了严格的控制，以免他们再次改信异教或者听从异端邪说。宗教法庭还努力把皈依基督教的信徒与常常被认为不值得信赖的新基督教徒（New Christians）隔离开来，借此提升所有基督教徒的道德水准，惩罚那些继续奉行已被禁止的社会习俗以及阅读被查禁书籍的人。此后不久，宗教法庭把其权力的触角深入到了整个葡属东方，除了在 1774 年到 1778 年间的短暂停顿外，在那里一直发挥着效力，直到 1814 年为止。

巴托洛梅乌·达·丰塞卡（Bartolemeu da Fonseca）[45]曾在果阿作为宗教审判所的总管接任了都主教的职位，他和果阿总督在 1571 年创建了信教管理所（Mesa da Consciencia）。这是模仿若昂三世以前在里斯本的同名机构而组建的一个部门，这一机构在当时的里斯本的职责是帮助国王处理有关信教方面的管理事务。[46]若昂三世设置这一机构的目的相当明确，里斯本的机构所旨在管理国王的宗教部门，比如王室的教堂、用于捐赠的小教堂和医院、因宗教事务而得到王室捐赠的个人和团体以及军队等。里斯本的管理所在保教区内也负责为教会事务提供建议，并履行调查、会见和监督派遣往印度的神职人员等职能。果阿的管理所则与总督合作，在印度和其他殖民地履行同样或类似的职能，它尤其要负责处理那些在国王的基督教和非基督教臣民之间出现的关于宗教方面的本质性问题。最初，耶稣会士们与这些王室机构密切合作，但是 1575 年耶稣会巡阅使（Jesuit visitor）范礼安（Alessandro Valignano）则努力把这种合作关系降到了最低的程度。[47]

242

　　在政府的帮助下，1560 年传教士们仅在果阿岛、肖朗（Chorão）和迪瓦（Divar）就几乎使 13 000 人皈依了基督教。新主教对于皈依基督教的信徒们一点也不友好，他立即禁止普通信徒参加盛大的施洗典礼和仪式。总督对都主教的做法不能苟同，转而支持耶稣会士，但是都主教暂时占着上风，到了 1561 年皈依基督教的人数急剧下降至 3 437 人。[48] 这个时候，耶稣会士们向里斯本发出请求，1563 年国王塞巴斯蒂安和亨利红衣主教（Cardinal Henry）给新任总督堂·弗朗西斯科·科蒂尼奥（Dom Francisco Coutinho）发出命令，要求施洗礼仪应该和从前一样进行庆祝，并把所有顽固的异教徒从葡萄牙人的领地上驱逐出去。[49] 诸如此类的内部冲突最终迫使一系列都主教教省的部门召开会议，共同讨论该如何解决这种内部歧异的问题，并划分出各自的管辖范围，制定教会的戒律。

　　在 1567 年到 1606 年间，副主教监督、各宗教团体的管理者、一部分神学家和总督代表一道参加了在果阿都主教教省举行的五次会议。1567 年的会议正式呼吁要和特伦多大公会议（Council of Trent）上的法令达成一致，要求各个教会的主教教省根据基督教大会上达成的改革意见进行重组。果阿议政会（Goa Councils）的法令虽然是处理教会问题的很好的文献，但它并不能为东方的基督教状况提供一种全面的描述。这些官方宗教会议的性质正是他们修正教会统一之外的问题时的主要关注对象。根据议政会的法令，几乎可以肯定，教士们对于印度教教徒们发起的对抗，要比他们对犹太教和穆斯林人的敌意在意得多。[50] 和后两个团体在一起的长期经验使大多数教士确信，为一神教信仰而斗争已经到了刻不容缓的地步。在印度存在着许多个真主，教士们希望采用折衷的办法从而更为容易地解决问题，但是在这件事上他们低估了婆罗门教徒对于印度教教徒的生活方式根深蒂固的影响力。虽然神庙被毁掉，施洗礼被强制进行，异教领袖也被驱逐，但基督教会发现当地人对于基督教的观念、价值观和活动的皈依并不能迅速见效。显然，一次施洗礼仪、一套欧洲的服装和一个新的工作远不能让印度教教徒们就此放弃其先辈们的习俗，转而采纳基督教的生活方式。只需要回想一下，在古罗马，基督教在其中心"永恒之城"得到当地统治者以及复杂的统治集团支持的情况下，异教徒的生活方式尚且延续了几个世纪，更何况在基督教并未得到这种支持的印度，这种情况就更是不足为奇。

除了教会上的问题，果阿议政会的法令还主要针对了那些与异教徒皈依基督教以及去除异教徒活动相关的问题。议政会法令多次要求世俗当局把穆斯林教士、印度教的牧师、瑜伽修行者（yogis）、古鲁教派导师（gurus）以及巫师从葡萄牙的东方领地中驱逐出境。议政会猛烈地抨击了大规模皈依基督教的情形，规定在特定的时间受洗的人数不得超过 100 人。[51]1559 年后，世俗当局的法律曾要求在基督教学校里培训孤儿的政策，构成了本地居民和传教士之间持续不断的冲突的根源，议政会的法令在解释"孤儿"这一称谓时变得相当强硬，建议对于那些隐藏或者协助这些孩子从葡萄牙人的领地上逃跑的亲属实施惩罚。

教会和政府的法令影响最大的社会习俗是婚姻和家庭。教会在管理本地居民的婚姻仪式时，不得不遵守葡萄牙人对于法定年龄以及姻亲关系的律令性解释，这往往与本地人的社会习俗相冲突。虽然教会支持奴隶的婚姻权利，但异教徒与皈依基督教的人之间的婚姻是非法的。寡妇自焚殉夫的习俗反复遭到谴责，寡妇禁止剪发或者穿忏悔的服装，明确规定她们可以再嫁。有几种普通的婚姻庆典形式被认为是非法的，尤其是有一种要求新娘的父亲在婚宴上为其女儿和女婿洗脚的仪式被禁止了。孩子出生时按照惯例举行的"迷信"仪式也遭到了议政会的谴责。[52]

"异教"的许多其他活动形式也受到了严密地监视，许多社会活动被明令禁止，尤其是那些看上去侵犯了"自然法"的习俗。预言、医疗巫术和宗教淋浴遭到特别狂热的反对。去印度教或穆斯林的神殿朝圣、庆祝异教徒的节日、淫荡的舞蹈、赌博以及坐着封闭的轿子出游，对于居住在葡萄牙人领地上并皈依了基督教的人来说都是要遭到禁止的。印度的基督教徒似乎有一个很特别的嗜好就是宗教游行，在夜里的游行也被禁止了；他们被要求按照指定的形式进行，他们携带的塑像和图画必须要有价值而且值得尊重。虽然这些规定明显没有取得太多的成效，但议政会仍然反复要求在新入教者中清除所有的种姓等级划分。除了禁止一些特定的本地社会活动，议政会的法令还告诫皈依基督教的人，必须奉行礼拜日和其他基督教的节日仪式，遵守基督教徒的道德标准，在他们的

244

宗教仪典中更加严守简朴和苦行的规定。[43] 根据这些法令不断重申的事实和一些包括天主教徒和非天主教徒在内的旅行者所提供的证据，我们可以清楚地看到，葡萄牙人在 16 世纪从其东方领地内排挤非基督教徒的政策从未获得彻底的成功，因此他们也未能达成宗教上的统一。事实上，在私下里，印度教、穆斯林和犹太教[54] 甚至被允许在果阿举行他们的宗教活动，并根据各自的传统下葬死去的人。[55] 而且，无论是在俗的，还是身在教会的基督教徒，都致力于把自己的信仰强加给每一个人，还把没有皈依基督教的人们置于一种无论在宗教，还是在世俗方面均非常不利的位置上。基督教徒们的这些行为，导致非基督教徒对葡属印度的官员们充满了深深的敌意。虽然教会和政府之间的关系有时候会非常紧张，但是彼此间的紧密联系让本地人觉得它们不过是同一光谱的两端，可以随意地为对方所操纵。本地居民的仇恨通过迁居内陆、把海水引入稻田破坏政府收入、停止对政府的丝绸和食物供给、群众性的集体抗议、请愿以及其他种种被动的抵抗手段发泄出来。[56] 本地居民这些行为常常招致葡萄牙人的报复，比如毁坏神庙、杀死耕牛以及污染水源等都是常用的手段。[57] 有时候，公开的反叛、杀害传教士以及那些已经皈依了基督教的同胞的事情也随之发生，在葡萄牙人的军事援助力量还不能够立即生效的地方尤其如此。虽然葡萄牙人显然还无力通过军事力量控制印度教教徒，但值得注意的是，穆斯林曾经征服了大半个印度，但他们同样无法根除本地人的信仰。

第二节　耶稣会士的事业，1542—1600 年

圣方济各·沙勿略（Francis Xavier，1506—1552 年）[58] 是纳瓦拉（Navarre）的一个贵族，他在 1525 年离开了位于故乡山脉中的自家城堡，到巴黎的重要神学和人文学研究中心圣巴贝学院（College of Sainte-Barbe）学习。虽然沙勿略在校的十一年没能成为一名出类拔萃的学生，但学院成为他远离家乡之后找到的另一个温暖舒适的避风港。那个时候，圣巴贝学院的学生中包括许多来自西班牙和葡萄牙的年轻人，学院本身也得到了若昂三世的资助。葡萄牙政府之所

以愿意给学院经济上的支持，并给优秀的学生设立奖学金，可能是因为国王需要在保教区内配备年轻的神职人员（特别是葡萄牙人）。[59] 在沙勿略那个时代，学院的大师是葡萄牙的人文主义者迭戈·德·戈维亚（Diogo de Gouvea），他同时还是一位学者和相当有名气的外交家。在这位供职于圣巴贝学院的学者和教师那里，沙勿略开始了解到大量关于卢济塔尼亚人（Lusitania）在东方的业绩。

依纳爵·德·罗耀拉（Ignatius de Loyola）也是纳瓦拉人，1528 年来到了巴黎。罗耀拉比沙勿略和其他学生年龄都大，他关于基督教徒人生的激进观点很快就吸引了圣巴贝学院里一群虔诚的年轻人。1534 年，罗耀拉和他的六个朋友，其中也包括沙勿略，在蒙马特区（Montmartre）立下誓约，要到耶路撒冷去朝圣，把福音传到土耳其和异教徒那里，准备接受教皇对未来活动的指令。后来发生的政治事件迫使他们放弃了前往耶路撒冷朝圣的计划，但是后来有一些人也加入了他们的行列，1537 年他们到了罗马。在这里经受了无数的艰难困苦之后，罗耀拉和他的团队得到了地位最高的高级教士和教皇本人的关注。虽然在罗马有人反对再创建另一个宗教教团，但 1540 年教皇保罗三世最终还是答应了罗耀拉的请求，正式授意创建耶稣会（Society of Jesus）。

虽然这个学会在罗马创建，迭戈·德·戈维亚以前教导的学生们的活动还是在 1538 年引起了若昂三世的注意。在这些年轻人身上，德·戈维亚很快了解到他们在宣讲福音时对葡萄牙海外扩张的英雄业绩激动不已，如果教皇同意的话，他们非常乐意被派遣往印度。1539 年国王给他在罗马的大使堂·佩德罗·马斯卡伦哈斯（Dom Pedro Mascerenhas）写信，要他调查这些年轻人，确定他们去东方供职的资格。最终，沙勿略、西芒·罗德里格斯（Simão Rodrigues）和卡梅里诺（Camerino）的保罗被选中，在 1540 年陪同大使回到里斯本。因此，在学会得到教皇正式批准之前，沙勿略已经踏上了他伟大的冒险之旅。

沙勿略从 1540 年 6 月就居留在里斯本，直至 1541 年 4 月乘船离开前往印度。在里斯本期间，沙勿略通过照料穷人和病人，并给他们宣讲教义，从而改善了葡萄牙人的状况。其同伴罗德里格斯则更多地表现出想在上层阶级和有教养的人们中间工作的偏好。这两位耶稣会士给里斯本的宗教裁判所的羁押犯人施以援助，在葡萄牙第一判决仪式上为两个被判死刑的人忏悔。尽管这两位耶稣会士的工作方式不同，但他们在里斯本都很受尊重，国王甚至有一段时间劝阻他们不要前往印度，就留在里斯本。最后，罗德里格斯留在了葡萄牙，他在那里成为科英布拉的耶稣会士学院（Jesuit College）出色的创建者之一，并成为了葡萄牙都主教教省的第一任主教。沙勿略在离开后不久，就被任命为罗马教皇使节（Apostolic Nuncio），去处理有关东方基督教方面的问题，因此他拥有着广泛的特权。[60] 沙勿略前往印度乘坐的航船在他 35 岁生日那天顺流直下到达了塔霍河（Tagus），在接下来的日子里，沙勿略有一年多都没有听说过耶稣会的消息，罗耀拉在罗马被正式选举为新学会的总负责人。

运载沙勿略前往印度的船只由新任总督马丁·阿方索·德·索萨（Martim Affonso de Sousa）负责指挥。甚至在航船驶离里斯本之前，索萨和以前曾在印度任职的人们就试图让沙勿略确信将有丰厚的收获在等待着他，并且，在几年之内，沙勿略若想使几个印度王国皈依基督教完全没问题。若昂王劝告沙勿略要把力量集中在印度贵族的儿子们身上，通过他们吸收大批的平民皈依基督教。[61] 索萨告诉沙勿略，在锡兰"没有摩尔人，只有异教徒，我们肯定能够……轻易地让这个岛屿的国王和他的所有臣民皈依基督教"。[62] 沙勿略到达果阿后不久，就听说了基督教徒们在捕鱼海岸取得的伟大业绩，以及那里遗留的事情。因此，从一开始，沙勿略就相信，并且一直相信虽然献身基督事业的人少之又少，而且政府的支持也并不总是可靠，但灵魂上的收获却是重要的。

1542 年 5 月，沙勿略已经来到果阿四个月了，他给罗马的牧师们写信，称果阿是一个"完全基督化了的城市"。[63] 这更多的是一种具有启示意义的描述而不是事实，沙勿略的意图可能在于吸引那些缺乏勇气的人加入他的队伍。沙勿略告诉罗耀拉，圣信神学院（College of the Holy Faith）正在建设中，他断言学院的教堂"几乎是索邦神学院（College of the Sorbonne）的教堂的两倍那么大"。[64] 总督对创建基督学院是支持的，学院有足够的收入保留 100 个学员。学院的宗旨是培养本地的学员信仰基督，使他们把基督教的信条直接传授给本地的居民。虽然当地居民对传教士相当友好，但沙勿略仍然强调外国人在这里的困难不计其数："这块陆地只适合那些身强力壮的年轻人……"。[65] 接下来，沙勿略继续告诉他在罗马的同僚，他被总督派往科摩林角（Cape Comorin），"根据其他人的说法，我将在那里让更多人皈依基督教"。[66]沙勿略在前往科摩林角时有三个人陪同，他们可能是果阿基督学院的学生和"当地……对葡萄牙人以及他们的语言相当熟悉的人"。[67]

随着沙勿略在印度的一系列宗教活动的展开，他成为葡萄牙保教区内基督教传教士中被大家认可的领导者。和罗马教皇使节一样，沙勿略既需要权力，更需要成为一个创新者。平时，沙勿略是一个生活简朴的传教士，然而在某些时候，他显然又是一个传教士的引导者。也许是因为他的伊比利亚半岛背景，沙勿略对一切与伊斯兰有关的事情都毫不掩饰地充满了敌意。沙勿略在1542年曾把他讲授的基督教教义问答书翻译成泰米尔语，1545年又将其翻译成马来语，1549年翻译成日语，这本问答书是若昂·德·巴罗斯[68]专门为儿童写的一本指南性质的书籍。在向普通民众宣讲福音的同时，沙勿略无论在何种情况下只要有可能，就努力让国王和社会上的统领者们皈依基督教。在印度，沙勿略有葡萄牙王室的支持，因此他毫不犹豫地向当地政府要求权力，并多次直言不讳地激烈抱怨在俗的统治者没有给予他足够的支持。在沙勿略忙于政治、管理和教学的同时，他也不知疲倦地给他在欧洲和东方的同僚们写信。在他无数的信件中，有一些已经达到了一本小书的规模，至今保存下来的有108封。在这些信件的最初版本中（许多信件都被欧洲的编辑、审查员和历史学家篡改和"改造"），沙勿略的信件文风朴素、直接，大多数都透露出一种急就章的痕迹。和沙勿略的继承人的信件一样，他那些寄给"罗马的牧师们"的信件也是笼统而充满了说教；那些单独写给罗耀拉的信件被称作"希吉拉斯"（*hijuelas*），从总体上看更加重要。把信件作为一种保持欧洲对东方信息的彻底灵通的手段是不够的，沙勿略对此有明确的认识，所以他在1545年鼓励代理主教米格尔·瓦斯（Miguel Vaz）去葡萄牙，就印度的传教情况当面给国王做一次报告。[69]

沙勿略认识到生活在印度的各种人物对基督教及其相关信息都很无知。他认为，要让基督教思想渗透进一个群体，必须依据其对基督教的理解和评价开展传教工作才行。在欧洲人中间，沙勿略通过布道和照顾病人为成年人讲授基督教教义。[70]在欧洲人的孩子们中间，沙勿略看到了未来的希望，他以每天教他们祈祷、学习《十诫》（Ten Commandments）和教义问答书的形式引导这

248

些孩子。在礼拜天和基督教节日，沙勿略用非常基础的语言和简单的术语对那些居住在欧洲化了的港口城市的本地基督教徒们进行布道；在礼拜三和礼拜五，沙勿略给葡萄牙人娶的本地妻子们以特殊的指导。在此期间，沙勿略讲葡萄牙语，有时候他也会根据需要从本地人的语言里面汲取很多元素整合到自己的言论里面。因为那些新基督教徒很少或者从来没有接触过葡萄牙或者欧洲的语言方式，沙勿略就尝试着用他们自己的语言与之交流。沙勿略在教当地的孩子们唱祈祷诗、《十诫》或者是教义问答书时采用了通俗的旋律。通过这些孩子，其父母和亲属们了解了基督教的教义。在捕鱼海岸，沙勿略把教义问答书和祈祷文翻译成了泰米尔语；然后他把这些内容记在自己的脑海里，在村民们集合时反复地对其讲述。在葡属中心地区之外，沙勿略常常在极度匆忙地讲授了基督教教义之后，就进行施洗礼，这些洗礼往往没有试验的时间，也不具备合乎惯例的仪式。沙勿略在神学意义上援引《圣经》中的原话"信耶稣并经过受洗者将会获得永生"为其仓促的洗礼进行辩护。[71]

沙勿略在捕鱼海岸和特拉凡科尔（Travancore）度过了将近两年（从 1542 年到 1544 年）的时间。1544 年年底沙勿略离开奎隆，前往科钦和果阿，并做了为时短暂的停留。1545 年沙勿略前往马六甲和香料群岛，此后，他很少亲自在印度传播福音。当沙勿略在连续造访果阿之后，就从远东地区返回了，这时候他基本上都在扮演着一个宗教管理者的角色。因此，在印度继续传教工作的任务就留给了他的同事们，他们中的大多数人都是刚从欧洲来到印度的。1545 年，宗教增援力量的第一支分队到达了果阿：包括三名耶稣会士在内，其中之一是尼科洛·兰西洛特（Nicolo Lancillotto），[72] 他在 1548 年之前一直担任神学院的院长。1546 年，在恩里克·恩里克斯（Henrique Henriques）的带领下，又有不少于 5 名牧师和另外 5 名在俗的教友来到了果阿。[73] 恩里克斯几乎是一到果阿就被派往捕鱼海岸，在那里他度过了整个余生。两年后，一支更为庞大的代表团队伍到达了东方，伏若望（Luis Fróis）是这个团队的成员之一，他可能是传教士里面书信写作者中最伟大的人。第一本在东方的耶稣会传教士名录于 1554 年在葡萄牙编辑而成，这意味着 1553 年有 70 名耶稣会成员在葡萄牙的保教区内工作，[74] 其中有 32 人驻扎在果阿，16 人在印度的其他地区，5 人在东南亚，还有 5 人去了日本。[75] 在出发前往东方之前，这支传教士队伍中的大部分主要人物都在科英布拉的耶稣会士学院（创建于 1546 年）培训过。[76]

沙勿略在葡属印度任职期间（1542—1544 年），那些在亚洲传教的人一般都沿着沙勿略制定的路线开展其传教工作。牧师们创建了一些学校，专为那些来自葡萄牙和本地的说葡萄牙语的青年基督教徒开设了阅读和写作的指导课程。除了果阿有这样的学校之外，1552 年，在马六甲、霍尔木兹、科钦、奎隆和勃生也建立了很多培训中心。事实上，所有这些学校的注册人数都远远超过了 100 人。一旦入学，这些年轻人们就会逐渐地被其老师灌输一些宗教信仰的基本原理。对于那些不能入学的孩子们，以及本地成年的基督教徒和奴隶而言，这些培训课每天在教堂里面开设。和在学的孩子们一样，这些在教堂接受培训的人们要学会唱他们的祈祷诗，而且在工作和家里时也要一直吟唱。那些驻扎在不会讲葡萄牙语的基督教徒中间的沙勿略的跟随者，特别是在捕鱼海岸和特拉凡科尔，他们致力于学习当地的语言，并选择和培训当地皈依基督教的人，在传教士们离开以后，在他们的村子里推行基督教教义。[77] 和沙勿略一样，他的继承者们主要依据巴罗斯原著的"小教义问答书"进行传教工作。1546 年后，沙勿略根据巴罗斯的小指南手册自己编写了一本"大教义问答书"，其继承者此后便改从此书开展工作。1557 年，"大教义问答书"在果阿由教友胡安·德·布斯塔门特（Brother Juan de Bustamente，约 1536—1588 年）出版，这在印度是第一次印刷。[78]

沙勿略最亲近的跟随者总体上都是采用对异教徒和平宣讲而不是大批强制性的方式使本地人皈依基督教。[79] 对异教徒宣讲教义并使其皈依基督教大多数是在街上通过他们的孩子进行的。为了让印度教教徒和穆斯林皈依基督教，传教士们在广场上布道；他们还与婆罗门教和毛拉（Mullas）公开辩论；传教士们还在公共场所用通俗的旋律颂唱教义问答书；他们还允许异教徒和穆斯林参与公众活动；传教士们还让他们的学生在礼拜日和基督教节日里用孔坎语（Konkani）颂唱教义。通过在耶稣会士的学校里学习的孩子们，异教徒的亲属和朋友们学到了基督教的相关知识。除了一少部分瑜伽派和婆罗门教信徒公开宣称基督教教义的优越性之外，大部分早期皈依基督教的人往往是出于政治或各种各样的

250

个人利益：比如奴隶想要获得自由、父母亲们想让自己的孩子得到更多的安全和更好的教育，还有一些人想要得到那些赐给每一个皈依基督教者的新式欧洲服装。当地人在皈依基督教的过程中，也会遇到来自当地政府的许多障碍和限制：比如对种姓与继承权的取消，对王子赐予的葡萄牙人间接控制的边远地区的接受权的放弃，同时还要缴纳什一税。

　　1555 年之前，政治利益促使 1/4 的印度人和僧伽罗的（Sinhalese）王子改宗皈依基督教。[80] 1549 年，正如基督教徒们所希望的那样，塔努（Tanur）的王子皈依了基督教，其势力范围包括了卡利卡特的南部地区。他的皈依意味着本地的王子中将有更多一批人皈依基督教，这使基督教徒们感到非常振奋。[81]一旦这位王子得到了他想要的来自葡萄牙人的军事援助，他就提出了一个让亚洲的传教士在超过一个世纪的时间里都为之困惑且产生分歧的问题，在欧洲，这个问题则构成了残酷的"礼仪之争"（Rites Controversy）的前提。虽然这位印度的王公正式地公开宣称皈依了基督教，但他想得到批准继续穿他的婆罗门教的丝织服装。在果阿，关于在伦理上和教规上是否应该同意这位王子的要求，按照神学家们的说法就是与当地的活动相"调和"是否可能，聚讼纷纭。当基督教徒们为之争论不已的时候，这位印度的王公显然回归到他旧有的方式上了。事实上，所有出于政治目的而皈依基督教的人最终都使传教士们的期望落了空，他们希望那些当地人中的杰出者在接受了基督教之后能够在他们的追随者中引领一种受洗的风尚。然而，在日本，正如我们所看到的那样，一系列宗教"调和"得到了缓慢的发展，它们将有助于说明基督耶稣在那里获得的成功。[82]

　　1556 年之前，皈依基督教的普通人在数目上还不足以让当局、教会或者政府感到欣慰。1548 年，在果阿岛还有 40 000 个非基督教徒，基督教徒仅有 7 000 人；1551 年，在果阿附近的霍利奥（Chorio）岛，3 000 人中仅有 300 人公开宣称皈依了基督教。1557 年之前，在葡属东方的葡萄牙都城，耶稣会士们每一年吸收的皈依基督教的人数基本没有超过几打人。那些皈依了基督教的人常常对这一信仰一无所知。传教士们通常在对这些皈依者进行了最为肤浅的指导之后就对他们施洗礼，然后在这些皈依者穿上他的欧洲服装之后，传教士们就教他们进行祈祷。许多皈依基督教的人仅仅在名义和服装上貌似基督教

251

徒，但不久就屡屡露出破绽或者只是不解其意木然地奉行这一信仰的外在形式。1556 年后，当葡萄牙人在印度开始强制本地人大批地皈依基督教时，那些皈依了基督教的人的精神状况并没有得到根本的改善。

在欧洲，由年轻人组成的耶稣会随着它对个人的严格要求，1540 年在其正式地得到承认以后，已经吸收了许多有才干的管理型人物加入其团队。据说，到 1556 年罗耀拉去世的时候，新的教团已经有上千个成员和百所房屋。[83] 关于耶稣会，他们使用的术语"成员"需要加以解释。对于安贫、禁欲和忠诚这三条惯例性的誓约，罗耀拉又附加了第四条，即要特别忠诚于教皇。这款特殊的誓约是仅对几个特定的杰出成员而言的，他们属于最高级别的"专业的"成员。耶稣会的创建者要为其他层级的成员提供如下职位，包括宗教和世俗的助理主教、经院学者以及见习教士。世俗的助理主教通常被称作在俗的教友（用葡萄牙语来说就是兄弟 [irmaos]），他们要负责其他成员每天的需求，把所有的时间和精力都放在使徒身上。虽然在欧洲和亚洲都为"专业的"成员建造有特别的处所，但所有等级的成员都过着一种平淡的生活，遵守同样的规则。1556 年，耶稣会的章程即基本法和发展方案得到了广泛地发布，此后，这份章程被用于该教团的 11 个主教教省（其中两个在意大利，四个在伊比利亚半岛，两个在德国，在法国、印度和巴西各有一个）。

在果阿，耶稣会机构的状况在 1545 年后的十年里一直在走下坡路。沙勿略离开之后，耶稣会传教活动的统领权转交给了果阿神学院的院长（1548 年到 1552 年在任）安东尼奥·戈麦斯（António Gomes），他在葡萄牙的政界是一位深受他人喜欢的人物。戈麦斯对沙勿略从孩童和低级种姓入手展开工作的方法很不以为然。他把精力转向了葡萄牙人社区，致力于把科英布拉的神学院树立为样板，把当地的其他神学院转变成高等教育的中心。1552 年，沙勿略从日本回到印度并停留了一小段时间，他替代了戈麦斯的神学院院长的职务，并任命佛兰德斯牧师加斯帕尔·巴扎乌斯（Gaspar Barzaeus）[84] 负责耶稣会在印度的事业。巴扎乌斯上任不久就去世了，他的继承人梅尔基奥·努内斯·巴雷托（Melchior Nunes Barreto）在 1554 年突然去了日本。让情况变得更糟的是，当主教若昂·德·阿尔伯克基在 1553 年去世之后，主教的职位就被空下来了，在

252

俗的教会也同样变得群龙无首。到了第二年，新来的没有什么影响力的耶稣会士巴托洛梅乌·迪亚斯神父（Father Bartholomeu Dias）当上了修道院院长，此时耶稣会士在果阿的聚居地上仅有 3 名牧师带领着一个有 32 名成员的组织。[85]也正是在这个空位的过渡时期，总督亲自担任这一职位，他把果阿的 30 个区划分成两大传教区域：15 个区由多明我会负责，另外 15 个则由耶稣会负责。[86]

1555 年，耶稣会的领导开始度过第一个危机。那一年，9 名耶稣会牧师作为补充力量到达了印度，他们去时随身携带着新制定的耶稣会章程。安东·德·奎德罗斯神父（Father Anton de Quadros）为印度的耶稣会士们解读了新章程，他被果阿的牧师们选为副主教和传教团的统领，此后，基督教的事务在耶稣会士的引领下开始好转。但是在 1556 年 9 月，指定的印度都主教堂·贡萨罗·达·希尔维拉神父（Father Dom Gonçalo da Silveira）到达果阿就任。希尔维拉有着贵族血统，受过良好的教育，富于经验且虔诚热心，但他作为都主教却令人非常失望。希尔维拉对世俗当局百般挑剔，并对多明我会和方济各会出言不逊。按照耶稣会士们的说法，希尔维拉刚愎自用、暴躁易怒，令所有人都对他感到讨厌。1558 年 7 月，迭戈·莱内斯（Diogo Lainez）当选为罗马的首席耶稣会士。莱内斯上任后首先做的事情之一就是给果阿写信，1559 年 9 月信件寄达，他在信中要求奎德罗斯立即替代希尔维拉的都主教之职。[87] 莱内斯显然听说了印度的耶稣会士们日益增长的挫败感，甚至其中还有人认为应该放弃在印度传教。对于耶稣会士低迷士气的大量批评可能都指向了希尔维拉。1560 年，莱内斯命令士气低落的耶稣会士们不得离开自己的岗位。[88] 奎德罗斯升职后，尽管他个人反对担任都主教的职务，但他在 1569 年之前一直担任此职。在此期间，各种规章制度依然保留，传教的任务也在继续努力进行着。

在俗的职位空缺期（1553—1560 年）随着堂·加斯帕尔·德·利奥·佩雷拉（分别于 1560—1567 年、1571—1574 年在职）到达印度的第一个都主教教省果阿，于 1560 年结束。这位新的高级教士与奎德罗斯和总督堂·康斯坦丁诺·德·布拉干萨（1558—1561 年在职）一道形成了一个三人政治同盟，他们向印度的教会和政府的联合宗教活动注入新的动力。奎德罗斯领导下的耶稣会士[89]立即开始在使大批群众皈依基督教的政策中密切合作，总督在果阿及其

253

周边区域强制民众加入基督教。1559 年，在保教区内的耶稣会士达到了 124 人（其中有 37 名神父和 87 名教友），71 人在果阿，27 人在印度的其他地区，10 人在东南亚，8 人在日本，还有 8 人在霍尔木兹和阿比西尼亚（Abyssinia）。[90] 耶稣会士们的精力集中在果阿，这为他们随后在那里做出的吸纳当地人皈依基督教的努力所证明。1560 年，仅在果阿这座岛上，耶稣会士们就连续吸纳了 27 批民众皈依基督教，为 12 976 人施了洗礼。[91]

　　正如上文所述，若昂王在 1545 年发出的指令已经预见到了在 16 世纪 60 年代将充满诸如此类的事件，并且给出了指示。一个博学的印度教教徒后来皈依了基督教，耶稣会士们通过他与一些婆罗门教的首领展开了辩论——这些辩论最终以 50 名顽固的印度教教士被放逐而告终。甚至是最低级别的受洗礼也用壮观的仪式进行庆祝，新的都主教不得不禁止他们进行不合乎礼仪的表演活动。我们在前文已经提及，1560 年，宗教裁判所在果阿成立。第二年，新近皈依基督教的人将在十年里免交什一税，后来这一免征税款的时间又增加到了十五年。[92]1565 年，犹太教徒被禁止在葡萄牙人的殖民地中居留。正如我们所看到的那样，[93] 两年后，果阿都主教召集的首次宗教会议成为教会努力调整与政府关系、划分教省区域以及一致解决异教徒特别是印度教教徒问题的一个组成部分。1586 年，当 D. 路易斯·德·阿泰德（D. Luis de Ataide）被任命为总督的时候，国王宣称他主要的职责是在其管辖范围内推进异教徒皈依基督教的工作。[94]

　　传教士们在印度和罗马传教的这段时间里，耶稣会士对其互动交流的方式相当不满意。虽然彼此间每年都有一次书信来往，但是传教者双方都觉得有必要进行私下交谈。早在 1546 年，兰西洛特（Lancillotto）就在一封信里对罗耀拉建议，"记录员"——或者用耶稣会士学会的语言来说就是庶务员（procurator）——应该从印度召回，向罗马教廷汇报在印度发生的事情的全部信息。后来，印度的耶稣会士发现在他们的成员已经很缺乏的情况下，再让一个人回到罗马不太可能。1553 年，教友安德里亚斯·费尔南德斯（Brother Andreas Fernandes）在来自日本的年轻的改宗者伯纳德（Bernard）的陪同下，作为耶稣会士的模范人物被派遣往欧洲。费尔南德斯在罗马几乎停留了一年的时间（从 1554 年 10 月 14 日 1555 年 9 月 8 日），在罗马他给罗耀拉和其他教

254

会的高层人物留下了很好的印象，并激发了他们对传教活动的兴趣。耶稣会士学会的章程就是在这个时候制定出来的，章程规定来自印度的固定使团必须定期通过书信对所有的信息进行准确地汇报。章程要求记录员应该由主教教省的圣会挑选，这样的圣会计划每四年要召开一次。但在印度，这些规定仅局限于条文之中，第一次主教教省圣会甚至到 1575 年才得到召集。罗马和印度都热切渴望的"即时信件"（living letters）在 16 世纪从未及时地从印度的都主教教省发出过。[95]

　　印度的都主教教省的范围包括从莫桑比克到九州岛（Kyūshū）之间的广大地区，这个教省包含的地理地域要比耶稣会在欧洲所有教省的总和还要大很多。[96] 最初，印度的主教教省隶属于葡萄牙都主教教省的管辖范围，从 1546 年开始，西芒·罗德里格斯（Simão Rodrigues）被任命为修道院院长。三年后，来自罗马的公开信被寄给了沙勿略，让他做印度的都主教。但是，因为沙勿略长期都在外旅行，果阿神学院的院长事实上负责管理着学会成员在东方的宗教活动。沙勿略外出期间以及他去世以后，教省遇到的困难、人事上的倾轧以及称职的人的极度缺乏，共同妨害了耶稣会的努力。只有到了 1559 年奎德罗斯升职以后，这个庞大而笨重的主教教省在形式和规章制度上才开始与耶稣会士学会的欧洲主教教省趋于一致。[97] 奎德罗斯委任了一名果阿教长在那里处理一般性的问题，神学院院长曾经是果阿的副统领，如今其活动仅限于教育方面。1565 年到 1566 年间，奎德罗斯前往马六甲巡航。根据这次巡航的经验，奎德罗斯给罗马教廷写信抱怨派往印度的传教士素质不高，他坦率地指出应该首先培养传教士们的美德，进而愤怒地批评道："东方不是培养见习教士的学校。"[98]奎德罗斯在后来写给莱内斯（Lainez）的信件中继续坚持认为，在宗教事业发展迟缓的地区，那些未经培养的目不识丁的教友纯属多余。和沙勿略不同，奎德罗斯明确表示他偏好那些经过精挑细选和良好地培训并且被证明道德高尚的少数传教士。根据 1565 年年底印度的主教教省名录的记载，在整个东方有 193 名耶稣会士分散在各地，其中 80 人是神父，113 人是教友和见习修士。[99] 与 1559 年神父与教友的相对人数，即 37 个神父和 87 个教友相比，1565 年相对人数有所下降，据此我们也许可以断定，奎德罗斯的请求在罗马没有立即得到注

255

意。在东方的各个区域的传教士们的分布情况和奎德罗斯开始任职时非常相像：在果阿及其邻近区域有95人，在印度其他地方有54人，在东南亚有18人，在远东有17人，在非洲和霍尔木兹有9人。在奎德罗斯任期即将结束的时候（1569年），贡萨罗·阿尔瓦雷斯（Gonçalo Alvares）作为第一位耶稣会士巡阅使被派往印度。显然，阿尔瓦雷斯对印度的情况感到满意，但是他在1573年去日本的途中突然去世，其视察的旅程没有完结。大约在1570年到1571年间，葡萄牙的殖民地遭到了军事围攻，传教活动再次遭遇了沉重的打击。[100]在阿尔瓦雷斯去世的时候，整个印度教省几乎没有正式入教的耶稣会士，那一年，副主教波夏（Borja）召集的主教教省圣会最终没能召开。[101]

在这种每况愈下的悲惨状况中，新的巡阅使范礼安（Alessandro Valignano）被派往果阿视察耶稣会的主教教省，他被授予了仅次于副主教的权力。从范礼安1574年年初到印度直至他在1606年去世，一直是"恒河内外"的传教团中占统治地位的人物和范导性力量。范礼安于1539年出身于那不勒斯（Neapolitan）兹尔迪（Chieti）的一个贵族家庭。作为年轻人，范礼安离开那不勒斯王国到帕多瓦（Padua）接受大学教育。在过20岁生日之前，范礼安获得了法学博士学位，然后回到家乡成为了一名年轻的法官。因为范礼安的父亲是教皇保罗四世（1555—1559年在位）的朋友，他在罗马很快就找到了一个职位。1562年，范礼安再次回到帕多瓦进一步学习。帕多瓦这时候是威尼斯的管辖范围，在此，范礼安被当局逮捕。在度过将近一年的监禁生涯之后，范礼安被要求在四年之内不允许进入威尼斯的管制区域。范礼安回到了罗马，1556年，他成为耶稣会（Society of Jesus）的会员。1571年，范礼安获得了圣职，两年后，他成为第四个公开宣誓入教的耶稣会士。在1572年到1573年间，范礼安担任马切拉塔（Macerata）神学院的院长，直到他被副主教墨丘利安（Mercurian）任命为印度都主教教省的巡阅使为止。[102]

在神学院其他40名成员的陪同下，仪态高贵的范礼安于1574年从里斯本启航。在到达果阿后不久，范礼安就病倒了，直到1575年他都无法前往耶稣会在印度南部的机构视察。同年，范礼安在果阿附近的肖朗（Chorão）岛召集会议，这是印度主教省的第一次圣会。会议审议决定建立一个培训中心，尽可

256

能地用相关的印度语言指导传教士。马丁·达·席尔瓦神父（Father Martine da Silva）在会议上被选为记录员，此后不久就被派往欧洲。[103] 这时候，范礼安在都主教鲁伊·维森特（Ruy Vicente）的陪同下，视察了印度北部的传教士机构。第二年，在第二次视察印度北部之后，范礼安根据自己在印度对传教情况的观察，给罗马发了一份总结报告。

范礼安在 1557 年亲自写就的《概要》（*Summarium*）[104] 用的完全是意大利语，它是范礼安对果阿主教教省的介绍和评估的提要。范礼安在其中总结道，印度传教士们的精神状况并不令人感到忧虑，尽管他们的工作的确存在着很多不足之处，尤其是传教士们没有去领会并奉行耶稣会的章程。这位巡阅使发现印度的困难主要是来自耶稣会指派的双重任务：不但要照顾葡萄牙殖民地的基督教徒，还需在当地人中间宣传基督教教义。范礼安虽然关注在印度的欧洲人的精神状态，但他觉得耶稣会的重要目标是要让本地人皈依基督教信仰。范礼安认识到传教的地域广阔，而传教的人员缺乏，他坚持认为在本地人中间宣传教义应该有计划、有选择地进行。范礼安从一开始就意识到，并非所有有着不同背景的亚洲本地人都会顺利地皈依基督教，因此，他根据自己对形势的估计，指导耶稣会士们把自己的精力放在那些该放的区域。

在把自己的第一份报告发往罗马之后，范礼安于 1557 年离开果阿前往马六甲、澳门和日本，去那里视察其传教机构。从 1579 年到 1582 年间，范礼安都在日本度过，此时他往罗马发了他的第二份《概要》（1580 年）。[105] 第二份《概要》是第一份的修订和扩充，包括了他对埃塞俄比亚、中国和日本的传教情况的评估。第三份《概要》大概写于 1580 年，在范礼安 1583 年回到科钦不久就完成了，这份《概要》讨论的主要是日本的传教情况。[106] 这时候，虽然范礼安想回欧洲，但他在科钦收到了来自副主教的命令，任命他做印度的都主教。于是，范礼安回到了果阿，在这里他一直忙于处理管理方面的问题，直到 1558 年他才再次出发前往远东视察。1588 年到 1590 年间，范礼安一直在澳门，在此，他作为果阿总督的外交代表被派往长崎。1592 年，范礼安回到了澳门，在此他又生活了两年，一直忙于基督教徒的活动与打入中国的传教任务之间的协调工作。1595 年，范礼安又回到果阿，在这里他明白自己的职责再次发生了变化，

257

从此开始，他将忙于中国和日本的耶稣会事务。尼古拉斯·皮门塔神父（Father Nicholas Pimenta）被任命为印度主教教省传教情况的巡阅使。1597 年，范礼安最终离开了果阿，在澳门生活了一年之后，他第三次启程、也是他最后一次前往日本。在日本生活了五年后，范礼安回到了澳门，和沙勿略一样，在他还没来得及视察中国大陆的时候，就于 1606 年去世了。

范礼安的三份《概要》以及它们的修正版和改编版共同构成了他的《东印度耶稣会传教团发展史》（*Historia del principio y progresso de la Compañia de Jésus en las Indias Orientales*）的基础，在《东印度耶稣会传教团发展史》中，我们可以看到从三份《概要》中逐词逐句地摘录的内容。作为资料，三份《概要》在介绍亚洲的大陆、地点和居民的细节上要比《东印度耶稣会传教团发展史》更有价值。《东印度耶稣会传教团发展史》虽然包括一些地域方面的数据，但它主要关注的还是耶稣会传教团的发展。《东印度耶稣会传教团发展史》的第一部分是沙勿略那个时期的事情，这一部分在 1584 年年初被送回了欧洲，可能是迭戈·德·梅斯基塔（Diogo de Mesquita）在四个日本青年的陪同下，把它送到了罗马。[107] 第二部分主要记述了从沙勿略去世到 1564 年这段时间内传教的发展情况，几经波折之后，范礼安终于在 1558 年年底从澳门把它发往欧洲。第三部分最初打算记述范礼安自己在这个阶段的一些工作情况，[108] 最终未能完成，推测其原因，可能是因为范礼安没能得到他不断从欧洲要求的耶稣会士信札汇编。因为缺乏这方面的资料，范礼安遂于 1601 年编了一部耶稣会传教团在日本的创建及发展的历史。[109] 在 16 世纪，范礼安写的东西都没能得到出版，但是它们被研究耶稣会传教团历史的学者们作为资料广泛地应用着。

经过亲自旅行观察，范礼安获得了对于传教团及其问题的整体的观察眼光。范礼安在其报告中指出，传教团分散的据点之间过远的距离致使管理中心和单个传教点之间的联系变得极端困难和稀少，监督管理的效力也因过于遥远而鞭长莫及。甚至罗马教廷与亚洲传教中心之间的联系也难以建立和维持——这个问题似乎让范礼安备感困扰。罗马教廷收到关于果阿的问题汇报，通常需要耗费十四至十六个月的时间；日本和果阿之间的信件来往常常至少需要两年或三年；果阿和马六甲之间的书信交流通常要一年零十个月的时间。印度的传教士们

258

在听到任何关于来自欧洲方面的回应常常不得不等两年至三年的时间，与此同时，他们不得不独自继续进行他们的工作。而且，因为果阿是所有的交流不得不经过的中心地区，那里的工人们常常要负担过重的管理细节。传教士们为热带的酷热和疾病所折磨，这消耗了一些人的活力，并导致一些人死亡。许多人也成为了叛乱或者战争的受害者，特别是在葡萄牙人的中心被围困期间情况尤甚。[110] 在这四年里（1571—1574 年），有 58 名耶稣会士死于印度，其中有一些人还是主教教省的领导人物。[111]

范礼安很快就意识到本地人或者葡印混血（Luso-Indians）很少为获得教士身份而受过培训，东方的葡萄牙人在战争和贸易方面花的精力要远远多于基督教。范礼安很明白，印度的耶稣会士除了依赖欧洲补充新的人员之外别无选择。1563 年的特伦多大公会议（Council of Trent）之后，这类人力补充越来越困难，因此对神职人员进行培训的需求就更加迫切。虽然大多数传教士都来自葡萄牙的科英布拉和埃武拉（Evora）的神学院，但这些机构培养的神职人员不可能满足巴西和印度的需求额。这些神职人员确实没有做好准备，前往亚洲的传教区域，补充那里对于有着非凡的学识和精神境界的人的需求，领导他们的传教活动。和他们的商业冒险一样，如果要传教工作有效地运转，葡萄牙人出于需求就不得不允许其他欧洲人进入保教区。然而，北欧的传教士应他们自己的国家要求去对抗新教。北欧的传教士们的语言背景完全不同，与欧洲南部的传教士们相比，他们给人的感觉是在热带的炎热气候中他们可能更难存活。虽然有一些西班牙人和比利时人（Belgians）都是传教团成员，但西班牙和葡萄牙两国之间的政治分歧使西班牙国王的臣民人数达到了最小值，这种情况直到 1581 年两国结盟才有所改观。因此，事实上除了意大利之外的所有非葡萄牙人群体都因为这种或那种原因被拒绝参加传教团。其实从一开始，一些传教团中的统领人物和那些参与葡萄牙人的贸易活动的商人一样，都是来自意大利并在那里接受培训的。[112]

在估量住在保教区内的本地人时，范礼安把他们划分为两个截然不同的群体：黑人和白人。在非洲和印度居住着黑人；中国和日本居住着白人。甚至在到达印度之前，这位意大利的贵族、人文主义者和律师就为罗马教廷这样描述黑人（Negroes）：他们是几乎没有任何能力理解基督教教义和习俗的野蛮人；他们生性懒惰而无知；在本性上，他们似乎注定处于被奴役而不是支配的地位。[113]虽然范礼安对印度教教徒要比对非洲人尊重得多，但在印度生活了三年后，他仍然认为，与摩尔人相比，印度教教徒是卑贱低下的人。甚至在印度人中处于最高阶层的婆罗门教徒，为了谋生仍然要做奴仆的工作，而这些工作在欧洲常常是留给底层人做的。

　　虽然范礼安在后来的报告中措辞不再那么恶劣，但终其一生他都把印度视为一个贫穷的传教地区。因为印度人和非洲人不一样，可能拥有足够的智慧去理解基督教教义，所以那里存在着诸如种姓制度、次大陆上的政治分裂、本地宗教团体和活动间的巨大歧异以及摩尔人的敌对等障碍，致使印度人皈依基督教的问题变得不大可能。甚至圣多默的基督教徒也坚持忠诚于种姓制度，没有体现出背叛该制度的能力或意愿。范礼安根据他在印度海岸有限的生活经验进一步宣称，印度人对于宗教没有什么兴趣，他们关于宗教的观念深受迷信、放荡和种姓信仰的制约，致使他们对于自己的上帝或宗教戒律没有一个清晰、全面的领会。[114]正如范礼安所观察的，与日本人相比，印度人对基督教真理和西方文明的理智前提的理解和记忆能力非常有限。显然，这位耶稣会的巡阅使对于内陆地区那些系统讲授印度教哲学和神学的知名印度学派一无所知，他局囿于其有限的经验和认知，而对印度人的特征和能力进行了错误的概括。如果范礼安对印度文明的理解程度能够像德·诺比利（De'Nobili）在三十年后的理解那样，那么，他可能会像在日本和中国所做的那样，在印度也主张一种调和的政策。[115]

　　巡阅使范礼安颁布的法令规定，印度的耶稣会士要把精力放在让本地人皈依基督教方面，还要脱离在俗的以及其他教团的欧洲牧师的保护。[116]通常，范礼安也阻止耶稣会士接受在俗的官员职位，即使是主教和都主教的职务也不例外。为了赢得印度教教徒的兴趣和信任，范礼安坚持要让耶稣会士学习自己被分配的地区的语言。有一些传教士没有轻易地遵守这一指令，因为他们担心一旦自己精通了某种地方语言之后，就会被迫在某个特定的地域工作至整个余生，如此将断送自己到葡萄牙人的城市所具有的和谐氛围中或者是到遥远的异

260　域日本工作的机会。[117]为了履行自己研究本地语言的指令，范礼安建议组织语言研习班，培训耶稣会士们对于印度、马鲁古群岛和日本的语言的运用能力。早在1577年，在捕鱼海岸的普尼卡尔（Punical）、撒尔塞特岛（Salsette）和勃生附近的特立尼达岛（Trinidade）都成立过语言研习班。[118]在范礼安的坚持下，培训各地的神职人员的研习班计划在捕鱼海岸的帕拉旺和圣多默的基督教徒中间设立，这两个地方是印度本地的基督教徒聚集的中心。[119]

　　范礼安在讨论印度的都主教教省的功能、职责以及面临的问题时，强调了为传教团寻找统领者的困难。在范礼安看来，身处这个职位的人士应该具备的素质简要说来，就是他的品质、性格、智慧和体力都要仅次于首席耶稣会士；他应该被授予特殊的权力，应该得到有才干、有责任心的下属的支持，辅助他管理大部分的耶稣会教省。虽然让都主教本人对他广大教省内各个分散的站点的视察是可行的，但是让一个身份特殊的人立即分身两处显然不可能。要走遍整个教省估计将需要六年至七年的时间，可以肯定，都主教甚至连离开他在果阿的总部一年都不行。都主教不能像他欧洲的同事们那样把自身局限在自己的宗教监管权的范围之内。都主教不得不被委任所有的权力，因为除了那些最普遍的决定权之外，他不可能每一件事情都去咨询罗马教廷的意见。也正是由于这个原因，他的任期将至少持续五年之久。在政治上，都主教应该成为一个比他欧洲的同事更聪明、更有决断力的人，以便给印度的世俗和宗教的机构官员们提供建议。范礼安明显感觉到在印度的欧洲人的各种类型的活动中，那些在能力上名副其实的统领者实在是太少了。[120]

　　范礼安给罗马教廷提出建议说，马六甲应该被提升为副主教教省，其管辖范围应该把印度东部的传教站点包括进去。虽然马六甲的副主教教省要对果阿负责，但是它与欧洲的那些同级别的教省相比，应该被授予独立的决断权力。副主教的任期应该是五年，因为副主教去远东的耶稣会站点视察估计就要花费其任期的三年零四个月的时间。范礼安也认为，如果不是绝对必须，任命一个位于果阿北部临近教省的传教团的监督人也是可行的，这名监督人将拥有和欧洲的副主教一样的权力。分布在整个印度主教教省的各地的教区长，因为他们261　与监督部门之间的距离较远，因此这些区长应该是很有才干的人才行，他们可

44. 16 世纪果阿全景。来自 A. C. G. da Silva Correia 的 *La Vieille-Goa*（Bastorá [Goa], 1931）。

45. 阿尔伯克基（Albuquerque）在 1510 年建造的圣·凯瑟琳礼拜堂（Chapel of Saint Catherine），1550 年由豪尔赫·卡布拉尔（Jorge Cabral）重建。来自 Silva Correia 的 *La Vieille-Goa*。

46. 旧果阿的大教堂。1562年开始建造，但是直到17世纪才完成。来自 *Garcia da Orta*（Special Number）（Lisbon, 1956）。

47. 1558 年到 1561 年在果阿任总督的堂·康斯坦丁诺·德·布拉干萨（Dom Costantino de Braganza）。来自 Jose F. Ferreira Martins 的 *Os Vice-Reis da India*（Lisbon, 1935）。

48. 耶稣会士范礼安（Alessandro Valignano，1539—1606 年），来自 J. F. Schütte 的 *Valignanos Missionsgrundsätze für Japan*（Rome, 1951）中的一幅版画，作者是 N. Oddi。

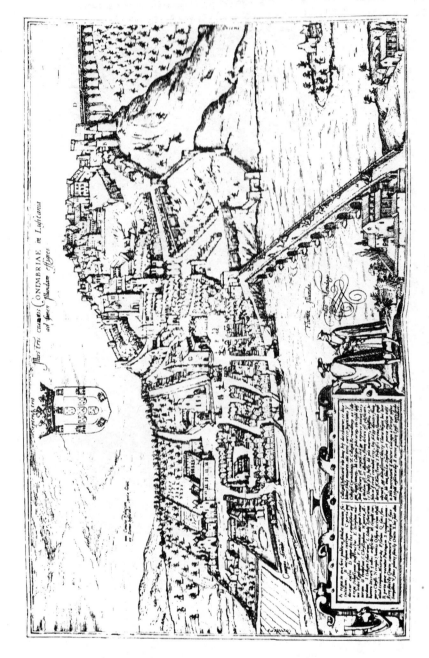

49. 16 世纪的科英布拉。来自 G. Braun 的 *Civitates orbis terrarum*（Cologne, 1572）。

50. 建造于 1572 年的圣·奥古斯丁（Saint Augustine）（果阿）教堂前面的遗迹。来自 Silva Correia 的 *La Vieille-Goa*。

51. 耶稣会士利玛窦（1552—1610 年）。这幅画作于北京，当时利玛窦刚刚去世。来自 Pasquale D'Elia 的 *Fonti Ricciane: Documenti originali concernenti Matteo Ricci...*（Rome, 1942）。

COPIA
DI DVE LETTERE
SCRITTE

Dal P. Organtino Bresciano della compa
gnia di Giesù dal Meaco del
Giapone.

Al molto R. In Christo P. N. Il P. Claudio Acqua-
uiua Prepoſito Generale.

*Tradotte dal P. Gio. Battiſta Peruſchi Romano
della medeſima Compagnia.*

Con licenza de' Superiori.

*In Roma, Appreſſe Luigi Zanetti, Et in Milano, nel
la Stampa del quon. Pacifico Pontio . 1597.*

10

52. 具有代表性的耶稣会士书简扉页。在此对纽贝里图书馆提供的支持
表示衷心的谢意。

53. 阿克巴（Akbar）与萨林王子（Prince Salim）。这幅画的原作珍藏在大英博物馆
（Add. MS. 18801, No. 10）。来自 Vincent A. Smith 的 *Akbar, the Great Mogul, 1542-1605*（2d rev. ed.; New Delhi, 1958）。

IO PETRI

MAFFEII

BERGOMATIS
E SOCIETATE IESV

HISTORIARVM
INDICARVM LIBRI XVI.

SELECTARVM ITEM EX INDIA
Epistolarum eodem interprete Libri IIII.

Accessit Ignaty Loiolæ Vita postremo recognita. Et in Opera singula copiosus Index.

CVM PRIVILEGIO.

VIRTVTI SIC

CEDIT INVIDIA.

VENETIIS, Apud Damianum Zenarium. 1589.

---

54. G.P. 马菲（G. P. Maffei）1589 年出版于威尼斯的《16 卷本印度史》（*Historiarum Indicarum libri XVI*）扉页。在此对芝加哥大学图书馆提供的支持表示衷心的谢意。

以被授予比欧洲同事们大得多的权力。[121]

关于印度所有定期选派的耶稣会官员，范礼安主张任命特派官员，通常称作巡阅使或委员，其职责是把特派官员范礼安的工作方式作为一个准则固定下来。就个人而言，特派官员应该了解所有的传教区域，所以应该具有协调印度都主教教省各个部分传教活动的能力。这位固定的巡阅使的任期应该足够长，使其能够视察完整个都主教教省。在巡阅使任期结束之前，他不能被调离，即使是罗马的前副主教去世，其继任者也不能用其选择的人替代这位前视察员。[122] 关于巡阅使的岗位，我们不难想象，在范礼安的心目中只有他自己才是唯一合格的人选。

范礼安在果阿担任都主教期间（1583—1588 年），继续按照欧洲的都主教教省的普遍情形，努力把亚洲的传教事业带进一种良好有序的状态中去。自此以后，主教教省的集会就定期（分别在 1583 年、1588 年、1594 年和 1599 年）召开，"庶务员"也被更为频繁地派遣往欧洲。范礼安一直对自己的合作者们往欧洲发出的信件感到不满意，他极力地向这些合作者强调，在报告和写作中对于提供的信息要掌握得更加精确。范礼安还利用自己在罗马的影响，保证正式出版的年度书简（*Litterae annuae*）的真实性和启发性，这些书简于 1581 年开始发行。作为菲利普二世统治时期的第一任耶稣会官员，他通过往欧洲派遣日本使节以及个人的外交才能，在马德里激起了人们对于亚洲传教工作的兴趣。然而，在印度的耶稣会士中间，有大量的成员对于这位宗教领导严格规定的制度和纪律相当抵触，结果，有很多人离开了耶稣会。[123]

和沙勿略一样，范礼安在亚洲的三十二年里，个人基本上没有从事每天的布道工作。范礼安本人对于促使印度的传教士遵循沙勿略及其跟随者所开展或规定的制度和方法感到满意。范礼安和奎德罗斯一样，对从欧洲最优秀的年轻牧师中招募传教士感到焦虑。范礼安虽然不懂亚洲语言，但是他坚持要求传教士们学习他们被分配区域的地方语言。范礼安把自己的精力放在教团的收入、组织以及撰写工作报告方面。范礼安也很关注传教团的物质基础：他为修建房屋提供帮助，积蓄资金，并帮助耶稣会士有效地参与日本贸易，还很注意经营与统治集团的关系。范礼安似乎认为，葡萄牙人在印度和东南亚的军事力量对

262

于促使传教工作的进展是足够的，这些地域基础薄弱且分散的文化将被迫逐渐地屈服于西方的优越文化。[124]

和沙勿略的观点一样，范礼安明确地认为，传教工作的未来将在日本和中国，而不是在印度。正是出于这一观点，范礼安主张要对远东文化的方方面面给予最充分的关注，尤其是语言，以此作为赢得日本和中国精英的信任和尊重的最佳手段。因为范礼安认为中国人和日本人要比印度人更适于从事神职工作，所以他把对当地神职人员的培训放在自己远东工作列表中的优先位置上。当基督教或欧洲人的教义与当地的观念、制度或传统发生冲突时，范礼安主张在日本和中国施行一种妥协或"调和"政策。范礼安曾派遣了一个由 4 名皈依基督教的日本年轻人组成的团体到欧洲去，他们都很杰出，他也一直希望能够派遣一个同样的中国人团体。范礼安很渴望能把西方和基督教的文献介绍给远东人，这一想法促使澳门和日本的耶稣会印刷机构成立了。

第三节　印度的传教机构

沙勿略在 1542 年到达果阿以后，方济各会修士们已经在保教区内建立了 11 座修道院、3 个神学院和 80 处住所。自那以后，方济各会逐渐把耶稣会士的管理权让渡给了他们在果阿和印度南部创建的许多传教机构和神学院。果阿北部的巴尔代（Bardez）半岛上的贤士学会（*College of Reis Magos*）在 16 世纪后半叶成为方济各会修士活动的中心。在这个地方，估计住着 7 000 多名基督教徒。1587 年，方济各会修士们仍然执行着牧师的职务，管理的天主教徒估计有 5 万名之多，主要分布在巴尔代、勃生地区、科钦、特拉凡科尔和锡兰。[125] 到了 1548 年，才有大批的多明我会修士开始来到印度，建造他们自己的修道院，从事传教工作，他们主要在葡萄牙人控制的城市里活动。[126] 奥古斯丁会修士（Augustinians）于 1565 年开始活跃于菲律宾，1572 年派遣了他们的第一支传教团到印度去。在这段时期以及 16 世纪末，大约有 70 名奥古斯丁会修士从里斯本被派往印度，到了 1595 年，其成员之一成为果阿的主教。[127]4 个修道会

263

的成员和谐相处，独立工作，他们对在俗牧师的无知盲从均持一种严厉的批判态度。

自耶稣会士们的传教工作伊始，其精神核心就处于果阿的圣·保罗神学院（College of St. Paul）。最初，宣称入教的人和见习修士们住在一起。在沙勿略时期，大约有 60 人住在神学院，后来，数字攀升到了 100 人以上。大约在 1555 年，天主教会所（Cathecumen House，即为学习天主教教义的人设置的培训中心）创建起来了。这个部门又有两个分部：一个是男部，另一个是女部。果阿神学院的教堂在 1560 年奠基，十二年后，第一批学员在里面吟唱颂诗。1581 年，管理改宗者的专门机构创立了；通常有 40 人在里面居住，他们负责这个城市的精神层面的工作，并管理王室的医院。至 1596 年，所有的果阿住所共同收容了 83 名神学院成员：其中包括 20 名牧师以及 63 名见习修士和在俗的教友。[128]

从初级拉丁文到高级神学，耶稣会士神学院教授的内容无所不包。学生是来自世界各地的青年人，其中有印度人、僧伽罗人、马鲁古人、中国人、日本人、卡菲尔人（Kaffirs）和埃塞俄比亚人。1546 年，有来自 11 个不同国家或部族的 52 个男孩子在学院生活。十年后，葡萄牙人和混血青年人的进入、印度各地的青年人的大量加入以及入学人数的翻倍增加，在一定程度上改变了这种状况。[129] 除了对基督教教义进行初级研究外，这些男孩子们（一般入学时都在 15 岁）还学习了拉丁文、葡萄牙音乐以及数学。在学院提供的课程中，日本人和中国人显然被认为在学习者中是最优秀的，然而，在歌唱和口译方面，来自东印度群岛的学生似乎更加出色。印度的学生在记忆、辩论和戏剧方面尤其出类拔萃。其中有一部分学生也学习农业和手工方面的知识技能。

学院里最优秀的学生将继续学习哲学和神学，如果学业成功，就会被送回家乡做牧师。然而，事实上印度本地人基本上没有被授予牧师资格或者进入宗教团体任职的。通常，只有在欧洲接受培训和资格认定的学员才能被授予牧师资格。在教皇的指令中，有着很明确的专门规定，指出殖民地的神学院培训出来的印度人不得担任圣职，虽然在早期的传教团里，有些殖民地的葡萄牙和葡属印度青年人曾被聘用为神职人员。[130]1575 年，范礼安特别声明，黑皮肤的本地人（与日本人和中国人相对）不能在基督教学会任职。印度人不被允许成为神职人员，因为据说他们在本性上是不道德的，容易为原始性情所操控，所以欧洲的基督教徒对他们一直都很蔑视。[131]1645 年，一份发往罗马的报告显示，在所有的基督教团的所有成员中，没有一名是印度人。[132]

虽然 1556 年后，在果阿大批的本地人被强制皈依基督教，但这一措施取得的效果是有限的，异教徒、穆斯林和犹太教徒在 16 世纪仍然在这座城市生活。有时候，当压力达到极点的时候，那些"未皈依者"可能一直在内陆地区流亡。异教徒们常常指望比贾布尔（Bijapur）的统治者能够为他们提供庇护，利用葡萄牙人殖民地的动乱实现他自己的政治或军事目的。比如，撒尔塞特岛距离果阿岛的南部仅有 3 英里远，严格地说，它在 1560 年就被强制性地基督化了。但是，基督教会在撒尔塞特岛明确创建之前，葡萄牙人和传教士们用了整整七年的时间压制本地人的对抗。随着耶稣会士们认真的培训工作的开展，在居民总人数达 80 000 的撒尔塞特岛上，基督教社区的总人数在 1583 年估计有 8 000 人。[133]撒尔塞特岛上的基督教徒们所经历的困苦在都主教教省的大部分邻近区域同样存在。

在果阿地区之外，传教团在印度的机构仍然面临着大量的难题。到 1560 年，北部的传教机构，包括分布在勃生、朱尔和达曼以及撒尔塞特岛和第乌等城市，逐渐为来自方济各会的修士们接管。沙勿略曾经视察过勃生和撒尔塞特岛上的塔纳（Tana）市镇，他在那里发现了一座房屋和教堂。在这两个城市，基督教的传教工作进展迅速，勃生很快就有了自己的神学院，成为印度北部基督教会的总部。1576 年，5 名耶稣会士在塔纳驻扎，研究孔坎语言（Konkani）。至 1588 年，不到十年的时间，在勃生和撒尔塞特岛大约有 9 400 人受洗，这些受洗的人由 25 名牧师负责管理。[134]1600 年，方济各会在撒尔塞特岛仍然有 8 座教堂。[135]

在达曼，布拉干萨总督 1560 年在任期间，把这座城市中最好的清真寺给了耶稣会士学会建造教堂。但是耶稣会士们的基督化工作在这里遭到了本地人的顽强对抗，最终，达曼主要被用作前往埃塞俄比亚或古吉拉特（Gujarat）途中的一个驿站。多明我会在朱尔有一座修道院，但是在 1580 年之前，耶稣会没能在此创建起固定的机构。在达曼，永久性居住在朱尔的耶稣会士不过五六个人。
1600 年之前，耶稣会士们会偶尔地造访第乌，但是这个麻烦不断的岛屿上的大
部分传教工作则主要留给了多明我会和方济各会的修士们去完成。[136]

　　继果阿之后，科钦成为葡萄牙人在印度最重要的贸易和传教中心。传教
士们就是从科钦这个地方被派到了其他地方，如马拉巴尔、特拉凡科尔、科摩
林角和马都拉岛（Madura）。虽然在耶稣会士来到印度南部之前，方济各会修
士们在此已经活跃很长时间了，但是耶稣会士们像他们以前在果阿那样，迅速
地获得了印度南部的传教工作的领导位置。沙勿略有一次视察科钦时，为马尔
代夫群岛（Maldives）上的穆斯林国王施了洗礼，这个国王因为想通过葡萄牙
人的支持在国内争夺王位而被放逐到了科钦。1552 年，弗朗西斯科·佩雷斯
（Francisco Peres）被从马六甲派往科钦，担任那里新建的耶稣会士学院的院长。
1556 年，努内斯·巴雷托神父（Father Nunes Barreto）从中国和日本回到了印度，
取代佩雷斯担任了科钦耶稣会士学院院长的职务。一年后，科钦被提升为都主
教教省，多明我会修士乔治·塞姆多（George Themudo）被委任为主教。这位
新任主教和院长迅速把各种力量整合在一起，科钦的耶稣会士学院在他们的努
力推动下，在接下去的十年里，达到了其最辉煌的阶段。然而，只有在 1572 年
前后，巴雷托的继承人曼努埃尔·特谢拉（Manuel Teixeira）才得到科钦王的正
式许可，可以在其势力范围内自由地宣传基督教教义。虽然科钦的这位统治者
长期与葡萄牙人合作，并且对传教士相当宽容，但如果他的下属官员试图或果
真成为了基督教徒，他通常会罢免他们的职务。科钦的耶稣会士学院和果阿的
神学院一样，同样在亚洲的青年人中开展教育工作，科钦的传教机构也为基督
教教义初学者提供了一座单独的房屋。1595 年，有 25 名耶稣会士居住在科钦，
许多其他殖民地诸如帕鲁鲁提（Palluruthi）、文杜鲁提（Venduruthi）、瓦伊皮
科塔（Vaipikkotta）和坡拉卡德（Porakad）对科钦都有所依赖。1598 年，扎莫
林和葡萄牙人签订了一份条约，他在条约里面保证其属下有皈依基督教的权力，
这时候耶稣会士们开始在卡利卡特再次活跃起来。[137]

　　在科钦南部的特拉凡科尔，耶稣会士们以奎隆为基础逐步展开了其传教
事业。1328 年，正如我们已经看到的那样，塞夫拉克（Severac）的乔丹努斯

（Jordanus）已经成为科伦邦（Columbum，即奎隆）教省的主教，[138] 但是罗马的基督教徒在此后不久，就很明显地从那里逐渐消失了。虽然沙勿略曾经视察过特拉凡科尔，但是他的直接继任者被克里特·热姆·罗阇（Kerit Ram Raja）拒绝进入其统治的区域。在奎隆这座城市里面，因为当地统治者对于葡萄牙人的依赖，他们对待耶稣会士还比较宽容。1552 年，尼科洛·兰西洛特（Nicolo Lancilotti）被派往奎隆创建耶稣会士驻地。兰西洛特在 1558 年去世之前，负责管理捕鱼海岸和美勒坡的耶稣会士，后来佩雷斯从奎隆前往那里接任其职务。大约在 1560 年，布拉干萨总督派出一支舰队攻打特拉凡科尔的统治者，迫使他同意耶稣会士在他的统治区域中能够自由传教，其臣属有权力皈依基督教。在特拉凡科尔，十年里有 25 个基督教传教机构被创建起来，大约有 15 000 人皈依了基督教。教团之间的仇怨、当地统治者之间的战争以及葡萄牙人的定期干预使基督教徒们的居留地和居民频频遭受攻击。尽管特拉凡科尔的环境很糟糕，但是在 1600 年，那里仍然有 50 多个基督教的传教驻地。[139] 同年，方济各会修士受命于果阿总督，把自己在特拉凡科尔、捕鱼海岸和锡兰北部的教堂的管理权交给耶稣会士。[140]

正如我们所看到的那样，圣多默基督教徒分散在科钦的拉丁主教教省，这使传教士的生活状况变得更加复杂了。在 16 世纪的上半叶，印度的基督教徒在他们自己的都主教玛·雅各布（Mar Jacob）的管理下，通常和方济各会修士以及葡萄牙人保持着友好的关系。当基督教徒们就是否放弃马拉巴尔地区的宗教和社会活动而争论时，[141] 玛·雅各布向心存怀疑的拉丁基督教徒们保证，他正在改革其教会，使之逐渐与罗马的仪式相符。直到都主教大约在 1550 年去世，马拉巴尔地区的调停政策才取得令人满意的效果。此后不久，圣多默教会开始遭受内部仇怨的间接后果，这种内部矛盾在其高级主教于 1551 年去世以后，成为迦勒底教会的分裂力量。此后，经选举产生的迦勒底都主教玛·西蒙·苏拉加（Mar Simon Sulaga）立即赶赴罗马，受教皇委任圣职。虽然迦勒底教会与罗马的宗教仪式保持了一致，但苏拉加在 1555 年却被其权力竞争者杀死了。苏拉加的继承人玛·阿布迪索（Mar Abdiso）努力想取得官方对其候选人身份的支持，在 1555 年前往罗马，去接受教皇对其高级主教职位的授权。此后不久，阿布迪索通过派遣两名主教玛·约瑟夫（Mar Joseph）和玛·艾利亚斯（Mar Elias）前往印度，试图巩固自己作为圣多默基督教徒的合法统领者的位置。这两位迦勒底主教在两名多明我会修士的陪同下于 1556 年到达果阿，他们的到来立即引发了一个重要的管理权限问题：圣多默基督教徒究竟是应该在葡萄牙的保教权下，保持葡萄牙人主张的状态，还是在迦勒底都主教的领导下，按照其正式组织的状态发展？[142] 使事情变得更为复杂的是，与阿布迪索的东正天主教会形成对比的是独立的迦勒底教会，它不断要求管辖印度的基督教徒的权力，并且不时地派遣其代表前往塞拉（Serra，即圣多默基督教徒所在的内陆山区）。

耽误了两年，玛·约瑟夫在 1558 年终于得到了葡萄牙人的许可往南进入科钦。虽然约瑟夫努力地给印度的基督教徒介绍他们前所未知的圣礼，但很快就被在塞拉从事宗教活动的耶稣会士迈克尔·卡内罗神父（Father Michael Carneiro）指控为宣传景教（Nestorian）的异端邪说。[143] 约瑟夫在科钦对自己的错误进行公开忏悔之后，被派往里斯本。显然，约瑟夫给王室留下了极好的印象，他在国王的恩宠下于 1565 年又被送回了印度。两年后，约瑟夫因为宣传迦勒底教会的教义再次被逮捕，果阿 1567 年召开的首次议政会发现他有宣传异端邪说罪。约瑟夫又被送回里斯本，他再次努力让欧洲的高级教士确认他是无罪的。当约瑟夫 1569 年在罗马去世时，他仍然深受教皇喜爱，当时谣传说他很可能成为罗马的红衣主教。[144]

当玛·约瑟夫首次被驱逐出境的时候，塞拉的基督教徒们需要从迦勒底高级主教中选出一名新的主教。1566 年，玛·亚伯拉罕（Mar Abraham）穿越葡萄牙人的封锁到达了马拉巴尔。教省划分方面的冲突立即发生了，但是玛·亚伯拉罕最终遵照了罗马教廷的旨意。葡萄牙人坚持把马拉巴尔的基督教徒视为他们保教区中的臣民，而教皇庇乌四世（1559—1565 年在位）则命令塞拉基督教徒的管理权应该在迦勒底主教之间分配，这让葡萄牙人大为惊愕。但是，教皇的命令始终没有得到落实，果阿 1575 年召开的议政会声明，塞拉的主教教省应该由葡萄牙国王或者安卡玛丽（Ankamali）世袭的都主教委任的主教来管理，前提是这位主教要在果阿的议政会上亮相。玛·亚伯拉罕那时候在塞拉是唯一的主教，他拒绝参加议政会，因为这一决定，他得到了耶稣会士们的支持。尽管议政会反对亚伯拉罕，但耶稣会士们在罗马教廷为他辩护之后，教皇同意其在接下来的十年里，继续贯彻他自己的制度。作为提供服务的一份奖赏，亚伯拉罕1581年允许耶稣会士在瓦伊皮科塔建造一处居留地，它很快发展成为培训马拉巴尔牧师的神学院。加泰罗尼亚（Catalonian）耶稣会士弗朗西斯科·罗兹神父（Father Francisco Roz）在这里讲授神学，并完善了自己对古叙利亚语和马拉雅拉姆语的运用能力。[145]

当塞拉的耶稣会士在宗教—文化的传播中获得进展的时候，葡属印度的宗教和世俗当局为圣多默基督教徒的特殊地位大为不快。[146] 在果阿1585年召开的第三次议政会上，罗兹通过指控玛·亚伯拉罕拒绝改革印度基督教徒的礼拜仪式，及其宣传景教教义的永久性错误，揭开了亚伯拉罕作为异教徒的旧有伤疤。[147] 这位前都主教则在1590年拒绝任命瓦伊皮科塔（Vaipikkotta）神学院培训的学生做牧师，1592年他又居留在安卡玛丽（Ankamali）而不是参加果阿的第四次主教教省议政会，藉此进行报复。五年后，亚伯拉罕在其主教教省去世，果阿新任都主教亚历克西斯·德·梅内塞斯（Alexis de Menezes）委派了一名印度基督教徒乔治副主教（Archdeacon George）担任塞拉唯一的宗教管理者。与此同时，这位热心的奥古斯丁会主教还在1599年只身造访马拉巴尔，准备与圣多默基督教徒决一雌雄。

梅内塞斯决心把塞拉直接、确凿地纳入罗马教廷和果阿都主教教省的管辖之中。圣多默的基督教徒及其领导者之所以能够成功地拖延很久，是因为塞拉地区的耶稣会士和方济各会修士之间残酷的竞争和内讧。马拉巴尔当地的统治者们因为担心圣多默基督教徒与罗马教廷密切合作会加强葡萄牙人在印度西南部的控制力量，所以他们也支持圣多默基督教徒的独立。拉丁基督教徒指控圣多默基督教徒，说他们古代的信仰和受崇敬的礼拜仪式具有异教的特征，而且，他们的社会习俗对于正统的基督教徒而言也是不能接受的。毫无疑问，这些断言使普通的信徒感到憎恶。等到梅内塞斯在1599年到达马拉巴尔时，局势更为紧张。在他造访那些距离葡萄牙人设有军事防御的海岸较远的内陆基督教徒聚居地时，曾不止一次地遇到生命危险。对于梅内塞斯而言，正是葡萄牙人复仇的威胁，使其为弱势的印度基督教徒工作的意愿成为可能。

在 1599 年 6 月 20 日至 26 日召开的总结会议的各项议程[148]都是用西班牙语进行的，这次会议旨在公开"亲教长派"（propatriarchal party）的彻底失败。甚至在会议召开之前，乔治副主教就被迫承认罗马教廷至高无上的权力，发誓弃绝景教教义，并且指控迦勒底高级主教是异教徒。一旦顽固的统领者乖乖就范，宗教会议就忙于规划基督教主要教义，并且把这些信条介绍给圣多默基督教徒，使其教义与之相符。错误较多的资料被视为景教和印度教教义，所有可能源自这些教派教义的活动或观念都被要求从礼拜仪式和宗教书籍中删除。针对印度教活动的法令的主要目的，在于改革婚姻和承袭的习俗，禁止偶像崇拜，根除迷信、神示、轮回和信仰达摩（d'harma）。然而，梅内塞斯被迫接受种姓制度，因此，低级种姓和高级种姓的教会和神职人员允许在同一个村子共同生活。[149]最终，马拉巴尔教会也正式服从罗马教皇，视教皇为普世性的牧师，他被要求遵守特伦多大公会议的指令，接受果阿宗教裁判所的管制，并受葡萄牙国王的保护。[150]一旦梅内塞斯开始全面而迅速地控制整个局面，耶稣会士就把塞拉纳入自己的管辖之中。然而，他们很快就发现，马拉巴尔教会对于罗马教廷的服从并不意味着其习俗上的彻底欧化，也没有对拉丁宗教活动方式表示积极地采纳，甚至不肯安分地接受耶稣会的管制。17 世纪中期，一起分裂宗教的罪案同时给拉丁和叙利亚—马拉巴尔基督教社区带来了麻烦。[151]

在邻近捕鱼海岸的地区，基督教徒既有胜利的征服，亦有失败的挫折。正如我们在前文所提及的，沙勿略在 1542 年到达果阿后五个月，就启程前往科摩林角，他期望在那里能有丰厚的收获。但是，当沙勿略到达科摩林角之后，他发现帕拉旺人除了知道自己曾被方济各会修士们施过洗礼之外，关于其他则一无所知。[152]虽然沙勿略因为他在帕拉旺人中间非常勤勉地宣传基督教教义而闻名，但他对皈依基督教的本地人的培训要比方济各会修士们以前所做的肤浅得多。1544 年，沙勿略离开捕鱼海岸前往奎隆，想在当地国王那里寻求对于皈依基督教的帕拉旺人的帮助。这些人正遭受伯德格人（Badagás）的围攻，[153]说泰卢固语（Telegu）的人马都拉（Madura）总督（nãyakas）和维查耶纳伽尔帝国的士兵，定期对捕鱼海岸上的葡萄牙人和基督教徒社区进行偷袭，缴获贡金和战利品。[154]在沙勿略前往奎隆的途中，他在特拉凡科尔对说泰米尔语的

269

渔民宣讲教义，在这些底层人中间吸引了大批的人皈依基督教。沙勿略的传教
活动似乎没有给婆罗门教徒和纳亚尔人（Nāyars）留下什么印象，确凿的原因
可能是沙勿略没有太关注那些少数种姓。伯德格人得知沙勿略在特拉凡科尔的
传教活动后，在 1544 年也对这些新的基督教社区进行了突然袭击。[155] 显然，
奎隆的国王无法抵挡伯德格人的威胁，他通过沙勿略尽力地向葡萄牙人寻求援
助。在这个危急关头，沙勿略于 1544 年年底离开奎隆前往马六甲，但是在此之
前，沙勿略还规定其他耶稣会士要在捕鱼海岸进行传教活动。

安东尼奥·克里米纳尔神父（Father Antonio Criminale）在 1545 年从里斯
本来到果阿后立即被派往捕鱼海岸，并迅速被选为传教团的领导者。三年后，
这支传教团的成员包括 4 名欧洲耶稣会士、3 名本地牧师和 3 名在俗的教友。
这个传教机构不仅是最危险、最麻烦的耶稣会士传教据点，而且它坐落在印度
南部最热、最不健康的环境中。1549 年，克里米纳尔神父在伯德格人的一次袭
击中丧生。到了 1552 年，恩里克·恩里克斯神父是欧洲牧师中唯一存活下来的
人。在后来的二十五年里，恩里克斯神父一直是这支传教团的首领。为了让这
个传教据点根基稳固，他付出的辛劳比其他任何一位耶稣会士都要多。从职位
上退休以后，恩里克斯神父仍然在捕鱼海岸生活、工作，直到 1600 年为止，他
的任期长达五十三年。[156]

捕鱼海岸的许多传教士对于长期和残酷无情的伯德格人之间的征战，以
及对他们的躲避感到厌倦，开始向南部或内陆地区迁移。这与葡萄牙人的
军事计划正好一致，葡萄牙人此刻正在准备攻打锡兰北部。重立亭可马里
（Trincomalle）王子并助其登上王位是葡萄牙人计划的一个组成部分。1552 年，
当王子还是一个孩子的时候，为了逃避具有政治野心的家庭教师的谋害而离开
位于岛屿上的家乡，来到捕鱼海岸。[157] 王子一来到捕鱼海岸，就和其随行人
员一起皈依了基督教。王子被赐予了一个基督教徒的名字，即堂·阿方索（Dom
Afonso），并被送到果阿接受教育，学习政治谋略。这个时候，内战的硝烟弥漫
了整个捕鱼海岸，葡萄牙人劝说深受压迫的帕拉旺人迁移到锡兰。帕拉旺人在
等待葡萄牙人攻打贾夫纳帕塔姆（Jaffnapatam）的时候，在恩里克斯神父的陪同
下，暂时避往马纳尔岛（Island of Manaar）。1560 年，葡萄牙人的舰队攻击并焚

烧了贾夫纳帕塔姆，但是放过了当局统治者，条件是他必须宣誓效忠葡萄牙，放弃攻占马纳尔岛的计划。期望回到亭可马里的年轻王子不得不返回果阿，最终作为一名基督教徒在那里去世。[158]1563 年，恩里克斯神父试图在马纳尔岛创建一个耶稣会士据点，但是因为几乎所有的帕拉旺人都返回了大陆，他的计划最终失败了，并一直承受着疾病的折磨。[159]

271

有了马纳尔岛的不快经历之后，恩里克斯神父在普尼卡尔（Punical）开始创建固定的耶稣会士机构，葡萄牙人在这里设有大约 50—60 人驻扎的军事要塞。在热曼纳克尔海峡（Straits of Ramanacor）附近，距离葡萄牙人的军事基地 3 英里远的地方，矗立着知名的特里坎杜尔（Trichandur）印度教神庙，许多朝圣者每年都从维查耶纳伽尔远道前来朝拜。因为葡萄牙人的军事要塞阻断了前往神庙的道路，并切断了其补给，伯德格人就在普尼卡尔不时地袭击葡萄牙人。[160]但是，1558 年之后，伯德格人的努力不再像前二十年那样一致和奏效。如此一来，除了有限的突袭，葡萄牙人和特拉凡科尔的统治者不再担心会有来自维查耶纳伽尔有组织的远征军。[161]虽然如此，1580 年，耶稣会士的传教活动还是从普尼卡尔转移到了更为安全的临近市镇杜蒂戈林（Tuticorin）。1601 年，传教团的教区长在这里留下了 3 名耶稣会神父、3 名教友和 1 名在俗牧师。耶稣会士们负责管理拉丁基督教神学院的初级培训工作。至 1601 年，杜蒂戈林的基督教传教机构广泛分布于普尼卡尔、贝姆帕拉（Bempara）、特里坎杜尔、马纳尔和皮尔利亚帕塔姆（Periapatam）。[162]

依据皈依基督教者的人数及其信仰的忠实程度，捕鱼海岸的传教团被奉为印度最伟大的基督教中心之一。这里皈依基督教的人数估计在 90 000 到 130 000 之间。[163]虽然帕拉旺人对于基督教的忠诚常常受到赞赏，但是耶稣会士们发现他们在理解教义方面难以指导。恩里克斯神父学会了泰米尔语和马拉雅拉姆语，目的在于他可以用对方的语言和他们交流。因为这个传教团里面新入教的信徒人数一直都很庞大，而耶稣会士的人数相对很少，所以在皈依基督教的人中大多数对于信仰本身都缺乏一个坚实的知识基础。而且，因为生存环境野蛮且危险，许多来自欧洲的神父既不情愿也不能够在捕鱼海岸持久地工作。基本上没有本地人为获得牧师资格而接受培训，但有一个令人瞩目的例外，那就是在果阿受培训的婆罗门教徒彼得鲁斯·阿罗伊修斯（Petrus Aloysius）。阿罗伊修斯是印度最为勤奋、最有才干的传教士之一，但是，因为他对自己种姓的放弃而遭到同胞的蔑视，他就是在这种不利的条件下进行工作的。范礼安在 1574 年视察捕鱼海岸时，对这里的传教团的满意程度要超过特拉凡科尔的耶稣会士传教机构。[164]

葡萄牙人在 1505 年首次到达锡兰，然而在此地宣讲福音却耽搁了很久方才开始。[165] 那时和现在一样，锡兰被划分成两个宗教和文化区域，即南部的僧伽罗—佛教地区和中部地区，以及北部说泰米尔语的印度教地区。这个岛屿还被分成许多王国和封建领地，彼此间周期性地互相争战。这些内部划分和各个领地之内不计其数的一系列危机有助于制造并延续其分裂状态，于是外部的强国便可从中获利。在锡兰，葡萄牙人在 1521 年之后在科特王国（kingdom of Kotte），即今天的科伦坡（Colombo）建立了一座商馆。这个西南部的王国一直为同胞间的自相残杀所困扰，葡萄牙人直到 1593 年才间接地参与其中。那时候，当卡利卡特参与到僧伽罗战争中去的时候，葡萄牙人代表科特王国的统治者布胡万奈卡·巴胡七世（Bhuvanaika Bahu VII）介入其中。赶走扎莫林的军队之后，葡萄牙人把科特统治者纳入自己的羽翼之下。

葡萄牙的海军指挥官马丁·阿方索·德·索萨于 1540 年回到了里斯本，也带回了葡萄牙人在锡兰大获全胜的消息。索萨在葡萄牙首都激起人们无限的憧憬，即传教工作在印度将有丰厚的收获。因为根据报告，那里的居民性情温和，可塑性强；而那里的摩尔人和犹太教徒也不会捣乱，那里的传教士此前从未如此严肃认真地传播过福音。索萨把这一乐观的看法转达给了沙勿略，而沙勿略又把这一观点告诉了罗马的罗耀拉。[166] 此后，里斯本王室催促印度的葡萄牙传教士和士兵，尽快使锡兰人皈依基督教。[167]

葡萄牙人在锡兰的成功正好与科特遭遇的一系列危机同时发生，布胡万奈卡·巴胡向他的新宗主若昂三世发出请求，要他在纷争中做出决断。[168] 到 1541 年，布胡万奈卡·巴胡仍然没能从葡萄牙人那里得到满意的答复，科特的统治者就派遣一名婆罗门教徒斯里·拉达拉科萨·潘契塔（Sri Radaraxa Panchta）作为他的个人特使前往里斯本。这位特使带着年轻的王子达马帕拉·阿斯塔纳（Dharmapala Astana）的金像，布胡万奈卡想确立这位王子作为自己的继承人。这位僧伽罗使节在葡萄牙首都受到了热情的接待，但是他的协商记录无法看到。此时的里斯本谣言四起，说拉达拉科萨已经皈依了基督教，科特的国王很快也将步其后尘。虽然这位使节在这时候并没有真正皈依基督教，但若昂三世在1543年送他返回锡兰时，特派了若昂·德·维拉·德·孔德修士（Friar João de Vila de Conde）带领着6名方济各会修士以及葡萄牙支持达马帕拉王子的誓约陪同他回国。这些传教士们也受到了布胡万奈卡善意的款待，但是他断然拒绝了对方要他放弃祖先的信仰而皈依基督教的建议。显然，科特国王只是想在政治和商业上与葡萄牙联盟，他一生（1551年去世）都坚定地拒绝接受洗礼。

273

当修士们与当地学者公开辩论，并坚持要在锡兰宣讲福音的时候，双方都怒火中烧，若昂修士一怒之下去了果阿。传教士和葡萄牙人继续通过制造一系列问题在当地的不同团体中挑拨离间，借此来提高自身的利益。葡萄牙人对于锡兰政治随意干涉的后果也很严重，1544年到1545年间，在科特有许多皈依基督教的人被指控公然反对他们的世俗统治者而被杀害。虽然有两个重要的僧伽罗亲王被施了洗礼，并于1546年被带到了果阿，但他们在葡萄牙人将其作为政治人质之前便双双离世。

葡萄牙在果阿的管理者一直处于压力之下，既包括里斯本王室和传教士们给予的压力，还有强制锡兰基督化的工作压力。但是人力资源的缺乏以及东方其他地方人们的宗教信仰致使大规模的军事远征极其难以进行。1551年之前，发生了一些针对科特、贾夫纳（Jaffna）和康提（Kandy）的偶发、散乱的突袭活动。因为传教士们对于锡兰王室皈依基督教的期望甚为急切，所以他们帮助并支持这些突袭者。贾夫纳控制着珍珠养殖业并掌控着马纳尔海峡，但是自1543年起，它在名义上就隶属于葡萄牙。康提王国位于这座岛屿的山岭之中，它清楚地意识到欧洲人袭击并控制了亭可马里，国王和王室家族都皈依了基督教，康提的出口只有海路，因此它愿意接受葡萄牙人关于贸易的提案。但是直到1551年，果阿的葡萄牙官员对于是否应采取武力进入锡兰仍然犹豫不决。在16世纪的后四十年里，葡萄牙无论在宗教还是政治上都没有取得什么进展。

1551年，布胡万奈卡被谋杀了。不清楚布胡万奈卡究竟是死于葡萄牙人之手，还是死于王权竞争者之手。[169] 但是无论事实如何，总督堂·阿方索·德·诺罗尼亚（D. Afonso de Noronhas）决定利用国王被谋杀的机会采取武力攻打科特。因为新国王达马帕拉（Dharmapala）坚决不皈依基督教，所以总督给他的幼子和继承人施了洗礼，并让拉达拉科萨陪同其前往果阿。这位婆罗门教徒的引导人最终于1552年成为了一名基督教教徒。此后不久，拉达拉科萨就在耶稣会牧师曼努埃尔·德·莫赖斯（Manuel de Moraes）的陪同下离开了葡萄牙人所在的都城。在锡兰，莫赖斯使科特许多主要人物，包括男性和女性都皈依了基督教，但是达马帕拉仍然拒绝放弃原有的信仰。因为僧伽罗人被迫在枪口下皈依基督教，所以方济各会的教堂和据点频频遭到攻击。但是，最终还是强者得胜了。1557年，达马帕拉及其全部王室家族成员都皈依了基督教，因此科特对于传教士而言成为一个更为友好的地方。总督堂·康斯坦丁诺·德·布拉干萨在1560年对于贾夫纳的袭击并没能迫使国王接受基督教，但是这一举动的确使贾夫纳国王不再迫害基督教徒，并使马纳尔岛牢牢掌控在葡萄牙的手中。所以，康提国王屈服于葡萄牙人的压力只不过是时间的问题，1565年，国王接受了洗礼。那时候，在科特和康提的基督教统治者的领导下，传教士们开展了使当地人皈依基督教的工作，并给大批的居民讲授基督教教义。16世纪末，在锡兰估计有70 000人皈依了基督教，教堂有55座，[170] 大部分位于科特和康提，并受方济各会的管辖。1601年，耶稣会士在锡兰北部主动采取行动，在贾夫纳帕塔姆（Jaffnapatam）创建了一个传教据点。

同样，到了16世纪的最后一年，耶稣会士们才开始从东南沿海的基督教据点进入维查耶纳伽尔的内陆地区。耶稣会巡阅使尼古拉斯·皮门塔（Nicholas Pimenta）在1579年到达尼加帕坦（Negapatam），在接下来的一年里，皮门塔来到维查耶纳伽尔南部的主教教省安排金吉（Gingi）、坦焦尔（Tanjore）和马都拉总督所辖地区的传教工作。金吉的统治者对皮门塔做出书面允诺，要在其斯塔帕坦（Chistapatam）为耶稣会修建教堂和其他建筑，捐款支持其传教活动，并且无条件保证其臣属皈依基督教。1599年两名耶稣会士从特拉凡科尔被派往其斯塔帕坦。他们在那里修建了一座教堂，但是不久以后传教工作似乎失败了。

在坦焦尔，皮门塔得到了同样的保证，但是在那里真正创建起基督教社区之前耶稣会士们整整等了三十年。一到达马都拉，皮门塔就发现一个帕拉旺基督教社区（Paravan Christian community）已经创建并得到了发展。但是，直到1606年，罗伯特·德·诺比利（Robert de' Nobili）才使马都拉的传教工作具有了一个坚实的基础。[171]

在美勒坡，沙勿略本人视察了四个月，1600年之前耶稣会有一个制度，即要有3名或4名传教士与欧洲人和一小部分皈依基督教的本地人一起工作。当皮门塔在1597年视察这个传教据点时，命令这里的神学院院长西蒙·萨（Simon Sa）要不惜一切代价负责从内陆地区进入维查耶纳伽尔。昌德拉吉里（Chandragiri）在1592年之后成为了维查耶纳伽尔的首都，一名来自那里的美勒坡商人成为神学院院长和奇托尔的罗阇（Raja of Chittoor）之间的中介人物。神学院院长西蒙·萨在1598年应奇托尔方面的邀请，和弗朗西斯科·利奇神父（Father Francisco Ricci）一道，在这位商人的陪同下到了那里。西蒙·萨院长和奇托尔的首领就葡萄牙和基督教的问题进行了长谈之后，耶稣会得到允许，可以在昌德拉吉里和孔杜尔（Condur）修建教堂。因为孔杜尔当地居民的敌意，致使在此修建教堂的计划无法推行，耶稣会被允许在科塔帕特南（Cotapatnam）修建教堂。1599年，巡阅使皮门塔派遣了一个代表团前往维查耶纳伽尔王室，这个代表团由6名耶稣会士组成，其中包括伊曼纽尔·维迦（Emanuel Vega）和果阿的宣称信仰基督教的机构（House of the Professed）的教区长。在这里，耶稣会士们得到了热情的款待，并在现场得到保证，维查耶纳伽尔的臣民们可以自由皈依基督教。然而，传教工作虽然有一个光明的开始，但还是没能繁荣起来，因为没完没了的战火蔓延了整个处于持续衰落中的维查耶纳伽尔。[172]

因为皮门塔本人在南亚非常忙碌，所以他在1598年派遣了两名耶稣会神父到葡萄牙人在孟加拉国的贸易殖民地，以及阿拉干（Arakan）①临近的国家担任牧师的职务。[173] 两名耶稣会牧师早在1576年就已经到达了孟加拉国，但是没能在那里创建一个固定的传教团。[174] 皮门塔委任的两名牧师是弗朗西斯

275

---

① 亦译作若开。——译者注

科·费尔南德斯神父（Fathers Francisco Fernandes）和多明戈·索萨（Domingo Sousa），他们被指示前往葡萄牙人在孟加拉湾（Bay of Bengal）的军事基地创建固定的传教机构。在古鲁（Gullo）的短暂停留过程中，他们建了一座医院。此后，费尔南德斯和索萨被当地的国王和居住在那里的葡萄牙居民召唤到了昌德干（Chandekan）。1599 年，梅尔基奥·丰塞卡（Melchior Fonseca）和若昂·安德里·博维休斯（João Andre Bovesius）在这里开始跟随费尔南德斯和索萨，丰塞卡后来在昌德干建了一座教堂。费尔南德斯和索萨沿着葡萄牙人建立的军事据点向前走，最终来到了阿拉干国王的宫廷。阿拉干的国王同时还掌控着吉大港（Chittagong）和孟加拉国的一部分，因为葡萄牙人从前给他提供过军事援助，所以他对葡萄牙人很友善。费尔南德斯 1601 年在吉大港建了一座教堂之后不久，阿拉干国王担心葡萄牙人在此地的势力过于庞大，就联合孟加拉国的莫卧儿（Mughul）总督反对他们，并尽力地驱逐他们。虽然葡萄牙人在总督派遣的战舰的支持下努力地保留他们在孟加拉湾的据点，但是此后不久，耶稣会士们就放弃了这里前往那些比较友好的地方，把这个地方已经基督化的区域留给了奥古斯丁会和多明我会。

对于莫卧儿的统治者阿克巴（Akbar，1556—1606 年在位）而言，耶稣会在内陆地区最引人注目并富于成果的传教活动分别发生在 1580 年到 1583 年、1591 年以及 1595 年到 1605 年间 [175]。与阿克巴攻克古吉拉特（Gujarat）的时间相一致，1573 年，他首次与果阿的葡萄牙人进行了商谈。四年后，葡萄牙人在萨特港（Satgaon）驻防要地的指挥官佩德罗·塔瓦雷斯（Pedro Tavares）和朱利安·佩雷拉（Julian Pereira）被派往阿克巴的宫廷所在地法塔赫布尔·西格里（Fatehpur Sīkrī）①。佩雷拉给阿克巴介绍了有关基督教的事情，提及了果阿博学的耶稣会士们的工作。莫卧儿国王身边充斥着穆斯林的各种派别、婆罗门教徒、袄教（Parsees）徒和犹太教徒，他显然和当时的欧洲君主的看法一致，即面对这种严重的宗教分裂，要在一个扩张的帝国中获得并维持稳定的政治局面几乎是不可能的。甚至在早前，阿克巴就觉得基督教可能为他花费了大半生的

---

① 莫卧儿帝国时期的古城。——译者注

心力去发展的兼收并蓄的宗教提供了基础。总而言之，阿克巴在 1579 年派出了 两名传教士前往果阿，要求对方给他的宫廷派遣"两名博学的牧师，他们到来时应带着《福音书》（Gospel）和基督教训诫的主要文献"。[176]

　　1579 年 11 月，第一支传教团从果阿出发了，领队者是意大利贵族克劳德·阿夸维瓦（Claude Aquaviva）的侄子鲁道夫·阿夸维瓦（Rudolf Aquaviva），他后来成为耶稣会的副主教。陪同阿夸维瓦的有阿克巴派遣的两名使节，安东尼奥·蒙塞拉特神父（Father Antonio Monserrate）和方济各会修士恩里克斯（Francisco Henriques）。恩里克斯神父原来是来自霍尔木兹的波斯人，信仰伊斯兰教，后来皈依了基督教，如今陪同阿夸维瓦并帮助翻译。这个传教团从内陆的苏拉特（Surat）出发，于 1580 年 2 月到达法塔赫布尔（Fatehpur）。显然，阿克巴在寻找解决他的宗教难题的途径。虽然阿克巴对传教士很友善，而且对基督教教义怀有一种悲悯的兴趣，但是阿克巴发现自己不愿接受基督教中某些神秘的东西和社会习俗，尤其对一夫一妻制感到困惑。虽然传教士有宣讲教义和吸引当地人皈依基督教的自由，但是他们更愿意在阿克巴身边，把时间用在教王子学习葡萄牙语、他们自己学习波斯语以及陪同阿克巴进行军事活动等方面。比如，后来撰写了阿克巴的功业的蒙塞拉特神父（Father Monserrate），在 1581 年间曾陪同这位莫卧儿的统治者远征喀布尔（Kabul），攻打穆斯林。在接下来的一年里，蒙塞拉特被派往果阿招募更多的传教士，后来又被要求把阿克巴的恭贺转达给刚刚登上葡萄牙王位的菲利普二世。因为恩里克斯神父在 1581 年已经回到果阿，阿夸维瓦神父在 1583 年 2 月被阿克巴允许离开之前一直是独身一人。

　　在果阿的传教士们没有听到关于阿克巴的任何消息，直到 1590 年阿克巴把宫廷迁移到拉合尔（Lahore）。一位希腊牧师利奥·格里蒙（Leo Grimon）从阿克巴那里带来消息，一个对基督教牧师们新的要求被提出来了，即要和阿克巴宫廷的其他宗教代表进行辩论。杜阿尔特·莱唐神父（Fathers Duarte Leitão）和克里斯托弗·德·维迦神父（Christoval de Vega）在一个世俗教友的陪同下于 1591 年被派往拉合尔。虽然他们被告知说阿克巴不像以前那样倾心于伊斯兰教，但是他们很快就发现阿克巴本人对基督教的态度仍然有所保留。当传教士们受到国王的热情接待，并被允许创建一所学校培养贵族青年时，他们很快就得知这些许诺在宫廷上遭到一个顽强的穆斯林派别的激烈反对。这种情况对于耶稣会士们的传教事业相当不利，于是他们迅速回到了果阿，最终没有取得任何值得欣慰的实质性成绩。

1591 年，传教团在匆忙撤退后，弥漫在果阿的失望情绪达到了极点，在马德里可能亦是如此；但许多人仍然认为阿克巴即将要皈依基督教。那些持这种乐观看法的人预见到阿克巴皈依基督教将带来重要的政治和宗教后果。果阿的耶稣会主教教省对于新的传教团的前景相当悲观，最终屈服了来自于总督和阿克巴本人的压力。热罗姆·沙勿略神父（Father Jerome Xavier）[177] 是果阿公开宣称皈依基督教者的机构主管和印度基督教使徒的侄孙，最终被挑选为第三支传教团的领队者。陪同沙勿略前往拉合尔的还有两名其他才干超凡的传教士，即曼努埃尔·皮涅罗神父（Father Manuel Pinheiro）和本尼迪克特·德·戈伊斯教友（Brother Benedict de Goes），还有一名葡萄牙画家和多明我会修士佩雷斯，他担任这个传教团的翻译工作。经过五个月的艰辛跋涉，这个传教团跟随的车队终于在 1595 年 5 月到达了拉合尔。

在这位莫卧儿王生命的最后一个十年里，沙勿略大部分时间都在其身边度过。当宫廷的地址迁移的时候，沙勿略也跟随其后。沙勿略在拉合尔一直都和阿克巴在一起（除了 1597 年夏天去造访克什米尔 [Kashmir] 之外），直到 1598 年这位莫卧儿的统治者开始攻打德干高原（Deccan）为止。在前往德干高原的途中，阿克巴在阿格拉（Agra）做了短暂的停留，在 1601 年的一次非决定性的军事征讨之后，他又回到了阿格拉。在阿克巴生命的最后岁月里，沙勿略在其身边陪伴着他。皮涅罗是一个把精力放在“莫卧儿普通民众”身上的耶稣会士，他大部分时间都和他的教会与会众一起居留在拉合尔。戈伊斯陪伴着阿克巴前往德干高原，1601 年被派往果阿，在那里他得到命令要进行一次从印度到契丹的跨越大陆的远行。这位勇敢的旅行者在安东尼奥·马查多神父（Father Antonio Machado）的陪同下，于 1602 年到了阿格拉。在接下来的一年里，戈伊斯神父从莫卧儿政府所在地启程前往中国。阿克巴离世的时候，沙勿略和马查多在阿格拉，皮涅罗和弗朗西斯科·科尔西神父（Father Francisco Corsi）在拉合尔，他们在 1600 年被派去帮助皮涅罗。

　　沙勿略学习波斯语的目的在于和阿克巴及其大臣们交流，但是这位莫卧儿的统治者坚持拒绝加入基督教。虽然阿克巴公开放弃伊斯兰教，并在 1601 年书面允诺其臣属可自由加入基督教，但是他顽固地坚持寻找一种兼容性的信仰，拒绝承认基督的神圣性。显然，传教士们，特别是沙勿略与阿克巴有着亲近而友好的关系，虽然阿克巴有时会怀疑这些葡萄牙人都是政治间谍。阿克巴的怀疑是有根据的。菲利普二世、果阿的总督以及耶稣会的当权者都不断鼓励莫格尔（Mogor）的传教士们坚守其传教事业，因为西班牙国王在 1589 年写道："当人们都觉得希望渺茫时，成就……就可能显现出来了。"在远征德干高原的过程中，当阿克巴指挥军队攻打葡萄牙人的政治联盟时，随行中的耶稣会士在拒绝阿克巴向信奉基督教的人索求武器和弹药的要求时感到颇为尴尬。当这些传教士努力避开暴怒的阿克巴时，其穆斯林敌人利用了阿克巴的觉悟，乘机挑起他对传教士及其在拉合尔和阿格拉的传教活动的敌意。因此，尽管阿克巴总体上对于基督教的传教活动持同情和宽容的态度，但他直到 1606 年离世也没有接受这一信仰，也没有下令让他的臣民们承认这一宗教。

　　1600 年之前，传教士们在阿克巴的王国传教的信息在欧洲一般都能得知。[178] 第一支传教团在莫卧儿宫廷时，蒙塞拉特把他的经历写成日记保存下来，这成为他后来写作的基础。正是依据第一支传教团以及阿夸维瓦和蒙塞拉特保留的数据，关于派遣一支传教团越过喜马拉雅山脉（Himalayas）前往西藏（Tibet）的想法开始被提及，并进入了对其可行性的考察阶段。[179] 在西班牙国王菲利普三世（King Philip III）的支持下，对契丹既是中国又包含西藏的说法感到困惑的巡阅使尼古拉斯·皮门塔指示戈伊斯在 1603 年到 1607 年间，取道中亚踏上了前往中国的艰辛旅程。在勘探亚洲内陆地区的地理概况时，耶稣会士们也没有忘记与当地人进行文化互动。传教士们为热心的莫卧儿统治者奉上了西方的书籍、基督教的画作和雕刻以及在日本印刷的文献。阿克巴宫廷的非基督教徒艺术家常常在他们自己的作品中复制基督教的画作，有时候吸收欧洲画作的题材，还有一些时间则从现实生活寻找题材。[180] 正如我们在上文所提到的那样，当耶稣会士给"莫格尔"的青年人讲授葡萄牙语时，他们自己

278

则学习宫廷用的波斯语，开始对莫格尔的伟大文献有一些认识。热罗姆·沙勿略在莫卧儿宫廷研习波斯语将近二十年，他用波斯语编辑了许多基督教著作，还写了一本波斯语的语法书。[181] 当科尔西神父尽力地和拉合尔的普通民众接近时，他似乎学会了足够多的这个地区所用的印度斯坦方言，他能够与自己的会众成员自由交流。在同一时期的中国和日本，耶稣会士们正式开始进入非西方文化，因为他们此时已经远离了葡萄牙文化中心，不得不学习其他文化群体的生活方式。

在 16 世纪，印度是传教士们遇到的第一种高雅文化，他们很快就发现在印度文化里面，和欧洲文化一样有许多甚至更多的区域语言、宗教和社会群体。因为传教士们成员有限，他们对于葡萄牙人的依赖以及与印度的本地文化达成妥协时的不情愿，传教士们在给异教徒宣讲教义或者在了解工作对象时获得的进展非常有限。深入印度的过程中，最重要的第一步就是学习当地的语言，但传教士们掌握得很慢。[182] 最早来到印度的方济各会修士中，大部分人似乎对于学习当地的语言都特别得不情愿。事实上，当我们考虑到他们工作的地方，对他们而言学习四种不同的印度语言中的一种或几种可能是必要的。这四种语言是北部地区和果阿使用的马拉地—孔坎语（Marathi-Konkani）、南部地区的马拉雅拉姆语（主要是科钦和特拉凡科尔人使用）、泰米尔语（主要是特拉凡科尔南部和捕鱼海岸的人使用），以及僧伽罗语（锡兰人使用）。然而，没有证据可以说明，在他们被教皇的短札、王室的指令以及他们的监督人和首席代表的直接命令要求学习当地语言之后，16 世纪末之前方济各会修士们就已经开始认真地学习当地的语言了。[183] 一般情况下，传教士们与当地人交流都要通过在俗的翻译者作为中介才行，虽然有一些传教士到 1600 年的时候已学会了某一种印度语言。弗朗西斯科·迪·奥伦特修士（Friar Francisco di Oriente）学会了泰米尔语，曼诺埃尔·德·S. 马西斯（Manoel de S. Mathies）在科伦坡创建了一个僧伽罗语研习班，由另一名修士负责管理。在位于果阿北部方济各会修士传教的巴尔代（Bardez），到 1575 年的时候，有两名修士非常娴熟地掌握了孔坎语，以至于他们能够把西方的作品译成这种语言[184]，并且为宗教审判所审查孔坎语出版物。

　　自然，因为缺乏诸如词典和语法书这样的学习工具，致使习得印度语言相当困难。然而，自沙勿略以来的耶稣会士们显示出他们克服困难的能力，至少在某些方面是这样。也许事实就是如此，因为耶稣会的官员及其章程要求这个地方的耶稣会士努力学习当地语言。印度的耶稣会当权者为了促使传教士学习当地语言，就对那些掌握得较好的人进行奖励。总体上，学习当地语言的都不是耶稣会的重要人物，而是那些在偏远的地方传教的在俗教友和年轻牧师。1560 年，都主教奎德罗斯为了鼓励传教团里面的一些年轻成员系统地学习孔坎语，就减免了他们的其他职责，这种做法后来为范礼安所承续并发扬光大。不幸的是，大部分传教士仅仅学会了对他们开展工作有用的本地方言，所以一般情况下不能够解读书面语。[185] 在传教团里面，没有人有足够的天分或学养，能够把基督教圣经（Holy Scriptures）翻译成当地的任何一种语言。[186] 不过，考虑到传教士们工作中的障碍，当我们回忆起 1578 年到 1579 年间，耶稣会的出版机构在印度用泰米尔语印刷了一本天主教义问答书；16 世纪末，热罗姆·沙勿略开始用波斯语写作基督教作品，这些事情还是让人印象深刻。被翻译成亚洲语言的宗教书籍的复制品也被作为"珍品"送回了欧洲。

　　如果读不懂书面文字，特别是用梵文（Sanskrit）写成的作品，传教士们都没有多少机会透过印度文化的表象符号深入其本质。在婆罗门教徒那里，梵文经典是被严格保存的秘密文献。17 世纪，在德·诺比利之前可能没有哪个欧洲人懂得印度的梵文。然而，对于某些经典文献的习得与翻译有助于揭开梵文经典的神秘面纱。1548 年，许多婆罗门教的书籍在迪瓦尔（Divar）岛被没收，并带到果阿的神学院翻译，后来关于这些书籍的下落的记录就没有了。然而，十年后，事情出现了好的转机。有一个人学过婆罗门教的经典文献，他后来又皈依了基督教，他从以前的朋友（显然这位朋友是婆罗门教徒）那里偷走了大量的手稿，并把手稿带到了果阿，在这里他把它们翻译成了葡萄牙文。借助这些译文，耶稣会士们了解了毗湿奴的十种化身（ten Avatars of Vishnu）以及用马拉地语（Marathi）写成的高级文献。薄伽梵歌（*Bhagavadgita*）的 13 本书中有相当大的一部分从随意翻译的迦南斯瓦语（Jnanesvar）译文又翻译成了葡萄牙语。瑜伽派的提拉克（*Yogaraj Tilaka*）的翻译是一篇用马拉提语写成的迷人的

280

师生对话，话题是永恒的问题，这个译本使基督教徒了解到印度作者们当前正在讨论的信仰问题的某些侧面。这个时期，欧洲人也开始对弃绝者（Sannyasis）、瑜伽修行者、下凡者（Avadhutas）以及婆罗门教徒的四个人生阶段有所了解。这些译文的手稿复制品被送回欧洲，它们被安放在埃武拉（Evora）和罗马。在印度，耶稣会士通过暧昧的手段获得的信息最终也同样被用作暧昧的目的。耶稣会士们没有从实际的知识价值上去评估这些信息，他们在和婆罗门教徒辩论时利用这些手稿作为说明印度教的传统和信仰是荒诞不经的例证。[187]

　　甚至有着良好的人文素养并见多识广的贵族如范礼安，也表现出和他孤陋寡闻的教友一样对印度教几乎一无所知的样子，嘲笑它"对每一个明智、理性的头脑来说，那么多可笑而荒诞的材料都令人感到憎恶"。[188]但是，范礼安对印度神庙那恢宏的气势、明朗的线条和精良的做工的热情赞美在文艺复兴时期的意大利人中间又非常普遍。[189]范礼安为了避免自己在那些供奉荒诞的异教徒诸神的建筑中迷失太多，又急忙补充说这些神庙的内部非常晦暗，令人感到压抑，里面的神像奇形怪状，印度教教徒用油涂抹他们的上帝。范礼安还对印度教教徒生活的一些表象进行了指责，他似乎没有意识到他本人在这件事情中正是为自身的文化偏见障目的一个受害者。与范礼安对日本许多传统文化的诚挚赞美相比照，他对印度人的社会活动的粗浅认识以及固有偏见让人觉得特别不可思议。

第四节　远亚（Further Asia）的传教机构

281　　　从一开始，传教士们就把马六甲作为基地，他们从这里出发前往印度东部那些在本质上更为重要的地方。[190]早在1525年，当葡萄牙人首次踏上西里伯斯岛（Celebes）的西南角时，勇敢的方济各会修士们就已经开始在这个岛上传教了。虽然方济各会修士们被迫匆忙地放弃了这些早期的工作，但他们很快就循着寻找香料的线路向东到达了马鲁古群岛及其更远的地方。从1533年到1544年间，方济各会修士们使居住在莫罗群岛（Moro Islands）上那些落后的异教徒皈依了基督教，[191] 并迁移到葡萄牙人在德那地岛的军事要塞以北地区。1545 年，在马鲁古群岛总督的坚持下，其中一些传教士被派往望加锡（Makassar，即西里伯斯）。[192] 当沙勿略在 1545 年到 1546 年间第一次来到马鲁古群岛时，据说有两个当地的国王已经成为了基督教徒，"所以这座岛屿将有许多人会皈依基督教"。[193] 沙勿略在马鲁古群岛为等待关于西里伯斯岛的传教工作进展情况更为真实的报告，而停留了一段时间。最终沙勿略放弃了前往西里伯斯岛的计划，在 1546 年 1 月 1 日乘船直接去了安汶岛（Amboina）。

一、沙勿略（Xavier）的勘察，1546—1552 年

安汶岛是葡萄牙在东印度群岛的香料运输船队主要的集散地，沙勿略首次到达那里时，基督教徒们已经在那里拥有了 7 个新拓据点。[194] 从 1546 年 2 月中旬到 6 月，耶稣会的先驱们来到安汶岛担任牧师的职务，一方面是为了满足基督教徒们的精神需要，另一方面是要调停岛上的葡萄牙驻军间的纷争。沙勿略也亲眼看到了费尔南·德·索萨·达·塔沃拉（Fernao de Sousa da Tavora）的舰队在 3 月 19 日到达安汶岛，在这支舰队上是维拉罗伯斯（Villalobos）指挥的西班牙远征军中的一些幸存者。[195] 在这些西班牙俘虏中有一名在俗的牧师科斯马斯·德·托雷斯（Cosmas de Torres），他对沙勿略的个性和人格印象非常深刻，以致于他决定前往果阿加入耶稣会。[196] 在新环境中遇到新人时，沙勿略仍然保持着通信的习惯。沙勿略在安汶岛写的信件中说，他发现岛民对伊斯兰有所了解，但是最后他又指出，当地的穆斯林对"他们的教派一无所知"。[197] 这些为数不少的岛屿上的原住民"不是基督教徒，只是因为没有人去引导他们皈依基督教"。[198] 香料群岛上应该建立一座神学院，应该派遣十多个或更多的传教士（即使他们没有太多的才学和能力）到岛上和当地人同甘共苦，引导他们皈依真正的宗教信仰。作为实施这一计划的第一步，沙勿略要求弗朗西斯科·德·曼希尔哈斯（Francisco de Mansilhas）和若昂·德·贝拉（João de Beira）一收到他的信件就离开果阿前往香料群岛。[199]

沙勿略在 1546 年 7 月一到马鲁古群岛中的德那地岛，就得知莫罗群岛上

居住着 10 000 名基督教徒，两年多来他们的精神都处于涣散状态。[200]1546 年秋天，沙勿略在荒凉的村落中用了整整三个月的时间，视察了零星分布在那里的基督教社区。1555 年，奎德罗斯的报告说，沙勿略在视察之后认为，这些荒芜而野蛮的地方与其被称作莫罗群岛，还不如称作"等待上帝降临的岛屿"。[201]接下来的三个月里，沙勿略在德那地岛担任葡萄牙人牧师的职务，致力于使苏丹海龙（Sultan Hairun）及其家族成员皈依基督教的工作。虽然海龙本人拒绝发誓放弃信仰伊斯兰教，但沙勿略成功地让包括苏丹的继母唐纳·伊莎贝尔（Dona Isabel）在内的许多王室贵妇皈依了基督教。[202]沙勿略在 1547 年 6 月回到了马六甲，并对香料群岛基督教事业的良好开端以及海龙最终接受基督教满怀希望。[203]

虽然沙勿略对香料群岛的传教事业前景感到乐观，但他越来越急于勘察远东地区传教区域的情况。1546 年，沙勿略在安汶岛写的信中回忆了他第一次视察马六甲时遇到的一名葡萄牙商人，这位商人告诉了他许多关于"一块被称作中国的贸易大陆"的许多事情。[204]在其他文章中，沙勿略提到他听说在中国内陆地区有一些人不吃猪肉。因为大多数提供信息的人都确认中国人不信奉穆斯林，沙勿略的好奇心使他忍不住去猜测反对吃猪肉的非穆斯林人的真实身份。中国人会不会可能就是和阿比西尼亚（Abyssinia）的新旧法规下的基督教徒一样的人？或者就是已经消失的犹大（Judah）部族的残余人口？还有可能是圣多默的追随者，有很多人猜测他们的事业最终结束于中国。为了找到这些以及其他相关问题的答案，沙勿略要求葡萄牙人每年都从马六甲航行至中国，尽可能地了解这个特殊的部族的情况。沙勿略是否得到了清楚的答案不得而知，但是他毫不停歇地探究远东地区则是不容置疑的事实。1547 年，沙勿略回到了马六甲，他从其葡萄牙信息提供者那里听说人们发现了日本群岛，"传教工作在那里可能会比在印度有更大的进展，因为日本人非常愿意了解基督教，而印度的同一种姓的人们则非如此"。[205]这个观点的真实性在沙勿略遇到日本绅士弥次郎（Yajiro）时得到了验证，沙勿略把弥次郎显示出急于学习葡萄牙语言和基督教教义的消息传到了葡萄牙。也正是在这个时候，沙勿略要求葡萄牙商人豪尔赫·阿尔瓦雷斯（Jorge Alvarez）写作他在日本的经历。[206]

283

沙勿略早在 1548 年就回到了印度，并对那里的耶稣会士的活动进行重新评估，招募更多前往香料群岛的传教士，也开始为其计划中的日本行程做准备。在沙勿略到达科钦时，得知了锡兰的方济各会修士们遭遇的灾难，以及副主教米格尔·瓦斯（Miguel Vaz）在 1547 年突如其来且未曾预料到的死亡，他的许多追随者都成了这次谋杀事件的受害人。沙勿略立即给葡萄牙的若昂三世写信，用激烈的言辞表达了他对在俗的军队，特别是总督在支持和保护基督教徒们的传教活动方面失职的不满。沙勿略在这封具有责备意味的信中写道：

> 尊敬的国王陛下，我并没有全力谋划前往日本，但是我可能已经开始准备了，因为我在印度的工作得不到真正的支持，对自己能否在印度普及我们神圣的信仰或者是保护已经皈依基督教的人抱有深刻的怀疑。[207]

和沙勿略说的许多其他事情一样，这一感伤的表述渲染了耶稣会事业在印度的晦暗前景，沙勿略的信件显然促使耶稣会成员们觉得他们传教工作的最终收获将在日本。[208] 沙勿略在印度待了十五个月以后，于 1549 年 4 月 25 日从科钦出发，踏上了前往日本的漫长而危险的航程。

沙勿略在马六甲停留了不到一个月的时间，在 1549 年 8 月中旬终于踏上了日本九州岛（Kyūshū）南部的鹿儿岛（Kagoshima）。沙勿略依然确信日本是一块充满希望的大陆，1549 年 11 月 5 日，沙勿略意气风发地给果阿写信，说日本人是"还有待于发现的最优秀的人类"。[209] 沙勿略从其他人那里听说宫古（Miyako，[Kyoto，京都]）地区是日本较大的宗教、教育和行政中心，终于在 1551 年 11 月亲眼看到了这座帝国的都城。沙勿略根据自己在宫古的经历，对这里的印象是管理上比较混乱，皇帝没有权力掌控他的臣民，因此皇帝无法对生活在其权力范围内的基督教徒的自由和传播教义的工作提供令人满意的保护。等沙勿略明白大名（daimyo，即封建领主）才是他们势力范围内的真正统治者时，他意识到要把日本基督化并不是一件容易的事情。显然，沙勿略希望日本的皇帝是一名掌握绝对权力的统治者，只要他愿意，就能使整个日本帝国

284

完全基督化。日本混乱的政治状况和政治权力的地方主义化致使传教士们的工作环境和他们刚放弃的印度一样令人不安。更使沙勿略感到沮丧的是，他发现佛教及其法师在日本的宗教和教育生活中的影响非常的根深蒂固。到1552年1月，沙勿略再次回到印度，仍然激情四溢地从科钦写信，描述自己在日本的经历，给欧洲的教友们解释说他下一步将去勘察远东地区最伟大的国度——中国。在接下来的一个月里面，沙勿略在果阿研究印度传教的总体情况，同时招募传教士以增援日本因部分传教士离开而陷入困顿的传教工作，还为他自己前往中国做准备。

当下，不屈不挠的沙勿略决定把中国作为传教士攻克东亚的关键处所，他一个月后到达了马六甲，在准备前往日本的3名传教士的陪同下，于1552年4月离开了果阿，开始了他的最后一次冒险之旅。葡萄牙商人迭戈·佩雷拉（Diogo Pereira）被果阿总督委任为前往中国宫廷的大使，沙勿略可能在这里和佩雷拉会合了。个人的仇恨和马六甲教省面临的困难共同构成了派遣佩雷拉出使中国的障碍。往中国派遣使节的失败使沙勿略失去了他唯一一次以合法的形式进入中国的机会。因此，沙勿略决定独自前往中国沿海，他希望能够通过一些异教徒或者摩尔人的帮助，秘密登陆。沙勿略的首要目标是给那些因未经允许就在中国进行贸易活动而被关在广州监狱的葡萄牙人带去安慰；不过，他的最终目的是要亲自观察中国的情况，尽自己所能，对中国传教事业的可能前景做出判断。1552年初秋，沙勿略到达了上川岛（音译，Shang-chǔan，即圣·约翰岛 [St. John's Island]），这个岛屿在那时候是葡萄牙人和中国人进行秘密贸易的会合地点。该岛距离大陆仅有6英里（在广州西南100英里处），这个岛屿对广州而言，有足够的距离可以避开中国官员的监督；而对大陆而言，又足够的近，有利于走私。沙勿略在这个岛上的一座小木屋里度过了其人生最后的日子，在此期间，他尽可能地劝说或者是贿赂那些不太情愿的中国商人把他偷运到广州。[210]

沙勿略作为印度和整个东方的庇护圣人的荣誉并不是因为他是一个无畏的旅行者，而是来自于他在传教方法上的革新。沙勿略具有亲和、朴素、积极和务实的品格，他讲求实效地发展出一种与基督教徒和本地人一同工作的方法，

285

这种方法形成了一种可供后来的传教士们因循、改进并扩展的模式。在保教区内，沙勿略在葡萄牙殖民地的居民和混血人之间执行牧师的职务，这些人常常只是名义上的基督教徒。沙勿略宣讲教义时选择的受众群体有如下特点：这些人在知识修养方面不甚令人满意，但他们为了获得葡萄牙人的保护，在政治表现方面却足以令人称道。沙勿略对安汶岛以及临近岛屿上的居民宣讲福音，对于基督教徒而言，那里的情况甚至还不如印度对他们有利。沙勿略视察了东印度和马六甲的许多岛屿；虽然这些视察活动短暂而忙乱，但沙勿略至少能够为其继任者指出应该在哪些地方工作，以及他们应该效仿什么样的工作程序。在日本，沙勿略不得不和那些属于高雅阶层的人们展开辩论，因为这些人不可能总是轻易地被说服，承认基督教要优于佛教。请求在俗的欧洲军队帮助耶稣会士在日本的传教活动是不可能的；但非常有趣的是基督教在这里产生了最大的影响。1619年，沙勿略被施行宣福礼，1622年被教皇格里高利十五世（Pope Gregory XV）奉为圣徒，在其他圣徒的陪同下再次与罗耀拉会和。

在沙勿略为未来的耶稣会士们绘制的东方传教区域轮廓图上，他彻底删除了东南亚大陆。在16世纪，耶稣会中的沙勿略的追随者们几乎同样对缅甸、暹罗和印度支那毫不关注。但即使如此，其他教团的成员仍然在这些区域尝试着努力创建传教据点。有两名方济各会修士皮埃尔·博尼菲尔（Pierre Bonifer）和佩德罗·帕斯卡修斯（Pedro Paschasius）可能于1555年秋季到达了勃固（缅甸）。[211] 对这两名方济各会修士的传教活动而言非常不幸的是，正好在国王莽应龙（King Bayin Naung）大力倡议复兴佛教的时候，他们到达了勃固。在勃固生活了几年后，帕斯卡修斯去世了，博尼菲尔最终也在恐惧中离开了。[212] 与此同时，多明我会修士们也在其12名成员于1548年到达果阿后把工作范围向印度东部推进。加斯帕尔·达·克路士修士（Friar Gaspar da Cruz）在1554年来到马六甲，并在那里为其教团创建了一座修道院。正如我们看到的那样，克路士在1555年到1556年间，从马六甲前往科英布拉视察传教情况。科英布拉的情形让克路士颇为沮丧，1556年，他把工作范围向中国推进，并在南方沿海地带度过了几个月时间，但对于基督教的事业同样没有什么拓展。[213] 1567年，两名多明我会修士被从马六甲派往暹罗的首都阿瑜陀耶（Ayut'ia），在那里他

286

们迅速和几个正在此地布道的修士会合了。当阿瑜陀耶城遭遇缅甸人的围困和控制期间，几位修士在 1569 年遭遇谋杀，这次的传教任务随之戛然而止了。[214] 随后，又有其他的多明我会修士和方济各会修士被派往暹罗，1585 年，一座方济各会修道院在阿瑜陀耶创建起来。[215] 但是，这些新来的修士们同样被卷进了大陆战争的旋风，幸运的是他们都得以逃生。来自菲律宾群岛的方济各会和多明我会修士们在 16 世纪的最后几十年里，在暹罗也有着同样的遭遇。[216]

二、马六甲（Malacca）与香料群岛（Spiceries）

沙勿略死后的半个世纪里，仅在马六甲、香料群岛、日本、中国、菲律宾群岛和柬埔寨（Cambodia）设有稳固的基督教传教基地。这些传教基地的重要性、宗旨或者稳固尺度都有所不同。马六甲作为葡萄牙人进入东方的门户，对于大部分传教士而言，它在各种不同的时期，都是他们长途跋涉的目的地或者是出发的起点。自从 1511 年控制马六甲以来，国王就决定为居留在那里的行政官员、士兵和商人们创建了一个基督教徒社区。[217] 天使报喜日的圣母玛利亚教会（Church of Our Lady of the Annunciation）是创建社区的核心力量，1511 年之后不久就在河畔创立，香港和上海后来也创建了基督教徒社区。占领马六甲之后，一所王室的医院也迅速创建。1532 年，一家私人慈善组织“慈善之家”（House of Mercy）由这座城市里的基督教徒创建，意在给贫病交加的人们提供救济。[218]1545 年，沙勿略举行弥撒，把他们的祈祷文教给孩子们，还拜访了病人，并且倾听人们的忏悔。沙勿略也尽力倡导在这座城市中宣讲教义，事实上在沙勿略到达这里之前，在俗的牧师和修士们就已经开始这么做了。然而，他很快就发现，除了马六甲及其周边地区之外，马来亚地区不可能成为传教工作的理想环境，这样，马六甲作为一个中转区域，虽最终成为教会的行政中心，但这个中心的规模并不大。

1549 年，耶稣会士在马六甲创建了一座神学院，旨在培训年轻的葡萄牙人取得牧师资格。1558 年，马六甲成为一个教区，多明我会修士豪尔赫·德·S. 卢西亚（Jorge de S. Luzia）是该教区首个行政官员（1558—1579 年在职）。多

287

明我会在 1554 年，方济各会在 1581 年，奥古斯丁会在 1591 年之后，都在这座城市中有了自己的修道院。1585 年，马六甲成为方济各会修士传教团的监护所，其中有一名修道院院长负责葡属远东地区传教团的所有活动。许多耶稣会作家谴责马六甲 16 世纪的宗教和道德状况，因为在对整座城市进行基督化的过程中，当局没有做出实质性的努力。马六甲和果阿不同，那里的基督教徒社区悄无声息地接受了其少数派的地位——这也许反映了葡萄牙人从来都没能把这座城市牢牢掌控在自己手中的事实，因此，马六甲从未像果阿那样经历过大批或者是强制性地让当地人皈依基督教的事情。

沙勿略想在香料群岛发展一支传教队伍，但这一期望太过乐观，其继承者们从来都没有真正地使其梦想成真。沙勿略死后不久，在"印度更远的地方"的耶稣会士们在其传教事业刚刚开启之际就阻碍重重，其中的原因包括果阿的领导人物及人力资源的严重匮乏以及与欧洲修道院联络的暂时终止。比如，罗马教廷直到 1555 年才确知沙勿略已经去世的消息。在这些混乱而动荡的年代里，两名牧师和两名在俗的教友竭尽全力地维持着香料群岛上的传教工作的正常进行。1556 年，他们在果阿的人身安全以及事业进展仍然没有保障。"我们已经听说了他们的一些情况，"在印度的一名耶稣会士写道，"他们已经使大量的本地人皈依了基督教——但是我们仍然在等候他们的信件，因为我们无法确定该信息的真伪……"。[219] 从香料群岛发出的信件因为葡萄牙人卷入了马鲁古群岛以及东方帝国的其他关键地域中的战争而遭到延迟。

若昂·德·贝拉神父（Father João de Beira）和尼科劳·努涅斯教友（Brother Nicolao Nunes）于 1557 年从香料群岛回到了马六甲，为了他们的传教工作，立即又赶赴果阿招募更多的工作人员。1557 年年底，他们和包括自己在内的由 4 名神父和 5 名教友组成的团体一道回到了德那地岛。弗朗西斯科·维埃拉神父（Father Francisco Vieira）被委任为这支传教团的领队者，其总部设在德那地岛——他的职位要求他"给其他人提供西粟米食用"。[220] 努涅斯掌握了莫罗的语言后，与两名在俗的教友一起，被分派到那些未开化的岛上。其他人被派往安汶岛，该岛是香料群岛中两大基督教中心之一，这个地方对传教事业而言似乎是将来最有希望的地方。当我们回忆起 1559 年之前印度的耶稣会的地位是何其不稳固时，而且1557年除了果阿之外，印度都主教教省中的所有耶稣会成员的1/5（44名中就有9名）都在香料群岛时，香料群岛对于耶稣会士的重要性是不言而喻的。在最初的缓慢期过去之后，岛上的传教工作似乎开始进入其突飞猛进阶段。

1557年，巴占岛（Bachan）的苏丹及其臣属，放弃了伊斯兰教而皈依基督教，壮大了的传教队伍为首次成功举行了宗教仪式。[221]位于德那地岛和安汶岛之间的岛屿统治者是固执的德那地岛苏丹海龙（Hairun）的侄子，也是其女婿。巴占岛和德那地岛正在进行争战，其年轻的统治者被迫向西班牙人和耶稣会士求助，以对抗其岳父。海龙本人在战争中沦为囚徒，1559年，他向葡萄牙人保证说将不再干涉葡萄牙人和传教士的事务了。

耶稣会士和穆斯林在这些战争中均遭受了重创。所以，耶稣会士再次往马六甲和果阿写信，要求那里的传教士增援。在马鲁古群岛，传教士们仍然担心海龙的报复行为，抱怨香料群岛的葡萄牙当局和运输机构对他们的工作的支持力度不够。葡萄牙人因为担心危及贸易，不愿给传教士们提供支持，这尤其加剧了他们传教工作的困扰。他们举出的比较有说服力的例子是1563年到1564年间，耶稣会想把他们的传教工作扩展到西里伯斯岛（Celebes）北端的万鸦老（Menado），但葡萄牙当局对此毫不热心，吝于给他们的传教规划提供支持。[222]因为海龙要求对这一区域的管辖权，葡萄牙人几乎可以确定，传教士的活动将对该地区的贸易活动构成威胁，他们对于是否要支持传教活动犹豫不决。耶稣会士在这个时候，也包括在其他许多同样的情况下，对葡萄牙政府官员进行了强烈的谴责，批评他们天真地轻信摩尔人的花言巧语，依赖与他们的友好关系进行贸易，而不去全心全意地支持基督教信仰的传播工作。通过与被憎恨的摩尔人的政治与世袭的仇敌之间达成宗教皈依和贸易协定关系，耶稣会与之建立起了联盟，耶稣会的工作策略就是以此为基础的，他们顽强地抵制着葡萄牙人出于和平贸易的利益目的而向摩尔人妥协的所有努力。甚至在1564年11月，当海龙同意耶稣会士可以在其管辖的区域中自由传教时，耶稣会仍然怀疑其退让是出于政治的权宜之计，而绝非是一种真正意义上的态度转变。

耶稣会士们对这种情形的真实性估计在接下来的一年里为一些事件所证

288

实。早在 1565 年，一支来自爪哇和德那地岛的穆斯林联军劫掠并焚烧了安汶岛的基督教社区，屠杀并驱散了那里的居民。[223] 德那地岛上的葡萄牙指挥官对耶稣会士们非常愤怒，没有对安汶岛上的事件进行军事干预。被强制从安汶岛驱逐出去的耶稣会士们被迫在德那地岛上的军事要塞和葡萄牙人的其他军事堡垒中寻求庇护。在欧洲，耶稣会代理人立即开始到里斯本激烈抗议在俗的军队没有对香料群岛上的基督教徒实施保护。1565 年之前，国王塞巴斯蒂安给果阿的总督写了一封措辞严厉的信件，直接责问马鲁古群岛的王室官员对传教团长期以来的漠不关心，并因为担心给个人利益带来危害，而不采取相应的行动，当自己的基督教同胞遭受异教徒迫害时没有给予必要的帮助，而是选择了袖手旁观的姿态。

289

作为对于王室的指控，以及对莱加斯比（Legaspi）到达菲律宾的消息的回应，一支大舰队立即在果阿装备起来了。1567 年 8 月，这支舰队在冈萨雷斯·佩雷拉·马兰克（Goncales Pereira Marramque）的指挥下，沿着婆罗洲（Borneo）以北的航线离开马六甲前往香料群岛，他们可能是希望遭遇西班牙人，因为舰队认为西班牙正在侵犯葡萄牙的领土界线。1568 年，舰队才到达马鲁古群岛，此时，马兰克对于猎捕西班牙的闯入者的兴趣甚至仍然高于解决香料群岛上的冲突。1569 年，马兰克最终率领着一支军队在巴占岛和蒂多雷岛（Tidore）的统治者为其装备的地方军队的帮助下，在安汶岛与穆斯林人展开决战。在把爪哇人和当地的穆斯林人驱逐到内陆地区以后，马兰克在安汶岛创建了一个坚固、具有防御性的军事要塞，以保护贸易活动和基督教社区。

与此同时，迭戈·洛佩斯·德·梅斯基塔（Diogo Lopez de Mesquita）在 1568 年到达马鲁古群岛，担任德那地岛的统帅。梅斯基塔和马兰克一样，也是受命前来支持耶稣会士，并致力于消灭香料群岛上的伊斯兰教信徒的，为努力传教的基督教徒们提供保护和支持。马斯卡伦哈斯神父（Father Mascarenhas）和梅斯基塔一起返回香料群岛，立即投入到修复香料群岛的事务中去了，香料群岛在 1565 年的暴乱中曾遭到破坏，此后，又在西里伯斯岛上的基督教统领者和社区中倡导此事。因为耶稣会士帮助一个信奉基督教的流亡者重新登上了王位，而此时穆斯林联军正支持海龙与葡萄牙人对抗，梅斯基塔在德那地岛很快就卷入了麻烦。梅斯基塔一直为海龙政治上的警惕和内政方面的问题所困扰，他在 1570 年计划谋杀苏丹海龙。这一残忍的刺杀行为致使巴布拉赫（Bāb-Ullāh）成为德那地岛新的当权者，他立即发誓要报杀父之仇。

此后，葡萄牙人和穆斯林统治者组成的联盟之间的战争在各地全面爆发。位于德那地岛上的葡萄牙军事要塞遭遇围攻，在将近三年的时间里，葡萄牙人一直没有胜算的机会。这个军事堡垒最终也没能守住，于 1547 年陷落了。许多位于德那地岛及其他穆斯林国家的基督教徒社区在葡萄牙的军事要塞陷落之际也一并随之灰飞烟灭了。安汶岛是唯一一个坚持对抗巴布拉赫及其联军的地方，来自香料群岛其他地方的难民们也都涌入这个葡萄牙人最后的据点。到 1578 年，葡萄牙人虽然积蓄了足够的力量，可以在蒂多雷岛重建一个新的军事据点，然而，耶稣会在香料群岛的传教事业似乎再也没有重现其昔日的辉煌。关于 1571 年到 1578 年间的危机，现存的资料中没有一封来自岛上的传教士的信件可以作为证据，这种情形也许反映了香料群岛上的传教事业的彻底失败。[224] 除了早期的资料的复本，[225] 在 16 世纪最后的年月里，在香料群岛的欧洲耶稣会士们几乎没有发表过任何有关他们的传教活动的只字片语。

三、大规模的改宗及日本的改革，1552—1582 年

1552 年夏，3 名来自葡萄牙的耶稣会士到达了日本的鹿儿岛（Kagoshima），他们是巴尔塔萨·加戈神父（Father Balthasar Gago）以及杜阿尔特·达·席尔瓦（Brothers Duarte da Silva）和佩德罗·德·阿尔卡科瓦（Pedro de Alcacova）教友，这 3 人是受沙勿略派遣，作为传教工作的增援力量从印度前往日本的。[226] 和在他们之前的沙勿略一样，这 3 名耶稣会士受到了萨摩（Satsuma）的大名（封建领主）的热情欢迎。他们在鹿儿岛经过短暂的停留之后，就匆匆赶往丰后（Bungo）的大分，在那里他们遇到了一位翻译。1552 年 9 月，他们和丰后的大名大友义镇（Otomo Yoshishige）进行了一系列的会谈，并呈上了印度总督送给他的信件和礼物。在接下来的那个月，3 名耶稣会士又继续前行至山口（Yamaguchi），自从沙勿略来到这里之后，此地的基督教社区就不断壮大。3 人

在此地决定让阿尔卡科瓦返回果阿，寻求更多的帮助，而加戈和席尔瓦则继续留在丰后工作。科斯马斯·德·托雷斯（Cosmas de Torres）最初和沙勿略一起来到日本，后来留在山口继续负责监管日本所有基督教徒的活动。

加戈在其翻译的陪伴下在 1553 年年初来到了丰后，却发觉他们非常想吸纳入基督教会的大友义镇正在镇压他三个最有势力的封臣的叛乱。虽然大友义镇对基督教传教士们提供了保护，但他不愿放弃自己既有的信仰。耶稣会士们的传教事业一开始便进展缓慢，而且与僧人（佛教法师）之间矛盾重重。后来，他们在大分建造了一座教堂，于 1553 年年底为 300 多人施了洗礼。好景不长，山口的基督教社区很快遭到饥荒的威胁。紧随这段难捱的时光之后的是一连串的战争，1556 年城市被毁坏，山口的耶稣会士们不得不投靠驻在大分的传教团。一名前葡萄牙商人路易斯·达尔梅达（Luis d'Almeida）自从 1554 年以来，就一直住在日本，也被批准加入了传教团。接着在 1556 年年初，梅尔基奥·努内斯·巴雷托（Melchior Nunes Barreto）和加斯帕尔·维勒拉（Gaspar Vilela）神父来到了大分，多少使这里陷入低潮的传教事业进入平稳发展的状态。达尔梅达的财产被用于建造大分的两家医院，并用于葡萄牙人与日本、澳门和马六甲之间的贸易投资，帮助确保传教士们能有一个稳定的收入。[227]

在接下来的几年里，日本的 8 名耶稣会士把他们的主要精力放在大分地区。在穷人、孩子以及那些在达尔梅达的医院中接受治疗的人们中间，他们的传教工作尤为成功。1556 年后，他们的传教活动延伸到了平户（Hirado）、大村（Omura）以及博多（Hakata，即今天的福冈 [Fukuoka]）地区，并努力复兴他们在山口遭遇了挫败的工作。1560 年，维勒拉在一些日本人的陪同下，被派往宫古（Miyako），在这里他和僧人进行辩论，并从上层社会中吸引大批的人皈依了基督教。然而，1562 年，维勒拉被佛教的武僧驱赶出了宫古，被迫前往坂井（Sakai）避难。加戈神父因身体不适，早在印度的增援力量为这支小小的耶稣会团体提供帮助之前，就离开了日本。

1563 年夏天，为传教团提供的 3 名增援人员到达了日本：葡萄牙的伏若望神父（Father Luis Fróis），同时还是一名历史学家；意大利的乔万尼·巴蒂斯塔·迪·蒙特神父（Father Giovanni Battista di Monte）；还有一名葡萄牙的在

291

俗教友米格尔·瓦斯（Miguel Vaz），出生于印度，在维勒拉学习了日语。后来，他们在距离平户南部25英里的横濑浦（Yokoseura）和托雷斯（Torres）会合，这里的耶稣会士在刚刚皈依基督教的大村大名的保护下，事业蒸蒸日上。[228]1564年，又有不少于两名传教士到达日本，耶稣会士们试着在宫古再次创建自己的传教据点。1565年，伏若望和维勒拉在都城谒见了幕府将军（Shogun）足利义昭（Ashikaga Yoshiteru）。但是，随着足利的势力日渐式微以及织田信长（Oda Nobunaga）的崛起，都城在邪恶的战争中四分五裂，于是，耶稣会士们被禁止在此地居住。即使如此，耶稣会士在这块主要的岛屿上，仍然有朋友和皈依基督教者。在这些人的帮助下，他们在接下来的四年里还能够找到庇护。

当维勒拉和伏若望在为战争分裂的本州岛（Honshū）上工作时，他们的会友也在西部诸省各个比较合适的区域继续传教。1569年，他们最终设立了一个传教总部，用于调控他们分布在日本的遥远的地方的工作。皈依基督教的大村纯忠（Omura Sumitada）把位于长崎（Nagasaki）的一个独立的渔村转让给他们使用，让他们在此发展其传教事业。随着海港的繁荣，这里渐渐成为传教事业的中心，这个港口也成为葡萄牙舰队自由往来的地方。耶稣会士们把这个天然的堡垒转变成了一个重要的城市，这使他们不再因为战争和统治者的无常而居无定所。在这里，葡萄牙人在进行贸易活动时，也可以不必持续地为其生命和财产担忧。整个市镇的管理工作，甚至包括丝绸贸易和港口税收在内，都由在实际工作中表现出色的神父负责。[229]到1571年，虽然日本的传教团在这段时间内遭遇了安德里亚斯·费尔南德斯（Andreas Fernandes）和托雷斯分别在1568年和1570年的去世，以及维勒拉被召回印度（1571年）等突如其来的事件，但传教团仍然在日本又开辟了20个其他的传教中心。

托雷斯去世后，弗朗西斯科·卡布拉尔（Francisco Cabral）成为传教团的首领。[230]这时候，在日本只有30 000人皈依了基督教，其中大部分是平民。卡布拉尔天生就是一位葡萄牙贵族（fidalgo），他经过培训，以前一直在印度工作，在接任托雷斯之后，立即就投入传教团改革及事业扩展的工作中去了。卡布拉尔要求耶稣会士们丢弃他们丝绸做成的柔软光洁的服装，穿上普通的黑棉衣，因为丝绸做的衣服让传教士看上去像是僧人。卡布拉尔还要求耶稣会士们放弃所有的奢侈作风，完全转向一种简朴且贫穷的生活方式。卡布拉尔也强调了在统治阶层中吸收基督教徒的重要性，就任后不久，他就前往宫古努力促进当地的传教事业，但没有任何收益。卡布拉尔还强调在日本诸岛的各个部分需要尽可能多地开辟新的传教中心。1574 年，卡布拉尔开始施行大量吸引当地人皈依基督教的政策，借助这些名义上皈依的人们，基督教在当地社会的地位迅速得以提升。

与此同时，在日本的主要岛屿上，军事统领织田信长逐渐加强了对于宫古及其周边地区的控制。勇敢无畏的伏若望于 1569 年受到了织田信长的接见。此次会谈的结果是，织田允许传教团在宫古地区居留，同时可以自由活动。[231] 这个特许权被如此地欣然接受，是因为织田信长和伏若望对于佛教的和尚们怀着共同的敌意；也可能是这位西方人身上那优秀的个性及成就征服了这位日本军阀。[232] 很快，卡布拉尔就在宫古拜访了伏若望。这位传教团的上级也被批准谒见织田信长，此时的织田正准备缩减位于比睿山（Hiei-zan）斜坡上佛教寺庙的规模。随着佛教寺庙在 1571 年的被拆毁以及里面的和尚被大批杀戮，织田信长最终平定了宫古，开始继续经营他个人对邻近省份的控制权。1572 年，伏若望在奥尔甘提诺·格奈奇神父（Father Organtino Gnecchi）的召唤下加入教省直属传道会（Home Province，位于京都 [Kyoto] 附近），格奈奇神父成为了佛教徒最大的仇敌之一，同时也是日本最受尊重的传教士。随着织田信长的每一次军事胜利，耶稣会的财富也日见增长。接着，两名葡萄牙神父塞巴斯蒂昂·贡萨尔维斯（Sebastião Gonçalves）和加斯帕尔·科埃略（Gaspar Coelho）来到了日本，耶稣会对于未来的期望被再次唤醒。

此后，日本主要岛屿以及九州岛上的耶稣会的传教事业进展迅速。在宫古，圣母升天教堂（Church of Our Lady of the Assumption）于 1575 年竣工，次年即投入使用。1577 年，因为有大量的人皈依基督教，于是另一座教堂在宫古市郊建成。在西边诸省，当卡布拉尔建议在日本采用欧洲的宗教统一原则，即严格奉行 "君主决定臣属的宗教信仰"（*cuius regio, eius religio*）政策时，整个大村都成为基督教徒的领地。1575 年，具有统治地位的大村家族亲属及其成员接

293

受了洗礼之后，耶稣会士们把他们的传教活动延伸到了丰后（Bungo）。两年后，伏若望和他的两名同事造访了丰后，大村本人则于1578年被施了洗礼。接着，高久（Takaku）的有马（Arima）在1579年也皈依了基督教。与此同时，日本人和葡萄牙人都开始认识到长崎作为贸易中心的价值。1578年，有44名传教士在日本工作，在数量上是1575年的三倍之多。1579年，当一名年轻的耶稣会巡阅使范礼安踏上这块旭日东升的陆地时，耶稣会的事业在整体上似乎正处于其最佳的状态。

范礼安在日本担任巡阅使的任期是三年，在此期间，他彻底地复查了传教团的业绩，在耶稣会的努力中暴露出了一些缺陷。在范礼安来到日本之前，他已经仔细地阅读了传教团的工作报告，然后，他开始询问新的传教士的语言掌握情况，以及参与丝绸贸易的耶稣会的知识准备情况。[233] 范礼安到了日本之后，他发现的问题就更多了，他意识到日本传教团给他的信件夸大了其传教工作的成绩。尤其让范礼安个人感到印象深刻的是他在整体上作为异域的日本所发现的一切，这位精明的巡阅使开始对卡布拉尔的传教方法及其对日本的耶稣会的成功的乐观估计产生了质疑。

范礼安发现，来自印度方面的指示，即对新到日本的传教士进行日语方面的培训并没有得到重视，这一点让他一来到日本就感到非常地失望。对范礼安而言，比对忽视日语学习更糟糕的是，他发现在西方人与日本人、传教士和皈依者之间存在着一种敌对的关系。关于这种相互憎恶的情绪的根源，范礼安认为来自于卡布拉尔对日本人的态度以及对待他们的方式，卡布拉尔甚至认为日本的教友是低级的，他们属于次级的基督教徒，因此对日本教友恶言相向。卡布拉尔对待日本平民的态度轻蔑而专横，在他看来日本人是他所见过的最为自负、贪婪、多变且虚伪的人种，[234] 卡布拉尔认为日本人的风俗也比较低劣，因此他要求皈依基督教的日本人在基督教徒在场时要认真琢磨西方人的行为方式。对于范礼安而言，这样的证词注定要导致日本人的报复，并给传教团带来灾难。

因为卡布拉尔没能为皈依基督教的日本人和修士提供足够的指导，其领导地位遭到巡阅使的抨击。卡布拉尔的大批量吸纳基督教皈依者的规划是把基督教的信仰强加给毫无准备的灵魂的经典案例。1576年夏天，当不少于15 000

人被施了洗礼之后，卡布拉尔吸纳基督教皈依者的工作达到了巅峰。[235]毫不奇怪，为胜利冲昏了头脑的卡布拉尔基本上把范礼安（于1576年6月到达日本）所关心的关于耶稣会神学院的组织问题抛诸脑后了。同时，他也忘记了按照欧洲神学院通用的工作方式，要对见习修士进行悉心的培训和指导。所以，虽然1576年之后日本的传教士人数急剧攀升，卡布拉尔仍然继续他的大批量吸纳基督教皈依者的计划，而对新的传教士或基督教皈依者进行周密的基础训练工作却不怎么关心。

范礼安在日本西部居住了一年，经过仔细观察当地的情况之后，他制定了一系列改革措施，其中包括一些根本性的变革，比如卡布拉尔的领导地位不再稳固，尤其是在他与范礼安在几个基本问题上产生争执以后，这些改革措施就立即付诸实施。范礼安规定，传教团不再由一个单独的上司进行刻板、个人性的统领。相反，应该遵循神学院的章程施行集体引导，鼓励执行自上而下的调解政策。统领者也被要求要认识到大批量吸纳基督教皈依者这一工作规划中所存在的危险因素，如果希望让传教工作立足于一个更为坚实的基础之上的话，就要放慢其进程，并消除日本人和西方基督教徒之间的鸿沟。以一种同情的态度对待日本人及其文化的方案得到了采纳。在发往欧洲的信件中，传教工作在被放置于与传教团相关的整个国家的更普遍的发展语境中得到了描述。以这种方式，这些信件将不会被误解，也将适宜于出版并为世俗所待见。尤其是那些涉及传教问题的信件将寄给欧洲相应的教会负责人，可能无法按照惯例在欧洲公开或者在较为广泛的圈子里散播。借助这一方法，范礼安显然希望第一代传教团驻扎在日本期间消除罗马的审查要求，因为审查的过程将会导致信件在欧洲公开并被删减。

教皇早在1566年就已经正式开始审理耶稣会士在日本的传教工作进展报告了。教皇庇乌五世要求埃塞俄比亚的宗教元老放弃他们在非洲几近无望的传教事业，到更富于成果的日本开展工作。[236]1573年，教皇格里高利十三世给新皈依基督教的大村和平户"亲王"发去了贺信。[237]四年后，格里高利明确宣告尽管西班牙反对，但中国和日本的教会仍归于葡萄牙人管辖。[238]此时，教皇格里高利显然给日本的传教团以特别的关照，他甚至在1578年给丰后的大

294

295　名大友义镇写信，督促他接受基督教的信仰。[239]1583 年 6 月 13 日，格里高利公开出版了诏书"美好的基督化工作"（*Mirabilia Dei*），[240]借以庆祝耶稣会士三十年来在日本取得的工作成绩，每年给予固定的奖金帮助他们开展今后的工作。日本的传教团在罗马获得的新的支持，以及范礼安实施的改革措施，使传教团在未来能够得到进一步的发展似乎是确定无疑的了，但是，这必须以传教士们能够得到宫古的官方认可为条件，这样便可以防止其他的欧洲人（特别是西班牙人）干涉他们在远东的垄断地位。

四、澳门（Macao）与马尼拉（Manila）

沙勿略进驻中国的计划在其去世后由葡萄牙修士梅尔基奥·努内斯·巴雷托（Melchior Nunes Barreto）继续付诸实施。显然，1554 年，葡萄牙人在距离广东（Kwangtung）不远的浪白澚（Lampação）岛的贸易活动的重新兴盛，使巴雷托在 1555 年到广州造访几个月成为可能。[241]巴雷托被派遣到此地的主要目的是去协商赎回被关押的两名葡萄牙人。巴雷托给欧洲方面写了两封信，其中包括一些中国的事情，欧洲方面收到信之后不久就将之印刷出版了。[242]其中的一封是于 1554 年 12 月从马六甲写给罗耀拉的，这封信涉及的主要内容是中国人的社会习俗和法律；另一封于 1555 年 11 月写于广州，其中描述了广州城，并附加了对于中国人的信仰、习俗和贸易情况的评论，以及对于在中国进行传教工作的困难的评述。[243]巴雷托想在中国驻留一段时间，但未能得到允许，遂于 1555 年离开中国前往日本传教。接下来造访广州的是多明我会修士加斯帕尔·达·克路士（Gaspar da Cru'z），他对中国的描述将在后面讨论。[244]

在葡萄牙人于 1557 年在澳门创建自己的据点以后，澳门就成了试图进入中国的耶稣会士的门户。1563 年 7 月，陪同一位从果阿前往北京宫廷的葡萄牙大使的 3 名耶稣会士到达了澳门。按照北京宫廷的规定，葡萄牙大使不得进入中国。[245]在接下来的两年里，弗朗西斯科·佩雷斯（Francisco Peres）和伊曼纽尔·特谢拉（Emmanuel Teixeira）神父陪同着传教团，致力于消除中国人对
296　他们的动机的疑心，并从广东官方得到允许在广州居留和工作。最终，佩雷斯

于 1565 年 11 月在一支葡萄牙商队的陪同下成功地进入了广州。佩雷斯利用这个机会给当地的官员呈上了两份用中文和葡萄牙文写成的陈情书的复本，在里面阐明了他的个人情况，以及造访广州的原因，还表达了他想在中国居住的愿望。[246] 佩雷斯的要求在广州遭到了拒绝，于是他又回到了澳门，在此他忙于创建耶稣会的据点。

在澳门的葡萄牙人，就像他们在马六甲的地位一样，一直都很低下，主要依靠贸易者和传教士们的力量来维持中国人对他们的恩惠。在这个军事前哨，传教团没有像在果阿那样尝试着吸纳大批的当地人皈依基督教。在澳门，传教士们为他们拥有一个立足点而感到欣慰。葡萄牙当局因为不敢惹怒中国人而备感焦虑，他们尤其担心非法进入中国内陆会危及他们的商业活动。结果，澳门的耶稣会士正式地把他们传教工作的中心放在居住在这个中转港的葡萄牙人和中国人那里，暂时放弃了进入真正意义上的中国的打算。传教士们在丝绸贸易方面的投资较多，他们和葡萄牙人一样担心宽恕或鼓励性行为可能引起中国人的不快反应。沙勿略坚定的传教政策只有在耶稣会士的巡阅使范礼安来到澳门之后才得以复兴。他在澳门的时间是 1577 年 10 月到 1578 年 7 月，他重新评估了耶稣会传教团的前景。巡阅使范礼安对于传教工作仅局限于当地的做法很不满意，他呼吁招募新的力量推进在中国内陆的传教工作，范礼安的方法"完全不同于在这些国家至今仍为所有的传教团所采纳的方案"。[247] 第一位新招募的修士罗明坚（Michele Ruggiero）于 1579 年 7 月到达澳门，这时候与范礼安离开日本正好相隔两周。范礼安给罗明坚留下指示，要求他开始学习读、写、说中国语言，因为这是进入中国文化的第一步。1580 年 11 月，罗明坚首次前往广州，两年后他被允许居留在广东和广西（Kwangsi）省的副王府所在地肇庆（Chao-Ch'ing）。借助这一行动，耶稣会士最终突破了沙勿略至死都未能穿越的疆界。[248]

与此同时，一个新的因素逐渐进入了远东的局势，这不仅使澳门的传教士们的生活变得复杂起来，而且几乎彻底搅乱了那里的基督教事业。第一支重要的西班牙传教团创建于 1565 年的菲律宾，其创建与米格尔·洛佩斯·德·莱加斯比（Miguel Lopez de Legaspi）的先锋远征队有着密切的联系。这个传教团由

297　奥古斯丁会修士组成，其成员包括年长的安德烈斯·德·乌达内塔（Andrés de Urdaneta）。二十二年前，他曾经是洛艾萨（Loaisa）舰队上的一名官员，和西班牙军队一起在宿务岛登陆。当士兵和水手们在岛上建起军事基地的同时，奥古斯丁会修士们也在菲律宾群岛开始为基督教传教事业打下了基础。六年后，西班牙当局的据点转移到了马尼拉湾（Manila Bay）的海岸上。1577 年，一支西班牙的方济各会代表团来到了马尼拉。两年后，当西班牙的力量在亚洲和欧洲变得强大起来时，马尼拉的地位也提升为都主教教省。有着墨西哥生活经验的多明我会传教士多明戈·德·萨拉扎尔（Domingo de Salazar）被委任为第一届主教，1581 年他带着一支由多明我会修士和耶稣会士组成的代表团到达了菲律宾群岛。虽然马尼拉的基督教徒数量有所增长，但世俗和宗教当局都从这一想法中获得了力量，即菲律宾群岛并非他们最终的目的地，而仅仅是迈向更富有的东亚王国的一级阶梯而已。古多·德·拉维扎利斯（Guido de Lavezaris）于 1572 年继承了莱加斯比的西班牙远征队首领的位置，他给菲利普二世写信说："我们驻扎在大王国的门户上。如果尊贵的陛下愿意在钱财物资方面给我们予以资助，我们的贸易活动就能够延伸到这些国家，并且维持下去。"[249]

澳门的耶稣会士们可能担心西班牙人会抢先一步，就开始像西班牙人那样讨论征服当地人的问题。巴雷托 1569 年在从澳门寄往欧洲的信件中说：

> 如果欧洲的亲王们能够停止内部纠纷，转而扩张基督教王国，迫使中国的最高统治者授予传教士宣讲福音和平民信教的权利，那么中国人将很容易皈依基督教，因为他们比较赞成我们的道德和宗教。[250]

对于耶稣会士们而言，在中国经历的失败与挫折和在与日本传教事业的辉煌的成功报告的对比中被凸显出来了。西班牙的耶稣会士胡安·鲍蒂斯塔·里贝拉（Juan Bautista Ribera）曾在 1568 年试图进入中国，1575 年他给耶稣会的负责人写信说："除了使用武力之外，要想使中国人皈依基督教根本没有希望。"[251]

葡萄牙人在试图限制马尼拉的西班牙人活动的同时，也在 1576 年努力说服教皇格里高利十三世在澳门创建主教教省，管辖中国、日本以及毗邻岛屿的传教工作。[252] 与此同时，马德里对于来自菲律宾群岛的建议——即派遣一支远征军对付中国——基本上既没有兴趣也不大同意。1557 年，菲利普二世指责马尼拉的提议者，告诫他们忘记这些想法，去和中国人做朋友。[253] 方济各会修士佩德罗·德·阿尔法罗（Pedro de Alfaro）在 1580 年沮丧万分地写道：“无论有或是没有军队的帮助，想进入中国不亚于想伸手去尽力触摸天空。”[254] 1579 年，在菲利普二世登上葡萄牙王位前不久，教皇同意在马尼拉创建一个像墨西哥城的副主教那样的主教教省。这一分歧暗示教皇认可了西班牙把菲律宾群岛划进其掌控范围的要求。这一举动也预示了菲利普二世一旦获得了葡萄牙的统治权，他将在处理亚洲事务方面表现得更为杰出。

298

从那以后，从马尼拉发往西班牙的信件总是能够唤起人们对于一个富有的东方帝国的梦幻想象。[255] 因为没有人知道东亚在法律上究竟属于葡萄牙还是西班牙的势力范围，西班牙人急于证明东亚属于他们的地域，而葡萄牙人事实上则是擅自闯入的。按照西班牙奥古斯丁会修士马丁·德·拉达（Martin de Rada）的测量方法，马六甲以东的一切都应该归西班牙管辖。[256] 一旦其所有权得到确认，在菲律宾群岛的西班牙当局，无论是世俗的还是教会的都将尽力从马德里争取许可，在中国、日本和印度支那进行贸易和传教活动。一些比较急切的人们非常轻易地就为传教士事业的正义性和财富贸易的美好前景所打动，以致于他们没有得到官方许可就来到了澳门和九州岛。1580 年之后，为了追踪劫掠菲律宾群岛的中国和日本的海盗船的启航地点，西班牙派出了一些战船。一旦菲利普二世继承葡萄牙王位的消息在东方传开，要求马德里允许他们进入亚洲大陆和日本的愿望就变得更为迫切。

1581 年之后，虽然葡萄牙和西班牙由同一个国王统治，但是西班牙的殖民政策有其墨西哥的经验做基础，更倾向于追随美洲征服者们所采用的好战风格。卢济塔尼亚人（Lusitanians）对贸易的兴趣要高于地域征服，其宗教政策建立在与耶稣会亲密合作的关系基础之上。虽然西班牙人没有把远东的传教工作限定在一个单独的教团那里，但他们拒绝非西班牙出身的人在他们的海外势力范围内工作。例如，在菲律宾群岛的传教士虽然是由奥古斯丁会、方济各会、多明我会和耶稣会的修士们混合组成的，但他们都无一例外的是西班牙或西班牙—那不勒斯出身。这使菲律宾的事务在各个方面都是一种彻头彻尾的西班牙做派，并且让传教士和贸易者都认为他们自己是为西班牙国王开拓国外势力范围做贡献的征服者。[257]菲利普在成为葡萄牙国王后不久，就要求菲律宾群岛的西班牙奥古斯丁会首领去邻国勘察，国王唯一要做的事情就是让其属下时时记得这一信仰。国王仍然拒绝下令派遣舰队前往日本，1585 年，他明确地认定了教皇法令在 1583 年给予耶稣会在日本独一无二的特权。

　　范礼安通过"调解"逐渐地渗透进中国内陆的计划，让驻扎在菲律宾群岛上具有着征服野心的传教士们感到不耐烦。西班牙耶稣会士阿隆佐·桑切斯（Alonzo Sanchez）在耶稣会其他 3 名成员的陪同下于 1581 年来到了马尼拉，他带领着传教士们重新尝试采取直接行动。1579 年，桑切斯被派往墨西哥，他在天分和进取心上迅速超越了其同事。[258]桑切斯一到菲律宾群岛，其活力立即给多明戈·德·萨拉扎尔主教和贡萨罗·隆奎罗总督（Governor Gonzalo Ronquillo）留下了深刻的印象。1582 年，桑切斯被派往澳门，获得了正式归顺菲利普二世的许可。他还受隆奎罗派遣，给广东省总督带了一封用中文写的信件，信中授权桑切斯与广东总督协商友好商业合作的条约。有了这封信在手，桑切斯及其随从先从宁波（Liampo [Ningpo]）登陆，又乘船沿河到达福建（Fukien）省省会福州（Foochow）。桑切斯一行得到允许从陆路前往广州，在途中，他们把隆奎罗的信件呈给了总督。在广州，桑切斯遇到了一群葡萄牙商人和意大利耶稣会士弗朗西斯科·帕西奥（Francesco Pasio）和罗明坚。罗明坚曾被正式遴选为范礼安的调解政策的执行先锋，他在中国人中间已经具有了非同一般的影响力，他给桑切斯解释了澳门的耶稣会士们施行的调解政策。这位西班牙的耶稣会士显然没怎么为调解政策所动，而且努力让自己的想法呈现出来。在经过中国当局的一系列非难之后，桑切斯最终得到许可前往澳门。在澳门，桑切斯得到了范礼安下属高效的帮助，他做了一项吃力不讨好的工作，即从充满仇恨的葡萄牙人那里得到他们对托马尔联盟（Union of Tomar）条款忠诚的誓言。[259]在远东，菲利普在托马尔联盟的条款中的承诺得到了大力强调，他曾指出，根据管理结构，葡萄牙和西班牙两大帝国应完全分离，但在两个伊比利亚大国的殖民地世界上可预期的成果方面则要表现出彼此属于同一战线。

虽然葡萄牙人接受了桑切斯对于两大帝国分离的保证，但他们仍然怀疑西班牙必定要在葡萄牙人所掌控的澳门和长崎之间有利可图的贸易中分一杯羹。中国人同样为马尼拉和澳门之间新发展出来的关系感到不安，他们觉得这种关系可能会对有势力的广州商人和官员们间接享有的利润造成影响。葡萄牙的耶稣会士、官员和商人以及他们的中国朋友使桑切斯迅速地意识到，西班牙人努力地破坏贸易秩序或者试图非法进入中国将有可能瓦解整个贸易关系，并导致贸易活动终止。商业的终止很有可能致使澳门的一切陷入困顿状态，传教士们在中国的工作也将处于不合法的境地，同时也会给日本的传教团带来巨大的经济损失。然而，就在桑切斯本人还在中国的时候，有一批方济各会修士们坐船到了澳门，一踏上中国人的土地就被逮捕入狱，最终交由澳门的葡萄牙人收管。中国人警告说，自此以后，凡是来自菲律宾群岛的西班牙人，只要没有当局批准，胆敢踏上中国土地者一律杀无赦，最终桑切斯和失望的方济各会修士们在1583年被遣返回了马尼拉。[260]澳门的葡萄牙人对于中国当局的决定显然没有流露出任何抗议情绪。

桑切斯一到马尼拉就发现总督已经死去，整个城市毁于一场大火之中。然而，桑切斯不为所扰，立即住下，和新任总督迭戈·隆奎罗（Diego Ronquillo）讨论他在中国的经历。他们的谈话显然就西班牙应该计划对中国进行军事征服一事达成了共识。一支武装远征军将在马尼拉开始装备，护送传教士们前往中国，并迫使中国政府同意他们进入中国大陆传播福音。如果中国人对西班牙的武力表示反抗，那么西班牙将立即对中国宣战，一旦控制了其领土，中国将处于西班牙人的统治之下。最初，主教和总督都热情地支持这一不无荒唐的计划，他们给西班牙写信要求配备必要的官员、船只和人力。隆奎罗和他那个时代的人一样，天真地以为凭着一支拥有8 000士兵和10或12艘大型帆船就能控制中国。[261]虽然桑切斯断言澳门的耶稣会士同意他的想法，但范礼安及其同事们明确表示反对军事征服，决定采用调解的政策。[262]

桑切斯坚持要在菲律宾群岛的传教士（其中有许多人反对他）与美洲和欧洲的耶稣会士中间为其侵略计划努力赢得支持。桑切斯给他在新世界和罗马的上级写了详细的报告，阐述他的想法。他的上级们几乎异口同声地予以反对。

关于桑切斯的计划，在马尼拉虽然存在着不同意见，但上级在 1584 年决定让王室代理人胡安·鲍蒂斯塔·罗曼（Juan Bautista Roman）陪同桑切斯再次前往澳门。除了抱怨在中国海岸损失了一艘大型帆船之外，这位特使还接到指示，要在福建沿海创建一个贸易据点。如果中国人拒绝这个非常合理的要求，那么萨拉扎尔主教（Bishop Salazar）就要给菲利普国王写信，告诉他："臣下再度请求，尊贵的陛下如果手持长剑不仅能够进入中国，通过武力为福音的传播打开一扇门户，而且……陛下您必须这么做。"[263] 与此同时，正在澳门等待中国当局对其请求回复的桑切斯利用这一机会，给罗马的阿夸维瓦副主教（General Acquaviva）写信，汇报在澳门神学院的耶稣会士们追名逐利的生活方式，以及他们对自己在日本贸易中的投资不适宜的过分关注。桑切斯为西班牙创建贸易据点的要求未能得到中国人的同意，于是，他和罗曼在经历了一个痛苦、漫长而又艰难的航行之后来到了马六甲，最终于 1585 年 6 月回到了马尼拉。[264]

在罗马，随着来自九州岛的 4 名青年人被吸纳为传教士，人们对于日本的传教工作前景感到精神振奋，阿夸维瓦总领没有心情去同情地听取桑切斯侵略中国的请求和他对澳门的耶稣会士生活作风的批评。阿夸维瓦命令墨西哥的都主教召回桑切斯。[265] 在这些指示到达桑切斯那里之前，他受西班牙在马尼拉的整个殖民地当局的委派只身前往马德里，代表中国计划的提议者向国王请愿。阿夸维瓦听到这一消息，就派遣西班牙的耶稣会士们向菲利普二世呈上了自己的观点："对于一种宗教而言，卷入世俗事务是非常不合时宜的，正如帕德里（Padre，即桑切斯）所做的那样，更何况以这种方式去对待中国的传教事业……"[266]

1587 年，当桑切斯到达墨西哥时，他遇见了著名的耶稣会士何塞·德·阿科斯塔（José de Acosta），桑切斯和他讨论了中国的情形，并说明了他侵略中国的计划。阿科斯塔立即把桑切斯的想法通知了罗马和马德里，并提出自己的看法，他认为这个计划既不正当，也不明智。[267] 在西班牙，桑切斯被要求要听从阿科斯塔的命令和监管。1587 年 12 月 15 日，桑切斯首次亲自向菲利普二世陈述了自己的观点。1588 年春天，当国王听到他的建议之时，西班牙的无敌舰队正准备攻打英格兰。攻打英格兰的失利以及罗马的耶稣会对桑切斯的想法的敌视，使其野心勃勃的侵略计划遭遇了突如其来的终止。毫无疑问，侵略中国不过是菲律宾群岛上的小小西班牙殖民地的一个梦想而已，他们更愿意去想象着征服遥远而富有的土地，而不是像现实的情形那样，在他们已经拥有的岛屿上辛苦劳作，努力开垦。[268]

就在冲动的人们呼吁行动之时，和平进入中国的工作也在中国内部悄然进行着。带着文化使命的耶稣会士最终进入中国腹地的故事的真正主角是利玛窦，他从 1582 年到 1610 年去世都一直待在中国。[269] 利玛窦乘坐的航船同时也给澳门方面带来了菲利普二世在葡萄牙登基的消息。当桑切斯劝说澳门的统领要对菲利普二世效忠的时候，利玛窦正居住在澳门。利玛窦对于采取新的治理下的澳门未来的政治经济状况无法做出判断，他准备前往肇庆与罗明坚会合。1583 年 9 月，这两名耶稣会士在副王的都城肇庆住下。在这里利玛窦开始计划进入中国内地，经过整整十七年的挫折或进展，利玛窦终于能够在 1601 年凭着一个基督教信徒的努力亲自去往北京。

302

1585 年，葡萄牙耶稣会士杜阿尔特·德·桑德（Duarte de Sande）及其同伴安东尼奥·达尔梅达（Antonio d'Almeida）在肇庆与利玛窦和罗明坚会合。桑德那时候已经 44 岁了，他显然觉得在中国内地传教不太可能。[270] 桑德对桑切斯侵略中国的计划，以及其他诸如此类的采取直接行动的建议更感兴趣。因此，桑德在 1588 年和罗明坚一起回到了澳门，只有利玛窦和达尔梅达孤单地留守在副王府的都城。[271] 罗明坚这时候被范礼安派往罗马，担任教皇的特使前去朝见中国皇帝，请求准许在帝国内部宣传福音。[272] 桑德在 1589 年 9 月 28 日给耶稣会总领写了一份报告，陈述了在中国传教的困难。两年后，这份报告被收在一个耶稣会信札集子中公开出版了。[273] 但是，从 1590 年到 1591 年间，罗马连续四任教皇先后去世，同时西班牙无敌舰队的失利给天主教欧洲和伊比利亚半岛国家造成了巨大的震撼，这些事件使教皇和菲利普二世没能积极支持往中国派遣特使的请求。

根据动态消息，范礼安和利玛窦都意识到基督教在中国面临的是有史以来最大的挑战之一。天主教的传教士们自从在罗马皈依基督教以来，首次在印度和日本看到了当地高度发达的宗教传统中所构成的复杂文化形态。在中国，他们看到的是一个文雅的、复合的社会，这个社会为它自己拥有世界上至高的文明而自豪，对其他文明的知识不屑一顾。范礼安和利玛窦清楚地认识到，要打破中国人自我孤立和本民族中心主义的壁垒，耶稣会在中国的影响力将直接与他们在高层政治官员中"赢得的朋友和影响的人物"成正比，当然，并不是每一个耶稣会的人士都能够认识到这一点。因此，利玛窦和范礼安不再马上把工作的重心投注在吸纳中国人皈依基督教方面，而是准备缓慢地打下坚实的基础，通过文化上的互动交流和在中国社会策略性地安排基督教成员，来让中国人自己逐渐接受基督教信仰。虽然这样的工作计划需要长期的准备，但是他们认为一旦能够吸纳政府高层和社会上有影响力的圈子皈依基督教，那么平民的皈依工作就容易得多了。于是，利玛窦在 1582 年经过精心策划，决定通过与中国的文人尽可能地讨论西方的科学、思想和宗教，激起他们的好奇心，从而赢得他们的尊重和崇拜。然而，就在这个计划将要得到最后的成功之际，利玛窦及其合作者们越来越清晰地意识到，他们不得不去努力领会当地的习俗，熟练地掌握当地的语言，他们还需要自学中国的经典、历史和艺术。这一温和、明智且必须缓慢的政策只有到了 17 世纪才能看到其最终的成效。

五、日本的麻烦，1582—1600 年

范礼安于 1582 年离开日本之后，那里的基督教工作前景就呈现出不好的预兆。刚刚继承织田信长之位的丰臣秀吉（Toyotomi Hideyoshi）有一段时间对待基督教徒也很热情。和织田信长一样，丰臣秀吉对于好战的佛教徒没有好感，于是就尽力扶持他们的对手。丰臣秀吉也很谨慎地尽力不去影响葡萄牙人和耶稣会士之间的贸易活动。但是，当耶稣会士在数量上持续增长，并吸纳那些在军事和政治上有势力的人们皈依基督教之时，丰臣秀吉显然开始视其为自己的超级权力的潜在威胁。1585 年，丰臣秀吉官位升至关白（kampaku），他开始大力扫除那些对其在日本的军事统治构成潜在威胁的力量。九州岛的领主与耶稣会士们关系密切，丰臣秀吉想要让他们臣服于自己相当困难。因此，丰臣秀吉可能是出于政治上的考虑，在 1587 年颁布了一条法令，禁止耶稣会士踏入日本

领土。[274] 然而，葡萄牙的商人们则被谨慎地豁免于此法令。事实上，丰臣秀吉并没有立即将耶稣会士驱逐出境。在接下来的那个十年里面，他也没有强力执行该法令。1587 年后，耶稣会士们的活动开始变得小心翼翼，于是他们得到了包容，但也没有得到支持。大约在 1590 年左右，来自菲律宾群岛的指示给耶稣会士们带来了新的麻烦，局势也变得更加紧张起来。基督教徒们自找的诸多新麻烦使丰臣秀吉确信自己怀疑耶稣会士的动机和目的不是毫无根据的。

　　丰臣秀吉和耶稣会士之间紧张的局面与九州岛控制权争夺战中的事件有密切关系。1584 年，不信奉基督教的萨摩藩（Satsuma clan）夺得了九州岛，并接着占领了长崎，这些事件使基督教徒在九州岛的事业前景变得晦暗起来。葡萄牙在日本的副主教加斯帕尔·科埃略神父（Father Gaspar Coelho）催促日本西部岛屿上信奉基督教的大名向马尼拉求助。这位平户（Hirado）的大名通过对西班牙人宣誓效忠，进而得到了西班牙人的帮助，他和大村尽力地利用商业上的利益说服了西班牙人。[275] 1586 年，11 名日本基督教徒带着科埃略亲笔写的军事和人力求助信，从长崎长途跋涉来到了马尼拉。总督对科埃略的求助给予了回应，他派遣了一些船只、礼物和两名西班牙耶稣会士前往日本，但是总督没有派遣托钵修道会的成员前往，因为他担心激怒葡萄牙人以及他们的耶稣会联盟。

　　与此同时，正在准备攻占九州岛镇压萨摩藩并暂时占了上风的丰臣秀吉也在打击佛教徒，支持基督教徒。1586 年 5 月，丰臣秀吉在大阪（Osaka）新建的官邸中接见了科埃略。伏若望在这次会晤中担任翻译，并于 1586 年 10 月 17 日给欧洲写了一封长信报告了丰臣秀吉向科埃略透露的计划。[276] 关白丰臣秀吉让耶稣会的这位领导者得知，他打算攻破萨摩藩在九州岛的控制权，并让耶稣会士负责长崎。丰臣秀吉描述了他的计划，一旦整个日本的秩序稳定下来，他将建造一艘巨大的舰艇，并招募一支远征军征服朝鲜和中国。丰臣秀吉向科埃略提出要求，想让他帮助自己得到两艘装备精良的葡萄牙大帆船。丰臣秀吉承诺，如果耶稣会士肯与自己合作，使中国臣服于自己，他将在中国修建基督教堂，命令所有的中国人都皈依基督教。我们已经知道，科埃略倾向于介入世俗事务，因此他爽快地接受了丰臣秀吉的要求，并自愿把九州岛信奉基督教的

304

大名拉到丰臣秀吉这边。信奉基督教的大名和耶稣会士们都为科埃略的自以为是感到震惊。[277]当丰臣秀吉宣称他对耶稣会的合作感到欣慰之时，科埃略却变卦了，这很可能也是导致丰臣秀吉在 1587 年对基督教徒的态度急剧转变的原因之一。[278]

丰臣秀吉对待耶稣会士的政策逆转在 16 世纪及其后，被大量的研究者进行了深入地思考。如今，已经有相当多的资料得到了搜集，我们似乎可以清楚地得知这位日本统治者在真正颁布其驱逐耶稣会士的法令之前，他有时对他们是怀有疑心的。然而，可能驱逐耶稣会士的法令并没有预先得到计划。在 1587 年 7 月 24 日晚上的宴会上，丰臣秀吉似乎决意要实施该驱逐令。[279]第二天这一驱逐法令[280]被转交到了科埃略手里，随后一系列诸如与耶稣会的财产、皈依基督教的日本人和长崎的基督教徒等相关法令也很快出台了。根据耶稣会的资料显示，丰臣秀吉的法令波及到了为数 20 万的基督教徒。科埃略为此事的急转直下彻底感到沮丧，他在长崎努力加强防御，并劝说信奉基督教的大名借助武力对抗驱逐法令的执行。可是，两名最坚定的基督教徒大村纯忠（Omura Sumitada）和大友义镇刚刚去世，其他的大名即使有这个胆量，却也没有资格公然对抗丰臣秀吉。于是，科埃略开始向马尼拉、澳门和果阿求助。但这些要求均未能得到回应，科埃略和其他传教士们被迫按照政策撤退并拖延时间。然而，丰臣秀吉并没有真正施行其法令，他允许耶稣会士留下继续其传教工作，条件是他们要停止攻击神道（Shintoism）和佛教，并且不得染指政治，这个中原因恐怕只有丰臣秀吉自己知道[281]。丰臣秀吉对耶稣会士的容忍态度一旦明朗化，有马和大村的大名代表耶稣会的代理权以及耶稣会士在他们势力范围之内所继续享有的保障权，就进一步地加强了耶稣会士们的地位。只要自己的权威在重要事务中得到正式地承认，伟大的统治者丰臣秀吉就会常常对自己的法律条文的偶尔失效不在意。[282]丰臣秀吉在 1590 年征服了关东（Kanto，位于九州岛的中央平原），日本的领导者们都愿意支持他攻打中国的长远计划。

1587 年后，当丰臣秀吉正在准备向大陆进军之时，恐惧的情绪也在马尼拉蔓延开来，人们认为丰臣秀吉确实要整编军队攻打菲律宾群岛。[283]前往菲律宾群岛的日本商务团体和海盗被认为是在执行侦查工作。菲律宾总督意识到留守在此的小型西班牙军队不可能抵御侵略的战舰，保护这些岛屿，他于 1589 年要求前往日本，并得到了批准。在接下来的这一年里，马尼拉的都主教认为所有的耶稣会士都已经按照驱逐法令的要求离开日本，就同意了 3 名或 4 名方济各会修士渡海前往九州岛。这些方济各会修士到达的时间；大概也就是范礼安和 4 名到过欧洲的日本特使回到日本的时间。这位耶稣会巡阅使因为其才能而兼任果阿都主教教省的外交代表，于 1591 年 3 月 3 日在宫古得到了丰臣秀吉的会见。[284] 前往日本的方济各会修士和西班牙商人这时候很快了解到，虽然日本的耶稣会士和葡萄牙人被迫悄悄地、甚至常常是秘密地进行传教工作，但其人数仍然还很多，这是很明显的一个现象。

　　在 16 世纪的最后一个十年里，日本的基督教徒的处境因为欧洲人之间的冲突而变得更加危险了；西班牙人和托钵修道会公然与葡萄牙人和耶稣会士作对。范礼安在他的书信，尤其是 1583 年的《概要》里面坚持强调，来到日本的西班牙商人和修士不应该被允许侵犯葡萄牙人的保教权。范礼安预计这种彼此间的对抗行为将引起争端，这反过来会削弱日本基督教徒的经济和宗教地位。这也是当传教团中的日本人在欧洲得到教皇对他们在日本工作的独特权力的保证时，他们才能够努力工作的原因之一。当范礼安于 1590 年到 1591 年间还在日本时，他最担心的事情发生了。西班牙商人到达日本后帮助丰臣秀吉建造了侵略用的战舰，他们因为经济问题而与日本人发生了争执，葡萄牙商人和范礼安拒绝帮助这些西班牙人，结果激怒了他们。出于报复的目的，这些西班牙商人开始向罗马教廷抱怨。在其他事务中，这些西班牙人断言那 4 名日本使者根本就不像范礼安所说的那样。他们不是什么亲王，甚至根本就不是贵族血统；事实上，这 4 名日本使者只是穷得像老鼠一样的流浪汉，是范礼安在长崎的街上捡回来的。后来，范礼安给罗马教廷写信，驳斥了西班牙商人的说法。[285]

　　与此同时，1591 年，在马尼拉的西班牙人收到一份不容置辩的命令，即承认日本人对菲律宾群岛的宗主权，他们为此感到心神不宁。要保持和平，必须立即行动。总督来不及等马德里的指示，他派遣多明我会修士胡安·科博（Juan Cobo）前往日本，想尽量得到丰臣秀吉的书面解释。在名古屋（Nagoya），丰臣秀吉会见了科博，但是科博在返回的途中猝死，致使丰臣秀吉的回应没

306

能传达到马尼拉。1593 年，方济各会的佩德罗·鲍蒂斯塔神父（Father Pedro Bautista）带着第二支传教队伍，被派往日本。在日本，鲍蒂斯塔神父与丰臣秀吉签订了友好和平条约，并产生了一个令西班牙人朝思暮想的与日本人扩大贸易往来的控制体系。[286] 鲍蒂斯塔和其他 3 名陪伴他前来日本的方济各会修士，虽然和范礼安一样是以外交代表的身份来到日本的，但他们得到了热诚地接待，并被允许在宫古居留。方济各会的修士们在 1568 年通过向教皇西克斯图斯五世（Pope Sixtus V）争取，被批准在东方诸岛进行使徒的工作，于是他们继续居留在日本就是合法的了，也不需要再去顾虑教皇格里高利十三世禁止其他传教团进入日本的规定。[287] 1594 年，方济各会的修士们委托一名葡萄牙商人把丰臣秀吉的回应带回了马尼拉。虽然丰臣秀吉在信的开始就扬言"顺我者昌，逆我者亡"，但他又承诺日本将与菲律宾群岛建立永久友谊和自由交流的关系，这使西班牙人感到宽慰。显然，丰臣秀吉和西班牙人一样急于打破葡萄牙人对与中国贸易之间的垄断局面。丰臣秀吉很明显希望来自西班牙人的竞争能够把他为其代价高昂的大陆战争做准备而进口的物资价格降低。[288]

太鼓（Taiko，一种官职的名称，意思是"亲王"或"摄政王"，丰臣秀吉于 1591 年就任）把宫古的地方赐给方济各会修士，让他们修建修道院，对他们的好感表现得很明显。尽管耶稣会士们警告方济各会修士们正在把日本的基督教地位推向险境，但方济各会的修士们很快就开始传道并公开吸纳当地人皈依基督教。方济各会的修士们认为，丰臣秀吉同意他们完全可以像在西班牙的方式那样开展工作，所以他们无需隐藏自己的传教活动。无论这一来自方济各会修士们与丰臣秀吉的谈话中的结论是否属实，他们没有一份可以公开传播基督教的特权的书面批准则是确定无疑的。[289] 虽然如此，方济各会修士们仍然信心十足地在宫古及其邻近地区展开其传教工作，并很快在长崎和大阪也修建了修道院。鲍蒂斯塔神父指出，方济各会修士和耶稣会士的工作方式不一样，他们并不把全副精力投注在劝使富人和有势力的人皈依基督教方面，而是满足于在穷人中布道，因此他们能够成功，并且不会遭到日本官方的反对。[290]

不幸的是，对于基督教徒而言，在这所帝都里面，对于这种无异于残害自己同胞的工作方式显然饱受争议，因为日本官方可以轻而易举地注意到方济各会修士们的活动。1596 年，当堂·佩德罗·德·马丁内斯都主教（Bishop Don Pedro de Martinez）到达日本时，冲突已经几近白热化，并更加公开了。[291]因为这位耶稣会主教不承认方济各会修士在日本工作的特权，不允许他们从马尼拉带来更多的传教士，禁止日本的基督教徒参加方济各会的礼拜仪式或者接受从他们手里递过来的圣礼。[292]在日本停留了七个月后，马丁内斯在日本长崎总督的邀请下离开了。

就在基督教传教团成员之间发生激烈争吵的时候，丰臣秀吉正全身心地投入于他的大陆战争计划之中。1592 年，太鼓的军队在朝鲜的釜山（Fusan）登陆，很快就包围了汉城（Seoul）①。但是朝鲜游击队的反击以及通讯的中断迫使日本人推迟了攻打中国的计划，直到他们彻底平定朝鲜为止。因为日本海军遭受的巨大损失，致使丰臣秀吉无法保有自己在朝鲜的军事力量，这使他没有机会把大军继续向中国推进。中国逐渐警觉其鸭绿江（Yalu）边境正在遭受威胁，这使丰臣秀吉的进军计划再度受挫。因为朝鲜人的反击、后勤方面的问题以及中国的军事打击行动，使日本人从 1593 年开始不得不从朝鲜北部撤军。

日本人向南部撤退时陷入了困境，结果不得不与朝鲜人谈判。丰臣秀吉对战争感到倦怠，尤其在战争的情势让自己感到非常被动之后，他更是不太愿意继续其军事征讨，1593 年丰臣秀吉同意在名古屋接见一名来自中国的使者。因为征战变得无休无止，所以，在三年多的时间里，和平谈判经历了一个非常曲折的过程。最终，谈判在 1596 年破裂，原因是明朝（Ming）的皇帝要求丰臣秀吉做自己的封臣，即"日本王"，并指示他如何治理自己的王国。在丰臣秀吉看来，中国的态度过于傲慢，他为此感到非常愤怒，就于 1597 年再次对朝鲜发起了侵略战争。第二次战争在组织上比第一次要好些，因此日本在海陆两方面都连连获胜。1598 年 8 月，丰臣秀吉去世，此后其军队从朝鲜撤出。[293]

在第二次攻打朝鲜的过程中，丰臣秀吉再次取缔了基督教徒的活动。在方济各会修士们到达宫古后，他已经特许了他们在好几年里享有着非同一般的自由。截止 1597 年，在日本已经有 137 名耶稣会士，估计有 30 万名基督教徒，

---

① 今译作"首尔"。——译者注

而且一直都有人在不断地加入基督教。基督教徒的工作被宣布为不合法的那十年间，在皈依基督教的人们中，有很多人是当地的领主，上流社会的人们比以前更加信奉基督教的信仰。[294]1594年，应日本军队中的基督教徒的需求，德·塞斯佩德斯神父（Father de Cespedes）甚至被批准到朝鲜担任牧师的职务。在这些艰难的岁月里，耶稣会士们还在天草（Amakusa）创建了著名的出版机构。同样，他们还按照范礼安坚持的文化渗透计划，借助新建的神学院进行教育活动。但是，1597年迫害传教士事件的再次发生，很快使基督教徒们意识到了自己在日本的危险处境。

日本的"圣费利佩"号（San Felipe）事件常常被认为是引发对基督教第二次大的打击的因素。但这种看法并不完全符合事实。攻击基督教一事也必须放到日本在朝鲜的军事挫败的背景中去考察，因为朝鲜战争为日本带来了巨大的经济上的需求，丰臣秀吉对国内发生的破坏因素自然会日益关注。"圣费利佩"号是一艘从马尼拉开往阿卡普尔科（Acapulco）的大帆船的名字，船上载满了货物以及非常多的旅客，这艘船为了躲避台风于1596年10月19日从土佐（Tosa）海岸出发。当地的领主没收了船上的财务并囚禁了乘客和船员。在方济各会修士们的催促下，倒霉的西班牙人派出一名代表找到丰臣秀吉并诉说了他们的处境。几经犹豫之后，财政紧迫的太鼓拒绝了西班牙人要回他们的财物和自由的要求。已经有人指出，丰臣秀吉是听说"圣费利佩"号的领航员承认基督教传教士常常扮演着西方征服者的先遣队的角色之后，才做出这一决定的。[295]丰臣秀吉的怀疑和恐惧得到确认后，他觉得1587年制定的法令应该立即强力执行。1597年2月，日本首次发生了大规模屠杀基督教徒的事件。在长崎，有26名基督教徒（其中有6名方济各会修士和20名来自日本的皈依者）遭遇迫害。[296]欧洲的耶稣会士可能因为与丝绸贸易有密切关系，幸免于丰臣秀吉的愤怒报复。1598年太鼓丰臣秀吉去世，此后，方济各会修士们无视日本官方的迫害以及罗马教廷的禁止，继续在日本活动。日本的基督教传教团暂时地捱过了16世纪晚期的纷争和迫害，在进入17世纪时，他们继续憧憬着日本完全成为一个基督教国家的时间不要太过漫长。

六、在柬埔寨（Cambodia）的修道士和冒险家们

在印度支那，耶稣会士们并不活跃，在 16 世纪的最后二十年里，多明我会和方济各会修士们则享受着一种成就感。自从克路士的传教工作失败以后，在柬埔寨就没有了欧洲人活动的记录，这种情形直到西班牙和葡萄牙王室合并为止。[297] 迭戈·贝洛索（Diogo Veloso）是后来记录里显示的出现在柬埔寨的第一人，这位神气活现的葡萄牙冒险家在 1599 年去世之前，深入地介入在半岛的政治和战争之中。贝洛索首次到达洛韦（Lovek）的时间大约在 1582 年到 1585 年之间，此时，柬埔寨的统治者萨塔（Sâtha，1576—1596 年在位）正在与暹罗之间发生纠纷。[298] 贝洛索在其他葡萄牙冒险家的陪同下来到柬埔寨，寻找快速致富的门路。当暹罗的威胁日益强烈的时候，萨塔有意去找欧洲的雇佣兵，希望与马六甲的葡萄牙人联合组成一个军事联盟。来自马六甲的两名多明我会修士洛波·卡多索（Lopo Cardoso）和若昂·马德拉（João Madeira）立即利用这一机会进入柬埔寨。这两名修士于 1584 年或 1585 年到达洛韦。萨塔最初对传教士的到来以及他们的传教活动并不比先王安赞（Ang Chan）接待克路士时友好多少。尽管萨塔王对传教士还有些宽容，但其中的原因很可能只是希望他们能成为联合马六甲的葡萄牙人的政治中介。可能在 1584 年马德拉修士的职位已经为西尔维斯特雷·达泽维多修士（Friar Sylvestre d'Azevedo）所取代，因为达泽维多在葡萄牙人的影响力进入柬埔寨期间曾与贝洛索有过长期的愉快合作。

贝洛索和达泽维多试图在萨塔王和马六甲之间建立起更为友好的关系时，很快学会了柬埔寨语。这位多明我会修士与商业团体的关系密切，因为他曾经是一支由葡萄牙商人和住在金边（Phnom Pénh）附近地区的国外（来自日本、中国和马来的）皈依者组成的小基督教徒团体的首领。在阿瑜陀耶日益加剧的威胁的压力之下，萨塔王对欧洲人及其牧师的态度有所缓和。贝洛索娶了国王的"堂妹"为妻，在柬埔寨的编年史记载中，贝洛索是君主的"养子"。[299] 与此同时，达泽维多也在向他的马六甲上司请愿，要求派遣更多的传教士前来柬埔寨，利用这个变化的政治气候，开始吸纳柬埔寨人皈依基督教。到了 1585 年，

310

一名多明我会修士的新代表在四到五名方济各会修士的陪同下从马六甲来到了柬埔寨。[300] 新来的传教士与柬埔寨更为亲密的关系迅速传到了欧洲，其原因在于萨塔王想通过他的欧洲盟友不断地向马六甲要求帮助以对抗暹罗人。

萨塔王和他的欧洲顾问们对马六甲的首次求助未能得到回应。可能是采取了欧洲人的建议，萨塔王转向西班牙人的权力中心所在地马尼拉寻求帮助以抵挡暹罗人的猛攻。之所以萨塔王转向马尼拉寻求帮助最终能够得以成功，这源自当时发生的几件事情。早在1593年，两名追求财富的冒险家从占婆（Champa）跨越大陆，经过艰辛地长途跋涉之后到达了柬埔寨。布拉斯·鲁伊斯·德·埃尔南·冈萨雷斯（Blaz Ruiz de Hernán González）和格里戈里奥·瓦尔加斯·马丘卡（Gregorio Vargas Machuca）连同他们的大船在占婆遭到劫掠，自己也沦为奴隶，这就是他们逃往柬埔寨的原因。在洛韦，他们受到了温情的接待，柬埔寨的编年史记录道这"两名兄弟"很快就成了国王的"养子"。[301] 当国王最终在1593年夏天决定派遣一名大使前往马尼拉的时候，鲁伊斯被留在宫廷担任王室护卫队的首领。贝洛索和瓦尔加斯带着国王写在一片金叶子上的请求军事援助的信件出发了。为了得到马尼拉的援助，以对抗暹罗人，萨塔王承诺允许传教士自由宣讲福音，吸纳当地人皈依基督教，并且保证西班牙人在与柬埔寨的贸易活动中的优先地位。[302]

不过在信件到达马尼拉之前，暹罗人已经发起了攻打柬埔寨首都的战争。菲律宾群岛的西班牙人的主要精力此时投注在日本和其他方面的事务上，没有像葡萄牙人那样愿意给萨塔王以援助。当贝洛索及其同伴在1594年年初回到柬埔寨时，他们发现洛韦已经沦陷了。他们和其他很多基督教传教士都很快成为暹罗人的俘虏。就在贝洛索和其他传教士作为囚徒，跨越陆地被押往阿瑜陀耶时，萨塔王依旧固守着柬埔寨的腹地。鲁伊斯和其他几个人竭力逃出了暹罗人的关押，用一个截获来的舢板偷渡前往马尼拉。与此同时，贝洛索在暹罗也得到允许，担任一支前往马尼拉的贸易商队的翻译。1595年，贝洛索、鲁伊斯和瓦尔加斯都在马尼拉，他们都在积极地劝说总督把工作重心从其他事务转变到营救萨塔王方面，并在柬埔寨创建一个西班牙的摄政政体上来。他们的建议尤其得到了传教士们的支持，因为他们认为这是为西班牙赢得宗教与政治进一步扩张的天赐良机，而柬埔寨大陆就是实现进一步扩张的基地。

西班牙在马尼拉的总督路易斯·佩雷斯·达斯马里纳斯（Luis Pérez Dasmariñs）同时受到这群冒险家施加的压力，和马六甲都主教信件的请求的影响，在1596年年初决定委派胡安·华雷斯·加利纳托将军（General Juan Xuares Gallinato）带领一支小军队帮助萨塔王夺回他的王位。这支军队一到达金边，就发现一名篡位者正控制着王权。加利纳托在介入这一混乱的局势时颇为优柔寡断，他最终决定放弃这里回到马尼拉。在返回的航程中，加利纳托航行至交趾支那时，他尽力地确定下了一艘此前在河内（Hanoi）海岸附近失踪的大船的位置。贝洛索和鲁伊斯利用这一机会离开了加利纳托的军队，继续穿越陆地希望在老挝（Laos）能够找到萨塔王。到达万象（Vientiane）后，他们得知萨塔王和他最大的儿子已经死去一年之久了。

这两名西班牙的冒险家并没有被这个悲哀的消息击溃，他们努力劝说萨塔王的二儿子和他的嫔妃们努力把柬埔寨的篡位者赶走。第二年，他们收复了白布（Srei Santhor，柬埔寨地名）的都城，萨塔王的儿子夺回了统治权，名号为巴隆·拉嘉二世（Barom Reachea II）。懦弱的新国王成了国内极度混乱的局势的受害者，也成了所有在幕后想夺取王位的野心家们的牺牲品，其中也包括这两个负责其生存的西班牙人在内。宫廷内有一个强大的穆斯林教派，由一个名叫拉萨马纳（Laksamana）的马来人领导，他们尤其反对贝洛索和鲁伊斯。出于守住既得的一切利益的愿望，傀儡国王给马六甲和马尼拉写信求助。[303] 显然，当柬埔寨的多明我会修士们也在催促行动时，国王的信件到达了菲律宾群岛。但西班牙政府不愿冒这个风险。然而，1599年，菲律宾群岛的前总督堂·路易斯·佩雷斯·达斯马里纳斯（Don Luiz Peréz Dasmariñas）答应出资赞助一支军队开往柬埔寨，条件是要为总督的船只做担保。这支军队的大部分成员还没到达目的地就遭遇了海难。达斯马里纳斯无论如何也无法帮助贝洛索和鲁伊斯从其陷入的险境中脱身了。1599年年中，这两名西班牙冒险家和其他几个传教士被他们的穆斯林敌人杀害了。这场发生在金边的屠杀终结了西班牙人在柬埔寨产生影响力的时代。[304]

西班牙耶稣会士古兹曼（Guzman）是欧洲早期的历史学家中，能够对传教

312

士和军事冒险家在遥远的东方事业进行准确评价的人之一。[305]马德里是为欧洲人所知道的第一座柬埔寨都城，当鲁伊斯和贝洛索被杀害的时候，马德里才开始对柬埔寨的事务产生兴趣。当我们意识到这一点时，上述情形就毫不为怪。事实上，在16世纪的欧洲，西方人在东方的探险活动根本就不为人所知，因此，鲁伊斯和贝洛索在西班牙帝国那些好战的人们心中立即成为了胆识和勇气的代名词。[306]当贝洛索和鲁伊斯的事迹通过口头传播，在整个帝国广为人知的时候，他们完全被美化了。在马尼拉和马德里，这些试图征服柬埔寨的冒险家成为"干涉主义"团体成员心目中的英雄。在17世纪早期的戏剧、间谍题材的小说以及严肃的历史著作中，他们的探险活动得到了大力颂扬。甚至在外国作品中，很快就有了对他们冒险活动的描写，其形式常常是经修饰过的。在秘鲁（Peru）或塞维尔港口的小酒店里面，那些正准备出征打仗的西班牙士兵们以这些故事互相娱乐。[307]在柬埔寨，贝洛索的英勇事迹通过口头传播而得以保留；但直到19世纪末期，才有一名法国牧师记下了他听说的神圣之剑（Sacred Sword）的世袭护卫的故事，据说这些护卫们都是贝洛索和一名柬埔寨公主的儿子。[308]

在远亚，有三大教会管理中心，这些机构负责监督传教团。耶稣会士们控制着葡萄牙人在马六甲和澳门的贸易基地。西班牙在远东地区的军事基地马尼拉受到多个宗教团体的影响。葡萄牙人的保教区内的耶稣会士们遵循着沙勿略为他们大致规划的工作方针。他们与葡萄牙的贸易帝国联结在一起，其布道活动也沿着商人们的贸易路线展开。在远东，耶稣会士们为了在日本保有传教团，甚至亲自参与商业活动。虽然沙勿略的继承人得到了在俗的军事力量的支持，但他们并不完全依赖这些。在香料群岛和日本，传教士们离开了贸易中心自己前去宣讲福音。在16世纪末期，当传教士们进入中国时，他们已经远远领先了葡萄牙的贸易者。然而，在远东，沙勿略领导下的耶稣会士们因为急于进入那些幅员辽阔、物产丰富且人文荟萃的大陆，所以他们毫不犹豫地向前越过东南亚的国家，这一点相当地引人瞩目。

中国、日本，甚至还有印度支那，对于马尼拉这块小小的殖民地上的商人、传教士和贸易者而言，具有同样强烈的吸引力。因为西班牙人试图进入中国而遭遇失败，马尼拉殖民当局就把注意力转向了日本和印度支那。在日本突然发生的冲突事件虽然得到了记述，但是这也很好地说明了当危险迫近日本的传教团的消息到达欧洲时，那里的纷争仍在继续。西班牙的传教士在人数上较少，而且至少来自四个不同的宗教团体，所以他们不像保教区内的耶稣会士那样富于独立性、工作方针上的经验意识以及严格的纪律性。虽然其他在葡萄牙帝国工作的宗教团体有他们自己的统领者和修道院，但他们似乎从来没有像马尼拉的宗教团体那样与在俗的军事力量结成密切的关系。

所有的基督教传教士，无论是受果阿还是墨西哥城管辖，都把穆斯林当作共同的敌人。在解决使异教徒皈依基督教问题的方法上，他们内部产生了分歧并由此引发了彼此间的敌意。在印度和远亚的托钵修道会修士倾向于吸纳当地的底层平民皈依基督教，然后再进入尚未到达的区域，最终把他们的统治者纳入到耶稣会士的管辖和发展之中。除了把工作重心放在吸纳统治者和高级驻地的其他人皈依基督教之外，耶稣会士们遵循着沙勿略执行牧师职务时的方案。在俗的军队出于其在稳定和贸易方面的首要兴趣，无条件地支持传教团的工作，但耶稣会士们对此并非总是感到满意。当耶稣会谴责葡萄牙管理者与穆斯林在德那地岛（Ternate）的统治者苏丹海龙（Sultan Hairun）之间的相互勾结时，贸易者和传教士之间的分歧最为明显。在远东，耶稣会士们在没有葡萄牙军队的具有实质性的帮助或干扰的情况下，也拥有一次宣讲福音的机会。在没有炮艇支持并远离了当地高层势力影响的新形势下，传教士们首次让自己与当地的实际情况相互适应，然后通过辩论和解释尝试着吸引当地人信仰基督教，这样一种工作方针逐渐地得到采纳。这一自我调整政策最先在日本实验，后来又在印度和中国实施。在日本，政治和个人的问题限制了这一政策的自由发展。在印度，前往阿克巴宫廷的传教团不得不努力维持生活，然而吸纳当地人皈依基督教的工作业绩仍然不够显著。但是，在中国也许主要是因为利玛窦的能力，文化渗透政策最终取得了完美的收获。在 16 世纪的最后岁月里，在亚洲两个最大的国家印度和中国，基督教会的传教工作正在迈向取得实绩的路途上。

314

第五节　耶稣会信札、书简和通史

耶稣会的传教士是第一批频频给欧洲提供他们在东方传教工作进展信息的人，他们为此搜集了丰富的关于这些地区、居民以及印度、东印度群岛、日本和中国的文化方面的数据。在 16 世纪上半叶，托钵修道会的修士们就已经开始往欧洲发送信息量丰富的信件和通告。[309] 但是，只有到了耶稣会士们在海外的传教活动变得活跃起来以后，一个综合的通信系统才由此发展起来。在欧洲，对这些海外的信件定期进行传播和出版的计划也开始付诸实施。[310] 从一开始，罗耀拉就要求新成立的耶稣会成员要和他保持联系，而且成员之间也要有定期的书信往来。按照该要求，罗耀拉在 1551 年明确地嘱咐几个前往爱尔兰（Ireland）执行传教工作的耶稣会士，要用重要的信件报告他们的工作进展情况，信件须直接寄给人在罗马的罗耀拉本人；或多或少地涉及私人事务的信件则另外写在其他信笺希吉拉斯（hijuela）上。所有这些信件都是一式三份，通过三条不同的线路寄往罗马，这一要求后来也被沿用下来了。书写这些报告需要投入很多的思考和研究，因为它们将被用于指导欧洲的耶稣会的工作，并且要激发欧洲的大众对这些遥远的耶稣会事业产生兴趣。这些信件作为耶稣会的宣传品，罗耀拉对于其潜在价值非常清楚，这里摘引一段他写于 1542 年的一封信中的文字：

> 当许多朋友得知我们从东方的耶稣会那里收到信件以后，都希望能够阅读并加以鉴赏。如果我们不让他们阅读这些信件，就会伤了彼此间的感情；但是如果我们给他们看了这些混乱地拼凑在一起的消息，他们又会造谣中伤。[311]

这种定期给总部汇报工作进展情况的系统需要在罗马成立一个办公机构，专门负责与远方的传教士们之间的通信、筛选到来的信件以及进行选择、编辑和翻译，以便这些信件能够及时在欧洲传播。从最早的时候到 16 世纪末期，来

315

自国外的信件如果没有进行打印，就会以手稿的形式在欧洲的耶稣会机构之间传阅。最初，这些信件往来的方式并不完美，但是不久以后，耶稣会士们就发展出一个在那个时代的任何欧洲国家都无与伦比的情报工作系统，可能威尼斯是唯一的例外。

1547 年，布尔戈斯（Burgos）的胡安·德·坡兰克（Juan de Polanco）被任命为耶稣会的终身书记官，此后的通信和发行系统就更为正规化和制度化了。坡兰克是一个不知疲倦的人，直到他在 1573 年去世为止，他一直都是耶稣会情报中心的协调者和指导者。罗耀拉和坡兰克对于信件的发行工作的指示被纳入了传教团的章程里面，并在 1558 年得到了耶稣会第一届首席圣会（General Congregation）的许可，接下来这段文字是对当时的推荐信的摘引：

> 下属和上级之间的信件交流（对于培养耶稣会成员之间的团结精神）将有很大的帮助；这种通信工作为所有成员带来了全面的知识，以及来自寄来信件的不同区域的新闻和信息。对于信件的写作，上级部门，尤其是副主教和都主教会给予特别的关注。他们将利用这一手段，了解每一个他们应该了解的其他地方的工作进展情况，并给予指示，在我们的基督教王国里面，共享的知识是一种可以用来相互安慰和彼此启发的资源。[312]

情报工作系统的运转自然而然地由那些前往东方的耶稣会士负责，他们根据特殊需要也对其某些方面进行了修正。沙勿略早年做书记官的经验帮了他的大忙，他是第一个从印度和远东向欧洲汇报工作的耶稣会士。欧洲方面每年只需从亚洲的传教士那里得到一次信件就可以了，不需要那些发送频繁的工作报告，因为从印度来到欧洲的船只每年只有一次。沙勿略在刚开始往欧洲写信时，就把每年寄往欧洲的信件的多个复本从耶稣会士在东方的据点发往欧洲；这一通信系统直到 1773 年耶稣会解散才终止。欧洲的耶稣会士和朋友们很快就学会了从亚洲的传教士那里要求通告地理、气候、居民、习俗、其他具有竞争力的宗教团体以及其他五花八门的背景信息。[313] 对于背景信息数据的需求自然使来自亚洲的信件比那些在欧洲写的信件更加让人"好奇"。

沙勿略到达印度的时间是 1542 年，他的第一封信就是从印度发往欧洲的，信件寄达罗马后就迅速在欧洲传开了。沙勿略从果阿首次发往罗马耶稣会的信件，主要讲述了他前往印度的航程以及对于这块次大陆的第一印象。显然这封信是以手稿的形式在欧洲广泛传播的，这封带有亲笔签名的信件复本于 1664 年在遥远的维尔纳（Vilna）被发现。[314]1543 年，沙勿略给罗耀拉写了两封信，并寄去一份篇幅颇长的文献，这是他从日本给罗马的耶稣会寄去的主要信件。这三份信件与第一批从东方寄往欧洲并得以出版的信件有所不同。1545 年，一本关于这些信件的法语版汇编在巴黎出版了。同年，在奥格斯堡很快就出现了一个德语译本。[315]法语和德语版的出版者都在他们为沙勿略的信件汇编所取的标题中暗示，这些信件不仅仅是给罗耀拉和罗马的耶稣会的，也是给他在罗马、帕多瓦（Padua）、葡萄牙、瓦伦西亚（Valencia）、科隆（Cologne）和巴黎的那些满怀抱负的教友们的。1546 年，一份四页的小册子在罗马出版，上面有葡萄牙人的徽章，其标题是《九份关于东印度群岛信件的复本》（*Copia de una Littera di Nove delle Indie Orientali*）。[316]四年后，一捆来自印度的信札被寄给墨西拿（Messina）的热罗尼莫·纳达尔神父（Father Jeronimo Nadal），并在那里得以出版。但这些信件是否真的出版过仍存有争议。在 1551 年和 1552 年，沙勿略的其他信件在科英布拉和威尼斯出版。[317]根据这些证据，显然可以看出，资历尚浅的耶稣会在 16 世纪中期已经意识到，通过印刷某些信件，实现更广泛地传播，方可更好地获得自己所需要的亚洲信息。

随着耶稣会的传教活动在印度东部的展开，所有这个地区的信件自然都转到了宗教和行政中心果阿。因此，与中国、日本、印度群岛和印度相关的资料首先都被含糊地归入"印度信件"的大标题下，所有这些信件都通过印度传递，借用每年去葡萄牙的船只带回欧洲。大约在 16 世纪中期，耶稣会的神学院在科英布拉创建，其目的在于培训去东方工作的传教士，旧的大学城也成为贮存和整理寄往欧洲的信件的地点。来自这个区域的信件被更为频繁地寄给科英布拉的教友，然后这些信件被复制后再寄给欧洲和罗马的其他耶稣会神学院。坡兰克很快就开始抱怨这些信件在从科英布拉转往罗马时速度太慢。然而，科英布拉作为处理亚洲的耶稣会士们的信件的第一站，其地位显得越来越重要。

和果阿一样，科英布拉是信件复制和印刷的中心。1554 年，对来自非洲、巴西和印度的传教士们的信件进行复制的工作就已经成了很重要的环节。葡萄牙都主教 F. 迭戈·米隆（F. Diego Mirón）给罗耀拉写信说：

317

> 我们这里正按照您的要求搜集从印度发来的信件并准备印刷，但是，我们不明白的是，在这些信件出版之前您是否想在罗马开始阅读。印度发来的信件一到达这里，我们就开始印刷，同时我们也想节省我们的劳力，事实上这很重要，因为要为许多地方制作信件的复本。我们想知道尊贵的阁下您是否允许我们印刷这些信件……[318]

必须允许，因为在接下来的一年里（1555 年），海外信件的总集子在科英布拉出版了。[319]1560 年，葡萄牙的都主教也开始抱怨印度的神父们过于粗心大意，把信件的复本寄给了耶稣会之外的人们，他要求当地的都主教告诫印度的神父们留意此事。[320]1561 年，方济各会修士恩里克斯（Francisco Henriques）被委任为葡萄牙及其海外教区的首席庶务员（Procurator-General），全面负责途经葡萄牙的信件的复制和发行工作，此后的事情在一定程度上得到了规范化。[321]

欧洲按季度送出的信札，每次都有四到五份备份，同时送往印度。令人失望的是，有时候竟没有一封能够送达目的地。即使有送到的，经过果阿辗转到其他东方耶稣会士手中时，常常已经是破损不堪。[322]在欧洲，从印度寄来的信件通常都是经过葡萄牙再到罗马，然后再转到欧洲大陆的其他耶稣会据点。德国的神父们特别急于将这些具有指导性价值的信件翻译成拉丁文并印刷出版。比如，热罗尼莫·纳达尔曾就此事做出正式请求，因为他断定，"……到了德国，我对这些信件就无能为力了"。[323]来自印度或者是从这里得到的信件，被发往巴西，也有一些来自美洲的信件被传播到了果阿、马六甲和日本。[324]

来自东方的信件可以很容易地分为五大类。那些专门为上级领导而挑拣区分出来的信件要比其他类型的更为细致，也更具可靠性，虽然写信的人有时候只是要为自己的政策和行为辩解、致歉。一般情况下，写给耶稣会的信件在口气上往往具有激励性，这样做的目的是为了在欧洲教友中激起他们对亚洲的传教事业的关注。而写给公众的信件一般在措辞上则比较节制，在公开传播或出版之前都经过仔细地审查。除了这些之外，还有许多信件是传教士们写给自己耶稣会内部和外部的朋友的，这些私人信件在描述个人对于新的环境的感受方面要远远多于其他信件。最后，耶稣会的传教士们有时候还写一些"同类的文献"，诸如对于某些特定部落的详细报告、在亚洲创建耶稣会的历史过程以及信息量非常丰富的编年史，这些编年史著作的内容正如当地人所看到的那样，都是与耶稣会传教工作密切相关的。[325]

传教团在亚洲工作的第一个三十年里，所有上述类别的信件都是由每一个传教据点多个不同的人员编写出来的。因此，这些信件，甚至包括那些专门写给上级牧师看的信件，在内容上彼此间也常常是相互矛盾、没有关联并充满了误导成分的。一旦这些早期的信件在欧洲汇集并加以传播之后，来自耶稣会内部和外部的攻击其可靠性的声浪也此起彼伏。[326]1566 年，莱昂·恩里克斯神父（Father Leão Henriques）在里斯本给副主教写信说：

> 在葡萄牙、西班牙和意大利以及每一个地方印刷出版的那些来自印度的信件，或者说是其中的一部分，删去的和修订的内容各有不同，因此，某些人特别是来自非宗教团体的人们，如果留意到这些不一致的地方，将会对这些信件失去兴趣，并给予糟糕的评价，认为这些信件中的内容具有欺骗性。[327]

对这些信件的内容不再完全信任之后，范礼安决定设置一个职位，由专人负责对他的传教据点的年度工作报告进行协调，使其看起来前后一致。1581 年之后，与那些互不关联的信件形成鲜明对比的"真实"年度工作报告信件经前往葡萄牙的船只发往欧洲，并作为官方对于东方传教工作进展情况的陈述分别加以出版。一年后，欧洲的出版机构就开始忙于推出这些官方报告的复本。出版年度书简（Litterae annuae）一旦成为一个固定下来的事务，一般情况下是先出版拉丁文版本，然后再出版各种欧洲方言版本。

第一本以书籍的形式（与此前那些散乱的出版物不同）出版的"印度信件"汇编于 1552 年以意大利文版本在罗马面世。[328] 第二年，一本同样的集子在罗马出版了，日本在其中第一次获得关注。虽然这两本书在其题名《奇闻轶事大全》（cose mirabili）中强调了其读者所渴望知道的有关亚洲的详细知识，但它的实际情况并不能使人满意。1554 年 2 月 24 日，罗耀拉在一封信中指示果阿的加斯帕尔·巴扎乌斯神父（Father Gaspar Barzaeus）：

> 在罗马，从阅读印度的信件中获得很大启发的上层人物习惯于看到那些与我们的耶稣会成员生活的区域的宇宙结构学相关的内容，他们反复地对我做出这样的要求。比如，他们想知道冬天和夏天各有多少天；夏天何时开始；太阳投射的阴影是向左还是向右移动。最后，如果那里有其他看起来可能比较不一般的事物，提醒他们注意一下，比如他们可能一点都不了解的那些关于动植物的细节，或者其大小之类的问题。这样的新闻——作为一种特定的好奇心和趣味的调料是人们所喜闻乐见的，也是人们习惯于寻求的——可以出现在同一封信件中或者是其他几份单独的信件中。[329]

用意大利文翻译而成的（这些信件常常是用葡萄牙文或西班牙文写就）一系列书简在 1556 年、1557 年、1558 年持续地在罗马的专业耶稣会出版机构，和附加的卷册一道得以出版。同样的集子也在 1559 年到 1568 年间，在威尼斯的特拉梅兹诺出版社（Tramezzino press）出版。这些意大利文译本的目的显然是在宣传方面，其出售价格明显比较低廉。还有一些可以免费流通，目的在于尽可能广泛地予以传播。这些手册作为一种样本很快地被意大利的其他印刷业者再次出版。不久，其中的一些就被翻译成各种欧洲语言的版本，在欧洲北部的城市中出版。意大利版的系列集子的后继产品规模比原来的还要大，因为那些最重要的信件每一次都被作为新近收到的信件的背景材料而得以重版。对其读者而言颇为不幸的是，这些最初在意大利出版的集子后来翻译得很糟糕，还经过了严苛地审查，并且在报导传教团最初的成功时过于夸张。显

319

然，耶稣会士们从未失去他们最初在意大利版的系列集子的导言中所表达的信念，关于欧洲通过在海外世界吸纳大量的异教徒皈依基督教而带来的宗教改革（Reformation）所导致的损失，教会可能会进行补偿。显然，他们也希望阿尔卑斯山脉（Alps）北部地区的天主教徒和新教徒同样能够铭记，天主教义仍然是一种充满活力和进取精神的信仰。

　　1555 年，皮特·卡尼修斯神父（Fathers Peter Canisius）和热罗尼莫·纳达尔开始谨慎地呼吁翻译信件的拉丁文版本，这样一来信件就能很容易地在北欧传播，而不需要经过再次翻译。[330] 然而，直到 1563 年，第一个拉丁文书信集子《印度信札》（*Epistolae indicae*）才出现，正好 96 页，该书是在帝国特权的许可下由迪林根（Dillingen）的耶稣会印刷业者塞巴尔德·梅耶（Sebald Meyer）负责出版的。三年后，布拉班特（Brabant）的非耶稣会人士约翰内斯·鲁提留斯（Johannes Rutilius）在卢万（Louvain）出版了一本类似的非官方集子。[331] 这本非权威的集子对于传教士们的报告进行了武断地删除，并增加了一些虚构的内容，因为它传播的范围非常广，这让耶稣会士们大为恼火。诸如鲁提留斯这样的私人出版商逐渐发现，印刷出版耶稣会的信札可能是一笔有利可图的生意。有一些版本上有这样的广告语："快乐阅读，物超所值"，有些谨慎的出版商甚至购买了一些集子的版权。1590 年，安特卫普的普兰汀出版社（Plantin press）出版了一本包含 865 份信件复本的书信集子。[332] 可能有着相似数量的同类书信集，经常大批量地从威尼斯、科隆、巴黎、罗马、塞维尔、迪林根、因戈尔施塔特（Ingolstadt）、布雷西亚（Brescia）、慕尼黑（Munich）、埃武拉（Evora）、里斯本、那不勒斯（Napless）、佛罗伦萨和马德里的大出版社发行。1583 年，有一个集子甚至被翻译成了捷克文（Czech）。[333]

　　权威的耶稣会士信札集子在伊比利亚国家出版，尤其是那些来自科英布拉的书籍在出版日期和内容上，常常与意大利和欧洲其他地方出版的集子相似。例如，1552 年在科英布拉，"印度信件"的一个小类别在西班牙出版，该日期与罗马出版的第一本集子一样。随后，伊比利亚国家出版和重印的书籍与其他地方的出版物总是相吻合。总体而言，也许大部分信件都是用西班牙文和葡萄牙文写成的，因此伊比利亚国家出版的集子对于信件原文的复制要比意大利文译本更精确。一般情况下，这些书信集子似乎没有遭到像罗马的书籍那样的严格审查。但是葡萄牙文和西班牙文的集子在欧洲几乎不太为人所知，被翻译的内容显然也很少。在北欧，大部分译本的原文都来自意大利出版的集子。

单册集子除了最早出版的一些在篇幅上比较冗长之外，其大小在整个 16 世纪的下半叶总体上得到了保持，早期出版的集子在数量上也没有后来的多。1575 年之后的那个十年里，出现了例外，为了满足人们对新闻的需求，出版的译本出现了易于携带的小册子。1593 年，有一个德语版的书信集子令人印象深刻，在期待了整整六年之后，于 1598 年在埃武拉出版了纪念版的书信集。与此同时，帝国印刷业者（Imperial Printer）约翰内斯·阿尔宾（Johannes Albin）以一套从意大利文译成拉丁文的非凡出版物进入了该领域。[334] 在这些商业性的出版物编辑和译者中间，最优秀的就是加斯帕罗·斯皮泰利（Gasparo Spitelli），他是耶稣会的档案保管员，也是副主教的秘书。一般的读者们也通过不时地支付出版费用，支持耶稣会提供的关于亚洲的文献的传播。虽然每一年从东方寄回的信件都得到了广泛地出版，但那些富于创业精神的印刷业者在 16 世纪下半叶仍然把个别传教士的信件进行出版，提供给他们欧洲的朋友阅读。

最早的书信集子编辑们并没有为单独出版各个不同的传教据点寄来的信札而尽力。然而，来自日本传教士那里的信件很快就在从意大利传播到伊比利亚国家的诸多信札中赢得了特殊的地位。来自印度的信件数量从 16 世纪 60 年代初就开始急剧下降，[335] "日本信件" 之所以能够以单独的集子出版，可能就与此相关。1565 年，日本寄来的信件在科英布拉首次以专集的形式出版，它在 1598 年埃武拉出版的两卷本纪念信札集面世之前，[336] 一直是出版时间间隔没有规律的信札集子的范例。意大利文的日本信札专集于 1578 年由罗马的萨内蒂（Zanetti）负责开始出版。[337] 当 "真实的" 年度信札集子于 1581 年开始出版时，来自日本的信件逐渐被视为此类工作报告的模本。[338]

来自日本的信件在质量上更为上乘，可能是因为大部分信件都是伏若望（Luis Frόis）写的，他是与耶稣会一直保持联系的最好的观察者和编年史家之一。当东方的传教团正在享受其工作带来的成就感时，来自东方的特殊传教据点的信件的流通作为一种制度却在持续着。当出现困难时，比如在 1560 年后的

321

印度或者是 1570 年后的马鲁古群岛，信件的数量和篇幅则急剧萎缩。正是因为来自日本的信件在质量上的优势，致使后来的作者们提及耶稣会信件时就是指"日本信件"，而不是"印度信件"。东印度群岛和东南亚也开始有规律地往欧洲发信，虽然它们并没有得到"东印度信件"的称号。但是在耶稣会士的信件中中国和菲律宾群岛没有其他区域描述得详细，因为中国直到 1583 年才允许他们进入其内陆，并将之作为永久性的传教基地，而菲律宾则由其他的教团控制着那里的传教活动。

因为这些信件经由上百种各种各样的汇编集子出版，对于那些想看到以简洁而连贯的形式出现的东方信息的欧洲人而言，这些集子根本无法使他们感到完全满意。比如，通过考察 16 世纪沙勿略从印度寄来的信件的出版史，会发现仅仅借助耶稣会的信札就想获得一种关于亚洲的清晰观点是非常困难的。沙勿略从印度寄来的信件有 32 封至今还被保存着。其中有 11 封于 1545 年到 1579 年间首次得到出版。其中有 4 封多次印刷，即他在 1542 年写的两封书信（在 1545 年出版了两次）以及 1549 年写的另外两封信件（首次出版于 1569 年和 1570 年）。沙勿略写的其他信件[339]首次由 H. 图尔塞林努斯（H. Tursellinus）编辑，于 1596 年在罗马出版，题名为《方济各会修士沙勿略的书简》（*Francisci Xaverii epistolarum libri quatuour*）。[340] 可以很容易地看出，1570 年之前，欧洲人都是通过沙勿略的信件的少量出版物来了解印度的，自此以后就没有任何途径了，这种情况一直持续到了 1596 年。1596 年之前出版的信件常常被审查的人删减或被一些作家重写，这致使情况更加糟糕。图尔塞林努斯本人就曾毫不犹豫地对沙勿略的报告进行过改造，草率地把原文翻译成修饰过的拉丁语复合句。沙勿略的信件和其继承人的信件一样，在综合了解亚洲各方面事务时显然不能完全依赖。这些信件最有用的地方在于，它们可以作为核对欧洲和东方的编年史作家的叙述中那些分散的数据的资料。

那些对亚洲历史和欧洲对东方的了解情况感兴趣的学者们是如何使用这些出版的信札集子的呢？要知道这一问题，有几种可行的方法去探讨。最明显的就是研究这些书简本身；但是，因为这些资料很少，即使可以得到，也可能会发觉它们分散在很多彼此间没有联系的档案里面，因此这个方法具有很大的困

322

难。所有规模比较大的信札集子中都会有一个信件列表，这可以在 1928 年出版于亚琛（Aachen），由 R. 斯特赖特（R. Streit）编辑的《传教会文献》（*Bibliotheca Missionum*）的第四卷中看到。但也有一个例外。[341] 沙勿略的最后一个书信集子是由两名虔诚的耶稣会学者格奥尔格·舒尔哈默（Georg Schurhammer）和约瑟夫·维基（Josef Wicki）出版的。因为原版的信件和集子无从得到，安东·伊格劳尔（Anton Eglauer）在 18 世纪末出版了一系列小册子，其中许多 16 世纪的信件都是从几个早期出版的意大利文、拉丁文和德文汇编中摘录出来的。伊格劳尔按照地区（东印度群岛和日本）和编年顺序编排这些信件，但没能一以贯之，最后将它们译成了德文。[342] 这位德国编者没有使用任何西班牙或葡萄牙的集子，虽然他知道巴罗斯和奥索留斯（Osorius）的作品。最近几年，现存信件（包括已出版的和未出版的）的优质注释版本由沙勿略的继承者们通过耶稣会出版了。比如，约瑟夫·维基已经编辑了七大卷史料翔实的文献集子《印度文献集》（*Documenta Indica*），并于 1948 年到 1962 年在罗马出版，其中所有可以看到的信件都写于 1540 年到 1569 年之间。与此同时，A. 达·席尔瓦·里格神父（Father A. da Silva Rego）在里斯本已经将其编辑的大型资料汇编《葡萄牙人在东方保教区传教活动的历史文献集（1947—1960）》（*Documentação para história das missões do padroado português do Oriente，1947-60*）出版了 12 卷。这本文献集覆盖的年份直到 1573 年，其中包括大量的耶稣会士信件和有价值的补充资料。现代的学者们正是根据这些出版的文献集子，而不是依据那些信札本身，才能够最有效地使用耶稣会的书信报告。

现存的耶稣会信札集子对于亚洲的不同方面而言，其价值也不完全一样。对于某些时期出版的集子而言，其价值就要远远高于其他时期。虽然从 1552 年到 1571 年间，在欧洲几乎每年都会有一些书信集子出版，但是 1560 年后，从印度寄来的单批书信的数量明显减少了。[343] 书信数量的减少可能反映出印度的传教工作对于既往强制大批当地人皈依基督教的方针的重新调整，已经变得司空见惯。摩尔人也重新发起了攻打葡属印度的军事行动，这使传教士们把更多的精力转向了远东地区。在欧洲，1571 年后的那个十年里，耶稣会信札的出版总量同样遇到了一个突如其来的停顿。这一现象可能反映出耶稣会及其朋友

323

们对于早期的出版物的不满。或者，这种情况可能与特伦多大公会议上基督教会做出重大的决定之后，墨丘利安副主教（General Mercurian）开始努力巩固耶稣会在欧洲的地位有关系。随着非洲战争的爆发以及伊比利亚半岛上关于王位继承问题而带来的日益加剧的严峻局势，葡萄牙国王把全部精力都投入到香料垄断事务那极度不稳定的经济结构中去了，这也可能是个人的信件以及欧洲出版的信札集子在数量上同时减少的原因。

欧洲的政治事件和耶稣会信件出版系统的改革在日期上显示出惊人的耦合。菲利普二世于1581年继承葡萄牙的王位，也正是在这一年，首个官方的年度信件集子在罗马出版。因为官方的出版物在整理、编辑和审查上都很严格，它们在信息量上就不及早期耶稣会的权威书信集子和欧洲的其他印刷中心不断出版的那些非官方集子丰富。1570年后，印度的传教事务在官方和非官方出版的书信集子中都渐渐地不再受到主要关注，而日本、中国和菲律宾群岛在传教工作上取得了更为引人瞩目的成就，其出版的空间也越来越大。在16世纪的最后二十年里，当3名耶稣会传教士见到了阿克巴，并进入莫卧儿帝国的事件作为耶稣会传教工作的重大胜利而广为传颂之时，在这一出版趋势中才出现了唯一的例外。

根据对信札集子出版史的考察结果，似乎可以明确地指出，对这些集子感兴趣的欧洲读者至多从中得到一些关于亚洲究竟如何生活以及欧洲人在此如何生活的片面观点。偶尔会有一些单独出版的"印度信札"集子可以与16世纪的最后三十年里出版的那些厚重的大型"日本信札"集子相提并论。伏若望是日本与欧洲之间伟大的翻译者，而印度从未出现过一个像他这样的发言人。[344]在紧随沙勿略之后的继承人中间，最受欢迎的关于印度的信件写作者是巴扎乌斯、恩里克·恩里克斯和伏若望，此时的伏若望还没有前往日本。虽然范礼安对于亚洲各个地方的所有传教据点的信息非常了解，但他的信件得到出版的非常之少。随着时间的推移，读者们渐渐地需要看到关于东方情况的连续性的叙述，这就要求信件写作者要对传教士们的活动有一个全面的视角，才能够为欧洲的耶稣会和朋友们提供一个关于亚洲传教团的总体历史图景。

早在16世纪50年代至60年代，那些具有影响力的耶稣会士就开始给罗马写信，要求耶稣会指派一名有资格的成员，对寄去的信件进行正式地整合。[345] 在一定程度上，耶稣会士们担心，如果他们自己无法为读者提供这样一种全面的历史，其他人将取而代之，这形成了耶稣会士们整合信件的动力。最终，耶稣学院选择了年轻的见习修士 G.P. 马菲（G. P. Maffei）。他是一名博学的拉丁语学家和人文主义者，将由他根据来自东方的信件和其他任何只要能够得到的资料，为亚洲的传教工作撰写一段正式的历史。马菲的作品首版于 1571 年，没有预期中的那么好，而这个时候也正是信札集子出版物的数量减少的年头。从未出版过的曼努埃尔·达·科斯塔（Manuel da Costa）的《1568 年以来的东方传教史》（*Historia dos missiones do Oriente até o anno de 1568*）的葡萄牙文手稿转给了罗马的马菲，被译成了拉丁文。达·科斯塔是一名耶稣会传教学家和书志学家，他曾在科英布拉当老师，在那里可以看到未经审查的大部分耶稣会信件。马菲在为其著作的拉丁文版本《耶稣会士在东方社会的传教业绩》（*Rerum a Societate Jesu in Oriente gestarum commentarius*，该书于 1571 年出版于迪林根）所写的导言里面，为达·科斯塔把这些信件材料整合成一个简短的评论所付出的努力而庆贺。马菲还把来自日本的一些信件翻译成拉丁文，并进行删节，放在他翻译的达·科斯塔的作品后面作为附录。这个附录的标题是《日本传教工作书信集四册》（*De Japonicis rebus epistolarum libri IV*）。

马菲翻译的达·科斯塔作品的拉丁文版本很快被各方指责其内容过于虚假。达·科斯塔本人虽然没有直接批评马菲，但他尖锐地指出，"这么多谎言放在一起将会使那个曾为之骄傲的人非常痛苦……"。[346] 达·科斯塔指控说，他的作品在罗马遭遇了"奇怪的分割"，而且里面被插入了毫无根据的内容。达·科斯塔断言，他的作品的拉丁文译本充满了"错误和谎言"。1575 年，马菲翻译的达·科斯塔的作品被送到印度供人评论。虽然，印度方面没有立即对该作品做出详细的回应，但利玛窦则于 1580 年从印度写信说："由此可知一些评论以及印度和日本的信件中充满了非常明显的错误。"[347] 据说，对于作品中遭到歪曲的内容的批评锋芒主要集中到了罗马的审查人员那里，因为他们愚笨的编辑和重写工作致使作品中出现了大量的错误。[348] 虽然如此，马菲的拉丁文译本仍然出了好几版。[349] 1571 年，也就是达·科斯塔作品的拉丁文译本首次出版的那一年，E. 奥格（E. Auger）又把它翻译成了法语，在里昂出版了。[350]理查德·威尔斯（Richard Willes）是 1577 年出版的《传教士工作史》（*History of Travayle*）一书的编者，据称他编这本书的目的是为他自己写作"论日本岛"（Of the Island Giapan）做准备。[351]1586 年，马菲的拉丁文译本又被 J. C. 格岑（J. C. Götzen）翻译成了德文。

325

　　因为马菲的第一项工作得到了传播、重版、翻译和批评，这位年轻的人文主义者于 1578 年被派往伊比利亚半岛，为撰写一部拉丁文的耶稣会士在东方活动的总体历史搜集资料。[352]在伊比利亚半岛，马菲得到了权威当局的全力协助，并被允许使用里斯本的国家档案馆。马菲长期在里斯本摘录总督以及其他为葡萄牙国王工作的人们的报告。马菲还使用了 A. 加尔旺（A. Galvão）、F. 洛佩斯·德·卡斯塔涅达（F. Lopes de Castanheda）、J. 德·巴罗斯（J. de Barros）和达米奥·德·戈伊斯（Damião de Góis）出版的作品。马菲还对 H. 奥索留斯、布拉兹·德·阿尔伯克基（Braz de Albuquerque，他曾编辑过其父亲的信札集子）以及安东尼奥·皮涅罗（Antonio Pinheiro，他是一名档案保管员和编年史家）进行了访谈。马菲在加斯帕尔·贡萨尔维斯神父（Father Gaspard Gonçalves）的陪伴下于 1582 年 10 月拜访了费尔南·门德斯·平托（Fernão Mendes Pinto），这个时间距离这位大冒险家离世正好九个月。[353]与此同时，在罗马耶稣会档案馆的资料库，为其写作做准备的资料摘录工作也在进行。马菲也参考了坡兰克的《编年史》（*Chronicon*），这本书是伟大的书记官坡兰克生前一直在编辑的耶稣会传教情况的年度记录集。应马菲的要求，人在日本的伏若望于 1579 年被分派了一个任务，即编一本基督教会在日本的历史。[354]范礼安本人对马菲的工作规划很有兴趣，尽可能地为马菲摘录资料。1584 年，马菲回到了罗马，1585 年，日本的传教团造访了这座"永恒之城"。[355]马菲当时在陪同日本使节，可能由此得到了与日本传教团会谈并与传教团知识渊博的翻译梅斯基塔神父（Father Mesquita）接触的机会。范礼安的《东印度耶稣会传教团发展史（1542—1564 年）》（*Historia del principio y progresso de la Compania de Jesus en las Indias Orientales*，1542-1564）的第一部分由日本来的传教团送达欧洲，马菲的许多描述都自由地摘引自该书。[356]

1588 年，马菲最重要的作品《16 卷本印度史》(*Historiarum Indicarum libri XVI*) 在佛罗伦萨出版。马菲的作品使用了第一手的资料，而且用优雅的拉丁文写就，因此它在整个欧洲都得到了热捧。出版该书的热情是由日本大使激起的。和门多萨论述中国的书籍一样，[357] 正当欧洲人对远东的好奇心处于最高峰的时候，该书上市了。16 世纪临近结束之际，马菲作品的拉丁文版分别在威尼斯（1588 年）、里昂（1589 年）、贝尔格蒙（Bergamo，1590 年）[358] 和科隆（1589 年、1590 年和 1593 年）得到了重版。[359] 1589 年，该书的意大利文译本在佛罗伦萨和威尼斯同时出版。就目前所知而言，在 1604 年之前该书没有法文译本，也没有德文和英文译本印刷出版。迄今为止，马菲的这部作品被重版了至少 26 次。[360] 和许多来自东方的信件不同，马菲的作品语言表述比较谨慎，修辞性的夸饰内容显然很少。甚至曾告诫马菲的作品在东方的传教士们阅读之前不应出版的范礼安，也对其中的日本论述表示欣然接受。1603 年，这位耶稣会巡阅使从澳门写信说："到目前为止，在所有那些讨论日本的作品中，就其中的精确度与条理性而言，G. P. 马菲神父在他的作品中所达到的成就尚无人能及。"[361]

马菲的著作的大部分内容都与大约 1557 年之前在印度、东印度群岛和阿拉伯海地区的葡萄牙统治者和耶稣会的传教据点相关。第一批出版的五本书严格遵循了巴罗斯的著作模式。讨论中国的第六册和主要讨论日本的第十二册一样，大大受惠于范礼安对那些国家的描述。占了该书 900 页篇幅的 1/3 的信件附录，几乎都是在 1549 年到 1574 年间关于日本或从日本寄来的。当马菲在他的著作中重新编辑他以前曾在翻译达·科斯塔的作品时附加的信件时，他为了其第二次的使用，在选择信件时表现出了更多的谨慎态度。此外，在第二次使用这些信件时也免去了罗马审查官的删除和修改。事实上，有一个值得注意的现象是，马菲的作品首次出版是在佛罗伦萨，而且，后来也从未在罗马出版过再版本。

马菲的作品写得真诚而优雅，因为这位耶稣会的人文主义者在写作时，"印度信件"正在被欧洲和印度的耶稣会的高层人物抨击为虚假和夸张。资历尚浅的耶稣会此时正急于通过相关的努力，为自己在东方的一系列活动和耶稣会伟

326

大的创建者罗耀拉与沙勿略的生平撰写一部历史著作，马菲的作品就是在这个过程中完成的。坡兰克的《编年史》一书的手稿对耶稣会所有的传教据点和传教团的活动逐年所做的概括，为其研究者提供了工作基础。1576年，坡兰克去世，此后马菲和其他人开始就耶稣会的历史和传记作品的不同方面展开了相关的研究。[362] 其中，传记得到了特别谨慎地对待，因为它们是将罗耀拉和沙勿略神圣化的基础。佩德罗·德·里瓦德内拉（Pedro de Ribadeneira）描述罗耀拉一生的作品首次印刷出版于1583年，耶稣会的这位创建者在1622年被封为圣徒。沙勿略的传记写作是其圣徒封号得以确立的前奏，二者基本上是同步进行的，但是，传记中的叙述在本质上与印度和更遥远的东方的宗教事务的具体情形有着很大的差异。

沙勿略去世的确凿的消息首次传到欧洲是在1555年。第二年，从欧洲到来的船只带着若昂三世给总督的指示，要求他立即搜集有关沙勿略在东方的生活、工作、行为以及伟业的真实情形的叙述，然后将这种立誓保证其真实性的描述通过三条不同的途径发往里斯本。[363] 葡萄牙在印度的在俗权威当局于1556年到1557年间根据63名长期与沙勿略相熟的葡萄牙目击者的描述，对沙勿略的海外生涯内容进行了搜集编辑，然后发往欧洲。若昂三世一收到第一批业经证实的记述材料就开始督促罗马教廷将沙勿略封为圣徒，甚至在很早就要求为沙勿略举行宗教节日（Feast Day）。1558年，若昂三世去世，但是直到大量有实际价值的有关沙勿略在东方活动的资料被搜集起来，并使之对撰写沙勿略的个人传记和耶稣会的历史具有潜在用途时，里斯本方面才停止对罗马教廷施加压力。与此同时，建议教廷将沙勿略封为圣徒的要求也被反复提出，不绝于耳，这是1585年日本大使提出的最引人瞩目的请求之一。[364]

耶稣会士们在1567年到1583年间把主要精力集中在准备出版并大量发行德·里瓦德内拉所写的《罗耀拉》（Loyola）一书上，写作沙勿略传记的事情就被暂时地搁置了。然而，马菲在为他的拉丁文历史著作搜集材料时，把自己的一部分精力放在沙勿略那里。在马菲做研究期间，许多东方的耶稣会士开始对已经搜集到的有关沙勿略生平的一些资料进行核实。最终，耶稣会士们把那些关于沙勿略奇迹般的事件或者完全摒弃，或者用一种更为合理的角度重新予以解释。印度传教团的先驱分子曼努埃尔·特谢拉（Manuel Teixeira）此时也受委托正在搜集沙勿略的信件，并在印度撰写沙勿略的传记。1580 年，特谢拉撰写的沙勿略传记手稿完成，此后在欧洲的耶稣会成员之间传看并纠错。这一手稿和范礼安写的历史著作的第一部分，一并构成了 16 世纪末期才开始出版的许多传记作品的基础。[365]

关于沙勿略的第一部完整的传记作品是由霍尔拉提奥·图尔塞林努斯（Horatio Tursellinus）完成的，1594 年，该传记的拉丁文版在罗马印刷出版。该传记的第一版充满了误印的内容，然而这在 1596 年得到了纠正、修订，并附加了一个沙勿略的重版的全部书信集再次出版了。虽然图尔塞林努斯不加批判地接受了他亲眼所见的资料中的观点，以及经费尔南·门德斯·平托浪漫化了的"历史"，但是，因为他撰写的沙勿略传记清晰而简明，颇受好评，与德·里瓦德内拉写的《罗耀拉》相比较，仍不失为一部杰作。许多后来的沙勿略传记在客观性上都倒退了。[366] 图尔塞林努斯于 1599 年去世后不久，若昂·德·鲁辛纳（João de Lucena）为沙勿略写的传记于 1600 年在里斯本出版了。[367] 这部著作与以前的相比，倾向于尝试着把沙勿略放在他生活和工作的整体历史语境中考察。罗耀拉的传记作者佩德罗·德·里瓦德内拉的第三部传记作品于 1601 年在马德里用西班牙文出版，这部传记作品保留了许多已经被早期的传记作家删除的神圣传说，那些传说中奇迹般的事件使沙勿略一部分的传奇事迹得到了长期地保留，这导致了传说的成分不断增加。和罗耀拉一样，沙勿略在 1622 年被教皇格里高利十五世封为圣徒，后来又被教皇本尼迪克特十六世封为印度和东方的圣徒庇护人。[368]

耶稣会在 16 世纪最后三十年的史料编纂工作中，迄今仍对我们产生影响的是路易斯·德·古兹曼编的 12 卷本的《东印度、日本和中国的耶稣会传教史》（*Historia de las missiones que han hecho los religiosos de la Compañia de Iesus, para predicar el Sancto Euangelio en la India Oriental, y en los Reynos de la China y Iapon*），该书于 1601 年在阿尔卡拉（Alcalá）出版。[369] 关于古兹曼的生平和事业状况很少为人所知。古兹曼一生（1544—1605 年）中的大部分时间似乎都在西班牙度过，他曾担任过几所耶稣会神学院的院长和安达卢西亚（Andalusia）

328

以及托莱多（Toledo）的教区长。根据古兹曼的官职，他显然有权使用16世纪后半叶涌入西班牙的耶稣会信件。古兹曼似乎也使用过1575年和1598年出版的《来自日本和中国的信札》（*Cartas*）[370]、范礼安的《历史》一书的手稿[371]以及其他资料。因为西班牙的耶稣会士档案材料失踪了，古兹曼作品中包含的原始材料就显得很重要，特别是那些关于16世纪最后十年的内容，尤其如此。

古兹曼几乎追溯了沙勿略时代以降直到他的作品出版为止的耶稣会士在东方活动的整个历史。这位西班牙的耶稣会士很少谈及耶稣会士在印度和东印度群岛的活动。关于耶稣会士在日本的传教事务，古兹曼给予了很长的篇幅进行描述，其占的页数超过了两卷总页数的一半，紧随其后的是关于耶稣会士在中国的情况描述（第四册），其篇幅也相当可观。和马菲的作品不同，古兹曼在记述耶稣会士的传教活动时没有严格按照编年的顺序进行。古兹曼作品的章节安排是这样的：首先讨论特殊的区域，然后再描述耶稣会士在这些区域的活动情况。古兹曼也尽力地把这些区域联系在一起讨论，他在论及不同区域的独立传统时要比马菲更具有自觉性。古兹曼与范礼安和马菲均不同，他对比较和对比亚洲对欧洲的启发意义的兴趣不大。古兹曼的叙述是简洁、直率的，相对而言，看上去不会那么冗赘、说教。

无论基督教传教团的性质如何，但它毫无疑问地被认为是欧洲获得持久的亚洲印象的三大主要渠道之一。在东方，来自伊比利亚国家和意大利的传教士在基督教的事务中占支配地位，甚至有一些欧洲北部的基督教徒也在保教区内工作。因为传教士们与在俗事务的密切联系，欧洲人在东方的冒险事业对他们而言也是很重要的。虽然有一些传教士和一些管理者心胸狭隘，但范礼安领导下的耶稣会士们尽量地避免文化上的对立和宗教上的敌意，最终他们倾向于和比较大的文化群体，诸如日本、中国和印度文化之间施行一种调和政策。范礼安的文化调和政策的发展，在远东遭到了菲律宾群岛上的传教士和西班牙人倡导的采取直接行动的政策的挑战。当这种基于武力的政策被欧洲的教会和国家政策制定者否决以后，它就遇到了突如其来的阻力。文化调和政策得到了欧洲的教会和国家领导人的支持，最终它在中国和印度北部赢得了胜利。在日本，

329

提倡采取武力者和支持和平渗透者之间的争论一直持续到了 1600 年。

　　传教士们在东方胜利、失败和冲突的消息通过在俗的和教会的管理者们的官方报告传到了欧洲。从亚洲回到欧洲的传教士们反而不再是信息传播的一个特别有效的渠道了，除非他们是由官方从东方派遣到欧洲，专门去给他们的上司汇报工作的。亚洲最伟大的传教士（沙勿略、伏若望、范礼安和利玛窦），还有很多不知名的小人物最终都埋骨东方，再也没有回到过欧洲。因此，他们在东方的经验和知识不得不通过他们的作品以及其他人的报告传到欧洲。对于现代的学者而言，幸运的是，耶稣会在他们的档案材料和出版物中保留了大量的有关传教士在东方从事的英雄般的事业的文献资料。

　　与欧洲在俗的作者的作品加以对比，就会发现，在东方的传教士们的作品总体上很少涉及与贸易相关的事务。但他们记述了在俗军队的军事活动，因为军事控制对于福音的传播常常有着直接或潜在的重要性。传教士们对东方的宗教信仰和作品的兴趣，自然要比对商人和管理者的兴趣浓厚。当传教士们偶尔进入到那些在俗的作家没有去过的地方时，他们的评论要远比其他欧洲人的资料深刻、真实得多。恩里克·恩里克斯的捕鱼海岸、伏若望的日本、范礼安的中国以及热罗姆·沙勿略笔下的阿克巴王国，这些真实的记述是那些在俗的作者们所望尘莫及的。因为很多传教士都被分配在距离葡萄牙的殖民据点很遥远的地方，传教士们被要求学习当地的语言，并按照他们工作地域的社会习俗生活。那些第一批进入亚洲生活中的人们尤其如此。许多活动范围局限于葡萄牙人控制的港口的传教士（特别是范礼安），即使他们所在的位置根本不需要这么做，但他们同样确信自己需要真正地进入当地人的生活氛围。到 16 世纪末，耶稣会士们已经确信，如果基督教徒要在亚洲的高雅文化中赢得人们的认可，文化上的融合将是必不可少的第一步。虽然如此，但正如耶稣会士们在其写作中所表述的那样，他们始终把吸纳当地人皈依基督教作为其最终的工作目标，在把他们的作品作为历史资料使用时，应始终谨记耶稣会士们的这一目标。

330

　　出现在人们视野中的耶稣会信件和通史著作并非 16 世纪唯一重要的作品。正如我们所看到的那样，其他的宗教团体在葡萄牙和西班牙帝国统治下的东方区域中同样都很活跃。然而，我们所了解到的基督教徒的活动主要借助的是耶稣会的作品，因为其他宗教团体的通信系统与耶稣会的相比，都不及后者的报告和出版系统那么规范。这并不是说其他宗教团体关于亚洲的信息渠道的开启就完全是喑哑无声的，或者说他们对于欧洲人了解亚洲没有做出任何贡献。特别值得注意的是其他传教团的作者对于有关中国的知识的积累和传播的贡献。葡萄牙多明我会修士加斯帕尔·达·克路士（Gaspar da Cruz）于 1569 年出版了欧洲第一本关于中国的专著。西班牙奥古斯丁会修士胡安·冈萨雷斯·德·门多萨于 1585 年在欧洲出版了一部最全面、最受欢迎的关于明代中国的专著。虽然耶稣会士们一般不会出版那种局限于一个国家或一个传教团的著作，但意大利耶稣会士乔万尼·巴蒂斯塔·佩鲁奇（Giovanni Battista Peruschi）于 1597 年出版了一部综述阿克巴王国的知名著作。[372] 这些讨论具体国家的书籍与记述传教士在东方的宗教活动的通史不同，这些内容我们将在后面论述具体国家的章节中讨论。那些以其他区域为中心，但是包含了意义重大的亚洲资料的著作，我们同样放在后面的章节中讨论。

对于 16 世纪亚洲历史的某些特定部分而言，耶稣会信札作为资料是必不可少的。在重构织田信长与丰臣秀吉统一日本的重要时期的历史时，耶稣会的信札特别具有助益。关于东方的其他地区，这些耶稣会的信札远不够全面、准确、详尽。关于印度、锡兰和马鲁古群岛的位置，以及那里的事件发生的时间，耶稣会的信札提供了精确的数据、统计[373] 和日期，而其他的资料要么散佚，要么就是令人费解地漠视那里的事件发生的具体年代。如果沿用穆斯林（尤其是波斯人和阿拉伯人）的资料，耶稣会的资料将能够为南亚和香料群岛的信息提供用于核实的依据和补充。如果与耶稣会尚未出版的资料以及克路士和门多萨的著作相对比，耶稣会士们出版的有关中国的资料的零碎性和毫无启发性将会让人感到失望。除了少数极个别的例外情况，耶稣会的资料对于东南亚大陆上的国家的研究者而言，几乎毫无价值。耶稣会提供的资料中最有价值的部分是关于日本、印度、锡兰和香料群岛的内容，他们的贡献主要局限在 16 世纪下半叶发生的事件上。甚至关于这五十年的事件记述，耶稣会提供的资料也很不连贯，也许日本是个例外。关于印度，耶稣会提供的特别有价值的内容是 1542 年到 1560 年以及 1582 年到 1600 年间的资料。关于香料群岛，耶稣会提供的资料涵盖了 1545 年到 1574 年间的整个时期，但是质量参差不齐而且很不均衡。

　　虽然耶稣会传教士们出版的作品中的东方描述多少还算连贯，但其对于欧洲的东方意识的觉醒的贡献方面同样是参差不齐的。马菲和古兹曼的通史著作与其他的书简不同，它们对于耶稣会传教团从开始一直到贯穿 16 世纪大部分时间在东方的活动进行了全面地描述。已出版的来自东方的信件汇编大致可以分为三个时期：给人印象深刻的首先是 1545 年到 1570 年间的出版物；然后是 1570 年代零星出现的重版集子以及"日本信件"；最后是 16 世纪后期，自从 1581 年官方编纂的"真实"年度书简集子的出版发行，就开始实行更为严格的审查制度。然而，我们不应该忘记来自东方但没能出版的信件和报告也得到了耶稣会士们有计划地传播，这些资料同样为欧洲的信息贮存量的增长做出了贡献。然而，我们实际上无法确定未出版的资料的传播对于欧洲的公众究竟产生了多大的影响。可是，范礼安未出版的《历史》一书的部分手稿已经被整合进了许多出版了的历史著作则是显而易见的。我们同样可以确定的是，对于 16 世纪大量写作于东方而没有得到出版的某些文献资料而言，上述结论似乎同样有效。在下文中，我们将结论限定在 16 世纪确实已经得到出版的那些资料上。即使我们随意地根据有限的资料，也能够清晰地观察到，在 16 世纪下半叶，传教士们提供的资料在拓宽和深化欧洲人的亚洲观念上做出了有益的补充。

注释：

[1] 关于保教权的一般性描述及其早期发展的历史，参见 Father António da Silva Rego, *História das missões do padroado português do Oriente. India（1500-42）*（Lisbon, 1949），I,91-102; P. A. Jann, *Die katholischen Missionen in Indien, China und Japan. Ihre Organisation und das portugiesische Patronat vom 15. bis ins 18. Jahrhundert*（Paderborn, 1915），pp. 55-63; C. R. Boxer, "The Portuguese *Padroado* in East Asia and the Problem of the Chinese Rites, 1576-1773," *Instituto Português de Hongkong, Boletim*, No.1（July 1948），199-226。相关资料的大型集子汇编可参见 Silva Rego（comp. and ed.）, *Documentação para a história das missões do padroado português do Oriente*（12 vols.; Lisbon, 1947-60）。关于该系统的详细功能介绍参见 Fortunato Coutinho, *Le régime paroissial des diocèses de rite latin de l'Inde des origines（XVI siècle）à nos jours*（Louvain, 1958）。关于罗马官方职位的记述可参见 Joseph Brucker 讨论 "Protectorate of Missions" 的文章，收入 *Catholic Encyclopedia*（New York, 1911），XII, 488-92。

[2] 关于传教团协议的相应讨论文章，参见 B. J. Wenzel. *Portugal und der Heilige Stuhl*（Lisbon. 1958），pp. 301-19。

[3] 参见 M. Müllbauer, *Geschichte der katholischen Missionen in Ostindien*（Freiburg i. B.,1852），p. 42。虽然它是对印度的传教团做的一个必不可少的调查，但它提供的内容，尤其是细节统计方面不值得相信。

[4] L. Lemmens, *Geschichte der Franziskanermissionen*（Münster, 1929），pp. 95-96.

[5] 根据马拉巴尔的文献资料进行的确证参见 G. Schurhammer. S.J. Three Letters of Mar Iacob. Bishop of Malabar, 1503-50, *Gregorianum*. XIV（1933），66。

[6] 关于叙利亚—马拉巴尔教会的宗教组织参见 Cardinal Eugene Tisserant。*Eastern Christianity in India*（Calcutta. 1957），pp. 30-31；关于该组织的社会、经济角色参见 Leslie W. Brown. Bishop of Uganda, *The Indian Christians of St. Thomas*（Cambridge. 1956），p. 75。

[7] Brown. *op. cit.*（n. 6），p. 15，and Schurhammer. *loc. cit.*（n. 5），pp. 69-70。

[8] 对基督教教会各种分支机构的复杂成分的生动、简明的谱系化描述，以及叙利亚—马拉巴尔天主教会在那里的准确位置，参见 Francis M. Rogers, *The Quest for Eastern Christians: Travel and Rumor in the Age of Discovery*（Minneapolis. 1962），pp. 16-17。

[9] See Schurhammer, *loc. cit.*（n. 5），pp. 81-82. 早在 1518 年，教皇利奥十世（Pope Leo X）就颁发了一份诏书，授予葡萄牙国王教堂牧师的资格，允许印度人加入葡萄牙的神圣教团（Holy Orders）。据报道，1552 年，有两名马拉巴尔的年轻人住在僧急里（Cranganore）。M. D' Sa, *History of the Catholic Church in India*（Bombay, 1910），I, 121。

[10] 关于约瑟夫神父在欧洲的情况，参见原文第 157 页。

[11] Müllbauer, op. cit.（n. 3），p. 45.

[12] Silva Rego, *op. cit.*（n. 1, *História das missões*），p. 157.

[13] A. Meersman, *The Friars Minor or the Franciscans in India, 1291-1941*（Karachi, 1943）, p. 9.

[14] Jann, *op. cit.*（n. 1）, pp. 61-62.

[15] 相关的确认参见 B. M. Biermann, O. P., "Der erste Bischof in Ost-Indien," *Neue Zeitschrift für Missionswissenschaft*, IX（1953）, 81-83。后面出自该著的引文将全部注为 *NZM*。

[16] *Ibid.*, pp. 83-89.

[17] *Ibid.*, pp. 85-86.

[18] Silva Rego, *op. cit.*（n. 1, *História das missões*）, p. 109; Lemmens, *op. cit.*（n. 4）, p. 97.

[19] 关于那些依然存在的建筑的描述，参见 J. N. de Fonseca, *An Historical and Archaeological Sketch of the City of Goa*（Bombay, 1878）, pp. 220-25。

[20] Silva Rego, *op. cit.*（n. I, *História das missões*）, p. 158.

[21] 关于两派之间的彻底分离，参见 R. M. Huber, O. F. M. Conv., *A Documented History of the Franciscan Order*（Milwaukee, 1944）, I, chap. xxxvii。

[22] Lemmens, *op. cit.*（n. 4）, p. 94, 该书认为建立教堂的时间是 1518 年；Meersman, *op. cit.*（n. 13）, p. 100, 该书把建立教堂的时间回溯至 1511 年。Meersman, p. 96，质问那些不相信在一块"看上去年代久远"的石头上刻的解说文字的学者和耶稣会士们，铭文指出教友佩德罗·达·斯通吉亚教友（Brother Pedro da Stongia）在 1516 年建造了这座教堂。其他人不太接受这块石头上刻的文字，因为没有任何现存的资料可以证明其真实性。

[23] 参见原文，第 233 页。

[24] Jann, *op. cit.*（n. 1）, pp. 87-90.

[25] Georg Schurhammer, S.J., "Die Bekehrung der Paraver（1535-37）," *Archivum historicum Societatis Iesu*, IV（1935）, 201-33。后面出自该著的引文将全部注为 *AHSI*。

[26] K. A. Nilakanta Sastri, *The Pândyan Kingdom from the Earliest Times to the Sixteenth Century*（London, 1929）, pp. 194-95.

[27] 参阅原文第 408-409 页概括的杜阿尔特·巴尔博萨的评论。

[28] Schurhammer, *loc. cit.*（n. 25）, p. 220; Meersman, *op. cit.*（n. 13）, p. 63.

[29] Carlos Merces de Melo, S.J., *The Recruitment and Formation of the Native Clergy in India*（Lisbon, 1955）, pp. 65-109.

[30] 关于方济各会修士们在僧急里的宗教活动参见 Meersman, *op. cit.*（n. 13）, pp. 68-74。

[31] H. Heras, S.J., *The Conversion Policy of the Jesuits in India*（Bombay, 1933）, pp. 57-58.

[32] 比如，Müllbauer, *op. cit.*（n. 3）, p.77；关于国王为果阿的宗教机构提供补贴的部分数据参见 D' Sa, *op. cit.*（n. 9）, I, 204。

[33] 参见原文，第 140 页。

[34] 参见 G. M. Moraes, "St. Francis Xavier, Apostolic Nuncio, 1542-1552," *Journal of the Bombay Branch of the Royal Asiatic Society, New Ser.*, XXVII（1950）, 279-313。参阅葡萄牙人在锡兰的政策描述，见原文，第 271-274 页。

[35] *Ibid.*, p. 298.

[36] 参见原文，第 247-250 页。

[37] J. Wicki, "Die ältere katholische Mission in der Begegnung mit Indien," *Saeculum,* VI（1955），362-66.

[38] 可能是沙勿略督促瓦斯告诉国王，葡萄牙商人在与当地的基督教徒们交易时存在着欺诈行为的。参见 Moraes, *loc. cit.*（n. 34），p. 288。

[39] 关于这一问题的详细情形参见 Wicki, *loc. cit.*（n. 37），p. 364。

[40] *Ibid.*, p. 365. 亦可参见沙勿略从科钦给若昂王写的信件（1548 年 1 月 20 日），他在信中抱怨总督不支持传教工作，并指责国王对于下属要求不够严格。"所有这些都是必要的，"沙勿略写道，"为了使印度的每一个人都成为基督教徒，尊敬的国王陛下，请您严厉地惩罚那里的总督"。（G. Schurhammer and J.Wicki [eds.], *Epistolae S. Francisci Xaverii aliaque eius scripta* [Rome, 1945], I, 407.）

[41] Jann*, op. cit.*（n. 1），pp. 111-12.

[42] *Ibid.*, p. 118.

[43] *Ibid.*, p. 112.

[44] António Baião, *A Inquisição de Goa*（2 vols.; Lisbon, 1930-45），I, 35. 米古尔·瓦斯和沙勿略都要求国王建立宗教审判所。沙勿略在 1546 年 5 月 16 日从安汶岛给若昂王三世写信说："……为了让住在印度的人们成为合格的基督教徒，尊敬的国王陛下（非常有必要）派遣人在这里建立神圣的宗教审判所，因为住在这里的许多人遵从的都是摩西律法（Mosaic Law）或者是摩尔人的异端邪说……而且，因为这些人为数甚众，分布在所有的重要地点，所以宗教审判所的建立迫在眉睫……"（Schurhammer and Wicki [eds.], *op. cit.* [n. 40], I, 346-47.）早在 1554 年，曾在果阿尝试着建立一个宗教法庭的分支机构，但毫无结果。参见 Wicki, *loc. cit.*（n. 37），p. 366。

[45] 关于丰塞卡的职业生涯参见 Baião*, op. cit.*（n. 44），I, 185-87。

[46] 信教管理所建立于 1532 年，直到 1833 年才正式解散。关于目前可以看到的该机构的功能最为清楚的解释，参见 Charles-Martial de Witte, O.S.B., "Le 'Regimento' de la 'Mesa de Consciéncia' du 24 novembre 1558," *Revista portuguesa de história,* IX（1960），277-84。关于进一步的详细介绍参见 Pedro Augusto de S. Bartolomeu de Azevedo and António Baião, *O Archivo da Torre do Tombo; sua história, corpos que o compõem e organisação*（Lisbon, 1905），pp. 152-56。

[47] Josef Franz Schütte, S.J., *Valignanos Missionsgrundsätze für Japan*（2 vols.; Rome, 1951-58），Vol. I, Pt. I, p. 148.

[48] D'Sa*, op. cit.*（n. 9），I, 104.

[49] Müllbauer, *op. cit.*（n. 3），p. 83.

[50] Wicki, *loc. cit.*（n. 37），pp. 355-56.

[51] *Ibid.*, pp. 356-57.

[52] *Ibid.*, p. 358.

[53] *Ibid.*, p. 359；亦可参见 D'Sa, *op. cit.*（n. 9），I, 165-66。

[54] 虽然犹太人在 1565 年被总督正式禁止在这一区域长期居住，但他们仍然在此居留。参见 Wicki, *loc. cit.*（n. 37），p. 365。

[55] Heras, *op. cit.*（n. 31），p. 27.

[56] *Ibid.*, pp. 37-8.

[57] Müllbauer, *op. cit.*（n. 3），pp. 99-100.

[58] 自从圣方济各·沙勿略去世之后，其传记被写过很多次，其中最热心于此的作者要么是对其崇敬有加的天主教徒，要么就是批评他的新教徒。在最近几年里，主要得益于耶稣会历史学家辛勤而公允的研究，沙勿略才从神话中走出，以普通人的面目出现。关于沙勿略在欧洲的职业生涯，参见 G. Schurhammer, *Franz Xaver*（Freiburg, 1955），Vol. I。遗憾的是，Schurhammer 对于沙勿略在东方的活动的记述还没有出版，我们不得不大量地参考耶稣会士和其他讨论亚洲传教团的文章和专著。有关沙勿略的一般性英文传记，写得最好的是 James Brodrick, S.J., St. *Francis Xaver*（1506-1552）（New York, I952）。不幸的是，Brodrick 的作品过多地依赖了 Schurhammer 和 Wicki 的著作，但与他们的相比，其偏见和不可靠性更甚。

[59] 1526 年，若昂王三世同意为 50 名葡萄牙学生提供经费资助，免费在圣巴贝学院学习（Schurhammer, *op. cit.* [n. 58], I, 106）。圣巴贝学院和巴黎其他的许多学院不同，它没有基金支持，只能依靠学生缴纳的学费办下去。

[60] 事实上，教皇已经颁布诏书委任罗德里格斯和沙勿略担任罗马教皇使节（Apostolic Nuncios）。关于诏书颁布的日期，参见 *ibid.*, pp. 685-87。

[61] 参见沙勿略在 1540 年 7 月 23 日从里斯本写给罗耀拉的信件，收入 Schurhammer and Wicki（eds.）, *op. cit.*（n. 40），I, 42。

[62] *Ibid.*, pp. 79-80.

[63] *Ibid.*, p. 121.

[64] *Ibid.*, p. 132.

[65] *Ibid.*, p. 135.

[66] *Ibid.*, p. 127.

[67] *Ibid.*

[68] 该书是应年轻的菲利普王子的指示而作。关于沙勿略对其进行修订、并翻译成各种东方语言的过程参见 *ibid.*, pp. 94-100。

[69] J. Wicki, "Die ersten offizielen mündlichen Berichterstattungen in Europa aus den überseeischen Missionsgebieten der Gesellschaft Jesu（*ca.* 1553-1577），" *NZM, XIV*（1958），253.

[70] J. Wicki, "Zur Missionsmethodes des hl. Franz Xaver," *NZM*, II（1946），87-88.

[71] *Ibid.*, p. 103.

[72] 传记收入了 J. Wicki（ed.），*Documenta Indica*（Rome, 1948），I, 43*-45*。

[73] *Ibid.*, pp. 46*-47*.

[74] 关于单词 "member" 的解释和耶稣会的总成员人数，参见原文，第 251 页。

[75] Wicki（ed.），*op. cit.*（n. 72），II, 618-21；亦可参见 Silva Rego（ed.），*op. cit.*（n. 1, *Documentacão*），VI, 154-64. 关于耶稣会士们的名录参见 J. P. A. da Camara Manoel, *Missoes dos Jesuitas no Oriente nos seculos XVI e XVII*（Lisbon, 1894），pp. 129-57。

[76] Theophilo Braga, *História da universidade de Coimbra*（Lisbon, 1892），I, 480-82. 早在 1547 年，科英布拉的神学院就有 115 名学生，大部分来自葡萄牙最上层的家庭。参见 A. Huonder, *Der heilige Ignatius von Loyola und der Missionsberuf der Gesellschaft Jesu*（Aachen, 1922），pp. 23-24。

[77] J. Wicki, "Xavers Mitarbeiter in der Unterweisung der Christlichen indo-portugiesischen Bevölkerung（1545-1552），" *NZM*, III（1947），179-92.

[78] J. Wicki, "Juan de Bustamente, el primer impresor de la India," *Siglo de las missiones,* XLIII（1956），492-95, 499；亦可参见 G. Schurhammer, "Ein seltener Druck（der erste gedruckte tamulische Katechismus），" *Katholische Missionen*, LVIII（1930），211-12.

[79] J. Wicki, "Die Heidenbekehrung in der Jesuiten-Niederlassungen von Portugiesisch-Indien, 1545-1552," *NZM*, III（1907），39-48.

[80] 参阅若昂王三世给教皇的信件，信件日期不详。这封信的意大利文译本后来以 *Copia de una lettera di nuove delle Indie Orientali...la qual narra la conversione di quattro Re con il loro Popoli...* 为题出版，被引用的文字参见 Rogers, *op, cit,*（n, 8），p. 193。

[81] 塔努如今是一个距离卡利卡特只有几英里远的渔村，它拥有自己的管理机构，统治着沿马拉巴尔海岸一个相当大的区域。关于当地人皈依基督教的详细描述参见 D. Ferroli, *The Jesuits in Malabar*（2 vols.; Bangalore, 1939-51），I, 130-37。

[82] 参见原文，第 679-680 页。

[83] James Brodrick, S.J., *The Origin of the Jesuits*（London, 1940），p. 262; H. de la Costa, S.J., *The Jesuits in the Philippines, 1581-1768*（Cambridge, Mass., 1961），p. 4, 该书宣称新的传教团的成员人数在 1556 年已 "超过 1 500 人"。

[84] 关于巴扎乌斯的传记，参见 Wicki（ed.），*op. cit.*（n. 72），I, 49*-50*。

[85] D' Sa, *op. cit.*（n. 9），I, 100, 该书讨论了从 1553 年到 1560 年间传教团活动的 "间歇期" 的情况。D' Sa 把这次的停滞归因于两个方面，首先是基督教团把努力方向放到了世界上的其他地方；而在传教士们这方面，则想在增加新的成员进入其管辖范围之前，先加强皈依者们对于基督教的虔诚。这个时期的主教教省由教会的圣堂参事会选举出来的牧师会主教代理管辖，果阿主教教省正在等待其第一任都主教上任。这些内容的相关介绍可参见 Wicki（ed.），*op. cit.*（n. 72），Vol. III。

[86] 1550 年，方济各会被分配给了巴尔代的都主教教省（Province of Bardez），此地位于果阿岛的北部，葡萄牙人于 1543 年占领此地。到了 1555 年，他们才真正在那里开展工作。（Meersman,

op. cit. [n. 13]，p. 27）

[87] 参见 Wicki（ed.），op. cit.（n. 72），Vols. III and IV，特别是其中介绍性的章节。

[88] 参见莱内斯写给奎德罗斯的信件（1560 年），其复本收入 J. Wicki，"Auszüge aus den Briefen der Jesuitengeneräle an die Obern in Indien（1549-1613），" AHSI, XXII（1953），117。

[89] 在这个群体中有许多统领式的人物，比如埃塞俄比亚主教若昂·努内斯·巴雷托，希拉波利斯（Hierapolis）主教安德里亚斯·奥尔尼托（Andreas Ornieto），以及几个被派遣到 "长老约翰的土地"（Land of Prester John）的传教团成员。这是罗耀拉的 "得意的规划项目"（pet projects）之一，莱内斯没有进一步把该项目贯彻执行到底，因为更大的收获是在亚洲取得的。

[90] 这些数字来自伏若望的报告，参见 Wicki（ed.），op. cit.（n. 72），IV, 301-6。

[91] 1560 年，在东方传教的耶稣会士有 132 人；他们在各个聚居区的分布情况和 1559 年相似（ibid., pp. 862-69）；1561 年，总人数增加到了 147 人（ibid., V, 265-70）。亦可参见 Müllbauer, op. cit.（n. 3），pp. 81-82。

[92] Wicki, loc. cit.（n. 37），p. 365.

[93] 参见原文，第 242-245 页。

[94] Wicki, loc. cit.（n. 37），p. 365.

[95] 关于该问题进一步的详细讨论，参见 Wicki, loc. cit.（n. 69），pp. 253-61。

[96] Schütte, op. cit.（n. 47），Vol. I, Pt. 1, p. 165.

[97] Wicki, loc. cit.（n. 72），III, 5.

[98] Ibid., VI, 506.

[99] Ibid., pp. 623-31.

[100] Müllbauer, op. cit.（n. 3），pp. 88-89.

[101] Wicki, loc. cit.（n. 69），pp. 260-61.

[102] 关于范礼安的人生经历概述，参见 Wicki（ed.），Alessandro Valignano. Historia del principio Y progresso de la Companñía de Jesús en las Indias Orientales（1542-64）（Rome, 1944），pp. 45*-48*。

[103] 显然，达·席尔瓦是一个糟糕的人选。当他在 1578 年从欧洲返回印度时，都主教鲁伊·文森特（Ruy Vicente）又打发他登上了另一艘船。自此以后，他就被排除在耶稣会之外，许多现存的署其名字的手稿也都被分离出来了。参见 Wicki, op. cit.（n. 69），p. 261。

[104] Schütte, op. cit.（n. 47），Vol. I, Pt. I, p. 161. 范礼安的《概要》在 16 世纪虽然一直没能得到出版，但它被欧洲的几个传教团历史学家在描述亚洲以及基督教在亚洲的发展情况时所使用，范礼安本人在写他的《历史》（Historia）一书的时候也借用了其中的内容。参见 Wicki, op. cit.（n. 102），pp. 85*-86*。

[105] Wicki, op. cit.（n. 102），p. 86*. 显然是他口授给几个书记官撰写的。现存的版本是西班牙文。

[106] 关于范礼安 1592 年的作品及其附加的内容，可参见 José Luis Alvarez-Taladriz 编辑的一部杰出的集子 Alejandro Valignano S.I., Summario de las cosas de Japon（1583），No.9 of the

"Monumenta Nipponica Monographs"（Tokyo, 1954）。

[107] 参见原文，第 693 页。

[108] 范礼安最初计划分成以下三个部分来写：沙勿略时期，从沙勿略去世到范礼安自己到达印度前的这段时期，以及范礼安本人在印度的传教活动。因为各种原因，范礼安发现他无法执行最初的写作计划。

[109] Wicki, *op. cit.*（n. 102）, pp. 88*-89*.

[110] Schütte, *op. cit.*（n. 47）, Vol. I, Pt. I, pp. 165-69.

[111] *Ibid.*, p. 178.

[112] *Ibid.*, pp. 178-87. 这三名意大利人是随第二批耶稣会传教团被派遣到印度的；第一名殉道的传教士是意大利神父安东尼奥·克里米纳尔（Antonio Criminale），于 1549 年惨遭杀害。法国的方济各会修士皮埃尔·博尼菲尔（Pierre Bonifer）是其国家少数几个在 16 世纪的保教区宣讲福音的人之一。

[113] Schütte, *op. cit.*（n. 47）, Vol. I, Pt. I, pp. 170-72.

[114] L. Castets, "L'Eglise et le probleme de la caste au XVIe siècle," *Revue d'histoire des missions*, 1930, pp. 547-65.

[115] Schütte, *op. cit.*（n. 47）, Vol. I, Pt. I, p. 171.

[116] *Ibid.*, p. 199.

[117] *Ibid.*, p. 200. 在范礼安到达印度之前，有一些耶稣会士确实学会了果阿当地的孔坎语。

[118] *Ibid.*, p. 203.

[119] *Ibid.*, pp. 204-6.

[120] *Ibid.*, pp. 208-9.

[121] *Ibid.*, pp. 210-11.

[122] *Ibid.*, pp. 211-12.

[123] Müllbauer, *op. cit.*（n. 3）, pp. 90-91.

[124] 关于该问题的讨论参阅 Wicki, *op. cit.*（n. 102）, pp. 48*-49*.

[125] Lemmens, *op. cit.*（n. 4）, p. 100.

[126] D'Sa. *op. cit.*（n. 9）, I. 87. 更为详细的描述参见 B. Biermann O.P., "Documenta quaedam initia missionum Ordinis Praedicatorum in India orientali illustrantia（1503-1548）," *Archivum fratrum praedicatorum*, X（1940）,132-57.

[127] 相关数据来自 Silva Rego（ed.）, *op. cit.*（n. 1, *Documentacão*）, XII, 99-141.

[128] Müllbauer, *op. cit.*（n. 3）, pp. 91-93.

[129] J. Wicki, "Der einheimische Klerus in Indien（16. Jahrhundert）," in *Der einheimische Klerus in Geschichte und Gegenwart*（Schöneck-Beckenried, 1950）, p. 24. 亦可参见 H. Hosten, S.J., "List of the Pupils of the College of S. Paolo de Santa Fe（1558）," *The Examiner*（Bombay）, LXXI（1920）, 429-30. 根据 1557 年 12 月的登记册提供的数据来看，当时的学生人数是 134 名，

其中有 95 名是血统纯正的当地人。在这些学生中，有 40 名来自果阿地区，17 名来自印度的其他地方，8 名来自东南亚，6 名来自远东，还有 13 名是黑人。参见 Wicki（ed.）, *op. cit.*（n. 72）, III, 783-91。

[130] A. Meersman, "The Question of Admitting Indians to the Franciscan Order," *NZM*, XIII（1957）, 30-31.

[131] Wicki（ed.）, *op. cit.*（n. 129）, p. 36.

[132] Meersman, *loc. cit.*（n. 130）, p. 32.

[133] Müllbauer, *op. cit.*（n. 3）, pp. 97-99.

[134] *Ibid.*, pp. 103-5.

[135] Meersman, *op. cit.*（n. 13）, p. 108.

[136] Müllbauer, *op. cit.*（n. 3）, pp. 104-6.

[137] *Ibid.*, pp. 107-14. 关于科钦都主教写于 1597 年的报告的解析参见 Placid T.O.C.D., "Portuguese Religious Conquests in Malabar under the Diocese of Cochin during the Sixteenth Century," *NZM*, XIII（1957）, 287-306。

[138] Columbum（拉丁文）= Kolamba（梵文）= Kollam（泰米尔文）= Coulam（葡萄牙文）= Quilon; 参见原文，第 43-44 页。

[139] Müllbauer, *op. cit.*（n. 3）, pp. 114-17.

[140] 耶稣会在马拉巴尔的教区正式创建于 1601 年，位于科钦的总部地区。这个教区管辖的范围包括整个南亚、孟加拉国、勃固、马六甲和马鲁古群岛。参见 Ferroli, *op. cit.*（n. 81）, I, 284-85。

[141] 在戴拜教务会议（Synod of Diamper）召开之前，马拉巴尔地区相关的宗教活动记述参见 *ibid.*, I, 171-78。

[142] Brown, *op. cit.*（n. 6）, p. 20; 通常情况下，今天的拉丁教会宣称马拉巴尔的基督教徒一直都相信罗马教廷的最高权力，但是他们的牧师和礼拜仪式书籍却保留着来自景教教义的反对论调。亦参见 Tisserant, *op. cit.*（n. 6）, pp. 18-19。

[143] 关于玛·约瑟夫的审判参见 Tisserant, *op. cit.*（n. 6）, pp. 35-38. Ferroli, *op. cit.*（n. 81）, I, 154-58, 该书讨论了耶稣会在塞拉（Serra）的第一支传教团（1557—1560 年）的活动情形。关于 Ferroli 对卡内罗的指控的记述的修订文本参见 Jonas Thaliath, T.O.C.D., *The Synod of Diamper*, No. 152 of "Orientalia Christiana analecta"（Rome, 1958）, p. 8, n. 16。

[144] Ferroli, *op. cit.*（n. 81）, p. 156.

[145] Brown, *op. cit.*（n. 6）, p. 39；亦可参见 Placid, *loc. cit.*（n. 137）, p. 295.

[146] 许多教会的历史学家，在印度的尤其如此，坚持认为印度的基督教徒们从未否认过罗马教廷的最高权力。他们抨击葡萄牙人不懂那些非拉丁文写成的基督教文献。并且进一步争论道，同样的文化短视导致葡萄牙人和传教士指控马拉巴尔的基督教徒盲目接受了景教的异端邪说。这些内容特别参考了 Joseph C. Panjikaran, "Christianity in Malabar with Special

Reference to the St. Thomas Christians of the Syro-Malabar Rite," *Orimtalia Christiana*, VI（1926），103-5。

[147] 关于与圣多默基督教徒相关的议政会法令参见 D'Sa, *op. cit.*（n. 143），I, 167。耶稣会士们对于景教教义的指控，包括对于其基督神圣的否定，参见 Ferroli, *op. cit.*（n. 81），I, 172-76。

[148] 宗教大会被描述为拉丁礼拜仪式的胜利，它在 17 世纪早期在欧洲得以传播，见 A. de Gouvea, *Jornado do Arcibispo de Goa Dom Frey Aleixo de Menezes ...*（Coimbra, 1606）。该书很快被翻译成多种欧洲语言译本，它为后来得到发展的"马拉巴尔礼拜仪式"搭建了一个激烈争论的舞台。

[149] Wicki, *loc. cit.*（n. 37），pp. 360-61. 正如古代的教会容许奴隶制一样，印度的拉丁教会容许种姓制度。在渔业海岸的恩里克·恩里克斯甚至允许不同种姓的人在同一个教堂中分开来坐。参见 Ferroli, *op. cit.*（n. 81），I, 139。

[150] Brown, *op. cit.*（n. 6），pp. 32-37.

[151] 1955 年，叙利亚—马拉巴尔基督教徒的总人数估计达 1 125 550 人，分布在七个主教教省，拥有大大小小 1 200 座教堂，由大约 1 200 名牧师和神学院学生负责管理。关于新近的评论参见 Placid, "The Syro-Malabarians, Their Life and Their Activities," *NZM*, XII（1956），241-56。

[152] 关于方济各会早期在那里的宗教活动，参见原文，第 236 页。

[153] 是泰米尔语 vadagar 的误用，意思是"居住在北方的人"。这个时期的葡萄牙作者们也用特拉古语讨论了伯德格人的语言。参见 R. S. Dalgado, *Glóssario Luso-Asiático*（2 vols; Coimbra, 1919），I, 76, and H. Yule and A. C. Burnell, *Hobson-Jobson: A Glossary of Anglo-Indian Colloquial Words and Phrases*（London, 1886），p. 34。

[154] 巴达加人是维查耶纳伽尔帝国的军事力量，从 1543 年到 1558 年间，他们受印度南部的总督 Rama Raya Vitthala 的统一管辖。事实上 VitthalaHe 正致力于重申特拉凡科尔和渔业海岸的封地性质。参见 H. Heras, "Rama Raya Vitthala, Viceroy of Southern India," *Quarterly Journal of the Mythic Society, XV*（1924），176-90。

[155] T. Joseph, "St. Xavier [*sic*!] and the Badagas," *Journal of Indian History,* XXXI（1953），185-88; also C. K. Mattorn, "The Sources of St. Francis Xavier to the Travancore State," *Journal of Indian History*, XXXI（1953），75-79.

[156] 印度主教奎德罗斯神父在 1559 年写给耶稣会都主教的秘密报告中指出，恩里克斯"非常虚弱，身患重疾，但一直尽职尽责，虽然没有宣讲福音，但审慎地致力于普通的教育工作，然而，他顾虑太多，在做每件事时都优柔寡断"。（Wicki, *op. cit.* [n. 72], IV, 397-98.）

[157] Leon Bourdon, *Les débuts de l'évangélisation de Ceylan vers le milieu du XVIe siècle*（Lisbon, 1936），p.79.

[158] Müllbauer, *op. cit.*（n. 3），p. 122.

[159] 恩里克·恩里克斯在 1561 年 1 月 8 日从马纳尔岛给耶稣会都主教莱内斯写信说："这些不得

不逗留在岛上的基督教徒很不情愿……在每年的某几个月，这里的环境似乎不利于健康。他们和埃及的古以色列人（Israelite）一样渴望回家……他们都很虚弱，吃不下饭，他们更习惯于打捞牡蛎、贝类、捕鱼，而不是打仗。"（Wicki [ed.], *op. cit.* [n. 72], V, 11.）

[160] Müllbauer, *op. cit.*（n. 3），p. 119.

[161] Heras, *loc. cit.*（n. 154），p. 190.

[162] Müllbauer, *op. cit.*（n. 3），p. 123.

[163] *Ibid.*, p. 124.

[164] *Ibid.*, p. 123.

[165] P. E. Pieris and M. A. H. Fitzler, *Ceylon and Portugal*（Leipzig, 1927），pp. 1-3.

[166] Schurhammer, *op. cit.*（n. 58），I, 689.

[167] 这绝非传到欧洲的第一条关于锡兰的消息。在 *Le grant voyage de hierusalem*（Paris, 1517）一书中，葡萄牙人到达锡兰的消息也包含在其中。参见 G. Atkinson, *La littérature géographique française de la Renaissance*（Paris, 1927），p. 37, n. 26。

[168] 这个时期的文献资料都收在 G. Schurhammer and E. A. Voretzsch（eds.），*Ceylon zur Zeit des Königs Bhuvaneka Bahu und Franz Xavers, 1539-1552*（2 vols.; Leipzig, 1928）。对这些文献和相关资料进行出色地整理概括的人是 Bourdon，参见 *op. cit.*（n.157）。

[169] Bourdon, *op. cit.*（n. 157），p. 75.

[170] Lemmens, *op. cit.* ,（n. 4），p. 106.

[171] Müllbauer, *op. cit.*（n. 3），pp. 125-27.

[172] *Ibid.*, pp. 128-30. 亦可参见 H. Heras, "The Jesuit Influence in Vijayanagar," *Quarterly Journal of the Mythic Society,* XIV（1923），131-34，该书提供了同时代人对于昌德拉吉里宅邸的描述。

[173] 关于阿拉干，参见原文，第 550-552 页。

[174] H. Hosten, "A List of Portuguese Jesuit Missionaries in Bengal and Burma, 1576-1742," *Journal of the Asiatic Society of Bengal,* VII（1911），15-23；亦可参见 H. Josson, *La mission du Bengale occidentale*（Bruges, 1921），I, 49-138, and J. J. A. Campos, *History of the Portuguese in Bengal*（London, 1919），pp. 100-02。

[175] 参见 Edward Maclagan, *The Jesuits and the Great Mogul*（London, 1932），chaps. ii-iv。

[176] 引文参见 *ibid.*, p. 24。

[177] 关于热罗姆·沙勿略的生平和活动参见 Arnulf Camps, D.F.M., *Jerome Xavier and the Muslims of the Mogul Empire, Supplement* VI（1957）of *NZM*。

[178] 参见原文，第 452-453 页。

[179] Maclagan, *op. cit.*（n. 175），p. 337.

[180] 比如，可参见 Emmy Wellesz, *Akbar's Religious Thoughts Reflected in Mogul Painting*（London, 1952）。

[181] 关于沙勿略的波斯语著作的目录、讨论和评价，参见 Camps, *op. cit.*（n. 177），pp. 13-39。

[182] 关于该问题的一般性讨论，参见 Joseph Dahlmann, *Missionary Pioneers and Indian Languages*（Trichinopoly, 1940）；尤其是有关后来学习语言的学生的讨论，参见 Ambrogio Ballini, "Il contributo delle missioni alla conoscènza delle lingue della cultura dell'India," in C. Costantini *et al.*, *Le missioni catholiche e la cultura dell'Oriente*（Rome, 1943）, pp. 233-60。

[183] 因为现存的方济各会文献资料出奇得少，而且在 16 世纪几乎都没有得到出版，印度的方济各会修士们的历史不得不依靠其他文献，特别是耶稣会的信札对他们的活动的记述来构建。参见 A. Meersman, "Notes on the Study of Indian Languages by the Franciscans," *NZM*, XVI（1960）, 41-42。

[184] Amador de S. Anna 修士把 *Flos Sanctorum*（即《诸圣之花》[*Flower of the Saints*]）翻译成了马拉地语。参见 *ibid.*, pp. 43-44。

[185] 参见 Wicki, *loc. cit.*（n. 37）, p. 348。英国耶稣会士 Thomas Steven 显然懂得书面的马拉地语。

[186] *Ibid.*, p. 367.

[187] *Ibid.*, p. 349.

[188] 参见其 *Histaria* 的 Pt. I, chap. v，该书的复本收入 Wicki, *op. cit.*（n. 102）, pp. 30-40, 特别是 p.34。

[189] 关于神庙，范礼安评论道："（它们）的确值得一看，我发现自己在观看这些神庙时常常会产生一种愉悦的感受。"（*Ibid.*, p. 35）早前的耶稣会士们，比如沙勿略和努涅斯也对印度教的神庙印象深刻。

[190] I. A. Macgregor, "Notes on the Portuguese in Malaya," *Journal of the Malayan Branch of the Royal Asiatic Society,* Vol. XXVIII, Pt. II（1955）, p. 39.

[191] Lorenzo Pérez, "Historia de las misiones de los Franciscanos en las islas Malucas y Celebes," *Archivum franciscanum historicum,* VI（1913）, 49-50.

[192] Schurhammer and Wick;（eds.）, *op. cit.*（n. 40）, I, 325.

[193] *Ibid.*, p. 298. 在俗的牧师 Vicente Viegas 神父在曼努埃尔·平托的陪同下，于 1545 年到 1548 年间在望加锡（Makassar）度过。平托在 1548 年从马六甲写给果阿的都主教的信中指出，有两名国王皈依了基督教，他们就是葡萄牙人所知的"苏帕"（Supa [或者是索伊帕 Soeppa]）的统治者堂·路易斯（Dom Luis）和暹罗（或者是西昂 [Sião]）的统治者堂·若昂（Dom João）。参见 Wicki（ed.）, *op. cit.*（n. 72）, II, 419-23。

[194] Schurhammer and Wicki（eds.）, *op. cit.*（n. 40）, I, 323. 关于沙勿略在安汶岛的情况，参见 C. Wessels, S.J., *Histoire de la mission d'Amboine, 1546-1605*（Louvain, 1934）, chap. ii。

[195] 参见原文，第 602 页。

[196] 1548 年托雷斯成为一名耶稣会士，三年后，沙勿略委任他负责日本传教团的工作。参见 Wicki（ed.）, *op. cit.*（n. 72）, I, 475, n. 26。

[197] Schurhammer and Wicki（eds.）, *op. cit.*（n. 40）, I, 329.

[198] *Ibid.*, p. 328.

[199] *Ibid.*, pp. 339-40. 沙勿略从安汶岛写的信件通过索萨·达·塔沃拉的舰艇被带到了马六甲。曼希尔哈斯表现出不情愿遵从沙勿略的要求，此后不久就被开除出耶稣会。贝拉于 1547 年到达德那地岛，在那里以及哈马黑拉岛（Halmahera）一直工作到 1552 年。后来他回到印度寻找帮手。与此同时，努尼乌斯·里贝罗（Nunius Ribero）从 1546 年开始就在安汶岛工作，直到 1549 年去世。贝拉于 1564 年在果阿去世。参见 Wessels, *op. cit.*（n. 194），pp. 206-7。

[200] Schurhammer and Wicki（eds.），*op. cit.*（n. 40），I, 325.

[201] 奎德罗斯写给葡萄牙都主教迪迭戈·米隆（Diego Mirón）的信件（1555 年 12 月 6 日，果阿），收入 Wicki（ed.），*op. cit.*（n. 72），III, 344。

[202] 也被称作 Elizabeth Niachile Pocarago。参见 Schurhammer and Wicki (eds.), *op. cit.*（n. 40），II, 126, n. 15。

[203] Wessels, *op. cit.*（n. 194），p. 42.

[204] Schurhammer and Wicki (eds.), *op. cit.*（n. 40），I, 334-35.

[205] *Ibid.*, p. 389.

[206] 关于弥次郎和阿尔瓦雷斯的详细记述参见原文，第 657-661 页。

[207] Schurhammer and Wicki（eds.），*op. cit.*（n. 40）. I, 408. 关于对若昂三世的支持不力同样进行抗议的表述参见他在同一日期写给西芒·罗德里格斯（Simão Rodrigues）的信件（*ibid.*, 417-22）。

[208] 关于沙勿略因自己对印度人的敌意和恶劣的评价而做的轻微的、在某种程度上也是毫无意义的道歉，参见 Brodrick, *op. cit.*（n. 58），pp. 326-31。

[209] 这封信的译文参见 C. R. Boxer, *The Christian Century in Japan, 1549-1650*（Berkeley, 1951），Appendix I。亦可参见原文，第 663-665 页。

[210] Brodrick, *op. cit.*（n. 58），chap. xvii. 关于沙勿略进入中国的计划的萌生，参见 G. Schurhammer, "Der Ursprung des Chinaplans des Heiligen Franz Xaver," *AHSI*, XXII（1953），38-56. 亦可参见原文，第 794 页。

[211] 关于这件事的简短描述，参见 A. Meersman, O. F. M., "The Franciscans in the Ancient Burmese Kingdoms of Ava and Pegu, 1557-1818," *Archivum franciscanum historicum*, XXXI（1938），358. 虽然 Meersman 作为早期评论者具有一定的可靠性，他认为博尼菲尔是在 1557 年年初到达勃固，但现存的从科斯米（Cosmi，即勃生）发来的基本信件的写作日期却是在 1556 年 2 月 18 日。博尼菲尔在写这封信之前肯定已经到达那里有一段时间了，因为信件显示他对当地的佛教和寺院的语言已经有了一定程度的熟悉，要知道这些在印度是很难学到的。而且，伏若望（Luis Fróis）在 1555 年 12 月 15 日从马六甲写信指出，博尼菲尔"现在刚刚从 Santo Thome"离开（Wicki [ed.], *op. cit.* [n. 72], III, 364）。关于博尼菲尔信件的具体内容参见 *ibid.*, pp. 817-20。

[212] 关于博尼菲尔对佛教的研究参见原文，第 557-559 页。

[213] 关于克路士在远东的职业生涯参见 C. R. Boxer, *South China in the Sixteenth Century*（London,

1953），pp. lviii-lix。

[214] Benno Biermann, O.P., "Die Missionen der portugiesischen Dominikaner im Hinterindien," *Zeitschrift für Missionswissenschaft und Religionswissenschaft*, XXI（1931），306-7.

[215] 关于这件事进一步的详细记述，参见 B. P. Groslier, *Angkor et le Cambodge d'près les sources portugaises et espalloles*（Paris, 1958），p. 32。

[216] Lemmens, *op. cit.*（n. 4），p. 109.

[217] 在 16 世纪，在马六甲永久居住的葡萄牙人在任何时候都很少超过 600 人。他们大部分都是国王的侍从，都与当地的妇女结婚或者同居了。参见 Macgregor, *loc. cit.*（n. 190），pp. 6-11。

[218] *Ibid.*, p. 15.

[219] Wicki（ed.），*op. cit.*（n. 72），III, 186. 在这些年里他们的其他活动可参见原文第 612 页对于伏若望在 1556 年写的信件的讨论。

[220] 伏若望在科英布拉写给神父们的信件（1557 年 11 月 30 日，果阿），参见 *ibid.*, p. 716。

[221] C. Wessels, "De Katholieke Missie in het Sultanaat Batjan（Molukken），1557-1609," *Historisch Tijdschrift*, VIII（1929），115-48；221-45. 亦可参见原文，第 617-618 页。

[222] 参见佩德罗·马斯卡伦哈斯神父（Father Pero Mascarenhas）的信件（1564 年 11 月 12 日，德那地岛），其译文收入 Anton Eglauer, *Die Missionsgeschichte späterer Zeiten；oder, gesammelte Briefe der katholischen Missionäre aus allen Theilen der Welt ... Der Briefe aus Ostindien ...*（3 vols.; Augsburg, 1794-95），II, 279-90.

[223] 在奎德罗斯写给莱内斯的一份官方报告（1565 年 11 月 25 日，果阿）中，这位印度的都主教发现："神父们已经被占领了安汶岛的摩尔人赶走了，在那里的摩尔人中有 7 万名基督教徒。" 参见 Wicki（ed.），*op. cit.*（n. 72），VI, 493. 亦可参见 Wessels, *op. cit.*（n. 194），pp. 64-67.

[224] Wessels, *op. cit.*（n. 194），p. 90.

[225] *Ibid.*, p. 9.

[226] 关于日本的地点以及个人姓名的细节，参见原文，chap. viii. 关于前往日本的传教团的活动概括，参见 H. Haas, *Geschichte des Christenturns in Japan*（2 vols.; Tokyo, 1902）。伏若望写的手稿历史提供了更多的细节，G. Schurhammer 和 E. Z. Voretzsch 将其翻译成了德文，并加以编辑，题为 *Die Geschichte Japans, 1549-1578*（Leipzig, 1926）。

[227] 关于在日本的耶稣会士们作为投资者、贸易者和商业经纪人的讨论参见 Boxer, *op. cit.*（n. 209），chap. iii. 亦可参见 J. Murdoch and I. Yamagata, *A History of Japan*（Kobe, 1903），II, 75.

[228] 大村纯忠被赐予了一个基督教的名号和名字——堂·巴托洛梅奥（Dom Bartholomeo）（Fróis in Schurhammer and Voretzsch, *op. cit.* [n.226], p. 159）。

[229] Boxer, *op. cit.*（n. 209），pp. 100-102.

[230] 关于卡布拉尔的个性、工作和方法的完整的讨论参见 Schütte, *op. cit.*（n. 47），Vol. I, Pt.

I, chap. iii。关于一个更为简短的记述，参见 Jean Monsterleet, *L'Église du Japon des temps féodaux à nos jours*（Toulouse, 1958），pp. 50-54。

[231] 关于这件事情的细节，参见 J. Laures, *Nobunga und das Christentum*（Tokyo, 1950），pp. 3-6。

[232] 参阅 Boxer, *op. cit.*（n. 209），p. 64。

[233] Schütte, *op. cit.*（n. 47），p. 230.

[234] *Ibid.*, p. 309.

[235] *Ibid.*, p. 292.

[236] 这封信的内容参见 Leo Magnino, Pontificia Nipponica, *Le relazioni tra la Santa Sede e il Giappone attraverso i documenti pontific*（Rome, 1947），pp. 5-7。

[237] *Ibid.*, pp. 14-16.

[238] *Ibid.*, pp. 21-22.

[239] *Ibid.*, pp. 22-23.

[240] *Ibid.*, p. 24.

[241] J. M. Braga, "The Western Pioneers and Their Discovery of Macao," *Instituto Português de Hongkong, Boletim,* No.2（September, 1949），pp. 75, 85-86。

[242] 这两封信收入了 *Avisi particolari ...* ，1558 年在罗马出版。有关进一步的信息参见 Robert Streit, *Bibliotheca missionum*（Aachen, 1928），IV, 516。

[243] 关于这件事的概述，参见 *Le Istorie delle Indie Orientali del Rev. P. Giovan Pietro Maffei della Compagllia di Giesu*（Florence, 1589），pp. 608-18。巴雷托从科钦写的另一封信（1558 年 1 月 8 日）描述了浪白澩(Lampação)岛屿，以及在中国南方发生的一次极具破坏性的洪涝灾害。也是在这个时期描述浪白澩的另一封信参见 Braga, *loc. cit.*（n. 241），pp. 82-83, 98。亦可参阅 L. Pfister, *Notices biographiques et bibliographiques sur les Jésuites de l'ancienne mission de Chine, 1552-1773*（Shanghai, 1932），I, 8-9。

[244] 参见原文，第 747-748。

[245] 参见 A. S. Rosso, O. F. M., *Apostolic Legations to China of the Eighteenth Century*（South Pasadena, Calif., 1948），p. 46, n. 12。

[246] 关于皮雷斯的传记概述参见 Pfister, *op. cit.*（n. 243），I, 9-10。

[247] 引文来自 George Dunne, S. J., "The Jesuits in China in the Last Days ofthe Ming"（Ph. D., dissertation, University of Chicago, 1944），p. 69。这篇博士学位论文的压缩版得到了出版，题名是 *Generation of Giants: The Story of the Jesuits in China in the Last Decades of the Ming Dynasty*（Notre Dame, Ind., 1962）。

[248] 关于罗明坚及其试图与中国人建立关系的一系列活动的记述，参见 H. Bernard, S.J., *Aux portes de la Chine*（Tientsin, 1933），Pt. II, chaps. i and ii; 新近的相关学术性概括参见 P. M. D'Elia, "La reprise des missions catholiques en Chine à la fin du Ming (1579-1644)," *Journal of World History*, V（1959-60），679-91。

[249] 引文来自 W. L. Schurz, *The Manila Galleol1*（New York, 1939），p. 26。

[250] 这封信的译文参见 Dunne 的博士学位论文, *op. cit.*（n. 247），p. 58。

[251] *Ibid.*

[252] Rosso, *op. cit.*（n. 245），p. 49.

[253] 引文来自 Boxer, *op. cit.*（n. 213），p. 1。

[254] A. van den Wyngaert, O. F. M., *Sinica Franciscana*（Florence, 1933），II, 180.

[255] 参见 Gregorio F. Zaide, *The Philippines since Pre-Spanish Times*（Manila, 1949），chap. xv。

[256] H. Bernard, "Les débuts des relations diplomatiques entre le Japan et les Espagnols des Iles Philippines（1571-1594），" *Monumenta Nipponica*, I（1938），107.

[257] *Ibid.*, p. 103. 那不勒斯在这个时期正受菲利普的统治。方济各会的观点在这个时期的历史著作里面很少被思考，其简便的概括可参见 Lemmens, *op. cit.*（n. 4），pp. 155-66。出版并编辑了大部分方济各会修士的记述的学者是 Lorenzo Perez, O. F. M.（1867-1935）。关于他的传记参见 J. Laures, *Kirishifan Bunko*（3d ed.; Tokyo, 1957），No. 973a。

[258] De la Costa, *op. cit.*（n. 83），p. 6.

[259] *Ibid.*, pp. 45-47.

[260] *Ibid.*, pp. 48-49.

[261] 关于这件事的背景参见原文，第 801-802 页，808 页。

[262] 参见 De la Costa. *op. cit.*（n. 83），pp. 50-51。

[263] 引文参见 *ibid.*, p. 53。

[264] *Ibid.*, pp. 55-57. 关于桑切斯造访马六甲的情形，参见原文第 808 页。

[265] 参见 León Lopétegui, *El Padre José de Acosta y las misiones*（Madrid, 1942），p. 463。

[266] 引文参见 *ibid.*, p. 476。

[267] 关于桑切斯和阿科斯塔 1587 年的活动记录被全部重版，收入 Francisco Mateos（ed.），*José de Acosta, Obras*（"*Biblioteca de autores españoles*," Vol. LXXIII [Madrid, 1954]），pp. 331-45。

[268] 这个观点来自 Lopétegui, *op. cit.*（n. 265），p. 462。

[269] 关于利玛窦一生的经历最完整、最可靠的记述是 H. Bernard, *Le Père Matthieu Ricci et la société chinoise de son temps（1552-1610）*（2 vols.; Tientsin, 1937）。这部作品被出版后有两个杰出的版本：Pietro Tacchi-Venturi, S.J., *Opere storiche del P. Matteo Ricci*（Macerata, 1911）；以及 P. M. D'Elia 编辑的煌煌多卷 *Fonti Ricciane*（3 vols.; Rome, 1942）。

[270] 关于桑德的传记，参见 Pfister, *op. cit.*（n. 243），I, 44-45。

[271] 以上记述来自 Dunne 的博士学位论文, *op. cit.*（n. 247），pp. 114-15, 118。

[272] 参阅 Bernard, *op. cit.*（n. 269），I, 127。

[273] *Lettere del Giapone et della Cina de gl'anno M.D. LXXXIX & M.D.XC scritfe al R.P. Cenerale della Compagnie di Giesu*（Rome, 1591），pp. 200-214.

[274] G. B. Sansom. *Japan: A Short Cultural History*（New York, 1936）；同样持此结论的新近的研究参见 Arimichi Ebisawa, "The Jesuits and Their Cultural Activities in the Far East," *Journal of World History*, V（1959-60），360-61。

[275] 参见 J. O. Ronall, "Spain and Japan-Early Diplomatic Relations," *Eastern World,* Vol. XI（1957），No. 12, p. 39。

[276] 关于这封信的基本的部分的英文翻译参见 Otis Cary, *A History of Christianity in Japan*（New York, 1909），I, 100-101。关于丰臣秀吉的计划的深入讨论参见 G. Stramigioli, "Hideyoshi's Expansionist Policy on the Asiatic Mainland," *Transactions of the Asiatic Society of Japan*, 3d ser., III（1954），74-94。

[277] 关于奥尔艮契诺神父（Father Organtino）对科埃略乐观的论调的反应参见 J. Laures, *Tâkayama Ukon und die Anfänge der Kirche in Japan*（Münster, 1954），pp. 190-91。

[278] 参见 Boxer, *op. cit.*（n. 209），p. 141。

[279] 参见 *ibid.*, pp. 145-47。

[280] 驱逐法令的文本参见 *ibid.*, p. 148。

[281] 事实上，每一个写作日本史的作家都思考过这个问题。这些思考除了被我的猜测搞得更加令人困惑之外毫无意义。

[282] 参阅 Murdoch and Yamagata, *op. cit.*（n. 227），II, 247-48。

[283] 这一恐惧的情绪并非毫无依据，因为丰臣秀吉曾经把自己想象成为世界的霸主，1591 年，当菲律宾群岛拒绝承认其宗主权时，丰臣秀吉气得快要发疯了。参见 Y. S. Kuno, *Japanese Expansion on the Asiatic Continent*（Berkeley, 1937），I,143-44,314-18; and Stramigioli, *loc. cit.*（n. 276），p. 96。

[284] 参见 Alfonso Kleiser, S. J., "P. Alexandre Valignano's Gesandtschaftsreise nach Japan zum Quambacudono Toyotomi Hideyoshi 1588-1591," *Monumenta Nipponica*, I（1938），70-98。

[285] Bernard, *loc. cit.*（n. 256），p. 121.

[286] Marcelo de Ribadeneira, O. F. M.（参见原文，第 718 页），他在十年后解释了菲律宾群岛的总督决定派遣鲍蒂斯塔作为特使前往日本的原因和细节。

[287] 关于这一过程的细节以及方济各会修士们提出的理论上的争辩的概述参见 Laures, *op. cit.*（n. 277），p. 262, and Lemmens, *op. cit.*（n. 4），p. 156。直到最近这场争论的历史才被写出来，资料几乎全部来自耶稣会的文献。方济各会学者 Lorenzo Perez 主要负责搜集方济各会的文献资料，它们来自他编辑的信札和文章集子 *Archivum franciscanum historicum* 以及 *Archivo ibero-americano*。我们也必须客观地指出，Ribadeneira 作为确实到过日本的为数不多的方济各会修士之一，写了大量的关于殉道的事情，但是对于鲍蒂斯塔为何要留在日本却只字未提。

[288] 相关讨论参阅 Boxer, *op. cit.*（n. 209），pp. 161-62。

[289] Laures, *op. cit.*（n. 277），p. 215；参阅 Lemmens, *op. cit.*（n. 4），pp. 157-58。

[290] Laures, *op. cit.*（n. 277），p. 266, n. 31；亦可参阅 Lemmens, *op. cit.*（n. 4），pp. 158-59。

[291] Sebastian de Moraes 是被派遣到大分的第一任主教，他在上任途中死去。参见 Joseph de Moidrey, S.J., "La hiérarchie catholique en Chine, en Corée et au Japon（1307-1914），" *Variétés sinologiques*, No. 38（Zi-ka-wei, 1914），p. 16。

[292] Laures, *op. cit.*（n. 277），p. 267.

[293] 关于这 "七年的战争" 的详细讨论参见 Kuno, *op. cit.*（n. 283），I, 145-73。

[294] Murdoch and Yamagata, *op. cit.*（n. 227），II, 274-75.

[295] 这是耶稣会士和葡萄牙人对于这件事的观点。西班牙人和方济各会修士们断定，害怕西班牙人与之竞争的葡萄牙人怂恿没收 "圣费利佩" 号上的货物，并通知日本人西班牙人是他们的一个潜在的政治和军事威胁。参见 Boxer, *op. cit.*（n. 209），p. 166。

[296] 关于伏若望的记述的英文翻译的复本收入了 *Acta Sanctorum* of the Bollandists，参见 "The Crucifixion of the Twenty-Six in 1597," *Transactions of the Asiatic Society of Japan*, XLIV（1916），20-45。

[297] 按照现代的作者们习惯性的说法，多明我会修士洛波·卡多索和若昂·马德拉到达洛维的时间是在 1570 年。Boxer 和 Groslier 曾合作证明了这一说法来自对证据的错误解释。参见 Groslier, *op. cit.*（n. 215），pp. 28-29。

[298] L. P. Briggs, "Spanish Intervention in Cambodia," *T'oung pao*, XXXIX（1950），148. 这篇文章断言贝洛索到达那里的时间是在 1585 年。Groslier（*op. cit.* [n. 215]. pp. 35-36）认为 Briggs 多少有些强词夺理，他倾向于把这一时间设定在 1582 年或 1583 年。

[299] Groslier. *op. cit.*（n. 215），p. 36.

[300] 参见 E. Aymonier, "The History of Tchampa（the Cyamba of Marco Polo, Now Annam or Cochin China），" *Imperial and Asiatic Quarterly Review*. New Ser.. VI（1893），375。

[301] Groslier. *op. cit.*（n. 215），p. 37.

[302] 关于萨塔王的承诺的实质内容从目前能够看到的资料中还无法找到清晰的答案。比如，Briggs（*loc. cit.* [n. 298]. p. 148）根据西班牙的文献宣称，"国王承诺成为基督教徒，接受西班牙提供的保护"。上述说明参考了 Groslier, *op. cit.*（n. 215），p. 37。

[303] 1597 年到 1598 年间的这些信件收入了 Groslier, *op. cit.*（n. 215），pp. 46-49。

[304] *Ibid.*

[305] *Historia de las missiones*（Alcalá, 1601），I, 173-75; 亦可参见耶稣会领导者 Nicolas Pimenta 在 1599 年从果阿发来的报告，见 *Newe historische Relation*（Dillingen, 1601），pp. 71-186。Pimenta 的信件也收入了 Eglauer, *op. cit.*（n. 222），III, 326-488。

[306] 关于现代西班牙人努力把他们塑造成名人的做法可参看一篇专题论文，Xavier Dusmet de Arizcun, *Una expedicion española a Cambodja en el siglo XVI*（Madrid, 1932）。

[307] A. Cabaton, "L'Espagne en Indochine à la fin du XVIᵉ siècle," *Revue de l'histoire des colonies françaises,* I（1913），104。

[308] Briggs, *loc. cit.*（n. 298），p. 158.

[309] 比如，可以参见 Silva Rego 编辑的大型传教士信札集子，见 Silva Rego, *op. cit.*（n. 1, *Documentação*）。

[310] 关于耶稣会书信写作的历史，目前可以看到的最好的一般性讨论是在一本书的导言里面，参见 Wicki（ed.），*op. cit.*（n. 102），pp. 19*-31*；亦可参见 John Correia-Afonso, S.J., *Jesuit Letters and Indian History*（Bombay, 1955）；在 Wicki（ed.），*op. cit.*（n. 72），各卷开始的介绍性材料中也有谈及。

[311] 引文参见 Correia-Afonso, *op. cit.*（n. 310），p. 3。

[312] 引文参见 *ibid.*, p. 5。

[313] Wicki, *op. cit.*（n. 102），pp. 23*-25.*

[314] Schurhammer and Wicki（eds.），*op. cit.*（n. 40），I, 129.

[315] 关于该书完整的名字参见 Correia-Afonso, *op. cit.*（n. 310），p. 76；关于其德语版的批判性讨论参见 J. Wicki, "Der älteste deutsche Druck eines Xaverius-briefes aus dem Jahre 1545, ehemals in Besitz des Basler Humanisten Lepusculus," *Neue Zeitschrift für Missiollswissenschaft*, IV（1948),105-9。特别有趣的是新教牧师 Lepusculus（1501—1576 年）对沙勿略的婆罗门教徒评论那颇为精彩的回应。

[316] Wicki, *op. cit.*（n. 102），p. 28*.

[317] 关于这些信件出版时的名称，参见 Correia-Afonso, *op. cit.*（n. 310），p. 176。

[318] 这封信写于 1554 年 3 月 17 日的里斯本，收入 *Epistolae mixtae ex variis Europae locis ab anno 1537 ad 1556 scriptae*（5 vols.; Rome, 1898-1910），IV, 110。

[319] 这部在科英布拉编成的集子包括了 1552 年的第一封信和 1555 年更多的信件，为了使这些信件得到更多的读者，它们被翻译成了西班牙语。这本书包含两封来自果阿、两封来自马六甲的信件，以及一些短章组合成的关于中国的信息，题名是 *Copia de unas cartas de algunos padres y hermanos de la Compania…*。

[320] Wicki（ed.），*op. cit.*（n. 72），IV, 25*, n. 8.

[321] F. Serafim Leite（ed.），*Monumenta Brasiliae*（4 vols.; Rome, 1956-60），I, 57-58.

[322] L. Henriques 在 1561 年 7 月 30 日从里斯本写给 Francisco de Borja 的信件，参见 *ibid.*；或参见 *ibid.*, IV, 348。亦可参见 Wicki（ed.），*op. cit.*（n. 72），II, 488。

[323] Leite（ed.），*op. cit.*（n. 321），I, 59.

[324] 参见 *ibid.*, IV, 69；以及 Wicki（ed.），*op. cit.*（n. 72），II, 488。

[325] 参见原文第 327 页和原文第 256-261 页。

[326] 引文参见 Correia-Afonso, *op. cit.*（n. 310），p. 15, n. 18。

[327] Leite（ed.），*op. cit.*（n. 321），I, 58.

[328] *Avisi particolari delle Indie di Portugallo Riceuuti in Questi doi anni del 1551 & 1552 da li Reuerendi Padri de la cõpagnia de Iesu doue fra molto cose mirabili si uede delli Paesi, delle*

genti, e costwni loro & la grande cõuersione di molti populi, che cominciano a ricevere il lume della sãta fede & Relligione Christialna.

[329] 引文参见 Correia-Afonso, *op. cit.*（n. 310），p. 14。

[330] Wicki, *op. cit.*（n. 102），p. 30*. n. 1. 在 16 世纪的印度，拉丁文在书信写作者那里被逐渐开始使用。参见 Correia-Afonso, *op. cit.*（n. 310），p. 17。

[331] 这本集子的题目是 *Epistolae Indicae de stupendis et praeclaris rebus...* 。有关进一步的详细讨论参见 Maggs Bros., *Bibliotheca Asiatica*. No. 452（1924），Pt. I. p. 22；亦可参见 Laures. *op. cit.*（n. 257），p. 170。

[332] G. Atkinson. *op. cit.*（n. 167），pp. 282-83。

[333] Streit, *op. cit.*（n. 242），IV, 436.

[334] 这套出版物的名单参见 Josef Benzirg, "Johann Albin zu Mainz als Reichsdrucker, 1598-1620," *Gutenberg Jahrbuch 1950*（Mainz, 1950），pp. 211-12。

[335] 参见原文，第 446 页。

[336] 关于更进一步的详细讨论参见原文，第 676 页。

[337] 参见原文，第 675 页。

[338] Correia-Afonso, *op. cit.*（n. 310），p. 17.

[339] 目录参见 Schurhammer and Wicki（eds.），*op. cit.*（n. 40），I, 224。

[340] 关于图尔塞林努斯，参见原文第 327 页。

[341] 就我目前所知，唯一的例外是 1565 年在科英布拉出版的西班牙语的 *Copia de las cartas...*。其中的内容的目录来自 Zoe Swecker 在马德里国家图书馆发现的复本，参见 Zoe Swecker, "The Early Iberian Accounts of the Far East, 1550-1600"（Ph.D. dissertation, University of Chicago, 1960），pp. 289-90。我在里斯本的国家图书馆看过同样的版本，但是它有些残缺。虽然 Streit 显然没有看到过这本书，但他还是列出了其中的大部分信件及其写作的年份。

[342] 常见的标题是 *Die Missionsgeschichte späterer Zeiten; oder, Gesammelte Briefe der katholischen Missionäre aus allen Theilen der Welt*，伊格劳尔编辑的"印度"和"日本"的信件对我们而言有着特殊的价值，因为他常常一字不差地从已出版的书简集子中复制信件。

[343] 参看 Wicki（ed.），*op. cit.*（n. 72）的 Vols. V（1561 年到 1563 年间的信件）和 VI（1563 年到 1566 年间的信件），其中大部分信件在 16 世纪都没有出版。

[344] 关于伏若望，奎德罗斯在印度期间曾于 1559 年给首席都主教莱内斯写了一份秘密报告（Wicki [ed.], *op. cit.* [n.72], IV, 403），报告指出："伏若望身体健康，人很善良，但是太喜欢开玩笑而显得不够虔诚，他很关照自己的同僚而且很善解人意，他可能成为一位优雅的牧师，他在处理各种世俗工作时才干非凡，看上去也很尽职尽责。"

[345] Wicki（ed.），*op. cit.*（n. 102），pp. 31*-32*。

[346] 关于达·科斯塔的信件的复本参见 *ibid.*, pp. 486-89。

[347] 引文参见 G. Schurhammer, "Xaveriusforschung im 16. Jahrhundert ...," *Zeitschrift für Missions-*

wissenschaft, XII（1922），148。

[348] 参见 Correia-Afonso, *op. cit.*（n. 310），pp. 486-89。

[349] C. Sommervogel, *Bibliothèque de la Compagnie de Jésus*（Paris, I894），Vol. V, col. 295, 该书指出可能有一个捷克文（Czech）译本在 1573 年出版了。我没有看到这部作品的其他相关记录。

[350] 这个法语译本的题目是 *Histoire des choses memorables sur le faict de la religion Chrestienne dictées et executées aux pays et royaumes des Indes Orientales*。

[351] 对于这份文献的现代看法参见 M. Parke-Smith（ed.），*Englatld and Japan*（Kobe, 1928）。

[352] 佛罗伦萨的人文主义者菲利普·萨塞蒂（Filippo Sassetti）指出，马菲 1583 年在里斯本很活跃，这一年正是萨塞蒂准备启程前往东方的时候。萨塞蒂还告诉他在佛罗伦萨的朋友们，他们只需要等待马菲的著作出版，即可得到比巴罗斯更让人满意的关于东方的记述。关于马菲的拉丁文作品，萨塞蒂评论说他有一部 *bellissimo stile*。参见 E. Marcucci（ed.），*Lettere edite e inedite di Filippo Sassetli*（Florence, 1855），pp. 418-19。

[353] 参见 Schurhammer, *loc. cit.*（n. 347），p. 140。贡萨尔维斯神父在这里提到了同一个人，他于 1585 年在罗马举行的庆祝日本使节到来的欢迎会上做了演讲。参见原文，第 696 页。

[354] 参见原文，第 686 页。

[355] 参见原文，第 696 页。

[356] 参见 Wicki, *op. cit.*（n. 102），p. 101。

[357] 参见原文，第 743-744 页。

[358] 这是马菲的家乡，所以他把自己的描述增补进了作品之中。

[359] 这个版本中增加了一幅地图。参见 *Alt-Japan-Katalog*, p. 214。

[360] 这里依据了一份对于各个版本的独立描述，参见 *ibid.*, pp. 214-19。Schurhammer, *loc. cit.*（n. 347），p. 158, 该书提及了 23 次单独的发行的情形。

[361] 引文参见 Schurhammer, *loc. cit.*（n. 347），p. 163。

[362] *Ibid.*, pp. 142-43.

[363] *Ibid.*, p. 133.

[364] 参见原文，第 695 页。

[365] Schurhammer, *loc. cit.*（n. 347），pp. 150-59.

[366] 参阅 *ibid.*, p. 160.

[367] *Historia da vida do padre Francisco de Xavier.*

[368] 关于将沙勿略神化的过程，参见 Brodrick, *op. cit.*（n. 58）pp. 527-38。

[369] 还有一个一卷的再版本，于 1891 年在毕尔巴鄂（Bilbao）出版了。

[370] 参见原文，第 675-676 页。

[371] Wicki, *op. cit.*（n.102），p.103；亦 可 参 见 José Luiz Alvarez-Taladriz（ed.），*op. cit.*（n. 119）。

[372] 关于这部作品的详细情形，参见原文第 452-453 页。

[373] 作为一项常识性的准则，个人在使用耶稣会的报告中的统计材料时必须谨慎。用整数表示的数据通常被认为能够令人满意，在谈及皈依基督教的人数时尤其如此，耶稣会士们常常大幅度地夸大了相关数据。参见 A. Brou, S.J., "Les statistiques dans les anciennes missions," *Revue d'histoire des missions, September,* 1929, pp. 361-84。

第一卷　发现的世纪

[美] 唐纳德·F.拉赫　著

第一册（下）

周云龙　译

欧洲形成中的亚洲

ASIA IN THE MAKING OF EUROPE

[美] 唐纳德·F.拉赫　著

周宁　总校译

人民出版社

目　录

（下）

插图目录

第三部分

四种形象与总体印象

导　言

随着亚洲的形象在 16 世纪逐渐进入欧洲的视野，它虽然保留了过去的一 335
些认知，但是在其轮廓和区域划分方面变得更为鲜明和准确了。从托勒密和中
世纪的学术传统（恒河之前和之外的印度、更远的印度和契丹）中继承而来的
含糊的地理学术语，在欧洲渐次为那些在亚洲所使用的同一地域的名称所替代。
印度、东南亚、日本和中国首次被作为彼此不同的亚洲区域而区别对待，欧洲
人今天仍然沿用着同样粗糙的线条去思考这些区域的做法是站不住脚的。而且，
当 16 世纪的欧洲人逐渐了解到亚洲并非只是一块地方时，他们同时也意识到：
各个不同的地域以及生活在那里的居民和欧洲的不同区域和居民一样的种类繁
多，彼此相异。

到了 1600 年，一个具有阅读能力的欧洲人也许可以轻易地从商人、旅行
者和传教士们出版的作品，以及制图者们出版的地图中对东方获得一个较为明
确的认识。亚洲的商人、特使以及物品在欧洲的商业中心、政治中心和文化中
心的频频出现，使欧洲人在了解亚洲的深度和真实性方面得以提高。在 16 世纪
的整个进程中，亚洲四个区域的形象和一个新的、总体的印象作为整体从欧洲
人在东方的大量经验中诞生了，这种新的观念成为并且持续地成为欧洲世界观
的一个固定组成部分。

第六章　印度

欧洲人在 16 世纪上半叶对于东方的大体了解主要与香料贸易有关。与
此相关，有许多印度人被带到了葡萄牙，马拉巴尔教堂的约瑟夫牧师（Priest
Joseph）甚至还拜访了教皇。当葡萄牙人派遣大使到罗马宣传他们的成就，
并激起欧洲人的好奇心时，泄露出来的关于印度的具体信息不及瓦尔塔马
（Varthema）在 1510 年所提供的印度信息那么明确和广泛。埃尔卡诺（Elcano）、
皮加费塔和其他环球航行的人们使欧洲人对于太平洋的辽阔有所认识，同时也
为欧洲人补充了关于东印度群岛的信息。但是在 1520 年到 1550 年间，只有非
常少的印度信息被增添到欧洲人的信息贮存中去。甚至威尼斯的阿尔丁出版社
在 1543 年出版的《前往塔纳旅行纪实》（*Viaggifatti alla Tana*）一书对于印度的
描述，也仅仅局限于对马拉巴尔海岸的贸易环境方面的讨论。

　　1550 年之前，欧洲的印度形象的形成主要借助于地理大发现之前的知识传
统，而且，瓦尔塔马和其他人也修正了有关其海岸地区和维查耶纳伽尔的一些
简短描述。然而，这些进一步的修正继承于既有的特定观念，同时，它们依据
的仍然是葡萄牙人同意泄露出来的那点极有限的信息。虽然传统的观念慢慢地
消逝了，但是，欧洲对于印度人的了解仍局限于除了马拉巴尔的基督教徒和摩
尔人之外，其他人都不是基督教徒，而是"异教徒"这些内容上。根据东方的

报告，卡利卡特比里斯本还大，印度人虽然是"异教徒"，但已经被认识到他们拥有一种复杂的文明。通过香料贸易活动，欧洲人逐渐普遍地认识到摩尔人在印度很强大，在北部地区尤其如此。同样也是通过香料贸易，欧洲人还认识到印度的其他地域被那些数量居多的好战的统治者们给瓜分了。欧洲人很快就从早期居住在果阿的基督教传教士和其他的葡萄牙商人社区那里得知，大规模的宗教征服和大量的领土占有是不同的。欧洲人了解到，在非洲和欧洲成功地发动了宗教战争的摩尔人，在印度的政治与宗教方面也进行了更大规模的征服，他们得到的可能要比葡萄牙人和方济各会修士们想象的还要多。总体上，此时的欧洲人认识到印度将成为一个难以对付的问题。

在 16 世纪下半叶，欧洲人出版的关于印度的文献资料事实上可以分为三大类：葡萄牙的商业报告和征服印度的大型编年史，耶稣会士的业务通讯和历史著作，以及意大利、英国和荷兰那些采用一种或另一种途径设法去印度旅行和居住的评论家们在世纪末的报告。葡萄牙人讨论印度的文献资料的时间下限是 1540 年。耶稣会的业务通讯因为详细地记录了他们发现的事件，所以是一种很有用的文献资料。不幸的是，这些业务通讯并不总是具有连续性，其中有的时期被葡萄牙人的世俗历史叙述给打断了。耶稣会士的历史著作把来自世俗的信息和传教团的工作进展的系统性记述整合在一起，为整个 16 世纪提供了一种更为全面的概括。在 16 世纪末出版的非伊比利亚王国的作者的旅行记，讨论了 1564 年到 1591 年间印度的情况。因为这些非官方的报告都没有在葡萄牙和教会管辖的范围内出版，它们一直被用于核对半官方的葡萄牙和耶稣会资料的准确性，因此，这些报告对于葡萄牙的制度和天主教传教团也更为挑剔。

第一节　葡萄牙人的概述

事实上，所有讨论地理大发现的葡萄牙人的作品都包含了关于印度的信息。[1] 1600 年之前，许多作品都得到了印刷出版，所有初版于葡萄牙的作品都被全部或部分地翻译成了其他欧洲王国的语言。[2] 根据四部作品（作者分别

是皮雷斯、巴尔博萨、卡斯塔涅达和巴罗斯），再加上其他作品的补充，我们也
许可以肯定，在 16 世纪后半叶，那些有教养且对印度感兴趣的欧洲人通过阅读
葡萄牙人的文献资料，就能够了解印度。在一定程度上，这四部作品的作者在
写作时曾相互参阅，同时也参考了同时代可能在葡萄牙传播的其他资料的手稿。
虽然这四部主要的作品之间存在着很大的雷同性，那些细心的读者可以在彼此
间进行核对，但他们之间还是有着很大的差异，而且各自的真实性的程度也不
相同。皮雷斯和巴尔博萨简述了他们在东方的个人游历和经验，其中包括他们
所看到的陆地、居民和物产。卡斯塔涅达和巴罗斯的某些观点在很大程度上参
阅了上一代人对他们亲眼所见的情况的记述。卡斯塔涅达的《历史》一书虽然
参阅了别人的第一手资料，但是，他对这些信息进行了搜集、校对并经过细心
的研究，然后与他个人在东方的经历整合在一起。巴罗斯的历史著作中的官方
资料和人文主义知识很丰富，但是这自然也给该书带来了一种后果：虽然巴罗
斯曾亲自到印度旅行，但他个人的观点以及可能会体现在其叙述中的一种当地
风貌，在他的作品中都相当匮乏。

339

一、地理位置和邻近岛屿

随便看一眼托勒密的世界地图或者是关于恒河内外的印度地区的描述
研究，会立即发现其编者对戈达瓦里河（Godavari River）南部的印度地区
知之甚少，他们把印度的疆界向东延伸得太远，而且极度夸大了塔普罗班纳
（Taprobane，即锡兰）的地理范围。[3] 马可·波罗经仔细研究得出了结论，他
认为"锡兰"（Seilan）在"整个世界上就大小而言是最好的岛屿"，而马拉巴
尔在"所有印度海岸中是最好的"。[4] 马可·波罗在这里对南亚的附加强调对
于欧洲人想象中的这个严格意义上的半岛尤其重要；因为虽然罗马人已经到过
马拉巴尔海岸，但是关于其轮廓在中世纪的欧洲并不存在一个清晰的观念。正
如我们已经看到的那样，在 15 世纪，有几份报告被带回西欧，它们使欧洲人
确信了马可·波罗惯常的关于印度南部的财富、贸易和基督教徒的令人欣喜的
看法。因此，根据托勒密的地理学传统，欧洲人在 1500 年之前，随手就可以

得到一些关于北部的恒河平原的地理数据。关于印度南部的王国和港口，有着可以供参考的马可·波罗叙述传统，也有 15 世纪跨越大陆前往印度的旅行者的更为详细的描述。如今看来，葡萄牙人的发现确实促使欧洲人形成了关于印度的地理观念。

340

1500 年后，在欧洲传播的早期业务通讯和私人信件主要讨论的内容是前往印度的海路、贸易前景以及葡萄牙人的业绩。更为广泛、确实的细节通过 1510 年出版的意大利人卢多维科·迪·瓦尔塔马（Ludovico di Varthema）的《旅程》（Itinerario）一书传到了欧洲，这本书记述了瓦尔塔马在印度沿海主要城市的经历，主要是从 1504 年到 1506 年间在卡利卡特的情况。关于印度东部的沿海区域，瓦尔塔马的记述要比他之前的大部分作者的作品更为详细。但是，在曼努埃尔王于 1521 年去世之后，葡萄牙人关于印度的记述被禁止自由传播。无论何种信息，真正从里斯本泄露到欧洲其他地方的可以说是微乎其微。从 1520 年到 1550 年间，这三十年内出版的所有关于印度的作品的作者都不是来自伊比利亚半岛，这些作品把可以得到的传统资料和新的实证材料混合在一起，慢慢地拼凑出一个含糊的地理图形，这些作品的主要意义就是可以作为传播这些图形的工具。

托梅·皮雷斯和杜阿尔特·巴尔博萨的作品于 1550 年由赖麦锡出版，当时是根据大的地理区域对其内容进行组织的。在讨论印度的时候，他们首先谈及了西海岸，主要集中讨论了那里的大城市和港口。从整体上看，这些作品对于西海岸尤其是马拉巴尔的描述，与他们对印度东海岸的粗略描述相比，要详细得多。然而，巴尔博萨却以一个亲历者的姿态描述了内陆的维查耶纳伽尔以及其他几个地方。和巴罗斯和卡斯塔涅达一样，巴尔博萨用了较长的篇幅讨论了锡兰和其他几个岛屿地区。作为一种地理意义上的描述，巴尔博萨对自己作品的不足之处了然于心，他坦率地承认，他是故意对"几个事实上可以清晰地加以讨论的印度主要地区只进行了一种简短地概述"。[5] 以皮雷斯和巴尔博萨的作品为参考框架的话，显然几个"主要地区"就是指葡萄牙人做生意的地方。卡斯塔涅达的《历史》一书按照葡萄牙人在印度的征服事件，以及那些作为其他主题的讨论中附带性或介绍性的地理描述，以编年的顺序组织起了整部作品的内容。

巴罗斯的《旬年纪》首次努力地尝试着对印度地理进行系统而全面地描述。该书一开始就评论道，在托勒密的地理学中，严格意义上的印度被认为仅仅包括印度河和恒河之间的地域，即古老的"伊里"（Eli，德里 [Delhi]）王国的所在地。[6] 居住在与印度北部毗邻的地方的波斯人（按巴罗斯的说法）按照这个地方"本来的名字"，称之为"印度斯坦"（Indostan）。[7] 这位葡萄牙的编年史家观察到，整个印度被印度河、恒河和印度洋以及北部的大山（托勒密称之为"伊毛斯"[Imaos]）紧紧联系在一起。[8] 对于巴罗斯而言，印度半岛的形状就像一个菱形，一个斜角的平行四边形，其更长的一边从山脚到科摩林角以南向北延伸。从北向南，这块陆地长约 400 里格 ① （合 1600 英里）；最宽的地方不到 300 里格（合 1200 英里）。[9]

印度斯坦（Hindustan）包括"偶像崇拜者"和穆斯林，二者在生活习俗和宗教仪式方面有着十分显著的差别。印度斯坦被划分为许多王国：马尔坦（Maltan，即木尔坦 [Multan]）、德里、科斯泊提尔（Cospetir，即加贾帕提 [Gajpati] 或奥里萨 [Orissa] 的领地）、[10] 孟加拉（Bengal）、奥里萨、曼德里（Mandli，即马尔瓦 [Malwa]）、奇托尔（Chitor，即梅瓦尔 [Mewar]）以及古吉拉特（Gujarat，在其成为大港口城市后常被称作坎贝）。[11] 向南部延伸的德干"王国"被许多具备国王能力的地方领主给瓜分了，[12] 其边界与"帕尔"（Pale）接壤。[13] 维查耶纳伽尔位于"帕尔"的另一边，它是一个控制着许多小王国的大邦国；马拉巴尔海岸地区也被划分为许多小王国，每个王国都有一位国王或亲王统治。这些王国中任何一国都想吞并另一国，彼此间征战连连，如果不是因为天然的疆界，这整个区域将落入最贪婪和最强大的王国的掌控之中。很多大河、大山、湖泊、丛林和荒漠以及其中居住的数不清的多种多样的动物，致使王国之间的交流非常困难，这有助于阻止前来的征服者。在南部的这些自然障碍中，最为明显的是大量的河流，它们与印度河和恒河之间没有联系，这些

---

① League，欧洲和拉丁美洲一个古老的长度单位，在英语世界通常定义为 3 英里（约 4.828 公里，适用于陆地上），或定义为 3 海里（约 5.556 公里，适用于海上）。本书换算有误。——译者注

342　河流弯弯曲曲地将陆地包围着，缓缓地流向附近的大海。还有许多伸向陆地的海湾，它们深深地侵入海港，在内陆航行的大船必须从这里驶向另一个地方。在印度，这些为自然所划分的区域中最显著的是被称之为高止（Ghats，巴罗斯称之为锯齿山 [Sierras]）的在内陆绵延的山脉，它向南一直延伸到科摩林角。高止山脉和印度洋之间的陆地平坦而多沼泽。马拉巴尔和卡利卡特就坐落在这片低地地区。

巴罗斯在第一部《旬年纪》的第九册中，根据商人、水手和管理者透露给里斯本的报告，详细描述了东方的航海区域。[14] 巴罗斯把整个大区域分为九个部分，其中有三个部分与印度海岸有直接关系。巴罗斯从印度河的描述开始，接着评论了印度沿海的城市、河流和其他地理标志，整个叙述线路都围绕着印度半岛，直到恒河三角洲地区，并且频频提及区域之间的距离。并非巴罗斯使用的所有地域名称都易于辨识。然而，巴罗斯的大部分地域指认很可能为那些愿意花费必要的时间和努力的人们所查证。

关于锡兰，巴罗斯的作品描述得特别仔细，[15] 可能是因为这位葡萄牙作者早在 1505 年到 1506 年间就开始与这个岛屿发生了重要的联系。巴罗斯把锡兰定位于科摩林角的对面，并指出锡兰岛是椭圆形的，估计其南北向的长度为 78 里格（合 312 英里），东西向最宽约 44 里格（合 176 英里）。[16] 巴罗斯把锡兰在印度的位置与西西里岛（Sicily）在意大利的位置相提并论，并思考了它是否像印度人认为的那样，曾一度被整合进了大陆。巴罗斯得出结论，如果说西西里岛属于意大利，那么就有更充分的理由相信锡兰曾经是印度的一部分。"锡兰"（Ceilam）这个名称引发了巴罗斯一系列哲学和历史方面的思考，其中有一些被证明是非常错误的。巴罗斯在观察到古代的欧洲人称锡兰为塔普罗班纳（Taprobane）之后，困惑地指出，如果按照岛上的传统，锡兰以前应被称为"伊兰纳尔"（Ilanare）或"特兰纳特"（Tranate）。[17] 巴罗斯从他听到的关于锡兰
343　岛的历史开始思考，"锡兰"的名字可以追溯到汉语的"征服"。[18] 显然，巴罗斯认为在 15 世纪早期，中国人才是科罗曼德尔（Coromandel）海岸、马拉巴尔的部分区域以及整个锡兰岛的主人。巴罗斯认为"锡兰"这一名称是僧伽罗语（Sinhalese），某些锡兰人来自中国，然后，巴罗斯宣称中国之于锡兰就相当于

罗马之于葡萄牙。在这一结论中，巴罗斯显然远远地偏离了他的实证，与我们所知道的那些来自其他资料中的记述发生了抵触。[19]

　　锡兰岛在巴罗斯的描述中土地肥沃，青葱繁茂，其西南地区尤其如此。其大多数居民都住在科伦坡（Colombo）周围的富庶地区，这里的贸易活动项目以肉桂、大象和宝石为主。因为锡兰岛自古以来以富含黄金而享有美名，巴罗斯指出，事实上铁是岛上开采的唯一金属。[20]岛上到处都是宽大的棕榈叶、甘甜的泉水、肉桂和美味的香橙。岛上圈养着印度所能看到的最为温顺驯良的大象。[21]经过驯养的大象常常被用于捕获它们的同类野生群体，卡斯塔涅达曾详细描述过如何猎取大象。[22]岛上的居民也蓄养牲畜和水牛，并从牛奶中提炼出奶油（在印度，煮沸的奶油用于烹调，在南欧被用作油画的颜料，也有一些其他用途），出口到"很多地方"。[23]巴罗斯显然对锡兰岛的丰饶印象深刻，对他而言，"似乎大自然让锡兰岛成了被灌溉过的果园"。[24]但是，巴罗斯更为真实地指出，"锡兰岛上的稻米是有的，但很少，那里的居民的大部分稻米都是从科罗曼德尔带来的，这是他们的主要食物"。[25]

344

　　在巴罗斯的描述中，锡兰岛的海岸地势较低、沼泽遍布且土壤肥沃。而山区则形成一个椭圆形，与整个岛屿大致的球形轮廓有着同一个圆心。巴罗斯称这个中空的椭圆形为围栏，其内部是平坦的，要进入其中必须经过环绕四周的山脉。山上的树木郁郁葱葱，湍急的河水从山的侧面飞流直下，奔向大海。关于亚当峰（Adam's Peak，海拔 7352 英尺），巴尔博萨、巴罗斯和卡斯塔涅达都花费了大量的笔墨予以描述。有"三个或四个重要的铆钉"[26]屹立在山上，从海上可以看到它们，这些铆钉距离科伦坡东边约有 54 英里。[27]朝圣者们定期都会从海岸到达其圆锥形的最高峰，那里被尊奉为圣地。朝圣者们在前往山顶的路上，穿着杂草和动物的皮毛编织而成的衣服，常常还要趟过被洪水淹没的陆地和涨水的河流，水深可没过腰间。[28]为了从陡峭的一面爬上山顶，朝圣者们通过用铁链做成的梯子，一步一步往上爬行。在山顶促狭的、椭圆形的平面上，可以看到一块岩石突兀地矗立在大致平坦的表面上。在这个像桌子一样的岩石中间，可以看到一块看上去可能像是人的脚印一样的凹陷。在当地人眼里，这块凹陷被认为是从德里把"Deunú"的礼拜仪式带到锡兰的圣人的脚印。[29]巴罗斯也讲述了佛陀的圣牙的故事，这是另一个与"Deunú"相关的神圣的遗物，想必巴罗斯不知道这件圣物大约在 1561 年就已经在果阿被毁掉了。[30] 巴罗斯也评论了"瑜伽派人士"（jógues）从遥远的地方多次来到山顶朝圣的情况，[31] 这些人"似乎已经离开了尘世，完全把自己奉献给了上帝"。[32]

巴罗斯指出，锡兰被分成了九个王国，每一个都宣称自己是独立的。这些王国中最有名的就是出产香料并把科伦坡作为其主要城市的那一个。虽然这个王国与大都会繁忙的商业生活相互隔离，但这个王国的国王居住在科伦坡附近的一个科特（Cota, Kotte，意即城堡）中。[33] 巴尔博萨曾暗示这个国王的收入来自于对肉桂、大象和宝石的垄断。[34] 加勒（Galle）王国位于科伦坡南部，锡兰岛的尖端，它东部毗邻也拉（Iaula[Yala]），北部毗邻迪那瓦卡（Tanavaca[Dinavaca]）。[35] 据报导，加勒国王禁止其臣属将自己的财富传给下一代，因为那样做会消泯其后代的进取意识。锡兰岛最东端的王国是拜蒂克洛（Batecalou [Batticaloa]），在它和康提（Cande [Kandy]）之间是另一个王国维拉塞（Vilacem [Wellassea]）。拜蒂克洛的北部沿海地区依次是亭可马里（Triquinamale [Trincomalle]）和贾夫纳帕塔姆（Jafanapatam [Jaffna]）王国。虽然巴罗斯列出了这些王国的名称，但是他警告读者这些王国的边境不可能被精确地限定，"因为它们划分边界的唯一标准就是各自的国力"。[36] 事实上，科伦坡的科特王朝很明显地在试图把其他王国的疆土变成自己的领地。[37]

卡斯塔涅达指出，锡兰岛共有七个主要的海港。[38] 巴罗斯一直对那些与葡萄牙扩张相关的信息感兴趣，他比较详细地描述了科伦坡港的位置和天然屏障。除了摩尔人的商人外，所有住在这些城镇里的居民都是异教徒。在异教徒中间，教士和政府不过是同一枚硬币的两面。[39] 不仅印度的国王们和婆罗门教的人有着密切的合作关系，而且他们自己也是高级的婆罗门教徒，并对其臣属的日常行为施行控制，同时对他们的心智实施精神上的控制。虽然普通人处于卑屈的臣属地位，却被描述为体格良好、皮肤白皙，致力于一种美好而优雅的生存方式。这些人从腰部往上都是赤裸的，臀部以下才穿一种丝和棉制成的衣服，他们称之为帕图拉斯（patolas）。他们的头发上戴着装饰品，耳朵上挂着宝石。穷人可能出卖自己做奴隶；而富人则大量搜集金子、银子和宝石。锡兰以拥有许

345

多天才的宝石工艺者而著称。[40] 僧伽罗人不善于作战，而且有些柔弱，显然对于枪支一无所知。[41]

马尔代夫群岛（Maldive Islands）是印度洋中的一群列岛，距离锡兰的西南端大约有 400 英里，巴罗斯断言它们的名字可能来自于"马拉巴尔"这个专有名词，即马尔—代瓦（mal-diva）①，意思是一系列岛屿，也有可能来自于玛哈尔岛（Male [Mahal]）这个名字，苏丹王就住在这里。[42]14 世纪阿拉伯伟大的旅行家伊本·白图泰（Ibn Batuta）是第一个把马尔代夫群岛带入欧洲视野的作家。[43] 葡萄牙人首次踏上马尔代夫群岛是在 1507 年，然而他们事先已经敏锐地意识到马尔代夫群岛在印度洋贸易中的战略重要性。葡萄牙人立即竭力地想征服这些岛屿，但最终失败了。巴罗斯断言，马尔代夫群岛被放在一起称作帕塔纳（patana，即城镇）。[44] 巴尔博萨和巴罗斯似乎都没能清晰地区分马尔 346 代夫群岛和拉克代夫群岛（Laccadive，来自拉克沙 - 代夫 [Laksha-diva]，意即 100 000 座岛屿）。显然巴罗斯认为这两组岛屿形成了一个王冠样的圆弧，从环绕印度南部的德里山（Mount Deli）附近开始，一直延伸到前往爪哇的地方。[45]

在巴罗斯的描述中，这些岛屿上的居民身材矮小、瘦弱而且心怀不轨，并拥有自己的语言。[46] 普通人都是异教徒，但他们受摩尔人统治。[47] 上层阶级穿的丝和棉制作的衣服常常在岛上制作，虽然其原材料必须依靠进口。据说他们的衣服在那时候的做工要比孟加拉和科罗曼德尔的好。这些岛屿最主要的出口产品是椰子壳纤维制成的绳索，一般用于邻近印度洋的地区，因为印度人和摩尔人的船只没有钉子，而这种绳索正好可以把船只捆绑在一起，用作锚链和锁具。巴罗斯指出，这些绳索能够在海水中膨胀并恢复其新的柔韧度，可以随着海水的流动或收缩或延伸。[48] 然而，巴罗斯确信，以这种方式做成的船只经不起好望角海域的风暴。马尔代夫群岛也出口鱼类和玛瑙贝壳，[49] 后者被用作纽扣，在孟加拉和遏罗尤其流行。[50] 最有趣的是巴罗斯对岛上出口的海椰子的描述，这是一种叫作 *lodvicea sechellarum* 的水果，因为可以作为解毒剂而享有美名。这个巨大的海椰子享誉东方，后来其美名又被传到了欧洲，早在 17 世

---

① 马拉巴尔语，用来指称马尔代夫群岛，意思是群岛链。——译者注

纪，一些荷兰商人曾把它带回了欧洲，皇帝鲁道夫二世（Emperor Rudolf II，于 1576—1612 年在位）曾极力地想买到一个，但未能如愿。[51]

　　这位葡萄牙作者注意到，马尔代夫群岛北部的拉克代夫群岛和安吉迪瓦（Anjediva）是一个中转站和新鲜水源的所在地，原来居住着皈依伊斯兰教的马拉巴尔人。[52] 马纳尔海湾（Gulf of Manaar）的珍珠养殖场位于锡兰和印度半岛顶端之间，卡斯塔涅达曾对此做过长篇评述。[53] 卡斯塔涅达指出，"卡里卡尔（Calicare）的居民[54] 每年有两次潜水采珠活动"，[55] 据推测可能在锡兰的西北海岸。有两三百艘小船，每艘船上都有 35 人，前往有牡蛎的沙洲。这些潜水采珠者工作的时候两两配合，其中一个背着石头潜入水中，而另一个则紧紧抓着捆绑前者的绳子。潜水者尽可能地长时间待在水下，采集的牡蛎放在他携带的筐子里。最大的珍珠将留着献给国王。[56] 卡斯塔涅达也清晰地说明了锡兰的牡蛎床产量非常不稳定，而且在他那个时代，珍珠产量的下降是一件令人担忧的事情。[57] 奥尔塔还在其作品中对锡兰的采珠业与霍尔木兹海峡、婆罗洲和中国的渔业之间进行了比较。[58]

二、马拉巴尔（Malabar）

　　在前往印度大陆的途中，我们将首先接触马拉巴尔海岸，葡萄牙人正是在这个地方建立了他们最早的据点。虽然罗马人在这里进行贸易活动，但这个次大陆的西南海岸在地理大发现之前的欧洲地图或叙述中并没有得到清晰地勾勒。从 8 世纪以降，直到葡萄牙人在这里出现，马拉巴尔和印度洋上的国外贸易都掌控在阿拉伯人手中。只有个别的旅行者，诸如科斯马斯·因迪卡普留斯特斯（Cosmas Indicopleustes）和马可·波罗[59] 出版了一些关于马拉巴尔及其在印度洋贸易中的地位的介绍性文字。所有的葡萄牙人在 16 世纪出版的记述性文字在讨论马拉巴尔时都极度地详尽，但是，在细节或准确性方面，没有一部著作能够超越杜阿尔特·巴尔博萨首次出版的那部作品。

　　巴尔博萨是一名葡萄牙官员，大约从 1500 年到 1516 年或 1517 年间在印度，他曾多年担任位于坎纳诺尔的马拉巴尔港的葡萄牙商馆的书记官。在这里，巴尔博萨对本地语言"极度精通，以至于他说得比这个王国的人都地道"，[60] 因而美名远播。巴尔博萨可能得益于长期在马拉巴尔居住的经历，还有其官职给他提供的方便、他那敏锐的观察力，以及他的语言能力，因此他能够对马拉巴尔进行描述，至今仍然被认为是一份权威的文献资料。当其他葡萄牙的作者在细节上对巴尔博萨的著述进行补充时，我们就能轻易地看到，在 16 世纪的欧洲，关于马拉巴尔有大量可靠的信息可以利用。关于其他的葡萄牙作者，只有皮雷斯、卡斯塔涅达和奥尔塔根据个人经历谈论了马拉巴尔，有时候卡斯塔涅达和巴罗斯在论及马拉巴尔时还大量地使用了巴尔博萨的资料。

348

根据这位葡萄牙人的描述，"马拉巴尔陆地"（land of Malabar，当地人更喜欢使用克拉拉 [Kerala] 这个名称）[61] 从昌德拉吉里河（Chandragiri River）上的康博拉（Cambola），或者是从德里山一直延伸到科摩林角的顶端。[62] 马拉巴尔的北部与维查耶纳伽尔的印度王国毗邻。卡斯塔涅达指出，既往的描述传统所断言的海岸的沼泽低地，一度曾完全为海水淹没，内陆的山脉通过大陆桥与马尔代夫群岛（估计他在这里指的是拉克代夫群岛）相连。[63] 这些山是如此得高，以至于遮挡了从印度洋吹向内陆的海风。[64] 巴罗斯指出，在内陆旅行可以从水路沿着海岸错综的水网从一个地方抵达另一个地方。[65] 除了这些一般性的记述，这位葡萄牙人很少对地形进行评论。

奎隆位于马拉巴尔王国的最南边，被这位葡萄牙人称作"克伊兰"（Coilam）或"考兰"（Coulan），[66] 这个地方用现代的称法与特拉凡科尔王国非常一致。在古代，马拉巴尔由一名来自奎隆的人单独统治。最后一位来自这个港口城市和早期的胡椒贸易中心并统治马拉巴尔的人是彻鲁曼·佩鲁马尔（Chērumān Perumāl），[67] 在这位葡萄牙人来到马拉巴尔时佩鲁马尔已经去世六百年了。据报导，正是在佩鲁马尔统治时期，摩尔人首次开始在印度展开了大范围的贸易活动。正在改变宗教信仰的穆斯林很快使皇帝佩鲁马尔信奉了穆罕默德（Prophet）的教义，并使之决定放弃自己的领土，坐上他们的船只前往伊斯兰教的圣地麦加（Mecca）。[68] 在准备离开故地前去麦加朝圣之前，彻鲁曼把国土分给了他的亲戚，[69] 仅给自己留下了无人居住的沿海狭长地带，其据点卡利卡特后来就在此建成。在佩鲁马尔最后的遗嘱里，这个小小的地域、佩鲁马尔的皇

349

权徽章、一把剑和"一盏金灯"[70]交给了他最喜欢的一个侄子，并命令除了坎纳诺尔和奎隆的国王之外的其他贵族，要把他任命的继承人作为新的君主。从佩鲁马尔离开的那天起，马拉巴尔开始按照自己的历法计时。[71]

佩鲁马尔在马拉巴尔施行的地域划分产生了三个独立的王国。它们是"考兰"（即奎隆），按照巴罗斯的说法这是婆罗门教的信仰所在地，还有"克拉提里"（Kolathiri，即坎纳诺尔），以及卡利卡特。[72]作为佩鲁马尔的继承人，扎莫林拥有独一无二的铸造钱币的权力，这是对卡利卡特在国外贸易中的重要性的因袭式承认。在摩尔人的帮助下，扎莫林渐渐地确立了自己在马拉巴尔作为至高无上的在俗统治者的地位；[73]奎隆的国王（巴罗斯称之为教皇）[74]想夺取宗教事务的控制权；显然，坎纳诺尔的国王在其国土疆界之外没有任何权力。巴尔博萨指出，除了这三位统治者之外，其他有势力的贵族也"希望自己被称为国王"，但是他们既没有铸造钱币也没能"用瓷砖覆盖屋顶"。[75]大多数葡萄牙人都强调了扎莫林的力量来自于他与穆斯林商人之间的密切联系这一事实。

在描述马拉巴尔这个独立王国及其主要市镇时，皮雷斯、巴尔博萨和巴罗斯沿着海岸线，从北向南依次展开，基本上没有提及内陆的地域或事件。[76]最北端的区域是坎纳诺尔：它与维查耶纳伽尔毗邻，"科塔库兰"（Coticolam [Kottakulam]）是其最北的前哨基地。这个军事堡垒由坎纳诺尔国王的侄子，也即"边界看守人"负责管理，它位于"米拉波兰"（Miraporam [Nileshwaram]）河的北部。这条河的河口处是一个贸易活动的中心，由另一名国王的侄子们管辖，这个处于坎纳诺尔主权下的中心显然很繁华。在更遥远的南部，古老而繁荣的市镇"马拉维尔"（Maravel [Madayi or Pazhayangadi]）位于德里山下不远的地方，它是贸易和渔业中心。距此向南不远就是市镇"巴拉尔帕坦"（Balaerpartam [Vallerepattanam]），这一要塞位于同一条河的河畔，坎纳诺尔的国王在此建立了他永久的府邸。再往内陆几英里就是"塔利帕兰"（Taliparam [Taliparamba]）镇，它是马拉巴尔和维查耶纳伽尔之间贸易活动的货物集散地。

坎纳诺尔这座城市本身被描述为一个国际性的贸易中心，来自阿拉伯海东岸的各大港口城市的各种各样的货物都在这里进行交易。皮雷斯认为，如果葡萄牙人不夺取这座城市，那么它也会落入穆罕默德·阿里（Mohammed Ali）和摩尔人之手。[77] 但是自 1504 年开始，葡萄牙人就在此创建了一座军事堡垒和一个贸易据点，葡萄牙人和他们基督化了的妻子和家人在此地繁衍群居。[78] 卡斯塔涅达显然曾经造访过坎纳诺尔，他写道：

> 这是一个拥有着美丽海湾的大城市，其房屋用泥土建造，覆盖着平滑的石头或石板……这里盛产鱼类、肉类和水果，但是不得不从其他地方进口稻米。国王或王侯是婆罗门教徒……但是他没有扎莫林富有，甚至没有"考兰"（即奎隆）的王侯富有。[79]

巴尔博萨指出，在坎纳诺尔城南部，有两个摩尔人的富有且强大的市镇"克拉格奈特"（Cragnate [Eddakad]）和"特里莫帕坦"（Tremopatam [Dharmadam?]），这是"坎纳诺尔国王对抗卡利卡特"的最后据点。[80] 从这两个摩尔人的要塞据点再往内陆和上游区域，就是为陆地所包围的贸易中心"奎特迦檀"（Quategatam [Kottayam?]），这里的居民和维查耶纳伽尔的商人进行交易，他们是坎纳诺尔人的宿敌。[81] 虽然巴尔博萨在坎纳诺尔生活过许多年，但他对那里的生活几乎没有怎么提及。除了谈到坎纳诺尔盛产香料之外，巴尔博萨唯一想讨论的其他方面就是这个王国的鳄鱼和眼镜蛇。[82]

按照既有的文献记述，坎纳诺尔所在的地域被摩尔人在安加拉坎迪（Anjarakandi）和代利杰里（Tellicherry）河岸上的市镇从卡利卡特给分离出来了。摩尔人有三个商业市镇，即"提拉蒙尼加特"（Tiramunigate [Tiruyangad]）、"曼江"（Manjaim [Mayyazhi 或 Mahe]）和"查莫拜"（Chamobai [Chombala]），它们位于这两条河南部，在地域上属于卡利卡特北部。从这些繁荣的海港往内陆去，就是纳亚尔人（Nāyars）大量聚居的陆地，"他们不对任何一个国王俯首称臣"，而且"被统治他们的两大领主分为两块"。[83] 卡利卡特的扎莫林管辖范围始自"佩蒂尔帕坦"（Pedirpatam [Kotta]）河的南岸。巴尔博萨指出，在这个边界和卡利卡特城之间有三个沿海市镇，即"提尔科尔"（Tircore [Trikkodi]）、"潘达纳尔"（Pandanare [Pantalayini]）和"卡普卡特"（Capucate [Kappata]）。再往南 7 英里或 8 英里，就是扎莫林

351

的都城，但是巴尔博萨仅仅在这个当口提及，因为关于马拉巴尔，他后来不得不讨论的内容总体上都建立在卡利卡特的主导局势的基础上。沿着这条河，在都城以南就是"奇里亚特"（Chiliate[Chaliyam]）镇，"这里居住着许多摩尔人，本地人都是经商者"。[84] 然后，巴尔博萨列举了其他几个坐落在卡利卡特和重要的"帕纳尼"（Pananee [Pounani]）港口之间的贸易地点和渔村，扎莫林从这里"按时征收大量的税金"。[85]

再向南就是"查图亚"（Chatua [Chittuvayi]）河，"大部分的胡椒"[86] 都在这个区域种植。接着，再进一步往南就是"另一条河，它构成了科钦（Cochim [Cochin]）王国的边境，河岸上是另一个叫作'克兰加勒'（Crangalor, 即僧急里 [Cranganore]）的地方"。[87] 在这个边界区域居住着圣多默的本地基督教徒，巴尔博萨知道这个教派的其他成员"居住的地方距离这儿和卡拉曼德尔（Charamandel，即科罗曼德尔 [Coromandel]）一样远"。[88] 马拉巴尔的基督教徒被认为非常虔诚，他们在僧急里（Cranganore）有两座教堂，一座奉献给了圣多默，另一座奉献给了圣母玛利亚（Our Lady）。卡斯塔涅达在其报告中总结道，一个当地的牧师详细地告诉了他关于圣多默的基督教徒的基本情况、他们在僧急里的宗教社区以及他们的宗教活动的传统历史。[89] 走笔至扎莫林势力范围的最南端的时候，巴尔博萨用了大量的篇幅评论了棕榈树及其多重用途。用棕榈制成的产品在马拉巴尔是如此的丰富，以至于它们被加工成干货或易于储存的形式被出口到坎贝和遥远的达卡（Dacca）。[90] 皮雷斯观察到，马拉巴尔进口的货物主要是稻米，他论述了这些稻米是如何从科罗曼德尔和卡纳拉（Kanara）被运到印度的西南海岸的。[91]

16 世纪，科钦在葡萄牙对其统治者的支持下，拥有其独立性，在文献资料的记述中，这片土地上种植着胡椒和其他大量有价值的香料。曾造访过葡萄牙人在此地的殖民地的卡斯塔涅达写道，科钦坐落在

　　……大海附近的一条河上（事实上是河流的入海口），它几乎可以视为一座岛屿，拥有一个很大的安全海港，因此它地位稳固而难于进入。其邻近地区地势较低，被河的支流分成许多岛屿。这座城市的

建设风貌与在它之前的卡利卡特相似……[92]

　　巴尔博萨和卡斯塔涅达都很清楚这一事实，即科钦的"国王"在马拉巴尔一般被认为是扎莫林的一个封臣。他们承认，从惯例上说科钦国王并不期望拥有铸造自己的钱币或用瓦片覆盖其宫殿的权力。他们也认识到扎莫林拥有科钦王侯职位的授予权，进贡和军事上的援助则归于卡利卡特，而且臣属的信仰必须与其宗主一致。自从1503年以来，科钦的葡萄牙人就创建了一个很好的军事要塞，"每一天"来自"'科伊兰'（Coilam，即奎隆 [Quilon]）和其他地方"的圣多默的基督教徒难民们都来到欧洲人这里寻求庇护。[93]科钦的葡萄牙人除了其商品买卖活动之外，还在他们的军事基地修造船只，这里出产的"大划桨船和轻快帆船与里斯本海滩上制造的船只一样的完美"。[94]

　　在划分奎隆和科钦的具有争议的边界上，巴尔博萨提到了一个小城镇"波拉卡德"（Porqua [Porakad]）。波拉卡德的居民在其统治者的权杖之下，主要依靠捕鱼和海上掠夺为生。他们在抢夺暂停下来的船只时，乘着一种被称为"卡特斯"（caturs）①的快艇围攻其目标。波拉卡德的南部是奎隆的第一个港口，来往于"卡尔柯兰"（Cale Coilam [Kayankullam]）的贸易集市的人包括"摩尔人、异教徒和信奉圣多默的教义的基督教徒，他们中间有许多人也居住在内陆王国"。[95]再往南紧接着就是奎隆的"非常大的城市"，来自锡兰和向东远至马六甲的其他市场的商人们在此进行贸易活动。皮雷斯指出，锡兰最早的国王曾经每一年都给奎隆进贡。[96]然而，来自北部的贸易者通常显然不是去奎隆的，因为巴尔博萨曾评述他们并"没有和坎贝（Cambaya，即古吉拉特 [Gujarat]）人进行贸易"。[97]关于奎隆，卡斯塔涅达写道：

　　　　考兰（即奎隆）距离科钦有12里格（合48英里），距离科摩林角有24里格（合96英里）。在卡利卡特创建之前，考兰是马拉巴尔的主要城市和海岸上最大的贸易港口。它的建筑，尤其是庙宇和神殿

————————
① 一种快艇。——译者注

要比科钦的更为宏大壮观。[98]

奎隆附近有一个小小的半岛，岛上有座大教堂，据说是圣多默为其印度皈依者建造的。巴尔博萨围绕着圣多默建造教堂的事件广泛地评论了其历史传统。[99] 在赖麦锡编撰的集子里面，关于散居在马拉巴尔海岸和内陆的圣多默的基督教徒人数，巴尔博萨提供的数据是 7 000 家。[100] 所有的葡萄牙作者都一致认为，奎隆的统治者很富有，而且拥有强大的军事力量，但是据卡斯塔涅达观察，"这些人大多数地位都很低"，国王宫殿的护卫中包括 300 名女弓箭手。[101] 奎隆城南部是巴尔博萨所谓的"蒂鲁万科都"（Tiramgoto [Tiruvankodu]）地区和巴罗斯所谓的"特拉凡科尔"地区。显然，这是一个半独立的王国，当然，它就是特拉凡科尔在获得其名称之前的那个省区所在的地域。因为科摩林角"结束于马拉巴尔大陆"，巴尔博萨认为奎隆的地域进一步向东延伸到了"一座名为卡尔（Cael，即帕拉雅卡亚尔 [Palayakayal]）的城市"，王侯们往往居住于此。[102]

　　大部分葡萄牙作者在报告马拉巴尔的社会习俗和政治组织时都不得不以卡利卡特的主导局势为依据。他们常常将卡利卡特发生的事情普遍化，并用它们来代表整个马拉巴尔，当然这并不是说他们对于各个地方之间的差异就毫无意识。巴尔博萨观察到，马拉巴尔的国王们属于同一种姓，并共享了一种习俗，[103] 彼此间基本没有什么差异。[104] 他们崇拜偶像，被葡萄牙人认为是异教徒。马拉巴尔的统治者家族的肤色被认为是"黄褐色"，或者是棕色的，也可能"接近于白色"，其中有些人"比其他人更黑"。[105] 他们腰部以上的身体部位一般都是赤裸的，但有时候他们也会穿一种被称为"巴祖"（bajus）[106] 的由丝棉或锦缎制成的衬衫，这种衣服前襟敞开，下摆到大腿中部。他们身体的下半部分穿着丝或棉制成的衣服。[107] 他们将头发在头顶打成一个结，有时候"带着一顶像加里格（Gallego）的制服帽那样的小帽子"。[108] 他们用剃刀刮胡须，像土耳其人那样留一点小胡子。他们的耳垂上挂着宝石，衣服上披着宽阔的带子，上面镶着珠宝。他们"根据自己的种姓"，在他们的胸部、肩头和前额用灰画出三条纹线。[109]

　　这些葡萄牙人，尤其是巴尔博萨对于扎莫林的宫殿建筑和行为习俗显然进行过特殊的研究。扎莫林的宫殿"全部是用土建起来的"，但是它被认为具有宏大而"壮美的结构"。[110] 在处理国事的时候，扎莫林坐在一个"每天用牛粪烧过的泥灰"做成的高高的讲台上，"他们在平台上放置一张白色的凳子"和"一块用染黑的羊毛做成的粗糙布料"。[111] 前面提及的军权作为传统的王权的一个组成部分，也在仪典举行的过程中得以公布，它在平时一直牢牢掌控在扎莫林手中。巴罗斯和卡斯塔涅达用了很多篇幅讨论扎莫林的服饰是如何的奢华，以及他所拥有的黄金、宝石和珍珠等财富。在描述达·伽马在一个特别正式的接见场合的情形时，卡斯塔涅达写道，扎莫林躺在一张沙发上，上面盖着白色的丝绸和金线做成的布料，头上罩着富丽的华盖。扎莫林头戴一顶帽子，或者说是装饰着宝石和珍珠的法冠，他耳朵上也戴着同样的珠宝。他穿着用上好的棉布做成的衬衫，上面的纽扣是大宝石做成的，这些纽扣是用金线精细地缝在衣服上的。扎莫林的腰部有一块白色的印花棉布，长度仅及膝部，他的手指和脚趾上有许多金环作为饰物，上面镶着漂亮的宝石；他的胳膊和腿上戴着许多金镯子。[112]

　　这些葡萄牙人对马拉巴尔国王们的财富展示印象深刻，他们甚至对当地独特的婚姻、继承和接替等习俗体系更为着迷。这些"国王"（或 tamburans），包括扎莫林在内，从未联姻或组建欧洲人在使用这些概念时的那种意义上的家庭。据报导，他们会"根据自己的喜好，把纳亚尔人血统且出身较好的美丽女子"作为配偶。[113] 比如，通常住在卡利卡特外面的扎莫林会在自己的宫殿附近建造一栋房子供其"妻子"独自使用。这位"妻子"也拥有自己的补贴和仆人，以便她能够"相当独立且富足"地生活。[114] 如果国王愿意，他可以随时从同一种姓中选出另一名女子代替当前的"妻子"。以这种联姻方式生出的孩子在年幼时会受到很好的待遇，但是扎莫林的孩子们在成人之时，"所能得到的荣誉还不及因其母亲的地位而赐予他们的多"。[115] 虽然"国王"常常赐给他的儿子们礼物，但他们的生活境况并不比其他纳亚尔人好多少。他们不能从其父王那里继承财富或王权。对于 16 世纪的许多欧洲人而言，这样特殊的继承制度看上去简直是有悖常理。

　　马拉巴尔"国王们"的王权由其兄弟们继承，如果这行不通，王位则会传给其姐妹的儿子。[116] 依循这种母系血统的继承体系，王室的姐妹们从来就不

355

曾拥有过西方意义的婚姻。通常，王室的女性都在马拉巴尔的一个婆罗门教派南布提里（Nambutiri）的成员中选择婚配对象。王室的女性们一直都有自己的住所，她们的配偶会定期前往。对于卡斯塔涅达而言，这是一种相当惊人的社会习俗，因为他认为王室的女性们的"生活状态是自由而放荡的，她们可以根据自己的喜好随意选择情夫"。[117] 在这种母系社会中，统治者作为一国之父的身份事实上并没有真正得到尊重，欧洲人依据其父系社会的惯例，对此简直无法接受。但是，巴尔博萨可能考虑到了纳亚尔人对此的态度，他曾断言，国王们认为其姐妹的儿子"才是他们真正的儿子，因为他们知道谁是他们的母亲……"。[118] 巴尔博萨在总结这一婚配系统的影响时指出，"马拉巴尔的国王们的年纪总是很大"。[119] 巴尔博萨又补充道，这意味着他们正式在位的时间较短，而且，常常局限在具有积极意义的效力方面。

在考虑到王室女性的角色时，这位葡萄牙人指出，统治者的外甥女和姐妹们拥有自己的住所和财产。当这些女孩子到了青春期，根据社会习俗的要求，要从国外招来一名年轻贵族拿走其贞操。在这位贵族启程到来之前要给他付钱并赠送礼物，等他到来之时，将得到"婚礼般"的待遇。[120] 在和这位女孩一起生活几天后，这位青年贵族就会在女孩脖颈上挂一个小小的黄金饰物，表示女孩已经长大成人。这个仪式进行完毕之后，年轻的贵族就会返回其国土，"自此以后，女孩就可以根据自己的意愿选择自己的婚配对象"。[121] 总之，女孩此时就开始与其王国内的男子缔结一种更为稳固的关系，当然，这些男子的种姓都是婆罗门教的南布提里教派。

对于至关重要的继承问题，这位葡萄牙人做了许多引人瞩目却又令人困惑的评论。巴尔博萨认为，如果统治者离世的时候没有继承人，那么就会召开政议会从国王现有的亲戚中选出一位继承人；如果这个人行不通，就会从任何"合适的"人中选出继承者。[122] 卡斯塔涅达断言，按照传统，扎莫林应该在庙宇中离世，这一习俗就要求所有的扎莫林在生前必须供奉庙里的诸神。[123] 所以，每一位扎莫林在其前任离世之时，都要辞去其在俗职务。在辞去民间职务并开始履行其宗教职务时，扎莫林别无选择。随后卡斯塔涅达在其记述中援引了 1504 年当扎莫林被葡萄牙人的军队打败时发生的事件，作为说明该常规的一

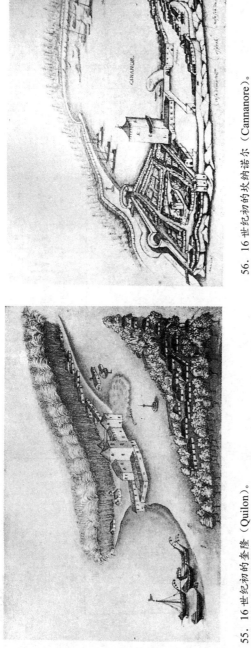

55. 16 世纪初的奎隆（Quilon）。

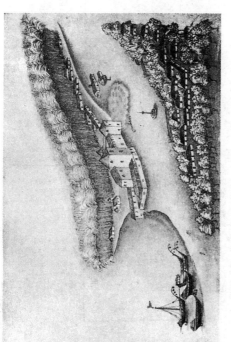

56. 16 世纪初的坎纳诺尔（Cannanore）。

这两幅画都来自 Agência geral do ultramar 的 *Fundacão do estado do India em 1505* (Lisbon, 1955)。

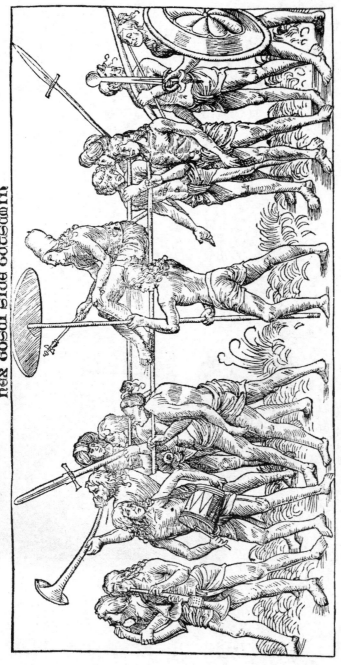

57. 带着侍从的科钦王（the King of Cochin）。这是 Balthasar Springer 的 *Meerfahrt*（出版于 1509）中的木刻画，作者是奥格斯堡著名的雕刻家 Hans Burgkmair。这里的图片复制于 Franz Schulze 的 *Balthasar Springers Indienfahrt*（Strassburg, 1902）。

58. 玟贝"著名的犀牛"木刻，阿尔布雷特·丢勒作于1515年。这幅木刻画的复制品珍藏在维也纳的阿尔伯汀纳博物馆。其原作是依据丢勒的一位里斯本友人送给他的文字描述创作而成的。

59. 坎贝王马马哈茂德三世（Mahmud III，1537—1554 年在位）。这幅水彩画可能是一名（约 1538—1546 年）在东方的葡萄牙人创作的。原作珍藏在卡撒那特图书馆（Bibliotheca Casanatense，罗马）。这幅画和下一页的两幅插图都来自 G. Schurhammer 的 "Desenhos orientais do tempo de S. Francisco Xavier," 该文收在 *Garcia da Orta*, Special Number（Lisbon，1956）中。

60. 坎贝的"拉其普特人"（Reisbutos [Rajputs]）。水彩画。

61. 坎贝的"巴涅人"（Baneanes [Bānyas]）。水彩画。

De funere in demortui cremandique Brachmani honorem inftituto: in
quo fimul eorum vxores viuæ in rogum ardentem
infiliunt.

Os eft Brachmanis, vt aliquo ex ipfis demortuo propin-
qui foueam parent, in quam ligna Sandali, herbas odo-
ratas, cibaria, oriZam, filiginem atque oleum inflam-
mando rogo infundant, quibus incenfis cadauer fuper-
imponunt. mox procedit vidua, comitata inftrumentis
muficis, quam cognatæ alacres exhortantur, vt virum fideliter infequa-
tur, quo in altero mundo cum ipfo inter mille gaudia exultet. ipfa vero a-
nimo paratiffimo, lætabunda veftes & clenodia depofita inter pro-
ximas diftribuit, mox ridens rogum infilit viua cum
mariti cadauere concremanda.
vid. cap. 36.

C 2   RITVS

62. 萨提（*Sati*），或寡妇自焚殉夫。来自 Theodor de Bry 的 *Indiae orientalis*（Frankfurt,
1599）。

63. 印度教的拉特－亚特拉（*Rath-játra*）节日游行中的大毁灭式和仪式性自杀。这幅画和扉页上的图片都来自 G. Schurhammer 的 "Desenhos orientais do tempo de S. Francisco Xavier," 该文收在 *Garcia da Orta*, Special Number（Lisbon, 1956）中。

64. 印度的一名葡萄牙贵族（fidalgo）。

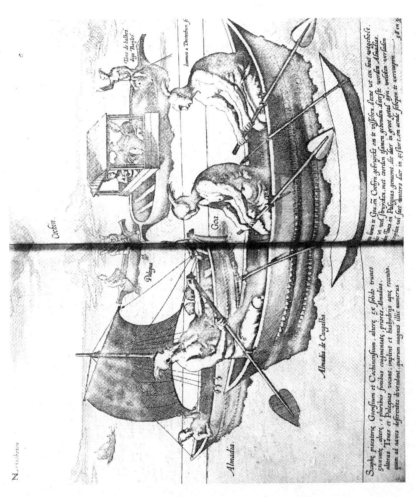

65. 印度的大小船只。来自 J. van Linschoten 的 *Itinerario*（Amsterdam, 1596）。在此对纽贝里图书馆提供的支持表示衷心的谢意。

个例子。[124] 沮丧而绝望的扎莫林在一座神庙里接过了宗教职位。[125] 扎莫林的婆罗门教顾问陪同他在此地，他被迫终其余生致力于供奉神庙里的诸神的工作。与此同时，他被迫将管理整个王国的权力交予其兄弟。根据其他的文献资料，我们了解到卡利卡特的王位继承习俗，似乎卡斯塔涅达所总结出来的扎莫林在离世之前被迫退位至神庙的说法很不可靠。没有其他任何资料能够支持卡斯塔涅达有关王位继承习俗的观点。[126]

马拉巴尔人在为其统治者们举行葬礼时的哀悼仪式也吸引了这位葡萄牙人的注意。[127] 当国王离世的时候，其亲戚、官员和侍从都聚集在一个公开的场所看遗体的火化过程。骨灰下葬的时候，送葬者要将全身的毛发彻底剃干净，"只留下睫毛和眉毛"，刷过牙齿之后，在十三天之内不得嚼槟榔，也不能吃肉。按照已下世的统治者的财产状况，救济品被分发给渔民，许多穷人和婆罗门教徒则要依靠离世的扎莫林的财产过活。在官方哀悼期间，离世的扎莫林的继承人不执行任何正式职务，也不正式履职，"以免有人反对他"。此时，王国由一名任命的纳亚尔贵族摄政王负责管理。在就任仪式上，这位扎莫林的继承人要宣誓维护并执行法律，付清其前任遗留的欠款，并努力得到前任统治者所失去的东西。

> 这位被委任的继承人在宣誓期间，左手握剑，右手托着一支燃烧的蜡烛，[128] 右手手指上戴着一个金环。宣誓仪式完毕后，周围的官员们会往这位继承人身上抛洒稻谷，还有许多其他的仪式和祈祷式，然后，他们向太阳膜拜三次。接着所有的 Caymales[129] 或贵族出身的领主，都会托着蜡烛对新的国王宣誓将效忠于他。

当新国王的授予仪式结束后，所有其他人都将不再受限制，但新上任的扎莫林却要继续其个人的哀悼，为期整整一年。

在扎莫林的官方哀悼一年结束之际，另一个仪典 *tirumasam* 又开始了。[130] 法定继承人（即亲王，erālpād）、其他亲戚以及国内的贵族聚集在一起，"确认亲王为继承人，其他人则按照各自的等级依次跟随在新的国王身后"。[131] 一旦

357

继承人被确定下来，扎莫林就开始任命官员。扎莫林确认了一些曾经效忠过先
王的官员的职务后，其他的人则被彻底罢免，用他新选的官员取而代之。然后，
与会者就各就其位，亲王则回到"为他预留的地方，只要国王还在世，他就不
358　得踏入卡利卡特一步"。[132] 法定继承人离开后就前往亲王的总部朝觐，根据传
统的规定，在这个仪式环节要举行一次盛大的典礼。[133]

　　与巴尔博萨对卡利卡特的宫廷典礼的描述相联系，他不经意地对中央集权
的功能进行了详细地讨论。按照传统，在举行为期十三天的全国哀悼期间，摄
政王（mangāt achan）代替扎莫林管理国事，在相关描述中，摄政王拥有着"国
内所有的法权"，[134] 并完全掌控着国库。新任扎莫林一执政就开始其政治职务
的任命。他会在宫内设置很多书记官职位，这些官员负责在棕榈叶上记载"与
国王的国库相关的所有事情"，以及"与司法和王国管理方面相关的内容"。[135]
扎莫林还从"高级种姓"中雇佣"1 000 名妇女"为"他的宫殿做清洁工作"，[136]
每一名妇女都要成为自己所负责的特殊工作的专家。除了男性侍者和其他随从，
卡利卡特的宫廷还有大批的纳亚尔人分遣队担任护卫工作，只要扎莫林外出，
他们将随时伴其左右。扎莫林还委任一名纳亚尔种姓的人负责维持卡利卡特城
的秩序，并处理司法事务，他被称作"塔里舍"（Talixe）。[137] 在管理司法事务时，
这位官员需对扎莫林负责。在卡利卡特城之外，扎莫林会委任一名首席大法官，
其职责范围遍及每一座市镇，他被称作"大法官"（contante carnaxies）。[138] 显然，
卡利卡特配有海关机构。卡斯塔涅达评论道，因为大量的税收流入扎莫林的国
库，所以他能够"在一天之内招募一支达 30 000 人的军队，甚至带领 10 万人奔
赴战场，仅在三天之内就完全为战争装备完毕"。[139] 纵使考虑到在数字使用上
惯有的夸张，扎莫林在即时组建军队方面的效率也足以让这位西班牙人感到惊
诧不已，这一点让人印象深刻。

　　巴尔博萨用了大量篇幅谈论扎莫林在司法方面的管理情况。巴尔博萨对于
各个种姓对其成员的不法行为负责这一事实十分清楚，他指出，审判与惩罚的方
法因犯罪者的种姓、作为当地人或外来者的地位而互不相同。较低种姓的人，如
果在偷窃行为中坦白招认或被抓，将立即被砍头或在多个短桩（kazhu）上刺穿
身体。[140] 摩尔人同样要遵循这一刑罚规定，他们也可以用剑刺穿罪犯的身体。

如果被执行此刑罚的窃贼偷的是私人物品，那么其物品将被王国没收，大概是被用于支付刑罚的费用了。如果窃贼没能抓捕归案，即使被偷的物品找到了，政府将保留这一处于争议中的物品一段指定的时间。在此期间，如果窃贼仍然未能抓住，那么物品的主人最终能索回的量将不到原来的 1/4。如果一个被控告的窃贼不承认其罪行，他将被监禁在一个可怕的地方九天到十天。如果他仍不招认罪行，原告将被咨询，被控告者是释放还是继续审问。如果原告要求继续审判，被告将仪式般地准备继续被严酷地审问。如果被告是当地人，他就被要求证明自己无罪，然后把自己右手的前两个手指伸进煮沸的油锅。如果被告的手指被烧焦，他就因无法忍受这一酷刑而被迫招供他是如何偷窃他人物品的。无论被告招供与否，他都要承受刑罚。如果被告的手指没有被沸油烧焦，他就会被释放，原告就会遭受刑罚、罚款或者是流放。摩尔人同样要遵循这一审判程序，他们也可以采用让被告去舔一把烧红的斧子的惩罚方式。针对偷窃的审判程序和惩罚办法也同样适用于那些被控告谋杀、宰牛、攻击婆罗门教徒或纳亚尔人，或者是与婆罗门教徒的妻子通奸等罪行。然而，妇女绝不会遭受到法规（按照其所属种姓的规定）的惩罚；如果一个妇女犯了罪，那么她要么被罚款，要么被流放。无业游民（指所有那些没有父母、主人或工作的男女）是王国保护的人，他们会被低价出售给任何愿意收留的买主。这些记述很快就带来一个问题：巴尔博萨在描述那些审判和惩罚模式时，是否从他的欧洲知识背景中汲取了一些内容，移植到印度，整合在其记述中，从而使之看上去显得更加完整和真实？然而，这一疑虑毫无必要，因为巴尔博萨的报告与18世纪大不列颠的官方和非官方观察者所写的马拉巴尔司法管理情形非常相近。[141]

在法律上，纳亚尔人的地位与低级种姓的人有着很大的差异。无论纳亚尔人犯了什么罪，他从来都不会被监禁或被带镣铐。如果有纳亚尔人被控告，他将被司法管理者传唤至跟前。如果这个被传唤的纳亚尔人没有出现，那么这个管理者就会授权，由三到四个被委任的纳亚尔人处死这个招惹麻烦的纳亚尔人。被控告的纳亚尔人被逮捕后，他的同族人就会将其处死，然后将授权处死的文书放在其胸部，其尸体被曝于野外，直至"空中的飞禽和地上的走兽"将其尸体吃个精光。[142]如果被控告的纳亚尔人应传唤及时出现，他将在司法执行官面前与原告进行对质，每个人都被要求"说出他所知道的另一个人的一切事情"。[143]
如果被告否认对其的指控，那么诉讼当事人将必须在八天内"清楚地证明每个
人所说的话"。[144]如果双方仍然坚持自己的既有立场，那么在八天的期限结束
之际，将会颁布法令对低级种姓的人实施以手指探入沸油中的惩罚。巴尔博萨
和其他葡萄牙作家对马拉巴尔的种姓制度特别好奇，费了很大力气去了解、解
释其某些方面。没有一个葡萄牙人能够清楚地说明具有统治地位的家族与婆罗
门教之间的确切关系。巴尔博萨（和那些期待欧洲人从不同方面加以思考的人）
显然认为，是那些具有统治地位的家族，而不是婆罗门教徒构成了更为高级的
种姓。皮雷斯宣称，在级别上"最好的"婆罗门教徒是刹帝利（Kshatriyas），
他们之后是喀拉拉（Pattars）和南布提里。[145]巴罗斯[146]认为奎隆的国王是
婆罗门教的领导者，卡斯塔涅达[147]毫无保留地宣称，扎莫林属于婆罗门种姓。
他们都认为婆罗门教徒是一个博学的僧侣种姓，"他们都用相同的语言"，[148]
在宫廷中担任官职。阿尔伯克基认为，他们拥有着"类似于我们的拉丁语的科
学语言"。[149]想成为婆罗门种姓的人，唯一的途径就是出生在婆罗门的家庭。
在马拉巴尔，因为大部分婆罗门种姓都（曾经）是南布提里人，这些葡萄牙人
的记述在谈及南布提里人的社会生活时没有对他们进行区分。[150]

　　南布提里家庭中的男孩子在7岁时，要举行一个仪式，即把肩部未晒黑
的皮肤剥去。在其他婆罗门种姓群体中，按照惯例，当一个人进入一种被称为
brahmacharyam的成人阶段时，这位见习教士会被赠予一根线，而不是一条皮
带。因为年轻的南布提里人在其接下来的七年培训期间，必须佩戴皮带，而且
不得嚼槟榔。见习期结束时，按照仪式规定其皮带就可以取下来了，这位南布
提里就被授予一根三股绞合线，共有27根单线编织而成，这象征着他已经完
全获得了一名婆罗门教徒的资格。"自此以后，他就又可以嚼槟榔了，但不能
吃肉类或鱼"，[151]其饮食的内容包括米饭、奶、奶油和水果。[152]在一个南布
提里家庭中，只有最年长的儿子可以结婚，而且"只能按照我们的惯例结一次
婚"，[153]他被视为限定财产的继承人。[154]根据相关法规，比其年轻的兄弟不
能结婚。虽然他们可以和纳亚尔妇女联姻，"但他们不能与比其年长的任何妇女
共眠"。[155]最年长的儿子要密切监视其妻的一举一动；当其离世后，妻子将永

不得改嫁。如果妻子对自己的丈夫不忠，她将被迫服毒而死。

婆罗门教徒在当地人之间普遍地受人尊崇。婆罗门教徒与那些住在"自己的家里和城市中"的人们没有在一起生活，[156]他们在许多神庙中担任神职人员。他们祭神的房屋有三个主要的入口，它们一概"朝西"。[157]中间的那个庙门挂着7个小小的铃铛，瓦斯科·达·伽马曾在那里得到了接待。[158]在这座神庙的外面，正门的前方位置，矗立着一块石头（mandapa），有一人多高，有三级台阶可以登上其顶部。[159]神庙的内部有一个塔状的小教堂（即寺庙，sri-koyil），里面供奉着"神像"，除了婆罗门教的管理人员之外，谁都不允许擅自进入。这些神职人员身穿"一种棉布制成的袍子"，遮盖着他们腰部到膝盖的部位，印度棉布罩着其腋下，他们的双腿、双脚和头部都是赤裸的。[160]婆罗门教徒在进行过沐浴仪式之后，他们就会把"神像"从小寺庙中抬出来，在庙宇外面（总是在寺庙的围墙之内）来回走动，后面跟着一个很长的由众教徒组成的队伍，每天都要如此进行两次。他们每天还要擦洗神庙正前方的那块大石头三次，每天都要把煮熟的米放在石头上给乌鸦啄食，这个仪式每天进行两次。瓦斯科·达·伽马看到了"许多画在墙壁上的神像"，它们有着"令人感到毛骨悚然的牙齿"，而且"胳臂多达四只"。对于卡斯塔涅达而言，这些壁画是"丑陋的"。虽然他这样认为，但他仍然钦佩地评论说神庙是"工艺精良"的宏伟建筑。[161]

从事宗教活动的马拉巴尔人，被认定是迷信的，被许诺了预言，并且愿意相信存在着好运和不幸的日子。马拉巴尔人认为，魔鬼常常造访他们，神庙里面的神灵能够进入其身体，致使他们具有超凡的行动能力。他们的神灵包括太阳、月亮、星星、火、牛，以及所有他们早晨遇到的第一个事物。婆罗门教徒认为"三"是一个神圣的数字，他们认为一个神灵由三个个体组成。[162]神灵是 Bermabesma Maceru，他被认为"自从世界诞生以来就存在着了"。[163]关于耶稣基督他们一无所知，不过，依据加西亚·达·奥尔塔（Garcia da Orta）的说法，他们相信灵魂轮回说。[164]

巴尔博萨还指出了婆罗门教徒生活的许多其他特征。根据相关法律，他们永远不会遭受死刑，一般情况下，因不当的行为而受到的惩罚不过是上级"轻

362

微的斥责"。[165] 经过洗浴后，他们总是会用灰在前额画上特殊的标记。他们死后要火葬。当一位丈夫得知妻子怀孕时，他会刷牙，不再吃槟榔和食物，也不再修剪胡子，直至妻子分娩。[166] 除了战争之外，婆罗门教徒要为其统治者做一切事情。他们是王室和宫廷的厨师、信差以及被派往国外的使节。甚至在战争期间，他们也可以来去自由，发生的战事"似乎与他们无关"。[167] 他们在宗教方面知识渊博，有许多关于宗教问题的书籍，"相信并尊重真理"，[168] 拥有将某人驱逐出教会的权力和赦免权。[169] 因为他们的博学和虔诚，他们得到了甚至包括国王在内的所有人最高级别的崇敬。

纳亚尔人，[170] 或者叫战士种姓，使葡萄牙作者们特别感兴趣，因为这是马拉巴尔占据着统治地位的种姓，他们的社会习俗对欧洲人而言最具有异域性。巴尔博萨对于纳亚尔人的描述仍然被认为是他那个时代最具有真实性的，他明确地指出这个种姓中的贵族"唯一的职责就是服务于战事"。[171] 皮雷斯认为，马拉巴尔的纳亚尔人人数一定有 15 万。[172] 纳亚尔人随时都佩戴着刀剑、弓箭或长矛，在和平时期，他们担任国王和其他大领主的护卫。纳亚尔人作为特权阶层的贴身侍从，忠诚地为其主人服务，从主人那里领取俸禄为生。无论是国王还是其他任何领主都不能养育出一个纳亚尔人，因为这个战士阶层的血统是纯正的。年轻的纳亚尔人到了 7 岁时，就开始接受身体机能的训练，内容包括攻击防御和使用武器。教练被称作"武教头"（panicals [pannikars]），[173] 他们为所有年龄段的人所尊重。在每年雨季来临时，他们就为受训者提供防御方面的补充训练，对于成年的纳亚尔人来说，这种训练是终其一生都必须参加的。

在学校（kalari）经过充分的战术训练后，尚不具备实战经验的年轻的纳亚尔人就会被正式授予士兵的身份。在坎纳诺尔，这个典礼由国王亲自执行；在卡利卡特，由这位年轻纳亚尔人的教练在国王的授权下执行。坎纳诺尔的纳亚尔人的士兵身份授予仪式自然更为复杂。在坎纳诺尔，这位想获得士兵身份的年轻人要在指定的时间内，在其亲属的陪同下来到国王的大殿上。当这位年轻人被带到国王面前时，这位年轻的纳亚尔人要用金币做礼物献给国王。此时，他会被问及他是否捍卫其种姓的法规和习俗，当这位年轻的纳亚尔人和他的亲属给出确定的答案后，国王会命令这位年轻的纳亚尔人自己挂上佩剑。国王的

363

手这时候就会放在这位年轻的纳亚尔人头上，用较低的声音念诵祷词，然后拥抱这位年轻的纳亚尔人，同时命令他要"保护牛群和婆罗门教徒"。[174] 仪式完成后，这位年轻的纳亚尔人被命令当众说出自己的名字和出身；这些信息会被国王记录在案，以便此后为他发放薪酬。卡利卡特也会接着举行士兵身份授予仪式，从根本上看其程序和前者相似，只不过在卡利卡特由教练替代了国王的角色。

在这几个欧洲人的著作中，都尊崇纳亚尔人为战士。虽然他们都是雇佣兵，但都恪守为主人而战死的誓言。如果主人被杀死，其纳亚尔侍从将不屈不挠地搜寻凶手，丝毫不顾及个人性命。雇佣纳亚尔人为保镖的个人甚至能够免于国王的责罚，由此可见纳亚尔人的声望与影响对于国王而言是何其之大。在战争中，纳亚尔人除非被杀死，否则他们绝不会退却。当然，这位葡萄牙人这时候就不再像其他人在许多情况下所认为的那样，印度人是柔弱、女子气和不好战的了。根据瓦斯科·达·伽马以来的痛苦经验，这位葡萄牙人有充分地理由对纳亚尔人超凡的战斗力表示崇敬。[175]

这个英勇的种姓的婚俗以及母系血缘系统也吸引了所有葡萄牙作者的注意力。他们指出，纳亚尔人不允许结婚、养家或者敛财，因为这些事情可能会干扰其献身于战事。[176] 纳亚尔人居住在与世隔绝的村庄里，有自己的棕榈树和贮水池。因为他们从来都不会进行西方意义上的"结婚"，孩子们永远都不知道自己的父亲是谁，而男人们也不会有自己的儿子。根据习俗，三到四名男人在特定的时间与同一个女人同居在一起，这是家族群体（*taravad*）所有成员都同意的事情。[177] 来自同一种姓（或次级种姓）的社群的全体成员和男女两性都严禁与低级种姓的人同居，违者以死刑论处。纳亚尔妇女可以与婆罗门教徒自由恋爱。年满 12 岁的女孩的母亲会邀请亲属或朋友来参加为女孩系塔里（tali）①的仪式。仪式举行完之后，这名年轻的纳亚尔人就被挑选出来与这位女孩发生性关系，以便这名女孩此后能够"胜任与男性交往"，[178] 并且愿意构建起她自己的家族群体。

364

---

① 即"绳子"。——译者注

在这一系统中，所有的关系和继承权都必须以母亲为基础。一个男性的财产要传给其兄弟或姐妹的儿子，但是他们都必须是由同一个母亲所生的。虽然所有的纳亚尔人都在国王那里领取俸禄，但"有一些纳亚尔人也拥有财产，他们藉此过活并为其特别尊重的姐妹们提供资助"。[179]纳亚尔人对他们最年长的姐姐怀有极大的尊重和感情。他们和比较年轻的妹妹们的关系却非常疏远，因为他们从未与她们进过同一个房间，从未与她们接触过，甚至从未和她们说过话。纳亚尔人对于其兄弟和其他亲戚极度的尊重和谦恭。

　　死去的纳亚尔人的尸体将在死者自己的院子里火化，骨灰则被投进流水中。[180]死者将由其母亲和其他亲属在规定的时间内对其哀悼。[181]死者的侄子或其他任何继承人将要哀悼整整一年。[182]在规定实行哀悼的这一年，继承人要自己做饭，饭前须沐浴，按照规定还要更衣。继承人要用自己的食物喂牛，也要给予穷人和婆罗门教徒救济品。纳亚尔人认为，"根据特有的征兆，一个死去的男人可以经由另一位妇女再生出来"。[183]纳亚尔人崇拜太阳、月亮、灯火和牛，尤其相信预兆、禁忌以及不幸和幸运日。如果一只猫穿过一个人要走的路，那么，即使此人决心要做某事，此时他也会放弃；如果纳亚尔人出门时，看到一头牛驮着一根棍子，那么他们会立即折返；如果有人在公开场合打喷嚏，那么即将启程远行的纳亚尔人就会延迟行期。在巴尔博萨看来，纳亚尔人显然"相信存在着许多种幽灵"。[184]

　　根据相关描述，纳亚尔人对于因与低级种姓结合而玷污其贵族出身的恐惧程度更甚于与婆罗门教徒的结合。他们将永远不能与低级种姓的人们接触或者在一起吃喝。当彼此同时走上同一条道路时，纳亚尔人会命令低级种姓的人滚开。如果低级种姓的人过于鲁莽而不愿让路，那么纳亚尔人"可以杀死他而不受任何追究"。[185]如果一个低级种姓的男性偶尔与纳亚尔妇女有所接触，那么他就会被这名妇女的亲属杀死。[186]在街市上，低级种姓的人要沿着墙根走，以免因碰到纳亚尔人而玷污对方。为了避免被低级种姓的人玷污，纳亚尔人和低级种姓的人之间的生意往来需要由中介来完成。当一名纳亚尔人已经不可避免地被低级种姓的人玷污了，他在进入居所之前须沐浴更衣藉以自我清洁。通常情况下，纳亚尔妇女严禁到街市上去。巴尔博萨认为，所有遭遇被低级种姓

365

的人玷污的纳亚尔人都是"特别较真的人"。[187]纳亚尔人只有在参战时，才不必为自我净化的礼仪而担心。

身为战士的纳亚尔人一生都被记录在国王的花名册上。死于战场的纳亚尔人的母亲和侄子会收到来自王室发放的抚恤金。如果纳亚尔人在战场上受伤了，他将持续地定期享有其俸禄和医药护理。如果一名纳亚尔人从事的工作具有机动性，那么他在每天结束的时候就可以领取薪酬。如果国王没有按规定或无法付给既定的薪酬，那么这些受委屈的纳亚尔人就会聚集在一起，对怠忽职守的国王发出警告，他们将会转而侍奉另一位主人。如果国王没有立即将拖欠的薪酬份额的 1/3 付给他们，并且就剩下的份额的预付日期做出明确的承诺，他们就会到其他地方重新寻找雇主。这些离开的纳亚尔人会对国王的名誉构成伤害，可以猜想，这些议论国王为人的既包括其臣属，也包括其他王国的统治者。

纳亚尔人因其对于职责的恪守精神而受到称赞，巴尔博萨[188]和卡斯塔涅达[189]都发现他们作为人们的保护者，似乎能够引起国王对他们自己和大众的不满的关注。显然，在不公正的压力下，纳亚尔人有时的举动似乎也很疯狂。纳亚尔人会握着一把出鞘的剑，出现在国王的面前，进行恐怖的威胁。当纳亚尔人举剑自残，以昭示自己的忠诚时，他宣称："我是这样，这样一个神灵，我来这里是要告诉你这样，这样一件事情。"如果国王对他所说的话表示怀疑，纳亚尔人就会继续咆哮，继续自残，直至国王对其抱怨的事情表示足够的重视为止。显而易见，在后来，只有纳亚尔人这个群体能够对国王发出抗议，除非他们得到允诺并看到不公平的事情得以废止。[190]

巴尔博萨是唯一一个尝试着对马拉巴尔其他种姓进行系统性描述的葡萄牙作者。皮雷斯曾列出了部分低级种姓，也对巴尔博萨没有谈及的内容补充了一点细节，但是没有巴尔博萨的记述详细。[191]巴罗斯指出，他将在《地理学》（*Geografia*，该书至今仍未被发现）中，对于种姓问题进行更为详细的讨论，在其现有的著作中只能看到农夫和渔民、织工和木匠之间的诸多不同。[192]如今我们通常讨论的"右手"种姓（即农事群体）和"左手"种姓（即技工群体）之间的区别，没有哪个作者能够清晰地加以说明。

366

巴尔博萨把当地商人的种姓"毗亚巴里"（Biabares [Vyābāri]）放在纳亚尔人之下，因为他们是"那种纳亚尔人可以接触的稳固宗族"。[194] 无论是在内陆还是在海港进行各种货物交易的人都被描述为古老而富有的种姓。他们的财富不仅来自贸易活动，还"来自从祖辈的土地上继承而来的东西"。[195] 和纳亚尔人一样，根据法律程序他们永远不会被处死，但是他们自己宗族内部的成员却拥有这个权力。与纳亚尔人不同的是，他们只有一个妻子，其儿子就是将来的继承人。这个种姓的人死后要火化。做妻子的在丈夫死后，无论有多么年轻，一概不得改嫁；但如果妻子死了，丈夫却可以再婚。

据说，"库卡文"（Cuicavem，可能是陶艺工，被称作库萨文 [Kusavan]）与纳亚尔人既有联系也有区别。[196] 这个以制造陶器和砌砖为生的次级种姓的成员的儿子们可能不从事其他职业。他们有自己的宗教活动、神灵和神庙。他们的婚俗与纳亚尔人一样，据猜测，他们的继承制度和相关事项大体上和纳亚尔人一致。另一个非军用的次级种姓是"迈纳图"（Mainatos [Mainattu]），"其职业是为国王、婆罗门教徒和纳亚尔人洗衣服。"[197] 除了洗衣服，他们还经营一种亚麻布的买卖，通过每天为高级种姓的人供应干净的布料，每月可以得到固定的酬金。最后，在与纳亚尔人相关的族群中还有一个叫作"卡里提人"（Caletis [Chaliyans]）的织工种姓，他们的社会地位和经济地位都较低。[198] 在这个种姓群体中，有许多人都是纳亚尔人的儿子，他们和自己的父亲一样操戈从戎。虽然巴尔博萨没有特别交代，但他显然明白一个事实，那就是纳亚尔人可以在与这些次级种姓保持联系的同时，保持自己的身份不受玷污。

按照巴尔博萨的描述，存在着11个具有玷污性的种姓。其中最纯正的是"图雅人"（Tuias [Tiyans]），他们种植棕榈，酿制棕榈酒，在采石场采集石头，有时候也会参战。他们中的大部分人都在纳亚尔人生活的地方做农奴。他们崇拜自己的神灵，坚决避免与比他们还低级的种姓发生任何联系，居住的地方也进行了隔离。当和纳亚尔人在一起生活时，他们的兄弟和侄子也是其继承人，因为"他们的女人公开用自己的身体谋生"。[199] "马南人"（Manens [*Mamans*]）种姓是为被玷污的种姓服务的洗涤工，赖麦锡的集子把巴尔博萨的相关描述删去了，但是赖麦锡出版的集子中保留了皮雷斯的种姓列表，在其中提到了他们。[200] 巴尔博萨论及的"卡纳奎人"（Canaquas [*Kaniyans*]）① 种姓是一个被玷污的种姓，其地位更低，他们垄断着小圆盾和伞的制造，他们的重要兼职是占星术和算命。巴尔博萨把技工群体（"左手"种姓）和"亚格力人"（Ageres [*Asari*]）种姓并在一起，指出其中次级种姓包括泥水匠、木匠、铁匠、金属工人和金匠。这些群体有自己的神灵，在父辈贸易中有子辈做学徒的系统，还有父系血统组织。"马格人"（Mogeres [*Magers*]）种姓中的大部分人"靠海谋生"，[201] 很少人有外国血统。除了捕鱼和航海，他们还搬运"所有属于王室的货物"，[202] 同时他们还做纳亚尔人的奴隶。他们居住在自己的村庄里面，没有明确的"婚姻制度"，他们的财产在遗嘱中会传给侄子而不是儿子。"Monquers"（*Mukkuvans*）② 种姓"除了捕鱼之外没有其他职业"，[203] 他们被认为是海上的专家、粗俗无礼的家伙以及不知廉耻的窃贼。虽然他们的女人可能"与任何男人同床共枕"，[204] 但他们仍然会结婚，并把财产传给儿子。他们中的一些人是富有的地主，似乎有着被国王"随时"没收其财产的危险。[205] 他们作为一个种姓，虽然需要将鱼干经营收入的 4% 上交，但仍然享有不必为鲜鱼纳税的特权。

巴尔博萨在谈及"比图奈人"（Betunes [*Vettuvans*]）种姓时，似乎将其种姓等级（"右手"种姓）降到了更低的一个层级上。这些为困厄所苦的人们制盐、种稻，住在"自己搭建在田地里"的房屋中。[206] 还有一个甚至更为粗鲁的种姓"帕南人"（Pāneens [*Pānans*]），"他们都是大巫师，除此之外无以为业"。[207] 巴尔博萨用了一定的篇幅描述了他们被召见为生病的国王诊断病情并开药方时举行的仪式。他们住在内地和山上，完全与其他人相隔离。他们都是狩猎和登山的能手，依靠猎捕野禽为生。关于此，巴尔博萨插入了一段关于"里弗林人"（Revoleens）的简短描述，"里弗林人"可能是指"艾拉瓦伦人"（Eravallens），他们是生活在丛林中的一个原始部落。[208] 这些贫穷的人们身上仅穿着肮脏的碎布片，背着木柴和青草来到街市上。因为所有这些低级种姓的人都是贱民，这个群体是纳亚尔人最恐惧的"波利亚人"（Poleas [*Pulayans*]）。这些住在"神

---

① 印度南部的一个种姓。——译者注

② 即捕鱼的人。——译者注

368 秘的地方"[209]或简陋的小屋中的原始人，用水牛种植水稻。这个"邪恶的种族"[210]在每年的特定月份里，都会故意玷污纳亚尔妇女借以向主人报复。最低级、最堕落的种姓是"帕里安人"（Pareans [*Parayans*]），"他们住在最荒芜的地方"，[211]以牛肉为食。虽然他们中间有些人也能识文断字，但他们仍然被认为是最低级的人，以至于看他们一眼都会被玷污。[212]

巴尔博萨总共识别出了 18 个居住在马拉巴尔的高级和低级种姓，"它们彼此隔离，互不接触，而且不相通婚"。[213]巴尔博萨还识别出了 4 个迁入马拉巴尔并居住下来的种姓。巴尔博萨罗列的第一个来自域外的种姓是"哲地"（Chatis [*Chettys*]），[214]这是一个商业团体。"哲地"种姓中大部分都是做宝石、珠宝和珊瑚买卖的富有商人。他们的衣着与当地人不一样，"在他们自己建设的街道上有着宽敞的房屋"。[215]他们说"马拉巴尔人的马拉雅拉姆语（Malayālam）与孔坎语（Konkani）之间的差异程度，就类似于卡斯蒂利亚人（Castilians）和葡萄牙人的语言之间的差异程度"。[216]他们不受当地法律约束，彼此间相处得很和睦而且秩序井然，显然国王对他们是满意的。他们有自己的神灵、神庙、婚丧习俗和饮食习惯。巴尔博萨称聚居在马拉巴尔的其他王国的商人团体为"古吉拉特巴涅人"（Guzarates [*Gujarati banyā*]），显而易见，他们与之也能够和平共处，巴尔博萨准确地指出他们事实上是坎贝人。这些"古吉拉特巴涅人"中的商人住在他们自己街道的大房子里面，"他们和犹太人一样，不习惯于和当地人住在一起"。[217]马拉巴尔城的统治者们对"古吉拉特巴涅人"中的商人们很满意，因为这些商人以纳税的形式把自己的部分财富交给他们。

巴尔博萨和巴罗斯都对马拉巴尔的摩尔人给予了充分的关注。根据描述，那里的摩尔人可以分为两类：本地土生土长的人和从国外迁来的人。混血的族群被称作"莫普拉人"（Malpueres [*Moplahs*]）[218]，他们和本地的低级种姓的人通婚。他们的语言是马拉雅拉姆语，他们头上会戴着一顶小帽子，除了这点与当地人不同之外，穿着完全一样。[219]他们依靠贸易为生，当地土生土长的

369 摩尔人散居在马拉巴尔各个地方，城市中尤其多，占总人口的 20%。他们有许多清真寺，一般都遵从伊斯兰教的教义。[220]巴尔博萨认为，摩尔人的数量之多、影响之大，致使葡萄牙人的到来，似乎只是为了阻止马拉巴尔被同化为一个摩

尔人的国度。

出现在卡利卡特和其他马拉巴尔市镇的大量外来摩尔人社群，显然使穆斯林征服的危险进一步成为可能。聚居在马拉巴尔的阿拉伯人、波斯人、古吉拉特人（Gujaratis）、呼罗珊人（Khorasanis）和达昆尼人（Daquanis）[221] 及其妻子和家人都被称作"外来人"（Pardesis [*Paradēśī* or foreigners]）。事实上，在对马拉巴尔的海外贸易的控制方面，外来的摩尔人和此地土生土长的笃信伊斯兰教的人们一样享有着优先权，因为他们为马拉巴尔的市镇带来了大量的税收。马拉巴尔的摩尔人受他们自己的首领管制，除了"某些特别的事务需要给国王汇报"[222] 之外，摩尔人的首领可以独立按照穆斯林的戒律进行司法管理。摩尔人的船只呈龙骨状，上面没有钉子，他们借助顺向的季候风向西航行。当他们完成香料贸易返回时，大部分人都很富有，所以他们吸引了一波又一波的新人不断前往马拉巴尔。国王担心他们的返回也会大量地带走贸易和关税，就尽可能地与外来贸易者合作。只要新来的商人一到达港口城市，国王就立即派出一名纳亚尔人前去保护并提供服务，派遣一名"哲地"（Chetty）记账员为他保存账目，并派遣一名商业代理人为他安排买卖。在葡萄牙人来到印度之前，马拉巴尔人和穆斯林人之间的商业活动一直都很兴盛，彼此都从中受益颇多。巴尔博萨对穆斯林贸易者简洁地评论道，"如今，几乎可以说，这里已经没有一个穆斯林商人了，这里的穆斯林商人们也不再能够独立地存活了"。[223]

三、印度的维查耶纳伽尔王朝

大约在 1346 年，也就是在葡萄牙人到达印度的一个半世纪之前，德干的印度人集合在一起，形成了一个政治军事同盟，抵御来自北方的穆斯林的袭击。至 1400 年，布卡一世（Bukka I）巩固了维查耶纳伽尔对于印度半岛南半部分的控制，南方的印度文明自此以后相对稳固一些。诸如果阿、朱尔和达布尔（Dabhul）① 等大港口也归维查耶纳伽尔管辖，于是锡兰很快就成为了一个附

---

① 应为 Dabhol，可能是误植。——译者注

370 庸国。印度文明最后防线的北方边界，特别是位于德干高原上朝向巴赫玛尼王国（Bahmani kingdom）的部分，不断地遭遇来自穆斯林和非穆斯林的奥里萨（Orissa）骚扰的压力。此后，维查耶纳伽尔的统治者们发觉，他们必须持续地对其边境地区的封臣保持警惕，防止他们造反并通过与敌人勾结从而尽力扩大自己的势力。尽管北部边界存在着不稳定的问题，但维查耶纳伽尔王国在15世纪仍然相当繁荣，维查耶纳伽尔城迅速成为印度南部的经济和文化中心。

诸如孔蒂、尼基丁（Nikitin）和瓦尔塔马（Varthema）等早期的欧洲人都用优美的文辞描述了维查耶纳伽尔的财富和权力，但都是粗略的概述。1510年，瓦尔塔马夸张地称这座城市为"第二个天堂"。[224] 皮雷斯在1512年到1518年的著述中指出，被普遍地称为印度最大的王国的维查耶纳伽尔的幅员已不再似往日那般辽阔。[225] 这种情形源自穆斯林在德干高原的扩张以及果阿从维查耶纳伽尔控制中的分离。

总督达尔梅达（Viceroy d'Almeida）在1505年首次从一个当地人那里了解到维查耶纳伽尔的一些情况，自此以后，总督就认为葡萄牙人在印度通过贸易可能会比军事征服得到的更多。[226] 阿尔伯克基在他与卡利卡特的战争中，请求与维查耶纳伽尔合作，1510年方济各会修士路易斯·杜·萨尔瓦多尔（Luis do Salvador）作为特使被派遣前往。1510年年底，在阿尔伯克基第二次攻克果阿之后，维查耶纳伽尔派出一个使节团与葡萄牙人建立了友好关系，并把路易斯修士写的介绍信带给了阿尔伯克基。[227] 很快，葡萄牙人与维查耶纳伽尔就继续传统的马匹贸易活动达成了协议，因为维查耶纳伽尔的军事活动对马匹的需求量很大。从此以后，在很长一段时间内，印度人和基督教徒有着共同的敌人摩尔人，只要没有其他情况出现，彼此之间的关系总体上是友好的。[228]

关于维查耶纳伽尔在16世纪的再次创建，葡萄牙人留下的文献资料非常重要。皮雷斯可能依据他在印度集市上的人们那里听到的信息，就维查耶纳伽尔的重建问题做出了许多全面的评论。巴尔博萨大约写于1518年的著述特别有价值；在阿尔伯克基于1510年第二次攻克果阿几年之后，巴尔博萨可能造访过维查耶纳伽尔。16世纪20年代初期，葡萄牙商人多明戈·佩斯（Domingo Paes）就他那个年代的维查耶纳伽尔的情况进行了浓墨重彩的描述。在接下来的十五年里，葡萄牙人关于这个印度帝国的相关记述已经全部散佚了。再往后比较重要的文献就是费尔南·努内斯（Fernão Nuniz）约写于 1535 年的著作，他依据自己在维查耶纳伽尔居住的三年（约 1532—1535 年）经历中所得到的信息，写了一部编年史。根据这部著作，可以得知果阿内科兼草药医生加西亚·达·奥尔塔可能在 1534 年就已经造访过维查耶纳伽尔，此时努内斯还住在这里。[229] 在这段时间（约 1528—1538 年），卡斯塔涅达也在印度。卡斯塔涅达是否造访过维查耶纳伽尔不得而知，但可以确定的是，他曾从去过维查耶纳伽尔的商人们那里调查过这座重要的印度都城的情况。[230] 最终，佩斯和努内斯的描述大约在 1573 年被发往葡萄牙，可能寄给了巴罗斯。[231]

虽然巴罗斯在写他的《旬年纪》时有这些描述可供其随意使用，但他显然没怎么好好利用它们。[232] 佩斯对维查耶纳伽尔的描述非常精彩，努内斯的描述也相当详尽，然而巴罗斯的著作对这个印度王国涉及的内容相对较少，总体上属于其宏富的叙述中一个附带性的部分。当然，佩斯和努内斯的描述可能在欧洲以手稿的形式得以传播过。但是，就我所知，这些描述并没有被后来的作者们广泛使用，虽然卡斯塔涅达可能从中撷取了一些信息。在 16 世纪中期，关于维查耶纳伽尔的记述得到出版的只有皮雷斯、巴尔博萨（二人的作品都被收入了赖麦锡的集子）和卡斯塔涅达的作品。就卡斯塔涅达来说，他几乎一字不差地重复了巴尔博萨讲的几件亲眼所见的事情，但是我们也不能根据这一点就断言，卡斯塔涅达的作品完全借用了早期的观察者的描述。在奥尔塔的《印度草药风物秘闻》一书中，也附带谈及了维查耶纳伽尔，这些内容证实并扩展了那些基本的描述。

从瓦尔塔马开始，欧洲的作者们都称维查耶纳伽尔帝国为"纳尔辛格王国"（kingdom of Narsinga）。[233] 帝国的都城则被作为维查耶纳伽尔的近似物被称作"比新加"（Bisinegar），[234] 那时候是卡纳拉（Kanara）最大的都市。根据卡斯塔涅达的记述，[235] 作为印度最大的王国的维查耶纳伽尔"东部与德里毗邻"，[236] 西部是印度洋和马拉巴尔，北部是德干"王国"，南边是"多尔利亚"（Doria，即奥里萨）"王国"。[237] 在巴尔博萨的笔下，这个王国"地势较高且地形崎岖"，如果一个人试图从海岸出发前往内地，"非常难以穿越"。西边的岩层是如此难于攀越，"以致于'难于上青天'，其地形非常复杂……人们必须从特定的地点和通道才能走过去"。在巴尔博萨看来，这正是海岸边的马拉巴尔能够成功地保持自己独立于维查耶纳伽尔的原因。但是穿过东半部的山脉之后，据说就是"平坦而辽阔"的陆地了，[238] 可以想见，这对维查耶纳伽尔的统治的扩张而言，已经不存在什么障碍了。

维查耶纳伽尔被划分为五个"省区"。在这些政治区域划分中，第一个被称作"土林纳特"（Talinate），[239] 其范围从北部德干高原边境上的"辛塔克尔拉"（Cintacora）[240] 起始，沿着西部的海岸一直延伸到南部的马拉巴尔边界线，这之间的距离大概有 50 里格（合 200 英里）。关于沿海地带，卡斯塔涅达提到了11 个市镇，据说它们都是很大的优质港口。[241] 巴尔博萨曾单独地讨论了这些市镇，他明确指出，这些市镇享有着高度的政治独立性。[242] 第二个省区位于内陆，在德干"王国"的边境上，被称作"提拉吉"（Teārragei）。[243] 第三个省区也位于内陆，被称作"卡纳拉"（Canarâ），维查耶纳伽尔的首都即设立于此地。"科罗曼德尔"是第四个省区，它从"考劳"（Coulao，即奎隆 [Quilon]）南部边境开始，沿着海岸向北延伸了大约 100 里格（合 400 英里），直到被称作"乌蒂戈莫尔"（Udigirmele）[244] 的山区，这些山脉将"纳尔辛格"（Narsinga）与"多尔利亚"（Doria）隔离开来了。第五个省区同样位于内陆，其名称是"特林古"（Telingue）。[245] 除了对于"多尔利亚"（即奥里萨）的地理位置有些含糊之外，卡斯塔涅达对于维查耶纳伽尔的地理范围的描述与我们所知的其他材料显示的内容都非常一致。[246] 卡斯塔涅达对于维查耶纳伽尔王国的政治区域划分的描述大体上是正确的，当然也不可避免地存在一些含糊的地方。[247] 皮雷斯和巴尔博萨与卡斯塔涅达不同，他们也注重语言上的区分。巴尔博萨断言，每个省区都有自己的语言；[248] 比如，他就指出在科罗曼德尔使用的主要语言是泰米尔语。[249] 皮雷斯指出，维查耶纳伽尔的统治者说的是卡纳拉语（Kanarese），在其宫廷中，还有其他许多种语言被使用。[250]

生活在这些省区中的每个人都被供给充足的大米、肉类、鱼类、水果以及来自森林和土地上的猎物。每个人都奢侈地拥有着大量的花园、果园、泉水和河流。[251] 山上覆盖着森林，构成了野猪、野鹿、大象、雪豹、豹子、老虎、熊和羚羊的天然家园。其中，羚羊是"一种像骆驼一样的浅灰色的动物"，"非常得灵敏，以至于没有人能够捕杀到它们"。[252] 农民们种植水稻和其他谷物，并喂养山羊、牛和绵羊。牛和驴子被用于驮重物和耕地。巴尔博萨注意到，在"巴提卡拉"（Baticala，即如今的巴特卡尔 [*Bhatkal*]）附近的沃野上，水稻种植分为水旱两种方法。巴尔博萨还指出，在耕种水田时，种子是通过犁头上的条播机播下的。巴尔博萨指出印度人一年两收后，还提供了这里出产的不同级别的稻米名称，断言"它们在价格上互不相同"。[253]

在位于海岸上的"土林纳特省"（Tolinate province）的市镇上，有"各种货物流通"。[254] 种植在"摩根"（Mergen [*Gangawali*]）河谷的粗糙的黑米被用于交换来自其他地方的椰子果和棕榈制品。在巴特卡尔和卡纳拉的其他港口，白米、粉糖和铁被霍尔木兹和马拉巴尔的商人买回去分别用于马匹、珍珠和棕榈制品的交换。香料、象牙和铜制品以及内地使用的货币，在这些海港都有市场。这里的稻米被去壳、洗净，然后用稻草打成大小相同的包，运到海外。虽然黑米价格比较便宜，但巴尔博萨认为它"比白米更好、更有益于健康"。[255]

上述的所有货物以及其他更为贵重的物品在首都的大市场上都能看到，"因为全世界的所有商人都能够去那里自由做买卖"。[256] 为了鼓励贸易者的活动，尤其是做马匹生意的商人，"纳尔辛格的国王"致力于免去从海港到首都这部分属于自己的地域的税收。[257] 但是这并不意味着这些商人们就被免去了港口的税，实际情形正好相反。而且国王还规定，秉持任何信仰的商人都可以在这座城市进行贸易，"而不会遭遇任何骚扰和质询"。[258]

374

所有的葡萄牙作者都用了一定篇幅评论维查耶纳伽尔的钻石、宝石和珠宝。在卡纳拉和德干，大小不一、价格昂贵的钻石被开采出来后，带到了首都的市场上。[259] 奥尔塔把钻石的开采描述为一种产业，据此，维查耶纳伽尔的统治者得到了巨额的收入。[260] 矿上派有卫士负责监督开采工作，以确保最大的钻石能够安全地进入宫廷。所有重量在 30 曼格林（mangelims）以上的钻石都归国王所有，根据卡斯塔涅达的描述，有些钻石重达 200 曼格林。[261] 维查耶纳伽尔的统治者把他的大钻石交给工匠，通过切割、打磨，然后在市场售出，显然他从中得到了丰厚的利润。其他不那么贵重的宝石，诸如紫水晶和蓝宝石，主要产于山区的溪流和江河中。[262] 任何不是产自这个王国的宝石或珠宝，比如珍珠，可以轻易地进口。[263] 这些宝石以及进口的珊瑚、黄金和铜都被加进了其他各种珠宝和小装饰品中。甚至一些"被做成可以开合"的伞，[264] 也被镶嵌了一些宝石，伞面上覆盖着华美的丝绸，周边装饰着流苏。这些工匠和珠宝商的技艺是如此的高超，以至于他们能够伪造出各种假宝石，以满足人们对于指环、耳环、鼻饰和诸如珊瑚枝之类装饰物的大量需求。[265] 委婉地说，这些葡萄牙人对维查耶纳伽尔大量的宝石和精美的珠宝留下了深刻的印象，他们不厌其烦地描述着男女两性如何把这些宝石用于个人装饰的情形。

维查耶纳伽尔的首都作为货物集散地、行政中心和王室的所在地，在关于帝国的所有记述中，它都占据着核心位置。这座城市位于内陆 40 里格（合 160 英里）处，在两大山脉之间"非常平坦的平原"的中间地带。[266] 在城市的一边流淌着一条大河（即顿伽巴德拉河 [*Tungabhadrā*]），在其郊区矗立着几座小山，山上全是巨大的砾石。除了大河作为堡垒之外，这座城市本身周围都是坚固的堡垒。[267] 在城墙之内，整个城市被分成不同的街道，它们都通向大广场。国王的宫殿很多，都建得很漂亮，并被围在庭院里面。这座城市的大领主们同样住在精美的石头建造的豪华住宅里，常常乘着华美的轿子在城中游玩。普通人的房屋是用草盖起来的，"但这些房子都建得很好，并且根据各自居住的位置，在沿街开阔的地方排列得井然有序"。[268] 首都的人口数量庞大得无以统计，街上到处都是人头攒动。[269]

在这座城市，"国王"被称作"罗阇"（Rayen [*rāyya* 或 *rājā*]），[270] 他拥有自己的住所，除非发生战争，否则他一般不会外出。"国王"在深宫过着奢华的生活，其领土分别交给各省的首领负责治理。但是，如果"国王"手下的领主不对其忠诚，就会遭到宫廷迅即而可怕的报复。巴尔博萨和卡斯塔涅达都用生动的笔触描述了"国王"是如何严厉惩罚那些不尊重自己的身份、社会关系和财富的贵族的。[271] 事实上，有一些严于律己的贵族被认为"拥有着比欧洲的某些国王还要多的土地"。[272] "国王的"审判在一个公开的大厅里进行，在此，他拥有固定的旁听人员；他的意志被尊为决定性的，也是绝对的。[273] 然而，在审判过程中公正仍然占着很大的比重，因为执行者"不仅包括各级统治者，还包括普通人"。[274]

　　偶尔的争端也会用剑来解决。卡斯塔涅达写道："发生过许多为了女人而决斗的事情，许多爱她们的男人都为此而丧命。"[275] 决斗事件也会在官员之间发生，原因是决斗双方因管理问题而发生了争执。这些争执者得到国王的允许而进行决斗，国王会为他们安排决斗场地、助手和裁判。如果参与决斗的人有一定的身份地位，国王本人可能会亲自前去观看。决斗过程中，决斗者全身赤裸，只有头巾可以保留，使用的武器包括匕首、剑和盾。这些决斗往往很快就结束了，国王会奖给获胜者一条金链（berid），[276] 戴在其右臂上，象征着这个人的勇猛。根据习俗的规定，拥有金链的人必须进一步接受挑战，以维护其既得的荣誉。决斗除了有助于解决各种争端之外，还被描述为一种娱乐和运动。

376

　　这些葡萄牙人特别乐于描述统治者们穷奢极欲的生活方式，卡斯塔涅达断言，这里的统治者们被侍候得比马拉巴尔的"国王们"要舒适得多。[277] 巴尔博萨坚持认为，"国王和国民们结婚的习俗基本上和我们一样，也有婚姻法"，虽然他们可能会尽可能地娶多房妻子。卡斯塔涅达宣称，虽然"国王"有不少于 300 个嫔妃，但他不结婚。[278] 巴尔博萨和卡斯塔涅达都认为王宫里有许多侍女，她们是国内显赫的家族的女儿。这些侍女负责宫里的所有杂活，还要唱歌、做游戏以供国王娱乐，国王把她们养得很好。[279] 每天下午，这些侍女们都要在王宫内围起来的水池中洗浴，这时候"国王"就会挑选出最有吸引力的女孩供其玩乐。后宫的女人们为了得到"国王的"宠爱，彼此间勾心斗角，情形甚为紧张，"有些人杀死了另外的人，还有的毒死了自己"，[280] 原因是她被蔑视或忽略。"国王的"任何一个妻子或情妇生的第一个儿子被视为其继承人。[281] 关于继承人的问题我参考了其他资料，因为巴尔博萨和卡斯塔涅达对此都只字未提。

　　维查耶纳伽尔的财富是"所知的整个世界上最多的"。[282] 在某种程度上，这一说法是真实的，因为每个国王都要负责增加财富，而且绝对不能触碰其先辈积聚下来的财物。[283] 在王宫拥有的所有财物中，大象和马匹被认为最为珍贵，国王通常拥有多于 900 头的大象和 20 000 匹马。[284] "国王"有一些特殊的厨房，专门为其宝贵的大象和马匹准备食物。任何人都不允许将马匹做个人之用。国王拥有的马匹都分配给了大领主们，让他们保护和喂养，"他们必须不断地向国王汇报这些马的情况"。[285] 每个骑士都装备一匹马、一名马夫、一名侍女，每月享受津贴，为马和马夫提供日常用品。虽然这些马被照料得很好，但在印度南部，这些马都不太活泛，寿命也不长，因此它们非常珍贵，出售的价格也很昂贵。

"这里的人都很高，"巴尔博萨评论道，"其面部特征和我们相似"。[286] 维查耶纳伽尔的人有着黄褐色的皮肤和又长又直的黑发。男男女女都有着良好的体格和样貌，而女性特别具有吸引力。[287] 男人们穿着带状的衣服，其短衫前面是敞开的，一直垂到两腿之间。他们脚上穿着拖鞋，头戴头巾或帽子。有些人以拥有披在肩上的像斗篷一样的衣服而自豪，许多人都戴着装饰有宝石和珍珠的指环和耳环。[288] 妇女们穿着白色或彩色的衣服，这些衣服是用薄棉布或丝做成的，有五码那么长。这些印花的纱裙（虽然巴尔博萨没有使用这个词语）被妇女们裹在身上，只有一支臂膀和肩是裸露的。[289] 她们的脚上穿着绣有图案的鞋子，头部没有包裹任何东西，头发在头顶打结，并且带着花饰。她们的鼻子和耳朵上带着宝石，脖子上戴着金项链、珠宝和珊瑚珠，手臂上带着昂贵的手镯。妇女们奢华的服装是如此的普遍，以至于巴尔博萨据此得出结论说，"这里多数人都非常富有"。[290]

维查耶纳伽尔的大多数人和他们的统治者一样，都是"异教徒"。在这"神像崇拜者"中间，大多数人都敬奉一个神灵（毗湿奴 [Vishnu]，或湿婆 [Shiva]），他们认为这个神灵是"万物之主"。[291] 他们也相信恶魔、魔法和巫术，能够包容其他信仰。他们在礼拜五庆祝"安息日"（Sabbath），他们认为恶魔将遭受惩罚，自己将荣耀地迎来美好的东西。[292] 整个王国有许多供奉他们的神灵的神庙（即佛塔，pagodes），这些神灵得到"国王"奉献的大量贡品和其他人的虔诚敬仰。比较大的节日仪式都在这些神庙里举行，远方的人们也来到这里朝圣。卡斯塔涅达曾讲了一个关于统治者的故事，来作为说明这些人迷信的例子：当统治者生病的时候，他承诺要给神庙捐献一块和他体重等同的金子。在这位统治者秤过自己的体重后，他把自己穿过的衣服给了寺庙里面的主持，这位主持只要穿上这些衣服就会倒地而亡。[293] 他们相信此类故事，也相信不祥的预兆以及巫师的预言。根据卡斯塔涅达的评论，可以很明显地看出欧洲的读者不可能真正明白印度教以及与其相关的宗教活动的意义。

维查耶纳伽尔的每个政治区域内都有着大量的市镇和城市。在海岸上的市镇里，摩尔人人数众多，而且特别得显眼；在内地城市中居住的几乎都是"异教徒"。[294] 这些"异教徒"被分为三个不同的层级：[295]（1）皇族、贵族和士兵；（2）婆罗门教徒；（3）僧侣—商人群体，卡斯塔涅达称之为"巴涅人"（Baneanes [Banyā]）。[296] 这种划分与种姓体系并不对称，然而对于欧洲的观察者而言，单独地去看每一个阶层就可能会发现彼此的情况非常不同。第一个阶层中的成员可以用一夫多妻制、子女的继承习俗以及寡妇自焚殉夫的行为来区分。巴罗斯和卡斯塔涅达都用了很多的篇幅和同样的叙述脉络讨论了寡妇自焚殉夫的习俗。婆罗门教徒是"礼拜仪式机构的牧师和领导者"，[297] 他们坚守一夫一妻制，在饮食方面严禁食用可能"导致（生灵）死亡"的任何食品，[298] 而且完全豁免死刑的惩罚，这些制度成为婆罗门教徒的鲜明特征。作为一种与其他人相区别的标志，婆罗门教徒在肩上戴着三根亚麻线。有一些婆罗门教徒依靠救济度日，另外一些人则拥有个人的财产，还有一些人居住在分散于各地的众多且奢华的神庙里面。这些神庙常常依靠其培养的妓女所挣得的钱财而拥有丰厚的收入。这些小女孩在神庙中接受教育，"在她们到了一定的年龄之后，便从事同样的工作"。据称，这些婆罗门教徒从来都不用工作，但"要在饮食方面讲究一些就另当别论了"，[299] 比如饮食中包括蜂蜜、黄油、米饭、糖、豆类和奶等内容时就需要工作。

根据描述，"巴涅"[300] 阶层和婆罗门教徒相似，受到相当的尊崇并被视为神圣的群体。作为第三层级，与其他群体相区别的标志是，其成员在脖颈上用曲线悬挂着一个小小的布袋，里面装着一个卵形的石头，他们称之为"檀巴兰"（tambarane），这是他们信奉的神灵的名字。[301] 他们相信，戴着这块神圣的石头，可以确保他们无论去哪里都会安然无恙，因此，他们常常受委托运送商品和钱财，到遥远的地方进行贸易。从其饮食习惯来看，他们属于素食者；就其婚配习俗而言，他们遵从一夫一妻制。一旦丈夫死去，活着的妻子将被火葬殉夫。[302] 也许这是第一次，巴尔博萨描述了这个"烧烤"的仪式：献祭的人是这一阶层

378

的年轻待嫁的女子，她把自己的鲜血献给神灵，因为是神灵帮助她得到了她选择的丈夫。[303] 巴尔博萨还描述了年轻的女孩把自己的贞操献给神灵的仪式。[304] 根据这些被描述的文化特性，似乎卡斯塔涅达把这个阶层命名为"巴涅"，只有在其作为商人群体的意义上才是正确的；事实上，这些描述出来的仪式在"林伽"教徒（Lingāyats）那里表现得更为典型，"林伽派"教徒是湿婆的阳物崇拜者，他们仍然居住在维查耶纳伽尔废墟的周边地区。

卡斯塔涅达指出，维查耶纳伽尔的统治者"一直在与邻近地区的统治者们交战"。所以他们总是拥有"大批步兵或骑兵，而且要付给这些人薪水"。[305] 在国外的观察者那里，固定的军队人数即使按照最保守的估计也不少于 10 万，[306] 毋庸置疑，无论这些观察者提供什么样的军队人数，维查耶纳伽尔的统治者们都经常要保证自己拥有一支人数庞大的军队。所有阶层和族群，甚至是穆斯林，凡是参与战争的人都为维查耶纳伽尔的统治者提供的固定薪水所吸引，因而愿意在军队服役。征募系统特别引起了葡萄牙作家们的关注，显然，一个未来的士兵在经过全面地考察之后，将会获得王室发的薪水。[307] 被征募的人员，特别是来自国外的人，将被要求在 4 名书记官面前全身赤裸等待身体检查，主要是观察被征募的人员的身体状况，并记下他身上所有明显的标志。这些书记官还会记下被征募者的名字、年龄、肤色、身高、宗教信仰、出生地以及其父母的名字。如果被征募者符合这些要求，其名字将被登记在王室的薪水分发名单中，薪水大概在 3—15 个金帕铛（pardãos），其分发标准估计是依据被征募者被分配到的岗位来定。在被征入维查耶纳伽尔的军队之后，来自国外的人就禁止离开，但是允许他们在此按照自己的信仰和习俗生活。如果来自国外的被征募者未经允许就离开了维查耶纳伽尔的管辖区域，又被抓捕回来，那么他可能遭受"残酷的惩罚"。[308] 除了参与战争的人，维查耶纳伽尔的统治者们一直为那些未婚的王室妓女们提供固定的薪水。这些妓女们为数众多，[309] 被分配给多个作战的群体。巴罗斯指出了这一做法的原因，那就是维查耶纳伽尔的统治者说"在没有女人的地方，战争就无法开展"。[310] 当然，无论何时，只要国王参战，这些女子就会隶属于国王的军营。许多来自国外的士兵愿意在维查耶纳伽尔服役，这些王室妓女的吸引力也是原因之一。

　　国王本人很少亲自参战，然而，当他亲自参战时，那必定是一个宏大场面，而且会全力以赴。国王离开都城前往战场时，会有一支衣着华美的随从队伍伴随，然后在开阔的原野上安营扎寨。接着，国王将会在其整个统辖范围之内发布消息，让人们知道他将在某个特定的日期前往战场。在这个日子里，所有的臣民都被要求带着其财产离开都城，那些留守宫殿、军事要塞和神庙的人除外。等到撤离工作完成之后，按照命令，所有那些普通人家的草屋就会被烧掉。[311]如此，那些离开的人们就不会再有回家的愿望，从而在战场上表现得更加勇敢，为其家人提供更好的保护。等到人们集合完毕，军营也完全毁掉，为时一天的短暂行军也就开始了。然后，"一个用稻草建造的大市镇"[312]就会在一个新的营地被匆忙地张罗起来。这些营地都在街道和开阔的地方建造，在行军期间，军队在此短暂驻扎三天。每次军队离开的时候，营地都会被付之一炬，然后这支人员混杂的军队就会慢慢地向战场挺进。

　　那些葡萄牙的作者们没有描述维查耶纳伽尔军队的具体编制情况，但根据他们杂乱的描述，我们可以得知印度人拥有步兵和骑兵团，这是由武装好的大象组成的特种军队，除此之外，他们还拥有各种补给机构和娱乐部门。关于这些兵团之间的关系，卡斯塔涅达评论道，无论何时，"只要有1 000名（士兵）加入他们的军队，就一定会有2 000名（侍从）同时被招募进来"。[313]军营中的侍从们不需配备武器，除了盾牌之外，他们没有盔甲。骑兵们配备有很大的护垫外衣、厚重的皮革外罩和钢盔；他们的武器有摩尔人制作的短剑、长矛和投枪。显然马队为数众多且装备精良，但维查耶纳伽尔军队的随从是真正令人恐惧的大象队伍。当战争即将打响之际，这些庞然大物身上就会披挂铜饰，象鼻也同样被保护起来。象鼻上牢牢地绑着巨大的双刃剑，这些大象在敌人的队伍里面横冲直撞，杀死很多敌人。木制的塔楼与领头的大象的背部牢牢地拴在一起，上面有多达8名弓箭手一齐向敌人发射。在卡斯塔涅达的描述中，由战象带领的维查耶纳伽尔大军是"一种可以看到的壮观景象"。[314]然而，虽然维查耶纳伽尔有着如此强大的军力，但其统治者仍然认可葡萄牙人的力量，派遣特使前往坎纳诺尔，与那里的总督谈判。[315]

四、德干高原（Deccan）诸邦与果阿（Goa）

当葡萄牙人在印度南部的各种事务中日益活跃的时候，北方的穆斯林王国就与来自埃及、土耳其和波斯等信奉同一宗教的人们联合起来，准备反击并驱逐在印度的欧洲人。穆斯林用于向南推进并攻击葡萄牙人据点的总部设在德干和古吉拉特（Gujarat）的港口，这些港口是阿拉伯与印度之间的大贸易中心。甚至在葡萄牙人到达印度之前，德干的港口之一果阿的战略控制权就已经为维查耶纳伽尔的印度统治者和德干的穆斯林统治者所激烈争夺。被皮雷斯描述为"像罗兹岛一样坚固"[316]的岛屿要塞在 1470 年被穆斯林占领，在阿尔伯克基于 1510 年将其纳入葡萄牙统治之前，该地区一直由穆斯林统治。虽然阿尔伯克基希望攻取果阿能够使印度就此"保持平静和安定"，[317]但这位葡萄牙人很快就得知，德干的巴赫玛尼（Bahmani）统治者们[318]仍然是麻烦的制造者，虽然在他们内部也是四分五裂。

德干（即"南部"）在广义上常常用于指代位于印度南部温迪亚（Vindhyan）山的所有地区。[319]然而，16 世纪的葡萄牙作者们一直用"德干"（Decão）或"达克"（Daque）等词语来指代穆斯林王国，虽然他们的管辖范围在不同时期有着很大的变化，但大体上位于内陆从北部的朱尔到南部的顿伽巴德拉河（Tungabhadrā River）之间的地区。虽然最早的葡萄牙旅行者也提及了这个区域，但他们的记述总体上局限在海岸的市镇和贸易事务方面。奥尔塔是唯一一个根据自身的丰富经验讨论德干王国的人。卡斯塔涅达在描述这一区域时，所依据的是那些泄露出来的有限的资料和其他人的报告。人在葡萄牙的巴罗斯，写出了最为连贯和清晰的历史记述，其叙述在很大程度上参考了一部他本人所拥有的"德干编年史"著作。巴罗斯没有使用其他资料的原因在于，这部"德干编年史"的"年表对于总体上用波斯语写成的编年史而言更为"适合，巴罗斯一再将其称为"塔里"（Tarigh，即历史 [*Ta'rīkh*]）或"历史"。显然，在巴罗斯开始写作之前，他就已经看到了几部穆斯林历史的译本，这几乎早于菲尔斯塔（Ferishta，另外一个广为人知的称呼是穆罕默德·卡辛 [*Mohammed Kasim*]）用基本的波斯语写作穆斯林在印度崛起的历史一个世纪之久。[320]

　　巴罗斯指出，在穆斯林历法的 707 年，或者是公元 1300 年，[321] 德里的苏丹"沙·纳萨拉丁"（Xá Nasaradim）[322] 发起了攻占印度南部王国的战争。他突然袭击了印度一个叫作"卡纳拉"（Canarâ [Kanara]）的王国，这个王国此时的地域范围包括从朱尔岛北部向南直到科摩林角的地区，其西部与许多小国接壤，东部则与奥里萨毗邻。"沙·纳萨拉丁"在劫掠和抢夺之后，又回到了德里，把统治卡纳拉的任务留给了他的将领"哈贝德 - 沙"（Habede-Xá）。[323]"哈贝德 - 沙"在维持其统治时仅有少量的人手，而他面对的则是大量充满了敌意的印度人，他被迫渐渐地向北方撤离。最后，他为了巩固自己的统治地位，就从皈依伊斯兰教的印度人、基督教徒[324] 和其他各种不同背景的人们中招募士兵，组建军队。"哈贝德 - 沙"通过给士兵提供优厚的待遇，把这些背景不同的人们编织成了自己的军队，在随后的二十年里，他的力量开始渐渐强大起来，并创建了自己的王朝，他的势力也得到了位于德干的德里王国的承认。[325]

　　巴罗斯在其报告中谈到，当巴赫玛尼王朝的创建者死去以后，他的儿子"马穆迪 - 沙"（Mamudi-Xá）[326]（即穆罕默德一世 [Mohammed I]，于 1358—1375 年在位），被德里的苏丹确认为其父亲的继承人，[327] 条件是同意给苏丹上缴比其父亲在位时更多的贡品。在刚开始的几年里，"马穆迪 - 沙"都满足了苏丹的勒索，后来待其力量变得足够强大，遂不再为苏丹继续提供贡金，并拒绝派遣军队帮助正在攻打波斯人的德里的统治者。德干的统治者担心战争结束后，"马穆迪 - 沙"的对抗将会进一步转化成报复行为，就与古吉拉特的穆斯林人结成了联盟。但是命运之神再次眷顾了穆罕默德一世，因为德里的苏丹在战争中死去了，于是，位于北方的伊斯兰教君主的领地的困难时期就接踵而至。穆罕默德一世利用这一大好时机宣布了自己将独立于德里，并封自己为"卡纳拉"（Canarâ）的苏丹，重新命名这个地方为"德干"（Decão）。据说，这个新的王国的名称代表了许多居住在此的不同的人们的意愿，因为在当地的语言环境中，"decani"的意思就是"混合人种"（mesticos）。[328]

　　年迈的穆罕默德一世对战争感到倦怠，而且为其王朝的未来忧心忡忡。于是他把自己的统治权在 18 个 [329] 将领中进行分配，并委派其中一名将领监督其他将领，从而实现王国的分权治理。每个将领都负责保护自己所属区域，并按

383

照规定的数目从当地的税收中为步兵和骑兵拨出薪水。为了防止这些将领们过于独立，他们没有被赋予贵族的地位，而且禁止与奴隶之外的人结婚。将领们也负有在比德尔（Bīdar）[330]城建造官邸的义务，他们被要求每年都须在此地居住数月。当他们本人不在这里的时候，其宅邸将由一个儿子或近亲居住，居住者将以家臣的身份代替将领们执行每天所需要的礼仪。[331]

接着，巴罗斯用了一定的篇幅描述了仪典和礼仪（"撒勒玛"[salema]，或敬礼[salaams]），在典礼中，封臣需要在苏丹面前陈述其忠诚与工作的情况，从而恳请被赐予"一个'卡拜'（Cabaia）的名号"[332]作为奖赏。在节日里，将领们不允许派遣替代者，必须亲自来到统治者面前。如果说有例外，唯一的理由只能是患了重病或者是在战场上脱不开身。如果不能在正式的时间出现，就会被猜疑有心存谋反的想法。显然，这种控制臣属忠诚度的手段并没有给这位葡萄牙的历史学家留下很深的印象，因为巴罗斯接着就指出，在穆罕默德的时代过去以后不久，德干王国就开始土崩瓦解。根据这些观察，巴罗斯为其简要的历史素描做了结论，并试着描述葡萄牙人到达印度时德干的政治情势。

卡斯塔涅达刚开始是从一个居住在果阿的欧洲人的视角来观察德干的，对其"最后三个国王"统治时期的历史进行了非常粗略和散漫的记述。[333]在巴赫玛尼王朝衰微的时期，也就是卡里莫·乌尔-拉（Kalimer ul-lāh）统治德干（1526—1538 年）期间，卡斯塔涅达本人正在印度（他在印度的时间是 1528 年到 1538 年）。这位国王的两位前任的管辖范围局限于比德尔城的周边地区，卡斯塔涅达指责第一位前任艾哈迈德四世（Ahmud IV），说他是一个"极端好色之徒"，[334]根本就没有治理王国的能力。而接下来的这位国王，可能是指阿拉-乌德-丁·沙（Alā-ud-dīn Shah，于 1520—1523 年在位）则完全是另一种不同类型的人：他致力于改善民生，努力复兴其纵欲无度的前任国王所失去的东西。这位国王认为他自己的人太不可靠且懦弱无能，于是就在阿拉伯地区招募雇佣兵帮助他重新夺回权力。[335]德干的最后一位国王则又转向一种耽于声色的怠惰生活方式，结果，他无力控制自己那些有名无实的封臣，甚至连比德尔城都保不住，从而无法传给他的儿子。

这位葡萄牙人用了相当的篇幅讨论了德干王国在 16 世纪四分五裂的情形。

巴罗斯注意到，穆罕默德一世于 14 世纪划分出来的 18 个管辖区域，其中那些弱小的已经为许多强大的所吞并。卡斯塔涅达争论道，原来的管辖区域如今已经合并成了 12 个王国，而巴罗斯仅列出了 6 个。两个人都认为，在阿尔伯克基占领果阿之前，果阿的统治者"萨巴奥"（Sabaio）[336] 或"卡拜"（Cabai）是德干最有力的统治者。按照巴罗斯的说法，德干其他的大领主被给予"尼扎马鲁克"（Nizamaluco）[337]、"马德里马鲁克"（Madremaluco）[338]、"梅里克·维利多"（Madremaluco）[339]、"柯基·摩卡多"（Cogi Mocadao）[340] 以及"科塔马鲁克"（Cotamaluco）[341] 的称号。奥尔塔对德干这些统治者的描述最为详细，他坚持认为这些统治者都是外国人，可能来自西边的穆斯林王国。但奥尔塔的朋友"尼扎马鲁克"除外，据说他是德干本地人。[342]"萨巴奥"和"尼扎马鲁克"拥有沿着海岸直到内陆的高止山脉（Ghats）的领地。[343] 其他所有的管辖区域都在"巴拉盖特"（Ballagate），奥尔塔使用这一术语指代高止山区的高地。

根据这位葡萄牙人的描述，我们无法进一步得知有关德干统治者的领地的情况。巴尔博萨描述了许多港口城市，他认为这些城市的财富"远远地延伸到了内陆地区"，[344] 他本人对此说深信不疑，皮雷斯指出有 20 个重要的内陆市镇。[345] 卡斯塔涅达把德干描述为有着 70 里格（合 280 英里）长海岸线的印度最大的王国之一，其北部与坎贝（古吉拉特）毗邻，它一直延伸到维查耶纳伽尔和奥里萨的内陆边境地区。这些葡萄牙人似乎都不知道巴赫玛尼王国的势力在 1472 年跨海扩张至整个半岛，奥里萨的一大部分也被纳入了其势力范围。奥尔塔尽力地描述了与其同时代的几个统治者所拥有的领地，但是他的评论非常含糊。巴罗斯列出了阿尔伯克基控制果阿之后留给"萨巴奥"的几个内陆城市的名字，但进一步的讨论则出现在他的《地理学》（*Geografia*）一书中，这几个城市在他的《旬年纪》中被频频提及。

正如我们所预料的那样，最为具体的信息出现在海岸城镇的描述里面。这位葡萄牙人从北部开始，他首先用相当长的篇幅评论了朱尔，这是 16 世纪一个繁忙的货物集散中心，而如今主要留存在我们的记忆中了。[346] 朱尔位于康杜里卡河（Kondulika River，今天的孟买南部约 30 英里处）河口，它被描述为坐落在"距离不小于 2 里格（合 8 英里）的两个沙洲之间"。[347] 正是在这个小港

385

口，一支葡萄牙舰队于 1508 年出人意料地被一组埃及—古吉拉特分遣队击败了。此后不久，达尔梅达总督带着一支舰队继续向北进发，该舰队在刚从葡萄牙到达此地的增援力量的帮助下，一举歼灭了穆斯林的舰队，穆斯林的海军基地曾对葡萄牙人在马拉巴尔的据点以及与印度的贸易活动造成了威胁。在葡萄牙人毁灭了达布尔（Dabhul）并在第乌击败了穆斯林舰队之后，艾哈迈德讷尔（Ahmadnagar）的统治者为了"保护"其拥有的唯一港口朱尔，立即同意给葡萄牙人缴纳贡金。1501 年，一名葡萄牙的代理人来到了朱尔，在后来的十五年里，葡萄牙人在这座城市中建造了商馆和军事堡垒，葡萄牙人逐渐地使朱尔成为他们在果阿北部重要的贸易中心之一。

1504 年，在葡萄牙人到来之前，瓦尔塔马造访了朱尔。瓦尔塔马的记述与巴尔博萨的十分吻合，后者造访朱尔时，葡萄牙人已经在此地建起了一座商馆。瓦尔塔马这样描述朱尔：它坐落在"一条美丽的河流之上"，"气候温暖宜人，感觉不到寒冷"。[348] 这座城市有着"极度坚固的围墙"[349]，城中的房屋屋顶上覆盖着稻草。这里的居民有着黄褐色的皮肤，他们十分好战，但这里的统治者无权指挥士兵，虽然他拥有火炮。这里的马、奶牛和公牛很多，"除了葡萄、核桃和栗子之外"，这里"所有的东西"都很富足。[350] 整座城市都居住着摩尔人和说"一种类似于古吉拉特邦（Guzerat）人的语言"的异教徒。[351] 朱尔有一个"摩尔人统治者"，他受一个国王的管制，"而这个国王又是达肯（Daquem，即德干）王的一个家臣，这个国王负责达肯王的税收的收缴工作"。[352]

这位葡萄牙人清晰地阐述了在他们到达朱尔之前，来自霍尔木兹、坎贝和马拉巴尔的船只，在这里定期地在彼此间、并与德干商人互相贸易的情形。主要的贸易月份是每年的 12 月到 3 月，显然葡萄牙人刚刚适应这一国际性的商业模式。来自马拉巴尔的船只从南部带来了香料和药材，用于交换产自德干的谷物、棉布、平纹细布和印花棉布。大量的铜也被德干商人购得，用于铸造硬币和烹饪器具的制造。即使在葡萄牙人到来之后，内陆的商人们还用牛车装载他们的货物，运到城郊地区，这就正如外国的船只在每年的贸易季节不断地停靠在城市的海湾一带。贸易季节的城市就"像是一个集市"，[353] 这个时候的贸易税征收得非常少。[354] 葡萄牙人在这些市场上购买的许多商品，基本上都是用于补给和装备他们的舰艇。一个同样的贸易市场设在丹达（Danda，即丹达拉杰普瑞 [*Danda Rajpur*]），它是德干的一个市镇，位于朱尔南部的河口处，也受艾哈迈德讷尔的管辖。[355] 然而，即使在皮雷斯的时代，朱尔和其他德干港口开始步向衰落的迹象可能已经出现。

当达尔梅达在 1509 年劫掠达布尔（Dabhul）时，它被描述为东方“人口最为稠密、最为奢华富丽的沿海城市之一”。[356] 瓦尔塔马于 1504 年造访了达布尔，根据自己在那里的所见所闻，他认为此地的社会习俗很像朱尔。[357] 巴罗斯可能是在葡萄牙人袭击了这座城市几年之后到达达布尔的，他指出，“这座城市中的居民和从前一样的稠密和富足”。[358] 达布尔位于瓦谢什提河（Vashishti River）河口的北岸，这个时期，该城属于“萨巴奥”管辖的领地，“萨巴奥”在城中设有驻军。巴罗斯用了很长的篇幅描述了这座城市的防御工事，以及葡萄牙人成功地攻破它的过程。来自麦加（Mecca）、亚丁（Aden）、霍尔木兹、古吉拉特以及马拉巴尔的船只定期在达布尔进行贸易活动。来自内陆的商人把谷物、铜器、水银和朱砂带到了这个港口城市。[359] 据说，果阿的“萨巴奥”强行从贸易的顾客中征收重税。达布尔的一些商人和“摩尔人以及异教徒”[360]非常富有。这些富有的人们居住在奢华宏伟的豪宅中，这些住宅在当地是最好的。[361] 在达布尔的后面，沿河两岸是美丽的村落和清真寺。达布尔周围的村庄有“沃野千顷，牛群在上面精耕细作，物产十分丰富”。[362] 然而，也许是因为葡萄牙人袭击了这座城市，并与该城的竞争对手朱尔港结成了联盟，这位葡萄牙作者总体上对达布尔吝于美辞；结果，整个贸易系统有计划地转入果阿和第乌，达布尔迅速走向衰落。但是，对于奥尔塔而言，繁荣的贸易活动仍然能够让他在果阿的家中享受到产自达布尔的美味西瓜。[363]

这些欧洲人也评述了德干的其他小港口市镇，但他们都没有花费篇幅讨论孔坎王国的社会习俗和信仰。据说，这里的人们都是勤劳的耕作者和出类拔萃的战士。[364] 卡斯塔涅达指出，德干人“和马拉巴尔人不同，没有偶像崇拜和迷信的行为，在生活方式上显得更有教养”。[365] 这里的人有着漂亮的面孔和匀称的身材，穿着白棉布做成的长袍，戴着精心制作的头巾。除了牛肉之外，其

387

他的肉类他们都会食用，但他们不喝酒。如果是婆罗门教徒，那么其饮食习惯、宗教信仰和仪式就特别严格。接着，卡斯塔涅达用了一定的篇幅讨论了婆罗门教徒的信仰，比如仅信奉"一个神灵"、必须供奉许多魔鬼、相信灵魂转世以及天堂和地狱之说等方面的内容。显然，卡斯塔涅达认为婆罗门教的信仰和基督教教义相似，因为他断定"他们有耶稣基督出生和苦难的暗示"，崇拜圣母玛利亚的画像，在节庆的时刻，要举行"一种受洗仪式"清洗自己。[366]卡斯塔涅达对这些问题的分析生动地说明了，对于一个背景和经验都很有限的欧洲基督教徒而言，要去理解一种异域的宗教活动是何其困难，纵使他亲自用了很长的时间去观察这些宗教活动。

这些葡萄牙作者们只有在探讨果阿时，我们才能从中获得具体的资料记述。事实就是这样，因为果阿是葡萄牙人在印度的最主要的港口，它的地位很快就被提升至整个东方帝国的行政和宗教中心。在马拉巴尔，葡萄牙人倚重于武力和离间当地统治者之间关系的手段维持其地位。葡萄牙人在坎纳诺尔和科钦的商馆享有治外法权，然而，即使是最合作的马拉巴尔统治者也不断地使诈以维持其一定的实质性统治权。1510年，阿尔伯克基被驱逐出这座城市，后来，他致力于强取果阿，意图把其穆斯林统治者永远赶走。此后，葡萄牙人就取得了他们在亚洲的第一块真正的殖民地，并首次遭遇了他们在印度的统治问题。果阿岛的防御工作在他们的领导下，抵挡住了来自于内陆的攻击，并且得到了修补和强化。那时候，葡萄牙人还带领果阿人建造了一些公共建筑、一间商馆、一家医院和一座教堂。阿尔伯克基尽力地要把果阿发展成为葡萄牙帝国在印度西海岸的靠山和据点，因此，这块殖民地的政治组织机构也发展迅速。刚开始，果阿的居民似乎更喜欢替代了穆斯林领主的葡萄牙人。这可能是因为葡萄牙人的税收较少，而且对待本地的生活习俗和宗教信仰的态度更为宽容。唯一被直接判定为不合法的本地习俗就是寡妇自焚殉夫的"萨提"。[367]

果阿在各种不同的时期都成为了许多书写印度的欧洲作者居住的地方。当这座岛屿还处于穆斯林的统治之下的时候，瓦尔塔马就来到了这里。皮雷斯在葡萄牙人攻下果阿后不久就来此造访，称之为"了解第一、第二印度的钥匙"。[368]在1518年之前，巴尔博萨就曾用简短的文字记述了果阿的情形，显然，

388

那时候他的果阿经验还相对有限。无论在哪一方面，巴尔博萨对果阿的描述都
远不及马拉巴尔和古吉拉特。卡斯塔涅达似乎主要借助了他在果阿及其周边地
区生活的十年（1529—1538 年）经验来写作的。身为内科医生和药剂师的奥尔
塔在果阿生活的时间不少于三十年（从 1534 年到大约 1570 年），他在这里护
理葡萄牙总督和其他官员。奥尔塔的《印度草药风物秘闻》中的场景就是设定
在果阿，在这里他有自己的房屋和花园，他在花园里种植了一些草药。因为果
阿是东方贸易的大枢纽，居住在这座"黄金之城"的葡萄牙人有很好的机会结
识来自印度其他地方、东印度群岛和远东的贸易者和旅游者。这些游历者带给
葡萄牙人更多的有关亚洲的信息。卡蒙斯（Camoëns）大约在 1561 年拜访了果
阿的奥尔塔，[369] 他在《卢济塔尼亚人之歌》中写道：

> 果阿将被从异教徒手中夺回，她将如期成为整个东方的女王，将把胜
> 利的征服者带向辉煌的巅峰；征服者们将使崇拜偶像的异教徒们永远
> 的一蹶不振，这里所有的一切都有可能会诱使你向心爱的人开战，使
> 自己处于非常不利的境地。①[370]

当阿尔伯克基在第一次和第二次攻克果阿期间在坎纳诺尔装备他的军舰时，
他于 1510 年给曼努埃尔王写信解释说，在他看来，拥有这一具有战略意义的区

---

①　张维民先生根据 Oxford University Press 1973 年版，把这个部分翻译为：
　　　你将看到果阿从摩尔人手中被夺取，
　　　后来它成为整个东方的都市，
　　　征服者的辉煌胜利，
　　　使它登峰造极。
　　　在那里，它傲然屹立，
　　　对于崇拜偶像的异教徒，
　　　以及企图向葡萄牙人发动战争的人，
　　　都是一个严厉的威慑。
　　见 [葡] 路易斯·德·卡蒙斯著：《卢济塔尼亚人之歌》，张维民译，北京：社会科学文献出版
社 1992 年版，第 21—22 页。——译者注

域对于维持葡萄牙人在印度的地位至关重要，这可能成为葡萄牙人攻取德干的跳板。[371]关于果阿的重要性，皮雷斯也表达了同样的意见，他补充道，德干和古吉拉特的穆斯林统治者有"一个糟糕的果阿邻居"。[372]皮雷斯把果阿描述为文明的贸易中心，并且是"印度最凉爽的地方"。[373]果阿的港口和贸易条件具有最大的发展潜力。攻克果阿的消息被葡萄牙在 1514 年派往梵蒂冈（Vatican）的大使传到了罗马；果阿作为葡萄牙殖民地的详细发展情形直到 16 世纪中期才在欧洲得以广泛地传播。

389

　　虽然赖麦锡在他编辑的出版物的第一卷中发表了皮雷斯和巴尔博萨的记述，[374]但他们对于果阿的描述与葡萄牙的编年史家相比，显得微不足道且不成体系。卡斯塔涅达、巴罗斯和阿尔伯克基对于葡萄牙人治下的果阿的地理、历史和发展情况的描述都很相似。奥尔塔的《印度草药风物秘闻》和经参考其他资料所提供的补充内容，在 16 世纪中期对果阿感兴趣的研究者而言相当充分，这些内容提供了葡萄牙人在果阿的所作所为的精确记述。

　　"果阿"这一名称虽然在 1510 年之前就已经开始使用，但它的大行其道则是在葡萄牙人占领这里以后的事情。[375]果阿的本地人，即卡纳拉人（Kanarese）称这座岛屿为"特夸里"（Ticuari）。它的意思是"30 个村庄"，[376]这座岛屿所划分出来的数量多少是出于来到这里的葡萄牙人管理方便的目的。"特夸里"或者是果阿岛的"周围全是咸水湖和岛屿"。[377]从海边眺望，在南北岛屿之间有两个大的海湾，有两条河注入其中，这两条河是"潘吉姆"（Pangim，如今被称为曼多维 [Mandovi]）[378]和老果阿河（如今被称为朱里 [Juari]）。两个大海湾被一条溪流连接到了一起，这条溪流把岛屿和大陆分开，它的水源来自"盖特"（Gate，即河边的山路 [Ghat]）上无数的支流，它最终注入大海。高大而广阔的河边山路"像天蓬一样悬在果阿和大海的上方"。[379]岛屿的东边是进攻内陆的必经之地，在"本尼斯塔里"（Benestari，即班纳斯塔林 [Banastarim]）和"贡达里"（Gondali，即甘道林 [Gandaulim]）这两个村子里有可以涉水而过的浅滩。[380]据说，浅滩里的鳄鱼使甘道林的渡口极度危险。在危险的时刻，果阿人会把判死刑的罪犯和战俘抛入水中喂养饥饿的鳄鱼，使它们长时间地在浅滩里聚集。果阿岛上设有塔楼和堡垒，上面有随时待命的炮兵保护这座岛屿。

从东边的班纳斯塔林村开始算起，直到海角地区，这座岛屿的长度是 3 里格（合 12 英里）；其南北宽度为 1 里格（合 4 英里）。[381]

卡斯塔涅达的书写是我们目前能够看到的 16 世纪早期为数不多的对果阿岛进行全面描述的著作之一，他写道：

> 这座岛屿的大部分地区都为峭壁和沼泽环绕：陆地本身非常美丽，到处都是繁茂高大的棕榈树，其果子简直像糖一样甜，可以酿酒、榨油和制糖。[382] 岛上还有槟榔树，树上结的槟榔可以吃。[383] 所有这些物产都可以卖钱，如今许多葡萄牙人都从中发了大财。岛上的居民也有许多花园，院里种植着许多世界上奇异的果木，他们还有很多有益健康的水源。葡萄牙人在岛上种植了大量的水稻和其他与我们这里不一样的蔬菜，都很美味。他们还有大量的芝麻，从中榨出上等质量的好油，从而使我们自己的油得到了节省。正如我们所做的那样，他们把这些丰富的物产的情形都记录下来并加以出版，其出版物数量之大，绝不亚于欧洲本土。他们还饲养了大量的家畜、奶牛和公牛、许多猪和母鸡以及大量的优质鱼类，还有大量的其他水陆食物。岛上很大一部分人口都同宗，他们被称作卡纳拉人，其中包括婆罗门教徒和其他博学的博士，他们为其信奉的神灵修建了许多装饰华美的建筑，他们称之为佛塔（*pagodes*）[384]，每个人都有许多用砖砌成的蓄水池（一个人可以在里面划船），摩尔人和异教徒们在里面洗浴。[385]

果阿的语言是孔坎文，按照皮雷斯的描述，[386] 这里的口音与德干和维查耶纳伽尔的发音不同。

根据"本地人"写的与葡萄牙人相关的传统历史记载，[387] 来自卡纳拉的难民最初居住在果阿附近的沼泽地区。在第一批居民安置下来以后，他们受制于卡纳拉王子的管制，被迫与卡纳拉人缔结了永久性的条约。按照条约的条款，果阿的 30 个村庄被要求每年向卡纳拉的王子缴纳贡金，这种贡金被称作"科西瓦拉多"（cocivarado）。[388] 每个村庄都有义务按照其收入情况，在每年缴纳赋税，这由议政会的首领决定。负责每个村庄的事务的部门被称作塔纳达（tanadar），[389] 显然，其职能在于负责收取赋税，并在那些拒不缴纳税收的村庄里做财产估定。"第一批人"在果阿岛的最南部创建了古印度城，当葡萄牙人来到这里的时候，他们"从这座古城的建筑中走了出来"，"这座古城是一个伟大的地方"。[390]

巴罗斯对果阿历史的描述要比其他葡萄牙作者更为详细，但他显然不知道一个事实，那就是在 13 世纪后半叶之前，果阿的印度古城一直是迦檀婆（Kadamba）统治者的首都。[391] 巴罗斯似乎也没有提及穆斯林在 14 世纪首次占领果阿的情形。当巴罗斯和阿尔伯克基谈及果阿的印度统治者时，他们都提到了维查耶纳伽尔大约在 1370 年到 1470 年之间那个世纪的统治情况。阿尔伯克基指出，在这个时段，果阿"在这些地方的位置非常重要"[392]，有大量的军队用于防御正在德干崛起的穆斯林，这里有许多印度神庙，"建筑风格非常精妙"，大约在阿尔伯克基攻占此地的"七十年"前，果阿一直都附属于维查耶纳伽尔的管辖范围。[393] 根据阿尔伯克基的记述，正是在这七十年里，果阿的一座新城在岛屿的北部得以创建。阿尔伯克基断言这座城市被迁移了，因为朱里河变浅了，最大的航船无法由此通行。与此同时，曼多维（Mandavi）河变得更深更阔了，在其河畔形成了一个港口，而老果阿就此衰落了。[394]

正如我们在上文所看到的那样，这个时期的德干统治者仅仅是巴赫玛尼苏丹名义上的封臣而已。在孔坎（Konkan）这些独立的德干王公中，势力最大的是育素夫·阿迪勒汗（Yūsuf Ādil Khan），他是比贾布尔（Bijapur）的统治者和果阿的领主，于 1510 年去世。对阿尔伯克基而言，阿迪勒汗就是闻名的"萨巴奥"，这是他那个时代广为人知的名字，巴罗斯认为这个名字来自于阿迪勒汗位于波斯北部的家乡萨瓦（Sava）镇。[395] 关于这位波斯人决定留在印度生活的原因，作为葡萄牙编年史家的阿尔伯克基还给出了两种不同的说法。[396] 阿尔伯克基指出，"萨巴奥"为果阿的美丽和战略性的位置而倾倒，所以"他决定在此居住"。[397]"萨巴奥"很快就开始思考把果阿作为攻打马拉巴尔和古吉拉特的基地这件事情。但是，当阿尔伯克基抢夺了他宝贵的财富之后，"萨巴奥"所有的希望都落空了。

391

在欧洲人留下的资料中，1510 年之前的果阿是一个大型的商业中心，一座
令人印象深刻的城市，还是印度西海岸海事活动的中心，这些内容为不同的作
者一再地复述。巴罗斯甚至推断，圣多默的基督教徒可能在此居住过。但是让
这位葡萄牙人印象最为深刻的是"萨巴奥"从贸易和税款中得到的收入。来自
霍尔木兹的阿拉伯马匹在果阿贩卖给维查耶纳伽尔和德干的商人时，有着丰厚
的利润可图。"萨巴奥"从这些和其他商业事务中征得的税款中获取了大量的收
入。巴罗斯提供了"萨巴奥"从 30 个村庄、大陆和其他果阿人那里收缴的税款
数目。[398] 据报道，"萨巴奥"也拥有大的舰队、极好的防御工事和相当规模的
军队。事实上，"萨巴奥"的实力和声望是很大的，以至于有人说远至亚丁和开
罗（Cairo）都有使团被派遣到他的宫廷。

但是，这位葡萄牙人仍然断定穆斯林统治下的果阿本地人并不驯服，原因
就在于沉重的赋税以及摩尔人将生活区域隔离的做法，而且他们对待本地人相
当的残酷。巴罗斯用较长的篇幅描述了 1510 年后果阿人是如何心甘情愿地采纳
葡萄牙人的贸易、管理和生活方式的。卡纳拉妇女与马拉巴尔的不同，她们显
然更愿意与葡萄牙男性结盟或者结婚，特别的原因还有新婚夫妇会得到城市财
政的补贴。[399] 城中的非穆斯林人要比马拉巴尔人更愿意皈依基督教。虽然这
些葡萄牙人描述了果阿人对于葡萄牙的制度的全面接纳情况，但他们没有对果
阿臣民的生活习俗进行详细地评论。奥尔塔在他的《印度草药风物秘闻》一书
中谈及的大部分内容都来自他本人在果阿的生活经验，但事实上他对当地居民
的生活习俗只字未提。奥尔塔似乎总是把他的话题偏离到印度其他地方的历史、
政治和社会活动。在果阿被劫掠之后，这些葡萄牙人在描述这座"黄金之城"时，
通常都把关注的重心放在他们的成就以及他们对这座城市的发展方面，并把这
座城市作为他们亚洲帝国的行政、宗教和商业中心。

五、古吉拉特（Gujarat，[坎贝，Cambay]）

德干的西北区域为坎贝海湾所围绕，沿海王国古吉拉特就位于此，自 13
世纪末期以来它就处于穆斯林的统治之下。[400] 1342 年，伊本·白图泰（Ibn

Batuta）造访了古吉拉特的几个海港市镇，后来记述了坎贝这座城市的贸易情况、繁华程度以及战略性地位。随着葡萄牙人16世纪在印度洋的出现，古吉拉特的统治者和与他们信奉同一宗教的埃及人迅速意识到，基督教徒最终将威胁到他们与西方极其重要的海上联系。因此，古吉拉特人和埃及人进行了军事上的联合，阻止葡萄牙人控制位于红海门户的波斯湾和亚丁进口处的霍尔木兹诸港口，这些港口具有重要的战略意义。另一方面，葡萄牙人也立即发觉，他们在印度南部的地位以及他们能否在印度洋和更远的东部自由地航行取决于他们是否能够控制或战胜穆斯林强国，而这些王国在亚洲水域的首席代表就是古吉拉特的苏丹。所以，欧洲人在印度社会进行各种事务的第一个十年结束之前，这个问题就将葡萄牙和古吉拉特捆绑到了一起。

卡利卡特的扎莫林于1507年向古吉拉特的苏丹请求帮助，与那些威胁破坏对于两个王国都非常重要的利润丰厚的沿海和海洋贸易的外来者开战。然而，在保卫霍尔木兹之前就陷落于葡萄牙人之手的古吉拉特人不愿意在距离他们大本营较远的地方与欧洲人开战。因此，直至1507—1508年，当葡萄牙人向北迁移至德干沿海地区的时候，埃及与古吉拉特的联合舰队才毫无预兆地出现在朱尔，并突袭了葡萄牙人。[401] 为了报复联合舰队，达尔梅达总督于1509年带领一支新的大舰队向北劫掠了达布尔，然后继续向前挺进到了位于坎贝海湾海口处的第乌岛。在这里，达尔梅达与联合舰队遭遇了，并在一场海战中果断地击败了对方，阻止了穆斯林的攻击。[402] 在葡萄牙人掠夺的战利品中，有大量的用各种语言写成的书籍以及埃及苏丹的战旗。夺来的战旗被带回了葡萄牙，悬挂在基督教团十字军总部所在地托马尔（Tomar）互济会（Templars）教堂的墙上。达尔梅达觉得自己还没有强大到可以摧毁第乌军事要塞的地步，所以他获胜后就回到了朱尔，威胁艾哈迈德讷尔的统治者，迫使他向自己缴纳贡金。

阿尔伯克基于1510年首次攻取果阿之后，古吉拉特的苏丹穆罕默德一世派遣了一名使节前往坎纳诺尔求和，并要求与葡萄牙人结盟。这名使节还带了两封来自位于尚庞（Champane）的苏丹首府，写给阿尔伯克基的信件：其中一封是一名被俘的基督教徒写的，另一封则是苏丹的大臣马利克·戈皮（Malik Gopi）所写。这位葡萄牙指挥官向来使承诺他将造访古吉拉特，并安排结盟的相关事宜。接着，阿尔伯克基继续他主要的工作，即对果阿进行第二次袭击。
等到阿尔伯克基明确地确立了葡萄牙人对于果阿的统治之后，他与古吉拉特的
新统治者苏丹穆扎法尔二世（Muzaffar II，1511—1526 年在位）之间的外交关
系也逐渐变得更加稳定了。[403]1512 年年底，阿尔伯克基接到来自里斯本的命令，
要他坚守结盟的原则。这些规定要求在第乌岛建造一座军事堡垒，古吉拉特的
贸易者只能与果阿进行生意往来，还有，苏丹不得再与埃及或土耳其进一步发
展合作关系。

　　在努力对苏丹进行了一些短暂的试探之后，这位葡萄牙人于 1514 年派遣
了一支令人敬畏的使团，前往穆扎法二世的宫廷。甚至在使团到达苏丹的宫
廷之前，他们就已经清楚地了解到，第乌的总督马利克·阿亚兹（Malik Ayaz）
已经说服古吉拉特政府拒绝接受在第乌修建军事堡垒的要求。虽然如此，葡
萄牙的使团仍然带着布匹、白银和马等礼物，来到了苏丹设在艾哈迈达巴德
（Ahmadabad）的宫廷。葡萄牙人在与王室的官员谈判的过程中，对方建议他们
可在多处位置修建军事堡垒，但唯独没有第乌。尽管葡萄牙人提出为苏丹增加贸
易税收，借此来劝诱他答应在第乌修建堡垒，但苏丹显然相信欧洲人将会利用第
乌的堡垒作为攻击大陆的基地。[404]谈判失败以后，葡萄牙使团带着苏丹送给阿
尔伯克基的礼物，即一头犀牛回到了果阿。（这头犀牛于 1514 年被送回了欧洲，
在 1517 年之前一直关在国王在里斯本的动物园里面。这头犀牛最终被送往罗
马，作为礼物献给了教皇利奥十世 [Pope Leo X]。虽然这头犀牛在地中海的一
次海难中死去了，但其尸体却被海浪冲到了岸上。后来，这头犀牛的尸体被制
成了标本，送给了圣父 [Holy Father]。）

　　谈判破裂以后，葡萄牙与古吉拉特的关系陷入了僵局之中。葡萄牙人顽固
地坚持要在第乌修建其军事堡垒；而苏丹则坚决不同意，而且不断地在岛上加
固工事以抵御可能到来的攻击。第乌位于卡提阿瓦半岛（Kathiawar Peninsula）
的南海岸边，其繁荣的贸易得益于其作为一个容易出入的天然优良港湾的优势，
能够免于危险的潮汐、大浪和坎贝海湾浅滩的不利影响，而这些因素对于古吉
拉特其他港口的船只均有较大的威胁。在葡萄牙人看来，第乌除了其作为贸易
中心的自然优势之外，它还可能被穆斯林（土耳其—古吉拉特人）作为攻打葡

萄牙人的据点，具有潜在的威胁性。因此，主要是其战略性的地位致使葡萄牙人努力坚持要在第乌修建一个军事基地。

虽然阿尔伯克基的继承人努力通过外交和偶尔的海岸军事偷袭等手段迫使苏丹改变想法，但古吉拉特拒绝作出任何让步。最终，在苏丹巴哈杜尔·沙（Sultan Bahādur Shah，于 1526—1537 年在位）统治期间，葡萄牙人决定以牺牲古吉拉特为代价努力推动他们在印度北部的地位。古吉拉特的统治者在准备与莫卧儿皇帝胡马雍（Humayun）开战时，极力地想从葡萄牙总督努诺·达·库尼亚（Nuno da Cunha，于 1529—1538 年任职）那里得到援助。作为对葡萄牙人的承诺的军事援助的回报，巴哈杜尔按照 1534 年签署的条约把勃生（Bassein）的所有领土和税收永久割让给了葡萄牙人。在接下来的一年，巴哈杜尔尽管有葡萄牙人的帮助，但他还是被莫卧儿人给打败了。为了回报葡萄牙人提供的庇护，巴哈杜尔被要求允许卢济塔尼亚人在第乌修建军事堡垒。巴哈杜尔于 1537 年死于葡萄牙人之手，随后，葡萄牙人取得了第乌的统治权，并接管了那里所有的行政机构。此后不久，一个信使就跨越大陆把这个好消息传到了里斯本。[405] 然而，葡萄牙人的麻烦并未就此结束，因为第乌的驻军在 1538 年和 1546 年两次遭到了严重地围攻。葡萄牙人第二次在第乌成功地抵御围攻是他们在印度的最后业绩，因为自此以后葡萄牙人在欧洲和印度的势力同时开始衰落，正如我们在前文所指出的那样，[406] 这与他们的香料贸易垄断的局面被打破有关。然而，葡萄牙人仍然在努力维持他们对第乌的统治，直到 1962 年这里一直都由葡萄牙人管辖。[407] 另一方面，勃生则于 1739 年为马拉地人（Marathis）所占领。

许多记述印度的欧洲作家都在 16 世纪中期造访过古吉拉特，接着，他们就把大量有关古吉拉特的实质性信息传到了欧洲。瓦尔塔马于 1504 年造访了坎贝的城市，他对这里的描述所用的文字要比其旅行记录中大部分地方的介绍长得多。阿尔伯克基事实上仅于 1513 年在第乌度过了六天的时间，此时他在等待船只修好，他对自己与古吉拉特的外交关系进行了非常详细的描述，其中大部分内容都通过《阿方索·阿尔伯克基评论集》（Commentaries）一书得到了发表。皮雷斯依据他 1511 年到 1512 年间 [408] 在印度旅行的经验描述了坎贝，于 1550 年被赖麦锡翻译并出版，巴尔博萨的记述也是如此，他大约在 1515 年在古吉拉特旅行。巴尔博萨在他的《巴尔博萨印度纪实》（*Book*）中为读者提供了所有出版的作品中关于古吉拉特海港最为可靠、有趣的描述。卡斯塔涅达曾于 1531 年陪伴努诺·达·库尼亚失败的远征第乌，他用了相当多的篇幅描述了葡萄牙人接管之前的第乌在贸易和战略上的地位。[409] 然而，因为卡斯塔涅达试图对古吉拉特进行全方位的描述，所以他似乎大量参考了皮雷斯和巴尔博萨的著作。奥尔塔在 1535 年和葡萄牙前往第乌修建军事堡垒的远征军一道踏上了这座岛屿，他还造访了坎贝的城市和勃生的岛屿，以及撒尔塞特岛（Salsette）和象岛（Elephanta）。[410] 在巴罗斯的《旬年纪》里前三十年中，仅仅偶尔提及了古吉拉特，可能是因为巴罗斯觉得他不可能再对巴尔博萨的记述补充什么新的内容了。[411] 在《旬年纪》一书的第四个十年里，古吉拉特得到了系统的讨论，这可能是续写者的作品，因为这部分内容直到 17 世纪才得以出版，这意味着这部分内容此前不被人们看重。

396

　　除了一些全方位的记述之外，在 16 世纪后半叶的葡萄牙还有一系列的作品得到了出版，这些作品主要是歌颂葡萄牙人在第乌取得的胜利。迭戈·德·特维（Diogo de Teive，即雅各布斯·特维乌斯 [Jacobus Tevius]）是一位在巴黎接受教育的人文主义者，他于 1548 年在科英布拉出版了一本书，这本书的内容是他的朋友们写的两首赞颂第乌的建设和保卫的诗歌。[412] 1556 年，一本由亲历人所写的关于第乌的第二次围困的书籍在科英布拉出版，[413] 该书的作者是洛波·德·索萨·科蒂尼奥（Lopo de Sousa Coutinho），他是王室的贵族，他以"一种严肃而出色的风格"记述了这场扣人心弦的保卫战。[414] 诗人热罗尼莫·科尔特·里尔（Jeronimo Corte Real）专门写作庆祝海战，如勒潘多（Lepanto）之战胜利的诗歌，1574 年他在里斯本出版了一系列歌颂第乌第二次被围困中的英雄的诗歌；[315] 1589 年，弗朗西斯科·德·安德拉德（Francisco de Andrade）在科英布拉出版了一首纪念第乌第一次被围困五十周年的诗歌。[416] 虽然这些作品都没有被翻译成其他欧洲语言，但从其数量我们可以明显看出这些作品有助于维持葡萄牙人对于第乌和古吉拉特的兴趣。

　　和穆斯林作者的称呼一样，古吉拉特通常被葡萄牙人称为坎贝，它被认为是"印度主要的王国"之一。[417] 在内陆，古吉拉特与两个"大而富有的王国", 即马尔瓦 (Malwa) 和 "桑伽" (Sanga, 事实上其东北部的领土由拉纳·桑伽 [Rana Sanga] 统治, 他是拉其普特联邦 [Rajput Confederacy] 的领导者) 相毗邻。古吉拉特的北部与 "杜尔信德" (Dulcinde, 即迪乌尔 [Diul] 或者迪瓦尔 [Dival] 海港与信德 [Sind] 的联合体) 接壤。从信德出发, 自卡提阿瓦半岛的西南海岸上的芒格罗尔 (Mangalor)①城[418]开始, 一直向南几乎到达德干的朱尔, 这都是古吉拉特的沿海辖区。这样的地理描述虽然不同于几个葡萄牙作者那多少还算详细的讨论, 但似乎正属于那些评论古吉拉特的欧洲人的典型风格。[419]

　　关于葡萄牙人到达之前的古吉拉特的历史, 这些欧洲人虽然有一些模糊的观念, 但没有提供多少实质性的信息。巴尔博萨在古吉拉特听到有关亚历山大大帝和波斯的大流士的业绩之后, 断定大流士曾经统治过这个王国。[420]最初, 古吉拉特的领土为 "异教徒" 所控制, 特别是拉其普特人, 他们是 "这块陆地上的骑士和管理者"。[421]大约在葡萄牙人占领这里的两百年前 (约 1300 年), 穆斯林的军队以德里为据点开进了古吉拉特。[422]穆斯林把拉其普特人从城市赶到了内地。此后在很长一段时期内, 拉其普特人都不断地从内地前来骚扰穆斯林侵略者。古吉拉特的穆斯林苏丹在葡萄牙人到来时正大权在握, 据说他们事实上真正独立的时间非常短暂。卡斯塔涅达评论道,[423]古吉拉特的穆斯林苏丹们起初只是为德里皇帝服务的将领, 他们只有和其他地方 (如 "杜尔信德"、"桑伽"、马尔瓦等地) 的将领联合颠覆德里皇帝的权威之后, 才成功地创建了一个独立的王朝。按照卡斯塔涅达的说法, 紧接着坎贝的独立王国的建立, 印度西北部的德里王国就崩溃了, 在 16 世纪, 坎贝王国的统治者是 "第四代国王, 也是历代国王中第一位从造反起家的"。[424]

　　最早的反叛者是马哈茂德一世 (Mahmud I, 于 1458—1511 年在位), 他是古吉拉特最伟大的苏丹, 也是 1484 年尚庞的拉其普特人的征服者。瓦尔塔马在 1504 年造访了古吉拉特, 他以惊人的精确性指出, 马哈茂德 "大概在四十年前……从一位古吉拉特的国王手中夺取了这块领土……"。[425]接着, 这位意大利观察者描述了马哈茂德的生活情况, 他似乎对那些为他鞠躬的大象的

──────────

① 亦译作芒伽罗市。——译者注

印象尤其深刻。瓦尔塔马、巴尔博萨和卡斯塔涅达的记述可能是靠不住的，他们指出，马哈茂德自童年时期每天就被配给定量的毒药进行训练，以便产生一种对毒药的抵抗能力。[426] 最终，这种饮食制度使他变得非常有毒性，以致于"当一只苍蝇触碰了他……就会即刻死去……许多和他睡过觉的女人都死了"。[427] 瓦尔塔马也描述了这位苏丹的"鼻子下面好像有很长的胡子，以至于他能够像一个女人系头发那样，将它们在头上打结，他还有一根白色的胡须长及腰部"。[428]

398

　　马哈茂德的儿子穆扎法尔二世（于 1511—1526 年在位）几乎到了 40 岁时才登上王位，这正好是皮雷斯造访古吉拉特前不久的事情。这位葡萄牙旅行家指出，那时候穆扎法尔二世正在与邻近的马尔瓦、信德的亲王们以及拉其普特"与部分德里人"组成的联军作战。[429] 然而，马尔瓦高地把古吉拉特和德里隔开了，而且控制着两个王国的唯一联系通道的"古吉拉特·乔吉"（Gujarat Jogee）的一些活动，保护了古吉拉特不受德里的入侵。[430] 穆扎法尔被指责"完全耽于美食和美色的官能享受中"，一生中几乎大部分时间都在"女人与鸦片中昏昏沉沉地度过"。[431] 据说，穆扎法尔在其他所有事务中的表现却是"明智而审慎"。[432] 这位苏丹在统治方面得到了"米拉格宾"（Milagobim，即马利克·戈皮，他是一名苏拉特 [Surat] 的婆罗门教徒，也是"葡萄牙人的朋友"）、"尚尔马利克"（Chamlcmalec，即基旺 - 乌勒 - 穆勒克 [Kiwam-ul-Mulk]，这是一个大贵族马利克·萨朗 [Malik Sarang] 的头衔）、"亚斯托尔马利克"（Asturmalec，此人身份不明），[433] 以及"科丹达姆"（Codandam，可能是胡什 - 亚当 [Khush-'adam]，他的头衔是伊马德 - 穆勒克 [Imad'l-Mulk]）的帮助。这些王公中的每一位都有一大队的骑着马的随行团，和这个王国的大领主一样，他们和苏丹共享在司法、行政和税务方面的管理权。当统治者死后，据说他们都成了"王国统治者的选举人"。除了其贵族顾问之外，穆扎法尔还被认为拥有"逾千名妻妾"[434]，其中地位最为尊贵的显然是拉其普特妇女。[435]

　　苏丹的宫廷及宅邸通常都在尚庞，这是一个严加防守的山城，其遗址如今还在，距离巴罗达（Baroda）的东北部很近。尚庞是在 1484 年从拉其普特人手中夺取的，在莫卧儿皇帝胡马雍于 1535 年占领这里之前，它一直是王室的据点、铸币中心和古吉拉特的首都。当卡斯塔涅达在印度期间（1528—1538 年），据说在这座城市七堵坚固的高墙的封闭下，内有 13 万户家庭。王室的宫殿、仓库和军械库"占据的面积和埃武拉（Evora）一样大"，[436] 它们被一堵墙与城中的其他地方隔离开来，这堵墙的三个入口处都装有铁门。唯一被允许走进墙内的人是苏丹、苏丹的妻子、其家族的官员和收缴税金者。城市周边的村庄"是一块平坦而开阔的陆地，在这里大量生产、储备食物"，以确保"城中有足够的东西可以享用"。[437] 在环绕着平原的山区有许多猎物，穆扎法尔二世饲养动物用于狩猎之用，他还有搜集世界各地的野生动物的癖好。就是这位统治者把他的动物园里面的一只犀牛送给了阿尔伯克基。阿尔伯克基的《阿方索·阿尔伯克基评论集》一书根据一名于 1511—1513 年在尚庞的波斯使者的经历，详细地记载了接收礼物的过程，以及这位使者的随行人员与一位前来造访的马尔瓦亲王的侍从之间发生的麻烦。[438] 就是在 1514 年的葡萄牙使团来到尚庞的时候，苏丹穆扎法尔二世送给了波斯使者一只犀牛作为礼物。

因为来自拉其普特人和其他邻国的战争威胁持续不断，古吉拉特的苏丹也必须时刻对周边的敌意加以防范。除了拥有强大的马队和象队，苏丹还保有大量的常备军，大部分都招募自外来的穆斯林冒险者，苏丹付给他们高额薪水。[439] 苏丹的骑兵"在马鞍上的骑术是如此的轻捷高超"，[440] 以至于他们能够在马背上玩供娱乐的马球。当战争打响的时候，马匹身体的前半部分就用坚实的马衣保护起来，骑兵也穿上了盔甲或垫棉的外套，并带着盾、剑和土耳其弓。[441] 虽然马匹是古吉拉特本地产的，但大象则不得不以高价从锡兰和马拉巴尔进口。然而，古吉拉特的统治者仍然保有一支由 400 或 500 头战象组成的常备军，这些大象专为战争进行装备，这在印度的其他地方也是如此。和德干的军队一样，古吉拉特的军队在 16 世纪初也使用了进口来的火炮。

关于古吉拉特的生活的一般性描述都与 1515 年或此前不久的社会状况相关。[442] 甚至卡斯塔涅达对古吉拉特的社会组织的记述也参考了皮雷斯和巴尔博萨早期的现场报告记录。从瓦尔塔马开始，所有的欧洲人都评论过这个王国的人口的混杂性。在内陆地区，主要的人口是印度人；而在海港地区，则遍布了摩尔人的足迹。[443] 印度人的重要性"在这个王国几乎占到第三的位置"，[444] 他们被分成了三大群体：拉其普特人或战士阶层，巴涅人或商人阶层以及婆罗门或神职人员阶层。拉其普特人居住在山村，他们自己没有统治者，不断地向古吉拉特的苏丹开战。[445]拉其普特人除了善于成为杰出的骑兵和弓箭手之外，他们和其他印度人的区别，事实上还在于他们"杀食鱼羊和其他各种食物"。[446]

400

巴涅人"与摩尔人混居在一起，与摩尔人合作进行他们所有的贸易活动"。[447]巴尔博萨和卡斯塔涅达都用了很长的篇幅记述巴涅人对于伤害任何生命的行为的憎恨情绪。事实上，这些葡萄牙作者似乎是在描述耆那教（Jains）的宗教活动，这个教派奉行不杀生（ahimsa）的教义。[448]巴尔博萨似乎乐于描述这些虔诚的宗教信徒被摩尔人、乞丐和其他人强迫为小鸟、昆虫和其他生物付出赎金，以阻止它们在他们面前被杀害。巴涅人虽然尊崇生命，但他们仍然是"大高利贷者、重量和尺寸的造假者……以及大骗子"。[449]巴涅人比较高，有着黄褐色的皮肤，而且衣着也很体面，他们的饮食内容严格局限于奶、黄油、糖、米、水果和蔬菜。巴涅的妇女有的皮肤白皙，而有的则比较黝黑。她们身材苗条、体型优美且面容姣好。巴涅男性和女性每天都要沐浴两次，以清洗他们的罪恶。巴涅的男人"和我们身边的女性一样"[450]都留长发，他们把头发绕在头上，并用头巾包起来。巴涅的男人们穿着长长的丝绵衫，或者穿着用丝锦做成的短衣，脚上的鞋子有尖角。巴涅的女人和他们的丈夫一样，穿着长长的衣服，外面套短马甲。当外出的时候，她们会穿一件被称作方披巾（chadar）的斗篷。她们总是光着脚，"头上什么也不戴，但她们的头发装饰得很漂亮"。[451]妇女们的足踝上戴着金银首饰，手指和脚趾上则戴有指环；男人们用指环和耳环作为装饰，上面都镶着宝石。巴涅的男人不携带武器，因为摩尔人会保护他们，男女两性对于疾病都有较强的抵抗力。巴涅人非常多情，所以妇女们"大部分时间都被关在家里"。[452]

有一部分婆罗门教徒管理着漂亮而巍峨的神庙，这些神庙有着极为丰厚的收入。这个神职种姓阶层中的其他人则以乞讨救济品或者做信差为生。[453]婆罗门教徒虽然受制于摩尔人，但这个阶层中也有一些成员"身处这个王国的统治者行列"，[454]比如富有且知名的马利克·戈皮牧师就是一例。婆罗门教徒在腰部以下穿着棉衣。腰部以上的部分除了在肩上戴"一根由三股线（即圣线）

绞成的绳子之外"，其他地方基本上都是赤裸的。和巴涅人一样，婆罗门教徒一生只能结一次婚，这个制度对男人和妇女均有效。巴尔博萨曾比较详细地描述了婆罗门教徒的婚礼和附带的庆祝活动。妇女如果通奸，将会被用毒药处死，"除非她们是与其丈夫的兄弟"一起睡觉，因为这是合法的。[455]儿子是其父亲财产与地位的唯一法定继承人，"因为婆罗门教徒的儿子也一定是婆罗门教徒"。[456]在婆罗门教的教义中，婆罗门教徒非常重视三位一体的神灵，其教义"在许多方面都和圣三位一体（Holy Trinity）相似"。[457]当他们进入一个基督教教堂，他们会对圣像十分尊崇，并对圣母玛利亚（Holy Mary）提出请求。根据这些细节，可以说"婆罗门教徒曾经是基督教徒"，"后来因为伊斯兰教（Mohammedans）的出现，才使他们逐渐丢弃了信仰"。[458]

来自整个伊斯兰世界的摩尔人都聚集在古吉拉特的城市中进行贸易活动或者在苏丹那里谋求士兵的职业。除了本地的摩尔人和与他们信奉同一宗教的德里人之外，"因为土耳其人、马穆鲁克人（Mamalukes）、阿拉伯人、波斯人、呼罗珊人（Khurasanis）、土库曼人（Turcoman）、阿比西尼亚人（Abyssinian）以及稀稀落落的叛教的基督教徒的到来，使这里的社会生活"呈现出一种世界主义的风貌。[459]在这个人口混杂的地方，人们说着多种语言，包括阿拉伯语、土耳其语和古吉拉特语。统治阶层的成员容光焕发，生活奢华。摩尔人穿着用金、丝、棉和羽缎做成的贵重的衣服，头上包着穆斯林头巾，脚上穿着及膝的长筒皮靴，上面装饰着精美的图案。摩尔人与巴涅人不同，他们随身佩带着带状的短剑，"上面根据佩带者的级别镶着精美的金银饰物"。[460]妇女们美丽白皙，衣着光鲜，她们可以和许多人结婚，只要她们能够维持生计就行。因为摩尔人的男人们很容易为他们的妻子"吃醋"，所以妇女们被马拉的封闭四轮马车从一个地方转到另一个地方，想看到她们很不容易。[461]在摩尔人那里，离婚也是可能的，丈夫或妻子都可以首先提出，但必须赔偿对方结婚时即已约定的赔偿金额。[462]

据说，古吉拉特的苏丹管辖着大大小小散布在沿海和内陆的超过 60 000 个市镇。[463]这些市镇中的大部分都被城墙封闭着，被划分成许多不同的街道，街上建造了许多"用石头和砂浆砌成的大房子，这种建造房屋的方式很像西班牙"。[464] 除了尚庞的首都已经被描述过之外，引起这些葡萄牙作者注意的内地城市仅包括"安达瓦"（Andava，即艾哈迈达巴德）、"瓦罗德拉"（Varodrra，即巴罗达）以及"巴尼兹"（Barnez，即布罗奇 [Broach]）。管理这些城市的是"高官或将领，整个王国都由他们统治"。[465] 艾哈迈达巴德城是艾哈迈德·沙（Ahmad Shah）于 1411 年建成的，在夺取尚庞之前，古吉拉特的苏丹们一直把这座城市作为首都所在地，它是唯一一座被这位葡萄牙作者花费了较长的篇幅进行描述的内陆城市。显然，即使到了 1481 年之后，苏丹们仍然在大而舒适的艾哈迈达巴德城度过了很长的时间。[466] 巴尔博萨在评论这座城市时指出，所有有势力的苏丹在惩罚渎职的官员时，都会强迫他服毒。[467]

还有位于大陆沿海地带围绕着卡提阿瓦半岛海岸的喀曲海湾（Gulf of Kutch）整个地区附近的岛屿，以及从坎贝海湾向南远至管辖着马希姆（Mahim）和朱尔的德干边境上的海港市镇，都被许多葡萄牙作者列举了出来。皮雷斯列出了 16 个市镇的名字，巴尔博萨评述了其中的 14 个。其他的沿海贸易中心，比如"比提沙戈尔"（Betexagor，即巴特 - 沙尔 [Bate-shahr] 就位于喀曲海湾的巴特岛 [Bate Island]）上，[468] 这些地方引起了阿尔伯克基的注意。重要的沿海城市诸如第乌、坎贝、苏拉特（Surat）和兰德尔（Randēr）显然都被所有的评论者给识别出来了。最近，古吉拉特的这些海港城市随着海上贸易逐渐在孟买集中，都趋向衰落了，而孟买在 16 世纪早期不过是一个渔村而已。

坎贝海湾西部最重要的贸易中心位于第乌岛上，在葡萄牙人到达那里之前，它是来自东非、红海、波斯湾和印度西部诸海港的船只的会合点。到 1515 年，马拉巴尔人还习惯于用带来的椰子肉和香料换取丝、棉布、马匹和鸦片，这些物品"无论是从亚丁带来的，还是他们自己在坎贝制作的，质地都不如从前那么好了"。[469] 印度和更远的东部的货物也从第乌通过海路运到了阿拉伯和波斯；第乌是"这个地区所能够见到的"运输量中最大的地方，从这个地方到港的货物量也是非常之大，以至于有人用"惊人"这样的字眼来形容。第乌的总督马利克·阿亚兹于 1522 年去世之前的许多年里，都是让大部分葡萄牙作者们倍感兴趣的话题人物。巴罗斯坚称马利克·阿亚兹出生于俄罗斯，是被土耳其人带到这里的奴隶，后来成了一名在印度经商的商人的护卫。在前往坎贝的航程中，这名商人把这个年轻的奴隶送给了苏丹马哈茂德一世，以增补苏丹的弓箭手队伍。苏丹对阿亚兹的箭术非常满意，以至于他很快就释放了阿亚兹。阿亚兹逐渐得到了认可，最终被赐予马利克的荣誉头衔和第乌总督的位置。[470] 巴罗斯摘引了《古吉拉特国王史传》（*Chronicle of the Kings of Gujarat*）一书中的内容，指出第乌是马哈茂德一世的父亲[471] 为了庆祝他大败一些乘着中国帆船前来图谋袭击科钦商馆北部的人，而在一个古代居住区的废墟上建起来的一座新城。当马利克·阿亚兹首次接管这里的时候，第乌还不是一个大的贸易中心。阿亚兹仅仅把它建成了一个由自己统治的小小私人帝国，但它成为了一个大大加固了的港口，甚至在阿亚兹死后很长一段时间里，葡萄牙人仍然被成功地阻挡在外面而无法侵入。

在第乌和坎贝城之间的坎贝海湾，有许多很活跃的港口，"各种货物都在这里进行交易"，[472] 苏丹在这里设置了海关和办公机构。然而，因为海湾里有可怕的潮水，用龙骨状的船只航行非常危险，如果没有当地的舵手引导，外来的人都不敢在这些变幻莫测的水域上航行。卡斯塔涅达正是依据这个原因猜测道，[473] 古吉拉特的小船都没有制造成龙骨状的。前来坎贝城的船只都从首都侧畔流过的马希河（Mahi River）河口附近的"古音达林"（Guindarim，即甘达 [*Ghandar*]）取道航行。

1512 年，"大而富有的城市"[474] 坎贝由声名远播的摩尔贵族"赛·迪比亚"（Sey Debiaa）管辖。[475] 这座被城墙围起来的城市是一个大国际贸易中心；按照瓦尔塔马的说法，"大约有 300 艘来自不同王国的船只来往于此"。[476] 但是，坎贝引起巴尔博萨的注意主要是因为它的制造业和工艺。工艺精巧的匠人们制造出了"许多种小巧玲珑的物品，就像佛兰德斯（Flanders）的一样"。[477] 他们编出了各种各样的织物：棉的、丝的、天鹅绒的、缎的以及毯状的。他们的工匠用象牙制造出了珠子、床架、骰子和种类繁多的镶嵌品。宝石专家、金匠和宝石的造假者切割石头并细致地制造出了精美的珠宝。尤其令人瞩目的是他们在加工珊瑚和红玛瑙时所做的大量工作。总而言之，在这座城市中，"在每一种工作中我们都能看到最好的工匠"。[478]

住在坎贝的人包括摩尔人和印度人，这座城市的生活风气由一个实质性的群体所塑造的，他们就是那些从贸易和制造业中获得财富的人。这座城市以石头和砂浆建成的宏伟建筑物而著称，"许多豪华的房屋上装有极高的窗户，和我们（葡萄牙）一样，屋顶上盖着瓦片"。[479]户主种植有花园和果园，其目的不仅在于生产出水果和蔬菜，同时也是一份娱乐。男人和女人都同样沐浴、使用香水，在头发上戴茉莉花或其他本地的花朵。在城市中游玩时，他们会乘着公牛或马拉的四轮大马车去拜访朋友或者参加集会，更为豪华的马车就像房间一样四周封闭，还装有窗户，上面装饰着用丝做的帘子。当他们在城中行走时，在他们的大马车里面，他们边唱边演奏乐器，因为他们都是音乐能手。这些世界公民们"接近于白色人种"，是"一个具有高度文化修养、习惯于衣着光鲜、生活奢侈、沉溺于享乐和各种癖好的群体"。[480]

坎贝"位了一个舒适的地方，物质非常丰富"。[481]似乎是为了证明这一论断，巴罗斯暂时地迁回到了内陆谈论林默达拉（Limodara）市，这个市镇位于拉其普特的拉坦普尔（Ratanpur）附近的纳巴达（Narbada）河河岸。巴罗斯指出这里就是红玛瑙的采石场所在地，并评述了石头的采集与加工过程。来自坎贝的贸易者购买下制作好的宝石，再贩卖给来自世界各地的商人，甚至包括葡萄牙商人。因为红玛瑙的产量很大，其价格较为低廉。[482]显然，摩尔人相信红玛瑙能够帮助人们坚守贞洁并止血。[483]

兰德尔位于坎贝海湾的东海岸，在塔普蒂河（Tapti）入海口的北边。兰德尔和达曼以及苏拉特都属于一个当地的摩尔人即达斯图尔汗（Dastur Khan）的管辖范围。[484]除了大部分在坎贝港口所能看到的那些贸易内容之外，巴尔博萨指出，"无论是谁，如果他有来自马六甲和中国的货物准备出售，让他来到这个地方，他将会发觉这里的货物比其他任何地方的都要完美得多"。[485]在他们的房屋中，富有的摩尔人一直在展示他们搜集来的"各种风格新异的精美、富丽的瓷器"。[486]兰德尔的妇女和其他地方的摩尔妇女不同，她们可以在街上自由往来而不必遮面。关于这些摩尔人离开原来的社会的具体原因，也许可以通过以下事实得到解释：兰德尔的摩尔人被称作纳瓦亚塔（navāyatā，即新来者），他们是来自阿拉伯的什叶派教徒（Shiite），最初移居到印度是为了躲避在人数上占优势的逊尼派教徒（Sunnite）对他们的迫害。[487]在葡萄牙人于1530

年围困兰德尔之前，这里显然是布罗奇南部重要的商业中心。在 16 世纪早期，苏拉特也是一个拥有自己的海关部门的大货物集散中心。1530 年之后，苏拉特和兰德尔都在努力从葡萄牙人的袭击中复兴，此时苏拉特在重要性上已经超过了兰德尔。

在古吉拉特最南端与德干接壤处，有一系列的边远居民点，它们包括岛屿和一些大陆港口，位于今天的孟买附近。巴尔博萨曾造访了勃生、马希姆的岛屿和环绕着撒尔塞特岛的小海湾最前面的塔纳（Tana）市，巴尔博萨认为它们都是繁荣的港口和摩尔人市镇。[488] 巴尔博萨还评论了这些岛屿和内陆的水道，他说劫掠海上和内陆水道上来往船只的海盗们就藏匿在这里。奥尔塔在 1535 年游历了部分岛屿，他清晰地指出勃生是这个区域最大的市镇。[489] 奥尔塔还描述了距离撒尔塞特岛上的塔纳几英里远的坎希里（Kanhiri）为数众多的佛窟，以及位于地下的巨大的房屋和神庙。[490] 根据他在“波里”岛（Pori，即加拉普利岛 [Gharapuri] 或象岛）的经验，这位葡萄牙的药剂师描述了那里的大窟神庙（cave-temple），他认为这些建筑非常值得一看，“有的人说它们是乘船到达此地的中国人所修建的”。[491] 后来这座岛屿被葡萄牙人称作象岛，因为在葡萄牙人接管这座岛屿时，有一尊岩石雕成的大象耸立在海港附近的小山上。多年后这尊石雕的大象逐渐风化了，1864 年，其残余的石头被搬到了孟买的维多利亚花园（Victoria Gardens）。

奥尔塔的作品大概写于 1560 年，大量地涉及了这些岛屿上的居民的情况。[492] 在葡萄牙人于 1535 年到 1536 年接管这里之后，只有少量的摩尔人。居住在这里的主要是那些与印度人通婚者，他们还留在勃生地区。这些本地居民被描述为非婆罗门种姓的印度人。那些在稻田中耕作的人们被称为“库伦比人”（curumbis，即库顿比 [Kutumbi] 或耕种者）。那些被称为马里人（Malis，园丁种姓）的群体负责照料花园，种植花卉和水果。被称作“帕卢人”（Parus，即帕布 [Prabhu]）的文员和会计都是大商人，他们负责为政府和私人财富拥有者收取税款和租金。还有许多人的职责是携带武器作战，这些人和在坎贝其他地方一样也参与贸易活动。贱民阶层（Pariah）到处都遭人嫌恶，这些人在每个地方都存在，他们往往被雇佣为死刑的执行者。拜火教徒（Parsis）①显然被许多葡萄牙人认为是犹太人，奥尔塔准确地指出他们最初来自波斯，"有自己特殊的文字"，这些人似乎将死者尸体直接暴露在野外。值得注意的是，在这个种姓序列里没有看到婆罗门教徒。

虽然古吉拉特的市镇，特别是海港地区被描述得比较详细，但是这位葡萄牙人对于内陆的农村或农业方面却谈得很少。皮雷斯断言，"坎贝王国在内陆地区没有延伸得太远"。[493] 然而，在其平坦而物产丰富的沿海地区，有足够的小麦、大麦、小米、稻米、蔬菜和水果产出，供其大量的人口食用、出口，除此之外，还供应了大规模的畜牧业的需求。古吉拉特和其他许多印度王国都不同，这个王国饲养自己的小马驹，在一些大领主的马厩里经常养着几百匹这样的小马。[494] 关于这个王国的其他天然产品，这位葡萄牙人还列举了棉花、靛蓝燃料、虫胶、苦艾和罂粟。[495] 根据古吉拉特的农业资源，他们至少生产出了20种不同种类和颜色的棉布、肥皂、供人穿的兽皮、皮革、蜂蜜和蜂蜡。[496] 正如在前文提到的，他们的宝石工匠用当地的红玛瑙石进行切割、雕刻并制作珠宝，这就像他们的陶艺师把那些用本地的黏土制成的粗糙的陶器进行加工一样。[497]

然而是贸易，而不是农业或手工业，被视为古吉拉特的经济命脉。阿尔伯克基评论道，古吉拉特人对印度东部的海域航行情形的了解程度"要比在其他任何王国都更加彻底，因为他们的大型商业活动都是在那里进行的"。[498] 巴涅人垄断着古吉拉特的国外贸易，他们就像欧洲市场上的热那亚人一样，在从亚丁到马六甲的所有沿海地区的表现都很出色。[499] 当阿尔伯克基袭击马六甲的时候，他发觉住在那里的古吉拉特人也在那些最坚定地反抗他的人群之列。来自整个东方世界的商人们汇集在古吉拉特港口。意大利和希腊的货物通过开罗和亚丁被运到了坎贝。霍尔木兹的商人们把马匹也带到了坎贝，返回的时候则带着古吉拉特商人定期在马六甲进行贸易之后向西带回的种类同样繁多的货物。皮雷斯总结了葡萄牙人打破这种贸易格局之前，古吉拉特与东方的贸易关系。皮雷斯断定，如果古吉拉特的市场保持其富足与繁荣的话，"马六甲离开了

①　即祆教徒。——译者注

坎贝将无法维持下去，同样，坎贝也不能失去马六甲这一商业伙伴"。[500] 所以，在阿尔伯克基对马六甲的军事袭击所带来的灾难中，古吉拉特人遭遇的打击最为沉重，[501] 因为他们是南亚与西边诸王国的贸易中最重要的中介。

六、从科摩林角（Cape Comorin）到孟加拉（Bengal）

葡萄牙的船只和商馆跨越了从第乌南部到科伦坡（Colombo）的印度西部区域的传统商业路线。然而葡萄牙人与印度东海岸很少有直接联系，他们搜集的信息主要是通过在匆忙创建其东方帝国时道听途说而来的。然而，葡萄牙人在到达印度之后的第一年里，仍然在东海岸到马德拉斯（Madras）北部这片地域内建立了一些据点。因为奥里萨的统治者对葡萄牙人的入侵行为感到恐惧，就在 1514 年迫使他们把活动限制在萨巴纳莱克哈河（Subarnarekha River）河口处的小镇比布利（Pippli）。但是这些早期的殖民地似乎既不持久也不繁荣。[502] 甚至阿尔伯克基本人对于科罗曼德尔沿海区域或者戈达瓦里（Godavari）河和克里希纳（Krishna）河的两个富裕的三角洲地区都不太了解，虽然他知道这些地区的人们正在和马六甲、孟加拉、缅甸和苏门答腊的人们进行贸易活动。[503] 一旦果阿进入其掌控之中，这位大征服者便对印度东部不屑一顾，而是从锡兰直接向东沿着繁荣的贸易路线继续挺进，攻打马六甲。葡萄牙的主要贸易舰队甚至在 1517 年年初与孟加拉建立了确定的贸易关系之后，仍然对东海岸不甚关注，而是直接从锡兰向恒河三角洲航行。从马六甲和科伦坡前来的葡萄牙人将其控制权成功地延伸到了孟加拉湾，并在科罗曼德尔海岸和孟加拉创建了几个殖民地据点。[504]

托勒密注意到了印度东部的海港，[505] 但其他大多数古代和中世纪的作者们的信息都没有如此灵通。马可·波罗用阿拉伯语"马巴"（Ma'bar）称呼科罗曼德尔海岸，并用了相当长的篇幅举例探讨了泰米尔王国的贸易、传统、事业、名人和港口。[506] 13 世纪末和 14 世纪初在印度南部游历、传道的修道士们都造访过圣多默在美勒坡（Mylapore）的圣地，并评述了印度人和其他当地人的风俗和社会活动。意大利商人尼科洛·德·孔蒂（Nicolo de' Conti）大约在 1420

年造访了维查耶纳伽尔，对印度帝国东部的几个海港进行了评述。然而，在这些附带性的评述之外，很少有其他相关的记述了。直到16世纪，才有相关的叙述更为清晰地指出了海岸上的市镇，以及它们彼此间和更远的地方的联系，并陈述了对当地的主要生活方式所进行的一些观察。在欧洲的作者群中，考虑到前往东海岸旅行的只有瓦尔塔马、皮雷斯和巴尔博萨，事实上在他们中间似乎没有人去过孟加拉。其他的评论者的信息好像引自这些早期的旅行者和许多没有说明来源的资料。

　　巴罗斯把面临着孟加拉湾的海岸划分为三个主要的区域。巴罗斯指出，从科摩林角北边开始，海岸上200里格（合800英里）的地域都在维查耶纳伽尔的管辖之内。另一个大的区域有110里格（合440英里），属于奥里萨的管辖范围，接着向北，一块100里格（合400英里）的区域由孟加拉管辖。[507] 和其他的欧洲作家一样，巴尔博萨注意到半岛顶端和科摩林角北部的东海岸上的港口都不受维查耶纳伽尔直接管辖，当地的统治者们和奎隆保持着一种臣属关系。[508]

　　托勒密学派的作者称科摩林为"科马"（Komar），[509] 15世纪的大部分作者认为这个地方与马拉巴尔、科罗曼德尔、马尔代夫群岛以及锡兰在地理、文化和商业上有着亲密的联系。巴罗斯列出了他划分出来的东海岸上每个较大的区域内的许多港口，但除了美勒坡之外，其余的都没有得到详细评述。[510] 皮雷斯把科摩林描述为一个独立的"王国"，其西边与特拉凡科尔毗邻，东边与"奎尔"（Quaile，即位于泰拉巴尼河 [Tamraparni River] 三角洲的帕拉雅卡亚尔 [Palayakayal]，或旧卡亚尔 [Old Kayal]）接壤。[511] 奎隆的统治者去世的时候，据说科摩林的亲王成功地继承了其位置。除了特拉凡科尔，科摩林这块陆地一直被认为劣于其邻近地区，这里几乎连棕榈树都看不到。皮雷斯认为，这块位于海角的陆地之所以如此贫瘠，是因为它不具备马拉巴尔那里常有的潮湿气流，这种气流可以保证马拉巴尔的环境清新而滋润。[512]

　　帕拉雅卡亚尔港口因为其位于连结孟加拉、坎贝和马六甲之间的贸易路线的中介位置而显得比较重要。虽然从法律的角度讲，它属于奎隆的领域，至少在1532年维查耶纳伽尔占领它之前可以这么说，但这个市镇看上去却享有一种独立性。在马可·波罗时代，"卡尔"（Cael，即卡亚尔）被认为是印度东海岸上最重要的城市与港口。[513] 它在商业上的相对重要性到了巴尔博萨的时代可能就减弱了，因为此后不久其海港就被淤塞了，那里的商人和渔民都转到了杜蒂戈林（Tuticorin），如今是蒂鲁内尔维利（Tinnevelly）的重要海港。[514] 然而，当葡萄牙人第一次来到帕拉雅卡亚尔时，这里仍被挑选出来作为采珠业的中心。穆斯林的渔民最初可能就是从霍尔木兹海湾的采珠场来的，他们比当地的帕拉旺（Paravans）渔民种姓阶层更早一些来到这里。在巴尔博萨的时代，据说穆斯林的渔民除了礼拜五要去把自己所抓捕的鱼作为渔船的租金缴纳给船主之外，其他时间都在为自己工作。在捕鱼季的最后一个礼拜，他们会把自己捕到的鱼送给采珠场的场主，以换取其捕鱼权。虽然奎隆的统治者及其武装的侍从总是在这座城市的附近，但当地司法事务的真正裁决者似乎是管理当地渔业的富有的摩尔人。[515]

沿着捕鱼海岸向北，在接近马纳尔湾（Gulf of Manaar）的海峡和亚当桥（Adam's Bridge）的地方就是小海港奇拉卡来（Kilakarai）。[516] 按照巴尔博萨的说法，这个市镇和周边的王国仍然位于奎隆王公管辖的领域之内。[517] 摩尔的贸易者乘着舢板来到这里，带着从坎贝贩来的马匹，并拿出米和布等货物在马拉巴尔出售。巴尔博萨还指出"在这个省区"有一座很大的神庙，其财富收入多到足以产生一个它自己的统治者。每隔十二年就会举行一次庆典以对神庙中的神灵表达敬意。在节庆时，其统治者都会按照仪式在一个平台上当着众人和他安排好的继承人的面自杀。这种节庆仪式与卡利卡特的摩诃摩卡（Mahāmakka）的庆典仪式有着显著的相似性，这应该受到那些断然拒绝的人的尊重，因为只要按照传统的话，在十二年的统治之后扎莫林自我献祭是合乎惯例的。[518]

科罗曼德尔海岸（即科拉曼德拉 [Cholamandala] 或者是科拉斯 [Cholas] 邦）的地域界限和各地方的名称被葡萄牙的编年史、通讯报告和地图描述得五花八门，各不相同。然而，总体上看，他们和巴罗斯及现代的海军领航员（Admiralty Pilot）一道，都把这个地域定位在南部的卡里米尔角（Point Calimere）和北部的戈达瓦里（Godavari）河和克里希纳（Krishna）河三角洲之间。所有这些延伸的海岸线上主要住着印度人，他们受维查耶纳伽尔的管辖，在内陆地区被一个叫作"奥迪尔古阿勒马多"（Odirgualemado，即乌德耶吉里 [Udayagiri]，在克里希纳河以南）的山脉地带与奥里萨隔离开来。[519] 巴尔博萨是唯一一个试图对科罗曼德尔进行全面描述的欧洲作者，他指出这块海岸边的"开阔而平坦的陆地"产出了大量的稻米、肉类和小麦。[520] 来自马拉巴尔的船只带来了西部的产物和稻米，在不产米的地方出售。有时候，干旱和饥荒也会席卷这个正常情况下比较富饶的地方。在那些灾难性的年代里，来自马拉巴尔的船只就会运来稻米和椰肉，然后带走一船又一船的儿童，这些孩子们的父母为了生存不得不把他们卖出去做奴隶。巴尔博萨指出，葡萄牙人到来之后，使西海岸的穆斯林觉得商业活动变得危险起来了。于是，这些阿拉伯的贸易者们就集中精力在远东地区和科罗曼德尔市场之间发展商业活动。[521]

皮雷斯和巴尔博萨都列出了科罗曼德尔的单个海港的名称，但是二人的名单有所不同。[522] 贸易者皮雷斯列出了远至普利卡特（Pulicat）的五个北方的沿海市镇，他似乎认为那里就是科罗曼德尔的边界地带。而研究者巴罗斯则列出了为维查耶纳伽尔管辖的 16 个港口的名称，但是他对这些港口几乎未做任何进一步的说明。讷加帕塔姆（Negapatam）是维查耶纳伽尔最南端的港口，瓦尔塔马在 1505 年造访了这里。据这位意大利人的描述，讷加帕塔姆位于产稻米的国度，"处在前往非常大的王国的路线上"。[523] 皮雷斯提及了一个与讷加帕塔姆有联系的维查耶纳伽尔的著名神庙。因为在 1777 年之前讷加帕塔姆还没有神庙，所以皮雷斯所说的著名且富有的神庙可能位于蒂鲁沃卢尔（Tiruvalur）附近的地方。[524]

410

美勒坡如今事实上是马德拉斯南部的一个近郊住宅区，它被欧洲人关注的主要原因是因为圣多默在此地离世的传统说法。公元 636 年塞维尔的圣徒伊西多尔（Isidore）指出，这位早期的基督教使徒（Apostle）被杀害后就葬在印度。[525] 这一说法在欧洲后来的旅行家和评论者那里得到了回应，早在葡萄牙人来到那里之前，去印度旅行的外国人就前往美勒坡朝拜那里的墓地了。[526] 1505年，瓦尔塔马从一些科罗曼德尔的印度基督教徒那里听说圣多默的骨殖就在附近，由当地的基督教徒们守护着。与此同时，在马拉巴尔的葡萄牙人一直都和发现了那个地方的圣多默的基督教徒在一起，忙于修整美勒坡的教堂。然而，当巴尔博萨在 1515 年左右来到这个港口时，"从前非常得大且美好"的古城却被描述为"基本上荒无人烟"。圣多默的遗体葬在"海边已经损坏了的教堂里"，有一个"可怜的摩尔人"孤独地守着这个墓穴。[527]1516 年，一支方济各会传教团在美勒坡成立了，并修建了一座教堂。[528]在接下来的一年里，有一群葡萄牙人和印度基督教徒来到墓地朝圣。1512 年，墓穴被一支葡萄牙的远征军打开，[529]最后发现里面的骨殖已成为"舍利子"（sacred relics），美勒坡遂被葡萄牙人封为圣地。[530]因此，直到巴尔博萨写作的时代，他还能够评述这座城市的重建及城中富丽堂皇的房屋，并指出大约从 1545 年开始这座城市就被称为圣多默。[531]在努诺·达·库尼亚的帮助下，巴罗斯还得到了一些本地人的著述，这些作品为巴罗斯提供了关于这些地方的人们生活习俗的信息。[532]

科罗曼德尔海岸上最繁华、最富有的海港是普利卡特。[533]瓦尔塔马早在 1505 年就从锡兰来到了维查耶纳伽尔城，他发现这里是与锡兰和缅甸交易货物的集散中心。[534]来自内地大印度帝国的商人们与沿海的贸易者进行货物交易，其中宝石特别多。罗阇在普利卡特派有一名官员负责收缴贸易税。[535]彩色的棉花制成的物品是普利卡特的特产，被出口到缅甸和锡兰，分别换取红宝石和大象。瓦尔塔马断言，普利卡特的社会习俗、服饰和法律"与卡利卡特一样"。[536]这些好战的普利卡特人虽然没有火炮，但据说他们在 1505 年曾向"塔尔纳萨里"（Tarnassari）开战。[537]虽然葡萄牙人在 1521 年登陆普利卡特之后就前往美勒坡，但葡萄牙人 16 世纪前三十年在维查耶纳伽尔东部大港口的出现，在时间上的间隔似乎非常短暂。[538]从普利卡特到克里希纳的沿海一带，也就是广为人知的北希尔卡斯（Northern Sircars），欧洲人除了给出了七个港口的名字之外，基本没怎么提起这个地方。[539]事实上，他们所提及的从整个东海岸到普利卡特北部的内容是来自其他的记述。

夹在维查耶纳伽尔和孟加拉之间的印度王国奥里萨得到了皮雷斯和巴尔博萨的一些关注。巴尔博萨指出，奥里萨的沿海地区地势崎岖，据此他得出结论说，这就是这个王国的港口何以如此之少的原因。接着，巴尔博萨列举了 10 个港口的名字，并以"我们称卡博·赛格加拉（Cabo Segogara）为'达斯·帕尔米拉斯'（das Palmeiras，即帕尔米拉斯角 [Point Palmyras]）"结束了他的记述。[540] 奥里萨的领土往内陆延伸很远，在那里，很少进行海上贸易活动。[541] 它最北端的港口是热穆纳（Remuna），也是奥里萨北部的重要市镇，显然，这里的欧洲人都是经过布拉巴兰加河（Burabalanga River）进行贸易的。奥里萨和孟加拉被一条河隔开，巴尔博萨和后来的欧洲作者称之为"恒河"或"Ganga"，他们可能是把达姆拉河（Dhamura River）与北部真正的恒河混为一谈了。[542]

　　奥里萨为一个"异教徒"国王所统治，他不断地与其邻国发生战争。[543] 虽然居住在奥里萨的摩尔人很少，但加贾帕提（Gajapati）王仍然拥有一支强大的步兵团。[544] 皮雷斯也指出，奥里萨的统治者给孟加拉缴纳贡金，可能借此得到帮助以抵抗维查耶纳伽尔的袭击。[545] 虽然这位葡萄牙人承认，"因为奥里萨的人们的居住地距离海岸太过遥远"，他没有关于奥里萨的第一手知识，[546] 但皮雷斯仍然草率地断定最好的钻石就是从那里产出的，"贝壳是其通用的货币"。[547]

412

　　这些葡萄牙人听到的大部分关于奥里萨的消息显然都是来自维查耶纳伽尔以及葡萄牙在孟加拉、科伦坡和马六甲的军事据点。在马六甲，泰卢固（Telugu）海岸上的当地商人通常被称作"克林族人"（Klings），这是对卡林加（Kalinga）这个地方的马来语称谓。皮雷斯指出，奥里萨位于"克林族人的管辖范围之内"，[548] 皮雷斯似乎知道他们的语言（奥里雅语 [Oriya] 和泰卢固语）和维查耶纳伽尔的卡纳拉语（Kanarese）不同。[549]"克林族人"在马六甲的布匹贸易中表现得特别出色，据说，他们在自己的女儿还很小的时候就把她们嫁给马来大港口的其他民族。在葡萄牙人到来之前，"克林族人"在马六甲的总体贸易中所占的份额要比其他国外的商人们多得多，他们受到一个特殊机构的管理。[550] 通用的术语"科林"和在马六甲的用法一样，可能包括大部分来自孟加拉湾南部的东印度港口的商人。据此逻辑可以推测，来自泰卢固的商人不过是一个具有影响力的少数群体而已。

　　在阿尔伯克基的时代，个别的葡萄牙人确实曾向北远至孟加拉，但是，在若昂·科埃略（João Coelho）于 1516—1517 年到达那里之前，尚没有证据显示有葡萄牙人的船只到过那里。[551]1518 年，若昂·德·希尔维拉（João de Silveira）带领的远征队伍从马尔代夫群岛出发，前来商谈贸易业务并建造商馆，这是紧随 1516 年的最早的联系之后的事情了。5 月 9 日，希尔维拉在三角洲的最东端的吉大港（Chittāgong）登陆，[552]但孟加拉的统治者马哈茂德·沙拒绝接待葡萄牙人的外交使节，这座城市的总督最终吃了闭门羹。虽然遭到了抵制，但此后葡萄牙人每年都派遣一艘贸易船到达吉大港。[553]然而，直到努诺·达·库尼亚做总督的时期（1529—1538 年），葡萄牙人才重新努力与孟加拉的统治者建立友好的关系，葡萄牙人在他这里遭遇了不少挫败。1535 年到 1536 年间，发生在马哈茂德·沙和舍尔·沙（Sher Shah）之间的战争的后果影响较大，致使葡萄牙人从冷酷无情的孟加拉统治者那里得到了让步。为了回报葡萄牙人在战争中提供的帮助，马哈茂德·沙在 1536 年和 1537 年允许葡萄牙人在孟加拉西部的吉大港和萨特港（Sāgāon）修建商馆。葡萄牙人几乎同时占据了这两个地方，他们在这里拥有土地、房屋并管理着海关。[554]这种状况直到萨特港淤塞，葡萄牙人在 1580 年又发现了距离其以前的新拓居地东南方不远的胡格利（Hugli [Hoogly]）为止。

在分散得较远的地区，如马六甲、果阿和里斯本之间的商业联系对于在印度的欧洲作者来说，主要的作用就在于使他们能够更好地了解孟加拉。瓦尔塔马是这批作者中唯一一个试图前往孟加拉的人。[555]瓦尔塔马的记述里那部分内容主要讨论贸易和私人关系，没有什么价值，而且和他的其他记述大量地混杂在一起。皮雷斯和巴尔博萨似乎已经从 1515 年之前关于马六甲和印度的港口的报告中知道了大部分他们讨论的内容。卡斯塔涅达是唯一一个在 16 世纪出版了关于恒河下游的地域及其居民的一般性描述的编年史家。[556]显然，巴罗斯搜集到了三角洲地区的地理和历史的一些重要细节，但在其有生之年却未能对这些资料进行总结并出版。和他手绘的地图一样，巴罗斯把他搜集的信息交给了拉文哈（Lavanha）在《旬年纪》的第四卷（1613 年）中补充完成并加以出版。[557]奥尔塔的评论仅限于指出亚麻和大象是孟加拉当地产的。[558]而皮雷斯、巴尔博萨和卡斯塔涅达则为读者提供了最连贯、最可靠的关于孟加拉的记述，虽然他们都参考了其他人的报告。

常常列出港口名单的巴罗斯幽默地评论道，描述从帕尔米拉斯角（Point Palmyras）到吉大港那些交错而含有岛屿的海岸线，这一工作更适于画家而不是作家。[559] 注入孟加拉湾的恒河（即托勒密的恒河湾 [Ptolomaic Gangeticus Sinus]）对于这位葡萄牙人而言，正如它曾经对于托勒密学派的地理学家那样，它都是这个区域令人无法忽视的突出的地理特征。虽然卡斯塔涅达不知道其源头在何处，但他记述了恒河通过两个河口注入大海的情形。据说沿着其内陆的堤岸有许多市镇相连。[560] 覆盖着广大地域的恒河大平原为群山环绕。奥里萨的山脉与孟加拉的南部边境相接，在东边或"勃固（Pegu，即缅甸）那一边"正对着阿拉干（Arakan）。[561] 在内陆朝向德里那个方向，则与好战的库斯（Coos）和提普拉（Tipura）相邻。据说，所有这些周边地区的领主都是孟加拉统治者的封臣。[562] 这个王国主要的城市是"孟加拉"（Bengala，即高尔 [Gaur]），[563] 在卡斯塔涅达写作的时期，它最重要的港口被认为是吉大港和萨特港。[564]

高尔位于恒河边上距离大海 100 里格（合 400 英里）处，[565] 向上游走的话需要两天的时间。[566] 高尔是一座有 4 万户人家的城市，它既长且狭，沿着恒河延伸了 4 里格（合 16 英里）。[567] 高尔虽然地势平坦，但它为河流（恒河和默哈嫩达 [Mahananda] 河）所包围，河上有载重 400 吨前往海上的船只静静地停靠在那里。城市的东边是一块具有保护作用的大沼泽地，上面覆盖着茂密的丛林，里面藏着凶猛的野兽；因为丛林保护了城市不受侵犯，所以孟加拉的统治者们禁止对其砍伐。从高尔出发，向河的上游走 20 里格（合 80 英里）就到了一个被称作"戈里"（Gori，即加尔希 [Garhi]）的边塞市镇，它控制着通往隔离比哈尔（Bihar）和孟加拉的山脉的要道，它有"孟加拉门户"之称。[568]

城中有许多雅致的清真寺和美妙的房屋高高矗立。王室的居所包括许多奢华的宫殿，它们就像整个埃武拉城中的一样多，遍布城中各个地方。[569] 这些宫殿是用晒干的砖形泥块砌成的，[570] 城中这些金碧辉煌的房屋只有一层，由金色和蓝色装饰而成，里面有美丽的庭院和花园。[571] 穷人们住在用棕榈叶搭成的简易小屋里。[572]

欧洲作者对孟加拉人生活情况的大部分记述都依据了他们对高尔的观察。生活在这座城市中的人包括摩尔人、印度人和许多外国人。大部分孟加拉的男

414

415

人都是"健壮、漂亮的黑人，要比我们所知的其他任何种族的人更加机敏"。[573]欧洲的作者们指责孟加拉人过于小心谨慎且难以捉摸，皮雷斯指出，在马六甲，如果称一个人是孟加拉人，对他是一种侮辱。[574]孟加拉的女人们都很美丽、整洁；她们生活奢侈，但被迫整日都待在家里。在 16 世纪，孟加拉作为一个摩尔人的王国显然是一种优势，因为印度人"每天都要得到其统治者的同意才能成为摩尔人"。[575]

高尔人的生活是富裕的，王室的居所是城市的中心，其中的居住者被视为一个"虔诚的穆斯林信徒，且在财富上比印度的其他任何国王都富有得多的人"。[576]他咀嚼槟榔时混合着婆罗洲的樟脑，这些樟脑非常昂贵，以致于王室的内侍每年都要从统治者的金痰盂中搜刮残留物。[577]因为统治者非常喜欢音乐，他从很远的地方，如维查耶纳伽尔和古吉拉特引进了一些歌手和音乐家。每年他要为其每一位摩尔人歌手付大量的薪水。[578]当皮雷斯写作的时候，侯赛因·沙（Husain Shah）是统治者，据说他和自己多名妻子生下了许多女儿和儿子。[579]他也有大量的步兵和骑兵部队，因为他几乎不间断地与其封臣和邻国开战，特别是与德里的战事最为频繁。[580]

相关报告准确地指出，大约在葡萄牙人到达印度的三百年前，穆斯林夺取了孟加拉的统治权。皮雷斯也断言，在其写作的"七十四年"前，孟加拉的继承权被谋杀者有计划地取得了。皮雷斯认为这一制度借用自苏门答腊的巴赛（Pasay），他称之为"巴赛惯例（Pase practice）"。[581]谋杀君王主要是阿比西尼亚（Abyssinian）的一伙军事执政官的（Pretorian）任务，因此，皮雷斯认为这些与王权最接近的阿比西尼亚宦官才是这片领土真正的统治者。虽然皮雷斯提出的阿比西尼亚人夺权的日期是可疑的，但他对这些阿比西尼亚人在 15 世纪后期所扮演的角色与我们所知的其他资料的相关记载非常吻合。[582]根据穆斯林的历史记载，第一个豢养大批的阿比西尼亚奴隶以保卫王权的人是巴尔巴克·沙（Barbak Shah，于 1460—1474 年在位）。在这位统治者去世和侯赛因·沙于 1493 年登基之间这段权力接替期内，所显示的统治者的名字正是这些阿比西尼亚宦官。[583]皮雷斯明确地说，在孟加拉，"人们比世界上其他任何地方……都更习惯于豢养宦官"。[584]这些阿比西尼亚宦官除了待在宫廷里之外，通常他们还担任后宫嫔妃们的护卫和大富之家的家仆。[585]其他得到这个城市的管理者的职位的人，"用当地的语言被称作'大总管'（lascars）①"。[586]对年轻男孩子，特别是对那些来自偏远的非穆斯林王国的孩子的买卖尤其普遍，和马可·波罗那个时代一样，在16世纪早期这种情形显然大行其道。虽然许多被贩卖做奴隶的年轻人都死于阉割，但那些存活下来的却很受器重，在他们自己的权位上常常变得富有且有权势。[587]

除了阿比西尼亚人，孟加拉还招待了其他外国人，特别是来自阿拉伯、埃及、土耳其和印度其他地方的商人。然而，在侯赛因·沙的时代，据说因为他对外来的人充满敌意，许多人都去了其他地方。[588]但仍然有一些外国商人，主要是穆斯林商人决定留在孟加拉，因为"这块土地辽阔、富饶且宜居"。[589]这里大量出产小麦、稻米和糖。这里的家畜的大小种类多得不计其数；绵羊、马匹、[590]鱼类和家禽都有大量供应；野外的猎物和鸟类也很丰富。这块土地还盛产柑橘和其他各种作物，诸如长胡椒、生姜、棉花和亚麻。但最吸引外国商人并让葡萄牙人感到震惊的显然是那里低廉的食物价格。[591]

根据当地的物产而形成的制造业的种类亦很繁多。孟加拉的男人们用纺车把棉花和亚麻制成了线。同样，还是这些纺线的男人们再把线编织成白色或彩色的布匹，这些布匹或者家用或者被带到市场上贩卖。用这些布匹做女性的头巾特别得好。其他的可以做成华美的床罩、花俏的雕绣以及绣帏般的挂毯。在供应国内外人消费的数目种类繁多的水果和蔬菜中，生姜、糖都是稳定供应的，有时候还包括醋在内。因为他们不知道怎样才能把散糖制成糖块，只好把散糖包在皮革包裹中，再缝起来以备出口。[592]

16世纪早期，孟加拉的国外贸易似乎集中在高尔和萨特港。而吉大港却既没有引起巴尔博萨的重视也没能让皮雷斯注意，可能是因为它是服务于高尔的海港的缘故。[593]萨特港作为港口拥有着一个很好的进口，这座城市有

417

---

① Lascar源出阿拉伯语与波斯语，原指士兵、护卫，后被亚洲一些地方用作引申义，指海员或印度海员，英汉大词典释义为东印度水手、勤务兵、东印度炮兵。此处转喻大总管。——译者注

10 000 户人家，许多商人都聚居在此。[594] 在 16 世纪较晚谈及这座城市的卡斯塔涅达把吉大港描述为孟加拉的威尼斯，城里有许多水道和桥梁。吉大港作为一座进行大型商业活动的城市，它由一名"大总管"即高尔统治者的封臣负责管理。[595] 在孟加拉的贸易船只，包括大船和小帆船，前者类似于麦加（Mecca）的舢板，而后者就像中国的舢板，每年都会来到马六甲和巴赛。[596] 他们在马来港口出售孟加拉产的棉花和穆斯林的物品，从中赚取高额利润；在苏门答腊，孟加拉人购买的商品主要是胡椒和丝。[597]

从马六甲驶往孟加拉（据猜测可能是前往萨特港）的大船通常大概都在 8 月初出发，到达目的地的时间是月底。然后商人们就住在孟加拉，直到来年 2 月初，再趁季风返回。在居留孟加拉的这段时间里，他们大量出售婆罗洲的槟榔和胡椒以及其他香料、瓷器、丝、锦缎，以及爪哇的剑和长矛。在孟加拉进行贸易活动的外国商人必须按照"3∶8"的税额缴纳税金。[598] 金子在孟加拉要比在马六甲贵 1/6；银子则便宜 20％到 25％。当地流通的货币主要是银子，但是如果金额较小的话，贝壳也常被用于流通。在孟加拉，贝壳要比其他地方流通的大一些，还有一个明显的特征就是这里的贝壳中间自上而下有一条黄色的条纹。这些特殊的贝壳产自马尔代夫群岛，在孟加拉和奥里萨都可以作为货币流通，但在其他地方则不行。在孟加拉的港口用于称货物重量的平衡棒状物被称作达拉（dala），货物的税金显然就是依据其重量得以确定的。皮雷斯清楚地指出这些税金额度过于高了，这个观点可能来自他交往的马六甲商人社区。[599]

孟加拉的印度人的孩子有时候被卖出做宦官，其中很多人皈依了穆斯林的宗教信仰，在港口城市之外，他们的人口数目是最多的，欧洲的作者们除了上述话题之外，很少谈及孟加拉的印度人的事情，以及他们的影响。卡斯塔涅达在讨论恒河时指出，不知道是什么原因，孟加拉"同一宗教信仰"的人们相信恒河的水是神圣的，其源头在天上。他还说道，住在近处或远处的人们都前来朝圣，用恒河水清洗自己，以净化自己的罪过。据说，维查耶纳伽尔的国王每个礼拜都要人从恒河为他盛来一桶圣水，以便他定期地清洗自己。奥尔塔声称他证明过恒河水的功效，他指出，孟加拉人前往恒河的原因在于：他们认为如

418

此便可以站在圣水中死去。[600]

七、印度斯坦与阿富汗—莫卧儿之间的霸权争夺战

除了一些从某个海港市镇到另一个市镇的内地短途旅行之外，似乎还没有哪个欧洲作者曾单独深入到印度北部的内陆地区较远的地方。对于葡萄牙商人来说，高尔可能算是他们所能到达的孟加拉为数众多的城市中最远的一个了。关于西海岸，来自第乌的葡萄牙冒险家正与古吉拉特的军队作战时，他们到达内陆最远的地方是奇托尔（Chitor），这是梅瓦尔（Mewar）最大的城市。然而，葡萄牙人对于印度—恒河平原并不了解，有关梅瓦尔的信息也没有得到进一步落实。根据当地人提供的信息以及他们的同胞传达的相关报告，包括从皮雷斯到巴罗斯在内的葡萄牙作者意识到，德里是印度北部的帝都，其统治者是一个"皇帝"，他会不定期地要求许多被封的各地"国王"服从于他。正如我们在前文所指出的那样，巴罗斯曾提及了印度河（Indus）和孟加拉西部之间的印度斯坦（Hindustan）地区。巴罗斯把"马尔坦"（Maltan，即木尔坦 [Multan]）、德里、孟加拉西部、奥里萨、"曼德里"（Mandli，即马尔瓦 [Malwa]）、奇托尔（即梅瓦尔）以及古吉拉特等国，统统包括到了位于喜马拉雅山（Himalayas）南部的印度斯坦地区，这个地区的政治定义与现代研究穆斯林来源的学者们的结论相当一致。[601] 然而，无论是巴罗斯还是其他的葡萄牙作者都未能对整个名录进行评述。他们对内陆地区的观察仅局限在德里、梅瓦尔、马尔瓦和高尔西部的孟加拉。

皮雷斯和巴尔博萨在各自的著述中谈及了西坎德尔·洛迪（Sikander Lodi）时代的德里苏丹王国，西坎德尔·洛迪是洛迪（即阿富汗 [Afghan]）苏丹王国的最后一位统治者，他于1517年在其首都阿格拉（Agra）离世。[602] 根据皮雷斯和巴尔博萨的记述，德里的统治者们最初都是印度人，在瓦斯科·达·伽马到达卡利卡特的一个半世纪之前，穆斯林占领了德里。[603] 显然，在德里的穆斯林苏丹王国处于巅峰的时候，它是印度最大的王国，管辖着信德（Sind）、拉其普特、坎贝、马尔瓦和德干的部分地区。当中央的权力衰落时，这些辖区的首

419

领们就各自做了独立的亲王。德里被描述为一个处于内陆很远的地方，它是一个幅员辽阔且山脉纵横的王国，在葡萄牙人到来时有很多印度人和穆斯林人居住在这里。然而，德里的苏丹使其辖区内的非穆斯林人的生存状况极为恶劣。[604]许多生活在北方的印度人，尤其是瑜伽派教徒（Yogis），都纷纷迁出以寻求一个更为适宜的政治氛围。

巴尔博萨指出，瑜伽派教徒"不愿在摩尔人的淫威之下生活"，[605]他们离开德里之后变得无家可归，于是就四处流浪，目的在于赎其没能拿起武器对抗侵略他们的穆斯林人的罪过。这些流浪者组成一个个小群体，从一个地方走到另一个地方，在失去其拥有的所有世俗的东西后就对财富无动于衷了。除了腰上的黄铜色的带子之外，他们浑身赤裸，满面风尘，在脖颈上绕着沉重的铁链。这些瑜伽派教徒在饮食方面没有任何禁忌，秉持着绝对纯洁的信仰，却不奉行任何既定的净化仪式。然而，他们仍受到印度人甚至包括部分摩尔人的敬重。当他们四处流浪乞求救济的时候，他们用灰尘在其施主身上划出痕迹，祈祷神灵保佑对方；对于保护他们的国王和领主，他们会给予其用于解毒的药作为报答。[606]奥尔塔显然看过巴尔博萨的记述，他在三十年后评论道，葡萄牙人"对于德里王国的事物基本上可谓一无所知"，他们所了解的东西都来自瑜伽派教徒。[607]

这一论断基本上是准确的，因为葡萄牙人的记述仅限于德里的一般生活情况。德里被描述为一个气候寒冷、人口非常稠密的王国，这里盛产马匹、大象和各种食物。在这里出生并饲养的马匹主要被用于战事。德里的士兵、摩尔人和印度人一样，都是优秀的弓箭手，他们武器装备很好，包括长矛、剑、战斧和钉头锤。[608]他们中间的大部分人都带有一种钢环，其外缘有剃刀般的锋刃，这种钢环被称作卡科拉（chacora，梵语 [Sanskrit] 的发音为卡科拉 [cakra]），他们遇到敌人时会用某种技巧和很大的力气向对方猛掷。[609]德里的物产和其他内陆王国相似，都通过坎贝运往国外。[610]

除了德里，被早期的葡萄牙作者提及的其他内陆王国只有"印多"（Indo，即信德）、拉其普特地区和马尔瓦的穆斯林王国。在 16 世纪初期，拉其普特西部[611]的信德的广大地区已经属于穆斯林的势力范围了。印度河横穿这个地

420

区，"印度的领土就是从这里开始的"。[612] 在印度河河口处，有一个大港口城市，其管理者是信德的一名印度人。信德的物产是靛蓝类染料和少量的虫胶。虽然它一度曾是知名的王国，但到了皮雷斯的时代，它已变成了一个小的、多山、为陆地所包围、远离印度最大的商业活动中心的区域。[613] 位于古吉拉特北部的拉其普特地区是印度士兵的故国，他们不服从任何人，不断地掠夺其更为富有的穆斯林邻邦。在古吉拉特东部的温迪亚（Vindhyan）山区的边缘地带，是马尔瓦王国，其国王刚刚成为穆罕默德（Prophet）的一名信徒。[614] 在远古时代，这个充满岩石的高原上的士兵都是具有男子气的亚马逊族女战士（Amazons）。在皮雷斯的时代，据说其国王拥有 2 000 名女兵，跟随他骑着战马去作战。[615]

　　欧洲人是从卡斯塔涅达的著述中首次详细地得知莫卧儿人在印度出现的情形，以及在接下来的三十年里阿富汗与莫卧儿之间的争霸战的。卡斯塔涅达在 1528 年一到达果阿，就听说了巴布尔（Babur）在北方大举获胜的消息。莫卧儿的征服者在 16 世纪早期赢得了中亚的统治权，在征服了旁遮普（Punjab）之后，于 1525 年就从喀布尔（Kabul）挥师向印度斯坦的心脏地带挺进。在对德里那些不满的贵族进行纵容的同时，巴布尔继续攻打其有名无实的苏丹易卜拉欣·洛迪（Ibrahim Lodi）的军队，并于 1526 年在帕尼帕特（Panipat）成功地挫败了对方。洛迪军队的失败致使莫卧儿人占领了德里和阿格拉，然而，平定拉纳·桑伽（Rana Sanga）统治下的拉其普特以及阿富汗的地方军事首领的任务仍然摆在巴布尔的眼前。1527 年，巴布尔在阿格拉西部的一个小镇坎瓦（Khanua）打败了拉纳，终止了拉其普特的民族复兴事业，并解散了梅瓦尔领导的政治联盟。接着，巴布尔开始向东进军，攻打比哈尔（Bihar）和孟加拉的阿富汗联军，1529 年巴布尔在卡克拉（Gogra）河的堤岸上成功地打败了对方。巴布尔逐渐掌握了印度斯坦的大部分地区，然而，在他合并统一其征服的领土之前，就于 1530 年在阿格拉去世了。因此，巴布尔的儿子，也就是德里苏丹王国的继承人胡马雍就面临着开始统治并压制广袤的土地上那充满敌意的居民的重任，此时他唯一能够掌控的就是军队。东部的阿富汗人很快就得到了孟加拉的支持，西边的古吉拉特公开为莫卧儿扩张到印度斯坦时的受害者们提供避难处和援助。[616] 就在古吉拉特和孟加拉联合对抗莫卧儿的时候，这位葡萄牙作

421

者开始对印度斯坦发生的事件产生了一种超乎学术意义的兴趣。

卡斯塔涅达用了相当长的篇幅讨论了"莫格尔人"（Mogors，即莫卧儿人）在印度的扩张，以及当地人对他们的反抗。与这些讨论相关，卡斯塔涅达也用了比以前的作者们长得多的篇幅谈及了中心印度北部的王国和居民。刚开始，卡斯塔涅达先用一般性的叙述交代了与古时被称作"帕齐亚"（Parchi，即帕提亚 [Parthia]）的波斯接壤的莫卧儿人是如何从他们自己的王国进入印度的。[617] 按照曾经与莫卧儿人相处过的葡萄牙人的陈述，据说莫卧儿人是白色人种，[618] 满脸胡须，在剃过的头上戴着摩尔人的帽子。贵族们穿着用丝做成的长袍，他们的饮食非常奢侈，餐桌上装饰着银器，并点燃着细细的蜡烛。当外出旅行的时候，骆驼载着他们装财物的大行李箱，每天晚上他们在营地搭帐篷住宿。莫卧儿人作战时主要是在马背上，马鞍的鞍桥上悬挂着各式各样的武器：弓、箭、弯刀、铁锤和小斧子。[619] 莫卧儿人的骑兵队伍还包括一些坐在运货车上的炮兵小分队。[620] 莫卧儿人的军队由鞑靼人、土库曼人、呼罗珊人和其他人组成。莫卧儿的统治者（可能是巴布尔）非常受其摩尔人侍从的崇敬，这些侍从每天要向这位统治者表达两次敬意，因为他们认为他是神圣的。据说，这位统治者不近女色且绝对不过奢侈的生活。[621] 然而，即使在和平时期，这位莫卧儿的统治者还保有大批的私人护卫，他直接用自己的财产为其护卫提供薪水，从自己的膳食中为他们供应饮食。[622]

在胡马雍于 1530 年成为莫卧儿的统治者之后，古吉拉特的巴哈杜尔·沙（Bahādur Shah）很快地就开始与其为敌。古吉拉特的统治者通过为某些阿富汗难民提供避难处，并于 1531 年利用拉其普特联盟的破裂吞并了马尔瓦，结束了那里的戈尔里（Ghori）王朝自 1387 年就开始的统治，从而向胡马雍挑衅。接着，巴哈杜尔·沙逐渐把其首都曼杜（Māndū）变成了一个攻打奇托尔的拉其普特要塞的军事基地。同时，正在筹备攻打奇托尔的巴哈杜尔·沙在 1534 年与侵扰坎贝海湾海运的葡萄牙人达成了和解，并在向内陆的远征中得到了他们的增援。卡斯塔涅达也跟随着这支 1531 年攻打第乌失败的远征队伍，他可能还是从这支远征军中的葡萄牙人那里获得了关于 1534 年到 1535 年间古吉拉特战争的信息，也可能是从增援巴哈杜尔·沙的其他欧洲人那里得知的。因此，

422

卡斯塔涅达记述的内容有许多都与这些人的亲身经历相关，但同时也反映出了他们的一些偏见。

根据卡斯塔涅达的记述，[623]巴哈杜尔·沙于1534年在曼杜城的入口处召集了一支由15万人组成的骑兵队伍，其中大约有3万人骑着好马，其余的马都很普通。在巴哈杜尔指挥的50万步兵中，大约有1.5万人是国外的雇佣兵：其中有来自阿拉伯半岛的法塔克人（Fartakis）、阿比西尼亚人，还有包括君士坦丁堡的技师鲁米汗（Rumi-Khan）在内的300名鲁梅人（Rumes，即土耳其或埃及人）、50名葡萄牙人，还有被允诺如果帮助参战将获释的15名被俘的基督教徒、被拘留在第乌的葡萄牙船上的30名"法兰西人"（可能是欧洲的基督教徒），以及"多布利加人"（Dobrigas）。[624]葡萄牙人中间有4名炮兵，他们是总督努诺·达·库尼亚从葡萄牙派来的。是否拥有熟悉欧洲火枪的技能高超的枪手对于炮兵队伍的作战效能而言非常关键，因为巴哈杜尔努力地装备其队伍，所以卡斯塔涅达指出1 000支炮兵队伍都乘坐着四轮牛车。最后一支分队是由800人组成的象队，他们都背着木制的炮塔，上面装着短炮或火枪。为了给这支军队提供资金，巴哈杜尔装满了整整500个大铜箱的金子和银子，每辆货车上都有。那些陪同着这支军队的大领主和商人们将为之提供进一步的资金支持。

1534年，巴哈杜尔带领着这支大军从曼杜城出发，踏上了攻打奇托尔的征途，奇托尔这个地名"在当地的语言中的意思就是'世界的帽子'"。[625]奇托尔位于一座很高的山上，它被描述为一座被坚固的墙壁和堡垒所环绕的军事要塞，里面有许多华美的神庙和住宅。奥尔塔本人从未到过那里，他指出，有人说这座城市就是一幅画。[626]居住在这座山中堡垒的女王是一个年轻漂亮的寡妇，她被称作"克里米提"（Cremeti，即拉纳·桑伽的拉尼 [Rani] 女王和遗孀哈迪·卡尔米提 [Hadi Karmeti]）。"克里米提"是一个精力充沛的人，据说她指挥着2 000名骑兵和30 000名剑士保卫这座城市。接着，卡斯塔涅达描述了1535年联军围城的情形，城墙被攻破，女王最后拼命地突围了。女王战败后带着她的儿子们和一名被她称作朋友的侍从从城中逃走了。这位葡萄牙编年史家在最后指出，巴哈杜尔·沙对于他成功地夺取了奇托尔非常高兴，并评论道，"自此以后，如果巴哈杜尔·沙不愿意，这顶'世界的帽子'谁也不能戴"。[627]

423

当古吉拉特人围困并占领奇托尔的时候，胡马雍正在去堵截巴哈杜尔·沙的路上，并且其行动一直是出奇得缓慢。[628]按照卡斯塔涅达的说法，[629]这位莫卧儿皇帝在离开德里的时候指挥着20万人的骑兵部队，其中有1/4全副武装，其余的都是轻骑。除此之外，这支骑兵队伍中还有许多女弓箭手。其步兵队伍的人数多得不计其数，他至少拥有10 000名剑士和1 000支炮兵分队。这支庞大却机动的莫卧儿军队可能在1535年没有浪费一枪一弹就占领了前往曼杜城的道路，他们驻扎在巴哈杜尔·沙返回古吉拉特的路上。在奇托尔耗费了三天时间之后，巴哈杜尔·沙才得知胡马雍的军事行动，他急忙班师回曼杜。巴哈杜尔·沙的军队到达一个叫作"达瑟尔"（Dacer）的地方时，[630]就在河边的一块空地上挖掘壕沟。巴哈杜尔命令士兵用尖桩、壕沟围住营地，并派遣大量的炮兵随时待命以防莫卧儿人来犯。胡马雍的军队与巴哈杜尔的军队仅相隔7里格（合28英里），巴哈杜尔一反他平时自我决断的作风，与鲁米汗商议是否应该冒险去攻击莫卧儿人。在这名土耳其人的建议下，巴哈杜尔决定不通过直接攻击的办法使自己摆脱目前的处境。[631]鲁米汗似乎觉得大概再过一个月雨季就到了，到时候大雨、洪水和激流将使双方都不可能取胜。与此同时，巴哈杜尔的军队正遭受着饥饿的折磨和暴露在外的危险，于是他们开始逃跑，最后巴哈杜尔本人也从河边的营地逃走了。而胡马雍紧追不舍，最终巴哈杜尔躲到了第乌避难。在卡斯塔涅达看来，巴哈杜尔的失败是天意，因为如果这位古吉拉特的统治者战胜了胡马雍，那么"他的所有力量接着都将用来对付葡萄牙人，他不把葡萄牙人驱赶出印度将不会罢休"。[632]

当胡马雍在1535年侵犯古吉拉特，葡萄牙人在第乌开始修建军事堡垒的时候，在印度斯坦东部发生的事情就需要莫卧儿人留心了。巴布尔在卡克拉河的胜利并没有使盘踞在比哈尔境内外的阿富汗首领们彻底服从。甚至在孟加拉的苏丹纳斯拉特·沙（Sultan Nasrat Shah，于1519—1532年在位）统治时期，他与比哈尔的洛哈尼（Lohani）统治者组成联盟对抗莫卧儿人，就已经成为孟加拉的基本对外政策。然而，对抗莫卧儿人的联盟总是不断地遭到阿富汗首领们内部争斗的威胁，其中有一些人可能是出于自身的利益而同意与莫卧儿人合作。在这些首领中间，有一名拥有舍尔可汗（Sher Khān）头衔的人，他竭力地想谋取从洛哈尼那里复兴的阿富汗统治者的身份，并试图抑制孟加拉在比哈尔和其他阿富汗王国事务中不断增长的影响力。1533 年，舍尔可汗在位于奇乌尔河（Kiul River）河岸上的苏拉加尔（Surajgarh）打败了洛哈尼—孟加拉的联军。接着，舍尔可汗利用胡马雍把精力放在印度斯坦西部的机会，通过一条不寻常的进攻线路突袭了孟加拉，在马哈茂德·沙（Mahmūd Shah，于 1532—1538 年在位）还没有反应过来究竟发生了什么事情时，他的军队就已经出现在高尔了。孟加拉的统治者立即求和，付给阿富汗贡金并割让其领土给对方。经过这次胜仗以后，许多至今还不情愿承认舍尔可汗的霸权地位的阿富汗首领最终都与其联合了。当胡马雍还在阿格拉逗留之际，舍尔可汗已经在 1573 年召集军队准备对富有的孟加拉再度发起袭击。1538 年，舍尔可汗的军队围困、占领并劫掠了高尔，在胡马雍的援军到来之前就带着战利品从城中逃走了。在这位莫卧儿统治者到达高尔后不久，舍尔可汗又转向莫卧儿在比哈尔和江普尔（Jaunpur）的领土上进行掠夺活动。在接下来的两年里，舍尔可汗巩固了他得到的一切，在两次大的战役中挫败了胡马雍，迫使这位莫卧儿的统治者在 1540 年让出了德里的王位。[633]

葡萄牙人和他们在古吉拉特一样，也介入了孟加拉的事务，他们可以说对孟加拉的事务是亦步亦趋，借此利用马哈茂德的困境迫使他对葡萄牙人做出让步。卡斯塔涅达[634]专门指出了"舍尔可汗苏尔"（Xercansur，即舍尔可汗·苏尔）在"马胡穆德·沙"（Mahumedxa，即马哈茂德·沙）的时代，是如何夺取孟加拉控制下的"帕坦"[635]（Pathanes，即比哈尔的阿富汗王国）的。这位葡萄牙的编年史家进一步记述了莫卧儿人大约在 1530 年左右被"帕坦"和孟加拉的联合力量战败之后，孟加拉的统治者占领了比哈尔并活捉了其国王的情形。这个地方后来被转交给了一名管理者——"科图弗沙"（Cotufoxa），[636]他是孟加拉的一个封臣，拥有一支庞大的军队，为"舍尔可汗苏尔"效劳。"舍尔可汗苏尔"后来逃跑了，并招募了自己的军队，杀死了孟加拉委任的管理者，然后派遣自己挑选的苏丹哈拉默（Sultan Halamo，即亚拉尔汗 [Jalal Khān]）担任此职位，这些都是在短时间内发生的事情。此后不久，"南卡罗特·沙"（Nancarote Xa，即努斯拉特·沙 [Nusrat Shah]）在 1532 年去世了，他的继承人马哈茂德立即命令"哈拉默苏丹"重建孟加拉控制下的"帕坦"王国或接受这一后果。在随后发生的 1534 年的那场战争中，舍尔可汗获胜，比哈尔败给了孟加拉。虽然卡斯塔涅达的记述与通过参考其他资料而形成的描述并不完全吻合，但他从根本上讨论了孟加拉和阿富汗因对抗巴布尔而最初结成的联盟，还有孟加拉接下来为控制比哈尔而做出的努力以及舍尔可汗作为印度斯坦东部新势力的崛起。

葡萄牙人之所以能够使正忙于战事的马哈茂德·沙在 1536 年到 1537 年间同意在孟加拉创建他们第一个据点，原因就在于葡萄牙人对他提供了军事支持。1538 年，葡萄牙人派遣特使阿尔方索·瓦斯·德·布里托（Alfonso Vaz de Brito）告诉马哈茂德，说他们所有能够调遣的军事力量都投入到关于古吉拉特的事务中去了，所以，只有到来年，葡萄牙人才能履行以前给马哈茂德承诺的军事援助。为了确保葡萄牙人能够践行其承诺的军事援助，马哈茂德把阿尔方索·瓦斯·德·布里托和其他 4 名葡萄牙人留在高尔作为人质。根据这些当事人的报告，卡斯塔涅达和巴罗斯的作品的续写者显然能够重现舍尔·沙和胡马雍于 1538 年间在孟加拉的那场战争的情形。然而，到目前为止，还没有哪个孟加拉的历史学家认为这些葡萄牙编年史家们谈及的细节适于和他们对这场战争的描述合并在一起，这些孟加拉学者的描述几乎全部都参考了比较稀缺的穆斯林资料。[637]

卡斯塔涅达对于 1538 年发生在孟加拉的具有决定意义事件的描述不及巴罗斯出版于 1613 年的《旬年纪》第四卷那般充分。[638] 但是，卡斯塔涅达在他首版于 1559 年的第八本书[639] 中指出，当阿尔方索·瓦斯·德·布里托到达高尔时，舍尔·沙带着 10 万骑兵和 30 万步兵正向这座城市进发的消息已经在首都传开了。马哈茂德立即打听马丁·阿尔方索·德·梅洛（Martim Alfonso de Mello）和其他被释放的葡萄牙囚徒是否已经离开了这座城市。当得知他们已经走了以后，苏丹派遣努诺·费尔南德斯·弗莱雷（Nuno Fernandes Freire）前往吉大港，命令召集 1 000 艘"蒙库阿"（munchuas，一种和马六甲的小船近似的水上交通工具），意在恒河上阻挡舍尔·沙的大军前进。然而，在葡萄牙特使离开之前，"帕坦人"就已经开始包围高尔了，所以这名葡萄牙特使不得不乘一艘小船而不是坐"帕拉奥"（parão，即舰艇）努力穿越其封锁。在下游，努诺·费尔南德斯·弗莱雷遇到了"卡尔纳高"（Carnagão）[640] 的"大总管"（lascar），这位长官带着 600 艘"阿尔米迪亚"（almadias，即印度木筏）装载着补给品正在前往高尔的途中。当他从这名葡萄牙人那里得知都城已经被围攻，于是就拒绝前往；结果，高尔遭遇了一场大的饥荒，以致于父亲们都吃自己的孩子。当"帕坦人"最终攻入高尔城中时，他们杀死了大部分居民，苏丹马哈茂德从这座陷落的都城逃跑时也受伤严重。这个逃跑的统治者很快遇到了一名指挥着 4 000 名炮兵的莫卧儿军事长官。马哈茂德陪同着这支分队加入了胡马雍的主力军，并立即向高尔挺进。在他们到达高尔之前，舍尔可汗已经撤离并把所有的财物席卷而空。与此同时，马哈茂德因重伤而死，所以舍尔可汗立即宣称自己是比哈尔和孟加拉的君主。舍尔可汗因为这一系列的成功而兴奋不已，接着就遭遇并战胜了莫卧儿人，杀死了这块陆地上的许多大领主，控制了德里、奇托尔和马尔瓦，并在整个印度斯坦创建了阿富汗人的霸权。

　　16 世纪，在葡萄牙人主要的文献资料中，有关印度的概述只是一个不规则的轮廓，就像一位画家为一幅具有纪念意义的壁画所做的一个初步的素描。印度西海岸，特别是马拉巴尔和古吉拉特两个沿海王国，因为它们的记述所暗示出来的显著的轮廓、好的透视效果，以及一些明暗色调差别，使之在诸多地区中更为引人注目。向北远至恒河三角洲的东海岸只是一幅模糊的草图，反而是恒河三角洲被表现得更为生动可感且精细深入。维查耶纳伽尔，特别是其都城俯视着克里希纳河南部的整个印度内陆地区。地处北方的印度—恒河平原最东边和最西边的界限被严格界定在孟加拉和古吉拉特，然而，其详细情形和固定的界线随着向内陆地区的深入却渐渐淡出了。在这块次大陆的最北端，在德里和隔离印度与亚洲其他地区的绵延不断的山脉之间的内侧分界线根本就看不到。虽然这幅印度地图的轮廓很刻板，但其基本的图式还是可以被清晰地感知出来；这幅图将留给以后的若干代人继续为之赋予更好的形式、内容和色调。

　　这些葡萄牙人观察印度的角度在一定程度上因为观察者的经验局限以及他们自身所带的先入为主的偏见而遭到歪曲。这些葡萄牙人在根本上关注的是帝国的贸易及其创建问题，所以他们更强调海上的活动以及与此相关的冒险事业的重要性。同时，还因为他们对于征服问题的思考，这些作者们倾向于完全依据印度诸邦的军事潜力来观察它们。欧洲人还坚持认为印度人拥护基督教的一些早期形式，但他们迫于穆斯林的压力而只好放弃基督教或者改宗。结果，他们努力地把印度教的一些宗教活动与基督教信仰结合起来，而不是竭力地单独去奉行印度教本身。虽然他们评价了印度人和摩尔人在宗教方面的宽容，但他们自己却十分典型地把许多当地的信仰贬斥为迷信。这些文献集子还做了一些不得要领的比较，他们几乎无时无刻不忘把印度的城市与埃武拉进行对比。作为具有骑士风度的拉丁男性的葡萄牙作者们，基本上总是把当地的妇女描述为富有魅力的。然而，他们从未表现出对当地男性的一般性赞赏，虽然他们通常都承认除了僧伽罗人之外，印度的男人都是优秀的士兵。即使如此，在其描述中区区几个勇敢的葡萄牙人竟然能够战胜极度庞大的印度军队，还是在他们没有遭受重创的情况下。

427　这些葡萄牙人事实上和任何时代的旅行者都一样，他们只记述他们感兴趣的人和事，也只能看到他们愿意看到的东西。除了巴尔博萨之外，他们对自己造访的地方或听到的语言均无兴趣。显然，皮雷斯、奥尔塔和卡斯塔涅达都是有教养的人，但从他们的亚洲经验来看，他们明显表现出一种欧洲人关于东方的知识的局限性。巴罗斯本人从未到过印度，但他系统地搜集、辨析并整理了关于印度的信息，这些信息的来源既包括葡萄牙人的信息传播者和相关的著述，也包括波斯和阿拉伯的文献资料。在印度的葡萄牙观察者具有着旺盛的求知欲，并且有着足够开放的心智（或成见）使他们能够记下那些明显的和有时是肤浅的、但对他们的某些观察而言却又有特别价值的信息，这是一个不容置疑的事实。比如，他们会评论当地人每天的社会活动和习俗，特别是那些毫无人性的残酷礼俗，而这在印度人，无论是印度教教徒还是穆斯林的作品中基本是不会出现的。[641] 而且，正如我们所看到的那样，当他们的记述被发现与有关当地的可以看到的记载相冲突的时候，他们的观点即使存在争议，但通常也被认为是正确和可靠的。

第二节　耶稣会士的通信与历史记录

在前面的一章里，我们考察了耶稣会的书信交流系统，并且观察了它如何有条不紊地在欧洲散播了大量关于东方的信息。[642]1545 年到 1601 年间出版的那些信件提供了关于 1542 年之后的印度的文献材料，或者说这些出版的信件填补了葡萄牙人在这个世纪的历史叙述所未能覆盖的那个部分。在欧洲南部所能看到的那些出版的书简和未出版的信件也为 16 世纪书写传教团的历史学家们提供了一些最重要的资料。然而，和大多数资料一样，如果这些通信以及据此记下的历史被现代学者们明智地加以运用的话，必定会遭受到严厉的历史学批评。无论在什么时候，我们都不能忘记这些资料不过是传播消息的信件的一种形式这一事实。尤其是对"印度的信件"而言，神职人员或者是在俗的教友很快就会发现，他们从这些信件的作者们那艰辛而痛苦的印度经验中基本得不到什么启发，因为耶稣会士们尤其不倾向于用一种公正、单纯的眼光去观察印度的宗教、习俗和居民。虽然如此，耶稣会士的信件和历史记述还是及时地对关于欧洲 16 世纪的历史资料进行了拓展，并增补了关于印度的语言和宗教方面的内容，而这些内容在讨论葡萄牙人扩张的外行历史学家那里仅得到了一个简略的描述。

一、欧洲的"印度信件"，1545—1601 年

要从耶稣会士们提供的资料中追溯欧洲人的印度印象的发展情况是非常复杂的，我们不妨以沙勿略的信件在 16 世纪的出版史为例来探讨这一问题。沙勿略 1542 年在果阿写的普通信件中，有两封信在巴黎出版于 1545 年，据猜测，沙勿略可能想极力激发研究者们志愿到亚洲服务于宗教事业的热情，就把这两封信和第一批关于印度的传教事务的信件放在一起印刷出版了。[643]在信中，沙勿略为印度的基督教发展状况绘制了一幅美好的图景。有两封同时期从果阿写给罗耀拉的私人信件直到 16 世纪末才印刷出版，也许是因为这两封信不那么

428

具有诱导性，而更多地描述了新的传教人员可能会在印度遭受的困难；它们最终被图尔塞林努斯（Tursellinus）在 1596 年作为耶稣会士那时候为将沙勿略神圣化而准备的材料的一部分出版了。[644] 这位基督教使徒（Apostle）在 1542 年 10 月 28 日写的信件 [645] 是从捕鱼海岸上的杜蒂戈林（Tuticorin）发给罗耀拉的，其中至少有一部分被包含在 1545 年的出版物中。刚刚到达新岗位的沙勿略在信中谈了他是如何在异教徒中间吸纳他们皈依基督教的，还提及了葡萄牙总督帮助帕拉旺人攻打穆斯林的情况。沙勿略在 1544 年 1 月 15 日从科钦发出的信件（也收入了一部 1545 年出版的法语集子）[646] 首次为欧洲人提供了关于在捕鱼海岸和特拉凡科尔布道的详细而乐观的报道。这封充满希望的信件在 16 世纪频频再版，比他的其他任何信件再版的次数都要多。[647]

1545 年 9 月，一艘舰艇在里斯本靠岸，带回了 4 封沙勿略在科钦写的信件，果阿的副主教（Vicar-General）米格尔·瓦斯（Miguel Vaz）也同船返回。[648] 根据带回来的信件，以及瓦斯和他同伴们的个人观察，支持印度传教事业的欧洲人获得了一个美好的印象。他们认为，只要印度的葡萄牙统治者能够更为有效且诚实地与耶稣会士们合作，并且再派遣一些更有能力的神职人员前去增援，那么终将在印度形成基督教信仰彻底一统天下的局面。沙勿略的信件一到里斯本，就被立即发往位于埃武拉的宫廷。西芒·罗德里格斯（Simão Rodriguez）打开这些信件后就进行朗读，复本做好以后，这些信件就被转发给罗马的神父在当地散布。若昂王立即对耶稣会士的资金需求做出回应，同时迅速起草指令，要求印度当局尽力改善在俗的军队与传教团之间的工作关系。许多葡萄牙人志愿加入耶稣会，到印度做传教工作，第二年，有 9 名耶稣会士和 6 名方济各会修士随着东去的舰艇被派遣到果阿。

在科英布拉的耶稣会神学院，沙勿略写于 1545 年的信件引起了一次轰动，这位激情澎湃的神学院院长（Rector）在给罗马的信件中说道："把这座神学院转移到那里（即印度）将不会有任何困难。"[649] 沙勿略通常写给欧洲教友的信件在欧洲的其他耶稣会中心同样能够引起一场轰动。在这封信发出后仅仅一年的时间里，其复本就在广泛散布于瓦伦西亚（Valencia）和科隆（Cologne）的耶稣会据点中被传阅开来了。这封信在德国的耶稣会中心又被制作了一些复本出来，并在周边的高级教会中传播。一名荷兰的耶稣会士雅各布斯·鲁斯特（Jacobus Lhoost）在读完这封信后评价道，印度人坚定的信仰补偿了教会在路德（Luther）和米兰希顿（Melanchthon）那里所遭遇的损失。[650] 这封信最终被翻译成了意大利语，以小册子的形式于 1546 年在"永恒之城"罗马出版，书名是《九份关于东印度群岛信件的复本》（*Copia de una lettera...* ）。[651]

虽然可以清楚地看到，沙勿略的信件在 1596 年（由图尔塞林努斯再版）之前没有得到重版，但他在 1545 年写的信件却在欧洲唤起了人们的希望，即印度的传教事业可望有大幅度地进展，这甚至成了那时候全体基督教会正开始召开的特伦多大公会议（Council of Trent，1545—1563 年）讨论的主题。[652] 沙勿略在信中说道，他曾在一个月的时间内就在特拉凡科尔为 10 000 名当地人施了受洗礼，沙勿略的方法很简单，就是让皈依者朗诵基督教教义。他还把自己的方法介绍给了聚集在泰米尔的大批皈依者，沙勿略认为他们的宣誓就意味着宗教上的皈依。[653] 沙勿略通过这样大批地吸纳当地人皈依基督教，他希望在一年内可以为 10 万名当地人施受洗礼。[654] 在罗马出版的小册子《九份关于东印度群岛信件的复本》中就包括了皈依基督教的人数，这在规模上远远超过了所有此前的统计。这封信还说道，到 1545 年为止，在葡属亚洲帝国的各个地区已经有 635 000 名当地人皈依了基督教。[655]

沙勿略在印度期间写的信件中，有 32 封至今还保存完好，其中有 22 封收在图尔塞林努斯在 1596 年编的集子中得以首次出版，后面还附有沙勿略的传记。在其余的信件中，有 7 封在 1545 年到 1570 年间首次出版；唯一在他 1552 年去世之前得到出版的信件是我们已经讨论过的在 1545 年出版的那些内容。关于在 1596 年之前出版的 7 封信，其中有 4 封不止出版过一次：有两封在 1542 年出版（1545 年再次出版），还有两封在 1559 年出版（首次印刷的时间分别是在 1569 年和 1570 年）。沙勿略在其生命的最后三年内（1549—1552 年）所写的大部分信件谈及的有关日本和中国的内容要多于印度。在图尔塞林努斯 1596 年的集子出现之前印刷出版的信件，着重强调了基督教事业在东方的成功，以及需求更多的传教士前来收获大批等待基督启蒙的灵魂等内容；信中没有暗示沙勿略在印度可能预料到的问题，也基本没有提及他对在俗军队的不满。图尔

430

塞林努斯更急于强调第一批耶稣会传教士们所克服的困难，自然就毫不犹豫地出版了沙勿略含有更多批评意见和悲观色彩的那些信件。

在努力重建通过耶稣会士的信件源源不断地为欧洲传递信息的渠道的过程中，单独分析沙勿略在印度的后继者们出版的书信是非常必要的。在 16 世纪下半叶，沙勿略的后继者们的通信中，至少有 120 封单独的信件作为一个整体或者是作为一个重要部分被出版过。这些书信至少是由 47 个不同的传教士在印度的传教据点写出来的，收在出版的集子中的某些书信看上去只是一封独立的信件。然而，许多信件被收在不同的集子中出版，其中有一些就有多达五至七个不同的版本。从第一批信件在 1545 年出版直到 16 世纪末为止，就有 50 部不同的集子出版，它们收入了大量来自印度并涉及印度的基督教事业的发展情况的信件。[656] 这些集子的编辑和出版工作主要是在意大利、葡萄牙和西班牙的城市中完成的，但也有少量的一些来自欧洲北部的巴黎、卢万（Louvain）、迪林根（Dillingen）和其他的耶稣会中心的印刷机构。有一些集子是从其他集子派生出来的，在这个意义上，它们似乎全部或部分地都是依据早期的书简编辑而成的。有大量的信件讲述了在印度宣讲福音的艰辛过程，或者抱怨耶稣会和教会的其他机构以及当局之间糟糕的合作关系，这些信件在 16 世纪根本就没有被印刷出版过。

在处理关于印刷出版的信件的复杂问题时，最好的办法似乎是把信件本身以及我们对这些信件的思考按照年代的先后顺序划分成两个不同的时期：从 1552 年到 1570 年；从 1571 年到 1601 年。第一个时期在欧洲南部，几乎每一年都有传教士的信件集子得到系统地出版。正常情况下，在这段时期信件到埠不久，就被整理、编辑、印刷。而且还达成协议，几部厚重的拉丁文集子准备在北欧发行。第二个时期开始于信件集子出版量下降的那个十年（即 1571 年到 1581 年）。接着就开始发行"真正的"年度信件（始于 1581 年），最后以第一批耶稣会历史的出现（始于 1588 年）为终结。最后一个十年，随着图尔塞林努斯编辑的沙勿略书信集子和古兹曼用西班牙语写的关于耶稣会在东方的活动的历史著作的出版，以及人们对于阿克巴皈依基督教的希望，印度再度激起了欧洲人的兴趣。

二、第一印象，1552—1570 年

在这一时期的两个十年里，有三个大的书简系列得以出版。在科英布拉，从 1551 年或者是 1552 年开始，出现了各种各样的诸如那种被称作《信件的复本》（*Copia de unas cartas*）或者《信札复本》（*Copia da diversas cartas*）的集子。继最初的一批出版物之后，该系列新的集子汇编在 1555 年、1561 年、1562 年、1565 年和 1570 年都有出版。为了便于这些集子的流通，它们在科英布拉用西班牙语发行，而没有采用葡萄牙语版本；即使如此，它们中间有几部后来在西班牙又以精装的西班牙语版本再次发行。在罗马（在威尼斯始于 1559 年）以《葡属印度的轶闻录》（*Avisi particolari*）或《新见闻录》（*Nuovi avisi*）而知名的系列集子也在 1552 年开始出现，后续版本于 1553 年、1556 年、1557 年、1558 年、1559 年、1562 年、1565 年、[657] 1568 年、1570 年都有出版，此后就一直出下去了。更为全面的集子很快就开始用拉丁文出版。这类集子的第一部是未经授权的《印度快报》（*Epistolae Indicae...*）①，于 1563 年在迪林根出版。为了激发人们的行动，耶稣会于 1566 年和 1570 年在卢万出版了他们自己编的同样的拉丁文集子。偶尔会有一卷或这三大系列中的其他集子被翻译成德语或法语，但甚至在这个时期发行的所有信件集子都倾向于采用能够被更为广泛接受的拉丁语版本。某些单独的信件常常被收进这些卷册中的一部或多部中再次编辑出版，然而，有时候这些被重新编辑印刷的信件的各个版本却大相径庭。在 1552 年到 1570 年间的出版物中，"印度信件"都写于 1548 年到 1561 年之间。因为一些无法解释的原因，在 1561 年到 1568 年之间写于印度的信件却没有得到大量地出版。[658] 因此，接下来的几代人所参考的信件事实上都是在 1552 年到 1570 年之间（虽然它们的日期都被定在 1561 年或者更早的时间）出版的，正如我们所使用的资料就是来自《印度文献集》（*Documenta Indica*）中具有批判意识的

---

①　该书的全名是 *Epistolae Indicae; de stvpendis et praeclaris rebvs, quas diuina bonitas in India & variis insulis, per Societatē nominis Iesv operari dignata est, in tam copiosa Gentium ad fidem conuersione*，即《印度快报：耶稣会为了使神圣的美德在印度和其他各个岛屿传播并吸纳异域的人们改宗信仰基督而进行的工作》。——译者注

维基（Wicki）卷前五部的重编版本。

开始以书籍的形式出版的时事通讯是与赖麦锡、卡斯塔涅达和巴罗斯的作品同时出现的，与在俗的书籍相比，它们显得非常粗略且没有条理。和许多非专业的评论者一样，耶稣会的作者们用了很长的篇幅详述了航海途中的艰难险阻和不确定因素。堂·贡萨罗·达·希尔维拉主教（Provincial Dom Gonçalo da Silveira）总结道，"从葡萄牙去印度的旅行经历是无法描述的，除非去亲身体验，除了那些亲眼所见的人，您就是听了也不可能理解或相信……"。[659] 印度主要的港口仅仅被提到了一下，虽然耶稣会士们偶尔也会给出从某地到另一个地方的大致距离。恩里克·恩里克斯的信件对于捕鱼海岸和特拉凡科尔地区的地名记述得非常详细，而在其他地方则没有这么做。[660] 第一个进入马拉巴尔基督教区塞拉（Serra of the Malabar Christians）的耶稣会士迈克尔·卡内罗（Michael Carneiro）提供了一些这个位于科钦后面的内陆山地王国的描述性资料。[661] 贡萨尔维斯·罗德里格斯（Gonçalves Rodrigues）对其 1561 年从贝尔高姆（Belgaum）、果阿内陆到比贾布尔（Bijapur）宫廷穿越大陆的旅行的记述，读起来饶有趣味。罗德里格斯把德干的这个部分描述为有着"许多清澈的溪流、大的市镇、成群的家畜……以及各种各样的食物"的"美好的王国"。他还继续做了一些更为具体的观察：

> 这块陆地……地势非常平坦，覆盖着肥沃的黑土。地上很少看到石块，如果这块土地为我们葡萄牙的农民所拥有的话，那么对于种植谷物而言这似乎是所能想象到的最为肥沃的土壤了。因为这块陆地是如此的优质，所有的粮食作物只要有露水（为其供应水分）就能够长得非常茂盛。当地人没怎么好好利用这块陆地，许多地方都荒废着，因为这块陆地太大，所以留下的空地非常之多。[662]

罗德里格斯对于德干市镇内的居住条件很不满意。在他前往比贾布尔途中经过的五六个地方，他发现人们住在"小小的草棚里，看上去比我们王国的牛棚还糟糕"。[663] 比贾布尔位于一个肥沃的平原上，那里有果园灌溉的农业活动，盛产水果。

虽然罗德里格斯总结说比贾布尔比果阿更大，其土地也非常肥沃，但他对市镇里面的印象很不好，他指出那里"连10家服务机构都没有"。[664] 罗德里格斯在早前的一份发自勃生的信件中，[665] 清楚地显示出他对农业的观察能力，他指出耶稣会士们应该如何在特立尼达（Trindade）①和塔纳购买土地和房屋并开始耕作，以给皈依基督教的人们提供工作和收入。

令人不解的是，耶稣会士们对于他们的宗教活动的主要中心地区仅仅进行了粗略地描述，[666] 虽然他们偶尔也会附带一些具有启发性的评论。比如，我们都知道，在1550年"皮斯卡利亚（Pesquaria，即捕鱼海岸）因为干旱，许多地方都寸草不生"。[667] 但反常的是，捕鱼海岸的成年人的死亡人数并不高，反而是儿童，特别是婴儿似乎要比印度其他地方的更难于存活。[668] 据说，科钦有着"和罗马一样的房屋"，一条"很大的咸水河"为之提供水源。[669] 1557年9月，果阿遭遇了一场瘟疫的袭击，从当时的病症描述来看，应该就是我们今天所说的流行性感冒。[670] 耶稣会士们在报告中指出，从这个地方继续向东，就能够到达日本，但那是一个寒冷且令人不快的地方，[671] 他们还注意到，安汶岛（Amboina）人"都住在那些只有通过手脚并用才能爬上去的高山上"。[672] 有很多关于各个不同地方的钱币的名称、价格以及可以得到的物产，特别是粮食的讨论，这些内容分散在不同的信件中。

最早出版的时事通讯的欧洲读者无法获得一个关于亚洲的政治组织的整体视野。大部分的传教士都满足于仅仅指出最高统治者要么是异教徒，要么是摩尔人；他要么是葡萄牙人的朋友，要么就是葡萄牙人的敌人。传教士们只是一般性地提及了1553年卡利卡特和土耳其人联合攻击了葡萄牙人在印度南部的军事据点，以及穆斯林后来在特拉凡科尔地区的权势，或者1557年土耳其和阿比西尼亚之间战争爆发的谣传等，而关于保教区内的总体政治情势他们仅提供了很少的一些信息。[673] 加斯帕尔·巴扎乌斯（Gaspar Barzaeus）关注政治的意识多少比其同事强烈一些，他在1553年写给罗耀拉的一封信中讨论了马来的政治权势在东南亚扩张的情形。根据他的信件所述，中国的领土包括一个居住着

433

---

① 应为 Trindade，疑为误植。——译者注

犹太人的岛屿，这个岛屿的陆地那边与德国毗邻，而且中国政府规定"不得在
海港以外的地区从事商业活动"。[674] 三年后，印度的耶稣会士乐观地向欧洲方
面报告说中国的港口对贸易活动开放，而且他们在广州收到一封日本统治者的
信件，这名统治者承诺说要皈依基督教。[675]

关于印度本身，这些耶稣会士的信件讨论得最详细的就是捕鱼海岸上发
生的一些事件。从 1549 年开始，传教士们就开始抗议伯德格人（Badagás）对
葡萄牙的要塞和贸易中心普尼卡尔（Punical）的进攻。[676] 而恩里克斯则反复
地对葡萄牙行政长官干涉捕鱼海岸的政治提出反对意见。与伯德格人之间的矛
盾以及帕拉旺（Paravan）的不同教派之间的敌意致使恩里克斯在 1556 年扮演
了一种政治调解人的身份[677]，这可能与其在泰米尔人与伯德格人中间的交际
能力有关。与此同时，果阿方面提出建议，希望帕拉旺的基督教徒通过锡兰北
部的马纳尔海峡（Straits of Manaar）转移到更为友善、也更容易接近的区域。
1557 年，普尼卡尔的情况变得更加糟糕了，恩里克斯也因为他的政治介入遭到
了来自葡萄牙人和当地教派双重的批评，他被派遣到科钦和特拉凡科尔，直至
普尼卡尔的形势变得可以控制他才返回。恩里克斯在捕鱼海岸的位置一度被弗
朗西斯科·佩雷斯神父（Father Francisco Peres）所替代，总督的代理人弗朗西
斯科·阿尔瓦雷斯（Francisco Alvares）恢复了这个地区的临时秩序。[678]

此后不久，新总督堂·康斯坦丁诺·德·布拉干萨（Dom Costantino de
Braganza）在 1560 年年初决定，如果有必要的话，将通过武力把帕拉旺人转移
到贾夫纳（Jaffna）统治者的地域。显然这一决定得到了实施，因为马都拉岛
（Madura）的那雅卡（Nāyaka，即总督）维斯万纳塔（Viśvanātha）和这个地区
的印度统领向当地的基督教徒要求一天的采珠量，并且威胁说如果不遵守这一
命令，将囚禁他们的妇女和儿童。当葡萄牙人开始大规模地转移当地的基督教
徒时，维斯万纳塔在 1560 年攻击并打败了葡萄牙人在普尼卡尔的驻军。[679] 佩
德罗·梅斯基塔神父（Father Pedro Mesquita）被俘，并被作为人质押到马都拉
岛。在一个皈依了基督教的小男孩的帮助下，梅斯基塔神父于 1560 年 9 月成
功逃跑，非常艰苦地前去投奔恩里克斯，穿越马纳尔岛上的基督教社区，最终
到了科钦。[680] 因为把帕拉旺人转移到贾夫纳的工程无法成功地进行，他们又

都逐渐地返回到了从前的家中，特别是维斯万纳塔在 1561 年死后这种情况尤甚。[681]

特拉凡科尔的形势总体上被描述得比捕鱼海岸盛行的说法更加糟糕，因为"摩尔人在这个海岸上称王称霸"。[682]恩里克斯指出，特拉凡科尔的亲王马登达·瓦尔马（Martanda Varma）于 1554 年去世，接着这里就陷入了混乱。[683]暂时被流放在特拉凡科尔期间，恩里克斯评论了新的统治者对于皈依了基督教的"马库阿人"（macuas）的敌意。在俗的军队无法给他们提供充分的保护，因为奎隆的葡萄牙统帅距离他们聚居的地方太过遥远，而无法为他们采取有效的行动。[684]显而易见，印度南部的大陆和其他地方一样，基督教的传教团仍然处于最不稳定的政治局势之中。

关于果阿的葡萄牙人和比贾布尔的阿迪勒汗（Adil Khan）在 1557 年之前的政治关系基本没有被讨论过，虽然葡萄牙人为了让阿迪勒汗的兄弟米勒汗（Meale Khan）取代他曾整整努力经营了十年之久。1545 年，米勒汗密谋反叛阿迪勒汗，但他的阴谋失败了，被迫到果阿避难。此后，许多位葡萄牙总督都极力地想利用米勒汗作为一个政治棋子，借此谋得阿迪勒汗统治下的德干地区的控制权。耶稣会士们在讨论这件事时，仅仅从 1557 年春天的那场战事开始才涉及详细的叙述。[685]即使如此，耶稣会士们的真正写作意图也仅在于为米勒汗的女儿在 1557 年年底皈依基督教提供一个军事和政治上的背景，[686]同时也是为了表现当时在果阿开始摧毁抵制基督教的印度人和穆斯林时那种更为压抑的政治氛围。1560 年阿迪勒汗最终与葡萄牙人达成了和平协议。1561 年，阿迪勒汗向果阿的都主教发出请求，要对方向他的宫廷派遣两到三名博学的牧师。[687]显然，这名穆斯林的统治者对基督教很好奇，他于 1561 年 4 月在比贾布尔正式地接待了贡萨尔维斯·罗德里格斯神父（Father Gonçalves Rodrigues）和弗朗西科·洛佩斯（Francisco Lopes）神父。虽然未能完满地按照宗教训示的方式完成任务，但这两位神父会晤了来自维查耶纳伽尔的使者，并请求对方去恳请其罗阇允许基督教徒造访他的王国。两位神父在比贾布尔还看到了艾哈迈德讷尔的尼扎姆乌勒-穆勒克（Nizamu'l-Mulk）的兄弟，他的王国最近遭到了比贾布尔、戈尔康达（Golconda）和维查耶纳伽尔的联军的侵犯。两名耶稣会士担任了阿

435

迪勒汗的首席顾问，耶稣会士们还提到那时候在阿迪勒汗的宫廷盛行的仪式也都特别有趣。[688]

在堂·康斯坦丁诺·德·布拉干萨做总督的时期（从 1558 年到 1561 年），教会与王国之间密切的合作关系被体现在印度西北部的葡萄牙人的军事和外交活动中。1559 年，在攻打并占领达曼和布尔萨（Bulsar）岛期间，[689] 总督由耶稣会的都主教堂·贡萨罗·达·希尔维拉（Dom Gonçalo da Silveira）和多明我会的教区代理人安东尼奥·佩加多修士（Friar Antonio Pegado）以及一名方济各会的代表陪同。这位耶稣会的都主教由一名在俗的教友陪同，这位教友负责果阿神学院的青年人的事务。敌人没有竭力对抗就从达曼撤退了，当葡萄牙人登陆时，这位都主教去了城中最大的清真寺里，为众人举行宗教仪式。神学院的男孩子们帮助葡萄牙人占领了布尔萨岛，这里的居民热情地接待了他们。在这座岛上，可能是因为葡萄牙人到来时带着从当地出去的年轻人，"总督发现这里的人们都很温顺，而且愿意和葡萄牙人交往、交谈……（像这样的情况）在这个地区的其他王国里还很少遇到"。[690]

耶稣会士们从达曼开始，进一步向北深入，在 1560 年年底他们已进入到苏拉特。瓦伦西亚（Valencia）的本地人马尔库斯·普兰库多神父（Father Marcus Prancudo）于 1558 年到 1565 年间都在达曼，与苏拉特的统治者胡达班德汗（Khudāband Khan）保持着通信关系。[691] 那时候，这位年轻的亲王只有 20 岁，他的父母亲都曾经是基督教徒，后来又改宗皈依了伊斯兰教。显然，普兰库多神父与胡达班德汗是通过在达曼和苏拉特贸易的商人取得联系的。在这些商人们的帮助下，普兰库多神父得到胡达班德汗的邀请，前去造访其宫廷，并向胡达班德汗解释基督教的教义。在前往苏拉特的途中，普兰库多由葡萄牙商人，也是沙勿略忠实的朋友迭戈·佩雷拉（Diogo Pereira）和犹太人阿布拉姆（Abraam）陪同，根据相关描述，这两个人都是胡达班德汗"重要的朋友"。虽然普兰库多神父没能成功地使这位年轻的统治者皈依基督教，但他显然富有成效地对这位统治者解释了基督教的训诫，对此普兰库多神父很满意。关于在俗的事务，这位耶稣会士仅评论了这座城市的堡垒（可能修建于 1540 年左右）破败不堪的情形，以及这位年轻的统治者对虽然发生在较远的海面上但仍可以看到的一场战争的观点，他说苏拉特不可能接受相关的指责。[692]

耶稣会士们意识到，了解印度的关键在于掌握他们的语言并阅读其文献资料。在前几年，只有寥寥几个在葡萄牙人控制的港口工作的传教士努力地学会了孔坎文和马拉地（Marathi）文。[693]在果阿和勃生地区，这些传教士们通常都依赖专业的翻译和来自神学院的当地的男孩子与当地居民交流。因为在贸易中心的传教士们要和各种不同背景的人们（穆斯林、犹太人和异教徒）合作，对于当地语言来说他们自己正是外国人，这就使他们的问题更进一步地被复杂化了。有时候，在葡萄牙人的中心，人们使用"洋泾浜葡萄牙语"交流时也会遇到这个问题。[694]只有在葡萄牙人控制的区域之外，耶稣会士们才能成功地着手学习当地语言。在日本、马鲁古群岛以及包括锡兰在内的印度南部地区，沙勿略时代的耶稣会士们仍在继续下苦工夫学习说、读、写当地的语言，了解那些语法和词汇，并用当地语言翻译基督教的祈祷词、教义问答和颂歌。在这个时期，传教士们偶尔也会学到用当地语言写成的文学作品，其目的在于了解当地的信仰，意在公开辩论中对其进行驳斥。

在印度半岛最南端的泰米尔和马拉雅拉姆（Malayālam）地区，传教工作获得了最大的进展。在沙勿略的领导下，捕鱼海岸的第一位主教意大利人安东尼奥·克里米纳尔（Antonio Criminale）在1548年学会了如何用泰米尔语（或"马拉巴尔语"，因为传教士们都这样称呼这种语言）交流和阅读。[695]克里米纳尔在1549年殉教之后，恩里克·恩里克斯接管了引导传教士们学习泰米尔语的任务。他说他在一个当地年轻人的帮助下，经过五个月日日夜夜地研习，终于学会了说这种语言。[696]按照恩里克·恩里克斯的说法，[697]他已经学会了准确地说、写这种语言，他的方法是依据拉丁语的语法规则组织泰米尔语，并创造出一个音译系统，借此他和其他人将能够准确地发出其读音。[698]根据分散在恩里克·恩里克斯信中的评论，我们可以清楚地了解到，他和他的同事们发觉泰米尔语的发音和语调是最棘手的问题。1551年，恩里克斯写出了一本"马拉巴尔语"语法书，并翻译了一些祈祷词，这些都是他学习泰米尔语个人经验的结晶。他把这本语法书的手稿复本送回到葡萄牙，并告诉那里的神父，捕鱼海岸的所有传教士都在学习这种语言，并用它与其他人交流。恩里克斯评论道，

437

"我们希望，在不久的将来我们能够制定一项制度，大家都不要用葡萄牙语写作，只用马拉巴尔语"。[699]

因为恩里克斯用泰米尔语做的翻译以及写的信件，他很快就被雇佣为翻译和书记官。恩里克斯先用葡萄牙语写出文章，然后，由一个男孩子大声地读给口译者，口译者再口授给书记官，书记官再用"马拉巴尔语"记下来。恩里克斯将通读这个泰米尔语译本，在其完成或发出之前，先把文件写在棕榈叶上（olas，即在棕榈叶上写东西）并纠正其中的错误。[700] 恩里克斯与在他之后的其他传教士一样，他发觉要用泰米尔语传达基督教的词汇和概念的精确意义特别困难，因此，他不断地修正其语法、词汇和翻译，以便使它们更加准确。虽然在捕鱼海岸不稳定的生活状况严重妨碍了恩里克斯的语言工作，但他最终还是完成了其"马拉巴尔语"语法的修订工作，并且编了一个词汇表，还把几个基督教的小册子翻译成了泰米尔语。1576 年，恩里克斯用泰米尔语翻译了沙勿略的简短的教义问答书，该译本的名字是《基督要理》（Doutrina Christao），并最终在奎隆出版了。在第二年，他翻译的篇幅更长的《基督教教义》在科钦印刷出版。[701] 1586 年，恩里克斯的《诸圣之花》（Flos Sanctorum）用泰米尔文在捕鱼海岸印刷出版，具体地点可能是普尼卡尔。[702]

恩里克斯并不满足于仅仅掌握泰米尔语。他认为在一名翻译和一名书记官的帮助下，按照用于创建"马拉巴尔语"文本的方法，他能够"在不到四个月的时间内设计一种语法，可以帮助人们学会这些地区的任何一种语言，哪怕它是日语，或汉语，或长老约翰的语言，或者是其他任何语言都不例外"。[703] 就在恩里克斯公开表达他天真的乐观之时，他很快就发现即使是马拉雅拉姆语如果不小心处理也可能招致许多麻烦。恩里克斯在科钦停留了三个月的时间（1557 年 9 月—12 月），在此期间，他发觉自己在西海岸没有翻译的话，就无法有效地开展工作。根据这一经验，恩里克斯得出这样一个结论，马拉雅拉姆语和泰米尔语有"许多相同之处，虽然它们之间的不同要比西班牙语和葡萄牙语之间的多"。[704] 恩里克斯断言，泰米尔语是一种"更好的语言"，将被更广泛地使用；马拉雅拉姆语是奎隆、科钦、圣多默的基督教徒以及其他人使用的语言。[705] 恩里克斯仍然坚持希望那些同时熟悉这两种语言的人们能够在与宗

438

教权威管理机构会谈时，为同样的祈祷词以及其他基督教文献准备两种语言的译本，这样它们才能够被传教士们在印度南部地区的各个地方使用。恩里克斯在 1560 年造访科钦期间，继续在为编写马拉雅拉姆语语法和词汇做准备。[706]虽然这项培训传教士学习印度南部语言的工程没什么结果，但恩里克斯对这件事的关注向欧洲人昭示了单独地学习多样的印度语言中的每一种的重要性。当有人提出建议，把迦勒底（Chaldean）的指导者派往科钦，培训那些前去塞拉的传教士们学习圣多默基督教徒们在仪式和写作中使用的神圣语言时，语言的整个图式就变得更加复杂了。[707]

虽然早期的耶稣会士们对于印度的其他语言几乎一无所知，但他们对这些语言却很有兴趣，使他们能够注意到一些铭文，把用这些语言写成的书籍的复制品寄回欧洲，或者让皈依基督教的印度人翻译一些印度教的神圣典籍。比如，贡萨尔维斯·罗德里格斯（Gonçalvo Rodrigues）就谈到他在造访比贾布尔期间，曾在一个新建的门户上看到一则铭文，"我猜测那是波斯语"。[708]1549 年，当巴扎乌斯在霍尔木兹期间，他得到了一本《新约》（New Testament）的复制品，"是用波斯人的古尔兹（Gurzi）字母写成的"，[709]他把它送回了欧洲。当耶稣会士们在果阿努力根除印度教的时候，他们于 1558 年仔细搜查了一个印度教教徒的家，没收了两本"他们称作毗湿奴本生（Anadipurana，即往世书 [Anantapurana]，或毗湿奴的历史）"的书。[710]这些书中与印度教诸神的起源和创世那部分相关的内容得到了翻译。在第二年，一个皈依了基督教的婆罗门教徒"在总督的允许下"从果阿前往印度大陆，陪同的有两到三人，夺走了一个婆罗门教徒"用了八年时间从几个古代的作者那里搜集、抄写"出来的文献。[711]这些夺来的书籍被带回了耶稣会神学院，其中包括 18 本史诗和毗耶娑（Vyasa）的《摩诃婆罗多》（Mahabharata）。耶稣会神学院的年轻人们翻译了这些作品，给锡兰和欧洲的耶稣会士们阅读。当这些译本送回欧洲时，有一些维查耶纳伽尔的王公给圣多默的基督教徒的土地转让书的翻译文本也被一起送走了。[712]

从异教徒和基督教徒的信息提供者以及这些没收来的作品的译本那里，耶稣会士们几乎无从得知印度教教义究竟为何物。即使是恩里克斯本人，虽然他了解的泰米尔文化明显地比其他传教士所了解的他们所在的印度某个区域的

439

当地信仰要多，但他从来就没有接触过印度教的思想。"我开始学习这种语言之后，"恩里克斯指出，"我听到了许多异教徒（Gentile）的故事和传说，而且……我将要在某一天用马拉巴尔语写作，驳斥他们的无稽之谈"。[713] 显然，恩里克斯在其他方面太过于花费精力而无法践行这一计划，但是，他同样也没能用心习得并翻译泰米尔语作品。根据往世书，达尔梅达往欧洲传播（用的是蹩脚的音译）了许多印度教神灵的名字，以及毗湿奴的轮回说（即毗湿奴的诸种化身 [Avatars]），还有毗湿奴、湿婆（Shiva）和梵天（Brahma）组成的梵文（Sanskrit）教谕中的三相神（Tri-murti）的知识。[714] 伏若望（Fróis）在《摩诃婆罗多》的基础上，讲述了湿婆和帕尔瓦蒂（Pārvatī，伏若望称他们是亚当和夏娃）的婚姻，以及象头神（Ganeśa）从帕尔瓦蒂的汗水中出生的故事。[715] 这些信息之所以能够得到传播，不是因为其本身有趣，而是为了证实耶稣会士们从来都没有鼓吹过像他们在印度所遇到的那种毫无意义的迷信。"（弗朗西斯科）罗德里格斯明白其中的一些问题，"伏若望写道，"因为他拥有许多他们作品的译本，大约在一年的时间里，他在每个周末都会讲道并驳斥他们的宗教"。[716] 特谢拉（Teixeira）幸灾乐祸地承认"有时候我们浪费时间取笑他们的神灵，以及他们的饮食习惯，还有他们宗教中的谬误，目的在于让他们不再那么喜欢他们的宗教"，如此，他就把耶稣会士们对于印度教的冷漠的敌意放置到了一种更加阴暗的心境中去了。[717]

因为对于印度教在文化和宗教两方面的敌意带来的局限，耶稣会士们自然就无法深入到印度教生活的表层之下。结果，耶稣会士们的大部分信件，即使是在讨论宗教问题，也主要停留在很肤浅的层面上。在来自霍尔木兹的关于"异教徒的迷信"的信件中，巴扎乌斯评论了印度教教徒对于牛的崇拜，牛在那里被赋予"自由的特权"（cartas d'alforia），[718] 它们被允许大摇大摆地在城市的街道上行走。在波斯湾这个喧嚣的港口城市中，谦卑的印度教教徒拒绝杀生或者是吃任何被杀死的东西。这些生活朴素的人们虽然以蔬菜为生且不伤害任何人，但他们在向自己的神灵献祭的时候却很野蛮，他们献祭的方式可以是用削刀互相砍击，或者自己突然冲到车轮下面，或者焚烧活着的寡妇。[719] 甚至在"坎贝的丛林"里面，他们会焚烧诸如糖、黄油和丝等祭品向其神灵献祭。[720] 他

440

们还有许多自我净化的仪式，当他们和基督教徒有了关系就会觉得自己被玷污了。普兰库多神父曾如此抱怨达曼的印度教教徒：

> 在他们看来，我们是如此的罪孽深重，以至于我们还没有走进他们的家中，而只是到了门廊，他们就会拆掉房屋，在我们从未涉足的一些地方再建造另一座。如果他们给我们一些喝的东西，他们就再也不会用那个器皿……[721]

显然，根据这些类似的记述，耶稣会士们发现印度教教徒是一群没有理性地尊崇其神灵和牛的谦卑的人，但是他们却很鄙视基督教徒，认为他们是不洁的人，"正遭遇着神灵的诅咒"。[722]

在耶稣会士们的信件中，各个地方都会提及印度教教徒对于他们的佛塔（pagodes）的崇拜。基督教的作者们使用"佛塔"这个词，有两种含义，即"神庙"和"上帝"，[723]在某些信件中，同一个作者在同一个段落中会同时使用两种意义。[724]特拉凡科尔的印度教神庙被描述为"非常大的房屋，所有的石头和大理石"上面都刻着公牛、母牛、大象、猴子和人的雕像。[725]有一些更具有种族优越感的耶稣会士直接为这些巨大而美丽的印度教神庙感到惊奇，他们认为这是亚历山大大帝或者罗马人建造的。[726]科钦有一座大神庙，吸引了远至坎贝的人都来此朝圣，但它早在1550年就被基督教徒们给毁掉了。[727]八年后，位于塔纳附近的一座金碧辉煌的神庙变成了一座基督教教堂，它的进门之处被毁掉了，换成了罗马式的拱廊。[728]耶稣会士们以及基督教的皈依者们同样冷酷无情地毁掉了神庙里面的神像，虽然这些神像被"人们无限地敬仰"，被人们视为会吃喝拉撒而且能够创造出无数奇迹的有生命的事物。[729]

位于果阿岛北部的迪瓦（Divar）岛被印度教教徒视为一块"神圣的陆地"，就像"欧洲的罗马"一样。[730]迪瓦岛被描述为神圣的中心，来自许多地方的人们都到此朝拜其神庙和神像，以祈求其罪孽能够得到宽恕和原谅。每年的8月，据说至少有30 000名信徒都习惯于前往位于迪瓦岛对面，萨菩塔—纳塔（Sapta-natha）神庙附近的河水中洗浴。[731]葡萄牙人从1557年就开始通过武力

441

阻止这一朝圣行为。基督教的皈依者在葡萄牙军队的支持下被派往迪瓦岛玷污那里的圣殿。他们至少有一次杀死了一头牛，将其尸体切碎丢在河里以阻止印度教教徒来此洗浴。[732] 迪瓦和其他地方路边的神庙也被基督教徒们无情地推倒，以此来告诉印度教教徒他们的信仰是错误的。

葡萄牙人在果阿强迫印度教教徒放弃他们的礼拜仪式的努力，致使当地的宗教游行和庆典方面的信息得以在欧洲出版。在俗当局开始迫害公共的庆典之后，那些虔诚的印度教教徒开始秘密地进行他们传统的宗教仪式。"对于阻止印度教教徒的宗教活动有着特殊兴趣"[733] 的耶稣会士们通过基督教的皈依者预先获取的信息得知，在节日深夜的闲暇时间里，基本上可以肯定，秘密的宗教庆典活动仍然会在个人的家里举行。通过这种间接的方式，我们也了解到在1558年11月中旬印度教教徒们为各种各样的神灵举行了一些祭典，向诸如象头神、毗南纳萨迦（Vighnanāśaka）和毗纳耶迦（Vināyaka）等神灵表示敬意。这些宗教祭典在果阿的各个地方都会举行，至少其中有一部分遭到耶稣会士及基督教皈依者们的侵扰。[734] 后来有一次，来自迪瓦岛想为干达神举行宗教祭典的印度教教徒们为了尽量防止被基督教徒发现，他们就把自己的儿子们送往内陆地区，显然在穆斯林的区域里他们可以自由地举行其宗教庆典。[735] "迪帕瓦里节"（即印度教的排灯节 [Dīvalī]）和财神悉多（Sita）的祭典活动在果阿同时进行，[736] 其时间通常都在10月，居住在印度人社区中的大部分体面的人都会参加。在果阿之外的葡萄牙人聚居区，基督教徒还没有强大到可以禁止印度教的宗教庆典的地步，那里的耶稣会士们写的信件只是满足于对印度教的宗教游行的生动描述上，并没有真正地了解印度教教徒们在庆祝什么。[737]

按照耶稣会士们的看法，印度教有三类神职人员：婆罗门教派、瑜珈教派和古鲁教派（Gurus）。虽然信件的作者承认婆罗门教派管理着神庙并在宗教事务中占据着统治地位，但耶稣会士们对此并不羡慕，除非婆罗门教徒皈依基督教。耶稣会士们一再批评婆罗门教徒没有诚意、口是心非，"除了从印度在俗信徒那里聚敛财富之外别无其他目的"。[738] 当被问及婆罗门教徒为何要蒙蔽他们自己的人时，婆罗门教徒们回答说："我们为什么能够这么做？因为这是我们谋生的方式。我们请求您不要把我们的所作所为告诉其他人。"[739] 伏若望深入地

442

探讨了婆罗门教徒"从7岁开始就在脖子周围紧挨皮肤戴着的"那条圣线。这个仪式性的符号"有三股线组成，每一股都被绕几圈然后打结，包裹住线的末端相接的地方"。每一条线代表着对某个特定的神灵的敬意，"在线的末端打的结代表着三人合一，因此，他们极力地宣称他们也有一个和我们一样的三位一体的神灵"。在展示了婆罗门教徒的假想的虚幻性之后，伏若望得出结论说："他们之所以提到了三个人（三相神 [*Tri-mūrti*]，即梵语所说的三种形式），只不过是因为他们早已从基督教徒这里得知了这些而已。"[740] 虽然婆罗门教徒假装是素食者，但努内斯·巴雷托（Nunes Barreto）认为"在私下里……他们什么都吃"。[741] 虽然婆罗门教徒是神职人员，但他们"随心所欲地和许多个妇女"结婚，[742] 并为了神庙的荣誉和收入诱骗年轻的女孩子去卖淫。

苦修的瑜伽教徒是另一种不同的人，耶稣会士们对他们的高尚、节欲、学识和善于倾听的素质表现出明显的尊重。伏若望区分了两类瑜伽教徒：托钵僧和隐士。[743] 他们似乎"服从于一个上级"，普通人"都认为他们是圣人"。[744] 巴扎乌斯对他们的影响力的印象非常深刻，以至于他认为他应该穿得和他们一样，并与他们一起生活。[745] 巴扎乌斯曾经吸纳了一名瑜伽教徒皈依了基督教，他在1551年把这位皈依者送回了欧洲，后来这位基督化的瑜伽教徒在果阿的神学院服务。还有其他两名瑜伽派教徒，有一个在神学院学习，因通晓18种当地语言而知名；[746] 另一个是恩里克斯在捕鱼海岸吸纳其改宗基督教的，他因其纯洁的生活方式在帕拉旺人的村庄首领帕坦伽汀（*patangatins*）中保持了恒久的影响力。[747] 虽然古鲁教徒被承认是印度教教义的权威，但耶稣会士们很少把他们作为一个整体进行讨论。耶稣会士们更加专注于讲述那些能够通过自己的魔法呈现"500只幻影般的大象"的巫师，[748] 关于占卜弗拉（fula，即时运占卜师，jousi [*jyotisi*]，或占星家），[749] 他们把树叶放在一尊神像的双肩上，然后等待看哪一边的叶子先落下来，借此预言人的命运，[750] 或者是谈论夜间在海上折磨那些帕拉旺人的妖魔鬼怪，直到他们皈依基督教为止。[751]

关于社会问题，耶稣会士们的信件主要讨论了那些导致当地人皈依基督教的问题更加复杂的机构和观念。耶稣会士们对于印度南部的种姓划分制度特别感兴趣。恩里克斯在其信件中除了提供许多种姓的名称之外，还对罗耀拉建议：

443

"……在印度最好为一个种姓的所有成员施洗礼，而不要采纳那种为来自不同种姓的单个人施洗礼的方式。"[752]恩里克斯主要讨论了帕拉旺人共同的以及居住在内陆被称作"查瓦拉卡人"（Chavallacars）和"塔宽库特人"（Taquanqutes）的相关社区的社会活动，还谈及了万帕纳德湖（Lake Vampanad）东部被称作特克坎库尔（Thekkumkur）地区的居民。[753]在奎隆，欧洲的耶稣会士们了解到的种姓阶层包括铁匠、木匠、裁缝、椰子收割工和其他与职业相关的群体。关于果阿及其北部的居民区的种姓没有什么具体的信息，伏若望对婆罗门种姓和果阿的其他几个较为低级的种姓相当地了解。他谴责了一种残忍的习俗，即印度的富人种姓阶层的奴隶们患了重病或者是年纪太大而无法工作时，就会被扔到街上活活饿死。严酷的种姓制度下的奴隶们常常把印度的基督教徒聚居区的修道院和神学院当作避难所。[754]

　　印度的婚丧习俗既让耶稣会士们非常好奇，同时又使他们困惑不已。恩里克斯写道，有"许多人和自己的堂兄妹、姐妹和表姐妹结婚，如果把他们分开那将是一桩很大的丑闻，因为这种情况非常得普遍，他们有许多儿子和女儿"。[755]恩里克斯本人在特许当地人的习俗方面总是显得很宽容，他一再地向教皇请求准许当地人在姻亲和血亲的第三、四级内通婚，这在新西班牙（New Spain）已经做出了让步。[756]印度人在临终时身边没有祈祷者，也没有蜡烛，"他们牵一头活牛来到病人的床榻前，把牛尾巴放到病人的手中，这对于他们来说是一种最为虔诚的死亡方式"。[757]在特拉凡科尔，有一个习俗是当国王去世的时候所有的男人都要剪掉自己的胡须，如果有人胆敢不这么做的话，通常情况下将被逮捕或者杀死。[758]在印度南部，当国王去世的时候，也有一个习俗，那就是其侍从们要疯狂地奔跑，以便为其死亡报仇，或者是要在狂奔中试图死去。[759]在葡萄牙人试图抓捕圣多默的时候，即使是他的基督教徒也狂奔着威胁说要为其主教报仇。[760]

　　在科摩林角，人们的饮食内容主要包括稻米、小麦、面粉、鸡肉、鱼肉、奶、黄油、鸡蛋、无花果以及椰肉和椰奶。[761]成年人外出时基本是半裸的，通常在腰上裹着一块两英尺多宽的布。10岁以下的孩子外出时通常什么都不穿。[762]一种最为司空见惯的表示友谊的方式就是善意地嚼槟榔的习俗，王室在暗示亲

444

善的时候就是送人一枝无花果。[763]无论何时一个陌生人只要到了印度南部,甚至是在充满敌意的地区,只要有一个本地人做向导陪同,就会被认为他受当地统治者的保护。[764]据说马纳尔岛的社会风气比较注重声色享受,恩里克斯给耶稣会的都主教写信请求允许他带回某种用于镇定的药物,通常,瑜珈教派的人士就用这种药"克制情欲"。[765]

在耶稣会士们看来,印度的非基督教徒,甚至是那些最开明、最博学的人们与亚洲东部的人们相比仍然显得很低劣。中国人被描述为睿智且正义,而日本人则因为其制造业、智慧和整洁而备受人尊重。马拉巴尔人和卡纳拉人(Kanarese)一直被认为比较愚钝、非常羸弱、迷信,彻底没有整洁的标准。[766]对于传教士们而言,塔纳的当地人粗野而且麻烦不断,但"在经营自身的利益时……却充满了狡诈和老于世故的精明"。[767]印度社会中较低级的阶层有时候被认为和善且温顺,然而没有皈依基督教的婆罗门教徒则因为他们的顽固、傲慢和不讲道理而遭到批评。

摩尔人和犹太人是耶稣会士们冷酷无情的敌人,即便是这些人也比印度教教徒更受尊重。当耶稣会士们指责其放高利贷行为的同时,耶稣会士们也羡慕他们在做生意时的机敏以及他们对自己神父的虔诚心态。[768]耶稣会士们承认大部分的穆斯林都是逊尼派教徒,他们抱怨说他们的"卡西兹"(casizes,即穆斯林的阿訇)有时候能够赢得当地的基督教徒,使他们改宗皈依伊斯兰教。[769]由于穆斯林妇女们足不出户,过着与世隔绝的生活,这就引起耶稣会士的好奇,猜测她们的闺中生活一定有某些隐私。[770]G.罗德里格斯说,在比贾布尔,"摩尔人数量众多,难以计数",他还补充描述了一个穆斯林的节日,对阿迪勒汗也有些评价。[771]特别是每当提及摩尔人的时候,耶稣会士们似乎都处于防御状态。"我们所处的这个地方是一个战场,"巴扎乌斯在从果阿写给罗耀拉的信件中如是说,"我们要不断地与土耳其人、摩尔人和异教徒斗争,我们无从得到和平"。[772]

在印度,处于备战状态的耶稣会士们对于在俗葡萄牙人也绝不是一味地不加批判地仰慕。在评论霍尔木兹的葡萄牙士兵时,巴扎乌斯抱怨道,他们似乎是"一群没有法律、国王或者长官约束的人——他们都很野蛮、很容易叛变而

445

且亵渎神灵"。[773] 许多葡萄牙的男人在家已经结过婚了，却在印度又缔结"秘密的"婚姻，还禁止在教堂里预告他们的新婚消息。[774] 在果阿，有一条街因那里的葡萄牙妓女而闻名，[775] 其中有一些被传教士们一次又一次地送回欧洲。葡萄牙人竟和摩尔人一样沉迷于鸡奸，他们这种行为让耶稣会士们大为震惊。1559 年，因为一场严厉的道德和宗教净化运动，许多葡萄牙人因为反常的性行为而被处死、放逐或者监禁。[776] 事实上，耶稣会士们一再地指责葡萄牙人使他们的传教活动举步维艰，这些葡萄牙人所树立的败坏道德的榜样以及他们粗暴地对待当地人的非正义行为都使耶稣会士们原本美好的工作化为乌有了。[777] 在葡萄牙人聚居区内，摩擦可能是不可避免的，因为和在果阿一样，耶稣会士们"身边围绕的全是葡萄牙人，以至于感觉和生活在葡萄牙没有什么两样"。[778]

但是，耶稣会士们笔下的葡萄牙人的形象也不全都是负面的。葡萄牙的年轻人被赞扬为信仰坚定，即使在"与摩尔人和其他异教徒一起在异教徒的军队"中服务时也是如此。[779] 年龄比这些年轻人大的葡萄牙人奉献于传教事业，以在教团中工作为乐，并且帮助创建教堂和神学院。1557 年，一位"光荣的"葡萄牙人提供纸张来印刷忏悔手册，由此，这些手册就可以免费在聚居区内发放。[780] 许多葡萄牙人和葡印混血儿（Luso-Indians）想努力加入耶稣会，虽然耶稣会士们指出较好的培训在印度是没有的以打消其念头，但他们仍矢志不渝。[781] 当然也有例外，最著名的就是 1554 年费尔南·门德斯·平托（Fernão Mendes Pinto）被批准加入了耶稣会。[782] 耶稣会士们似乎偶尔也能看到葡萄牙官员们为宗教事业而做出的贡献，因为这些官员希望在印度和欧洲晋升职位时能够得到耶稣会士们的支持。巴扎乌斯谈及一名在霍尔木兹工作的军事统帅时写道："他在坎贝所奉献的一切不过是因为他想有朝一日能够当上总督。上帝保佑他吧！"[783] 当恩里克斯说起普尼卡尔的一名军事统帅时，他评论道："他对我们言听计从……"[784]

446

正如我们已经指出的那样，如果要根据那些写于 1548 年到 1561 年间的印度书信来总结这里给人的第一印象的话，他们必定要联系自己在这块次大陆上从前几年开始的亲身经验，并描述他们在这里的社会活动。在欧洲，所有被引述的信件到 1570 年为止全部得以印刷出版，这些和其他一直没有出版的信件也都以手稿的形式被传播。1554 年以降，在欧洲和印度的人们对这些出版的书简都提出了批评。这些信件的作者也遭到了攻击，印度的葡萄牙人的批评声音尤为强烈，他们认为这些信件中充满了偏见，而且对于某些问题并没总是给出所有的真相。甚至有谣传，有人专门编了一本书指出了那些书简中的实质性错误和前后矛盾的地方。[785] 在耶稣会内部，也已经提出要求，写作者要提供更加仔细、全面的信件版本，为编写正式的传教史做准备。正是在其他人中间有这些考虑，也许可以帮助我们解释在 1561 年到 1568 年间信件的出版为何会出现中断的现象。从今天的角度去看，虽然说作为历史资料的耶稣会士信札中有一定量的缺陷，但在这个时期的欧洲，耶稣会士们的写作在提供的关于印度的语言、文学方面的信息，以及它们在清楚地证明基督教传教士们对于印度人，特别是婆罗门教徒和他们的宗教的蔑视方面，都具有独　无二的价值。因为耶稣会士们对当地文化和宗教的敌视态度所导致的盲目，使他们仅仅满足于对于印度教的活动进行肤浅或附带性地提及。

三、第二个三十年，1570—1601 年

从 1570 年到 1588 年间关于印度的信息在欧洲很少以正式出版物的形式出现。虽然沙勿略有几封从印度寄来的信件在 1566 年到 1570 年间得以出版，而事实上这些信件谈论的都是远东，印度根本就没有被提及。于 1570 年在罗马出版的《新见闻录》（*Nuovi avisi*）一书包括了 5 封刚从印度寄来的信件，它们写于 1568 年和 1570 年之间。从 1570 年开始，直到 1585 年，有关印度只有 9 封简短的信件或者说是摘要得到了印刷，最有名的就是收在《新见闻录》（*Nouveau advis*，巴黎，1582 年）中的一则通告，它讲述了耶稣会士阿夸维瓦（Aquaviva）在 1580 年离开阿克巴宫廷的情况。1585 年在罗马出版的《年度书简》（*Litterae annuae*）中有一封范礼安写得很详细的信件，专门讨论了撒尔塞特岛的殉道者——包括鲁道夫·阿夸维瓦（Rudolph Aquaviva）在内的 5 名耶稣会士在 1583 年 7 月遇害的事件。在这个十年里，其他以年度书简的形式出现的信件都因为没有涉及印度的消息而引人注目。

在这些年里,不仅印度在耶稣会士们的信件中暗淡下来了,事实上那些信件基本上也没有涉及欧洲人眼中的印度形象,里面只有一些训导性的内容。1568 年,一封来自果阿的信件[786]强调了摩尔人在印度海域和海港的势力的日渐增长对于传教士们的危险性。这封信断言:"马拉巴尔王国已经属于穆斯林,他们几乎全是海盗,对基督教徒充满了敌意。"[787]毫无疑问,这是铁的事实,因此,这封信道出了正处于土耳其和马拉巴尔人联盟的攻击中的葡萄牙人所面临的严峻形势。[788]1599 年,扎莫林通告废止他在 1540 年和葡萄牙人签订的条约之后,"马拉巴尔的海盗们"就出现在从第乌到锡兰的整个印度西海岸上,威胁欧洲人在海上的安全。他们把耶稣会士们杀害、抓捕或者是拘禁起来向葡萄牙人索要赎金。甚至果阿附近的基督教社区自身也遭到了海上来的掠夺者的袭击。但是,让人感到好奇的是,欧洲人为穆斯林和马拉巴尔新一轮的袭击所迫,在其不得不防御的时候,他们发现曾在早期的信件中被基督教徒严厉指责的婆罗门教徒,如今在他们需要帮助的时候却前来向他们伸出了援手。

已经出版的关于奎隆(1569 年)、果阿及其周边地区(1569 年)和科钦(1570 年)的传教情况的报告表现出对于婆罗门教徒一种更为感激的态度,无论他们是否皈依基督教都是如此。[789]婆罗门教徒首领的儿子们都皈依了基督教,他们因为和耶稣会士们一起游走并帮助把其他印度人带到基督教徒聚居的地方而受到了赞扬。在果阿的许多边远地区,耶稣会士们成功地使婆罗门教徒改宗皈依了基督教,这些婆罗门教徒也是村落首领(*gancars*),[790]或者是统治当地的村落社区的议政会成员。在撒尔塞特岛的基督教徒遭遇攻击时,婆罗门教的青年们与其他皈依基督教的人一起对抗摩尔人,一些村落首领则秘密地为那些遭受困难的传教士们提供帮助,并把圣殿空出来让他们避难。事实上,在耶稣会士们的报告中,皈依基督教的所有种姓的印度教教徒都坚定地站在努力保护那些在印度的传教据点的欧洲人这边。

这些报告提供了比耶稣会信件更多的统计数据。奎隆"位于一座山脚下,向后大约走 11 000 步就是海洋"。[791]在奎隆的周边地区坐落着 23 个村庄,其中在 4 个村庄里面有教堂。这些地方人口非常稠密,但是这里的生活必需品仍然很丰富,气候也很宜人。在科钦的城市附近,大约距其教区 3 000 步(码)

的地方，围绕着帕鲁尔特（Palurt）有许多村子，它们都归科钦管辖。小公国坡拉卡德（Porakád）"距这里有 20 英里远"，[792] 显然它是科钦的一个封地。然而，当耶稣会士们与奎隆、科钦的统治者以及其他一些封臣相处得很融洽的时候，传教士们仍然在抱怨他们对基督教的盲目拒斥。

　　尽管欧洲人面临着明显的困难，传教士们仍在葡萄牙人的聚居区继续吸纳当地人皈依基督教。1568 年，在撒尔塞特岛 20 万的总人口中有 2 000 名当地人皈依了基督教。[793] 在接下来的一年里，塞巴斯蒂安·费尔南德斯（Sebastian Fernandes）报告说，在果阿地区总共仅有 3 200 名当地人皈依了基督教，"这与前几年相比数量更少了，但是考虑到战争和动荡的局面的限制，这个进展也算是足够大了"。[794]1569 年，在果阿的神学院中住着 88 名耶稣会士，其中有一些在神学院培训那里的 720 名学员。[795] 在 1570 年，科钦的两所耶稣会初级学院一共有 270 名学员注册。在印度所有的沿海聚居区，大批地为皈依者施洗礼的活动在继续进行。在果阿，传教士们仍然会为皈依基督教的人们举行盛大的庆典，总督也常常会列席。

　　阿夸维瓦造访阿克巴宫廷的消息于 1582 年在欧洲出版。[796] 众所周知，三年后这位耶稣会都主教的侄子沮丧地回到了果阿，此后不久就在撒尔塞特岛遇害。[797] 在这几年间的其他信件中也充斥着耶稣会士们在印度遭受的苦难描述，虽然前往阿克巴宫廷的传教团显然一度点亮了希望，让传教士们感到在印度的真正收获就在较远但可见的海面上。把这幅凄凉的图景与远东的耶稣会士们大约在 1585 年大肆庆祝或憧憬未来的明亮前景进行一番对比，就不难理解这些年来为什么印度的信件没能得到频繁地印刷出版了。

　　1588 年，马菲（Maffei）的拉丁文历史著作在佛罗伦萨出版，该书以年代先后的顺序讨论了大约从瓦斯科·达·伽马到 1557 年间，葡萄牙人在印度的事业开拓历程。马菲的著作因为涉及印度，常常被认为是一部耶稣会的历史，但是其叙述结构和要点类似于卡斯塔涅达和巴罗斯的著作。事实上，马菲曾一度解释过他描述"葡萄牙的征服者，而没有涉及其他王国的情况和社会习俗"的原因。[798] 这位耶稣会的历史学家也许是有意为之，相对而言他很少谈及印度的传教团，虽然他在书中确实赞美了沙勿略的巨大成功，并认为他是一个"圣

449

人"。虽然马菲的作品没能系统地为我们补充关于印度的信息中断时期（1561—1568 年）的内容，但是从他对某些特定的问题的讨论中可以清楚地看出，马菲可能看过许多在 16 世纪未能出版的印度耶稣会士们的信件。而且当他在著作中穿插了有关社会阶层和宗教活动等方面的讨论时，他使用了其中的一部分信件和特殊的报告，因为他无论在什么时候涉及这些内容时，都谈得非常细致。[799]

对于马菲而言，马拉巴尔特别是卡利卡特的政治和社会组织整体上是印度的规范模式。扎莫林是马拉巴尔的主要统治者或者"皇帝"，主要统治着四种人：被称作"凯马尔"（Caimales）的地方行政官员或者管理者，[800] 被称作"婆罗门"（Brachmanes）的神职人员，被称作"总督"（Naires）① 的军事贵族，以及大量的工匠和农民。除了扎莫林自己管辖的人之外，他还容许穆斯林和犹太商人在他的王国活动，这些商人在扎莫林的港口城市获取了巨额的利润。马菲在其著作中提供的这些描述和重要内容显然来自世俗的人们的记述，而不是传教士们的书简。

马菲对于马拉巴尔的婆罗门教徒、纳亚尔人和工作阶层的一般性描述整合了世俗的资料、传教士们的信札和古代的相关记述。马菲断言："有好几类婆罗门教徒，有的会结婚生子，还有一种公开表示独身禁欲，他们今天被称作瑜珈教派。从前古希腊人称他们为金诺菲斯特（Gymnophistes）。"马菲接着复述了早期的作者们所谈到的关于婆罗门教徒和瑜珈教派的内容，这些作者们还指出瑜珈教派的教徒们生活在一个至高无上的统领的管辖之下，这个统领"有着非常丰厚的收入，他在特定的时刻会派遣一些冒名顶替者去各种各样的王国布道，讲述他们不敬神的错误以及他们的梦想"。[801] 马菲也指出，瑜珈教派的教徒们认为，通过脱离物质和肉体，他们最终将在"其教团（Orders）之一阿卜杜特人（Abdutes，即超越规范者 [Avadhūtas]）中获得更大的荣誉"。[802] 瑜伽教派的"精神苦修"，还有他们的修道院的等级制度和组织机构，以及他们的精神感化行为等方面，都与在印度的耶稣会士们的所作所为很相似，这似乎提醒马菲想起了天主教会的固定制度。

---

① 即 Nāyars。——译者注

马菲和那些信件的作者们一样，对于印度的神庙惊叹不已，他写道："其富丽堂皇的程度可以和古罗马最杰出的建筑相媲美。"[803] 和他的同事们一样，马菲认为印度教的教义尽是大量荒诞而迷信的东西。这位耶稣会的历史学家看到了一些在印度翻译又传播到葡萄牙的婆罗门教典籍。[804] 马菲承认这些作品显示出"令人难以置信的细致和勤奋"，他们的教义"在一定程度上和古希腊的神话传说或者是古老的伊特拉斯坎人（Etruscans）的'奥古拉尔'（Augurale，即奥古里亚 [Auguria]）戒律很相似"。[805] 但是，这位优秀的基督教人文主义者总结道，这些婆罗门教的典籍"如今为这些微不足道的东西和古老的传说所提供的传播空间没有什么意义"。[806] 更为重要的是要反映出慈悲的上帝如今将要把长期生活在黑暗中的人们眼中的锈迹抹去。

450

马菲大量地描述了纳亚尔人为战争做准备、他们的装备以及在战场上的行为的细节，也许他在讨论这些内容时要比 16 世纪的任何一位作者都详细。作为一个世代相传的战士种姓，纳亚尔人从 7 岁开始，一直到死都在不停地接受训练。显然，马菲对于他们的体能训练项目的严格以及这种训练带来的身体的敏捷性的印象非常深刻。虽然纳亚尔人从前主要依靠弓、长矛和剑等武器，但他们很快就学会了制造、磨光和瞄准用的大大小小的火枪，这些火器可以在葡萄牙人的军火库中看到。然而，纳亚尔人在战场上仍然几乎是全裸，没有胸甲或者头盔的保护。纳亚尔人在与全副武装的欧洲人作战，遭遇到超乎想象的打击时，他们的表现就显得没那么坚定了。但是他们反应非常敏捷，把边打边撤的战术简直运用到了出神入化的地步。他们的攻击迅疾而有效，在反击追赶他们的敌人时，他们以致命的精准度把标枪和金属环掷向对方，然后就消失在内陆，这一切显然让葡萄牙人觉得他们是一群令人生畏的仇敌。虽然所有的纳亚尔人都为他们的作战天赋而感到自豪，但在他们中间有一类被称作"阿莫克人"（Amoques）的杰出人物，他们向那些战死的主人和同胞们生还的亲人、家庭和孩子发誓会为他们报仇。"阿莫克人"是一群在作战时不计后果、暴烈冲动的战士，他们受到所有人的崇敬。要衡量一个国王的实力，就要看他所拥有的誓死效忠于他的"阿莫克人"的总人数的多寡。[807]

尽管马菲在其著述中对纳亚尔人的婚姻和继承习俗进行了公开指责，但他还是克制住了自己对他们那些令人难以忍受的高傲自负、粗鲁无礼以及玷污信仰的行为作风的所有愤怒情绪。工匠和农民们的生活最为悲惨，这种社会层级状况似乎是纳亚尔人极力要维持的。劳作阶层的人们无法通过换一种更好的工作来改变他们的生活状况。显而易见，马菲对劳作阶层的人们有一个印象，那就是个人一旦选择了自己的职业之后，就终生不能更换。因为马菲参考了古希腊的阿里安（Arrian）写的印度史，所以他最终得出结论说，根据职业划分社会群体是印度最古老的习俗之一。纳亚尔人和其他自古以来就负责稳固这一社会体系的印度贵族自然会对基督教强烈地痛恨，因为这个宗教强调适度和友爱。[808]

马菲的著作还包括一些关于葡属印度人的普遍印象。葡萄牙人开拓殖民地的动机主要来自贸易。在印度，葡萄牙人因为沉溺于让人萎靡的东方奢华生活中而毁了他们自己。在耶稣会士们到达印度之前，方济各会修士支配着这里的基督教传教工作，他们被描述为善良而虔诚的群体，然而这一说法并不完全真实。[809]马菲发现，圣多默的基督教徒们在礼仪和传统方面与拉丁的宗教信仰很相似，他似乎完全不为他们对景教的异端邪说的偏爱而气恼。关于印度本身以及位于葡萄牙人的军事据点之外的那些地区，马菲事实上只字未提。就这一点而言，马菲的著作所提供的信息量又不及那些在俗的作者们的作品。虽然马菲不断地参考古希腊和古罗马的古典作者的作品，但他不止一次地暗示，按照他同时代的人们实地了解的情况可以推断这些作品一定被修改过。[810]马菲和那些在俗的历史学家一样，为了刺激读者的兴味，就中断了葡萄牙人在某一时段征服印度的叙述，而插入了诸如大到能够在海中阻止一艘大船的剑鱼、有毒的大蛇以及长着"狐狸般的长鼻子和牙齿"的蝙蝠等相关内容。[811]然而，对于马菲来说，并非印度所有的事物都是神秘怪诞的。他也很喜欢在作品中对于作为人间乐园的锡兰进行具有想象色彩的描述，马菲指出这是马拉巴尔的纳亚尔人的美丽、快乐的花园，那里有各地的上流社会所珍视的珠宝、华服和昂贵的庆典。

在16世纪的最后一个十年，欧洲人对于印度的普遍性兴趣再次出现，新出版的沙勿略的传记和信件也在欧洲为这个局面推波助澜。然而，对于这个乐观主义的新浪潮而言，最主要的是来自印度的那些激动人心的消息本身。耶稣会使团在 1580 年到 1583 年间、1591 年以及 1595 年到 1605 年间三度前往阿克巴宫廷的消息又在欧洲点亮了基督教征服印度最大的王国莫卧儿帝国的希望之光，这一愿望最终在那里成为了现实。与此同时，我们也要牢记基督教徒们这时候在中国的运气也在好转，经过利玛窦、范礼安等人的努力，耶稣会对于中国的渗透也在慢慢地取得进展。虽然日本的基督教徒们经历了一些挫败，然而，日本的特使在 1584 年到 1586 年间成功的巡游仍然使这些挫折在欧洲 16 世纪的最后一个十年显得相形见绌。在菲律宾群岛，传教士们的工作进展也是显著的。虽然西班牙和葡萄牙帝国的联军在海战中败在荷兰和英国新教徒的手中，但是通过宗教团体的努力，菲利普二世在非欧洲世界，特别是在亚洲的运气似乎越来越好。在印度和中国这两大亚洲文明古国，欧洲的基督教徒们要想完全进入其中，迄今为止还觉得困难重重，但沙勿略在半个世纪之前就已经展开的宏大的工作规划似乎正在印度和中国结出果实。

关于阿克巴的王国或者说是大"莫格尔"（Mogor）这块陆地的信息，逐渐以公开出版的方式在欧洲传播。1582 年，根据鲁道夫·阿夸维瓦神父和其他人的信件写成的一则关于第一个传教团的简短记述在巴黎出版了。[812] 这个传教团的通告也被收入了 1582 年官方出版的《年度书简》（*Litterae annuae*，第 111-112 页）。在第二个传教团于 1591 年到达阿克巴的消息传到欧洲之前，关于这个地方就没有进一步的信息了。在接下来的一年里，耶稣会士斯皮泰利神父（Father Spitelli）从果阿教区的信件中摘录了关于"莫格尔"的内容，并在罗马用意大利文出版了。[813] 这些摘录的内容概要的拉丁文译本和法文译本也分别迅速地在安特卫普（1593 年）和里昂（1594 年）出版了。然而，一本提供了印度北部和阿克巴宫廷的实质性信息的小册子直到三年后才出版。

显然，意大利耶稣会士乔万尼·巴蒂斯塔·佩鲁奇（Giovanni Battista Peruschi，1525—1598 年）从未到过亚洲，他在 1597 年完成并出版了一本综述阿克巴王国的信息的书。佩鲁奇的书共有两部分组成，书名是《伟大的莫卧儿王国的信息，那里的居民及其品性、习俗，以及对他们皈依神圣的基督教情况的推测……》（*Informatione del regno et stato del Gran Re di Mogor, della sua persona, qualita, & costumi, & congretture della sua conversione alla nostra santa*

452

fede...）。[814] 该书的第一部分主要参阅了蒙塞拉特神父（Father Monserrate）伴随第一个传教团从阿克巴宫廷回来后不久于 1582 年在果阿撰写的《出使报告》（*Relacam...*，即"在阿克巴王国的见闻"）[815] 一书。1579 年，蒙塞拉特在离开果阿之前得到指示，要求他在造访莫卧儿帝国期间记下其每天的经历。在接下来的两年半时间里，他每天晚上都忠实地记下了他的所见所闻。蒙塞拉特一回到果阿，就整理其日记并发往欧洲。[816] 虽然佩鲁奇忠实地提供了《出使报告》（*Relacam...*）一书的要义，但他承认他是用自己的语言进行表述的，而且用了关于 1591 年第二个传教团的信件中的资料并对其做了修改。[817] 紧接着其第一部分的叙述，佩鲁奇在其著作的第二部分复述了第三个传教团成员在 1595 年写的 4 封信 [818] 的内容，这个传教团是果阿的都主教教省派往欧洲的。佩鲁奇的作品的法文译本很快在贝桑松（Besançon，1597 年）和巴黎（1598 年）出版，1598 年，其德文译本在美因茨（Mainz）出版，拉丁文译本也迅速面世。

453 　　还有其他几部意大利文和法文作品，重复了佩鲁奇在 16 世纪末期叙述莫卧儿印度的部分内容。[819] 1597 年，《年度书简》（第 567-573 页）也总结了耶稣会士们在印度北部取得的进展。第三个传教团在拉合尔（Lahore）写的三封信于 1598 年收在葡萄牙耶稣会士阿玛杜尔·雷贝洛（Amador Rebello，死于 1622 年）编的集子中出版了。[820] 其中有一封信是热罗姆·沙勿略（Jerome Xavier）写的，其内容与佩鲁奇复述的信件差不多，1596 年的第二版在 16 世纪期间似乎没有在欧洲出版。[821] 1596 年 11 月 16 日，雷贝洛也给都主教弗朗西斯科·卡布拉尔（Francisco Cabral）写了一封长信，讨论了从果阿的都主教教省来的印度传教团的情况，但这封信似乎从来没有被哪个编者编辑出版过。[822]

　　卡斯塔涅达是欧洲第一位对莫卧儿人到达印度北部的事件进行长篇评论的作者，他的叙述到了 1540 年就突然终止了。[823] 自此以后，欧洲对于莫卧儿人一系列的活动就一无所知了，这种情况一直持续到佩鲁奇的著作在 1597 年出版之后才有所改观。显然，这位意大利的耶稣会士没有看过卡斯塔涅达的早期作品，他完全依据耶稣会的资料，就阿克巴统治下的印度斯坦为欧洲人提供了一个系统的描述。但是，无论如何我们都不能想当然地认为佩鲁奇或者是他使用的资料主要都是与宗教事务相关的。恰恰相反，耶稣会士们相当有意识地通过当地的信息提供者（包括阿克巴本人在内）以及自身的经验，尽量地对 1582 年左右或者是阿克巴个人统治开始后的二十年中，其开拓的疆土的地理构成、社会组织、管理和经济等方面进行了有条不紊的描述。当然，耶稣会士们对于阿克巴本人的个性和信仰也显示出了浓厚的兴趣，特别的原因在于他们把吸纳阿克巴皈依基督教作为其传教工作主要的努力方向。

阿克巴这个名字在佩鲁奇那种意大利化的表述形式中是"穆罕默德·泽拉尔丁·艾克巴"（Mahometto Zelaldim Echebar），他是帖木儿（Tamerlane）的第八代孙子，也是"位于鞑靼和波斯之间的北部、印度的西部"的"察夸台"（Chaquata，即察哈台 [Chaghata]）地区的人。[824] 察哈台当地的普通用语是土耳其语，但又和土耳其的口音不同；波斯的宫廷用语和生活在波斯的普通民众的发音也不同。察哈台与鞑靼毗邻的那一方是乌兹别克人（Uzbeks）的领地，其第一位统治者就是成吉思汗（Jenghis Khan）。如今在乌兹别克执政的统治者是阿卜杜拉可汗（Abdullah Khan），他是成吉思汗的一个子孙，他管辖着从撒马尔罕（Samarkand）到布哈拉（Bokhara）之间的地区。这个统治者家族与阿克巴有联系，他们最初没有宗教信仰，但最近却皈依了伊斯兰教。

按照佩鲁奇的记述，"莫格尔"王国西边与印度的这边（Hither India，即印度河地区）毗邻；西北部与波斯接壤；东边是与中国毗邻的更远的印度（Further India，即恒河及其以东地区）；穿越山区向北就是大鞑靼王国；[825] 其西南部就是卡利卡特王国和大海；东南部则是孟加拉湾。"莫格尔"或者说是阿克巴统治的地域不仅仅是一个王国，而是多个王国的组合。其主要的地区就是位于印度河和恒河之间的印度斯坦、阿格拉、非常古老的曼杜（即马尔瓦）、拉合尔、坎贝和孟加拉。[826] "莫格尔"主要的城市是坎贝、德里、拉合尔、木尔坦（Multan）、曼杜、巴特那（Patna）、江普尔和艾哈迈达巴德。这些城市中有的和里斯本一样大，曼杜有着宏伟富丽的建筑，很容易让人与古罗马的建筑进行一番比较。

虽然莫卧儿帝国国力强盛且疆域辽阔（其面积达 24 万平方里格），[827] 但它作为一个海上的竞争对手显然没有什么值得可怕的地方。甚至在阿克巴于 1573 年征服古吉拉特之后，他能够掌控的港口也只有西南部的苏拉特、布

454

罗奇（Broach）、坎布哈亚（Kambhayat）和卡克拉（Gogra）。[828] 印度斯坦境内有 11 条河，其中只有一部分与内陆和阿克巴控制的港口相连。塔普蒂河（Tāpti）流经苏拉特，纳巴达河（Narbada）与布罗奇相连，昌巴尔河（Chambal）注入赞木纳河（Jumna），而朱木拿河又汇入恒河，而恒河反过来最终注入孟加拉湾。其他的 5 条河流，萨特累季河（Sutlej）、比阿河（Biah）、拉维河（Ravi）、昌纳布河（Chanab）和比哈特河（Bihat，或者说是杰赫勒姆河 [Jhelam][①]）都被准确地指出是印度河的支流。[829]

东北部的山脉被当地人称为"库芒"（Kumaon，即喜马拉雅山），那里住着一群"波坦提人"（Botthantis，即西藏人 [Tibetan]）。[830] 这些人都是白人，在他们的土地上没有摩尔人，他们独立于阿克巴的政治统治。"波坦提人"没有自己的国王，但是受巫师的统治。他们依靠制作毛毯为生，他们把成品带到印度，在尼格尔利奥特（Negariott，即坎格拉 [Kangra]）和卡拉穆尔（Kalamur）的市场上出售。因为他们一年中除了 6 月到 9 月，其他时间都为大雪所困，所以他们也只有在这四个月里才从山上下来。他们的衣服也都是用毛毡做的，他们会一直穿到其破损烂掉为止。他们从不洗手，因为他们认为玷污了水这种纯洁而美丽的自然元素是不合适的。他们的家族成员都住在一起，所以每个男人只能有一个妻子，如果她死了就不能再娶。他们徒步作战，用的武器是弓、箭和剑。虽然他们的碗碟是用人的头盖骨做的，[831] 但他们并不是食人族，而且对外面的来客慷慨而慈善。佩鲁奇总结的蒙塞拉特关于西藏人的报告对我来说，是欧洲出版的关于这座山上的居民的第一部具有实质性的信息的资料。[832]

关于阿克巴的长相、个性和兴趣方面的细节通过佩鲁奇的叙述就像一条线被缓缓地拉长了。阿克巴被描述为中等身高，双肩很宽，大约有 40 岁（这是正确的，因为阿克巴出生于 1542 年）。

> 阿克巴的肤色很黑，双眼较小……鼻孔宽大，左边有一个小疣；
> 他的头稍稍向右倾；除了短而整洁的八字须外，他下巴上的胡须剃得

455

---

① 即 Jhelum River。——译者注

干干净净……[833]

阿克巴留着长发，头上包着头巾，戴着珍珠和宝石。阿克巴的衣服昂贵而讲究，脚上穿着自己设计的便鞋。他总是在腰部别着一把匕首，并且佩带一把剑，有时候他会把其中之一放在自己触手可及的地方。虽然阿克巴被描述为谨慎、明智、朴素、勇敢而且和蔼，但同时也很严肃、忧郁、缓慢，然而他的性情又很暴烈。虽然阿克巴不会读写，但他对知识有着强烈的兴趣，他的身边总是有文人相伴。因为他一直忙于王国的事务，所以他很喜欢猎捕野兽，在马背上玩马球，观看动物与动物、人与人之间的厮杀，参加舞会和体操表演。观看小丑表演和驯兽也是他业余时间最喜爱的娱乐，他特别喜欢放飞鸽子，然后看它们在空中翩翩飞舞。[834]

　　阿克巴在距离阿格拉 6 里格的地方创建了其王国的首都法塔赫布尔·西格里（Fatehpur Sīkrī），这里有高大而奢华的宫殿，阿克巴在里面拥有着一个很大的宫廷和大量的侍从。阿克巴的三个儿子和两个女儿在宫廷事务中的表现都很杰出。阿克巴最大的儿子是"西科"（Scieco，即萨林 [Salīm]），[835] 第二个儿子是"帕哈里"（Pahari，昵称穆拉德 [Murād]），最小的儿子是"丹（Dân）或者丹尼亚尔（Danial）"（即丹亚尔 [Dāmyāl]）。有 20 个和扎莫林一样重要的异教徒国王效忠于阿克巴；其中有一些被其征服而俯首称臣的国王不得不住在宫廷，其他的则是自愿的。[836] 许多其他的统治者虽然没有住在宫中，但也要向他交纳贡金。阿克巴在选择自己的官员的时候，唯才是举，不论其出身如何。宫廷的科特瓦尔（kotwal）① 的职能就相当于警卫队长，"原来是一名剑术师"，而阿克巴的书记官曾经是一名贫穷的毛拉（Mullah，即精通穆斯林神学的穆斯林人）。普通人担任高级职务，需要在服饰上戴有表示他们原来职业或行业的标志，可能是为了时时提醒他们不要忘记从前的低下出身以及统治者对他们的知遇之恩。阿克巴虽然会采纳其顾问的建议，但最终做决定的人通常还是他本人。

456

　　在处理事务时，阿克巴每天会在两个大广场出现两次。其中一个广场对所

---

① 德里苏丹和莫卧儿王朝的城镇警官。——译者注

有不同的人开放；而另一个广场仅限于其军事统领、文人（包括耶稣会士在内）和外国人进入。这位统治者在解决大部分公共事务时都是站着和相关的人进行讨论。呈请人由一群可以被称作是礼仪师的人带到国王的面前。当国王开口说话时，书记官就会记下他的命令，推测起来，这些记录可能很有条理。在一些更为私密的会议上，阿克巴会坐在一个摩尔风格的垫子上或者是一把西式椅子上。[837] 阿克巴用最谨慎的方式管理着财政，但是蒙塞拉特没有（所以佩鲁奇也无）讨论他是如何管理的，因为这是一项非常繁琐的事务。[838]

关于阿克巴的司法管理得到了详细的描述。"国王、他的法官和裁判官都受理性的约束，彼此间没有差异；他们对各种各样的纷争和疑问做出判决，并口头给出判决结果而不用书写。"[839] 除了普通的裁判官之外，国王还会委任受理法官和科特瓦尔管理法庭系统。当国王本人在场时，无论是民事审判还是刑事审判，无论级别高低都同样由国王负责管理。如果国王在旁边，没有他的同意，绝对不能执行死刑。那些被判定犯了大罪的人将被斩首，或者是钉在尖桩上，或者是被大象踩死。强奸和通奸行为被判定为需要钉在尖桩上或者斩首处罚的罪行。如果被证明犯了抢劫罪的话，就会被砍手；如果是犯了小的冒犯罪，将被处以鞭笞之刑。[840]

耶稣会士们，诸如早期的卡斯塔涅达对于莫卧儿的军队的人员组成、组织方式和行动效率有着极大的兴趣。蒙塞拉特曾经是阿克巴的二儿子苏丹穆拉德的家庭教师，经允许他陪伴着他的学生参加了阿克巴于 1581 年发起的喀布尔战争，这是研究莫卧儿的军事系统和这场特殊的战争的绝佳时机。[841] 阿克巴的军队是各种不同的人种（莫卧儿人、波斯人、土耳其的男人、古吉拉特人、帕坦人、印度斯坦人、摩尔人和没有宗教信仰的人）的混合体，但是国王在他的异教徒军队中似乎有着最大的威信。[842] 在国内秩序稳定的时期，阿克巴拥有许多能够召集 10 000 匹到 14 000 匹马和许多大象的军事统领，以及少数能够把 6 000 匹到 8 000 匹马和一些大象用于战场的官员。阿克巴本人也拥有 50 000 头大象，都驻扎在他的帝国的各个具有战略意义的位置。[843] 除此之外，阿克巴还拥有一支包括 50 000 名骑兵和人数极为庞大的私人步兵军队。工匠们不断地忙于为阿克巴庞大的军队制造武器，阿克巴还因为拥有素质优秀的炮兵队伍

457

而闻名。

佩鲁奇逐个列举出了一些阿克巴的祖先们征服的地域，并且描述了在他统治时期，很早就打败帕坦人（即阿富汗人）成为了孟加拉的霸主。[844]但是阿克巴对孟加拉和坎贝的控制看起来很不稳固，因为在1542年，有两个地区构成了他的主要反叛者。1581年，阿克巴的军队攻打了葡萄牙人在达曼的军事前哨，后来这件事被认为是他的坎贝封臣中不驯服的人故意搞的一次未经批准的行动，其谋划者可能是库特-乌德-丁汗（Qutb-ud-dīn Khan）或者是布罗奇的头人（Sarkar）中的某一个。[845]佩鲁奇指出，据说这次针对阿克巴在喀布尔的兄弟的战争发生于1582年2月，然而这个时间显然是错误的，很可能是1581年误印为1582年了。[846]很明显，耶稣会士们虽然对阿克巴的军队的战斗力非常敬畏，但他们也很清楚一个事实，即阿克巴不断地遭受暴动的威胁，来自于其帝国的边远地区的这种情形尤甚。

虽然佩鲁奇没有说得那么明确，但阿克巴帝国这种连续不断的动荡状态也许可以归因于其管理那些被征服地区的方法有问题。"国王是这个帝国所有东西的主人，他的属下一无所有，除非国王把某件东西赐予他。"[847]征服的领土被分配给了选出来的领主和军事统领，他们每年都能得到一笔薪水，还有一位喂养大象、骆驼和马的马夫，每年都要把它们送到王宫以俟国王检阅。王室的封臣可能会因为国王本人的意愿而随时罢免或者更换，封臣们把他们领域内的市镇和村庄交给选出来的属下管理，而他们再掌控这些属下。当某个军事统领死去的时候，其财产就要交给国王。阿克巴从这个制度以及他对贸易活动的控制中，得到了巨额的收入。

佩鲁奇在结束其对"莫格尔"王国的描述时，对于阿克巴和葡萄牙人的相遇以及他对基督教的兴趣的加深进行了一种历史性的讨论。1573年3月，阿克巴正在围攻苏拉特，安东尼奥·卡布拉尔的传教团来到了这里，他们成为了第一批与这位莫卧儿统治者直接接触的葡萄牙人。显然，卡布拉尔通过他谦恭而适宜的言行给阿克巴留下了很好的印象。葡萄牙人进行的一系列活动激起了这位统治者对于基督教的兴趣，比如，他听说有两名耶稣会士在1576年就已经开始在孟加拉工作，葡萄牙在孟加拉的军事统领佩德罗·塔瓦雷斯（Pedro

Tavares）在 1577 年造访了法塔赫布尔·西格里，1578 年年初朱利安·佩雷拉（Julian Pereira）也来到了他的宫廷。可能是在佩雷拉的建议下，阿克巴在 1578 年 12 月向果阿的耶稣会士们发出了一封邀请函。虽然阿克巴明显认为基督教优于伊斯兰教，但耶稣会士们不得不承认，当他们离开阿克巴时，他对自己的信仰仍然处于一种两难的窘境中。耶稣会士们也暗示了在许多地方，因为阿克巴对于伊斯兰教的敌意，他的许多摩尔人属下都因此而反叛他，所以耶稣会士们倾向于把他们的失败归因于政治问题，而不是阿克巴个人的意愿，即他认为基督教才是唯一真实的宗教。耶稣会士们仍然承认阿克巴"对各种信仰都是半信半疑的态度，认为不存在绝对神圣的必须信奉的宗教，因为他在各种形式的信仰中都发现了与其理性和智慧相抵触的内容"。[848] 即使面对着阿克巴对于各类宗教信仰的这种评价，耶稣会士及其葡萄牙的支持者们显然仍继续希望能够改变阿克巴的想法，因为他们不愿意浪费传教团第二次和第三次被邀请到其宫廷的机会。

在欧洲出版的第三个传教团写的第一批的三封信主要讨论了耶稣会士们在坎贝的经历和见闻。[849] 耶稣会士们在坎贝耽搁了二十多天，主要是为了等到一辆能够把他们载到阿克巴大概已经用了十六年的总部拉合尔，传教士们，特别是曼努埃尔·皮涅罗（Manuel Pinheiro）很好地利用这一时间搜集了关于印度西南地区的信息。[850] 这三封信的写作时间都是在 1595 年，由皮涅罗执笔：第一封信写于坎贝，其他两封写于拉合尔。在近些年的古吉拉特历史著作中，这三封信被用作关于这份在其他方面比较贫乏的资料的补充内容。[851]

耶稣会士们于 1594 年 12 月 3 日从果阿乘船出发，在达曼做了停留，圣诞节前夕才到达坎贝。在坎贝，耶稣会士们和居住在这里的 100 个葡萄牙人一起庆祝了圣诞节（Feast of the Nativity）。他们还得到了坎贝总督和其他上层社会的市民们的热情接待，皮涅罗和他的同事们开始着手观察这座城市居民的生活状况，并思考他们对于基督教的信仰能够接纳到何种程度。耶稣会士们很快就得出结论，这里的居民大部分都是虔诚、富于奉献精神且仁慈的异教徒，虽然他们的信仰明显是错误的。这一乐观的结论可能是毫无依据的，因为耶稣会士们可能把好奇、宽容和实际的兴趣混为一谈了。[852] 而且，甚至在离开坎贝之前，皮涅罗就给果阿的主教尼古拉斯·皮门塔（Nicolas Pimenta）写信，告诉他耶稣会在古吉拉特将可能有一个较大的收获。

在这封信中，尤其是接着在拉合尔写的另外两封信中，皮涅罗描述了坎贝这座城市。"坎贝是古吉拉特的第一座城市，与葡萄牙的埃武拉不一样"，[853]它归阿克巴管辖。皮涅罗赞扬了坎贝漂亮的街道和建筑，他发现坎贝和欧洲的城市一样，到了夜里就城门紧闭。虽然坎贝有许多大的蓄水池在冬天（即雨季）都蓄满了水，但这座城市仍然比较缺水。这些蓄水池和坎贝许多宏伟的房屋一样，都造价昂贵，建得非常漂亮。皮涅罗还谈到了他曾去造访过一家照料病人和各种被致残的小鸟的公共医院。皮涅罗多少为其发现感到震惊，这位耶稣会士用不无讽刺的口吻评论道："如此，他们有医院来照料小鸟，却没有医院去照顾那些通常因无人看护而死亡的人。"[854]

坎贝是虔诚的印度教教徒们聚集的中心，有时候多达 40 000 人，他们集体到孟加拉的恒河进行朝拜。[855] 在恒河中洗浴可以净化自我，这就是这些印度教教徒们的信仰，他们还认为，如果足够幸运的话，能在临死的时候喝到恒河里面的水，就可以得到拯救。皮涅罗曾经遇到过一个富有而狂热的异教徒，他的名字叫"伽达查姆"（Gadacham）。这个人去过恒河，并在这条河里面三次为其母亲称重，第一次用的是银子，然后是宝石，第三次用的是金子，最后他把自己所有的财富都作为救济品发放给了穷人。在拉合尔期间，皮涅罗遇到了一位来自孟加拉的亲王，他很肯定地对皮涅罗说有时候聚集在恒河堤岸上的朝圣者人数可达三四十万。[856]

耶稣会士们在坎贝的时候有一个被称作"巴巴乌萨"（Babausa）的当地人陪同，并担任他们的翻译。"巴巴乌萨"本人非常尊崇基督教教义，耶稣会士们去他家里拜访他时，发现他家的房屋是按照葡萄牙人的建筑风格构造而成的。也许是有了"巴巴乌萨"的帮助，耶稣会士们见到了城中的几个贵族，并与其进行了交谈，借此耶稣会士了解到了他们对于基督教及其信仰的态度。"巴巴乌萨"还向耶稣会士们保证，异教徒们的教义都是胡编乱造的，坎贝正在等待基督教的到来。

"巴巴乌萨"也给耶稣会士们介绍了一些宗教人士，皮涅罗称他们为"维尔提人"（Verteas）。[857] 根据这个称谓的语境，无论其词源是什么，我们几乎可以肯定其意义是指古吉拉特的耆那教徒（Jain），特别是指代他们的僧侣（即耶提 [yatis]）。[858] 耶稣会士们造访了一个大约住有 50 名耶提的社区，他们都穿着白色的衣服，这种衣服是他们宗派的标志，意味着他们属于白衣派（Svetāmbara，意即白色的衣服）。[859] 这些耆那派的僧侣头上什么也不戴，他们把下巴上的胡须和头部的头发都剃得净光，只留头顶的一簇头发。他们的生活很贫穷，接受的救济仅够每天所必需的饭食。他们不娶妻，只喝热水，因为他们认为水是有灵魂的，如果没有加热直接喝就会杀死其灵魂。耆那教徒们认为杀生是一种很大的罪过，所以他们会带着棉花做成的扫帚，在行走或者坐下之前，先打扫那块地方，如此来避免杀死地上的一些小生物的生命和灵魂。在他们中间，有一些八九岁的男孩子，在幼弱的年龄就将一生托付给了宗教，他们看上去像天使，在肤色上更像欧洲人而不是印度人。他们的嘴巴上全都戴着一块四指宽的布，这块布通过上面的裂缝挂在耳朵上。这个面罩的功能在于防止小虫子偶尔进入其嘴巴而导致虫子死亡。

耆那教最高级的主教管辖的信徒应该有 10 万人，每年都会选举出一个新的主教。耆那教的教义用古吉拉特语写在一本书上。根据上述内容可以推断，耆那教派认为世界在千百年前就已经被创造出来了，在此期间，上帝往地球上派遣了 23 名使徒。两千多年以前，当他们的第三个纪元开始时，第 24 名使徒也被派来了，似乎是这位使徒为他们带来了教义。[860]

耶稣会士们到达坎贝之后不久，当时已成为古吉拉特总督的阿克巴的次子苏丹穆拉德带着大军出现了。苏丹穆拉德此时正要赶往德干与艾哈迈德讷尔王国作战，将与哈南汗（Khanan Khan）带领的另一支阿克巴的军队在苏拉特附近会合。其中，4 000 匹至 5 000 匹马（据说已有 20 000 匹被事先派出做前锋）、400 头大象、700 峰骆驼、400 至 500 峰单峰驼、4 000 头牛和许多炮兵队伍（包括 15 支大队、4 支中队以及多组小分队）共同组成了这位王子统领的大军。[861] 穆拉德把军队留在城外，他和侍从留在坎贝城的"城堡"里面。当穆拉德还是个孩子的时候，他就跟着蒙塞拉特神父在阿克巴的宫廷中学习。因此，当他得知耶稣会士们来到了坎贝，就于 1594 年的平安夜在他的堡垒中召见他们。这位王子充满深情地接待了神父们，并告诉神父，他正要前往苏拉特，准备攻打德干。在离开坎贝之前，穆拉德向这座城市勒索税收，从中得到了大量的金子。

在穆拉德离开坎贝向苏拉特行走了大约 1 里格（合 4 英里）时，在割礼节（Feast of Circumcision，即 1595 年 1 月 1 日）早晨他又召见了耶稣会士们。穆拉德在他的营地里设了一个正式的接见厅，耶稣会士们在此向他表达敬意，然后就与他的侍从们站在一起，"他们就像雕像那样静静地站着，眼睛注视着王子"。[862] 正式的集会结束以后，穆拉德回到了他的大帐篷围成的宽敞庭院中。苏丹的帐篷位于广场的中间，四周都可以打开，里面有一个可供穆拉德躺着的小小卧榻。穆拉德和耶稣会士们进行了长时间的会谈，问了许多问题，比如不同大陆的情况、葡萄牙是否会下雪、葡萄牙有没有供捕猎的野兽等。在会谈结束的时候，穆拉德送给耶稣会士们许多钱作为他们拜见阿克巴途中的盘缠，并且送给陪同他们的亚美尼亚人（Armenian）3 辆由 6 头犍牛和 3 匹好马拉的车。然后，这位王子爬到一头巨大的象背上，又从这头大象的背上爬到另一头更大的、看上去就像一座塔一样的大象身上，接着，他就继续赶路了。神父们深刻地认识到穆拉德没有把穆斯林当成朋友，他主要做的事就是打猎和旅行，而且深受已经腐蚀了他心灵的那些年轻顾问们的影响，耶稣会士们带着这些想法回到了坎贝，准备启程。[863]

大约在 1595 年 1 月中旬，耶稣会士们离开了皮涅罗那个感觉像是在葡萄牙的家中一样的坎贝，乘着大篷车开始了前往拉合尔的艰苦跋涉。耶稣会士们无法按照最初的计划穿越信德（Sind），所以不得不选择一条需要经过艾哈迈达巴德、帕坦和拉其普特的更远的路线。在艾哈迈达巴德，耶稣会士们比原计划不得不停留了更长的时间，他们显然在等待更多的车队可以结伴而行。皮涅罗再次有效地利用了这次等待的时间，在这座耆那教的圣城和古吉拉特的首都观察了那里宏伟的神庙、陵墓及其历史性的联系。虽然皮涅罗看到过许多瑜珈教派的人们忏悔时的情形，但他仍然对艾哈迈达巴德的一名忏悔者留下了特别深刻的印象。这位瑜珈教徒在巴蒂亚（Bhadia）塔和三道门（Three Gates）之间的广场上摆出一副权威的样子。人们成群结队地前来看他奉行苦修，这带来的震撼效果要比通常从印度来的船只到达里斯本码头时看到的更为强烈。[864] 当

461

苏丹穆拉德召他前去谒见时，这位瑜珈教派的人士鲁莽地说，王子应该来拜见他。穆拉德听到他这样的回答，遂抓捕了这名瑜伽教徒，狠狠地鞭笞了他一顿并将他驱逐出城。皮涅罗对艾哈迈达巴德人对于圣牛过度地爱护也印象深刻。皮涅罗指出，有一次他看到一个虔诚的人带着新鲜的青草，守护着一头临死的牛，始终不让苍蝇飞近。虽然这位耶稣会士对于这些异教徒们的行为表现出了明显的蔑视和不耐烦，但他也清楚地表达了对于这座城市中美丽的建筑的欣赏。皮涅罗用了大量的篇幅评论了城外的一些陵墓，根据内部的一些资料，可以得知西尔克吉（Sirkej）的陵墓修建于 15 世纪中期。皮涅罗指出，这些陵墓是他见过的最美的建筑，并且总结道，这些陵墓"是野蛮人的作品，但是这些作品本身却一点也不野蛮"。[865] 在古吉拉特的首都，皮涅罗也遇到过许多摩尔的男人和女人，他们来自很远的印度内陆地区，正在前往麦加朝圣的路上。皮涅罗指出，因为伊斯兰教规定只有结过婚的妇女才可以前往麦加，所以印度的穆斯林就会缔结一些简便的婚姻，等她们朝圣完返回时就会取消这些婚约。[866]

耶稣会士们加入的车队在 3 月 23 日离开了艾哈迈达巴德，在复活节（Easter）的前一天，即 3 月 24 日晚到达了帕坦。耶稣会士们在帕坦停留了三天，集体庆祝了复活节并听过忏悔之后就继续其前往拉合尔的艰辛旅程，最终，他们在 5 月 5 日到达了目的地。耶稣会士们一路上经过的地方大部分都是荒漠，这些地区闷热得令人窒息，也没有水喝，食物的储备远远不够。在整个行程中，他们经过了许多受到洗劫的大城市，特别是那里的清真寺遭受的破坏尤其严重。[867] 因为路上没有河流，只能从井中汲水，但是井水太深，不得不用犍牛去拉。当他们在野外偶尔遇到水的时候，却发现它像海水一样咸，皮涅罗写道："这些事情，如果我没有亲身经历的话，我无论如何也不会相信。"[868] 无论什么时候水都不够用，因为他们庞大的车队中有 400 峰骆驼、80 辆到 100 辆牛车、100 辆马车和许多徒步行走的穷人。[869] 每天早晨，车队的队长都会敲打水桶作为叫醒大家的信号。在途中，有一名探路者被派往前方去探测线路。从果阿到拉合尔的整个行程共用去耶稣会士们五个月零两天的时间。

5 月 6 日早晨，耶稣会士们到达了拉合尔，阿克巴迎接了他们，还对他们说了两三个葡萄牙语的单词，并问候葡萄牙国王（菲利普二世）身体是否安康。

462

在公开的欢迎会结束后，耶稣会士们被阿克巴、还有他 25 岁的大儿子萨林王子以及他的一些主要侍从们安排了一次特殊的会见。接着，这位莫卧儿统治者带进来一幅圣母玛利亚（Virgin）的画像，并放在臂弯出示给耶稣会士们看。神父们在画像前跪拜表达了敬意之后，阿克巴向他们证明了他也是一个欧洲书籍的搜集者。除了两本《圣经》之外，阿克巴搜集的书籍还包括了大量的作品，比如圣多默·阿奎那（St. Thomas Aquinas）和其他杰出的基督教人士的著作，还有阿尔伯克基的《阿方索·阿尔伯克基评论集》以及耶稣会的《章程》。[870] 国王亲切地把这些书借给了传教士们，并建议他们把这些书用于波斯语的研究，以便他在与耶稣会士交谈时不用翻译。在同一天晚上，阿克巴与耶稣会士们进行了第二次的私人会谈，阿克巴问了一些关于葡萄牙的国王以及欧洲的其他王国的问题。阿克巴要求在自己宫殿附近为耶稣会士们提供一座房屋，并督促他们在四周寻找一个合适的地方。在午夜，阿克巴再次劝告耶稣会士们要学习波斯语之后，才让这些经历了旅途劳顿的耶稣会士们回到了其住宿的地方。[871]

几天后，阿克巴派遣萨林王子在王室的场地上为耶稣会士们修建了特定的房屋，他本人也曾在里面住过。这些房屋距离拉维河（Ravi River）很近，就在国王的堡垒的窗户下面。沙勿略写道："这条河，被称作'美丽'真可谓当之无愧；它有着甘甜的河水，与塔霍河（Tagus）一样长。"[872] 拉维河上可能有一座用船只连结成的桥，许多在河上航行的船只源源不断地运送着大量的物资。在河的对岸，一座帐篷连成的市场坐落在那里，国外来的商人们都把商品带到这里出售。河中央有一个地方很像是一座岛屿，那里聚集着大批的人群，他们在等着看阿克巴每天早晨从堡垒的某个窗口出现。在向阿克巴鞠躬之后，人们就观看动物厮杀自娱自乐。沙勿略评论道："大象之间的厮杀，是值得一看的事情……"[873] 每个白天都有 50 名男子举着火把守卫着河的堤岸，晚上有同样多的人在河边巡逻，这显然是要防止入侵者从河边进入王室的区域。

神父们在他们河边的居所旁修建了一座临时的小教堂，但它足以容纳住在拉合尔的亚美尼亚基督教徒。虽然所有其他的人都被禁止进入王室的场地，但这些基督教徒却被允许前来拜访耶稣会士们，并进入那里的教堂。到了 9 月，阿克巴已经口头允许耶稣会士们修建一座大教堂。当耶稣会士们要求阿克巴把

463

承诺落到文字时，阿克巴刻薄地回答他们，他本人就是个活的凭证，并让耶稣会士们继续执行他们的计划。[874] 耶稣会士们在与阿克巴进行交涉的时候，萨林王子扮演着耶稣会士们的支持者的角色，这说明萨林王子个人对他们的宗教活动有着真正的兴趣。作为对耶稣会士们的生活状况关注的一种表示，萨林王子在酷热的夏季送给了耶稣会士们一盒冰，[875] 以示对耶稣会士生活的关心。

虽然阿克巴个人和耶稣会士们相处得非常融洽，而且对其信仰也充满了好奇，但耶稣会士们很快就像他们的前辈们那样觉察到，要阿克巴本人皈依基督教是没有指望的。仅仅在拉合尔居住了很短一段时间后，沙勿略就写道：

> 我们感到非常困惑……当我们尽力地想得知国王的真正意图如何时——我们却发现自己并不了解他。一方面，国王大量地接受我们的宗教，还复制了耶稣基督及圣母玛利亚的形象，与此同时，他也非常地痛恨马弗梅德（Mafumede，即穆罕默德）及其所有的工作；然而，另一方面，他又奉行着异教徒的行事方式，在早晨崇拜太阳，在夜晚、中午和午夜进行祷告。异教徒对他的影响很大，而且……他自奉为圣人。似乎国王的心灵在任何宗教中都不能得到平和。他似乎很乐于人们赞颂他为圣人，还有一些异教徒称他为上帝。似乎是耶稣基督赐予了他这些领土，并把马弗梅德的宗教从人们的心智中抹去了……[876]

在拉哈尔，耶稣会士们要求拆毁清真寺，或者把它们改造成马厩和粮仓。公开的祈祷行为和传播《古兰经》（Koran）是被禁止的。据说，决心要根除异教的邪恶影响的阿克巴，在穆斯林的斋戒期间，把猪肉带回王宫大吃，以此公开地冒犯穆斯林。另一方面，阿克巴对于他的宫廷中的"维尔提斯"（Verteas，即耆那教徒）的过于关注，显然让耶稣会士们为之感到困惑且苦恼。[877]

阿克巴的封臣以及他们在 1595 年夏季献给阿克巴的伟大的"赠礼"似乎激起了皮涅罗的好奇。皮涅罗发现，王宫里面住着五六个加冕的王和 26 个亲王。皮涅罗用了很长的篇幅描述了一个小统治者成为阿克巴的封臣之一的正式授予仪式，而且逐条列举了他们缴纳给这位莫卧儿统治者的贡品。[878] 苏丹穆拉德和孟加拉国王也在这一年夏季带着贵重的礼物来到了拉哈尔，这些礼物主要是大象。在阿克巴要求庆祝的"诺里萨"（Noresa）节，他收到的礼物特别多。[879] 皮涅罗叹息道："几乎没有哪一天，阿克巴没有收到礼物。"[880]

4 名耶稣会士将他们居住在拉维河畔的第一年时间用于学习波斯语。[881] 最初，因为没有人帮他们把波斯语翻译成葡萄牙语，所以他们遇到了一些困难。当阿克巴在拉维河上划船时，偶尔也会从他们门口上船或下船，耶稣会士们总是会出门去迎接他并与之交谈。耶稣会士们还在河边的居所里建了一所神学院，前来学习的是阿克巴的一些身居要职的封臣以及土地管理者们的公子。因为耶稣会士们最初对于分配给他们修建教堂的地址不满意，阿克巴最后就命令他的一个行政官员马利克·阿利（Malik Ali）在拉合尔人口稠密的闹市中给他们找了一个地方，并督促加快修建工作的速度。此后不久，沙勿略就写道："地基已经打好了，但建筑材料准备得有些慢——然而，摩尔人在他们的主要的城市中心地带为基督教徒们慢慢地修建教堂，不能不说这是一个奇迹。"[882]1597 年 9 月 7 日，这座教堂最终被建成并正式投入使用，拉合尔的行政长官出席了竣工典礼。[883]

1596 年 3 月，耶稣会士们在他们拉维河畔的居所看到河对岸在举行瑜珈教派的大型圣会，他们被告知瑜珈教派每年的这个时候都会在此地集会。瑜伽教徒们以 10—20 人结成一个团体聚集在河对岸的空地上，向阿克巴乞求救济品。这位统治者、来自城里的人群和耶稣会士们纷纷过河去看他们，与他们交谈。两到三天后，瑜珈教派的人们就散去了，像他们来时那样，散得也很快。沙勿略指出，他们把"巴班·阿达"（Babam Adā）[884] 或者是亚当神父（Father Adam）尊崇为造物主和唯一的上帝，敬奉并崇拜他的画像，希望通过吹水牛号角能够吹走他们的罪过。[885]

L. 古兹曼的《东印度、日本和中国的耶稣会传教史》（*Historia de las missiones...*，阿尔卡拉 [Alcalá]，1901 年）的第一卷（第 1-273 页）对于耶稣会在印度和东印度群岛的活动做了最好的一般性概括。[886]古兹曼从来没有直接从权威文献中援引资料。然而，古兹曼的研究工作清晰地表明了他只是少许地参考了世俗的历史记载。为撰写沙勿略的传记而搜集的材料、与信息提供者

465

的交谈以及耶稣会士们的书简构成了古兹曼的主要研究素材。古兹曼以一种直截了当的叙述风格，对他那个时代的欧洲人所了解到的关于印度传教团的情况，进行了说明。这些欧洲人获得信息的途径主要是已经出版的资料，以及较少部分的尚未公开的信息。在讨论莫卧儿帝国的时候，古兹曼使用的资料中最容易辨识的（参见古兹曼，第 240-254 页）就是蒙塞拉特的《出使报告……》（Relacam...）。然而，如果在古兹曼使用的《出使报告》的版本与佩鲁奇使用的版本之间做一个比较的话，就会发现前者比较短，而且两个版本也略有不同，也许古兹曼是从其他资料中修订而来的。[887] 因为涉及阿克巴的大量资料都与佩鲁奇和雷贝洛的集子内容相似，我们由此可以推断，古兹曼使用的如果不是意大利语版的话，那么在他的书架上很可能就有这本用葡萄牙语写成的作品。古兹曼对于印度的耶稣会情况的描述似乎来自都主教弗朗西斯科·卡布拉尔在 1596 年写的年度书简，同时也摘引了雷贝洛的集子中的相关内容（第 4-48 页），这一事实在一定程度上支持了我们的推测。但是，因为古兹曼的记述在时间和细节上都超越了上述作品，这明显地意味着他也参阅了其他资料，而且，大部分资料在他写作时都尚未出版。

和马菲的作品[888]不同，古兹曼主要关注的是耶稣会传教团在东方的事业进展情况，所以这两位作者的著述可以互为补充。古兹曼在其作品的第一册中以印度和更远的东方的地理描述开篇，他的意图在于为沙勿略的传教活动提供一个背景。接着，古兹曼用了较长的篇幅记述了阻碍传教士们在印度发展基督教的因素：当地人的偶像崇拜，摩尔人、马拉巴尔的纳亚尔人和其他高级种姓对传教士们的敌意，以及婆罗门教徒和瑜伽教徒对于从国王到普通人实施的信仰控制等。[889] 当然，古兹曼至少不得不附带性地指出与印度人的社会活动和宗教信仰相关的信息。于是，接下来的内容就是对果阿的简短描述，然后，古兹曼就开始直接讨论沙勿略的整个传教生涯，从他在巴黎学习时期开始，直至他最后在马六甲下葬为止。[890]

古兹曼作品的第二册从概括性地评述沙勿略去世后果阿的宗教格局开始。接着，古兹曼描述了撒尔塞特岛附近的 66 个村庄以及当地人对于葡萄牙人和耶稣会士持久的敌意。古兹曼把关注的重心从果阿地区转移到了捕鱼海岸，他

466

对马纳尔岛（Manaar）的记述要比此前所能看到的所有出版物都详细。[891]特别有趣的是，古兹曼对于传教团在奎隆、特拉凡科尔、科钦和卡利卡特所取得的进展和遭遇的挫折所作的系统性描述。耶稣会士们在这些地区的社会地位是随着葡萄牙与当地的统治者的政治关系的变化而变化的，古兹曼对于这一实际情况毫不掩饰。古兹曼在评价勃生、达曼和第乌北部的新拓殖民地时，基本上没太批评葡萄牙人；古兹曼倾向于把耶稣会士们在这些地区所遭遇到的困难归咎于摩尔人和坎贝统治者的阴谋诡计。在讨论了传教团在印度的传教据点之后，古兹曼对圣多默在印度的工作以及他在美勒坡的圣骨进行了充分地评述，并以对于圣多默的基督教徒在南方的追随者的简短描述作为结语。

古兹曼只有在开始讨论 16 世纪后期的维查耶纳伽尔帝国时，才超越了此前在欧洲出版的著作。[892]古兹曼讨论了文卡塔二世（Venkāta II，于 1586—1622 年在位）统治下的维查耶纳伽尔的权势和疆域，也提及了马都拉岛（Madura）、坦焦尔（Tanjore）和金吉（Jinjī）的首领们（*Nayakas*）对他的反叛。古兹曼简要地描述了文卡塔位于山中的首都昌德拉吉里（Chandragiri），那里有一座坚固的堡垒，还以富丽堂皇的宫殿而著称。古兹曼非常详细地描述了从圣多默和果阿的葡萄牙人据点来的耶稣会士们拜访文卡塔宫廷，以及他们得到允许在韦洛尔（Vellore）修建一座教堂的情形。古兹曼以描述耶稣会士们在蒂鲁沃鲁尔（Tiruvalur）观看宗教游行结束了这个部分的记述。[893]古兹曼确认这则信息来自于刚收到的耶稣会士们于 1599 年在维查耶纳伽尔写的信件。[894]古兹曼还记下了弗朗西斯科·费尔南德斯和多明戈·德·索萨（Domingo de Sousa）在 1598 年前往孟加拉传教的一些细节，[895]这件事情此前在欧洲是闻所未闻的。

古兹曼在其著作的第三册里面，用了 30 多页（第 240-271 页）的篇幅讨论了前往阿克巴宫廷的三个传教团。关于第一个传教团，古兹曼虽然没有补充什么新的内容，但他强调了耶稣会士们没能成功地让阿克巴皈依基督教，原因在于摩尔人的不良影响以及帝国内部的政治状况所致，也许古兹曼对这些观点的强调有甚于他使用的资料。[896]古兹曼在讨论第三个传教团在莫卧儿帝国的经历时，提供了他的前辈们没有提到的新信息。古兹曼列举了果阿对于阿克巴拒绝皈依基督教而实施的惩罚，其中包括 1597 年复活节他们烧毁了他在拉合尔

467

的宫殿。此后不久，1597 年，阿克巴和萨林王子带着沙勿略和教友本尼迪克特（Brother Benedict）一起去了他在克什米尔（Kashmir）的避暑地点，等待宫殿的重建。在古兹曼的描述中，克什米尔的四周大部分地方都是极高的山脉，这是印度最凉爽的地方之一，美丽的河流滋润着这块陆地，使它成为了一座花园。这里的山顶上有一座石头建成的清真寺，里面供奉着"萨洛蒙"（Salomon）王，其附近的主要城市是斯利那加（Srinigar）。[897] 根据当地的传说，"萨洛蒙"王从这块土地上赶走了恶魔，并让这块土地变得繁茂起来。古时候这里住着没有宗教信仰的人，但是到了 1300 年代，摩尔人入侵到这里，可能指的是帖木儿，从那以后大部分的人都皈依了伊斯兰教。[898] 阿克巴离开拉合尔六个月后，又带着他的人回到了首都，阿克巴发现留在拉合尔监督耶稣会教堂修建工作的皮涅罗已经完工，并为这座教堂举行了落成典礼。1598 年年底，阿克巴在沙勿略的陪同下离开了拉合尔，带领着自己的军队去攻打难以对付的德干统治者。[899]

　　1598 年，当沙勿略还在拉合尔的时候曾遇到一名年迈的穆斯林人，他说他在"夏丹"（Xetay，即契丹）生活并工作了整整三十年。这名穆斯林老人肯定地告诉询问者说，契丹是一块很大的陆地，那里有许多人口数量达 15 000 人的城市，当地人是"白人"，大部分人都宣称信仰基督教。契丹的国王住在一座叫"汗八里"（Cambalu [Cambaluc]）的城市中，通过克什米尔和西藏（Tibet），穿越大陆可以到达他的宫廷。[900] 在接下来的一年里，沙勿略因为一直陪伴着阿克巴，他就在阿格拉（Agra）继续写契丹的事情，并提出建议说应该派遣一名特使从拉合尔和喀布尔去那里。[901] 与此同时，在中国的利玛窦于信件中指出，中世纪时的契丹和中国就是同一个地方。正是在这样的信息氛围中，耶稣会决定尽力查明契丹的身份，为罗马教廷找回处于亚洲内陆那批可能早已存在的基督教徒，并找寻一条陆路可以替代从海上去中国漫长而危险的航程。1601年，教皇和菲利普二世共同批准派遣一支经印度前去契丹的传教团，本尼迪克特·德·戈伊斯（Benedict de Goes）受委托带队前往。[902]

第三节　意大利、英国和荷兰的评论者

事实上，随着葡萄牙人在贸易上的垄断权的逐渐瓦解，以及其他的教团不断地被迫去更远的地方寻找具有能力的传教士，在 16 世纪下半叶，越来越多的非伊比利亚半岛王国的人们纷纷开始前往印度。1581 年之后，虽然菲利普二世极力地维持伊比利亚王国在海外世界的垄断地位，但是，西班牙和葡萄牙之间以及它们支持的不同宗教团体之间的竞争，促使通往亚洲的门户向其他欧洲王国的代理人开放，这些人包括：意大利人、荷兰人、德国人、法国人和英国人。在 16 世纪末，甚至有一位名叫克里斯托夫·保罗斯基（Christophe Pawlowski）的波兰（Polish）绅士也来到了果阿，并用他的母语记述了他的冒险经历寄回祖国。[903] 最终，伊比利亚半岛王国在欧洲北部以及海上的实力的衰微，使得英国和荷兰打破伊比利亚半岛王国在海上的垄断局面，并乘着他们自己的船只直接向东方进发成为可能。

作为香料贸易和耶稣会活动的参与者，意大利人的表现特别杰出。[904] 佛罗伦萨的商人、加尔德罗蒂（Gualterotti）和弗雷斯科巴尔迪（Frescobaldi）的股权（interests）代理人（agents）因为要与葡萄牙人合作，所以早在 16 世纪初就作为代理商被派到了印度。作为一项严格的制度，威尼斯人一直被排除在葡属亚洲之外，他们在 16 世纪早期主要是在里斯本做商业间谍，并激励土耳其人在印度洋上与葡萄牙人对抗。在 16 世纪的下半叶，葡萄牙人对于欧洲的香料贸易以及亚洲的海路的控制力逐渐衰微，同时，阿克巴也在印度北部和中亚创建了其政治统治，此时来自黎凡特的贸易据点的威尼斯人恢复了其前往印度的陆路，并由此直接进入印度和东印度群岛的商业市场的持续性努力就越来越明显。[905]

1563 年，当英国和荷兰正在寻找前往亚洲的东北方向的线路时，当阿克巴刚刚创建了他个人对莫卧儿帝国的统治权时，威尼斯商人切萨雷·德·费德里奇（Cesare de Fedrici）就登上了前往塞浦路斯（Cyprus）的航船。费德里奇非常想亲眼看看东方，他继续前往叙利亚（Syria），接着跨越大陆到了阿勒颇

（Aleppo）和霍尔木兹。在接下来的十八年里，费德里奇一直在东方旅行，从事贸易活动，最后于 1581 年回到了威尼斯。费德里奇在旅行的过程中，记下了一本文字清楚的日记或笔记，后来经威尼斯出版商安德里亚·穆斯奇奥（Andrea Muschio）整理而成了一本书。费德里奇回到威尼斯六年后，穆斯奇奥出版了《切萨雷·德·费德里奇先生在东印度群岛及印度之外的地区……的旅行记》（*Viaggio di M. Cesare de Fedrici, nell' India Orientale, et oltra l'India...* [威尼斯，1587 年]）。随后，这本书被托马斯·希科克（Thomas Hickock）翻译成了英文，希科克是一名商人，他在从地中海返回英国的航程中把这本书"变成了我们通俗的口语"。[906]1599 年，希科克的英译本被哈克路特（Hakluyt）一字不漏地重版了，正如我们所看到的那样，费德里奇的作品在 16 世纪至少被两个作者漠然抄袭过。

费德里奇的《旅行记》在形式和内容上都与杜阿尔特·巴尔博萨的《巴尔博萨印度纪实》和托梅·皮雷斯的《东方总论》（*Suma oriental*）相像，该书的内容在 16 世纪就全部出版了，然而《巴尔博萨印度纪实》和《东方总论》则不然。但这位威尼斯人的记述与他的两个葡萄牙前辈不同，在赖麦锡的集子 1606 年版的第三卷出版之前，《旅行记》未能收入其中。不幸的是，费德里奇不像包括其同胞马可·波罗在内的早期作者们那样仔细处理相关的信息及整本书的条理。事实上，仅仅阅读费德里奇的记述，不可能确切地得知特定的某一天他在什么地方，根据他的评论也无法确定他在每个地方停留了多长时间。[907]虽然如此，但费德里奇的著作在简单、清晰地描述他谈到的东方贸易路线、物产和社会习俗方面还是有价值的。费德里奇的著作对于我们既有的叙述也有实质性的补充，因为他提供了一段时期（1563—1581 年）的相关信息，这段时期在16 世纪出版的葡萄牙人和耶稣会士的资料中是空缺的。费德里奇的旅行使他从威尼斯来到了马六甲，然后又返回。对于他在印度的经历，费德里奇没有尝试着去详细描述，我们有必要从他的观察中摘引一些亮点内容，来看清楚费德里奇的著作对于欧洲的信息积累有哪些实质性的贡献。

和巴尔博萨的作品一样，费德里奇对于印度的描述也是从坎贝开始的。[908]第乌这座城市被描述为（约 1564 年）一座大的商业中心，来自坎贝的商品被装

470

载到大船上运往波斯湾和红海。因为这些运输货物的船只为基督教徒和摩尔人所有，所以伊斯兰教的追随者们不得不从葡萄牙当局那里得到贸易的许可。停靠在第乌的大货船因为吃水太深而无法通过布满了浅滩和巨浪的坎贝湾直接驶向坎贝。[909] 吃水较浅的小帆船每隔两个星期、当海水最深、最安全的满月之时才从坎贝湾出入。在坎贝，外国的商人通过异教徒经纪人出售他们的商品，再购买当地人的物产，这是当时的惯例。经纪人只为固定的某一个外国贸易者担任出售者和购买者。经纪人为带来的商品负全责：他要负责安排贮存并付清所有港口的税收款项；经纪人还要为外国的商人和他的伙伴提供住宿的地方。费德里奇利用他自己待在坎贝的机会造访了艾哈迈达巴德（他贴切地把这个地方比作开罗），并了解了一些关于古吉拉特王朝的衰落以及莫卧儿人逐渐地夺取了这里的权力的情况。

在达曼、勃生和塔纳经过短暂的停留之后，费德里奇到了朱尔。朱尔是一个葡萄牙人用高墙围起来的城市，俯瞰着港口，他区分了朱尔附近的摩尔人的城市，这里由尼扎姆乌勒-穆勒克（Nizamu'l-Mulk）管辖，他是艾哈迈德讷尔的国王，其首都设在距离朱尔七八天路程的内陆地区。[910] 费德里奇在描述朱尔的贸易活动时，突然跑题，转而长篇大论棕榈树的巨大价值，并逐条列举了它的诸多用途。1566 年，这位威尼斯人已到了果阿，1570 年他又一次造访了此地，可能他后来还有其他的一两次机会到过果阿。[911] 费德里奇断言，在9月6日至10日期间，有5—6艘来自葡萄牙的大货船到达果阿卸货。在停留四十天至五十天后，其中的一艘有时候会装载货物开往葡萄牙，但是大部分要运回去的香料据说都是在科钦装载上船的。来自霍尔木兹的大货船，如果它们载有 20 匹或超过这个数目的马到达了果阿港口的话，将不需为其货物缴纳税款；但是，如果来到葡属印度的首都的贸易船只没有装载马匹的话，就要为进口的每件货物缴纳 8% 的税金。如果从果阿把马匹运往内地，那么每一匹马都要征收出口税。

1567 年，费德里奇陪同着两名做马匹生意的贸易者从果阿到了维查耶纳伽尔的城市。[912] 因为费德里奇到达那里的时候，损失惨重的达利戈达（Talikota）战役刚刚过去两年，这位威尼斯人用了一定的篇幅评论了这场战役以及 4 名德

471

干统治者对这座城市的劫掠——这是当时的观察者留给后人的最为完整的评论之一。[913] 费德里奇也详细地描述了达利戈达战役之前的维查耶纳伽尔宫廷的政治状况，及其内部的分裂是如何导致了这个印度人的王国被穆斯林的亲王们所战败的。虽然德干的军队对这座城市的劫掠长达六个月的时间，但这些穆斯林的征服者们仍然不能维持对这座远离其权力中心的城市的政治控制。随着征服者们的撤离，摄政王"特米拉吉奥"（Temiragio，即提鲁马拉 [Tirumala]）又回到了这座人口倍减的城市，开始重新修建被毁坏的建筑，并重新确立它与果阿的贸易关系。费德里奇这位威尼斯人虽然可能一个月就完成了其商业事务，但他在维查耶纳伽尔停留了七个月，因为局势的动荡和突袭使返回果阿的行程非常危险，不敢轻易冒险。因为费德里奇住宿的地方就在寡妇们自焚前要通过的那道门附近，因此我们可以从费德里奇的笔下看到写于 16 世纪的关于印度"萨提"习俗的最完整、最权威的记述。[914] 虽然这位威尼斯人确实没有造访生产钻石的矿区，但他从信息提供者们那里了解到了钻石的整个开发过程。[915]

显然，在费德里奇即将离开维查耶纳伽尔的时候，提鲁马拉放弃了重建这座城市的努力，并把他的宫廷迁移到了毗努贡达（Penugonda），[916] 这是一个位于山上的堡垒，它与那座被毁坏的都城之间的距离徒步要走八天。虽然如此，但在费德里奇看来，已经半荒漠化了的维查耶纳伽尔仍然是在他整个旅程中所见到的最大的皇家都城，他在自己的著作中描述了其自然面貌和贸易情况。[917] 费德里奇对他在返回途中经历的艰难困苦的记述，很明显地反映出这些表面上仍然附属于维查耶纳伽尔的地区的生活实际上处于无序状态。在前往西海岸的安克拉（Ancolâ）的途中，这位威尼斯人发现沿路的每一个行政长官都在发行自己的铸币，而拒绝接受其他的任何一种。在费德里奇从安克拉返回果阿的途中，这位威尼斯人不断地遭受到无数个强盗的抢劫，他们使旅途变得很不安全，严格地说维查耶纳伽尔的沿海地带是很不安全的。

费德里奇在果阿登上了前往科钦的航船继续他的海上旅程。在向南的航程中，费德里奇在途中经过的 4 个葡萄牙港口做了停留，并且在著作中评论了它们的贸易和政治情况。[918] 费德里奇来到了科钦，他曾至少两次在这里做了长期的游历，这使他讨论胡椒的贸易具有了可能性。费德里奇直截了当地断言，

472

这里卖给葡萄牙人的胡椒在质量上次于摩尔人买来再运到麦加去出售的那些。交给葡萄牙人的胡椒是"绿色的而且很脏",[919] 原因在于葡萄牙人曾与科钦达成协议,他们在胡椒交易中仅按照一个较低的固定价格购买商品,这是瓦斯科·达·伽马制定下的政策。

和朱尔一样,科钦也被划分成两个靠河的城市,距离海较近的那边属于葡萄牙人管辖,位于河的上游朝向"胡椒王国"的另一边是当地国王的都城。在科钦娶妻的西方基督教徒(由此便成为这座城市的永久居民,并对这座城市的安乐生活发展出一种个人兴趣)都得到了很好的职位和非同一般的特权。比如,这些在此地结婚的西方人和当地人一样可以不用为科钦两种重要的进口商品即中国丝绸和孟加拉糖缴纳税金。关于其他的所有商品,在此地结婚的西方人只需缴纳4%的税额,而不享受这项权利的其他西方人对于所有的进口货物要正式缴纳8%的税金,尽管葡萄牙人很想努力改变这一政策,但是在费德里奇的时代该情形仍在继续。这位威尼斯人在评论纳亚尔人的婚姻和继承制度时,他对于这个种姓的成员把耳垂刺穿,然后逐渐地把刺穿的地方拉伸成"大孔"的做法表现出了超乎寻常的兴趣。[920]

在前往科钦南部的过程中,费德里奇再次得到了显示他作为一名观察者和精明的商人的敏锐性的机会。费德里奇对于采珠业进行了出色地描述,并且确定了出售的珍珠有四大级别:在葡萄牙出售的圆形珍珠,运到孟加拉的非圆形珍珠,还有两种次级的、价格比较便宜的类型,分别被指定运往卡纳拉和坎贝。[921] 费德里奇也讨论了在区隔马纳尔海湾(Gulf of Manaar)和保克海峡(Palk Strait)的岛屿(通常被称作亚当桥)之间的海峡中航行的困难情形。他还指出,前往东印度群岛的大航船在通常情况下都是围绕着锡兰航行的,因为它们无法通过狭窄的亚当桥海峡。[922] 关于锡兰,费德里奇指出,这是一个"比塞浦路斯大得多的商业中心",[923] 除了对于当地主要的政治境况的评论之外,费德里奇基本没有对以前的记述补充什么新的内容。根据费德里奇的描述,国王(达马帕拉[Dharmapāla])被描述为一名基督教的皈依者,他在葡萄牙人的引导下治理王国,他的统治受到玛多尼(Madoni,即马阿雅·邓奈[Maaya Dunnai])及其儿子们的叛乱行为的威胁。[924]

费德里奇对于印度沿海的一些情况的记述特别有趣。讷加帕塔姆（Negapatam）"除了有大量的稻米"[925]和纺织品外，其他的物产都很缺乏，因为维查耶纳伽尔在1565年的战败导致的政治局势不稳定使这个港口衰落了。葡萄牙人的圣多默城也在维查耶纳伽尔的管辖范围内，尽管这个港口物资缺乏而且政局动荡，但它仍然是印度和东印度群岛之间的大货物集散地。从马六甲出发，经过一段繁忙的航程之后，就来到了奥里萨，这位威尼斯人认为它是一个"富裕的王国，如果一个人拿着金子从这个王国走过也不会遇到任何危险"，[926]但前提是其印度统治者在十六年前没有被帕坦人从他处于"卡特克"（Catech，即克塔克 [Cuttack]）的宝座上[927]给赶下来。在奥里萨被印度人征服之前，其港口的贸易活动繁荣昌盛，而且事实上还免税。等到帕坦人掌控了这里之后，他们在贸易上强加了20%的税金。此后不久，帕坦人的统治地位就被孟加拉的摩尔人取代了，结果他们的权力同样侵入了奥里萨。[928]

和大部分在东方四处游历的商人们一样，费德里奇最终来到了恒河河口处的商业中心。费德里奇从奥里萨出发，沿海边乘大平底船迎着接踵而来的大浪向恒河上游航行。费德里奇指出，乘坐那种在大洋里航行的船只向上游走的话只能到达"布托尔"（Buttor，即贝托尔 [Betor]，在今天的豪拉 [Howrah] 附近）。他们到达这里后就下船，在一个用稻草搭起来的临时市场登陆，这个市场在每年贸易船只到来时搭起来，离开时就会烧掉。[929]费德里奇在萨特港停留了四个月，和其他商人一样，他沿着恒河的堤岸把上上下下的许多个市场都看了一个遍。费德里奇在沿着恒河旅行的过程中，也观察了印度教教徒们是如何把死去的人交付给恒河的圣水的。1569年，这位威尼斯人造访了"孟加拉最大的港口"[930]吉大港，葡萄牙人在这里与当局政府发生了纠纷。也就是在这个时候，费德里奇偶然地去了"松迪瓦"（Sondiva，即位于吉大港西北部的桑德维普 [Sandwīp]）岛，他在专门评论这里种类丰富却价格低廉的食物时，还描述了尽管孟加拉人对于吉大港的葡萄牙人没有什么好感，但费德里奇一行还是受到了当局部门的友好接待。[931]

就在费德里奇开始启程返回黎凡特，于1597年又从此地回到欧洲的时候，威尼斯的珠宝商加斯帕罗·巴尔比（Gasparo Balbi）刚好开始启程前往印度。

在接下来的九年里，巴尔比几乎沿着费德里奇当年曾经走过的路线到达东方并返回了欧洲。在巴尔比于 1588 年回到威尼斯两年后，印刷业者卡米罗·博尔格米尼里（Camillo Borgominieri）出版了巴尔比写的《东印度群岛旅行指南……其中包括作者从 1579 年到 1588 年间所经过并观察到的九个地域……，威尼斯，1590 年》（*Viaggio dell'Indie Orienta Ii ... Nel quale si contiene quanto egli in detto viaggio ha veduto por lo spatio di 9. Anni consumati in esse dal 1579, fino al 1588...*[Venice，1590]）。巴尔比的这本书是献给他在威尼斯的一位贵族亲戚泰多罗·巴尔比（Teodoro Balbi）的，[932] 据说该书在 1600 年重版了，但是我没有找到该书第二版的复本。[933] 1600 年，巴尔比的整本书被翻译成了拉丁文并收入了德·布莱（De Bry）编的集子中，并为书中描述的钩摆仪式（hook-swinging）等多种仪典和事件配了十幅插图。[934] 巴尔比描述与圣多默、讷加帕塔姆和勃固相关的那部分内容最终被珀切斯（Purchas）用英文加以概括并出版了。[935]

巴尔比的作品内容比费德里奇的作品多很多，它是一本能够让人想起佩格罗提（Pegolotti）在 14 世纪编的《商贸实务》（*La prática della mercatura*）的商业手册。[936] 巴尔比作为信息的记录者和整理者要比费德里奇精确得多，当然他也付出了比费德里奇更多的辛劳。巴尔比非常仔细地记下了他到过的比较特别的地方，他每一次在中途停留的时候，都会认真地记下那里使用的钱币、重量单位和丈量单位。在巴尔比日记的最后部分，他还附加了印度通常惯用的贸易线路的概述以及一份季风表格。[937] 关于印度，巴尔比在他的《旅行指南》中加入了对当地的地理、习惯和风俗的一般性观察。在许多地方，巴尔比显然整段地从费德里奇的作品中摘引了一些描述性的段落，大言不惭地把它们穿插在自己的著作中。[938] 大部分这些剽窃而来的与印度相关的段落都是那些描述城市、习俗以及诸如棕榈和肉桂树等自然植被的内容。在《旅行指南》的后半部分，巴尔比讨论了勃固，这些内容基本上都属于原创——这个事实可能也为其同时代的人们所认识到了，因为他们只选了勃固这个部分的内容用英文出版。因此，作为对于印度的一般性描述，巴尔比的作品本身除了与贸易相关的内容之外没有什么价值。这并不是说这本与印度相关的作品就毫无意义。比如，巴

尔比对象岛上的洞窟神庙进行了独立地评论，并指出它们是由亚历山大大帝所
建。[939]但是属于巴尔比个人的观察显然只是很少的一部分，虽然他在果阿居
住了长达十八个月的时间。作为一个有趣的离题话，巴尔比提到了 1587 年从果
阿返回欧洲时，在途中遇到一名日本人，他是罗马教皇的使节，正前往欧洲。[940]

　　与威尼斯商人们比如费德里奇与巴尔比的个人事业形成鲜明对比的是佛罗
伦萨人文主义者和商人菲利普·萨塞蒂（Filippo Sassetti，1540—1588 年）在
印度的职业生涯。虽然这些威尼斯人希望恢复与印度之间跨越大陆的贸易路
线，但萨塞蒂和他那个时代的或者更早一些的托斯卡纳人（Tuscan）一样，仍
在葡萄牙人的贸易体系中协调地工作，前往印度时仍然要绕着好望角航行。菲
利普的曾祖父弗朗西斯科·萨塞蒂（Francesco Sassetti）曾经是 15 世纪业务广
布的美第奇家族下属（Medicis）的公司经理，[941]他出身的贵族家庭与欧洲的
商业都市有许多联系。而且，与大部分托斯卡纳的贵族家族一样，萨塞蒂家族
即使在进入了财政危机之后，在抽象的智识思辨方面依然具有充满活力和高远
深邃的头脑。因此，我们可以毫不感到意外地看到，年轻的菲利普在比萨大学
（University of Pisa）经过六年（1586—1574 年）的学习后，在几年内就成为了
佛罗伦萨博学学会中的活跃分子。到了 1578 年，这时的萨塞蒂已经 38 岁了，
其家族财富的锐减以及眼前的家用花销的剧增双管齐下迫使这位年轻的知识分
子将生活的重心转向商业，这样的生活方式与他的兴趣可谓格格不入。[942]

　　萨塞蒂在西班牙和葡萄牙的卡博尼（Capponi）公司整整做了四年（1587—
1581 年）的商业代理人。萨塞蒂在专注于商业事务的同时，仍然挤出时间与
佛罗伦萨的学术和商业协会保持联系。[943]当卡博尼公司决定关闭他们在伊比
利亚半岛的事业时，萨塞蒂开始受雇于购买了香料贸易垄断权的财阀罗威尔拉
斯卡（Rovellasca）。[944]萨塞蒂几乎是一到岗就被派往印度，担任罗威尔拉斯
卡的代理商。1583 年 11 月，萨塞蒂到达了科钦，他在这里主要是担任罗威尔
拉斯卡的胡椒贸易中的监督员，借此来努力恢复其家庭的收入。萨塞蒂水陆
兼程，去往印度西部的城市乌奴耳（Onor）①和芒格罗尔（Mangalor）旅行。

---

① 俄罗斯称奥诺尔（Onor）。——译者注

1586 年，萨塞蒂陪同葡萄牙特使前往卡利卡特与扎莫林会面。不幸的是，萨塞蒂在实现他闲适地环绕地球航行回到佛罗伦萨的愿望之前，就于 1588 年在果阿去世了。[945]

在萨塞蒂任职印度的六年里，他至少往佛罗伦萨寄回了 35 封信，其内容都是他对这块次大陆的观察。[946] 他还有许多从印度发出的信件都已经遗失了。[947] 仔细阅读他现存的信件（包括那些从印度寄回的以及他以前在葡萄牙写的），可以肯定地说，萨塞蒂广泛阅读过古代作者们写的关于亚洲的著作，包括收在赖麦锡的集子中的著述以及巴罗斯、奥尔塔、克里斯托巴尔·德·阿科斯塔（Cristobal de Acosta）和马菲（其第一本著作出版于 1571 年）的作品。萨塞蒂还在葡萄牙期间，就与一些去过东方的舵手进行过交谈。萨塞蒂甚至在离开里斯本之前，托斯卡纳大公（Grand Duke of Tuscany）弗朗西斯一世（Francis I）就交给他一大笔钱，委托他买些异域的植被和物品样本，用船运回佛罗伦萨。[948] 与大公爵私交甚好的佛罗伦萨知识分子巴乔·瓦洛里（Baccio Valori）也叮嘱萨塞蒂尽可能弄清楚东方语言的字母系统，尤其是汉语的"象形文字"。[949] 从现存的信件来看，萨塞蒂在印度期间显然在继续学习、阅读；他搜集了各种资料，包括直接观察得来的以及从与同胞和当地人的访谈中获取的信息；而且萨塞蒂把搜集来的资料进行了系统化和翻译。从现存的信件还可以看出，萨塞蒂希望包括弗朗西斯一世在内的友人们在佛罗伦萨的文人圈子里面传播他的信件。然而，不幸的是，萨塞蒂那富于启发性且知识内涵丰富的信件在 16 世纪没有一封得到出版。

虽然我们没有详细地研究萨塞蒂的信件（因为它们如今也没有出版），但应该指出的是，就我们所知的而言，他和加西亚·达·奥尔塔是来自欧洲的仅有的两位在 16 世纪对印度进行观察和书写的世俗人文主义者。像萨塞蒂那样具有良好的训练和旺盛的求知欲的人，自然能够对许多事物做出精当深刻的评论，而此类事物在那些关注贸易、政治和宗教的观察者那里，要么被视而不见，要么就被认为无关紧要。萨塞蒂的大部分信件都与他的气象学观察有关，包括他对台风[950]、季节更替和气候的详细而准确的评论。[951] 虽然萨塞蒂也评论了当地特别是婆罗门教徒的生活方式和社会组织方式，但他坦率地承认，关于这

477

些他谈不出太多内容，因为他没有按照当地的习俗生活过。[952]他曾经给佛罗伦萨的学会写了一封信，这事实上是一篇关于印度民俗学方面的科学论文。[953]关于印度的贸易和那些商业城市方面，萨塞蒂非常熟悉，直接给大公爵写信告诉了他一切情况。在自然史和植物学方面，萨塞蒂给德利·阿尔特拉提学院（Accademia degli Alterati）写了一封比较详细的信件。显然，萨塞蒂通过与一名印度内科医生交谈，了解到了一些印度的医疗知识。这位博学而随和的印度医药学者把一些论述药物的梵文著作介绍给了萨塞蒂，并帮助他逐段翻译，今天的学术界称这部文献为《拉贾尼汉图》（*Rāganighantu*，它是一本化学教科书）。[954]从萨塞蒂的信件中无处不在的线索可以清楚地得知，大约从1585年直到他去世前的三年里，萨塞蒂一直都在努力地学习梵语。

1583年，也就是萨塞蒂来到印度的那一年，英国商人约翰·纽贝利（John Newbery）带领着一个贸易商队从伦敦乘船前往黎凡特。纽贝利以前曾在黎凡特工作过，早就穿越大陆到达了波斯湾的霍尔木兹。和威尼斯的商人们一样，这个时期的英国人暂时还无法给伊比利亚半岛王国对围绕好望角的海上运输路线的控制构成真正的挑战，因此，他们用了很长的时间找到了到达亚洲的其他路线。1583年，纽贝利的商队穿越黎凡特地区的陆路来到了霍尔木兹，然后又到了印度，这事实上只是英国人用计谋规避葡萄牙人的垄断的诸多努力之一。和它的许多先驱者一样，这支远征商队在贸易方面没有得到实质性的成果；然而，它却使一位英国人首次对印度和东印度群岛的描述最终得以出版成为可能。

纽贝利在1583年跨越大陆前往印度的旅程中由拉尔夫·费奇（Ralph Fitch，死于1611年）[955]和其他两个人陪同。在这些冒险者随身携带的文件中，有两封伊丽莎白女王（Queen Elizabeth）在1583年2月写的介绍信：其中一封是写给阿克巴的，而另一封则是给中国皇帝的。[956]在他们到达霍尔木兹四天后，这群英国人被威尼斯商人迈克尔·斯特罗佩尼（Michael Stropeni）[957]控告说他们是堂·安东尼奥（Dom António）派来的间谍，安东尼奥一直觊觎着葡萄牙的王位，那时候他正居住在伦敦。[958]指挥着霍尔木兹驻军的葡萄牙军事统帅根据斯特罗佩尼的控告非常迅速地采取了相应的抓捕行动，因为这位葡萄牙的军事统领早已对德雷克（Drake）大胆地横渡他们的水域并焚烧他们的船只的行为

478

感到暴怒不已了。这群英国人被逮捕后送到了果阿的监狱。耶稣会士托马斯·史蒂文斯（Thomas Stevens）及其果阿的同事们与当局周旋从中进行调解，耶稣会士们的行为得到了荷兰贸易者扬·范·林斯乔坦（Jan van Linschoten）[959]巧妙地支持，林斯乔坦那时候正是主教教省的一名职员。在当月月底，这群英国人在公开宣称自己是诚实的商人和善良的天主教徒之后，就被无罪释放了，而且得到允许可以创建一个贸易据点。在得到释放后不久，纽贝利和费奇就开始写信，在信中他们谈到了与当地法律的第一次摩擦，以及他们将在果阿发展有利可图的贸易活动的新希望。然而，这些美好的愿景很快就暗淡下来了，他们通过小道消息得知总督打算借下一艘船舰把他们送到葡萄牙。听到这个消息后，纽贝利和费奇逃离了果阿，和许多其他的葡萄牙逃难者一样，他们躲到了比贾布尔地区。

这两名英国人于1584年4月逃走以后，就在印度内陆地区发现了许多新事物。这两个逃难者首先去了比贾布尔的城市，然后又到了科戈尔康达（Golconda），库特卜·沙希（Kutb Shāhi）的国王们就住在这里。接着，这两名英国人又进入了布尔汉普尔（Burhānpur）附近的莫卧儿帝国，然后继续前行来到了帝国的两座城市阿格拉和法塔赫布尔·西格里，显然，他们在此造访了阿克巴的宫廷。这两名英国人是否把伊丽莎白女王的信转交给了阿克巴不得而知，但是两人确实是在这里分道扬镳的。纽贝利希望通过陆路回到欧洲，在两年之内再通过海路来到孟加拉与费奇会合。与此同时，费奇在印度的东北部花费时间考察此地的贸易前景。纽贝利未能在约定的时间出现（似乎他还没有回到欧洲就已经去世了），费奇在1586年继续向东旅行至缅甸和马六甲。最后，费奇取道果阿、霍尔木兹和叙利亚，开始了他艰难而危险的返回欧洲的旅程，费奇到达伦敦的时候已经是1591年4月了，他整整离开了八年的时间。

费奇回去的时候（他的家人和朋友们都以为他已经去世了），英国正在与西班牙交战。和哈克路特（Hakluyt）一样，那些对海外冒险感兴趣的人们如今正在呼吁政府向控制着好望角的航海路线的西班牙公开宣战，并且要求乘着英国的大船直接驶向印度。托马斯·卡文迪什（Thomas Cavendish）于1588年从他的环球航行中归来了。詹姆斯·兰卡斯特（James Lancaster）通过他在1591

年，也就是费奇回到英国的那一年，航行至槟榔屿（Penang）和尼科巴群岛（Nicobars）的经历，证明了英国的船只完全可以无视垄断者，而不必假装是在前往美洲的途中。费奇本人被认为是英国的马可·波罗，被要求向那些对与印度发展贸易关系感兴趣的人们讲述关于东方的事情。可能是他的出版商哈克路特催促他赶快写出他"精彩的旅程"。费奇的记述在首次出版时以《大航海》（*The Principal Navigations* [1599]）为题，[960] 该书还附了一些相关的资料，比如纽贝利的信件就在其中。

　　不同于巴尔比，费奇在整个旅程中显然没有记日记，所以，在写作他的行程时不得不依靠记忆。我们之所以有此推断，原因就在于费奇的著作显然缺少相关的信息和准确的资料，而且他八年的游历在形成著作时，简短得令人感到失望。费奇缺少准备好的信息也有助于解释他何以把费德里奇的作品几乎一字不差地整合进了他自己的记述中，当然这些内容所涉及的地方是他们二人都去过的。虽然费奇可能也参考过巴尔比的《旅行指南》（1590 年），但是找不到确凿的证据来说明这一点。[961] 因为费奇不得不在作品中讨论葡属印度，所以他大量地参考了费德里奇的记述，虽然如此，费奇对于费德里奇没有到过的内陆地区的评论还是具有原创性价值的。哈克路特把费奇和费德里奇的作品都收入他编的集子中出版了，他把费奇的著作和卡斯塔涅达以及费德里奇的记述一起列为关于东方信息的重要文献资料。[962]

　　1584 年 4 月，纽贝利和费奇在从果阿逃走后，他们徒步向贝尔高姆（Belgaum）走去，然后又到了比贾布尔。显然，纽贝利和费奇对钻石和其他宝石的相关知识很感兴趣。费奇指出，接着他们就去了戈尔康达，"那里的国王被称作库图普·德·拉沙赫（*Cutup de lashach*）"。[963] 戈尔康达城的遗址如今位于海得拉巴（Hyderabad）西边 5 英里处，这座城市在费奇的眼中"是一个非常美好、欢快的市镇，那里有用砖木建成的漂亮的房屋"。[964] 费奇虽然抱怨戈尔康达的天气太热，但他也发现这座城市可以大量地供应生活用水和当地的新鲜水果，而且它通过马苏利帕塔姆（Masulipatam）港能够为国外的物品提供优质的服务。[965] 费奇和纽贝利离开戈尔康达之后，就向北前往莫卧儿帝国，费奇在途中注意到一个"很美好的王国"，他称之为"塞维多尔（Servidore）"（可能是

比德尔 [Bīdar]，它是一个独立的王国）。[966] 由此他们走到了贝尔拉尔（Berar）的巴拉普尔（Balapur），然后又到了苏尔汗普尔（Surhanpur），按照费奇的描述，这已经到了阿克巴管辖的地区了。[967] 与费奇对布尔汉普尔及其周边地区的描述相关，他还用了相当长的篇幅评论了当地的童婚习俗，这是他少数独立深入探讨的社会问题之一。[968] 这两名英国人在前往阿克巴的宫廷的途中，经过了曼杜、乌贾因（Ujjain）和锡龙杰（Sironj），他们还穿越了许多条河流，"一到雨季，这些河流的水位的涨幅就非常大，以至于我们时常手拉手游过去以保住性命"。[969]

480

　　在他们到达阿格拉的时候，这两名英国人了解到阿克巴的宫廷如今已设在法塔赫布尔·西格里，这是一个新的城市，"比阿格拉大，但是那里的房屋和街道却没有那么好"。[970] 费奇认为阿格拉和法塔赫布尔·西格里都比伦敦大很多，费奇为两座城市之间（相距 23 英里）的道路感到惊讶，"整条路都是一个市场……一个人在路上走会觉得仍然是在一个市镇里面"。[971] 阿克巴的宫廷在一个"王宫"（dericcan，即达利克哈纳 [dārikhāna]，波斯语，意思是宫殿）里面，他在这两座帝国都城中豢养了很多动物。除了嫔妃和宦官之外，任何人都不得走进王宫。这位莫卧儿统治者穿着一件类似于衬衫的穆斯林式的束腰外衣，头上戴着"一小块布……常常用红色或黄色装饰着"。[972] 莫卧儿帝国的首都是一个大市场，那里有来自波斯和葡属印度的商人。在这个地方，费奇插入了在这里的市场上常见的一种车辆的简短描述，这是一种犍牛拉的两轮车，可以载两到三个人，"这在我们英国常常被用作长途车"。[973]

　　费奇和纽贝利造访了阿克巴的宫廷之后，就各奔前程了，费奇单独登上了一艘开往下游的大商船前往孟加拉。在费奇沿着朱木拿河向下游行驶的过程中，他看到了许多"奇怪的习俗"，比如印度教教徒们在这条河里或河边洗浴、祭拜并自我净化。在"普拉格"（Prage，即钵罗耶伽 [Prayāga]，如今的阿拉哈巴德 [Allahābād]），费奇观察到朱木拿河最终注入了恒河，"恒河从西北方向奔涌而来，向东流入孟加拉湾"。[974] 费奇在穿越恒河平原时，注意到这里有许多野生动物、鱼、鸟、裸体的乞丐和苦修者、岛屿以及这块陆地的富饶，费奇对这一切都进行了评论。贝纳勒斯（Benares）是一个只住着印度人的大城市，"城里的居民们对偶像的崇拜程度还是我第一次所见"。[975] 朝圣者们来到贝纳勒斯，去神殿和神庙中对神灵表达崇敬之意，并且在恒河的圣水中洗浴，费奇对这些奇怪的宗教仪式表现出非同一般的兴趣，并加以详细地描述。位于贝纳勒斯和巴特那（Patna）之间的恒河是"如此地宽阔，以至于在雨季你根本无法看到河对岸"，[976] 周围的村庄非常富庶，但是窃贼也很多。费奇准确地指出，巴特那曾经是一个独立国王的都城所在地，如今它已属于莫卧儿帝国。虽然巴特那"是一个非常长而大的城镇"，有着宽阔的街道，但那里的房屋却非常简陋，都是用泥土建成，上面盖着稻草。当地的行政官员"提普尔达斯"（Tipperdas，即特里普拉·达斯 [*Tripura Dās*]），很受当地人的尊重。费奇发现，在这里，棉花、棉纺织品、鸦片和糖有着很大的交易量。最后，费奇评论了他在河上度过的五个月的漫长旅程，他还讨论了登达（Tāndā），在费奇到达此地的十年前，这个城镇已经取代了高尔，成为孟加拉的首都。

费奇离开登达后，继续向西北方向走，进入了库奇·比哈尔（Kuch Bihar）地区，这是贸易商队聚集的地方，在此可能打听到如何穿越西藏同中国进行商业合作的消息。[977] 费奇发现，住在这个地方的全部是印度人，他评论了他们被拉长的耳垂以及使用一种加工过的杏仁作为零钱的习惯。[978] 库奇·比哈尔地区由一种尖利的藤条或者竹子做成的篱笆保护着；在战争期间，这个地方就会放出洪水以阻止敌人入侵。[979] 费奇离开库奇·比哈尔之后，又回到了恒河平原，取道高尔，接着向下游到达了葡萄牙人的聚居区。费奇在讨论葡萄牙人的聚居区以及奥里萨王国时，像他在以前做的那样，再次沿用了费德里奇的记述。但是，费奇对提普尔拉（Tippera）以及西部阿拉干的"抢劫者"（Mugs）的活动做出了一些属于自己的评论。接着费奇介绍了一段关于不丹（Bhutan）的贸易活动的记述，据说那里的商人分别来自中国、莫斯科公国（Muscovy）、孟加拉等，这些内容可能是后来添加上去的。这些引人入胜的概述是非常准确的，虽然费奇本人可能没有去过不丹，但他把自己在库奇·比哈尔期间所了解的信息整合在他的作品中。[980]

费奇从葡萄牙人的吉大港、格兰德港（Porto Grande）出发，前往孟加拉东部的各个地区巡游，在此他结束了自己在印度的商业勘察。[981] 费奇首先在"巴克拉"（Bacola，可能是位于提图利亚河 [Titulia River] 西岸上的一个市镇）做了停留，然后就继续前往位于摩西拉河（Meghira）和帕德马河（Padma）交汇点上的斯里普尔（Srīpur）。虽然斯里普尔（在今天的拉贾巴里 [Rajabari] 附近）因为帕德马河的改道早已被大水冲毁了，但费奇指出，他在印度时这里仍然是孟加拉人对抗莫卧儿人的中心。那些因为被骑马的莫卧儿人追杀的阿克巴的敌人在斯里普尔周围无数个岛屿上寻找避难的地方时，斯里普尔的统治者昌德·拉伊（Chand Rai）显然曾经帮助过他们。索纳尔冈（Sonārgāon）在 1351 年到 1608 年期间是孟加拉东部的首都，费奇在 1586 年造访此地的时候，这里显然不属于阿克巴统治的地域。掌控着孟加拉东部的阿富汗首领伊萨汗（Isa Khan）被称作"所有其他国王的统领，是所有基督教徒的好朋友"。[982] 显而易见，基督教徒们对于索纳尔冈很感兴趣，这座城市位于达卡（Dacca）东 15 英里处，这里以盛产平纹细布而知名，"在整个印度，这里生产的棉布是最好、最漂亮的"。[983] 费奇于 1586 年 11 月从这个大商业区再次出发了，显然他已经确定纽贝利还没有回到欧洲，因为他后来去了勃固和更远的东部继续其旅行。

482

　　费奇在游历印度北部的内陆地区之时，扬·范·林斯乔坦正在果阿的葡萄牙机构里供职。这位荷兰人的《林斯乔坦葡属东印度航海记》一书自然就以果阿为中心展开，林斯乔坦的这部出版于 1600 年之前的作品可能是关于这座岛城、邻近的岛屿和半岛以及这些岛屿之间、每个岛屿与大陆之间关系的最好的地理学描述。林斯乔坦作品中的许多细节可能都来自他个人拥有的果阿地图，但他也补充了许多地图通常无法呈现的个人观察到的内容。比如，林斯乔坦断定，巴尔代（Bardez）和撒尔塞特岛"被波廷格尔（Portingale）的国王们留出来用于农耕了，租金则被用于支付都主教、本堂神父（Cloyster）、一般教士、总督和其他官员们每年的薪水……"。[984] 虽然果阿的异教徒的宗教庆典遭到了压制，但从另一个层面上，林斯乔坦仍然断言这里存在着自由的观念。[985]

　　林斯乔坦的作品从一般性的描述转移到了对于葡萄牙人和葡萄牙—印度人（即混血人 [mesticos]）之间关系的大篇幅讨论，其中也包括一些对于种族杂婚的恶意评论。林斯乔坦也从他主要关注的内容上偏离到了每天都会在果阿和其他葡萄牙人的中心地区举行的拍卖会（lei-laos）方面的讨论，这种拍卖会"类似于安特卫普（Andwarpe）的钱囊会"。[986] 通常情况下，在果阿没有从事商业活动的葡萄牙人，通过他们的奴隶的劳作、货币借贷交易以及出租他们的棕榈园、牧场和土地谋生。总而言之，除了工匠之外，"印度的波廷格尔人和混血人从来都不用工作……"。[987] 果阿的葡萄牙人属于两大群体之一：自由公民，指代那些在这座城市中结婚并定居的人；以及单身者，在类别上他们属于士兵，不管他们是否真的是单身者。在这两大群体中还包括许多不同级别的贵族。虽然单身士兵未必就隶属于某个指挥部门，但他们都登记在册，无论何时，当有需要的时候他们都被期望志愿参战；他们的薪水高低依各自注册的级别而定。接着，林斯乔坦详细地描述了招募新兵的程序，并且指出每个士兵在返回葡萄牙时其证书都需要得到官方批准。

483

　　林斯乔坦用了大量的经典描述准确地捕捉了果阿的葡萄牙人的傲慢与自负。比如，林斯乔坦指出他们走路时"非常缓慢地向前移动，表现出极度的骄傲和自负"。他们行走时，身边往往有一个人努力举着遮阳伞罩在主人的头上，另一个人则持剑紧随其后，"以免妨碍主人行走"，或者"妨碍……（主人的）威严"。[988] 这座城市中的自由公民在庆祝婚礼和洗礼仪式时非常奢侈浪费，届时其朋友、亲戚和教会及王国的要人显贵们也会列席。没有结婚的人（士兵）也"和他们的奴隶沿着街道庄重地行走"，[989] 但他们不得不居住在 10 至 12 座房屋组成的集体宿舍里面，通常吃着简单的饭食，与其他人共用衣橱。没有战事发生的时候，大部分单身者都有社区中那些多情的妻子们资助，或者是通过参与商业活动获得利润谋生。林斯乔坦断定，大部分单身者都不甚关心"公共利益或者是自己对国王的职责，但对他们自己的特殊利益却很在意……"。[990]

　　林斯乔坦对于葡萄牙人、葡印混血儿以及印度的基督教徒们的印度妻子们同样用了很长的篇幅予以批评。虽然这些妇女们通常都足不出户，被她们那爱"吃醋"的丈夫们看管得很严，但她们不但着迷于华丽的服饰，而且共同密谋与其他男人偷情。许多丈夫都吸食曼陀罗，这种植物带刺的果实是一种有力的麻醉药物，妻子们服侍丈夫吸食完曼陀罗并等待其沉沉睡去之后，就去和情人偷欢。如果丈夫怀疑妻子有通奸行为，这些无耻的妇女们将会毫不犹豫地用药毒死或杀死其丈夫。许多妇女也因此而被其丈夫杀死了，这些丈夫们在朋友的包庇下设法逃避惩罚并得到允许再婚。根据林斯乔坦的描述，在果阿，夫妻之间显然毫无忠贞可言。

　　每隔三年就会有一位新总督被派往果阿任职，也有一些是连任的。[991] 总督在果阿居住的地方都设有议政会、审判团、领事馆和法庭，他将按照葡萄牙的法律管理所有的葡属印度地区。司法权虽然掌握在总督手里，但是民事案件可能被上诉到葡萄牙裁决。刑事案件则专门由总督负责处理，除非被告是一位名人，这样的案件将不在其裁决权之内。按照惯例，有罪的贵族将被作为囚犯送回葡萄牙提审。通常，总督很少公开露面，但他一旦出面就会有一个豪华的仪仗队。总督府接待厅的墙壁上画着所有从印度启航的船只，而议政厅的墙上则挂着历任总督的画像。在任期的最后一年，总督们将会去果阿北部和南部的葡萄牙人居住区访问，"这不仅仅是为了增进公众的利益……更重要的是去充实他们的荷包"。[992] 总督从葡萄牙国王那里被授予了对于印度财富的完全控制权。通常情况下，新上任的总督会从当地的统治者和葡萄牙人那里收到丰厚的礼物。过一段时间，这些礼物就会交给耶稣会士。但是大约在 1570 年左右，总督们开始把这些礼物据为己有，留给耶稣会士们的是莫大的失望。无论何时，当一名总督离开印度时，他就会把自己的所有财物带走，包括巴尔代总督府的最后一件家具在内。总督们的贪婪和渴求被归因于过于短暂的三年任期：根据当地的分析报告，新上任的总督必定会用第一年的时间装修其居所并努力了解其工作环境；第二年他就开始谋求自己的利益，"因为这正是吸引他来印度的动力"；最后一年，他就开始花费时间打点自己负责的事务，以便能够以一种好的状态将职位转交给其下一任，"他自己就可以带着整理好的财物回到葡萄牙"。[993] 可以肯定，那些无关紧要的官员也是以同样的方式在其职位上继续做下去的。

　　除了葡萄牙人，林斯乔坦也用了相当长的篇幅讨论了在这座城市中做生意的异教徒，诸如摩尔人、犹太人和亚美尼亚基督教徒们的生活习俗。虽然林斯乔坦在信仰方面基本没有补充什么新的内容，但他对印度教教徒每天的生活习惯和自我净化的习俗进行了精确地观察。而且，林斯乔坦用了比较长的篇幅描述了果阿当地的商人们居住并出售货物的商店和各种街道。[994] 林斯乔坦比较详细地评论了理发师，他们虽然没有自己的店，但是他们可以去顾客家里为其

484

理发、修手指甲和脚趾甲、按摩以及其他的个人服务。果阿当地的医师被最高级的葡萄牙达官显贵请去看病，"这些权贵们很信任当地的医师，要超过他们对自己同胞的信任度……"。[995] 林斯乔坦观察到，印度人必须继承他们父辈的贸易、与他们自己的职业群体中的人结婚，并且遵从父亲的财产只传给儿子的继承习俗。至此，林斯乔坦结束了这个部分的记述。[996]

在讨论了果阿的气候、季节、疾病、货币、重量单位和丈量单位之后，林斯乔坦更为详细地描述了定居和暂住在这座葡萄牙人的都城中的当地人的社会活动。林斯乔坦指出，婆罗门教徒"在级别方面是最高的，在印度的异教徒中最受尊重"。[997] 婆罗门教徒是当地统治者的主要决策顾问，他们占据着最高层的管理职位。与此同时，婆罗门教徒还是印度的宗教统领者，是唯一一个最权威的群体。在果阿和其他海港，许多婆罗门教徒在那里出售香料和药材，他们是如此的聪慧和博学，以至于他们能够轻而易举地"让其他头脑简单的印度人相信他们的意图"。[998] 林斯乔坦没有对早期的婆罗门教信仰补充任何新的内容；他在解释"萨提"这一习俗的时候，重复了费德里奇早前讲述过的内容，即印度不忠贞的妇女常常用药毒死她们的丈夫，而"萨提"正好可以让她们去保护而不是夺去她们丈夫的性命。[999]

林斯乔坦把坎贝的当地人分为古吉拉特人和巴涅人，据说他们都居住在果阿和其他海港。根据林斯乔坦的描述，巴涅人在商业活动中比印度的其他任何贸易者都精明，甚至包括葡萄牙人在内。虽然林斯乔坦没有说明巴涅人是耆那教徒，但他指出，巴涅人的社会活动常常是依循着耆那教徒的方式进行的。林斯乔坦认为古吉拉特人显然要比其他印度人更多地关注生命的消亡、自我净化仪式以及不谨慎的饮食可以玷污信仰等内容。无论古吉拉特的男人还是女人，肤色都比较白，他们的面部特征和形体都类似于欧洲人。古吉拉特人穿着白色的紧身长袍，遮盖着脖子以下的身体部位，脚上穿着尖头朝上的红皮鞋，头上包着白色的头巾。古吉拉特人只留下巴处的小胡子，其他胡须则剃得干干净净，前额上有一个标记，"那是他们教谕中一种迷信的仪式"。[1000]

果阿有许多来自东边的"巴拉盖特"（Ballagate，即巴尔加特 [Balghat]）[1001]的卡纳尔人和德干人，他们是外国商品的购买者，在和平时期，"巴拉盖特"是果阿的粮食供应基地。德干人除了经商之外，还有许多人从事工匠、理发师等职业。作为一个群体，其人数几乎和葡萄牙人、葡印混血儿和印度基督教徒的总数一样多。在衣着方面，德干人和古吉拉特人相似，唯一不同的是他们脚上不穿尖皮鞋，而是穿一种大麻纤维做成的便鞋。德干人留着长发和胡须，头上包着头巾。显而易见，林斯乔坦认为德干人比其他印度人更为崇敬牛，因为他详细地描述了他们对待牛时"似乎把它当作一种有理性的生物来看待"。[1002] 林斯乔坦也描述了德干人的婚礼，并得出结论说德干人的婚礼总体上和其他印度人的没什么两样。德干人在果阿地区为葡萄牙当局充当收税者的角色，从巴尔代和撒尔塞特岛收缴税款。德干人也很精通葡萄牙语以及教会法规，以至于他们能够在没有律师的帮助下，陈述他们的案子和请求。为了让他们起誓，他们被要求站在一个用灰画出的圆圈里，抓一点灰洒在他们头上裸露的部分，然后把一只手放在头上，另一只手放在胸前，用他们自己的语言，以他们自己的神灵的名义发誓他们将讲出真相。[1003]

　　林斯乔坦对于描述果阿的低级种姓的生活状态有着更大的兴趣。林斯乔坦提到了一个叫作"迈纳图"（maynattos [Mainattu]）的群体，他们"除了洗衣服之外什么也不做"。[1004] 林斯乔坦还注意到一个叫作"帕塔马里"（Patamares，即帕特马里 [Patemari]）的传递信息的群体，专门从事跨越大陆给人送信的行当。[1005] 然而，林斯乔坦显示出其最大兴趣的是卡纳拉的一个叫作"克鲁姆毕金"（Corumbijns，即稻米种植者 [Kutumbi]）的农耕种姓，林斯乔坦在一次造访果阿后面的大陆地区时对这个种姓进行了观察。虽然这些人和德干人有着同样的信仰，但他们却是"印度最被人轻视、最悲惨的群体"。[1006] 他们捕鱼、耕种稻田，护理种在河两岸和海岸上的棕榈林。他们的皮肤是黑棕色的，许多人都受洗做了基督教徒。他们用稻草搭成的小屋的门是如此得低矮，以至于他们进出时必须连爬带跪；家具除了睡觉用的草垫和几个做饭用的器皿之外，别无一物。那里的妇女生孩子时自己接生，林斯乔坦不无惊讶地写道，那里的新妈妈很快就开始起床走动。虽然这些贫苦的农民们的生活环境极度的原始，但林斯乔坦断定，他们游泳和跳水的技能非常高超，老年时"没有任何头痛、牙痛或者是牙齿松动"等疾病。[1007] 然而，他们大部分人都很瘦弱、怯懦，以致于葡萄牙

486

人把他们像动物一样看待，从不担心他们会有报复行为。

来自莫桑比克（Mozambique）的阿拉伯人、埃塞俄比亚人和卡菲尔人（Kaffir）也出现在果阿的街道上。严格地说，在宗教信仰方面，阿拉伯人属于穆斯林。埃塞俄比亚人分为两个群体，一类是伊斯兰教的信仰者，另一类是长老约翰的基督教信徒。许多埃塞俄比亚人的男性和女性都是奴隶，他们"像其他东方王国的人们一样被贩卖"。[1008] 自由的阿拉伯人和埃塞俄比亚人在从果阿开往东方的轮船上做水手；他们在为船只寻找停泊处时和普通海员一样不会有困难，因为即使是没有经过训练的葡萄牙水手在往远东航行时也会自命为官员。林斯乔坦非常详细地描述了前往东方的轮船的装备情况，并注意到他们从不带桶装水，在轮船的龙骨处只有一个方形的木制蓄水器。卡菲尔人"像沥青一样黑"。[1009] 其中有些人是穆斯林，他们外出时喜欢穿着自然的服饰，他们为了显得漂亮，刺穿脸颊上的骨头并用铁烙自己的脸和身体。耶稣会士们没有在卡菲尔人居住的土地上花费力气传教，"因为他们在那里看不到什么收获的前景，然而当他们在印度和日本群岛进行传教时……他们发现了大量的财富，通过对当地的大肆破坏，他们中饱私囊，满足自己无餍的欲望"。[1010]

林斯乔坦在讨论卡菲尔人所遭遇的奴役时，插入了一段对于一般的奴隶贸易进行评论的文字。林斯乔坦解释道，莫桑比克政治与文化的分裂导致了其诸多的小统治者之间几乎是长期地处于争战状态。在无数次的战争中抓到的俘虏就成了奴隶，当葡萄牙人的船只停靠在莫桑比克的港口补给用水或其他必需品的时候，这些奴隶就被转手卖给葡萄牙人。但是，被贩卖到果阿的街区的还不只卡菲尔人和其他非洲人。林斯乔坦观察到，他在果阿期间印度大陆正在闹饥荒，结果，许多当地人都把他们的孩子卖到果阿以换取食物。虽然林斯乔坦是第一个描述印度的人口贩卖的欧洲作者，[1011] 但是他的记述却是最生动的。林斯乔坦断言："我亲眼看到人们用 8 岁到 10 岁的男孩子换取 5 升到 6 升米的情形……有些人把自己的妻子和孩子带来做奴隶，如此他们自己就可以吃肉、饮酒，滋养身体。"[1012] 在东方许多彼此相隔很远的地方进行贸易活动的葡萄牙人"通过贩卖（奴隶）谋生，这对他们而言和处理其他货物没有区别"，[1013] 哪个地方行情好，他们就会在哪里进行奴隶买卖交易。

487

　　林斯乔坦在果阿居住期间，遇到许多欧洲人和来自国外的达官显贵。林斯乔坦对于纽贝利和费奇身陷囹圄并努力重获自由的记述，可能是我们所能看到的关于这一事件最好的文献了。[1014] 从日本来的使团到达果阿时，林斯乔坦也在这里，使团从欧洲返回时，林斯乔坦仍然还没有离开。[1015]1583 年，使团从日本到达果阿，其中的日本青年穿得和耶稣会士一模一样；1587 年，这个使团又从欧洲返回日本，"他们三个人都穿着金色和银色的华服，行为举止间有种意大利风格的仪态……"。[1016]1584 年 6 月，来自波斯、坎贝、卡利卡特和科钦的教皇使节到达了果阿。在其他诸多事情中，林斯乔坦谈及了扎莫林的代理人与葡萄牙人达成协议，要在卡利卡特附近的帕南（Panan）创建一个葡萄牙的军事要塞。接着，林斯乔坦突然离题，开始对马拉巴尔海岸上的海盗问题长篇大论起来。[1017] 林斯乔坦进一步谈到，葡萄牙人在 1584 年发现，要在科钦创建一个海关机构防御当地人的对抗是一件非常困难的事情。林斯乔坦在他的同事，也就是都主教的随从伯纳德·布尔歇特（Bernard Burcherts）于 1585 年 4 月离开果阿后，从转给自己的信件中概括出了布尔歇特所走的路线：即穿越大陆，从霍尔木兹到达叙利亚的的黎波里（Tripoli），再到他的家乡汉堡（Hamburg）。[1018] 在 1586 年期间，因为前往果阿的旅行者和信件同时采用了水路和陆路，所以到达那里的信息明显地比较有规律。1586 年 5 月，土耳其人在埃及制造的大型帆船开始袭击红海的葡萄牙船只，于是，一艘在果阿装备完毕的舰艇前往驱逐土耳其船只。[1019] 大约就在同一时间，霍尔木兹的女王在嫁给了一名葡萄牙人之后，来到果阿接受洗礼。[1020] 林斯乔坦指出，1587 年，果阿的舰队已准备就绪，前往科伦坡和马六甲救援被围困的葡萄牙人的军事要塞。[1021]

488

　　除了在果阿做的观察之外，林斯乔坦还根据个人的经验对马拉巴尔的不同地域和居民进行了一般性的评论。林斯乔坦对于纳亚尔人及其母系继承系统的讨论，不但在内容上没能超出既往的著述，而且其水平与以前的许多作品相比较还显得低劣一些。林斯乔坦对于居住在科钦的西班牙系犹太人（Sephardic Jews）的描述特别有趣，这些人都是富商，也是"……科钦国王身边最亲近的决策顾问"。[1022] 科钦的犹太人有他们自己的教堂，因为林斯乔坦与他们非常熟识，所以得到允许观看和接触他们的犹太教律（Torah）。林斯乔坦与科钦的摩尔人之间的关系就没有那么近了，他认为耶稣会士们在努力吸纳印度人皈依基督教的过程中遭遇的困难都是由摩尔人造成的。林斯乔坦对于象岛和其他地方的神庙的描述同样没有对既往作者们的著述补充什么新的内容。林斯乔坦对于1554年葡萄牙人偷窃锡兰佛像（实际上那是猩猩的牙齿）牙齿的事件的记述透露出了更多的真相，这件事情在那些虔诚的印度南部的统治者中间引起了震惊。这个冷酷无情的窃贼放火烧了果阿的圣骨，后来"发现"了一些新的牙齿，被供奉在维查耶纳伽尔的神殿里面，让人感觉它还是最初的那些牙齿奇迹般地避过了火灾。[1023]

林斯乔坦对于印度的植被、动物和珠宝的描述令人着迷。林斯乔坦涉及的话题对象非常宽泛，比如大象、犀牛、芒果、棕榈树及其用途等等都在其描述之列。虽然林斯乔坦明显地参阅了奥尔塔写的博物志，但他插入了许多具有原创价值的评论、观察和个人经验。比如，林斯乔坦谈到了大胆的黑乌鸦，它们毫不犹豫地俯冲进房屋抢走桌上的食物。[1024]林斯乔坦还记述了1581年一头大象和一头犀牛被作为礼物送给里斯本的菲利普二世的情形，这两头动物后来被赶到了马德里。[1025]当林斯乔坦在果阿的时候，他们还送给菲利普二世一幅画，画上面是在果阿的一条河里抓到的一条很奇怪的鱼。来自马六甲的巨大的贝壳被耶稣会士们送到里斯本，装饰其教堂的外墙。[1026]林斯乔坦去印度时坐的航船完全是用印度的椰壳纤维做成的绳索装备起来的。[1027]在描述了写在棕榈叶上的文件（olas，本意为做纸张用的棕榈叶）的制作和用途之后，林斯乔坦评论道："印度人写字的纸张，你可以在帕鲁达努斯博士（Dr. Paludanus）家里看到，那是我送给他的礼物。"[1028]林斯乔坦告诉我们，大黄全部来自中国内地。穿越亚洲大陆运到威尼斯的大黄质量要比用船运到葡萄牙的好，因为漫长的航程使之变质了。[1029]林斯乔坦评论道，查理五世（Charles V）曾试过"中国草药的根"[1030]，最终发现对于痛风的疗效很好。在中国和孟加拉制造的珍珠母装饰品和器具也被大批地进口到了葡萄牙。[1031]在东方难得一见的绿宝石被威尼斯人从亚美尼亚进口而来，用缅甸的红宝石与之交换。[1032]这些突兀的附带性内容像珍品一样分散在林斯乔坦的整部作品中，有许多这样的记述都很重要，使其作品成为一个值得去努力开采的宝藏。

489

　　林斯乔坦的作品对于他那个时代的荷兰和英国商人有着直接的影响。只需粗略地浏览一下与他们的东方冒险事业相关的资料，就可以明显地发现这一点。林斯乔坦的《葡属东方航海旅行记》（*Reysgeschrifi*）出版于 1595 年，事实上他的著作被用作组成荷兰第一舰队的船只的指南，这支舰队在 1595 年到 1597 年间直接开往东印度群岛。[1033] 与此同时，包括林斯乔坦在内的荷兰人仍然坚持认为存在着一条前往远东的东北方向的航线，虽然英国人很早就放弃了找到这条线路的希望。林斯乔坦本人曾与 1594 年和 1595 年的两支勘察队一起在海上航行，并做了相关的记录。第三支勘察队出海的时间是在 1596 年，这些海上的勘察最终让倔强的荷兰人确信，从东北方向驶往远东是不可能的。[1034] 此后，荷兰人前所未有地把全部的希望都寄托在能够成功地在南方航线的贸易中大展拳脚上面了，但是在 1597 年他们发现得到的回报甚微，因为荷兰的行政官员内部的矛盾，他们基本没有做成什么贸易。[1035] 然而，派出的第一支舰队安全地到达了爪哇并再度返回，由此可见，伊比利亚人对自己的贸易垄断并没有进行有效地防范。几乎是马不停蹄，几支小舰队迅速在荷兰港口装备完毕就直接开往东印度群岛。这些私人的经营最终在扬·范·奥尔登巴内费尔特（Jan van Oldenbarnevelt）的引导下并入了荷兰东印度公司（Dutch East India Company，1602 年）。英国人很快就领会了荷兰人的经验，加速了他们直接而有条理的航海计划。1598 年，林斯乔坦的作品的英文译者威廉·菲利普（William Phillip）在伦敦出版了他翻译的另一部荷兰作品《荷兰船队的印度群岛历险……它们于1595 年 4 月 2 日出发，1597 年 8 月 14 日返回》（*The Description of a Voyage Made by Certaine Ships of Holland into the East Indies, with Their Adventures and Successe...who Set Forth on the Second of Aprill, 1595, and Returned on the 14 of August, 1597*）。[1036] 1600 年，弗尔克·格里维尔（Foulke Grevil）为罗伯特·塞西尔爵士（Sir Robert Cecil）提供了一个关于葡萄牙在东方贸易中心的经济、政治状况概要，这些内容是"专门从约翰·惠根（John Huighen，即林斯乔坦）的航海记录中摘引出来的"。[1037]

490

　　在这一章中，我们回顾了这些商人评论者们在 1564—1591 年在印度的经历。费德里奇是这一批中第一个在印度游历的人，他离开威尼斯长达十八年之久，他在东方度过的时间比在西方还要长。其他四位作者（巴尔比、萨塞蒂、费奇和林斯乔坦）在 16 世纪 80 年代都在印度，根据他们的作品以及其他资料，我们可以得知，那时候在葡属印度也有很多其他非伊比利亚人。在葡萄牙人的贸易系统中任职的两位评论者（萨塞蒂和林斯乔坦）对于与印度西海岸以及海外帝国的位置相关的事情的记述特别真实。其他三位评论者（费德里奇、巴尔比和费奇）是典型的商业介入者或者说是私人经商者，他们搜集的资料比较杂乱，而且带着一种意欲推动其祖国打破香料贸易的垄断格局的视角和野心。费德里奇的作品和萨塞蒂的信件显然是他们个人独立完成的成果。巴尔比和费奇的作品明显地挪用了费德里奇的记述；而林斯乔坦则大量地参阅了已经出版的相关作品。所有的写作（萨塞蒂的信件除外）在短短的十二年里（1587—1599年）都以书籍的形式得以出版，除了费奇的作品之外，其他的都被翻译成了其他语言，包括那些被收入 1600 年出版的旅行文集的作品在内。然而，也许最为重要的事实是：这些文献所讨论的关于这个时期的印度历史正是那些已经出版了的耶稣会士和伊比利亚人们的作品所缺少或者是很少谈及的，传教士们更关注的是中国、日本、莫卧儿帝国，以及葡萄牙民族和帝国在 16 世纪的最后二十年能否幸存的问题。

16 世纪欧洲人写的关于印度的文献——葡萄牙的世俗材料、耶稣会书简和历史著作以及非伊比利亚旅行家的记述——在许多方面都互为补充、互相完善。当葡萄牙人写的编年史著作大约在 1540 年就截止的时候，耶稣会士们的文献资料又接续了整个叙述。当耶稣会士们的叙述在 16 世纪 60 年代逐渐终止的时候，这一文献记录的接力棒又传到了 1564 年首次到达印度的费德里奇那里。到了 1581 年之后，耶稣会士们的书简开始变得越来越官方化，而信息量也越来越小，就在这个时候，商业介入者和林斯乔坦的非官方的书写正好为我们补充了新的细节描述，并为 16 世纪最后二十年我们所知道的印度提供了一个全新的认知维面。1580 年之前的资料中存在的最大问题就是葡萄牙人在其中的绝对支配地位以及耶稣会士们的官方史料编纂法。因为菲利普二世比起以前的葡萄牙统治者，对于异见更加不能容忍，所以，他迫于自己的征服者和传教士们的压力，

491

不得不改变葡萄牙人和耶稣会士独霸一切的做法。因为垄断者没有尽力对变化的形势做出应对，他们在印度和其他地方的政策所引起的批评在马德里时有耳闻。甚至在 16 世纪末期，耶稣会士们的书简和历史著作中也出现了一种更具争议性的口吻。

这些文献资料集中在一起时，彼此间能够很好地互为补充，也能够把真实的情景掩盖起来。在俗的葡萄牙作者们提供了关于印度西海岸和古吉拉特及孟加拉的贸易中心的最好的书写；16 世纪末，经商的旅行者和林斯乔坦的记述虽然把批评的热情集中在果阿，但是，他们在市场上实际已经没有葡萄牙人的资料被出版的时候，继续维持了印度在文献中的重要位置。也许，耶稣会士们在其出版的著作中很少谈及葡萄牙控制下的市镇和地区的政治、社会状况是有意为之。除了马匹贸易者和雇佣兵之外，在俗的葡萄牙人很少进入印度的内陆地区。

无论在什么时候，当葡萄牙的编年史家在讨论这块次大陆的内陆地区的事物时，他们似乎都要依赖商人、士兵和当地的信息提供者的报告。结果，他们的叙述仅仅强调了路线、货物集散中心、物产和军事活动，而几乎完全无视内陆地区的居民们的社会活动、宗教信仰和语言问题。相比之下，耶稣会士们的写作则用了相当长的篇幅讨论了沿着遥远的捕鱼海岸、圣多默的基督教徒的塞拉地区、阿克巴的帝国总部等地区发生的日常事件。虽然耶稣会士们在学习印度语言方面比其他任何群体都更为努力，但是他们对于当地的学术或者是高雅文化却基本没有什么印象。奥尔塔和萨塞蒂作为最重要的两名世俗的人文主义者，在印度度过了很长时间，对印度文明的前提表现出了比其他传教士们更为真实的兴趣和认同。和商人与行政官员一样，这个时期的耶稣会士们基本上无意去了解印度人的价值观念和信仰。他们对于当地人的社会活动的评论，虽然有时候也不乏真知灼见，但其中的敌意却是非常明显的；他们认为当地人的社会活动对于贸易和基督教事业构成了障碍。

在重构 16 世纪的印度历史的过程中，到目前为止，人们仍然对卡斯塔涅达和巴罗斯那伟大的编年史著作以及耶稣会士们的书简和历史著作不甚关注。有一些印度史专家，比如研究古吉拉特的科米萨里亚特（Commissariat）或者是研究孟加拉的坎波斯（Campos）已经开始利用16世纪早期的旅行家们的作品了，并且被证明确有助益。16世纪末，商业介入者和林斯乔坦的书写也被印度史的研究者们给挖掘出来了。但是，在印度的普通史研究领域中，比如马江达（Majumdar），葡萄牙人主要是作为入侵者而不是贡献者的面目出现的，他们留给后人的记录总体上都很少或者是完全被忽略了。这些遗漏是令人痛惜的，因为，当其他资料极度缺乏或者是根本就不存在的时候，这些葡萄牙人和耶稣会士的作品中仍然充满了印度某个历史时期中有价值的具体信息。葡萄牙和耶稣会的作者们也意识到了统计的必要性，虽然他们的著作和书信中的统计不总是很精确，但其中包括了印度的一些城市和地区的人口数量、某个统治者的收入以及印度军队的构成与规模等内容。在这类统计中，有一些没有在其他文献资料中出现过，即使出现过，那么毫无疑问，欧洲人也应该把自己的数据与他们的进行核对。卡斯塔涅达对于胡马雍在古吉拉特和孟加拉进行的战争的记述，至今仍然被大部分研究莫卧儿早期历史的学者们所忽视。关于种姓、母系社会、家族和继承行为、萨提、性习俗以及奴隶买卖等方面的描述已经得到了喜欢在自己的研究中增加历史维度的文化人类学学者们的使用，这些文献资料可能还有待于更为努力地进一步开掘。

对于16世纪的欧洲人而言，大部分关于印度的资料必定会被视为一堆非常具有异域情调，而且很不可靠的杂乱文献。虽然如此，正如前文所述及的那样，这些葡萄牙人的记述自1550年起就被翻译成了其他的欧洲语言，此后，大部分作品作为整体或者部分都可以在赖麦锡编的集子中看到。在16世纪下半叶，耶稣会士和商人们的写作在欧洲也得到了广泛地传播。伊比利亚半岛之外的学者们所找到的关于印度的信息，证实了赖麦锡、保卢斯·约维乌斯（Paulus Jovius）、富格尔家族以及英国人曾为获得葡萄牙人和耶稣会作品的复本付出过很大的努力。

注释：

[1] 关于这些讨论的概述参见原文，第 181-200 页。

[2] 同时代具有很高价值的作品是加斯帕尔·科雷亚（Gaspar Corrêa，1496—1563 年）的《印度传奇》（*Lendas da India*），该书似乎到了 19 世纪才得以出版（四卷本，里斯本，1858—1866 年）。A. Kammerer（*La découverte de la Chine* [Leiden, 1944] p. 5）没有谈及引用其资料的问题，可能 1556 年在伦敦还出版过一个 12 卷的版本，只是这个版本后来丢失了。然而，如果说这部作品在 16 世纪就已经出版过，而且所有实际上参阅过它的著述都一并绝迹了，这一说法最不可靠。更为可能的情况是，这部杰出的作品在里斯本有几个手稿复本，但是它们仅在达官贵人中得到了传阅。我们知道，在加斯帕尔·科雷亚去世后不久，他的 3 500 页的手稿就被米格尔·达·伽马（Miguel da Gama）从印度带回了葡萄牙。对于那些对印度历史或者是葡萄牙人海外扩张的故事感兴趣的人们而言，科雷亚的作品是当时必不可少的文献资料。科雷亚为了写这本书，整整用了三十五年的时间，在此期间他一直在东方生活、工作。科雷亚在其作品中使用的信息和材料对于巴罗斯和卡斯塔涅达而言，显然都尚未公开或者闻所未闻。关于科雷亚的传记以及对于《印度传奇》的文献价值的批判性评论参见 F. G. Bell, *Gaspar Corrêa*（Oxford, 1924）。

[3] 参见 S. M. Sastri（ed.），*McCrindle's Ancient India as Described by Ptolemy*（Calcutta, 1927）一书中的地图和描述。

[4] H. Yule and H. Cordier（eds.），*The Book of Ser Marco Polo*（New York, 1903），II, 312. 参阅奥尔塔的评论，他认为锡兰是 "世界上最为富饶、最美好的岛屿"。（Sir Clements Markham [trans. and ed.], *Garcia da Orta. Colloquies on the Simples atld Drugs of India* [London, 1913], p.135.）

[5] M. L. Dames（trans. and ed.），*The Book of Duarte Barbosa*（London, 1918），I, 177.

[6] H. Cidade and M. Múrias（eds.），*Asia de João de Barros*（Lisbon, 1945），I, 153。在 13 世纪就开始创建的德里苏丹王国在 15 世纪开始走向瓦解，到 1526 年，彻底分崩离析。关于这一讨论参见 R. C. Majumdar *et al.*, *An Advanced History of India*（rev. ed.; London, 1958），pp. 338-90。

[7] 波斯语表述的 "印度斯坦" 或 "印度人的国家"。

[8] 伊马斯山（Mount Imaos，即梵语表述的喜马 [*himā*]，意思是寒冷的）这个名字首次被希腊人用于指代印度—库什（Hindu-Kush）和平行于赤道绵延的喜马拉雅山脉（Himalayas），但是随着时间的慢慢流逝，其指代的范围有所转变，包括从北到南以及横穿这些山脉的 Bolar。（S. M. Sastri [ed.], *op. cit.* [n.3], p. 35.）

[9] 在葡萄牙人统治的范围内（Armando Cortesão [trans. and ed.] 所引用的内容，*The Suma Oriental of Tomé Pires* [London, 1944], II, 299-301），里格的长度自然随着预先计算的范围的变化而变化。从北向南的直线距离说每一刻度相当于 17.5 里格，或者稍微少于常规的陆地上的 4 英里。以后我们可以用 "4" 作为一个大概的数字简化计算过程，但是要明白，按照这种计算方

法得出的英里数可能要比葡萄牙人实际上认为的距离大一些。

[10] 这个名字常常出现在 15、16 世纪绘制的恒河三角洲西部地区的地图上。在 19 世纪中期的时候，"加贾帕提"终于被澄清是加吉帕提（Gajpati）的孟加拉语属格，在此之前，学者们还为之感到困惑。因此，"加贾帕提"如今被简单地认为是加吉帕提的另一个名称，这个地域属于奥里萨的加吉帕提统治者管辖。参见 H. Yule and A. C. Burnell, *Hobson-Jobson，A Glossary of Anglo-India, Colloquial Words and Phrases*（London, 1886），pp. 201-2。

[11] "Māndū"有时候被拼写为"Mandou"，它经常被用于指代马尔瓦，虽然它不过是马尔瓦首都的名字。"奇托尔"是梅瓦尔的首都，它同样被用于指代这个国家和这座城市。虽然这个名单没有完全列出德干北部的独立王国的名字，但它确实能够让读者感觉到印度北部四分五裂的状况。进一步的讨论参见原文，第 418-419 页。

[12] "巴赫玛尼王国分崩离析的时候，有五名苏丹一个接一个地在德干崛起。"（Majumdar *et al., op. cit.* [n. 6], p. 363.）

[13] 它在贾科莫·加斯塔尔迪（Giacomo Gastaldi）1561 年绘制的地图上位于印度中部，地图在 R. H. Phillimore（comp.），*Historical Records of the Survey of India*（Dehra Dun, 1945），Vol. I, plate xvi. 中被复制。关于"Palu"的说明可查阅 E. Thornton（camp.），*A Gazetteer of the Territories under the Government of the East-India Company ...*（London, 1857），p. 749。

[14] Cidade and Múrias（eds.），*op. cit.*（n. 6），I. 351-62.

[15] *Ibid.*, III, 55-61. 关于现成的参考文献和比较有帮助的资料参见 D. Ferguson（trans. and ed.）"The History of Ceylon, from the Earliest Times to 1600 A. D., as Related by João de Barros and Diogo do Couto;" *Journal of the Royal Asiatic Society, Ceylon Branch*, Vol. XX（1908），No. 60, pp. 29-53。

[16] 真实的长度是 270 英里，宽度为 140 英里。虽然比古代人精细一些，但巴罗斯还是夸大了锡兰的面积。奥尔塔（Markham [ed.], *op. cit.* [n. 4], p. 135）则低估了锡兰的大小，因为他说锡兰长达"30 里格，宽度为 6 里格到 8 里格"。巴罗斯的估计还是比较接近真实数据的。

[17] "伊兰纳尔"可能是泰米尔语的说法，"伊兰 - 纳都"（*Ilan-nādu*）即"锡兰国"（伊兰＝锡兰 [Silam]＝西姆哈兰 [Simhalam]）；"特兰拉特"可能是提鲁 - 纳都（tiru-nádu）的泰米尔语说法，即"神圣的国家"。参见 Ferguson（ed.），*loc. cit.*（n. 15），p. 30. 卡斯塔涅达（Pedro de Azevedo [ed.], *História do descobrimento e conquista da India pelos Portugueses* [3d ed.; Coimbra, 1928], I, 258）指出，阿拉伯人和波斯人的摩尔人称之为 Ceilão，而印度人称之为 Hibernāro，意思是"富饶的陆地"。关于此进一步的讨论参见 Dames（ed.），*op. cit.*（n. 5），II, 109, n. 1。

[18] 中文资料中呈现的远征队伍通常都与大约早在 1406 年就前往锡兰的郑和（Cheng Ho）的名字联系在一起。在一系列的航行过程中，这位中国人在 1411 年与阿尔加科纳拉王（King Algakkōnara）发生了严重的冲突，郑和打败并逮捕了他，最后把他带回了北京（Peking）。有一个用三种语言写成的碑文（泰米尔语、汉语和波斯语）还在锡兰的加勒（Galle）矗立

着，以纪念这位中国人的胜利，显然，碑文是很早就在中国写好的。根据后来的中文资料记载，锡兰也在那些为明王朝（Ming）的宫廷缴纳贡金的国家之列。参见 J. J. L. Duyvendak, "The True Dates of the Chinese Maritime Expeditions in the Early Fifteenth Century," *T'oung pao* XXXIV（1939），367-73. 关于杜伊文达克（Duyvendak）对于中国和僧伽罗关系的相关简述参见 Luciano Petech, "Some Chinese Texts Concerning Ceylon," *The Ceylon Historical Journal*, III（1954），227. 最后一支前往中国交纳贡金的锡兰使团于 1459 年被派出。参见 H. W. Codrington, *A Short History of Ceylon*（London, 1947），p. 91.

[19] Ferguson（ed.），*loc. cit.*（n. 15），p. 33. 事实上"锡兰"这个名称，包括它的其他形式在内，大约在 13 世纪的时候就已经被普遍地使用了，虽然向前追溯的话，甚至还可以在更早的时间发现这一名称。参见 Yule and Burnell, *op. cit.*（n. 10），p. 138. 卡斯塔涅达（在 Azevedo [ed.], *op. cit.* [n. 17], I, 261 中）指出，僧伽罗语来自于卡纳拉和马拉巴尔人中间。巴尔博萨（在 Dames [ed.], *op. cit.* [n. 5], II, 111 中）说道，僧伽罗语"有一部分来自于马拉巴尔语，另一部分来自于科罗曼德尔语"。巴罗斯（在 Cidade and Múrias [eds.], *op. cit.* [n. 6], III, 57 中）毫无依据地认为僧伽罗语来自"Chins de Galle"。事实上，僧伽罗语与马拉雅拉姆语没有关系；它是印度 - 雅利安（Indo-Aryan）口音。

[20] 这一断言得到了 Robert Knox 的支持，*An Historical Relation of Ceylon*（1681），pp. 153-54，其再版本收在 *Ceylon Historical Journal* 的 Vol. VI（1956-57），由 S. D. Saparamadu 编辑。

[21] Ferguson（ed.），*loc. cit.*（n. 15），p. 35.

[22] Azevedo（ed.），*op. cit.*（n. 17），I, 258-59. 亦可参见 Dames（ed.），*op. cit.*（n. 5），II, 113-115. 奥尔塔对于大象的训练进行过评论，参见 Markham, *op. cit.*（n. 4），pp. 185-90.

[23] Ferguson（ed.），*loc. cit.*（n. 5），p. 35.

[24] *Ibid.* 杜阿尔特·巴尔博萨对于锡兰的水果进行过描述，参见 Dames（ed.），*op. cit.*（n. 5），II, III；奥尔塔的评论参见 Markham, *op. cit.*（n. 4），pp. 135-36. 奥尔塔指出，"毫无疑问，人们能够从柑橘的贸易中获取非常高额的利润，因为它们是世界上最好的水果"。

[25] Dames（ed.），*op. cit.*（n. 5），II, 111-12. 锡兰的大部分稻米仍然需要进口。

[26] Ferguson（ed.），*loc. cit.*（n. 15），p. 36.

[27] 巴罗斯认为从海岸到这里有 20 里格（合 80 英里）显然有些夸大。卡斯塔涅达和巴罗斯将其位置设定在岛屿的中央；这事实上是一个错误，因为它位于锡兰南部。

[28] 这是巴尔博萨的记述，参见 Dames（ed.），*op. cit.*（n. 5），II, 118-19.

[29] 来自僧伽罗语 *Diviyamsé*。

[30] Ferguson（ed.），*loc. cit.*（n. 15），p. 36.

[31] 来自梵语 *yogī*。

[32] Ferguson（ed.），*loc. cit.*（n. 15），p. 37.

[33] Jayawardhana Kōttē 距离今天的科伦坡有 6 英里远。

[34] Dames（ed.），*op. cit.*（n. 5），II, 113-7.

[35] 关于该问题的相关讨论参见 P. E. Pieris（trans.），*Ribeiros History of Ceilão*（Colombo, 1909），pp. 3-4。

[36] Ferguson（ed.），*op. cit.*（n. 15），p. 37.

[37] 新近列出的名单参见 Codrington, *op. cit.*（n. 18），pp. 98-99。

[38] 卡斯塔涅达的描述参见 Azevedo（ed.），*op. cit.*（n. 17），I, 261。巴尔博萨（在 Dames [ed.], *op. cit.* [n. 51, II, 117 中]）说道，除了科伦坡，"还有四到五个其他的港口……这些港口都在其他领主，也就是锡兰（Ceilam）国王的侄子们的统治之下，这些领主们效忠于国王；然而他们有时候也会与之对抗"。

[39] Ferguson（ed.），*op. cit.*（n. 15），pp. 44-45.

[40] 这是巴尔博萨的记述，参见 Dames（ed.），*op. cit.*（n. 5），II, 115-16。

[41] 这是卡斯塔涅达的记述，参见 Azevedo（ed.），*op. cit.*（n. 5），I, 261; Ferguson（ed.），*loc. cit.*（n. I5），p. 53。

[42] Cidade and Múrias（eds.），*op. cit.*（n. 6），III, 142-46. 令人感到诧异的是，对于这一名字的进一步讨论居然没有提到巴罗斯，参见 Yule and Burnell, *op. cit.*（n. 10），pp. 417-18。

[43] 关于这个和另一个观点参见 M. A. H. Fitzler, "Die Maldiven im 16. und 17. Jahrhundert," *Zeitsehrift für Indologie und Iranistik*, X（1935-36），215-56; and Albert Gray（trans. and ed.），*The Voyage of François Pyrard...*（London, 1890），II, Pt. II, 423-508。

[44] S. R. Dalgado, *Glossário Luso-Asiático*（Coimbra, 1919），II, 188.

[45] 参见 Pyard in Gray（trans. and ed.），*op. cit.*（n. 43），II, Pt. II, p. 480, n. 2。

[46] 这也许是一种贾巴里 - 塔纳（Gabali-Tana）方言，以前在这个岛上被普遍地使用。参见 W. W. Hunter, *The Imperial Gazetteer of India*（London, 1881），VI, 265。

[47] 如今所有的人都是穆斯林。关于马尔代夫地区及其管理新近的讨论参见 *ibid.*, VI, 264-65。对于其管理问题更为详细的描述参见 Fitzler, *loc. cit.*（n. 43），pp. 223-24。

[48] 奥尔塔的记述可参阅 Markham（ed.），*op. cit.*（n. 4），p. 141，关于"椰子壳纤维"的记述是这样的："所有的船只都用这种纤维做索具和纤绳。因为这种纤绳非常柔韧，而且浸在海水中也不会腐烂，所以对我们而言非常有用。所有的船只都用这种纤维填堵缝隙，因此它可以用作亚麻、填絮和垫子。这些用处使之成为葡萄牙人眼中很好的商品，而且这种纤维不占空间，这也是它被大量使用的原因。"关于椰子壳纤维的贸易参见 Dames（ed.），*op. cit.*（n. 5），I, 197。

[49] 关于欧洲文献对于玛瑙贝壳的详细描述参见 Dames（ed.），*op. cit.*（n. 5），II, 105, n. 3。巴罗斯也指出，在一些特定的年份，有两三千英担的玛瑙贝壳被作为船上的压舱物运到了葡萄牙。

[50] 参看原文，第 417 页。

[51] 参见 Yule and Burnell, *op. cit.*（n. 10），pp. 176-78。巴罗斯评论道，据说有一种比动物肠胃结石更为有效的解毒药品。奥尔塔质疑了其药效。参见 Markham（ed.），*op. cit.*（n. 4），p.145。

[52] 关于巴罗斯对安吉迪瓦的描述参见 Cidade and Múrias（eds.），*op. cit.*（n. 6），I, 337-38。

[53] Azevedo（ed.），*op. cit.*（n. 17），I, 259-60. 可参阅马可·波罗（在 Yule and Cordier [eds.], *op. cit.* [n. 4], II, 331-32; 337 中）和奥尔塔（在 Markham [ed.], *op. cit.* [n. 4], pp. 297-300 中）更为逼真的描述。

[54] 这个地方我一直没能辨别出来。

[55] 今天，在正常情况下，他们从 3 月的第二个星期开始每年才去一次。马可·波罗也说他们是在 9 月潜水采珠的，所以卡斯塔涅达的说法可能比较准确。参见 Yule and Cordier（eds.），*op. cit.*（n. 4），II, 337。

[56] 我们知道，锡兰被葡萄牙占领以后，采珠业就被王室垄断了。参见 Codrington, *op. cit.*（n. 18），p. 125。

[57] 关于锡兰的礁石上的物产的周期性特征的描述参见 G. F. Kunz and C. H. Stevenson, *The Book of Pearl*（New York, 1908），pp. 103-4。

[58] Markham（ed.），*op. cit.*（n. 4），pp. 296-98.

[59] 在地理大发现之前的外国资料中对于马拉巴尔的描述参见 W. Logan, *Malabar*（Madras, 1951），I, 245-94。

[60] 关于加斯帕尔·科雷亚观点的引述见 Dames（ed.），*op. cit.*（n. 5），I, xxxvi。

[61] 马拉巴尔的意思是"山地国家"，可能是阿拉伯人从达罗毗荼语（Dravidian）中抽取出常用的 *mala*（即山），再加上阿拉伯语中的 *bar*（即国家）组合而成的。参见 Logan, *op. cit.*（n. 59），I, 1。

[62] 如此，马拉巴尔海岸就大约有 400 英里长，或者仅仅与葡萄牙在南北方向上扩张的距离相当。皮雷斯估计马拉巴尔的海岸线有 110 里格至 120 里格，它向内陆延伸的部分长达 5 至 15 里格。参见 Cortesão（ed.），*op. cit.*（n. 9），I, 66-67。

[63] Azevedo（ed.），*op. cit.*（n. 17），I, 34.

[64] 这是皮雷斯的描述，参见 Cortesão（ed.），*op. cit.*（n. 9），I, 66。

[65] Cidade and Múrias（eds.），*op. cit.*（n. 6），I, 372. 巴罗斯使用的是阿拉伯语单词 leziras。它可能是一个阿拉伯俗语 jaza'ir，它被用于指代河流。*Jazirigy* 的形容词形式的注释参见 R. Dozy, *Supplément aux dictionnaires arabes*（2 vols.; Leyden, 1881）。关于海岸上作为交通动脉的河流、逆流水和运河的讨论参见 Logan, *op. cit.*（n. 59），I, 8-17。

[66] 关于其他可供选择的辨识参见 Dames（ed.），*op. cit.*（n. 5），II, 3, n. 2。

[67] 巴尔博萨在其著作中写的是"Cirimay Pirençal"；卡斯塔涅达写的是"Sarrana-perima"；而巴罗斯则写作"Sarama Pereimal"。无论是何种拼写形式，毫无疑问都是指代佩鲁马尔时代（大约到公元 826 年）的最后一位国王彻鲁曼。关于传统的历史记述参见 Logan, *op. cit.*（n. 59），I, chap. iii; and P. K. S. Raja, *Medieval Kerala*（Chidambaram, 1953），chap. i。巴罗斯（在 Cidade and Múrias [eds.] *op. cit.* [n.6], I, 370-72 中）根据某些"为我们翻译的"印度人的作品断定，在葡萄牙人到达印度之前，彻鲁曼的统治终结的准确时间是在公元 612 年。

[68] 关于彻鲁曼的改宗及其后来去麦加朝圣的尚有争议的问题参见 Raja, *op. cit.*（n. 67），pp. 6-8。

[69] "所有可以看到的马拉雅拉姆语资料都一致认为，在最后一位佩鲁马尔皇帝退位之前，他对帝国进行了 bhuvibhaga 或者说是分割。"（*ibid.*, p. 8.）亦可参见 Logan, *op. cit.*（n. 59），I，243, and Dames（ed.），*op. cit.*（n. 5），II, 4-5, n. 1。

[70] 在 20 世纪早期，这把剑仍然被保存在位于卡利卡特的扎莫林的宫殿里面，当时负责扎莫林的财产的 J. A. 索恩（J. A. Thorne）曾经看到过。关于"金灯"似乎没有线索可寻了。参见 Dames（ed.），*op. cit.*（n. 5），II, 3-4, n. 3。卡斯塔涅达（Azevedo [ed.], *op. cit.* [n.17], I, 34）称之为"摩尔人的火炬"（tocha mourisca）或者"摩尔人的灯"。

[71] 这是卡斯塔涅达的记述，参见 Azevedo（ed.），*op. cit.*（n. 17），I, 34。

[72] 与其他人不同，巴罗斯（在 Cidade and Múrias [eds.], *op. cit.* [n. 6], I, 370-71 中）也指出，"根据我们听到的消息"，阿拉伯人在佩鲁马尔帝国崩溃之前，就已经在卡利卡特居住了。

[73] 在卡斯塔涅达和巴罗斯看来，"扎莫林"就相当于"皇帝"。通常情况下，它的字面意义是"海上霸主"（sea-lord）。索恩则提供了另一种分析，参见 Dames, *op. cit.*（n. 5），II, 260-61。

[74] 关于这个称号的问题，巴罗斯表达了与巴尔博萨不同的观点（*ibid.*, II, 6），巴罗斯认为，坎纳诺尔的统治者被称为"科博尔托林"（Cobertorim），奎隆的统治者被称为"本奈塔迪"（Benetady）。也许巴罗斯在这里重复了圣多默的基督教徒的传统，宣称奎隆是基督教移民在公元 825 年创建的，然后将其纳入了他们的都主教教省。

[75] Dames（ed.），*op. cit.*（n. 5），II, 6. 在索恩本人的笔记里面，他观察到，按照传统，马拉巴尔的统治者们有权"禁止那些未经允许的人们用瓦片代替茅草覆盖屋顶"。这种批准权是一种高级地位的象征。

[76] 巴罗斯（在 Cidade and Múrias [eds.], *op. cit.* [n. 6], I, 356-57 中）把坎贝到科摩林角的印度西海岸作为一个单独的地区来处理，并依据注入阿拉伯海的河流把它分成了几个次级区域。皮雷斯（在 Cortesão [ed.], *op. cit.* [n. 9], I, 73-75 中）和巴尔博萨列出了一份长长的海港市镇及其统治者的名单。我们的讨论主要依循了巴尔博萨的著述。

[77] Cortesão（ed.），*op. cit.*（n. 9），I, 77.

[78] 这是巴尔博萨的记述，参见 Dames（ed.），*op. cit.*（n. 5），II, 81。从 1504 年开始，葡萄牙人在与卡利卡特的扎莫林作战时，就赢得了坎纳诺尔的支持，此后，就在那里创建了殖民地。关于卡斯塔涅达对于 1504 年接待葡萄牙人的描述的英译参见 Richard Eden（trans.），*The First Booke of the Historie of the Discoveries and Conquest of the East Indies by the Portingals*（London, 1582），其再版本参见 Robert Kerr（ed.），*A General History and Collection of Voyages and Travels*（London, 1824），II, 493-94。

[79] Eden（trans.），*op. cit.*（n. 78），II, 425. 关于克拉特里（*Kolattiri*，即坎纳诺尔的国王）更高级的社会地位的描述参阅 P. K. Raja, *op. cit.*（n. 67），p. 61。

[80] Dames（ed.），*op. cit.*（n. 5），II, 82.

[81] 这是皮雷斯的记述，参见 Cortesão（ed.），*op. cit.*（n. 9），I, 77。

[82] *Ibid.*, p. 83. 和任何一名现代的参观者一样，卡斯塔涅达对这个地区的鳄鱼、爬行动物和蝙蝠

的印象非常深刻（Eden [trans.], *op. cit.* [n.78], II, 425）。亦可参见皮雷斯的记述，见 Cortesão（ed.）, *op. cit.*（n. 9）, I,72-73。关于这位葡萄牙人没能对这个地方的美好风光进行评论的原因，参见 J. Gerson da Cunha, "The Portuguese in South Kanara," *Journal of the Bombay Branch of the Royal Asiatic Society*, XIX（1895-97）, 251。

[83] Dames（ed.）, *op. cit.*（n. 5）, II, 85. 纳亚尔人是马拉巴尔人中的战士种姓阶层。

[84] *Ibid.*, p. 87.

[85] *Ibid.*, p. 88.

[86] *Ibid.*

[87] *Ibid.*

[88] *Ibid.*, p. 89. 皮雷斯（在 Cortesão [ed.], *op. cit.* [n. 9], I,73 中）指出，马拉巴尔的基督教徒"住在吉图瓦耶（Chittuvaye）到奎隆一带"。

[89] 参见 Eden（trans.）, *op. cit.*（n. 78）, II, 422-23。参阅 G. Schurhammer（trans. and cd.）, "Three Letters of Mar Jacob Bishop of Malabar, 1503-1550," *Gregorianum*, XIV（1933）, 62-86。

[90] Dames（ed.）, *op. cit.*（n. 5）, II, 92.

[91] Cortcsão（ed.）, *op. cit.*（n. 9）, I, 76-77.

[92] Eden（trans.）, *op. cit.*（n. 78）, II, 419.

[93] 这是巴尔博萨的记述，参见 Dames（ed.）, *op. cit.*（n. 5）, II, 93。

[94] *Ibid.*

[95] *Ibid.*, pp. 96-97.

[96] Cortesão（ed.）, *op. cit.*（n. 9）, I, 80.

[97] Dames（ed.）, *op. cit.*（n. 5）, II, 97.

[98] Eden（trans.）, *op. cit.*（n. 78）, II, 467.

[99] "古时候的教堂如今已经不存在了，海浪甚至已经侵入并覆盖了它所在的位置……"。参见 Rao Bahadur L. K. Anatakrishna Ayyar, *Anthropology of the Syrian Christians*（Ernakulam, 1926）, p. 14。

[100] Dames（ed.）, *op. cit.*, II, 100, n. 1. 皮雷斯（Cortesão [ed.], *op. cit.* [n. 9], I, 73）估计他们有 15 000 人，其中有 2 000 人是"有名望的人"，其余的都是贫穷的工匠。

[101] Eden（trans.）, *op. cit.*（n. 78）, II, 467.

[102] Dames（ed.）, *op. cit.*（n. 5）, II, 102, 124. 亦可参见原文，第 408-409 页。

[103] 英文单词"caste"来自于葡萄牙语中的"casta"，它的意思包括"家庭"、"血统"、"类别"、"世系"、"家族"、"宗族"或者"种族"等。在英文中，"caste"和"chaste"有着同一个拉丁文词根 *castus*，它的本源意义是"纯净的"。早期的葡萄牙作者们面临着一种社会环境，即在他们的个人经验中或者是使用一个描述性的词语时，没有先例可循，于是，他们就立即把拉丁文的术语运用到他们在印度社会观察到的各种现象中去了。然而，他们唯独没有使用"caste"这个术语来指代印度的社会群体。巴罗斯讨论了"摩尔人群体"，也有其他人断

定，圣多默的基督教徒属于一般意义上的"基督教徒群体"。似乎是荷兰人（他们的单词是 kaste）和英国人把葡萄牙语中的 casta 作为一个专门的社会术语使用。关于这个问题进一步的讨论参见 A. L. Basham, *The Wonder That Was India*（London, 1954），pp. 148-51。在我们使用单词"caste"时，用的是它的普通英文意义——描述印度社会中的大约 3 000 个不同的群体。

[104] Dames（ed.），*op. cit.*（n. 5），II, 6-7. 在这里特别参阅了索恩关于 Kshatriya 和 Sāmantan 家族中的主要习俗的相似性的笔记。大部分具有统治地位的家族都宣称他们属于 Sāmantan。扎莫林就属于 Sāmantan 家族，他一般被认为具有 Erōde 背景。所有王室家族的生活习俗都与纳亚尔人近似。参见皮雷斯的观点（in Cortesão [ed.], *op. cit.*[n.9], I,67）。但是卡斯塔涅达（in Azevedo [ed.], *op. cit.*[n.17], I, 36）把扎莫林归入婆罗门教。自己就属于纳亚尔种姓的 K.M. Panikkar（*Malabar and the Portuguese* [Bombay,1929] p.11）直截了当地指出，扎莫林"属于纳亚尔（Nair）种姓"。

[105] 这是巴尔博萨的记述，参见 Dames（ed.），*op. cit.*（n. 5），II, 7。

[106] 这是卡斯塔涅达的记述，参见 Azevedo（ed.），*op. cit.*（n. 17），I, 36。现代葡萄牙语辞典把 *bajú* 解释为"印度妇女穿的一种长裙"。Dames（ed.），*op. cit.*（n. 5），II, 7, n. 3，该书指出，在 20 世纪初人们就不再穿"上衣"了。Yule and Burnell（eds.），*op. cit.*（n. 10），该书把"badjoe"或者"bajoo"解释为马来人穿的一种外衣，这个单词来自马来语。在荷兰语中 baadje 的意思是上衣。

[107] 关于他的衣服的例子可以参看 Dames 的卷首插图中卡利卡特的扎莫林（1912—1915 年间在位）Mānavikrama Rājā 的照片，*op. cit.*（n. 5），II。

[108] *Ibid.*, p. 8. 显然，在索恩那个时代，头巾就没有再戴了。

[109] *Ibid.* 事实上，这些用灰画出来的线意味着一种宗教上的，而不是种姓上的归属。

[110] 关于卡斯塔涅达的评论可以参见 Eden（trans.），*op. cit.*（n. 78），II, 365。

[111] Dames（ed.），*op. cit.*（n. 5），II, 9. 黑色的衣服"像阿兰堤祖（Alentejo）的斗篷那样大"，被称作 *kavimpadam*，它和白色的衣服一起被称作 *vella*，它是扎莫林在典礼中使用的物件的组成部分，在 20 世纪它依然被使用着。

[112] 译文参见 Eden（trans.），*op. cit.*（n. 78），II, 365。巴罗斯对此做过同样的描述，参见 Cidade and Múrias（eds.），*op. cit.*（n. 6），I, 158。

[113] 这是巴罗斯的记述，参见 Dames（ed.），*op. cit.*（n. 5），II, 10。

[114] *Ibid.*

[115] *Ibid.* 亦可参见皮雷斯的记述，见 Cortesão（ed.），*op. cit.*（n. 9），I, 70。

[116] 阿尔伯克基断言，"马拉巴尔国王们的儿子并没有继承他们的王位，与此相反，他们的王位通常都移交给了其姐妹们的儿子，国王的姐妹们通常都是婆罗门教徒的情妇"。参见 Walter de Gray Birch（trans.），*Affonso de Albuquerque. Commentaries*（4 vols.; London, 1875-84），II, 71。

[117] 译文可参见 Eden（trans.），*op. cit.*（n. 78），II, 351。

[118] Dames（ed.），*op. cit.*（n. 5），II, 10.

[119] *Ibid.*, p. 11.

[120] *Ibid.*, p. 12.

[121] *Ibid.* 参阅卡斯塔涅达的记述（Eden [trans.], *op. cit.* [n. 78], II, 351）。

[122] Dames（ed.），*op. cit.*（n. 5），II. 11. 关于马拉巴尔在没有合法继承人的时候，决定继承程序的更为详细的讨论参见 *Historia do Malavar*，该书由葡萄牙耶稣会士迭戈·贡萨尔维斯（Diogo Gonçaves）大约在 1615 年写就，后来由约瑟夫·维基（Josef Wicki）作为 *Missionswissenschaftliche Abhandlungen und Texte*（Münster, 1955）的第 20 号出版，pp. 14-15。

[123] Azevedo（ed.），*op. cit.*（n. 17），I, 36；关于其英文翻译参见 Eden（trans.），*op. cit.*（n. 78），II, 350。

[124] Azevedo（ed.），*op. cit.*（n. 17），I, 183-84；Eden（trans.），*op. cit.*（n. 78），II, 489-90.

[125] 卡斯塔涅达用了 "pagode" 的同义词，这可能是马拉雅拉姆语 *tiru-koyil*（即神庙）的葡萄牙语译文。参见 Yule and Burnell, *op. cit.*（n. 10），p. 713。

[126] 然而，扎莫林在大约每隔十二年就举行一次的摩诃摩卡姆（*Mahamakham*，即大献祭）节上就要免去马拉巴尔统治者的职位，这在 1743 年以前是一个被坚持下来的传统。参见 Logan, *op. cit.*（n. 59），I, 163-65 and Raja, *op. cit.*（n. 67），pp. 28-31。

[127] Dames（ed.），*op. cit.*（n. 5），II, 12-13，这是卡斯塔涅达的记述，参见 Azevedo（ed.），*op. cit.*（n. 17），I, 36-37。

[128] 卡斯塔涅达在 16 世纪写的作品的英译本引文参见 Eden（trans.），*op. cit.*（n. 78），II, 352。这几乎与巴尔博萨的描述完全相同，其作品的译文参见 Dames（ed.），*op. cit.*（n. 5），II, 13。卡斯塔涅达在其葡萄牙语原作（Azevedo [ed.], *op. cit.* [n. 17], I, 37）中指出 16 世纪的英文译者把 *candea acesa* 译作 "燃烧的蜡烛"；而巴尔博萨作品的翻译者把同样的表述译作 "点亮的油灯"。这个葡萄牙语名词这两种译法都是可能的，但译作灯可能更为合适。

[129] 马拉雅拉姆语中的 *kaimal* 的意思是一个纳亚尔人的首领，参见 Yule and Burnell, *op. cit.*（n. 10），p. 770。更为详细的讨论参见 Dames（ed.），*op. cit.*（n. 5），II, 13-14, n. 3。

[130] 参阅索恩在 1916 年对他亲眼看到的仪式情形的描述，见 Dames（ed.），*op. cit.*（n. 5），II, 16, n.1。

[131] *Ibid.*, p. 16.

[132] *Ibid.*

[133] 关于这些典礼和其他相关的继承礼仪，以及卡利卡特的扎莫林本人在 1909 年的就任仪式的记述，参阅 *ibid.*, pp. 249-55。

[134] *Ibid.*, p. 14.

[135] *Ibid.*, p. 18.

[136] *Ibid.*, p. 19.

[137] *Kozhikkot Talachannavar*，或者卡利卡特的 Talachan，参见 *ibid.*, p. 27, n. 1。

[138] 其人身份未明。*Contante* 可能是一个葡萄牙语单词，大致的意思是"给予解释"。参见 *ibid.*, p. 32, n. 2；亦可参阅卡斯塔涅达的相关记述，见 Azevedo（ed.），*op. cit.*（n. 17），I, 37。

[139] Eden（trans.），*op. cit.*（n. 78），II, 350。

[140] Dames（ed.），*op. cit.*（n. 5），II, 27, n. 2。

[141] 参见索恩的笔记，见 *ibid*。

[142] *Ibid.*, p. 31. 关于卡斯塔涅达对纳亚尔人的法律地位的附加说明亦可参见 Azevedo（ed.），*op. cit.*（n. 17），I, 39-40。

[143] 这是巴尔博萨的记述，参见 Dames（ed.），*op. cit.*（n. 5），II, 31。

[144] *Ibid.*

[145] 这是皮雷斯的记述，参见 Cortesão（ed.），*op. cit.*（n. 9），I, 68。

[146] Cidade and Múrias（eds.），*op. cit.*（n. 6），I, 371。

[147] Azevedo（ed.），*op. cit.*（n. 17），I, 36。

[148] 这是巴尔博萨的记述，参见 Dames（ed.），*op. cit.*（n. 5），II, 33。

[149] Birch（trans.），*op. cit.*（n. 116），II, 78。

[150] 也被称作克拉拉（Kerala）或者马拉雅拉姆婆罗门教徒（Malayāla Brahmans），这个群体主要是神职人员和贵族阶层，自古以来在马拉巴尔都占据着统治地位。关于他们的社会习俗的详细描述参见 L. K. Anatha Krishna Iyer, *The Cochin Tribes and Castes*（Madras, 1912），II, 170-288。还存在一个规模颇大的泰米尔婆罗门教徒群体，与当地的南布提里群体相比，他们被视为外国人。

[151] 这是巴尔博萨的记述，参见 Dames（ed.），*op. cit.*（n. 5），II, 34。

[152] 这是阿尔伯克基的记述，参见 Birch（trans.），*op. cit.*（n. 116），II, 78。关于饮食问题，更为详细的讨论参见 Iyer, *op. cit.*（n. 150），II, 284。

[153] 这是巴尔博萨的记述，参见 Dames（ed.），*op. cit.*（n. 5），II, 34, n. 3。

[154] 家庭财产被称作 *Brahmāswum*，家庭的每一个成员对于公共财产都拥有平等的支配权；然而，事实上是大儿子继承了父亲的财产，其他家庭成员只能从他那里获取。参见 Iyer, *op. cit.*（n. 150），II, 214。

[155] Dames（ed.），*op. cit.*（n. 5），II, 35。

[156] *Ibid.*

[157] 参见 *ibid.*, pp. 35-36, n. 3。这个说法不正确。事实上，主要的入口面朝着东方。

[158] 这是卡斯塔涅达的记述，参见 Azevedo（ed.），*op. cit.*（n. 17），I, 44。

[159] 这个石台子只有婆罗门教徒才可以使用，参见 Dames（ed.），*op. cit.*（n. 5），II, 36, n. 1。

[160] 这是卡斯塔涅达的记述，参见 Azevedo（ed.），*op. cit.*（n. 17），I, 44。

[161] 见 Eden（trans.），*op. cit.*（n. 78），II, 363。

[162] *Ibid.*, p. 355.

[163] 梵语的梵天、毗湿奴和湿婆（*Mahēśvara*）这三位神灵合为一体，称作三相神（Trimūrti），是印度教的三相神。参见 Dames（ed.），*op. cit.*（n. 5），II, 37, n. 1。亦可参见皮雷斯的记述，见 Cortesão（ed.），*op. cit.*（n. 9），I, 66。

[164] Markham（ed.），*op. cit.*（n. 4），p. 291.

[165] *Ibid.*, p. 37.

[166] 虽然这一特殊的社会习俗没有人进行过探讨，但是某些南布提里人在怀孕时举行的仪式却得到了详细地描述。参见 Iyer, *op. cit.*（n. 150），II, 199-201。

[167] 这是巴尔博萨的记述，参见 Dames（ed.），*op. cit.*（n. 5），II, 37。

[168] *Ibid.*

[169] 这是皮雷斯的记述，参见 Cortesão（ed.），*op. cit.*（n. 9），I, 68。

[170] 纳亚尔这个名字可能就相当于马拉雅拉姆语中的 *Nagar*，意思是"阴险毒辣的人"。参见 K. M. Panikkar, "Some Aspects of Nāyar Life," *Journal of the Royal Anthropological Institute*, XLVIII（1918），289-91, appendix, n. 1。亦可参见 Dames（ed.），*op. cit.*（n. 5），II, 38, n. 1，该书指出，这一用语的来源，迄今为止还没有哪个人提出的意见能够让人感到满意。

[171] Dames（ed.），*op. cit.*（n. 5），II, 38. Panikkar（*loc. cit.* [n. 170], p. 256）评论道，此类观察"既不科学，也不可靠"。他认为，对于历史的重构，"只有在对纳亚尔的文献进行彻底地调查研究之后才是可能的"。

[172] Cortesão（ed.），*op. cit.*（n. 9），I, 67.

[173] 关于军事训练的进一步讨论参见 E. K. Gough-Aberle, "Changing Kinship Usages in the Setting of Political and Economic Change among the Nayars of Malabar," *Journal of the Royal Anthropological Society*, LXXXII（1952），76。

[174] 巴尔博萨（Dames [ed.], *op. cit.* [n. 5], II, 46）把国王的话直译为 "Paje Gubramarca"；巴罗斯（in Cidade and Múrias [eds.], *op. cit.* [n.6], I, 375）似乎在讨论其他事物时遵循了巴尔博萨的说法，他把这些训诫写作："*Paguego bramenta bisquera*。"对于这些话的努力解析可参见 Dames（ed.），*op. cit.*（n. 5），II, 46, n. 2。卡斯塔涅达（Azevedo [ed.], *op. cit.*[n. 17], I, 38）讲述了同样的内容，显然他参考了巴尔博萨的说法，但是没有试着对这些话进行字面意义上的翻译。

[175] 甚至在第一次世界大战后期，仍然有大量的纳亚尔人加入了印度的军队。参见 Dames（ed.），*op. cit.*（n. 5），II, 38, n. 2。

[176] 参阅 Gough-Aberle, *loc. cit.*（n. 173），LXXXII（1952），77，该书提出了一个新近的类似的观点。

[177] 这里依据的是卡斯塔涅达的记述，参见 Azevedo（ed.），*op. cit.*（n. 17），I, 37-38。

[178] 这是巴尔博萨的记述，参见 Dames（ed.），*op. cit.*（n. 5），II, 42；关于这一习俗的新近的记述参见 Pannikar, *loc. cit.*（n. 170），pp. 268-69。皮雷斯对于什么是马拉巴尔男女性关系的

正常态度有过讨论，参见 Cortesão（ed.），*op. cit.*（n. 9），I, 69。

[179] 这是巴尔博萨的记述，参见 Dames（ed.），*op. cit.*（n. 5），II, 53。

[180] 如今，"（纳亚尔种姓中）只有最年长的成员才火葬；其他人都是直接埋葬"。（Panikkar, *loc. cit.* [n. 170], p. 275）

[181] Panikkar（*ibid.*, p. 276）指出这一时段共有十四天。

[182] 他也发誓（*diksha*）要纯洁而虔诚地生存（*ibid.*）。

[183] 这是巴尔博萨的记述，参见 Dames（ed.），*op. cit.*（n. 5），II, 55。

[184] *Ibid.* 参阅潘尼卡尔的描述，*loc. cit.*（n. 170），p. 278。"……令人感到不可思议也无法忘记的是，纳亚尔人已经大量吸收并同化了其邻近地区的物质和精神文化……却仍然保持了他们自己的精神崇拜、黑色巫术和恶魔庆典等文化毫不褪色的活力……"

[185] Dames（ed.），*op. cit.*（n. 5），II, 49.

[186] 参阅皮雷斯的记述，见 Cortesão（ed.），*op. cit.*（n. 9），I, 71。

[187] Dames（ed.），*op. cit.*（n. 5），II, 50. 关于不同的种姓等级中仪式性的净化与玷污的重要性的讨论参见 E. K. Gough-Aberle, "Criteria of Caste Ranking in South India," *Man in India*, XXXIX（1959），115。

[188] Dames（ed.），*op. cit.*（n. 5），II, 55.

[189] Azevedo（ed.），*op. cit.*（n. 17），I, 39.

[190] 关于纳亚尔人作为政治统领的情况参见 Logan, *op. cit.*（n. 59），I, 132-33。

[191] 关于两个种姓名单的比较参见 Cortesão（ed.），*op. cit.*（n. 9），I, 72, n. 1。

[192] Cidade and Múrias（eds.），*op. cit.*（n. 6），I, 372.

[193] Dames（ed.），*op. cit.*（n. 5），II, 56, n. 1.

[194] *Ibid.*, p. 57.

[195] *Ibid.*, p. 56.

[196] 参阅 *ibid.*, p. 57, n. 1。该书引用了 *Malabar Gazetteer*（p. 120），把库萨文列入"非军事的阶层，但级别等同于纳亚尔人"。皮雷斯（Cortesão [ed.], *op. cit.* [n. 9], I, 71）评论道，"也有一些纳亚尔人在卖油和鱼，还有一些是工匠"。

[197] Dames（ed.），*op. cit.*（n. 5），II, 58.

[198] *Ibid.*, p. 59, n. 1.

[199] *Ibid.*, p. 60.

[200] Cortesão（ed.），*op. cit.*（n. 9），I, 72.

[201] Dames（ed.），*op. cit.*（n. 5），II, 64.

[202] *Ibid.*

[203] *Ibid.*

[204] *Ibid.*, p. 65.

[205] *Ibid.*

[206] *Ibid.*

[207] *Ibid.*, p. 66.

[208] 关于其身份的讨论参见 *ibid.*, p. 67, n. 1。

[209] *Ibid.*, p. 68.

[210] *Ibid.*, p. 69.

[211] *Ibid.*

[212] 这是皮雷斯的记述，参见 Cortesão（ed.），*op. cit.*（n. 9），I, 72。

[213] Dames（ed.），*op. cit.*（n. 5），II, 70. 事实上，他只列出了 17 个不同的种姓，显然他认为国王单独构成了一个种姓。巴尔博萨列出的名单虽然没能穷尽所有的种姓，但它"几乎把仍然存在于马拉巴尔的重要种姓都包括在内了"。（*Ibid.*, n. 2.）

[214] 巴罗斯（Cidade and Múrias [eds.], *op. cit.* [n.6] I, 372-73）称他们为哲地（*chatins*），并且进一步指出，"这些人都有经商的天赋，他们在与我们的商人进行交易时非常精明，无论何时，他们都在指责或者是赞扬一个具有高超的讨价还价的技巧的人，他们会说'他是一个哲地（*chatim*）'，他们使用 *chatinar* 这个单词指代'讨价还价'——这些词汇如今已被我们广泛采纳"。现代葡萄牙语辞典把 chatim 解释为一个"欺诈的商人"，把 *chatinar* 解释为"不诚实地进行交易"。

[215] Dames（ed.），*op. cit.*（n. 5），II, 72.

[216] *Ibid.*, p. 73.

[217] *Ibid.*

[218] 这是巴尔博萨使用的名字（*ibid.*, p. 75）；巴罗斯（Cidade and Múrias [eds.], *op. cit.* [n. 6], I, 373）把这些混血的摩尔人称为"naiteás"。

[219] 他们仍然带着这种身份的标识。参见 Dames（ed.），*op. cit.*（n. 5），II, 74, n. 1。

[220] 总体上他们属于伊斯兰教的逊尼派教徒（Sunnites）。Logan, *op. cit.*（n. 59），I, 199.

[221] 可能是来自孟加拉东部的大平纹细布纺织中心的德赫卡（Dhaka，常常被写作 Dacca）的商人。

[222] Dames（ed.），*op. cit.*（n. 5），II, 76.

[223] *Ibid.*, p. 78.

[224] J. W. Jones（trans.），and G. P. Badger（ed.），*The Travels of Lodovico di Varthema...*（"Hakluyt Society Publications," Old Series, Vol. XXXII [London, 1863]），p. 126.

[225] Cortesão（ed.），*op. cit.*（n. 9），I, 64.

[226] Robert Sewell, *A Forgotten Empire*（*Vijayanagar*）（London, 1900），p. 117.

[227] 这是阿尔伯克基的记述，参见 Birch（trans.），*op. cit.*（n. 116），III, 35-38. 此后不久，路易斯修士就死于"一个土耳其人之手"。（*Ibid.*, p. 38.）

[228] Frederick C. Danvers, *The Portuguese in India*（London, 1894），I, 301.

[229] Sewell, *op. cit.*（n. 226），p. 115, n. 2.

[230] 参阅 Azevedo（ed.），*op. cit.*（n. 17），I, 246。

[231] Sewell, *op. cit.*（n. 226），p. vi.

[232] 他的评论极少，主要都限于战争方面；参见 Cidade and Múrias（eds.），*op. cit.*（n. 6），III，189-93。

[233] 也可以写作 "Narsyngna"、"Narasinha" 和 "Narsin"。显然这个名字来自于统治者维尔拉·纳拉斯哈马（Vira Narasihma），他在 1509 年逊位。瓦尔塔马可能在 1504 年年底去过那里。（Sir Richard Carnac Temple [ed.], *The Itinerary of Ludovico di Varthema of Bologna* [London, 1928], p. xxv.）

[234] 也被写作 "Bisnegar" 或者是 "Bijanagher"。孔蒂大约在 1420 年指出，"比新加" 就是 "Bizenegalia"，而 Nikitin 在 1474 年就是 "Bicheneger"。参见 Yule and Burnell, *op. cit.*（n. 10），p. 73。关于印度南部的人们所知道的这座城市各种不同的名字，参见 B. A. Saletore, *Social and Political Life in the Vijayanagara Empire*（A.D. 1346-A.D. 1646）（Madras, 1934），I，112-13。

[235] Azevedo（ed.），*op. cit.*（n. 17），I, 242.

[236] 德里的伊斯兰教苏丹。

[237] 毫无疑问，卡斯塔涅达误认为奥里萨大致位于维查耶纳伽尔的东北部。

[238] Dames（ed.），*op. cit.*（n. 5），I, 198-99.

[239] Talinate 即 Tolinate，也就是 Tulu-nāda，亦即 Kanara 的北部和南部。*Ibid.*, p. 183 n.

[240] 这个位于要塞位置的市镇的名字在今天的地图上已经看不到了，虽然在 16、17 世纪的欧洲地图上我们还能够找到它。显然，它位于里加河（Liga River，即如今的卡里纳迪 [Kalinadi]）地区的大陆的最南端。参见 *ibid.*, p. 171。

[241] 卡斯塔涅达对这些城镇的排列顺序如下："Ancolâ"，"Manjavarrão"，"Bracelos"，"Mangalor"，"Vdelbarrão"，"Caramate"，"Bacanor"，"Banaverrão"，"Baticalo"，"Honor" 和 "Mergen"。巴尔博萨列出的城镇名单虽然与卡斯塔涅达并非一一对应，但大体相似，可参见 Cidade and Múrias (eds.), *op. cit.*（n. 6），I, 357，以及 Dames (ed.), *op. cit.*（n. 5），I,182-97。对于这些城镇的现代位置的辨析参见 *ibid*。

[242] Dames（ed.），*op. cit.*（n. 5），I, 182-87.

[243] 这里与巴尔博萨所说的 "Danseam Rayen" 地区相一致，很可能就是我们今天所说的 Bankapur（*ibid.*, p. 183 n）。

[244] 即克里希纳河南部的乌德耶吉里（Udayagiri）山脉（*ibid.*, II, 130 n）。

[245] 可能是特伦甘纳（Telingāna），这个地方的人们说泰卢固语（Telegu）。这个名称与巴尔博萨的说法一致，但巴尔博萨后来又给这个地方安置了一个入海口（参见 *ibid.*, II, 236）。

[246] 维查耶纳伽尔的统辖范围在克里希纳·德瓦·莱雅（Krishna Dēva Rāyya，1509—1529 年在位）统治时期，曾拓展到了克里希纳河南部除了马拉巴尔国家之外的所有印度地区。关于该问题的进一步详细讨论参见 T. V. Mahalingham, *Administration and Social Life under Vijayanagar*（Madras, 1940），pp. 174-77。

[247] 这些被称作拉雅（*rājyas*）的辖区疆界为了适应管理的需要不断变化。参见 K. A. N. Sastri, *A History of South Indiafrom Prehistoric Times to the Fall of Vijayanagar*（2d ed.; Madras, 1958），p. 298。

[248] Dames（ed.），*op. cit.*（n. 5），I, 183.

[249] *Ibid.*, p. 184.

[250] Cortesão（ed.），*op. cit.*（n. 9），I, 69.

[251] 卡斯塔涅达对此做了一般性的描述，参见 Azevedo（ed.），*op. cit.*（n. I7），I, 242。

[252] 这是巴尔博萨的记述，参见 Dames（ed.），*op. cit.*（n. 5），I, I99。

[253] *Ibid.*, p. 192.

[254] *Ibid.*, p. 184.

[255] *Ibid.*, p. 195 and n. 1.

[256] 这是卡斯塔涅达的记述，参见 Azevedo（ed.），*op. cit.*（n. 17），I, 245。卡斯塔涅达还列举了许多在首都能够见到的商品，其中包括"麦加的柔软光滑的塔夫绸"和"婆罗洲的樟脑"。

[257] *Ibid.* 据我所知，在任何其他的西方当代文献中，没有人提及这件事情。在 G. S. Dixit 的文章中它也没有得到评介，参见 G. S. Dixit, "Economic Conditions in the Time of Krishnadevaraya," in the *Vijayanagara Sexcentenary Commemoration Volume*（Dhaswar, 1936），pp. 220-24。

[258] 这是巴尔博萨的记述，参见 Dames（ed.），*op. cit.*（n. 5），I, 202。

[259] *Ibid.* 这是卡斯塔涅达的记述，参见 Azevedo（ed.），*op. cit.*（n. 17），I, 242；奥尔塔的相关记述参见 Markham（ed.），*op. cit.*（n. 4），p. 345。卡纳拉的钻石矿场可能位于克里希纳河北部的维吉拉克鲁尔（Vijrakurur），大约在古蒂（Gooty）西南部 20 英里处（Dixit, *loc. cit.* [n. 257], p. 218），也可能位于克里希纳南部（Dames [ed.], *op. cit.* [n. 5], I, 227 n）的卡姆尔（Kamul）的邻近地区。关于这个问题进一步的确证细节参见 Sewell, *op. cit.*（n. 226），appendix A, pp. 399-401，这部著作指出，"按照他们的经营方式，他们会成为这个世界上最富有的人"。这些生产钻石的矿场后来被认为是令人难以置信的财富中心。

[260] Markham（ed.），*op. cit.*（n. 4），p. 235.

[261] Azevedo（ed.），*op. cit.*（n. 17），I, 246. 1 曼格林大约相当于 1 克拉的重量，这个重量单位来自于泰卢固语，*mañjāli*，用泰米尔语可以拼写为 mañjādi。参见 Dalgado, *op. cit.*（n. 44），II, 29-30。奥尔塔说他亲眼看到过一颗重 140 曼格林的钻石，而且听到一个值得相信的信息提供者说，"他曾经在比斯纳古尔（Bisnaguer）见过一颗钻石,有一个小鸡蛋那么大"。（Markham [ed.], *op. cit.* [n.4], p. 437.）

[262] 这是巴尔博萨的记述，参见 Dames（ed.），*op. cit.*（n. 5），I, 200。

[263] *Ibid.*, p. 227.

[264] *Ibid.*, p. 207.

[265] 参见赖麦锡编的集子中的巴尔博萨著述部分，然而现存的手稿本中没有这些内容，其译文

参见 *ibid.*, II, 221-22。

[266] *Ibid.*, I, 201. 卡斯塔涅达（Azevedo [ed], *op. cit.* [n. 17], I, 244）指出，此地距海岸有 60 里格（合 240 英里）。

[267] 在卡斯塔涅达的记述中，首都被描述为半月形。关于这一点及其象征意义参见 Saletore, *op. cit.*（n. 234），I, 121。

[268] 这是巴尔博萨的记述，参见 Dames（ed.）, *op. cit.*（n. 5），I, 202。

[269] *Ibid.* 皮雷斯（Cortesão [ed.], *op. cit.* [n. 9], I, 64）估计的人数是两万人，虽然他本人事实上从未去过这座城市。现代学者估计这座城市的人口在 16 世纪的上半叶有 50 万人。参见 Dixit, *loc. cit.*（n. 257），p. 215。

[270] 巴尔博萨曾使用过这一术语，参见 Dames（ed.）, *op. cit.*（n. 5），I, 201；他那个时代的"国王"是克里希纳·德瓦·莱雅。

[271] 这是卡斯塔涅达的记述，参见 Azevedo（ed.）, *op. cit.*（n. 17），I, 246；这是巴尔博萨的记述，参见 Dames（ed.）, *op. cit.*（n. 5），I, 208-09。

[272] 这是卡斯塔涅达的记述，参见 Azevedo（ed.）, *op. cit.*（n. 217），I, 246。

[273] *Ibid.* 关于国王在行政和司法方面所扮演的角色，更为公允的观点参见 Mahalingham, *op. cit.*（n. 246），pp. 9-26。

[274] 这是巴尔博萨的记述，Dames（ed.）, *op. cit.*（n. 5），I, 202。

[275] Azevedo（ed.）, *op. cit.*（n. 17），I, 243；关于另一个比较确定的文献参见 Saletore, *op. cit.*（n. 234），II, 416-19，巴尔博萨对于巴特卡尔（Bhatkal）的决斗也做了同样的描述，参见 Dames（ed.）, *op. cit.*（n. 5），I, 190-91。

[276] 梵语 *biruda*——一个外形像手镯或链子的上等或优质的佩章或者饰物。参见 Dalgado, *op. cit.*（n. 44），I, 119。

[277] Azevedo（ed.）, *op. cit.*（n. 17），I, 245.

[278] *Ibid.* 关于该问题进一步的详细讨论参见 Saletore, *op. cit.*（n. 234），II, 174-76。

[279] 皮雷斯（Cortesão [ed.], *op. cit.* [n. 9], I, 65）断言，王公拥有 1 000 名女孩供其娱乐，还有四五千名男性表演者。

[280] 这是巴尔博萨的记述，参见 Dames（ed.）, *op. cit.*（n. 5），I, 208。

[281] *Ibid.* 可以明显地（*yuvarājā*）看出，继承人并不一定总是最大的儿子。关于这个问题及相关讨论参见 Mahalingham, *op. cit.*（n. 246），pp. 11-14。

[282] 这是卡斯塔涅达的记述，参见 Azevedo（ed.）, *op. cit.*（n. 17），I, 246。

[283] *Ibid.*

[284] 这是巴罗斯的记述，Dames（ed.）, *op. cit.*（n. 5），I, 210。

[285] *Ibid.*

[286] *Ibid.*, p. 205.

[287] 这是卡斯塔涅达的记述，参见 Azevedo（ed.）, *op. cit.*（n. 17），I, 243。

[288] 这是巴罗斯的记述，参见 Dames（ed.），*op. cit.*（n. 5），I，205。

[289] *Ibid.*, p. 207.

[290] *Ibid.*, p. 208.

[291] 这是卡斯塔涅达的记述，参见 Azevedo（ed.），*op. cit.*（n. 17），I，242。

[292] *Ibid.*, p. 243.

[293] *Ibid.*, p. 246-47.

[294] *Ibid.*, p. 242.

[295] 这是巴罗斯的记述，参见 Dames（ed.），*op. cit.*（n. 5），I，212。

[296] Azevedo（ed.），*op. cit.*（n. 17），I，242. 关于"巴涅人"的讨论参见原文，第378-379页。关于社会阶层划分的评论参见 Saletore, *op. cit.*（n. 234），II，28-29。

[297] 这是巴尔博萨的记述，参见 Dames（ed.），*op. cit.*（n. 5），I，217。

[298] *Ibid.* 这一点也使他们有别于除了牛肉什么都吃的第一层级成员。

[299] *Ibid.*

[300] 巴尔博萨和卡斯塔涅达对这个群体的描述非常一致；事实上，我怀疑卡斯塔涅达"借用"了巴尔博萨的记述。最大的不同就在于卡斯塔涅达称他们为"Baneanes"，而巴尔博萨在他的著作的这个特殊部分没有使用这一术语。通常情况下，葡萄牙的作者们使用"Baneanes"这一术语指代古吉拉特的商人（参见 Dalgado, *op. cit.* [n. 44]，I，93-95）；在其他的场合该术语也被用于指代在达罗毗荼（Dravidian）地区经商的商人。但是，达米奥·德·戈伊斯（Damião de Góis）在他出版于1566年的编年史著作中，把"Narsinga"（*ibid.*, p. 94）的"Baneanes"解释为维查耶纳伽尔的一个独特的阶层，这也可能是依循了卡斯塔涅达的说法。

[301] 这是巴尔博萨的记述，参见 Dames（ed.），*op. cit.*（n. 5），I，218。在这样一种关联中，"檀巴兰"可能是指代男性的生殖器，或者是阳物崇拜的一种象征，虽然它是"湿婆本尊"，但常常被林伽派（Lingāyat）的成员戴在身上。关于 *tambarane* 这个单词的来源及其使用可参见 Dalgado, *op. cit.*（n. 44），II，346-47。

[302] 关于林伽派教徒的习俗参见 Edgar Thurston, *Castes and Tribes of Southern India*（7 vols.; Madras, 1909），IV，236-91。巴尔博萨（Dames [ed.I, *op. cit.* [n. 5]，I，22）对于该仪式进行了简略但有趣的描述。

[303] 对该仪式的描述和记录可参见 Dames（ed.），*op. cit.*（n. 5），I，220-22。关于这个仪式的现代描述参见 E. Thurston, *Ethnographic Notes on South India*（Madras, 1906），pp. 487-501。

[304] 参见 Dames（ed.），*op. cit.*（n. 5），I，222-23；显然，这也是与林伽派教徒的阳物崇拜相关的一种仪式。

[305] 参见 Azevedo（ed.），*op. cit.*（n. 17），I，247。巴尔博萨通过指出他们"时常"与德干和奥里萨的统治者们作战，来证明这一断言（Dames [ed.]，*op. cit.* [n. 5]，I，223-24）。

[306] 关于数目之间的比较参见 Saletore, *op. cit.*（n. 234），I，414-19。

[307] 卡斯塔涅达的详细描述参见 Azevedo（ed.），*op. cit.*（n. 17），I，247。

[308] 这是巴尔博萨的记述，参见 Dames（ed.），*op. cit.*（n. 5），I, 212。

[309] 通常提及的数字是 4 000 到 6 000。

[310] Dames（ed.），*op. cit.*（n. 5），I, 212. 卡斯塔涅达断言，这些妇女们薪水很高，有了她们的支持，军队作战的效果要比没有她们的好上六倍（Azevedo [ed.]. *op. cit.* [n.17], I. 248）。

[311] 这可能是得到赖麦锡集子中关于巴尔博萨的记述的抄写员添加上去的内容（Dames [ed.], *op. cit.* [n. 5], I, 225, n. 1）。虽然如此，它仍然在欧洲得以出版，关于都城的摧毁，卡斯塔涅达进行了同样的描述（Azevedo [ed.], *op. cit.* [n. 17], I,248）。

[312] 这是巴尔博萨的记述，参见 Dames（ed.），*op. cit.*（n.5），I, 227；关于印度人的军营的简要描述参见 Saletore, *op. cit.*（n. 234），I, 450-57。

[313] Azevedo（ed.），*op. cit.*（n. 17），I, 247.

[314] *Ibid.*

[315] *Ibid.*, p. 248.

[316] Cortesão（ed.），*op. cit.*（n. 9），I, 58.

[317] Birch（trans.），*op. cit.*（n. 116），III, 259.

[318] 在大部分可以看到的穆斯林文献的基础上，最近对这些统治者比较优秀的研究可参见 H. K. Sherwani, *The Bahmanis of the Deccan*（Hyderbad-Deccan, 1953）。本文对于一般性的描述也进行了参考，见 N. Venkataramanya, *The Early Muslim Expansion in South India*（Madras, 1942）。

[319] 关于德干的命名和地域范围的讨论可参见 H. Raychaudhuri, "Geography of the Deccan," in G. Yazdani（ed.），*The Early History of the Deccan*（London, 1960），pp. 3-4。

[320] 另一份基础性的波斯文献是 Alî Bin' Assîz-Ullâh Ṭabâṭabâ 大约在 1630 年完成的，*Burhân-i Ma-âṣir*（*History of the Bāhmanī Dynasty*）。J. S. King 对其进行了摘要性地翻译，参见 Indian Antiquary, XXVIII（1899），119-38, 141-55, 180-92, 209-19, 235-47, 277-92, 305-23; XXIX（1900），4-8。这两份波斯语文献的差异在于各自提供的数据有所不同，钱币上的证据似乎支持了 Ṭabâṭabâ 的记述。关于德干历史中的穆斯林文献的全面考察参见 Sherwani, *op. cit.*（n. 318），pp. 424-37。

[321] 巴罗斯曾经使用过的德干编年史家提供的数据，要比"已经制定的年表"中的资料整整早了二十年，参见 Appendix of Sherwani, *op. cit.*（n. 318），pp. 438-44。虽然我清楚地知道在巴罗斯那个时代大量的编年史文献都能够看到，但我还是没能辨析出巴罗斯使用的资料是来自哪里。

[322] 即苏丹朱拉尔 - 乌德 - 丁（Sultan Julāl-ud-Din）。奥尔塔认为这个事件发生在"大约 300 年前"，或者一个多世纪之前（Markham [ed.], *op. cit.* [n. 4], p. 69）。

[323] 可能是哈桑（Hasan），他在阿拉 - 乌德 - 丁·巴赫曼·沙（Ala-ud-Din Bāhman Shah）的统治下，于 1347 年宣称自己是苏丹。

[324] 关于 "Franks"（据推测，可能是欧洲的基督教徒）在德干军队中出现的记述，参见

Sherwani, *op. cit.*（n. 318），pp. 81-82。他们和土耳其人一道，可能带着火枪和大炮参与了德干的战争。

[325] 这是巴罗斯的记述，参见 Cidade and Múrias（eds.），*op. cit.*（n. 6），II, 193-94。关于从 1327 年到 1347 年这二十年时间的记述参见 Sherwani, *op. cit.*（n. 318），20-25。

[326] 在传统上，穆罕默德一世被认为是帝国的创建者。

[327] 可能是费罗兹·图格鲁格（Firoz Tughlug）。

[328] 在其他许多的例子中，巴罗斯（Cidade and Múrias [eds.], *op. cit.* [n. 6], II, 195）在词源学方面似乎是错误的。参见 Yule and Burnell, *op. cit.*（n. 10），p. 233。

[329] 他确实创建了辖区管理机构，在巴赫玛尼王朝的最后时期（约 1538 年）这种组织机构几乎成为最主要的管理方式，但是我在其他地方没能看到关于辖区数据的讨论。关于这一问题更为详细的讨论参见 Sherwani, *op. cit.*（n. 318），p. 80。

[330] 这个时期的首都事实上位于古尔巴加（Gulbarga），直到 1422 年才迁移到了比德尔。

[331] 这是巴罗斯的记述，参见 Cidade and Múrias（eds.），*op. cit.*（n. 6），II, 195。在穆罕默德的接待厅除了礼拜五之外，这一礼仪每天都会举行一次，参见 Sherwani, *op. cit.*（n. 318），pp. 77-78。

[332] 巴罗斯（Cidade and Múrias [eds.], *op. cit.* [n. 6], II, 195-96）比较详细地描述了这种用锦缎、丝绸和平纹细布做成的长袍，而且准确地指出这种长袍“在那些地区”被所有的摩尔人普遍地穿着。关于该问题附加性的讨论参见 Yule and Burnell, *op. cit.*（n. 10），pp. 105-06, and Dalgado, *op. cit.*（n. 44），I, 158-59。

[333] Azevedo（ed.），*op. cit.*（n. 17），I, 286.

[334] *Ibid.* 类似的描述可参阅 Sherwani, *op. cit.*（n. 318），pp. 414-15。

[335] 参阅孟加拉在 15 世纪招募阿比西尼亚奴隶的记述。参见原文第 416 页。

[336] 这可能是对育素夫·阿迪勒汗（Yūsuf Ādil Khan）的一种更为常用的称呼，他的首都设在比贾布尔。巴罗斯（Cidade and Múrias [eds.], *op. cit.* [n. 6], II, 197）指出，这一称呼来自他波斯的家乡的名称，即萨瓦（Sava）。关于该问题的进一步的评论参见 Dames（ed.），*op. cit.*（n. 5），I, 172-73, n. 1; Markham（ed.），*op. cit.*（n. 4），pp.73-74; and Cortesão（ed.），*op. cit.*（n. 9），I, 50。

[337] 这是对于布尔汗·尼扎姆·沙（Burhan Nizam Shah）的更为常用的称呼（Nizamu'l-Mulk 或者 "The Regulator of the State"），其首都设在艾哈迈德讷尔。奥尔塔（Markham [ed.], *op. cit.* [n. 4], p. 7）把他描述为“对自己国家的知识掌握得很好”，而且在宫廷中资助了一批土耳其和波斯的博士。

[338] 在这样的情形中，一种更为通行的称呼（正确的翻译是 Imad'I-Mulk）可能是法特 - 乌拉·伊马德·沙（Fath-Ullah 'Imad Shah），其首都设在贝尔拉尔（Berar）。

[339] 亲王们大约在 15 世纪末期在比德尔确立了他们通用的名号。

[340] 可能就是奥尔塔所说的“莫哈顿·科加”（Mohadum Coja, Markham [ed.], *op. cit.* [n. 4], p.

71)，他在绍拉布尔（Sholapur）控制着大量重要的区域。

[341] 这是对戈尔康达王朝的统治者们通用的称呼（正确的翻译是 Kutb-ub-Mulk 或者 "Pole Star of the State"）。

[342] Markham（ed.），*op. cit.*（n. 4），p. 71.

[343] *Ibid.*, pp. 70-71.

[344] Dames（ed.），*op. cit.*（n. 5），I, 158.

[345] 在这些市镇，居民人口数最大的是比德尔、比贾布尔、绍拉布尔、赖久尔（Raichur）、萨格尔（Sagar）、库尔巴尔加（Kulbarga）以及两个尚不确定的地方。参见 Cortesão（ed.），*op. cit.*（n. 9），I, 49。

[346] 事实上，朱尔在地图上的位置正是今天的里瓦丹达（Revadanda）村。关于其历史及衰落的过程参见 J. Gerson da Cunha, *Notes on the History and Antiquities of Chaul and Bassein*（Bombay, 1876）。亦可参见 Dames（ed.），*op. cit.*（n. 5），I, 159, n. 1。

[347] 这是巴罗斯的记述，参见 Cidade and Múrias（eds.），*op. cit.*（n. 6），II, 81。

[348] Temple（ed.），*op. cit.*（n. 233），p. 47.

[349] *Ibid.*

[350] *Ibid.*

[351] 这是卡斯塔涅达的记述，参见 Azevedo（ed.），*op. cit.*（n. 17），I, 289。

[352] 这是巴罗斯的记述，参见 Dames（ed.），*op. cit.*（n. 5），I, 162。

[353] *Ibid.*

[354] 这是卡斯塔涅达的记述，参见 Azevedo（ed.），*op. cit.*（n. 17），I, 289。

[355] 这是巴尔博萨的记述，参见 Dames（ed.），*op. cit.*（n. 5），I, 163；这是卡斯塔涅达的记述，参见 Azevedo（ed.），*op. cit.*（n. 17），II, 284-85；这是皮雷斯的记述，参见 Cortesão（ed.），*op. cit.*（n. 9），I, 51。

[356] 这是巴罗斯的记述，参见 Cidade and Múrias, *op. cit.*（n. 6），II，117。

[357] Temple（ed.），*op. cit.*（n. 233），p. 48.

[358] Dames（ed.），*op. cit.*（n. 5），I, 166.

[359] *Ibid.*, p. 165.

[360] *Ibid.*

[361] 这是巴罗斯的记述，参见 Cidade and Múrias, *op. cit.*（n. 6），II，117。

[362] 这是巴罗斯的记述，参见 Dames（ed.），*op. cit.*（n. 5），I, 166。

[363] Markham（ed.），*op. cit.*（n. 4），p. 304.

[364] 这是皮雷斯的记述，参见 Cortesão（ed.），*op. cit.*（n. 9），I, 48。

[365] Azevedo（ed.），*op. cit.*（n. 17），I, 287.

[366] *Ibid.*, p. 288.

[367] 这是阿尔伯克基的记述，参见 Birch（ed.），*op. cit.*（n. 116），II, 94。

[368] Cortesão（ed.），*op. cit.*（n. 9），I, 54.

[369] 这位伟大的诗人写过一首歌颂总督堂·弗朗西斯科·科蒂尼奥（Dom Francisco Coutinho）的十四行诗，它被收在奥尔塔1563年的《印度草药风物秘闻》中，在果阿第一次得到了出版。关于诗歌的文本参见 Conde de Ficalho（ed.），*Coloquios dos simples e drogas da India*（2 vols.; Lisbon, I89-95），I, 7-9。

[370] 这个散文体的译文来自 William C. Atkinson（London, I952），p. 65。

[371] Birch（trans.），*op. cit.*（n. 116），III, 258-63.

[372] Cortesão（ed.），*op. cit.*（n. 9），I, 57.

[373] *Ibid.*

[374] G. B. Ramusio, *Delle navigationi et viaggi*（Venice, 1550），I, 320 r & v on Goa.

[375] 对于该问题的讨论可参见 Dames, *op. cit.*（n. 5），I, 170, n. 2。卡斯塔涅达和巴罗斯都指出，这就是"我们称呼它的方式"。

[376] Cidade and Múrias（eds.），*op. cit.*（n. 6），II, 189. 参阅 Yule and Burnell（eds.），*op. cit.*（n. 10），p. 290，该书中引用了一位匿名的作者大约在1520年所写的内容，他说在"提素里"（Tissoury）岛上有31个村庄（aldeas）。今天它被音译为 Tisvadi，参见 José N. da Fonseca, *An Historical and Archaeological Sketch of the City of Goa*（Bombay, 1878），p. 111. 巴罗斯曾列举了村庄和市镇的名单，参见 Cidade and Múrias（eds.），*op. cit.*（n. 6），II, 198。

[377] 这是阿尔伯克基的记述，参见 Birch（trans.），*op. cit.*（n. 116），II, 92。

[378] 这是卡斯塔涅达使用的名称；可以看出，巴罗斯不知道这个地方。

[379] 这是阿尔伯克基的记述，参见 Birch（trans.），*op. cit.*（n. 116），II, 95。

[380] 巴罗斯列举出来岛屿和大陆之间的五个涉水的地方："Pangi", "Daugi", "Gondali", "Benestari", "Agaci"。参见 Cidade and Múrias（eds.），*op. cit.*（n. 6），II, 198-99。

[381] *Ibid.* p. 189; Fonseca, *op. cit.*（n. 376），p. 111，该书提供了这些尺寸,分别是3英里和9英里。

[382] 关于这种以及其他棕榈产品可参见奥尔塔的记述，见 Markham（ed.），*op. cit.*（n. 4），p. 140。

[383] 参见 *ibid.*, p. 192, n. 1。

[384] 这个单词的词源比较含糊，它常常被葡萄牙人用于指代印度异教徒们的神庙。

[385] 这是卡斯塔涅达的记述，参见 Azevedo（ed.），*op. cit.*（n. 17），II, 21。

[386] Cortesão（ed.），*op. cit.*（n. 9），I, 54.

[387] 巴罗斯的记述可参见 Cidade and Múrias（eds.），*op. cit.*（n. 6），II, 192-93。

[388] 阿尔伯克基和他的继承人对这个村庄社区特殊的法规颇为尊重。1526年，一个被称为《辖区和海关》（*Foral de usos e costumes*）的登记册对这些法规的传统作用和权限规定进行了汇编，后来，这个小册子在16世纪一直被果阿的葡萄牙统治者用来做行政管理的指南。其英文摘要可参见 R. S. Whiteway, *The Rise of the Portuguese Empire in India*（London, 1898），pp. 215-20。关于其完整的文本，其中"与同类的话题相关的所有法规都被重新整合在一起

了"，并且附上了一篇评注，参见 B. H. Baden-Powell, "The Villages of Goa in the Early 16th Century," *Journal of the Royal Asiatic Society for 1900*, pp. 261-91。

[389] 关于该术语的讨论，参阅 Cortesão（ed.），*op. cit.*（n. 9），I, 56, n. 1。

[390] 这是阿尔伯克基的记述，参见 Birch（trans.），*op. cit.*（n. 116），II, 93。

[391] 关于果阿的历史，参见 Fonseca, *op. cit.*（n. 376），pp. 83, 119-23。

[392] 这是阿尔伯克基的记述，参见 Birch（trans.），*op. cit.*（n. 116），II, 94。

[393] *Ibid.*, p. 92. 维查耶纳伽尔的统治结束于 1510 年的七十年前，这样推算的话应该是 1440 年，而不是 1470 年，然而，1470 年却常常为人们所接受。关于该问题的评论，参见 Fonseca, *op. cit.*（n. 376），p. 125。

[394] Birch（trans.），*op. cit.*（n. 116），II, 93-94.

[395] Cidade and Múrias（eds.），*op. cit.*（n. 6），II, 197; 亦可参见 Dames（ed.），*op. cit.*（n. 5），I, 172-73, n.1。

[396] Cidade and Múrias（eds.），*op. cit.*（n. 6），II, 197. 奥尔塔断言阿迪勒汗是土耳其人（Markham [ed.], *op. cit.* [n. 4], p. 72）。

[397] Birch（trans.），*op. cit.*（n. 116），II, 96.

[398] Cidade and Múrias（eds.），*op. cit.*（n. 6），II, 198-99. 根据谣传，仅果阿这座城市每年就要付给他 50 万帕铛（*pardãos*），这些钱主要来自进口马匹的税收。他也从村庄社区以及迪瓦岛、肖朗（Chorão）和朱阿岛（Jua）收缴税金，还有一部分收入来自人们使用靠近大陆的浅滩、港口时缴纳的费用和出口税。

[399] *Ibid.*, II, 199. 关于葡萄牙人和当地妇女的婚姻的讨论参见 Danvers, *op. cit.*（n. 228），I, 217。

[400] 使用葡萄牙人的文献资料进行的一般性研究中，最好的是 M. S. Commissariat, *A History of Gujarat*（London, 1938），Vol. I。亦可参见 M. L. Dames, "The Portuguese and Turks in the Indian Ocean in the Sixteenth Century," *Jourtlal of the Royal Asiatic Society*（1921），pp. 1-28；增补的文章是 E. D. Ross, "The Portuguese in India and Arabia between 1507 and 1517," in *ibid.*, pp. 545-62. 关于更早时间的情况可参见 L. Sternbach, "Gujarat as Known to Medieval Europe," *Proceedings of the Indian Historical Congress*, VII（1956），292-95.

[401] 关于穆斯林获胜的日期（1508 年 1 月）参见 Ross, *loc. cit.*（n. 400），p. 547。

[402] 关于这场战役的信息仅在葡萄牙人、土耳其人和阿拉伯人的历史著作中看到了一些。同时代的古吉拉特历史学家在他们的大事年表中没有提及这场败仗。参见 Commissariat, *op. cit.*（n. 400），I, 247-48。

[403] *Ibid.*, p. 293.

[404] *Ibid.*, pp. 295-96.

[405] *Ibid.*, pp. 385-86.

[406] 参见原文，第 128-129 页。

[407] 关于葡萄牙人统治这座岛屿的时期的历史，参见 A. B. de Bragança Pereira, *Os Portugueses*

em Diu（Bastorá, n.d.）。

[408] 关于皮雷斯旅行的日期参见 Cortesão（ed.），*op. cit.*（n. 9），I, xxiv。

[409] Azevedo（ed.），*op. cit.*（n. 17），IV, 242-54；亦可参见 I, 385-87。

[410] 关于奥尔塔在这些地方旅行的情况，参见 A. X. Soares, "Garcia d' Orta, a Little Known Owner of Bombay," *Journal of the Bombay Branch of the Royal Asiatic Society*, XXVI（1921-23），204-7。

[411] 关于该问题的讨论，参阅 Dames（ed.），*op. cit.*（n. 5），I, xxxiii-vii。

[412] 这本书的题目是 *Comentarius de rebus in India apud Dium gestis anno salutis nostrae M. D. XLVI*。关于该书的详细目录，参见 King Manuel II, *Early Portuguese Books*（3 vols.; London, 1929-35），II, 233-41。

[413] 这本书的题目是 *Livro do cero de Diu*。参见 King Manuel II, *op. cit.*（n. 412），II, 486-95。

[414] 迭戈·杜·科托（Diogo do Couto）的评价引自 *ibid.*, p. 493。

[415] 这本书的题目是 *Sucesso do segundo cerco de Diu*。参见 King Manuel II, *op. cit.*（n. 412），II, 79-81。

[416] 这本书的题目是 *O primeiro cerco de Diu*。参见 King Manuel II, *op. cit.*（n. 412），III, 280-81。

[417] 这里的地理描述参考了卡斯塔涅达的著作，见 Azevedo（ed.），*op. cit.*（n. 17），II, 313。

[418] 芒格罗尔（Mangrol）有时候被用于区分北部的芒格罗尔（Mangalor）和位于南部康坎（Konkan）的同名城市。参见 Dames（ed.），*op. cit.*（n. 5），I, 127-28。

[419] 关于现代地图通常对于这些边界的沿用情况参见 C. C. Davies, *An Historical Atlas of the Indian Peninsula*（2d ed.; Oxford, 1959），p. 39。亦可参见皮雷斯的描述，见 Cortesão（ed.），*op. cit.*（n. 9），I, 33。

[420] Dames（ed.），*op. cit.*（n. 5），I, 108. 学术界对于这一争论的最新结论可参见 Commissariat, *op. cit.*（n. 400），I, xiv。

[421] Dames（ed.），*op. cit.*（n. 5），I, 110.

[422] 这可能是对 1298 年穆斯林的征服行动的一种含糊的说法。参见 Albuquerque in Birch（trans.），*op. cit.*（n. 116），IV, 106。

[423] Azevedo（ed.），*op. cit.*（n. 17），II, 316；参阅皮雷斯的记述，见 Cortesão（ed.），*op. cit.*（n. 9），I, 36。

[424] 因为巴哈杜尔统治期间（1526—1537 年），卡斯塔涅达正在写作，所以他讨论苏丹的时候可能是从穆罕默德一世开始的（Azevedo [ed.], *op. cit.* [n. 17.], II, 316）。在巴罗斯的《旬年纪》的第四卷中，他依据波斯和古吉拉特的资料，写出了古吉拉特在 16 世纪早期的详细历史（Cidade and Múrias [eds.], *op. cit.* [n. 6], IV, 258-65）。

[425] Temple（ed.），*op. cit.*（n. 233），p. 45.

[426] Commissariat, *op. cit.*（n. 400），I, 230-31，该书中的相关记述在讨论这个故事时有些夸大其

词了；把该故事作为一个民间传说，并进行了更为可信的评价，可参见 Dames（ed.），*op. cit.*（n. 5），I, 121-22, n. 3. 皮雷斯（in Cortesão [ed.], *op. cit.* [n. 9], I, 40）提出一种类似的描述，并且补充道"然而，我不相信这一说法，虽然他们都这样说"。卡斯塔涅达（Azevedo [ed.], *op. cit.* [n. 17], II, 316）相信了这个故事，并且不加任何评论地传给了后世。加西亚·德·雷森迪（Garcia de Resende）在他的《评传》（*Commentaries*，1554 年）一书中，指出苏门答腊的诸国王也有同样的习惯（被翻译的相关内容的段落可参见 Cortesão [ed.], *op. cit.* [n. 9], I, 40, n. 2）。这个故事最终引起了珀切斯（Purchas）的兴趣，并且显然给予了萨缪尔·巴特勒（Samuel Butler）写作《胡迪布拉斯》（*Hudibras*[Pt. II, Canto I]）的灵感：

> "坎贝国王日食毒，
>
> 小蛇蜥蜴和蟾蜍，
>
> 毒食使之气息臭，
>
> 每夜熏死一王后。"

[427] Dames（ed.），*op. cit.*（n. 5），I. 122.

[428] Temple（ed.），*op. cit.*（n. 233），p. 45. 关于穆罕默德一世留给后世的绰号"毕加达"（Begada，即无能者）与其大量的胡须之间可能存在的联系的评论，参见 Commissariat, *op. cit.*（n. 400），I, 232-33.

[429] Cortesão（ed.），*op. cit.*（n. 9），I, 36. 参见原文，第 420 页。

[430] *Ibid.* 关于"瑜格（Ioghe）的国王"或者 Yogis 的更为详细的记述参见 Varthema in Temple（ed.），*op. cit.*（n. 233），pp. 46-47. 这可能是指一个被人们称作 Gorakhnatha Gosains 的宗族群落的首领（Yule and Burnell, *op. cit.* [n. 10], p. 352）。在皮雷斯评论过这个统治者之后，去过古吉拉特的葡萄牙人就没有再做过进一步地讨论了。

[431] 这是皮雷斯的记述，参见 Cortesão（ed.），*op. cit.*（n. 9），I, 40.

[432] *Ibid.* Commissariat, *op. cit.*（n. 400），I, 290-92，该书称穆扎法尔是一个"仁慈的"统治者，把他的统治方式描述为"开明而宽容"。

[433] 阿尔伯克基在其著述中也列出这个人的名字，参见 Birch（trans.），*op. cit.*（n. 116），IV, 108.

[434] 这是皮雷斯的记述，参见 Cortesão（ed.），*op. cit.*（n. 9），I, 41.

[435] 这是阿尔伯克基的记述，参见 Birch（trans.），*op. cit.*（n. 116），IV, 107.

[436] Azevedo（ed.），*op. cit.*（n. 17），II, 319.

[437] 这是巴尔博萨的记述，参见 Dames（ed.），*op. cit.*（n. 5），I, 123-24.

[438] Birch（trans.），*op. cit.*（n. 116），IV, 82-85.

[439] 这是卡斯塔涅达的记述，参见 Azevedo（ed.），*op. cit.*（n. 17），II, 316.

[440] 这是巴尔博萨的记述，参见 Dames（ed.），*op. cit.*（n. 5），I, 119.

[441] 这是皮雷斯的记述，参见 Cortesão（ed.），*op. cit.*（n. 9），I, 33-34.

[442] Commissariat, *op. cit.*（n. 400），I, chap. xx，该书在阿尔伯克基和巴尔博萨的报告的基础上，

对穆罕默德一世在 1511 年结束其漫长的统治之后的古吉拉特进行了描述。他认为（p. 254）巴尔博萨的记述"可靠而有趣"。

[443] 这是卡斯塔涅达的记述，参见 Azevedo（ed.），*op. cit.*（n. 17），II, 314。

[444] 这是皮雷斯的记述，参见 Cortesão（ed.），*op. cit.*（n. 9），I, 39。

[445] 这是巴尔博萨的记述，参见 Dames（ed.），*op. cit.*（n. 5），I, 110。

[446] *Ibid.*

[447] *Ibid.*, p.111. 关于皮雷斯对于拉其普特更长的描述，参见 Cortesão（ed.），*op. cit.*（n. 9），I, 32-33。

[448] Commissariat, *op. cit.*（n. 400），I, 255.

[449] 这是巴尔博萨的记述，参见 Dames（ed.），*op. cit.*（n. 5），I, 112。

[450] *Ibid.*, p. 113.

[451] *Ibid.*, p. 114.

[452] *Ibid.*

[453] *Ibid.*, p. 1I7, 该书指出"帕特勒"（Pateles）是婆罗门教徒中较低的一个阶层，他们担任信差的职务；皮雷斯（Cortesão [ed.], *op. cit.* [n. 9], I, 39, 42）把"帕塔"（Pattars，可能也是信差）解释为他所说的"更为荣耀的婆罗门教徒"。参见对于术语 Dalgado 的讨论，*op. cit.*（n. 44），II, 186-88。这两个术语可能都来自梵语：*Patel* = governor。

[454] 这是皮雷斯的记述，参见 Cortesão（ed.），*op. cit.*（n. 9），I, 40。

[455] 这是卡斯塔涅达的记述，参见 Azevedo（ed.），*op. cit.*（n. 17），II, 314-15。

[456] 这是巴尔博萨的记述，参见 Dames（ed.），*op. cit.*（n. 5），I, 117。

[457] *Ibid.*, p. 115, 特别是 n. 1。

[458] 这是皮雷斯的记述，参见 Cortesão（ed.），*op. cit.*（n. 9），I, 39；卡斯塔涅达（in Azevedo [ed.], *op. cit.* [n. 17], II, 314）的写作是在三十年后，而且是在葡萄牙人已经发现印度人并非从前的基督教徒之后很久，但他仍然得出来同样的结论。

[459] 这个混杂的人种名单来自于 Dames（ed.），*op. cit.*（n. 5），I, 119-20; Cortesão（ed.），*op. cit.*（n. 9），I, 34；以及 Azevedo（ed.），*op. cit.*（n. 17），II, 316。

[460] 这是巴尔博萨的记述，参见 Dames（ed.），*op. cit.*（n. 5），I, 120。

[461] 关于卡斯塔涅达对于这些车子的更为详细的描述参见 Azevedo（ed.），*op. cit.*（n. 17），II, 315。

[462] 关于这里的妇女拥有与其丈夫离婚的自由，可能是巴尔博萨的误传（Dames [ed.], *op. cit.*[n. 5], I, 121, n. 2）。

[463] 这是卡斯塔涅达的记述，参见 Azevedo（ed.），*op. cit.*（n. 17），II, 315。

[464] *Ibid.*

[465] 这是皮雷斯的记述，参见 Cortesão（ed.），*op. cit.*（n. 9），I, 35。

[466] 这是阿尔伯克基的记述，参见 Birch（trans.），*op. cit.*（n. 116），IV, 108。

[467] Dames（ed.），*op. cit.*（n. 5），I, 125-26.

[468] Birch（trans.），*op. cit.*（n. 116），IV, 106-7.

[469] 这是巴尔博萨的记述，参见 Dames（ed.），*op. cit.*（n. 5），I, 129。关于鸦片可参见奥尔塔的记述，见 Markham（ed.），*op. cit.*（n. 4），pp. 330-34。

[470] Cidade and Múrias（eds.），*op. cit.*（n. 6），II, 93-95。更为详细的记述参见 Commissariat, *op. cit.*（n. 400），I, 213-15。

[471] Cidade and Múrias（eds.），*op. cit.*（n. 6），II, 94. 这里也可能是他的哥哥，后来成为了艾哈迈德·沙（Ahmad Shah，1451—1458 年在位）。

[472] 这是巴尔博萨的记述，参见 Dames（ed.），*op. cit.*（n. 5），I, 136。

[473] Azevedo（ed.），*op. cit.*（n. 17），II, 315.

[474] 这是巴尔博萨的记述，参见 Dames（ed.），*op. cit.*（n. 5），I, 139。

[475] 这是皮雷斯的记述，参见 Cortesão（ed.），*op. cit.*（n. 9），I, 35。我没能根据其他资料确认这一描述的准确性，或者是进一步辨析出这位统治者的身份。

[476] Temple（ed.），*op. cit.*（n. 233），p. 46.

[477] Dames（ed.），*op. cit.*（n. 5），I, 141.

[478] *Ibid.*, p. 142.

[479] *Ibid.*, p. 140.

[480] *Ibid.*, p. 141.

[481] *Ibid.*

[482] *Ibid.*, p. 145.

[483] 这是奥尔塔的记述，参见 Temple（ed.），*op. cit.*（n. 233），p. 360。关于坎贝成分不纯的宝石贸易的更为详细的讨论参见 A. Summers, "An Account of the Agate and Carnelian Trade of Cambay," *Journal of the Bombay Branch of the Royal Asiatic Society*, VoL III（185I），Pt. II, pp. 318-27。

[484] 这是皮雷斯的记述，参见 Cortesão（ed.），*op. cit.*（n. 9），p. 38；亦可参见阿尔伯克基的记述，见 Birch（trans.），*op. cit.*（n. 116），IV, 94-96，该书讨论了达斯图尔于 1514 年在苏拉特接见葡萄牙特使的情形。葡萄牙人的印度贵族朋友马利克·戈皮（Malik Gopi）在穆扎法尔二世统治期间，在苏拉特是一位有着特别的影响力的人。

[485] Dames（ed.），*op. cit.*（n. 5），I, 146-47.

[486] *Ibid.*, p. 148.

[487] Commissariat, *op. cit.*（n. 399），I, 264.

[488] Dames（ed.），*op. cit.*（n. 5），I, 151-53.

[489] Markham（ed.），*op. cit.*（n. 4），pp. 443-45.

[490] 关于新近的描述可参见 J. Ferguson and J. Burgess, *The Cave Temples of India*（London, 1880），pp. 348-66。对于杜·科托（Do Couto）的记述的翻译，参见 W. K. Fletcher（trans.），"Of

the Famous Island of Salsette at Bassein, and Its Wonderful Pagoda Called Canari ... ," *Journal of the Bombay Branch of the Royal Asiatic Society*, I（1841-44）, 34-40。

[491] Markham（ed.）, *op. cit.*（n. 4）, p. 444. 这个谣传是站不住脚的，但是它却暗示出葡萄牙人对于中国工匠莫大的尊重。关于这些印度洞窟同时代的学术性总结，可参见 Commissariat, *op. cit.*（n. 400）, I, 548-49。亦可参见 Ferguson and Burgess, *op. cit.*（n. 490）, pp. 465-75, and Fletcher（trans.）, *loc. cit.*（n. 490）, pp. 40-45, 该书提供了杜·科托的描述的翻译。

[492] Markham（ed.）, *op. cit.*（n. 4）, pp. 445-46.

[493] Cortesão（ed.）, *op. cit.*（n. 9）, I, 35.

[494] 参见卡斯塔涅达的记述，见 Azevedo（ed.）, *op. cit.*（n. 17）, II, 314；这是皮雷斯的记述，参见 Cortesão（ed.）, *op. cit.*（n. 9）, I, 33, 40。

[495] 奥尔塔（Markham [ed.], *op. cit.* [n. 4], p. 333）指出，在坎贝出售的大部分鸦片都来自马尔瓦。

[496] 参见皮雷斯的记述，见 Cortesão（ed.）, *op. cit.*（n. 9）, I, 43-44。

[497] *Ibid.*, p. 44.

[498] Birch（trans.）, *op. cit.*（n. 116）, III, 58.

[499] 参见皮雷斯的记述，见 Cortesão（ed.）, *op. cit.*（n. 9）, I, 42, 45。

[500] *Ibid.*, p. 45.

[501] *Ibid.*

[502] N. K. Sahu（ed.）, *A History of Orissa*（Calcutta, 1956）, I, 178-79.

[503] 除了其他文献，还参阅了 Academia Real das Sciencias, *Cartas de Affonso de Albuquerque*（7 vols.; Lisbon, 1884-1935）, II, 392.

[504] 关于该问题的一般性讨论，参见 W. H. Moreland（ed.）, *Relations of Golconda in the Seventeenth Century*（"Hakluyt Society Publications," Series II, Vol. LXVI [London, 1931]）, pp. xx-xxi.

[505] 参见 S. M. Sastri（ed.）, *op. cit.*（n. 3）, pp. 62-72。

[506] 关于马可·波罗的记述的评价参见 K. A. Nilakanta Sastri, "Marco Polo on India," in *Oriente Poliano*（Rome, 1957）, pp. 114-17。

[507] Cidade and Múrias（eds.）, *op. cit.*（n. 6）, I, 359-60.

[508] *Ibid.*, p. 358. 亦可参见卡斯塔涅达的记述，见 Azevedo（ed.）, *op. cit.*（n. 17）, II, 404。

[509] S. M. Sastri（ed.）, *op. cit.*（n. 3）, p. 55. "Komar" 是全名 Kanyā Kumārī 的简称。

[510] Cidade and Múrias（eds.）, *op. cit.*（n. 6）, I, 360-61.

[511] Cortesão（ed.）, *op. cit.*（n. 9）, I, 81. 皮雷斯对于科摩林的政治控制的记述前后不完全一致。他在另一个地方的记述中（*ibid.*, p. 66）指出科摩林角 "处于奎隆王国之内"。

[512] *Ibid.*, p. 66.

[513] Yule and Cordier（eds.）, *op. cit.*（n. 4）, II, 370-75. 关于这一断言的确证参见 R. Caldwell, "Explorations at Korkei and Kayal," *Indian Antiquary*, VI（1877）, 82。

[514] Dames（ed.）, *op. cit.*（n. 5）, II, 122-23, n. 1.

[515] *Ibid*., p. 124.

[516] 关于该地点的辨析参见 *ibid*., p. 120, n. 2；另一种稍有不同的辨析参见 Cortesão（ed.），*op. cit.*（n. 9），II, 271, n. 1。

[517] Dames（ed.），*op. cit.*（n. 5），II, 120.

[518] 参看原文，第 356 页，and Raja, *op. cit.*（n. 67），pp. 28-31。

[519] 参见原文，第 372 页；亦可参见 Dames（ed.），*op. cit.*（n. 5），II, 130 n。

[520] Dames（ed.），*op. cit.*（n. 5），II, 125.

[521] *Ibid.*

[522] 参见 Cortesão（ed.），*op. cit.*（n. 9），II, 271, and Cidade and Múrias（eds.），*op. cit.*（n. 6），I, 360-61。

[523] Temple（ed.），*op. cit.*（n. 233），p. 72. 可能意味着维查耶纳伽尔的省区。关于卡斯塔涅达的证据参见 Azevedo（ed.），*op. cit.*（n. 17），IV, 277。

[524] Cortesão（ed.），*op. cit.*（n. 9），I, 91-92.

[525] L. W. Brown, *The Indian Christians of St. Thomas*（Cambridge, 1956），p. 55.

[526] *Ibid*., p. 56.

[527] Dames（ed.），*op. cit.*（n. 5），II, 126-29.

[528] 参看原文，第 235 页。

[529] Corrêa, *op. cit.*（n. 2），II, 724-25.

[530] Brown, *op. cit.*（n. 525），p. 58.

[531] Cidade and Múrias（eds.），*op cit.*（n.6），I, 360-61.

[532] *Ibid*., p. 361. 这些是 "um livro da escritura dos chis（possibly Shiites）e outro dos parseos…"，最后，应里斯本的教皇代理人的要求，将它们转给了罗马的保卢斯·约维乌斯（Paulus Jovius）。

[533] 参阅卡斯塔涅达的评论，见 Azevedo（ed.），*op. cit.*（n. 17），I, 458。

[534] Temple（ed.），*op. cit.*（n. 233），p. 74.

[535] 这是巴尔博萨的记述，参见 Dames（ed.），*op. cit.*（n. 5），II, 132。

[536] Temple（ed.），*op. cit.*（n. 233），p. 74.

[537] *Ibid.* 瓦尔塔马作品的编者（Temple）认为普利卡特人当时正在孟加拉湾与丹那沙林人（Tenassêrim）作战。Dames（ed.），*op. cit.*（n. 5），II, 130，该书认为这不大可能，瓦尔塔马指的是奥里萨。

[538] 卡斯塔涅达指出了这些不稳定的联系，参见 Azevedo（ed.），*op. cit.*（n. 17），IV, 115, 116,130。

[539] 这是巴罗斯的记述，参见 Cidade and Múrias（eds.），*op. cit.*（n. 6），I, 361。

[540] *Ibid.*

[541] 这是巴尔博萨的记述，参见 Dames（ed.），*op. cit.*（n. 5），II, 133。

[542] *Ibid*., pp. 133-34. 关于这两条河具有争议的辨析的另一种解释，参见 C. R. Wilson, "Note on

the Topography of the River Hugli ...," *Journal of the Asiatic Society of Bengal.*, LXI（1892），112。

[543] 维查耶纳伽尔的统治者克里希纳·迪瓦·莱雅（Krishna Dēva Rāyya）有一个重要的抱负就是占领奥里萨的东海岸。1512 年，莱雅开始发起战争，并在接下来的一年里，占领了乌德耶吉里（Udayagiri）的军事要塞。这些内部的战争消息似乎大部分都是通过维查耶纳伽尔传到葡萄牙人那里的。

[544] 这是巴尔博萨的记述，参见 Dames（ed.），*op. cit.*（n. 5），II, 132-33。

[545] Cortesão（ed.），*op. cit.*（n. 9），I, 89.

[546] 这是巴尔博萨的记述，参见 Dames（ed.），*op. cit.*（n. 5），I, 229。

[547] Cortesão（ed.），*op. cit.*（n. 9），I, 89, 94, 224.

[548] *Ibid.*, p. 4; 关于奥里萨和古代的术语 "Kalinga" 之间的关系，参见 R. M. Chakravarti, "Notes on the Geography of Orissa in the Sixteenth Century," *Journal of the Asiatic Society of Bengal*, XII（1916），34。

[549] Cortesão（ed.），*op. cit.*（n. 9），I, 64-65.

[550] *Ibid.*, p. 281. 亦可参见原文，第 513 页。

[551] 早期的葡萄牙文文献资料指出，在 1516 年之前就有船只被派往孟加拉，但是他们没有说明这些航海任务的成败如何。关于早期的文献的概括参见 A. Cortesão, "The'City of Bengala' in Early Reports," *Journal of the Royal Asiatic Society of Bengal*（*Letters*），XI（1945），13, n. 2。亦可参见 J. J. A. Campos, *History of the Portuguese in Bengal*（Calcutta, 1919），p. 26。关于一般性的历史背景可参见 J. N. Sarkar（ed.），*The History of Bengal*（Dacca, 1948）。不幸的是，这部杰出的历史著作的作者们在其他方面几乎完全依循了在孟加拉的葡萄牙人的一般性的二手记述材料，他们没有说明究竟是卡斯塔涅达还是巴罗斯。

[552] 这是卡斯塔涅达的记述，参见 Azevedo（ed.），*op. cit.*（n. 17），II, 441；亦可参见巴罗斯的记述，见 Cidade and Múrias（eds.），*op. cit.*（n. 6），III, 68。关于希尔维拉回到科钦后，讲述的孟加拉的故事的概括可参见堂·若昂·德·雷玛（Dom João de Leyma）给国王的信件（1518 年 12 月 22 日），其总结参见 S. N. Sen, "An Early Portuguese Account of Bengal," *The Calcutta Review*, LXVI（1938），21-25。

[553] Campos, *op. cit.*（n. 551），p. 30.

[554] 这是卡斯塔涅达的记述，参见 Azevedo（ed.），*op. cit.*（n. 17），IV, 410-11。

[555] 对于瓦尔塔马依据他 1505 年对孟加拉的造访所做评论的解释参见 Temple（ed.），*op. cit.*（n. 233），pp. lxvi-lxix。

[556] Azevedo（ed.），*op. cit.*（n. 17），II, 439-41.

[557] Cidade and Múrias（ed.），*op. cit.*（n. 6），IV, 501-5.

[558] Markham（ed.），*op. cit.*（n. 4），pp. 54, 181.

[559] Cidade and Múrias（eds.），*op. cit.*（n. 6），I, 361. 巴罗斯所说的将在其《地理学》一书中列

举的名单从来就没有被看到过。据推测，拉文哈（Lavanha）在他 1613 年出版的孟加拉地图中提供的大量市镇，可能是参考了巴罗斯的记录和及其绘制的地图。

[560] Azevedo（ed.），*op. cit.*（n. 17），II, 439-46.

[561] 这是皮雷斯的记述，参见 Cortesão（ed.），*op. cit.*（n. 9），I, 89.

[562] *Ibid.*, pp. 89-90.

[563] 关于"Bengala 的城市"的辨析更多具有争议的问题，参见 Cortesão, *loc. cit.*（n. 551），pp. 10-14. 卡斯塔涅达指出，16 世纪早期的作者们在提及"Bengala"的时候，实际上他们讨论的是高尔。后来，葡萄牙人确实在孟加拉定居以后，他们常常把吉大港等同于"Bengala"。然而，根据孟加拉语的文献资料，可以看出高尔和 Bengala 是两个不同的市镇。

[564] Azevedo（ed.），*op. cit.*（n. 17），II, 441. 晚近对这个时期的孟加拉的政治地理的努力描述参见 H. Blochmann, "Contributions to the Geography and History of Bengal," *Journal of the Asiatic Society of Bengal*, Vol. XLII, Pt. I（1873），pp. 209-307。

[565] 卡斯塔涅达（in Azevedo [ed.], *op. cit.* [n. 17], II, 440）大大地夸大了这个距离，因为从这里到上游只有 200 英里。

[566] 这是皮雷斯的记述，参见 Cortesão（ed.），*op. cit.*（n. 9），I, 90。

[567] 恒河流向的改变以及 1575 年的一场劫掠性的战争致使高尔被毁，成了废墟。按照现代考古学家的统计，这座城市连同它的郊区总面积达 20 平方英里至 30 平方英里。这座为连绵不断的堤岸围起来的城市准确的长度应是 7.5 英里，宽度是 2 英里。参见 Hunter, *op. cit.*（n. 46）V, 37。巴罗斯（in Cidade and Múrias [eds.], *op. cit.* [n. 6], IV, 505）估计高尔的人口已经多达 20 万。关于高尔的地图可参见 M. Martin, *The History... of Eastern India*（London, 1838），facing p.72。

[568] 卡斯塔涅达的描述（in Azevedo [ed.], *op. cit.* [n.17], IV, 408）与某些穆斯林历史学家（Blochmann, *loc. cit.* [n. 564], p. 213）的记述相同；关于 Garhi 的辨析参见 Campos, *op. cit.*（n. 551），p. 38。

[569] 这是卡斯塔涅达的记述，参见 Azevedo（ed.），*op. cit.*（n. 17），II, 440。

[570] 这是皮雷斯的记述，参见 Cortesão（ed.），*op. cit.*（n. 9），I, 91。关于其证据可参见 Hunter, *op. cit.*（n. 46），V, 37，该书指出："高尔城的建筑是用成千上万数不清的小薄砖建成的"。

[571] 这是卡斯塔涅达的记述，参见 Azevedo（ed.），*op. cit.*（n. 17），II, 440。

[572] 这是皮雷斯的记述，参见 Cortesão（ed.），*op. cit.*（n. 9），I, 91。

[573] *Ibid.*, p. 88.

[574] *Ibid.*, p. 93；亦可参见卡斯塔涅达的记述，见 Azevedo（ed.），*op. cit.*（n. 17），II, 440。坎波斯（Campos）（*op. cit.* [n.551], pp. 20-21）争辩道，葡萄牙人更倾向于把不好的特性归到孟加拉的统治者们身上，而对平民则不然。然而这一争辩站不住脚，因为皮雷斯明显地把诽谤性的评论用于那些在孟加拉工作的渔民和裁缝身上了。

[575] 这是巴罗斯的记述，参见 Dames（ed.），*op. cit.*（n. 5），II, 148；亦可参见卡斯塔涅达的记述，见 Azevedo（ed.），*op. cit.*（n. 17），II,441。

[576] 这是卡斯塔涅达的记述，参见 Azevedo（ed.），*op. cit.*（n. 17），II, 441。

[577] *Ibid.*

[578] *Ibid.*

[579] Cortesão（ed.），*op. cit.*（n. 9），I, 95.

[580] *Ibid.*, pp. 89-90.

[581] *Ibid.*, pp. 88-89. 关于巴罗斯对巴赛的习俗的描述参见 Cidade and Múrias（eds.），*op. cit.*（n. 6），III, 234-35。亦可参见原文，第 578 页。

[582] Majumdar *et al.*, *op. cit.*（n. 6），pp. 345-46.

[583] Blochmann, *loc. cit.*（n. 564），p. 286.

[584] Cortesão（ed.），*op. cit.*（n. 9），I, 88.

[585] 这是巴尔博萨的记述，参见 Dames（ed.），*op. cit.*（n. 5），II, 147。

[586] 这是卡斯塔涅达的记述，参见 Azevedo（ed.），*op. cit.*（n. 17），II, 441。通常，在葡萄牙—印度作品中使用的"lascar"意思是"士兵"或者"水兵"，这个单词来自波斯语。在谈及孟加拉的时候，它大致的意思是"城市的管理者"。参见 Dalgado, *op. cit.*（n. 44），I, 514-15。

[587] 这是巴尔博萨的记述，参见 Dames（ed.），*op. cit.*（n. 5），II, 147。

[588] 这是皮雷斯的记述，参见 Cortesão（ed.），*op. cit.*（n. 9），I, 95。

[589] *Ibid.*, pp. 140-41.

[590] 卡斯塔涅达（in Azevedo [ed.], *op. cit.* [n. 17], II, 440）把孟加拉的马匹的大小比作"英国的小马驹"。

[591] 卡斯塔涅达（*ibid.*）在作品中提供了家畜、家禽和稻米的价格，他有一个明显的意图，即让其读者知道这些东西是多么便宜。亦可参见皮雷斯的记述，见 Cortesão（ed.），*op. cit.*（n. 9），I, 88。

[592] 这是巴尔博萨的记述，参见 Dames（ed.），*op. cit.*（n. 5），II, 146。

[593] 这是皮雷斯的记述，参见 Cortesão（ed.），*op. cit.*（n. 9），II, 13。

[594] *Ibid.*, I, 91.

[595] 这是卡斯塔涅达的记述，参见 Azevedo（ed.），*op. cit.*（n. 17），II, 441。

[596] 这是皮雷斯的记述，参见 Cortesão（ed.），*op. cit.*（n. 9），I, 92。

[597] *Ibid.*, pp. 92-93.

[598] *Ibid.*, p. 93.

[599] *Ibid.*, pp. 94-95.

[600] Markham（ed.），*op. cit.*（n. 4），pp. 401-2.

[601] 参见 K. M. Ashraf, "Life and Conditions of the People of Hindustan（1200-1550 A.D.）——Mainly Based on Islamic Sources," *Journal of the Asiatic Society of Bengal*（*Letters*），I（1935），105-6. 在巴罗斯列举的名单所遗漏的内容中，最值得注意的就是旁遮普（Punjab）和奥德（Oudh）。亦可参见原文第 341 页，以及奥尔塔的记述，见 Markham（ed.），*op. cit.*（n. 4），p.

293。

[602] 洛迪是从 1451 年到 1517 年间统治德里的苏丹们的统称。

[603] 参见皮雷斯的记述，见 Cortesão（ed.），*op. cit.*（n. 9），I, 36。这可能是指卡哈尔吉（Khalji）的苏丹们大约在 1290 年在德里创建政权的事件。

[604] 这是巴尔博萨的记述，参见 Dames（ed.），*op. cit.*（n. 5），I, 230。

[605] *Ibid.*

[606] *Ibid.*, pp. 233-36.

[607] Markham（ed.），*op. cit.*（n. 4），p. 483. 有一些作者（比如 Ficalho [ed.]. *op. cit.* [n.369], II, 186）争辩道，巴尔博萨看到了瑜珈教派的人士们带领印度人反抗穆斯林的强权入侵。在我个人阅读巴尔博萨的作品的过程中，从未发现这一断言。

[608] 关于证据和更多的细节可参见 William Irvine, *Army of the Indian Moghuls: Its Organization and Administration*（London. 1903），pp. 73-112.

[609] 这是巴尔博萨的记述，参见 Dames（ed.），*op. cit.*（n. 5），I, 232-33。亦可参见瓦尔塔马对瑜珈教派人士 1505 年在卡利卡特投掷这类铁环的描述（Temple [ed.], *op. cit.* [n. 233], p. 101）。

[610] 这是皮雷斯的记述，参见 Cortesão（ed.），*op. cit.*, I. 37。

[611] *Ibid.*, p. 37, n. 4.

[612] *Ibid.*, p. 38.

[613] *Ibid.*, pp. 37-38. 事实上，几乎可以说阿拉伯人和葡萄牙人通常不认为印度河流域的国家在他们所称的印度的范围之内。参见 Yule and Burnell, *op. cit.*（n. 10），p. 634。

[614] 这是皮雷斯的记述，参见 Cortesão（ed.），*op. cit.*（n. 9），I, 37. 第一位穆斯林国王迪拉瓦尔汗（Dilawar Khan）是阿富汗人，他于 1387 年到 1405 年间在位，他建立了戈尔里（Ghori）的房屋。

[615] *Ibid.* 这是指在马尔瓦发展起来的一种穆斯林妇女的管理机构，它拥有自己的军队。参见 Ashraf, *loc. cit.*（n. 601），p. 150. 菲尔斯塔（Ferishta）和其他穆斯林作者把首都曼杜描述为"快乐之都"，他们在著作的最后都提到了武装的妇女。参见 Commissariat, *op. cit.*（n. 400），I, 288。

[616] Majumdar *et al.*, *op. cit.*（n. 6），pp. 425-34. 亦可参见 Ishwari Prasad, *The Life and Time of Humayun*（Bombay, 1956），pp. 66-67。

[617] 这是卡斯塔涅达的记述，参见 Azevedo（ed.），*op. cit.*（n. 17），IV, 337-39。

[618] 后来的欧洲旅行家们使用"莫格尔"指代白人。关于这类描述的简短总结可参见 E. Maclagan, *The Jesuits and the Great Mogul*（London, 1932），p. xxi, n. 1。

[619] 关于莫卧儿进攻的军队的描述可参见 Irvine, *op. cit.*（n. 608），pp. 73-89。

[620] 参阅 *ibid.*, pp. 133-51。

[621] 事实上巴布尔和大部分印度的穆斯林统治者不同，他是一个忠诚于家庭的人，虽然他可能倾向于喜欢大量饮酒，但他在印度期间的决战前夕，至少有两次声明戒酒。关于巴布尔妻

子的记述可参见 L. F. Rushbrook Williams, *An Empire Builder of the Sixteenth Century*（London, 1918）。

[622] 参阅 Ashraf, *loc. cit.*（n. 601），p. 154。

[623] 这是卡斯塔涅达的记述，参见 Azevedo（ed.），*op. cit.*（n. 17），IV, 355-56。

[624] 关于为印度的统治者服务的欧洲人，亦可参见 Irvine, *op. cit.*（n. 608），pp. 152-53。

[625] 这是卡斯塔涅达的记述，参见 Azevedo（ed.），*op. cit.*（n. 17），IV, 355。奇托尔也被称作 Chattrapura，或者"王室的庇护之城"。奥尔塔对于这个名字的来源做出了进一步地评论，参见 Markham（ed.），*op. cit.*（n. 4），p. 462。关于一个观点不同的词源学说明，参见 W. Crook（ed.），*Tods Annals and Antiquities of Rajasthan*（Oxford, 1920），III, 1647, n. 2。

[626] Markham（ed.），*op. cit.*（n. 4），p. 462.

[627] 这是卡斯塔涅达的记述，参见 Azevedo（ed.），*op. cit.*（n. 17），IV, 356。根据波斯语、梵语和拉其普特语的文献资料，对于这次围困的类似描述参见 G. N. Sharma, *Mewar and the Mughal Emperors*（A.D. 1526—1707）（Agra, 1954），pp. 55-57。

[628] 通常给出的解释是这样的：因为胡马雍是在与没有宗教信仰的军队作战，所以他不愿和自己的穆斯林同胞短兵相接。关于这个有争议的问题的进一步讨论，参见 Sharma, *op. cit.*（n. 627），pp. 51-53, and Prasad, *op. cit.*（n. 616），pp. 70-71。

[629] Azevedo（ed.），*op. cit.*（n. 17），IV, 356-57.

[630] 两支军队的首次遭遇可能是在首都曼杜西北部的西普拉河（Sipra River）河岸上的曼苏尔（Mandsur）附近。

[631] 相关的记述参阅 Prasad, *op. cit.*（n. 616），p. 72，亦可参看该书插页中的地图。

[632] Azevedo（ed.），*op. cit.*（n. 17），IV, 357.

[633] 这些记述所参考的章节，参见 A. B. M. Habibullah and N. B. Roy in Sarkar（ed.），*op. cit.*（n. 55），pp. 152-76, and upon Majumdar *et al.*, *op. cit.*（n. 6），pp. 434-38。

[634] Azevedo（ed.），*op. cit.*（n. 17），IV, 379-80.

[635] 源自帕坦的印度斯坦。参见 DaIgado, *op. cit.*（n. 44），II, 188。

[636] 可能是哈提弗沙（Khatif Shah）。

[637] 相关的评论参见 Campos, *op. cit.*（n. 551），p. 41n。这个时期的孟加拉历史的作者 Sarkar 使用了坎波斯和其他作者依据葡萄牙编年史家的作品得到的二手资料（Sarkar[ed.] *op. cit.* [n.551]），但是他们没能充分利用这些编年史著作本身。

[638] Cidade and Múrias（eds.），*op. cit.*（n. 6），IV, 507-34.

[639] Azevedo（ed.），*op. cit.*（n. 17），IV, 486-87.

[640] 在巴罗斯那里，"Sornagam"位于拉文哈的地图上。在达卡附近，一个被称作"Sonagam"的河滨市镇位于 1752 年 D'Anville 的地图上。Sonārgāon 可能就是孟加拉东部的都城。

[641] 相关的评论参阅 Ashraf, *loc. cit.*（n. 601），pp. 121-22。

[642] 参见原文，第 314-328 页。

[643] 关于这些小册子的题目，参见 John Correia-Afonso, S. J., *Jesuit Letters and Indian History*（Bombay, 1955）, p. 176, Appendix D。作者也注意到一个德语译本于 1545 年在奥格斯堡出版了。

[644] H. Tursellinus, *Francisci Xaverii epistolarum libri quatuor*（Rome, 1596）.

[645] G. Schurhammer and J. Wicki（eds.）, *Epistolae S. Francisci Xaverii aliaque eius scripta*（Rome, 1944）, I, 129-43.

[646] *Ibid.*, pp. 152-77.

[647] R. Streit, *Biblioteca missionum*（Aachen, 1928）, IV, 126.

[648] G. Schurhammer, "Xaveriusforschung im 16. Jahrhundert," *Zeitschrifi für Missionswissenschaft*, XII（1922）, 130-33.

[649] Schurhammer and Wicki（eds.）, *op. cit.*（n. 645）, I, 264.

[650] *Ibid.*, pp. 266-67.

[651] 这份书简现存的唯一复本保存在伍兹堡历史学会（Historical Society of Würzburg）图书馆。其出版时收在 *Serapeum*, XIX（1858）, 180-85。

[652] Schurhammer and Wicki（eds.）, *op. cit.*（n. 645）, I, 267.

[653] *Ibid.*, pp. 273-74.

[654] *Ibid.*, p. 277.

[655] 参见 Schurhammer, *loc. cit.*（n. 648）, p. 133。

[656] "主要版本" 的名单由科雷亚 - 阿方索（Correia-Afonso）编辑（*op. cit.* [n. 643], pp. 176-79），其中仅包括了 16 世纪的 35 个不同的条目。这里提到的不同版本列表更长一些，因为它不仅包括科雷亚 - 阿方索漏掉的一些条目，而且还收进了许多包含了重要的印度资料的 "日本信件" 版本。

[657] 这部收入了 26 封信的集子（在威尼斯印刷）中的内容几乎全部都写于 1561 年，其中有 5 封来自日本、1 封来自中国、13 封来自印度、1 封来自马鲁古群岛、1 封来自埃塞俄比亚，还有 5 封来自巴西。

[658] 这里考察了六卷文献，均来自 J. Wicki（ed.）, *Documenta Indica*（Rome, 1960），这个集子里面包括了写于 1563 年到 1566 年之间的一些信件，最终发现在这些年代里写的信件中没有一封在 16 世纪得到出版。

[659] 从科钦写给里斯本的贡萨罗·瓦斯·德·梅洛神父（Father Gonçalo Vaz de Melo）的信件（1557年 1 月）收入了 Wicki（ed.）, *op. cit.*（n. 658）, III, 622。

[660] 特别是恩里克·恩里克斯从特拉凡科尔的马纳库迪（Manakkudi）写给副主教的信件（1558年 1 月 13 日），参见 *ibid.*, IV, 31-36。

[661] 从果阿写给里斯本的路易斯·贡萨尔维斯·德·卡马拉（Luis Gonçalves de Camara at Lisbon）的信件（1557 年 12 月 24 日），参见 *ibid.*, III, 795-801。

[662] 从比贾布尔写给果阿的奎德罗斯（Quadros）的信件（1561 年 4 月 7 日），其复本参见 *ibid.*, V,

138-39。

[663] *Ibid.*, p. 139.

[664] *Ibid.*, p. 143.

[665] 这封信（1558 年 9 月 5 日）是写给葡萄牙的神父们的，参见 *ibid.*, IV, 100-104。

[666] 唯一努力对从果阿到中国的每一个耶稣会中心进行简短的背景概述的人是巴扎乌斯（Barzaeus），他写给罗耀拉的信件（1553 年 1 月 12 日）参见 *ibid.*, II, 581-600；在两封更早的信件中，巴扎乌斯也对霍尔木兹及其周边地区进行了精彩的描述。关于巴扎乌斯在 1549 年 12 月 10 日写的信件参见 *ibid.*, I, 644-47，关于他在 1550 年 11 月 24 日写的信件，参见 *ibid.*, II, 77-79。

[667] 恩里克斯从科钦写给罗德里格斯的信件（1551 年 1 月 12 日），参见 *ibid.*, II, 156。

[668] 恩里克斯从马纳库迪写给副主教的信件（1558 年 1 月 13 日），参见 *ibid.*, IV, 29。

[669] 安托尼乌斯·德·埃雷迪亚（Antonius de Herédia）从科钦写给罗耀拉的信件（1552 年 1 月），参见 *ibid.*, II, 291。

[670] 伏若望从果阿写给葡萄牙神父们的信件（1557 年 12 月 12 日），参见 *ibid.*, III, 749。

[671] 比如，可以参见巴扎乌斯从果阿写给罗耀拉的信件（1553 年 1 月 12 日），见 *ibid.*, II, 600。

[672] 伏若望从果阿写给科英布拉的神父们的信件（1555 年 11 月 30 日），参见 *ibid.*, III, 716。

[673] 伏若望从果阿写给科英布拉的神父们的信件（1557 年 11 月 30 日），参见 *ibid.*, III, 712。

[674] 1553 年 1 月期间从果阿写的信件，见 *ibid.*, II, 586。

[675] 特别是几封从科钦写给科英布拉的神父们的信件（1556 年 1 月 20 日），参见 *ibid.*, III, 451，以及布兰多（Brandão）从果阿写给葡萄牙神父们的信件（1556 年 11 月），参见 *ibid.*, III, 579-80。

[676] 渔业海岸的耶稣会士们从普尼卡尔（Punical）写给果阿教省都主教的信件（1549 年 1 月 19 日），参见 *ibid.*, I, 482。

[677] 恩里克斯从普尼卡尔写给罗耀拉的信件（1556 年 12 月 31 日），参见 *ibid.*, III, 595。

[678] 恩里克斯从马纳库迪写给副主教的信件（1558 年 1 月 13 日），参见 *ibid.*, IV, 23-24。

[679] 恩里克斯从马纳尔（Manaar）写给莱内斯（Lainez）的信件（1561 年 1 月 8 日），参见 *ibid.*, V, 6-10。

[680] 关于佩德罗·梅斯基塔神父被关押的情况，参见他在 1560 年 8 月 29 日从马杜拉写给恩里克斯的信件，见 *ibid.*, IV, 604；关于佩德罗·梅斯基塔神父逃跑的情况，参见他从科钦写给科英布拉的神父们的信件（1561 年 1 月 16 日），见 *ibid.*, V, 77。

[681] 维斯万纳塔可能死于 1561 年 10 月。参见恩里克斯从马纳尔写给莱内斯的信件（1561 年 12 月 19 日），见 *ibid.*, V, 378。关于该问题进一步的详细讨论参见原文，第 270-271 页。

[682] 弗朗西斯科·杜朗（Francisco Durão）从腾伽帕坦南（Thêngâppattanam）写给罗德里格斯的信件（1557 年 11 月 22 日），收入 Wicki（ed.），*op. cit.*（n. 18），III, 695。

[683] 恩里克斯从普尼卡尔写给罗耀拉的信件（1555 年 12 月 25 日—31 日），参见 *ibid.*, III, 423。

[684] 恩里克斯从马纳库迪写给副主教的信件（1558 年 1 月 13 日），参见 *ibid.*, IV, 32。

[685] 伏若望从果阿写给科英布拉的神父们的信件（1557 年 11 月 30 日），参见 *ibid.*, III, 708-9。

[686] 这就是著名的首位皈依基督教的仪态高贵的穆斯林妇女。关于她皈依基督教的详细描述，参见伏若望从果阿写给葡萄牙神父们的那封非常坦率的信件（1557 年 12 月 12 日），参见 *ibid.*, III, 731-35。

[687] 伏若望从果阿写给葡萄牙的神父们的信件（1561 年 12 月 1 日），参见 *ibid.*, V, 280。

[688] 罗德里格斯从比贾布尔写给奎德罗斯的信件（1561 年 4 月 4 日），参见 *ibid.*, V, 140-43。

[689] 伏若望在写给科英布拉的神父们的信件中描述了这项外交活动，参见 *ibid.*, IV, 278-80。

[690] *Ibid.*, p. 280.

[691] 普兰库多从达曼写给果阿的神父们的信件（1561 年 2 月 28 日），参见 *ibid.*, V, 110。

[692] *Ibid.*, pp.115-16.

[693] 教友弗朗西斯科·安尼斯（Brother Francisco Anes）于 1556 年在塔纳的马拉提（Marāthī）宣讲福音（*ibid.*, III, 591），但是迟至 1561 年，伏若望写道，在果阿只有少数几个神父懂卡纳拉语（Kanarese），能够听懂当地人用这种语言忏悔（*ibid.*, V, 274）。

[694] 特谢拉（Teixeira）从果阿写给葡萄牙的神父们的信件（1558 年 12 月 25 日），参见 *ibid.*, IV, 168。

[695] 恩里克斯从孟买（Bembay）写给罗耀拉的信件（1548 年 10 月 31 日），参见 *ibid.*, I, 280。

[696] *Ibid.*, p. 285.

[697] *Ibid.*, pp. 287-88.

[698] 关于传教士先驱们在学习泰米尔语时必须面对的各种困难，参见 G. Moraes, "St. Francis Xavier, Apostolic Nuncio, 1542-1552," *Journal of the Bombay Branch of the Royal Asiatic Society*, New Series, XXVII（1950），293。

[699] 恩里克斯从科钦写给罗德里格斯的信件（1551 年 1 月 12 日），收入 Wicki（ed.），*op. cit.*（n. 658），II, 158。

[700] 恩里克斯从普尼卡尔写给罗耀拉的信件（1552 年 11 月 6 日），参见 *ibid.*, II, 395。后来，他说他每天会收到 4 封到 8 封写在棕榈叶上的文件（*ibid.*, III, 239）。

[701] Anant Kakba Priolkar, *The Printing Press in India*（Bombay, 1958），p. 11.

[702] 该书有一个复本在梵蒂冈图书馆（Vatican Library）。参见 Xavier S. Thani Nayagam, "Tamil Manuscripts in European Libraries," *Tamil Culture*, III（1954），225。关于样本页参见 Priolkar, *op. cit.*（n. 701），p. 319。多明我会修士雅克布斯·德·弗拉金（Jacobus de Voragine）在 13 世纪写出了 *The Flos Sanetorum*（*Flower of the Saints*）is the *Golden Legend* 一书。参见原文第 27 页。

[703] 恩里克斯从普尼卡尔写给罗耀拉的信件（1556 年 12 月 31 日），收入 Wicki（ed.），*op. cit.*（n. 658），III, 598。

[704] 恩里克斯从马纳库迪写给副主教的信件（1558 年 1 月 13 日），参见 *ibid.*, IV, 28。

[705] *Ibid.*

[706] 恩里克斯从马纳尔写给莱内斯的信件（1561 年 1 月 8 日），参见 *ibid.*, V, I9。

[707] 梅尔基奥·努内斯·巴雷托（Melchior Nunes Barreto）从科钦写给欧洲的神父们的信件（1561 年 12 月 31 日），参见 *ibid.*, V, 416。

[708] 从比贾布尔写给奎德罗斯的信件（1561 年 4 月 7 日），参见 *ibid.*, V, 140。

[709] 巴扎乌斯从霍尔木兹写给欧洲教友们的信件（1549 年 12 月 10 日），参见 *ibid.*, I, 698。

[710] 达尔梅达从果阿写给葡萄牙神父们的信件（1558 年 12 月 26 日），参见 *ibid.*, IV, 203。

[711] 伏若望从果阿写给葡萄牙神父们的信件（1559 年 11 月 14 日），参见 *ibid.*, IV, 335-36。

[712] *Ibid.*, p. 339.

[713] 恩里克斯从孟买写给罗耀拉的信件（1548 年 10 月 31 日），参见 *ibid.*, I, 288。

[714] 从果阿写给葡萄牙神父们的信件（1558 年 12 月 26 日），参见 *ibid.*, IV, 204。

[715] 从果阿写给葡萄牙神父们的信件（1560 年 11 月 13 日），参见 *ibid.*, IV, 669-70。

[716] 从果阿写给葡萄牙神父们的信件（1560 年 12 月 8 日），参见 *ibid.*, IV, 801。

[717] 从果阿写给葡萄牙神父们的信件（1558 年 12 月 25 日），参见 *ibid.*, IV, 171。

[718] 从霍尔木兹写给欧洲教友们的信件（1549 年 12 月 10 日），参见 *ibid.*, I, 646。

[719] *Ibid.*

[720] 特谢拉从果阿写给葡萄牙神父们的信件（1558 年 12 月 25 日），参见 *ibid.*, IV, 169-70。

[721] 从达曼写给葡萄牙神父们的信件（1560 年 11 月 15 日），参见 *ibid.*, IV, 697。

[722] *Ibid.*

[723] 关于这个单词那非常复杂的历史渊源参见 Dalgado, *op. cit.* (n. 44)，II, 130-37。

[724] 例证可参见努内斯·巴雷托从特拉凡科尔写给科英布拉的神父们的信件（1548 年 11 月 18 日），收入 Wicki（ed.）, *op. cit.* (n. 658)，I, 320。

[725] *Ibid.*

[726] 巴扎乌斯从霍尔木兹写给欧洲的教友们的信件（1549 年 12 月 10 日），参见 *ibid.*, I, 648；贡萨尔维斯·罗德里格斯从勃生写给葡萄牙的神父们的信件（1558 年 9 月 5 日），参见 *ibid.*, IV, 100。

[727] 梅尔基奥·贡萨尔维斯从科钦写给葡萄牙神父们的信件（1551 年 1 月 20 日 [？]），参见 *ibid.*, II, 184。

[728] 罗德里格斯从勃生写给葡萄牙神父们的信件（1558 年 9 月 5 日），参见 *ibid.*, IV, 100。

[729] 努内斯·巴雷托从特拉凡科尔写给科英布拉的神父们的信件（1548 年 11 月 18 日），参见 *ibid.*, I, 320-21。

[730] 伏若望从果阿写给葡萄牙神父们的信件（1560 年 11 月 13 日），参见 *ibid.*, IV, 671。

[731] 达尔梅达从果阿写给葡萄牙神父们的信件（1558 年 12 月 26 日），参见 *ibid.*, IV, 205-06。

[732] 伏若望从果阿写给葡萄牙神父们的信件（1561 年 12 月 1 日），参见 *ibid.*, V, 279-80。

[733] 达尔梅达从果阿写给葡萄牙神父们的信件（1558 年 12 月 26 日），参见 *ibid.*, IV, 201。

[734] *Ibid.*, p. 202.

[735] 伏若望从果阿写给葡萄牙神父们的信件（1560 年 11 月 13 日），参见 *ibid.*, IV, 669。

[736] 达尔梅达从果阿写给葡萄牙神父们的信件（1558 年 12 月 26 日），参见 *ibid.*, IV, 203。

[737] 比如，可参见教友路易斯·德·戈维亚（Brother Luis de Gouveia）从奎隆写给果阿的神父们的信件（1560 年 4 月 7 日），见 *ibid.*, IV, 545-46。

[738] 恩里克斯从孟买写给罗耀拉的信件（1548 年 10 月 31 日），参见 *ibid.*, I, 284。亦可参见他对婆罗门教徒和基督教牧师的比较（*ibid.*, p. 295）。

[739] *Ibid.*, p. 292.

[740] 伏若望从果阿写给葡萄牙神父们的信件（1560 年 12 月 8 日），参见 *ibid.*, IV, 803-4。

[741] 努内斯·巴雷托从特拉凡科尔写给科英布拉的神父们的信件（1548 年 11 月 18 日），参见 *ibid.*, I, 321。

[742] *Ibid.*

[743] *Ibid.*, p. 801.

[744] 巴扎乌斯从霍尔木兹写给欧洲的教友们的信件（1549 年 12 月 19 日），参见 *ibid.*, I, 676；亦可参见努内斯·巴雷托从特拉凡科尔写给科英布拉的神父们的信件（1548 年 11 月 18 日），见 *ibid.*, I, 321。

[745] *Ibid.*, I, 676.

[746] 梅尔基奥·迪亚斯（Melchior Dias）从果阿写给米隆的信件（1555 年 1 月 4 日），参见 *ibid.*, III, 210-11。

[747] 恩里克斯从科钦写给罗德里格斯的信件（1551 年 1 月 12 日），参见 *ibid.*, II,159-60。

[748] 达尔梅达从果阿写给葡萄牙神父们的信件（1558 年 12 月 26 日），参见 *ibid.*, IV, 204-05。

[749] 可能来自梵语：因果报应（*phala*）＝行为的后果，即命运。

[750] 伏若望从果阿写给葡萄牙神父们的信件（1559 年 11 月 14 日），收入 Wicki（ed.），*op. cit.*（n. 658），IV, 344-45。

[751] 恩里克斯从孟买写给罗耀拉的信件（1548 年 10 月 31 日），参见 *ibid.*, I. 290。

[752] *Ibid.*, III, 599.

[753] 恩里克斯从普尼卡尔写给罗耀拉的信件（1552 年 11 月 6 日），参见 *ibid.*, II, 397，以及希尔维拉（Silveira）从果阿写给托雷斯（Torres）的信件（1557 年 12 月），参见 *ibid.*, III, 754。

[754] 伏若望从果阿写给葡萄牙神父们的信件（1560 年 12 月 8 日），参见 *ibid.*, IV, 793。

[755] 恩里克斯从普尼卡尔写给罗耀拉的信件（1556 年 12 月 31 日），参见 *ibid.*, III, 595-96。

[756] 恩里克斯从普尼卡尔写给罗耀拉的信件（1552 年 11 月 6 日），参见 *ibid.*, II, 396-400。

[757] 伏若望从果阿写给葡萄牙神父们的信件（1559 年 11 月 14 日），参见 *ibid.*, IV, 344。

[758] 恩里克斯从普尼卡尔写给罗耀拉的信件（1555 年 12 月 25 日—31 日），参见 *ibid.*, III, 420。

[759] 卡内罗（Carneiro）从果阿写给德·卡马拉（De Câmara）的信件（1557 年 12 月 24 日），参见 *ibid.*, III, 796。

[760] *Ibid.*, p. 801.

[761] 努内斯·巴雷托从特拉凡科尔写给科英布拉的神父们的信件（1548 年 11 月 18 日），参见 *ibid.*, I, 319-20。

[762] *Ibid.*, p. 320.

[763] 卡内罗从果阿写给德·坎马拉的信件（1557 年 12 月 24 日），参见 *ibid.*, III, 799。

[764] *Ibid.*, p. 797.

[765] 从马纳尔写给莱内斯的信件（1561 年 12 月 19 日），参见 *ibid.*, V, 382。关于副主教的回应可参见他在 1562 年 11 月 11 日的回信，见 *ibid.*, p. 661。

[766] 贡萨尔维斯从科钦写给葡萄牙神父们的信件（1551 年 1 月），参见 *ibid.*, II, 185。

[767] G. 罗德里格斯从塔纳写给果阿的神父们的信件（1558 年 12 月 1 日），参见 *ibid.*, IV, 116-17。

[768] 相关例证可参见巴扎乌斯从霍尔木兹写给欧洲的教友们的信件（1549 年 12 月 10 日），参见 *ibid.*, I, 657。

[769] 杜朗从腾帕坦南写给 F. 罗德里格斯的信件（1557 年 11 月 22 日），参见 *ibid.*, III, 694-95。

[770] 巴扎乌斯从霍尔木兹写给欧洲教友们的信件（1549 年 12 月 10 日），参见 *ibid.*, I, 663。

[771] 写给奎德罗斯的信件（1561 年 4 月 7 日），参见 *ibid.*, V, 143-44。

[772] 1553 年 1 月 12 日的信件，参见 *ibid.*, II, 589。

[773] 1549 年 12 月 10 日的信件，参见 *ibid.*, I, 663。

[774] 比如，可参见恩里克斯从普尼卡尔写给罗耀拉的信件（1555 年 12 月 25 日—31 日），参见 *ibid.*, III, 419。

[775] 迪亚斯写给欧洲的耶稣会的信件（1554 年 12 月 15 日），参见 *ibid.*, III, 158。

[776] 伏若望从果阿写给科英布拉神父们的信件（1559 年 11 月），参见 *ibid.*, IV, 285-86。

[777] 奎德罗斯从果阿写给米隆的信件（1555 年 12 月 6 日），参见 *ibid.*, III, 347。

[778] 达·科斯塔（Da Costa）从果阿写给葡萄牙神父们的信件（1558 年 12 月 26 日），参见 *ibid.*, IV, 178。在霍尔木兹这座城市一直都有 800 至 1 000 名葡萄牙人。参见布兰多从果阿写给科英布拉的神父们的信件（1554 年 12 月 23 日），见 *ibid.*, III, 191。

[779] 恩里克斯从孟买写给罗耀拉的信件（1548 年 10 月 31 日），参见 *ibid.*, I, 297-98。

[780] 伏若望从果阿写给科英布拉神父们的信件（1557 年 11 月 30 日），参见 *ibid.*, III, 711。

[781] 巴扎乌斯从果阿写给罗耀拉的信件（1553 年 1 月 12 日），参见 *ibid.*, II, 589。

[782] 布兰多从果阿写给科英布拉的神父们的信件（1554 年 12 月 23 日），参见 *ibid.*, III, 178-82。

[783] 写给欧洲教友们的信件（1549 年 12 月 10 日），参见 *ibid.*, I, 673。

[784] *Ibid.*, III, 419.

[785] J. Wicki, *Alessandro Valignano, S. I., Historia del principio y progreso de la Compañia de Jesús en las Indias Orientale*s（Rome, 1944），pp. 36*-37*.

[786] 奥干提诺·达·布里西亚（Organtino da Brescia）写给欧洲的信件（1568 年 12 月 28 日）。

该信件的德语译本的复本收入了 Anton Eglauer（ed.），*Die Missiomgeschichte späterer Zeiten; oder, Gesammelte Briefe der katholischen Missionäre aus allen Theilen der Welt. Briefe aus Ost-Indien*（3 vols.; Augsburg, 1794-95），II，290-309。

[787] *Ibid.*, p. 278.

[788] 关于这些敌对力量的考察，参见 Danvers, *op. cit.*（n. 228），I, chap. xix；亦可参见 K. M. Panikkar, *A History if Kerala, 1498-1801*（Annamalainagar, 1960），pp. 116-20。

[789] J. 德·戈维亚（J. de Gouvea）从奎隆写给耶稣会的信件（1569 年 1 月 15 日），收入 Eglauer（ed.），*op. cit.*（n. 786），II, 313-17；塞巴斯蒂安·费尔南德斯（Sebastian Fernandes）从果阿写给副主教的信件（1569 年 11 月），参见 *ibid.*, pp. 333-66；G. 鲁伊斯（G. Ruis）从科钦写给副主教的信件（1570 年 1 月 15 日），参见 *ibid.*, pp. 366-79。

[790] 参见 Dalgado, *op. cit.*（n. 44），I, 416-17。

[791] Eglauer（ed.），*op. cit.*（n. 786），II, pp. 313-15.

[792] *Ibid.*, p. 376.

[793] *Ibid.*, p. 301.

[794] *Ibid.*, p. 364.

[795] *Ibid.*, pp. 333-34.

[796] 参见阿夸维瓦在 1580 年从法塔赫布尔·西格里（Fatehpur Sīkrī）写的信件的摘录部分，收入《新见闻录》（巴黎）以及 1582 年在罗马出版的《年度书简》。

[797] 范礼安在 1584 年 1 月写的信件，收入《年度书简》（罗马，1585 年）出版了。

[798] G. Maffei, *Historiarum Indicarum libri XVI*（Florence, 1588），I, 255. 显然，马菲使用了 1568 年和 1569 年整理出来的关于印度的要塞、港口和传教据点的文献资料。这两批报告最近得到了编辑、出版，收入 J. Wicki, "Duas relações sobre a situação da India portuguesa nos anos 1568 e 1569," *Studia*（Lisbon），VIII（1961），133-220。

[799] 在马菲的《印度史》（*Historiarum Indicarum*）结尾的信件附录里面，有 3 封信与印度的事务相关。大部分信件的复本都是从日本寄来的。参见原文原文第 706-709 页。

[800] 参见原文 p. 375n.

[801] Maffei, *op. cit.*（n. 798），I, 255.

[802] *Ibid.*

[803] *Ibid.*

[804] *Ibid.*, p. 56. 参阅原文第 438-439 页。

[805] *Ibid.* 伊特拉斯坎人有一种从外在信号（征兆）中判断是否该做出相应的行为、以满足神的意志的占卜术，他们的这种占卜术甚至到了罗马帝国晚期的时候还很著名。

[806] *Ibid.*

[807] *Ibid.*, pp. 56-58. 关于 "Amoques" 的详细讨论参考了 "Amouco"，见 Dalgado. *op. cit.*（n. 44），I, 33-36.

[808] Maffei. *op. cit.*（n. 798），pp. 58-59.

[809] 相关例证可参见 *ibid.*, II, 111-23。

[810] *Ibid.*, I, 211.

[811] *Ibid.*, pp. 78-79.

[812] *Nouveaux advis de l'estat du Christianisme ès pays et royaulmes des Indes Orientales et Jappon,*
（Paris, 1582），pp. 1-4.

[813] *Ragguaglio d'alcune missioni dell'Indie Orientali e Occidentali cavato da alcuni avvisi scritti gli anni 1590 et 1591.* 其拉丁文摘要的英译可以参见 *Journal of the Asiatic Society of Bengal,*
LXV（1896），62-63。

[814] G. B. Peruschi, *Informatione del regno et stato del Gran Re di Mogor, della sua persona, qualita, & costurni, & congretture della sua conversione alla nostra santa fede ...*（Rome, 1597）. 同年，佩鲁奇作品的修订本在布里西亚出版了，里面增加了一张印度和远东的地图。布里西亚版本的出版许可意味着，耶稣会副主教克劳德·阿夸维瓦（Claude Acquaviva）本人用耶稣会原版的文献核对过佩鲁奇的概述以及出版的信札。这里进一步参看了 1597 年修订的布里西亚版本。

[815] *Relaçam do Equebar Rei dos Mogores* 直到 19 世纪还有三个手稿本留存，但是如今唯一幸存的一个由耶稣会所有。这个唯一留存的手稿本的英译由耶稣会士 H. Hosten, S. J. 出版，收入 *Journal of the Asiatic Society of Bengal*, VIII（1912），185-221。

[816] Maclagan, *op. cit.*（n. 618），pp. 149-50.

[817] 佩鲁奇只引用了（p. 5）两批文献资料：1582 年和 1592（?）年来自"莫格尔"的信件。其中的一批信件讨论的是第二个传教团的事件，被引用的频次最高，还有一批信件佩鲁奇可能参考过，这些信件是佩德罗·马丁内斯（Pedro Martinez）在 1590 年 11 月或者 1591 年写的。关于出版的细节参见 Streit, *op. cit.*（n. 647），p. 282. 收入 Eglauer（ed.），*op. cit.*（n. 786），III, 112-16。

[818] 这 4 封信的德语译本也收入了 Eglauer（ed.），*op. cit.*（n. 786），III, 136-68。

[819] 比如，*Appresso discipolo*（Verona, 1597）and F. B. Th., *Advis moderne de l'estat et grand royaume de Mogor...Jouxte la copie imprimée à Rome depuis un mois, par Loys Zanneti*（Paris, 1598）。

[820] Amador Rebello, *Compendio de algunas cartas que este anno de 97, vierão dos Padres da Companhia de Iesu, que residim na India, & Corto do Grão Mogor, & nos Reynos da China et Japão, no Brasil, em que se contem varias cousas*（Lisbon, 1598）. 斯特赖特（Streit）（*op. cit.* [n. 649], p. 295）列出来但是没有加以分析的这部大型的信件集子汇编，在确认前往莫卧儿的传教团的记述时没有被参考。我参考的版本是保存在马德里国家图书馆的复本。

[821] 沙勿略写于 1596 年的信件（in Rebello, *op. cit.* [n.820], pp. 70-71）在斯特赖特或者是新近编辑的沙勿略信件列表中都没有看到，参见 A. Camps, *Jerome Xavier and the Muslims of the Mogul Empire*（Schöneck-Beckenried, 1957），p. 40。

［822］Streit, *op. cit.*（n. 647），p. 291.

［823］参见原文，第 420-425 页。

［824］Peruschi, *op. cit.*（n. 814），pp. 5-6.

［825］*Ibid.*, p. 6.

［826］*Ibid.*, pp. 7-8.

［827］*Ibid.*, p. 14. 或者 2 400 by 1 600 miles。

［828］*Ibid.*, p. 13.

［829］关于辨析的细节参见 Hosten, *loc. cit.*（n. 815），pp. 206-07。

［830］关于辨析的过程参见 *ibid.*, pp. 219-20, n. 4；亦可参见 Peruschi, *op. cit.*（n. 814），pp. 10-12。

［831］关于波坦提人用人的头盖骨做成的杯子器皿的图画，参见 Sir Charles Bell, *Tibet, Past and Present*（Oxford, 1924），facing p. 36。

［832］关于早期的欧洲作者对于西藏的讨论，参见 Yule and Burnell, *op. cit.*（n. 10），pp. 698-99。关于西藏的信息与对契丹的考察和后来去西藏的耶稣会传教团之间的关系，参见 Maclagan, *op. cit.*（n. 618），pp. 335-38。

［833］Peruschi, *op. cit.*（n. 814），p. 7.

［834］关于鸽子飞舞时的艺术性描述，参见 Hosten, *loc. cit.*（n. 515），p. 196, n. 3。

［835］"西科"也被称作"西科吉奥"（Sciecogiò）（Peruschi, *op. cit.* [n. 814], p. 7），词尾的"gio"是一种尊崇，就相当于"Don"，意思是"精神"。*Ji* 或者 *jiu*，如今在印度北部仍然在用，意思是"精神"，表示一种尊敬的称呼。参见 Hosten, *loc. cit.*, pp. 202-03, n. 6。

［836］Peruschi, *op. cit.*（n. 814），p. 9.

［837］*Ibid.*, pp. 24-25.

［838］Hosten, *loc. cit.*（n. 815），p. 200.

［839］Peruschi, *op. cit.*（n. 814），pp. 23-24.

［840］*Ibid.*, pp. 22-23.

［841］关于蒙塞拉特的作品对于喀布尔战争的描述，参见 Maclagan, *op. cit.*（n. 618），p.35。

［842］Peruschi, *op. cit.*（n. 814），p. 18.

［843］这个信息不是来自蒙塞拉特的著述（参见 Hosten, *loc. cit.* [n. 815], p. 210, n. 2）。佩鲁奇（*op. cit.* [n. 814], p. 16）可能把这份资料和佩德罗·马丁内斯的信件（1590—1591 年）整合在一起。参见 Eglauer（ed.），*op. cit.*（n. 786），III, 115。

［844］Peruschi, *op. cit.*（n. 814），p. 14.

［845］*Ibid.*, p. 15.

［846］参见 Hasten, *loc. cit.*（n. 815），p. 210, n. 4。

［847］Peruschi, *op. cit.*（n. 814），p. 19.

［848］*Ibid.*, p. 32.

[849] *Ibid.*, pp. 41-54, 60-71; *Rebello, op. cit.*（n. 820），pp. 49-55，该书提供了从皮涅罗信件中摘录的内容。亦可参见其复本，见 Eglauer（ed.），*op. cit.*（n. 786），III, 136-48, 153-68。

[850] 参见原文，第 395-396 页，世俗文献的相关记述。

[851] 比如，可参见 Commissariat, *op. cit.*（n. 400），II, 267-73。

[852] *Ibid.*, II, 270.

[853] Peruschi, *op. cit.*（n. 814），p. 60.

[854] *Ibid.*, p. 52.

[855] *Ibid.*, pp. 61-62.

[856] *Ibid.*, p. 62.

[857] 关于这个单词的词源和意义参见 T. Zachariae, "Vertea, eine Bezeichnung der Jains," *Wiener Zeitschrift für die Kunde des Morgenlandes*, XXIV（1910），341。他认为这个单词来自梵语的 *Vratin*；印地语的 *Barti*；古吉拉特语的 Varti。这些词语的意思是"圣人"或者"虔诚者"。Dalgado（*op. cit.* [n.44], II, 413）认为它来自 *Vrātya*，这是梵语中的一个术语，印度人用它代指那些因为没有遵守清净经（*Saniskaras*），特别是没有参加圣线的授予仪式，而被驱逐出所属种姓群体的人。关于 Vrātyas 和耆那教的关联可参见 J. Prasad Jain, *Jainism, the Oldest Living Religion*（Benares, 1951），p. 17。

[858] 关于其他葡萄牙作者们对于"Verteas"的讨论的概括，参见 W. Caland and A. A. Fokker, "Due oude Portugeesche verhandelingen over het Hindoeisme," *Verhandelingen der koninklijke Akademie van Wetenschappen*（Afdeeling Letterkunde, nieuwe reeks），XVI（1916），49-50。

[859] 关于这个非正统的松散的僧侣群体较为新近的描述，参见 H. von Glasenapp, *Der Jainismus, eine indische Erlösungsreligion*（Berlin, 1925），p. 341。

[860] 皮涅罗从拉合尔写的信件（根据内部资料，其写作时间应是 1595 年 1 月 9 日）包含了对于"维尔提人"的习俗和教义的讨论，皮涅罗的信件在 16 世纪得到了出版，收入 Peruschi, *op. cit.*（n. 814），pp. 52-54 and in Rebello, *op. cit.*（n. 820），pp. 53-55。就当前来说，皮涅罗对于耆那教的传统的了解仍然是准确的。皮涅罗精确地指出，在耆那教的传统说法中，他们的使徒先驱（或宗师）马哈维拉（Mahavira）大约死于公元前 500 年（相关讨论参见 Majumdar *et. al., op. cit.* [n. 6], pp. 85-86）或者是在皮涅罗写作的 2 100 年前。

[861] 皮涅罗在 1595 年从坎贝写的信件，收入 Peruschi, *op. cit.*（n. 814），pp. 46-47。

[862] Rebello, *op. cit.*（n. 820），p. 47.

[863] Peruschi. *op. cit.*（n. 814），p. 47; Commissariat. *op. cit.*（n. 400），pp. 271-72。

[864] Peruschi. *op. cit.*（n. 814），p. 61.

[865] *Ibid.*, p. 63. 参阅西尔克吉的陵墓和清真寺的修建计划，见 J. Fergusson, *History of Indian and Eastern Architecture*（New York, 1899），II. 146。

[866] Peruschi, *op. cit.*（n. 814），p. 64.

[867] *Ibid.*, p. 65.

[868] *Ibid.*

[869] 沙勿略在 1595 年从拉合尔写的信件，参见 Rebello, *op. cit.*（n. 820），p. 56。

[870] 列举的书单参见 Peruschi, *op. cit.*（n. 814），pp. 65-66。关于这些著作的进一步讨论，参见 Maclagan, *op. cit.*（n. 618），pp. 191-92。

[871] Rebello, *op. cit.*（n. 820），p. 58。

[872] *Ibid.*, p. 59. 皮涅罗（in Peruschi, *op. cit.* [n.814], p. 66）指出，房屋距离河边有 15 英尺远，这条河就像一个湖那么大。关于他们居住的地方的详细信息可参见尚未出版的沙勿略在 1596 年写的信件的摘录内容，见 H. Hosten, "Mirza Zu-L-Quarnain," Pt. II of "Jesuit Letters and Allied Papers on Mogor, Tibet, Bengal and Burma," *Memoirs of the Asiatic Society of Bengal*, V（1916），174。

[873] Rebello, *op. cit.*（n. 820），p. 59。

[874] Peruschi, *op. cit.*（n. 814），p. 69。

[875] Rebello, *op. cit.*（n. 820），p. 61。

[876] *Ibid.*, pp. 68-69. 研究阿克巴的统治的穆斯林历史学家从未提及耶稣会士。关于穆斯林历史著作的进一步讨论，参见 Vincent A. Smith, *Akbar, the Great Mogul*（Delhi, 1958），pp. 337-44。

[877] Peruschi, *op. cit.*（n. 814），p. 70. 关于这个时期耆那教在阿克巴宫廷中的代言人的信息，参见 Commissariat, *op. cit.*（n. 400），II, 238-39。

[878] Peruschi, *op. cit.*（n. 814），pp. 67-68。

[879] 可能是纪念毗湿奴的化身之一的那罗辛哈（Narasimha）节。参见 Caland and Fokker, *loc. cit.*（n. 858），p. 80。

[880] Peruschi, *op. cit.*（n. 814），p. 67。

[881] 沙勿略在 1596 年写的信件，参见 Rebello, *op. cit.*（n. 820），p. 69。根据史密斯的说法（*op. cit.* [n. 876], p. 210），他们的语言老师是阿布-乌尔-法兹尔（Abu-ul-Fazl），他是阿克巴的朋友，也是关于阿克巴统治时期的波斯语历史著作的作者，他的写作时间大概在 1595 年。

[882] Rebello, *op. cit.*（n. 820），p. 72。

[883] L. Guzman, *Historia de las missiones ...*（Alcalá, 1601），I, 268。

[884] 参见 Dalgado. *op. cit.*（n. 44），I, 73-74，在列表中 *Baba* 的意思就是 "父亲"。"Adā" 可能是 *Aum* 的误译，它是瑜伽派教义中 "圣体"（Divine Being）的一种富有神秘色彩的表述。关于这个神圣的词语 *Aum* 的进一步讨论，参见 Abbe J. A. Dubois, *Hindu Manner, Customs and Ceremonies*. trans. H. K. Beauchamp（3d ed.; Oxford. 1906），p. 533。

[885] Rebello. *op. cit.*（n. 820），p. 71。

[886] 关于该问题的一般性讨论参见原文，第 328 页。

[887] 参阅 Hosten, *op. cit.*（n. 815），pp. 187-88。该书不容置疑地争辩道古兹曼没有使用佩鲁奇的版本。

[888] 参见原文，第 324-326 页。

[889] Guzman. *op. cit.*（n. 883）, I. 5-7.

[890] *Ibid.*, pp. 11-78.

[891] *Ibid.*, pp. 112-14.

[892] *Ibid.*, pp. 158-69.

[893] 相关记述参阅 Saletore. *op. cit.*（n. 234）, II, 390-92。

[894] *Op. cit.*, p. 169.

[895] *Ibid.*, pp. 169-71. 这一概括显然参考了同样的文献资料（即 Nicolas Pimenta 的信件），参见 Campos, *op. cit.*（n. 551）, pp. 101。

[896] Guzman, *op. cit.*（n. 883）, I, 249-51, 253-54.

[897] 我不清楚"萨洛蒙"具体是什么意思。在这座城市的北边有一座山，山上有一座清真寺。参见 E. Thornton, *op. cit.*（n. 13）, p. 913。

[898] Guzman, *op. cit.*（n. 883）, I, 267-68.

[899] *Ibid.*, p. 269.

[900] *Ibid.*, pp. 271-72，这是对沙勿略在 1598 年从拉合尔写的信件的概括。

[901] *Ibid.*, p. 273，这是对沙勿略在 1599 年从阿格拉写的信件的概括。

[902] C. Wessels, *Early Jesuit Travellers in Central Asia*（The Hague, 1924）, pp. 11-13. 亦可参见原文，第 823 页。

[903] 保罗斯基在 1596 年 11 月 20 日从果阿写的长信收在 *Rocznik orjentalistyczny*, III（1925）, 1-56；亦可参见 Stefan Stasiak, *Les Indes portugais à la fin du XVI e siècle, d'après la relation du voyage fait à Goa en 1596 par Christophe Pawlowski, gentilhomme polonais*（Lvov, 1926）。

[904] 关于意大利人参与这些事务的描述，参见 Angelo de Gubernatis, *Storia dei viaggiatori italiani nelle Indie Orientali*（Leghorn, 1875）, chap. i; Tomaso Sillani, *L'Italia e l'Oriente medio ed estremo*（Rome, 1935）, *passim*; Pietro Amat di San Filippo, *Bibliografia dei viaggiatori italiani ordinate cronologicamente*（Rome, 1874）。

[905] 已经出版了相关记述或者积极参与了贸易活动的大部分威尼斯人都被讨论过，参见 Placido Zurla, *Di Marco Polo e degli altri viaggiatori veneziani piu illustri*（Venice, 1818）；对于费德里奇的概述和评论参见 II, 252-58，接着对于巴尔比进行了同样的讨论，参见 II, 258-65。当威尼斯的公证档案被更为仔细地核对之后，发现有许多其他的威尼斯商人也参与了同样的事务。根据公证档案，可以看到 MiChael Stropeni 和 the Altan brothers 对这个部分的内容进行了考察，意在努力重现 16 世纪 80 年代威尼斯和印度之间跨越大陆的联系，参见 Ugo Tucci, "Mercanti veneziani in India alla fine del secolo XVI," *Studi in onore di Armando Sapori*（Milan, 1957）, II, 1091-1111。

[906] 我的引文来自 "to the Courteous Reader" 的前言，参见 *The Voyage and Travaile: of M. Caesar Frederick, Merchant of Venice, into the East India and beyond the Indies. Wherein are*

contened Very Pleasant and Rare Matters, with the Customs and Rites of These Countries. Also Herein Are Discovered the Marchandises and Commodities of Those Countreyes, as well the Aboundance of Goulde and Silver, as well Spices, Drugges, Pearles, and other Jewels. "写于 1588 年 3 月 25 日，从土耳其到伦敦航程中赫拉克勒斯之柱海域，得益于商人和其他旅行者明智的指导和他们对沿途国家的知识。意大利人 T. 希科克（T. Hickock）记，伦敦理查·琼斯和爱德华·怀特印制于 1588 年 6 月 18 日。" 这部珍贵的作品有一个复本在牛津大学博德莱安图书馆（Bodleian Library）。希科克承认他不是一个学者，他的翻译 "简单地依循了我们通常使用的权威的讲话的措辞方式"。E. Teza, "Il viaggio di Cesare dei Fedrici e la versione inglese dell'Hickocke," *Atti del reale istituto veneto di scienze, lettere, ed arti*, Vol. LXVIII（Ser. 8, Vol. XI, 1908-9），pp. 327-37，该书对英译本和原著进行了一番比较，逐条列出了希科克的译文中误译、误印、删除的内容，并且指出，虽然有这些缺陷，但希科克的译文 "比较忠实于原文"（p. 331）。因为希科克的版本在与我们相关的事务方面，在本质上是正确的，而哈克路特的版本更易于查阅，所以接下来的注释将参考 Richard Hakluyt, *The Principal Navigations, Voyages, Traffiques, and Discoveries of the English Nation*（"Extra Series of the Publications of the Hakluyt Society," Vol. V [Glasgow, 1903-5]）。

[907] 对于费德里奇的旅行细节的努力考察参见 Jarl Charpentier, "Cesare di Fedrici and Gasparo Balbi," *Indian Antiquary*, LIII（1924），51-54。

[908] 关于费德里奇的写作情况参见 Hakluyt, *op. cit.*（n. 906），V, 374-77。

[909] 这一术语的词源尚不确定，但是它在 16 世纪的欧洲作者们那里被反复使用，用于指代坎贝湾的海潮和勃固锡唐河（Sittang）的入海口。参见 Yule and Burnell, *op. cit.*（n. 10），pp. 402-3, and Dalgado, *op. cit.*, pp. 3-5。

[910] 关于费德里奇的作品，参见 Hakluyt, *op. cit.*（n. 906），V, 378-80。

[911] *Ibid.*, pp. 380-82. 亦可参见 Charpentier, *loc. cit.*（n. 907），pp. 52-54。费德里奇在 1570 年返回时，被带兵围困果阿的比贾布尔的阿迪勒汗抓捕。他被拘押的时间长达十四个月。

[912] 关于费德里奇的作品，参见 Hakluyt, *op. cit.*（n. 906），V, 382-84。

[913] 参见 Saletore, *op. cit.*（n. 234），I, 133.

[914] 关于费德里奇的作品，参见 Hakluyt, *op. cit.*（n. 906），V, 384-86。

[915] *Ibid.*, pp. 386-87.

[916] 参阅 Saletore, *op. cit.*（n. 234），I, 139-40。

[917] 关于费德里奇的作品，参见 Hakluyt, *op. cit.*（n. 906），V, 387-89。

[918] *Ibid.*, pp. 390-95.

[919] *Ibid.*, p. 392. 参阅原文，第 144 页，那里讨论了欧洲人对于给葡萄牙人的胡椒质量低劣而且被掺假的指控。

[920] 关于费德里奇的作品，参见 Hakluyt, *op. cit.*（n. 906），V, 394。

[921] *Ibid.*, pp. 395-97.

[922] *Ibid.*, pp. 397-98.

[923] *Ibid.*, p. 398.

[924] *Ibid.*, p. 399.

[925] *Ibid.*, p. 400.

[926] *Ibid.*, pp. 401-2.

[927] 这个术语来自梵语 *kataka*，意思是军营。这里可能是指最为气势宏伟的王室营地或者总部，被称作 Varanasi Kataka。参见 Chakravarti, *loc. cit.*（n. 548）XII（1916），30。

[928] 关于费奇的作品，参见 Hakluyt, *op. cit.*（n. 906），V, 410。在 1592 年之前，莫卧儿人并没有把奥里萨吞并入他们的帝国版图，但是其北部在 1568 年到 1569 年遭到了帕坦人的入侵，两年后他们又侵犯了南部。参见 Chakravarti, *loc. cit.*（n. 548），pp. 30-35。

[929] 关于这一断言的评论参见 Campos, *op. cit.*（n. 551），pp. 49-50。

[930] 关于费奇的作品，参见 Hakluyt, *op. cit.*（n. 906），V, 438。关于费德里奇造访的日期，参见 Charpentier, *loc. cit.*（n. 907），p. 53。

[931] 关于费奇的作品，参见 Hakluyt, *op. cit.*（n. 906），V, 437-38。

[932] 关于巴尔比的家庭情况，参见 Gubernatis, *op. cit.*（n. 904），p. 24, n. 1。

[933] 参见 Charpentier, *loc. cit.*（n. 907），p. 51。

[934] J. T. and J. H. De Bry（eds.），*India Orientalis*（Frankfurt am Main, 1600），Pt. VII, pp. 43-126. 因为初版本非常少见，所以我参考的是其译本。

[935] 参见珀切斯作品在 1625 年的再版本，见 Samuel Purchas（ed.），*Hakluytus Posthumus, or Purchas His Pilgrimages ...*（"Extra Series of the Hakluyt Society Publications"［20 vols.; Glasgow, 1905-7]），X, 143-64。参见原文，第 549-550 页。

[936] 参见原文，第 45-46 页。

[937] 关于巴尔比作为观察者和记录者的贡献的评论参见 Zurla, *op. cit.*（n. 905），II, 258。关于巴尔比在地图绘制方面可能存在的影响，参见 Olga Pinto, "Ancora il viaggiatore veneziano Gasparo Balbi a proposito della ristampa italiana di una Carta dell' Asia di W. J. Blaev," *Atti della Accademia nazionale dei Lincei*（"Classe di scienze morali, storiche e filologiche," Series VIII, Vol. III［Rome 1948]），pp. 465-71。

[938] Charpentier（*loc. cit.* [n. 907], pp. 57-61）曾经在巴尔比的著作和费德里奇收在赖麦锡的集子中的作品之间进行了比较（1606 年）。根据比较的结果，Charpentier 能够举出巴尔比的作品的许多段落，是他毫不犹豫地从费德里奇的记述中剽窃来并加以扩展、完善据为己有的，这些段落中涉及的社会习俗描述为他那个时代的许多作者们所照搬。

[939] 关于巴尔比的作品，参见 De Bry, *op. cit.*（n. 934），Pt. VII, p. 78。

[940] *Ibid.*, p. 122；亦可参见原文，第 487 页。

[941] Florence E. de Roover, "Francesco Sassetti and the Downfall of the Medici Banking House," *Bulletin of the Business Historical Society*, XVII（1943），65-80。

[942] 关于萨塞蒂的家庭情况，参见 Filippo Luigi Polidori, *Archivio storico italiano*, Vol. IV, Pt. 2（1853），pp. xviii-xxi（preface）；关于菲利普的职业生涯的一般性描述参见 Mario Rossi, *Un letterato e mercante fiorentino del secolo XVI: Filippo Sassetti*（Castello, 1899）。

[943] 包括萨塞蒂的 111 封信在内的标准集子是 Ettore Marcucci（ed.）, *Lettere edite e inedite di Filippo Sassetti*（Florence, 1855）。1847 年，一个接续的更为廉价的集子在米兰出版了，上面附有 Eugeuio Caruiriui 写的前言和评论。一个专门为普通大众编选的、包括了许多来自印度的信件的集子是 Gino Raya（ed.）, *Filippo Sassetti. Lettere scelte*（Milan, 1932）。萨塞蒂在印度写的信件被专门编辑出版了，参见 Arrigo Benedetti（ed.）, *Filippo Sassetti. Lettere indiane*（2d ed.; Turin, 1961）；关于萨塞蒂的信件的传播研究得最好的是 Giuseppe Caraci, *Introduzione al Sassetti epistolografo*（*indagini sulla cultura geografica del secondo cinquecento*）（Rome, 1960）。

[944] 参见原文，第 135-136 页。关于他被罗威尔拉斯卡雇佣以及罗威尔拉斯卡的香料贸易情况的详细记述可参见萨塞蒂写给 Francesco Valori 的信件（1582 年 4 月），这封信收入 Marcucci（ed.）, *op. cit.*（n. 943），pp. 204-10。

[945] 萨塞蒂曾在他的信件中对计划中的航程进行了大致地勾勒：从果阿出发，途经东印度群岛和美洲，回到欧洲，这封信收入了 Polidori. *op. cit.*（n. 942），pp. lxxviii-lxxix。关于萨塞蒂在印度西海岸的旅行，参见 *ibid.*, pp. lxxiii-lxxvii。

[946] 萨塞蒂的信件保存下来的还有 114 封。除了他的信件集子的标准版本（Marcucci [ed.]. *op. cit.* [n. 943], pp. 245-425）之外，还有 6 封从东方寄来的最为重要的信件由 Gubernatis（*op. cit.* [n.904], pp. 187-227）出版了，并附有对这些信件的评论。关于进一步的分析，参见 Caraci. *op. cit.*（n. 943），pp. 83-110。

[947] 关于丢失的信件，参见 Caraci. *op. cit.*（n. 943），pp. 135-43。

[948] 这位大公爵和他的夫人在 1585 年为庄严地来到托斯卡纳(Tuscany)访问的日本使节助兴（参见原文，第 694-695 页），大公爵早前就致力于加入香料贸易中去（参见原文，第 133 页）。

[949] 参见 1583 年 3 月从里斯本写给瓦洛里的信件（Marcucci [ed.], *op. cit.* [n.943], pp. 239-40），以及 1588 年 1 月 17 日从科钦写的信件（*ibid.*, p. 408）。

[950] Raya（ed.）, *op. cit.*（n. 943），pp. 64-65.

[951] Gubernatis, *op. cit.*（n. 904），pp. 194-200. 亦可参见 Polidori, *op. cit.*（n. 942），pp. xciii-xcvi, n. 4，在这部书中，有一名 19 世纪的意大利科学家对萨塞蒂在前往印度的航程中所做的观察做了赞美性的评价。

[952] Gubernatis, *op. cit.*（n. 904），p. 189. 关于婆罗门教徒参见 Raya（ed.）, *op. cit.*（n. 943），pp. 89-103。

[953] Raya（ed.）, *op. cit.*（n. 943），pp. 142-52.

[954] Gubernatis, *op. cit.*（n. 904），pp. 329-30.

[955] 关于他的传记参见 J. Horton Ryley, *Ralph Fitch, England's Pioneer to India and Burma*

（London, 1899）。关于他从印度返回后过去几年的生活细节，参见 William Foster, *Early Travels in India, 1583-1619*（London, 1921），pp. 7-8。

[956] 关于这些信件的具体内容，参见 Hakluyt, *op. cit.*（n. 906），II, 245。

[957] 参见原文，p. 468n。

[958] 纽贝利在 1584 年 1 月 20 日从果阿写给 Leonard Poore 的信件。参见 Hakluyt, *op. cit.*（n. 906），II, 248-50。

[959] 参阅林斯乔坦的《林斯乔坦葡属东印度航海记》的英文再版本中的记述，见 *ibid.*, pp. 265-68，关于纽贝利和费奇被拘押并从果阿逃走的情况，参见原文，第 487 页。

[960] 关于费奇的作品，接下来本文将会使用更为容易参考的版本，见 Hakluyt, *op. cit.*（n. 906），V, 465-505。

[961] 参见 Foster, *op. cit.*（n. 955），p. 8。

[962] 参见哈克路特在 1600 年的记录，他列出了葡萄牙人、西班牙人、意大利人、英国人和荷兰人对于亚洲事务的权威论述。其复本参见 E. G. R. Taylor, *The Original Writings and Correspondence of the Two Richard Hakluyts*（London, 1935），Vol. II, doc. 78, pp. 467-68。

[963] 这是费奇的记述，参见 Hakluyt, *op. cit.*（n. 906），V, 472。这里显然是在说库特卜·沙希（Kutb Shāhi）王朝的一个穆斯林国王，可能是指易卜拉欣（Ibrahim, 1550—1611 年在位）。

[964] *Ibid.*

[965] 英国人于 1611 年在这个地方的科罗曼德尔海岸修建了他们的第一座商馆。参见 Shah Manzoor Alam, "Masulipatam, a Metropolitan Port in the Seventeenth Century A.D.," *Indian Geographical Journal*, XXXIV（1959），33-42。

[966] 参见 Foster, *op. cit.*（n. 955），p. 16, n. 2。

[967] Khāndesh 的德干王国的首都在布尔汉普尔（Burhānpur），在费奇到达这里的时候，严格地说这个地方已属于阿克巴的管辖范围。事实上，直到 1600 年，它才被并入莫卧儿王国。

[968] Hakluyt, *op. cit.*（n. 906），V, 473.

[969] *Ibid.*

[970] *Ibid.*, p. 474.

[971] *Ibid.*

[972] *Ibid.*

[973] *Ibid.*

[974] *Ibid.*, p. 476.

[975] *Ibid.*, p. 477.

[976] *Ibid.*, p. 480.

[977] *Ibid.*, p. 481. 可以想象得到，和造访阿克巴王国的耶稣会士们一样，费奇听说过这条路线。参见原文，第 467 页。关于穆斯林文献对此事的概括，参见 H. Blochmann, "Koch, Bihar, Koch Hajo and A'sam in the 16th and 17th centuries … ," *Journal of the Asiatic Society of*

Bengal, XLI（1872），49-54。

[978] 关于在印度使用杏仁作钱币的做法参见 A. B. Burnell and P. A. Tiele（eds.），*The Voyage of John Huyghen van Linschoten to the East Indies ...*（"Old Series of the Hakluyt Society," Vol. LXX [London, 1885]），I, 246, n. 6。

[979] 这是费奇的记述，参见 Hakluyt, *op. cit.*（n. 906），V, 481-82。

[980] *Ibid.*, pp. 483-84. 参见 R. Boileau Pemberton, *Report on Bootan*（Calcutta, 1839），pp. 147-48，该书引用了费奇的记述，并据此断言那里的贸易活动和穿衣服的方式几乎和他那个时代的人们没有两样。相关的辨析，亦可参见 Foster, *op. cit.*（n. 955），p. 27。

[981] 这是费奇的记述，参见 Hakluyt, *op. cit.*（n. 906），V, 484-85。

[982] *Ibid.*

[983] *Ibid.*, p. 485.

[984] Burnell and Tiele（eds.），*op. cit.*（n. 978），I, 177.

[985] *Ibid.*, pp. 181-82.

[986] *Ibid.*, pp. 184-85.

[987] *Ibid.*, p. 187.

[988] *Ibid.*, pp. 193-94.

[989] *Ibid.*, p. 199.

[990] *Ibid.*, p. 203.

[991] *Ibid.*, pp. 217-22.

[992] *Ibid.*, p. 219.

[993] *Ibid.*, p. 222.

[994] *Ibid.*, pp. 228-30.

[995] *Ibid.*, p. 230.

[996] *Ibid.*, p. 231.

[997] *Ibid.*, p. 247.

[998] *Ibid.*, p. 248.

[999] *Ibid.*, pp. 250-51；亦可参见原文，第 471 页。

[1000] *Ibid.*, pp. 255-56.

[1001] "通道上面的国家"或者德干高地。参见 Yule and Burnell, *op. cit.*（n. 10），p. 38。

[1002] Burnell and Tiele（eds.），*op. cit.*（n. 978），I, 257.

[1003] *Ibid.*, p. 259.

[1004] *Ibid.*, p. 260. 巴尔博萨及其后的葡萄牙人都称他们为迈纳图。参见 Dalgado, *op. cit.*（n.44），II, 12-13。

[1005] 在这个意义上使用这一术语的主要是 16 世纪的作者；后来的作者们使用它时通常都是指印度西海岸装有大三角帆的船只的名称。参见 Dalgado, *op. cit.*（n. 44），II, 186-88。

[1006] Burnell and Tiele（eds.），*op. cit.*（n. 978），I, 260.

[1007] *Ibid.*, p. 262.

[1008] *Ibid.*, p. 265.

[1009] *Ibid.*, p. 271.

[1010] *Ibid.*, p. 272.

[1011] 参见原文，第 409 页。

[1012] Burnell and Tiele（eds.），*op. cit.*（n. 978），I, 276.

[1013] *Ibid.*, p. 277.

[1014] *Ibid.*, II, 158-66.

[1015] 关于这一问题的详细记述参见原文，第 691-701 页。林斯乔坦提到了一本"西班牙文写成的书籍"，他对日本使团造访欧洲并在日本受到接待的概述显然参考了一个文献集子，它的名字是 *Breve relacion del recibimiento que en Espana i en toda Italia se hiço a tres embajadores*（Seville, 1586）。

[1016] Burnell and Tiele（eds.），*op. cit.*（n. 978），II, 168.

[1017] *Ibid.*, pp. 169-73.

[1018] *Ibid.*, p. 175.

[1019] *Ibid.*, pp. 183-87.

[1020] *Ibid.*, p. 187.

[1021] *Ibid.*, pp. 196-200.

[1022] *Ibid.*, I, 286.

[1023] *Ibid.*, pp. 292-94.

[1024] *Ibid.*, p. 302.

[1025] *Ibid.*, II, 10. 参阅门多萨（原文，p. 569n）对于犀牛在马德里被接受的情形的描述。

[1026] *Ibid.*, p. 16.

[1027] *Ibid.*, p. 46.

[1028] *Ibid.*, p. 50. 帕鲁达努斯搜集的来自异域的奇异之物是恩克赫伊曾（Enkhuizen）这座市镇的骄傲，常常有国外的游客前来参观（*ibid.*, I, xxix）。

[1029] *Ibid.*, II, 102.

[1030] *Ibid.*, p. 110；这是一种块根，菝葜属的各种植物的块茎。

[1031] *Ibid.*, pp. 135-36.

[1032] *Ibid.*, p. 141.

[1033] J. C. Mollema（ed.），*De eerste Schipvaart der Hollanders naar Oost-Indië, 1595-97*（The Hague, 1935），pp. 30-32.

[1034] 关于这些不幸的航海历程的记录由 Gerrit de Veer 负责出版了，参见他的 *Waerachtige Beschrijvinghe van drie Seylagien, ter werelt noyt soo vreemt ghehoort, drie Jaeren achter*

Malcanderen deur de Hollandtsche ende Zeelandtsche Schepen by noorden, Noorweghen, Moscovia, ende Tartaria, na de coninckrijcken van Catthay ende China, so mede vande opdveninghe vande Weygats, Nova Sembla, en van't Landt op de 80 grade dat men acht Groenlandt te zijn ... (Amsterdam, 1598)。虽然这些航行都没能成功，但仍然引起了同时代人强烈的兴趣，因为到 1600 年为止，De Veer 的作品重版的译本至少包括拉丁文、法文、德文和意大利文等版本。1609 年，William Phillip 又将该书翻译成了英文。

[1035] 参见 1597 年 8 月 8 日从阿姆斯特丹（Amsterdam）发来的时事通讯，收入 W. Noel Sainsbury（ed.），*Calendar of State Papers, Colonial Series; East Indies, China and Japan* (London, 1862)，pp. 98-99, item 253。

[1036] 这部作品原来的名字是 *Vehael vande Reyse by de Hollandtsche Schepen gedaen naer Oost Indien*。它于 1597 年在米德尔堡（Middelburg）出版。该书大量涉及了 Houtman 和 Van Beuningen 之间的争斗的资料，其作者被认为是 Barent Langenes。参见 G. P. Rouffaer and J. W. Ijzerman（eds.），*De eerste Schipvaart der Nederlanders naar Oost-Indië onder Cornelis de Houtman, 1595-1597* (3 vols.; The Hague, 1915-18)，II, xxvii。其 1598 年的英文译本的一个复本保存在国会图书馆（Library of Congress）。

[1037] *Ibid.*, pp. 104-5, item 266.

译名对照表

人 名

A

Abdiso，Mar	玛·阿布迪索
Abdullah Khan	阿卜杜拉可汗
Abraam	阿布拉姆
Abraham，Mar	玛·亚伯拉罕
Abreu	阿布雷乌
Abu-ul-Fazl	阿布 - 乌尔 - 法兹尔
Acosta，Cristobal de	克里斯托巴尔·德·阿科斯塔
Acosta，José de	何塞·德·阿科斯塔
Acquaviva，Claude	克劳德·阿夸维瓦
Acqui，Jacopo da	雅各布·达·阿奎
Adã，Babam	巴班·阿达
Adam，Filippo Villiers de l'Isle	菲利普·威利尔斯·德·伊斯拉·亚当
Adil Khan	阿迪勒汗
Aethelstan	阿特尔斯坦
Affaitadi，Giovanni Francisco	乔万尼·弗朗西斯科·阿菲塔迪
Afonso，João	若昂·阿方索
Afonso	阿方索
Ahmad Shah	艾哈迈德·沙
Ahmud IV	艾哈迈德四世
Akbar	阿克巴
Alaric	阿拉里克
Ala-ud-Din Bahman Shah	阿拉 - 乌德 - 丁·巴赫曼·沙
Albergaria，Lopo Soares de	洛波·索亚里斯·德·阿尔伯加利亚
Albin，Johannes	约翰内斯·阿尔宾
Albuquerque，Afonso de	阿方索·德·阿尔伯克基
Albuquerque，Braz de	布拉兹·德·阿尔伯克基
Albuquerque，João de	若昂·德·阿尔伯克基
Alcacova，Pedro de	佩德罗·德·阿尔卡科瓦
Alcalá de Henares	阿尔卡拉·德·埃纳雷斯
Aldus，Paulus Manutius	保卢斯·马努提乌斯·阿尔杜斯
Alexander VI，Pope	教皇亚历山大六世
Alexander	亚历山大大帝
Alfaro，Pedro de	佩德罗·德·阿尔法罗
Alfred	阿尔弗莱德
Algakkōnara	阿尔加科纳拉
Ali，Malik	马利克·阿利
Ali，Mohammed	穆罕默德·阿里

Alma	阿尔玛
d'Almeida，Antonio	安东尼奥·达尔梅达
Almeida，Francisco de	弗朗西斯科·德·阿尔梅达
d'Almeida，Luis	路易斯·达尔梅达
Almeida	阿尔梅达
Aloysius，Petrus	彼得鲁斯·阿罗伊修斯
Alvares，Francisco	弗朗西斯科·阿尔瓦雷斯
Alvares，Gonçalo	贡萨罗·阿尔瓦雷斯
Alvarez，Jorge	豪尔赫·阿尔瓦雷斯
Alvaro，Henrique	恩里克·阿尔瓦罗
Andrade，Francisco de	弗朗西斯科·德·安德拉德
Andrew of Longjumeau	隆主麦人安德鲁
Andrew	安德鲁
Anes，Francisco	弗朗西斯科·安尼斯
Ang Chan	安赞
Ango，Jean	让·安格
Ankamali	安卡玛丽
Antonio，Dom	堂·安东尼奥
Apollodorus	阿波罗多洛斯
Aquaviva，Rudolph	鲁道夫·阿夸维瓦
Aquaviva，Claude	克劳德·阿夸维瓦
Aquinas，St. Thomas	圣多默·阿奎那
Aristaeus of Proconnesus	普罗孔苏斯人阿里斯特亚士
Aristobulus	亚里斯多布鲁斯
Aristotle	亚里士多德
Arnold	阿诺德
Arrian	阿里安
Ashikaga Yoshiteru	足利义昭
Astana，Dharmapala	达马帕拉·阿斯塔纳
Asturmalec	亚斯托尔马利克
Ataide，D. Luis de	D. 路易斯·德·阿泰德
Atlantis	亚特兰提斯
Auger，E.	E. 奥格
Augustine，Saint	圣·奥古斯丁
Augustus	奥古斯都
Ayaź，Malik	马利克·阿亚兹
Azaro，Mariano	马里安诺·亚扎罗

B

Babausa	巴巴乌萨
Bāb-Ullāh	巴布拉赫
Babur	巴布尔
Baccoccio	薄伽丘
Bacon，Roger	罗杰·培根
Bagrow，Leo	利奥·巴格罗
Bahadur Shah	巴哈杜尔·沙

Balbi，Gasparo	加斯帕罗·巴尔比
Balbi，Teodoro	泰多罗·巴尔比
Balboa	巴尔波亚
Barbak Shah	巴尔巴克·沙
Barbaro，Josafat	约萨法·巴巴罗
Barbosa，Duarte	杜阿尔特·巴尔博萨
Barbuda，Luis Jorgé de	路易斯·豪尔赫·德·巴尔布达
Barbuda	巴尔布达
Bardi，Giacomo dei	贾科莫·德·巴蒂
Bardi	巴尔迪
Barlaam	巴尔拉姆
Barom Reachea II	巴隆·拉嘉二世
Barreto，Melchior Nunes	梅尔基奥·努内斯·巴雷托
Barreto，Nunes	努内斯·巴雷托
Barros，João de	若昂·德·巴罗斯
Bartholomeo，Dom	堂·巴托洛梅奥
Barzaeus，Gaspar	加斯帕尔·巴扎乌斯
Batuta，Ibn	伊本·白图泰
Bautista，Pedro	佩德罗·鲍蒂斯塔
Beatus	贝亚图斯
Bede	比德
Behaim，Martin	马丁·贝海姆
Beira，João de	若昂·德·贝拉
Bembo，Pietro	皮特罗·本博
Benedict XII，Pope	教皇本尼迪克特十二世
Benedict，Friar	弗莱尔·本尼迪克特修士
Berg，C.C.	C.C.伯格
Bergamo，Jacopo Filippo Foresti da	雅各布·菲利普·弗雷斯蒂·达·伯加莫
Bernard	伯纳德
Bhuvanaika Bahu VII	布胡万奈卡·巴胡七世
Bibliothecarius，Anastasius	阿纳斯塔修斯·比布利奥瑟卡里尔斯
Boccaccio，Giovanni	乔万尼·薄伽丘
Boiardo，M.M.	M.M.博亚尔多
Bonifer，Pierre	皮埃尔·博尼菲尔
Boorstin，Daniel J.	丹尼尔·J.布尔斯汀
Borgia Pope	波吉亚教皇
Borgominieri，Camillo	卡米罗·博尔格米尼里
Borja	波夏
Bosch，Hieronymus	希罗尼默斯·波希
Bovesius，João Andre	若昂·安德里·博维休斯
Bracciolini，Poggio	波吉奥·布拉乔奥里尼
Braganca，Dom Alvara de	堂·阿尔瓦拉·德·布拉干萨
Braganza，Constantino de	康斯坦丁诺·德·布拉干萨
Brandao	布兰多
Brant，Sebastian	塞巴斯蒂安·布兰特
Brescia，Organtino da	奥干提诺·达·布里西亚

Briganti, Annibal   安尼巴尔·布里干提
Bristol   布里斯托尔
Brito, Alfonso Vaz de   阿尔方索·瓦斯·德·布里托
Brito, Antonio de   安东尼奥·德·布里托
Broecke, Bernard ten   伯纳德·登·布洛克
Bry, Theodor de   西奥多·德·布莱
Buitenen, J.A.B. van   J.A.B. 范·布伊特南
Bukka I   布卡一世
Burcherts, Bernard   伯纳德·布尔歇特
Burgkmair, Hans   汉斯·伯格迈尔
Nizam, Burhan Shah   布尔汗·尼扎姆·沙
Bustamente, Juan de   胡安·德·布斯塔门特
Butler, Samuel   萨缪尔·巴特勒

C

Ca' Masser, Leonardo da   列奥纳多·达·卡马塞尔
Cabot, John   约翰·卡波特
Cabot, Sebastian   塞巴斯蒂安·卡波特
Cabral, Pedro Alvares   佩德罗·阿尔瓦雷斯·卡布拉尔
Cabral, Francisco   弗朗西斯科·卡布拉尔
Cabral, Jorge   豪尔赫·卡布拉尔
Callisthenes   卡里斯提尼
Calvin   加尔文
Calvo, Vasco   瓦斯科·卡尔夫
Câmara, Luis Gonçalves de   路易斯·贡萨尔维斯·德·卡马拉
Camerino, Giovanni   乔万尼·卡梅里诺
Camoens, Luis de   路易斯·德·卡蒙斯
Campos   坎波斯
Canério, Nicolò de   尼科洛·德·加纳里奥
Canisius, Peter   皮特·卡尼修斯
Cano, Juan Sebastian del   胡安·塞巴斯蒂安·德尔·卡诺
Cantino, Alberto   阿尔伯托·坎提诺
Cardinal Henry   亨利红衣主教
Cardoso, Lopo   洛波·卡多索
Carignano, Giovanni da   乔万尼·达·卡里纳诺
Carneiro, Antonio   安东尼奥·卡内罗
Carneiro, Michael   迈克尔·卡内罗
Castanheda, Fernão Lopes de   费尔南·洛佩斯·德·卡斯塔涅达
Castiglione, Baldassare   巴尔达萨雷·卡斯蒂廖内
Castro, D. João de   D. 若昂·德·卡斯特罗
Cavalli, Sigismondo   西吉斯蒙多·卡沃利
Cavendish, Thomas   托马斯·卡文迪什
Cecil, Sir Robert   罗伯特·塞西尔爵士
Cecil, Sir William   威廉·塞西尔爵士
Centurion, Martin   马丁·森图里翁
Cepoy, Thiebault de   蒂埃博·德·塞波

Cespedes，de	德·塞斯佩德斯
Ch'en Min-sun	陈敏生（音译）
Ch'ien—lung	乾隆帝
Cha，Joseph	约瑟夫·查
Chamlcmalec	尚尔马利克
Charlemagne	查理曼大帝
Charles I	查理一世
Charles V	查理五世
Chaucer	乔叟
Cheng Ho	郑和
Chiericati，Francesco	弗朗西斯科·契尔里卡迪
Chou，Nelson	尼尔森·周
Christoval de Vega	克里斯托弗·德·维迦
Chrysostom，John	约翰·赫里索斯托姆
Chuang Wei-chi	庄伟志（音译）
Claesz，Cornelis	科尼利斯·科拉埃兹
Clavijo，Ruy de	鲁伊·德·克拉维约
Cleitarchus	克莱塔卡斯
Clement V，Pope	教皇克莱门特五世
Clement VII（Giulio de' Medici），Pope	教皇克莱门特七世（朱利奥·德·美第奇）
Clement	克莱门特
Clusius	库希乌斯
Cobo，Juan	胡安·科博
Cochrane，Eric W.	埃里克·W.科奇兰
Codandam	科丹达姆
Coelho，Nicolas	尼古拉斯·科埃略
Coelho，Gaspar	加斯帕尔·科埃略
Coelho，João	若昂·科埃略
Columbus，Christopher	克里斯托弗·哥伦布
Commissariat	科米萨里亚特
Conde，João de Vila de	若昂·德·维拉·德·孔德
Contarini	康达里尼
Conti，Nicolò da	尼科洛·德·孔蒂
Cora，John de	约翰·德·科拉
Corrêa，Gaspar	加斯帕尔·科雷亚
Correia-Afonso	科雷亚-阿方索
Corsali，Andrea de	安德里亚·德·科萨利
Corsi，Francisco	弗朗西斯科·科尔西
Cortes，Hernan	赫尔南·科尔特斯
Cortesão，Jaime	雅米·柯尔特桑
Cortesao，Armando	亚门多·柯尔特桑
Corvino，Monte	孟德·高维奴
Cosa，Juan de la	胡安·德·拉·科萨
Costa，D. Jorge da	D.豪尔赫·达·科斯塔
Costa，Manuel da	曼努尔·达·科斯塔
Cotamaluco	科塔马鲁克

Dias，Melchior	梅尔基奥·迪亚斯
Dilawar Khan	迪拉瓦尔汗
Diocletian	狄奥克莱蒂安
Dios，Madre de	马德里·德·迪奥斯
Dioscorides	狄奥斯科里季斯
Doesborch，Jan van	扬·范·德斯博尔奇
Doetechum，Baptista à	巴蒂斯塔·阿·杜特亨
Domitian，Emperor	皇帝多米提安，即图密善
Dowley，Francis H.	弗朗西斯·H. 多利
Drake，Francis	弗朗西斯·德雷克
Drake，Sir Francis	弗朗西斯·德雷克爵士
Duccio	杜乔
Duke of Alba	阿尔巴公爵
Duke of Braganza	布拉干萨公爵
Duke of Mantua	曼图亚公爵
Duncan，Bentley	本特利·邓肯
Dunnai，Maaya	马阿雅·邓奈
Durão，Francisco	弗朗西斯科·杜朗
Dürer，Albrecht	阿尔布雷特·丢勒

E

Eannes，Gil	吉尔·埃安内斯
Echebar，Mahometto Zelaldim	穆罕默德·泽拉尔丁·艾克巴
Eden，Richard	理查德·伊登
Eden	伊登
Edward I	爱德华一世
Edward VI	爱德华六世
Egerton	艾格尔顿
Eglauer，Anton	安东·伊格劳尔
Eichmeier，Linda	琳达·爱希米伊尔
Elcano	埃尔卡诺
Elector Augustus of Saxony	萨克森的选帝侯奥古斯特
Elias，Mar	玛·艾利亚斯
Elizabeth，Queen	伊丽莎白女王
Emerson，Ralph Waldo	拉尔夫·沃尔多·爱默森
Emetrius，king of Inde	印度米特留斯王
Emmanuel，King	伊曼纽尔王
Emperor Maximilian	马克西米利安皇帝
Empoli，Giovanni da	乔万尼·达·安坡利
Ems，Rudolf von	鲁道夫·冯·埃姆斯
Endem，Johannes de	约翰内斯·德·恩顿
Ennis，T. E. Dr.	T.E. 恩尼斯博士
Erasmus	伊拉斯谟
Eratosthenes	埃拉托色尼
Erigena，John Scot	约翰·司各特·埃里杰
Escalante，Bernardino de	贝纳迪诺·德·埃斯卡兰特

G

Gadacham	伽达查姆
Gaetano，Juan	胡安·戈坦诺
Gago，Balthasar	巴尔塔萨·加戈
Galafron	格拉弗朗
Galen	加伦
Gallinato，Juan Xuares	胡安·华雷斯·加利纳托
Galvão，A.	A. 加尔旺
Galvão，Antonio	安东尼奥·加尔旺
Gama，Gaspar da	加斯帕尔·达·伽马
Gama，Estaväo da	埃斯塔旺·达·伽马
Gama，Vasco da	瓦斯科·达·伽马
Gascony	加斯科涅
Gastaldi，Giacomo	贾科莫·加斯塔尔迪
George，Archdeacon	乔治副主教
Georgius，Ludovicus	路多维斯·乔吉乌斯
Gerritsz，Dirck	迪尔克·赫里茨
Ghetelen，Henning	亨宁·哥特伦
Giotto	乔托
Giunti，Tomasso	托马索·吉恩蒂
Gnecchi，Organtino	奥尔甘提诺·格奈奇
Goes，Benedict de	本尼迪克特·德·戈伊斯
Góis，Damião de	达米奥·德·戈伊斯
Gomara，Francisco Lopez de	弗朗西斯科·洛佩斯·德·戈马拉
Gomara	戈马拉
Gomes，António	安东尼奥·戈麦斯
Gomes，Fernando	费尔南多·戈麦斯
Gomes，Fernão	费尔南·戈麦斯
Gomez，Esteban	埃斯特班·戈麦斯
Gonçalves，Gaspard	加斯帕尔·贡萨尔维斯
Gonçalves，Sebastião	塞巴斯蒂昂·贡萨尔维斯
Gonçalves，Melchior	梅尔基奥·贡萨尔维斯
Gonçalves，Diogo	迭戈·贡萨尔维斯
Gonzaga，Guglielmo	古列尔莫·贡扎加
González，Blaz Ruiz de Hernán	布拉斯·鲁伊斯·德·埃尔南·冈萨雷斯
Gopi，Malik	马利克·戈皮
Gottschalk，Louis R.	路易斯·R. 戈特沙尔克
Götzen，J.C.	J. C. 格岑
Gouvea，Diogo de	迭戈·德·戈维亚
Gouvea，J. de	J·德·戈维亚
Gouveia，Luis de	路易·德·戈维亚
Gozzoli	哥佐利
Grand Duke of Tuscany	托斯卡纳大公
Gregory IX，Pope	教皇格里高利九世
Gregory XV，Pope	教皇格里高利十五世
Grevil，Foulke	弗尔克·格里维尔

Höltzl，Blasius	布莱休斯·赫尔兹尔
Homem，Lopo	洛波·欧蒙
Homems	赫莫斯
Honorius III，Pope	教皇洪诺留三世
Houtman，Cornelis de	科尼利斯·德·豪特曼
Hudson	赫德森
Huighen，John	约翰·惠根，即林斯乔坦
Hulsius，Levinus	勒维纳斯·胡尔修斯
Humayun	胡马雍
Husain Shah	侯赛因·沙
Hutten，Ulrich von	乌尔里希·冯·胡腾
Huttich，Johann	约翰·许蒂希

I

Iambolus	伊安波鲁斯
Ibrahim	易卜拉欣
Imad'l-Mulk	伊马德-穆勒克
Inclusus，Honorius	洪诺留·英克拉斯
Indicopleustes，Cosmas	科斯马斯·因迪卡普留斯特斯
Innocent IV	英诺森四世
Isa Khan	伊萨汗
Isabel，Dona	唐纳·伊莎贝尔
Isabella	伊莎贝拉
Isidore	伊西多尔
Ismael，Abulfada	阿布尔法达·伊斯梅尔
Iugge，Richard	理查德·于格

J

Jacob，Mar	玛·雅各布
Jalal Khān	亚拉尔汗
Japeth	贾佩特
Jenghis Khan	成吉思汗
Joannes	约翰尼斯
João，Dom	堂·若昂
Jogee，Gujarat	古吉拉特·乔吉
John，Long	隆·约翰
John II	若昂二世
John III	若昂三世
John XXII，Pope	教皇若昂二十二世
John of Avis	阿维斯的约翰
John of Besicken	拜司肯的约翰
John of Plano Carpini	柏朗嘉宾的约翰
John the Fearless，Duke of Burgundy	无畏者约翰，勃艮第公爵约翰二世
John，Archbishop	约翰都主教
John，Long	隆·约翰

Lasso，Bartolomeu	巴托洛梅乌·拉索
Latini，Brunetto	布鲁内托·拉蒂尼
Lavanha，João Baptista	若昂·巴蒂斯塔·拉文哈
Lavanha	拉文哈
Lavezaris，Guido de	古多·德·拉维扎利斯
L'ecluse，Charles de	查尔斯·德·勒克鲁斯
Legaspi，Miguel Lopez de	米格尔·洛佩斯·德·莱加斯比
Legazpi	莱加斯比
Leibniz	莱布尼茨
Leitão，Duarte	杜阿尔特·莱唐
Lemos，Jorge de	豪尔赫·德·莱莫斯
Leo X，Pope	教皇利奥十世
Leo	利奥
Lessing	莱辛
Levya，Buxeda de	布克斯达·德·列维亚
Leyma，João de	若昂·德·雷玛
Lhoost，Jacobus	雅各布斯·鲁斯特
Lichefield，Nicholas	尼古拉斯·里切费尔德
Limos，Pedro de	佩德罗·德·利姆斯
Linschoten，Jan Huygen van	扬·惠根·范·林斯乔坦
Livius，Titus	提图斯·李维
Loaisa，Garcia de	加西亚·德·洛艾萨
Locke，John	约翰·洛克
Lodi，Ibrahim	易卜拉欣·洛迪
Lodi，Sikander	西坎德尔·洛迪
Lomellini，Bartolommeo	巴图罗密奥·罗梅尔里尼
Lopes，Francisco	弗朗西斯科·洛佩斯
Lopes，Gregorio	格雷戈里奥·洛佩斯
Lopez，Tome	托梅·洛佩斯
Lorenzetti，Ambrogio	安布罗吉奥·劳伦泽蒂
Lorenzo the Magnificent	伟大的罗伦佐大公
Louise，Marie	玛丽·路易丝
Lourenco，Fernão	费尔南·洛伦索
Lowenstein，Scipio	西皮奥·罗文斯汀
Loyola，Ignatius de	依纳爵·德·罗耀拉
Lucena，João de	若昂·德·鲁辛纳
Lucifer	路西法
Luis，Dom	堂·路易斯
Lull，Ramond	拉蒙·鲁尔
Luther	路德
Luzia，Jorge de S.	豪尔赫·德·S. 卢西亚

M

Machado，Antonio	安东尼奥·马查多
Machuca，Gregorio Vargas	格里戈里奥·瓦尔加斯·马丘卡
MacNair，Harley F.	哈利·F. 麦克奈尔

Mathies，Manoel de S.	曼诺埃尔·德·S. 马西斯
Matteo Ricci	利玛窦
Mauro，Fra	弗拉·毛罗
Maximilian of Transylvania	特兰西瓦尼亚的马克西米利安
Maximilian，Emperor	马克西米利安皇帝
Mayr，Hans	汉斯·梅尔
McClellan，Edwin	埃德温·麦克莱伦
McNeill，William H.	威廉·H.麦克尼尔
Meale Khãn	米勒汗
Medici，Giuliano de	朱里安诺·德·美第奇
Medici pope	美第奇教皇
Megasthenes	麦伽斯梯尼
Mela，Pomponius	旁波尼乌斯·米拉
Melanchthon	米兰希顿
Mello，Martim Alfonso de	马丁·阿尔方索·德·梅洛
Melo，Gonçalo Vaz de	贡萨罗·瓦斯·德·梅洛
Mendoza，Juan Gonzalez de	胡安·冈萨雷斯·德·门多萨
Meneses，Diogo de Silva	迭戈·德·席尔瓦·梅内塞斯
Menezes，Alexis de	亚历克西斯·德·梅内塞斯
Menezes，Duarte de	杜阿尔特·德·梅内塞斯
Menzel，Johanna	约翰娜·门泽尔
Mercator，G.	G.墨卡托
Mercator，Gerhard	格哈德·墨卡托
Mercurian	墨丘利安
Merle and Louise Thompson of Elmira	艾尔迈拉的默尔和路易丝·汤普森
Mesquita，Pedro	佩德罗·梅斯基塔
Mesquita，Diogo Lopez de	迭戈·洛佩斯·德·梅斯基塔
Mexia，Affonso	阿方索·梅希亚
Meyer，Sebald	塞巴尔德·梅耶
Michele Ruggiero	罗明坚
Miechow，M. de M.	M.德·梅胡夫
Miguel da Gama	米格尔·达·伽马
Milagobim	米拉格宾
Mirón，F. Diego	F.迭戈·米隆
Mitridanes	米特里丹
Mocadao，Cogi	柯基·摩卡多
Mohammed I	穆罕默德一世
Mohammed Kasim	穆罕默德·卡辛
Monk of Hyeres	耶尔修士
Monserrate，Antonio	安东尼奥·蒙塞拉特
Monserrate	蒙塞拉特
Montaigne	蒙田
Montalbodo，Francanzanuo da	弗朗坎赞诺·达·蒙塔尔博多
Monte，Giovanni Battista di	乔万尼·巴蒂斯塔·迪·蒙特
Moraes，Manuel de	曼努埃尔·德·莫赖斯
Morgenthau，Hans	汉斯·摩根索

Moses	摩西
Moucheron, Balthasar de	巴尔塔萨·德·毛谢尔伦
Münster, Sebastian	塞巴斯蒂安·明斯特
Murād	穆拉德
Muschio，Andrea	安德里亚·穆斯奇奥
Muzaffar II	穆扎法尔二世

N

Nadal，Jeronimo	热罗尼莫·纳达尔
Nancarote Xa	南卡罗特·沙
Narasihma，Vira	维尔拉·纳拉斯哈马
Narbonne, Parement de	帕若门特·德·拿尔波纳
Nasrat Shah	纳斯拉特·沙
Nathan	纳山
King Bayin Naung	国王莽应龙
Navagero，Andrea	安德里亚·纳瓦杰罗
Needham，Joseph	李约瑟
Newbery，John	约翰·纽贝利
Nicholas，Thomas	托马斯·尼古拉斯
Nicholas V	尼古拉斯五世
Nicolo Lancillotto	尼科洛·兰西洛特
Nikator，Seleucus	胜利者塞琉古
Nikitin	尼基丁
Nizam Shah	尼扎姆·沙
Nizamaluco	尼扎马鲁克
Nizamu'l-Mulk	尼扎姆乌勒—穆勒克
Nobili，De'	德·诺比利
Nobili，Robert de'	罗伯特·德·诺比利
Norman	诺曼
Noronha，Garcia de	加西亚·德·诺罗尼亚
Noronhas，D. Afonso de	堂·阿方索·德·诺罗尼亚
Nova，João da	若昂·达·诺瓦
Nunes，Nicolao	尼科劳·努涅斯
Nunes，Duarte	杜阿尔特·努涅斯主教
Nuniz，Fernão	费尔南·努内斯
Nusrat Shah	努斯拉特·沙

O

Octavian	屋大维，即奥古斯都
Oda Nobunaga	织田信长
Odoric	鄂多立克
Odo	奥都
Oldenbarnevelt, Jan van	扬·范·奥尔登巴内费尔特
Omura Sumitada	大村纯忠
Oost，Stuart I.	斯图亚特·I. 伍斯特

Organtino	奥尔艮契诺
Oriente，Francisco di	弗朗西斯科·迪·奥伦特
Ornieto，Andreas	安德里亚斯·奥尔尼托
Oro，Rio De	利奥·德·奥罗
Orosius	奥罗修斯
Sant' Orso，Enrico di	恩里克·迪·圣奥尔索
Orta，Garcia da	加西亚·达·奥尔塔
Ortelius，A.	A.奥提留斯
Ortelius，Abraham	亚伯拉罕·奥提留斯
Ortona a Mare	奥尔托纳·阿·迈尔
Osório，Jerónimo	热罗尼莫·奥索里奥
Osorius	奥索留斯
Ostia	奥斯蒂亚
Otomo Yoshishige	大友义镇
Otto，Bishop of Freising	弗雷辛的奥托大主教
Oviedo	奥维耶多

P

Pacheco，Diogo	迭戈·帕切科
Padre	帕德里，即桑切斯
Paes，Domingo	多明戈·佩斯
Pahari	帕哈里
Paiva，Afonso de	阿方索·德·帕伊瓦
Paludanus，Dr.	帕鲁达努斯博士
Panchta，Sri Radaraxa	斯里·拉达拉科萨·潘契塔
Paris，Giraldo	吉拉尔多·帕里斯
Parmentier，Raoul	拉乌尔·帕尔芒捷
Pārvatī	帕尔瓦蒂
Paschasius，Pedro	佩德罗·帕斯卡修斯
Pasio，Francesco	弗朗西斯科·帕西奥
Pasqualigo，Pietro	皮特罗·帕斯卡利格
Paul III，Pope	教皇保罗三世
Pawlowski，Christophe	克里斯托夫·保罗斯基
Pedro，Prince	佩德罗王子
Pegado，Antonio	安东尼奥·佩加多
Pegolotti，Francesco Balducci	弗朗西斯科·巴尔杜奇·佩格罗提
Penrose，Boies	博伊斯·派恩罗斯
Peregrini，Gerard	杰拉尔德·佩雷格里尼
Pereira，Gaspar de Leao	加斯帕尔·德·列奥·佩雷拉
Pereira，Galeote	加利奥特·佩雷拉
Pereira，Diogo	迭戈·佩雷拉
Pereira，Duarte Pacheco	杜阿尔特·帕切科·佩雷拉
Pereira，Julian	朱利安·佩雷拉
Peres，Francisco	弗朗西斯科·佩雷斯
Perumāl，Chērumān	彻鲁曼·佩鲁马尔
Peruschi，G.B.	G.B.佩鲁奇

Pullapilly，Cyriac	西里亚克·普勒皮利
Purchas，Samuel	塞缪尔·珀切斯
Purchas	珀切斯

Q

Quadros，Anton de	安东·德·奎德罗斯
Quadros	奎德罗斯
Qutb-ud-dīn Khan	库特-乌德-丁汗

R

Rabelais	拉伯雷
Rada，Martin de	马丁·德·拉达
Rai，Chand	昌德·拉伊
Ram，Kerit	克里特·热姆
Ramusio，Giovanni Battista	乔万尼·巴蒂斯塔·赖麦锡
Ranke	兰克
Raynal，Abbé	阿贝·瑞纳尔
Rāyya，Krishna Dēva	克里希纳·迪瓦·莱雅
Reachea，Barom	巴隆·拉嘉
Real，Jerónimo Côrte	热罗尼莫·科尔特·里尔
Rebello，Amador	阿玛杜尔·雷贝洛
Rego，A. da Silva	A.达·席尔瓦·里格
Reinel，Jorgé	豪尔赫·赖内尔
Reinels	雷纳斯
Rem，Lucas	卢卡斯·雷姆
Renou，L.	L.勒努
Resende，Andre de	安德烈·德·雷森迪
Resende，Garcia de	加西亚·德·雷森迪
Ribadeneira，Pedro de	佩德罗·德·里瓦德内拉
Ribeiro，Diogo	迭戈·里贝罗
Ribera，Juan Bautista	胡安·鲍蒂斯塔·里贝拉
Ribero，Nunius	努尼乌斯·里贝罗
Ricci，Francisco	弗朗西斯科·利奇
Ricold of Monte Croce	蒙特克罗克斯的里克尔德
Rodrigues，Francisco	弗朗西斯科·罗德里格斯
Rodrigues，Gonçalvo	贡萨尔维斯·罗德里格斯
Rodrigues，Simão	西芒·罗德里格斯
Rodrigues，Gonçalves	贡萨尔维斯·罗德里格斯
Roman，Juan Bautista	胡安·鲍蒂斯塔·罗曼
Ronquillo，Diego	迭戈·隆奎罗
Ronquillo，Gonzalo	贡萨罗·隆奎罗
Rosenthal，Robert	罗伯特·罗森塔尔
Rott，Konrad	康拉德·罗特
Rovellasca，Giovanni	乔万尼·罗威尔拉斯卡
Rovellasca	罗威尔拉斯卡

Silva，Brothers Duarte da	杜阿尔特·达·席尔瓦
Silva，Martine da	马丁·达·席尔瓦
Silveira，Gonçalo da	贡萨罗·达·希尔维拉
Silveira，João de	若昂·德·希尔维拉
Simocatta，Theophylactus	塞奥费拉克图斯·西摩卡塔
Singer，Milton B.	米尔顿·B.辛格
Sirkej	西尔克吉
Sixtus IV	西克斯图斯四世
Sixtus V，Pope	教皇西克斯图斯五世
Smith，Helen M.	海伦·M.史密斯
Soares，Fernao	费尔南·索亚里斯
Soares，Lopo	洛波·索亚里斯
Sodre，Vicente	维森特·索德
Solinus	索利努斯
Solomon	所罗门
Sousa，Diogo de	迭戈·德·索萨
Sousa，Domingo	多明戈·索萨
Sousa，Martim Affonso de	马丁·阿方索·德·索萨
Soviak，Eugene	尤金·索维亚克
Spitelli，Gasparo	加斯帕罗·斯皮泰利
Springer，Balthasar	巴尔塔萨·斯普林格
Stefano，Girolamo da Santo	吉罗拉莫·达·桑托·斯提芬诺
Stevens，Thomas	托马斯·史蒂文斯
Stongia，Brother Pedro da	教友佩德罗·达·斯通吉亚
Stongia，Pedro da	佩德罗·达·斯通吉亚
Strabo	斯特拉波
Streit，R.	R.斯特赖特
Stropeni，Michael	迈克尔·斯特罗佩尼
Strozzi，Pietro	皮特罗·斯特罗兹
Stuchs，Georg	豪尔赫·斯塔奇斯
Sulaga，Mar Simon	玛·西蒙·苏拉加
Suleiman the Magnificent	苏莱曼一世
Sultan Bahādur Shah	苏丹巴哈杜尔·沙
Swecker，Zoe	佐伊·斯维克

T

Timur	帖木儿
Tamiko Matsumura	松村民子
Tavares，Francisco de Sousa	弗朗西斯科·德·索萨·塔瓦雷斯
Tavares，Pedro	佩德罗·塔瓦雷斯
Tavora，Lourenco Pires de	洛伦索·皮雷斯·德·塔沃拉
Tavora，Fernao de Sousa da	费尔南·德·索萨·达·塔沃拉
Teive，Diogo de	迭戈·德·特维
Teixeira，Domingos	多明戈斯·特谢拉
Teixeira，Emmanuel	伊曼纽尔·特谢拉
Teixeira，Luis	路易斯·特谢拉

Vilela，Gaspar	加斯帕尔·维勒拉
Villalobos，Ruy Lopez de	鲁伊·洛佩斯·德·维拉罗伯斯
Villalobos	维拉罗伯斯
Villani，Giovanni	乔万尼·维拉尼
Vincent	文森特
Visvanatha	维斯万纳塔
Voltaire	伏尔泰
Voragine，Jacobus de	雅各布斯·德·沃拉吉

W

Waghenaer，L. J.	L. J. 瓦赫纳尔
Waldseemüller，Martin	马丁·瓦尔德西姆勒
Walsingham，Sir Francis	弗朗西斯·沃尔辛厄姆
Wang，Y.C.	汪一驹
Weissenburger，Johann	约翰·维森博格
Wheeler，John	约翰·惠勒
Wicki，Josef	约瑟夫·维基
Willes，Richard	理查德·威尔斯
William IV，Duke	威廉四世公爵
William of Rubruquis	卢布鲁克的威廉
Willoughby	威洛比
Wittkower，R.	R. 威斯科尔
Woodward，Margaret	玛格丽特·伍德沃德

X

Xa Nancarote	南卡罗特·沙
Xá Nasaradim	沙·纳萨拉丁
Xavier，St. Francis	圣方济各·沙勿略
Xavier，Jerome	热罗姆·沙勿略
Xenomanes	克塞诺芬尼
Xercansur	舍尔可汗苏尔，即舍尔可汗·苏尔
Ximenes，Andre	安德鲁·西门内斯

Y

Yajiro	弥次郎
Yūsuf' Ādil Khan	育素夫·阿迪勒汗

Z

Zanetti	萨内蒂
Zoroaster	琐罗亚斯德
Zwingli	慈运理

地 名

A

Aachen	亚琛
Abyssinia	阿比西尼亚
Acheh (Achin)	亚齐
Acre	阿卡
Adam's Bridge	亚当桥
Aden	亚丁
Adriatic	亚得里亚海沿岸
Afghan—Mughul	阿富汗—莫卧儿
Afghan	阿富汗
Agra	阿格拉
Ahmadabad	艾哈迈达巴德
Ahmadnagar	艾哈迈德讷尔
Alcalá	阿尔卡拉
Aldus	奥尔达斯
Alentejo	阿兰堤祖
Aleppo	阿勒颇
Alexandria	亚历山大港
Algarve	阿尔加维
Allahābād	阿拉哈巴德
Alsace	阿尔萨斯
Amakusa	天草
Amboina	安汶岛
Amsterdam	阿姆斯特丹
Ancolâ	安克拉
Andalusia	安达卢西亚
Andaman Islands	安达曼群岛
Andamans	安达曼群岛
Andava	安条克
Andwarpe	安特卫普
Anjarakandi	安加拉坎迪
Anjediva	安吉迪瓦
Antioch	安提俄克
Antwerp	安特卫普
Arabian Sea	阿拉伯海
Arabia	阿拉伯半岛
Aragon	阿拉贡
Arakan	阿拉干
Argentina	阿根廷
Arguim	阿尔金
Argyre	阿基尔
Arima	有马

Armenia	亚美尼亚
Asia Minor	小亚细亚
Atlantic	大西洋沿岸
Augsberg	奥格斯堡
Avignon	阿维尼翁
Axum	阿克森姆
Ayut'ia	阿瑜陀耶
Azores	亚速尔群岛

B

Bachan	巴占岛
Bacola	巴克拉
Bactria	大夏国
Badajoz–Elvas	巴达霍斯 - 艾尔瓦斯
Baghdad	巴格达
Bahmani	巴赫玛尼
Balaerpartam，Vallerepattanam	巴拉尔帕坦
Balapur	巴拉普尔
Balghat	巴尔加特
Ballagate	巴拉盖特
Baltic	波罗的海
Banastarim	班纳斯塔林
Banda	班达
Banda	班达海
Barcelona	巴塞罗那
Bardez	巴尔代
Barnez	巴尼兹
Baroda	巴罗达
Barzaeus	巴扎乌斯
Basel	巴塞尔
Bassein	勃生
Bate Island	巴特岛
Batecalou，Batticaloa	拜蒂克洛
Bate-shahr	巴特 - 沙尔
Baticala	巴提卡拉
Bay of Bengal	孟加拉湾
Beauvais	博韦
Beirut	贝鲁特
Bélem	贝伦
Belgaum	贝尔高姆
Bembay	孟买
Bempara	贝姆帕拉
Benares	贝纳勒斯
Benestari	本尼斯塔里
Bengala	孟加拉
Bengal	孟加拉

Berar	贝拉尔
Bergamo	贝尔格蒙
Besançon	贝桑松
Betexagor	比提沙戈尔
Betor	贝托尔
Bhatkal	巴特卡尔
Bhutan	不丹
Biah	比阿河
Bīdar	比德尔
Bihar	比哈尔
Bihat	比哈特河
Bijapur	比贾布尔
Bilbao	毕尔巴鄂
Bisayan	米沙鄢群岛
Bisnaguer	比斯纳古尔
Bohemia	波希米亚
Bokhara	布哈拉
Bologna	博洛尼亚
Bombay	孟买
Bordeaux	波尔多市
Borneo	婆罗洲
Bourgos	布尔格斯
Brabant	布拉班特
Brazil	巴西
Brescia	布雷西亚
Breton	布雷顿
Bristol	布里斯托尔
British Isles	不列颠群岛
Broach	布罗奇
Bruges	布鲁日
Brunei	文莱
Brussels	布鲁塞尔
Bulsar	布尔萨岛
Bungo	丰后
Burabalanga River	布拉巴兰加河
Burgerspital	布格斯皮塔尔
Burgerspita	布格斯皮塔
Burgos	布尔戈斯
Burhānpur	布尔汉普尔
Burma	缅甸
Buttor	布托尔
Byzantine	拜占庭

C

| Cabo Segogara | 卡博·赛格加拉 |
| Cadiz | 加的斯 |

Cael，Palayakayal	卡尔，即帕拉雅卡亚尔
Caffa	卡发城
Cairo	开罗
Cale Coilam，Kayankullam	卡尔柯兰
Calicare	卡里卡尔
Calicut	卡利卡特
Cambaluc(Peking)	汗八里，即北京
Cambalu（Cambaluc）	汗八里
Cambaya(Gujarat)	坎贝
Cambay	坎贝
Cambodia	柬埔寨
Cambola	康博拉
Campos	孟加拉的热带草原
Canarâ，Kanara	卡纳拉
Canary Islands	加那利群岛
Cande，Kandy	康提
Cannanore	坎纳诺尔
Canton	广州
Cape Blanco	布兰克角
Cape Bojador	博哈多尔角
Cape Comorin	科摩林角
Cape of Good Hope	好望角
Cape Verde	佛得角
Capua	卡普阿
Capucate，Kappata	卡普卡特
Caribbean	加勒比海
Carnagao	卡尔纳高
Caryanda	卡岩达城
Caspian	里海
Castel de São Jorge da Mina	圣乔治城堡
Castello	卡斯特罗
Castile	卡斯蒂利亚
Catalonian	加泰罗尼亚
Catayo	契丹
Catech	卡特克
Cathay	契丹
Cathewy	契丹
Cavendish	卡文迪什
Cebu	宿务
Ceilam	锡兰
Celebes	西里伯斯岛
Central Asia	中亚
Ceuta	休达
Ceylon	锡兰
Ch'uan-chou	泉州
Chaghata	察哈台

Chaldean	迦勒底
Chambal	昌巴尔河
Chamobai，Chombala	查莫拜
Champa(southern Indo-china)	占婆（南印度支那）
Champane	尚庞
Chanab	昌纳布河
Chandekan	昌德干
Chandragiri River	昌德拉吉里河
Chandragiri	昌德拉吉里
Chao-Ch'ing	肇庆
Chaquata	察夸台
Charamandel，Coromandel	卡拉曼德尔，即科罗曼德尔
Chatua，Chittuvayi	查图亚
Chaul	朱尔
Chieti	兹尔迪
Chiliate，Chaliyam	奇里亚特
Chistapatam	其斯塔帕坦
Chitor	奇托尔
Chittāgong	吉大港
Chittuvaye	吉图瓦耶
Cholamandala	科拉曼德拉
Cholas	科拉斯邦
Chorão	肖朗
Chorio	霍利奥
Chryse	克莱斯
Chung kuo	中国
Cintacora	辛塔克尔拉
Cipangu	吉潘古
Clicuth	克里库斯
Cnidus	尼多斯
Cochim，Cochin	科钦
Cochin China	交趾支那
Coilam	柯兰，即奎隆
Coimbra	科英布拉
Cologne	科隆
Colombo	科伦坡
Colophon	科罗丰
Columbum	科伦邦，即奎隆
Condur	孔杜尔
Constantinople	君士坦丁堡
Coos	库斯
Coromandel Coast	科罗曼德尔海岸
Coruña	拉科鲁尼亚
Cosmi	科斯米，即勃生
Cospetir	加贾帕提
Cotapatnam	科塔帕特南

Coticolam，Kottakulam	科塔库兰
Coulan	奎隆
Coulao，Quilon	考劳，即奎隆
Cracow	克拉科夫
Cragnate，Eddakad	克拉格奈特
Crangalor'，Cranganore	克兰加勒，即僧急里
Cranganore	僧急里
Cremona	克雷蒙纳
Crimea	克里米亚
Cuttack	克塔克
Cyprus	塞浦路斯

D

Dabhul	达布尔
Dacca	达卡
Dacer	达瑟尔
Dalmatian	达尔马提亚
Damão	达曼
Damascus	大马士革
Danda	丹达
Danda Rajpur	丹达拉杰普瑞
Danzig	但泽
Daque	达克，即德干
Daquem	达肯，即德干
das Palmeiras	达斯·帕尔迈拉斯
Decão	德干
Deccan	德干高原
Delhi	德里
Dhaka	德赫卡，即达卡
Dhamura Rive	达姆拉河
Dieppe	迪耶普
Dillingen	迪林根
Diul	迪乌尔
Diu	第乌
Dival	迪瓦尔
Divar	迪瓦
Doria	多尔利亚，即奥里萨
Drake	德拉克
Dulcinde	杜尔信德

E

East Africa	东非
East Indies	东印度群岛
Edessa	艾德萨
Elephanta	象岛

Eli　伊里
Elvas　艾尔瓦斯
England　英格兰
Enkhuizen　恩克赫伊曾
Ephesus　以弗所
Escorial　埃斯科里亚尔
Evora　埃武拉

F

Faenza　法恩扎
Far East　远东
Fatehpur Sīkrī　法塔赫布尔·西格里
Ferrara　费拉拉
Fishery Coast　捕鱼海岸
Fiume　阜姆
Flanders　佛兰德斯
Florence　佛罗伦萨
Foochow　福州
Frankfurt　法兰克福
Fukien　福建
Fukuoka　福冈
Funai　大分
Funchal　丰沙尔
Further Asia　远亚
Fusan　釜山

G

Gabali-Tana　贾巴里—塔纳
Gajpati　加吉帕提
Gajapati　加贾帕提
Galle　加勒
Gambia　冈比亚
Gandaulim　甘道林
Ganga　恒河
Ganges Valley　恒河流域
Garhi　加尔希
Gaur　高尔
Genoa　热那亚
Ghandar　甘达
Gharapuri　加拉普利岛
Ghats　高止山脉
Ghent　根特
Ghori　戈尔里
Giapan　加潘
Gingi　金吉
Goa　果阿

Godavari River	戈达瓦里河
Gogra	卡克拉河
Golconda	戈尔康达
Gold Coast	黄金海岸
Golden Chersonese	黄金半岛
Gondali	贡达里
Gooty	古蒂
Gori	戈里
Granada	格拉纳达
Great Britain	大不列颠
Great Gulf	大鸿沟
Gubbio	古比奥
Guindarim	古音达林
Guinea Coast	几内亚海岸
Gujarat	古吉拉特
Gulbarga	古尔巴加
Gulf of Bengal	孟加拉湾
Gulf of Kutch	喀曲海湾
Gulf of Manaar	马纳尔海湾
Gulf of Nanking	南京江湾
Gulf of Pohai	渤海湾
Gulf of Tongking	东京湾
Gullo	古鲁
Gutenberg	古登堡
Guzerat	古吉拉特邦

H

Habsburg	哈布斯堡
Hakata	博多
Halmahera	哈马黑拉岛
Hamburg	汉堡
Hangchow	杭州
Hanoi	河内
Heraclea	赫剌克勒
Hesse	黑森
Hiei-zan	比睿山
Hierapolis	希拉波利斯
Himalayas	喜马拉雅山脉
himā	喜马
Hindu-Kush	印度 - 库什
Hindustan	印度斯坦
Hirado	平户
Hokkaido	北海道
Hollad	荷兰
Honshū	本州岛
Howrah	豪拉

Hugli，Hoogly	胡格利
Hungary	匈牙利
Hyderabad	海得拉巴

I

Iaula，Yala	也拉
Iberian Peninsula	伊比利亚半岛
Ilanare	伊兰纳尔
Ilan-nādu	伊兰—纳都
Imaos	伊毛斯
Indochina	印度支那
Indonesia	印度尼西亚
Indostan	印度斯坦
Indo	印多，即信德
Indus	印度河
Ingolstadt	因戈尔施塔特
Ioghe	瑜格
Ireland	爱尔兰
Island of Manaar	马纳尔岛
Isthmus of Suez	苏伊士地峡
Ivory Coast	象牙海岸

J

Jaffnapatam	贾夫纳帕塔姆
Jaffna	贾夫纳
Jaunpur	江普尔
Java	爪哇
Jerusalem	耶路撒冷
Jhelam	杰赫勒姆河
Jinjī	金吉
Johore	柔佛
Juari	朱里
Jua	朱阿岛
Jumna	朱木拿河

K

Kabul	喀布尔
Kadamba	迦檀婆
Kagoshima	鹿儿岛
Kalamur	卡拉穆尔
Kalinadi	卡里纳迪
Kalinga	卡林加
Kambhayat	坎布哈亚
Kamul	卡姆尔
Kanara	卡纳拉
Kandy	康提

Kangra	坎格拉
Kanhiri	坎希里
Kanto	关东
Karanja	卡兰加
Kashmir	克什米尔
Kathiawar Peninsula	卡提阿瓦半岛
Kerala	克拉拉
Khalji	卡哈尔吉
Khāndesh	科罕迪许
Khanua	坎瓦
Kilakarai	奇拉卡来
Kiul River	奇乌尔河
Klosterneuburg	克罗斯特新堡
Kolathiri	克拉提里，即坎纳诺尔
Komar	科马
Kondulika River	康杜里卡河
Konkan	孔坎
Korea	朝鲜
Krishna	克里希纳河
Kuch Bihar	库奇·比哈尔
Kulbarga	库尔巴尔加
Kumaon	库芒，即喜马拉雅山
Kwangsi	广西
Kwangtung	广东
Kyoto	京都
Kyūshū	九州岛

L

La Coruña	拉科鲁尼亚
La Rochelle	拉·罗谢莱
Laccadive	拉克代夫群岛
Ladrones	拉德龙群岛
Lagos	拉各斯
Lahore	拉合尔
Chaquata	察夸台
Lake Vampanad	万帕纳德湖
Lampação	浪白濠
land of Malabar	马拉巴陆地
Languedoc	朗基多克
Laos	老挝
Leghorn	里窝那
Leipzig	莱比锡
Leon	莱昂
Lepanto	勒潘多
Lesser Sundas	小巽他群岛
Levant	黎凡特

Leyden	莱顿
Liampo (Ningpo)	宁波
Liège	列日
Liegnitz	列格尼兹
Liga River	里加河
Limburg	林堡
Limodara	林默达拉
Lin-tsin	临清
Lisbon	里斯本
Little Armenia	小阿美尼亚
Liu-ch'ius	琉球诸岛
Lohani	洛哈尼
Lombardy	伦巴第
Louvain	卢万
Lovek	洛韦
Lübeck	吕北克
Lucca	卢卡
Lucolongo	卢科隆戈
Lusitania	卢济塔尼亚
Lyons	里昂

M

Ma'bar	马巴
Macao	澳门
Macedonia	马其顿
Macerata	马切拉塔
Madeira Islands	马德拉群岛
Madeiras	马德拉群岛
Madras	马德拉斯
Madrid	马德里
Madura	马都拉岛
Mahananda	默哈嫩达
Mahi River	马希河
Mahim	马希姆
Mainz	美因茨
Majorca	马略尔卡岛
Majumdar	马江达
Makassar	望加锡
Malabar Coast	马拉巴尔海岸
Malacca	马六甲海峡
Malay Peninsula	马来半岛
Malayālam	马拉雅拉姆
Malaya	马来亚
Maldive Islands	马尔代夫群岛
Maldives	马尔代夫群岛
Male	马累岛

Male，Mahal	玛哈尔岛
Maltan	马尔坦
Malucho	马鲁古群岛
Malwa	马尔瓦
Manaar	马纳尔岛
Manakkudi	马纳库迪
Manchuria	满洲里
Mandli	曼德里
Mandovi	曼多维
Mandsur	曼苏尔
Māndū	曼杜
Mangrol	芒格罗尔
Mangalor	芒格罗尔
Manila Bay	马尼拉湾
Manila	马尼拉
Manjaim，Mayyazhi，Mahe	曼江
Mantua	曼图亚
Marāthī	马拉提
Maravel，Madayi or Pazhayangadi	马拉维尔
Marianas	马里亚纳群岛
Marseilles	马赛
Masulipatam	马苏利帕塔姆
Maurice	莫里斯
Medina del Campo	梅迪纳·德尔·坎波
Mecca	麦加
Mediterranean	地中海
Meghira	摩西拉河
Menado	万鸦老
Mergen，Gangawali	摩根
Mesopotamia	美索不达米亚
Messina	墨西拿
Mewar	梅瓦尔
Mexico	墨西哥
Middelburg	米德尔堡
Milan	米兰
Miletus	米利都
Miraporam，（Nileshwara）	米拉波兰
Miyako（Kyoto）	宫古，即京都
Modena	摩德纳
Mogor	莫格尔
Moluccas	马鲁古群岛
Monte Croce	蒙特·克罗西
Montmartre	蒙马特区
Montpellier	蒙彼利埃
Moravia	摩拉维亚
Moro Islands	莫罗群岛

Palawan	巴拉望
Palayakayal	帕拉雅卡亚尔
Pale	帕尔
Palk Strait	保克海峡
Palluruthi	帕鲁鲁提
Palurt	帕鲁尔特
Pananee，Pounani	帕纳尼
Panan	帕南
Pandanare，Pantalayini	潘达纳尔
Pāndyan	潘地亚
Pangim	潘吉姆
Panipat	帕尼帕特
Paravan	帕拉旺
Parchi	帕齐亚
Parthia	帕提亚，即中国史书中的安息
Pasay	巴赛
Pataliputra(Patna)	巴特利普特那，即巴特那
Patanjali	帕坦伽利
Pathanes	帕坦，即比哈尔的阿富汗王国
Patna	巴特那
Pedirpatam，Kotta	佩蒂尔帕坦
Pegu	勃固，即缅甸
Peking	北京
Penang	槟榔屿
Penugonda	毗努贡达
Periapatam	皮尔利亚帕塔姆
Persian Gulf	波斯湾
Perugia	佩鲁贾
Peru	秘鲁
Pesaro	佩萨罗
Pesquaria	皮斯卡利亚，即捕鱼海岸
Philadelphia	费城
Philippine Islands	菲律宾群岛
Philippine Island	菲律宾群岛
Phnom Pénh	金边
Pippli	比布利
Pisa	比萨
Point Calimere	卡里米尔角
Point Palmyras	帕尔米拉斯角
Poitiers	普瓦蒂埃
Poland	波兰
Pombal	庞贝尔
Pompeii	庞贝城
ponent	波南特
Pordenone	波代诺内
Pori	波里岛

Sakai	坂井
Salamanca	萨拉曼卡
Salsette	撒尔塞特岛
Salzburg	萨尔茨堡
Samarkand	撒马尔罕
San Francesco	圣弗朗西斯科
Sandwīp	松迪布
Sanga	桑伽
Santaella	桑泰拉
Santarem	圣塔伦
São George da Mina	圣乔治城堡
Saragossa	萨拉戈萨
Sātgāon	萨特港
Satsuma	萨摩
Sava	萨瓦
Savoy	萨沃伊
Seilan	锡兰
Senegal	塞内加尔
Seoul	汉城，今译作"首尔"
Serica	赛利卡
Serra	塞拉
Servidore	塞维多尔
Severac	塞夫拉克
Seville	塞维尔
Shang-ch'uan	上川岛（音译，即圣·约翰岛 [St. John's Island]）
Shantung	山东
Sholapur	绍拉布尔
Siam	暹罗
Siāo	西奥
Siberia	西伯利亚
Sicily	西西里岛
Siena	锡耶纳
Sierras	锯齿山
Silam	锡兰
Simhalam	西姆哈兰
Sinae	秦奈
Sinai	西奈半岛
Sind	信德
Sinica	秦尼卡
Sinus Magnus(Great Bay)	大海湾
Sipra River	西普拉河
Sironj	锡龙杰
Sittang	锡唐河
Soeppa	索伊帕
Solinus	索林纳斯
Sonārgāon	索纳尔冈

Sondiva	松迪瓦岛
Southampton	南安普顿
Spagnia	西班牙
Spice Islands	香料群岛
Spiceries	香料群岛
Srei Santhor	斯雷桑托，柬埔寨地名
Srinigar	斯利那加
Srīpur	斯里普尔
St. Denis	圣丹尼斯
St. Dié	圣迪耶
St. Remi	圣雷米
Straits of Malacca	马六甲海峡
Straits of Manaar	马纳尔海峡
Straits of Ramanacor	热曼纳克尔海峡
Strasbourg	斯特拉斯堡
Subarnarekha River	萨巴纳莱克哈河
Sulu Sea	苏禄海
Sumatra	苏门答腊
Sumbawa	松巴哇
Supa	苏帕
Surajgarh	苏拉加尔
Surat	苏拉特
Surhanpur	苏尔汗普尔
Sutlej	萨特累季河
Syria	叙利亚

T

Tagus Valley	塔霍河谷地
Tagus	塔霍河
Takaku	高久
Talikota	达利戈达
Talinate	土林纳特
Taliparam，Taliparamba	塔利帕兰
Tamraparni River	泰拉巴尼河
Tanavaca，Dinavaca	迪那瓦卡
Tana	塔纳
Tāndā	登达
Tanjore	坦焦尔
Tanur	塔努
Taprobana (Taprobane)	塔普罗班纳
Taprobane(Ceylon)	塔普罗班（即锡兰）
Tapti	塔普蒂河
Tarnassari	塔尔纳萨里
Tartary	鞑靼
Teārragei	提拉吉
Telingāna	特伦甘纳

Telingue	特林古
Tellicherry	代利杰里
Tenassêrim	丹那沙林
Tercera	特西拉
Ternate	德那地，又译作特尔纳特
Thekkumkur	特克坎库尔
Thêngâppattanam	腾伽帕坦南
Thermopylae	塞莫皮莱平原
Thin	秦尼
Thinai	秦奈
Tibet	西藏
Ticon	蒂康
Ticuari	特夸里
Tidore	蒂多雷岛
Timbuktu	廷巴克图
Tinnevelly	蒂鲁内尔维利
Tippera	提普尔拉
Tipura	提普拉
Tiramgoto，Tiruvankodu	蒂鲁万科都
Tiramunigate，Tiruyangad	提拉蒙尼加特
Tircore，Trikkodi]	提尔科尔
tiru-nádu	提鲁 - 纳都
Tiruvalur	蒂鲁沃卢尔
Tissoury	提素里
Tisvadi	提斯瓦迪
Titulia River	提图利亚河
Toledo	托莱多
Tolinate province	土林纳特省
Tomar	托马尔
Tordesillas	托德西里亚斯
Torres	特雷斯
Tosa	土佐
Toul	杜尔
Tranate	特兰纳特
Transylvania	特兰西瓦尼亚
Travancore	特拉凡科尔
Tremopatam，Dharmadam？	特里莫帕坦
Treviso	特雷维索
Trichandur	特里坎杜尔
Trincomalle	亭可马里
Trinidade	特立尼达岛
Tripoli	的黎波里
Triquinamale，Trincomalle	亭可马里
Tungabhadrā River	顿伽巴德拉河
Tunis	突尼斯
Turkestan	土耳其斯坦

Z

Zayton	刺桐
Zeeland	泽兰
Zimpagu	津帕古
Zipangu	吉潘古
Zurich	苏黎世

著作名

A

A Discourse of the Navigations which the Portingales do make	《葡萄牙航海纪事》
A Discovery of the Countries of Tartaria, Scythia, and Cataia by the North-east	《东北方向上的鞑靼、西徐亚和震旦诸国的发现》
A Treatise of Commerce	《商业论》
A treatyse of the newe India...	《新印度论》
Acts of Thomas	《使徒圣多默行传》
Anadipurana	毗湿奴本生
Ananta-purana	往世书
Anglo-Saxon Chronicle	《盎格鲁—撒克逊编年史》
Annal	《年鉴》
Arimaspea	《阿里玛斯普》
Armazens da Guiné e India	《几内亚和印度货栈实录》
Asia orbis partium maximae nova descripto	《亚洲全图》
Asia	《亚洲》
Avisi particolari	《葡属印度的轶闻录》

B

Bhagavan Bodhisattvascha	《博伽梵菩萨》
Bible	《圣经》
Bibliotheca Missionum	《传教会文献》
Book of Knowledge of All the Kingdoms, Lands, and Lordships in the World	《世间所有王国、陆地和政权知识要览》
Book of Marvels	《奇迹之书》
The Book of the Estate of the Great Caan	《大汗的国土与臣民》
Book	《巴尔博萨印度纪实》
Breve ravaglio...	《日本岛与日本国民皈依教皇史略》

C

Calcoen	《卡利卡特》
Cantari dell'India	《印度的坎托里》
Cartas... dos reynos de Iapão e China	《来自日本和中国的信札》
Catalan Atlas	《加泰罗尼地图集》

The Description of a Voyage Made by Certaine Ships of Holland into the East Indies, with Their Adventures and Successe……who Set Forth on the Second ofAprill, 1595, and Returned on the 14 of August, 1597　《荷兰船队的印度群岛历险……它们于 1595 年 4 月 2 日出发，1597 年 8 月 14 日返回》

Die Merfart un Erfarung nuwer Schiffung und Wege zu viln overkauten Inseln und Kunigreichen...　《印度纪行》

Discorso　《记述》

Divers Voyages touching the Discovery of America　《发现美洲及周边岛屿游记汇编》

Divine Comedy　《神曲》

Documenta Indica　《印度文献集》

Documentação para história das missões do padroado português do Oriente，1947-60　《葡萄牙人在东方保教区传教活动的历史文献集（1947-1960）》

Doutrina Christao　《基督要理》

E

Ea quae　《时事录》

Ecclesia militans　《教会无敌》

Epistolae indicae　《印度快报》

Etymologiae　《语源》

F

Fleurs des Histoires d'Orient　《东方的故事精华》

Flos Sanctorum　《诸圣之花》

Foral de usos e costume　《辖区和海关》

Francisci Xaverii epistolarum libri quatuour　《方济各会修士沙勿略的书简》

G

Genesis　《创世纪》

Geografia　《地理学》

Geografiska Annaler　《地理学纪事》

Geographia　《地理学》

Geographica　《地理学》

Geography of the Known World　《所知世界的地理学》

Gluttonary　《暴食》

Golden Legend　《黄金草原》

Gospel　《福音书》

H

Heures de Rohan　《大可汗国时代》

Historia de las missiones que han hecho los religiosos de la Compañia de Iesus, para predicar el Sancto Euangelio en la India Oriental, y en los Reynos de la China y Iapon　《东印度、日本和中国的耶稣会传教史》

Historia de las missiones...　《东印度、日本和中国的耶稣会传教史》

L

"La practica della mercatura" ("The Practice of Commerce")	《商贸实务》
L'image du monde	《世界图像》
La prática della mercatura	《商贸实务》
Laokoon	《拉奥孔》
Le livre du tresor	《宝藏书》
Lendas da India	《印度传奇》
Litterae annuae	《年度书简》
Livre des diversites	《天下奇闻录》
Livre d'heures	《时日书》
Loyola	《罗耀拉》
Lucidarius	问答录
Luke	路加福音
Lusiads	《卢济塔尼亚人之歌》
The Lusiads	《卢济塔尼亚人之歌》

M

Mahabharata	《摩诃婆罗多》
Maitry-Upanishad	《买提—奥义书》
mappemonde	《世界地图》
Marco's Millions	《马可百万》
Martydom of the Franciscans at Ceuta	《休达方济各会修士们的殉道》
Milione	《马可·波罗游记》
Militans ecclesia	《教会无敌》
Myriobiblon	《群书纪》

N

Navigationi	《航海记》
New Testament	《新约》
Newe unbekanthe landte	《新大陆》
News lately come from the great Kingdom of China	《来自大中国的最新消息》
Nouveau advis	《新见闻录》
Novus orbis regionum ac insularum veteribus incognitarum...	《世界上未知的陆地和岛屿》

O

Odyssey	《奥德赛》
Of the Island Giapan	《论日本岛》
Of the newe lands and of ye people founde by the messengers of the kynge of portyngale named Emanuel	《葡萄牙的国王曼努埃尔的信使讲述新发现的国家及其人民》
Opus Maius	《大著作》
Orlando Innamorato	《热恋的奥兰多》

P

padrão	《标准图》
Paesi novamente retrovati...	《新发现的国度》
Paesi	《新发现的国度》
Panchatantra	《五卷书》
Pantagruel	《巨人传》
Pardoner's Tale	《宽恕者的传说》
Parement de Narbonne	《纳博讷的织锦》
Periplus Circuit of the Erythrean Sea[Indian Ocean]	《环厄里特里亚海的航行 [印度洋]》
Periplus of the Outer Sea	《环游外海》
Periplus ofthe Indian Ocean	《扬帆印度洋》
Perle de cosmographie	《寰宇异珍》
Persica	《波斯》
Philosophoumenos	《哲学》
The Principal Navigations	《大航海》
The principall Navigations, Voiages and Discoveries of the English nation, made by Sea or over Land ... at any time within the compasse of these 1500 yeeres [1589-90]	《1500 年来任何时候……英国通过海路或陆路的重要的航行，旅行记述和地理发现（1589 年—1590 年)》

R

Rāganighantu	《拉贾尼汉图》
Ramayana	《罗摩衍那》
Relaçam...	《出使报告……》
Rerum a Societate Jesu in Oriente gestarum commentarius	《耶稣会东方传教记事》
Revelation	《启示录》
Reysgheschrift	《葡属东方航海旅行记》
Ring	《指环》
Romanus Pontifex	《教皇谕令》
Roteiro	《航线》

S

Sakuntala	《沙恭达罗》
Scripture	《圣经》
Semeianca del mundo	《环游世界》
Sommario di tutti li Regni, Citta & Popoli orientali...	《东方城市和居民大观》
Speculum Historiale	《历史通鉴》
Squire's Tale	《扈从的传说》
Suma oriental	《东方总论》
Summarium	《概要》
Supplementum chronicarum	《编年史补遗》

T

Ten Commandments	《十诫》
terra incognita	《未知的地域》
Theatrum orbis terrarum	《环宇大观》
Theatrum	《环宇大观》
Tome seconde de l'Afrique	《非洲第二卷》
Tractado de las drogas, y medicinas de las Indias Orientales, con sus plantas debuxadas al biuo	《东印度医药论》
Tratado...dos descobrimentos	《地理大发现概况》
Treaty of discovery	《发现条约》
Travels of Sir John Mandeville	《约翰·曼德维尔游记》
Travels	《东方见闻录》
Trcsoor der zcevaert	《航海财富》
Treaty of Alcáçovas	《阿尔卡索瓦斯条约》
Treaty of Cateau-Cambresis	卡托—康布雷齐条约
Treaty of Saragossa	《萨拉戈萨条约》

U

Universal Christian Topography	《基督教世界风土志》

V

Vedabba Sataka	《吠陀》
Viaggifatti alla Tana	《前往塔纳旅行纪实》
Viaggio dell'Indie Orienta Ii ... Nel quale si contiene quanto egli in detto viaggio ha veduto por lo spatio di 9.Anni consumati in esse dal 1579, fino al 1588...	《东印度群岛旅行指南……其中包括作者从1597年到1588年间所经过并观察到的9个地域……》
Viaggio di M. Cesare de Fedrici, nell' India Orientale, et oltra l' India...	《西泽尔·德·费德里奇先生在东印度群岛及印度之外的地区……的旅行记》
Vitae Sanctorum	《诸圣传》
Voyages	《航海行纪》

W

Warhaffiige Beschreibunge aller theil der Welt	《发现世界的旅行》
weltbuch	《世界书，全球景观和图像》
World Chronicle	《世界编年史》

专有名词

A

a New World	新世界
a Triple Alliance	三角联盟
Abdutes	阿卜杜特人

Augurale	奥古拉尔
Auguria	奥古里亚
Augustine	奥古斯丁
Augustinians	奥古斯丁会修士
Augustinian	奥古斯丁修会的
Avadhūtas	超越规范者
Avadhutas	下凡者
Avatars	毗湿奴的诸种化身

B

Badagás	伯德格人
Bahmani kingdom	巴赫玛尼王国
bajus	巴祖
Baltic States	波罗的海诸国
Baltic	波罗的海人
Baneanes，Banyā	巴涅人
Battle of Lepanto	勒潘多海战
Begada	毕加达，即无能者
Belgian	比利时人
Benetady	本奈塔迪
berid	金链
Berrio	波利奥号
Betunes，Vettuvans	比图奈人
Bhadia	巴蒂亚塔
Bhagavadgita	薄伽梵歌
Biabares	毗亚巴里
Bibliotheca Casanatense	卡撒那特图书馆
Bibliotheca Estense	埃斯腾斯图书馆
Bibliothèque de la Chambre des Députés	参议院图书馆
Bibliotheque Nationale	巴黎的国家图书馆
Bibliothèque nationale	国家图书馆
Bibliothèque Sainte Geneviève	圣·吉纳维芙图书馆
Bishop of Burgos	布尔格斯主教
Bishop of Oporto	奥波尔图的主教
Bishop Otto of Freising	弗雷辛的奥托都主教
Bishop Salazar	萨拉兹主教
Bisinegar	比新加
Black Death	黑死病
Black Sea	黑海
Bodleian Library	牛津大学博德莱安图书馆
Bohemian	波希米亚语
bombardeiros	火炮
Botthantis	波坦提人
Brabant groten	布拉班特格罗提
Brachmanes	婆罗门
Brahmanical	婆罗门教的

Brahmans	婆罗门教徒
Brahma	梵天
British Museum	大英博物馆
Brother of Christ	基督教教友
Buddha	佛
Buddhist	佛教徒
Burgundian Netherlands	勃艮第尼德兰公国

C

Cabai	卡拜
Cabaia	卡拜
Cabots	卡波特船队
Caesarean Majesty	国王陛下
Caimales	凯马尔
Caletis，Chaliyans	卡里提人
Cambridge	剑桥大学
Campo Santo	墓地
Canaquas，Kaniyans	卡纳奎人
Canon of Evora	埃武拉大教堂的神父
Cantonese	广州的，广州人
Capes Bojador	博哈多尔角
Capponi	卡博尼
captain	舰长
Cardinal Protector	红衣主教摄政者
Caremoran	卡里莫兰，即黄河
Carmelite	加尔默罗修会
Carnets des Cinqu Espèces	五种文献
Carnets du garbeau	加毕乌的文献
cartas d'alforia	自由的特权
Casa da Guiné e Mina	几内亚和米纳商行
Casa de Ceuta	休达商行
Casa de Contratacion	商务局
Casa de Guiné	几内亚商行
casizes	卡西兹，即穆斯林的阿訇
Castiglione planisphere	卡斯蒂廖内平面球形图
Castilians	卡斯蒂利亚人
Catalan	加泰罗尼亚语
Catalan	加泰罗尼亚人
Cathecumen House	天主教会所
Catherine，St.	圣·凯瑟琳
Catholic	天主教
caturs	卡特斯
cave-temple	大窟神庙
chacora	卡科拉
chadar	方披巾
Chandragupta	旃陀罗笈多王

Chapel of Saint Catherine	圣·凯瑟琳礼拜堂
Chatins	哲地
Chatis，Chettys	哲地
Chavallacars	查瓦拉卡人
Christchurch	基督城
Christendom	基督教世界
Christian Indies	基督教印度
Church of Our Lady of the Annunciation	天使报喜日的圣母玛利亚教会
Church of Our Lady of the Assumption	圣母玛利亚升天教堂
Cloyster	本堂神父
Cobertorim	科博尔托林
cocivarado	科西瓦拉多
Codex	法典
Collège de Guyenne	吉耶讷学院
College of Reis Magos	贤士学会
Collège of Sainte-Barbe	圣巴贝学院
College of St. Paul	圣·保罗神学院
College of the Holy Faith	圣信神学院
College of the Sorbonne	索邦神学院
Committee on Far Eastern Civilizations	远东文明研究委员会
Committee on South Asia	南亚研究委员会
condottieri	雇佣兵队长
Congo River	刚果河
contante carnaxies	"大法官"
Conventuals	方济各住院会
Cornell University Library	康奈尔大学图书馆
Corumbijns	克鲁姆毕金
Cota，Kotte	科特，意即城堡
Council of Lyons	里昂地方议会
Council of Trent	特伦多大公会议
Cremeti	克里米提
Crucifixion	十字架殉难场景
cruzados	克鲁扎多
Cuicavem	库卡文，可能是陶艺工
cuius regio, eius religio	君主决定臣属的宗教信仰
curumbis	库伦比人
Czech	捷克文

D

daimyo	大名，即封建领主
Dalay	大来，即扬子江
dala	达拉
Danish	丹麦语
Daquanis	达昆尼人
dārikhāna	达利克哈纳，波斯语，意思是宫殿

Franciscan	方济各会修士
Frankfurt am Main City Museum	法兰克福主要城市的博物馆
Frank	法兰克人
Fred Hall	弗雷德大厅
Frescobaldi	弗雷斯科巴尔迪的商行
Friars Minor	小托钵兄弟会
Fuggers	富格尔家族
fula	弗拉，即时运
Fulbright board	富布赖特基金委员会
Further India	更远的印度，即恒河及其以东地区

G

Gabali-Tana	贾巴里—塔纳
Gallego	加里格
Gancars	村落首领
Ganda	干达
Ganesa	象头神
Garden of Eden	伊甸园
Gate	盖特，即河边的山路
General Acquaviva	阿卡维瓦总领
General Congregation	首席圣会
Genoese	热那亚人
Gentile	异教徒
Goa Councils	果阿议政会
Gog	戈哥
Gospel	福音书
Gossembrods	戈瑟姆布罗德家族
Gothic	哥特式
Grand Khan	大汗
Grand Master	大主教
Grands voyages	"大航海行纪"
Great Caan	大汗
Greenlee Collection	格林利藏书室
Gualterotti—Frescobaldi syndicate	加尔德罗蒂—弗雷斯科巴尔迪商业组织
Gualterotti	加尔德罗蒂
Gujaratis	古吉拉特人
Gurus	古鲁教派
Gurzi	古尔兹
Guzarates，Gujarati banyu	古吉拉特巴涅人
Gymnophistes	金诺菲斯特

H

Hakluyt Society	哈克路特学会
Hanseatic	商业同业公会的
Hebrew	希伯来语
Hellenistic	古希腊的

J

Jains	耆那教徒
Jain	耆那教
Jesuit College	耶稣会士学院
Jesuit	耶稣会士
Jesuit Visitor	耶稣会巡阅使
Jewish	犹太教
jidalgos	贵族们
Jnanesvar	迦南斯瓦语
jógues	瑜伽派人士
jousi	占卜师
Judah	犹大
Junta	统治集团

K

Kaffirs	卡卡菲尔人
kalari	学校
Kalidasa	迦梨陀娑
kampaku	关白
Kanarese	卡纳拉人
Kanarese	卡纳拉语
Kaniyans	堪尼亚人
Karakorum	哈喇和林
kazhu	短桩
Kerala	克拉拉
Khorasanis	呼罗珊人
Khurasanis	呼罗珊人
King of Cochin	科钦王
kingdom of Kotte	科特王国
kingdom of Narsinga	纳尔辛格王国
kingdom of Persia	波斯王国
King-Hamy-Huntington chart	金—汉密—亨廷顿航海图
Klings	克林族人
Knight Errant	"游侠骑士"
Knights Templar	圣殿骑士团
Konkani	孔坎语
Kolattiri	克拉特里
kotwal	科特瓦尔
Kshatriyas	刹帝利
Kusavan	库萨文
Kutumbi	库顿比,即稻米种植者

L

Labbai	拉百的
Laksha-diva	拉克沙 - 代夫,即 100000 座岛屿
Land of Prester John	长老约翰的土地

lascar	大总管
Laurentian portulan	劳伦琴航海图
lei-laos	拍卖会
Leonhard	莱昂哈德号
Library of Congress	国会图书馆
Lingāyats	"林伽"派教徒
Lingāyat	林伽派
Lion of Judah	犹太之狮
Louvre	卢浮宫
Low Countries	低地国家
Low German	低地德语
Luke	路加福音
Lusitanians	卢济塔尼亚人
Luso-Indians	葡印混血儿
Luso-Indian	葡印混血的
Samo clan	萨摩藩

M

macuas	马库阿人
Madonna	圣母玛利亚
Madonnas	圣母像
Madura	马都拉
Magi	麦琪
Magog	马戈哥
Magot	马格特人
Mahamakham	摩诃摩卡姆，即大献祭
Mahāmakka	摩诃摩卡
Mahēsvara	湿婆
Mainatos，Mainattu	迈纳图
Mainattu	迈纳图
Malabar Church	马拉巴尔教堂
malagueta pepper	马拉盖塔椒
Malayāla Brahmans	马拉雅拉姆婆罗门教徒
Malayālam	马拉雅拉姆语
mal-diva	马尔—代瓦
Malis	马里人，即园丁种姓
Malpueres，Moplahs	莫普拉人
Mamelukes	奴隶军队马穆鲁克
mandapa	石头
Manens，Mamans	马南人
mangāt achan	摄政王
Mangelim	曼格林
Mangi	蛮子
Manichaean	摩尼教
Manuelina Naus.	曼努埃尔王的航船
Manueline	曼努埃尔式

maranos	犹太人
Marathi-Konkani	马拉地—孔坎语
Marathis	马拉地人
Marathi	马拉地语
Marcian Library	马西恩图书馆
Massachusetts Historical Society	美国马萨诸塞州历史学会
Maurya	孔雀王朝
Maynattos（Mainattu）	迈纳图
maynattos	梅纳图
Medes	米堤亚人
Medicis	美第奇家族
mendicant Observants	托钵修道会的严守派
Mesa da Consciencia	信教管理所
mesticos	混合人种
mesticos	混血人
Metropolitan	都主教
Middle Age	中世纪
Mikado	天皇
Ming dynasty	明王朝
Ming	明朝
Minor Friars(Franciscans)	圣方济各会小托钵会修士们
Mirabilia Dei	美好的基督化工作
Mogeres，Magers	马格人
Mogors	莫格尔人，即莫卧儿人
Mohammedans	伊斯兰教
Monastery of the Jeronimos	热罗尼莫斯修道院
Mongol Archer	蒙古弓箭手
Mongol peace	蒙古和平
Moor	摩尔人
Mophla	摩弗拉的
Moravian	摩拉维亚的
Moros	摩洛族
Mosaic Law	摩西律法
Moses	摩西
Mount Deli	德里山
Ms.	米制
Mugs	抢劫者
Mukkuvans	摩戈雅人
Mullah	毛拉
Mullas	毛拉
munchuas	蒙库阿，一种和马六甲的小船近似的水上交通工具
Muslin	穆斯林

N

Naires	总督

Pariah	贱民阶层
Parmentiers	帕尔芒捷家族
Parsees	祆教，即拜火教
Parsis	拜火教徒，即祆教徒
Parthian	帕提亚人，即安息人
Parus	帕卢人
Pase practice	巴赛惯例
Patamares	帕塔马里
patana	帕塔纳，即城镇
patangatins	帕坦伽汀
Pateles	帕特勒
Patemari	帕特马里
patolas	帕图拉斯
Patriarchs of Byzantium	拜占庭的元老
Patriarch	高级主教
Pattars	喀拉拉
Pattars	帕塔，即信差
Peace of Vervins	维尔文斯和平协定
Persian empire	波斯帝国
Persians	波斯人
pet projects	得意的规划项目
Petits voyages	"普通的航海行纪"
petty merchant-prince of great vigor	小零售商亲王
phala	因果报应
Piedmontese	皮埃蒙特的
Pillars of Hercules	赫拉克勒斯之柱
Pisans	比萨人
Plantin press	普兰汀出版社
Platonist	柏拉图主义者
Pole Antarctica	南极
Poleas，Pulayans	波利亚人
Polish-Silesian	波兰—西里西亚
Pond	市斤（荷兰语），相当于 0.494 公斤
ponente	西方
Porte	土耳其宫廷
Portingal	波汀高尔
Portuguese Academy of Sciences	葡萄牙科学学会
Portuguese Concordat	葡萄牙政教协定
Portuguese Cortes	葡萄牙国会
post-Ptolemaic	后托勒密的
post-scholastic	后经院学的
Po	波河
Prabhu	帕布
pre- Columbian	前哥伦布时代
pre-Portuguese period	前葡萄牙时期
Prester John	长老约翰

Pretorian	军事执政官的
Prince President of the Supreme Council of Indies	东印度群岛的王子最高理事会
Priuli	普利乌里
Procurator-General	首席庶务员
procurator	庶务员
propatriarchal party	亲教长派
Prophet	穆罕默德
Protestant	新教
provedor	供应商
Province of Bardez	都主教教省
pseudo-Callisthenes	伪卡里斯提尼
Ptolemaic	托勒密的
pygmy	俾格米人
Pythagoreans	毕达哥拉斯学说的

Q

Queen City	女王城
quintalados	空间

R

Raja of Chittoor	奇托尔的罗阇
rājyas	拉雅
Rani	拉尼
Rath-játra	拉特 - 亚特拉
Ravensara aromatica	罗文莎叶
Rayen，rāyya，rājā	罗阇
recevedor	收税员
Rector	院长
Reformation	宗教改革
regimento	规章
Reims Cathedral	雷姆斯大教堂
Reisbutos(Rajputs)	拉其普特人
religious padroado	保教权
Renaissance Tuscan	托斯卡纳文艺复兴
Renaissance	文艺复兴
Republic of St. Mark	圣·马克的共和政体
Resurrection of Christ	基督复活
Revoleens	里弗林人
Rialto	威尼斯的里亚尔托桥
Rites Controversy	礼仪之争
Roman rite	天主教的礼仪
Romans	罗马书
Romany	吉普赛人
Royal Academy of History of Madrid	马德里皇家历史学会
Rumes	鲁梅人，即土耳其或埃及人

S

S. Maria Novella	新圣玛丽亚教堂
Sabbath	安息日
Sack of Rome	罗马劫难
sacred cow	圣牛
sacred relics	舍利子
Sacred Sword	神圣之剑
salaams	敬礼
salema	撒勒玛
Saniskaras	清净经
Sannyasis	弃绝者
Sanskrit	梵文
Santo Vicentio	圣图·维森提奥号
Sãn Felipe	圣费利佩号
São Gabriel	圣伽布里尔
São Rafael	圣拉斐尔号
São Raphael	圣拉斐尔
São George da Mina	圣乔治城堡
Sapta-natha	萨菩塔—纳塔
Saracen	撒拉森人，即阿拉伯人
Sarkar	头人
Sati	萨提
satyrs	沙驼
Scheldt River	斯海尔德河
Schoolman	繁琐哲学家
scourge of God	上帝的惩罚
Scythians	西徐亚人
sea-lord	海上霸主
Second Borgia map	博尔吉亚第二地图
Secretary of State	国务大臣
Seignory	领主
Seine	塞纳河
Sephardic Jews	西班牙系犹太人
Seres	塞里斯人
Serra of the Malabar Christians	马拉巴尔基督教区塞拉
seta catuya	中国丝绸原材料
Shiite	什叶派教徒
Shintoism	神道
Shiva	湿婆
Shogun	幕府将军
Sienese School	锡耶纳画派
Sinhalese	僧伽罗语，僧伽罗的
Sinophilism	中国热
Sinus Magnus	大海湾
Sita	财神悉多
Siva	湿婆

Social Science of Research Committee	社会科学研究委员会
Society of Jesus	耶稣会
Society of Merchant Adventurers	商业冒险家协会
Southern Hemisphere	南半球
Spaniard	西班牙人
Spanish Augustinian	西班牙奥古斯丁会修士
Spanish Fury	西班牙人的愤怒
sri-koyil	寺庙
St. Francis	圣方济各会
States-General	荷兰国会
Strait of Formosa	台湾海峡
Strait of Magellan	麦哲伦海峡
Straits of Gibraltar	直布罗陀海峡
Sunnites	逊尼派教徒
Svetāmbara	白衣派
Synod of Diamper	戴拜教务会议
Syro-Malabar church	叙利亚—马拉巴尔教会

T

Tagalog	他加禄语
Tagus	塔霍河
Taiko	太鼓，一种官职的名称，意思是"亲王"或"摄政王"
tali	塔里，意思是"绳子"
Talixe	塔里舍
tambarane	檀巴兰
Tamil	泰米尔语
tanadar	塔纳达
Tanguts	唐古特人
Taquanqutes	塔宽库特人
taravad	家族群体
Tarigh，（Ta'rīkh）	塔里，即历史
Tartary	鞑靼地区
Tartar	达达，对一名亚洲奴隶的称呼
Tartar	鞑靼人
Telegu	泰卢固语，泰卢固的
Templars	互济会
ten Avatars of Vishnu	毗湿奴的十种化身
Tenasserim	特纳瑟林人
their Catholic Majesty	天主教国王
Thomas，St.	圣多默
Three Gates	三道门
Three Wise Men	东方三圣人
Thuringian Company	图林根公司
Tibetan	西藏人
Tamerlane	帖木儿的

tocha mourisca	"摩尔人的火炬"
Tokugawa shogunate	德川幕府
Torah	犹太教律
Tramezzino press	特拉梅兹诺出版社
Trans-Gangetic	横跨恒河的
Treaty of Saragossa	萨拉戈萨条约
Treaty of Tordesillas	托德西利亚斯条约
trecento	14 世纪
Trimūrti	三相神
Tri-murti	三相神
Tri-mūrti	三相神，即梵语所说的三种形式
Trinidad	特立尼达号
Trinitarian	三一修会会员
Trinity	三位一体
Tudor	都铎王室的
Tuias，Tiyans	图雅人
Turcoman	土库曼人
Turks	土耳其人
Tuscany	托斯卡纳
Tuscan	托斯卡纳的
Tuscan	托斯卡纳人

U

Uffizi	乌菲兹宫
Union of Tomar	托马尔联盟
Union of Utrecht	乌特列支联盟
United Provinces	荷兰联合省
University of Arizona	亚利桑那大学
University of Leyden	莱登大学
University of Padua	帕多瓦大学
University of Pisa	比萨大学
un-Ptolemaic	非托勒密的
Uzbeks	乌兹别克人

V

Vatican Library	梵蒂冈图书馆
vedor	审计官
Venetian	威尼斯人
Verteas	维尔提人
Vicar of Tomar	托马尔的副主教
Vicar-General	副主教
Vice-Province custody	副辖区
Victoria Gardens	维多利亚花园
Victoria	维多利亚号
Vighnanasaka	毗南纳萨迦
Vinayaka	毗纳耶迦

Vindhyan	温迪亚的
Virgin	圣母玛利亚
Vishnu	毗湿奴
Volga	伏尔加河
Vyabari	毗亚巴里
Vyasa	毗耶娑

W

Walloon	华隆语
Welsers	韦尔泽家族
West Virginia University	西弗吉尼亚大学
wild game	野外的猎物
Winona College	威诺纳学院
Wolfenbüttel chart	沃尔芬布特尔航海图
World War I	第一次世界大战
World War II	第二次世界大战
Wyse Salomon	智慧的所罗门

Y

Yangtze	扬子江
yatis	耶提
Yellow River	黄河
Yogaraj Tilaka	瑜伽派的提拉克
Yoga	瑜伽派
yogis	瑜伽修行者

Z

Zamorin	扎莫林

索 引[①]

A

阿比西尼亚人 Abyssinians，283，401，422；扩张 expansion，20；长老约翰的传说，27，169

阿卜杜拉可汗（乌兹别克统治者） Abdullah Khan（Uzbek ruler），453

阿布雷乌 Abreu，220

阿布 - 乌尔 - 法兹尔（阿克巴宫廷的波斯历史学家） Abu-u1-Fazi（persian historian at Akbar's court），464n.

阿迪勒汗，比贾布尔的统治者 Adil Khan，ruler of Bijapur，237，434，444，470 n.

阿尔巴的公爵 Alba，Duke of，130

阿尔宾，约翰内斯 Albin，Johannes，320

阿尔伯克基，阿方索·德 Albuquerque，Afonso de，106，161；保教区内部的管理体制，233；攻占果阿，113；攻占马六甲，113，166，167，168；攻占霍尔木兹，112；去世，113；在古吉拉特，395；信件，192；1513 年与卡利卡特签约，113

阿尔伯克基，布拉兹·德 Albuquerque，Braz de，192，203，325

阿尔丁出版社 Aldine press，180，205，337

阿尔杜斯，保卢斯·马努提乌斯 Aldus，Paulus Manutius，150，205

阿尔法罗，佩德罗·德 Alfaro，Pedro de，297

阿尔加维 Algarve，52

阿尔金 Arguim，53

阿尔卡科瓦，佩德罗·德 A1çacova，Pedro de，290

阿尔卡拉 Alcala de Henares，183，184

阿尔卡索瓦斯条约（1479 年） Alçacovas，treaty of（1479），55，56

阿尔萨斯 Alsace，138

阿尔坦兄弟 Altan brothers，468 n.

阿尔瓦雷斯，弗朗西斯科 Alvares，Francisco，434

阿尔瓦雷斯，贡萨罗 Alvares，Gonçalo，255

阿尔瓦雷斯，豪尔赫将军 Alvarez，Jorge，captain，283

阿尔瓦罗，恩里克 Alvaro，Henrique，231，232

---

① 本书索引所标页码为原书页码，见本书边页码。——译者注

711

B

巴塞罗纳　Barcelona，183

巴特卡尔（印度）　Bhatkal（India），373

巴特勒，萨缪尔　Butler，Samuel，397 n.

巴特那（印度）　Patna（India），9，454，480，481

巴特 - 沙尔（位于喀曲海湾的巴特岛）　Bate-shar（on Bate Island in the Gulf of Kutch），402

巴西　Brazil，51，114，128；卡布拉尔的"发现"，100，105；与葡萄牙的关系，57，120，152

巴扎乌斯，加斯帕尔　Barzaeus，Gaspar，252，318，323，432 n.，433，439，442，444，445

巴占岛（马鲁古群岛）　Bachan island（Moluccas），289；皈依基督教，288；耶稣会士，288；葡萄牙联盟，288

巴祖，马拉巴尔人的衬衫　Bajus，Indianjackets，354

白檀木：吉罗拉莫·达·桑托·斯提芬诺的描述　Sandalwood：Santo Stefano's description of，64

白衣派（耆那教教派）　Svetāmbara（Jain sect），459

百万（马可·波罗）　Il Milione（Marco Polo），35，38

柏拉图　Plato，169

柏拉图主义：约翰·司各特·埃里杰纳作为代表人物　Platonism：John Scot Erigena as exponent of，24

柏朗嘉宾的约翰　John of Plano Carpini，31-32，33，78，80，85；出使蒙古，31-32；《蒙古人的历史》，32

拜蒂克洛（锡兰）　Batticaloa（Ceylon），344

拜火教徒　Parsis，43，405；在阿克巴的宫廷，275

拜占庭　Byzantium，19；艺术方面的影响，72，73；作为中介国家，21，44，50，74，81；托勒密的传统，67，68；养蚕业，29，45

班达群岛　Banda Islands：在欧洲地图上的位置，70；瓦尔塔马，166

班纳斯塔林（果阿）　Banastarim（Goa），389

坂井（日本）　Sakai（Japan）；加斯帕尔·维勒拉，291

保教区（葡萄牙人）　Padroado（Portuguese），328，433；活动，233，239，242，245，262；中国，294；限定，230，231，235；意大利人，258；日本，294；耶稣会士，247，249，313；与罗马教皇的关系，294；圣多默基督教徒的地位，266-67；西班牙人，298

保克海峡　Palk Strait，472

保罗斯基，克里斯托夫　Pawlowski，Christophe，468

豹子：送给教皇的礼物　Leopards：gift to papacy，167

豹子：送给教皇的礼物　Panther：gift to papacy，167

鲍蒂斯塔，佩德罗　Bautista，Pedro，306，307

《暴食》（热那亚）　Gluttonary（Genoa），73

北京　Peking，34，35，38，39，40，43，44，45，80；地图，67；葡萄牙人的第一支传教团，187；

C

234，236；历史，402-3；传教机构，264；奥尔塔，193；葡萄牙人的攻击，393，395；葡萄牙语文献，396；1538 年被围困，395；1546 年被围困，128，237，395；重要的战略地位，394；贸易中心，394，402

蒂多雷岛（马鲁古群岛） Tidore island（Moluccas）；安东尼奥·德·布里托的知识，176；麦哲伦的船员，116，117；皮加费塔的论述，176；葡萄牙人的堡垒，289

蒂康（苏门答腊）：迪耶普的水手 Ticon（Sumatra）：sailors of Dieppe in，178

蒂鲁内尔维利（印度） Tinnevelly（India），408

蒂鲁万科都（印度） Tiruvankodu（India），353

蒂鲁沃卢尔（印度） Tiruvalur（India），410，466

丁香 Cloves，96；皮加费塔的论述，176；吉罗拉莫·塞尼吉的论述，156；瓦尔塔马的论述，166；**亦可参见香料贸易**

东方：在贝亚图斯的地图上 East：on Beatus chart，24；地理划分，3-4，19，23，75；在古希腊地图上，14；"印度"作为同义词，24；中世纪的表述，66；文艺复兴时期的表述，59，亦可参见亚洲

《东方的故事精华》 *Fleurs des Histoires d'Orient*，78

东非：杜阿尔特·巴尔博萨 East Africa：Duarte Barbosa in，170；果阿都主教的管辖，235，240，241

东南亚：阿尔伯克基的论述 Southeast Asia：Albuquerque on，192；制图学，67；地理构造，37，67；地域限定，4；耶稣会士不够关注，285；马来人的权势，433；葡萄牙人的军事控制，262；**亦可参见马六甲**

东亚：地理划分 Eastern Asia：definition，4

东印度公司（英国） East India Company（English），214，215

东印度群岛：在《世间所有王国、陆地和政权知识要览》一书中 East Indies：in *Book of Knowledge of All the Kingdoms，Lands，and Lordships in the World*，59；被称作"印度，"24；制图学，220，221，222-23，225，226；地理划分，4；早期欧洲人的认知，20，22，59，65；荷兰人首次到达，489；在古兹曼的作品中，328；果阿都主教的管辖，235，240；在马菲的作品中，326；曼德维尔的论述，79；特兰西瓦尼亚的马克西米利安的论述，172；皮加费塔，176；葡萄牙人的勘探，115，176；罗杰·培根的论述，42；在保教区中的地位，230；亚历山大大帝对其不够了解，8；沙勿略，285，**亦可参见马鲁古群岛；菲律宾群岛；香料群岛**

东印度人：在果阿 East Indians：at Goa，263

杜蒂戈林（印度） Tuticorin（India），408，428；方济各会的传教机构，235；耶稣会士，271

杜尔的富尔康，尼古拉斯 Faulcon，Nicholas，of Toul，42

杜尔信德（迪乌尔或者迪瓦尔海港与信德的联合体） "Dulcinde"（a combination of Diul，or the seaport of Dival，with Sind），396

杜朗，弗朗西斯科 Durão，Francisco，434 n.

J

K

L

N

帕坦人　Pathans，456，473

帕特马里（种姓）　Patemari（caste），485

帕提亚　Parthia，42；圣多默，25

帕提亚人：作为中介　Parthians：as middlemen，13

帕西奥，弗朗西斯科　Pasio，Francesco；与桑切斯相遇，299

帕伊瓦，阿方索·德　Paiva，Afonso de，64，94

拍卖会　lei-laos（auctions），482

派恩罗斯，博伊斯　Penrose，Boies，223

潘达纳尔（印度）　Pantalayini（India），351

潘迪亚：垄断帕拉旺的采珠业　Pandya：Paravan pearl-fishing monopoly of，236

旁遮普　Punjab，9，420

培根，罗杰　Bacon，Roger，34，42，64，70

佩德罗，葡萄牙王子　Pedro，prince of Portugal，53，63，151，159；旅行，52

佩格罗提，弗朗西斯科·巴尔杜奇　Pegolotti，Francesco Balducci，45-46，474

佩加多，安东尼奥　Pegado，Antonio，435

佩雷格里尼，杰拉尔德　Peregrini，Gerard，40

佩雷拉，迭戈　Pereira，Diogo，284，436

佩雷拉，杜阿尔特·帕切科　Pereira，Duarte Pacheco，95

佩雷拉，加利奥特　Pereira，Galeote，211

佩雷拉，朱利安　Pereira，Julian，457；在阿克巴的宫廷，275

佩雷斯，弗朗西斯科　Peres，Francisco，265，434；试图进入中国，295-96

佩鲁贾的安德鲁　Andrew of Perugia，40，41，43

佩鲁马尔，马拉巴尔的统治者　Perumal，ruler of Malabar，348，**亦可参见马拉巴尔**

佩鲁奇，乔万尼·巴蒂斯塔　Peruschi，Giovanni Battista，330，452-53，465

佩萨罗（意大利）　Pesaro（Italy），82

佩斯，多明戈　Paes，Domingo，187，191，370

皮尔利亚帕塔姆（印度）　Periapatam（India），271

皮加费塔，安东尼奥　Pigafetta，Antonio，173-76，181，184，337；在宿务，175-76；马来语词汇表，176；作品手稿，175；对马鲁古群岛的论述，176；游历欧洲，173-75；与威尼斯的关系，173 n.，174，175；在罗马，174-75；文献资料，173

皮克海默，威利巴尔德　Pirckheimer，Willibald，164

皮雷斯，多明戈：出使阿克巴的宫廷　Pires，Domingo：on mission to Akbar，277

皮雷斯，托梅　Pires，Tome，153，169，185-86，188，191，226，338，388，409，427；对孟加拉的论述，415-16；对古吉拉特的论述，395，398；其作品对印度的描述，340-42；可靠性，339；对维查耶纳伽尔的论述，370

R

S

T

W

X

Y

Z

2008 年度教育部哲学社会科学研究重大课题攻关项目

"西方中国形象的变迁及其历史和思想根源研究"资助成果

"十二五"期间（2011-2015 年）国家重点图书出版规划项目

第一卷　发现的世纪

[美] 唐纳德·F.拉赫　著

第 二 册

胡锦山　译

欧洲形成中的亚洲

ASIA IN THE MAKING OF EUROPE

[美] 唐纳德·F.拉赫　著

周宁　总校译

人民出版社

目　录

插图目录

第七章　东南亚

在大部分人的印象中，东南亚由两大地理区域构成：一块是孟加拉国以东
与中国以南的半岛；另一块是位于苏门答腊、菲律宾及新几内亚三角地带间的
海岛。大陆各国的经贸活动是沿着南北方向的河流展开，而群岛则沿东西航线
蔓延。16 世纪，这些航线大都汇集交叉于马六甲，马六甲由此成为大陆国家
和这一群岛的商业中心。与这一地理复合体无关的几个地方，如拉德龙群岛
（Ladrones，马里亚纳群岛 [Marianas]）将一并在本章提及。澳大利亚不在其列，
因为当时的印刷资料没有提及。虽然葡萄牙历史学家们依 16 世纪地图上的证
据，声称大约在 1522 年的时候，欧洲的航海者们到过澳大利亚，并带回了当地
的相关信息。但由于当时葡萄牙当局的保密政策，以致今日有关葡萄牙人在 16
世纪发现澳大利亚的证据相对不足和模糊。[1]

第一节　印刷资料述评

毫无疑问，葡萄牙人设法隐瞒了已出版的印刷资料和地图，唯恐泄露它
所掌握的澳大利亚及新西兰的信息，走漏风声，招致以西班牙为主的潜在竞争

对手共同争夺香料贸易资源。此举的确成功阻止了其他国家觊觎澳大利亚和新西兰的企图。当然，外国政府及商行的密探与代理人肯定能取得地图和航线海图的复本，一些感兴趣的外界人士，如奥格斯堡（Augsburg）[1]的波伊廷格（Peutinger），也收集到了相当多的此类文献。[2]但由于各种原因，[3]1500年前，出自重要葡萄牙作者笔下的东印度群岛记述皆未付梓。16世纪中期以前面世的关于香料贸易的航线海图和小册子，均为非葡萄牙人的作品，这些人或受雇于葡萄牙人，或亲历航海旅程，或与那些幸运归来的海员进行访谈，从而得到信息。当然，相对于这种资料隐瞒的一个例外是，葡萄牙王权对在亚洲获得的成功一般都会大造声势地加以公布。

有关东南亚的第一份印刷资料是1510年出版的卢多维科·迪·瓦尔塔马（Ludovico di Varthema）的《博洛尼亚人卢多维科·德·瓦尔塔马游记》（*Itinerario*）。虽然学术界对瓦尔塔马本人是否真的到过锡兰东部一直心有存疑，[4]但我们揣测，其书中有关丹那沙林（Tenasserim，丹老 [Mergui]）、勃固（Pegu）、马六甲（Malacca）、苏门答腊（Sumatra）和香料群岛（Spice Islands）的有关资料应该能追溯到1505—1506年。[5]直到"维多利亚"号（Victoria）[2]回到西班牙后，欧洲再也没有出版过关于这个地区的其他读物。为获悉香料群岛的秘密，许多学者、外交官、高级教士和国王们殷勤招待并会见麦哲伦远征队（Magellan's expedition）的幸存者。1523年，特兰西瓦尼亚的马克西米利安（Maximilian of Trallsylvania）的《马鲁古群岛》一书（*De Moluccis insulis...*）[3]在科隆和罗马出版，该书以作者对远征队幸存者的访谈为基础，向欧洲提供了关于马鲁古群岛（Moluccas）基本情况的第一手信息。两年后，根据皮加费塔（Pigafetta）经历报导的缩简版在巴黎第一次付诸印刷，标题为《马鲁古群岛游

---

① 德国城市。——译者注

② 史上第一艘完成环球航行的船只。1519年8月10日，由麦哲伦率领，包括"维多利亚"号在内的5艘船只由西班牙港口塞维尔出发，开始向西航行。因麦哲伦被杀，最后只剩下"维多利亚"号独自返回西班牙。——译者注

③ 该书全名为：*De Moluccis insulis: itemq[ue] alijs pluribus mira[n]dis, quae nouissima Castellanorum nauigatio Sereniss. Imperatoris Caroli. V. auspicio suscepta, nuper inuenit.*

记》（*Le voyage et nauigation faict par les Espaignolz es isles de Mollucqlles*）。[6]
皮加费塔是麦哲伦远征队参与者中唯一留下文字记录的人。他的著作极为重要，
因为他在书中记录了米沙鄢人（Bisayan）[①] 和马来人（Malayan），并且对东南亚
贸易习惯进行了全面细致的描述。直到 1543 年《前往塔纳游行纪实》（*Viaggi
fatti alla Tana*）出版，皮加费塔的故事在威尼斯家喻户晓，关于马六甲、苏门
答腊和马鲁古群岛的新鲜事，才以印刷形式出现在亚得里亚海（Adriatic）香料
中心一带。

　　麦哲伦船员幸存者成功周游世界掀起的余波是，至少两个以上的西班牙探
险队启航远征，经太平洋前往香料群岛。尽管这些航行并未成功，但却有助于
西班牙国王查理一世（Charles I）对马六甲所有权的主张。不过在 1529 年葡萄
牙支付了一笔转让金后，查理一世最终放弃了马六甲[②]。虽然西班牙和葡萄牙之
间的这个协议正式结束了马六甲之争，但西班牙人，特别是那些身在新世界的
西班牙人，仍对东方充满了憧憬，他们还计划在东南亚建立一个贸易和传教据
点。奥维耶多（Oviedo）的编年史（第二十册论述到东方，1548 年第一次出版）
和戈马拉（Gómara）的编年史（1552 年出版）汇总了通过西班牙航海到达香料
群岛的信息，并首次向欧洲提供了关于菲律宾、婆罗洲（Borneo）[③] 和香料群岛
的文字记载。

　　1550 年出版的赖麦锡（Ramusio）的《航海旅行记》（*Navigationi*）第一
卷，首次囊括了该世纪中期所能得到的关于东南亚的大多数资料。这个意大利
收藏家在同一卷上收录了当时被认为是阿里安（Arrian）所著的《扬帆印度洋》
（*Periplus of the Indian Ocean*），和 15 世纪尼科洛·德·孔蒂（Nicolò de' Conti）
的游记。他根据手稿复制了该世纪早期由托梅·洛佩斯（Tomé Lopes）、乔万
尼·达·安坡利（Giovanni da Empoli）和安德里亚·科萨利（Andrea Corsali）
关于香料贸易的信件。他以意大利文再版了瓦尔塔马（Varthema）的《博洛尼

495

----

① 菲律宾土著民族。——译者注

② 西班牙东北部省份。——译者注

③ 加里曼丹的旧称。——译者注

亚人卢多维科·德·瓦尔塔马游记》(Itinerario)。因为赖麦锡认为瓦尔塔马一书的原始文本错误连篇，难以保证再版的质量。他还收录了一些关于西班牙人周游世界的记述，这些记述来自被译成意大利文的特兰西瓦尼亚的马克西米利安著述的拉丁文本和皮加费塔著述的法文文本。他还首次出版了胡安·戈坦诺（Juan Gaetano，也译为伊凡·盖坦 [Ivan Gaetan]）的纪实作品，该书记述了1542年由鲁伊·洛佩斯·德·维拉罗伯斯（Ruy Lopez de Villalobos）率领的远征探险，这次探险从墨西哥穿过太平洋到达马鲁古群岛。尽管在意大利译本中，赖麦锡收录了托梅·皮雷斯（Tomé Pires）《东方总论》（Suma oriental）一书的大部分内容，但他仍无法因此名列从事该群岛和马六甲研究的第一流学者行列，因为他的书直到1944年时仍未付诸出版。然而，赖麦锡版本包括皮雷斯对柬埔寨（Cambodia）、占婆（Champa）①、交趾支那（Cochin-China）、缅甸（Burma）、暹罗（Siam）、勃固（Pegu）②和阿拉干（Arakan）③的简要记载，还有在马六甲和香料群岛之间与印度、勃固和大陆东南亚其他部分贸易的相关参考资料。杜阿尔特·巴尔博萨（Duarte Barbosa）可能从未到过印度东部，他的《巴尔博萨印度纪实》（Book）中有一些关于东南亚的资料，尽管这些资料不具权威性，但仍被赖麦锡收录在他的第一卷意大利文全译本中。

在1554年第一卷的扩增版中，赖麦锡增加了一幅东印度群岛的地图（可能由贾科莫·加斯塔尔迪 [Giacomo Gastaldi] 绘制）、两封来自马六甲的耶稣会士信件的意大利译文，和一个从马鲁古群岛乘坐"维多利亚"号回到葡萄牙的人对香料群岛的有关描述。第二卷收录的是从陆路进入亚洲旅行的有关文章，其第二卷第一版（1599年）的内容包括了他翻译的马可·波罗的文章等，而第二版（1574年）则包括了波代诺内的鄂多立克（Odoric of Pordenone）的旅行笔记。首版于1556年的《航海旅行记》第三卷，主要涉及美洲，但他在其中还收录了一些作者的著述，如奥维耶多（Oviedo）对西班牙的太平洋探险的评

---

① 印度支那古国。——译者注

② 缅甸南部城市。——译者注

③ 缅甸西部地名，也译作若开。——译者注

论，还收录了皮埃尔·克里尼翁（Pierre Crignon）1529 年从法国到苏门答腊的航行描述。[7]

　　与赖麦锡汇编同时面世的用葡萄牙文出版的重要的东南亚资料是：卡斯塔涅达（Castanheda）的《葡萄牙发现和征服印度的历史》（*História*），① 阿尔伯克基（Albuquerque）的《阿方索·阿尔伯克基评论集》（*Commentarios*）②，巴罗斯（Barros）的《亚洲旬年史》（*Décadas*）③，安东尼奥·加尔旺（António Galvão）在《地理大发现概况》（*Tratado ... dos descobrimentos*，里斯本，1563 年）中的资料，达米奥·德·戈伊斯（Damião de Góis）的《唐曼努埃尔王编年史》（*Chronica do felcíssimo Rey D. Manoel*，里斯本，1565 年），和豪尔赫·德·莱莫斯（Jorge de Lemos）的《安东尼奥·莫尼斯·巴雷托时期的马六甲围困史》④（里斯本，1585 年）。除了最后一部，这些书都涉及 16 世纪上半叶东南亚的事件。然而，耶稣会历史学家马菲（Maffei）等葡萄牙史学家的注意力都局限于顶峰期的葡萄牙帝国。直到 17 世纪，两位受雇于西班牙的史学家迭戈·杜·科托（Diogo do Couto）和苏查（Manuel de Faria e Sousa），才尝试撰写葡萄牙帝国衰败的通史，不过，由于缺乏资料，他们无可奈何地留下了 1575 年至 1580 年这五年的空白。[8]

　　1528 年到 1538 年，卡斯塔涅达驻留亚洲，其间可能游历过马六甲和马鲁古群岛。他在著述中声言，凡所述之地他均游历过；杜·科托（Do Couto）是 16 世纪末果阿档案保管者，在其《亚洲》（*Asia*）一书中，他记录了卡斯塔涅达从印度东部远至马鲁古群岛的游历。[9] 卡斯塔涅达的八册《葡萄牙发现和征服印度的历史》（*História*）⑤ 出版于 1551 年至 1561 年。从第二册到第六册

---

① 该书全称为：*Historia de deseobrimento e conquista da India*。——译者注

② 该书全称为：*Commentarios de Afonso Dalboquerque*。——译者注

③ 该书全称为：*Décadas da Ásia*。——译者注

④ 该书全名为：*Historia dos cercos que em tempo de António Monis Barreto, Governador que foi dos estados da India, os Achens, e Iaos puserão à fortaleza de Malaca, sendo Tristão Vaz da Veiga capitão della*。——译者注

⑤ 该书全名为：*Historia do descobrimento e conquista da India pelos Portuguezes*。——译者注

（1552—1554 年出版），他主要描述从 1511 年至 1542 年与葡萄牙人活动相关的东南亚。虽然其第一册在 16 世纪被无数次地译成各种文字，但涉及东南亚的著作（第二—六册）却仅被译成意大利文，而且直到 1577 年至 1578 年才出现在威尼斯。

在对东南亚的评述中，卡斯塔涅达紧紧追随着葡萄牙的海外冒险事业，对当地情况关注甚少。相比巴罗斯（Barros），尽管他对地理描述兴趣不大，然而他却对马六甲、马鲁古群岛和勃固的社会和经济生活状况做了极为详细的描述和评论。卡斯塔涅达可能使用了巴尔博萨（Barbosa）关于东南亚贸易和港口的一些资料，当然他并未对此加以承认。其叙述总体上单调乏味，但是，当他描述在马六甲、德那地岛（Ternate）和蒂多雷岛（Tidore）遭遇到的种种困境时，笔触却是鲜活生动——也许这是他在这些地方可能确实生活过的又一迹象。

《阿方索·阿尔伯克基评论集》（*Commentarios de Afonso Dalboquerque*，里斯本，1557 年，修订版，1576 年），是这个伟大船长的儿子根据他父亲写自东方的信件编纂的，该书揉合了编者直接的观察资料和间接得来的报告，生动地叙述了 1511 年葡萄牙围攻和征服马六甲的事件，这是阿尔伯克基在东南亚唯一的亲身经历。书中，马六甲及其近邻自然成了编者关注的重心，其他如与暹罗关系的开始和派遣远征队前往马鲁古群岛进行探险，阿尔伯克基也做了描述。他还简略地提及苏门答腊岛、勃固、爪哇岛和彭亨（Pahang）等①。缩简版《阿方索·阿尔伯克基评论集》（*Commentarios*）详细介绍了马来伊斯兰教君主统治下的马六甲历史。关于围攻和占领马六甲，《阿方索·阿尔伯克基评论集》中的描述与赖麦锡出版的乔万尼·达·安坡利（Giovanni da Empoli）的信件存在着相当大的分歧。由于阿方索·阿尔伯克基信件的原件早已不复存在，所以无论布拉兹·德·阿尔伯克基（Braz de Albuquerque）对其父的报告做过什么手脚，《阿方索·阿尔伯克基评论集》中的记载都极具价值。[10]

虽然有关东南亚各部分的参考资料散见于巴罗斯的整部《亚洲旬年史》（*Décadas*）中，但只有第三个十年（相关年份从 1515 年至 1525 年，这一部分

---

① 马来半岛东南部的州。——译者注

资料直到 1563 年才出版）才广泛涉及这一地区。由于巴罗斯从未游历过亚洲，他的著作必然完全以其他人的报告为基础，这一事实可能有助于解释他何以收录了几个令人难以置信的传闻。不过，他在书中已对他能找到的官方和非官方资料进行了全面系统的研究，这足以抵销他的无心之失。巴罗斯将该地区作为一个整体加以考察，远比这一世纪其他人做得更为系统全面。巴罗斯对苏门答腊的描述直到 18 世纪仍无人能够超越，但他关于爪哇岛和印度支那的信息掌握得不够完整，因而读者难以期望从作者那里得到像对苏门答腊的描述一样清晰广博的知识。[11] 但是，与皮雷斯（Pires）和其他现场报导的作家不同，巴罗斯著作各部分的安排更为合理。他认识到，在印度和中国之间的地带与前两者既相似又不同。巴罗斯一直对穆斯林充满敌意，他认为勃固和暹罗为异教徒所控制。尽管他意识到印度群岛的财富，但他并未像许多葡萄牙人一样，在整个地区的经济和政治生活中过高估计群岛和马六甲的重要性。

1585 年，莱莫斯（Lemos）的书问世后，葡萄牙的世俗作家们再未能提供更有意义的资料。出版于 1585 年至 1601 年间的书籍同样来自外来者的手笔，这些稍后的资料可以分成三类：从菲律宾和墨西哥获得东方信息的西班牙人的记述；意大利和北欧旅行商人和探险者的纪实；耶稣会士的书信集与历史记录。

两部西班牙人的著述分别出现在 1585 年和 1590 年，作者是在美洲有传教经验并关心东南亚的修道士。其中第一本出自奥古斯丁修会会士胡安·冈萨雷斯·德·门多萨（Juan González de Mendoza）之手，名为《中华大帝国史》（*Historia de la cosas mas notables, ritos, y costumbres, del gran reyno de la China*，罗马，1858 年）。[12] 正如书名所示，这部煌煌巨著主要论述的是中国，但最后几章也包括马六甲、印度支那和菲律宾的一些值得关注的资料。门多萨对这些地方所做评论的依据是，第一个耶稣会会长的亲戚马丁·依纳爵·德·罗耀拉（Martin Ignatius de Loyola）以及他本人作为方济各会传教士于 1579 年左右在当地的经历。第二本书是著名的耶稣会人文学者何塞·德·阿科斯塔（José de Acosta）神父的作品，他长期旅居墨西哥，并在这个西班牙帝国的活动中心了解到东亚的相关消息。阿科斯塔的这个多卷本首先用拉丁文出版（1588—

498

1589 年），1590 年在塞维尔全部出齐，书名为《印度自然与道德史》（*Historia natural y moral de las Indios*）。虽然阿科斯塔的著作以新世界为中心，但其中也有对东印度群岛零散的评论。该书引人注目之处在于，它是从学者的角度研究东南亚，展现了 16 世纪后期一个有着海外经历的的人文学者是如何设法将古代记录中的亚洲知识与更新的信息整合为一体的。1587 年至 1599 年间，对东南亚做出评论的意大利、荷兰和英国商人出版了他们的著述。威尼斯人费德里奇（Fedrici）的《索里亚航线东印度游记》（*Viaggio*，①1587 年）记录了他到印度以东地区的三次经历，其中后两次他参与了坎贝（Cambay）和勃固间的鸦片贸易。他第一次也是时间最长的东南亚之行发生在 1566 年至 1569 年，其间他访问了北苏门答腊（亚齐 [Achin]）、马六甲、丹那沙林（Tenasserim，丹老 [Mergui]）、土瓦（Tavoy）和马达班湾（Martaban）。他的第二次旅行似乎仅限于勃固，时间大约在 1572 年至 1573 年间。第三次旅程似乎仍在勃固，时间最迟在 1577 年至 1578 年间。[13] 考虑到费德里奇可能有记日记的习惯，以这些经历进行写作就不令人意外了，他也因此能够为人们提供 16 世纪欧洲人关于缅甸（勃固）最为全面精确的记录。[14]

　　1590 年，另一个威尼斯人加斯帕罗·巴尔比（Gasparo Balbi）的《东印度游记》（*Viaggio*）出版了②。作者一丝不苟地注明了他的旅程日期，从中可知，他在勃固待了两年多（从 1583 年到 1586 年）。虽然书中巴尔比盗用了费德里奇关于印度的大量评论，但他对一些事件的记录和对勃固的描述仍为人们提供了可资借鉴的参考文献，[15] 由此得到欧洲同时代人的重视。当《东印度游记》最终以英译本形式出现在珀切斯（Purchas）的《珀切斯游记大全》中时，[16] 其中印度部分除圣多默（St. Thomas）和纳格伯蒂讷姆（Negapatnam）外，其他资料都被省略了，但关于勃固的记述却仍被全盘收录其中。

　　林斯乔坦（Linschoten）1583 年至 1588 年间住在印度西部，1596 年，他

499

---

① 该书全名为：*Viaggio nell'India orientale e oltra l'India per via di Soria*。——译者注

② 该书全名为：*Viaggio dell'Indie orientali*。——译者注

完整出版了自己的《林斯乔坦葡属东印度航海记》（*Itinerario*）一书①。林斯乔坦虽然从未到过印度东部，但他设法从果阿获得系统的资料，并在返回家乡后借助相关书籍和地图，对东南亚各地重新进行全面的介绍。在关于东方植物群和动物群的专题论文中，林斯乔坦论及了东方的珍奇动植物，如勃固的大象、马六甲的巨型甲壳类动物及婆罗洲具有较高经济价值的樟脑等。1597年，林斯乔坦的书出版后一年，第一本荷兰人关于爪哇的旅行纪实在米德尔堡（Middelburg）②出版，其后一年又出版了英译本。[17] 尽管这个故事主要叙述航行问题和与荷兰船长间的冲突，但其中也对影响爪哇贸易的因素进行了评论。

拉尔夫·费奇（Ralph Fitch）是第一个到访东南亚的英国人，他记录了自己在那里的经历。1599 年哈克路特出版了费奇的游历。费奇于 1586 年抵达勃固，随后一年他到暹罗掸邦（Shan states）的清迈（Chiengmai）旅行。回勃固后，他又于 1588 年前往马六甲，收集了那里的贸易信息资料。此后他沿着马达班湾回到勃固，稍做休整后，开始了返回英国的长途旅行。由于费奇当时没有写下日记或笔记，所以他的回忆录所述不是很完整，描述也不太精确。尽管如此，东南亚三年的经历使他对当地的生活有了真实而深入的了解，尤其是勃固，他在那里度过了在东南亚的大部分时间。他对缅甸佛教僧侣体制独到的观察，至今仍被公认为是极为客观真实的。[18]

当德雷克（Drake）于 1577 年至 1580 年间环行世界时，他的船"金鹿"号（Golden Hind）在马六甲的德那地（Ternate）、罗马岛（Roma Island）和爪哇（Java）短暂逗留。1582 年年初，这些地方的简介出现在北欧出版的一些书

---

① 该书全名为：*Itinerario: Voyage ofte Schipvaert, van Ian Hughen van Linschoten naer Oost ofte Portugaels Indien, inhoudende een corte beschryvinge der selver Landen ende Zeecusten... / Beschryvinghe van de gansche Custe van Guinea, Manicongo, Angola, Monomotapa, ende tegen over de Cabo de S. Augustiin in Brasilien, de eyghenschappen des gheheelen Oceanische Zees; midtsgaders harer Eylanden, als daer zijn S. Thome S. Helena, 't Eyland Ascencion... Reys gheschrift vande Navigatien der Portugaloysers in Orienten... uyt die Portugaloysche ende Spaensche in onse ghemeene Nederlandtsche tale ghetranslateert ende overgheset, door Ian Huyghen van Linschoten*。——译者注

② 荷兰城市。——译者注

籍和地图上。其中特别重要的是哈克路特根据德雷克环行世界冒险征程参与者所写的文件编纂而成的一部叙事作品。该书最后的版本于 1600 年出现在《主要航行》（*Principal Navigations*）中，[19] 标题为《开始于耶稣基督 1577 年……弗朗西斯·德雷克爵士进入南海的著名航行》（*The Famous Voyage of Sir Francis Drake into the South Sea ... begune in the yeere of our Lord 1577*）。其中对德那地的服饰和宫廷仪式进行了浓墨重彩地描述。1578 年时，葡萄牙人在蒂多雷岛（Tidore）安营扎寨，这一年极为重要，这本书记录了当时马鲁古群岛的政治环境，也对 1579 年的爪哇统治者做了介绍。詹姆斯·兰卡斯特（James Lancaster）是一个长期生活在葡萄牙的英国人，1591 年至 1594 年，他开始了前往东方的第一次航行。当时，一个伦敦的商人组织派他勘察葡萄牙到马六甲的航线。他的两篇纪实作品如实记述了这些集掠夺与考察目的于一身的航行，哈克路特得到这两篇作品并予以出版。[20] 这些作品包含了极具史料价值的葡萄牙贸易资料，但其中关于亚洲的资料却微乎其微。由于同时代谈及东方群岛的其他资料来源相当罕见，涉及这一时段东方群岛信息的英国纪实作品就显得格外重要了。出版于欧洲的耶稣会士信件，提供了从 1552 年到这一世纪末东南亚各地的零散信息。不过，沙勿略（Xavier）在马六甲和马鲁古群岛写的大部分信件，直到 1595—1596 年图尔塞林努斯（Tursellinus）作品集出版才得以问世。早期的沙勿略书信集主要以葡萄牙文和意大利文出版，其中还包括其在东南亚追随者的信件。但是，一如印度的情况，在 1564 年至 1568 年这段时间里，由于信件受到限制，各版本书信的出版发行突然中断。[21] 几封写于 1564 年前的信件直到 1569 年年初才被出版。整个阶段（1552—1600 年）过后，10 封来自东南亚署有日期的信件至少出版了 3 次以上。然而，直到该世纪最后十年，大量新增加的信件才被充实进书信集中。大多数来自这些岛屿的标署日期的信件反映了当地的风俗习惯，并逐一列举了 1570 年前马鲁古群岛和安汶岛上耶稣会士面临的问题。马六甲的耶稣会士像商人一样，一般在旅途中写信，而且书信中大多说的是他们一路上的所见所闻。总的来说，较之耶稣会士关于日本的信件，这些信件对了解东南亚无甚价值。[22]

　　第一个大量使用耶稣会士信件及其世俗资料的作者是马菲，他的《16 世纪印度史》（*Historiarum Indicarum libri XVI*）1588 年在佛罗伦萨出版。不同于对印度的评论，马菲在关于东南亚各个方面的零散章节中，收录了更多耶稣会士的信件。通过该书，马菲展现了苏门答腊、暹罗和勃固等地的基本概况。西班牙耶稣会士古兹曼（Guzman）在其《传教史》（*Historia de las missiones*，1601 年）中，同样不时地将耶稣会士活跃的东南亚地区作为插曲加以描述。由于古兹曼比马菲更多使用信件和西班牙的资料，而较少依赖在该世纪上半期最具权威性的葡萄牙史学家的著述，因而他对政治事件的阐述较少固定套路，也不过度关注葡萄牙人的感受。书中，他对 16 世纪最后二十五年在东南亚发生的战争做了详细的描述，其中关于柬埔寨的大量资料皆来自菲律宾的传教士。因此，要了解 16 世纪最后二三十年东南亚的历史，古兹曼的著述是极为有用的，因为这一时期除了耶稣会士的信件，第一手数据极其缺乏。尽管欧洲资料明确阐述了马六甲和这些岛屿上中国人、日本人和穆斯林人的重要性，但它们习惯于将东南亚视为"比印度更远"的地域。出于对丁香和其他香料的兴趣，马鲁古群岛一直受到包括耶稣会士在内的大多数作家的关注。香料群岛是西班牙帝国和葡萄牙帝国在东方相遇的地方，从资料上看，两大帝国对许多简单事件的看法截然不同。尤其有关马鲁古群岛和菲律宾具体位置的确定，当时的说法极其矛盾，这是所有权问题的重中之重。葡萄牙历史学者和其他在葡属印度游历过的欧洲人对勃固、暹罗、马来半岛和苏门答腊的描述更具权威性。西班牙作家则精于对菲律宾、婆罗洲和柬埔寨的叙述。[23] 爪哇是个很不起眼的地方，爪哇人被伊比利亚作者们视为最具敌意的人，这也许是因为葡萄牙人图谋取代他们成为该地区最大的国际商人，二者之间展开了零星战争。[24] 葡萄牙人最终未能成功清除爪哇人，兰卡斯特的航行志揭露了这一事实，因为兰卡斯特的航行越过了葡萄牙人控制的范围。此外，林斯乔坦写给同胞的信也道出了实情："……人们很容易就可以不受任何阻扰地前往（爪哇），因为葡萄牙人没有到达那里，而大量爪哇人可前往马六甲出售他们的货物。"[25]

502

　　托勒密的《地理志》（Ptolemy's *Geographia*）拜占庭版第一次对东南亚做了总体描述。这本书在 15 世纪前极为流行，[26] 现存主要版本第七册第二章详述了金色赫尔松半岛（Golden Khersonese，马来半岛）的海岸特征、河流分布和内陆城镇的情况，但编纂者并未尝试对乡村、民众或物产进行描述。如果评估东南亚的资料时放弃使用标准化的托勒密坐标（ptolemaic co-ordinates），那么从孟加拉湾到印度支那的东南亚半岛的海岸线轮廓就会从《地理志》中清晰地显露出来。[27]虽然现代学者并不认同《地理志》对许多河流、海湾和内陆城镇的描述，但拜占庭编纂者们显然意识到了马来半岛在东南亚贸易中作为商业中心的战略价值。[28]

　　直到 13 世纪末，东南亚的贸易中心、首都、岛屿和国家才开始以我们现在所知的名称为欧洲认识。马可·波罗提及的地名有占婆（基本与现代交趾支那吻合）、爪哇大岛（爪哇或交趾支那）和小爪哇（苏门答腊），而他描述其他许多岛屿、城镇和人民时所用的名称难以辨识。值得注意的是，无论马可·波罗还是于 1330 年返回欧洲的波代诺内的鄂多立克，都未提到马六甲。这可能说明马六甲当时还未成为主要销售中心。[29]鄂多立克谈到了"Nicuveran"（尼科巴群岛 [Nicobar Islands]）①，但所论仅限于当地的一些传说。[30]14 世纪其他欧洲旅行者也曾提及占婆、爪哇和小爪哇（苏门答腊），这些资料可能来自与他们一起航行的阿拉伯水手讲述的传说。尼科洛·德·孔蒂是威尼斯人，大约于 1444 年返回家乡。他以"塔普罗班纳"（Taprobana）这一古老地名称呼苏门答腊，②并提到"安达曼尼亚"（Andamania，安达曼群岛 [the Andaman Islands]）和缅甸勃固的孟王国（Mon kingdom）首府"潘康尼亚"（Panconia，勃固）市。吉罗拉莫·达·桑托·斯提芬诺（Girolamo da Santo Stefano）是一位热那亚商人，1496 年去过勃固。他讲述了一次前往马六甲而结束于苏门答腊的贸易探险，[31]其中使用的地名更为恰当。在这个文艺复兴时期旅行纪实的简要概述中，可以看出海上航线开通之前，到东南亚旅行的欧洲人很少。他们的叙述中记录了占婆、爪哇、苏门答腊（虽然直到 1497 年桑托·斯提芬诺到达当地后才使用此名）、勃固及尼科巴群岛（Nicobar）、安达曼群岛（Andaman）的相关信息。他们还

503

---

① "Nicuveran"应为鄂多立克对尼科巴群岛的错误拼写，尼科巴群岛在孟加拉湾东南部。——译者注

② 此处有误，"塔普罗班纳（Taprobana）"是中世纪欧洲对斯里兰卡即锡兰岛的称呼。——译者注

使用不易辨识的名称谈及了"比印度更远"的许多其他地方和民族。

学术界对瓦尔塔马游历过印度东部的真实性一直持质疑态度。但他是第一个将马六甲正式介绍给欧洲的作家。不过在此之前，葡萄牙人和那些与他们一起航行的人在卡利卡特（Calicut）①上岸后就听说了马六甲。[32] 这位博洛尼亚（Bologna）商人也对丹那沙林（丹老 [Mergui]）和勃固做了相当详细的评论。他似乎知道缅甸的宗教（佛教）与印度教不同。[33] 和桑托·斯提芬诺（Santo Stefano）一样，他以我们今天使用的名字称呼苏门答腊。他也和孔蒂一样将苏门答腊等同于塔普罗班纳。[34] 瓦尔塔马向东驶至班达（Banda）海域和马鲁古群岛，将那里描述为"丁香生长的地方"，成为第一个详细描述香料群岛的欧洲作家。此后，他向西返航，沿途逗留在一个他称为"Bornei"的岛上。我们很难从他简短的描述中了解他所提及的"Bornei"是否就是婆罗洲（Borneo）。婆罗洲是一个大岛，其名得自于一个主要的马来国家（文莱 [Brunei]），欧洲人第一次到达那里时，它就已经存在。[35] 由于瓦尔塔马提到了婆罗洲，能否从中得出结论，1511 年葡萄牙占领马六甲前，该群岛大多数主要岛屿和东南亚大陆一些主要城市已为欧洲文献（及地图）所知悉。[36]

504

柬埔寨第一次为印刷著作记载，可能是出现在 1513 年曼努埃尔国王（King Manuel）写给教皇利奥十世（Pope Leo X）的信中，其中谈到柬埔寨使节在马六甲对阿尔伯克基的访问。[37] 虽然特兰西瓦尼亚的马克西米利安和皮加费塔的作品使欧洲获得了关于这一群岛（特别是菲律宾）的更多信息，但直到该世纪中期，赖麦锡第一卷出版后，葡萄牙作家皮雷斯和巴尔博萨等人的著述才随之第一次付诸印刷。这个大汇编也包括安坡利（Empoli）写给他在佛罗伦萨的父亲的信，其中描述了从 1511 年到 1512 年他与阿尔伯克基在马六甲时的当地情况。虽然巴尔博萨对东南亚的许多地方做了简要记述，但他在印度收集到的信息质量是参差不齐的，而且他对东南亚地区彼此间地理关系的概念也模糊不清。不过，巴尔博萨的著述是在卡斯塔涅达和巴罗斯的宏大历史纪录之前，欧洲作家对东南亚进行全面描述的一次尝试。值得一提的是，在这两个伟大历史

---

① 印度西南部港口科泽科德的旧称。——译者注

学家勾勒出的两幅综合画卷中，并未身临其境的巴罗斯描写得更为生动，也更易理解。[38]

巴罗斯的《亚洲旬年史》（*Década*）第一部中，这个伟大的葡萄牙历史学家将东方，或者说阿拉伯半岛和日本间的整个地区划分为九大区域。东南亚归入第五、第六和第七部分，恒河和马六甲之间的区域在第五部分中，马来半岛顶端到湄南河的区域属于第六部分，最后一个区域从湄南河三角洲"到一个我们现在所了解的这片坚实土地最东面的著名海角"。[39]他又将每个区域分解成更小的部分，具体方位由与赤道的距离来确定。

在对这一群岛的探讨中，巴罗斯对苏门答腊的位置、大小和地形特征给予了特别详尽的描述。[40]其中提到，马鲁古群岛共有五个岛屿，其位置在赤道以南，与被称为"巴托支那德莫罗"（Batochina do Moro①，哈马黑拉岛[Halmahera]）的大岛位于南北平行线上。[41]当巴罗斯探讨马鲁古群岛和邻近岛屿（他对其中许多岛屿颇有了解）的关系时，却未能对爪哇做一个全面清晰的描述。许多例子中，巴罗斯几乎完全将地理描述摒除在外，他建议读者去看他的《地理学》（*Geografia*），不过该书从未出版过，或者应该说从未被发现过。

505　　　巴罗斯为手头没有地图的读者设计了一个独创的直观教具，它有助于清楚展示东南亚大陆复杂的地理外貌和彼此间的关系。将左手手掌朝下，手指朝向身体的前方，读者能在自己前面看到一个从东印度到印度支那海岸线的粗略图；伸展拇指，使之远离食指，代表印度，其间的空处代表着孟加拉湾；食指顺次张开，远离其他手指，代表着马来半岛；剩余三个手指合拢在一起稍稍缩进手掌之下，代表着印度支那半岛，并说明它处于偏北的位置及向北的倾斜度；指甲、指关节及手的神经代表了具体地方的位置及彼此间的关系；手掌的主干甚至也被用于帮助读者大致了解内陆地区的位置、彼此间的关系，及它们与海岸的关系。[42]

通过这个手指地图，巴罗斯很快为读者确定了印度、锡兰岛、阿瓦（Ava）三个缅甸国家及阿拉干、勃固的政治区划，还有暹罗、"简格玛"（Jangoma，

---

① 是葡萄牙人最早给吉洛洛岛（Gilolo）或哈马黑拉岛（Halmahera）起的名字。——译者注

清迈）、由老挝人与柬埔寨人和占婆人居住的三个王国、暹罗的各种附庸国、苏门答腊、马六甲和其他城市的位置，以及湄南河、湄公河及各种山脉的位置。1595 年至 1596 年林斯乔坦的《林斯乔坦葡属东印度航海记》(*Itinerario*) 出版前，其他人都未尝试再对东南亚做如此综合的描述。[43] 林斯乔坦是根据他在果阿时得到的商人报告进行记述的，虽然书中包括了更新的资料，特别是有关爪哇的资料，但总体而言，其论述不如巴罗斯。古兹曼的《传教史》(*Historia de las missiones*，1601 年）也记述了对该地区简短而精确的考察情况，其中增加了一些从耶稣会士信件和来自菲律宾的西班牙报告中获得的地理资料。[44]

第二节　马来亚——亚洲的十字路口

虽然葡萄牙人第一次到达马六甲时，马来人肯定已是一个文明开化的民族，但该半岛在 1500 年前的历史却不得不靠口头传说、考古发现和外国资料艰难地重建。现存以马来文字记录的最早档案是《马来亚王朝》(*Sĕjarah Mĕlayu* [*The Dynasty of Mĕlayu*])，标注日期在 1500—1550 年间。[45] 中国的史书、类书、地志和游记，再加上开始于 9 世纪的阿拉伯和波斯的记录，构成早期马来历史最具系统性和翔实性的资料。其他零散的参考文献来自印度作品、西方古典作家的作品、暹罗人与爪哇人的记载，它们扩充了这段历史的其他方面。欧洲史书、旅游见闻讲演和书信包含了 16 世纪初当地流行的传说，此外还有一些更具体的文字资料记述了个人在该半岛的经历，这都为这部繁杂的文集提供了有意义的补充。[46]

根据个人在马六甲的经历出版作品的欧洲人有瓦尔塔马（他很有可能有亲身经历）、安坡利（Empoli）、阿尔伯克基、卡斯塔涅达（他很有可能有亲身经历）、费德里奇（Fedrici）、巴尔比（Balbi）、费奇（Fitch）和耶稣会的通信者们。巴尔博萨和林斯乔坦主要凭借他们在印度收集到的资料完成了记述。巴罗斯、戈伊斯、马菲和古兹曼从未去过东方，他们的历史记录完全以他人的口述和书写报告为基础。但巴罗斯并不满足于依赖欧洲资料，他的叙述经常先以含义模糊的旁白向读者做一番评论，说明下列所述是"以当地人的说法为依据"，他从波斯、印度和中国的资料中得到一些信息也是可能的。关于马来人的早期历史（前葡萄牙时期的马来亚），我们通常可采用巴罗斯的全面记述[47]，并使用其他关注前欧洲时期马来历史的人，特别是阿尔伯克基的相应观察资料对它加以补充修订。

　　马六甲位于托密勒地理学家们称作金色赫尔松（Golden Khersonese）的半岛，人文学者巴罗斯注意到此，并就"赫尔松"的含义做了言简意赅的论述。他说他不能找出有关该城市的建立或其最早居民的书面记载。但根据东方通行的看法，马六甲很可能在葡萄牙人到来时的两百五十多年前，或者在 13 世纪中叶后的某段短暂的时期内建立。[48] 更早的时候，马来亚人的主要定居点是"新加坡"（Singapura，梵语，Singhapura 或狮城），[49] 来自东方和西方的商人在此进行交易。据巴罗斯所说，这个城市就是托勒密称为"扎巴"（Zaba）的城市，但近期学者认为扎巴是一个远离印度支那海岸的岛屿，并非此地。[50]

　　新加坡位于该半岛的顶端。根据马来亚传说，在它成为大商业中心的兴盛期（可能在 14 世纪），其统治者被称为"山吉新加"（Sangesinga，新加坡君主），[51] 称臣于暹罗。这个时期，爪哇岛上的一位国王死了，两个儿子被委托给国王的兄弟照顾。这个摄政王叔父觊觎王国，杀死了他的大侄子。暗杀王子的事件触发了该国显贵的叛乱。然而，一开始这些反叛者就进展不利，许多人被迫逃离故国到别处定居。这些流亡者中有一个被称为"拜里迷苏剌"（Paramisora [Paramesvara]，意为至高的主）[52] 的人，他在新加坡受到了山吉新加的仁厚接纳，然而，他对东道主的报答却是在其他爪哇流亡者的帮助下，背信弃义地杀了山吉新加并霸占了他的城市。暹罗国王听到他的封臣兼女婿的死讯后，分别从海陆两处对篡位者发起攻击。而拜里迷苏剌统治了五年后，因无法击退暹罗的大象和船只，便带着 2 000 人撤离新加坡，在帕果（Pago）的蔴坡河（Muar River）占据了一个有利位置，并于此处西北的丘陵地建立了马六甲。

　　陪伴拜里迷苏剌一同流放的一群人叫海峡人（Cellates）[53]，他们以捕鱼和海盗行径在海上谋生。拜里迷苏剌征服新加坡并与暹罗作战时，海峡人曾予以帮助，而今随着这个小爪哇流放者势力的日趋衰微、地盘的日渐缩小，他却对他们产生了恐惧。在帕果，他拒绝接受他们。于是这些海上劫掠者与当地半开化的土著居民融合，在马六甲建立了自己的定居点，共同使用马来语。而海峡人与当地妇女通婚，更使这种联盟成为可能。尽管如此，每个族群仍旧保留了自己的习俗，海峡人继续在海上谋生，马来人照旧在田间耕种。这种具有稳定经济关系的联合村落不久后开始繁荣昌盛，人丁兴旺。于是村民迁移到附近的山上，将该地称为"巴登"（Beitam[Bertam]），[54] 这个名字不久也用于它下方的平原。由于迁徙地面积辽阔、土地肥沃，同时村民也知道拜里迷苏剌正生活在环境恶劣的山丘地带，他们便邀请他及其随从放弃帕果据点加入到他们之中。在这个生机勃勃的城镇里，拜里迷苏剌怀着对新加坡暹罗人统治者的恐惧度过了他所剩不多的几年时光。拜里迷苏剌死时将新城市的统治权留给他的儿子——斯堪达尔·沙（Xaquem Darxa[Sikandar Shah]）。拜里迷苏剌的追随者与海峡人及当地马来人通婚，于是，几个不同民族的混融构成了马六甲最初的人口。斯堪达尔·沙以"马六甲"命名这座新城市来纪念其父的流放，因为"马六甲"在马来语中的意思是"一个被放逐者"。自此以后，该城市的人民称自己为"马来人"。对巴罗斯来说，这个词意味着马六甲及其周围的居民。[55]

　　爪哇人接手了统治权后，巴登的平原立即得到开垦，"种植园"（duções）[56] 在乡村发展起来，城里人每年时常携妻带子出游光临"种植园"。虽然海峡人血统卑微，而当地土著尚处于半开化状态，但他们通过自己的行动充分证明了自己是忠实可靠的仆人。拜里迷苏剌和他的儿子深悉他们的价值，允许这些卑贱者与最高等级的爪哇人通婚，并授予他们贵族称号。所有的镇民代表（mandari）都是这一城镇最早居民的后裔。斯堪达尔·沙第一个接受了国王的头衔，开始建设马六甲，不久后就与新加坡竞争半岛的贸易中心地位。在击败其父的暹罗国王去世后，斯堪达尔派出了配备着海峡人的舰队在海峡巡逻，迫使过往的船只停靠马六甲。这一政策获得了成功，商人开始从新加坡移入新的马六甲集市，暹罗国王的收入随之减少。在暹罗统治者即将对马六甲发起攻击时，斯堪达尔·沙察觉了这个明显的迹象，遂派遣密使请求称臣，并许诺朝贡，贡物相当于暹罗在新加坡损失的收入。暹罗国王接受了这个提议，并限定了斯堪达尔对西海岸从新加坡到"森美兰岛"（Pullocambilam [Pulaw Sembilan]）

509

的 90 个联盟的管辖地。该城商业的繁荣使斯堪达尔·沙的继承者们逐渐否认了暹罗的宗主权,特别是他们与邻邦苏门答腊和爪哇的统治者们在来自波斯(Persia)和古吉拉特邦(Gujarat)的摩尔人(Moors)的影响下一起皈依伊斯兰教后,与暹罗断绝关系的愿望尤为明显。尽管如此,暹罗仍声称马六甲是自己的附庸国,并于 1500 年,即迭戈·洛佩斯·德·塞奎拉(Diogo Lopes de Sequeira)抵达那里的九年前,企图从海上进攻夺取该城。这一次行动失败了,但在葡萄牙人抵达暹罗后,另一次进攻这个“专门从事商品买卖的城市”的准备工作正在进行中。[57]

阿尔伯克基的《阿方索·阿尔伯克基评论集》(Commentarios)中,记述马六甲早期史的部分与巴罗斯的描述很相似,但在许多细节上,又与巴罗斯的记述不同。《阿方索·阿尔伯克基评论集》认为,拜里迷苏剌是巨港(Palembang)的异教国王,巨港可能是爪哇西北的城市。[58] 拜里迷苏剌与爪哇东部满者伯夷帝国(Majapahit)统治者的女儿结婚,并向其岳父交纳固定贡款。当拜里迷苏剌拒绝纳贡时,争斗随后发生,结果这个封臣被击败,被迫带着家人和家臣逃离到新加坡。关于强占新加坡的历史,巴罗斯和阿尔伯克基的看法基本一致。但对拜里迷苏剌的出走,两人给出了完全不同的解释。巴罗斯把他的失败归咎于暹罗国王的行为,而阿尔伯克基却认为是半岛东北方的小国北大年(Patani)的君主驱逐了他。拜里迷苏剌到达马六甲两年后,阿尔伯克基认为该城人口已从寥寥无几增至 2 000 人。这个创建者抵达马六甲七年后离开人世,将城市留给了他的儿子斯堪达尔·沙。不久,斯堪达尔与巴赛(Pasei,在苏门答腊)的公主成婚,并在她的请求下信奉了伊斯兰教。根据传闻,在他的妻子生了几个儿子后,斯堪达尔作为纳贡属国的国君到中国进行了为期三年的访问。[59] 即使这次特殊的旅行没有发生过,马六甲统治者与中国关系的密切也是毋庸置疑的。根据阿尔伯克基的说法,斯堪达尔有一位中国妻子,为他生了一个叫“罗阇普特”(Rajapute,白王侯 [the white rājā])的儿子。[60] 据传说,苏门答腊东北海岸马来国家监篦(Kampar)的国王和该半岛东部马来国家彭亨(Pahang)的国王都是罗阇普特的后裔。

斯堪达尔从中国回来后不久就去世了,他的儿子穆扎法尔·沙(Modu faixa

[Muzaffar Shah]）继位。新统治者批准了其父与中国、暹罗和爪哇达成的条约。他还控制了半岛上彭亨、监葩和苏门答腊东海岸的因陀罗基里（Indragiri），迫使其皇族接受伊斯兰教，并要求三位国王与他的三个侄女成婚。此后，穆扎法尔的儿子"玛苏沙"（Marsusa，曼苏尔沙 [Mansur Shah]）继承了王位。继位伊始，玛苏沙就在马六甲的山上建造了更大的宅邸。由于认为他的叔父罗阇普特正在密谋叛乱，玛苏沙造访了巴登并杀害了这位老人。彭亨和因陀罗基里的国王得知暗杀的消息后，发起了反对马六甲的叛乱。玛苏沙反攻并击退了他们，强迫他们付双倍的贡赋并与他的两个姐妹成亲，此外还强逼彭亨的国王将其女儿嫁给他。这个女人和生下的孩子后来却被下毒害死。其后玛苏沙与拉克萨马纳（lassamane，海军大将 [Admiral]）的女儿结婚[61]，与她生有一子，名为"阿拉瓦丁"（Alaodim [Alā'uddin]）。[62]

玛苏沙死后，阿拉瓦丁成了苏丹，与监葩的一位公主结婚，享受着马六甲税收带来的经济繁荣。于是，他决定前往麦加进行朝圣，并命令监葩和因陀罗基里国王与之同行。由于这两个苏门答腊统治者有意抗拒，于是阿拉瓦丁将他们诱劝到马六甲，予以扣留，并接管了他们的王国。在阿拉瓦丁的统治下，马六甲愈加繁荣强大，人口据称达到 4 万，其中包括来自世界各地的人。执政之前，苏丹与他的财务部长（盘陀诃罗 [bendará]）[63]的女儿结婚，该部长在前苏丹在位时曾是法官（quelim）[64]。苏丹和这个女人有一个名叫"苏莱曼"（Sulayman）的儿子，由于父母双方都是国王的后裔，该子是合法的法定继承人。①

就在阿拉瓦丁最终准备前往麦加时，却被人下毒，据推测这桩投毒案是在彭亨和因陀罗基里国王的唆使下进行的。阿拉瓦丁死后，他两个儿子各自的支持者就继承权展开了斗争：彭亨和监葩支持苏莱曼，而穆罕默德因是在任的"盘陀诃罗（财务部长）"的外甥，获得了该城强大富有商业利益集团的支持。最后，穆罕默德一派获胜。穆罕默德成为苏丹后，彻底割断了马六甲与暹罗和爪

① 原文如此，"苏莱曼"应为阿拉瓦丁与监葩公主的儿子，他与财务部长之女所生之子名为穆罕默德。——译者注

哇的宗属关系，公开宣布他只承认中国是唯一的宗主国。此外，穆罕默德决定接管另一个暹罗属国吉打州（Kedah）的锡产区。[65] 暹罗国王在获悉马六甲苏丹这一独立声明后，派出由 100 只船组成的舰队前去攻打马六甲。1489 年，暹罗船队在"普罗皮高（Pulopicão）"岛（新加坡南部廖内列岛的香蕉屿）[66] 附近，遭到马六甲军队的拦截，全军覆没。

从那时起直到 1511 年阿尔伯克基征服马六甲，暹罗人再未采取行动惩罚这个马来苏丹，但穆罕默德本人的狂妄自大加速了自己的毁灭。他声称马六甲才是真正的麦加，同时嘲笑自己的父亲到麦加朝圣的意愿。他暗杀了自己的兄弟苏莱曼及其他 17 名贵族，而这些人都是他的亲戚。他甚至杀了自己的子嗣，只是因为儿子张嘴要钱花（摩尔人声称他罪孽深重，所以遭到阿尔伯克基掠取该城的惩罚）。他将死者的财产全部据为己有，并将他们的妻女，大约 50 来人，统统纳为自己的小妾。在与自己的贵族讲话时，他总是要求他们离他有五六步之远。

据记载，独立后的马六甲，司法在传统上是由苏丹本人或盘陀诃罗（bendará，财政部长和常任首席部长）来行使的。[67] 处以死刑的贵族有权死在至亲的波状刃短剑下。平民死后如果没有继承人，他的财产将转移到王室。没有得到苏丹或盘陀诃罗的许可，任何人不得举办婚礼。如果一个人发现他的妻子在他的房子里通奸，他可以合法地杀掉这两个当事人（但是法律上不允许他只夺去一人性命）。如果他不能杀死两者，他就得向法官控告他们（或幸存者）。[68] 无论何时，只要法律要求一个人因伤害另一人而赔付损失费时，一半罚金归受害一方，另一半归王室。法律规定的死刑方式，视犯罪的性质而定，譬如一些人是用叉子刺死的；另一些人则被重物压碎肺部；一些犯人被吊死或丢入水中煮沸；还有一些人被食人族烤炙吃掉，这些食人族是国王专门从苏门答腊的阿鲁（Aru）引进的。死刑犯的财产由其继承人和王室平分，如果没有继承人，财产全部归入王室。

穆罕默德时代的朝廷有五位主要官员。首席部长或总督，被称为"普多利卡罗阇"（pudricaraja [putrikarāja]）。[69] "盘陀诃罗"（bendará，财务部长）通常掌管国库，并经常担任"普多利卡罗阇（总督）"的职务，"因为这两个部门分别的领导者从来都是意见不和"。[70] 拉克萨马纳（lassamane，海军大将）显然在政府里占有重要地位，因为马六甲的发展仰赖海上线路的畅通，而且要保卫自己免于海上敌人的入侵。[71] 名为"天猛公"（tamungo）[72] 的军官负责对该城外国人进行控制和司法管理的工作。第五个部门由四个沙班达尔或港主（xabandars）[73] 充任，这四个官员来自下列国家的侨民：中国、爪哇、坎贝和孟加拉国。这些国家的商人和其他国家的商人，分别归属这四个港务局的管辖。反过来，他们要对监管海关和外国商人团体的"天猛公"负责。1511 年，葡萄牙人接管马六甲时，他们基本上保留了这个行政管理机构，将当地政府和司法的大部分问题交由仍支持传统法律的当地行政管理机构处置。[74]

尽管穆罕默德的统治严酷无情，但马六甲在他统治时期兴旺繁荣。到阿尔伯克基征服当地时，这个城市及其邻近领地有 10 万人口，其范围沿着海岸延伸而出约 4 英里远。除了这个城市，马六甲的管辖权东到彭亨，北至吉打州，内地到达受暹罗管制的领地。这样，马六甲从创建到被葡萄牙人占领，在这短暂的九十年间（1421—1511 年），这个征服者的儿子① 将马六甲从落后的小渔村打造成为熙熙攘攘有着自己小帝国的商业和行政中心。这个国家在该世纪初② 尚处于原始状态，但到 1500 年，它已拥有职能界限分明的统治集团，负责实施一整套法律和习俗，以管理当地居民和外国人。虽然阿尔伯克基著述的马六甲苏丹编年史肯定有谬误之处，但他展现了一幅历史的图景，这是同时代其他葡萄牙人印刷的书籍中所没有的，同时，阿尔伯克基的编年史保存的资料至今在重构马来亚历史时仍极有价值。

16 世纪出版的书中没有包含任何有关葡萄牙统治下马六甲发展的叙述。现代学者写到葡萄牙人及他们在马六甲的生活方式时，都不得不从大量可信度不等的出版物和手稿资料中拼凑故事。[75] 巴罗斯倒是出人意料地稍稍谈及欧洲人控制时期的马六甲历史，除他之外，16 世纪的欧洲人可得到下列年份关于马六甲情况的印刷报告：瓦尔塔马（大约 1506 年）、阿尔伯克基和安坡利（1511 年）、

512

513

---

① 阿尔伯克基之子。——译者注

② 15 世纪。——译者注

巴尔博萨（大约 1515 年）、卡斯塔涅达（1528—1538 年间）、费德里奇（大约
1566—1569 年）、莱莫斯（1574—1575 年）、门多萨（大约 1597 年）、林斯乔
坦（1583—1588 年）和费奇（1582 年）。显而易见，印刷报告中最大的缺口来
自这一世纪中期（大约 1538—1566 年）和晚期（1588—1600 年）。幸运的是，
在 16 世纪中期和晚期，来自马六甲耶稣会士的信件数量巨大且内容详细，[76]
虽然并未提供关于当地情况的更多信息，但仅以这些资料为基础，有可能为哈
克路特的同时代人拼凑出一幅概略图，展现 16 世纪葡萄牙统治时期马六甲生活
的稳定性和变化性。

　　关于马六甲的地理特征，欧洲人作品中的描述基本一致。其港口被认为比
新加坡的港口更好、更安全。这个港口从未出现船只在暴风雨中受损被毁的情
况，船只易驶入该海港，特别是在西边更易于靠岸。城市位于一条小溪流的入
口处，附近没有什么物产，不过灌木丛植物丰富繁盛。马六甲有充足的水果供
应（葡萄、栗子、无花果、榴莲和其他水果），但其他大多数食物必须经由海
上从外国购买。[77] 土地虽不肥沃，但出产了有较高价值的树木及黄金和锡。野
生动物数量众多。[78] 在卡斯塔涅达的记录中，该城被一条河分隔成两部分，河
上有一座连接两岸的桥，国王及贵族住在城市的南区，主要清真寺也坐落于此，
河的北边住着商人。城市行政区和商业区的房屋均是木石结构。[79] 商人们从世
界各地来到马六甲，但无人能长久居留，因为当地气候虽然温和，却炎热潮湿，
不利于当地人和外国人的健康。16 世纪，唯一常期居住在马六甲的葡萄牙人是
坚守在要塞的少数士兵和皇室官员，以及偶尔的几个牧师和传教士。[80]

　　该城的外国人口包括从阿拉伯半岛到中国之间大陆地区的商人和水手，这
些人不是摩尔人、犹太教徒，就是异教徒。坎贝（Cambay）的穆斯林古吉拉特
人、印度东海岸的克林族人（Klings）和孟加拉人、爪哇人、中国人和"格尔
人"（Gores，日本人）特别多。由于与马六甲苏丹的政治分歧，这里唯独缺少暹
罗人。[81] 阿尔伯克基夺取该城后，马六甲两个强大的爪哇社群控制了与他们自
己国家的大米贸易。住在"乌皮"（Upi [Upeh]）河西北岸的社群更有权势，另
一社群住在"伊莱"（Ilher [Hilir]）东南区。[82] 葡萄牙人很难控制这些富裕的
爪哇商人组织，但最终还是将他们驱逐出该城。许多爪哇水手拖家带口住在船

514

上，除了进行贸易活动，从不上岸。巴尔博萨时期，爪哇人无疑控制着马六甲与包括香料群岛在内的群岛间的大多数海运。马六甲的爪哇人也因其经常胡作非为而臭名昭著。[83]对葡萄牙人而言，摩尔人和爪哇人显然是马六甲的抢夺者。除了偶然事件外，葡萄牙人通常与其他外国社群，特别是中国人和印度人，保持和睦且互利互惠的关系。印度商人对葡萄牙人特别友好，还帮助他们了解通行的商业惯例。

在欧洲人眼中，马六甲当地人"皮肤白皙"，身材比例匀称，生性自负。男人一般身着棉布服装（围裙），仅包裹腰部以下部位。但一些更高贵的人"模仿开罗人的样子"，穿着丝质短外套，[84]外套下随身携带被称作波状刃短剑的匕首。他们的女人，肤色则呈橄榄色，长相清秀标致，通常穿着"精美丝质外衣和短裙……"。[85]除了国王外，没有人可以身着黄色服饰，除非有免死的特许。[86]当地土著的面孔较宽，阔鼻圆眼。[87]男女行为端庄，热衷于高雅娱乐，特别对音乐、民歌和诗歌有兴趣。富人巴登乡间住宅周围的果园繁荣丰饶，他们在那里度过愉快的时光。其中大多数人在城里经营独立的公司以管理他们的生意。他们尤其乐于精研性爱和战争的艺术，脾气暴躁，绝不允许任何人将手放在他们的头部或肩上，[88]为人虚伪恶毒，以向敌人敏捷地挥舞波状刃短剑的能力为豪。在规模较大的交战中，他们成群结队地使用弓箭、矛和波状刃短剑作战。[89]信仰方面，他们是虔诚的摩尔人。他们的语言被称为马来语。"据说这种语言是所有东方语言中最彬彬有礼和优美的"[90]，外国人很容易学会，[91]它也是整个地区的通用语。令人感兴趣的是，皮加费塔已向欧洲提供了马来商业用语的简短词汇表，这一词汇表因被收入赖麦锡文集（1550年）而不断再版，从而广泛流行。[92]1545年，沙勿略在马六甲花费了很大心力将《十诫》、《总忏悔》和其他与信仰有关的文章翻译成马来语。次年，他在安汶岛向欧洲的神父们写了如下话语：

> 马六甲所讲的马来语在这整个地区是普遍通用的。……这些岛上一个极大的不利因素是他们没有文字作品，对写作所知甚少；他们的书面语言是马来语，字母却是阿拉伯语，摩尔牧师一直在教授他们如何

515

以阿拉伯语进行书写。在成为摩尔人之前，他们并不知道如何书写。[93]

虽然欧洲作家无一例外地评论了马六甲的国际重要性，但他们对马来半岛其他地方的情况却鲜有叙述。他们很明白彭亨及苏门答腊的两个封邑是马六甲的附属国，半岛其他国家仍臣属于暹罗统治者。虽然偶有文献提及东海岸和西海岸港口的贸易，但却未进一步说明详情。巴罗斯认为，若非马六甲，整个西海岸只剩下丛林、沼泽和几个渔村。乡间的野兽包括体型巨大的野牛，这种野牛非常凶猛，以致于晚上人们不得不在高耸的树端歇卧，并同时还得燃起大火堆吓退老虎，[94] 甚至城镇也时常遭到四处游荡的老虎的侵扰。[95]

葡萄牙史学家记述了夺占马六甲的事件及随后在马来半岛其他地方发生的战役，由此仅能推测出有关马来亚历史和被废黜苏丹命运的少量信息。阿尔伯克基的《阿方索·阿尔伯克基评论集》包括了围攻马六甲的经典记述，此后欧洲有关这一事件的描述多以此为原型。[96] 尽管阿尔伯克基对穆罕默德逃进腹地的事件进行了描述，但 16 世纪出版的关于这个流亡者深重灾难的详尽译文多由卡斯塔涅达提供。[97] 在卡斯塔涅达的记载中，这位苏丹考虑到阿尔伯克基洗劫该城后就会撤离，于是带着随从和俘虏暂且离开马六甲，去了离该城不远的一个庄园，然后又去了更远的内陆，到达蔴坡河（Muar River），并将其子阿拉瓦丁留在靠近马六甲的营地，等待葡萄牙人的撤离。当阿尔伯克基听说王子正在上游地区进行针对贸易的干扰活动时，他派出一支远征军，大败马来人。[98] 苏丹与其子在内地重建联系，最后在彭亨相遇。按照卡斯塔涅达的说法，穆罕默德死在彭亨，而王子则回到他父亲在蔴坡河围护的地方继续对葡萄牙人施加压力。1512 年，另一支葡萄牙军队前往该地驱逐王子，阿拉瓦丁最终逃到新加坡南部海峡上的一个小岛民丹岛（Bintan）。[99] 除了苏丹之死的经过，卡斯塔涅达的叙述与现代学者能从其他资料中得知的情况相吻合。[100]

在阿拉瓦丁向民丹岛撤退途中，他的随从对葡萄牙人和其他参与马六甲贸易的船只进行了劫掠。卡斯塔涅达说，挑衅的马来人在 1518 年或 1519 年重新回到半岛并在蔴坡河流域进行营运。[101] 他又断言他们于 1520 年再次被驱逐出半岛，并被迫在六年后回到民丹岛。[102] 1526 年，葡萄牙占领了民丹岛，流亡

516

者们逃到苏门答腊。[103] 随后，在阿拉瓦丁的领导下，残余的抵抗力量回到半岛并在柔佛河（Johore River）河谷上游安顿下来。1535 年至 1536 年，葡萄牙人派遣埃斯特旺·达·伽马（Estavão da Gama）率领军队逆流而上根除了他们的势力。[104] 其实，葡萄牙人这一计划从未取得完全的胜利，大约 1540 年，阿拉瓦丁从民丹岛直穿海峡，在柔佛河口的柔佛·拉玛（Johore Lama）建立了新首都。[105]

517

　　由于 16 世纪出版的葡萄牙编年史没有包括 1540 年以后的历史，除了从耶稣会士的信件中可略知一二外，在欧洲几乎无人知晓柔佛苏丹王国（1540—1597 年）。耶稣会士写的大部分信件没有以印刷形式保留下来，但有关 1551 年 6 月到 9 月 [106] 和 1568 年 1 月到 2 月 [107] 间围攻马六甲的报告得以留存。莱莫斯（Lemos）则描述了 1574 年至 1575 年间的马六甲围攻事件，他指出，亚齐（Acheh，位于苏门答腊）的统治者对葡萄牙要塞发起进攻时，柔佛背地里对其予以支持，而葡萄牙人在 1576 年攻击柔佛没有取得成功。[108] 虽然葡萄牙人对随后在柔佛遭遇的困难未曾留下记载，但林斯乔坦根据他在果阿得到的信息写道，1587 年葡萄牙人又与亚齐和柔佛开战，马六甲处境危殆，欧洲人的整个东方贸易停顿。[109] 他还描述了堂·保罗·德·利马（Dom Paulo de Lima）舰队的全套装备及舰队回到果阿后，带来了马六甲解困、柔佛·拉玛得到铲平和东方海道重新开放的消息。[110]

　　1556 年，耶稣会士伏若望（Fróis）描绘了一幅马六甲基督徒生活的悲惨画面。[111] 在葡萄牙人生活的这个小地方，所有食物全都仰赖进口：来自印度的小麦和肉，来自爪哇的大米和水果。定居点里没有新鲜的水，人们不得不从周围的灌木丛中取水。男人为觅食而外出远征时，用步枪等武器将自己全副武装起来以吓退毛贼，并杀死攻击性野兽：大象、老虎、狮子、野猫和黑豹。马六甲的葡萄牙人耽于声色且贪得无厌，基督徒如此热衷于通过贸易快速发财，以致于他们和摩尔商人做生意，甚至将摩尔人作为乘客带到他们的船只上。装扮成商人的穆斯林阿訇卡西兹（Casizes，在阿拉伯语中被称为 Lajji）利用葡萄牙人的贪婪和他们一起远航去了许多异教地区，在这些地方，他们传播着穆罕默德的教义。这些穆斯林僧侣是如此"热心和勤勉，他们从麦加、开罗和君士坦丁

518

堡到遥远的地方去建立和传播他们的教派"。[112] 得到了易受蒙骗的葡萄牙人的信任，穆斯林教徒向基督徒进行施舍。他们的行程一帆风顺，许多人定期搭乘葡萄牙人的船只去婆罗洲和其他异教国土。1555年，这些阿拉伯乘客中的一人从日本到达马六甲，他在日本时竭尽所能地用穆斯林教义感化日本人。日本是耶稣会士的自豪感与成功所在，这个威胁使伏若望尖刻地谴责摩尔人是"这些地区中最邪恶和最有害的东西"。[113]

16世纪晚期商人的记述几乎完全将马六甲作为一个贸易中心，他们通过它与东方联系。和他们的葡萄牙前辈一样，费德里奇、巴尔比、林斯乔坦和费奇清醒地意识到马六甲作为贸易中心地点的作用。在这里，东西方产品得到了交易，印度的纺织品可以换取该群岛的香料。他们也意识到在维持与西方的贸易中，坎贝和马六甲形成了彼此的依赖。但他们最感兴趣的是告诉他们的读者，葡萄牙人如何使马六甲成为一个哨所阵地，严密进行看守并控制与马鲁古群岛、中国和日本的贸易。费德里奇"从未去过比马六甲更远的东方"，[114] 他知道必须从葡萄牙人那里得到东方航行的许可，而大多数人走的是垄断东方贸易的贵族的门路（fidalgos）。费德里奇在那里时（大约1566年），运到中国的货物基本为"坎贝的药（鸦片？）"和白银。[115] 往来航行于澳门和日本之间的船只给日本带去丝绸并带回大量白银。虽然中国人通过海路将丝绸、瓷器和人参带到马六甲，但他们还经由陆路与波斯进行贸易。其他商业密探也做出类似的判断，但没有人主动提供对马来亚自身事态具有意义的新情报。从这些被记载或出版的耶稣会士书信集可以得知，尽管葡萄牙人与亚齐（Acheh）间偶然会发生战事，但葡萄牙人继续控制着必须途经马六甲的贸易。同样重要的事实是，耶稣会士让欧洲知道了马六甲渐为西班牙忽视，西班牙已从菲律宾直接进入马鲁古群岛、印度支那、中国和日本。[116]

16世纪出版的欧洲著作，揭示了有关马来亚生活更持久稳固的特征，不过，这些著作中有关贸易的资料却过于稀松平常了。它们强调马来亚历史的前欧洲时期，并将马六甲描绘为15世纪马来人世界的中心。显而易见，马六甲苏丹们对伊斯兰教贡献巨大，他们对周边国家行使武力，承担了传播古兰经教义的作用。在马来王国事务中，暹罗的地位、马六甲和爪哇密切的贸易联系及中国遥远却强大的影响都出现在欧洲人的记述中。马来语被视为群岛和半岛的通用语，这有助于欧洲作者解释为什么马来人在该地区的贸易和外交中占有重要位置。马六甲的经济几乎完全依赖贸易，在欧洲人的笔下，它被描绘为一个没有生产性收益的地方，食品依靠进口，到处都是丛林、沼泽和无路可通的荒野。半岛内部腹地的地理状况，特别是河谷的详细资料出现在有关远征的描述中，这些远征的对象是抵抗葡萄牙人控制的马来人。[117] 马来人，特别是马六甲的马来人，被认为总是沉溺于轻佻无聊的消遣中，他们的行为举止也被认定为好战，因此葡萄牙船长经常使用他们做帮手。这一整个世纪，马来人都在抵制葡萄牙人。到了危急关头，他们仅能从苏门答腊和爪哇信奉同一教派的人和马来同胞那里得到靠不住的支持。欧洲的细心读者甚至能从已出版的记述中推断出，在这些岛屿上反葡萄牙统治者的援助下，以苏门答腊和爪哇为基地的反对力量对葡萄牙人在马六甲的地位进行了最有力的攻击（最终情况确实如此）。

第三节　暹罗

东南亚的大陆遍布着高山大川，这些大河向南流进环绕大陆的海洋，这种地形在历史上所起的作用就是阻碍了印度与中国的联系。横越欧亚大陆的主要陆上通道一般都是绕着崎岖蜿蜒的地形而行。[118] 该地区的东西交通主要是通过海路。中国人、穆斯林人和葡萄牙人海上和商业的兴趣是群岛和香料贸易，与陆地人民（除了马六甲人外）少有联系，相应地对他们所知甚少。来自中国和西藏的泰民族 12 世纪初向南迁徙，此时开始在这个地区定居。其后，丹那沙林（Tenasserim）海滨地区和东南亚广袤肥沃的三角洲上，文明得到发展，外部世界，特别是中国人和印度人及其思想观念开始大量涌入这些地区。

第一批葡萄牙人到达孟加拉东部时，来自印度的佛教是东南亚大陆居支配地位的宗教，也是一直发挥积极作用的开化力量。瓦尔塔马在对丹那沙林和他所提及的"暹罗（Sarnam）的基督徒"[119] 的评论中，似乎意识到他所接触的佛教信仰与在印度发现的截然不同。阿尔伯克基袭击马六甲时，葡萄牙密使被派往暹罗，因为那里是马来苏丹王国的传统宗主国；另有使团被派往勃固，因为勃固以富有著称。对于在印度拓展生意的商人来说，缅甸是个不太重要的地方。然而缅甸和暹罗间进行的无数次战争中，葡萄牙海盗们却在双方军队中服役，并扮演了积极的角色。一些基督教传教士也走进这些大陆国家，虽然他们的生命经常处于危险之中。尽管如此，16 世纪中期，暹罗及其大陆邻国仍主宰着自己的命运，完全不受葡萄牙帝国计划的安排。

甚至在到达马六甲之前，阿尔伯克基已知晓马来苏丹与暹罗陷入了没完没了的拉锯战中。葡萄牙人认识到暹罗统治者仍对马来半岛和东南亚大陆大多数地方拥有宗主权。抵达马六甲后不久，阿尔伯克基就听到有关暹罗势力和财富的资讯，他决定亲自考察这个大名鼎鼎的国家，他还想了解国王对他这个马六甲新征服者的态度。甚至在征战尚未结束之前，阿尔伯克基就急不可待地派出了他的使节杜阿尔特·费尔南德斯（Duarte Fernandes），前往拉玛蒂菩提二世（Rama T'ibodi II, 1491—1529 年在位）[120] 设在阿瑜陀耶（Ayut'ia）京城的朝廷。但阿尔伯克基无需担心拉玛蒂菩提的反应，因为拉玛蒂菩提此时正与近邻清迈交战，对于干涉马六甲事态无能为力。费尔南德斯赋予自己的出使以和平友善的色彩，因为他知道马来作为在马六甲受到控制的国家，事前已完全知晓此事。费尔南德斯在阿瑜陀耶受到友好的接待后，又在一名暹罗使者的陪伴下回到了马六甲，这位使者随身携带着给阿尔伯克基和葡萄牙国王的礼物和信件。几乎同时，阿尔伯克基向阿瑜陀耶派出一个由安东尼奥·德·米兰达·德·阿泽维多（Antonio de Miranda de Azevedo）领导的勘察团。[121] 其成员之一曼努埃尔·弗拉戈索（Manuel Fragoso）专门负责考察暹罗的地理位置、市场、商业惯例、风土人情、港口深度及其他一些对建立贸易至关重要的细节问题。弗拉戈索在暹罗逗留了两年，完成了一份书面报告。1513 年，他在一名暹罗密使的陪同下，带着这份报告去了果阿，将报告交给了总督。[122] 这份报告立即被送到葡萄牙，它从未出版，不过巴尔博萨和巴罗斯很可能使用过它。

521

葡萄牙与暹罗保持了一段时间的非正式关系，葡萄牙人鼓励暹罗人重返马六甲，以取代葡萄牙人夺取该城时离去的穆斯林商人。一些葡萄牙海盗也发现了前往暹罗的办法，开始在皇家军队中服役。为了使关系正式化并将强大的暹罗拉到自己一边，1518 年，葡萄牙人向阿瑜陀耶派出另一使团。杜阿尔特·科埃略（Duarte Coelho）是葡萄牙国王的全权代表。此前他曾两次访问过暹罗，一次作为米兰达（Miranda）的随从，一次是他航行的船只因遭遇暴风雨被迫驶至湄南河避难。这是第三次，他在众多随从的陪伴下，带着曼努埃尔国王致拉玛蒂菩提二世的信件和礼物，前来确认早先由米兰达签定的和平条约。此外，科埃略还与暹罗缔结了一个军事政治协定，目的在于巩固葡萄牙在东南亚不稳定的地位。1518 年的条约授予了葡萄牙人在暹罗贸易、定居及宗教自由方面的权利。葡萄牙人在阿瑜陀耶、洛坤（Lugor，其暹罗名字是 Nakhon Sritammarat）、北大年（Patani）、丹老的京城丹那沙林的贸易得到了官方的许可。作为回报，大批暹罗人获允在马六甲定居，同时，葡萄牙人保证向阿瑜陀耶提供他们与清迈交战中亟需的枪支和弹药。

条约事实上向来自马六甲的商人、雇佣兵和定居者们开放了暹罗。葡萄牙军事顾问和教练在 1518 年后很快归属于泰国军队。阿瑜陀耶和马六甲之间的商贸往来兴旺发达。在洛坤和北大年的港口城镇，贸易工厂迅速涌现。尽管没有相关记录，但估计同时期天主教教士很可能也进入了暹罗，为那里的葡萄牙定居者提供精神慰藉。[123] 暹罗的葡萄牙人提供的关于贸易和当地情况的报告源源不断地流向里斯本。巴罗斯使用了其中一些资料，对 1540 年之前一段时期的暹罗做了生动的描述。

从暹罗自身来说，16 世纪初相对平和繁荣，特别是 1515 年在葡萄牙人的帮助下，暹罗打败清迈，雪清耻辱。拉玛蒂菩提二世开始对王国进行军事重组，这有助于王国在随后二十年的和平稳定。然而，1543 年清迈的继位危机引发了暹罗新一轮大规模的干预事件。这一事件终止了早年的平静，阿瑜陀耶卷入与其北部邻国的战争，并与勃固发生冲突。最后，在 1569 年，来自勃固的莽应龙（Bayin Naung）的军队对阿瑜陀耶进行了包围、占领、毁坏和屠杀。其后十五年里，成为缅甸属国的暹罗在缝隙里倔强地生存着。1581 年，莽应里（Nanda Bayin）到达勃固。就暹罗而言，这标志着摆脱缅甸东吁（Toungoo）统治者控制并获得独立的开始。受困于内部问题，缅甸统治者们被迫长时间同时战斗在几条战线上。在此期间，暹罗越来越不受控制。对于精疲力竭的缅甸人而言，

522

战情每况愈下，他们被迫逐渐退出泰国。泰国人继续发挥他们的优势，折腾他们的领主。1599 年，勃固城最终落入这些阿拉干人（Arakanese）的手中。16 世纪末，暹罗获得了马达班湾（Martaban）以南下缅甸的全部地区，赢得了自己的独立。[124]

16 世纪出版了暹罗纪实作品的欧洲作家中，最重要的是皮雷斯（Pires）、巴尔博萨（Barbosa）、巴罗斯（Barros）和平托（Pinto）。另外，从瓦尔塔马、皮加费塔、卡斯塔涅达、阿尔伯克基、费德里奇、巴尔比和费奇的描述中还能搜集到数量繁多、开人眼界的杂闻侧记。这些评论家中，瓦尔塔马、平托和费奇是仅有的几个几乎能确定踏上过泰领土的人。1505 年瓦尔塔马可能在丹那沙林，而费奇对 1587 年末他到距勃固城东北 200 英里的清迈的旅行做了纪录。平托是唯一一个真正在暹罗首都生活过的作家。虽然葡萄牙文作品中记载了阿瑜陀耶强盛时期（1545 年前）的丰富资料，但该世纪后半叶阿瑜陀耶衰落与复兴的信息却是零星不全的。欧洲人的记载虽然质量参差不齐，但这些记述对于重建暹罗历史却有相当重要的价值。同时代泰国人的著作大多毁于 1767 年，当年一场大火席卷并烧掉了阿瑜陀耶大城。[125] 唯一收录了 16 世纪当地史料的是编于 18 世纪的《暹国史记》（Pongsawadan，《阿瑜陀耶编年史》，1349—1765 年），该书对早期的作品进行了编辑。令人遗憾的是，编者们发行了相异的版本，又未能对他们的原始资料进行保存。除此之外，其他仅有的资料均出自外国，其价值也颇具争议性。汉语的记录显然是最好的，因为距暹罗最近的邻国的编年史，无论何时都带有偏见，而且这些编年史对记载的日期和年表都持有不同的看法。[126]

巴罗斯将暹罗、中国和维查耶纳伽尔（Vijayanagar）[①] 并列，作为最为富强并与葡萄牙人保持友好关系的三个大陆帝国。[127] 暹罗的属国规模庞大，依欧洲标准，都可被视为大国。巴罗斯似乎认可了暹罗人对几乎所有东南亚大陆国家实施宗主权的要求，在他笔下，阿瑜陀耶帝国包括了我们今天称为印度支那的大部分。为了说明暹罗边界的复杂性，巴罗斯采用了前面描述的手形图进行

523

---

① 古国名。14 世纪中叶印度教徒在南印度建立的国家。——译者注

说明。[128] 从湄南河（该河被称为"众水之母"）开始，[129] 它从北到南穿越该国中心并流入海湾，起源地在手形图上是食指和另外三指与手接合的地方。帝国南北延伸贯穿 22 个纬度，或者说，如果我们以 69 英里为一度，大约有 1 518 英里。湄公河流到东部时形成了一个巨大的三角洲，这个三角洲是沿海国家柬埔寨和占婆的分界线。最北端有一个湖，是该国所有的大河的发源地。[130] 暹罗有像阿尔卑斯山一样崎岖不平的山脉，在手形图中，这些山脉位于手联结手腕的位置。在多山的内地，生活着一个被称为"古人"（Gueos）的原始民族。由于老挝诸国在北部与东部环绕暹罗，并控制了湄公河上游河段，"古人"居住地只在北部边界一小块地方与暹罗接壤。沿海王国柬埔寨和占婆位于老挝诸国的南部。在西部与北部，暹罗与缅甸诸国相邻。

巴罗斯称，[131] "古人"是凶猛残暴的食人族。他们在马背上作战，定期从山上的据点下来攻击暹罗人和老挝人。"古人"文身并用滚烫的热铁在全身打烙印。巴罗斯大胆断言，这些人可能是原始民族，因其习俗与"交趾"（Cangigu）人相似，所以马可·波罗认为他们居住在"交趾"王国。[132] 严格意义上说，湄公河畔的老挝人是暹罗的属民，但他们经常反抗宗主国。他们的领土被分成三个处于半独立状态的王国：清迈（Chiengmai）、清莱（Chiangrai）和南掌（Lanchang，琅勃拉邦 [Luang Prabang]）。[133] 他们在特定时期接受暹罗封建君主权力的唯一理由是，得到它的保护使自己免受"古人"的掠夺。如果没有暹罗国王持续派出大部队抵御北部的游牧部落，"古人"早就摧毁老挝并征服了暹罗。根据多明戈·德·塞克萨斯（Domingo de Seixas），一个在暹罗部队中受雇二十五年的葡萄牙人的声明，巴罗斯写道，派入北方的部队有 20 000 名骑兵、10 000 头战象和 250 000 名步兵，以及运货的水牛。[134]

暹罗国王统治着 9 个王国，其中只有两个居住的是泰国人。[135] 一个是包括首都的王国，它与马六甲边界接壤，被称作"芒泰"（Muantay [Mu'ang Thai]），意思是南泰王国。除首都之外，这个南部王国包括其他许多城市和港口。皮雷斯说，暹罗人在马来半岛的勃固一边控制着三个港口，东边控制着其他更多港口。[136] 巴尔博萨探讨了两块西部领土丹那沙林和吉打的贸易。[137] 东边，暹罗控制着港口城市"邦固塞"（Pangoçai [Bang Plassoy]）、"洛坤"（Lugo [Lugor 或

524

Lakon])、"帕尼塔"（Patane，北大年 [Patani]）、"吉兰丹"（Calalltao [Kelantan]）、"丁家奴"（Talingano [Trenganu]）和"彭亨"（Pam [Pahang]）。[138] 这些港口各有一个称为"内审"（oia，皮耶 [p'aya]）的地方长官，相当于欧洲的公爵。[139] 洛坤（Lugor）有一位被称为"佩雷拉"（peraia，可能是 *pra p'aya*，意为"领主地方长官"）的总督，他管理的地域从彭亨到阿瑜陀耶的整个海岸。[140] 在勃固和柬埔寨一边，"甘烹碧拍耶"（aiam campetit [p'aya of Kampengpet]）担当总督，权力仅次于国王，有自己的作战力量，并承担着在动荡的边疆维持暹罗地位的重任。[141] 阿瑜陀耶控制下的北部王国被称为"洲买"（Chaumua [Chau Nua]，或北方民族），根据巴罗斯的说法，其居住者有自己的语言。[142] 外国人将北方和南方王国统称为"暹罗"，但这并非泰国人自己使用的名称。[143] 考察阿瑜陀耶统治下的非泰国家时，巴罗斯展示了一幅混乱模糊的画面。研究他的附表可发现这一事实：阿瑜陀耶的葡萄牙人可能被告知，虽然暹罗声称对许多王国有宗主权，但实际它们是半独立的。表中所列的非泰国家能确认的有清迈、清莱、南掌、柬埔寨和缅甸等几个国家。[144]

　　最全面记述暹罗存在一个隶属省份的是与丹那沙林（丹老）相关的著述，它们由瓦尔塔马和巴尔博萨提供。丹那沙林是一个面对孟加拉湾的半岛地区，根据波隆摩·戴莱洛迦纳（Boroma Trailokanat）国王（1448—1488 年在位）的法律，丹那沙林被列为王权直接管辖下的二等省份，故不在暹罗纳贡国之列。[145] 如同许多远离阿瑜陀耶的领地，它可能享有实质性独立地位。尽管如此，巴尔博萨关于暹罗的章节中对丹那沙林的界定是很清晰的，他认为丹那沙林是这个帝国的一个区域。事实上，在早期记述中，凡提及丹那沙林之处，都是指一个城市而非一个省份，因此，其编者往往得出这样的结论：实际上他们的作者谈论的是丹老城。[146] 丹老城的长官被称为"王"，是一个异教徒，他控制着一支庞大的军队。[147] 除了充足的水果和牲畜供应外，丹那沙林还出产巴西木和一种被称为安息香的树脂。[148] 瓦尔塔马记录了丹老的丝绸编织及该城人所穿着的和在家里使用的丝或棉的拼缝布。[149] 这个爱冒险的意大利人及其同伴在丹老城目睹了斗鸡活动，这项活动至今在泰国仍是一种流行的娱乐方式。他同伴中的一人以陌生人的身份，受一位商人之邀为其 16 岁的新娘开苞，这种由陌生人婚前夺美的风俗似乎在瓦尔塔马时代很久以后仍在孟加拉湾一带流行。[150] 该城的贵族和婆罗门死后，尸体焚烧于火葬柴堆上，骨灰保存在特殊的土制骨灰盒中。丈夫死后十五天，寡妇自杀殉死。据传闻，年轻男子向女孩求婚时，必须在他赤裸的手臂上放上一块燃烧的布以证明他的真挚与忠诚。在丹那沙林，谋杀者通过刺刑处死。当地人在纸上书写，[151] 不像卡利卡特（Calicut）人是在棕榈叶上写字。作为一个港口，丹老接待着许多来自孟加拉、马六甲和古吉拉特邦的穆斯林和异教商人。

526

巴尔博萨也对吉打州的贸易做了报道，吉打州是丹老南部暹罗的另一个西部港口，大量出产胡椒。他同样注意到沿着丹老和马六甲之间的海岸，暹罗控制了两三个其他港口，要求进行贸易的穆斯林商人必须解除武装才能前往这些港口。[152] 从这个评论和其他葡萄牙来源已证实的报告中可知，暹罗当局下了决心，绝不让穆斯林商人像他们在群岛所做的那样，有机会接管阿瑜陀耶管辖下港口的政治控制。不过只要他们不成为政治威胁，仍被允许在暹罗贸易和定居。

除了边疆地区，暹罗基本上地势平坦，湄南河谷尤为如此。暹罗人民主要从事农业和捕鱼业，物产丰富。只有极少数暹罗人是手艺人，因而国内市场并未挤满竞争购物的外国商人。少数用来招徕生意的当地产品产于清迈，白银来自老挝。暹罗与印度的贸易大多通过马达班和孟加拉湾其他港口进行。在这里，古吉拉特人和其他穆斯林商人较少受到当局的监视。暹罗难以参与国际贸易的部分原因是由于穆斯林人在这里不受欢迎，皮雷斯直率地指出泰国人"不喜欢他们"。[153] 在暹罗，印度教徒一般受到很好的接待，中国商人更是如此。不过，暹罗中部似乎没有人能够通过贸易获得暴利。每年有六七艘帆船带着商品从暹罗前往中国。[154] 葡萄牙人到达那里时，彭亨的黄金和吉打州的锡源源不断地流入马六甲，葡萄牙人很想使黄金和锡的贸易继续下去。虽然暹罗没有商业上的吸引力，但葡萄牙商人仍来到阿瑜陀耶控制下的港口，用皮雷斯的实在话说，欧洲人"为了利益忍受一些事情……否则将没有买卖可做"。[155]

暹罗国王头衔为"佩雷拉"（Peraia [P'ra Chao]，或众生之王 [Lord of All]），[156] 据说很有权势而且富有，除了穆斯林之外，他对所有外国人都很宽容。

527　虽然和陌生人在一起他很拘谨，但他与自己的臣民在一起时是无拘无束的。[157]如果从他一直居住的首都来看，他统治公正。他住在奢华的宫殿里，后宫包括500多名女人，旁边是广阔的果园和花园。[158]他经常在许多猎犬的伴护下骑马打猎。[159]国王过世后，王位通常传给他的外甥，[160]也就是该国王姐妹的儿子，前提条件是继承人是受欢迎的。如果不能如此，则要召开秘密会议决定哪一位皇室成员将继承王位。一旦新国王被加冕，领主们要顺服地遵从他的命令，使节必须不折不扣地执行他的指令。和他在勃固的君主兄弟一样，暹罗国王过分宠爱的白象需要高额成本进行维护，而实际上，白象本身却毫无价值，他将为获得尽可能多的白象而经受最严峻的考验。[161]

　　如他们在勃固的邻居，暹罗男人留矮茬头发，身材高大，皮肤黝黑，性情温和，饮食节制。[162]通常他们在臀部以下包有围裙，腰部以上赤裸。[163]信仰方面，他们与东南亚大陆大多数其他民族一样，据说他们的宗教观念都是从中国人那里传播过来的。一般而言，他们热衷于宗教活动，修建了许多宏伟壮观的庙宇，一些庙宇是用石头和石灰砌成，另一些是用砖和石灰。[164]对暹罗人来说，神作为人间的创造者，起到惩恶扬善的作用。尘世的每一个人有两个相互冲突的精神导师，一个保护他的灵魂，另一个引诱他的灵魂。寺庙内外，暹罗人建起了人形圣像，将它们奉献给令人尊敬的死者。他们并不崇拜这些圣像，而是爱护它们，因为它们寄托了人们对死者的记忆。[165]

　　在无数的圣像中，引人注目的是一个泥制的男子塑像，它大约225英尺长，倒卧在枕头上，[166]这个被称为"人父"的圣像可能是佛陀。他们相信他直接来自天堂，而非由人所创造。这个卧佛圣像的原型据说是生命之力，它使那些为
528　神殉难的人来到世界。最大也最久远的暹罗神像是一尊金属铸就的神像，它被安置在"素可泰"（Socotay [Sukhothai]）城的一座庙宇内。这尊青铜像直立大约60英尺高。[167]这里还有无数形态各异的神像，其中一些不到一人高。他们的庙宇很大，附近经常能看到金字塔形建筑物（Prachedi，舍利塔或佛教徒遗骨圣地）[168]，顶部有作为装饰的巨大尖顶，专门敬奉给神。通常它们用石块或砖建成，饰以镀金的装饰板和线脚。这些建筑物中水平较低的则涂以绚烂的色彩，如葡萄牙人经常在教堂尖顶顶端放置风标，暹罗人则在此处悬挂一个帽子状的扁平

Malachę incolę sermone et moribus quam reliqui Indi
cultioribus et magis comes.

Jnwoonders van Mallacka welcke alle andere Indianen in
taele courtosije en amoreusheÿt te boven gaen.

66．"马六甲居民，他们的谦恭有礼和多情举止胜过所有其他印度人。"
这个封面的说明和插图出自扬·范·林斯乔坦的《林斯乔坦葡属东印度
航海记》(Jan van Linschoten's *Itinerario*，阿姆斯特丹，1596 年)。由
纽贝里图书馆提供。

67. 勃固、马鲁古群岛和圣多默岛上的土著居民。

C

Alcune parole che vsano le genti della terra di Breßil.

Il lor formento che par ceci.
Mahiz

Farina	Hus
Vn hamo	Piuda
Coltello	Iacle
Pettine	Chignor
Forbici	Pirene
Sonagli	Itani maraca
Piu che buon	Ium maras ghatum

Parole del gigãte, ilqual presero apreßo il fiume di s.Giuliano.

Capo	Her
Occhio	Other
Naso	Or
Supercilij	Sechechiel
Boccha	Piam
Dente	Sor
Lingua	Schial
Mento	Sechen
Pelo	Aschie
Gola	Ohumoi
Man	Chone
Palma	Caneghin
Dito	Cori
Orecchia	Saue
Mamella	Othen
Petto	Ochij
Corpo	Gechel
Gamba	Coss
Piedi	Tehe
Tallon	There
La suola	Perchi

Cuore	Cho
Huomo	Califchon
Acqua	Oli
Foco	Glialeme
Fumo	Iacche
Non	Chen
Si	Cei
Oro	Pelpeli
Azurro	Sechegli
Sole	Calipecheni
Stella	Setreu
Mare	Aro
Vento	Oui
Tempesta	Ohone
Pesce	Hoi
Mangiar	Mecchiere
Scodella	Elo

Et prononntiaua il tutto nella gola

Parole che vsano gli habitatori del l'isola di Tidore.

Dio	Ala
Christian	Naceran
Turco	Rumo
Moro	Moseliman
Gentil	Cafre
Loro preti	Maulana
Huomo	Horan
Huomo sauio	Horan pãdita
Padre	Bapa
Madre	Mama abui
Loro chiesa	Meschit
Figliuol	Anach
Fratello	Sandala

Suo auo	Mini
Suo socero	Mintuha
Suo genero	Minante
Moglie	Porampuam
Capelli	Lambut
Capo	Capala
Fronte	Dai
Occhio	Matha
Supercilij	Chilai
Palpebre	Chenia
Naso	Idon
Bocca	Malut
Labra	Vebere
Denti	Ciggi
Gingiua	Issi
Lingua	Lada
Palato	Langhi
Mento	Agai
Barba	Ianghi
Mascella	Pipi
Orecchia	Talinga
Gola	Iaher
Collo	Vidun
Spalle	Balacan
Petto	Dada
Cuor	Atti
Mamelle	Suffu
Stomacho	Parut
Corpo	Tundubatu
Gambe	Mina
Talon	Tumi
Piede	Batis
Suola	Empacachi
Vnghia	Cucu

D

NARRATIONE DI VN PORTOGHESE

Compagno di Odoardo Barbosa. qual fu sopra la naue Vittoria del Anno M D XIX.

EL NOME Di Iddio & di bon saluamento. Partimmo di Siuiglia l'Anno MDXIX. alli x. d'Agosto con cinque naui per andar a discoprire l'isole Maluche, dõde cominciamo di nauigare da S. Lucar per l'isole di Canaria, et nauigammo per Lebeccio 960. miglia, onde ci trouammo a l'isola di Teneri se, nellaquale sta il porto di santa croce in 28. gradi del polo artico

Et da l'isola di Tenerife noi nauigammo per mezzo giorno 1680. miglia donde ci trouammo in quatro gradi del polo artico.

Da questi quattro gradi del polo artico noi nauigammo per Lebeccio sino che ci trouam mo al capo di Santo Agostino, ilquale sta in otto gradi nel polo antartico donde habbiamo fatto 1200. miglia.

Et dal capo di Santo Agostino noi nauigammo alla quarta di mezzo di verso Lebeccio 864. miglia onde ci trouammo in vinti gradi del polo antartico.

Et da i vinti gradi del polo Antartico essendo in mare noi nauigammo 1500. miglia per
lebeccio

68. 皮加费塔从马鲁古群岛的蒂多雷岛居民那里学会的马来词汇目录。出自赖麦锡的《航海旅行记》。

圆盘，绕着圆盘边沿，挂起许多小铃铛，在微风中叮当作响。

庙宇的僧侣因虔诚信教受到尊敬。他们是如此的纯洁，任何女性甚至尼姑也不可以进入他们庙宇里的住处，带妇女进入者会遭到驱逐。僧侣们习惯穿黄色棉布僧袍，黄颜色因与金子颜色相似而被赋予了神圣的意味。与葡萄牙教士的习惯一样，这些黄袍长及脚踝。不同之处在于，暹罗僧侣右臂裸露，左肩有长条宽布横穿而过并覆盖垂下，腰部缚以腰带。[169] 这条带子显示了佩带者的阶层和等级，就像佩带朱红色带子的马拉巴尔本地人是婆罗门一样。如同勃固的僧侣，暹罗的僧侣剃光他们的头发，赤脚周游闲逛，手持大纸扇遮挡赤道的太阳。饮食上，他们表现出了极强的节制力，如果一个和尚喝了酒，会因触犯戒律而被同伴投掷石头。就像四旬斋期间的基督徒们那样，一年中他们要遵守许多斋戒日，特别在人们成群走进庙宇聆听布道这样一个特殊时期。新月开始和满月之时是他们的特殊节日，这些日子里他们在白天和夜里的固定时辰唱诗祈祷。[170]

所有的学问和传统习俗都掌握在僧侣手中。僧侣除了学习他们的宗教外，还致力于探究天体的循环和自然哲学问题。在他们的宇宙结构学中，他们论证得出，创世纪之后，一次宇宙大洪水紧随而至，现在的世界共持续八千年，其中六千年已经过去。此后，这个世界将因大火而结束。届时，太阳的七只眼睛将会睁开，它们轮番使大地和海洋中的万物干涸。大地燃烧后的灰尘中，将剩留两枚蛋，一枚为公，一枚为母。以这两枚蛋为起点，世界获得再生。新世界里，咸水海洋不复存在，唯有清澈而不含盐分的河流。大河将使地球变得富饶，人们无需劳动就能得到慷慨的馈赠。到那时，人类将自由自在地沉溺于永世的享乐之中。

僧侣们为寺庙里的男孩开设课程。在此期间，男孩子们学习人文科学知识与读写知识。他们需要掌握宗教仪式和礼节规范。他们学习通俗语（泰语），然而自然科学却是用古代语言（巴利语 [Pali]）教授的，这种语言对他们来说类似于欧洲人的拉丁语和希腊语。他们按照我们的方式从左到右书写。[171] 虽然暹罗人拥有很多书籍，但这些书都是手写的原稿，与中国人不同，他们没有研发出印刷术。[172] 他们是占星术的极好信徒，没有征询神喻得到吉兆，他们绝

529

不采取行动。他们没有日晷，而依赖水钟滴漏计时。每个钟头他们都在锅鼓上用力拍击，这样整个城市都可听到鼓声回响。在运用他们的天文学和占星学知识时，他们又在其中混入大量占卜和巫术的成分，这两样是他们从（印度）科罗曼德尔海岸（Coromandel coast）的"克林族"（Quelins [Klings]）那里学来的。克林族人极为擅长这些艺术，并因精通它们而在暹罗深受尊敬。暹罗的一年有12个月，新年开始于11月的新月。正像我们给每个月指定黄道十二宫一样，他们以一种动物名称标示月份：11月是鼠，12月是牛，1月是虎，2月是兔，3月为大蛇（或龙），4月为小蛇，5月为马，6月为羊，7月是猴，8月为鸡，9月是狗，10月是猪。实际上，巴罗斯在确定这些动物与具体月份的对应关系上完全搞错了。虽然他给出了正确的名称和顺序，但这些名称实际上是用于古老的暹罗年代测定系统，用以代表按正常六十年周期中十二年亚周期的每个特定年份。[173]

暹罗统治者是人世间最专制的君主，他拥有帝国内所有的土地，而在这里，所有财富都出自土地。巴罗斯断言，[174] 就像葡萄牙国王所拥有的有限的王室领地（reguengo），整个暹罗实际是一个皇家领地，每个劳作者要向占有王室土地的人交付税款。下至"披耶（oya [p'aya]）级别的领主，也和皇家官员和军官一样，因立功而获得赠予土地的奖励。这种赠予主要是针对兵役的回报，通常土地赠予时间为几年乃至终身，但不是永久赐予。所有的领主和官员必须准备好在战争需要的时候，前往部队服役或提供马匹和大象。无论何时，封臣若对皇家军队有所贡献，编年史式的官方总账就会将他的名字和所有服役情况记录下来，据此给予公正的报酬。除了以上的征兵方式，国王还有驻防在边疆的永久性卫戍部队。由于国家面积广大并拥有许多城市，政府很容易在很短的时间内将一支大军汇拢到一起，仅首都就能轻松供应5万士兵。如有必要，暹罗国王还能在属国征召士兵，但通常他尽量避免此事，因为属国的部队不太靠得住，而且这样会使外国人对暹罗军事系统了解太多。

大体而言，巴罗斯对暹罗相互依赖的社会和军事组织的简要描述与其他资料一致。[175] 从最早的记录中可得知，统治者是该王国独一无二的拥有者，其臣民是国王拥有绝对控制权的奴隶（动产）。每年服徭役是暹罗普遍的准则，除

530

此之外，在整个暹罗历史上，所有身体强健的男子义务服兵役的制度一直有效。巴罗斯试图描述开始于 1518 年由国王拉玛蒂菩提二世实行的对这一体制的改革。通过条款可以看出，整个王国按军区加以划分，18 岁以上的男子自动记入部队名册中。直到 1899 年前，这一体制经过修订仍然有效。

按照巴罗斯的说法，[176] 拥有土地的官员按规定必须定期在阿瑜陀耶的节庆场合展示他们舞枪弄棍的武功。其中最著名的一次庆典是在湄南河上进行的，3 000 多条船聚集在一起，并组成两队开始竞赛。竞赛结束后，两队人马立即开始交战，其情形令人联想起古代罗马上演的模拟海军战场。[177] 比赛在陆地上，参与者为分别骑着马和象的两队人以及手持刀剑与长矛进行决斗的个体。被定死罪的人可参与这些力量和技能的考验，如果他们胜出将被赦免。如果没有战争发生或模拟战场上的打斗时，暹罗的领主们花天酒地消磨时光。他们是美食家，热心于勾引女性及监护自家的女子。和勃固的男人一样，暹罗人据说在他们的性器官上嵌入铃铛以取悦女人。[178]

葡萄牙史家没有将令暹罗卷入其中约有半个世纪之久的战争记录下来，他们的记载在 1540 年左右中止了。唯一一个叙述这些战争的欧洲人是费尔南·门德斯·平托。1554 年，在加入耶稣会后不久，他按要求写下了东方经历的回忆录。1554 年 12 月 5 日写于马六甲的信中，平托概述了他的回忆。次年这封信经删节和检查的版本出现在由科英布拉（Coimbra）的耶稣会士出版的《信札复本》（*Copia de unas Cartas*）上。不久它就被翻译成意大利文，并在其后十年多次再版。[179] 出版的部分主要涉及勃固、暹罗、印度支那半岛和日本，但最多的细节是他在暹罗的经历，时间可能为 1548 年至 1549 年。虽然平托因其荒诞不经的故事经常被称为葡萄牙的辛巴达（Sinbad）①，但这封信中的资料极为可靠，值得深入研究。这不仅因为我们没有其他欧洲人谈论该世纪中期的资料，也因为平托是在事件发生后几年写下了这个简短的记述。他著名的《平托东游

531

----

① 《天方夜谭》里的人物。——译者注

录》（*Peregrinations*）① 是老年时在欧洲写下的，直到 1613 年才得以出版，这本书中的叙述极不可靠，也因此影响了他的声誉。[180]

下列所述是从平托于 16 世纪正式出版并流通的部分信件中摘取出来的。[181] 如同瓦尔塔马，平托将暹罗称作"苏诺"（Sornao）[182]，同时使用更为人所知的"锡安"（Sion）或暹罗。按照他自己的说法，他去过阿瑜陀耶两次。阿瑜陀耶类似于威尼斯，是一个运河城，在运河上两头尖的平底船极为常见。他自称曾被告知该城有 20 万艘船，同时非常谨慎地承认他不知道这一数字是否正确。尽管如此，他继续写道，他看到河上大约 3 英里的距离里挤满了船。环绕这个城市的所有河上都有流动市场，多达 500 至 1 000 艘船聚集在一起。[183]

国王自称"波利考沙利"（Precaosale [p'ra Chao Chang Phenak 或 "白象的领主"]），[184] 按照平托的说法，其含义是仅次于上帝本身的人。他的王宫从不让外国人参观，除非他们是使节或奴隶。虽然平托既非使节亦非奴隶，却宣称自己知道其中所有的事情。皇宫外墙以锡覆盖，内墙用黄金打造。统治者坐在架高的宝座上，周围是富有艺术装饰性的平台或舞台。大领主的女儿们在舞台上兴高采烈地舞动，他们的儿子则坐在另一个平台上，而他们的妻子在第三个平台上。国王每年会有两次离开他的王宫现身于城市。这是非常值得一看的景象，因为国王由庞大的大象和保镖队伍及他的王后嫔妃们陪伴而行。当城市的

532

----

① 该书全称为：《费尔南·门德斯·平托漫游，在此叙述了他在中华帝国、在鞑靼、在通常被称为暹罗的苏诺（Sornau）、在卡拉明罕（Calaminhan）、在勃固、在马陶奥（Martauão）和在许多其他东方王国和领地及在我们西方鲜有记载的地方他所见所闻的许多很奇怪的事情。同时它也记述了许多既发生在他身上也发生在其他许多人身上的特别的事情。在最后简短地对一些事情表示了敬意，并缅怀神圣神父圣方济各·沙勿略的辞世，他是东方那些地方的唯一光明和在那些地方耶稣会的万能统治者》（*Peregrinaçam de Fernam Mendez Pinto em que da conta de muytas e muyto estranhas cousas que vio & ouvio no reyno da China, no da Tartaria, no de Sornau, que vulgarmente se chama de Sião, no de Calaminhan, no do Pegù, no de Martauão, & em outros muytos reynos & senhorios das partes Orientais, de que nestas nossas do Occidente ha muyto pouca ou nenhua noticia. E tambem da conta de muytos casos particulares que acontecerão assi a elle como a outras muytas pessoas. E no fim della trata brevemente de alguas cousas, & da morte do Santo Padre Francisco Xavier, unica luz & resplandor daquellas partes do Oriente, & reitor nellas universal da Companhia de Iesus.*）。——译者注

人民自娱自乐时，国王舒服地坐在象背上的豪华座椅里向围观者抛撒硬币。[185]

平托还描述了他在阿瑜陀耶所见的一次皇室的列队出行，它在河上进行，类似于佛教解夏节（*Thot Krathin*）朝圣，至今国王每年仍然前往曼谷河畔的寺庙（佛庙），[186] 依旧使用的皇室驳船仍模仿阿瑜陀耶的那些船只，平托对它们的描述绝未夸大这些工艺的光彩。如果有什么区别的话，对于看过这些船舶现代场面的人来说，他描述所用字句多少过于拘谨、不太令人激动。他声称它们比单层甲板大帆船更长，现代驳船大约 160 英尺长。皇家驳船因为船体有翼，看上去像半人半鸟的女海妖，可能因为高耸在船头的装饰物件是一个神秘动物的造型。船尾镶金，船舵装饰着贵重物。12 艘驳船（可能是警戒艇）在皇家船前面领航，每只船上的宝座种类不同，共有 12 个。虽然没有人坐在这些宝座上，但观众同样向它们致以国王一样待遇的敬意。200 多艘更小的船只环绕着皇家驳船，这些船属于主要首领和各地领主。这些领主的等级由他的驳船和舵工身着服装的颜色加以区别。一艘甲板上有许多年轻人和乐师的大船紧随着皇家驳船，上面堆满了数目众多来自观看者的各样手工艺品。

在另一个场合，平托看到了一头白象的正式沐浴仪式。白象极受尊重，平托认为这是因为世界其他地方没有它的同类。[187] 这头大象在奢华队列的护卫下被带到河边洗澡。游行所经街道被冲洗干净，装饰着华丽旗帜。先于白象穿过城市的是本地的 160 匹小马和 83 头配备华丽的大象，这些大象上面骑着王国的高官显要，三四十个大领主骑在其他大象上跟随其后。白象身披金衣、象鞍和纯银链子，另有银链子佩戴在它的胸部和颈部以便驾驭。[188] 河岸上早已搭建好一个帐篷，大象进入帐篷进行沐浴仪式。虽然平托未获许可观看沐浴仪式，但他被告知仪式是极为复杂的。这头大象受到如此高的尊敬，以致于当它行进过程中停下不走时，没有人可以前行，连其他大象都不愿太靠近它。它便溺时，人们端来一个金盆放在它下面，王国最大的领主们以此水洗脸。[189] 虽然平托陈述的事实并非完全正确，但对沐浴仪式的生动描述表明了他对这种行为的崇拜，毫无疑问，暹罗人对这只神圣的白象充分表达了尊奉之情。

"布拉马"（Brama［缅甸或东吁］）的国王一直想成为白象的君主，按照平托的说法，他决定侵略暹罗夺取这头大象。[190] 这是 1547 年至 1548 年冬勃固

533

的莽瑞体（Tabinshwehti）远征的一个参考说法，这一阶段莽瑞体传唤阿瑜陀耶的国王将这头白象移交给他，随后宣战。由于当时没有一条道路能够满足大军从勃固到达暹罗的要求，平托认为，为了到达阿瑜陀耶，"布拉马"国王带领300 000人的部队穿过森林硬闯出一条路。[191] 随后缅甸人对暹罗首都展开了几次猛攻，却未能夺下首都。在这次徒劳的战役之后，缅甸损兵折将120 000人，暹罗人员损失达200 000人，其中有些被杀，有些被俘到勃固。而这头白象其后又活了三年多，最后在一片哀歌中死去。当时，那里的商人们告诉平托，阿瑜陀耶进行了为期一个月的官方哀悼，而这头大象的尸体被放在昂贵的香木柴堆上焚烧。同时在"应那沙林"（Innasarim［丹那沙林］）的崇山峻岭和人迹罕至的地方，暹罗人抓到了另一头白象，他们怀着感恩之情以节日庆典的方式来欢迎这头白象。虽然平托没有给出围攻阿瑜陀耶的日期，但基本认同这次围攻是在1549年发生的。他记载的在丹那沙林抓获一头白象的事件在暹罗编年史中得到证实。[192] 从其他资料中可以知道，这个记载的其余部分似乎没有歪曲事实。

534

　　暹罗的统治者并不干预个人的宗教信仰，因为他声称自己只是人们肉体的主宰，而非他们灵魂的主宰。这样他既未强迫异教徒，也未强求摩尔人去接受这种或那种信仰，而是容纳所有的信仰。[193] 正如平托看到的，暹罗遍地都是信仰各路奇怪神灵的人们。他讲述了一尊受人尊敬的偶像，该偶像是一个嘴巴大张的造型，被放置在宴会大桌前，由四五十个老年妇女服侍，称为胃的放大神，人们认为没有更荣耀的名字可以给他了。暹罗人也崇拜自然力：当一个信仰水的人死了，他们会将尸体赤裸抛进河里；如果信仰火，他们就对他施以火葬；如果信奉土，就采取土葬的方式；如果信仰空气，他们就将尸体置于靠近河边的木架子上，任由天上的秃鹰和其他鸟儿啄食。[194] 每年冬天结束时，国王都要在河水里沐浴以使水得到净化，唯有如此，他的臣民们才能饮用河水。平托注意到，在阿瑜陀耶，暹罗人认为月食是由一条蛇吞食月亮引起的。[195] 为了让这条蛇吐出月亮，人们向天空射击，猛烈敲击他们房子的大门，并从地上和水中对它吼叫。当这些葡萄牙人听到巨大的嘈杂声时，他们还以为这个城市发生暴乱了。暹罗人现在仍极为关心神灵和自然现象，由此看来，这样的故事是完全可信的。

摩尔人在阿瑜陀耶京城有 7 座清真寺，均由土耳其和阿拉伯祭司主持。京城有 3 万摩尔人家庭，伊斯兰教徒坚守信仰，基督教福音的传播毫无疑问遭到了他们的反对。1556 年，伏若望写了一首挽歌，其中他说当穆斯林皈依者聚集在阿瑜陀耶城聆听穆斯林教阿訇卡西兹（casizes）讲演时，他们"嘴巴张开，用手在嘴上扇风，表明这些话的空气进入了他们的身体将使他们的心灵圣洁"。[196] 暹罗国王极为强势，未奉献合适礼物表示承认他的崇高地位的外国使者，他不会正式接见。曾有一个全权公使满足了这一要求，国王彬彬有礼地赐予他一个小金杯和其他礼物。虽然暹罗国王是一个名副其实的大领主，并且是控制着许多更小诸侯的宗主，但暹罗国王本人却是中国的封臣，每年要派遣使团带着贡品前往广东。这样你们可能明白，平托在此告诉他的葡萄牙同道们，圣方济各·沙勿略神父（Father Francis Xavier）为了渗入中国并在那里传播基督教，他努力要打开的最重要的门是什么了。[197] 虽然平托在 1554 年的信中有时会淡忘往事，偶尔凭借想象加以叙述，但相较他的《平托东游录》（Peregrinations）一书中显而易见的夸张和无数虚构的内容，这封信里倒没有发现类似的问题。16 世纪后期暹罗和勃固间的战争，偶尔会出现在商业代理费德里奇、巴尔比和费奇的叙述中。勃固的统治者莽应龙（Bayin Naung）招集了 1 400 000 人的庞大军队，在 1567 年夺下阿瑜陀耶城前包围了该城二十一个月之久。[198] 费德里奇提到，国王离开京城参加战争之后六个月，他正在勃固，逗留了三个月，亲眼目睹莽应龙凯旋回到京城。这场战争中双方人员损失惨重。勃固的军队需要 500 000 名新兵以替代在阿瑜陀耶城墙前被杀的士兵。依照费德里奇的观点，如果阿瑜陀耶防御者没有被内部奸细出卖的话，暹罗京城将不会投降。这人打开了一个大门，从而使围城军在夜间进入京城。阿瑜陀耶统治者意识到自己被出卖了，据说他用毒药杀死了自己，还毒死了自己的妻妾和孩子。[199] 该城未被杀的或没有逃到安全地方的人，随同莽应龙的大象和能运走的所有战利品一起，被带往勃固。

535

缅甸人胜利带来的一个结局是大城人口急剧减少，昔日显赫一时的阿瑜陀耶京城降至隶属于勃固强大统治者的边陲小镇地位，完全失去了抵抗力。在摩诃·昙摩罗阇（Maha T'ammaraja）国王在位时（1569—1590 年），暹罗东部的邻国，特别是柬埔寨想要利用阿瑜陀耶的困境，对它发起攻击并拒绝承认其传统的宗主权。来自东部显而易见的威胁，再次给暹罗人提供了建立阿瑜陀耶防御工事而不必引起勃固统治者怀疑的极好机会。逐步重建国家的重任是由纳黎萱（Naresuen）王子进行的，1571年他获许可从缅甸的囚禁处回到阿瑜陀耶。随后十年，暹罗军队准备就绪，等待时机摆脱勃固的控制。1581年莽应龙去世，勃固开始了继承权之争，夺权斗争持续到莽应里（Nanda Bayin，1581—1599年在位）掌权，这正好给了纳黎萱梦寐以求的良机。

加斯帕罗·巴尔比有关东方活动的日记中，记录了这样的事件。1583年7月14日莽应里从对阿瓦（Ava）的战役中回到勃固，却得到了这样的消息，他不在时，纳黎萱带领一个暹罗代表团到勃固来支持他们的最高君主，但后来他们回家了，没有继续前往阿瓦。随后，暹罗国王声称王子纳黎萱遭到了莽应里一名奴隶无理的拒绝。受到如此侮辱后，他认为自己不能再承认勃固的宗主权。[200] 于是，1583年年底一支远征军在"伟大的布拉马"（王储 [Yuvaraja] 或皇太子）统领下，开始了对暹罗新一轮代价高昂的战役。阿瑜陀耶虽被包围，但以新的防御措施挫败了缅甸入侵者。 摩诃·昙摩罗阇国王愿意做出的唯一让步是，如果莽应里本人能到前线接受敬意，他发誓他将承认莽应里的领主地位。暹罗国王拒绝向一名地位低下的缅甸代表表示敬意，于是被告知他最后将不得不在莽应里最低级的奴隶面前承认他的隶属身份。[201]

拉尔夫·费奇（Ralph Fitch）在勃固时（大约1586年），勃固与暹罗的战争仍在进行中。他报道说，莽应里亲自带领一支30万人和5 000头大象组成的远征军与阿瑜陀耶作战。[202] 次年，费奇到马来语称为"杭高米斯"（Jangomes [Yun?]）的"兰纳人"（Langeiannes [Lan-nas]）的国家"清迈"（Jamahey）进行了一次旅游。[203] 前往勃固东北的二十五天旅行中，费奇说自己穿过了"果实累累而令人愉悦的地方"，这些地方散布着用藤条搭建、稻草覆盖的简陋房屋。清迈城长期遭受缅甸和暹罗的争夺又完全独立于两者，被费奇描绘为一个令人愉悦的大城镇，城里有许多街道和石砌的房屋。其男子"体格结实强壮"，女子远优于勃固女人。他们没有种植小麦，主要靠稻米和水果维生。这里有丰富的铜矿和安息香。清迈是麝香、金子、银子和中国产品的大贸易中心，的确，在清迈集市上能看到许多中国商人。清迈的礼仪和习俗，如公共火葬，似乎与缅甸和暹罗的习惯类似。[204]

虽然以勃固为基地的商人似乎并不费劲就可四处走动，但试图通过阿瑜陀耶向暹罗渗透的基督教传教士们却有许多惨痛教训。平托曾预言那些带着福音进入暹罗的人将面临的困难，他的预言后来在基督教传教士的经历中得到了证实。试图向暹罗渗透的最早传教士是多明我会修士，1548 年至 1549 年他们在印度建立了第一批修道院，然后派遣加斯帕尔·达·克路士（Gaspar da Cruz）对东南亚做了一次考察。[205] 1567 年，当果阿的代理主教，费尔南多·德·S. 玛利亚修士（Friar Fernando de S. Maria）在马六甲进行访问时，他派了两名多明我会修士去了暹罗。从马六甲出发开始了一个月的航程后，修道士热罗尼莫·达·克路士（Jeronimo da Cruz）和塞巴斯蒂昂·达·坎托（Sebastião da Canto）到达阿瑜陀耶大城。在那里陪同他们的葡萄牙商人已经在暹罗京城准备好了场所，实际上，很可能正是在这些商人的请求下他们才被派来此地的。暹罗人以最为友好的方式接受了他们，并在该城最好的地区为他们提供了合适的住所。当佛教僧侣、俗人与葡萄牙人一起来听他们布道时，据说伊斯兰教信徒密谋着要他们的性命。在一次葡萄牙商人和穆斯林商人的冲突中，热罗尼莫被矛刺死，塞巴斯蒂昂被一块投向他的石头击伤。暹罗主要权贵因此事向塞巴斯蒂昂致歉，而国王摩诃·查克腊帕（Maha Chakrap'at）惩罚了有罪的人，任由他们被大象踩踏至死。国王和蔼地接见了塞巴斯蒂昂，并要求他未经同意不要离开这个国家。后来，塞巴斯蒂昂在国王的许可下回到马六甲，并招募了另外两名传教士。

此时的基督教事业似乎在暹罗得到了皇室支持，一开始就有好兆头。但是，当 1569 年缅甸攻占阿瑜陀耶时，3 名在那里工作的多明我会修士都被杀了。随后，其他多明我会修士被派往暹罗，但他们全都卷入战争漩涡中，能够逃命者是幸运的。[206] 葡萄牙的多明我会修士将精力转向更为平静的地区后，1583 年至 1584 年来自菲律宾的西班牙的方济各会修士开始了他们的尝试。虽然他们在阿瑜陀耶得到了葡萄牙人和暹罗人的热情接待，但 1584 年缅甸和暹罗之间战争的爆发断送了他们的努力。来自菲律宾的其他西班牙传教士，无论方济各会修士还是多明我会修士，都赶上了大约发生于 1594 年柬埔寨和暹罗之间的战争，能存活下来是非常幸运的。[207] 同时，在马尼拉，世俗当局和宗教当局都催促菲利普二世利用暹罗和印度支那兵连祸结的困境，配备一只远征军前往亚洲战乱之地，在亚洲大陆的一些地方站稳脚跟。一个极端乐观的热情者估计，只要 1 000 人就可攻下并控制暹罗。[208] 在欧洲，西班牙耶稣会士古兹曼将暹罗描绘为一个动荡地区，在那里和平传教的希望渺茫。[209] 16 世纪基督教传教事业中，派往暹罗的使徒们的努力只留下了数量极少而经历悲惨的记录。

从欧洲的资料看，很可能 16 世纪时，暹罗在东南亚的重要性及其在地区事务中不断变化的角色特征已经受到了欧洲人的注意。葡萄牙作家全都赞同该世纪上半叶阿瑜陀耶君主政体的强大力量和广泛影响。他们也都清楚地阐述了暹罗臣属关系的复杂性及其政治疆界的大略情况。然而，在 1569 年被击败前，暹罗不容置疑地维持着对马来半岛两侧的马六甲和马达班之间港口的权威。从这些资料中也能推断出暹罗与其西部国家的大多数贸易是在孟加拉湾的港口而不是在自己的阿瑜陀耶京城进行的。这样一个贸易定位可能是马六甲早期拒绝承认阿瑜陀耶宗主权的自然结果，随之而来的是暹罗商人离开了马六甲。

所有周边国家的商人一定要停靠并拜访阿瑜陀耶的京城大城。然而，穆斯林商人不得不尊重暹罗当局的愿望，按暹罗的要求生活在那里。按照这个葡萄牙人的说法，这些要求并不苛刻，因为阿瑜陀耶国王能容忍所有不同的信仰，当然他们小心地保卫着他们的政治权威。正如欧洲人理解的那样，这个国家的整个行政、社会、经济和军事生活，是以国王的人格和权威为中心的。甚至从未有过永久性的土地赠予，所有土地授予是以为皇室服务为唯一基础的。

欧洲人也详述了这里的无数佛寺、僧人和雕像的风土人情。节日，特别是与湄南河船队有关的节日抓住了他们的想象力。巴罗斯对佛教、教育和通俗宇宙学有着持久的兴趣，不过，有时他提供的信息可能是错误的或搞混了细节。像平托和费奇这样的直接观察者们大量引用了有关军队规模、战争伤亡和人口的数据。这些数据多以整数出现，传递出作者对数据的整体印象。但也许是为了给他的耶稣会宗教上级们留下深刻印象，平托做得更为精确，例如他提到 83（不多不少）头大象列队前进。在不重要的数字上如此做作，与其说加强不

538

如说是削弱了他的诚信度。即使有这个局限，我们仍须认真对待平托。暹罗这段历史缺乏各种现存书写记录，对那些想要重建它的人来说，平托从马六甲写来的信是重要的原始资料。在该世纪后半期勃固和暹罗的战争中，平托和商业入侵者们的著述提供了有益的资料，补充和加强了当地的记载。虽然这些欧洲作者经常将传说和谣言当作事实，但总体而言，他们并未比当地编年史作者更易轻信。

第四节　缅甸

公元1044年，一个伟大的佛教国家在蒲甘（Pagan）建立起来，但在此之前，缅甸的历史几乎是空白的。[210]18世纪时，缅甸人才开始系统地编撰铭文和编年史，这些铭文和编年史依赖早期不具权威性的作品和口头传说保存下的无数故事。[211]因此，该国早期史的大部分不得不通过中国人的旅游记录和编年史、暹罗历代志、阿拉伯史书和欧洲资料来重构。托勒密《地理志》（可能出自13世纪）中的地图以素描方式勾勒出了缅甸的海岸线，其描绘大致正确。阿拉伯地理学家们的信息也主要来自于商人，但他们并未获得比绘制托勒密地图的制图师们更多更好的信息。[212]马可·波罗可谓开创了多项"第一"，他是第一个使欧洲人意识到缅甸存在的作家，他对1277年蒙古入侵做了鲜活的描述，这一事件是引发十年后蒲甘帝国崩溃的开端。

随着蒲甘的分崩离析，缅甸分裂成无数个封邑，这些封邑一般处于掸邦（Shan）王公子弟的控制之下。但是，在15世纪时，其中三个小国逐渐成为政治权力的焦点：伊洛瓦底江（Irrawaddy）流域的阿瓦（Ave）、锡唐河（Sittang）上游的东吁（Toungoo）和锡唐河三角洲的勃固，这就是15世纪时游访缅甸的欧洲人目睹的情形。孔蒂（Conti）在丹那沙林、阿拉干、阿瓦和勃固都做过逗留，并对自己的经历发表了一些评论。[213]桑托·斯提芬诺（Santo Stefano）于1496—1497年间曾在勃固逗留十八个月，他将勃固的统治者频耶兰二世（Binnyaran II，1492—1526年在位）描绘为一个富有的偶像崇拜者，当时频耶兰二世发起了与阿瓦的战争。[214] 同样，大多数 16 世纪的作家在讨论缅甸时都会提及勃固和缅甸南部的状况。

葡萄牙与勃固的友好关系持续到了 16 世纪的最后几年。1511 年，在马六甲的勃固商人是第一批屈从于阿尔伯克基的人。阿尔伯克基给了他们回家的自由，并允许他们带走自己的财产。[215] 阿尔伯克基派使者前往勃固，作为回应，1514 年，频耶兰二世向身在科钦的征服者派去了一个使节。五年后，这个葡萄牙人与勃固签署了商业条约，并在马达班建立了代理商行。"勃固"之名首次出现在欧洲人的一幅世界航海图中，该航海图收录于 1519 年洛波·欧蒙 - 赖内尔（Lopo Homem-Reinels）编制的地图集中。[216] 1539 年，一支来自印度的葡萄牙贸易舰队对勃固施以援手，当时正与东吁作战的勃固处于溃败状态。但葡萄牙舰队的帮助毫无成效，随着缅甸人攻占了勃固，孟（Mon）王国走向终结。自此以后，新的东吁王朝将三个王国并入其统治之下。虽然葡萄牙人仍拜访勃固并谈论它，但他们暗示，1540 年后，在东吁人的治理下出现了相对统一的缅甸国家。在开始于 1548 年的缅甸和暹罗间的战事中，交战双方都可以看到葡萄牙贡多铁里骑兵（佣兵团骑兵 [condottieri]）作战的身影。这些军事冒险者里有许多人定居在下缅甸和阿拉干，这整个一世纪他们继续生活、受雇于此地。大约 1560 年时，葡萄牙人得到允许，在勃固的港口沙廉（Sirião，锡里安 [Syriam]）建立了要塞。费利佩·德·布里托（Felipe de Brito）是在下缅甸定居的葡萄牙人，不久他野心膨胀，在该世纪结束前，凭借果阿的葡萄牙人和阿拉干国王们的帮助，想将沙廉的要塞变成葡萄牙殖民地的基地，未获成功。这一行动断送了葡萄牙与缅甸几乎长达一个世纪的友善关系，敌意随之而至。以前友善关系时代的重要性是欧洲能够得到发生在缅甸和东南亚大陆地区的大量情报。

虽然缅甸不是一个居于主导地位的国际贸易中心，但 16 世纪关于它的记录却比群岛内那些大岛的记录更为详细丰富。除了一些传教士的信件外，1510 年至 1599 年间，欧洲出版了 10 部内容充实的纪实，分别由瓦尔塔马、皮雷斯、巴尔博萨、卡斯塔涅达、巴罗斯、费德里奇、马菲、巴尔比、费奇和林斯乔坦完成。这些作者中根据自身经历进行写作的是瓦尔塔马（他很有可能有亲身经历）、卡斯塔涅达（他很有可能有亲身经历）、费德里奇、巴尔比和费奇。即使有些葡萄牙作者（卡斯塔涅达除外）可能没有身临现场，但他们仍得到了当地事务和社会习俗的丰富信息，这着实令人惊叹。皮雷斯、卡斯塔涅达、巴罗斯和费德里奇的作品最为全面且叙述生动。不过，其他作者叙述中的其他信息，在某种程度上可以加深我们的理解。那些根据他们与在印度或马六甲的勃固人（Peguans）交往的经历写作的人（皮雷斯、巴尔博萨和卡斯塔涅达）可能都会同意林斯乔坦的看法，林斯乔坦认为他所写的是真实的，"因为我不仅通过与在印度的葡萄牙人的日常交易中得知消息，也从勃固人那里了解信息，在印度居住着许多勃固人，其中一些已成为基督徒……"。[217]

1540 年前，当地人自称勃固王国为"Bagou"[218]，该国西边以海和阿拉干为界，东边与"布雷马"（Brema，缅甸或东吁）和"达瓦"（Dava，阿瓦）王国毗邻。[219] 阿拉干位于孟加拉和勃固之间，面向孟加拉湾，主要通过谬杭（Myohuang）港口进行贸易。[220] 阿拉干和勃固之间的战争是家常便饭，但勃固难以击败并占领阿拉干，因为阿拉干山脉（Arakan Yoma）的崇山峻岭阻隔了两地。[221] 勃固的领土起于内格雷斯角（Cape Negrais）附近一带，内格雷斯角总长大约 120 里格（480 英里），从吉大港（Chittagōng）向南延伸到海岸。吉大港是葡萄牙人的停靠港，孟加拉和阿拉干的统治者为其展开长期争夺。[222] 勃固的海岸线从头至尾延伸 4 个纬度（或每度 69 英里，共 276 英里），但它比这里所说的长度更长，因为它有许多大小转弯，还有一些很深的凹陷。[223] 勃固的沿海地区是平坦的沼泽地带，其主要河流的河口三角洲星罗棋布于许多岛屿间。据此得名的勃固城，坐落在"科斯米"（Cosmi，伊洛瓦底江的支流）河谷，从海溯河而上需要一整天的旅程。[224] 该河三角洲上的 3 个主要港口发挥了重要作用，它们是"科比米"（Copymy）或"科斯明"（Cosmin，勃生 [Bassein]）、[225] "大光"（Dozo [Dagon]，仰光的早期名字）和马达班（Martaban）。[226] 除了这些港口，卡斯塔涅达[227] 列举了他所知的名为"Dixara"（汉扎达 [Henzada]？）、[228] "达拉"（Dala [Dalla]）和"沙廉"的城镇。费德里奇从吉大港航行到丹那沙林，然后沿海岸线到了勃固。他指出在此时，土瓦（Tavoy）是勃固辖内最南的港口。[229] 巴尔比还列举了另外许多小镇和村落的名字，这些是他在 1583 年从"科斯明"（Cosmin，勃生 [Bassein]）的渺弥亚

（Myaungmya）河前往勃固穿越三角洲时沿途经过的地方。[230]

542 下缅甸闷热潮湿的天气和大河周期性的洪水使三角洲水资源丰富，有助于勃固成为一个富饶多产的王国。食品方面，如稻米，"远比暹罗更为丰饶，几乎和爪哇一样多产"。[231]牛、羊、猪、鸟及淡水鱼、咸水鱼，无不种类繁多，在三角洲繁殖旺盛。内陆的森林和大山中，大象和马，还有野牛、野猪和羊成群结队漫游闲逛。金子和宝石，特别是红宝石，在勃固城的供应是相当充足的。但黄金供应的大部分并不来自于当地矿藏。阿拉干以东的深山中，在阿瓦附近一个名为"卡佩兰"（Capelan）的地方，出产红宝石、蓝宝石和尖晶石。[232]该国主要产物是虫胶，这是由生活在那里的一种小蚂蚁产出的树脂。[233]因为森林茂盛，木材供应丰富，许多帆船驳船都是在仰光港建造的。[234]虽然勃固以生产和销售块糖名声远扬，但它主要的出口商品是稻米和虫胶。[235]勃固许多地方种植蔗糖，但蔗糖主要供国内消费。在这里，人们将甘蔗当食物吃，大象也吃甘蔗，蔗糖还被涂抹在寺庙外墙和泥塑偶像外表以保护它们免于雨水的侵蚀。[236]取自麝猫体内的麝香从阿瓦进入勃固。商业圈内，马达班因上釉陶瓷罐名闻遐迩，上釉陶瓷罐可以存放水果、香料、水和酒，并便于运输。[237]

在我们今天称之为缅甸的行政区划上，欧洲作者们的叙述反映了16世纪不断变化的情况。当然，早期作者们对阿拉干和勃固的了解比内陆国家更多。不过，巴尔博萨却是从简要描述"缅甸"（Berma［东吁］）开始他的记载，尽管他承认对它所知甚少，因为"没有办法航行到那边"。[238]他对缅甸东部的"城市和阿瓦王国"做了报导，特别提及这里的宝石和麝香。他还单独叙述了
543 马达班，但却没有说明它在政治上是否属于勃固。[239]皮雷斯和巴尔博萨写下他们的记载后不久，巴罗斯清晰阐述了1519年葡萄牙人开始在马达班进行贸易后，缅甸分裂状况的变化。他讲述了"坦噶"（Tanga，东吁）的"缅族"（Bramás［Burmans］）和勃固统治者之间的战事。他解释即便有葡萄牙人相助，孟族（Mon）部队最终未能击退"缅族"。面对缅族士兵的全面猛攻，该市和王朝最终沦陷。巴罗斯的叙述中，东吁国王莽瑞体（Tabinshwehti，统治时期为1531—1550年）本来就是伐丽流（Wareru）国王的封臣。1539年，该附庸国造反，占领了勃固城，杀光主要官员，使勃固城成为自己的首都。然后，这个野心勃

勃的篡位者进一步将征服扩大到"普罗姆"（Prom，普罗美 [Prome]）、"Melitai"（待考）、"查浪"（Chalão [Chalang？]）、"勃生"（Bacão [Bassein]）、"Mirandu"（待考）和"阿瓦"（Avá）。取得了所有这些胜利后，这个叛乱的统治者又设法使他的征服扩大到暹罗。但随后的事件转而对他不利，特别是当他穿越他的王国和暹罗之间林木繁茂的多山地带时，他损失了早期战役中的许多兵力。他竭尽全力攻取阿瑜陀耶，失败之后只得重返勃固。但他仍控制着除阿拉干之外缅甸的所有地方。[240]因此后来的欧洲作者们，如林斯乔坦[241]，探讨缅甸时仅提及阿拉干和勃固。事实上，正是该世纪中期勃固和暹罗战争期间，阿拉干更密切地与葡萄牙人联系，因为其统治者从吉大港的贸易中获得极大收益，并开始更加独立地行事。尽管如此，欧洲人叙述缅甸的情况时，仍主要关注勃固和下缅甸的情况。

切萨雷·费德里奇（Cesare Fedrici）是来自威尼斯的贸易勘探者，他于1569年访问了勃固，并为后人留下了他对这个被东吁征服后的皇家城市的印象。他将该城描述为两个城区，一个老城和一个新城。在老城，集市是外国商人和本地商人进行交易的地方，这里有一个砖砌的中心货栈。[242]新城于1569年建成，被描述为王国的行政中心，皇宫和贵族们的住宅都建在那里。虽然老城面积很大，足够继续发展，但新的首府被描写成为城市规划者的梦想：

> 它是一座伟大的城市，平坦开阔，呈四方形，四周围墙护城，水道环绕，水道里有许多鳄鱼。没有吊桥，但有 20 个大门，围墙每个角有 5 个门，许多地方可供哨兵站岗监守。木制街道表面镀金，这是我见过的最美的街道，像线一样笔直，从一个门到另一个门……街道宽广可由一二十个人并排骑马。街道两边的房屋门前都种植了印度坚果树，这些树足以遮荫。房屋是木头建造的，屋顶覆盖着杯状的瓦片，对它们的使用是非常必要的。国王的宫殿是城市的中心，以城墙围绕的城堡形式建造，工程浩大，外围有注满水的水道，住所都是由镀金的木头建成，上有尖顶，皆覆盖金片。[243]

544

　　巴尔比基本上按照这个描述进行记载，但他认为皇宫和贵族住宅是在老城。费奇很显然依赖费德里奇关于勃固的描述，同样将宫廷设施放置在新城。[244]这些旅游者们对勃固的描述极其重要，因为该城在 1600 年时被阿拉干人和暹罗人彻底毁坏了。耶稣会士对这一惨剧进行了生动的文字描述，紧随这些入侵而来的是对三角洲的洗劫。[245]该城在 18 世纪再一次受到摧毁，但现代勃固仍然保留着老城墙和护城河、大宝塔和神像残余的遗迹，它们在其黄金年代曾点缀着该城，为其增辉。[246]

　　16 世纪末的游客同样对其他一些三角洲城市的主要特征做了评论。"科斯明"（勃生）此时仍然是勃固的港口[247]，那些来自孟加拉的人大多由此进入勃固。从缅甸内格雷斯角的沙洲到勃固，走水路要航行十天，从沙洲到"科斯明"（勃生）要走三天。[248]水道两边堤岸上遍布"许多他们称为城市的大村落"。[249]在这些内陆的河流上，许多家庭生活在船上，并靠船谋生。按照巴尔比的说法，"科斯明"周围的领地，林木茂盛，野生动物经常成群结队地出没于此，镇上的人在晚上很不安全，常会受到老虎的攻击。[250]为了避免老虎的侵袭，他们将房屋建在桩子上，从地面上的长梯攀登而上。尽管如此，这个镇子还是很迷人的，周围的农村出产丰富的水果。[251]在达拉（Dalla），有皇家大象的大型牲畜棚和训练基地，因为他们在三角洲捕获了许多大型动物。[252]"大光"（Dagon, 仰光）是勃固的主要港口，巴尔比将其与威尼斯做了细节的比较，[253]大型的楼梯、老虎雕像、寺庙、修道院、空旷的广场、大钟、嘈杂的集贸市场和几乎与圣马可（St. Mark）钟楼一样高的宝塔，这一切都使这个孤独的威尼斯人想起他出生城市的景致。沙廉是个较小的港口，潮汐波（*Maccareo*）给海港带来了危险，在这里可以看到来自麦加、马六甲和苏门答腊的船只。巴尔比报告说，[254]沙廉耸立着毁于 1567 年的城墙和船舷墙的残垣断壁，当时勃固入侵了该城并使其臣服。定期从勃生纵横交错的河道向东航行的船只的上岸点似乎在"Maccao"（待考）。[255]在这里，商人们将货物装载到手推车和马车上，自己蜷缩在"吊床"（delings）上[256]，经陆路艰难跋涉到勃固。

　　皮雷斯和费德里奇都对勃固的贸易情况做了精彩的记载。不过，一个描述的是该国处于孟族统治者治理下的情形；另一个则记载了随后在东吁王朝统治

545

下的贸易状况。16世纪初，三个主要港口由"大光"（仰光）"总督"（toledam）管理，"总督"是这些港口的首领。[257]进口税总计为12%，但如果临时碰到困难，向"总督"送一份礼物有助于解决问题。[258]勃固的货币是用铜、锡和铅铸造的硬币以及小的白色宝贝螺。[259]在勃固，金子的价值与在马六甲一样，大量银子用船从勃固运到孟加拉，因为银子在那里更为值钱。每年有一艘来自古吉拉特邦的船驶向马达班港和仰光港，用鸦片和布料交换勃固盛产的虫胶、宝石和银子。必须记住，皮雷斯写作时，葡萄牙人还未与勃固建立正常的贸易关系，这样，他必须通过在马六甲做贸易的商人得到大多数信息。

费德里奇[260]告诉他的读者，在勃固销路最好的商品是圣多默（或美勒坡[Mylapore]）色彩炫丽的纺织品和纱线、孟加拉的精纺布、坎贝的鸦片和苏门答腊的胡椒。他那个时代，较大的船舶似乎停靠在"科斯明"（勃生），较小的停靠在马达班。只要有货船卸货，皇家官员就要负责通告勃固的海关，商人们得到港务局的许可后，才能继续前往勃固。海关检查极为严格，官员特别关注那些试图向该国走私钻石、珍珠和精纺织品的人。一旦外国商人及其货物通过海关检验，他通常要租一间六个月租期的房子，将商品运到这里。销售是通过8个称为"塔利吉"（tareghe）[261]的皇家代理商进行，这些"塔利吉"收取2%的佣金作为服务费用。指定给特定商人的代理商具有销售专有权，无论是否达成了交易，都能得到佣金。所有商品按市场价出售，如果代理商做成了这笔交易，必须保证向这个商人支付款项。私下交易显然是可能的，一笔直接由该商人完成的交易，代理商仍能得到他的酬金，而且还免去了保证付款的责任。不向商人付款的情形极为少见，因为债权人有权监禁债务方。如果款项仍无法到手，那么债权人有权出售这个不履行职责者的妻子、孩子和奴隶。

在勃固，官方接受的唯一货币是称为"甘扎"（ganza）的铜币和铅币。[262]国王不铸造钱币，每个人有权制造自己的钱币。所以，外国商人事先被通知要小心那些含铅量过高的钱币。谨慎的商人每次交易时会请一位有名望的试金者掂量钱币，以从"比泽"（byze，非斯[viss]）①方面确定它们的价值。试金者通

546

---

① 传统缅甸测量重量的单位。1非斯等于880克拉。——译者注

过将钱放入袋子再加盖他的印鉴来保证这笔钱的价值。对于这项服务，商人必须每月固定付费。虽然钱币的重量使大笔交易操作不便，但作为黄金、白银、红宝石、虫胶和稻米这些贵重物品的支付方式，钱币无疑还是最为合适的。[263] 金子和银子并未充当交换媒介。

那些专为购买宝石前来勃固的人，需要计划待上一年，以候贸易淡季时进行购买。大量红宝石和其他宝石是通过具有宝石皇室专卖权的代理商们销售的。外国商人，甚至没有宝石专业知识的人，可以放心与任何一个宝石代理商接洽。这些代理商为了保护他们和勃固宝石贸易的信誉，尽己所能地公正对待有意向的买家。买家拿到红宝石后几天内包退换，以留出时间请同行们进行评估。尽管如此，对买家来说，讨价还价时最好"具备宝石知识，因为这样可以降低价格"。[264] 为了确定价格，代理商和商人在一块布下通过手势来讨价还价，其目的是使围观者无从得知卖方的要价和买方的出价以及最终达成的价格。

无论伐丽流还是东吁，欧洲旅行者们都对勃固国王们深感兴趣并由衷的钦佩。大约 1505 年，瓦尔塔马访问过那里，他得出的结论是，频耶兰二世，即伐丽流国王，虽然富有强大且慷慨大方，但并不热衷于拥有"像卡利卡特国王那样大的名声"。[265] 在瓦尔塔马眼中，他的外形和行为举止都像一个东方君主，因为他在脚趾上戴红宝石，手臂和腿上戴金手镯，他还有一个令人吃惊的嗜好，就是慷慨赠予他人礼物。瓦尔塔马在当地时，勃固和阿瓦间的战争正在进行中，但频耶兰仍拨冗接见这个意大利商人，并接受了他献上的奇怪礼物——珊瑚树。皮雷斯的记载中，国王总是待在勃固城的住所里，他拥有非常多的大象。国王的首席顾问称为"科布拉伊"（cobrai），他是"王国的首领和管理者"。[266] 按照威望等级，从属于"科布拉伊"的是仰光、马达班和"科斯明"的"总督"（toledams）。巴尔博萨证实频耶兰以"白象国王"著称。[267] 卡斯塔涅达观察到，当国王和他的儿子们在城市巡游时，他们坐在华丽的轿子上，后面跟着步行的人群。国王及其朝臣出席划船节时，他们在河中一个建筑上观看游行和比赛，并进行评判和授予奖品。频耶兰热衷于狩猎，特别是捕捉大象，据说鲜与邻国发生战事。勃固的大贵族，推测起来应是皮雷斯所说的"科布拉伊"，充当皇太子的教父，而大贵族的妻子履行保姆职责。这种安排的目的是使大贵族不能在皇太子成为国王后造反。虽然国王一直被贵族们簇拥着，但他更信任来自孟加拉的太监，结果这些人晋升到权势高位，并且形成势力。[268]

正如巴罗斯先前已经提及的，[269]东吁统治者莽瑞体以政治阴谋和军事行动推翻了勃固的伐丽流王朝，并于1539年定都勃固。这里需要记住，欧洲人基于16世纪下半叶的实地考察或报告而谈到的"勃固国王"，实际上指的就是东吁王朝的统治者。1566年到1578年间，也是莽瑞体的堂兄弟和继位者莽应龙（Bayin Naung，执政年代为1551—1581年）时期，费德里奇分别在勃固进行了3次访问。 除了描述国王宫殿在新城的布局外，[270]费德里奇还记载了皇室围墙内豢养的4头罕见的白象。外国商人们似乎需要支付费用以维持大象生存，而且，不管他们关注与否，国王命令他们在指定的拜访时间观看畜栏里的大象。国王十分崇拜这些白象，为了获得任何一头其他君主可能据有的白象，他会拿整个王国冒险。[271]据说莽应龙占有4000头专门训练用于战场的成年大象。在离该市不远的密林中，他有个狩猎宫殿。费德里奇相当详细地描述了猎人们如何以母象引诱野生的公象进入宫殿围墙内。捕获的大象被驯服后，就要接受训练以备战场之需，并且背负可以容纳4个武装士兵的"木制塔楼"。[272]

莽应龙没有海军建制，但他的陆军和财富规模巨大，这样他的势力"完全超过了大突厥人……"。[273]据记载，他的封臣包括了26个加冕国王，[274]一支1 500 000人的大军任其调遣。[275]很可能这支庞大的部队以土地为生，惟其如此，士兵才能得到充足的营养补给。部队包括大象军团和马上骑兵，还有步枪兵团和长矛兵团。除了步枪和大炮外，盔甲和武器质量都很低劣。步枪兵是优秀的射手，他们每天都要进行训练射击。国王并不需要财富，他有许多满是黄金和白银的仓库，而且他的财产还在不断地增加。他还把持着红宝石和其他宝石的专卖权。[276]靠近皇宫是一个由4座镀金房子围合的庭院，每个房子都存有许多价值连城的雕像。当这个富有的统治者巡游都城时，他乘坐的镀金大马车华盖遮顶，由16匹马牵拉。他有一个正妻和300个侍妾，可谓妻妾成群，据说他有90个孩子。[277]

每天，莽应龙在大臣的陪侍下主持朝政，审理臣民们的求告。[278]高大宽敞的大厅里，国王高高在上，他的大臣们居于较低的位置，而现场的诉求者们

548

549

位于距国王 40 步远的地方。所有的诉求者，不论他们的官阶和地位，在皇室听众面前享有平等的权利。然而，他们需要带着写在棕榈叶上的请愿书出庭。如果不出所料，他们也会带来礼物，礼物的价值与将要审议事件的重要性相当。皇室秘书将请愿书拿到国王面前，并向他逐一宣读。如果国王支持一个求告，诉求者应将礼物交给秘书；如果国王驳回一个求告，请愿者被令离开皇家现场并带走他的礼物。[279]

16 世纪 80 年代中期，巴尔比和费奇都在勃固，当时正值莽应里（Nanda Bayin）当政（1581—1599 年）。虽然两人都从费德里奇那里抄袭了一些关于勃固的基本评论，但他们在陈述中却认为勃固统治者是特立独行的。尽管如此，由于依赖费德里奇的叙述，费奇对他实际访问过的勃固做出了错误的记述。因为，与其父相比，莽应里的统治根本谈不上辉煌显赫，反而可称为失败与衰退。巴尔比的记载与其他有关这个统治时期的资料有很多相同之处。1583 年这个威尼斯人与莽应里的会面特别有趣。巴尔比带着他的"翻译"（nagirano）随喇叭声进入大院，在国王和他的"贵族"（semini）面前下跪、俯首并吻地三次，[280]然后他将自己带到勃固的一些贵重绿宝石展列开来以供国王检查。国王显然对绿宝石感到满意，他询问了巴尔比的名字、国籍、离家时间，及他在什么地方得到的绿宝石。知道了巴尔比和绿宝石都来自威尼斯后，国王又询问了威尼斯的位置和国王的情况。得知威尼斯是个共和国而没有国王时，缅甸的统治者极为惊愕，他被逗乐了，大笑起来说不出话。恢复常态后，莽应里向巴尔比了解了威尼斯的兵力。巴尔比向莽应里保证，菲利普二世作为基督教界最有权力的统治者，是威尼斯的同盟者，他出生的城市无所畏惧，想要与天下为友。此后，国王除了向他的"国库"（Terreca）发布命令为这些绿宝石付款外，还赐予巴尔比礼物，并指令"海关"（decacini）免征巴尔比的税款。[281]

从巴尔比的记载中可以得到的信息是，比照他父亲在位时的军力，莽应里的军事力量给人留下的印象不深。传闻中他父亲拥有 4 000 头大象，但据说莽应里只有 800 头战象。虽然他有更多可用的火炮，但他却缺少能正确进行操作的炮手。此外，在 1583 年，他深深陷入与阿瓦统治者的冲突中，阿瓦统治者在他举行加冕礼的时候拒绝表态效忠，也不承认他的宗主权。由于阿瓦和勃固

550

间不断上升的紧张气氛,两国的贸易关系也陷于停顿。莽应里怀疑自己的一些大臣与阿瓦国王密谋反对他,于是发布了一个棕榈叶命令(ola),将阴谋者及其家人以大规模公开处决的方式烧死。巴尔比心有余悸地描述了 4 000 名男女老少被处决的场面。然后,国王很快召集了一支 30 万人的军队,并匆忙在城外建立了一个营地。莽应里染上天花但幸免于难,之后,他采取行动反对阿瓦。当两国部队遭遇时,两位统治者展开了个人搏斗。经过一场恶战,勃固国王最终杀了对手。[282] 得知国王的死讯,阿瓦军队被击败,城市夷为平地,居民被迫四处逃散。但莽应里刚刚回到勃固时,阿瑜陀耶国王就揭竿而起,宣布他不再是封臣。[283] 实际上,此时就勃固而言,自身也是危机重重,火灾四处蔓延,烧毁了许多房屋。国王无情地搜寻他的敌人,但皇太子说服他并平息了他的愤怒。从巴尔比对这些动乱的生动描述中,读者很容易能得出结论,巴尔比在当地时(1583—1586 年),缅甸的一切远不平静。[284]

在这一世纪,只有阿拉干[285] 这个缅甸国家对勃固进行了有效的抵抗。欧洲资料中经常散乱地提到阿拉干。15 世纪初,孔蒂在阿拉干登陆,经由陆路去了阿瓦。若昂·德·塞尔维拉(João de Silveira)是目前所知第一个进入阿拉干的葡萄牙人,他在 1518 年到达那里。其他葡萄牙人随后在阿拉干定期驻扎,并沿着阿拉干的海岸线进行贸易,但那里并没有太多生意可做,因为吉大港和勃固有更大的集市。葡萄牙人经常对阿拉干的海岸城镇发起攻击,以报复阿拉干海盗的劫掠,因为这些海盗定期乘船前往恒河三角洲。欧洲海盗同样突袭了孤立分散、防守松懈的港口,进行掠夺。16 世纪后半叶,阿拉干人和葡萄牙人在吉大港建立了有效的联盟,这使两者能够联合挑战对抗孟加拉的莫卧儿人和勃固的东吁人。这种合作使阿拉干加紧了对吉大港的控制,它宣称吉大港自 1459 年以来就是自己的附庸国,同时,它还针对勃固展开了东南方向的扩张。1599 年至 1600 年,阿拉干国王明耶娑只(Minyasagyi,在位时间 1593—1612 年)与费利佩·德·布里托·尼科特(Felipe de Brito)联手,占领并焚烧了勃固,勃固人口因而骤减。[286]

巴尔博萨记载了一些关于谬杭(Myohaung)王朝国王弥耶娑(Minyaza,1501—1523 年)执政时阿拉干的趣闻逸事。[287] 他写道,这个王国有 12 座重要

551

的城市，每座城市都由一名总督统治。每年这 12 座城市的总督挑选出 12 个刚出生的女孩，在当地国王的宫室里以皇家费用抚养她们，这些女孩是"能找到的最高贵和最漂亮女子的女儿"。女孩在奢华的环境里被培养成人，学习舞蹈和唱歌。每年刚满 12 岁的 12 个女孩子被送往谬杭国王处，每个女孩身裹白色长袍，长袍上写有她的名字。国王接见女孩的那天，她们从早上到中午都坐在太阳下，直到白袍被汗水浸湿，然后被带进大厅，国王和主要领地的贵族们坐在那里。她们的湿长袍被脱去，交给国王，每件长袍他都嗅闻一遍。气味不为国王所喜的少女及其长袍被移交给某一领地的贵族。国王自己留下那些有着他所认可气味的长袍和少女。这样，每年国王通过嗅闻气味的方法在 12 个少女中挑选几个增加到他的妻妾群里去。[288] 这样的国王当然是富有的享乐主义者。

　　卡斯塔涅达和巴罗斯关于若昂·德·塞尔维拉在 1517—1518 年访问阿拉干的记载极其枯燥。[289] 从锡兰去吉大港的路上，塞尔维拉在距吉大港以南 35 里格（140 英里）的阿拉干河口做了一次短暂的中途停留。此时阿拉干臣属于孟加拉，所以吉大港的总督（大总管 [Lascar]①）是孟加拉人，而不是属于阿拉干国王的人。塞尔维拉在吉大港受到的接见远非友好可言，所以他封锁这个港口，但最终灰心丧气地回到"阿拉干河"的三角洲，在那里进行了谈判。国王的首都在距该河口上游 15 里格（60 英里）远的谬杭[290]。国王向塞尔维拉派去一名使者，并带去了友好的问候和一枚红宝石戒指及访问首都的邀请信。虽然皇室信使努力消除塞尔维拉的疑虑，保证他将受到友善的接待，但塞尔维拉在吉大港的经历显然使他怀疑自己受到背叛。溯河而上几英里后，这个葡萄牙船长决定放弃这一计划，掉转船队驶向锡兰。此后很长时间里，葡萄牙官方一直认为阿拉干人虚伪、背信弃义，不值得与之交往。

　　费德里奇[291] 根据他在吉大港的见闻介绍了阿拉干。他说，1569 年一名阿拉干信使被派去面见在吉大港的葡萄牙船长，提议建立友善关系，并邀请他访

———————

① "Lascar"源出阿拉伯语与波斯语，原指士兵、护卫，后被亚洲一些地方用作引申义，指海员或印度海员，英汉大词典释义为东印度水手、勤务兵、东印度炮兵。此处转喻大总管。——译者注

问国王弥悉多耶（Minsetya，1564—1571 年在位）的都城。正是在这一时期，
葡萄牙人开始与从事远航的阿拉干人联合起来，共同反对勃固和孟加拉。费德
里奇肯定地说，勃固的统治者决定使阿拉干臣服，但他缺少相应的海上力量。
阿拉干人能够装备 200 艘船只用于战争，保卫自己免受海上攻击。但由于阿拉
干山脉（Arakan Yoma）崎岖的地形，加上水闸和护城河防护着谬杭城，勃固
所进行的陆地进攻胜负难料。费奇曾游历过东孟加拉，他报告说"雷康"（Recon
[阿拉干]）的"摩根"（Mogen [Mugs]）[292] 长期与"特里普拉邦"（Tippara
[Tippera]）处于战争状态，吉大港经常处于阿拉干的控制之下。[293] 在这一时
期（1580 年代）以上所述很可能是真实的，因为并非葡萄牙人首次抵达那里后，
吉大港才由阿拉干国王的一个兄弟或族人统治。[294]

缅甸人一般皮肤为黄褐色、身材矮壮、长相漂亮。女子的肤色较男子更淡，
身材曼妙。他们的外形、举止和容貌都与中国人相似，在肤色上他们比孟加拉
人浅，但比中国人深。在他们的品性中，经常被提及的是勤劳、忠诚、温和以
及在战争中表现出来的怯懦。皮雷斯在马六甲看到勃固人用白布包裹他们的腰
部，男人将头发拢在头顶，用一块白布将其固定，他们的牙齿由于总是咀嚼槟
榔而显得发黑。勃固女人按照中国发式将头发扎起，并用金发夹卷到头顶。林
斯乔坦在自己的著作中还放入了勃固人的图片。[295]

许多欧洲作者（卡斯塔涅达明显是个例外）对勃固人的习俗发表了吹毛求
疵的意见。虽然从很多方面来看勃固人被认定是文明的，但对他们爱吃包括蝎
子、大蟒蛇和草在内的许多东西，许多欧洲人都感到惊恐。[296] 据 16 世纪许多
作家们的记载，勃固的男人，依他们的财富和社会地位等级，将不同的小圆铃
嵌入他们的生殖器包皮。这些小圆铃大小与橡树子或小李子相当，用黄金、白
银或铅制成，更为昂贵的金铃据说有令人愉快的"三重的、女低音的和男高音
的音色"。皮雷斯写道，勃固男人在马六甲女人中非常受欢迎，"其原因一定是
他们悦耳的和声"。[297] 据说，小圆铃是缅甸早期一位王后发明的，她想扩大男
性生殖器以让女人得到更大满足感，同时戒除缅甸男人沉溺于鸡奸的恶习。[298]
巴罗斯小心翼翼地承认，他的记载是根据当地的传说而写的。他以一种含糊不
清的方式介绍了这些奇怪的性行为，并将它们与东方仍流行的一个传奇故事联

553

系在了一起。这个传奇故事说勃固人是由一个女人与一条狗交配后繁衍下来的，这得追溯到很早的年代。当时一艘中国帆船在海岸失事，唯一幸存者是一个中国女人和一条狗。[299]巴罗斯对这个故事持怀疑态度，他给出另一个解释，大意为，所罗门王朱迪亚（Judea of King Solomon）被逐出国外后，逃至东方寻找神秘的俄斐（Ophir）王国，[300]缅甸人正是他的后裔。这个解释虽然以欧洲传说为基础，但同样稀奇古怪。当地传说唯一与现代学术研究吻合的部分是：早期缅甸人与中国有着遥远的联系。一般认为缅甸女子近乎赤裸地四处走动勾引男子，以使他们远离同性恋者。[301]一些缅甸人缝合女孩子的性器官，直到她们结婚。[302]上等阶层的男子们经常邀请一个朋友甚至陌生人引领他们的新婚妻子过性生活。来到勃固的商人和其他外地人受到了最为殷勤的招待，按照当地风俗，任何访问者都有权从合适的妇女中挑选一个，在他逗留勃固期间与之同居。然而，他必须与她父母订立契约，给予报酬，而且在契约期间不得约见其他妇女。一旦他离开了，这个女孩回到自己的家中，此事不会给她的名誉带来任何污点，也绝不会影响她嫁入该国最好的人家。如果同一商人回来并再次向她提出要求，她有责任回到他身边，而且她的丈夫必须予以默认。由于在这种关系中任何相关方都不存在耻辱感的问题，在该商人离去后，她回到丈夫身边是没有任何问题的。[303]

实际上，温文尔雅的巴罗斯（更不用说马菲了）对传到他耳朵的勃固习俗故事也只是有点吃惊罢了，但他愿意将这些"恶习"写进《旬年纪》（Décadas），以此说明没有基督教信仰可能会发生什么。用他的话，这些人"一直以来都是异教徒，因而处于恶魔的影响之下"。[304]同时，在巴罗斯这个葡萄牙官员的内心深处，他禁不住要对勃固和东南亚大陆的其他地方没有受到伊斯兰教的影响而表示满意。他意识到在宗教信仰方面（包括寺庙、僧侣和据此而来的神像），勃固和暹罗的仪式彼此相似。

1554年12月，平托在马六甲给葡萄牙神父们写信，告诉他们勃固城是该地区的罗马。[305]该城中心有一座规模宏大、外表涂成金色的寺庙（瓦芮拉 [varella]），人们在这里朝拜。[306]这些异教徒崇拜各种形象不一、气质各异的神像。这些神像有的用贵重金属和"甘扎"（ganza）制成，有的高大挺拔，

有的小巧精致。某些神像代表至高无上的神，而其他则是圣徒的雕像。在该王
国的每个居住区，都有地方神像和宝塔。在马达班有一尊斜倚神像，它倒卧在
48个石枕中间，被称为"卧佛"。[307]在勃固有一尊镀金大肚佛像，这是孕妇之神，
名为"圣科伦潘"（Quiai Colompon [*Quiai* 是孟语，意为"神圣"]），按照平托
的说法，其意思是104个神的总神。在一个卡斯塔涅达不知道名字的小镇附近，
近海的河岸上坐落着一座重要的寺庙。这座无名寺庙是由鱼侍奉的，据说鱼儿
从未离开其附近。这些鱼虽然大小和样子都像鲨鱼，但性情温驯。它们浮在水
面上，张开嘴巴，任由人喂食。人可将自己的手放在水中，大声呼唤某一条鱼
的名字。[308]绕过内格雷斯角的水手都会寻找一座镀金的宝塔，该宝塔在太阳
的照耀下光彩夺目，在很远的地方就能看到。[309]在"大光"（Degu [仰光]），
矗立着一座宝塔，这个宝塔如此之高，以至在王国大部分地方都能看到它，人
们在固定的节日朝拜它。[310]毫无疑问，这里提到的是庄严的仰光大金塔（Shwe
Dagon Pagoda）。费奇不无羡慕地写道："这是最美的地方，照我看来，是世界
上最美的地方。"[311]旅游者由此可估计，如果如此多的黄金用于为无数的宝塔、
寺庙和佛像们镀金，勃固应该有大量的黄金用于商业贸易。

　　宝塔周围是朝拜的地方，敬奉着神像并留出地方用于祈祷。附近的寺院用
镀金的木头制成，通常是最初创建者虔诚工作的成果。其他建筑主要用于贮藏
宗教雕像，其中一个供放了超过120 000尊的神像。[312]一些寺院专门对女性开
放，她们为已死去的寺院捐赠者祈祷以消磨时光。和尚，称作"劳林"（rolis）[313]，
在可以容纳三四百人的大寺院中过着与世隔绝的生活。许多宗教建筑有大大小
小的钟，有些钟比加利西亚（Galicia）① 圣地亚哥 - 德孔波斯特拉（Santiago de
Compostela）的钟还要大。[314]一些寺院依靠创建者留给他们的收入维持生活；
另一些寺院则很穷，这些寺院的僧侣被迫依赖施舍维生。僧侣们拔除毛发来修
整他们的头发和胡子。据费奇说，丐僧（*tallipoies*）[315]比"劳林"级别更低。[316]
他们的衣着是一件贴身的褐色布衣和一件黄色外套，两件外套都从肩膀一侧下
垂，下用一条宽腰带系缚，脖子上系着一条细绳。携带一块可以坐在上面的皮

555

556

---

① 位于西班牙西北部。——译者注

子。他们没有穿戴鞋帽，但戴着一顶宽边帽以保护自己免于日晒雨淋。[317]

　　为了从事僧职，年轻人要在学校里待到 20 多岁。完成教育后他们被带到"劳林"前，他将对他们进行多次考察并决定他们是否已经严肃考虑过与朋友、女伴断绝关系，是否愿意穿上"丐僧"的服装。"劳林"满意以后，初入门者要穿上昂贵的服装，并在风笛手和鼓手的陪伴下骑马穿过街道宣布他隐退的意向。[318]几天以后，他穿上"丐僧"的黄色外套，跟着杂乱无序的队伍穿过街道，前往城外路边的一个小住处。在那里，他开始带着他的乞讨器皿去获得他的食物。他不得讨要任何东西，必须完全靠人们自愿施舍给他的东西生活。每次新月升起时，人们给丐僧们集合聚餐的圣所（Kiack）送去大米和其他补给。[319]每年他们斋戒三十天。[320]他们唯一的公共服务是布道。布道时，他们劝诫人们不要沾染恶习，许多人蜂拥而至聆听布道。进入寺庙前，人们必须先洗脚。一踏入寺庙，他们要将自己的手高举过头顶，首先向僧侣们致敬，再向太阳致敬，然后与其他人一起坐下。僧侣们坐在他们的皮垫上。这些僧侣也为治病、婚姻和死亡的仪式提供帮助。

　　缅甸的僧侣也参加政治仪式。虽然巴罗斯似乎是第一个提及下面插曲的人，但有关此事最全面的叙述是在马菲的著作中。[321]1519 年，安东尼奥·科雷亚（Antonio Corrêa）在马达班与勃固达成了一个商业条约。最后的仪式在一个大寺庙里举行，来自葡萄牙和勃固的要人和高僧都出席了。马达班总督，称作太守（satrap），也被马菲称为"撒密北尔根"（samibelgan）[322]，在一名高级"劳林"和一大群镇民的簇拥下前往大会。作为誓约仪式的序曲，总督用自己的语言大声朗读了以葡萄牙语和"勃固语"书写在金匾上的条约条款，其后一个葡萄牙人也照此宣读。然后这个"劳林"吟诵他们作品中的一些短文，并焚烧橙黄色（他们认为神圣的一种颜色）的纸片以及气味独特的叶子。然后，他抓住总督的手，放在灰上，并询问问题。在这些问题的引导下，总督宣誓他的国王将履行与葡萄牙人的条约。在庄严的仪式上，人们都毕恭毕敬，神情静穆。

　　出席的科雷亚和其他葡萄牙人的态度全然不同。大多数葡萄牙人相信，基督徒不能宣誓自己赞同达成有利于异教徒的合约，因此葡萄牙人将此事件视为闹剧的一部分。科雷亚所乘船只的随船牧师穿着他的白袍，带着一本装帧漂亮的书出席仪式。该书不是通常宣誓时用的圣经，而是歌曲和道德说教方面的书籍。科雷亚嘲弄地翻开这本书，他的手不经意间落到了这些出自圣经的神圣文句上。"一切都是虚荣（Vanitas vanitatum et omnia vanitas.）。"这一与上帝文字的相遇，使他怀有敬意地看待这一仪式，并记起天堂的要求，即应虔诚地遵守与无信仰者及异教徒达成的誓言。这样科雷亚感到一定要出于诚意行事，他对着这本书好像它就是圣经一样做了宣誓。尽管马菲一定是想通过这个故事向他的欧洲读者指出基督教上帝令人惊叹的作用，但作为一个例子，它特别令人关注的是，葡萄牙人是如何思考他们对异教人民的义务，及其作为官方的教会本身是如何看待这样的保证。

第一个对缅甸佛教教义有深刻理解的欧洲人是方济各会修士皮埃尔·博尼菲尔（Pierre Bonifer），他是一个法国人，也是巴黎大学的博士。[323] 在印度，甚至更可能在科英布拉（Coimbra）的时候，博尼菲尔已经得知，"只要有一个神父……要去那里（去勃固），那里所有的人都将成为基督徒"。[324] 很可能在 1565 年秋天，博尼菲尔和同伴佩德罗·帕斯卡修斯（Pedro Paschasius）修士一起从美勒坡（Mylapore）① 远航前往勃固。[325] 博尼菲尔留在勃生那段时间里，学习孟语，阅读当地人写的关于佛教信仰的书籍，并留意葡萄牙殖民地的宗教需求，希望得以传播福音。不幸的是，当时莽应龙（Bayin Naung）国王正在狂热地鼓励佛教复兴。这个国王想成为一个模范佛教统治者的伟大热情，完全能和他在战场上的精力相匹配。他在权力范围之内做了一切受到佛教世界注意的事情。他的战役将他带到什么地方，他就在当地修建宝塔，广泛分发巴利文读本，供养和尚，并鼓励收集和研究民法法典 (dammathat)。[326] 他给锡兰送去礼物以庆贺佛陀牙齿被珍藏在圣骨匣中。佛陀牙齿被葡萄牙人没收后，他于 1560 年向果阿派去使者，徒劳地希望赎回牙齿。[327] 他禁止穆斯林和掸族人在他的领土上杀死祭牲。博尼菲尔神父曾与勃固的一些佛教僧侣争论，因而被责骂为骗子和麻烦制造者。最终，他的葡萄牙朋友们听到了威胁他的风声，向他提出忠告，博尼菲尔因而提心吊胆地离开了勃生。

558

---

① 印度地名，圣多默主管教区。——译者注

1588 年，马菲根据博尼菲尔写回欧洲的信件出版了一份摘要，将他对这些佛教徒信仰的理解编入其中，并罗列一些佛教徒的宗教术语。据这个耶稣会学者所言，缅甸僧侣中学识最为渊博者掌握着一种思想，这种思想涉及了一个永恒无穷的领域。[328] 每一个领域都有它自己的一系列神灵，这些神灵来自缅甸人的万神殿。他们认为当下世界有五个神，其中四个很久以前已经死去，第五个差不多于三千年前死去，[329] 这意味着现在是没有神灵的时代。此后，将有另一个神出现，它的死亡将伴随着宇宙大火，大火中一个有自己神灵的新世界将出现。[330] 他们相信他们的神灵是由具有不同外观且有地上和天上特性的某类人创造的，这种人类将死去的灵魂指派到三个场所：让人遭受痛苦与折磨的地方称为"地狱"（Naxac，马来语，意为地狱）；[331] 与穆斯林天堂相似的快乐中心被称为"天堂"（Scuum，马来语，意为天堂）；[332] 另一个地方的名字是"涅槃"（Nizan，马来语，意为涅槃）。[333] 灵魂在前两个地方一直被扣留着，直到被召唤到新世界，这个过程将持续到最终以涅槃——一种完全的灭绝状态——为结局。马菲写道："这些是勃固教义的要素，许多造诣很深的大部头著作都持有这种看法。"[334] 虽然马菲关于缅甸信仰的概述并非来自对这些书的严谨研究，但他从博尼菲尔的信中能够掌握传统缅甸人宇宙结构学和宗教学的一些基本原理。

　　幸亏勃固有很多僧侣，才使他们能够得到很好的教育，从而成为改变信仰的人选。勃固人的精英，学习的是另一种语言（巴利语），这种语言相当于欧洲学者的拉丁语。[335] 勃固的语言（得楞语）不同于邻邦暹罗人、"布拉马人"（Bramas，缅甸人）和阿拉干人所讲的语言。在勃固，人们认为暹罗语来源于得楞语。[336] 勃固有一部古代文学书，是由抄书吏用墨水记在纸上及用铁笔记在棕榈叶上。[337] 所有向国王的求告以书写形式呈递，并由国王的秘书向他复述。勃固有传统法，法官的职位是经君主许可赐予的。谋杀通常要受到惩罚，犯罪者必须向受到伤害的家庭进行赔付，数额依受害人的等级或地位而定。[338] 1567 年，费德里奇在马达班的时候，那里的葡萄牙人谋杀了 5 个正带着国王个人物资前往战场的皇室信使。国王因此命令将葡萄牙人关押到他回来为止。但是葡萄牙船长拒绝向当局交出被指控者，而且利用该城男人不在的机会，带着他的部队每天在街上耀武扬威。费德里奇写道："我认为在他人的城市里看到葡萄牙人傲慢无礼的行为是奇怪的事情。"[339]

就对缅甸的论述而言，欧洲作家可分为两类：一类为瓦尔塔马等葡萄牙作家，他们重点论述 1539 年勃固东吁王朝建立前的情况；另一类是非葡萄牙作家（马菲、费德里奇、巴尔比、林斯乔坦和费奇），他们对东吁统治者治理下的缅甸状况进行评论。巴罗斯记载了伐丽流王朝衰落和东吁统一国家建立的资料，这些记载特别有价值。尽管早期的评论者们并未详尽记述孟族国王们的活动，但那些提到东吁统治者的作家们都详细记载了东吁的战争和建筑计划。要了解南缅甸的商业贸易，皮雷斯和费奇的叙述极为有用。除了卡斯塔涅达，所有的作家都对缅甸当时低下的性道德标准感到震惊。此外，他们几乎无一例外地折服于缅甸数量众多、绮丽壮观的宝塔、寺庙和佛像。对建筑风格的关心，使人联想到欧洲人对印度建筑和雕塑的惊叹。卡斯塔涅达、费奇和马菲的著述中都显示出，他们充分认识到了这些信仰佛教的缅甸和尚的重要性。他们还尽量了解和尚们的培训、施舍、聚会和仪式等活动。和现代观察家们一样，这些早期的评论者们震惊于缅甸佛教徒在仪式上的巨大开支、供给和尚的食物和纪念性建筑。[340] 马菲是唯一一个试图讲述他们教义信仰的作家，他还列举了孟语宗教术语的例子。这一时期所有欧洲人的写作根据或者是自身的经历，或者是以在伊洛瓦底江三角洲地区及沿着阿拉干海岸搜集到的信息为基础所做的报告。似乎没有人深入过内地，像阿瓦这样的城市，他们是根据在其他地方的道听途说而进行叙述的。对研究缅甸的历史学家们来说，这些作品最有价值的内容是大量的地名、商业术语和行政头衔。

第五节　印度支那

综观有记录的历史，印度支那，正如它的名字所显示的，是印度文化与中国文化相遇、碰撞又融合的地方。远在 1288 年马可·波罗访问这个半岛之前，占婆（Champa），这个南部有影响的"印度化"国家正受到北部"中国化"安南

561

人（Annamese）国家扩张的挑战。这位威尼斯旅行者留下了对占婆的评论，此外可能还有更多对交趾支那（Cochinchina）地区的评价，当时安南人在那里占据优势。[341] 当波代诺内的鄂多立克（Odoric of Pordenone）在这些地区旅行时，占婆正面临北部邻国的全面攻击，处于其间的短暂喘息阶段。在可汗历史第十二王朝创始人制阿难（Chê A-nan）统治时期（1318—1342 年），这个修道士在印度支那南部游历。他记录了该国繁荣兴旺的景象。印度支那海岸有大量渔场。统治者和其妻妾生下了不少于 200 个孩子。无论是马可·波罗还是鄂多立克都没有提及柬埔寨（Cambodia）。柬埔寨是高棉人的印度化大国，京城在吴哥（Angkor），此时已开始走向衰败，受到来自邻国暹罗小乘佛教（Hinayana Buddhism）的渗入。

从鄂多立克写下报导到葡萄牙人来到东方这一期间，欧洲没有得到更多这个遥远半岛的战争信息。几个国家在那里遭遇并且发生冲突，有的节节胜利，有的不断退守，有的逐渐消亡。由于暹罗无休止的攻击，1431年，柬埔寨的统治者们遗弃了吴哥城，将京城迁到东部，使其不至于遭受阿瑜陀耶王朝的攻击。1471 年，华列拉角（Cape Varella）以南占婆的所有地方都被安南人吞并，剩余的地方是一个仍采用同一名称但已被阉割得很小的国家。[342] 由于受到来自东京（Tongking）①的安南人向湄公河三角洲南进运动的冲击，以及柬埔寨以西阿瑜陀耶王国兴起为一个强大的威胁性权力中心的冲击，占婆和柬埔寨同时出现了衰败。上湄公河的三个老挝人的国家，无论名义上还是实质上臣属于暹罗或缅甸，仍继续半独立地存在着。在这种混乱的情形下，第一批葡萄牙人对印度支那的评论并不很清晰，他们不能就半岛上各组成部分不断变化的位置和势力得出一致看法，这是不足为怪的。

征服马六甲后不久，印度支那的消息开始不断传回葡萄牙。阿尔伯克基派往阿瑜陀耶的使节们带回了柬埔寨的信息。1513 年，曼努埃尔国王（King Manuel）致教皇利奥十世（Pope Leo X）的信在罗马发表了，这让欧洲其他地方知道了柬埔寨是东方最强大和战略位置最重要的国家之一。[343] 皮雷斯在马

---

① 越南北部一地区的旧称，等于 Tonkin。——译者注

六甲收集情报，他得到了有关柬埔寨、占婆和交趾支那的大量资料。但直到
1550年，他的著作才出现在赖麦锡著作集的第一卷中，在此之前其作品一直未
能出版。其余的葡萄牙世俗作家（巴尔博萨、平托、卡斯塔涅达和巴罗斯）只
是对印度支那做了一般性的描述，除此之外无所作为。16世纪出版的最详细精
确的记述出自传教士线人的手笔。加斯帕尔·达·克路士（Gaspar da Cruz）是
东南亚多明我会（Dominican）的传教士先驱。1555—1556年间，他在柬埔寨
待了大约一年，本打算在那里建立一个教堂，但徒劳无功。1556年，他怀着希
望，去了广州（Canton），并在中国南部沿海待了几个月。回到葡萄牙后，他很
快出版了《中国志》（Tractado …1569年）[344]①，在此书中谈到了他在柬埔寨的经
历。西班牙奥古斯丁修会（Augustinian）会士门多萨[345]写了一部有关中国的著
作，在全书结束前他用一个章节概括了修道士马丁·依纳爵·德·罗耀拉（Martin
Ignatius de Loyola）在远东的经历，其中包括了对印度支那国家的记述。

皮雷斯、克路士和门多萨书中记载的资料是16世纪欧洲出版的最好资料，
葡萄牙史学家的零散资料和耶稣会士的书信集与历史记录可以对它们进行补
充。在17世纪开始的几年，作为西班牙努力在柬埔寨建立据点的结果（1593—
1603年），[346]一些内容广博的书籍和文献相继在西班牙出现。不过，由于它
们并非出版于16世纪，这里不对它们加以叙述。[347]欧洲人的消息来源相当贫
乏，却极为重要。因为直到1600年，关于这一时期的当地编年史资料仍极为稀
少，可以说根本不存在，即使有也完全不可靠，譬如在事件发生很久以后才写
下来，基本不可信。一如在东南亚其他许多地方的情况，这里的早期史不得不
根据大量来自外国的资料加以重建。[348]

印度支那半岛早期的地理描述，特别是它与邻近地区的关系，出现在1554
年巴罗斯的记述和平托写自马六甲的信中。巴罗斯将东方分为八个部分，这个
地区被放在该大陆最东南的突出部位，而他的注意力集中在湄公河流域和三角
洲上。巴罗斯认为柬埔寨、占婆和交趾支那是该半岛三个最大的国家，随后他
注意到交趾支那被了解的最少，因为其海岸多狂风暴雨，人民较少参与海上活

① 该书全称为：*Tractado em que se cõtam muito por estẽso as cousas da China*。——译者注

动。[349]1549 年，沙勿略（Xavier）在前往日本的途中，发现交趾支那与中国接界，他还谈及暴风雨和狂暴的大海几乎使他的船发生灾难。[350]卡蒙斯（Camoëns）讲述了 1560 年在湄公河三角洲船舶失事及他如何保护《卢济塔尼亚人之歌》（Lusiads）手稿的故事，其中特别生动夸张地描述了在印度支那附近航行的重重困难。大约 1548—1549 年间，平托在阿瑜陀耶听说了很多事情，并据此进行写作。其中记载道，那些早期访问柬埔寨的葡萄牙人听说只要有传教士被派到那里，国王和他的全体人民很快就会成为基督徒。他提到占婆的大小等同于葡萄牙，而且注意到海南（Hainan）的设防岛位于交趾支那海湾的入口，这是中国的"第一个"前哨，受广东总督管辖。[351]

16 世纪制作的半岛地图，在对印度支那的描绘上并没有超越这些笼统的表述，其海岸线的第一幅草图出现在 1527 年由迭戈·里贝罗（Diogo Ribeiro）制作的平面球形图上。赖麦锡著作集第一卷 1554 年版[352]中出现了地图，其中对湄公河三角洲的描绘可以看出，这个地图是以巴罗斯的记述为基础，或者该制图师和记录者都使用了我们不知道的相同资料来源。直到 1595 年奥提留斯（Ortelius）地图集出版前，有关该半岛的地图制作没有任何改进。16 世纪的地图对印度支那国家内各个地方没有详细的描绘。[353]

皮雷斯身在马六甲，因而能够从为他提供情报的商人那里得到 1515 年左右半岛每个主要国家的大概情况。他将柬埔寨定位于暹罗和占婆之间。这是一个腹地很深的国家，有许多河流横贯其中。柬埔寨粮食供应丰足，出产大量优质稻米、肉、鱼以及"它特有的葡萄酒"。[354]柬埔寨没有多少黄金可供出口，主要向海外出售虫胶、象牙、鱼干和稻米。它进口孟加拉的纺织品、香料、水银、苏合香和红珠子。[355]柬埔寨的统治者是一位勇敢的异教徒，他与邻国作战，不向任何人低头。他的人民好战，并拥有许多马和受过训练的大象。他们的船只主要在暹罗的洛坤（Lugor）进行贸易。一些船只经常组成海盗舰队，无论敌友一并掠夺。据说国王去世时领主们自焚，国王的妻妾和其他寡妇也要自焚。不过，柬埔寨不大可能存在这一共焚的习俗。皮雷斯一定是在与占婆相关的事上听到这一传闻。占婆确有共焚的风俗，14 世纪时，波代诺内的鄂多立克就曾亲眼目睹此事。[356]

564

　　柬埔寨以东，特别是朝向内陆腹地的地方，是占婆的乡村。[357]据皮雷斯估计，占婆是一个陆上强国，它没有大海港，没有大河集市，也没有穆斯林商人。[358]它盛产各种粮食，经济以农业而非贸易为基础。远销海外的主要产品是沉香木（芦荟木）[359]，占婆的森林中盛产沉香木。占婆的主要贸易对象是暹罗而非马六甲。出口产品基本由沉香木、咸鱼干、稻米、纺织品、胡椒和黄金组成。[360]进口的商品一般与柬埔寨需要的那些商品一样，主要是印度纺织品和香料。黄金、白银和中国的"硬币"（由铜和铅合金制成的低价硬币，中间有一方洞）是交易的普通媒介。占婆的统治者是一名富有的异教国君，他统治着许多臣民，并经常与交趾支那的国王开战。

　　皮雷斯认为交趾支那富强的安南国位于占婆和中国之间。它的领土延伸到内陆，可航行的大河横贯其中。但大多数人口沿海而居，而不是沿着河谷居住。这是一个彻头彻尾的异教国家，敌视摩尔人。其贸易与政治紧紧依附于中国。交趾支那国王通过联姻与明朝统治者保持联系，并且隶属于北京。他在中国朝廷有一个常驻使节，虽然一般来说他极为好战，但他从不与中国开战。[361]与更小更贫穷的邻国情形一样，占婆这个交趾支那的强国适宜于陆上生活而不是海洋生活，无数的船舶和战船主要用于运载并保护在广东买卖的货物。交趾支那进口硫黄和硝石，这些火药成分在交趾支那被用于烟花和军火生产。进口的其他物品是宝石、少量鸦片、胡椒及苏合香。交趾支那自产的陶器、瓷器、优质的塔夫绸和丝绸及数量有限的小粒珍珠在海外出售。交趾支那的商人偶尔光顾马六甲，并在那里进行黄金、白银和中国产品的交易以得到硫黄和其他物品。[362]

　　平托曾向欧洲报道说，柬埔寨愿意皈依基督教，而且其国王请求传教士前来传播福音。可能根据这一信息，加斯帕尔·达·克路士神父行动起来。[363]1555年，他离开了马六甲，希望在柬埔寨建立一个教堂。事实证明，这个多明我会修士认真考察了印度支那的自然风物，但他很快对将这个国家基督化不再抱有幻想。虽然他必须通过"第三方"或翻译进行沟通，但他本人认真学习了当时在柬埔寨占优势的宗教。他关于柬埔寨宗教的记载（在他的《中国志》[*Tractado...*，1569 年] 中出版）虽然简短，但却清晰辨别并正确评价了他所憎恨的信仰的优势。然而这种信仰却阻碍了他传播福音的一切努力。当他最

565

终失望地离开柬埔寨时，他认为自己已经全力以赴了，虽然只有 1 人皈依，而且颇具讽刺意味的是，这个人在克路士离开前就死了。[364] 这一令人沮丧的经历可能有助于解释缘何很长时间内没有其他基督教传教士在柬埔寨传播福音。

为了探讨中国的地理边界，克路士在描述中加入了许多对印度支那各国有价值的观察记录。他对交趾支那的评论基本上与四十年前平托所得到的信息一致，但他更强调安南人与中国人之间的紧密联系。两国居民在服饰、政策、政体和语言上极为相似。安南人像中国人那样用汉字书写，"虽然他们能够通过书写明白彼此的意思，但他们却不能理解彼此的言语"。[365] 交趾支那人口稠密，肥沃多产，自给自足。尽管没有从事海外贸易，但这里的人民生活水平很高。至于柬埔寨，克路士几乎没发表什么言论。

然而，令人吃惊的是，克路士对老挝和老挝人所言甚多。[366] 他正在柬埔寨的首都洛韦（Lovek）时，回想起 1556 年老挝（Laotian）王国（琅勃拉邦 [Luang Prabang]）被缅甸人蹂躏的情景，他立即偏离了有关中国边界的主题。[367] 他记述道，来自老挝的商人每年沿湄公河而下来到洛韦进行贸易，但回程需逆流而上，通常需要花掉大约三个月的时间。由于缅甸人占领了他们的领土，1556 年已经先行来到柬埔寨的老挝商人团体没有依原计划离去，这样，克路士有机会观察他们，并向他们询问其家乡的情况。他弄清楚了老挝与中国间隔着崇山峻岭，边界劫掠是家常便饭。中国在广西省（Kwangsi province）设有永久边界要塞，但要塞未能阻止老挝人袭击中国边界。在正常时间内，老挝商人带着麝香和黄金前往阿瑜陀耶、勃固和柬埔寨，交换棉纺织品和其他日常用品。[368] 老挝人的褐色皮肤并不是很深，男人穿着棉布缠腰布，女人从胸部到膝盖全部加以包裹。他们像缅甸人、暹罗人和柬埔寨人一样是偶像崇拜者，僧侣"和其他人一样身上缠绕着黄色布条，布条上有一定的皱褶和缝合线，其间保存着迷信性质的护身符"。[369]

连接老挝与柬埔寨的是湄公河。这条深广的河流据说起源于中国，流经大片未经开垦、无人居住而森林茂盛的群山。克路士本人曾在该河上旅行过，并在柬埔寨的内陆腹地见到大量野象、野牛、鹿（麋 [mem]）和犀牛。他详细描绘了犀牛，并记录自己品尝"从它的颈背上切下的大块肉"[370] 和它胸部垂下部位的经历。此外，他还品尝了生长在河边荒地的野生柑橘和葡萄。湄公河在穿越柬埔寨有人居住并开垦过的低洼地沿途中，"产生了奇迹……值得详述"。[371]他精确描述了该河在"金边"（Chudermuch [Phnom Pénh]）的四条分支，[372]并记载了柬埔寨人将该河主航道称为"西丝特"（Sistor [Srei Sistor]），而该河流经京城的部分称为"洛韦的手臂"（Arm of Lovek）或今天的名称洞里萨河（Tonle Sap）。他解释了每年洞里萨河水流的逆转现象，及其在洛韦和附近地方引发的大洪水。[373]但是，当他试图解释"这一奇迹的原因"时，他给出的却是一个不可思议的说法。根据这个解释，三角洲大潮的涌入理应将河水推向后方。[374]

这名多明我会修士初来柬埔寨就明白了，在这里传播福音是无望的。在翻译的帮助下，他向当地僧侣了解在该国京城占优势地位的宗教。这里的统治者 安赞一世（Ang Chan I，死于 1566 年）[375]及其国师和宠臣们都是婆罗门。如果这一消息确凿无疑，他得出的结论是，将他们基督教化几乎是不可能的，因为婆罗门"……是最难以皈依的……"。[376]从朝廷僧侣那里，克路士得知他们信仰一个被称为"Probar Missur"（Préas Baram Eysaur）的开天辟地的大神。[377]这个神从"Pralocussar"（Préas Lok Eysaur）[378]那里获得创造的许可，而"Pralocussar"的权威又来自"Praissur"（Préas Eysaur）。[379]除了这三个神，柬埔寨的婆罗门也崇拜"普拉普·普拉萨·米特力"（Praput prasar Metri [Préas Put Préas Séar Metrei]），[380]这是一个佛教的神。在 16 世纪，柬埔寨存在着这种特别的佛教崇拜着实令人奇怪，因为这一崇拜通常是与大乘佛教的信仰形式有关。而人们一般认为，小乘佛教传进印度支那后，大乘佛教的影响已被取代。[381]尽管如此，从克路士的记载中显然可以看出，迟至 1556 年，婆罗门教和佛教的信仰同时存在于柬埔寨的朝廷宗教中。安赞一世对它们的信条非常虔诚，并且不满意于这个多明我会士对它们的攻击。

克路士也发现，在这里，佛教的僧侣是难以对付的敌人。与他们的争论中，他了解了他们的一些教义。柬埔寨佛教徒相信存在着 27 个天堂，[382]其中又分成三层。每个生命都有灵魂，包括跳蚤和虱子在内的每种生命都准许进入固定的天堂。这些天堂的最底层是非僧侣的普通人，他们在那里能找到肉、酒和美女。其上一层是更高级的天堂，这层天堂被指定给了像僧侣一样的隐士，他们享受着清风以度过来世。最崇高的天堂里，它们的神有"球一样滚圆的身体"，[383] 而被接纳进入这个最后荣耀之所的人们得到了神的祝福！虽然克路士这里解释得有些含糊不清也不够全面，但总的来说，他对佛教天堂的描述是比较准确的。[384] 就像佛教徒相信存在许多天堂一样，他们也假定了 13 个地狱，被定罪的灵魂按照他们罪行的程度被送到不同的地狱。[385] 克路士列举了佛教神职集团的级别：僧王（Massancraches [Maha Sangréach]）[386] 是最高级的僧侣，他们的地位居于国王之上；"Nacsendeches"（Neak Sámdach），[387] 可与主教相比，与国王地位相当；"Mitres"（Methea?）[388] 是普通僧侣，地位比国王低；最低的两个级别称为 "Chapuzes"（Chao ku ses）[389] 和 "Sazes"（Sâkhi ses）。[390] 各级别的僧侣都是人数众多，受到极高的礼遇。克路士估计柬埔寨男性人口的 1/3 属于佛教僧侣。[391]

除僧侣外，柬埔寨人民都是国王的奴隶。安赞一世被描写成王国的绝对主人。在无情镇压了他的兄弟和前任反对他的大规模叛乱后，他掌权当政。[392] 克路士强调了这个统治者对他臣民行动的掌握上，消息灵通。在柬埔寨，人人平等，谁都可以自由地拜访国王。许多人争先恐后想让国王知道王国内正在发生的事情，所以什么都不能逃脱国王的掌控，没有他的同意，任何事情不得进行。他是这片土地上独一无二的所有者。一个户主死时，留下的财产归还王室。这家人不得不尽可能多地藏匿东西，此后生活必须重新开始。[393] 在这样一个国家，国王拥有无可置疑的专制权力，对基督教传教的敌意也是坚定不移。克路士情绪激愤地推断，简直不能指望这样的国度会皈依基督教，特别是如果绝大多数民众从内心深处就充满对佛教僧侣的尊重和崇敬时，更是如此。

门多萨对柬埔寨及其邻国做了评论（1585 年所写）。[394] 但阅读他的评论的时候，需要充分考虑方济各会传教士和伊比利亚冒险家为了得到印度支那一个永久性据点进行的努力（1583—1600 年）。这个奥古斯丁修会的历史学家无疑掌握了迭戈·贝洛索（Diogo Veloso）抵达洛韦和大约 1583 年那里的传教事业复兴的最新信息。显然他是从葡萄牙方济各会教士西尔维斯特雷·德·达泽维多（Sylvestre d'Azevedo）寄到马六甲的信中推断出大概的。这封书信是写给西班牙方济各会教士马丁·依纳爵·德·罗耀拉（Martin Ignatius de Loyola）的，其中要求引进更多传教士，并期待获得对柬埔寨基督教事业的更大支持。[395] 罗耀拉 1584 年回到欧洲时已环航了世界，并写下了自己的经历。门多萨从罗耀拉的记载中了解了葡萄牙东方帝国各个不同的部分，但他只是粗略地对它们加以论述。例如，他对交趾支那和占婆的记述较之早期的描述并无新意，大多数的信息只是泛泛证实了皮雷斯和克路士已经讲清楚的事情。门多萨与他们的主要区别在于，门多萨是在欧洲对远东传教事业的热情达到顶点时进行写作的，他确信交趾支那和占婆的人民已为皈依基督教做好了准备，因此他写作的目的可能就是向菲利普二世和教皇格里高利十三世（Pope Gregory XIII）呼吁向印度支那派遣更多的传教士，以使这里快速皈依基督教——这可能会成为向中国进行军事侵略或全面传教渗透的前奏。

门多萨记录了修道士西尔维斯特雷·达泽维多的经历。达泽维多当时正在学习柬埔寨语，并开始用这种语言讲道。他一直徒劳地呼吁向马六甲派遣更多传教士。由于马六甲对此态度勉强，这使他极为失望，于是他直接给罗耀拉写信，请求对方以在柬埔寨传教的名义干预西班牙。使者们将信件带给在马六甲的罗耀拉，并告知这位方济各会修士，达泽维多在柬埔寨的重要性仅次于萨塔国王（King Sâtha，1576—1596 年在位）。萨塔国王称达泽维多为"父亲"（pae），[396] 并允许这位"埃及的新约瑟"（new Joseph in Egypt）在国王出现时可以坐着。此外，达泽维多从皇室获得传教劝诱改宗的许可。萨塔已经允许在他王国的各处竖立十字架。作为国王热爱十字架的证明，罗耀拉还展示了两个用金银装饰的大型木制十字架。它们在柬埔寨制成，并由国王本人送到马六甲。[397] 按门多萨颇为得意的看法，柬埔寨是一个伟大富饶、人口众多的国家，正等着成为基督徒的国度。[398] 毋庸置疑，门多萨关于印度支那的论述过于天真，不过联想到他写作的背景年代就能很好理解他的乐观主义了，因为当时正值传教狂热席卷欧洲，而日本使者也恰好此时来到欧洲，[399] 为了征服海外世界并使这些地方皈依基督教，西班牙和葡萄牙之间的密切合作，似乎并非毫无来由的白日梦。

实际上，16 世纪欧洲对印度支那的认识是基于勇敢的商人、巡回流动的士兵和虔诚的传教士口头与书面的报告。大约 1515 年时，皮雷斯为了贸易的目

570

的编辑了印度支那的资料，这份资料反映出印度支那每个国家基本上都是自给自足的，它们向西与暹罗、向东与中国进行直接的贸易，并且独立于马六甲商业中心。从平托和克路士那里，我们知道在 1555 年前，葡萄牙商人已经在柬埔寨进行了一些年头的贸易，而且为了更接近货源，并以最低廉的价格买到最有价值的老挝麝香和占婆芦荟木，他们可能已卷入了与阿瑜陀耶和洛韦的贸易中。一般来说，由于极其复杂的地形、恶劣的航行条件和缺乏有价值的贸易物品，他们尚未进入半岛的东部。印度支那向国际贸易提供的大多数物品在柬埔寨城市都能以满意的价格拿到。因为他们[1]在旅途中要在柬埔寨停留，因而我们对柬埔寨有了比占婆或交趾支那更多的资料。而在上湄公河，洛韦与老挝接壤，我们通过欧洲商人和传教士知道了关于老挝王国及其民众的一些信息。

欧洲人认为掌控整个半岛的关键在于控制湄公河。即使葡萄牙史学家们对印度支那没有其他认识，他们也要对柬埔寨城市与马六甲或广东这样的国际商业中心的关系加以评论。交趾支那与北京关系密切，在北京仁慈的宗主统治下，它们实质上被视为一个大陆国家。甚至和中国一样，交趾支那并不想接受海上商人。此时，占婆为人所知的是，作为一个正处于衰落中的国家，它被迫进行陆地战争以保护自我，但同时它又惯于海盗行径，这些海盗船敢航行到能够看得见半岛东南海岸的地方。控制柬埔寨，被认为是在印度支那进行商业、宗教和军事扩张的第一要务。在这个世纪晚期，由于这里的外国人不断认识到，为了向中国进行商业和宗教渗透，建立一个大陆据点是必不可少的，因而商人冒险家和传教士随之加强了合作（贝洛索和达泽维多是其缩影）。然而，马六甲的葡萄牙人和菲利普二世的行政管理者们都不愿意对欧洲人在柬埔寨的个人进取心给予官方支持。由于这些不利条件，他们的计划必然是短暂的，并以失败告终。

571　　尽管如此，如果没有个体的宏大愿望，关于 16 世纪印度支那历史的资料必定罕见。从商人那里，我们知道了每个国家的出口和进口事项、主要的贸易中心及其流动方向。从所有到过印度支那的人那里，我们得到了关于政治人物、体制和国家内部关系的零星信息，这对于确定柬埔寨国王们的年表极具价值。

---

[1]　商人、士兵和传教士。——译者注

从传教士那里，我们获知当地流行的宗教信仰、宗教制度和等级分层的具体资料，这些为更广泛地研究东南亚的印度教和佛教提供了极有价值的文献资料。虽然并非所有现存的资料 1600 年时已在欧洲出版，但大多数资料到 1585 年时已经印刷出版，譬如 1585 年门多萨的著作第一次出版。到了该世纪末期，以马尼拉为中心的干涉主义运动不断要求获得金钱、武器和传教士，他们的请求传到马德里，因而在伊比利亚半岛上，柬埔寨不再仅仅是个名字。大约到菲利普二世死时（1598 年），在西班牙首都明显可以感觉到，如果不加阻止，这些在亚洲的伊比利亚开拓者们将使西班牙卷入遥远且代价高昂的冒险事业，而这是它无力承担且获利甚少的事业。尽管如此，这些殖民地的热血男儿将西班牙征服者的精神保持到了下个世纪，他们继续在马德里游说，呼吁将联合的伊比利亚扩张主义运动扩展到东亚大陆。

第六节　苏门答腊、婆罗洲和爪哇

1511 年，阿尔伯克基（Albuquerque）对马六甲的征服，开始了葡萄牙进入这一海岛世界南部与东部的快速扩张时期。探险船只很快就从葡萄牙基地派出，希望建立与香料群岛的直接关系。像那些被派到大陆国家暹罗和缅甸的贸易和外交使团一样，这样的使团同样被迅即派往苏门答腊的帕提尔（Pedir）和巴赛（Pasei）。监篦（Kampar）和因陀罗基里（Indragiri）的苏门答腊国王们，传统上是马六甲的封臣，但他们很快就向阿尔伯克基派出了使者，表示愿意服从葡萄牙。从马六甲逃出的苏丹向中国派去了一名使者，要求得到宗主国的支持，这一行动本身还起到了向遥远的中国传递葡萄牙征服消息的作用。古吉拉特（Gujarati）和爪哇的商人们反对阿尔伯克基，他们在其他地方声称，亚洲最南方的新政权对根深蒂固的既得利益者是一个宗教、商业和政治的威胁。杜阿尔特·科埃略（Duarte Coelho）[400] 等葡萄牙人，参与了夺取马六甲的战争，随后不久，他们就想在从印度到中国的整个葡萄牙人帝国进行贸易、冒险和军事雇佣活动。苏门答腊附近的各岛屿中，苏门答腊因横跨海峡的战略位置和作为

572

马六甲马来属邦的身份及在马来文化的中心地位，很快引起了葡萄牙人的关注。

苏门答腊的历史与爪哇、婆罗洲的历史密切相关。今天这三个大岛（除北婆罗洲外）加上一些较小的岛屿群，成为印度尼西亚这一新兴国家的基本组成部分。这些岛屿的地形、动植物、人种来源和语言复杂多样，但在群落组织形式、习俗法、万物有灵论信仰和历史传说上都具有共同的民族属性，因此有望成为建设一个统一体乃至国家的坚实基础。[401]综观印度尼西亚群岛的历史，它们普遍有过与外国的交流接触和被入侵的历史，这给它们留下了相似的外来文化影响。甚至在前基督教时代，来自印度南部的商人与僧侣和来自中国的使者好像已经到过苏门答腊南部、爪哇西部和婆罗洲东部。虽然外国的编年史记录了与印度尼西亚民族交往的零星资料，不过到目前为止，（在东婆罗洲 [eastern Borneo]）已经为人所知的最古老的当地铭文起源于公元 5 世纪，而且据此可以证实，当时印度文化和宗教已在这个群岛上产生了影响。

从这时起直到大约公元 700 年，中国的编年史和佛教朝圣者的作品描述了这些岛屿上的公国（封邑）和城镇的位置，并评论了佛教在其中的传播。爪哇的佛寺和雕塑说明在 8 世纪和 9 世纪时，两大信奉印度教的印尼人文化中心已经存在，一个在南苏门答腊岛的巨港（Palembang），另一个在爪哇中部。10 世纪时，著名的佛教王国室利佛逝（Shrivijay）在苏门答腊兴盛起来，而按照铭文的记录，大约在同一时间，爪哇的权力中心向东转移。11 世纪初，这个东爪哇的王国受困于国内的骚乱动荡，按照中文记录，当时的苏门答腊王国繁荣昌盛，并继续支配着穿越海峡的国际贸易。随后，在印度南部统治者的压力下，苏门答腊国开始衰败，而其间东爪哇出现过一次短暂的政治权力复兴。12 世纪时，越来越多的穆斯林商人，特别是来自印度的穆斯林商人，因为想从源头获得香料而出现在这里。到了 13 世纪末，佛教国家满者伯夷（Majapahit）成了爪哇的政治权力中心。爪哇人的记录记载了满者伯夷统治者们随后致力于在印度尼西亚其余地方建立帝国统治，并疏远了不断强盛的伊斯兰教势力。

1389 年以后，满者伯夷的势力逐渐衰落，伊斯兰教借此机会加速自身在穆斯林商人们早已抵达的印度尼西亚各个地区的传播。也是在这时候，马来半岛和马六甲逐渐成为东南亚经济和政治活动的新中心。到了 15 世纪，凭借中国明

573

朝初期统治者的支持，马六甲开始占据优势。由于马六甲的命运与其商业息息相关，其统治者们不久成为伊斯兰教的信徒。通过武力，他们促进了伊斯兰教在半岛其他地方和苏门答腊北部的传播。东南亚海岛的其他地方，皈依先知穆罕默德的教义在 15 世纪逐渐成为获得政治和商业成功的必要条件。到 1500 年，爪哇北部的四个海岸城镇均为伊斯兰教信徒所统治，这四个城镇是马鲁古群岛（Moluccas）最重要的岛屿。当葡萄牙人到达东南亚时，由于受到活跃的商业关系和富于进取精神的新宗教的影响，这个地区正处于转型时期。[402] 确实，很可能葡萄牙人抵达该地区刺激了穆斯林的政治和军事活动向马六甲东部的快速延伸，目的是为了保护他们的商业前哨站免于欧洲人可能的攻击。

当 1292 年马可·波罗访问苏门答腊北端八儿剌（Perlak）的时候，他注意到穆斯林商人已在那里了，而且这个小港口已将伊斯兰教作为自己的信仰。也许从这个地方起，先知的教义第一次向苏门答腊其余地方，及古吉拉特商人常去的东南亚其他港口城市扩张。[403] 15 世纪来到东方的欧洲人，同样对伊斯兰教信徒在亚洲集市上得到的权力和威望印象深刻。孔蒂（Conti）认为，为了自由出行，他本人有必要信奉伊斯兰教。在 1497 年出版的书中，桑托·斯提芬诺（Santo Stefano）第一次提及苏门答腊，[404] 但直到瓦尔塔马的《博洛尼亚人卢多维科·德·瓦尔塔马游记》（Itinerary，1510 年）出现之后，欧洲人才开始获得这个大岛的一些详细资料。16 世纪中期前，克里尼翁（Crignon）对 1529 年法国人的航行进行了叙述。此外，一名威尼斯无名氏对苏门答腊缓慢形成的局面做了少许的增补，该无名氏以自己十年前在印度的经历为基础为《前往塔纳旅行纪实》（Viaggi fatti alla Tana）一书提供了信息。

1550 年开始出版的赖麦锡著作集包括了这些早期出版的记述，该著作集还第一次公开了巴尔博萨（Barbosa）的资料和安坡利（Empoli）的书信。在大部分葡萄牙历史记述中，关于苏门答腊最好的记载出现在巴罗斯（Barros）的著作中。卡斯塔涅达（Castanheda）的描述类似于巴尔博萨，对此也有独到见解。阿尔伯克基的《阿方索·阿尔伯克基评论集》（Commentarios）对该地区一笔带过。而莱莫斯（Lemos）对 1579 年左右亚齐（Acheh，苏门答腊）的事态提供了有价值的第一手资料。马菲在提及苏门答腊时，虽然增加了关于巴赛和葡萄牙人之间争执分歧的附加细节，但他更多重复了葡萄牙史家们早已说过的事情。

574　虽然费德里奇、巴尔比和费奇都记载了他们在马六甲听到的关于苏门答腊的事情，但关于苏门答腊最为全面的信息来自林斯乔坦在 16 世纪晚期出版的著作。进一步的详细资料是由早期前往苏门答腊的荷兰航海家和古兹曼（Guzman）增加的。古兹曼记述了在该岛传教的种种困难。16 世纪出版的有关苏门答腊最好的第一手记述是瓦尔塔马（大约 1506 年可能在那里）、安坡利（1515 年）、克里尼翁（1529 年）、卡斯塔涅达（可能 1528—1538 年）、莱莫斯（1579 年）的著述及早期荷兰人的航行（1597—1599 年）报告。

　　大多数 16 世纪的作家认为，西方远古制图师早已知道苏门答腊，但作家们对其古名的辨别却意见分歧。巴罗斯坚持认为它是"切尔松尼斯半岛"（Quersoneso [Chersonese]）的一部分，卡斯塔涅达则支持了它实际上是"塔普罗班纳"（Taprobana）的观点。[405] 尽管巴罗斯相信它处于托勒密书中黄金半岛（Golden Chersonese）的南部，但他清楚地意识到苏门答腊是一个被狭窄的海峡与"马六甲陆地"隔开的岛屿。此外，他推断苏门答腊最初是大陆的一部分，卡蒙斯（Camoëns）也同意这一看法。[406]

　　巴罗斯断言，苏门答腊长为 220 里格（880 英里），宽为 60—70 里格（240—280 英里）。巴尔博萨和卡斯塔涅达指出它的周长为 700 里格（2 800 英里）。[407] 苏门答腊中部从半岛末端横贯海峡，苏门答腊的北端和南端控制着马六甲海峡入口，这两端较苏门答腊中心部位更远离大陆。由于该岛特殊的地理外形，沿西海岸一带海难时有发生。赤道穿越该岛，该岛又一直延伸到南纬 6°。南部被几个更小的岛屿环绕，一条狭窄的海峡（巽他海峡 [Sunda Strait]）将它与大岛爪哇分开。苏门答腊南端人口并不像大多数商人聚集的北部那样稠密。

　　该岛东海岸主要地形特征基本上是巨大的沼泽和无数的河流三角洲。内陆多山，在森林茂盛的群山中坐落着一个湖，它是许多河的发源地。[408] 由于苏575　门答腊位于赤道上，天气炎热潮湿，有助于植物的生长。热带疾病猖獗蔓延，外国人特别易受感染。该岛出产黄金、铁、锡、硫黄、铜和石脑油。石脑油是一种从巴赛王国的喷泉中流出的石油。[409] 在这个王国的中心耸立着一座火山，就像不断喷发的西西里岛埃特纳火山（Etna）一样，它被巴赛当地人称为"巴莱尧"（Balahiao）。[410] 硫黄产自火山，黄金却是从米南加保（Menangkabow）王国内陆的河底开采和挖掘的。[411] 数量繁多、种类各样的树木植物结出的大量果实，以作食物和装饰之用。此地也是白檀木、安息香（一种熏香）、芦荟木和樟脑的来源地。这里的樟脑与婆罗洲出产的类似，质量要好于来自中国的樟脑。苏门答腊生长的香料主要是胡椒、荜拨、姜和肉桂。这里还出产大量丝绸，可供出口印度。昆虫和野生动物种类多样，以致于难以为它们一一命名。一些地方鱼类丰富，如"四阿擦"（Siaça，在锡牙克王国境内）的河即是如此，[412]当地人仅以鱼卵为食。通常苏门答腊人以小米、稻米和野生水果为食。

苏门答腊的人口主要由当地异教徒和最初来该岛进行贸易的外国穆斯林组成。大约 1370 年（也就是迭戈·洛佩斯·德·塞奎拉统治 [Diogo Lopes de Sequeira，1518—1521 年] 的一百五十年前），[413] 来自波斯、阿拉伯、古吉拉特、印度和孟加拉的摩尔人开始在海岸地区进行贸易并定居下来，摩尔人逐渐增多，开始实行政治控制。当地居民无法抵抗穆斯林商人的侵占，于是撤退到内陆的山里。人口适中而规模简单的城市遍布全岛，城市主要建筑群是由茅草搭盖的房屋组成。[414] 从马六甲穿过海峡，对面的内陆生活着世界上最好战的民族，被称为"巴底人"（Batas，巴达族人 [Bataks]）。他们吃人肉，特别是从战场上俘获的敌人的肉。[415] "绍图玛人"（Sotumas）[416] 生活在更偏南部的地域，他们较为文明。虽然当地人和穆斯林都有自己的语言，但他们几乎都会讲马六甲的马来语，并遵守一定的马来习俗。[417]

当地人一般个头矮小，身材比例匀称，有着棕色的皮肤和平滑的黑发，长相不同于他们的近邻爪哇人。从中可以判断，在较近的区域内可能发生过重大的自然突变。[418] 苏门答腊人被笼统称为"爪夷人"（Jaus），这就使得双方的差别更为明显。[419] 苏门答腊人承认爪哇人曾是该岛的主人，而且更早的时候，中国人控制过该岛与印度间的贸易。面部特征的显著区别似乎加强了巴罗斯的看法，他认为爪哇人并非他们所生活的国家的土著，从起源上看，他们是从中国来到这里的一个人种。他认为，爪哇人在外貌、文雅有礼和工艺精巧方面均与中国人相似，这一事实进一步佐证了这个假设。在葡萄牙人到来前，和爪哇人一样，苏门答腊人使用箭头和其他原始武器作战，但他们很快就学会了如何

576

制造火器、黄铜、铁制大炮及新型战船。

按照巴罗斯的说法，葡萄牙人第一次到达印度时，苏门答腊沿海一带共有30个王国。[420]这些"王国"有的仅仅是城市。此后，较为强大的国家开始扩张并吞并它们的邻国，王国的数量快速减少。据说苏门答腊内陆广阔，许多君主和诸侯们在那里进行统治，但葡萄牙人没有得到有关这些人的任何信息。帕提尔（Pedir）[421]甚至早在马六甲创建前就是一个著名的城邦，被认为是和马拉巴尔（Malabar）①一样大的胡椒贸易中心。[422]较早的时候，来自这一地区的船只聚集在帕提尔，因为它支配着海峡一带的生意。但随着马六甲的建立，特别是在葡萄牙人到达东方后，帕提尔开始衰落，其地位逐渐为巴赛所取代。此前这个亚齐邻邦不过是一个小国，但16世纪后期它却成为当地最强大的国家。巴罗斯告诉我们，这些苏门答腊国家彼此相关，它们的地位不断变化，这种状态给予葡萄牙人充分的机会进行挑拨离间并从中得利。[423]

瓦尔塔马可能在1505年左右访问过帕提尔，他将它描述为一个井然有序的商业中心，仅在一条街上他就发现了500位货币兑换商。他写道，帕提尔的海港建造着巨大的帆船，"它们有三个桅杆，前后各有一个船头和两个方向舵"。[424]

577 除胡椒外，帕提尔出产丝绸、安息香、芦荟木和烟火。该城的人睡在舒适的床上，而且都是极其敏捷的游泳好手。帕提尔的住房低矮，由石头砌成，许多房屋覆盖着大海龟壳，外有墙院围绕。瓦尔塔马也对帕提尔市场上销售的艺术品印象深刻，这些东西可能来自其他地方。[425]

按照巴罗斯的记载，在葡萄牙人征服马六甲后不久，帕提尔国王把两个侄女嫁给他的属下，代亚（Daia）和亚齐的领主。[426]这件事使这个史学家偏离主题，对东方的奴隶制度进行了探讨。他认为通过战争被俘、民事犯罪惩罚、他人出售和本人自售等途径，一些自由人沦落为奴隶。父母经常以很低的价格出售他们的孩子，巴罗斯就承认，他在自己住所里写作的时候，他的一个古吉拉特奴隶是被其母以低价出售的。甚至贵族世系的人为了筹钱自用，也卖身为奴。大领主们经常需要有贵族背景的奴隶，他们付很高的价格买下这些奴隶，体面

———————————
① 印度西南海岸。——译者注

地对待他们，并将他们当作军事侍从使用。贵族奴隶有时与主人家的女性结婚，被授予大的地产，并被指定为主人财产的继承人，对欧洲人来说这是奴隶制度上的新奇变化。巴罗斯对此十分感兴趣，他似乎理解了在东方人的观念中，奴役身份并非是永久性的，赎身一直是可能的；而且奴隶并非仅是一个动产，因为他有权与自由人结婚、拥有财产并接受财产遗赠。[427]

在 1511 年前往马六甲的路上，阿尔伯克基带着他的舰队驶往帕提尔港。在那里，这位征服者遇见了葡萄牙商人，从而得知这个马来港口对于下决心进行贸易的基督徒来说条件相当恶劣。然后他从帕提尔往东驶向巴赛——"苏门答腊岛的主要港口"，[428] 要求巴赛的统治者移交一名来自马六甲的摩尔叛徒，此人想要谋杀某些葡萄牙人。巴赛国王名叫"黑乃"（Geinal），[429] 他在答复中发誓这个摩尔人已经离开了他的领土，但他将会尽力找到这个犯人。可以确信阿尔伯克基是被欺骗了，此后他不再与巴赛国王联系，并驶离巴赛港。阿尔伯克基一直在海峡对从事马六甲贸易的船只进行劫掠。后来阿尔伯克基攻击并捕获了一艘爪哇帆船，而"黑乃"正在上面。被俘的国王告诉阿尔伯克基，他正在前往爪哇的路上寻求帮助，以对付一名使他失去王位的反叛贵族。这位葡萄牙征服者希望与香料贸易中有影响的人建立诚挚的关系，于是他友好地对待"黑乃"，并许诺在征服马六甲后助其恢复权力。以复位为条件，国王同意他将承认对葡萄牙的臣属地位并进行朝贡。[430] 通过这种方式，这个葡萄牙人希望以苏门答腊国王扶持者的身份取代摩尔人的地位。

马六甲被征服后，葡萄牙对苏门答腊东海岸的影响相应上升。[431] 但是，由于葡萄牙人在东南亚的命运起伏不定，他们无法任何时候都能强迫苏门答腊的君主们处于永久屈服状态。在这整整一个世纪中，葡萄牙人努力想将香料贸易集中于马六甲，而亚齐逐渐成为抵制这一计划的重要中心。亚齐的统治者们有时与其他海岛的君主联合包围马六甲。当时林斯乔坦写道，葡萄牙人并没有真正占领苏门答腊，他们在那里没有开展什么商贸活动，他们不断威胁说要征服顽强反抗的岛民，然而却是无所作为。[432] 他补充道，基督教传教士同样不能有效地渗透苏门答腊。

阿尔伯克基同意帮助恢复"黑乃"王位的故事引起了葡萄牙史学家们对巴

赛的兴趣。他们对这个国家通过谋杀而获得王位的事件进行了叙述。[433] 按照巴罗斯的记载，神谕是这一习俗的来源，人民可以凭此废黜一个统治者并拥立他们选择的另一个统治者。每个新统治者被告知他死亡的时日。按指定的时间，城市的人民涌向街头并嚎啕大哭。在精神狂乱的状态中，他们攻击并杀死国王和他的顾问。有一次一天内有三个国王被加冕。在孟加拉也能听到类似继位习俗的故事，这种仪式性的杀戮在孟加拉似乎是由当地有影响的团体发起的。[434] 葡萄牙人对该岛其他主要国家所言不多，没有直接叙述他们的商业和军事状况。阿尔伯克基的评论是一个例外，大意是米南加保的印度教徒特别精通武器制造，[435] 此外他们极为敬畏"一种特定的金色头巾，据他们说，这是亚历山大（大帝）征服当地时留在那里的"。[436]

579

1511 年，阿尔伯克基派遣三艘勘察船在安东尼奥·德·阿布雷乌（António de Abreu）的指挥下前往马鲁古群岛，它们走的是岛屿和马六甲之间进行贸易的香料船最常走的路线。正常情况下，穿过海峡后，贸易船只沿着婆罗洲（Borneo）西海岸向南航行，穿过爪哇海，然后沿着爪哇北海岸航行到西里伯斯岛（Celebes）南岸，再从那里继续前往香料群岛。因此，一般往来于马鲁古群岛的船只并不途经婆罗洲，特别是其北部和东部海岸。偶尔有船只绕行婆罗洲作为替代路线，但直到 16 世纪末这一航线并未普遍采用。德·阿布雷乌的航行使葡萄牙人第一次通过亲身经历了解群岛上岛屿的数量和规模。从亚洲商人和穆斯林商人那里可以得到东方岛屿马六甲的丰富报告，而现在葡萄牙人有机会亲自见识群岛数量之多与地形的复杂了。1511 年以后，他们几乎未费精力就查明了卷入香料贸易的东方港口和人群的信息。葡萄牙人到达马鲁古群岛后仅十年，麦哲伦率领的西班牙小舰队出现在这里。可能是因为保密政策，葡萄牙人无论对婆罗洲还是对爪哇所言甚少，传教士对这两个岛屿的记载也是轻描淡写。比起葡萄牙人，西班牙人对群岛的了解受到了更多的限制，但他们却可更自由地向基督教世界传播他们知道的所有信息。

直到 1526 年前，葡萄牙探险队尚未造访婆罗洲。虽然瓦尔塔马在大约 1506 年时可能抵达过婆罗洲的西南海岸，但在他于 1506 年陆续出版的记述中，除了提到当地居民的服装佩戴、异教信仰和樟脑出口外几乎没有论及其他。[437]

早期资料有关北婆罗洲的文莱王国的最佳记载，是特兰西瓦尼亚的马克西米利安（Maximilian of Transylvania）、1521 年访问过当地的皮加费塔（Pigafetta）及麦哲伦探险的幸存者们记述的资料。五年后，马鲁古群岛的葡萄牙总督堂·豪尔赫·德·梅内泽斯（Dom Jorge de Menzes）在前往德那地岛的途中到达了那里。梅内泽斯之后，葡萄牙人对婆罗洲产生了更多兴趣。1548 年，也就是赖麦锡出版巴尔博萨、皮雷斯、马克西米利安和皮加费塔有关婆罗洲的记述的两年前，奥维耶多（Oviedo）发行了他的《印度自然通史，岛屿和陆地海洋》（*Historia general y natural de las Indias*）第二十册。在这里他对婆罗洲进行了长篇的描述，这是 16 世纪所能看到印刷文献中最长的一篇。奥维耶多的叙述主要依据的是马克西米利安和皮加费塔的资料，显然他还参考了参与 1526 年洛艾萨（Loaisa）探险的乌尔达内塔（Urdaneta）等人的报告。[438] 戈马拉（Gómara）是卡斯塔涅达和巴罗斯的西班牙同时代人。1552 年，他在萨拉戈萨（Saragossa）第一次出版了畅销之作《印度通志》（*Historia general de las Indias*）。和奥维耶多的早期作品一样，戈马拉的《通志》的大量章节记载了文莱国王的情况及其子民的习俗信息。[439]

虽然从 1530 年开始，葡萄牙商人定期在婆罗洲进行贸易，但 16 世纪期间他们的专题报告几乎都未得到印刷出版。和西班牙历史学家一样，卡斯塔涅达在探讨麦哲伦的冒险事业时首先提到了婆罗洲，[440] 随后他一再旁敲侧击表明这与他讲述的葡萄牙人在马鲁古群岛的计划相关。[441] 巴罗斯未能对早期作者们的陈述进行补充，至少没有超越 16 世纪印刷出版的《旬年纪》各卷帙中的信息。耶稣会士的书信集和历史学家们同样未对婆罗洲进行记述。林斯乔坦擅长搜集葡萄牙人不太活跃地区的信息，但即便是他，也几乎没有更多资讯可以增补。荷兰航海家奥利维尔·范·诺尔特（Oliver van Noort）1598 年在婆罗洲上岸，但荷兰人和岛上居民间的正常贸易直到 1606 年以后才开始。这样，无论是葡萄牙人的资料还是荷兰人的资料都无助于研究 16 世纪的婆罗洲。无论西班牙在马尼拉设置常设机构之前或之后，1600 年前西班牙的资料都比欧洲其他地方的资料更具价值。

欧洲的资料来源虽然贫乏，但对婆罗洲历史的重建却极为重要，因为当地几乎没有讲述该岛早期历史的编年史和相关遗迹。爪哇、穆斯林和中国的资料中有关 16 世纪以前婆罗洲的历史仅存只言片语，因而有人认为，北部文莱王国的"真正历史"开始于皮加费塔所记录的麦哲伦一行对当地的访问。[442] 但皮加费塔并不是第一个评论婆罗洲的欧洲人。波代诺内的鄂多立克 14 世纪时到访过婆罗洲的部分海岸，并向欧洲转述了当地的趣闻，比如当地有一种"西米粉"是由从西谷椰子的木髓部提取的淀粉制成，它可制作出"世界上最好的面条"。在皮加费塔记述之前，瓦尔塔马、巴尔博萨、皮雷斯和马克西米利安都对婆罗洲进行过描述，不过却只有瓦尔塔马和马克西米利安的著作在皮加费塔之前付诸印刷。这样，即便单独以欧洲资料来源为基础，文莱的"真正历史"开始于皮加费塔的说法似乎也很值得怀疑。然而，准确地说，研究文莱早期史的现代学者从欧洲作品中得到的资料远比从其他外国或本地文库中得到的资料更多。

581

大多数 16 世纪绘制的婆罗洲地图，特别是其东海岸的地图多少有虚构的成分，面貌也模糊不清。[443] 皮雷斯虽然见多识广，但他却是这些作家中唯一一个错将婆罗洲作为群岛加以探讨的。其他人一致将其视为单独的大岛，认为它大致坐落在马鲁古群岛西北的开阔海面上，并跨越了赤道。然而，他们有一个倾向，就是认为它位于过于靠北而离中国更近的位置，这可能是因为中国和婆罗洲都是樟脑的出产地。奥维耶多稍微精确一些，他将婆罗洲和邻岛哈马黑拉岛（Halmahera，吉洛洛岛 [Gilolo]）的方位大致确定于马鲁古群岛附近。[444] 欧洲人记载中的大多数内容都涉及文莱，但卡斯塔涅达列出五个大海港，并称这五个大海港为葡萄牙人所知晓。[445] 在他的抄本中，它们被称作"马鲁都"（Moduro [Marudu？]）[446]、"沙捞越"（Cerává [Sarawak？]）[447]、"拉威"（Laue [Lawai]）[448]、"丹戎布拉"（Tanjapura [Tanjungpura]）[449] 和"婆罗洲"（Borneo，文莱 [Brunei]），"据此该岛获得了自己的名字"。这些作为国际贸易中心的海港中，最为活跃的是文莱、拉威和丹戎布拉，但富有的商人遍居各海港，并与中国、"琉球"（Laqueas [Liu-ch'ius]）、暹罗、马六甲、苏门答腊和其他邻岛进行着活跃的贸易。[450] 虽然婆罗洲被称为一个富有的海岛，但在 16 世纪时，葡萄牙人尚未打算入侵并征服它。与马六甲不同，它是一个"食物给养配置得当"的地方，[451] 供给包括肉、鱼、稻米、西米和一种叫作"淡杯"（tam poi）的酒（马来语 [tâmpang]），卡斯塔涅达对这种酒的估价远要高于东方"其他假冒的酒类"[452]。婆罗洲出产的"正宗樟脑"在印度像金子一样贵重，价格比中国的樟脑要贵得多。它是最好的可食用樟脑，在印度被用于药品和槟榔的添加剂中。因其极具价值，波斯人试图以婆罗洲樟脑的仿制品冒充正品卖给他们的顾客。[453] 婆罗洲也因在丹戎布拉附近西海岸发现钻石而名闻遐迩，它比印度的钻石品质更好。[454] 在每年前往马六甲的航行中，婆罗洲的商人也随身携带低纯度的黄金、蜡、蜂蜜和芬芳的木头。[455] 在马六甲，他们不用支付正式的关税，但需要为港口官员准备一份礼物。[456] 婆罗洲商人的进货集中于坎贝（Cambay）和孟加拉的纺织品、铜、水银、朱砂、印度药物和各式各样的珠子，并转而向原始的迪雅克（Dayaks）族人出售色彩炫丽的布、珠子和小装饰品，以换得他们的黄金贮藏。[457]

婆罗洲的海岸民族被认为具有爱好和平、忠诚、美貌和文明开化的特性。大多数商人是穆斯林，他们穿马来风格的服装，使用马来语。早期的作家们强调该民族大多数人是异教徒，这可能得自于马六甲的报告。[458] 巴尔博萨认为国王也是异教徒。[459] 大约同时期，皮雷斯也在进行写作，他认为该民族大多数人是异教徒，但文莱国王最近变成了一个摩尔人。[460]1521 年，皮加费塔受到了婆罗洲统治者的接待，后来将他描述为一个 40 岁的肥胖摩尔人，他以"圣足山"（Siripada [Sripadh]）罗阇（Rājā）的名义进行统治。[461] 当代学者主要基于皮雷斯的权威性，赞同伊斯兰教大约在 1500 年被文莱统治者接纳的观点。他们也认为马六甲被葡萄牙人攻陷后，婆罗洲成为穆斯林商业和宗教活动的重要中心。[462]

文莱城是北婆罗洲的行政首都，皮加费塔曾在那里待了两天，据此进行了详细的描述。他确定该城距文莱河上游有一段距离，并叙述了他和 7 个同伴如何从船上由人带出，再乘坐称为快速帆船的轻巧独木舟（praus）上溯到该城。除了罗阇及其一些首领的房屋外，整个城市建在水上。房子是木制的，建在高桩上。该城每天的生意是在满潮时由妇女乘船前来进行交易的。皮加费塔估计该城市人口为拥有 2.5 万个灶台的人口（或大约 10 万人），[463] 后来的作家认为这是一个被极大夸张了的数字。[464] 从快速帆船上岸后，皮加费塔一行骑在装饰华丽的大象背上前往皇宫。据说宫殿本身由砖砌的堡垒保护着，堡垒配有 56 门黄铜大炮和 6 门铁炮。在下榻的住所里，欧洲人睡的是铺着丝绸被单的棉床垫，吃的是精制肉食品，他们用镀金汤勺从瓷盘子里取食，睡觉的住所由白蜡火炬照亮着。[465]

　　这些欧洲人拜访皇宫受到的接待是关注亚洲的西方作家们所记录的许多相似仪式中的一次。拜访者们骑在大象背上，在全副武装的士兵队列间穿过街道，直接进入皇宫。在宏伟的大厅里，他们受到了一群贵族的接见，并被邀请坐在地毯上。在接待室的另一端，他们看到了另一个庄严的大厅，挂着丝绸帘布的窗子将它与主庭隔开。当窗帘被拉开后，拜访者们能看到统治者及其年轻的儿子坐在一张桌子旁，女仆环绕着他们。他们不被允许与苏丹直接交谈，只能让苏丹的代理人通过墙上的传音筒将他们的话转告给统治者。在受到诚挚的接待和豪华的宴请后，欧洲人从朝臣那里得知，除了去狩猎外，统治者从不冒险外出，他所有的行动都要由 10 个叫"希利多来"（xiritoles）[466] 的抄写员在很薄的树皮上记录下来。[467] 这个罗阇，像马六甲的统治者们一样，在他的港口城市通过一个当地语称为"沙班达尔"（xabandar，港主，波斯语沙阿班达尔 [shāh-bânder]，或"港口王"）的行政官经营贸易。[468] 该罗阇的权力一定已经扩大到该岛的最南边（虽然可能没有达到内陆），因为皮加费塔记载道，为了转变拉威（Lawai）对爪哇统治者的效忠，文莱的军队在 1521 年洗劫了拉威。[469]

584

　　除了那些属于商业社群的人之外，据说普通人有他们自己的语言。[470] 特兰西瓦尼亚的马克西米利安和奥维耶多是作家中唯一对原始岛民们的信仰和态度做过评论的人。[471] 作为异教徒，这些岛民崇拜太阳和月亮，他们将太阳视为白天的上帝，月亮为夜晚的女主人，并认为它们是群星的父母。他们为人慷慨正直，热爱和平安逸，厌恶战争。卷入战争的统治者不为国人所喜爱，他们被迫在战场上处于最危险的位置。保卫和平的国王受到神一样的尊敬。但并不能由此认为这些人为了和平不惜任何代价，如果受到无缘无故的攻击，他们将会听从这个不可避免的安排而进行战斗。一旦错误得到了纠正，他们就赶紧呼吁和平。他们认为首先请求和平是一种荣誉，最后求和则声名狼藉，而拒绝它更是犯罪之举。在人际关系上，抢劫和谋杀完全不为他们所知。[472]

马克西米利安有关婆罗洲爱好和平的高贵原始人的特征描述，与16世纪后期在该岛迪雅克（Dayaks）和其他部族中生活过一段时间的作家们记载的战争和食人现象的可怕故事形成鲜明对比。[473] 很可能书信作者和史学家在这件事上被消息提供者所误导；奥维耶多本人对马克西米利安所记述的一个故事表示怀疑，这个故事里描绘了一颗装饰在婆罗洲国王王冠上的鹅蛋大小的珍珠。当奥维耶多向胡安·塞巴斯蒂安·德尔·卡诺（Juan Sebastián del Cano）核实这故事时，他知道了这不过是一个笑话。奥维耶多也怀疑一些谣传，譬如一个南海岛上的土著耳朵巨大，能用其中一只包住整个身体。尽管他并未采用这个故事，也尖刻地评论"西班牙人正在寻找的是香料而不是寓言故事"，[474] 但他似乎多少天真地接受了关于"高贵野蛮人"的虚幻描述。16世纪对婆罗洲的其他记载没有提过婆罗洲土著的这种特性，仅包含对岛上土著其他零星的介绍。

菲律宾的西班牙人在很短时间内卷入了婆罗洲的事务。占领马尼拉后不久，他们意识到，婆罗洲的生活并不是田园牧歌，而是需要加以认真对待。1578 年，文莱一个被废黜的统治者希勒拉（Sirela，又被称为 Malcka）来到马尼拉，寻求帮助以反对他国内的敌人。西班牙总督弗朗西斯科·德·桑德（Francisco de Sande），[475] 对这一请求做出回应。他率领一支远征军反对文莱，意图使其隶属自身并向基督教传教士开放。短暂战斗后，西班牙人成功使希勒拉复位，并从他那里得到隶属关系的保证。在他们离去后不久，文莱的统治者再次陷入困境，不得不于1581年再次请求得到马尼拉支持者的援助。这一次，加布里埃尔·德·李维拉（Gabriel de Rivera）船长成为特遣部队的先锋，成功使希勒拉重新得到权力。完成使命后，李维拉对婆罗洲的海岸进行了勘探。其后不久，他作为使者被派往西班牙，但在16世纪，西班牙并未努力建立与文莱或婆罗洲其他地方更密切的关系。[476] 与葡萄牙联盟（1581年）后，西班牙人的注意力转移到征服中国、日本和印度支那的可能性上。事实上，当门多萨谈论东方列岛时，只有一次提到婆罗洲，并将它描述为令人憎恨的摩尔人给人留下深刻印象的地方。[477] 直到大约1600年，一个葡萄牙代理商行和一个天主教教会才在文莱城建立起来。

585

葡萄牙人对爪哇人的了解远比对爪哇本身的认识更多。当阿尔伯克基到达马六甲时，大量有影响的爪哇商人居住在那里，许多爪哇人曾在被葡萄牙人击败的部队里作战。尽管如此，得知阿尔伯克基征服海峡贸易中心的消息后，爪哇的一个统治者派遣了使者，向葡萄牙人馈赠了礼物，并提出供应维持该城的所有必要物资和食品。这个爪哇统治者之所以如此，是因为其臣民受到马来人的虐待，经常与马来人发生争执，从而欢迎这种行政管辖的变化，甚至自愿提供人力以帮助葡萄牙人对运气不佳的马来苏丹进行穷追猛打。[478] 阿尔伯克基将这个使者送回家，并赠送了在马六甲捕获的大象中的一头作为礼物。这个葡萄牙征服者对作为木匠和造船者的爪哇人印象深刻，他向科钦（Cochin）送去60 名爪哇人及其家属。[479] 当阿尔伯克基的同伴回到印度时，巴尔博萨显然向他们进行了详细的询问。后来他对爪哇的船只进行了评论，说爪哇船有 4 个桅杆，"与我们船的样式有很大不同，是用厚木材建成。当这些船老旧时，只需在旧船上覆盖上新板材，仍很牢固"。[480] 这样，从在东南亚进行殖民事业的最初期起，葡萄牙人充分认识到爪哇人就像受到极大尊敬的中国人一样，既是能工巧匠，也是难以对付的商业竞争者。也许正是这些特性使巴罗斯认为爪哇人和中国人之间存在着较为亲密的关系。[481]

1511 年，德·阿布雷乌前往马鲁古群岛，途中在爪哇东北的革儿昔（Geresik）稍做停留，并向当地统治者呈送了来自阿尔伯克基的礼物。但是，并非所有的爪哇君主都对葡萄牙人的闯入持无所谓态度。爪哇北海岸的穆斯林国家贾帕拉（Japara），是在马六甲和香料群岛之间的航线上起主要媒介作用的港口，它对葡萄牙人夺取马六甲迅速做出反应。由于担心欧洲人将会瓦解并破坏列岛间水路的贸易自由，1513 年，贾帕拉派出一支舰队攻打马六甲。葡萄牙人击退了这一攻击，但在这一过程中他们与这个新兴的穆斯林国家成了不共戴天的敌人。经历了这次挫折，这个穆斯林国家继续扩大其对爪哇北海岸的管辖权，很快它的统治者成了淡目国（Demak）的苏丹。 其后几个穆斯林国家联合力量反对衰落中的佛教国家满者伯夷帝国（Majapahit），该岛也因此经历了许多次内战。

虽然葡萄牙人意识到爪哇根深蒂固的内部分裂，但凭借有限的资源，他们不能利用这些内部分裂达到自己的目的。1522 年，恩里克·莱米（Henrique

Leme）被派往西爪哇，争取与一名印度教君主结盟。五年后葡萄牙人回来时，他们发现这个城镇也落入穆斯林的掌控。到 1535 年，随着淡目国达到势力的顶峰，爪哇北海岸的大多数地方都屈服于伊斯兰教，只有在该岛的最东端，印度教徒尚保留着一定的控制力。大约此时，方济各会修士被派往东爪哇，以争取统治者们对基督教的皈依，但这一事业从未收获胜利的果实。大约 1540 年，淡目的霸权衰落，北爪哇的领导权被穆斯林国家贾帕拉再次占有。这个王国的皇后[482] 在 1550 年和 1574 年发动穆斯林同盟对马六甲进行攻击。巴章（Pajang）和马打兰（Mataram）这两个内陆腹地国家兴起之时，正值 16 世纪最后三十年沿海苏丹王国走向衰败的阶段。尽管葡萄牙人持续不断的攻击加速了这些沿海国家的衰败，但权力中心转向内陆穆斯林国家并未使欧洲人与爪哇有更密切的接触。[483]

　　从刚才提及的事情中能清楚地看出，葡萄牙人在 1512 年以后只有不多的几次机会可以直接了解爪哇。因此，他们所出版的关于爪哇的欧洲资料根本不能反映该岛在群岛中比苏门答腊等其他地方更为重要。关于苏门答腊，葡萄牙的记述更为全面。[484] 爪哇是群岛的经济支点。和印度尼西亚其他地方相比，爪哇人的著作更加全面详细，铭文也更多，这一事实说明爪哇具有更高程度的文明。但爪哇的作家们不一定可靠，"他们对过往历史的看法是想象的产物，并且完全不按时间顺序排列"。[485] 因此，虽然欧洲的资料在其他方面和爪哇人的著述一样不够精确且内容零碎，但它注明了事件的日期，写作态度实事求是，所以具有较高的精确度。葡萄牙人由于在爪哇大港口的贸易受到了限制，被迫寻找较小且较不具国际性的港口。因此，他们在著述中反倒提及了具有地方意义的地名和事件，而这些内容则一直受到了笃信宗教并以朝廷为中心的爪哇作者的忽略。最后，关注经济事务的葡萄牙人习惯于记述市场和日常事情，而不是聚焦于王室征战的荣耀。[486]

　　直到马可·波罗之前，欧洲文献中出现的爪哇名字没有固定提法。马可·波罗本人是否曾访问过他所说的"更大的爪哇"一直为人质疑。一般认为，他的资料与我们今天称为爪哇岛的地理形态和物产不相符。有人广征博引地论证，他的资料之所以与事实不符，是因为他在谈论"更大的爪哇"时，实际上

587

描述的是交趾支那。[487]然而，波代诺内的鄂多立克似乎在 14 世纪初前往广州（Canton）的途中访问过爪哇。他记述了该岛当时由一个大领主统治，大领主生活在奢华的宫殿里，7 个小统治者是他的封臣。鄂多立克也听说了中国针对爪哇的远征。一个世纪后，孔蒂向东方航行，最远到达松巴哇岛（Sumbawa）①。他痛斥爪哇人吃不洁的动物，有胡砍乱杀的习惯，而且沉溺于斗鸡这种当地的主要娱乐活动。[488]

588　　　　16 世纪对爪哇及其周边和人民做了详细评论的作者有以下几位：瓦尔塔马、巴尔博萨、奥维耶多、巴罗斯、卡斯塔涅达、阿尔伯克基、戈伊斯和林斯乔坦。在这些作家中，根据自己的经历进行写作的仅有瓦尔塔马和卡斯塔涅达。虽然瓦尔塔马可能曾在该岛的东南角登陆，但他在那里两星期的记录却很值得怀疑，克劳福德（Crawfurd）就认为这些记录"虚假或毫无价值"。[489]卡斯塔涅达提到的内容更多是真实的，但它们全都是一种来源形式，可能都是从信息提供者那里听到的。虽然卡斯塔涅达增加了为其他出版资料所无的有意义的细节，但实际上，他紧紧追随着巴尔博萨。巴罗斯思虑缜密，却几乎没有提到关于爪哇的内容。这肯定不是由于找不到欧洲资料，因为皮雷斯对爪哇有过详细的描述，虽然在 20 世纪前它一直未能出版，但巴罗斯必定知道皮雷斯的这一著述，甚至可能在叙述马来人的历史中使用过皮雷斯的材料。但他没有使用皮雷斯的著述作为爪哇和香料贸易重要数据的资料来源，似乎进一步说明了在 16 世纪，这些信息是高度机密的。16 世纪出版过作品的作者中，对爪哇的见识最为广博的是巴尔博萨、奥维耶多、卡斯塔涅达和巴罗斯。

这些史学家一致认为爪哇位于苏门答腊正东，宽度不超 15 里格（60 英里）的巽他海峡（Strait of Sunda）将它分隔开来。[490]这个岛屿向东西方向延伸，北海岸长度为 170 里格（680 英里）。[491]关于南海岸和岛的宽度，史学家们承认他们没有得到精确的信息。[492]但是当地居民告诉葡萄牙人南海岸几乎没有良港，岛的宽度大约是其长度的 1/3。[493]一条东西走向的山脉将该岛一分为二，使北海岸和南海岸人民之间难以形成交流。北部海岸有港口"图巴"

---

①　印度尼西亚南部。——译者注

（Tuba，图班 [Tuban]）、"帕纳鲁坎"（Panaruca [Panarukan]）、"西达尤"（Cidayo [Sidayu]）和"革儿昔"（Agaci [Geresik]）。其中"革儿昔"是该岛主要的贸易港，也是葡萄牙第一次向马鲁古群岛航行时德·阿布雷乌拜访的地方。[494] 这些港口是马都拉岛（Madura）①面向东北海岸的所有港口，没有受到穆斯林的控制。皮加费塔根据他的爪哇领航员提供的信息，指出[495] 爪哇最大的城市为京城"满者伯夷"（Magepaher [Majapahit]），此外还罗列了达哈（Daha）[496]、"达马"（Dama，淡目 [Demak]）、"Gagiamada"（未查明为何处）、"Minutaranghen"（未查明为何处）、"贾帕拉"（Cipara [Japara]）[497]、淡目港、图班和"革儿昔"（Cressi）。他也提到了泗水（Surabaya）、巴厘岛（Bali）和马都拉（Madura）岛的名字，将它们作为与爪哇联系密切的地方。林斯乔坦提到西北海岸的"巽他卡拉巴"（Sunda Calapa，可能是雅加达或万丹 [Bantam]）是"这个孤岛上的首要港口"。[498]

爪哇被认为是世界上粮食最丰富的岛屿。稻米、肉类、胡椒、肉桂和生姜产量丰富、价格便宜且品质上佳。巽他（西爪哇）作为胡椒的来源地被广泛提及。但对于葡萄牙人来说，不幸的是在他们征服了马六甲后，爪哇受到了穆斯林的控制。林斯乔坦为他的荷兰读者列出了一份爪哇产品的长清单，并附上了它们的价格。此外，他还列出了岛上居民所需进口物品的详细名目，并告知读者这里使用的货币是来自中国的"方孔铜钱"（caixas，现金）。[499] 爪哇也出产金和铜。奥维耶多毫不吝惜地得出结论，爪哇的每样东西都不逊色于西班牙。[500]

虽然摩尔人在港口城市占据优势，但在内陆腹地，大多数人是异教徒。爪哇的政治是分裂的，但在马六甲陷落时它仍有一个被称为"帕图德拉"（Pateudra [Pateudra]）[501] 的国王，是满者伯夷王朝的最后统治者。尽管他的伊斯兰封臣发动了叛乱，但直到大约 1515 年，这个"异教国王"仍能控制他们。1513 年，贾帕拉的穆斯林君主"守护神"（Pationus [Pate Unus]）进攻马六甲，失败被逐后，开始致力于获得淡目的王位，并将他的管辖权扩大到巽他。[502] 1522 年，恩里克·莱米被派到西爪哇的巽他港（可能是"Calapa"），和当地仍未受到穆

589

590

---

① 印度尼西亚爪哇东北部的小岛。——译者注

斯林控制的统治者达成协议。双方签订了商业条约，界标（*padrão*）竖立在葡萄牙被授权建立堡垒的地点。[503] 然而几年间，巽他成了穆斯林的地盘，葡萄牙人被迫停靠在东爪哇的港口。奥维耶多根据乌尔达内塔 1535 年访问帕纳鲁坎（Panarukan）的信息，叙述了当时爪哇四个彼此征战不休的王国的情况。但是这个西班牙人承认，帕纳鲁坎的异教（印度教）统治者是葡萄牙人极好的朋友。[504] 而其他资料来源中，关于政治状况的信息微乎其微。[505]

爪哇人及其习俗、技能，得到了欧洲作者们的高度认可。因为许多葡萄牙人是从在马六甲和印度港口从事贸易活动和手工技艺工作的爪哇人那里了解爪哇人。巴尔博萨、卡斯塔涅达和林斯乔坦三人有长期在印度的经历，他们对爪哇人的身体特征、个性品德、技能和信仰的描述基本一致。[506] 爪哇男人皮肤为栗色，身材强壮魁梧，脸部宽大，面颊丰满，眉毛较重，脸上几乎无须，剪着贴近头皮的浓黑短发。[507] 他们头上不戴什么，腰部以上通常赤裸着。他们的女子肤色较浅，容貌丑陋，但身材曼妙，风姿绰约。欧洲人评价说，爪哇人无论男女都极为骄傲、勇敢、灵巧，但同时他们又被认为笨拙、固执、好斗、脾气暴躁。[508]

然而，爪哇人的勤奋和能力是无可质疑的。巴罗斯将他们与中国人做了比较，评价他们是"这些地方中最文明的人"。[509] 他们是专业的木匠、木船匠和锁匠，精通各种武器制造：枪、镶铁的矛、波状刃短剑、短弯刀、包住整个身体的木制盾、发射毒箭的吹管和巨大的弓。在狩猎和骑术上，他们展示出极大的勇气和身手的敏捷灵活。他们的技能也并不限于使用原始武器，在印度，他们是受人尊重的枪手、投弹手和火药制造者。[510] 他们的女人擅长针线活和音乐。16 世纪期间，由于葡萄牙人并未目睹多少爪哇本地的生活，漏掉爪哇人在农业和灌溉方面的高超技艺是不足为奇的。

591

爪哇人怪异而具有迷信色彩的习俗和信仰为欧洲人所排斥。由于某种不清楚的原因，爪哇人不许头上戴有任何东西。将手放在爪哇人头上可能是最严重的侮辱，如此行事的人会将自己的生命置于危险境地。房屋甚至只建一层，这样没有人能在他们上面走动。[511] 瓦尔塔马也许听到过苏门答腊巴达族（Bataks）的吃人仪式，因此妄下断言，在爪哇，父母会将子女卖给别人吃掉。[512] 他也注意到印度教化的爪哇人像许多在印度的爪哇人一样，敬拜他们在早上偶然遇到的第一件东西。皮加费塔记载了共焚的流行和非同寻常的性行为。[513] 继巴尔博萨之后，卡斯塔涅达对爪哇人沉溺于巫术和魔法做了评论。爪哇人相信如果他们的宝剑在特定的吉辰制作成功，它将具有保护佩戴者不死的魔力，并使其在战场上立于不败之地。不管在马六甲这样的异域城市还是帕纳鲁坎这样的本地城镇，爪哇人比该群岛上任何其他民族都乐于胡砍乱杀，并因真实或莫须有的伤害获得赔偿。同样，他们对战死沙场完全不在意。[514]

欧洲资料尽管有时叙述不足，有时自相矛盾，但它们使读者了解了三个印度尼西亚岛屿的规模与重要性，及其在历史上和群岛贸易中的地位。当然，它们记述的大多数内容是关于海岸城镇和国家的，尤其是那些由于与欧洲有固定往来而为欧洲作家所熟悉的地方。这导致他们过于重视这些海岸地区，对只能通过非直接报导进行了解的内陆地区的重要性则轻描淡写。某些他们未有过接触的海岸地区也存在信息贫乏的问题，如苏门答腊和爪哇的南海岸及婆罗洲的东海岸。有关内陆的政治分裂，他们最为了解的是苏门答腊和爪哇的情况。不过，实际上，他们对爪哇的地形、气候、农业乃至文化几乎一无所知。

由于他们与沿海地区和航海民族有着相对亲密的联系，葡萄牙作家们强调了穆斯林在整个地区的扩张及其实力。大多数向他们提供信息的人来自商业和航运阶层，他们向葡萄牙人认真讲述了自己民族历史的传说。葡萄牙人将这些流行的故事作为该地区口述史的基础忠实地记录了下来。向他们提供信息的人是商人，他们认为马来语言和马来习俗在推动当地一体化上具有重要作用，对此葡萄牙人也深有同感。[515] 因为在马六甲和印度有大量爪哇人，葡萄牙人知道了爪哇习俗的更多细节，对爪哇人的了解比对其他民族要多。这个事实也许有助于解释为什么他们更挑剔爪哇人的习惯，而高度赞赏他们并不太了解的婆罗洲民族。同样，婆罗洲的信息在里斯本没有被划归保密范畴，而关于爪哇和苏门答腊的报告则属机密文件，一个证据是皮雷斯关于婆罗洲的资料被赖麦锡出版了。而这个结论在皮雷斯整理的《东方总论》（*Suma oriental*）中得到了加强：他将婆罗洲与东方国家（中国、日本和菲律宾）归入一类，而将苏门答腊

592

和爪哇纳入东方群岛和香料贸易类，而他著作的这一部分从一开始就被禁止发行，在 20 世纪前基本不被外界所知。

第七节　香料群岛

只要瞥一眼现代印度尼西亚的地图，我们不难发现其中的岛屿数量众多，它们散落于菲律宾群岛以南，婆罗洲和爪哇以东，澳大利亚以北和新几内亚以西的海面上。综观历史，人们一直想将这些岛屿归入相应的岛群，以便能更清晰地探讨它们。然而，将这些分布无序的岛屿以某种易懂可控的模式统合起来的时候，眼与心的认识往往难以达成一致。而使岛屿的归类与它们在 16 世纪的区域地位相符，就更是极为复杂的工作了。为了避免造成地理或历史方面的歪曲，我们将那些种植了香料和在经济、地理、政治或战略上都与香料贸易及生产密切相关的岛屿统称为香料群岛。例如，丁香原产地的五个香料岛（德那地 [Ternate]、蒂多雷 [Tidore]、莫提尔 [Motir]、马基安 [Makian] 和巴占 [Bachan]）在 16 世纪时，不得不依靠附近的大岛哈马黑拉岛（Halmahera，也称吉洛洛岛 [Gilolo] 或巴托支那德莫罗 [Batochino do Moro]）[516] 获得粮食供应。这些岛屿形成了一个相互依赖的经济复合体，我们将之称为马鲁古群岛。另外两个独立的岛群，安汶群岛（Amboina，由塞兰岛 [Seram]、布鲁岛 [Buru] 和安汶岛 [Amboina] 组成）和班达群岛（Banda，由古农阿匹岛 [Gunuape]、米拉岛 [Mira] 和班达岛 [Banda] 组成），同样是这一地理实体的组成部分，它们根据各自不同类型和相互依赖的程度结合在一起，其中班达群岛是肉豆蔻的产地。西里伯斯岛（Celebes）是小巽他（Lesser Sunda）群岛（由巴厘岛 [Bali]、松巴哇岛 [Sumbawa]、弗洛勒斯岛 [Flores] 和帝汶岛 [Timor] 组成）中的大岛屿，由于它和新几内亚的地理位置及与马鲁古群岛有相互往来的历史传统，被看作香料群岛中的另一实体。然而，必须记住，如同许多思维的产物一样，这些被归类的群岛常常给人一种联合体的印象，而非随着时间和环境的变化相应发生变化。

593

　　几乎每个论及亚洲的欧洲人都对香料群岛做了评论。探险者、商人、政治家、传教士和史学家急切地收集并评估关于香料及其产地贸易情况的每一条零散信息。在众多记载中，最具权威性的是瓦尔塔马（Varthema）、巴尔博萨（Barbosa）、特兰西瓦尼亚的马克西米利安（Maximilian of Transylvania）、皮加费塔（Pigafetta）、奥维耶多（Oviedo）、戈坦诺（Gaetano）、卡斯塔涅达（Castanheda）、戈马拉（Gómara）、巴罗斯（Barros）、加尔旺（Galvão）、林斯乔坦（Linschoten）等人的著作，耶稣会士的信件、历史记录，以及对德雷克（Drake）、卡文迪什（Cavendish）和兰卡斯特（Lancaster）的探险进行评论的著作。这些作者来自欧洲各国，有意大利人、葡萄牙人、西班牙人、英国人和中欧人。其中相当数量的作品是根据作者本人在香料群岛的经历进行写作的，包括瓦尔塔马（他很有可能有亲身经历）、皮加费塔、加尔旺、戈坦诺、沙勿略及后来的耶稣会士，还有荷兰和英国的探险家。巴尔博萨、卡斯塔涅达和林斯乔坦受益于在印度的经历和他们直接参与的香料贸易。葡萄牙史学家（卡斯塔涅达和巴罗斯）和他们同时代的西班牙人（奥维耶多和戈马拉）在香料群岛所有权问题上的立场自然是对立的，[517] 但他们对岛屿本身的描述极为相似。

　　瓦尔塔马可能已经在 1505 年谈到了班达岛、安汶群岛中的布鲁岛和马鲁古群岛中的德那地岛。[518] 不管瓦尔塔马是否来过这些岛屿，他对这三个岛群的描述（1510 年出版）使香料群岛的相关信息首次在在欧洲得到传播。除了孔蒂（Conti）外，[519] 文艺复兴时期的早期旅行者中没有人声称曾去过婆罗洲的东部，所以从瓦尔塔马的描述中，欧洲人得到了对这个丁香和肉豆蔻产地的第一印象。瓦尔塔马正确地记载道，肉豆蔻树生长在班达岛，而丁香产于"马鲁古群岛"（Monoch），[520] 他对丁香树与丁香收割方式的描述大致准确。但记述到香料群岛的地理环境和民众生活情况时，瓦尔塔马的笔触阴郁压抑。他们没有政府，生活在昏暗低矮的木板房里，生活方式极为原始。他们是异教徒，信仰类似于卡利卡特（Calicut）最低种姓所持的宗教。这些人既蠢又懒，根本不能被人指望。他们没有付出汗水去栽培香料，只是在一年适当的季节采集它们，并在市场上出售。虽然瓦尔塔马的一些观点，特别是关于香料群岛没有政府的认识肯定是错误的，后世的作家均不认同他的这一说法，但这些见闻更为广博

594

的后人却对瓦尔塔马对当地人民的贬抑，持有相同的看法。[521]

1511 年，在征服马六甲后，葡萄牙人前往香料群岛的航行立即有系统地开展起来。安东尼奥·德·阿布雷乌首次勘察了这一航线，他沿小巽他岛北边的海岸航行，远至弗洛勒斯岛，最后向北转向安汶岛和班达岛。[522] 在航行过程中，这位葡萄牙人注意到班达群岛中的小火山岛古农阿匹岛[523]，岩浆从火山圆顶中奔腾而下，"源源不断地流进大海，溅起火花或形成股股火流……"。[524]他们在塞兰岛的港口"古丽-古丽"（Guli-Guli [Kolli-Kolli]）抛锚上岸，结果却发现那儿的人是食人族。[525] 在返航途中，由弗朗西斯科·塞朗（Francisco Serrão）指挥的帆船在班达海域出事，他和几个同伴一起向安汶岛前进，最终在大约 1513 年到了德那地岛。在这里，塞朗成为德那地岛穆斯林统治者的顾问，并偶尔向欧洲人提供海岛事务的信息，但是这些信息有时也不可靠。就这样，他度过了其生命的最后时光（卒于 1521 年）。德·阿布雷乌率领两艘船回到马六甲。根据他提供的信息，新的舰队立即全副武装开往香料群岛。[526] 但是直到西班牙开始记述与麦哲伦环球航行有关的香料群岛的情况之前，关于这些航行的记录从未以印刷出版物的形式在欧洲出现过。[527]

595　　1523 年，马克西米利安在他的信件中出版了马鲁古群岛报告。麦哲伦和克里斯托巴尔·德·哈罗（Cristóbal de Haro）[528] 可能根据从塞朗那里获得的信息，向国王查理一世（King Charles I）指出香料群岛和中国属于西班牙划界范围之内，葡萄牙人正在非法前往那里，可行的办法是开拓一条西南航线，这样或许可能避开葡萄牙人的封锁，并最终驶往这些香料群岛。麦哲伦探险队中的那些幸存者在 1521 年 11 月 8 日到达蒂多雷岛，在马鲁古群岛停留了大约一个半月。皮加费塔和马克西米利安分别叙述了麦哲伦船员在马鲁古群岛的经历，这也给欧洲读者展现了有关丁香种植岛独立而又相似的文字描述。马克西米利安显然从"维多利亚"号指挥官胡安·塞巴斯蒂安·德尔·卡诺（Juan Sebastián del Cano）和其他几个幸存者那里获得了大量原始材料。

马鲁古群岛的 5 个丁香种植岛通常处于德那地岛主要统治者的控制下。蒂多雷岛和巴占岛同样也有正式的王室（苏丹王国），但莫提尔岛和马基安岛没有国王，属于"民治"。[529] 在皮加费塔到蒂多雷岛的八个月前，德那地岛武装部队首领弗朗西斯科·塞朗出访蒂多雷岛时被毒害。十天后，德那地岛的统治者罗阇·阿布利斯（Raja Abuleis）在他的女儿，也即马占岛王后那里遭遇了同样的命运。随后，罗阇·阿布利斯的 9 个重要子嗣开始争夺王位。当西班牙舰队到达蒂多雷岛时，其统治者蒙佐尔（Manzor）似乎已经暂时取代了德那地岛的统治者，成为这些香料群岛的最高君主。[530]

　　蒙佐尔被描述为一名英俊威严的摩尔统治者，45 岁。他接待外国人的时候，赤着脚，身着袖口有金色刺绣的精美细软白衬衫，腰缠围裙，头戴绸巾。他以友好的方式欢迎西班牙探险队，并心甘情愿让蒂多雷甚至德那地隶属于西班牙国王。蒙佐尔显然担心来自马六甲的葡萄牙人因为他参与了塞朗谋杀事件而报复于他，希望西班牙人能帮助他保持对这些岛屿的控制。[531] 姑且不论其实际动机如何，蒙佐尔对西班牙人极为友好，在雨季开始前尽可能为他们准备了一货船的食物、淡水和丁香。西班牙人到达后的三天里，他匆匆忙忙建起一处房舍，以供他们作为岸上的仓库之用。为了获得丁香，蒙佐尔向邻岛派出使者，并允许几个欧洲人一同前往。其他岛屿的统治者获允到蒂多雷岛监督新来者和他们的两艘破旧船舶。欧洲人以发射火炮和展示欧洲制造的小玩意儿来款待客人。通过对蒙佐尔和其他摩尔统治者的观察，皮加费塔知道了他们可以随心所欲地拥有女人，将她们纳入后宫，统治者管辖下的每个家庭都必须向皇室后宫奉献一个或两个女儿。[532]

596

　　那些参观西班牙探险队的人中，有一些哈马黑拉岛的商人和他们的一位统治者。皮加费塔记载，[533] 这个大岛被摩尔人占据，他们控制了海岸，异教徒生活在内陆腹地，欧洲人发现权力分割在整个东印度群岛是相当普遍的。大约在西班牙人到达蒂多雷岛的五十年前，摩尔人已经进入马鲁古群岛，并很快接管了海岸地区，并控制了商贸城镇。[534] 到了皮加费塔时代，哈马黑拉岛有三位国王，两位是摩尔人，一位是名叫罗阇·巴布亚（Rājā Papua）王侯的异教亲王。[535] 摩尔统治者们有很大的后宫，是好几百个孩子的父亲；异教统治者巴布亚则不想拥有如此多的妻妾，但他拥有丰富的黄金贮藏。普通的异教徒不像摩尔人那么"迷信"，但和印度教徒一样，"他们会终日崇拜早晨离开房屋时看到的第一件东西"。[536] 罗阇·海苏（Rājā Jessu）是哈马黑拉岛的一名上了年纪的摩尔统治者，他前来访问蒂多雷的西班牙人，并观看他们如何开枪放炮。关于哈马黑拉岛本身，皮加费塔得知它面积广大，当地的独木舟（praus）①需要四个月的时间才能环航该岛一周。这个岛也出产一种粗芦苇（欧洲人购买了许多），这种芦苇长在岩石上，可用来灌满新鲜的清水。[537]一些丁香树长在哈马黑拉岛，但它们的品质和价值都不如产自五个较小岛屿的丁香。[538]

等待货物时，欧洲人在蒂多雷岛登陆并参观了附近的一些小岛。皮加费塔利用在岸上的时间研究当地环境，他将马鲁古群岛五个出产丁香的种植岛描述为多山的岛，除了位于南端的巴占岛外，其他岛屿在蒂多雷岛都能看得见。巴占岛是五个岛中最大的一个，它的顶峰比其他山脉更高更平坦。丁香树没有生长在平原而是丛生于火山的边上。由于山里常年雾气环绕，这种气候条件下长出了上好的丁香。每个岛都有丁香树园，有人照看但未曾有人栽培。丁香树一年收获两次，一次在圣诞节的时候，一次在施洗者圣约翰诞辰（6月23日）的时候，每四年有一次大丰收。当丁香变成红色而成熟的时候，需要进行采收，否则它们会变大变硬，到了那时只有果壳才具有价值。在商人们购买之前，丁香要风干并窖藏。马鲁古群岛也生长肉豆蔻树。皮加费塔描述了丁香和肉豆蔻树及其果实。克劳福德（Crawfurd）评论道，这个意大利人"对丁香的记述是非常受欢迎的，以至到目前（1856年）也是如此"。[539]也许在蒂多雷岛，也许还在船上时，皮加费塔充分利用时间编撰他的马来语词汇表，并将此称作蒂多雷岛"那些摩尔人的词语"。[540]他总共编撰了450个词汇，但在其著作的16世纪版本中，实际上仅出现了47个词。[541]在蒂多雷岛，他注意到丁香被称作"ghomode"；在萨兰加尼（Sarangani）②被称为"bongalauan"；而在马六甲则叫作"chianche"。[542]

除了丁香，马鲁古群岛种植生姜，生姜在石灰中进行干燥以便保存。小蜜蜂在树上产蜜。[543]此外，这些岛出产多种多样的热带水果，也盛产甘蔗、稻米、家禽、山羊和棕榈产品。岛民身上一般裹着一块布，此外什么都不穿。他们用

---

① 马来人所用的细长快速帆船。——译者注
② 棉兰老岛以南的岛屿。——译者注

树皮制作衣物，在水中浸湿树皮并用棍子敲打，再用力拉扯使其形成令其满意的大小和形状。如此加工过的树皮看上去"如生丝做的面纱"，像被纺织过一样。[544] 皮加费塔也描述了制作西米粉和面包的不同步骤，他还注意到，航海的时候当地人几乎完全以此为食。色彩斑斓的鹦鹉和白色的鹦鹉在这些岛上随处可见，但微红色的鹦鹉比其他鹦鹉讲话更为清楚。岛民非常珍视一种叫作"博隆·迪瓦达"（bolon divata [*Burung-dewata* 或神鸟]）的鸟，他们能讲出这种像画眉一样的鸟儿的许多奇妙故事。[545] 这些现在被叫作天堂鸟的非凡生灵，据说起源于天堂，除非有风否则从不飞翔。它们能使那些穿了它们羽毛的人在战场上所向披靡，并保护他们的生命。[546] "维多利亚"号带回过一些经过处理的鸟类羽毛，回到欧洲后，其中两份送给了查理一世，一份被马克西米利安送给了他的神父萨尔茨堡（Salzburg）① 的红衣主教。[547]

598

　　尽管蒂多雷岛的房屋离地不高，但它们像在其他热带地方一样被提高，房屋通常被圈围在竹栅栏内。一座新房建成后，在入住前，当地人点燃庆典的篝火，并举办仪式性宴会。他们将岛上各种产品系在新房顶上，寓意房屋的主人永远免于贫困[548]。一天，在岸上仓库守卫货物的西班牙人得到官方警告，他们夜间不能出门以防止被某些巫师伤害。这些涂了油的可怖者在城镇漫游时是以无头的形象出现的，可能会胡砍乱杀，失去控制。如果遇到另一个人，他们会触碰他的头部，并在上面擦抹油膏。被他们接近的人很快就会生病，并在三四天内死去。[549] 岛上的潜水员有非凡的能力可以在水下待很长时间。当"特立尼达"号（Trinidad）船身裂开一条神秘裂缝时，留着长发的专门潜水员被派遣下去。这些男人能长达一个小时待在水下，他们的头对着船身底部，这样他们的长发能顺着水流被洞吸走，从而找出裂缝。

　　因为"特立尼达"号的裂缝太严重了，于是西班牙人决定将它留下修理，然后再设法经太平洋回到西班牙。[550] 这样，1521 年 12 月 21 日，"维多利亚"号独自离开了蒂雷多岛，船上有两名当地领航员引领着它穿过南面和西面迷宫般的岛屿。皮加费塔提供了长长的目录，列出"维多利亚"号穿过途中所经小

599

―――――――――
① 奥地利城市。——译者注

群岛中每个岛的名字。[551] 他观察到其中有些地方有侏儒族居住，而其他地方则居住着食人族。停靠在安汶群岛中的达鲁（Daru）后，"维多利亚"号上的男子们看到了班达群岛，并注意到它由 12 个岛组成，其中 6 个盛产肉豆蔻和肉豆蔻皮。皮加费塔为 12 个岛命名并指出它们大约位于南纬 6°。[552]

过了班达群岛西南，他们进入小巽他岛，在这里遭遇了暴风雨，不得不在"曼瓦"（Malva，现在是阿洛 [Alor] 或翁拜岛 [Ombai Island]）岛上避难。[553] 这个岛上的人是野蛮的食人族，他们"将胡须用树叶包裹起来并推挤进小竹筒里——看上去很可笑"。[554] 在这里，西班牙探险队待了两个星期，以对船只进行必要的维修。皮加费塔则注意到当地人栽种荜拨和黑胡椒。1521 年 1 月 25 日，他们从"曼瓦"朝南西南方启航前往帝汶岛（Timor）。然后，皮加费塔上岸向南海岸的"阿玛本"（Amaban [Amaben]）镇首领要求购买一些鲜肉。[555] 但这些西班牙人没有得到物资供应，于是他们抓走了邻近村庄"巴利宝"（Balibo[Silabao]）的首领，以此勒索补给。就食品问题进行协商的时候，皮加费塔得知白檀只在帝汶岛生长，[556] 远至吕宋岛的商人都来此购买白檀和蜡。帝汶岛南部生活着四个异教国王，他们的住所分别在"奥比奇"（Oibich [Vaibico?]）、"利奇萨那"（Lichsana [Lecam?]）、"苏艾"（Suai，汕移 [Suzi]?）和"卡巴纳萨"（Cabanaza [Camanassa]）。[557] 在这些侯国中，"奥比奇"是最强大的，而在"卡巴纳萨"发现了黄金，他们以此支付他们的所购物品。在帝汶岛，皮加费塔也从巴厘岛以西的弗洛勒斯岛听说了小巽他群岛其他 11 个岛的名字。

洛艾萨（Loaisa）探险队（1525 年）和萨维德拉（Saavedra）探险队（1527 年）的船只穿过太平洋远至哈马黑拉岛和蒂多雷岛。1526 年 10 月 29 日，乌尔达内塔和他的同伴们乘坐着洛艾萨探险队剩下的唯一一艘船，到达了哈马黑拉岛的东海岸。这些幸存者大约在 1536 年回到西班牙，从他们的口中，奥维耶多详细地得知了他们在葡萄牙人及其同盟德那地控制的香料群岛所经历的磨难。[558] 幸运的是，他们在"甘宝"（Campaho）登陆，这个镇子处于"奎奇·布巴卡"（Quichil Bubacar）[559] 的控制之下，这是哈马黑拉岛上了年纪的"阿杜莱贾迷"（Adulraenjami）[560] 苏丹的一个属国。"阿杜莱贾迷"本人是蒂多雷岛

600

"罗阇·艾米尔"（Rajamir [Raja Emir]）的盟友，也是葡萄牙人的敌人。从一个曾一度落入葡萄牙人之手的奴隶那里，西班牙人很快得知，由于蒂多雷向麦哲伦的同伴提供款待帮助并表示效忠，所以遭到葡萄牙人的报复。乌尔达内塔和五个同伴，包括翻译贡萨罗·德·维戈（Gonçalo de Vigo）在内，乘坐快速帆船向"阿杜莱贾迷"和"罗阇·艾米尔"正式宣布西班牙第二艘船的到来。虽然他们受到了热情的接待，但直到 1527 年以后，西班牙人才设法通过葡萄牙人的封锁到达蒂多雷岛，并在那里与麦哲伦航行的幸存者们会合。这些新来者暂时得到了德那地和葡萄牙人的敌人"马基安"（Makian [Quichelhumar 或 Kĕchil Umar]）的帮助，而葡萄牙人立即对新来者发起攻击。葡萄牙人最终毁灭了马基安城，同时继续围困蒂多雷岛。1528 年 2 月，萨维德拉到达蒂多雷岛增援被围困的西班牙人。虽然几次努力想找到穿越太平洋回去的航线，但他们全都遭遇了不幸。[561]1529 年，在欧洲达成的萨拉戈萨（Saragossa）协议很快结束了西班牙在香料群岛的抵抗行动。乌尔达内塔和其他人在香料群岛许多岛屿上躲避了一段时间，不过，最终在向葡萄牙人投降后，他们于 1534 年和 1535 年经由葡萄牙人占领的印度，开始了返回欧洲的漫长航行。

　　结束探讨发生在马鲁古群岛的伊比利亚战争的时候，奥维耶多专门用一章对香料群岛做了描述。[562]虽然他的研究集中在最重要的岛屿，但其中最有价值之处在于，这些记述对鲜为人知的小岛哈马黑拉岛和西里伯斯岛的政治和社会组织做了清楚的阐释，并说明乌尔达内塔逃离葡萄牙人后，在 1532 年到 1533 年间曾在靠近西里伯斯岛的某些小岛上度过时日。[563]和较晚期的耶稣会士一样，奥维耶多清楚地阐述了哈马黑拉岛、北西里伯斯岛与马鲁古群岛之间在政治和经济上的联系。[564]奥维耶多将吉洛洛岛描绘为不过是当地人所知道的"阿琉拉"（Aliora [哈马黑拉岛]）岛上的一个国家而已。[565]吉洛洛（Gilolo，现代拼写为 Djailolo）① 最重要的城市距蒂多雷东北 8 里格（32 英里），但哈马黑拉岛某处与蒂多雷东部最远不超过 2 里格。居民已远离了原始状态，其中许多人是穆斯林和异教徒。哈马黑拉岛的部分地方处于蒂雷多岛和德那地岛的控制

601

----

① 印尼哈马黑拉岛的旧称。——译者注

下，使用整个地区共同的度量衡。罪犯根据罪行量级被处以罚金、流放或死刑的刑罚。哈马黑拉岛人像西班牙人一样，中等身高，精瘦、敏捷、身材匀称。他们身着棉布和丝织衣服，像所有地方的摩尔人一样希望能随意纳妾。新娘的父亲们因女儿而得到钱财。在这里，金子被看作是最有价值的，但他们自己却没有矿藏，而是从每年来做交易的西里伯斯岛商人那里得到金子。[566] 哈马黑拉岛的人也重视银子、来自印度和葡萄牙的染色丝和棉织物，以及来自中国的瓷器。在圣典仪式上和开战之前，他们演奏一种声音像铃铛的乐器。他们也有很多鼓，划船时，伴随着鼓的节奏吟唱，甚至长时间在海上也是如此。他们非常珍惜黄铜用品，对佛兰德斯（Flanders）① 的用品（刀子、匕首、剪刀）、象牙和珊瑚小饰品与玻璃珠子都会给出好价钱。西里伯斯岛的人同样看重上述物品，尤其渴望得到铁，他们需要铁制造武器和伐木的斧子。虽然西里伯斯岛上的人大多数是异教徒，但岛上也有一些摩尔人。无论是摩尔人还是异教徒，所有的人都用生物图像文身，以提升他们的作战勇气，许多人还将头发盘卷到颈的后部。在所有这些岛上，交换媒介是中国的铜钱。 马丁·德·艾斯拉雷斯（Martin de Islares）向奥维耶多展示了 4 个铜钱。奥维耶多在他的书中采用了其中一个作图片。他也复制了吉洛洛岛上的一幅房屋图片，可能是由艾斯拉雷斯和乌尔达内塔画成或他们指示别人所画的。[567]

鉴于西班牙人前往香料群岛的航海报告和欧洲关于香料群岛所有权的争论，不久，里斯本和塞维尔就绘出了地图，其中包括这些岛屿的资料。弗朗西斯科·罗德里格斯（Francisco Rodrigues）是德·阿布雷香料群岛探险的领航员，他首次（大约 1513 年）用精美有效的海图描绘了松巴哇岛、古农阿匹岛（Gunung Api）、帝汶岛、安汶岛和塞兰岛，他还模糊勾画了马鲁古群岛的轮廓。[568] 豪尔赫·赖内尔（Jorge Reinel）1519 年从葡萄牙逃往塞维尔，当时麦哲伦探险队正在组建中。他将马鲁古群岛置于海图中，该海图于是成为西班牙探险者们使用的标准（*padrón*）东方地图。[569] 随着"维多利亚"号的返航和马鲁古群岛归属问题争执的加剧，西班牙和葡萄牙之间的竞争继续吸引着当

---

① 中世纪欧洲一伯爵领地，包括今比利时和法国各一地方。——译者注

时主要的绘图师加入他们各自的阵营。洛波·欧蒙（Lopo Homem）在 1523 年绘制了一幅已知世界的海图，并在 1524 年作为葡萄牙代表团的专家出席了巴达霍斯 - 艾尔瓦斯（Badajoz-Elvas）会议，他显然为了一个好价钱向西班牙提供了足够的资料。[570] 皮加费塔的书中（大约 1525 年第一次以法文出版）包括了一些东方群岛的绘图。马鲁古群岛的葡萄牙总督堂·豪尔赫·德·梅内泽斯（Dom Jorge de Menzes）似乎是第一个踏上新几内亚的欧洲人。1526 年，他的船被吹离了哈马黑拉岛。[571] 然而，1545 年左右，维拉罗伯斯（Villalobos）探险队再次抵达此地后，仍没有一幅早期地图将新几内亚的北海岸包括在内。这些年，有关马鲁古的描述被牵扯进划界的争论中，制图师们似乎更擅长迎合其君主。迭戈·里贝罗（Diogo Ribeiro）在 1525 年和 1527 年制作的平面球形图，是根据胡安·塞巴斯蒂安·德尔·卡诺（Juan Sebastián del Cano）的主张和判断将马鲁古置于西班牙划界内。[572] 大约在 1537 年，两份被认为是加斯帕·维加斯（Gaspar Viegas）制作的地图册，将马鲁古群岛置于经线 145°，并勾画出西里伯斯岛的整个西部海岸[573]——可能是根据西班牙探险队幸存者提供的信息绘制的。1535 年左右，无名氏的海图吸收了来自西班牙航行的资料，对菲律宾群岛和马鲁古群岛之间的地区进行了清晰的绘制。直到大约 1545 年，无名氏的平面球形图（现在存放在维也纳国家图书馆中）才对香料群岛进行了精确完美的绘制。[574]

　　1546 年，维拉罗伯斯悲剧中的幸存者们在他们的指挥官死后离开了香料群岛。三年后，一些人回到了西班牙，神父科斯马斯·德·托雷斯（Father Cosmas de Torres）就是其中一位。1549 年 1 月，他从果阿写信给罗耀拉和欧洲的耶稣会，叙述了他和维拉罗伯斯船队从墨西哥到香料群岛穿越太平洋的航行。[575] 他讲述道，他们在萨兰加尼岛（Sarangani Island）待了将近十八个月后，由于死亡损失惨重，被迫前往马鲁古群岛。从 1544 年 4 月到 1545 年 11 月，探险队剩余者停留在蒂多雷岛。[576] 最后，他们意识到可能无法返航回到墨西哥，于是与葡萄牙舰队指挥官费尔南·德·索萨·达·塔沃拉（Fernão de Sousa de Tavora）达成协议，请后者将他们带到果阿。1546 年春，托雷斯在从安汶岛前往印度的途中遇见了沙勿略。他对这个在俗神父印象深刻，"很快就希望能够追随他（沙

603　勿略）的足迹……". [577] 1548 年，托雷斯实现了他的抱负，在果阿加入了耶稣会。他于 1549 年，也即前往日本前不久所写的信在 16 世纪时经常在欧洲出版。与戈坦诺（Gaetano）的航海日志（1550 年由赖麦锡出版）一起，它是由亲历者记载维拉罗伯斯探险成功与失败经历的少数得到印刷的记述中的一部。赖麦锡的地图收入了 1550 年前在欧洲能得到的主要以西班牙航行记录形式出现的许多参考文献。

　　直到该世纪中期以后，欧洲人才更详细地了解了葡萄牙人所知的香料群岛的一些情况。杜阿尔特·巴尔博萨（Duarte Barbosa）的《巴尔博萨印度纪实》（Book）1550 年由赖麦锡首次印刷，在当时（大约 1518 年）可谓非常精确了，但是该书却没有增添通过西班牙航行记录被广为人知的新内容。香料群岛的综合评述出现在巴罗斯的《旬年纪》第三卷中（Década III），该书首次出版于 1563 年，正好是有关马鲁古群岛的直接信息通过弗朗西斯科·塞朗的信件源源不断进入马六甲的五十年后。葡萄牙人长期控制了关于香料群岛的详细而精确的信息，这可以从没有任何相关印刷地图和皮雷斯大约 1515 年完成的《东方总论》（Suma oriental）未能得以出版两方面得到清楚的证明。如果说 16 世纪由葡萄牙政府精心策划的保密政策完全正确的话，那么就香料群岛来说，对它采取的保密措施就比其他地方更为明显。安东尼奥·加尔旺（António Galvão）的《地理大发现概况》（Tratado ... dos descobrimentos）1563 年出现在里斯本，同年巴罗斯的《旬年纪》第三卷也出版发行，但作为德那地总督，他的任期（1536—1539 年）回忆录却因皇室训令而未被付梓出版。其实即便在《地理大发现概况》中，加尔旺也未对马鲁古事务给予系统的评论。[578] 然而，很可能，巴罗斯以他作为葡萄牙在亚洲进行考察的官方史学家的资历，在他自己关于香料群岛的描述中利用并吸收了加尔旺的原稿资料。从他自己的证词中我们知道，巴罗斯在描述马鲁古群岛时曾亲自向加尔旺请教过。[579] 巴罗斯（和卡斯塔涅达）著作中涉及的历史时期，正如《旬年纪》其余部分的历史时期，是 1540 年之前的岁月。

　　按照巴罗斯的说法，古代文明民族的人们对苏门答腊和黄金半岛以东群岛的自然特征一无所知。按照巴罗斯的理解，托勒密（Ptolemy）承认对此缺乏了解后，仍然在他的《地理志》（*Geography*）中对它进行了描述。从亚洲最东端向南，古人们错误地假定存在一个可能延伸到赤道以南9°的巨大的半岛。托勒密在这个不存在的半岛上填上了想象的河流、港湾、海角和城市，如卡蒂加拉港口（Cattigara）。但由于葡萄牙人已经航行到马六甲东部，查明那里并不存在什么巨大的半岛，整个地区都是海，其中点缀着几千个岛屿。在这迷宫般的岛屿中，马鲁古群岛得以被发现。它们位于马六甲东面和赤道南面的300里格（1 200英里）。甚至从直线距离上看，巴罗斯也低估了两地间的距离，还错误地将这些岛屿放在了赤道以南。实际上，马鲁古群岛大多位于赤道线以北，而且葡萄牙的要塞设在马鲁古群岛所有岛屿中最北的德那地上。难以理解像巴罗斯这样一个见多识广、消息灵通的学者会无意犯下这些错误，[580]特别是因为更早的时候皮加费塔已经对马鲁古所有五个岛屿给出了相对正确的纬度。[581]很可能葡萄牙人故意缩短了从马六甲到马鲁古群岛的距离以向西班牙保密，而实际情况可能会再次促使西班牙人声称香料群岛在他们的划界之内。[582]

604

巴罗斯描述了马鲁古群岛，告诉读者它们共有五个，位于与一个大岛平行的南北线上，该大岛坐落在距离东方更近的地方。巴托支那德莫罗[583]（Batochina do Moro [吉洛洛岛或哈马黑拉岛]）长度大约为60里格（240英里），面朝西方岛屿，周围由三个海湾环绕。五个较小的岛屿被称作马鲁古群岛，类似于加那利群岛的集体名称。虽然巴罗斯意识到实际上组成马鲁古群岛复合体的不止五个岛，但他仅探讨了出产丁香的那些岛屿。这五个丁香岛都在彼此的视线之内，从北到南的所有距离不超过25里格（100英里）。根据当地语言，这些岛屿从北到南，其古名分别是"Gape"（德那地）、"Duco"（蒂多雷）、"Moutil"（莫提尔[Motir]）、"Mara"（马基安）和"Seque"（巴占岛）。[584]它们规模都很小，最大的周长也未超过6里格（24英里）。其海岸平原狭小，在障碍重重的礁石上海水迂回涌动，船只在这些海滨靠岸或抛锚都很危险。[585]

除了丁香外，马鲁古群岛的自然状况乏善可陈。气候和景致均令人厌恶且有害健康，因为这些岛屿位于赤道附近，太阳总是这么近，即使当北部和南部的夏至和冬至到来时也是如此。持续不变的高温加上高湿度，加速了各处繁茂植被的生长，还导致了山顶附近的云雾持续蒸腾。负载水分的空气对植物非常

605

好，却不利于人类的健康。大多数树木从未掉过叶子，但丁香每隔一年要长出新叶，因为在收获季节到来时，新长的树叶通常被压碎了。内陆火山边上的空气比沼泽地带疾疫流行的低地要更健康一些。所有岛上的土壤都是黑色的，干燥且极有渗透性。不管雨有多大，这种饥渴的土壤（熔岩）似乎能吸光所有的水分，甚至源于内陆的河流在到达大海前就已干涸了。几个岛上有活火山，对葡萄牙人来说，其中最重要的是德那地岛上的一个，巴罗斯根据加尔旺那里得到的信息，对它做了充分的描述。[586]丁香岛屿在生活必需品的供应上远远不能做到自给自足。但大自然自有安排，这些岛屿通过它们生产的东西补充彼此所需。哈马黑拉岛没有丁香，但它可以向生长丁香的岛屿提供充足的粮食。适合陶器制作的粘土，仅在一个位于蒂多雷和莫提尔间的小岛上被发现，人们称它为"壶罐岛"（普拉魔法 [Pula Cabale]）。[587]在较大的哈马黑拉岛的吉洛洛镇，人们制作装运丁香的麻布袋。得到了邻岛物产的支持，五个小岛出产了销往世界各地的丁香，因为这些树尚未在其他地方被发现。

马鲁古群岛上可得到少量的小米和稻米，但岛民们的饮食大多依赖"萨谷姆"（sagum，西米棕榈）。这种树，外形上类似于枣椰树，颜色偏黑绿色，更为柔软，也更具吸水性。树干的顶部有叶茂的枝干，上面生长着一种类似于柏树坚果的果子，果实内是粉状物质。树干是一个木壳，里面只有大量柔软湿润的木髓。本地人整夜令其汁液滴进一个容器内而抽干木髓的水分。这个液体呈搅拌泡沫牛奶的颜色，他们称它为"椰子香甜酒"（tuaca）。[588]趁新鲜喝时，有一股甜甜的令人愉悦的口味，据说有利于健康并能使人发胖。烹煮后，这种液体能转化成酒和醋。一旦树心被抽干了树液，剩余的部分被用来做面粉，用它制作的面包要比欧洲的更好。另外两种树，一种是聂帕榈属植物，也出产面包、酒和醋。这些树没有什么可以浪费，因为树皮、叶子和剩余部分全被用于制作服装、遮蔽物或用作它途。一种通常为贵族保留的品质更好的酒，是从大藤条中蒸馏得来的。更高的阶层也以猪、羊、山羊和鸟肉为食。按照卡斯塔涅达的说法，海岛的动物由于处于热带气候中，每年繁殖几次。其中最好的佳肴是一种像兔子一样的古怪动物的肉，这种动物将它们的幼仔放在育儿袋中。[589]海鲜和鱼类都极为丰富且品质极好，在日常饮食中比肉类更为普遍。马鲁古群

606

岛似乎天然没有金属，但曾有谣言说在那里发现了金子。[590]

　　岛上的居民肤色为黄褐色，留有长发，体格强壮，四肢有力。他们表情呆板，虽然经常活到成年、老年，但他们很早的时候就变得衰老，头发花白。他们贪婪、虚伪、令人讨厌，很快就能学会每件事情。他们四肢灵敏且身体灵活，游泳时像鱼儿一样，打斗时像鸟儿一般迅捷。无论是田间的活计还是市集的交易，每一样工作都是由女人来完成的。男人懒惰，除了战争外好逸恶劳、一事无成。他们是难以控制的人，除了武力外不相信其他方法。作战时他们效率极高，行为残忍，有时父子甚至彼此打斗。战斗中的胜利者割下敌人的头颅作为战利品，并用头发将它们悬挂起来。他们没有贸易船只，因为外国商人为了仅有的出口商品丁香聚集在马鲁古群岛。本地的战船很大，做工精良，用桨推进，一些船只每一边都有 180 个划手。为了争夺丁香而产生的罪恶和冲突是马鲁古群岛的地方特色，较之黄金更甚，这个上帝的产物实际上是一个祸根，也是更多苦难的缘由。[591]

　　内部的相互敌视和语言的多样性似乎说明，马鲁古群岛的居民来源多种多样。在他们的日常关系中，这些人背信弃义、可憎可恨，一直处于猜疑和戒备状态，根本不像来自一个民族。这些岛上通常所讲的语言差别很大，一个地方的语言在另一个地方根本不被人所懂。[592]一些人在喉咙处发声，其他的则在上颚发音。如果他们有一种能够彼此交流的共同语言，那就是马六甲的马来语，这是由穆斯林传给这些岛上的贵族的。据传说，早在葡萄牙人建立一个要塞的八年多前，或大约在 1440 年时，伊斯兰教在德那地岛得到接受。[593]在这个时间之前，没有历史记录，仅有不多的传统是通过口口相传保存下来的。在前穆斯林存在期间，他们没有书写的语言，没有日历，没有度量衡。他们不知道上帝和有组织的宗教，而是崇拜太阳、月亮、星星和尘世对象，就像生活在内陆的异教徒一样。所有人都坚守的一个传统，就是相信他们不是这些岛屿的土著，而是早先从其他地方来的。[594]

　　和世界其他地方一样，马鲁古群岛也有传说，这些传说赞颂天赐不凡出身的统治者。按照巴罗斯的话，这些岛上的"野蛮人"有这样一个关于他们统治者血统的传说。这个无稽之谈断言，在远古时代，这些岛屿被长老们治理，有

607

一个名叫俾高喜卡拉（Bicocigara）的最为德高望重的老人住在巴占岛上。一天，当这个显要老人正沿着海岸划船时，他在一些巨大的岩石中看到一大片若拉苇子（rolas，藤属植物），[595] 这里的岛民以其较嫩的藤条当绳子。俾高喜卡拉认为这些苇子特别好，于是派人上岸砍下它们，将其带到船上。在到达被告知的地方后，这些人被他们自己的幻象引入歧途，看不到藤条。俾高喜卡拉极为愤怒，于是上岸，向他的仆人们指明苇子的所在，命令他们砍下来。被割断的苇子开始流血，他们在根处看到了像蛇卵一样的四个蛋。然后传出一个声音告诉他们拿走这些蛋，他们的王子将从中诞生。这些蛋被带回了家，并贮藏在一个密封的安全地方，直到三位王子一位公主从中诞生。当地人轻松快乐地接受了他们，其中一位王子君临巴占（Bachan），另一位统治了"布达姆"（Butam），还有一位在马鲁古群岛以东的巴布亚岛（新几内亚）掌权。公主与洛洛达群岛（Lolodas）统治者结婚，这些岛屿位于哈马黑拉岛北部狭长海湾的西面，哈马黑拉岛的国王们就是这对夫妇的后裔。正是因为他们坚信这个创世的故事，马鲁古群岛的人将发现蛋的巨大岩石视为圣地。[596] 应该注意的是，从马鲁古群岛文化和政治联合的观点来看，这个故事中的活动范围在各个不同的岛，显然这个传说被这些岛屿所共同接受。

巴罗斯推测，马鲁古群岛，至少是其中的部分岛屿，直到相当近的时期一直被海水所覆盖。他之所以得出这一结论是因为在这些岛上，葡萄牙人发现破了许多洞的贝壳被掺在土中甚至树根处。当地口述传说中缺乏有关悠久历史和起源于其他地方的故事，进一步增强了这种推测。当他们第一次到达这些岛屿时，马鲁古群岛人生活在长老的统治下，与世隔绝。不久，这些岛屿为三个国家的船只所造访：中国、爪哇和马来亚。在某种程度上巴托支那德莫罗（Batochina do Moro[哈马黑拉岛]）岛的命名似乎就与中国人的到来有关联。因为"巴底（Bata）"意为"陆地"，巴罗斯认为，它也许能引申为巴托支那德莫罗是一个中国贸易居住点的所在地，而且在马鲁古群岛它是作为"中国的土地"而出名的。其实正是由于中国人的到来，丁香才成为国际贸易的一项内容，其用途也被延伸到药品之外。[597] 中国人将贸易物品和铜钱带进这些岛屿，并将丁香带到了东方的海关关栈；从这些集市上丁香又被运到世界其他地方。随着这一

608

商业贸易名声不断增长，爪哇人不久后开始来到马鲁古群岛。巴罗斯继续写道，由于明朝皇帝禁止海外冒险诏令的颁发，中国人撤退了，而爪哇人成为这一时期丁香贸易的主宰者。随着新加坡和后来马六甲的建立，马来人与爪哇人间建立起更为密切的关系。不久，马来人开始参与香料贸易，并且出现在马鲁古群岛。穆斯林人卷入东方贸易后，还带来了他们的宗教，使许多爪哇人和马来人皈依了穆罕默德的教义，随后这些人又促进了伊斯兰教传入马鲁古群岛。[598]

综观历史，13 个国王统治着德那地及其属地。蒂多雷·武格（Tidore Vongue，又称为 Kechil 或 "Cachil"）是博劳伊夫（Boloife）的父亲，也是第一个接受伊斯兰教的人，他与一个爪哇女贵族结了婚，而正是她引导其丈夫皈依了伊斯兰教。1520 年，当安东尼奥·德·布里托（António de Brito）到达那里时，一名 7 岁的未成年人是那里的统治者，正如我们从皮加费塔的著述中得知一样，[599] 此时蒂多雷正掌控着整个群岛事务的领导权。由于葡萄牙要塞在德那地得以建造，支持了德那地的政治和贸易地位，致使这种征服夺权活动不久后中止。马鲁古群岛的统治者们据说全是摩尔人，他们拥有规模庞大的后宫，被称为达官贵人的贵族们也是如此，他们身着由华贵丝绸制成的点缀着黄金和珠宝的马来样式的服装。卡斯塔涅达详细描述了他们贵重的手镯、耳环和身上的其他装饰品。这些统治者们并未从他们的臣民那里获得岁入，因而普遍受到尊重，被平民们视为神。[600] 显然，德那地的统治者们及其他附属岛上的君主们（Sangages）[601]，完全是以贸易、出口和中间人收益得来的税收来维持生活的。从所有作家记载中能清楚地看出，丁香的谈判直接在统治者和外国商人间进行，而统治者本质上起到了丁香买家和卖家双方代理人的作用。

葡萄牙人和马来商人更喜欢在班达群岛的马鲁古南部进行贸易，而不是心甘情愿地满足德那地的要求。班达群岛有时又叫"肉豆蔻群岛"（Nutmeg group），1511 年由德·阿布雷乌（De Abreu）首次做了勘测。显然他从马六甲的爪哇商人和马来商人那里听说，丁香，还有当地的肉豆蔻和豆蔻肉能在班达群岛买到。按照巴罗斯的说法，[602] 这些统称为班达的岛屿包括一个班达岛，其港口是"鲁达道"（Lutatão [Lontar]），还有"罗索朗圭"（Rosolanguim，罗曾艾恩岛 [Rosingain]）、艾岛（Ai）、"劳岛"（Rõ [Run]）和奈拉岛（Naira）几

609

个岛屿。[603] 班达岛让人愉悦，这里可以看到平坦的、马蹄形状的海岸线，岛上长满了闪耀着光泽的带甜味的肉豆蔻树。其居民健壮、白皙，天生具有光滑闪亮的头发。他们是穆斯林，没有国王，以长老作为他们的治理者。男人从事商业，而女子则在树丛中劳作，辛勤耕耘肉豆蔻和果树。所有的果园为公共所有，从 6 月到 9 月各个不同的群体有权从分配的地块上收集成熟的果实。长老们有一段艰难时期需要维持秩序，特别是在海港维持秩序。一些邻近岛屿的人专事海盗行径，掠夺集中在班达的贸易。[604] 虽然这些葡萄牙史学家给出了更多关于在班达岛和马鲁古群岛的其他信息，但他们主要关注葡萄牙人在香料群岛的活动。1540 年后的一段时期，当葡萄牙史家停止写作后，我们有必要转向耶稣会士的信件和历史记录。[605]

沙勿略在东方十一年的使徒传教期间，他在香料群岛进行了一年多的访问与工作（1546 年 2 月中旬至 1547 年 4 月中旬）。其逗留时间较长的第一站是安汶岛，他在那里度过了三个多月（1546 年 2 月至 6 月）。[606] 然后他在炎热的德那地岛上度过了 1546 年的夏天。9 月中旬他给摩洛群岛（Moro Islands，大约在哈马黑拉岛北海湾和摩洛泰岛）带去了福音。在这些与世隔绝的遥远海岛上逗留了三个月后，他开始了返回马六甲之旅。1547 年，第二次访问德那地时，他在那里度过了头三个月，当时他的船等候着西南季风，以待顺风返回马六甲。[607] 他于 1546 年 5 月 10 日所写的两封来自安汶岛的信，是 16 世纪流传的来自香料群岛的第一批耶稣会士的信件。他在这个岛上体验了大约三个月后写了这些信。[608]

610　　沙勿略选择了安汶岛作为他在香料群岛的第一个中途停留地，因为他在马六甲时听说了葡萄牙帝国计划中的光明未来。作为香料航线上的常规停靠港，安汶岛是舰队抛锚后的几个月里，等待赶上季风将它们带往德那地或马六甲的地方。它也是任军舰和商船的船员们在甲板上和岸上"无拘无束"、随意行事，以致令当地人及他们自己的官员和神父们惊恐不安的地方。长期居住在安汶岛，为舰队服务及从事香料贸易的葡萄牙人，不久就卷入岛上的政治和民事敌对行动中。其中许多人支持安汶岛上的异教徒，反对他们的穆斯林邻居。1536 年，葡萄牙支持者们被派往马六甲，表示支持九岛联盟（Oulisiva）。这是一个政治上的国家联盟，由蒂多雷岛和安汶岛的异教徒及德那地岛为首的国家联盟的反对者所组成。也在大约这个时候，一些异教的酋长们希望得到葡萄牙人的援助，于是他们接受了基督教。当沙勿略抵达香料群岛时，他看到仅在安汶岛上就有7个运作中的基督教社团。[609]

葡萄牙努力加紧对安汶岛和香料航线的控制，引起爪哇和望加锡（Macassars）穆斯林商人社团的迅疾反应。1538 年，一只爪哇舰队攻击了安汶岛上的葡萄牙人和他们马鲁古群岛的盟友。在这一行动中，他们还得到了安汶岛上几个穆斯林村落（kampongs）的援助。在侵袭的舰队被击退后，皈依基督教的人立即增多。果阿和马六甲官员的决定，在安汶岛具有了更多的效力。一个特别能说明葡萄牙人不断加强控制的极好例证，可以在若尔当·德·弗雷塔斯（Jordão de Freytas）的案例中发现。这个葡萄牙人曾数次访问过德那地，并与德那地的苏丹塔巴里奇（Tabaridji）做起了朋友。1535 年，当这个苏丹以背信弃义和背叛葡萄牙的罪名被仓促押送至果阿时，弗雷塔斯还探访了关在监狱中的苏丹，并继续说服他皈依基督教。出于对弗雷塔斯的感激，这个苏丹赠予他安汶岛及其周围岛屿作为个人封地。这个授予得到了里斯本的批准，弗雷塔斯也得到命令，要他和塔巴里奇重返马鲁古群岛以帮助恢复他的王位。1545 年，在到达马六甲前不久，这位苏丹死在船上，根据他的遗愿，德那地的王位传给了葡萄牙国王。然而，如此的转让处置并不为海润（Hairun）所承认，海润取代塔巴里奇做了德那地的苏丹。香料群岛上出现的这种状况使其气氛比以往更紧张。弗雷塔斯将他的侄子派遣到安汶岛，在他的庄园上修建一个要塞，值此之际，沙勿略决定对葡萄牙最近的海外兼并情况进行调查，以此作为可能传教的根据地。[610]

沙勿略抵达安汶岛后不久，返航途中的费尔南·德·索萨·达·塔沃拉（Fernão de Sousa da Tavora）舰队在那里抛锚，这是针对西班牙维拉罗伯斯舰队的远征。当葡萄牙舰队于 1546 年 5 月 17 日前往印度时，沙勿略写给印度和欧洲的信一同被寄送出去。受到同事们的启蒙，沙勿略解释说，"……马鲁古地区全是岛屿，直到现在，尚无人发现一块"托勒密假定的那种"陆地"。[611] 七十年前（大约 1476 年），伊斯兰教已经进入这些岛屿，自此以后，许多原本是异

611

教徒的人成了穆斯林。异教徒与摩尔人彼此仇视，不过异教徒仍占据大多数。异教徒抵制穆罕默德的教义，因为穆斯林使他们为奴。香料群岛气候温和，但经常下雨。这些岛屿多山且植被茂密，旅行到此的人难以穿越。有战事的时候，人们退隐到山中，大山如同要塞一样保护着他们。这些岛上没有马匹，即便有马他们也不会骑着到处走动。地震时常发生，如果发生在海里就会格外恐怖，船只剧烈摇摆似乎要触礁搁浅。[612] 火山伴随着巨大的声响喷发，其响声之大，即使再多再大的火炮发射都无法与之匹敌，挟持着巨大的动力，巨大的岩石一起滚落。"由于这些岛屿上没有人能为这地狱的折磨布道，上帝允许地狱用暴力打开这些异教徒的混乱状态和他们可憎的罪恶。"[613]

　　这些人的堕落邪恶几乎令人难以置信，沙勿略觉得自己没有足够的胆量对他们的放纵淫乱详加叙述。他所能做的就是谴责异教徒的野蛮、背叛和忘恩负义，得出的结论是他们比黑人更恶劣。早有人告诉这个耶稣会士，在这些岛上，上了年纪的父亲在正式宴会上被吃掉。瓦尔塔马和巴尔比也记载了这一故事，分别讲述的是爪哇和苏门答腊的土著。这一时期的其他欧洲作家也叙述了遥远的地方和遥远的民族发生的类似事情。在另一个岛上，可能是哈马黑拉岛，沙勿略得知了那些在战场上被杀的人要被吃掉。每个岛都有自己的语言，一些岛上几乎每个城镇讲的都是自己的语言。马来语是整个地区唯一通用的语言，这也就是为什么沙勿略在马六甲时将某些宗教著作译成马来语的原因。这里根本没有用当地语言写的著作，所有完成的著述都是用马来语和阿拉伯字母写成的。沙勿略也讲述了给一只只有一个乳头（生殖器？）的公山羊（carón）挤奶的事件，这是一种被认为非同寻常能持续不断提供乳汁的动物，因此，一个葡萄牙绅士打算往欧洲寄送一只。[614] 在离开安汶岛前往德那地岛之前，沙勿略记载了他将要去摩洛（加莱拉 [Galela]）。[615] 在那里，来自德那地的方济各会修士们更早之前（1533—1544 年）曾使许多异教徒皈依了基督教。这个耶稣会士指出，没有人愿意访问马鲁古群岛的天涯海角（Ultima Thule），因为那里的人以奸诈、并精于对那些让他们感到害怕或不喜欢的人下毒而臭名昭著。虽然沙勿略在这个野蛮的国度度过了三个月，但除了提及他访问了那里零散的基督教社团、原始的生活环境和缺少食物与饮用水外，他基本没有留下什么记录。

612

沙勿略访问香料群岛后的十年（1547—1557 年）中，耶稣会士信件同样没有说明什么。这些神父们来自于印度和马六甲，他们非常惊讶地对马鲁古群岛遥远的距离、到那里旅行的困难和通讯的缓慢加以评论。[616] 关于马鲁古群岛生活的艰辛、这里的岛民易于皈依基督教及岛民沉溺于使用毒药作为政治武器的各种谣言，有些是正确的。这些信息经由印度的耶稣会士转而被传回欧洲。从 1552 年到 1556 年，印度教会自身就严重缺乏人员与领导阶层，随之发生的通讯系统崩溃又部分地造成了沙勿略在香料群岛继任者的活动报告极为稀少。1554 年，教士艾利斯·布兰达奥（Aires Brandão）在果阿写道，马鲁古群岛只有两个神父，若昂·德·贝拉（João de Beira）和阿方索·德·卡斯特罗（Alfonso de Castro），他们有两个在修道院做杂役的僧侣尼科劳·努涅斯（Nicolau Nunes）和弗朗西斯科·戈迪尼奥（Francisco Godinho）。[617] 尽管如此，1555 年年初，果阿方面却从一封由马六甲的船长克里斯托弗·德·萨（Cristovao de Sa）送来的信中得知，在对马鲁古传播福音上已经取得了巨大的进展。尽管这些告示非常稀少，但它们只要一到欧洲就立即被出版，在随后几十年内甚至一版再版。

第一个对马鲁古群岛所做的系统描述是由一位耶稣会士完成的，它包含在教士伏若望（Luis Fróis）1556 年 11 月从马六甲写给葡萄牙的信中。[618] 作者直接从神父贝拉和教士努涅斯那里得到信息，当时他们回到马六甲寻求更多前往香料群岛的传教士。伏若望的信在欧洲被波朗科（Polanco）翻译成意大利文，并加以修订和编辑后，1559 年以《新见闻录》（Nuovi avisi）为名首次出版。[619] 像葡萄牙的史学家一样，伏若望错误地将"马鲁古（Maluquo）的要塞"（德那地）放在了南纬1°，而不是赤道以北1°。德那地的统治者和马鲁古群岛的苏丹海润，服从于要塞中的葡萄牙人，随叫随到。他友好地对待葡萄牙人并渴望与他们合作，得到他们的帮助，以便将他自己的势力扩大到不断增多的岛屿上。虽然表面上看他对传教士友好，适宜于接受传教，但背地里他是基督教的敌人，密谋策划对皈依者的迫害，并将他们致于死地。在公开场合他批评伊斯兰教和穆罕默德教义的追随者，但他本人抵制皈依基督教，因为"他认为离开他的许多女人是件严酷的苦事"。[620] 尽管如此，他并不是没有希望的，因为他能听懂并很

613

好地讲葡萄牙语。[621] 简而言之，他需要的是继续留心注意。沙勿略本人并未能使海润皈依基督教，但他成功地让海润家里的许多女人信仰了基督教。皇室信奉基督教者中最重要的人物是皇后唐纳·伊莎贝尔（Dona Isabel），[622] 苏丹塔巴里奇（Tabaridji）[623] 的母亲和海润的后母。她对伊斯兰信条知道的远比她的家庭成员要多，沙勿略利用唐纳·伊莎贝尔的神学气质倾向使她信服基督教教义的真谛。伏若望认为，如果她受洗的儿子从印度安全返回，那么德那地及其附属地将很快成为一个基督教领域。现在她受到了继子的虐待，他没收了她的土地，而她则没有从与海润一起共事的葡萄牙人那里得到多少慰藉。[624] 尽管如此，没有人敢当面伤害她，因为她拥有马鲁古群岛最高贵的血统，是善良正直诚实的前任苏丹的母亲和蒂多雷岛前任统治者（罗阇·埃米尔 [Rājā Emir]，统治时期为 1526—1547 年）的姐妹，并深受平民尊敬。

按照伏若望的说法，德那地岛和吉洛洛岛统治者之间的麻烦使葡萄牙人和传教士卷入了 1550—1551 年间的海岛战争。距离哈马黑拉岛的德那地葡萄牙要塞 7 里格（28 英里）处有一块地方，叫吉洛洛岛，在长达十七年的时间里（或者自从大约 1533 年以来），吉洛洛一直坚守着自己的大本营。在那段时期，吉洛洛的苏丹从当地基督徒那里夺取了枪炮，使他们转而反对葡萄牙人及其皈依基督教者。吉洛洛苏丹是一个大暴君，许多皈依者在他手下殉难。德那地和吉洛洛以前不定时发生冲突，从 1549 年开始，双方的冲突更是成了家常便饭。由德那地船长贝尔纳丁·德·索萨（Bernardin de Sousa）率领的一只葡萄牙舰队最终包围了吉洛洛要塞。有三个多月的时间（1550 年 12 月 28 日—1551 年 3 月 19 日），吉洛洛的苏丹顶住了数量虽少但得到精心训练的葡萄牙队伍的包围。但吉洛洛苏丹最终被迫投降，失去了他的国王头衔，承认自己是德那地的封臣，并向葡萄牙人进贡。伏若望记载道，"他们说他服毒自杀。他的儿子在这个王国接任了他的王位"。[625]

614　　显然，由贝拉和努涅斯转给伏若望的资料数量说明了前往马鲁古群岛的传教士们，花费了大量时间继续从事更早时在摩洛已经进行的福音传播工作。从伏若望的信中，我们第一次得到了耶稣会士所用地理词汇"摩罗"（Moro）含义的精确描述。摩罗距哈马黑拉岛上的吉洛洛镇（也就是以北）25 或 30 里格（100

或 120 英里），它被分成两部分：莫罗泰岛（Morotai）和莫罗提亚（Morotia）。被称作莫罗泰的部分包括两个岛屿，距离吉洛洛所处的该岛（哈马黑拉岛）分别为 8 里格（32 英里）[626] 和 3 或 4 里格（12 或 16 英里）。其中较小岛屿的周长为 6 或 7 里格（24 或 28 英里），较大的为 35 里格（140 英里）。莫罗提亚是另一个大岛，据说周长有 150 里格（600 英里）。从这个描述以及其他资料中能推断出，实际上，莫罗提亚似乎应该是哈马黑拉岛的北部海角，而不是一个分离的岛。莫罗泰的两个岛可能就是今天我们称作的洛洛达（Loloda）和莫罗泰的两个岛屿，它们分别位于哈马黑拉岛北部海角顶端两边的海上。[627]

46 个基督教社团中，其中一社区的居民达到 700 至 800 名，零散分布在这些摩罗地区的海岸上。[628] 内陆地区由野蛮的异教徒居住，"他们杀死偷他们衣服的人"。[629] 莫罗泰北部生活着白皮肤赤身裸体的野蛮人，他们甚至不知道什么是武器。同一岛上的另一些人是友善的，他们文身，身材苗条，相貌与巴西的印第安人相似。[630] 生活在这些内陆腹地的部落群体被称为"吉洛洛人"（Geilolos [Gilolos]）、甘纳人（Ganes）、"巴达人"（Bedas [Wedas]）、马巴人（Mabas），和"比朱罗人"（Bicholas [Bitjolis]）。[631] 摩罗地区的语言很多，在 8 英里的距离内努涅斯碰到的语言彼此之不同就如法语与葡萄牙语的区别。

从伏若望的信件零星提及的事件中，可以得出结论，对摩罗的控制权是导致吉洛洛与德那地之间战争的一个因素。由于吉洛洛在 1551 年战败，德那地和葡萄牙人可能夺取了对这个北部海岛地区已不再存在竞争的宗主权。也似乎能看出，在较早的时候，洛洛达（Loloda）的小国君主是当地统治者中最有权势的，虽然葡萄牙在摩洛地区行使权力完全不受外部权力支配（1551—1574年），但各种各样的洛洛达酋长一直存在着。托洛（Tolo，在西里伯斯岛中东部）的统治者支持吉洛洛抵制德那地，他同样一直是传教士的眼中钉肉中刺。摩洛的本地基督徒和传教士间或遭到个人攻击，他们的圣殿和偶像也常遭到亵渎。有时由于想要证明其信仰的更多优点和效能，基督教皈依者与异教徒们吵架打斗。耶稣会士显然被迫祈求他们的神灵降雨和施展其他超自然的技能，而诸如此类的事情，异教徒是期望他们的神明来做的。和大多数原始民族一样，摩洛的异教徒们有一个包容自然神和家族神的巨大众神庙。在他们看来，幽灵无处

615

不在，并一定要得到供奉，否则就要加以驱逐。为了恐吓阴间的幽灵，从而阻止大小不等的地震，当地人用棍棒击打地面。他们坚信森林仙女（*charisique*）损坏了他们的树木。每个人，包括孩子，都有自己的神。仪式典礼要在这个神的面前进行，通过它，个人与其祖先联系起来。说服当地人认识到他们对传统神和巫术信仰的虚妄是极其困难的，因为他们没有掌握理解和表达宗教思想的必要词汇。

耶稣会士非常关心马鲁古群岛和摩洛的自然现象与环境。他们的其他职责包括每次播种前祝福皈依者的稻米种子，并为当地基督徒主持隆重的丧礼仪式。除了自己要适应这些原始农业劳作者们的习俗和信仰外，神父们还要关注岛屿出产的稻米、生姜和其他农作物。伏若望详细列出了可以制作西米面包的食谱，对在香料群岛工作和航行的欧洲人来说，这是一项最重要的事情，因为这是他们饮食中唯一重要的食物。[632] 在摩罗，野鸡（*Magacephalon maleo*）产的蛋很大，当地人收集野鸡蛋作为食物。[633] 爪子比龙虾的螯还要大的螃蟹被抓来吃掉，但有一种黑色似蟹的动物因为有致命的毒性而得以幸免。海里的龟很多，它们产的蛋可吃，味道像羊肉一样。由于摩洛陆地上没有牛，上帝给当地人提供了海牛（manatees）。当月亮西坠的时候，他们用网捕捉海牛。海牛最好吃的部位，也是耶稣会士评价最高的那些部位，包括头、颈和乳头。[634] 这儿的森林里到处都是鹦鹉，它们毫不费事地模仿各种语言。德那地岛上有奇异的蛇（蟒蛇），其个头之大足以吞下一只完整的狗或山羊，但除非它们太饿，一般而言不会攻击人类。[635]

616　　伏若望记载道，莫罗泰岛的东部海面上有一个该地区最大的岛，这是巴布亚（Papuas）的国土。[636] 马鲁古群岛上的巴布亚岛的奴隶和曾去过新几内亚的卡斯提尔人（Castilians），向耶稣会士们描述了新几内亚。一个曾被巴布亚国囚禁了十年或十二年的西班牙人，告诉德那地岛上的耶稣会士们，巴布亚岛人将乐于皈依基督教。[637] 他告诉耶稣会士，新几内亚距马鲁古群岛仅有七八天的距离，那里的居民欢迎葡萄牙人前来。据说该岛有 700 里格（2 800 英里）的海岸线，位置靠近新西班牙。在此，伏若望的意思可能是，其东端与伏若望认为属于西班牙划界的地方很近。该岛富有黄金，居民全是黑人，一些国王在那里进行统治。当地人看上去像非洲人一样，极为聪明机敏，有证据显示他们为葡萄牙人做奴工，并具有领会信仰真谛的能力。在德那地岛和新几内亚之间的海上，点缀着无数其他岛屿，这些岛屿养育着除了"苏马人"（Sumas，在东哈马黑拉岛，现在称为 Ngolloppleppo）、"盖比人"（Gebes，在盖比岛，哈马黑拉岛东部）和"盖西亚人"（Gaiceas，在瓦岛 [Waigeu Island]）之外的不知道名称的居民。[638] 从这些观察结论中很容易就能看出，向耶稣会士提供消息的西班牙人沿着传统贸易航线，从马鲁古群岛的马来世界来到更东方的巴布亚世界。[639] 耶稣会士也从卡斯提尔人（Castilians）那里听说香料群岛北部的一些地方，能够得到黄金和肉桂的地方叫"棉兰老岛"（Mindanoao [Mindanao]）、"塔吉玛岛"（Tagima [Tapima]）和"苏禄群岛"（Xulas [Sulu Islands]）。[640]

　　就香料群岛内几乎不为人所知的地方而言，伏若望对西里伯斯岛做了评价，在那里的万鸦老（Manado）[641] 国王是个基督徒，当地的居民一般被认为有很好的改宗倾向。这个遥远的地方有黄金，却没有一个传教士。从万鸦老向南是望加锡（Macassars），三位基督教国王执行统治，尽管没有传教士帮助他们，但国王们鼓励这一信仰。安汶群岛有许多基督教会社，还有两个教堂。[642] 如果有人能去布鲁岛（Buru）传播福音，那里的所有居民都会成为基督徒。最小的岛"利阿西岛"（Leasse [Uliasser]），可能是努沙拉乌岛（Nusalaut），所有居民全是基督徒，而"洛利邵利"（Loreçore，萨帕鲁阿 [Saparua]），其范围不过大炮射程之内，却有许多较老的基督教会社和新皈依者。教士安东尼奥·费尔南德斯（Antonio Fernandez）在 1554 年淹死之前，为安汶岛近 1 300 个灵魂施洗礼，并在一个登记簿上记下了他们的名字以免遗忘。附近另一个岛屿是"瓦拉努拉"（Varanura，塞兰岛 [Seram]），那里许多人仍在等待着拯救。在强烈地向欧洲恳求并劝勉更多传教士前来后，伏若望以简单平淡的陈述结束了他的信："欧洲有充足的修道士；东方却几乎没有。"[643]

　　香料群岛迫切需要更多传教人员的呼声在整个 16 世纪从未间断过。作为 1557 年访问果阿的结果，贝拉和努涅斯带着 9 个同伴（4 个神父和 5 个教士，包括他们自己），在当年年末回到了马鲁古群岛。除了果阿外，1557 年东方全部耶稣会士中，超过 1/4 在马鲁古群岛传教，而在果阿的教士团里还生活着一

617

个来自望加锡的男孩，和另一个来自安汶岛的男孩。[644] 马鲁古群岛的传教事业经过缓慢启动，似乎接近于繁荣兴隆。欧洲关于其发展的报告出现在 1558 年、1559 年、1562 年和 1565 年的《杂闻录》（*Diversi*）和《新见闻录》（*Nuovi avisi*，威尼斯）、《印度信札》（*Epistolac Indicae*，鲁汶，1556 年）、《印度和日本信札》（*Epistolac Indicae et Japonicac*，鲁汶，1570 年）和 1571 年的《新见闻录》（布雷西亚）中。

1559 年，伏若望写了一份给葡萄牙神父们的报告，其中包括了一个 1557 年夏天巴占苏丹及其臣民们皈依的记录。[645] 这个位于"安汶岛（Amboine）方向距马鲁古（德那地）20 里格（80 英里）"[646] 岛群的苏丹是海润的侄子。在一次访问德那地时，这个年轻的统治者堂而皇之地与他的堂姐妹，也即海润的女儿私奔了。将她带回了家后不久，这个女孩死于分娩，年轻的丈夫遂变得十分惧怕海润的狂怒。为了抵抗海润可能采取的任何行动，巴占的统治者秘密地向德那地的葡萄牙要塞派了一名使者，要求得到支持，并请求派一个传教士到他的岛上。1557 年 6 月 23 日，神父安东尼奥·瓦斯（Antonio Vaz）到达巴占，瓦斯对其进行了一个星期的开导，随后，年轻的苏丹及其顾问们正式皈依了基督教。这个以前曾是穆斯林的苏丹被授予了基督教教名约翰，因为他是在圣约翰日（7 月 1 日）接受洗礼的。随后，新皈依的统治者帮助瓦斯摧毁了清真寺，并陪同他在该岛进行了一次旅行。瓦斯用了一个半月的时间向苏丹约翰和受洗的男女、孩子和奴隶传教。按照瓦斯的说法，约翰是"一个彬彬有礼的人，如果他再白一点，就会被认为是个葡萄牙人"。瓦斯离开后，教士费尔南·德·奥索罗（Fernão d'Osouro）在这个皇室皈依者身边待了一段时期。[647] 后来，恼怒的海润发起反对葡萄牙人和巴占的战争，年轻的苏丹一直坚定地站在他的葡萄牙盟友一边。海润对德那地岛的葡萄牙要塞进行了长达几年的包围，切断了香料群岛的传教士们与他们在马六甲和果阿同事们之间的联系。[648] 为摩尔人捕获的耶稣会士们被无情地处以极刑，1558—1560 年间，他们中的很多人殉难。1559 年，海润本人被捕获，并被短暂关押了一阵子，后来他同意与葡萄牙人合作，才得以释放。尽管如此，耶稣会士仍怀疑他的忠诚，并坚持认为他正在密谋背叛行为。[649]

618

1557 年增援力量抵达后，那些得到印刷的信件中，最长的一封直接写自马鲁古群岛，出自神父佩罗·马斯卡伦哈斯（Pero Mascarenhas）之手。[650] 这封信来自德那地，标注的日期为 1564 年 11 月 12 日，信中既记录了传教的胜利，也记载了它的失败。和大多数有教化意味的信一样，其主题简单明了：如果有更多的传教士能够到达，同时葡萄牙行政官员也注重保护基督徒，净化他们个人对贸易和财富的渴望，少向顽固的海润让步，他们将会取得更多信仰的胜利，并减少挫折。1563 年 5 月，马斯卡伦哈斯记载道，海润得到一只西班牙无敌舰队的装备，发起对西里伯斯岛北部的攻击，授予其儿子皇太子"巴巴"（Baba，巴布拉赫 [Bāb-Ullāh]）以指挥权[651]。当德那地的耶稣会士充分了解到攻击是为了反对万鸦老的基督徒统治者和皈依基督教者时，他们决定派遣神父迭戈·马加良斯（Diogo Magalhães）通知那里的基督徒做好思想准备以应对预料中的袭击。海润设法阻止葡萄牙舰队的调遣，因为他认为这些地方的统治者们是他的封臣。耽搁了一段时间后，葡萄牙舰队终于带着马加良斯出海。

1563 年夏天，这个耶稣会神父访问了"西桥"群岛（Sichao，桑义赫群岛 [Sangihe Islands]）的万鸦老和依赖于万鸦老的镇子——"博朗"（Bola [Bolaäng]）、"克里巴"（Cauripa，可能处于这个海角的顶端），和"托托勒"（Totole [Toutoli]），并成功使当地人的信仰发生转化。[652] 西里伯斯岛北部海角的北海岸处于德那地穆斯林王国和"Chigliguzarate"（待考）之间，似乎与印尼马鲁古海（Molucca Sea）对面的吉洛洛和莫罗泰岛有正常的联系。很可能这个地区的民族也属于被葡萄牙人和耶稣会士模糊地称为"巴塔支那人"（Batachinas）的族群。[653] 这是一个好战的民族，是万鸦老统治者的臣民。为了在周围更有权势的穆斯林人中努力维持自己的独立性，他们可能渴望接受基督教。"西桥"岛据说有 2.5 万名居民，6 000 人组成的强有力的军队，并得到充分的粮食和饮用水供给。[654] 该岛的统治者，在马加良斯中途停留后不久，亲自访问了德那地的葡萄牙要塞。

马鲁古群岛的耶稣会士们最害怕海润的背信弃义和阴谋诡计，他们猛烈攻击葡萄牙行政官员和商人为了商业利益取悦海润的种种努力。耶稣会士们一直将自己的注意力集中于使他们的政敌和宿敌改变信仰，并和他们结成联盟上。

619

1564 年，在马斯卡伦哈斯（Mascarenhas）写信的前几天，耶稣会士们为蒂多雷岛统治者的一个堂兄弟做了洗礼。这是一个有影响的富有贵族，"我们希望他皈依基督教有助于促进整个蒂多雷的皈依"。[655] 这一事件发生的时间正值德那地苏丹想废黜他在蒂多雷岛的 17 岁的对手。就像耶稣会士们对他感到愤怒一样，海润也一定对耶稣会士们愤恨异常。1564 年，他开始主动表示对马斯卡伦哈斯的让步。马斯卡伦哈斯认为，这个转变是由于海润害怕耶稣会士最终将把基督教传到蒂多雷，同时也担心葡萄牙人会将他们的商业活动中心转移到竞争对手的岛上。1564 年 11 月，在与马斯卡伦哈斯的一次会晤中，海润同意耶稣会士在他的王国内自由讲道，而他本人在儿子们的陪同下将出席他们的宗教仪式。尽管马斯卡伦哈斯对这种形势的变化很是满意，但他推断这个诡计多端的苏丹知道，"如果蒂多雷岛的国王接受这一信仰，而他（海润）反对这信仰，他就不能从总督（恩里克·德·萨 [Henrique de Sá]）那里获得更多的希望，而且事事都要担惊受怕"。[656] 耶稣会士似乎暂时控制了德那地的局势，而且他们的基督教同盟巴占的统治者通过在附近海域驻防自己的舰队，保护了安汶岛的基督教会社免于穆斯林的报复。[657]

620　但马斯卡伦哈斯描述的平静局势却预示着暴风雨的到来。早在 1565 年，安汶岛的基督教社区就遭到德那地和穆斯林爪哇人联合武装力量的抢劫、焚烧，社区人民或被杀害，或被驱散。[658] 其时，虽然耶稣会士义愤填膺，但德那地的葡萄牙司令官决定不对安汶岛进行干涉。此后不久，1566—1567 年，一支载有超过 1 000 名士卒的大舰队在果阿装备完毕，以备夺回马鲁古群岛。1567 年 8 月，舰队在冈萨雷斯·佩雷拉·马兰克（Gonçales Pereira Marranaque）指挥下离开了马六甲。他绘制了航线，绕过婆罗洲北部前往马鲁古群岛，可能找到了莱加斯比（Legaspi）探险队的西班牙人，而这些西班牙人被认为冒犯了葡萄牙划定的界限。直到 1568 年，舰队才到达香料群岛。马兰克对西班牙人的持续兴趣比对恢复马鲁古群岛事务正常化的兴趣更大。然而，1569 年，有了巴占和蒂多雷提供给他的征募军队，他对安汶岛的穆斯林进行了一次远征。将爪哇人和当地穆斯林驱逐进内陆后，他建起了一个强大的用栅栏围护的要塞。在此期间，也即 1568 年，在马斯卡伦哈斯陪同下，迭戈·洛佩斯·德·梅斯基塔（Diogo

Lopez de Mesquita）抵达了马鲁古群岛，以新船长的身份接管了德那地。

1569 年的最初几个月，在充满新希望和乐观主义的氛围里，两个经验丰富的人尼科劳·努涅斯和马斯卡伦哈斯分别从德那地撰写了信件。两年后，两封信都出现在《新见闻录》（*Nuovi avisi*）的意大利语译本中，并在布雷西亚出版。努涅斯是传教团的资深成员，也是沙勿略的密友。他写道，马鲁古群岛现在有希望经耶稣会士的辛勤劳作而成为最富有成效的葡萄园。[659] 当时大多数传教中心仅仅位于德那地、巴占、西里伯斯岛和摩洛群岛（注意安汶不在这个目录中）的海岸城镇，"如果能得到更多的人手"，这些岛上的穆斯林一定能被彻底击溃。马加良斯为西里伯斯岛的成功起到了作用，现在这些作用也开始在该岛东部托洛（Tolo）和岛屿中心显现效力。在莫罗泰岛，努涅斯本人生活在"Sequita"（待考证）城，并且得到了教士安东尼·贡萨尔维斯（Antonio Gonçalvez）的协助，贡萨尔维斯近期访问了邻近岛拉乌（Rau）。几乎所有的摩洛泰岛上的基督教定居点都建起了教堂。费尔南·阿尔瓦雷斯（Fernão Alvares）同样记录了在巴占取得的巨大进展，他的皈依者比摩洛较为原始的异教徒能更好地领会和理解基督教义。除了这些异教徒外，许多其他人，特别是巴布亚岛人，渴望拥有带给他们的信仰。努涅斯在巴占曾看到一些前来参观的新几内亚酋长，表达了能像他们的主人一样成为基督徒的愿望。

马斯卡伦哈斯到达德那地岛后不久，随同一支 1568 年 9 月派出的远征军，帮助"锡安"（Sion，在下望加锡的 Siao 或暹罗 [Siam]）基督徒国王恢复了他在西里伯斯岛北部的产业。远征[660] 后回到德那地不久，马斯卡伦哈斯所写的一封信中解释了为什么"锡安"国王的臣民们参加了 1565 年反对葡萄牙人的叛乱。这一事件后，国王带着家眷被迫逃到德那地岛寻求保护。显然马兰克舰队的抵达使葡萄牙人能够委派一个特遣部队，陪同被废黜的统治者重回他的国家。在远征军离去前，德那地听到的消息是他自己的臣民欢迎国王返回。然而，刚一抵达万鸦老，马斯卡伦哈斯就听说只有一半的国王领土愿意接纳他，而他可能将不得不通过战争重新控制其他地方。为了宣告国王回到"锡安"，葡萄牙特遣部队做了一次温和的武力炫耀。此后，为了和葡萄牙舰队的其他船只会合，特遣部队不得不离开这里。国王、马斯卡伦哈斯和两个葡萄牙助手留了下来，

621

在靠近"锡安"的一个村落里避难。听到这个耶稣会士在此的消息后，"桑给姆"（Sanguim，在桑义赫群岛 [Sangihe]）国王派出的使节找到了他，要求为他们的君主施洗礼。

圣弗朗西斯节（10 月 4 日），马斯卡伦哈斯带着 8 艘船和"锡安"国王离开此地，到达"桑给姆"。他被带到官邸和最重要的城市"Calanga"（卡拉马 [Kalama]?），在那里逗留了几天，足够给男男女女的皇室成员和贵族们施洗礼。此外，他在那里竖立了一个十字架，并开始建造一座教堂。其后，远征队开始了返回"锡安"（Sion）的航程。11 月 2 日，马斯卡伦哈斯在万鸦老城市下船。十天后，这个耶稣会士继续前往博朗（Bolaäng），并顺带捎上马加良斯留在那里的一个年轻皈依者。最后，他到达"克里巴"（Cauripa）。在那里，来自葡萄牙舰队的分队将与"锡安"国王见面，并帮助他镇压叛乱。虽然预期的援助在 1569 年 1 月未能出现，但两艘武装的葡萄牙船只（可能配备了海盗）还是到达现场，它们的船长向国王提供了船只和人手。这些武装人员包围了几天之后，占领了两个战略中心，"锡安"国王于是感到他掌控了局面。马斯卡伦哈斯在 1569 年 2 月前往德那地时，带走了国王的大儿子，一个 9 岁的男孩，他在耶稣会士指导下被培养成为一名基督教徒。

1569 年的两封信，对基督教胜利和未来征服的预测是极为乐观的。然而，迭戈·洛佩斯·德·梅斯基塔（Diogo Lopez de Mesquita）在德那地的统治很快陷入与海润及其指挥的穆斯林联盟的麻烦之中。梅斯基塔被海润的诡计多端搞得焦头烂额，又被国内对自己政策的质问搞得心烦意乱，于是在 1570 年同意与苏丹进行一次会谈。在这次会见中，梅斯基塔的侄子受到了叔叔的唆使，残忍地刺死了海润。这一行动使巴布拉赫（Bāb-Ullāh）在德那地登上执政位置，他立即发誓复仇。葡萄牙人和穆斯林统治者联盟之间的战争在各地爆发，德那地的要塞处于包围之下。近五年间，葡萄牙人抵抗着对方的封锁。但是，到了 1574 年，他们的要塞最终沦陷。其中许多位于德那地属地的基督徒社区也在劫难逃。唯一一处坚持反对巴布拉赫武装力量的地方是安汶岛，其他地方的难民蜂拥而至。最终，在 1578 年，葡萄牙人重新积聚了足够的力量，回到丁香群岛，并在蒂多雷岛上建立了一个要塞。蒂多雷岛长期以来一直对抗德那地

622

的势力扩张。从 1571 年至 1578 年这段时期，我们没有发现一封来自这些群岛的传教士书信，反映了这一时期香料群岛基督教事业几乎全部灭绝。[661]16 世纪最后二三十年间，耶稣会士在欧洲没有出版任何关于香料群岛的著述，[662]只有早期资料的再版。古兹曼（Guzman）曾在他的《传教史》（*Historia de las missiones*，1601 年）中对香料群岛耶稣会士的活动做过总结，但他对 1570 年以后在那里发生的事件毫无记载。[663]耶稣会作品哑然无声的最重要原因可能是由于面临着政治和宗教困难。而且，在这个世纪的最后二三十年间，马鲁古群岛问题一直困扰着欧洲人，这是导致他们相互争斗造成分歧的主要原因。

1600 年，哈克路特的《大航海》（*Principal Navigations*）（III，第 730-742 页）中收录了一篇题名为《开始于耶稣基督 1577 年……弗朗西斯·德雷克爵士进入南海的著名航行》（*The Famous Voyage of Sir Francis Drake into the South Sea ... begune in the yeere of our Lord 1577*）的文件，它可以被认为是唯一一现场记录马鲁古群岛局势变化的文件，可能是哈克路特本人根据德雷克航行参与者们的几个手稿记录撰写的。[664]从《著名航行》（*The Famous Voyage*）中，我们得知德雷克于 1579 年 11 月 14 日抵达马鲁古群岛，这差不多是他从普利茅斯出发两年以后。在前往蒂多雷岛的路上，德雷克的船只沿海岸线离开莫提尔（Motir）岛时，德那地一些载有官员的平底小船向他们致意打招呼。这个英国人可能在离开英国前就已经知道了德那地早期与葡萄牙联合之事，[665]但船上的德那地代言人们不得不让他相信情况已经改变了，他一定会受到巴布拉赫的友好接待，因为现在他是葡萄牙不共戴天的敌人。最终，德雷克决定不去蒂多雷岛，而是前往德那地。次日，他的船在巴布拉赫的海港抛锚。他送给苏丹一件天鹅绒斗篷以示和平。他还交给苏丹一封信，说明他是前来贸易而没有其他目的。岸上立即做出了反应。苏丹乐于进行贸易，并表示"他将愉快地根据如此著名的国君的命令，让渡自己对岛屿的权力……"。[666]虽然不见得巴布拉赫确实提议隶属英格兰，但东印度公司后来声称这个"口头条约"给予英格兰在马鲁古群岛某些权利。[667]

德雷克的船只"金鹿"号此后很快被德那地派出的 4 艘大快速帆船拖进了一个更安全的港口。然后，苏丹本人在他扈从的陪伴下来到这只船上。《著名航

623

行》详细地描述了这个皇家队列，巴布拉赫被形容成一个高个子男人，在"金鹿"号上他因听到音乐而感到高兴。苏丹离去后，给养从岸上送到船上，其中还有一些丁香。苏丹曾允诺回到船上，但此后不久，他本人并未前来，而是派了他的兄弟过来，并请德雷克上岸。德雷克害怕遭到背叛，拒绝了这一邀请。他派了一些他的人到海滩上与统治者的兄弟见面。英国代表团被带到皇室住处，在那里早已聚集了 1 000 来人围观。他们受到长老们正式而庄重的接待，苏丹本人也出现在其中。这个欢迎接待仪式之后，为了启程前往遥远的英格兰，德雷克决定带着他一船的给养和丁香离开德那地。在此之前，欧洲其他资料对德那地多有论述，英国人在这里的观察叙述也无新意。不过，英国人评论中最有价值之处，也许是那些与宫廷衣着和炫耀相关的内容，还有对前来迎接英国船只的快速帆船的描写。据说伊丽莎白女王在 1580 年德雷克回来时赠给他一只银杯，这个银杯上镌刻着 4 艘快速帆船拖拉"金鹿"号进入德那地锚地的场景，这是女王与香料群岛建立关系的重要象征。[668]德雷克和卡文迪什（Cavendish）周游世界后出版的《世界地图》（*mappemondes*）中，还包括了在这些航行中得到的有关马鲁古群岛和西里伯斯岛的地理学资料。[669]

第八节　菲律宾群岛

一再有人提出，远在麦哲伦 1521 年到达菲律宾之前，欧洲旅行者和商人们就已经到访过这些岛屿。马可·波罗、波代诺内的鄂多立克和瓦尔塔马作品中模糊不清且无法鉴别的论述，均被这些人徒劳无功地拿来佐证这些早期的作者在他们旅行途中到过菲律宾。[670]14 世纪中期，伊本·白图泰（Ibn Batuta）在菲律宾做过停留，当时他搭乘的船被台风吹离航线，这似乎是一个有较为坚实根据的猜测。[671]弗朗西斯科·塞朗曾被阿尔伯克基派去勘察贸易航线，1512 年遭遇海难，所以他倒是有可能到达过棉兰老岛（Mindanao）的。[672]在这些早期岁月中，其他葡萄牙船只可能因失事到过菲律宾某些岛屿，甚至可能有意拜访过某些南菲律宾群岛。众所周知，后来葡萄牙船只在前往香料群岛途

624

中，被风吹离马鲁古群岛，因而发现了附近许多其他岛屿。当麦哲伦到达马尔洪岛（Malhón Island，霍蒙洪岛 [Homonhón] 一名更为通用）[673]，也即今天称为莱特湾（Gulf of Leyte）的地方时，当地人告诉他，他们曾见过另一些像他一样的人。[674]

虽然和外部世界有过初期接触，但从任何有意义的角度来讲，是麦哲伦探险舰队首次发现了菲律宾群岛。从特兰西瓦尼亚的马克西米利安（1523 年）和皮加费塔（大约 1525 年）出版的作品中，欧洲很快听说西班牙人发现了这些岛屿。1536 年，威尼斯出版了皮加费塔轶事的意大利文删节本。[675] 但直到 1548 年奥维耶多著作第二十卷出版前，西班牙人后来在这些岛屿上的经历却几乎不再为人所知。奥维耶多的作品出版两年后，赖麦锡再版了马克西米利安的著作和皮加费塔著作的删节版，并首次出版了皮雷斯的简述（大约写于 1515 年）和胡安·戈坦诺（Juan Gaetano）关于鲁伊·洛佩斯·德·维拉罗伯斯（Ruy Lopez de Villalobos）探险的报道。1542—1543 年，维拉罗伯斯曾从墨西哥启航前往菲律宾群岛进行考察。[676]1565 年，在西班牙开始了对菲律宾的征服行动后，随后在菲律宾群岛上发生的事件被记录在由埃斯卡兰特（Escalante）和奥古斯丁修会会士门多萨（Mendoza）所写的中国历史中。这些著作，加上林斯乔坦书中的附带资料，[677] 共同组成了出版于 16 世纪的菲律宾记述作品。虽然耶稣会士在 1581 年就来到了菲律宾群岛，但通过对 16 世纪印刷信件的全面考察，可以看出他们对自己在这些岛屿上的早期活动保持着非同寻常的缄默。直到 1604 年，耶稣会菲律宾主教区的一个成员才在罗马出版了第一本相关的书籍。[678]

幸存的麦哲伦船员返回欧洲后不久，菲律宾群岛就出现在欧洲地图上。大约 1522 年时出现了一幅匿名海图，一般认为是佩德罗·赖内尔（Pedro Reinel）的作品。图上题字"拉萨罗群岛"（Islas s. Lazaro），这是麦哲伦为菲律宾群岛的命名，以纪念圣拉撒路（St. Lazarus），因为正是在他节日那天，一直在海上漫无边际航行的探险队欢欣鼓舞地看到了多山的列岛。[679] 胡安·塞巴斯蒂安·德尔·卡诺（Juan Sebastián del Cano）提供的其他资料被 1527 年出现的匿名平面球形图所采纳，这幅图被认为是由塞维尔商务局（*Casa de Contratación*）

625

首位宇宙学家迭戈·里贝罗（Diogo Ribeiro）制作的。[680]而一幅大约绘制于1535年的匿名海图上，附加部分格外引人注目，它绘制出了南菲律宾群岛的轮廓并对特定岛屿进行命名。其中，宿务岛（Cebu）和内格罗斯岛（Negros）得到标示，棉兰老岛则被准确描绘为最大的和最靠近南方的岛屿。[681]在随后的图像描绘中，轮廓的勾画得到了改进。1554年，赖麦锡出版的一幅地图不仅包括了上面所提及的各个岛屿，还有题字"菲利宾娜"（Filipina），这个名称是维拉罗伯斯（Villalobos）1543年为其中一个岛屿所取的。[682]王子成为菲利普二世后，这个根据他而得名的称谓很快成为整个列岛的官方名称。

无论是地图还是记述，它们对前西班牙时期菲律宾史的史学编纂都具有确凿无误的重要性，然而，这一时期印刷资料的缺乏和稀少恰与其重要性形成鲜明对比。西班牙征服菲律宾之前，几乎没有当地作品留存下来，有意义的考古学遗迹和铭文也近乎于零。[683]前西班牙时期的菲律宾历史记录，除欧洲资料以外，仅限于邻近海岛地区少之又少的编年史和中国史书中零散的记述。鉴于本地资料的匮乏不足，皮加费塔的第一手评论或特兰西瓦尼亚的马克西米利安的第二手记述绝非无足轻重。因此，菲律宾群岛的历史学家长期以来将这两个早期欧洲人的小册子视为极为重要的资料，对具体信息中每个细小片段进行系统反复的梳理。不过，不知为何，前征服时期同样重要的奥维耶多和赖麦锡的资料，他们却没有如此透彻全面地加以分析引用。

相较而言，研究西班牙人初次踏上菲律宾土地（从1565年到1600年）的历史学家却可以得到丰富的资料。他可以利用16世纪最后二三十年的印刷资料，而就在1600年以后，出版的资料就非常之多。他也能查阅大量16世纪的文献，其中大多数是在上一个世纪[①]被收集和出版的。[684]到目前为止，缺失的是对包含在巨大印刷资料汇集和档案库中卷帙浩繁资料的综合和归纳。在对菲律宾的历史叙述中，无论前征服时期或西班牙时期都无法做到资料既翔实又令人满意。由于难以解决的资料问题，近些年中有些史学家已独辟蹊径，开始尝试用一种新的方法研究菲律宾历史。这种新方法着重于切实认真地从现在回溯到过

---

① 19世纪。——译者注

去，因缺乏更好的名字姑且称之为人种历史学，它将人类学和历史学密切结合在一起，充分利用当代考古学、语言学和本地证据，致力于整合和评估鉴定不断增长的原始资料库。[685]

像许多其他海岛民族一样，菲律宾群岛的土著是被马六甲海峡的葡萄牙人首先"发现"的。大约 1515 年，皮雷斯根据在马六甲搜集到的信息进行写作。他提到"吕宋人"（Luções [Luzones]）是一个岛上民族，住在"离婆罗洲十天航程远的地方"。[686] 来自吕宋的商人和船员，正如从马六甲看到的那样，既在婆罗洲也在新葡萄牙殖民地进行贸易。他们几乎都是异教徒，在马六甲不受尊敬。不过，他们身强力壮、勤劳肯干，喜欢从事实用的工作。从许多生活方式上看，他们与婆罗洲人相似，这两个族群在马六甲外国商人社区中，被视为来自同一个地方。在他们自己的国家，"吕宋人"有充足的食物、蜡、蜂蜜和劣等的金子。他们没有国王，由一群长者治理国家。[687] 他们前来马六甲是近些年的事。1515 年左右，据说大约有 500 个"吕宋人"（Luções）居住在"木罕姆"（Mjjam，明罕尼 [Minjani]），[688] 这是半岛西边马六甲和吉打州之间的一个镇子。这群人中包括许多重要商人，他们喜欢在马六甲从事贸易，却不被允许离开明罕尼，因为那个镇子仍在秘密支持马来苏丹与葡萄牙人作战。[689]

一旦抵达西太平洋，麦哲伦首先在拉德龙群岛登陆，并到了最南端的关岛（Guam）和罗塔岛（Rota）。[690] 虽然马克西米利安记载了这些岛屿无人居住，但皮加费塔根据自己的经历，对当地岛民做了生动的文字描绘。他们自由自在地生活着，没有人对他们称王称霸。他们也没有正式的宗教。从外貌上看，他们的皮肤呈黄褐色，身材匀称，和欧洲人一样高，穿着非常普遍的热带服饰——小棕榈叶帽子，留长发和胡须。他们日常生活的饮食包括椰子、山芋或番薯、鸟、飞鱼、香蕉和甘蔗。他们的生活非常简单原始。女人待在家里，最多的时间花在将棕榈叶子编织成垫子、篮子及其他家庭必需品上。木制的房子覆盖着厚木板和香蕉叶，房间用棕榈垫子布置好。他们睡在用棕榈切成细丝编成的松软结实的床上。他们携带的唯一武器是带有鱼骨尖头的长矛。唯一的娱乐活动是在黑红相间的小船上做短途旅游，这种船类似于在意大利富西内（Fusine）

627

和威尼斯间定期往来的贡多拉（gondolas）^①。这些岛民在水里像海豚一样游泳，到处跳跃。从他们第一次看到欧洲人时表现出的迷惑不解，皮加费塔得出结论，这些岛民以前一定认为自己是世界上仅有的人类。这些土著擅长偷窃，为了报复，麦哲伦烧了他们的房子并杀了一些男人。由于他们的偷窃技巧，指挥官称其岛为拉德龙（Ladrones）群岛，西班牙语是"小偷"。后来对拉德龙群岛（有时实际上在马绍尔群岛中而不是在马里亚纳群岛中提及这些岛屿）的记载基本上都认同皮加费塔的描述。1565 年，莱加斯比（Legaspi）正式宣称拉德龙群岛为西班牙王室所有，随后一个世纪中，西班牙人仍未能吞并它们。然而，可能到了 1600 年，西班牙人在墨西哥和菲律宾之间寻找穿越太平洋航路的过程中，看到或谈到了从茂格（Maug）群岛到关岛的整个拉德龙群岛。[691]

628

麦哲伦从拉德龙群岛取淡水上船时，从当地人口中听说了在更远的西方有一个叫"撒拉尼"（Selani）的岛，在那里他能得到所需的一切补给品。[692] 1521 年 3 月 16 日，在距拉德龙群岛 300 里格的地方，西班牙人看到了菲律宾群岛中的萨马岛（Samar）上的山脉。次日，他们在萨马岛正南方无人居住的小岛霍蒙洪（Homonhón）上岸。西班牙人在这里休息并往船上运送淡水的时候，9 个来自邻近岛屿的当地人拜访了他们。这些当地人很友善，麦哲伦给了他们一些不值钱的小玩意儿，换来食物和一罐子亚力酒。通过手语，当地人让这个西班牙指挥官知道了四天后他们将回来，会带来椰子、稻米和其他供给品。这里提及的椰子，给了皮加费塔一个机会长篇大论地讲述椰子树的无数好处。他的叙述不仅是基于他在霍蒙洪岛逗留过，也是基于他在东方的整个经历。[693] 无论如何，当地人遵守诺言回到霍蒙洪岛，并通过手语向西班牙人介绍了邻近岛屿及其产品。西班牙人在此已停留了一个星期，从在霍蒙洪岛的基地出发，探察了邻近岛屿，并发现这些岛屿上居住着半裸的异教徒。据描述，他们肤色黑暗、肥胖，身上有彩绘，此外他们养山羊、编织渔网，有各种金属武器和很大的盾。从皮加费塔的观点来看，这些人无疑比拉德龙群岛的原始居民们更老于世故、友善，而且武装得更好。他们不仅知道如何使用金属制作武器，还用金子装饰

---

① 威尼斯特有船型。——译者注

了矛，这也是几个乐观标志中的一个，满怀希望的西班牙人立即注意到菲律宾群岛贮存着黄金。[694]

　　西班牙人恢复了精神并得到食物补给后，向西南方向航行了三天，然后在莱特岛南面的小岛利马萨瓦（Limasawa）停泊。一个载着 8 名男子的小船很快靠近了西班牙人的旗舰。麦哲伦的奴仆，一个苏门答腊土著，用马来语与他们对话。虽然他们毫无困难地理解了对方的意图，但最初并不愿意登上旗舰。在麦哲伦扔给他们几个小玩意儿后，土著人划船离去告知首领（大督 [datu]）他们的所见所闻。两个小时后，两艘被称为"巴朗盖"（balanghai [barangays]）[695] 的大船靠近麦哲伦的船只。最大的那艘船上，酋长本人坐在遮阳篷下。麦哲伦的奴仆兼翻译海恩瑞奎（Henrique）隔开一定距离与这个统治者交谈。一会儿，一些土著人被派到麦哲伦的船上，而他们的首领仍然待在他的巴朗盖上。对西班牙人的友好和可靠感到满意后，第二天首领本人来到船上。在互换了礼物并进行宴请后，麦哲伦让翻译告诉首领他想与对方成为结拜兄弟。被称呼为科兰布（Kolambu）的首领和麦哲伦通过饮血盟约（kasikase）对他们的友谊进行宣誓，这是菲律宾历史上第一个有案可查的史实。随后，西班牙探险队指挥官展示了他丰富的货物和军事实力。他用船上的枪支击射以恐吓当地人，并让一个武装士兵接受三个持剑和匕首的男子的击打而表现出毫发无损的样子，这让首领吃惊得几乎说不出话来。然后，翻译奴仆向首领转译了麦哲伦深思熟虑后的看法，一个如此武装的男子可能顶得上 100 多个当地没有武装的家丁，科兰布表示同意。麦哲伦告诉他，自己的每只船上有 200 个如此武装的男子。在麦哲伦展示了船上的设备，并解释了它们如何使欧洲人进行多日望不到陆地的海上航行后，大感敬畏的首领同意皮加费塔和另一个船员同他一起上岸。[696]

　　欧洲人和科兰布抵达海滩时，首领向天空抬起他的手以示感恩，然后再转向他的两个陌生同伴。皮加费塔及其同事由这只手引领着走向一个竹子遮阳篷，其下有一个大的遮蔽起来的巴朗盖（barangay）。他们登上这个巴朗盖，在皇室卫兵面前，这群人坐在船尾通过手语交谈。不久，一盘肉和一大罐酒被拿了进来，每吃一口肉都要配上正式的酒。首领端起杯子前，他向天空举起拳头并朝着同伴挥舞。喝酒后，他急剧而唐突地挥动着左拳，有一阵儿皮加费塔认为首

629

领想要攻击他。当这个欧洲人明白了这个首领仅是表达友好的祝酒心愿时，他以同样的方式回应。[697] 这些仪式一结束，欧洲人送给首领许多上岸时已经带来了的礼物。这个意大利人也记下了当地人使用的词汇，并通过他的标音法明白易懂地读出他们的词汇，土著人的惊讶显而易见。

欧洲人吃过肉和米的晚餐后，被带到了首领的住处。它"建得像个干草棚，用无花果和棕榈叶子覆盖"。[698] 由于这座房屋建于木桩上，需要爬梯子才能进入。一进入里面，欧洲人坐到首领旁边的一个竹垫子上，被招待了一盘鱼和姜。房屋里面用火炬照亮，火炬是由裹在棕榈和香蕉叶子里的树胶做成的。首领的儿子加入了聚会，皮加费塔的同伴很快沉醉在过度放纵之中。首领通过手势表示他要就寝了，留下了他的儿子招待陶醉狂欢的欧洲人。这些年轻男子最后头枕着叶子做成的枕头睡了几个小时。天一亮，首领叫醒了欧洲人，并将他们送回船上。他们是由科兰布的兄弟西阿古（Siaui）陪伴回去的，西阿古是棉兰老岛东北部武端（Butuan）和苏里高（Surigao）的统治者，当时他正在利马萨瓦岛上进行拜访和打猎。[699]

欧洲人通过翻译从西阿古那儿得知，个头像核桃和鸡蛋大小的大块黄金在棉兰老岛通过筛土的方式就可以找到。[700] 首领的餐具和他房子的一部分据说就是用黄金做的。甚至从他仪表堂堂的容貌上也可看出他极为富有。他长长的黑发上戴了一块丝绸遮盖物，两只金耳环固定在耳朵上，身子裹着一条用丝刺绣的棉布围裙，腰间挂着一把匕首。这把匕首带有长长的金柄，极为显眼地从一个木雕的鞘中显露出来。甚至他的牙齿看上去好像是用黄金镶嵌过了金边。西阿古的文身遍布全身，身上散发出浓烈的香味，他被皮加费塔视为"我们在这些人中见到的最好看的男子"。[701]

西阿古访问舰队后，麦哲伦显然认为让多数男子在复活节上岸听弥撒是安全的。两名当地统治者参与了弥撒仪式，这是在菲律宾土地上第一个有文字记载的天主教仪式。圣餐最终被端上来时，麦哲伦举行了一场剑术比赛以款待首领们。然后他将一个十字架拿了出来，通过翻译解释他很想在这些岛屿上的某一高地竖立标志，记载他的到来。他再次向当地人保证，如果其他欧洲人偶然来访利马萨瓦，他们会认出这个十字架并同样表现友好。他告诉当地人，如果

630

每天早上对这个十字架敬礼，十字架也将保护他们避免大自然的灾害。麦哲伦也询问了当地人的信仰，并知道了他们不是摩尔人而是异教徒，崇拜天上被叫作"阿巴"（Abba）的神。[702]

在提到有关宗教事务的题外话后，麦哲伦询问为何利马萨瓦的食物如此稀少。科兰布解释说这里不是他们的主要岛屿，只是一个歇息处，他来到这里是与他的兄弟会面并一起打猎。在复活节的下午，十字架以应遵守的礼仪被安置在该岛最高点上。然后，麦哲伦向主人们进一步询问了找到给养的最佳地方。他得知附近有三个岛屿"锡兰"（Ceylon，帕纳翁 [Panaon]，在莱特岛南面）、"祖巴"（Zuba，宿务岛 [Cebu]）和"卡拉加"（Calagham [Caraga]）——在这些地方他们能找到补给品，而宿务岛是最大的岛，有很多商业贸易活动。科兰布提议只要再等两天，他就能完成稻米收割任务及处理好其他事务，并将亲自为欧洲人带路前往宿务岛。为了加快事情的解决，一些欧洲人帮助收割稻米，而皮加费塔尝试着与当地人以物易物，同时记录他们的一些习俗。他特别对他们裸体、刺青文身、嚼槟榔的习惯及利马萨瓦的物产做了评论。[703]

稻谷收割后，麦哲伦的舰队在科兰布船队的陪护下，启航向西北方向行进。前往宿务岛的途中经过五个地方："锡兰"（帕纳翁 [Panaon]）、保和岛（Bohol）、"卡拉加"（卡尼高 [Canigao]，在莱特岛西南）、"拜拜"（Baybai，莱特岛中西部海岸的拜班 [Bayban]）和"伽提干"（Gatighan [Apit 或 Himuquetan ?]）。[704]在这些岛屿附近，他们看到各种各样的野禽和巨大的蝙蝠。[705]由于科兰布的巴朗盖在航行中很难像欧洲的船只那样快，他们只得在靠近莱特岛西部的三个卡莫特（Camote）岛屿附近等他。重新获得联系之后，麦哲伦带着科兰布和他的几个酋长上了旗舰，直奔宿务岛而去。

1521 年 4 月 7 日，星期天，欧洲人进入宿务岛东海岸的港口。当他的三艘船靠近这一港口时，麦哲伦开始准备战斗，他命令船员拉下船帆，所有火炮集体开火。岸上的人本来就对这三艘看上去不吉利的陌生船只感到疑惑，听到火炮爆炸声后立即陷入混乱。麦哲伦在港口抛锚后，派了一名代表和他的翻译上岸与宿务岛的统治者胡玛邦（Humabon）协商。首领放心后，麦哲伦鸣响作为和平与友谊象征的枪炮。翻译告诉质询的胡玛邦，他的主人为世界上最大的国

631

王服务，他现在是在寻找马鲁古群岛的途中，而正是在利马萨瓦统治者的推荐下，麦哲伦才前来宿务岛，希望通过交换商品得到船上的补给品。

胡玛邦虽然以友好方式做出了回应，但他坚定地宣布所有外国船只在进行贸易前必须进贡。为此，统治者提起一位来自暹罗的穆斯林商人，他四天前刚乘坐载满黄金和奴隶的帆船抵达，交付了必须的贡物后，开始在宿务岛做生意。然而，翻译坚持他的主人作为世界上最伟大国王的代理人，应该免除进贡的义务，并威胁除非他的要求得到满足否则将采取敌对行动。而当时来自暹罗的商人错误地告诉这个首领，基督徒是与那些征服了卡利卡特和马六甲一样的人，最明智的办法就是按照他们的条件进行贸易。在胡玛邦同意就这件事与他的顾问们商讨后，科兰布拜访了他。显然，科兰布是前来消除他对欧洲人的戒心的。宿务岛的统治者于是同意第二天与这些不请自来的远方客人进行商谈。[706]

632
正式谈判在胡玛邦和他的首领们为一方，麦哲伦的公证人和翻译为另一方之间进行。宿务岛的统治者担心欧洲人的目的是让他成为一个臣属，麦哲伦保证根本没有这样的想法，他想要的"仅是与之进行贸易，别无他意"。[707] 作为他们彼此真诚相待的证明，胡玛邦建议他和麦哲伦应该互换几滴他们右臂上的血，并互换礼物。翌日早上（1521 年 4 月 9 日，星期二），科兰布和那个穆斯林商人来到船队，告诉麦哲伦宿务岛国王正在汇总条款，当天下午他将派代表签订和平协议。酋长们的代表团那天稍晚时出现了，由胡玛邦的侄子兼继承人领队。当被询问他们是否拥有全权和威望以公众名义讲话时，当地人做了肯定的回答。随后的讨论中，麦哲伦询问了他们的继位习俗，并向他们讲授了和平精神与基督教。他在此时偏离既定话题，谈起基督教思想的目的，显然是想知道当地人的信仰以及他们皈依基督教的可能态度。虽然他劝告他们不要因恐惧而接受基督教和他的友好赠品，但又许诺如果他们成了皈依者，他将给他们留下一套盔甲，对方将会永远免受神灵和魔鬼的折磨。和平誓约结束，协定以拥抱和互换礼物的形式落定。

随后，皮加费塔和翻译陪着宿务岛代表团上岸，感谢胡玛邦正式赠送的礼物。他们发现此时首领正坐在"宫殿"前方的棕榈垫子上，旁边簇拥着一大群人。胡玛邦是一个矮胖的有文身的男子，只穿了一件腰布，头上裹着一个刺绣的头巾，戴着项链和两个镶以宝石的大金耳环。他前面另一个垫子上放着两个盛有乌龟蛋的瓷盘子和 4 罐棕榈酒。他正在吃着乌龟蛋，并通过吸管啜饮酒。麦哲伦的代表们正式表达了自己的指挥官对首领礼物的感谢之后，给胡玛邦披上了一件土耳其式样的黄紫相间的丝袍，一顶红帽子和玻璃珠串，这都是麦哲伦送给他的礼物。此后，皮加费塔及同伴们一同品尝了乌龟蛋并啜饮了棕榈酒，和首领侄子一同前往胡玛邦的房子参加聚会。宴会上，他们受到了当地音乐家们和裸体舞女的款待。[708]

　　谈判完成了，欧洲人在星期三（1521 年 4 月 10 日）开始带着商品上岸交换给养和当地特产。贸易给予皮加费塔一个机会讲述当地的习俗。他注意到人们认真遵守商业规则，有自己标准精确的度量衡。[709] 他们的房子建在木桩上，各个房间隔开，房屋下面饲养猪、山羊和家禽。在宿务岛海上发现了一种叫作"拉干"（laghan [lagan]）[710] 的大贝壳类海鲜，长得十分漂亮而且美味可口。当地人说，如果一头鲸鱼吞食了一只活拉干时，这只拉干将会从它的壳里出来，吃掉鲸鱼的心脏，致使鲸鱼死亡。在星期五（1521 年 4 月 12 日）开始的正式贸易中，欧洲人用铁和其他金属交换金子，用更小更不值钱的东西交换大米、肉类和其他食物。很显然，麦哲伦不得不对他那些对黄金贪得无厌的手下们下命令，不得因为他人在黄金交换中出价太高而破坏黄金贸易。

　　与此同时，胡玛邦、科兰布及其妻妾和家臣们成为基督徒的正式仪式准备就绪。其实在麦哲伦与宿务岛代表团谈判时，洗礼仪式已经做了准备。它将在 4 月 14 日，即星期天举行。这个星期早些时候，公共广场上的一块地被船上的专职牧师定为圣地，准备在此埋葬两个水手，他们在到达宿务岛之前去世。4 月 13 日，星期六，欧洲人在这个神圣的广场上搭建了一个平台，他们用帘布和棕榈枝对这个平台加以装饰，尽可能使这一仪式显得更庄严和壮丽，以让首领们承认基督教的上帝。星期天早上，整个程序以麦哲伦和 40 名男子从船上出现在海滩上开始。随着他们登陆，船上所有枪炮开火致敬。他们在西班牙皇家旗帜和两个全副武装士兵的带领下列队进场。在互致问候后，麦哲伦和胡玛邦带着各自主要的侍从，缓步走上平台落座。与首领交谈时，麦哲伦得知胡玛邦的一些下属不愿意接受基督教。由于心不甘情不愿，这些人全都找借口溜掉

633

了。葡萄牙人麦哲伦很早之前就深谙软硬兼施之术，他威胁要杀掉不情愿的首领，还要对他们采取其他报复行为，同时他让胡玛邦放心，他打算让作为基督徒君主的对方成为整个地区至高无上的统治者，不会受到任何挑战。一个大十字架[711]不费任何周折地竖立在广场中心，同时当地人被告知他们应毁掉旧神像，每天早上要跪在十字架前。教诲结束了，胡玛邦及其主要家臣们被施以洗礼，并被授予基督徒名字。那天早上唱弥撒前，500个男人受洗。午饭后，皇室女眷及众侍从同样接受了洗礼。在这个著名的礼拜天，宿务岛上，男男女女及孩童，共计800个[712]灵魂接受了基督。[713]具有讽刺意味的是，在德国，马丁·路德因宗教改革被罗马教庭控告为异端，此时他正为两天后（1521年4月16日）在查理五世和沃尔姆斯帝国议会前受审而做准备。

634

第一批民众接受洗礼后，宿务岛其他地方和邻近岛屿的人也接受了基督教。可以推测，欧洲人以宿务岛基督教国王的名义，毫不迟疑地在一个邻近岛上烧毁了一个村庄，因为那里的居民拒绝承认胡玛邦的权威。麦哲伦每天离船上岸，在用树枝和帆布搭建的临时性小教堂里聆听弥撒。[714]在这些场合里，他与胡玛邦就基督教问题和向邻近岛屿传播基督教的需要进行交谈。他也召集该城和岛上的首领们，要求他们发誓服从胡玛邦。反过来，麦哲伦要求胡玛邦宣誓忠实于西班牙国王。在警告了所有宿务人绝不能违背他们的誓言，否则以死论处后，麦哲伦送给这个首领一把红天鹅绒椅子。胡玛邦做出回应，把宝石装饰的金耳环、手镯、脚镯和其他珍贵的装饰物送给麦哲伦佩戴。这个葡萄牙航海家并不反感自己被装饰成一个活脱脱的异教王子。他责备新皈依者们没有按他们成为基督徒时所承诺的那样烧毁他们的神像。他们答复，当时他们要抚慰神像，平息它们的怒火，因为一个贵族的病情很重。麦哲伦告诉他们只要病人被施洗礼很快就会恢复健康，而当时出现的所有结果都和麦哲伦预言的一样，相应地，基督教的控制比以往更强大，新信仰者开始有组织地摧毁他们过去的圣祠和神像。

麦哲伦的快速成功，不久便导致了他走上了自取灭亡的第一步，并使他的基督教化努力土崩瓦解。特兰西瓦尼亚的马克西米利安如下概述了麦哲伦的这个计划：

　　　　鉴于这个岛（宿务岛）有丰富的黄金和生姜，而且相对于邻近岛屿它的交通非常便利，麦哲伦认为使这里成为他的司令部将有利于探察资源和自然产物。于是他去宿务岛（Subuth）找首领并向他建议，由于对方脱离了伪神，皈依了基督教，从而摆脱了愚昧和盲目崇信，邻近岛屿的首领们服从他的统领也是理所应当的。为了达成这个目的，他决定派使者前往这些岛屿，如果任何首领拒绝服从他的召唤，他就通过武力迫使他们服从。[715]

虽然一些邻近的首领们很快勉强同意了，但宿务岛附近的小岛麦克坦岛（Mactan）拒绝服从。很清楚，不管有哪些反对派，麦哲伦的政策都是要将胡玛邦从一个大巴朗盖（*barangay*，社区）的酋长提升为从属于西班牙的附庸国王的地位。[716]

　　麦克坦岛上一个叫"齐拉普拉普（Cilapulapu）"（拉普·拉普 [Lapu-Lapu]）的首领对麦哲伦的要求表示了持续的抵制。即使他的村庄被欧洲人焚毁、另一个麦克坦酋长（Zula）也同意服从麦哲伦，他仍一直公然反抗西班牙和宿务岛。[717] 麦哲伦决意使拉普·拉普就范，他带领一支欧洲人和宿务人组成的先遣队前往麦克坦岛。这个欧洲指挥官显然想加深胡玛邦对欧洲武器和战术效力的印象，他命令宿务人不要上岸，留在他们的大巴朗盖（*barangays*）上。麦哲伦亲自带着大约 50 名男子涉水上岸，攻击迎候在那里得到了战斗命令的 1 500 名拉普·拉普的武士，几率大约是 30∶1。欧洲盔甲、武器和战术优势并未在那一天（4 月 27 日）发挥出威力，拉普·拉普的武士赢得战斗，日落前麦哲伦本人死了，他的一些人受了伤。在当地人眼中，整个远征使麦哲伦一行的威望大打折扣。[718]

　　此后不久，胡玛邦可能在与麦哲伦的翻译奴仆共谋后转而反对欧洲人。[719] 他通过邀请欧洲人出席宴会来哄骗他们上岸。欧洲人期望送来早前他许诺给麦哲伦的珠宝。然而，在这次宴会上，27 名欧洲人遭到残杀，那些尚留在船上的人们听到岸上战斗的喧嚣，赶忙在 1521 年 5 月 1 日启锚远离宿务岛。皮加费塔本人逃过了大屠杀，因为当时他留在船上养伤，这是在麦克坦交战中受的伤。

635

很可能正是因为这次受伤，才使皮加费塔存活下来，从而得以叙述关于麦哲伦探险的故事。

从他在宿务岛港口和海岸上的二十五天经历中，皮加费塔注意到许多土著人的习俗并记录下对这一切的印象。他对这个岛及其居民深感兴趣，论述客观公正，特别是如果回想起他及其同伴在何等严酷情况下被迫逃离，这一评价更是中肯。基于他所看到的宿务人，他这样写道，他们热爱"和平、安逸和安静"，[720] 专注于寻欢作乐，维持充满迷信的奇风异俗，过着"公正合理"的生活。[721] 与马来列岛的民族一样，他们中的一些人听得懂商业马来语，也嚼槟榔，并有一个大老婆，还可以根据需要多娶几个妻子。[722] 一般说来，宿务岛的男女两性除了腰布外什么都不穿。所有年龄的男性使他们的性器官"用像鹅毛笔一样的金或锡螺栓从一边穿到另一边"。[723] 欧洲人无论什么时候上岸，都被款待以酒和大餐，这样的宴会要持续五六个小时。主人慷慨地供应酒，每次都斟得满满的。[724] 在宗教节日，宿务岛人用弦乐器和金属锣演奏音乐。

皮加费塔稍微详细地描述了他们的两个宗教庆典仪式。第一个庆典是只由上了年岁的妇女主持的仪式，在这种仪式上必须用猪做祭品。[725] 在这个庆典上，动物被杀之后，血被擦在聚集而来的男人们的头上。只有女人们才被邀请吃盛在庆典的盘里的米饭、小米饭和烤鱼。[726] 当地的首领死了，宿务人都一视同仁地遵循着古怪的哀悼和葬礼习俗。尸体被放进一个盒子，上面搭建遮篷。一个负责的女子隆重而缓慢地切掉他的头发，同时大老婆则躺在他身上。仪式持续五六天，最后，装有死者的盒子用一个木盖子盖上，然后再下葬。[727]

宿务岛出产各种肉、鱼和海产品，还有一大堆各种各样的水果和蔬菜。[728] 最有趣的是皮加费塔提到的香蕉，他将香蕉描写为长型的美味可口的无花果。他描述面包果（*mangcas*）为外形与黄瓜类似的水果，味道像栗子肉。[729] 马克西米利安描述了在宿务岛西米是如何得到并加工制作成面包的。他还将一个面包标本送给他的神父——萨尔茨堡红衣主教。[730] 皮加费塔在宿务岛时收集了米沙鄢词汇以及列岛地理的详细情况。他的记录可以作为日后去那里的人的指南。他清楚地记下宿务是一个大岛，位于北纬10°，距划界线以东164°。[731] 它的港口有两个入口，一个向西，另一个向东北偏东。麦哲伦葬身的麦克坦岛

636

距离这个港口很近，对它起到了保护作用。

麦哲伦探险队的幸存者们乘坐 3 艘船只从宿务岛逃离出来后，在保和岛（Bohol）短暂避难。在这里他们烧毁了其中 1 艘船，因为对他们来说，剩下的船员对驾驶全部 3 艘船而言人数太少。他们从保和岛继续向西南前往邦劳岛（Panglao），在那里看到了尼格利陀人（Negritos）的生活情况。最终，他们来到一个大岛，马克西米利安将它称为 "基皮特"（Gibeth [Quipit]），实际上这个地方是在棉兰老岛的三宝颜（Zamboanga）半岛最西北海岸上。[732] 主要港口是基皮特（*Chipet* [Quipit]），这是一个极好的港口，位于北纬 8° 和分界线 167° 处。基皮特酋长卡兰瑙（Kalanao）与欧洲人达成血之盟约。大概因为他们失去了麦哲伦的翻译奴仆，而皮加费塔像语言学者，他单独上岸拜见统治者。经过长时间的逆流划行，皮加费塔抵达了酋长住所。在这里，他观察到饮食习俗和典礼与利马萨瓦遵循的一样。他解释了他们是如何煮米饭的，这样的方式使得米饭 "变得像面包一样硬"，[733] 而这种米饭制作方式在整个地区极为普遍。他与一个卡兰纳尔（Kalanal）酋长过了一夜，第二天早上绕着岛闲逛，吃过一顿简单的米饭和鱼的中餐后，他去拜访卡兰瑙的大老婆，她住在一个高山顶上。在远足进入棉兰老岛途中，他看到到处都是金子，而本地人对金子并不在乎，也没有铁制工具用以挖掘黄金。在这里，他也听说，距离西北两天旅程处坐落着另一个叫作 "吕宋岛"（Lozon [Luzon]）的大岛。

但吕宋岛不在皮加费塔及其同伴们前进的路线上。在搜寻马鲁古群岛的过程中，他们从基皮特（Quipit）进入苏禄海（Sulu Sea），驶向西南偏南的路线。最终他们在人烟稀少的 "卡伽恩"（Caghaian，卡加延苏禄岛 [Cagayan de Sulu]）登陆，该岛位于北纬 7.5°（实际在 7°）。这个岛上为数众多的居民是从婆罗洲流放来的穆斯林，他们一丝不挂地生活于此。[734] 由于在这个原始地方几乎得不到多余的食物，他们再走西北偏西航线前往 "巴拉望"（Pulaoan [Palawan]），这是一个位于北纬 9.3° 和分界线 171.33° 的大岛。在这里，他们终于发现了一直寻找的粮食供应，所以将此称为 "希望之乡"。[735] 他们很快与当地的统治者达成血之盟约，然后开始到处察看。

巴拉望人在田间劳作，并在海里捕鱼。他们用稻米制成蒸馏酒，皮加费塔认为此酒比棕榈酒更为浓烈、品质更好。巴拉望人特别看重金属制成的产品，诸如青铜圈、链条、铃铛、刀子和铜线。他们饲养并驯练大公鸡，让大公鸡彼此争斗，据此打赌。皮加费塔对他们的吹风管和带毒的箭特别好奇，所以进行了较为详细的描述。一旦他们的两只船载满了食品和水，欧洲人离开巴拉望前往婆罗洲。[736]

从 1521 年 7 月底到 11 月初，他们访问过文莱后，皮加费塔和同伴们漂泊于苏禄海寻找前往马鲁古群岛的航路。皮加费塔克服各种不利条件继续他的观察，对他们在苏禄海的海上生活中的有趣细节加以评论，譬如对鳄鱼、巨大的牡蛎和有角鱼进行了记录。[737] 由于没有足够的人手、船只和武器可以冒险挑战大岛上的统治者们，欧洲人袭击了人口稀少的小岛，并掠夺了海上无保护的船只。[738] 在他们狂乱地寻求食物、水和可以带领他们前往马鲁古群岛的领航员的过程中，最后发现自己又回到了棉兰老岛的基皮特。然后他们绕着三宝颜半岛（Zamboanga Peninsula，即棉兰老岛 [Mindanao] 西部延伸出的一个半岛）驶往西南，在进入摩洛湾之前到了苏禄列岛的霍洛群岛（Jolo group）。最后，再次向北转并到达靠近三宝颜棉兰老岛西南时，他们发现了肉桂，但显然不是他们亟需的领航员，也不是食物供给。从这里他们继续向东北航行，途中俘获了一群正在聚会的棉兰老岛酋长。一位了解该海域情况的首领提出了相应的建议，于是这些欧洲人改变了他们的航线向东南而去。在棉兰老岛海角正南的萨兰加尼岛上，他们终于抓到了两个领航员，这两人知道前往马鲁古群岛的航线。

除了 7 月间曾在婆罗洲短暂逗留外，麦哲伦探险队在菲律宾群岛的水域或群岛间航行共计大约七个半月。[739] 头三个半月（1521 年 3 月 16 日至大约 7 月 1 日）是从东部无人居住的霍蒙洪岛穿过菲律宾群岛中部，前往西部巴拉望（Palawan）的旅程中度过的。返航途中（1521 年 7 月 30 日至大约 11 月 1 日）他们经过了苏禄海上的大量小岛、苏禄列岛和棉兰老岛的北部和南部。在穿越这些地区的旅程中，欧洲人看到了米沙鄢人、摩洛人、尼格利陀人、被称为西莫尔劳特（Sámal Laut）的"海上掠夺者"[740] 和一些食人族。[741] 探险队轻率仓促地从婆罗洲离开后，由于缺乏领导和纪律而处于严重瘫痪状态。虽然采取了打了就跑的战术，但欧洲人经常被迫在遥远的地方寻求避难。在他们两次长

时间的访问期间，欧洲人对前西班牙时期菲律宾群岛几个层次的文明有些许了　　639
解。更具体地说，皮加费塔的记录表明他理解当地物产、贸易活动和土著语言
的一些细节。虽然当地人被描述为生活在原始状态，但作者们也意识到当地传
统的存在，表现出对从一个地方到另一地方其间相似和差异的理解。[742]

在完成了第一次周游世界后，1522 年 9 月 6 日，"维多利亚"号进入西班
牙圣路 - 卡巴拉（San Lúcar de Barrameda）港。船上载着大量来自马鲁古群岛
的香料和 21 名幸存者，其中 18 名为欧洲人，3 名为东印度人。[743] 随后几年中，
另有 13 名幸存者通过各种途径千方百计回到西班牙。在此期间，返回的欧洲人
受到了西班牙和整个天主教欧洲的宴请和欢迎。对这个首次探险的远征队来说，
官方将最大损失很合宜地归因于麦哲伦的刚愎自用。不过，皮加费塔坚定地为
麦哲伦的政策做了辩护。[744] 由于"维多利亚"号载的货物足以支付整个探险
远征的费用，西班牙人和查理五世加速筹备新的舰队以追随麦哲伦的足迹。紧
接着，三次远征在洛艾萨（Loaisa，1525 年）、卡波特（Cabot，1526 年）和萨
维德拉（Saavedra，1527 年）率领下出发。第一次远征穿过菲律宾群岛和马鲁
古群岛，但未能从太平洋返航，这样它在香料群岛的探险以失败告终。卡波特
甚至未能绕过南美。萨维德拉是由议会从墨西哥派出，但他的远征经受了和洛
艾萨同样的命运。1530 年，在萨拉戈萨协议抵押协定达成（1529 年）后，[745]
香料群岛的西班牙难民们向葡萄牙人投降。这些幸存者中还有来自洛艾萨远征
的安德烈斯 · 德 · 乌尔达内塔（Andres de Urdaneta）。他们经由印度和好望角被
送回欧洲。到了 1536 年，大部分人回到了西班牙。[746]

在此期间，西班牙人并非都对他们的君主关于停止前往马鲁古群岛探险远
征的决定感到高兴。卡斯提尔议会中一直能听到不满的声音。[747] 而独立的计划，
特别是由传教士设计的计划，正在酝酿新的太平洋远征。奥维耶多是查理一世
的官方史学家，他亲身经历了西班牙和墨西哥这些争论最激烈的时刻。他的《印
度自然通史，岛屿和陆地海洋》（*Historia general y natural de las Indias, islas y
tierra-firme del mar oceano*）第二十册首次出版于 1548 年，记录了从 1519 年到
1529 年西班牙的太平洋航行历史，其中有关紧随麦哲伦探险后三次航行的信息
来自于幸存者。1539 年他在圣多明哥会晤了洛艾萨舰队上的两个幸存者安德烈　　640

斯·德·乌尔达内塔（Andrés de Urdaneta）和马丁·德·艾斯拉雷斯（Martin de Islares），他们当时正在返回危地马拉的途中。[748] 正是从这些亲历观察者的叙述和官方资料中，这个西班牙的"东印度群岛史家"和巴罗斯的同时代人，获得了大多数关于东南亚拉德龙群岛（马里亚纳群岛）、菲律宾群岛和香料群岛的信息。[749]

虽然奥维耶多对拉德龙群岛的描述[750]基本上与皮加费塔的描述一致，但这个西班牙人给这种描述增加了新的分量。显然奥维耶多是从在新西班牙的提供消息者那里知道了这些岛屿。这些提供消息者反过来是从贡萨罗·德·维戈（Gonçalo de Vigo）那里得到关于这个群岛的信息。贡萨罗·德·维戈是西班牙加里西亚人，麦哲伦探险队的逃兵，他在1526年被洛艾萨舰队中唯一存留下的船带走。这个男子在拉德龙群岛上度过了五年，其后得到了西班牙老乡的利用，因为他既懂该群岛的语言，也懂商用马来语。通过维戈，这些人知道了拉德龙群岛包括13个岛屿，从北向南延伸，北边远至北纬21°。[751] 在横越太平洋后，这些岛中第一个进入视线的是一个叫作"宝达哈"（Botaha）的岛，这是关岛以南的一个岛，后来在地图上是作为"巴达巴"（Bataba）出现的。[752] 奥维耶多除了对也被皮加费塔所关注的岛上生活进行了概述外，他还指出拉德龙群岛没有牲畜可供肉食，没有用以制作工具和武器的金属。甚至鸟类也不多，除了海鸥和鹈鹕外，只有像斑鸠一样的小鸟。这些小鸟被关在笼子里彼此打斗，类似于意大利人喜欢的鹌鹑角斗。拉德龙人以石头、骨头和极硬的木头制成工具进行工作和作战。他们制造了许多不同种类的独木舟和船艇，奥维耶多对它们进行了描述。当地社会习俗中最值得注意的是年轻单身汉享受与已婚女子交往的自由。

1526年10月2日，从拉德龙启航后十五天，洛艾萨的船只进入了靠近棉兰老岛东南端的"维撒亚"（Viçaya，比卡尤 [Bicaio]？）[753]港。它在海滩停留了十三天，费尽心机想得到给养和水。先遣登陆人员被派遣进入岛内以察看能发现什么。这些西班牙人漫无目的地游荡了很长一段时间后，在海湾看到一只独木舟。维戈试着用马来语招呼独木舟上的人，但他们却听不懂他的话。西班牙人上了他们的船，跟随这个独木舟逆流进入一个叫作"文达瑶"（Vendanao，棉兰老岛本身或今天的菲律宾哥打巴托省的马京达瑙 [Magindanas]）的中心。
在这里他们发现了一些既能听懂马来语也能讲马来语的土著人。虽然最初他们
受到敌意的对待，但很快气氛就变得热诚。他们尽力想以他们的商品换来供养，
但却遭到拖延与种种借口。西班牙人想找到问题的根源，于是派出维戈抄近路
进入内陆与酋长会晤。在这里，他被询问他们是否是佛朗机（*Faranguis*，法兰
克人或葡萄牙人），这个西班牙加利西亚的翻译向他保证不是。酋长说他知道只
要什么时候这些佛朗机（*Faranguis*）出现，麻烦就开始了，他很欣慰地知道西
班牙也反对他们。[754] 尽管如此，他对允许和平贸易仍不十分放心。他手下的
人多次想要夺取西班牙的大船和小船，而且经常想在晚上切断大船的锚索。虽
然在这些行动中他们失败了，但西班牙人也同样没有成功地得到补给，而补给
是他们在长时间穿越太平洋后急迫需要的。从这里，西班牙人沿着棉兰老岛海
岸驶向该岛的最南端被称为"巴京达瑙"（Baguindanao [Banajan?]）的一个地
方。[755] 然后他们试着驶向西北方前往宿务岛，他们是从麦哲伦探险中知道了
这个地方，但由于逆风，他们被迫向南。他们最后于 10 月 22 日在太老（Talao
[Taland]）岛抛锚，这是一个处于棉兰老岛和马鲁古群岛的德那地岛之间"差不
多中途"的小岛。在这个地方他们受到了很好的接待，得到所有必需的补给，
并翻新了船只。[756]

按照奥维耶多的说法，棉兰老岛周长有 300 里格（1 200 英里），他错
误地认为它属于西里伯斯岛。根据从西班牙人那里收集的信息，他认为，沿
着东海岸到西海岸，该岛被分为六个省："巴京达瑙"（Baguindanao，马京达
瑙 [Maguindanao]）、"Paraçao"（待考）、"武端"（Bituan [Butuan]）、"Burse"（待
考）、[757] "维撒亚"（Viçaya，东南海岸?）和"马鲁可布可"（Malucobuco
[Malibog?]）。[758] 从棉兰老岛的最南端提纳卡海岬（Point Tinaka），可能会
看到许多岛屿，[759] 其中三个岛屿的名字分别是"桑丁加尔"（Sandinguar
[Sampantangu?]）、[760] "卡兰关"（Carraguan，萨兰加尼 [Sarangani]）[761] 和"桑关"
（Sanguin [Sanguir]）。棉兰老岛的人聪明伶俐、骁勇好斗，且奸诈不忠，即使他
们内部的交往也是如此。在夜色的掩护下，一些人试图切断西班牙人船上的锚
索，另一些人则力图向船员们出售黄金。岛上的一些部落几乎一直不断地相互

征战。因为这一原因，正常情况下每个人所有时候都携带着武器，包括孩子也是如此。他们在腰间佩戴着像匕首一样的刀刃。在没有盾的情况下，他们从不四处走动，而且他们的长矛像杀死金枪鱼的鱼叉一样，只是比鱼叉更加讲究且精巧。[762] 每年来自中国的帆船到达这里，用他们的丝绸、瓷器和制作精良的黄铜器与木器交换岛上的黄金、珍珠和奴仆。[763]

1543 年，棉兰老岛及其周边岛屿也曾为维拉罗伯斯探险远征队所造访。对于这次航行，官方的报告是由领航员伊凡·盖坦（Ivan Gaetan）在 1547 年或 1548 年写成（从 1588 年重新发行开始，编者写成胡安·戈坦诺 [Juan Gaetano]）。1550 年，该报告在赖麦锡著作中被印刷面世。[764] 虽然戈坦诺在报告中注明了这个岛通常被称为“文达瑙”（Vendenao，如奥维耶多就是这么称呼的），但他给了该岛一个更好的拼写“米勒德瑙”（Migindanao）。据传闻，维拉罗伯斯（Villalobos）命名这个岛为“切萨雷亚·卡罗利”（Cesarea Caroli），以向他的国王和皇帝表达敬意。[765] 这个领航员写道：“这个岛很大，环航一圈后，我们发现它周长达到 380 里格（1 520 英里），从东到西最大值全面延伸，而南北方向从北纬 11.5° 伸展到 5° 或 6°。”[766] 在环航棉兰老岛时，维拉罗伯斯探险队看到许多不同的民族，其中既有摩尔人也有异教徒，还有各式各样的国王和显要人物。像奥维耶多一样，戈坦诺注意到所有的人都穿戴整齐，他们穿无袖长袍，当地称这种长袍为派多拉绸袍（*patolas*），[767] 富人的长袍是用丝绸制作的，而其他人则是用各种类型的棉布制作的。戈坦诺除了写了奥维耶多注意到的进攻性和防御性武器外，还评议了在穆斯林做生意的地方，当地人也有小个头的大炮。这个岛上有很多野生动物，如猪、鹿和野牛。[768] 岛上的人饲养鸡，种水稻和棕榈。他们没有麦子，用大米或西米制作类似面包的食物。岛上盛产生姜、胡椒和黄金。沿着最西的海角（三宝颜）生长着肉桂，当葡萄牙人前往马鲁古群岛时，他们有时在途中也会抵达那里。

643　　维拉罗伯斯一行绕该岛一圈后，1543 年在靠近提纳卡海角的一个无人居住的地方逗留了三四个月，用以整修他的船只并消除船员的疲劳。然后他向南航行，到了附近的岛屿“萨兰加尼”（Saranga [Sarangani]）和“堪地加尔”（Candigar [Sampantangu?]）[769]，这两个岛屿相隔仅有 2 英里。在那里，戈坦诺发现了一个海盗藏身处，他详细描述了这些抢劫的船只。维拉罗伯斯的船只不能在这些小岛上找到给养，于是派了一艘船向北行驶以搜索粮食。"圣胡安"号在伯纳多·德·拉·托雷（Bernardo de la Torre）的指挥下绕开不友善的棉兰老岛（后来作家们断言葡萄牙人已与棉兰老岛的当地人密谋，不为西班牙人提供补给）[770]，最后在一个叫作"天台"（Tendaia）的小岛登陆。就这个岛屿是萨马岛还是莱特岛，现代学者争执不一，但萨马岛的说法似乎得到了更多的认同。[771]戈坦诺记载了这个岛上的异教徒很和善地对待他们，提供了一船的给养和淡水。出于感激之情，西班牙人把这个岛命名为"菲利宾娜"（Filipina）。1554 年首次出版的赖麦锡地图上，"菲利宾娜"（Filipina）出现在一个狭长的岛旁，该岛大致是在现在萨马岛（Samar）和莱特岛（Leyte）所处的位置。[772]

　　1577 年，埃斯卡兰特的《葡萄牙人到东方各王国及省份远航记及有关中华帝国的消息》（*Discurso de la navegacion que los Portugueses hazen à los Reinos y Provincias del Oriente, y de la notica q se tiene de las grandezas del Reino de la China*）[773] 在塞维尔出版，他的最后一章有一个对"我们称为菲律宾群岛的西方岛屿"的简要讨论。[774]十二年前，莱加斯比探险远征队开始在菲律宾群岛设立一个永久性的西班牙机构，而没有考虑到葡萄牙人声称这些岛屿是在他们划界之内。[775]尽管如此，在埃斯卡兰特书中没有提及莱加斯比在这些岛屿上的活动，也没有提到1571 年 6 月 24 日吕宋岛上的马尼拉据点。和奥维耶多一样，埃斯卡兰特倾向于认为，拉德龙和棉兰老岛是穿过太平洋前往马鲁古群岛途中，一个令人满意的且尚未被注意的中途停留点。但是，由于在《葡萄牙人到东方各王国及省份远航记及有关中华帝国的消息》一书中，他主要关注的是中国，所以仅对吕宋岛邻近广东，压倒性人口是摩尔人，拥有黄金产品的信息稍加提及说明。[776]从他的书中，读者能得出这样的概念，埃斯卡兰特及向他提供消息的人对菲律宾群岛不太关心，认为它们是经海路通往更富裕地方的中途站。在脍炙人口的《中华大帝国史》（*Historia ...*，1585 年）中，门多萨从奥古斯丁修会会士同伴的报告[777] 和1577 年致力于渗入中国的方济各会修士的报告中，获得了大多数已经出版了的关于菲律宾群岛的信息。与埃斯卡兰特和其他传教士一样，门多萨主要关注中国。但是，这个奥古斯丁修会史学家，又像这一领

644

域里他的同道一样，经常偏离他的主要话题，向欧洲通报西班牙和四个宗教兄弟会在菲律宾群岛确立自己地位的二十年历史（1565—1585 年）。作为这些运动的背景，他约略地补充了关于这些岛屿，特别是吕宋岛地区及其最近邻国的许多新细节。

和其他西班牙作者一样，门多萨以拉德龙群岛作为论述的起点，在那里，来自阿卡普尔科（Acapulco）[①] 的西班牙大帆船经四十天看不见陆地的航行后第一次抛锚。[778] 门多萨对当地人民及其习俗的描述优于奥维耶多的描述，但这位奥古斯丁修会会士仅叙述了这个群岛之内的七八个岛（而不是 13 个）。像皮加费塔和奥维耶多一样，注意到年轻单身汉的自由，根据习俗，他们在已婚妇女丈夫知悉和同意的情况下可以与她们交住。[779] 在所有这些岛上，没有中央政权或宗教权力进行统治。因此，岛上的人经常彼此交战，特别是当西班牙舰队出现后，西班牙人开始用商品交换食物和编织垫时，情况更是如此。拉德龙群岛上的居民极为看重铁制品和玻璃制品，对它们的重视远远高于对银子和金子的重视。没有人知道这些人信仰什么，因为没有欧洲人曾长期生活在这些岛上从而了解他们的语言。[780] 门多萨的信息提供者们认为，这种语言很容易学会，[781] 如果传教士和士兵能从西班牙在各地的事业中分一些精力出来，当地人是乐意改变他们的异教偶像崇拜的。门多萨很肯定地说，他相信这些异教徒是鞑靼人的后裔，因为他们之间有着许多类似的仪式和习俗。而且，他们从西班牙人那里买到铁，再将它卖给来那里贸易的鞑靼人。显然，他所提及的这些鞑靼人是来自日本、琉球（Liu-ch'ius）或中国的商人。

引用门多萨的话，西班牙人从拉德龙群岛向正西方航行了几乎 200 里格（800 英里），进入了一个叫作"圣灵"的海峡，[782] 穿过海峡他们进入了群岛。这个群岛由无数岛屿组成，以门多萨浅陋幼稚的地理学知识看来，这个群岛以半圆型从马鲁古群岛延伸到新加坡海峡。马尼拉是西班牙政治和教会的中心所在地，位于吕宋岛上，其精确位置是北纬 14.25°。这一群岛的无数岛屿几乎都由"自然人"居住了，但他们中的少数人（400 000）[783] 已经被纳入马

645

---

① 墨西哥南部港市。——译者注

尼拉管辖权内。当西班牙探险者第一次抵达这些岛屿时，整个群岛处于政治上的无政府状态。但是，按照门多萨的历史观，个人与个人为敌的战争只是近期的状态。更早的时候，中国统治着这些岛屿，直到中国皇帝根据自己的意志决定放弃它们——参考 15 世纪初明朝皇帝禁止海外活动的决定，任其自生自灭，当地人遂又重回粗野的生活方式，四处走动，不顾后果地彼此滥杀并彼此奴役。[784]但是上帝以他神圣的智慧，通过引导传教士来到这些岛屿而提供了一个补救的机会。传教士们在这些岛屿上传播福音，恢复了和平、秩序和正义。[785]如果西班牙人没有到来，当地人多半将加入伊斯兰教，因为定期从婆罗洲来菲律宾群岛的穆斯林人，这时已着手进行改变当地人宗教信仰的劝服活动。[786]

吕宋岛是早期奥古斯丁修会会士和方济各会修士最为活跃的，也是给人印象深刻的地方。吕宋岛上他加禄人（Tagalog）的宗教指定崇拜太阳、月亮、其他自然现象和很多偶像。[787]偶像中最令人敬畏的是一个被称为巴拉拉（*Balala*）的神。[788]传说中他高于其他神，但当地人似乎不能对为什么只有他占据了至高无上的地位给出满意的解释。叫"马加尼托"（maganitos）的众神，[789]在被称为"玛革都拉斯"（magaduras）①的豪华盛大节日上受到尊敬。[790]主持献祭仪式的女祭司叫作"奥勒戈伊"（holgoi）[791]，门多萨将她们描绘为因具有与恶魔对话，并执行巫术特技的能力而十分受人尊敬的女巫。在整个吕宋岛，算命者享有很高的声望，普通人对预示和天兆都极为敏感。1572 年莱加斯比探险远征途经此地时，吕宋北部伊罗戈（Ilocos）地区的当地人曾遭过莱加斯比的镇压。据说这些人崇拜恶魔，以报偿他给予他们的巨大黄金储藏。[792]虽然传教士在这些岛屿上取得了巨大进展，但门多萨指出在这里的传教士人数实在太少，特别是相对于几乎每天都能发现的新岛屿来说，情况更是如此。

菲律宾群岛第一次被发现时，普遍被认为这里的环境有害身心健康，因而不适于殖民。[793]然而，欧洲人的经历不久就证明这一看法是错误的，因为这些岛屿很快被发现既有益健康也适于欧洲人居住。门多萨列了长长的吕宋物产

646

---

① 吕宋岛的一种神。——译者注

清单，并谈论了所有当地产品的经济实惠。像许多其他评论者一样，门多萨不惜笔墨地介绍棕榈树的许多用途及其产品。虽然岛民们没有橄榄油也没有葡萄制成的酒，但他们有令人满意的替代品，即亚麻籽亚麻仁油和棕榈酒。每年20多艘来自中国的船只带来五颜六色的美丽丝绸和棉织品、火药和硝石，还有黄铜、铜和木雕等各种奢侈品。从西班牙定居点帕西格河（Pasig River）的另一边，接近于马尼拉市的地方有一个中国人的群落。大多数中国人都是手艺人（鞋匠、裁缝、铁匠和金匠）、商人或官员，所有的中国人都已经接受了这个城市的官方基督教。这些海外中国人易于皈依的现实，增强了传教士们使中国大陆皈依基督教的希望。虽然他们清楚地知道，根据中国法律，传教士去那里是受严格限制的。正是在马尼拉的中国人的帮助下，传教士们能够将中国资料翻译成西班牙语，而门多萨也正是利用这些中国资料着手写作他关于中国的著作。[794]尽管西班牙传教士们试图向中国大陆传播福音的努力最后遭遇挫败，但他们却成功地在马尼拉做了一些了解中国文化的开创性工作。

1500 年以前，欧洲对东南亚所知甚少，所了解到的无非是几个主要大陆国家和主要岛屿的名字与主要物产。随着时间的流逝，又一个世纪过去了，由于史学家、官员、探险者和传教士通讯员的努力，大量记载了从缅甸到印度支那、菲律宾群岛、新几内亚和马里亚纳群岛上每个主要国家和岛屿的资料被印刷出来。除此之外，还有其他更多的资料也源源不断地流入欧洲，这些资料或因保密，或仅因它们被认为过于重复或不合逻辑而没有印刷面世。虽然马六甲是整个地区贸易和信息的中心，但在阿尔伯克基夺取了这个贸易中心后，欧洲人却对马来半岛叙述甚少。爪哇、婆罗洲和苏门答腊，可能因为是摩尔人的据点，同样被欧洲作者们轻视怠慢。葡萄牙和西班牙史学家在他们的叙述中，总结了到该世纪中期时欧洲人所了解的暹罗、缅甸、印度支那和香料群岛。出版的大多数有关菲律宾群岛和新几内亚的书籍出自西班牙探险者。耶稣会士的书信对了解马六甲和香料群岛特别有价值，这些书信只是在其中附带提及大陆国家，显而易见在大陆国家中尚没有耶稣会士的一席之地，此外对菲律宾群岛提及不多，在那里，耶稣会士比西班牙的方济各会修士和多明我会会士影响要小得多。

虽然如此，欧洲所知道的东南亚募缘和讲道修士团的大多数活动却都是通过耶稣会士信件转述而来的。这些信息虽然零碎散乱，其中一些无疑不足为信，但因为当地资料极为缺乏，幸存的资料既不可靠又缺少精确日期，所以这些耶稣会士传递的信息对现代学术界仍然极具价值，可补充严谨精确的中国编年史中记录的相关内容。

欧洲观察家，特别是巴罗斯，设法从当地被调查者那里了解这个地区前欧洲时期的历史。他们记下了从口头传说中听到的所有关于缅甸、暹罗、柬埔寨、苏门答腊、马鲁古群岛和菲律宾群岛的起源和发展情况，而不管它们是神话还是事实。他们中许多人研究了当地语言，特别是马来语、爪哇语、米沙鄢语、孟语、泰语和柬埔寨语，从而为欧洲人提供了在这些地方进行商业、宗教和行政管理的当地语词汇。一些传教士一直致力于获得当地文献的原件，及世俗的和神职作家们对缅甸、暹罗、柬埔寨和交趾支那现存书籍的评论。假如皮雷斯关于爪哇的记述能够得以出版，欧洲就能早知道爪哇作品的存在。沙勿略不只一次地对群岛缺乏用马来语记载的当地文献感到遗憾，他认为当地文献匮乏是由于这一事实：马来人近期才学会了用穆斯林阿拉伯字母书写他们的语言。欧洲人几乎众口一词地表达了他们对自己在这个大陆所看到的宗教建筑和雕刻的赞美，间或混杂着某种惊叹与厌恶之情。

从在东南亚冒险开始，欧洲人就对中国和中国人的重要性印象深刻，欧洲人一再证实中国在东南亚过去历史中的突出地位。爪哇人心灵手巧，据巴罗斯推测，是因为他们在历史上与中国人有交往。按照缅甸传说，其起源与一个中国女人有关联。16世纪初期，暹罗是这一地区最大的国家，但它仍然是中国的一个属国。交趾支那通过经济和联姻而与北京联合。在遥远的清迈市场上能看到中国产品，而原始的老挝人越过中国边境进行突袭。哈马黑拉岛又称作巴托支那德莫罗，据称该岛与中国商人早有亲密的接触。马六甲是北京的属国，它向中国请求帮助反对阿尔伯克基。在苏门答腊的传说中，中国人曾在某一时期控制了海峡的商业。门多萨猜测，15世纪明朝皇帝决定禁止海外冒险之前，菲律宾群岛是被中国人统治的。

看得出，欧洲人较少意识到东南亚的印度教文化和政治活动。部分原因是

648　他们未能完全将佛教与印度联系起来，而仅将佛教与锡兰联系在一起；同时也与 16 世纪期间，来自古吉拉特邦和印度的穆斯林商人的突出地位有关，这些人经常被归类为"阿拉伯人"。尽管如此，他们仍叙述了在东南亚看到的来自于印度的习俗：太监在勃固宫廷中的重要性，正如在孟加拉一样重要；在某些苏门答腊港口，新国王是通过暗杀继位，这类似于据说是孟加拉所特有的做法；在暹罗，来自科罗曼德尔海岸（Coromandel coast）的克林族人（Klings）受到如算命者和巫师一样的极高尊敬；在一些地方，当地人像马拉巴尔（Malabar）海岸的那些人一样，每天敬拜他们在早上看到的第一件物品——甚至在遥远的柬埔寨也是如此。虽然欧洲人主要谈论了爪哇非穆斯林部分，但奇怪的是他们并未领会到爪哇与印度文化的历史关系。

欧洲人对穆斯林的憎恨及两者间的贸易竞争，导致 16 世纪的作家们高估了东南亚摩尔人的重要性。由于两个群体都在港口城市十分活跃，同时两者又都不能有效地渗透进内陆腹地，所以对摩尔人的这种强调是不可避免的。葡萄牙史学家指出穆斯林商人在大陆并没有什么影响力，正如他们在马六甲和群岛的影响力不过如此时，这些史学家几乎欣慰地吐出一口长气。传教士作家本身一直通过基督教推进并扩大贸易，他们清楚地看到通过穆斯林商人、海员和宗教教师，先知（穆罕默德）的信念一直不断地被推广开来。基督教作家们，无论是世俗的还是神职的，在他们论述的每个地方，几乎从未忘记下他们所知道的伊斯兰教的传入。他们清楚地阐述了马六甲沦陷后，伊斯兰教的主要中心位于苏门答腊、爪哇、婆罗洲和马鲁古各岛上。直到 1570 年，葡萄牙人还经常让耶稣会士灰心丧气，在马鲁古群岛，葡萄牙人竟与德那地岛的穆斯林统治者们合作。然而，或许是作为他们自己进行军事活动的一个基础，大多数西班牙人坚定地认为，如果基督徒们不能在穆斯林之前强有力地渗透进群岛，那么菲律宾群岛将逐渐地被以婆罗洲为基地的穆斯林所接管。虽然对摩尔人的所有东西都充满好斗的敌意，传教士很不情愿地承认伊斯兰教作为这一群岛统一和文明化力量的潜能。事实上，在这一地区可以清楚地看到，葡萄牙人和基督教传教士们采纳的策略无非是征服、宗教皈依和扶持当地国王（造王），这些与穆斯林遵循的那一套做法十分相似。

东南亚大陆国家被描述为已获得了独立，具有相似的政治、社会和军事体制。在所有国家中，国王是绝对的最高统治者，他是所有土地的所有者和每个人命运的主宰。勃固、暹罗和柬埔寨的统治者们声称对其周边的小邻国拥有宗主权，或彼此声称对对方拥有宗主权。这些统治者们从国内税收和战争中获得他们的大部分岁入，但他们也对国际贸易严加管理，并从中勒索贡物。就暹罗而言，上层社会因向国王提供服役而得到土地赠予——不过，这种奖赏并非永久性的。这些国家的下层阶级，除了那些参与和服务于贸易的人外，依赖于农业，特别是以稻米耕种为生。和平时期，善良勤劳的芸芸众生也饱受连绵战事之苦，统治者们因为想要征服他们的邻国而发动了这些战争。在有许多葡萄牙人参与的大陆战争中，他们目睹了战争造成巨大的人口流动，因为这些国家每个人都有义务服兵役，此外，在这里，胜利者通常将占领的城市夷为平地，通过驱散居民或将他们流放而减少城市人口。

649

在宗教和社会习俗上，大陆国家显示出相似的特征。它们都是面积很大的异教国家，无论穆斯林还是基督徒都未能使许多人改变信仰。欧洲人虽然对佛教的历史和教义不是很清楚，但他们充分意识到佛教的优势地位，并对佛教恢宏壮丽的庙宇、舍利塔和雕像印象深刻。他们也懂得，在统治者和宗教组织之间存在着密切的联盟。佛教的等级结构，特别是数量巨大、墨守成规生活着的托钵僧和隐居和尚的存在，令他们联想起天主教欧洲的宗教体制。许多欧洲人盛赞这些国家的神职人员维持着本国传统、促进学术发展并从事教育和社会服务工作。佛教和尚固然因其宗教设施建筑的富丽堂皇和他们关心公认的有建设性的活动而受到褒奖，但他们更因不屈不挠地献身于自己的信仰而饱受欧洲人的苛责。虽然欧洲人的这种敌意大多出自诚心，但欧洲人著作的读者们经常留下这样的印象，异教徒的做法更多是因为信念习俗的不同而遭到指责。

马六甲以东的海岛世界有自己的生活，除了贸易外，它与大陆上正在发生的事几乎毫无关联。这里并不存在足以抵制葡萄牙基督教扩张的异教大国。欧洲人在这些地方遇到的持久且充满仇恨的反对，都是由强硬不妥协的摩尔人带头的（除了菲律宾的麦克坦岛 [Mactan] 的抵制）。几乎到处都有摩尔人，他们占据并控制着海岸地区，不过有时基督徒们会尾随他们而至，甚至排挤并取代了他们的位置。卷入香料贸易的海港城镇统治者，似乎完全靠商业征税、出售船只给养和作为中间人的获利而生活。在内陆腹地，欧洲人主要根据传闻了解生活在那里的人在他们的信仰和行为上保持着异教徒的传统。一般说来，原始的土著人并没有被描绘为"高尚的野蛮人"，但特兰西瓦尼亚的马克西米利安和奥维耶多有意称赞婆罗洲的土著，说他们热爱一种和平自然的生活，这很可能是毫无依据的杜撰。相反，其他欧洲人强调这些原始岛民的贫穷、污秽和可恶的习俗，即便他们看到岛民们表现友善的时候，也是无动于衷。基督徒作家们对苏门答腊、香料群岛和菲律宾群岛到处都有食人族感到格外震惊，他们同样对毒药的广泛使用义愤填膺，猛烈抨击各种形式的背信弃义行为。他们中大多数人对这些岛屿散乱分布的广阔地区感到敬畏，并表达了对马来语的特别感激之情，因为这种语言为他们提供了一个媒介。通过马来语，他们能够与如此众多广泛分散在各地的具有很大差异的民族进行沟通。实际上，这个领域的作家们，特别是耶稣会士，似乎被在这些岛屿上发现的种类繁多的人类族群、肤色、技能和语言弄得不知所措。其中一些人试图记录城镇、山脉和河流的名字（古代的和当代的），部落的名称及其日常生活必需的食物、住所和商业词汇。尽管有这样一些令人钦佩的成就，但欧洲人、商人和士兵，还有传教士，还是震惊于他们在群岛上面对的工作之繁复。卡蒙斯表达了这种沮丧的感觉，他无可奈何地叹息道："到处都是有无数名字的部落国家，还有至今根本没有名字的部落国家。"[795]

注释:

[1] R. H. Major, *Early Voyages to ... Australia* (London, 1859), pp. v-vi. 1522 年葡萄牙人发现澳大利亚的声明陈述，见 Armando Cortesão. "A expansão portuguesa através do Pacífico (Australásia. Macau, Japão)," in Antonio Baião (ed.), *História da expansão portuguesa no mundo* (3 vols.; Lisbon, 1937-39), II. pt. 3, chap. xi。

[2] A. Cortesão and A. Teixeira da Mota, *Portugaliae monumenta cartographica* (Lisbon, 1960), I. 15.

[3] 见上文，p. 181。

[4] 见上文，p. 165。

[5] 在 Sir Richard C. Temple (ed.) , *The Itinerary of Ludovico di Varthema of Bologna from 1502 to1508* (London, 1928), p. xxv 中列出了大概的日期表。

[6] 这个法文文本在该世纪后期分别由赖麦锡和伊登翻译为意大利文和英文译本。见上文，pp. 207，210。

[7] George B. Parks (comp.), *The Contents and Sources of Ramusio's Navigationi* (New York, 1955).

[8] 见 I. A. Macgregor, "Some Aspects of Portuguese Historical Writing of the Sixteenth and Seventeenth Centuries on South East Asia," in D. G. E. Hall (ed.), *Historians of South East Asia* (London, 1961), p. 196。

[9] Década IV, Book 5. chap. i. 许多研究卡斯塔涅达的学者并不知道这个可能性，或者也许他们知道，因认为证明文献不可信且不充足而不予考虑。但即使我们没有同时代的文献确证这件事，可想而知，这样的旅游是可能的。J. H. Harrison, "Five Portuguese Historians," in C. H. Philips (ed.), *Historians of India, Pakistan and Ceylon* (London, 1961), p. 163, J. H. Harrison 在 C. H. Philips (ed.), *Historians of India, Pakistan and Ceylon* (London, 1961) 中的 "Five Portuguese Historians" p. 163 毫不犹豫地断言，"卡斯塔涅达的巨大价值在于他个人对马六甲和马鲁古群岛的熟悉"。

[10] Academia das sciencias de Lisboa, *Cartas de Afonso de Albuquerque* (7 vols.; Lisbon, 1884-1935); 虽然该文集关于阿尔伯克基活动的资料非常具有价值，但它并未包括阿尔伯克基关于这次围攻的报告。他对马六甲评论的译文见 Walter de Gray Birch (trans. and ed.), *The Commentaries of the Great Afonso Dalbaquerque* ("Publications of the Hakluyt Society," Old Series, Vols. LXII and LXIII [London, 1880]), Vols. III and IV。

[11] 见 Zoe Swecker, "The Early Iberian Accounts of the Far East" (Ph.D. dissertation, University of Chicago, 1960), pp. 113-14。

[12] 对这本书全面的分析见下文，pp. 743-45。

[13] 因为他很少在记录中标出日期，所以难以确定他在所写的地方逗留的日期。上述日期是根据 Jarl Charpentier, "Cesare di Federici and Gasparo Balbi," *Indian Antiiquary,* LIII (1924), 53-54 所做的估计。

[14] "弗雷德里克……给我们留下了从一份欧洲资料中能得到的关于缅甸最好的描述。"见 D. G. E. Hall, *Early English Intercourse with Burma (1587-1743)* (London, 1928), p. 18。

[15] Charpentier, *loc. cit.* (n. 13), p. 61.

[16] 再版于 Samuel Purchas (ed.), *Hakluytus Posthumus; or, Purchas His Pilgrimes* ("Publications of the Hakluyt Society," Extra Series, Vol. X [Glasgow, 1905-7]), pp. 143-64。

[17] 最初被命名为 *Verhael vande Reyse by de Hollandtsche Schepen gedaen near Oost Indien* (Middleburg, 1597)。由 William Phillip 翻译的英文版书名为: *The Description of a Voyage Made by Certaine Ships of Holland into the East Indies* (London, 1598)。见上文 , p. 202n。

[18] D. G. E. Hall, *Europe and Burma. A Study of European Relations with Burma to the Annexation of Thibaw's Kingdom (1886)* (London, 1945), p. 15.

[19] III, 730-42；另见 Xl, 101-33。

[20] Barker 的叙述在 Vol. II, Pt. II, pp. 102-3; May 的叙述在 III, 571-72。这些文件的最近编辑文本，见 Sir William Foster (ed.), *The Voyages of Sir James Lancaster to Brazil and the East Indies* ("Hakluyt Society Publications," Second Series, No. LXXXV [London, 1940)], pp. 1-51。

[21] C. Wessels, S. J., *Histoire de 1a mission d'Amboine ... 1564-1605* (Louvain, 1934), p. 9 认为，就他的推断，1570 年至 1600 年期间没有一封来自安汶岛或马鲁古群岛的信件得到印刷。他通过论述传教使命完全依赖于西班牙和葡萄牙王室而对此做出解释。他也指出罗马出版特谢拉和范礼安对沙勿略在东方活动的研究是如何的缓慢，而从这个讨论的上下文中可以看出，他似乎暗示罗马教皇权面临来自伊比利亚强权要求有关香料群岛详细信息不得付诸印刷的压力。

[22] 基于 Robert Streit, *Biblioteca missionum* (Aachen, 1928), IV, *passim* 的研究。

[23] 虽然 1555—1556 前葡萄牙的冒险家们和多明我会传教士加斯帕尔·达·克路士（Gaspar da Cruz）都在柬埔寨，但直到该世纪最后几年前，欧洲出版的著作中关于柬埔寨的具体信息才开始出现。这主要是与西班牙力图获得一个大陆据点有关，欧洲人因而知道了柬埔寨。1601 年，有关吴哥（Angkor）被毁的第一个描述被收录在 F. Marcello de Ribadeneyra, O. F. M., *Historia de las islas del archipelago, y reynos de la gran China ...* (Barcelona, 1601), pp. 173-87。对伊比利亚人发现柬埔寨极好的概述见 Bernard P. Groslier, *Angkor et le Cambodge au XVIe siècle d'après les sources portugaises et espagnoles* (Paris, 1958), chap. ii。

[24] 爪哇人通常被伊比利亚作家们描绘为凶猛的武士，他们在商业交易中卑鄙且不可靠。一个独立的、类似的评价，见 I. A. Macgregor, "Notes on the Portuguese in Malaya," *Journal of the Malayan Branch of the Royal Asiatic Society* XXVIII (1955), 24。

[25] A. C. Burnell and P. A. Tiele (eds.), *The Voyage of John Huyghen van Linschoten to the East Indies* ("Hakluyt Society Publications," Nos. LXX and LXXI, Old Series [London, 1885]) I, 112.

[26] Paul Wheatley, *The Golden Khersonese* (Kuala Lumpur, 1961), pp. 138-40.

[27] 显示出托勒密的海岸线叠印在一幅现代东南亚地图上的地图，见 *ibid.*, p. 146。

[28] 见 *ibid.*, pp. 151-52。

[29] 可能创建于大约 1400 年。*Ibid.*, pp. 306-7。

[30] D. G. E. Hall, *A History of South-East Asia* (London, 1960), p. 189.

[31] R. H. Major (ed.), *India in the Fifteenth Century* ("Hakluyt Society Publications," Old Series, Vol. XXII [London, 1857]), Pt. IV, p. 7.

[32] 在这个荷兰人的著作 *Calcoen*（1504 年）中，"Melatk" 是作为一个可得到香料的地名被提及。1505 年纽伦堡时事通讯（*The Right Way to Travel from Lisbon to Calicut*）给出了从 Quilon 到 "Mellacka" 和 "Schamarttar"（苏门答腊？）的距离。但是曼努埃尔国王给卡斯提尔的著名信件（1505 年）中却没有提及马六甲。见上文，pp. 160-61。

[33] Temple (ed.), *op. cit.* (n. 5), p. lxix.

[34] 孔蒂也说过在当地它被称为 "Sciamuthera"。但就其名字而言，"甚至到了当代，它与除爪哇外的该群岛中的大岛相似，没有居民们熟悉的一个名字"。(John Crawfurd, *A Descriptive Dictionary of the Indian Islands and Adjacent Countries* [London, 1856], p. 413.) 对于它源自 "Sumātrabhúmi" 而非 "Samudra" 见 N.J. Krom, "De naam Sumatra," *Bijdragen tot de taal-, land-en Volkerkunde van Nederlandsch-Indië,* C (1941), 5-25。林斯乔坦（载于 Burnell and Tiele [eds.], *op. cit.* [n. 25], I, 107-8) 在该世纪末继续称它为塔普罗班纳，虽然更早时巴罗斯已慎重声明塔普罗班纳就是锡兰。

[35] 也许实际上他所提及的是马鲁古群岛以南的布鲁岛。见 Temple, *op. cit.* (n. 5), pp.lxxv-lxxvi。Crawfurd (*op. cit.* [n. 34], p. 63) 认为他写道婆罗洲，并仅仅给出一个马来城市或州的拼写，而后来欧洲作家们将此渲染为 "Brune"、"Brunai"、"Burne" 或 "Burnai"。

[36] 瓦尔塔马的《游行指南》1510 年第一次出版。文献考察见上文，pp. 165-66。

[37] Groslier, *op. cit.* (n. 23), p. 142.

[38] 直到 1615 年马德里的修订和扩增版出现之前，一直没有地图增加到 *Décadas* 中。

[39] Hernani Cidade and Manuel Múrias (cds.), *Asia de João de Barros ...* (Lisbon, 1945), I, 353.

[40] *Ibid.*, III 231-32.

[41] *Ibid.*, pp. 257-59.

[42] *Ibid.*, III, 76; 我的解释改编自 Swecker, *op. cit.* (n. 11), p. 79 的摘要。

[43] Burnell and Tiele (eds.), *op. cit.* (n. 25), I, chaps. xvii-xxii.

[44] Luis de Guzman, *Historia de las missiones* (Alcalá, 1601), I, 4-5.

[45] Sir Richard Winstedt, "Malay Chronicles from Sumatra and Malaya," in D. G. E. Hall (ed.), *op. cit.* (n. 8), p. 24, 从 "15 世纪末或 16 世纪初" 开始。Wheatley, *op. cit.* (n. 26), p. iii 确定 "日期不会早于" 16 世纪 "中期"。

[46] 托梅·皮雷斯（Tomé Pires）的《东方总论》（*Suma oriental*）是 1512—1515 年间在马六甲写作的，它对这个城市的历史、市郊、市政管理和贸易做了最早且最好的叙述。然而不幸的是，这一部分却是 1550 年出版的赖麦锡版中删节内容之一。自此以后，皮雷斯的记述不再看得

到，直到 20 世纪被发现，并出版在 Armando Cortesão (trans. and ed.), *Tile Suma Oriental of Tomé Pires ...* ("Hakluyt Society Publications," 2d Ser., Nos. 89-90 [2 vol.; London, 1944])。皮雷斯所提到的一些马六甲与暹罗的麻烦由赖麦锡放在东南亚大陆部分出版。显然，作为整体的皮雷斯的著作由于没有引起后来作家和制图师的注意，在 16 世纪甚至不能以手稿形式流传。见 Swecker, *op. cit.* (n. 11), pp. 42-43。然而，很可能巴罗斯从中得到了一些关于马来亚早期历史的信息。

[47] Cidade and Múrias (eds.), *op. cit.* (n. 39), II, 249-59. 这个记述载于他的第二个《旬年纪》中，该书 1553 年第一次出版，涉及从 1505 年到 1515 年葡萄牙在东方的活动。巴罗斯历史探讨的法文译本及其出色的编者评论，见 Gabriel Ferrand, "Mālaka, Ie Mālayu et Malāyur," *journal asiatique,* Series XI, Vol. XI (1918), pp. 431-38. Because of its indispensable editorial comment, we will use Ferrand's version of Barros and Albuquerque。

[48] 迭戈·洛佩斯·德·塞奎拉 (Diogo Lopes de Sequeira) 是到达马六甲的第一个葡萄牙使者，他于 1509 年在那里抛锚泊船。从这个日期减去 250 年，大约 1259 年估计是马六甲创建的时期。Wheatley *op. cit.* (n. 26), p. 306, 错误地认为巴罗斯"建议为 13 世纪上半期"。阿尔伯克基之子，根据他父亲的信，将日期锁定为大约 1421 年。虽然仍然存在着不同的看法，但大多数现代学者都倾向于将创建日期确定为大约 1400 年；就他们引证的文献资料来看，他们严重依赖皮雷斯根据爪哇资料所进行的描述（见 Cortesão [ed.], *op. cit.* [n. 46], II, 229-35）。也应该注意到，虽然大多数现代学者无法做到这一点，但瓦尔塔马对它做了评论（in Temple [ed.], *op. cit.* [n. 5], pp. lxxi and 84），认为它大概建于他到达那里的八十年前，或建于大约 1426 年。

[49] 巴罗斯和阿尔伯克基指出当地语 *Singapura* 一词意为一次"背叛的耽搁"。但现代学者认为 *Singapura* 是几个"狮城"中的一个，在满者伯夷（Majapahit）时期被佛教信徒如此称呼。见 Wheatley, *op. cit.* (n. 26), p. 304. 中文资料参考见 Hsü Yun-ts'ia, "Notes on the Historical Position of Singapore," in K. G. Tregonning (ed.), *Papers on Malayan History* (Singapore, 1962), pp. 226-38。

[50] Ferrand, *loc. cit.* (n. 47), p. 432, n. 6.

[51] *Ibid.*, p. 433, n. 5, 将"*Sauge*"和"*Sang i*"联系在一起，经常固定为神圣的和皇家的名字的符号；"singa"（因为 *singha*，也在 Singhapura 或 Singapore 中发现）意为"狮子"。

[52] Professor C. C. Berg 的翻译。关于拜里迷苏剌作为马六甲的创建者的现代学术研究见 D. G. E. Hall, *op. cit.* (n. 30), pp. 179-80. 在 1331 年后他被称为 Ādityawarman, king of Mĕlayu。

[53] 出自 *Sĕlatī*，这是一个阿拉伯—马来词，意为"海峡人民"，所指为马六甲人民。另见 Ferrand, *loc. cit.* (n. 47), p. 434. n. 3, and S. R. Dalgado, *Glossário Luso-Asiático* 2 vols.; Coimbra, 1919), I, 245。

[54] 在《阿方索·阿尔伯克基评论集》（*Commentarios*）中，这个地方被称为"Bintão"。关于这个名字的讨论见 Ferrand, *loc. cit.* (n. 47), p. 435, n. 1。可能巴登地区位于现代马六甲以北 8 英里处。见 Wheatley, *op. cit.* (n. 26), p. 307。

[55] 这个词源说明，也出现在《阿方索·阿尔伯克基评论集》上，但并不为现代学者们所接受。Ferrand, *loc. cit.* (n. 47), p. 148, n. 2 直截了当地认为，"马六甲"是一种具有涩味的干果诃子（*Phyllanthus emblica*）的梵文—马来名称，其他人同意他的这一说法。

[56] 出自马来语 *dusu*，意为农场、村庄或乡间住宅。见 Dalgado, *op. cit.* (n. 53), I, 371。

[57] Pires in Cortesão (ed.), *op. cit.* (n. 46), II, 286.

[58] 关于爪哇和苏门答腊两个 Palembangs 的混淆，见 Ferrand, *loc. cit.* (n. 47), pp. 412-14, n. 3。

[59] 没有别处的证实。见 Hall, *op. cit.* (n. 30), p. 180。

[60] 按照 C. C. Berg 的说法，爪哇统治者与中国妇女的婚姻通常在印尼故事中都有叙述。Berg 暗示 *Rajapute* 可能出自 *Daraputih*，而不是 *rajapuari* 或 white *rājā*。

[61] 改编自马来语，*laksamana* 意为海军上将或舰队司令。见 Ferrand, *loc. cit.* (n. 47), p. 427, n. 2。

[62] 一个阿拉伯名字，意为"信念殿下"。*ibid.*, p. 422, n. 2。

[63] 出自马来语 *bendahāra*，意为司库或财政部长。见 *ibid.*, p. 427, n. 1。

[64] 与法官等同，但并非完全合适。见 *ibid.*, p. 423, n. 2。伯格教授认为这个头衔出自马来语 *Kĕling*，经常写作"Kling"，所指为印度的土著，特别是来自其东海岸的土著。另见上文，p. 412。

[65] 根据皮雷斯在 1550 年由赖麦锡出版的书中关于暹罗这一部分的说法。见 Cortesaão (trans. and ed.), *op. cit.* (n. 46), I, 108。

[66] Ferrand, *loc. cit.* (n. 47), p. 423, n. 7.

[67] Albuquerque in Birch (ed.), *op. cit.* (n. 10), III, 87.

[68] For further clarification of this passage, which is also obscure in the original *Commentarios* of Albuquerque, see the French translation by Ferrand, *loc. cit.* (n. 47), p. 426. 在阿尔伯克基原版《阿方索·阿尔伯克基评论集》中，这一段也是模糊晦涩的，为了进一步说明这一段，见 Ferrand 的法文译本。

[69] *Ibid.*, p. 426, n. 3.

[70] Albuquerque in Birch (ed.), *op. cit.* (n. 10), III, 87.

[71] 关于他的其他任职，诸如后宫的主宰，见马六甲法典的译文，载于 Ferrand, *loc. cit.* (n. 47), p. 427, n. 2。

[72] 可能出自马来语 *temengung*，这个专有名词现在被用于说明军衔。见 *ibid.*, p. 415, n. 1, and p. 427, n. 3。

[73] *Shāh-bândar*，是一个在亚洲海上普遍使用的波斯语专有名词，字面意思为"港口国王"。见 *ibid.*, p. 428, n. 1。

[74] 关于阿尔伯克基保留传统政府的决定，见 Barros in Cidade and Múrias (eds.), *op. cit.* (n. 39), II, 283；近期学者的证实，见 I. A. Macgregor, *loc. cit.* (n. 24), pp. 23-24。

[75] 例如，见 I. A. Macgregor, *loc. cit.* (n. 24), pp. 5-47 中极好的概述。

[76] 关于中间年份更多的资料，见 J. Wicki (ed.), *Alessandro Valignano, Historia del principio y*

progresso de la Compañia de Jesús en las Indias Orientales (1542-64) (Rome, 1944), pp. 85-93。

[77] M. L. Dames (ed.), *The Book of Durate Barbosa* (London, 1921), II, 178；另见林斯乔坦在 Burnell and Tiele (eds.), *op. cit.* (n. 25), I, 105 的评论。

[78] Varthema in Temple (ed.), *op. cit.* (n. 5), p. 84。

[79] Pedro de Azevedo (ed.), *História do descobrimento e cotlquista da India pelos Portugueses* (Coimbra, 1924), I, 458. 根据所有可得到的资料（不仅是那些 16 世纪间在欧洲印刷的资料）对马六甲做的叙述，见 Wheatley, *op. cit.* (n. 26), pp. 311-12。另见 Barros in Cidade and Múrias (eds.), *op. cit.* (n. 39), II, 173-74。

[80] 对于葡萄牙王室的官员来说，马六甲显然是个苦差使。更多的评述见 Macgregor, *loc. cit.* (n. 24), pp. 6-8。一些耶稣会士去马六甲后哮喘康复，但其他人则抱怨说内陆的风使每个人都得了热病。见 J. Wicki (ed.), *Documenta Indica* (Rome, 1962), VII, 33, 46, 86。

[81] Albuquerque in Birch (trans. and ed.), *op. cit.* (n. 10), III, 85. 皮雷斯在他那本 1550 年由赖麦锡出版了大部分的书中，在暹罗部分探讨了马来人和暹罗人的政治纠纷，他认为（自从大约 1490 年起）暹罗人有二十二年没有在马六甲从事贸易。见 Cortesão (trans. and ed.), *op. cit.* (n. 46), I, 108。

[82] Barros in Cidade and Múrias (eds.), *op. cit.* (n. 39), II, 257. 关于他们以后与葡萄牙人相处的困难，见 Macgregor, *loc. cit.* (n. 24), p. 24, n. 72。

[83] Barbosa in Dames (ed.), *op. cit.* (n. 77), II, 174-77. 关于马六甲的胡砍乱杀，另见 Varthema in Temple (ed.), *op. cit.* (n. 5), p. lxxi。

[84] Varthema in Temple (ed.) *op. cit.* (n. 5), p. 84；评论参见 p. lxxi，其中一个威尼斯人根据他在印度的经历向《前往塔纳游行纪实》(*Viaggi fatti alla Tana*, 1543 年) 提供了信息，他注意到马六甲人矮小红润，戴有长长的黑色穆斯林头巾，使用残忍的带毒箭头作战，用丁香向葡萄牙纳贡，并从中国购买瓷器。

[85] Barbosa in Dames (ed.), *op. cit.* (n. 77), II, 176.

[86] Albuquerque in Birch (ed. and trans.), *op. cit.* (n. 10), III, 86.

[87] Varthema in Temple (ed.), *op. cit.* (n. 5), p. 84.

[88] Albuquerque in Birch (trans. and ed.), *op. cit.* (n. 10), III, 86.

[89] Barros in Cidade and Múrias (eds.), *op. cit.* (n. 39), II, 258-59.

[90] Linschoten in Burnell and Tiele (eds.), *op. cit.* (n. 25), I, 106.

[91] Castanheda in Azevedo (ed.), *op. cit.* (n. 79), I, 458.

[92] *Delle navigationi et viaggi* (Venice, 1554), p. 408, 只是从总目录中摘取了几个作为例子的词汇。

[93] G. Schurhammer and J. Wicki (eds.), *Epistolae S. Francisci Xaverii aliaque eius scripta* (Rome, 1944-45), I, 333. 在断定马来人在学会阿拉伯字母前不知道如何书写这点上，沙勿略可能错了。很可能他们在更早时会书写了，而且他们使用了一种改进的印度字母。

[94] Alfred Wallace 是 19 世纪英国伟大的博物学家，他记述了他深入马六甲腹地的游行，写道

在那里仍能发现老虎，他们一伙人整晚让火燃烧着以吓退老虎、大象和犀牛（*The Malay Archipelago* [10th ed.; London, 1898], p. 26）。参见 Wheatley, *op. cit.* (n. 26), p. 317。

[95] Barros in Cidade and Múrias (eds.), *op. cit.* (n. 39), II, 258.

[96] Birch (trans. and ed.), *op. cit.* (n. 10), III, 101-37.

[97] Azevedo (ed.), *op. cit.* (n. 79), II, 150-54.

[98] 河上障碍的详情载于 G. Maffei, *L'Histoire des Indes Orientales et Occidentales ...* (Paris, 1665), pp. 281-83。

[99] 描述见 Barros in Cidade and Múrias (eds.), *op. cit.* (n. 39), III, 253。

[100] 阿尔伯克基、戈伊斯和马菲也声称这个苏丹在被征服后不久去世。更近期的学术研究主张，他继续困扰着葡萄牙人，并最后在监莅（在苏门答腊）避难，他于 1527 年末或 1528 年初死于那里。见 I. A. Macgregor, "Johore Lama in the Sixteenth Century," *Journal of the Malayan Branch of the Royal Asiatic Society,* XXVIII (1955), 73-75。

[101] Azevedo (ed.), *op. cit.* (n. 79), II, 436.

[102] *Ibid.,* III, 61.

[103] *Ibid.,* IV, 42.

[104] *Ibid.,* pp. 340-41.

[105] 16 世纪印刷资料中并不清楚准确的位置。这也是 Macgregor, *loc. cit.* (n. 100), p. 84 中的结论。This is also the conclusion of Macgregor, *loc. cit.* (n. 100), p. 84.

[106] 例如，见弗朗西斯科·佩雷斯写给果阿神父们的信（马六甲，1551 年 11 月 24 日），收录于 Wicki(ed.),*op.cit.*(n.80),II,204-20。1552 年，沙勿略在科钦给国王约翰三世写信，讲述了在围攻期间，马六甲遭受的损坏，并要求给极其崇高保卫城市的葡萄牙人以特别补助金。这封信在 16 世纪并未出版。见 Schurhammer and Wichki(eds.),*op.cit.*(n.93), II, 302。

[107] 见（来自 Lourenço Peres?）写给葡萄牙修会会省之省长里奥·恩里克（Leão Henrique）的信，（马六甲，1568 年 12 月 3 日）收录在 Wicki (ed.), *op. cit.* (n. 80), VII, 519。

[108] 引自 Macgregor, *loc. cit.* (n. 100), pp. 86-87。

[109] Burnell and Tiele (eds.), *op. cit.* (n. 25), I, 193-94.

[110] *Ibid.,* pp. 198-99. 葡萄牙人攻击柔佛·拉玛的细节，见 Macgregor, *loc. cit.* (n. 100), pp. 101-12。

[111] 写给葡萄牙神父们的信（马六甲，1556 年 11 月 19 日），收录在 Wicki (ed.), *op. cit.* (n. 80), III, 529-39。

[112] *Ibid.,* p. 537.

[113] *Ibid.,* p. 538.

[114] 载于 R. Hakluyt, *The Principal Navigations...* (Glasgow, 1904), V, 404。

[115] *Ibid.,* pp. 405-7.

[116] 关于马六甲宗教环境的进一步讨论，见 Guzman, *op. cit.* (n. 44), I, 175-76。

[117] 有关地理描述的极为缺少，见 I. A. Macgregor,"Notes on the Portuguese in Malaya." *loc. cit.* (n. 24), pp. 5-6。显然远离河岸没有马来人的大定居点。

[118] 在公元 2 世纪的一个时期，中国和西方之间的一条陆上通路穿过缅甸北部。在稍晚的年代，可能有一条从缅甸上部进入印度的道路。皮雷斯（载于 Cortesão [trans. and ed.], *op. cit.* [n. 46], I, 111）报告说，他在马六甲听说缅甸人和暹罗人沿着江河和陆路而上与中国进行贸易。

[119] Sarnam 是暹罗的另一种称呼，更详尽的注释见下文，第 531 页。

[120] 有关费尔南德斯被接待的描述，见 Albuquerque in Birch (trans. and ed.), *op. cit.* (n. 10), III, 152-55。

[121] *Ibid.,* pp. 156-59.

[122] 见 J. J. Gonçalves, "Os Portugueses no Sião," *Boletim da sociedade de geografia de Lisboa,* LXXV (1957), 435-37; J. de Campos, "Early Portuguese Accounts of Thailand," *Journal of the Thailand Research Society* (Bangkok), XXXII (1940), 3-5.

[123] Gonçalves, *loc. cit.* (n. 122), p. 440.

[124] Hall, *op. cit.* (n. 30), chap，xiii.

[125] Campos, *loc. cit.* (n. 122), p. 2.

[126] 关于现有亚洲资料（主要为暹罗语）的种类，见 Prince Damrong, "The Story of the Records of Siamese History," *The Siam Society Fiftieth Anniversary Commemorative Publication* (Bangkok, 1954), I, 82-98。

[127] Cidade and Múrias (eds.), *op. cit.* (n. 39), III, 75-77.

[128] 见上文，p. 505。Castanheda（载于 Azevedo [ed.], *op. cit.* [n. 79], II, 156）没有记载暹罗的地理。显然他只知道几个沿海城镇。

[129] Me = Mother（母亲），Nam = Water（水）。

[130] 这里所说的是传奇的 Chiamai 湖，可能位于北纬 30°的青藏高原。早期地理显示，东南亚大陆的所有河流都起源于此。

[131] Cidade and Múrias (eds.), *op. cit.* (n. 39), III, 78.

[132] 虽然他们没有提及巴罗斯冒险提出的观点，但类似的推测可在 H. Yule and H. Cordier 所编的《马可·波罗爵士的著作》(*The Book of Ser Marco Polo*, New York, 1903) II, 117 n. 和 128 n. 及 Campos, *loc. cit.* (n. 22), pp. 10-11 中看到，把这些人看作老挝人和暹罗北部的 Was，像苏门答腊的巴达族（Bataks）一样，他们也进行食人仪式（见下文，p. 575）。关于这两组原始人见 W. A. R. Wood, *A History of Siam* (London, 1926), p. 41。Barbosa (in Dames [ed.], *op. cit.* [n. 77], II,167-69) 中详述了暹罗海岸实施的食人仪式的细节。Camoëns (X, 126) 以巴罗斯这段描写为基础写下（伯顿翻译）：

> 看看在遥远的荒野密林中披屋里的情形
>
> 自称 Geuons 的野蛮的民族未被开化：
>
> 他们生食男人的肉：他们在自己身上涂绘

并烙印，用燃烧的热铁打烙印，——对配偶！

在桑逊（Sanson）1692 年为路易十四编制的地图上，"Gueyes"仍被表示就生活在传奇的"Chiamaj 湖"的东南。

[133] Cidade and Múrias (eds.), *op. cit.* (n. 39), III, 79. 实际上，这种对老挝国家半独立状态的描述，和我们在其他资料中所得知的情况是一致的。

[134] *Ibid.*, p. 78. Campos 没有说明原因，但说这些数字被夸大了 (*loc. cit.* [n. 122], pp. 10-11)。

[135] 在吴哥窟（Angko Wat）的浮雕上，暹罗人第一次作为历史人物被加以书面提及，其日期可追溯到 12 世纪。最早提及泰国人这一名字可追溯到 13 世纪晚期。见 L. P. Briggs, "The Appearance and Historical Usage of the Terms Tai, Thai, Siamese, and Lao," *Journal of the American Oriental Society*, LXIX (1949), 65.

[136] Cortesão (trans. and ed.), *op. cit.* (n. 46), I, 103; 后来在皮雷斯的附表中列有许多处于暹罗管辖下的港口，但这些名字却非常不幸地从赖麦锡出版的译本中删掉。皮加费塔从他的爪哇向导那里得悉这些港口城市的一些名字并记录下来。见 James A. Robertson (ed.), *Magellan's Voyage around the World by Antonio Pigafetta* (Cleveland, 1906), II, 173。

[137] Dames (ed.), *op. cit.* (n. 77), II, 163-65.

[138] Barros in Cidade and Múrias (eds.), *op. cit.* (n. 39), III, 79.

[139] 在这些更高的官员中，披耶（p'aya）名列第三。见 C. H. Philips (ed.), *Handbook of Oriental History* (London, 1951), pp. 106-7。

[140] Pires in Cortesão (trans. and ed.), *op. cit.* (n. 46), I, 109.

[141] *Ibid.*

[142] Cidade and Múrias (eds.), *op. cit.* (n. 39), III, 79. 有关现代暹罗的族群和语言地图，见 Wendell Blanchard *et al., Thailand, Its People, Its Society, Its Culture* (New Haven, 1957). p. 58.

[143] "Siam（暹罗）"似乎来源于马来语的 *Siyām*，是葡萄牙人在马六甲听到的一种称呼。详细的词语来源，见 Briggs, *loc. cit.* (n. 135), pp. 68-69, n. 62。

[144] 见 Campos, *loc. cit.* (n. 122), pp. 11-12; Swecker, *op. cit.* (n. 11), pp. 82-83; 和 John Bowring, *The Kingdom and People of Siam* (London, 1857), I, 11-12。

[145] Ulrich Guehler, "The Travels of Ludovico di Varthema and His Visit to Siam, Banghella, and Pegu A.D. 1505," 载于从 *Journal of the Siam Society* (Bangkok), VII (1959), 252 中所选文章的专辑中。

[146] Conti (in Major [ed.], *op. cit.* [n. 31], pt. IV, p. 9) 写道"丹那沙林（Temassari）城市位于一条同名河的河口"。皮雷斯 (in Cortesão [trans. and ed.], *op. cit.* [n. 46], I，105) 将丹那沙林包括在暹罗，并确认它是"离勃固国王最近的"港口。费德里奇 (in Purchas [ed.], *op. cit.* [n. 16], X, 115) 在丹那沙林失陷为缅甸控制后对其进行了描述："按照法律，这个城市属于锡安王国，它位于大河的一边，由此产生了锡安王国；这条大河流入大海的地方，有一个叫 Mirgim 的村庄。"

[147] Varthema in Temple (ed.), *op. cit.* (n. 5), pp. 74-75.

[148] *Ibid.,* p. 75, 和 Barbosa in Dames (ed.), *op. cit.* (n. 77), II, 164.

[149] 评论见 Guehler, *loc. cit.* (n. 145), p. 253，n. 3。

[150] *Ibid.,* pp. 257-58, n. 10.

[151] 有关在暹罗使用的一种硬纸板的纸，见 W. A. Graham, *Siam* (London, 1924), I, 285。

[152] Dames (ed.), *op. cit.* (n. 77), II, 164-65.

[153] Cortesão (trans. and ed.), *op. cit.* (n. 46), I, 104.

[154] *Ibid.,* p. 108.

[155] *Ibid.*

[156] *Ibid.,* I, 109; 国王个人名字使用上的禁忌和普通人使用各种名号提及"陛下"，见 H. G. Quaritch Wales, *Siamese State Ceremonies, Their History and Function* (London, 1931), pp. 38-39.

[157] Pires in Cortesão (trans. and ed.), *op. cit.* (n. 46), I, 104.

[158] Castanheda in Azevedo (ed.), *op. cit.* (n. 79), II,157; 这个皇室后宫规模的数字可能太低。见 Wales, *op. cit.* (n. 156), pp. 47-50。

[159] Barbosa in Dames (ed.), *op. cit.* (n. 77), II, 166-67.

[160] Pires in Cortesão (trans. and ed.), *op. cit.* (n. 46), I, 104; 这似乎完全不对，因为阿瑜陀耶王朝的大多数国王都是前任的儿子。见 Philips, *op. cit.* (n. 139), p. 135 中的列表。1360 年继位法规定，皇后长子有优先所有其他皇室成员的权力。见 Wales, *op. cit.* (n. 156), p. 67。

[161] 下文，p. 548。

[162] Pires in Cortesão (trans. and ed.), *op. cit.* (n. 46), I，103-4.

[163] Barbosa in Dames (ed.), *op. cit.* (n. 77), II, 166.

[164] 暹罗寺庙及其性能、神象和神龛的讨论，见 Kenneth E. Wells, *Thai Buddhism, Its Rite s and Activities* (Bangkok, 1939), pp. 23-38。

[165] Barros in Cidade and Múrias (eds.), *op. cit.* (n. 39), III, 80.

[166] 见 Swecker，*op. cit.* (n. II), p. 83。古代艺术品的探讨见 Graham, *op. cit.* (n. 151), II, 156。

[167] 按照 Campos(*loc. cit.* [n. 122], p. 12) 的说法，这个神像可能被称为 Phra Attaros，并不像巴罗斯说的那样高。如果在素可泰存在一个更高的神像，它很可能毁于 1563 年，当时缅甸人洗劫了该城。

[168] 关于 *Prachedi* (or *cetiya*) 的描述见 Wells, *op. cit.* (n. 164), p. 30, n. 1。

[169] 类似的描述见 *ibid.,* p. 154。

[170] A reference to the rainy season retreat during which time the people retreat into their temples. The retreat lasts for three months and begins in July a day after the full moon appears. See where this period of fasting is also compared to Lent. 雨季静修的一个参考，在这个时节人们隐退进寺庙。静修持续三个月，在 7 月满月出现后的一天开始。见 *ibid.,* pp. 91-95，在这里也对斋戒时期与四旬节做了比较。

[171] 见 Graham, *op. cit.* (n. 151), I, 265 中的进一步探讨。

[172] 对这些手稿的描述见 *ibid., pp.* 285-86。

[173] 记日期的传统方法见 Philips (ed,), *op. cit.* (n. 139), pp. 128-29。

[174] Cidade and Múrias (eds.), *op. cit.* (n. 39), III, 82.

[175] 见 Graham, *op. cit.* (n. 151), I, 235-38; Wood, *op. cit.* (n. 132), pp. 37, 99-100; 和 Blanchard et al., *op.cit.* (n. 142), p. 398。

[176] Cidade and Múrias (eds.), *op. cit.* (n. 39), III, 83.

[177] 可能参考了 Wales, *op. cit.* (n. 156), pp. 200-12 中所描述的供衣节（Kathina 泰国最大的佛教节日之一）庆典。

[178] Barros in Cidade and Múrias (eds.), *op. cit.* (n. 39), III, 83-84; also see Pires in Cortesão (trans. and ed.), *op. cit.* (n. 46), I, 104. 详细情况，见下文，pp. 553-54。

[179] 他的信件的完整版见 Wicki (ed.), *op. cit.* (n. 80), III, 142-55；一个稍有不同的版本，见 A. Silva Rego (ed.), *Documentação para a historia das missões do padroado português do oriente* (Lisbon,1949), V, 369-72。

[180] 对该书全面的和诽谤性的评论，见 G. Schurhammer, "Fernão Mendez Pinto und seine' Pergrinaçam'!" *Asia Major*, II (1926), 72-103, 196-267; 和 W. A. R. Wood, "Fernão Mendez Pinto's Account of Events in Siam," in selected articles from *the Journal of the Siam Society* (Bangkok), VII (1959), 195-209. 但也要注意到，"对这段时期暹罗的记录是相互矛盾且晦涩难懂，几乎不可能对他（平托的）细节加以核对"。(Hall, *op. cit.* [n. 30], p. 210.)

[181] 所有参考文献得自于 Anton Eglauer (trans.), *Die Missionsgeschichte späterer Zeiten ; oder, gesammelte Briefe der katholischen Missionäre aus allen Theilen der Welt...Der Briefe aus Ostindien* (Ausburg, 1794), I, 245-57; 这个 18 世纪汇编者将 16 世纪相当流行的 *Diversi avisi particolari dall'India di Portogallia ricevute di 1551 al 1558 dalli Padri della Compagnia di Giesu* (Venice, 1559) 一书的删节版翻译成德文。

[182] 15 世纪时,孔蒂谈及 "Cernove",而由阿尔瓦罗·韦柳（Alvaro Velho）制作的瓦斯科·达·伽马航行的路线图提及 "Xarnauz"。在这两个例子中，很可能也在平托的记载中，作者们似乎使用了穆斯林水手教他们的术语。见 Campos, *loc. cit.* (n. 122), p. 3, n. 6. 它也可能来自于波斯名字, *Shahr-i-nao* 或 "新城"，当 14 世纪阿瑜陀耶被发现时是这样被称呼的。见 Wicki (ed.), *op. cit.* (n. 80), III, 149, n. 27。

[183] Eglauer (trans.), *op. cit.* (n. 181), I, 248.

[184] 参考上文，p. 526。

[185] 在佛教解夏节（*Thot Krathin*）仪式上，在皇宫附近国王考察战争盛典的较现代描述，见 Graham, *op. cit.* (n. 151), II, 243-45。

[186] Eglauer (trans.), *op. cit.* (n. 181), I, 249-50; Graham, *op. cit.* (n. 151), II. 245-47.

[187] Eglauer (trans.), *op. cit.* (n. 181), pp. 250-51; 对这个主题文献的总结和 1927 年在曼谷举办的

白象的宏大招待会，见 Wales, *op. cit.* (n. 156), chap. xxiii。

[188] 参考第六王朝白象的照片，载于 *ibid.,* facing p. 275。

[189] Lest this rite be thought of as merely imaginative, see testimony that he possesses a photograph "of a Siamese woman suckling a young elephant, probably a white one." 以免这个仪式被认为只是想象，见 Wales, (*op. cit.* [n.156], p. 279) 的证明，他有一张 "一个暹罗妇女哺育一头可能是白象的小象的照片"。

[190] Eglauer (trans.), *op. cit.* (n. 181), I, 251-52.

[191] 莽瑞体从毛淡棉市（Moulmein，缅甸港口。——译者注）到阿瑜陀耶的陆上路线的描述，见 G. E. Harvey, *History of Burma from the Earliest Times to 10 March,* 1824 ... (London, 1925), p. 159。在《游历》(*Peregrinations*) 中平托极大地夸大了所涉及的数量，除此之外，他给出莽瑞体一支 800 000 人的部队，见 Wood, *loc. cit.* (n. 180), p. 206 中的评论。

[192] O. Frankfurter, "Events in Ayuddhya," in the compilation commemorating the fiftieth anniversary of the *Journal of the Siam Society* (Bangkok), I, 54.

[193] Eglauer (trans.), *op. cit.* (n. 181), I, 253.

[194] 关于现代暹罗人中的万物有灵论，见 Wales, *op. cit.* (n. 156), pp. 301-2。

[195] C. C. 伯格（C. C. Berg）教授注意到，Rāhu 故事（解释日蚀）的说法在苏门答腊、爪哇和巴厘岛仍流行。

[196] 写给葡萄牙神父们的信 (Malacca，November 19, 1556), in Wicki (ed.), *op. cit.* (n. 80), III, 538。

[197] Eglauer (trans.), *op, cit.* (n. 181), I, 253-54. 在去世前不久，沙勿略已经设想了，航行到暹罗加入每年前往中国的使团，以这种方式进入中国。见 Schurhammer and Wicki (eds.), *op. cit.* (n. 93), II, 499。

[198] 译自 Purchas (ed.), *op. cit.* (n. 16), X，110-11。这个日期差了两年，无论是暹罗的编年史还是缅甸的编年史记载的都是 1569 年。见 Harvey, *op. cit.* (n. 191), p. 169，and Wood, *op. cit.* (n. 132), pp. 123-24。

[199] 根据其他报告，马欣（Mahin）国王被作为俘虏带到缅甸时死去。Wood, *op. cit.* (n. 132), pp. 124-25.

[200] 纳黎萱实际上利用了莽应里的疏忽攻击了毛淡棉市和马达班，并掠夺了它们的居民。见 Hall, *op. cit.* (n. 30), p. 219。

[201] Balbi in Purchas (ed.), *op. cit.* (n.16), X, 162-63.

[202] Fitch in *ibid.,* p. 819.

[203] 清迈也被称为兰纳的云王国。见 Briggs, *loc. cit.* (n. 135), p. 73。

[204] Fitch in Purchas (ed.), *op. cit.* (n. 16), X, 194-96.

[205] Benno Biermann, O. P., "Die Missionen der portugiesischen Dominikaner im Hinterindien," *Zeitschrift für Missionswissenschaft und Religionswissenschaft,* XXI (1931), 306-7.

[206] *Ibid.,* pp. 319-21.

[207] L. Lemmens, O. F. M., *Geschichte der Franziskanermissionen* (Münster, 1929), p. 109. 另见下文，pp. 568-69。

[208] Gregorio F. Zaide, *The Philippines Since Pre-Spanish Times* (Manila, 1949), pp. 280-81.

[209] *Op. cit.* (n. 44), I, 173-75.

[210] 对所了解的情况做的概要见 Hall, *op. cit.* (n. 30), pp. 119-24。

[211] U Tet Htoot, "The Nature of the Burmese Chronicles," in Hall (ed.), *op. cit.* (n. 8), pp. 50-54 对这些作为资料的编年史做了评价。

[212] Hall, *op. cit.* (n. 18), p. 10.

[213] Major (ed.), *op. cit.* (n. 31), Pt. IV, pp. 10-11.

[214] *Ibid.,* p. 6. 对这些记述所做的一些批评性评论，见 John C. Furnivall, "Europeans in Burma of the Fifteenth Century," *Joumal of the Burma Research Society* (*Rangoon*), XXIX (1939), 236-49。

[215] F. C. Danvers, *The Portuguese in India* (London, 1894), I, 238.

[216] Cortesão and Teixeira da Mota, *op. cit.* (n. 2), I, 56-57.

[217] Burnell and Tide (eds.), *op. cit.* (n. 25), I, 100.

[218] Barros in Cidade and Múrias (eds.), *op. cit.* (n.39), III, 128. 缅甸语是 *Bagó*；葡萄牙语 "Pegu" 出自马来语 *Paigu*。见 H. Yule and A. C. Burnell, *Hobson-Jobson: Being a Glossary of Anglo-Indian Colloquial Words and Phrases ...* (London, 1886), p. 525。

[219] Castanheda in Azevedo (ed.), *op. cit.* (n. 79). III, 15; 另见 Barbosa in Dames (ed.), *op. cit.* (n. 77), II, 148-61 中所述 16 世纪缅甸的政治分裂。

[220] Pires in Cortesão (trans. and ed.), *op. cit.* (n. 46), I, 95-96. Barbosa (Dames [ed.], *op. cit.* [n. 77], II, 150), 相反，声称阿拉干并非港口。

[221] 参考 Harvey, *op. cit.* (n. 191), p. 137 的陈述，他写道："一个山脉将缅甸隔绝，阿拉干有独立的历史，但在性质上是同样的。"

[222] Castanheda in Azevedo (ed.), *op. cit.* (n. 79), III, 15.

[223] Barros in Cidade and Múrias (eds.), *op. cit.* (n. 39), III, 128-29. Castanheda (in Azevedo [ed.], *op. cit.* [n. 79], III, 15) 认为其海岸线为 50 里格（200 英里）。

[224] Barbosa (Dames [ed.], *op. cit.* [n.77], II, 153) 将勃固置于离海大约 7 里格（28 英里）的内陆，在"很大的，流经这个王国……的另一条河的"支流上。

[225] 可能是老巴厘语名字 *Kusima* 的误用，该城市曾以此名为人所知，现在名为勃生（缅甸语为 *Pathein*）。见 Philips (ed.), *op. cit.* (n. 139), p. 109。

[226] Cortesão (ed. and trans.), *op. cit.* (n. 46), I, 97-98, n. 1. Pires (*ibid.,* p. 99) 称马达班是一个危险的港口，因为这里潮水奔腾汹涌。

[227] Azevedo (ed.), *op. cit.* (n. 79), III, 16.

[228] 位于达拉北面伊洛瓦底江河沙洲西岸。

[229] 译自 Purchas (ed.), *op. cit.* (n. 16), X. 117。

[230] *Ibid.,* pp. 152-53.

[231] Pires in Cortesão (trans. and cd.), *op. cit.* (n. 46), I, 97.

[232] 从瓦尔塔马开始，这些山脉一再被提及。很难精确知道这些模糊标示所指的目标，因为今天红宝石的真正产地在曼德勒（Mandalay）东北大约 70 英里的地方。见 Yule and Burnell, *op. cit.* (n. 218), pp. 121-22。矿山实际上是很大的露天矿坑，红宝石埋藏在泥土中，将这些泥土挖取出来，用水冲洗出石头。随同这些红宝石还发现了尖晶石和蓝宝石。但最后国王失去了这个矿山，将其给了勃固，在此之前，这些石头和麝香显然都为阿瓦的国王所垄断，以出售给外国人 (Barbosa in Dames [ed.], *op. cit.* [n. 77], II, 159-60)。

[233] 许多葡萄牙作者都提到了虫胶，见 Dalgado, *op. cit.* (n. 53), I, 501-2。虫胶实际上是雌性介壳虫流出的有色物体，它是作为树脂结壳在各种树的嫩枝和分支上被发现的。见 Yule and Burnell, *op. cit.* (n. 218), pp. 380-81。虫胶是主要的原料，被用于火漆、一些清漆的载色剂和一种昂贵的染料中。16 世纪的作家们并非都很清楚虫胶产品的详细情况，并对此意见很不一致。

[234] Pires in Cortesão (trans. and cd.), *op. cit.* (n. 46), I, 98.

[235] Barbosa in Dames (ed.), *op. cit.* (n. 77), II, 153；"……因为甘蔗被栽培到了阿瓦的北部……从甘蔗中提取出很粗糙的东西，并制成不发泡的糕饼。" 见 John Jardine (ed.), *The Burmese Empire a Hundred Years Ago as Described by Father Sangermano* (Westminster, 1893), p. 192。

[236] 见 Fedrici in Purchas (ed.), *op. cit.* (n. 16), X, 133。

[237] 马达班瓷罐在葡萄牙船上被用于盛水、油和酒。显然瓷罐也被进口到葡萄牙国内使用。见 Linschoten in Burnell and Tele (eds.), *op. cit.* (n. 25), I, 101。

[238] Barbosa in Dames (ed.), *op. cit.* (n. 77), II, 149.

[239] *Ibid.,* pp. 157-59；皮雷斯将他的记述正好分成三个部分：阿拉干、勃固和缅甸。

[240] Cidade and Múrias (eds.), *op. cit.* (n. 39), III, 129. 他在任何地方都没有提及莽瑞体的名字，他认为莽瑞体是个反叛者。关于反对阿瑜陀耶的战争参考上文，p. 533。

[241] Burnell and Tiele (eds.), *op. cit.* (n. 25), I, 97.

[242] 一个 18 世纪的作者 Sangermano 描述了缅甸人的藤条木板房，评论说，那时对当地人来说使用砖是不合法的。"如此之少存在的砖建筑更多是用于军事仓库而不是作为住所存在的。" 见 Jardine (ed.), *op. cit.* (n. 235), p. 162。

[243] 译自 Purchas (ed.), *op. cit.* (n. 16), X, 120-21。

[244] *Ibid.,* p. 157.

[245] 再版于 *ibid.,* pp. 211, 216 中 Pimenta and Boves 的信件。

[246] 见 John Murray (pub.), *A Handbook for Travellers in India and Pakistan. Burma and Ceylon* (London, 1949), pp. 691-92。

[247] Purchas (ed,), *op, cit.* (n, 16), X, 129-30.

[248] *Ibid.,* p. 185.

[249] *Ibid.,* p. 130.

[250] *Ibid.,* p. 152.

[251] Fitch in *ibid.,* p. 185.

[252] Balbi in *ibid.,* p. 153; Fitch in *ibid.,* p. 186.

[253] *Ibid.,* pp. 153-54. 不可思议的是，无论是费德里奇还是费奇都没有对"大光"（Dagon）做任何叙述。

[254] *Ibid.,* pp. 155-56.

[255] 有时写作"Macao"或"Maccaao"；见 Yule and Burnell, *op. cit.* (n. 218), p. 402。在国王路易十四的制图师桑逊（Sanson）所绘制的 1692 年的亚洲地图上，被命名为"Macaon"的城市被显示在伊洛瓦底江流域东南岸的海岸上。

[256] 词源不详；可能出自波斯语。见 *ibid.,* pp. 234-35。

[257] Pires in Cortesão (trans. and ed.), *op. cit.* (n. 46), I, 97-98.

[258] *Ibid.,* p. 99.

[259] 实际上，Pires (*ibid.,* p. 100) 说宝贝螺仅在马达班和阿拉干被接受，在价值上大约 15 000 个相当于 1 *viss*（标准重量）。将这个与 D. G. E. Hall 单调的陈述做对比，他说宝贝螺壳"从未在缅甸使用"。(in Philips [ed.], *op. cit.* [n. 139], p. 115)

[260] Purchas (ed.), *op. cit.* (n. 16), X, 127-28.

[261] 可能出自泰卢固（Telugu）语单词 *taraga*（经纪人）。见 Yule and Burnell, *op. cit.* (n. 218), p. 685。参考广州的洋行（Cohong）。这里描述的佣金习惯作法，在 19 世纪英国占领缅甸后很长时间继续有效。见 Hall, *op. cit.* (n. 18), p. 18。

[262] 马来语甘瑟 *Gangsa*，意为"做铃的金属"。见 Yule and Burnell, *op. cit.* (n. 218), p. 278。Pires (in Cortesão [trans. and ed.], *op. cit.* ([n. 46], I, 99) 评论说马达班的"Ganza"是最广泛流通的硬币。

[263] Fedrici in Purchas (ed.), *op. cit.* (n. 16), X, 131-33; 参考 Harvey, *op. cit.* (n. 191), p. 122 的陈述："没有货币制度，但商品有时用甘扎（*ganza*）加以权衡，甘扎是一种铅和黄铜的合金，在由有名望但通常不实的商人们盖章指定重量的古怪的大块大条交易中，它被认为是一种货币。"

[264] Fedrici in Purchas (ed.), *op. cit.* (n. 16), X, 135.

[265] Temple (ed.), *op. cit.* (n. 5), pp. 81-3.

[266] Cortesão (trans. and ed.), *op. cit.* (n. 46), I, 101.

[267] Dames (ed.), *op. cit.* (n. 77), II, 154-55.

[268] Azevedo (ed.), *op. cit.* (n. 79), III, 19-20. 关于孟加拉太监见上文 p. 416。卡斯塔涅达也观察到，外国人没有皇家特许，不许乘坐轿子。

[269] 参考上文，p. 543。

[270] 参考上文，p. 543。

[271] 毫无疑问可以参考的一次战争，据称是为争夺白象，莽应龙在 1563—1564 年对阿瑜陀耶开战。见 Harvey, *op. cit.* (n. 191), pp. 167-68。如同在欧洲正式扔下长手套（挑战）一样，这基本上是一个正式的姿态而不是战争的原因。见 Hall, *op. cit.* (n. 30), p. 214。

[272] Fedrici in Purchas (ed.), *op. cit.* (n. 16), X, 121-24.

[273] *Ibid.,* p. 125.

[274] 实际上他只治理着勃固和得楞人（Talaing）国家。臣属国王们在东吁、卑谬（Prome）、阿瓦和清迈进行统治。"二十六个国王"可能所指为 *sawbwas*，或掸族首领。Guzman (*op. cit.* [n. 44], I, 171-73) 对莽应龙的征服做了评论，并列举了屈服于他的 12 个王国。

[275] 这是一个可以料到的数字，因为所有缅甸人都是统治者的奴隶，在任何需要的时候都负有服兵役的责任。见 Jardine (ed.), *op. cit.* (n. 235), p. 97。

[276] 证实见 Sangermano in Jardine (ed.), *op. cit.* (n. 235), p. 91。

[277] Fedrici in Purchas (ed.), *op. cit.* (n. 16), X, 125-26.

[278] 这是对被称为 *Hlut-daw* 的法庭的一个参考，*Hlut-daw* 是缅甸君主政体高等法院和议会。见 Jardine (ed.), *op. cit.* (n. 235), p. 81n。

[279] *Ibid.,* pp. 126-27.

[280] 出自得楞语贵族（lord）词汇 *smim*。Harvey, *op. cit.* (n. 191), p. 178。

[281] Purchas (ed.), *op. cit.* (n. 16). X, 157-59.

[282] 很明显，实际上他并未当场死亡，其后，他虽然试图重整旗鼓，但不久死去。见 Harvey, *op. cit.* (n. 191), p. 180。

[283] 参考上文，pp. 535-36。

[284] Purchas (ed.), *op. cit.* (n. 16), X, 159-64. 一些补充说明见里斯本的修道士皮特（Peter, 1589 年 12 月 28 日）从科钦写给里斯本的信，叙述了 1586—1587 年他在勃固的经历（Hakluyt, *op. cit.* [n. 114], VI, 385-87）。

[285] 葡萄牙文变体，可能来自于阿拉干人使用的名字拉凯比（*Rakhaing*）的马来语。

[286] Harvey, *op. cit.* (n. 191), pp. 137-41, 183.

[287] Dames (ed.), *op. cit.* (n. 77), II, 151-52.

[288] 通过气味挑选宫女并没有出现在其他资料中。这很可能是由对这些地方所知甚少的水手们讲述的不足为信的故事中的一个。神秘数字"12"的重复也似乎是加强了这个故事的荒诞本质。类似的例子见 John W. Spellman, "The Symbolic Significance of the Number Twelve in Ancient India," *Journal of Asian Studies*, XXII (1962), 79-88。

[289] Azevedo (ed.), *op. cit.* (n. 79), II, 445-47; Cidade and Múrias (eds.), *op. cit.* (n. 39), III, 71-72.

[290] 实际上现代城镇谬杭是在加拉丹河（Kaladan）和勒莫罗（Lemro）河上游 50 英里处，实兑（Akyab）港为其提供服务。首都在上游很远处的说法可能是由于巴尔博萨声称阿拉干没有港口。

[291] Purchas (ed.), *op. cit.* (n. 16), X, 138.

[292] 外国人提及阿拉干的当地人，特别是那些生活在孟加拉边境和吉大港的阿拉干人时常用的一个名称。见 Yule and Burnell, *op. cit.* (n. 218), pp. 455-56。

[293] Purchas (ed.), *op. cit.* (n. 16), X, 183.

[294] Harvey, *op. cit.* (n. 191), p. 141.

[295] 大多以 Castanheda (in Azevedo [ed.], *op. cit.* [n. 79], III, 16), Pires (in Cortesão [trans. and ed.], *op. cit.* [n. 46], I, 102-03), 和 Linschoten (in Burnell and Tiele [eds.], *op. cit.* [n. 25], I, 101) 的描述为基础。由 Sangermano 在近三百年后所写的特征描述见 Jardine (ed.), *op. cit.* (n. 191), p. 157。Sangennano 的身体特征和衣着描述基本上与上述一致，但他对缅甸人性格的评价却非常低。

[296] 特别见 Fedrici in Purchas, *op. cit.* (n. 16), X, 125; Sangennan 也写道 (Jardine [ed.], *op. cit.* [n. 235], p. 159)："每种香草和每种树的叶子如果肯定无毒，它们就会被用于这些（一般咖哩饭菜）菜肴中；死去的动物肉的烹调中用得最多。"

[297] Cortesão(trans. and ed.), *op. cit.* (n. 46), I, 103.

[298] 就我能够确定的而言，这个报告最早出现在 Conti (Major, *op. cit.* [n. 31], Pt. IV, p. 11) 中；Barbosa (in Dames [ed.], *op. cit.* [n. 77], II, 154) 和 Pires (in Cortesão [trans. and ed.], *op. cit.* [n. 46], I, 102) 同样相当详细地谈论了它。Pigafetta (in Robertson [ed.], *op. cit.* [n. 136], II, 169) 以甚至更长的篇幅对它进行了详述，但却认为它起源于爪哇。Oviedo (D. José Amador de los Rios [ed.], *Historia general y natural de las Indias, islas y tierra-firmec de mar oceano por ... Conzalo Fernandez de Oviedo de Valdes* [Madrid, 1852] Bk. XX, chap. xxxv, p. 105) 以乌尔达内塔给他的信息为基础进行写作，认为它起源于西里伯斯岛。Barros (Cidade and Múrias [eds.], *op. cit.* [n. 39], III. 130) 可能是根据巴尔博萨和皮雷斯的报告，同样提到它。Linschoten (Burnell and Tiele [eds.], *op. cit.* [n. 25], I, 99-100) 讲述了同样的故事，并记录了他带回一个铃铛，作为纪念品送给他的收藏家朋友 Dr. Paludanus。费奇既去过缅甸也去过暹罗，他记录了这个习俗在这两个地方的男人中都盛行 (Purchas [ed.], *op. cit.* [n. 16], X, 196-97)。 葡萄牙诗人 Camoëns and Garcia de Resende 在他们著名的著作中提到这个风俗。直到大约 1700 年之前，欧洲作家们一直对东南亚这种风俗的广泛流行加以评论。从那时以后，再也没有关于它的论述，今天似乎已看不到这种习俗留传下来的痕迹。对它曾经存在似乎没有任何怀疑，但现在它已经消亡。另见 H. Yule, *A Narrative of the Mission ... to the Court of Ava in 1855* (London, 1858), p. 208 n。

[299] 在 Burton 的翻译中，Camoëns in the *Lusiads* (X, 122) 写道：

> 阿拉干王国注视着勃固民族的屁股
>
> 这是由一个怪物孵化出的民族；
>
> 怪物产生自偏僻的树林中一只小狗和一个女人
>
> 最不适当的相遇。

C.C. 伯格教授讲述了在 20 世纪他本人听到的同样的故事。

[300] Cidade and Múrias (eds.), *op. cit.* (n. 39), III, 130.

[301] Linschoten in Burnell and Tiele (eds.), *op. cit.* (n. 25), I, 100.

[302] 费德里奇和林斯乔坦都记录了这个习俗 (*ibid.,* p. 100, n. 1)，似乎毫无疑问这个和类似的习俗在许多东方国家被遵循。

[303] *Ibid.,* pp. 98-99.

[304] Cidade and Múrias (eds.), *op. cit.* (n. 39), III, 130; also Maffei, *op. cit.* (n. 98), p. 288.

[305] 费尔南·门德斯·平托写给葡萄牙神父们的信（马六甲，1554 年 12 月 5 日），收录在 Wicki (ed.), *op. cit.* (n. 80), III, 140-55.

[306] Castanheda in Azevedo (ed.), *op. cit.* (n. 79), III, 17.

[307] 来自马六甲的信件（1554 年），收录在 Wicki (ed.), *op. cit.* (n. 80), III, 147- 48。平托对许多神和圣所做了详细描述。

[308] Azevedo (ed.), *op. cit.* (n. 79), III, 20.

[309] Balbi in Purchas (ed.), *op. cit.* (n. 16), X, 150; 这是一个美丽的茂丁（Hmawdin）宝塔，至今仍作为一个地标矗立在那里。

[310] Castanheda in Azevedo (ed.), *op. cit.* (n. 79), III, 17.

[311] Purchas (ed.), *op. cit.* (n. 16), X, 193; 对它的描述见 Murray (pub.), *op. cit.* (n. 246), pp. 648-87. 自从 1564 年以来在大小、高度和形状上一直未变。

[312] Castanheda in Azevedo (ed.), *op. cit.* (n. 79), III, 18. Pinto (in Wicki [ed.], *op. cit.* [n. 80], III, 148) 提及有 110 000 个神像的神殿。

[313] Castanheda in Azevedo (ed.), *op. cit.* (n. 79), p. 17. 经常被其他葡萄牙作者写为 "raulim"。它出自于巴利语和缅甸语术语 rahan，意为 "圣人"。见 Dalgado, *op. cit.* (n. 53), II, 251。在耶稣会信件中最早提及 "raulim" 是 1548 年或 1549 年从科钦发往科英布拉的信。作者从一个两次访问过勃固的葡萄牙人那里得到他的信息。见 Wicki (ed.), *op. cit.* (n. 80), I, 260。在这个时候，也有 4 名来自勃固的学生在果阿学院，从他们那里这个耶稣会作家也得到了信息。

[314] Castanheda in Azevedo (ed.), *op. cit.* (n. 79), III, 17; Balbi (in Purchas [ed.], *op. cit.* [n. 16], X, 155) 讲述了仰光一个巨大的钟，它的上面有一篇铭文，但没有人，甚至勃固人也未能破译。这样的其后附有铭文的钟可能是在 13 世纪末铸造的。见 Anon., "Talaing Inscription in a Bell Cast by Anauppet-lun Mrin," *Journal of the Burma Research Society,* XVIII (1928), 21.

[315] 起源不明的一个词，但它似乎是缅甸人对得楞人（下缅甸的孟人）僧侣的称呼。见 Dalgado, *op. cit.* (n. 53), II, 341-43。

[316] Purchas (ed.), *op. cit.* (n. 16), X, 193.

[317] 费奇（Fitch, ibid.）所说宽边帽可能指的是棕榈叶扇子，当在室外时，僧侣们需要带上它。Sangermano 所做的更详细更全面描述，见 Jardine (ed.), *op. cit.* (n. 235), p. 114.

[318] Fitch in Purehas (ed.), *op. cit.* (n. 16), X, 193; 在 Jardine (ed.), *op. cit.* (n. 235), p. 121 中

Sangermano 几乎做了相同的描述。

[319] Fitch in Purehas (ed.), *op. cit.* (n. 16), X, 194. 实际上他们在满月和随后十五天时有节日庆祝。见 Jardine (ed.), *op. cit.* (n. 191), p. 118。Pinto (in Silva Rego [ed.], *op. cit.* [n. 179], V, 368) 提及一个被叫作 "talanos" 的节日，这个节日是专门为重病者举办的。Kiack 是得楞单词，意为佛陀居住的地方。见 R. H., "Talaing Place-Names in Burmese," *Journal of the Burma Research Society,* XX (1930), 23。

[320] Castanheda in Azevedo (ed.), *op. cit.* (n. 79), III, 18; Sangermano 认为是三个月的斋戒 (Jardine [ed.], *op. cit.* [n. 235], p. 118)。

[321] *Op. cit.* (n. 98), I, 280-81.

[322] 相当于总督的一个缅甸头衔: *shin-bai-yin-hkall-min*。见 Dalgado, *op. cit.* (n. 53), II, 278。Barros (in Cidade and Múrias, [eds.], *op. cit.* [n. 39], III, 131) 对这个头衔做了稍微更清楚的直译: "samibelagão"。参考 Pires (above, p. 547) 给总督（"toledam"）定的头衔。

[323] 对其传教使命的简要叙述见 A. Meersman, O. F. M., "The Franciscans in the Ancient Burmese Kingdoms of Ava and Pegu, 1557-1818," *Archivum franciscanum historicum,* XXXI (1938), 358；关于更为详述的传教使命和他所理解的佛教教义可以在 Maffei, *op. cit.* (n. 98), II, 286-89 中找到。

[324] 来自一封注有科钦的信（1547 年末或 1548 年初），可能是教士亚当·弗朗西斯科（Francisco）所写，信中根据一个在印度曾两次访问过勃固的人向亚当教士讲述的事情，转述了有关缅甸佛教的基本情况。见 Wicki (ed.), *op. cit.* (n. 80), I, 260。

[325] 虽然 Maffei and Meersman (above, n. 323) 认为从 1557 年到 1560 年他在勃固，但现存最基本的信件，我们依赖这封信得知他传教使命的信息，却注明 1556 年 2 月 18 日发自 "科斯明"（勃生）。伏若望 (Wicki [ed.], *op. cit.* [n. 80], III, 364) 1555 年 12 月 15 日从马六甲写信说他 "刚刚从圣托姆（Santo Thome）" 离开。在写这封信前，他一定已经在那里有一段时间了，因为该信显示出他对佛教和孟语有一定程度的了解，而孟语在印度可能不会太容易学到。他这封信的文本见 *ibid.,* 817-20。就现在所知，博尼菲尔列出了第一个传到欧洲的孟语佛教词汇表。

[326] Hall, *op. cit.* (n. 30), p. 216. 缅甸国王传统上被认为是佛教信仰的赞助者保护人。政治上，国王通常会与和尚们发展友好关系，因为他们是 "人民的真正发言人，而寺院是深受欢迎的集会场所……"。见 Niharranyan Ray, *An Introduction to the Study of Theravāda Buddhism in Burma* (Calcutta, 1946), p. 212。

[327] 见上文，p. 344。

[328] 证实见 Sangermano in Jardine (ed.), *op. cit.* (n. 235), p. 9。

[329] 根据 Sangermano (*ibid.,* p. 102) 在 1763 年从一个很有名望的缅甸僧侣及国王的老师那里得到的信息，现在世界有四个神已经出现，并且达到了涅槃的状态，最后一个是 Godama，他在 1763 年以前的 2306 年前死去。

[330] 他们关于世界毁灭与再生的信仰见 *ibid., chap. v.*

[331] *Naxac* 是孟语中的地狱；参考梵文单词 *Naraka*，它意为一个恶魔的地方。见 Wicki (ed.), *op. cit.* (n. 80), III, 818, n. 5.

[332] 在上引书中 Wicki 将 "Scuum" 错误地当作 "Sevo"。它等同于孟语中的天堂 *Swaw*，和梵文单词 *Svarga*。

[333] 在孟语中 *Nirvâna = Nizan*, 在梵文中 = *Nibball*.

[334] Maffei, *op. cit.* (n. 98), II, 288. 显然，博尼菲尔从勃固带回果阿一批书籍。见伏若望从果阿写往葡萄牙的信（1560 年 12 月 6 日），收录于 Wicki (ed.), *op. cit.* (n. 80), IV, 778。可以想象，在果阿学院中的勃固年轻人已经为耶稣会士们朗读并翻译了这些书籍。

[335] Castanheda in Azevedo (ed.), *op. cit.* (n. 79), III, 18.

[336] Barros in Cidade and Múrias (eds.), *op. cit.* (n. 39), III. 130; 证实见 Sangermano in Jardine (ed.), *op. cit.* (n. 235), p. 42。

[337] Castanheda in Azevedo (ed.), *op. cit.* (n. 79), III, 18，卡斯塔涅达谈及纸张和墨水；费德里奇谈论了求告书用铁笔写在棕榈叶上。实际上两者都被使用。他们的纸是由浸软的竹子制成，并被染成黑色；它被称为 *praibach*。见 Sangermano in Jardine (ed.), *op. cit.* (n. 235), p. 180。

[338] Castanheda in Azevedo (ed.), *op. cit.* (n. 79), III, 18; 另见 Fedrici in Purchas (ed.), *op. cit.* (n. 16.), X, 118。

[339] Purchas (ed.), *op. cit.* (n. 16), X, 119.

[340] 参考 Manning Nash, "Burmese Buddhism in Everyday Life," *American Anthropologist,* LXV (1963), 285-95。

[341] 论证波罗的 "较大的爪哇" 就是交趾支那的概要，见 A.J. H. Charignon, "La grande Java de Marco Polo en Cochinchine," *Bulletin de la Societé des études indochinoises* (Saigon), New Series, Vol. IV (1929), No. 4, pp. 345-47。在 16 世纪和更早的记载中所使用的交趾支那，相当于今天称为东京（Tonkin，越南北部一地区的旧称。——译者注）和北安南的地域。很可能这个名称来源于阿拉伯名称。见 L. Aurousseau, "Sur le nom de Cochinchine," *Bulletin de l'École française d'Extrême-Orient* (Hanoi), XXIV (1924), 551-79。

[342] E. Aymonicr, "The History of Tchampa (The Cyamba of Marco Polo, Now Annam or Cochin China)," *Imperial and Asiatic Quarterly Review,* New Series, VI (1893), 375-76.

[343] Groslier, *op. cit.* (n. 23), p. 142.

[344] C. R. Boxer (ed.), *South China in the Sixteenth Century* (London, 1953), p. lix. 深入的探讨见下，pp. 747-48。

[345] 细节说明见下，pp. 644-46。

[346] 详情见 Lawrence P. Briggs, "Spanish Intervention in Cambodia," *T'oung pao,* XXXIX (1950), 132-60。

[347] 1954 年 C. R. Boxer 发现了 Diogo do Couto 一部没有出版的关于柬埔寨和吴哥的描述。显然

巴罗斯的后继者希望将它加入第六个《旬年纪》（*Década*）中，但当时极度狂热的审查制度阻止了此事的进行。大约 1611 年已制作好了现在的排版形式，最终由 Groslier 在 *op. cit.* (n. 23), pp. 68-74 中出版并被编辑。Ribadeneyra, *op. cit.* (n. 23), pp. 173, 187 包括了第一次印刷的关于吴哥遗迹的参考文献。他记载了看到过这些宏伟遗迹的一些人认为它们是由亚历山大大帝或罗马人建造的，这是这一时期的欧洲人在说明大量东方建筑杰作时做出的常见解释。

[348] 16 世纪的柬埔寨文件材料不是已经被毁就是完全失踪（Groslier, *op. cit.* [n. 231, p. 164]；关于安南的资料见 P. J. Honey, "Modern Vietnamese Historiography," in Hall (ed.), *op. cit.* (n. 8), p. 94。参见 Antoine Cabaton, "Quelques documents espagnols et portugais aur l'Indochine aux XVIe et XVIIe siècles," *Journal asiatique,* Series X, Vol. XII (1908), pp. 255-60。

[349] Cidade and Múrias (eds.), *op. cit.* (n. 39), I, 363-64.

[350] 1549 年 12 月 5 日信，出自 Kagosbima in Schurhammer and Wicki (eds.), *op. cit.* (n. 93), II, 180-81。

[351] Eglauer (trans.), *op. cit.* (n. 181), I, 254.

[352] 随后的对开页 34。

[353] 更深入的探讨见 Groslier, *op. cit.* (n. 23), pp. 146-50。

[354] Pires in Cortesão (trans. and ed.), *op. cit.* (n. 46), I, 112. 柯迪沙乌译文的校正基于与赖麦锡译本的对照，见 Groslier, *op. cit.* (n. 23), pp. 143-44。

[355] 为了证实这个进口目录，见 P. Pelliot, *Mémoires sur les coutumes du Cambodge de Tcheou Ta-kouan* (Paris, 1951), p. 27 中分析的来自中国物资。

[356] Groslier, *op. cit.* (n. 23), p. 144.

[357] Barbosa in Dames (ed.), *op. cit.* (n. 77), II, 208, 错误地把它当作一个岛。

[358] Cortesão (trans. and ed.), *op. cit.* (n. 46), I, 112-14.

[359] Barbosa (in Dames [ed.], *op. cit.* [n. 77], II, 209-10) 证实皮雷斯的陈述，芳香的芦荟木产于占婆。参见 Orta 在 C. Markham (trans.), *Colloquies on the Simples and Drugs of India* (London, 1913), p. 263 中的评论。

[360] Pires (Cortesão [trans. and ed.], *op. cit.* [n. 46], I, 113) 做了令人困惑的陈述，其意思似乎是未加工的黄金从苏门答腊的 Menangkabow 矿山进入占婆，然后再以一些其他形式被出售给交趾支那的买主。

[361] 中国的永乐皇帝早在 15 世纪就开始派遣海上远征队向南航行，目的是将中国南部邻国并入明王朝的纳贡和贸易体系。安南的第二黎氏王朝迫使中国的明政府在 1428 年从半岛撤出部队。在这次挫败后，北京愿意承认黎氏统治者们为北印度支那的实际统治者，而且除了正式的隶属关系外不再向它们要求什么。见 Hall, *op. cit.* (n. 30), p. 174。

[362] Pires in Cortesão (trans. and ed.), *op. cit.* (n. 46), I, 114-15.

[363] 上文，p. 563 和克路士自己的陈述，在 Boxer (ed.), *op. cit.* (n. 344), p. 59。也可参见 Fróis 写给葡萄牙神父们的信（马六甲，1555 年 12 月 15 日），在 Wicki (ed.), *op. cit.* (n. 80), III,

364。

[364] Boxer (ed.), *op. cit.* (n. 344), p. 63.

[365] *Ibid.,* p. 73.

[366] *Ibid.,* pp. 76-78. 他也用 "Siões mãos" 或暹罗孟人称呼他们。

[367] 关于 1556 年莽应龙的北方战役见 Harvey, *op. cit.* (n. 191), pp. 165-66。

[368] 巴罗斯（上文，p.526）述及白银通过老挝人流入阿瑜陀耶。

[369] Cruz in Boxer (ed.), *op. cit.* (n. 344), p. 77.

[370] *Ibid.,* p. 78.

[371] *Ibid.*

[372] 来自高棉语，*Chademuk* 或 *Chordemuko* 意为 "四臂"，是金边的旧称。*Ibid.,* p. 78, n. 1.

[373] 湄公河每年的洪水开始于 5 月，在 10 月达到顶峰。*Ibid.,* p. 79, n. 1.

[374] Groslier, *op. cit.* (n. 23), p. 151.

[375] 这时期柬埔寨国王们的年表仍未确定。

[376] Cruz in Boxer (ed.), *op. cit.* (n. 344), p. 60. 也可参照在印度婆罗门所造成的困难（上文，pp. 253，441-42）。克路士在此和下文中清楚地阐述了高棉人的传统印度教仪式在安赞朝廷仍被遵循。见 Groslier, *op. cit.* (n. 23), p. 157.

[377] 这是湿婆 Shiva 的一个称呼（Boxer [ed.], *op. cit.* (n. 344), p. 60, n. 2)。Groslier (*op. cit.* [n. 23], p. 158) 在解释这个称呼时提出一个不同的可能性。力图证明克路士正努力传播一个粗糙的概念 Tri-mūrti，他认为这个多明我会修士在这里提到了 *Parameçvara*，这个名字经常被用于表示梵天。我个人觉得 Tri-mūrti 或与三神有关。

[378] 在柬埔寨一个 Bodisatta 的称呼（Boxer [ed.], *op. cit.* [n. 344], p. 60, n. 3)。Groslier (*op. cit.* [n. 23], p. 158) 同意这个身份认证，也指出传统上它被作为湿婆和毗湿奴的另一个名字使用。

[379] 湿婆的另一个柬埔寨称呼（Boxer [ed.], *op. cit.* [n. 23], p. 60, n. 4)。

[380] 未来佛陀的称呼 (*ibid.,* p. 60, n. 5)。Groslier (*op. cit.* [n. 23], p. 158, n. 2) 以他对大量后来铭文的阅读为基础，提出是女皇宫（*Srei Ar*）而不是 *Séar*。

[381] Groslier, *op. cit.* (n. 23), p. 158.

[382] 在通常接受的示意图中只有 26 个。可能克路士将 "天堂" 与他们的 27 个天宫搞混了。见 Boxer (ed.), *op. cit.* (n. 344), p. 61, n. 1.

[383] *Ibid.,* p. 61

[384] 见 Groslier, *op. cit.* (n. 23), p. 159 中的分析。他注意到柬埔寨人信仰三类天堂：第一组的 6 个被保留给仍未从欲望中解脱的凡人；第二组 16 个是给仍没有全部切断尘世欲望的僧人；第三组 4 个是给那些已经战胜了所有欲望的人。

[385] Boxer (ed.), *op. cit.* (n. 344), p. 62, n. 1; Groslier, *op. cit.* (n. 23), p. 159, n. 1.

[386] 柬埔寨最高僧侣的称呼。Boxer (ed.), *op. cit.* (n. 344), p. 62, n. 2.

[387] *Ibid.,* p. 62, n. 3.

[388] *Ibid.*, p. 62, n. 4. Groslier (*op. cit.* [n. 23], p. 159, n. 4) 认为这个词源是有问题的。

[389] 佛教初学者 (Groslier, *op. cit.* [n. 23], p. 159. n. 4)。出自于 *chipor*，和尚的长袍，包括在 Boxer (ed.)，*op. cit.* (n. 344), p. 62, n. 5, 似乎有点不大可能。这个词源的建议是由 Georges Coedès 传给 Groslier 的。

[390] 也是佛教初学者 (Groslier. *op. cit.* [n. 23], p. 159, n. 4)。

[391] Boxer (ed.), *op. cit.* (n. 344), p. 61.

[392] 对夺权方式一个模糊的参考是，安赞在 1512 年从一个驱逐了他兄弟的篡位者那里得到了王位。见 *ibid.*, p. 63, n. 1。

[393] 这个对国王地位的一般说明实质上与所知的其他资料上的记载一致。关于继承习惯的专门问题见 Groslier, *op. cit.* (n. 23), p. 155。

[394] George T. Staunton (ed.), *The History of the Great and Mighty Kingdom of China ...* ("Hakluyt Society Publications," Old Series, Vol. XV [London, 1854]), II, 311- 15.

[395] 关于维罗索和达泽维多的经历，见上文，pp. 309-12。

[396] 柬埔寨语 *pâ* = father 父亲。见 Groslier, *op. cit.* (n. 23), p. 31。

[397] 在更早时，根据报导，国王给马六甲写了一封信，要求援助并随信送去两个十字架以作为他对基督教善意的标志。其中一个十字架被放在了马六甲多明我女修道院的前面，另一个放在了交趾教堂的前面。见 *ibid.*, p. 31, n. 4。

[398] 顺带提及，门多萨（Staunton [ed.], *op. cit.* [n. 394], II, 311-12）提到该国的大象和犀牛，并且注意到菲利普二世被授予了一头犀牛作为礼物，这头犀牛当时（大约 1585 年）在马德里公开展览。看到它的人对它的粗厚、坚韧的皮印象深刻。对它还有一些更为奇怪的推测，认为它是独角兽，但门多萨并不同意，因为那些看过 "真正独角兽" 的人予以了否认，它是犀牛。

[399] 见下文，pp. 691-701。

[400] 其特强凌弱、虚张声势生涯的简要总结见 Macgregor, *loc. cit.* (n. 24), pp. 36-37。

[401] 概括性陈述见 Bernard H. M. Vlekke, *Nusantura, a History of Indonesia* (rev. ed.; Chicago, 1960), pp. 13-15; 从历史学角度对社会的密切关系进行的类似陈述见 C. Hooykaas, "A Critical Stage in the Study of Indonesia's Past," in Hall (ed.), *op. cit.* (n. 8), p. 317.

[402] 前欧洲历史的概要是根据 Vlekke, *op. cit.* (n. 401), chaps. i-iii 而写的。

[403] *Ibid.*, pp. 66- 67.

[404] 唯一有趣的一项是他的评论，大意是他访问过的港口的首领是个摩尔人，"但却讲一种不同的语言（可能是马来语）"。见 Major (ed.), *op. cit.* (n. 31), Pt. VI, p. 7。

[405] 巴罗斯对苏门答腊的描述见 Cidade and Múrias (eds.), *op. cit.* (n. 39), III, 231-37; 卡斯塔涅达的描述见 Azevedo (ed.), *op. cit.* (n. 79), I, 456-57。Varthema (in Temple [ed.], *op. cit.* [n. 5], p. 84) 和 Linschoten (in Burnell and Tide [eds.], *op. cit.* [n. 25], I, 107)，既赞同卡斯塔涅达的按年代进行编排，同样把它确认为塔普罗班纳。巴罗斯显然认同塔普罗班纳就是锡兰（above,

p. 342），而黄金半岛就是马来半岛（above, p. 506），毋庸置疑地将苏门答腊置于"Aurea Quersoneso"的南部（Cidade and Múrias [eds.], *op. cit.* [n. 39], II, 250），而且在这点上马菲遵循了他的看法，*op. cit.* (n. 98), I, 167。

[406] 近期相同意思的论证见 Vlekke. *op. cit.* (n. 401), pp. 8-9。参见 Linschoten in Burnell and Tide (eds.), *op. cit.* (n. 25), I, 108。

[407] 苏门答腊的长度实为 1 100 英里，其最大宽度为 250 英里，它的面积是 164 198 平方英里。绕岛一圈大约 2 300 英里。见 A. Cortesão (ed.), *op. cit.* (n. 46), I, 165, n. 1。

[408] 关于苏门答腊河流起源的湖泊，见 William Marsden. *The History of Sumatra* ... (2d ed.; London. 1784), p. 9。

[409] 见 *ibid.,* p. 23, 他将此样描述为一种"主要用于对付白蚂蚁毁灭性破坏的地沥青……"。

[410] 在苏门答腊中部仍有五个活火山。见 Crawfurd, *op. cit.* (n. 34), p. 415。

[411] Castanheda in Azevedo (ed.), *op. cit.* (n. 79), I, 456. 证实见 Marsden, *op. cit.* (n. 408), pp. 133-34。

[412] Crawfurd (*op. cit.* [n. 34], p. 379) 称它是苏门答腊最好的河流。

[413] 有点太迟。从马可·波罗那里我们知道他们 1292 年在八儿剌（Perlak）。见上文，p. 573。

[414] Castanheda in Azevedo (ed.), *op. cit.* (n. 79), I, 456.

[415] 对他们嗜食人类的证实见 Crawfurd, *op. cit.* (n. 34), p. 42, 更令人毛骨悚然的描述见 Marsden, *op. cit.* (n. 408), pp. 298-300。

[416] 待考。

[417] 见 Barros in Cidade and Múrias (eds.), *op. cit.* (n. 39), III, 233; 和 Castanheda in Azevedo (ed.), *op. cit.* (n. 79), I. 456。参考 Marsden, *op. cit.* (n. 408), pp. 159-66。

[418] Barros in Cidade and Múrias (eds.), *op. cit.* (n. 39), III, 233.

[419] 穆斯林商人用"爪夷（Jawi）"一词称呼群岛上的所有土著，特别是马来人。见 Crawfurd, *op. cit.* (n. 34), p. 419。

[420] Cidade and Múrias (eds.), *op. cit.* (n. 39), III, 233-34. 这些名字中的许多与皮雷斯记下的 19 个"王国"和 11 个"国家"非常接近。Ied Corcesão ([ed.], *op. cit.* [n. 46], I,135-36, n. 1) 认为这两个名单中的类似是由于"巴罗斯直接或间接地使用了皮雷斯的著作"。大多数作家列出的国家不超过 7 个，并普遍认为苏门答腊岛也包含许多其他王国。

[421] 一个现已不存在的苏门答腊东部的马来国的国名。其领土似乎从钻石尖延伸到亚齐。更详细的内容见 Crawfurd, *op. cit.* (n. 34), pp. 330-31 和 Cortesão (ed.), *op. cit.* (n. 46), I, 139-40。

[422] Castanheda in Azevedo (ed.), *op. cit.* (n. 79), I, 456.

[423] Barros in Cidade and Múrias (eds.), *op. cit.* (n. 39), III, 234.

[424] Temple (ed.), *op. cit.* (n. 5), p. 86.

[425] *Ibid.*; 经常有人指出瓦尔塔马反复使用其他人告诉他的故事，而不是实际对他所看到的进行描述（如果他确实曾去过印度）。从我们的观点来看，即使虚假不实，他的描述还是很重要

的，因为他的书广为流传。见上文，p. 165。他可能看到的唯一当地的精致艺术是海岸金匠打造的精美的金银丝工艺品。见 Marsden. *op. cit.* (n. 408), pp. 141-42。

[426] Cidade and Múrias, (eds.), *op. cit.* (n. 39), III, 409.

[427] 参考 Crawfurd, *op. cit.* (n. 34), pp. 404-5。为了证实 18 世纪比迪尔这个习俗，见 Marsden, *op. cit.* (n. 408), p. 333。见 Bruno Lasker, *Human Bondage in Southeast Asia* (Chapel Hill, N .C., 1950), pp. 26-36。

[428] Birch (ed.), *op. cit.* (n. 10), III, 59.

[429] 见 Barros (in Cidade and Múrias [eds.], *op. cit.* [n. 39], III, 235) 用了此名；卡斯塔涅达 (in Azevedo [ed.], *op. cit.* [n. 79], II, 131) 称他为 "Coltazina" 或苏丹 Zina。伯格（C. C. Berg）教授认为他的名字可能是 Qain-al Abidin。

[430] *Ibid.,* pp. 64-65.

[431] "Geinal" 虽然最终恢复了他的王国，但他不久中断了与葡萄牙人的关系。1521 年葡萄牙人与阿芦（Aru）的统治者结盟杀害了他，并让一个与其敌对的王子继承了王位。从那以后，尽管 1522 年葡萄牙人在那里建立了一个要塞和一个代理商行，但巴赛似乎失去了作为贸易中心的重要地位。

[432] Burnell and Tiele (eds .) , *op. cit.* (n. 25), I, 108-9. 参见莱莫斯的著作，大约写于 1580 年，它呼吁葡萄牙人利用亚齐的分裂，对它加以征服。

[433] 参考 Barbosa in Dames (ed.), *op. cit.* (n. 77), II, 189。

[434] 见 Pires in Corteão (ed.), *op. cit.* (n. 46), I, 143；参考上文，p. 415。

[435] 参考 Linschoten in Burnell and Tiele (eds.), *op. cit.* (n. 25), I, 110；和 Crawfurd, *op. cit.* (n. 34), p. 274。

[436] Birch (ed.), *op. cit.* (n. 10), III, 162; 这可能是模糊提及这个信仰，即 Menangkabow 的国王们是伊斯康德斯（Iskanders），亚洲神话中亚历山大大大帝的后裔。直到 16 世纪中期 Menangkabow 没有皈依伊斯兰教。亚历山大功绩的故事在早期由穆斯林商人传入东南亚。在马来文献中关于亚历山大的传奇史，见 P. J. van Leeuwen, *De Maleische Alexanderroman* (Utrecht, 1937)。

[437] Temple (ed.), *op. cit.* (n. 5), pp. 89-90.

[438] 上文，p. 117。

[439] Swecker, *op. cit.* (n. 11), p. 20.

[440] Azevedo (ed.), *op. cit.* (n. 79), III, 163-64.

[441] 这个仅有的实质性叙述与 1530 年佩雷拉（Gonçalo Pereira）从马六甲前往德那地岛的途中访问了那里相关（*ibid.,* IV, 227）。

[442] Crawfurd, *op. cit.* (n. 34), p. 70.

[443] *Ibid.,* 现存第一张显示婆罗洲及其全部海岸线和相对正确形式的图是大约 1535 年一幅无名海图，现由博伊斯·潘罗斯所有。见 Cortesão and Teixeira da Mota, *op. cit.* (n. 2), I,123-24。

然而，直到 1635 年贝特洛地图制作出之前，欧洲没有一幅精确的婆罗洲的地图。Cortesão (ed.), *op. cit.* (n. 46), I, 132, n. 1. 婆罗洲的现代地图，包括 16 世纪地图上出现的地名，见 figure II in J. O. M. Broek, *Place Names in 16th and 17th Century Borneo* (Minneapolis, n. d.)。这篇油印的有价值的小论文是由明尼苏达大学的地理系主办编纂的。不幸的是，作者似乎不知道卡斯塔涅达的城镇名称目录。

[444] De los Rios (ed.), *op. cit.* (n. 298), II, 16-18. 奥维耶多对婆罗洲的论述概要见 Swecker, *op. cit.* (n. 11), pp. 192-93。

[445] Azevedo (ed.), *op. cit.* (n. 79), IV, 227.

[446] 马鲁都（Marudu）是北海岸一个大海湾的名字。见 Brock, *op. cit.* (n. 443), Fig. II。当代地图中一个以马鲁迪命名的城镇位于文莱的西南。

[447] 沙捞越在西海岸。见 *ibid*。

[448] 并不存在于现代地图上，但 16 世纪至 18 世纪绘制的海图中将它以此名放在西南海岸，但拼写上有点不同（如，"Laoe"）。见 Cortesão (ed.), *op. cit.* (n. 46), I, 224, n. 1. 很可能 Lawai 是卡普阿斯河三角洲上的一个大港。关于这一鉴定的细节见 Brock, *op. cit.* (n. 443), pp. 12-15。

[449] 关于确定这个地区或城镇的问题见 *ibid.*, pp. 15-20。

[450] Castanheda in Azevedo (ed.), *op. cit.* (n. 79), IV, 227.

[451] Barbosa in Dames (ed.), *op. cit.* (n. 77), II, 206.

[452] Azevedo (ed.), *op. cit.* (n. 77), IV, 227；"淡杯"被大范围出口到其他地方，这是一种很甜的酒，是从一种叫作 *tâmpang* 的水果酿制而成（Dalgado, *op. cit.* [n. 53], II, 348）。当皮加费塔及其同伴访问文莱时他们受到了亚力酒的款待。

[453] 可参考樟脑及其用途，见 Barbosa in Dames (ed.), *op. cit.* (n. 77), II, 207；Castanheda in Azevedo (ed.), *op. cit.* (n. 79), IV, 227；在 Markham (trans.), *op. cit.* (n. 359), pp. 86-98 中奥尔塔（Orta）的冗长对话体记叙。其他对婆罗洲樟脑更早的参考见 Yule and Burnell, *op. cit.* (n. 218), pp. 116-17. 伯格教授指出樟脑也许并未被作为添加剂用于槟榔。他认为对这个事实出现混淆是由于爪哇单词 *kapura* 既是石灰也是樟脑，石灰仍被用于制作咀嚼槟榔。

[454] Castanheda in Azevedo (ed.), *op. cit.* (n. 79), IV, 227.

[455] Pires in Cortesão (ed.), *op. cit.* (n. 46), I, 132.

[456] *Ibid.*

[457] *Ibid.*, p. 133.

[458] 例如，马六甲第一任总督安东尼奥·德·布里托（António de Brito）向里斯本报告，婆罗洲的国王是一个异教徒。然而，当代学者认为在葡萄牙人来到东方之前海岸城镇已接受伊斯兰教（Hall, *op. cit.* [n. 30], p. 184）。

[459] Dames (ed,), *op. cit.* (n. 77), II, 207.

[460] Cortesão (ed.), *op. cit.* (n. 46), I, 132.

[461] Robertson (ed.), *op. cit.* (n. 136), II, 35. *Sripadh* 意为 "陛下"。

[462] Hall, *op. cit.* (n. 30)，另见 178 页的图，该图描述了伊斯兰教的扩张，和第 199 页。

[463] Robertson (ed.), *op. cit.* (n. 136), II, 34. 奥维耶多在 De los Rios (ed.), *op. cit.* (n. 298), II, 17 中给出 2 万小房子的数字，这一次奥维耶多遵从了 Maximilian's *Dc Moluccis* ...。英译文在 C. H. Coote (ed.), *Johann Schöner* (London, 1888), p. 136。

[464] Crawfurd, *op. cit.* (n. 34), pp. 70-77，特别热衷于给皮加费塔的精确度打折扣，他指出在 19 世纪中期文莱的人口估计仅为 12 000 人。

[465] Robertson (ed.), *op. cit.* (n. 136), II, 31-33.

[466] Juru-tulis 或 "秘书"。

[467] Robertson (ed.), *op. cit.* (n. 136), II, 35.

[468] Castanheda in Azevedo (ed.), *op. cit.* (n. 79), IV, 227.

[469] Robertson (ed.), *op. cit.* (n. 136), II, 37.

[470] Barbosa in Dames (ed.), *op. cit.* (n. 77), II, 207. 大多数迪雅克（Dayak）部族，其中一个是嘉颜人（Kayans），有自己的语言。当地部族中没有一个发明自己的书写字母。Crawfurd, *op. cit.* (n. 34), pp. 127-28.

[471] 他的 *De Moluccis* ... 英文翻译见 C. H. Coote (ed.), *op. cit.* (n. 463), pp. 134-37。奥维耶多的记载几乎是它的直接翻译。

[472] 摘要见 Swecker, *op. cit.* (n. 11), pp. 192-93。

[473] 由 19 世纪欧洲访问者对婆罗洲部族所做的一系列特性描述见 Crawfurd, *op. cit.* (n. 34), pp. 128-32。

[474] 引自 Swecker, *op. cit.* (n. 11), p. 193。

[475] 关于其使命的目的，见 E. H. Blair and J. A. Robertson (eds.), *The Philippine Islands* (*1493-1803*) (Cleveland, 1903), IV, 148-55 的文件；关于来自葡萄牙塞巴斯蒂安国王（King Sebastian）给婆罗洲统治者的一封 1573 年的信，该信被西班牙人没收，见 *ibid.*, pp. 173-74。

[476] Zaide, *op. cit.* (n. 208), p. 273.

[477] Staunton (ed.), *op. cit.* (n. 394), II, 261.

[478] Albuquerque in Birch (ed.), *op. cit.* (n. 10), III, 163.

[479] 有关爪哇北海岸一带船的构造见 Crawfurd, *op. cit.* (n. 34). p. 176。

[480] Dames (ed.), *op. cit.* (n. 77), II, 173-74.

[481] 参考 *ibid.*, pp, 191-92, n. 1; Cortesão (ed.), *op cit,* (n, 46), I, 179，另见上文，p, 576。

[482] 伯格教授怀疑一个女人曾控制过贾帕拉。他认为这只是对一个神秘的皇后的参考，她代表了爪哇传统历史中的恶势力。

[483] Hall, *op. cit.* (n. 30), p. 204.

[484] 皮雷斯对爪哇和苏门答腊的描述是以个人访问为基础的，在他的著作的那些赖麦锡没有得到和出版的部分中，也显示了这种偏见。然而，他对爪哇的记述比 16 世纪出版的那些要

好得多。见 Cortesão (ed.), *op. cit.* (n. 46), I, 166-200。对皮雷斯和其他关于满者伯夷帝国最后年代的主要资料加以对比的出色研究，见 H. J. de Graaf, "Pires' Suma Oriental en het tijdperk van den godsdien-stovergang op Java," *Bijdragen tot de taal-, land-en volken-kunde,* CVIII (1952),132-71。

[485] C. C. Berg, "Javanese Historiography-A Synopsis of Its Evolution, " in Hall (ed.), *op. cit.* (n. 8), p. 13. 关于伯格的史学研究思想，见 J. G. de Casparis, "Historical Writing on Indonesia (Early Period)," in *ibid.,* pp. 159-63。

[486] Vlekke, *op. cit.* (n. 401), pp. 92-93.

[487] Charignon, *loc. cit.* (n. 341), pp. 193-347.

[488] Major (ed.), *op. cit.* (n. 31), Pt. IV, p. 16.

[489] *Op. cit.*, p. 165; 不太挑剔的评价见 Temple (ed.), *op. cit.* (n. 5), p. lxxvi。

[490] Barros in Cidade and Múrias (eds.), *op. cit.* (n. 39), II, 400. 这一地理描述是由葡萄牙人李维（Livy）本人写下的。直到 1615 年，在完成后的第四个十年，它仍未被出版，因此在此不具意义，继承者（库托，Couto）带来了复杂化，他将爪哇分成两个岛屿；巽他被一条河与岛的其余部分隔开。见 Swecker, *op. cit.* (n. 11), pp. 77-78。皮雷斯（in Cortesão [ed.], *op. cit.* [n. 46], I, 168）认为只有一个岛，但它被一条河分开，这可能是库托错误的来源。Castanheda in Azevedo (ed.), *op. cit.* (n. 79), II, 158 同意巴罗斯，认为它是一个岛，同时他认为海峡宽度为 10 至 20 里格。在大约 1545 年由无名氏制作的平面球形图上巽他海峡第一次以相对正确的形式出现。见 Cortesão and Teixeira da Mota, *op. cit.* (n. 2), I, 155-57。

[491] Castanheda in Azevedo (ed.), *op. cit.* (n. 79), II, 158. 这大概多说了 100 英里（Crawfurd, *op. cit.* [n. 34], p. 167）。但巴罗斯的错误更大；他给出的是 190 里格（760 英里）。见 Cidade and Múrias (eds.), *op. cit.* (n. 39), II, 400。

[492] 即便到了林斯乔坦时代（大约 1585 年），葡萄牙人似乎对爪哇地理所知仍不多。见 Burnell and Tiele (eds.), *op. cit.* (n. 25), I, 111-12。

[493] Crawfurd, *op. cit.* (n. 34), p. 167 指出在南部有两个还不错的良港。岛的宽度为 48 至 117 英里不等。

[494] 港口名单发表在卡斯塔涅达书中（in Azevedo [ed.], *op. cit.* [n. 79], II, 158）。确认，见 Cortesão (ed.), *op. cit.* (n. 46), I, 189-92。皮雷斯（*ibid.,* p. 193）称革儿昔为"通商口岸中爪哇的宝石"，他探讨了沿着整个北海岸的大多数港口。

[495] Robertson (ed.), *op. cit.* (n. 136), II, 167-68.

[496] 在印度人时期著名的一个城市，靠近爪哇东部当代谏义里（Kediri）。在欧洲人著作中也拼作 "Daia" 和 "Daya"。

[497] 见 Cortesão (ed.), *op. cit.* (n. 46), I, 160, n. 1, and pp. 187- 88。

[498] Burnell and Tiele (eds.), *op. cit.* (n. 25), I, 112. 鉴定见 Certesão (ed.), *op. cit.* (n. 46), I, 172, n. 1。

[499] Burnell and Tiele (eds.), *op. cit.* (n. 25), I, 113- 14; 证实见 Cortesão (ed.), *op. cit.* (n. 46), I,

181。

[500] De los Rios (ed.), *op. cit.* (n. 298), II, 105.

[501] Barbosa in Dames (ed.), *op. cit.* (n. 77), II, 190. 进一步鉴定每个统治者，见 Cortesão (ed.), *op. cit.* (n. 46), I, 175-76。

[502] Castanheda in Azevedo (ed.), *op. cit.* (n. 79), II, 242, 给出的时间是 1512 年。上面所给出的时间，见 Cortesão (ed.), *op. cit.* (n. 46), I, 151-52, n. 3. 关于 Pate Unus 对巽他权力延伸的进一步详情，见 R. A. Kern, "Pati Unus en Sunda," *Bijdragen tot de Taal-, Land- en Volken-kunde*, CVIII (1952), 124-31。

[503] Azevedo (ed.), *op. cit.* (n. 79), II, 242-43.

[504] De los Rios (ed.), *op. cit.* (n. 298), II, 105.

[505] 不清楚 16 世纪时爪哇存在多少独立国家。在 1579 年，当德雷克（Drake）达到爪哇时，据传闻该岛由六个王侯（rājā）管理："Donaw"、"Rabacapala"、"Bacabatra"、"Tymbanton"、"Patimara" 和 "Mawgbange"。见 The Famous Voyage in Hakluyt, *op. cit.* (n. 114). XI, 132。穆斯林时期的三个爪哇国家是万丹、淡国和马打兰；直到 18 世纪前马打兰尚未被分成三个国家。

[506] Barbosa in Dames (ed.), *op. cit.* (n. 77), II, 191-94; Castanheda in Azevedo (ed.), *op. cit.* (n. 79), II, 158-59; Linschoten in Burnell and Tiele (eds.), *op. cit.* (n. 25), I, 114.

[507] 类似的描述参考 Crawfurd, *op. cit.* (n. 34), p. 173。

[508] 在这里他们被评价为 "和平、温顺、冷静、单纯和勤奋"。

[509] Cidade and Múrias (eds.), *op. cit.* (n. 39), II, 400.

[510] 为证实他们在这些手艺上的能力，见 Crawfurd, *op. cit.* (n. 34), pp. 176-78。

[511] 为了证实这个习俗出自一个独立的中国资料，见 W. W. Rockhill, "Notes on the Relations and Trade of China," *T'oung pao*, XVI (1915), 240, n. 1。

[512] Temple (ed.), *op. cit.* (n. 5), p. lxxvi.

[513] Robertson (ed.), *op. cit.* (n. 136), II, 169; Crawfurd (*op. cit.* [n. 34], p. 166) 提到 19 世纪中期时在巴厘仍继续实施共焚。关于性行为见上文, p. 553n。

[514] Castanheda in Azevedo (ed.), *op. cit.* (n. 79). IV, 144; 久远的证实见 Pires in Cartesão (ed.), *op. cit.* (n. 46), I, 176. 探讨见 Crawfurd, *op. cit.* (n. 34), p. 12。

[515] 参考 Hakluyt, *op. cit.* (n. 114), XI,132-33 中德雷克的人收集的词汇表。

[516] 哈马黑拉岛实际上与五个较小的岛并行，与它们很近。一般说来，16 世纪的葡萄牙作家们并不认为它是马鲁古群岛中的一员。17 世纪中期，荷兰人下令要毁掉马鲁古群岛上的丁香树，将丁香产品限制在安汶岛，而肉豆蔻限制在班达群岛。"马鲁古群岛" 名字的起源不能确定。见 Philips (ed.), *op. cit.* (n. 139), p. 111。

[517] 见上文, pp. 114-19。

[518] Temple (ed.), *op. cit.* (n. 5), p. lxxv.

[519] 见上文，p. 61。

[520] Temple (ed.), *op. cit.* (n. 5), p. 89.

[521] 例如，伟大的生物学家阿尔弗雷德·华莱士 (Alfred Wallace) 在 19 世纪中期曾访问过香料群岛，他说安汶人是"半文明半野蛮的懒人"（*op. cit.* [n. 94], p. 230）。

[522] 见 Humberto Leitão, *Os portugueses em Solor e Timor de 1515 a 1702* (Lisbon, 1948), pp. 25-52。

[523] *Gunung-api* 是马来语，意为"火山"（Crawfurd, *op. cit.* [n. 34], p. 33）。

[524] Galvão in Vice-Admiral Bethune (ed .), *The Discoveries of the World from their First Original unto the Year of Our Lord 1555 by Antonio Galvano, Governor of Terate* ("Hakluyt Society Publications," Old Series, Vol. XXX [London, 1872]), p. 117.

[525] Visconde de Lagoa and Elaine Sanceau (eds.), *António Galvão. Tratado dos descobrimentos* (3d ed.; Porto, 1944), p. 171, n. 3.

[526] 对这些航行的评论，见 Leitão, *op. cit.* (n. 522), pp. 53-55。

[527] 皮加费塔 (in Robertson [ed.], *op. cit.* [n. 136], II, 81, 83) 注意到，在他于 1521 年到达那里之前，葡萄牙人已经发现了马鲁古群岛，而且故意对西班牙保守这一秘密。麦哲伦显然向查理一世介绍了瓦尔塔马关于香料群岛的记述（see *ibid.*, II, 211）。在马六甲时，麦哲伦本人与弗朗西斯科·塞朗通信，从他那里了解到香料群岛的情况。关于塞朗有关马六甲位置信息的不可靠性（较之实际位于马六甲东部远的两倍），见 C. E. Nowell. *Magellan's Voyage around the World: Three Contemporary Accounts* (Evanston, Ill., 1962), pp. 15-19。

[528] 参考上文 pp. 115-16; and also 和 Coote (ed.), *op. cit.* (n. 463), pp. 111-12。

[529] Pigafetta in Robertson (ed.), *op. cit.* (n. 136), II, 71. 参考 Varthema, above, p. 594。皮加费塔对其在马鲁古群岛经历的描述也可在 G. B. Ramusio, *Delle navigatione ...* (Venice, 1550), I, 403r- 407r 中找到。

[530] Barbosa (Dames [ed.], *op. cit.* [n. 77], II, 200-201) 在 1518 年写作时注意到，在德那地"居住着一个摩尔人的国王，他们称他为 Soltan Binaracola……（他）以前是所有五个岛的国王，但现在四个岛已经起来反抗他，并获得了独立"。皮雷斯 (in Cortesão [ed.], *op. cit.* [n. 46], I, 214) 记载，只有德那地的国王被称为苏丹，其余的为罗阇。他也记录了蒂多雷岛的"Raja Almancor" (Manzor) 正与德那地处于交战中。事实上，这几乎是群岛的常态，因为竞争产生了对抗的联盟。德那地和蒂多雷的统治者分别在 *Oulilima*（五国联盟）和 *Oulisiva*（九国联盟）的帮助下为了争夺群岛的最高统治权彼此厮杀。每个阵营经常在同一岛上都有帮手，而相邻社区（部落 [*kampongs*]）作为这些竞争性联盟的其中成员彼此交战。结果，地方冲突和战事几乎成了马鲁古群岛和卷入它们权力斗争的那些邻邦的地方病。见 Wessels, *op. cit.* (n. 21), p. 29。

[531] 马克西米利安记下的 Manzor 的讲话，见 Coote (ed.), *op. cit.* (n. 463), p. 140。

[532] Robertson (ed.), *op. cit.* (n. 136), II, 75.

[533] *Ibid.,* pp. 75-76.

[534] *Ibid.,* p. 115. 这大致在皮雷斯（in Cortesão [ed.], *op. cit.* [n. 46], I, 213）著述中得到了证实。

[535] 这里提及的巴布亚，是第一次出现在欧洲资料上，它经常被作为新几内亚的巴布亚人的参考，而且麦哲伦船队的幸存者被错误地认为发现了那个岛。深度评论见 Arthur Wichmann, *Entdeckungsgeschichte von Neu-Guinea* (*bis 1828*) (Leiden, 1909), I, 12-13。

[536] Robertson (ed.), *op. cit.* (n. 136), II, 77.

[537] 耶稣会士伏若望在 1556 年写道 (Wicki [ed.], *op. cit.* [n. 80], III, 542)："整个岛（德那地）有……厚厚的茎类植物，内有甘甜的淡水，葡萄牙人饮用它们。"可能竹子中被灌入当地的河水。Wallace, *op. cit.* (n. 94), p. 61, 观察到婆罗洲的迪雅克人（Dayaks）"……用细长有节的竹子做盛水容器。它们很干净、轻便，易于携带，并且在许多方面优于用于同样目的的陶制容器"。

[538] 所有欧洲作家都认为哈马黑拉岛没有出产大量丁香。参见 Crawfurd, *op. cit.* (n. 34), pp. 10-11。

[539] *Ibid.,* p. 103. 另见 Orta in Markham (trans.), *op. cit.* (n. 359), pp. 213-21。

[540] Robertson (ed.), *op. cit.* (n. 136), II, 117.

[541] 见 Ramusio, *op. cit.* (n. 529), I, 408v。

[542] Robertson (ed.), *op. cit.* (n. 136), II, 91, 215, n. 502 (探讨了当地名称)。参考在 Markham (trans.), *op. cit.* (n. 539), p. 215 中奥尔塔（Orta）的名称。

[543] Robertson (ed.), *op. cit.* (n. 136), II, 115. Wallace, *op. cit.* (n. 94), pp. 153-54, 描述了在帝汶岛野蜂的巨大蜂窝悬挂在最高大的树的最高枝干上。

[544] Robertson (ed.), *op. cit.* (n. 136), II, 89.

[545] *Ibid.,* p. 105; 这些岛被马克西米利安称作 "Mamuco Diata"（*Manuk-dewato*）(Coote [ed.], *op. cit.* [n. 463], p. 143)。对这些称呼的讨论见 Crawfurd, *op. cit.* (n. 34), p. 54。对 "天堂鸟" 这两个常见马来语专有称呼和它们在英语文献中使用的更详尽分析，可在 C. P. G. Scott, "The Malayan Words in English," *Journal of the American Oriental Society*, Vol. XVIII, Pt. I (1897), 76-80 (The first part of Scott's article in *ibid*, XVII [1896]) 中找到。

[546] Pigafetta in Robertson (ed.), *op. cit.* (n. 136), II, 105; Maximilian in Coote (ed.), *op. cit.* (n. 463), p. 143. 其他故事见 Linschoten in Burnell and Tide (eds.), *op. cit.* (n. 25), I, 118。实际上这些鸟可能根本不是马鲁古群岛土生的，给欧洲人的被处理过鸟的毛皮可能是在阿鲁群岛或新几内亚制作的。

[547] Coote (ed.), *op. cit.* (n. 463), p. 143.

[548] Robertson (ed.), *op. cit.* (n. 136), II, 107.

[549] *Ibid.,* pp, 106-07.

[550] 关于其不成功的回程努力，见 Henry R. Wagner, *Spanish Voyages to the Northwest Coast of America in the Sixteenth Century* (San Francisco, 1929), p. 96。

[551] 为了努力辨明这许多晦涩的名字，见 *ibid.*, pp. 221-23。

[552] *Ibid.*, p. 153. 实际上它们稍微低于南纬 5°。

[553] 见 Cortesão (ed.), *op. cit.* (n. 46), I, 202 n. 阿洛位于小巽他岛链的弗洛勒斯岛和帝汶岛之间。

[554] Robertson (ed.), *op. cit.* (n. 136), II, 157.

[555] 带有早期地名的帝汶岛地图，见 Leitão, *op. cit.* (n. 522), facing p. 164。

[556] 实际上，马来群岛许多岛上都生长白檀，但帝汶岛肯定是最重要的供应来源。见 Crawfurd, *op. cit.* (n. 34), p. 375, 和 Wallace, *op. cit.* (n. 94), p. 153。

[557] Robertson (ed.), *op. cit.* (n. 136), II, 163; 想要弄明白地名见 Leitão, *op. cit.* (n. 522), facing p. 164 中的地图。

[558] De los Rios (ed.), *op. cit.* (n. 298), pp. 65-100.

[559] "Quichil" 出自马来语 *kĕchil*，意为小，它被用于标题，等于西班牙语的 "Don"。Bubacar 或 Abu-Bahr 是这个地方长官的正式名称。见 *ibid.*, p. 65。

[560] *Ibid.*, p. 70. 伯格认为 "Adulraenjami" 应写成 Abd-Rahman i。

[561] 对这次探险最详细的研究只有 S. Wright, *Voyages of Alvaro de Saavedra Céron, 1527-1529* (Coral Gables, Fla., 1951)。

[562] De los Rios (ed.), *op. cit.* (n. 298), pp. 100-105.

[563] *Ibid.*, pp. 102-3. 他非常详细地对被称作 "Bangay" 和 "Tobucu" 的两个岛做了评论。邦盖（Banggai）与西里伯斯岛中心的东海岸上的同名半岛有一段距离。

[564] 下文，pp. 614-15。

[565] 当地的一种语言，意为 "大陆"，以说明与附近小岛相比其面积之大。见 Crawfurd, *op. cit.* (n. 34), p. 10。

[566] 在西里伯斯岛北部，金子是通过冲洗得到的。在 19 世纪，西里伯斯人出口的金子比除了婆罗洲以外的所有其他印度尼西亚群岛上的都要多。*Ibid.*, p. 88.

[567] De los Rios (ed.), *op. cit.* (n. 298), Appendix, Plate I, figs. 1 and 2.

[568] 见 Cortesão (ed.), *op. cit.* (n. 46), I, 200; II, 523。

[569] Cortesão and Teixeira da Mota, *op. cit.* (n. 2), I, 19-20. 这是在加入了大约 1517 年佩罗德·赖内尔精制的海图中对马鲁古群岛的描绘的基础上完成的。见 *ibid.*, pp. 33-34；意大利历史地图制作学者 G. Caraci 认为塞维尔第一位制图大师努诺·加西亚·德·雷诺为麦哲伦航行制作了海图。见 *ibid.*, pp. 87-89。

[570] 见 *ibid.*, pp. 50-51。

[571] 见 Wichmann, *op. cit.* (n. 535), pp. 14-16, Wichmann 认为他访问了与新几内亚西北半岛分离的 Wiak 小岛上的小港口 Warsai。

[572] Cortesão and Teixeira da Mota. *op. cit.* (n. 2), I, 99-101.

[573] *Ibid.*, pp. 117-21; 实际上，它们真正的位置在更西部的 128° 左右。

[574] *Ibid.*, pp. 155-57.

[575] Wicki (ed.), *op. cit.* (n. 80), I, 468-81. 第一次出版在 *Copia de las cartas* (1565 年) 中。

[576] 对戈坦诺关于蒂多雷和葡萄牙人大约 1545 年在德那地建制的记述，见 Ramusio, *op. cit.* (n. 529), I, 417r and v。

[577] Wicki (ed.), *op. cit.* (n. 80), I, 475.

[578] 见上文，pp. 195-96。

[579] Cidade and Múrias (eds.), *op. cit.* (n. 39), III, 259-60.

[580] 值得注意的是，这时期葡萄牙人将这些岛屿放错地方是非常一致的。Castanheda (in Azevedo [ed.], *op. cit.* [n. 79], III, 166-67) 和 Fróis (letter from Malacca, November 19, 1556, in Wicki [ed.], *op. cit.* [n. 80], III, 540) 也将马鲁古群岛放在赤道以南。还要注意的是，在赖麦锡的地图上，德那地位于赤道以南，而蒂多雷位于赤道以北。然而，在关于前往马鲁古群岛的距离上，沙勿略远比巴罗斯要精确。在一封来自果阿的信中（1542 年 9 月 20 日），沙勿略写给罗耀拉，"从果阿城去 Maluca 有 1 000 里格……从这里去 Malacha 有 500 里格……"（Schurhammer and Wicki [eds.], *op. cit.* [n. 93], I, 141）。通过简单的减法，很容易看出沙勿略估计从马六甲到马鲁古群岛的距离为 500 里格（2 000 英里）。关于对巴罗斯奇怪的不能确定马鲁古群岛的准确位置的同时代的抱怨，见 1567 年 4 月 9 日纪尧姆·波斯特尔（Guillaume Postel）写给亚伯拉罕·奥提留斯（Abraham Ortelius）的信（J. H. Hessels [ed.], *Abrahami Ortelii et virorum eruditorum ad eunldem et ad Jacobum Colium Ortelianum Epistolae* (1524-1628) [Cambridge, 1887], I, 43）。

[581] Robertson (ed.), *op. cit.* (n. 136), II, 115.

[582] 见 Swecker, *op. cit.* (n. II), p. 105, n. 1。

[583] 对巴罗斯来说 Batochina 等同于 "中国的土地"。

[584] 这些名称的含义或它们来自什么语言不得而知。这些岛屿的现代名称也是如此。见 Crawfurd, *op. cit.* (n. 34), p. 283。

[585] Barros in Cidade and Múrias (eds.), *op. cit.* (n. 39), III, 257-58. 关于哈马黑拉岛上升珊瑚礁的描述，见 Wallace, *op. cit.* (n. 94), p. 6。

[586] Cidadc and Múria, (ed,.), *op. cit.* (n. 39), III, 258-59.

[587] *Ibid.*, p. 259; 巴罗斯解释说 "Pulo" 意为 "岛"，"Cabale" 意为 "陶罐"。"Pulo" 是马来词语，通常指岛屿或小岛。见 Crawfurd, *op. cit.* (n. 34), p. 361。

[588] tuāq 出自马来语，向西远至马达加斯加的整个东方海上世界都使用这一词。见 Dalgado, *op. cit.* (n. 53), II, 388。

[589] Azevedo (ed.), *op. cit.* (n. 79), III, 168; 有袋类动物，一种袋鼠的提法。见 Henry O. Forbes, *A Naturalist's Wanderings in the Eastern Archipelago* (New York, 1885), pp. 291-92 中的评论。

[590] Barros in Cidade and Múrias (eds.), *op. cit.* (n. 39), III, 260-61.

[591] Barros in *ibid.,* pp. 261-62; Castanheda in Azevedo (ed.), *op. cit.* (n. 79), III, 168-69.

[592] 一个非常精明的观察，因为南哈马黑拉岛和马鲁古群岛的语言与印度尼西亚的语言完全不

相干，对于比较语言学的学者们来说它们的起源仍是一个谜。

[593] Barros in Cidade and Múrias (eds.), *op. cit.* (n. 39), III, 263; Pigafetta（见上文 p. 598）认为大约 1471 年伊斯兰教进入蒂多雷岛。在穆斯林商人浸透到蒂多雷之前很可能他们在德那地是相当活跃的。

[594] Barros in Cidade and Múrias (eds.), *op. cit,* (n. 39), III, 261-62.

[595] 见 Scott, *loc. cit.* (n. 545), pp. 97-99。

[596] *Ibid.,* pp. 263-64. 这个传说在 B. Leonardo de Argensola 的 *Conquista de las islas Malucas* (Madrid, 1609) 中也被讲述。很可能他是从巴罗斯那里获悉这个故事的，因为在其他的与马鲁古群岛早期史相关的资料中他引用了这个葡萄牙史家的论述。

[597] Orta (in Markham [trans.], *op. cit.* [n. 359], pp. 218-19) 记载了他也听到这种说法。

[598] Barros in Cidade and Múrias (eds.), *op. cit.* (n. 39), III, 262-63.

[599] 上文, p. 595。

[600] Castanheda in Azevedo (ed.), *op. cit.* (n. 79), III, 168-69.

[601] 来自马来语, *sangá-agi*, 意为"君主"。显然它也用来指"附庸国君主"。见 Dalgado, *op. cit.* (n. 53), II, 282-83。

[602] Cidade and Múrias (eds.), *op. cit.* (n. 39), III, 266.

[603] 对这些鉴别和地图的讨论，见 Leitão, *op. cit.* (n. 522), p. 49。

[604] 关于班达群岛的附加信息，见 Castanheda in Azevedo (ed.), *op. cit.* (n. 79), III, 155-56。

[605] 在这方面马菲没有什么帮助。他的记载（*op. cit.*[n.98], I, 208-11）紧紧追随巴罗斯，没有特别的增加。来自印度的耶稣会士的信件，见上文，pp. 427-32。

[606] 有关他在安汶岛的活动，见 Wessels, *op. cit.* (n. 21), chap. ii; 差不多同时代的另一个记载，见 Guzman, *op. cit.* (n. 44), Vol. I, chap. xx。另见上文, pp. 281-82。

[607] 旅程以 Schurhammer and Wicki (eds.), *op. cit.* (n. 93), I, 339, 375, 348, 378, 384 中的资料为基础。

[608] 直到 Tursellinus 文集在 1596 年出现前，这些信件一直未被出版；然后，因为它们是第一批来自马鲁古群岛的信件并在 16 世纪以手稿形式广为流传，还经常被引用，所以在这里对它们进行探讨。

[609] 见 Wessels, *op. cit.* (n. 21), pp. 30-31。

[610] *Ibid.,* pp. 33-34. 沙勿略期望弗雷塔斯在 1547 年 11 月亲自接管安汶岛，但在这个愿望上他失望了。见 Schurhammer and Wicki (eds.), *op. cit.* (n. 93), I, 340。

[611] *Ibid.,* I, 328.

[612] *Ibid.,* pp. 331-33.

[613] *Ibid.,* p. 333.

[614] *Ibid.,* pp. 333-35.

[615] *Ibid.,* p. 325. 加莱拉位于哈马黑拉岛北海湾的东北端。

[616] Wicki (ed.), *op. cit.* (n. 80), I, 19, 24, 34, 43. The *Diversi avisi* (Venice), 始于 1558 年，出版了若昂·德·贝拉（João de Beira）书信中部分内容 (Feb. 25, 1549, Ternate to Goa, in Eglauer [trans.], *op. cit.* [n. 181], I,123-25; Feb. 8, 1553, Cochin to Rome, in *ibid.*, I, 196-205), Manuel de Moraes (undated [1549?], Goa to Coimbra, in *ibid.*, I, 22-26), Affonso de Castro (Jan. 18, 1554, Ternate to Goa, in *ibid.*, I, 211-13; May 13 [1554?], Amboina to Goa, in *ibid* ., I, 278-81), and Antonio Fernandez (Feb. 27, 1554, Amboina to Goa, in *ibid.*, I, 214-17)。

[617] Wicki (ed.), *op. cit.* (n. 80), III, 186.

[618] 在 *ibid.*, III, 522-64 中，受命于巴尔塔萨·迪亚斯（Baltazar Dias）而写（马六甲，1556 年 11 月 19 日）。

[619] 这个译成德文有几分删节的翻译可以在 Eglauer (trans.), *op. cit.* (n. 181), II, 1-26 中看到。它出自于《新见闻录》（*Diversi avisi*，威尼斯，1559），说明它在 16 世纪真正被出版了。16 世纪版本被欧洲编者们压缩并删掉了许多地名，不过，在其他方面这是一本原著的精确译本。

[620] Wicki (ed.), *op. cit.* (n. 80), III, 540.

[621] 沙勿略在 1548 年 1 月 20 日信中的谈论可以证实 (Schurhammer and Wicki [eds.], *op. cit.* [n. 93], I, 386)。

[622] 又被称为 Elizabeth Niachile Pocarago (*ibid.*, p. 126, n. 15)。

[623] 其经历见上文，p. 610。

[624] 1549 年从马六甲写给果阿的信中，沙勿略请求葡萄牙人给他一些津贴和无条件的支持。见 Schurhammer and Wicki (eds.), *op. cit.* (n. 93), II, 127。

[625] Wicki (ed.), *op. cit.* (n. 80), III, 543.

[626] Wallace (*op. cit.* [n. 94], p. 244) 将摩洛泰放在了距吉洛洛东北端 25 英里处。

[627] 带有这些名字的这一地区的一幅地图，见 Wessels, *op. cit.* (n. 21) 卷末。

[628] Wicki (ed.), *op. cit.* (n. 80), III, 548. 马六甲的耶稣会士给出的摩洛的基督教皈依者总数是 20 000 人。

[629] *Ibid.*, p. 543.

[630] *Ibid.*, p. 546.

[631] 这些部落群体今天在哈马黑拉东部和南部仍然存在 (*ibid.*, p. 543)。Wallace (*op. cit.* [n. 94], p. 243) 注意到在 19 世纪哈马黑拉岛的土著居民被限制在北面的半岛。沙勿略 (in Schurhammer and Wicki [eds.], *op. cit.* [n. 93], I, 380) 提及一个叫 "Tavaros" 的群体可能是哈马黑拉的 Tabaru 部落，就是 Moro 地区的居民。

[632] Wicki (ed.), *op. cit.* (n. 80), III, 544.

[633] 对这种西里伯斯岛和马鲁古群岛筑垅鸟的全面论述，见 Scott, *op. cit.*, pp. 72-74。

[634] Wicki (ed.), *op. cit.* (n. 80), III, 545. 海牛在马来语中叫鲁容（*duyong*）。论述见 Scott, *loc. cit.* (n. 545), XVII (1896), 135-37。

[635] Wicki (ed.), *op. cit.* (n. 80), III, 542. 见 Wallace (*op. cit.* [n. 94], p. 228)，他对安汶岛上的蟒蛇

做了描述，他断定它能"吞下一条狗或一个小孩"。

[636] Wicki (ed.), *op. cit.* (n. 80), III, 546-47.

[637] 可能是维拉罗伯斯探险队里来自"圣胡安"号的一名水手。1545 年"圣胡安"的指挥官 Ynigo Ortiz de Retes，沿着新几内亚的北海岸航行，想要寻找一条回墨西哥的航道。在这里他数次与敌对的土著交战。正是 Ortiz 声明该岛是属于西班牙国王的，并为其定名"新几内亚"。见 Wichmann, *op. cit.* (n. 535), pp. 23-28。

[638] Wield (ed.), *op. cit.* (n. 80), III, 547.

[639] 参考华莱士 1860 年从瓦岛到德那地航行的示意图，*op. cit.* (n. 94), p. 411。

[640] Wicki (ed.), *op. cit.* (n. 80), III, 559-60.

[641] *Ibid.,* p. 559. 万鸦老在这个有触角的岛的最北端，并在哈马黑拉岛的正西方。（印度尼西亚苏拉威西岛东北岸城市。——译者注）

[642] *Ibid.,* pp. 560-61.

[643] *Ibid.,* p. 563. 他估计（*ibid.,* p. 561）在 1556 年时，安汶岛和 Mora 岛可能有 50 000 个皈依者，是香料群岛中最大的两个基督教中心。当时在摩洛却只有两个教士，在德那地才有一个，而安汶岛更是一个都没有。但也应该记住的是，在东方的所有地方都缺乏耶稣会士。

[644] 见 *ibid.,* pp. 783-91 中"印度省目录"。来自安汶的男孩是安汶 Hittu 半岛 Nusatelo（或 Asilulu）穆斯林统治者的儿子；其父以"基督教最大的迫害者"而出名。

[645] 来自果阿（1559 年 11 月 14 日），根据印度的大主教夸德罗斯（Quadros）的命令而写。见 *ibid.,* IV, 347-50。1562 年、1566 年、1569 年和 1570 年在欧洲出版。在同一封信中传给欧洲的通告有：帝汶岛的统治者皈依，及他向马六甲要求派一个传教士到他这个岛上的请求。在巴占群岛更详细的传教记录，见 C. Wessels, "De Katholieke Missie in het Sultanaat Batjan (Molukken), 1557-1609," *Historisch Tijdschrift*, VIII (1929), 115-48, 221-45.

[646] 讨论这个 80 个小岛组成的巴占群岛，其不到 12 000 的人口（1925 年），及其巨大的西米贮存，见 W. Ph. Coolhaas, "Mededeelingen betreffende de onderafdeeling Batjan," *Bijdragen tot de Taal-, Land-en Volkenkunde van Nederlandsch-Indië*, LXXXII (1926), 403-85. 此时年轻的苏丹显然生活在 Kasiroeta 岛上。

[647] 巴尔塔萨·迪亚斯（Baltazar Dias）写给葡萄牙大主教米格尔·德·托雷斯（Miguel de Torre）的信（马六甲，1559 年 12 月 1 日），收录在伏若望写给葡萄牙神父们的信（果阿，1560 年 12 月 1 日）*ibid.,* pp. 741-42; Quadros to General Lainez in Rome (Bassein, November 28, 1561)，夸德罗斯写给罗马的莱内斯总长的信（勃生，1561 年 11 月 28 日）收录在 *ibid.,* V, 239。

[648] 伏若望写给葡萄牙的马尔科·努涅斯的信（果阿，1560 年 12 月 12 日 [？]）收录在 *ibid.,* IV, 835. 按伏若望的意见，D'Osouro 是一个文盲，对这个任务缺乏准备，因为他"几乎不知道如何背诵祈祷文"。

[649] 曼纽尔·特谢拉（文德泉神父。——译者注）写给葡萄牙的马尔科·努涅斯的信（勃生，

1561 年 12 月 4 日），收录在 *ibid.*, V, 316。

[650] 译文在 Eglauer, *op. cit.* (n. 181), II, 279-90。

[651] 一年前，1561 年，一个类似的舰队联合了一些爪哇帆船包围了安汶岛北海岸的基督徒定居点（Wessels, *op. cit.* [n. 21], p. 64）。

[652] 沙勿略 (Schurhammer and Wicki [eds.], *op. cit.* (n. 93)，II, 113) 将此作为传播福音的一个地方提及（Toutoli）。这个传教使命的全面评论，见 C. Wessels, "De Katholicke Missie in Noord Celebes en de Sangi Eilanden, 1563-1605," *Studiën,* CXIX (1933), 365-69。

[653] 另见 Mascarenhas in Eglauer (trans.), *op. cit.* (n. 181), II, 327。西里伯斯岛米纳哈沙部分的地图，见 Wallace, *op. cit.* (n. 94), p. 189。

[654] 基于 Magalhães 1563 年 8 月 5 日来自 Manado 的信，它被包括在马斯卡伦哈斯（Mascarenhas）1564 年 11 月 12 日的信中，译文在 Eglauer (trans.), *op. cit.* (n. 181), II, 280-84 中。

[655] *Ibid.,* p. 286。

[656] *Ibid.,* p. 289。

[657] Wessels, *op. cit.* (n. 21), p. 64.

[658] 一份来自夸德罗斯给印度主教莱内斯会长的官方报告（果阿，1565 年 11 月 25 日）评论道："神父们已被摩尔人从安汶岛驱逐，摩尔人接管了群岛及其上生活的 70 000 名基督徒。"见 Wicki (ed.), *op. cit.* (n. 80), VI, 493。

[659] Eglauer (trans.), *op. cit.* (n. 181), II, 317-22.

[660] 日期为 1569 年 3 月 6 日，写自德那地岛。见 *ibid.,* pp. 322-30。

[661] Wessels, *op. cit.* (n. 21), p. 90.

[662] *Ibid.,* p. 9。

[663] *Op. cit.* (n. 44), I, 178-88. 这是特别突出的，因为他关于许多其他地方，如南印度的信息是非常通用的。详细涉及这一时期的第一部 17 世纪的书是 Bartolomé Leonardo de Argensola, *op. cit.* (n. 596)。

[664] 当这个记述首次被印刷时存在一点儿问题，但到 1600 年时，它以英语、荷兰语和德语各种出版版本出现。它的出版史和原创作者，见 Henry R. Wagner. Sir *Francis Drake's Voyage around the World, Its Aims and Achievements* (San Francisco, 1926), pp. 238-41。

[665] 对照叙述（*ibid.,* p. 177）："当德雷克离开英格兰时，他几乎不大可能对这些岛屿的政治环境有充足的知识，从而导致他特别要向任何人请教。"由于英国人仅通过印刷资料就能轻易地了解马鲁古群岛的政治环境，这样的结论似乎不太合乎情理。

[666] 出自再版于 *ibid.,* p. 279 中的《著名航行》（*The Famous Voyage*）文本。

[667] 见 *ibid.,* p. 182。

[668] *Ibid.*

[669] *Ibid.,* pp. 405-37. 西班牙人将德雷克作为侵入伊比利亚东方世界"异端的海盗"第一人的观点，见 Argensola, *op. cit.* (n. 596), pp. 104-9。

[670] Alfredo Gumma y Marti, "El archipiélago Dondiin, el nombre de Luzon y los origenes del Christianismo en Filipinas," *Boletim de la real sociedad geografica* (Madrid), XXXIX (1897), 21-46; also Austin Craig, *Pre-Spanish Philippine History and the Beginnings of Philippine Nationalism* (Madrid, 1935), pp. 91-101. 提出的证明不足以支持这些推测。

[671] Zaide, *op. cit.* (n. 208), p. 119.

[672] A. Galvão in Bethune (ed.), *op. cit.* (n. 524), pp. 117-18. 对麦哲伦本人 1512 年曾秘密地从马六甲访问过菲律宾的理论性阐述，见 C. M. Parr, *So Noble a Captain* (New York, 1953), p. 328。

[673] 见 Andrew Sharp, *The Discovery of the Pacific Islands* (London, 1960), p. 13。Malhón 的其他名字是 Homonhón and Jomonjol。见美国陆军部海岛事务署（U.S. War Department, Bureau of Insular Affairs）, *Pronouncing Gazetteer and Geographical Dictionary of the Philippine Islands* (Washington, 1902), 现在 Homonhón 是吉南市（萨马省）一个地方行政区域（人口 1 960）。

[674] 见 Cortesão (ed.), *op. cit.* (n. 46), I, 133-34, n. 2。

[675] 意大利文本译自于大约 1525 年法文摘要的原版。关于菲律宾群岛部分在 *Delle uavigationi et viaggi*, I (Venice, 1554), 389v-400v。赖麦锡文本是由理查德·艾登（Richard Eden）在《新世界的几十年》（*Decades of the Newe World*，1555 年）中译成英语，并在 1625 年再版。完整的皮加费塔手稿直到 1800 年前一直未见到印刷版；现代有权威的版本是 Robertson (ed.), *op. cit.* (n. 136), I, 99-193; II, 13-25。在 16 世纪出版的各种文本中，最值得注意的删节是：某些不可思议的事件、性行为故事、一些地名人名和米沙鄢语（Bisayan）单词的目录。

[676] 戈坦诺的航海日程表可能在 1546 年或 1547 年写成；它被呈送给皇帝查理五世。

[677] 林斯乔坦的记载(in Burnell and Tiele [eds.], *op. cit.* [n. 25], I, 123-24)是从门多萨书中提取的，但也有一些对这个西班牙人记载准确性的个人评论。

[678] Pedro Chirina, *Relación de las islas Filipinas i de lo que en ellas an trabaido los padres de la Compañia de Jésus* (Rome, 1604).

[679] Cortesão and Teixeira da Mota, *op. cit.* (n. 2), I, 35-36.

[680] *Ibid.,* pp. 99-101.

[681] *Ibid.,* pp. 123-24.

[682] 这幅图可能是由 Giacomo Gastaldi 绘制。见 Carlos Quirino, *Philippine Cartography (1320-1899)* (2d rev. ed.; Amsterdam, 1963), p. x。

[683] Zaide, *op. cit.* (n. 208), pp. 40-41.

[684] 对手稿和印刷资料的评论见 John L. Phelan, *The Hispanization of the Philippines: Spanish Aims and Filipino Responses* (Madison, Wis., 1959), pp. 199-210; 对关于塞维尔贸易手稿资料的考察，见 Pierre Chaunu, *Les Philippines et le Pacifique des Ibériques* (Paris, 1960); 关于耶稣会士的资料，见 H. de la Costa, S. J., *The Jesuits in the Philippines* (Cambridge, Mass.,

1961), pp. 629-33。

[685] 由佛瑞德·伊根（Fred Eggan）领头的芝加哥大学菲律宾项目计划是这种新研究的一个突出例子。例如，见 Eggan *et al., The Philippines* (Human Relations Area Files [4. vols.; New Haven, 1955])。

[686] Cortesão (ed.), *op. cit.* (n. 46), I, 133. 这是欧洲文献中第一次提及吕宋。到了 1563 年，根据一个显然在 1545 年到过吕宋的葡萄牙人的报告，"Luçees" 之名开始出现在地图上（*ibid.,* n. 2）。

[687] 模糊提及巴朗盖（*barangay*），这是居住地和政府的一个单位，正常由一个酋长（*datu*）或拉哈（*raha*）和一个长者委员会统治；这个小社区组织在这些岛屿上作为地方行政区域存在到今天。巴朗盖一词也用于指最初的定居者据说前来这些岛屿时使用的船只。Zaide, *op. cit.* (n. 208), pp. 67-68.

[688] Pires in Cortesão (ed.), *op. cit.* (n. 46), I, 107, n. 2.

[689] *Ibid.,* p. 134.

[690] 马克西米利安（in Coote [ed.], *op. cit.* [n. 463], 126-27）提及 "Inaugana"，这是关岛北海岸的主要城市，还提及 "Acacan"，这是关岛北边一个岛屿罗塔岛西端的海水浴场。对这些鉴定的证实见 Sharp, *op. cit.* (n. 673), pp. 5-6. 对麦哲伦及其幸存者发现太平洋的归纳，见 *ibid.,* p. 11。

[691] *Ibid.,* p. 86.

[692] Maximilian in Coote (ed.), *op. cit.* (n. 463), p. 127. 这可能说的是莱特岛（Leyte）西南端一个港口。马克西米利安对菲律宾群岛第一批登陆处省略未提，他说远征队被暴风雨吹逐到了"马萨纳（Massana）"（利马萨瓦 [Limasawa]），莱特岛南边的一个小岛。

[693] 所有这些重现在 Ramusio, *op. cit.* (n. 529), I (1554), 393r and v。参见 Robertson (ed.), *op. cit.* (n. 136), I, 99-103。

[694] Robertson (ed.), *op. cit.* (n.136), I, 103, 109.

[695] 见上文，p. 626n。

[696] Robertson (ed.), *op. cit.* (n. 136), I, 111-13.

[697] 关于仪式饮酒见 Phelan, *op. cit.* (n. 684), p. 23。

[698] Robertson (ed.), *op. cit.* (n. 136), I, 117.

[699] *Ibid.,* p. 119. Maximilian (in Coote [ed.], *op. cit.* [n. 463], p. 127) 描述了科兰布是三个岛的统治者，可能其中包括他兄弟管制的领地。

[700] 关于黄金生产，见 Conrado Benitez, *History of the Philippines: Economic, Social, Cultural, Political* (Manila, 1954), pp. 55-56；also Zaide, *op. cit.* (n. 208), p. 17。

[701] Robertson (ed.), *op. cit.* (n. 136), I, 119.

[702] 米沙鄢单词，表示至高无上的力量；在菲律宾群岛众所周知的至高无上力量之下的其他名字目录见 Juan Roger, *Estudio etnologico comparativo de las formas religiosas primitivas de las*

tribus salvajes de Filipinas (Madrid, 1949), p. 67。

[703] Robertson (ed.), *op. cit.* (n. 136), I, 128-29.

[704] *Ibid.,* pp. 129, 256-57. 菲律宾群岛老地名的一览表，见 Quirino, *op. cit.* (n. 682), pp. 67-72。

[705] 在菲律宾群岛蝙蝠众多。在黄昏时刻，大片大片的"狐蝠"，即巨大的果蝠，经常遮天蔽日。见 Eggan *el al., op. cit.* (n. 685), pp. 44-45。

[706] Robertson (ed.), *op. cit.* (n. 136), I, 133-35.

[707] *Ibid.,* p. 137.

[708] *Ibid.,* pp. 139-47. 许多这种荒淫聚会（*ibid.,* pp. 146-47）的描述只是在赖麦锡印刷版本中做了概括性的归纳（*op. cit.* [n. 529], I, 396v）。显然这些和类似轻薄的描述被 16 世纪皮加费塔的出版商们有意地删除或缩略了。

[709] 评论和名称，见 Zaide, *op. cit.* (n. 208), p. 92。

[710] Robertson (ed.), *op. cit.* (n. 136), I, 149; 261.

[711] 这个十字架和一些圣像作为宗教遗物仍然被保存在宿务岛。见 Zaide, *op. cit.* (n. 208), p. 139, ns. 59 and 61。

[712] Robertson (ed.), *op. cit.* (n. 136), I, 155.

[713] Maximilian (Coote [ed.], *op. cit.* [n, 463], p. 129) 注意到麦哲伦在宿务岛整个停留期间受洗人数总计 2 200。

[714] *Ibid.,* p.128.

[715] *Ibid.,* p. 129.

[716] Phelan, *op. cit,* (n, 684), p. 16.

[717] Pigafetta in Robertson (ed.), *op. cit.* (n. 136), I, 163, 171.

[718] 关于麦克坦岛"战役"菲律宾民族独立主义的观点见 Zaide, *op. cit.* (n. 208), pp. 140-42。麦哲伦和拉普拉普的足迹今天仍存在于麦克坦岛。这场战争的细节，见 Pigafetta in Robertson (ed.), *op. cit.* (n. 136), I, 171-79。

[719] 皮加费塔的推测，见 *ibid.,* I, 180-81；马克西米利安讲述了本质上同一个故事，只是有些许出入。见 Coote (ed.), *op. cit.* (n. 463), pp. 131-32。

[720] Robertson (ed.), *op. cit.* (n. 136), I, 149.

[721] *Ibid.,* p.147.

[722] 在菲律宾群岛的土著中，多妻制似乎并没有普及；其实行主要被限制在米沙鄢群岛，在那里可能是穆斯林商人从婆罗洲和东南亚其他地方引进了这一习俗。见 Phelan, *op. cit.* (n. 684), p. 18。

[723] Pigafetta in Robertson (ed.), *op. cit.* (n. 136), I, 167; 参考被归因于异教的类似的作法（above, p. 553）。

[724] 米沙鄢人也因酒量很大在随后西班牙评论者那里获得名声。见 Phelan, *op. cit.* (n. 684), p. 23。

[725] 仪式供奉通常由被称为 *babaylan* 或 *katalonan* 的上了年岁的妇女执行，这是一个专业的祭司等级。见 Roger, *op. cit.* (n. 702), p. 145。

[726] Pigafetta in Robertson (ed.), *op. cit.* (n. 136), I, 163-67. 这种献祭庆典的类似描述见 Blair and Robertson (eds.), *op. cit.* (n. 475), V, 172。

[727] Robertson (ed.), *op. cit.* (n. 136), I, 169-71. 对许多其他观察者描述的死亡仪式的总结，见 Roger, *op. cit.* (n. 702), pp. 125-35。

[728] Robertson (ed.). *op. cit.* (n. 136), I, 183.

[729] *Ibid.*, II, 149. *Mangcas* 是水果，学术上精确地称为木菠萝属常绿乔木 *Artocarpus integrifolia*，一般称为面包果。在马六甲和印度，它们被称为水蒲桃。见奥尔塔的描述，在 Markham (trans.), *op. cit.* (n. 359), pp. 235-37。

[730] 很明显它在"维多利亚"号上被作为基本食品。见 Coote (ed.), *op. cit.* (n. 463), p. 128。

[731] 皮加费塔将菲律宾群岛确定为比它们实际要更往东 25 里格远。证实他的计算错误，见 Quirino, *op. cit.* (n. 682), pp. 18-19。它很可能是故意的错误，因为很难相信麦哲伦在他的计算里会有这样大的出入。

[732] Quipit（现在拼为 Kipit）既是河的名称又是镇的名称。

[733] Robertson (ed.), *op. cit.* (n. 136), II, 17.

[734] *Ibid.*, p. 21.

[735] *Ibid.*

[736] 见上文，pp. 580-83。

[737] Robertson, *op. cit.* (n. 136), p. 47. 他也对"叶科昆虫"做了评论，这是一种与树叶十分相像的昆虫（叶脩属直翅目 *Phyllium orthoptera*）。

[738] 像苏禄海一带和棉兰老岛西南海岛地区的许多土著群落一样，欧洲人依靠海盗行径作为谋生之道。关于这些地区的海盗组织，见 J. Franklin Ewing, S. J., "Notes on the Tawsug of Siasi in Particular, and the Moros of the Southern Philippines in General," in Fred Eggan (ed.), *Papers Read at the Mindanao Conference* (Mimeographed; Chicago, 1955), I, 100-107.

[739] Robertson (ed.), *op. cit.* (n. 136), II, 45-61; 皮加费塔对各种各样岛屿描述的分析，见 Quirino, *op. cit.* (n. 682), p. 18。

[740] 对这些当时显然在棉兰老岛三宝颜附近人的描述，见 Robertson, *op. cit.* (n. 136), pp. 53, 204。

[741] 被皮加费塔称作"Benaian"(in *ibid.*, pp. 57, 204)。

[742] 葡萄牙人对麦哲伦探险的观点，见 Castanheda in Azevedo (ed.), *op. cit.* (n. 79), III, 160-64。

[743] 18 个欧洲人，他们为人所知的名字是通常提及的仅有的幸存者；3 个东印度人（可能是马来人）没有被记下名字。见 Zaide, *op. cit.* (n. 208), p. 149, n. 19。

[744] 胡安·塞巴斯蒂安·德尔·卡诺（Juan Sebastián del Cano），皮加费塔甚至没有提及这人，他通常被认为对麦哲伦名声的败坏负有责任。

[745] 见上文 , p. 118。

[746] Zaide, *op. cit.* (n. 208), pp. 158-59.

[747] Swecker, *op. cit.* (n. 11), p. 181.

[748] *Ibid.,* pp. 195-96; also see De los Rios (ed.), *op. cit.,* (n. 298) pp. 58-59. 乌尔达内塔本人在 1537 年向国王查理一世写了简要报告。这一叙述的英译本，见 Sir Clements Markham (trans. and ed.), *Early Spanish Voyages to the Strait of Magellan* (London, 1911), pp. 41-89。

[749] 他关于香料群岛的资料，见上文，pp. 600-601。

[750] De los Rios (ed.), *op. cit.* (n. 298), pp. 60-62.

[751] Urdaneta (in Markham [trans. and ed.], *op. cit.* [n. 748], p. 51) 在他的报告中说它们从北纬 12°延伸到 19°。

[752] 见桑逊（Sanson）为路易十四制作的 1692 年的地图。

[753] 参考上文，p. 641。

[754] De los Rios (ed.), *op. cit.* (n. 298), p. 63; 这也许是这一事实的象征，即葡萄牙海盗在 1526 年前在菲律宾群岛很活跃，或者仅仅是他们到处掠夺的消息已经传到了棉兰老岛东部。

[755] 可能是 Point Tinaka 的旧名。见 Felipe Bravo, *Diccionario geográfico, estádistico, histórico de las islas Filipinas* (Madrid, 1850), II, 320。但更可能它提及 "马京达瑙（Maguindanao）"，是棉兰老岛的旧称和伊斯兰教君主领地的名字，这个伊斯兰教君主领地当时控制了该岛的南半部。

[756] De los Rios (ed.), *op. cit.* (n. 298), p. 64.

[757] Oviedo (*ibid.,* p. 14) 提及 "布斯"（Burse）是一个盛产肉桂的地方；它可能是在该岛的西部。

[758] Malibog 是一条河的名字，它流入东海岸。见 Bravo, *op. cit.* (n. 755), II, 203。

[759] 类似但更长的清单，见 Pigafetta in Robertson (ed.), *op. cit.* (n. 136), II, 57。

[760] Sampantangu 是南海岸的尖端，但在这个地区这是唯一的其他名字，它类似于 "Sandinguar"。见 Bravo, *op. cit.* (n. 755), II, 421。

[761] 麦哲伦船队也去过该岛（above p. 638），1578 年弗朗西斯·德雷克也访问过该岛（Sharp, *op. cit.* [n. 673], p. 49）。

[762] 棉兰老岛东南部的博戈搏人（Bogobos）和 Colu Mandaya 部落中使用武器的简要描述，见 Fay-Cooper Cole, "Cultural Relations between Mindanao Regions and Islands to the South," in Eggan (ed.), *op. cit.* (n. 738), pp. 4, 6。

[763] Oviedo in De los Rios (ed.), *op. cit.* (n. 298), 64.

[764] *Op. cit.* (n. 92), I, 416r-417v. 它标题为 "Relatione di Ivan Gaetam pilotto Castigliano ... "。关于戈坦诺的简要传记梗概，见 Zaide, *op. cit.* (n. 208), p. 160, n. 16。

[765] Zaide, *op. cit.* (n. 208), p. 161.

[766] Ramusio, *op. cit.* (n. 92), I, 416r. 它实际上在赤道以北 5°到 10°之间，而且它的不规则海岸线估计大约为 1 600 英里。

[767] 这是卡纳拉语的葡萄牙译本，*pattuda* 意为"一块绸布"，见 Yule and Burnell, *op. cit.* (n. 218), p. 520。博戈搏人（Bogobos）的现代服装见 Cole, *loc. cit.* (n. 762), pp. 4-5。

[768] 可能是水牛。关于菲律宾群岛的动物群，见 Eggan *et al., op. cit.* (n. 685), pp. 43-50。

[769] 参考上文，p. 641。

[770] Zaide, *op. cit.* (n. 208), p. 161. 葡萄牙人从香料群岛来到棉兰老岛东南部，得到了黄金并为他们在马鲁古群岛的活动招募新成员。他们显然经常抵达萨兰加尼岛。参见 Castanheda in Azevedo (ed.), *op. cit.* (n. 79), IV, 382-83, 388, 522-23。

[771] 许多权威观点的纲要见 Zaide. *op. cit.* (n. 208), p. 161, n. 21；令人信服的确认为萨马岛，见 Blair and Robertson (eds.), *op. cit.* (n. 475), III, 193; 316. Also see Quirino, *op. cit.* (n. 682), p. 72。

[772] 维拉罗伯斯探险队的类似描述，见 Galvão in Lagoa and Sanceau (eds.), *op. cit.* (n. 525), pp. 275-77。

[773] 进一步的探讨，见下文，pp. 742-43。

[774] Carlos Sanz (ed.), *Primera Historia de China de Bernardino de Escalante* (Madrid, 1958), p. 94. 顺便提及，葡萄牙作者们是将菲律宾群岛作为"东方岛屿"提及的。

[775] 一些西班牙人接受了葡萄牙人的要求权，包括莱加斯比远征队的领航员和传教团领导神父乌尔达内塔。

[776] Sanz (ed.), *op. cit.* (n. 774), p. 99.

[777] 在 1577 年，从墨西哥被派往罗马的耶稣会教会官员奉地方教会之命收集关于菲律宾群岛的资料，特别是来自奥古斯丁修会会士的资料。见 De la Costa, *op. cit.* (n. 684), p. 5。

[778] Mendoza in Staunton (ed.), *op. cit.* (n. 394), II, 253-57.

[779] 参考他们的评论（上文，pp. 627, 640）。

[780] 显然，门多萨从未听说过西班牙加利西亚人孔卡洛·德·维戈，在麦哲伦探险队和洛艾萨探险队之间他留在那里五年之久 (above, p. 640)。

[781] Mendoza (in Staunton [ed.]. *op. cit.* [n. 394], II. 256) 列出"当地"语言的两个词汇。

[782] *Ibid.*, p. 258. 这是萨马岛（Samar）与吕宋岛南部的海峡，现在叫作贝纳迪诺海峡（Bernardino Strait）。萨马岛的东北角很长，被称为圣灵角（Cape of the Holy Spirit）。

[783] *Ibid.*, p. 263。

[784] 在谴责当地的奴隶制时，门多萨也猛烈抨击了这些岛上继续维持奴隶制的西班牙人。关于前征服时期的奴隶制，见 Lasker, *op. cit.* (n. 427), pp. 36-41。

[785] 一个现代作者的类似原理阐述，见 De la Costa, *op. cit.* (n. 684), pp. 18-19。

[786] Mendoza in Staunton (ed.), *op. cit.*, II, 260-61。

[787] *Ibid.*, pp. 261-63。

[788] 正确。见 Zaide, *op. cit.* (n. 208), p. 78。

[789] 幽灵被叫作 anitos（阿尼托），贡奉它们的宗教祭品被称为马加尼托（*maganitos*）(*ibid.*, p.

79）。（菲律宾人贡献给祖先神灵阿尼托的祭祀。——译者注）

[790] 待考。

[791] 待考。

[792] 参照 Igorotes 的金矿仪式，他们认为黄金属于 *anitos*（幽灵）。见 Roger, *op. cit.* (n. 702), p. 151。

[793] Mendoza in Staunton (ed.), *op. cit.* (n. 394), pp. 264-66.

[794] 见下文，pp. 747-48。

[795] Canto X, line 126.

第八章　日本

　　16 世纪欧洲的日本知识，大部分源自于耶稣会士的书信、传教报告和历史记录。从耶稣会士的观点来看，日本毫无疑问意味着一种传教使命，因为日本一旦信奉罗马教廷，将会弥补教会因宗教改革在欧洲的损失。而对那些前往日本传教的先行者，意义就更为特殊。最初的态度是乐观的，日本传教团的创立者沙勿略（Xavier）本人曾经期许在日本能够收获大量的灵魂，但耶稣会士们很快就发现，如果不改变通常的传教方法，他们的希望可能永远不会实现。1580 年后，在日本的耶稣会士直截了当地采纳了加强与当地人及其习俗联系和适应的传教策略，将传教重点放在对社会各阶层领导人的皈依上。为了保证这样一个计划的成功，耶稣会士们需要尽可能更多地了解日本人的生活。他们穿着当地人的服装，积极努力地学习当地人的语言，密切观察其竞争者佛教的礼仪。他们中大多数人认真观察日本的社会习俗，并尽可能多地采纳既能适应当地习俗、又不违背他们自己的欧洲背景及其严格的基督教教义的传教方法。耶稣会士们编辑了调查报告和记录，其目的仅是满足他们自己传教的需要。他们并未试图系统全面地掌握广博深厚的日本文明，因而从他们传回国内的书信与报告中，欧洲得到的有关日本的信息是零散稀少的。尽管如此，和印度的情况一样，这些材料日积月累，到 1600 年已经有相当规模，涓涓细流终于汇成了江海。在此，我们的目的就是追溯这些关于日本信息的多重来源，尽力解释这些资料形成的特性、深度和丰富性。

第一节 最初的记录

652

希腊人和罗马人显然对日本的存在一无所知。公元9世纪的波斯地理著述中提到"Wakwak"，位于朝鲜和中国以东的一个岛屿。这个名称可能来自"倭寇"（*Wa-Kuo*，粤语 *Wo-kwok*），这是中国—朝鲜对日本的旧称。马可·波罗造访蒙古朝廷时，正值元朝计划远征日本。马可·波罗提到"日本国"（Cipangu），可能是对中文"日本国"（*Jih-pên kilo*，"太阳升起的地方"）发音的罗马字母化。后来的阿拉伯和欧洲作家们用过不同的名称指代日本，但其中没有任何人对这个岛国的具体位置有明确的了解。[1] 在欧洲文献中，第一次明确地使用接近日本（Japan）的词"Jampon"，出现在托梅·皮雷斯（Tomé Pires）的《东方总论》（*Suma Oriental*）中，该书也许早在1513年就已写成。[2]

因为这些早期资料出现于欧洲与日本的实际接触之前，所以"Jampon"一定是皮雷斯从某些间接资料中得到的。我们所用的"Japan"一词，现在推测是马来语"Japun"或"Japang"的葡萄牙语音译，而马来语"Japun"或"Japang"本身又是中文"日本国"（*Jilt-pên kuo*）的音译。该词通过中国沿海的一种方言（可能是闽南语）传给了马来人。[3] 大概皮雷斯从南亚商人那里听到这个词，但奇怪的是，他的同代人杜阿尔特·巴尔博萨（Duarte Barbosa）却没有像他这样明确提及过日本。1549年，巴罗斯完成了他的第二卷《旬年纪》的写作，在他探讨中国沿海地区时提起"Japoes"。但是，和皮雷斯的著作一样，巴罗斯的第二卷《旬年纪》，在16世纪中期之前也没有得到出版和流传。不过，几乎可以肯定，记述葡萄牙在亚洲活动的早期史家巴罗斯和卡斯塔涅达知道更多的日本情况，而绝非让我们相信的那样仅限于在他们著作中附带提及的那些内容。他们的疏漏可能是因为这一事实，他们本计划在自己的史书中讲述他们所知悉的日本，但在自己的著作论及日本之前，死神就找上了他们。无论是巴罗斯还是卡斯塔涅达都没有将自己的叙述记到葡萄牙对日本"发现"的时候。在1513年至1550年间，"Japan（日本）"一词是许多音译中的一个，令人费解的是，这一词却始终没有出现在同期欧洲的文献或地图上。[4] 然而，世纪中期的几个评注者很快确定了马可·波罗的"日本国"（Cipangu）指的就是日本群岛，他们普遍认为这个群岛富产黄金和白银。[5]

653

皮雷斯对日本有简短描述，但在叙述日本之前，皮雷斯对"琉球诸岛人"（Lequeos，Liu-ch'iu islanders [琉球诸岛人]）和"古人"（Guores）①，这些来自东亚海岛做买卖的人，进行了篇幅更多的论述。来自冲绳岛（Okinawa）那霸（Naha）的船只似乎定期前往马六甲从事贸易，这些船只上装配的人员皆为一个被称为"古人"的民族，他们可能就是日本人。[6] 那么推测起来，皮雷斯说到的"古人"的贸易活动及他对日本的描述，与此大多是相关的。例如，他叙述了这些"古人"是"伟大的绘图师和武器制造者"。据说他们也"制造镀金的保险箱、非常昂贵而制作精良的扇子、宝剑，还有许多他们本国式样的各种武器"。[7] 所提及的这些可能是被从日本带到冲绳进行贸易的商品，因为据目前所知，琉球人尚不具备足够的技艺来制作高雅的工艺品。

写到日本本身，皮雷斯评论道：

> 从所有中国人那里听说的，日本岛远比琉球群岛要大，国王权势也更大，他不喜贸易，他的臣民也是如此。他是一个异教徒国王，是中国国王的封臣。他们并不常与中国进行贸易，因为距离太遥远了，而且他们还没有帆船，[8] 他们也不是水手。[9]
>
> 琉球人去日本要七八天的时间，他们用金子和铜交易，购得上述货物。来自琉球的所有东西都是他们从日本带来的。而且琉球人还和日本人进行布料、渔网和其他商品的贸易。[10]

654

如此简短粗略的描述几乎不可能真实描述出战国时代（*Sengoku*，"处于战

---

① 此为琉球的阿拉伯名称。——译者注

争状态的国家"）的日本。[11] 日本从应仁之乱（Ōnin Civil War，1467—1477 年）起，开始了持续半个多世纪之久的国内争斗，在这半个世纪里，日本各方势力都想取代衰微的足利幕府（Ashikaga shogunate）。但在一个新的中央集权出现之前，日本一直处于动荡不安之中，人民饱受战乱之苦。正因如此，战国时代是大名（daimyo[大领主]）行使独立地方权力的一个时期，而且是一些更有权力的大领主，野心勃勃地想要将他们的统治扩大到邻近地区或整个国家的一个时期。尽管如此，战国时代并非仅仅是一个混乱时期，它也是一个建设的时期，在这一时期日本生产力不断上升，文化充满了活力。在 16 世纪下半叶，主要通过织田信长（Oda Nobunaga）、丰臣秀吉（Toyotomi Hideyoshi）和德川家康（Tokugawa Ieyasu）的天赋才智，他们最终设计出了一个给国家带来稳定和秩序的重大方案。

但这并不是说日本此时一门心思关注国内政治问题，而对所有其他事务不加考虑。被称为倭寇（Wako，来自 Wo-k'ou，中文所指为"侏儒奴隶"）[12] 的海盗抢劫匪帮威胁到了中国和高丽沿海省份，这些海盗通过大肆掠夺，使得财源滚滚而来，而且他们还经常得到日本西部海岸地区封建领主提供的资金和组织管理。其他日本人在亚洲东部和东南部继续着更为合法的贸易，但显然他们也间或从事一些非法行径，[3] 直到 1549 年日本人被禁止在中国进行贸易前为止。在足利时期，不时有日本的外交使团因贸易目的被派遣到中国。和中国人不一样，16 世纪的日本人前往海外并未受到法律禁止，这个岛国的勇敢人士前往远东的所有地方，在 1600 年个别人甚至到达了西欧和新世界①。

从皮雷斯写作时期到 1550 年，几乎再没有什么日本的消息传到欧洲，仅有的一些无非是对日本的确认或叙述其富有的流言蜚语。马可·波罗笔下富裕的"日本国"（Cipangu）一定极大地诱惑了哥伦布，也可能还吸引了麦哲伦。不过，在 1543 年时，日本才开始"第一次呈现"在欧洲人眼前。当时总共三位葡萄牙海员，被大风吹到了日本。[14] 虽然费尔南·门德斯·平托（Fernão Mendes Pinto）肯定不在其中，但他很可能在他们三人在那里着陆后不久访问

655

---

① 指美洲。——译者注

过日本。自此以后，"开启"日本的进程被快速推进，耶稣会传教士们不久就尾随商人而至。

　　其实，早在 1550 年前，葡萄牙人就已和倭寇打上了交道，所以，虽然至今仍然缺乏证据，但葡萄牙人在 1550 年前对日本几乎一无所知是令人难以置信的。通过进一步的研究，特别是对葡萄牙档案的研究，能很好地说明在 1543 年前迷路的水手曾到达过日本，而且他们回到葡萄牙后都向里斯本汇报了他们的经历。由于平托在 1558 年之前并没有回到葡萄牙，也由于他在其后二十年时间里专攻他的《平托东游录》（*Peregrinaçam*），所以他几乎不能被认为是一个早期向葡萄牙提供日本消息的人。[15]的确，关于日本的第一个详细报告是通过西班牙语而不是葡萄牙语传送回欧洲的。[16]1542—1544 年由鲁伊·洛佩斯·德·维拉罗伯斯（Ruy Lopez de Villalobos）指挥的从墨西哥前往菲律宾的探险队无法穿越太平洋返回墨西哥，而且，探险队在海上漫游的结果就是一些船员最终落入了控制印度的葡萄牙人手中。其中一个俘虏加西亚·德·埃斯卡兰特·阿尔瓦多（Garcia de Escalante Alvarado）曾是维拉罗伯斯的一名随从，他从在特尔纳特（Ternate）岛遇到的商人那里听说过日本。后来，他和同伴们详细记载了这个新消息，埃斯卡兰特对这些报告做了最全面的归纳，1548 年在他回到里斯本后，他将其记叙寄给了墨西哥总督。[17]我认为，埃斯卡兰特之所以能在"知道了"日本后如此短时间就能完成这样一个叙述，这进一步证明了该看法，即葡萄牙人已经知道了大量有关日本的消息，同时也支持了这样的论点，即葡萄牙的"保密政策"还适用于东亚资料。埃斯卡兰特的叙述主要是以来自蒙特雷（Monterrey）①的西班牙加利西亚人佩罗·迪茨（Pero Diez）的报告为基础，他在 1544 年真正访问过日本。埃斯卡兰特关于日本的初次记录虽是间接记载，但无论如何这是在西方第一个传播的以欧洲人的真实经历为基础而写的记述。虽然篇幅简短还有一些错误，但他比皮雷斯得到了更可靠的信息。埃斯卡兰特写道：

656

　　从那里（中国）他们（葡萄牙水手或商人）横渡日本岛，日本岛

---

① 墨西哥城市。——译者注

位于大约 32°；从那儿到宁波（Liompu [Liampo 或 Ningpo]）[18] 大约东西向是 155 里格。[19] 这是一个很寒冷的国家；在海岸上他们看到的村落很小，在每一个岛上 [20] 有一个首领，但他（迪茨）不能说出统治这些岛上所有居民的国王在哪里。这些岛上的居民长相很好，肤色白皙，蓄有胡须，剃光头。他们是异教徒；他们的武器是弓和箭，但后者没有像在菲律宾群岛上的那样被浸有毒药。他们用带尖刺的棍棒作战，他们没有剑也没有长矛。[21] 他们的阅读与书写和中文的方式一样；他们的语言类似于德语。[22] 他们养了许多马匹，马匹是供他们乘坐的；马鞍缺少前鞍桥，马蹬是铜制的。劳动人民穿着毛织衣服，这与弗朗西斯科·委拉斯圭斯（Francisco Velasquez）访问时在这个国家看到的类似。[23] 上等阶级身着丝绸、织锦和塔夫绸；女性大多涂抹得极白，很漂亮，她们的穿着方式和卡斯蒂利亚①的女子一样，根据她们的地位穿羊毛或丝绸。房屋用石头和粘土建成，内部涂以灰泥抹平，房顶覆盖瓦片，就和我们国家的建造方式一样，而且它们有上层楼面、窗子和长廊。生活必需品，如牛和各种水果正像在大陆上看到的一样，在这里都能够发现。这里也有一些糖。[24] 他们养了老鹰和猎鹰用于狩猎，[25] 但他们不以牛肉为食。[26] 这个国家享用着大量的水果，特别是瓜类。他们用牛和犁耕耘土地；他们用皮革做鞋，并用马鬃做小帽子，类似于阿尔巴尼亚人使用的那些物品。他们以隆重的礼貌彼此道别。这里有丰富的渔产。他们拥有的财富包括白银[27]，白银在小钢锭中被发现，这种小钢锭的样品在最后一次船抵达时被送给殿下……他（迪茨）在岛上看不到什么黄金，但看到了非常多的铁和铜。[28]

657　　毫无疑问，在这个世纪上半叶，葡萄牙和西班牙的商人心中曾经充满了希望，根据他们听到的故事，日本应会成为实现他们理想黄金国（Eldorado）梦想的地方。皮雷斯早已注意到琉球人在日本用"黄金和铜"进行贸易交换。在

---

① 西班牙古国。——译者注

69. 奥林匹克剧场（竣工于 1583 年）的壁画描绘了年轻的日本使者们出席一次演出中的情形。复制品的逼真描绘是由寺崎武夫绘制的，它被保存在东京美术学校（Tokyo Bijitsu Gakkō）。出自 J. 阿马拉尔·阿伯兰·奇斯·平托（J. Amaral Abranches Pinto et. al.）等著《首次出现在欧洲的日本使者，1582—1592 年》（La première ambassade du Japon en Europe, 1582-92）（"日本纪念文集"，第六期 [东京，1942]）。

BREVE RAGVAGLIO

DELL'ISOLA DEL GIAPPONE,

Et di questi Signori, che di là son venuti à dar obedientia
alla Santità di N. S. Papa Gregorio XIII.

In Bologna per Alessandro Benacci. Con licenza de Superiori. 1585.

70. 贝纳奇（Benacci）的《日本岛与日本国民皈依教皇史略》（*Breve Ragvaglio Dell'Isola Del Giappone, Et di questi Signori, che di là son venuti à dar obedientia alla Santità di N.S. Pope Gregory XIII*）（博洛尼亚，1585 年）书名页，描绘了一名日本使者穿着教皇格里高利十三世赠送的欧洲人服装的情形。出自同一资料以作为前一页的说明。

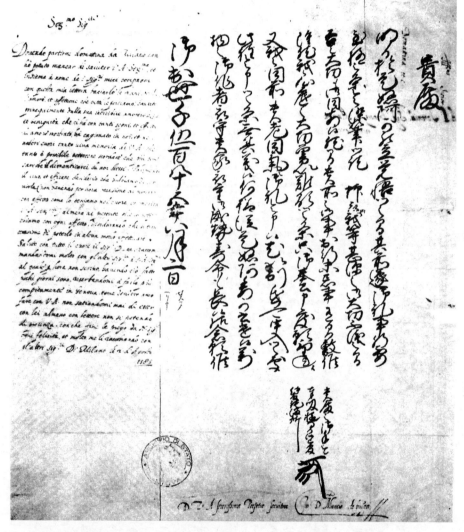

71. 1585 年 8 月的信件，伊托·曼修（Itō Mancio）用日文写给来自米兰的曼图亚公爵（Duke of Mantua），信中表达了对曼图亚公爵盛情款待日本使节们的感激。可与之媲美的意大利文翻译似乎是由一个同代人，可能是翻译家迭戈·梅斯基塔（Diego Mesquita）神父译成的。由曼图亚国家档案馆提供。

72. 摘录自巴尔塔萨·加戈（Balthasar Gago，1515—1583 年）神父 1555 年 9 月 23 日来自平户（Firando [Hirado]）的一封信，其中有一些中、日文字的样本。

por onde o entender, mas pois pregauamos coula tam certa, & auerigoada que nao podia deixar leu Sñor de le fazer Chriltão, porque dizia farmehia logo, & delejoo, mas que dirà meu lenhor o Duque pois o mundo o eltoruou, moltrou logo ler o que dizia , & fez perante li fazer algũs dos leus chriltãos, & os incitaua a illo, & elle lhes elcreuia os nomes, & alsi le fizeraõ do us homés principaes com que le acó lelha pera o gouerno da terra que tẽ & rogandonos que cada anno follemos à lua terra, porque todos le faziaõ detuemonos aqui dez dias, eltão ja el perando que tornemos là . Nelte lugar tambem tiuemos algũs eltoruos do demonio, porque auia hũa molher endemoninhada, & quando auia maior auditorio, então eltoruaua, mas Deos daua tanta graça aos nouos conuertidos que dali le faziaõ mais fortes, vé do que pelaua ao demonio.

¶ Tem eltes Iapões algũas palauras por onde lhes pregauamos a verdade muito tempo, as qnaes elles vlaõ nas luas leitas: nas quaes depois ĝ cai, logo as mudei, porĝ querer tratar a verdade com palauras de engano, & mentira, faziaõ elles entẽdimeto fallo. De maneira ĝ em todas as palauras que vejo ĝlhe laõ perjudiciaes, lhes enlino as nollas melmas, porĝ alem das coulas que, laõ nouas, pera terem necelsidade de palauras nouas laõ as luas muito differentes no coração do que nos pretendemos, alsi como acabado de lhe declarar, que quer dizer Cruz, chamãolhe elles em lua lingoa Iumogi, qne he letra lua em feição de cruz que quer dizer dez, & alsi parecelhes aos limples, ĝ a Cruz, e a lua letra, he o melmo. Dĝmaneira ĝ ou he, ĝ a ca-

da pallo, e lobre cada palaura le lhe auia de dar a declaração della, ou ĝ le lhe auia de mudar a tal palaura, e delsa maneira mais de cincoẽta palauras ĝ poderaõ fazer dano, mas agora declarãdolhes o fim daquellas palauras luas, e a peçonha ĝ tem, & o coraçaõ das nollas, vé a defferença que ha, & ĝ as luas palauras laõ fallas pera tratar as coulas de Deos, & delta maneira fazem muito mais clararo entendimento. Digo illo pera ĝ os qne eltão entre gentios olhem como declaraõ as coulas de Deos, & pelem bẽ as palauras. ¶ A lua elcretura he imperfeita, porĝ lhe faltaõ letras pera algũgs palauras nollas, de maneira que as nio podem pronunciar com a letra que pede, tem duas maneiras de letras, mas nos pronunciamos, & elcreuemos todas as luas palauras, o que elles não podem.

Alma   Belta   Sol

Lũa.   Ceos.   Homem

¶ Eltas letras de Iapaõ primeiras, tem duas lignificações, & algũas dellas mais, como elta primeira de iiba, ĝ quer dizer alma, tambem quer dizer demonio. São eltas letras ĝ le prezio os principaes de laber, eltoutras a baixo laõ letras que mais cõmummente le labem, & não tem, nem loaõ mais que a primeira lignificaçio, & neltas elcre uemos os liuros.

F   Alma

Alma.   Befta.   Sol

Lũa.   Ceos.   Homem

IVys Dalmeida que ca fica efte an.
no, alem da efmola que dâ ao hof
pital dos pobres pera efta cafa de nof
fa Senhora da piedade de Búugo, mã-
da a Portugual cem cruzados enpre-
gados em almifcar, & vão enderenca
dos aos padres que eftiuerem em Lys
boa, pera que mandem fazer hum re-
tauolo das milhores figuras e obra, ỹ
o dinheiro abranger, elle efcreue hũa
carta das imagẽs, & paineis que haõ
de fer. Pollo amor de noffo Senhor ỹ
tomem por efte recado, fe la for ter, a
feu cargo, pera que venha a effeito, &
venha efte retauolo a efta igreja de
Búngo. Efcrita em Firándo a 23. de Se
tembro, de 1555. annos.

Seruo inutil da Companhia

Baltezar Gago

Outra do padre Baltezar
Gago, pera elrei dom Ioão terceiro, ef
crita em Iapão, no reino de Firá-
do a 20. de Setembro de 15
55. annos.

SENHOR.

PORQVE fabe-
mos qnanto V. A.
tolga de ouuir as
coufas de feruiço
de Deos, & aumen-
to de fua fanta fé,
& tambem pois nifto lhe cabe tãta par
te, que onde quer que eftaõ os da Cõ
panhia V. A. os fuftenta, he rezão que
breuemente faiba do que paffa neftas
terras de Iapaõ.

¶ Nefta terra ha duas igrejas, & dous
padres, & dous irmãos f. em Yamán-
guche que he cidade grande, que eftá
pera a parte do Norte, que he hũ Rei
no principal defta terra, eftá hum pa-
dre com hum irmão, que prega tudo
o que lhe dizem em lingoa de Iapaõ, e
alfi dous Iapões, que tambem pregão
que eftão em cafa com o padre. Efta
cidade eftá tres legoas pollo fertão:
ha aqui paffante de dous mil Chriftã-
os. Em Búngo que he outro reino prin
cipal, de que voffa A. tem noticia, ef-
tá outra igreja. Efta terra accitamos, a
roguos do Duque, porque folgou que
em fuas terras fe fizeffem Chriftãos,
onde ha mais de mil e quinhẽtos Chri
ftãos. Efta cidade eftá perto do mar,
difta de Yamánguche, pera a banda
do Sul quarenta e cinco legoas. Firádo
dõde ao prefente eftou, he ilha peque
na da mefma cofta, nella auerá quinhẽ
tos Chriftãos. Vim aqui de Búngo có
hum irmão por terra, a côfeffar algũs
Portuguefes, que a efte porto vierão
na nao de Duarte da Guama, & pera
os nouamente conuertidos fe enfor-
marem nas coufas da fé, & tambẽ fe
conuertem

---

73. 加戈 1555 年的信，1565 年第一次刊印在科英布拉的《信札复本》（Copia de las
Cartas）中，并在几个其他后来的文集中被刊印。上面这些页面出自于《来自日本和
中国的信札》（Cartas... dos reynos de Iapão e China，埃武拉，1598 年）。

欧洲的地图和书信上，日本有时被认为等同于神秘的阿根塔里亚斯群岛（*Ilhas Argentarias*），欧洲人认为这个地方位于太平洋上中国附近的某个地方。与许多这样的信念一样，这其中有一个真相的内核。由于日本在足利时代就出口白银和铜，而且在16世纪时又开发了许多新矿。直到丰臣秀吉时代之前，铜一直被用于铸币；在该世纪后半期，也就是埃斯卡兰特著述之后不久，经过深思熟虑，信田着手进行改革，作为新政策的一部分，日本人开始出口白银以积累和贮藏黄金。[29]

在耶稣会传教士到来之前，豪尔赫·阿尔瓦雷斯船长（Captain Jorge Alvarez）写的文件是埃斯卡兰特著述之后又一个关于日本的叙述，这个文件是1547年阿尔瓦雷斯在马六甲时应沙勿略的请求而写。阿尔瓦雷斯是一个商人，他曾沿着九州（Kyūshū）航行，在九州最南端的山川（Yamagawa）港做过长时间逗留，但仅是在此地逗留而已，他从未深入过距离不超过9英里之外的内陆。在离开日本时，两个仆人和一个鹿儿岛当地人、因罪避祸的逃犯弥次郎（Yajirō）伴随着阿尔瓦雷斯。沙勿略因而从阿尔瓦雷斯那儿听到了关于日本的消息，并受此消息的刺激而激动，1548年年初，他将这个商人的报告转递给了罗马的罗耀拉。[30]在该世纪后半叶，耶稣会士编辑了关于日本的详尽资料，而阿尔瓦雷斯的报告是耶稣会士收集到的第一份重要文件。不过，阿尔瓦雷斯的记述只是在耶稣会传教士的住所和教会中的重要人士中流传，在当时并未引起大众的普遍兴趣。[31]

阿尔瓦雷斯与早期的评论者不同，他显然是一个天生具有敏锐观察力的知识分子。虽然他在日本的经历仅局限于几个地方，但他毕竟在山川停留了很久，足以使他能够对这个地方及其人民获得远非肤浅的认识。他列举了旅程中所了解到的日本港口。对于他有机会观察的当地地形，他描述为丘陵起伏，易于农耕。他听说，在内陆地区人们能够看到空旷的野外。出于防卫目的，各个封地的领主从沿海起每隔2里格就在孤山上修建起堡垒要塞。这些岛屿经常遭受地震、飓风和台风。

阿尔瓦雷斯对日本人的生活和习俗做了更详细的记载，而这些主要得自于他在山川的经历。山川的市郊被他描绘为林木繁盛优美、精耕细作。马匹主要

658

用于农耕，他在这里"几乎没有遇见过牛"。[32] 山川的蔬菜、野味和海鲜极好且丰富；但家养的动物——牛、羊和家禽——数量很少，且其肉质很差。日本人建的房屋很矮，但却都竖立起很高的栅栏围着为他们遮风避雨的住所，这些高栅栏能帮助他们抵御周期性横扫所有岛屿的暴风天气。他们的房子被分成了房间和前厅，房子从不关闭——显然作者在此迂回地说日本人的房屋没有连续墙或门。家境殷实者的住处备有一口私人水井，一个炉灶，一架织布机，磨谷子的磨坊和蔬果园。[33]

日本人中等身材，比例匀称且肤色白皙。他们被认为自负且"易于生气"，但显然对陌生人是友好且慷慨的。他们天性好奇，这使日本人在欧洲人的眼中有别于包括中国人在内的其他亚洲人。阿尔瓦雷斯几乎立即注意到了日本人的礼节繁琐复杂和他们一丝不苟地遵守礼数。他详尽地评述说，他们严谨的规则支配着上级和下级间的关系，他们尊重自我牺牲、以自我控制为傲，甚至连他们几乎是悄声讲话的方式都被阿尔瓦雷斯记下了。阿尔瓦雷斯陈述了封臣对他们领主的忠诚，并声称他们认为让自己的儿子们在领主家中服侍是一种荣耀，这种描述与后来的评论者所述迥然有别。在进食简朴的饭菜时，日本人像摩尔人一样盘着腿坐在地板上，但像中国人一样，他们用筷子从"外面涂黑里面涂红的陶碗"里吃饭。[34] 他们从不喝凉水，很少吃面包。他们喝米酒，"但是，酒醉似乎是从不存在的"。[35] 他们喜爱音乐，但极其厌恶赌博。[36]

"法律上，没有人能有一个以上的妻子。"[37] 不过，在日本很多人明目张胆地纳妾。从妻子方面看，通奸是要被她的丈夫处死的。贤惠的妻子则被刮目相看，受到尊敬，而且她们被允许"随便去任何地方"，[38] 这一做法显然让葡萄牙人很是吃惊。[39] 盗窃，哪怕是最微不足道的，都要被处死。监禁在日本是个完全陌生的概念，不为人所知，因为在这里，司法执行是由家庭负责的。[40] 富人允许拥有奴隶，但这里奴隶相对很少，而且奴隶拥有自己的权利，如果奴隶对自己的奴役状态感到愁苦不快，他们可迫使自己的主人将他们出售给另一个人。[41] 和远东的其他观察者们一样，阿尔瓦雷斯极为震惊地评述了鸡奸在日本的广泛流行。[42]

可能是对沙勿略探究做出的反应，阿尔瓦雷斯相当详细地概述了他对日本

659

传统宗教的模糊印象。他在佛教和日本神道教（Shintō）之间做了区分，对两个宗教外在方面做了很多的观察。最为详细的是他对佛教和尚 *bōzu*①[43] 和寺庙做了探讨。他指出，日本和尚的宗教作品和许多仪式与做法都是从中国人那里借鉴的。他们集体生活在一起，并在指定的时间一起做祈祷。他们剃光头发，保持自己极为洁净，除了蔬菜外什么也不吃。他们能看能写中文，但不会讲中文。也有一些女性宗教圣职，其中担任者中多为来自贵族家庭的女性。这些女性立誓许愿保持贞洁，她们与和尚分开居住。佛教僧侣主持死者的葬礼，并为病人祈祷。他们中一些人沿街乞讨或做低贱的苦力。最终，他们对基督教教义表现出了自己的好奇，对基督圣像感到有趣，并对访问西方很有兴趣。[44]

阿尔瓦雷斯记载道："而且，除此之外，我还看到另一种僧侣，他们崇拜其他偶像，而且他们不属于那个国家中的同一套体制。"[45] 这些崇拜者大概是神道教僧侣，据说这些人将他们崇拜的偶像放在神龛里，除了节日外从不将它们带到外面。他们的穿着和俗人一样，而且他们携带武器。之所以如此，显然因为这些僧侣正式属于武士阶级。他们也"在脖子上佩戴念珠，通过念珠，人们才能识别他们"。[46] 在神道教僧侣祈祷时，妇女在旁帮助他们，但这一宗派的成员与和尚没有关系。随后，阿尔瓦雷斯继续描述了神道教在"他们对死者或病者求情"后，虔诚奉献的仪式。[47] 对他所看到的唯一一个神道教圣像，他称之为"丑陋且比例极不相称"。[48]

根据弥次郎提供的信息，沙勿略写了一个对日本的概述，在一封 1549 年 1 月 14 日发自科钦的信中，他将这一概述寄给了罗耀拉。[49] 他还一同寄去了一份由弥次郎所写的日本文字。弥次郎在被送到果阿进一步学习基督教、葡萄牙语和了解西方之前已经受洗。在这里，他将基督教学说的概要和祷文译成了日语。[50] 至圣信念的保罗（Paul of the Holy Faith），这是弥次郎为耶稣会传教士所知的名字，能够为东印度群岛的最初传道者提供资料，这些资料对阿尔瓦雷斯所做的仔细观察做了补充和解释。很显然，阿尔瓦雷斯只是记录了日本生活外在的表面性特征；而弥次郎则对阿尔瓦雷斯涉及的各种主题提供了进一步的

660

---

① Bōzu 为坊主，是禅师的另外一个名称。——译者注

信息，而且还提供了一点内在特征，而这种内在的东西只能从一个本地人，且从一个曾是佛教徒，可能是真言宗派的人那里得到。[51]但是，正如沙勿略写道，由于保罗"未能像他的一些被认为博学的同胞一样在教派受到启蒙，同时由于他只知道通用语言，[52]因此之故，他只是按照流行的观点叙述事情"。[53]

弥次郎比以前所有作者都更为详细地讲述了日本政府和政治组织。他认为，"整个岛处于一个国王的统治下"，在他的下面是"大约 14 个"大幕府（great lords）。[54]最高统治者被称为"王"（Voo）[55]，他来自一个"比其他人更高贵的人种，只能同他们自己家族的人结婚"。像罗马的教皇一样，日本统治者有对"精神和世俗事情"的审判权。[56]但是日本的实际政府和行政管理是受"御所"（Goxo）[57]管辖，御所"像皇帝一样"。他的主要职能是在交战的贵族中维持和平。虽然"御所"有自己的朝廷和军队，但"王"（Voo）能够废黜他并对他施以斩首。更小的领主也有他们自己的军队，他们至少能投入 15 000 人到战场上。[58]贵族们是根据长子继承制继位，"如果更小的儿子们服从于家庭首领，他们将拥有一些分配给他们的城堡作为他们的生活费用"。[59]皇帝的继承权传给"长子或传给父亲一方最近关系者"，在"御所"家庭中也遵循相同程序。"除了大幕府"，日本以拥有"各个等级的商人和官员"而自豪。[60]

按照保罗的说法，可能还加上了沙勿略的发挥，在日本有"三种修道士"过着僧侣生活，其中一些人住在城里，另一些人住在城外。[61]生活在城里的那些人是禁欲者[62]和托钵僧，他们剃光了头发和胡须，过着共同的集体生活，遵守固定时间做祈祷和念诵，定期频繁地斋戒。"这些宗教僧侣不以动物为食，为的是折磨他们的身体，并灭绝所有罪恶的欲望，这种节制对所有宗教僧侣是共同的。"他们祈祷用的语言"为普通人所不懂，就像我们的神职人员用拉丁语一样"。[63]他们频繁且狂热地讲道，经常感动得"他们自己和听者流泪"。他们的信仰中有一个概念："一个至高无上的上帝，它是所有事物的造物主"，[64]与天堂、炼狱和地狱具有独立思想的灵魂永生不朽。如果不是沉溺于鸡奸，这些黑袍僧侣倒是博学有德行的人。着灰色衣服的僧侣虽然像其他人一样祈祷和斋戒，但却是"没有什么学识的人"，这些灰衣修士也住在靠近尼姑的地方，并和尼姑一起轮流诵经。第三类神职人员穿黑衣并"做许多苦修"。这些描述的断续零碎，难以对这些教派做出更精确的识别。

所有这三个宗教组织的寺庙是相似的，"包括木制镀金神像"和"绘在墙上的图画"。[65]他们都拜一个神，"用他们的语言他们称它为'大日'（*Dinchio*）①[66]，有时也叫'朝廷'（*Cogi*）"。[67]弥次郎也记载了在远离中国的一个国土上，该国名字是"天竺"（Chenguinquo），[68]曾生活着一个名叫"山本"（Sanbon）的国王，[69]他的妻子被叫作"艾勒君标妮"（Illagabuni）。[70]这对皇家夫妇的孩子是"扎夸阿"（Xaqua，佛陀）[71]，在他"出生时，人们看到两条长有巨大翅膀的大蟒漂浮在皇宫上"。一俟佛陀成年，其父亲催促他成婚。但他"对生活的苦难难以释怀"，于是，他逃到了深山里，在那里生活了六年做隐居的苦修。沉思冥想期过去后，佛陀开始向国人传道，不久因圣洁声名大噪。在他的影响下，他国家的法律得以改革，人民被带到上帝的面前。他的 8 000 信徒中一些人"带着他的教义进入中国"，再从那里他们蔓延扩散到日本。

"扎夸阿"教诲他的追随者们五个道德戒律：不杀生；不偷盗；不邪淫；不对无法补救的事情过度不安；宽恕不公正。[72]在他的许多著述中，他规定了"根据所处的状态，人应该遵守每一个戒律的规矩"。[73]进而，"扎夸阿"强调了斋戒的重要性和以苦修拯救的必要性。佛教僧侣被告诫要探访病人，并要"无论贫富，没有区别地埋葬所有的人"。在日本，按照弥次郎的说法，佛陀的追随者们通过隐退到山林中，和那里的隐士们一起过一个时期的艰苦生活、忏悔并祈祷进行苦修。[74]沙勿略转述了弥次郎的说法，"所有的国人像我们一样用珠子祈祷"。他们的僧侣教诲说世上存在着 108 宗让人深受其害的罪恶，所以"一个人必须做祷告以对抗其中每一宗罪恶"。[75]弥次郎也给沙勿略留下了这样的印象，"所有日本人都将会成为基督徒，因为在他们的法律和他们的书本中，写有所有的法律将合而为一"。即使如此，值得关注的是，弥次郎尽管对基督教满怀虔诚和热情，但对日本人乐于抛弃他们传统的宗教习俗转而接受基督教却一字未提。无可否认，沙勿略和许多追随他来到日本的人对佛教和基督教两者间外在仪式的相似性印象深刻，显然弥次郎也是如此，所以沙勿略倾向于认为，基督教在

663

① *Dinchio*，对朝廷或天子的敬称。——译者注

初期教会时已经传到东亚，[76] 弥次郎也向沙勿略提供了有关日本天气、司法、资源和日常习俗的各式各样互不相干的信息。但弥次郎只是附带提及，对阿尔瓦雷斯已经表述了的没有增添新意。然而，耶稣会传教士们能够从弥次郎的著述中第一次真正意义上深刻理解日本政府的特点，及其日本佛教外部特征与教义的一些基本观念。沙勿略似乎没有理解日本佛教其实是东南亚存在的同样宗教的另一种形式，或者说至少他在寄给罗马的记叙中，没有试图指出，在东方，佛教是如何广泛传播的。[77] 也许这是因为，在东方存在着各种形式的佛教，它们被添加上了如此多的地方传统和惯例，所以它们共同的要素难以被一个外国人发现。或者说，甚至更有可能是因为沙勿略本人从未访问过缅甸和暹罗这样一些大的佛教国家。尽管如此，即便亲自访问日本前，沙勿略及其在欧洲的同事们都意识到了，基督教传教团在日本可能面对的来自佛教的一些问题。

第二节 "已发现的最好的（人）"

东印度使徒①，在马六甲登上了一艘中国帆船开始了艰难的旅程，1549 年 8 月 15 日在鹿儿岛登陆。沙勿略带着弥次郎、科斯马斯·德·托雷斯（Cosmas de Torres）和若昂·费尔南德斯（João Fernandez），还带着两个仆人，一个是中国人，另一个是马拉巴尔的土著。沙勿略一行在鹿儿岛（Kagoshima）受到了热情的接待，这里也是弥次郎的家乡和萨摩国（Satsuma）的首府。这个耶稣会先驱者在到达九州岛六周后，受到了萨摩国统治者的正式接待。沙勿略在这时仍然确信日本是一个希望之乡，他在 1549 年 11 月 5 日从鹿儿岛给果阿写了一封长信。这是沙勿略在日本发出的第一个消息，它很快被抄写复制并传到欧洲，早在 1551—1552 年，其译本就在欧洲广为流传。[78] 1554 年，它出现在赖麦锡的《航海旅行记》（*Navigationi*）② 第一卷的第二版上，而在 1552 年，它就已出

664

---

① 指沙勿略。——译者注

② 该书全称为：*Navigationi et Viaggi*。——译者注

现在罗马出版的耶稣会书信集中。[79] 在整个 16 世纪以后的时间里,这封信被反复再版并被广为引证。

沙勿略来自鹿儿岛的通信,一直被他的传记作者们和书志学家们视为他从日本写回的最重要信件,其实它只是对六周的旅行观光做了全面的归纳概括,一个六周的旅行者是易于对任何他第一次"发现"的国家做出评判的。但这封信也是一个在东方阅历广泛、深思熟虑、尽职尽责观察者的作品。沙勿略写下了他在萨摩国的经历,"我们遇到的人是迄今为止我们已发现的最好的人"。[80] 日本人被认为优于其他"异教徒",特别因其善于社交、彬彬有礼、富于荣誉感、讲究信誉和缺少恶意而受到赞扬。"他们大多是穷人",但在他们的社会,贫穷并非意味着耻辱。富人和穷人都同样被谦恭有礼和体面地对待,不过,无论是穷人还是富人都从不与他们阶层之外的人通婚。"他们崇敬武器,极其信赖武器",所有阶层的男子"从 14 岁起"都佩戴剑和匕首。他们是一个具有强烈礼仪感和责任感的自豪的民族。

沙勿略观察到,萨摩人"胃口很小",但却远非理智地饮用了太多的米酒。他们在饮食上很节俭,不吃自己饲养的动物。满足于以鱼、米、谷物、草本植物和一点儿水果裹腹。[81] 沙勿略认为他们的饮食一点儿也不可口,但他显然觉得他们这种饮食之简朴和不过量无论对肉体还是对精神都是健康的。他们从不赌博,几乎不发誓,而且"能读能写的人很多"。[82] 偷窃非比寻常,因为被逮住的小偷,他的一生将"永不会被人饶恕"。由此沙勿略评论道,"我至今从未看到在不偷盗方面如此诚实可靠的一个民族"。[83] 虽然许多日本人"崇拜太阳,还有另一些人崇拜月亮",[84] 但他们愿意聆听针对他们信仰和恶习的合理论证。

在鹿儿岛,耶稣会士们知道了宫古(Miyako)(京都 [Kyōto])的"伟大之处","国王和王国最大的幕府们居住在这个日本首要城市里"。[85] 而且显然在沙勿略写作这一时期,也是在毁灭性的战争、地震和大火发生之前,宫古实际上是一座宏伟的城市,而该世纪后半叶的重建已经使这一城市面目皆非。这个帝国之城"据说有超过 9 万幢的房子",[86] 而"超过 200 幢的住房是和尚[87]与其他被称为 Ieguixu(禅疏 Zen-shū)的男修道士,[88] 还有被叫作尼方(Hamacata,天方 [Amakata])的尼姑们住的"。京都也被描述为一个学术中

665

心，据说这里有一个极好的大学，它共有"六个重要的学院"。在首都的附近坐落着"其他主要的大学（实为僧院），它们的名字是高野（Coya [*Kōya*]）、根来（Nenguru [*Negoro*]）、比睿山（Feizan [*Hiei-zan*]）、木无矿（Taninomine [*Tamu no mine*]）"，[89] 在距离宫古岛很远的地方，坂东大学（著名的僧侣学校，以足利学校 [*Ashikaga gakkō*] 而为人所周知）"是日本最好的也是最大的大学"。[90] 这个研究机构位于坂东（或关东 [Kanto]），"这是一个大贵族领地，其面积相当于六个公爵属地"。沙勿略也记录了在日本还有其他一些较小的大学，但在更详细地对它们进行叙述之前，他期待着亲眼看到它们。

沙勿略对在日本人身上发现的两件事情感到极为惊讶：一是他们很少关心"严重的过错"，二是俗人比和尚生活更为道德的事实。"违反自然的恶习"[91] 的悠久传统已经损害和尚的声誉并使和尚堕落，因为"最有学问的人是最坏的罪人"。作为他们所知诚实清廉的虚无缥缈的例证，他引用他和他的"好朋友""Ningit"（忍术 [*Ninjitsu*]）的交谈。[92] 这个德高望重的老僧"不能判定我们的灵魂是否不朽，或言之不能确定它是否会随着肉体一起死去"。尽管如此，沙勿略仍对拯救日本人信心十足，因为他们"很快就学会了祈祷和宗教方面的事情"。他们也对基督教和西方充满了好奇心，而且当他们自己中的成员，像弥次郎一样成为一名基督徒时，他们"是高兴和欣喜的"。在日本传教面临的最大困难是交流的问题。让沙勿略感到忧伤的是，"现在，我们就像他们生活之中如此之多的雕像一样"。如果要在传教工作上取得进展，"我们不得不像孩子一样学习语言"，而且"要展示出孩子们的单纯，没有恶意"。

沙勿略将佛教僧侣们视为基督教传教士可能面临的困难所在。日本佛教僧侣人数众多且罪孽深重，但俗人却对他们十分尊敬。他认为，之所以如此，是因为僧侣们"严格地禁戒"肉类、鱼类和女人，并且还因为"他们知道如何叙述历史，更精确地说是叙述他们信仰的东西"。同时，沙勿略警告说："因为他们和我们对上帝及其拯救方法的感觉是如此不同，很有可能我们会受到他们远比言辞要强烈的迫害。"在写信之前，沙勿略在日本度过了六周，如此不祥的预言显然并非基于此期间这些基督徒们在萨摩国有过任何不友好的经历。萨摩国的大名岛津贵久（Shimazu Takahisa）及其官员们热情地欢迎耶稣会代表团，在宫廷招待了沙勿略后不久，萨摩人民被告知"想成为基督徒的人可以这样做"。萨摩国大领主之所以有如此"宽容"之姿态，部分是由于他想与葡萄牙人进行贸易而激发起的积极性。

直到 1550 年 9 月初前，沙勿略一直待在萨摩。开始在那里时，他和他的同事们与弥次郎的家人住在一起，他们从贫困阶层中发展了 100 多个皈依基督教者。但是，正如他所预言的，基督徒们不久遭到来自顽固不化的佛教徒们的强烈抨击，而岛津氏也可能很失望，因为并没有葡萄牙的船只停靠他的港口出售枪炮。沙勿略最终被勒令停止活动，并不得不离开大名的领地。离开了鹿儿岛，沙勿略一行踏上了前往宫古（Miyako，京都 [Kyōto]）的旅程，前往宫古是因为他希望能从天皇那里得到在整个王国传播基督教的许可。在这个艰难的旅程中，伯纳德（Bernard）和马修（Matthew）这两个在鹿儿岛皈依的日本年轻人陪伴三位传教士前行。他们的第一个经停地点是九州北端附近小岛的平户（Hirado，葡萄牙人称此地为"Firando"），这是一个重要的港口、贸易中心和肥前（Hizen）省的主要城市。在那里，大名松浦隆信（Matsuura Takanobu）友善地接待了传教士们，因为他像他的鹿儿岛对手一样，希望欧洲人抵达他的省份，能确保自己与葡萄牙人更大的贸易。沙勿略在这里进行了三周的讲道和劝服，之后，除了托雷斯外，沙勿略及其一行的其他人继续前往宫古岛的路程。在 1550 年 10 月底托雷斯被留在了平户，指导教管着一小群皈依基督教者，独自面对那里多雪的冬天。[93]

这个意志坚定的信徒和他的小团队从平户经海路前往博多（Hakata，在耶稣会信件中为"Fakata"，或为现代的福冈 [Fukuoka]），并由此前往主要岛屿本州东端的下关市（Shimonoseki，或者他们称之为"Akamagaseki"的地方）。从这里，他们经陆路徒步前往山口（Yamaguchi），这是大内氏（Ōuchi）的长门省（Nagato province）诸侯的司令部，因而也成了国家最大城市之一。[94] 在这里他逗留了几周，进行基督教义的讲道，或者更精确地说，通过弥次郎笨拙的翻译朗读基督教义。但传教士们没有取得什么进展，或许是因为山口并非海港，因而其统治者们既没有意识到这些西方人是可能的贸易先驱，同时对与西方人贸易也没有兴趣。

大约 1550 年年底，沙勿略和其他三个同伴动身前往宫古岛。在冰冷的日本冬天，他们花了几乎两个月的时间，在兵连祸结的乡下穿行 100 英里到达了京城。在 1551 年 2 月，这些香客们终于抵达这个帝国城市，结果却只是发现它也像乡下一样处于混乱不安的状态，且由于这里到处都有士兵的抢劫团伙而十分恐怖。[95]沙勿略很快得知，天皇对控制他的臣民无能为力，因此即使他愿意，也不能担保基督徒们在日本传播福音的权利。在这个骚乱的首都待了两个星期后，疲惫失望的香客们开始了他们返回九州的旅程。但是，虽然沙勿略此行一事无成，但他从前往宫古的旅程中了解到，大名是他们领地上真正的和唯一的统治者，如果十字架哪怕想要在日本取得部分胜利，耶稣会士必须要与大名们和平相处。[96]

从宫古出发，这些耶稣会士们向南前往坂井（Sakai），在那里他们登上一艘船。乘坐这艘船，经内海返回到平户，并回到科斯马斯·德·托雷斯那里。沙勿略现在领悟了，在日本，托钵僧的装束是不被尊重的，为了接近长门大名，他穿上了精致的服装。大约 1551 年 4 月中旬，他出现在山口，身份是印度总督和果阿主教的官方使者，他携带着为见日本国王而准备的礼物和信件。对他来说，以新伪装得到长门大名大内义隆（Ōuchi Yoshitaka）的正式会见并非难事。大内对给他奉上的非同寻常的礼物感到满意，立即授予沙勿略权利进行传道，而他的臣民们有权接受基督教义。在山口传教可谓硕果累累，在此传教很多月份后，1551 年 8 月底，沙勿略听说一艘葡萄牙的船只已经抵达丰后（Bungo）为船井（Funai）而建的港口日出（Hiji）。他立即将他的日本皈依者马修派到该船船长杜阿尔特·达·伽玛（Duarte da Gama）那里，马修随身携带着一封信，信中要求得到该船准备离开日期的信息。在听说达·伽玛计划在一个月内启航后，沙勿略和他的两个日本助手匆忙动身前往丰后。费尔南德斯和托雷斯带着他们的中国仆人和马拉巴尔仆人被留下来照顾山口人数不断增多的圣会。[97]

丰后的大名大友义镇（Ōtomo Yoshishige）殷勤地接待了沙勿略，而与葡萄牙人的重聚令传教士极为欣喜。在这里，这个耶稣会士还遇见了费尔南·门德斯·平托，通过东方贸易，平托已积累了很多财富，他贷款在山口建立了一座教堂。[98]1551 年 11 月 20 日，达·伽玛的船只启航。大友派往印度总督的一名使者随同沙勿略及两个年轻的日本皈依者一起登船远航。耶稣会在日本的传教使命已经开始了，但远没有达到繁荣兴旺。同时，在回印度的途中，沙勿略下定决心，在经历了日本的重重磨难后，他决定要承担中国使徒时代开始的重任。因为从他在日本两年零三个月的经历中，他已经深刻认识到中国对远东精神征服潜在的重要性。[99]

回到印度后不久，沙勿略给欧洲发去了信件，叙述了他在日本的经历。这些信件是在 1552 年 1 月最后几天写成的，从科钦寄出，寄往欧洲的耶稣会，给罗耀拉、西芒·罗德里格斯（Simão Rodrigues）和葡萄牙的若昂三世。[100] 最长也是迄今最详细的一封是写给欧洲耶稣会的，它的目的显然是想在那里的耶稣会学院中得到流传。一俟收到，它的完整文本随即被收录在 1553 年出版的两个书信集中。[101] 次年，它又被收入赖麦锡第一卷的第二版中。[102] 写给罗耀拉个人的信较短，但直到 1559 年前这封信一直没有在欧洲出版。[103] 在 16 世纪，沙勿略发给罗德里格斯和葡萄牙国王的信件似乎根本未曾出版过。

在写给欧洲耶稣会的信中，沙勿略叙述了一些他对在日本的经历所做的概述。[104] 但是，不像他更早时在日本的记述，这封信主要谈论佛教徒们"错谬的教义"，这个国家的文化和教育生活，及其动荡不安的政治环境。从某种程度上说，它是对欧洲的知识分子和学者们，还有耶稣会成员的一篇告诫，劝勉激励他们对外国传教团的更大兴趣和支持。沙勿略认为，如果生活在欧洲的人只要能够感激地对使徒工作予以奖赏，那么他"确信许多博学之士将会完成他们的研究，（同时）教士、神父和高级教士将会放弃他们现在富裕的生活，这些都将使充满痛苦和焦虑的生活转变为甜美和愉悦的人生"。[105] 沙勿略一直热心地描绘在日本传教的乐观图景，而且他也努力把这一任务描绘得前景远大。但在此必须指出的是，沙勿略的过失在于他低估了传教团在日本面临的问题，比如当时他草率地评论说日本语言"并不很难学"。[106] 不过，在其他方面，这封勉励性的信件也是一个极好的例证，耶稣会士们称之为"有教化作用的公函"，不同于对一种情境详尽直白的评价。

沙勿略将日本人描绘为一个"渴求荣誉和名望"的民族，他们"认为自己本民族在军人荣誉和威武勇猛上优于所有民族"。他记载道，他们重视武力，"远

甚于我曾见过的任何民族"。在日常交往中，他们彼此文雅有礼，"但不是对外

670 国人，他们绝对鄙视外国人"。[107] 虽然他们所有的人都只有一个君主，但"诸侯们已不再服从他"，且永无休止地彼此争斗。但一般来说，普通民众却与和尚和贵族截然相反，他们心灵手巧、稳健温和、渴望教诲，"得到了正确理性的指导，并且……具有其他杰出品质"。这样，虽然长期存在着一些难以解决的问题，沙勿略认为日本是"一个富饶的地方，可以期待来自于那里的丰富欢欣的结果"。

在这封信中，这个东印度使徒最侧重于记载日本人的宗教信仰和仪式，及其给基督教传教士带来的问题。日本男女两性的佛教徒们"声称信奉宗教规则"，而且其人数之多令人难以置信。佛教有两个主要的教派，一个穿灰色，另一个穿黑色，两派彼此间一直处于争执之中。"在日本流行的教派源自于中国"，正是从中国那里，日本人"接受到了关于不同教派创建者文字记载的传说。"[108] 有两个最重要的创建者（虽然创建者并不是一个正确的词），"克萨卡（Xaca）"（释迦牟尼 [Shakyamuni]）和阿弥陀佛（Amida），还有"适用于男人和女人的9个规则（或教派）"。[109] 灰衣和尚"主要崇敬阿弥陀佛；另一些人虽并不怠慢阿弥陀佛，但却最崇敬克萨卡"。[110] 每个日本人自由接受他所喜欢的任何一个派别，这个评论再次暴露了沙勿略的思考是如何受到了西方一神论和一元论传统的束缚。

沙勿略对佛教教义概念的理解，虽然仍很肤浅，但显而易见，由于他在日本的经历，特别是他与和尚和俗人两者的辩论而加深了理解。他注意到，"所有这些教派对世界和灵魂的创造不可思议地缄默不语"。他们谈论"善人和恶人的归宿"，却没有解释清楚"通过谁的力量……恶人被降到地狱"。他们将他们的评论限制在"举出教派的创建人为例"，这些创建人为救赎世人的罪恶和心不在焉而遭受巨大痛苦。苦修是没有必要的，俗人被鼓励通过满怀信心地信仰这些"圣人"而拯救自己免于永恒的受难。[111] 尽管如此，佛教徒们都必须同意遵守五个道德戒律。[112] 如果这些戒律被凡夫俗子所打破，和尚们将要以得到寺院、金钱、荣誉和效忠为条件，"为可能发生在他们身上的所有的罪恶或麻烦做出补偿"。和尚们因此得到了他们想要的一切，"因为每个人相信通过他们的祈祷，

灵魂被从地狱中释放出来"。在这样一个体制之下，富人"享受了更大的犯罪特许"，而穷人"没有希望逃脱地狱"。妇女，"由于她们每月的经期"，被视为比男人更罪孽深重。但是任何个人，无论性别，只要给和尚们钱，他们死后将"收到十倍于同样钱币的钱"。虽然和尚们接受了许多施舍和遗赠，但"他们自己从不给予任何人任何东西"。

　　沙勿略注意到日本人对基督教义极为好奇且疑虑重重。在被告知上帝是世界的造物主和"所有事物的本源"时，他们评论道，中国人"想必已知道了它"。像此前和此后的许多欧洲人一样，日本人向沙勿略询问在基督教传统中邪恶的起源："如果上帝是好的，上帝绝不能做出像创造邪恶品质这样的事情！"日本人也发现难以接受"如果没有解救的希望，人将被抛进地狱"这种思想。这样一个信条对他们来说显然似乎太无情了，毫无回旋余地。沙勿略的听众得知他们的祖先，这些人根本没有机会知道上帝，将注定要永远被罚在地狱后，感到特别地惊骇。这样一个上帝能被称为既正义又仁慈吗？

　　沙勿略将和尚描述为传教士们最大的敌人，他猛烈地谴责他们的贪婪和伤风败俗。但在和他们争论后，他也承认他们是"思维敏锐"的人，他们爱好研究形而上学和宗教的问题。在山口，一个博学的和尚成了基督教皈依者，由于这时大多数日本基督徒通常是平民背景，所以这是一个非同寻常的事实。沙勿略博学的皈依者在坂东大学学习多年，坂东大学是一个"大量和尚"定期去"研习他们自己的教规"的地方。在僧院里，和尚们"教女孩和男孩们字母"，但贵族们一般为他们的孩子雇佣私人教师。无论是男人还是女人一般接受过"文学教育"，贵族和商人阶层尤为如此。在他们的教育中，男人和女人学习不同文体。[113]因此，沙勿略的读者们有可能注意到对教育，即一直对宗教争辩至关重要问题的控制，在各个层次上都被牢牢地掌握在佛教徒的手里。不足为奇，沙勿略在他给罗耀拉的信中，[114]请求应该派遣博学的传教士们到日本及其大学，与在那里学习的持怀疑态度的人进行争论。他也要求如果没有经过罗耀拉本人的面试、考察和批准，不要向日本大学派人。甚至他留在山口的两位神父都不"适合派到日本大学"。沙勿略充分认识到，虽然日本人以前从未接触过欧洲学问或基督教思想，但他并不是在与一个原始的或未开化的民族打交道。

672   在从科钦发出他的信后,沙勿略和他的日本门徒前往果阿。大约 1552 年 2 月中旬,他们到达"黄金之城"。在这里,他办理了印度的事务,计划派遣另一个传教团前往日本,并准备他自己即将进入中国的传教事业。他也对派遣一个代表团去罗马做了最后的安排,这个代表团将与耶稣会会长和教皇讨论东方传教的许多问题,而通过通信,这些问题不能得到充分的解释或发表意见。一如既往,传教事业缺少训练有素的传教士和金钱。为了使它的活动更为引人注目,并且证明其要求的正当性,沙勿略决定派遣安德里亚斯·费尔南德斯教士前去回答质询并请求帮助。沙勿略的两个日本皈依者陪同他一起去。然而,山口的马修(Matthew)在代表团启航前死于果阿。1552 年 5 月,费尔南德斯、伯纳德和一个年轻的葡萄牙人在果阿上船,前往里斯本。

1552 年 4 月 10 日,在出发前往中国的十天前,沙勿略给葡萄牙的西芒·罗德里格斯神父写了一封信,[115]概述了他对自己派往欧洲的日本年轻人的希望:

> 马修和伯纳德是两个日本人,他们随同我来到印度地区,想要去葡萄牙和意大利,特别是罗马,看看气势恢宏的基督宗教,然后再回到他们的国家,向他们的同胞叙述他们所发现的和看到的……我强烈要求你以一种他们可以了解我们的教会、我们的大学和其他欧洲奇迹的很多极好的事情,并在他们回去后可以在家乡向他们的人民讲述这一切的方式接待这两个日本人。我确信他们会对基督徒们的财富和权力感到吃惊……他们很穷,但充满了信念……具有贵族等级观念的日本人并没有访问外国的愿望,但我们的一些新受洗者,显赫地位的男子们,想着去耶路撒冷……我虽然很想派两个博学的和尚去葡萄牙,以便给你提供一个日本知识分子的样板,他们和世界上所有的知识分子一样敏锐和明智;但他们是高尚且自由自在的,他们不同意离开他们的国家一段时间。[116]

在 1552 年 9 月,伯纳德到达里斯本,就我们所知而言,这是踏上欧洲土地的第一个日本人。[117]长期的海上航行中令人难捱的状况和一大堆心理上和身体上必需的调整，已使这个勇于尝试的山口之子极为虚弱。在其后九个月里，伯纳德在葡萄牙恢复了健康，而他的葡萄牙语也大有长进，他的虔诚、热情和勤奋给耶稣会士们留下了良好印象。此时他也决定要努力工作，得到会员资格，并且获准加入了科英布拉学院的见习会所。伯纳德的理解力、谦逊和服从，很快赢得了其上级的赞许，这样他得到了渴望已久的罗马之行。

　　在一个教团（the Order）庶务修士的陪同下，1554 年 7 月 17 日，伯纳德离开科英布拉，开始了穿越西班牙前往巴塞罗纳的艰辛跋涉。健康不佳，再一次妨碍了他的前进。他不得不在萨拉曼卡（Salamanca）① 和塞哥维亚（Segovia）② 两地做了更长时期的休息调养。直到 12 月 1 日，这一对疲惫的旅行者才抵达巴塞罗纳。在这里，他们登上一艘开往那不勒斯的船，在圣诞节前不久他们到了那里。和在葡萄牙一样，伯纳德被当作"沙勿略可敬的弗朗西斯门徒"，受到了那不勒斯耶稣会士们的接待。在回答向他提出的雪片般的问题时，他的敏锐、谦逊和极好的性情博得了他的同事们的赞赏。

673

　　1555 年 1 月 5 日或 6 日，伯纳德终于到达了永恒之城，这差不多是他离开日本的四年以后。他受到了罗耀拉的接待，据推测，他目睹了马尔塞鲁斯二世（Marcellus II）的当选。[118] 在罗马的十个月里，他访问了这座城市的伟大古迹，这大概是理所当然的，但到目前为止，却没有发现能够说明这一事实的访问记录。[119] 在罗马时，伯纳德开始学习拉丁语；他似乎知道一些葡萄牙语，并对意大利语略知一二。在这里，他遇到了维尔斯贝格（Wirsberg [德国]）的弗雷德里克，然后又遇到了维尔茨堡（Würzburg [德国]）的主教，他送给主教一些翻译成意大利文的用日文写的作品。[120] 但或许伯纳德最亲密的朋友是他的告解神父，佩德罗·德·里瓦德内拉神父（Father Pedro de Rihadeneira），这是罗耀拉的著名传记作者。他向他的告解神父讲述了在日本时和沙勿略一起经历的事情，及其他们与和尚的讨论。这个年轻日本人的真挚纯朴给里瓦德内拉留下了深刻的印象。在他的罗耀拉传记中，他深为感动地评论说，伯纳德

---

① 西班牙西北部城市。——译者注
② 西班牙中部城市。——译者注

的出现对他来说如同一幅鲜活的"初兴教会的基督徒们的肖像"。[121] 在罗马，1555 年那里所有的目光都注视着在奥格斯堡进行的和平谈判，① 此谈判与宗教改革引发的战争相关，伯纳德对苦修和圣餐圣礼的祈祷及其对教皇权的忠诚，似乎是天主教教义在东方前景光明的一个预兆。[122]

在此，伯纳德和 12 位学者一起被指定了伊比利亚学校和大学的职位，1555 年 10 月 23 日，伯纳德离开了罗马，开始了他的回程。由路易斯·贡萨尔维斯·德·卡马拉（Luiz Gonçalvez de Câmara）神父率领的神职人员旅行队向北穿越托斯卡纳的山脉前往热那亚。在这次旅行期间，伯纳德对欧洲人和基督徒的行为举止似乎仍然不甚了解，他对一个同事把他当作希伯来语的年轻学者而感到生气。这个日本皈依者显然是认为，教会的真正儿子是不应学习那些杀害了基督的语言的。[123] 这一事件得到了这个群体领导的缓和，而且 11 月 28 日，伯纳德和其他人一起在热那亚上船，开始了前往西班牙的海上航程。随后不久，伯纳德回到了里斯本，他在 1557 年死于科英布拉学院。这样，在欧洲进行了广泛的游历之后，这个第一个看到基督教世界的日本人未能回到他的祖国向他的同胞讲述他的经历，虽然他深切地希望能够如此。

674

第三节　沙勿略的继承人，1552—1585年

正如我们已经看到的，早在 1545 年，沙勿略的信件就已开始在欧洲出现。这个使徒最重要的日本信件，首次出现在 1552 年，在 16 世纪末之前，这封信已经多次重新发行。从那时以后，而且直到这个世纪的最后，关于日本的信件，

---

① 德意志新教诸侯同神圣罗马帝国皇帝查理五世进行的谈判。1555 年在日耳曼民族神圣罗马帝国会议上签订和约。和约结束了天主教和新教各邦诸侯之间的战争，制定了"教随国定"的原则，承认各邦诸侯有权自由选定其自身及其臣民信仰天主教或路德宗新教。和约还规定，1552 年前新教诸侯占有的天主教会土地和没收的天主教会财产不再归还；但凡领有教职教产的诸侯和高级教士，如皈依新教，应立即放弃其职位、土地和俸禄。和约进一步扩大了德意志帝国诸侯的势力，并使路德宗新教在德意志境内取得了合法地位。——译者注

通常或是在日本创作的，或是在印度创作的。在耶稣会书信集中，它们比关于任何其他亚洲国家的信件占据了更多的版面。[124] 大多数这些信件最初是用葡萄牙语或西班牙语写的。[125] 在欧洲，在它们被收到后不久，它们开始出现在以葡萄牙语、西班牙语、意大利语、威尼斯方言、拉丁语、法语和德语发行的"印度书信"的总集[126] 中。 在 1580 年前，大约一半的书信集是用意大利语和威尼斯方言出版的。

在沙勿略到达日本后的不到十年间，耶稣会士开始用意大利语出版"印度书信"的文集。在这些文集中，旭日之国①逐年占据不断加强的更显著的位置。最早的一些文集（1556 年、1557 年和 1558 年《葡属印度的轶闻录》[*Avisi particolari*][127]）在罗马的耶稣会专业会所印刷。从 1559 年到 1568 年，类似的文集[128] 由威尼斯的特拉梅兹诺出版社（Tramezzino Press）出版。意大利文集专门收集每年从日本寄出的信件，早在 1578 年，意大利文集就在罗马开始由萨内蒂（Zanetti）出版。[129] 在意大利，这些如此发行的"印度书信"和"日本书信"的概略纲要，通常很快被其他印刷者再版。而且不久，其中许多的书信就会被不断地译成其他欧洲语言，并在像巴黎、卢万（Louvain）②和迪林根（Dillingen）③这样的欧洲北方城市出版。[130] 每一个随后出现的杂集通常都比其先前的文本分量要大得多，因为这些后来的杂集每次出版时都重印了以前一些很重要的信件以作为最近收到信件的背景。对于读者来说，不幸的是，用意大利语编制而成的文集，其译文极其粗制滥造，而在出版过程中又遭受热心过度的审查制度的阉割，令人难以忍受。

在伊比利亚出版的耶稣会书信集，特别是那些出自科英布拉的文集，有时在出版日期上与在意大利发行的杂集一致。沙勿略 1549 年来自鹿儿岛的信，1552 年在意大利出现。然后，它就被收录于一个用西班牙文在科英布拉出版的"印度书信"的小杂集中。[131] 包括来自日本重要消息的类似文集在 1555 年

675

---

① 指日本。——译者注
② 比利时城市。——译者注
③ 德国城市。——译者注

和 1556 年出现在科英布拉和巴塞罗纳，1557 年出现在科尔瓦多，1562 年出现在科英布拉和巴塞罗纳。在 1565 年，一个专门收录来自日本信件的文集用西班牙语出现在科英布拉。[132] 它是最早的大部头"日本信件"概略纲要，显然也是其后那些追随者的模范，它以 1548 年弥次郎的信件为开端，并以 1563 年的一封信为结束，共包括 36 封信件。[133] 在 1570 年，科英布拉的耶稣会传教士们出版了 1 000 册分量很重的葡萄牙文"日本信件"文集的第一卷，而且显然是免费发放的。[134] 它是从沙勿略时代到 1566 年所写的 82 封信中精选出来的。在西班牙耶稣会总部的阿尔卡拉（Alcalá），1575 年出现了一个 1570 年出版的葡萄牙语《信札》（*Cartas*）的卡斯蒂利亚语版本[135]，并增加了直到 1571 年在日本的耶稣会记录。但从此时起直到这个世纪的最后，欧洲没有再出版大部头的文集；这可能是因为在 1580 年后书信年鉴开始较规律地出版。堂·特奥托尼奥·德·布兰干萨（Dom Theotonio de Braganza）是埃武拉的大主教，他长期以来一直和范礼安（Valignano）有个人通讯往来，1598 年，他将两卷《信札》出版。所有"日本信件"文集中，最大的一部是 1598 年出版的《信札》，它一共收录了不下 213 封信件，其中一些像不厚的图书一样长。[136] 这些信件中，有许多已经在更早时的杂集中出现，但此《信札》的附加内容极有价值，它们包括了具有转折意义的 1580 年代发生在日本的事件。总的来说，伊比利亚的文集对原始信件的译文要比受到极度审查的意大利译本更为精确。但显然，葡萄牙语和西班牙语文集普遍不太为欧洲所知晓，也难得被翻译。

现代读者很难不苟同范礼安对早期来自日本信件的严厉批评态度。[137] 在阅读那些于 1580 年前写成的书信时，他们从大多数信件中得到这样的感受，在日本发生的每件事情都是围绕着耶稣会士而进行的。在伏若望于 1563 年到达那里前的十年间，写出的那些信件尤为如此。最早期的信件只对那些冲击冒犯了耶稣会活动的事情才予以关注，在这些信件中，时常会出现作者们对基督教在日本取得成功和失败彼此矛盾的叙述。早期信件涉及的主要论题是日常宗教仪式、信仰的转变、神迹和皈依者的进步。读者在这些信件中也能发现耶稣会士对和尚的敌意、不稳定形势和地方战乱越来越多的抱怨，还有耶稣会士和他们的皈依者们遭遇到的令人毛骨悚然的经历。托雷斯（Torres）似乎一直忍受着健康不佳的极大痛苦，他的同事们也是如此，他经常将他们的困难归因于魔鬼的作为和具有邪灵迷信的人。在这些信件中，占有相当篇幅的内容记录了在特殊情况下，在日本取得的庆祝基督教节日和仪式的方法。但即使如此，这些沙勿略的继承者们偶尔也提供了关于具有普遍历史价值的日本风俗、社会和政治生活的资料。[138] 阅读了在传教最早时期由托雷斯、维勒拉（Vilela）和加戈（Gago）完成的那些信件后，一个欧洲人应该发现了对沙勿略及其在他之前的作者们，在更早几年已经记录下内容的确认、修正和详述。

据称，日本位于与西班牙一样的纬度，据判断它比葡萄牙更冷。虽然日本多山且多雪，但这里的水果和蔬菜却与伊利比亚半岛上的那些果蔬没有什么不同。然而，日本缺少油、黄油、奶酪、牛奶、蛋类、糖、蜂蜜和醋；那里根本没有藏红花、肉桂和胡椒。日本人用大麦麸给他们的食物调味，而不是使用盐。[139] 他们也吃用大麦而不是小麦做成的面包。以欧洲人的标准来看，日本的肉类，甚至于鱼类都很稀少，传教士们抱怨，他们不得不以大米、水果和蔬菜果腹。这个岛的森林早已毁坏，甚至难以找到取暖的木材。经常被传教士提及的是雪松或日本柳杉的大树丛，这些树木通常环绕神庙成长，它们也被用于建筑寺庙。但一般而言，日本虽然自夸拥有许多银矿，但传教士们判断，在生活必需品上，日本远比葡萄牙更为贫乏。

作为一个民族，日本人让托雷斯想起了古代罗马人。[140] 日本人性情敏感、骄傲、好战，在言行举止中能看出他们的焦躁、果断和勇气。为了替他们的神灵、家人和美名雪耻，他们迅即诉诸武力。他们极为尊敬长者，勤奋努力以信守对朋友的诺言，并且痛恨诸如通奸之类不名誉的行为。对于冒犯荣誉的过错，报复是猛烈且迅即的，经常直接针对冒犯的个人及其家庭。赌徒和窃贼被立即处决，但在日本，杀婴却被饶恕，穷人间尤为如此。 不过，虽然日本存在着许多背离基督徒所尊重的公正诚实的事情，但耶稣会先驱者们赞同这一观点，日本人知识渊博、通情达理、乐于学习。

日本的西部城市因其规模和财富无疑给耶稣会观察者们留下了深刻印象。在1556年毁灭之前，山口据说和里斯本一样大。博多（Hakata）是杜阿尔特·达·伽马和一支葡萄牙分遣队在1555—1556年过冬的海港，该港被描述为

677

一个庞大且丰富的商业中心。宫古是日本京城，也是日本学术与宗教的中心，由于一直以来被卷入无休止的骚乱和战争，耶稣会士普遍认为此时宫古的人口和名望正在大幅下降。[141] 但对欧洲人来说它仍是一个令人印象深刻的城市。坂井在京城的正南，耶稣会士将其描述为在本州岛西部防护最好的城市。和威尼斯一样，坂井被水所环绕，作为一个自由市经营运转，并因是内海的主要商业中心而繁荣。

　　宫古（Miyako）的"国王"被日本人奉为圣人，他的脚永远不得碰到地面。虽然广受崇敬，但他没有政治权力。按照 1561 年托雷斯信中所述，[142] 日本的行政管理分成三类。第一个等级是由从属"扎左"（zazzo）之下的统治集团把持，[143] 它控制了所有宗教活动，而且有时也支配世俗统治者。宫古的统治者被称为 Vo①，他赐予荣誉和担当正式国家元首。司法处于一个被叫作"Oningue"主持的行政部门之下，[144] 但是，托雷斯断言，日本人几乎根本不重视法律，一般是通过武力和权力来解决他们的问题。他们对自己当地的领主极为顺从，对他们极尽点头哈腰之能事。

　　真正的权力掌握在地方幕府（或"国王"）手里，他们在自己的行政辖区内进行专横统治。日本南部的统治者们行事从未考虑过抽象的法律或司法原则，对他们的封臣，无论地位如何高贵，均行使生死予夺大权。他们的领域永无宁日，经常性地处于暴动和混乱的麻烦之中。在 1556 年山口夷为平地后，维勒拉记载了丰后（Bungo）国王成了当时能够对日本南部产生影响的最大的地方幕府。[145] 五年后，加戈（Gago）给果阿写信说，丰后国王轻易就能向战场投入 10 000 名全副武装的男子。[146] 维勒拉也猜想，丰后国王的封臣中不仅有一些富豪、伯爵和总督，而且丰后国王还据有其封臣的领主权，他的财富比任何西班牙亲王都要多得多。[147] 然而，如果回想起耶稣会士们在丰后比在日本其他地方更为自由也更为成功时，他们对丰后巨大的战略重要性、力量和财富的许多估计就更可理解了。

　　也许是因为耶稣会士们最初难以从上层阶级那里成功转变一些人的信仰，

① 日本天皇除大日外的另一个称呼。——译者注

他们也对日本社会的阶级结构给予了一些注意。在一封 1557 年写于平户的信中，维勒拉声称那里的社会被分成了三种社会阶层：享受城市收益和税收的贵族、同样有很大收入的和尚以及为这两个阶层服务的散工。[148] 贵族成员从不与从事服务的阶层通婚。背叛或违抗领主是死路一条。同时维勒拉观察到，[149] 当一个"国王"宣判他的一个家臣死刑时，一个报信者立即会被派去通知这个人必须"在这天"死去。随后这个已被定罪的人会问"国王"是否允许他自杀。如果他得到了这个必须的许可，这个家臣会认为这是一个荣誉，于是他穿上最好的衣服，并用一把匕首隆重地剖腹自杀。[150] 如果他死于自己之手，他没有失去荣誉，而他的儿子们保留了继承的权利和荣誉。然而，如果"国王"决定他必须死于刽子手之手，这个已被定罪的人就要召集他的朋友、仆人和孩子，让他们拿起武器，在他的家中设防，并且通常准备抵制这个"国王的"判决。死刑执行部队于是攻击这个已被定罪人的巢穴，尽可能多地消灭他的党羽，并没收他的财产。这是一种不名誉的死亡。

679

和沙勿略一样，随后前来日本的耶稣会士们在掌握日本语言上仍存在困难。教友胡安·费尔南德斯（Juan Fernandez）曾是沙勿略的一个同伴，沙勿略认为他在讲日语和理解日语方面是"我们中最好的"[151]。耶稣会先驱者们很快意识到，日本人想听到用他们自己语言宣讲的祷告仪式，一些更率直的传教士们在他们写给欧洲的信中悲叹他们需要依赖翻译。[152] 巴尔塔萨·加戈（Balthasar Gago）在前往东方之前曾在里斯本学习拉丁语法，并取得"一定的成功"。1553 年，他带着学习日语的指令到达日本。教友费尔南德斯和一个日本皈依者，引导他深入日语的奥秘。这两个人与他一起密切工作，特别是帮助筹备被称为"加戈的语言改革"这件事。[153] 这是得到了大主教梅尔基奥·努内斯·巴雷托（Melchior Nunes Barreto）首肯的建议，它要放弃对佛教术语中"上帝"、"鬼魂"和类似宗教概念的使用，并将适当的葡萄牙语或拉丁语术语引进日语词汇中。在这段时间，他对日语有了一定的理解，知道了中国文字在日本是有学问人的书写语言，也知道了日语对汉字做了适应性的改革，以汉字草书体表示一般性的音节文字，这被称为平假名（hiragana）。在此之后，他找到了对语言问题的如此解决方案。[154] 例如，加戈知道了汉字经常传达不止单一的含义，"灵魂"（soul）这个字也可以指"魔鬼"（devil）。[155] 在使用了书写的平假名形式后，他能摆脱相关含义的问题，并用音节形式从欧洲语言中引进新词，这些新词不带有佛教的、汉语的和传统日语的含蓄之意。这样，在日本他的这一方法有助于避免"术语问题"，这是 17 世纪间在中国传教团中和在欧洲演发出来的"仪礼之争"中重中之重的问题。

1555 年 9 月 23 日，加戈从平户发出了一封信，在此信中，处理日本"术语问题"的加戈方法被传到西方。[156] 为了解释他的要点，在信中加戈包括了用汉语和平假名形式写的六个字。据我所知，这些是在欧洲获得出版的第一批中文和日文书写的样字。但是应该记住的是，更早时沙勿略向欧洲寄去了弥次郎书写的样本，而且，在 1554—1555 年伯纳德誊写了日语书法样本。[157] 加戈的字，看来似乎是在 1570 年的《信札》中第一次被复制。[158] 虽然还有其他用日语书写的文献被寄到欧洲，但其相随的信件却没有像加戈所做的那样尽可能地解释这一语言的性质。除了 1552 年山口大名授予给耶稣会传教士的契据文本外，在耶稣会书信集中，只有加戈信件中的日语字符被刊印出来。[159]1571 年出版的马菲的书中加入了对所有这些字符的临摹，[160] 但却不甚准确，有四处缺笔少划，四个字符次序颠倒，而且临摹的山口准允书只有一个拉丁翻译文本，删掉了先前写在行间的葡萄牙文翻译。1598 年的《信札》重新临摹了这些字符，但其中一个字符是倒立的。[161] 显然，跟现在一样，欧洲的打印机难以复制远东语言的象形文字。尽管耶稣会传教士们一直面临着困难，但他们似乎已经接受了维勒拉的观点，即"日本语言并非难以置信的困难，至少对于理解来说如此。它仅需要耐心和谦逊"。[162]

语言确实很困难，但一些耶稣会先驱者们还是尽一切努力，用日语与佛教徒们进行思想和宗教辩论。[163] 博学异教徒们的问题、怀疑和攻击严酷考验了为数不多的耶稣会士的思想敏锐和对基督的赤诚，他们"凭借上帝的帮助"，勇敢地寻求战胜日本撒旦的折磨。加戈注意到，"对魔鬼的崇拜已深深地根植在这个国家"。[164] 就耶稣会士们声言如何知道"在另一个世界"将发生什么，甚至于日本世俗社会的成员也粗鲁地表达了他们的怀疑。日本人也愿意询问为什么一个公正的上帝会使"真诚信仰"如此之久地远离他们，为什么上帝没有向他们崇敬的先人们显示神自己，从而让他们的先人得到精神启迪和驱邪解救。于是乎，又有这样一些人，他们不想长期被漠视，便遵从了由基督徒的"嫉妒的上帝"所做的召唤而接受了信仰。耶稣会士们清楚地意识到了这些传统信仰的力量，从一开始他们就努力理解它们——即使目的仅是为了能够更好地反驳他们的敌手。[165]

681

"谬信概述"是耶稣会士描述日本宗教活动的第一个系统性成果，该报告没有署名，可能是加戈在1557年所写，[166]它被努内斯·巴雷托从日本带到科钦。1558年1月，作为他一封信的附件，又从那里转送到欧洲。在16世纪时，它一直未被出版，显然它所包含的信息被认为不适宜俗人的眼睛。[167]然而，像许多其他耶稣会的资料一样，这个报告很可能以手稿形式在欧洲流传。而且，其中的一些资料以不相连贯的方式，通过日本耶稣会士们写的更为普通的信件被加以转述。而且，在1562年，加戈本人回到了印度，他给欧洲寄去了另一个关于日本宗教的报告。较之五年前写"概述"时对许多问题的看法，这个耶稣会评述者的见解已更为清晰。而且，这个报告出现在1570年、1575年和1598年的《信札》上，还出现在马菲的著作中。[168]就日本的宗教问题，在维勒拉1571年的报告中可以发现更多进行了系统性描述的资料，[169]在涉及其他广泛题材的信件中也可以找到零星的资料。

从这些记述中能清楚地观察到耶稣会士们认为日本的神道教是一个非常古老的本土教派，而各种各样的佛教教派是在稍晚时候从海外传入的。日本神道教相信日本是一个"神（kami）的国土"，这一信念和神道教世间万物的神话得到了耶稣会士比前面论述更有条理的细节描述。据耶稣会士所说，神道教的神"实际上是旧时代的男人和这些王国中的土著"。[170]大多数日本人也"把太阳和月亮敬为生灵和现存的最显赫的神仙（Camis）"。[171]耶稣会士的报告"1557年概述"列举了"神的五戒律"，而这形成了神道教原始伦理规章的基础，并且作为更为崇高的佛教五戒律的相似物而逐步形成。[172]神道信徒对动物崇拜的嗜好与他们的神灵崇拜有关，维勒拉不无厌恶地评论道，"无可非议，没有人能比这些"崇拜动物形式神灵的人"更愚昧了"[173]。

耶稣会士在日本居住的最初年间，他们可能被日本公众视为一个新型佛

682

教教派的倡导者。[174] 这倒并非不合情理，因为众所周知，耶稣会士来自印度，又由于他们身着法衣出现在日本，过着僧侣般的简朴生活，而且他们还使用通常与佛教有关的话语和概念。大约开始于 1555 年，在协力进行加戈的语言改革中，耶稣会士们极为严肃认真地想要让日本人知道基督教的"真理"和佛教的"谬误"间的差异。同时他们开始关注于理解遵循佛法（*Bupō* [Law of Buddha]）[175] 的"八九个"教派所宣扬的"谬误"。

按照耶稣会士所说，阿弥陀佛的崇拜者们分成了三个子教派，其成员身着黑衣。据说，这些和尚中有一些也崇拜神道教的神，这个观察说明耶稣会士们清楚地认识到，日本的神道教和佛教之间模糊的界限经常被越界，双方彼此插手。[176] 一些佛教徒甚至传授释迦（Shaka），像神道教的神一样，存在于石头、树木、河流和动物中。除了崇拜自然外，对于佛教徒来说老生常谈的话题是谈论安息之所或天堂，谈论痛苦的地方，谈论灵魂和谈论一个救世主"佛陀（Futuqui）"（仏 [*Hotoke*]，佛教神灵的通用术语）。[177] 耶稣会士记下最多的是与禅宗教派教义和活动相关的事情，禅宗是室町（Muromachi）时代日本佛教中即便不是最大的也是主要的组成部分。[178]

像沙勿略一样，后来的耶稣会士们详细地论述了和尚们及其他们的宗教功能。同时根据他们在日本更多的经历，他们多少详尽地记录了他们所看到的宗教仪式和宗教节日。日本人为他们的伟大统治者们建造了塑像，加戈记载了他们崇拜这些塑像，并为此建造了"非常气势恢宏的建筑物"。[179] 他们将死者火化成灰，并"建造了一个（敬拜的）地方安放骨灰"。[180] 日本人神道教神的画像绘制在旗帜和横幅上，他们带着这些旗帜和横幅走向战场。1562 年，维勒拉在写自坂井的信中，对他们如何庆祝某些节日做了评论。他一共描述了几个节日，但篇幅最多的是描述一个他称为"gibon"的节日。[181] 这是纪念死者的佛教节日，通常被称为盂兰盆节（*bon*），经常被外国人称为"灯节"。

从沙勿略的继承者们写给欧洲的报告中可以看出，他们在考察日本宗教时只能说是有条理的。但在伏若望（Luis Fróis）到达日本后，传教士们发回的信开始出现了稍微不同的重点。伏若望的职业生涯始于他在里斯本的皇家秘书处工作。[182] 1548 年他加入耶稣会并前往果阿。在这个亚洲十字路口上，他看到中国和日本的商人，并显然在弥次郎随沙勿略回日本之前，他已开始对弥次郎加以了解。1552 年，当沙勿略带着丰后大名大友义镇派遣的一个使者回到果阿时，伏若望也还在这里。尽管伏若望此后将他的整个心思全都投在了着手准备前往日本的工作，但他却被要求再在印度和东南亚待上十年。不过，最终他被派往了日本，在 1563 年 7 月 6 日，应基督徒大村纯忠（Ōmura Sumitada）大名邀请，这个 31 岁的牧师在九州岛的小海港横濑浦（Yokoseura）登陆。到 1565 年，伏若望和路易·德·阿尔梅达（Luis d'Almeida）被派往宫古，加入维勒拉和教士劳伦斯的行列。在这个日本的心脏地区，伏若望在随后十一年的时间里有充分的机会学习语言，并了解、熟悉与日本政治、艺术和宗教有关联的许多头面人物及其思想。直到 1597 年他在那里去世前，他一直在日本工作，并给欧洲写回关于日本的信件。

从在日本的最初日子起，伏若望给印度和欧洲写了大量长篇的见闻广博的信件。在 1579 年范礼安到达之前的十六年间，他每年至少发送一个公函，通常更多。[183] 据我们所知，他在 1563 年到 1566 年间所写的大多数信件，在 1570 年的《信札》和马菲的合集上第一次得以出版。其中许多同样的信件在 1575 年的《信札》上被重新发表；在 1598 年版《信札》上，可以发现他在 1580 年前写的大多数信件，这些信未能，或仅是没有被收录在较早出版的文集中。他著名的"日本的历史"第一部分涉及从 1548 年至 1578 年基督徒在那里的活动，但直到 1926 年前，"日本的历史"一直没有被出版。[184] 它包含了有关日本的其他信息，补充了已出版和未出版信件中的资料。

对于历史学家来说，由于伏若望热衷于具体资料和详情，他的信件特别有价值。和许多耶稣会士不同，伏若望并不习惯说教和冗长的啰嗦。事实上，罗马信件检查员显然不时感到他的信件太过"好奇"，"教化"不足。因为和他的一些前任不同，伏若望下决心努力掌握日本的语言，从而通过它来洞察日本的文明。甚至在范礼安到达日本之前，伏若望已表现出了对日本艺术和成就的理解与欣赏，他还系统地研究了日本社会的各个阶层和文化的多种分支，凭一己之力，他已成功地开始与上层人士结识。

在 1565 年写自宫古的最初 4 封信中——这 4 封信都出版在 1570 年的《信

684

札》中——他讲述了自己从平户到宫古的旅行，随后用很少的篇幅描述了帝国首都及其最伟大的遗迹，如幕府宫殿、细川宫殿、泉涌寺（Sen-yu-ji）皇帝墓群、东福寺（Tōfukuji）的禅宗研究院、紫式部（Murasaki）隐居地和这个城市上部的阿弥陀佛中心寺庙——大德寺（Daitokuji），及其许多其他著名建筑。他对这些建筑物的描述主要是涉及各种类型的材料和它们的外观，而对设计和风格式样等事项注意不多。1565 年 2 月 1 日，他亲眼目睹了新年庆典（新年或“正月”[Shogatsu]）并受到了幕府将军义辉（Yoshiteru）的接待，伏若望对这一天做了全面详述。他也记录了他个人决心在语言学习上取得成功，强调在日本学术首都，对于传教士们来说必须要精通当地文化和他们辩论的方法。他在这封信的最后讲述了义辉的“谋杀”及他自己从宫古逃往桑伽（Sanga）。

伏若望最后为逃避宫古战乱在坂井避难，在其后的三年间（1566—1568 年）他从“日本的威尼斯”给欧洲发信。这些信主要关注坂井之外的宗族战争肆虐、传教活动和他与和尚们的争论。1568 年，随着织田信长（Oda Nobunaga）实力上升，已成为事实上的幕府将军，局势暂时恢复了和平，从而也使伏若望有可能回到宫古。伏若望 1569 年的信函首次出版于 1575 年的《信札》上，信中讲述了他对信长[185]和住在傀儡幕府将军的二条宫殿（Nijo Palace）里的法律上幕府将军义昭（Yoshiaki）的面谈、他和法华宗狂热信徒日乘上人（Nichijo Shonin）轰动一时的辩论和第二次对岐阜（Gifu）的信长所做的为时一周的访问。[186]与这些会谈相关联，同时也是伏若望的朋友及信长的幕僚和田惟政（Wada Koremasa）斡旋的结果，1569 年 4 月，这个日本新统治者签发了一个法令，批准伏若望留在宫古并享有这个城市的自由。[187]

日乘上人对伏若望及其同事们不断增长的影响极度愤怒，不久激起佛教和尚和帝国法庭采取行动反对耶稣会士。对这些西方人来说，幸运的是，信长是这些好战和尚坚定的反对者，这些和尚们一直支持着他的政敌。信长最终被这些武士和尚们的阴谋诡计所激怒，1571 年摧毁了他们的隐居地比睿山。这个事件及其随后连绵不断的民间动乱是直到他在 1575 年离开宫古前信件的主题。[188]直到 1598 年前，这些信件大多未能在欧洲出版，但可能以手稿抄本形式广泛流传。

在离开京城后，伏若望生活在日本南部，并从那里对传教团的命运进行了

685

论述。在 1577 年的一封长信中，他长篇大论地记述了丰后房屋的历史。也许对耶稣会事业来说，最有意义的是在 1578 年丰后大名大友义镇的皈依。但是，即使在记载对传教事业如此重要的事情时，伏若望发现仍无法克制自己，要写下他在九州岛参观过的寺庙、城堡、古迹的细节。

以我们对伏若望的了解来看，发现范礼安在从 1579 年 7 月到 1582 年 2 月在日本滞留期间利用伏若望做自己的翻译和提供信息者是不足为怪的。那时在日本工作的所有传教士中，伏若望对日本政治和文化的详实情况是最为见多识广的，同时他也最为了解传教团的内在运作。[189] 而且，从气质上看，两人似乎很易于快乐地擦出火花。两人都学会了欣赏日本文化，并在他们的观察中阐明了日本文化与欧洲的许多差异，而这些观察经常折射出西方的劣势。

范礼安指出，日本人"不仅胜于所有其他东方民族，他们也超过欧洲人"。[190] 毫无疑问，他从与伏若望的交往中得出了一些这样的赞赏。因为应该回想到，伏若望在 1565 年到达宫古后不久，就向欧洲描述了日本人：

> 在他们的文化、行为举止和礼节上，他们在如此之多的方面超过了西班牙人，以至于讲出来真感到难为情。而且如果那些从中国顺便过来的人（葡萄牙商人）没有对日本人如此尊重，这是由于这个事实，即他们仅与商人混在一起，商人可不是很有礼貌的群体。他们生活在沿海，与宫古人相比，在教养上，他们被发现是最低的，在宫古这里他们被认为是"未开化的人"。[191]

这样的感情持续弥漫于伏若望寄回欧洲的信件中。内奇 - 索尔多·奥尔格基诺（Gnecchi-Soldo Organtino）[①] 神父在 1577 年从宫古写给罗马的信中，颇为类似地强调了日本人伟大的"天赋才能"及其他们在许多方面优于欧洲人。[192] 同样，范礼安关于日本的报告，即他在第一次访问那里期间与之后他给西方发送的报告，审慎地陈述了日本人与欧洲人行为和思想上的差别，以便在欧洲的

686

---

① 原文为 Organtino Gnecchi-Soldio。——译者注

人"能对日本的情况得出一个正确的概念"。[193]

当时马菲在欧洲为了写作耶稣会在东方传教事业的历史，正忙于他自己的档案研究，在他的建议下，[194]1583年耶稣会总长命令伏若望起草一份日本和那里耶稣会传教团的全面历史，伏若望由此得以摆脱了其他职责。和范礼安一样，马菲和科英布拉的耶稣会士们对在欧洲收到的零星的、有时还相互冲突的报告很不满意。在1579年写给罗马的信中，马菲抱怨道："……它们不是很连贯，且不很清楚，至少在与一般习俗和行政惯例相关的事情及其他细节上如此。"因此，马菲催促伏若望不仅应该论述在日本信仰的进步，而且也应该对"这个国家的状况和阻碍传教工作的诸侯与战争，还有自然属于历史范畴的其他事务"加以评论。马菲认为，这样的评论应该"带来更多的启发并令人满意"。[195]

到伏若望1597年去世时，他已经完成了总计215章的写作，在这些章里，他描述了从1549年到1593年间日本教会的历史。但与范礼安所完成的那些著述一样，这些见闻广博且有教化意味的研究，在16世纪未能得到出版。[196]实际上，伏若望著作的手稿直到18世纪前一直被保存在澳门隐修会的档案中。直到1894年，当其中一本在里斯本的阿儒达图书馆中被发现，它的存在才被学术界所知晓。[197]伏若望的著作大概被范礼安使用过，但他的同时代人没有人利用过。但是正如我们将看到的，他所报道的大多内容，[198]是通过范礼安的那些著述在欧洲转述的，而范礼安的著述对马菲的历史创作则具有很大的影响。

最近，在马德里历史学会（*Academia de la Historia*）图书馆的收藏中发现了伏若望的一个新手稿。[199]它被题名为《日欧文化比较》（*Tratado em que se contem muito susinta e abreviadamente algumas contradições e diferenças de custumes antre a gente de Europa e esta provincia de Japão*）。这个篇幅不大的手稿似乎创作于1585年，与伏若望所著的历史著作有关，它以对句的形式列举了伏若望所发现的最为鲜明的欧洲与日本日常生活中的那些差异。从中我们看到，这个耶稣会士像现代文化人类学的学者一样地工作，用比较文化探究了一个问题。在此，伏若望简洁地表述了区别，强调了差异因素，但却没有对为什么日本人会做出如此行为而加以历史解释。结果是，伏若望罗列了道德、行为、习俗和技艺上的对比，无疑，对日本和欧洲深入探究16世纪社会史的学者，这些

687

对比是极有价值的资料。但这部著作，像伏若望的历史一样，没有被其同代人所提及，也没有其他已知存在的复本。因此，特别是与他的历史比较时，这部书似乎只是为他自己使用而草拟的。或者说伏若望之所以创作了它，是想帮助新到日本的传教士们，告诉他们将会碰到的一些生活上的差异。范礼安可能建议伏若望应该草拟这样一个清单，因为这个视察员偏好将中国人与日本人、日本人与印度人、印度人与欧洲人做比较是众所周知的。[200]

由于伏若望的日本观感通过他自己的信件及其范礼安和他的同事罗伦索·梅西亚（Lourenço Mexia）神父的作品被精选进入欧洲，所以在这里抽取一些他的风趣并有启发性的对句，并不是件不好的事情。

欧洲的大多数人长得高大且身材良好；较之我们的身体和身高日本人要小很多。

我们认为留长指甲是不清洁的标志和教养不好；日本贵族，无论男女，偶尔会让指甲长得像鹰爪子。

我们认为一个穿色彩鲜艳衣服的人是轻浮的或滑稽的；除了与世隔绝的和尚和老人外，日本人习惯于穿各种颜色的衣服。

欧洲的妇女未经丈夫的允许不能离开家；日本妇女在丈夫不知道的情况下可以随意去任何地方。

在我们这里，能写字的女子很不常见；日本的贵族女子认为不能写字是一件很丢人的事。

在欧洲男人是裁缝；而在日本，女人是裁缝。

我们的孩子先学会读然后再学写；日本孩子是先开始写然后再读。

我们相信来世的荣耀或惩罚，并相信灵魂不朽；禅宗和尚对所有这一切加以否认，并公开宣承生命无非是生和死。

我们的教堂高大狭窄；日本的庙宇宽敞而低矮。

我们将夜晚和白天一起计算，24 小时一天；日本将一天分成 6 小时。

我们埋葬我们的死者；日本人火葬大部分死者。

我们日常的食物是白面包；日本人的是未加盐的煮熟的米饭。

688

欧洲人喜欢烘焙鱼并煮鱼；日本人更喜欢吃生鱼。

我们在餐前和餐后洗手；日本人绝不用手接触他们的食物，所以认为没有必要洗手。

我们在马背上作战；日本人进入战场时下马。

我们先用左脚上马，日本人用右脚。

我们在我们的书籍中研究各种艺术和科学；他们穷尽整个一生探寻对他们性格内在意义的理解。

我们的纸张仅有四五种类型；日本的纸张则不下 50 种。

我们用黑布弄干净我们笔中的墨水；日本人用嘴吸出墨水以清洁笔。

我们的屋顶用瓦覆盖；日本的大多用木板、稻草和竹子覆盖。

我们认为宝石和金银装饰品是有价值的；日本人珍视旧水壶、古旧破损的瓷陶器皿，等等。

在欧洲，街道的中间是低的，这样水能流走；在日本，街道中间是高的，邻房屋处才是低的，这样水能在房屋旁边流走。[201]

第四节　日本使团在欧洲，1584—1586年

范礼安在离开日本前不久，可能在 1581 年 10 月，曾经设想了派一个日本人的代表团前往欧洲。[202] 这个引人注目的计划目的显然在于，加强日本的耶稣会传教团，并在欧洲为这一传教团争得更多的支持。到了 1580 年，从欧洲方面看，日本仍然处于葡萄牙的贸易垄断和耶稣会士们的宗教垄断之下。整整一代传教士们写回的信，再加上葡萄牙商人的报告，或与之相比照，在欧洲人中激起了想更直接了解来自太阳升起国度人的渴望。

1581 年，随着菲利普二世登上葡萄牙王位的宝座，欧洲愈发关注葡萄牙帝国及其各种属国的未来。两个伊比利亚皇权国家的联合势必将导致它们的两大海外帝国结合在一起，无论菲利普二世做出了如何相反的承诺，北方的新教国

家都有理由这样担心。在天主教欧洲有许多人，也包括葡萄牙人和耶稣会士们，他们对这种新的天命安排在日本这样海外地区中已确立的秩序可能意味着什么感到不确定。尽管如此，大多数伊比利亚人和天主教徒们可能感到，西班牙和葡萄牙的联合将会产生一个世界范围的王朝，在力量上和财富上使查理五世的帝国黯然失色，并保证无论是世俗的还是宗教的天主教欧洲凌驾于整个海外世界。就在这种对未来乐观情绪弥漫于天主教欧洲的时候，日本的使者们来到了那里。

689

　　专就日本而论，天主教欧洲有值得乐观的充分理由。和尚，这个耶稣会士们的老对手，随着日本的世俗统治者们从政治领域对其加以清除而处于全面防御状态。仅在一代人的时间里，为数不多的几个耶稣会士已经成功地使 150 000 名日本人[203]皈依基督教义，而且在那里建起了 200 个教堂和两个神学院；长崎成为欧洲传教士和商人的避难所，并得以迅速发展；有马（Arima）、大村（Ōmura）和丰后（Bungo）的统治者们都接受了洗礼；日本中部的新统治者信长表示出对基督徒的友善。确实，就在范礼安抵达前的几年间，在日本，许多基督教皈依是集体进行的。但是，这个视察员却并未对日本的基督教环境完全感到满意。对于大多数欧洲公众来说，他们肯定没有理由对此表示怀疑。从伏若望的报告中和范礼安的信中可以间接地推断出，他们认为日本人似乎仅缺乏世界上最高级文明的人所具有的基督徒的心灵启示。1580 年后，年度书信开始在欧洲出版，但最早拼凑的年度书信，根本没有影响那些预料整个日本即将改变宗教信仰的人的坚定信念。

　　从欧洲给予四个年轻日本使节的接待中，也许我们能发现欧洲对日本极感兴趣的最好证明。1582 年 2 月，这四个日本年轻人和范礼安一起离开长崎，而这时是他产生派遣这样一个代表团想法的近四个月后。这四个年轻的贵族——曼修·伊藤（Mancio Ito）、米歇尔·千々石（Michel Chijawa Seiyemon）、朱力安·中浦（Julien Nakaura）和马丁·原（Martin Hara）——当他们出发时他们的年龄是十四五岁。之所以派遣这个年龄层的年轻人，是因为他们被认为更能适应，也能更好地忍受漫长且令人疲劳的来回旅程的奔波辛劳。严格来说，伊藤和千々石是委任前往罗马的代表；另两个年轻贵族显然是作为陪伴和前往西班牙和意大利的使节被派出。他们都是九州岛的基督徒大名（大友、大村和有马）的亲戚和封臣，都已皈依基督教。陪同他们的是一个日本修道士豪尔赫·德·罗耀拉（Jorge de Loyola），[204] 和两个日本仆人。[205] 这个团体由范礼安、努诺·罗德里格斯（Nuño Rodrigues）神父和迭戈·德·梅斯基塔（Diogo de Mesquita）神父带领，于 1582 年 3 月 9 日到达澳门，但直到是年很晚的时候才前往马六甲。在澳门，一个中国仆人加入了这个团体。2 月 4 日，在马六甲休息了几天后，使团动身前往印度。

690

应该记住，来自九州岛的这四个年轻人并不是以官方使团形式访问西方的第一批日本人。1551 年，当沙勿略从日本返回印度时，和他一起前行的是丰后大名派往印度总督的一个使者。此前其他日本人也去了果阿，正如我们在前面已经叙述过的，早在范礼安所派日本使团抵达罗马的三十年前，沙勿略的一个门徒伯纳德就已经现身罗马。但是可以肯定的是，无论此前还是此后，[206] 前往欧洲的日本使节都没有在欧洲引起可相匹敌的兴趣或热情。在离开日本两年半后，1584 年 8 月，来自九州岛的年轻日本使节在里斯本登陆，他们在对葡萄牙、西班牙和意大利的圆满旅游中度过了随后的二十个月。

对于范礼安派遣如此一个使团前往欧洲的动机经常引发疑问。耶稣会士和其他的天主教作家们通常坚称使团的目的是纯宗教的。[207] 而另一些作者们则主张，范礼安追求的目标是通过使团来访，增进日本和欧洲间的直接商业和政治关系。[208] 直到最近，范礼安对其宗旨的自我陈述才可以看到。这些陈述包含在指令书中，1583 年 9 月 12 日，他在果阿完成了关于将使团旅行的欧洲部分领导权移交给努诺罗·罗德里格斯的指令。根据这个视察员的指令：

> 年轻人前往葡萄牙和罗马旅行所寻求的目的有两类。第一类是在世俗和精神领域取得在日本必须的宗教监护。第二类是向日本人显示基督教的荣耀壮丽、信奉这个宗教的诸侯和贵族的威严，我们王国和城市的伟大与富裕，还有在其中我们的宗教所显示出的荣誉与权力。因此，这些日本年轻人作为见证人和具有良好品质的人，在他们返回日本后将能叙述他们所见到的，这样将在日本提供影响和权威，从而

将有助于加快我们的事务。

为了达到这第一个目的，以这样一个方式将日本人介绍给威荣圣洁的陛下，介绍给红衣主教和一些欧洲领主显然是必要的，当他们看到他们（日本年轻人——译者注）并与他们（日本年轻人——译者注）交谈时，他们将认识到他们（日本年轻人——译者注）是有才能和显贵的年轻人。这样，他们将不再认为神父们关于这个主题所写的东西是杜撰的、不真实的。[209]并且从而，我们将能鼓励这些国君们援助日本。所以，这就是为什么它看上去对这些年轻人有益，他们的等级如此体面且高尚，作为丰后国国王、有马国国王和堂·巴托洛梅乌（Don Bartolomeu）[210]的使者去那里，以他们的名义对陛下做一次拜访，并承认他们对圣座服从，还要求他们帮助宣传我们神圣的信仰并有助于日本的皈依……

为了实现我们渴求的第二个目的，必须很好地对待这些年轻人，并且上述的领主们要友善地接待他们，他们理解我们国家的伟大和我们城市的美丽与富裕，我们的宗教在任何情况下享有的威望是必要的。为了这个目的，在陛下的朝廷、在葡萄牙、在罗马、在他们旅行经过的大多数城市，明智的办法是向他们显示所有非凡和伟大的东西，如建筑物、教堂、宫殿、花园和类似的地方，还有银器、丰富的圣器收藏和其他东西，这些将有助于对他们的启迪，但是不要使他们看到或知道会给他们带来相反印象的其他东西。[211]

姑且不论可能从范礼安的指令中推论出的其他的意思，显而易见的是，他想让日本年轻人在访问欧洲期间受到严密的监督。看来这几个日本年轻人没有听说任何基督教的分裂，更是对新教教义一无所知。他们的旅行被小心翼翼地陪护，期限被限制，这样他们只能得出对天主教欧洲最好的印象。自始至终，他们由一个牧师和一个男修道士陪伴，与局外人的接触受到了监督。无论在什么情况下，他们都住宿于耶稣会的会所里。他们不能在欧洲逗留太久，以免到时他们有太多的机会"根据他们有可能在日本已听到的错误的解释观察并了解事情"。[212] 退一步说，这些是加于四个使节身上的非同寻常的限制，这四个使节名义上是他们的领主派往西班牙、意大利和梵蒂冈朝廷的正式代表。[213] 但是，正如我们将看到的，范礼安的指令被负责执行这次旅行的耶稣会士们不折不扣地加以遵循。他们的翻译迪奥戈·德·梅斯基塔神父寸步不离地和这些日本人一起从日本来到欧洲，并且再返回日本。[214]

692　　　1584 年 8 月抵达里斯本后，日本人被发落到那里的耶稣会所里。他们在塔霍河（Tagus）① 上的城市里第一次逗留的二十天期间，相对来说好像没有吸引多少公众的注意，也许是因为这里的居民对外国人的面孔看得太多了，对新来者漠不关心。尽管如此，他们的服装太奇形怪状了，当他们在该市外出参加各种招待会时引起了一些评论。在这里，他们得到了红衣主教艾伯特（Albert）、菲利普二世的葡萄牙总督、里斯本大主教和著名的西班牙作者路易·德·格拉纳达（Luis de Granada）的接见。在里斯本近郊，他们开始了欧洲观光游，他们访问了里斯本的卡尔穆（Carmo）、阿儒达宫（Ajuda palace）、贝伦（Belém）和辛特拉（Sintra）。在这里，他们开始在日记里记录下他们对欧洲的印象，在整个旅游期间他们一直坚持记日记。[215]

　　1584 年 9 月 5 日，他们开始了前往罗马的旅程，努诺罗·罗德里格斯神父先行一步，以提前向罗马告知他们的到来。他们的第一站是埃武拉，这是一个古罗马城市，也是葡萄牙阿连特茹（Alentejo）城区的生活中心。在这里，日本年轻人受到了通常专门保留给教会或国家最高显要人物的欢迎。堂·特奥托尼奥·德·布兰干萨（Dom Theotonio de Braganza）是范礼安的通信者和埃武拉的大主教，他在他的大教堂里等候着他们。[216] 无数人出席了这次由大主教本人吟唱的大弥撒，他们都为四个年轻皈依者令人赞叹的虔诚所深深感动。当天晚上，大主教设宴会请客。在宴会上，他展示了一些范礼安的作品。大主教的表姐妹唐娜·卡瑟琳娜（Dona Catherina）急于看到日本人，于是邀请他们去了位于维索萨镇（Villa-Viçosa）的布兰干萨住所，她还送给了他们大量礼物。着迷于他们的衣服，她给自己的儿子做了一件日本服装，[217] 而且她甚至产生了

---

① 位于欧洲西南部。——译者注

将日本和服引进葡萄牙节日服装的轻率想法。从这个葡萄牙村庄出发，访问者们穿越国境进入西班牙，并在托莱多（Toledo）做了第一次延期逗留。在那里，1584 年 10 月 1 日，大主教加斯帕·基罗加（Gaspar Quiroga）主持了为他们举办的巨大招待会。

从这个西班牙旧都出发，日本人再旅行前往菲利普二世在马德里的新都，他们于 10 月 20 日到达那里。在这个地方马丁·原病了，他得到了四个西班牙第一流医生的照顾。在此期间，其他日本人受到了该市头面显要人物的拜访。1584 年 11 月 14 日在马德里，菲利普二世正式接见了四个日本人。当时首都有来自全西班牙的巨大的人群，因为日本人的接见后紧接着要举行向王储宣誓效忠的庆典。身着本国服饰[218]的使者们被用皇室马车从耶稣会所载到观众面前。这样，按照专为正式接见重要大使或教宗使者的习俗，国王站在他家人中间接见了他们。进行了合乎体统的典礼后，国王拥抱使者及其仆人。使者们呈递了他们的国书后，双方交换了礼物。

693

梅斯基塔呈交国王一封来自果阿大主教的信和范礼安关于耶稣会士在东方活动论文的三个章节。这些章节描述了中国，按照范礼安的说法，其中所论述的中国习俗、伟大和良治得自于从中国作品中辛勤挖掘出的资料。[219]国王似乎也收到了一副屏风，上面描绘有中国的地图。[220]日本人道歉说他们的礼物是匆忙收集的，因此太少了，也不太有意思，它们本不该如此。不过，国王接受了琳琅满目的小物件，其中一个是信长送给范礼安的竹桌。显然国王对这些礼物感到相当高兴，以非同寻常的友善招待日本人，并向他们询问有关日本的问题。他也被他们的官方信件所吸引，注意到它们是从上往下读，并要求他们用日语大声读给他听。

在他们随后停留在马德里的日子里，日本人受到了著名的教徒和宗教法庭首脑的接见。他们也有一次与法国大使的交谈，法国大使告诉了他们，他的国王崇高伟大并邀请他们访问法国。国王的姐姐、马克西米利安二世（Maximilian II）的遗孀、奥地利的玛丽皇后也让使者们拜访她，并表现出了对他们书写样本的兴趣。同时，耶稣会士一直遵循着指令要向日本人展示欧洲的伟大建筑，应这些耶稣会士们的请求，菲利普二世为他们安排了一次对埃斯科里亚尔（the

Escorial)^① 的访问。在这个著名的修道院，修道士们向使者们展示了"由许多不同国家的文字，甚至包括中国的文字汇集的一本书"。[221] 由于在这本书里没有日本书写的范例，于是他们在书上写下了他们出使目的的简述。[222]

在正准备离开首都时，使团收到来自菲利普二世的馈赠——金钱、一个很漂亮的四轮马车和写给各种人的介绍信。[223] 从马德里出发，这些日本人踏上了前往阿尔卡拉·德·埃纳雷斯（Alcalá de Henares）的路途，在 11 月 26 日他们到达这座大学城和耶稣会活动中心。在这里，他们出席了两个博士论文的公开答辩。圣诞节是在穆尔西亚（Murcia）过的，穆尔西亚位于距离地中海海岸 25 英里的内陆，是一个主教教区，也是丝绸生产中心。直到元旦之前，日本人一直在耶稣会所休息，之后他们继续前行到了阿里坎特（Alicante）海港。当他们在这里等待上路时，他们得到了一个机会去观看菲利普正在建造的部分"无敌舰队"。终于，在 4 月 7 日，他们乘船前往意大利。在经历了各种海上变幻不定的经历后，其中包括被迫在马略卡岛（Majorca）中途停留，1585 年 3 月 1 日他们在里窝那（Leghorn）上岸，这时距他们离开长崎已是三年又十天。

里窝那属于托斯卡纳大公（Grand Duke of Tuscany）弗朗西斯科·德·美第奇（Francesco dei Medici）的地产，他对香料贸易很感兴趣，并与印度的菲利普·萨塞蒂（Filippo Sassetti）有通信往来。[224] 使者们因而旅行至比萨（Pisa），他那时住在那里，使者们以此表示对他的尊敬。至于弗朗西斯科，他对自己获得第一个接待他们的意大利亲王的特权既感到高兴也感到荣耀。他非常出名的妻子比安科·卡佩罗（Bianco Capello）拥抱了为这次正式接见而再次身着他们本国服装的年轻日本人。作为对他好意的报答，日本人送给大公一个用锃亮的散发着芬芳气味的黑木制成的"墨水罐"和"一块与此相同的木头"（可能是樟脑木）。他们也给了他"两张用树皮做的纸"，上面题有上帝和圣母玛利亚的日文名字。其他的小礼物有：

另外两张用非常软的藤制成的纸，没有人能够知道如何才能在上

---

① 修道院。——译者注

面写字；一个像人头一样大的茧；一件按照他们风俗制成的衣服；还有两块，甚至三块像我们的剃胡刀一样薄的石头，对此他们解释说在使用了它们后，头发不会再长出来。[225]

显然正如日本人在马德里所说的，他们是无准备而来，却向欧洲的亲王们送上了慷慨的礼物。

但送给大公的小玩意显然让他高兴。他用各种各样的庆典款待使者们，包括一个狩猎聚会。他向他们提供了去佛罗伦萨的一支武装护卫队，在佛罗伦萨，他们作为他的客人在碧提宫（Pitti）住了五天。他们受到了佛罗伦萨贵族成员、罗马教皇大使和威尼斯罗马教皇使节的接见和款待。他们对佛罗伦萨的遗址惊叹不已，之后，3 月 13 日，日本人离开了亚诺（Arno）①河谷，踏上了前往锡耶纳（Siena）②的路程。在锡耶纳，他们也受到了该镇的殷勤招待，并受到头面权贵的接见。和所有地方一样，聚集而来的好奇的人评论他们的身体外貌、衣着打扮和吃饭时的俭省。一个当时的锡耶纳人几乎是震惊地注意到，他们"从不喝酒，但总是喝水（也许是茶！）：早上是冷的，晚上是热的"。[226] 尽管如此，用 L. A. 穆拉托利（L. A. Muratori）的话说，这个托斯卡纳品酒行家"尊敬并有礼地"接待了他们。[227]

695

与此同时，在罗马，教皇格里高利十三世听说了使团在整个托斯卡纳（Tuscany）的游历消息很是激动，也很是着急，于是他派出通讯员北上，要求日本人尽快到达梵蒂冈。自从上一年的 11 月，梵蒂冈就一直在期待着他们。教皇的健康每况愈下，显然很怕他可能不能活着欢迎他们。一个仪仗队被派到教皇辖境的边界迎接日本人。按照当时人的说法，他们的队列经常伴随着 1 000 多名好奇的观众。[228] 在 3 月 22 日晚上，日本人进入了永恒之城，穿过好奇的人群前往三愿会士的耶稣会所。在这里，他们受到了耶稣会神父总会长克劳德·阿奎维瓦（Claude Acquaviva）的接待。在庄重的赞美颂（Te Deum）唱起后，

① 意大利中部河流。——译者注
② 意大利城市。——译者注

来自九州岛的年轻人，其中一个还处于生病中，被允许去做非常必要的休息。[229]

教皇格里高利十三世本人对耶稣会在日本事业的兴趣广为人知，[230]他真诚地渴望接见并欢迎这些年轻的使者。1585 年 3 月 23 日，日本人被正式邀请出席一次公开的红衣主教会议。骑在黑色的驯马上，身着他们本国的服装，日本人在瑞士卫队的陪伴下从朱利叶斯三世的别墅庄严地进入。当他们穿过圣安吉洛城堡（Castle of St. Angelo）的人群时，对他们的身体外貌、奇装异服和骄傲风度的评论不绝于耳。圣安吉洛的大炮发炮敬礼，罗马所有的钟都敲响了，表示欢迎。一到达梵蒂冈，他们就被奉上茶点，然后被引导进入雷吉亚大厅（Sala Regia），教皇和红衣主教们在那里等候着他们。

四个使者中有三个参加了庆典，朱力安·中浦因严重高烧而缺席。这一团体的领导是曼修·伊藤，他由两个大主教带到教皇的法座前。当米歇尔·千千石随着伊藤屈前敬礼时，另外两个大主教陪伴着他。马丁·原和两个主教殿后。他们做了敬礼，教皇格里高利十三世命年轻人起身，并且拥抱了他们。随后，他们将黄金字书写的国书递交给了敕书秘书安东尼奥·博卡帕杜利（Antonio Boccapaduli）。然后，伊藤用日语做了简短的讲话。信件和讲话由梅斯基塔翻译成拉丁文和意大利语。开幕仪式过后，日本人坐在了他们在讲坛的位置上，聆听正式的欢迎词。

加斯帕雷·贡萨尔维斯（Gaspare Gonsalves，在拉丁写作中称为 Consdvi）发表了拉丁文的演讲，他是一个葡萄牙耶稣会士，也是一个有名望的人文主义教育家，贡萨尔维斯是这样开始的：

> 日本这个岛国，它是真实的，遥远如斯，它的名字几乎不为人所知，而且一些人甚至怀疑它的存在。[231]尽管如此，知道它的那些人早在所有东方国家之前确定了它，并在规模、城市数量及其好战和有教养的民族上将它与西方做了比较。对它来说，它一直缺少的就是基督教信仰的灵光。但是不久以前，在教庭许可下，福音进入那里。在上帝的帮助下，一如古代教会的情况，它先是被下层社会所接受，然后再逐渐地也被贵族接受，并且最终，在格里高利快乐的金科玉律

696

下，它也被君主和诸侯所接受。[232] 因此，当教皇殚精竭虑尽其所能要在那些已经为谬误所动摇的邻国恢复天主教时，[233] 他已经看到了在遥远的国家，信仰也已经扎根并发展。这个令人欣慰的事实，迄今为止他一直只能通过报告加以了解，但现在他能用他的手感知并向全世界公布。[234]

然后，贡萨尔维斯继续以优雅的人文主义风格，将日本人的访问与古罗马奥古斯都皇帝接见印度使团加以比较。但是，正如他指出的，印度人前来达成一个友谊条约，而日本使者们来这里是承认他们对教宗的服从。他以一首颂扬格里高利十三世的成就和表达"日本的基督徒们将多到不计其数"希望的赞美歌结束了演讲。随后，官方发言人安东尼奥·博卡帕杜利在简短演讲中，表达了教皇的希望，日本人的榜样将引导其他国王和亲王们幡然醒悟，改正错误，承认他们对普世教会的奉献和服从。

一俟公众庆典结束，日本人在教宗公寓与西斯托的红衣主教菲利普·邦孔帕尼（Philippe Boncompagni, Cardinal de Sisto）一起用餐。当天下午，他们与教皇有个私人觐见。在这次觐见中，耶稣会传教史的历史学家 G. P. 马菲神父（Father G. P. Maffei）在场。[235] 教皇友好地接待了他们，还送给每人三套欧洲服装。显然是因为他们本国的服装正在平民中引起笑声所致。教皇表达了他本人对朱力安·中浦病情的严重不安，其后反复询问他的健康。为了纪念这一重要时刻，格里高利命令铸造镌刻这一铭文的纪念章：*Ab Regibus Iaponio[rum] Prima ad Roma[num] Pont[ificem] legatio et obedienta 1585*。[236]

接着，日本人送给教皇两副屏风，上面绘有安土町（Azuchi）的图画，画的是信长的住宅。这些是信长早在 1581 年送给范礼安的。屏风，还有代表团赠送的乌木写字台都被加入梵蒂冈的收藏中。在这些会晤之后，教皇给予年轻使者们许多其他帮助。他支付了他们的住宿费用，还给了他们零用钱。因为正值四旬斋，他命令应该经常给他们送去精选的鱼。他还派自己的医生去照顾朱力安·中浦。

在随后的日子里，日本人参观了城市众多的教堂和古迹。他们受到了红衣

697

主教们和驻在罗马的外国使节们的接待。通过这些绅士和其他人，有关使者们的消息被传到意大利的大街小巷。博洛尼亚（Bologna）的使者亚历山德罗·贝纳奇（Alessandro Benacci）报告了"从他们的行为方式看，他们是有教养的、有礼貌的和谦虚的"。[237] 他也注意到，他们会讲葡萄牙语、少量西班牙语，和一点意大利语和拉丁语。贝纳奇观察到，当他们吃饭时，他们使用"像象牙一样白的一种木棍，有手掌那么长，被拿在右手的手指间，他们用木棍灵巧地抓住他们想要的那种食物，即便那个东西距离很远而且并不很坚实"。[238] 他也记录了他们知道如何跳舞，而且"他们知道如何演奏铙、吉他、七弦琴，他们随身带着这些乐器"。[239] 他们也会玩特鲁科（Trucco），这是一种取出对手球的意大利游戏。显然这些日本年轻人虽然被广泛赞誉为虔诚和平静，但用贝纳奇的眼光来看，他们是能够适应世俗社会的。[240]

698　　　　当这些使者们参观罗马时，80 岁的年迈教皇的健康急剧恶化。1585 年 4 月 10 日，他去世了，日本人之后被授予特权，能够亲眼目睹因教皇葬礼及其继任者选举而进行的所有仪式。当西克斯图斯五世（Sixtus V）登上罗马教宗的宝座时，日本人作为贵宾出席了大多数庆典。表示教皇西克斯图斯（Pope Sixtus）正式拥有拉特兰宫（Lateran palace）的壁画上，绘有日本人在旁观的人群中。在加冕礼后不久，西克斯图斯授予使者们金马刺骑士（Knights of the Golden Spur）的荣誉。几天以后，在巨大的朱庇特神庙（Hall of the Capitol）的大厅里，在罗马元老院议员的面前，他们被选举为罗马贵族，并得到一个卷轴，上面授予他们所有人贵族特权，包括有权"遗赠头衔……给他们的儿子、他们的侄子，及给他们所有的后代"。[241]

在教皇卫队的陪伴下，还有一大群兴高采烈的人尾随其后，1585 年 6 月 3 日，这些日本使者离开罗马，开始了他们返回日本的漫长旅程。带着教皇写给他们领主的信，这些年轻的日本使者沿着迂回线路向日内瓦前行。范礼安早就要求他们多看看意大利，特别是那不勒斯和威尼斯。但动荡不安的政治环境阻碍了他们参观意大利南部。缺少时间，而且也许没有范礼安的指令，使得使者们不能接受邀请去访问法国国王、萨沃伊（Savoy）公爵和皇帝的宫廷。因此，一离开罗马他们就朝东北方向前往欧洲的坂井——威尼斯。在向这个运河城市行进的路上，他们经过并访问了意大利东部一些主要的市镇和地标。[242]

在前往亚得里亚海岸洛托雷（Loreto）的路上，日本人访问了阿西西（Assisi）①，在这里他们看到与圣弗朗西斯科生平有关的遗迹。他们也经过了耶稣会在中国传教事业的伟大奠基人利玛窦神父（Father Matteo Ricci）的故乡马切拉塔（Macerata）。随着他们从洛托雷沿着亚得里亚海岸向北移动，一路上他们以在纸片上用日文写下致意语形式留下了他们访问的纪念品。从里米尼（Rimini）②他们继续向内陆前进到了博洛尼亚，在这里他们参加了基督圣休节日宗教游行。在费拉拉（Ferrara）③，他们在公爵的别墅受到了款待；临离去前，日本人送给他们的主人一把佩剑，这只佩剑一度曾属于丰后国"国王"。在这里，他们登上了一艘装饰华丽的船，这只船载着他们顺波河（Po River）而下进入阿迪杰河（Adige）④，然后于1585年6月25日再进入威尼斯湾。

亚得里亚海的皇后之城以巨大的欢呼接待了他们，并在随后十天一直款待他们。他们在意大利其他地方的招待会已由威尼斯的使者们向该市政议会做了描述，这样，甚至在他们到达之前，上议院已经决定"以真正特别的风格"款待他们。[243]6月25日，他们就在基奥贾（Chioggia）户外受到了威尼斯显要人物的会见。跟随着执法官菲利普·卡佩罗（Filippo Cappello），日本人的船只驶进威尼斯的泻湖。他们进入的通道两边排列着全副武装的海军舰船，当他们通过时这些舰船鸣放礼炮。在距威尼斯几英里的圣斯皮里托岛（S. Spirito），他们登陆上岸，受到了来自30个身着礼仪红宽外袍元老院议员的正式欢迎。这个元老院议员代表团的发言人欢迎他们正式来到共和国，并邀请他们乘坐共和国总督（Doge）派出专供他们使用的奢华平底船进城。在更小的船只和贡多拉（gondolas）⑤组成的小型舰队的陪伴下，他们缓慢地驶向该城。他们乘坐的官方平底船在圣马克宫停留很久，以让岸上的人群能从远处看一眼这些奇怪的人。

699

---

① 意大利城镇。——译者注

② 意大利东北部港市。——译者注

③ 意大利东北部城市。——译者注

④ 意大利北部河流。——译者注

⑤ 威尼斯特有的船型。——译者注

然后，小型船队溯大运河向上驶向耶稣会所。在这里，他们受到教会显要和居住在威尼斯的外国使节的接待。

为庆祝他们的到来，圣马克幽灵的传统宗教游行被推迟了三天。休息了几天后，6月29日，身着本国服装的日本人沿大运河而下前往圣马克宫。在30名元老院议员的陪伴下，他们前往总督宫接受共和国总督尼古拉·达·庞特（Nicolas da Ponte）、十人会和其他共和国重要人物对他们的正式接见。在第一次礼节结束后，共和国总督邀请日本人在公爵长凳上一边两人坐在他旁边。通过梅斯基塔所做的翻译，他们感谢总督的好客，并送给他两套华贵的日本服装，一把金制柄上镶有珍珠的宝剑和一把短剑。[244] 第二天，他们参加了一次庄重的游行，这个游行每年举行以纪念从亚历山大修道院（Arexandria）偷窃圣马克尸体的"虔诚盗贼"①。让日本人极感荣耀的这次1585年的幽灵庆典是记录在案，最奢侈最壮观的一次庆典。

在他们待在威尼斯的十天里，日本人也忙于观光。元老院指定君士坦丁·莫林（Costantino Molin）做他们的导游。他们参观了教堂、学校、[245] 著名的钟塔、整个总督宫、十人会的军械库和圣马克的金库。慕拉诺岛（Murano）的纺织作坊和玻璃工厂向他们开放，为了自身利益展示了陈列品。在丽多岛（Lido）他们参加了一次夜间钓鱼会，并受到了露天音乐会和烟火表演的款待。为了纪念这次访问，元老院聘请著名艺术家丁托列托（Tintoretto）画了这四个日本人的肖像。然而，不幸的是，他只完成了曼修·伊藤的肖像。同时，还完成了用意大利文和日文写成的纪念文件，四位日本使者加署了他们的签封（kaki-han）。[246]

700　　7月6日使者们离开了威尼斯，他们随身携带着写给当时处于威尼斯控制下的帕多瓦（Padua）、维琴察（Vicenza）和维罗那（Verona）统治者的信，这些信命令他们必须款待日本人。[247] 在帕多瓦，他们参观了大学和著名的植物园。在维琴察，他们在刚刚竣工落成的帕拉迪奥（Palladio）的作品奥林匹克剧院受到款待；现在仍能看到绘在该剧院的墙上的一幅壁画，绘有身着西方服装

---

①　据说在公元828年，有两个威尼斯商人从亚历山大修道院把圣马克的尸体偷了出来，然后用猪油把尸体包起来，以避开穆斯林守卫的检查，将尸体运了出去。——译者注

的日本人观看一场演出。[248] 在维罗那，使者们看到了著名的罗马竞技场（Teatro Olimpico），出席了在建于 12 世纪大教堂中进行的宗教仪式，并观看了军队检阅。7 月 13 日，在大炮致敬的鸣放声中他们进入曼图亚（Mantua），开始了在这里的五天访问。在此，他们被安置在为贡扎加家族（Gonzagas）建造的城堡，游览了该城所有伟大的遗迹，并观看了在湖上进行的海军模拟战争。他们送给主人一个被称为日本武士刀的大支宝剑。他们对波利罗内的圣本笃修道院（S. Benedetto di Polirone）的访问用拉丁文铭文被镌刻在这个修道院的墙上。[249] 后来，伊藤作为使团的领导，向曼图亚的统治者送上一封写自米兰的感谢信。这封信全是用日文写的，但随附意大利文翻译。[250]

从曼图亚到米兰大约 100 英里的旅行花了日本人一周多的时间。途中他们停留在克雷莫纳（Cremona），聆听了由红衣主教斯方杜拉托（Sfondrato）——后来的教皇格里高利十四世（Pope Gregory XIV）——在大教堂主持的弥撒。途中又停留了两次后，7 月 25 日，使者们抵达米兰。照例，他们受到了该城高官显要的接待和宴请，并参观了名胜。虽然米兰档案中对使团仅是一笔带过，[251] 但好像这里绘制了他们的素描，而这些素描后来被用于 1586 年奥格斯堡（Augsburg）制作的雕刻上。[252] 日本使团于 8 月 3 日离开了米兰，在一个瑞士向导的陪同下，他们经帕维亚（Pavia）① 前往热那亚。在这里，也是在他们离开前夕，他们受到了总督的正式接待。这样，在意大利逗留了五个多月后，8 月 8 日，日本人在热那亚上船，经海路返回西班牙。但是在离开意大利很久后，他们仍继续从巴塞罗纳、里斯本、果阿、澳门和日本写信给他们友好的意大利主人。[253]

8 月 16 日，日本人抵达巴塞罗纳的码头，并在那里待了近一个月。为了让朱力安·中浦从到达西班牙后遭受的疾病中恢复过来，长时间的停留休整是必要的。关于这里如何接待他们，几乎是一无所知。曼修·伊藤显然利用旅程中暂时的休息，给他的意大利主人们写了感谢信。在巴塞罗纳，他写给费拉拉公爵（Duke of Ferrara）的信，仍然可以在摩德纳（Modena）国家档案馆中看

701

————————

① 意大利西北部村镇。——译者注

到。[254] 在 9 月的第一个星期，他们前往蒙塞拉特（Montserrat）古老的修道院镇，在那里他们度过了三天。然后去了菲利普二世一直在那儿过夏天的蒙松（Monzon）。国王再次接见了他们，并了解了他们对意大利的访问。[255] 从这里，他们继续前往萨拉戈萨（Saragossa），当时议会正在那里开会。在阿尔卡拉·德·埃纳雷斯（Alcala de Henares），他们随后受到了一次"罗马方式"（a la manière romaine）宴会的款待和一次戏剧表演的款待。在穿过马德里的快速旅程中，他们对所经之地做了正式告别，10 月初，再次回到葡萄牙。

在葡萄牙，他们在维索萨镇做了第一次停留后，随后前往埃武拉。在这里的九天时间里，受到了老朋友堂·特奥托尼奥（Dom Theotonio）大主教[256]、布兰干萨公爵和刚作为印度总督退休的弗朗西斯科·德·马斯卡伦哈斯（Francisco de Mascarenhas）的宴请。在埃武拉大学，他们聆听了学术上的交流讨论，当然也受到款待。离开埃武拉后，他们在葡萄牙境内向北旅行远至科英布拉，这里是耶稣会向东方传教体系的中心，在能够俯瞰蒙德古河（Mondego）流域的学院他们度过了 1585 年的圣诞节。在新年的第一天过后，启程离开科英布拉，前往里斯本。路上，他们在阿尔科巴萨（Alcobaça）村附近停留，参观了著名的哥特式巴塔利亚大修道院和西多会圣马丽亚修道院。一回到首都，他们向红衣主教艾伯特表示了敬意，并和他们的朋友道别。在 3 月末一次不成功的启航后，1586 年 4 月 8 日，他们的船最终出航，开始了返回日本的漫长航行。

无论使者们给日本的基督教进步带来什么样的影响，毫无疑问，他们在欧洲产生了实实在在的影响。他们的访问是此后许多讨论、大量成分各异通信者的信件和不下 55 个出版物的主题。[257] 当然，其中许多不过是他们在罗马时由教皇格里高利十三世主持的公开红衣教会议上受到接待的拉丁文记录的翻译，这也是实情。[258] 实际上，在 1585 年年底前，这一纪念日的活动记录至少有 5 个拉丁文本、5 个法文本、5 个意大利文本和 1 个德文本在流传。这些版本在广为分散的罗马、里昂、列日（Liége）、迪林根（Dillingen）、布拉格（Prague）和克拉克夫（Cracow）等地被制作出来。在随后几十年中出现的关于日本的作品中，许多国籍的欧洲作者将相当大的篇幅用于论述这个使团及其对欧洲的意义。[259] 即使在使团没有访问过的国家，使团也带来了影响，它直接刺激了这

702

些国家对日本产生兴趣。在 1610 年出现的法文地理书中，最经常被探讨的外国使团是日本前往罗马的使团。[260] 在巴黎，著名的翻译家和国王亨利三世的秘书布莱思·德·维热内尔（Blaise de Vigenére）在他的《密码书》（*Traicte des Chiffres, ou secretes manieres d'escrire*，1587 年）中列出使团的旅行指南，并对中文和日文书写文字的性质做了简要探讨。[261]

新教徒们对使团达到的巨大宣传成就也做出了反应。写于 1585 年的德语《小册子》（*Flugschrift*）作者就抱怨说，来自遥远地方的使者们没有被允许"来德意志和萨克森"旅行，在这些地方他们可能因"亲爱的圣徒马丁·路德博士"追随者的理解而了解一些基督的真光。这个无名小册子作者继续论证了具有独立传统的日本将会发现路德教教义比天主教教义更为意气相投。特别是日本商人，他们会像那些法国和荷兰的商人一样，将称心如意地发现路德教认为，于获得拯救而言，"善举""即不必需也没有任何用处"。他也评论道，由于日本人缺乏执行天主教仪式所必需的"油、蜡和……铃［？］"，他们将会高兴地认识排斥所有这样"迷信"的基督徒。他的结论是，自然本身已齐心合力地使日本成为一块传播"真正福音"最适宜的地方。据我所知，这是第一次号召新教徒们在远东与耶稣会士们竞争。[262]

在瑞士的天主教徒中，使团也产生了深远的影响。皮特·卡尼修斯（Peter Canisius），我们已经提及他早年对日本的兴趣，[263] 1585 年 12 月 21 日在一次布道上，他举出日本人的虔诚给弗里堡（Fribourg）① 教区的选民树立了榜样。[264] 与此同时在卢塞恩（Lucerne），1585 年，市政秘书伦瓦德·齐扎特（Renward Cysat）开始编辑他能找到的所有关于日本的资料。齐扎特是一个具有广泛兴趣的人，他是卢塞恩耶稣会学院院长马丁·勒本斯坦（Martin Leubenstein）神父的密友。勒本斯坦一度曾想作为传教士去日本，显然通过他，齐扎特获得了一些耶稣会士书信的副本。这些书信成为 1586 年他在卢塞恩首次出版的一本书的基本资料，该书题名为《沃勒弗泰格来自新发现的日本岛和王国的消息》（*Warhafftiger Bericht von dee neuerfundenen Japponischen Inseln vnd*

703

---

① 瑞士西部一都市。——译者注

Königreichen auch von anderen zuvor vnbekaudtetl Indianisehen Landen …）齐扎特的书以献给他姐夫、瑞士未加冕的"国王"、军事英雄和耶稣会士的朋友路德维希·法伊弗（Ludwig Pfyffer）的冗长题词为开始。[265] 在记录了耶稣会士们在日本取得的巨大进展对任何人已不是秘密后，齐扎特继续写道：

　　同样地，它不是秘密，而是所有地方都知道的事情，特别是通过出版的书籍描述了1585年当年的春天，日本皇家使者们在经历了漫长遥远且危险的航程后来到罗马。在那里，按照古时习俗他们跪拜在地，作为真正的基督徒承认他们对上帝普世教会最高权威和主教的服从……

　　同时，在这非常的一年，在罗马出版的一本拉丁文小书到了我的手里，它以一封信或急件的形式讲述并囊括了直到1582年前各种日本基督教传播所取得的有价值的和令人满意的进步。从这本书和信件中，我获得了如此的安慰、高兴和乐趣，以致于我忽视了所有其他正在进行的工作，并着手印刷这本书，以期这本著作的如此一个译本将是不虚此举，这样这个真实的历史和这些记述将可能为人所知，广而告之，以符合很多人的利益……出于这些原因我最终说服我自己，将上述的书信翻译成了我们日常的语言，并且作为介绍，附加了一个简短的关于日本资料的摘要，这些资料是我从许多作品中收集到的。[266]

　　尽管齐扎特没有更明确地引用他的资料，但通过阅读他对日本所做的107页描述，显然可以看出他手头可能有许多耶稣会早期的信件，而且他还引用了1585年出版的书信年鉴。例如，可以肯定，他知道并使用了达·科斯达（Da Costa）关于日本著作的一些译文和马菲的书信集，并将它作为了这本书的附录。[267] 在这样的资料基础上，齐扎特试图呈现出对日本的系统考察。他的叙述涉及日本的位置、其居民的生计和服饰、行政管理、风土人情，但主要讲述的是宗教事务、寺院体制和宗教建筑。从他对日本建筑描述的细节中，很明显看出他了解伏若望的信件。他也描写了日本人是如何加工茶叶，[268] 以及他们

704

是如何使用小瓷杯来喝茶的。而且在这一点上，他对在他那个时代欧洲的"瓷器"如何稀少和昂贵做了评论。齐扎特的叙述性描述后接着是日本单词的小词典，将名字按照它们罗马字体书写的字母排列顺序加以排列。[269]他对"安安"（Anan［海南岛］）的描述，是出现在欧洲文献中最早的描述之一，同时代的记述中很少将南海与日本加以联系。[270]这个介绍性题词是以感恩祈祷文的语式结束，表达了在欧洲本身被分裂成对立的"忘恩负义的犹太人"、偏执者和异教徒的宗教阵营时，对于基督教来说，日本是个神圣的礼物。

作者意图将所有论述的内容作为他对科埃略1582年的信件、日本诸侯写给教皇的信、贡萨尔维斯演讲和他自己对使团在罗马受到接待的简短叙述的翻译背景。此书随后的内容是直接取自马菲的《耶稣会东方传教记事》（*Rerum a Societate Jesu in Oriente gestarum commentarius*）其中一个版本中的日本书写样本。[271]齐扎特在这里将马菲对写在行间日文的拉丁译文翻译成德文，不过他也意识到了这个事实，原始译文是出现在1570年《信札》上的葡萄牙文本。这个字符汇集之后是1583年12月28日范礼安发自果阿信件的译文。[272]这本书的其余部分涉及其他事项，在此不加以叙述。

在这本书第一版出版后，齐扎特显然继续收集着日本的消息，也许他想对自己的原著进行修订或扩大。[273]就我们所知，他的书随后有过三个版本，1586年有两个版本，1592年出版了最后一版。[274]齐扎特在第二版中插入了一幅木刻的日本地图，这是地图首次作为欧洲出版物中的一部分出现。[275]从这部作品的上下文来看，他的地图特别有趣，因为它显然完全是根据耶稣会士信件中的信息而绘制的。[276]此外书中还有一个画像，这个画像可能是1585年在佛罗伦萨制作的，早前曾存在于原稿中。[277]1589年在米兰，乌尔巴诺·蒙蒂（Urbano Monti）制作了一幅世界地图，在这个地图上日本被显示出来，而且在这幅图上，这个制图师提及他受惠于1585年的使团，并引用了范礼安和梅斯基塔的名字来证明他的可靠性。[278]从这些例子中可以看出，因使团的到访产生的兴趣，似乎激起了欧洲人尝试着在地图上描绘日本。

对于大多数欧洲人来说，毋庸置疑的是，罗马教皇的使者们将日本放到了

705

地图上。在他们凯旋旅行的二十个月期间，他们在 3 个国家遍访 70 个不同的城镇，而且有几个城市，他们做了不止一次的访问。他们作为大名派遣的正式使者，受到了葡萄牙摄政王、西班牙国王、两个教皇和威尼斯与热那亚总督的接待。在每个城镇，无论大小，他们唤起了神职与世俗头面人物的兴趣，并被看成是征服的英雄。所到之处，他们不得不在旁观人群中前进，时常在大庭广众之下吃饭，而且一般都在公众的视线中。关于他们的趣闻逸事，很快在他们根本未到访过的城镇和国家广为流传。最后，他们访问的事迹记录以通信、书籍、绘画、地图和铭文的形式为子孙后代保存了下来。他们本人、礼物和书写的样本全都有助于使日本在欧洲人看来更为真实。对于耶稣会士们来说，他们访问的一个最大成果是教皇诏书承认了他们在日本进行传教工作的专有权。[279] 这个权利立即得到了菲利普二世的确认，他很快向果阿的总督发送了指令，要他向澳门、马尼拉和日本通告诏书，并监督教皇诏书的执行。

第五节　地图、历史记录和欧洲的
辩论术，1585—1601年

在欧洲，在那里接待了日本使者后的十五年间，出版社如雪崩般地出版了耶稣会关于日本和传教团的资料。通史著作也更多了。耶稣会士的历史记录，和他们的信件一样，他们意图让其既"有教化意味又好奇古怪"。此外，耶稣会士创作这些历史记录显而易见的目的是，在尽可能的范围内澄清问题，做出正确的陈述。皮特·卡尼修斯（Peter Canisius）和热罗尼莫·纳达尔（Jeronimo Nadal）早在 1555 年就呼吁出版拉丁版书信集，从而使这些耶稣会士写回的信件能更易于在北欧流传。第一部论述到日本的耶稣会历史记录是达·科斯塔 - 马菲（Da Costa-Maffei）的作品，实际上它在使团到达欧洲前就出现了。马菲的《16 世纪印度史》（*Historiarum IndicarulII libri XVI*，佛罗伦萨，1588 年）在日本使者们离开欧洲不久后就出版了，在该书中，第十二卷主要与日本有关。

十二卷的记载和其他分散在整部书中提及日本之处，极大地受惠于范礼安的《东印度耶稣会传教团发展史》（*Historia*）。马菲采用两种方式叙述日本：一是他对日本所做的一个整体概述（第480-502页）；二是他对1579年范礼安到达日本之前，那里的传教团取得的成就做了更为简要的叙述（第543-555页）。对我们来说，他对日本的整体描写是最重要的，因为它使欧洲公众注意到了范礼安的观点。[280] 而且，在这一点上，我们必须要记住范礼安受惠于伏若望。事实上，马菲的叙述，几乎是直接对范礼安著述的翻译，从中可以洞悉伏若望早期信件的大多数典型特征。换言之，他对信长时代的日本进行了清晰阐述。和范礼安一样，马菲强调制度和习俗。相对来说，他不太注意城市的规模、皈依基督教的人数和日本房屋、宫殿、庙宇和堡垒的建筑特色，只是附带地提及了日本的历史，也就是说，读者并不能从马菲那里更多地感觉日本社会的动态特征。马菲将重点放在比较日本和欧洲的思想和行为上，显然是为了启迪他的欧洲读者。

707

在马菲的著作出版之前，在欧洲找不到一本著作能如此清晰地阐述日本和欧洲在行为与价值观念上或大或小的差别。他的一些对比可能直接取自他一直放在手边的伏若望的对句[281]。例如，他注意到一些无足轻重的差别，欧洲人羡慕洁白牙齿而日本人为了漂亮弄黑他们的牙齿（第486页）。[282] 关于两者性格上的差异，书中罗列了大量的资料。如，面对逆境和苦难，日本人与欧洲人的表现是不一样的，日本人表现出对他们的情绪难以置信的控制。日本人具有高度发达的荣誉感和礼节。他们的孩子安静地讲话，非常克制自我需求，在行为举止上表现得成熟。总之，日本民众是敏锐的、聪明的、天生好性情。事实上，"在判断力、顺从和记忆力上，他们不仅优于东方民族，而且也优于西方民族"（第488页）。这些特性是乡下人和孩子们特有的，但也在贵族们的身上能看到。最贫贱的农民在日常生活习惯上几乎是文明的，精力极其充沛且有天赋，他们的面部表情也绝非粗俗乡野。孩子们学习阅读和写拉丁语远比欧洲学童掌握得要快。

在日本，贫穷是普遍现象，但贫穷绝非可耻。贫穷并没有带来日常生活的懒惰和肮脏。最贫穷的人也勤奋地工作，对个人的清洁极为注意，并保持他们的房屋整齐干净，一尘不染。富人和穷人一样极为平静地忍受个人的病痛困惑，甚至灾难性的地震。就像伏若望在写给欧洲的信中描述的 1586 年地震，[283] 也不能撼动他们的镇静。从孩提起，所有阶层的日本人都被教诲要忍受饥饿和严寒，过斯巴达式的简朴生活。在他们的人际关系中，即使较低阶层的人，彼此之间也极为谦恭有礼。愤怒的爆发或感情的极端表现很少打乱生活的平静。街头争吵斗殴和家庭争吵并不像其他较少纪律的民族中那样常见。一般的小偷小摸几乎不被所知。来宾受到了极为周到且愉快的招待。商业和社会交易按照成规习俗并经常通过第三方进行。遵守礼节和惯例极为普遍，以至于看上去几乎所有日本人像是在同一所学校接受训练的。在遵守规则和理智行动上，日本人的表现远非其他民族所能比拟。

但是，在马菲的书中所描绘的图景却并不都是耀眼夺目的。其中他也叙述了日本人性格中更阴暗的一面，而这些与许多令人愉悦的亮点形成了鲜明对比。日本人的这些瑕疵，被归因于和尚的邪恶影响和内战中国家动荡不安的环境。马菲哀叹日本人对反常恶习的成瘾，并且做出结论，这种行为是由一个邪恶的和尚带给日本的。臣属对主的不忠在 16 世纪特别明显，这种不忠被认为是性格上的缺陷，它削弱了日本的政治和社会结构并导致战争频发。这种普遍不忠的基本原因是地方领主拒绝承认天皇至高无上的权威。与他们缺乏忠诚有关的是，在日本人中存在着虚伪、暧昧及在他们交易往来中缺少公开的品性。这使他们彼此之间难以理解、信任或表达同情。日本人好战而残忍。一个领主会因微不足道的过错当场杀死一个臣属。日本人对法律规则或其他司法的原则都缺乏尊重。主人可以武断地决定其臣属的命运。在家庭中，父亲实施专制赏罚，甚至母亲都能无情地灭绝她生下的、但却是他们不想要的婴儿。个人对自身也是残忍的，这从他们时刻准备隆重地自杀能得到说明。最后，日本人花太多太多的时间用于饮酒和聚会，这类事务有时持续几天。尽管日本人有这些错误，但日本人是愿意接受基督教的，因为他们本质上是受理智控制的民族，对真正的宗教具有强烈的渴望。[284]

马菲不可能知道，1588 年他出版了自己的著作，而在前一年，秀吉在这个国家禁止了耶稣会士。来自日本已出版的信件，自然而然克制不提在和尚和不友好的大名的手下，耶稣会士和日本基督徒们遭受到的迫害。但纵然是范礼安，1588 年 4 月 13 日，当他和日本使者们一起离开果阿前往日本时，也还未听说秀吉态度的变化。1588 年 7 月 28 日，这个视察员只是在到达澳门时才得知了这一坏消息。[285]同时，教皇西斯塔五世（Pope Sixtus V）在 1588 年提升了日本耶稣会职权为主教辖区。伏若望于 1588 年 2 月 20 日发自有马（Arima）的信详细叙述了耶稣会士们正遭受着的迫害，1589 年这封信在里斯本首次发表。[286]在随后一年，它在安特卫普（Antwerp）、迪林根（Dillingen）和罗马印刷出版。1591 年在马德里，来自伏若望、奥尔格基诺 - 内奇（Organtino-Gnecchi）、科埃略（Coelho）和孟三德（Duarte de Sande）的书信集被出版，名为《日本基督徒受难记》（*Relacion de una gravissima persecuciō, que on tyrano de los reynos de Iapon, Ilamado Cabucodono, ha levātado contra los Christianos ...*）。[287]大约在这本书出现的时候，西班牙国王正收到来自菲律宾和日本的投诉，抱怨耶稣会士对方济各会修士和西班牙商人的行为。但肯定的是，国王不能过度关心远东正在恶化的局势；在他的伟大无敌舰队被击败后，在欧洲，他面对着更为严峻的问题。

在 16 世纪的最后十年中，欧洲好奇的读者有了各式各样大量的关于日本的出版物，可以对那里未来基督教的相关问题进行广泛的思考。除了耶稣会书信集外，1598 年煌煌巨著《信札》纲要达到登峰造极的地步，在几个学术分类里欧洲学者们所做出的学术成就，已将日本纳入到他们的知识范畴之内。并非所有的资料收集者和史学家都像旅游文献的伟大编纂者哈克路特（Hakluyt）、德·布莱（De Bry）和林斯乔坦（Linschoten）一样著名，上述这几人的著作在这十年得到出版。[288]耶稣会人文学者和美洲学者，何塞·德·阿科斯塔（José de Acosta）将有关日本和佛教的资料并入他的《东印度群岛的自然和道德史》（*Natural and Moral History of the Indies*），1590 年，该书在塞维尔出版。[289]"现代国家关系的第一本书"显然是一部在伊丽莎白女王统治最后十年写成的匿名手稿著作，其中包括了对"日本王国"虽简短但深刻的描述。[290]虽然这个记述是基于耶稣会和西班牙的资料，但是作者做了几个无根据的断言，它们和已经报道的关于日本的看法存在着极大的分歧。[291]耶稣会外交家安东尼奥·波西

709

维诺（Antonio Possevino）和才华横溢的意大利政治理论家及社会思想家乔万尼·博特罗（Giovanni Botero）等学者，将大量关于日本的记述加入他们大部头的综合性著作中。[292] 由安东尼奥·查皮（Antonio Ciappi）在 1596 年出版的教皇格里高利十三世的传记，包括了一个木刻画，上面有一些耶稣会在日本建立的机构，还有一幅教皇接见日本使者的画。但这十年可能最伟大的成就是第一个正确标出日本群岛位于北纬 30° 和 40° 之间地图的制作和出版。这个葡萄牙语地图，通常认为是路易斯·特谢拉（Luis Teixeira）绘制，1595 年由奥提留斯印刷，以后它成了大多数西方绘制日本地图的模型。[293]

710　　　　　1590 年前，欧洲制作的日本地图甚至在轮廓上普遍都简单粗糙。 1554 年由赖麦锡出版的地图上，"Giapam"（日本）被显示为一个岛，后来的一些地图开始显示出本州、四国和九州三个岛。1558 年，迭戈·欧蒙（Diogo Homem）的地图将这些岛屿置于与大陆相当精确的关系中，并对九州的海岸做了细致的描绘。[294] 费尔南·瓦兹·杜尔拉杜（Fernão Vaz Dourado）早期可能曾在东方度过一段时期，在他 1568 年的地图集中包括了第一幅专门的独立的日本地图。一般而言，后来的地图似乎主要依赖于耶稣会士信件来确定他们图上的地名和政治区划。现在，在佛罗伦萨和马德里发现的日本草图，明显是模仿日本人的地图。[295] 佛罗伦萨的地图可能由遣欧使团中的一个成员于 1585 年制作的；[296] 马德里的草图是大约同时期在马尼拉制作的，后被送回欧洲。两个草图似乎都以日本人的行木（Gyogi，日本传说中地图制作发明者的名字）式地图作为它们的共同来源，都包含了当时日本划分的 62 个政治单位（kūni）的名称和界限。特谢拉在制作他的地图时，很可能要么使用了一个类似于绘制出那些草图的日本人原作，要么就有另一个已不再为人所知的草图，要么他本人熟悉上述佛罗伦萨和马德里的草图。也有可能他能利用葡萄牙制图师伊格纳西奥·莫里拉（或蒙特拉，Ignacio Morera [或 Montera]）的草图，1584 年莫里拉第一次去了日本。[297] 即使特谢拉可能通过参考此前在欧洲制作的其他地图而改进了自己的地图绘制，但上述手稿图和奥提留斯出版的他绘制的地图间明显存在相似性。[298] 无论如何，特谢拉的地图将日本地图制作理念和西方地图制作理念融为一体，为更精确更详实的制图工作奠定了基础。[299]

　　对于生活在 16 世纪最后几年受过教育的欧洲人来说，他们可以看到拉丁文和本大陆主要地方语言书写绘制的日本地图和大量图书。但尽管如此，对于外行来说，即使他像波西维诺（Possevino）一样有才华，想要从这些表述中获得连贯一致的日本图像仍很困难。随着 1588 年马菲历史和书信选摘要的出版，16世纪的阅读公众能够方便地得到东方耶稣会传教团全面情况的拉丁文概要。它既真实可靠，在文体上也更加令人称心如意。然而，令人遗憾的是，马菲书上有关日本耶稣会士的情况只写到 1573 年。在 16 世纪结束之前出版的其他概略没有一个像马菲记叙的这样全面和可靠。而且，16 世纪出版的书籍中没有一本对秀吉政权时期（1582—1598 年）惊天动地的事件做过稍微像样点的综合评述。信长的去世和秀吉的崛起、1587 年禁止基督教，以及耶稣会士与方济各会修士之间在日本的摩擦只能从不连续的传教报告或辩论的短文中加以了解。

　　1584 年，在秀吉被提升为关白（kampaku）一职后，耶稣会士所写的信中经常是钦佩地提及秀吉所做的一切，他的统一战争、他的中央行政组织、他对土匪行为和海盗行为的镇压、他的全面性国家土地测量、他的地租改革和他的广泛建筑计划统统都被提及。[300] 耶稣会士，特别是伏若望，详细地记述了秀吉的财富及其奢侈的开销。在写为 1597 年发生迫害之前的信中，耶稣会士们也注意到并评论了他的大名从一个封地过户到另一个封地，他的收入来自大名财产的没收充公和大名一年两次必须奉送给他的礼物，以及他扩大日本对外贸易的决心。通过熟读 1585 年至 1597 年间耶稣会士写的信件能够收集到随着民族文化的统一，秀吉把大阪打造成为一个重要的贸易中心，日本总体生活水平的上升和发展的所有信息。然而，虽然耶稣会士钦佩秀吉的果敢、行政能力和政治才能，但他们仍然尖锐地批评他的私人生活，并怀疑他的动机。

　　通过信件集，欧洲得知了上述的相关情况，但直到 1601 年路易斯·德·古兹曼（Luis de Guzman）的著作在埃纳雷斯堡出现前，在欧洲尚无任何对日本这些事情的系统性记述。在《东印度、日本和中国的耶稣会传教史》（Historia de las missiones ...）中，虽然古兹曼所言几乎没有什么新意，但他的叙述给予了读者一种日本人是一个真正的、似乎可靠的民族的感觉。与马菲的著述不同，古兹曼的记述是连续的，以日本为中心而不是仍以耶稣会传教事业的任何其他

711

领域为中心。在这个浩瀚而不朽的著作中，第一部分的最后 1/3 和整个第二部分全都与日本事件有关。而且，他并没有像马菲和范礼安一样急于进行比较对照以启迪欧洲。也许这是因为他写作之际正是基督徒在日本面临困难的时候，从而导致古兹曼的著作对那里的基督教未来并不太乐观。古兹曼的成功所在，也是他超越此前所有作者之处在于，他将当时现有的关于日本的资料[301]有机结合成一个可读性强的真实叙述，且相对而言，几乎没有离题进行说教或道德教化。和他之前的作者们一样，可能由于缺乏资料，古兹曼对 16 世纪之前的日本历史没有过多叙述。也正因如此，他对日本生活的动态特征有了更多的感触。简单地说，他的著作比 16 世纪末欧洲所知道的关于当时日本和日本人的任何其他单本著作综合得都要更好。

712

他的综述（第一卷，第 305-413 页）简洁明了但极有帮助，被放在按时间先后记述从沙勿略到 1599 年耶稣会活动的前面。在综述中，他说明日本是由许多政治上和文化上联合在一起的岛屿组成的一个国家。其精确的范围尚未准确知悉，一些人说它纵贯 200 里格，另一些人说 400 里格，但正如他所说的，其范围的多少取决于计算中包括了岛屿的多少。这个岛国多山，远非像欧洲一样肥沃多产。充沛的降雨足以使它生产所需要养育人口的食物；如果没有战争持续地破坏农村，日本甚至会生产更多的食物。在日本的田间种植着小麦、大麦、小米和水稻，树木结出了欧洲人已知的所有水果，此外，还有一些日本土产的水果。日本人饲养羊、猪、[302]牛和马；在他们的山上，生活着野猪、鹿、兔子和各种其他动物。野鸡、鸭子、鹅、鸡和鸽子在他们的田间地头吃得肥胖。[303]江河溪水里和环海的港湾海湾盛产鱼类。一些山脉中蕴藏着金银，还有铁和其他矿藏。这些矿山一直处于开发中，出产高品质的金属。[304]

古兹曼对日本历史做了一次非常好的探究，随后他得出结论，起初日本是被一个单一的君主统治。这个身份不明的早期天皇有两个代理人，他们在管理他的财产上承担着总督（摄政王）的作用，被称为"库博（Cubos）"（公方 [Kubō]，将军 [Shōgun] 或大元帅 [generalissimo] 的另一种表达词）。[305]按照日本历史记录，古兹曼认为大约五百年前其中一个"库博"杀死了另一个，没收了土地，接管了政权，并最终僭取了"矢方"（Iacata [Yakata]）或国王的头

衔。[306] 然后，他着手重新组织了这个国家，并将其分成 62 个"王国"和同样

713

数目的"国王"，这些国王类似于西班牙的伯爵和公爵。[307] 然而，在随后的几
个世纪里，这个组织体制并非维持不变。随着这些各式各样"国王"之间的混
战，一些领地扩大了，另一些规模则不断缩小。

　　除了这样的变化外，古兹曼记载道，日本仍然被分成三个主要部分，但它
现在包括了 66 个"王国"。[308] 关于九州（Kyushii，字面意思是"9 个省份"）
他列举了 9 个"国王"，并谈论了在 16 世纪期间他们相对强弱的轮换变化。四
国（Shikoku，本身字面意义是"四个国家"）的 4 个"国王"中，土佐（Tosa）
的统治者是最重要的。第三个部分也是主岛（本州 [Honshu]），他继续列举到
它包括了 47 个"王国"。6 个更小的岛，如天草（Amakusa），对古兹曼来说
也都是"王国"。他注意到"王国"的名字并不是始终如一，这是因为"王国"
常常恰是因为它们主要城市的名字而出名。在主岛上，其中 5 个省份在"天下
（Tença）"（天子 [Tenshi]）或"五畿内"（Guoquinay [Go-Kinai]）① 这些总的名
称下聚集在一起，因为这是天皇居住的地方。[309] 这些中心省份中最重要的是
山城（Yamashiro），宫古岛最大的城市、朝廷和该国主要的宗教中心都坐落在
这里。

　　对这 66 个"王国"，天皇（内里 [Dairi]）没有真正的权力。然而，他保留
了其古老的尊严高贵，受到普遍的崇敬。他主要的职责是授予头衔。一些头衔
奖赏给战争中有功的服役者；另一些显然是被买去的。由于日本人渴求荣誉和
头衔，他们年复一年向天皇献上礼物，一些人则直接奉送金钱。授予给他们的
头衔以字母或字符的形式出现在他们的签名上。日本人有一些很是独特的习俗
和传统，一般来说与在欧洲看到的那些习俗和传统完全不同。古兹曼做了一些
早期耶稣会作者们指出过的同样的文化对比：在日本剪掉头发是有教养的一个
标志；日本人不屯积金币，相反他们珍藏古剑和茶壶；他们讨厌牛肉[310]，吃稻
米和鱼类；日本的普通住房是用木头建成的，但堡垒和宫殿通常是用石头建造
的。尽管如此，虽然他们沉溺于奇怪的习惯中，但日本人被认为是所有东方民

---

① 以前京都周边的"山城，大和，河内，和泉，摄津"称五畿内。——译者注

族中名列第一的民族，他们具有非常好的理解能力，显示出在学习新方法和语言上的独创性，并通常靠理性和经验左右他们的行动。

714 　　日语复杂艰涩且丰富多彩，其同义词之丰富和表达之得体典雅要优于希腊语和拉丁语。[311] 对这种语言的有效使用需要教养熏陶和极好的修辞学感觉，因为有些词只能对贵族讲话时专用，一些词只能用于与平民打交道，另一些仅为年轻人专用，还有其他词仅用于老人。[312] 两套符号系统进一步复杂化了这一语言：一套采用单个字母（假名 [*kana*]），另一套采用像汉字一样的字符。写字的方式是有独创性的，需要很大的技艺。因为一个完整"欧洲"单词就只用一个日语字符表达，又因为在一个日文句子里比欧洲同样句子字符更少，所以用日文字符表达的思想比用欧洲语言表达的同一思想占用更少的空间。和此前的作者们一样，古兹曼详细地评论了日本人的民族性，提及他们各种各样的仪式，他们的谦逊和庄严，他们对冷热无动于衷，他们痛恨偷窃和赌博，他们愿意服从上级，以及他们的逆来顺受。

　　日本的人民，大概和他们欧洲的同代人一样，被分成了两大类——世俗的和宗教的。世俗身份的顶级是"王"（katas）或"国王"，他们具有大量的财产和巨大的权力。剩余的土地在他们的臣属类似于伯爵和公爵的"大名"（Conixus）和"阁下"（*Tonos*）① 或更小的领主间分配。[313] "国王"控制着其部分领地，将其余的分配给"大名"（Conixus），"大名"反过来保留某一部分，其余的分配给"阁下"（*Tonos*）。后者必须供应士兵，因为这是一种紧密结合的等级制度，军队的招募很容易完成。每个领主对他的臣属都有绝对的和最后的权威，甚至于施与死刑。随着年岁越来越老，在死前，领主们将他们财产的管理权交给他们年过 20 岁的儿子们。古兹曼通过简要提及剩下的阶层：商人、手艺人、官员、劳工和农民，结束了他对世俗社会结构的分析。

　　日本的宗教组织多种多样且数量繁多。和尚，和基督教教士很相似，被组织进了一个类似于等级制度的体制中。最高的僧侣"Iaco"② 必须考查和确认每

---

① 大名之下的属臣名称。——译者注

② 日本禅师等级组织系统中为首的禅师的名称。——译者注

个新出现的教派。他选择"Tundos"①，这个职位类似于主教和大主教，并确认那些挑选出来作为方丈主持主要寺院的人。和尚拥有许多很大的大学，在这里研习他们的教义。坂东是这些大学中最大的一个，但在另外四个其他研究机构中，每个机构都有 3 000—4 000 名学生在那里学习。正如日本的教派众多且不同一样，和尚们的服装和仪式也是如此不同。和尚职责中最重要的一项是主持死者的葬礼。在寺院中他们齐声唱歌并按规定的节奏朗读。通常他们气派十足地在一个升高的像讲道坛一样的地方进行说教，穿着丝质服装，手持一把金色的扇子。富人和贵族的儿子经常成为和尚。

　　日本的教派有两个主要类型：否认永生和承认永生。否认永生的教派被称为"禅宗"（Xenxi，禅疏 [Zen-shū]）；[314] 他们吸引了那些想要随意犯过失的人。和尚在试图使他们脱离罪孽得到安息时，他们有特有的冥想办法。禅宗教授每天给他们的信徒分配几个核心问题进行冥想。在他们富有的寺庙中，禅宗的追随者们敬拜代表着过去伟大勇士的偶像（神道教的神 [kamis]）。在那些相信死后生活的人中存在着两大群体。其中第一个是"净土宗"（Xodoxiu，净土宗 [Jōdo-shū] 或"天堂的人"）[315]，这一派敬拜阿弥陀佛，"一千个谎言"讲述着这一偶像。其中一个无稽之谈宣称，阿弥陀佛是黎凡特（Levant）国王的儿子，在他的妻子死后，他为她做苦行赎罪，他也因而为他的追随者们积累了足够的功绩，只要他们祈唤他的名字就能得到保护。[316] 由于信奉阿弥陀佛使救赎变得如此容易，这个教派在整个日本极受欢迎。它的僧侣摇着铃铛走在街上讨要施舍，并通过制作纸衣出售获得大量的钱财。[317] 第二个相信死后生命的教派被称为"法华宗（Foquexus）"（法华宗 [Hokke-shū] 或日莲 [Nichiren]），它有五个不同的字表示拯救。它的信仰完全是从书籍"法华（Foque）"（法华 [Hokke]）中衍生出来的。法华宗信徒像穆斯林一样坚守他们的信仰，而且他们拒绝跟从理性的指令。他们的主要神像被叫作"Iaca"（释迦或释迦牟尼）。[318]

　　从这三个主要教派中分解出其他群体。新的教派经常是由和尚创建的，他

① 日本禅师等级组织系统第二级别的禅师的名称——译者注

们在自己的寺院中形成了新的仪式崇拜神像。例如，一个和尚创建了叫作"真言宗"（Icoxus [*Shingon-shū*]）的教派，"真言宗"一词意味着人只有一个心和面孔。[319]这一群体受到日本人极高的尊敬。在它的年度庆祝活动上，前来参加的人数非常之多，以致于其中许多人因拥挤被踩踏致死。在"佛教"（释迦）的门徒中，有一个著名的和尚，他被称为"弘法大师"（Cambadagi [Kobo Daishi]）。他教授人们去崇拜自己的魔鬼，并告诉他们如何使自己的魔鬼进入其他人的体内。为了达到他的目的，"弘法大师"要求被关进一个洞穴。在他被关了一千年后，按照日本的传说，一个博学的人将出现在洞穴与他辩论教义。[320]这个洞穴在"高野（Coya）"（高野山 [Mount Kōya]）。"弘法大师"的追随者们创建了许多其他教派。这些追随者中最著名的一人是"Cacubao"（*Kakuban* 或陈琼大师 [*Kōkyō Daishi*]），他创建了根来（*Negoro*），显然是以纪伊（Kii）的根来寺院命名的一个教派。[321]另一个教派是那个被叫作"山伏"（Iambugis [*Yamabushi*] 或"山中士兵"）的。当其僧侣没有从事巫术或其他什么恶行时，他们到国土上最高的峭壁上朝拜，在此崇拜他们的神像。沿途这些士兵僧侣恐吓平民。许多这些小教派富有土地并且极为好战。

在日本，寺院和寺庙很多。按照日本历史学家的说法，天皇命令所有教派的最重要的和尚聚集于"Frenoxama"（Hie-no-yama 或比睿山）山脉。[322]当时，这些和尚每年被给予 200 000 硬币的固定薪金以看护神像。在这里，他们建造了富丽堂皇的寺院、庙宇、佛学院和高级和尚总部。这些建筑中许多毁于战争，但其中 500 多个仍保存下来，包括"国王们"礼拜的寺庙，这里供奉着一个三头四十臂的金像。另一个主要宗教中心是奈良市。日本人定期朝拜著名的寺庙和神像——他们去"大佛"（Daybut [*Daibutsu*] 或 [Great Buddha]）寺，那里有镀金的金属神像，他们也去"Cobuquiri"（兴福寺 [*Kūfukugi*]）。在宫古市，富丽堂皇的寺院和寺庙比比皆是。

日本人在一年举行的许多节庆中，非常隆重荣耀地纪念他们的神像和死者。每年 8 月举行的一个宗教活动极有特色，一支庄严的宗教游行队伍，前面是用丝绸覆盖着的车队，车上载着儿童唱诗班歌手，城市官员尾随其后。[323]神像及其所谓神像的妾侍被抬着走在这只游行队伍的最后。在 7 月 29 日另一个节日上，神像被安放在马背上穿过街道，身着白色服装的歌手、和尚和女巫紧随其后。[324] 第三个节日是在每年 3 月举行，以纪念战争之神。在这个场合，人们彼此发生小冲突，使用石头、箭和剑作为武器。[325] 在这些纠葛纷乱中，一些人被杀死，但对杀人者不会给予任何惩罚。结果就是许多人以此作为向他们的敌人复仇，为自己雪耻的途径。

在他们为死者举办的葬礼上，日本遵循由和尚主持的各式各样的仪式。有能力承受的那些人举行列队行走的祈祷仪式，火葬他们的死者，并将骨灰保存在骨灰盒里。穷人在晚上被埋葬。[326] 在每年的 8 月，日本人都要举行纪念死者灵魂的活动。[327] 人们前往乡下，与死者一起吃饭并与死者交谈，还邀请他们回家。黄昏时刻人们立即返回城市，他们用灯笼和食物款待死者。第二天，他们陪伴着鬼魂回到乡下，并在最高的山上升起灯光以安慰死去的灵魂。一回到家后，他们把石块放到屋顶上，以抓住没有返回地狱住处可能藏匿在那儿的恶作剧的鬼魂。在以相当长的篇幅详述了日本人这些那些"罪过邪恶"后，古兹曼结束了他的背景讨论，继续进行从沙勿略一直到秀吉死时基督教在日本渗透的长篇大论的叙述性描写。

大约世纪之交时，在欧洲开始出现了许多其他著作，这些著作讲述了1597年受迫害的基督教殉道者的苦难经历。[328] 随后出现了一系列引起争辩的著作，在后来的这些著作中，方济各会修士们对耶稣会士坚决要保持他们在日本的垄断地位进行了猛烈的攻击。

1597 年，当教皇克莱门特八世（Pope Clement VIII）再次确认了 1585 年由教皇格里高利十三世授予耶稣会士的特权后，方济各会修士怒不可遏。三个在苦难时期全都在日本的方济各会修道士，在他们于 1597 年返回马尼拉后，签下了一个书面誓约，指责耶稣会士们采用阴谋手段使他们的修道会被驱逐。然而，基督教的慈善促使这些修道士们承认，"虽然耶稣会士们想要所有其他修道士们离开日本，但这是因为他们认为暴君（秀吉）不至于会对他们施以死刑，就像他曾如此一样……"。[329] 最后，为了传教使命的和睦有序，教皇克莱门特八世向所有各派打开了大门，但规定除非经由葡萄牙的印度，否则禁止传教士们进入中国和日本。[330]

717

718　　　马塞洛·德·里瓦德内拉（Marcelo de Ribadeneira）是其中一个写下誓约的修道士，他在马尼拉着手写作一部著作，1600 年他将此书带回欧洲，此书第二年在巴塞罗纳出版。[331] 它被题名为《菲律宾群岛各岛屿和中华大帝国、鞑靼、交趾支那、马来西亚、暹罗、柬埔寨及日本的历史》（*Historia de los islas del archipielago Filipino y reinos de la Gran China, Tartaria, Cochin-China, Malaca, Siam, Cambodge y Japon.*）。[332] 这本长达 725 页的书中几乎一半的内容是关于日本方济各会传教团及其殉教。他在有关日本章节的第一章做了简短叙述 [333]，以"满足对那些遥远国度外邦人"的风土人情和宗教活动了解的"一般愿望"。就日本自身而言，在里瓦德内拉的书中鲜有新资料。和许多欧洲同事的著作一样，他争辩的目的是要解释为什么方济各会修士被禁止在日本传教，而耶稣会士虽然在法律上已越线，但却被允许继续那里的工作。

　　耶稣会士们对在欧洲盛传的，关于他们在日本活动的批评极为敏感。这在古兹曼著作的附录中清楚地表达了出来，古兹曼感到他有必要再写个附录加到第二卷的结尾。[334] 在写完了传教史后，古兹曼记录了他看到的两本书，他并不想指出这两部书作者的真实姓名，但这两本书错误地将某些动机、愿望和行动归咎于耶稣会士。如果真如这两本书所言，那么在他的历史中，他所讲述的一些情况必定会被当作错误的。因此，为了证实他自己的著作，他认为有必要列举并反驳这些主张。按照古兹曼的说法，批评者指出派往罗马的使节中只有一人是贵族出身；这次访问的目的是为了取得明确将其他教派排除出日本的 1585 年罗马教皇的通谕；为了得到这个通谕，日本的基督教事业遭受到一次打击，因为耶稣会士们免去了日本基督教皈依者们原本富有经验神职人员的圣职，使他们反而依赖新来者；耶稣会士想要维持垄断，为他们自己保持所有宗教收入；他们不想证实他们对皈依者无根据的让步；耶稣会士极为轻视其他教会，并向日本人广而告之；耶稣会的做法，无论是对他们的皈依者还是对方济各会修士，都导致了信仰的减弱；施展阴谋诡计，耶稣会士们促成了"圣费利佩"号（San Felipe）[①] 的损失和殉难；而且最后，他们充当了西班牙国王不忠诚的子民，

---

① 16 世纪西班牙皇家海军战列舰，木制帆船。——译者注

想让日本不与外界交往。

对于主张的这些事实，古兹曼给予了冗长的答复。按照古兹曼的说法，范礼安派遣使者并非为了得到教皇通谕，而是因为日本需要更多的传教士，所以询问教皇是否其他教派也应被允许进行宣教。教皇和菲利普二世两人都判定主教和托钵僧开始在日本工作的时机尚未到来。格里高利十三世做出了决定，希望保持方法和教义的一致，不至于让初学者混淆或削弱初期教会。而且，如果在日本工作的非耶稣会人数太少，对他们来说可能弊大于利；但如果大量的人前来那里，他们可能因花销太大不能得到支持，并且会引起秀吉怀疑基督徒的最终意图。派往欧洲的使者们有详细的资料可以说明他们与日本的"国王们"有关系。请求教皇颁布通谕并非是由 1584 年夏天第一个方济各会修士抵达日本而引起的，因为方济各会修士抵日的消息在这时绝无可能已经传到罗马，而这一消息在 1585 年 1 月教皇颁布通谕的时候发生作用，更是无稽之谈。这个日期也被用于证明使团没有要求这个通谕，因为在这些使者们来到罗马前三个月它就被公布了。[335] 为了反驳耶稣会士出于钱财动机的指控，古兹曼引用了耶稣会协会章程，这一章程禁止耶稣会士们接受宗教职事捐款。为了澄清他的同事们的贸易活动经受不住调查的指控，古兹曼给出了他们一些财政往来极为详细的明细表。他认为对耶稣会士正使"顺应妥协"变得过火的指控是毫无根据的，是不正当的，并且援引事例说明当地的耶稣会士们坚持将一夫一妻生活作为教徒必须坚守的基督教戒律，他们绝不会对拒绝一夫一妻制者加以皈依。他提及第一批方济各会修士在日本登陆后受到的热情接待，以此作为耶稣会尊重其他教派的证明。耶稣会士们不能为"圣费利佩"号的损失或死难者负责，因为他们提供的援助和调停没有被采纳，他们的警告没有得到重视。秀吉迫害并焚烧方济各会修士并不是由于耶稣会的阴谋诡计，而是因为他们的公开讲道。秀吉自己对征服菲律宾很感兴趣，而且他害怕他们是西班牙征服的先遣人员。最后，处于劣势的耶稣会士们无法向日本拿出西班牙国王的标志，这样做只会毫无希望地危害他们在日本的基督教事业。由于古兹曼写出了他的附录，关于这些问题和其他问题大都被记载了下来。但对 16 世纪末的欧洲来说，通过里瓦德内拉、古兹曼和其他人的记载能非常清楚地看出，由于两败俱伤的争执，欧洲人自己

719

已经削弱了在亚洲有希望取得最大成功的基督教事业。

720　　　　16 世纪最后十年的事件也使欧洲的注意力集中到日本的邻邦上。在秀吉的部队使晨曦之地（朝鲜 [Chosen]）陷入混乱之前的很长时间里，外界对高丽的一切很不清楚。早在 1554 年，洛波·欧蒙（Lopo Homem）在里斯本制作的平面球形图[336]显示了这个半岛，但没有命名。在 1571 年费尔南·瓦兹·杜尔拉杜（Fernão Vaz Dourado）的地图上，该半岛被称为"高丽"（Core），显然这是来自于日语的 *ko-ri*。在耶稣会传教士的信中，高丽初次被提及是由于它在将佛教传入日本过程中的媒介作用。[337]宫古教会的创始人加斯帕尔·维勒拉（Gaspar Vilela）1571 年 2 月 24 日从科钦写给欧洲：

> 距离日本十天航程的地方[338]坐落着高丽王国，过去四年里我一直想要去那里。它是大鞑靼的主要陆地，被认为从那里可以到达上德意志。[339]人民的肤色是白色的。由于正在进行的战争，对我来说不可能去那里，尽管我想去。从这个国家可以走到北京，中国的国王生活在那里。[340]

虽然维勒拉从未实现他去高丽的雄心大志，但 1571 年在另一封信中，他报告说，他从日本人那里得知"高丽"（Coray）人是一个好战的蓄须的民族，他们是伟大的骑手，大部分时间用于猎捕老虎和狮子。[341]然后在 1578 年，一位葡萄牙船长多明戈斯·蒙泰罗（Domingos Monteiro）从澳门驶往日本时遭遇了一次台风，他的船只在高丽惊涛骇浪的海岸附近差点失事。在与船员们进行了漫长的协商后，蒙泰罗决定不能玩命靠岸，因为这个"岛"上的人据说是"野蛮残暴的"鞑靼人。[342]来自卡拉布利亚（Calabria）的耶稣会士安东尼奥·普雷内斯蒂诺（Antonio Prenestino）当时在这艘船上，他在日期为 1578 年 11 月 8 日从日本寄给印度的一封信中记录了这个经历。这个文件被转发到欧洲，虽然不能精确知道这封信是什么时候到达欧洲，但它刊载于 1598 年的《信札》上。[343]

早在 1586 年，秀吉已向科埃略和伏若望透露他想穿过高丽攻打中国，这个消息被及时转发到欧洲。[344] 在写于 1590 年、1591 年和 1592 年的书信年鉴中，高丽由于逐渐被迫放弃了它的孤立，并且一段时间受到国际注目，而不再只被一笔带过。高丽与日本、中国及"鞑靼"地区的关系清楚显现，人们知道了高丽与中国被一条宽阔的河流所分开。即使如此，在这个世纪的后期，欧洲制作的一些地图上仍然显示高丽是一个岛。高丽对中国传统的隶属地位被认识到了，而且高丽被认为"在法律、服饰、社会制度和政府管理上遵行中国的习惯"。[345] 虽然高丽人据说比中国人勇敢，但他们的武装力量被认为劣于日本。中国人和高丽人都被认为在海上要优于日本人，"因为船只的规模很大，力量雄厚……（它们）出海远洋"。[346]

721

第一个访问高丽的欧洲人是格里高利奥·德·塞斯佩德斯（Gregorio de Cespedes）神父，1593 年 12 月 27 日，在一个日本修士的陪伴下他到达了那里。[347] 日本基督徒们要求他加入他们在高丽的群体，以作为他们在这一地方的精神导师。在前往高丽的路上，德·塞斯佩德斯被迫在对马岛（Tsushima）上寻求避难，这可能是第一个欧洲人在那里登陆，他还报告了对马岛的存在。虽然德·塞斯佩德斯从高丽写了两封信，[348] 但他仅是谈论他在那里经历的及他所不喜欢的极为严寒的天气。1594 年、1595 年和 1596 年的书信年鉴没有提及德·塞斯佩德斯在高丽的任期及其这个国家本身。它们主要关心的是战争进展及送往日本的高丽囚犯。似乎唯一记录下德·塞斯佩德斯活动的同时代人是古兹曼，他利用耶稣会的西班牙文档案编写了他的书，这些档案现已丢失。[349] 在高丽的十八个月期间，德·塞斯佩德斯似乎大多时间是与日本人在一起。他与高丽人的相互了解，像那些在日本的他的耶稣会同事们一样，显然仅限于囚犯，其中一些囚犯实际上被带到了日本。事实上，德·塞斯佩德斯在他返回日本时带了个年轻的高丽男孩。这个小伙子，像许多其他高丽俘虏一样，由于耶稣会士想要他以后作为一个基督教传教士回高丽，所以对他施以洗礼。[350]

对高丽最全面，但不一定是最精确的记载可以在古兹曼的著作中找到。[351] 高丽半岛在西边与中国接壤，在北部与东北部和鞑靼人并与"奥朗克人"（Orancays，图们江以北的部落？）相邻。他认为该王国的一部分"Coray-san"是一个岛。[352] 高丽人每年向中国纳贡，并偶尔与其他邻邦交战。[353] 海岛的高

722

丽多山，但大陆平坦且富饶。高丽人种植水稻、水果，还有极为丰富的蜂蜜（也许是糖）。他们房屋上覆盖着瓦片。据说内陆地区富有金矿和银矿。人民皮肤白皙，温顺，心灵手巧且强壮。他们的国王受到所有人的尊敬，住在有许多宫殿的京城里。王国对外国人严加防范，禁止海外贸易。古兹曼也大量地叙述了发生在高丽的战争，着手达成谈判协商解决参与者们的各种努力，和耶稣会士们一直将高丽作为通往中国之路的兴趣。[354]

大约 1515 年时，琉球岛链，包括台湾，因写给皮雷斯的报告而为欧洲所知，当时皮雷斯正在写他的《东方总论》（*Suma oriental*）。当葡萄牙人在中国海岸附近活动更活跃后，他们肯定听到了更多的有关这些岛屿的消息，很可能在 1550 年前，一些欧洲人甚至到达过这些岛屿。[355]1550 年至 1570 年间制作的航线海图显示出了这些岛屿，台湾（Ilha Formosa，葡萄牙称为"美丽之岛"）被画得远比其他岛屿要大，并赋予了该岛到现在仍为人所知的葡萄牙名字。在 1558 年以后，根据在东方实际做事和商贸的人能得到的制图资料制作的迭戈·欧蒙（Diogo Homem）式地图，十分清楚地显示出了台湾。然而，台湾的形状是极为不可思议的，因为看起来当时的航海家仅知道该岛的北半部。[356]和葡萄牙海员一样，在日本的耶稣会士们不久也知道了敬畏琉球群岛和台湾，认为它们对航海有危险。[357]第一个被记录下来的欧洲人对台湾的访问，讲述了 1582 年安德烈·费欧（André Feio）在该岛西海岸的船只失事。[358]十年后，高母羡（Juan Cobo）在从日本返回菲律宾途中在那里遭遇海难，死在了台湾荒凉的海岸上。

高母羡死时，对马尼拉的西班牙当局来说，显然由一个敌对的政权，可假定为日本，[359]占据台湾，将会威胁菲律宾群岛的商业和军事安全。因此，在 1593 年，西班牙做出了一次尝试，当时秀吉正忙于高丽战事，西班牙发起了一次向台湾的行动。但是西班牙的船只因暴风雨被迫折回菲律宾群岛。[360]然而，西班牙继续希望在台湾建立一个基地，以此作为他们向日本南部及中国福建省进行传教和军事进发的出发点，不过，在下一代人的时间里，这些愿望仍未实现。[361]这样，在 1600 年前，也就是在西方人成功渗入到台湾海岸之前，台湾在远东国际关系中的战略地位开始为欧洲所认识。

723

1548 年或 1549 年，日本东北部有一块巨大的被称作"Gsoo"[362]（虾夷 [Yezo] 或北海道 [Hokkaidō]）国土的消息，从印度由意大利耶稣会士尼科洛·兰西洛特（Nicolo Lancillotto）第一次被传到欧洲。[363] 虽然他的手稿可能一直在欧洲流传，但兰西洛特关于虾夷的资料实际上直到 1906 年前并未出版。[364] 这个意大利耶稣会士告诉我们，他是从弥次郎那里知道虾夷人的。他们是白肤色，留有长须和短发。他们身材更为高大，战斗勇敢，对死亡毫不畏惧。在战争中，他们像"日耳曼人"一样作战勇敢无畏。虾夷人为日本人所知，是因为他们对日本海岸城镇进行海盗袭击。在欧洲和葡萄牙，这样资料的出现有助于解释虾夷得以准确被描绘的原因，它出现在日期为 1561 年的巴托洛梅乌·维利乌（Bartolemeu Velho）的平面球形图上。[365] 最惊人的是，维利乌成功地描绘出在与日本和大陆的关系中虾夷的位置，并给出了该岛大致接近于其本身的规模和外形。对于西方来说，在发现虾夷的第一阶段是以一个有趣的记录结束的。1564 年，葡萄牙耶稣会士曼努埃尔·特谢拉（Manuel Teixeira）从广东写信，讲述了从一个日本人那里听说的民族，他们被普遍认为比日本人更好战，而且他们非常专横傲慢，称他们的岛为"预言者"（Yesu）。[366] 不过，他认为他们之所以使用"Yesu"（预言者）一名很可能是一个信号，即他们知道并敬畏真正的耶稣。希望长久地徘徊，并跋涉得如此之远！

有关虾夷人更精确的信息，是由伏若望在宫古搜集的，并且在他 1565 年 2 月 20 日的信中发到欧洲。他报告说，日本人讲述了位于日本京城以北 300 里格的一个大国。其居民据说是长毛的野蛮人，他们穿动物皮，颏下的胡须极长，而上唇的髭则相当茂密，他们对烈酒极为上瘾。[367] 他们没有宗教，唯一崇拜的是太阳。在战争中他们作战凶猛，但对医药所知甚少，只能用盐水清洗伤口。为作战，他们进行了装扮，在胸前戴上一面镜子[368]。他们在秋田（Akita）与日本人进行交易，秋田是本州北部出羽（Dewa）"王国"的大城市。只有少数日本人去过虾夷，因为他们害怕被"长毛野蛮人"杀掉。

伏若望这封涉及虾夷人的信出现在 1570 年的《信札》中，以后又因其被收录在 1588 年出版的马菲著作中而流传甚远。[369] 加斯帕尔·维勒拉神父在 1571

724

年从果阿发出，写给他在葡萄牙出生的城市阿维什（Aviz）① 本笃会修道院的长信中，重复了早期讲述过的许多故事，还增加了关于虾夷和虾夷人的一些新评论与猜测。据说虾夷绵延极为辽阔，他听日本商人是这样说的，它向西延伸远至新西班牙。虾夷人与日本人完全不同，他们所讲的语言与日语不一样。其人民像巴西的野蛮人一样残暴，但他承认他从未见过任何一个虾夷本地人。虽然维勒拉的信可能较早时就在葡萄牙流传了，但在 1598 年的《信札》中它才第一次被出版。

在耶稣会士对虾夷有更多了解前，整整过去了二十年，正值 1591 年范礼安受到秀吉接待之时，耶稣会士们第一次有机会遇见一个虾夷人并向他进行询问。伊格纳西奥·莫里拉·达·维里格（Ignacio Morera da Virigue）[370] 是一个专业的宇宙学家，当时是范礼安的随行人员，所以在这个场合有机会直接从一个当时正在太鼓（Taiko）朝廷的虾夷人那里听说了虾夷的地形。据目前所知，在 16 世纪的欧洲没有出版任何关于这次经历的书籍。但在耶稣会的罗马档案中，存在着一份日期为 1591 年的匿名拉丁文手稿，显然是由一个耶稣会士所完成，题名为 "虾夷岛"（De Yezorum insula）。[371] 虾夷地图也许是莫里拉或某个耶稣会士的作品，现已不再附属于这个手稿。手稿正文中极力声明日本称作虾夷的这个岛被当地人称为 "阿依奴摩西里"（Ainomoxori [人类安身立命的地方，Ainumoshiri]）。据说，虾夷人开船到位于北部和西部的某一岛上，他们称其为 "Rebincur"（代表 1/4 [Rep-un-quar] 或虾夷语中的萨哈林 [Sakhalin]），据我所知，这是在欧洲作品中第一次提及萨哈林。据说，虾夷人自己说他们的弓比日本人的要短。虽然虾夷人在地理上居住得与日本更近，但事实上，他们在许多习俗上被认为与东北亚的鞑靼人更为接近，而不是与日本人相近。一些耶稣会关于虾夷的信息大约在这同一时期也被包含在 "现代国家关系第一书"（First Booke of Relations of Moderne States）里，其中对日本的描述中。[372] 尽管在欧洲可以得到这样的信息，但葡萄牙的制图师路易斯·特谢拉在其出版于 1595 年十分优秀的日本地图上，却只是在图例说明中提及虾夷的存在。

① 葡萄牙地名。——译者注

在伏若望完成 1596 年的书信年鉴之前，从耶稣会士那里并未听到更多关于虾夷的情况。1599 年，伏若望的这个记述被印刷在罗马和美因茨（Mainz）[①] 出版的文集中。[373] 根据美因茨的拉丁文本，哈克路特在他的《航海与旅行记》（*Navigations*，1600 年）中将有关虾夷的资料翻译成英文。从这些南欧和北欧的出版物中可以得知，在 16 世纪末时，日本北部津轻海峡（Tsugaru）地区的大名加贺崎（Kakazaki Yoshihiro）是秀吉的封臣，他管辖着虾夷，[374] 而他的儿子是一个受洗的基督徒。虾夷的"鞑靼人"也被描述为"最野蛮的一种人"，他们"以猎捕和捕鱼为生，轻视务农"。[375] 他们通过以货易货，用"鱼、兽皮和某些海里的鲜草"换取布、武器和其他工具。与后来的评论者不同，伏若望没有报导这些延伸到日本北部和东部的岛屿富有黄金和白银。[376]

C. R. 博克舍（C. R. Boxer）教授是这样评论的："（在日本的）传教士们肯定都是敏锐的和理解力强的观察者，他们对包围着他们的世俗生活有很好的洞察力。"[377] 但并非所有研究日本的学者都同意这个评价。一些人把耶稣会士否定为"蹩脚的观察者"，[378] 而另一些人因宗教偏见或因他们不能阅读已经出版书籍的语言，而忽略了耶稣会士们的信件和历史记录。但从恩格柏特·坎普法（Engelbert Kaempfer）[②] 到乔治·桑塞姆爵士（Sir George Sansom）[③]，重要的西方日本史学家全面意识到这些信件对于重建日本历史上最复杂最重要的一章——战国时代（*Sengoku Jidai* or the age of the country at war）的重要性。较之其他日本通史学家，默多克（Murdoch）梳理了大量的书信集，并查阅了大量后来耶稣会士们所写的关于他们早期同事的第二手记录。在这个世纪初期（1903 年），默多克也指出："日本官方对耶稣会士书信及其他同代欧洲文献的校对，足以显示当地作家所给出的关于早期外国交流的日期远非精确。"[379] 20 世纪主要日本史学家（姊崎 [Anesaki]，村上 [Murakami]，幸田 [Kōda]，和松

726

---

① 德国西部港市。——译者注

② 德国博物学家。——译者注

③ 日本早期史历史学家。——译者注

田 [Matsuda]）同样学会了用耶稣会士的资料校勘他们的资料。在近些年，一些耶稣会的信件和其他作品已被译成日文并在日本出版。[380]我们这一世纪①的耶稣会士，特别是舒尔哈默（Schurhammer）[381]对学术工具书贡献卓著，这些学术工具书现在使学者们能比以往更有效地利用耶稣会书信。然而，迄今为止，据我所知，没有一个用西方语言写作日本通史的史家会像半个世纪前默多克（Murdoch）所做的那样，认为梳理耶稣会资料是恰当的。

其他涉及 16 世纪日本的西方史料，在数量和质量上都无法与耶稣会资料相匹敌。葡萄牙商人对日本的第一次记录既不多也不精确。然而，葡萄牙一定存在过更多可靠的信息，看来这些曾存在过的信息远比我们现在所知道的要多。尽管如此，从日本人和葡萄牙人间存在关系的性质上，对于商人来说，他们没有必要对日本人及其国家做更多的了解。像沙勿略一样，葡萄牙人在东南亚市场上第一次见到了日本人。他们第一次对据说是金色土地的"日本国"（Cipangu）做出的报导，这些报导在里斯本肯定被划入了国家机密。一旦葡萄牙人开始直接与日本进行贸易，他们承担了中国与日本之间的运输业。因此，日本和欧洲之间没有多少商品的直接交换。为数不多的葡萄牙人实际上直接卷入日本贸易中，同时如果有的话，非常少的其他欧洲人经葡萄牙人允许抵达日本。并且最终，一旦耶稣会士们开始论述日本，对于这一世纪后半期的欧洲人来说，没有理由鼓励大概没有什么文化且见识贫乏的商人去记下他们的经历。仅在 1585 年后，随着对耶稣会士及其对日本垄断批评的声音日益高涨，来自菲律宾群岛的方济各会和官方的西班牙文报告开始广泛质疑耶稣会通信者的诚实精确。但是，正如我们已解释的那样，这些耶稣会士们，特别是那些像范礼安一样的人，他们实际上就在远东工作，正像他们的敌人意识到的那样，他们意识到了他们的许多信件和历史记录是误导性的、信息错误且有偏见。尽管如此，对于任何写作战国时期日本历史的人来说，耶稣会资料虽有其局限性，却是不可或缺的资料。

从本章全面考察的资料中可以看出，显然 16 世纪的欧洲主要是通过书面资

727

---

① 20 世纪。——译者注

料了解日本的。日本与贸易或艺术相关联的内容不像印度和中国的那么多。虽然日本人并未被明确地禁止海外旅行或贸易，但除了海盗外，直到 16 世纪最后二三十年间，显然只有非常少的人行使了他们的自由。在葡萄牙的贸易报告中，在 1550 年前提及中国人及其中国产品的次数要多于日本人及其产品。尽管如此，耶稣会士像他们之前的葡萄牙人一样，在沙勿略到达那里前就已开始搜集有关日本的资料。弥次郎是一个从鹿儿岛避祸远逃的罪犯，他和葡萄牙商人阿尔瓦雷斯的报告首次向欧洲提供了日本的实质性消息。

　　随着耶稣会信件的流传与出版，日本的神秘不久就消除了。仅在沙勿略抵达鹿儿岛后的几年里，前面提到的马可·波罗的"日本国"（Cipangu）开始被认为是与日本（Japan）一致的。地图，就像赖麦锡出版的那幅一样，世纪中期以后不久开始显示出一块被称为日本的版图，而且到了 1561 年，第一幅日本独立地图被制作出来。早在 1554—1555 年，葡萄牙、西班牙和意大利的人就在沙勿略派往欧洲的年轻皈依者伯纳德身上看到了日本活生生的代表。由修道会的葡萄牙、意大利和西班牙成员所写的耶稣会信件在遍布欧洲的耶稣会所中流传。而后，这些大量通信的选集很快印刷出版，特别是出现在意大利印刷出版的《葡属印度的轶闻录》（*Avisi particolari*）中。1565 年，大部头的伊比利亚文《信札》第一部出现了，1570 年、1575 年和 1598 年随后几部相继出版。1571 年，马菲对信件做了第一个综合归纳并出版。马菲的这个著作是以达·科斯达的原始葡萄牙文手稿为基础，用拉丁文出版的，估计是为了使整个欧洲有学问的人用正式通用语言了解日本耶稣会传教的情况。随后对马菲第一个成果进行模仿的那些历史记录作为资料集是有价值的，但可能远远不及《信札》的价值，因为这些历史记录是以呈现有教化意味的耶稣会成就为目的而加以编辑和选择的。对于更多的欧洲公众而言，1584—1586 年使节凯旋之旅使基督教在日本取得的胜利让他们有了真切的感受。他们访问的记录，因印刷书籍和小册子而流传得极为广远，同时马菲关于传教团的最重要著作最初出版于 1588 年，在这个世纪结束前多次再版。在使团戏剧化地展示了日本传教团的成功后，来自日本书信年鉴的拉丁文和北欧语言译本比以前数量更多了。甚至新教徒开始注意到耶稣会的成功，并呼吁新教徒们努力。

728　　　　今天使用耶稣会书信作为资料的历史学家一定一直没有忘记，这些书信是作为在日本实地努力处理每日迫切问题的人的报告和呼吁而开始出现的。不管作者声称具有如何良好的意图与动机，但并非所有的信件都被认为具有等同价值。例如，我认为，伏若望也不能在所有时候都得到一视同仁的对待。就为什么秀吉在1587年决定禁止耶稣会士一事，他甚至于篡改了自己的报道。16世纪出版的意大利书信特别受到了来自于罗马检查员过度热情之笔的阉割。从我们现在知道的，显然耶稣会士们对日本宗教的教义和优势的认识，远比他们在16世纪出版中他们所愿意承认的有更清楚的观点。波朗科和其他欧洲检查官似乎已经决定不让欧洲公众知道过多关于神道教和佛教及其对日本人控制的消息。书信年鉴是在范礼安的强烈要求下，于1581年正式开始出版的，目的在于作为官方年鉴报告出版，它们遵循了比早期信件，或比那些为耶稣会协会和主教团专门使用的信件更为明显的方针。像马菲的历史一样，它们强调日本人的某些品质，而这些品质极易被用于启发欧洲读者。

　　　　尽管存在着这些保留和限定性条件，但从沙勿略到古兹曼，耶稣会传教士们对日本人性格的评价中一直极为显著地表现出了持之以恒的始终如一。他们普遍地赞美日本人的殷勤有礼、行为得体、尊严高贵、忍耐、节俭、沉着、勤奋、睿智、清洁、朴素、纪律和理性。他们一直赞誉着日本的社会组织对偷窃和破坏他人财产行为这样轻微罪行的控制，和有能力通过尊重既定惯例和习俗保持生活的平静。但是，耶稣会士们的称赞并非是无条件的。[382] 几乎所有详细论述日本人的那些作者都谴责日本人沉溺于自杀，臣属对主人的背信弃义，他们虚伪、暧昧，交往中缺乏坦率，他们好斗的天性，他们残忍地对待敌人和不想要的孩子，他们缺乏对法律规则的尊重，还有最终他们不愿意放弃纳妾制度。但另一方面，正像耶稣会士们经常说的，任何人都难以期望一个未曾从基督教启示中获益过的民族能够达到真正的自身完善！

　　　　在他们特别提及的世俗事务中，耶稣会士们表现出了他们对日本城市规模、财富、建筑杰作极为深刻的印象。从他们对内战和对日本政府及其管理的描述中，从他们对主要政治人物详尽的刻画中，16世纪乃至今天细心的读者能得到

729　对战国时代日本生活动态性的真实感受。不会有任何一个欧洲人会从他所读的

东西中得出日本是一个停滞静态社会的结论。古兹曼对战争和秀吉与信长改革带来根本变化的写作处理，给了他的读者一个真实的感受，深切体会到日本社会发展的特性及其扩张到海岛边界之外的野心与愿望。然而，对于读者来说，最令人失望之处是他们会发现，即使像伏若望和范礼安这样见多识广、消息灵通的观察者们，对16世纪前的日本历史也几乎没有感觉。

因为耶稣会士们对日本的渗透要比对东亚任何其他地方都更为深入有效，他们能够向欧洲传送回关于日本人生活和文化的详细情况，这些也比其他人所提供的关于其他亚洲国家的信息要更具感知性。在他们涉及的语言学习问题上，耶稣会士们不仅告诉了欧洲日语的基本知识，而且还有一些关于汉语特性的资料。一旦他们熟悉掌握了语言，能够就各种各样的主题进行交谈后，他们通过日本人知道了高丽、对马岛和虾夷。然而，海南、琉球和台湾只是作为发生在这些地方附近海岸海难的附带事项为欧洲所知悉。到了1600年，无论是日本还是它的周围附近，已经出现在欧洲的世界地图上，出现在宇宙志中，而且出现在德·布莱（De Bry）、哈克路特和林斯乔坦伟大的旅行记中。这样，就在它"被发现"后的大约半个世纪，大多数有学问的欧洲人已经知道日本，以前这块国土仅仅是个传说，而今欧洲人知道了这是一个具有独立文化的统一国家，它的文化在许多方面可以与欧洲最伟大的国家和文化相媲美，甚至要优于欧洲许多国家和文化。

注释：

这一章以概要形式提交给了亚洲研究协会的会议，纽约，1960 年 4 月 12 日。

[1] 详尽考察和评价欧洲人对想象中日本和真实日本的关注见 Georg Schurhammer, S. J., "O descobrimento do Japão pelos Portugueses no ano de 1543," *Anais* (Academia Portuguesa da historia), Ser. 2, Vol. II (1946), pp. 17-85。

[2] A. Cortesão (ed. and trans.), *The Suma Oriental of Tomé Pires* (London, 1944), I, 131. 见同一作者的早期文章，"The First Account of the Far East in the Sixteenth Century-The Name 'Japan' in 1513," in *Comptes rendus du congrès international de géographie, Amsterdam, 1938* (Leiden, 1918), II, 146-52。

[3] Cortesão (ed. and trans.), *op. cit.* (n. 2), I, 131, n. 1; also H. Yule and A. C. Burnell (comps.), *Hobson-Jobson* (London, 1886), pp. 333-34; and C. R. Boxer, *The Christian Century in Japan* (Berkeley, 1951), p. 14.

[4] 见 E. W. Dahlgren, "Les débuts de la cartographie du Japon," *Archives d'éudes orientales,* IV (1911), 13-15, 他认为一个近似 "Japan" (Giapam) 的字最先出现在加斯托迪（Gastaldi）1550 年的地图上；Cortesão (trans. and ed.), *op. cit.* (n. 2), p. 131, n. 1, 认为这是 "很特别的，在皮雷斯和加斯托迪的现存文献中都没有提及日本一词"。

[5] António Galvãno, *The Discoveries of the World* ("Hakluyt Society Publications," Old Series, Vol. XXX [London, 1872]), p. 230, 评论道，日本 "似乎是保卢斯·维尼图斯（Paulus Venetus）提及的 Zipangri 岛，它也是个富裕的岛"。显然这来自于中国资料，大约 1500 年左右，黄金被定期从日本出口到中国，其价格比来自其他地方的都要低。关于这点见 K. Enoki, "Marco Polo and Japan," in *Oriente Poliano*, a collection of papers published by the Istituto Italiano per il Medio ed Estremo Oriente (Rome, 1957), pp. 28-30。

[6] 关于这种辨认，我遵循的是 Boxer, *op. cit.* (n. 3), pp. 11-12. 然而，读者应该注意，这是非常有争议的。Akiyama Kenzō [秋山谦藏] 在 1928 年发表了两篇文章，在这两篇文章中他力图说明 "Guores" 最初在马六甲和东南亚其他地方指的是朝鲜人，后来指的是琉球诸岛人或琉球人。见他的 "Goresu wa Ryukyujin de aru" [Goresu は琉球人ごある], *"Shigaku-Zasshi"* [史學雜誌] (*Historical Journal of Japan*), Vol. XXXIX, No.3 (1928), 268-85; and his "Goresu naru meishō no hassei to sono rekishiteki hatten "[Goresu なる名稱の發生とその歴史的發展], *ibid.,* No. 12 (1928), 1349-59. 四年以后，Maejima Shinji [前嶋信次] "Gōresu kō" [ゴーレス攷], *ibid.,* Vol. XLIII, No. 3 (1932), pp. 93-111, and No. 4 (1932), pp. 65-87, 试图说明 "Guores" 是日本人。另见 Fujita Motoharu [藤田元春], "Shira no shima oyobi Gōres ni tsukite", [シラの島及びゴーレスに就きて] *ibid.,* Vol. XLVII, No.2 (1936). 另见 Cortesão (ed. and trans.), *op. cit.* (n. 2), I, notes on pp. 128-29 and M. C. Haguenauer, "Encore la question des Gores", *Journal asiatique* CCXXVI (1935), 67-116. 无论哪种辨认更为合适，似乎很清楚 "Guores" 是来自东

亚海岛的商人，他们定期在南海贸易。

[7] Cortesão (trans. and ed.), *op. cit.* (n. 2), I, 130.

[8] 在这个世纪末，伏若望报告说中国人和朝鲜人在海上要比日本人先进（见下文，第 721 页）。

[9] 关于日本贸易活动的错误信息，可能有一点是因为向皮雷斯提供消息的中国人故意的欺骗，这些人自己正在马六甲从事非法交易，长期以来与日本商人和海盗有各式各样的接触联系。参考 Boxer, *op. cit.* (n. 3), p. 13. 对直到 1547—1549 年中国终止之前，日本与中国的纳贡贸易的探讨，见 Y. Takekoshi, *The Economic Aspects of the History of the Civilization of Japan* (New York, 1930), I, chap. xvii, and Wang Yi-t'ung, *Official Relations between China and Japan, 1368-1549* (Cambridge, Mass., 1953), pp. 75- 81。

[10] Cortesão (ed. and trans.), *op. cit.* (n. 2), I, 131.

[11] 详情见 G. B. Sansom, *Japan, a Short Cultural History* (New York, 1936), chap. xix。

[12] 关于将倭寇作为有系统的外国贸易的先驱者的历史见 Takekoshi, *op. cit.* (n. 9), I, 342-45。Also see P. A. Tschepe, S. J., *Japans Beziehungen zu China seit den ältesten Zeit bis zum Jahre 1600* (Yenchoufu, 1907), pp. 162-307; Tsunoda Ryukichi and L. C. Goodrich (trans.), *Japan in the Chinese Dynastic Histories, Later Han through Ming Dynasties* (Pasadena, Calif., 1951), pp. 129-35.

[13] O. Münsterberg, *Japans auswärtiger Handel von 15412 bis* 1854 ("Münchener volkswirtschaftliche Studien," Vol. X [Stuttgart, 1896]), pp. 16-21.

[14] 对这个事件的准确日期仍未完全达成一致认可。在 *op. cit.* (n. 5), pp. 229-30, Galvāno 的记述中，他为那些维持更早日期的人给出 1542 年作为出发时间。我根据丰富的资料和 Schurhammer, *op. cit.* (n. 1), pp. 87-172 中提出的令人信服的论证暂时接受了 1543 年。1543 年 9 月 23 日这个日期也被日本历史学家松田毅一（Matsuda Kiichi）所接受。见他在 "16 世纪和 17 世纪葡萄牙、西班牙和日本交往的历史研究" 的发言 *Resumo das comunicações* (International Congress of the History of the Discoveries, [Lisbon, 1960], p. 165。

[15] 在他回到里斯本后，他被巴罗斯和马菲当作一个提供消息者。他的书直到 1614 年以后才被出版。

[16] Pigafetta (in J. A. Robertson [ed.], *Magellan's Voyage around the World by Antonio Pigafetta* [Cleveland, 1906], I, 89) 讲述了经过被叫作 "日本国（Cipangu）" 的 "两个很富裕的岛"。但可能这只是来自麦哲伦导航员所收藏的世界地图上的名字。这个西班牙人在其他处提及日本见 Yule and Burnell, *op. cit.* (n. 3), p. 344。

[17] 全面的记载见 J. F. Pacheco *et al.* (eds.), *Colección de documentos inéditos, relativos al descubrimiento ... de las antiguas posesiones Españolas en América y Oceania* (Madrid, 1866), V, 117-205. 英文译本见 E. W. Dahlgren, "A Contribution to the History of the Discovery of Japan," *Transactions and Proceedings of the Japan Society* (London), XI (1912-13), 239-60。

[18] 对此点的证实见下文，p. 737。

[19] 日本的精确位置和外形直到 16 世纪末之前在欧洲一直存在着争议。有关日本在制图师手中命运的简要议论见 Lawrence C. Wroth, "The Early Cartography of the Pacific," *Papers of the Bibliographical Society of America,* Vol. XXXVIII, No. 2 (1944), pp. 201-7; and W. E. Washburn, "Japan on Early European Maps," *Pacific Historical Review,* XXI (1952), 221-36。

[20] 在此，埃斯卡兰特似乎暗示日本是一个被小岛环绕的主岛——因而是一个列岛。

[21] 这显然是不真实的，因为日本人是卓越的铸剑者和兵器制造者。见 Sansom, *op. cit.* (n. 11), pp. 262-63, and Takekoshi, *op. cit.* (n. 9), I, 247, 他们列举了一些在 16 世纪的日本著名的铸剑师和金属专家。

[22] 这似乎很奇怪，包括卡斯塔涅达在内的这时期的几个作家对中文和日文与德语进行了比较。也许这是因为在葡萄牙人间普遍相信中国与德国的西部为界（见下文 p. 752)。

[23] 新墨西哥的祖尼印第安人。

[24] 可能不正确。日本既未种植糖也未进口糖。茶叶、柿子果汁和米冻被用于增加甜味。见 Takekoshi, *op. cit.* (n. 9), I, 249。

[25] 参考 B. H. Chamberlain, *Things Japanese* (6th rev. ed.; London, 1939), p. 143。

[26] 参考 *ibid.,* p. 17, 另见下文，p. 664。

[27] 参考 *ibid.,* p. 232。白银和铜肯定被大量生产。

[28] Dahlgren, *loc. cit.* (n. 17), pp. 245-46.

[29] 关于这个问题，见 Delmer M. Brown, *Money Economy in Medieval Japan; a Study of the Use of Coins* (New Haven, 1951), p. 61 and pp. 72-73 上的注释。

[30] 书目细节见 G. Schurhammer, S. J., *Die zeitgenössischen Quellen zur Geschichte Portugiesisch-Asiens und seiner Nachbarländer* (Leipzig, 1932) , p. 234。该报告的英文概要见 H. J. Coleridge, S. J. (trans.), The Life and Letters of St. Francis Xavier (London, 1890), II, 216-22, and Boxer, *op. cit.* (n. 3), pp. 32-36。

[31] G. Schurhammer, S. J., "Il contributo dei missioni cattòlici ... alla conoscenza del Giappone," in C. Costantini *et al., Le missioni cattòliche e la cultura dell'Oriente* (Rome, 1943), p. 114, 推测错误，我认为在罗马从未有人想到沙勿略的日本是马可·波罗的 "日本国（Zipangu)"。他断言在欧洲它仅仅被认为是一个关于马可·波罗曾说过的位于中国以东海上的 7 448 个岛屿报告。参照上文，p. 37。

[32] Coleridge (trans.), *op. cit.* (n. 30), II, 216.

[33] 这个描述在许多点上与 19 世纪末所做的一些观察相符。见 H. Haas, *Geschichte des Christentlums in Japan* (Tokyo, 1902), I. 271, n. 7。另参考 Chamberlain, *op. cit.* (n. 25), pp. 34-36。

[34] Coleridge (trans.), *op. cit.* (n. 30), II, 218.

[35] *Ibid.* 参考马菲书中对他们酗酒聚会的批评。见下文，p. 708。 他们饮用的日本米酒未加提炼。见 Takekoshi, *op. cit.* (n. 9), I, 249。

[36] 许多耶稣会传教士，包括沙勿略在内，声称日本人从不赌博。但与日本人自己所言对照，这

一论点难以维持（见 Takekoshi, *op. cit.* [n. 9], I, 270-71.）。

[37] Coleridge (trans.), *op. cit.* (n. 30), II, 218. 这一说法的进一步细节和证实见 W. E. Griffis, *The Mikado's Empire* (8th ed.; New York, 1896), pp. 556-57。

[38] Coleridge (trans.), *op. cit.* (n. 30), II, 220.

[39] 甚至在 19 世纪时格里菲斯（Griffis [*op. cit.* [n. 37], p. 554]）评论了"在日本女性中盛行着相当多的社会自由，这在同时亚洲的、崇拜偶像的和专制的国家里是很难想象的"。

[40] 这些陈述没有得到其他可得到资料的详细证实，但作者似乎总体上理解了日本家庭在保卫和平和秩序、集体责任原则和对即便小的违规或不雅行为实施严格惩罚体制上独一无二的作用。见 Sansom, *op. cit.* (n. 11), pp. 418-19。

[41] 从现有的关于足利时期奴隶制的文献来看，不可能证实或否认这一说法。后来作者们编辑的一些对奴隶制的证实性评论，见 Thomas Rundall (ed.), *Me'morials of the Empire of Japan in the XVI and XVII Centuries*（"Hakluyt Society Publications," Old Series, Vol. VIII [London, 1850]), p. 169。

[42] 参考下文，p. 774 加斯帕尔·达·克路士对中国的这种行为的评论。

[43] 很显然这一词是第一次被用于欧洲人的作品中。从此以后，当提及佛教神职人员时它被采纳并仍在欧洲语言中使用。见 Yule and Burnell, *op. cit.* (n. 3), p. 79; also S. R. Dalgado, *Glossário Luso-Asiático* (Coimbra, 1919), I, 138-39。

[44] 归纳出自 Coleridge (trans.), *op. cit.* (n. 30). II, 220-21。

[45] 译文在 G. Schurhammer, *Shintō, the Way of the Gods in Japan* (Bonn and Leipzig, 1923), p. 161。

[46] *Ibid.*, p. 162 and n. 3. 阿尔瓦雷斯的"念珠"可能指的是重要节日佩戴的颈上装饰（*kubikake no maga-tama*）。参考下文，p. 663n。

[47] *Ibid.*, p. 163.

[48] *Ibid.*, p. 164.

[49] 这个文件的文本在 16 世纪被多次复制。它也被出版在 Nicolas Doll in Anton Eglauer (ed.), *Die Missionsgeschichte späterer Zeiten ... Der Briefe aus Japan* (Augsburg, 1795), I, 1-21。后来它被柯勒律治在科英布拉的耶稣会学院从原版译成英文，Coleridge (trans.), *op. cit.* (n. 30), II, 208-16; 然后又再版并被哈斯译成德文，并加以注释，Haas, *op. cit.* (n. 33), I, 280-300。也应该注意到，耶稣会的尼科洛·兰西洛特是弥次郎在果阿的导师，他根据弥次郎的讲述写了一个名为"关于日本的信息"的文件。它第一次以简缩版形式出现在赖麦锡的《旅行》（*Viaggi*）的 1554 年版中，后来完整版出版于 1562 年的《新见闻录》（*Nuovi Avisi*）中。见 Schurhammer, *op. cit.* (n. 30), p. 269。弥次郎的信息也被东方通威廉·波斯特尔（William Postel）用于在欧洲所写的关于日本的最早著作中。对他的 *Des merveilles du monde* (1553) 的探讨见 H. Bernard-Maître, "L'Orientaliste Guillaume Postel et la découverte spirituelle de Japon en 1552," *Monumenta Nipponica*, IX (1953), 83-108。

[50] 更多细节见 Haas, *op. cit.* (n. 33), I, 95-96。当沙勿略就为什么日本垂直书写而不是水平书写

向他询问时，弥次郎回答说："但是为什么你们不像我们那样书写。因为一个人的头是他最上面的，而他的脚是最底下的，人从顶向底书写是唯一适宜的。"见 G. Schurhammer and J. Wicki (eds.), *Epistolae S. Francisci Xaverii aliaque eius scripta* (Rome, 1945), II, 27 中编辑的一封信。

[51] 见 Schurhammer, *loc. cit.* (n. 31), p. 116。

[52] 显然这里的意思是他不懂中国文字，而是只会日语的音标字母和章节书写法。见 Schurhammer, *op. cit.* (n. 45), p. 163, n. 2。

[53] Coleridge (trans.), *op. cit.* (n. 30), II, 208.

[54] *ibid.*, pp. 208-9, 在这段中有这个引文及其他。然而可能在九州有十四"大幕府"，16 世纪期间在日本大约有 200 个各种规模和势力的采邑。见 J. Murdoch and I. Yamagata, *A History of Japan* (Kobe, 1903), II, 71。

[55] Ō（国王）或 Dai Ō（大王）的表示法，这些称号通常用于指皇帝。

[56] 参考 Haas, *op. cit.* (n. 33), I, 282, n. 11 中的评论。

[57] 可能是 Go-sho（["御所"]，"高贵的地方"）的另一种写法，这一词汇本来指的是皇家宫殿，后来被用于统治者自身。在足利时期这词被转引到皇帝的大元帅，摄政的幕府首领。见 *ibid.*, p. 282, n. 12。

[58] "地区的阶层是完整的，但国家的阶层没有顶端，因为无论是皇帝还是幕府的首领都不能贯彻他的意志反对地方领主，这些地方领主……实际上是自治的诸侯，控制着他们自己的土地，统治着他们自己的封臣，维持着他们自己的军队，并执行着他们自己的法律。"(Sansom, *op. cit.* [n. 11], p. 394.)

[59] 这只是在足利社会不安全的环境下，作为缺乏中央权威的地方领主通过将他们的土地和财富完整地传给其长子以寻求保护他们的土地和财富免于分散，从而使长子继承权的习俗发展起来。见 *ibid.*, pp. 354-55。

[60] Coleridge (trans.), *op. cit.* (n. 30), II, 214.

[61] 这段的引言出自 *ibid.*, pp. 210-11。如同弥次郎说的一样，所谓的德川家康"十八条法"按照佛教僧侣不同的穿着将他们分成三类 (Haas, *op. cit.* [n. 33], I, 285, n. 20)。16 世纪末，大多数传教士对四个佛教派别做了记载：一向（*Ikkō*）身着灰色，禅（*Zen*）着黑色，法华（*Hokke*）上白下黑，真言宗（*Shingon*）上白下灰。见 Schurhammer, *op. cit.* (n. 45), p. 38, n. 1。提及的那些生活在城外的人可能所指为山伏（*Yamabushi*），"睡在山里的那些人"，属于真言宗派的隐士群体，他们到处算命和乞讨。他们不禁欲。见 *ibid.*, n. 21; 还有 Sir Charles Eliot, *Japanese Buddhism* (London, 1935), p. 242。

[62] 真宗派（净土真宗 [*Jōdo shinshu*]）的僧侣除外。见 Haas, *op. cit.* (n. 33), I, 285, n. 22 and Sansom, *op. cit.* (n. 11), p. 324。

[63] 可能指的是用梵字（梵文或巴利语）书写的祷文的大声朗读，许多和尚也不熟悉这种语言。见 Haas, *op. cit.* (n. 33), I, 286, n. 27。

[64] 佛教实际上并没有可与基督教或神道说法相比的造物传说。

[65] 这段引文出自 Coleridge (trans.), *op. cit.* (n. 30), II, 211。

[66] 大日（*Dainichi*，"伟大的太阳"）的变体，毗卢遮那（Vairocana［大日如来］）的日本名。见 Haas, *op. cit.* (n. 33), I, 287, n. 32。 大日特别受到神道宗的崇敬。见 Eliot, *op. cit.* (n. 61), p. 186。

[67] 也许是五智（或五如来，*Go-chi*）的变体（也被称为 *nijorai*），这个名字是真言宗所知道的五个佛陀的名字。见 Haas, *op. cit.* (n. 33), I, 288, n. 33 中的进一步探讨；另参考 Eliot, *op. cit.* (n. 61), p. 100。

[68] 天竺（*Tenjiku*）的简单音译，印度的日文名。

[69] *Jōbon Dai Ō*（梵文，净饭王 [*Suddhodhana*]）。

[70] *Maya Bunin*（梵文，摩耶 [*Māyā*]）。

[71] *Shaka* 为释迦牟尼，历史上佛陀乔达摩（Gotama 释迦牟尼之俗姓）的日语。

[72] 这段引自 Coleridge (trans.), *op. cit.* (n. 30), II, 211-14。弥次郎所给出的佛教道德五戒（*go-kai*）译文不完全正确。实际上第四戒是不妄语，第五戒是不饮酒。见 Haas, *op. cit.* (n. 33), I, 290, n. 46。在到了日本后，沙勿略得到了这些正确的说法 (see below, p. 670n.)。

[73] 显然这里，就像门外汉在日本经常如此一样，他已将儒教与佛教的教义搞混了。参考 Haas, *op. cit.* (n. 33), I, p. 291, n. 47。

[74] 关于这些山伏对思想和精神价值的探讨的进一步细节在 *ibid.*, p. 293, n. 49。参见 G. Schurhammer, "Die Yamabushis," *Zeitschrift für Missionswissenschaft,* XII (1922), 206-28。

[75] Haas, *op. cit.* (n. 33). I, 295, n. 53, 在这里，作者注意到在我们这个世纪的早些年间，佛教僧侣们也在他们的学说中确定了念珠上 108 个珠子的每一颗都与特定的肉体弱点相一致。这在日语中被称为 108 根（*hiaku-hachi-bon-nō*）。更多的细节见 J. M. James, "Descriptive Notes on the Rosaries (*ju-zu*) as Used by the Different Sects of Buddhists in Japan," *Transactions of the Asiatic Society of Japan,* IX (1882), 174。

[76] Coleridge (trans.), *op. cit.* (n. 30), II, 215。

[77] 和葡萄牙人一样，沙勿略似乎在印度没有听说佛教。耶稣会传教士第一次从他们在日本的经历中详细了解了佛教，而且他们很快将日本人与中国佛教联系起来。见 H. Bernard. S.J., "Hinayana indien et Mahayana japonais. Comment l'Occident a-t-il découvert le Bouddhisme?" *Monumenta Nipponica,* IV (1941), 285-86。

[78] 完整出版历史见 Georg Schurhammer, "Der 'Grosse Brief' des Heiligen Franz Xaver; eine textkritische Untersuchung," in *Commemoration Volume: The Twenty-Fifth Anniversary of the Foundation of the Professorship of Science of Religion in Tokyo Imperial University* (Tokyo, 1934), pp. 184-89。

[79] 这个文集名为：*Avisi particolari delle Indie di Portugallo recevuti ... da li Reuerendi Padri de la cōpagnia de Iesu ...*

[80] 从 1549 年 11 月 5 日沙勿略的信冗长摘录的英文翻译，它作为 Boxer, *op. cit.* (n. 3) 书中的附录一出现在第 401-405 页。来自这封信的所有其他引文出自 Boxer 的翻译。

[81] 关于饮食的更详细情况见 Chamberlain, *op. cit.* (n. 25), pp. 196-200。Also cf. Takekoshi, *op. cit.* (n. 9), I, 248-49.

[82] 有关笔在日本文化中的重要性和悠久的文学传统见 Sansom, *op. cit.* (n. 11), p. 279。

[83] 参考上文 p. 659，和下文 p. 714。

[84] 参考早期耶稣会传教士所注意到这些和其他神道教的行为，载于 Schurhammer, *op. cit.* (n. 45), pp. 35-38。

[85] 同时代更为精确和详细的描述见 G. Schurhammer and E. A. Voretzsch (eds. and trans.), Luis Fróis' *Die Geschichte Japans* (1549-1578) (Leipzig, 1926), pp. 234-41。关于京都作为帝国首府的建立见 Sansom, *op. cit.* (n. 11), pp. 189-93。

[86] 耶稣会传教士作家们的估计从 90 000 幢到 98 000 幢不等。后者可能搞错了，应为 96 000，沙勿略在后来一封中引用了这一数字。见 Schurhammer and Wicki (eds.), *op. cit.* (n. 50), II, 207, n. 90。对日本统计中所用"房屋（house）"一词的探讨及一些比较数字见 R. A. B. Ponsonby-Fane, *Kyōto, The Old Capital of Japan (794-1869)* (Kyōto, 1956), pp. 423-25。只要说沙勿略的数字就够了，无论它可能意味着什么，这一数字都是不切实际的。在 15 世纪末，据估计，京都有 206 000 幢房屋，或大约有 1 300 000 人口 (Takekoshi, *op. cit.* [n, 9], I, 256)。估计在 1608—1609 年其人口为 1 500 000（见 Rundall [ed.], *op. cit.* [n. 41], p. 96）。另外参考 Murdoch and Yamagata, *op. cit.* (n. 54), II, 160, n. 6。没有一个耶稣会传教士给出如此之高的一个数字，它们大多数接近沙勿略的估计，而且一些数字（见下文，第 677 页）表明在 16 世纪它的人口下降了。尽管如此，与欧洲城市相比，京都的规模给耶稣会观察者们留下了极深的印象。参考京都与 16 世纪欧洲城市人口的估计数：1547 年那不勒斯是欧洲大陆最大的城市，有居民 212 103 人；威尼斯在 1563 年达到 168 627 的人口顶峰，1587 年塞维尔计算了仅有 120 319 居民；安特卫普在 1560 年时人口最多，也仅有 100 000 人；里斯本在 1527 年人数为 58 860；在 1600 年罗马和巴黎人口分别为 109 729 和大约 200 000；在 16 世纪末伦敦、马德里和维也纳人口少于 100 000 人。欧洲城市人口数出自 R. Mols, *Introduction à la démographie historique des villes d'Europe de XIVe au XVIIIe siècles* (Paris, 1955), II, *passim*, and from J. C. Russell, *Ancient and Medieval Population* (Philadelphia, 1958), passim.

[87] 关于 16 世纪京都的各种寺庙和学校见 G. Schurhammer, "Das Stadtbild Kyotos zur Zeit des heiligen Franz Xaver," *Anthropos*, XVI-XVII (1921-22), 147- 52, 156-63, 166-69。

[88] 见下文，p. 715。

[89] 参照 Schurhammer and Wicki (eds.), *op. cit.* (n. 50), II, 208, n. 97 中的译文，在这里，"近江（Omy）"这个名字也写为并被确认为 Kibe 镇的 Kinshō-ji 僧院（根据该省的名称也被称为近江 [Ōmi]）。

[90] 足利学校是学习中国文学和儒家哲学的中心。它由禅宗僧侣经营管理，大约来自国家各

地 3 000 名学生在此学习。见 Boxer, *op. cit.* (n. 3), pp. 39, 44。伏若望后来写道（译文在 Murdoch and Yamagata, *op. cit.* [n. 54], II, 154, n. 3）: "当谈及日本大学时，不能想象它们与欧洲的大学类似。大多数学生是和尚，或学习要成为和尚，而且他们工作的主要目的是学会中文字和日本字。他们也努力掌握不同教派（即他们的宗教体系）的教义；少许天文学；少许医学；但是教学的方法上却不具有欧洲学校严格的体系特征。而且，在日本只有一所大学有联合的院系；在坂东 [Bandō] 地区，在被称为 Axicanga [足利] 的地方。"

[91] 关于德川时期日本鸡奸的流行见 Yoshi S. Kuno, *Japanese Expansion on the Asiatic Continent* (Berkeley, Calif., 1938), II, 368-69。

[92] 在 Schurhammer and Voretzsch (eds.), *op. cit.* (n. 85), pp. 6-7 中，伏若望有关于他的更进一步资料。他是一所真宗寺院的住持。

[93] 这个记述根据 Haas, *op. cit.* (n. 33), I, chaps. ix-x。

[94] *Ibid.,* p. 171.

[95] 京都的状况见 Murdoch and Yamagata, *op. cit.* (n. 54), II, 55-56。

[96] Haas, *op. cit.* (n. 33), I, 180. 更具体的记述见 Georg Schurhammer, "Dec heilige Franz Xaver in Miyako," *Stimmen der Zeit,* C (1921), 440-55。

[97] 基于 Haas, *op. cit.* (n. 33), I, chaps. xi-xiii。

[98] *Ibid.,* pp. 201-2 有大友义镇及其家庭的简短传记。对授权传教士们建立一座教堂的探讨见下文，p. 680。

[99] Boxer, *op. cit.,* p. 20.

[100] 全部四封信的文本出现在 Schurhammer and Wicki (eds.), *op. cit.* (n. 50), II, 242-309。

[101] In the *Nouvi avisi delle Iudie* ... (Rome, 1553), no. 11, and the *Nuovi avisi di piu lochi* (Rome, 1553). 有关 16 世纪这封信出版的完整信息见 Schurhammer and Wicki (eds.), *op. cit.* (n. 50), II, 251。

[102] 见 G. B. Parks, *The Contents and Sources of Ramusio's Navigationi,* (New York, 1955), p. 21。

[103] Schurhammer and Wicki (eds.), *op. cit.* (n. 50), II, 286.

[104] 这封信中实质性部分的英文译文可以在 Coleridge (trans.), *op. cit.* (n. 30), II, 331-50 中被发现。

[105] *Ibid.,* p. 349.

[106] 沙勿略自己在日语方面的能力引起了相当大的争议，主要是因为教会断言他具有"语言天赋"。见 Coleridge (trans.), *op. cit.* (n. 30), II, 383-86。参考这一说法与他的 1549 年的信，在这封信中他给出真实的证据说明他被这种语言的困难惊呆了。对这一争执最好的总结包含在 Georg Schurhammer, *Das kirchliche Sprachproblem in der japanischen Jesuitenmission des 16. und 17. Jahrhunderts. Ein Stück Ritenfrage in Japan* (Tokyo, 1928), pp. 5-13, 在这里，它表明无论是沙勿略还是托雷斯，没有翻译都无法在日本生活。

[107] 将这个评论与阿尔瓦雷斯的评论，日本人"对陌生人是友善和慷慨的"，进行对比。（见上文，

p. 658.）

[108] 佛教在日本的起源见 J. B. Pratt, *The Pilgrimage of Buddhism* (New York, 1928), chap. xxiii。

[109] 这似乎是下面九个最重要教派的一个参考：律宗、法相、华严、净土、真宗、禅宗、天台、北家（日莲）和真言宗。

[110] 阿弥陀佛特别受到净土和真宗的崇敬；法华（日莲 [Nichiren]）教派将释迦牟尼放在首位。

[111] 真宗坚信斋戒、苦修、朝圣和隐退无济于事。他们所强调的是独靠信念而得救。Pratt, *op. cit.* (n. 1108), p. 486.

[112] 沙勿略列举了戒律反对杀生或吃肉、偷盗、通奸、说谎和饮酒。对比先前弥次郎向他提供的不正确的清单（上文，p. 662n.）。

[113] 可能是模糊地提及，在日本社会不同的称谓被不同的人群所使用这个事实。更多详情见下文，p. 714。

[114] 在 Coleridge (trans.), *op. cit.* (n. 30), II, 365-80 中这封信连同他给罗德里格斯的信被译成英文。

[115] 文本和注释在 Schurhammer and Wicki (eds.), *op. cit.* (n. 50), II, 352-55。

[116] 译文在 Coleridge (trans.), *op. cit.* (n. 30), II, 494-95。

[117] 对伯纳德在欧洲经历的两个最好的记述是 J. M. Cros, S. J., *Saint François de Xavier. Sa vie et ses lettres* (Paris, 1900), II, 168-74; 和更详尽的帕斯夸里·迭埃利亚文章 (Pasquale d'Elia), S. J., "Bernardo, il primo Giapponese venuto a Roma (1555)," *La civiltà cattolica,* Vol. CII (1951), Part III, pp. 277-87, 527-35。

[118] 乔瓦尼·博特罗（Giovanni Botero）在他的 *Della Ragion di Stato*（Milan, 1589）中，写下了伯纳德在罗马后的一整代人："在这一点上它使我想起一个日本人，叫伯纳德，当马尔塞鲁斯（马尔塞鲁斯二世）被选为教皇时他在罗马发现自我，在典礼的特定时刻他正在该市四处走动，并立即说这是一个好的选择，当问他是如何知道的，他答复说穷人对此高兴并正在庆祝。"依照 G. A. Moore, *Practical Politics* (Washington, D.C., 1948), p. 52 的翻译。

[119] D' Elia, *loc. cit.* (n. 117), p. 530.

[120] 这些在 1568 年时仍可以得到。见 *ibid*。

[121] 引自 Cros, *op. cit.* (n. 117), II, 172. 对里瓦德内拉著作及其他对伯纳德关于沙勿略活动信息的依赖的评论，见 G. Schurhammer, "Xaverius-forschung ...," *Zeitschrift für Missionswissenschaft,* XII (1922), 153-56。

[122] D' Elia, *op. cit.* (n. 117), p. 531.

[123] *Ibid.,* p. 534.

[124] 这是根据对 R. Streit, *Bibliotheca missionum,* Vol. IV (Aachen, 1928) 和其他适当的书目中许多文集的周密评论的基础上做出的一个估计。

[125] 科斯马斯·德·托雷斯和胡安·费尔南德斯通常从日本用西班牙语写信；日本传教的其他耶稣会士一般用葡萄牙语写信。

[126] 这里没有提及在欧洲出版的来自个别传教士的书信。

[127] *Avisi particolari delle Indie di Portugallo. Nouamente hauuti questo Anno del 1555, da li R. padri della Compagnia di Iesu doue si ha informatione delle gran cose che si fanno per augmento de la Sauta fede. Con la descriptione e costumi delle genti del Regno de la China, & altri paesi incognita nouamente trouati* (Rome, 1556).

[128] *Diversi avisi particolari dall'Indie di Portogallo riceuuti dall'anno 1551. sino al 1558, dalli Reuerendi Padri della Compagnia di Giesu. Dove S'Intende delli Paesi, delle genti, & costumi loro, & la grande conuersione di molti popoli, che hanno riceuuto il lume delle santa fede, & religione Christiana* (Venice, 1559).

[129] *Lettere del Giapone de gli Anni 74, 75 & 76. Scritte dalli Reverendi Padri della Compagnia di Giesu, & di Portughese tradotte nel vulgare Italiano* (Rome, 1578).

[130] 例如，1556年的《葡属印度的轶闻录》(*Avisi particolari*)同年被译成法文，标题为：*L'Institution des loix, coustumes et autres choses merueilleuses & memorables tant du Royaume de Ja Chine que des Indes contenues en plusieurs lettres missiues enouyées aux Religieux de la Compagnie du Nom de Jesus* (Paris, 1556)。

[131] *Copia de unas cartas del padre mestre Francisco, y del padre mestre Gaspar, y otros padres de la Compañia de Jesus, que escrivieron de la India a los hermanos del Colegio de jesus de Coimbra.*

[132] 详情见 Zoe Swecker, "The Early Iberian Accounts of the Far East" (Ph.D. diss., University of Chicago, 1960), pp. 247-49。

[133] 这部著作现在极为罕见。其内容见 *ibid.*, pp. 289-91。它的题名是：*Copia de las cartas que los Padres y hermanos de la Compañia de Iesus che andan en el Japon escrivieron a los de la misma Compañia de la India, y Europa, desde el ano MDXLVIII que começaron, hasta el passado de LXIII* (Coimbra, 1565)。

[134] 它被称为 *Iesus. Cartas que os Padres e Irmaos da Companhia de Jesus, que andão nos Reynos de Iapão escreverão aos da mesma Companhia da India, e Europa, desdo anno de 1549 ate o de 66* (Coimbra, 1570). 另见 Streit, *op. cit.* (n. 124), IV, 415。

[135] *Iesus. Cartas que los Padres y Hermanos de la Compania de Iesus, que andan en los Reynos de Iapon escrivieron a los de la misma Compania, desde el año de mil y quinientos y quarenta y neuve, hasta el de mil y quinientos y setenta y uno...* (Alcalá de Henares, 1575).

[136] *Iesus. Carras que os Padres e Irmãos da Companhia de Iesus escreuerão dos Reynos de Iapão & China aos da mesma Companhia da India, & Europa, desdo anno de 1549 atè o de 1580. Primeiro Tomo. Nellas se conta o principio, socesso, & bondade da Christiandade da quellas partes, & varios costumes, & falsos ritos da gentilidade* (Evora, 1598). 这个文集的第二卷完全由 1581 年至 1589 年所写的信件组成。

[137] 见上文，p. 318。

[138] 评价是基于对 1598 年葡萄牙文集的全面考察（见上文，p. 321），载于 Eglauer (ed,). *op. cit.* (n. 49), and on A. Faivre (ed.), *Lettres des missions du Japan, ou supplement aux lettres de S. Francois Xavier* (Lyon, 1830)。这些包含在 Eglauer 和 Faivre 中的信件是在它们写作日期后几年间在欧洲出版的。

[139] 维勒拉在他 1554 年 4 月 24 日信中所用字语的直译(Eglauer [ed.], *op. cit.* [n. 49], I, 41)。"麸"，他或许所指是黄豆粉？在 17 世纪和 18 世纪欧洲文学中黄豆的参考见 Yule and Burnell, *op. cit.* (n. 3), p. 651，大约这时黄豆在日本正开始被加以使用。见 Takekoshi, *op. cit.* (n. 9), I, 249。

[140] 1561 年 10 月 9 日的信件，载于 Eglauer (ed.), *op. cit.* (n. 49), I, 227。

[141] 见上文，p. 665。

[142] Eglauer (ed.), *op. cit.* (n. 49), I, 228.

[143] 参考头衔座主，以比睿山的主要和尚而知名。有关他们活动的探讨见 J. Laures, *Die Anfänge der Mission von Miyako* (Münster, 1951), pp. 35-38。

[144] 幕府将军？

[145] 1557 年 10 月 19 日信件，载于 Eglauer (ed.), *op. cit.* (n. 49), I, 124。

[146] *Ibid.,* I, 309，参考 Takekoshi, *op. cit.* (n, 49), I, 271，他写道："现在（在足利时代）一个幕府的财产覆盖几个省，他维持有几万士兵，顺理成章，在幕府之间彼此交战时，大规模的陆军是必须的。"

[147] Eglauer (ed.), *op. cit.* (n. 49), I, 309.

[148] *Ibid.,* I, 122.

[149] *Ibid.,* I, 104.

[150] 耶稣会士们对记载日本人对自杀的态度从未厌倦。

[151] Eglauer (ed.), *op. cit.* (n. 49), I. 43, 49, 191. 但教友杜阿尔特·达·席尔瓦（Duarte da Silva）和其他人也学过一些书写日语。1563 年在他去世后，他留下了一本关于日语语法和字典的手稿。参考 Tadao Doi, "Researches in the Japanese Language Made by the Jesuit Missionaries in the XVIth and XVIIth Centuries," *Proceedings of the Imperial Academy (of Japan)*, XIII (1937), 232。

[152] Schurhammer, *op. cit.* (n. 106), p. 45.

[153] *Ibid.,* Pt. II.

[154] *Ibid.,* p. 63.

[155] 虽然他对本质的理解是正确的，但他的翻译并不全都准确。在现代日语中，*tamashii* 一词是"灵魂"，还有 "死者鬼魂" 的另一含义。见 *ibid*。

[156] 在欧洲 16 世纪 50 至 60 年代的四个耶稣会书信集中出版，但似乎缺少字符。见 Streit, *op. cit.* (n. 124), IV, 381。

[157] 见上文，p. 673。

[158] *Cartas* ... (Coimbra, 1570), fols. 108-18. 这两组字也出现在 16 世纪其他文典中。进一步的资料见 O. Nachod, "Die ersten Kenntnisse chincsischer Schriftzeichen im Abendlande," *Asia Major*, I (1923), 235-73. 很容易找到一些日本字的复制品，因为它们出现在 1570 年的《信笺》上，另见 King Manuel [II] of Portugal, *Early Portuguese Books (1489-1600) in the Library of His Majesty the King of Portugal* (London, 1935), III, 10, 另见本章插图。

[159] 夹有葡萄牙语翻译的日文文本在 *Cartas* ... *op. cit.* (n. 158), fols. 161-63. 对这个文件的全面分析见 Schurhammer, *op. cit.* (n. 146), pp. 78-80. 英文翻译、独立的复原和注释见 Ernest Satow, "Vicissitudes of the Church at Yamaguchi from 1550 to 1586," *Transactions of the Asiati Society of Japan,* VII (1888), 139-53.

[160] 见下文，p. 704.

[161] 见 Schurhammer, *op. cit.* (n. 106), p. 76.

[162] 1562 年 8 月 17 日来自坂井的信，载于 Eglauer (ed.), *op. cit.* (n. 49), I, 257.

[163] 见 G. Schurhammer, *Die Disputationen des P. de Torres, S. J., mit den Buddhisten in Yamaguchi im Jahre* 1551 (Tokyo, 1929).

[164] 1555 年 9 月 23 日的信件，载于 Eglauer (ed.), *op. cit.* (n. 49), I, 81.

[165] 见佩德罗·德·阿尔科巴萨（Pedro de Alcaçova）1554 年信件，载于 *ibid.*, p. 51.

[166] Schurhammer, *op. cit.* (n. 45), p. 5, 暗示托雷斯写了《概述》（*Summario*）或 "至少为这部著作提供了资料给他的合作者加戈或维勒拉"。五年后，Schurhammer, *op. cit.* (n. 106), p. 87, 表达了加戈可能是作者作为他的观点。

[167] Schurhammer, *op. cit.* (n. 45), p. 165, n. 1, 好像指出它只是被保存在西班牙语和葡萄牙语的手稿复本中。另参考 J. Wicki (ed.), *Documenta Indica* (Rome, 1954), III, 538, n. 33. 很可能是罗耀拉的秘书和早期信件检查员波朗科（Polanco）禁止这个文件，以作为他的减少提及佛教政策的一部分。关于波朗科的态度见 H. de Lubac, *La rencontre du bouddhisme et de l'Occident* (Paris, 1952), p. 67. 约拉和波朗科的关系见 Clara Engländer, *Ignatius von Loyola und Johannes von Polanco. Der Ordensstifer und sein Sekretär* (Regensburg, 1956), 特别是 pp. 156-89.

[168] Streit, *op. cit.* (n. 124), IV, 390.

[169] 见 Schurhammer, *op. cit.* (n. 45), pp. 171-72.

[170] *Ibid.,* p. 165.

[171] *Ibid.,* p. 166.

[172] *Ibid.,* p. 154.

[173] *Ibid.,* p. 172.

[174] Lubac, *op. cit.* (n. 167), pp. 68-70.

[175] 关于这个术语见 Schurhammer, *op. cit.* (n. 106), p. 87.

[176] 进一步阐述细节见 Schurhammer, *op. cit.* (n. 45), p. 169, n. 4.

[177] 参考从 1557 年"概略"要摘录的翻译，载于 Schurhammer, *op. cit.* (n. 106), p. 69。

[178] Sansom, *op. cit.* (n. 11), p. 312 说在这个时期,禅宗佛教"有可能被描述为如果不是国家宗教,也是官方宗教"。

[179] Schurhammer, *op. cit.* (n. 45), p. 170.

[180] *Ibid.*

[181] Eglauer (ed.), *op. cit.* (n. 49), I, 248-50 中的描述。另一个更短的描述见 E. Kaempfer, *The History of Japan ... 1690-92* (Glasgow, 1906), III, 138，参见下文, p. 716。

[182] G. Schurhammer, "P. Luis Frois, S. J., ein Missiomhistoriker des 16. Jahrhunderts in Indien und Japan," *Stimmen der Zeit*, CIX (1925), 454.

[183] 见 Schurhammer and Voretzsch (eds.), *op. cit.* (n. 85), pp. xix- xx, 已知信件的一览表。自此后做了一个详述(Matsuda Kiichi, *loc. cit.* [n. 14], p. 108),现在看来似乎伏若望共写了 138 封信，其中 103 封来自日本。在他的信件中现存只有 62 封。

[184] 这个文件的德文翻译见 Schurhammer and Voretzsch (eds.), *op. cit.* (n. 85)。第二部分前 43 章（包括 1578—1593 年）葡萄牙语出版在 João do Amaral Abranches Pinto and Y. Okamoto (eds.), *Segunda Parte da Historia de Japam ...* (Tokyo, 1938)，提到了日本前往欧洲代表团（1582—1592 年）的第二部分在 1943 年由 João do Amaral Abranches Pinto, Y. Okamoto, and H. Bernard (eds.), *La première ambassade du Japon en Europe,* 1582-1592（"Monumenta Nipponica monographs," No.6 [Tokyo, 1942]）出版。其余部分（1583—87 年的 54 章和 1588—1593 年的 80 章）据我所知至今仍未出版。这个没有出版部分的手稿复件在里斯本的阿儒达图书馆可以使用。

[185] 伏若望对信长描述的英文翻译见 Boxer, *op. cit.* (n. 3), pp. 58-59。

[186] 摘录于他对岐阜城堡的描述见 *ibid.,* pp. 62-63。

[187] 原文的译本在 *ibid.,* p. 61。

[188] 基于日文资料的记述见 G. Renondeau, "Histoirc des moines guerriers du Japon," *Mélanges publiés par l'Institut des Hautes Études Chinoises,* I (1957), 281-84.

[189] 参考 J. F. Schütte, *Valignanos Missionsgrundsätze für Japan* (Rome, 1951), I, 17.

[190] *Ibid.,* p. 127.

[191] 首次出版于 1570 年的《信笺》中。译文出版出自于 Eglauer (ed.), *op. cit.* (n. 49), II, 28 的文本。

[192] 所引出自于 P. Tacchi-Venturi, "Il carattere dei Giapponesi secondo i missionari del secolo XVI," *La civiltà cattolica,* II (1906), 150。

[193] 引自 J. F. Schütte, "Das japanische Volkscharakter in der Sicht Valignanos," *Stimmen der Zeit,* CXXXVIII (1940), 82。

[194] 见上文 pp. 325-26 和下文 pp. 687-88。

[195] 引自 Schurhammer and Voretzsch (eds.), *op. cit.* (n. 85), p. viii。

[196] 关于范礼安《概述》的探讨见上文, pp. 256-57。范礼安想要将耶稣会的日本知识整合在

一部历史中，1601 年在他第三次访问日本期间，他开始写作这部历史。在这部计划完成五部书的研究中，仅第一本书完成了。到目前为止，它仍未被出版，但它的手稿被保存在里斯本的阿儒达图书馆和大英博物馆中。对这些手稿和范礼安意图的探讨见 F. J. Schütte, S. J., "Valignanos Japangeschichte, Bemerkungen zu Form und Inhalt," in *Analecta Gregoriana* ("Series Facultates Missiologicae," Section A, No. 2), LXXII, 109-40。

[197] Father Joseph Marie Cros, S. J., *op. cit.* (n. 117), II, 39-40. 使它第一次引起广泛的注意。

[198] 下文，pp. 803-5。

[199] 它已在 J. F. Schütte, S. J. (ed.), *Luis Frois, S. J., Kulturgegensätze Europa-Japan* (1585), ("Monumenta Nipponica Monographs," No. 15 [Tokyo, 1955]) 被批评性地加以编辑并被翻译成德文。

[200] 见 Schütte, *loc. cit.* (n. 196), I, 361-64。

[201] 参考将这些 16 世纪比较的对句与在 Chamberlain, *op. cit.* (n. 25), 508-10 中被编辑在红色标题"颠倒（Topsy-turvydom）"的那些进行比较。

[202] 这个和随后的大量资料来自于 Pinto, Okamoto, and Bernard (eds.),*op. cit.* (n. 184) 的介绍或文本。他们对伏若望对这个代表团的记述进行了重温、介绍和注释。它与伏若望的日本教会史的关系见上文，p. 683。他们旅行的详细的并有大量插图的编年史见 Hamada Kōsaku [滨田耕作], *Tenshō ken-ô shisetsu-ki* [天正遣欧使节记] (Tokyo, 1931)。

[203] 这个数字的具体分项数字可以在 1582 年的年度信件中找到。适当部分被翻译在 O. Cary, *A History of Christianity in Japan* (New York, 1909), I, 91-92。

[204] 见 J. F. Schütte, "Christliche Japanische Literatur, Bilder, und Druckblätter," *Archivum Historicum Societatis Iesu,* IX (1940), 271。

[205] 他们的名字见 J. F. Schütte, *Alexandro Valignano, S. J., Il cerimoniale per i missionari del Giappone* (Rome, 1946), pp. 35-36, n. 5。

[206] 或许很有趣的是，观察几个创作于近期的对这个使团最好的研究显然是由 1873 年的岩仓使团促使的。岩仓在威尼斯档案馆中发现了一些日文信件，这些信件首次引起了他的兴趣。正是在他的建议和鼓励下，接待委员会的一个成员 Guglielmo Berchet, 完成并出版了他的"Le antiche ambasciate giapponesi in Italia," *Archivio veneto,* Vol. XIII, Pt. 4 (1877), pp. 245-85。Berchet 没有调查罗马档案馆；这个任务是由 Murakami Naojirō 首次进行的，他他的劳动成果发表在 *Shigaku-Zasshi* [史学杂志], Vol. XIV, No.3 (1903), pp. 231-47; 350-61。

[207] 参考 L. Pastor, *The History of the Popes* (London, 1930), XX, 459, n. 1. 参见 P. Mitsukuri, "Ein Beitrag zur Geschichte der japanischen Christen im 17。Jahrhundert," *Historische Zeitschrift,* LXXXVII (1901), 193。另一个类似的日本人观点见 G. Prunaj's review of Kawazoe Shighehiro's book on *Ito Mancio* (Miyizati, 1932), the leader of the mission, in *Bullettino Senese di storia patria,* New Series, IV, 283-84。

[208] 特别是 Berchet, *loc. cit.* (n. 206), p. 255。维持日本传教对贸易的重要性见 Boxer, *op. cit.* (n.

3), pp. 117-21, 和他的更近期著作 *The Great Ship from Amacon: Annals of Macao and the Old Japan Trade, 1555-1640* (Lisbon, 1959), p. 39。

[209] 参考上文, pp. 318-19。

[210] 大村纯忠受洗时所取的名字。

[211] 摘自并翻译自 J. A. Abranches Pinto and H. Bernard, S. J., "Les instructions du Père Valignano pour l'ambassade japonaise en Europe," *Monumenta Nipponica*, VI (1943), 395-97。

[212] *Ibid.,* p. 401.

[213] 参考 *ibid.,* p. 396, n. 47。

[214] 参考 *ibid.,* p. 393, and Pinto, Okamoto, and Bernard (eds.), *op. cit.* (n. 184), p. xxv。

[215] 这些日记，连同梅斯基塔神父保持的记录提供了这次出使记录的原始资料，耶稣会士们后来加以整理并在澳门出版。见 J. Laures, *Kirishitan Bunko* (3d rev. and enlarged ed.; Tokyo, 1957), p. 11。

[216] 1598 年，正是在特奥托尼奥·德·布兰干萨支持下，埃武拉出版了著名的《信笺》文集。

[217] L. Guzman, *Historia de las missiones que han hecho los religiosos de la Compañia de Iesus, para predicar el Sancto Euangelio en la India Oriental, y en los reynos de la China y Iapon* (Alcalá de Henares, 1601), II, 233.

[218] 在 *ibid.,* II, 236-37 中，他们的服饰被做了生动详细的描述。

[219] Pinto and Bernard, *loc. cit.* (n. 211), p. 398. 在使者们所拥有物品中，也可能有《日本摘要》(*Sumario ... de Japon*)，在他们动身前往欧洲前，范礼安已经在科钦完成了它。参考 José Luis Alvarez-Taladriz (ed.), *Alejandro Valignano, S. I., Sumario de las cosas de Japon (1583). Adiciones del Sumario de Japon (1592)* ("Monumenta Nipponica Monographs," No.9 [Tokyo, 1954]), I, 178-80 中的探讨。

[220] 也许这是路易·豪尔赫·德·巴尔布达（Luis Jorgé de Barbuda）在制作他的中国地图时使用的地图，它出现在奥提留斯的《环宇大观》中。见下文, p. 818。

[221] Pinto, Okamoto, and Bernard, *op. cit.* (n. 184), p. 164.

[222] 他们的陈述被复制在 Juan de San Jeronimo "Libro de memorias deste Monasterio de sant lorençio el Real," in *Colección de documentos inéditos para la historia de España* (Madrid, 1845), VII, 395。

[223] 国王给穆尔西亚的地方法官和阿里坎特和卡塔赫纳的港务局写了信，落实他们将派出一流的船只，以便让他们海上航行前往意大利。他也给他们带去一封他写给他的罗马大使的信。见 Guzman, *op. cit.* (n. 217), II, 238-39。

[224] 见上文, pp. 475-77。

[225] G. Berchet, "Documenti del saggio storico sulle antiche ambasciati giapponesi in Italia," *Archivio veneto*, Vol. XIV, Pt. 1 (1877), pp. 150-51. 对此注意的作者也对日本年轻人无须的脸庞、虽小但匀称的身材、很小的手掌和扁鼻子做了评论。

[226] 见 Marcantonio Tolomei 的信，被复制在 G. Sanesi, "I principi giapponesi a Siena nel 1585." *Bullettino Senese di storia patria*, I (1894),126 中。

[227] *Annali d'Italia ...*, Vol. X, Pt. 2 (Rome, 1754), pp. 309-10；标有 1585 年的引文描述了由教皇格里高利和西斯科特为这个团体提供的接待。

[228] Guzman, *op. cit.* (n. 217), II, 246.

[229] 关于在罗马的访问特别要看 Francesco Boncompagni-Ludovisi, *Le prime due ambasciate dei Giapponesi a Roma (1585-1615). Con nuovi documenti* (Rome, 1903)。更简短的也更为近期的探讨见 P. d'Elia, "I primi ambasciatori Giapponesi venuti a Roma (1585)," *La civiltà cattolica*, CIII (1952), 43-58。

[230] 上文，pp. 294-95。

[231] 知道这些人正是怀疑日本存在的人是相当有趣的。

[232] 有点令人误解，因为那时它只被三个日本大名所接受。尽管如此，谨记，在这个时期的欧洲，"统治者的宗教乃人民的宗教"（*cuius regio, eius religio*）的原则仍基本被拥护，对他的听者来说，其最大的意义在于日本的领主和诸侯已经皈依基督教。

[233] 巴登（西德省名——译者注）的总督是一个刚从新教皈依天主教者，当时在听众中。

[234] 拉丁文本见 G. P. Maffei, *Opere omnia latine scripta* (Bergamo, 1747), II, 340。1585 年间它被译成意大利文和法文，其各种版本出现在许多欧洲城市（见 Streit, *op. cit.* [n, 124], IV, 439-44）。上面的英文翻译出自 Pastor, *op. cit.* (n. 207), XX, 462。

[235] Pastor, *op. cit.* (n. 207), XX, 464, 认为马菲为这次会见做翻译。他可能是从 Maffei, *op. cit.* (n. 234), I, xxvii 的编者介绍中得出这个结论的。我很清楚，没有任何当时的文字记载可证明马菲会讲日语。也许他们与马菲用葡萄牙语讲话。更有可能的是，梅斯基塔同平时一样做他们的翻译。

[236] 翻译的意思是："纪念第一个来自日本国王的使团和来自日本国王对教宗罗马的服从（1585年）。"

[237] Berchet, *loc. cit.* (n. 225), p. 152.

[238] *Ibid.,* p. 153.

[239] Ibid. 显然这些日本人对音乐的兴趣远非转瞬即逝。他们于 1590 年回到日本时，给秀吉演奏了西方乐器，并为他演唱。见 P. F. X. de Charlevoix, *Histoire du christianisme au Japon* (Liége, 1855), II, 36。

[240] 关于他们在罗马时更为宗教的方面见 Pinto, Okamoto, and Bernard, *op. cit.* (n. 184), pp. 207-8, and G. Schurhammer, "Die erste japanische Gesandtschaftsreise nach Europa," *Die katholischen Missionen*, XLIX (1921), 217-24.

[241] 引自 G. Tucci, "Japanese Ambassadors as Roman Patricians," *East and West* (Rome), II (1952), 68。

[242] 显示他们在意大利前进的地图见 Pinto, Okamoto, and Bernard, *op. cit.* (n. 184), pp. lvi ff.

[243] 见 Berchet, *loc. cit.* (n. 206), p. 266。

[244] 这些礼物后来被保存在十人会大厅，迟至 1773 年，在那里仍可看到它们。后来它们失踪了，而且就所知而言，它们没有留下任何记录。见 *ibid.*, p. 268。

[245] 其中一个记录他们参观铭文的复本见 G. Tassini (ed.), "Le iscrizioni della Confraternita di S. Maria della Carità," *Archivio veneto*, XII (1876), 118-22。

[246] 这个文件的意大利文本和英文译本见 E. M. Satow, "The Origins of Spanish and Portuguese Rivalry in Japan," *Transactions of the Asiatic Society of Japan*, XVIII (1890), 136-39。

[247] 文本见 Berchet, *loc. cit.* (n. 225), pp. 174-75。

[248] 见本章插图。

[249] 复制品在 Berchet, *loc. cit.* (n. 225), p. 175。

[250] 见本章插图。

[251] 参考 Berchet, *loc. cit.* (n. 225), p. 177。

[252] 见 Pinto, Okamoto, and Bernard, *op. cit.* (n. 184), p. 243, n. 852。插图另见 B. Gutierrez, *La prima ambascieria dei Giapponese in Italia* (Milan, 1938)。

[253] 这些信的一些复本在 Berchet, *loc. cit.* (n. 225), pp. 179-84。附加的例子见：在 *Shigaku-Zasshi* [史學雜誌], Vol. XII, No. 4 (1901), pp. 496-504 中 Murakami Naojirō's [村上直次郎] 复制的三封信；由 Tsuboi Kumazō [坪井九馬三] 在 *Shigaku-Zasshi* [史學雜誌], No.5 (1901), pp. 616-20 上发表的寄往威尼斯的信；由 Kōda Shigetomo [幸田成友]，在 *Shirin* [史林], Vol. XVI, No.2 (April, 1931), pp. 81-91 发表的曼修·伊藤在他们返程途中，从果阿和澳门写给教皇的两封信。参见 1588 年在果阿出版的他们欧洲印象的汇总，题目为 *Oratio habita a Fara* [Hara] *D. Martino Iaponio, suo & socioru nomine cum ab Europa rediret ...* 这最后一本著作我没有看过，引自 Laures, *op. cit.* (n. 215), pp. 29-30。

[254] D' Elia, *loc. cit.* (n. 239), p. 56, n. 12.

[255] 关于这次接见的时间存在着一些疑问。Pinto, Okamoto and Bernard (*op. cit.* [n. 184], p. 246)，安东尼奥·拉涅罗（Antonio Raniero）从蒙松（1585 年 9 月 21 日）写给耶稣会总长的信显然将皇室接见定为 9 月 19 日。见 J. F. Schütte, "Der Lateinische Dialog 'De Missione Legatorum Iaponensium ad Romam Curiam' als Lehrbuch der japanischen Seminare," in *Studi sulla chiesa antica e sull'Umanesimo* (Rome, 1954), p. 257, n. 50 中的引证。

[256] 为了感谢堂·特奥托尼奥（Dom Theotonio）致力于日本的传教事业，范礼安寄给他 1592 年耶稣会士在日本印刷的书籍。Laures, *op. cit.* (n. 215), pp.16-17。

[257] 这个数字是基于 Streit, *op. cit.* (n. 124), Vol. IV; in the *Bibliographischer Alt-Japan-Katalog* (1542-1853) (Japaninstitut of Berlin [Kyoto in 1940])，和 H. Cordier, *Bibliotheca japonica* (Paris, 1912). 与这个使团的相关词条的统计而来。

[258] *Acta Consistorii publica exhibiti a ... Gregorio Papa XIII, regum iaponiorum legatis Romae ...* (Rome, 1585). 帕切斯用英语对它进行了概括，并在 1625 年出版。见 Cyril Wild (ed.),

Purchas His Pilgrimes in Japan (Kobe [1939]), pp. 30-34 简编中的复制品。

[259] 见 Guido Gualtieri, *Relationi della venuta degli Ambasciatori Giaponesi a Roma sino alle partita di Lisbona* (Rome and Venice, 1586); G. P. Maffei. *Historiarum Indicarum libri XVI* (Florence, 1588); 由 Hendrik van Cuyck, Bishop of Roermund 完成有作品，名为 *De trium regum Japaniorum legates* (Antwerp, 1593); Guzman, *op. cit.* (n. 217), II, 125-295。

[260] G. Atkinson, *Les nouveaux horizons de la Renaissance française* (Paris, 1935), pp. 110-12.

[261] 参考 Nachod, *loc. cit.* (n. 158), p. 263。

[262] 这个小册子在 Gottfried Kentenich, "Eine japanische Gesandschaft in den päpstlichen Stuhl im Jahre 1585," *Allgemeine Zeitung*, Beilage no. 212 (September 14, 1905), pp. 508-11 中部分被复制并被加以评论。另见 *Zeitung welcher Gestalt ... etlich. König und Fürsten auss japonia ihre Abgesandten des Glaubens halben gen Rom geschickt haben. Mit ... kurtzer Beschreibung derselben jetzt gemeldten Land ... Auch eines evangelischen Manns Censen und Urtheil was von solcher Schickung zuhalten sey* (1585)。

[263] 见上文，p. 319。

[264] 引自 Pinto, Okamoto, and Bernard, *op. cit.* (n. 184), p. 267, n. 887。

[265] J. Beckmann, "Der erste Japandruck in der Schweiz," *Schweizerisches Gutenbergmuseum*. XXV (1939), 150.

[266] *Lettera annale delle cose del Giapone del M. D. LXXXII* (Rome, 1585). 这里他提及了由来自长崎的加斯帕·科埃略（Gaspar Coelho）神父所写的一个书信年鉴。它的另一个德文翻译 1585 年出现在迪林根。见 Streit, *op. cit.* (n. 124), p. 446。

[267] 见下文，p. 706。

[268] 在西方文学中，茶叶引文的简要历史见 Yule and Burnell, *op. cit.* (n. 3), p. 689。齐扎特可能从马菲的书的第四卷中 1564 年路易·阿尔梅达所写的一封信中得到了他的记述。

[269] 例如，他对奈良（Nara）是这样评论的："一座著名的城市，有一个令人称道的坚固且美丽的城堡，它坐落在一座高山上，完全用岩石建成，也有几个辉煌且昂贵的教堂。" (Renward Cysat, *Wahrhafftiger Bericht von den neuerfundenen Japponischen Inseln ...* [Fribourg, 1586], section after the introduction.)

[270] 一个更长的且完全独立的描述出版于大约 1586 年，推测起来是在西班牙出版的，它是由 1583 年在海南遭遇海难的方济各会传教士的其中一个当事人完成的。在大英博物馆中，它是可以发现的罕见珍贵物品，被定书名为：*Libro y Relacion de las grandezas del Reyno de la China. Hecho por un frayle descalço de la Orden de Sant Francisco, de seys que fueron pressos en el dicho Reyno, en la isla de Haynam, en el de 1585*。同时期关于海南的另一个简短记述出现在 Juan González de Mendoza, *History of the Great and Mightie Empire of China*, edited by G. Staunton (London, 1854), II 303-4。齐扎特显然不知道大约出现在他自己同时期的这些记述及其他们在涉及中国时探讨海南。

[271] 参考下文，p. 706。像马菲一样，齐扎特未能展示一个 1552 年日本文献的精确译文，该文献授予耶稣会士在山口的一块赠地。如在上文（p. 680）所指出的，在欧洲，这个文献首次印刷在 1570 年的《信笺》中。纳霍德 Nachod, *loc. cit.* (n. 158), p, 241, n. 6, 提及齐扎特的译文，但没有说明它源自马菲而不是《信笺》。文献目录被包括在 Schurhammer, *op. cit.* (n. 106), p. 76, 但齐扎特的书没有出现在其中。

[272] 范礼安的信也译自上文（n. 266）所引《信》（*Lettera*）的 1585 年版。

[273] Beckmann, *loc. cit.* (n. 265), p. 155. See also B. Hidber, "Renard Cysat, der Stadtschreiber zu Luzern," *Archiv für schweizerische Geschichte*, XX (1875), 21-22.

[274] Streit, *op. cit.* (n. 124), pp. 452-53, 469.

[275] 见本章插图。

[276] 参考 Mikinosuke Ishida, "A Brief Note on the Two Old European Maps of Japan Recently Discovered," *Monumenta Nipponica,* I (1938), 261. 在我看来 George Kish, "Some Aspects of the Missionary Cartography of Japan during the Sixteenth Century," *Imago Mundi,* VI (1950), 46, 将此地图与日本人的原件加以联系，我认为过于牵强附会。我认为，齐扎特的地图与佛罗伦萨和马德里展示的手稿图相比较也鲜有类同。地名上的重复简单地说明了一个共同的来源。

[277] 在这个日期被制作完成是 Sebastiano Crino, "La prima carta cartografica inedita del Giappone portata in Italia nel 1585 e rinvenuta in una filza di documenti riguardanti il commercio dei Medici nelle Indie Orientali e Occidentali," *Rivista marittima,* X (1931), 257-84 中的观点。见下文，p. 710。

[278] 见 Kish, *loc. cit.* (n. 276), p. 46。

[279] 诏书的文本 *Ex pastorali officio* (January 28, 1585), 及其含义的探讨见 E. M. Satow, *loc. cit.* (n, 246), pp. 141-43。实际上，这个诏书是在日本人到达罗马前三个月由格里高利十三世公布的。罗德里格斯神父显然继续直接向罗马前进，为发行这个诏书而工作，这个诏书保证了耶稣会士的垄断权。

[280] 马菲的著作依靠范礼安，他对日本记述中的一些例子与这个伟大的视察员的例子类似，见 Alvarez-Taladriz (ed.), *op. cit.* (n. 219), pp. 197-200。

[281] 参考上文，pp. 687-88。

[282] 牙齿涂黑的历史见 Chamberlain, *op. cit.* (n. 25), pp. 62-63。

[283] 1586 年 10 月 15 日来自下关港市的信，载于 *Cartas* (Evora. 1598), II, 184-86。

[284] 关于日本人的性格，另外的资料，见 Pietro Tacchi-Venturi, *Il carattere dei Giapponesi secondo i missionari del secolo XVI* (rev. ed.; Rome, 1937)。

[285] A. Kleiser, "P. Alexandre Valignani's Gesandtschaftsreise nach Japan zum Quambacudono Toyotomi Hideyoshi, 1588-1591," *Monumenta Nipponica*, I (1938), 77; 他可能从 1588 年 5 月 10 日由五个帝国省份的基督徒代表寄给罗马耶稣会长的信中得知了这件事。这封信编辑过的文本见 Matsuda Kiichi [松田毅一], in *Shigaku-Zasshi* [史學雜誌]. Vol. LXVIII, No. 9

(1958), pp. 959-73。

[286] Streit, *op. cit.* (n. 124), IV, 459.

[287] *Ibid.,* pp. 468-69. 1591 年，有马国的大名给 Antonio Carrafa（1538—1591 年）寄了一封信，感谢他对年轻使者们的殷勤招待，并告知他们安全返回。在这封信里，他谈到耶稣会士们正经历的困难，并简要地说明了范礼安已经前往首都向秀吉交涉。这封信的文本见 Hamada, *op. cit.* (n. 202), pp. 73, 411-21。

[288] 见上文，pp. 212-17。

[289] 探讨见 Swecker, *op. cit.* (n. 132), pp. 272-75。

[290] 在 Rundall (ed.), *op. cit.* (n. 41), pp. 3-14 中复制。

[291] 例如，他断言日本人是懒惰的，粗心大意的，且“他们绝不贪财”。(*Ibid.,* pp. 4, 5.) 他对日本语言的性质也几乎没有什么了解 (p. 7)。

[292] 见 A. Possevino, *Bibliotheca selecta qua agitur de ratione studiorum ... (Rome, 1594), pp. 588-663,* and G. Botero, *Le relationi vniversale ... divise in tre parti ...* (Vicenza, 1595), Pt. I, pp. 227-30; Pt. II, pp. 97-100; Pt. III, pp. 106-7, 137-46; 见亚洲地图，包括日本，在第 116 页和 117 页间。关于波西维诺的资料见 Streit, *op. cit.* (n. 124), IV, 258。

[293] *Iaponiae insulae descripto. Ludoico Teisera auctore. Cum Imperatorio, Regio, et Brabantiae privilegio decennasi,* 1595. 在这幅地图的后面，有简短的关于日本的拉丁文描述，这是奥德留斯取自马菲的记述。对特谢拉工作的探讨见 A. Cortesão, *Cartografia e cartógrafos portugueses* (Lisbon, 1935), II, 265-76, and Kish, *loc. cit.* (n. 276), pp. 40-44。见本章插图。

[294] Washburn, *loc. cit.* (n. 19), p. 234. 另见 Cortesão and Teixeira da Mota, *Portugaliae monumenta cartographica* (Lisbon, 1961), II, 13-15。

[295] *Ibid.,* III, 7. Kish, *loc. cit.* (n. 275), p. 45. 参考上文，p. 705。参见 Hirosi Nakamura, "Les cartes du Japon qui servaient de modèle aux cartographes européens an début des relations de l'Occident avec le Japon," *Monumenta Nipponica,* II (1939), 100-123。

[296] Cortesão and Teixeira da Mota (*op. cit.* [n. 294], II, 127-28) 认为它的日期应该早于 1582 年。他们根据“合乎逻辑的”理由，认为它可能是在日本制作的并由九州使者们带到欧洲。

[297] *Ibid.,* p. 128.

[298] Kish, *loc. cit.* (n. 276), p. 46.

[299] 对特谢拉的工作在延续葡萄牙传统的地位上的评价见 Cortesão and Teixeira da Mota, *op. cit.* (n. 294), III, 65-66。

[300] 国内改革特别要见 1598 年《信笺》*Cartas* of 1598, Pt. II, fols. 187-225, 258-62 中伏若望（February 20, 1588）和科埃略（February 24, 1589）的信。

[301] 他的一些资料见上文，p. 328。

[302] “直到最近为止，日本人既没有在牧场上，也没有在农家庭院饲养。羊和猪是未知的……。羊，不能生活在主岛海岸的草地上，已经被引进到虾夷……。”(Chamberlain, *op. cit.* [n. 25], p.

17）恩格尔贝特·凯普费（Engelbert Kaempfer）在 17 世纪末写作时观察道："绵羊和山羊以前是由 Firando（平户）的荷兰人和葡萄牙人饲养，在这里，这个品种仍然存在……。他们也有猪，但很少，猪是由中国传入的，在 Fisen（肥前）由乡下人饲养，但的确不为他们自己所用，猪与他们的迷信观念相违反，但将它们卖给中国人，这些中国人每年过来进行贸易，极爱吃猪肉，在中国，尽管在其他方面存在着毕达哥斯教义，但关于灵魂转世也同样在中国找到了地方。"（*op. cit.* [n. 181], I, 195-96）

[303] "野禽虽然天性恐惧，但在这个人口稠密的国家却繁殖得如此常见，其中许多种都达到了驯服的程度。"（Kaempfer, *op. cit.* [n. 302], I, 204-5）

[304] 采矿和矿产的全面探讨见 *ibid.*, pp. 164-76。

[305] 参考 Murdoch and Yamagata（*op. cit.* [n. 54], II, 10, n. *b*）对将军（*Shōgun*）一词历史的记述。公方（*Kubō*）或公方大人（*Kubō-sama*）并不是官衔，但是这一词经常被平民所使用（see Griffis, *op. cit.* [n. 37], p. 196, n. 1）。

[306] 显然这是对 11 世纪末源氏兴起及其在 12 世纪与平氏争权夺利的一个参考。1192 年，源赖朝（Minamoto Yoritomo）被正式授予将军头衔，他的军政府被称为幕府（*Bakufu*）。日本历史的类似记述被包括在手写著作"现代国家关系第一本书"中，出版在 Rundall (ed.), *op. cit.* (n. 41), pp. 8-9。

[307] 他将地方割据归因于源氏是错误的。早在 8 世纪初，在日本有 62 个省份；到了 9 世纪初，数目上升为 66 个。古兹曼也许没有包括四国的 4 个省份，这样得出了正好 62 个省份。幕府对这个体制所做的改变见 G. B. Sansom, *A History of Japan to 1334* (Stanford, 1958), pp. 68-69。

[308] 根据耶稣会报告而制作的地图见插入 Boxer, *op. cit.* (n. 3) 的一个折页。

[309] *Go-Kinai*（五畿内）意为"神圣的家乡"，之所以这样称呼是因为它最初是帝国的领域。见 Murdoch and Yamagata, *op. cit.* (n. 54), II, 2, n. 2。一个几乎完全相同的描述见 Rundall (ed.), *op. cit.* (n. 41), p. 3。

[310] "公牛和母牛仍用于犁地和运输。他们根本不知道牛奶和黄油为何物。"（Kaempfer, *op. cit.* [n. 181], I, 194-95）

[311] 古兹曼似乎是从劳伦斯·梅西亚 1584 年 1 月 6 日写于天草的一封信中得出这一点的。因为它被刊行的地方是 1598 年的《信笺》，所以我被这一证据和其他证据引导相信古兹曼使用了《信笺》作为资料。

[312] 日本人在他们的讲话方法上不仅使用与众不同的"词"，而且还使用几乎完全不同的语言。对这些"礼貌形式"的当代评价见 Kazuhiko Sano, "Die Höflchkeitsformen des Japanischen," *Monumenta Nipponica*, IV (1941), 327-50。

[313] 在现代日语中 *Tono* 已引申为"先生"。

[314] 一个现代和尚，Kamazawa-Daigaku 的教授保坂（G. Hosaka）评论道："天堂是世界本身——我们身在其中，因为正是在这里发现了佛陀的真谛。没有将来的生活。"引自 E. Steinilber-Oberlin, *The Buddhist Sects of Japan* (London, 1938), p. 150。

[315] *Jōdo* 实际上意为"净土"（*ibid.*, p. 185）。

[316] 按照净土和尚冈本（K. Okamoto）的话："仅需以真诚地相信他的救赎力量，念出阿弥陀佛的名字，就能实现一个人的拯救。"（*ibid.*, p. 187）

[317] 推测这些是用于给他们的神像穿戴以表忠心的衣服。

[318] 这个教派主张只有一本《莲花经》（*Lotus of the Good Law*）（《法华教》[*Hokke-kyo*]）是唯一的真理。这个教派的创始人日莲大圣人呼吁"回到释迦"的运动。和古兹曼一样，Chamberlain（*op. cit.* [n. 25], p. 79）毫不迟疑地称圣莲为这些教派中"最顽固的"。

[319] 实际上，Shingon 意为"真言"。事实上这个教派比禅宗和净土宗都更早。

[320] 在 825 年完成了他的尘世工作后，弘法大师据说坚持活埋他。他仍被认为活在他的墓里，并且直到未来的佛陀弥勒出现在尘世前，他不会被叫醒。见 Steinilber-Oberlin, *op. cit.* (n. 314), p. 97。

[321] 新义（Shingi）或改革的真言宗的总部根来，直到 1585 年被秀吉摧毁前，一直是一股极大的经济、军事和政治力量。见 Eliot, *op. cit.* (n. 61), p. 245。

[322] 788 年，在京都东北的这些山上第一个寺庙被建成。早期在日本的耶稣会士们记载，在 1571 年被信长摧毁前，这个隐居城市包括多达 3 000 个大建筑物。

[323] 可能指的是每年在京都举行的祇园节（Gion festival）。更长的描述见中 Fróis in Schurhammer and Voretzsch (eds.), *op. cit.* (n. 85), pp. 136-37 的记载。

[324] 可能是每年在坂井举行的纪念神道教的神（*kami*）的节日，见 *ibid.*, pp. 137-38。

[325] 这是八幡（Hachiman），Ojiu 的佛教形式，武士的保护人或战争之神的节日。Schurhammer, *op. cit.* (n. 45), p. 78 讲述了在丰后的船井举办的庆祝八幡的节日，但他没有讲述模拟战。

[326] 关于日本古老埋葬习俗的近期论述见 W. H. Erskine, *Japanese Customs, Their Origin and Value* (Tokyo, 1925), chap. vi.

[327] 关于鬼节的当代权威论述见 Ensho Ashikaga, "The Festival for the Spirits of the Dead in Japan," *Western Folklore*, IX (1950), 217-28.

[328] 例如，见 Francisco Tello, *Relacion que embio de seys frailes espanoles de la orden de S. F. que crucificaron los del Japon, este ano proximo passado de 1592* (Seville, 1598)，1599 年译成德文并出版。

[329] 引自 *op. cit.* (n. 3), p. 421, n. 7。

[330] *Onerosa pastoralis* 的探讨与文本见 Leo Magnino, *Pontificia Nipponica. Le relazioni tra la Santa Sede e il Giappone attraverso i documenti pontifici* (Rome, 1947), pp. 62-67。

[331] 一些书志学家将出版的地点和时间误为罗马 1599 年。看起来这个信息只是参考了该书最后一部分（pp. 712 ff.），这一部分最初于 1599 年分别在马德里和罗马出版。Lorenzo Perez, O. F. M., "Los Franciscanos en el Extreme Oriente," *Archivum franciscum historicum*, I(1908), 541, n. 1. 讨论了这个书目问题。另见里瓦德内拉著作中的评论 pp. 712 and 725。我参考了 Marcelo de Ribadeneira, *Historia de los islas del archipielago Filipino y reinos de la Gran*

China, Tartaria, Cochin-China, Malaca, Siam, Cambodge y Japon (Barcelona, 1601)。

[332] 由 Juan R. de Legísima, O. F. M. 编辑的同一书名的现代版本 1957 年在马德里出版。绪言和书目极为有用，但它缺少大量的原文文献资料。

[333] Ribadeneira, *op. cit.* (n, 331), pp, 349-98.

[334] Guzman, *op. cit.* (n. 217), II, 645-712.

[335] 阅读过耶稣会资料的任何读者都知道，范礼安和其他人在他们寄往欧洲的信中，长期以来主张宣布垄断权。例如见《信笺》（Evora, 1598）1580 年 8 月 15 日视察员从有马发给特奥托尼奥·德·布兰干萨的信。

[336] 复制于 Cortesão, *op. cit.* (n. 293), in collection at end of Vol. II。

[337] 由 Schurhammer and Voretzsch, *op. cit.* (n. 85), p. 123 编辑的伏若望的《日本史》（Fróis' *History of Japan*）。

[338] 是一个估计，在后来的一封信中他校正为三天的旅程。实际上从日本到高丽的海上航道，无论过去还是现在只要几个小时。

[339] 与克路士的地理信息进行对照，下文，p. 753.

[340] 引自 J. Laures. S. J., "Koreas erste Berührung mit dem Christentum," *Zeitschrift für Missionswissenchaft und Religionswissenschaft,* XL (1956), 178。

[341] Cartas (Evora, 1598), I, 319.

[342] 欧洲人知道或认为他们知道一个葡萄牙的帆船早时在高丽进港，遭受到很大的敌意。另见 Boxer, *op. cit.* (n. 208), pp. 38-39。

[343] 它也被包含在 Fróis' *History of Japan* under the date 1578. 见 Schurhammer and Voretzsch (eds.), *op. cit.* (n. 85), pp. 504-11. Cf. Streit, *op. cit.* (n. 124), IV, 425。

[344] 见 Murdoch and Yamagata, *op. cit.* (n. 54), II, 305。

[345] 引自 Gerald Moser, "Portuguese Attempts at Opening Korea," *Korean Survey,* IV (1955), 5. 伏若望的这些信也被用英文摘录在 Richard Hakluyt, *Principall Navigations* (Glasgow, 1904), XI, 422-41。

[346] 这是伏若望于 1592 年，显然是在日本海军在海军上将乙（Yi）手下战败前几个月写的。Moser, *loc. cit.* (n. 345), p. 5。

[347] 耶稣会史家们通常说他于 1594 年抵达那里。这里我所遵循的是 Ralph M. Cory, "Some Notes on Father Gregorio de Cespedes, Korea's First European Visitor," *Transactions of the Korea Branch of the Royal Asiatic Society,* XXVII (1937), 9。

[348] 译文在 *ibid.,* pp. 38-45。

[349] *Ibid.,* p. 15. 由于德·塞斯佩德斯是西班牙人，所以毫不奇怪，关于他活动的资料在西班牙比其他地方更容易获得。

[350] 这个年轻高丽人以后的活动见 *ibid.,* p. 23. 在日本,高丽奴隶成为基督徒见 Laures, *loc. cit.* (n. 340), 188-89。

[351] 见 *op. cit.* (n. 217), II, 501-2。

[352] 特谢拉在他于 1595 年由奥提留斯出版的精美日本地图上显示出整个高丽是一个岛。

[353] 北部疆界的麻烦是高丽历史上大部分时期特别是蒙古入侵后的特点。即便在为秀吉猛攻做准备时，高丽人仍在他们的北部边境保持着一支军队。见 H. B. Hulbert, *The History of Korea* (Seoul, 19(5), I. 344-45。

[354] 日本的耶稣会士希望通过高丽直接接近北京（Guzman, *op. cit.* [n. 217], II, 626-28.）。

[355] 参考 G. Schurhammer, *op. cit.* (n, 30), I, nos. 1195 and 3973; and Cortesão , op. cit, (n. 29), Vol. II, Plates 14, 17, 19, 22-23, 27-28, 51 中的短评。

[356] Dahlgren, *loc. cit.* (n. 4), p. 26.

[357] 见伏若望在 Schurhammer and Voretzsch (eds.), op, cit. (n. 85), p. 211 中的记载。对"琉球"（Liquio）一个极为奇特的描述见维勒拉 1571 年的信，载于 *Cartas* (Evora, 1598), I, 321。有关将台湾作为从澳门前往长崎途中台风中心对航海的关系极为现实的探讨，见 Appendix II of Boxer. *op. cit.* (n. 3)附录二中复制的 1585—1586年"圣克鲁兹"(Santa Cruz)号的航线海图。

[358] Boxer, *op. cit.* (n. 3), p. 130.

[359] 秀吉对其征服和吞并台湾的计划从未保密。见 Giuliana Stramigioli, "Hideyoshi's Expansionist Policy on the Asiatic Mainland," *Transactions of the Asiatic Society of Japan,* 3d ser., III (1954), 196。

[360] 见 C. F. Zaide, The Philippines since Pre-Spanish Times (Manila, 1949), p. 289。

[361] 参考马丁·德·拉·亚松森（Martin de la Ascuncion）教士大约写于 1597 年发自日本的信，对为了传教目的占领台湾给出了他的观点。见 Father Pablo Pastells (ed.), *Francisco Colin, S.J., Labor evangelica* (Barcelona, 1904), II, 98-99。

[362] 兰西洛特可能写的是 "Esoo"，"G" 也许是抄写员或编辑的错误。见 Doroteo Schilling, O. F. M., "Il contributo dei missionari cattolici nei secoli XVI e XVII alla conoscenza dell'isola di Ezo e degli Ainu," in C. Costantini *et al., Le missioni cattoliche e la cultura dell'Oriente* (Rome, 1943), p. 143, n. 14。

[363] 文本见 *ibid.,* pp. 143-44; 另见 G. Schurhammer, "Der erste Bericht über die Ainu in Nordjapan," *Die katholiscehen Missionen,* LIV (1926), 233。

[364] 在 A. T. Pires, "O Japão no seculo XVI," *O Instituto,* LIII (1906), 766。

[365] 见 Cortesão, *op. cit.* (n. 293), II, plate 22 地图 , 和 pp. 240-41 中的探讨。也参阅 Kish, *loc. cit.* (n. 276), pp. 30-33。

[366] 第一次印刷在 1570 年的《信笺》中，然后又再版于 1598 年的《信笺》中 (I, 145-46)。见 Streit, *op. cit.* (n. 124), IV, 517。

[367] 19 世纪类似的一个描述参见 Griffis, *op. cit.* (n. 37), pp. 30-33 ；更详细也更权威的记载见 J. Batchelor, *The Ainu of Japan* (New York, n.d.)。

[368] 老式日本镜子是圆形的，通常是用黄铜或其他一些金属制成的。由此，它们可能也充当了

护胸甲的作用。

[369] *Op. cit.* (n. 259), pp. 853-54.

[370] 见 Schilling, *loc. cit.* (n. 362), pp. 148, 152。同一个莫里拉·达·维里格可能是 1585 年制作佛罗伦萨地图的制图师。见 Cortesão, *op. cit.* (n. 243), II, 362-63。但这种关系是根据不足的。见 Cortesão and Teixeira da Mota, *op. cit.* (n. 294), II, 127-28。见上文，p. 710。

[371] 见 Schilling, *loc. cit.* (n. 162), pp. 148-50, 152。另见 Leo Magnino, "A contribuiçao dos Portugueses para o conhecimento da ilha de Ieso no Japão no século XVI," *Actas* (International Congress of the History of the Discoveries, Lisbon, 1961), III, 317-25。

[372] 见 Rundall (ed.), *op. cit.* (n. 41), p. 8。

[373] 美因茨（Mainz）印刷的文本是拉丁文和德文。

[374] 关于虾夷历史的这段插曲见 J. A. Harrison, *Japan's Northern Frontier* (Gainesville, Fla., 1953), pp. 7-8。

[375] 引文出自 Hakluyt, *op. cit.* (n. 345), XI, 441-42。

[376] 参照 Harrison, *op. cit.* (n. 374), p, 147。关于被认为位于太平洋上富有金银的神秘岛屿查阅 Wroth, *loc. cit.* (n. 19), pp. 207-10。

[377] *Op. cit,* (n. 3), p. 50.

[378] Richard Hildreth, *Japan As It Was and Is* (Tokyo, 1905).

[379] Murdoch and Yamagata, *op. cit.* (n. 54), II, 41.

[380] 被翻译的最重要的耶稣会著作有：G. Gualtieri's 对旅欧使团的记载（see Laures, *op. cit.* [n. 215], item no. 176）；1598 年《信笺》在 1926 年至 1943 年间被逐个翻译，这一整套的翻译现在正由村上直二郎（Murakami Naojirō）进行编制（详情载于 Laures, *op. cit.* [n. 215], item no. 232）；Guzman's *Historia de las missiones ...* 的日文翻译 1944—1945 年在丹波市（Tanbaichi）出版（详情载于 Laures, *op. cit.* [n. 215], item no. 254）。由当今一个日本学者所做的对欧洲资料重要性的评价见 Matsuda Kiichi, *loc. cit.* (n. 14), pp. 166-67。

[381] 格奥尔格·舒尔哈默（Georg Schurhammer）五十年（1907—1957）大量的书目见 *Archivum historicum Societatis Iesu*, XXVI (1957), 422-52。

[382] 即使像乔治·桑塞姆爵士（Sir George Sansom）这样伟大的学者，在判断来自日本的耶稣会信件时也会误入歧途，他直截了当地声明："在耶稣会信件中没有一个地方能被发现有任何种族或文化至上的感觉。"（*The Western World and Japan* [New York, 1950], p. 174）在感觉不到种族至上这点上，我同意他的看法，但完全不同意耶稣会传教士，特别是卡布拉尔，没有文化至上的感觉。

第九章 中国

第九章 中国

前地理大发现时代，欧洲对中国的概念，主要来自于大陆旅行者们的见闻，还有曼德维尔（Mandeville）游记之类的传奇。这些文学作品传达了关于中国的初步印象，同时，欧洲对中国的印象不断加强，在最遥远的东方，存在着一个能生产欧洲尚不能成功仿造的丝绸和瓷器的民族和文明。这些印象赋予中国一种物质化的特点。尽管如此，中国形象的轮廓却由于传奇和寓言的表象，在欧洲人眼里变得越来越模糊不清。的确，在欧洲，等待一个更清楚更精确的中国形象从繁茂芜杂的传说中显露出来，几乎需要整个16世纪的时间。

从16世纪早期在欧洲流传的商业、游历和官方报告中只能捕捉到中国模糊的一瞥。在印度的葡萄牙先驱者听说了"白人访问者"含糊不清的谣传。据说在大约八十年以前，他们不定期地出现在马拉巴尔海岸。明朝初期，中国冒险家开始了前往印度洋和非洲的壮观航行，在他们探险的第一个十年，证实这一探险航行的报告抵达了欧洲。[1] 但是，达·伽马及其后继者们对香料和黄金的兴趣，要远大于他们在印度西南部市场上发现的中国出产的商品。不过，他们还是给里斯本带回了中国丝绸和瓷器的样品，这些物品在欧洲是极为珍稀的，即便在印度的市集上也是极其昂贵的。但这些最早期的刺激物明显缺乏说服力，难以令人信服，葡萄牙国王曼努埃尔一世（King Manuel I）及其富于进取心的

295

730

731

幕僚并未花费许多时间去寻找关于中国人更详细的信息。

1508年，迭戈·洛佩斯·德·塞奎拉（Diogo Lopes de Sequeira）从葡萄牙出发前去勘查马六甲，他得到了如下的指令：

> 你要向秦人（Chijns）询问，他们来自什么地方，来自多远，在什么时候他们来到马六甲……他们所带的商品，每年有多少船只前来，有关他们船只的式样与类型……他们是否是富有的商人，他们是否是软弱的人，或是勇士，他们有没有武器或大炮，他们穿什么样的衣服，他们是否是大块头的人……他们是基督徒还是异教徒，他们的国家是不是一个极大的国家，在他们中是不是不止一个国王，摩尔人有生活在他们之中吗？焉或还有不在他们法律范围之内或不同信仰的其他人；如果他们不是基督徒，他们信仰什么崇拜什么，他们遵守的习俗是什么，他们的国家向哪个部分延伸，与谁交界。[2]

葡萄牙人将发现，寻求这些问题的答案，需要几乎一个世纪的时间。

第一节　在葡萄牙帷幕的背后，1520—1550年

1511年葡萄牙人占领马六甲后，中国人和葡萄牙人很快就开始了有限的商业交往。卢西塔尼亚（Lusitanian）的冒险家和商人们不久开始探索从马六甲前往中国南部的海上和陆上通道，这些探索有时是他们自己进行的，有时是和中国人一起进行的。大多数到过中国海岸的伊比利亚先锋乘坐帆船来到那里，其中的商人很快得知"（从马六甲）将香料带到中国和将它们带到葡萄牙一样获利巨大"。[3] 尽管如此，瓷器和丝绸面料继续抵达里斯本，而且第一个被记录下来曾在1514年访问过中国的葡萄牙人豪尔赫·阿尔瓦雷斯（Jorge Alvarez），也开始在中国购买更实用的新商品，如桐油，再到欧洲出售。[4] 在这些早期岁月里，虽然葡萄牙人越来越能够理解东方贸易中的古怪行为，而且葡萄牙商人们一直

732

努力向中国渗透，但这类消息并未正式传至欧洲的其他地方。

葡萄牙的"保密政策"是在欧洲视线中屏蔽中国的唯一一块帷幕；中国人自身通过他们自己设计出的排他性政策也促成了欧洲对它的懵懂无知。在北京看来，葡萄牙人在马六甲遇到的中国水手和商人是非法去那里的。在洪武皇帝颁布的《大明律》（1397—1398年）中就规定，为了国家安全的利益，汉族子孙禁止通过陆路或海路前往国外，对离开国家并泄露不利于国家安全情报者，明文规定处以斩首。不过，明初开国皇帝朱元璋严禁海外冒险的禁令不久就被其继任者所忽视。在15世纪最初的二十五年中，太监郑和（Cheng Ho）和其他海军指挥官向南方和西方进行了一系列的官方探险远征；在卡利卡特（Calicut）[①] 和锡兰（Ceylon），中国商人被当地人称为"白人"，同一时期，这些中国商人也造访过印度洋许多主要港口。由一个独立的苏丹王国建立的马六甲市，毫无疑问应该主要归功于中国海军的行动，中国海军利用它的战略位置将该港口作为海外基地。[5]1433年，中国正式放弃海外事业，在随后的年月里，明朝政府通过颁布一系列诏令恢复了明初的闭关政策。[6]

从那时以后，北京用海军保卫它的沿海城市免于日本、本地，及（后来）葡萄牙海盗的劫掠。然而，在16世纪，蒙古人的崛起成为北京头等重要的问题。[7]因此，北京将注意力集中于北部受到威胁的陆地边境，与此同时，却任由海军和对中国南部的海岸防卫陷入破败衰退的境地。在16世纪，北京从未能成功地执行闭关政策，也不能在东南沿海维持严格的治安和秩序。

嘉靖（Chia-ching）年间（1522—1566年），中国沿海一带的繁荣景象渐趋衰落，与此相应，葡萄牙人在广州的正式贸易活动陷于停顿，随之而来的是违法海外贸易与海盗行为的膨胀扩张。虽然中央政府坚定地执行着闭关政策，但一些港口，特别是广东和福建的港口，却需要沿海贸易和对外贸易才能得以维持。[8]从葡萄牙人的证词中可以看出，在该世纪上半期，甚至出现了广东政府官员向想去南部进行贸易的中国商人秘密颁发许可证的情况。[9]

第一个前往中国的正式葡萄牙使团在得知"中国渴望和平与友谊"的消息

733

----

① 印度西南港口。——译者注

后，在 1517 年被从马六甲派往广州。[10] 在前往中国前，率领使团的托梅·皮雷斯（Tomé Pires）已经向里斯本发回一个详细的葡萄牙人遍及整个东亚贸易活动的概要，其中他相当详细地论述了"在东方这里的民族（人民）"所讲述的中国、琉球和日本。[11] 从他的报告中，看得出皮雷斯清楚地知道官方禁止中国人前往海外，存在于东南亚统治者与北京之间纳贡关系的基本情况，以及中国接见外国使节的习惯做法。

皮雷斯无法全面理解朝贡制度方方面面的情况，也不知悉支持朝贡制度的理论，这是不足为怪的。西方学者对朝贡制度运作的细节直到现在才开始逐渐厘清。[12] 根据他有限的信息，皮雷斯不能全面理解他那个时代朝贡制度就像闭关政策一样被设计出来，是用以保护帝国的安全，防止财富外流，并且将国际交流限制在那些承认对中国隶属并且服从皇帝的那些人中。朝贡使团只能按照北京规定的条件来到中国。朝贡使团的一些成员可以在边界城市贸易，或者在规定的前往首都的路线上的内陆城市，甚至北京城进行贸易。但外国人在任何情形下都不被允许无限期地待在中国，也不被允许在平等的基础上与朝廷交涉。当葡萄牙使节们第一次踏上中国的土地时，他们面对的国际关系条例就是这样，而且他们一直道听途说，所以对他们遇到的接见几乎毫无准备。

1517 年，载着托梅·皮雷斯的舰队将这个全权公使送到广州的岸上。在那里进行了一些磋商后，中国当局指派给他一个住处，在这里他等待继续进京的许可。皮雷斯及其随从在经历了似乎理所应当的永无止境的耽搁后，最终在 1520 年年初动身前往京城。由于皇帝要从南方巡视旅行中返回，从 1520 年 7 月至 1521 年 2 月，他们在京城中等待，在此期间政治氛围转向阴沉不定，对葡萄牙人极为不利。很显然，已经受到朝廷接见的其他外国代表们猛烈攻击葡萄牙商人及其水手在中国南方沿海地区扰乱社会治安的行为。与此同时，来自马六甲被流放苏丹的特使到达北京，诉说他的主子在葡萄牙"海上盗贼"手中遭受到的损失。[13] 当正德（Chêng-tê）皇帝在 1521 年 5 月最后死去时，还尚未接见过皮雷斯，这个葡萄牙使节遂被中国人命令离开京城。1521 年 9 月，他回到了广州，不料却发现，曾易于驾驭的广州人已经变得对葡萄牙人极为仇视，他们指控葡萄牙人偷走他们许多孩子，并将他们运载出去贩卖为奴。

734

对这些被指称的掠夺破坏，中国第一次官方反应是在 1521 年或 1522 年禁止与佛朗机人（*Fo-lang-chi*，法兰克人、葡萄牙人，总之就是欧洲人）所有的贸易。最后，皮雷斯及其一干人马在广州被关进了监狱，而他们给皇帝的礼物则充公没收。这个使节及其他人在中国度过了他们的余生。其中两个囚犯，克里斯塔瓦奥·维埃拉（Cristavão Vieira）和瓦斯科·卡尔夫（Vasco Calvo）成功地发出了信件，这两封写于 1524 年的信，显然是想让他们的同胞知道自己的命运，以促使葡萄牙国王采取一次对中国的军事远征。[14]

这些信件是非常重要的资料，因为它们是第一批抵达欧洲（可能大约 1527 年）的身临其境的葡萄牙人对中国生活的详细记录，16 世纪后半期出版的葡萄牙人在东方活动的大部头的历史著述中都直接或间接地利用了这两封信件。特别是维埃拉的信件，信中所述多为独到的第一手观察，因为他是好望角航线发现后，访问了北京并写回去这一切的第一个欧洲人。特别值得注意的是他写下了些许中国人在京城接见外国使节习惯做法的信息。例如，他评论道：

> 在八里（Piquim［北京］）关于使节们的习俗是将他们安置在有很大围墙的某些房屋里，在每月初始的第一天他们被关进那里；在月中的第十五天他们去国王的宫殿，一些人步行，一些人骑着用草绳索缚着的驽马（马）；在国王宫殿的一个围墙前他们都要进行五次对他们的长度测量，以便跪在地上的膝盖与朝向地上的头和脸协调有序。他们维持这样的跪式直到被命令直立。在墙边他们如此做了五次。从那里他们返回再重新进入被锁护的围墙。[15]

维埃拉向欧洲讲述了朝贡制度的其他特征，但它们的含义可能不会引起里斯本葡萄牙人的注意。他提供了在广州时翻译为使团准备的葡萄牙文本介绍信，以让他的同胞们知道按照明朝的规矩和以书面形式致函给天子的专有方式。[16]他也告诉他们，口是心非、表里不一，可能不会获得预期效果，为此，他叙述了发生在皮雷斯身上的不幸遭遇。当时北京已查明并确定，在广州为这个葡萄牙人所写的中文归顺信没有准确地反映出曼努埃尔国王原信中的独立语气和庄

735

重风格。一旦两封信间的差异为北京皇家官员所察知，葡萄牙人是不会被允许出席朝贡仪式的，同时他们被命令返回广州。然而，维埃拉合情合理地指出，正德皇帝以特有的谦逊慈悲回复了他的官员对葡萄牙人做出的攻击，他提醒他们："这些人不知道我们的习俗；慢慢地他们将会知道它们。"这样的柔懦情感是与传统上期望中国皇帝对待"野蛮人"的同情怜悯协调一致。通过这个对朝贡制度的直接第一手记述，这一观念在 16 世纪初逐渐被传到葡萄牙，即中国的国际交往体制与欧洲盛行的体制迥然有别。

736　　　葡萄牙囚犯也向欧洲传回去了相当精确的中国十五省目录，一些省级和地方一级行政机构的记载，这一国家的物产，其战舰和防御工事，还有一些对山脉水道的一般性观察。维埃拉评论道：

　　　　这个国家的优势在于它的河流全都向下流入大海。从北到南不能乘船航行；这可能是因为国王禁止，目的是为了使这个国家不为外人所知。我们去的地方全是河流。这些河流宽阔的下游有数不胜数的各种船只。……它们只需要很少的水。……在从北到南的海岸上，地面都很低。[17]

　　　同时，维埃拉详细地记录了"从驿站到驿站"的馆驿系统和邮驿制度。他观察到乡村家庭处于族长管辖之下，离开他们的村庄或城镇，都需要得到许可，而且人口非常之少的定居点也都被用城墙加以封闭隔绝。[18]

　　　最后，维埃拉及其同伴相当详细地描写了广州市。它所处的地区"是中国一个最好的地方"，既是国内贸易也是对外贸易的中心，而且还是一个肥沃的农业地区，这里居住着"每一个手工业部门中各种类别的工匠"。法官全部出身于文人，"而且文人中每个（成员）在达到一个学位等级时开始从小官职位做起，然后不断上升到更高等级"。所有的"变化"都是由北京"来安排的"。他注意到，一个出生在广东的法官"不能在广州任法官之职……所以一个省的那些人不能管理该省其他的人"。但是他认为，由来自另一个省的行政长官执法欠佳，"因为他不会从这个行政区的长远好处进行考虑，而只是想着赢得喝彩，因为他不是这里的当地人"。[19] 无疑，三年监禁后维埃拉既未倾向于安之若素地看待中国司法，也未认可规定官员永不能在自己省份任职的"回避法"。

维埃拉在信中叙述了中国人受到了官吏的虐待，"每天他们都揭竿而起并成为强盗"。[20] 军事"官员"通常是本省人，他们在这个省内服役，并一般"领取朝廷的薪水"。平民大众不得携带武器。他不太瞧得上中国的武器和盔甲，并向他的读者保证，这些武器装备除了明显要比葡萄牙的差外，"在葡萄牙人来之前他们没有迫击炮"。与外国的贸易近期被中止了，他断定它对维持这个国家是必要的，并充满希望地评论道："每天我都认为广东就要造反了。"对于中国士兵及其勇气，他根本不屑一顾，并且表达了这个信念，"如果这些人有机会体验一下葡萄牙的利剑"，这里的人将会造反，并与葡萄牙人一起反对他们自己的统治者。至于夺得并占据广州，他估计将仅需葡萄牙人"2 000 或 3 000 人的部队"和"10 至 15 艘的舰队启航前来"。中国人"肯定"与他们的统治者们"开始互殴"，"因为所有的人都正在等待着葡萄牙人"。

虽然这两个囚犯的信可能在 1527 年左右抵达葡萄牙，但没有见到里斯本对葡萄牙人应该占领"半个中国"这个建议所做的任何反应记录。在广东的港口关闭后，葡萄牙人暗中在远离广东、福建和浙江的岛屿进行贸易。与中国走私者们集结的一个最早的地方是"贸易岛"（Veniaga）或"屯门"（Tamão [Tun-mên] 或临屯岛 [Lintun island]），它靠近供应广州淡水的珠江（Pearl River）入口。[21] 在这种"秘密"交易中，他们得到了来自马六甲和沿海省份中国商人的帮助和支持。十年间，大多数葡萄牙人前往中国沿海的航行显然都是非法的；但是，1533 年开始，由广东当局签发的官方许可证再次颁发给除佛朗机（Fo-lang-chi）外的所有外国商人。[22] 尽管在广东，葡萄牙人仍然被明令为不合法商人，但他们将自己的商业活动沿着中国海岸向北推进，特别是到了离浙江海岸很近的"双屿"（Liampo，宁波附近的岛屿）[23]。他们在这里建立了一个定居点，也在这个地方与日本（也有中国）商人相遇。正是从这里起，那些商人们动身出发，大约在 1543 年他们发现了日本。1549 年中国和日本正式关系的暂时中止而授葡萄牙人以机会，他们通过充当中国和日本商业团体的中间人获利。[24] 随着葡萄牙人作为中国和日本之间的媒介不断增加他们的活动，他们非官方地得到心照不宣的默许，1555 年左右在澳门他们建立了一个永久性的贸易居住地。[25]

1550 年前，在欧洲流传的中国信息仅是里斯本当局允许泄露的官方资料，或西班牙和其他欧洲国家代理人设法获得的地图和航线海图，还有来自那些参与和中国贸易的人员的文字与口述信息。写于 1524 年的葡萄牙囚犯的信件，是 16 世纪上半期由西方人完成的唯一关于中国的第一手记录，至今我们仍在使用。然而，我们从若昂·德·巴罗斯（João de Barros）本人的证词中知道，他是 1533—1567 年印度商行（Casa da India）的管理人，在他里斯本的财产中有一批中国书籍，并有一个聪慧的中国奴仆为他阅读并摘录这些书籍。[26] 巴罗斯第一部《旬年纪》（Década）的初稿在 1539 年完成，但直到 1552 年前一直未被出版。费尔南·洛佩斯·德·卡斯塔涅达（Fernão Lopes de Castanheda）在 1551 年出版了他的开拓性著作《葡萄牙发现和征服印度的历史》（História do descobrimento e conquista da India pelos Portugueses）的第一卷，他从 1528 年至 1538 年生活在亚洲。像里斯本的巴罗斯一样，在东方的卡斯塔涅达采访了来自中国的水手、商人和本地人，并且"通过精读由德高望重之人所写的……许多信件和记录……"，收集到了"真实可靠的信息"。[27] 然而，在卡斯塔涅达和巴罗斯撰写的历史著作出版前，关于中国的葡萄牙资料，除了孤立个别的一些外，事实上并不为里斯本官场之外所知晓。

卡斯塔涅达对中国的描述集中于叙述由费尔南·佩雷斯·德·安德拉德（Fernão Peres d'Andrade）率领的 1516 年至 1517 年的葡萄牙远征，与他对印度长篇大论的论述相比，对中国的叙述则很短。然而，他的叙述比杜阿尔特·巴尔博萨（Duarte Barbosa）对中国的记述更为全面，不过，在写作这本书时他没有使用广州囚犯的信件。[28] 但显然他依赖于其他原始资料，而且他对中国的佛教仪式、神和寺庙叙述得要比我们所知道的此前任何一个作家都要多。[29] 像其他欧洲人一样，他盛赞中国人在手工操作和人文科学方面都具有无与伦比的才能。他们中的博学之士和书籍展示了许多科学知识，在公共学校中传授各种学科的教育。他们对于战争没有嗜好，但他们的武器被认为是极好的。他注意到，他们只有一个统治者，被称作"天子"（Son of Heaven），他得到了太监和人数庞大的不同等级官员的服侍。他罗列了一份直译的中国官员头衔的详细名单，

739

包括许多在以前西方人记录中没有提及的官衔。[30]

巴罗斯在写作中和对里斯本官方资料的研究中，能够提出比卡斯塔涅达更全面更权威的探讨。[31] 他所用的许多葡萄牙文资料包括了广州囚犯的信件。[32] 通过可能取自他手头的中文书籍，他的西文资料得到了扩充，特别是关于中国北部和内陆地区的西文资料得到了充实。在第三卷《旬年纪》中，巴罗斯对中国进行了最长篇的叙述，[33] 该卷在 16 世纪中叶完成初稿，但直到 1563 年才终于出版。

巴罗斯估计，中国的海岸在长度上超过 700 里格（2 800 英里）；他之所以得出这个结论，是因为从广州到北京的一次旅行是 500 里格（2 000 英里）的旅程。[34] 他确定长城位于北纬 43°到 45°之间，[35] 长城令他十分赞叹，同时他正确地指出长城的目的在于防御鞑靼入侵。从他可自由支配的中文地理著作中，他获得了一些中国测量距离的概念。在研究了中国十五省的地图后，[36] 他将中国的省份划分为两类：沿海地区和内陆地区。[37] 在他所记录的这些省内共有 244 个城市（府 [fu]），[38] 每个省都有一个首府城市，它是该省的行政中心，所有其他省内城市次于这个大都市城市；同样，城镇（州 [chou]）次于它们的地区城市；尽管有时村庄比城镇要大，但在行政区划上次于城镇。[39]

巴罗斯声称省的行政管理被委托给了三个官员：具有维持公共秩序和法律制裁综合管辖权的"督堂（tutão）"（可能是"都堂"[tu-t'ang]，[40] 总检查官或总督）；"布政司（concão）"（"正侍"[chêng-shih]，或更正确地说，"布政使"[pu-chên-shih]，[41] 意为总督或省司库）；和负责军事事务的"总兵"（chumpim [tsung-ping]，[42] 地区指挥官或准将）。这些最高官员中每一个都有许多下属。在需要他们对共同关心的事务做出决策时，三个主要官员带着他们的助手一起碰面，从而形成了一种地方议会。官员们是通过行政部门被招募吸收的；法官永远不会是他们任职省的本地人，但军事指挥官却是本地人。所有官员担任某一官职最长为三年；[43] 在没有征求他们意见的情况下，奉北京之命，他们就会被调遣离开派往其他地方，而且时刻处于检查机构的监视之下。

和希腊人一样，在与外国人的关系中，中国人认为其他的人都是野蛮人。根据他们对中国文明的理解，大多数野蛮人是盲目的；巴罗斯认为，中国人认为欧洲人稍微高级些，因为他们被说成是仅是半盲，还有"一只眼睛"。像西

740

741 方的古人一样，据说中国人掌握了相当多的宗教、自然和道德科学的知识。在欧洲知道印刷术之前，他们已经掌握了印刷术，同样在各种其他工艺上具有超凡技能。在过去的岁月里，他们曾控制了南亚的许多地方，这在现在的勃固和暹罗存在的器物及其他们残存的写作、宗教和习俗中都能得到证实。按巴罗斯估计，每三年一次南方国家派往北京的朝贡使节，是一种继续承认中国从前霸主地位的形式。这个葡萄牙史家将中国从征服的竞争中撤退归因为一个英明君主的决定，这个君主意识到国家活动扩展过度则弊大于利，按照巴罗斯的看法，在这一点上，显然中国人要优于罗马人。一旦政府对国家的需求做出了谨慎明智的评估，立即导致这样的决定，即中国凭借自己的资源就能生存。随后的决定就是中国人不应该前往海外，贸易应该受到严格管制，而且只有以朝贡为目的的外国使节才可以进入这个国家。在对与中国和南方关系相关联的问题上，正如我们已经看到的，巴罗斯提供了中国人和爪哇民族的比较。[44]

与大多数后来作家不同，巴罗斯试图指出中国南方人与北方人之间的差别。一般而言，除了广州及其附近的人外，南方人要劣于优越的北方人。广州人比其他南方人更高级，在交易上聪明，在冲突中机敏。在葡萄牙人到来之前，他们就应该已经知道如何使用火炮，并被认为是优秀的大炮制造者。他们拥有飞船，这种飞船在陆地上通过风帆的使用被推动前进，而且像船一样被控制行驶。巴罗斯专门对广州市进行了描述，在此，他显然依靠的是地图及广州的葡萄牙囚犯转发给葡萄牙的叙述。他注意到，在中国人日常生活劳作中，沿海省份的灌溉得到了高度的发展，许多人生活在水上住宅船里，而且到处都呈现出喧闹的生活场景。他也观察到中国人通常有两三个妻子，女子基本上处于隐居状态。平民女子不得生活在城市的城墙之内。同时，一如所有其他作家事实上也注意到的一样，他注意到中国人对节日、宴会和娱乐消遣的特别嗜好。他断言，在中国，每个人都有职业，人们在这里看不到贫困和乞丐。

因为巴罗斯的书并未广泛流传，[45] 所以他对中国精彩的叙述，好像对伊比利亚半岛和意大利之外欧洲衍生出的中国形象所产生的直接影响一样微不足道。然而，正如我们将看到的，他至少间接地影响了门多萨和马菲的著作，这是两部出现在 16 世纪深受欢迎的描述中国的著作。

第二节 门多萨的著作及其资料

一旦中国的帷幕开始拉启，信息迅即快速增加；16 世纪中期后的二三十年时间里，欧洲的阅读公众已经能够得到许多关于中国的第一手记述，其中一些，如赖麦锡著作中包括的资料，在这个世纪更早的年代里已经完成。耶稣会士，特别是在大约 1555 年澳门建立后，定期在他们的书信年鉴上列入中国的消息，其中一些消息是通过日本资料得知的。尽管如此，却直到 1569 年时，第一部欧洲人创作的完全关于中国的书才在葡萄牙的埃武拉出版。这就是葡萄牙多明我会修士加斯帕尔·达·克路士（Gaspar da Cruz）的著作，这本题名为《中国志》（*Tractado em que se cõtam muito por estẽso as cousas da China*）[46] 的书，是克路士根据他自己的经历和其他人的经历而创作的。它第一次呈现了 16 世纪时一个欧洲人所能看到的关于中国全面而详细的观察。但是这本书却没有得到广泛传播，也许是因为它出版于一个瘟疫流行之年，或许因为和巴罗斯的著作一样，这本书是葡萄牙语，而不是一种欧洲十分熟悉的语言。

在欧洲出版的关于中国的第二本书是贝纳迪诺·德·埃斯卡兰特（Bernardino de Escalante）的《葡萄牙人到东方各王国及省份远航记及有关中华帝国的消息》（*Discurso de la navegacion que los Portugueses hazen à los Reinos y Provincias del Oriente, y de la notica q se tiene de las grandezas del Reino de la China*，塞维尔，1577 年）。和克路士不同，埃斯卡兰特显然没有到访过中国。[47] 他大量地依赖克路士、巴罗斯和他在葡萄牙与西班牙遇到的提供消息的人而得到信息。在他这本恰好 100 页小书的最后，埃斯卡兰特评论道：

> 在这本我极其勤奋进行资料搜集并付出信念的著作里，所写的全是关于中国伟大的统治权威；曾在那里做买卖或从事其他商业的葡萄牙人，还有上面所说的中国人，他们也来到西班牙：从和他们的交谈中我认为，我所想的是确切的、符合这个简短的论述。[48]

由于他的叙述是用西班牙语写的，它吸引的阅读公众得以超出伊比利亚的范围，并且在塞维尔出版整两年后，它就被译成了英语。[49]

　　埃斯卡兰特的书有时被认为仅仅是对克路士著作的改述，因而不被重视。[50]事实并非如此，对于埃斯卡兰特来说，虽然他承认得益于克路士，但他特别表达了对巴罗斯的感激。总之，埃斯卡兰特总共十六章的著作遵循着巴罗斯的编排结构模式。此外他还指出了克路士和巴罗斯对中国人"在他们学校除了王国的法律外"是否讲授科学的叙述上存在的矛盾。就这个争议点，埃斯卡兰特选择了遵循巴罗斯的说法，不仅如此，克路士仅仅列举中国的十三省，而埃斯卡兰特列出的是十五省，且他的省名音译几乎与巴罗斯所列举的那些名字一致。埃斯卡兰特证实他亲眼见过一个中国人写字，他的书包括了一组三个样字，这几个字被门多萨和制图师路易·豪尔赫·德·巴尔布达（Luis Jorgé de Barbuda）复制。[51]埃斯卡兰特也使用了其他资料，比如说他能搞到手的官方报告。[52]埃斯卡兰特的西班牙语述远非对克路士的单纯改述，他的研究是一个欧洲人综合分析了所有可利用的关于中国的资料，并以叙述形式呈现它们的第一个成果。从文本中可以看出，他的目标是鼓励西班牙人通过从墨西哥穿过太平洋，经菲律宾群岛到中国扩展他们的贸易和传教活动，以在远东获取更积极的利益。

　　16世纪所完成的关于中国最有影响、最翔实的著作是胡安·冈萨雷斯·德·门多萨（Juan Gonzalez de Mendoza）的《中华大帝国史》（*Historia de las cosas mas notabies, ritos y costumbres del gran Reyno de la China*，罗马，1585年）。根据教皇格里高利十三世（Pope Gregory XIII）的命令，大约1583年，奥古斯丁会修士门多萨遵旨撰写了一部"关于中华帝国已知事情的历史"。[53]在这个世纪末之前，他的纲要已经被翻译成大多数的欧洲语言，并成为它那个时代最为畅销的图书之一。门多萨一书的广受欢迎，部分可归因于当时在欧洲各地普遍缺乏以本国语言写作的综合全面和权威观察中国的著作，难以满足公众渴望了解中国极大的得不到满足的需要，同时也归因于它当时在罗马出版，那时欧洲对日本派往天主教会的"使团"发生了强烈的兴趣。门多萨的书籍是在罗马教皇的赞助庇护下出版的，毫无疑问这也增加了该书的权威性，并引起广泛兴趣，若非如此，它也许不会获得这种权威性和阅读兴趣。当然，门多萨

744

的叙述清晰明了，其洞察力之敏锐，及其文风的活泼生动，肯定也有助于这本书的普及推广。事实上，门多萨一书的权威如此之大，以至于它成为 18 世纪前所有欧洲人随后出版的关于中国著作的基点和对比的根据。

门多萨著作的罗马版（八开本共 440 页）是公认的最重要的版本，1585 年由巴托洛梅·格拉希（Bartolomé Grassi）出资，并由维森修·阿科尔蒂（Vicencio Accolti）出版社发行。[54] 同年间，它以西班牙语在瓦伦西亚（Valencia）和意大利语在威尼斯重新发行，到 1600 年时，意大利语版又印刷了 19 次。1589 年，在布雷西亚（Brescia）和博洛尼亚（Bologna）发行的版本包括一幅简单的中国地图。[55] 1586 年，在马德里印刷的修订版被扩增，包括了 1583 年埃斯佩雷（Espejo）对新墨西哥远征的叙述性描写。到 16 世纪末，西班牙文本共印刷了 11 次，其中一次是 1596 年在安特卫普（Antwerp）出版的。[56] 1589 年，一个德语译本和一个拉丁语译本在法兰克福出版，后者献给安东·富格尔（Anton Fugger）；在 1597 年，马蒂亚斯·德莱塞（Matthies Dresser）的德语译本在莱比锡城印刷出版。在科尼利斯·科拉埃兹（Cornelis Claesz）直接授命下，1595 年荷兰语译本同时在阿尔克马尔（Alkmeer）和阿姆斯特丹出版。法语译本 1588 年、1589 年和 1600 年在巴黎出版。R. 帕克（R. Parke）在年轻的哈克路特的激励下，承担了翻译工作，在无敌舰队战役那一年①，其英语译本在伦敦出版，题目为：《中华大帝国历史以及那里的形势：巨额财富、大城市、政治政府和珍稀的发明》（*The Historie of the great and mightie kingdome of China, and the situation thereof: Together with the great riches, huge citties, politike government, and rare inventions in the same*）。[57] 到 16 世纪末，门多萨的著作用 7 种不同的欧洲语言再版了 46 次。门多萨的最后译本于 1674 年出版；其西班牙语著作的最近一版在 1944 年发行，[58] 印刷总数相加达 63 次之多。

但凡写到门多萨著作之人，大多数对其资料的数量和多样性只有一个大致了解。一般而言，可以断言门多萨对他那个时代能够得到的几乎所有资料，无论是直接的还是间接的，都极为熟悉并加以利用。他的书毫无疑问标志着第一

---

① 1588 年。——译者注

745 个重大成就，即它将散乱各处的信息融入了一卷书中，而这些信息是葡萄牙人和耶稣会士们提供的，同时它将这些资料与进入欧洲的其他来自菲律宾群岛的西班牙传教士和行政人员的资料结合在一起来使用。

门多萨经常因讲述夸张荒诞的故事，捏造他所需的数据资料和大量剽窃而饱受指责。迄今为止，没有人愿意花费精力鉴定门多萨的资料，去评价他对它们的利用，或通过系统地与中文资料进行比较来检验他的信息。如此一个工程，虽然肯定耗时费力，但它将有助于弄清楚门多萨的书对明代中国的描述是否可靠，或不太可靠。显而易见，我在这本书的范围之内不能进行如此完整的分析和评价，但将尝试着鉴定他的主要资料，评价他对与某些问题有关资料的处理，并透过脚注的使用，说明他的叙述与其他涉及同一主题的西方资料或中文资料间存在着哪些一致或区别。

直到世纪中期以前，西班牙人在新世界继续忙于征服，并对墨西哥和秘鲁丰富的银矿进行开发。然而，墨西哥的官员和神职人员显然坚定不移地希望越过太平洋而扩大他们的活动，同时在远东建立一个西班牙殖民地，这里要易于接近中国和日本。胡安·德·苏玛拉加（Juan de Zumárraga）是墨西哥的第一个主教，他希望自己大约在1550年时能辞去新世界的职位，带领一个使团前往中国。1555年前后，葡萄牙在澳门建立了定居点，此事重新恢复了西班牙致力于开拓新西班牙与菲律宾群岛间的正常海上关系。1565年，莱加斯比（Legaspi）最终成功地在菲律宾群岛建立起西班牙的基地，并成功地向东横渡太平洋，完成了困难的返航。于是，西班牙已准备好了要凭自身的力量成为远东的强国。

用西班牙语出版的资料，和用葡萄牙语出版的那些资料一样，直到世纪中期以后仍数量极少，规模不足。早期的地理大发现史家详细地记载了麦哲伦指挥下的西班牙人向马鲁古群岛的远征，但除了附带提及外，这些史家一般对其他远东地区没有记载。这样，一旦在世纪中期以后葡萄牙文资料更易获得后，专注于亚洲的西班牙作家们自然而然地对它们加以利用以得到他们想要的关于中国的资料。直到大约1570年，关于西班牙人和中国人在菲律宾群岛接触的消息和关于对华贸易财富的消息才开始直接传回西班牙。在他们早期发给菲利普二世的急件中，在远东，无论是世俗的还是宗教的西班牙人都像他们之前的葡萄牙人一样，开始力劝推进对"中央帝国"（Middle Kingdom）的征服和改宗基督教。在 1574 年，一幅南中国海岸的海图和一本中文地理著作一并被送至马德里。[59] 随后不久马尼拉的西班牙人遭到了广州海盗林凤（Limahon [Lin Fêng]）海盗船队的攻击。西班牙人击退了他的攻击，而马尼拉则受到了一艘正在对这个海盗进行穷追猛打的中华帝国战船的造访。中国指挥官对和西班牙人的合作深感高兴，提议护送来自马尼拉的使者前往福建。这正是西班牙人长久以来一直渴望的出访中国的外交使团。

前往中国的第一个西班牙使团（1575 年 6—10 月）由两个奥古斯丁修会会士马丁·德·拉达（Martin de Rada）和热罗尼莫·马林（Jerónimo Marín）率团，随同他们的还有两个军官助手米格尔·德·洛阿卡（Miguel de Loarca）和佩德罗·萨米恩托（Pedro Sarmiento）。由于这个前往福建的使团未能为正常宗教活动和商业关系奠定基础，在菲律宾群岛的一些西班牙人开始比以往更不耐烦地呼吁对中国进行军事远征。1576 年，群岛总督弗朗西斯科·德·桑德博士（Dr. Francisco de Sande）正式提议对中国进行军事进攻。[60] 1577 年 4 月 29 日菲利普二世做出了答复：

> 关于你认为应当征服中国的事，我们在这里觉得应予以放弃；而且，相反，应该寻求与中国人的友谊。你不要采取行动，或与上述的中国人的海盗敌人合作，更不要授他们以任何借口有对我们的人民提出控诉的正当理由。[61]①

正是在这个大背景下，门多萨对中国产生了兴趣。[62] 17 岁时，门多萨离开西班牙前往墨西哥，1564 年，他加入墨西哥市的奥古斯丁修道会。由于此时正是莱加斯比及其奥古斯丁修会同仁前往菲律宾之际，于是从事业的起步之际，门多萨就有机会密切追踪菲律宾传教事业的发展，而且毫不费力地追随着

---

① 此处译文及其后其他一些相关译文基本采用何高济先生翻译的博克舍著《十六世纪中国南部行记》（中华书局 1990 年出版）。——译者注

大约 1579 年发展起来的向中国传教的热情。1573 年，他第一次有机会参与这些激动人心的事件，当时他被指派随同来自马尼拉前往菲利普二世朝廷的奥古斯丁修会使者迭戈·德·埃雷拉（Diego de Herrera）去欧洲。国王非常满意地接受了这个奥古斯丁修会会士带给他的东方礼物，对他要求派更多传教士的请求表示了赞同。埃雷拉于 1575 年带着 40 名修道士启程返回菲律宾。门多萨则留在了欧洲，他在西班牙一直待到 1577 年，当时另一个奥古斯丁修会团体带着拉达的报告和文件出现在宫廷上。[63] 前往福建执行使命的拉达的同道使者热罗尼莫·马林（Jeronimo Marin），是这一团体的领导，显然他带回了桑德的报告。国王对马林要求派出更多传教士一事做出了回应，他在 1580 年授权马林、门多萨和弗朗西斯科·德·奥特加（Francisco de Ortega）率领使团前往中国。次年，使团到达西班牙在亚洲的属地新西班牙，但却注定无法继续前行。西班牙和菲律宾不断变化的政治局势阻碍了使团前行的步伐。门多萨抵达中国的雄心受挫，怏怏返回西班牙。然后于 1583 年他继续前往罗马，在那里，他完成了对资料的搜集、整理、领会和写作，这些资料形成了两年后出版的著作的核心内容。

在写作著作的第一部分时，门多萨既引用了第一手资料也引用了二手资料，不过他并没有表明受益于后者。综观原文的参考文献，他标注自己使用了克路士、[64] 马丁·德·拉达和米格尔·德·洛阿卡的著作与论文，[65] 杜阿尔特·巴尔博萨出版于赖麦锡《航海旅行记》（Viaggi）中的记述，[66] 他本人与拉达的同行者和热罗尼莫·马林的对话，[67] 被带到西班牙 [68] 和罗马 [69] 的中国书籍，来自中国的耶稣会士信件，[70] 以及作为他的书第二部分出版的三篇西班牙修道士的记述，这些西班牙修道士们继续在不同场合力求在中国建立传教团。文本的比较显示出门多萨著作的第一部分也极大地得益于埃斯卡兰特的《葡萄牙人到东方各王国及省份远航记及有关中华帝国的消息》（Discurso），不过，他并没有如此表明。在这一部分中，他对中国做了综合叙述。也可能门多萨知道赖麦锡出版的皮雷斯《东方总论》中的部分内容，他曾读过来自除中国外东方各地的大量耶稣会信件，而且他了解也可能使用过卡斯塔涅达和巴罗斯的著作，并且与那时在墨西哥和西班牙的中国当地人交谈过。

然而，不管承认与否，仅仅列举门多萨的一些资料并不能揭示出他如何通过直接或间接的方式得到如此之多的当时在欧洲能够利用的有关中国的信息。为了尽可能多地说明他叙述的细枝末节，有必要考察其主要资料的出处。例如，他承认克路士是一个主要资源，从文本对照来看，很明显门多萨肯定极大地依赖于这个多明我会修士关于中国宗教和僧侣生活、广州的海关和中国的监狱、司法和惩罚的叙述。但我们必须进一步考察克路士，看看他以及门多萨通过他，是如何得到他的信息的。

克路士在 1584 年启程前往果阿，他在印度西海岸工作，在马六甲创建了一个女子修道院，然后在 1555—1556 年力图在柬埔寨建立一个传教团，不过没有成功。受挫于在柬埔寨的失败，他向北旅行到了广州，1556 年他在那里逗留了几个月，进行观察和传教。和此前与此后的其他传教士们一样，克路士很快被迫离开中国。显然随后他去了马六甲、霍尔木兹海峡（Ormuz），最后回到了葡萄牙。他到达里斯本时，正值 1568—1569 年大瘟疫流行，他出版了他的书，照顾病人，但自己却死于瘟疫。[71] 他和巴罗斯均卒于 1570 年。

由于克路士在返回葡萄牙后立即出版了他的书，可以肯定，至少在他返回里斯本之前，他的著作已处于接近完成的状态。就他对中国无论是宗教习俗还是世俗习俗细微观察的机敏与准确来看，很清楚，他可能在广州时就做了详细的记录。从他自己的声明中看，他已决定"尽我所能对他们的（中国人的）事务做全面调查，这种调查既是出自我所看到的，（也）出自我在一个绅士创作的纲要中所读到的，这名绅士是被关押在这个国家的囚犯，同时也出自我从可靠人士那里听到的"。[72] 但除了这些同时代的资料外，克路士为了得到地理资料，也特别依赖于希罗多德（Herodotus）、托勒密和圣经上的传说，以及雅各布·菲利普·弗雷斯蒂·达·伯加莫（Jacopo Filipo Foresti da Bergamo）写于 15 世纪的《编年史补遗》（*Supplementum chronicarum*）。

"由一个囚犯绅士创作的纲要"所指为加利奥特·佩雷拉（Galeote Pereira）的记述。[73] 佩雷拉出身于葡萄牙贵族家庭，他于 1534 年去了印度，显然是那时葡萄牙人沿中国海岸进行贸易航行中的一个参与者。但在一个新的皇家专员走马上任后，1549 年中国人决定终止福建沿海的走私贸易。这次强制取缔走私贸易的结果是，佩雷拉和大约 30 名其他葡萄牙人被捕获，并被关押在福建和广西各城市中。虽然许多葡萄牙人和他们的中国共犯被处以极刑，但佩雷拉和其他几人却幸免于难，并在 1553 年设法逃到了圣约翰岛（St. John's Island）。[74]逃出中国大陆后不久，佩雷拉显然详细记下了他的回忆。这个文本在 1561 年被果阿学院的男孩子们抄写复制，其中一个版本作为对一些耶稣会信件的附录被送达欧洲。1565 年，它的删节本被发表在一个威尼斯出版的耶稣会信件纲要中，[75] 1577 年，理查德·威尔斯（Richard Willes）在他的《东西印度群岛行纪》（*History of Travayle in the East and West Indies*，伦敦）中收入了这个意大利文删节记述的英文译本。一些幸运逃跑的其他囚犯也写下了他们在中国经历的叙述，但在这些世纪中期的描述中，佩雷拉写的是最长的也是最好的。[76] 事实上，一份其他人所写的报告作为门多萨英译本的介绍被翻译过来。[77] 但似乎克路士只使用过佩雷拉的记述。他对这个俘房大约 1/3 的叙述做了重写，特别是那些有关中国司法、惩罚和监狱生活的内容。同时加上了自己对广州习俗和宗教生活的敏锐观察，这样，克路士能够比那些此前已经流行的著作更为丰满全面地描述出广东和福建的社会习俗。

虽然佩雷拉和克路士所做的记载总体上高度赞美了中国的生活，但在拉达后来的报告及其同伴的那些报告中，对中国叙述的语气却更多为批评挑剔。拉达是一名奥古斯丁修会会士，也是一名西班牙人，1564 年在和莱加斯比前往菲律宾群岛之前，他作为一名传教士在墨西哥工作。在墨西哥和菲律宾，他都显示出擅长学习当地语言的能力。在菲律宾，他也抽时间做天文观察和运算，其部分企图是想证明：与葡萄牙的主张相反，菲律宾群岛是处于西班牙划界之内。不久，这个勇敢无畏的修道士在他寄给墨西哥的信中，开始赞同集中西班牙的全部力量去征服中国并使中国改变信仰，因为据说中国是一个既富裕又软弱的国家。[78]1575 年，在开始前往中国时，拉达及其同伙就得到马尼拉上级的命令，除了得到许可进行传教活动外，他们应设法使中国"给我们指定一个港口，在此我们的商船能安全地进入和离开"，并应该探索"了解这个国家人民的素质"。[79]

虽然这个使团未能完成它的传教和商业目标，但西班牙人不久通过拉达及其同事的报告、文章和中国书籍，了解了中国大量的情况。1576 年，拉达第二次想前来中国的努力彻底失败，因为曾允诺要带他同行的中国帆船船长在离开马尼拉后不久就将拉达及其同伴赶下了船。虽然拉达积累了关于中国的资料并写出了一部著作，不过这部著作已随同《中国艺术与语言词汇》（*Arte y vocabulario de la lengua China*）一起不复存在，拉达于 1578 年丧命，再没有机会增进他对中国的兴趣了。显然，拉达是一个具有伟大宗教和学术热情的人，他对中国书籍和书信的兴趣，在他的报告中和他在菲律宾搜集和翻译的各种资料中无不表现得淋漓尽致。从这些文章和翻译中，门多萨能够通过拉达得知许多其他补充细节，都是关于中国历史、中国政治经济组织，及其学术传统特征中值得重视的事。尽管如此，虽然拉达的报告及其一起的桑德的那些报告极具真实性，[80] 但门多萨却不喜菲律宾的西班牙人对中国极其挑剔批评的态度，在他的书中，门多萨采用了在巴罗斯、埃斯卡兰特和克路士著作中表露出的对中国赞赏的风格。

像拉达的报告一样，较之从葡萄牙人传入欧洲的资料，门多萨能看到的其他传教士资料对中国也更多批评挑剔。在著作的第二部分，门多萨记载了由驻扎在菲律宾群岛的西班牙神职人员承担的三次前往中国的传教团。其中第一次是 1575 年拉达传教团的史实，但门多萨给读者留下了一个模糊但不正确的印象，给人感觉西班牙传教的第一次努力多少是成功的。对 1579 年前往广州的方济各会传教团传教未见成效的描述内容是门多萨根据修道士奥古斯丁·德·托德西拉斯（Augustin de Tordesillas）最初所写的记载加以改写演绎的。在门多萨书中的最后一个记录是基于马丁·依纳爵·德·罗耀拉（Martin Ignatius de Loyola）1584 年所写的《旅行指南》（*Itinerario*）完成的，罗耀拉是耶稣会创建者的亲戚。虽然所有这些传教士都无法在中国从事自己的使命，但他们的报告被门多萨用于第一部分内容写作的参考，在这一部分中，他对中国做了全面而广博的描写。

最后，将门多萨第一部分与埃斯卡兰特进行文本比较，就会发现，毫无疑问，前者受益于后者。门多萨的前三章沿用埃斯卡兰特的组织结构，在许多细节、统计和奇闻逸事上两个记载完全相同。在门多萨记叙的其他所有部分，他描述了克路士没有触及的事情，例如中国社会服务和军事组织的国家体制。埃斯卡兰特对中国文字的介绍及其对书写的评论，门多萨承继得巨细靡遗。门多

750

萨也囊括了陆船、中国对船只堵塞以防漏水和在火炮制造上中国的优先地位的相关内容，而这些只有在埃斯卡兰特和巴罗斯的书中才能看到。

如果门多萨能被以正当方式指控为剽窃，那么他这种行为的受害者必定为埃斯卡兰特和巴罗斯；他证据确凿地使用了从他们著作中得到的资料，但却对他们一字不提，只是评论道，"很久以前，通过印度的葡萄牙人，通过诸如居住在澳门的人和前往广州做生意的人所讲述的故事……但这是叙述（传闻？），所以，无论这个或那个都不能令人满意……"。[81] 即使如此，除了克路士和埃斯卡兰特著作的西班牙版本，葡萄牙人的记述足以让他完全"满意"地使用它们，且洋洋洒洒地对它们加以改述。这样，门多萨非直接地使用了埃斯卡兰特的著作，同时或许也直接地使用了由巴罗斯编撰的葡萄牙文信息，而且在第三手资料上他甚至能够得益于命运不幸的广州葡萄牙囚犯在 1524 年所写的观察记录。正因此，他的著作才能成为当时极大部分书写资料反映出的欧洲人对中国认知的一个集大成之作。

751

第三节 "大帝国"

在 1585 年门多萨的著作出版后，一个博学的欧洲人可能会得出什么样的中国印象呢？为了回答这个问题，我们将要顺着门多萨描述的第一部分内容集中探讨。依照他的安排，第一部分又被分成三个主要部分或三卷。第一卷由十章组成，包括中国的地理布局、气候和民族、物产、早期历史和国王、省的组织构成、城市、道路和建筑奇迹，还有该国人民的"体质、品貌和服饰"。第二卷论述宗教、婚姻和丧葬仪式，及慈善施舍。最后一卷公开声明是着眼于"道德和政治事务"，但实际上这一卷是几乎所有能想到的各种题材资料的大杂烩。①

---

① 此处对门多萨所著《中国大帝国史》各部分与各章名称翻译采用何高济先生所译《中华大帝国史》（中华书局 1998 年版）中的翻译，该节中大部分门多萨著作的引文基本也采用此书中的译文。——译者注

为了能清楚说明，与其追随门多萨粗糙的主题大纲，我还不如寻求将他的叙述组织成更紧凑的划分。我的目标还有尽可能地弄清楚他是如何使用他的资料的，它们是如何补充了他的记述或不同于他的记述，以及从其他可利用资料来看，这些16世纪关于明代中国的资料可靠性如何。但是在探讨各个主题之前，必需提请读者注意，这些早期旅行者和使者们所积累的大多数印象和资料主要是关于中国南部，他们不得不谈及的天朝其他地方，大多为间接通过提供消息者或他们从可用的很少中文书籍中得到的。最后，值得关注的是，受过较好教育的观察者倾向于向欧洲的知识和习俗体系叙述他们所见所闻的亚洲，并将此作为他们自己智慧结晶的一部分。这样，其所遵循的分析是立意在简短的范围内提供这些作家所知道的中国，他们的信息是如何产生差异，及根据专门的主题他们是如何得到准确的或不准确的信息的。

一、政治实体、组织和管理

克路士和拉达对中国的名字进行了最重要的探讨，在这些年间，这个问题一直颇具争议。作为前往印度、马六甲和柬埔寨的传教士，克路士对"居住在南方地区那些人"中广泛使用的名字"中国"（China）做了评论。而且，和其他作家一样，他注意到在16世纪时，中国人提及自己时最常用的是"大明"（Tame，*Ta-ming jen* 或大明人）。对克路士和门多萨而言，中国是希罗多德的西徐亚（Scythia）的"一大部分"。但对拉达来说则不然，他是第一个尝试着搞清楚中国的人，"我们通常称为中国的这个国家被马可·波罗这个威尼斯人称为'中华帝国'（the kingdom of Cathay）"，这样，拉达显然确定了这个国家被13世纪和14世纪的陆上旅行者访问过。拉达也观察到在菲律宾的中国商人称他们自己为"中华（*Chung-hua*）"（中华帝国 [Middle Flowery Kingdom]）的居民，而菲律宾人称中国人为"生理"（Sangley）。[82]①

---

① "Sangley"一词，其来源大致有三种说法：（一）汉语"生理"的音译；（二）汉语"常来"的音译；（三）汉语"商旅"的音译。详见江桦：《"Sangley"来自汉语"商旅"考》。——译者注

中国的地理布局、边界国家和东部沿海岛屿是门多萨和其所有前辈都感兴趣的主题。这个奥古斯丁会修士将中国置于"整个亚洲的最东部分"。[83]他称交趾支那是中国"在西部的近邻",这个标示是精确的,尽管今天我们一般认为交趾支那基本上在中国的南部。他断言,中国"最大的部分","从海南岛(Iland Aynan)开始濒临巨大的东海(Orientall Ocean)"。他将缅甸置于交趾支那的北部和西部。因个人经历,克路士对中国的了解远比其他作家要多,但门多萨只是偶尔遵循他对中国的定位,克路士更精确地描述了在与中国关系中占婆、柬埔寨和暹罗的位置。就中国的北部和西部边境而言,他的描述仍然极为混乱。克路士正确地将俄罗斯置于中国的北部边界,但却犯了一个糟透了的错误,他将顿河(Don River)作为其西部边界,如此一来,按照克路士对亚洲大陆不完整的地理概念,中国与"德意志(Almayne [Germany])的一端"为界。[84]和马可·波罗不同,克路士和拉达都提到了长城,并将长城描述为中国最北部的边界。[85]门多萨在他的关于马丁·依纳爵·德·罗耀拉神父在1582年进入中国旅行的报告中写道,"从这个帝国最远的部分进入耶路撒冷,走陆路要六个月的行程"。[86]这些作家正确但模糊地将琉球岛链、日本和台湾置于中国东部的海上。在理解南面的岛——菲律宾群岛、马鲁古群岛、爪哇和苏门答腊——与大陆的关系上他们一般是准确的。"被葡萄牙人占居的"澳门,位于"中国坚实大陆的边上"。[87]

对于中国巨大的范围和欣欣向荣的人口,欧洲人众口一词地表达了他们的惊讶。他们以这样或那样的方式复述了克路士在他的"提醒读者注意"中列入的观察:

> 我特此给读者一个必须的忠告,据此他们能猜想中国的巨大,也就是——鉴于遥远的东西经常听起来要比它们实际更大,但这是完全相反的(因为中国远比听起来要更大),由此景象与对它听到或读到而得出的印象差异很大……这个必须是被看到而不是被听到的,因为所听到的它和所看到的它比较起来,一文不值。[88]

753

HISTORIA
DE LAS COSAS
MAS NOTABLES,
RITOS Y COSTVMBRES,

Del gran Reyno dela China, sabidas assi por los libros
delos mesmos Chinas, como por relacion de Religio-
sos y otras personas que an estado en el dicho Reyno.

HECHA Y ORDENADA POR EL MVY R. P. MAESTRO
Fr. Ioan Gonzalez de Mendoça dela Orden de S. Agustin, y peniten-
ciario Appostolico a quien la Magestad Cathelica embio con su real
carta y otras cosas para el Rey de aquel Reyno el año. 1580.

AL ILLVSTRISSIMO S. FERNANDO
de Vega y Fonseca delconsejo de su Magestad y su
presidente en el Real delas Indias.

Con vn Itinerario del nueuo Mundo.

Con Priuilegio y Licencia de su Sanctidad.

En Roma, a costa de Bartholome Grassi. 1585.
en la Stampa de Vincentio Accolti.

Naves e China et Iava velis ex arundine
contextis et anchoris ligneis.

Schepen van China en Iava met rieten
seylen en houten anckers

32 en 33

75. 一艘装有苇帆和木锚的中国（或爪哇）平底帆船。出自扬·范·林斯乔坦（Jan van Linschoten）的《林斯乔坦葡属东印度航海记》（*Itinerario*，阿姆斯特丹，1596 年）。经由纽贝里图书馆提供。

XXV.
MODVS mulieres per publicum in lecticis deportandi: item currus qui
vento acti per siccum feruntur.

*M*Vlieres in China status medij feruntur per publicum
sedentes in sellis splendide obuelatis, ipsæ prætereuntes
recte contueri, à prætereuntibus vero nusquã conspici
possunt. Sunt præterea in China currus rotis & ve-
lis apti tanto cum artificio, vt per planitiem campi nul-
lo impellente agantur ventis mediocriter spirantibus. quod sane
spectaculum & amœnißimum & commo-
dißimum est.

G 2   NAVES

76. 中国的轿子和旱船。出自西奥多·德·布莱（Theodor De Bry）的《东印度》（*Indiae orientalis*）（法兰克福，1599 年）。

Habitus e China regno pretiosę elegantię et
rerum omnium affluentissimum

77. 身着优雅的当地服装的普通中国人。这幅图和封面上的插图出自林斯乔坦
的《林斯乔坦葡属东印度航海记》。经由纽贝里图书馆提供。

Cleedinge van die wt China een Coninckryck oueruloedich
van alle schoonheyt en costelickheyt

78. 身着昂贵服装的中国官吏和贵妇。

　　但是，当然在现实中，从我们已经讲述过的人中，这个时期并没有欧洲人真正地在天朝进行过广泛的游历。在16世纪末耶稣会士利玛窦之前，到过北京的欧洲人仅有随同佩雷拉使团出行的"广州囚犯"。完全不曾到过中国的门多萨，却大胆地称它为"据说它是全世界最大且人口众多的帝国"。[89]

　　关于这个国家的天气和人口，门多萨试图通过从他资料中得到的零星信息来展示出一幅有条理组织的画面。[90]他评论了这个国家巨大的南北延伸范围，并令人难以理解地推断它有"像意大利一样"温和的气候。[91]克路士记载了其听说的1556年发生在中国南部的一系列地震，描述了台风的变化无常和潮汐波浪，并讲述了"无数人被淹没"的大洪水。[92]关于中国各色各样的民族，门多萨声称"广东人的肤色像柏柏尔人（Berbers）一样是棕色的"，"内地省份的人"是白色的，看上去有点像西班牙人，北部的其他人则像德意志人一样"更黄更红"。[93]拉达认为福建的中国人是"肤色白皙且体形匀称"。[94]尽管中国的法律阻碍了人们的交往，并且禁止外国人永久居住在帝国范围内，但佩雷拉在他的旅程中，仍然看到了在中国的外国人有摩尔人、老挝人、蒙古人和缅族人。[95]欧洲的观察家们偶尔还能在中国发现葡萄牙人、西班牙人，甚至威尼斯人。

754

　　所有作家们都论述了中国的行政管理。克路士比佩雷拉更为详尽地解释了各级"老爷（Louthias）"（*lao-t'ai* 或官员）、他们的职能，及其掌控体制（检查机构），据此，帝国政府对省级官员实行监督。两位作家都强调了每月总督向帝国朝廷汇报的重要性，同时和此前更早的评论者们一样，他们显然对邮驿系统印象尤为深刻。中国官吏的权力和专断无以复加，也令他们感到吃惊。克路士尤为如此，他利用他观察和描述的超群天赋，说明了"所有的人是如何必须服从官员的命令，并连续不停以最快速度服侍他们"。[96]和前人一样，拉达观察到"他们的所有法官和总督必须来自另一个省份，不能来自他们管理的省份"。[97]作者们同意官吏的地位身份赋予了一个人"对所有其他人的巨大权威"。[98]虽然指出了这些人在各省行使了司法和管理职能，但佩雷拉不太情愿地评论道，"老爷（Loutia）是懒惰的享有地位的人，除了吃喝，没有任何消遣方式"。[99]克路士观察到，监察官"一般是正直诚实的重要人物，他们不会想着收取贿赂"[100]，而且秉公执法。拉达观察到中国人"是纯朴、谦卑和乐于助人的人，但官吏除外，他们把自己当成了神"。[101] 从门多萨个人经历而言，他从不知晓官吏，对于他来说，官吏们的惩罚多少有些严厉残酷，但他们似乎是公正诚实的。当然基于欧洲作家这种如此矛盾的说法，可以肯定，这些作家们既不是这些官僚不加批判的崇拜者，也不是他们的批评者。

这些早期欧洲观察家只能远距离地了解中国皇帝。从 1524 年的信中可知，"广州囚犯"只是曾靠近朝廷的人。尽管如此，他们都对皇帝极为好奇。在 1576 年写给菲利普二世的报告中，桑德评论道："国王现在是个 13 岁的孩子。他有一位母亲和许多家庭教师，自从他父亲死后大约已过去了三年。"[102] 佩雷拉得知，"他总是住在八里（Paquim [北京]）"，"虽然他的国土辽阔，国王仍关心国事，每一月（他们是用月亮来计算月份）来自各省官员手写的报告会向他全面呈报国内发生的任何事情"。[103] 佩雷拉注意到皇帝和欧洲的君主不同，他从不与本国之外的人通婚，他将自己的女儿嫁给"同一王国的男子"，而他的儿子与权贵家庭的女儿成婚。[104]

皇亲国戚由皇帝指定给"他们妻子和仆人"，并被要求生活在省级城市，由"市和省"支付他们的生活费用。[105] 帝国的王子们"从不去国外"，且生活在监管保护之下，这样"无论何时，他们中都没有人能够反抗他"。而且，皇帝"为了其疆域的更安全，避免发生骚乱，除非出自他这一血脉的人，不允许其国家内任何人称王称霸"。[106] 克路士指出，皇帝本人"为了保持国王身份的威仪，从不外出"。"除了太监之外"，他从不与人交流，"通过太监……他向他的王国发号施令"。[107] 皇帝"有他想要多少就有多少的妻子"，继承权传给"他的任何妻子给他生的第一个儿子……"。[108] 皇帝是唯一合法给一个罪犯定死罪的官员。虽然皇帝"生活在对真正的上帝一无所知的状态"，但他是一个严格且公正的法官，管理着一个庞大领域，维持着里里外外的和平秩序，并保持着国家"通常处于极大的富裕、繁荣和充足之中"。[109]

与埃斯卡兰特和拉达一样，门多萨将"这个巨大的帝国……分成十五省，其中每一个省都大于当时在整个欧洲我们所理解的最大的王国"。[110] 这些作家们每人都给出了不同的省名音译，不过，其中大多数名称模糊难以辨认。拉达尝试着将一些省按地理区域排列，[111] 但较之巴罗斯早先已做的，他在这上面

的努力远非成功可言。门多萨的大部分资料提供了每个省中他们称为市（府 [*fu*]
和州 [*chou*]）和县（*hsien*）数量的数据；[112]拉达和门多萨对省的军力和每省家
庭数量及"纳贡人"（纳税人）的数量做了估计，[113]但是他们的数字无法吻合。
在有关城镇、步兵和骑兵、纳税人的数目上，其分歧极大。从这样一直贯穿全
书范围广泛的差异中，我们只能得出结论，门多萨使用的资料绝非拉达的记载，
因此他所给出的数字与拉达的不同。否则很难相信一般的抄写错误会造成他们
之间在统计数字上会有如此之多的差异。可能门多萨是从墨西哥或欧洲能找到
的其他中文著作中，从拉达的译文中，或从巴罗斯的《地理学》（*Geography*）
中得到他列举的数字的，巴罗斯的《地理学》虽然至今一直未被发现，但据说
该书包含了从中文记述中得到的有关中国国内组织构成的全面描述。[114]

　　门多萨对明朝政府的职能做了最费心思且最连贯的描述。[115]他的前辈中
没有人费尽心机做如此全面的描写，尤其不想描述北京中央政府的运作，不过
埃斯卡兰特比其他人对它做了更详细的叙述。门多萨显然明白皇帝是所有事务
中最后求诸的审判法庭。他断言，在北京，皇帝有一个由 12 个人和 1 名"首脑"
组成的委员会，[116]成为这个组织的阁员，"是一个人能得到的最至高无上的荣
耀"。因为在整个中国，"无论王公、大公、侯爵、伯爵，或领主都没有臣属，
只有皇帝和太子才拥有"。[117]行政机构成员"因他们持续地工作而受到"像那
些"有这些爵位"的人一样高的"重视和尊敬"。皇家委员会的阁员必须是许多
事情的"专家且博学多才"，这样"才能更好地预言将要发生的事情，做好应变
的一切准备"。这个委员会"一般坐在皇宫内会商"，有时皇帝在场，而有时就
他们自己。也许出自想象，门多萨然后继续描述了他们的金椅子和银椅子，及
其"按照他们的年龄"排列的坐序。委员会有权选举替代者加入他们自己的阶
层之中，并任命总督、官员及其他职官，但正式的授权仪式最后是由皇帝来主
持的。[118]如果有事要和皇帝谈话，那只有"首脑"才能和他谈，而当他和皇
帝谈话时，"他要跪着，眼睛朝地，哪怕谈两个小时也不得动一动"。[119]各省
官员[120]每月都要向委员会通报各类事务"诸如战争、政情、皇帝的赋税（税）
及其他事"。在委员会复核了地方事务的报告后，"那个首脑即刻直接向皇帝报
告"。然后或者是皇帝本人"或者奉他之命的朝廷……及时采取必要的措施"。

757

如有必要，"直接任命"一名监察官，"极秘密地"火速出发，"这个监察官在暗中进行调查，而且不在出事的城市"。

门多萨所描述的明代中国中央集权的运作，一些细节来自他的推测，零碎且不准确。然而他设法明白表示出他的基本理念，即中央集权的主要职能是倾听、检查和激励各级省行政机构的活动，而不是提议或严格控制地方的行动。他也注意到政府结构基本分成行政、军事和监察这三类。虽然他的大多数资料清楚地阐述了太监的影响，但在他的记载中，最明显的疏忽或许是未能对太监的权力和影响加以评论。[121]

门多萨基本上同意其他作家对地方行政部门事务所做的论述，但他再次展现出一幅更为全面的图景。他将北京和南京作为大都市，是"由皇帝的最高内阁管治"。[122] 其他十三省各自都处于"Insuanto"（长官）[123] 的统治下，他"一直居住……在省城"。[124] 但总督可能控制一个以上的省，其地位在长官之上，他是各省"代表皇帝的首要地方官员"，[125] 但必须注意到长官"比总督的权势少一些"。皇帝专员"所待的地方既非总督亦非长官所在之地"，他们被叫作"督堂"（都堂 [Tutuan] 或 [*tu-t'ang*]）。[126] 在省级等级制度中官阶第三的是布政使，[127] 他通过税务官班子收集"皇帝岁赋"。"在支付诸省皇家官吏各种普通和特殊的薪俸费用后"，他要向都堂递交记录。第四等级叫作"都督"（Totoc），这是"统率所有马步兵的大将军"。[128] 第五级官员是按察使，在其他职责中，他"处理下属法官向他提出的有歧异的案件"。[129] 在门多萨名单中最后一级省官员叫"海道"（Aytao）；[130] 他的职能是提供士兵、船只、军需品和物资装备，"以补充城市和海岸的戍军"。此外，他还负责审查"到各省的外国人"。

然而，比门多萨的省官员列表更有意思的是他对他们职能的理解和评价。他明白无误地认为晚明时期省政府每一级都是集体运作的。[131] 但正如他在中央集权的描述中所表达的，他及他之前的埃斯卡兰特在对这个体制进行排序时可能过于简单划一。六个主要省官员每位"都有一个由十人组成的班子或机构"，他们是"富有经验和嘉勉的人……协助他……办理事务"。当他们在总督官府碰面时，"他们的班子分为两组，五个坐在首脑的右边，另五个在左边"。右侧是荣誉座位，由年长者和杰出顾问就座。这些委员会就像门多萨描述的皇家委员会一样，如果首脑"死了"，有权由"顾问中最年长者"顶替他们的首脑。然后，在颂扬了中国官员的"道德品行"后，门多萨列举了 11 个更小的官吏和军事官员，并在每个官职之后附上了职能简介。[132] 沿用克路士的说法，他提及"在这些官员和官吏之上"，有一位叫作"钦差"（Quinchay，[ch'in-ch'ai] 或皇帝专员）的官员，这个名字"用他们的话说，意思是'金印'"。[133]

按照门多萨的说法，省的长官和法官都是皇帝得到"他内阁的同意"而挑选的。阁员们和皇帝"特别慎重地"调查"推荐入选者的品德和行为"。总督、长官或阁员都不是"出自本乡"。这一规定的目的是利于"公正执法"。[134] 令所有欧洲作家们极为吃惊的是，当官员受命前去就职时，朝廷向官员提供马匹、馆舍、食物、奴仆和款待，"全部免费"。此外，皇帝"支付他们所有人足够的薪俸，因为他们被禁止收受任何客人的贿赂或礼物，违者将处于严刑"。

法官不得"在府宅中接待任何诉讼者"，宣布判决必须在公堂上，且"当着所有的官员"，另外禁止"带酒审判"。审判"当众实行（这个被很好地保持下来）"，任何官员"不可能"接受贿赂。法官"对于所有的法律事务……只能书写"，而且要公开审问证人，"……因为不得录下有违真实的假话伪证……"。每个证人要当着有关各方审问，"如说法有出入"，那他们就让他与说法有出入者对质。如果当他们用这些法子都不能把案件查明，"这时他们便用刑使犯人招供"。有关重大案件或"要犯，法官……亲手记录证人的供词"。门多萨对这种做法的评价是"所有好法官都应仿效"。

但中国司法并非只是简单的审讯和惩罚。这个制度根据相互负责的原则试图通过社区监督来避免犯罪。在城镇里住房被编号，将家庭"十户十户"分组。[135] 在第十户他们"挂一块牌……上面写着这十户人的名字"，及一道戒律"每个人已知晓"，"这十户内有人侵害其他人，或侵害自己"，应"马上去向官员报告，以惩处罪行，使犯罪者得以改正，其余人得到教训"。如果一个人知情不报，他"和犯者受同样的惩罚"。这使得邻居"在畏惧中生活，唯恐造成机会被人投诉"，或"不让敌人趁此得到好处"。当这十户邻居中有人要移居另一地方，要求在离开前十天预先通知，这样"他欠人的东西，或借人的物品，都可前去索还"。如果没有通知即行离去，"法官令写在牌上其邻居偿付其债务，因为他们没有在他离去前通知法官或其债主"。如果有人不能偿还他的债务，则置之于狱，限期偿付。但若无法在时限内偿付，"他们则对他适度鞭打"，并再给
761　他一个偿还的期限，直至令债主满意。如此下去直到负债人或予以偿付或"直到他死于刑罚"。随后，门多萨和其他作家一样，详述中国法庭为逼供执行的"残酷折磨"。[136] 从这个记述中可以看出，门多萨及其提供消息者了解中国司法的许多实际细节，并在相当程度上领会了相互责任制和预防犯罪，严刑逼供和拷打与惩戒。[137]

　　正如门多萨所看到的，监督和相互责任的相关政策被应用到了中华帝国的行政管理中。门多萨将自己的立场公正地置于所写资料上，努力连贯一致地记述检查机构在维持监视管理机构、清除违法或疏忽职守官员和促进等级制度落实这些有利于北京的政策上的作用。[138] 皇帝要求所有的高级官员"恪尽职守……因为在他们任职的三年末，他们自己要在任所直接向叫作察院（Chaenes）的法官述职"。[139] 每年"秘密派出叫作'御史'（Leachis）的[140]巡阅史"前
762　往各省。他们调查"所有的冤案和疾苦"，被授予了"绝对权力"，以致他们可以对官员及其他人予以惩罚、停刑和缓刑。[141] 门多萨然后叙述了煞费苦心的防范措施，他断言检察机构一直尽力对出访严加保密。在完成了视察后，检查官在与长官或总督和他的委员会碰面时对他的任期做出总结。在此，他长篇大论地讲述并颂扬"所有有德政的官员"，并且许诺他将"要向皇帝和朝廷充分报告他们的治绩，那他们可以按功劳得奖"。[142] 检查官还列举"他调查到应受惩罚人的各种罪行"，并且告知不容许对他的"判决"进行上诉。检查官（巡访使）经常"访问书院和学校，这些院校是皇帝用自己的钱创办的"，他们考核学生、奖掖那些"学习有收获者"，并惩罚那些行为不良者，将他们开除、鞭打，或投入监狱。[143] 虽然在细节上并非全面，但门多萨对中国政府和社会检查机构职能的理解基本可信。而且他理解了对检查机构的畏惧而产生了一种制约抑制的作用，因此"人人都（如谚语所说）无从隐形"。[144]

　　无数大监狱维持着这个"大帝国"的秩序和法治，在大监狱里生活是"严酷和残忍的"。"所有这些省的"每个省城都有"13座监牢"，[145] 这些监牢关押着极多的囚犯，使这些监牢如同被围墙封闭的城市。佩雷拉观察到，"在任何时

候都不会对偷窃和谋杀罪加以赦免"。监狱中有如此之多的人，是因为虽然"可能只是因为小罪"，但他们被关的时间很长。[146] 这可以解释为是因为法官有太多其他事务要照顾处理，也是因为法官"慎于用刑"。他们在行刑时同样缓慢，以致时时发生"被判处死刑的人，在判决后还长时间地留在监狱，从而死于纯粹的衰老"，或其他病灾。上述的这 13 座监狱，有 4 座关满"被判死刑的犯人"。[147] 监狱都有一名队长带领 100 名士兵看守。监狱的狱吏保留着囚犯们名字的书写记录，"以便让法官或总督要人在任何时候作出说明"。和克路士的记载相似，门多萨描述了被判处死刑罪犯的手铐脚镣。那些"不能维持自己生活"的人则由皇帝给予"一份口粮"养活，"他们还干可以"改善生活的工作。一直以来，死刑判决必须得到皇帝的确认。

在和平时期所有的死刑都被推迟，直到每年巡访使视察时才能处决被判死刑的人。[148]。那些已被列在死刑名单上的人到时要"当着这些判决法官的面"接受调查。而判决法官要对他们进行数次的面谈，"看看可否找到免死（他们）的理由"。门多萨认为，无法免死的人将以"绞刑、桩刑、肢解和火刑"的形式被执行死刑；"但只有反叛皇帝的人才被烧死"。[149] 死刑当众执行，而盗窃犯"在大街上被耻辱地"鞭杖。大多数盗窃犯死于剧烈的鞭杖。处刑时法官始终在场，"他们不因此动怜悯之情，……他们摆设酒宴或从事别的游乐"。他断言，每年在每个省"超过 6 000 人"[150] 死于死刑、鞭杖，或者在监狱中受苦而死。尽管门多萨对中国体制极为赞赏，但显然感到中国的监狱和惩罚体制远非可效仿的典范。

门多萨在其行政机构探讨中的基本目的，是展现出对行政机构结构和职能全面连贯的记录。他的资料虽然有限且不充分，但却为他提供了足够的素材，使他能够描绘出一幅貌似合理可信的中央行政机构、省的等级制度、司法和监督体制、检查机构和监狱状况的图画。他的资料中没有一个能独自直截了当地为他提供一个总体形象，而他通过拼凑各种零碎的信息，身在欧洲就创作出了一个这样的总体形象。他的成就在某种意义上是才华横溢的推论和理性的杰作。

但与许多精神建构很像，门多萨对中国政府的描述过于简单划一，并未能

763

准确地反映现实。例如，他像克路士和拉达一样确信，在所有各级政府的司法中都不存在普遍的腐败和贿赂。他没有提及明代不断扩大的太监人员在政府中发挥的作用。事实上，在他的所有其他论述中，他同样避免直接指出存在于中国政府体制中的弊端和矛盾之处。这并不是说他全然无视违法乱纪。尤其在他对检查机构的描述中，他暗示，尽管中国官员具有"道德品行"和学历，享有高薪，并畏惧因腐败而遭受严厉惩罚，但实际上，他们经常屈于诱惑。他指责"法官和官员是严酷和残忍的"，[151] 极为可怕地处置囚犯，还有野蛮的重罚。然而，在最后的分析中，他的结论是，虽然存在着不法行为和残酷行为，但"这个大帝国成为当今全世界已知管理最佳的一个国家……"。[152]

二、经济资源与工艺

欧洲作家们几乎众口一词地评价了农业中国的丰饶和生产能力。他们一致认同克路士的说法，中国的土地得到了集约耕种，"只有受到天气不佳影响的山地仍无利可图"。[153] 佩雷拉对中国南部沿海做了评价："这个国家人烟稠密，没有一尺土地没有开垦。"[154] 克路士注意到"什么都没有被浪费，甚至于人的粪便都在生产效益"。[155] 稻米是"这个国家（南部）的主要食物"，"因为有许多每年出产两三季作物的稻田"而供应充足。[156]

欧洲人用很多方式对中国农村的人口稠密做了评论。门多萨注意到，"该国居民大量的劳动和不断的工作，对它的收获和富庶有很大的帮助"。[157] 但是没有一个欧洲评论者能通情达理地根据他们有限的知识和他们自己的背景，分析或解释在"如此富庶肥沃的国家"为何会存在着如此之多的贫困。[158] 不过在克路士看来巨大的自然灾害——台风、饥荒或洪水导致贫困、窃贼和海盗是其原因。[159]

对欧洲人来说，特别引起他们兴趣的是农业生产中所采用的技术与文明。在对定期为土壤进行施肥的做法发表了看法后，拉达评论道：

就我们所看到的，他们大多数耕种是靠灌溉，这里有丰富的河水。

通过将一些水桶固定在木制水车轮上，他们很轻松地对所有的作物进行灌溉，甚至在山顶上也能为作物灌溉。[160]

门多萨记载了"不同于西班牙的用法"，他们只用一头水牛犁地，这只水牛由"其背上的一人……用一根套在牛鼻内的起到牵牛作用的绳索"来指挥。[161] 佩雷拉观察到"这个国家到处布满了河流"，[162] 因而"十分方便从一个城市到另一个城市"，[163] 而且所有地方，甚至于内陆，都有"如此之种类繁多的鱼，真是很惊讶看到这种情景"。[164] 关于他们的河流，门多萨写道，"如此之多的人居住……在船舟上，以致于河流似乎是一个挺大的城市"。[165] 而且，"沿着河边（然而却没有人居住）……（它）到处都是玉米（谷物）田"。[166] 拉达注意到，"他们有磨坊，用于给稻谷脱壳以做饭，而且他们还有手磨机，并且我们看到了几个水磨机"。[167]

每个作家都相当详细地列举了主要农作物和食品，特别强调了猪肉、鱼、海鲜、家禽和水果的丰盛。虽然克路士只是短暂在广东停留，但他特别详细地叙述了中国池塘养鱼的方法。[168] 但是对现代读者来说，也许最让人吃惊的是16世纪的作家们坚持认为，中国人有"牛肉和像牛肉一样的水牛肉的大量储存"。[169] 门多萨详细连贯地记载了在广州，大量鸭子养在船上，"供应全国大部分地区"。[170] 和一些19世纪的作家一样，[171] 门多萨对中国人用"人力帮助"孵化鸭蛋发明的独创性印象深刻。也像14世纪波代诺内的鄂多立克一样，门多萨及其资料对成群的船只用鸬鹚捕鱼做了评论。[172] 所有作家都强调鸬鹚捕鱼是皇家专利，而且佩雷拉断言皇帝甚至装备了捕鱼驳船以供其最大的地方法官使用。[173] 埃斯卡兰特指出，对于这些鸬鹚捕捉到的鱼，其中一部分"皇帝赏赐给他的官员，而其余的鱼则作为食物在其所在的城市出售，用以增加他的收入"。[174]

克路士在对"土地的丰富"做评论时，观察到他们种植许多他能认识的各种各样的蔬菜、水果和坚果。他注意到有"三种甜橙"。[175] "没有人能吃得够"荔枝，克路士认为，对于荔枝"总是想吃得更多"。[176] 门多萨，而不是其他作家，断言他们在栗子树之间"种玉米，这是墨西哥和秘鲁印第安人的一般食物"。[177]

766

而且他们也种植"很多草药，如上等大黄，数量极大"。[178] 最后，门多萨说，虽然早期作家们并不总是证实他的说法，但中国人拥有"白色的好品质的糖"，可能出自于"大量的"甘蔗和甜菜，[179] 有丰富的蜜和蜡，[180] "产量大到你可以装船，甚至船队，用以制作绳索和麻醉药"，"亚麻，老百姓用来做衣服穿"。[181] 他评论道，"在干燥坚硬的土地上，即使是多石的，他们仍收获大量的棉花"。[182]

767　　　丝绸和麝香，"是葡萄牙人在中国购买的主要商品"，[183] 极为便宜且极为丰富。追随克路士的说法，门多萨对如何获得麝香做了极富想象力的描述，不过，这两位作家都知道它取自一种动物。[184] 门多萨断定他们的丝绸，"大大超过格拉纳达（Granada）的丝"，他们的丝制品"色彩完美"。[185] 门多萨极力声明，对"这个国家"的人来说"穿丝绸"是极为普通的，"就像在欧洲穿亚麻一样"。[186] 他们养很多野兽以获取皮毛，黑貂很多且品质上佳。[187] 克路士记录了木材，特别是用于造船的木材，极为充足且便宜。[188] 门多萨强调他们有一种"胶，……比我们用的沥青更坚韧和更有力……"。[189] 竹子被用于做鞭打的藤条，并被用于造纸。铁也很便宜，质量很好且丰富。[190]

拉达认为有"各种金属的矿藏"，包括铁、铜、铅、锡、水银、白银和黄金。他列表指出开采黄金和白银的主要地区，[191] 而门多萨说明了皇室对贵重金属开采的严格控制。[192] 拉达对中国白银具有比欧洲相对更大的价值发表了评论，他说在中国"携带白银而不是商品""会有很好的市场"。[193] 拉达提到了广东附近的采珠业，而门多萨对这一极不详尽的评论加以放大，他说珍珠非常丰富，"但多半不圆"。[194]

对伊比利亚人来说，中国就像新西班牙一样，从它珍贵的金属和珠宝来看
768　显然让人兴趣盎然。但是如果他们确实希望在中央帝国发现自然矿藏财富，那注定是要失望的。金子比在欧洲便宜，"但银子更贵"。[195] 在中国没有金币或银币，"而是只看金子和银子的实际重量"。[196] 因此，"每个人去市场都带着一个天平和秤及碎银子"。[197] 加盖印花的铜币"硬币"只是一种被承认的硬币。[198] 没有作家提及过纸币。[199]

关于皇帝的收入和税收制度有相当详细的记载。像拉达一样，门多萨罗列了收入及其出处；但这两个列表再次出现出入。门多萨的更详尽全面，但它却

没有包括地方税收，"地方税收用于支付戍军和军士……"，或者"被用以修缮各城池和支付水师和陆军"，或者它被用于支付"给长官和官员"。[200] 他认为皇帝的收入来自于对金、银和宝石开采征税，和来自珍珠、麝香、琥珀和瓷器制作的赋税。皇帝也对土地课税，"他们把收获的部分庄稼交给他"，而且"他们并不拥有一尺之地，但他们交纳有关的税"。[201] 以实物支付的有净米、大麦、盐、玉米[202]、小米、稗、丝（生丝和加工过的）和棉花（生棉和加工过的）。[203] 皇帝维持着"所有重要城市的巨大财库"。[204]

户主税是"他们交纳的最大款项"[205]，而且拉达讲述了有关逃税户主的故事，他们实际上只为生活在他们家里的一小部分人支付税款。[206] 门多萨评论道，他们支付的"这笔税很少"，按照拉达的说法，他认为"老爷（Loytians［官员]）（他们在全国占很大部分）不纳税，官员和大臣、将官和士兵也不交税"。[207] 虽然中国人所交纳的税比"我们知道的"其他所有人都少，但他们被要求提供更多"额外的个人的劳役"。正如我们已经看到的，拉达和门多萨给出了纳税者的数字，这些数字并非全都相符。[208] 门多萨的数字要远低于拉达的数字，但对他来说，中国的税户仍是"很多的"，[209] 而且"仅仅他们交付给皇帝及其朝廷的费用已是惊人的，尚有关税、常税、搬运费及别的税"。[210]

拥有自己的艺术风格和工艺美术技艺的中国城镇也受到公平合理的关注。城墙、大门、桥梁、道路、店铺、监狱、官邸、寺庙、酒馆、妓院，甚至于普通民房都被加以描述，所有这一切有时还和欧洲的同类建筑进行比较。在广泛阅读了其他人的记述后，门多萨得出结论，"在这个国家的所有地方，都有擅长建筑的人"。[211] 作为艺术杰作，他称赞长城是一个"壮丽雄伟的工程"，尽管它处于"这个帝国最远的地区，迄今我们还没有人去过"。[212]

克路士和门多萨都对瓷器的制作和装饰做了详尽但又有区别的描述。直到16世纪前，对欧洲工匠来说硬质瓷的制作仍是一件神秘的事，没有人能全面领会其中的奥秘。门多萨根据杜阿尔特·巴尔博萨和克路士大异其趣的记载，对制作过程做了断章取义的叙述。[213] 但克路士写下了"据看到它的人所说的真实情况"，断言不接受像巴尔博萨那些人的意见，巴尔博萨等人认为它是由磨碎的玉黍螺或牡蛎壳混合制成糊状并烧制而成。克路士认为它是由一种坚硬的泥

769

770

土制成，并进而提供了相对准确但简要的工艺说明。[214]

虽然实际访问过中国的早期作家显然对中国的工艺和美术印象深刻，但门多萨以雄辩的口才青出于蓝而胜于蓝。例如，他讲述了下面的事：

> 男人和女人都是灵巧的，他们从事刺绣和雕刻工作，是花草鸟兽的优秀画师，这可从那里运来的床具和铺板上看到。我亲自看见过，是 1582 年马尼拉大军利伯拉船长[215] 送到里斯本来的，其漂亮得令人称美，引起国王陛下的惊叹，而他是个很少对事物感到惊奇的人。所有的人都称美它，连著名的装饰师对它的奇妙都啧啧赞颂。[216]

以颇为类似的方式，但更平实简朴，克路士注意到了"金匠、银匠、铜匠、铁匠和所有其他行业，有许多精通的工人，每个行业都有极为丰富的东西，好极了"。[217] 在广州他发现鞋匠非常多。木匠设计出"各种各样的箱子，一些涂上了非常美丽的亮光漆（漆器）"。[218] 和门多萨一样，克路士注意到他们的床是"很舒适的，且很昂贵，所有地方都以精细加工的木头围住"。[219] 餐具、桌子、大浅盘、篮子"不计其数"，而且他们"使用非常多的铜器"。煮锅、火锅和其他容器由铸铁制成。[220] 他们制作了"将地方法官驮在人背上穿行城市的椅子"，而"另一种椅子……每一边都全部用小窗子封闭……"，这种椅子"专供城市妇女外出时所用"。[221] 另外，门多萨按照埃斯卡兰特和巴罗斯的著述，如此记载了帆船战车或陆船的存在与操作：

> ……在他们那里有很多靠帆行驶的车辆，制作得那样精巧灵动，很容易驾驶；据很多看见的人所说，这是可信的；此外，许多在印度群岛和葡萄牙的人，看见他们在衣物上绘画，在从那里运来出售的陶器上绘画，因此这说明他们的绘画有一定的基础。[222]

在欧洲人的著述中，有非常多的信息是关于中国的海中、江河溪流中用于航行的船只。克路士记下了广州的河流上布满了非常之多的船只，能看到这

771

么多的船，真是非常让人讶异的事情。[223] "最大的船他们叫作帆船（junk）"，他们用以作为战船和运货船。[224] 所有这些帆船，只有风帆是用席子制作的，在风平浪静时 "使用前面两个桨，这两个桨很大，每个都要四五个男子来划动"。[225] 门多萨记载了 "他们制造很多式样的舟船，桨帆船（galley）行驶迅速，在河上行驶不用大手力，很像葡萄牙人现在使用的大帆船和驶入印度的船"。[226] 更小的船也用桨推动，主要用于运货船和巡逻艇。有大驳船 "像桨帆船，没有桨或撞角，这种船装载着大量的商品"。[227] 似乎那时看到的蛋户（Tankas，指广州地区的船上人家）的小型居住船和现在的一样。拉达评论道，中国的出海船只 "有点慢且很粗糙，但有风时它们航行很好且足以迎风航行"。[228] 门多萨对大多数这些观察进行了详述，并根据克路士较长的叙述增加了下面有趣的评论：

> 他们船内的泵和我们的大不相同，要好得多；它是由很多片组成，有一个抽水的轮子，安在船的内侧，用它可以轻易地把船内的水抽干，因为只需一个人转动轮子，一刻钟内即可抽干一艘大船的水，哪怕裂缝很大。[229]

拉达观察到中国水手 "没有航海图，但他们有一些手绘航线海图"。[230] 他也注意到他们 "有指南针，但和我们的不一样，它只是一个很敏感的小钢针，与一块磁石接触。他们将它置于一个放满了海水的小茶碟里，其上标明了基本方向。他们将指南针分成 24 份，而不像我们那样分成 32 份"。[231] 不管这些作家都谈及了中国哪些的技术成就，对门多萨的中国人是 "大发明家" 这一评价，他们都是看法一致的。[232]

772

三、风俗习惯、社会习俗和学问

克路士的著作擅长于描述中国人及其日常生活习惯。以他的欧洲人眼光看来，中国人看上去 "难看不漂亮，小眼睛，他们的脸和鼻子扁平，没有胡须，只是在下巴正方有几根毛发而已"。[233]他们日常的服装是一件长袍，袖子很长，普通穷人穿"白亚麻长袍"。男人以"像女人一样的长发"为荣，用"一个高圆罩"把头发在头顶上打成髻。中国人"是非常有礼貌的人"。通常他们"欢迎他们尊敬的人的方式"是给他们奉上"放在托盘上的一个瓷杯……一种他们叫茶（tea）的热水饮料"，这是一种被描述为"有点红色很有药用的……"饮料。[234]

这些作家们依据欧洲标准一致确信"中国人是大食客"。特别是拉达，他似乎享用了无数次为向西班牙使节表示敬意而举办的宴会，所以他的记述在某些方面读起来倒像是中国南部的美食之旅。[235]他注意到在进餐习惯上，"他们坐着吃饭……不用桌布或餐巾"，"用两个小棍子夹起每件东西"。他有几分挖苦地注意到，"在一餐开始时他们没有面包就吃肉，随后不是吃面包，他们吃三四盘煮饭，虽然吃相有点像猪，但他们同样用他们的筷子吃"。拉达评判道，"在饮酒上，他们是一个有节制的民族……而且当他们喝酒时他们要很热地喝……"。他们并不是"最大的食肉者，正相反，从我们的经历来看，他们最主要的食物是鱼、蛋、蔬菜、肉汤和水果"。在这个看法上，拉达在某种程度上与其他作家有矛盾，其他人发现中国人极其迷恋猪肉，[236]特别是广东人，他们还对狗、青蛙、老鼠和其他稀奇古怪的美味佳肴成瘾。毫不奇怪作为一个虔诚的修道士，门多萨在读了这样一些关于中国人生活方式的记载后评论道："尽他们所能，他们使自己获得肉体的满足，纵情于游乐，他们由此过着美好的生活，并且很有安排……"[237]

给欧洲人留下深刻印象的莫过于在农历新年看到的庆祝，特别是有装饰、游行和戏剧娱乐的节日。克路士观察到，"他们多次使用戏剧的表现形式，戏剧得到了很好地上演且逼真……"。[238]演奏者们的服装"安排得非常好，适合他们代表的人物的需要"，而且无论什么人担任女性角色，都要"涂脂抹粉"。对于能理解它的那些人来说，观看明代舞台的长时间演出可被称作"愉悦之事"；不幸者"不能理解演员说什么，有时真是厌烦极了"。拉达访团事先被告知了剧情，所以他们"很好地理解了正在发生的一切。"[239]门多萨在叙述拉达的经历时对一部"喜剧"的剧情做了简单地介绍。[240]克路士很反感中国人"当着所有旁观者的面"换衣服和"以几乎唱歌时很高的声音"讲话的习惯。这个一丝不苟的修士也提及中国的木偶表演和广州人训练夜莺的做法，"让它们穿上各种男人和女人服装"，做出"让人看了高兴的戏法和旋转"。[241] 在福州，拉达看到一个"杂技演员，他能做出很好的戏法，既在地上也在一根棍上"。[242] 按照克路士的说法，门多萨列举了一系列的中国乐器，[243] 克路士观察到有时"他们一起演奏一些乐器……四种声音结合在一起产生了很和谐的音调"。[244] 按照门多萨的说法，他们都有"很好的嗓子"，"他们美妙地随乐器唱歌"。[245]

克路士和门多萨都有专章论述中国的妇女，在这里门多萨不像在其他场合，他多少更小心地按照克路士的说法来叙述。克路士认为，"除了海边和山里的妇女外，一般而言她们肤色白皙，是淑女，一些人的鼻子和眼睛长得非常相称"。[246] 门多萨对缠足做了评论，可能是效仿埃斯卡兰特，对缠足进行了理论上的分析，这将成为欧洲对中国看法的标准。

> 她们把三寸金莲视为优美漂亮，因此从小时起她们就将脚紧紧地包裹起来，耐心地忍受其痛苦，因为谁的脚小，谁就被当作最美的女人。他们说是男人劝诱女人这样做的，因为把脚缠到几乎变形，成了半瘸，这样，她们走动十分费劲，行动困难，这就是为什么她们很少外出，埋首劳作的原因；这仅仅因这样目的人为发明出来的。[247]

大多数评论者同意克路士的说法，女人"让自己躲起来"，甚至"当她们外出时也不让人看到，她们坐在密封的椅子上出去"。[248] 男人们通常不只一个妻子，"每个人可以（合法）拥有多妻，只要他能养得起"。妻子与外人通奸要被处死。妓女被贬置于城镇郊外馆舍中，在那里她们处于严密监管之下。克路士写道，"所有普通女性都是奴仆，她们从孩提就为这个目的而被加以培养"，他继续详细描述了治理儿童拍卖的条例。[249] 门多萨虽然承认这些做法"极为残酷"，但却由此开始对妇女地位加以评论的，他指出政府的条例被制订出来"以保护他们的公益免于恶习破坏"，而且"它在这点上比那些历史较短、人口较少的国家所受的麻烦和危害要小"。[250] 女子一般"在任何时候都是极为贞洁的而且与外界隔绝"，而男子是"邪恶的，地主和长官更是如此"。[251]

774

775 　　也许从这些书中得出的最有争议的看法与中国贫困区和乞讨有关。[252]门多萨根据巴罗斯和埃斯卡兰特的陈述，用了一整章的篇幅力图说明为什么"在这个大帝国的所有地方，没有穷人在街道上行走，在寺庙里没有人行乞，并根据皇帝的命令供养不能工作的人"。[253]他的资料可以相当有力地支撑这个论点。例如，佩雷拉评论道："我们从未看见过任何穷人行乞。"[254]他也注意到在每个城市都有专门为穷人、老人、盲人和残疾人设立的医院。克路士强调"每个劳力都有一份生计"，"在这个国家懒人最受憎恶"。[255]他还进一步观察到他们"不给予施舍"，盲人"有指定给他们的工作"，而盲女则成为妓女。[256]他显然明白家庭是有责任来供养穷者及残疾者的，而且和佩雷拉一样，他注意到那些"在国内没有亲属"的人在公共济贫院和医院中得到了照顾。但是他继续指出"没有办法维持自己生存的"囚犯，有时得到许可"在士兵监视下在街上行走讨要施舍"。[257]然而，拉达写作的时间稍迟，与早前的观察者相反，他坦率地声称，他"看到穷人，特别是盲人沿街行乞"。[258]

　　门多萨论证说明是法律命令"禁止穷人在街道上行乞"的，[259]而且法律禁止其他人施舍。按照埃斯卡兰特的说法，他强调了家庭的责任以使其成员免于进入公共慈善的名册。而且他还描述了中国的国家慈善体制维持着济贫院和医院：

　　　　如果他（残疾者或有病的儿童）没有父母，或者他们穷到一名不文，那么皇帝就用自己的费用在医院里充分供养他。医院很气派，皇帝在全国每座城市都设有这样的医院。这些医院里还供养那些在战争中度过青春、无力自谋生路的老人和穷人。[260]

776 　　在 16 世纪时，这肯定是一个先进的事态，当时欧洲大多数国家的中央政府根本没有想过要承担任何的慈善责任。虽然这些早期的记述支离破碎，矛盾百出，且多少缺乏判断力，但其中蕴含了一些基本特征，显然说明了中国的公共福利体制。[261]珀切斯（Purchas）在对门多萨做旁注时，他叹息道"我们应当作一面镜子"，我认为这并非是讽刺性的表达。

中世纪末，一些前来东亚的旅行家们已对中国语言的特殊性做了评论，这一特殊性很快引起了 16 世纪观察家的注意。可想而知，佩雷拉和其他葡萄牙囚犯显示出只是对这门语言一知半解。但耶稣会士从他们世纪中期时写于日本的信件，向欧洲转述了对汉语和日语更感知的印象及一些作为例子的字。[262] 克路士认识到"中国人在他们书写时没有固定的字母，因为他们所写的都是字符"，"他们拥有无数的"字符。[263] 在中国"有很多言语，有时一个人听不懂另一个的讲话"，"但他们全都能看懂彼此写的"，其中包括越南安南人和日本人。克路士宣称，"它们的排列并不像所有其他国家写书时是横列的，而是从上往下写"。拉达一直进行语言研究，将这些文字描述为"不合规范的和困难的"，这多少说明了他自己的挫败感。而且他悲叹道，"即使一个人知道一万个字，他仍读不了什么"。因而，他的结论是"能读得最多的人是他们中最聪明的人"。[264]

门多萨通过得自埃斯卡兰特著作的资料加强了克路士的记述，并且从其中复制了三个书写粗糙的汉字作为中国人书写的例子。[265] 他也注意到，在中国人的印刷平行纵列栏里字符的排列"保持同样的顺序"，"……今天可在罗马圣殿图书馆中发现……同样可见于遵国王菲利普命令修建的王族圣劳伦斯修道院的图书馆及其他地方"。[266] 林斯乔坦带回汉字书写和纸张的样品，他将它们交给帕鲁达努斯（Paludanus）为他收藏。[267] 关于中国纸张，拉达证实中国人"说它是由竹子的内芯制作而成"，其非常薄以至于"你不太容易在纸的两面写字，因为墨水会穿透"。[268] 门多萨在这点上只是对拉达的说法加以稍许地扩充，他声称"他们有极为充足的纸，而且纸张非常便宜"。[269] 拉达说"至于笔，他们使用极其细小的刷子"。门多萨补充到，"用竹子制的笔"在尖端有"类似于画笔"的细毛刷。

就我们所知，意大利历史学家保卢斯·约维乌斯（Paulus Jovius，1483—1552 年）是第一位认为绘画艺术可能是从中国传到欧洲的欧洲作家。[270] 大约同一时期，克路士从远东报告说，"据说在中国，中国人使用印刷术已经九百多年了，他们不仅印刷书籍而且也印刷不同的图形"。[271] 就印刷术是如何从中国传到欧洲的，门多萨没有引用任何权威人士的看法，提出了他自己的看法：

777

　　……印刷术经罗斯（Ruscia）和莫斯科公国（Moscovia）传入德国（Almaine [Germany]），可以肯定的是，人们是从那里走的陆路，同时有些从那里进入这个国家的商人，经红海（Redde Sea），从阿拉伯费利克斯区（Arabia Felix）① 携带了几本书，这个约翰·谷腾堡（John Cutembergo [Gutenberg]），史书称为发明者的人，以此作为他最早的根据。这是真实的，因为他们有同样的记载，显而易见这项发明是他们传给我们的；而更可信的是，现在他们那里还有很多书，印刷日期早于德国开始发明之前五百年，我有一本中文书，同时我在西班牙和意大利，也在印度群岛（墨西哥）看见其他一些书。[272]

778　　拉达在和一位总督交谈后报告说，中国官员"非常惊讶地得知我们（欧洲人）像他们那样同样有手写体活字，并且我们的书籍也使用印刷术，因为在我们之前，他们已经使用许多世纪了"。[273] 拉达送给这个满腹疑虑的总督一本印刷的每日祈祷书，以证明他关于欧洲成就的争论。随后这个爱寻根问底的修道士得到了中文书籍：7 本地名辞典，[274] 和"所有学科的书，既有占星术，又有天文学，也有相貌术、手相术、算术，还有他们的法律、医学、剑术，和各种游戏与他们的神的书"。[275] 门多萨在著述自己的著作时极大地得益于为拉达准备的中文书籍和译文，他承认受益匪浅，并逐条记下了被带进西班牙书籍的"基本内容和种类"。在下文中他罗列了他所知的各种中文书籍的专题概要。

　　有关整个中国、十五省的位置、每省的长宽及邻近其他国家的说明。

　　属于国王的贡赋和税收，他的朝廷的等级，他赐给的一般薪俸，他的宫室中所有官员的名字，及每个职位的权限多大。

　　每省有多少赋税，免税者的数目，顺序和时间，何时和怎样征收。

　　各种船的制造，航行的情况，及每个港口的深度，特别是每个港口的大小。

---

① 古时阿拉伯一地区，在半岛南部。——译者注

这个中国的古代，世界的起源，何时始于何人。

统治这个国家的国王，他们的世系和政府的情况，及他们的生活习惯。

他们向偶像（他们奉之为神）献祭的仪式，偶像的名字，及他们每人视其与死者的关系而穿的丧服。

国家的法律，何时由何人制订；违法者的处罚，及其他许多有关他们有效统治及政策的事。

医师的草木志，即本草书，说明他们怎样用来治疗疾病。

其他许多医书和药书，由该国作者撰写，有古代的也有近代的，其中包括如何诊视病人，如何治疗他们的疾病，如何预防各种病害。

宝石和金属的财富，及本身有价值的自然产品；尚有珍珠、金、779

银和别的金属，可为人类所用，相互比较每件东西的用途。

数字及天体的运行；行星和星体，它们的周转和特殊影响。

他们记录的国家和民族，及其中的特别事物。

他们尊为圣人的那些人的生活和行为，他们在哪里生活，在哪里死和葬。

在桌上，及在箱子上玩耍的方式，怎样做戏法和木偶的玩乐。

音乐和歌唱，及其发明人。

数学科学，算术，及运算规则。

孩子在母胎内的影响，他们每月的保养，及诞生的好坏时刻。

建筑，各类房屋，每座房子按比例应有的长和宽。

好的土地和坏的土地的特点，识别的标志，每年收什么果实。

自然和裁判星象学，研究星象学及掷数字做推算的规则。

手相术和面相术，及其他符号和标志，各种的含义。

怎样写信，怎样按每人的身份给予称呼。

怎样养马，怎样训练马奔跑和旅行。

怎样圆梦，怎样在旅行前，或做任何结局不可知的事之前进行占卦。

全国穿的衣着，从国王谈起，及那些官吏的徽记或带标志的袍服。

怎样打造武器和战具，怎样排阵。[276]

780　　　　关于教育，所有作家们都说得有些道理，并且他们都正确地将这一体制与官员预备制联系起来。佩雷拉指出，"在所有城市中，不只是每个省（province）的主要城市，而是也有其余城市，都有办法选拔'老爷'（Louteas）"。他观察到"其中许多人由皇家负担费用学习……"。[277] 克路士证实了这个观察，并补充道，"在进入国家学校之前学生们学习国家的法律（古典文学？），由他们的父亲负担费用"。[278] 在由官员监督的考试中，成绩好的学生得到被提升为官员的奖励；那些不及格者受到鞭笞或被投入监狱。但克路士与"一些葡萄牙人"的看法相左，他否认中国有私家学校或教授"自然哲学"的大学。他们"只有皇家的学习国法的学校"。[279] 拉达对皇家学校未予说明，仅提及"当他们知道出身良好的某人确实读得很好时，他就受到核查……"，[280] 因而，也许在欧洲文献中第一次强调了中国绅士名流与学术团体之间的亲密关联。

　　门多萨再次没有引用他的资料，却比其前辈们更进一步描述了中国的学术机构。

781

　　　　皇帝在每座城市用自己的钱设置书院或学校，他们在里面学习写、读和算，及至学习自然或道德哲学、占星学、国家律法，或其他奇特的科学。在这些学校教书的人都是学有专长的，特别在读写方面更无可匹敌；[281] 为此人人都学读写，哪怕再穷的人，因为不能读写的人，在他们当中被当作是不体面的。有很多学生进入高等学校，尽可能学而有成，因为要取得老爷或绅士之名，或其他显职，它是最好的途径和最可靠的方法；……对于书院，皇帝每年向大小学校派出巡访使，了解学生的学习收益，教师的情况，及有关他们良好治理方面的事。在巡查中他们用言语褒扬他们发现有才能的学子，鼓励他们坚持学习；……同时把那些他们认为有才能，但不肯努力向学的人投入监狱以惩罚。那些没有才能，或不愿学习的，他们则开除出校，让另外可学得好的代替他们的位子。[282]

虽然毋庸置疑，在一些细节上以讹传讹，但门多萨显然领会了在中国存在着一个世俗的、由国家控制并由国家资助的教育体制，其主要目的是为帝国的官僚政治准备学生。对于博学的欧洲人来说，他们多少会有点吃惊地读到明代中国的公共教育是由国家资助的，并且比起 16 世纪的其他任何地方更自由地向所有合格成员开放。

在这一点上，尽力去领会这些 16 世纪的作家对中国著名的文学考试理解了什么又误解了什么是重要的。佩雷拉谈及有希望的报考者"在年末他们前往主要城市，巡访使（*Chacines*，文学监察官）来到那里，……列席对被关着的人做出评判"。[283] 从使用"被关着的人"一词来看，佩雷拉似乎描述了学生们的暂时状态，他们每天被关进很小的屋子里，直到他们完成考试为止。克路士观察到文学监察官每三年由北京任命。他也指出虽然提拔通常是根据优点能力，"但也有一些老爷只是因为考官偏爱而被提拔"。[284] 拉达指出成功的考生被"授予我们称之为学士的学位"，并且他们"从那以后适合履行一些司法官员之职"。[285] 门多萨相当接近地按照拉达对他在福州所看到的庆典仪式的描述进行了写作，并补充了下面的观察：

> 尽管都叫老爷，但我说的是，有的是靠文字或学识得到的，有的是靠武功，还有一些是靠皇帝赐予，在尊贵上仍彼此有差别。因为那些朝臣、总督、长官及巡访使是以学识来考取老爷的……[286]

从这些记载中难以看出欧洲人真正领会了他们写下的考试。恰恰相反，看起来他们似乎认定中国和欧洲一样所有考试都是口述进行的。然而，欧洲不久得知中国的绩效考试需要精通儒学经典著作，而这必须用书写形式加以论证展示。[287]

对于中国学问，欧洲作家们没有丝毫准备，也很少能够理解，有的只是些许的好奇心。克路士没有靠书本和译者的帮助就发现了中国人知道一些"天堂的课程"或天文学，所以他们"知道日蚀和月蚀"。[288] 但是有"他们所有学科印刷书籍"[289] 的拉达并非善意地评论了他们的学问："除了只在医药方面……

782

在其他所有方面什么都没有掌握。"按照拉达的说法，中国人不知道几何学（"他们没有两脚圆规"），且"除了加法、减法和乘法"不会计算。[290] 他们"对地理所知甚少"，他们的"图示（地图）粗糙不堪，且所估算的距离和地域范围极其错误"。[291] 他将他们的天文学与菲律宾土著所掌握的天空经验加以比较，不得不承认"显然汉族（Chinos）更好地了解天空"。[292] 他在福州观察到他们的日晷"好像是由愚昧无知者胡乱制作的"。[293] 门多萨没有特别提及中国的学术状态，只是满足于列举归纳那些设法到达西班牙的书籍。[294]

门多萨和拉达记述了中国及其历史上的朝代，这可能是因为他们与佩雷拉和克路士不同，他们既依赖中文文献资料也依赖提供消息的人。两位作家都认为他们手头的史书中能看到的创世纪故事属于传说而不予考虑。他们两人都从夏代（传说日期为公元前 2205—前 1766 年）创始人大禹（Yü the Great）开始对君主政治进行历史叙述。虽然至今仍没有找到令人满意的证据证明夏政权的存在，但直到近期，中国和西方历史学家同样都接受它是中国的第一王朝。[295] 拉达及其遵循他的门多萨也许是因为都是从"朝代历史记录"中得到的资料，从而也就按"朝代历史记录"的属性，将他们几乎全部的历史记录集中于历代的年表、名字和伟大成就上。[296] "为了避免冗长啰嗦"，[297] 拉达无意全面列举皇帝或他们在位时期。门多萨可能是根据拉达的文件，尽力想要展示一个带有附加传记细节的完整列表。[298] 拉达认为，中国人"在大洪水之后不久开始有帝王，自从那时以来他们一直与外国人没有任何混杂"。[299] 而门多萨评论道："据认为最早居住在该国的是诺亚的孙子。"[300] 于是，通过帝王年表的介绍，门多萨有助于为大辩论打下坚实的背景，这场大辩论不久在欧洲发展起来，就中国文明的悠久和中国与圣经年表的相对可靠性展开了争议。[301]

门多萨提及皇帝为"天子"和"天王"，并评论说中国人对帝王的画像"很敬畏"。无论如何，和这些作家的看法一样，这一说法接近于理解在中国传统宗教习俗中皇帝作为天堂与他的臣民间中介的作用。显然他们在任何方面还都不具备儒学体系的自觉知识。欧洲最早的评论家佩雷斯断言中国人"是非常伟大的偶像崇拜者，通常所有人都崇拜上天"。[302] 而且"如果你问他们，他们认为离去的灵魂做了什么，他们将会回答说它们是不朽的，只要一个人离开了今世，他就成为一个魔鬼"。[303]佩雷斯注意到路边的圣祠,乃至佛寺都有轮回学说的简单观念。他多少有些吃惊,而后来基督徒经常如此,"当他们进行偶像崇拜时他们又在嘲笑自己"。[304]同时他引用了月亮和生日庆典以说明它们有一些宗教意义。他评论说,"中国人自由自在,每个人崇拜并追随着他最喜欢的东西"。[305]

职业传教士克路士在他的观察中较少踌躇不决。对他而言,中国人"没有关于上帝的认识……这表明他们确实没有去思考自然事物……"。否则,如果他们有这样的研究,"那就足以使他们得到有关上帝的知识"。[306]即使美勒坡(Mylapore)的圣多默"殉难"前据报道"去过中国",但"看到他不能在那里做出什么来",因而返回印度。[307]在对佛教仪式的评论上,克路士提及中国船上的"神像",及其抽签征求神的意见。有时,如果神不能做出合乎心意的反应,"他们转而迁怒于他们的神"。[308]他们也拜鬼,"上层人"说,"他们拜他是为了他将不加害于他们"。[309]有"两类僧侣",一类"将他们的头发剃光……并住在寺院里",而另一类"让他们的头发生长,并穿黑丝袍……这些僧侣都没有妻子,但他们生活放荡淫猥"。[310]但是对于这些传教士来说,中国人还是大有希望的,因为他们"对他们的神和僧侣不太尊敬"。最终,"当他们知道真理时,他们就会信仰它,印度地区的百姓却不是这样"。[311]然后,克路士继续记下了在传道、辩论和推翻偶像上一些他个人的胜利。他极力声称,"我发现他们有成为基督徒的性情",因为他们"并不挑剔食物",也因为他们"最喜欢猪肉,所以对他们来说,成为摩尔人几乎是不可能的"。[312]显然,克路士认为中国是一片肥沃的土壤,等待着传教士们前来开垦耕耘。

拉达在记述宗教仪式时注意到"除了寺庙里有众多的神像外,每个房子里都有自己的神像",他还观察到"几乎没有一块大石头上面没有雕刻神像"。[313]然而,所有这些神,"不过是他们借以向上天祷告的说情者"。[314]和早期只注意到佛教神灵的欧洲作家们不同,拉达还列出一些道教神的名字。他说他们的一些仪式和庆典"很荒谬可笑"。有"两种道士",一些"不吃肉、蛋和鱼",且"其中许多人像隐士一样生活";[315]另一种"生活在城镇社区里……,吃所有东西",且其中一些人在街上乞讨施舍。他说:"他们告诉我们,也有女道士的寺院,但我们没有看到过。"[316]他列举了佛教等级结构的粗略轮廓,并和其他作

785

家一样观察到佛教的"僧侣不太受到尊敬和注意"。[317]

一如在其他事务上，门多萨对他手头关于宗教的资料发表了个人的看法。在他的记述中不再涉及轮回观念，但他对中国人永生的思想加以转换，使之成为相当常见的基督教信仰，一个正直的人"将升天……并且成为仙人"。[318] 与其他作家相反，他认为"他们不是在庙里，而是在家里献祭……"。[319] 他认为老百姓是唯一相信"行为不端的灵魂……在他们入地狱前……被放进牛和别的动物的体内"的人。[320] 和其他人一样，他没有专门提及孔子，也没有提及明显可以确定为典型儒学的庆典，但他非常接近地谈到了"在他们家中"祖先祭台前的仪式。综观他对中国僧侣生活的记述，读者会得到这样的印象，门多萨谈论的是基督教的修道院生活；而且他省略了亲眼阅读到的作家对"中国僧侣"所做的尖锐批评。他评论道，从圣多默在中国布道来看，"我们可以认为，我们所看到的东西，因他的教导已印刻在他们的心上"。[321] 他表达了这种希望，因为他们"在世时尽量不作恶"，他们将"靠上帝的力量……得到有关福音的真实知识"。[322] 与门多萨不切实际的希望形成鲜明对照，我们必须回想的是菲律宾、墨西哥和西班牙的一些世俗和传教人士长期以来一直催促菲利普二世通过采取对中国的军事讨伐来推进贸易和宗教事业。

四、军事不足、贸易和朝贡制度

那些主张支持对中国进行讨伐的人，是受到了有关中国军事极其软弱这种流行观点的影响，因为欧洲人众口同声地评论了中国对其邻国不侵略的政策。在1554年一个曾在中国被囚禁的葡萄牙人不具名写下的信中，[323] 当时大多数欧洲人对中国人不以为然的态度得到了很好的表述：

> 中国人总体而言既不勇敢也不灵巧，他们没有任何喜爱战争事务的自然倾向；如果他们要维护自己，就是用人口众多、城池坚固和弹药装备。[324]

786

克路士在大多数事情上很敬仰中国，他评论道，"尽管他们勇敢进攻，但在战争中，他们更多地使用策略和人数而不是凭借力量"。[325] 所有观察家都认同，在中国，平民携带武器是非法的，这个特权是专属于士兵的权利。拉达写道，没有佩带武器也不使用武器的"作战士兵人数非常之多"。他们确实是免于纳税的世袭战士，"他们只是被派去管理城池，以便在情况需要时进行防御……"，这些人要负责修理他们管的这段城墙。[326] 拉达观察到，"另外一种士兵，来自其他省份，他们支领薪资服役"。虽然拉达叙述得并不明确，门多萨显然认为军人和雇佣兵都是由省政府组织和维持的。[327] 正如早前提到的，拉达和门多萨所给出的统计数据在各省驻扎步兵和骑兵数量上有出入。但显而易见，两人都因他们统计的总人数揭示出的大得惊人的潜在力量而不知所措。[328]

但是，他们仍认为中国在作战中并不是强大的对手。据说他们的马矮小，给马配备的鞍具不太牢固，他们的马术更是极其差劲。无论是"骑兵还是步兵"都用弓和箭作战；在他们的每月评审检查中他们炫耀自己"非常熟悉地使用武器"。他们也有火绳钩枪、矛、戟、短弯刀和其他"有柄武器"。但据拉达报告说他所见到的他们的火炮"极为低劣，因为只有小铁炮"。[329] 特别是在海军战事中，他们"最大限度地使用火药燃烧弹"，而且使用"火箭用以烧毁船板"。[330] 皇帝也"有大舰队……极留意和警惕地巡视和防守国家的海岸"。[331]

> 这些人，如果论英勇可以跟我们欧洲的民族相匹敌，他们足以征服全世界。但尽管他们人数多而且同样有智谋，他们的勇气和士气方面仍远远落后。……我在这里不谈用什么努力（靠上帝之助）去征服和战胜这支民族，……再者，我的职业更是作为和平的媒介，而不是去招惹任何战争；而若我的愿望可以实现，那就是靠上帝的命令，那就是深入人心的利剑……[332]

中国国际关系体系中最突出之处不断被报告给 16 世纪的欧洲。理论上，明确有权出国的中国人只是皇帝派出以证实臣属国王合法正统的使节。正如我们已经看到的，朝贡使团只能根据北京规定的条件来中国。任何情况下外国人不

787

788

被允许无限期居住在中国。天朝大国因而与野蛮的渗透相隔绝；同时皇帝普天之下至高无上的地位将定期得到承认，外面的接触得到维持，并且也允许有限的贸易。中国管理国际事务的体制是基于中国绝对的文化至上的自负；它与16世纪欧洲发展起来的理论上所有主权国家平等的国际体制截然有别。

但是无论是欧洲还是中国，理论经常不能与实践相吻合。与原则的偏差经常让最早的观察家们无所适从，而且当代后继者们仍持续迷惑不解。在嘉靖时期（1522—1566年）的最后几年，当中国人再一次开始修正传统的进贡体制以满足东南沿海出现的新情况时，这种情形尤为如此。从1553年起，中国人再次开始与葡萄牙人进行贸易，但正式反对佛朗机（Fo-lang-chi）的法令直到1567年仍然有效。在1555—1557年，葡萄牙人心照不宣地被允许在澳门建立一个贸易点。当除了日本外，[333] 禁止与外国贸易的禁令在1567年被朝廷撤消时，前些年的"秘密贸易"遂被特许贸易所取代。中国人再次被正式允许出海，但不能去日本。然而，尽管有这样的修正，但朝贡体制仍然未受影响，想贸易必须纳贡称臣，[334] 这些古训没有被正式废除。

在朝贡体制条款不断变化的这些年里，欧洲目击者们正置身于中国海岸一带。佩雷拉在这些变化被颁布前曾在中国待过一段时间，他评论不多，也许是因为他大多数时间因与贸易或外交相关问题而被拘留。克路士1556年时在广东，他对中国的对外关系讲述的较多，也许是因为他曾在印度、马六甲和柬埔寨度过了几年。他提及在印度的科罗曼德尔（Coromandel）和马拉巴尔海岸一带，在锡兰仍然有中国以前在那里活动过痕迹的遗迹。克路士说，曾经一个时候"中国人是所有爪哇（Jaoa [Java]）、马六甲王国的詹塔纳（Jantana，柔佛 [Johore]）、暹罗及占婆王国的主子，那些国土普遍这样看"。[335] 然而，皇帝"发现他的国家日渐衰落，因企图征服许多其他的国家而处于危境"，转而撤退孤立，并且颁布法令"禁止人民航海到中国以外的地方去，以避免遭受死亡的危险；这条诏旨一直到今天仍有效"。[336] 前来中国的使臣们"带着国王或王子的使命，得到皇帝的厚赠和礼遇……"。[337] 中国人显示出对使节"极大的尊重"，"使臣及其扈从的货物是免税的，当他和他的下人在中国停留期间，他们得到住宿和一切必需品的供应"。[338] 同时，似乎为了证实谈到"秘密贸易"的其他资料，

789

克路士报告说广州"是中国一个主要城市，葡萄牙人在那里做贸易"。并告诉我们他认识"一个很有头脑的威尼斯富商"，并与之交谈，这个威尼斯人也和葡萄牙人一起在广州做贸易。[339] 从前面已经说到的中国沿海的贸易情况和朝贡体制中，很容易看出克路士的报告虽然零散，但基本上如实地反映了所写时期的情况。

马丁·德·拉达1575年时在福建，这时是贸易和移民禁令被废止的八年后，他对这些早期的禁令未加谈论。和克路士所述一样，他的报告也是吝啬不足的，但却是那个时代的精确记录。"他们不准许外国人进入国土"，他不无失望地报告说，因为如果可能，他已决心要让自己被中国接纳。但他讲述了所听到的传闻，在北京"有很多不同的民族，各自住在他们自己的区域……"。[340] 他收到过一张"住在那里这些民族"的名单，注意到"他们说所有这些民族都向中国皇帝进贡"。[341] 在福州，拉达"看到一些来自琉球（Lau-quiu [Liu-ch'iu]）的人，他们带着他们的贡品而来"。[342] 焦燥不安的拉达并未在中国逗留多久。然而，在北京，他三个月的访问可能已经被官方记录了。《会典》（Collected Statutes [Hui-tien]）记录了在1576年（或者是他真正离开的第二年）一个来自西班牙所属菲律宾吕宋的使节送上贡物，它规定的路线是经由福建。[343] 由于拉达来自菲律宾，可能（即使与日期不符）这是他访问及其北京想给来自菲律宾使节安排路线的一份中国记录。不知他是否知道有这样一份他访问的官方记录，拉达没有做任何记录。中国人要求服从他们规章的决定引来他尖刻的抱怨，他说中国"如此专横"，自认为"全世界第一"。[344] 虽然如此，他的"出使福建记"（1575年6—10月）[345] 是信息闭塞的欧洲人对他们在竭尽全力向中华帝国渗透过程中遇到的困难所做的栩栩如生的原始记录。门多萨的记述，尽管并不真能像直接目击者所记录的那样精确，但他也许是根据拉达的文章，尽量对朝贡体制和总的贸易章则做出更全面综合的描述。他敏锐地对中国人的隔离孤立做了如下推测：

　　……他们从经验发现，离开本土去征服别国，侵害他人及这一类的事情，要损失很多人，耗费大量钱财，还要不断花力量和劳力去维持得到的地方，恐怕再失掉。而在他们忙于（郑和）新的征服时，他们的敌人鞑靼人和邻近的其他侯王就骚扰和侵犯他们，造成很大的损失。……他们认为需要为安宁和利益……放弃他们在国外取得和征服的一切土地，而特别是那些遥远的国家。从此后再不跟任何地方打仗；因为由此造成已知的损失，收获莫测……[346]

按照门多萨的话，中国皇帝"颁发重刑律，命令所有到异邦去的中国子民在限期内返回本乡土……"。[347] 同样，他命令他的长官"以他的名义放弃并离开他拥有的"外国的"领土和属地"，"除开那些自愿表示臣服，向他进贡和保持友好的之外……"。[348] 关于在 15 世纪中国退回孤立隔绝状态的这样一些细节，在现在仍能找到的门多萨著述所用资料中并不能看到。这个修道士和前外交官清楚地知道那些希望通过军事行动逼迫"大帝国"屈膝的人的想法，在此显然他是作为中国自愿放弃扩张的赞赏者进行写作。[349]

对于贸易和臣属事项，像我们对资料和事实的了解一样，门多萨更忠实地保留了他的资料和事实的原貌。例如，他似乎了解贸易和旅行许可制是近期才采用的——虽然不能完全清楚他提及的是合法的还是违法的贸易与交往。例如他写道：

791

> 但现在，港口的官员不执行禁止去国外的法令，接受商人送的一些礼物，秘密允许他们到邻近各岛去进行贸易，如去菲律宾……[350]。但中国人，即使是在其早期，显然并不能简单地满足于与邻近的陆上地方进行贸易和旅行。

门多萨报告说，在 1585 年"三名中国商人"到达墨西哥，并且"没有停留便到了西班牙和更远的其他国家"。[351]

五、批评与评价

在 1585 年著作第一版出版后不久，门多萨在卡斯提尔治安官和前军队高官 D. 胡安·费尔南德斯·德·维拉斯科（D. Juan Fernández de Velasco）散布的一封信中受到恶毒攻击。[352] 维拉斯科的意图是，设法使门多萨的书在进行修改前，不会出现第二次印刷。他断言这本书到处都是 "显而易见的" 错误。他指控这本书极大地夸大了中国的巨大范围和权力。他贬低门多萨的写作风格，提及他对 "相互不断望着" 的三座石像的描述；[353] 维拉斯科肯定地评论说，根本没有必要说 "不断地"，因为如果它们是石头，其面部 "将一直彼此望着，直到石头变成碎末"。他进一步斥责门多萨竟然如此空虚浅薄地从中国女人的缠足开始他的著作，而他的真正目的是促进基督教浸入中国。同时他讽刺地加以评论："修道士，请不要将自己放在女人的裙下。将此工作留给为此而活为此而死的那些人吧。" 他攻击说，门多萨所给出的皇帝岁入的数据既荒诞又无聊。他申斥这个修道士如此无聊轻佻地谈论盲妓和乞丐，关心街道和小路的宽窄。而且他认为门多萨将会反驳说如果人们不相信他的记述，"那他们就像我一样，整理好他们的裙子，到那里亲眼看看这些奇迹"。在此维拉斯科像许多此前及此后马虎阅读门多萨的人一样，错误地假设这个奥古斯丁修会会士真是去过中国。似乎可以明确，维拉斯科的攻击可能是因他自己受制于当时的观念，即中华帝国将迫于武力而最后投降。这样一个结论似乎授予他对门多萨提出的事实和数据进行全面猛烈的攻击，因为门多萨的事实和数据显示了中华帝国真有可能如此的强大。

在维拉斯科的严厉攻击中没有一点实质内容。尽管如此，显然不只是西班牙的其他读者，却因而对门多萨的诚实大为质疑。派克英文译本的印刷商向 "基督教读者" 警告 "西班牙人（按他们的野心说）通常在他们的著作中颂扬他们自己的功业，甚至报道很多不真实和不足信的事"。[354] 然而，英国与西班牙处于战争中，派克的译本出现在 1588 年西班牙国王为了与英国争夺海上霸权，派出庞大的无敌舰队，远征英吉利海峡，却惨遭毁灭性失败，从此为英国取代 "海上霸主" 地位的那一年。奥古斯丁修会会士热罗尼莫·罗曼（Jerónimo Román）是同时代另一个研究中国的作家，他也使用过拉达的文章，1595 年他对他的奥古斯丁同事门多萨做了评论，他写道"他好像有点像神使"，并暗示对他使用拉达文章的情况与门多萨的使用加以比较并不会对门多萨有利。[355] 而且，一个世纪后，一个葡萄牙耶稣会士写道，门多萨的"叙述"是"真实的"，但却充斥着"太多对中国人编造的他们帝国庄严宏伟这样自吹自擂叙述的轻信"。[356]

对于维拉斯科的恶言谩骂，门多萨不能立即或响亮地予以回答。在出版了他的书后不久，他又一次离开欧洲前往新世界，直到 1589 年前都不能给维拉斯科写信回复。当他最终写了一篇反驳的文章后，他竭力证实他的鸭子人工孵化、鸬鹚捕鱼和帆车的故事，对于有学问的人并非不可信，这些人能回想起所知古代埃及，甚至同时代欧洲一些地方类似的"奇迹"。用典型的人文主义方式，门多萨详细地引用古代西方作者以支持他自己的观点。维拉斯科一系列琐碎的主张简直不值得更严肃或详细的答复。但是，也许因为他感觉自身从未看到过中国而处于防御状态，门多萨从未真正地想让他的刻薄攻击者注意到他同时代的文献资料。

从门多萨的《历史》与佩雷拉、克路士和拉达的写作的比较中很容易看出，门多萨的主要目的是使用他们的著作作为更有序更全面描述中国的基础，这样的描述绝不是像葡萄牙作家或埃斯卡兰特所完成的那样。在上述作家对所见所闻进行简单描述的地方，如对他们描述的中央政府、穷人救济制度和国家教育计划这些地方，门多萨试图将他们离散间断的资料纳入清晰连贯的描述中。这意味着在处理他们的资料时，他经常从每一则信息或观察中提取最适合他描述的那个。但这绝不是对他为什么如此使用他的资料的一个总体解释。在一些情形下，他面对的是矛盾的事实、观察或解释，他要在这些资料中，无论是原始的还是第二手的资料，选择出自己所用的。一般而言，在他对中国人的评价中，他更倾向于遵从克路士的报告（该报告部分以佩雷拉的著述为基础）和埃斯卡兰特的报告，而不是拉达所写的更多批评的报告。即便如此，他也经常不接受克路士那些并非完全与他的看法密切相关，或与他总体上赞赏中国及其人民观点相一致的资料或评价。

793　但克路士的偏见绝非一直能够支配门多萨的取舍。偶尔门多萨似乎根据来自其他来源的新资料，无论是书写的还是口述的，对其前辈的作品加以重新评估。当然，基于任何其他什么理由都难以解释，为什么他的统计资料（这些统计资料包括在拉达所列的那些同样的主题中——关于城镇、家庭、纳税人、武装部队和岁入）会如此不同于拉达的统计资料。似乎也很可能，他润色修饰的一些细节，诸如他阐述的缠足的基本论据，很可能是他认为相当可靠的提供消息的人向他口述的。这样的推测得到了事实的证实，门多萨的书中实际上包含了可靠的真实资料，如他对保甲制度的描述，对于这一制度任何其他作家都没有加以探讨。正如我们在开始时所说，显然他的资料是多种多样的；也许远多于我们知道的，他似乎在大约1585年时也遇见过三个中国商人，他研究了他在墨西哥和欧洲看到的中国艺术作品和其他中国制品，他阅读了其时代意大利收藏家、地理学家赖麦锡所编《游记丛书》各种版本中收录的巴尔博萨和皮雷斯关于中国的著述，而且他手边还有其他一些中文书籍、译本，和拉达所写的关于中国的笔记及一些人为拉达写作而向其提供的笔记。而且，他熟读了早期的一些文献，如马可·波罗的作品。

在持有一种观点上门多萨没有错。任何手头有如此不同、不全面，有时还是矛盾对立资料的作者，如果他打算不仅仅做一个汇编者或编辑的话，他一定试图找到一个适合他的资料判断标准。但是，门多萨错在不能较精确地说明他的知识来源、他故意的省略和他所用资料中的差异点以证明他的观点的正当合理性。虽然这样的学术标准在16世纪并不常见，但它们足以证实门多萨根本不是一个学者。他是一个牧师，一个传教士，一个旅行者，一个自称的外交家，他迷恋中国，无非是想去那里。同时也不应忘记，正当欧洲对于西班牙和葡萄牙君主的联合，会对海外世界和欧洲权力平衡产生重要影响焦虑不安之际，门多萨是受命于教皇开始着手他的综述。他写作之时正值日本使团在欧洲游览，因而激起欧洲对东亚广泛兴趣之时。毫无疑问，它是一个顺应时事的小册子，它出现在紧张的气氛中，一些人支持武力入侵中国；另一些人反对，忙于制定和平渗透计划。[357]虽然在这点上门多萨从未全面清楚阐述，但他可能支持和平事业。因此，如果他的书显示出倾向性，这可以解释为，他希望通过他的叙述，有助于鼓励传教活动，同时也使那些认为可能只要两三千西班牙士兵就能发起反对他的"大帝国"战争的人感到沮丧。

794

第四节　耶稣会士著述

　　和很多同时代人一样，门多萨是从耶稣会报告中得知远东一些事情的，在16 世纪后半叶，这些耶稣会报告以手稿和印刷本形式广为流传。[358]虽然从沙勿略以来，耶稣会士就一直不屈不挠努力想突破中国的那堵孤立隔绝之墙，他们在给欧洲的信中一直谈论着中国，但是，门多萨好像并未广泛使用它们作为资料。在 1583 年之前，耶稣会士们的努力一直没有回报，直到 17 世纪初，他们在北京的事业才刚刚确立。尽管如此，他们写下了精心完成的他们事业进展的报告，并有系统有组织地努力积累信息，以有助于在欧洲和中国推进他们的目的。从我们的观点来看，耶稣会士的作品特别重要，它们给欧洲带去确凿的证据，从而有助于使其他的信息源更为完善充实，并给它们增加一些以前信息中不甚重视的文化内涵。

　　在沙勿略生命的最后三年（1549—1552 年），这位伟大的"印度使徒"计划着对中国的精神入侵。于 1549 年 4 月间到达日本后不久，沙勿略开始意识到，让中国转变信仰对于基督教在整个东方的进展具有根本上的重要意义。因为在日本时他的质疑者们已经发问："如果你们的是真正信仰，为什么所有智慧来源的中国人还没有听说它？"[359]显然沙勿略严肃认真考虑了这个质问，他继续准备向中国人传播福音的工作。迟至 1551 年，他离开日本回到印度，准备他的中国之行。1552 年，他在上川岛（Shang-ch'uan，或圣约翰岛[St. John's Island]），这是广东附近一个小岛，与一些葡萄牙商人会合，他想由此进入中国。然而，1552 年 12 月在收到梦寐以求的给他本人也是给所有打算追随他的那些耶稣会士许可前，他与世长辞。

795　　沙勿略的信让我们多少知道了他对中国好奇和对中国认识的不断增多。[360]1552 年 1 月 29 日，在他最后离开印度后不久，他从科钦写下了这样一些话：

　　　　日本对面是中国，一个无边无际的帝国，一直享受着和平，正如葡萄牙商人告诉我们的，在正义和公平的习惯作法上它比所有基督教国家都要优越。我在日本和其他地方看到和我所知道的中国人，肤色白皙，和日本人一样很机敏，并渴望学习。在智力上他们甚至优于日本人……从中国人身上，我发现在他们中可以看到许多不同国家和宗教的许多人民，就我能从他们所说的话中收集到的，我猜想在他们中有犹太教徒和伊斯兰教徒。但却没有什么能让我假定那里有基督教。[361]

沙勿略也观察到中国产品丰富，人口众多。与印度和日本不同，它"由单一君主统治，他的意志是绝对的"，这一事实使这个耶稣会士天真地希望这可能会使改变信仰更为简单。通过在日本的经历，他也了解到远东语言的特点，印象最深的是"一个受过教育的日本人能看并能理解一个中国人写的东西"。他报告说，已经准备了一本"用日语解释世界起源和耶稣基督生活中所有难以理解的事"的书，他希望带着这本书去中国，"向中国人展示我们带给他们的用他们知道的字书写的真理的样本"。[362]首先在中国进行改变宗教信仰的劝服并让皇帝皈依基督教是与他改变日本信仰的雄心相关的，沙勿略"确定在日本已经存在的宗教是从中国传入的"。[363]显然他希望一旦基督教被成功引进中国，它必将沿着佛教所走的路线进入日本。

1553年末，沙勿略去世的消息传到果阿。四个月后，刚刚成为耶稣会传教团团长和道长的梅尔基奥·努内斯·巴雷托（Melchior Nunes Barreto），突然决定前往日本继续在远东开始的传教。1554年6月18日，巴雷托到达马六甲，在那里等待搭乘船只旅行时，他在马六甲进行福音传播并照看病人。[364]费尔南·门德斯·平托（Fernão Mendes Pinto）在他身边工作，那时平托还是该学会的一个初学者，他已决定陪伴巴雷托去日本，他当时被马六甲的基督徒们认为是一个极其虔诚的人。[365]巴雷托、平托和教士埃斯塔旺·德·戈易斯（Estavão de Goes）在马六甲待了大约十一个月（1554年6月—1555年4月），栽培了上主的葡萄园后离开马六甲。伏若望倍感失望，他被留在了马六甲"打扫这些房子并照看它们"。[366]在经受了暴风雨造成的颠簸和日本海盗的追逐后，这些传教士最终搭乘上了两艘来自巽他（Sunda）的葡萄牙大帆船，它正前往中国。从

796

所有可利用的报告中可知，当巴雷托于 1555 年 8 月到达靠近广东沿海的一个葡萄牙人集结地时，中国人正忙于尽力将倭寇清除出沿海。[367]

巴雷托在中国东南沿海一带停留了十个月（1555 年 8 月—1556 年 6 月），等待着下一次乘船去日本。在 1555 年 11 月 23 日，这个耶稣会士从"中国港口"写了一封信，在这封信中，他总结了他的观察和对中国人管理机构和军事能力的概略性描述。[368] 在两次到上游区域广州旅行期间，他了解到许多这类事情。他报告说，每次他都在这个城市待一个月。很清楚，他是和葡萄牙人贸易使团去的广州，目的是想营救三个在监狱里日趋衰弱的葡萄牙囚犯。他对中国状况的描述类似于佩雷拉和克路士的那些描述——前者在巴雷托到达那里前也曾是中国的囚犯，而后者在巴雷托前往日本后在广州访问了至少六个月。[369]

797　与佩雷拉和克路士不一样，巴雷托分析了向中国渗透在那里传播福音的必要策略。作为第一个踏上中国大陆的耶稣会士，巴雷托迫切要求他的继承人向北京的皇室递送一份呼吁，要求授权传播福音。在等待这样一个请愿的回复时，传教士们应该学习中国的语言和知识，从事有益的慈善活动以赢得当地民众的支持。第二个方法是不计后果，他建议在街头巷角进行讲道。虽然他想在广州留下一个耶稣会教士学习语言，但他不能得到该市当局必需的许可。在他对中国社会的分析中，显然巴雷托和随后的耶稣会士们一样，没有耐心发现一个方法，以此接近、说服，并使有权势的官员精英们皈依基督教。

1556 年，在被从日本召回后，巴雷托在中国沿海度过了 12 月这一个月。我们没有从这第二次访问中得到新的信息。1557 年，一回到印度，巴雷托显然开始鼓动向中国派遣一个外交代表团，作为中国人和葡萄牙人之间贸易和宗教关系合法化的第一步。这样的计划与他早前在 1555 年和随后的信中表达的观点一致，大意是皇室的许可将会极大地便利一个永久性传教团开始工作。[370]1561 年，在巴雷托的催促下，堂·弗朗西斯科·高天赐（Dom Francisco Coutinho）总督决定向中国朝廷派遣一个葡萄牙使团。[371] 由于那时澳门没有耶稣会士，在印度的耶稣会领导急切地派去了传教士随同该使团前行。[372] 使者们随身携带着葡萄牙国王送给嘉靖皇帝（1522—1566 年）的一份厚礼，但所有的努力结果是一无所获。耶稣会团长与这一使团的领导弗朗西斯科·佩雷斯（Francisco

Peres）和葡萄牙代理商埃吉迪乌斯·德·戈伊斯（Aegidius de Gois）最后在1565年带着一份允许进入大陆的正式请求一起来到广东。他们被有礼貌地拒绝了，被劝告学习中文，并被送回澳门。[373] 来自这个使团的四名耶稣会士留在澳门，安定下来专心于在贸易中心的葡萄牙人和其他商人中工作。[374] 尽管印度修会地方管事夸德罗斯（Quadros）动身前往远东对那里的宣教站进行探访，但也是在1565年，在因一系列事件的压力被要求返回印度前，他只是远行到了马六甲。

　　胡安·鲍蒂斯塔·里贝拉（Juan Bautista Ribera）是一位杰出的和专业的西班牙耶稣会士，他被从罗马直接派驻保教区（padroado），1567年到达澳门。[375] 里贝拉是西班牙耶稣会组织的一个成员，他是被专门招聘在东方工作的，当时已经很清楚耶稣会的葡萄牙省不能提供所需的受过训练的传教士。在罗马的一些人显然对在中国和日本取得的进展不满意，也想绕开果阿的上级，在远东和罗马的传教工作间建立直接的联络。这个西班牙组织的成员已得到莱内斯会长（General Lainez）签发的特许证，授权他们即使没有得到果阿上级的允许，也要前往中国和日本。然而，1565年在果阿，具有特别地位的西班牙代表团与圣保罗学院的一些耶稣会士发生冲突。里贝拉将这些麻烦写信告诉了红衣主教卡洛·博罗梅奥（Carolo Borromeo），他是在教宗元老院中西班牙耶稣会的保护者。[376] 葡萄牙人担心直接向东方派遣西班牙耶稣会士，特别是发生了西班牙在菲律宾的势力增长的同时，可能意味着中国和日本将成为西班牙宣教站。

　　在中国沿海一带，里贝拉的地位高于其他耶稣会士，他拒绝从他们的经历中汲取教训，并开始"在中国进行没有协助的、未被授权的和语言上不熟练的福音传播"。[377] 他采用了每一个能想到的方法向大陆渗透——甚至两次乔装打扮了自己，进入广州城。在遭受三年挫败后他被召回，并最终回到欧洲，此时，他确信中国只能通过武力加以渗透。在此期间，印度修会地方副管事巴雷托（Barreto）正从科钦给在罗马的波吉亚会长（General Borgia）写信，支持对中国的军事征服。[378] 在欧洲出版于1570年的《新见闻录》（Nuovi avisi）中，出现了出自伊曼纽尔·特谢拉（Emmanuel Teixeira）之笔的耶稣会在中国处境的记述。[379] 他的叙述没有谈论军事征服，大部分局限于中国力量、财富和有秩序

798

社会的一般陈述。仅仅几年后，1575 年，来自菲律宾群岛的奥古斯丁修会会士开始了新一轮向中国渗透的努力。和里贝拉一样，他们带着对他们的使命坚定不妥协的精神和欧洲中心论观念，不久，他们就激烈鼓励通过军事行动征服中国。[380] 但是，这样的建议似乎在欧洲没有什么流传，在两个伊比利亚王室联合前好像并未在里斯本或马德里引起严重关切。[381]

799　　　　在 1563—1565 年，中国人对沙勿略本人、对努内斯·巴雷托、对外交提议及对里贝拉热情努力（1567—1570 年）做出的断然拒绝，导致在耶稣会士间就中国问题出现了不断增长的绝望情绪。本质上，1570 年前下面三条路线似乎对他们开放：（1）从澳门退出并将注意力集中于其他亚洲传教团；（2）通过军事力量动用武器保证讲道自由；（3）或者采纳全新的方法，目的在于赢得中国精英的信任和合作。虽然罗马对新方法难以释怀，但 1568 年，澳门的少数耶稣会士在梅尔基奥·加奈罗（Melchior Carneiro）主教领导下，继续援助当地人和贸易中心的外国商人。加奈罗主教忙于筹建医院和改变异教徒信仰，这是一个类似于在澳门和葡萄牙人的其他战略据点正进行的计划。1576 年，有一次他得到许可前往广州，代表一个被囚禁的已皈依基督教的前和尚做陈述。不过，一般而言，耶稣会士与中国当局几乎没有接触，他们主要将澳门视为前往日本的中途停留地，或作为日本—中国贸易的一个重要环节，得益于这种贸易，使在日本的传教得以进行下去。

　　范礼安（Valignano）是一位年轻的意大利人，1573 年被任命为耶稣会远东视察员，从 1577 年 10 月到 1578 年 7 月他首次被派往澳门。虽然在莫桑比克他已受到里贝拉和其他人的警告，并不指望在中国受到热情的接待，但范礼安对中国人的性格仍是印象非常深刻。如果让他自己单独做出决定，他将乐于全心全意地将自己奉献给将基督教带给中华帝国的事业。他很快得出结论，向中国渗透的失败可能是其前任所采用的方法造成的。在其他地方已经被证明是合适的方法却不会打开通向中国的大门。他写道："唯一可能的渗透方法，将会是完全不同于到现在为止在这些国家所有其他传教活动中采纳的方法。"[382] 范礼安提议替代以文化适应计划。[383] 长期浸淫于这一领域的葡萄牙耶稣会士显然在范礼安看来太过种族优越感，保守且没有得到很好的训练，因而不能开创这一激进的新计划。[384]自此以后，范礼安求助于近期被征募前往亚洲传教的意大利新人，期许他们担当他的新适应方法论的开拓者。

向中国进行文化渗透，如同向阿克巴（Akbar）朝廷成功的传教事业一样，是罗马演变政策的重大胜利，它寻求尽可能多地将修道会的活动与伊比利亚国家的政治和商业目标相分离。里贝拉不能进入中国，及随后在远东其他地方的事件，清楚证明葡萄牙和西班牙传教士有时受到太多国家目标和冲突的影响，以致于他们不能全神贯注致力于传教事业，而传教在其目标上绝对是宗教的和文化的。用政治术语加以表达就是：这些被派到远东的意大利人充当了葡萄牙和西班牙传教士间的缓冲器，并充当了推进文化渗透的先锋部队。一般来说，葡萄牙人满足于在澳门工作，并不急于做任何可能会削弱那里葡萄牙耶稣会地位的事情。在菲律宾的西班牙人，实际上在1581年以后，通常在澳门并不受欢迎，这些西班牙人急于通过无论什么样的手段在福建或中国东南沿海其他地方获得自己的立足点。在罗马的耶稣会领导人和在现场的范礼安对新的征服并不感兴趣。他们在葡萄牙人建立的保教区内快乐地工作，并严加防范国家间的竞争抗衡可能会导致的传教团分裂。范礼安特别渴望引进其他国籍的耶稣会士（即不是葡萄牙和西班牙出身的欧洲人）到这个事业中。就个人而言，甚至还不如说，范礼安具有被迫生活在西班牙统治下那不勒斯同事的反西班牙情绪。在中国的全部努力中，这是他最为关心的，他试图依赖政治上没有卷入伊比利亚事务的意大利人，这些意大利人要像他本人一样在人本主义传统中接受过训练，也因此比其他人有更好的准备，从中国的角度去欣赏和理解中国的高等文明。

当他第一次访问澳门时，范礼安极为震惊地得知那里的神父竟没有人积极学习中文。另一个那不勒斯神父罗明坚（Michele Ruggiero）在视察员的要求下被从科钦派来，罗明坚于1579年7月20日抵达澳门——正好是范礼安动身前往日本后的几个星期。在动身前，这个耶稣会视察员已经为随后前来澳门的新来者们草拟了一个"规程"。虽然原件已不复存在，但据说他指示罗明坚开始系统地学习中文。尽管进步缓慢且多次打退堂鼓，但罗明坚很快开始理解一些传统中国礼仪规矩必需的术语和礼节。1580年11月，当他带着一群葡萄牙商人访问广东时，中国人显然欣喜地看到欧洲人在致辞、礼貌和态度上的改进。这

800

样的成功，太过微不足道，并没有使罗明坚与澳门的其他耶稣会士们亲近起来。当他单枪匹马学习对他而言困难重重的中文时，一个又一个看似不大的蓄意阻挠出现在他的面前。1582 年，当范礼安回到澳门时，他采取快速行动制止了这些耶稣会士设置的蓄意阻挠。他将澳门的耶稣会团长派往日本，并命令传教士们停止他们"葡萄牙化"皈依者的行为。自此以后，传教士们要自我"中国化"，以此作为向大陆渗透的第一步。

来自菲律宾的耶稣会领导阿隆佐·桑切斯（Alonzo Sanchez）[385] 抵达澳门，使罗明坚的生活进一步复杂化。两广总督陈瑞（Ch'en-jui）给澳门写信，要求向他的总督首府肇庆（Chao-ch'ing）派遣一名代表，解释桑切斯传教团的到来，并证明葡萄牙人要求控制澳门是合法的。罗明坚被派去承担这个微妙的外交任务，他极有成效地处理了这一任务，因而被邀请在肇庆居留。这个耶稣会士返回澳门，然后又急忙和另一个意大利耶稣会士弗朗西斯科·帕西奥（Francesco Pasio）回到肇庆，弗朗西斯科·帕西奥此时被招募从事文化传教。然而，一个新的大动荡由此产生，并模糊了耶稣会的视野。这个友善的总督同时却与中国朝廷惹上麻烦，他深感压力，被迫要求耶稣会士们离开。而他的继任者却因一些无法解释的原因，邀请他们回来。这样，罗明坚这次和意大利耶稣会士利玛窦（Matteo Ricci）一起前行，利玛窦以前曾在印度的捕鱼海岸（Fishery Coast）工作。1583 年 9 月 10 日，他们一起在肇庆建立了一座永久性基督教教堂。这座教堂坐落于该总督赠送给他们的住宅内。在这里，这两名耶稣会士，后来又有其他人加入，开始由内至外全面地了解中国。

澳门存在的政治问题促使范礼安派遣罗明坚在 1588 年前往罗马，要求罗马向中国派遣一支教皇使团。经决定，罗明坚应该根据他自己的经历解释具体需要什么，才能从中国皇帝那里赢得批准，在他的王国无拘无束宣讲福音教义。由于教廷一系列继承权危机，向罗马请求的使团从未被派往中国，罗明坚在意大利度过了他的余生。在肇庆，利玛窦和麦安东（Antonio d'Almeida）在 1588 年后单独行动。由于广东政治事件频发，传教团不久被迫转向北部，1589 年，两名在澳门受训的中国俗人修士加入了这两位欧洲耶稣会士的队伍中。终于，通过意志坚决的申请和中国朋友的机敏斡旋，利玛窦排除了前往北京的障碍。

1601 年 1 月 24 日，这位耶稣会士到达了皇帝的京城，这是自 1521 年托梅·皮雷斯（Tomé Pires）使团以来记录在案的第一个访问帝国京城的欧洲人。

在中国十八年（1582—1600 年）自修的过程中，利玛窦一直自觉地编译有关"中华帝国"的准确信息。他以信件和报告向欧洲转发了大部分的信息。他也一直写日记，记录他的工作进展。但是这里，以我们的意图来看，他的报告和信件是头等重要的，因为其中一些在 1600 年前就已流传并得到出版，或者在 16 世纪编译的耶稣会历史记录的写作中被使用。实际上，利玛窦最早的报告也是很有价值的，因为当他在 1582 年到达澳门时，立即被范礼安指派学习中文，并承担了一个任务，要完成一个关于中国人习俗、制度和政府的简要叙述。在罗明坚澳门雇用的翻译和家庭教师的帮助下，他完成了有关中国的报告，后来范礼安将此并入他写的沙勿略及其这个耶稣会先驱传教之旅的方志中。[386]   802
终其一生，特别是在其生命的最后岁月里，利玛窦通过书信、报告和日记实际上进一步阐述并校正了这些他在踏上中国大陆之前就开始准备的第一手基本文件。他的日记，记录了其在中国二十七年的工作和观察，1615 年由金尼阁（Nicolas Trigault）在欧洲出版。

在 16 世纪公开传播的利玛窦的资料仅是一些信件，它们被收录在各种耶稣会的书信集里。[387] 最广为流传的一封是他 1584 年 11 月 30 日写自广州的信[388]，是寄给在澳门的西班牙代理商胡安·鲍蒂斯塔·罗曼（Juan Bautista Román）的，在这封信中，他评估了中国的军事力量：

> 中国的力量基于城镇数多和居民人众，而不在于百姓的勇猛。登记在皇家簿册上的注册人数超过 6 000 万，[389] 不包括公务职员和穷得不纳税的人。除了日本近来已不纳贡之外，所有邻近各国都向中国皇帝纳贡。由于这个缘故，中国人一向认为自己的国家位于世界的中心，鄙视所有其他国家……然而，中国人却是差劲的战士，军人在他们当中被视为四个低贱等级之一……总而言之，他们之所以令人生畏，只是由于人多。[390]

利玛窦的作品是如何进入欧洲其他人著作中的，这个故事是冗长且复杂的。正如前面已经提到的，利玛窦提供给范礼安一个有关中国的简要描述，这个耶稣会视察员当时使用利玛窦的作品从事他关于中国部分的写作，范礼安正在写作两卷本的耶稣会从 1542 年到 1564 年在东方的历史和进展的研究。关于中国的其他信息，范礼安依赖他个人在澳门的观察，在中国沿海工作提供消息的欧洲传教士和商人，以及提供消息的中国人，比如忠实的安东尼奥，他在沙勿略临终之时照看着他。[391] 在 1583 年末，范礼安将这本书的第一部分送给了罗马的耶稣会长。范礼安要求在他完成第二部分前，在将他的书与其他的他还没有机会看到的耶稣会信件进行核查之前不要出版该书。[392] 尽管视察员本人显然对他觉得能论述但却又受到限制的记述并不满意，但利玛窦非常重视范礼安对中国的评价。[393]

范礼安手稿的第一部分在欧洲被用于编纂几部耶稣会活动的历史记录，[394] 特别是被乔万尼·皮特罗·马菲（Giovanni Pietro Maffei）用于编纂他的《16 世纪印度史》（*Historiarum Indicarum libri XVI*，佛罗伦萨，1588 年）。虽然马菲的著作极为明确其主要关注于葡萄牙人的活动，并无对东方国家自身的叙述，但其著作第六册的大部分却以介绍中国为主。[395] 在这个雄辩且敏锐深刻的拉丁文论述中，他描绘了一幅"中华帝国"世俗生活的绚丽画面。他将中国描绘为富有资源、人口、壮丽宏伟的城市和建筑物的肥沃的国土。民众的服饰、女人的美丽和中国人热衷于奢侈阔绰的生活与精美饮食的艺术都没有从他的赞美中漏掉。他评论了茶和其制作方法，以及其所谓的优点。[396] 马菲讲述了在这个国家旅行的方式，计算距离的方法，各种用于交通船只的广泛使用，居住和渔业。他评论了中国的戏剧、葬礼和"迷信"。在中国社会，每个人都工作，游手好闲者无处容身。他也没有遗忘在机械工艺上中国人的伟大天资，承认他们在发明火炮和印刷术上的优先权。他本人在梵蒂冈和埃斯科里亚尔的国王菲利普二世图书馆中看到过中文书籍。[397]

这个耶稣会人文主义者对中国的写字方式非常感兴趣，他将中文汉字与埃及象形文字做了比较，这个比较开始引发随后两个世纪争论的连锁反应。虽然注意到每个省都有自己的方言，但他指出受过教育的人讲一种在普遍性上可与拉丁文类比的语言，它一般被称为"官话"（Mandarin）。[398] 在医学、自然科学（自然史）和天文学等领域，中国人的理解力是非常杰出的。[399] 他们的法律用文字记载的历史已超过两千多年，据说世纪连绵亘古而没有变动。皇室在几乎每个城镇慷慨地资助学校和书院，在那里有前途的年轻人由国家付费接受教育。 804

马菲对国家官员考试制度的描述特别有意思。[400] 和先前的观察者不一样，他明确知道这些考试是书面考试。[401] 考生在大门紧关、戒备森严的考场中根据考官指定的题目即席作文，分发的题目涉及公共事务、国家大事（de repub. et regno）和有争议性的人性问题。晚上，门被打开，文章被取走，每份考卷签有考生的名字和地址。[402] 在考生们闲暇休息时，考官仔细认真地审卷。从总数中他们筛选出 3 000 篇最好的文章；从这些选中的文章中再选 300 篇被认为最好的文章；最后录取 90 篇被认为是最出色的文章。[403] 然后，宣布成功的考生，公开庆祝，上奏皇帝，给予与他们新职位相称的年薪，并将他们分配到王国的不同地方任职。通过考试选拔官员，中国人评价这样做可以比其他方法较少受到过度野心或腐败的侵蚀。马菲一直极度称赞中国仕宦生涯的招募和提拔方式。他也注意到中国并无世袭的贵族。每个人都是"自己命运的奠基者"，[404] 任何称号、官职和津贴都不会合法地从上一代传到下一代。

马菲并非是个没有批判、一味地偏爱中国的人。尽管他称赞中国人的一些特性，但他也无保留地评判了他们的邪恶和恶行远胜于他们的美德。他批评性地指出他们的迷信行为、残忍的酷刑和纵情肉欲的快感。[405] 和葡萄牙作者们一样，他认为中国皇帝荒谬自大，自认为是世界的主子和天子。谴责皇帝放任臣民们的掠夺和宠臣们的残忍，在容忍其臣民粗俗下流愉悦和从他们那里提高岁赋上，他认为其和罗马卡利古拉一样武断专制和邪恶淫荡。他对外国使节有辱人格的行为是不可忍受的，完全是基于他没有事实根据的信念，即所有外国以前都是中国的附庸国。 805

尽管中国对远东国际关系的复杂化负有大部分责任，但葡萄牙人也不是无辜的。马菲在 1521 年斥责欧洲人在广东过分荒淫无度的行为，并认为可以理解中国人对他们的行为极为厌恶。[406] 在这一点上，马菲做了一个透露真情的坦白，它反映了耶稣会士们注意到了在关于东方的出版物和信息宣传上葡萄牙官方的方针路线。他写道："我并非没有意识到，巴罗（斯）原谅并努力为（葡萄牙人的）这些过分荒淫行为做辩解。如果戈易斯（Goes）和奥索雷（Osore [Osorius]）早前没有谴责他们的话，根据巴罗斯的权威，我应自动地隐瞒许多事情。"[407] 马菲经常在他的叙述中加入一些离题的话，完全忽略了全面介绍在他那个时代耶稣会内部就军事攻击中国问题进行的两败俱伤的争斗。从他的叙述中得出这样的结论似乎很可靠，他对中国社会的财富和凝聚力印象非常深刻，他不会是军事行动的支持者。和门多萨不同，他在他的记述中公平处理中国人的美德与错误，在他的总账中将中国置于债方而非贷方。

当马菲主要从葡萄牙耶稣会立场继续工作之时，由埃斯卡兰特和门多萨开创的西班牙传统继续通过菲律宾和墨西哥获得新的信息。从 1586 年到 1592 年，西班牙多明我会士高母羡（Juan Cobo）主持马尼拉的中国社区教务，他在被派遣到日本传教前，认真学习中文，但却未能从日本返回。在他死后发现的文件中至少有六部手稿，这些是他汉语研究的结果，其中包括将一本中文书译成西班牙语的译稿。[408] 虽然他的一些手稿在他死后不久就在马尼拉出版了，但高母羡这本中文书的译本直到 1924 年才第一次以印刷形式出现。[409] 虽然该书实际上在 16 世纪的欧洲并没有流传，但正如拉达的藏书一样，仅高母羡译本的存在就足以说明西班牙传教士是如何渴望从菲律宾的中国商贩"生理"（Sangleyes）那里了解中国。众所周知，这是现存被译成欧洲文字的第一部中国书。[410]

在新世界，西班牙传教士也力图通过关于太平洋另一边中华大帝国的报告而尽可能地获得他们能获得的信息。耶稣会人文主义者和传教士何塞·德·阿科斯塔（José de Acosta）神父本人实际上从未去过远东，但他对中国的兴趣绝非一般。这从他在赞成对中国进行军事征服的人和那些希望通过和平渗透取得成功的人之间的斗争中所扮演的角色可以看出，也体现在他的《印度自然与道德史》（*Historia natural y moral de las Indias*，塞维尔，1590 年）的言论中。[411] 在他著名的论述中，阿科斯塔反复说明他是远东耶稣会信件严谨的研究者。他的论题从分散在他整部著作中的一些对亚洲地理的博学论述，到被引进欧洲的

806

罕见的鸟（天堂鸟？），[412] 还有中国的寺庙和众神。和其他耶稣会士一样，他显然对他所读到的佛教和中国与日本的僧侣级别而迷惑不解。[413]

作为一个严谨的语言学者，阿科斯塔从他在新世界的经历中得出结论："印度群岛没有一个国家已发现曾使用过字母（字母系统）。"[414] 他相信同样的概括可以应用到远东语言中，但这些民族却以书写的书籍和致力于学术与艺术而闻名。他指出中国文字显然并不是以声音表述的，而是以旨在提醒记忆的简单图画和密码构成。作为一个例子，太阳这个字并不是太阳的真实画像，而是简单地与太阳相似，它能激起记忆联想到"太阳"。因为中国的口头语言是如此之多、如此之不同，他认为字符起到了西方数字符号所起到的作用。无论每个人如何称呼，数字"8"，它就这么写，对阿拉伯人、法国人和西班牙人它意味着同样的事物。中国文字同样被大量民众，其中包括日本人相当轻松地读懂，所有人按他们自己的方式发音。而且，因为"事物"在数目上是如此无限，中国的图画和密码语言必然要具备众多的字符——8万5千个到10万个字符！中国人，像墨西哥的图画作家们一样，垂直书写，而不是用掌握字母的那些人的横向方式书写。由于字符表示"事物"，中国人"不必这个与那个进行组合安装，这样他们能自上而下很好地书写"。[415] 这种语言，即使中国人自己也要花上相当多的时间才能掌握，致力于此的耶稣会神父们"日以继夜地研习了十多年"。[416] 阿科斯塔意识到，整个中国的博学者懂得一种被称为官话的通用语，他们能通过这个媒介彼此口头交流。

阿科斯塔对这种形象化的文字如何作为言语中的动词、连词、冠词和其他非实质性词使用多少有点困惑不解。他对这种疑问的回答是中国人使用限定的，或"特定点、横、竖和图形的分布"，来显示特性，或表达行动。从他们一些著述的考察中，他推断日本人除了使用中国字外，他们"应该有某种字母"，[417] 或言之假名表。阿科斯塔是一个具有非凡洞察力的人，他从非常稀少的信息中，正确地总结出日本的文字具有中文符号中没有发现的音标字母特性。然而，阿科斯塔不明白没有字符存在的外国人的专有名称如何才能用中文书写。为了获悉这个问题的答案，他强行挽留那时（1587年）在墨西哥的一些中国人长谈。他要他们用自己的语言写下："何塞·德·阿科斯塔来自秘鲁（"José de Acosta

807

has come from Peru")"和其他涉及类似翻译问题的句子。"……这个中国人深思了很久",他观察到,"但最后他写下了这句话,另一个中国人后来读出了这句话,虽然在专有名称发音上他们有一些变化"。[418]阿科斯塔告诉我们,阿隆佐·桑切斯(Alonzo Sánchez)的名字被不止一个中国文职官员记录过,桑切斯也注意到"他们在自己的语言中找到类似于那个名字的一些字,并记下这个事物的图形"。[419]阿科斯塔听说,作为使者来欧洲的日本年轻人能用他们的语言非常容易地记下每件事情,包括欧洲人的名字。

在有关中国学校和大学的简短文字介绍中,阿科斯塔记载了身临其境的耶稣会士没有发现中国有任何教授哲学和自然科学的大中心。中国人不知道其他国家人民的学问,而是将自己的时间全都用在掌握他们复杂的语言和传统书籍上了。他们的自然科学知识局限于常识性观察、天文学和经验性的药物服用。以他的观点,中国人的艺术,似乎局限于基于道德主题的冗长戏剧。从他在远东同事的报告中,阿科斯塔判定中国人无论是在宗教还是在世俗思想上都"没有获得高水平的知识"[420],因为他们不得不将他们的智力尽最大可能投入到语言学习上。本质上看,中文是一个原始的语言,它抑制了学习,后来许多欧洲人在他们更多熟悉了汉字后也同样得出这样的观点。中国人能够两千多年维持他们的大国地位,仅是由于他们长于管理政府和保持良好的秩序。[421]

阿科斯塔主要通过与阿隆佐·桑切斯的交往,[422]深深卷入震撼耶稣会的关于向中国渗透最好手段的激烈辩论中。和许多同事一样,阿科斯塔将葡萄牙和卡斯提尔(Castile)王室的联合视为向整个世界传播福音过程中,伊比利亚人联合行动的大好时机。[423]在欧洲这两个王室联合前不久,这两个伊比利亚国家的海外壮举,一个经由东方,另一个经由西方,已经在中国的海岸会合。这似乎差不多是来自上帝的命令,合并他们的"发现"和他们的使命,协调一致打开中国的大门。尽管他是这样看待伊比利亚联合的,但1587年,当阿科斯塔在墨西哥第一次听说"中国公司"(empresa de China)时,他就激烈地反对它,"中国公司"(empresa de China)是桑切斯对中国军事活动的详细计划。阿科斯塔给菲利普国王和阿夸维瓦(Acquaviva)会长写了备忘录,公然抨击军事计划。[424]此后不久,阿科斯塔和桑切斯搭船前往西班牙。在1587年12月,桑

808

切斯受到菲利普二世的接见，并与他谈了两个小时有关菲律宾的情况，他留给菲利普二世一个关于中国计划的特别备忘录。[425] 最终，在罗马方面的压力下，可能也因为 1588 年无敌舰队的失败，"中国公司"整个事宜在欧洲被搁置下来。桑切斯使命的附带产品是在欧洲出现了一个 10 岁的菲律宾皈依者马丁·桑乔（Martin Sancho），他受到了菲利普二世的接见。1593 年，罗马的耶稣会承认他是第一个菲律宾的天主教成员。[426]

耶稣会历史学家 L. 古兹曼（L. Guzman）在出版于 1601 年对中国记述《耶稣会 1540 年至 1600 年在东印度、华夏和日本的传教史》（*Historia de las missiones que han hecho los religiosos de, la Compañia de Iesus ...*）的第一卷第四册中，像马菲一样，或多或少地倾向于范礼安的官方记述。[427] 在介绍他的中国一章时，古兹曼如下记述了他的资料和方法：

> 我们得到的中华大帝国的信息如此丰富并具有这样的性质，以至于如果我确定作者并不诚实且没有许多证据，我不敢对其加以记述。我将提交的仅是我发现在论述这个国家细节的那些著述中最真实的和确切的，对许多有些值得怀疑和多少有这种可能的其他书籍，不予考虑。[428]

显然，古兹曼认为门多萨，还有耶稣会作家们，应该被认为是可靠来源，因为在许多事例上他依赖这个奥古斯丁修会会士。[429] 他所占有的哪些资料被认为不太可靠不好使用，古兹曼没有说明。他的 70 页的"书"对中国的叙述非常有限，不能在欧洲已经普遍存在的信息上增添有意义的新内容。

16 世纪的最后十年，英国人和荷兰人在欧洲的水面上和海外世界构成了对伊比利亚大国危险的威胁。1592 年，一支英国船只编队在约翰·布罗爵士（Sir John Burrough）指挥下，在靠近亚速尔群岛（Azores）的地方捕获了葡萄牙大型帆船"圣母"号（Madre de Dios），这次行动给英国和新教欧洲带来了有关中国的新信息。除了满载的东方商品和印度财富外，"圣母"号还载有 1590 年在澳门用拉丁文印刷的一本有价值的书籍。其时年纪尚轻的理查德·哈克路特

809

（Richard Hakluyt）最终得到了这本珍贵的书，他拿到的这本书"密封在芬芳香柏木制箱里，精美的平纹坯布几乎上百层包裹，好像它是盖世无双的珠宝"。[430]虽然哈克路特印刷了它，却没有提及作者，但他写道，他认为澳门的耶稣会团长和道长孟三德（Duarte de Sande）是它的作者。而且，他认为这个文件"是已众所周知的那些部分中最精确的"。[431]

这个"中华帝国杰出论著"在哈克路特的《大航海》（*Principal Navigations*）第二版（1599 年）中被译成英文，它实际是从范礼安和孟三德编辑的书中摘取的，范礼安和孟三德的书又是某种程度上从对中国闭关锁国鞭辟入里的利玛窦和其他耶稣会士的报告中得到的信息。澳门的耶稣会合著者们将他们的著作设计为对话的形式，[432]推测起来可能是作为拉丁读物给日本的耶稣会神学院学生使用，用以向他们讲授欧洲和像中国一样的其他地方，而这些地方是日本使团沿途经过的地方。尽管这本书在英国作为读物被使用，而英国从未打算让它广为传播，但这个关于中国的对话毫无疑问地回答了许多"中华帝国"的问题，而那些叙述了传教或贸易经历故事的人经常被人询问到这类的问题。

这个耶稣会士谈话录同样刊印在哈克路特的著作上，意在根据"时下算得上透彻领悟中国"的耶稣会报告而构成"一个真实的而不是宏大的……叙述"。[433]这个国家据说"直接向北延伸超过 540 里格"，而"按照生活在其中的中国人描述他们王国外形的地图，由此看来纬度不会超过经度太多"。[434]这个"最大的最辽阔的"国土上的皇帝收到了超过"所有其他……最富者"的岁收和贡赋，"这一方面是因为其领上肥沃与巨大，另一方面也因为他的横征暴敛"。与同时代的欧洲的做法相比，这里没有其他当局可以"对他本人的任何特别岁入征税，也不能在他领地范围内收租"。"由于多种原因和鞑靼发起的残酷战争"，明朝廷被迫从南京移到北京，并在北部边界设置了"许多堡垒要塞、军械兵器和卫戍部队"。在他们的防御系统中，中国人使用长城，长城"沿着北方三省陕西（Xensi [Shensi]）、山西（Xansi [Shansi]）和八里（Paquin，北京 [Peking]）延伸几乎达 300 里格（1 200 英里）长"。这个城墙是"用他们自己的自然力量……"建造的，用于补充江河和山脉等自然防御工事，"形成一个对抗敌人的充分防御工事"。[435]

虽然中国被认为是"一个人口最多的王国"，但其众多人口"并非杂乱无章地到处分散，相反，他们是最合宜秩序井然地分布在他们的城镇和著名的城市中"。"整个帝国最大城市（府）的数量超过 150 个"；还有更多的城市被分级为州；而且"被赋予了城市特权的有城墙的镇那时有 1120 个"。[436] 这些葡萄牙人真实性地记述了凭借丰饶、有益健康的空气、内部和谐和免于那些"最为深重的人类灾难、战祸、饥馑和瘟疫"，中国才得以维持其庞大人口。但是，按照这些耶稣会士的说法，这样一个"观点更多是众所周知，而非真实如此"。中国的历史记录了"大多数可怕的国内的和老百姓的战争"，乃至"在我们这些年月"，老百姓"一直遭受着瘟疫、接触性传染病和饥荒的折磨"。中国的丰饶在"所有其他东方王国中首屈一指，然而它不能与欧洲的丰沛和富足相提并论"。按照耶稣会士们的说法，葡萄牙人也高估了中国商品的丰富，因为他们是从其所了解的广州得出的结论，"而广州也许是整个帝国最大的市场"。在此，应该提醒的是，耶稣会士们最初进行这样的分析是想教诲日本皈依者有关世界的事情，并给他们留下欧洲文明伟大的印象。尽管如此，耶稣会士们承认中国的黄金、白银和"各式各样的金属"，"既品质优良又极为丰富"。在海南，还有"极好的珍珠贮藏"。

耶稣会士们也介绍了一些中国工艺品的有趣细节。当男人在稻田里劳作时，"妇女也用大部分时间养育蚕宝宝，梳理并纺织丝绸"。耶稣会士们也提到每年春天的播种仪式，其时，"皇帝和皇后极其庄严地来到一个公共场所，其中一人抚摸一张犁，而其他人抚摸桑树"。肉桂、樟脑和麝香是"非常重要的，且品质上佳"。他们从"棉絮"中制造了种类极其繁多的衣物，这些衣物"类似亚麻"。瓷器只有三种质地，这些瓷器得到了葡萄牙人的高度赞赏，以至于虽然到日本、印度，"携带它运输极其困难"，但他们还是将它带到欧洲"各式各样的省份"。虽然中国人有许多有用的植物和根茎，包括甘蔗，但他们对橄榄和葡萄一无所知。虽然小麦"在所有省份播种，但对水稻的使用和需求要远超过小麦"。

那些访问过中国内陆地区的人报告说"它是一个最为令人愉悦的国家"，极其丰富的森林、水果、青草和"极美妙的各种河流"使其生机勃勃。其中一些河流"自然流淌，而其他疏导过了的河流被引入各式各样的地方"。生活在这个花园中的人"一直保持着他们自己的习俗",且"对其他民族的习俗或时尚很少理睬"。地方官的衣着与庶民百姓不同,他们之间使用"一种很特别的语言"。中国有各种商店和手艺人的铺子。画家很多,他们"既使用笔也使用针(后者被称为刺绣),而其他人也稀奇古怪地用金线在布上或棉制亚麻上工作"。[437] 他们使用火药制造"许多稀有的人造烟花"。在印刷术上,他们"在木头或黄铜"板上刻字,并"通过这种不可思议的设备,他们每日出版数量惊人的书籍"。中国人知晓航海技艺,他们在过去曾设法将"印度的一些地方置于他们自己的主权之下"。并且很长一个时期,中国自身被"鞑靼(Tartarian[蒙古]种族"蹂躏,但"在持续了二百年后",他们在自己的统治者下"享有了极度的和平和安定"。[438]

在探讨中国教育时,耶稣会作者们修正了一些以前对此做出的陈述。"因为虽然普遍报告说"中国人学习许多"人文科学",自然和道德哲学,而且"他们那里有大学"教授他们,但"这个观点被认为是普遍流行然而并非真实的"。不过,正确的情形是,中国人将"文学艺术置于一切之上",并度过"他们人生最好的时期"学习它。教师"被以固定薪金聘用教育儿童",而这些儿童"甚至在他们幼年时就被送进了学校"。那些不适合学习者"被培训经商或手工技艺"。那些追求学问生涯的人通过依次考中的三个学位晋升:"秀才"(Siusai [hsiu-ts'ai],"天才萌芽"或学士)、"举人"(Quiugin [chii-jen],"晋升的学者"或硕士)、"进士"(Chinzu [chin-shih],"进来的学者"或博士)。每个城市或有城墙的镇都"有叫作学校的公共房舍,所有来自私立和小学校想要获得第一学位的人都要去那里"。在这里,他们"对指定给他们的一个句子或题目加以发挥……而且他们之中文章更优雅和精炼者……被赐予第一学位"。那些渴求第二学位者每三年在"省里的首要城市"参加考试,在那里,他们"要对……比前者更晦涩的另一个句子做论述,并且要忍受更严苛的考试"。那些寻求最高学历者要"逐一在皇帝朝廷"考试,"而且也是每三年一次,不过是上面所述每省挑选第二学位毕业生的次年"。[439] 在科举之后,"前三名考生因荣誉之故,要喝下由皇帝亲手斟满的一杯酒"。[440] 一旦完成了第三个学历,他们可以获准进入政府的"不同职能部门",但这要在"接受了帝国法律和礼仪戒律培训之后"。虽然可能在

812

所有细节上并不完全正确，但相较早期欧洲作家们所做的描述，这个对中国考试体制的描述，与我们从中国资料中了解到的更相吻合。书中认为在中国不存在西方意义上的大学，但对这个学位体制和考试的高度竞争性与他们举办的周期都做了清晰的阐述。在旁注中，哈克路特评论道，"注意：这种非凡的荣誉被中国伟大的皇帝赐予给了他的有学问的考生"。

813

虽然中国人精通道德哲学、医学、战术和天文学，但政府管理被公认为是中国人的"主要艺术"。每个省都有三个"首位地方官"。[441]"第一个"处理犯罪事务，被称为"按察使"（Ganchasu [*An-ch'a-shih*] 或大法官）；第二个是"布政使"（Puchinsu [*Pu-chêng-shih*] 或行政长官），并充当"国王保护者"（Kings Fosterer）；第三个是"总兵"（Chumpin [*Tsung-ping*] 或地区指挥官），掌各省之军事。所有三个省级官员都在各省的主要城市设有他们的总部，并隶属于"都督"（Tutan [*Tu-t'ang*] 或总督）。文官"在自己的体制程序和下级当局内有一定的联系，被任命到不同的城镇"，他们对其他地方官员有管辖权。地方官"任职期限为三年"，并永远是"来自其他省的人"，这样他们"会更公平地判决，不会被收买"。每年，一个"察员"（Chaien [*Ch'a yuan*] 或检察官）巡访每省，"调查所有的犯罪，特别是地方官的犯罪行为"。这些检查官极为有权，他们甚至可以因"主要地方官的失职犯错"而"告诫皇帝本人"。

中央集权是皇帝领导，他在"两个朝廷，所谓的北部（北京）和南部（南京）"上院[442]的辅助下进行治理。省当局将"较重要的事务"，"按地方的远近"上交给其中一个上院处理。两个上院指派官员，"但主要事务的管理和考察归八里（Paquin）处理"。每年，地方官"由国王指派给各省"；每三年，"所有城镇长官要同时去拜访他"。这样一个等级制度"根本不会考虑贵族或血统"，对所有人开放，有助于在这个国家内产生"奇妙的平安和稳定"。

中国人"使用一种分级的办法，提升合适的人到当局的各种地方，其中大部分任命是由北京的上院议员们执行的"。在变换官职时，他们经常从一省调任到另一省。在较低级别任职后，他们最终提升到总督，"南京上院议员，最后……进入北京上议院"。在军人等级制度中也是基本相同的论功行赏，"其中唯一不同的是，要考虑他们的出身和后代"。但是，虽然军官具有世袭权利，但他们"在所有事情上要服从于总督"。

　　在有关皇帝及其皇室的事情上，耶稣会士们只报告了他们"通过一些传闻流言"所知的事情，因为他们"没有目击证人，耶稣会神父们到这时为止还没
有前往北京"。然而，他们确信皇帝"在他的整个王国内受到人民极大的尊敬和顺从"。在讲到皇帝时，一个官员"称他为万岁（Van-Svi），由此表示希望他活一万年"。[443]和欧洲一样，长子继承王位，而且与日本人形成对照，中国统治者不会"在他们有生之日丧失王权"。皇帝的弟弟们不允许生活在朝廷，"这样皇帝的安全和生命可以更为安全"。他们被派往与京城有一定距离的各省，在那里靠皇帝的开支过上流生活，"但他们不能对人民行使权力"。[444]皇帝本人"小心谨慎地遵守中国法律的习俗，勤勉地训练自己学习与他身份相符的更多东西"。他很少离开他的宫殿，但他"每天要亲自会见主要官员，就王国内民众事务关联事宜与之进行磋商"。在宗教信仰上，他遵循"官员的观点，将天赋权力归之于天地，也归之于所有人的父母，庄严地供奉它们"。在许多供奉着"他的先祖"的"华丽的寺庙"中，祖先桌前都摆放着皇帝的供奉。尽管如此，皇帝对所有教派和僧侣都很容忍，并对他们提供财政支持，这样"他以这种方式保护这个王国内所有崇拜偶像的教派"，而且似乎打算亲自"接受任何错误的宗教"。[445]

　　耶稣会作者们比其前辈表现出对古典儒学传统更多的认识。他们指出"五德"是"文雅或礼貌（崇礼），虔诚（举仁），感恩（由义），合同或买卖中的真实交易（诚信），实现目标过程中的智慧（尚智）"。[446]在"文雅或礼貌"上有两重基本关系，"关于平等身份之间遵守的关系，和上级和下级间遵守的关系"。叙述调节社交礼仪的许多规章"需要很长的时间"。[447]就"虔诚"而论，耶稣会士们大多解释了对父母应遵守的职责，特别是解释了规定服丧的规则。也许最惊人的是，他们观察到如果一个人不能恰当地履行身为子女孝顺的职责，那么他就会被视为"中国法律和习俗的违背者"。

　　在此，西方记述第一次对中国三个主要宗教做了相对精确的描述。"比其他更重要的"一个源自于"一个著名哲学家孔子的学说"。他的论述"高于其他所有的书籍，被中国人认真阅读并加以精研"。所有的官员和文人遵循他的学说，

"新月和满月那天……在他的像前"敬拜。儒家学说教导人们"应该遵循本性为他们的指导"，努力"达到五德"。在如此而为时，他们应该"将他们的辛勤工作运用于他们家庭和共同财富的有秩序治理"。没有其他中国学说"像此一学说一样如此接近于真理"。然而，儒家思想被指控"偶像崇拜罪"，因为它没有提及上帝或"生命到临"，而是将极大部分归因于天堂、"命定的必然性"和祖先崇拜。

佛教（"Xequiam"的教义）[448]也"充满了谬误"。因为耶稣会士们从他们在日本的经历中已经很了解佛教的教义，作者们认为"根本不值得"复述它们。在中国，僧侣被称为"僧"（Cen）。[449]他们剃掉头发和胡须，住在寺庙里，在那里，他们"根据他们的规矩，根据书籍或念珠做固定的祈祷"。这些佛陀的信徒们"对未来的生活有一些暗示，好人会有好报，恶人将受到惩罚"。但是，和在日本的情形一样，他们的思想遭到了基督教教义"显然的驳斥"。

第三个教派的成员是那些被称为"道士"（Tauzu）的人。[450]他们敬拜"另一个具体的人（老子），他们认为他很圣洁，因而崇拜他"。道教的僧侣们"让他们的头发自然生长"，所做的仪式与佛教徒的那些完全不同。无论是佛教徒还是道教徒，他们并不"沉溺于学问，他们的宗教在凡夫俗子中很流行"。这两个非儒家教派的僧侣们"过着最卑屈的生活"，有时甚至"被贬抑至遭受杖笞的惩罚"。中国也有撒拉森人（Saracens），据说他们"本来是鞑靼的后代"。[451]"虽然没有他们的宗教"，但这些人传播他们自己的那一套东西，[452]而且"按照中国人的方式住在一起"。

第五节　地图证据

对中国进行地图绘制，就如同对中国进行渗透一样，是一个缓慢且令人沮丧的过程。从早期的手稿图中，很容易得出这样的结论，在西方向东方的扩张史中，早期的中国是它们的一个主要商业利益目标。1502年坎提诺（Cantino）平面球形图模糊地显示了亚洲的东方海岸，还增加了一个图例说明，表明丝绸、麝香、药物和许多宝石来自这个地区。[453] 弗朗西斯科·罗德里格斯（Francisco Rodrigues）是葡萄牙领航员和制图师，他随同安东尼奥·德·阿布雷乌（Antonio de Abreu）舰队到过香料群岛。大约 1513 年左右，他完成了一个关于东方海上航线的简要叙述，并附有 26 幅地图草图。可能根据从马六甲码头水手那里收集到的信息，他写了一个从马六甲到中国航线的简短解释性说明。他还提供了 4 个草图，这 4 幅图勾勒出了中国南部海岸、广东河入口、中国东北海岸和台湾基本形状的模糊轮廓。[454]

　　但罗德里格斯绘制的海图显然没有被早期在里斯本工作的制图师加以利用。在 1519 年洛波·欧蒙 - 赖内尔（Lopo Homem-Reinels）的地图集中，第四个对折页是托勒密式的草图（*magnus golfus Chinnarum maris*）。图例说明在这个海湾内存在着许多大岛，这里兴盛的商品贸易交换着丰富的产品与商品，但没有提及 1514 年至 1517 年葡萄牙到中国的航行。[455] 在西班牙工作的制图师第一次开始精确描述中国海岸上各个地方的位置。布尔戈斯（Burgos）① 人佩德罗·路易·德·维利加斯（Pedro Ruis de Villegas）是巴达霍斯 - 艾尔瓦斯（Badajoz-Elvas）1524 年分界会议上他的国家的代表，他明确地认为中国就是托勒密地图上富庶的西纳隆地区（*Sinarum regio*），并力争将它置于西班牙分界线内。[456] 在迭戈·里贝罗（Diogo Ribeiro）1529 年的平面球形图上，一个图例说明写道："在中国这个领域，他们有许多丝绸、麝香、大黄和瓷器……"[457] 然而，里贝罗的地图最值得注意之处是，这是欧洲第一个显示出广州、它的市郊和澎湖列岛的地图。[458] 还有一些不是在葡萄牙和西班牙制作的其他手稿地图，如被认为是塞巴斯蒂安·卡波特（Sebastian Cabot）所绘的 1544 年安特卫普（Antwerp）地图和那些在迪耶普（Dieppe）② 制作的地图，从该世纪中期开始这些地图在伊比利亚原型图的基础上显示出中国的海岸特征和主要港口的名字。[459]

　　该世纪上半叶印刷的地图一般仍保存了许多托勒密的惯例。尽管如此，1513 年和 1522 年改进的托勒密地图册像坎提诺平面球形图一样，开始根据新

---

① 西班牙北部城市。——译者注

② 法国港市。——译者注

的信息勾画中国海岸的轮廓，并给予其向北延伸的暗示。这些地图，还有根据它们制作的那些地图，保存了许多较老的名称（契丹 [Cathay]，蛮子 [Mangi]，和上印度 [India Superio]）标识中国或其他地方。[460] 东亚的自然特征同样类似于 15 世纪地图上所表现出的那些特征。塞巴斯蒂安·明斯特（Sebastian Münster）在他的《宇宙学通论》（*Cosmographia universalis*，1550 年）的地图上显现出了他对东亚的描绘几乎没有利用（中世纪航海用的附有海图的）航海指南。1554 年，由赖麦锡出版的东方地图，在一幅基本传统的总体图上包括了一些更新的名字和中国海岸特征。

从注有 1554 年日期的洛波·欧蒙（Lopo Homem）的平面球形图起，对中国海岸更精确和详细的描述开始出现在手稿地图上。欧蒙似乎模糊地知道中国弯弯曲曲的轮廓一直向北延伸到渤海湾，他还记载了许多海岸贸易城镇的名字。[461] 迭戈·欧蒙（Diogo Homem）1558 年的世界地图册对中国南部海岸的自然特征做了敏锐的描绘，并用 6 个地名将其连在一起。[462] 在 1561 年的地图册上，迭戈·欧蒙莫名其妙地将中国南部标注为"琉球地"（Terra leucorr）。[463] 关于中国北方的新细节出现在 1561 年巴托洛梅乌·维利乌（Bartholemeu Velho）的亚洲航海图上，在此他将一堵墙置于中国和鞑靼之间。[464] 他也在北京和海岸之间画上了一片巨大的圆形水域，并用下面的说明加以解释。"在 1557 年时山西的省城随同 7 座城市和 153 个村庄被水淹没。"[465] 几乎可以肯定，这里所提及的是黄河的一次周期性洪水。所说的山西可能是个错误，应为"山东"（Xanton），葡萄牙语直译为山东（Shantung）。拉萨罗·路易斯（Lazaro Luiz）1563 年地图册上的航海指南开始表明沿着南部海岸向北远至扬子江的中国要塞位置。

瓦斯·杜拉多（Vaz Dourado）1568 年地图册的印图 8，关于日本和高丽是最有趣的，它表明高丽与中国"帝国"接壤。他将中国本身分成两个大省："广东"（Camtam[Canton]）和"宁波"（Liampo[Ningpo]），而且他用三个异国情调的宝塔点缀这些省。[466] 广东和宁波的河口相称地被绘制得极大。澳门，大约正好十年前创建，在此第一次出现在欧洲地图上。在 1571 年版的瓦斯·杜拉多地图册上，"Chimche"（泉州 [Chinchow] 或马可·波罗的"刺桐" [Zayton]）[467]

818

被加入中华帝国其他两个部分之间，而异国情调的宝塔从 3 个增加到 5 个。"澳门"和"宁波"以红字出现，沿中国东部沿海的无数命名城镇将两地分开。[468]在 1575 年修订的地图册上，原本中国无数河流起源的大湖神秘地消失了，这可能说明了欧洲对这个国家内陆腹地不断增长的认识。一般说来，手稿地图主要致力于描绘海岸特征。

出现在欧洲的第一个单独的中国地图出版在 1584 年奥提留斯的地图册上。这是葡萄牙制图师路易·豪尔赫·德·巴尔布达（Luis Jorgé de Barbuda）的作品，这幅地图是后来许多欧洲人绘制中国地图的原型。[469]巴尔布达受雇于西班牙菲利普二世，可能在埃斯卡兰特 1577 年关于中国的西班牙文著作出版后不久制作了这幅地图。在地图后面用拉丁文刊印的叙述中，巴尔布达承认他感谢埃斯卡兰特，而且甚至复制了埃斯卡兰特书中第一次引起欧洲公众注意的汉字。按照这个拉丁文本的证词，这个制图师也使用了包括在巴罗斯、杜阿尔特·巴尔博萨、皮加费塔、安德里亚·科萨利和耶稣会士的信件中的中国资料作为资料来源。[470]很可能，在他使用的资料中也有从菲律宾送到西班牙的地理和制图资料。

巴尔布达的地图是第一幅试图显示中国所有"十五个"省、内陆城镇的位置和完整内陆边疆的欧洲地图。对手稿地图的考察，特别是对维利乌（1561 年）和瓦斯·杜拉多（1571 年）地图的考察证明巴尔布达相当熟悉它们，可能使用了它们勾画的中国轮廓、具体的自然特征和在它们的说明中包括的信息作为绘图基础。早前的地图只是模糊地提及邻国人民和省份，而巴尔布达却因他所掌握的欧洲文献资料，可能还有在 1574 年和 1576 年从菲律宾送到西班牙的中文地图和地理著作，而确切地将它们放在他的中国地图上。埃斯卡兰特在描述中国省份位置上模仿巴罗斯，他是巴尔布达使用的主要欧洲资料。和葡萄牙史家一样，埃斯卡兰特将中国省份分成两类：6 个沿海省份和 9 个内陆省份。埃斯卡兰特和巴罗斯都不清楚内陆省份的具体位置，这样，巴尔布达只能自己做出决断，他错误地将云南（Yunnan）放在了四川（Szechwan）的北边。但他对沿海省份的定位大致正确。

按照巴尔布达的地图，中国的江河网络起源于各种不同的内陆点，大多

819

数起源于几个大湖。这与一些早前的手稿地图形成对照，这些早前的地图只包括很少的几条河流，且那些河流经常被绘成出自一个单一的巨大内陆湖。这个大内陆湖被巴尔布达移到了中国的极西边境。[471] 对此他显然用了取自于维利乌的亚洲航海图的图例说明，维利乌的图例说明记录了这个湖在 1557 年洪水泛滥，山西省的 7 个城市受淹。应该注意到维利乌的说明并未具体提及某一个湖，正如前面所涉及的，[472] 可能是提及了黄河的一次周期性洪水。显而易见，在这一点上，无论是巴尔布达还是早前的制图师都没有认识到黄河的水道。相比之下，巴尔布达和他的一些前辈一样，极大地夸大了扬子江的河口，这是来自宁波基地的葡萄牙人十分活跃的一个地区。虽然巴尔布达将辽东半岛（C. Liamton [Liaotung Peninsula]）描绘为海岸的最北端，但他并未画出山东半岛的形状或黄海。和维利乌一样，巴尔布达将长城置于两座大山脉之间，注明它长 400 里格（1 600 英里），而且说明它的目的是保护中国免于鞑靼的突袭。长城以北是一个名称一览表、尖顶蒙古或东方帐篷图和一个巨大沙漠的简介。中国的正西是"缅族"（Bramas，Burmans）、"俄罗斯人"（Gouros）[473] 和"阿富汗人"（Pantanes [Afghans]）。在北部和西部边境上巨大的空白区被填上了登陆船的图画。

　　虽然巴尔布达的地图远非完美，但它相比被收入在门多萨著作的波洛尼亚（1589 年）版中的简陋中国海岸地图真不知要好多少。[474] 这个地图显然被设计为一个对欧洲的传教宣传，它用十字架显示了一个横穿了跨越中国中心地带庞大的欧洲教会。在图上到处都安置着其他大建筑物，其中许多有尖顶。在北部，一个图例将"杭州"（Quinsai [Hangchow]）放错了地方，元代时威尼斯人马可·波罗曾在那里居住过。整个中国的西部和北部环绕着巨大的似乎不能通行和居住的山脉。这个地图绘制最好之处是对中国和日本描绘出的相对比例。海岸王国被显示为一个单独的岛，只是"中华大帝国"规模的一小部分。在更早时，意大利人马可·波罗曾担任一个受信任的官职的地方，新近意大利耶稣会士已经渗透到这块土地上，很可能，这个极富想象力、创造力而展示基督教在中国成就的地图，就是基于这个成功的消息而绘制。[475]

　　在 16 世纪出版的最后一幅中国地图绘制收录在林斯乔坦的亚洲地图上

820

（1596 年）。从绘制的中国沿海的基本外形和地名的音译中，显然可以看出这幅地图的作者（可能在果阿绘制）极大地受惠于葡萄牙制图师。[476] 虽然在专门名词上类似于巴尔布达的地图，但它只显示了从北纬 40°向南的中国的部分国土。它还包括了一个省的名字"Suchuan"（可能是四川 [Szechwan]），而这个地方在巴尔布达的地图上却未能看到。在中国海岸的基本轮廓上，它遵从 1580 年瓦斯·杜拉多的地图册，但包括了更多的沿海地名和关于内陆地区更多的资料。[477] 其中许多可能借用于巴尔布达，但巴尔布达内陆地区的城镇却较少。林斯乔坦地图的制图师可能知道佩德罗·德·雷莫斯（Pedro de Lemos）的平面球形图（大约 1590 年）和巴托洛梅乌·拉索（Bartolemeu Lasso）的地图册，但似乎主要依赖它们来绘制海上的航线。林斯乔坦的地图中包括了任何现存较早日期的地图中都没有看到的专门名词，这一事实说明了这不是他资料的完整目录。作为一个对中国的描绘，相比十二年前出版的巴尔布达地图，这个地图总体而言并不太令人满意——然而，必须记住的是，它并非一幅专门的中国地图，而是亚洲一览图。[478]

当迭戈·洛佩斯·德·塞奎拉（Diogo Lopes de Sequeira）在 1508 年从里斯本带着"问候中国"的指令被派出时，葡萄牙人或欧洲任何人几乎都无从知晓他们究竟期望塞奎拉了解什么。[479] 在随后的九十年中，商人和传教士们起初是杂乱无章地，而后是系统有序地收集到相对不多的要求塞奎拉提供的细枝末节。尽管如此，随着早期葡萄牙人孤立零星秘密的报告被汇总到一起，加以整合并得到了由地理大发现史家、旅游文学编者、世俗史和宗教史作家们及制图师们，根据从欧洲古典和中世纪传说中取得的资料扩大详述，该世纪上半期通过葡萄牙开始慢慢流入欧洲的涓涓信息在 1600 年前快速成为巨流。欧洲的"中华大帝国"形象主要通过书籍，譬如最为广泛传播的门多萨和马菲的那些著作而得以形成。而且出自于这些书籍的印象因地图和以编年史、旅游汇编及耶稣会书信与历史记录形式出版的第一手原始记录而加强。中国工艺产品定期在欧洲出现与设法到达那里的为数不多的中国人使这一形象更加清晰。从这样的资源中，中国以一个富有和伟大的压倒性印象被明确清晰地传达给了欧洲公众。

821

　　在欧洲存在着某些见解不同或彼此矛盾的资料，这个事实并非太过意外。观察家们被迫直接根据有限的经历进行总结，更何况他们对中国的语言还一窍不通。在1600年前利玛窦的贡献尚且微乎其微，他显然是唯一一个了解许多中文礼貌用语的欧洲人。[480] 尽管如此，这些著作，作为明代历史的资料，则不容轻忽。因为欧洲人偏重于对中国生活方方面面进行评论，而中国本国作家们对此则认为理所当然而不予记载。也有可能从这些作品中，特别是有关与贸易规程相关事件的作品中看到，明代中国的事务一直处于变化中——在以前，人们经常认为中国历史的不同朝代，即便现在，一直是处于静止状态，这样的观察极为陈腐乏味。最终，对这些作品的精读给予读者的不只是明代中国生活逐步发展的印象，而且还有欧洲在意识到它的过程中所产生的情感的变化。

　　最早的记述强调的是物质财富、技术和中国社会复杂的组织结构。在16世纪中期以后，克路士、门多萨和马菲等人尽力呈现一个综合性画面，强调盛行在中国政府、教育和社会结构中的合理规则。这些作家也开始更为详细地讲述在中国国家关系和贸易中朝贡体制的主要特征。传教士们一直致力于通过文化渗透在中国传播福音，他们增加了以前中国形象中一直欠缺的智力因素。由于许多传教士都是博学之士，他们并不满足于草率的观察和臆测，开始严肃认真地收集中国书籍，进行翻译，并向有学问的提供消息的中国人询问。尽管16世纪欧洲的中国形象在许多细节上仍然模糊不清、歪曲失真、畸形怪异，但到1600年时，甚至在利玛窦在北京成功安顿下来之前，实际上，在欧洲文献中中国生活中的每一个突出特征都已被触及，中国形象的基本轮廓已然清晰显露。

注释：

本章的概要 1960 年被提交给在里斯本召开的发现历史的国际大会。我的论文，连同 Dr. Francisco Tenreiro 的评论发表在 *Actas* (Lisbon, 1961), IV, 279-306。

[1] 明朝扩张与撤退的探讨见 Jung-pang Lo, "The Decline of the Early Ming Navy," *Oriens extremus,* V (1958), 149-57。另见 C. R. Boxer, "Notes on Chinese Abroad in the Late Ming and Early Manchu Periods Compiled from Contemporary European Sources, 1500-1750," *T'ien Hsia Monthly,* IX (1939), 448-49。

[2] 引自 J. M. Braga, "The Western Pioneers and Their Discovery of Macao," *Instituto Português de Hougkong, Boletim*, No. 2 (September, 1949), p. 60。参见 Giovanni da Empoli 的评论 1515 年 11 月 15 日写自科钦发往佛罗伦萨，引自 D. Ferguson, "Letters from Portuguese Captives in Canton, Written in 1534 and 1536," *The Indian Antiquary,* XXX (1901), 423-24。这两个囚犯的信实际上写于 1524 年。恩波利（Empoli）的信大约在被那里收到时就可能在意大利流传开来，但直到世纪中期前它一直未被出版，世纪中期它出现在 G. B. Ramusio, *Delle navigationi et viaggi* (Venice, 1550), Vol. I, fols. 156-58 中。

[3] 引自 Ferguson, *loc. cit.* (n. 2), p. 423，来自安德里亚·科萨利（Andrea Corsali，葡萄牙商人。——译者注）1515 年 1 月 6 日在马六甲所写的信件。1518 年，科萨利的信在佛罗伦萨第一次出版，但世纪中期它出现在赖麦锡文集后才引起广泛注意。

[4] 见 Braga, *loc. cit.* (n. 2), p. 61；另见下文，p. 834，后来葡萄牙人仿效中国人制作的桐油，并用于给他们的船只涂上亮漆。

[5] Lo, *loc. cit.* (n. 1), p. 151.

[6] 一个近期对中国重回孤立政策的解释见 *ibid.,* pp. 152-58。

[7] 关于明朝对蒙古人的态度及其让他们迁入远离边境地区的中国南部做法的评论见 Henry Serruys, "Were the Ming against the Mongols Settling in North China？" *Oriens extremus,* VI (1954), 131-59。

[8] 对葡萄牙与中国贸易开始的最为系统的研究是 Chang T'ien-tse, *Sino-Portuguese Trade from 1514-1644: A Synthesis of Portuguese and Chinese Sources* (Leyden, 1934), chaps. ii-v. 另见 Charles W. MacSherry, "Impairment of the Ming Tributary System as Exhibited in Trade Involving Fukien" (Ph.D. dissertation, University of California, 1952), p. 103。

[9] 例如，见 Armando Cortesão (ed.), *The Suma Oriental of Tomé Pires* (London, 1944), I, 119。

[10] 引自商人 Bartolameu Perestrello 的话，在 Ferguson, *loc. cit.* (n. 2), p. 424。

[11] Cortesão (ed.), *op. cit.* (n. 9), pp. 116-31；另见 Chang T'ien-tse, "Malacca and the Failure of the First Portuguese Embassy to Peking," *Journal of Southeast Asian History* (Singapore), III (1962), 45-64。

[12] 基本背景见 J. K. Fairbank and S. Y. Têng, "On the Ch'ing Tributary System," *Harvard Journal*

of Asiatic Studies, VI (1941), 135- 37; 关于明朝管理海上贸易制度的具体细节见 MacSherry, *op. cit.* (n. 8), chap. ii。关于 15 世纪中国因朝贡贸易遭受的经济损失见 Lo, *loc. cit.* (n. 1), pp. 154-57。

[13] 见上文 , pp. 509-11。帝国检查官 Ch'iu Tao-lung 向这个葡萄牙人指责他们 "非法" 占领马六甲。见 Chang, *op. cit.* (n. 8), p. 51。

[14] 在 Ferguson, *loc. cit.* (n. 2), XXX, 467-91; XXXI, 10-32, 53-65 中，有这些信件的葡萄牙文本与英文译文。 他们信件的复制品在巴黎的国家图书馆中（Bibliothèque Nationale in Paris），日期为 1534 年和 1536 年，弗格森（Ferguson）使用的显然是完成于 16 世纪后半期的信件。虽然弗格森当作正确的接受了这些日期，但 Cortesão (*op. cit.* [n. 9], I, xlv-xlviii) 不容置疑地解释道巴黎的复件被填错了日期，两封信实际上都写于 1524 年。对这个问题的进一步评论见 C. R. Boxer, *South China in the Sixteenth Century* (London, 1953), p. xxi, n. 2。实际上，关于皮雷斯及其使团成员的命运仍存在着极大的困惑混淆；至今尚未有人在明朝资料中发现一处无可争辩地提及 "皮雷斯" 的名字。见 Chang, *loc. cit.* (n. 11), p. 48。

[15] 译自 Ferguson, *loc. cit.* (n. 2), XXXI (1902), 11。与朝贡制度相关礼仪的一般性探讨见 J. K. Fairbank, *Trade and Diplomacy on the China Coast* (Cambridge, Mass., 1953), pp. 28-30。"有很大围墙的房子" 显然所指为上贡使节的官舍。在一个 "国王宫殿的围墙" 前平伏跪倒可能是指经常被描述的使节等待皇室接见的实习集会。见 *Ta-Ming chi-li,* "Collected Ceremonies of the Ming Dynasty" 中的引文，同样译文在 Fairbank and Têng, *loc. cit.* (n. 12), pp. 144-45。关于 "五次" 跪倒，马菲在他的书（1588 年）中重复超过 "五" 次，可能是根据维埃拉的权威论述；在清代一般的规则是三叩九拜，也就是九次平伏，或九次。马可·波罗（《马可·波罗游记》[*Description of the World*], Bk. II, chap. xv）说他们重复 "四次这种敬拜"。清代习惯与维埃拉和马可·波罗说法之间的矛盾不符也许是由于记忆上的错误，因为前者是在他所描述的事件后三年写的，而后者更是在相当长的时间后写的。或者数字 "五" 是包含在维埃拉记叙中唯一可疑的说法，这个数字可能是因为抄写员在 "3" 和 "5" 间的混淆。 正如 Cortesão ([ed.] *op. cit.* [n. 9], I, xlv-xlvi) 指出 , 在另一个例子中抄写员将 "3" 搞混成 "8"。

[16] 曼努埃尔国王信件的中译文写道："奉葡萄牙国王之命一个队长和一个大使带着贡物前来中国的土地。他们按照习俗来乞求来自世界之主上帝（天）之子的准许，以便屈从于他。"(Ferguson, *loc. cit.* [n. 2], XXXI [1902], 10-11.) 对 "印章" 的进一步评论见 Fairbank and Têng, *loc. cit.* (n. 12), p. 148。

[17] Ferguson, *loc. cit.* (n. 2), XXXI (1902), 19.

[18] 见 *ibid.*, pp. 23-24; 这是非常贴近的直接观察者描述互相监督的地方制度或保甲制。在明代，连甲（li-chia）税制经常与保甲制同时存在，主要用于维持治安。当然这里提到的是保甲。门多萨后来在他的记叙中包括了关于保甲制更详细的情况。参考下文，pp. 760-61。

[19] *Ibid.,* p. 21.

[20] 参考 *ibid.*, pp. 24-30.

[21] 对此确认见 J. M. Braga, *Tamão dos pioneirls portuguêses* (Macao, 1939), *passim;* A. Kammerer, *La découverte de la Chine par les Portugais au XVIeme siècle et la cartographie des portulans* (Leyden, 1944), p. 9; 和 Cortesão (ed.), *op. cit.* (n. 9) I, 121-22, n. 2。"贸易岛"(Veniaga) 也许出自马来语 *Beniaga*, 意为"去贸易"——因此, 葡萄牙语称呼"贸易岛"一般所指为它。见 Chang, *loc. cit.* (n. 11), p. 47, n. 2。

[22] 在 1530 年, 总督林（富）向皇帝提出请愿重新恢复对外贸易后, 广州的中国官员放松了对与西方人贸易的限制。见 Chang, *op. cit.* (n. 8), pp. 73-74。

[23] 正如一些葡萄牙人所言, 他们实际上被允许在宁波市进行贸易是值得怀疑的。很可能是他们与中国商人和日本商人在浙江海岸附近靠近宁波的"双屿"(Hsuang-hsü)（雙嶼）从事私下交易。对欧洲人、中国人和日本人记录中这一鉴定的全面探讨见 Fujita Toyohachi（藤田豊八）, *Tōzai kōshō-shi no kenyū (Nankai-hen)*（東西交渉史の研究）(Tokyo, 1943), pp. 417-91; 明史家 Fang Hao（方豪）in *Fang Hao wên lu*（方豪文錄）(Peking, 1948), Vol. I, Section V, pp. 442-50 认为藤田的鉴别是正确的。另见 Luis Jorgé de Barbuda 绘制的地图, 在这幅地图上, 它是作为"C. de Liampo"出现的, "C."可能所指为 *cidade* 或城市。

[24] 关于导致关系中断的事件见 Wang Yi-t'ung, *Official Relations between China and Japan, 1368-1549* (Cambridge, Mass., 1953), pp. 60-81。

[25] 虽然这个日期只是基本上正确, 但他似乎清楚表明在这个时期, 随着他们开始正式涉足日本贸易, 葡萄牙人利用澳门或宁波（Lampacão）作为过冬的地方。见 C. R. Boxer, *The Great Ship from Amacon. Annals of Macao and the Old Japan Trade*, 1555-1640 (Lisbon. 1959), pp. 21-22。

[26] C. R. Boxer, "Three Historians of Portuguese Asia (Barros, Couto and Bocarro)," *Instituto Português de Hongkong, Boletim* No. 1 (1948), pp. 19-20. 有关巴罗斯的更多参考资料 Hernani Cidade and Manuel Múrias (eds.), *Asia de João de Barros* (4 vols.; Lisbon, 1945- 46), especially *Décadas* I (Vol. I) and III (Vol. III)。

[27] 卡斯塔涅达 1582 年英语译本的第一册复制品收录在 Robert Kerr, *A General History and Collation of Voyages and Travels* (London, 1824), II, 297。

[28] 见 Ferguson, *op. cit.* (n. 2), p. 433, n. 84。

[29] Zoe Swecker, "The Early Iberian Accounts of the Far East, 1550-1600" (Ph.D. dissertation, University of Chicago, 1960), pp. 50-56. 在 Henri de Lubac, *La rencontre du Bouddhisme et de l'Occident* (Paris, 1952) 中对此没有注意。

[30] 卡斯塔涅达书中这个资料的翻译见 Ferguson, *op. cit.* (n. 2), pp. 446-67。

[31] Swecker, *op. cit.* (n. 29), p. 114.

[32] Barros clearly used these letters in preparing his third *Década*. See especially his description of Canton in Cidade and Múrias (eds.), *op. cit.* (n. 26), III, 94-97. 在准备第三部《旬年纪》(*Década*) 时, 巴罗斯显然使用了这些信件。具体见 Cidade and Múrias (eds.), *op. cit.* (n. 26), III, 94-97

中他对广州的描写。

[33] *Ibid.*, III, 90-105. 同时另见他第一卷《旬年纪》中提及的中国，在 *ibid.*, I, 352-54, 364, 368-69.

[34] 对中国向北延伸长度的估计如预料一样，变化极大。门多萨认为是 1 800 英里；安文思（Gabriel Magalhaes）在他的《中国新史》（*A New History of China*, 伦敦，1688）中，在序言中认为它"在长度上不会超过 450 里格"。另参考下文 p. 810，这里估计是 540 里格。在现代的估计中它通常大约为 2 200 英里。

[35] 实际上它大约位于北纬 40° 左右。

[36] 在 1428 年后中国被分为两个大都市区域（城 [ching]）和十三个省（省 [sheng]）。见 C. O. Hucker, "Governmental Organization of the Ming Dynasty," *Harvard Journal of Asiatic Studies*, XXI (1958), 5, 7. 对大都市区域和省恰当的区分引起 16 世纪欧洲作家们的困惑，并导致一些人谈论十三省，而另一些人则认为是十五省。

[37] 他提出的沿海省（in Cidade and Múrias, *op. cit.* [n. 26], III. 91-92），是 "Cantão"（Canton or Kwangtung）, "Foquiem"（Fukien）, "Chequeao"（Chekiang）, "Xantom"（Shantung）, "Naqui"（Nan-chih- li or Nanking）, and "Quinci"（Pei-chih-li or Peking）; the interior provinces are "Quicheu"（Kweichow）, "Juna"（Yunnan）, "Quansi"（Kwangsi）, "Suguão"（Szechwan）, "Fuquão"（Kiangsi）, "Canfi"（Hukwang）, "Xiauxi"（Shansi）, "Honão"（Honan）, "Sanci"（Shensi）. 1524 年从广州写信的葡萄牙因犯罗列出一个对比名单，但音译并非完全相同（Ferguson, *op. cit.* [n. 2], XXXI [1902], 18-19），显然他们也从一本中国著作中得到了他们的信息，因为瓦斯科·卡尔沃（Vasco Calvo）声称"知道如何读写他们（中国人）的信件"，他记载了在他的财产中有"所有十五省的书籍"。(*ibid.*, p. 61.) 佩雷拉（Pereira）、克路士（Cruz）（见下文，p. 755n.）和其他后来的葡萄牙作家们无法提供省份及位置的全面且准确的目录。明朝省的现代目录见 C. H. Philips (ed.), *Handbook of Oriental History* (London, 1951), p. 190。

[38] 府实际上是辖区或辖区城市的称呼。省细分的总数因时代不同变化很大。见 Hucker, *loc. cit.* (n. 36), p. 7. 对辖区和城市的明显混淆通过引用 Barros(in Cidade and Múrias [eds.], *op. cit.* [n. 26], III, 91) 可以得到解释。他声称，例如在宁波府中的府意为"宁波市"，就像希腊语的"城邦（polis）"，阿德里亚诺波利斯（Adrianopolis）意为"阿德里亚城"。于是他有些许准确地表明了辖区首府经常带有名称府作为其名字。

[39] 州实际上是县的名称，而且，正如巴罗斯指出的，县的首府有时将带有州名称作为它名字的一部分。

[40] *tu-t'ang* 和 *hsün-fu*（这里没有提及）一样是由北京任命的检查官，为了整顿超出省总督处理能力的地方问题暂时充当总督。从 15 世纪中期以来，总督越来越多地承担了一般的军事监督和协调。和其他动乱区域一样，在沿海省份他们的临时任期在明代后期有成为永久性的倾向。由于总督权力的延伸，省总督和地区指挥官的权力受到限制。

[41] 根据清代的用法，西方手册中通常将 *pu-chêng-shih* 译为监察官（审计官）或省行政长官。

按照 Ho Ping-ti 教授的说法，对于明代而言，"总督"的翻译更为准确。虽然 *pu-chêng-shih* 的权力在整个明代一直衰落，但这个官职从未放弃他的财政职能。"Concão"也可能是 *chen-shou* 的改写，是总督的另一名称。见 C. O. Hucker, "The Chinese Censorate of the Ming Dynasty" (Ph.D. dissertation, University of Chicago, 1950), p. 81。

[42] 一个省有时有不止一个总兵。在明后期，由于总督增加了他们个人对军事及相关事务的参与，这个官职的独立权威不断下降。

[43] 值得怀疑。每个官员第三年要受到上司的评估，但正常最长职务任期是九年。见 Hucker, *loc. cit.* (n. 36), p. 15。另见下文，p. 761，和注释 139-40。

[44] 见上文，p. 586。

[45] 见上文，pp. 191-92。

[46] 克路士的英文译本和最近编辑的文件材料见 Boxer, *op. cit.* (n. 14), pp. 47-239。进一步的详情见 *ibid.*, pp. lxiv-lxv，博克舍能找到仅有的十个现存复件的记录。

[47] 他的生平简历几乎不为人所知。在 Felipe Picatoste y Rodríguez, *Apuntes para una bibliografía científica española del siglo XVI* (Madrid, 1891) 中缺乏提供的资料。

[48] 由约翰·弗兰普顿（John Frampton）翻译，他是一个退休的商人，曾在塞维尔极为活跃，在他的英文译本中埃斯卡兰特的著作叫作: *Discours of the Navigation which the Portugales doe Make to the Realmes and Provinces of the East Partes of the World, and of the knowledge that growes by them of the great thinges, which are in the Dominion of China* (London, 1579)。随后所有提及埃斯卡兰特著作处都是取自弗兰普顿的译本。虽然从这个引言中令人吃惊地得知，大约 1577 年时在西班牙有中国人，但现在没有更好的理由怀疑埃斯卡兰特的话。早在此时很久前，肯定在葡萄牙有中国人，门多萨提到（见下文，p. 791），在 1585 年三个中国商人经墨西哥到达西班牙。而且很清楚两个中国人在 1588 年随卡文迪什（Cavendish）返回英格兰。

[49] 关于西班牙语的重要性，通过西班牙语，中国的消息被扩散到欧洲其他地区，见 Carlos Sanz, *Primitivas relaciones de España con Asia y Oceánia* (Madrid, 1958), pp. 37-45，这是一本外交政策有些强硬但相当精确的著作。

[50] Boxer, *op. cit.* (n. 14), p. lxv, n. 5，虽然评论了埃斯卡兰特受惠于巴罗斯，貌似赞同地援引一个 16 世纪西班牙奥古斯丁修会评论员热罗尼莫·罗曼（Jerónimo Román）对埃斯卡兰特《葡萄牙人到东方各王国及省份远航记及有关中华帝国的消息》作用的判断，"在极大程度上，它对加斯帕尔·达·克路士神父的开拓之作《中国志》没有伪装的改述"。

[51] 见下文，p. 818，插图取自巴尔布达地图的背面。

[52] 例如他引用的一个 1573 年由迭戈·德·阿尔蒂埃达（Diego de Artieda）船长写给菲利普二世的报告。阿尔蒂埃达报告文本的英译本见 E. H. Blair and J. A. Robertson (eds.), *The Philippine Islands, 1493-1803* (Cleveland, 1903), III, 204-8。

[53] 引自 1591 年的一块纪念碑，它复制了原文命令，收录在 G. de Santiago Vela, *Ensayo de una biblioteca Ibero-Americana* (Madrid, 1917), III, 234。

[54] 这部著作各种版本和译本的完成的书目纲要见 Sanz, *op. cit.* (n. 49), pp. 386-97。

[55] 见下文，pp. 819-20。

[56] 此处使用的许多西班牙文再版和几个译本，包括英文译本，都出自这个扩增版。见 H. R. Wagner, *The Spanish Southwest* ("Quevira Society Publications," Vol. VII [Albuquerque, 1937]), I. 119, 147-48。

[57] 在加上了帕切斯（Purchas）空白处的评语后，帕克的译本被再版。在加上了 R.H. 梅杰（R. H. Major）的前言，并由乔治·T. 斯汤顿（George T. Staunton）爵士编辑后，它被哈克路特学会重新发行。随后所有参考门多萨之处所指均为 G. T. Staunton, *The Historie of the great and mightie Kingdom of China...* ("Hakluyt Society Publications," Old Series, Vols. XIV, XV [London, 1853-54])。具有全面的新版本仍是非常必需的。

[58] 由 Félix Garcia, O.S.A. 编辑，作为 *España misionera* (Madrid) 的第二卷。

[59] 值得一提的是，整整十年后，第一幅专门的中国地图——巴尔布达地图由奥提留斯出版。见下文，p. 818。

[60] 见桑德寄往本国政府的第一份正式报告（日期为 1576 年 6 月 4 日）；他在其中建议，正如葡萄牙囚犯在世纪初所说的一样，"用两三千人就可以夺取他想要的任何省……因为老百姓会立即暴动"反对他们的暴君统治。在 Blair and Robertson (eds.), *op. cit.* (n. 52), IV, 21-97 中整个文件得到了翻译。

[61] 同样译自 Boxer, *op. cit.* (n. 14), p. 1。以后西班牙人向东亚大陆进行渗透的尝试努力见上文，pp. 298-303, 309-12。

[62] 详细传记见 Santiago Vela, *op. cit.* (n. 53), III, 201-40。

[63] 1577 年，这个使团的消息也传到了伦敦，因为托马斯·尼古拉斯（Thomas Nicholas）当时翻译并出版了一封来自墨西哥的商人写给"居住在……Andoluzia 他的朋友"的信，传递了"在当时（1577 年 3 月）从中国的伟大疆域传来的特别的消息"。尼古拉斯六页长的小册子命名为《近来来自中华大帝国的奇怪的不可思议的消息》(*The Strange and marueilous Newes lately come from the great Kingdome of China*)。原件非常罕见，但被再版于 S. E. Brydges (comp.), *Censuria literaria* (London, 1808), IV, 126-12 中。

[64] 门多萨 (in Staunton [ed.], *op. cit.* [no. 57], I, 38) 将克路士作为"在这部历史写作的过程中，在许多方面我都跟随着他……"。

[65] 在 *ibid.*, pp. 7-8, 12，门多萨将这组资料"作为现场目击的证明，在这部历史记录的大部分内容中我将遵循他们的叙述"。

[66] *Ibid.*, p. 33.

[67] *Ibid.*, p. 44.

[68] 见下文，pp. 778-80。在门多萨时代埃斯科里亚尔修道院存有中国著作，这已得到事实的证明，1585 年这里向日本赴欧使团展示了一本书，其中包括简单的汉字。见上文，p. 693。

[69] 见下文，p. 777 n。

[70] Staunton (ed.), *op. cit.* (n. 57), I, 171-72.

[71] 详细传记资料见 Boxer, *op. cit.* (n. 14), pp. lviii-ixi。另见上文 , p. 562。

[72] *Ibid.,* p. 55.

[73] 文本翻译在 *ibid.,* pp. 3-43。

[74] 详细传记资料在 *ibid.,* pp. l-lv。

[75] *Nuoui Auisi Delle Indie di Portogallo, Venuti nuouamente dalli R. padri della compagnia di Giesu & tradotti dalla lingua Spagnola nella Italiana, Quarta parte.*

[76] Boxer, *op. cit.* (n. 14), p. lvi. 详 细 传 记 资 料 见 Georg Schurhammer, *Die zeitgenös-sischen Quellen zur Geschichte Portuguesisch-Asiens und seiner Nachbarländer* (*1538-52*) (Leipzig. 1932), Nos. 4694, 6062, 6107, 6159。

[77] Staunton (ed.), *op. cit.* (n. 57), I, xxxix-li.

[78] 进一步详情见 Boxer, *op. cit.* (n. 14), pp. lxx-lxxi。

[79] 引自 *ibid.,* p. lxxii。

[80] 桑德 1576 年关于中国的报告见 Blair and Robertson (eds.), *op. cit.* (n. 52), IV, 50-66。他写道他正在装封 "来自中国信件的原件和译文，还有居住证和其他文件，有一幅中国地图和我在这里制作的另一张小地图，一些中国故事，和那些他们叫 '银花' 的东西"。(pp. 91-92) 还有 "也还能发现一本书……这本书是对中国这个国家、地租收入和附庸国的叙述，实际上这些被包含在中国地图上。还有另一本类似的小书，收集了航海图和一些根据对他们司法官员的描述所写的文件，这些在那个国家的商店里有出售"。(p. 93) 对这些可能由制图师巴尔布达（Barbuda）所保留信息的使用见下文, p. 818。

[81] Staunton (ed.), *op. cit.* (n. 57), p. 7.

[82] 该词大概出自塔加拉语，被早期西班牙作家们采纳用以指中国人。在 17 世纪时最通常指在菲律宾的中国居民。见 Boxer, *op. cit.* (n. 14), p. 260, n. 1。

[83] Escalante (chap. vi) 说，中国 "位于亚洲最东端"。

[84] 对中国西部疆界的误解意味着一个惊人的对亚洲大陆扩展的低估。如此显而易见的缪见执取可能也与葡萄牙故意缩小从印度到马鲁古群岛距离的政策相关。见上文, pp. 603-4。

[85] 这可能是从蒙古时期到明代中国疆界实际发生变化的一种反映。

[86] 这个经由陆路去中国的问题对沙勿略和一些早期传教士作家很有意义。见 F. A. Plattner, *Quand l'Europe cherchait l'Asie* (Paris, 1954), p. 126; 亚洲内陆陆路的讨论参见苏哈默引用的文献，Schurhammer, *op. cit.* n. 76), Nos. 4562 and 4713。

[87] Staunton (ed.), *op. cit.* (n. 57), II, 302.

[88] 译自 Boxer, *op. cit.* (n. 14), pp. 56-57。

[89] Mendoza in Staunton (ed.), *op. cit.* (n. 57), I, 20.

[90] *Ibid.,* Vol. I, Bk. I, chap. ii. 主要根据 Escalante in Frampton (trans.), *op. cit.* (n. 48), chap. vii。

[91] Staunton (ed.), *op. cit.* (n. 57), I, 11.

[92] Boxer, *op. cit.* (n. 14), p. 224. 参照地图中的文字说明（下文，p. 817），它讲述了 1557 年的一次大洪水。

[93] Staunton (ed.), *op. cit.* (n. 57), I, 11.

[94] Boxer, *op. cit.* (n. 14), p. 282.

[95] *Ibid.,* p. 38.

[96] *Ibid.,* p. 168.

[97] *Ibid.,* p. 302.

[98] *Ibid.,* p. 301.

[99] 参照维埃拉的态度，上文，pp. 736-37。

[100] Boxer, *op. cit.* (n. 14), p. 159.

[101] *Ibid.,* p. 284.

[102] Blair and Robertson (eds.), *op. cit.* (n. 52), IV, 50. 隆庆皇帝死于 1572 年，万历皇帝继位。

[103] Boxer, *op. cit.* (n. 14), pp. 6-7. 中国官方邮政服务的记录可以追溯到汉代。在明代，其通过一个北京的中央办公室（"会同馆" [*hui-t'ung kuan*]）由兵部（*ping-pu*）管辖。见 J. K. Fairbank and S. Y. Têng, "On the Transmission of Ch'ing Documents." *Havard Jourual of Asiatic Studies,* IV (1939), 14-15。

[104] Boxer, *op. cit.* (n. 14), p. 30.

[105] *Ibid.,* p. 40; 参考克路士的记述，他指出他们"每月由来国王的公共税收"支付费用，在 *ibid.,* p. 108。

[106] *Ibid.,* p. 41. 从永乐时期（1403—1424 年）起，皇族被要求限制从事政治活动。(Hucker, *op. cit.* [n. 41], p. 55.)

[107] 在 1565 年至 1627 年间，明朝统治者们在皇宫里生活在实际与世隔绝的状态，很少见到他们的大臣，通过信任的太监传达他们的命令。见 Y. C. Wang, "Ideas and Men in Traditional China," *Monumenta serica,* XIX (1960), 230; 关于明代太监影响的增长见 Hucker, *op. cit.* (n. 41), pp. 137-38。

[108] Boxer, *op. cit.* (n. 14), pp. 186- 87. 皇帝的所有儿子都被授予帝国王子，但如克路士所写，最长者被正式指定为法定继承人的头衔（太子 [*t'ai tzu*]）并住在皇宫中。其他的儿子长大后被送到分散在帝国各地的他们自己的领地上。见 Hucker, *loc. cit.* (n. 36), p. 8。

[109] Boxer, *op. cit.* (n. 14), p. 210. 见利玛窦更为详细的记述；另见 Mendoza in Staunton (ed.), *op. cit.* (n. 57), pp. 44-46, and 和 Escalante in Frampton (trans.), *op. cit.* (n. 48), chap. xii。

[110] Staunton (ed.), *op. cit.* (n. 57), I, 21-22; 佩雷拉报告了中国被分为"十三省"；克路士重复了这一划分。拉达对中国地名辞典的研究使他可能提供一个权威的对中国政治管理的叙述。巴罗斯独立地并早于拉达研究完成了这个问题。一个无名囚犯的记述是最早在欧洲出版的一份，他也谈到了十五个省。广州的葡萄牙囚犯在 1524 年写下了有十五个省。见上文，p. 736。

[111] Boxer, *op. cit.* (n. 14), pp. 265-67.

[112] 见上文 p. 740。

[113] 尚不知道拉达从什么中文资料中得出军队数量的。见 Boxer, *op. cit.* (n. 14), p. 272, n. 2。但他关于家庭的纳税人的数字显然是根据 1566 年版的《广舆图》(*Kuang-yü-t'u*)。见 *ibid., p. 276, n. 1*。

[114] 巴罗斯在他的第一部《旬年纪》中写道："关于中国国王，我们能肯定他对国家所有其他人，人民，富人和高雅之人都是至高无上的。因为在他的国家，有十五个省，其中每个都是一个很大的王国，在我们有的一部关于他们的地理书中，作者论述了每个省，并对其物产做了调查，如果数据翻译正确，那么对我来说他们有比欧洲所有王国和大国都更大的收益。我相信这个信息，因为我买来给我翻译这些事情的一个中国奴隶，也知道如何读和写我们的语言，并且对与算术有关的事情很灵敏……。"

[115] Staunton (ed.), *op. cit.* (n. 57), Pt. I, Book III, chaps. viii-xii, pp. 96-120.

[116] 1380 年丞相一职被废黜，自此以后主要官员充当皇帝的私人秘书。门多萨的"委员会"似乎所指为大秘书处（内阁 [*nei-ko*]），他所说的"首脑"是资深大学士。与顾问相关的数字"十二"多少令人困惑，因为 16 世纪的大秘书处只有六个头衔。也许他包括进了六个部门（部 [*pu*]），加上大秘书处的六个成员。在明代后期大秘书处在朝廷的优先顺序中，地位在六个部长之上。门多萨描述的情况多少加强了这一推测，他描述了委员会研讨时的就座情况，委员会六个成员在金椅子上方就座，六个坐在银椅子上。参照 Y.C. Wang, *loc. cit.* (n. 107), pp. 229-30. Also see C. O. Hucker. "The Tung-lin Movement of the Late Ming Period," in J. K. Fairbank (ed.), *Chinese Thought and Institutions* (Chicago, 1957), pp. 138-39 的记述。

[117] 明朝保留了中国大多数贵族头衔惯例。做出了特别贡献的军事官员和行政官员（武官和文官）被授予了公爵、侯爵和伯爵这样的爵位。其中一些是世袭的爵位，而另一些则不是；所有的接受者从皇家国库被给予年俸。但正如门多萨所暗示的，中国的贵族没有得到领地赐予，无法凭借他们的贵族特权具有政治权威。进一步详情见 Hucker, *loc. cit.* (n. 36), pp. 8-10。

[118] "委员会"定期碰面的想法可能不正确。参照 Hucker, *loc. cit.* (n. 116), p. 139 的描述，其中说："在名义上，不存在内阁这样事情；只有个别的大学士……。"实际上，大学士没有正式规定的权力，但在实践中，他们和太监一起，在所有各级官员的任命、提拔和降职上可能有真实的影响。

[119] 当然，年长资深大学士可能会比轻量级者更容易接近皇帝，因为他们有时达到了"以前丞相所具有的几乎同样程度的权威"。(*ibid.*)

[120] 省总督也被要求每年一次前往京城报告并商议。Hucker, *op. cit.* (n. 41), p. 82.

[121] "又由于太监的建议决定官员的分配，老爷们（官员们）经常对他们进行贿赂以便可以得到提拔。"(Boxer. *op. cit.* [n. 14], pp. 153-58.)

[122] 北京和辅都南京的周围并非真的被称为省。它们被称为"直辖"区，并且正如门多萨所指出的，它们由中央行政机构直接管治。在南京保留了"最基本的"中央集权体制。见 Hucker,

op. cit. (n. 41), p. 68。

[123] 门多萨继拉达之后称其为 "Insuanto"。见博克舍 Boxer, *op. cit.* (n. 14), p. 249, n. 1, 他将这一头衔确认为厦门方言的兴泉道（*Hsing-ch'üan-tao* 或 *Heng-tsoân-tō*）（即管辖泉州和兴化的官）。

[124] 门多萨指出 (in Staunton [ed.], *op. cit.* [n. 57], I, 101) "一般说省的名字和省城的名字相同"。利玛窦也对这个问题做了评论。见他日记的英译文，载于 L. J. Gallagher, S. J., *China in the Sixteenth Century* (New York, 1953), p. 52。

[125] 他称总督为 "军门"（Comon）。关于这一头衔的细节见 Boxer, *op. cit.* (n. 14), p. 249, n.4。

[126] 见上文，n. 40。

[127] 门多萨称其头衔为 "布政使"（ponchasi）；按照现代直译必然是 *pu-chêng-shih*。见上文，n. 41。

[128] 这个音译见博克舍中的解释 *op. cit.* (n. 14) pp. 249-50, n. 5，它源自厦门方言的提督（*Ti-tu* 或 *The-rok*）。

[129] 在现代音译中为按察使（*An-ch'a-shih*）；门多萨写作 "Anchasi"。

[130] 海道副史（*Hai-tao-fu-shih*）或海上事务副专员。

[131] 在某种程度上一个判断证实了此事，见 Ch'ien Tuan-sheng, *The Government and Politics of China* (Cambridge, Mass., 1950), p. 43。

[132] 我不能确定这些音译的中文原名。见弗格森 Ferguson, *loc. cit.* (n. 2), pp. 448-49 中根据葡萄牙囚犯编辑的清单。

[133] 见下文，p. 761 n。

[134] 克里斯塔瓦奥·维埃拉（Cristavão Vieira）是其中一个 1524 年从广州写信的囚犯，他声称这一惯例导致了不公正。见上文，p. 736。另一方面，巴罗斯 (in Cidade and Múrias [eds.], *op. cit.* [n. 26], III, 93) 赞美了这一做法并将它与葡萄牙设置的类似体制进行了比较，确信地方官员不应受到亲朋好友地方关系不正当的影响。佩雷拉对欧洲盛行的做法的比较是非常不利于欧洲，以致于检查官或出版他记述的出版商，在出版之前切除了章节，见 Boxer, *op. cit.* (n. 14), p. 19, n. 2。

[135] 这里提及的是保甲制（*pao-chia* system）。自古以来，皇家政府习惯上采纳各种宗族以对其个体成员负责。实际上，中国城市是族长村落的集合，他们充任城市区划的长老，对监管、征税和付税及维持秩序负责。《大清会典》（*Ta-ch'ing-hui-tien* [Collected Statutes of the Ch'ing Dynasty]）规定（第十七册）"十户为牌（十家区）；立牌长。十牌为甲，立甲长。十甲为保，立保长。牌、甲和保的这些头目各由其所代表的群体的十个户主选出"。这一做法被保存到中华民国，是 "1939 年 9 月 19 日国民政府颁布县各级单位组织大纲" 第九章的主题（见《中国手册》*China Handbook* [New York, 1947] pp. 125-26）。关于类似的满族地方安全体制的描述见 T'ung-tsu Ch'ü, *Local Government in China under the Ch'ing* (Cambridge, Mass., 1962), pp. 150-52。

[136] 一些严刑在明代显然是合法的，但有些被禁止。19 世纪非法和合法的惩罚见 J. Doolittle, *Social Life of the Chinese* (London, 1868), pp. 268-79。

[137] S. 威尔士·威廉姆斯的《中央王国》(S. Wells Williams, *The Middle Kingdom*, New York, 1901) I, 382-83 中评论道："现今满清管理机构保存其对人民控制权的主要大法则存在于所有阶层中的严格监督和相互责任体制中……政府……必然地损坏信任并灌输相互间不信任……。"

[138] 检查机构历史的一般性概要见 Richard L. Walker, "The Control System of the Chinese Government," *Far Eastern Quarterly*, VII (1947), 2-21; 明代检查机构更详细的概要见 Charles O. Hucker, "The Traditional Chinese Censorate and the New Peking Regime," *American Political Science Review,* XLV (1951), 1042-52 和同一作者, *op. cit.* (n. 41)。

[139] Staunton (ed.), *op. cit.* (n. 57), I, 112. "Chaenes" 可能是察院 (*Ch'a-Yuan*) 的音译，为都察院 (检查机构 *Tu-ch'a-Yuan*) 的缩写。参考 Boxer, *op. cit.* (n. 14), p. 6, n. 4。我不能确定在这个引文中门多萨的精确含义。他似乎表述官员被指定三年的任期。如果这样，他可能弄错了，但他同代的大多数人支持他。哈克 (Hucker), *op. cit.* (n. 41), p. 82, 指出长官的任期"似乎没有确定，有时延长到十年，甚至二十年"。关于所有三年任期结束的下属官员的人事报告被送到京城，在这时他们被给予人事考核 (*ibid.,* pp. 91-92)。如果门多萨想要陈述每三年"察院"巡回检查各省，他可能所指或是提学 (*Ti-hsüeh*) (文学大臣 [Literary Chancellor])，每三年北京指派该职，或可能所指为钦差 (*Ch'in-ch'ai*, 皇帝专员) 的定期视察。

[140] 门多萨的编辑乔治·T. 斯汤顿爵士猜测 (Sir George T. Staunton, *op. cit.* [n. 57], I, 113, n. 1) 这是中国字"法典"(*lü*) 和"规则"(*chi*) 或法官结合的音译。实际上，门多萨在这里指的是省检查员 (巡按钦差御史, *Hsün-an chien-ch'a yu-shih*), 他们被期望每年到"他们各自的司法管辖区内所有地方检查巡视，并调查所有政府全体人员的行为"。(见 Hucker, *loc. cit.* [n. 138], p. 1045.)

[141] 参照 *ibid.,* p. 1046, 对省检查官员的职责和权力做了概括。下级官员能被这些"无所任法官"扣押、审讯，并且受到惩罚。

[142] Staunton (ed.), *op. cit.* (n. 57), I, 115. 作为参考这可被解释为是检查官通过对他们权限范围内官员人事考核提供荣誉和文职官员的职责 (参考 Hucker, *op. cit.* [n. 41], p. 93)。

[143] 参考 Hucker, *loc. cit.* (n. 138), p. 1046。进士学历的巡视使经常在大都市充当检查官。见 Wang, *loc. cit.* (n. 107), p. 235。

[144] 参考出自《元史》的引文，哈克 *loc. cit.* (n. 138), p. 1052 的翻译："检查机构像一头睡着的老虎。即使它没有咬人，人仍恐惧它的凶猛残忍。"

[145] 门多萨在什么地方得到这些精确数据，我无从知晓。

[146] Boxer, *op. cit.* (n. 14), p. 21.

[147] 佩雷拉说 (*ibid.,* p. 22) 每个城市三个监狱专供那些定为死罪的人。

[148] 按照法律，死刑必须得到北京的确认，并只能在秋季巡回审判时执行。参照 *ibid.,* p. 22, n. 2.

[149] 这些惩罚听起来更像欧洲的而不是中国的。至少在满清时期，法定的死刑是斩首和勒死。政治犯通常被流放。见 Doolittle, *op. cit.* (n. 136), pp. 271-74. 同时代观察者对中国死刑做的更详细探讨见 Boxer, *op. cit.* (n. 14), pp. 21-23, 177-78, 197, 301.

[150] 再次无法确定门多萨在何处得到他的数字。

[151] Staunton (ed.), *op. cit.* (n. 57), I, 116.

[152] *Ibid.*

[153] Boxer, *op. cit.* (n. 14), p. 120.

[154] *Ibid.*, p. 8.

[155] *Ibid.*, pp. 129, 294.

[156] *Ibid.*, p. 131. 这里所指为早熟水稻和同季双重轮作制的采用与传播。

[157] Staunton (ed.), *op. cit.* (n. 57), II, 166.

[158] *Ibid.*, I, 12. 实际上在万历时期的头十年（1572—1582 年），中国似乎已经开始出现了经济复苏。参照 Hucker, *loc. cit.* (n. 116), p. 133.

[159] Boxer, *op. cit.* (n. 14), p. 128. 在贫困问题上，欧洲作家们并不总是意见完全一致。拉达 (in Boxer, *ibid.*, p. 294) 指出 "大多数人是贫穷的"。门多萨 (in Staunton [ed.], *op. cit.* [n. 57], I, 66-67) 虽然承认中国有穷人，但强调的却是（参考下文，pp. 775-76）家庭和国家如何处理贫困及其相关的社会问题。

[160] Boxer, *op. cit.* (n. 14), p. 293.

[161] Staunton, (ed.), *op. cit.* (n. 57), II, 166.

[162] Boxer, *op. cit.* (n. 14), p. 34.

[163] *Ibid.*, p. 6.

[164] *Ibid.*, p. 32.

[165] Staunton (ed.) , *op. cit.* (n. 57), I, 148.

[166] *Ibid.*, II, 166.

[167] Boxer, *op. cit.* (n. 14), p. 293.

[168] 更详细的鱼类养殖细节见 *ibid.*, pp. 151-52。

[169] *Ibid.*, p. 131. 也许我们现代的判断刚好相反，因为在西方，牛肉的储存在过去两个世纪里极大增加。

[170] Staunton (ed.), *op. cit.* (n. 57), I, 153. 见三个世纪后 Williams, *op. cit.* (n. 137), I, 778-79 中所做的不太详细的记载。

[171] 例如，见 William C. Milne, *Lift in China* (London, 1857), pp. 381-82。

[172] Boxer, *op. cit.* (n. 14), pp. 42-43, and Staunton (ed.), *op. cit.* (n. 57), I, 154-56.

[173] Boxer, *op. cit.* (n. 14). p. 42. 关于合作性捕鱼见 J. Dyer Ball, *Things Chinese* (Hongkong, 1903), pp. 181-82. 鲍尔（Ball）也认为 (p. 183)，"17 世纪时在法国和英国也有鸬鹚捕鱼"。满清时的评论中没有提及它是 "皇家捕鱼"，或暗示这是皇家专利。B. Laufer 对专

利问题做了评论，他指出在中文资料中他发现"根本没有提到鸬鹚专利或特殊征税"。*"The Domestication of the Cormorant in China and Japan," in Anthropological Series*（"Field Museum Publications;' Vol. XVIII, No, 3 [Chicago, 1931]), p. 241.

[174] Frampton (trans.), *op. cit.* (n. 48), chap, x.

[175] 可能是柚子、葡萄柚和金橘。更多评论见 Boxer, *op. cit.* (n. 14), p. 133, n. 1。

[176] *Ibid.*, p. 133.

[177] Staunton (ed.), *op. cit.* (n. 57), I, 15. 玉米可能在 1530 年左右从印度和缅甸传入中国西南；在该世纪中期后经海路进入沿海省份。最早提及玉米的中国文献是 1555 年版的 Kung-hsien 历史，这是河南省西部的一个地区。文献资料和进一步的评论见 Ho Ping-ti, "The Introduction of American Food Plants into China," *American Anthropologist*, N. S., LVII (1955), 193-94。

[178] Staunton (ed.), *op. cit.* (n. 57), I, 17; also Cruz in Boxer, *op. cit.* (n. 14), p. 127, n. 2.

[179] Staunton (ed.), *op. cit.* (n. 57), I, 15. 食粮精炼至少在明代后期编撰的一部中文百科全书中被提及。见 L. C. Goodrich, *A Short History of the Chinese People* (rev. ed.; New York, 1951), pp. 142, 208-9.

[180] 利玛窦在 17 世纪初写道："在中国人中，糖比蜂蜜得到了最为普及的使用，尽管这两种在这个国家都极为丰富。"（译文在 Gallagher, *op. cit.*[n. 124], p. 16）利玛窦也谈到了蜡，并且观察到中国人有两种蜡，不同于他们从蜜蜂中得到的。对这两种蜡，植物蜡和昆虫蜡的更近期探讨见 Samuel Couling, *Encyclopedia Sinica* (London, 1917), p. 594。

[181] 关于制作衣服的"亚麻"，门多萨可能是不正确的。克路士记载 (in Boxer, *op. cit.* [n. 14], p. 137)，他们有穷人穿的亚麻服装，"因为它极为便宜"。利玛窦（in Gallagher [trans.], *op. cit.* [n. 124], p. 13）指出中国人没有亚麻知识，但"他们用大麻和其他植物纤维制作一种粗布以供夏天使用"。大麻显然是中国土生的，关于大麻衣服和绳索的记录可以追溯到商代。见 Goodrich, *op. cit.* (n. 179), p. 17. 亚麻在 6 世纪前可能被引进中国（*Ibid.*, p. 113）。

[182] 利玛窦说 (in Gallagher [trans.], *op. cit.* [n. 124], p. 13)"棉花种籽仅在四十年前才被引进到这个国家"。但 12 世纪后不久，棉花栽培和棉布在中国就很普遍（Goodrich, *op. cit.* [n. 179], p. 150）。

[183] Cruz in Boxer, *op. cit.* (n. 14), p. 190.

[184] *Ibid.*, pp. 76-77, and Staunton (ed.), *op. cit.* (n. 57), I, 16.

[185] Staunton (ed.), *op. cit.* (n. 57), I, 14.

[186] *Ibid.*, II, 286-87.

[187] *Ibid.*, I, 16. 皮毛可能是从北部边境民族那里进口的，国内并不出产。

[188] Boxer, *op. cit.* (n. 14), p.111. 普通中国冷杉（*Cunninghamia lanceolata*）对来自于伊比利亚半岛的观察者来说肯定是丰富的，因为在那里大多数用于造船的树木必须进口。

[189] Staunton (ed.), *op. cit.* (n. 57), I, 148, 150. 这个"Ciaco"，葡萄牙人是这么称呼它的，也被利玛窦注意到 (Gallagher [trans.], *op. cit.* [n. 124], p. 17)。埃斯卡兰特 (in Frampton [trans.], *op.*

cit. [n. 48], chap. x) 随同巴罗斯的说法，更为详细地描述了他们的沥青，并讲述了他们如何用它填塞船缝。威廉姆斯（Williams），*op. cit.* (n. 137), I, 752，评价了他们的船："大多数船用杉木或松木建造；缝隙藤条刨花填塞，并涂以油和石膏黏结剂。"

[190] Cruz in Boxer, *op. cit.* (n. 14), p. 111. 满清时期中国西南制铁的描述见 Williams, *op. cit.* (n. 137), I, 96。

[191] Boxer, *op. cit.* (n. 14), pp. 293-94.

[192] 古德里奇（Goodrich, *op. cit.* [n. 179], p. 199）注意到了对门多萨加以重要强调的采矿税在 1596 年剧烈增长，推测起来是为解决在朝鲜战争的花费。

[193] Boxer, *op. cit.* (n. 14), p. 130.

[194] Staumon (ed.), *op. cit.* (n. 57), I, 18. 珍珠在中国南部被发现（见 Williams, *op. cit.* [n. 135], p. 350)，但现在并不丰富。然而，马可·波罗讲述了 (in H. Yule and H. Cordier, *The Book of Ser Marco Polo* [New York, 1903], II, 53) 在云南的湖里却有巨大的供应，但可汗不准采集它们，因为那样它们将会失去价值。虽然如此，在中国似乎大多数珍珠是从印度及其他地方进口的。

[195] 见 Staunton (ed.), *op. cit.* (n. 57), I, 18 中的评论。

[196] Boxer, *op. cit.* (n. 14), p. 128.

[197] *Ibid.*, p. 129. 在此他也列出了一些中国的重量名称，并描述了用于称重的杆秤。

[198] *Ibid.* 克路士在广州看到过"硬币"，而拉达在福建泉州使用过它们。门多萨 (in Staunton [ed.]. *op. cit.* [n. 57], I, 35) 说，在泉州以外"硬币"是不值钱的。关于明代货币的贬值见 Lo, *loc. cit.* (n. 1), pp. 155-56。

[199] 这与元代时前来中国的旅行家们对纸币的大量关注形成对比。但这个疏忽是可以理解的，因为到了 15 世纪中期，银子，而不是纸币，成了中国交换的主要媒介。在 16 世纪纸质票据实际上停止流通。见 Yang Lien-sheng, *Money and Credit in China: A Short History* (Cambridge, Mass., 1952), p. 67。

[200] Staunton (ed.), *op. cit.* (n. 57), I, 82-83.

[201] *Ibid.*

[202] 在某些分散的地区，玉米已成为重要作物，它可能用以代替其他的谷类作为实物支付。但按照中国官方资料，大多数实物税是以净米和大麦支付的，见 Ho Ping- ti, *loc. cit.* (n. 177), pp. 195-96。

[203] Staunton (ed.), *op. cit.* (n. 57), I, 82- 83. 实际上，关于明代中国的课税细节所知极少。佩雷拉注意到 (in Boxer, *op. cit.* [n. 14], p. 33) 盐产生了"这个国家的国王所有的……最大的收入"，但从拉达和门多萨的数据中不可能确定他们是否赞同这一判断。我们也知道，16 世纪期间，在中国纳税从实物和劳力支付变成为白银支付，而税收结构越来越多的是根据土地征收。作为这一过程的一部分，在 16 世纪最后几十年，成年男性而非户主逐渐成为被计算的付税责任的单位。欧洲作家们所说的话因此适用于改革前盛行的税收体制。明代税收改革的学术探讨见 Liang Fang-chung, *The Single-Whip Method of Tasation in China* (Cambridge, Mass.,

1956)。

[204] Staunton (ed.), *op. cit.* (n. 57), II, 286. 可能这是提及明帝国确立的政府粮仓体制（参照 Liang, *op. cit.* [n. 203], pp. 3-4)。盐也被贮藏在政府的仓库中。见 Esson M. Gale, "Public Administration of Salt in China: A Historical Survey," *Annals of the American Academy of Political and Social Science*, CLI (1930), 247.

[205] Boxer, *op. cit.* (n. 14), p. 119. 参考 Liang, *op. cit.* (n. 203), p. 4, 告诉我们在采用"一条鞭法"（single-whip system）之前，明代的户主"按照职业分类，被分成三类：平民户主、士兵户主和工匠户主"。

[206] Boxer, *op. cit.* (n. 14), p. 274. 门多萨对逃税未加叙述。

[207] Staunton (ed.), *op. cit.* (n. 57), I, 82. Boxer , *op. cit.* (n. 14), p. 274, n. 2, 博克舍认为这些免税额在细节上是不正确的。但从汇总归纳 16 世纪最后二十年税收情况来看，哈克评论道："因文人的特权免税和普遍存在的大地主的厚颜无耻逃税而造成的课税不公平待遇，而随着纳税不断增加，注定引起普通人忍受着几乎全部的难以容忍的负担。" Hucker, loc. cit. (n. 14) 官员免除田赋和劳役的更多详情见 Liang, *op. cit.* (n. 203), pp. 11-14。

[208] 拉达给出的数字是 60 187 047，而门多萨是 40 601 000。官方明代人口数据表明数字从 60 000 000 到 50 000 000 之间波动。然而，更可能的是，这些官方数字不能代表明代人口或多或少的持续线型增长。现代学者估计这种增长从 1393 年的大约 65 000 000 到 1600 年的 130 000 000 和 150 000 000 之间。见 Ho Ping-ti, *Studies on the Population of China*, 1368-1953 (Cambridge, Mass., 1959), p. 264. 利玛窦以官方数据为基础所写的报告见下文，p. 802。

[209] Staunton (ed.), *op. cit.* (n. 57), I, 81.

[210] *Ibid.,* p. 82.

[211] *Ibid.,* p. 26.

[212] *Ibid.,* p. 29. 显然他忘记了早期陆路的旅行者，不过，这是真实的，波罗并没有提及长城。

[213] *Ibid.,* p. 33. 在赖麦锡（Ramusio）的 *op. cit.* (n. 2). Vol. I, fols. 310-48 中，门多萨可以得到杜阿尔特·巴尔博萨的记载。

[214] Boxer, *op. cit.* (n. 14), p. 127.

[215] 加布里埃尔·德·李维拉船长 (see Blair and Robertson [eds.], *op. cit.* [n. 52], IV, 230)。

[216] Staunton (ed.), *op. cit.* (n. 57), I, 32.

[217] Boxer, *op. cit.* (n. 14), p. 125.

[218] *Ibid.,* pp. 124-25. 另见埃斯卡兰特对一个他在里斯本获得的中国涂漆小箱子的描述 (in Frampton [trans.], *op. cit.* [n. 48], chap. ix)。

[219] Boxer, *op. cit.* (n. 14), pp. 125-26.

[220] *Ibid.,* p. 125.

[221] *Ibid.*

[222] Staunton (ed.), *op. cit.* (n. 57), I, 32. Also Frampton (trans.), *op. cit.* (n. 48), chap. ix. See table in Charles Singer *et al., A History of Technology* (Oxford, 1956), II, 770-71, 在这里他将公元 552 年作为中国帆船战车使用的第一个精确时期，将 1600 年作为其在欧洲出现的第一个精确时间。对西蒙·斯蒂文（Simon Stevin）"帆船战车"（大约 1600 年）建造的评论见 J. J. L. Duyvendak's note in *T'oung pao,* XXXVI (1943), 401-7。

[223] Boxer, *op. cit.* (n. 14), p. 111.

[224] *Ibid.,* pp. 112-13.

[225] *Ibid.,* p. 113.

[226] Frampton (trans.), *op. cit.* (n. 48), chap. x; and Mendoza, in Staunton (ed.), *op. cit.* (n. 57), I, 148-49.

[227] Boxer, *op. cit.* (n. 14), p. 114.

[228] *Ibid.,* p. 294. 参考 J. H. Gray, *China, a History of the Laws, Manners, and Customs of the People* (London, 1878), II, 263 中的评论。

[229] Staunton (ed.), *op. cit.* (n. 57), I, 150. 埃斯卡兰特 (in Frampton [trans.], *op. cit.* [n. 48], chap. x) 将这些泵与 *"Anorias of Spayne"* 做了比较。克路士对这种环状链泵功能的更详细解释见 Boxer, *op. cit.* (n. 14), p. 121。19 世纪的参考文献见 Gray, *op. cit.* (n. 228), II, 290-91。另参考 the table in Singer *et al., op. cit.* (n. 222), II, 770。

[230] Boxer, *op. cit.* (n. 14), p. 294, especially n. 3, 在这里，他断言并给出了权威性的叙述，在明代中国人有海图（sea-cards），也有书写的航海方向（rutters）。

[231] *Ibid.,* p. 295. Mendoza in Staunton (ed.), *op. cit.* (n. 57), II, 36, 声称他们将指南针分成 12 部分。在这个争议点上，拉达显然是正确的。参考 W. Z. Mulder, "The Wu Pei Chih Charts," *T'oung pao,* XXXVII (1944), 6-7。显然磁罗盘早在 11 世纪末就被用于中国航海。(Goodrich, *op. cit,* [n. 179], p. 151) 很久以前曾使用堪舆师（风水先生）的预测，它可能是由占卜盘发展而来 (see Joseph Needham. *Science and Civilization in China* [Cambridge. 1956], II, 361)。

[232] Staunton (ed.), *op. cit.* (n. 57), I, 32.

[233] 这是一处能说明门多萨有时对他的资料加以修订的好例子。尽管非常相近地改写了克路士对中国人的描述，但他省略了"难看不漂亮"或类似于此的话。见 *Ibid.,* I, 29。当然，也可能门多萨本人实际上见过几个中国人，所以不同意克路士的看法。

[234] 这段引文摘录自 chapter xiii of Cruz's account in Boxer, *op. cit.* (n. 14), pp. 137-42。

[235] *Ibid.,* especially pp. 287-90, 下面的引文出自拉达。

[236] 克路士说 (*ibid.,* p. 131) 猪肉是"他们最喜欢的肉"，他们甚至"给病人吃肉"。

[237] Staunton (ed.), *op. cit.* (n. 57), I, 137.

[238] Boxer, *op. cit.* (n. 14), p. 144. 利玛窦 (in Gallagher ltrans.], *op. cit.* [n. 124], p. 23) 认为他们"过于热衷于戏剧表现与表演"。

[239] Boxer, *op. cit.* (n. 14), p. 289.

[240] 可能源自于 Miguel de Loarca's *Verdadera Reladón* (Pt. I, chap. ix) 中的剧情简介或出自拉达的文章。博克舍 (*op. cit.* [n. 14], p. 289, n. 2) 通过对洛阿卡著述的研究，认为该剧是根据《三国志》(*San-kuo-chih*) 或 "三个王国的故事" 而来。参考下文，p. 780n。

[241] Boxer, *op. cit.* (n. 14), pp. 121-22.

[242] *Ibid.*, p. 289.

[243] Mendoza in Staunton (ed.), *op. cit.* (n. 57), I, 140, 列出一个清单，但没有进一步描述。克路士对音乐有所了解，叙述更为详细。

[244] Boxer, *op. cit.* (n. 14), p. 145.

[245] Staunton (ed.), *op. cit.* (n. 57), I, 140. 利玛窦 (as translated in Gallagher, *op. cit.* [n. 124], p. 22) 说他们的音乐 "似乎在于产生一种单调的韵律节奏"，对于局外人听起来像 "不和谐的刺耳声"。

[246] Boxer, *op. cit.* (n. 14), p. 149.

[247] Staunton (ed.), *op. cit.* (n. 57), I, 31. 参见 Frampton (trans.), *op. cit.* (n. 48), chap. ix. 实际上，对如何或为什么产生缠足的习惯没有已证实的解释。它似乎首次出现在 10 世纪中期前后。这一做法从未在中国社会的某些小地方中被采纳，也未被女真人、蒙古人和满清人这样的征服中国者所采纳。不过，直到晚近它可谓十分普及。见 Goodrich, *op. cit.* (n. 179), p. 144。

[248] Boxer, *op. cit.* (n. 14), pp. 149-50.

[249] 出自克路士的这些引文可以在其第十五章中找到 (Boxer, *op. cit.* [n. 14], pp. 149-52)。

[250] Staunton (ed.), *op. cit.* (n. 57), I, 144.

[251] *Ibid.*, II, 293. 对于 "邪恶" 的习惯，门多萨提到鸡奸，一种 "在普通人中非常普遍，在优秀者中也并不奇怪的恶习"。(Pereira in Boxer, *op. cit.* [n. 14], pp. 16-17.)

[252] 例如，A. H. Rowbotham, *Missionary and Mandarin* (Berkeley, 1942), p. 244，称门多萨的记载是 "令人难以置信的"。

[253] 门多萨第十章的题目 (in Staunton [ed.], *op. cit.* [n. 57], I, 66) 是根据埃斯卡兰特的记述。见 Frampton (trans.), *op. cit.* (n. 48), chap. ix。

[254] Boxer, *op. cit.* (n. 14), p. 30.

[255] *Ibid.*, p. 118.

[256] *Ibid.*, p.122.

[257] *Ibid.*, p. 185.

[258] *Ibid.*, p. 294.

[259] Staunton (ed.), *op. cit.* (n. 57), I, 66.

[260] *Ibid.*

[261] 对 19 世纪中国医院、公共慈善和善会的记述见 Milne, *op. cit.* (n. 171), pp. 46-63。另见博克舍，*op. cit.* (n. 14), p. 123, n. 1, 他显然认为至少克路士的故事 "在表面意义上可取"。假如这样，

那么，公共福利制度到了 19 世纪中期严重衰落，当时贫穷和乞讨的确有损中国景象。

[262] 汉字被介绍到欧洲的学术探讨见 O. Nachod. "Die ersten Kenntnisse chinesischer Schriftzcichen im Abendlande," Hirth Anniversary Volume published by *Asia Major* (London, 1923), pp. 235-73. See above, pp. 679-80。

[263] Boxer, *op. cit.* (n. 14), p. 161.

[264] *Ibid.,* p. 295.

[265] O. Nachod, *loc. cit.* (n. 262), pp. 256-62, 纳霍德对这三个汉字加以论述，并指出，它们与那些在一幅中国地图背面复制的字一致，这幅地图出现在 A. Ortelius, *Theatrum orbis terrarum...* (Antwerp) 的 1584 年版 p. 93 中。制图师 Ludovico Georgio 已被辨认为路易·豪尔赫·德·巴尔布达。见下文，p. 818。不幸的是，纳霍德没有机会看到埃斯卡兰特的著作（Frampton [trans.], *op. cit.* [n. 48], p. 257），如此也就不能确定他是巴尔布达和门多萨所用的资料。也应该指出，这些汉字与首次出版在 1570 年《信笺》上的汉字不一样，这几个字是由在日本的耶稣会士加戈制作并在他 1555 年 9 月 23 日寄到欧洲的。见插图。

[266] Staunton (ed.), *op. cit.* (n. 57), I, 121-22. 这个修道院显然是埃斯科里亚尔修道院（参照下文，p. 779n）。当蒙田在 1581 年 3 月 6 日访问梵蒂冈图书馆时，该馆向他展示了一本写有"古怪"字符的中国书籍。见 E. J. Trechmann (ed.), *The Diary of Montaigne's Journey to Italy in 1580 and 1581* (London, 1929), pp. 142-43。在 1574 年至 1578 年间有一个去梵蒂冈图书馆的无名法国访问者记录了在那里看到一本书，叫 *Alphabetum idiomatis de Cina.* See Eugene Muntz, *La bibliothèque du Vatican au XVIᵉ sièle* (Paris, 1886), p. 135, n. 1。另见马菲对这两个收藏地点中文书籍的评论（下文 below, p. 803）。

[267] A. C. Burnell and P. A. Tiele, *The Voyage of John Huyghen van Linschoten to the East Indies* (London, 1885), I, 142.

[268] Boxer, *op. cit.* (n. 14), p. 295. 关于大约公元 105 年真正纸张的发明见 T. H. Tsien, *Written on Bamboo and Silk* (Chicago, 1962), pp. 135-37。

[269] Staunton (ed.), *op. cit.* (n. 57), I, 123.

[270] 根据他对通过巴罗斯送到罗马的一些印刷中文书籍的考察，他在他的首次出版于 1550 年的 *Historia sui temporis* (edition of 1558, p. 161) 中提出这个推测。他也与巴罗斯保持着通信联系，甚至被指控剽窃了葡萄牙史家送给他的资料（见 Boxer, *loc. cit.* [n. 26], pp. 21-22）。

[271] Boxer, *op. cit.* (n. 14), p. 148.

[272] Staunton (ed.), *op. cit.* (n. 57), I, 132. 这是可能的但也是可疑的，门多萨在这里是否所指的是他有或看到了印刷于大约公元 950 年左右或通常被认为谷腾堡发明活字日期前五百年的中文书。然而，在伦敦和巴黎保存有中文印刷样本，其日期在 10 世纪中期。见 T. C. Carter and L. F. Goodrich, *The Invention of Printing in China and Its Spread Westward* (New York, 1955), p. x。

[273] Boxer, *op. cit.* (n. 14), p. 255.

[274] *Ibid.,* p. 261.

[279] *Ibid.*, p. 161. 参考所谓的儒学（Confucian schools [*Ju-hsüeh*]）。所有其他地方单位应该有皇家医学（*I-hsüeh*）和阴阳学（*Yin-Yang hsüeh*）。关于皇家学校，克路士的看法与埃斯卡兰特有争议（Frampton [trans.], *op. cit.* (n. 48), chap. xi）。门多萨在这个问题上同意埃斯卡兰特和巴罗斯。只有儒学受到政府资助，而且在每个府、从属府和郡所在地都有一所。见 Hucker, *loc. cit.* (n. 36), p. 47。

[280] Boxer, *op. cit.* (n. 57), p. 296.

[281] 夸大之词，但在 19 世纪，当时在欧洲读写能力快速提高，麦都思（W. H. Medhurst）写道："在中国，了解学问的个人数目是极其大的。"（*China, Its State and Prospects* [Boston, 1838] p. 171.)

[282] Staunton (ed.), *op. cit.* (n. 57), I, 122-23. 关于明代中国存在的教育体制，在欧洲作家中常常存在着争论，但没有什么具体信息。利玛窦在他写于 17 世纪初的《日志》（*Journals*）中评论道："与我们一些作家陈述的相反，在由专家学者们所教授和解读的这些书（儒学正典）中没有书院或公共学术活动。每个学生挑选自己的老师，通过老师，他在自己的家里并以他个人开支接受教育开导。"（As translated by Gallagher, *op. cit.* [n. 124], p. 33.）曾德昭（耶稣会士 Alvarez Semedo）大约 1640 年在明代最后时进行著述，他评论道："他们没有一起学习的大学；但所有的都是请一个老师来家里教他们的儿子们……这些学校在城镇，但最庄严堂皇的是在省里的大城市，学位（Licentiats）考试在那里举行。"（*The History of the Great and Renowned Monarchy of China* [London, 1655], pp. 36-38.）就我们所知而言，在明代中国存在运转着的公共学校体制。在其最盛时期，"在省里，各府有府学（*Fu-hsüeh*）；在各行政区有州学（*Chou-hsüeh*）；在各县有县学（*Hsien-hsüeh*）；在每个村庄设有村学（社学 [*Shu-hsüeh*]）"。（P. W. Kuo, *The Chinese System of Public Education* (New York, 1915), pp. 54-55.）政府资助一些杰出的学生，似乎也有特别的官员，他们为学院选择学生，对他们加以分类，并监察学院。（*ibid.*, pp. 55-56）据说在明代，中国政府学校雇佣了 4 200 多名教师。（Hucker, *op. cit.* [n. 41], p. 74）关于国家学校与考试制度之间的关系见 Ho Ping-ti, *The Ladder of Success in Imperial China: Aspects of Social Mobility, 1368-1911* (New York, 1962), pp. 168-79.

[283] Boxer, *op. cit.* (n. 14), p. 112.

[284] *Ibid.*, pp. 160-61. 关于通过世袭和购买获得官员见 Hucker, *loc. cit.* (n. 36), pp. 14-15; and Ho, *op. cit.* (n. 282), p. 183。

[285] Boxer, *op. cit.* (n. 14), pp. 296-97.

[286] Staunton (ed.), *op. cit.* (n. 57), I, 125。斜体。

[287] 见马菲的观察（下文，p. 804）。

[288] Boxer, *op. cit.* (n. 14), p. 161. 埃斯卡兰特不同意克路士的论据见上文，p. 743。

[289] *Ibid.*, p.295.

[290] *Ibid.*, pp. 295-96. 虽然拉达显然是一个几何学家，但他对中国在数学上成就的低估是完全没有依据的。

[291] Boxer, *op. cit.* (n. 14), p. 261.

[292] *Ibid.,* p. 296.

[293] *Ibid.*

[294] 见上文，pp. 778-79。

[295] 古德里奇 (Goodrich, *op. cit.* [n. 179], pp. 5-6) 写道："……即使夏从未存在过，但在黄河流域附近存在着居住中心，它们已知铸造青铜的工艺，懂得桑蚕的价值，在农田和战争中使用轮子，并开始使用书写符号。"另参照 H. G. Creel, *Studies in Early Chinese Culture* (Baltimore, 1937), pp. 97-131. 现代学术界确定夏时期为大约公元前 1989 年至公元前 1558 年。

[296] 关于"朝代"历史记录内容的综合叙述见 Charles S. Gardner, *Chinese Traditional Historiography* (Cambridge, Mass., 1938), pp. 87-88. 加德纳写道："第一位的是帝国的朝廷和主要事件的简明编年史，按年代和精确的日期编排。"

[297] Boxer, *op. cit.* (n. 14), p. 279.

[298] Staunton (ed.), *op. cit.* (n. 57), I, 69-76.

[299] Boxer, *op. cit.* (n. 14), p. 282.

[300] Staunton (ed.), *op. cit.* (n. 57), I, 18.

[301] 例如，见 Virgile Pinot, *La Chine et la formation de l'esprit philosopltique en France (1640-1740)* (Paris, 1932), Book II, chap. i。

[302] Boxer, *op. cit.* (n. 14), p. 15.

[303] *Ibid.,* pp. 15-16. 可能说的是鬼，它是死人的游魂。

[304] *Ibid.,* p. 16.

[305] *Ibid.,* p, 36.

[306] *Ibid.,* p.212.

[307] *Ibid.,* p.213.

[308] *Ibid.,* p.2I5.

[309] *Ibid.*

[310] *Ibid.,* p. 216. 参照耶稣会士记录，下文，p. 815。

[311] *Ibid.,* p. 217.

[312] *Ibid.,* p. 218. 克路士观察到的大部分行为与道教有关。这是可以理解的，因为它的仪式几乎都是在公开场合进行的。另外也应该想到，道教由于在 16 世纪支持明统治者们，所以当伊比利亚的观察者们在嘉靖年间（1522—1566 年）到达中国时它正经历着某种复兴。见 Goodrich, *op. cit.* (n. 179), p. 201。

[313] Boxer, *op. cit.* (n. 14), p. 304.

[314] *Ibid.*

[315] *Ibid.,* p. 308.

[316] *Ibid.,* p. 309.

[317] *Ibid.,* p. 310. 佛教和道教在北京的中央政府有办事处,以管制他们各自的层级。(see Hucker, *loc. cit.* [n. 41], p. 66) 拉达说:"他们朝廷里有一位相当于总管的官,叫作尚书(Cecua)。" Boxer, *op. cit.* (n.14), p. 309, n. 5, 确认"Cecua"是厦门方言"礼部尚书"(北京的礼仪委员会主席)。普里查德(Earl H. Pritchard)在他给博克舍著作写的评论(*Far Eastern Quarterly*, XV [I956], 413)中提出"尚书(Cecua)可能出自 *Shan-shih*, 是两个佛教长老的头衔"。

[318] Staunton (ed.), *op. cit.* (n. 57), I, 53.

[319] *Ibid.,* p. 54.

[320] *Ibid.,* p. 55.

[321] *Ibid.,* p. 53.

[322] *Ibid.*

[323] 有关他的身份的讨论及其在欧洲有关他报告的历史的相关书目资料见 Boxer, *op. cit.* (n. 14), pp. lvi-lvii, 347。

[324] 被翻译在上引书的导言中, *ibid.,* p. xliv。

[325] 参考埃斯卡兰特赞美道:"中国人在所有与战争相关的战斗技能中都是极为迅敏和勇敢的。"(Frampton [trans.], *op. cit.* [n. 48], chap. xiv.) 见利玛窦的评论,下文, p. 802。

[326] Boxer, *op. cit.* (n. 14), pp. 271-72.

[327] Staunton (ed.), *op. cit.* (n. 57), I, 89-90. 中国复杂军事组织概览见 Hucker, *loc. cit.* (n. 36), pp. 56-63。

[328] 拉达(Rada in Boxer, *op. cit.* [n. 14], p. 272)列出 4 178 000 步兵和 780 000 骑兵;门多萨(Mendoza in Staunton [ed.], *op. cit.* [n. 57], I, 91)列出 5 846 500 步兵和 948 350 骑兵。在明末,军队建制所有各类军队人数大约是 4 000 000 人。见 Hucker, *loc, cit.* (n. 36), p. 57。

[329] Boxer, *op. cit.* (n. 14), p. 273. 佩雷拉较早报告说"他们根本没有火炮"(*ibid.,* p. 9)。就其经历而言这也许是真的,因为火炮在他在中国时显然并没有得到普遍使用。门多萨第十五章专门是关于"中国人使用炮远早于我们这些欧洲国家"(Staunton [ed.], *op. cit.* [n. 57], I,128-30)。 在使用了"他们的史书"后,门多萨报告说(p. 129):"据说它最初是由一个阿鲁茫尼(Almane)人(德国人)制造,在 1330 年使用的……。"关于火炮历史的争议问题见保罗·伯希和的注, in *T'oung pao*, XXXVIII (1948), pp. 199-207, and of L. C. Goodrich, in *Isis*, XXXVI (1946), Pt. 2, 114-23, and XXXIX (1949), 63-64. 门多萨引用了拉达关于中国火炮低劣的论述后,也引用了"阿特列达船长"致国王菲利普二世的信,"向他报告有关这个国家的秘密,其中说,中国人跟我们一样使用各种武器,他们的炮特别好"。(p. 130) 这一引文出自埃斯卡兰特对迭戈·德·阿尔蒂埃达致菲利普二世报告的总结。见上文, p. 743 n。但另参照 W. L. Schurz, *The Manila Galleon* (New York, 1939), p. 68 中西班牙征服计划的记录。

[330] 参考克路士对使用平帆船的海军战事的描述。他声称:"因为他们不使用大炮,他们的打法只是聚集一起,接近敌船后登上它。"(Boxer, *op. cit.* [n. 14], p. 113.)

[331] Mendoza in Staunton (ed.), *op. cit.* (n. 57), I, 88.

[332] *Ibid.,* pp. 91-92.

[333] 直到 1644 年明代覆亡前，与日本人贸易的禁令仍正式以书面形式存在。然而，实际上，大约 1614 年起，中国人开始了与日本进行直接贸易。见 Boxer, *op. cit.* (n. 25), p. 4.

[334] MacSherry, *op. cit.* (n. 8), p. 138.

[335] Boxer, *op. cit.* (n. 14), p. 67.

[336] *Ibid.*

[337] *Ibid.,* p. 186.

[338] *Ibid.,* p. 187.

[339] *Ibid.,* p. 69. 尽管里斯本试图将威尼斯人置身于葡萄牙亚洲帝国之外，但一个威尼斯人正与葡萄牙人一起工作。

[340] *Ibid.,* p. 303.

[341] *Ibid.* 参考 Fairbank and Têng, *loc. cit.* (n. 12), pp. 151-55 所列的 1587 年朝贡国官方名单。

[342] 这又一次非常可能，因为福州是指定给琉球朝贡路线的入境站。见 MacSherry, *op. cit.* (n. 8), chap. v。

[343] *Ibid.,* p. 224.

[344] Boxer, *op. cit.* (n. 14), p. 255.

[345] *Ibid.,* pp. 243-59.

[346] Staunton (ed.), *op. cit.* (n. 57), I, 92-93.

[347] *Ibid.,* pp. 93-94.

[348] *Ibid.,* p. 94.

[349] 见上文，p. 786。

[350] Staunton (ed.), *op. cit.* (n. 57), I, 95.

[351] *Ibid.,* 另见 Boxer, *loc. cit.* (n. 1), p. 459, n. 1。到目前为止，我不能在同时代欧洲记录档案中查到任何支持门多萨主张的证据。

[352] 维拉斯科 1585 年 8 月 7 日写于那不勒斯的信和 1589 年 11 月 12 日门多萨的回复被刊印在 D. Cristóbal Perez Pastor, *La imprenta en Medina del Campo* (Madrid, 1895), pp. 271-81。

[353] Staunton (ed.), *op. cit.* (n. 57), pp. 36-37.

[354] *Ibid.,* p. 6.

[355] 见 Boxer, *op. cit.* (n. 14), pp. lxxxii-lxxxiii. 中的评论。

[356] Magalhães, *op. cit.* (n. 34), preface.

[357] 作为对门多萨声明（above, p. 786）的增援，见 Escalante (Frampton [trans.], *op. cit.* [n. 48], chap. xvi)，他在对阿蒂卡特船长报告所做的评论中说："我不知道我们需要多少力量才能足以对付骑兵人数如此众多，敌对人民武装得如此之好，军用品和我们一样极为寻常的国家。同时鉴于前往那里必然是一次非常巨大的航行，而且鉴于这个大帝国处于我们天主教崇高

威望征服的划界内，陛下命令这个使者带去圣座良好的愿望是非常重要的，凭此该国国君可能会减少对神圣天主教政府的敌意，从而可以极大极有效地增进基督教。"对耶稣会士阿隆佐·桑切斯（Alonzo Sanchez）入侵计划的探讨，见 pp. 299-301。

[358] 就我能够确定的，门多萨对中国的耶稣会士只提及过一次（in Staunton [ed.], *op. cit.* [n. 57], I, 171），而且比较少地提及澳门和葡萄牙人在那里的活动。

[359] 引自 Rowbotham, *op. cit.* (n. 252), p. 46。

[360] 见由沙勿略签有弗朗西斯科名字的信件——弗朗西斯科·德·杰舒（Francisco de Jassu）是沙勿略受洗时所取的名字—— 载于 *Cartas que os Padres e Irmãos da Companhia de Iesus ecreuerão dos Reynos de Iapão e China ...* (Evora, 1598), especially pp. 22-23。

[361] H. J. Coleridge, *The Life and Letters of St. Francis Xavier* (2d ed.; London, 1890), II, 348. 佩雷拉和克路士都注意到（见 Boxer, *op. cit.* [n. 14], pp. 36-37, 218-19）中国的穆斯林，但这是欧洲文献中最早提及到犹太教徒在那里的可能性。

[362] 这些引文出自沙勿略 1552 年 1 月 29 日的信，是从科钦写给葡萄牙的西蒙·罗德里格斯的，译文在 Coleridge, *op. cit.* (n. 361), II, 373-74。

[363] 出自他写给罗马的依纳爵·德·罗耀拉的信，1552 年 4 月 9 日写自果阿（*ibid.*, p. 484）。

[364] 对他旅程的概括见 Christovam Ayres de Magalhães Sépulveda, *Fernão Mendes Pinto: subsídios para a sua biographia e para o estudo da Sua obra* (Lisbon, 1904), p. 49。巴雷托神父从马六甲写的信件见 J. Wicki (ed.), *Documenta Indica* (Rome, 1950-62), III, 119-28, 128-40。

[365] 梅尔希奥·努内斯·巴雷托致欧洲神父们的信（马六甲，1554 年 12 月 3 日），在 Wicki (ed.), *op. cit.* (n. 364), III, 132。平托最著名的信（1554 年 12 月 5 日）是根据巴雷托的命令而写，16 世纪在欧洲多次出版，见 *ibid.*, pp. 140-55。平托移交给耶稣会的财富可能有助于他远征远东的费用支出。可能是在 1558 年，他最后离开了耶稣会。见 Sépulveda, *op. cit.* (n. 364), pp. 9-10。这个作者也指出在平托脱离耶稣会后，他的名字被从他的信中去除，这封信继续刊登在耶稣会的书信备查簿上。

[366] 伏若望至果阿神父们的信（马六甲，1555 年 12 月 1 日），收录在 Wicki (ed.), *op. cit.* (n. 364), III, 314。

[367] 不很清楚他是在澳门还是在宁波（Lampacão）。见 Boxer, *op. cit.* (n. 25), p. 22, n. 4。然而，可以肯定的是，葡萄牙人被中国商人接纳了，也许甚至被给予了庇护所，这些中国商人有兴趣保留与日本的贸易联系，并将欧洲人视为无恶意的中间商。葡萄牙商人一般在中国沿海停留十个月（8 月到 5 月或 6 月），等着前往日本的季风。见伏若望写给葡萄牙神父们的信（马六甲，1556 年 11 月 19 日）。Wicki (ed.), *op. cit.* (n. 364), III, 529.

[368] 巴雷托的信第一次出版在 1558 年的《葡属印度的轶闻录》（*Avisi particolari*）上；然后用葡萄牙语刊登在 1565 年的《信笺》上和 1575 年科英布拉出版的西班牙译本上。1958 年，在这封信的原件出版整四百年后，卡洛斯·桑斯（Carlos Sanz）在马德里以单独的分册再版了这封信。对桑斯未刊行再版的探讨见我的评论，载于 *Hispanic American Historical Review,*

November, 1961。里斯本阿儒达图书馆中的原稿可能是各种存在版本的原型。见 P. Pelliot, "Un ouvrage sur les premiers temps de Macao," *T'oung pao,* XXXI (1935), 74-75。

[369]1554 年在马六甲时，巴雷托记下了一个葡萄牙人讲的故事，他以前在中国曾是个俘虏。它被寄到欧洲，并以稍加删节的西班牙译文出版在 *Copia de unas cartas* (1555)。这个无名的 "Enformaçao da China … " 的随后出版物见 Boxer, *op. cit.* (n. 14), pp. lvi-lvii。

[370]1558 年和 1561 年他从科钦发出的信件被出版在 *Epistolae Indicae et japonicae* (Louvain, 1570)。他后来的信件见努内斯·巴雷托致莱内斯会长（Nunes Barreto to General Lainez，科钦，1562 年 1 月 15 日）载于 Wicki (ed.), *op. cit.* (n. 364). V, 483; also see Nunes Barreto to Lainez (Cochin, Jan. 24, 1563) in *ibid.,* p. 756。

[371]伏若望致葡萄牙教友的信（果阿，1561 年 12 月 1 日）载于 Wicki, (ed.), *op. cit.* (n. 364), V, 260-61。

[372]伏若望的 1561 年印度省耶稣会士目录没有提及任何人居住在中国。见 *ibid.,* pp. 265-70。

[373]这次接见见 Henri Bernard, *Aus portes de la Chine* (Tientsin, 1933), pp. 77-79; 关于戈伊斯见 Wicki (ed.), *op. cit.* (n. 364), VII, 217, n. 7。

[374]神父佩雷斯、伊曼纽尔·特谢拉（Emmanuel Teixeira）和安德里亚斯·费尔南德斯（Andreas Fernandes），还有教士安德烈·平托（André Pinto）1565 年定居在澳门。见 Wicki (ed.), *op. cit.* (n. 364), VI. 630. 复制的印度省目录。

[375]其生涯见 *ibid.,* p. 17。波朗科以他的名义写给葡萄牙修会管事的信（1564 年 7 月 22 日）见 *ibid.,* pp. 221-22。

[376]*Ibid.,* VI, 463-76. 关于他们针对已在果阿工作的耶稣会士进行的阴谋诡计的效果见 Bernard, *op. cit.* (n. 373), pp. 82-83。

[377]George H. Dunne, S. J. *Generation of Giants* (Notre Dame, Ind., 1962), p. 16 中的话。

[378]1567 年 1 月 20 日的信，载于 Wicki (ed.), *op . cit.* (n. 364), VII, 208-9; 1568 年 1 月 25 日的另一封信在 *ibid.,* pp. 491-92。

[379]1569 年 1 月 25 日的信，发自果阿，重制于 *ibid.,* pp. 612-14。

[380]见上文 , pp. 297-99。

[381]参考 Bernard, *op. cit.* (n. 33), p. 141。

[382]见 Dunne, *op. cit.* (n. 377), pp. 17-18。

[383]进一步探讨见上文 pp. 302-3。

[384]见 J. F. Schutte, S. J., *Valignanos Missionsgrundsätze für Japan* (Rome, 1951), pp. 107-9。

[385]其生涯见上文，pp. 299-301。

[386]范礼安著作第一次完整版是由耶稣会士约瑟夫·维基（Josef Wicki, S.J.）编辑的。它以这个书名: *Historia del principio y progresso de la Compañia de Jésus en las Indias Orientales* (1542-64)（ "Bibliotheca Instituti Historici S.I.," VoL II [Rome, 1944]）出版。

[387]从 1584 年至 1599 年这一时期，至少 25 封利玛窦关于中国的信件现在仍存在。参考 R.

Streit, *Biblioteca missionum* (Aachen, 1928), p. 525 and passim。

[388] 例如，大约 1587 年它出现在用法文、意大利文和德文出版书信的汇编上。(cf. *ibid.,* pp. 451-54)

[389] 参考上文 p. 769n，对人口数字的探讨。

[390] 由 R. H. Major 所做的翻译在 Staunton (ed.), *op. cit.* (n. 57), pp. lxxvii- lxxxix 的绪言中。

[391] Wicki (ed.), *op. cit.* (n. 286), p. 92, n.86 注意到范礼安关于中国的章节和利玛窦的信有确切的关系，部分引自上文致澳门罗曼的信。

[392] *Ibid.,* pp. 86-89.

[393] *Ibid.,* pp. 96-99, 104.

[394] 除了马菲的书外，它还用于编纂 Horatio Tursellinus, *Vita Francisci Xaverii* (Rome, 1594), and of João de Lucena, *Historia da vida do Padre Francisco de Xavier* (Lisbon, 1600)，其中有五章是关于中国的。另见 G. Schurhammer, S. J., "Xaveriusforschung im 16. Jahrhundert," *Zeitschrift für Missionswissenschaft,* XII (1922), 138-40, and above, pp. 327-28。

[395] 我的推荐是拉丁文 G. P. Maffei, *Historiarum Indicarum* (Venice, 1589) 这一版的第六册从对开页 91v 到 103r. 所提及的他更关心葡萄牙事业而不是对亚洲国家的描述是在第 102r 页。

[396] *Ibid.,* p.92r.

[397] *Ibid.,* p.95r.

[398] *Ibid.*

[399] 范礼安是马菲的资料之一，他评论了中国人的学问："与我们的相比，他们的科学是不完善的，因为它们所处的状态，就像它们尚处于在亚里士多德组织它们之前和基督教启蒙运动出现之前我们古代哲学家时的状态。不过，他们熟悉自然和道德哲学、天文学、数学、医学和其他学科——特别是书法和国语是需要长时间的学习才能掌握的，这些之于他们就像拉丁文之于我们。他们特别关注民法和政府方法的研究。最后，他们有比我们能在欧洲发现的更多的书，这些书涉及这些学问和其他分支学问。他们有其他的书，历史、诗歌和许许多多不同主题的书，书多到这种程度，以至于存在于中国城市中的众多图书馆令人惊异，值得一看。"译文在 Dunne, *op. cit.* (n. 377), p. 89. Cf. Wicki (ed.), *op. cit.* (n. 386), pp. 239-40, 见原始版本。

[400] Maffei, *op. cit.* (n. 395), pp. 96r-97r.

[401] 据我所知，马菲是第一个弄明白了考试是笔试的欧洲作家。中国和欧洲书面考试开始的概览见 Teng Ssu-yü, "Chinese Influence on the Western Examination System," *Harvard Journal of Asiatic Studies,* VII (1943), 267-312。

[402] 实际上在明代形成的规则似乎是考生被分配给一个秘密的编号，名字被严格禁止出现在考试名册上。见 Ho, *op. cit.* (n. 282), pp. 190-91。

[403] 这些数字是有趣的，尽管它们在这里没有被详加解释或正确地表达。对于谋求最低学位的考生每三年举行两次考试。每三年为两个更高学位举办考试。按照 Ho Ping-ti 的说法，在

16 世纪每次考试授予"博士"（进士 [*chin-shih*]）学位的数量从 320 到 330 人不等。在整个明代，每年平均大约 90 人，虽然应该考虑到进士实际上并不是每年授予的。16 世纪当耶稣会士们从中国写信时，平均数大约 108 人。更多资料见 Hucker, *loc. cit.* (n. 36), p. 14, and Ho, *op. cit.* (n. 282), p. 189, table 22。

[404] Maffei, *op. cit.* (n. 395), p. 99v.

[405] *Ibid.*, pp. 99ᵛ-102r.

[406] *Ibid.*, pp. 102r-103r.

[407] *Ibid.*, p. 102v.

[408] 见他的语言学著作目录，载于 Streit, *op. cit.* (n. 387), IV, 472。译成西班牙文著作的书名是 *Beng Sim Po Cam,* 高母羡的中文发音音译是那时在菲律宾（参考 Pelliot, *loc. cit.* [n. 276], p. 46）使用的官话，*Ming-hsin pao-chien*。高母羡的西班牙译本，*Espejo rico del claro corazon,* 对中文的翻译大致正确。译成英文书名是《明心宝鉴》（*The Precious Mirror Which Enlightens the Mind*）。中文原著是由范立本（Fan Li-pen）编辑，它包括从 110 个不同作者作品中摘录的 673 个中国格言，按照主题分成二十章。高母羡译文的手写副本现在保存在马德里的国家图书馆（*Biblioteca nacional*）。

[409] 神父路易斯·G. 阿朗索·贺弟诺（Luis G. Alonso Getino）是多明我会修士，他在《多明我会古典图书馆》（*Biblioteca clássica dominicana*，马德里）中出版了这个译本，但既没有中文原著，又没有令人满意的注释。1959 年出版的一部著作中由卡洛斯·桑斯加入中文本再次发行，这部著作被准备作为 1958 年末在西班牙举办的《东西曝光》（*Exposición Oriente-Occidente*）的一部分，在其中高母羡被尊称为第一个将中文书译成西班牙文的学者。在欧洲翻译的高母羡书的书目史见我写的关于桑斯著作的书评，发表在《西班牙美洲历史评论》1961 年 11 月第 584 页（*Hispanic American Historical Review*, November, 1961, p. 584.）。

[410] 然而，值得一提的是，里斯本的巴罗斯和马尼拉的拉达似乎有译自中文的部分书籍，也许整本书籍。但不幸的是，这些译本的原件似乎不复存在。

[411] 最权威的传记是 Leon Lopéteguí, S. J., *El P. José de Acosta y su influencia en la literatura científica española* (Madrid, 1942)。他的关于印度群岛的著名著作被鉴定为最好的版本是 1940 年由 Fondo de Cultura Económica 在墨西哥城出版的。克莱门茨·马卡姆（Clements Markham）编辑和哈克路特学会再版了爱德华·格里姆斯顿（Edward Grimston）翻译的英译本 *The Natural and Moral History of the Indies*（"Publications of the Hakluyt Society," Vols. LX and LXI [2 vols.; London, 1880]）。我们的参考文献是由马卡姆编辑的英文版，但我们也利用了由墨西哥编辑们提供的批评性注释。

[412] Markham (ed.), *op. cit,* (n. 411), I, 279.

[413] *Ibid.*, II, 334-35, 363, 369.

[414] *Ibid.*, p. 396.

[415] *Ibid.*, p. 408.

[416] *Ibid.*, p. 399.

[417] *Ibid.*, p. 401.

[418] *Ibid.*, p. 400.

[419] *Ibid.*

[420] *Ibid.*, p. 402.

[421] *Ibid.*, pp. 410-11.

[422] 见上文 , p. 301。

[423] Markham (ed.), *op. cit.* (n. 411), I, 172.

[424] 这些备忘录的文本载于 Francisco Matcos, S. J., *José de Acosta. Obras* （"Biblioteca de autores españoles," Vol. LXXIII [Madrid, 1954]), pp. 331-45。对其内容的概括见 H. de 1a Costa, *The Jesuits in the Philippines, 1581-1768* (Cambridge, Mass., 1961), pp. 85-87. Henri Bernard, S. J., "La théorie du protectorat civil des mission en pays infidèles; ses antecedents historiques et sa justification théologique par Suarez," *Nouvelle revue théologique,* LXIV (1937), 261-83 中考察了桑切斯插曲的衍生物及其对传教史的意义。

[425] De la Costa, *op. cit.* (n. 424), p. 88.

[426] *Ibid.*, p. 84. 这个年轻的耶稣会士在 1601 年回到菲律宾，其后不久去世。

[427] 参考 Wicki (ed.), (n. 386), p. 103。

[428] L. Guzman, *Historia de las missiones que han hecho los religiosos de, la Compañia de Iesus ...* (Alcalá de Henares, 1601), I, 311.

[429] 例如，将他关于"皇帝"岁入的数据（*ibid.*, pp. 316-17）与门多萨在 Staunton (ed.), *op. cit.* (n. 57), I, 83-84 中所给的数据进行比较。当然，他们使用了一个共同的资料也是有可能的，但不是很可能。若如此，可以肯定地说它不是范礼安的著述。

[430] E. G. R. Taylor, *The Original Writings and Correspondence of the Two Richard Hakluyts* (London, 1935), II. 461.

[431] *Ibid.*, p. 467.

[432] *De missione legatorum Japonesuim* (Macao, 1590) 的书目详情见 J. Laures, S. J., *Kirishitan Bunko* (Tokyo, 1940), pp. 11-13。

[433] 这个引文和随后的引文出自 R. Hakluyt, *The Principal Navigations, Voyages, Traffiques, and Discoveries of the English Nation* (Glasgow, 1904), VI, 348-77。

[434] 参考上文, p. 739。

[435] 长城从甘肃省开始延伸到渤海湾，长度达 1 684 英里。详情见 Couling, *op. cit.* (n. 180), p. 218。

[436] 参考上文, p. 740。整个 16 世纪，在欧洲人中存在着对首府和各种等级政府和混淆。《明史》如此记录了王朝后期：159 个府，240 个州和 1 144 个县。Hucker, *loc. cit.* (n. 36), p. 7.

[437] 参考 Couling, *op. cit.* (n. 180), pp. 161-63 中有关"刺绣"的文章。

[438] 1368 年明朝驱逐了元（蒙古人）朝。

[439] 参考 Hucker, *loc. cit.* (n. 36), pp. 13-14。每三年两次在府城举办第一等级的主要考试；第二等级的主要考试每三年在省城举办；进士学位的最后考试每三年在北京举办。见 Wang, *loc. cit.* (n. 107), p. 247。

[440] 在满清时期，前三名成功的"博士"在引见给皇帝后从中央大门离开皇宫。见 Couling, *op. cit.* (n. 180), p. 155。

[441] 细节见 Hucker, *op. cit.* (n. 41), pp. 68-70。

[442] 参考门多萨的"皇家委员会"。见上文，pp. 756-57，特别要注意注释中的评论。

[443] 万岁爷（*Wan-sui-yeh* or Lord of Ten Thousand Years）是称呼皇帝的普通方式。

[444] *Loc. cit.* (n. 36), p. 8.

[445] 在 16 世纪佛教和道教都经历了一次复兴。见 Goodrich, *op. cit.* (n. 179), pp. 200-201。

[446] 参照儒学传统的"五德"或五常。它们通常被称为仁、义、礼、信和智。见 Fung Yu-lan, *A History of Chinese Philosophy*, trans. Derk Bodde (Princeton, 1953), II, 104。

[447] 对传统上必须遵守的各种不同等级礼貌的探讨见 S. W. Williams, *op. cit.* (n. 137), I, 801。

[448] 在中文文中，创建者 Shakyamuni 被称为释迦佛或释迦牟尼。

[449] "僧"所指为和尚的通俗称呼，是根据和尚们有时在他们的名片上使用"释"（sêng），而不是他们姓这个事实。见 K. L. Reichelt, *Truth and Tradition in Chinese Buddhism* (Shanghai, 1927), pp. 228-29。

[450] 道士（*Tao-tzu* 或 Taoists）。

[451] 在这里，"鞑靼"指的是蒙古人。可能在 8 世纪时第一批穆斯林人在中国西部定居。在忽必烈时代，穆斯林通过陆上和海上商路进入中国，有时被中国的蒙古统治者们雇佣当长官和行政官员。见 Goodrich, *op. cit.* (n. 179), pp. 175-76。

[452] Couling, *op. cit.* (n. 180), p. 379，评论道："中国的他们（穆斯林）在外部感觉上坚守着他们的宗教，但其教义对他们没有什么约束力，否则他们将不能担任公职并敬拜皇帝的碑牌。"

[453] Armando Cortesão, *Cartografia e cartógrafos portugueses dos séculos XV e XVI* (Lisbon, 1935), I, 151; Kammerer, *op. cit.* (n. 21), pp. 189-90.

[454] 对这些地图的翻译见 Cortesão (ed.), *op. cit.* (n. 9), II, 523-25。他也翻译了中国航线的文本（*ibid.,* pp. 301-3），并复制了罗德里格斯的草图（*ibid.,* I, 113. 120, 121, 128）。

[455] Armando Cortesão and A. Teixeira da Mota, *Portugaliae monumenta cartographica* (Lisbon, 1960), I, 57; Kammerer, *op. cit.* (n. 21), p. 192.

[456] Cortesão, *op. cit.* (n. 453), I, 175.

[457] *Ibid.,* II, 158.

[458] Kammerer, *op. cit.* (n. 21), p. 204.

[459] Boies Penrose, *Travel and Discovery in the Renaissance* (Cambridge, Mass., 1955), p. 259.

[460] 这些中世纪称呼中国的名字同样时不时地出现在手稿地图上。特别见 Cortesão and Teixeira

da Mota, *op. cit.* (n. 455), II, Plate 187 中的 1559 年安德烈·欧蒙（André Homem）的平面球形图。

[461] Cortesão, *op. cit.* (n. 453), II, Plate XVIII.

[462] Cortesão and Teixeira da Mota, *op. cit.* (n. 455), I, Plate 105.

[463] *Ibid.* 也许是琉球国土？在 16 世纪欧洲地图上中国的欧洲命名法对比表见 Kammerer, *op. cit.* (n. 21)。

[464] Cortesão and Teixeira da Mota, *op. cit.* (n. 455), Plate 204.

[465] *Ibid.,* Plate 203.

[466] Cortesão, *op. cit.* (n. 453), II, Plate XXVII.

[467] 关于这个地方鉴定的讨论见 Kammerer, *op. cit.* (n. 21), pp. 102-5。

[468] Cortesão, *op. cit.* (n. 453), II, Plate XXXVIII.

[469] 关于巴尔布达作为地图的 "Ludovicio Georgio" 见 *Ibid.,* II, 276-77, 也见 Cortesão and Teixeira da Mota, *op. cit.* (n. 455), II, 123-25。关于其对后来地图的影响见 B. Szczesniak, "The Seventeenth-Century Maps of China," *Imago mundi,* XII (1956), 120 n。见本章插图。

[470] 应该注意到从这组作者写作中摘取的资料很容易在赖麦锡中发现。

[471] 可能提及的是贝加尔湖（Lake Baikal），但我更愿意认为这是一个传统上认为存在的内陆湖，它被巴尔布达移到未知的西部而不是将它完全丢弃不用。应该记住，在中国的传说中这个国家的河流都起源于一个西部的大湖。

[472] 上文 , pp. 753, 817。

[473] 见对这些人的探讨，上文，p. 653。

[474] 这个版本很稀有珍贵。复制本见 Sanz, *op. cit.* (n. 49), p. 66。

[475] 应该提醒的是，其中第一批渗透到中国的意大利耶稣会士罗明坚（Michele Ruggiero）神父在 1588 年被遣送回欧洲，他对中国传教的成功和需要做了报告（见上文 , p. 302）。他在 1590 年到达罗马。有关他对欧洲人绘制中国地图的影响见 Szczesniak, *loc. cit.* (n. 469), pp. 118-20。这幅罗明坚取自明代地图册上的中国地图而帮助制作的地图直到 17 世纪前一直未被出版。

[476] Burnell and Tiele (eds.), *op. cit.* (n. 267), I, xxxii-xxxiii, 指出林斯乔坦著作的印刷者从巴托洛梅乌·拉索（Bartolemeu Lasso）那里得到在果阿制作的海图和一幅亚洲地图。

[477] Kammerer, *op. cit.* (n. 21), p. 214.

[478] 见本章插图。

[479] 见上文，p. 731。

[480] 罗明坚是第一系统地掌握了这门语言的欧洲人，但似乎没有达到精通的程度。间或闻得当他开始学习时他已年岁太老，身体状况欠佳，且没有天赋的好记性。见 Dunne, *op. cit.* (n. 377), p. 30。

822

第十章 结语：总体印象

在欧洲人眼中，亚洲形象虽然在总体轮廓上保持着惊人的始终如一，但在细节上却一直处于变化不定之中。无论它承载的是什么标题，俄斐之地、印度或亚洲，印度河以东的世界从未失去过绚丽色彩，也从未失去对欧洲人的吸引力。来自东方的光明，即使当它差一点在中世纪摇摇曳曳熄灭时，也不断地发射出飘忽不定的光束，而欧洲时不时地对亚洲惊鸿一瞥。虽然在文艺复兴时期和 16 世纪，欧洲对亚洲的视觉扭曲越来越少，但在欧洲的东方观中，真实与想象却一直程度不同地掺杂于其中。

一个时代的幻想经常是另一个时代的事实；反之，一个时代的事实有时则成为另一个时代的神话。这些格言的真谛在亚洲对欧洲启示中得到了远比在任何地方都更为清晰地阐述。被亚历山大征服的印度嬗变为一个中世纪的神话，这一传奇在 11 世纪时被其自身接受为马其顿人丰功伟绩的一个具体描述。与亚历山大神话相关的异彩纷呈的故事成为了伊斯兰教传说中的一部分，经穆斯林香料商人而在亚洲流传，并入亚洲民间传说和传统的历史中，然后再找到了自己的办法，在葡萄牙商人和耶稣会传教士的报告中传送到欧洲。在印度南部存在着一个古代基督教社区，有关它的消息被转化成约翰长老（Prester John）中世纪传奇，这个带有想象成分的自欺欺人的行为，有助于激发欧洲的基督徒们开始真正地寻找他们的东方宗教合作者，而这一找寻持续到 16 世纪。面对着这些例子，现代历史学家在思考欧洲觉醒时不能排除亚洲那些因素的存在，虽然从今天的观点看，来自过去记录中的因素似乎不是想入非非，就是荒诞不经。

从前地理大发现时代以来，有关东方的事实与神话就相互交织在一起，这一文化传统在整个 16 世纪使得欧洲关于东方的想象力色彩斑斓。具有讽刺意味的是，在 16 世纪上半叶间，或者说欧洲人在东方正在汇集具体资料的最初岁月里，已约定俗成的托勒密世界地图被广泛接受，而这些欧洲人在东方收集到的资料最终将从根本上更改托勒密传统。葡萄牙政府对香料贸易、信息和传教事业的管制无疑延缓了欧洲认知一个更新更现实的亚洲。尽管如此，在 1550 年之前还是有很多证据汇集于欧洲，刺激了非托勒密地图绘制的发展，并激发了欧洲人普遍的兴趣：亚洲是一个富有的地方，值得付出商业和宗教的努力。

823

尽管在 1550 年前，欧洲的焦点仍然模糊，但敏锐的欧洲人能开始明确地分辨出亚洲各个不同的部分。孔蒂和瓦尔塔马在他们前往印度和东南亚旅游的记述中都从气候、风土人情和商业惯例上强调了地区的差异。虽然在世纪中期时对中国或日本的直接了解极少，但在南亚的欧洲人已向本国传回了中华帝国在整个东方声名显赫栩栩如生的描写。然而，世纪中期前，欧洲人普遍热衷香料的贸易活动，这意味着在 1550 年之前欧洲人基本上都将他们的注意力集中于香料群岛和印度与南亚的国际集市上。

虽然远东仍未进入视野，但中国和日本地理大发现前的印象在欧洲普遍流传。马可·波罗和曼德维尔保持着东亚学术泰斗的地位，关于他们叙述的真实性在 16 世纪不存在严重的争议。在欧洲流传的几个早期发现者的第一手报告，一度对提升中世纪作家的名声大有好处，因为这些报告证实了他们关于中国巨大财富和影响力的故事。他们的总体可靠性得以确立后，根据同时代并非系统性的观察，中世纪报告的细节也得到了检验核实。一些博学的观察家们开始想尽早知道契丹（Cathay）和中国（China）实际上是否是同一地方的不同名称。虽然直到 17 世纪初时，就这个问题的学术辩论还只是零星进行，但与耶稣会士形成鲜明对比的商人似乎从未为这个问题所困扰。在亚洲做事的非常实际的商人可能感到如果契丹（Cathay）和中国（China）是两个独立的国家那就更好了——它们两个都普遍被认为富有、文明而又宽容。

虽然中国一直是未来的伟大希望，但对商人和传教士们来说，印度和东南亚则是真真切切的现实。在马拉巴尔、果阿、马六甲和香料群岛，他们最初的冒险引人注目地成功后，葡萄牙人和耶稣会士们不久面对着维持他们不安宁的落脚点、清除竞争对手和扩大他们的经营区域这些费劲且乏味的任务。在南亚，他们的遭遇证明这是一个花费巨大、精疲力竭和不值得做的事情。不久许多早期评论者开始对无止境地扩大帝国、对其战略前哨站的不安全和对东亚欧洲人的贪婪发出警告。即使本意良好，葡萄牙帝国的行政首脑也没有对这个区域的民众进行任何的管理和控制。葡萄牙王室本身受到了海盗们的严重欺骗，这些海盗唯一关心的是尽可能快地积累起个人的财富。随着葡萄牙人向东推进，他们作为麻烦制造者的名声先于他们进入亚洲最遥远的地方。为他们驱逐和击败的穆斯林商人，到处大肆宣传，随着基督徒的出现将可能会出现的罪恶和不幸。

从一开始，葡萄牙的海外事业就遭到了欧洲强大敌手的攻击。在亚洲的葡萄牙人生活奢华无度、荒淫放荡的传闻不久就广为流传，而且这些传闻在这个世纪末由林斯乔坦最终付诸印刷。保密政策本身可能加速助长了疑虑，人们据此猜测，葡萄牙在富有的亚洲商业帝国内一切进展得不妙。每个人无需费劲就能回忆起早期的一些航行是从没收来的葡萄牙犹太人资产中得到了部分资助。里斯本对香料贸易的垄断给威尼斯经济造成沉重打击。竭力将胡椒价格维持在远比自由市场通常保持的更高水平上，还有里斯本拒绝允许欧洲大商号自由地进入印度，这一切均助成了葡萄牙人获得一个贪得无厌的名声。由于葡萄牙人缺少监督管制，致使他们漫天要价出售掺入杂质的胡椒而臭名远扬。由于对较老的宗教团体感到失望，葡萄牙人也将在亚洲传教的领导权交给了新生的、缺乏经验的和上层的耶稣会。因此，葡萄牙人在亚洲和欧洲都被加上了独占者和剥削者的污名。

虽然葡萄牙人在人类历史上并未创下掠夺和剥削的新纪录，但他们的不良名声无疑在帝国发展道路上设置了巨大的障碍。在南亚，欧洲人的命运从来谈不上快乐幸福，商人和传教士都一直向东推进，以找到更适宜进行贸易和传播福音的地方。在给欧洲发回的关于印度和东南亚的报告中，西方人的幻灭感强烈，从而促成了西方人对印度文明的敌意和反感。对中国和日本的极大期望，特别是当与对印度的不良反应形成鲜明对照时，赋予了关于远东的写作以过度轻快和乐观的特征。虽然如此相异的评价无论是否能够准确地反映亚洲的情况，但毫无疑问，它们有助于在欧洲创造一个基本上敌对印度，并压倒性地有利于日本和中国的描绘。

这种观察的必然结果是，在世纪中期以后，中国和日本开始在欧洲东方观中变得比南亚国家更为突出。1550 年前，在意大利和北欧出版的图书和地图主要以印度、东印度群岛和菲律宾为中心。世纪中期时，大部头的西班牙和葡萄牙编年史继续详述南亚，将南亚作为在该世纪上半叶伟大的伊比利亚人凯旋得胜的地方。葡萄牙史家相当详细地论述了中国，但对日本几乎没有提及。大部头旅游汇编开始于 1550 年的赖麦锡著作，其一旦出现，关于东亚的中世纪资料和较新的资料比以前得到了更为明显的添油加醋。然而，耶稣会书信、历史记录和由他们赞助的日本使团将日本清晰地带入欧洲的视野。虽然耶稣会士同样记载了少量对中国的观感，但葡萄牙和西班牙的非耶稣会作家才是第一批向欧洲揭示了一些中国内在维度的人。在由葡萄牙多明我会修士克路士和西班牙奥古斯丁修会会士门多萨所著的影响深远的著作中，中国被描绘为一个模范帝国，这一描述至少维持了两个多世纪。

在这本书的前四章中，亚洲各个国家的形象被分别加以概略叙述。由于按照这个架构计划进行写作，在某种程度上我们不能像 16 世纪的欧洲一样将亚洲作为一个整体加以展现，无法阐明其细微差别和悬殊差别，而这些轻重差别的描述可突出显现广阔的全景。欧洲作家们在概述亚洲各种不同文化、民族和国家时，他们的观察中所隐含的类比和对照更多显示出西方的视角，这种比较远非通过直接坦率的描述而得到的。一个比较的措词、单词或句子有时激起火花乍现，顿然醒悟，从而有助于阐明先前模糊不清和不可思议的描述。同样，无论是有意识的还是无意识的，都有助于揭示出观察者自身的一些偏见、信仰和理解力。下文所述是预期通过回顾我们对各个不同国家较为详细的论述中得出的特性，再从更普遍的特征上对亚洲进行描述。

除澳大利亚和新几内亚东部外，到了 1600 年，亚洲的自然景观从印度西

825

部到日本东部，南边远至爪哇，北边深入到北海道和辽东半岛都已被发现。甚至书中都描述了，地图上也都描绘了从太平洋到海岛东亚的途径。16世纪欧洲的著述揭示出的真相绝非完整，因为欧洲人天性上对沿海地区见多识广，而对内陆地区远非如此。随着时光流逝，欧洲人增进了对内陆地区的了解，并逐渐获得了更精确的空间关系知识，但他们仍继续过分强调他们最为熟知的地区和自然特征：高止山脉（Ghats）[①]和伊洛瓦底江（Irrawaddy）三角洲、恒河（Ganges）、湄公河和扬子江。他们仍然相对忽视印度河和黄河流域及印度北部与日本的内地地形。尽管如此，在这个世纪结束前，他们知道了一些喜马拉雅山脉（Himalayas）的民族（藏族）、长城以北大草原和高丽与北海道（虾夷）的地形轮廓。

826　　　蕴含在他们论述中的是他们敏锐地感觉到了地形作为现存政治划分基础的重要性。喜马拉雅山及其毗连山脉障碍将中国与南亚国家完全分隔，这样从中国前往南部和西部唯一可行的途径是海路。山脉、河流和沙漠把印度分成许多不同的邦，并阻止了它的政治统一。同样，自然特征造成了锡兰和东南亚大陆地区的政治分裂和政局不稳。他们所知道的巨大的海岛复合体（菲律宾群岛、日本和香料群岛）都存在着岛国性质和内部地理障碍的分裂问题。即使作为亚洲国土中自然状况最为宜人的中国，它也被扬子江分成了明显的北方地区和南方地区。

　　　这些因素同样也造成了生活的不安定，并妨碍了海上和内陆的贸易。坎贝湾（Gulf of Cambay）和伊洛瓦底江三角洲的潮汐洪水对龙骨船只构成威胁。台风和潮汐波吹刮拍击着日本，由于周期性的震动和地震使那里的生活不可预测。印度尼西亚群岛的火山喷发和地震危及香料群岛，因而使欧洲水手和传教士大为惊恐。周期性的洪水吞没了中国的三角洲，造成了分布广泛的惨重伤亡和破坏。干旱烤焦了科罗曼德尔海岸（Coromandel），引发饥荒和疾病等等不幸接踵而至。但大自然并非一无是处。季风永不改变规则地出现，它们的恒久不变使跨越遥远距离的海上航行和海上贸易成为可能。那些更有求知欲的欧洲人，

---

①　位于印度南部。——译者注

如意大利人文学者萨塞蒂（Sassetti）记录了季风的日期，并尝试性地将它们解释为气象现象。

亚洲资源丰富，但贵重金属在贮量上被发现无法和美洲采掘出来的相提并论。马来亚、苏门答腊、棉兰老岛、北西里伯斯岛和高丽出产少量黄金。白银主要产自老挝、日本和高丽，但白银的极为匮乏造成白银价格一直居高不下，从而使欧洲人向亚洲出口白银有利可图。锡、铁、铜和硫黄只有少量可供使用，在东南亚尤为如此。宝石和次等宝石、玛瑙、红宝石、紫水晶、钻石和蓝宝石原产于印度和缅甸。在霍尔木兹海峡（Ormuz）、马纳尔海峡（Straits of Manaar）和广东附近的中国海岸成功地搜寻到了珍珠。然而，亚洲的农产品更具有无穷价值：印度、锡兰和印度尼西亚群岛的香料；印度和东南亚的椰子树及其巨量的副产品；坎贝的鸦片；还有马拉巴尔、科罗曼德尔、爪哇、暹罗、占婆、中国和日本的稻米。欧洲人也注意到，稻米栽培有干湿两种方法，东亚的一些地区每年有两次或三次收获。在中国南部，通过复杂高效的灌溉系统对稻田进行供水。其他主要作物是东印度群岛的西谷椰子和中国的大黄与人参。动物一般没有受到欧洲人的太多关注，只是被当作异国情调的东西加以提及；专门论及的仅限水牛、大象、犀牛、老虎、蛇、鳄鱼、海洋哺乳动物、飞鱼和天堂鸟等。

亚洲大陆和日本的众多人口让欧洲人很是吃惊，人口密集且数量巨大的城市也让他们震惊。他们对生活在维查耶纳伽尔（Vijayanagar）、京都（Kyōto）、勃固（Pegu）和广州（Canton）的人数做了粗略估计。从这些统计数据中可以看出，京都，也许还有广州，据估计要比 16 世纪的任何一个欧洲城市都要大。他们生动翔实地描写了许多后来消失了的亚洲大城市：达布尔（Dabhul）、高尔（Gaur）、维查耶纳伽尔、戈尔康达（Golconda）、勃固（Pegu）和大城（Ayut'ia）。他们经常将亚洲首都或更小的人口中心与欧洲城市相比：坂井（Sakai）与勃固和威尼斯相比、恰默潘纳（Chāmpāner）与埃武拉相比，广州和里斯本相比，京都和罗马相比。不过，欧洲人对亚洲的农业和村落中心却并非同样铭心刻骨，他们在许多情况下发现农村的环境令人震惊且不可宽恕。然而，他们尤其对中国和日本人口稠密的农村可能的巨大生产能力难以忘怀。

在欧洲人经商的港口城市，欧洲人认识到了亚洲的工艺。所有各地东方丝

827

绸的纺织品、织锦、棉布、锦缎、平纹细布、印度棉布、缎子、刺绣和地毯——吸引了他们的注意，也吸引了他们的金钱。中国的瓷器、日本的涂漆屏风、苏门答腊的金丝细工和坎贝的珠宝都在他们购买的顶级奢侈品之列。在快速学习掌握如何制造欧洲物品上，许多亚洲工匠显示出非同寻常的心灵手巧。在印度西海岸建造的葡萄牙船只主要是由爪哇木匠完成的。在苏门答腊生产出了设计精良火力强大的枪支。在果阿、长崎和澳门，印度人、日本人和中国人被雇佣建立并经营耶稣会传教书局。中国人通常被认为是世界上最有技能的工匠。

亚洲的民族大致以肤色分类：黑色、各种深浅的棕褐色和白色。黑人是非洲人、印度南部的土著和东印度群岛人。印度北部和东南亚大陆地区的本地人经常被描绘为黄褐色或浅黑色。对商人和传教士来说，日本人和中国人是白肤色的。范礼安最明确地写出了他们的肤色和习惯与能力的关系。黑肤色民族通常被认定为更为低劣，不能自我改善，且无可救药地沉溺于迷信之中。最白肤色的民族通常合乎欧洲人的标准，在某些方面甚至更高级，并肯定有改变宗教信仰的良好希望。亚洲的男性被大致划分为勇士和懦夫；唯一真正好战的人群是莫卧儿帝国的穆斯林、日本人、马拉巴尔的纳亚尔人（Nāyars）和马来人。亚洲妇女普遍颇具魅力；除了日本外，受尊敬的妇女受到了严密看守，不得四处自由走动；日本女子是例外，上流社会女子通常能读会写。在亚洲所有国家都能发现纳妾、一夫多妻和卖淫现象。

828　　欧洲主要感兴趣的国家是那些高效统一和中央集权的国家，这样的国家有助于为贸易提供稳定的环境，并为传播福音提供有利的气氛。中国、遏罗和勃固似乎最好地满足了这些条件，但是，虽然存在着分裂和不稳定的政治环境，传教士们却在日本确凿无疑地获得了丰硕的结果。尽管如此，无论是宗教的还是世俗的评论者们，都将注意力集中在最高效统一亚洲国家实施的王权、贵族政治、官僚机构和治理技巧上。缅甸、遏罗和柬埔寨被认为具有最专制的统治者，国土全是皇家地产，土地上的耕种者是皇家的动产。大多数亚洲统治者兼具宗教、礼仪和政治职能；他们认识到，日本的统治者具有的政治职能被将军和大名所篡夺。虽然中国的统治者是亚洲国王中最伟大的和最有影响的，但精心安排的官僚体制与他共享国内权力，这一官僚体制是通过基于考试的文官录用制度来招聘和提拔官员的。在中国没有欧洲所熟知的那类世袭贵族；同样，在暹罗，土地授予历来不是永久性的给予，因而，一个拥有土地的贵族不能成为横亘在国王及其人民之间根深蒂固的权势集团。日本和德干（Deccan）存在贵族，那里的习俗是，有权势的封建领主住在远离行政辖区之外，在国王严密监视下在指定时间前来朝廷面禀和进贡。欧洲人也观察到并评论了在孟加拉、中国、勃固的朝廷和在莫卧儿帝国，太监所扮演的中间人政治角色。专制国家继承权问题也受到了考察，欧洲人还对中国和日本的长子继承权、苏门答腊和孟加拉的暗杀和马拉巴尔的自我牺牲等体制加以评论。皇室对事关国计民生经济活动的垄断也得到了着重的说明：维查耶纳伽尔的马匹、暹罗和柬埔寨的土地、勃固的红宝石贸易、德那地的丁香贸易和中国的贵重金属开采。虽然亚洲国家普遍对宗教加以控制，但暹罗、中国和莫卧儿帝国的统治者们愿意让他们的臣民做出自己的信仰选择，并未设法在他们的领土内强制宗教统一。

在像中国这样一个巨大的组织有序的国家里，皇室管理与人们活动的方方面面相关联。当相互监督体制（保甲）在地方一级负责司法时，其成员分别对最顶层的北京的管理等级制度负责。中国皇帝不仅控制，而且也使用国家权力激励他的臣民。全国性文官考试制度受到了由国家资助的全国性学校体制的支持。在精心设计的公共福利计划下，国家甚至向盲人、穷人和孤儿提供医院和住所。像中国这样的一个官僚政治国家，自然有许多官员的职位，欧洲人为其中的许多官员定了头衔，并叙述了官级的职能。许多欧洲人以相当赞赏的笔触记下了官员从来不在他出生的省份进行任职和管制。中国极富包容性的官僚组织赢得了发自内心的钦佩与赞美。而且，中华大帝国因其政府管理成就被完全单独地置于一类。

确立在中国朝贡体制之上的亚洲国际关系体制，没有赢得欧洲人的赞同性理解或赞赏。虽然欧洲人很快认识到卷入国际商业的大多数亚洲国家，都对中国有臣属关系，但贸易和朝贡间的关系从未得到过清晰的理解。他们似乎也领会了琉球对中国及对日本的双重隶属，并清楚地说明了在前欧洲时代马六甲隶属于暹罗，而暹罗自身又臣属于中国。他们也清楚地阐述了马六甲是如何绕过暹罗，通过直接向中国寻求帮助而获得了更大的独立。许多评论者随后描写了

829

在勃固、暹罗和中国的朝廷接见使团的惯例，并概述了在这些国家的京城进行贸易的条件。

　　作为贸易至关重要汇聚点的马六甲，即便在被葡萄牙人占领后也继续遵循着长期形成的商业惯例。无论是在马六甲还是在坎贝，在这两个前欧洲时代的大贸易中心，外国商人都按照与后来被称为治外法权类似的条件居住在他们自己的社区中。葡萄牙人介入印度和东南亚之间的贸易对以前曾控制这一商业的古吉拉特穆斯林商人造成了巨大的损失。遍及整个东南亚，马来语在贸易中心普遍能被听懂，在其他地方它也是主要商业语言。大多数从事国际贸易的人愿意接受中国"硬币"作为交换媒介，这进一步说明了中国的传统优势。同样，在东方所有市场上都能发现中国产品，甚至远至苏拉特（Surat）[①]和更遥远的清迈都能看到中国商品。虽然中国官方禁止海外经商，但中国商人一直时不时地出现在大多数的亚洲集市上。

　　在与中国人、日本人和暹罗人进行的贸易协定谈判中，欧洲人可能因为别无选择，而在表面上接受了书面的保证和担保。在别处，葡萄牙人要费力弄清楚当地人的宣誓，而这些保证书是按异教徒的条件订立的。例如，为了证明自己的真诚，果阿的德干人被要求向他们自己的神灵发誓，并将灰烬放在光头上。在菲律宾，欧洲人经常遵从当地习俗，进行血盟。葡萄牙和勃固间最初的贸易协定后来得到了佛教徒和基督徒的批准，各自都按他们自己的仪式对他们自己的神明发誓要遵守自己的义务。可想而知，基督徒一定经常怀疑他们自己的宣誓交给一个异教徒时是否具有约束力。

　　亚洲一些异教地方所持有的社会信仰和不友好态度对欧洲人来说显然难以容忍，例如印度（特别是马拉巴尔）的种姓制度，特别是它还相信贱民和种姓等级间的污染。传教士极其强烈地反对基督徒可能玷污更高种姓的想法。纳亚尔人（Nayars）母系风俗和他们遵循的奇怪性行为几乎和殉死（sati）与共焚一样，让欧洲人目瞪口呆极为反感。即使在其他很多方面值得称道的日本人，他们对人类生命的麻木不仁，特别是对杀婴行为的漠不关心和对自杀成瘾让传教

830

---

① 印度西部港市。——译者注

士们震惊不已。对他们来说，似乎文明有礼的日本人身上的如此缺陷，远比他们听说在苏门答腊、婆罗洲、菲律宾群岛、香料群岛和暹罗北部边境地区原始人类间的食人行为更令人憎恶。虽然对西里伯斯岛北部和暹罗北部的文身部落成员有点兴趣，但欧洲人对野蛮风俗一般有敌意反应，似乎一直害怕他们是魔鬼的产物。传教士们对鸡奸的普遍性和纳妾、一夫多妻和卖淫的广泛存在触目惊心。

中国和日本的社会制度，特别是家庭，引起欧洲人的钦佩赞赏，甚至激起了效法的建议。在中国，社会风气是由朝廷和达官贵人们确定的。虽然中国官场远非完美无瑕，但它确定了一个高标准。在日本，社会阶级界限极为分明，在那里，跨等阶的婚姻极为罕见，在对女性、下级和上级说话时使用不同的语言。在世俗阶层中，武士在日本比在中国具有更高的身份。甚至日本的佛教和尚们也不假思索地将自己组织成军事集团以对抗世俗权威。然而，由于东亚的国家不存在印度教的种姓制度，所以这里既不太令人奇怪也不太令人厌恶。奴隶制是普遍的，即使在日本也是如此，但显然这一制度不同于欧洲的奴隶制。在亚洲，奴隶并非仅是财产：他们可与自由人通婚，拥有自己的财产，并可通过几个相对容易的途径重新获得自由。

在中国，在国家的资助下所有社会等级的自由人可以获得教育。学术中心设在每个省的首府，较小城市也有这样的机构，在那里，学生们准备着参加文官考试。所有各类的印刷书籍在中国都可供使用，以16世纪的标准来看，中国人的文化程度是相当高的。据报道，中国和日本都有大学，但印度没有主要学术中心。在暹罗和缅甸，佛教僧侣教授宗教和世俗学科，他们被认为在他们的国土上维持着文化传统的传承。巴利语（Pali）、梵文（Sanskrit）、中文和马来语都是国际语言，通过这些语言，这一地区的民族彼此交流宗教和贸易事务。在所有面积辽阔的大陆国家和日本，建筑和雕刻杰作让西方人大感敬畏。从当地提供信息人那里得知的大多传统口述史和神话逐渐变成了欧洲学术传统的一部分。虽然欧洲人并未专注于亚洲文化，但他们却非常有兴趣地收集了大量有关亚洲早期史、语言和文学、艺术、手艺和科学的资料。

除了中国、日本和菲律宾外，穆斯林在所有地方都引人注目且极有势力。

831

不过，欧洲人根据他们的判断得出结论，穆斯林在中国不会强大。在印度，无论是逊尼派（Sunnites）还是什叶派（Shiites）都在那里存在，先知的追随者们阻碍或歪曲了一种早期基督教的发展。马拉巴尔海岸基督徒提供了印度南部远古基督教教义鲜活的证据。据推测，印度基督教社团创始人圣多默（St. Thomas）在他返回印度去世前，曾将福音向东传播远至中国。他的追随者们主要定居在马拉巴尔南部香料中心后面的塞拉（Serra）①，他们在印度南部的社会和商业生活中一直占有显著地位。不幸的是，马拉巴尔基督徒没有遗留下正确的心灵指导，由于接受了基督教派的异端邪说并接受了印度教徒的种姓制度，他们误入歧途。除此之外，另一个在东方有信徒的西方教派犹太教，在霍尔木兹海峡（Ormuz）和科钦最为突出，并向东扩展到中国。

起源于亚洲的唯一国际性宗教是佛教。其僧侣与和尚控制了锡兰、缅甸、暹罗、柬埔寨和日本的精神生活。虽然佛教在中国繁荣兴旺，但其神职人员在那里并非如此具有权势，而且其教义也面对着来自其他本土教义的强有力竞争。耶稣会士在日本获得了对佛教教义的第一次真正理解。在那里，他们知道了佛教起源于印度，从印度传入中国、高丽，并最后传到了日本。也许因为耶稣会士在东南亚大陆地区从来没有产生过影响，他们也从未清楚地认识到存在于日本和东南亚佛教之间的关系，也不知道大乘佛教（Mahayana）和小乘佛教（Hinayana）教规之间的差异。佛教的僧尼体制经常被西方世俗和宗教的观察者们与基督教的相对物加以比较，引起了他们格外的注意。佛教的等级结构，它与统治者的关系，它的寺庙、神像和舍利塔在所有佛教国家都被做了描述。关于佛教的宇宙观和教义的信息，主要出现在传教士们对"异教错误"的记述中。在缅甸、暹罗和日本，佛教徒们是公认的主要负责教育的群体。

印度教是印度最大的异教信仰，人们一般模糊地认为，它的一些教义和仪式在过去就已东移远至柬埔寨。婆罗门（Brahmans）和古鲁（Gurus）②担当印度教的在俗教士；瑜伽修行者（Yogis）承担了苦行者或行乞僧的角色。印度教

---

① 即圣多默基督徒所在的内陆山区。——译者注

② 指印度教等宗教的宗师或领袖。——译者注

徒敬畏许多会令人联想起基督教圣徒的偶像，基督徒们也因而坚持不懈地在印度教中寻找原始基督教的痕迹。瑜伽修行者远比其他印度教教士更为圣洁、见多识广且温顺，他们生活节制并乐于听取基督教的论证。婆罗门对他们热爱的种姓极为执拗，由于他们对其他种姓具有极大的政治和社会影响，所以极难和他们打交道。他们也坚持着素食者的远古质朴的生活方式，但同时却又向其他社会群体勒索沉重的苛捐杂税，并盘剥妓女的收入而亵渎他们自己的寺庙。印度教徒相信灵魂转生，他们从不杀生；但却坚持维护种姓和把一些灵魂归入地狱的奴隶制。耆那教徒（Jains）和印度拜火教徒（Parsees）同样因不可思议的社会习俗而被欧洲人作为迷信教派加以批评。印度的圣地，特别是恒河，因种种原因而受到了所有次大陆人民的崇敬，而这些地方一般为基督徒们所躲避并让他们困惑不解。

832

基督徒更能理解日本的神道教和道教仪式。这些是简单的、万物有灵论宗教，为日本和中国的凡夫俗子所喜爱。日本人的信仰是建立在日本是神（kami）①的孩子，天皇是太阳女神的后裔这一信念的基础之上。无论是神道教还是道教都不具备高度复杂或强有力的神职结构。和印度东部人及菲律宾人的万物有灵论信仰一样，这两个信仰都质朴单纯，没有形成组织化系统化，且充满了各种迷信。儒家学说只是在16世纪末才被提及，它主要被描述为一个为中国统治者及其官员所持有的道德哲学。西方人对它的思想内涵所知甚少，它主要被认为是与皇帝主持的春耕仪式有关。实际上，他们对孔子和老子的格言戒律都一无所知。然而，也许除了缅甸、暹罗和柬埔寨外，亚洲国家没有一个是靠宗教联合成一体的。而且除了日本的佛教外，没有一个异端的宗教是好战的，或者嗜好劝服他人改变宗教信仰。

虽然宗教冲突在亚洲并不是问题，但并不能就此得出亚洲人完全热衷于和平的艺术。战争冲突和黩武思想是经常复发的罪恶，作为职业战士阶层的纳亚尔人和武士的存在就是证明。其实，亚洲战争涉及的人口远比欧洲能想象的要多得多。在印度、缅甸和暹罗，几乎由整个国家人口组成的庞大军队，再辅

———————————

① kami，神道教的神。——译者注

之以无数雇佣兵的增补，投入战场彼此作战。如此大规模的军事运作让他们的土地惨遭蹂躏，城市尽毁，民众长期流离失所。虽然大多数亚洲国家很少总体动员，但却维持着永久性的军队机构。例如，维查耶纳伽尔定期雇佣、征募、训练新兵，并维持着一支包括基督徒、穆斯林和非洲人的庞大雇佣军。暹罗也同样雇佣军人，并要求自己的国民服兵役。一些印度统治者雇用亚马逊人（Amazons）做皇宫卫兵和战士。河流、山脉和港口都有永久性防御工事；水闸、城墙和护城河保护了像查姆彭纳尔和京都这样的京城。中国一直在沿海水域维持着战船舰队，并在北方边界以长城和永久性军事定居点加以驻防守卫。火器和大炮的最新式样很快被纳入这些军队的军械库中。本地武器与大象骑兵和更现代的装备一并使用。

在 16 世纪，欧洲人目睹并参与了亚洲许多的主要战事。他们记录下了德干诸邦和维查耶纳伽尔之间、莫卧儿和坎贝与孟加拉之间、暹罗人和缅甸人之间、缅甸人和阿拉干人之间、暹罗人和柬埔寨人之间、日本权力竞争对手之间和日本与在高丽的中国之间战争的细节。在海上，海盗一直是个威胁，欧洲人参与了多次的海上清剿作战，并参与了反对从海上和陆上攻击他们在第乌（Diu）[①]、果阿和马六甲前哨站的战争。尽管他们有这些经历，然而，欧洲人坚持认为自己的武器和尚武勇猛上的优越性。身临实地的许多欧洲人认定对暹罗、柬埔寨、中国和日本的征服是轻而易举的，而且这种征服也是非常值得一做的。可以假定，他们所想到的是，在具有战略性的地区进行有限的领土兼并，并以此控制更广大的区域。在送回欧洲的计划说明书中，这些身在当地的欧洲人通过讲述东亚大陆民族的怯懦和无攻击性；他们巨大但迟缓、无组织无效率军队的软弱；欧洲船舶在规模、机动性和火力上占优势；及东亚人口已准备就绪反抗他们专制暴虐的统治者，来论证这些乐观的希望。

虽然身在当地的欧洲人痴迷专注于征服的希望，但他们的同胞收集到的却是关于亚洲习俗和传统不可思议的零星片段事实与虚构传闻。这些传闻中有一些是报导式的和真实的，其他则是虚构的故事，其中一些仍然在亚洲流行；但

---

① 印度西部地区。——译者注

是另外的一些则可能是失真歪曲或想象的。古代的犬头印度人和掘金蚂蚁已经销声匿迹了，但亚洲并未失去些许异国情调。例如，爪哇人和马拉巴尔人作为一种抗议或报复行为的胡砍乱杀。苦行或自杀是真诚的证明。在马六甲，除了皇室允许，没有人身着黄色。缅甸人有一个寺庙是由一条驯服的鱼看守，它能被一种特殊的言语唤出水面。爪哇人和马来人都不准放任何东西在他们肩上或头上。阿拉干（Arakan）国王通过嗅闻法从呈送给他的备选新娘中挑选妻妾。在丹那沙林，陌生人被邀请为婚前处女开苞。在勃固，商人可以与当地女子合法订立暂时性的联姻。缅甸人和中国广东人能吃下任何在其他人看到极其令人作呕的东西。一个巨大的湖泊高高坐落在亚洲中部的群山中，从这里向下流出了该大陆所有的河流。在暹罗，月食传统上被认为是由大蛇吞下了月亮引起的。在印度，马不能繁殖，所以那里马匹稀缺。在米沙鄢人（Bisayan）的岛上，猪被非常正式地宰杀，它们的肉专供老年妇人吃。在暹罗和缅甸，白象是神圣的，为了将它们据为己有，这些国家彼此交战。在暹罗，该国的贵族会因用白象的尿清洗自己而感到高兴。马拉巴尔人敬拜他们每天清早遇到的第一件东西。缠足被男人引进中国，以使他们的女人一直留守家中并忙于工作。这些和大量其他古怪的故事被无限地加进大量的想象，不久成了异国名下储备的一部分内容，艺术家和诗人今天仍从中寻找例证。

834

欧洲人对各种亚洲人民的国家和地区特性的描述同样混杂着真实和想象，这并不让人奇怪，许多类似的看法至今仍在西方流行。所有岛民都是极好的泳者和潜水者。僧伽罗人（Sinhalese）是女人气的且很柔弱；塔纳（Tana）的土著残忍粗野且以自我为中心；马拉巴尔人下流卑鄙、迷信、好战且没有识别力；孟加拉人谨慎机警、奸诈叛逆，但聪明机灵；勃固人勤劳刻苦、诚实可靠、安宁平和且胆小怕事；乡土褊狭、温和节制、爱好和平是暹罗人的基本特征；马来人是轻桃的蹩脚诗人，他们更怕的是工作而不是战争；马鲁古人愚蠢且懒惰。自负的日本人过于敏感、求知欲强、极有自制力并好战；睿智的中国人显现出他们本性中的理性、正义和轻佻琐碎，在和平艺术上，他们是聪明机智、勤奋刻苦的，但他们却害怕战斗。

这幅缺少特色和其他细微差别的关于亚洲的质朴刻板的画面，在整个16

世纪通过各种渠道被传到欧洲。从小册子、书籍、地图和市集流言蜚语中拼凑而成，这样一个轮廓通过源源不断涌入欧洲的亚洲产品、艺术和手工制品等而得到不断加强，并在欧洲被赋予了真实性。来自东方所有不同地方的、超过200种不同的香味料和药物充斥于欧洲的商店。葡萄牙的造船者不久学会了使用印度的椰壳纤维和中国的桐油，以使他们的船不漏水并有光泽。对航行有兴趣的人听说了没有钉子的龙骨船和无龙骨船、有四个桅杆的爪哇船、有精制水泵的中国帆船和陆地使用的风帆战车。用心的水手也增加了新型船只，并用他们的词汇命名：cuttar（可能出自刀具"cutter"）、舢板（sampans）、居住船（houseboats）、巴朗盖（barangays）和快速帆船（praus）。那些对艺术感兴趣的人能发现昂贵的纺织品和刺绣品、东方地毯、加工精美的珠宝、镶有宝石的宝剑、涂漆的屏风和床、在中国出版的印刷书籍、用古吉拉特语（Gujarati）写成的手写书和耶稣会用泰米尔语（Tamil）与中文和日文印刷的书籍。珍品收藏家可以珍藏来自东方的天堂鸟羽毛、带毒的箭和镖、玛瑙贝、竹家具、服装、红玛瑙、奇怪的性器件、新植物、种子、水果，和活动物或标本动物。其他对语言感兴趣的人能发现马拉雅拉姆语（Malayālam）、卡拉纳语（Kanarese）、孔坎语（Konkani）、马拉地语（Marāthi）、泰米尔语、梵文、巴利语、孟语、得楞语（Talaing）、泰语、柬埔寨语、马来语、他加禄语（Tagalog）、米沙鄢语、汉语和日语的样本字词和术语。汉语和日语的样本字符在印刷的和手稿的作品中都可以得到。我们提及过在欧洲的亚洲人，而且有时还相当详细地叙述了阿拉伯和马来的领航员、马拉巴尔的学生、中国的商人、古吉拉特的翻译、日本使者和一个菲律宾皈依者在欧洲的活动。

　　虽然来自亚洲生活和文化的具体样本肯定无误地证明了亚洲作为不断扩展世界的一个文明、富庶和色彩斑斓部分的存在，但最为刺激欧洲人并最能引起他们自我思考的产品、体制和思想是什么呢？以一个现实的标准看来，他们最为着迷的仅是一个新地方的存在、各种异国的动植物、丝产品的工艺、水稻栽培、图书制造、兵器和造船。在亚洲无数的艺术制品中，欧洲人如醉如痴地赞叹遗迹、雕塑、瓷器、涂料和刺绣。他们对统计亚洲人口、产品、军队、出口和进口也表现出浓厚的兴趣。从更抽象的层面上，欧洲人对人多势众的军事技

835

巧、阴历的广泛存在和将马来语作为亚洲人商业的通用语留下了深刻印象。当商人和传教士们在他们的工作中使用各种亚洲语言时，一些喜好思索的人开始关心亚洲语言彼此间的关系，及远东表意语言和埃及的象形文字及美洲印第安人语言间的可能关系。具有相当浓厚学术兴趣的一些人也开始关注亚洲关于前欧洲历史、亚洲历史的口述和书面资料、欧洲和亚洲编年史及其注明日期方法的相对可靠性，和亚洲在欧洲发现前及发现后认识上的相互关系与差异。

亚洲国家也被欧洲人当作典范加以宣传。作为楷模国家的中国很快被公认为是具有独一无二的高效政府和教育体制的国家：公职的考试；国家资助的学校；社会福利事业；邮递系统；还有回避法律或要求省长官绝不任用管辖区当地人。西方也从日本学到了经验，特别是体格训练和智力训练。但也许在西方，所有一切中最有意义的是对于东方的认识。西方认识到，并非所有的真理和美德都包含在它自己的文化和宗教传统中。从现在的观点来看，地理大发现世纪可以被认为是这样一个时代，从这时起，西方人开始自觉地质疑他们自己的文化前提假定，并以其他高级文化的前提假定和造诣来对他们的文化加以权衡，并对他们自己的世界、人和未来观念开始了根本的修正。

参考文献

General Bibliography

As a convenience to the reader the bibliography is divided as follows:

General Bibliography.

    Reference Materials

    Source Materials

Chapter Bibliographies—nine in number—each divided into books and articles.

The chapter bibliographies are limited, in general, to relevant secondary books and articles most important to the individual chapters. Certain titles appear in more than one of the chapter bibliographies. The reference materials and sources for each chapter will be found in the general bibliography. The most important sources are listed under the names of both the author and the editor or compiler. Chinese and Japanese titles are given in characters, transliteration, and translation.

REFERENCE MATERIALS

ACADEMIA DAS SCIÊNCIAS DE LISBOA. *Bibliografia gerál portuguesa*. Século XV. 2 vols. Lisbon, 1941-44.

——. *Collecção de noticias para a história e geographia das nações ultramarinas*. 7 vols. Lisbon, 1812-41.

ALMEIDA E SILVA, H. *Relação de todos os documentos existentes nos 62 volumes da collecção da biblioteca da Ajuda intitulada 'Jesuitas na Asia.'* Lisbon, 1941.

AMAT DI SAN FILIPPO, PIETRO. *Bibliografia dei viaggiatori italiani ordinata cronologicamente...* Rome, 1874.

——. *Bibliografia dei viaggiatori italiana. (Studi biografici e bibliografici sulla storia della geografia in Italia,* Vol. I.) Rome, 1882.

——. *Gli illustri viaggiatori italiani, con una antologia dei loro scritti....* Rome, 1885.

AMSTERDAM UNIVERSITEET BIBLIOTHEEK. *Catalogus.* (*Geographie en reizen.* 1st gedeelte.) Amsterdam, 1923.

ANESAKI MASAHARU. "A Concordance to the History of Kirishitan Missions...," *Proceedings of the Imperial Academy* (Tokyo), Suppl. to Vol. 6 (1930).

Annual bibliography of Indian History and Indology. Bombay, 1938.

ANSELMO, ANTONIO JOAQUIM. *Bibliografia das obras impressas em Portugal no século XVI.* Lisbon, 1926.

——. *Bibliografia das bibliografias portuguesas.* Lisbon, 1923.

Archivum historicum Societatis Iesu; periodicum semestre a Collegio scriptorum de historia S.I. in urbe editum. Rome, 1932——.

Arquivo português oriental, nova edição. Bastorá-Goa, 1936——.

ASHER, ADOLPH. *Bibliographical Essay on the Collection of Voyages and Travels Edited and Published by Levinus Hulsius and His Successors at Nuremberg and Francfort from Anno 1598 to 1660.* Berlin, 1839.

ATKINSON, G. *La littérature geographique française de la Renaissance.* Paris, 1927.

AZEVEDO, P. A. DE S. B. DE, and BAIÃO, ANTONIO. *O Archivo da Torre do Tombo: sua história, corposo que o compoem e organização.* Lisbon, 1905.

BACKER, AUGUSTIN DE. *Bibliothèque de la Compagnie de Jésus* (9th ed.). Augmented and edited by Carlos Sommervogel. Brussels, 1890.

BAGROW, L. *Die Geschichte der Kartographie.* Berlin, 1951.

BALDENSPERGER, FERNAND, and FRIEDRICH, WERNER. *Bibliography of Comparative Literature.* Chapel Hill, 1950.

BARTHOLD, W. *Die geographische und historische Erforschung des Orients, mit besonderer Berücksichtigung der russischen Arbeiten.* Leipzig, 1913.

BEAULIEUX, CHARLES. *Catalogue de la réserve XVIᵉ siècle (1501-1540) de la Bibliothèque de l'Université de Paris.* Paris, 1910.

BECKMANN, JOHANN. *Litteratur der älteren Reisebeschreibungen.* 2 vols. Göttingen, 1808-09.

BERLIN. JAPAN-INSTITUT. *Bibliographischer Alt-Japan-Katalog, 1542-1853,* compiled and edited by the Japaninstitut in Berlin and by the Deutschen Forschungsinstitut in Kyoto. Kyoto, 1940.

Bibliographie de l'orientalisme japonais. Paris, 1959.

Bibliography Commemorating the 4th Centenary of St. Francis Xavier's Arrival in Japan. Tokyo, 1949.

Bibliography of Thailand. A Selected List of Books and Articles with Annotations by the Staff of the Cornell Thailand Research Project, Lauriston Sharp, Director. Ithaca, N.Y., 1956.

BIKER, JULIO (ed.). *Collecção de tradatos e concertos de pazes que o estado da India portugueza a fez com os reis e senhores com que teve relações nas partes da Asia e Africa oriental.* 14 vols. Lisbon, 1881-87.

Boletim de bibliografia portuguesa. Lisbon, 1940——.

BOUCHER DE LA RICHARDERIE, GILLES. *Bibliothéque universelle des voyages anciens et modernes.* 6 vols.

Paris, 1808.

Boudet, Paul, and Bourgeois, Remi. *Bibliographie de l'Indochine française, 1913-1926*. Hanoi, 1929.

Boxer, C. "A Tentative Check-list of Indo-Portuguese Imprints, 1556-1674," *Boletim do Instituto Vasco da Gama* (Bastorá-Goa), NO. 73 (1956), 19-41.

Bragança, Cunha, Vicente de. *Literatura Indo-Portuguesa, figuras e factos*. Bombay, 1926.

Brandmair, E. *Bibliographische Untersuchung über Enstehung und Entwicklung des Ortelianischen Kartenwerkes*. Munich, 1914.

Brébion, Antoine. *Bibliographie des voyages dans l'Indochine française du IXe au XIXe siècle*. Saigon, 1910.

——. *Dictionnaire de bio-bibliographie générale, ancienne et moderne de l'Indochine française.* Paris, 1935.

British Museum. Dept, of Printed Books. *Short-title Catalogue of Portuguese Books Printed before 1601 Now in the British Museum, by Henry Thomas*. London, 1940.

Burnell, A. *Tentative List of Books and Some MSS. Relating to the History of the Portuguese in India Proper*. Mangalore, 1880.

Burney, James. *A Chronological History of the Discoveries in the South Sea or Pacific Ocean.*5 vols. London, 1803-17.

Buzeta, E. M. and Bravo, F. *Diccionario geográfico, estadístico, histórico de las islas Filipinas*. 2 vols. Madrid, 1850.

Carayon, Auguste. *Bibliographie historique de la Compagnie de Jésus ... depuis leur origine jusqu'à nos jours*. Paris, 1864.

Castro, Augustin Maria de. *Misioneros augustinos en el extremo oriente, 1565-1780 (Osario venerable)*. With introduction and notes by M[anuel] Merino. Madrid,1954.

Chamberlain, B. *Things Japanese*. 6th rev. ed. London, 1939.

Cheeseman, H. R. (comp.). *Bibliography of Malaya... a Classified List of Books Wholly or Partly in English....* London and New York, 1959.

Civezza, Marcellino du, O.F.M. *Saggio di bibliografia geografico, etnografica sanfrancescana*. Prato, 1879.

Congresso internacional de orientalistas. *Escritos de los portugueses y castellanos referedentes a las lenguas de China y el Japon*. Lisbon, 1892.

Consiglieri Pedroso, Zophimo. *Catálogo bibliográfico das publicaçoes relativas aos descobrimentos portugueses*. Lisbon, 1912.

Condier, Henri. *Bibliotheca Sinica*. 5 vols. Paris, 1904-08.

——. *Bibliotheca Indosinica; dictionnaire bibliographique des ouvrages relatifs à la péninsule Indochine*. 4 vols. Paris, 1912-15.

——. *Bibliotheca Japonica.* 3 vols. Paris, 1912.

CORREIA, ALBERTO CARLOS GERMANO DA SILVA. *Catálogo bibliográfico das publicações relativas à India Portuguésa.* New Goa, 1938.

CORTESÃO, A., and TEIXEIRA DA MOTA, A. *Portugaliae monumenta cartographica.* 5 vols. Lisbon, 1960-62.

COULING, SAMUEL. *The Encyclopaedia Sinica.* London, 1917.

COUTINHO, BERNARDO XAVIER COSTA. *Bibliographie franco-portugaise, essai d'une bibliographie chronologique de livres français sur le Portugal.* Porto, 1939.

COX, EDWARD GODFREY. *A Reference Guide to the Literature of Travel, including Voyages, Geographical Descriptions, Adventures, Shipwrecks and Expeditions.* 3 vols. Seattle, 1935-49.

CRAWFORD, JAMES LUDOVIC LINDSAY. *Bibliotheca Lindesiana.* London, 1884.

CRAWFURD, JOHN. *A Descriptive Dictionary of the Indian Islands and Adjacent Countries.* London, 1856.

DALGADO, SEBASTIÃO RODOLFO. *Glossário Luso-Asiático.* 2 vols. Coimbra, 1919-21.

DAVENPORT, FRANCES GARDINER (ed.). *European Treaties Bearing on the History of the United States and Its Dependencies to 1648.* 4 vols. Washington, D.C., 1917-37.

DAVIÊS, CUTHBERT COLLIN. *An Historical Atlas of the Indian Peninsula.* 2d ed. Madras, 1959.

DEY, NUNDO. *The Geographical Dictionary of Ancient and Medieval India.* 2d ed. London, 1927.

DOZY, R. P. A. *Supplément aux dictionnaires arabes.* 2 vols. Leyden, 1881.

EBISAWA ARIMICHI (comp.). *Christianity in Japan, a Bibliography of Japanese and Chinese Sources.* Part 1: *1543-1858.* Tokyo, 1960.

EMBREE, JOHN F., and DOTSON, LILLIAN O. (eds.). *Bibliography of the Peoples and Cultures of Mainland Southeast Asia.* New Haven, 1950.

Encyclopaedie van Nederlandsch-Indië. 2d. ed. The Hague, 1917-39.

Encyclopedia of Islām...(1938, Suppl.). 4 vols. Leyden, 1913-24.

EVORA, PORTUGAL. *Biblioteca Publica. Catálogo dos manuscriptos... ordenados pelo bibliothecario Joaquim Heliodoro da Cunha Rivara.* 4 vols. Lisbon, 1850-71.

FERRAND, GABRIEL. *Les poids, mesures et monnaies des mers du sud aux XVIe et XVIIe siècles.* Paris, 1921.

FIGANIÈRE, JORGE CESAR DE. *Bibliographia histórica portugueza.* Lisbon, 1850.

FOURNIER, P. *Voyages et découvertes scientifiques des missionnaires naturalistes fiançais....* Paris, 1932.

FREITAS, JORDÃO A. DE. "Subsidios para a bibliografia portugueza relativa ao estudo da lingua do Japâo," *O Instituto*, LI (1904), 762-68. LII (1905), 115-28, 310-20, 437-48, 499-505.

GEIJER, AGNES. *Oriental Textiles in Sweden.* Copenhagen, 1951.

GOLUBOVICH, G. *Biblioteca bio-bibliografica della Terra Santa e dell'Oriente Francescano.* Florence,

1906-27.

GÓMEZ RODELES, CECILIO. *Imprentas de los antiguos Jesuitas en Europa, América y Filipinas durante los siglos XVI al XVII*. Madrid, 1910.

GONÇALVES, JULIO. *Bibliografia dos descobrimentos e navegações existente na Sociedade de Geografia de Lisboa*. Lisbon, 1954.

GRANIZO RODRIGUEZ, LEÓN MARTIN. *Aportaciones bibliográficas. Viageros y viajes de espanoles, portugueses e hispano-americanos*. Madrid, 1923.

Garcia da Orta (A journal of the Ministério do Ultramar, Portugal), Special Volume Lisbon, 1956.

GUILHERMY, ELESBAN DE. *Menologe de la Compagnie de Jésus*. 2 vols. Poitiers, 1867-68.

HAGUE. KOLONIALE BIBLIOTHEEK. *Catalogus der Koloniale Bibliotheek van het Kon. Instituut voor de Taal-, Land- en Volkenkunde van Ned. Indië en het Indisch Genootschap, door G. P. Rouffaer en W. C. Muller*. 4 vols. The Hague, 1928-37.

HALL, JOHN WHITNEY. *Japanese History; a Guide to Japanese Reference and Research Materials*. Ann Arbor, 1954.

HANAYAMA SHINSHO. *Bibliography on Buddhism*. Edited by the Commemoration Committee for Prof. Shinsho Hanayama's 61st birthday. Tokyo, 1961.

HARRISSE, HENRY. *Bibliotheca Americana Vetustissima: A Description of Works Relating to America, Published between 1492 and 1551*. New York, 1866; 2d ed., Paris, 1872.

HAY, STEPHEN and CASE, MARGARET H. (eds.). *Southeast Asian History; A Bibliographic Guide*. New York, 1962.

HAYM, N. F. *Notizia de libri raro nella lingua italiana*. London, 1726.

HUNTER, SIR WILLIAM WILSON. *Imperial Gazetteer of India*. 2d ed. 14 vols. London, 1885-87.

Imperial Gazetteer of India. New ed., Published under the authority of His Majesty's Secretary of State for India in Council. 26 vols. Oxford, 1908-31.

INTERNATIONAL COMMITTEE OF HISTORICAL SCIENCES. COMMISSION POUR L'HISTOIRE DES GRANDS VOYAGES ET DES GRANDES DÉCOUVERTES. *Travaux. Bibliographie, 1912-1931*. Paris [1932].

ITALY. R. COMMISSIONE COLOMBIANA. *Raccolta di documenti estudi pub...pel quarto centenario dalla scoperta dell'America*. 14 vols. Rome, 1892-96.

JESUITS. *Catalogus patrum ac fratrum e Societate Jesu qui a morte S. Fr. Xaverii ad annum MDCCCLXXII evangelio Christi propagando in Sinis adlaboraverunt*. Shanghai,1873.

JOPPEN, CHARLES, *Historical Atlas of India*. 3d ed. London, 1929.

KAMMERER, ALBERT. *La mer rouge, l'Abyssinie et l'Arabie depuis l'antiquité*. 2 vols, in 3. Cairo, 1929-35.

KEITH, A. B. *A History of Sanskrit Literature*. Oxford, 1928.

KLOOSTERBOER, W. *Bibliografie van nederlandse publikaties over Portugal en zijn overzeese*

参考文献

gediedsdelen. The Hague, 1957.

LAGOA, JOAO ANTONIO DE MASCARENHAS JUDICE. *Glossário toponímico de antiga histériografia portuguesa ultramarina... por nomes que divergem dos actuais.* 2 vols. Lisbon,1950.

LAURES, J. *Kirishitan Bunko.* Tokyo, 1940. Supplement I, 1941; Supplement II, 1951.3d rev. ed., Tokyo, 1957.

LEON PINELO, ANTONIO DE. *Epitome de la biblioteca oriental i occidental, nautica y geografica.* Madrid, 1629.

Livros do século XVI impressos em Evora; núcleo da Biblioteca e Arquivo distrital de Evora. Evora, 1941.

LONDON UNIVERSITY. SCHOOL OF ORIENTAL AND AFRICAN STUDIES. *The Far East and South-East Asia: a Cumulative List of Periodical Articles.* London, 1954.

MACHADO, DIOGO BARBOSA. *Biblioteca Lusitana, histórica, crítica e cronológica.* 2d ed. 4 vols. Lisbon, 1930-35.

MADURELL MARIMON, JOSÉ MARIA, and RUBIO Y BALAGUER, JORGE (comps. and eds.). *Documentos para la historia de la imprenta en Barcelona, 1474-1553.* Barcelona, 1955.

MAGGS BROTHERS, LONDON. *America and the East. Early Geographies.* London, 1921

——. *Bibliotheca Asiatica.* Parts 1-3. London, 1924-1929.

——. *Printed Books and Manuscripts on Japan, Arranged Chronologically.* London, 1926.

MANUEL II, KING OF PORTUGAL. *Early Portuguese Books (1489-1600) in the Library of His Majesty the King of Portugal.* 3 vols. London, 1929.

MARTINEAU, ALFRED A. *Bibliographie d'histoire coloniale (1900-1930).* Paris, 1932.

MARTINEAU, ALFRED A., and MAY, L. P. *Tableau de l'expansion européene à travers le monde de la fin du XIIe au début du XIXe siècle.* Paris, 1935.

MASON, JOHN BROWN, and PARISH, H. CARROL. *Thailand Bibliography.* Gainesville, Fla., 1958.

MEDINA, J. T. *Bibliografía española de las Islas Filipinas (1523-1810).* Santiago de Chile, 1897.

——. *Nota bibliográfica sobre un libro impreso en Macao en 1590.* Seville, 1894.

MERRILL, E. D., and WALKER, E. H. *A Bibliography of Eastern Asiatic Botany.* New York, 1938.

MOLS, ROGER. *Introduction à la démographie des villes d'Europe du XIVe au XVIIIe siècles.* 2 vols. Gemblaux, 1954-56.

MOLUKKEN INSTITUUT, AMSTERDAM. *Overzicht van de literatuur betreffende de Molukleen.* Amsterdam, 1928.

MOREL-FATIO, ALFRED. *Catalogue des manuscrits espagnols et des manuscrits portugais* [*de la Bibliothèque Nationale*], Paris, 1892.

MULLER, FREDERIK, AND CO., AMSTERDAM. *Catalogue annuel de livres et de documents sur la cartographie, la géographie, les voyages XVe-XIXe siècles.* Amsterdam, 1912.

MURRAY, JOHN, publisher. *A Handbook for Travellers in India and Pakistan, Burma and Ceylon....* 16th ed. London, 1949.

NEW YORK UNIVERSITY. BURMA RESEARCH PROJECT. *Annotated Bibliography of Burma.* Directed and edited by FRANK N. TRAGER. New Haven, 1956.

OPORTO. PORTUGAL. *Biblioteca Publica. Catálogo dos manuscritos ultramarinos da Biblioteca Publica Municipal do Porto.* Lisbon, 1938.

Orientalistische Literaturzeitung: Monatsschrift für die Wissenschaft vom ganzen Orient... Im Auftrage der Deutschen Akademie der Wissenschaften zu Berlin. Berlin, 1898.

PALAU Y DULCET, A. *Manuel del librero hispano-americano.* 2d ed. 14 vols. Barcelona, 1948.

PAPINOT, E. *Historical and Geographical Dictionary of Japan.* Ann Arbor, Mich., 1948.

PARKER, JOHN (comp.). *A List of Additions, 1951-1954.* Minneapolis, 1955.

PATTERSON, MAUREEN L. P., and INDEN, RONALD B. (comps.). *South Asia: An Introductory Bibliography.* Chicago, 1962.

PEDROSO, ZOPHIMO CONSIGLIERI; *see* CONSIGLIERI PEDROSO, ZOPHIMO.

PEITERS-FONTAMES, J. *Bibliographie des impressions espagnols des Pays-Bas.* Louvain and Antwerp, 1933.

PÉREZ, PASTOR CRISTÓBAL. *Bibliografía madrileña... 1566-1625.* 3 vols. Madrid, 1891-1907.

PFISTER, ALOYS. *Notices biographiques et bibliographiques sur les Jésuites de l'ancienne mission de Chine, 1552-1773.* 2 vols. Shanghai, 1932-34.

PHILIPS, C. H. (ed.). *A Handbook of Oriental History.* London, 1951.

PICATOSTE Y RODRIGUEZ, FELIPE. *Apuntes para una bibliografía científica española del siglo XVI.* Madrid, 1891.

PORTUGAL. CASA DA INDIA. *Registo da Casa da India [1512-1633].* With introduction and notes by LUCIANO RIBEIRO. Lisbon, 1954.

PORTUGAL. MINISTÉRIO DAS COLÓNIAS. *Junta das missões geográficas e de investigações coloniais. Atlas de Portugal ultramarino e das grandes viagens portuguesas de descobrimento e expansão.* Lisbon, 1948.

RAHNER, HUGO, and POLGÁR, LADISLAUS. "Bibliographie des P. Georg Schurhammer S.I.," *Archivum historicum Societatis Iesu,* XXVI (1957), 422-52.

RIVADENEIRA, PEDRO DE. *Bibliotheca scriptorum Societatis Iesu......*Antwerp, 1643.

ROBERTSON, JAMES A. *Bibliography of the Philippine Islands.* Cleveland, 1908.

——. *Bibliography of Early Spanish-Japanese Relations.* ("Asiatic Society of Japan Transactions," Vol. XLIII.) Manila and Yokohama, 1915.

RODELES, CECILIO GOMEZ; *see* GOMEZ RODELES, CECILIO.

RODRÍGUEZ MOÑINO, A. "Bibliografía hispanoriental. Apuntes para un catálogo de los documentos referentes a las Indias orientales de las collecciones de la Academia." *Boletín, Academia de la historia* (Madrid), No. 98 (1931), 417-73.

SABIN, JOSEPH. *Bibliotheca Americana. A Dictionary of Books Relating to America, from Its Discovery to the Present Time*. 29 vols. New York, 1868-1936.

SAN FILIPPO, PIETRO AMAT DI; *see* AMAT DI SAN FILIPPO, PIETRO.

SANTIAGO VELA, G. DE. *Ensayo de una biblioteca Ibero-Americana de la orden de San Augustin*. 7 vols. Madrid, 1913-25.

SATOW, E. M. "Bibliography of Siam," *Journal of the Straits Branch of the Royal Asiatic Society*, No. 17(1886), 1-75; No. 18 (1887), 163-89.

SILVA CORREIA, ALBERTO CARLOS GERMANO DA; *see* CORREIA, ALBERTO CARLOS GERMANO DA SILVA.

SILVA RÊGO, A. DA, "Outre-mer portugais," *Revue d'histoire des colonies*, XLIV (1957), 102-11; XLV (1958), 159-60; XLVI (1959), 288-99.

SILVER, STEPHEN WILLIAM. *Catalogue of the York Gate Library Formed by S. William Silver; an Index to the Literature of Geography, Maritime and Inland Discovery, Commerce and Colonisation; by Edward Augustus Petherick*. 2d ed. London, 1886.

SINGER, CHARLES. *A History of Technology*. 5 vols. Oxford, 1954-58.

SIMON DIAZ, JOSÉ. *Bibliografía de la literatura hispanica*. 4 vols. Madrid, 1950.

STAMP, L. D. *Asia, a Regional and Economic Geography*. 8th ed. London, 1950.

STREIT, ROBERT. *Bibliotheca missionum*. 21 vols. Aachen, 1916-55.

STUCK, GOTTLIEB HEINRICH. *Verzeichnis von ältern, und neuem Land-und Reisebeschreibungen; Versuch eines Hauptstücks der geographischen Litteratur mit einen volbtändigen Real Register....* Halle, 1784-87.

SWECKER, ZOE. "The Early Iberian Accounts of the Far East." Ph.D. dissertation, University of Chicago, 1960.

TAYLOR, C. R. H. *A Pacific Bibliography*. Wellington, N.Z., 1951.

TÊNG S. Y., et al. *Japanese Studies on Japan and the Far East....* Hong Kong, 1961.

TERNAUX-COMPANS, HENRI. *Bibliothèque asiatique et africaine; ou, Catalogue des ouvrages relatifs à l'Asie et à l'Afrique qui ont paru depuis la découverte de l'imprimerie jusqu'en 1700*. 2 vols. Paris, 1841-42.

THORNTON, E. *A Gazetteer of the Territories under the Government of the East-India Company. ...* London, 1857.

TORRES LANZAS, PEDRO. *Catálogo de legajos del Archivo General de Indias*. Seville, 1919.

——. *Catálogo de los documentos relativos a las Islas Filipinos existentes en el Archivo de Indias de Sevilla*. 8 vols. Barcelona, 1925-33.

UNDERWOOD, HORACE H. "A Partial Bibliography of Occidental Literature on Korea, from Early Times to 1930," *Transactions from the Korea Branch of the Royal Asiatic Society*, XX(1931), 16-183.

U. S. LIBRARY OF CONGRESS. GENERAL REFERENCE AND BIBLIOGRAPHY DIVISION. *Netherlands East Indies, a Bibliography of Books Published after 1930, and Periodical Articles after 1932, Available in U.S. Libraries.* Compiled by the Netherlands Studies Unit, Washington, D.C., 1945.

U. S. LIBRARY OF CONGRESS. ORIENTALIA DIVISION. *Southeast Asia; an Annotated Bibliography of Selected Reference Sources.* Compiled by Cecil Hobbs. Washington, D.C., 1952.

U. S. LIBRARY OF CONGRESS. REFERENCE DEPT. *Indochina, a Bibliography of the Land and People.* Compiled by Cecil C. Hobbs and Others. Washington, D.C., 1950.

VINDEL, PEDRO. *Biblioteca oriental. Comprende 2,747 obras relativas a Filipinas, Japón, China y otras partes de Asia y Oceanía....* 2 vols, in 1. Madrid, 1911-12.

WATT, SIR GEORGE. *A Dictionary of the Economic Products of India.* 7 vols, in 10. Calcutta, 1885-96.

WEIGEL, THEODOR. *Bibliographische Mittheilungen über die deutschen Ausgaben von de Bry's Sammlungen der Reisen....* Leipzig, 1845.

WILSON, PATRICK. "A Survey of Bibliographies on Southern Asia," *Journal of Asian Studies*, XVIII (1959), 365-76.

YUAN TUNG-LI. *China in Western Literature; a Continuation of Cordier's Bibliotheca Sinica.* New Haven, 1958.

YULE, HENRY, and BURNELL, A. C. *Hobson-Jobson: Being a Glossary of Anglo-Indian Words and Phrases, and of Kindred Terms.* London, 1886.

SOURCE MATERIALS

ACOSTA, EMANUEL. *Historia rerum a Societate Iesu in Oriente gestarum ad annum usque a Deipara Virgine M. D. LXVIII....* Dillingen, 1571.

ACOSTA, JOSÉ DE. *Obras.* Edited by FRANCISCO MATEOS, S.J. Madrid, 1954.

——. *The Natural & Moral History of the Indies....* Reprinted from the English translated edition of EDWARD GRIMSTON, 1604, and edited by CLEMENTS R. MARKHAM. ("Hakluyt Society Publications," Old Series, Nos. LX and LXI.) 2 vols. London, 1880.

ALBERI, EUGENIO (ed.) ; *see* QUIRINI, VINCENZO.

ALBUQUERQUE, AFFONSO DE. *Cartas.* ("Publications of the Academia das sciências".)7 vols. Lisbon, 1884-1935.

——. *Commentaries de Afonso Dalboquerque.* Edited by BRAZ DE ALBERQUERQUE. Lisbon 1557.

——. *Commentaries.* Translated from the Portuguese edition of 1774 by WALTER DE GRAY BIRCH. ("Hakluyt Society Publications," Old Series, Nos, 53, 55, 62, 69.) 4 vols. London, 1875-84.

ALFONCE, JEAN. *Les voyages avantureux du Capitaine Jean Alfonce, sainctongeois....* Rouen,1578.

ALVAREZ, FRANCISCO. *The Prester John of the Indies... Being the Narrative of the Portuguese Embassy to Ethiopia in 1520...*. Edited by C. F. BECKINGHAM and G. W. B. HUNTINGFORD. ("Hakluyt Society Publications," 2d ser., Nos. CXIV-CXV.) 2 vols. Cambridge, 1961.

ANDRADE, FRANCISCO DE. *O primeiro cêrco que os Turcos puzerão na fortaleza de Dio nas partes da India*. Coimbra, 1589.

ANGHIERA, PIETRO MARTIRE D'. *De rebus oceanicis et novo orbe, Decades tres... De rebus aethiopicis, indicis, lusitanicis & hispanicis*. Cologne, 1574.

ARBER, EDWARD (ed.). *The First Three English Books on America: ?1511-1555 A.D... .by Richard Eden, from the Writings... etc. of Pietro Martire... Sebastian Münster... Sebastian Cabot... with Extracts, etc., from the Works of Other Spanish, Italian, and German Writers of the Time*. Birmingham, 1885.

ARGENSOLA, B. L. *Conquista de las islas Malucas*. Madrid, 1608. (Reprinted by the "Biblioteca de escritores aragoneses" [Saragossa, 1891].)

AZEVEDO, PEDRO DE (ed.); *see* LOPES DE CASTANHEDA, FERNÃO.

BADEN-POWELL, B. H. (ed.). "The Villages of Goa in the Early 16th Century," *Journal of the Royal Asiatic Society, 1900*, pp. 261-91. (A translation of the official charter, *Foral dos usos e costumes...* dated Sept. 16, 1526.)

BAIÃO, ANTONIO (ed.). *Historia quinhentista (inédita) do segundo Cérco de Dio...*. Coimbra, 1925.

——. (ed) ; see BARROS, JOÃO DE. *Documentos....*

——. (ed.) *Itinerários da India a Portugal por Terra*. Coimbra, 1923. (Includes the journals of MESTRE AFFONSO AND ANTÓNIO TENREIRO.)

BALAK, JOHN. "A learned Epistle written 1581.... Giving Good Light to the Discovery of the Northeast Passage to Cathay, China, and the Malucaes." In RICHARD HAKLUYT (comp.), *Principall Navigations...* (James Mac Lehose and Sons), III, 450-57.12 vols. Glasgow, 1904-05.

BALBI, GASPARO. *Viaggio dell'Indie Orientali di Gaapo o Balbi....* Venice, 1590.

——. "Gasparo Balbi his Voyage to Pegu." In SAMUEL PURCHAS (ed.), *Hakluytus Posthumus; or, Purchas his Pilgrimes*, X, 143-64. 20 vols. Glasgow, 1905-07.

BARBOSA, DUARTE. *The Book of Duarte Barbosa... Completed About the Year 1518 A.D.* Translated from the Portuguese by MANUEL LONGWORTH DAMES. ("Hakluyt Society Publications," 2d ser., Nos. XLIV, XLIX.) 2 vols. London, 1918-21.

BAR SAUMA. *The History of the Yaballaha III, Nestorian Patriarch, and of his Vicar, Bar Sauma, Mongol Ambassador to the Frankish Courts at the End of the Thirteenth Century*. Translated by JAMES A. MONTGOMERY. New York, 1927.

BARRET, WILLIAM. "The Money and Measures of Babylon, Balsara, and the Indies... 1584." In RICHARD HAKLUYT (comp.), *Principali Navigations...* (James Mac Lehose and Sons), VI, 10-34. 12 vols. Glasgow, 1904-05.

BARROS, JOÃO DE. *Ásia.* 6th ed. Edited by HERNANI CIDADE and MANUEL MÚRIAS. 4 vols. Lisbon, 1945-46.

——. *Compilação de varias obras do insigne Portuguez João de Barros....* Porto, 1869.

——. *Documentos inéditos sobre João de Barros....* Edited by ANTONIO BAIÃO. Coimbra, 1917.

BEAZLEY, C. R. (ed.). *The Texts and Versions of John of Plano Carpini and William de Rubruquis.* London, 1903.

BELLEFOREST, FRANÇOIS DE. *L'histoire universelle du monde....* Paris, 1570.

BEMBO, PIETRO. *L'histoire du nouveau monde descouvert par les Portugaloys....* Lyons, 1556.

BERGAMO, JACOPO FILIPPO FORESTI DA. *Supplementum Chronicarum.* Venice, 1483.

BETHUNE, CHARLES R. DRINKWATER (ed.) ; *see* GALVÃO, ANTÓNIO. *The Discoveries....*

BIRCH WALTER DE GRAY (ed.) ; *see* ALBUQUERQUE, AFFONSO DE. *Commentaries....*

BLAIR, E. H., and ROBERTSON, J. A. (eds.). *The Philippine Islands, 1493-1803.* 55 vols. Cleveland, 1903-09.

BOEMUS, JOHANN. *The Manners, Lawes, and Customes of all Nations....* Translated by EDWARD ASTON. London, 1611. (First published at Lyons in 1536 in Latin.)

BOTERO, GIOVANNI. *Practical Politics.* Translated from the Italian. Turin, 1596. (Republished in G. E. MOORE [ed.]. Washington, D.C., 1948.)

——. *A Treatise Concerning the Causes of the Magnificencie and Greatness of Cities....* London, 1606.

BOXER, C. R., *South China in the Sixteenth Century.* ("Hakluyt Society Publications," 2d ser., No. CVI.) London, 1953.

BRITO, ANTONIO DE. "La lettre d'Antonio de Brito, capitaine de la fortresse de Ternate, au Roi de Portugal, Dom João III (6 mai 1523)," *La géographie,* XLIX (1928),1-17.

BUDGE, SIR E. A. WALLIS (ed.). *The Monks of Kublai Khan, Emperor of China....* London, 1928.

BURNELL, A. C., and TIELE, P. A. (ed.) ; *see* LINSCHOTEN, JAN HUYGHEN VAN.

BURROUGH, SIR JOHN. "A True Report of the Honourable Service at Sea Perfourmed by Sir John Burrough Knight . . . wherein . . . Two East Indian Caraks... Were Forced..., 1592." In RICHARD HAKLUYT (comp.), *Principall Navigations...* (James Mac Lehose and Sons), VII, 105-18. 12 vols. Glasgow, 1904-05.

CABRAL, PEDRO ALVARES. *The Voyage...to Brazil and India from Contemporary Documents and Narratives.* Translated by WILLIAM BROOKS GREENLEE. ("Hakluyt Society Publications," 2d ser., No. 81) London, 1938.

CA'MASSER, LEONARDO DA. "Relazione... alla Serenissima Repubblica di Venezia sopra il commercio dei Portoghesi nell'India... 1497-1506," edited by G. SCOPOLI, *Archivio storico italiano,* Ser. I, Appendix 2 (1845), pp. 9-51.

CANDISH [CAVENDISH], THOMAS. "The third circumnavigation of the globe... 1586 ... 1588." In SAMUEL PURCHAS (ed.), *Hakluytus Posthumus; or, Purchas His Pilgrimes,* X, 143-64. 20 vols. Glasgow,

1905-07.

——. "A letter... to... Lord Hunsdon, Lord Chamberlaine, One of Her Majesties most honourable Privy Councell, touching the Successe of his Voyage about the World." In RICHARD HAKLUYT (comp.), *Principall Navigations...* (James Mac Lehose and Sons), XI, 376-78.12 vols. Glasgow, 1904-05.

——. "Certaine Notes of References taken out of the large Map of China, brought Home by M. Thomas Candish, 1588." In *ibid.*, pp. 378-81.

CARACCIOLO, VIRGILIO. *Compendio della descrittione di tutto il mondo.* Naples, 1567.

CARDANO, GERONIMO. *Iuizio de la rayz China, que es palo medicinal, i assi lo es el tratado, i por ello permitido deste Aut.* Antwerp, 1564.

CARPINI, JOHN OF PLANO. *The Journey of William of Rubruck... with two Accounts of the earlier Journey of John of Pian de Carpine.* Translated and edited by W. W. ROCKHILL ("Hakluyt Society Publications," 2d ser., No. IV) London, 1900.

——. "Libellus historicus Joannis de Plano Carpini... 1246...." In Richard Hakluyt (comp.), *Principall Navigations...* (James Mac Lehose and Sons), I, 55-179. 12 vols. Glasgow, 1904-05.

CASTANHEDA, FERNÃO LOPES DE; *see* LOPES DE CASTANHEDA, FERNÃO.

CASTRO, JOÃO DE. *Lettres.* Edited by ELAINE SANCEAU. Lisbon, 1955.

[CAVENDISH], THOMAS; *see* CANDISH, THOMAS.

CENTALLAS JOACHIM DE. *Les voyages et conquestes des roys de Portugal es Indes d'orient....* Paris, 1578.

Chroniques de João de Barros, Damiao de Goes, Gaspar Correa, Garcia de Resende: la découverte de l'Inde par Vasco da Gama. (*Les grands navigateurs et colons portugais du XV* et XVI* siècles...,* Vol. III. Paris, n.d.

CIDADE, HERNANI, and MÚRIAS. MANUEL (eds.); *see* BARROS, JOÃO DE. *Ásia.*

CLAVIJO, RUY GONCALEZ DE. *Narrative of the Embassy of Ruy Gonzalez de Clavijo to the Court of Timour... A.D. 1403-06.* Translated by C. R. MARKHAM. ("Hakluyt Society Publications," Old Series, No. 26.) London, 1859.

CLIFFE, EDWARD, "The Voyage of M. John Winter into the South Sea ... 1577." In RICHARD HAKLUYT (comp.), *Principall Navigations ...* (James Mac Lehose and Sons) IV, 12-15. 12 vols. Glasgow, 1904-05.

COBO, JUAN. *Beng Sim Po Cam o espejo rico del claro corazón. Primer libro chino traducido, en lengua castellana* [*ca. 1592*]. Edition prepared by CARLOS SANZ. Madrid, 1959.

COEDÈS, GEORGES (ed.). *Textes d'auteurs grecs et latins relatifs à l'Extrême-Orient depuis le IV* siècle av. J. C. jusqu'au XIV* siècle.* Paris, 1910.

COLERIDGE, H. J. (ed.) ; *see* XAVIER, SAINT FRANCIS. *The Life and Lettets of St. Francis Xavier.*

COLÍN, FRANCISCO. *Labór evangélica.. .en las Islas Filipinas... Manuscritos... que passò de los Reynos de España....* (new ed.). Edited by PABLO PASTELLS. 3 vols. Barcelona, 1900-02.

Collecção de monumentos inéditos para a História das Conquistas dos Portuguezes em Africa, Asia e America, pub. sob a direcção de Rodrigo José de Lima Felner. ("Publications of the Academia das Sciências de Lisboa") Lisbon, 1858——(see especially Vol. V, *Subsidios para a História da India.* Lisbon, 1876.)

CONTI, NICOLÒ DE' ; *see* RAMUSIO, G. B. (comp.).

CORDIER, HENRI (ed.) ; *see* YULE, SIR HENRY, and CORDIER, H. (eds.).

——. (ed.) ; *see* ODORIC DE PORDENONE.

CORRÊA, GASPAR. *Lendas da India, pub. sob a dirrecção de Rodrigo José de Lima Felner.* 5 vols. Lisbon, 1858-66.

CORSALI, ANDREA; *see* RAMUSIO, G. B. (comp.), CORSALI, ANDREA.

CORTE REAL, JERONIMO. *Successos do segundo cêrco de Dio.* Lisbon, 1574.

CORTESÃO, ARMANDO (ed.); *see* PIRES, TOMÉ.

COSTA, MANUEL DA; *see* ACOSTA, EMANUEL.

COUTINHO, LOPO DE SOUSA. *História do Cêrco de Dio.* Coimbra, 1556.

——. *Livro primeyro do cerco de Diu, que os Turcos poseram a fortaleza de Diu.* Lisbon,1556.

COUTO, DIOGO DO. "Of the Famous Island of Salsette... Of the... Pagoda of Elephanta," translated from Couto's Década VII by W. K. FLETCHER, *Journal of the Bombay Branch of the Royal Asiatic Society*, I (1841-44), 34-45.

CROS, L. J. M. (ed.) ; *see* XAVIER, SAINT FRANCIS. *Saint François de Xavier....*

CRUZ, GASPAR DA. *Tractado em que se cõtam muito por estẽso as cousas da China, cõ suas particularidades, e assi do reyno dormuz....* Evora, 1569.

——; *see* BOXER, C. R. (ed.). *South China....*

CRUZ, JOÃO DA. "Letters of D. João da Cruz," edited by GEORG SCHURHAMMER, *Kerala Society Papers* (Trivandrum), VI (1930), 304-17.

CUNHA, NUÑO DA. *Epitome rerum gestarum in India... MDXXX. Auctore Angelo Andrae Resendio lusitano.* Louvain, 1531.

CYSAT, RENWARD. *Cosmographische und warhafftige Beschreibung der newerfundenen orientalischen japponischen Königreichen... Aus der italianischen Sprache ins Teutsche vertiert.* Freiburg, 1592 (colophon has date 1586).

DAMES, MANUEL LONGWORTH (ed.) ; *see* BARBOSA, DUARTE.

DAVYS, JOHN. *The Voyages and Works of John Davis, the Navigator.* Edited by ALBERT HASTINGS MARKHAM. ("Hakluyt Society Publications," Old Series, No. LIX.) 2 vols. London, 1880.

DE BRUYN, ABRAHAM. *Omnium pene Europae, Asiae, Aphricae, atque Americae gentium habitus.* Antwerp, 1581.

DE BRY, JOHANN THEODOR, and DE BRY, JOHANN ISRAEL (eds.). *India Orientalis.* Frankfurt am Main,

1598———.

DE LOS RIOS, J. A. (ed.); *see* OVIEDO Y VALDÉS, G. F. DE. *Historia general y natural de las Indias....*

D'ELIA, P. M. (ed.) ; *see* RICCI, MATTEO. *Fonti Riccione....*

DÍAZ DE LUGO, JUAN BERNARDO. *Lettres envoyees au Chapitre General des Freres Mineurs... touchãt les Affaires des Indes, & Parties orientalles.* Translated from Latin into French. n.p., 1532.

Doctrina Christiana, the First Book Printed in the Philippines, Manila, 1583. (A Facsimile with an Introductory Essay by EDWIN WOLF.) 2d ed. Washington, D.C.,1947.

DRAKE, FRANCIS. "Two Famous Voyages... round about the World, by Sir Francis Drake, and M. Thomas Candish, Esquire... Whereunto Are Annexed Certaine Rare Observations touching the Present State of China, and the Kingdom of Coray." In RICHARD HAKLUYT (comp.), *Principall Navigations...* (James Mac Lehose and Sons), XI, 101-33.12 vols. Glasgow, 1904-05.

DU JARRIC, PIERRE. *Akbar and the Jesuits....* Translated by C. H. PAYNE. London,1926.

EDEN, RICHARD (ed.). *The History of Trauayle in the West and East... done into Englyshe by Richarde Eden. Newly Set in Order, Augmented, and Finished by Richard Willes.* London, 1577.

EGLAUER, ANTON (ed.). *Die Missionsgeschichte späterer Zeiten; oder, gesammelte Briefe der katholischen Missionäre aus allen Theilen der Welt....* 6 vols. Augsburg, 1794-98. (The series is in two parts: *Der Briefe aus Ostindien.* 3 vols. Augsburg, 1794-95; *Der Briefe aus Japan,* 3 vols. Augsburg, 1795-98.)

ELIZABETH I, QUEEN OF ENGLAND. "A Letter... to Zelabdim Echebar, King of Cambaia ... 1583." In RICHARD HAKLUYT (comp.), *Principall Navigations...* (James Mac Lehose and Sons), V, 450-51. 12 vols. Glasgow, 1904-05.

———. "A Letter... to the King of China... 1583." *In ibid.*, pp. 451-52.

———. "The Letters... Sent in the Yere 1596 unto the Great Emperor of China...." *In ibid.*, XI, 417-21.

EMPOLI, GIOVANNI DA. "Lettera di Giovanni da Empoli a Leonardo suo padre intorno al viaggio da lui fatto a Malacco e frammenti di altri lettere del medisimo aggiuntavi la vita di esso Giovanni scritta da Girolamo da Empoli suo zio," *Archivio storico italiano,* Appendix, III (1846), 7-91.

ESCALANTE, BERNARDINO DE. *Discurso de la navegación que los portugueses hazen a las reinos y prouincias del Oriente y.. .las grandezas del reino de la China.* Seville, 1577.

"An Excellent Treatise of the Kingdome of China... Printed in Latine at Macao a Citie of the Portugals in China, An. Dom. 1590...." In RICHARD HAKLUYT (comp.), *Principall Navigations...* (James Mac Lehose and Sons), VI, 348-77. 12 vols. Glasgow, 1904-05.

FEDRICI, CESARE. *The Voyage and Travalie of M. Caesar Frederick... into the East Indies, the Indies, and Beyond the Indies.... Out of Italian by T. Hickok.* London, 1588.

———, "The Voyage and Travell... into the East India and Beyond the Indies...." In RICHARD HAKLUYT (comp.), *Principall Navigations...* (James Mac Lehose and Sons), V, 365-449. 12 vols. Glasgow,

1904-05.

——. *see* Ramusio, G.B. (comp.).

Ferguson, Donald (ed.). "Letters from Portuguese Captives in Canton, Written in 1534 and 1536...," *Indian Antiquary*, XXX (1901), 420-36.

Ficalho, Conde de (ed.) ; *see* Orta, Garcia da. *Coloquios dos simples*....

Fitch, Ralph. "Voyage of Master Falph Fitch... to Goa in the East India, to Cambaia, Ganges, Bengala... to Pegu, to Iamahay in the Kingdome of Siam... to Malacca, Zeilan, Cochin... 1583 ... 1591. In Samuel Purchas (ed.), *Hakluyt Posthumus; or Purchas His Pilgrimes,* X, 165-204. 20 vols. Glasgow, 1905-07.

——. "A Letter Written from Goa...." In Richard Hakluyt (comp.), *Principall Navigations*... (James Mac Lehose and Sons), V, 463-64. 12 vols. Glasgow, 1904-05.

Fitch, Ralph. "The Voyage of M. Ralph Fitch... to ... the East India, to Cambaia, and the Kingdome of Zelabdim Echebar the Great Mogor... to Pegu... Malacca, Zeilan, Cochin, and all the Coast of the East India... 1583 ... 1591...In *ibid.*, pp. 464-505.

Franck, Sebastian. *Warhafftige Beschreibunge aller Theil der Welt*.... 2 vols. Frankfurt am Main, 1567.

Fricius, Valentinus. *Religionstandt der ganzen neuen Welt, beider Indien gegen auf und Niedergang der Sonnen*. Ingolstadt, 1588.

Fróis, Luis. *Die Geschichte Japans* (1549-1578)....Translated and annotated by G. Schurhammer and E. A. Voretzsch. Leipzig, 1926.

——. *Kulturgegensätze Europarjapan (1585)*....Published in the Portuguese original with a German translation by Josef Franz Schütte. Tokyo, 1955.

Fulin, Rinaldo (ed.) ; *see* Sanuto, Marino.

Fuller, Thomas. "A Note of the Windes... betweene the Coast of New Spaine and Islands of the Philippinas on the Coast of Asia." In Richard Hakluyt (comp.), *Principall Navigations*... (James Mac Lehose and Sons), XI, 375-76. 12 Vols. Glasgow, 1904-05.

Gachard, L. P. (ed.). *Relations des ambassadeurs vénitiens*. Brussels, 1885.

——(ed.); *see* Philip II, King of Spain.

Galvão, António. *The Discoveries of the World*.... Edited by Charles R. Drinkwater Bethune. ("Hakluyt Society Publications," Old Series, No. 30.) London, 1862.

——. *Tratado .. .dos... descobrimentos*. Lisbon, 1563. Reproduced and edited by the Visconde de Lagoa and Elaine Sanceau. Porto, 1944.

Gama, Vasco da. *A Journal of the First Voyage of Vasco da Gama, 1497-1499*. Translated and edited by E. G. Ravenstein. ("Hakluyt Society Publications," Old Series, No. 99.) London, 1898.

General Chronica das ist: Warhafftige eigentliche und kurtze Beschreibung vieler namhaffter... Landtschafften.... Frankfurt am Main, 1581.

GÓIS, DAMIÃO DE. *Opúsculos históricos*.... Translated from Latin by PROF. DIAS DE CARVALHO. Pôrto, 1945.

——. *Chronica do felicissimo rei Dom Emanuel*. 2 vols. Lisbon, 1566.

GOMARA, FRANCISCO LOPEZ DE. "The Debate and Stryfe... for the Diuision of the Indies...." In EDWARD ARBER (ed.), *The First Three English Books on America: ? 1511-1555 A.D.* Birmingham, 1885.

GONÇALVES, SEBASTIÃO. *Primeira parta da historia dos religiosos da Companhia de Jesus...nos Reynos e provincias da India Oriental*.... Edited by J. WICKI. Coimbra, 1957.

GONZAGA, FRANCISCUS. *De origine seraphicae religionis franciscanae eiusque progressibus*. Rome, 1587.

GONZÁLEZ DE MENDOZA, JUAN. *Historia de las cosas mas notables ritos y costumbres del gran reyno de la China*. Rome, 1585.

——. *The History of the Great and Mighty Kingdom of China*.... Reprinted from the translation of R. PARKE. Edited by SIR GEORGE T. STAUNTON. ("Hakluyt Society Publications," Old Series, Nos. 14-15.) 2 vols. London, 1853-54.

——. *Historia de las cosas mas notables, ritos y costumbres del gran reino de la China*. Edited by FÉLIX GARCÍA. Madrid, 1944.

GREENLEE, WILLIAM BROOKS (ed.) ; *see* CABRAL, PEDRO ALVARES.

GREIFF, R. (ed.); *see* PEUTINGER, KONRAD. *Brief und Berichte*....

——(ed.); *see* REM, LUCAS.

GRYNAEUS, SIMON (ed.); *see Novus orbis regionum*.

GUZMAN, LUIS DE. *Historia de las missiones que han hecho los religiosos de la Compañía de Iesús...en la India Oriental... China y Iapón*. 2 vols. Alcalá de Henares, 1601.

HAKLUYT, RICHARD (comp.). *Divers Voyages touching the Discovery of America and the Island Adjacent... 1582*. Edited by JOHN WINTER JONES. ("Hakluyt Society Publications," Old Series, No. 7.) London, 1850.

HAKLUYT, RICHARD (comp.). *Principall Navigations, Voyages, and Discoveries of the English Nation ... within the Compasse of these 1500 Yeeres*.... (James Mac Lehose and Sons) 12 vols. Glasgow, 1904-05. (First ed., London, 1589; 2d ed., 3 vols., London, 1598-1600.) For the most relevant items *see*: BALAK, JOHN; BARKER, EDWARD; BARRET, WILLIAM; CANDISH, THOMAS; CARPINI, JOHN OF PLANO; DRAKE, FRANCIS; ELIZABETH I, QUEEN OF ENGLAND; "Excellent Treatise of the Kingdom of China ..." ; FEDRICI,CESARE; FITCH, RALPH; FULLER, THOMAS; HOLMES, GILES; [JESUITS]; JOHNSON, RICHARD; LINSCHOTEN, J. H. VAN; MERCATOR, GERARD; PEREERA, GALEOTTA; PETER OF LISBON; PRETTY, FRANCIS; STEVENS, THOMAS; "A True Report of the Honourable Service at Sea..."; WILLIAM OF RUBRUQUIS.

HAKLUYT, RICHARD, and HAKLUYT, RICHARD. *The Original Writings and Correspondence of the Two Richard Hakluyts* ....Edited by E. G. R. TAYLOR. ("Hakluyt Society Publications," 2d ser. Nos.

76-77.) 2 vols. London, 1935.

HAMY, ALFRED (ed.). *Documents pour servir à l'histoire des domiciles de la Companie de Jésus dans le monde entier de 1540 à 1775.* Paris, 1892.

HARFF, ARNOLD RITTER VON. *The Pilgrimage of Arnold von Harff... 1496 to 1499.* Translated from the German by MALCOLM LETTS. ("Hakluyt Society Publications," 2d ser., No. 94.) London, 1946.

Herodotus. The History of Herodotus. Edited by J. E. POWELL. London, 1930.

HESE, JOANNES DE. *Peregrinatio ...ab urbe Hierusalem instituta, et per Indiam... ducta....* Antwerp, 1565.

HESSELS. J. H. (ed.) ; *see* ORTELIUS, ABRAHAM.

HICKOK, T. (trans.) ; *see* FEDRICI, CESARE.

HOLMES, GILES. "The Instructions of one of Permia, Who Reporteth He Had Bene at Cathay the Way before Written, and also Another Way... which Note Was Sent out of Russia from Giles Holmes...." In RICHARD HAKLUYT (comp.),*Principall Navigations...* (James Mac Lehose and Sons), II, 482-83. 12 vols. Glasgow, 1904-05.

HORTOP, JOB. *The Rare Travailes of Iob Hortop....* London, 1591.

HOUTMAN, CORNELIS DE. "The Description of a Voyage Made by Certaine Ships of Holland... 1595 ... 1597. In RICHARD HAKLUYT (comp.), *Principall Navigations ...* (James Mac Lehose and Sons), VII, 161-64. 12 vols, Glasgow, 1904-05.

HOYARSABAL, MARTIN, *Les voyages avantureux du Captaine Martin de Hoyarsabal....*Bordeaux, 1579.

HOYLAND, J. S. (trans.) ; *see* LAET, JOANNES DE.

INDIA, PORTUGUESE. CONSELHO DE ESTADO. *Assentos; documentos coordenadoes e anotados por Panduronga S. S. Pissurlencar.* Bastorá-Goa, 1953——.

"Instructions given by the Right Honourable the Lordes of the Counsell, to M. Edward Fenton... for the East Indies and Cathay, Aprill 9,1582." In RICHARD HAKLUYT(comp.), *Principall Navigations...* (James Mac Lehose and Sons), VIII, 42-46. 12 vols. Glasgow, 1904-05.

JACOB, MAR, "Three letters of Mar Jacob, Bishop of Malabar [to King John III] 1503-1550," edited by GEORG SCHURHAMMER, *Gregorianum*, XIV (1933), 62-86.

JAMES, MONTAGUE R. (ed.). *Marvels of the East; a Full Reproduction of the Three Known Copies.* Oxford, 1929.

JESUITS. "History of the Jesuits' Entrance into Japan and China, 1542-99...." In SAMUEL PURCHAS (ed.), *Hakluytus Posthumus; or, Purchas his Pilgrimes,* VI, 12-36. 20 vols, Glasgow, 1905-07.

——. "Of the Island Japan and other litle Isles in the East Ocean." In RICHARD HAKLUYT (comp.), *Principall Navigations...* (James Mac Lehose and Sons), VI, 327-48. 12 vols. Glasgow, 1904-05.

——. "Three Severall Testimonies concerning the Mighty Kingdom of Coray ...,Collected out of the Portugale Jesuites Yeerely Japonian Epistles dated 1590, 1591, 1592, 1594, &c." *In ibid.,* XI, 422-43.

——. *Letters from Missions* (*The East*).

The following list is extremely selective. For a more complete run-down for India, see John Correia-Afonso, *Jesuit Letters and Indian History* (Bombay, 1955), Appendix D; for a virtually complete bibliography of all published as well as unpublished missionary reports on Asia, see R. Streit, *Bibliotheca missionum*, Vol. IV (Aachen, 1928).

Copie dunne lettre missive envoiee des Indes, par monsieur maistre Francois Xauier, frere treschier en Ihesuchrist, de la societe du nom de Ihesus, a son preuost monsieur Egnace de Layola, & a tous ses freres estudians aux lettres a Romme, Pauie, Portugal, Valence, Coulogne, & a Paris. Item deux aultres epistres faictes & enuoiées par ledict seigneur maistre... lune de la cite de Goa, & lautre de Tatucurim. On les vend a Paris a lenseigne des Porcelletz deuant le college des Lombards, chez lehan Corbon. Auec Priuilege. 1545. (Streit, IV, item 480.)

Avisi Particolari delle Indie di Portugallo Riceuuti in questi doi anni del. 1551. & 1552. da lie Reuerendi Padri de la cõpagnia de Iesu, doue fra molte cose mirabili, si uede delli Paesi, del de genti, & costumi loro & la grande cõuersione di molti populi, che cominciano a riceuere il lume della sàta fede & Relligione Christiana. In Roma per Valerio Dorico & Luigi Fratelli Bressani Alle spese de M. Batista di Rosi Genouese, 1552. (Streit, IV, item 669.)

Copia de vnas Cartas de algunos padres y hermanos dela compañia de Iesus que escriuieron déla India, Iapon, y Brasil a los padres y hermanos dela misma compañia, en Portugal trasladadas de portugues en castellano. Fuerõ recibidas el año de mil y quinientos y cincuenta y cinco. Acabaronse a treze dias del mes de Deziembre. Por Ivan Aluarez. Año. M. D. LV. Probably published at Coimbra. (Streit, IV, item 777.)

Epistolae Indicae, In Qvibvs Lvcvlenta Extat Descriptio Rerum Nvper In India Orientali praeclarè gestarum à Theologis societatis Iesv: qui paucis abhinc annis infinita Indorum milia Christo Iesv Christiq. Ecclesiae mirabiliter adiunxerunt. Eiusdem Argumenti Epistolae complures breui prodibunt, quae omnes bona fide narrant incredibilem Ecclesiae Catholicae apud Indos & non ita pridem repertas Insulas propagationem : estq. historia illa sil ulla quidem alia, nunc lectu dignissima iucundissimaq. Cum Gratia & Priuil. Caes. Mai. Dilingae, Apud Sebaldum Mayer. Anno M. D. LXIII. (Streit, IV, item 904.)

Copia De Las Cartas que los Padres y Hermanos de la Compañia de Jesvs que andan en el Iapon escrieron a los de la misma Compañia de la India, y Europa, desde el año de M. D. XLVIII. que começaron, hasta el passado De LXIII Trasladados de Portugues en Castellano. Y con licencia impressas. En Coimbra. Por Iuan de Barrera, y Juan Aluarez. M. D. LXV. Enpressas en Coimbra por luan Aluarez & luan de Baerrera impressores de la Vniuersidad año de 1564. For contents and the dating at 1565 see Zoe Swecker, "The Early Iberian Accounts of the Far East, 1550-1600" (Ph. D. dissertation, University of Chicago), (1960), pp. 289-91.

Iesvs Cartas Qve Os Padres E Irmãos Da Companhia De Iesus, que andão nos Reynos de Iapão escreuerão aos da mesma Companhia da India, o Europa, des do anno de 1549. ate o de 66. Nellas se conta o principio, socesso, e bondade da Christandade da quellas partes, e varios costumes, e idolatrias da gentilidade. Impressas por mandado do Illustrissimo, e Reuerendissimo Senhor Don Ioão Soarez, Bispo de Coimbra, Conde de Arganil, &c. Forão vistas por sua Senhoria Reuerendiss. e Impressas com sua liceça, e dos Inquisidores, em Coimbra em casa de Antonio de Marijs. Anno de 1570. (Streit, IV, item 1496.)

Novveavx Advis de L'Estat Dv Christianisme Es Pays Et Royaulmes Des Indes Orientales & Iappon, Enuoyés au R. P. general de la compagnie du nom de Iesvs. A Paris, Chez Thomas Brumen, au Cloz Bruneau à l'enseigne de l'Oliuier. M. D. LXXXII. Avec permission. (Streit, IV, item 1011.)

Lettera Annale Delle cose del Giapone del M. D. LXXXII. Con Privilegio In Roma, Per Francesco Zannetti, alla Sapientia. M. D. LXXXV. (Streit, IV, item 1636.)

Avvisi Del Giapone de Gli Anni M. D. LXXXII. LXXXIII. Et LXXXIV. Con alcuni altri della Cina dell'LXXXIII. Et LXXXIV. Cauati dalle Lettere della Compagnia di Giesù. Riceuute il mese di Dicembre M. D. LXXXV. In Roma, Per Francesco Zanetti M. D. LXXXVI. Con Licentia De' Superiori. (Streit, IV, item 1669.)

Sendtschreiben Auss den weitberhümpten Landschafften China Japon vn India dess sechs vnnd achtzigisten vnnd siben vnd achtzigisten Jahrs. Sampt Angehenkter erzehlung eines mercklichen Schiiffbruchs wie in andern schreiben dess P. Petri Martonez an den Ehrwürdigen P. General der Societet Jesv den 9. Decembris Anno 1586. gethan vermeldet wirdt. Mit Röm. Kay. Majestet Freyheit. Gestruckt zu Dilingen durch Johannem Mayer. M. D. LXXXIX. (Streit, IV, item 1057.)

Historia Del Reyno De Iapon Y Descripcion De Aqvella tierra, y de algunas costumbres, cerimonias, y regimiento de aquel Reyno: Con la relacion de la venida de los embaxadores del Iapón a Roma, para dar la obediencia al Summo Pontefice, y todos los recibimientos que los Principes Christianos les hizieron por donde passaron, y de las cartas y presentes que dieron a su Magestad el Rey nuestro señor, y a los demas Principes. Con la muerte de Gregorio XIII. y election de Sixto V. y las cartas que dio su Sanctitad para los Reyes de aquel Reyno, hasta la partida de Lisboa, y mas seys cartas de la China y del Iapón, y de la llegada de los señores Iapones a Goa. Recopilada por el Doctor Buxeda de Leyua, vezino de la ciudad de Toledo. Dirigida al Doctor Diego Clauero, del Real Cõsejo de su Magestad, en el Reyno de Aragon En Çaragoça. Impressa con licencia, en casa de Pedro Puig, Impressor de Libros, Año 1591. A Costa de Antonio Hernandez mercader de libros. (Streit, IV, item 1731.)

Iesvs. Cartas Qve Os Padres E Irmãos da Companhia de Iesvs escreuerão dos Reynos de Iapão & China aos da mesma Companhia da India, & Europa, desdo anno de 1549 atè o de 1580. Primeiro Tomo. Nellas se conta o principio, socesso, & bondade da Christandade da quellas partes,

& varios costumes, & falsos ritos da gentilidade. Impresso por mandato do Reuerendissimo em Christo Padre dom Theotonio de Bragança Arcebispo d'Euora. Impressas com licença ; approuação dos SS. Inquisidores & do Ordinario. Em Euora por Manoel de Lyra. Anno de M. D. XCVIII. (Streit, IV, item 1888.)

——; see *Litterae quadrimestres....*

JOHN III, KING OF PORTUGAL. *Letters of John III, King of Portugal, 1521-1527.* Edited by J. D. M. FORD. Cambridge, Mass., 1931.

JOHNSON, RICHARD. "Certaine Notes... of the Wayes of Russia to Cathaya, and of Divers and Strange People." In RICHARD HAKLUYT (comp.), *Principall Navigations ...* (James Mac Lehose and Sons), II, 480-81. 12 vols. Glasgow, 1904-05.

JORDANUS CATALANI, BP. OF COLUMBUM. "Description des Merveilles d'une partie de l'Asie. Imprimée d'après un Manuscrit du XIVe siècle." In *Recueil de voyages et de mémoires* ("Publications of the Société de Géographie"), IV, 1-68. Paris, 1828.

JOVIUS, PAULUS. *Historiarum sui temporis.* Paris, 1550.

JUDICE BIKER, JULIO FIRMINO (ed.). *Collecão de tratados e concertos de pazes que o Estado da India Portugueza fez com os reis e senhores com que teve relações nas partes da Asia e Africa Oriental.* 14 vols. Lisbon, 1881-87.

KERR, ROBERT (ed.). *A General History and Collection of Voyages and Travels ....*12 vols. London, 1824.'

KIMBLE, G. H. T. (ed.) ; *see* PACHECHO PEREIRA, DUARTE.

KÖNIG, ERICH (ed.) ; *see* PEUTINGER, K., *Konrad Peutingers Briefwechsel.*

LAET, JOHANNES DE. *The Empire of the Great Mogol....*Translated by J. S. HOYLAND and annotated by S. N. BANERJEE. Bombay, 1928.

LAGOA, VISCONDE DE, and SANCEAU, ELAINE ; *see* GALVÃO, ANTÓNIO. *Tractado....*

LANCASTER, JAMES. *The Voyages of Sir James Lancaster to Brazil and the East Indies, 1591-1603.* Edited by SIR WILLIAM FOSTER. ("Hakluyt Society Publications, 2d ser., No. 85.) London, 1940. (Includes Barker's narrative, May's narrative, and Hak-luyt's and Purchas' accounts.)

LEONARDO Y ARGENSOLA, BARTOLOMÉ; *see* ARGENSOLA.

LETTS, MALCOLM (ed.) ; *see* MANDEVILLE, J.

LINSCHOTEN, JAN HUYGHEN VAN. *The Voyage to the East Indies, from the English Translation of 1598.* Edited by A. C. BURNELL and P. A. TIELE. ("Hakluyt Society Publications," Old Series, Nos. 70-71.) 2 vols. London, 1885.

——. "The Report... Concerning M. Newberies and M. Fitches Imprisonment...Goa." In RICHARD HAKLUYT (comp.), *Principall Navigations...* (James Mac Lehose and Sons), V, 505-12. 12 vols. Glasgow, 1904-05.

(From) Lisbon to Calicut. Translated by Alvin E. Prottengeier with notes by John Parker. Minneapolis, 1956.

Litterae quadrimestres ex universis praeter Indien et Brasiliam locis in quibus aliqui de Societate Jesu versabantur Roman missae. 7 vols. Matriti, 1894-1925; Rome, 1932.

Locke, J. C. (ed.). *The First Englishmen in India; Letters and Narratives of Sundry Elizabethans....* London, 1930.

Longhena, Mario (ed.). *Viaggi in Persia, India e Giova di Nicolo de' Conti, Girolamo Adorno e Girolamo da Santo Stefano.* Milan, 1929.

Lopes de Castanheda, Fernão. *História do descobrimento & conquista da India pelos portugueses.* 3d ed. Edited by Pedro de Azevedo. 4 vols. Coimbra, 1924-33.

——; *see* Wessels, C.

Loyola, Ignacio de, Saint. *Monumenta Ignatiana.* 15 vols. (The series is divided in two parts: *Epistolae et Instructions.* 12 vols. Madrid, 1903-11; *Constitutions.* 3 vols. Rome, 1934-38.)

Lucena, João de. *Historia da vida do Padre Francisco de Xavier.* Lisbon, 1600. (Facsimile edition with a preface by Alvaro J. da Costa Pimpão published by Agência gerál do ultramar. Lisbon, 1952.)

Macer, Jean. *Les trois livres d'histoire des Indes... composez en Latin, & depuis nagueres faictz en Françoys....* Paris, 1555.

Magalhães Godinho, Vittorino (ed.). *Documentos sobre a expansão portuguesa.* 3 vols. Lisbon, 1945-46.

Maffei, Giovanni Pietro. *Historiarum Indicarum libri XVI. Selectarum item ex India epistolarum eodem interprete libri IV....* Florence, 1588.

——. *L'histoire des Indes orientales et occidentales... tr. par M. D. P....* 2 vols. Paris, 1665. (A rough and inaccurate translation.)

Major, R. H. (ed.). *India in the Fifteenth Century; Being a Collection of Narratives of Voyages to India....* ("Hakluyt Society Publications," Old Series, No. 22.) London, 1857.

——. *Early Voyages to Terra Australis.... A Collection of Documents... from the Beginning of the Sixteenth Century....* ("Hakluyt Society Publications," Old Series, No. 25.) London, 1859.

Majumdar, R. C. (ed.). *The Classical Accounts of India; Being a Compilation of the English Translations of the Accounts left by Herodotus, Megasthenes, Arrian, Strabo, Quintus, Diodorus Siculus, Justin, Plutarch, Frontinus, Nearchus, Apollonius, Pliny, Ptolemy, Aelian and Others....* Calcutta, 1960.

Mandeville, Sir John. *Mandeville's Travels.* Translated and edited by Malcolm Letts. ("Hakluyt Society Publications," 2d ser., Nos. 101-102.) 2 vols. London, 1953.

Manuel I, King of Portugal. *The Italian Version of a Letter from the King of Portugal... to the King of Castilla (Ferdinand)... Giving an Account of the Voyages to and Conquestes in the East Indies from 1500 to 1505 A.D.* Reprinted from the Copy Printed by J. Besicken at Rome in 1505 with notes by A. C. BURNELL. London, 1881.

MARCUCCI, ETTORE (ed.) ; *see* SASSETTI, FILIPPO. Lettere edite....

MARKHAM, SIR CLEMENTS (ed.); *see* ORTA, GARCIA DA. *Colloquies....*

——(ed.) ; *see* ACOSTA, JOSÉ DE. *The Natural & Moral History of the Indies....*

——(trans.) ; *see* CLAVIJO, RUY GONCALEZ DE.

MARTINS, AFONSO. "Carta inédita de Afonso Martins, primeiro viagária de Malaca," edited by Georg Schurhammer, *Studia*, I (1958), 111-17.

MASSARA, ENRICO (ed.). *Nuove memorie e preziosi documenti intorno al P. Antonio Criminali, proto martire della Compagnia di Gesú.* Venice, 1900.

MAXIMILIANUS, TRANSYLVANUS. *De Moluccis Insulis....* Facsimile in H. STEVENS, *Johann Schöner, A Reproduction of his Globe of 1523 ... and the De Moluccis...*, pp. 59-88. London 1888.

MAY, HENRY. "A Briefe Note of a Voyage to the East Indies... 1591.... In RICHARD HAKLUYT (comp.), *Principall Navigations...* (James Mac Lehose and Sons), V, 120-22. 12 vols. Glasgow, 1904-05.

MAYER, JOHANNES. *Compendium cronologicum seculi a Christo nato decimi sixti; Das ist: Summarischer Inhalt aller gedruck und glaubwirdigen Sachen ... mit kurtzer Beschreibung etlicher Völcker und Länder mancherley Sittin und Gebräuchen ausz ansehelichen Authoribus zusamb getragen....* Munich, 1598.

MAYNARDE, THOMAS. *Sir Francis Drake, His Voyage, 1595....* Edited from the original Mss. by W. D. COOLEY. ("Hakluyt Society Publications," Old Series, No. 4.) London, 1849.

MEDINA, J. T. (ed.). *Colección de documentos inéditos para la historia de Chile.* 3 vols. Santiago, 1888-89.

MEDRANO, JULIAN DE. *La historia singular de seis animales: d'el Can, d'el Cauallo, d'el Lobo, d'el Cieruo, y d'el Elephante.* Paris, 1583.

MENDOZA, JUAN GONZÁLEZ DE; *see* GONZÁLEZ DE MENDOZA.

MERCATOR, GERARD. *Atlas sive Cosmographicae....* (1st complete ed.) Duisburg, 1595.

——. "A Letter... to M. Richard Hakluyt... touching the Intended Discoveries of the Northeast Passage, An. 1580." In RICHARD HAKLUYT (comp.), *Principall Navigations...* (James Mac Lehose and Sons), III, 275-82. 12 vols. Glasgow, 1904-05.

MOLLEMA, J. C. (ed.). *De eerste Schipvaart der Hollanders naar Oost-Indië, 1595-97.* The Hague, 1935.

MOORE, G. E. (ed.); *see* BOTERO, GIOVANNI. *Practical Politics....*

MONSERRATE, ANTONIO. *The Commentary... on his Journey to the Court of Akbar.* Translated by J. S. HOYLAND and annotated by S. N. BANERJEE. London, 1922.

MONTALBODDO, FRANCANZANO DA. *Paesi nouamenti retrouati. Et Nouo Mondo da Alberico Vesputio*

Florentino intitulato. Vicenza, 1507. (The contents includes materials on the Da Gama and Cabral voyages; letters of Venetian ambassadors and merchants, 1501-02, concerning Portuguese voyages to India; and an account of India by Priest Joseph of Cranganore [1502].)

MOULE, A. C. (ed.); *see* POLO, MARCO. *The Description of the World.*

MÜNSTER, SEBASTIAN. "A Treatyse of the Newe India... as well Eastwarde as Westwarde...." *See* ARBER, EDWARD (ed.).

N. H. "The Worthy and Famous Voyage of Master Thomas Cavendish... Begun in the Year 1586." In RICHARD HAKLUYT (comp.), *Principall Navigations...* (James Mac Lehose and Sons), XI, 290-348.12 vols. Glasgow, 1904-05.

NADAL, GERÓNIMO. *Epistolae P. Hieronymi Nadal Societatis Jesu ab anno 1546 ad 1577.* 4 vols. Madrid, 1898-1905.

NAVARRETE, MARTIN FERNANDEZ DE (ed.). *Colleción de los viages y descubrimientos.* 4 vols. Madrid, 1837.

NICHOLAS, THOMAS. *The Strange and Maruvilous News Lately Come from the Great Kingdome of Chyna, which Adiouyneth to the East Indyz. Tr. out of the Castyln Tongue by T.N.* Reprinted in SIR SAMUEL E. BRYDGES. *Censuria literaria,* VI, 55-62. 2d ed. London, 1815.

NIKITIN, AFANASII NIKITICH. "Khozhenie za tri moria." In R. H. MAJOR (ed.), *India in the Fifteenth Century,* pp. 60-72. ("Hakluyt Society Publications," Old Series, No. 22.) London, 1857.

Novus orbis regionum ac insularum veterivus incognitarum ... Praefatio Simonis Grynaei. Basel, 1532. (The contents includes *Epistola Emanuelis regis Portugalliae ad Leone X. Pont. Max. de uictorijs habitis in India & Malacha &c; Lodouici Rom. patritij nauigationum Æthiopiae... Indiae, intra & extra Gangem, libri VII;* M. PAUL VENETI. *De regionibus orientalibus libri III: Heithoni Armeni ordinis Praemonstrat. De Tartaris liber.* (The 1537 edition adds *De Moluccis insulis... Maximiliani Transsyluani... epistola.*)

NOWELL, CHARLES E. (ed.). *Magellan's Voyage around the World: Three Contemporary Accounts.* Evanston, Ill., 1962.

NUNES, FERNÃO. "Chronica das Reis de Bisnaga." In ROBERT SEWELL (ed.), *A Forgotten Empire.* London, 1900.

NUNES, LEONARDO. *Crónica de Dom João de Castro (finished Feb. 22, 1550).* Edited by J. D. M. FORD. Cambridge, Mass., 1936.

OATEN, E. F. (comp.). *European Travellers in India during the Fifteenth, Sixteenth and Seventeenth Centuries.* London, 1909.

ODORIC DE PORDENONE. *Les voyages en Asie du bienheureux Frère Odoric de Pordenone.* Edited by HENRI CORDIER. Paris, 1891.

"Of the Newe Landes and of ye People Founde by the Messengers of the Kynge of Portyngale Named

Emanuel...." In EDWARD ARBER (ed.), *The First Three English Books on America: ? 1511-1555 A.D.* Birmingham, 1885.

ORTA, GARCIA DA. *Colloquies on the Simples and Drugs of India.* Translated by SIR CLEMENTS MARKHAM. London, 1913.

——. *Coloquios dos simples e drogas da India.* Edited and annotated by CONDE DE FICALHO. 2 vols. Lisbon, 1891-95.

ORTELIUS, ABRAHAM. *Abrahami Ortelii, geographi antverpiensis, et virorum eruditorum... Epistolae... 1524-....* Edited by JOHANNES HENRICUS HESSELS. Cambridge, 1887.

OSORIO, JERONYMO, BP. OF SILVES. *The History of the Portuguese during the Reign of Emmanuel.* Translated into English by JAMES GIBBS. 2 vols. London, 1752.

OVIEDO Y VALDÉS, GONZALO FERNÁNDEZ DE; *see* RAMUSIO, G. B. (ed.).

——. *Historia general y natural de las Indias y tierra firme del mar oceano.* Pt. I. Seville, 1535; Pt. II, Book XX, Valladolid, 1557.

——. *Historia....* Edited by J. A. DE LOS RIOS. 4 vols. Madrid, 1851-55.

PACHECO, DIOGO. *Obedienta Potentissimi Emanuelis Lusitaniae Regis....per clarissimum Iuris. V. Consultum Dieghum Pacettum Oratorem ad Iulium II Ponti Max. Anno Domini M. D. V. Pridie No. Iunii* n.p., 1505?.

PACHECO, JOAQUIN F., CÁRDENAS, D. FRANCISCO, and TORRES DE MENDOZA (comps.). *Colección de documentos inéditos relativos al descubrimiento, conquista y colonizacion de las posesiones españolas en América y Oceanía, sacados en su mayor parte del Real Archivo de Indias.* 42 vols. Madrid, 1864-84.

PACHECO PEREIRA, DUARTE. *Esmeraldo de Situ Orbis.* Translated by GEORGE H. T. KIMBLE. ("Hakluyt Society Publications," 2d ser., No. 79.) London, 1937.

PARMENTIER, JEAN. *Description novvelle des Merveilles de ce Mõde, & de la Dignite de lhomme, composee en rithme.... Deploration sur la Mort desditz Parmentiers composee par Pierre Crignon....* Paris, 1531. (Facsimile reproduction. Boston, 1920).

PASTELLS, PABLO (ed.); *see* COLÍN, FRANCISCO.

PAWLOWSKI, CHRISTOPHE. "Les Indes portugais à la fin du XVIe siècle, d'après la relation du voyage fait à Goa en 1596 par Christophe Pawlowski, gentilhomme polonais," edited and translated by STEFAN STASIAK (Imprint, Lvov, 1927). Also in *Rocznik Orjentalistyczny,* III (1925), 1-56.

PAYNE, C. H. (trans.); *see* DU JARRIC, PIERRE.

PEREIRA, GABRIEL (ed.). *Roteiros portuguezes da viagem de Lisboa á India nos seculos XVI e XVII.* Lisbon, 1898. (Contains rutters of Vicente Rodrigues, Gaspar Manuel, and Aleixo da Motta.)

PEREIRA, GALEOTTO. "Certain Reports of the Province of China Learned through the Portugals There Imprisoned...." In RICHARD HAKLUYT (comp.), *Principall Navigations...* (James Mac Lehose and

Sons), VI, 295-327. 12 vols. Glasgow,1904-05.

PERES. DAMIÃO. *Regimento das cazas das Indias e Mina.* Coimbra, 1947.

PÉREZ, LORENZO (ed.). *Cartas y relaciones del Japón.* 3 vols. Madrid, 1916-23.

PERUSCHI, GIOVANNI BATTISTA. *Informatione del regno, e stato del gran Rè di Mogor. Raccolta per il reuer. padre——.* Brescia, 1597.

PETER OF LISBON. "A Briefe Relation of the Great Magnificence and Rich Traffike of the Kingdome of Pegu..." In RICHARD HAKLUYT (comp.), *Principall Navigations ...* (James Mac Lehose and Sons), VI, 385-87.12 vols. Glasgow, 1904-05.

PEUTINGER, KONRAD. *Konrad Peutingers Briefwechsel.* Edited by ERICH KÖNIG. Munich, 1923.

——. *Brief und Berichte über die frühesten Reisen nach Amerika und Ostindien ... 1497 bis 1506....* Edited by R. GREIFF. (*Jahresbericht des hist. Kreis Vereins im Reg. Bez. von Schwaben und Neuburg, für das Jahr 1860, XXVI.*) Augsburg, 1861.

PHILIP II, KING OF SPAIN. *Lettres de Philippe II à ses filles les Infantes Isabelle et Catherine 1581-83.* Edited by LOUIS P. GACHARD. Paris, 1884.

PIERIS, P. E., and FITZLER, M. A. H. *Ceylon and Portugal.* Leipzig, 1927.

PIGAFETTA, ANTONIO. *Magellan's Voyage Around the World by Antonio Pigafetta.* Edited by J. A. ROBERTSON. 2 vols. Cleveland, 1906.

PIRES, TOMÉ. *The Suma Oriental of Tomé Pires, an Account of the East, from the Red Sea to Japan written....in 1512-1515. And the Book of Francisco Rodrigues, Rutter of a Voyage....* Translated and edited by ARMANDO CORTESÃO. ("Hakluyt Society Publications," 2d ser., Nos. 89-90.) 2 vols. London, 1944.

PISSURLENCAR, PANDURONGA S. S. (ed.). *Regimentos das Fortalezas da India....* Bastorá-Goa, 1951.

——(ed.) ; *see* INDIA, PORTUGUESE. CONSELHO DE ESTADO.

PIXANI, DOMENEGO. *Copia et Sumario di una Letera di Sier Domenego Pixani, 27 de Julho de 1501.* Coimbra, 1907.

POLANCO, JOANNES ALPHONSUS DE. *Vita Ignatii Loiolae et Rerum Societatis Jesu Historia.*6 vols. Madrid, 1894-98.

POLO, MARCO. *Marco Polo. The Description of the World.* Edited by A. C. MOULE and PAUL PELLIOT. 2 vols. London, 1938.

——. *The Book of Ser Marco Polo.* 3d ed. Edited by SIR HENRY YULE and HENRI CORDIER.2 vols. New York, 1926.

PORCACCHI, THOMASO. *L'isole piu famose del mondo.* Venice, 1572.

PORTUGAL. MINISTÉRIO DO ULTRAMER. *Fundaçao do estado da India em 1505. Livro comemorativo.* Lisbon, 1955.

POSSEVINO, ANTONIO. *Bibliotheca selecta qua agitur de Ratione Studiorum....* Rome, 1594.

POSTEL, GUILLAUME. *Des Merueilles du Monde, et principalemēt des admirables choses des Indes, & du nouveau monde. Histoire extraicte des Escriptz tres dignes de Foy.* [Paris?, 1553?]

PRETTY, FRANCIS. "The Admirable and Prosperous Voyage of... Thomas Candish into the South Sea... and from Thence round about the Circumference of the Whole Earth... 1586... 1588" In RICHARD HAKLUYT (comp.), *Principall Navigations...* (James Mac Lehose and Sons), XI, 290-347. 12 vols. Glasgow,1904-05.

——. "The Famous Voyage of Sir Francis Drake into the South Sea and There hence about the Whole Globe of the Earth, Begun... 1577." In *ibid.,* XI, 101-32.

PROTTENGEIER, ALVIN E. (ed.) ; *see (From) Lisbon to Calicut.*

PTOLEMY, CLAUDIUS. *Geography of Claudius Ptolemy.* Translated and edited by E. L. STEVENSON and based upon Greek and Latin manuscripts and important late fifteenth and early sixteenth-century printed editions. New York, 1932.

——. *La géographie de Ptolemée: L'Inde (VII, 1-4).* Edited by LOUIS RENOU. Paris,1925.

——. *McCrindle's Ancient India as Described by Ptolemy; a Facsimile Reprint.* Edited by S. M. SASTRI. Calcutta, 1927.

PURCHAS, SAMUEL (ed.). *Hakluytus posthumus; or, Purchas his Pilgrimes.* 20 vols. Glasgow,1905-07.(*see* especially: BALBI, GASPARO; CANDISH, THOMAS; FITCH, RALPH.)

QUEIROS, PEDRO. *Voyages... 1595 to 1606.* Translated and edited by SIR CLEMENTS MARKHAM. ("Hakluyt Society Publications," 2d ser., Nos. 14-15.) 2 vols. London, 1904.

QUIRINI, VICENZO. "Relazione delle Indie Orientali... nel 1506." In EUGENIO ALBERI (ed.), *Le Relazioni degli Ambasciatori Veneti al Senato durante il Secolo Decimosesto, Appendice,* pp. 3-19. Florence, 1863.

RAMOS-COELHO, JOSÉ (comp.). *Alguns documentos do Archivo Nacional da Torre do Tombo acerca das navegações e conquistas portuguezas.* Lisbon, 1892.

RAMUSIO, G. B. (comp.). *Delle navigationi et viaggi....* 3 vols. Venice, 1550-59.

Vol. I, 1st ed. (1550) unless a later edition
is specified, includes the following
materials relevant to our subject. They are
arranged according to authors:

ARRIAN. La Navagatione di Nearcho... laquale scrisse Arriano Greco..., fols. 290^v-95^v.

BARBOSA, DUARTE. Libro, fols. 310-48^v.

BARROS, JOÃO DE. Della Historia del Signor Giovan de Barros, 2d ed. (1554) of vol I, fols. 426-36.

CONTI, NICOLO DI. Viaggio di Nicolo di Conti Venetiano scritto per Messer Poggio Fiorentino, fols. 3 65-71^v.

CORSALI, ANDREA. Lettera di Andrea Corsali Fiorentino, scritta in Cochin [India, January 6,1515].

——. Della Navigatone del Mar Rosso & Sino Persico fino a Cochin [India,September 18,1517], fols. 192-203^v.

EMPOLI, GIOVANNI DA. Viaggio fatto nell'India [1503] per Gioanni da Empoli Fattore su la Nave, fols. 156-58.

GAETANO, JUAN. Relatione di Ivan Gaetan Piloto Castigliano del Discoprimento dell'Isole Molucche per la Via dell'Indie Occidentali, fols. 403-05^v

IAMBOLO. La Navigatione di Iambolo Mercatante, da i Libri di Diodoro Siculo, fols. 188^v-89^v.

[JESUITS], Informatione dell'Isola novamente scoperta nella Parte di Settentrione chiamata Giapan, 2d ed. (1554) of vol. I, fols. 418-25^v.

LOPEZ, TOMÉ. Navigation verso le Indie Orientali [1502] sgritta [sic] per Thome Lopez..., fols, 143^v-56.

MAXIMILIANUS, TRANSYLVANUS. Epistola di Massimiliano Transilvano... della ammirabile & stupenda Navigatione fatta per il Spagnuoli lo Anno MDXIX attorno il Mondo, fols. 374-79^v.

Narratione di un Portoghese Compagno di Odoardo Barbosa qual fu sopra la Nave Vittoria del Anno MDXIX, 2d ed. (1554) of vol. I, fols. 408^v-09.

PIGAFETTA, ANTONIO. Viaggio attorno il Mondo scritto per M. Antonio Pigafetta Vicentino..., fols. 379^v-97^v.

PIRES, TOMÉ. Sommario di tutti li Regni, Città, & Popoli Orientali..., fols. 349-63.

SAN STEFANO, HIERONIMO. Viaggio ..., fols. 372-73.

SERNIGI, GIROLAMO. Navigatione di Vasco di Caman... fatta nell'Anno 1497 oltra il Capo di Buona Speranza in Calicut, scritta per un Gentilhuomo Fiorentino... in Lisbona, fols. 130-32.

VARTHEMA, LODOVICO. Itinerario..., fols 159-88^v.

Viaggio scritto per un Comito Venitiano, che fu Menato di Alessandria fino al Diu nella India, fols. 296-302^v.

Vol. II, 1st ed. (1559), includes (unless a later edition is spedfied) :

HAYTON, PRINCE OF ARMENIA. Parte secondo dell'Historia del Signor Hayton Armeno, fols. 62^v-65, 58-64^v(erroneous paging in the volume itself).

ODORIC OF PORDENONE. Viaggio del Beato Odorico da Udine... Delle Usanze, Costumi, & Nature, di diverse Nationi, & Genti del Mondo ..., 2d ed. (1574), fols. 237^v-45.

——. Viaggio del Beato Frate Odorico di Porto Maggiore del Friuli, 2d ed. (1574), fols. 245ᵛ-48ᵛ.

PIANO CARPINI, GIOVANNI DA, and SIMON DE ST.-QUENTIN. Due Viaggi in Tartaria, per alcuni Frati... Mandati da Papa Innocentio IIII nella detta Provincia per Ambasciatori l'Anno 1247, 2d ed. (1574), fols. 225ᵛ-37ᵛ.

POLO, MARCO. De I Viaggi di Messer Marco Polo Gentil'huomo Venetiano, fols.2-6oᵛ.

RAMUSIO, G. B. [Table of Asian Latitudes and Longitudes of Places Mentioned by Polo, as compiled by Ramusio from ABILFADA ISMAEL], fol. 18.

——. Discorso sopra il Libro del Signor HAYTON ARMENO, fols. 61-62.

——. Prefatione sopra il Principio del Libro del Magco M. MARCO POLO ...,fols. 1-8ᵛ.

Vol. III, 1st ed. (1556), includes (unless a later edition is specified) :

Discorso d'un Gran CAPITANO DI MARE FRANCESE del Luoco di Dieppa sopra le Navigationi [to Sumatra, etc.] alle quali hanno navigato le Caravelle & Naui Francese, fols. 423-34.

FEDRICI, CAESAR. Viaggio di M. Cesare de'Fedrid nell'India Orientale, & oltra l'India, per Via di Soria, 3d ed. (1606), fols. 386-98.

OVIEDO Y VALDES, G. F. DE. Della generale et naturale Historia delle Indie a Tempi nostri ritrovate, fols. 74ᵛ-224ᵛ.

RAVENSTEIN, E. G. (ed.); see VELHO, ALVARO. A Journal of the First Voyage of Vasco da Gama....

REBELLO, AMADOR. Compendio de algvnas cartas.... Lisbon, 1598.

REBELLO, GABRIEL. Informação das Cousas de Maluco. In Collecção de Noticias para a Historia e Geografia das Nações ultramarinas... (published by the "Academia Real das Sciencias," Vol. VI, pp. 145-312.) Lisbon, 1856.

REM, LUCAS. Tagebuch... 1494-... 1541 mit Briefen und Berichten über die Entdeckung des neuen Seeweges nach Amerika und Ostindien. Edited by B. GREIFF. (Jahresbericht des Vereins für Geschichte von Schwaben und Neuburg, XXVI.) Augsburg, 1861.

RENOU, LOUIS (ed.); see PTOLEMY, CLAUDIUS. La géographie de Ptolemée....

RESENDE, GARCIA DA. Miscellanea e variedade de historias, costumes, casos, e cousas. Coimbra,1917.

RIBADENEYRA, F. MARCELLO, O. F. M. Historia de las islas del archipielago, y reynos de la gran China.... Barcelona, 1601.

RICCI, MATTEO. China in the Sixteenth Century. Translated and edited by LOUIS J. GALLAGHER. New York, 1953.

——. Fonti Ricciane; Documenti originali concernenti Matteo Ricci... 1579-1615.... Edited by

PASQUALE M. D'ELIA. 3 vols. Rome, 1942-49.

ROBERTSON, J. A. (ed.) ; *see* PIGAFETTA, ANTONIO.

RODRIQUES DE OLIVEIRA, CRISTAVÃO. *Sumario em que brevement se contem algumas Cousas (assim eclesiasticas como seculares) que ha na cidade de Lisboa.* Lisbon, 1938.

ROMÁN Y ZAMORA, FRIAR JERONIMO. *Relación del descubrimiento de las Philippinas y del ataque á Manila por el pirata Limahon con noticias de Fr. Martin de Rada, Salamanca, 1595.* Edited by D. L. D'ORVENPIPE. (Reprinted in *Colección de Libros raros o curiosos que tratan de America,* XV, 255-67. Madrid, 1897.)

——. *Repúblicas de Indias ... Fielmente reimpresas según la Edición de 1575....* 2 vols.Madrid, 1897.

ROUFFAER, G. P., and IJZERMAN, J. W. (eds.). *De eerste Schipvaart der Nederlanders naar Oost-Indië onder Cornelis de Houtman, 1596-1597. Journalen, Documenten en andere Bescheiden.* 3 vols. The Hague, 1915-22.

RUNDALL, THOMAS (ed.). *Memorials of the Empire of Japon in the XVI and XVII Centuries.* ("Hakluyt Society Publications," Old Series, No. 8.) London, 1850.

RYAN, N. J. (ed.). *Malaya through Four Centuries: An Anthology, 1500-1900.* London,1959.

SÁ, ARTUR BASÍLIO DE (ed.). *Documentação para a história das missões do padroado português do Oriente.... Insulíndia.* 5 vols. Lisbon, 1954-58..

SÁ DE MIRANDA, FRANCISCO DE. *Obras completas.* Edited by MANUEL RODRIGUES LAPA. 2 vols. Lisbon, 1942-43.

SAINSBURY, W. N. (ed.). *Calendar of State Papers, Colonial Series: East Indies, China and Japan.* London, 1862.

SAN JANUARIO, VICOMTE DE (ed.). "Documents sur les missions portugaises du Cambodge et en Cochinchine," *Bulletin de la Société académique Indochinoise de France,* 2d ser.,II(1882).

SANCEAU, ELAINE (ed.); *see* CASTRO, JOÃO DE.

SANUTO, MARINO. *I Diarii... MCCCCXCVI-MDXXXIII....* Edited by RINALDO FULIN and others. 58 vols. in 35. Venice, 1879-1903.

SANZ, CARLOS (ed.) ; *see* COBO, JUAN.

SASSETTI, FILIPPO. *Lettre indiane.* 2d ed. Edited by ARRIGO BENEDETTI. Turin, 1961.

——. *Lettere edite e inedite di Filippo Sassetti.* Edited by ETTORE MARCUCCI. Florence,1855.

——. "Ragionamento sopra il commercio ordinato dal Granduca Cosimo I tra i sudditi," *Archivio storico italiano,* ser. 1, IX (1853), Appendix, 165-88.

SASTRI, K. A. NILAKANTA (ed.). *Foreign Notices of South India from Megasthenes to Ma Huan.* Madras, 1939.

SASTRI, S. M. (ed.) ; *see* PTOLEMY, CLAUDIUS. *McCrindle's Ancient India....*

SCHÖNER, JOHANN; *see* MAXIMILIANUS, TRANSYLVANUS.

SCHULZE, FRANZ (ed.) ; *see* SPRINGER, BALTHASAR.

SCHURHAMMER, GEORG (ed.) ; *see* MARTINS, AFONSO.

——(ed.) ; *see* CRUZ, JOÃO DA.

——(ed.); *see* JACOB, MAR.

——. *Die zeitgenössischen Quellen zur Geschichte portugiesisch-Asiens und seiner Nachbarländer (1538-1552).* Leipzig, 1932.

SCHURHAMMER, G. and VORETZSCH, E. A. (eds.) ; *see* FRÓIS, LUIS. *Die Geschichte Japans....*

SCHURHAMMER, G. and WICKI, J. (eds.) ; *see* XAVIER, SAINT FRANCIS. *Epistolae....*

SCHÜTTE, J. F. (trans.) ; *see* FRÓIS, LUIS. *Kulturgegensätze....*

——(ed.) ; *see* VALIGNANO, ALESSANDRO. *Il cerimoniali....*

Semeiança del Mundo; A Medieval Description of the World. Edited by WILLIAM E. BULL and HARRY F. WILLIAMS. BERKELEY, Calif., 1959.

SEWELL, ROBERT (ed.). *A Forgotten Empire (Vijayanagar).* London, 1900.

SIGNOT, J. *La Division du monde....* Lyons, 1550.

SILVA REGO, ANTONIO DA. *Documentação para a história das missões do padroado português do Orient: India.* 12 vols. Lisbon, 1947-58.

SOUSA, LUIS DE. *Anais de D.Joao III.* Edited by MANUEL RODRIGUES LAPA. 2 vols. Lisbon, 1938.

SOUSA COUTINHO, LOPO DE; *see* COUTINHO, LOPO DE SOUSA.

SPRINGER, BALTHASAR. B*althasar Springers Indienfahrt 1505/06....* Edited by FRANZ SCHULZE. Strassburg, 1902.

STANLEY, HENRY E. J. A D*escription of the Coasts of East Africa and Malabar.* ("Hakluyt Society Publications," Old Series, No. XXXV.) London, 1866.

STAUNTON, SIR G. T. (ed.) ; *see* GONZÁLEZ DE MENDOZA, JUAN. *The History...of China....*

STEVENS, THOMAS. "A Letter Written from Goa... Anno 1579." In RICHARD HAKLUYT (comp.), *Principall Navigations...* (James Mac Lehose and Sons), VI, 377-85.12 vols. Glasgow, 1904-05.

STEVENSON, E. L. (ed.) ; *see* PTOLEMY, CLAUDIUS. *Geography....*

TAYLOR, E. G. R. (ed.) ; *see* HAKLUYT, RICHARD, and HAKLUYT, RICHARD.

TEIVE, DIOGO DE. *Commentarius de rebus in India apud Dium gestis anno salutis nostri MDXLI.* Coimbra, 1548.

TEIXEIRA, PEDRO. *The Travels....* Translated and edited by WILLIAM F. SINCLAIR with notes by DONALD FERGUSON. ("Hakluyt Society Publications," 2d ser., No. 9.) London, 1902.

TELLO, FRANCISCO. *Relación que embió de says Frayles espagnoles de la Orden de San Francisco que crucificaron los del Iapán... 1597.* Seville, 1598.

TEMPLE, R. C. (ed.) ; *see* VARTHEMA, LODOVICO. *The Travels....*

TENREIRO, ANTÓNIO; *see* BAIÃO, ANTÓNIO (ed.). *Itinerários....*

Th., F. B. *Advis moderne de l'estat et grand royaume de Mogor. Jouxte la copie imprimée à Rome depuis un mois, par Loys Zanneti.* Paris, 1598.

THEVET, ANDRÉ. *La cosmographie universelle.* Paris, 1575.

A True Report of the Gainefull... Voiage to Java... Performed by... Ships of Amsterdam. London, 1599.

TURSELLINUS, H. *Francisci Xaverii epistolarum libri quator.* Rome, 1596.

VALENTIM, FERNANDEZ. "Collection of News" [*ca.* 1508]. MSS. in State Archives, Munich, Codex monacensis hispanicus 27, fols. 1-315. Summary by J. A. SCHMELLER in *Abhandlungen der philosophisch-philologischen Klasse der Königlichen Bayerischen Akademie* (Munich), IV (1847), 41-47. Fols. 141-212 *in extenso* by GABRIEL PEREIRA in *Revista portuguesa colonial e maritima,* VI (1900), 92-102, 155-64, 219-28, 283-90, 347-56.

VALIGNANO, ALESSANDRO. *Historia del principio y progresso de la Compañia de Jesús en las Indias Orientales 1542-64.* Edited by JOSEF WICKI. Rome, 1944.

——. *Il cerimoniale per i missionari del Giappone....* Edited by J. F. SCHÜTTE. Rome, 1946.

——. *Valignanos Missionsgrundsätze für Japan.* Edited by J. F. SCHÜTTE. Rome, 1951.——

VARTHEMA, LODOVICO. *The Itinerary of Ludovico di Varthema of Bologna from 1502 to 1508....* Edited by R. C. TEMPLE. London, 1928.

——. *Itinerario nello Egitto, nella Soria nella Arabia..., nella Persia, nella India, & nela Ethyopia....* Venice, 1535.

——. *The Travels of Ludovico di Varthema in... India... 1503 to 1508.* Edited by JOHN WINTER JONES. ("Hakluyt Society Publications," Old Series, No. 32.) London, 1863.

VASQUEZ DE PRADA, VALETIN (ed.). *Lettres marchandes d'Anvers.* 4 vols. Paris, 1958-61.

VEER, GERRIT DE. *A True Description of Three Voyages by the North-East towards Cathay and China... 1594, 1595, and 1596. Pub. at Amsterdam... 1598 and... 1609.* Edited by W. PHILLIP and C. T. BEKE ("Hakluyt Society Publications," Old Series, No. 13.) London, 1853.

VELHO, ÁLVARO. *Diário da Viagem de Vasco da Gama.* Edited by ANTONIO BAIÃO and A. DE MAGALHÃES BASTO. 2 vols. Porto, 1945.

——. *A Journal of the First Voyage of Vasco da Gama.* Edited by E. G. RAVENSTEIN.("Hakluyt Society Publications," Old Series, No. 99.) London, 1898.

VESALIUS, A. *Del uso de la rayz China....* [Paris?], 1547.

Viaggi fatti da Vinetia alla Tana, in Persia, in India, et in Constantinopoli.... Venice, 1543.

WESSELS, C., S.J. *Lopes de Castanheda Historia do descobrimento e conquista.... Thirty-one Chapters of the Lost "Libro IX" Rediscovered and Now Published for the First Time.* The Hague, 1929.

WICKI, JOSEF (ed.). "Auszüge aus den Briefen der Jesuitengenerale an die Obern in Indien, 1549-1613," *Archivum historicum Societatis Iesu,* XXII (1953), 114-69.

——.(ed.). *Documenta Indica.* 7 vols. Rome: 1948-62.

——. "Duas relações sobre a situação da India Portuguesa nos anos 1568 e 1569," *Studia* (Lisbon), VIII (July, 1961), 133-220.

——. (ed.); *see* VALIGNANO, ALESSANDRO. *Historia....*

——(ed.); *see* GONÇALVES, SEBASTIÃO.

WICKI, J. and SCHURHAMMER, G. (eds.); *see* XAVIER, SAINT FRANCIS. *Epistolae S. Francisci Xaverii.*

WILLES, RICHARD. *England and Japan ... 1577.* Kobe, 1928.

WILLIAM OF RUBRUQUIS. "Itinerarium... 1253. ad Partes Orientales." In RICHARD HAKLUYT (comp.), *Principall Navigations...* (James Mac Lehose and Sons), I, 179-293. 12 vols. Glasgow, 1904-05.

WITTICH, JOHAN. *Von dem ligno guayaco wunderbawn res nova genandt von der China.* Leipzig, 1592.

XAVIER, SAINT FRANCIS. *Epistolae S. Francisci Xaverii* (new ed.). Edited by G. SCHURHAMMER and J. WICKI. 2 vols. Rome, 1944-45.

——. *The Life and Letters of St. Francis Xavier.* Edited by H. J. COLERIDGE. 2 vols. London, 1902.

——. *Saint François de Xavier, sa vie et ses lettres.* Edited by L. J. M. CROS. 2 vols.Toulouse, 1900.

——; *see* TURSELLINUS, H.

YULE, SIR HENRY and CORDIER, H. (eds.). *Cathay and the Way Thither, Being a Collection of Medieval Notices of China.* Newly edited by HENRI CORDIER. 4 vols. London, 1913-16. ("Hakluyt Society Publications," 2d ser., Nos. 33, 37-38, 41.) 4 vols. London, 1913-16.

——(eds.); *see* POLO, MARCO. *The Book of Ser Marco Polo.*

Chapter Bibliographies

I. ANTIQUITY AND THE MIDDLE AGES

BOOKS

ANDERSON, ANDREW. *Alexander's Gate, Gog and Magog, and the Inclosed Nations.* Cambridge, 1932.

BALTRUVAITIS, J. *Le Moyen Age fantastique.* Paris, 1955.

BEAUVOIR PRIAULX, OSMOND DE; *see* PRIAULX, OSMOND DE BEAUVOIR.

BEAZLBY, C. R. *The Dawn of Modern Geography.* London, 1897.

BERTHELOT, A. *L'Asie ancienne centrale et sud-orientale d'après Ptolémée.* Paris, 1930.

BOSTOCK, J. and RILEY, H. T. (trans.). *The Natural History of Pliny.* London, 1890.

BRÉHIER, E. *La philosophie de Plotin.* Paris, 1928.

BRELVER, BERNHARD. *Altindisches Privatrecht bei Megasthenes und Kautilya.* Bonn, 1928.

BROWN, L. W. *The Indian Christians of St. Thomas. An Account of the Ancient Syrian Church of Malabar.* Cambridge, 1956.

BUDGE, E. A. W. *The Monks of Kublai Khan, Emperor of China.* London, 1928.

BUNBURY, E. H. *A History of Ancient Geography...* (2d ed.). 2 vois. London, 1883.

CARY, GEORGES. *The Medieval Alexander.* Cambridge, 1956.

CARY, M., and WARMINGTON, E. H. *The Ancient Explorers.* London, 1929.

CLIFFORD, HUGH. *Further India.* New York, 1955.

COEDÈS, GEORGES. *Textes d'auteurs grecs et latins relatifs à l'Extrême-Orient depuis le TV^e siècle avant J.C. jusqu'au XIVe siècle.* Paris, 1910.

DAWSON, CHRISTOPHER. *The Mongol Mission.* New York, 1955.

DETLEFSEN, D. *Die Anordung der geographischen Bücher des Plinius und ihre Quellen.* Berlin, 1909.

DUBS, HOMER. *A City in Ancient China.* London, 1957.

FESTUGIÈRB, A. J. *La révélation d'Hermes Trismégiste.* Vol. I. Paris, 1944.

FILLIOZAT, JEAN. *La doctrine classique de la médecine indienne, ses origines et ses parallèles grecs.* Paris, 1949.

FISCHER. J. (ed.). *Claudii Ptolemaei Geographiae Codex Urbinas Graecas 82.* Leyden, 1932.

FISCHER. JÜRGEN. *Oriens, Occidens, Europa: Begriff und Gedanke "Europa" in der späteren Antike und im frühen Mittelalter.* Wiesbaden, 1957.

GANZEMÜLLER, W. *Das Naturgefühl im Mittelalter.* Leipzig, 1914.

GOULD, CHARLES. *Mythical Monsters.* London, 1886.

GROUSSET, R. *L'empire des steppes*. Paris, 1939.

HART, HENRY. *Venetian Adventurer.* Stanford, Calif., 1942.

HEHN, VICTOR. *Kulturpflanzen und Hausthiere in ihrem Uebergang aus Asien nach Griechenland und Italien....* Berlin, 1887.

HERMANN, A. *Das Land der Seide und Tibet im Lichte der Antike.* Leipzig, 1939.

HOURANI, G. F. *Arab Seafaring in the Indian Ocean in Ancient and Early Medieval Times.* Princeton, 1951.

HSIANG, PAUL STANISLAUS. *The Catholic Missions in China during the Middle Ages, 1294-1368.* Washington, D.C., 1949.

HUDSON, G. F. *Europe and China.* London, 1931.

JACOBS, J. *Barlaam and Josaphat.* London, 1896.

JAMES, M. R. (ed.). *Marvels of the East.* Oxford, 1929.

LANGLOIS, C. *La connaissance de la nature et du monde au Moyen Age d'après les écrits français à l'usage des laics.* Paris, 1927.

LEITHÄUSER, J. G. *Mappae mundi.* Berlin, 1958.

LÉVÊQUE, EUGÈNE. *Les mythes et les legendes de l'Inde et de la Perse dans Aristophane, Platon, Aristote, Virgile, Ovide, Tite Live, Dante, Boccace, Ariote, Rabelais, Perrault, et La Fontaine.* Paris, 1880.

LOPEZ, R. S. *Storia delle colonie Genovesi nel Mediterraneo.* Bologna, 1938.

LOPEZ, R. S., and RAYMOND, I. W. *Medieval Trade in the Mediterranean World.* New York, 1955.

LOUDET, S. M. *Les rapports de l'Inde avec l'Occident d'Alexandre à l'Empire romain.* Paris, 1948.

LUBAC, HENRI DE. *La rencontre du Bouddhisme et de l'Occident.* Paris, 1952.

McCRINDLE, J. W. *Ancient India as Described in Classical Literature.* Westminster, 1901.

———. *The Topographia Christiana of Cosmos Indicopleustes.* ("Hakluyt Society Publications," Old Series, No. XCVIII.) London, 1897.

MÂLE, EMILE. *L'art religieux du XIIe siècle en France.* Paris, 1922.

MERKELBACH, REINHOLD. *Die Quellen des griechischen Alexanderromans.* Munich, 1954.

MESSINA, G. *Christianesimo, Buddhismo, Manicheismo nell'Asia antica.* Rome, 1947.

MEYER, PAUL. *Alexandre le Grand dans la littérature française du Moyen Age.* Paris, 1886.

MOULE, A. C. and PELLIOT, P. *Marco Polo. The Description of the World.* 2 vols. London, 1938.

NEEDHAM, JOSEPH. *Science and Civilization in China.* 4 vols. Cambridge, 1954-65.

NEWTON, A. P. (ed.). *Travel and Travellers of the Middle Ages.* London, 1926.

NOUGIER, L. R., BEAUJEU, J., and MOLLAT, M. *Histoire universelle des explorations.* Paris [1955].

OLSCHKI, L. *Guillaume Boucher, A French Artist at the Court of the Khans.* Baltimore, 1946.

———. *Marco Polo's Asia.* Translated by JOHN A. SCOTT. Berkeley, Calif., 1962.

——. *Storia letteria delle scoperte geografiche.* Florence, 1937.

——. *Marco Polo's Precursors.* Baltimore, 1943.

——. *The Myth of Felt.* Berkeley, Calif., 1949.

Oriente Poliano. ("Publication of the Istituto italiano per il medio ed estremo oriente.") Rome, 1957.

PAASSEN, C. VAN. *The Classical Tradition of Geography.* Groningen, 1957.

PARTINGTON, J. R. *A History of Greek Fire and Gunpowder.* Cambridge, 1960.

PEARSON, LIONEL. *The Lost Histories of Alexander the Great.* ("Publications of the American Philological Association," Philological Monographs, 20.) Philadelphia, 1960.

PELLIOT, PAUL. *Les Mongols et la papauté.* Paris, 1923.

PENZER, N. M. *The Most Noble and Famous Travels of Marco Polo....* London, 1929.

PULLÉ, F. L. *La cartografía antica dell'India.* ("Studi italiani di filologia Indo-Iranica," Vol. IV). Rome, 1901.

RAWLINSON, H. G. *The History of Herodotus.* New York, 1859.

——. *Intercourse between India and the Western World from the Earliest Times to the Fall of Rome.* Cambridge, 1916.

RICHARDS, G. R. B. *Florentine Merchants in the Age of the Medici.* Cambridge, 1932.

ROGERS, FRANCIS M. *The Travels of the Infante Dom Pedro of Portugal.* Cambridge, Mass., 1961.

ROSS, E. D., and POWER, E. *The Travels of Marco Polo.* London, 1931.

RUNCIMAN, S. *A History of the Crusades.* 3 vols. Cambridge, 1954.

SARASIN, ALFRED. *Der Handel zwischen Indien und Rom zur Zeit der römischen Kaiser.* Basel, 1930.

SASTRI, K. A. NILAKANTA. *Foreign Notices of South India from Megasthenes to Ma Huan.* Madras, 1939.

SASTRI, S. R. (ed.). *McCrindle's Ancient India as Described by Ptolemy.* Calcutta, 1927.

SCHOFF, W. H. *Early Communication between China and the Mediterranean.* Philadelphia, 1921.

——(ed.). *Periplus of the Erythraean Sea.* New York, 1912.

SILVANI, TOMASSO. *La civilità veneziani de sècolo di Marco Polo.* Florence, 1955.

SINAISKI, V. I. *Rome et Chine dans quelques rapprochements(juridiques, économiques, religieux, chronologiques, astrologiques, totemiques et folkloristiques).* Riga, 1936.

SLESSAREV, V. *Prester John. The Letter and the Legend.* Minneapolis, 1959.

SORANZO, GIOVANNI. *Il Papato, L'Europa Cristiana e i Tartari.* Milan, 1930.

STEIN, O. *Megasthenes und Kautilya.* Vienna, 1922.

STEVENS, H. *Johann Schöner.* London, 1888.

STEVENSON, E. L. (trans, and ed.) *Geography of Claudius Ptolemy.* New York, 1932.

STOROST, J. *Studien zur Alexandersage in der alten italienischen Literatur.* Halle a. S., 1935.

TARN, W. W. *Alexander the Great.* Cambridge, 1948.

——. *The Greeks in Bactria and India*. Cambridge, 1951.

TEGGART, F. J. *Rome and China*. Berkeley, Calif., 1939.

THOMSON, J. O. *History of Ancient Geography*. Cambridge, 1948.

TSCHARNER, E. H. VON. *China in der deutschen Dichtung bis zur Klassik*. Munich, 1939.

T' SERSTEVENS, A. *Les precurseurs de Marco Polo*. Grenoble, 1959.

WARMINGTON, E. H. *The Commerce between the Roman Empire and India*. Cambridge, 1928.

WHEATLEY, PAUL. *The Golden Khersonese; Studies in the Historical Geography of the Malay Peninsula before A.D. 1500*. Kuala Lumpur, 1961.

WHEELER, SIR MORTIMER. *Rome beyond the Imperial Frontiers*. London, 1954.

WRIGHT, J. K. *The Geographical Lore of the Time of the Crusades*. New York, 1925.

WYNGAERT, A. VAN DEN. *Sinica Franciscana*. Quaracchi, 1929.

ZARNCKE, FRIEDRICH. *Der Prester Johannes*. In *Abhandlungen der königlichensächsischen Gesellschaft der Wissenschaften* ("Philologisch-historischen Classe," Vol. VII.). Leipzig, 1879.

ZEN HENG-CHE. *The Intercourse between China and the West... 221 B.C.-1367 A.D.* Chicago, 1920.

ARTICLES

ARMSTRONG, A. H. "Plotinus and India," *The Classical Quarterly*, XXX (1936), 22-28.

AYMONIER, E. F. "The History of Tchampa (the Cyamba of Marco Polo, now Annam or Cochin-China)," *Publications of the Ninth International Congress of Orientalists*. London, 1891, and Woking, Eng., 1893. Reprinted in *Imperial and Asiatic Quarterly Review*, July, 1893.

BAGROW, LEO. "The Origin of Ptolemy's Geographia," *Geografiska Annaler* (Stockholm), XVII (1945), 318-87.

BALAZS, ETIENNE. "Marco Polo dans la capitale de la Chine." In *Oriente Poliano* ("Publications of the Istituto italiano per il medio ed estremo Oriente"), pp. 133-54. Rome, 1957.

BHATTACHARYYA, KALIDAS. "Classical Philosophies of India and the West," *Philosophy East and West*, VIII (1958), 17-36.

BROWN, T. S. "The Reliability of Megasthenes," *American Journal of Philology*, LXXVI(1955), 18-33.

BUSSAGLI, MARIO. "An Important Document on the Relations between Rome and India," *East and West*, IV (1953-54), 247-54.

——. "Indian Events in Trogus Pompeius; Search for a Lost Source," *ibid.*, VII (1956-57). 229-42.

BYRNE, E. H. "Easterners in Genoa," *Journal of the American Oriental Society*, XXXVIII (1918), 176-87.

CHARLESWORTH, M. P. "Roman Trade with India: A Resurvey." In P. R. COLEMAN-NORTON (ed.), Studies in *Roman Economic and Social History*, pp. 131-43. Princeton, 1951.

DEMIÉVILLE, PAUL. "La situation religieuse en Chine au temps de Marco Polo." In *Oriente Poliano* ("Publications of the Istituto italiano per il medio ed estremo Oriente"), pp. 193-234. Rome, 1957.

EGANN, N. "Olon-Sume et la découverte de l'église catholique romaine de Jean de Montecorvino," *Journal asiatique*, CCXL (1952), 155-67.

EINSTEIN, LEWIS. "A Chinese Design in St. Mark's at Venice," *Revue archéologique*, Ser. 5, XXIV (1926), 28-31.

ENOKI, K. "Marco Polo and Japan." In *Oriente Poliano* ("Publications of the Istituto italiano per il medio ed estremo Oriente"), pp. 23-44. Rome, 1957.

FILLIOZAT, JEAN. "La doctrine des Brâhmanes d'après Saint Hippolyte," *Revue de l'histoire des religions*, CXXX (1945), 59-91.

——. "Les échanges de l'Inde et de l'Empire Romain aux premiers siècles de l'ère chrétienne," *Revue historique*, CCI (1949), 1-29.

——. "L'Inde et les échanges scientifiques dans l'antiquité," *Cahiers de l'histoire mondiale*, I (1953-54), 353-67.

——. "Les premières étapes de l'Indianisme," *Bulletin de l'Association Guillaume Budé*, Ser. 3, No. 3 (1953). pp. 83-96.

GAMER, H. M. "The Earliest Evidence of Chess in Western Literature: The Einsiedeln Verses," *Speculum*, XXIX (1954), 734-50.

HAMILTON, J. R. "Cleitarchus and Aristobulus," *Historia*, X (1961), 448-58.

HENNIG, R. "Die Einführung der Seidenraupenzucht ins Byzantinerreich," *Byzantinische Zeitschrift*, XXXIII (1933), 295-312.

LOPEZ, R. S. "China Silk in Europe in the Yüan Period," *Journal of the American Oriental Society*, LXXXI (1952), 72-73.

——. "European Merchants in the Medieval Indies," *Journal of Economic History*, III (1943), 164-84.

MAIURI, AMEDEO. "Statuetta eburnea di arte indiana a Pompei," *Le Arti*, I (1938-39), 111-15.

MOULE, A. C. "Marco Polo's Description of Quinsai," *T'oung pao*, XXXIII (1937), 105-28.

NEWTON, A. P. "The Conception of the World in the Middle Ages." In A. P. NEWTON (ed.), *Travel and Travellers of the Middle Ages*, pp. 4-7. London, 1926.

NOWELL, C. E. "The Historical Prester John," *Speculum*, XXVIII (1953), 435-45.

OLSCHKI, LEONARDO. "Der Presbyter Johannes," *Historische Zeitschrift*, CXLIV (1931) 1-17.

ORIGO, IRIS. "The Domestic Enemy: the Eastern Slaves in Tuscany in the Fourteenth and Fifteenth Centuries," *Speculum*, XXX (1955), 321-66.

PARIS, PIERRE. "Notes sur deux passages de Strabon et de Pline", *Journal asiatique*, CCXXXIX (1951), 13-27.

PEETERS, PAUL. "La prèmiere traduction latine de 'Barlaam et Joasaph' et son original grec," *Analecta Bollandiana*, XLIX (1931), 276-312.

PETECH, LUCIANO. "Rome and Eastern Asia," *East and West*, II (1951), 72-76.

PETERS, J. P. "The Cock," *Journal of the American Oriental Society*, XXXIII (1913), 363-96.

POWER, EILEEN. "Routes to Cathay." In A. P. NEWTON (ed.), *Travel and Travellers of the Middle Ages*, pp. 124-58. New York, 1930.

PRIAULX, OSMOND DE BEAUVOIR, "The Indian Travels of Appolonius of Tyana," *Journal of the Royal Asiatic Society*, XVII (1860), 70-105.

——. "On the Indian Embassies to Rome from the Reign of Claudius to the Death of Justinian," *ibid.*, XIX (1862), 274-98; XX (1863), 269-312.

PUECH, H. C. "Une statuette de divinité indienne retrouvée à Pompei," *Revue de l'histoire des religions* (1942-43), p. 87.

ROBINSON, C. A., JR., "The Extraordinary Ideas of Alexander the Great," *American Historical Review*, LXII (1956-57), 326-44.

ROWLAND, BENJAMIN. "Rome and Gandhāra," *East and West*, N. S., IX (Sept., 1958), 199-208.

SABBE, E. "L'importation des tissus orientaux en Europe occidentale au haut Moyen Âge," *Revue belge de philologie et d'histoire,* XIV (1935), 811-48, 1261-88.

SASTRI, K. A. NILAKANTA. "Marco Polo on India." In *Oriente Poliano* ("Publications of the Istituto italiano per il media ed estremo Oriente"), pp. 111-20. Rome, 1957.

SCHOFF, WILFRED H. "Some Aspects of the Overland Oriental Trade at the Beginning of the Christian Era," *Journal of the American Oriental Society*, XXXV (1915), 31-41.

SINOR, DENIS. "Autour d'une migration de peuples au Ve siècle," *Journal asiatique*, CCXXXV (1946-47), 1-77.

SMITH, D. H. "Zaitun's Five Centuries of Sino-Foreign Trade," *Journal of the Royal Asiatic Society*, IV (1958), 165-77.

THOMAS, P. "Roman Trade Centers on the Malabar Coast," *Indian Geographical Journal*, VI (1931-32), 230-40.

TUCCI, RAFFAELE DI. "Lineamenti storici dell'industria serica genovese," *Atti della società Ligure di storia patria*, LXXXI (1948), 19-77.

WINDEKENS, A. J. VAN "Les Hyperboréens," *Rheinisches Museum für Philologie*, Vol. C (1957), Pt. 2, pp. 164-69.

WITTKOWER, RUDOLF. "Marvels of the East, a Study of Monsters" *Journal of the Warburg and Courtauld Institutes*, V (1942), 159-97.

II. THE RENAISSANCE BEFORE THE GREAT DISCOVERIES

BOOKS

BALTRUVAITIS, J. *Le Moyen Age fantastique.* Paris, 1955.

BENFEY, THEODOR. *Panschatantra: Fünf Bücher indischer Fabeln, Märchen und Erzählungen.* 2 vols. Leipzig, 1859.

BENNETT, J. W. *The Rediscovery of Sir John Mandeville.* New York, 1959.

BERENSON, BERNARD. *A Sienese Painter of the Franciscan Legend.* London, 1909.

BERTHELOT, A. *L'Asie ancienne centrale et sud-orientale d'après Ptolémée.* Paris, 1930.

BLAKE, JOHN W. *Europeans in West Africa.* London, 1942.

BUTLER, PIERCE. *The Origin of Printing in Europe.* Chicago 1940.

CARTER, T. F. *The Invention of Printing in China and Its Spread Westward.* New York, 1931. Revised and edited by L. C. GOODRICH. New York, 1955.

CARVALHO, TITO AUGUSTO DE. *As companhias portuguesas de colonização.* Lisbon, 1902.

CORDIER, HENRI. *L'Extreme-Orient dans l'Atlas catalan de Charles V, roi de France.* Paris, 1894.

DAVILLIER, J. *Les origines de la porcelaine en Europe.* Paris, 1882.

DIXON, R. B. *The Building of Cultures.* New York, 1928.

DRESBACH, L. *Der Orient in der alt-französischen Kreuzzugsliteratur.* Breslau, 1901.

EBERSOLT, J. *Orient et Occident; recherches sur les influences byzantines et orientales en France pendant les Croisades.* 2 vols. Paris, 1928-29.

FALKE, OTTO VAN. *Kunstgeschichte der Seidenweberei.* Berlin, 1913.

GATTERER, J. *Allgemeine Welthistorie.* Göttingen, 1792.

GILL, JOSEPH S. J. *Council of Florence.* Cambridge, 1959.

GROUSSET, RENÉ. *L'empire des steppes.* Paris, 1939.

HALL, D. G. E. *A History of South-East Asia.* London, 1960.

HALLBERG, IVAR. *L'Extrême Orient dans la littérature et la cartographie de l'Occident des XIIIe XIVe et XVe siècles....* ("Publications of the Göteborgs kungl. Vetenskapsoch Vitterhets-Samhället Handlingar," Ser. 4, Vols. 7-8.) Gothenburg, 1906.

HART, H. *Sea Road to the Indies.* New York, 1950.

JACOB, GEORG. *Der Einfluss des Morgenlandes auf das Abendland vornehmlich während des Mittelalters.* Hanover, 1924.

JACOB, J. *Barlaam and Josaphat.* London, 1896.

KENDRICK, A. F. *Italian Silk Fabrics of the Fourteenth Century.* London, 1905-06.

LANDAU, MARCUS. *Die Quellen des Dekameron.* Stuttgart, 1884.

LANE, A. *Italian Porcelain.* London, 1954.

LANGLOIS, C. V. *La connaissance de la nature et du monde au moyen Âge....* Paris, 1911.

LEE, A. C. *The Decameron, Its Sources and Analogues.* London, 1909.

LETTS, MALCOLM. *Sir John Mandeville, the Man and His Book.* London, 1949.

LEVÊQUE, E. *Les mythes et les legendes de l'Inde et de la Perse dans Aristophane... Dante, Boccace, Ariste, etc.* Paris, 1880.

LIVERMORE, H. V. *A History of Portugal.* Cambridge, 1947.

——(ed.). *Portugal and Brazil.* Oxford, 1953.

LÖHMANN, OTTO. D*ie Rahmenerzählung des Decameron: ihre Quellen und Nachwirkungen.* Halle, 1935.

MORISON, S. E. *Portuguese Voyages to America in the Fifteenth Century.* Cambridge, Mass., 1945.

NUNN, G. E. *The Diplomacy Concerning the Discovery of America.* Jenkintown, Pa., 1948.

OLSCHKI, LEONARDO. *Guillaume Boucher, a French Artist at the Court of the Khans.* Baltimore, 1946.

——. *The Myth of Felt.* Berkeley, Calif., 1949.

PENROSE, B. *Travel and Discovery in the Renaissance.* Cambridge, Mass., 1955.

PERES, DAMIÃO, and CERDEIRA, ELENTÉRIO. *História de Portugal.* Vol. III. Barcelos, 1931.

POUZYNA, J. V. *La Chine, l'Italie et les débuts de la Renaissance, XIIIe-XIVe siècles.* Paris,1935.

PULLÉ, F. L. *La cartografía antica dell'India, Parte II: Il Medio-Evo Europeo e il Primo Rinascimento.* "Studi italiani di filologia Indo-Iranica," Vol. V. Florence, 1905.

RENOU, LOUIS. *La géographie de Ptolémée. L'Inde (VII, 1-4).* Paris, 1925.

ROGERS, F. M. *The Quest for Eastern Christians: Travels and Rumor in the Age of Discovery.* Minneapolis, 1962.

——. *The Travels of the Infante Dom Pedro of Portugal.* Cambridge, Mass., 1961.

RUNCIMAN, SIR STEVEN. *A History of the Crusades.* 3 vols. Cambridge, 1954.

SENCOURT, ROBERT. *India in English Literature.* London, 1923.

SORANZO, GIOVANNI. *Il Papato, l'Europa cristiana e i Tartari.* Milan, 1930.

SOULIER, GUSTAVE. *Les influences orientales dans la peinture toscane.* Paris, 1924.

STRZYGOWSKI, JOSEF. *Influences of Indian Art.* London, 1925.

WHEATLEY, PAUL. *The Golden Khersonese; Studies in the Historical Geography of the Malay Peninsula before A.D. 1500.* Oxford, 1960.

WHITBWAY, R. S. *The Rise of Portuguese Power in Asia.* London, 1899.

WILLIAMSON, J. A. *Maritime Enterprise.* Oxford, 1913.

WITTE, J. *Das Buch des Marco Polo als Quelle für Religionsgeschichte.* Berlin, 1916.

WRIGHT, J. K. *Geographical Lore of the Time of the Crusades.* New York, 1925.

ZURLA, PLACIDO. *Di Marco Polo e degli altri viaggiatori veneziani....* 2 vols. Venice, 1818-19.

ARTICLES

BAGROW, LEO. "The Origin of Ptolemyś Geographia," *Geografiska annaler* (Stockholm), XXVII (1945), 318-87.

BAYNES, HERBERT. "Oriental Characteristics in the Divina Commedia," *Transactions of the Royal Society of Literature of the United Kingdom,* Ser. 2, XXXVI (1918), 181-201.

BECKINGHAM, CHARLES F. "The Travels of Pero da Covilhã and Their Significance." In *Resumo das comunicações* ("Publications of the International Congress for the History of the Discoveries,") pp. 93-95. Lisbon, 1960.

BENFEY, THEODOR. "Die alte spanische Uebersetzung des Kalîlah und Dinnah," *Orient und Occident*, I (1862), 497-507.

BRADDY, HALDUN. "The Oriental Origin of Chaucer's Canacee-Falcon Episode," *Modern Language Review*, XXXI (1936), 11-19.

CHARIGNON, A. J. H. "La grande Java de Marco Polo en Cochinchine; étude de géographie historique d' après les sources chinoises et arabes," *Bulletin de la société des études indochinoises de Saigon*, N.S., IV (1929), 191-347.

CLAVIJO, RUY GONÇALEZ DE. "Clavijo's Embassy to Timur," *Calcutta Review*, XXXIV (1860), 251-79.

CRESSEY, G. F. "Chinese Traits in European Civilization: A Study in Diffusion," *American Sociological Review*, X (1945), 595-604.

CRONE, G. R. "Fra Mauro's Representation of the Indian Ocean and the Eastern Islands." In *Studi colombiani* (Papers read before the International Meeting for Studies on Columbus), III, 57-64. Genoa, 1951.

——. "Martin Behaim, Navigator and Cosmographer: Figment of Imagination or Historical Personage." In *Resumo das comunicacões* ("Publications of the International Congress on the History of the Discoveries"), pp. 20-21. Lisbon, 1960.

——. "The Alleged Pre-Columbian Discovery of America," *The Geographical Journal*, LXXXIX (1937), 455-60.

FALKE, OTTO VON. "Chinesische Seidenstoffe des XIV. Jahrhunderts," *Jahrbuch der königlich preuss. Kunstsammlung*, XXXIII (1912), 176-92.

FITZLER, M. A. HEDWIG. "Der Anteil der Deutschen an der Kolonialpolitik Philipp II. von Spanien in Asien," *Vierteljahrschrift für Sozial- und Wirtschaftsgeschichte*, XXVIII (1935), 243-81.

——. "Portugiesische Handelgesellschaften des 15, und beginnenden 16. Jahrhunderts," *ibid.*, XXV (1932), 209-50.

——. "Überblick über die portugiesischen Handelsgesellschaften des 15-18 Jahrhunderts," *ibid.*, XXIV (1931), 282-98.

GOLDSTEIN, THOMAS. "Florentine Humanism and the Vision of the New World." In *Resumo das comunicações* ("Publications of the International Congress for the History of the Discoveries"), pp. 132-34. Lisbon, 1960.

HENNIG, RICHARD. "Wahrscheinliche Kenntnis der Molukken im Altertum und Mittelalter," *Forschungen und Fortschritte*, XXV (1949), 175-76.

KIBRE, PEARL. "The Intellectual Interests Reflected in Libraries of the Fourteenth and Fifteenth Centuries," *Journal of the History of Ideas*, VII (1946), 257-97.

KINGSMILL, THOMAS W. "The Serica of Ptolemy and Its Inhabitants," *Journal of the China Branch, Royal Asiatic Society*, N. S., XIX (1884), 43-60.

KONETZKE, RICHARD. "Entrepreneurial Activities of Spanish and Portuguese Noblemen in Medieval Times," *Explorations in Entrepreneurial History*, VI (1953), 115-20.

LAUFER, BERTHOLD. "Was Odoric of Pordenone Ever in Tibet?" *T'oung pao*, Ser. 2, XV (1914), 405-18.

LINDEN, HERMAN VAŇ DER. "Alexander VI and the Demarcation of the Maritime and Colonial Domains of Spain and Portugal," *American Historical Review*, XXII (1916), 1-20.

LOPEZ, ROBERT S. "China Silk in Europe in the Yüan Period," *Journal of the American Oriental Society*, LXXII (1952), 72-76.

——. "European Merchants in the Medieval Indies: The Evidence of Commercial Documents," *Journal of Economic History*, III (1943), 164-84.

LOPEZ, ROBERT S. "Lès influences orientales et l'eveil économique de l'Occcident," *Cahiers d'histoire mondiale*, I (1953-54), 594-622.

——. "Nuovi luci sugli Italiani in Estremo Oriente prima di Colombo." In *Studi Colombiani* (Papers Read before the International Meeting for Studies on Columbus), III, 337-98. Genoa, 1951.

LYBYER, A. H. "The Ottoman Turks and the Routes of Oriental Trade," *English Historical Review*, XXX (1915), 577-88.

MANLY, J. H. "Marco Polo and the Squire's Tale," *Publications of the Modem Language Association*, XI (1896), 349-62.

MARKINO, Y. "Chaucer and Chinese Odes," *English Review*, XXVII (1918), 29-38.

MARTIN, L. "The Newly-Discovered Marco Polo Map," *Annals of the Association of American Geographers*, XXIV (1934), 60-61.

MÜNSTERBERG, OSKAR. "Leonardo da Vinci und die chinesische Landschaftsmalerei," *Orientalisches Archiv* ..., XII (1910), 92-100.

NOWELL, CHARLES E. "Prince Henry the Navigator and His Brother Dom Pedro," *Hispanic American Historical Review*, XXVIII (1948), 62-67.

——. "The Rejection of Columbus by John of Portugal." In *University of Michigan Historical Essays*, pp. 25-44. Ann Arbor, 1937.

——. "The Treaty of Tordesillas and the Diplomatic Background of American History." In *Greater America, Essays in Honor of H. E. Bolton*, pp. 1-18. Berkeley, 1945.

OLSCHKI, LEONARDO. "Asiatic Exoticism and the Italian Art of the Early Renaissance," *Art Bulletin*, XXVI (1944), 95-108.

——. "1 'Cantari dell'india' di Giuliano Dati," *La bibliofilia*, XL (1938), 289-316.

——. "Dante e l'Oriente," *Giornale Dantesco*, XXXIX (1936), 65-90.

POLASCHEK, ERICH. "Ptolemy's Geography in a New Light," *Imago mundi*, XIV (1959),17-37.

RANDLES, W. G. L. "Le nouveau monde, l'autre monde, et la pluralité des mondes." In *Resumo das comunicações* ("Publications of the International Congress for the History of the Discoveries"), pp. 162-63. Lisbon, 1960.

RAU, VIRGINIA, and DIFFIE, B. W. "Alleged Fifteenth-Century Portuguese Joint-Stock Companies and the Articles of Dr. Fitzler," *Bulletin of the Institute of Historical Research* (London), XXVI (1953), 181-99.

SCHILLING, DOROTHEUS. "War der Franziskaner Odorick von Pordenone in 14. Jahrhundert in Japan?" *Monumenta Nipponica*, VI (1943), 83-109.

SENSBURG, WALDEMAR. "Poggio Bracdolini und Nicolo de Conti in ihrer Bedeutung für die Geographie des Renaissancezeitalters," *Mitteilungen der K. K. Geographischen Gesellschaft in Wien*, XLIX (1906), 257-372.

SINGER, C. "East and West in Retrospect." In Singer *et al* (eds.), *A History of Technology*, II753-76. Oxford, 1956.

SINOR, D. "John of Plano Carpini's Return from the Mongols: New Light from a Luxemburg Manuscript," *Journal of the Royal Asiatic Society*, III (1957), 193-206.

SMITH, D. HOWARD. "Zaitun's Five Centuries of Sino-Foreign Trade," *Journal of the Royal Asiatic Society*, IV (1958), 165-77.

STEMBACH, L. "Gujarat as Known to Medieval Europe," *Proceedings of the Indian Historical Congress*, VII (1950), 292-95.

THOMSON, J. T. "Marco Polo's Six Kingdoms or Cities in Java Minor, Identified in Translations from the Ancient Malay Annals," *Proceedings of the Royal Geographic Society*, XX (1875-76), 215-24.

TOYNBEE, PAGET. "Tartar Cloths," *Romania,* XXIX (1900), 559-64.

TSCHARNER, EDUARD HORST VON. "China in der deutschen Dichtung des Mittelalters und der Renaissance," *Sinica*, IX (1934), 8-31.

VERLINDEN, CHARLES. "La colonie italienne de Lisbonne et le développement de l'économie metropolitaine et coloniale portugaise." In *Studi in onore di Armando Sapori,* pp. 617-28. Milan, 1957.

WANN, LOUIS. "The Oriental in Elizabethan Drama," *Modern Philology*, XII (1914),423-47.

WASHBURN, WILCOMB E. "Japan on Early European Maps," *Pacific Historical Review*, XXI (1952), 221-36.

WITTKOWER, R. "Marco Polo and the Pictorial Tradition of the Marvels of the East." In *Oriente Poliano* ("Publications of the Istituto per il medio ed estremo Oriente"), pp. 155-72. Rome, 1957.

III. THE SPICE TRADE

BOOKS

ATKINSON, G. *Les nouveaux horizons de la Renaissance française.* Paris, 1935.

AZBVEDO, J. L. DE. *Épocas de Portugal económico; esboços de história.* 2d ed. Lisbon, 1947.

BASTIN, JOHN. *Essays on Indonesian and Malayan History.* Singapore, 1961.

BIGARD, LOUIS. *Le trafic maritime avec les Indes sous François 1er.* Paris, 1939.

BRAAMCAMP FREIRE, ANSELMO. *Noticias da feitoria de Flandres.* Lisbon, 1920.

BRAUDEL, FERNAND. *La méditerranée et le monde méditerranéen à l'époque de Philippe II.* Paris, 1949.

BRAUDEL, FERNAND, and ROMANO, R. *Navires et marchandises à l'entrée du port de Livoume.* Paris, 1951.

BYRNE, L. S. R. *The Fugger News-Letters, Second Series.* New York, 1926.

CARVALHO, T. A. DE. *As companhias portuguesas de colonização.* Lisbon, 1902.

CASTILHO, JULIO DE. *A ribeira de Lisboa.* 2 vols. Lisbon, 1941-48.

——. *Lisboa antiga.* 12 vols. Lisbon, 1935-38.

CHARY, PAULINE DE. *The Fugger News-Letters, Second Series.* New York, 1924.

CIUTIIS, SALVATORE. *Une ambassade portugaise à Rome au XVIe siècle.* Naples, 1899.

Cortes de los antiguos reinos de Leon y de Castilla. Madrid, 1882.

DANVERS, F. C. *The Portuguese in India.* 2 vols. London, 1894.

DANVILA Y BOURGUERO, ALFONSO. *Felipe II y el Rey Don Sebastian de Portugal.* Madrid,1943.

DENUCÉ, JEAN (ed.). *Inventaire des Affaitadi, banquiers italiens à Anvers de l'année 1568.* Antwerp, 1934.

EÇA, V. M. DE M. C. DE A. DE. *Normas económicas da colonização portuguesa.* Coimbra, 1921.

EHRENBERG, RICHARD. *Das Zeitalter der Fugger.* 2 vols. Jena, 1896.

FOSTER, SIR WILLIAM. *England's Quest of Eastern Trade.* London, 1933.

GLAMANN, K. *Dutch-Asiatic Trade, 1620-1740.* Copenhagen and The Hague, 1958.

GORIS, J. A. *Étude sur les colonies marchandes meridionales à Anvers de 1488 à 1567.* Louvain, 1925.

GREIFF, R. (ed.). *Tagebuch des Lucas Rem aus den Jahren 1494-1541.* Augsburg, 1861.

HÄBLER, KONRAD. *Die Geschichte der Fugger'schen Handlung in Spanien.* Weimar, 1897.

——. *Die überseeischen Unternehmungen der Welser.* Leipzig, 1903.

HAMILTON, E. J. *American Treasure and the Price Revolution in Spain, 1501-1650.* Cambridge, Mass., 1934.

HART, HENRY. *Sea Road to the Indies.* New York, 1950.

HERCULANO DE CARVALHO E ARAUJO, ALEXANDRE. *History of the Origin and Establishment of the Inquisition in Portugal.* Translated by J. C. BRANNER. ("Stanford University Publications in History and Economics," Vol. I, No. 2.) Stanford, Calif., 1926.

HERRERA Y TORDESILLAS, ANTONIO DE. *Historia general de los hechos de los Castellanos en las Isias i Tierra Firme del Mar Oceano.* 3 vols. Madrid, 1726-27.

HEYD, WILHELM. *Histoire du commerce du Levant au Moyen-Âge.* 2 vols. Leipzig, 1886.

HÜMMERICH, FRANZ. *Die erste deutsche Handelsfahrt nach Indien, 1505-06.* Munich, 1922.

JAYNE, K. J. *Vasco da Gama and His Successors, 1460-1580.* London, 1910.

JULIEN, C. A. *Les voyages de découverte et les premiers établissements, XVᵉ-XVIᵉ siècles.* Paris, 1948.

KLARWILL, VICTOR (ed.). *Fugger-Zeitungen; ungedruckte Briefe an das Haus Fugger aus den Jahren 1568-1605.* Vienna, 1923.

LAPEYRE, HENRI. *Une famille de marchands: les Ruiz. Contribution à l'étude du commerce entre la France et l'Espagne au temps de Philippe II.* Paris, 1955.

LOBO, A. DE S. S. C. *História da societade em Portugal no século XV.* Lisbon, 1903.

LUZZATTO, GINO. *Storia economica dell'età moderna e contemporanea.* 2d ed. Padua, 1938.

MEDINA, J. T. *Sebastian Caboto al servicio de España.* Santiago, 1908.

MENDES DA LUZ, F. P. O *Conselho da India.* Lisbon, 1952.

MOLS, ROGER. *Introduction à la démographie des villes d'Europe du XIVᵉ au XVIIIᵉ siècle.* 2 vols. Gemblaux, 1954-56.

MÜLLER, KARL OTTO. *Welthandelsbräuche* (1480-1540). Stuttgart, 1934.

PANIKKAR, K. M. *Malabar and the Portuguese.* Bombay, 1929.

PARR, C. M. *So Noble a Captain.* New York, 1953.

PERAGALLO, PROSPERO. *Cenni intoma alla colònia italiana in Portogallo nei sècoli XIV, XV e XVI.* Genoa, 1907.

PERES, DAMIÃO (ed.). *Regimento das cozas das índias e Mina: manuscrito inédito.* Coimbra, 1947.

PRESTAGE, EDGAR. *The Portuguese Pioneers.* London, 1933.

PRIBRAM, ALFRED FRANCIS. *Materialien zur Geschichte der Preise und Löhne in Österreich.* Vienna, 1938.

RAMBERT, GASTON (ed.). *Histoire du commerce de Marseille.* 3 vols. Paris, 1951.

SARDELLA, PIERRE. *Nouvelles et speculations à Venise au début du XVIᵉ siècle.* Paris, 1948.

SCHURZ, W. L. *The Manila Galleon.* New York, 1959.

SHILLINGTON, V. M., and CHAPMAN, A. B. W. *The Commercial Relations of England and Portugal.* London, 1907.

SILVA, J. GENTIL DA (ed.). *Marchandises et finances.* ("Affaires et gens d'affaires," École Pratique des Hautes Études, VI- Section: Centre de Recherches Historiques, Paris. Vols. IX, XIV.) Paris, 1956-60.

Vol. 1 : *Stratégie des affaires à Lisbonne entre 1595 et 1607.* Paris, 1956.

Vols. 2-3 : *Lettres de Lisbonne, 1563-1578.* Paris, 1959-60.

STRICKER, W. F. K. *Die Deutschen in Spanien und Portugal und den spanischen und portugiesischen Ländern von Amerika.* Leipzig, 1850.

VASQUEZ DE PRADA, V. (ed.). *Lettres marchandes d'Anvers.* 4 vols. Paris, 1958-61.

VERLÏNDEN, CHARLES. *Dokumenten voor de Geschiedenis van Prijzen en Lonen in Vlaanderen en Brabant (XVe-XVIIIe Eeuw)* Bruges, 1959.

VLEKKE, B. H. M. *Nusantara: A History of Indonesia.* Rev. ed. Chicago, 1960.

WEGG, JERVIS. *The Decline of Antwerp under Philip of Spain.* London, 1924.

WEINSTEIN, DONALD. *Ambassador from Venice: Pietro Pasqualigo in Lisbon, 1501.* Minneapolis, 1960.

WHEELER, J. *Treatise of Commerce.* Edited by GEORGE B. HOTCHKISS. New York, 1931.

WHITEWAY, R. S. *The Rise of Portuguese Power in India, 1497-1550.* Westminster, 1899.

ARTICLES

DENUCÉ, JEAN, "Privilèges commerciaux accordés par les rois du Portugal aux Flamands et aux Allemands (XVe et XVIe siècles)," *Arquivo historico portugues,* VII (1909), 310-19, 376-92.

DE ROOVER, F. E. "The Market for Spices in Antwerp, 1538-1544." *Revue Belge de philologie et d'histoire,* XVII (1938), 212-21.

DÖBEL, FRIEDRICH. "Uber einen Pfefferhandel der Fugger und Welser, 1586-91," *Zeitschrift des historischen Vereins für Schwaben und Neuburg,* XIII (1886), 125-38.

EHRENBERG, RICHARD. "Ostindische Handelsgesellschaften," in *Handwörterbuch der Staatswissenschaften,* 3d ed., VI, 948-65. Berlin, 1910.

FITZLER, M. A. HEDWIG. "Überblick über die portugiesischen Handelsgesellschaften des 15-18 Jahrhunderts," *Vierteljahrschrift für Sozial- und Wirtschaftsgeschichte,* XXIV (1931), 282-98.

GASCON, RENÉ. "Une siècle du commerce des épices à Lyon: fin XVe et XVIe siècles," *Annales: économies, sociétés, civilisations,* XV (1960), 638-66.

HÄBLER, KONRAD. "Die Fugger und der spanische Gewürzhandel," *Zeitschrift des historischen Vereins für Schwaben und Neuburg,* XIX (1892), 25-44.

——. "Konrad Rott und die thüringische Gesellschaft," *Neues Archiv für sächsische Geschichte,* XVI

(1895), 177-218.

KELLENBENZ, HERMANN. "Der Pfeffermarkt um 1600 und die Hansestädte," *Hansische Geschichtsblätter*, LXXIV (1956), 28-49.

——. "Autour de 1600. Le commerce du poivre des Fugger et le marché international du poivre," *Annales: économies, sociétés, civilisations*, XI (1956), 1-28.

KLUCKHOHN, AUGUST. "Zur Geschichte der Handelsgesellschaften und Monopole im Zeitalter der Reformation." In *Historische Aufsätze dem Andenken an Georg Waitz gewidmet*, pp. 666-703. Hanover, 1886.

LANE, F. C. "The Mediterranean Spice Trade; Further Evidence of Its Revival in the Sixteenth Century," *American Historical Review*, XLV (1939-40), 581-90.

LUZZATTO, GINO. "La decadenza di Venezia dopo le scoperte geografiche nella tradizione e nella realtà," *Archivio veneto*, ser. 5, LIV (1954), 162-81.

MAGALHÃES-GODHINO, VITORINO. "Le repli vénitien et egyptien et la route du Cap 1496-1533." In *Éventail de l'histoire vivante: hommage à Lucien Febvre*, II, 283-300. Paris, 1953.

MASHANAGLASS, P. MACSWINEY DE, "Une ambassade portugaise à Rome sous Jules II," *Revue d'histoire diplomatique*, XVII (1903), 51-63.

RAU, VIRGINIA. "A Family of Italian Merchants in Portugal in the XVth Century: The Lomellini." In *Studi in onore di Armando Sapori*, I, 717-26. Milan, 1957.

STELLA, ALDO. "La crisi economica veneziana della seconda metà del sècolo XVI," *Archivio veneto*, ser. 5, Vol. LVIII, No. 93 (1956), pp. 17-69.

WROTH, LAWRENCE. "The Early Cartography of the Pacific," *Papers of the Bibliographical Society of America*, XXXVIII (1944), 87-268.

IV. THE PRINTED WORD

BOOKS

ALBRECHT, J. *Beiträge zur Geschichte der portugiesischen Historiographie des 16. Jahrhunderts*. Halle a. S., 1915.

ALMAGIÀ, ROBERTO. *Monumenta cartographica vaticana*. 2 vols. Rome, 1944.

ANSELMO, ANTONIO JOAQUIM. *Bibliografia das obras impressas em Portugal no século XVI*. Lisbon, 1926.

ANTHIAUME, ALBERT. *Cartes marines, constructions navales; voyages de découvertes chez les normands, 1500-1650*. 2 vols. Paris, 1916.

ATKINSON, GEOFFROY. *La littérature géographique française de la Renaissance. Répertoire bibliographique*. Paris, 1927.

——. *Les nouveaux horizons de la Renaissance française.* Paris, 1935.

BAIÃO, ANTÓNIO (ed.). *Itinerarios da India a Portugal por terra.* Coimbra, 1923.

BALEN, W. J. VAN. *Naar indische Wonderwereld.* Amsterdam, 1946.

BELL, AUBREY F. G. *Gaspar Correa.* Oxford, 1924.

——. *Portuguese Literature.* Oxford, 1922.

BERCHET, GUGLIELMO (ed.). *Fonti italiani per la storia della scoperta del nuovo mondo.* Rome, 1892.

BERJEAU, J. P. (ed. and trans.). *Calcoen....* London, 1874.

BÖHME, MAX. *Die grossen Reisesammlungen des 16. Jahrhunderts und ihre Bedeutung.* Strassburg, 1904.

BROWN, HORATIO F. *The Venetian Printing Press. An Historical Study Based upon Documents for the Most Part Hitherto Unpublished.* London, 1896.

BURGER, KONRAD. *Die Drucker und Verleger in Spanien und Portugal von 1501 bis 1536.* Leipzig, 1913.

BUTLER, PIERCE. *The Origin of Printing in Europe.* Chicago, 1940.

CAMUS, A. G. *Mémoire sur la collection des Grands et Petits Voyages, et sur la collection des voyages de Melchisedech Thevenot.* Paris, 1802.

CIUTIIS, SALVATORE DE. *Une ambassade portugaise à Rom au XVIe siècle.* Naples, 1899.

CONGRESSO INTERNACIONAL DE HISTÓRIA DOS DESCOBRIMENTOS (1960). *Actas.* 6 vols. Lisbon, 1961.

CORTESÃO, ARMANDO. *Cartografia e cartógrafos portugueses dos séculos XV e XVI.* 2 vols. Lisbon, 1935.

CORTESÃO, A., and TEIXEIRA DA MOTA, A. *Portugaliae monumenta cartographica.* 5 vols. Lisbon, 1960.

CORTESÃO, JAIMÉ. *A política de sigilo nos descobrimentos nos tempos do Infante D. Henrique e de D.João II.* Lisbon, 1960.

DAINVILLE, FRANÇOIS DE. *La géographie des humanistes.* Paris, 1940.

DENUCÉ, J. *Les origines de la cartographie portugaise et les cartes des Reinel.* Ghent, 1908.

DESLANDES, VENANCIO. *Documentos para a história da typographia portugueza nos séculos XVI e XVII.* Lisbon, 1881.

DUFFY, JAMES. *Shipwreck and Empire.* Cambridge, Mass., 1955.

ESCUDERO Y PEROSSO, FRANCISCO. *Tipografía Hispalense: anales bibliográficos de la ciudad de Sevilla desde el establecimiento de la imprenta hasta fines del siglo XVIII.* Madrid, 1894.

ESTANCELIN, LOUIS. *Recherches sur les voyages et découvertes des navigateurs normands.* Paris, 1832.

FICALHO, F. M. DE. *Garcia da Orta e o seu tempo.* Rev. ed. Lisbon, 1898.

FISCHER, JOSEPH, and WIESER, FRITZ VON (eds.). *Die älteste Karte mit dem Namen Amerika ...1507 und die Carta Marina aus dem Jahre 1516 des M. Waldseemüller....* Innsbruck, 1903.

FLÜCKIGER, F. A., and HANBURY, G. *Pharmacographia.* London, 1874.

FONTOURA DA COSTA, A. *Les déambulations du Rhinocéros de Modofar, roi de Cambaye, de 1514 à 1516.* Lisbon, 1937.

GALLOIS, L. *Les géographes allemands de la Renaissance.* Paris, 1890.

GARCÍA LÓPEZ, JUAN CATALINA. *Ensayo de una tipografía complutense.* Madrid, 1899.

GUBERNATIS, ANGELO DE. *Storia dei viaggiatori italiani nelle Indie Orientali.* Leghorn,1875.

HAEBLER, KONRAD. *The Early Printers of Spain and Portugal.* London, 1897.

HANTZSCH, VIKTOR. *Deutsche Reisende des 16. Jahrhunderts.* Leipzig, 1895.

HART, HENRY H. *Luis de Camoëns and the Epic of the Lusiads.* Norman, Okla., 1962.

HAYM, N. F. *Notizia de libri raro nella lingua italiana.* London, 1726.

IJZERMAN, J. W. *Dirck Gerritsz. Pomp, alias Dirck Gerritsz. China, de eerste Nederlander die China en Japan bezocht, 1544-1604.* The Hague, 1915.

KAMMERER, ALBERT. *La découverte de la China par les Portugais au XVIème siècle et la cartographie des portolans.* Leiden, 1944.

LENHART, J. M. *Pre-Reformation Printed Books: A Study in Statistical and Applied Bibliography.* New York, 1935.

LOPES, DAVID (ed.). *Chronica dos Reis de Bisnaga.* Lisbon, 1890.

MADURELL MARIMON, JOSÉ MARIA, and RUBIO Y BALAGUER, JORGE (comps, and eds.). *Documentos para la historia de la imprenta y librería en Barcelona (1474-1553).* Barcelona, 1955.

MANUEL II, KING OF PORTUGAL. *Early Portuguese Books (1489-1600) in the Library of His Majesty the King of Portugal.* 3 vols. London, 1929.

MASHANAGLASS, PATRICE MACSWINEY DE, *Le Portugal et le Saint-Siège.* Paris, 1898.

MATOS, L. DE. *Les portugais à l'université de Paris entre 1500 et 1550.* Coimbra, 1950.

——. *Les portuguais en France au XVIe siècle. Etudes et documents.* Coimbra, 1952.

MEDINA, JOSÉ TORIBIO. *Juan Diaz de Solis.* 2 vols. Santiago de Chile, 1897.

MITCHELL, MAIRIN. *Elcano, the First Circumnavigator.* London, 1958.

MORISON, SAMUEL E. *Portuguese Voyages to America in the Fifteenth Century.* Cambridge, Mass., 1940.

MOSTO, ANDREA DA. *Il primo viaggio intorno al globo.* Rome, 1894.

NOWELL, CHARLES E. (ed.). *Magellan's Voyage around the World: Three Contemporary Accounts.* Evanston, I11., 1962.

OLMEDILLA Y PUIG, JOAQUIN. *Estudio histórico de la vida y escritos del sabio médico, botánico, y escritor del siglo XVI, Cristobal Acosta.* Madrid, 1899.

PARKS, G. B. (comp.). *The Contents and Sources of Ramusio's Navigationi.* New York,1955.

——. *Richard Hakluyt and the English Voyages.* New York, 1928.

PARR, C. M. *So Noble a Captain.* New York, 1953.

PASTOR, LUDWIG VON. *History of the Popes....* Translated by R. F. KERR. London, 1908.

Pastor, P. *Bibliografía Madrileña*. 3 vols. Madrid, 1891-1907.

Peddie, R. A. (ed.). *Printing: A Short History of the Art*. London, 1927.

Penrose, B. *Travel and Discovery in the Renaissance, 1420-1620*. Cambridge, Mass., 1952.

Pohl, F. *Amerigo Vespucci. Pilot Major*. New York, 1944.

Posodowsky-Wehmer, K. von, *Jean Parmentier. Leben und Werk*. Munich, 1937.

Priolkar, A. K. *The Printing Press in India*. Bombay, 1958.

Reis, Eduardo. *Duarte Barbosa, pioneiro reveladór dos costumes das Indias; relacão biográfica*. Macao, 1948.

Rogers, Francis M. *The Quest for Eastern Christians. Travel and Rumor in the Age of Discovery*. Minneapolis, 1962.

——. *The Travels of the Infante Dom Pedro of Portugal*. Cambridge, Mass., 1961.

Rohr, Christine von. *Neue Quellen zur zweiten Indienfahrt Vasco da Gamas*. Leipzig, 1939.

Roscoe, W. *The Life and Pontificate of Leo X*. 4 vols. London, 1827.

Rouillard, C. D. *The Turk in French History, Thought and Literature*. Paris, 1938.

Ryley, J. Horton. *Ralph Fitch, England's Pioneer to India and Burma*. London, 1899.

Sanchez, Juan M. *Bibliografía aragonesa del siglo XVI*. 2 vols. Madrid, 1913-14.

Sanz, Carlos. *Primitivas relaciones de España con Asia y Oceanía*. Madrid, 1958.

Schurz, W. L. *The Manila Galleon*. New York, 1939.

Sewell, Robert. *A Forgotten Empire* (*Vijayanagar*). London, 1900.

Stevenson, E. L. *Marine World Chart of Nicolo de Canerio Januensis*(*1502*).... New York, 1908.

Swecker, Zoe. "The Early Iberian Accounts of the Far East." Ph. D. dissertation, University of Chicago, 1960.

Taylor, E. G. R. *Tudor Geography, 1485-1583*. London, 1930.

Theunisz, Johannes. *Carolus Clusius, het merkwaardige leven van een pionier der wetenschap*. Amsterdam, 1939.

Tiele, Pieter. *Mémoire bibliographique sur les journaux des navigateurs néerlandais réimprimés dans les collections de De Bry et Huisius... Avec tables des voyages, des éditions et des matières*. Amsterdam, 1867.

Tsien T. H. *Written on Bamboo and Silk*. Chicago, 1962.

Vocht, Henry de. *History of the Foundation and of the Rise of the Collegium Trilingue Lovaniense, 1517-1550*. 4 vols. Louvain, 1950-55.

Wagner, Henry R. *The Spanish Southwest, 1542-1794, an Annotated Bibliography*. 2 vols. Albuquerque, 1937.

Weigel, T. *Bibliographische Mittheilungen über die deutschen Ausgaben von de Bry's Sammlungen*. Leipzig, 1945.

WEINSTEIN, DONALD. *Ambassador from Venice: Pietro Pasqualigo in Lisbon, 1501.* Minneapolis, 1960.

WICHMANN, ARTHUR. *Dirck Gerritsz. Ein Beitrag zur Entdeckungsgeschichte des 16ten und 17ten Jahrhunderts.* Groningen, 1899.

WIEDER, F. C. (ed.). *Monumenta Cartographica; Reproductions of Unique and Rare Maps....* 5 vols. The Hague, 1925-33.

WILLIAMSON, JAMES. *Maritime Enterprise (1485-1558).* Oxford, 1913.

ARTICLES

BAGROW, LEO. "A. Ortelii catalogus cartographorum," *Petermanns Mitteilungen,* XLIII (1920), No. 199; XLV (1930), No. 210.

BERNSTEIN, HARRY, and DIFFIE, BAILEY W. "Sir Clements Markham as a Translator," *Hispanic American Historical Review,* XVII (1937), 546-57.

BOXER, C. R. "Three Historians of Asia (Barros, Couto, and Bocarro)," *Instituto Português de Hongkong, Boletim,* No. 1 (July, 1948), pp. 18-24.

——. "Einige Aspekte der westlichen Geschichtsschreibung über den Fernen Osten,1500-1800," *Saeculum,* VIII (1957), 285-97.

BRÁSIO, ANTÓNIO. "Uma carta inédita de Valentim Fernandes," *Boletim da biblioteca da universidade de Coimbra,* XXIV (1960), 338-58.

CORDIER, HENRI. "Deux voyagers dans l'Extrême-Orient...Essai bibliographique.Nicolo De'Conti-Ludovico de Varthema," *T'oung pao,* X (1899), 390-404.

CORTESÃO, JAIME. "Do sigilo nacional sobre os descobrimentos. Cronicas desaparecidas, mutiladas e falseadas. Alguns dos feitos que se caláram," *Lusitania,* I (1924), 45-81.

—— "A historiografia oficial e o sigilo sobre os descobrimentos," *Primeiro congresso da história da expansão portuguesa no mundo* (Lisbon), II (1938), 203-31.

——. "The Pre-Columbian Discovery of America," *Geographical Journal,* LXXXIX(1937), 29-42.

CRONE, G. R. "The Alleged Pre-Columbian Discovery of America," *Geographical Journal,* LXXXIX (1937), 455-62.

DAHLGREN, E. W. "Les débuts de la cartographie du Japon," *Archives d'études orientales,* IV (1911), 10-18.

EUDI, EMILE. "La lettre d'Antonio de Brito, capitaine de la fortresse de Ternate, au roi de Portugal Dom João III (6 mai 1523)," *La géographie,* XLIX (1928), 1-17.

FITZLER, HEDWIG M. A. KÖMMERLING. "Fünf Jahrhunderte portugiesische Kolonial-geschichtsschreibung," *Die Welt als Geschichte,* VII (1941), 101-23; VIII (1942), 97-121, 331-58.

HEERES, J. E. "Duitschers en Nederlanders op de zeewegen naar Oost-Indië voor 1595." In *Gedenkboed* van het Kon. Instituut vor taal-, land- en volkenkunde van Nederlandsche Indië. The Hague, 1926.

HEMSÖ, IACOPO GRABERG DA. "Lettera di Giovanni da Empoli a Leonardo suo padre intomo al viaggio da lui fatto a Malacca...," *Archivio storico italiano*, Appendice, III (1846), 35-91.

HEYD, WILHELM. "Valentin Fernandez Aleman," *Sitzungsberichte der philosophisch-philologischen und historischen Classe der k. b. Akademie der Wissenschaften zu München*, II (1872), 479-83.

KEUNING, J. "The History of an Atlas; Mercator-Hondius," *Imago mundi*, IV (1947), 37-62.

LEFEVRE, RENATO. "Uma corrispondenza dal Mar Rosso di Andrea Corsali nel 1516," *Il libro italiano*, IV, Part 2 (1940), 433-48.

LE GENTIL, GEORGES. "Nicholas de Grouchy, traducteur de Castanheda," *Bulletin des études portugaises et de l'Institut français au Portugal*, IV, fase, I (Coimbra, 1937), 31-46; also in FERREIRA MARTINS, JOSÉ, *Noticias cronológicas*, III, 352-69. Lisbon, 1930.

LE ROUX, C. C. F. M. "Nogmaals Pigafetta's Maleische woorden," *Tijdschrift voor Indische taal-, land- en volkenkunde*, LXXIX (1939), 446-51.

MACGREGOR, I. A., "Some Aspects of Portuguese Historical Writing of the Sixteenth and Seventeenth Centuries on South East Asia." In D. G. E. HALL (ed.), *Historians of South East Asia,* pp. 190-203. London, 1961.

MASHANAGLASS, P. MACSWINEY DE. "Une ambassade Portugais à Rome sous Jules II," *Revue d'histoire diplomatique*, XVII (1903), 62-63.

MATOS, LUIS DE. "Forma e natura e costumi del rinocerote," *Boletim international de bibliografía Luso-Brasileira*, I (1960), 387-98.

——. "Natura, intelletto, e costumi dell' elefante," *ibid.,* pp. 44-55.

PARKS, GEORGE B. "Ramusio's Literary History," *Studies in Philology*, LII (1955), 127-48.

PIERO, ANTONIO DEL. "Della vitae degli studi di Gio. Battista Ramusio," *Nuovo archivio veneto*, IV (1902), 2-112.

PREUSS, G. F. "Philip II, die Niederländer und ihre erste Indienfahrt," *Mitteilungen der schlesischen Gesellschaft für Volkskunde*, XIII-XIV (1911-12), 281-97.

ROGERS, FRANCIS M. "Valentim Fernandes, Rodrigo de Santaella, and the Recognition of the Antilles as 'Opposite India,' " *Boletim da sociedade de geografía de Lisboa*, LXXV (1957), 279-86.

SCHMELLER, J. "Über Valenti Fernandez Alema und seine Sammlung von Nachrichten über die Entdeckungen und Besitzungen der Portugiesen in Afrika und Asien bis zum Jahre 1508... ," *Abhandlungen der philosophisch-philologische Classe der königlichen bayerischen Akademie der Wissenschaften,* Pt. III (1847), Vol. IV, 1-73.

SELIG, K. "A German Collection of Spanish Books," *Bibliothèque d'humanisme et renaissance: travaux et documents,* XIX (1957), 51-79.

STAPEL, F. "Het verblijf van Cornelis de Houtman te Lissabon." *Tijdschrift voor geschiedenis*, LI (1936),

370-73.

TEZA, EMILIO. "I viaggi di Cesare dei Fedrici e la versione inglese dell' Hitchcock." *Atti de reale istituto veneto di scienze, lettere ed arti*, LXVIII (Ser. 8, XI, 1908-9),327-37.

THOMAS, HENRY. "English Translations of Portuguese Books before 1640," *The Library*, Ser. 4, VII (1926), 1-30.

TIEGHEM, PAUL VON. "La littérature latine de la Renaissance," *Bibliothèque d'humanisme et renaissance*, IV (1944), 177-418.

UHDEN, R. "The Oldest Portuguese Original Chart on the Indian Ocean, A.D. 1509," *Imago mundi*, III (1939), 8-11.

WAGNER, HENRY R. "Francisco Lopez de Gomara and His Works," *Proceedings of the American Antiquarian Society*, LVIII (1949), 263-68.

WARBURG, O. "Wer is der Entdecker der Gewürz-Inseln (Molukken)?" *Verhandlungen der Gesellschaft für Erdkunde zu Berlin*, XXIII (1896), 102-43.

WROTH, L. C. "The Early Cartography of the Pacific," *Papers of the Bibliographical Society of America*, XXXVIII (1944), 137-51.

V. THE CHRISTIAN MISSION

BOOKS

ALVAREZ-TALADRIZ, JOSÉ LUIS (ed.). *Alejandro Valignano S.I., Summario de las cosas de Japon (1583)*. ("Monumenta Nipponica Monographs," No. 9.) Tokyo, 1954.

BAIÃO, ANTÓNIO. *A inquisiçao de Goa*. Vol. I. Lisbon, 1949. Vol. II. Coimbra, 1930.

BERNARD, HENRI. *Le Pére Matthieu Ricci et la société chinoise de son temps* (1552-1610).2 vols. Tientsin, 1937.

——. *Aux portes de la Chine*. Tientsin, 1933.

BERTRAND, J. *La mission du Maduré d'après des documents inédits*. 4 vols. Paris, 1847-54.

BESSÉ, L. *Missionaries du Carnatic de la Compagnie de Jésus*. Trichinopoly, 1918.

BOURDON, LÉON. *Les débuts de l'évangélisation de Ceylon vers le milieu du XVIe siècle*. Lisbon, 1936.

BOXER, C. R. *The Christian Century in Japan, 1549-1650*. Berkeley, Calif., 1951.

——. *South China in the Sixteenth Century*. London, 1953.

BRAGA, THEOPHILO. *História da universidade de Coimbra*. 2 vols. Lisbon, 1892.

BRODRICK, JAMES. *The Origin of the Jesuits*. London, 1940.

——. *Saint Francis Xavier, 1506-1552*. New York, 1952.

BROWN, LESLIE WILFRID. *The Indian Christians of St. Thomas*. Cambridge, 1956.

CAMARA MANOEL, J. P. A. DA. *Missões dos Jesuitas no Oriente nos seculos XVI e XVII*. Lisbon, 1894.

CAMPOS, J. J. A. *History of the Portuguese in Bengal.* London, 1919.

CAMPS, ARNULF, *Jerome Xavier S.J. and the Muslims of the Mogul Empire.* (Supplement VI of *Neue Zeitschrift für Missionswissenschaft.*) Schöneck-Beckenried, Switzerland, 1957.

CARY, OTIS. *A History of Christianity in Japan.* New York, 1909.

CHARLEVOIX, P. F. X. DE. *Histoire de Christianisme au Japon.* 2 vols. Liége, 1855.

CORREIA-AFONSO, John, S. J. *Jesuit Letters and Indian History.* Bombay, 1955.

COSTANTINI, D. (ed.). *Le missioni cattòliche e la cultura dell'Oriente.* Rome, 1943.

COUTINHO, FORTUNATO. *Le regime paroissial des diocèses de rite latin de l'Inde des origines (XVIᵉ siècle) à nos jours.* Louvain, 1958.

CRASSET, JEAN. *Histoire de l'église du Japon.* 2 vols. Paris, 1689.

DAHLMANN, JOSEPH. *Missionary Pioneers and Indian Languages.* Trichinopoly, 1940.

D'ELIA, PASQUALE. *Fonti Ricciane.* 3 vols. Rome, 1942.

D'SA, M. *History of the Catholic Church in India.* Bombay, 1910.

DUNNE, GEORGE, S.J. "The Jesuits in China in the Last Days of the Ming." Ph. D. dissertation, University of Chicago, 1944.

——. *Generation of Giants.* Notre Dame, Ind., 1962.

ENGLÄNDER, CLARA. *Ignatius von Loyola und Johannes von Polanco. Der Ordenstifter und sein Sekretär.* Regensburg, 1956.

FERROLI, D. *The Jesuits in Malabar.* 2 vols. Bangalore, 1939-51.

GOUVEA, A. DE. *Jornada do Arcibispo de Goa Dom Frey Aleixo de Menezes....* Coimbra, 1606.

GROSLIER, B. P. *Angkor et le Cambodge d'après les sources portugaises et espagnoles.* Paris 1958.

HAAS, HANS. *Geschichte des Christentums in Japan.* 2 vols. Tokyo, 1902-04.

HERAS, HENRY. *The Conversion Policy of the Jesuits in India.* Bombay, 1933.

HUBER, R. M. *A Documented History of the Franciscan Order.* Milwaukee, 1944.

HUONDER, A. *Der heilige Ignatius von Loyola und der Missionsberuf der Gesellschaft Jesu.* Aachen, 1922.

JANN, P. ADELHELM, O.M.C. *Die katholischen Missionen in Indien, China und Japan. Ihre Organisation und das portugiesische Patronat von 15. bis ins 18. Jahrhtmdert.* Paderborn,1915.

JOSSON, H. *La mission du Bengale occidentale.* Bruges, 1921.

LAURES, JOHANNES. *Geschichte der katholischen Kirche in Japan.* Kaldenkirchen, 1956.

——. *Nobunaga und das Christentum.* Tokyo, 1950.

——. *Takayama Ukon und die Anfänge der Kirche in Japan.* Münster, 1954.

——. *Kirishitan Bunko.* Tokyo, 1957.

LEMMENS, LEONHARD. *Geschichte der Franziskanermissionen.* Münster, 1929.

LOPÉTEGUI, LEÓN. *El Padre José de Acosta y las misiones.* Madrid, 1942.

MACLAGEN, EDWARD. *The Jesuits and the Great Mogul.* London, 1932.

MAGNINO, LEO. *Pontificia Nipponica. Le relazioni tra la Santa Sede e il Giappone attraverso i documenti pontifici.* Rome, 1947.

MEERSMAN, A. *The Friars Minor or Franciscans in India, 1291-1941.* Karachi, 1943.

MERCES DE MELO, CARLOS. *The Recruitment and Formation of the Native Clergy in India (16th-19th Centuries).* Lisbon, 1955.

MONSTERLEET. JEAN. *L'église du Japon des temps feodaux à nos jours.* Toulouse, 1958.

MÜLLBAUER, MAXIMILIAN. *Geschichte der katholischen Missionen in Ostindien von der Zeit Vasco da Gama's.* Freiburg im Breisgau, 1852.

PASTELLS, PABLO, S.J. (ed.). *Labor evangélica, ministerios apostólicos de los obreros de la Compañía de Jesús....en las Islas Filipinas.* Barcelona, 1904.

PERERA, S. G. *The Jesuits in Ceylon in the XVI and XVII Centuries.* Madura, 1941.

PLATTNER, F. A. *Jesuits Go East.* Translated from German by Lord Sudley and OSCAR BLOBEL. Westminster, Md., 1952.

PRIOLKAR, A. K. *The Printing Press in India.* Bombay, 1958.

ROGERS, FRANCIS. *The Quest for Eastern Christians. Travel and Rumor in the Age of Discovery.* Minneapolis, 1962.

ROSSO, A. S., O. F. M. *Apostolic Legations to China of the Last Decades of the Ming Dynasty.* Notre Dame, Ind., 1962.

SALDANHA, M. J. G. DE. *História de Goa (política e arqueológica).* 2d ed. 2 vols. New Goa, 1925-26.

SCHURHAMMER, GEORG. *Das kirchliche Sprachproblem in der japanischen Jesuitenmission des 16. und 17. Jahrhunderts.* Tokyo, 1928.

——. *Franz Xaver, sein Leben und seine Zeit.* Vol. I. Freiburg im Breisgau, 1955.

SCHURHAMMER, GEORG, and VORETZSCH, E. A. (eds.). *Ceylon zur Zeit des Königs Bhuvaneka Babu und Franz Xavers, 1539-1552.* Leipzig, 1928.

SCHURZ, W. L. *The Manila Galleon.* New York, 1939.

SCHÜTTE, JOSEF FRANZ, S. J. *Valignanos Missionsgrundsätze Jur Japan.* 2 vols. Rome, 1951-58.

SILVA REGO, ANTÓNIO DA. *História das missões do padroado português do Oriente. India (1500-42).* Lisbon, 1949.

TACCHI-VENTURI. PIETRO, S.J. *Opere storiche del P. Matteo Ricci.* Macerata, 1911.

THALIATH, JONAS. *The Synod of Diamper.* Rome, 1958.

TISSERANT, EUGENE, CARDINAL. *Eastern Christianity in India; a History of the Syro-Malabar Church.* Westminster, Md., 1959.

TURSELLINUS, H. *Francisci Xaverii epistolarum libri quatuor.* Rome, 1596.

WELLESZ, EMMY. *Akbar's Religious Thoughts Reflected in Mogul Painting.* London, 1952.

W_ENZEL_, B. J. *Portugal und der Heilige Stuhl.* Lisbon, 1958.

W_ESSELS_, C. S. J. *Histoire de la mission d'Amboine, 1546-1605.* Louvain, 1934.

W_ICKI_, J_OSEF_. *Alessandro Valignano. Historia del principio y progresso de la Compañia de Jesus en las Indias Orientales, 1542-64.* Rome, 1944.

——(ed.). *Documenta Indica.* 7 vols. Rome, 1948-62.

W_YNGAERT_, A. _VAN DEN_, O. F. M. *Sinica Franciscana.* 2 vols. Florence, 1933.

ARTICLES

B_ENZIRG_, J_OSEF_. "Johann Albin zu Mainz als Reichsdrucker, 1598-1620," *Gutenberg Jahrbuch 1950* (Mainz, 1950), pp. 211-12.

B_IERMANN_, B_ENNO_. O.P. "Der erste Bischof in Ost-Indien, Fray Duarte Nunes O. P.," *Neue Zeitschrift für Missionswissenschaft*, IX (1953), 81-90.

——. "Die Mission der portugiesischen Dominikaner im Hinterindien," *ibid.*, XXI(1931), 306-07.

——. "Documenta quaedam initia missionum Ordinis Praedicatorum in India orientali illustrantia (1503-1548)," *Archivum fratrum praedicatorum*, X (1940), 132-57.

B_OXER_, C. R. "The Portuguese Padroado in East Asia and the Problem of Chinese Rites, 1576-1773," *Instituto português de Hongkong, Boletim*, No. 1 (July, 1948), pp. 199-226.

B_ERNARD_, H. "Les débuts des relations diplomatiques entre le Japon et les espagnols des Isles Philippines," *Monumenta Nipponica*, I (1938), 99-137.

B_ROU_, A. "Les statistiques dans les anciennes missions," *Revue d'histoire des missions* (Sept., 1929), pp. 361-84.

B_RUCKER_, J_OSEPH_. "Protectorate of Missions." In *Catholic Encyclopedia*, XII, 488-92. New York, 1911.

C_ASTETS_, J. "L'Église et le problème de la caste au XVIe siècle," *Revue d'histoire des missions* (1930), pp. 547-65.

D'E_LIA_, P. M. "La reprise des missions catholiques en Chine à la fin du Ming (1579-1644)," *Cahiers d'histoire mondiale*, V (1959-60), 679-91.

E_BISAWA_ A_RIMICHI_. "The Jesuits and Their Cultural Activities in the Far East," *Cahiers d'histoire mondiale*, V (1959-60), 344-74.

H_ERAS_, H. "The Jesuit Influence in Vijayanagar," *Quarterly Journal of the Mythic Society*, XIV (1923), 131-40.

——. "Rama Raya Vitthala, Viceroy of Southern India," *ibid.*, XV (1924), 176-90.

H_OSTEN_, H., S. J. "List of the Pupils of the College of S. Paolo de Santa Fe, Goa (1558)," *The Examiner* (Bombay), LXXI (1920), 429-30.

H_OSTEN_, H., and B_ESSE_, P. "A List of Portuguese Jesuit Missionaries in Bengal and Burma, 1576-1742,"

Journal of the Asiatic Society of Bengal, VII (1911), 15-23.

JOSEPH, T. "St. Xavier [*sic*] and the Badagas," *Journal of Indian History*, XXXI (1953), 185-88.

KLEISER, ALFONSO, S.J. "P. Alexandre Valignano's Gesandschaftsreise nach Japan zum Quambacudono Toyotomi Hideyoshi 1588-1591," *Monumenta Nipponica*, I(1938). 70-98.

MATTOM, C. K. "The Services of St. Francis Xavier to the Travancore State," *Journal of Indian History,* XXXI (1931), 75-79.

MEERSMAN, A. "The Franciscans in the Ancient Burmese Kingdom of Ava and Pegu, 1557-1818," *Archivum franciscanum historicum*, XXXI (1938), 356-86.

——. "The Question of Admitting Indians to the Franciscan Order," *Neue Zeitschrift für Missionswissenschaft,* XIII (1957), 29-34.

——. "Notes on the Study of Indian Languages by the Franciscans," *ibid.*, XVI (1960),40-54.

MOIDREY, S. J. "La hierarchie catholique en Chine, en Corée et au Japon (1307-1914)," *Variétés sinologigues* (*Zi-ka-wei*), No. 38 (1914), 1-300.

MORAES, G. M. "St. Francis Xavier, Apostolic Nuncio, 1542-52," *Journal of the Bombay Branch of the Royal Asiatic Society*, N. S., XXVI (1950), 279-313.

PANJIKARAN, J. C. "Christianity in Malabar with Special Reference to the St. Thomas Christians of the Syro-Malabar Rite," *Orientalia christiana*, VI (1926), 92-136.

PEREZ, LORENZO. "Historia de las misiones de los Franciscanos en las islas Malucas y Celebes," *Archivum franciscanum historicum*, VI (1913), 49-50.

PLACID, T. O. C. D. "Portuguese Religious Conquests in Malabar under the Diocese of Cochin during the Sixteenth Century," *Neue Zeitschrift für Missionswissenschaft*, XIII (1957), 287-306.

——. "The Syro-Malabarians, Their Life and Their Activities," *ibid.,* XII (1956),241-56.

SCHURHAMMER, GEORG. "Die Franziskanermissionäre des 16. Jahrhundert nach einer zeitgenössischen Schilderung," *Die katholischen Missionen* (Bonn), XLVII (1918-19), 100-08.

——. "Xavieriusforschung im 16. Jahrhundert," *Zeitschrift für Missionswissenschaft*,XII(1922), 129-65.

——. "Ein seltener Druck (der erste gedruckte tamulische Katechismus), *Die katholischen Missionen* (Bonn), LVIII (1930), 211-12.

——. "Die Bekehrung der Paraver (1535-37)," *Archivum historicum Societatis Jesu,* IV(1935), 201-33.

——. "Der hl. Franz Xaver in Japan (1549-1551)." In *Schriftenreihe der Neuen Zeitschrift für Missionswissenschaft*, No.1. Schöneck, 1947.

——. "Der Ursprung des Chinaplans des Heiligen Franz Xaver," *Neue Zeitschrift für Missionswissenschaft*, XXII (1953), 38-56.

——. "Desenhos orientais do tempo de S. Francisco Xavier." In *Garcia de Orta* (Lisbon, 1956), pp.

247-56.

STRAMIGIOLI, G. "Hideyoshi's Expansionist Policy on the Asiatic Mainland," *Transactions of the Asiatic Society of Japan*, Ser. 3, III, 74-94.

WESSELS, C. "De katholieke Missie in het Sultanaat Batjan (Molukken), 1557-1609," *Historisch Tijdschrift*, VIII (1929), 115-48, 221-45.

WICKI, JOSEF. "Zur Missionsmethode des hl. Franz Xaver," *Neue Zeitschrift für Missionswissenschaft*, II (1946), 85-103.

——. "Die Heidenbekehrung in den Jesuiten-Niederlassungen Portugiesisch-Indien,1545-1552," *ibid.*, III (1947), 39-48.

——. "Xavers Mitarbeiter in der Unterweisung der christlichen indo-portugiesischen Bevölkerung (1545-1552)," *ibid.*, 179-92.

——. "Die älteste deutsche Druck eines Xaverius-briefes aus dem Jahre 1545, ehemals in Besitz des Basler Humanisten Lepusculus," *ibid.*, IV (1948), 105-09.

WICKI, JOSEPH. "Der einheimische Klerus in Indien (16. Jahrhundert)." In *Der einheimische Klerus in Geschichte und Gegenwart*, edited by J. WICKI, pp. 11-28. Schöneck-Beckenried, 1950.

——. "Die ältere katholische Mission in der Begegnung mit Indien," *Saeculum*, VI(1955), 345-67.

——. "Juan de Bustamente, el primer impresor de la India," *Siglo de las misiottes*,XLIII (1956), 492-95, 499.

——. "Die ersten offizielen mündlichen Berichterstattungen in Europa aus den überseeischen Missionsgebieten der Gesellschaft Jesu (ca. 1553-1577)," *Neue Zeitschrift für Missionswissenschaft,* XIV (1958), 253-66.

WITTE, C. M. DE. "Le Regimento de la 'Mesa de Consciencia' du 24 novembre, 1558," *Revista portuguesa de história*, IX (1960), 277-84.

VI. INDIA

BOOKS

AYYAR, RAO BAHADUR L. K. ANATAKRISHNA. *Anthropology of the Syrian Christians.*Ernakulam, 1926.

BASHAM, A. L. *The Wonder That Was India.* London, 1954.

BELL, SIR CHARLES. *Tibet, Past and Present.* Oxford, 1924.

BRAGANÇA PEREIRA, A. B. DE. *Os Portugueses em Diu.* (Published as a special volume of *O Oriente português,* N. S., Nos. 11-19.) Bastorá, n.d.

BROWN, LESLIE WILFRID. *The Indian Christians of St. Thomas....* Cambridge, 1956.

CAMPOS, JOACHIM JOSEPH A. *History of the Portuguese in Bengal....* Calcutta, 1919.

CAMPS, ARNULF. *Jerome Xavier S. J. and the Muslims of the Moghul Empire; Controversial Works and*

Missionary Activity. Schöneck, 1957.

CARACI, GUISEPPE. *Introduzione al Sassetti epistolografo (indagini sulla cultura geografica del secondo cinquecento)*. Rome, 1960.

CHOPRA, P. N. *Some Aspects of Society and Culture during the Mughal Age, 1527-1707*. Agra, 1955.

CODRINGTON, H. W. *A Short History of Ceylon*. With a Chapter on Archeology by A. M. HOCART. Rev. ed. London, 1947.

COMISSARIAT, MANEKSHAH SORABSHAH. *A History of Gujarat, with a Survey of Its Monuments and Inscriptions*. 2 vols. Bombay, 1957.

CORREIA, GERMANO. *História da colonização portuguesa na India*. 2 vols. Lisbon, 1948-50.

CORREIA-AFONSO, John. *Jesuit Letters and Indian History: A Study of the Nature and Development of the Jesuit Letters from India (1542-1773) and of Their Value for Indian Historiography*. Bombay, 1955.

CROOK, W. (ed.); *see* TOD, JAMES.

DANVERS, F. C. *The Portuguese in India*. 2 vols. London, 1894.

DUBOIS, JEAN ANTOINE. *Hindu Manners, Customs and Ceremonies....* 3 d ed. Edited by HENRY K. BEAUCHAMP. Oxford, 1928.

ELLIOT, A. M., and DOWSON, J. (eds.). *The History of India as Told by Its Own Historians*. 8 vols. London, 1867-77.

FERGUSSON, J. *History of Indian and Eastern Architecture*. New York, 1899.

FERGUSSON, JAMES, and BURGESS, JAMES. *The Cave Temples of India*. London, 1880.

FICALHO, CONDE DE. *Garda da Orta e o seu tempo*. Lisbon, 1898.

FLÜCKIGER, F. A., and HANBURY, DANIEL. *Pharmacographica: A History of the Principal Drugs of Vegetable Origin Met With in Great Britain and British India*. London, 1874.

FONSECA, JOSÉ NICOLAU DA. *An Historical and Archeological Sketch of the City of Goa, Preceded by a Short Statistical Account of the Territory of Goa Written by the Authorization of the Government*. Bombay, 1878.

FONTOURA DA COSTA, A. *Les déambulations du Rhinocéros de Modofar, roi de Cambaye, de 1514-1516*. Lisbon, 1937.

FOSTER, WILLIAM. *Early Travels in India, 1583-1619*. London, 1921.

GERSON DA CUNHA, J. *Notes on the History and Antiquities of Chaul and Bassein*. Bombay, 1876.

GLASENAPP, H. VON. *Der Jainismus, eine indische Erlösungsreligion*. Berlin, 1925.

GUBERNATIS, ANGELO DE. *Storia dei viaggiatori italiani nelle Indie Orientali*. Leghorn, 1875.

HODIVALA, S. H. *Studies in Indo-Muslim History: A Critical Commentary on Elliot and Dowson....* 2 vols. Bombay, 1939-57.

IRVINE, WILLIAM. *Army of the Indian Moghuls: Its Organization and Administration*. London, 1903.

IYER, L. K. ANATHA KRISHNA. *The Cochin Tribes and Castes*. 2 vols. Madras, 1912.

JAIN, J. PMSAD. *Jainism, the Oldest Living Religion*. Benares, 1951.

KNOX, ROBERT. *An Historical Relation of Ceylon* (1681). Reprinted as Vol. VI of the *Ceylon Historical Journal*. Colombo, 1957.

KUNZ, G. F., and STEVENSON, C. H. *The Book of Pearl*. New York, 1908.

LOGAN, WILLIAM. M*alabar.* 3 vols. Madras, 1951.

MACLAGEN, E. *The Jesuits and the Great Mogul*. London, 1932.

MAHALNGHAM, T. V. *Administration and Social Life under Vijayanagar.* Madras, 1940.

MAJUMDAR, R. C. (ed.). *History and Culture of the Indian People*. 10 vols. Calcutta, 1951-61.

MAJUMDAR, R. C., *et al. An Advanced History of India*. London, 1958. 2d rev. ed., 1960.

MARTIN, M. *The History... of Eastern India*. London, 1838.

MORELAND, W. H. (ed.). *Relations of Golconda in the Seventeenth Century.* London, 1931.

MURRAY, JOHN (pub.). *A Handbook for Travellers in India and Pakistan, Burma and Ceylon*. London, 1949.

PANIKKAR, K. M. *Malabar and the Portuguese*. Bombay, 1929.

——. *A History of Kerala, 1498-1801*. Annamalainagas, 1960.

PEMBERTON, R. BOILEAU, *Report on Bootan....* Calcutta, 1839.

PHILIPS, C. H. (ed.). *Historians of India, Pakistan and Ceylon*. London, 1961.

PHILLIMORE, R. H. (ed.). *Historical Records of the Survey of India*, Vol. I: *18th Century.* Dehra Dun, 1945.

PIERIS, P. E. *Ribeiro's History of Ceilão; with a Summary of de Barros, de Couto, Antonio Bocarro and the Documentos remettidos, with the Parangi Hatane and Kostantinu Hatane, translated from the original Portuguese and Sinhalese*. Colombo, 1909.

PIERIS, P. E., and FITZLER, M. A. H. *Ceylon and Portugal*. Part I: *Kings and Christians,1539-1552.* Leipzig, 1927.

PRASAD, ISHWARI. *The Life and Times of Humayun*. Bombay, 1956.

PRIOLKAR, A. K. *The Printing Press in India*. Bombay, 1958.

RAJA, P. K. S. *Medieval Kerala*. Chidambaram, 1953.

REIS, EDUARDO. *Duarte Barbosa, pioneiro reveladór dos costumes das Indias. Relação biográfica coordenada por Eduardo Reis*. Macao, 1948.

ROSSI, MARIO. *Un letterato e mercante fiorentino del sècolo XVI: Filippo Sassetti*. Castello, 1899.

RYLEY, J. HORTON. *Ralph Fitch, England's Pioneer to India and Burma*. London, 1899.

SAHU, N. K. (ed.). *A History of Orissa*. By W. W. HUNTER (and others). 2 vols. Calcutta, 1956.

SALETORE, B. A. *Social and Political Life in the Vijayanagara Empire, A. D. 1346-A. D. 1646.*2vols. Madras, 1934.

SARKAR, J. N. (ed.). *The History of Bengal*. Dacca, 1948.

SASTRI, K. A. NILAKANTA. *A History of South India from Prehistoric Times to the Fall of Vijayanagar*. 2d ed. Madras, 1958.

SHARMA, G. N. *Mewar and the Mughal Emperors, 1526-1707 A.D.* Agra, 1954.

SHERWANI, HAROON KHAN. *The Bahmanis of the Deccan; an Objective Study*. Hyderbad-Deccan, 1953.

SILLANI, TOMASO. *L'Italia e l'Oriente medio ed estremo*. Rome, 1935.

SILVA CORREIA, ALBERTO C. GERMANO DA. *Les Musulmans de l'Inde portugaise*. Bastorá, 1937.

THURSTON, E. *Castes and Tribes of Southern India*. 7 vols. Madras, 1909.

——. *Ethnographic Notes on South India*. Madras, 1906.

TOD, JAMES. *Annals and Antiquities of Rajasthan or the Central and Western Rajput States of India*. Edited with an introduction and notes by WILLIAM CROOKE. 3 vols. London, 1920.

TURSELLINUS, H. *Francisci Xaverii epistolarum libri quatuor*. Rome, 1596.

VENKATARAMANYA, N. *The Early Muslim Expansion in South India*. Madras, 1942.

VIJAYANAGARA SEXCENTENARY COMMEMORATION VOLUME. (Published under the auspices of the Vijayanagara Empire Sexcentenary Association and Kematak Historical Research Society, Dharwar.) Dharwar, 1936.

WESSELS, C. *Early Jesuit Travellers in Central Asia, 1603-1721*. The Hague, 1924.

WHITEWAY, R. S. *The Rise of the Portuguese Empire in India*. London, 1898.

WILLIAMS, L. F. RUSHBROOK. *An Empire Builder of the Sixteenth Century: A Summary Account of the Political Career of Zahir-ud-Din Muhammad surnamed Babur, being the University Lectures for 1915-16*. London, 1918.

YAZDANI, G., (ed.). *The Early History of the Deccan*. London, 1960.

ZURLA, PLACIDO. *Di Marco Polo e delgi altri vaiggiatori veneziani piu illustri*. Venice, 1818.

ARTICLES

ASHRAF, KUNWAR MUHAMMAD. "Life and Conditions of the People of Hindustan (a.d. 1200-1550), "*Journal of the Asiatic Society of Bengal, Letters,* I (1935), 103-359.

ALAM, SHAH MANZOOR. "Masulipatam, a Metropolitan Port in the Seventeenth Century A.D.," *Indian Geographical Journal,* XXXIV (1959), 33-42.

BADEN-POWELL, B. H. "The Villages of Goa in the Early 16th Century," *Journal of the Royal Asiatic Society for 1900*, pp. 261-91.

BLOCHMANN, H. "Contributions to the Geography and History of Bengal (Muhammadan Period). Pt. I: Geographical; Pt. II: Historical...," *Journal of the Asiatic Society of Bengal,* XLII (1873), 209-310.

——. "Koch Bihár, Koch Hajó, and Ásám, in the 16th and 17th centuries, according to the Akbamámah, the Pádisháhnámah and Fathiyah i'Ibriyah," *ibid.*, XLI (1872), 49-101.

Boxer, C. R. "Three Historians of Asia (Barros, Couto, and Bocarro)," *Instituto Português de Hongkong, Boletim,* No. 1 (July, 1948), pp. 18-24.

Caland, W., and Fokker, A. A. "Die oude Portugeesche verhandelingen over het Hindoeisme," *Verhandelingen der koninklijke Akademie van Wetenschappen, Afdeeling Letterkunde,* N.S., XVI (1916), No. 2.

Caldwell, R. "Explorations at Korkei and Kayal," *Indian Antiquary*, VI (1877), 82-84.

Chakravarti, Rai Monmohan Bahadur. "Notes on the Geography of Orissa in the Sixteenth Century," *Journal of the Asiatic Society of Bengal*, N. S., XII (1916), 29-56.

Charpentier, Jarl. "Cesare di Federici and Gasparo Balbi," *Indian Antiquary*, LIII (1924), 53-54.

Cortesão, Armando. "The 'City of Bengala' in Early Reports," *Journal of the Royal Asiatic Society of Bengal, Letters,* XI (1945), 10-14.

Dames, M. L. "The Portuguese and Turks in the Indian Ocean in the Sixteenth Century," *Journal of the Royal Asiatic Society for 1921,* pp. 1-28.

Dixit, G. S. "Economic Conditions in the Time of Krishnadevaraya." In the *Vijayanagara Sexcentenary Commemoration Volume*, pp. 213-29. Dhaswar, 1936.

Duyvendak, J. J. L. "The True Dates of the Chinese Maritime Expeditions in the Early Fifteenth Century," *T'oung pao*, XXXIV (1939), 367-73.

Ferguson, D. (trans. and ed.). "The History of Ceylon, from the Earliest Times to 1600 A.D., as Related by João de Barros and Diogo do Couto," *Journal of the Royal Asiatic Society, Ceylon Branch,* XX (1908), 29-53.

Fitzler, M. A. H. "Die Maldiven im 16. und 17. Jahrhundert; ein Kapitel portugiesischer Kolonialgeschichte," *Zeitschrift für Indologie urtd Iranistik,* X (1935-36), 215-56.

Fletcher, W. K. (trans.) "Of the Famous Island of Salsette at Bassein and Its Wonderful Pagoda Called Canari...," *Journal of the Bombay Branch of the Royal Asiatic Society*, I (1841-44), 34-40.

Flückiger, F. A. "Indische Pharmakognosie," *Archiv der Pharmacie*, XXII (1884), 40-86.

Gerson da Cunha, J. "The Portuguese in South Kanara," *Journal of the Bombay Branch of the Royal Asiatic Society*, XIX (1895-97), 249-62.

Gough, Aberle E. K. "Changing Kinship Usages in the Setting of Political and Economic Change among the Nayars of Malabar," *Journal of the Royal Anthropological Institute,* LXXXII (1952), 71-88.

——. "Criteria of Caste Ranking in South India," *Man in India*, XXXIX (1959),115-26.

Harrison, J. H. "Five Portuguese Historians." In C. H. Philips (ed.), *Historians of India, Pakistan and Ceylon*, pp. 155-69. London, 1961.

HOSTEN, HENRY. "Mirza zu-l-Quamain," Pt. II of "Jesuit Letters and Allied Papers on Mogor, Tibet, Bengal and Burma," *Memoirs of the Asiatic Society of Bengal*, V (1916), 174-218.

HOSTEN, HENRY (trans.). "Relaçam do Equebar Rei dos Mogores, " *Journal of the Asiatic Society of Bengal,* VII (1912), 185-221.

KING, J. S. (trans.). "Burhan-i Ma-asir (History of the Bahmani Dynasty), by ALI BIN' ASSIZ-ULLAH TABATABA," *Indian Antiquary*, XXVIII (1899), 119-38, 141-55.

KNOX, ROBERT, JR. "An Historical Relation of Ceylon," *Ceylon Historical Journal,* VI (1956-57), 1-304.

MORAES, G. "St. Francis Xavier, Apostolic Nuncio, 1542-1552," *Journal of the Bombay Branch of the Royal Asiatic Society,* N. S., XXVII (1950), 290-95.

NAYAGAM, XAVIER S. THANI. "Tamil Manuscripts in European Libraries," *Tamil Culture*, III (1954), 225-27.

PANIKKAR, K. M. "Some Aspects of Nayar Life," *Journal of the Royal Anthropological Institute of Great Britain and Ireland,* XLVIII (1918), 254-93.

PETECH, LUCIANO. "Some Chinese Texts Concerning Ceylon," *Ceylon Historical Journal*, III (1954), 217-27.

PINTO, OLGA. "Ancora il viaggiatore veneziano Gasparo Balbi a proposito della ristampa italiana di una carta dell' Asia di W. J. Blaev," *Atti dell'Academia nazionale dei Lincei*, III (1948), 465-71.

POLIDORI, FILIPPO LUIGI. "Prefazione," *Archivio storico italiano,* IV (1853), xviii-xxi.

RAYCHAUDHURI, H. "Geography of the Deccan." In G. YAZDANI (ed.), *The Early History of the Deccan*, pp. 1-12. London, 1960.

ROOVER, FLORENCE E. DE. "Francesco Sassetti and the Downfall of the Medici Banking House," *Bulletin of the Business Historical Society,* XVII (1943), 65-80.

ROSS, E. DENISON. "The Portuguese in India and Arabia between 1507-1517 and between 1517-1538," *Journal of the Royal Asiatic Society* (Oct., 1921), 545-62; (Jan., 1922), 1-18.

SASTRI, K. A. N. "Marco Polo on India." In *Oriente Poliano* ("Publications of the Istituto italiano per il medio ed estremo Oriente"), pp. 111-20. Rome, 1957.

SCHURHAMMER, G. (trans, and ed.). "Three Letters of Mar Jacob, Bishop of Malabar, 1503-1550," *Gregorianum*, XIV (1933), 62-86.

——. "Xaveriusforschung im 16. Jahrhundert," *Zeitschrift für Missionswissenschaft,*XII (1922), 129-65.

SEN, S. N. "An Early Portuguese Account of Bengal," *Calcutta Review,* LXVI (1938), 21-25.

SOARES, A. X. "Garcia d'Orta, a Little Known Owner of Bombay," *Journal of the Bombay Branch of the Royal Asiatic Society,* XXVI (1921-23), 195-229.

STEMBACH, L. "Gujarat as Known to Medieval Europe," *Proceedings of the Indian Historical Congress,* VII (1956), 292-95.

SUMMERS, A. "An Account of the Agate and Carnelian Trade of Cambay," *Journal of the Bombay*

Branch of the Royal Asiatic Society, III (1851), 318-27.

Tucci, Ugo. "Mercanti veneziani in India alla fine del sècolo XVI. In *Studi in onore di Armando Sapori*, pp. 1091-1111. Milan, 1957.

Wilson, C. R. "Note on the Topography of the River in the 16th Century from Húglí to the Sea as Represented in the 'Da Asia' of Barros," *Journal of the Asiatic Society of Bengal,* LXI (1892), 109-17.

Zachariae, T. "Vertea, eine Bezeichnung der Jains," *Wiener Zeitschrift für die Kunde des Morgenlandes*, XXIV (1910), 337-44.

VII. SOUTHEAST ASIA

BOOKS

Aganduru Móriz, Rodrigo de. *Historia general de las islas occidentales... llamadas Philipìnas.* 2 vols. Madrid, 1882.

Alexander, Philip F. *The Earliest Voyages round the World, 1519-1617.* Cambridge, 1916.

Alip, Eufronio M. *Philippine History: Political, Social, Economic....* 5th rev. ed. Manila,1951.

Argensola, B. L. *Conquista de las islas Malucas.* Madrid, 1609. (Reprinted by the "Biblioteca de escritores aragoneses" [Saragossa, 1891].)

Aymonier, Etienne. *Le Cambodge.* 3 vols. Paris, 1900-04.

Bastin, John. *The Changing Balance of the Early Southeast Asian Pepper Trade.* Singapore, 1960.

Benitez, Conrado. *History of the Philippines: Economic, Social, Cultural, Political.* Rev. ed. Manila, 1954.

Bernard, Henri. *Les îles Philippines du grand archipel de la China: un essai de conquête spirituelle de l'Extrême-Orient, 1571-1641.* Tientsin, 1936.

Beyer, Henry Otley, and Holleman, F. D. *A Collection of Source Material for the Study of Philippine Customary Law from the Beyer Collection of Manuscript Sources in Philippine Ethnography (1912-1931).* Selected and classified by F. D. Holleman (under the auspices of the Philippine Section of the Committee of Indonesian Customary Law of the American Council of Learned Societies and the Union académique internationale) 10 vols. Manila, 1912-31.

Blanchard, Wendell, *et al. Thailand, Its People, Its Society, Its Culture.* New Haven, Conn., 1958.

Bowring, Sir John. *The Kingdom and People of Siam.* 2 vols. London, 1857.

Boxer, C. R. (ed.). *South China in the Sixteenth Century.* London, 1933.

Broek, Jan Otto Marius. *Place Names in 16th and 17th Century Borneo.* Minneapolis,[1959?].

Burney, James. *A Chronological History of the Discoveries in the South Sea or Pacific Ocean.* 5 vols. London, 1803-17.

Buzeta, Manuel, and Bravo, Felipe (eds.). *Diccionario geográfico, estadístico, histórico de las islas Filipinas.* 2 vols. Madrid, 1850-51.

Caro y Mora, Juan, *Ataque de Li-Ma-Hong à Manila en 1574.* Manila, 1894.

Chappoulie, Henri. *Aux origines d'une église: Rome et les missions d'Indochine au XVIIe siècle.* 2 vols. Paris, 1943-47.

Chaunu, Pierre. *Les Philippines et la Pacifique des Ibériques (XVIe, XVIIe et XVIIIe siècles).* Paris, 1960.

Costa, H. de la. S.J. *The Jesuits in the Philippines, 1581-1768.* Cambridge, Mass., 1961.

Costa, J. António. *Galvão, o "Apóstolo das Molucas."* Lisbon, 1943.

Craig, Austin. *Pre-Spanish Philippine History and the Beginnings of Philippine Nationalism.* Madrid, 1935.

Crawfurd, John, F. R. S. *History of the Indian Archipelago....* 3 vols. Edinburgh, 1820.

Dej Snidvongs, Mom Luang. *Die Entwicklung des siamesischen Aussenhandels vom 16 bis zum 20 Jahrhundert.* Bern, 1926.

Denucé, Jean. *Magellan; la question des Moluques et la première circumnavigation du globe.* Brussels, 1911.

Diguet, Edouard J. J. *Les Annamites: société, coutumes, religions.* Paris, 1906.

Dobby, Ernest H. G. *Southeast Asia.* New York, 1951.

Dusmet de Arizcun, Xavier. *Una expedicion española a Cambodja en el siglo XVI.* Madrid, 1932.

Eggan, Fred (ed.). *Area Handbook on the Philippines.* 4 vols. New Haven, 1956.

——(ed.). *Papers (mimeographed) Read at the Mindanao Conference.* 2 vols. Chicago, 1955.

Evans, I. H. N. *Religion, Folklore, and Custom in North Borneo and the Malay Peninsula.* Cambridge, 1923.

Forbes, Henry O. *A Naturalist's Wanderings in the Eastern Archipelago.* New York, 1885.

Foster, Sir William (ed.). *The Voyages of Sir James Lancaster to Brazil and the East Indies.* London, 1940.

Ginsburg, Norton S., and Roberts, Chester F., Jr. *Malaya.* Seatde, 1958.

Graham, Walter A. *Siam.* 2 vols. London, 1924.

Groslier, Bernard Philippe. *Angkor et le Cambodge au XVIe siècle, d' après les sources portugaises et espagnoles.* With the collaboration of C. R. Boxer. Paris, 1958.

Guibon, A. *Sur les traces des Dieppois à Sumatra (1529-1934).* Dieppe, 1936.

Guillemard, Francis A. *The Life of Ferdinand Magellan, and the First Circumnavigation of the Globe, 1480-1521.* London, 1890.

Hall, D. G. E. *Early English Intercourse with Burma, 1587-1743.* London, 1928.

——. *Europe and Burma: A Study of European Relations with Burma to the Annexation of Thibaw's*

Kingdom, 1886. London, 1945.

——*A History of South East Asia*. New York, 1955.

——(ed.). *Historians of South East Asia*. London, 1961.

HARVEY, GODFREY ERIC. *History of Burma from the Earliest Times to 10 March 1824, the Beginning of the English Conquest*. London and New York, 1925.

HERVAL, RENÉ. *Giovanni da Verrazzano et les Dieppois à la recherche de Cathay (1524-1528). Étude historique accompagnée d'une traduction integrale de la célèbre lettre de Verazzano à François Ier*. Rouen and Caen, n.d.

KLERCK, E. S. DE. *History of the Netherlands East Indies*. Vol. I. Rotterdam, 1938.

KROEBER, A. L. *Peoples of the Philippines*. 2d ed. rev. New York, 1943.

LA COSTA, H. DE; *see* COSTA, H. DE LA.

LASKER, BRUNO. *Human Bondage in Southeast Asia*. Chapel Hill, N. C., 1950.

——. *Peoples of Southeast Asia*. New York, 1944.

LE MAY, REGINALD S. *The Culture of South East Asia, the Heritage of India*. London, 1954.

LECLÈRE, ADHÉRMARD. *Cambodge: fêtes civiles et religieuses*. Paris, 1916.

——. *Histoire du Cambodge depuis le Ier siècle de notre ère, d'après les inscriptions lapidaires,les annales chinoises et annamites et les documents européens des six derniers siècles*. Paris, 1914.

LEEUWEN, P. J. VAN. *De maleische Alexanderroman*. Utrecht, 1937.

LEITÃO, HUMBERTO. *Os Portugueses em Solar e Timor de 1515 a 1702*. Lisbon, 1948.

MCCARTHY, EDWARD J. *Spanish Beginnings in the Philippines, 1564-1572*. Washington, D.C., 1943.

MCCLYMONT, JAMES ROXBURGH. *The Theory of an Antipodal Southern Continent during the Sixteenth Century*. London, 1892.

MAGALHÃES-GODINHO, VITORINO. *Tournant mondial de 1517-1324 et l'empire portugais*. Lisbon, n.d.

MARSDEN, WILLIAM. *The History of Sumatra*. 2d ed. London, 1784.

MASPERO, GEORGES. *The Kingdom of Champa, a Translation of Chapter I of Le royaume du Champa*. New Haven, 1949.

MAYBON, C.B. *Histoire moderne du pays d'Annam (1592-1820). Étude sur les premiers rapports des européens et des Annamites et sur l'établissement de la dynastie annamite des Nguyện*. Paris, 1919.

MITCHELL, MAIRIN. *Elcano, the First Circumnavigator*. London, 1958.

MOSTO, ANDRE DA. *Il primo viaggio intorno al globo in Raccolta di documenti e studi publicati dalla R. Commissione Colombiana*. Part V, Vol. III. Rome, 1894.

OLIVEIRA, LUNA DE. *Timor na história de Portugal*. 3 vols. Lisbon, 1949-52.

PASTELLS, PABLO, (ed.). *Labor evangélica, ministerios apostólicos de los obreros de la Compañia de Jesús .... en las Islas Filipinas*. Barcelona, 1904.

PELLIOT, P. *Mémoires sur les coutumes du Cambodge de Tcheou Ta-kouan*. Paris, 1951.

PHELAN, JOHN L. *The Hispanization of the Philippines: Spanish Aims and Filipino Responses*. Madison, Wis., 1959.

PHILIPS, C. H. (ed.). *Historians of India, Pakistan and Ceylon*. London, 1961.

POSADOWSKY-WEHNER, KURT GRAF VON. *Jean Parmentier (1494-1529). Leben und Werk*. Munich, 1937.

QUIRINO, CARLOS. *Philippine Cartography (1320-1899)*. 2d rev. ed. Amsterdam, 1963.

RAY, NIHARRANYAN. *An Introduction to the Study of Theravāda Buddhism in Burma....* Calcutta, 1946.

ROBEQUAIN, CHARLES EDOUARD. *Le monde malais: Péninsule malaise, Sumatra, Java, Bornéo, Célèbes, Bali, et les petites îles de la Sonde, Moluques, Philippines*. Paris, 1946.

ROGER, JUAN. *Estudio etnológico comparativo de las formas religiosas primitivas de las tribus salvajes de Filipinas*. Madrid, 1949.

SANGERMANO, FATHER VICENTIUS. *The Burmese Empire a Hundred Years Ago as Described by Father Sangermano*. With an Introduction and Notes by JOHN JARDINE. Westminster, 1893.

SHARP, ANDREW. *The Discovery of the Pacific Islands. Polynesia, Melanesia, Micronesia; Based on Original Records*. Oxford, 1960.

SIAM SOCIETY. *Selected Articles from the Siam Society Journal*. (50th Anniversary Commemorative Publication.) Bangkok, 1959.

SWECKER, ZOE. "The Early Iberian Accounts of the Far East." Ph. D. dissertation, University of Chicago, 1960.

VAN DIJK, LUDOVICUS CAROLUS DESIDEREUS. *Neerland's vroegste Betrekkingen met Borneo, den Solo-Archipel, Cambodja, Siam en Cochin-China; een nagelaten Werk van Mr. L. D. D. Van Dijk; met eene Levensschets en Inleiding van Mr. G. W. Vreede*. Amsterdam, 1862.

VISSER, B. J. J. *Onder portugeesch-spaansche Vlag; de Katholieke Missie van Indonesie, 1511-1605*. Amsterdam, 1925.

VLEKKE, H. M. *Nusantara, a History of Indonesia*, rev. ed. Chicago, 1960.

WAGNER, HENRY R. *Sir Francis Drake's Voyage around the World, Its Aims and Achievements*. San Francisco, 1926.

——. *Spanish Voyages to the Northwest Coast of America in the Sixteenth Century*. San Francisco, 1929.

WALES, H. G. QUARITCH. *Siamese State Ceremonies, Their History and Function*. London, 1931.

WALLACE, ALFRED R. *The Malay Archipelago*. London and New York, 1890.

WELLS, KENNETH E. *Thai Buddhism, Its Rites and Activities*. Bangkok, 1939.

WESSELS, CORNELIUS. *Histoire de la mission d'Amboine depuis sa fondation par Saint François Xavier... 1546-1605*. Translated from Dutch by J. ROEBROEK. Louvain, 1934.

WHEATLEY, PAUL. *The Golden Khersonese: Studies in the Historical Geography of the Malay Peninsula before A. D. 1500.* Kuala Lumpur, 1961.

WICHMANN, ARTHUR. *Entdeckungsgeschichte von Neu-Guinea.* 2 vols. Leiden, 1909-12.

WILKINSON, R. J. *A History of the Peninsular Malays, with Chapters on Perak & Selangor.* 2d ed., rev. Singapore, 1920.

WINSTEDT, R. Q. *A History of Malaya.* London [1934].

WOOD, WILLIAM ALFRED ROE. *A History of Siam from the Earliest Times to the Year A. D. 1781....* London, 1926.

WRIGHT, IONE S. *Voyages of Alvaro de Saavedra Céron, 1527-1529.* Coral Gables, Fla., 1951.

YULE, H. *A Narrative of the Mission.. .to the Court of Ava in 1855.* London, 1858.

ZAIDE, GREGORIO F. *The Philippines since Pre-Spanish Times.* Manila, 1949.

ARTICLES

ANONYMOUS. "Talaing Inscription in a Bell Cast by ANAUPPETLUN Mrin," translated by C. D. BLAGDEN and PE MAUNG TIN, *Journal of the Burma Research Society,* XVIII (1928), 21-34.

AUROSSEAU, L. "Sur le nom de Cochinchine," *Bulletin de l'école française d'Extrême-Orient* (Hanoi), XXIV (1924), 551-79.

AYMONIER, E. "The History of Tchampa (the Cyamba of Marco Polo, now Annam or Cochin China)," *Imperial and Asiatic Quarterly Review,* N. S., VI (1893), 375-76.

BEKAERT, MAURICE. "Java-Sumatra-Bali," *Bulletin, Société royale belge de géographie,* LXII (June, 1938), 97-124.

BERG, C. C. "Javanese Historiography—a Synopsis of Its Evolution." in D. G. E. Hall (ed.), *Historians of South East Asia,* pp. 13-23. London, 1963.

BERNARD, HENRI. "Pourquoi l'expansion chrétienne a-t-elle échoué en Indochine au XVIe siècle," *Revue d'histoire des missions,* XII (1935), 386-406.

BHUYAN, SURYYA KUMAR. "Assamese Historical Literature," *Indian History Quarterly,* V(1929), 457-78.

BIERMANN, BENNO. "Die Mission der portugiesischen Dominikaner in Hinterindien," *Zeitschrift für Missionswissenschaft und Religionswissenschaft,* XXI (1931), 305-27.

BLAGDEN, C. O. "Corrigenda to Malay and Other Words Collected by Pigafetta," Miscellaneous Communications, *Journal of the Royal Asiatic Society* (1931), pp. 857-61.

——. "Philip de Brito," *Journal of the Burma Research Society,* III (1913), 80-85.

BOXER, C. R. "Manila Galleon, 1565-1815," *History Today,* VIII (Aug., 1958), 538-47.

BRIGGS, L. P. "The Appearance and Historical Usage of the Terms Tai, Thai, Siamese and Lao," *Journal of the American Oriental Society,* LXIX (1949), 60-73.

——. "Spanish Intervention in Cambodia, 1593-1603," *T'oung pao,* XXXIX (1949),132-60.

——. "Les missionnaires portugais et espagnols au Cambodge 1555-1603," *Bulletin de la Société des études indochinoises,* N. S., XXV (1950), 7-29.

CABATON, ANTOINE. "Une intervention européenne au Cambodge à la fin du XVIe siècle," *Revue indochinoise* (Dec. 1909), pp. 1171-88.

——. "Missions en Espagne et en Portugal," *Bulletin de géographie historique et descriptive*, XXV (1910), 15-36.

——. "L' Espagne en Indochine à la fin du XVIe siècle," *Revue d'histoire des colonies françaises,* I (1913), 73-116.

——. "Quelques documents espagnols et portugais sur l'Indochine au XVIe et XVIIe siècles," *Journal Asiatique,* Ser. 10, XII (1908), 255-60.

CAMPOS, JOAQUIM DE. "Early Portuguese Accounts of Thailand," *Journal of the Thailand Research Society,* XXXII (1940), 1-27.

——. "The Origin of the Tical," *ibid.,* XXXIII (1941), 119-35.

CHARIGNON, A. J. H. "La grande Java de Marco Polo en Cochinchine," *Bulletin de la Société des études indochinoises,* N. S., IV (1929), 191-347.

CHARPENTIER, JARL. "Cesare di Federici and Gasparo Balbi," *Indian Antiquary*, LIII (1924), 49-61.

COEDÈS, GEORGE. "Études cambodgiennes, VIII: La fondation de Phnom Pen au XVe siècle, d'après la chronique cambodgienne," *Bulletin de l'école française d'extrême orient,* XIII (1913), 6-11.

COLE, FAY-COOPER. "Cultural Relations between Mindanao Regions and Islands to the South." In FRED EGGAN (ed.), *Papers (mimeographed) Read at the Mindanao Conference,* pp. 1-18. Chicago, 1955.

COOLHAAS, W. PH. "Mededeelingen betreffende de onderafdeeling Batjan," *Bijdragen tot de taal-, land- en volkenkunde van Nederlandsch-Indie,* LXXXII (1926), 403-85.

CORTESÃO, ARMANDO. "A expansão portuguesa através do Pacifico (Australasia, Macau, Japão)," in A. Baião (ed.), *História da expansão no mundo,* II(1939), Pt. 3, chap. xi.

CRAWFURD, JOHN. "On the Words Introduced into English from the Malay, Polynesian and Chinese Languages," *Journal of the Indian Archipelago and Eastern Asia,* IV(1850), 182-86.

DAMRONG, PRINCE. "The Story of the Records of Siamese History." In *The Siam Society Fiftieth Anniversary Commemorative Publication...,* I (1904-29), 79-98. Bangkok, 1954.

DINDINGER, GIOVANNI, O. M. I. "Il contributo dei missionari cattòlici alla conoscenza del Siam e dell'Indochina." In C. COSTANTINI *et al., Le missioni cattòliche e la cultura dell'Oriente*, pp. 293-338. Rome, 1943.

EWING, J. FRANKLIN, S. J. "Notes on the Tawsug of Siasi in Particular, and the Moros of the Southern Philippines in General. In FRED EGGAN (ed.), *Papers (mimeographed) Read at the Mindanao Conference*, I,100-07. Chicago, 1955.

FERRAND, GABRIEL. "Malaka, le Malayu et Malayur," *Journal asiatique*, Ser. 2, XI (1918), 391-484; XII(1918), 51-154.

FOURNEREAU, LUCIEN. "Le Siam ancien: archéologie, épigraphie, géographie, première partie," *Annales du Musée Guimet*, XXVI (1895), 1-321.

FRANKFURTER, O. (trans.). "Events in Ayuddhya from Chulasakaraj 686-966; a translation from the [title in Siamese of 'Phra Rajaphongsavadan Krung Kao Chabab Hluang Prasöt']." In *The Siam Society Fiftieth Anniversary Commemorative Publication* ..., I (1904-29), 39-43. Bangkok, 1954.

FULIN, R. (ed.). "Antonio Pigafetta chiede alla Signoria di Venezia il privilegio di stampa della sua opera sul viaggio intorno al mondo (Aug. 5, 1524)," *Archivio veneto*, XXIII (1930), 201-02.

FURNIVALL, JOHN C. "Europeans in Burma of the Fifteenth Century," *Journal of the Burma Research Society* (Rangoon), XXIX (1939), 236-49.

——, "Europeans in Burma," *ibid.*, XXXI (1941), 35-40.

GARCIA VILLADÁ, ZACARÍAS. "La Compagnie de Jésus et l'étude des civilisations indigènes de l'Amerique espagnole et des Philippines," *Revue d'histoire des missions*, X,(1933) 481-90.

GARNIER, FRANÇOIS. "Voyage lointain aux royaumes de Cambodge et Laowen par les Néerlandais et ce qui s'y est passe jusqu'en 1644," *Bulletin de la société de géographie de Paris*, Ser. 6, II (1871), 249-89.

GONÇALVES, JOSÉ JULIO. "Os Portugueses no Siāo," *Boletim da sociedade de geografia de Lisboa*, LXXV (1957), 435-62.

GONDA, J. "Pigafetta's vocabularium van het 'Molukken-Maleisch,'" *Bijdragen tot de taal-, land- en volkenkunde van Nederlandsch-Indië*, XCVII (1938), 101-24.

GRAAF, H. J. DE. "De Portugezen in de Molukken, 1511-1600." In DE GRAAF (ed.), *Geschiedenes van Indonesie*, pp. 124-37. The Hague, 1949.

——. "Tome Pires' 'Suma Oriental' en het tijdperk van godsdienstovergang op Java," *Bijdragen tot de taal-, land- en volkenkunde*, CVIII (1952), 132-71.

GUEHLER, ULRICH. "The Travels of Ludovico de Varthema and His Visit to Siam, Banghella, and Pegu, A.D. 1505," *Journal of the Siam Society*, VII (1959), 239-76.

GUIBON, A. "A Sumatra, sur les traces des Dieppois de 1529," *L'illustration*, CXIII (March 7, 1936), 289-91.

GUMMA Y MARTI, ALFREDO. "El archipiélago Dondiin, el nombre de Luzon y los orígenes del Christianismo en Filipinas," *Boletín de la sociedad geográfico*, XXXIX (1897), 21-46.

HARRISON, J. H. "Five Portuguese Historians." In C. H. PHILIPS (ed.), *Historians of India, Pakistan and Ceylon*, pp. 155-69. London, 1961.

HEAWOOD, EDWARD. "The Worldmap before and after Magellan's Voyage," *Geographical Journal*, LVII (1921), 431-45.

HENNIG, RICHARD. "Wahrscheinliche Kenntnis der Molukken im Altertum und Mittelalter," *Forschungen und Fortschritte,* XXV (1949), 175-76.

HONEY, P. J. "Modem Vietnamese Historiography." In D. G. E. Hall (ed.), *Historians of South East Asia,* pp. 94-104. London, 1961.

HOOYKAAS, C. "A Critical Stage in the Study of Indonesia's Past." In D. G. E. Hall (ed.), *Historians of South East Asia,* pp. 313-25. London, 1961.

HUARD, P. "Les Portugais et l' Indochine," *Bulletins et travaux de l'Institut indochinois pour l'étude de l'homme* (Hanoi), III (1940), 47-65.

KERN, R. A. "Pati Unus en Sunda," *Bijdragen tot de taal-, land- en volkenkunde,* CVIII (1952), 124-31.

KERN, W. "Waar verzamelde Pigafetta zijn Maleise woorden?" *Tijdschrift voor Indische taal-, land- en volkenkunde,* LXXVIII (1938), 271-73.

KOEK, E., and HERVEY, D. F. A. "Portuguese History of Malacca," *Journal of the Straits Branch of the Royal Asiatic Society,* No. 17(1886), 117-49.

KROM, N. J. "De naam Sumatra," *Bijdragen tot de taal-, land- en volkenkunde van Neder-landsch-Indië,* C (1941), 5-25.

LE ROUX, C. C. F. M. "Nogmaals Pigafetta's Maleische woorden," *Tijdschrift voor Indische taal-, land- en volkenkunde,* LXXIX (1939), 446-51.

LE ROUX, C. C. F. M. "Twee Portugeesche plattegronden van Oud-Batavia uit den stichtingstijd der stad," *Tijdschrift voor Indische taal-, land- en volkenkunde,* LXXVIII (1938), 515-35.

LEKKERKERKER, C. "Het voorspel der vestiging van de Nederlandsche macht op Bah en Lombok," *Bijdragen tot de taal-, land- en volkenkunde van Nederlandsch-Indië,* LXXIX (1923), 198-322.

LEUPE, P. A. "Cornelis Houtman's tweede reis naar Indie, 1598," *Bijdragen tot de taal-, land- en volkenkunde van Nederlandsch-Indië,* IV (1880), 527-34.

LINEHAN, W. "Notes on the Texts of the Malay Annals," *Journal of the Malayan Branch of the Royal Asiatic Society,* XX (1947), 107-16.

——. "The Kings of 14th Century Singapore," *ibid.,* pp. 117-27.

MAGNAGHI, ALBERTO. "La prima rappresentazione delle Filippine e delle Molucche dopo il ritorno della spedizione di Magellano nella carta costruita nel 1522 da Nuno Garcia de Toreno conservata nella Biblioteca di S.M. il Re in Torino." In *Atti del X Congresso geografico italiano,* pp. 293-307. Milan, 1927.

MEERSMAN, ACHILLES, O. F. M. "The Franciscans in the Burmese Kingdoms of Ava and Pegu, 1557-1818," *Archivum franciscanum historicum,* XXXI (1938), 356-86.

MERINO, MANUEL. "Los misioneros y el castellano en Filipinas," *Missionalia Hispanica,* V(1948), 271-323.

NACHOD, O. "Ein unentdecktes Goldland. Ein Beitrag zur Geschichte der Entdeckungen im nördlichen

Grossen Ozean," *Deutsche Gesellschaft für Natur- und Völkerkunde Ostasiens,* VII (1899), 311-451.

LOGAN, J. R. "Traces of the Origin of the Malay Kingdom of Borneo Proper, with Notices of Its Condition When First Discovered by Europeans, and at a Later Period," *Journal of the Indian Archipelago and Eastern Asia,* II (1848), 513-18.

MACGREGOR, I. A. "Gaspar Correa and Malacca," *Journal of the Malayan Branch of the Royal Asiatic Society,* XXVIII (1955), 162-66.

——. "Johore Lama in the Sixteenth Century," *ibid.,* pp. 48-199.

——. "Notes on the Portuguese in Malaya," *ibid.,* pp. 1-47.

PEREZ, LORENZO. "Historia de las misiones de los Franciscanos en las islas Malucas y Célebes," *Archivum franciscanum historicum,* VI (1913), 45-60; VII (1914), 198-226, 424-46, 621-53.

PERI, NOEL. "Essai sur les relations du Japon et de l'Indochine aux XVI et XVII siècles," *Bulletin de l'école française d'Extrème-Orient* (Hanoi), XXIII (1923), 1-137.

PIANET, J. "Histoire de la mission du Cambodge (1552-1852)," *Bulletin de la Société des missions étrangères de Paris,* Nos. 82-88 (Oct., 1928) and Nos. 90-94 (Oct., 1929).

R. H. "Talaing Place-Names in Burmese," *Journal of the Burma Research Society,* XX (1930), 22-23.

REPETTI, WILLIAM CHARLES, S. J. "Saint Francis Xavier in Maluco," *Archivum historicum Societatis Iesu,* V (1936), 25-56.

ROCKHILL, W. W. "Notes on the Relations and Trade of China," *T'oung pao,* XVI (1915), 76-89.

ROUFFAER, G. P. "Naschrift over het oud-Portugeesche fort op Poeloe Ende; ende Dominikaner Solor-Flores-missie, 1561-1638...," *Nederlandsch-Indië oud en nieuw,* VIII (1923-24), 121-28, 141-48.

SCHURHAMMER, GEORG. "Novos documentos para a história das Molucas no tempo do São Francesco Xavier," *Brotéria,* XIV (1932), 278-88.

SCOTT, C. P. G. "The Malayan Words in English," *Journal of the American Oriental Society,* XVIII (1897), 76-80.

SPELLMAN, JOHN W. "The Symbolic Significance of the Number Twelve in Ancient India," *Journal of Asian Studies,* XXII (1962), 79-88.

TABOULET, GEORGES. "Les origines historiques de l'Indochine française." In *L'Indochine française: Receuil de notices rédigées à l'occasion du Xe Congrès de la Far Eastern Association of Tropical Medicine.* Hanoi, 1938.

TIELE, P. A. "De Europeërs in den Maleischen archipel," *Bijdragen tot de taal-, land- en volkenkunde van Nederlandsch-Indië,* ser. 4, XXV (1877), 321-420; XXVII (1879), 1-69; XXVIII (1880), 260-340, 395-482; XXIX (1881), 153-214, 332; XXX (1882), 141-242.

TIN HLA THAW. "History of Burma: A.D. 1400-1500," *Journal of the Burma Research Society,* XLII

(1959), 135-49.

WARBURG, O. "Wer ist der Entdecker der Gewürz-Inselen (Molukken)," *Verhandlungen der Gesellschaft für Erdkunde zu Berlin,* XXIII (1896), 102-43.

WENNEKER, C. W. J. " 'Sumatra' [over den naamsoorsprong]," *Bijdragen tot de taal-, land- en volkenkunde van Nederlandsch-Indië*, XXX (1882), 297-99.

WESSELS, CORNELIUS, S.J. "Catalogus patrum et fratrum e S.I. qui in missione Moluccana ab a. 1546 ad a. 1677 adlaboraverunt," *Archivum historicum Societatis Iesu,* I (1932), 237-53.

——. "De Augustijen in de Molukken, 1544-1546, 1601-1625," Historisch tijdschrift,XIII (1934), 45-59.

——. "De katholieke missie in Noord-Celebes en op de Sangi-eilanden, 1563-1605," *Studien,* CXIX (1933), 365-69.

——. "De eerste Franciscaner-missie op Java (1584-1599)," *Studien, tijdschrift voor godsdienst...,* CXIII (1930), 117-26.

——. "Die Katholieke missie in het Sultanaat Batjan (Molukken), 1557-1609," *Historisch tijdschrift,* VIII (1929), 115-48, 221-45.

——. "Uit de missiegeschiedenis van Sumatra en Atjeh in de 16^e en 17^e eeuw," Historisch tijdschrift, XIX (1939), 5-18.

WINSTEDT, SIR RICHARD. "Malay Chronicles from Sumatra and Malaya." In D. G. E. HALL, *Historians of South East Asia,* pp. 24-28. London, 1961.

WOOD, W. A. R. "Femão Mendez Pinto's Account of Events in Siam." In *Selected Articles from the Journal of the Siam Society* (Bangkok), VII (1959), 195-209.

VIII. JAPAN

BOOKS

ABRANCHES, PINTO AMARAL *et al*; *see* AMARAL ABRANCHES, PINTO.

AKIYAMA KENZŌ [秋山謙藏]. *Nisshi Kosho-shi no kenkyu* [日支交涉史研究].("A Study of the Relations between Japan and China"). Tokyo, 1939.

ALVAREZ-TALADRIZ, JOSÉ LUIS (ed.). *Alejandro Valignano S.I. Summario de las cosas de Japón (1583).* ("Monumenta Nipponica Monographs," No. 9.) Tokyo, 1954.

AMARAL ABRANCHES, PINTO, J., OKAMOTO YOSHITOMO, and BERNARD, HENRI (eds.). *La première ambassade du Japon en Europe, 1582-1592.* Tokyo, 1942.

ANESAKI MASAHARU[姉崎正治]. *Kirishitan shumon no hakugai to sempuk*[切支丹宗門の迫害と潜伏] ("Christian Sect under Persecution and Its Underground.[hiding]"). Tokyo, 1925.

BATCHELOR, JOHN. *The Ainu of Japan....* New York [1892].

BERNARD, HENRI. *Les premiers rapports de la culture européene avec la civilisation japonaise.* Tokyo, 1938.

Biblitheca missionalis Leo Magnino Pontificia Nipponica. Le relazion tra la Santa Sede e il Giappone attraverso i documenti pontifici. Rome, 1947-48.

BONCOMPAGNI-LUDOVISI, FRANCESCO. *Le prime due ambasciate dei Giapponesi a Roma (1585-1615). Con nuovi documenti.* Rome, 1903.

BOXER, C. R. *The Christian Century in Japan.* Berkeley, Calif., 1951.

——. *The Great Ship from Amacon. Annals of Macao and the Old Japan Trade, 1555-1640.* Lisbon, 1959.

BROWN, DELMER M. *Money Economy in Medieval Japan: A Study of the Use of Coins.* New Haven, 1951.

CARY, O. *A History of Christianity in Japan.* New York, 1909.

CERMAÑO, ANTONIO, *Bushido y Christianismo en el Japón.* Bilbao, 1948.

CHAMBERLAIN, B. H. *Things Japanese.* 6th rev. ed. London, 1939.

CHARLES, PIERRE. "Les premiers Japonais en Europe." In *Collection Xaveriana.* Louvain,[1934].

CHARLEVOIX, PIERRE FRANÇOIS XAVIER DE. *Histoire du Christianisme au Japon.* 2 vols. Liége. 1855.

COLERIDGE, H. J. (trans.). *The Life and Letters of St. Francis Xavier.* 2 vols. London, 1890.

DAHLGREN, E. W. *Les débuts de la cartographie du Japon.* Upsala, 1911.

Dai Nihon Shiryo [大日本史料]. ("Historical Materials of Greater Japan"). Tokyo Teigoku Daigaku Bungakubu Shiryo Hensambu[東京帝國大學文學部史料編纂部](Historical Compilation Bureau of the Tokyo Imperial University). 171 vols. completed in 1951. Documents presented in topical and chronological arrangements for the period 887-1868.

DELPLACE, LOUIS. *Le catholicisme au Japon, saint François Xavier et ses premiers successeurs,1540-1593.* 2 vols. Brussels, 1909-10.

ELIOT, SIR CHARLES. *Japanese Buddhism.* London, 1935.

ERSKINE, W. H. *Japanese Customs, Their Origin and Value.* Tokyo, 1925.

GRIFFIS, W. E. *The Mikado's Empire.* 8th ed. New York, 1896.

GUTIERREZ, B. *La prima ambascieria dei Giaponese in Italia.* Milan, 1938.

HAAS, H. *Geschichte des Christentums in Japan.* Tokyo, 1902.

HAMADA KŌSAKU [濱田耕作]. *Tenshō ken'ō shisetsu-ki* [天正遣歐使節記]("Chronicle of a Mission to Europe in the Tensho Period, 1587-1591"). Tokyo, I93I.

HARRISON, JOHN A .*Japan's Northern Frontier.* Gainesville, Fla., 1953.

HILDRETH, RICHARD. *Japan As It Was and Is.* Tokyo, 1905.

HYLLANDER, THEODOR. *Portugisernas Upptäckande af Japan.* Lund, 1911.

KAEMPFER, ENGELBERT. *The History of Japan, Together with a Description of the Kingdom of Siam,*

1690-92. Translated by J. G. Scheuchzer. 3 vols. Glasgow, 1906.

Kawashima Motojiro [川島元次郎]. *Shuin-sen Boeki-shi* [朱印船貿易史]("History of Foreign Trade under the Vermilion-sealed Ships"). Osaka, 1942.

Kawazoe Shigheriro. *Ito Mancio.* Miyazati, 1932.

Kōda Shigetomo [幸田成友]. *Higashi to Nishi* [東ヒ西]("East and West"). Tokyo, 1940.

——. [幸田成友]. *Nichi-O Tsuko-shi* [日歐通交史]("History of the Intercourse between Japan and Europe"). Tokyo, 1942.

Kuno Yoshisaburo. *Japanese Expansion on the Asiatic Continent....* 2 vols. Berkeley, Calif., 1938.

Kyōgaku Renshjo (comp.) [教學鍊成所]. *Kokushi shiryo-shu* [國史資料集]("Collections of Materials on National History"). 4 vols. Tokyo, 1944. Includes state documents sent to Europe.

Laures, Johannes. *Nobunaga und das Christentum.* Tokyo, 1950.

——. *Die Anfänge der Mission von Miyako.* Münster, 1951.

——. *Takayama Ukon und die Anfänge der Kirche in Japan.* Münster, 1954.

——. *Two Japanese Christian Heroes: Justo Takayama Ukon and Gracia Hosokawa Tamako.* Tokyo, 1959.

Lubac, H. de. *La rencontre du bouddhisme et de l'Occident.* Paris, 1952.

Martins, Armando. *Portugal e o Japão; subsídios para a história diplomática.* Lisbon, 1955.

Mikami Sanji [三上参次]. *Edo (Yedo) Jidai-shi* [江戸時代史]("History of the Yedo period"). 2 vols. Tokyo, 1944.

Monsterleet, Jean. *L'église du Japon des temps féodaux à nos jours; une vue d'ensemble de l'église catholique au Japon.* Toulouse [1958].

Moore, G. A. (ed.). *Practical Politics of Giovanni Botero.* Washington, D.C., 1948. (A Republication of the Milan edition of 1596.)

Morais, W. de. *Femão Mendes Pinto no Japão.* Lisbon, 1942.

Münsterberg, O. *Japans auswärtiger Handel von 1542 bis 1854.* ("Münchener Volkswirtschaftliche Studien," Vol. X.) Stuttgart, 1896.

Muratori, L. *Annali d'Italia,* Vol. X. Rome, 1754.

Murdoch, James, and Yamagata, Isoh. *A History of Japan.* 3 vols. Kobe, 1903; Yokahama, 1910; London, 1926.

Nagaoka, H. *Histoire des relations du Japon avec l'Europe aux XVIe et XVIIe siècles.* Paris, 1905.

Nagayama Tokihide. *Collection of Historical Materials Connected with the Roman Catholic Religion in Japan* (Kirishitan Shiryo-Ku). Nagasaki, 1924.

Norton, Luís. *Os Portugueses no Japão, 1543-1640: notas e documentos.* [Lisbon], 1952.

Oda Takeo (ed.). *A Catalogue of Old Maps of Japan Exhibited at the Tenri Central Library, September, 1957.* n.p., 1957.

OKAMOTO YOSHITOMO [周木良知]. *Jūrokuseiki Nichi-O kotsushi no kenkyu* [十六世紀日歐交通史の研究]("The Study of the Intercourse between Japan and Europe during the Sixteenth Century"). Tokyo, 1944.

——. (trans. and ed.). *Kyushu sanko ken-o shisetsu koki* [九州三侯遺歐使節行記]("The Record of the Embassy to Europe, 1582-1590, Sent by the Three Kyushu Daimyo"). By LUIS FROES. Tokyo, 1942-43.

PACHECO, D. JOAQUIN F.; CÁRDENAS, FRANCISCO; and TORRES DE MENDOZA, LUIS (comps.). *Collección de documentos inéditos relativos al descubrimiento, conquista y colonización de las posesiones espanolas en América y Oceanía....* Madrid, 42 vols. 1864-84.

PAGES, LÉON. *Histoire de la religion chrétienne au Japon.* 2 vols. Paris, 1869.

PEREZ, LORENZO. *Fr. Jeronimo de Jesús, restaurador de las misiones del Japón, sus cartas y relaciones, 1595-1604.* Florence, 1929.

PONSONBY-FANE, R. A. Ｂ. *Kyoto, the Old Capital of Japan (794-1869).* Kyoto, 1956.

PRATT, J. B. *The Pilgrimage of Buddhism.* New York, 1928.

RUNDALL, T. (ed.). *Memorials of the Empire of Japan, in the 16th and 17th Centuries.* London, 1850.

SADLER, ARTHUR LINDSAY. *Chanoyu, or: The Tea Philosophy of Japan, a Western Evaluation.* Honolulu, 1929.

SAITŌ AKU [齋藤阿貝]. *Seiyoku tozen-shi* [西力東漸史]("A History of the Western Powers' Eastward Penetration"). Tokyo, 1902.

SANSOM, G. B. *Japan: A Short Cultural History.* New York, 1936.

——. *The Western World and Japan.* Berkeley, Calif., 1950.

——. *A History of Japan to 1334.* Stanford, 1958.

SCHILLING, DOROTHEUS. *Hospitäler der Franziskaner in Miyako, 1594-1597.* Schöneck-Beckenried, Switzerland, 1950.

——. *Das Schulwesen der Jesuiten in Japan (1551-1614).* Münster, 1931.

SCHÜTTE, J. F. *Alejandro Valignano, S.J., Il ceremoniale per i missionari del Giappone.* Rome, 1946.

——. *Luis Fróis, S.J., Kulturgegensätze Europa-Japan (1585).* ("Monumenta Nipponica Monographs," No. 15.) Tokyo, 1955.

——. *Valignanos Missionsgrundsätze für Japan.* Rome, 1951.

SCHURHAMMER, GEORG. *Shintō. The Way of the Gods of Japan. According to Printed and Unprinted Reports of the Jesuit Missionaries in the XVI and XVII Centuries.* Bonn, 1923.

——. *Das kirchliche Sprachproblem in der japanischen Jesuitenmission des 16. und 17. Jahrhunderts. Ein Stück Ritenfrage in fapan.* Tokyo, 1928.

——. *Die Disputationen des P. Cosme de Torres, S. J., mit den Buddhisten in Yamaguchi im Jahre, 1551.* Tokyo, 1929.

SCHURHAMMER, G., and VORETZCH, E. A. (eds. and trans.) *Luis Fróis. Die Geschichte Japans (1549-1578)*. Leipzig, 1926.

SHIMMURA IZURU [新村出] . *Namban Koki* [南蠻廣記] ("An Extensive Record on the Southern Barbarians"). Tokyo, 1925.

——. *Zoku Namban Koki* [續南蠻廣記] ("The Continued Extensive Record on the Southern Barbarians"). Tokyo, 1925.

[SHIMMURA IZURU, and HAMADA KIICHI] *Documents Relating to the Japanese Ambassadors Sent to Europe in the Sixteenth Century in Possession of the Department of Literature, Kyoto Imperial University*. Kyoto, 1929.

SHINICHIRŌ TAKAKURA. *The Ainu of Northern Japan: A Study in Conquest and Acculturation*. Translated and annotated by JOHN A. HARRISON. ("Transactions of the American Philosophical Society," N. S., L, pt. 4.) Philadelphia, 1960.

SHIRATORI KURAKICHI [白鳥庫吉]. *Saiiki-shi kenkyu* [西域史研究] ("A Study on the History of Western Regions"). 2 vols. Tokyo, 1941-44.

SICARDO, JOSÉ. *Cristiandad del Japón, y dilitada persecucion que padecio. Memorias sacras de los martyres de las ilvestras regiones de Santo Domingo, San Francisco, Compañia de Jesvs....* Madrid, 1698.

SOLIER, FRANÇOIS. *Histoire ecclésiastique des îles et royaumes du Japon*. 2 vols. Paris, 1627-29.

STEINILBER-OBERLIN, E. *The Buddhist Sects of Japan*. London, 1938.

SUGA KIKUTARO [菅菊太郎]. *Nichi-O kotsu kigen-shi* [日歐交通起源史] ("A History of the Origins of the Intercourse between the Japanese and the Europeans"). Tokyo, 1896.

TACCHI-VENTUIU, PIETRO. *Il carattere dei Giapponesi secondo i missionari del secolo XVI*. 3d ed. Rome, 1937.

TAKEKOSHI YOSABURO. *The Economic Aspects of the History of the Civilization of Japan*. 3 vols. New York [1930].

TOKYO UNIVERSITY. *Commemoration Volume: The Twenty-fifth Anniversary of the Foundation of the Professorship of Science of Religion in Tokyo*. Tokyo, 1934.

TSCHEPE, ALBERT, S.J. *Japans Beziehungen zu China seit den ältesten Zeit bis zum Jahre 1600*. Yenchoufu, 1907.

TSUNODA RYUKICHI, and GOODRICH, L. C. (trans.). *Japan in the Chinese Dynastie Histories, Later Han through Ming Dynasties*. Pasadena, Calif., 1951.

UYTTENBROECK, THOMAS, O. F. M. *Early Franciscans in Japan*. Himeji, 1958.

WANG YI-T'UNG. *Official Relations between China and Japan, 1368-1549*. Cambridge, Mass., 1953.

WILD, CYRIL. *Purchas His Pilgrimes in Japan*. Kobe, 1939.

ARTICLES

ABRANCHES PINTO, J. A., and BERNARD, HENRI (trans.). "Les instructions du Père Valignano pour l' ambassade japonaise en Europe," *Monumenta Nipponica*, VI (1943), 391-403.

AKIYAMA KENZŌ [秋山謙藏] "Goresu wa Ryukyujin de aru" [Goresu は琉球人ごある] ("The Gores Are the Ryukyuans"), *Shigaku-Zasshi* [史學雜志]XXXIX (1928), 268-85.

——. "Goresu naru meishō no hassei to sono rekishiteki hatten" [Goresu なる名稱の發生とその歴史的發展].("Origin of the Name of Gores and its Historical Development"), *Shigaku-Zasshi*[史學雜志]XXXIX (1928), 1349-59.

ALVAREZ-TALADRIZ, J. L. "Cacería de refranes en el 'Vocabulario de lingoa de Japam,'" *Monumenta Nipponica*, X (1954), 169-92.

AUTREMONT, FAUSTIN DE. "Les premiers rapports de l'Europe et du Japon," *La revue hebdomadaire*, XXXIV (March, 1895), 597-620.

AYERBE, MARCELINO, O. F. M. "Yajiro y San Francisco," *España misionera*, IX (1952),343-56.

AYRES, CHRISTOVAM. "Fernão Mendes Pinto e o Japão," *Historia e memorias da Academia Real das Sciencias de Lisboa*, N. S., Vol. X, Pt. 2 (Lisbon, 1906).

BATY, THOMAS. "The Literary Introduction of Japan to Europe," *Monumenta Nipponica*, VII (1951), 24-39; VIII (1952), 15-46.

BECKMANN, JOHANN. "Der erste Japandruck in der Schweiz," *Schweizerisches Gutenbergmuseum Zeitschrift* (Bern), XXV (1939), 149-57.

BERCHET, GUGLIELMO. "Le antiche ambasciate Giapponesi in Italia; saggio storico e documenti," *Archivio veneto*, XIII (1877), 245-85; XIV (1877), 150-203.

BERNARD, HENRI, S. J. "Hinayana indien et Mahayana japonais. Comment l'Ocddent a-t-il découvert le Bouddhisme?" *Monumenta Nipponica*, IV (1941), 285-86.

——. "Les débuts des relations diplomatiques entre le Japon et les Espagnols des îles Philippines, 1571-1594," *ibid.*, I (1938), 99-137.

BERNARD, HENRI, S. J. "L'orientaliste Guillaume Postel et la découverte spirituelle du Japon en 1552," *ibid.*, IX (April, 1953), 83-108.

——. "Valignani ou Valignano, l'auteur véritable du récit de la première ambassade japonaise en Europe, 1582-1590," *ibid.*, I (1938), 378-85.

BONCOMPAGNI-LUDOVISI, FR. "Le prime due ambasciate dei Giapponai a Roma," *Archivio storico italiano*, XXXV (1905), 464-76.

BRAGA, J. M. "Os enviados Japoneses a Roma em 1582-86," *Archivos de Macau*, Ser. 2,1 (1941).

CORTESÃO, ARMANDO. "The First Account of the Far East in the Sixteenth Century—the Name 'Japan' in 1513," *Comptes rendus* of the International Geographical Congress, II (Leiden, 1938), 145-52.

CORY, RALPH M. "Some Notes on Father Gregorio de Cespedes, Korea's First European Visitor," *Transactions of the Korea Branch of the Royal Asiatic Society,* XXVII (1937), 1-55.

CRINO, SEBASTIANO. "La prima carta geografica inedita del Giappone portata in Italia nel 1585 e rinvenuta in una filza di documenti riguardanti il commercio dei Medici nelle India Orientali e Occidentali." *Rivista marittima,* X (1931), 257-84.

DAHLGREN, E. W. "A Contribution to the History of the Discovery of Japan," *Transactions and Proceedings of the Japan Society* (London), XI (1912-13), 239-60.

——. "The Crucifixion of the Twenty-Six in 1597," *Transactions of the Asiatic Society of Japan,* XLIV (1916), 20-45.

——. "Les débuts de la cartographie du Japon," *Archives d'études orientales,* IV (1911),10-18.

DÉLIA, PASQUALE. "Bernardo, il primo Giapponese venuto a Roma (1555)." *Civiltá cattòlià,* CII (1951), 277-87; CIII (1952), 527-35.

DOI TADAO. "A Review of Jesuit Missionaries' Linguistic Studies of the Japanese Language in the 16th and 17th Centuries." In Japanese National Commission for UNESCO, International Symposium on History of Eastern and Western Cultural Contacts, 1957, *Collection of Papers Presented.* Tokyo, 1959.

——. "Das Sprachstudium der Gesellschaft Jesu in Japan im 16. und 17. Jahrhundert," *Monumenta Nipponica,* II (1939), 437-65.

——. "Researches in the Japanese Language Made by the Jesuit Missionaries in the XVIth and XVIIth Centuries," *Proceedings of the Imperial Academy* (of Japan),XIII(1937), 232-36.

EBISAWA ARIMICHI. "Irmão Lourenço, the First Japanese Lay-brother of the Society of Jesus and His Letter," *Monumenta Nipponica,* V (1942), 225-33.

ENOKI K. "Marco Polo and Japan." In *Oriente Poliano* ("Publications of the Istituto italiano per il medio ed estremo Oriente."), pp. 23-44. Rome, 1957.

FIGUEIREDO, F. DE. "De re Japonica," *Vasco da Gama,* I (1925-26), 202-19.

FUJITA MOTOHARU [藤田元春]. "Shira no shima oyobi Gores ni tsukite" [シラの島及びゴーレスに 就きて] ("The Island of Sila and the Land Gores"), *Shigaku-Zasshi* [史學雜志]XLVII(1936). 227-65.

GAY, JESÚS LÓPEZ. "Un documento inédito del P. G. Vázquez (1549-1604) sobre los problemas morales del Japón," *Monumenta Nipponica,* XVI (1960), 118-60.

GOMPERTZ, G. ST. G. M. "Some Notes on the Earliest Western Contacts with Korea," *Transactions of the Korean Branch of the Royal Asiatic Society,* XXXIII (1957), 41-54.

HAGUENAUER, M. C. "Encore la question des Gores," *Journal asiatique,* CCXXVI (1935), 67-116.

HAMADA ATSUSHI. "The Nature of the Research in the Japanese Language Carried out by the Jesuit Missionaries in the 16th and 17th Centuries." In Japanese National Commission for UNESCO,

International Symposium on History of Eastern and Western Cultural Contacts, 1957, *Collection of Papers Presented.* Tokyo,1959.

HIDBER, B. "Renard Cysat, der Stadtschreiber zu Luzern," *Archiv für schweizerische Geschichte,* XIII (1862), 160-224; XX (1875), 3-88.

ISHIDA MIKINOSUKE. "A Brief Note on the Two Old European Maps of Japan Recently Discovered," *Monumenta Nipponica,* I (1938), 259-65.

IZIU HISANOSUKE[泉井久之助] "Tensho ken-O shisetsu Marutino no enjutsu" [天正遣歐使節原マル チノの演述] ("An Envoy to Europe in Tensho Hara Martino's Oration"), *Shigaku-Zasshi*[史 學雜志]XLII (1931), 1178-94.

JAMES, J. M. "Descriptive Notes on the Rosaries (*ju-zu*) As Used by the Different Sects of Buddhists in Japan," *Transactions of the Asiatic Society of Japan,* IX (1882), 17.

KALFF, S. "Uit de geschiedenis der missie in Japan," *Onze missiën in Oost en West-Indië,* X (1927), 232-48.

KENTENICH, GOTTFRIED. "Eine japanische Gesandschaft in den päpstlichen Stuhl im Jahre 1585," *Allgemeine Zeitung* (Munich), No. 212 (Sept. 14,1905), 508-11.

KISH, GEORGE. "The Japan on the 'Mural Atlas' of the Palazzo Vecchio, Florence," *Imago mundi,* VIII(1951), 52-54.

——. "Some Aspects of the Missionary Cartography of Japan during the 16th Century,"*ibid.,* VI (1950), 39-48.

KLEISER, ALFONS. "P. Alexandre Valignani's Gesandtschaftsreise nach Japan zum Quambacudono Toyotomi Hideyoshi, 1588-1591," *Monumenta Nipponica,* I (1938), 70-98.

LAURES, JOHANNES. "Das japanische Kaiserhaus und die altkatholische Mission," *Neue Zeitschrift für Missionswissenschaft,* V (1949), 161-69.

——. "Koreas erste Berührung mit dem Christentum," *Zeitschrift für Missionswissenschaft und Religionswissenschaft,* XL (1956), 177-89, 282-87.

——. "Die Zahl der Christen und Martyrer im alten Japan," *Monumenta Nipponica,*VII (1951), 84-101.

——. "Ein portugiesischer Brief Takayama Ukons," *ibid.,* XV (1959-60), 178-81.

LEWIN, B. "Die erste authentische Bericht über Japan in russischen Archiven," *Oriens extremus,* V (1958), 103-15.

MAEJIMA SHINJI [前嶋信次]) "Goresu ko" [ゴーレス攷] ("Reflections on the Gores"), *Shigaku-Zasshi* [史學雜志], XLIII (1932), 65-87, 93-111.

MAGNINO, LEO. "A contribuiçao dos Portugueses para o conhecimento da ilha de Ieso no Japão no seculó XVI." In *Actas* ("Publications of the International Congress of the History of the Discoveries, Lisbon, 1960), III, 317-25. Lisbon,1961.

MATSUDA KIICHI [松田毅一]. "Roma Iezusu Kai bunsho" [ローマイエズス會文書] "Documents from the Archives of the Society of Jesus," *Shigaku-Zasshi* [史學雜志]LXIX (1960), 98-101.

MATSUDA KIICHI, "Historical Study of the Intercourse between Portugal, Spain, and Japan in the Sixteenth and Seventeenth Centuries." In *Resumo das comunicações* ("Publications of the International Congress of the History of the Discoveries, Lisbon"), p. 165. Lisbon, 1960.

——. "On a Letter from the Representatives of the Christians in the Five Provinces to the General of the Society of Jesus, dated May 10, 1588 and Its Signers." *Shigaku-Zasshi* [史學雜志] LXVII (1958), 959-73.

MICHAELIS, G. "Beitrag zur Kenntniss der Geschichte des japanischen Strafrechts," *Mittheilungen der deutschen Gesellschaft für Natur- und Völkerkunde Ostasiens in Tokio,* IV (1884-88), 351-77.

Mitsukari, P. "Ein Beitrag zur Geschichte der japanischen Christen im 17. Jahrhundert," *Historische Zeitschrift, LXXXVII* (1901), 193-223.

MOSER, GERALD. "An Epilogue to the Portuguese Attempts at Opening Korea, New Martyrs Are Made," *Korean Survey,* VIII (Jan., 1959), 6-7.

——. "Portuguese Attempts at Opening Korea," *ibid.,* IV, No. 3 (March, 1955),3-5; IV, No. 4 (April, 1955), 5-7, 12-13.

MURAKAMI NAOJIRO [村上直次郎]. "A Letter of Appreciation from the Envoys of the Three Clans of Otomo, Omura and Arima (Three Letters)" [大友大村有馬三家使節の感謝狀],*Shigaku-Zasshi* [史學雜志],XII(1901),496-98, 498-501, 501-04.

NACHOD, O. "Die ersten Kenntnisse chinesischer Schriftzeichen im Abendlande," *Asia Major*, I (1923), 235-73.

NAKAMURA HIROSI. "Les cartes du Japn qui servaient de modèle aux cartographes européens au début des communications de 1'Occident avec le Japon," *Monumenta Nipponica,* II (1939), 100-23.

PEREZ, LORENZO, O. F. M. "Los Franciscanos en el Extremo Oriente," *Archivum franciscanum historicum*, I (1908), 536-43.

PIRES, A. T. "O Japão no seculo XVI,' *O Instituto*, LIII (1906), 7-12.

"Primeira embaizada do Japão a Europa," *Archivio pittoresco*, V (1862), 254-411.

"Relaçoes entre Portugueses e Japoneses," *Boletim da sociedade Luso-Japonesa,* I (June, 1929), 1—10.

RENONDEAU, G. "Histoire des moines guerriers du Japon," *Mélanges publiés par l'Institut des Hautes Études Chinoises,* I (1957), 281-84.

RICCI,ETTORE. "Ilviaggio attraverso 1'Italia dei quattro principi ambasciatori giapponesi." In *Atti e memorie del convègno di geografi-orientalisti*, pp. 170-175. Macerata, 1911.

RONALL, JOACHIM O. "Spain and Japan—Early Diplomatic Relations," *Eastern World*, XI (1957),38-39; XII (1958), 24-25.

ROSNEY, L. DE. "L'Isle Yezo et ces inhabitants d'après les géographes japonaises et les relations des voyageurs européens," *Revue orientale et americaine*, I (1859), 380-90.

SANESI, GUISEPPI. "I principi giapponesi a Siena nel 1585," *Bullettino senese di storia patria*,I (1894), 124-30.

SANO KAZUHIKO. "Die Höflichkeitsformen des Japanischen, *Monumenta Nipponica,* IV (1941), 327-50.

SATOW, ERNEST M. "The Origins of Spanish and Portuguese Rivalry in Japan," *Transactions of the Asiatic Society of Japan,* XVIII (1890), 136-39.

——. "Vicissitudes of the Church at Yamaguchi from 1550 to 1586," *Transactions of the Asiatic Society of Japan,* VII (1888), 139-53.

SCHEIDL, LEOPOLD G. "The Development of the Geographical Knowledge of Japan in Western Countries." In Japanese National Commission for UNESCO, International Symposium on History of Eastern and Western Cultural Contacts, 1957, *Collection of Papers Presented.* Tokyo, 1959.

SCHILLING, DOROTHEUS, O. F. M. "Il contributo dei missionari cattòlici nei secoli XVIᵉ XVII alla conoscenza dell' isola di Ezo e degli Ainu." In C. COSTANTINI *et. al, Le missioni cattòliche e la cultura dell'Oriente* pp. 140-50. Rome, 1943.

——. "Neue Funde zur Historia de Japão von P. Luis Froes, S. J." *Zeitschrift für Missionswissenschaft,* XXIII (1933), 337-43.

——. "Das Japanische Sprachstudium der Jesuiten in 16. und 17. Jahrhundert," *Thuringia Franciscana,* IV (1929), 169-75.

SCHÜTTE, JOSEF FRANZ S. J. "Christliche japanische Literatur, Bilder und Druckblaetter in einem unbekannten Vatikanischen Codex aus dem Jahre 1591," *Archivum historicum Societatis Iesu,* IX (1940), 226-80.

——. "Der japanische Volkscharakter in der Sicht Valignanos," *Stimmen der Zeit,*CXXXVIII (1940), 81-86.

——. "Der lateinische Dialog 'De missione legatorum Iaponensium ad Romanam Curiam' als Lehrbuch der japanischen Seminare," *Analecta Gregoriana* ("Series Facultatis historiae ecclesiasticae," Section A, No. 3 [1954]), LXX, 247-90.

——. "Unbeachtete und unbekannte päpstliche Japanschreiben," *Archivum historicum Societatis Iesu,* XVII (1948), 173-78.

——. "Valignanos Japangeschichte, Bemerkungen zu Form und Inhalt," *Analecta Gregoriana* ("Series Facultatis Missiologicae," Section A, No. 2), LXXII, 109-40.

SCHURHAMMER, GEORG. "Das Stadtbild Kyotos zur Zeit des heiligen Franz Xaver," *Anthropos,* XVI-XVII(1921-22), 147-52, 156-63,166-69.

——. "Der erste Bericht über die Ainu in Nordjapan," *Die katholischen Missionen,*LIV (1926), 233.

——. "Der 'Grosse Brief' des heiligen Franz Xaver, eine textkritische Untersuchung." In

Commemoration Volume, The Twenty-fifth Anniversary of the Foundation of the Professorship of Science of Religion in Tokyo Imperial University, pp. 178-219. Tokyo, 1934.

——. "Der heilige Franz Xaver in Miyako," *Stimmen der Zeit*, C (1921), 440-55.

——. "Die erste japanische Gesandtschaftsreise nach Europa, 1582-1590," *Die katholischen Missionen*, XLIX (1920-21), 217-24.

——. "Die Riusas," *Die katholischen Missionen*, XLIX (1920-21), 49-53.

——. "Die Yamabushis," *Zeitschrift für Missionswissenschaft*, XII (1922), 206-28.

——. "Ein fürstlicher Gönner des hl. Franz Xaver: Otomo Yoschischige, König von Bungo," *Die katholischen Missionen*, XLVII (1918-19), 25-29.

——. "Il contributo dei missioni cattolici... alla conoscenza del Giappone." In C. Costantini *et al., Le missioni cattoliche e la cultura dell'Oriente*, pp. 112-37. Rome, 1943.

——. "O descobrimento do Japão pelos Portugueses no ano de 1543," *Anais da Academia Portuguesa da Historia*, Ser. 2,I (1946), 1-172.

——. "P. Johann Rodriguez Tçuzzu als Geschichtschreiber Japan," *Archivum historicum Societatis Iesu*, I (1932), 23-40.

——. "P. Luis Froes, S. J., ein Missionshistoriker des 16. Jahrhunderts in Indien und Japan," *Stimmen der Zeit*, CIX (1925), 453-69.

SCHURHAMMER, GEORG. "Xaveriusforschung im 16. Jahrhundert," *Zeitschrift für Missionswissenschaft*, XII(1922), 129-65.

STRAMIGIOLI, G. "Hideyoshi's Expansionist Policy on the Asiatic Mainland," *Transactions of the Asiatic Socìety of Japan*, Ser. 3, III (1954), 74-94.

TACCHI-VENTURI, P. "Il carattere dei Giapponesi secondo i missionari del secolo XVI," *La civiltà cattòlica*, II (1906), 150.

TASSINI, GUISEPPE (ed.). "Le iscrizioni della Confraternita di S. Maria della Carità," *Archivio veneto*, XII (1876), 112-29.

TUCCI, G. "The Japanese Ambassadors as Roman Patricians," *East and West* (Rome),II(1951), 65-71.

WASHBURN, W. E. "Japan on Early European Maps," *Pacific Historical Review*, XXI (1952), 221-36.

WILLEKE, B. "Der Ankunft der ersten Franziskaner in Japan," *Zeitschrift für Missionswissenschaft und Religionswissenschaft*, XLIII (1959), 166-76.

WROTH, LAWRENCE C. "The Early Cartography of the Pacific," *Papers of the Bibliographical Society of America*, XXXVIII, No. 2 (1944), 89-268.

IX. CHINA

BOOKS

BALL, J. DYER. *Things Chinese.* Hongkong, 1903.

BERNARD, HENRI. *Aux portes de la Chine. Les missionaires du seizième siècle, 1514-1588.* Tientsin, 1933.

——. *Le Père Matthieu Ricci et la société chinoise de son temps(1552-1610).* 2 vols. Tientsin,1937.

BETTRAY, JOHANNES, S. V. D. *Die Akkommodationsmethode des P. Matteo Ricci S. J. in China.* Rome, 1955.

BOUINAIS, A., and PAULUS, A. *Le culte des morts dans le Céleste Empire et l'Annam, comparé au culte des ancêtres dans l'antiquité occidentale.* Paris, 1893.

BOXER, C. R. *Fidalgos in the Far East, 1550-1770; Fact and Fancy in the History of Macao.* The Hague, 1948.

——(ed.). *South China in the 16th Century.* ("Hakluyt Society Publications," Ser. II,Vol. CVI.) London, 1953.

——. *The Great Ship from Amacon; Annals of Macao and the Old Japan Trade, 1555-1640.* Lisbon, 1959.

BRAGA, J. M. *Tamão dos pioneiros portuguêses.* Macao, 1939.

——. *The Western Pioneers and Their Discovery of Macao.* ("Instituto Português de Hongkong, Boletim," No. 2.) Hongkong, 1949.

BRAZÃO, EDUARDO. *Apontamentos para a história das relacões diplomáticas de Portugal com a China, 1516-1753.* Lisbon, 1949.

——. *Macau, cidade do nome de deus na China.* Lisbon, 1957.

BRETSCHNEIDER, E. *History of European Botanical Discoveries in China.* 2 vols. London, 1898. (New ed. Leipzig, 1935.)

BRYDGES, S. E. (comp.). *Censuria Literaria.* 4 vols. London, 1808.

CARTER, T. F. The *Invention of Printing in China and Its Spread Westward.* Revised and edited by L. C. GOODRICH. New York, 1955.

CHANG T'IEN-TSE. *Sino-Portuguese Trade from 1514 to 1644; a Synthesis of Portuguese and Chinese Sources.* Leyden, 1934.

CHARDIN, PACIFIQUE MARIE. *Les missions franciscaines en Chine.* Paris, 1915.

CHĒN SHIH-CHì [陳詩啓]. *Ming-tai kuan-shou kung-yeh ti yen-chiu*[明代官手工業的研究] ("Studies on Government-Operated Handicrafts during the Ming Dynasty"). Hankow, 1958.

CH'IEN TUAN-SHENG. *The Government and Politics of China.* Cambridge, Mass., 1950.

CHÜ T'UNG-TSU. *Local Government in China under the Ch'ing*. Cambridge, Mass., 1962.

COULING, SAMUEL. *Encyclopedia Sinica*. London, 1917.

CREEL, H. G. *Studies in Early Chinese Culture*. Baltimore, 1937.

DELAMARRE, LOUIS CHARLES. *Histoire de la dynastie des Ming, composée par l'empereur Khian-Loung; traduite du Chinois par m. l'abbe Delamarre....* Paris, 1865.

D'ELIA, PASQUALE M. *The Catholic Missions in China*. Shanghai, 1934.

DEVERIA, GABRIEL (ed. and trans.). *Histoire des relations de la Chine avec l'Annam-Vietnam du XVIe au XIXe siècle; d'après des documents chinois traduits pour la première fois*. Paris, 1880.

DOOLITTLE, J. *Social Life of the Chinese*. London, 1868.

DUNNE, GEORGE H., S. J. "The Jesuits in China in the Last Days of the Ming Dynasty." Ph.D. dissertation, University of Chicago, 1944.

——. *Generation of Giants: The Story of the Jesuits in China in the Last Decades of the Ming Dynasty.* Notre Dame, Ind., 1962.

FAIRBANK, J. K. *Trade and Diplomacy on the China Coast*. Cambridge, Mass., 1953.

——(ed.). *Chinese Thought and Institutions*. Chicago, 1957.

FUNG YU-LAN. *A History of Chinese Philosophy*. Translated by DERK BODDE. 2 vols. Princeton, 1953.

GALLAGHER, L. J., S. J. *China in the Sixteenth Century*. New York, 1953.

GARDNER, CHARLES S. *Chinese Traditional Historiography*. Cambridge, Mass., 1938.

GOODRICH, L. C. *A Short History of the Chinese People*. Rev. ed. New York, 1951.

GRAY, JOHN HENRY. *China: A History of the Laws, Manners, and Customs of the People*. Edited by William G. GREGOR. 2 vols. London, 1878.

HAUSERMANN, R. *Atlas des missions franciscaines en Chine*. Paris, 1915.

HO PING-TI. *Studies on the Population of China, 1368-1953*. Cambridge, Mass., 1959.

——. *The Ladder of Success in Imperial China: Aspects of Social Mobility, 1368-1911*. New York, 1962.

HUE, ÉVARISTE RÉGIS. *Le Christianisme en Chine, en Tartarie et au Thibet*. 4 vols. Paris, 1857-58.

HUCKER, CHARLES O. "The Chinese Censorate of the Ming Dynasty." Ph.D. dissertation, University of Chicago, 1950.

——. *The Traditional Chinese State in Ming Times*. Tucson, Ariz., 1961.

HULBERT, H. B. *The History of Korea*. 2 vols. Seoul, 1905.

IJZERMAN, J. W. *Dirck Gerritsz. Pomp, alias Dirck Gerritsz. China, de eerste Nederlander die China en Japan bezocht, 1544-1604*. The Hague, 1915.

JERVIÈRE, J. DE LA. *Les anciennes missions de la Compagnie de Jésus en Chine*. Shanghai, 1924.

KAMMERER, A. *La découverte de la Chine par les Portugais au XVIème siècle et la cartographie des Portulans, avec des notes de toponymie chinoise par P. Pelliot*. (*T'oung pao*, suppl. vol. 39.)

Leiden, 1944.

Kuo, P. W. *The Chinese System of Public Education.* New York, 1915.

Lach, Donald F. *The Preface to Leibniz' Novissima Sinica.* Honolulu, 1957.

Liang Fang-chung. *The Single-Whip Method of Taxation in China.* Cambridge, Mass., 1956.

Lopétegui, Leon, S. J. *El P. José de Acosta y su influencia en la literatura científica española.* Madrid, 1942.

Maas, P. Otto, O. F. M. *Die Wiedereröffnung der Franziskanermission in China in der Neuzeit.* Münster, 1926.

MacSherry, Charles W. "Impairment of the Ming Tributary System as Exhibited in Trade Involving Fukien." Ph. D. dissertation, University of California, 1952.

Magalhães, G. *A New History of China.* London, 1688.

Mailla, Joseph Anne Marie Moyriac de. *Histoire générale de la Chine.* 13 vols. Paris,1777-85.

Margiotti, Fortunato, O. F. M. *Il cattolicismo nello Shansi dalle origini al 1738.* Rome, 1958.

Medhurst, W. H. *China, Its State and Prospects.* Boston, 1838.

Milne, William C. *Life in China.* London, 1857.

Moule, A. C. *Christians in China: Before the Year 1550.* London, 1930.

——. *Quinsai, with Other Notes on Marco Polo. Incidental Notes Applying to Any of the Many Editions of Polo's Description of the World.* Cambridge, 1957.

——. *The Minor Friars in China.* 2 vols. London, 1917.

Muntz, Eugène. *La bibliothèque du Vatican au XVIᵉ siècle.* Paris, 1886.

Needham, Joseph. *Science and Civilization in China.* With the research assistance of Wang Ling. 3 vols. Cambridge, 1954-59.

Nocentini, L. *Il primo sinologo P. Matteo Ricci.* Florence, 1882.

Pinot, Virgile. *La Chine et la formation de l'esprit philosophique en France (1640-1740).* Paris, 1932.

Plattner, R. A. *Quand l'Europe cherchait l'Asie.* Paris, 1954.

Prawdin, M. *The Mongol Empire.* London, 1955.

Reichelt, K. L. *Truth and Tradition in Chinese Buddhism.* Shanghai, 1927.

Ricci, Juan. *Hierarchia franciscana in Sinis (1307-1928).* Wuchang, 1929.

Rowbotham, A. H. *Missionary and Mandarin.* Berkeley, Calif., 1942.

Sanz, Carlos. *Primitivas relaciones de España con Asia y Oceania.* Madrid, 1958.

Semedo, Alvares. *The History of the Great and Renowned Monarchy of China.* London, 1655.

Swecker, Zoe. "The Early Iberian Accounts of the Far East." Ph. D. dissertation, University of Chicago, 1960.

Sykes, Sir Percy. *The Quest for Cathay.* London, 1936.

Teixeira, Padre Manuel. *Camoẽs em Macau.* Macao, 1940.

——. *Macau e a sua diocese.* 2 vols. Macao, 1940.

Trechmann, E. J. (ed.). *The Diary of Montaigne's Journey to Italy in 1580 and 1581.* London, 1929.

Tsien T. H. *Written on Bamboo and Silk.* Chicago, 1962.

Wagner, H. R. *The Spanish Southwest.* ("Quevira Society Publications," Vol. VII.) Albuquerque, 1937.

Wang Yi-t' ung. *Official Relations between China and Japan, 1368-1549.* Cambridge, Mass., 1953.

Wichmann, Arthur. *Dirck Gerritsz, Ein Beitrag zur Entdeckungsgeschichte des 16ten und 17ten Jahrhunderts.* Groningen, 1899.

Williams, Edward T. *China Yesterday and To-day.* 4th ed. rev. New York, 1929.

Williams, S. Wells. *The Middle Kingdom.* Rev. ed. 2 vols. New York, 1904.

Wyngaert, Anastaas van den. *Sinica franciscana...* (*Relationes et epistolas Fratrum Minorum saeculi XVI et XVII,* Vol. II.). Florence, 1929.

Yang Lien-sheng. *Money and Credit in China: A Short History.* Cambridge, Mass., 1952.

ARTICLES

Bernard, Henri. "Les étapes de la cartographie scientifique pour la Chine et les pays voisine," *Monumenta Serica*, I (1935), 428-77.

——. "La théorie du protectorat civil des missions en pays infidèles; ses antécédents historiques et sa justification théologique par Suarez," *Nouvelle revue théologique* LXIV (1937), 261-83.

Biermann, Benno. "Chinesische Sprachstudien in Manila," *Neue Zeitschrift für Missionswissenschaft,* VII (1951), 18-23.

Biot, Édouard. "Notice sur quelques procédés industriels connus en Chine au XVIe siècle," *Journal asiatique,* XVI (1835), 130-54.

Boxer, C. R. "Notes on Chinese Abroad in the Late Ming and Early Manchu Periods Compiled from Contemporary Western Sources (1500-1750)," *T'ien Hsia Monthly,* IX (Dec., 1939), 447-68.

——. "The Portuguese Padroado in East Asia and the Problem of Chinese Rites,1576-1773," *Instituto português de Hongkong, Boletim,* No. 1 (July, 1948), 199-226.

——. "Three Historians of Portuguese Asia (Barros, Couto and Bocarro)," *ibid.,*pp. 18-24.

Bretschneider, E. "Early European Researches into the Flora of China," *Journal of the North China Branch of the Royal Asiatic Society,* N. S., XV (1880), 1-186.

Brydges, S. E. (comp.). "*Thomas Nicholas' The Strange and marvelous Newes lately come from the great Kingdom of China.*" In *Censuria literaria,* IV, 126-32. 4 vols. London, 1808.

Chang T' ien-tse. "Malacca and the Failure of the First Portuguese Embassy to Peking," *Journal of Southeast Asian History,* III (1962), 45-64.

Cordier, H. "L' arrivee des Portugais en Chine," *T'oung pao*, XII (1911), 483-543.

Damboriena, Prudencio. "El encuentro de dos imperios. Antiguas relaciones entre España y China," *Razón y Fe*, CXXXV (1947), 442-62; CXXXVI (1949), 36-60.

D' Elia, Pasquale M. "La reprise des missions catholiques en Chine à la fin des Ming (1579-1644)," *Cahiers d'histoire mondiale*, V (1960), 679-99.

Duyvendak, J. J. L. "Simon Stevin' s 'Sailing Chariot,' " *T'oung pao*, XXXVI (1942) 401-7.

Fairbank, J. K., and Téng S. Y. "On the Transmission of Ch'ing Documents," *Harvard Journal of Asiatic Studies*, IV (1939), 14-15.

——. "On the Ch'ing Tributary System," *Harvard Journal of Asiatic Studies*, VI (1941),135-246.

Fang Hao [方豪]. "Liu-lo yü hsi p'u ti chung-kuo wên hsien" [流落於西葡的中國文獻] ("The Lost Chinese Historical Literature in Spain and Portugal"), *Hsüeh-shu chi-k'* [學術季刊] ("Academy Review Quarterly"), I (1953),161-79.

Ferguson, D. "Letters from Portuguese Captives in Canton, Written in 1534 and 1536," *Indian Antiquary*, XXX (1901), 423-24.

Franke, Wolfgang. "Preliminary Notes on the Important Chinese Literary Sources for the History of the Ming Dynasty (1368-1644)," *Chung-kuo wen-hua yen-chin hui-k'an*, VII (Sept., 1947), 107-224.

Gaibandi, Pietro. "Il padre Matteo Ricci e la geografia della Cina, con una carta geografica ed una relazione sulla Cina scritta dal padre Ricci nel 1584," *Rivista di fisica, matematica e scienze naturali* (Padua), VIII (1903), 321-55, 459-64.

Gale, Esson M. "Public Administration of Salt in China; a Historical Survey," *Annals of the American Academy of Political and Social Science*, CLI (1930), 241-51.

Ho Ping-ti. "The Introduction of American Food Plants into China," *American Anthropologist*, N. S., LVII (1955), 191-201.

Hucker, Charles O. "Governmental Organization of the Ming Dynasty," *Harvard Journal of Asiatic Studies*, XXI (1958), 1-66.

——. "The Traditional Chinese Censorate and the New Peking Regime," *American Political Science Review*, XLV (1951), 1042-52.

——. "The Tung-lin Movement of the Later Ming Period." In J. K. Fairbank (ed.), *Chinese Thought and Institutions*, pp. 132-62. Chicago, 1957.

Lach, Donald F. "China in the Eyes of Europe (with commentary of Dr. Francisco Tenreiro)," *Actas*. ("Congresso intenacional de história dos descobrimentos," Lisbon, 1961), IV, 279-306.

Laufer, B. "The Domestication of the Cormorant in China and Japan," *Anthropological Series*, Vol. XVIII, No. 3, of Field Museum Publications (Chicago, I931).

Lo Jung-pang. "The Decline of the Early Ming Navy," *Oriens extremus*, V (1958), 149-68.

LOPETEGUÍ, LEON. "Contactos entre Espana y China en el siglo XVI," *Missionalia Hispanica,* I (1944), 341-52.

MOIDREY, JOSEPH DE. "La hiérarchie catholique en Chine, en Corée at au Japon, 1307-1914," *Variétés sinologiques* (Zi-ka-wei), No. 38 (1914), 1-300.

MULDER, W. Z. "The Wu Pei Chih Charts," *T'oung pao,* XXXVII (1944), 60-8.

NACHOD, OSCAR. "Die ersten Kenntnisse chinesischer Schriftzeichen im Abendlande," *Asia Major*, I (1923), 235-73.

NOCENTINI, L. "Sinology in Italy," *Journal of the North China Branch of the Royal Asiatic Society,* N. S., XX (1885), 155-62.

PELLIOT, PAUL. "La peinture et la gravure européene en Chine au temps de Matthieu Rieri," *T'oung pao,* XX (1921), 1-18.

——. "Le Hoja et le Sayyid Husain de l' Histoire des Ming," *ibid.,* XXXVIII (1948),81-292.

——. "Notes sur quelques livres ou documents conservés en Espagne," *ibid.,* XXVI(1928), 43-50.

——. "Une liasse d' anciens imprimés chinois des jésuites retrouvée à Upsal," *ibid.,*XXIX (1932), 114-18.

——. "Un ouvrage sur les premiers temps de Macao," *ibid.,* XXXI (1934), 58-94.

PEREZ, LORENZO, O. F. M. "Fra. Francisco de Jesus Escalona y su relacion de China," *Archivum franciscanum historicum,* VIII (1908), 558-91; IX (1909), 184-218.

POUZYNA, IVAN. "Les premieres missions catholiques en Chine et leur influence sur l' art italien," *Revue d'histoire des missions,* XII (1935), 230-41.

SCHURHAMMER, GEORG. "Der Ursprung des Chinaplans des Hl. Franz Xaver," *Archivum historicum Societatis Iesu,* XXII (1953), 38-56.

SERRUYS, HENRY. "Were the Ming against the Mongols' Settling in North China?" *Oriens extremus,* VI (1959), 131-59.

STRANGE, HANS O. H. "Where Was Zayton Actually Situated?" *Journal of the American Oriental Society,* LXIX (1949), 121-24.

SZCZESNIAK, B. "The Seventeenth-Century Maps of China," *Imago mundi,* XIII (1956),116-36.

TENG SSU-YÜ. "Chinese Influence on the Western Examination System," *Harvard Journal of Asiatic Studies,* VII (1943), 267-312.

WALKER, RICHARD L. "The Control System of the Chinese Government," *Far Eastern Quarterly,* VII (1947), 2-21.

WANG, Y. C. "Ideas and Men in Traditional China," *Monumenta Serica,* XIX (1960), 210-75.

译名对照表

人 名

A

Abreu, António de	安东尼奥·德·阿布雷乌
Alcalá de Henares	阿尔卡拉·德·埃纳雷斯
Accolti, Vicencio	维森修·阿科尔蒂
Acosta, José de	何塞·德·阿科斯塔
Acquaviva	阿夸维瓦
Adulraenjami	阿杜莱贾迷
Alaodim	阿拉瓦丁（Alā'uddin）
Albert	艾伯特
Albuquerque, Afonso	阿方索·阿尔伯克基
Albuquerque, Braz de	布拉兹·德·阿尔伯克基
Alcalá	阿尔卡拉
Almeida, Antonio d'	麦安东
Almeida，Luis d'	路易·德·阿尔梅达
Alvares, Fernão	费尔南·阿尔瓦雷斯
Alvarez, Jorge	豪尔赫·阿尔瓦雷斯
Andrade, Fernão Peres d'	费尔南·佩雷斯·德·安德拉德
Azevedo, Sylvestre d'	西尔维斯特雷·达泽维多
Anesaki	姊崎
Ang Chan I	安赞一世（柬埔寨国王，卒于 1566 年）
Artieda, Diego de	迭戈·德·阿尔蒂埃达
Azevedo, Antonio de Miranda de	安东尼奥·德·米兰达·德·阿泽维多

B

Baba	巴巴（巴布拉赫 [Bāb-Ullāh]）
Bāb-Ullāh	巴布拉赫
Balbi, Gasparo	加斯帕罗·巴尔比
Barbosa, Duarte	杜阿尔特·巴尔博萨
Barbuda, Luis Jorgé de	路易·豪尔赫·德·巴尔布达
Barros, João de	若昂·德·巴罗斯
Bartolomeu, Don	堂·巴托洛梅乌
Bayin Naung	莽应龙
Beira, João de	若昂·德·贝拉
Benacci, Alessandro	亚历山德罗·贝纳奇
Bergamo, Jacopo Filipo Foresti da	雅各布·菲利普·弗雷斯蒂·达·伯加莫
Bernard	伯纳德
Bicocigara	俾高喜卡拉
Binnyaran II	频耶兰二世
Boccapaduli, Antonio	安东尼奥·博卡帕杜利

Boncompagni, Philippe	菲利普·邦孔帕尼（红衣主教，Cardinal de Sisto）
Bonifer, Pierre	皮埃尔·博尼菲尔
Boroma Trailokanat	波隆摩·戴莱洛迦纳（国王，1448—1488 年在位）
Borromeo, Carolo	卡洛·博罗梅奥
Botero, Giovanni	乔万尼·博特罗
Boxer, C. R.	C. R. 博克舍
Braganza, Dom Theotonio de	堂·特奥托尼奥·德·布兰干萨
Brandão, Aires	艾利斯·布兰达奥
Brito, António de	安东尼奥·德·布里托
Brito, Felipe de	费利佩·德·布里托
Burrough, John	约翰·布罗

C

Cabot, Sebastian	塞巴斯蒂安·卡波特
Cacubao	陈琼大师 [Kōkyō Daishi]
Calvo, Vasco	瓦斯科·卡尔夫
Câmara, Luiz Gonçalvez de	路易斯·贡萨尔维斯·德·卡马拉
Cambadagi	弘法大师（Kobo Daishi）
Camoëns	卡蒙斯
Canisius, Peter	皮特·卡尼修斯
Cano, Juan Sebastián del	胡安·塞巴斯蒂安·德尔·卡诺
Cantino	坎提诺
Canto, Sebastião da	塞巴斯蒂昂·达·坎托
Capello, Bianco	比安科·卡佩罗
Cappello, Filippo	菲利普·卡佩罗
Carneiro, Melchior	梅尔基奥·加奈罗
Caroli, Cesarea	切萨雷亚·卡罗利
Castro, Alfonso de	阿方索·德·卡斯特罗
Catherina, Dona	唐娜·卡瑟琳娜
Cespedes, Gregorio de	格里高利奥·德·塞斯佩德斯
Charles I	查理一世
Chê A-nan	制阿难
Cheng Ho	郑和
Chêng-tê	正德（皇帝）
Ch'en-jui	陈瑞（两广总督）
Chia-ching	嘉靖
Chijawa Seiyemon, Michel	米歇尔·千々石
Ciappi, Antonio	安东尼奥·查皮
Cilapulapu	齐拉普拉普（拉普·拉普 [Lapu-Lapu]）
Claesz, Cornelis	科尼利斯·科拉埃兹
Claude Acquaviva	克劳德·阿奎维瓦
Clement VIII, Pope	教皇克莱门特八世
Cobo, Juan	高母羡
Coelho, Duarte	杜阿尔特·科埃略

Conti, Nicolò de'	尼科洛·德·孔蒂
Corrêa, Antonio	安东尼奥·科雷亚
Corsali, Andrea	安德里亚·科萨利
Costa, Da	达·科斯达
Coutinho, Dom Francisco	堂·弗朗西斯科·高天赐
Couto, Diogo do	迭戈·杜·科托
Crawfurd	克劳福德
Crignon, Pierre	皮埃尔·克里尼翁
Cruz, Gaspar da	加斯帕尔·达·克路士
Cruz, Jeronimo da	热罗尼莫·达·克路士
Cysat, Renward	伦瓦德·齐扎特

D

De Bry,Theodor	德布利，泰奥多尔
Diez, Pero	佩罗·迪茨
Dourado, Fernão Vaz	费尔南·瓦兹·杜尔拉杜
Drake Francis	弗朗西斯·德雷克
Dresser, Matthies	马蒂亚斯·德莱塞
Duke of Ferrara	费拉拉公爵
Duke of Mantua	曼图亚公爵

E

Empoli, Giovanni da	乔万尼·达·安坡利
Engelbert Kaempfer	恩格柏特·坎普法
Escalante, Bernardino de	贝纳迪诺·德·埃斯卡兰特
Escalate Alvardo,Garcia de	埃斯卡兰特·阿尔瓦多，加西亚·德

F

Fan Li-pen	范立本
Faria e Sousa,Manuelde	苏查
Fedrici, Cesare	切萨雷·费德里奇
Feio, André	安德烈·费欧
Ferguson	弗格森
Fernandes, Andreas	安德里亚斯·费尔南德斯
Fernandes, Duarte	杜阿尔特·费尔南德斯
Fernandez, Antonio	安东尼奥·费尔南德斯
Fernandez, João	若昂·费尔南德斯
Fernandez, Juan	胡安·费尔南德斯
Fitch, Ralph	拉尔夫·费奇
Fragoso, Manuel	曼努埃尔·弗拉戈索
Frampton, John	约翰·弗兰普顿
Freytas, Jordão de	若尔当·德·弗雷塔斯
Fróis, Luis	伏若望
Fugger, Anton	安东·富格尔

G

H

Hung Wu emperor　　洪武皇帝

I

Ibn Batuta　　伊本·白图泰
Ignacio Morera [or Montera]　　伊格纳西奥·莫里拉（或蒙特拉）
Ignacio Morera da Virigue　　伊格纳西奥·莫里拉·达·维里格
Isabel, Dona　　唐纳·伊莎贝尔
Islares, Martin de　　马丁·德·艾斯拉雷斯
Ito Mancio　　曼修·伊藤

J

Jassu, Francisco de　　弗朗西斯科·德·杰舒
　　（沙勿略受洗时所取的名字）
Jovius, Paulus　　保卢斯·约维乌斯
Judea of King Solomon　　所罗门王朱迪亚

K

Kakazaki Yoshihiro　　加贺崎
Kolambu　　科兰布

L

Lainez　　莱内斯
Lancaster, James　　詹姆斯·兰卡斯特
Lancillotto, Nicolo　　尼科洛·兰西洛特
Lasso, Bartolemeu　　巴托洛梅乌·拉索
Legaspi　　莱加斯比
Leme, Henrique　　恩里克·莱米
Lemos, Jorge de　　豪尔赫·德·莱莫斯
Lemos, Pedro de　　佩德罗·德·莱莫斯
Leo X, Pope　　教皇利奥十世
Leubenstein, Martin　　马丁·勒本斯坦
Lima, Dom Paulo de　　堂·保罗·德·利马
Limahon　　林凤（Lin Fêng）
Linschoten, Jan van　　扬·范·林斯乔坦
Loarca, Miguel de　　米格尔·德·洛阿卡
Lopes, Tomé　　托梅·洛佩斯
Lopes de Castanheda, Fernão　　洛佩斯·德·卡斯塔涅达，费尔南
Lopo Homem-Reinels　　洛波·欧蒙-赖内尔
Lourenço Mexia　　罗伦索·梅西亚
Loyola, Jorge de　　豪尔赫·德·罗耀拉
Loyola, Martin Ignatius de　　马丁·依纳爵·德·罗耀拉
Luiz, Lazaro　　拉萨罗·路易斯

M

Maffei, G. P.　　G. P. 马菲

Nunes, Nicolau 尼科劳·努涅斯
Nunes Barreto, Melchior 努内斯·巴雷托，梅尔基奥

O

Oda Nobunaga 织田信长
Odoric of Pordenone 波代诺内的鄂多立克
Ōmura 大村
Ōmura Sumitada 大村纯忠
Organtino-Gnecchi 奥尔格基诺-内奇
Ortega, Francisco de 弗朗西斯科·德·奥特加
Ortelius, Abraham 亚伯拉罕·奥提留斯
Osouro, Fernão d' 费尔南·德·奥索罗
Ōtomo Yoshishige 大友义镇
Ōuchi 大内氏
Ōuchi Yoshitaka 大内义隆
Oviedo 奥维耶多

P

Paludanus 帕鲁达努斯
Paramesvara 拜里迷苏剌
Paramisora 拜里迷苏剌 [Paramesvara]
Parke, R. R. 帕克
Pasio, Francesco 弗朗西斯科·帕西奥（巴范济）
Pateudra 帕图德拉（Pateudra）
Paul of the Holy Faith 至圣信念的保罗（弥次郎）
Pereira, Galeote 加利奥特·佩雷拉
Peres, Francisco 弗朗西斯科·佩雷斯
Pfyffer, Ludwig 路德维希·法伊弗
Philip II 菲利普二世
Pigafetta 皮加费塔
Pinto, Andre 安德烈·平托
Pinto, Fernão Mendez 费尔南·门德斯·平托
Pinto, J. Amaral Abranches J. 阿马拉尔·阿伯兰奇斯·平托
Pires, Tomé 托梅·皮雷斯
Ponte, Nicolas da 尼古拉·达·庞特
Possevino, Antonio 安东尼奥·波西维诺
Precaosale 波利考沙利
Prenestino, Antonio 安东尼奥·普雷内斯蒂诺
Prester John 约翰长老

Q

Quichil Bubacar 奎奇·布巴卡
Quiroga, Gaspar 加斯帕·基罗加

R

Rada, Martin de	马丁·德·拉达
Raja Abuleis	罗阇·阿布利斯
Rājā Emir	罗阇·埃米尔
Rājā Jessu	罗阇·海苏
Rājā Papua	罗阇·巴布亚
Rajamir	罗阇·埃米尔
Rajapute	罗阇普特（白王侯 [the white rājā]）
Rama T'ibodi II	拉玛蒂菩提二世（1491—1529 年在位）
Ramusio	赖麦锡
Reinel, Jorge	豪尔赫·赖内尔
Reinel, Pedro	佩德罗·赖内尔
Ribadeneira, Marcelo de	马塞洛·德·里瓦德内拉
Ribeiro, Diogo	迭戈·里贝罗
Ribera, Juan Bautista	胡安·鲍蒂斯塔·里贝拉
Ricci, Matteo	利玛窦
Rihadeneira, Pedro de	佩德罗·德·里瓦德内拉
Rivera, Gabriel de	加布里埃尔·德·李维拉
Rodrigues, Francisco	弗朗西斯科·罗德里格斯
Rodrigues, Nuño	努诺·罗德里格斯
Rodrigues, Simão	西芒·罗德里格斯
Román, Jerónimo	热罗尼莫·罗曼
Román, Juan Bautista	胡安·鲍蒂斯塔·罗曼
Ruggiero, Michele	罗明坚

S

Sa, Cristovao de	克里斯托弗·德·萨
Sá, Henrique de	恩里克·德·萨
Saavedra	萨维德拉
St. Lazarus	圣拉撒路
St. Mark	圣马可
St. Thomas	圣多默
Sanchez, Alonzo	阿隆佐·桑切斯
Sancho, Martin	马丁·桑乔
Sande, Duarte de	孟三德
Sande, Francisco de	弗朗西斯科·德·桑德
Sangesinga	山吉新加（新加坡君主）
Sansom, George	乔治·桑塞姆
Santo Stefano, Girolamo da	桑托·斯提芬诺，吉罗拉莫·达
S. Maria, Fernando de	S. 玛利亚，费尔南多·德
Sanz, Carlos	卡洛斯·桑斯
Sarmiento, Pedro	佩德罗·萨米恩托
Sassetti, Filippo	菲利普·萨塞蒂
Schurhammer, Georg	格奥尔格·舒尔哈默
Seixas, Domingo de	多明戈·德·塞克萨斯

Semedo, Alvarez	曾德昭
Sequeira, Diogo Lopes de	迭戈·洛佩斯·德·塞奎拉
Serrão, Francisco	弗朗西斯科·塞朗
Shimazu Takahisa	岛津贵久
Siaui	西阿古（拉贾·西阿古）
Sikandar Shah	斯堪达尔·沙
Silveira, João de	若昂·德·塞尔维拉
Siripada Raja	"圣足山"罗阇
Sixtus V, Pope	教皇西克斯图斯五世
Sousa, Bernardin de	贝尔纳丁·德·索萨
Sousa da Tavera, Fernão de	索萨·达·塔沃拉，费尔南·德
Staunton, George T.	乔治·T.斯汤顿

T

Tabinshwehti	莽瑞体
Teixeira, Emmanuel	伊曼纽尔·特谢拉
Teixeira, Luis	路易斯·特谢拉
Teixeira, Manuel	曼努埃尔·特谢拉
Theotonio, Dom	堂·特奥托尼奥
Tidore Vongue	蒂多雷·武格
Tokugawa Ieyasu	德川家康
Torre, Bernardo de la	伯纳多·德·拉·托雷
Torres, Cosmas de	科斯马斯·德·托雷斯
Toyotomi Hideyoshi	丰臣秀吉
Trigault, Nicolas	金尼阁
Tursellinus	图尔塞林努斯

U

Urdaneta, Andres de	安德烈斯·德·乌尔达内塔

V

Valignano	范礼安
Varthema, Ludovico di	卢多维科·迪·瓦尔塔马
Vaz Dourado	瓦斯·杜拉多
Vaz, Antonio	东尼奥·瓦斯
Velasco, D. Juan Fernández de	D.胡安·费尔南德斯·德·维拉斯科
Velasquez, Francisco	弗朗西斯科·委拉斯圭斯
Velho, Bartholemeu	巴托洛梅乌·维利乌
Veloso, Diogo	迭戈·贝洛索
Venetus, Paulus	保卢斯·维尼图斯
Viegas, Gaspar	加斯帕·维加斯
Vieira, Cristavão	克里斯塔瓦奥·维埃拉
Vigenére, Blaise de	布莱思·德·维热内尔
Vigo, Gonçalo de	贡萨罗·德·维戈
Vilela, Gaspar	加斯帕尔·维勒拉

Villalobos, Ruy Lopez de　鲁伊·洛佩斯·德·维拉罗伯斯
Villegas, Pedro Ruis de　佩德罗·路易·德·维利加斯

W

Wada Koremasa　和田惟政
Wicki, Josef　约瑟夫·维基
Willes, Richard　理查德·威尔斯

X

Xaquem Darxa　斯堪达尔·沙
Xavier, Francis　圣方济各·沙勿略

Y

Yajirō　弥次郎
Yoshiaki　义昭
Yoshiteru　义辉
Yü the Great　大禹

Z

Zanetti　萨内蒂
Zumárraga, Juan de　胡安·德·苏玛拉加

地　名

A

Acapulco　阿卡普尔科（墨西哥南部港市）
Acheh　亚齐（位于苏门答腊）
Achin　亚齐
Adige　阿迪杰河（意大利北部河流）
Adriatic　亚得里亚海沿岸
Agaci　革儿昔（Geresik）
Ainomoxori　阿依奴摩西里（人类安身立命的地方）
Ajuda palace　阿儒达宫
Akbar　阿克巴
Akita　秋田
Alcobaça　阿尔科巴萨
Alicante　阿里坎特
Aliora　阿琉拉（哈马黑拉岛）
Alkmeer　阿尔克马尔
Almaine　德国（Germany）
Almayne　德意志（Germany）

Amaban	阿玛本
Amakusa	天草
Amboina	安汶群岛
Amboine	安汶岛
Anan	安安
Andaman Islands	安达曼群岛
Andamania	安达曼尼亚（安达曼群岛 [the Andaman Islands]）
Angkor	吴哥
Antwerp	安特卫普（比利时）
Arabia Felix	阿拉伯费利克斯区（古时阿拉伯一地区，在半岛南部）
Arakan	阿拉干（缅甸西部地名，也译作若开）
Arakan Yoma	阿拉干山脉（缅甸一山脉）
Arima	有马
Arno	亚诺（意大利中部河流）
Arrian	阿里安
Assisi	阿西西（意大利城镇）
Augsburg	奥格斯堡（德国城市）
Aru	阿鲁
Ava	阿瓦
Avá	阿瓦
Aviz	阿维什（葡萄牙地名）
Aytao	海道
Ayut'ia	阿瑜陀耶　大城
Azuchi	安土町

B

Bacão	勃生
Bachan	巴占
Badajoz-Elvas	巴达霍斯 - 艾尔瓦斯
Bagou	勃固
Baguindanao	巴京达瑙
Balahiao	巴莱尧
Balibo	巴利宝
Banda	班达岛（印尼）
Bantam	万丹
Bassein	勃生
Bataba	巴达巴
Batochina do Moro	巴托支那德莫罗（是葡萄牙人最早给吉洛洛岛 [Gilolo] 或哈马黑拉岛（Halmahera）起的名字。）
Baybai	拜拜（莱特岛中西部海岸的拜班 [Bayban]）
Beitam	巴登（Bertam）
Belém	贝伦（葡萄牙）
Berma	缅甸（东吁）

Bintan	民丹岛
Bituan	武端（Butuan）
Bohol	保和岛
Bola	博朗（Bolaäng）
Bolaäng	博朗
Bologna	博洛尼亚（意大利）
Boloife	博劳伊夫
bolon divata	博隆·迪瓦达
Borgia	波吉亚
Borneo	婆罗洲（加里曼丹的旧称）
Botaha	宝达哈
Brama	布拉马（缅甸或东吁）
Brema	布雷马（缅甸或东吁）
Brescia	布雷西亚（意大利）
Brunei	文莱
Bungo	丰后
Burgos	布尔戈斯
Burma	缅甸
Buru	布鲁岛
Butam	布达姆
Butuan	武端（菲律宾）

C

Cabanaza	卡巴纳萨
Caghaian	卡伽恩（卡加延苏禄岛 [Cagayan de Sulu]）
Calagham	卡拉加（Caraga）
Calantao	吉兰丹（Kelantan）
Calicut	卡利卡特（印度西南部港口科泽科德的旧称）
Cambay	坎贝（印）
Cambodia	柬埔寨
Camote	卡莫特岛
Campaho	甘宝
Camtam	广东（Canton）
Candigar	堪地加尔
Cangigu	交趾
Canton	广州或广东
Cape Negrais	内格雷斯角
Cape Varella	华列拉角
Capelan	卡佩兰
Carmo	卡尔穆（里斯本）
Carraguan	卡兰关（萨兰加尼 [Sarangani]）
Cathay	契丹
Cattigara	卡蒂加拉港口
Cauripa	克里巴
Cavendish	卡文迪什
Cebu	宿务岛

Celebes	西里伯斯岛
Ceravá	沙捞越（Sarawak?）
Ceylon	锡兰（帕纳翁 [Panaon]，在莱特岛南面）
Chalão	查浪（Chalang？）
Champa	占婆（印度支那古国）
Chāmpāner	恰默潘纳
Chao-ch'ing	肇庆
Chiangrai	清莱
Chiengmai	清迈
Chimche	泉州（Chinchow）或马可·波罗的"刺桐"（Zayton）
Chinchow	泉州或马可·波罗的"刺桐"（Zayton）
Chioggia	基奥贾（意大利）
Chipet	基皮特（Quipit）
Chittagōng	吉大港
Chosen	朝鲜
Chudermuch	金边（Phnom Pénh）
Chung-hua	中华（中华帝国 [Middle Flowery Kingdom]）
Cidayo	西达尤（Sidayu）
Cipangu	日本国
Cipara	贾帕拉（Japara）
Cochin	科钦（印度）
Cochin-China	交趾支那
Coimbra	科英布拉
Copymy	科比米
Coray	高丽
Core	高丽
Coromandel coast	科罗曼德尔海岸（印度）
Cosmi	科斯米（伊洛瓦底江的支流）
Cosmin	科斯明（勃生 [Bassein]）
Coya	高野（Kōya）
Cremona	克雷莫纳（意大利）
Cressi	革儿昔

D

Dabhul	达布尔（印度）
Dagon	大光（仰光）
Daha	达哈
Daia	代亚
Daimyo	大名
Dairi	内里
Dala	达拉（Dalla）
Dalla	达拉
Dama	达马（淡目 [Demak]）
Daru	达鲁
Dava	达瓦（阿瓦）

De Yezorum insula	虾夷岛
Deccan	德干
Degu	大光（仰光）
Demak	淡目国（印尼）
Dewa	出羽
Dieppe	迪耶普
Dillingen	迪林根（德国城市）
Dinchio	大日
Diu	第乌（印度）
Don River	顿河

E

Escorial	埃斯科里亚尔
Espejo	埃斯佩雷
Etna	埃特纳火山（西西里岛）

F

Feizan	比睿山（Hiei-zan）
Ferrara	费拉拉（意大利东北部城市）
Filipina	菲利宾娜
Firando	平户（Hirado）
Fishery Coast	捕鱼海岸（印度）
Flanders	佛兰德斯（中世纪欧洲一伯爵领地，包括今比利时和法国各一地方）
Flores	佛洛勒斯岛
Fribourg	弗里堡（瑞士西部一都市）
Funai	大分
Fusine	富西内（意大利）

G

Galela	加莱拉（Moro）
Galicia	比加利西亚（位于西班牙西北部）
Ganges	恒河
Gatighan	伽提干
Gaur	高尔
Geresik	革儿昔
Ghats	高止山脉（印度）
Giapam	日本
Gibeth	基皮特（Quipit）
Gifu	岐阜（日本）
Gilolo	吉洛洛岛（现代拼写为 Djailolo，印尼哈马黑拉岛的旧称）
Golconda	戈尔康达（印度）
Golden Chersonese	黄金半岛
Golden Khersonese	金色赫尔松半岛（马来半岛）

Granada	格拉纳达（西班牙）
Gsoo	虾夷（Yezo）或北海道（Hokkaidō）
Guam	关岛
Gujarat	古吉拉特邦
Gulf of Leyte	莱特湾
Guli-Guli	古丽 - 古丽（Kolli-Kolli）
Gunuape	古农阿匹岛（[Gunung Api] 印尼）
Gunung Api	古农阿匹岛（印尼火山岛）
Guoquinay	五畿内（Go-Kinai，以前京都周边的"山城，大和，河内，和泉，摄津"称五畿内）
Gurus	古鲁

H

Hainan	海南
Hakata	博多（在耶稣会信件中为"Fakata"，或为现代的福冈 [Fukuoka]）
Halmahera	哈马黑拉岛（吉洛洛岛 [Gilolo]）
Hiji	日出，日出町
Himalayas	喜马拉雅山脉
Hirado	平户
Hizen	肥前
Homonhón	霍蒙洪岛（菲律宾）
Honshu	本州
Hsuang-hsü	双屿（雙嶼）

I

Iland Aynan	海南岛
Ilha Formosa	台湾岛
Ilhas Argentarias	阿根塔里亚斯群岛
Ilher	伊莱（Hilir）
Illagabuni	艾勒君标妮
Ilocos	伊罗戈
India Superio	上印度
Indragiri	因陀罗基里
Innasarim	应那沙林（丹那沙林）
Irrawaddy	伊洛瓦底江
Islas s. Lazaro	拉萨罗群岛

J

Jamahey	清迈
Jangoma	简格玛（清迈）
Jangomes	杭高米斯
Jantana	詹塔纳（柔佛 [Johore]）
Jaoa	爪哇（Java）
Japara	贾帕拉（印尼）

Jih-pên kilo	日本国（太阳升起的地方）
Johore Lama	柔佛·拉玛
Johore River	柔佛河
Jolo	霍洛群岛

K

Kagoshima	鹿儿岛
Kalanal	卡兰纳尔
Kalanao	卡兰瑙
Kampar	监蓖
Kanto	关东
Kedah	吉打州
Kii	纪伊
Kōda	幸田
Kwangsi province	广西省
Kyōto	京都
Kyūshū	九州（字面意思是"九个省份"）
Ladrones	拉德龙群岛（马里亚纳群岛 [Marianas]）
Lake Baikal	贝加尔湖
Lampacão	宁波
Lanchang	南掌（琅勃拉邦 [Luang Prabang]）
Laotian	老挝（琅勃拉邦 [Luang Prabang]）
Laqueas	琉球（Liu-ch'ius）
Lateran palace	拉特兰宫
Laue	拉威
Lau-quiu	琉球（Liu-ch'iu）
Lawai	拉威
Leasse	利阿西岛
Leghorn	里窝那（意大利）
Lesser Sunda	小巽他群岛
Levant	黎凡特
Liampo	双屿（宁波附近的岛屿）
Lido	丽多岛（意大利）
Liége	列日（比利时东部城市）
Limasawa	利马萨瓦岛（菲律宾）
Liompu	宁波（Liampo 或 Ningpo）
Loaisa	洛艾萨
Lolodas	洛洛达群岛
Loreçore	洛利邵利（萨帕鲁阿 [Saparua]）
Loreto	洛托雷（Louvain）
Lovek	洛韦
Lozon	吕宋岛（Luzon）
Luang Prabang	琅勃拉邦（老挝）
Lucerne	卢塞恩
Lugo	洛坤（Lugor 或 Lakon）
Lugor	洛坤（其暹罗名字是 Nakhon Sritammarat）

Lusitanian	卢西塔尼亚
Lutatão	鲁达道

M

Macassars	望加锡
Macerata	马切拉塔
Mactan	麦克坦岛
Madura	马都拉岛（印度尼西亚爪哇东北部的小岛）
Magepaher	满者伯夷（Majapahit）
Mainz	美因茨（德国西部港市）
Majapahit	满者伯夷帝国
Majorca	马略卡岛（西班牙）
Makian	马基安
Malabar	马拉巴尔（印度西南海岸）
Malacca	马六甲
Malhón Island	马尔洪岛（霍蒙洪岛 [Homonhón]）
Malucobuco	马鲁可布可"
Malva	曼瓦（现在是阿洛 [Alor] 或翁拜岛 [Ombai Island]）
Manado	万鸦老
Mantua	曼图亚（意大利）
Martaban	马达班湾
Mataram	马打兰
Matsuda	松田
Maug	茂格群岛
Menangkabow	米南加保
Mergui	丹老
Middelburg	米德尔堡（荷兰城市）
Migindanao	米勒德瑙
Mindanao	棉兰老岛
Mindanoao	棉兰老（Mindanao）
Minjani	明罕尼
Mira	米拉岛（印尼）
Miranda	米兰达
Mitres	米特雷
Miyako	宫古（京都 [Kyōto]）
Mjjam	木罕姆
Modena	摩德纳（意大利）
Moduro	马鲁都（Marudu?）
Mogen	摩根
Moluccas	马鲁古群岛
Mon kingdom	孟王国
Mondego	蒙德古河
Monoch	马鲁古群岛
Monterrey	蒙特雷
Montserrat	蒙塞拉特

Palladio	帕拉迪奥
Pam	彭亨（Pahang）
Panaon	帕纳翁
Panaruca	帕纳鲁坎（Panarukan）
Panconia	潘康尼亚（勃固）
Panglao	邦劳（菲律宾）
Pangoçai	邦固塞
Papuas	巴布亚
Paquim	八里（北京）
Paquin	八里（北京 [Peking]）
Pasei	巴赛（在苏门答腊）
Pasig River	帕西格河
Patane	北大年（Patani）
Patani	北大年
Pavia	帕维亚（意大利西北部村镇）
Pearl River	珠江
Pedir	帕提尔（印尼）
Pegu	勃固（缅甸南部城市）
Perlak	八儿剌（印尼）
Persia	波斯
Peutinger	波伊廷格
Phnom Pénh	金边
Piquim	八里（北京）
Pisa	比萨
Pitti	碧提宫
Po River	波河
Point Tinaka	提纳卡海岬
Polanco	波朗科
Prom	普罗姆（普罗美 [Prome]）
Pulaoan	巴拉望（Palawan）
Pullocambilam	森美兰岛（Pulaw Sembilan）
Pulopicão	普罗皮高岛（新加坡南部廖内列岛的香蕉屿）
Purchas	珀切斯

Q

Quadros	夸德罗斯
Quersoneso	切尔松尼斯半岛（Chersonese）
Quinsai	杭州（Hangchow）

R

Rau	拉乌岛
Recon	雷康（阿拉干）
Redde Sea	红海
Rimini	里米尼（意大利东北部港市）
Rõ	劳岛
Roma Island	罗马岛

Rosolanguim	罗索朗圭（罗曾艾恩岛 [Rosingain]）
Rota	罗塔岛
Ruscia	罗斯

S

S. Benedetto di Polirone	波利罗内的圣本笃修道院
S. Spirito	圣斯皮里托岛
Sakai	坂井
Salamanca	萨拉曼卡（西班牙西北部城市）
Salzburg	萨尔茨堡（奥地利城市）
Sámal Laut	西莫尔劳特
Samar	萨马岛
San Lúcar de Barrameda	圣路—卡巴拉
Sandinguar	桑丁加尔"
Sanga	桑伽
Sangihe	桑义赫群岛
Sanguim	桑给姆（在桑义赫群岛 [Sangihe]）
Sanguin	桑关
Santiago de Compostela	圣地亚哥—德孔波斯特拉
Saragossa	萨拉戈萨（西班牙东北部省份）
Saranga	萨兰加尼（Sarangani）
Sarangani	萨兰加尼（棉兰老岛以南的岛屿）
Sarnam	暹罗
Sassetti	萨塞蒂
Satsuma	萨摩国
Savoy	萨沃伊
Scythia	西徐亚（东欧和西亚之间的一个地区）
Segovia	塞哥维亚（西班牙中部城市）
Selani	撒拉尼岛
Seram	塞兰岛
Serra	塞拉（即圣多默基督教徒所在的内陆山区，在马拉巴尔境内）
Sfondrato	斯方杜拉托
Shan states	掸邦
Shang-ch'uan	上川岛（或圣约翰岛 [St. John's Island]）
Shantung	山东
Shikoku	四国（本身字面意义是"四个国家"）
Shimonoseki	下关市
Shrivijay	室利佛逝（王国）
Siam	暹罗
Sichao	西桥群岛（桑义赫群岛 [Sangihe Islands]）
Siena	锡耶纳（意大利城市）
Sinarum region	西纳隆地区
Sintra	辛特拉
Sion	锡安
Sirela	希勒拉（又被称为 Malcka）

Sirião	沙廉（Syriam）
Sistor	西丝特（柬埔寨地名）
Sittang	锡唐河
Socotay	素可泰（Sukhothai）
Spice Islands	香料群岛
Strait of Sunda	巽他海峡
Straits of Manaar	马纳尔海峡
Suai	苏艾（汕移 [Suzi]?）
Sulayman	苏莱曼
Sulu Sea	苏禄海
Sumatra	苏门答腊
Sumbawa	松巴哇岛（印度尼西亚南部）
Sunda Calapa	巽他卡拉巴
Sunda Strait	巽他海峡
Surabaya	泗水（印尼）
Surat	苏拉特（印度西部港市）
Surigao	苏里高
Syriam	沙廉（锡里安）
Szechwan	四川

T

Tabaridji	塔巴里奇（德那地苏丹）
Tagima	塔吉玛岛
Tagus	塔霍河（位于欧洲西南部）
Taiko	太鼓
Talao	太老岛
Talingano	丁家奴（Trenganu）
tam poi	淡杯（马来语 [tâmpang]）
Tamão	屯门（Tun-mên 或临屯岛 [Lintun island]）
Tame	大明（Ta-ming jen 或大明人）
Tana	塔纳
Tanga	坦噶
Taninomine	木无矿（Tamu no mine）
Tanjapura	丹戎布拉（Tanjungpura）
Taprobana	塔普罗班纳
Tartarian	鞑靼（蒙古）
Tavoy	土瓦（缅）
Tenasserim	丹那沙林（丹老 [Mergui]）
Ternate	德那地
Tidore	蒂多雷岛
Timor	帝汶岛
Tintoretto	丁托列托
Tippara	特里普拉邦
Toledo	托莱多
Tolo	托洛（在西里伯斯岛中东部）
Tongking	东京（越南北部一地区的旧称，等于 Tonkin）

Tonle Sap	洞里萨河
Totole	托托勒
Toungoo	东吁
Tsugaru	津轻海峡
Tsushima	对马岛
Tuba	图巴（图班 [Tuban]）
Tuscany	托斯卡纳

U

Upi	乌皮（Upeh）

V

Valencia	瓦伦西亚（西班牙）
Varanura	瓦拉努拉（塞兰岛 [Seram]）
Vendanao	文达瑙（棉兰老岛本身或今天的菲律宾哥打巴托省的马京达瑙 [Magindanas]）
Veniaga	贸易岛
Verona	维罗那（意大利）
Viçaya	维撒亚
Vicenza	维琴察（意大利）
Vijayanagar	维查耶纳伽尔（胜利城维查耶纳伽尔，古国名。14 世纪中叶印度教徒在南印度建立的封建国家）
Villa-Viçosa	维索萨镇

W

Waigeu Island	瓦岛
Wareru	伐丽流
Wirsberg	维尔斯贝格（德国）
Würzburg	维尔茨堡（德国）

X

Xansi [Shansi]	山西
Xanton	山东（葡萄牙语直译为 Shantung）
Xensi [Shensi]	陕西
Xulas	苏禄群岛（Sulu Islands）

Y

Yamagawa	山川
Yamaguchi	山口
Yamashiro	山城
Yokoseura	横濑浦
Yunnan	云南

Z

Zaba	扎巴
Zamboanga	三宝颜半岛
Zazzo	扎左
Zuba	祖巴（宿务岛 [Cebu]）

著作名

A

Arte y vocabulario de la lengua China	《中国艺术与语言词汇》（拉达）
Asia	《亚洲》
Avisi particolari	《葡属印度的轶闻录》

B

Book	（Duarte Barbosa）《著作》或《杜阿尔特·巴尔博萨著作》；全名：*The book of Duarte Barbosa; an account of the countries bordering on the Indian Ocean and their inhabitants, written by Duarte Barbosa and completed about the year 1518 A.D. Translated from the Portuguese text, first published in 1812 A.D., by the Royal Academy of Sciences at Lisbon, in Vol. II of its collection of documents regarding the history and geography of the nations beyond the seas, and edited and annotated by Mansel Longworth Dames*
Breve Ragvaglio Dell'Isola Del Giappone, Et di questi Signori, che di là son venuti à dar obedientia alla Santità di N.S. Papa Gregorio XIII	《日本岛与日本国民皈依教皇史略》（Benacci 博洛尼亚，1585 年）

C

Cartas	《信札》*Cartas... dos reynos de Iapão e China*，又缩写 Cartas《来自日本和中国的信札》
Cartas... dos reynos de Iapão e China	《来自日本和中国的信札》
Chronica do felcíssimo Rey D. Manoel	《唐曼努埃尔王编年史》
Collected Statutes	《会典》（*Hui-tien*）
Commentarios de Afonso Dalboquerque	《阿方索·阿尔伯克基评论集》
Copia de unas Cartas	《信札复本》
Cosmographia universalis	《宇宙学通论》（*Sebastian Münster*）

D

Dammathat	《民法法典》

De Moluccis insulis　（*De Moluccis insulis: itemq[ue] alijs pluribus mira[n]dis, quae nouissima Castellanorum nauigatio Sereniss. Imperatoris Caroli. V. auspicio suscepta, nuper inuenit*）《马鲁古群岛》

Décadas　《亚洲旬年史》（*Décadas da Ásia*）

Discurso de la navegacion que los Portugueses hazen à los Reinos y Provincias del Oriente, y de la notica q se tiene de las grandezas del Reino de la China　《葡萄牙人到东方各王国及省份远航记及有关中华帝国的消息》（埃斯卡兰特）

Diversi　《杂闻录》

E

Epistolac Indicae　《印度信札》（鲁汶，1556 年）

Epistolac Indicae et Japonicac　《印度和日本信札》（鲁汶，1570 年）

F

Flugschrift　《小册子》

G

Geografia　《地理学》（Geography）（Barros）

H

História　《历史》（*Fernao Lopez de Castanheda*）（*Historia do descobrimento e conquista da India pelos Portuguezes*）《葡萄牙发现和征服印度的历史》

Historia　《历史》（范礼安）

Historia de la cosas mas notables, ritos, y costumbres, del gran reyno de la China　《中华大帝国史》

Historia de las missiones　（Guzman）《东印度、日本和中国的耶稣会传教史》全名：*Historia de las missiones que han hecho los religiosos de la Compañia de Iesus : para predicar el sancto Evangelio en la India oriental, y en los reynos de la China y Iapon*

Historia de las missiones que han hecho los religiosos de, la Compañia de Iesus . . .　《耶稣会 1540 年到 1600 年在东印度、华夏和日本的历史》（Guzman）

Historia de los islas del archipielago Filipino y reinos de la Gran China, Tartaria, Cochin-China, Malaca, Siam, Cambodge y Japon　《菲律宾群岛和中华大帝国、鞑靼、交趾支那、马六甲、暹罗、柬埔寨及日本的历史》

Historia do descobrimento e conquista da India pelos Portuguezes　《葡萄牙发现和征服印度的历史》（Fernão Lopes de Castanheda）

Historia dos cercos que em tempo de António Monis Barreto, Governador que foi dos estados da India, os Achens, e Iaos puserão â fortaleza de Malaca, sendo Tristão Vaz da Veiga capitão della　《安东尼奥·莫尼斯·巴雷托时期的马六甲围困史》

Historia general de las Indias 《印度通志》（Gómara）
Historia general y natural de las Indias 《印度自然通史，岛屿和陆地海洋》（Oviedo）
Historia natural y moral de las Indios 《印度自然与道德史》
Historiarum Indicarum libri XVI 《16 世纪印度史》（Giovanni Pietro Maffei）
The Historie of the great and mightie kingdome of China, and the situation thereof: Together with the great riches, huge cities, politike government, and rare inventions in the same 《中华大帝国历史以及那里的形势：巨额财富、大城市、政治政府和珍稀的发明》
History of Travayle in the East and West Indies 《东西印度群岛行纪》（Richard Willes）

I

Indiae orientalis 《东印度》（Theodor De Bry）
Itinerario 《博洛尼亚人卢多维科·德·瓦尔塔马游记》
Itinerario（Itinerario）全称 Itinerario:Voyage ofte Schipvaert,van Ian Hughen van Linschoten naer Oost ofte Portugaels Indien,inhoudende een corte beschryvinge der selver Landen ende Zeecusten.../ Beschryvinghe van de gansche Custe van Guinea,Manicongo,Angola,Monomotapa,ende tegen over de Cabo de S. Augustiin in Brasilien,de eyghenschappen des gheheelen Oceanische Zees;midtsgaders harer Eylanden,als daer zijn S. Thome S. Helena, 't Eyland Ascencion...Reys gheschrift vande Navigatien der Portugaloysers in Orienten...uyt die Portugaloyseche ende Spaensche in onse ghemeene Nederlandtsche tale ghetranslateert ende overgheset,door Ian Huyghen van Linschoten. (Amstelredam:Cornelis Claesz,1596) 《林斯乔坦葡属东印度航海记》

J

Journals 《日志》

K

Kuang-yü-t'u 《广舆图》

L

La première ambassade du Japon en Europe, 1582-92 《首次出现在欧洲的日本使者》（J. Amaral Abranches Pinto et. al.）
Le voyage et nauigation faict par les Espaignolz es isles de Mollucqlles（Pigafetta） 《马鲁古群岛游记》
Lü 法典
Lusiads 《卢济塔尼亚人之歌》

Tractado ...	《中国志》[Tractado em que se cõtam muito por est so as cousas da China 加斯帕·达·克路士]
Traicte des Chiffres, ou secretes manieres d'escrire	《密码书》
Tratado ... dos descobrimentos	《地理大发现概况》（António Galvão）
Tratado em que se contem muito susinta e abreviadamente algumas contradições e diferenças de custumes antre a gente de Europa e esta provincia de Japão	《日欧比较文化》（伏若望）

V

Viaggi	《旅行》（赖麦锡）
Viaggi fatti alla Tana	《前往塔纳旅行纪实》
Viaggio dell'Indie orientali	《东印度游记》（加斯帕罗·巴尔比 [Gasparo Balbi] 的《旅程》[Viaggio]）
Viaggio nell'India orientale e oltra l'India per via di Soria	《索里亚航线东印度游记》（Fedrici《旅行》Viaggio）

W

Warhafftiger Berichtvon den newerfundnen Japponischen Inseln und Königriechen	《沃勒弗泰格来自新发现的日本岛和王国的消息》（Renward Cysat 瑞士弗莱堡，1586 年）

专有名词

A

Abba	阿巴（神）
Academia de la Historia	马德里历史学会
Aiam campetit	甘烹碧拍耶（p'aya of Kampengpet）
Almane	阿鲁茫尼（德国人）
Amazons	亚马逊人
Amida	阿弥陀佛
An-ch'a-shih	按察使（Anchasi）
Annamese	安南人
Arakanese	阿拉干人
Ashikaga gakkō	足利学校
Ashikaga shogunate	足利幕府
Augustinian	奥古斯丁修会

B

Balala	巴拉拉（偶像）
Barangay	巴朗盖（barangays）
Batachinas	巴塔支那人
Batak	巴达族（印尼）
Batas	巴底人（巴达族人 [Bataks]）

Bedas	巴达人（Wedas）
Bendará	盘陀诃罗（财政部长）
Berbers	柏柏尔人
Bicholas	比朱罗人（Bitjolis）
Bisayan	米沙鄢人（菲律宾土著民族）
Brahmans	婆罗门教徒
Bramás	缅族（Burmans）
Bupō	佛法（Law of Buddha）
Byze	比泽（非斯 [viss] 传统缅甸测量重量的单位。1 非斯等于 880 克拉。）

C

Caixas	方孔铜钱（现金）
Camis/kami	神仙
Casa da India	印度商行
Casizes	卡西兹，即穆斯林阿訇（在阿拉伯语中被称为 Lajji）
Castilians	卡斯蒂利亚人
Cebuans	宿务人
Cecua	尚书（Shan-shih）
Cellates	海峡人
Cen	僧
Chacines	巡访使
Chaenes	察院
Chaien	察员（Ch'a yuan 或检察官）
Chaumua	洲买（Chau Nua，或北方民族）
Ch'a-Yuan	察院
Chenguinquo	天竺
Chi	规则
Chijns	秦人
Chinos	汉族
Chin-shih	进士
Chinzu	进士（chin-shih，"进来的学者"或博士）
Chou	州
Chou-hsüeh	州学
Chumpim	总兵（tsung-ping，地区指挥官或准将）
Cobrai	科布拉伊（勃固王国的首领和管理者）
Cogi	朝廷
Comon	军门
Concão	布政司（正侍 [chêng-shih]，或更正确地说，布政使 [pu-chên-shih]，意为总督或省司库）
Condottieri	贡多铁里骑兵（佣兵团骑兵）
Confucian schools	儒学（Ju-hsüeh）
Cubos	库博（公方 [Kubō]，将军 [Shōgun] 或大元帅 [generalissimo] 的另一种表达词）

D

Daitokuji	大德寺
Datu	大督（菲律宾酋长）
Dayaks	达雅克人
Daybut	大佛（Daibutsu 或 Great Buddha）
Decacini	海关
Doge	总督
Dominican	多明我会修士

E

Empresa de China	中国公司

F

Faranguis	佛朗机（法兰克人或葡萄牙人）
Fo-lang-chi	佛朗机人（法兰克人、葡萄牙人，总之就是欧洲人）
Foque	法华 [法华经的另一个名称]
Foquexus	法华宗（法华宗 [Hokke-shū] 或日莲 [Nichiren]）
Fu	府
Fu-hsüeh	府学
Futuqui	佛陀（仏 [Hotoke]，佛教神灵的通用术语）

G

Gaiceas	盖西亚人
Ganchasu	按察司（An-ch'a-shih 或大法官）
Ganes	甘纳人
Ganza	甘扎（勃固钱币）
Gebes	盖比人
Gores	格尔人（日本人）
Gouros	俄罗斯人
Goxo	御所
Gueos	古人（原始民族）
Guores	古人（或 Gueos，指琉球人或日本人）

H

Hai-tao-fu-shih	海道副史
Hamacata	尼方（天方 [Amakata]）
Hinayana	小乘佛教
Hinayana Buddhism	小乘佛教
Hiragana	平假名
Holgoi	奥勒戈伊
Hsien	县
Hsien-hsüeh	县学
Hsing-ch'üan-tao	兴泉道（或 Heng-tsoân-tō，即管辖泉州和兴化的官）

| Hsün-an chien-ch'a yu-shih | 巡按钦差御史 |
| Hui-t'ung kuan | 会同馆 |

I

Iaca	释迦（释迦或释迦摩尼的另外一个名称）
Iacata	矢方
Iambugis	山伏（Yamabushi 或 "山中士兵"）
Icoxus	真言宗（同 Shingon-shū，日本佛教教派）
Ieguixu	Zen-shū（禅疏）
I-hsüeh	医学

J

| Jains | 耆那教徒 |

K

Kami	神（神道教）
Kampaku	关白
Kampongs	村落
Kanarese	卡拉纳语
Kasikase	饮血盟约
Kiack	圣所
Klings	克林族人
Konkani	孔坎语

L

laghan	拉干（贝类）
Langeiannes	兰纳人（Lan-nas）
Lascar	大总管（吉大港的总督）
Lassamane	拉克萨马纳（海军大将 [Admiral]）
Leachis	御史
Lequeos	琉球诸岛人（Liu-ch'iu islanders[琉球诸岛人]）
Licentiats	学位
Li-chia	连甲
Louteas	老爷
Louthia	老爷（lao-t'ai 或官员）
Loutia	老爷
Loytians	老爷（官员）
Luções	吕宋人（Luzones）

M

Mabas	马巴人
Maganitos	马加尼托（菲律宾人贡献给祖先神灵阿尼托的祭祀）
Mahayana	大乘佛教
Malayālam	马拉雅拉姆语

Malayan	马来人
Mandarin	官话
Mangcas	面包果
Mangi	蛮子
Marāthi	马拉地语
Madre de Dios	"圣母"号
Moors	摩尔人

N

Nagirano	翻译
Naxac	地狱（马来语）
Nāyars	纳亚尔人
Negritos	尼格利陀人
Nei-ko	内阁
Nizan	涅槃（马来语，意为涅槃）

O

Oia	内审（披耶 [p'aya]）
Ola	棕榈叶命令，或写在棕榈叶上的文件
Ōnin Civil War	应仁之乱（1467—1477 年）
Order	教团
Oulisiva	九岛联盟
Oya	披耶（p'aya）

P

Padroado	保教区
Pae	父亲
Pali	巴利语
Pantanes	阿富汗人（Afghans）
Pao-chia system	保甲制
Parsees	拜火教徒或袄教
Peguans	勃固人
Peraia	佩雷拉（可能是 pra p'aya，意为"领主地方长官"）
Ping-pu	兵部
Ponchasi	布政使（pu-chêng-shih）
Pu	部
Puchinsu	布政司（Pu-chêng-shih 或行政长官）
Pudricaraja	普多利卡罗阇（[putrikarāja]，意为总督）

Q

Quelim	法官
Quelins	克林族（Klings）
Quiai Colompon	圣科伦潘
Quinchay	钦差（ch'in-ch'ai 或皇帝专员）

Quiugin　举人（chii-jen，"晋升的学者"或硕士）

R

Reguengo　王室领地
Roli　劳林（和尚）

S

Samibelgan　撒密北尔根（马来语，太守）
San Felipe　"圣费利佩"号
Sanbon　山本
Sangage　君主
Sangley　生理（16—17 世纪菲律宾土著对华人的称呼）
Sanskrit　梵文
Saracens　撒拉森人
Satrap　太守
Scuum　天堂（马来语，意为天堂）
Semini　贵族
Sêng　释
Sengoku　战国时代
Sengoku Jidai　战国时代（the age of the country at war）
Sen-yu-ji　泉涌寺
Shaka　释迦
Shiites　什叶派
Shintō　神道教
Shogatsu　新年
Shu-hsüeh　社学
Shwe Dagon Pagoda　仰光大金塔
Sinhalese　僧伽罗人
Siusai　秀才（hsiu-ts'ai，"天才萌芽"或学士）
Sotumas　绍图玛人
Sumas　苏马人
Sunnites　逊尼派

T

Tagalog　他加禄人，他加禄语
T'ai tzu　太子
Talaing　得楞语
Tallipoies　丐僧
Tamil　泰米尔语
Tao-tzu　道士（Taoists）
Tareghe　塔利吉（勃固皇家代理商）
Tauzu　道士
Te Deum　赞美颂
Tença　天下（天子 [Tenshi]）
Tendaia　天台

Terra leucorr	琉球地
Terreca	国库
Thot Krathin	佛教解夏节
Ti-hsüeh	提学（文学大臣 [Literary Chancellor]）
Ti-tu	提督（或 The-rok）
Tōfukuji	东福寺
Tokyo Bijitsu Gakkō	东京美术学校
Toledam	总督
Tonos	阁下（大名之下的属臣名称）
Tosa	土佐
Totoc	都督
Tramezzino Press	特拉梅兹诺出版社
Trinidad	"特立尼达"号
Trucco	特鲁科（游戏）
Tuaca	椰子香甜酒
Tu-ch'a-Yuan	都察院
Tumenggung	天猛公
Tutan	都督（Tu-t'ang 或总督）
Tutão	督堂（tu-t'ang）
Tutuan	督堂（tu-t'ang）

U

Ultima Thule	天涯海角

V

Van-Svi	万岁
Varella	瓦芮拉
Victoria	"维多利亚"号
Voo	王

W

Wako	倭寇（来自 Wo-kòu，中文所指为"侏儒奴隶"）
Wa-Kuo	倭寇（粤语 Wo-kwok）

X

Xabandars	沙班达尔或港主
Xaca	克萨卡
Xaqua	扎夸阿（即佛陀 [Buddha]）
Xenxi	禅宗（禅疏 [Zen-shū]）
Xiritoles	希利多来（抄写员）
Xodoxiu	净土宗（净土宗 [Jōdo-shū] 或"天堂的人"）

Y

Yin-Yang hsüeh	阴阳学
Yogis	瑜伽修行者

索引①

A

阿巴（米沙鄢语中对神的称呼） Abba（a Bisayan word for the supreme being），630

阿布雷乌，安东尼奥·德 Abreu，António de，579，586，594，816

阿杜莱贾迷，哈马黑拉统治者 Adulraenjami，ruler of Halmahera，600

阿尔伯克基，阿方索·德 Albuquerque，Afonso de，506，512，573，577，578，585，588；马来亚早期史，509-12；与苏门答腊诸国的关系，571

阿尔伯克基，布拉兹·德 Albuquerque，Braz de，497

阿尔卡拉·德·埃纳雷斯 Alcalá de Henares，693，701，711

阿尔科巴萨 Alcobaça，701

阿尔克马尔 Alkmeer，744

阿尔梅达，路易·德 Almeida，Luis d'，683

阿尔瓦雷斯，费尔南 Alvares，Fernão，620

阿尔瓦雷斯，豪尔赫船长 Alvarez，Jorge，captain，657-60，727

阿富汗人 Afghans（Pantanes），819

阿根塔里亚斯群岛（日本） Ilhas Argentarias（Japan），657

阿科尔蒂，维森修 Accolti，Vicencio，744

阿科斯塔，何塞·德 Acosta，José de：佛教，709；中国，806-8；汉语，806-7；日本，709；日语书写，807；对中国的军事征服，808；东南亚，498

阿夸维瓦，克劳迪奥 Acquaviva，Claudio，695，808

阿拉伯人 Arabs，648，829；作为中间商，824；基本上适用于穆斯林的名称，647-48；船只 ships，834

阿拉干 Arakan（also written as "Recon"），540，542，552；与葡萄牙联盟，550-51；控制吉大港，550，552；防御，552；欧洲资料，550；后宫，551；谬杭王朝，551；葡萄牙人，550，551；与勃固的战争，541

阿拉干山脉 Arakan Yoma，541，552

阿拉瓦西，马六甲苏丹 Alā'uddin，sultan of Malacca，510，516

阿里坎特 Alicante，694

---

① 索引所标页码为原书页码，见本书边页码。——译者注

<h2 style="text-align:center">B</h2>

C

H

J

K

L

N

O

P

X

Z

736，749，754，759-61，763，804；湖泊，819；语言，776，795，803，806-7，811；老挝袭击，566；回避法，736，740，754，759，813，828；学问，741，782-83，803，808，813；许可贸易，733，737，788，790；特许出国旅行，788，790；读写能力，781；地方政府，758-60；位置，722，739，752，785；玉米，766，767，768；婚姻，755，774；医学，782，803，808；门多萨，792-94；军事力量，736，756；军事弱点，737，786-87；明朝孤立政策，732-33，741，786，788，790；采矿，767，768；传教活动，784-85，801；模范国家，825，835；蒙古人，732，812；垄断，765-66；音乐，773-74；麝香，816；穆斯林，815；国民性，741，784，786，799，804-5；海军，732，736；贵族，755，757，802，804；努内斯·巴雷托，796-97；官吏的俸禄，759，768；官衔，739，759，813；轿子，770，774；保甲制，736，760-61，793，828；纸，767，777；纸币，768；捕捞珍珠，767，811；民族，753，772，786，803；海盗，654，732，796；皮雷斯使团，733-34；地名，817，820；人口，753，764，765，802，803，810；瓷器，769，811，816；葡萄牙人，737，816；葡萄牙使节，733-34，797；葡萄牙囚犯，734，748-49，786，796，799；贫穷，764，775；印刷术，741，776，777，803，811；监狱，749，762，775；产品，736，765，767，795，816；卖淫，774，775；省份，736，739-40，743，755-56，758，818，819；惩罚，749，754，760-61，781；木偶戏，773；与安南人的关系，565；与爪哇的关系，576；与菲律宾的关系，645，646；宗教，749，783-86，814；神像，785；宗教宽容，784，814；资源，803；叛乱，736-37；里贝拉，797-98；利玛窦，801-2；稻米，764，768，772，811；河流，736，765，811，818，819；帆船战车，741，770-71，819；性习惯，774；船只，736，766，771；丝绸，767，768，811，816；白银，767，768，811；奴隶制，734，774；社会服务，775-76，828；西班牙人，745，746，749，750；春耕仪式，811；州学，781，804，812，828；统计，756，763，768，787，793；继承，755，814；糖，766，811；高丽的宗主国，721；马六甲的宗主国，509，510，571，734；道教，785，815，832；赋税，756，758，768-69，786，810；茶叶，772，803；寺庙，738，784，785，814；镇（县和州），740，756，769，810，818；贸易，526，745，767，789，797；贸易禁令，734，737；进贡制度，534，733-34，735，741，787-91，805；大学，780，807-8，812；倭寇，654；战争，720，810，811；水车，水磨，765；水轮，765，771；书写，755，757，776，777，781，782，803，806-7；妇女，741，774；沙勿略，794

中国夏代（公元前2205—前1766年）　Hsia dynasty of China（traditionally dated 2205-1766 B.C.），783

中浦，朱力安　Nakaura，Julien，689，695，697，701

洲买（暹罗北方民族）　Chau Nua（peoples of the north in Siam），524

珠江　Pearl river，737

姉崎雅晴　Anesaki Masaharu，726

总兵　Tsung-ping（regional commander or brigadier general in China），740，813

责任编辑：林　敏
责任校对：刘亚萍
装帧设计：亚细安设计

图书在版编目（CIP）数据

欧洲形成中的亚洲.第 1 卷,发现的世纪:全 2 册/(美)拉赫 著 周云龙等 译.
 -北京:人民出版社,2013.3
书名原文:Asia in the making of Europe
ISBN 978－7－01－011702－7

Ⅰ.①欧…　Ⅱ.①拉…②周…　Ⅲ.①文化交流-文化史-研究-欧洲、
亚洲-16 世纪~18 世纪　Ⅳ.①K500.3②K300.3

中国版本图书馆 CIP 数据核字(2013)第 022526 号

Licensed by The University of Chicago Press, Chicago, Illinois, U.S.A

著作权合同登记　图字:01-2010-3437 号

欧洲形成中的亚洲第一卷·发现的世纪
OUZHOU XINGCHENG ZHONG DE YAZHOU DIYIJUAN FAXIAN DE SHIJI

(美)唐纳德·F.拉赫 著　周云龙等 译

人民出版社 出版发行
(100706　北京市东城区隆福寺街 99 号)

北京中科印刷有限公司印刷　新华书店经销

2013 年 3 月第 1 版　2013 年 3 月北京第 1 次印刷
开本:710 毫米×1000 毫米 1/16　印张:96.25
字数:1500 千字

ISBN 978－7－01－011702－7　定价:240.00 元

邮购地址 100706　北京市东城区隆福寺街 99 号
人民东方图书销售中心　电话 (010)65250042　65289539

2008 年度教育部哲学社会科学研究重大课题攻关项目

"西方中国形象的变迁及其历史和思想根源研究"资助成果

厦门大学 985 三期工程项目资助成果

"十二五"期间 (2011-2015 年）国家重点图书出版规划项目